Kofler (Hrsg)

Umgründungssteuergesetz

UmgrStG
Umgründungssteuergesetz
Jahreskommentar

herausgegeben von

Univ.-Prof. DDr. Georg Kofler, LL.M.

bearbeitet von

Assoz. Univ.-Prof. Dr. Sebastian Bergmann, LL.M. MBA
Dr. Gebhard Furherr
Dr. Petra Hübner-Schwarzinger
Dr. Martin Jann
Univ.-Prof. DDr. Georg Kofler, LL.M.
Mag. Franz Rittsteuer
MMag. Thomas Schneider
Dr. Martin Six
Dr. Markus Stefaner
Dr. Kornelia Waitz-Ramsauer, LL.M.

7. Auflage 2018

Linde

Zitiervorschlag: *Bearbeiter* in Kofler, UmgrStG⁷ § [...] Rz [...]

Bibliografische Information der Deutschen Nationalbibliothek

Die Deutsche Nationalbibliothek verzeichnet diese Publikation in der Deutschen Nationalbibliografie; detaillierte bibliografische Daten sind im Internet über http://dnb.d-nb.de abrufbar.

Hinweis: Aus Gründen der leichteren Lesbarkeit wird auf eine geschlechtsspezifische Differenzierung verzichtet. Entsprechende Begriffe gelten im Sinne der Gleichbehandlung für beide Geschlechter.

Das Werk ist urheberrechtlich geschützt. Alle Rechte, insbesondere die Rechte der Verbreitung, der Vervielfältigung, der Übersetzung, des Nachdrucks und der Wiedergabe auf fotomechanischem oder ähnlichem Wege, durch Fotokopie, Mikrofilm oder andere elektronische Verfahren sowie der Speicherung in Datenverarbeitungsanlagen, bleiben, auch bei nur auszugsweiser Verwertung, dem Verlag vorbehalten.

Es wird darauf verwiesen, dass alle Angaben in diesem Fachbuch trotz sorgfältiger Bearbeitung ohne Gewähr erfolgen und eine Haftung des Autors oder des Verlages ausgeschlossen ist.

ISBN 978-3-7073-3743-3

© Linde Verlag Ges.m.b.H., Wien 2018
1210 Wien, Scheydgasse 24, Tel.: 01/24 630
www.lindeverlag.at

Druck: Hans Jentzsch & Co GmbH
1210 Wien, Scheydgasse 31
Dieses Buch wurde in Österreich hergestellt.

PEFC zertifiziert
Dieses Produkt stammt aus nachhaltig bewirtschafteten Wäldern und kontrollierten Quellen
www.pefc.at

Gedruckt nach der Richtlinie „Druckerzeugnisse" des Österreichischen Umweltzeichens, Druckerei Hans Jentzsch & Co GmbH, UW Nr. 790

Vorwort zur 7. Auflage

Wir freuen uns, dass unser Jahreskommentar zum UmgrStG mittlerweile in der 7. Auflage angekommen ist und nicht nur in der Beratungspraxis äußerst positiv aufgenommen wurde, sondern auch zunehmend Eingang in die Rechtsprechung findet. Der Kommentar wird auch in Zukunft weiter wachsen und relevante Steuerfragen im Zusammenhang mit Umgründungen aktuell und praxisgerecht in einem Band bündeln. So wurden auch in dieser Auflage wie gewohnt die jüngsten Entwicklungen eingearbeitet. Dies betrifft im Hinblick auf die Verwaltungspraxis nicht nur die UmgrStR-Wartung 2017 (BMF-AV 2017/40), sondern etwa auch die – Ende 2017 – als Begutachtungsentwürfe vorliegenden Wartungserlässe der EStR und der KStR. Wie gewohnt wurden auch die umgründungsrelevante nationale und europäische Rechtsprechung sowie die Fachliteratur ausführlich berücksichtigt.

Für Hinweise, Kritik und Anregungen, die wir für die nächste Auflage gerne entgegennehmen, sind wir dankbar – Sie können uns Ihre Rückmeldungen unter der E-Mail-Adresse *umgrstg@lindeverlag.at* zukommen lassen.

Unser besonderer Dank gilt wiederum dem Lindeverlag und seinen Mitarbeitern, im Besonderen Herrn Mag. *Roman Kriszt*, für die uneingeschränkte und engagierte Unterstützung. Unseren Familien und Freunden danken wir für die persönliche Unterstützung und das Verständnis für die zeitliche Vernachlässigung, die dieses Kommentarprojekt alljährlich abverlangt.

Im März 2018 *Die Verfasser*

Vorwort zur 1. Auflage

Die 1991 erfolge Verabschiedung der unbefristeten Sonderregelungen des UmgrStG ließ sich – so die Materialien – „dahingehend rechtfertigen, daß Umgründungen wirtschaftlich betrachtet lediglich einen Formwechsel der Unternehmensorganisation darstellen und daher nicht als Realisierungsvorgänge, wie sie der Veräußerung oder der Auflösung eines Unternehmens(anteils) zugrunde liegen, gewertet werden müssen". Als Teil des allgemeinen Steuerrechts sollte das UmgrStG mehr Flexibilität und den Abbau von zuvor bestehenden Einschränkungen bringen.

Freilich ist das Umgründungssteuerrecht eine komplexe Materie geblieben und aufgrund der Internationalisierung des Steuerrechts in den vergangenen Jahren noch vielschichtiger geworden. Der vorliegende Kommentar hat es sich daher zum Ziel gesetzt, den Bedürfnissen der Praxis entsprechend zur raschen Klärung umgründungssteuerrechtlicher Fragen beizutragen. Die präzise, klar gegliederte, theoretisch fundierte und kritische Kommentierung soll ein schnelles Hineinlesen und Auffinden des gesuchten Problems ermöglichen und konkrete Lösungsansätze bieten. Die Kommentierung verarbeitet dabei die Rechtsprechung von EuGH, VwGH und UFS, die Verwaltungspraxis sowie das Schrifttum und befindet sich auf dem Stand 1. Jänner 2012.

Im Kommentar angeführte Paragraphen ohne Gesetzesbezeichnung beziehen sich auf das UmgrStG. Die in den Kommentierungen vorkommenden Randziffernsprünge sind bewusst gesetzt; sie dienen dazu, spätere Ausweitungen der Kommentierung ohne eine vollständige Umstellung der restlichen Randziffern zu ermöglichen.

Für Hinweise, Kritik und Anregungen, die wir für die nächste Auflage gerne entgegennehmen, sind wir dankbar – Sie können uns Ihre Rückmeldungen unter der E-Mail-Adresse umgrstg@lindeverlag.at zukommen lassen.

Unser besonderer Dank gilt dem Linde Verlag für die Idee zu diesem Kommentar und seinen Mitarbeitern, im Besonderen Herrn Mag. Roman Kriszt, für die uneingeschränkte und engagierte Unterstützung bei seiner Umsetzung. Unseren Familien und Freunden danken wir für die persönliche Unterstützung und das Verständnis für die zeitliche Vernachlässigung, die ein Kommentarprojekt abverlangt.

Im März 2012 *Die Verfasser*

Bearbeiterverzeichnis

Es wurden bearbeitet von

StB Assoz. Univ.-Prof. Dr. *Sebastian Bergmann*, LL.M. MBA, Institut für Finanzrecht, Steuerrecht und Steuerpolitik, Johannes Kepler Universität Linz
§§ 27–31

WP/StB Dr. *Gebhard Furherr*, Partner, LeitnerLeitner Linz
§§ 12–22

StB Dr. *Petra Hübner-Schwarzinger*, Hübner-Schwarzinger Steuerberatung GmbH Wien, FH Wien
§§ 23–26 (zusammen mit *Six*); §§ 39–45 (zusammen mit *Kofler*)

StB Dr. *Martin Jann*, Director, PwC Wien
§ 9 KStG (zusammen mit *Rittsteuer* und *Schneider*)

Univ.-Prof. DDr. *Georg Kofler*, LL.M., Institut für Finanzrecht, Steuerrecht und Steuerpolitik, Johannes Kepler Universität Linz
§§ 1–6 (zusammen mit *Six*); §§ 39–45 (zusammen mit *Hübner-Schwarzinger*)

StB Mag. *Franz Rittsteuer*, Senior Manager, PwC Wien
§ 9 KStG (zusammen mit *Jann* und *Schneider*)

MMag. *Thomas Schneider*, Senior Senior Manager, PwC Wien
§ 9 KStG (zusammen mit *Jann* und *Rittsteuer*)

Univ.-Lektor StB Dr. *Martin Six*, Senior Manager, Deloitte Wien
§§ 1–6 (zusammen mit *Kofler*), §§ 23–26 (zusammen mit *Hübner-Schwarzinger*)

Univ.-Lektor StB Dr. *Markus Stefaner*, Geschäftsführer, EY Österreich, Wirtschaftsuniversität Wien
§§ 7–11

StB Dr. *Kornelia Waitz-Ramsauer*, LL.M., Waitz-Obermühlner Rechtsanwälte
§§ 32–38f

Inhaltsverzeichnis

Vorwort zur 7. Auflage	V
Vorwort zur 1. Auflage	VI
Bearbeiterverzeichnis	VII
Abkürzungsverzeichnis	XIII
Literaturverzeichnis	XXI
Verzeichnis der abgekürzt zitierten Literatur	LXXXVII

1. Teil
Umgründungssteuergesetz

1. Hauptstück
Umgründungen

Artikel I
Verschmelzung

§ 1	Anwendungsbereich	1
§ 2	Übertragende Körperschaft	53
§ 3	Übernehmende Körperschaft	78
§ 4	Verlustabzug	154
§ 5	Behandlung der Anteilsinhaber	213
§ 6	Sonstige Rechtsfolgen der Verschmelzung	275

Artikel II
Umwandlung

§ 7	Anwendungsbereich	306
§ 8	Übertragende Körperschaft	362
§ 9	Rechtsnachfolger	378
§ 10	Verlustabzug	457
§ 11	Sonstige Rechtsfolgen der Umwandlung	482

Artikel III
Einbringung

§ 12	Anwendungsbereich	495
§ 13	Einbringungsstichtag	579
§ 14	Der Einbringende	595
§ 15	Einbringungsbilanz	605
§ 16	Bewertung von Betriebsvermögen	613
§ 17	Bewertung der nicht zu einem inländischen Betriebsvermögen gehörenden Kapitalanteile	681

§ 18	Die übernehmende Körperschaft	691
§ 19	Die Gegenleistung	745
§ 20	Die Anteile an der übernehmenden Körperschaft	767
§ 21	Verlustabzug	799
§ 22	Sonstige Rechtsfolgen der Einbringung	818

Artikel IV
Zusammenschluß

§ 23	Anwendungsbereich	836
§ 24	Übertragungsvorgang	872
§ 25	Die übernehmende Personengesellschaft	922
§ 26	Sonstige Rechtsfolgen des Zusammenschlusses	943

Artikel V
Realteilung

§ 27	Anwendungsbereich	951
§ 28	Teilungsvorgang	1001
§ 29	Bewertung des Betriebsvermögens in der Teilungsbilanz	1013
§ 30	Der Nachfolgeunternehmer	1041
§ 31	Sonstige Rechtsfolgen der Realteilung	1060

Artikel VI
Spaltung

§ 32	Anwendungsbereich	1073
§ 33	Spaltende Körperschaft	1101
§ 34	Neue oder übernehmende Körperschaften	1121
§ 35	Verlustabzug	1134
§ 36	Behandlung der Anteilsinhaber bei einer verhältniswahrenden Spaltung	1146
§ 37	Behandlung der Anteilsinhaber bei einer nicht verhältniswahrenden Spaltung	1168
§ 38	Sonstige Rechtsfolgen der Spaltung	1175
§ 38a	Steuerspaltungen	1185
§ 38b	Spaltungsvertrag	1199
§ 38c	Spaltende Körperschaft	1202
§ 38d	Behandlung der Anteilsinhaber bei einer die Beteiligungsverhältnisse wahrenden Spaltung	1205
§ 38e	Behandlung der Anteilsinhaber bei einer die Beteiligungsverhältnisse nicht wahrenden Spaltung	1211
§ 38f	Sonstige Rechtsfolgen der Spaltung	1214

2. Hauptstück
Ergänzende Vorschriften

§ 39	Mehrfache Umgründungen auf einen Stichtag	1218
§ 40	Rechtsgrundlage der Umgründungen	1227
§ 41	Lohnsteuerliche Verhältnisse	1228
§ 42	Vertragsübernahme	1229
§ 43	Anzeige- und Evidenzpflicht	1233
§ 44	Mißbräuchliche Umgründungen	1237
§ 45	Verweisung auf andere Bundesgesetze	1245
2. Teil	Änderung von Bundesgesetzen (nicht abgedruckt)	
3. Teil	Übergangs- und Schlußbestimmungen	1248
4. Teil	Vollziehung	1253
Anlage (zu Art. I, II, III und VI)		1254

Umgründungen und Gruppenbesteuerung

§ 9 KStG Unternehmensgruppen	1259
Stichwortverzeichnis	1387

Abkürzungsverzeichnis

1. BVRBG	Erstes Bundesverfassungsrechtsbereinigungsgesetz BGBl I 2008/2
AA	Abänderungsantrag
aA	anderer Ansicht
aaO	am angeführten Ort
AB	Ausschussbericht
AbgÄG	Abgabenänderungsgesetz
ABGB	Allgemeines bürgerliches Gesetzbuch JGS 1811/946
AbgSiG	Abgabensicherungsgesetz
abl	ablehnend
ABl	Amtsblatt der Europäischen Union, Reihe C: Mitteilungen und Bekanntmachungen, Reihe L: Rechtsvorschriften, Reihe S: Ausschreibungen
Abs	Absatz
aE	am Ende
AEUV	Vertrag über die Arbeitsweise der Europäischen Union
AfA	Absetzung für Abnutzung
AG	Aktiengesellschaft
AktG	Aktiengesetz 1965 BGBl 1965/98
aM	anderer Meinung
Anh	Anhang
ao	außerordentlich, -e, -er, -es
AÖF	Amtsblatt der österreichischen Finanzverwaltung
ARD	ARD-Betriebsdienst
AVOG	Abgabenverwaltungsorganisationsgesetz
AVRAG	Arbeitsvertragsrechtsanpassungsgesetz
BAO	Bundesabgabenordnung BGBl 1961/194
BewG	Bewertungsgesetz BGBl 1955/148
BudBG	Budgetbegleitgesetz
BFG	Bundesfinanzgericht
BFH	Bundesfinanzhof (Deutschland)
BG	Bundesgesetz
BGBl	Bundesgesetzblatt
BGH	Bundesgerichtshof (Deutschland)
BGHZ	Entscheidungen des (deutschen) Bundesgerichtshofes in Zivilsachen
BlgNR	Beilage zu den stenographischen Protokollen des Nationalrates
BMF	Bundesministerium für Finanzen
Bsp	Beispiel

Abkürzungsverzeichnis

BStBl	(deutsches) Bundessteuerblatt
BWG	Bankwesengesetz BGBl 1993/532
bzw	beziehungsweise
ca	circa
D	Deutschland
d	deutsch
dB	der Beilagen
DBA	Doppelbesteuerungsabkommen
dBFH	(deutscher) Bundesfinanzhof
ders, dies	derselbe, dieselbe(n)
dgl	dergleichen
dh	das heißt
dies	dieselbe, -n
E	Erkenntnis, Entscheidung
EAS	Express-Antwort-Service des Bundesministeriums für Finanzen
EB	Erläuternde Bemerkungen
EG	Europäische Gemeinschaften
entspr	entsprechend, -e
Entw	Entwurf
ErbStG	Erbschafts- und Schenkungssteuergesetz 1955 BGBl 1955/141
ErlRV	Erläuterungen zur Regierungsvorlage
ESt	Einkommensteuer
EStG	Einkommensteuergesetz 1988 BGBl 1988/400
EStR	Einkommensteuerrichtlinien 2000
et al	et alii
etc	et cetera
EU	Europäische Union
EuGH	Europäischer Gerichtshof
EU-VerschG	EU-Verschmelzungsgesetz BGBl I 2007/72
ev	eventuell
EWR	Europäischer Wirtschaftsraum
exkl	exklusive
f	und der (die) folgende
f, ff	folgt, folgende
FB	Firmenbuch
FG	Finanzgericht
FinStrG	Finanzstrafgesetz BGBl 1958/129
FJ	Finanzjournal
FN	Fußnote

FRL	(steuerliche) Fusions-Richtlinie (RL 2009/133/EG)
FS	Festschrift
FV	Finanzverwaltung
G	Gesetz
GA	Generalanwalt
GebAG	Gebührenanspruchsgesetz BGBl 1975/136
GebG	Gebührengesetz 1957 BGBl 1957/267
GebR	Gebührenrichtlinien
GedS	Gedenkschrift
gem	gemäß
GenG	Genossenschaftsgesetz RGBl 1873/70
GenVG	Genossenschaftsverschmelzungsgesetz BGBl 1980/223
GES	Zeitschrift für Gesellschaftsrecht und angrenzendes Steuerrecht
GesAusG	Gesellschafter-Ausschlussgesetz
GesbR	Gesellschaft bürgerlichen Rechts
GesRÄG	Gesellschaftsrechtsänderungsgesetz
GesRZ	Der Gesellschafter – Zeitschrift für Gesellschaftsrecht
GesSt	Gesellschaftsteuer
GesV	Gesellschaftsvertrag
GGG	Gerichtsgebührengesetz BGBl 1984/501
ggf	gegebenenfalls
glA	gleicher Ansicht
GmbH	Gesellschaft mit beschränkter Haftung
GmbH & Co KG	Gesellschaft mit beschränkter Haftung und Co. Kommanditgesellschaft
GmbHG	Gesetz über Gesellschaften mit beschränkter Haftung RGBl 1906/58
GP	Gesetzgebungsperiode
grds	grundsätzlich
GrESt	Grunderwerbsteuer
GrEStG	Grunderwerbsteuergesetz 1987 BGBl 1987/309
GrS	Großer Senat (dt BFH)
GZ	Geschäftszahl
hA	herrschende Ansicht
HB	Handbuch
hg	höchstgerichtlich
HGB	Handelsgesetzbuch RGBl 1897, 219 (jetzt UGB)
hL	herrschende Lehre
hM	herrschende Meinung

Abkürzungsverzeichnis

Hrsg	Herausgeber
HS	Halbsatz
IA	Initiativantrag
idF	in der Fassung
idgF	in der geltenden Fassung
idR	in der Regel
idS	in diesem Sinn
IFC	International Finance Corporation
iHd	in Höhe der
iHv	in Höhe von
inkl	inklusive
insb	insbesondere
iRd	im Rahmen der (des)
iRv	im Rahmen von
iSd	im Sinn des (der)
iSd (e), iSv	im Sinne des (eines), im Sinne von
iÜ	im Übrigen
iVm	in Verbindung mit
iZm	im Zusammenhang mit
JA	Justizausschuss
Jb	Jahrbuch
JBl	Juristische Blätter
KapBerG	Kapitalberichtigungsgesetz BGBl 1967/171
KEG	Kommandit-Erwerbsgesellschaft
KESt	Kapitalertragsteuer
KG	Kommanditgesellschaft
KMG	Kapitalmarktgesetz BGBl 1991/625
KöR	Körperschaft öffentlichen Rechts
KSt	Körperschaftsteuer
KStG	Körperschaftsteuergesetz 1988 BGBl 1988/401
KStR	Körperschaftsteuerrichtlinien 2013
KVG	Kapitalverkehrsteuergesetz dRGBl 1934, 1058
leg cit	legis citatae (der zitierten Vorschrift)
lfd	laufend
lit	litera
lt	laut
mE	meines Erachtens
mHa	mit Hinweis auf
mVa	mit Verweis auf

Abkürzungsverzeichnis

mwN	mit weiteren Nachweisen/Nennungen
NR	Nationalrat
Nr	Nummer
oa	oben angeführt
oÄ	oder Ähnliches
OdGL	Ort der Geschäftsleitung
OECD-MA	Musterabkommen der OECD
OECD-MK	Kommentar zum OECD-MA idF 15.7.2005
OEG	Offene Erwerbsgesellschaft
OG	Offene Gesellschaft
öG	öffentliches Gut
OGH	Oberster Gerichtshof
ÖJZ	Österreichische Juristenzeitung
ÖJZ-LSK	Leitsatzkartei der ÖJZ
ÖStZ	Österreichische Steuer-Zeitung
ÖStZB	Die finanzrechtlichen Erkenntnisse des VwGH und des VfGH, Blg zur Österreichischen Steuerzeitung
oV	ohne Angabe des Verfassers
Pkt	Punkt
QuSt	Quellensteuer
RL	Richtlinie der EU
Rs	Rechtssache
Rsp	Rechtsprechung
RV	Regierungsvorlage
Rz	Randzahl
S	Satz, Seite
s	siehe
SA	Schlussantrag
SBV	Sonderbetriebsvermögen
SCE	Societas Cooperativa Europaea (Europäische Genossenschaft)
SCE-VO	Verordnung über das Statut der Europäischen Genossenschaft
SchenkMG	Schenkungsmeldegesetz BGBl I 85/2008
SE	Societas Europaea
SEG	SE-Gesetz BGBl I 2004/67
SE-VO	Verordnung über das Statut der Europäischen Gesellschaft
sog	so genannte/-er/-es
SpaltG	Spaltungsgesetz BGBl 1996/304 (Art XIII)
SpG	Sparkassengesetz BGBl 1979/64
SPRW	Spektrum der Rechtswissenschaft

Abkürzungsverzeichnis

StiftEG	Stiftungseingangssteuergesetz BGBl I 2008/85
StiftEingSt	Stiftungseingangssteuer
str	strittig
StReformG	Steuerreformgesetz
stRsp	ständige Rechtsprechung
StruktVG	Strukturverbesserungsgesetz BGBl 1969/69
SWI	Steuer und Wirtschaft International
SWK	Steuer- und Wirtschaftskartei
TS	Teilstrich(e)
TWA	Teilwertabschreibung
Tz	Textzahl(en), Textziffer(n)
u	und
ua	und andere(s), unter anderem
uÄ	und Ähnliche(s)
udgl	und dergleichen
uE	unseres Erachtens
UFS	Unabhängiger Finanzsenat
UFSaktuell	UFS aktuell (Zeitschrift)
UFSjournal	UFSjournal (Zeitschrift)
UGB	Unternehmensgesetzbuch dRGBl 1897, 219
uHa	unter Hinweis auf
UmgrStG	Umgründungssteuergesetz BGBl 1991/699
UmgrStR	Umgründungssteuerrichtlinien 2002
UmS	Umgründungsrechtssammlung
UmwG	Umwandlungsgesetz BGBl 1996/304
UStG	Umsatzsteuergesetz 1994 BGBl 1994/663
UStR	Umsatzsteuerrichtlinien 2000
usw	und so weiter
uU	unter Umständen
va	vor allem
VAG	Versicherungsaufsichtsgesetz BGBl 1978/569
VfGH	Verfassungsgerichtshof
VfSlg	Sammlung der VfGH-Erkenntnisse und Beschlüsse
vgl	vergleiche
VPR	Verrechnungspreisrichtlinien
VwGH	Verwaltungsgerichtshof
VwSlg	Erkenntnisse und Beschlüsse des Verwaltungsgerichtshofes
WE	Wartungserlass

Z	Zahl, Ziffer
zB	zum Beispiel
zR	zu Recht
zT	zum Teil

Literaturverzeichnis

Achatz/Aigner/Kofler, G./Tumpel (Hrsg), Internationale Umgründungen (2005).

Achatz/Aigner/Kofler, G./Tumpel (Hrsg), Praxisfragen der Unternehmensbesteuerung (2011).

Achatz/Haslehner, § 9 Abs 9 KStG – Änderungen in der Unternehmensgruppe, in: *Quantschnigg/Achatz/Haidenthaler/Trenkwalder/Tumpel* (Hrsg), Gruppenbesteuerung (2005) 225.

Achatz/Kirchmayr (Hrsg), Körperschaftsteuergesetz (2011).

Achatz/Kirchmayr, Großmutterzuschüsse und Umgründungen, taxlex 2013, 377.

Achatz/Kofler, G., Internationale Verschmelzungen nach dem AbgÄG 2004, GeS 2005, 119.

Achatz/Pichler/Stockinger, § 9 Abs 10 KStG, in: *Quantschnigg/Achatz/Haidenthaler/Trenkwalder/Tumpel* (Hrsg), Gruppenbesteuerung (2005) 237.

Adensamer, Verschmelzungsstichtag und Rechtsträgerexistenz, GeS 2009, 328.

Adensamer/Eckert, Das Kollisionsrecht der grenzüberschreitenden Verschmelzung, GES 2007, 95 (Teil I), und GES 2007, 143 (Teil II).

Aiglsperger, Steuerfreibetrag für Betriebsübergaben ab 2000, RdW 1999, 683.

Aigner, EuGH zur Einbringung nach Art 9 Fusionsrichtlinie, SWI 2002, 259.

Aigner, Vermögen bei einer Einbringung nach Art 9 Fusionsrichtlinie, SWI 2001, 173.

Aigner, Wegfall einer internationalen Schachtelbeteiligung infolge einer Verschmelzung und § 10 Abs 3 KStG, SWI 2000, 224.

Aigner/Kofler, G., Grenzen der grenzenlosen Verlustverwertung – Überlegungen zum Wechsel zwischen unbeschränkter und beschränkter Steuerpflicht –, in: *BMF/JKU* (Hrsg), Einkommensteuer – Körperschaftsteuer – Steuerpolitik, GedS Quantschnigg (2010) 17.

Aigner/Kofler, G./Moshammer/Tumpel, „Konzernklauseln" im Körperschaftsteuerrecht, GES 2015, 182.

Aigner/Kofler, G./Tumpel, „Verlustspreizung" und Nachversteuerung von Auslandsverlusten, GES 2013, 306.

Aigner/Sedlaczek, Verschmelzung des Gruppenträgers auf eine gruppenfremde Gesellschaft, SWK 2009 S 801.

Aigner/Tissot, Rs. Hughes de Lasteyrie du Saillant – Gemeinschaftsrechtswidrigkeit von Wegzugsbesteuerungen innerhalb der EuGH, SWI 2004, 293.

Aigner/Züger, Internationale Realteilung, in: *Achatz/Aigner/Kofler, G./Tumpel* (Hrsg), Internationale Umgründungen (2005) 154.

Allgäuer, Ausschüttungsfiktion bei der Umwandlung mit Auslandsbezug, in: *Kirchmayr/Mayr, G.* (Hrsg), Umgründungen (2013) 73.

Allram/Pinetz, Errichtende Umwandlung kann als Vermögensübertragung in der Gruppe qualifizieren, GES 2017, 330.

Allram/Pinetz, VwGH zu errichtenden Umwandlungen in der Unternehmensgruppe, ÖStZ 2017/872, 624.

Alterdinger, Ausschüttungsfiktion gem § 9 Abs 6 UmgrStG bei Verschmelzung gem Art I UmgrStG und gleichzeitiger Umwandlung gem Art II UmgrStG, ÖStZ 2004, 131.

Alterdinger, Steuerlicher Praxisfall einer verschmelzenden Umwandlung gem Art II UmgrStG, ÖStZ 2004, 25.

Literaturverzeichnis

Althuber, Aktuelles zur Umwandlung (Art II UmgrStG), ZUS 2012, 5.
Althuber, Steuerliche Gesamtrechtsnachfolge bei Umgründungen im Konzern, in: Vavrovsky (Hrsg), Handbuch Konzernhaftung (2008) 55.
Althuber, UFS: Nichteinhaltung der Zweijahresfrist – Gesellschaftsteuerpflicht bei Einbringungen, ZUS 2012, 132.
Althuber/Mang, Bescheidwirkungen bei Umgründungen von Kapitalgesellschaften, GeS 2004, 15.
Althuber/Vondrak (Hrsg), Steuerrecht für Juristen (2012).
Aman, „Down Stream Fusion" – Verbot der Einlagenrückgewähr, Gläubigerschutz und Minderheitenrechte, RdW 1995, 292.
Aman, Aufhebung der Mindest-KöSt idF StruktAnpG 1996 und Umwandlungen nach Art II UmgrStG, ÖStZ 1997, 109.
Aman, Der Verlustvortrag bei Verschmelzungen, SWK 1991, A I 345.
Aman, Einbringung durch Anwachsung – UmgrStG, KVG und GrEStG, ÖStZ 1995, 255.
Aman, Einbringungen nach Strukturverbesserungsgesetz und Umgründungsgesetz – Vergleich und Vorteilhaftigkeitsüberlegungen, ÖStZ 1992, 197.
Aman, Ergebnisverbesserung im Konzern durch steuerliche Verlustverwertung, SWK 1993, A 420.
Aman, Grunderwerbsteuer bei Einlagen und Umgründungen ohne Gegenleistung in- und außerhalb des UmgrStG, ÖStZ 1994, 348.
Aman, Nochmals: Fusionsverlust und „Down Stream" Verschmelzung, ecolex 1996, 601.
Aman, Spaltungen nach dem EU-Gesellschaftsrechtsänderungsgesetz, in: *Aman* (Hrsg), Das EU-Gesellschaftsrechtsänderungsgesetz (1996) 89.
Aman, Steuerliche Aspekte von „Down Stream Mergers", SWK 1992, A I 372.
Aman, UmgrStG: Praxiswert bei Verschmelzungen und Umwandlungen, ÖStZ 1995, 139.
Aman, Umgründungen und Grunderwerbsteuerpflicht nach dem neuen Umgründungssteuergesetz, ÖStZ 1992, 100.
Aman, Umgründungsverursachte internationale Schachtelbeteiligungen vor und nach dem AbgÄG 1996, SWI 1997, 144.
Aman, Verdeckte Gewinnausschüttung, in: *Aman* (Hrsg), Körperschaftsteuer 1997 (SWK-Sonderheft) (1997) 26.
Aman, Verlustübergang bei Verschmelzungen und Umwandlungen, in: *Tinti* (Hrsg), Sorgfalt und Verantwortung, FS Jakobljevich (1996) 125.
Aman/Mühlehner, Nochmals: Gesellschaftsteuerpflicht von Geschwister- und Großmutterzuschüssen, SWK 1993, A 295.
Amberger/Petutschnig, Ökonomische und ertragsteuerliche Wirkungen der Firmenwertabschreibung in der Unternehmensgruppe, Anmerkungen zur Entscheidung des UFS vom 16.4.2013, ÖStZ 2013, 569.
Andreaus, Anteilsveräußerung nach rückwirkender Verschmelzung: Von Stolpersteinen und anderen Fallstricken, taxlex 2008, 421.
Andreaus/Hristov, Umwandlung mit Auslandsbezug nach dem Budgetbegleitgesetz 2012, taxlex 2012, 96.
Andreaus/Sulz, Die neuen UmgrStR: Zusammenschluss – Wichtige Klarstellungen und unberücksichtigte Anregungen zu Art IV UmgrStG, ÖStZ 2007, 535.

Angerer/Hebenstreit/Ludwig, Ausgewählte Zweifelsfragen der internationalen Schachtelbeteiligung bei Umgründungen, RWZ 2014/43, 183.

Apfelthaler, Zum Übergang von Verlustvorträgen und noch nicht verrechneten Siebenteln bei Umgründungen, SWK 2011, S 518.

Arlt, Einlagenrückgewähr beim Upstream Merger, GesRZ 2016, 219.

Arnold, Änderungen im Kapitalverkehrsteuer- und im Gebührengesetz durch BGBl 1994/629, AnwBl 1994, 947.

Arnold, Des Kommanditisten fiskalbedingte Metamorphosen, RdW 1999, 238.

Arnold, Umgründungsbegünstigungen im Gesellschaftsteuerrecht, in: *König/ Schwarzinger, W.* (Hrsg), Körperschaften im Steuerrecht, FS Wiesner (2004) 29.

Arnold/Arnold, Rechtsgebühren[9] (2011).

Artl, Die grenzüberschreitende Verschmelzung von Kapitalgesellschaften innerhalb der EU, FJ 2008, 85

Astl/Gutfleisch, Die GesbR-Novelle 2015 unter dem Aspekt des Umgründungssteuerrechts, ecolex 2015, 568.

Bachl, Anmerkungen zur Verschmelzungs-, Umwandlungs- und Spaltungsprüfung, GesRZ 2000, 6.

Bachl, Der Anwendungsbereich von Art IV und V UmgrStG, ecolex 2001, 814.

Bachl, Entstehung und Wegfall verlustverursachender Beteiligungen bei Umgründungen, ecolex 1997, 604.

Bachl, Negativer Firmenwert und andere Hindernisse, SWK 2004, S 989.

Bachl, Rückwirkende Abschaffung der umgründungsbedingten Firmenwertabschreibung verfassungswidrig, ecolex 2000, 318.

Bachl, Unternehmenskauf: Kombinationsmodell noch zeitgemäß? ecolex 1995, 289.

Bachl, Verlustvortragsrecht und Firmenwert in der Unternehmensgruppe, ecolex 2006, 422.

Bachl/Staringer, Der Anteilstausch nach der EU-Fusionsrichtlinie im österreichischen Umgründungssteuerrecht, SWI 1994, 400.

Bachner, Squeeze-out durch Spaltung, ecolex 2000, 360.

Balber-Peklar, Der Dividendenvorbehalt bei Einbringungen und Spaltungen im Umgründungssteuerrecht, taxlex 2012, 407.

Barborka, Nachzahlungen für GSVG-Versicherungsbeiträge sind nicht rückstellungsfähig – Ungewisse Schulden in der Privatsphäre des Unternehmers, SWK 2000, S 481.

Barth, Beschränkung der Firmenwertabschreibung auf Beteiligungen an unbeschränkt steuerpflichtigen Körperschaften verstößt gegen Niederlassungsfreiheit, UFSjournal 2013, 220.

Bartl, Änderungen im UmgrStG, KStG, EStG – Was bringt das Budgetbegleitgesetz 2003 Neues? FJ 2003, 243.

Bartl, Der UmgrStR-Wartungs-Erlass 2003, FJ 2004, 221 (Teil I), und FJ 2004, 264 (Teil II).

Bartl, Die Besteuerung von Unternehmensgruppen ab 2005, FJ 2004, 179.

Bartl, Steuerliche und sozialversicherungsrechtliche Änderungen für 1. Jänner 2004, FJ 2003, 389.

Bartl, Umgründungen im Überblick, FJ 2003, 291 (Teil I: Verschmelzung), FJ 2003, 324 (Teil II: Umwandlung), FJ 2003, 358 (Teil III: Einbringung), FJ 2003, 401

(Teil IV: Zusammenschluss), FJ 2004, 14 (Teil V: Realteilung), FJ 2004, 66 (Teil VI: Handelsspaltung), und FJ 2004, 96 (Teil VII: Steuerspaltung).
Bartl, Umgründungssteuerrichtlinien 2002, FJ 2003, 165.
Bartl/Berger, Geplante steuerliche Änderungen durch das Budgetbegleitgesetz 2003, FJ 2003, 105.
Bauer, Die körperschaftsteuerliche Organschaft aus aktueller Sicht, in: *Bertl* (Hrsg), Praxis und Zukunft der Unternehmensbesteuerung, FS Heidinger (1995) 171.
Bauer/Petutschnig, Abgabensicherungsgesetz 2007 – Neuerungen bei der Gruppenbesteuerung, taxlex 2007, 598.
Baumann, Die Übertragung von Verlustvorträgen, SWK 1993, A 44.
Baumann, Fusionsgewinne und -verluste, SWK 1994, D 31.
Baumann/Simader, M&A-Transaktionen im Konzern, in: *Fraberger/Baumann/Plott/Waitz-Ramsauer* (Hrsg), Handbuch Konzernsteuerrecht² (2014) 565.
Baumann/Waitz-Ramsauer (Hrsg), Handbuch Unternehmenskauf und Due Diligence, Band II: Tax (2010).
Baumgartner, Erstmalige Einbeziehung in eine Unternehmensgruppe nach erfolgter Umgründung, taxlex 2015, 107.
Baumgartner, Öffentlich-rechtliche Aspekte der Unternehmensnachfolge, in: *Ennöckl/Raschauer, N./Schulev-Steindl/Wessely* (Hrsg), Festschrift für Bernhard Raschauer zum 65. Geburtstag (2013) 11.
Bavenek-Weber, Die Bewegung des Grundstücks bei Rechtsvorgängen iSd § 1 Abs 2 GrEStG, BFGjournal 2017, 22.
Bednar/Reisch/Wiesner, Umgründungen, Unternehmensübergang und betriebliche Pensionsvorsorge, RdW 1995, 489.
Beiser, Buchwertfortführung auch bei Einbringungen durch im Ausland Ansässige? SWI 2014, 476.
Beiser, Der Wechsel zur Gewinnermittlung nach § 5 EStG anlässlich einer Einbringung nach Art III UmgrStG – Widersprechen die Rz 816 und 817 UmgrStR dem Gesetz? ÖStZ 2012, 325.
Beiser, Die Aufteilung von Verbindlichkeiten im Zuge einer Realteilung, ÖStZ 1992, 265.
Beiser, Die Aufwertung nach § 124b Z 57 EStG iVm einer Einbringung von Minderheitsanteilen nach Art III UmgrStG, GesRZ 2008, 292.
Beiser, Die Ausschüttungssperre für umgründungsbedingte Kapitalrücklagen – Redaktionsversehen d Gesetzgebers oder fehlerhafte Auslegung? GesRZ 2005, 3.
Beiser, Die Einbringung von Betriebsvermögen aus Mitunternehmerschaften sowie die Einbringung von Mitunternehmeranteilen, GesRZ 1993, 192.
Beiser, Einbringungen von Gebäuden ohne Grund und Boden – Wie kann auf eine übernehmende Körperschaft übertragen werden? SWK 2017, 1242.
Beiser, Die Einlagenrückzahlung im Fall von Kapitalerhöhungen und Umgründungen, SWK 1996, A 339.
Beiser, Die Einmalerfassung bei der Einlagenrückzahlung in Kombination mit Umgründungen, ÖStZ 2002, 69.
Beiser, Die Einmalerfassung bei negativem Einbringungskapital und nachfolgender Umwandlung, GES 2003, 144.
Beiser, Die Einmalerfassung im Gemeinschaftsrecht, SWI 2008, 59.

Beiser, Die Firmenwertabschreibung bei ausländischen Gruppenmitgliedern, SWK 2013, 923.

Beiser, Die Firmenwertabschreibung bei ausländischen Gruppenmitgliedern, Die drei Optionen bei ausländischen Gruppenmitgliedern, SWK 2013, 923.

Beiser, Die Gerichtsgebühr für Realteilungen nach TP 9 und den §§ 26, 26a GGG – Die Ermäßigung der Bemessungsgrundlage, SWK 2013, 1238.

Beiser, Die Gleichbehandlung von In- und Auslandsansässigen bei Einbringungen, ÖStZ 2014/690, 431.

Beiser, Die Realteilung im Umgründungssteuergesetz, ÖStZ 1991, 318.

Beiser, Ein Wechsel der Gewinnermittlungsart anlässlich von Einbringungen, SWK 2006, S 613.

Beiser, Einlagenrückzahlung im Fall von Umgründungen, RdW 1996, 611.

Beiser, Einlagenrückzahlung und Einmalerfassung bei Umgründungen, RdW 2013/617, 627.

Beiser, Grenzüberschreitende Einbringung und Umwandlungen nach dem AbgÄG 2010, ÖStZ 2010, 363.

Beiser, Grenzüberschreitende Einbringungen, RdW 2009, 113.

Beiser, Gruppenende durch Verschmelzung vor Ablauf der Mindestdauer, SWK 2008, S 594.

Beiser, Mitunternehmeranteile als Einbringungsgegenstand – Gestaltungsfreiheit versus Missbrauch, ÖStZ 2010, 562.

Beiser, Nochmals: Die Einlagenrückzahlung im Fall von Umgründungen, SWK 1996, A 548.

Beiser, Steuerklauseln als wirksames Instrument der Steuerberatung – Ereignisse mit Wirkung für die Vergangenheit, SWK 2005, S 612.

Beiser, Umgründungen im Licht der Finanzierungsfreiheit, RdW 2002, 121.

Beiser, Die unionsrechtswidrige Diskriminierung von in Deutschland Ansässigen bei Einbringungen in Österreich, IStR 2016, 582.

Beiser, Unionsrechtswidrige Diskriminierungen nach Art III UmgrStG idF AbgÄG 2015, RdW 2016/333, 433.

Beiser, Verschmelzung und Einlagenrückzahlung, RdW 1997, 242.

Bendlinger/Kofler, G., RuSt 2012: Highlights aus dem Workshop „Internationales Steuerrecht", RdW 2012, 615.

Berger/Bürgler/Kanduth-Kristen/Wakounig, UStG-ON² (2010).

Bergmann, H., Die Reichweite des steuerlichen Abzugsverbots von Aufwendungen für Beteiligungen und Kapitalveranlagungen mit DBA-Vorteilen, in: *Bergmann, H.* (Hrsg), Praxisfragen zum Körperschaftsteuerrecht, FS Werilly (2000) 31.

Bergmann, S., „Verunglückte" Realteilungen, GES 2012, 97.

Bergmann, S., Ausgleichsposten bei äquivalenzverletzenden Realteilungen, SWK 2012, 493.

Bergmann, S., Die Ausschüttungssperre des § 235 Abs 1 UGB nach dem AbgÄG 2015, ecolex 2016, 313.

Bergmann, S., Betriebliche Veranlassung einer Kreditverbindlichkeit in Zusammenhang mit einer vor dem Einbringungsstichtag getätigten fremdfinanzierten Barentnahme (Anm zu UFS 28. 9. 2010, RV/1187-L/08), GES 2011, 39.

Bergmann, S., Gebot rechnerisch doppelter Wechsel der Gewinnermittlungsart bei Realteilungen mit fortgesetzter Einnahmen-Ausgaben-Rechnung (Anm zu VwGH 25. 7. 2013, 2011/15/0046), GES 2013, 522.
Bergmann, S., Keine Gesellschaftsteuer bei unverzinsten unbaren Entnahmen (Anm zu UFS 22. 3. 2011, RV/2013-W/06), GES 2011, 353.
Bergmann, S., Keine rückbezogene Einlagenbewertung bei zusammenschlussbedingter Übertragung von nicht begünstigtem Vermögen (Anmerkung zu VwGH 20.1.2016, 2012/13/0013), GES 2016, 191.
Bergmann, S., Neue GrESt-Begünstigung für Umgründungen – Unklarheiten im Zusammenhang mit Realteilungen, SWK 2016, 13.
Bergmann, S., Steuerhinterziehungs- und Missbrauchsterminologie im europäischen Steuerrecht, SWI 2010, 477*Bergmann*, Subkontentechnik bei der Evidenzierung von Einlagen und Innenfinanzierung, SWK 2016, 1498.
Bergmann, S., Umgründungsbedingter Übergang offener Verlustsiebentel iSd § 12 Abs 3 Z 2 KStG, GES 2011, 88.
Bergmann, S., Vorschläge zur Verbesserung von Art V UmgrStG (Realteilung), GES 2012, 190.
Bergmann, S./Bieber (Hrsg) KStG-Update (2015).
Bergmann, S./Wurm, Ergebnisabführungsverträge im neuen Einlagenrückzahlungsregime, SWK 2016, 1277.
Bernwieser, Fragen zur Nichtfestsetzung im Zusammenhang mit Gegenleistungsanteilen – UmgrStR-Wartungserlass 2017, ÖStZ 2017/652, 437.
Bertl, Ansatz- und Bewertungsvorschriften nach UGB und IAS für die immateriellen Wirtschaftsgüter, in: *Bertl/Eberhartinger/Egger/Kalss/Lang/Nowotny/Riegler/Schuch/ Staringer*, Immaterielle Vermögenswerte (2006) 105.
Bertl, Die Auseinandersetzung zwischen Gesellschaftern der Personengesellschaft, in: *Kofler, H.* (Hrsg), Rechnungswesen und Besteuerung der Personengesellschaften, FS Vodrazka (1991) 189.
Bertl/Djanani/Eberhartinger/Hirschler/Kofler, H./Tumpel/Urnik (Hrsg), Handbuch der österreichischen Steuerlehre Band III – Gründung, Umgründung und Beendigung von Unternehmen[2] (2010).
Bertl/Eberhartinger/Egger/Kalss/Lang/Nowotny/Riegler/Schuch/Staringer (Hrsg), Immaterielle Vermögenswerte (2006).
Bertl/Eberhartinger/Egger/Kalss/Lang/Nowotny/Riegler/Schuch/Staringer (Hrsg), Sonderbilanzen bei Umgründungen (2008).
Bertl/Fraberger, Materielle Instrumente der Bilanzpolitik, RWZ 2000, 154.
Bertl/Fraberger, Sonderfragen zu Ausschüttungssperren, RWZ 2000, 274.
Bertl/Hirschler, Ausschüttungssperre infolge einer Umgründung, RWZ 2001, 126.
Bertl/Hirschler, Behandlung von Großmutterzuschüssen im Handels- und Steuerrecht, RWZ 1998, 138.
Bertl/Hirschler, Bilanzielle Behandlung der Abschichtung des vorletzten Gesellschafters einer Personengesellschaft, RWZ 2011, 129.
Bertl/Hirschler, Bilanzielle Behandlung von Aufwendungen im Zusammenhang mit Umgründungen, RWZ 2013/86, 331.
Bertl/Hirschler, Bilanzierung der Schwester-Abspaltung im Konzern, RWZ 2012, 139.
Bertl/Hirschler, Bilanzierung einer Abspaltung bei spaltender und aufnehmender Gesellschaft, RWZ 2014/10, 36.

Bertl/Hirschler, Einlagenbewertung bei Umgründungen, RWZ 1998, 170.

Bertl/Hirschler, Schlussbilanz und Umwandlungsbilanz – Systematisierung der Unterschiede, RWZ 2013/93, 365.

Bertl/Hirschler, UmgrStG: Auswirkungen das StruktAnpG auf den Unternehmenswert und das Äquivalenzprinzip, RdW 1996, 610.

Bertl/Hirschler, Umgründung und latente Steuern, RWZ 2013/47, 174.

Bertl/Hirschler, Umgründungen durch Mehrfachzüge und deren bilanzielle Folgen, RWZ 2014/44, 189

Bertl/Hirschler, Unterbleiben der Anteilsgewährung bei Einbringung durch Mitunternehmerschaft, RWZ 1996, 365.

Bertl/Hirschler, Verschmelzung von Kapitalgesellschaften – erforderliche Bilanzen, RWZ 1997, 131.

Bertl/Hirschler, Wechsel der Gewinnermittlung und Umgründungen, RWZ 1997, 244.

Bertl/Mandl, Handbuch zum Rechnungslegungsgesetz (Loseblattsammlung).

Bieber, Highlights zum Abgabensicherungsgesetz 2007, taxlex 2008, 47.

Bieber, Verunglückte Umwandlung aufgrund Nichterfüllung des Betriebserfordernisses – Untergang der Verlustvorträge und der Mindestkörperschaftsteuer (Anm zu UFS 4. 6. 2010, RV/1080-L/05), GES 2010, 146.

Bieber/Lehner, M., Zwangsverwertung von Verlustvorträgen bei Wegzug? SWI 2013, 497.

Binder, Neuerungen in den Umgründungssteuerrichtlinien 2002 (Teil II), FJ 2006, 54.

Birnbauer, Realteilung (Naturalteilung) des Unternehmens einer zweigliedrigen offenen Gesellschaft durch Übertragung eines Betriebes auf einen dadurch ausscheidenden Gesellschafter, GES 2014, 77.

Birnbauer, Übertragung des Betriebes eines protokollierten Einzelunternehmens auf eine neu errichtete Kommanditgesellschaft, welcher der bisherige Inhaber des Einzelunternehmens als Kommanditist angehört, GES 2014, 25.

Bitzyk, Die Einlagenrückzahlung im Fall von Einbringungen – eine Erwiderung, SWK 1996, A 499.

Blasina, Betriebsabspaltung mit Beteiligung und Fremdfinanzierung (Anmerkung zu BFG 21.12.2015, RV/7102158/2013), BFGjournal 2016, 70.

Blasina, Betriebserfordernis bei Umwandlung auf den Hauptgesellschafter, BFGjournal 2015, 422.

Blasina, Gescheiterte Einbringung wegen verdeckter Treuhand (Anmerkung zu UFS 12. 12. 2013, RV/1218-W/11), BFGjournal 2014, 24.

Blasina, Gewinnfreibetrag bei Einbringung – Nur Anschaffungen bis zum Einbringungsstichtag sind verwertbar, SWK 2013, 1201.

Blasina, GmbH & atypisch stille Gesellschaft mit nachfolgender Einbringung (Anmerkung zu BFG 19. 5. 2014, RV/7102356/2011), BFGjournal 2014, 416.

Blasina, Teilwertabschreibungssiebentel und Umgründungen, SWK 2007, S 455.

Blasina, Wertverschiebungen bei einem Downstream-Merger, UFSjournal 2013, 55.

Blocher/Gelter/Recher (Hrsg), Festschrift Christian Nowotny zum 65. Geburtstag (2015).

Blum, Die Firmenwertabschreibung iSd § 9 Abs 7 KStG aF: Rechtsfolgen bei Pflicht zur Ausweitung auf Auslandsbeteiligungen, SWI 2015, 334.

Blum, Verlustverwertung beschränkt Steuerpflichtiger in der Unternehmensgruppe, ecolex 2013, 471.

Literaturverzeichnis

Blum/Spies, Anteilstausch und Gesellschaftsteuer – richtlinienwidrige Umsetzung? GES 2012, 456.
Blum/Spies, Ausländische Verluste im Lichte des Unionsrechts – die Rs. *A Oy* und ihre Implikationen für Österreich, SWI 2013, 213.
Blum/Spies, Zweifelsfragen zur Gesellschaftsteuer beim Anteilstausch, ÖStZ 2012, 455.
Blumers/Kinzl, Änderungen der FRL: Warten auf den EuGH, BB 2005, 971.
Bodis/Fiala/Lattner/Ofner, Änderungen im Grunderwerbsteuergesetz, in: *Mayr, G./ Lattner/Schlager, C.* (Hrsg), Steuerreform 2015/16, SWK-Spezial (2015) 86.
Bodis/Schlager, C., Grunderwerbsteuer: Alles bleibt besser, RWZ 2014/32, 133.
Bodis/Varro, Anmerkung zu *Plott/Vaishor*, Ausgewählte Zweifelsfragen zur GrESt-Anteilsvereinigung in der Unternehmens- und Beratungspraxis, RdW 2016/385, 512.
Bodis/Varro, GrESt neu: Anteilsübertragung und Anteilsvereinigung (§ 1 Abs 2a und 3 GrEStG), RdW 2016, 39.
Bodis/Varro, GrESt-Neu: Anteilsvereinigung und Anteilsübertragung, in: *Kirchmayr/Mayr/Hirschler* (Hrsg), Aktuelle Fragen der Konzernbesteuerung (2016) 81.
Bordewin, Neues von der Realteilung, DStZ 1992, 353.
Bovenkamm/Reisch, Eigenständiger „Gewinn"-Begriff im Umgründungssteuerrecht? SWK 1998, S 389.
Brandstätter/Puchner, Anrechnungszeitpunkt der verschmelzungsbedingt übergegangenen Mindestkörperschaftsteuer, SWK 2007, S 883.
Brauner, Grunderwerbsteuer NEU ab 1.1.2016, WT 2016, 334.
Brenner/Tumpel, Internationales Steuerrecht und Fusionen, in: *Pernsteiner* (Hrsg), Handbuch Fusionen (2002) 539.
Briem, Gesellschafterausschluss bei Kapitalgesellschaften im Steuerrecht, in: *Achatz/Ehrke-Rabel/Heinrich/Leitner/Taucher* (Hrsg), Steuerrecht, Verfassungsrecht, Europarecht, FS Ruppe (2007) 68.
Bruckner, Abgabenänderungsgesetz 2005 im Bundesgesetzblatt veröffentlicht, ÖStZ 2006, 3.
Bruckner, Änderungen beim Verlustabzug bei Umgründungen durch UmgrStG und BBG 2003, ÖStZ 2004, 358.
Bruckner, Aprupte Streichung der verschmelzungsbedingten Firmenwertabschreibung auch für Altfälle ist verfassungswidrig, ÖStZ 2000, 221.
Bruckner, Der Einfluss der Gruppenbesteuerung auf die Unternehmensreorganisation, ÖStZ 2005, 495.
Bruckner, Die Firmenwertabschreibung im Steuerrecht – Steuerbegünstigung für den Unternehmenserwerb oder steuersystematische Notwendigkeit, in: *Heidinger/Bruckner* (Hrsg), Steuern in Österreich, FS KWT (1998) 109.
Bruckner, Die Rückstellung von Versicherungsbeiträgen nach dem GSVG für pflichtversicherte Vollkaufleute, SWK 1999, W 41.
Bruckner, Entstehen bzw Erweitern einer internationalen Schachtelbeteiligung bei Umgründungen, ÖStZ 1999, 548.
Bruckner, Firmenwertabschreibung im UmgrStG: Ist Österreich wirklich eine Steueroase, ÖStZ 1995, 225.
Bruckner, Firmenwertabschreibung und Buchverlust bei Fusion nach Art I UmgrStG, RdW 1993, 197.

Bruckner, Gruppenbesteuerung – Top oder Flop? ÖStZ 2005, 257.
Bruckner, Objektbezogener Verlustvortragsübergang bei Verschmelzungen, in: *Bergmann, H.* (Hrsg), Praxisfragen zum Körperschaftsteuerrecht, FS Werilly (2000) 77.
Bruckner, Unternehmenskauf und -verkauf nach dem Strukturanpassungsgesetz, in: *Bertl* (Hrsg), Steuerplanung 1997 (1997) 55.
Bruckner, Verschmelzungen und Einbringungen nach UmgrStG oder StruktVG? SWK 1992, A I 177.
Bruckner/Bartos/Rabel/Seidl/Widinski, Gruppenbesteuerung (2005).
Bruckner/Hirschler, Einlagenrückzahlung gem § 4 Abs 12 EStG und Umgründungen, in: *Institut Österreichischer Wirtschaftsprüfer (IWP)* (Hrsg), Wirtschaftsprüfer-Jahrbuch 1998 (1999) 307.
Bruckner/Kolienz, UmgrStR-Wartungserlass 2006/07: Neuerungen beim Verlustabzug, ÖStZ 2007, 474.
Bruckner/Zöchling, Die Mitunternehmerschaft nach der Steuerreform, FJ 1989, 97 (Teil 1), und FJ 1989, 121 (Teil 2).
Brugger, Importverschmelzung – Auswirkungen auf das Einlagen- und Innenfinanzierungsevidenzkonto, SWK 2017, 975.
Brugger/Plott/Zöchling, Einlagenrückzahlung „neu" und (Konzern-)Steuerplanung, in: *Mayr, G./Schlager, C./Zöchling* (Hrsg), Handbuch Einlagenrückzahlung (2016) 51.
Buschmann, Ausschüttungssperre auf umgründungsbedingte Kapitalrücklagen bei Umgründungen zum Buchwert? SWK 2004, W 79.
Buschmann/Mayerhofer, Abzugsfähigkeit von Schuldzinsen, ÖStZ 2000, 675.
Buzanich, Einbringung eines freiberuflichen Teilbetriebes (2003).
Christiner, Ausschüttungssperre gem § 235 Z 3 HGB für alle im Zuge von Umgründungen gebildeten Rücklagen, RWZ 2004, 193.
Christiner, Die Übertragung von nicht begünstigtem Vermögen auf eine Personengesellschaft, in: *Eberhartinger/Fraberger/Hirschler* (Hrsg), Rechnungswesen Wirtschaftsprüfung Steuern, FS R. Bertl (2013) 549.
Christiner, Verkehrswertzusammenschluss bei fortgesetzter Einnahmen-Ausgaben-Rechnung, in: *Kammer der Wirtschaftstreuhänder* (Hrsg), Personengesellschaften und andere Mitunternehmerschaften sowie ihre Gesellschafter, GedS Bruckner (2013) 389.
Christiner, Zusammenschluss gem Art IV UmgrStG und unbare Entnahme, RWZ 2005, 225.
Christiner/Wiesner, Die Umgründungssteuergesetznovelle im Budgetbegleitgesetz 2003 – eine erste Analyse, RWZ 2003, 193.
Christiner/Wiesner, Spekulationstatbestände nach einer Schwesternverschmelzung bzw einer entflechtenden Schwesternabspaltung zur Aufnahme, RWZ 2001, 65.
Czajka/Drabek, Rechtsunsicherheiten im Umgründungssteuerrecht? SWK 1993, A 188.
Czajka/Drabek, Zersplitterte Gesamtrechtsnachfolge? FJ 1992, 206.
Czurda, Zur Frage der Grunderwerbsteuer bei Übernahme des Unternehmens einer zweigliedrigen Personenges. durch einen d. Gesellschafter, ÖStZ 1979, 235.
Damböck, Anwachsung und Umgründung, ÖStZ 2000, 119.

Literaturverzeichnis

Damböck, Ausländische Tochtergesellschaften in der Unternehmensgruppe, in: Damböck/Haunold/Huemer/Schuch (Hrsg), Gruppenbesteuerung (2006) 107.

Damböck, Die Firmenwertabschreibung in der Unternehmensgruppe, in: Damböck/Haunold/Huemer/Schuch (Hrsg), Gruppenbesteuerung (2006), 123.

Damböck, Einbringung von Kapitalanteilen durch ausländische Konzerngesellschaften, SWI 1999, 238.

Damböck, Grenzüberschreitende Hereinverschmelzung, ecolex 2000, 741.

Damböck, Handelsbilanzrechtliche und ertragsteuerliche Folgen verzögerter und verunglückter (down-stream) Verschmelzungen, ÖStZ 1999, 502.

Damböck, Konzerninterne Umgründungen als Steuergestaltungselement, in Fraberger/Baumann/Plott/Waitz-Ramsauer (Hrsg), Handbuch Konzernsteuerrecht (2008) 629.

Damböck, Steuerfalle beim down-strem-merger mit ausländischen Anteilsinhabern, ecolex 2007, 712.

Damböck, Umwandlung ausländischer Kapitalgesellschaften in Personengesellschaften, SWI 2001, 6.

Damböck, Umwandlungen ausländischer operativer EU-Körperschaften, ÖStZ 2004, 274.

Damböck, Verschmelzung und Gruppenbesteuerung, ecolex 2007, 158.

Damböck/Haunold/Huemer/Schuch (Hrsg), Gruppenbesteuerung (2006).

Damböck/Hecht, OGH: Allgemeine Kapitalerhaltungsgrundsätze gelten bei Verschmelzung! RdW 2000, 1.

Damböck/Schrottmeyer, Errichtende Umwandlung einer ausländischen Körperschaft mit inländischen Anteilsinhaber – kein Anwendungsfall des Art II UmgrStG, ÖStZ 2002, 607.

Daxkobler, Bewertungsfragen zur rückwirkenden Übertragung von nicht begünstigtem Vermögen iSd Art IV UmgrStG, ÖStZ 2012, 246.

Daxkobler, SWI-Jahrestagung: Grenzüberschreitende Einbringung von Mitunternehmeranteilen durch eine Kapitalgesellschaft, SWI 2012, 128.

Daxkobler/Hasanovic/Kerschner/Steindl, BFH-Rechtsprechungsübersicht (II), ecolex 2011, 1151.

Dehn/Krejci, Das neue UGB1 (2005) 48 ff.

Demal, Investitionszuwachsprämie bei errichtender Umwandlung, SWK 2008, S 362.

Demschner/Stefaner, Gruppenbesteuerung: Sandwichgruppen möglich?, SWI 2009, 9.

Djanani/Kapferer, Wirtschaftliche Aspekte der Vorsorgemaßnahmen gem § 24 UmgrStG bei handelsrechtlicher Buchwertfortführung, ÖStZ 2003, 535.

Dokalik, Gemeinsame Selbstberechnung der Grundbucheintragungsgebühr mit der Grunderwerbsteuer, SWK 2015, 837.

Dokalik/Hirschler, RÄG 2014 – Reform des Bilanzrechts (2015).

Doralt, Doppelte Verlustverwertung bei Verschmelzung? RdW 1995, 195.

Doralt, Firmenwertabschreibung von Beteiligungen – eine verantwortungsvolle Steuerpolitik?, RdW 2004, 248.

Doralt, Gemeiner Wert eines fabriksneuen PKW, RdW 1995, 323.

Doralt, Gruppenbesteuerung – Widersprüche sachlich gerechtfertigt? RdW 2005, 50.

Doralt, Schwesternverschmelzung: Schuldzinsen abzugsfähig? RdW 1998, 438.

Doralt, Steuermissbrauch bei Umgründungen, RdW 2001, 761.
Doralt, Steueroase Österreich – Firmenwertabschreibung ein Etikettenschwindel, ecolex 1995, 661.
Doralt, Steueroase Österreich, ÖStZ 1995, 207.
Doralt, Steuersparmodell für Konzerne: Buchverluste bei der Umwandlung steuerwirksam, RdW 1989, 281.
Doralt, Umgründungsbedingter Verlust der Firmenwertabschreibung? RdW 2011, 118.
Doralt, Zur Gestaltung handelsrechtlicher Vorschriften über die Spaltung, in: *Nowotny/Doralt* (Hrsg), Kontinuität und Wandel, FS Kastner (1992) 123.
Doralt/Kohlbacher, Der Kommanditist und die Halbsatzbegünstigung nach § 37 Abs 5 EStG, ÖStZ 1997, 327.
Doralt/Nowotny/Kalss (Hrsg), Kommentar zum Aktiengesetz² (2012).
Doralt/Ruppe, Grundriss des österreichischen Steuerrechts, Band I¹⁰ (2012).
Doralt/Ruppe, Grundriss des österreichischen Steuerrechts, Band I⁹ (2007).
Dorazil, Kapitalverkehrsteuergesetz2 (1997).
Dorda, „Squeezeout durch Spaltung?" – Eine Replik, RdW 1999, 185.
Drabek/Reiter, Ausschüttungssperre für Aufwendungen aus Umgründungen: ein Redaktionsversehen, RdW 1997, 317.
Drabek/Reiter, Die Einlagenrückzahlung im Fall von Umgründungen – eine Replik, FJ 1996, 196.
Dziurdz, Firmenwertabschreibung auf ausländische Gruppenmitglieder steuerneutral? ÖStZ 2013, 461.
Eckert, Die Überwindung der Palmström-Doktrin, ecolex 2002, 97.
Eckert, Kapitalentsperrung bei Verschmelzungen, GeS 2006, 383.
Egermann/Winkler, Die errichtende Umwandlung – eine Haftungsfalle? RdW 2002, 325.
Egger, Änderungen des Umgründungssteuergesetzes, ecolex 2003, 493.
Egger, Der Arbeitsgesellschafter im UmgrStR, ecolex 2001, 818.
Egger, Einlagen und Einbringungen gemäß § 202 HGB, in: *Bertl* (Hrsg), Praxis und Zukunft der Unternehmensbesteuerung, FS Heidinger (1995) 223.
Egger, Stand und Entwicklungstendenzen der Unternehmensbewertung, in: *Aicher/Funk/Korinek/Krejci/Ruppe* (Hrsg), Unternehmensbewertung – Betriebswirtschaftliche und juristische Beiträge (1981) 1.
Ehrke-Rabel/Rabel, Umsatzsteuer bei Einlagen von Gesellschaftern in Gesellschaften – Eine Analyse vor dem Hintergrund der jüngeren Rechtsprechung des EuGH, in: *Kammer der Wirtschaftstreuhänder* (Hrsg), Personengesellschaften und andere Mitunternehmerschaften sowie ihre Gesellschafter, GedS Bruckner (2013) 491.
Eismayr, Grenzüberschreitende Konzentrationsverschmelzungen (2005).
Endfellner, Steuerliche Folgen einer SE-Gründung durch Hereinverschmelzung, ecolex 2005, 937.
Ennöckl, Die Anwendung des Strukturverbesserungsgesetzes bei Überschuldung von Unternehmen oder Betrieben, in: *Vodrazka* (Hrsg), Strukturverbesserung – Praxis und Recht, FS Helbich (1990) 17.
Enzinger, Fusion von Personengesellschaften, GesRZ 1996, 85.
Enzinger/Prinz, Steuerliche Konsequenzen von Gemeindefusionen, RFG 2013/7, 26.

Erdelyi, Gruppenbesteuerung und Umgründungen, in: *Damböck/Haunold/ Schuch/Huemer* (Hrsg), Gruppenbesteuerung (2006) 147.

Erhart, Die Umsetzung des EG-Rechts in innerstaatliches Recht – Kriterien für Verordnung und Richtlinien, in: *Gassner/Lechner* (Hrsg), Österreichisches Steuerrecht und europäische Integration (1992) 29.

Eschenbach, Die Aufgaben des Controllers bei Umgründungen, RWZ 1992, 244.

Fantur, Abspaltung zur Aufnahme auf eine Vorgesellschaft, GeS 2003, 55.

Farmer, Bewertung eines Mitunternehmeranteils für Zwecke der ErbSt, RdW 1996, 338.

Farmer, Der tätigkeitsbezogene Betriebsbegriff, RdW 2009, 130.

Farmer, Kapitalverkehrsteuer bei aufeinanderfolgenden Einbringungen, RdW 1995, 410.

Farmer, Verlustübergangs- und Verlustvortragsbeschränkungen im Umgründungssteuerrecht – Missbrauchsbekämpfung oder Steueranknüpfung? in: *Pülzl/Partl* (Hrsg), Steuerberatung im Synergiebereich von Praxis und Wissenschaft, FS Pircher (2007) 99.

Fattinger, Investitionsentscheidungen im Wirtschaftstreuhandbetrieb und Kanzleibewertung, in: *Bertl* (Hrsg), Handbuch für Wirtschaftstreuhänder (1989) 214.

Feil, Anschaffungskosten von Beteiligungen bei Umwandlung, GesRZ 2004, III.

Feith, Die Umwandlung einer slowakischen Gesellschaft mit beschränkter Haftung (s.r.o.) in eine Kommanditgesellschaft (k.s.) aus Sicht österreichischer Gesellschafter, SWI 2005, 532.

Fellner, Anmeldung eines Umgründungsvorganges zum Firmenbuch im Sinne der §§ 13 Abs 1, 24 Abs 1 und 28 zweiter Satz UmgrStG, ecolex 1997, 354.

Fellner, Bedenken gegen die Ermittlung des neuen Grundstückswerts, SWK 2016, 144.

Fellner, Eintragung in das Firmenbuch als Nachweis der tatsächlichen Übertragung des Vermögens gem §§ 12, 23 und 27 UmgrStG, ecolex 1996, 454.

Fellner, Gebühren und Verkehrssteuern, Band II – Grunderwerbsteuer (Loseblattsammlung).

Fellner, Neue Aspekte zur Verfassungswidrigkeit einheitswertabhängiger Geldleistungen, ÖStZ 2011, 271.

Fellner, Neuordnung der Grundbuchsgebühren, ÖStZ 2012, 535.

Fellner, Unterschiedliche Bemessungsgrundlagen bei Grunderwerbsteuer und Eintragungsgebühren, ÖStZ 2014/407, 268.

Fellner, Verspätete Anmeldung von Umgründungsvorgängen – Anmerkungen zu 6 Ob 124/97x, ecolex 1998, 704.

Fellner, Weitere öffentlich-rechtliche Geldleistungen bei Unternehmensnachfolge, in: *Nadvornik/Kofler, H./Renner/Schwarz* (Hrsg), Steuergestaltung und Betriebswirtschaft, FS Schlager (2012) 741.

Ferch, Auflösung von Kapitalrücklagen und Einlagenrückzahlung, ÖStZ 1996, 222.

Fida/Grossmayer, Grenzüberschreitende Verschmelzungen von Kapitalgesellschaften nach dem EU-VerschG, SWK 2008, W 75.

Fink, BFG: Das Beteiligungsverhältnis übersteigende Verlustzurechnung an atypisch stille Gesellschafter bei Art IV UmgrStG, RdW 2015/521, 602.

Foglar-Deinhardstein/Trettnak, Cross-Border Merger aus Deutschland nach Österreich bei weiterbestehendem Listing, GesRZ 2013, 198.

Fraberger, Der VfGH zur Mehrfachvergebührung im GebG – ein Aufhebungsbeschluss mit „Erdrutschcharakter"? RdW 2009, 442.

Fraberger/Hirschler/Kanduth-Kristen/Ludwig/Mayr, G. (Hrsg), Handbuch Sonderbilanzen I (2011) und II (2010).

Fraberger/Petritz (Hrsg), Das neue Schenkungsmeldegesetz, SWK-Spezial (Juli 2008).

Fraberger/Petritz, Das neue Schenkungsmeldegesetz 2008, JEV 2009, 50.

Fraberger/Zöchling, Gemeinschaftsrechtliche Vorgaben für die Neuregelung der Wegzugsbesteuerung durch den österreichischen Gesetzgeber, ÖStZ 2004, 410 (Teil I), und ÖStZ 2004, 433 (Teil II).

Frei, Ausgewählte Fragen der Verlustverwertung im Konzern, in: *Fraberger/Baumann/Plott/Waitz-Ramsauer* (Hrsg), Handbuch Konzernsteuerrecht² (2014) 349.

Frei, Objektbezug beim Verlustvortragsübergang anlässlich der Umgründung des Gruppenträgers, ecolex 2008, 169.

Frei, Regelungen im neuen § 18 Abs 2 UmgrStG nicht sachgerecht? SWK 2006, S 41.

Frei, Teilwertabschreibungen in der Gruppe und Kürzung des Verlustvortrags bei Verschmelzung, taxlex 2007, 532.

Frei, Verlustvortragsübergang bei Umgründungen innerhalb von Unternehmensgruppen, ecolex 2006, 1.

Frei/Waitz-Ramsauer, Sacheinlage in eine am Sacheinlagenstichtag nicht existierende Kapitalgesellschaft – Art III UmgrStG nicht anwendbar? ÖStZ 2012, 328.

Freudhofmeier Die Auswirkungen von Umgründungen auf die Lohnverrechnung – Praxisrelevante Fragen und Aspekte, FJ 2003, 286.

Freudhofmeier, Die Auswirkungen von Umgründungen auf die Lohnverrechnung, FJ 2003, 286.

Frick/Sulz, Ausschüttungsregelung durch Gewinnermittlungs- und Gewinnverwendungsvorschriften im Jahresabschluss nach RLG, in: *Seicht* (Hrsg), Jahrbuch für Controlling und Rechnungswesen 1993 (1993) 129.

Fröhlich, Der Wandel des Bescheidadressaten durch Rechtsnachfolge, ÖStZ 1997, 44.

Frotz/Kaufmann (Hrsg), Grenzüberschreitende Verschmelzungen (2008).

Fuchs, Aktuelle VfGH-Judikatur Entfall der Firmenwertabschreibung doch verfassungswidrig? ÖStZ 1999, 233.

Fugger, Verschärfungen in der österreichischen Wegzugsbesteuerung ab 1.1.2016, IStR 2016, 574.

Fuhrmann/Kunisch, Grundstückswert, ZLB 2016/7, 14.

Furherr, Ausschüttungsfiktion bei negativen Einbringungsbuchwerten: Zweifelsfragen zur Berechnung der Bemessungsgrundlage der KESt-Schuld und zur Fälligkeit, die leider unbeantwortet bleiben mussten, GES 2017, 166.

Furherr, Erfordernis der Existenz der übernehmenden Körperschaft am Einbringungsstichtag? (Anm zu UFS 28. 3. 2012, RV/1213-W/06), GES 2012, 253.

Furherr, EuGH-Urteil in der Rs A.T.: Auslegung der FusionsbesteuerungsRL und Schlussfolgerungen für das österreichische Umgründungsteuerrecht, SWI 2009, 188.

Furherr, Grenzüberschreitende Einbringung von Mitunternehmeranteilen, RdW 2008, 813.

Furherr, Grenzüberschreitende Einbringungen und Bewertung der Gegenleistungsanteile nach dem AbgÄG 2005, SWI 2007, 111.

Furherr, Internationales Schachtelprivileg nach § 10 Abs 3 KStG, SWI 2006, 492.
Furherr, Kein Erfordernis der rechtlichen Existenz der übernehmenden Körperschaft am Einbringungsstichtag nach Art III UmgrStG (Anm zu VwGH 18. 12. 2012, 2012/15/0114), GES 2013, 39.
Furherr, Keine Gesellschaftsteuer bei Zinslosigkeit einer unbaren Entnahme (Anm zu UFS 23. 4. 2012, RV/2369-W/08), GES 2012, 413.
Furherr, Stichtagsbilanz und Gegenleistungsbestimmung als Anwendungsvoraussetzungen des Art III UmgrStG? (Anmerkung zu BFG 14. 4. 2014, RV/5100888/2010), GES 2014, 309.
Furherr, Überhöhte unbare Entnahme bei einer Einbringung (Anm zu UFS 4. 2. 2013, RV/0217-L/09), GES 2013, 315.
Furherr, Upstream-Einbringung und negativer Buchwert der Beteiligung, RdW 2017/385, 530.
Furherr/Huber, Internationale Umgründungen nach der Fusionsbesteuerungsrichtlinie (2009).
Gaier, GebG[5] (2010).
Ganske, Umwandlung von Unternehmen, DB 1992, 125.
Gassner, Bewertung bei der Umgründung in Handels- und Steuerbilanz, GesRZ 1992, 90.
Gassner, Bewertung bei Umgründungen im Handels- und Steuerrecht, ecolex 1992, 43.
Gassner, Die Bedeutung der Rechtsnachfolge im Steuerrecht, in: *Doralt/Ruppe/Gassner/Lechner/Tanzer/Werndl* (Hrsg), Steuern im Rechtsstaat, FS Stoll I (1990) 317.
Gassner, Die neue Gruppenbesteuerung – Eine Alternative zum Begutachtungsentwurf, SWK 2004, T 74.
Gassner, Die neue Gruppenbesteuerung – Stärken und Schwächen des Begutachtungsentwurfes, SWK 2004, S 347.
Gassner, Einlagen und Zuwendungen sowie Entnahmen im Handels- und im Ertragsteuerrecht, FJ 1990, 183.
Gassner, Einlagen, Entnahmen und verwandte Tatbestände im Bilanzrecht, SWK 1990, A I 387.
Gassner, Steuerliche Rechtsnachfolge und Strukturverbesserungsrecht, in: *Vodrazka* (Hrsg), Strukturverbesserung – Praxis und Recht, FS Helbich (1990) 33.
Gatterer, Der Wartungserlass 2011 (Art I) zu den UmgrStR im Zusammenhang mit der Gruppenbesteuerung, taxlex 2012, 85.
Gatterer, Die wichtigsten Neuregelungen im Umgründungssteuergesetz im Zusammenhang mit dem Abgabenänderungsgesetz 2012, taxlex 2012, 502.
Geiger, Praktische Fragen und Anmerkungen zum Übergang von Bescheinigungen gemäß § 15 A-QAG nach gesellschaftsrechtlichen Umgründungsvorgängen, RWZ 2012, 351.
Geist, Rechtsfolgen der rechnungslegungsrechtlichen Größenklasseneinstufung in der (Um-)Gründungsphase, SWK 1998, W 169.
Geist, Umgründungen und rechnungslegungsrechtliche Größenklassen, WBl 2001, 358.
Germuth/Toifl, Zweifelsfragen iZm internationalen Aspekten der Gruppenbesteuerung, Zurechnung und Einkommensermittlung nach § 9 Abs 6 Z 6 KStG, taxlex 2005, 226.

Geutebrück, Wegzugsbesteuerung betrieblichen Vermögens – Auswirkungen der Rechtssache National Grid Indus, in: *Eberhartinger/Fraberger/Hirschler* (Hrsg), Rechnungswesen Wirtschaftsprüfung Steuern, FS R. Bertl (2013) 649.

Gierlinger/Müller, Übersicht über geplante steuerliche Änderungen im Abgabenänderungsgesetz 2003, SWK 2003, T 245.

Gierlinger/Müller, Übersicht über steuerliche Änderungen im Budgetbegleitgesetz 2003 (Teil II), SWK 2003, T 141.

Göschl/Kovar/Wahrlich, Die Firmenwertabschreibung im Umgründungssteuerrecht im Lichte der Missbrauchsproblematik, in: *Albeseder/Manhartsgruber/Roth/ Schmidl/Spritzey* (Hrsg), Wirtschaft Steuer Recht, FS Wundsam (2003) 383.

Granner, Überlegungen zur Unternehmensnachfolge im System des allgemeinen Verwaltungsrechts, SPRW V&V 2011, 72.

Greindl, BUSt-Pflicht bei Schwesternspaltung ohne Anteilsgewährung, ecolex 1999, 57.

Greindl, Verbotene Einlagenrückgewähr bei Umgründungen im Konzern, RdW 1999, 762.

Gröhs, Die Subsumtion ausländischer Gesellschaftsformen unter die Tatbestände des EStG und KStG, ÖStZ 1985, 307.

Gröhs/Bitzyk, Das Strukturanpassungsgesetz und die entgeltliche Unternehmensübertragung, ecolex 1996, 399.

Gröhs/Damböck, Kein Fremdkapitalzinsenabzug durch Umgründung, ÖStZ 2003, 3.

Gruber, Die Missbrauchsbestimmungen des § 44 UmgrStG, ÖStZ 2010, 157.

Gruber, Die Sanierung im Unternehmenssteuerrecht (2014).

Grüner, Abgereifte IFBs sind doch in das Evidenzkonto gemäß § 4 Abs 12 EStG 1988 aufzunehmen, SWK 1999, S 640.

Grünwald, Probleme des Rechtsüberganges bei Spaltungen, GesRZ 1995, 110.

Hackl, Der Missbrauchstatbestand im österreichischen Umgründungssteuerrecht im Lichte des Falls *Foggia*, taxlex 2013, 9.

Hafner/Heinrich, Internationale Umwandlungen nach dem AbgÄG 2004, GeS 2005, 210.

Haidenthaler/Preining, § 9 Abs 7 KStG – Firmenwertabschreibung, in: *Quantschnigg/Achatz/Haidenthaler/Trenkwalder/Tumpel* (Hrsg), Gruppenbesteuerung (2005) 171.

Haimerl, Spaltung von Körperschaften – Art VI UmgrStG, ecolex 1992, 724.

Harrer, Internationale Verschmelzung, GesRZ 1995, 141.

Hasanovic/Spies, SWI-Jahrestagung: (Teil-)Betriebseinbringung aus einem Nicht-DBA-Land, SWI 2013, 171.

Hasanovic/Spies, SWI-Jahrestagung: Einbringung von Anteilen an einer vermögensverwaltenden deutschen KG, SWI 2013, 444.

Hasanovic/Spies, SWI-Jahrestagung: EU-Importverschmelzung, SWI 2011, 125.

Hasenauer, Vorschlag zur Änderung der EU-FRL: Ende der Verdoppelung stiller Reserven? GES 2004, 434.

Haslehner, Ausschluss der Firmenwertabschreibung auf Beteiligungen an nicht unbeschränkt steuerpflichtigen Körperschaften unionsrechtswidrig! (Anmerkung zu UFS Linz 16.4.2013, RV/0073-L/11 et al), GES 2013, 358.

Haslehner/Kofler, G., Auslandsverluste und ausländisches Steuerrecht: Neuregelung durch das 1. StabG 2012, GES 2012, 350.

Literaturverzeichnis

Haslehner/Urtz, Grenzen der Gruppenbesteuerung, in: *Achatz/Aigner/Kofler, G./ Tumpel* (Hrsg), Praxisfragen der Unternehmensbesteuerung (2011) 355.

Haslinger, Gruppenbesteuerung und Umgründungen, in: *Mühlehner/Zöchling* (Hrsg), Die neue Gruppenbesteuerung, SWK-Sonderheft (2004) 82.

Haunold, AbgÄG 1997: Einbringung von Zwerganteilen nach Art III UmgrStG, ÖStZ 1998, 90.

Haunold, Abspaltung in eine Schwesterngesellschaft nach Handels- und Steuerrecht, RWZ 1999, 97.

Haunold, Einbringung von Zwerganteilen nach Art III UmgrStG, ÖStZ 1996, 343.

Haunold, Einlagenrückzahlung nach § 4 Abs 12 EStG und internationale Schachtelbeteiligung, RdW 1996, 447.

Haunold, Ertragsteuerliche Behandlung der Auflösung von Mitunternehmerschaften, ecolex 1995, 211.

Hebenstreit/Knapp, 7 Jahre Gruppenbesteuerung – ein Überblick über die bisherige UFS-Judikatur, taxlex 2012, 131.

Hebenstreit/Stückler, Überlegungen zur Einbringung von Beteiligungen nach Art III UmgrStG, GesRZ 2015, 115.

Heffermann/Wimpissinger, Steuerfalle Gruppenbesteuerung, GES 2013, 137.

Heidenbauer, Keine Siebentelung von Übergangsverlusten bei unter Art III UmgrStG fallenden Einbringungen (Anmerkung zu VwGH 17. 12. 2014, 2012/13/0126), ecolex 2015/129, 332.

Heidenbauer, Stiftungsnahe Veräußerung: Keine Besteuerung nach fiktiven Sachverhalten, taxlex 2012, 45.

Heiderer, Die unbare Entnahme bei der Betriebseinbringung iSd Art III UmgrStG, SWK 2005, S 637.

Heidinger, Anregungen zu Gewinnermittlungsrichtlinien, ÖStZ 1990, 39.

Heidinger, Neues Fusionsrecht der GmbH, SWK 1996, B 19.

Heinlein/Krenn, Gruppenbesteuerung und Umgründungen – Kein rückwirkendes Ausscheiden eines Gruppenmitgliedes bei errichtender Umwandlung, SWK 2017, 1171.

Heinrich, Forderungsverzicht des Gesellschafters: Bestätigt der VwGH tatsächlich den BFH? RdW 1999, 50.

Helbich, Bemerkungen zum Recht der Umgründungen, in: *Enzinger* (Hrsg), Aktuelle Probleme des Unternehmensrechts, FS Frotz (1993) 287.

Helbich, Fragen des Strukturverbesserungs-Rechtes, in: *Loebenstein* (Hrsg), Wirtschaftspraxis und Rechtswissenschaft, FS Kastner (1972) 201.

Helbich, Zum Ministerialentwurf des Umgründungssteuergesetzes, SWK 1991, A I 367.

Helbich/Widinski, Umgründungen von Privatstiftungen, in: *Bergmann, H.* (Hrsg), Praxisfragen zum Körperschaftsteuerrecht, FS Werilly (2000) 141.

Helbich/Wiesner/Bruckner (Hrsg), Handbuch der Umgründungen (Loseblatt).

Herzig, Besteuerung der grenzüberschreitenden Spaltung von Kapitalgesellschaften, in: *Fischer* (Hrsg), Besteuerung internationaler Konzerne (1993) 67.

Herzig/Dautzenberg/Heyeres, System und Schwächen der Fusionsrichtlinie, DB 1991, 2.

Herzig/Förster, Steueränderungsgesetz 1992: Die Umsetzung der Fusionsrichtlinie in deutsches Steuerrecht (Teil 1), DB 1992, 911.

Herzog, Steuerneutrale Realteilung, ÖStZ 1989, 144.

Herzog/Wiesner, Abgabenänderungsgesetz 1996 und EU-Abgabenänderungsgesetz, RdW 1996, 601.

Hilber, Aspekte der Grundstücksveräußerungen iSd § 30 EStG bei Umgründungen, ecolex 2013, 1105.

Hilber, Zur Möglichkeit der Umgründung eines Voluptuarbetriebes, SWK 1998, S 515.

Hirschler (Hrsg), Bilanzrecht (2010).

Hirschler, Änderungen des Umgründungssteuergesetzes durch das AbgÄG 2004, taxlex 2005, 12 (Teil I), und taxlex 2005, 52 (Teil II).

Hirschler, Anforderung an das Steuerrecht bei grenzüberschreitenden Verschmelzungen, eastlex 2008, 6.

Hirschler, Anforderungen an eine vom Jahresabschlussstichtag um einen Tag abweichende Bilanz, ÖStZ 2012/569, 317.

Hirschler, Anmerkungen zum UmgrStR-Wartungserlass 2012, taxlex 2012, 10 (Art I), und taxlex 2012, 93 (Art II).

Hirschler, Ausgewählter Überblick über ertragsteuerliche Änderungen durch das 2. AbgÄG 2014, ÖStZ 2014/886, 557.

Hirschler, Ausschüttungssperre und Umgründungen, GES 2004, 224.

Hirschler, Bewertung von Einlagen im Rahmen von Umgründungen und deren Folgebewertung, in: *Blocher/Gelter/Pucher* (Hrsg), Festschrift Christian Nowotny zum 65. Geburtstag (2015) 555.

Hirschler, Checkliste: Bewertung Verschmelzung, taxlex 2008, 425.

Hirschler, Die Bilanzierung der Solidarhaftung bei Spaltung einer Kapitalgesellschaft, RWZ 1996, 97.

Hirschler, Die Einbringung von Mitunternehmeranteilen, die mit einem Fruchtgenussrecht belastet sind, ÖStZ 1997, 10.

Hirschler, Die Europäische Aktiengesellschaft – Umgründungsmaßnahmen im Zusammenhang mit der Gründung dieser neuen Rechtsform, in: *König/Schwarzinger, W.* (Hrsg), Körperschaften im Steuerrecht, FS Wiesner (2004) 145.

Hirschler, Die Firmenwertabschreibung bei Fusionen, RWZ 1993, 137.

Hirschler, Die Liquidation von Körperschaften, in: *Bertl/Mandl/Mandl/Ruppe* (Hrsg), Von der Gründung bis zur Liquidation (2003) 147.

Hirschler, Die Spaltungsprüfung, in: *Gassner* (Hrsg), Zukunftsaufgaben der Wirtschaftsprüfung, FS Deloitte & Touche (1997) 25.

Hirschler, Die steuerliche Behandlung einer „missglückten" Handelsabspaltung, SWK 2003, S 466.

Hirschler, Einlagenrückzahlung und Umgründungen, RdW 1996, 556.

Hirschler, Ertragsteuerliche Fragen im Zusammenhang mit der Beendigung von Körperschaften, in: *Bergmann, H.* (Hrsg), Praxisfragen zum Körperschaftsteuerrecht, FS Werilly (2000) 149.

Hirschler, Firmenwertabschreibung – Gruppenbesteuerung – Umgründung, in: *Fritz-Schmied/Kanduth-Kristen/Urnik* (Hrsg), Steuerwissenschaften und betriebliches Rechnungswesen, FS Kofler (2009) 287.

Hirschler, Geplante Änderungen im UmgrStG durch das AbgÄG 2005, taxlex 2005, 605.

Hirschler, Geschäftsführerverhältnisse im Lichte des UmgrStG, taxlex 2008, 84.

Literaturverzeichnis

Hirschler, Geschäftsführerverhältnisse und Umgründungen, taxlex 2005, 425.
Hirschler, Gesellschaftsrechtliche und organisatorische Fragen zur Liquidationsspaltung einer Holdinggesellschaft, RdW 1996, 137.
Hirschler, Grenzüberschreitende Umgründungen – Harmonisierung und deren Grenzen, in: Vienna Law Inauguration Lectures – Antrittsvorlesungen an der Rechtswissenschaftlichen Fakultät der Universität Wien, Bd 3 (2014) 1.
Hirschler, Grenzüberschreitende Verschmelzungen von Kapitalgesellschaften, RWZ 2000, 2.
Hirschler, Gruppenbesteuerung: Finanzielle Verbindung und Umgründung, taxlex 2005, 510.
Hirschler, Nochmals: Einlagenrückzahlung und Umgründungen, RdW 1997, 106.
Hirschler, Rechnungslegung bei Umgründungen, RWZ 2012, 178.
Hirschler, Teileinbringung von Mitunternehmeranteilen, taxlex 2006, 254.
Hirschler, Umgründungen im Zusammenhang mit der neuen Immobilienertragsteuer, in: *Eberhartinger/Fraberger/Hirschler* (Hrsg), Rechnungswesen Wirtschaftsprüfung Steuern, FS R. Bertl (2013) 717.
Hirschler, Umgründungen und Verluste, in: *Kirchmayr/Mayr, G.* (Hrsg), Umgründungen (2013) 139.
Hirschler, Unterbleiben der Anteilsgewährung gemäß § 19 Abs 2 UmgrStG – „Kreisabtretungen" bei identen Beteiligungsverhältnissen wirklich erforderlich? ÖStZ 2013/578, 354.
Hirschler, Verhältniswahrende Spaltung: Auswirkungen bei Beteiligungen iSd § 31 EStG, ÖStZ 1996, 85.
Hirschler, Wie wirkt sich der Anteilstausch nach § 37 UmgrStG auf die Beteiligung nach § 31 EStG aus? ecolex 1995, 829.
Hirschler/Aumayr, Das Abzugsverbot von Zinsen im Zusammenhang mit Beteiligungen, in: *Kirchmayr/Mayr, G./Hirschler* (Hrsg), Abzugsverbote im Konzern (2015) 15.
Hirschler/Aumayr, Leistungsbeziehungen des Gesellschafters mit der Gesellschaft und deren steuerliche Realisation bei Umgründungen, ÖStZ 2014/454, 300.
Hirschler/Hübner-Schwarzinger, Die Umgründungssteuerrichtlinien 2002, SWK 2003, S 410.
Hirschler/Hübner-Schwarzinger, Zweifelsfragen im Zusammenhang mit der Berechnung der unbaren Entnahme gem § 16 Abs. 5 Z 2 UmgrStG idF BBG 2003, SWK 2003, S 738.
Hirschler/Jost, Abfertigungsrückstellung und Umwandlung, RdW 2000, 575.
Hirschler/Knesl, Nichtfestsetzungs- und Ratenzahlungskonzept bei Betriebseinbringung nach § 16 UmgrStG, ÖStZ 2016/701, 499.
Hirschler/Knesl, Nichtfestsetzungs- und Ratenzahlungskonzept gem § 6 Z 6 EStG, ÖStZ 2016/389, 257.
Hirschler/Schimmer, Anteilsvereinigung und -übertragung nach § 1 Abs 2a GrEStG und § 1 Abs 3 GrEStG bei Umgründungsvorgängen nach dem StRefG 2015/16, ÖStZ 2015/903, 690.
Hirschler/Schimmer, Die Neuregelung der Grunderwerbsteuer, BFGjournal 2014, 275.
Hirschler/Schindler, Grenzüberschreitende Verschmelzung nationaler Kapitalgesellschaften unter Beachtung gesellschafts- und steuerrechtlicher Aspekte, RdW 2006, 607.

Hirschler/Strimitzer, Ausschüttungssperren, in: *Mayr, G./Schlager, C./Zöchling* (Hrsg), Handbuch Einlagenrückzahlung (2016) 147.

Hirschler/Sulz, Die internationale Schachtelbeteiligung nach dem Abgabenänderungsgesetz 1996, SWI 1997, 216.

Hirschler/Sulz, Einbringungen nach Art III UmgrStG im Zusammenhang mit der neuen Immobilienertragsteuer, RWZ 2014/41, 169.

Hirschler/Sulz, Kein Übergang des Verlustvortrags infolge vorherigen Verkaufs eines Teilbetriebs (Anm zu UFS 18. 12. 2012, RV/0188-G/11), UFSjournal 2013, 111.

Hirschler/Sulz, Nachversteuerung des Firmenwerts bei Verschmelzung mit Anteilsauskehr ins Ausland, taxlex 2010, 381.

Hirschler/Sulz, Umgründungssteuerrechtliche Fragen zur Liquidationsspaltung einer Holdinggesellschaft, RWZ 1995, 298.

Hirschler/Sulz/Oberkleiner, Anforderungen an den Zusammenschlussvertrag bei zeitlich getrenntem Abschluss von Gesellschafts- und Zusammenschlussvertrag (Anmerkung zu BFG 28.5.2015, RV/5100045/2012), BFGjournal 2015, 376.

Hirschler/Sulz/Oberkleiner, Zur Ausschüttungsfiktion nach § 18 Abs 2 Z 1 UmgrStG, BFGjournal 2017, 264.

Hirschler/Sulz/Oberkleiner, Ausschüttungsfiktion bei rückbezogenen Entnahmen bei Vorliegen eines negativen Kapitalkontos im Fall von Einbringungen unter Inanspruchnahme des UmgrStG (Anmerkung zu BFG 29. 4. 2014, RV/4100717/2008), BFGjournal 2014, 340.

Hirschler/Sulz/Oberkleiner, Bei Umwandlung kein Verlustübergang infolge qualifizierter Umfangsminderung des Betriebes (Anmerkung zu BFG 24.11.2015, RV/5100439/2011), BFGjournal 2016, 136.

Hirschler/Sulz/Oberkleiner, Bescheidadressat nach Umgründung (Anmerkung zu UFS 17. 1. 2013, RV/3747-W/09), BFGjournal 2014, 187.

Hirschler/Sulz/Oberkleiner, Ein vergessener Verlustabzug ist ein verlorener Verlustabzug (Anmerkung zu BFG 22.3.2015, RV/5101210/2011), BFGjournal 2015, 279.

Hirschler/Sulz/Oberkleiner, Einbringung eines Betriebes mit Privatschuld möglich (Anm zu UFS 26. 3. 2013, RV/0076-I/06), UFSjournal 2013, 292.

Hirschler/Sulz/Oberkleiner, Einbringung unter Zurückbehaltung des nackten Grund und Bodens, Servitutsentgelt für die Dienstbarkeit keine schädliche Gegenleistung (Anmerkung zu BFG 26. 8. 2014, RV/7101318/2012), BFGjournal 2014, 454.

Hirschler/Sulz/Oberkleiner, Einbringung, Einlagenrückzahlungen und Ausschüttungssperre (Anmerkung zu UFS 20. 11. 2013, RV/0506-I/11), BFGjournal 2014, 70.

Hirschler/Sulz/Oberkleiner, Einbringung eines Kommanditanteils in GmbH und Übernahme einer Kreditschuld der KG durch einbringenden Gesellschafter (Anmerkung zu BFG 18.12.2014, RV/3100052/2013), BFGjournal 2015, 110.

Hirschler/Sulz/Oberkleiner, Einbringung mit negativem Kapitalkonto und anschließende Liquidation (Anmerkung zu BFG 5.2.2015, RV/7100301/2013), BFGjournal 2015, 223.

Hirschler/Sulz/Oberkleiner, Einbringung: Zeitpunkt der Verlustentstehung, Verlustübergang, Beteiligungsverkauf als Spekulationsgeschäft (Anmerkung zu BFG 28.7.2014, RV/7100038/2012), BFGjournal 2015, 144.

Literaturverzeichnis

Hirschler/Sulz/Oberkleiner, Gesamter Übergangsverlust ist zum Einbringungsstichtag abzusetzen – keine Siebentelung (Anm zu UFS 13. 11. 2012, RV/0147-W/08), UFSjournal 2013, 72.

Hirschler/Sulz/Oberkleiner, Gesellschaftsteuerfreiheit für Großmutterzuschuss neun Tage vor Verschmelzungen (Anmerkung zu BFG 2.9.2015, RV/7101261/2010), BFGjournal 2016, 74.

Hirschler/Sulz/Oberkleiner, Grunderwerbsteuerpflicht bei Verschmelzungen (Anmerkung zu BFG 25.6.2015, RV/5100299/2011), BFGjournal 2016, 32.

Hirschler/Sulz/Oberkleiner, Innerbetrieblicher Verlustausgleich vor Abspaltung von Teilbetrieben (Anmerkung zu BFG 27.1.2016, RV/5101064/2013), BFGjournal 2016, 200.

Hirschler/Sulz/Oberkleiner, Kein Zinsenabzug für rückwirkende Entnahmen beim Zusammenschluss (Anm zu UFS 24. 9. 2012, RV/0310-W/08), UFSjournal 2012, 414.

Hirschler/Sulz/Oberkleiner, Keine umgründungssteuerliche Begünstigung für die Einlage einer Fertigungsstraße ohne Teilbetriebseigenschaft, Einbringungsbilanz und Beschreibung im Einbringungsvertrag, sondern Tausch gemäß § 6 Z 14 EStG 1988 (Anm zu UFS 24. 10. 2011, RV/0478-W/07), UFSjournal 2012, 73.

Hirschler/Sulz/Oberkleiner, Missglückte Einbringung (UFS 22. 9. 2011, RV/2493-W/08), UFSjournal 2011, 451.

Hirschler/Sulz/Oberkleiner, Restlicher Übergangsverlust ist zum Einbringungsstichtag abzusetzen (Anmerkung zu BFG 4. 6. 2014, RV/7101430/2010), BFGjournal 2014, 376.

Hirschler/Sulz/Oberkleiner, Rückwirkendes Ausscheiden eines Gruppenmitglieds bei errichtender Umwandlung? (Anmerkung zu BFG 14.10.2015, RV/7101313/2010), BFGjournal 2015, 465.

Hirschler/Sulz/Oberkleiner, Stichtagsbilanz bei Einbringung als Anwendungsvoraussetzung des Art III UmgrStG (Anmerkung zu BFG 14. 4. 2014, RV/5100886/2010; BFG 14. 4. 2014, RV/5100888/2010), BFGjournal 2014, 300.

Hirschler/Sulz/Oberkleiner, Überhöhte unbare/vorbehaltene Entnahme bei einer Einbringung (Anm zu UFS 4. 2. 2013, RV/0217-L/09), UFSjournal 2013, 232.

Hirschler/Sulz/Oberkleiner, UFS bejaht Einlagenrückzahlung ohne Einlagenevidenzkonto! (Anm zu UFS 29. 5. 2012, RV/2587-W/08), UFSjournal 2012, 338

Hirschler/Sulz/Oberkleiner, UFS-Entscheidungen zum Umgründungssteuergesetz, UFSjournal 2010, 199.

Hirschler/Sulz/Oberkleiner, Umwandlung einer erheblich reduzierten Betriebs-GmbH, BFGjournal 2017, 466.

Hirschler/Sulz/Oberkleiner, Umwandlung: Verlustübergang trotz verdeckter Treuhandschaft, BFGjournal 2017, 231.

Hirschler/Sulz/Oberkleiner, Upstream-Einbringung und negativer Buchwert der Beteiligung, BFGjournal 2017, 179.

Hirschler/Sulz/Oberkleiner, Vergleichbarkeit auch bei bis zu 90 %iger Umfangsminderung – kein Mantelkauf (Anm zu UFS 24. 6. 2013, RV/1067-L/06), UFSjournal 2013, 332.

Hirschler/Sulz/Oberkleiner, Verkehrswertzusammenschluss bei Einnahmen-Ausgaben-Rechnern zulässig (Anmerkung zu BFG 2.1.2016, RV/7103161/2013), BFGjournal 2016, 175.

Hirschler/Sulz/Oberkleiner, Verlustvorträge und „nachträglich" behauptete missglückte Einbringung (Anm zu UFS 12. 9. 2013, RV/0232-G/13), UFSjournal 2013, 415.

Hirschler/Sulz/Oberkleiner, Vertreterhaftung iZm einer Verschmelzung nach Art I UmgrStG (Anmerkung zu BFG 18.2.2016, RV/3100321/2011), BFGjournal 2016, 178.

Hirschler/Sulz/Oberkleiner, Zeitpunkt der Erfassung des Übergangsgewinns bei Einbringung eines Betriebs in eine GmbH (Anmerkung zu BFG 21.7.2016, RV/7100610/2010), BFGjournal 2016, 394.

Hirschler/Sulz/Oberkleiner, Zusammenschlussbilanz und Stichtagsbilanz als Anwendungsvoraussetzungen (Anmerkung zu BFG 20.6.2016, RV/5100070/2012), BFGjournal 2016, 271.

Hirschler/Sulz/Oberkleiner/Knesl, VwGH zur Übertragung eines Gebäudes mittels Baurechts – Trennung des Gebäudes von Grund und Boden weiterhin möglich, SWK 2017, 1236.

Hlawenka/Kern/Türk-Walter/Winter, Gewinnausschüttung vs Einlagenrückzahlung – Adaptierung des Einlagenrückzahlungskonzepts durch das AbgÄG 2015, RWP 2016/8, 37.

Hoenig, Neues Umgründungssteuergesetz und EG-Fusionsrichtlinie, ecolex 1991, 639.

Hofbauer, Die Spaltung als geeignetes Instrument zur Minimierung von Haftungsrisiken? taxlex 2006, 485.

Hofbauer-Steffel/Stetsko, Zweifelsfragen bei der Einbringung von Kapitalanteilen und Fremdkapital, taxlex 2008, 427.

Hofbauer-Steffel/Zeitlinger, § 9 Abs 1 Z 3 UmgrStG idF BBG 2012 – ein unvollkommener Versuch, RdW 2012, 248.

Hofmann, Down-stream-Umgründungen, in: *Mayr, G./Schlager, C./Zöchling* (Hrsg), Handbuch Einlagenrückzahlung (2016) 171.

Hoffmann/Hofbauer, Zum Entwurf eines Bundesgesetzes über abgabenrechtliche Maßnahmen bei der Umgründung von Unternehmen (UmgrStG), AnwBl 1992, 30.

Hofians, Positiver und negativer Geschäfts(Firmen)wert im Einzelabschluss, in: *Bertl/Eberhartinger/Egger/Kalss/Lang/Nowotny/Riegler/Schuch/Staringer*, Immaterielle Vermögenswerte (2006) 139.

Hofians/Schuch/Toifl, Handelsrechtlicher Teilbetriebsbegriff bei Umgründungen, SWK 1996, A 435.

Hofmann, Die neue Immobilienbesteuerung und Umgründungen, SWK 2012, 810.

Hofmann, Die Neuerungen bei der Einbringung von „altem" Grund und Boden im Rahmen des Art III UmgrStG durch das AbgÄG 2012 – Ein erster Vergleich der beiden Neuregelungen, SWK 2013, 616.

Hofmann, Die steuerliche Behandlung der Anteilsinhaber bei Umwandlungen ausländischer Körperschaften nach dem BBG 2007, taxlex 2007, 566.

Hofmann, Grundstücke und Vorsorgemethoden nach dem 2. AbgÄG 2014, RdW 2015/237, 255.

Hofmann/Hübner-Schwarzinger, Tipps für Umgründungen nach dem 1. Stabilitätsgesetz 2012, SWK 2012, 672.

Hofstätter, Änderungen der Fusionsrichtlinie, ecolex 2005, 824.

Hofstätter, Die Firmenwertabschreibung, in: *Lang/Schuch/Staringer/Stefaner* (Hrsg), Grundfragen der Gruppenbesteuerung (2007) 249.
Hofstätter/Plansky, Die Behandlung von Beteiligungen iRd Gruppenbesteuerung, ecolex 2005, 160.
Hofstätter/Plansky, Ein neuer „Firmenwert" im KStG, RWZ 2004, 359.
Hofstätter/Reichel (Hrsg), Die Einkommensteuer (EStG 1988) (Loseblatt).
Hofstätter/Weninger, Die Firmenwertabschreibung gem § 9 Abs 7 KStG: Werden nicht abzugsfähige Aufwendungen abzugsfähig? SWK 2005 S 351.
Hohenwarter, Internationale Einbringungen nach dem AbgÄG 2005, RdW 2006, 596.
Hohenwarter, Internationale Verschmelzungen nach dem BudBG 2007, 501 (Teil I: Auswirkungen auf Gesellschaftsebene), und RdW 2007, 568 (Teil II: Auswirkungen auf Gesellschafterebene).
Hohenwarter, Verlustverwertung im Konzern (2010).
Hohenwarter, Verschmelzungen und Internationales Steuerrecht, in: *Bertl ua* (Hrsg), Sonderbilanzen bei Umgründungen (2008) 233.
Hohenwarter/Staringer, Umgründungen und Gruppenbesteuerung, in: *Staringer/Lang/Schuch/Stefaner* (Hrsg), Grundfragen der Gruppenbesteuerung (2007) 385.
Hohenwarter-Mayr, § 6 Z 6 EStG im Lichte des EuGH-Urteils „SGI", RdW 2010, 538.
Hohenwarter-Mayr, Anrechnung von Mindestkörperschaftssteuern gemäß § 9 Abs 8 UmgrStG – Vorliegen einer planwidrigen Unvollständigkeit? (Anm zu UFS 1. 3. 2010, RV/0821-G/09), GES 2010, 41.
Hohenwarter-Mayr, Die Rs *Philips Electronics*: Wende in der Verlustverwertung beschränkt Steuerpflichtiger, GES 2012, 505.
Hohenwarter-Mayr, Rechtsnachfolge im Steuerrecht, in: *Holoubek/Lang* (Hrsg), Die allgemeinen Bestimmungen der BAO (2012) 355.
Holzgruber/Hübner-Schwarzinger/Minihold, Der Weg in die Ärzte-GmbH/-OG (2011).
Hristov, Der zeitliche Bedingungsbereich der Z 4 lit a 3. Teil UmgrStG idF StruktAnpG 1996, ecolex 2006, 250.
Hristov, Die Beschränkung des Einkaufs in Verlustvorträge nach § 10 Z 1 lit c UmgrStG, ecolex 2005, 649.
Hristov, Die Liquidation im Ertragsteuerrecht (2011).
Hristov, Grenzüberschreitender Wegzug von Gesellschaften im österreichischen Steuerrecht, SWI 2009, 342.
Hristov, Liquidation und nicht unter das UmgrStG fallende Umgründung von Kapitalgesellschaften, in: *Bertl ua* (Hrsg), Sonderbilanzen bei Umgründungen (2008) 163.
Hristov, Steuerliche Aufwertung auf Gesellschafterebene bei verschmelzungsbedingter Verstrickung von Anteilen in Österreich, taxlex 2012, 89.
Hu/Ludwig, Rückwirkende Bewertung beim Zusammenschluss, ÖStZ 2016/388, 253.
Huber, Das Umgründungsteuergesetz: Neuerungen im Umgründungssteuerrecht, FJ 1992, 2 (Teil 1: Einbringung), FJ 1992, 22 (Teil 2: Einbringung), FJ 1992, 42 (Teil 3: Einbringung), FJ 1992, 65 (Teil 4: Einbringung), FJ 1992, 83 (Teil 5: Verschmelzung), FJ 1992, 102 (Teil 6: Verschmelzung), FJ 1992, 122 (Teil 7 Umwandlung), FJ 1992, 162 (Teil 8: Zusammenschluß), FJ 1992, 182 (Teil 9: Realteilung), und FJ 1992, 202 (Teil 10: Realteilung). – Siehe auch *Zöchling*, Das Umgründungsteuergesetz: Neuerungen im Umgründungssteuerrecht, FJ 1993, 22 (Teil 11: Spaltung).

Huber, Die Einlagenrückzahlung gemäß § 4 Abs 12 EStG, SWK 1998, S 381.

Huber, Die Einsatzmöglichkeiten der Steuerspaltung, ÖStZ 1998, 205.

Huber, Die vermeintliche Entstrickungsbesteuerung gemäß § 5 Abs 1 Z 4 und 5 sowie § 36 Abs 3 UmgrStG, ÖStZ 2008, 503.

Huber, Internationale Kapitalbeteiligungen im Umgründungssteuerrecht, SWI 2000, 121.

Huber, Internationale Umgründungen im UmgrStR idF AbgÄG 2005, ÖStZ 2006, 141 (Teil 1), ÖStZ 2006, 211 (Teil 2), und ÖStZ 2006, 230 (Teil 3).

Huber, Offene Fragen zum Umgründungssteuerrecht, RdW 1992, 353.

Huber, UmgrStR 2002: Neue und bedeutende Feststellungen, ecolex 2003, 54.

Huber, Umgründung einer GmbH in eine GmbH & Co KG und umgekehrt, in: *Bertl* (Hrsg), GmbH oder GmbH & Co KG? (2000) 127.

Huber, Umgründungen von Unternehmensgruppen, ÖStZ 2005, 445.

Huber, Verkehrswertzusammenschlüsse nach Artikel IV Umgründungssteuergesetz, ecolex 2001, 809.

Huber, Zum behaupteten Steuermissbrauch bei Umgründungen, RdW 2002, 118.

Hübner/Hübner-Schwarzinger, Einlagenrückzahlung und Innenfinanzierung bei Side-stream-Umgründungen, in: *Mayr, G./Schlager, C./Zöchling* (Hrsg), Handbuch Einlagenrückzahlung (2016) 233.

Hübner/Hübner-Schwarzinger, Einlagenrückzahlung und Innenfinanzierung bei diagonalen Umgründungen bzw mehrstufigen Umgründungen mit Side-stream-Bewegung, in: *Mayr, G./Schlager, C./Zöchling* (Hrsg), Handbuch Einlagenrückzahlung (2016) 249.

Hübner/Six, Diagonale Konzernverschmelzung, taxlex 2010, 107.

Hübner-Schwarzinger, Buchungs- und Bilanzierungspraxis bei Umgründungen (2004).

Hübner-Schwarzinger, Checkliste für Umgründungen – Was Sie vor dem 30.9.2008 beachten sollten! SWK 2008, S 701.

Hübner-Schwarzinger, Der Weg in die Rechtsanwalts-GmbH (2004).

Hübner-Schwarzinger, Detailaspekte zu den rückwirkenden Korrekturen gem § 16 Abs 5 UmgrStG, SWK 2004, S 840.

Hübner-Schwarzinger, Die Ausschüttungsfiktion gemäß § 9 Abs 6 UmgrStG, SWK 2013, 1482.

Hübner-Schwarzinger, Die Ermittlung der unbaren Entnahmen gem § 16 Abs 5 Z 2 UmgrStG bei der Einbringung eines Teiles eines Mitunternehmeranteils gemäß Artikel III UmgrStG, in: *König/Schwarzinger, W.* (Hrsg), Körperschaften im Steuerrecht, FS Wiesner (2004) 163.

Hübner-Schwarzinger, Die Highlights des UmgrStR-Wartungserlasses, SWK 2016, 377 (Teil I: VwGH-Judikatur – grenzüberschreitende Umgründungen – Gruppenbesteuerung – Verlustvortrag), SWK 2016, 432 (Teil II: Einbringung gemäß Art III UmgrStG), und SWK 2016, 471 (Teil III: Realteilung gemäß Art V UmgrStG).

Hübner-Schwarzinger, Die steuerliche Würdigung des Ein- und Austritts von Gesellschaftern in Freiberufler-Sozietäten, in: *Eberhartinger/Fraberger/Hirschler* (Hrsg), Rechnungswesen Wirtschaftsprüfung Steuern, FS R. Bertl (2013) 735.

Hübner-Schwarzinger, Einbringungen: Fruchtgenuss, Mitunternehmeranteile, Einbringungsstichtag, Fristen und Buchführung, SWK 2014, 56.

Hübner-Schwarzinger, Einführung in das Umgründungssteuergesetz (2009).
Hübner-Schwarzinger, Grenzüberschreitende Einbringungen: Entscheidungsbaum und Praxisbeispiele zur Buchwerteinbringung, SWK 2014, 350.
Hübner-Schwarzinger, Grenzüberschreitende Einbringungen: Entscheidungsbaum und Praxisbeispiele zu Nichtfestsetzungskonzept, Aufwertungsoption und Sofortbesteuerung, SWK 2014, 422.
Hübner-Schwarzinger, Internationale Umgründungstatbestände – Überblick für die Praxis, SWK 2017, 552.
Hübner-Schwarzinger, Internationale Umgründungstatbestände und Innenfinanzierung, SWK 2017, 595.
Hübner-Schwarzinger, Neues zum Einbringungsvermögen und Behandlung von Liegenschaftsvermögen im Zuge von Umgründungen – Die wichtigsten Aussagen im Wartungserlass zu Art III UmgrStG, SWK 2013, 1523.
Hübner-Schwarzinger, Nochmals: Ausschüttungssperre für umgründungsbedingte Kapitalrücklagen gem § 235 Z 3 HGB, GesRZ 2005, 242.
Hübner-Schwarzinger, Praktische Probleme beim Zusammenschluss gem Art IV UmgrStG, taxlex 2006, 115.
Hübner-Schwarzinger, Steuerliche Konsequenzen einer verunglückten Einbringung, SWK 2008, S 935.
Hübner-Schwarzinger, Vorsorgemethoden beim Verkehrswert- und beim Kapitalkontenzusammenschluss, SWK 2015, 80.
Hübner-Schwarzinger, Wartungserlass zu Art I UmgrStG, SWK 2013, 1437.
Hübner-Schwarzinger, Wartungserlass zu den UmgrStR 2013 – ein Überblick, SWK 2013, 1402.
Hübner-Schwarzinger, Zur Einbringungsfähigkeit von freiberuflichen Einkunftsquellen, taxlex 2005, 94.
Hübner-Schwarzinger, Zusammenschlüsse nach Art IV UmgrStG – angewandte Umgründungspraxis, RWZ 2014/42, 176.
Hübner-Schwarzinger, Zusammenschlüsse: Wartungserlass zu Art IV UmgrStG, SWK 2014, 1533.
Hübner-Schwarzinger/Hirschler, Die Umgründungssteuerrichtlinien 2002 – Zusammenschluss gem Artikel IV und Realteilung gem Artikel V, SWK 2003, S 425.
Hübner-Schwarzinger/Kanduth-Kristen (Hrsg), Rechtsformgestaltung (2011).
Hübner-Schwarzinger/Prodinger, Teilwertabschreibungen und Veräußerungsverluste nach § 12 Abs. 3 Z 2 KStG, SWK 2000, S 355.
Hübner-Schwarzinger/Schwarzinger, W./Wiesner, Das Kapitalkonto des Mitunternehmers im Umgründungssteuerrecht – ausgewählte Einzelfragen zu den Artikeln III, IV und V UmgrStG, in: *Kammer der Wirtschaftstreuhänder* (Hrsg), Personengesellschaften und andere Mitunternehmerschaften sowie ihre Gesellschafter, GedS Bruckner (2013) 405.
Hübner-Schwarzinger/Schwarzinger, W./Wiesner, Gedanken zum kapitalistischen Mitunternehmer im Ertrag- und Umgründungssteuerrecht, SWK 2015, 1182.
Hübner-Schwarzinger/Wiesner, Umgründungslexikon (2005).
Hueber, Äquivalenzgrundsatz und Umgründungssteuerrecht, RdW 1992, 387.
Huemer, Grenzüberschreitende Verschmelzung von Kapitalgesellschaften, RWZ 2006, 33 (Teil 1), und RWZ 2006, 65 (Teil 2).

Hügel, Aktuelle Fragen grenzüberschreitender Umgründungen – Bewertung, Zurechnung von Wirtschaftsgütern zu Betriebsstätten, grenzüberschreitende Dividenden, in: *Bertl ua* (Hrsg), Sonderbilanzen bei Umgründungen (2008) 29.
Hügel, Aktuelle Probleme des Spaltungsrechts, WBl 2001, 387.
Hügel, Buchgewinne und -verluste, Firmenwertabschreibung, Internationale Schachtelbeteiligung, ecolex 1991, 875.
Hügel, Das neue Spaltungsgesetz und die Reform des Umgründungsrechts, ecolex 1996, 527.
Hügel, Der Umgründungsplan, RdW 1996, 33.
Hügel, Die Umwandlung nach Art II UmgrStG, ecolex 1992, 44.
Hügel, Gebührenpflicht der Vertragsübernahme: Fiskalische Tendenz in der Judikatur des VwGH? RdW 1989, 77.
Hügel, Grenzüberschreitende Umgründungen, Sitzverlegung und Wegzug im Lichte der Änderungen der FusionsRL und der neueren EuGH-Judikatur, in: *König/Schwarzinger, W.* (Hrsg), Körperschaften im Steuerrecht, FS Wiesner (2004) 177.
Hügel, Grenzüberschreitende und nationale Verschmelzungen im Steuerrecht (2009).
Hügel, Internationales Schachtelprivileg: Mindestbeteiligungszeit richtlinienwidrig, RdW 1996, 544.
Hügel, OLG Wien zur Einlagenrückgewähr und Kapitalaufbringung bei Umgründungen, RdW 1997, 579.
Hügel, Rückwirkende Gesetzesänderungen – VfGH leitet Gesetzesprüfungsverfahren ein, SWK 1999, S 791.
Hügel, Sind Umwandlungsverluste stets „Scheinverluste"? ÖStZ 1989, 250.
Hügel, Umgründungsbilanzen (1997).
Hügel, Umgründungssteuergesetz und Fusionsbesteuerungsrichtlinie, in: *Bergmann, H.* (Hrsg), Praxisfragen zum Körperschaftsteuerrecht, FS Werilly (2000) 161.
Hügel, Umgründungssteuergesetz: Allgemeine Grundlagen – Verschmelzung, ecolex 1991, 802.
Hügel, Verschmelzung und Einbringung (1993).
Hügel, Verstrickung und Entstrickung stiller Reserven bei internationalen Einbringungen, ÖStZ 1996, 74.
Hügel, Vertrag und Organisationsakt im Recht der Umgründungen, RdW 1993, 55.
Hügel, Zur Kritik an der Firmenwertabschreibung nach § 3 Abs 2 Z 2 UmgrStG, ecolex 1995, 509.
Hügel, Zur Nachversteuerung von Teilwertabschreibungen auf internationale Schachtelbeteiligungen aufgrund des Budgetbegleitgesetzes 2003, JBl 2003, 796.
Hügel/Mühlehner/Hirschler (Hrsg), UmgrStG (2000).
Igerz, Die Realteilung einer inländischen Personengesellschaft mit positivem Verkehrswert, SWK 1995, A 665.
Inwinkl, Änderungen von Spaltungsstrategien, NZ 2004, 327.
Inwinkl, Probleme der Einreichungs- und Veröffentlichungspflicht von Unternehmen nach dem SpaltG, GesRZ 2004, 116.
Inwinkl, Vermögensbewertung – Angaben bei grenzüberschreitenden Verschmelzungen, GesRZ 2008, 209.

Jabornegg, Zusammenschluß einer Sparkassen-AG mit einer bankgeschäftlich tätigen Sparkasse, ÖBA 1990, 966.
Jabornegg/Artmann (Hrsg), UGB^2 (2010).
Jabornegg/Strasser (Hrsg), AktG I^5 (2011) und II^5 (2010).
Jann, Umgründungen im Steuerrecht^2 (2015).
Jann/Bernwieser, Gruppenbesteuerung: „Doppelte Nachversteuerung" von Auslandsverlusten? ÖStZ 2014/197, 146.
Jann/Rittsteuer, UFS: Fortbestehen der Unternehmensgruppe trotz Verschmelzung des Gruppenträgers auf gruppenfremde Gesellschaft, taxlex 2013, 358.
Jann/Ursprung-Steindl/Zehetmayer, Folgeprobleme der Grundstückszurechnung durch Anteilsvereinigung, ÖStZ 2016/847, 623.
Jerabek/Jann, Einbringung von Betrieben und Mitunternehmeranteilen durch EU-Ausländer: Buchwertfortführung vs Realisierung mit Nichtfestsetzung, GES 2013, 82.
Jettmar/Stieglitz, Die Rechtsfolgen der Gruppenbesteuerung, in: *Lang/Schuch/Staringer/Stefaner* (Hrsg), Grundfragen der Gruppenbesteuerung (2007) 119.
Joklik-Fürst/Trözster, Zusammenschluss gem Art IV UmgrStG: Praktische Anwendung bei Freiberuflern, ÖStZ 2004, 444 (Teil I), ÖStZ 2004, 465 (Teil II), und ÖStZ 2004, 492 (Teil III).
Jud/Grünwald, Möglichkeiten und Probleme des Zusammenschlusses einer Sparkassen-AG mit einer bankgeschäftlich tätigen Sparkasse, ÖBA 1990, 690.
Jud/Grünwald, Zusammenschluß einer Sparkassen-AG mit einer bankgeschäftlich tätigen Sparkasse – Erwiderung auf eine Erwiderung, ÖBA 1991, 85.
Kahr, Unternehmensbewertungsverfahren in der Praxis, RWZ 1999, 39.
Kalss (Hrsg), Verschmelzung – Umwandlung – Spaltung^2 (2010).
Kalss, Ausgewählte Fragen der Haftung der sonstigen Gesellschaften gem § 15 SpaltG, WBl 2003, 49.
Kalss, Öffentlich-rechtliche Berechtigungen und Genehmigungen bei Umgründungen, GesRZ 2000, 213.
Kalss/Eckert, Die Kombination mehrerer Umgründungsschritte, GeS 2005, 4 (Teil I), und GeS 2005, 48 (Teil II).
Kalss/Eckert, Internationale Verschmelzung nach dem EU-Verschmelzungsgesetz, eastlex 2008, 4.
Kalss/Hügel (Hrsg), Europäische Aktiengesellschaft – SE-Kommentar (2004).
Kammer der Wirtschaftstreuhänder, Stellungnahme des FS für Handelsrecht und Revision zur Rechnungslegung bei Abspaltung, RWZ 2007, 144.
Kanduth-Kristen/Heidenbauer, Mindestkörperschaftsteuer im Jahr 2013 und rückwirkende Umgründung, taxlex 2015, 120.
Kanduth-Kristen/Stefaner, „Verluststretting" und Unternehmenssanierung, in: *Achatz/Aigner/Kofler, G./Tumpel* (Hrsg), Praxisfragen der Unternehmensbesteuerung (2011) 301.
Kapferer, Keine Rückwirkung für Gebühren und Verkehrsteuern im Umgründungssteuerrecht, VWT 1994/4, 4.
Karollus, Gedanken zur Finanzierung im Konzern und zur Reichweite des Ausschüttungsverbotes, ecolex 1999, 323.
Kastner, Verschmelzung ohne Gewährung von Anteilsrechten, in: *Gassner* (Hrsg), Bilanz und Rechnungswesen, FS Stadler (1981) 115.

Kastner, Zur Bewertung von Unternehmen als Sacheinlagen, GesRZ 1984, 177.

Kauba, § 1 Abs 3 GrEStG: Keine praktische Anwendung des Anteilsvereinigungstatbestandes bei Übertragung von Anteilen an Personengesellschaften, RdW 2005, 585.

Kauba, Abgabensicherungsgesetz 2007: Nachversteuerung der Firmenwertabschreibung, RdW 2007, 696.

Kauba, AbgÄG 2004: Änderungen im § 5 UmgrStG, RdW 2005, 327.

Kauba, Bemerkungen zur ergänzenden Ausschüttungsfiktion des § 9 Abs 6 UmgrStG idF AbgÄG 2001, SWK 2002, S 778.

Kauba, Fremdkapitalzinsen beim Beteiligungserwerb bedingt abzugsfähig, ÖStZ 1998, 315.

Kauba, Gesellschaftsteuer bei Verschmelzungen, RdW 2004, 568.

Kauba, Gruppenbesteuerung: Anteilserwerb durch Nennkapitalerhöhung und Firmenwertabschreibung, RdW 2005, 648.

Kauba, Rückzahlung von zu hohen unbaren Entnahmen gemäß § 18 Abs 2 UmgrStG, SWK 2001, S 709.

Kauba, VfGH und umgründungsbedingte Firmenwertabschreibung bei „Altfällen", SWK 2000, S 517.

Kauba/Kofler, G./König/Tumpel, Von verlegten Sitzen, entgangener Nachversteuerung und entstrickten Schachteln: Einige Probleme bei der Sitzverlegung einer Europäischen Gesellschaft, taxlex 2005, 323.

Kauba/Krickl, Nichtfestsetzungstatbestand und Nachversteuerung, in: *Renner/Schlager, J./Schwarz* (Hrsg), Praxis der steuerlichen Gewinnermittlung, GedS Köglberger (2008) 551.

Kauba/Krickl, Spezialfragen zu Umgründungen im Rahmen von Sanierungsmaßnahmen, in: *Nadvornik/Kofler, H./Renner/Schwarz* (Hrsg), Steuergestaltung und Betriebswirtschaft, FS Schlager (2012) 577.

Kaufmann, Das Austrittsrecht der Minderheitsgesellschafter nach dem EU-VerschG, RWZ 2008, 203.

Kaufmann, Downstream-Abspaltung der Beteiligung an der Tochtergesellschaft in die Tochtergesellschaft, ÖStZ 2009, 202.

Kaufmann, Grenzüberschreitende Verschmelzungen nach dem EU-VerschG, in: *Fraberger/Baumann/Plott/Waitz-Ramsauer*, Handbuch Konzernsteuerrecht[2] (2014) 581.

Keller, Firmenbuchrechtliche Anmeldung und Eintragung von Umstrukturierungsvorgängen mit Gesamtrechtsnachfolgewirkung, ecolex 2014, 531.

Kempinger, Grenzüberschreitende Sitzverlegung und Hinein- bzw Hinausverschmelzung einer Tochtergesellschaft, ÖStZ 2007, 70.

Keppert, Aktuelles aus der Steuerpraxis – Umgründungssteuerrichtlinien, SWK 2003, T 43.

Keppert, Äquivalenzverletzung bei Umwandlungen, SWK 1997, S 417.

Keppert, Die steuerlichen Neuerungen ab 2006, SWK 2006, T 5.

Kepplinger, Grenzüberschreitende Verschmelzungen, zulässig – aber undurchführbar? WBl 2000, 485.

Kirchmayr, § 4 Abs 12 EStG: Einlagenrückzahlungen NEU, taxlex 2015, 235.

Kirchmayr, Besteuerung von Beteiligungserträgen (2004).

Kirchmayr, Einbringung von betrieblichen Kapitalanteilen gesellschaftsteuerbefreit? RdW 2001, 499.

Kirchmayr, Kapitalerhöhung und Kapitalherabsetzung, in: *Mayr, G./Schlager, C. Zöchling* (Hrsg), Handbuch Einlagenrückzahlung (2016) 77.

Kirchmayr, Negativer Buchwert von eingebrachtem Vermögen: Auswirkung auf Innenfinanzierung und Einlagenstand iSd § 4 Abs 12 EStG, in: *Kirchmayr/Mayr, G./Oberhammer/Rüffler/Torggler* (Hrsg), Umgründungen, FS Hügel (2016) 173.

Kirchmayr, Schließt eine garantierte Mindestverzinsung anteilsähnliche Genussrechte iSd § 8 Abs 3 Z 1 KStG aus? ÖStZ 1997, 292.

Kirchmayr, Sonderfragen der Einlagenrückzahlung: Verdeckte Ausschüttungen, Verluste, Großmutterzuschüsse und Kapitalerhöhungen aus Gesellschaftsmitteln, in: *Kirchmayr/Mayr/Hirschler* (Hrsg), Aktuelle Fragen der Konzernbesteuerung (2016) 9.

Kirchmayr/Hristov, Auswirkungen von Umgründungen auf die Stabilitätsabgabe, taxlex 2012, 81.

Kirchmayr/Knörzer, Grenzüberschreitender Kapitaltransfer und Gesellschaftsteuer, in: *Quantschnigg/Wiesner/Mayr, G.* (Hrsg), Steuern im Gemeinschaftsrecht, FS Nolz (2008) 409.

Kirchmayr/Kofler, G., RuSt 2010: Highlights aus dem Workshop „Internationales Steuerrecht", RdW 2010, 669.

Kirchmayr/Rieder, Substanzgenussrecht im Steuer- und Gesellschaftsrecht, RdW 2016/576, 774.

Kirchmayr/Schragl, „Vermögensverkauf" durch Spaltung, ecolex 1998, 245.

Kirchmayr/Wellinger, Fallbeispiele zur grenzüberschreitenden Umwandlung, in: *Kirchmayr/Mayr, G.* (Hrsg), Umgründungen (2013) 63.

Kirchmayr-Schliesselberger, Zur wirtschaftlichen Betrachtungsweise bei der gesellschaftsteuerlichen Behandlung von Großmutterzuschüssen, in: *Blasina/Kirchmayr-Schliesselberger/Knörzer/Mayr, G./Unger* (Hrsg), Die Bedeutung der BAO im Rechtssystem, FS Tanzer (2014) 451.

Kirchmayr-Schliesselberger/Lattner, Aktuelle Entscheidungen zu Gebühren und Verkehrsteuern, RdW 2013/620, 639.

Kirchner, IFB und Evidenzkonto gemäß § 4 Abs 12 EStG 1988, SWK 1999, S 261.

Klamert, Die richtlinienkonforme Auslegung nationalen Rechts (2001) 157.

Klampfl, Anwendbares Recht und Schutz von Gläubigern bei der grenzüberschreitenden Verschmelzung, GesRZ 2016, 228.

Knapp, UFS bestätigt Gesellschaftsteuerpflicht für Großmutterzuschuss drei Tage vor Verschmelzung, taxlex 2012, 318.

Knapp/Six, Diagonale Konzernverschmelzung: Zum Erfordernis einer Zuzugsbegünstigung auf Gesellschafterebene, GES 2013, 257.

Knapp/Six, Internationale Einbringung: „Teilweise" Einschränkung des Besteuerungsrechts? ÖStZ 2014/792, 501.

Knapp/Six, Side-Stream-Einbringung/Abspaltung – Auswirkungen auf Gesellschafterebene bei negativen Buchwerten/Anschaffungskosten, taxlex 2012, 102.

Knörzer/Althuber, GesSt^2 (2009).

Knotzinger/Poindl, Konzernunternehmen: Zuführung und Rückführung von Großmutterzuschüssen, ÖStZ 1997, 170.

Kofler, G., "Sandwichstrukturen" in der Gruppenbesteuerung: Ausländische Körperschaften als vermittelnde Gruppenmitglieder im Rahmen des § 9 Abs 4 KStG, taxlex 2005, 172.

Kofler, G., § 9 Abs 4 KStG – Finanzielle Verbindung, in *Quantschnigg/Achatz/Haidenthaler/Trenkwalder/Tumpel* (Hrsg), Gruppenbesteuerung (2005) 61.

Kofler, G., Abgabenänderungsgesetz 2012: „Nachschärfung" der Ausschüttungsfiktion bei „Cash-Box-Verschmelzungen", SWK 2012, 1485.

Kofler, G., Aufhebung der Mindestkörperschaftsteuer-Verrechnungsgrenze in § 9 Abs 8 UmgrStG (Anm zu VfGH 30. 6. 2011, G 15/11), GES 2011, 408.

Kofler, G., Bruchstellen im Konzernsteuerrecht, 18 ÖJT IV/2 (2013) 56.

Kofler, G., Das „Ratenzahlungskonzept" bei verschmelzungsbedingter Entstrickung, in: *Kirchmayr/Mayr/Oberhammer/Rüffler/Torggler* (Hrsg), Umgründungen, FS Hügel (2016) 199.

Kofler, G., Das Verhältnis zwischen primärem und sekundärem Unionsrecht im direkten Steuerrecht, in: *Lang/Weinzierl* (Hrsg), Europäisches Steuerrecht, FS Rödler (2010) 433.

Kofler, G., Der unbedingte Forderungsverzicht des Gesellschafters, in: *Achatz/Ehrke-Rabel/Heinrich/Leitner/Taucher* (Hrsg), Steuerrecht – Verfassungsrecht – Europarecht, FS Ruppe (2007) 272.

Kofler, G., Die „außerbetriebliche Vermögenssphäre" der Kapitalgesellschaft, in: *Urnik/Fritz-Schmied/Kanduth-Kristen* (Hrsg), Steuerwissenschaften und betriebliches Rechnungswesen, FS Kofler (2009) 103.

Kofler, G., Die Umstrukturierung im Konzern aus umsatzsteuerlicher Sicht, in: *Achatz/Tumpel* (Hrsg), Umsatzsteuer im Konzern (2003) 139.

Kofler, G., Einlagenrückzahlung nach Einbringung (Anmerkung zu VwGH 1.9.2015, Ro 2014/15/0002), GES 2016, 34.

Kofler, G., Formale Stichtagsbilanz bei Betriebseinbringung nach Art III UmgrStG keine Anwendungsvoraussetzung (Anmerkung zu VwGH 26.2.2015, 2014/15/0041), GES 2015, 246.

Kofler, G., Hughes de Lasteyrie du Saillant: Französische „Wegzugsbesteuerung" verstößt gegen die Niederlassungsfreiheit, ÖStZ 2004, 195.

Kofler, G., Kampf um den Gruppenerhalt, GES 2013, 377.

Kofler, G., Kein Verlustübergang bei Hereinverschmelzung, GES 2017, 161.

Kofler, G., Mutter-Tochter-Richtlinie – Kommentar (2011).

Kofler, G., Schlüssige Option zugunsten der Steuerwirksamkeit einer internationalen Schachtelbeteiligung gem § 10 Abs 3 KStG (Anm zu UFS 12. 4. 2012, RV/2471-W/10), GES 2012, 257.

Kofler, G., Steuerneutraler verschmelzungsbedingter Wegfall des Fruchtgenussrechtes an den Anteilen der übernehmenden Körperschaft (Anm zu VwGH 28. 6. 2012, 2008/15/0228, GES 2012, 520.

Kofler, G., UmgrStG: Rechtsprechungsübersicht 2012, GES 2013, 90.

Kofler, G., UmgrStG: Rechtsprechungsübersicht 2013, GES 2014, 35.

Kofler, G., UmgrStG: Rechtsprechungsübersicht 2014, GES 2015, 30.

Kofler, G., UmgrStG: Rechtsprechungsübersicht 2015, GES 2016, 75.

Kofler, G., UmgrStG: Rechtsprechungsübersicht 2016, GES 2017, 35.

Kofler, G., Verlustverrechnungsaufschub in den folgenden Veranlagungszeitraum bei Verschmelzungen (Anm zu UFS 4. 6. 2013, RV/0091-W/07), GES 2013, 421.

Literaturverzeichnis

Kofler, G., Zeitpunkt und Form der Option zur Steuerwirksamkeit internationaler Schachtelbeteiligungen (Anmerkung zu VwGH 25. 7. 2013, 2012/15/0001), GES 2013, 526.

Kofler, G./Rosenberger, RuSt 2013: Highlights aus dem Workshop „Internationales Steuerrecht", RdW 2013/618, 632.

Kofler, G./Schindler, Grenzüberschreitende Umgründungen unter Beteiligung hybrider Gesellschaften, SWI 2006, 262.

Kofler, G./Schindler, Grenzüberschreitende Umgründungen: Änderungen der steuerlichen Fusionsrichtlinie und Anpassungsbedarf in Österreich, taxlex 2005, 496 (Teil 1), und taxlex 2005, 559 (Teil 2).

Kofler, G./Kofler, H., Verschmelzungsbedingtes Entstehen, Erweitern, Ändern oder Untergehen einer internationalen Schachtelbeteiligung, in: *Brauneis/Fritz-Schmied/Kanduth-Kristen/Schuschnig/Schwarz* (Hrsg), Bewertung von Unternehmen, FS Nadvornik (2016) 585.

Kofler, G./Kofler, H./Urnik, Handbuch Betriebsaufgabe und Wechsel der Gewinnermittlung² (2004).

Kofler, G./Marschner/Wurm, G., Abgabenänderungsgesetz 2015: Neukonzeption der Einlagenrückzahlung nach § 4 Abs 12 EStG, SWK 2015, 1581.

Kofler, G./Marschner/Wurm, G., Zweifelsfragen zur Einlagenrückzahlung nach § 4 Abs 12 EStG, SWK 2016, 1.

Kofler, G./Wurm, G., Einlagenrückzahlung „neu" und Up-stream-Umgründungen, in: *Mayr, G./Schlager, C./Zöchling* (Hrsg), Handbuch Einlagenrückzahlung (2016) 199.

Kofler, H./Nadvornik/Pernsteiner/Vodrazka (Hrsg), Handbuch Bilanz und Abschlussprüfung³ (Loseblatt).

Köglberger, Gemeiner Wert der Geschäftsanteile – Aktualisierung des Wiener Verfahrens, in: *Kofler, H.* (Hrsg), Betriebswirtschaftliches Prüfungswesen in Österreich, FS Vodrazka (1996) 282.

Köglberger, Zur Einführung einer neuen Mindestkörperschaftsteuer, SWK 1997, T 46.

Köglberger/Adametz, Einzel- und Zweifelsfragen zum Wiener Verfahren 1996, in: *Heidinger/Bruckner* (Hrsg), Steuern in Österreich, FS KWT (1998) 217.

Kohlbacher, Der freiberufliche Teilbetrieb, RdW 1995, 76.

Kohlbacher/Walter, Steuerliche Folgen einer nichtigen Einbringung, in: *Pülzl/Partl* (Hrsg), Steuerberatung im Synergiebereich von Praxis und Wissenschaft, FS Pircher (2007) 143.

Kohlbacher/Walter, Steuerneutrale Spaltung einer „Freiberufler-GmbH"? GES 2003, 73.

Kohlbacher/Walter, Umgründungsbedingte Vereinigung von Forderung und Verbindlichkeit steuerwirksam? in: *Beiser/Kirchmayr/Mayr, G./Zorn* (Hrsg), Ertragsteuern in Wissenschaft und Praxis, FS Doralt (2007) 219.

Kohlegger, Gemeinschaftsrechtliche Einflüsse auf das Firmenbuchverfahren (Teil I), NZ 2009, 33.

Kohler, Kapitalgesellschaft und atypisch Stille kein Organträger? SWK 1991, A I 277.

Kohler, Umwandlungs- und Verschmelzungsverluste nicht anerkannt, SWK 1998, S 51.

Kohlhauser/Drmola, Die atypisch stille Beteiligung am Organträger, RdW 1993, 124.

Kohlhauser/Drmola, Die atypisch stille Beteiligung an einer Organgesellschaft, RdW 1993, 262.

Kohlhauser/Hupfer, Grenzüberschreitende Verschmelzung – Schlussantrag des Generalanwalts zur Rs. Sevic Systems-AG, SWI 2005, 474.

Kohlhauser/Wette, Was bringt die neue Firmenwertabschreibung im Rahmen der Gruppenbesteuerung? Die Auswirkungen der Neueinführung einer Firmenwertabschreibung auf share deals, SWK 2004, S 604.

Kolacny, Die Vereinnahmungs- und Verausgabungsfiktion des § 9 Abs 4 UmgrStG aus umsatzsteuerrechtlicher Sicht, SWK 1992, A II 23.

Kolienz, Der Verlustvortrag bei Umgründungen von Holdinggesellschaften, in: *König/Schwarzinger, W.* (Hrsg), Körperschaften im Steuerrecht, FS Wiesner (2004) 199.

Kolienz/Bruckner, UmgrStR-Wartungserlass 2006/07: Erstmalige Aussagen zu Umgründungen und Gruppenbesteuerung, ÖStZ 2007, 500.

Komarek, GrEStG: Bemessungsgrundlage und Tarif bei (teil-)entgeltlichen und unentgeltlichen Übertragungen vor und nach dem StRefG 2015/2015, JEV 2015, 86.

Komarek/Reinold/Zinnöcker, Umwandlungen: Rückwirkendes Ausscheiden des umgewandelten Gruppenmitglieds? BFGjournal 2017, 317.

Komarek/Reinold/Zinnöcker, Verschmelzung und Umwandlung in der Unternehmensgruppe – Verschmelzung des Gruppenträgers auf Dritte und Umwandlung von Gruppenmitgliedern, SWK 2017, 687.

Konezny/Loukota/Sutter, Hybride Finanzierungen und Deferred Remunerations am IFA-Kongress 2000 in München, ÖStZ 2000, 600.

König, D., Zuordnung von Einlagen im Falle von Handelsspaltungen nach dem UmgrStG, GES 2011, 509.

König/Rief, Die Zwischenbesteuerung eigen- und doppelnütziger Privatstiftungen, in: *König/Schwarzinger, W.* (Hrsg), Körperschaften im Steuerrecht, FS Wiesner (2004) 215.

Kopf, BFG bezieht Position zu einer kontrovers diskutierten Frage zu § 16 UmgrStG (Anmerkung zu BFG 6.6.2016, RV/1100018/2014), BFGjournal 2016, 261.

Koppensteiner, Verschmelzung und Vermögensbindung, WBl 1999, 333.

Koppensteiner/Rüffler, GmbH-Gesetz Kommentar[3] (2007).

Koran/Moser (Hrsg), Die BAO im Zentrum der Finanzverwaltung, FS Ritz (2015).

Kornberger/Rödler, Verwertung von Auslandsverlusten durch Umgründungen, in: *Quantschnigg/Wiesner/Mayr, G.* (Hrsg), Steuern im Gemeinschaftsrecht, FS Nolz (2008) 97.

Körner, Probleme der Bescheidadressierung bei Umgründungen, in: *Koran/Moser* (Hrsg), Die BAO im Zentrum der Finanzverwaltung, FS Ritz (2015) 143.

Korntner, Bilanzierung bei Umgründungen, FJ 2012, 211 (Teil 1), FJ 2012, 307 (Teil 2a: Bilanzierung bei der Umwandlung), FJ 2012, 383 (Teil 2b: Bilanzierung bei der Umwandlung), FJ 2013, 86 (Teil 2c: Bilanzierung bei der Umwandlung), FJ 2013, 160 (Teil 3a: Bilanzierung bei der Handelsspaltung), FJ 2013, 194 (Teil 3b: Bilanzierung bei der Handelsspaltung), FJ 2013, 239 (Teil 4: Bilanzierung bei der Steuerspaltung), FJ 2013, 349 (Teil 5a: Einbringung), FJ 2013, 396 (Teil 5b: Einbringung), FJ 2014, 3 (Teil 6a: Zusammenschluss), FJ 2014, 61 (Teil 6b: Zusammenschluss), FJ 2014, 196 (Teil 7a: Realteilung), FJ 2015, 22 (Teil 7b: Realteilung) und FJ 2015, 89 (Teil 7c: Realteilung).

Korntner, Die Verteilung von Einkünften auf mehrere Besteuerungsperioden, sonstige periodenübergreifende Regelungen und rückwirkende Ereignisse im österreichischen Ertragsteuerrecht (Teil 3), FJ 2010, 379.

Korntner, Die wichtigsten Aktivitäten bei geplanten Umgründungen, FJ 2009, 55 (Teil I: Generelles zum Umgründungssteuerrecht), FJ 2009, 93 (Teil II: Verschmelzung), FJ 2009, 132 (Teil III: Umwandlung), FJ 2009, 213 (Teil IVa: Spaltung), FJ 2009, 260 (Teil IVb: Spaltung), FJ 2009, 355 (Teil Va: Einbringung), FJ 2009, 394 (Teil Vb: Einbringung), FJ 2010, 15 (Teil VIa: Zusammenschluss), FJ 2010, 84 (Teil VIb: Zusammenschluss), FJ 2010, 141 (Teil VIIa: Realteilung), FJ 2010, 183 (Teil VIIb: Realteilung), und FJ 2010, 249 (Teil VIII: Konsequenzen des Unterbleibens einer fristgerechten Anmeldung).

Kotschnigg, Ausscheiden eines Gesellschafters während eines abweichenden Wirtschaftsjahres, SWK 1998, S 394.

Kotschnigg, Bescheidadressat einer umgegründeten Personengesellschaft, SWK 1998, S 468.

Kotschnigg, Beweisrecht der BAO (2011).

Kotschnigg, Keine Gesellschaftsteuerpflicht für Großmutterzuschüsse, SWI 2000, 176.

Krafft, Behandlung von Teilwertabschreibungssiebenteln eines Gruppenmitglieds aus Vorgruppenzeiten, BFGjournal 2015, 333.

Krafft, Upstream-Verschmelzung des Gruppenträgers auf eine gruppenfremde Körperschaft – Auflösung der Gruppe? (Anm zu UFS 25. 4. 2013, RV/0088-W/12), UFSjournal 2013, 241.

Kraft/Bron, Defizite bei der grenzüberschreitenden Verschmelzung – eine sekundärrechtliche Bestandsaufnahme, RIW 2005, 641.

Krassnig, Zur Bedeutung von Liegenschaften im Umgründungssteuerrecht, SWK 2014, 926.

Krejci/van Husen, Über Genussrechte, Gesellschafterähnlichkeit, stille Gesellschaften und partiarische Darlehen, GesRZ 2000, 54.

Kreuz/Leiter, Fiktiver steuerpflichtiger Forderungsverzicht anlässlich der Liquidation? WT 2013, 200.

Krickl/Jerabek/Koller, Einschränkung der umgründungssteuerrechtlichen Rückwirkung durch den UFS? ZUS 2012/39, 124.

Krickl/Jerabek/Rittsteuer, Umgründungen in Fallbeispielen (2015).

Kühbacher, Inländische Betriebstätteneinkünfte ausländischer Gruppenmitglieder, SWI 2013, 293.

Kühbacher, Zur Firmenwertabschreibung bei ausländischen Gruppenmitgliedern, ÖStZ 2013, 349.

Kuder/Weinzierl, RuSt 2015: Highlights aus dem Workshop „Update Umsatzsteuerrecht", RdW 2015/692, 813.

Kühbacher, Die Einbringung von Mitunternehmeranteilen durch Steuerausländer und das Unionsrecht, SWI 2015, 589.

Kupsch/Penné, Probleme der aktienrechtlichen Gründungsprüfung bei Einbringung einer Unternehmung, WPg 1992, 125.

Lachmayer, Die neuen Bestimmungen zur Einlagenrückzahlung nach dem Abgabenänderungsgesetz 2015, in: *Kirchmayr/Mayr/Hirschler* (Hrsg), Aktuelle Fragen der Konzernbesteuerung (2016) 1.

Lachmayer, Neues zu finalen Verlusten – Die Rechtssache *Kommission/Großbritannien*, C-172/13, ÖStZ 2015/211, 168.

Lachmayer, Von Marks & Spencer zu A Oy – Kriterien für die Verwertung finaler Verluste in Österreich, ÖStZ 2013/564, 313.

Lachmayer/Wild, Das Einlagenevidenzkonto nach der Neuregelung des § 4 Abs 12 EStG, in: *Mayr, G./Schlager, C./Zöchling* (Hrsg), Handbuch Einlagenrückzahlung (2016) 31.

Lang, Beteiligungsertragsbefreiung und Schuldzinsenabzugsverbot, SWK 1996, A 638.

Lang, Die Bemessungsgrundlage für die Grunderwerbsteuer bei Umwandlung und Verschmelzung von Kapitalgesellschaften, ÖStZ 1988, 214.

Lang, Die Einlagenrückzahlung nach § 4 Abs 12 und § 15 Abs 4 EStG, SWK 1996, A 235.

Lang, Die ertragsteuerlichen Auswirkungen der Wertänderungen von Beteiligungen, GesRZ 1997, 80.

Lang, Die Firmenwertabschreibung des § 9 Abs 7 KStG aus verfassungsrechtlicher Sicht, in: *Bertl/Eberhartinger/Egger/Kalss/Lang/Nowotny/Riegler/Schuch/ Staringer* (Hrsg), Immaterielle Vermögenswerte (2006) 261.

Lang, Die Spaltung von Körperschaften, in: *Bank Austria* (Hrsg), Umgründungssteuergesetz – Kommentare und Texte (1992) 89.

Lang, Einlagenrückzahlung bei Beteiligung an ausländischer Kapitalgesellschaft, SWI 1999, 114.

Lang, Entfall der Firmenwertabschreibung für bereits durchgeführte Umgründungen verfassungswidrig? ÖStZ 1996, 271.

Lang, Ermittlung der abzugsfähigen Schuldzinsen bei Beteiligungsveräußerung, RdW 1999, 107.

Lang, G., Neuregelung der Optionsmöglichkeit bei Geschäftsraummieten – Zweifelsfragen zur umsatzsteuerlichen Behandlung von Grundstücken, SWK 2013, 792.

Lang, Neue Rechtsprechung des VfGH zum Schuldzinsenabzug, SWK 1998, S 733.

Lang, Schuldzinsenabzug und § 12 Abs 2 KStG, SWK 1997, S 531.

Lang/Pinetz, Siebentelung von Teilwertabschreibungen nach Begründung einer Unternehmensgruppe, SWK 2015, 403.

Lang/Rust/Schuch/Staringer (Hrsg), KStG² (2016).

Lang/Schuch/Staringer (Hrsg), KStG (2009).

Lang/Schuch/Staringer/Stefaner (Hrsg), Grundfragen der Gruppenbesteuerung (2007).

Langer, Das Strukturverbesserungsgesetz in der Fassung der Novelle Nr 417/1970, ÖStZ 1971, 26.

Langheinrich/Ryda, Die steuerliche Behandlung von Familienverträgen, FJ 1998, 92.

Lattner, Erste Stellungnahme des BMF zu verschiedenen grunderwerbsteuerrelevanten Sachverhalten, SWK 2016, 849.

Lattner/Schmidt, Der Grundstückswert in der Grunderwerbsteuer, Der Sachverständige 2016, 142.

Laudacher, Innerbetrieblicher Verlustausgleich auch für § 7 Abs 3-Körperschaften (Anmerkung zu BFG 27.1.2016, RV/5101064/2013), ecolex 2016/156, 344.

Lauss, Größenmerkmale bei der GmbH im Zusammenhang mit Umgründungsschritten, RWZ 2000, 65.

Literaturverzeichnis

Lauss, Neue OGH-Entscheidung zu den Grenzen der Zulässigkeit des Down-stream-mergers, SWK 2000, W 4.

Lauss/Karollus/Kutos, Kapitalerhaltung und Verbot der Einlagenrückgewähr im Spaltungsgesetz, SWK 2000, W 24.

Lechner, Betriebliche Finanzierung und steuerlicher Schuldzinsenabzug – ein Beitrag zur Abgrenzung betrieblicher und privater Schuldzinsen, in: *Loitlsberger* (Hrsg), Rechnungslegung und Gewinnermittlung, GedS Lechner (1987) 189.

Lechner, Der gemeine Wert – Zweifelsfragen der Inhaltsbestimmung, ÖStZ 1985, 88.

Lechner, Die Probleme der handelsrechtlichen und steuerrechtlichen Periodengewinnermittlung unter betriebswirtschaftlichen Aspekten, ÖStZ 1980, 249.

Lechner, Internationale Aspekte bei Zusammenschlüssen, Realteilungen und Spaltungen nach dem Umgründungssteuergesetz, SWI 1992, 177.

Lechner, Internationale Einbringungen nach dem Umgründungssteuergesetz, SWI 1992, 132.

Lechner, Internationale Verschmelzungen und Umwandlungen im UmgrStG, ecolex 1992, 355.

Lechner, Steuerliche Aspekte und Zweifelsfragen bei Holdingkonstruktionen in Österreich, GesRZ 1983, 131.

Lehner, BMF zur Gruppenbesteuerung – „Sandwichstrukturen" isd Rs *Papillon* zulässig! GES 2012, 243.

Lehner, Das Ende der Umgehung des Methodenwechsels? SWI 2010, 429.

Lehner, Fremdfinanzierung von Beteiligungen ab 2011 – Kommentar zu § 11 Abs 1 Z 4 KStG, GES 2011, 121.

Lehner, M./Zehetner, D., Keine Unternehmensgruppe bei Verschmelzung des einzigen Gruppenmitglieds mit dem Gruppenträger innerhalb von drei Jahren (Anm zu VwGH 18. 10. 2012, 2009/15/0214), GES 2013, 150.

Lehner/Lehner, Befreiung von der Gesellschaftsteuer – Fristberechnung bei der Einbringung von Anteilen einer Mitunternehmerschaft (Anm zu UFS 9. 9. 2011, RV/0384-L/10), GES 2011, 519.

Lehner/Lehner, Verlustübergang und Rumpfwirtschaftsjahr bei Verschmelzungen (Anm zu UFS 18. 4. 2011, RV/3985-W/09), GES 2011, 302.

Lehner/Zehetner, UFS zu ausländischem Gruppenmitglied mit inländischer Betriebsstätte – korrekte Interpretation der bisherigen EuGH-Rechtsprechung? GES 2013, 38.

Leitner/Furherr, Grenzüberschreitende Einbringungen – ausländische Personengesellschaften als übernehmende Körperschaften isd § 12 Abs 3 Z 2 UmgrStG, in *Lang/Weinzierl* (Hrsg), Europäisches Steuerrecht, FS Rödler (2010) 545 ff.

Leitner/Rohatschek, Unternehmensrechtliche Behandlung der Umgründungen beim Rechtsnachfolger, SWK 2007, W 157.

Lenneis, Verlustabzug bei Einbringung, UFSjournal 2012, 17.

Loidl/Moshammer, Rs National Grid Indus: Wende in der Wegzugsbesteuerung? SWI 2012, 177.

Loukota/Quantschnigg, Neues österreichisches Mißbrauchsabwehrrecht gegenüber ausländischen Basisgesellschaften, SWI 1995, 9.

Loukota/Wiesner, Umgründungssteuergesetz und EG-Fusionsrichtlinie, RdW 1992, 155.

Ludwig, Aspekte der Umgründung einer GmbH & Co KG – Sonderfragen bei Zusammenschluss, Realteilung und Spaltung, in *N. Arnold* (Red), Die GmbH & Co KG, GedS W.-D. Arnold (2011) 421.

Ludwig, B., Die wichtigsten Bestimmungen des AbgabenänderungsG 2012, FJ 2013, 60.

Ludwig, Beteiligungsbefreiung nach § 10 KStG bei wirtschaftlichem Eigentum, Treuhand und Fruchtgenuß, SWK 1997, S 73.

Ludwig, Einlagenrückzahlung neu, in: *Kirchmayr/Mayr/Oberhammer/Rüffler/Torggler* (Hrsg), Umgründungen, FS Hügel (2016) 243.

Ludwig, Fremdfinanzierte Entnahmen bei Einbringung nach Artikel III UmgrStG, RdW 1998, 373.

Ludwig, Rückwirkende Umwandlung außerhalb des UmgrStG, ÖStZ 2008, 220.

Ludwig, Unterbleiben einer Kapitalerhöhung bei Identität der Eigentums- bzw Beteiligungsverhältnisse, RdW 2001, 59.

Ludwig/Hebenstreit, Ausschüttungsfiktion, in: *Kammer der Wirtschaftstreuhänder* (Hrsg), Personengesellschaften und andere Mitunternehmerschaften sowie ihre Gesellschafter, GedS Bruckner (2013) 375.

Ludwig/Hirschler, Bilanzierung und Prüfung von Umgründungen (2004).

Ludwig/Hirschler, Bilanzierung und Prüfung von Umgründungen[2] (2012).

Ludwig/Unger, Umgründungssteuerrecht, in *Bergmann, S./Ratka* (Hrsg), Handbuch Personengesellschaften (2011) Rz 14/1 ff.

Ludwig/Walter, Down-stream-Abspaltung der Beteiligung an der Tochtergesellschaft in die Tochtergesellschaft, RdW 2002, 380.

Lutz/Matschke, Zur Bewertung von Sacheinlagen bei Gründung und Kapitalerhöhung unter dem Aspekt des Gläubigerschutzes, WPg 1992, 741.

Maier, Mantelkauf und Verlustabzug, in: *Aman* (Hrsg), Körperschaftsteuer 1997 (SWK-Sonderheft) (1997) 67.

Maier, Zweifelsfragen zum Anschaffungsbegriff im Hinblick auf die Zulässigkeit einer Firmenwertabschreibung bei verschmelzungsbedingter Anschaffung einer Beteiligung, FJ 1994, 130.

Mair, Einbringungen mit Auslandsbezug – Einschränkung des österreichischen Besteuerungsrechtes an den Gegenleistungsanteilen, in: *Kirchmayr/Mayr, G.* (Hrsg), Umgründungen (2013) 99.

Mair, Grenzüberschreitende Einbringungen (2016).

Malainer/Staribacher, Grunderwerbsteuer neu: Die neue Grundstückswertverordnung 2016, immolex 2016, 6.

Mamut/Schilcher, Auswirkungen des EuGH-Urteils Papillon auf die österreichische Gruppenbesteuerung, taxlex 2009, 13.

Mamut/Schilcher, Die Berücksichtigung von Auslandsverlusten, in: *Lang/Schuch/Staringer/Stefaner* (Hrsg), Grundfragen der Gruppenbesteuerung (2007) 169.

Mandl/Rabel, Zweckadäquate Auswahl von Verfahren der Unternehmensbewertung, RWZ 1997, 350.

Marchgraber, Abgabenänderungsgesetz 2014: Neuerungen beim fremdfinanzierten Beteiligungserwerb im Konzern, SWK 2014, 634.

Marchgraber, Die Zuschreibung übertragener Beteiligungen nach Umgründungen, RWZ 2014/64, 293.

Marchgraber/Pinetz, Firmenwertabschreibung auf beschränkt steuerpflichtige Beteiligungskörperschaften? RdW 2013, 701.

Marchgraber/Pinetz, Firmenwertabschreibung auf beschränkt steuerpflichtige Beteiligungskörperschaften?, RdW 2013, 701.

Margreiter, Zur betrieblichen Abzugsfähigkeit von Kreditzinsen, SWK 1996, A 459.

Margreiter/Wakounig/Glega (Hrsg), Steuerliche Sonderbilanzen in der Praxis³ (2001).

Marschner, BFG: Restlicher Übergangsverlust ist zum Einbringungsstichtag abzusetzen (Anmerkung zu BFG 4. 6. 2014, RV/7101430/2010), GES 2014, 480.

Marschner, Der Begriff der Schenkung und die Befreiungen im Sinn des § 121a BAO, SWK 2008, S 736.

Marschner, Die Freiheit des Kapitalverkehrs mit Drittstaaten – eine Analyse des EuGH-Urteils Holböck, FJ 2007, 359.

Marschner, Die neue Meldepflicht für Schenkungen, SWK 2008, S 704.

Marschner, Einbringung auch bei Buchwertfortführung als Veräußerung iSd § 4 Abs 10 Z 1 EStG (Anmerkung zu VwGH 17.12.2014, 2012/13/0126), GES 2015, 89.

Marschner, Einlagen in Kapitalgesellschaften (2015).

Marschner, Kapitalerträge, insbesondere Ausschüttungen aus Kapitalgesellschaften, in: *Marschner/Stefaner* (Hrsg), Steuerreform 2015/2016 (2015) 22.

Marschner, Körperschaften öffentlichen Rechts und beschränkt Steuerpflichtige der zweiten Art, in: *Kirchmayr/Mayr, G./Schlager, C.* (Hrsg), Besteuerung von Kapitalvermögen (2011) 435.

Marschner, UFS: Bewertung von Einlagen im Evidenzkonto bei Einbringung (Anmerkung zu UFS 20. 11. 2013, RV/0506-I/11), GES 2014, 253.

Marschner, UFS: Einlagenrückzahlung auch ohne Nachweis durch Evidenzkonto möglich (Anm zu UFS 29. 5. 2012, RV/2587-W/08), GES 2012, 522.

Marschner, UFS: Keine Verteilung des Übergangsverlusts über sieben Jahre bei Einbringung eines Betriebes in eine GmbH (Anm zu UFS 13. 11. 2012, RV/0147-W/08), GES 2013, 104.

Marschner, UFS: Wertverschiebung bei Downstream-Merger ohne Gewährung neuer Anteile (Anm zu UFS 5. 12. 2012, RV/1387-W/06), GES 2013, 204.

Marschner, Verdeckte Ausschüttungen im Rahmen des § 4 Abs 12 EStG, in: *Mayr, G./Schlager, C./Zöchling* (Hrsg), Handbuch Einlagenrückzahlung (2016) 89.

Marschner, Völlig neue Einlagenrückzahlung wirft mannigfaltige Probleme auf, SWK 2015, 737.

Marschner, VwGH: Rückbezogene Entnahme als verdeckte Ausschüttung bei negativem Einbringungsvermögen (Anmerkung zu VwGH 26.6.2014, 2011/15/0028), GES 2015, 42.

Marschner/Puchinger, Budgetbegleitgesetz 2012 „partly reloaded" FJ 2012, 1.

Marschner/Puchinger, Die Gewinner und Verlierer der neuen Grundbucheintragungsgebühr, RdW 2012, 754.

Marschner/Renner, Körperschaft-/Umgründungssteuer-Update Dezember 2017: Aktuelles auf einen Blick – Rechtsprechung – Verwaltungspraxis – Literatur, SWK 2017, 1444.

Marschner/Renner, Körperschaft-/Umgründungssteuer-Update Juni 2017: Aktuelles auf einen Blick – Rechtsprechung – Verwaltungspraxis – Literatur, SWK 2017, 800.

Marschner/Renner, Körperschaft-/Umgründungssteuer-Update Dezember 2016: Aktuelles auf einen Blick, SWK 2016, 1469 (Teil I) und SWK 2016, 1507 (Teil II).

Marschner/Renner, Körperschaft-/Umgründungssteuer-Update Juni 2016: Aktuelles auf einen Blick, SWK 2016, 784.

Marte, Einbringung und Anteilstausch nach der Fusionsrichtlinie und ihre Umsetzung in Österreich, ÖStZ 1996, 247.

Massoner, Der Mantelkauf im Abgabenrecht (2007).*Massoner/Stefaner*, Umgründungen, in: *Stefaner/Schragl* (Hrsg), Wegzugsbesteuerung, SWK-Spezial (2016) 129.

Mattes, Gedanken zum Umgründungssteuerrecht, FJ 1992, 55.

Matzka/Walter, Umfang der Ausschüttungsfiktion nach § 9 Abs 6 UmgrStG, GES 2003, 119.

Mayer, Änderung der Zuständigkeit bei Verschmelzungen, ÖStZ 1997, 33.

Mayer, Sonderfragen der Strukturänderungen von Versicherungsunternehmen, in: *Vodrazka* (Hrsg), Strukturverbesserung – Praxis und Recht, FS Helbich (1990) 135.

Mayer, G., Steuerliche Behandlung von Beteiligungen innerhalb und außerhalb der Gruppe, in: *Mühlehner/Zöchling* (Hrsg), Die neue Gruppenbesteuerung, SWK-Sonderheft (2004) 23.

Mayr, G., AbgÄG 2010: Neue Ausschüttungsfiktion für Importverschmelzungen, RdW 2010, 313.

Mayr, G., Aktuelles zu Fremdfinanzierungszinsen für Beteiligungen, in: *Kirchmayr/Mayr. G./Hirschler* (Hrsg), Abzugsverbote im Konzern (2015) 1.

Mayr, G., Die neue Gruppenbesteuerung – Konzept und Grundlagen, RdW 2004, 246.

Mayr, G., Einbringung und Abspaltung fremdfinanzierter Kapitalanteile, RdW 2012, 696.

Mayr, G., EuGH-Rsp zur Fusionsrichtlinie und die Auswirkungen auf das österreichische UmgrStG, RdW 2009, 155.

Mayr, G., Exporteinbringung, Missbrauch und Fusionsrichtlinie, in: *Blasina/Kirchmayr-Schliesselberger/Knörzer/Mayr, G./Unger* (Hrsg), Die Bedeutung der BAO im Rechtssystem, FS Tanzer (2014) 171.

Mayr, G., Fremdfinanzierungszinsen für Beteiligungen, in: *Kirchmayr/Mayr, G.* (Hrsg), Besteuerung der grenzüberschreitenden Konzernfinanzierung (2012) 15.

Mayr, G., Fremdfinanzierungszinsen für Beteiligungen, RdW 2011/50, 52.

Mayr, G., Grenzüberschreitende Verschmelzungen und Einbringungen, in: *Kirchmayr/Mayr, G.* (Hrsg), Umgründungen (2013) 15.

Mayr, G., Gruppenbesteuerung und Umgründungen – Das Schicksal des Verlustvortrages, in: *Kirchmayr/Mayr, G./Hirschler* (Hrsg), Gruppenbesteuerung – Aktuelle Praxisfragen und Fallbeispiele (2014) 13.

Mayr, G., Gruppenbesteuerung: Ausschluss der Firmenwertabschreibung auf ausländische Gruppenmitglieder europarechtlich bedenklich? ÖStZ 2013, 321.

Mayr, G., Gruppenbesteuerung: Verlustvortrag bei Umgründungen, RdW 2010, 536.

Mayr, G., Gruppenbesteuerung: wirtschaftliches Ausscheiden ausländischer Gruppenmitglieder, RdW 2009, 365.

Mayr, G., Gruppenbezogene Betrachtung auch nach Beendigung der Unternehmensgruppe? SWK 2015, 1230.
Mayr, G., Tatsächliche und endgültige Vermögensverluste nach § 10 Abs 3 KStG bei vorangegangener Importverschmelzung, RdW 2016/429, 559.
Mayr, G., Umwandlung mit ausländischen Gesellschaftern, RdW 2012/64, 59.
Mayr, G., Wegzugbesteuerung und nachfolgende Umwandlung, RdW 2013/430, 430.
Mayr, G./Mair, Entstrickungsbesteuerung NEU im EStG und bei Umgründungen, in: *Kirchmayr/Mayr, G./Hirschler* (Hrsg), Aktuelle Fragen der Konzernbesteuerung (2016) 47.
Mayr, G./Mair, Grenzüberschreitende Einbringung von Mitunternehmeranteilen, in: *Kirchmayr/Mayr, G./Oberhammer/Rüffler/Torggler* (Hrsg), Umgründungen, FS Hügel (2016) 259.
Mayr, G./Mair, Grenzüberschreitende Verschmelzungen und Einbringungen nach dem AbgÄG 2015, RdW 2016/42, 72.
Mayr, G./Petrag/Schlager, C., UmgrStR: Aktuelles zur Verschmelzung, RdW 2012, 54.
Mayr, G./Petrag/Titz, Grenzüberschreitende Einbringungen im Lichte des UmgrStR-Wartungserlasses 2013, RdW 2013/743, 762.
Mayr, G./Petrag/Titz, Grundstücke im Lichte des Wartungserlasses zu Art III UmgrStG, RdW 2014/63, 43.
Mayr, G./Petrag/Titz, Highlights zur Einbringung im UmgrStR-Wartungserlass 2013, RdW 2014/132, 103.
Mayer, G./Pinetz, Anforderungen an die Personenidentität für die grunderwerbsteuerliche Differenzbesteuerung, ecolex 2017, 68.
Mayr, G./Pülzl, Umwandlung: Anrechnungsvoraussetzungen für Mindestkörperschaftsteuer sachgerecht? GeS 2003, 146.
Mayr, G./Schlager, C., Earn-Out-Klauseln bei Umgründungen, RWZ 2014/40, 166.
Mayr, G./Schlager, Entstehungsgeschichte, bisherige Problemstellungen und das neue Konzept der Einlagenrückzahlung, in: *Mayr, G./Schlager, C./Zöchling* (Hrsg), Handbuch Einlagenrückzahlung (2016) 1.
Mayr, G./Schlager, C., Highlights aus dem KStR-Wartungserlass 2010, RdW 2010, 241.
Mayr, G./Walter, VfGH bejaht Schuldzinsenabzug bei Beteiligungsveräußerung, RdW 1998, 767.
Mayr, G./Wiesner, Bewertung bei Umgründungen nach dem UmgrStG, in: *Bertl ua* (Hrsg), Sonderbilanzen bei Umgründungen (2008) 149.
Mechtler, Fristgerecht vorgelegte Einbringungsbilanz als hinreichende Vermögensübersicht, die die Anforderungen an Stichtagsbilanz erfüllt? (Anmerkung zu VwGH 26.2.2015, 2014/15/0041), ecolex 2015/205, 505.
Mechtler/Pinetz, Anwendungsvoraussetzungen bei Einbringung eines Einzelunternehmens in eine GmbH (Anmerkung zu BFG 14. 4. 2014, RV/5100886/2010), ecolex 2014/264, 648.
Mechtler/Spies, Die Entstrickungsbesteuerung bei beschränkter Steuerpflicht nach dem Abgabenänderungsgesetz 2015, SWI 2016, 505.
Mechtler/Spies, Die Entstrickungsbesteuerung im betrieblichen Bereich nach dem AbgÄG 2015, RdW 2016/522, 697.
Mertens, Zur Geltung des Stand-alone-Prinzips für die Unternehmensbewertung bei der Zusammenführung von Unternehmen, AG 1992, 321.

Metzler, Die Nachversteuerung von Auslandsverlusten, in: *Lang/Schuch/Staringer/ Stefaner* (Hrsg), Grundfragen der Gruppenbesteuerung (2007) 221.
Metzler, Einlagenrückzahlung, ÖStZ 1998, 477.
Metzler, Internationale Umgründungen und Entstrickung, RWZ 2005, 161.
Metzler, Steuerrechtliche Umgründungen (2002).
Metzler, Umgehung der Veräußerungsgewinnbesteuerung durch Einbringung, RdW 2000, 117.
Micheler, Einlagenrückgewähr durch Verschmelzung im Konzern – § 224 AktG neu, RdW 1993, 357.
Mirtl, Die zeitliche Komponente der Verlustverwertung bei Verschmelzung, SWK 1990, A I 159.
Mitterecker, Die Neunmonats-Frist des § 220 Abs 3 AktG bei grenzüberschreitenden Verschmelzungen, GES 2016, 337.
Mitterlehner, Firmenwertabschreibung und Gruppenbesteuerung – Würdigung der Neuregelung der Firmenwertabschreibung nach § 9 Abs 7 KStG idF StReformG 2005, SWK 2004, S 503.
Mitterlehner, Gewinn- bzw Verlustermittlung ausländischer Gruppenmitglieder, in: *Renner/Schlager, J./Schwarz* (Hrsg), Praxis der steuerlichen Gewinnermittlung, GedS Köglberger (2008) 587.
Mitterlehner, Steuersystematische Rechtfertigung und Weiterentwicklung der Firmenwertabschreibung in der Unternehmensgruppe gem § 9 Abs 7 KStG, in: *Nadvornik/Kofler, H./Renner/Schwarz* (Hrsg), Steuergestaltung und Betriebswirtschaft, FS Schlager (2012) 441.
Moritz, Gesellschaftsteuerpflicht für Großmutterzuschüsse, SWI 2000, 37.
Moser, Auswirkungen der Rs. *Foggia* auf das österreichische UmgrStG, SWI 2012, 406.
Moser, Die steuerlichen und bilanziellen Folgen einer Anwachsung nach § 142 UGB, SWK 2006, S 845.
Moser, Focus: Verlusterhalt bei Unternehmenssanierungen, Teil 1: Der Rationalisierungstatbestand des UmgrStG, RWZ 2009, 167.
Moser, Latente Steuern auf quasi-permanente Differenzen im unternehmensrechtlichen Einzelabschluss, SWK 2007, W 40.
Moser, Mantelkauf: Neue Ausführungen zum Begriff „organisatorische Eingliederung", SWK 2012, 1526.
Moser, Neuerungen in den UmgrStR – Zum Verlustübergang bei Folgeumgründungen und zur „gruppenbezogenen Betrachtungsweise" bezüglich des Verlustüberganges nach § 4 UmgrStG, RWZ 2012, 168.
Moshammer/Niedermair, Verlustübergang im „UK-Group-Relief", taxlex 2012, 233 und 467.
Moshammer/Tumpel, Der Ministerialentwurf zum Abgabenänderungsgesetz 2012 – Die wichtigsten Neuerungen im Überblick, SWK 2012, 905.
Mühlehner, Der grenzüberschreitende Anteilstausch im Verhältnis Österreich-Deutschland, SWI 1998, 419.
Mühlehner, Exporteinbringungen von Kapitalanteilen und EG-Recht, SWI 2009, 269.
Mühlehner, Firmenwertabschreibung und andere Fragen der Transaktionsstrukturierung unter Berücksichtigung der Gruppenbesteuerung, in: *Polster-Grüll/ Zöchling/Kranebitter* (Hrsg), Handbuch Mergers & Acquisitions (2007) 171.

Literaturverzeichnis

Mühlehner, Gestaltungsmöglichkeiten, in: *Mühlehner/Zöchling* (Hrsg), Die neue Gruppenbesteuerung, SWK-Sonderheft (2004) 93.

Mühlehner, Verbotene Einlagenrückgewähr bei Spaltungen zur Aufnahme, RdW 1998, 40.

Mühlehner, Von einem Zusammenschluss, der eine Realteilung war, RdW 2009, 378.

Mühlehner, Vorsorge gegen Steuerlastverschiebungen bei Buchwertzusammenschlüssen nach Artikel IV Umgründungssteuergesetz, ÖStZ 1998, 410.

Mühlehner, Zum Begriff der Umgründungen im Handels- und Steuerrecht, ecolex 1999, 191.

Mühlehner, Zur Änderung des Kapitalverkehrsteuergesetzes, SWK 1994, A 721.

Mühlehner, Zur Übertragung von Verlustvorträgen deutscher Tochtergesellschaften durch grenzüberschreitende Umgründungen, SWI 2003, 456.

Mühlehner/Zöchling (Hrsg), Die neue Gruppenbesteuerung, SWK-Sonderheft (2004).

Müller-Dobler, Richtlinienkonforme Auslegung bei einer Kollision zwischen nationalem Recht und Gemeinschaftsrecht, UFSaktuell 2006/2, 61.

Nadvornik/Kofler, H./Renner/Schwarz (Hrsg), Steuergestaltung und Betriebswirtschaft, FS Schlager (2012).

Napokoj, Bestandschutz eingetragener Verschmelzungen, GES 2007, 231.

Nekrasov, Grenzüberschreitende Umwandlung, in: *Kirchmayr/Mayr, G.* (Hrsg), Umgründungen (2013) 47.

Neumeister, Synergieeffekte und positiver Verkehrswert bei Umgründungen, ÖStZ 2004, 215.

Neuner, Verschmelzung beendet ipso iure die stille Gesellschaft? Bedenken gegen VwGH-Erk 19.9.1995, 95/14/0053, ÖStZ 1996, 69.

Nonnenmacher, Das Umtauschverhältnis bei der Verschmelzung von Kapitalgesellschaften, AG 1982, 153.

Novacek, Betriebsverpachtung als Sonderbetriebsvermögen keine Betriebsausgabe, RdW 1989, 405.

Novacek, Der Missbrauch von Formen und Gestaltungsmöglichkeiten des bürgerlichen Rechts gem Art 15 FRL sowie § 22 BAO und § 44 UmgrStG, ÖStZ 2012, 114.

Novacek, Der steuerliche Missbrauch und das Gemeinschaftsrecht, ÖStZ 2009, 265.

Novacek, Sanierungsklausel – verbotene Beihilfe? Mantelkauf – verfassungswidrig? ÖStZ 2012, 245.

Novacek, VwGH zu Gerichtsgebühren für Umwandlung; Schlussfolgerungen für andere Umgründungsvorgänge, RdW 2001, 271.

Novosel, Der Mantelkauf im Lichte der aktuellen Judikatur des BFG, SWK 2015, 1374.

Novosel S./Novosel Y./Patloch A./Patloch P., Die Firmenwertabschreibung in der österreichischen Unternehmensgruppe im Lichte des Unionsrechts, ÖStZ 2015, 627.

Nowotny, Ausschüttungssperren bei Kapitalgesellschaften – § 235 Abs 1 UGB neu, in: *Kirchmayr/Mayr, G./Oberhammer/Rüffler/Torggler* (Hrsg), Umgründungen, FS Hügel (2016) 283.

Nowotny, „Rückwirkende" Umgründungen in der Handelsbilanz, SWK 1997, W 96.

Nowotny, Bewertungsverantwortung bei Fusionen, in: *Nowotny/Doralt* (Hrsg), Kontinuität und Wandel, FS Kastner (1992) 329.

Nowotny, Die Spaltung zur Aufnahme – Ein neues handelsrechtliches Allzweckinstrument, RdW 1996, 298.

Nowotny, Gibt es handelsrechtliche Auswirkungen des Umgründungssteuergesetzes, RdW 1995, 333.

Nowotny, Kapitalerhaltung bei Verschmelzungen und Spaltungen, Lehren aus OGH 11.11.1999, RWZ 2000, 97.

Nowotny, Praktische Fragen des neuen Spaltungsrechts, RdW 1993, 301.

Nowotny, Stille Gesellschaft – Zuständigkeit der Hauptversammlung? RdW 1998, 590.

Nowotny, Umgründungen (Fusion-Spaltung) auf den Alleingesellschafter, RdW 1998, 445.

Nowotny, Unternehmenszusammenschlüsse über die Grenze – Traditionelle Wege auch weiterhin gefragt? ÖStZ 2004, 384.

Nowotny, Verschmelzungen nach der „Down-Stream-Merger-Entscheidung", ecolex 2000, 722.

Oberkleiner/Sulz, Grunderwerbsteuer – Verschmelzung mit Treuhänder und Anteilsübertragung? (Anmerkung zu VwGH 16.12.2014, 2013/16/0188), immolex 2015/46, 161.

Oberleitner, Sozialversicherung bei Einbringung als Betriebsausgabe, SWK 2001, S 421.

Oberleitner, Überschließende Vorsorge nach § 24 Abs 2 UmgrStG, RdW 2001, 61.

Oreschnik, Grunderwerbsteuer NEU bei Anteilsvereinigungen und -übertragungen, GES 2016, 27.

oV, Verlustverwertung bei Abspaltungen zur Aufnahme in der Unternehmensgruppe, RWP 2015/17, 68.

Pamperl, Grunderwerbsteuer und Gleichheitssatz (Anm zu UFS 20. 10. 2011, RV/1005-G/09), ecolex 2012, 172.

Pamperl, Mehrfache Grunderwerbsteuerbelastung bei Anteilsübertragungen und Umgründungen innerhalb einer Unternehmensgruppe? ÖStZ 2016/554, 373.

Papst/Polster-Grüll, Steueroptimale Verlustverwertung beim Unternehmenserwerb, in: *Baumann/Waitz-Ramsauer* (Hrsg), Handbuch Unternehmenskauf und Due Diligence, Band II: Tax (2010) 135.

Payerer/Sylle, Umwandlung einer inländischen Gesellschaft mit ausländischen Gesellschaftern – Konsequenzen des BBG 2012 für stille Reserven, ÖStZ 2012, 228.

Peklar, Objektbezogener Verlustübergang, umgründungssteuerlicher Mantelkauf und Ausnahme vom Mantelkauf für Rationalisierung/Sanierung, RdW 2001, 312.

Peklar, Tochter-in-Mutter-Einbringung sowie Schwesterneinbringung und Abstockung des Beteiligungsansatzes, RdW 2000, 701.

Peklar, Verluste im Umgründungssteuerrecht (2001).

Pernegger, Vorsteuerabzug im Zusammenhang mit der Ausgabe von Gesellschaftsanteilen und Umgründungen, ÖStZ 2002, 142.

Petritz, EuGH zur Entstrickungsbesteuerung durch Verlegung der Ansässigkeit von Kapitalgesellschaften, RdW 2012, 61.

Petritz, Realisation bei Überführung von Wirtschaftsgütern im Inlands- und im Cross-border-Fall? in: *Fraberger/Baumann/Plott/Waitz-Ramsauer* (Hrsg), Handbuch Konzernsteuerrecht[2] (2014) 629.

Petritz, Rechtsgeschäftsgebührenfallen bei M&A, ÖStZ 2009, 21.

Petritz, Steuerneutrales Überführen von Wirtschaftsgütern im Unternehmen? taxlex 2006, 58.
Petritz-Klar, EuGH in der Rs A Oy: Finale Verluste reloaded? RdW 2013/431, 432.
Petritz-Klar, Gesellschaftsteuerpflicht von umgründungsnahen Großmutterzuschüssen? SWK 2012, 1115.
Petritz-Klar, Vorsicht bei umgründungsnahen Großmutterzuschüssen! SWK 2013, 623.
Petritz-Klar/Petritz, Die unendliche Geschichte der Einheitswerte – Fortsetzung folgt (nicht)? taxlex 2014, 234.
Petritz-Klar/Petritz, Steuerreform 2015/16: Die Neuerungen in der Grunderwerbsteuer – Umgründungen, taxlex 2016, 172.
Petritz-Klar/Petritz, VwGH zur Gebührenpflicht bei Vertragsübernahmen, RdW 2015/241, 276.
Petutschnig/Six, Der Zinsüberhang im Wandel der Zeit, GES 2013, 191.
Petutschnig/Six, Verschmelzung und Gruppenbesteuerung: Welche Firmenwertabschreibung geht unter?, taxlex 2010, 105.
Peyerl, Verlustübergang auf die Erben nur bei Betriebsfortführung? ÖStZ 2015/743, 602.
Peyerl, Weiterhin verfassungswidrig? Neuregelung der Grundbuchsgebühr – Eine erste Analyse der Regierungsvorlage, SWK 2012, 1401.
Pilgermair, Mögliche Steuerverschiebungen bei Zusammenschlüssen und Realteilungen von Freiberuflern, RdW 2015/465, 531.
Pillmayer/Wojciechowski, Verlustverwertung: Verlusterzeugendes Vermögen bei Verschmelzungen, taxlex 2015, 67.
Pinetz, Anteilsvereinigung iSd § 1 Abs 3 GrEStG bei Verschmelzungen, ÖStZ 2013/977, 554.
Pinetz, Verschmelzung des Gruppenträgers auf eine gruppenfremde Gesellschaft führt zur Beendigung der Unternehmensgruppe! (Anmerkung zu VwGH 28.6.2016, 2013/13/0066), GES 2016, 374.
Pinetz/Schaffer, Die Verwertbarkeit von ausländischen Verlustvorträgen bei der EU-Importverschmelzung, ecolex 2013, 460.
Pinetz/Schaffer, Kapitalverkehrsfreiheit und Exit-Tax-Bestimmungen: Änderung der Entstrickungsbesteuerung bei Drittstaaten notwendig? ÖStZ 2014/689, 423.
Pinetz/Schaffer, Keine Anteilsvereinigung nach § 1 Abs 3 GrEStG bei Upstream-Verschmelzung einer grundstücksbesitzenden Gesellschaft ohne Anteilsgewähr an den Minderheitsgesellschafter (Anmerkung zu VwGH 16.12.2014, 2013/16/0188), ecolex 2015/169, 427.
Pinetz/Schaffer, Übergang von Verlustvorträgen bei Umgründungen in der Unternehmensgruppe, ÖStZ 2013/136, 80.
Pinetz/Schaffer, Unionsrechtskonformität der neuen Entstrickungsbesteuerung („Exit Tax") im Hinblick auf Drittstaatssachverhalte, ÖStZ 2016/555, 377.
Pinetz/Schaffer, Wegzugsbesteuerung im Lichte der Kapitalverkehrsfreiheit, ecolex 2014/227, 563.
Pinetz/Zeiler, Anteilsvereinigung: Wann gehört ein Grundstück zum Vermögen der Gesellschaft? SWK 2016, 1167.
Pircher/Partl, Handelsrechtliche Größenklasseneinstufung nach Umgründungen, RWZ 2000, 68.

Pirklbauer, Gestaltungsvarianten durch Spaltung im Rahmen von Unternehmens(ver)käufen – Spaltung vor Unternehmensverkauf, SWK 2008, S 959.

Plansky/Ressler, Die Verlustverwertung in der Unternehmensgruppe, in: *Lang/Schuch/Staringer/Stefaner* (Hrsg), Grundfragen der Gruppenbesteuerung (2007) 141.

Plassak/Six, Teilwertabschreibung eines verschmelzungsgeborenen Firmenwerts, taxlex 2006, 256.

Plott, Erwerb eines Gruppenmitglieds, ÖStZ 2009, 436.

Plott, Kann durch eine Umgründung auf Ebene der Gruppenmitglieder tatsächlich ein Verlustvortrag bei Gruppenträger untergehen? ÖStZ 2010, 436.

Plott/Vaishor, Ausgewählte Zweifelsfragen zur GrESt-Anteilsvereinigung in der Unternehmens- und Beratungspraxis, RdW 2016/335, 439.

Poindl, Abzugsperre für Verluste aus einer Liquidation der Tochtergesellschaft bei nachfolgender Fusion der Muttergesellschaft? ÖStZ 1997, 376.

Poindl, Der grenzüberschreitende Anteilstausch im Verhältnis Österreich-Deutschland, SWI 1998, 62.

Poindl, Grenzüberschreitende Beteiligungsumstrukturierungen, SWI 1998, 178.

Poindl, Grenzüberschreitende Buchwerteinbringungen gem Art III UmgrStG im Verhältnis Österreich-USA, SWI 1995, 189.

Poindl, Nochmals: Steuerneutraler Anteilstausch über die Grenze im Verhältnis Österreich-Deutschland, SWI 1999, 15.

Polster-Grüll/Puchner, Fremdfinanzierung von Beteiligungen – Der neue Konzernausschluss in § 11 Abs 1 Z 4 KStG, in: *Achatz/Aigner/Kofler, G./Tumpel* (Hrsg), Praxisfragen der Unternehmensbesteuerung (2011) 389.

Polster-Grüll/Rödler, § 18 Abs 4 Z 1 UmgrStG – Fallstrick für österreichische Holdinggesellschaften, SWI 1996, 382.

Polster-Grüll/Zöchling/Kranebitter (Hrsg) Handbuch Mergers & Acquisitions (2007).

Posautz/Six, Der Teilbetrieb im UmgrStG (im Vergleich zur FRL), taxlex 2005, 134.

Prachner/Poindl, Vermeidung von „Ausschüttungssperre" und „Einlagenrückgewähr" bei Umgründungen, ecolex 1997, 254.

Prechtl/Aigner/Tumpel, Das AbgSiG 2007 im Überblick, SWK 2008, T 1.

Priester, Die Festsetzungen im GmbH-Vertrag bei Einbringung von Unternehmen, BB 1980, 19.

Prodinger, Ertragsteuerliche Behandlung der Grunderwerbsteuer bei Anteilsvereinigung – Überlegungen zur Aktivierung oder Aufwandswirksamkeit, SWK 2016, 900.

Prodinger, GrESt-Refundierung bei Verschmelzung, SWK 2013, 84.

Prodinger, GrESt-Rückerstattung bei Umgründungen, SWK 2001, S 880.

Prodinger, Keine Grunderwerbsteuer bei Rückgängigmachung einer Schenkung, SWK 2017, 28.

Prodinger, Mantelkauf und Siebentelabschreibungen, SWK 2013, 925.

Prodinger/Schwarzinger, P., Teilwertabschreibung von Beteiligungen nach § 12 Abs 3 KStG idF StruktAnpG 1996, ÖStZ 1996, 421.

Puchinger, Der Ministerialentwurf zum Abgabenänderungsgesetz 2005, FJ 2005, 318.

Puchinger/Grau, Das Abgabenänderungsgesetz 2005 – die endgültige Fassung, FJ 2005, 392.

Literaturverzeichnis

Puchinger/Marschner, Der Ministerialentwurf zum Abgabenänderungsgesetz 2012 – Ein erster Überblick, FJ 2012, 270.

Puchinger/Marschner, Der Ministerialentwurf zum Budgetbegleitgesetz 2011-2014 – eine erste Analyse, FJ 2010, 343.

Puchner, Auswirkung der „Kapitalverwässerung" auf die Firmenwertabschreibung, SWK 2007, S 329.

Puchner, Auswirkungen von Umgründungen auf das neue Zinsabzugsverbot, taxlex 2011, 86.

Puchner, Firmenwertabschreibung bei verschmelzungsbedingtem Gruppenträgerwechsel, SWK 2008, S 928.

Puchner, Nacherfassung der Firmenwertabschreibung bei verschmelzungsbedingter „Anteilsdurchschleusung"? SWK 2007, S 815.

Puchner/Puchner, Einbringungsbedingter Anschaffungstatbestand bei internationalen Schachtelbeteiligungen, taxlex 2008, 145.

Puchner/Tüchler, KStR 2013: wesentliche Änderungen bei der Gruppenbesteuerung, SWK 2013, 649.

Pülzl, Umwandlung nach Art II UmgrStG: Anrechnungsvoraussetzungen für Mindestkörperschaftsteuer verfassungskonform? SWK 2008, S 838.

Quantschnigg, Aktuelles aus der ertragsteuerlichen Verwaltungspraxis, ÖStZ 1986, 147.

Quantschnigg, Aktuelles aus der Verwaltungspraxis, ÖStZ 1987, 142.

Quantschnigg, Änderungen des Körperschaftsteuergesetzes und des Strukturverbesserungsgesetzes durch das Abgabenänderungsgesetz 1982, ÖStZ 1982, 26.

Quantschnigg, Der Verlustabzug im KStG 1988, ÖStZ 1989, 40.

Quantschnigg, Die ertragsteuerliche Behandlung der Verschmelzung im Strukturverbesserungsrecht, in: *Doralt/Hassler/Kranich/Nolz/Quantschnigg* (Hrsg), Die Besteuerung der Kapitalgesellschaft, FS Bauer (1986) 255.

Quantschnigg, Fallbeispiele zum Umgründungssteuergesetz, ÖStZ 1992, 125.

Quantschnigg, Grundsatzfragen zur Ertragsbesteuerung der Personengesellschaften, in: *Doralt/Ruppe/Gassner/Lechner/Tanzer/Werndl* (Hrsg), Steuern im Rechtsstaat, FS Stoll I (1990) 103.

Quantschnigg, Regierungsvorlage Umgründungssteuergesetz, ÖStZ 1991, 317.

Quantschnigg, Regierungsvorlage zum AbgÄG 1996 sowie zum EU-AbgÄG, ÖStZ 1996, 560.

Quantschnigg, Übergang des Verlustabzuges bei Verschmelzungen, RdW 1988, 106.

Quantschnigg, Verlustabzug bei Mantelkauf, Erbgang, Schenkung und Fusion, ÖStZ 1987, 142.

Quantschnigg/Achatz/Haidenthaler/Trenkwalder/Tumpel (Hrsg), Gruppenbesteuerung (2005).

Quantschnigg/Bruckner, Die Halbsatzbegünstigung nach dem StruktAnpG 1996, ÖStZ 1997, 158.

Quantschnigg/Renner/Schellmann/Stöger (Hrsg), Die Körperschaftsteuer (KStG 1988) (Loseblatt).

Quantschnigg/Schuch, Einkommensteuer-Handbuch (1993).

Quantschnigg/Trenkwalder, Die Steuerentstrickung nach § 6 Z 6 EStG aus europarechtlicher Sicht, in: *Quantschnigg/Wiesner/Mayr, G.* (Hrsg), Steuern im Gemeinschaftsrecht, FS Nolz (2008) 165.

Raab, Zinsenabzug für fremdfinanzierte Barentnahmen bei Zusammenschlüssen – UFS bestätigt Verwaltungspraxis (Anm zu 24. 9. 2012, RV/0310-W/08), SWK 2013, 400.

Raab/Renner, Aktuelle Entscheidungen des BFG zu Umgründungen und Stiftungen, BFGjournal 2015, 100.

Raab/Renner, Anwendungsvoraussetzungen des Art III UmgrStG (Anmerkung zu BFG 14. 4. 2014, RV/5100886/2010; 14. 4. 2014, RV/5100888/2010), BFGjournal 2014, 325.

Raab/Renner, Ausschüttungsfiktion bei rückbezogenen Entnahmen bei negativem Kapitalkonto und Einbringungen nach dem UmgrStG (Anmerkung zu BFG 29. 4. 2014, RV/4100717/2008), BFGjournal 2014, 329.

Raab/Renner, VwGH zur Behandlung von Teilwertabschreibungssiebentel aus Vorgruppenzeiten, SWK 2017, 983.

Rabel, Bilanzierung eines Fusionsverlustes bei der Verschmelzung „Down Stream", ecolex 1996, 20.

Rabel, Der Eigenkapitalausweis der GmbH und GmbH und Co KG, in: *Bertl* (Hrsg), Die neuen Rechnungslegungsvorschriften für Klein- und Mittelbetriebe (1992) 99.

Rabel, Die Einbringung buchmäßig überschuldeter Betriebe, RWZ 1991, 70.

Rabel, Rechtsformentscheidung und Umgründungsstrategie, in: *Bertl* (Hrsg), Steuerplanung 1997 (1997) 33.

Rabel, Überführungen zwischen Gesellschaftsvermögen und Sonderbetriebsvermögen, in: *Bertl* (Hrsg), Praxis und Zukunft der Unternehmensbesteuerung, FS Heidinger (1995) 307.

Rabel, UmgrStG: Identität der Beteiligungsverhältnisse bei Mitunternehmerschaften, RdW 1995, 236.

Rabel, UmgrStR-Wartungserlass 2006/07: Neuerungen bei Einbringungen, ÖStZ 2008, 116.

Rabel, Verkehrswert und rückbezogene Entnahmen, RWZ 2000, 290.

Raschauer, Anmerkungen zur Neuordnung des Sparkassenrechts, ÖBA 1993, 445.

Raschauer, Verschmelzung einer Sparkasse-Anteilsverwaltungsgesellschaft mit einer Sparkasse, ecolex 1995, 299.

Raschauer, Verschmelzung von Sparkassen und Liquidationserlös, ecolex 1991, 61.

Rebhahn, Rücklage nach § 12 EStG und Betriebsveräußerung, RdW 1986, 350.

Reich-Rohrwig, Das neue Spaltungsgesetz – Ein erster Überblick, ecolex 1993, 523.

Reich-Rohrwig, Grundsatzfragen der Kapitalerhaltung bei der AG, GmbH sowie GmbH & Co KG (2004).

Reich-Rohrwig, Spaltung von Kapitalgesellschaften, ecolex 1992, 700.

Reich-Rohrwig, Verschmelzung nach der RV zum EU-GesRÄG, ecolex 1996, 258.

Reich-Rohrwig, Verschmelzung von Personengesellschaften, in: *Kirchmayr/Mayr, G./Oberhammer/Rüffler/Torggler* (Hrsg), Umgründungen, FS Hügel (2016) 307.

Reindl/Walter, Umgründungen und Gruppenbesteuerung unter besonderer Brücksichtigung der Firmenwertabschreibung, in: *Fraberger/Baumann/Plott/Waitz-Ramsauer* (Hrsg), Handbuch Konzernsteuerrecht: Praxishandbuch[2] (2014) 653.

Reiner, Überführung von Wirtschaftsgütern aus dem Gesellschaftsvermögen in das Sonderbetriebsvermögen und umgekehrt, RdW 1998, 165.

Reiner/Reiner, Unentgeltliche Anteilsübertragung mit einzelnen Wirtschaftsgütern des Sonderbetriebsvermögens, RdW 1998, 38.
Reinisch, Betriebsveräußerung nach umgründungsveranlasster Firmenwertabschreibung, ecolex 2006, 519.
Reinold, Die Wahlrechte für am 31.3.2012 nicht mehr steuerverfangene Grundstücke bei Einbringungen iSv Art III UmgrStG – Grafisch dargestellt, JEV 2016, 128.
Reinold, Einlagenbewertung von außerbetrieblichen Wirtschaftsgütern im Rahmen von Art IV UmgrStG (Anmerkung zu VwGH 20.1.2016, 2012/13/0013), ecolex 2016/404, 919.
Reinold, Immobilienertragsteuer und Umgründungen (2017).
Reinold/Stückler, Immobilientransaktionen iZm Umgründungen im Lichte des StRefG 2015/2016, ÖStZ 2015/902, 681.
Reinweber/Neuhold/Riegelnegg/Seiser/Wascher, Umgründungssteuerrecht für die Praxis[4] (2009).
Renner, Umfang und Grenzen der Rückwirkungen bei Umgründungen, SWK 2016, 565.
Renner/Marschner, Körperschaft-/Umgründungssteuer-Update: Aktuelles auf einen Blick – Die Ergebnisse des Salzburger Steuerdialogs 2014, SWK 2014, 1401.
Renner/Schlager, J./Schwarz (Hrsg), Praxis der steuerlichen Gewinnermittlung, GedS Köglberger (2008).
Repnik, Versagung einer rückwirkenden Einbringung in eine zum Einbringungsstichtag nicht existierende Kapitalgesellschaft (Anm zu UFS 28. 3. 2012, RV/1213-W/06), AFS 2012, 182.
Rettenbacher, Änderungen für internationale Umgründungen im AbgÄG 1996, ecolex 1997, 389.
Reuter, Unternehmensbewertung bei Sacheinlagen: Der neue IdW-Standard S 1 auf dem Prüfstand des Kapitalaufbringungsrechts, BB 2000, 2298.
Rief, Die fiktive Teilwertabschreibung auf internationale Schachtelbeteiligungen, SWI 1992, 103.
Rief, Die gesetzliche Verankerung des Abfärbeprinzips, FJ 1995, 62.
Rief, Down stream merger: BUSt für den Durchgangserwerb? FJ 1996, 1.
Rief, Grunderwerbsteuer, in: *Marschner/Stefaner* (Hrsg), Steuerreform 2015/2016 (2015) 85.
Rief, Partner ohne Mitunternehmerstellung, AnwBl 1993, 903.
Rief, Reparaturbedarf im Schenkungsmeldegesetz 2008, GeS 2008, 240.
Rief, Steuerliches Wertaufholungsgebot für Beteiligungen – Versuch einer Interpretation, FJ 1997, 33.
Rief, Strukturanpassungsgesetz 1996: Steuerneutrale Kapitalrückzahlung, ecolex 1996, 298.
Rief, Übertragung stiller Reserven auf Finanzanlagen: Verfassungswidrige Rückwirkung, RdW 1997, 95.
Rief, Unternehmens(ver)kauf: Neue steuerliche Rahmenbedingungen, ecolex 1995, 285.
Rief/Staringer, Die geplante EU-Anpassung im Bereich der Gebühren und Kapitalverkehrsteuern, SWK 1994, A 479.
Rief/Staringer, Vorsteuerabzug aus Gründungskosten, ecolex 1992, 798.
Rief/Sulz, Abschichtung eines Kommanditisten BUSt-pflichtig? SWK 1995, A 277.

Rief/Toifl, Richtlinienwidrige Umsetzung der Mutter-Tochter-Richtlinie, SWI 1995, 104.

Rief/Wellinger, Der Zusammenschluss zur EEG nach dem Umgründungssteuergesetz, ÖStZ 1992, 153.

Riegelnegg, Der Ausnahmetatbestand gemäß § 10 Z 1 lit c vierter Teilstrich UmgrStG, SWK 2008, S 570.

Ritz, Anzeigepflicht nach § 121a BAO, SWK 2008, S 634.

Ritz, BAO[5] (2014).

Rogall, Die grenzüberschreitende Abspaltung nach der geplanten Änderung der steuerlichen Fusionsrichtlinie, RIW 2004, 271.

Rohatschek, Teilwertabschreibung gemäß § 12 Abs 3 Z 2 KStG (siebenjähriger Verteilungszeitraum), FJ 1997, 133.

Rohatschek/Schiemer, Ausschüttung eines Firmenwerts – Wunsch oder Wirklichkeit? – Zur Abbildung der Anwachsung in der Rechnungslegung des verbleibenden Gesellschafters, SWK 2013, 1497.

Rohregger, Nichtverhältniswahrende Verschmelzung – Handelsrechtliche Zulässigkeit und steuerrechtliche Konsequenzen, GES 2003, 13.

Roth, Die Rechtsstellung ausländischer Gesellschaften in der EU, GesRZ 1995, 1.

Ruppe, Die „Veräußerung bestimmter Beteiligungen" – Ausgewählte Fragen zu § 31 EStG nach der Steuerreform 1988, in: *Doralt/Ruppe/Gassner/Lechner/Tanzer/Werndl* (Hrsg), Steuern im Rechtsstaat, FS Stoll I (1990) 121.

Ruppe, Die steuerrechtliche Qualifikation von Kapitalgesellschaftsbeteiligungen in Fällen der Betriebsaufspaltung, GesRZ 1984, 192.

Ruppe, Firmenwert und firmenwertähnliche Wirtschaftsgüter in der Steuerbilanz, in: *Bertl* (Hrsg), Rechnungswesen und Controlling, FS Egger (1997) 415.

Ruppe, Umsatzsteuerfragen bei Gesellschaftsverhältnissen, in: *Bertl* (Hrsg), Praxis und Zukunft der Unternehmensbesteuerung, FS Heidinger (1995) 323.

Ruppe, Zweifelsfragen bei der Spekulationsgewinnbesteuerung – Anmerkungen zu den Richtlinien des BMF, NZ 1990, 1.

Ruppe/Achatz, Umsatzsteuergesetz[4] (2011).

Ryda/Langheinrich, Die ertragsteuerlichen Progressionsermäßigungen und die Behandlung von Sondergewinnen nach § 37 EStG 1988 (Teil I), FJ 2008, 534.

Rzepa, Einlagenrückzahlungen von Körperschaften im AbgÄG 2015, RdW 2016/40, 62.

Rzepa/Schilcher, Aktuelles zur Verschmelzung im UmgrStR-Wartungserlass 2013, RdW 2013/742, 756.

Rzepa/Schilcher/Titz, Die Ermittlung der Innenfinanzierung, in: *Mayr, G./Schlager, C./Zöchling* (Hrsg), Handbuch Einlagenrückzahlung (2016) 15.

Rzepa/Titz, Einlagenrückzahlungen von Körperschaften, in: *Mayr, G./Lattner/Schlager, C.* (Hrsg), Steuerreform 2015/16, SWK-Spezial (2015) 51.

Rzepa/Titz/Wild, Die Verordnung des Bundesministers für Finanzen über die Auswirkungen von Umgründungen auf die Innenfinanzierung, in: *Mayr G./Schlager, C./Zöchling* (Hrsg), Handbuch Einlagenrückzahlung (2016) 121.

Rzepa/Wild, Das BFG zu den Anwendungsvoraussetzungen des Zusammenschlusses, RWZ 2015/66, 287.

Rzepa/Wild, Das BFG zum Betriebserfordernis und zur Anrechnung der Mindestkörperschaftsteuer bei der Umwandlung, RWZ 2015/81, 348.

Rzepa/Wild, Das BFG zum rückwirkenden Ausscheiden eines Gruppenmitglieds durch errichtende Umwandlung, RWZ 2016/18, 78.

Rzepa/Wild, Das BFG zur Abspaltung betriebszugehöriger Kapitalanteile unter Zurückbehaltung der Fremdfinanzierungsverbindlichkeit, RWZ 2016/42, 184.

Rzeszut/Riegler, Inländische Einkünfte eines ausländischen Gruppenmitglieds als Teil des Gruppenergebnisses, SWK 2015, 1494.

Sadlo, EuGH-GA: Firmenwertabschreibung betr ausländische Gruppenmitglieder, RdW 2015, 282.

Sadlo, Kein Ausschluss der Firmenwertabschreibung für ausländische Gruppenmitglieder, ÖStZ 2015, 587.

Saß, Änderungsvorschlag zur steuerlichen FRL, DB 2004, 2231.

Saurer, Anmerkungen zu OGH 11.11.1999, 6 Ob 4/99b – Downstream-merger, AnwBl 2001, 78.

Saurer, Die verbotene Einlagenrückgewähr beim „Downstream-Merger", RdW 1996, 155.

Schaffer, Vorlage des Evidenzkontos keine materiellrechtliche Voraussetzung für das Vorliegen einer steuerneutralen Einlagenrückzahlung (Anm zu UFS 29. 5. 2012, RV/2587-W/08), ecolex 2012, 824.

Schaffer, Zinsen für fremdfinanzierte rückwirkende Entnahmen beim Zusammenschluss nicht abzugsfähig (Anm zu UFS Wien 24. 9. 2012, RV/0310-W/08), ecolex 2013/78, 180.

Schilcher, Neuregelung der „Wegzugsbesteuerung" im EStG, SWI 2016, 160.

Schilling, Erster Teil: Verschmelzung, in: *Hopt/Wiedemann* (Hrsg), AktG: Großkommentar (1975) 352.

Schimmer, BFG zum Verlustabzug bei errichtender Umwandlung (Anmerkung zu BFG 4.11.2015, RV/2100914/2014), taxlex 2016, 156.

Schimmer/Stückler, Anteilsvereinigungen und -übertragungen nach dem Steuerreformgesetz 2015/2016, ÖStZ 2015/569, 465.

Schimmer/Stückler, Die Grunderwerbsteuer nach dem Steuerreformgesetz 2015/2016, ÖStZ 2015/568, 455.

Schimmer/Stückler, Update: Anteilsvereinigungen und -übertragungen nach dem AbgÄG 2015, ÖStZ 2016/5, 8.

Schindler, EU Report, in: *IFA* (Hrsg), Tax Treatment of International Acquisitions of Businesses, CDFI 90b (2005) 49.

Schindler, Hughes de Lasteyrie du Saillant als Ende der (deutschen) Wegzugsbesteuerung? IStR 2004, 300.

Schindler, Schlussanträge in der Rs SEVIC – Gemeinschaftsrecht ermöglicht grenzüberschreitende Verschmelzung, ÖStZ 2005, 467.

Schindler/Twardosz, Steuerliche Neuerungen für Finanzierungen im Konzern, GES 2011, 27.

Schlager, C., Der Kampf gegen „BEPS" am Beispiel der Verlagerung von unkörperlichen Wirtschaftsgütern, ÖStZ 2013/570, 336.

Schlager, C., Der UmgrStR-Wartungserlass 2013 im Überblick, RWZ 2013/85, 329.

Schlager, C., Highlights aus dem UmgrStR-Wartungserlass 2017, RWZ 2017/21, 99.

Schlager, C., InnenfinanzierungsV: Auswirkungen von Umgründungen auf die Innenfinanzierung und Einlagenevidenz, RWZ 2016/25, 113.

Schlager, C., KStR-Wartungserlass 2017 in Begutachtung, RWZ 2017/70, 337.

Schlager, C., Praxisfrage: Fortsetzung der Firmenwertabschreibung in anderer Gruppe möglich? RWZ 2012/41, 137.

Schlager, C., 2. AbgÄG 2014: Überblick über die Änderungen der Unternehmensbesteuerung, RWZ 2014/78, 357.

Schlager, C., Können Verlustvorträge auch die Höhe des Firmenwertes nach § 9 Abs 7 KStG beeinflussen? GeS 2006, 365.

Schlager, C., Praxisfrage: Fortsetzung der Firmenwertabschreibung in anderer Gruppe möglich? RWZ 2012, 137.

Schlager, C., Praxisfragen zu Verlusten bei unterjährigen Umgründungen, RWZ 2016/79, 347.

Schlager, C., Umgründungen im AbgÄG 2012, RWZ 2012, 193.

Schlager, C., VwGH: Keine Verrechnungsschranke für Mindestkörperschaftsteuer bei natürlicher Person als Rechtsnachfolger, RWZ 2017/44, 209.

Schlager, C., VwGH: Rückabwicklung der Gruppe auch bei „Verdichtung" vor Ablauf der Mindestdauer, RWZ 2012, 354.

Schlager, C./Mayr, G., Einführung in die Besteuerung von Kapitalvermögen, in: *Kirchmayr/Mayr, G./Schlager, C.* (Hrsg), Besteuerung von Kapitalvermögen (2011) 1.

Schlager, C./Titz, Ertragsteuerliche Änderungen im AbgÄG 2015: Neues zur Einkünftezurechnung, Einlagenrückzahlung und „Wegzugsbesteuerung", RWZ 2015/87, 375.

Schlager, C./Titz, Die KStR 2013 im Überblick, RWZ 2013, 70.

Schmidl, Mitgabe von Verbindlichkeiten bei Einbringung von Beteiligungen nach Art III § 12 UmgrStG, RdW 1994, 227.

Schmitt/Hörtnagl/Stratz (Hrsg), UmwG – UmgStG[5] (2009).

Schneider, Das neue Umgründungssteuergesetz, SWK 1992, A I 241.

Schneider, Der Fusionstatbestand des Umgründungssteuergesetzes, SWK 1992, A I 257.

Schneider, Der Spaltungsbestand des UmgrStG, SWK 1992, A I 353.

Schneider, Die Einbringungstatbestände des Umgründungssteuergesetzes, SWK 1992, A I 298 (Teil I), und SWK 1992, A I 317 (Teil II).

Schneider, Die Umgründungssteuergesetznovelle 1993, SWK 1993, A 559.

Schneider, Realteilung nach dem UmgrStG, SWK 1992, A I 347.

Schneider, Übergang öffentlich-rechtlicher Rechtspositionen anlässlich von Umgründungen, GeS 2004, 4.

Schneider, Verfassungswidrige Nachversteuerung der Firmenwertabschreibung gem § 9 Abs 7 KStG? ecolex 2008, 173.

Schneider, Zusammenschlüsse nach dem UmgrStG, SWK 1992, A I 335.

Schön, Besteuerung im Binnenmarkt – die Rechtsprechung des EuGH zu den direkten Steuern, IStR 2004, 289.

Schön/Schindler, Zur Besteuerung der grenzüberschreitenden Sitzverlegung einer Europäischen Aktiengesellschaft, IStR 2004, 571.

Schragl, Akquisitionsbedingte Sonderfragen bei Genussrechten, in: *Schragl/Stefaner* (Hrsg), Handbuch Genussrechte[2] (2013) 289.

Schragl/Stefaner, Die neue Wegzugsbesteuerung im betrieblichen Bereich, SWK 2016, 763.

Literaturverzeichnis

Schragl/Stieglitz/Kronig, Ratenzahlungskonzept, in: *Stefaner/Schragl* (Hrsg), Wegzugsbesteuerung, SWK-Spezial (2016) 94.

Schrottmeyer, Mantelkauf und Verschmelzungen, SWK 2003, S 580.

Schrottmeyer, Umwandlung einer GmbH in eine KG unter Beitritt einer Arbeitsgesellschafter-Komplementär-GmbH, ecolex 2002, 463.

Schrottmeyer, Verlustübergangsbeschränkung bei Umwandlungen, ecolex 2003, 949.

Schuch, Die Firmenwertabschreibung des § 9 Abs 7 KStG aus gemeinschaftsrechtlicher Sicht, in: *Bertl/Eberhartinger/Egger/Kalss/Lang/Nowotny/Riegler/Schuch/Staringer* (Hrsg), Immaterielle Vermögenswerte (2006) 279.

Schumacher, Deutsch-steuerliche Behandlung grenzüberschreitender Verschmelzungen und Einbringungen unter Beteiligung von Kapitalgesellschaften, in: *Kirchmayr/Mayr, G.* (Hrsg), Umgründungen (2013) 37.

Schummer, Genußrechtsemission durch Personenhandelsgesellschaften? GesRZ 1991, 198.

Schwarzinger, P., Die Betriebsvermögensfiktion des § 7 Abs 1 Z 2 UmgrStG – ein Fallstrick bei verschmelzender Umwandlung auf einen ausländischen Hauptgesellschafter, FJ 1997, 184.

Schwarzinger, W., Abgabenbehörde oder Firmenbuch, SWK 1995, A 603.

Schwarzinger, W., Einbringung und atypisch stille Beteiligung, in: *König/Schwarzinger, W.* (Hrsg), Körperschaften im Steuerrecht, FS Wiesner (2004) 405.

Schwarzinger, W., Einlagenrückzahlung gemäß § 4 Abs 12 EStG in der Fassung Strukturanpassungsgesetz 1996, FJ 1996, 158.

Schwarzinger, W., Realteilung § 27 Abs 1 UmgrStG, RWZ 1995, 391.

Schwarzinger, W., Steuerliche Ungleichbehandlung des Firmenwerts bei Verschmelzung und Einbringung, FJ 1995, 65.

Schwarzinger, W./Hirschler, Vorsorgemaßnahmen zur Vermeidung von Steuerverschiebungen bei Zusammenschlüssen nach Art IV UmgrStG, in: *Institut Österreichischer Wirtschaftsprüfer (IWP)* (Hrsg), Wirtschaftsprüfer-Jahrbuch 1998 (1999) 325.

Schwarzinger, W./Hübner-Schwarzinger, Die neue Verwaltungspraxis bei Zusammenschlüssen nach Art IV UmgrStG in den UmgrStR 2002, ÖStZ 2003, 151.

Schwarzinger, W./Hübner-Schwarzinger, Mehrfache Umgründungen auf einen Stichtag – eine Analyse zur Praxis des § 39 UmgrStG, in: *Urnik/Fritz-Schmied/Kanduth-Kristen* (Hrsg), Steuerwissenschaften und betriebliches Rechnungswesen, FS Kofler (2009) 161.

Schwarzinger, W./Wiesner, Aufwandszinsen im Umgründungssteuerrecht, ÖStZ 1995, 345.

Schwarzinger, W./Wiesner, Auswahl aus der höchstgerichtlichen Rechtsprechung zu Umgründungsfragen, in: *Bertl/Mandl/Mandl/Ruppe* (Hrsg), Von der Gründung bis zur Liquidation (2003) 63.

Schwarzinger, W./Wiesner, Der Kapitalanteilsbegriff in Art III UmgrStG, SWK 1995, A 202.

Schwarzinger, W./Wiesner, Der Mitunternehmeranteil in Artikel III UmgrStG, SWK 1995, A 298.

Schwarzinger, W./Wiesner, Die Doppelspaltung, SWK 1995, A 309.

Schwarzinger, W./Wiesner, Die Zurechnung zum Umgründungsstichtag, SWK 1995, A 329.

Schwarzinger, W./Wiesner, Herstellung gleicher Beteiligungsverhältnisse an Personen- und Kapitalgesellschaft in Art III UmgrStG, SWK 1995, A 596.
Schwarzinger, W./Wiesner, Umgründungssteuer-Leitfaden I² und II² (1997), III (2002) und IV (2003).
Schwarzinger, W./Wiesner, Umgründungssteuerrechtliche Aussagen in den KStR 2001, SWK 2002, S 456.
Sedlacek, Die Rückstellung von Versicherungsbeiträgen nach dem GSVG, SWK 1993, D 19.
Sedlacek, GSVG-Nachzahlungen und periodenrichtige Zuordnung (Gegendarstellung zum Beitrag von *Barborka*, SWK 2000, S 481), SWK 2000, S 482.
Seiler, SWI-Jahrestagung: Verschmelzung einer Holding mit einer Immobiliengesellschaft, SWI 2015, 331.
Seiser, Die Siebentelabsetzung bei Teilwertabschreibungen gem. § 12 Abs 3 Z 2 KStG, SWK 2006, S 341.
Sieben, Der Entscheidungswert in der Funktionslehre der Unternehmensbewertung, BFuP 1976, 491.
Siegel, Eigen- oder Fremdfinanzierung und steuerlicher Schuldzinsenabzug, StuW 1985, 207.
Siller/Stefaner, Fortsetzung der Unternehmensgruppe bei Verschmelzung des Gruppenträgers, RdW 2011, 630.
Siller/Stefaner, Verschmelzung des Gruppenträgers auf seinen Gesellschafter – Unternehmensgruppe bleibt bestehen (Anm zu UFS 25. 4. 2013, RV/0088-W/12), GES 2013, 364.
Simader, Einbringung gilt als Veräußerung iSd § 4 Abs 10 Z 1 EStG (Anm zu UFS 13. 11. 2012, RV/0147-W/08), ecolex 2013/114, 282.
Spies, Die Wegzugsbesteuerung im österreichischen Recht: System oder Chaos, ÖStZ 2015/382, 283 (Teil 1), und ÖStZ 2015/422, 316 (Teil 2).
Stanek, Die Einlagenrückzahlung des § 4 Abs 12 EStG nach dem AbgÄG 2015, ÖStZ 2016/244, 168.
Stanek, Die Fortführung der Firmenwertabschreibung nach dem AbgÄG 2014 bei Erwerben ohne Kaufpreis, ÖStZ 2015/797, 621.
Stanek, Konzernbegriff und steuerliche Zurechnung, taxlex 2015, 337.
Stanek, Nichtfestsetzung und Abänderung der Steuer bei der Rückgängigmachung von Anteilsübertragungen gem § 1 Abs 2a GrEStG, ÖStZ 2017/299, 195.
Stanek/Gurtner, Verfahrensrechtliche Fragen der neuen Entstrickungsbesteuerung, ÖStZ 2016/438, 290.
Stanek/Stückler, Die Auswirkung von Umgründungen auf den Stand der Innenfinanzierung, ÖStZ 2016/777, 569.
Stanek/Stückler, Die Innenfinanzierungs-Mehr/Weniger-Rechnung bei Umgründungen, ÖStZ 2016/801, 589.
Staringer, Anteilsfruchtgenuss und Verschmelzung, in: *Kirchmayr/Mayr, G./Oberhammer/Rüffler/Torggler* (Hrsg), Umgründungen, FS Hügel (2016) 355.
Staringer, Besteuerung von Unternehmensgruppen und Umgründungen, in: *Gassner* (Hrsg), Besteuerung von Unternehmensgruppen (1998) 209.
Staringer, Der Einfluss der Gruppenbesteuerung auf die Unternehmensorganisation, ÖStZ 2005, 495.

Literaturverzeichnis

Staringer, Die Anpassung des UmgrStG an die EU-Fusionsrichtlinie, SWK 1994, A 472.

Staringer, Die EG-Fusionsrichtlinie, in: *Gassner/Lechner* (Hrsg), Österreichisches Steuerrecht und europäische Integration (1992) 129.

Staringer, Die Firmenwertabschreibung im Rahmen der Unternehmensgruppe, in: *Bertl/Eberhartinger/Egger/Kalss/Lang/Nowotny/Riegler/Schuch/Staringer* (Hrsg), Immaterielle Vermögenswerte (2006) 239.

Staringer, Die Zukunft der Gruppenbesteuerung, RdW 2010, 366.

Staringer, Einlagen in Körperschaften und Umgründungen, in: *Lang/Schuch/Staringer* (Hrsg), Handbuch des Bilanzsteuerrechts, GedS Gassner (2005) 429.

Staringer, Einlagen und Umgründungen (1994).

Staringer, Firmenwertabschreibung und Verschmelzung, SWK 2007, S 787.

Staringer, Grenzüberschreitende Verschmelzung, Umwandlung und Sitzverlegung nach dem Abgabenänderungsagesetz 2004, SWI 2005, 213.

Staringer, Rückwirkung bei Umgründungen, in: *Bertl ua* (Hrsg), Sonderbilanzen bei Umgründungen (2008) 209.

Staringer, Umgründungsbedingte Entnahmen, ÖStZ 1997, 199.

Staringer, Umgründungssteuergesetz und EG-Steuerrecht, in: *Bank Austria* (Hrsg), Umgründungssteuergesetz – Kommentare und Texte (1992) 69.

Staringer, Vermögensübergang und Rückwirkung im Umgründungssteuerrecht, ecolex 1998, 248.

Staringer/Rief/Göth/Tumpel, Realteilung bei Tausch von Mitunternehmeranteilen, ecolex 1993, 482.

Stefaner, Ausschüttungsfiktion Umwandlung (Anmerkung zu VwGH 25. 7. 2013, 2012/15/0004), GES 2014, 135.

Stefaner, BudBG 2012: Rückerstattungsmöglichkeit von durch Umwandlung übergehenden Mindestkörperschaftsteuerguthaben (Anm zu UFS 6. 12. 2012, RV/1025-L/12), GES 2013, 209.

Stefaner, Neuregelung der Ausschüttungsfiktion bei Umwandlungen, GES 2012, 344.

Stefaner, Untergang von Verlustvorträgen bei Umwandlung (Anmerkung zu VwGH 27. 2. 2014, 2010/15/0015), GES 2014, 304.

Stefaner, Verlustvortrag nach Anteilserwerb und Umwandlung zur Sanierung (Anm zu VwGH 20. 3. 2013, 2009/13/0046), GES 2013, 518.

Stefaner, Zweifelsfragen bei der neuen Ausschüttungsfiktion des § 9 Abs 6 UmgrStG, GES 2012, 402.

Stefaner/Marschner, Ausschüttung des Gewinnkapitals bei Umwandlungen, SWK 2012, 1071.

Stefaner/Schragl (Hrsg), Wegzugsbesteuerung, SWK-Spezial (2016).

Stefaner/Weninger, Besteuerung von grenzüberschreitenden Unternehmensgruppen, ecolex 2005, 158.

Stefaner/Weninger, Geplante Änderungen im österreichischen Gruppenbesteuerungsregime, ecolex 2004, 889.

Stefaner/Weninger, Gruppenbesteuerung und Gemeinschaftsrecht, SWI 2004, 441.

Stefaner/Weninger, Gruppenbesteuerung: Vor- und Außergruppenverluste, RdW 2004, 564.

Stefaner/Weninger, Offene Fragen des neuen Gruppenbesteuerungsrechts, ÖStZ 2004, 406.

Literaturverzeichnis

Stefaner/Weninger, Wichtige Punkte im neuen Gruppenbesteuerungs-Erlass, GeS 2005, 250.

Steindl, UFS verneint Einbringung in eine nach dem Einbringungsstichtag gegründete GmbH (Anm zu UFS 16. 4. 2012, RV/1214-W/06), ecolex 2012/300, 732.

Steinmaurer, UmgrStR-Wartungserlass 2006/07: Die Realteilung, ÖStZ 2008, 399.

Stern, Verschmelzung von Kapitalgesellschaften und Stille Beteiligung, ÖJZ 1997, 87.

Stieglitz/Volpini de Maestri/Pfleger, BFG zur Beteiligungsabspaltung und Fremdfinanzierung, SWK 2016, 381.

Stingl, Gesamtrechtsnachfolge im Gesellschaftsrecht (2016).

Stockenhuber, Das österreichische Spaltungsgesetz, RIW 1994, 278.

Stoll, BAO (1994).

Stoll, Beteiligungen an Kapitalgesellschaften im Bilanzsteuerrecht, GesRZ 1982, 3.

Straube (Hrsg), UGB3 (2011).

Strimitzer, Abspaltung zur Aufnahme und Kapitalherabsetzung, RdW 2001, 514.

Strimitzer, Bilanzierung von Umgründungen im Übergang zum RÄG 2014, RWZ 2016/50, 213.

Strimitzer, Die Ausschüttungssperre des § 235 Abs 1 UGB, in: *Kirchmayr/Mayr, G./Oberhammer/Rüffler/Torggler* (Hrsg), Umgründungen, FS Hügel (2016) 367.

Strimitzer, Ergänzung: Rückwirkende Umgründungen in der Unternehmensbilanz, RWZ 2007, 253.

Strimitzer, Nochmals: Gewinnausschüttungen vor der Verschmelzung! SWK 2010, S 463.

Strimitzer, Rückwirkende Umgründungen in der Unternehmensbilanz, RWZ 2007, 138.

Strimitzer, Sonderbilanzen bei grenzüberschreitenden Umgründungen, in: *Hammerschmied* (Hrsg), Steuerberatung und Wirtschaftsprüfung in Europa, FS Brogyányi (2008) 133.

Strimitzer, Umfang der Schlussbilanz bei Verschmelzungen, RWZ 2000, 80.

Stückler, Berücksichtigung unversteuerter Rücklagen bei der erstmaligen Ermittlung der Innenfinanzierung nach der pauschalen Methode? ÖStZ 2016/439, 298.

Stückler, Verluste nur bei Übernahme des Betriebs vererbbar, ÖStZ 2013/889, 487 (Teil 1), und ÖStZ 2013/927, 513 (Teil 2).

Stückler/Wytrzens, Einlagenrückzahlung nach dem AbgÄG 2015 – Ist alles Komplizierte kurzlebig? ÖStZ 2016/245, 177.

Stürzlinger, Business Restructurings (2011).

Sulz, Die Liquidation ist keine Einlagenrückzahlung, in: *Mayr, G./Schlager, C./Zöchling* (Hrsg), Handbuch Einlagenrückzahlung (2016) 105.

Sulz, Erleichterungen und Verschärfungen bei der Liquidationsspaltung einer Holdinggesellschaft durch das Abgabenänderungsgesetz 1996, ÖStZ 1997, 371.

Sulz, IFB-Wartetastenverlust und Zusammenschluß, SWK 1996, A 26.

Sulz, Neues zur Vorsorge beim Zusammenschluss gemäß Art IV UmgrStG, in: *König/Schwarzinger, W.* (Hrsg), Körperschaften im Steuerrecht, FS Wiesner (2004) 439.

Sulz, Steuerbilanzen – Umgründungsbilanzen, SWK 2001, S 793.

Sulz, Umgründungen und Ausschüttungssperre, SWK 2004, W 171.

Sulz, Umwandlung einer GesBR in eine EEG und Umsatzsteuer, SWK 2001, S 649.

Sulz, Verzinsung des Eigenkapitalzuwachses und Umgründung, RdW 1999, 686.

Literaturverzeichnis

Sulz, Wegfall der internationalen Schachtelbeteiligung – Regelungslücken im UmgrStG, RWZ 2001, 253.

Sulz, Zum abweichenden Wirtschaftsjahr bei Einbringungen, FJ 1995, 95.

Sulz, Zur Anteilsvereinigung bei einer Personengesellschaft und GrESt, RdW 1996, 136.

Sulz, Zur Mitübertragung von Verbindlichkeiten bei der Einbringung von Kapitalanteilen nach Art III UmgrStG, FJ 1998, 52.

Sulz, Zusammenschluss und Handelsbilanz-Vorsorge, SWK 2002, S 451.

Sulz/Achleitner, Steuerfreie Euro-Umrechnungsrücklage, ecolex 1999, 282.

Sulz/Andreaus, Freibetrag für investierte Gewinne und Umgründungen, SWK 2008, S 498.

Sulz/Brunner, „Umwandlung" einer Rechtsanwälte – OG in eine GmbH & Co KG aus steuerlicher Sicht, RdW 2014/476, 433.

Sulz/Hirschler, Steuerbilanzen – Hinweise für die Praxis in Checklistenform, SWK 2010, 999.

Sulz/Hirschler, Steuerspaltungen in Checklisten-Kurzform, SWK 2004, S 957.

Sulz/Hirschler/Oberkleiner, Aspekte der Umgründung einer GmbH & Co KG, in: N. Arnold (Red), Die GmbH & Co KG, GedS W.-D. Arnold (2011) 389.

Sulz/Mercsanits, Organschaft und Verlustvortrag, FJ 1997, 128.

Sulz/Oberkleiner, Kein rechnerischer doppelter Wechsel der Gewinnermittlung? SWK 2011, S 899.

Sulz/Oberkleiner, Rückwirkende Begründung der Unternehmensgruppe, SWK 2009, S 658.

Sulz/Oberkleiner, Umgründungssteuerrecht und Verfahrensrecht, in: *Blasina/Kirchmayr-Schliesselberger/Knörzer/Mayr, G./Unger* (Hrsg), Die Bedeutung der BAO im Rechtssystem, FS Tanzer (2014) 209.

Sulz/Reisch, Vorsorge bei Realteilungen nach Artikel V UmgrStG – Die einfache und richtige Ermittlung des Ausgleichspostens, SWK 2003, S 368.

Sulz/Reschny, Einbringung von Einzelunternehmen, RWZ 1992, 180.

Sulz/Schwarzinger, W./Sedlacek/Wiesner, Ertragsteuerliche Fragen des Zusammenschlusses von Rechtsanwälten, in: *Heidinger/Bruckner* (Hrsg), Steuern in Österreich, FS KWT (1998) 397.

Sulz/Sedlacek, Zusammenschluss und EStR 2000, SWK 2001, S 735.

Sulz/Thunshirn, Steuerliche Aspekte der Dividenden-Abschlagszahlung, ecolex 1997, 96.

Sulz/Walter, Confusiogewinn und Verkehrswertzusammenschluss, ÖStZ 2002, 16.

Sulz/Wellinger, Verlustverwertung bei errichtenden Umwandlungen, RdW 2005, 126.

Sutter, Rückabwicklung einer Gruppe nach Verschmelzung des einzigen Gruppenmitglieds mit dem Gruppenträger, ÖStZ 2013/224, 121.

Sylle, Die aus dem Budgetbegleitgesetz 2012 resultierenden steuerlichen Neuerungen und Änderungen, ÖStZ 2012, 13.

Szep, Umgründungen iZm Personengesellschaften im Lichte jüngster OGH-Rsp zur Kapitalerhaltung, ecolex 2001, 804.

Takacs, Äquivalenzprinzip und Schenkungsteuer im Umgründungssteuerrecht, ÖStZ 1994, 389.

Takacs, Einbringung und Kapitalverkehrsteuern, ÖStZ 1995, 331.

Takacs, Gebühren und Verkehrsteuern bei Einzelunternehmen, Personen- und Kapitalgesellschaften – Teil III, FJ 1994, 29.

Takacs, GrEStG⁵ (2009).

Takacs, Grunderwerbsteuer und Einbringung, RdW 1994, 190.

Takacs, Grunderwerbsteuer und Verschmelzung, RdW 1994, 226.

Takacs, UmgrStG: Umsatzsteuer und Einbringung, RdW 1995, 242.

Taucher, Gesamtrechtsnachfolge und Konfusion, in: *Tanzer* (Hrsg), Die BAO im 21. Jahrhundert, FS Stoll II (2005) 65.

Tausch, Abschaffung der Gesellschaftsteuer in Österreich, GES 2014, 396.

Terra/Wattel, European Tax Law6 (2012).

Thunshirn, Das Surrogatkapital (Genußrechts- und Partizipationskapital) bei Umgründungen, ÖStZ 1996, 346.

Thunshirn, Einlagenrückzahlung im Internationalen Steuerrecht, SWI 1996, 437.

Thunshirn, Einlagenrückzahlung und Organschaft, ÖStZ 2007, 249.

Thunshirn, Einlagenrückzahlung und Verschmelzung, SWK 1997, S 267.

Thunshirn, Unternehmenskauf: Neue steuerliche Rahmenbedingungen und neue Strategien nach dem Strukturanpassungsgesetz 1996, ÖStZ 1997, 65.

Thunshirn/Himmelsberger/Hohenecker, KVG – Kapitalverkehrsteuergesetz (2008).

Thurnher, Die Vermeidung verschleierter Sacheinlagen bei der Einbringung von Betrieben mit Entnahmen nach § 16 Abs 5 UmgrStG, GesRZ 2005, 10.

Tichy, Negative Verschmelzungsdifferenzen bei Down Stream Mergers, SWK 1995, D 50.

Tichy, Verschmelzungsdifferenzen (1995).

Timm, Minderheitenschutz im GmbH-Verschmelzungsrecht, AG 1982, 93.

Tissot, Entwurf zur Abänderung der EU-FRL: Erweiterter Anwendungsbereich, steuerneutrale Aufwertung bei Einbringung, SWI 2004, 119.

Titz/Wild, Aktuelle Fragen zu grenzüberschreitenden Umgründungen im Lichte des UmgrStR-Wartungserlasses 2017, RdW 2017/263, 334.

Titz/Wild, Aktuelles aus dem UmgrStR-Wartungserlass 2015, RWZ 2016/9, 37.

Titz/Wild, Grundstücksübertragungen im Rahmen von Umgründungen im Lichte des 2. AbgÄG 2014, RdW 2014/800, 745.

Ton, Verbotene Einlagenrückgewähr bei der Abspaltung zur Aufnahme im Konzern, ecolex 1999, 172.

Trenkwalder, § 9 Abs 5 KStG – Finanzielle Verbindung während des gesamten Wirtschaftsjahres, in: *Quantschnigg/Achatz/Haidenthaler/Trenkwalder/Tumpel* (Hrsg), Gruppenbesteuerung (2005) 123.

Trenkwalder, Nationales Steuerrecht und Fusionen, in: *Pernsteiner* (Hrsg), Handbuch Fusionen (2002) 693.

Trentini, Unternehmensbewertung und Umgründungen, RWZ 2006, 115.

Tröszter, Nochmals: Missbrauch bei Umgründungen, SWK 2002, S 289.

Tröszter/Joklik-Fürst, Praxis der Realteilung gem Art V UmgrStG am Beispiel der Freiberufler, FJ 2008, 338 (Teil I), FJ 2008, 396 (Teil II), und FJ 2008, 425 (Teil III).

Tröthan/Frischhut, Einreichung Spaltungsplan nach § 7 SpaltG nur mit Unterschrift? RdW 2007, 720.

Truschnegg, Verschmelzung und Einlagenstand, in: *Kirchmayr/Mayr, G.* (Hrsg), Umgründungen (2013) 111.

Tschapeller, Wegzugsbesteuerung, capital gains – Lösungsansätze von Praktikern, RdW 2009, 166.

Tschuschnig, Optimierung von steuerlichen Verlustvorträgen im Rahmen von M&A-Transaktionen – steuerliche Verlustvorträge als „deal-breaker", in: *Polster-Grüll/Zöchling/Kranebitter* (Hrsg), Handbuch Mergers & Acquisitions (2007) 277.

Tüchler, Fortbestand der Gruppe nach § 9 KStG bei Erweiterung durch Umgründung, ÖStZ 2011, 55.

Tumpel, Harmonisierung der direkten Unternehmensbesteuerung in der EU (1994).

Tumpel, Vorschlag zur Änderung der Mutter-Tochter-Richtlinie und Fusionsrichtlinie, SWI 1993, 329.

Tumpel, Zuschreibung bei Beteiligungen nach Einbringung gem Art III UmgrStG, RdW 2007, 762.

Tumpel/Aigner, § 9 Abs 6 KStG – Ergebniszurechnung und Ergebnisermittlung, in: *Quantschnigg/Achatz/Haidenthaler/Trenkwalder/Tumpel* (Hrsg), Gruppenbesteuerung (2005) 135.

Tumpel/Kofler, G., Der Begutachtungsentwurf zum Abgabenänderungsgesetz 2004, SWK 2004, T 135.

Tumpel/Tissot, Abgabenänderungsgesetz 2004 – Erste Änderungen in der neuen Gruppenbesteuerung – Die Adaptierung in § 9 KStG im Überblick, SWK 2004, T 147

Tumpel/Tissot, Gruppenbesteuerung und gemeinschaftsrechtliche Implikationen, in: *Quantschnigg/Achatz/Haidenthaler/Trenkwalder/Tumpel* (Hrsg), Gruppenbesteuerung (2005) 435.

Umfahrer, Das neue Spaltungsgesetz – ein erster Überblick, GesRZ 1993, 139.

Umfahrer, Handelsrechtliche Neuerungen im UmgrStG durch das SteuerreformG 1993, GesRZ 1994, 198.

Umlauft, Haftungsprobleme bei Umwandlung einer GmbH in eine KG, ecolex 2002, 177.

Urnik, Zweifelsfragen zu Betriebsübertragungen unter Anwendung der Vorschriften des NEUFÖG, SWK 2003, S 64.

Urtz, „Entschärfung" oder „Verschärfung" der Beteiligungszuschreibung? ÖStZ 2000, 263.

Urtz, Aufschub der Gewinnrealisierung im Steuerrecht, in *Bertl/Eberhartinger/Egger/Kalss/Lang/Nowotny/Riegler/Schuch/Staringer* (Hrsg), Gewinnrealisierung (2011) 201.

Urtz, Großmutterzuschuss bei Umgründung: Steuerpflicht! GeS 2003, 222.

Urtz, Internationale Spaltungen, in: *Achatz/Aigner/Kofler, G./Tumpel* (Hrsg), Internationale Umgründungen (2005) 173.

Urtz, Probleme der Firmenwertabschreibung im Rahmen der Gruppenbesteuerung, GeS 2004, 328.

Urtz, Steuerwirksame Zuschreibung einer Beteiligung nach steuerwirksamer und steuerunwirksamer Teilwertabschreibung, SWK 1997, S 501.

Urtz, Wechsel der Gewinnermittlungsart bei Umwandlung nach Art II UmgrStG, FJ 1995, 312.

Urtz/Zwick, Ausschüttungssperre von Verschmelzungsgewinnen nach einer Upstream-Verschmelzung? ZFR 2013/3, 9.

Vanas, Der richtige Zeitpunkt für die Vornahme einer Teilwertabschreibung bzw Zuschreibung auf eine Beteiligung, ecolex 1997, 46.

Varga/Wolf, Die abgabenrechtliche Rechtsnachfolge iSd § 19 BAO bei Handelsspaltungen und Haftungsbegrenzung, ÖStZ 2003, 349.

Varro, Änderung des Grunderwerbsteuergesetzes ab 1.6.2014, wobl 2014, 134.

Varro, GrEStG Neu: Anteilsvereinigung in der Unternehmensgruppe verfassungswidrig? RdW 2016/106, 148.

Veith, Die steuerliche Behandlung der Zurückbehaltung von Wirtschaftsgütern, SWK 1993, A 149.

Varro, Zweifelsfragen zur Nutzfläche und Bruttogrundrissfläche – Neue Berechnung führt zu erheblichen Mehrkosten, SWK 2016, 908.

Vock, Beschränkte Steuerpflicht und Kapitalertragsteuer neu, in: *Kirchmayr/Mayr, G./Schlager, C.* (Hrsg), Besteuerung von Kapitalvermögen (2011) 413.

Vogt, Grundbuchsgebühr bei Umgründungen, ÖStZ 1999, 34.

Wagenhofer, Größenklasse und Rechtsfolgen der neugegründeten Kapitalgesellschaft, RdW 1997, 705.

Waitz-Ramsauer, Highlights des Wartungserlasses 2006/2007 zu den Umgründungssteuerrichtlinien, taxlex 2007, 489 (Art I und II), taxlex 2007, 534 (Art III bis VI).

Waitz-Ramsauer, Internationale Umgründungen und deren Steuerfallen, in: *Fraberger/Baumann/Plott/Waitz-Ramsauer* (Hrsg), Handbuch Konzernsteuerrecht² (2014) 607.

Waitz-Ramsauer, Umgründungen und Restrukturierungen im Rahmen der Tax Due Diligence, in: *Baumann/Waitz-Ramsauer* (Hrsg), Handbuch Unternehmenskauf und Due Diligence, Band II: Tax (2010) 211.

Waitz-Ramsauer/Wurm, G., Zuschreibungspflicht eingebrachter Beteiligungen? taxlex 2009, 523.

Walter, AbgÄG 1998: „Verunglückte" Abspaltungen nur mehr eingeschränkt steuerpflichtig, RdW 2000, 252.

Walter, UmgrStR 2002: Schuldzinsen-Abzug nach Umgründungen, GeS 2003, 211.

Walter, Umgründungssteuerrecht¹¹ (2016).

Walter/Matzka, Umfang der Ausschüttungsfiktion nach § 9 Abs 6 UmgrStG, GES 2003, 119.

Walter/Zöchling, Sacheinlagen mit negativem Buchwert und Ausschüttungsfiktionen – Spezialfragen bei Einbringung und Umwandlung, in: *Mayr, G./Schlager, C./Zöchling* (Hrsg), Handbuch Einlagenrückzahlung (2016) 259.

Warto, Zur Umwandlung einer Genossenschaft in eine GmbH nach § 142 UGB, GES 2014, 275.

Wassermeyer, Bewertungsfragen beim Tausch und bei tauschähnlichen Vorgängen, in: *Raupach* (Hrsg), Werte und Wertermittlung im Steuerrecht (1984) 169.

Weidlich, Verlustvorträge nach Umwandlung einer österreichischen Kapitalgesellschaft auf den deutschen Gesellschafter, SWI 2002, 121.

Wellinger, Betriebserfordernis bei Umwandlungen nach Art II UmgrStG, RdW 2004, 182.

Wellinger, Veränderung des Einbringungsvermögens nach § 16 Abs 5 UmgrStG, in: *Pülzl/Partl* (Hrsg), Steuerberatung im Synergiebereich von Praxis und Wissenschaft, FS Alois Pircher (2007) 123.
Wenger, Errichtende Umwandlung: Höhe der Einlagen und Erfordernis der Übertragung eines positiven Verkehrswertes, RWZ 2008, 104.
Wenger, Umwandlung auf den Hauptgesellschafter – zur Sanierung eines als „Verschmelzung" beschlossenen Vorgangs und zur Schlussbilanz, RWZ 2003, 135.
Wenger, Verschmelzung und Kapitalerhaltung, RWZ 2000, 17.
Wenger, Verschmelzungsvertrag als Notariatsakt, RWZ 2014/45, 191.
Weninger, Die Firmenwertabschreibung bei Share Deals (2008).
Werdnik, Atypisch stille Gesellschaft und Umgründungsplan gemäß § 39 UmgrStG, SWK 2008, 788.
Werndl, VwGH: Zinsen für Fremdkapital – verdeckte Gewinnausschüttung? SWK 1979, A I 205.
Werndl, Wirtschaftliches Eigentum (1983).
Wesener, „Und sie überträgt sich doch" – Übergang einer Bescheinigung gemäß § 15 A-QSG im Zuge einer Umgründung, VWT 2012, 301.
Wesener/Jaufer/Thelen, Übergang einer Bescheinigung über die erfolgreiche Teilnahme an der externen Qualitätsprüfung gemäß § 15 A-QSG im Zuge einer Umgründung, RWZ 2012, 349.
Wiedermann/Wilplinger, Ergebnisermittlung bzw -zurechnung im Inland (Gewinn- und Verlustverrechnung – Anrechnung ausländischer Steuern – Vor- und Außergruppenverluste), in: *Damböck/Haunold/Huemer/Schuch* (Hrsg), Gruppenbesteuerung (2006) 87.
Wiedermann/Wilplinger, Rechtsformwahl und Steueroptimierung bei Gründung, Erwerb und Verkauf von Familienunternehmen, ecolex 2016, 338.
Wieser, Die Bedeutung des Tatbestandsmerkmales „Betriebsbezogenheit" für die Ermittlung und Abgrenzung der betrieblichen Einkünfte im Ertragsteuerrecht (Teil I), FJ 1998, 272.
Wieser, Die ertragsteuerliche Beurteilung von Vereinbarungen und Leistungsbeziehungen zwischen „Nahestehenden" (Teil I), FJ 1998, 55.
Wiesinger/Eipeldauer, Umgründungen und Umsatzsteuer – Praxisfragen, taxlex 2013, 283.
Wiesner, Aberkennung einer atypisch stillen Mitunternehmerschaft mit dem Hauptgesellschafter der IdH-GmbH und Vorliegen von Wiederaufnahmegründen, RWZ 2000, 73.
Wiesner, Abgabenänderungsgesetz 2010 – Ertragsteuerliche Neuerungen im Unternehmensrecht, RWZ 2010, 165.
Wiesner, Abgabenänderungsgesetz im BBG 2011 – Unternehmensbesteuerung, RWZ 2011, 3.
Wiesner, Atypische stille Beteiligung am Handelsgewerbe einer Organgesellschaft und Vorliegen der wirtschaftlichen Eingliederung, RWZ 2001, 128.
Wiesner, Atypische stille Beteiligung am Handelsgewerbe eines Organträgers, RWZ 2001, 98.
Wiesner, Auslandsbezogene Verluste, RWZ 2017/32, 154.
Wiesner, Bescheidberichtigung wegen des Geltendmachens der bei einer umgewandelten vermögensverwaltenden GmbH angefallenen Verlustvorträge, RWZ 2004, 200.

Wiesner, Bestand und Zukunft des Strukturverbesserungsrechtes, in: *Gassner* (Hrsg), Bilanz und Rechnungswesen, FS Stadler (1981) 339.

Wiesner, Betriebsveräußerung 1996 nach umgründungsveranlasster Firmenwertabschreibung, RWZ 2006, 43.

Wiesner, Bewertung von nicht zum begünstigten Vermögen gem Art IV UmgrStG gehörenden Wirtschaftsgütern, RWZ 2016/20, 83.

Wiesner, Bilanzen und Werte bei Einbringungen iSd Art III UmgrStG, RdW 1997, 693.

Wiesner, Buchgewinne und Buchverluste bei Umgründungen, in: *Vodrazka* (Hrsg), Strukturverbesserung – Praxis und Recht, FS Helbich (1990) 223.

Wiesner, Buchgewinne und Buchverluste im Umgründungssteuerrecht, RdW 1987, 338.

Wiesner, Buchgewinne und Buchverluste sowie Rechtsbeziehungen zwischen Umgründern, SWK 1992, A I 121.

Wiesner, Das Umgründungssteuerrecht als Grundlage des Unternehmenskaufes (Verkaufes) – Aktuelle Fragen, in: *Bertl* (Hrsg), Kauf und Verkauf von Unternehmungen (1993) 125.

Wiesner, Der Begutachtungsentwurf eines Umgründungssteuergesetzes, RdW 1991, 243.

Wiesner, Der VwGH zur Aussüttungsfiktion „alt", RWZ 2013/67, 265.

Wiesner, Der „Verlustkauf" im Umwandlungssteuerrecht (Anmerkung zu VwGH 27. 2. 2014, 2010/15/0015), RWZ 2014/55, 256.

Wiesner, Die Eigenkapitalverzinsung in der Steuerreform 2000, RWZ 1999, 161.

Wiesner, Die Ertragsbesteuerung der Kapitalgesellschaft nach dem Abgabenänderungsgesetz 2004, RWZ 2004, 353.

Wiesner, Die Körperschaftsteuerrichtlinien 2001 (KStR 2001) – ein erster Überblick, RWZ 2001, 349.

Wiesner, Die Mindestkörperschaftsteuer, RdW 1995, 159.

Wiesner, Die österreichischen Mißbrauchsbestimmungen auf dem Gebiet des Außensteuerrechts – § 10 Abs 3 KStG 1988, SWI 1995, 127.

Wiesner, Die Strukturverbesserungsmaßnahmen in Gegenwart und Zukunft, SWK 1989, A I 493.

Wiesner, Die umgründungsbedingte Firmenwertabschreibung im Jahre 1996, RdW 1998, 706.

Wiesner, Die Umgründungssteuergesetznovelle 1993, RdW 1993, 379.

Wiesner, Die Umgründungssteuergesetznovelle 1998, RWZ 1999, 2.

Wiesner, Die Umgründungssteuergesetznovelle im AbgÄG 2005, RWZ 2005, 321.

Wiesner, Die Umgründungssteuerrichtlinien 2002 – Überblick, RWZ 2003, 129 (Teil 1), und RWZ 2003, 161 (Teil 2).

Wiesner, Die VwGH-Judikatur 2014 zum Umgründungssteuerrecht, RWZ 2014/80, 360.

Wiesner, Einbringung nach dem Umgründungssteuergesetz auf dem Prüfstand, RdW 1992, 251 (Teil 1), und RdW 1992, 282 (Teil 2).

Wiesner, Einbringungsbedingte Entnahmebesteuerung, RWZ 2001, 228.

Wiesner, Einlagenrückzahlung oder Ausschüttung nach einer Umgründung, RWZ 2007, 134.

Wiesner, Einlagenrückzahlung, in: *Lang/Schuch/Staringer* (Hrsg), Handbuch des Bilanzsteuerrechts, GedS Gassner (2005) 517.

Wiesner, Ende der Unternehmensgruppe durch eine Gruppenträger-Exportverschmelzung, RWZ 2016/63, 276.
Wiesner, Entwurf eines Steuerreformgesetzes 2005 – Auswirkungen auf Körperschaften, RWZ 2004, 33.
Wiesner, Ergänzende Bemerkungen zu „Zusammenschluss gem Art IV UmgrStG und unbare Entnahme", RWZ 2005, 257.
Wiesner, Errichtende Umwandlung: Auswirkungen im Umgründungssteuerrecht, RWZ 2008, 107.
Wiesner, Fortgesetzte Siebentel-Abschreibung in der Unternehmensgruppe, RWZ 2017/45, 211.
Wiesner, Geldeinlage des stillen Mitunternehmers – kein Art IV UmgrStG? RWZ 1999, 326.
Wiesner, Gedanken zum Umgründungssteuerrecht, in: *Koran/Moser* (Hrsg), Die BAO im Zentrum der Finanzverwaltung, FS Ritz (2015) 403.
Wiesner, Gewinne und Verluste im Lichte des Strukturanpassungsgesetzes 1996, RdW 1996, 242.
Wiesner, Grenzen der Einlagenrückzahlung, RWZ 2015/84, 363.
Wiesner, Interessantes zum Umgründungssteuerrecht, RWZ 2015/22, 80.
Wiesner, Internationale Umgründungen, in: *Gassner/Lang* (Hrsg), Besteuerung und Bilanzierung international tätiger Unternehmen (1998) 501.
Wiesner, Keine Chance auf umgründungsbedingte Firmenwertabschreibung zwischen 1997 und 2000, RWZ 2001, 189.
Wiesner, Keine Verfassungswidrigkeit der Regelungen des § 10 UmgrStG betreffend Verlustvortragsübergang, RWZ 2009, 137.
Wiesner, Körperschaftsteuerliche Einlagen und Entnahmen, in: *Doralt/Hassler/Kranich/Nolz/Quantschnigg* (Hrsg), Die Besteuerung der Kapitalgesellschaft, FS Bauer (1986) 349.
Wiesner, Liegenschaftsveräußerung nach Einbringung gemäß Art III UmgrStG, RWZ 2012, 36.
Wiesner, Mantelkauf bei Änderung der Gesellschafterstruktur, RWZ 2017/71, 342.
Wiesner, Maßgeblichkeit umgründungssteuerrechtlicher Regelungen für die GSVG-Pflicht, RWZ 2012, 173.
Wiesner, Nachweis einer verunglückten Einbringung, RWZ 2016/52, 224.
Wiesner, Neues zum Umgründungssteuerrecht, RWZ 2017/11, 38.
Wiesner, OGH zur Einbringung im Spannungsfeld zwischen Handels-, Firmenbuch- und Abgabenrecht, RWZ 2004, 78.
Wiesner, Paradigmenwechsel im Umgründungssteuerrecht durch den Unabhängigen Finanzsenat (UFS)? Die Rückwirkungsfiktion auf dem Prüfstand, RWZ 2012, 165.
Wiesner, Realteilung und doppelter Wechsel der Gewinnermittlungsart, RWZ 2013/81, 313.
Wiesner, Reform des Umgründungssteuerrechts, RdW 1989, 203.
Wiesner, Roma locuta ... Umwandlungsverlust steuerneutral! RdW 1997, 748.
Wiesner, Spaltungen im Steuerrecht, ecolex 1993, 552.
Wiesner, Steuerliche Auswirkungen des Übernahmerechts-Änderungsgesetzes 2006 auf Umgründungen, RWZ 2006, 165.

Wiesner, Steuerneutraler Buchverlust aus dem verschmelzungsbedingten Wegfall des Fruchtgenussrechtes an den Aktien der übernehmenden AG, RWZ 2012, 249.

Wiesner, Steuerreparaturgesetz, in: *Bertl* (Hrsg), Steuerplanung 1997 (1997) 185

Wiesner, Übernahme der Einkommensteuerschulden des Einbringenden durch die übernehmende GmbH, RWZ 1999, 14.

Wiesner, Umgründung und Verlustvortragsübergang, RWZ 2010, 361.

Wiesner, Umgründungen als Gestaltungsmittel und ihre verfahrensrechtlichen Tücken, RWZ 2005, 106.

Wiesner, Umgründungen in der Rechtsentwicklung, FJ 1990, 229.

Wiesner, Umgründungsbeteiligte Kapitalgesellschaften und rückwirkende Vermögensveränderungen, RdW 1994, 414.

Wiesner, Umgründungssteuerrecht – Grundsatzfragen des Art III und IV UmgrStG am Prüfstand, RWZ 2009, 175.

Wiesner, Unkörperliche Wirtschaftsgüter im Ertragsteuerrecht, in: *Bertl/Eberhartinger/Egger/Kalss/Lang/Nowotny/Riegler/Schuch/Staringer* (Hrsg), Immaterielle Vermögenswerte (2006) 201.

Wiesner, Unternehmensnachfolge und Verlustverwertung, SWK 1987, A I 283.

Wiesner, Verlustvortrag der übernehmenden Körperschaft bei Verschmelzung (nach Art I StruktVG), RWZ 2003, 35.

Wiesner, Verschmelzungsverknüpfter Mantelkauftatbestand, RWZ 2001, 262.

Wiesner, Verunglückter und missglückter Zusammenschluss iSd Art IV UmgrStG, RWZ 2004, 321.

Wiesner, Voraussetzung für die Einbringung des Betriebsgebäudes ohne Grund und Boden nach Art III UmgrStG, RWZ 2017/58, 284.

Wiesner, Vorliegen einer Betriebsübertragung als Voraussetzung für eine unter Art. II UmgrStG fallende Umwandlung, RWZ 2004, 104.

Wiesner, Vorsorge für Verluste und Vortragsfähigkeit von Verlusten im Ertragsteuerrecht, RWZ 2010, 14.

Wiesner, Zukunftsaspekte des Umgründungssteuerrechtes, ÖStZ 2003, 157.

Wiesner, Zweifelhafte VwGH-Judikatur zur BUSt bei einem Down-Stream-Merger, RWZ 2000, 131.

Wiesner/Atzmüller/Mayr, G., AbgÄG 2005: Wichtiges zum Einkommen-, Körperschaft- und Umgründungssteuergesetz, RdW 2005, 637.

Wiesner/Helbich, Umgründungssteuergesetz – Gesetzeswortlaut mit Erläuterungen der Regierungsvorlage und ergänzenden Ausführungen, RdW 1992, 33.

Wiesner/Kirchmayr/Mayr, G., Gruppenbesteuerung[2] (2009).

Wiesner/Mayr, G., Aktuelle Zweifelsfragen zur Gruppenbesteuerung, RdW 2005, 566.

Wiesner/Mayr, G., Aktuelles zur Verschmelzung, RdW 2007, 435.

Wiesner/Mayr, G., Einbringungen nach dem AbgÄG 2005, RdW 2006, 363.

Wiesner/Mayr, G., Gruppenbesteuerung: Beteiligungsgemeinschaft, Umgründungen und Marks & Spencer, RWZ 2006, 1.

Wiesner/Mayr, G., Gruppenbesteuerung: Umgründungsbedingte Nacherfassung vorgenommener Firmenwertabschreibungen, RdW 2007, 759.

Wiesner/Mayr, G., Highlights aus dem Gruppenbesteuerungserlass, RWZ 2005, 97.

Wiesner/Mayr, G., Neues zur Gruppenbesteuerung, RdW 2004, 629.

Wiesner/Mayr, G., UmgrStG: Aktuelles zur Einbringung, RdW 2007, 563 (Teil I), und RdW 2007, 628 (Teil II).

Literaturverzeichnis

Wiesner/Mayr, G., UmgrStG: Aktuelles zur Spaltung nach dem Spaltungsgesetz, RdW 2007, 699.
Wiesner/Mayr, G., UmgrStG: Aktuelles zur Umwandlung, RdW 2007, 495.
Wiesner/Mayr, G., UmgrStG: Aktuelles zur Verschmelzung, RdW 2007, 435.
Wiesner/Mayr, G., Zweifelsfragen zur Gruppenbesteuerung, RdW 2004, 491.
Wiesner/Schwarzinger, W., Abspaltung bzw Umwandlung nach Mitunternehmeranteilseinbringung und § 142 HGB, UmS 120/22/02, SWK 2002, 853.
Wiesner/Schwarzinger, W., Aufwandszinsen im Umgründungssteuerrecht, ÖStZ 1995, 354.
Wiesner/Schwarzinger, W., Diagnosen und Reformansätze im Umgründungssteuerrecht, in: *Eberhartinger/Fraberger/Hirschler* (Hrsg), Rechnungswesen Wirtschaftsprüfung Steuern, FS R. Bertl (2013) 917.
Wiesner/Schwarzinger, W., Die Vollorganschaft im Umgründungssteuerrecht, in: *Bergmann, H.* (Hrsg), Praxisfragen zum Körperschaftsteuerrecht, FS Werilly (2000) 307.
Wild, Die Auswirkungen der Kapitalmaßnahmen-VO auf Umgründungen, ÖStZ 2013/846, 464.
Wild, Die Behandlung von Fruchtgenussrechten im Rahmen von Einbringungen, taxlex 2013, 417.
Wild, Umstrukturierungen außerhalb des UmgrStG und deren Behandlung im Rahmen der Besteuerung von Kapitalvermögen, in: *Kirchmayr/Mayr, G.* (Hrsg), Umgründungen (2013) 81.
Winkler, Unternehmenskauf und Spaltung *a la carte*, GesRZ 2012, 71.
Woischitzschläger, Grunderwerbsteuer bei Einbringungen – aktivierungspflichtiger oder laufender Aufwand? ÖStZ 1994, 338.
Wolf, Aktuelle Neuerungen bei Umgründungen, SWK 2006, S 355.
Wolf, Chancenpotenziale bei der Umwandlung einer GmbH in ein Einzelunternehmen (Art II UmgrStG), taxlex 2007, 247.
Wolf, Checkliste – Verschmelzungen gem Art I UmgrStG, taxlex 2006, 351 (Teil I), taxlex 2006, 396 (Teil II), und taxlex 2006, 484 (Teil III).
Wolf, Der Betriebs- und Teilbetriebsbegriff im UmgrStG, SWK 2005, S 769.
Wolf, Die Immobilienertragsteuer bei Einlagen und Umgründungen – Wie lassen sich Fehler vermeiden? SWK 2013, 494.
Wolf, Fehler bei Umgründungen – Achtung auf die richtige Gegenleistung bei Einbringungen! SWK 2009, S 625.
Wolf, Fehler bei Umgründungen – Achtung bei Gewinnausschüttungen vor der Verschmelzung! SWK 2009, S 1002.
Wolf, Highlights aus den Umgründungssteuerrichtlinien, RdW 2003, 732 (Teil 1: Zusammenschlüsse), und RdW 2004, 58 (Teil 2: Realteilungen).
Wolf, Highlights zu den Umgründungssteuerrichtlinien 2002, RdW 2003, 221.
Wolf, Praktische Fallbeispiele zum Umgründungssteuerrecht: Zusammenschlüsse, Vorsorgemaßnahmen und Immobilienertragsteuer, SWK 2015, 85.
Wolf, Verlustabzug bei Umgründungen, ecolex 1998, 508.
Wolf, Vorsorgemaßnahmen: Praktische Fallbeispiele zum Umgründungssteuerrecht, SWK 2014, 1374.
Wolf/Silberbauer, Verfassungsrecht und Verlustbremse bei Umwandlungen, taxlex 2006, 117.

Wolff-Plottegg/Lennkh, Der forstwirtschaftliche Teilbetrieb, ÖStZ 1992, 227.

Wundsam, Grunderwerbsteuer bei Einbringung von Betrieben, RdW 1994, 257.

Wundsam/Spitzer, Fremdfinanzierung der Beteiligung in der (Nicht-)Organschaft, RdW 1995, 74.

Wundsam/Zöchling, Steuerliche Aspekte des M + A-Geschäftes, GesRZ 1992, 1.

Wundsam/Zöchling/Huber/Khun (Hrsg), UmgStG⁴ (2007).

Wünsche/Knörzer, Rezeption der Anteilsübertragung & -vereinigung aus dem deutschen GrEStG in Österreich – Gemeinsamkeiten und Unterschiede, FJ 2016, 60.

Wurm G., Ausschüttungsfiktion neu bei Umwandlungen – Ermittlung der Bemessungsgrundlage aufgrund steuerlicher Werte, SWK 2013, 113.

Wurm, G., Abgabenänderungsgesetz 2012: Anpassung des Umgründungssteuergesetzes an das neue Kapitalbesteuerungsregime, SWK 2012, 1531.

Wurm, G., Einlagenrückzahlung neu und „mittelbare" Umgründungen, GES 2016, 231.

Wurm, G., Gesellschaftsteuerpflicht eines „Großmutterzuschusses" 3 Tage vor Abschluss eines Verschmelzungsvertrages (Anm zu UFS 21. 3. 2012, RV/3174-W/07), GES 2012, 416.

Wurm, G., UFS: Anteilsvereinigung vor Verschmelzung durch Auflösung der Treuhandschaft (Anm zu UFS 20. 4. 2013, RV/0205-I/13), GES 2013, 419.

Wurm, G., „Fehlerhafte" Stichtagsbilanz bei Einbringung nach Art III UmgrStG (Anmerkung zu VwGH 29.1.2015, 2011/15/0169), GES 2015, 243.

Wurm, G., Einschränkung der Firmenwertabschreibung auf inländische Gruppenmitglieder unionrechtswidrig, SWK 2015, 1367.

Wurm G., Keine (zusätzliche) grunderwerbsteuerliche Anteilsvereinigung bei verschmelzungsbedingter Auflösung einer Treuhandschaft (Anmerkung zu VwGH 16.12.2014, 2013/16/0188), GES 2015, 190.

Wurm, G., Offene Themen und Zweifelsfragen zur Innenfinanzierungsverordnung – Auswirkungen von Umgründungen auf den Stand der steuerlichen Innenfinanzierung, SWK 2016, 742.

Wurm, G., Regelungskonzept und Grundsätze der Innenfinanzierungsverordnung – Auswirkungen von Umgründungen auf den Stand der steuerlichen Innenfinanzierung, SWK 2016, 681.

Wurm, G., Verschmelzungsbedingte Anteilsvereinigung iSd § 1 Abs 3 GrEStG infolge des Unterbleibens der Anteilsgewährung gem § 224 AktG? GES 2013, 404.

Wurm, G., Verunglückte Einbringung: Vorsicht beim Verzicht auf Anteilsgewährung nach § 19 Abs 2 Z 5 UmgrStG! (Anm zu UFS 22. 9. 2011, RV/2493-W/08), GES 2012, 107.

Wurm, G., Einbringung von „Zwerganteilen": Bestandsschutz für Gegenleistungsanteile? SWK 2011, S 678.

Wurm, G., Gruppenbesteuerung: Umgründungen und Firmenwertabschreibung i.S.d. § 9 Abs 7 KStG nach dem AbgÄG 2014, SWK 2014, 391.

Wurm, G., Nochmals: Umgründungen und Firmenwertabschreibung nach dem AbgÄG 2014, SWK 2014, 550.

Wurm, G., Rs DMC: EuGH zur Unionsrechtskonformität der Wegzugsbesteuerung bei grenzüberschreitenden Einbringungen von Mitunternehmeranteilen, GES 2014, 246.

Literaturverzeichnis

Wurm, G., Rs DMC: Unionsrechtskonformität der Entstrickungsregelung in § 16 UmgrStG bei grenzüberschreitenden Einbringungen von Mitunternehmeranteilen? GES 2014, 291.

Wurm, G., UFS: Treuhandvereinbarungen für Zwecke des § 19 Abs 2 Z 5 UmgrStG auch bei zivilrechtlichem Formmangel zu berücksichtigen (Anmerkung zu UFS 12. 12. 2013, RV/1218-W/11), GES 2014, 264.

Wurm, G., Verletzung der Anwendungsvoraussetzungen des Art III UmgrStG mangels positiven Verkehrswerts infolge unbarer Entnahme bei unschlüssigem Verkehrswertgutachten (Anmerkung zu VwGH 26. 2. 2014, 2011/13/0034), GES 2014, 356.

Wurm, G., Zuschreibungen auf Beteiligungen nach Umgründungen – Beizulegender Wert bildet stets die Obergrenze, SWK 2014, 1024.

Wurm, G., Zuschreibungsobergrenze nach Einbringung einer außerplanmäßig abgeschriebenen Beteiligung (Anmerkung zu VwGH 22. 5. 2014, 2010/15/0127), GES 2014, 530.

Wurm, J., Neuregelung der Mindestkörperschaftsteuer-Anrechnung bei Umwandlungen, taxlex 2012, 99.

Wurm, J., Ausschüttungsfiktion neu bei Umwandlungen – Ermittlung der Bemessungsgrundlage aufgrund steuerlicher Werte, SWK 2013, 113.

Zeitlinger, Änderungen im Konzernsteuerrecht durch den Ministerialentwurf zum AbgÄG 2012, taxlex 2012, 299.

Ziegler, Umgehungsgeschäfte 1996 zur Rettung der Firmenwertabschreibung, SWK 2002, S 381.

Znidaric, Gedanken zum Entwurf und den Erläuternden Bemerkungen des neuen Umgründungssteuergesetzes, ÖStZ 1991, 324.

Zöchling, Auflösung von Kapitalrücklagen und verdeckte Einlagenrückgewähr, ÖStZ 1996, 54.

Zöchling, Das Steuerhängigkeitserfordernis bei internationalen Umgründungen, in: *Lang/Weinzierl* (Hrsg), Europäisches Steuerrecht, FS Rödler (2010) 958.

Zöchling, Das Umgründungssteuergesetz: Neuerungen im Umgründungssteuerrecht, FJ 1993, 22 (Teil 11: Spaltung).

Zöchling, Die Prüfung von Umgründungen nach dem EU-GesRÄG, RWZ 1997, 154.

Zöchling, Doppelte Steuerhängigkeit bei Umwandlungen, SWK 2007, S 718.

Zöchling, Einbringung in eine Schwesterngesellschaft bei ausländischem Anteilsinhaber, SWI 1993, 143.

Zöchling, Einbringungen gem Art III UmgrStG – Offene Fragen zur Darstellung in der Handelsbilanz, ÖStZ 1994, 125.

Zöchling, Einlagenrückzahlung neu und Umgründungen – von Evidenzkonten, Ausschüttungssperren und Steuerfallen, in: *Kirchmayr/Mayr, G./Hirschler* (Hrsg), Aktuelle Fragen der Konzernbesteuerung (2016) 25.

Zöchling, Erwerb und Umgründung von Kapitalgesellschaften mit negativer Innenfinanzierung, in: *Kirchmayr/Mayr, G./Oberhammer/Rüffler/Torggler* (Hrsg), Umgründungen, FS Hügel (2016) 413.

Zöchling, Gruppenbesteuerung und Auslandsverluste im Wege der Gruppenbesteuerung kann nachteilig sein, SWK 2004, S 952.

Zöchling, Gruppenbesteuerung und Umgründungen, in: *Kirchmayr/Mayr, G./Hirschler* (Hrsg), Gruppenbesteuerung – Aktuelle Praxisfragen und Fallbeispiele (2014) 1.

Zöchling, Internationale Schachtelbeteiligung und umgründungsbedingte fiktive Teilwertabschreibungen, in: *Albeseder/Manhartsgruber/Roth/Schmidl/Spritzey* (Hrsg), Wirtschaft Steuer Recht, FS Wundsam (2003) 467.

Zöchling, Internationale Schachtelbeteiligungen und Umgründungen nach dem BBG 2003, in: *König/Schwarzinger, W.* (Hrsg), Körperschaften im Steuerrecht, FS Wiesner (2004) 471.

Zöchling, Internationale Spaltungen nach dem UmgrStG, SWI 1994, 308.

Zöchling, Internationale Umgründungen, SWI 1997, 45.

Zöchling, Konzernfinanzierung und Umgründungen – Verbindung/Trennung von Vermögen und Verbindlichkeiten, in: *Kirchmayr/Mayr, G.* (Hrsg), Besteuerung der grenzüberschreitenden Konzernfinanzierung (2012) 25.

Zöchling, Nochmals: Auflösung von Kapitalrücklagen und Einlagenrückzahlung, ÖStZ 1996, 291.

Zöchling, Umgründungen und Einlagenevidenz gemäß § 4 Abs 12 EStG, in: *Heidinger/Bruckner* (Hrsg), Steuern in Österreich, FS KWT (1998) 495.

Zöchling, Verluste bei Verschmelzungen auf betrieblicher Grundlage, ecolex 1991, 30.

Zöchling, Verschmelzung und doppelte Verlustverwertung, ÖStZ 1997, 137.

Zöchling, Zur Übertragung von Betrieben und Wirtschaftsgütern, ÖStZ 1989, 209.

Zöchling/Fraberger, Die ertragsteuerliche Behandlung der SE, in: *Lang/Jirousek* (Hrsg), Praxis des Internationalen Steuerrechts, FS Loukota (2005) 707.

Zöchling/Haslinger, Erwerb eines Mitglieds einer Unternehmensgruppe: Gestaltungsmöglichkeiten und Steuerfallen, in: *Polster-Grüll/Zöchling/Kranebitter* (Hrsg), Handbuch Mergers & Acquisitions (2007) 201.

Zöchling/Haslinger, Gruppenbesteuerung und Umgründungen, in: *Quantschnigg/Achatz/Haidenthaler/Trenkwalder/Tumpel* (Hrsg), Gruppenbesteuerung (2005) 261.

Zöchling/Haslinger, Verschmelzungsbedingter Anteilstausch: Wesentliche Änderungen durch das Budgetbegleitgesetz 2007, RdW 2007, 369.

Zöchling/Pinetz, Praktische Probleme bei Importverschmelzungen, in: *Kirchmayr/Mayr, G.* (Hrsg), Umgründungen (2013) 123.

Zöchling/Trenkwalder, Einlagenrückzahlung neu: Eigenkapitalgeber in der Steuerfalle, SWK 2015, 873.

Zöchling/Walter/Strimitzer, Einlagenrückzahlung neu und Umgründungen, SWK 2015, 1591.

Zollner, Sonderrechte in der internationalen Verschmelzung – Erste Überlegungen zu EuGH 7.4.2016, C-483/14, ecolex 2016, 497.

Zorn, § 16 Abs 5 UmgrStG und EG-Recht, SWK 2002, S 312.

Zorn, Neue Teilwertabschreibung alter Firmenwerte aus Umgründungen, SWK 2006, S 254.

Zorn, VwGH: Beendigung der Gruppe durch Up-stream-Verschmelzung des Gruppenträgers, RdW 2016/431, 567.

Zorn, VwGH zu finalen Verlusten aus der beschränkten Steuerpflicht, RdW 2017/262, 333.

Zorn, VwGH zur Ausschüttungsfiktion bei Einbringung eines buchmäßig überschuldeten Betriebes, RdW 2017/163, 201.

Zorn, VwGH: Kein rückwirkendes Ausscheiden eines Gruppenmitglieds mit dessen errichtender Umwandlung, RdW 2017/383, 524.

Literaturverzeichnis

Zorn, VwGH: Missglückte Einbringung von Mitunternehmeranteilen, RdW 2017/320, 465.
Zorn, VwGH: Umwandlung auf die zwischengeschaltete KG, RdW 2017/106, 126.
Zorn, VwGH zur Vererblichkeit des Verlustvortrages, RdW 2013/365, 354.
Zwick, Die Berechnung der Neunmonatsfrist bei Verschmelzungen, ÖStZ 2017/372, 254.
Zwick, Verlustzuordnung im Rahmen des umgründungssteuerlichen Objektbezugs, ÖStZ 2017/728, 509.

Verzeichnis der abgekürzt zitierten Literatur

Vollständiger Werktitel	Zitiert als
Achatz/Aigner/Kofler/Tumpel (Hrsg), Internationale Umgründungen (2005)	*Autor* in *Achatz ua*, IntUmgr [Seite]
Achatz/Aigner/Kofler/Tumpel, Praxisfragen der Unternehmensbesteuerung (2011)	*Autor* in Unternehmensbesteuerung [Seite]
Achatz/Ehrke-Rabel/Heinrich/Leitner/ Taucher (Hrsg), Steuerrecht – Verfassungsrecht – Europarecht, FS Ruppe (2007)	*Autor* in FS Ruppe [Seite]
Achatz/Kirchmayr (Hrsg), Körperschaftsteuergesetz (2011)	*Autor* in *Achatz/Kirchmayr* § X Tz Y
Albeseder/Manhartsgruber/Roth/ Schmidl/Spritzey (Hrsg), Wirtschaft Steuer Recht, FS Wundsam (2003)	*Autor* in FS Wundsam [Seite]
Arnold/Arnold, Rechtsgebühren^9 (2011)	*Arnold/Arnold,* Rechtsgebühren^9 § X Rz Y
Baumann/Waitz-Ramsauer, Handbuch - Unternehmenskauf (2009)	*Autor* in HB Unternehmenskauf Rz Y
Beiser/Kirchmayr/Mayr/Zorn (Hrsg), Ertragsteuern in Wissenschaft und Praxis, FS Doralt (2007)	*Autor* in FS Doralt [Seite]
Bergmann (Hrsg), Praxisfragen zum Körperschaftsteuerrecht, FS Werilly (2000)	*Autor* in FS Werilly [Seite]
Bergmann/Bieber (Hrsg), KStG-Update (2015)	*Autor* in *Bergmann/Bieber* § X Rz X
Bergmann/Ratka (Hrsg), Handbuch Personengesellschaften (2011)	*Autor* in *Bergmann/Ratka*, HB-PG Rz X/Y
Bertl (Hrsg), Praxis und Zukunft der Unternehmensbesteuerung, FS Heidinger (1995)	*Autor* in FS Heidinger [Seite]
Bertl (Hrsg), Rechnungswesen und Controlling, FS Egger (1997)	*Autor* in FS Egger [Seite]
Bertl/Eberhartinger/Egger/Kalss/Lang/ Riegler/Schuch/Staringer, Immaterielle Vermögenswerte (2006)	*Autor*, ImmatVermWerte [Seite]

Verzeichnis der abgekürzt zitierten Literatur

Bertl/Eberhartinger/Hirschler/Kanduth-Kristen/H. Kofler/Tumpel/Urnik (Hrsg), Handbuch der österreichischen Steuerlehre Band III[3] – Gründung, Umgründung und Beendigung von Unternehmen (2017)	*Autor* in HBStL III[3] [Seite]
Bertl/Eberhartinger/Egger/Kalss/Lang/Nowotny/Riegler/Schuch/Staringer (Hrsg) Sonderbilanzen bei Umgründungen (2008)	*Autor* in *Bertl ua*, Sonderbilanzen [Seite]
Bertl/Mandl/Mandl/Ruppe (Hrsg), Von der Gründung bis zur Liquidation (2003)	*Autor* in *Bertl ua*, Gründung [Seite]
Blasina/Kirchmayr-Schliesselberger/Knörzer/Mayr/Unger (Hrsg), Die Bedeutung der BAO im Rechtssystem, FS Tanzer (2014)	*Autor* in FS Tanzer [Seite]
Blocher/Gelter/Pucher (Hrsg), Festschrift Christian Nowotny zum 65. Geburtstag (2015)	*Autor* in FS *Nowotny* (2015)
BMF/JKU (Hrsg), Einkommensteuer – Körperschaftsteuer – Steuerpolitik, GedS Quantschnigg (2010)	*Autor* in GedS Quantschnigg [Seite]
Buzanich, Einbringung eines freiberuflichen Teilbetriebes (2003)	*Buzanich*, Teilbetrieb [Seite]
Damböck et al, Gruppenbesteuerung (2006)	*Autor* in D/H/H/S [Seite]
Doralt/Hassler/Kranich/Nolz/Quantschnigg (Hrsg), Die Besteuerung der Kapitalgesellschaft, FS Bauer (1986)	*Autor* in FS Bauer [Seite]
Doralt (Hrsg), EStG[x]	*Doralt/Autor*, EStG[x] § X Tz Y
Doralt/Gassner/Lechner/Ruppe/Tanzer/Werndl (Hrsg), Steuern im Rechtsstaat, FS Stoll (1990)	*Autor* in FS Stoll I [Seite]
Doralt/Ruppe, Grundriss des österreichischen Steuerrechts I[11] (2013)	*Autor* in D/R I[11] Rz X
Dorazil, Kapitalverkehrsteuergesetz[2] (1997)	*Dorazil*, KVG[2] § X Rz Y
Eberhartinger/Fraberger/Hirschler (Hrsg), Rechnungswesen Wirtschaftsprüfung Steuern, FS R. Bertl (2013)	*Autor* in FS Bertl [Seite]
Ellinger/Iro/Kramer/Sutter/Urtz (Hrsg), BAO[x]	*Autor* in *Ellinger ua*, BAO[x] § X Anm Y

Ellrott/Förschle/Kozikowski/Winkeljohann (Hrsg), Beck'scher Bilanzkommentar⁷ (2010)	*Autor* in Beck BilKomm⁷ § X Anm Y
Enzinger (Hrsg), Aktuelle Probleme des Unternehmensrechts, FS Frotz (1993)	*Autor* in FS Frotz [Seite]
Fraberger/Baumann/Plott/Waitz-Ramsauer (Hrsg), Handbuch Konzernsteuerrecht² (2014)	*Autor* in HB KonzernStR² [Seite]
Fraberger/Kanduth-Kristen/Hirschler/Ludwig/Mayr (Hrsg), Handbuch Sonderbilanzen Band I und II (2010)	*Autor* in HB Sonderbilanzen I bzw II [Seite]
Fritz-Schmied/Kanduth-Kristen/Urnik (Hrsg), Steuerwissenschaften und betriebliches Rechnungswesen, FS H. Kofler (2009)	*Autor* in FS Kofler [Seite]
Frotz/Kaufmann (Hrsg), Grenzüberschreitende Verschmelzungen² (2013)	*Autor* in *Frotz/Kaufmann*², SteuerR Rz Y
Furherr/Huber (Hrsg), Internationale Umgründungen nach der Fusionsbesteuerungsrichtlinie (2009)	*Furherr/Huber*, IntUmgr [Seite]
Gaier, Kommentar zum Gebührengesetz 1957⁵ (2010)	*Gaier*, GebG⁵ § X Rz Y
Gassner (Hrsg), Bilanz und Rechnungswesen, FS Stadler (1981)	*Autor* in FS Stadler [Seite]
Gassner (Hrsg), Zukunftsaufgaben der Wirtschaftsprüfung, FS Deloitte & Touche (1997)	*Autor* in FS Deloitte & Touche [Seite]
Hammerschmied (Hrsg), Steuerberatung und Wirtschaftsprüfung in Europa, FS Brogyányi (2008)	*Autor* in FS Brogyányi [Seite]
Heidinger/Bruckner (Hrsg), Steuern in Österreich, FS KWT (1998)	*Autor* in FS KWT [Seite]
Herrmann/Heuer/Raupach, EStG. KStG. Kommentar	*H/H/R*, EStG^x § X Anm Y
Hirschler (Hrsg), Bilanzrecht (2010)	*Autor* in *Hirschler*, Bilanzrecht § X Rz Y
Hofstätter/Reichel (Hrsg), Die Einkommensteuer (EStG 1988)^x	*Autor* in H/R, EStG^x § X Rz Y
Hristov, Die Liquidation im Ertragsteuerrecht (2011)	*Hristov*, Liquidation [Seite]
Huber/Rindler/Widinski/Zinnöcker (Hrsg), Gruppenbesteuerung² (2017)	H/R/W/Z² § X Abs Y Rz Z

Verzeichnis der abgekürzt zitierten Literatur

Hübner-Schwarzinger, Buchungs- und Bilanzierungspraxis bei Umgründungen (2004)	*Hübner-Schwarzinger*, Buchungs- und Bilanzierungspraxis [Seite]
Hübner-Schwarzinger, Einführung in das Umgründungssteuergesetz (2009)	*Hübner-Schwarzinger*, Einführung [Seite]
Hübner-Schwarzinger/Kanduth-Kristen (Hrsg), Rechtsformgestaltung (2011)	Autor in *Hübner-Schwarzinger/Kanduth-Kristen*, Rechtsformgestaltung [Seite]
Hübner-Schwarzinger/Wiesner, Umgründungslexikon (2005)	*Hübner-Schwarzinger/Wiesner*, Lexikon [Seite]
Hügel, Grenzüberschreitende und nationale Verschmelzungen im Steuerrecht (2009)	*Hügel* § X Rz Y
Hügel, Umgründungsbilanzen – Handelsrecht und Steuerrecht (1997)	*Hügel*, Umgründungsbilanzen Rz X
Hügel/Mühlehner/Hirschler (Hrsg), UmgrStG (2000)	Autor in *H/M/H* § X Rz Y
Jabornegg/Artmann (Hrsg), UGB² (2010).	Autor in *Jabornegg/Artmann*, UGB² § X Rz Y
Jabornegg/Strasser (Hrsg), AktG I⁵ (2011) und II⁵ (2010)	Autor in *Jabornegg/Strasser*, AktG I⁵ bzw II⁵ § X Rz Y
Jakom, EStG¹⁰ (2017)	Jakom^x/*Autor* § X Rz Y
Jann, Umgründungen im Steuerrecht (2015)	*Jann*² [Seite]
Kalss (Hrsg), Verschmelzung – Umwandlung – Spaltung² (2010)	*Kalss*² § X AktG bzw UmwG bzw SpaltG Rz Y
Kalss/Hügel (Hrsg), Europäische Aktiengesellschaft – SE-Kommentar (2004)	Autor in *Kalss/Hügel* [I, II bzw III] [§ X] Rz Y
Kammer der Wirtschaftstreuhänder (Hrsg), Personengesellschaften und andere Mitunternehmerschaften sowie ihre Gesellschafter, GedS Bruckner (2013)	Autor in GedS Bruckner [Seite]
Kirchmayr, Besteuerung von Beteiligungserträgen (2004)	*Kirchmayr*, Beteiligungserträge [Seite]
Kirchmayr/Mayr (Hrsg), Umgründungen (2013)	Autor in *Kirchmayr/Mayr*, Umgründungen [Seite]
Kirchmayr/Mayr/Oberhammer/Rüffler/Torggler (Hrsg), Umgründungen, FS Hügel (2016)	Autor in FS Hügel [Seite]
Knörzer/Althuber, Gesellschaftsteuer² (2009)	*Knörzer/Althuber*, GesSt² § X Rz Y

Verzeichnis der abgekürzt zitierten Literatur

Kofler (Hrsg), Betriebswirtschaftliches Prüfungswesen in Österreich, FS Vodrazka (1996)	*Autor* in FS Vodrazka II [Seite]
Kofler (Hrsg), Rechnungswesen und Besteuerung der Personengesellschaften, FS Vodrazka (1991)	*Autor* in FS Vodrazka I [Seite]
Kofler, Mutter-Tochter-Richtlinie – Kommentar (2011)	*Kofler*, MTR Art X Rz Y
König/Schwarzinger (Hrsg), Körperschaften im Steuerrecht, FS Wiesner (2004)	*Autor* in FS Wiesner [Seite]
Koppensteiner/Rüffler, GmbH-Gesetz Kommentar³ (2007)	*Koppensteiner/Rüffler*, GmbH³ § X Rz Y
Koran/Moser (Hrsg), Die BAO im Zentrum der Finanzverwaltung, FS Ritz (2015)	*Autor* in FS Ritz [Seite]
Kotschnigg, Beweisrecht der BAO (2011)	*Kotschnigg*, BAO § X Rz Y
Lang/Jirousek (Hrsg), Praxis des Internationalen Steuerrechts, FS Loukota (2005)	*Autor* in FS Loukota [Seite]
Lang/Rust/Schuch/Staringer (Hrsg), KStG² (2016)	*Autor* in L/R/S/S² § X Rz Y
Lang/Schuch/Staringer (Hrsg), Handbuch des Bilanzsteuerrechts, GedS Gassner (2005)	*Autor* in GedS Gassner [Seite]
Lang/Schuch/Staringer/Stefaner, Grundfragen der Gruppenbesteuerung (2007)	*Autor* in L/S/S/S [Seite]
Lang/Weinzierl (Hrsg), Europäisches Steuerrecht, FS Rödler (2010)	*Autor* in FS Rödler [Seite]
Loebenstein (Hrsg), Wirtschaftspraxis und Rechtswissenschaft, FS Kastner (1972)	*Autor* in FS Kastner I [Seite]
Loitlsberger (Hrsg), Rechnungslegung und Gewinnermittlung, GedS Lechner (1987)	*Autor* in GedS Lechner [Seite]
Ludwig/Hirschler, Bilanzierung und Prüfung von Umgründungen² (2012)	*Ludwig/Hirschler*, Bilanzierung² Rz X
Margreiter/Wakounig/Glega (Hrsg), Steuerliche Sonderbilanzen in der Praxis³ (2001)	*Margreiter ua*, Sonderbilanzen³ [Seite]
Marschner, Einlagen in Kapitalgesellschaften (2015)	*Marschner*, Einlagen [Seite]

Verzeichnis der abgekürzt zitierten Literatur

Massoner, Der Mantelkauf im Abgabenrecht (2007)	*Massoner*, Mantelkauf [Seite]
Mayr/Schlager/Zöchling (Hrsg), Handbuch Einlagenrückzahlung (2016)	*Autor* in HB Einlagenrückzahlung [Seite]
Melhardt/Tumpel, Umsatzsteuergesetz. Kommentar (2012)	*Autor* in *Melhardt/Tumpel*, UStG § X Rz Y
Metzler, Steuerrechtliche Umgründungen (2002)	*Metzler*, Umgründungen [Seite]
N. Arnold (Red), Die GmbH & Co KG, GedS W.-D. Arnold (2011)	*Autor* in GedS Arnold [Seite]
Nowotny/Doralt (Hrsg), Kontinuität und Wandel, FS Kastner (1992)	*Autor* in FS Kastner II [Seite]
Peklar, Verluste im Umgründungssteuerrecht (2001).	*Peklar*, Verluste [Seite]
Pernsteiner (Hrsg), Handbuch Fusionen (2002)	*Autor* in *Pernsteiner*, HB Fusionen [Seite]
Pinetz/Schragl/Siller/Stefaner (Hrsg), GrEStG Kommentar (2017)	*Autor* in *Pinetz/Schragl/Siller/Stefaner*, GrEStG § X Rz Y
Polster-Grüll/Zöchling/Kranebitter, Handbuch Mergers & Acquisitions (2007)	*Autor* in HB M&A [Seite]
Pülzl/Partl (Hrsg), Steuerberatung im Synergiebereich von Praxis und Wissenschaft, FS Pircher (2007)	*Autor* in FS Pircher [Seite]
Quantschnigg/Achatz/Haidenthaler/Trenkwalder/Tumpel, Gruppenbesteuerung (2005)	(1) *Autor* in Q/A/H/T/T § X Abs Y Rz Z (2) *Autor* in Q/A/H/T/T Rz X (bezogen auf die systematischen Darstellungen ab S 249 des Buches)
Quantschnigg/Renner/Schellmann/Stöger/[ab der 24. Lfg]Vock (Hrsg), Die Körperschaftsteuer (KStG 1988)^x	*Autor* in Q/R/S/S^x (ab der 24. Lfg Q/R/S/S/V^x) § X Rz Y
Quantschnigg/Schuch, Einkommensteuer-Handbuch (1993)	Q/S § X Tz Y
Quantschnigg/Wiesner/Mayr (Hrsg), Steuern im Gemeinschaftsrecht, FS Nolz (2008)	*Autor* in FS Nolz [Seite]
Renner/Schlager/Schwarz (Hrsg), Praxis der steuerlichen Gewinnermittlung, GedS Köglberger (2008)	*Autor* in GedS Köglberger [Seite]
Reinweber/Neuhold/Riegelnegg/Seiser/Wascher, Umgründungssteuerrecht für die Praxis^4 (2009)	*Reinweber ua*, UmgrStR^4 [Seite]

Verzeichnis der abgekürzt zitierten Literatur

Ritz, BAO⁵ (2014)	*Ritz*, BAO⁵ § X Rz Y
Ruppe/Achatz, Umsatzsteuergesetz⁴ (2011)	*Ruppe/Achatz*, UStG⁴ § X Rz Y
Schmitt/Hörtnagl/Stratz (Hrsg), UmwG – UmgStG⁵ (2009)	*Autor* in S/H/S, dUmgStG⁵ § X Rz Y
Schragl/Stefaner (Hrsg), Handbuch Genussrechte² (2013)	*Autor* in *Schragl/Stefaner*, Genussrechte² [Seite]
Schwarzinger/Wiesner, Umgründungssteuer-Leitfaden I/1³ und I/2³ (2013), I² und II² (1997), III (2002) und IV (2003)	*Schwarzinger/Wiesner* I/1³ bzw I/2³ bzw I² bzw II² bzw III bzw IV [Seite]
Staringer, Einlagen und Umgründungen (1994)	*Staringer*, Einlagen [Seite]
Stefaner/Schragl (Hrsg), Wegzugsbesteuerung, SWK-Spezial (2016)	*Autor* in *Stefaner/Schragl*, Wegzugsbesteuerung [Seite]
Stoll, BAO (1994)	*Stoll*, BAO [Seite]
Straube (Hrsg), UGB³ (2011)	*Autor* in *Straube*, UGB³ § X Rz Y
Talos/Winner (Hrsg), EU-Verschmelzungsgesetz² (2016)	*Autor* in T/W, EU-VerschG² § [X] Rz [Y]
Tanzer (Hrsg), Die BAO im 21. Jahrhundert, FS Stoll (2005)	*Autor* in FS Stoll II [Seite]
Tinti (Hrsg), Sorgfalt und Verantwortung, FS Jakobljevich (1996)	*Autor* in FS Jakobljevich [Seite]
Tumpel, Harmonisierung der direkten Unternehmensbesteuerung in der EU (1994)	*Tumpel*, Harmonisierung [Seite]
Vodrazka (Hrsg), Strukturverbesserung – Praxis und Recht, FS Helbich (1990)	*Autor* in FS Helbich [Seite]
Walter, Umgründungssteuerrecht¹¹ (2016)	*Walter*¹¹ Rz X
Weninger, Die Firmenwertabschreibung bei Share Deals (2008)	*Weninger*, Share Deals [Seite]
Wiesner/Grabner/Wanke (Hrsg), EStGˣ	*Autor* in W/G/W, EStGˣ § X Anm Y
Wiesner/Kirchmayr/Mayr, Gruppenbesteuerung, 2. Auflage (2008)	W/K/M² K X
Wiesner/Mayr/Hirschler (Hrsg), Handbuch der Umgründungenˣ	*Autor* in W/H/M, HdUˣ [I bzw II ...] § X Rz Y bzw [Q1 bzw Q2 ...] Rz Y
Wiesner/Schwarzinger/Sedlacek/Sulz, Zusammenschluß und Realteilung von Rechtsanwälten (1998)	W/S/S/S, Rechtsanwälte [Seite]
Wundsam/Zöchling/Huber/Khun (Hrsg), UmgStG⁵ (2015)	*Autor* in W/Z/H/K⁵ § X Rz Y

Umgründungssteuergesetz

Bundesgesetz, mit dem abgabenrechtliche Maßnahmen bei der Umgründung von Unternehmen getroffen und das Einkommensteuergesetz 1988, das Körperschaftsteuergesetz 1988, das Bewertungsgesetz 1955, das Strukturverbesserungsgesetz und das Finanzstrafgesetz geändert werden (Umgründungssteuergesetz – UmgrStG)

BGBl 1991/699

Geändert durch BGBl

1993/818 (NR: GP XVIII RV 1237 AB 1301 S 137. BR: 4662 und 4663 AB 4657 S 576)

1994/680 (NR: GP XVIII RV 1624 AB 1826 S 172. BR: AB 4863 S 589)

1994/681 (NR: GP XVIII RV 1701 AB 1816 S 172. BR: AB 4854 S 589)

1995/21 (NR: GP XIX RV 26 AB 53 S 12. BR: 4960 AB 4950 S 593)

1995/50

1996/210 – StruktAnpG 1996 (NR: GP XX RV 72 und Zu 72 AB 95 S 16. BR: 5161, 5162, 5163, 5164 und 5165 AB 5166 S 612)

1996/797 – AbgÄG 1996 (NR: GP XX RV 497 AB 552 S 51. BR: AB 5355 S 620)

I 1998/9 – AbgÄG 1997 (NR: GP XX RV 933 AB 998 S 105. BR: AB 5582 S 633)

I 1999/28 – AbgÄG 1998 (NR: GP XX RV 1471 AB 1505 S 150. BR: 5816 AB 5840 S 647)

I 1999/106 – StReformG 2000 (NR: GP XX RV 1766 AB 1858 S 175. BR: 5965 AB 5976 S 656)

I 1999/194 (DFB)

I 2000/22 (VfGH)

I 2000/142 – BudBG 2001(NR: GP XXI RV 311 AB 369 S 45. BR: 6250 und 6251 AB 6268 S 670)

I 2001/47 – BudBG 2002 (NR: GP XXI RV 499 AB 539 S 61. BR: 6327 AB 6338 S 676)

I 2001/144 – AbgÄG 2001 (NR: GP XXI RV 827 AB 859 S 84. BR: AB 6515 S 682)

I 2003/71 – BudBG 2003 (NR: GP XXII RV 59 AB 111 S 20. BR: 6788 AB 6790 S 697)

I 2003/124 – AbgÄG 2003 (NR: GP XXII RV 238 AB 296 S 38. BR: 6890 AB 6907 S 703)

I 2004/180 – AbgÄG 2004 (NR: GP XXII RV 686 AB 734 S 89. BR: 7160 AB 7184 S 717)

I 2005/161 – AbgÄG 2005 (NR: GP XXII RV 1187 AB 1213 S 132. BR: 7441 AB 7465 S 729)

I 2007/24 – BudBG 2007 (NR: GP XXIII RV 43 AB 67 S 20. BR: 7681 AB 7682 S 745)

I 2007/99 – AbgSiG 2007 (NR: GP XXIII RV 270 AB 391 S 42. BR: AB 7862 S 751)

I 2008/2 – 1. BVRBG (NR: GP XXIII RV 314 AB 370 S 41. BR: 7799 AB 7830 S 751)

I 2010/9 (NR: GP XXIV RV 477 AB 499 S 51. BR: AB 8253 S 780)

I 2010/34 – AbgÄG 2010 (NR: GP XXIV RV 662 AB 741 S 67. BR: 8311 AB 8313 S 785)

I 2010/111 – BudBG 2010 (NR: GP XXIV RV 981 AB 1026 S 90. BR: 8437 AB 8439 S 792)

I 2011/79 (VfGH)

I 2011/112 – BudBG 2011 (NR: GP XXIV RV 1494 AB 1500 S 130. BR: 8602 AB 8603 S 802)

I 2012/112 – AbgÄG 2012 (NR: GP XXIV RV 1960 AB 1977 S 179. BR: 8823 S 815)

I 2014/13 – AbgÄG 2014 (NR: GP XXV RV 24 AB 31 S 12. BR: 9140 AB 9141 S 827)

I 2014/105 – 2. AbgÄG 2014 (NR: GP XXV RV 360 AB 432 S 55. BR: 9272 AB 9294 S 837)

I 2015/34 – VAG 2016 (NR: GP XXV RV 354 AB 436 S 55. BR 9274)

I 2015/118 – StRefG 2015/2016 (NR: GP XXV RV 684 und Zu 684 AB 750 S 83. BR: 9402 AB 9414 S 844)

I 2015/163 – AbgÄG 2015 (NR: GP XXV RV 896 AB 907 S 107. BR: 9494 AB 9498 S 849)

I 2016/117 – AbgÄG 2016 (NR: GP XXV RV 1352 AB 1392 S 158. BR: 9670 AB 9689 S 863)

Umgründungssteuerrichtlinien 2002

Erlass des Bundesministeriums für Finanzen vom 17. März 2003, AÖF 2003/129
Geändert durch
AÖF 2004/116 – Änderungserlass 2003
AÖF 2005/273 – Wartungserlass 2005
AÖF 2008/243 – Wartungserlass 2007
AÖF 2011/268 – Wartungserlass 2011 (Artikel I)
AÖF 2012/74 – Wartungserlass 2012 (Artikel II)
AÖF 2013/301 – Wartungserlass 2013 (Artikel I, II und III)
BMF-AV 2014/155 – Wartungserlass 2014 (Artikel IV samt Berichtigung eines Redaktionsversehens in BMF-AV 2014/181)
BMF-AV 2014/175 – Wartungserlass 2014 (Artikel VI)
BMF-AV 2015/193 – Wartungserlass 2015
BMF-AV 2017/40 – Wartungserlass 2017

1. Teil

Umgründungssteuergesetz

1. Hauptstück

Umgründungen

Artikel I

Verschmelzung

Anwendungsbereich

§ 1. (1) Verschmelzungen im Sinne dieses Bundesgesetzes sind
1. Verschmelzungen auf Grund gesellschaftsrechtlicher Vorschriften,
2. Verschmelzungen im Sinne gesellschaftsrechtlicher Vorschriften auf Grund anderer Gesetze,
3. Vermögensübertragungen im Sinne des § 236 des Aktiengesetzes und
4. Verschmelzungen ausländischer Körperschaften im Ausland auf Grund vergleichbarer Vorschriften.

(2) [1]Abs. 1 Z 1 bis 4 findet nur insoweit Anwendung, als das Besteuerungsrecht der Republik Österreich hinsichtlich der stillen Reserven einschließlich eines allfälligen Firmenwertes bei der übernehmenden Körperschaft nicht eingeschränkt wird. [2]Soweit bei der Verschmelzung auf eine übernehmende

– in der Anlage genannte Gesellschaft eines Mitgliedstaates der Europäischen Union oder
– den Kapitalgesellschaften vergleichbare Gesellschaft eines Staates des Europäischen Wirtschaftsraumes, mit dem eine umfassende Amts- und Vollstreckungshilfe mit der Republik Österreich besteht,

die auch den Ort der Geschäftsleitung in einem Mitgliedstaat der Europäischen Union oder in einem Staat des Europäischen Wirtschaftsraumes hat, eine Steuerpflicht nach § 20 des Körperschaftsteuergesetzes 1988 entsteht, ist die Abgabenschuld auf Grund eines in der Steuererklärung gestellten Antrags in Raten zu entrichten; dabei sind § 6 Z 6 lit. d bis e des Einkommensteuergesetzes 1988 sinngemäß anzuwenden.

(3) Auf Verschmelzungen sind die §§ 2 bis 6 anzuwenden.

[idF BGBl I 2015/163]

Rechtsentwicklung

BGBl 1991/699 (UmgrStG; RV 266 AB BlgNR 18. GP) (Stammfassung); BGBl 1993/818 (StRefG 1993; RV 1237 AB 1301 BlgNR 18. GP) (Neufassung des § 1 Abs 1, für Stichtage nach dem 30.12.1993); BGBl 1994/681 (EU-AnpG; RV 1701 AB 1816 BlgNR 18. GP) (Änderung des § 1 Abs 1 Z 4, für Umgründungen, bei denen die zugrunde liegenden Beschlüsse oder Verträge nach dem 1.1.1995 zustande gekommen sind; siehe auch BGBl 1995/50); BGBl 1996/797 (AbgÄG 1996; RV 497 AB 552 BlgNR 20. GP) (Neufassung des § 1 Abs 1 Z 4); BGBl I 1999/28 (AbgÄG 1998; RV 1471 AB 1505 BlgNR 20. GP) (Ergänzung des § 1 Abs 1 Z 4); BGBl I 2004/180 (AbgÄG 2004; RV 686 AB

734 BlgNR 22. GP) (Neufassung des § 1; für Stichtage nach dem 7.10.2004); BGBl I 2007/24 (BudBG 2007; RV 43 AB 67 BlgNR 23. GP) (Änderung des § 1 Abs 1 Z 1 und Z 2, Neufassung der S 2 und 5 des § 1 Abs 2); BGBl I 2007/99 (AbgSiG 2007; RV 270 AB 391 BlgNR 23. GP) (Änderung des § 1 Abs 2 S 2 und Anfügung des § 1 Abs 2 S 3; Änderung des § 1 Abs 2 S 2 für Stichtage nach dem 14.12.2007); BGBl I 2015/34 (Art 30; RV 354 AB 436 BlgNR 25. GP; Änderung des § 1 Abs 1 Z 3, ab 1.1.2016); BGBl I 2015/163 (AbgÄG 2015; RV 896 AB 907 BlgNR 25. GP) (Änderung des § 1 Abs 2, für Verschmelzungen, die nach dem 31.12.2015 beschlossen oder vertraglich unterfertigt werden).

Literatur 2017

Hübner-Schwarzinger, Internationale Umgründungstatbestände – Überblick für die Praxis, SWK 2017, 552; *Schlager*, Highlights aus dem UmgrStR-Wartungserlass 2017, RWZ 2017/21, 99; *Titz/Wild*, Aktuelle Fragen zu grenzüberschreitenden Umgründungen im Lichte des UmgrStR-Wartungserlasses 2017, RdW 2017/263, 334.

Übersicht

I. Anwendungsbereich
   A. Verschmelzungsbegriff
      1. Allgemeines
         a) Begriffsbestimmung 1
         b) Anwendungsvoraussetzungen 2, 3
      2. Fusionsrichtlinie
         a) Grenzüberschreitende Umgründungen
            in der EU 4
         b) Anwendungsvoraussetzungen 5, 6
      3. Verschmelzungsrelevante Besteuerungsebenen 7
   B. Maßgeblichkeit des Gesellschaftsrechts 11–19
   C. Kategorisierung
      1. Rechtliche Kategorisierung 21
      2. Wirtschaftliche Kategorisierung
         a) Konzentrations- und Konzernverschmelzung 22
         b) Konzentrationsverschmelzung 23
         c) Konzernverschmelzung 24
            aa) „Upstream-Verschmelzung" (Verschmelzung
               der Tochter- auf die Muttergesellschaft) 25
            bb) „Downstream-Verschmelzung" (Verschmelzung der Mutter- auf die Tochtergesellschaft) 27
            cc) „Sidestream-Verschmelzung" (Schwesternverschmelzung) 28, 29
      3. Internationale Kategorisierung 30
      4. Kategorisierung nach der gesellschaftsrechtlichen oder betrieblichen Grundlage
         a) Verschmelzungsdifferenzen 31
         b) Verschmelzungen auf gesellschaftsrechtlicher
            Grundlage 32, 33
         c) Verschmelzungen auf betrieblicher Grundlage 34, 35

II. Inlandsverschmelzungen (Abs 1 Z 1 bis 3)
   A. Gesellschaftsrechtliche Tatbestände 41, 42
   B. Verschmelzungen aufgrund gesellschaftsrechtlicher
      Vorschriften (Abs 1 Z 1) 45, 46
   C. Verschmelzungen aufgrund anderer Gesetze (Abs 1 Z 2) 51
   D. Verschmelzungsartige Vermögensübertragungen
      (Abs 1 Z 3) 56, 57
III. Auslandsverschmelzungen (Abs 1 Z 4)
   A. Anwendungsvoraussetzungen
      1. Verschmelzungen ausländischer Körperschaften 61
      2. Inlandsvermögen und inländische Anteilsinhaber 62
      3. Grenzüberschreitende Auslandsverschmelzungen 63
   B. Vergleichbarkeit des Verschmelzungsrechts 64–66
   C. Vergleichbarkeit mit inländischen Körperschaften 67
IV. Grenzüberschreitende Verschmelzungen inländischer Körperschaften (Abs 1 Z 1)
   A. Begriff 71
   B. Gesellschaftsrechtliche Zulässigkeit
      1. SE, SCE und EU-VerschG 72
      2. Verschmelzungen außerhalb des EU-VerschG 73, 74
V. Aufrechterhaltung der Steuerverstrickung (Abs 2 erster Satz)
   A. Verstrickungserfordernis 81–87
   B. Vermögen der übertragenden Körperschaft 91, 92
   C. Fusionsrichtlinie und UmgrStG
      1. Betriebsstättenverhaftungserfordernis 96
      2. Verhältnis zum Verstrickungserfordernis
         nach § 1 Abs 2 .... 97, 98
   D. Inländische Verschmelzungen
      1. Überblick 101
      2. Inlandsverschmelzung auf steuerbefreite Körperschaften 102, 103
      3. Inlandsverschmelzungen mit Auslandsbezug 104
   E. Auslandsverschmelzungen mit Inlandsbezug
      1. Überblick 106, 107
      2. Einzelfälle
         a) Inländische Betriebsstätten 108, 109
         b) Inländisches unbewegliches Vermögen 110
         c) Beteiligungen an inländischen Körperschaften 111
   F. Grenzüberschreitende Verschmelzungen unter Beteiligung
      inländischer Körperschaften
      1. Überblick 116, 117
      2. Import-Verschmelzungen (Hereinverschmelzungen) 118
      3. Export-Verschmelzungen (Hinausverschmelzungen)
         a) Verstrickungseinschränkung 119, 120
         b) Inländische Betriebsstätte 121
         c) Inländisches unbewegliches Vermögen 122

d) Ausländische Betriebsstätte		
aa) Anrechnungsmethode		123, 124
bb) Befreiungsmethode		125, 126
e) Beteiligungen an inländischen Körperschaften		127
f) Beteiligungen an ausländischen Körperschaften und internationale Schachtelbeteiligungen		128–130
g) Sonstiges Vermögen		132
VI. Ratenzahlungskonzept (Abs 2 zweiter Satz)		
A. System		141–147
B. Übertragende und übernehmende Körperschaft		
1. Übertragende Körperschaft		151
2. Übernehmende Körperschaft		
a) EU- oder EWR-Gesellschaft		152–155
b) Ort der Geschäftsleitung		156, 157
C. Antragsgebundenes Ratenzahlungskonzept		
1. Antrag in der Steuererklärung		161, 162
2. Steuerschuld		163
3. Entrichtung in Raten		164–166
4. Vorzeitige Fälligstellung der Raten		167–170
VII. Anwendung der §§ 2 bis 6 (§ 1 Abs 3)		
A. Anwendbarkeit des Art I		191
B. Nicht- und Teilanwendbarkeit des Art I		
1. Gründe für die Nicht- bzw Teilanwendbarkeit des Art I		192, 193
2. Rechtsfolgen bei Nichtanwendbarkeit		194, 195
3. Rechtsfolgen bei Teilanwendbarkeit		196–198

I. Anwendungsbereich

A. Verschmelzungsbegriff

1. Allgemeines

a) Begriffsbestimmung

1 Eine **Verschmelzung** („**Fusion**", „**Merger**") im rechtlichen Sinn ist eine unternehmensrechtliche Strukturmaßnahme, bei der mehrere Körperschaften zu einer rechtlichen Einheit vereinigt werden, wobei die übertragende Körperschaft im Wege der **Gesamtrechtsnachfolge** („Universalsukzession") unter **Ausschluss der Abwicklung** ihr Vermögen auf eine andere bestehende Körperschaft („**Verschmelzung durch Aufnahme**"; zB §§ 220 ff AktG, § 96 Abs 1 Z 1 GmbHG) oder eine neu gegründete Körperschaft („**Verschmelzung durch Neugründung**"; zB § 233 AktG, § 96 Abs 1 Z 2 GmbHG) überträgt (UmgrStR Rz 4; *Bruckner* in W/H/M, HdU[1] I § 1 Rz 1; *Hügel* § 1 Rz 1; *Zöchling/Paterno* in $W/Z/H/K^5$ § 1 Rz 13 ff). Die Anteilseigner des übertragenden Rechtsträgers werden mit **Anteilen am übernehmenden Rechtsträger** (und uU baren Zuzahlungen; zB § 224 Abs 5 AktG) abgefunden; die Gewährung von Anteilsrechten ist allerdings kein unabdingbares Merkmal der Verschmelzung (UmgrStR Rz 6) und kann oder muss unter gewissen Umständen unterbleiben (zB § 224 AktG; s Rz 22 ff u § 5 Rz 21 ff).

Von den unternehmensrechtlichen Verschmelzungsvorschriften nicht erfasst ist die **Vereinigung von Personenunternehmen** (Einzelunternehmen, Personengesellschaften), die steuerrechtlich als Zusammenschluss unter Art IV UmgrStG fällt (*Bruckner* in W/H/M, HdU[1] I § 1 Rz 1). Zur Abgrenzung von der **verschmelzenden Umwandlung** nach Art II s Rz 26.

b) Anwendungsvoraussetzungen

Eine Verschmelzung fällt dann unter Art I, wenn *(1)* eine der in § 1 Abs 1 Z 1 bis 4 definierten **gesellschaftsrechtlichen Verschmelzungsformen** vorliegt (Rz 41 ff), *(2)* „insoweit" das **Steuerverstrickungserfordernis** des § 1 Abs 2 erfüllt ist (Rz 81 ff), und *(3)* **keine missbräuchliche Umgründung** vorliegt (s § 44 Rz 1 ff). Soweit eine Verschmelzung zur Einschränkung des österreichischen Besteuerungsrechts führt, fällt sie – e contrario § 1 Abs 3 und ungeachtet einer Option zur Entrichtung der Steuerschuld in Raten nach § 1 Abs 2 S 2 – nicht unter die §§ 2 bis 6 (zur teilweisen Anwendbarkeit des Art I s Rz 192 ff). **2**

Abweichend von den anderen Umgründungsformen des UmgrStG kommt es für die Anwendbarkeit des Art I nicht darauf an, ob **bestimmtes qualifiziertes Vermögen** (Betrieb, Teilbetrieb, Mitunternehmer- oder Kapitalanteil) übertragen wird (s bereits *Quantschnigg* in FS Bauer 257; s zur Verlustvortragsnachfolge § 4 Rz 46 ff); Art I erfasst also auch die Verschmelzung von vermögensverwaltenden **Körperschaften ohne originärem Betriebsvermögen** (zB **Holding- oder Besitzgesellschaften**; UmgrStR Rz 49; *Bruckner* in W/H/M, HdU[1] § 1 Rz 78; *Hügel* § 1 Rz 1 und 57), von **Mantelgesellschaften** (UmgrStR Rz 49; *Bruckner* in W/H/M, HdU[1] § 1 Rz 78) oder von **Körperschaften mit Liebhabereibetrieben** (*Hilber*, SWK 1998, S 516; *Bruckner* in W/H/M, HdU[1] § 1 Rz 78 m FN 126; *Hügel* § 1 Rz 1). Die Anwendbarkeit von Art I hängt auch nicht davon ab, ob **Arbeitnehmer** von der übernehmenden Körperschaft übernommen werden (*Bednar/Reisch/Wiesner*, RdW 1995, 493). **3**

2. Fusionsrichtlinie

a) Grenzüberschreitende Umgründungen in der EU

Die 2009 kodifizierte unionsrechtliche **Fusionsrichtlinie (FRL)** verpflichtet ua zur steuerneutralen Behandlung von Fusionen von Gesellschaften verschiedener Mitgliedstaaten (RL 2009/133/EG; zuvor RL 90/434/EWG idF RL 2005/19/EG und 2006/98/EG); die FRL nimmt in ihrem Anwendungsbereich **Vorrang vor entgegenstehendem nationalem Recht** (s *Terra/Wattel*, European Tax Law[6] 652 ff; *Zöchling/Puchner* in *Frotz/Kaufmann*[2], SteuerR Rz 26; *Hügel* § 1 Rz 13; *Kofler*, MTR Einl Rz 63 ff; *Hirschler* in Vienna Law Inauguration Lectures 3, 3; s a UmgrStR Rz 37). Die Vorgaben der FRL für **grenzüberschreitende Umgründungen** wurden bereits vor dem EU-Beitritt Österreichs in der **Stammfassung des UmgrStG** und durch das **EU-AnpG** (BGBl 1994/681) weitgehend berücksichtigt (s *Loukota/Wiesner*, RdW 1992, 155 ff; *Staringer*, SWK 1994, A 472 ff; *Strimitzer/Wurm* in T/W, EU-VerschG[2] SteuerR Rz 7; krit *Köglberger*, WT 6/1991, 10 f). **4**

b) Anwendungsvoraussetzungen

Die FRL stellt – anders als das UmgrStG – nicht auf das Personalstatut (Rz 42 ff) sondern auf die **Steueransässigkeit** ab (Art 3). Erfasst sind Fusionen zur Aufnahme (Art 2 lit a sublit i) und zur Neugründung (Art 2 lit a sublit ii) sowie „Upstream- **5**

§ 1

Fusionen" (Art 2 lit a sublit iii; zur Nichtregelung der „Downstream-Fusion" s *Furherr/Huber*, IntUmgr 42; *Strimitzer/Wurm* in *T/W*, EU-VerschG² SteuerR Rz 9), sofern daran **Gesellschaften aus zwei oder mehr Mitgliedstaaten** beteiligt sind (Art 1 lit a); damit wird nach hA nicht die Verschmelzung von Gesellschaften erfasst, die im selben Mitgliedstaat steueransässig sind (*Schindler* in *Kalss/Hügel* III Rz 55; *Hügel* § 1 Rz 13). Eine **qualifizierte Gesellschaft eines Mitgliedstaates** muss mehrere Kriterien erfüllen (s a *Strimitzer/Wurm* in *T/W*, EU-VerschG² SteuerR Rz 12 ff): Sie muss *(1)* eine der in der Anlage zur FRL angeführten **Rechtsformen** aufweisen (Art 3 lit a; erfasst sind auch die SE und die SCE, s *Kofler/Schindler*, taxlex 2005, 498 f; *Hofstätter*, ecolex 2005, 824 f), *(2)* nach dem Steuerrecht eines Mitgliedstaates in Bezug auf den steuerlichen Wohnsitz als **in diesem Staat ansässig** und aufgrund eines mit einem dritten Staat geschlossenen DBA in Bezug auf den steuerlichen Wohnsitz nicht als außerhalb der Gemeinschaft ansässig betrachtet werden (Art 3 lit b; dazu und zur Erfassung doppelt ansässiger Gesellschaften s *Kofler*, MTR Art 2 Rz 23 ff; *Hügel* § 1 Rz 13), und *(3)* ohne Wahlmöglichkeit einer der in der Anlage zur FRL genannten **Körperschaftsteuern** oder irgendeiner Steuer, die eine dieser Steuern ersetzt, unterliegen, ohne davon befreit zu sein (Art 3 lit b; dazu ausf *Kofler*, MTR Art 2 Rz 30 ff).

6 Auch nach der FRL muss eine Fusion **nicht zur Übertragung eines Betriebes oder Teilbetriebes** (Art 2 lit j) führen (s *Terra/Wattel*, European Tax Law[6] 659 ff; *Hügel* § 1 Rz 13; aA *Staringer* in *Gassner/Lechner*, Integration 142), doch ist im Unterschied zum österreichischen Gesellschaftsrecht (zB § 224 AktG) – abgesehen von „Upstream-Fusionen" – stets die **Gewährung von Anteilen** an der übernehmenden Gesellschaft vorgesehen (s Art 2 lit a u *Furherr/Huber*, IntUmgr 88; *Strimitzer/Wurm* in *T/W*, EU-VerschG² SteuerR Rz 10). Die FRL und das UmgrStG unterscheiden sich auch hinsichtlich der materiellen **Anwendungsvoraussetzungen für die Steuerneutralität** auf Gesellschaftsebene (Rz 96) und der **Rechtsfolgentechnik** (Rz 97 f); die FRL hat auch Bedeutung im Hinblick auf die **Steuerneutralität von Buchgewinnen** (§ 3 Rz 90), die **Steuerneutralität des Anteilstausches** (§ 5 Rz 10) und den **Verlustvortrag** (§ 4 Rz 29 ff).

3. Verschmelzungsrelevante Besteuerungsebenen

7 Liegt eine Verschmelzung iSd § 1 Abs 1 vor, so kommen auf diese zwingend **§§ 2 bis 6** zur Anwendung (§ 1 Abs 3; UmgrStR Rz 2 u 25). Da eine Verschmelzung die Steuerrechtsverhältnisse auf drei Ebenen berührt (UmgrStR Rz 21; *Bruckner* in *W/H/M*, HdU[1] § 1 Rz 30), nämlich die der übertragenden Körperschaft, der übernehmenden Körperschaft und der Gesellschafter der beteiligten Körperschaft, regeln die in § 1 Abs 3 genannten Bestimmungen die Steuerrechtsfolgen der Verschmelzung für die **übertragende Körperschaft** (§ 2), die **übernehmende Körperschaft** (§ 3) und die **Anteilsinhaber** (§ 5); zudem bestehen Vorschriften für den **Übergang bzw die Fortführung des Verlustabzugs** (§ 4) und **sonstige Rechtsfolgen** (§ 6).

B. Maßgeblichkeit des Gesellschaftsrechts

11 Art I definiert keinen eigenen Verschmelzungsbegriff, sondern knüpft entsprechend dem **Grundsatz der Maßgeblichkeit des Gesellschaftsrechts** an gesellschaftsrechtliche Verschmelzungsformen an (ErlRV 266 BlgNR 18. GP, 16; VwGH 18.6.2002, 2001/16/0597, ÖStZB 2003/106; UmgrStR Rz 46; *Hügel*, ecolex 1991,

804; *Bruckner* in *W/H/M*, HdU[1] § 1 Rz 49; *Hügel* § 1 Rz 2; zur Rückwirkung s § 2 Rz 52 ff). Dies hat **zweifache Bedeutung**:

- Liegt in **gesellschaftsrechtlicher Beurteilung** eine der in § 1 Abs 1 Z 1 bis 4 genannten Verschmelzungsformen vor, ist der **Anwendungsbereich des Art I** eröffnet (ErlRV 266 BlgNR 18. GP, 16); ein steuerrechtliches Abweichen von der gesellschaftsrechtlichen Einordung, etwa durch Annahme einer anderen Umgründungsform oder eines nicht unter das UmgrStG fallenden Veräußerungsvorganges, ist nicht möglich (UmgrStR Rz 46; *Hügel*, ecolex 1991, 804; *Bruckner* in *W/H/M*, HdU[1] I § 1 Rz 73; *Hügel* § 1 Rz 3; *Zöchling/Paterno* in *W/Z/H/K*[5] § 1 Rz 6; s a Rz 26). 12

  Bei **Zurückweisung** des Antrags auf Eintragung des Verschmelzungsbeschlusses in das Firmenbuch oder **Zurückziehung** vor Protokollierung kommt eine Verschmelzung weder gesellschaftsrechtlich noch steuerrechtlich zustande und löst auch keine Steuerwirkungen aus (UmgrStR Rz 46; *Wiesner/Schwarzinger*, UmS 21/34/00, SWK 2000, S 804; s a *Damböck*, ÖStZ 1999, 505; *Mayr/Wellinger* in HB Sonderbilanzen II 13). Kommt es zu einer **nachträglichen Löschung der Eintragung** der Verschmelzung als nichtig (§ 10 Abs 2 FBG), ist dies auch steuerrechtlich beachtlich, sodass eine getrennte Besteuerung der verschmolzenen Körperschaften ab dem Verschmelzungsstichtag – allenfalls durch Schätzung (§ 184 BAO) – vorzunehmen ist (UmgrStR Rz 47; *Hügel* § 1 Rz 4; s a *Wolf*, FJ 2004, 146); dies allerdings nur, wenn der spätere gerichtliche Feststellung der Nichtigkeit im Rahmen der verfahrensrechtlichen Möglichkeiten berücksichtigt werden kann (*Schneider*, SWK 1992, A I 260). In Frage kommt hier uE zunächst ein Antrag auf Wiederaufnahme des Verfahrens gem § 303 Abs 1 lit c BAO. Denkbar wäre auch, die nachträgliche Löschung als rückwirkendes Ereignis iSd § 295a Abs 1 BAO zu qualifizieren. 13

- Die Frage, ob eine Verschmelzung iSd Art I vorliegt, ist aufgrund des Verweises auf gesellschaftsrechtliche Verschmelzungsvorschriften eine vom zuständigen **Firmenbuchgericht zu lösende Vorfrage** (*Mayr/Wellinger* in HB Sonderbilanzen II 13). Die Abgabenbehörden sind nach § 116 Abs 2 BAO an die **Eintragung der Verschmelzung in das Firmenbuch** gebunden (ErlRV 266 BlgNR 18. GP, 16; UmgrStR Rz 46; *Hügel*, ecolex 1991, 804; *Mayr* in HB Sonderbilanzen II 7; *Hügel* § 1 Rz 4; *Mayr* in *D/R* I[11] Tz 1111; *Zöchling/Paterno* in *W/Z/H/K*[5] § 1 Rz 12; zum Bestandsschutz eingetragener Verschmelzungen s *Napokoj*, GeS 2007, 231 ff); diese haben die gesellschaftsrechtlichen Voraussetzungen ohne weitere Nachprüfung als gegeben anzunehmen (*Schneider*, SWK 1992, A I 260; *Bruckner* in *W/H/M*, HdU[1] I § 1 Rz 73). Diese Bindung besteht auch im Hinblick auf Entscheidungen des Firmenbuchgerichts betreffend **grenzüberschreitende Verschmelzungen** (UmgrStR Rz 23 u 41 ff; BMF 3.5.2000, ecolex 2000, 682 = RdW 2000/624, 642; BMF 5.8.2004, EAS 2513 = SWI 2004, 535; *Damböck*, ecolex 2000, 741; *Staringer* in HBW Q2 Rz 15; *Wiesner/Mayr*, RdW 2007/447, 435; *Hohenwarter*, RdW 2007/518, 502; *Hügel* § 1 Rz 4 und 90); Art I findet damit auch auf **Export-Verschmelzungen** Anwendung, wenn sie im Firmenbuch bzw dem ausländischen entsprechenden Register eingetragen und damit gesellschaftsrechtlich wirksam werden (UmgrStR Rz 45). 14

Die **Bindung an die Entscheidung des Firmenbuchgerichts** hat insb Bedeutung für die Erforderlichkeit der verschmelzungsrechtlichen **Anteilsgewährung** (BMF 22.6.1992, SWK 1992, A I 254; BMF 18.8.1993, ecolex 1993, 706 = RdW 1993, 386 15

§ 1

= SWK 1993, A 500; BMF 14.8.1997, ecolex 1997, 884; *Hügel* § 1 Rz 4 u 41 ff; s a *Hügel*, ecolex 1991, 804; *Köglberger*, WT 6/1991, 10 f), das (allfällige) Erfordernis eines **positiven Verkehrswerts** (UmgrStR Rz 50; BMF 19.2.1993, RdW 1993, 166 = SWK 1993, A 316; *Hügel*, ecolex 1991, 804; *Bruckner* in *W/H/M*, HdU[1] § 1 Rz 74 f; *Hügel* § 1 Rz 4 u Rz 50; *Zöchling/Paterno* in *W/Z/H/K*[5] § 1 Rz 12; ausf zu Umgründungen im Rahmen von Sanierungsmaßnahmen *Kauba/Krickl* in FS Schlager 579 ff), das Verschmelzungshindernis einer **verbotenen Einlagenrückgewähr** (UmgrStR Rz 51; *Schwarzinger/Wiesner* I/1[3] 59 f; *Hügel* § 1 Rz 4; s a Rz 24 ff) und das Verschmelzungshindernis des **kapitalentsperrenden Effekts** (*Kalss*[2] § 224 AktG Rz 40 ff mwN). Auch **nichtverhältniswahrende Verschmelzungen** fallen unter § 1 Abs 1 (s § 6 Rz 11 ff; zur gesellschaftsrechtlichen Zulässigkeit s zB *Rohregger*, GeS 2002, 74 ff u GeS 2003, 15 ff).

16 Nach den UmgrStR hat die Abgabenbehörde bei **Verschmelzungen auf Grund bundes- oder landesgesetzlicher Sondernormen** iSd § 1 Abs 1 Z 2, bei denen die Befassung eines Firmenbuchgerichtes nicht notwendig ist, das Vorliegen der Anwendungsvoraussetzungen eigenständig zu beurteilen (UmgrStR Rz 53). Auch bei **Auslandsverschmelzungen** soll die Abgabenbehörde das Vorliegen der Anwendungsvoraussetzungen – die Vergleichbarkeit des Verschmelzungsrechts (Rz 64 ff) und die Vergleichbarkeit mit inländischen Körperschaften (Rz 67) – eigenständig zu beurteilen haben (UmgrStR Rz 53; krit *Hügel* § 1 Rz 4).

17 Ungeachtet der **Rückwirkung der Verschmelzung** (§ 220 Abs 2 Z 5 und Abs 3 AktG und §§ 2 Abs 3, 3 Abs 1 Z 3) muss die **übernehmende Gesellschaft** zum Verschmelzungsstichtag weder gegründet noch – aufgrund der Eintragung ins Firmenbuch – entstanden sein (VwGH 17.3.1994, 91/14/0071, ÖStZB 1994, 702, zu § 1 Abs 4 StruktVG; UmgrStR Rz 46 u 83; *Schwarzinger/Wiesner*, SWK 1995, A 329; *Bruckner* in *W/H/M*, HdU[1] § 2 Rz 33; *Adensamer*, GeS 2009, 329; *Hügel* § 1 Rz 29 u § 2 Rz 43; *Zöchling/Paterno* in *W/Z/H/K*[5] § 1 Rz 12; *Walter*[11] Rz 69b; s a *Szep* in *Jabornegg/Strasser*, AktG II[5] § 220 Rz 15). Sie kann auch im Rückwirkungszeitraum bzw im Zuge einer Verschmelzung zur Neugründung gegründet werden. Körperschaftsteuerrechtlich entsteht die übernehmende Gesellschaft in diesen Fällen bereits mit Beginn des auf den Verschmelzungsstichtag folgenden Tages (UmgrStR Rz 46). Die **übertragende Gesellschaft** muss hingegen aus gesellschaftsrechtlicher Sicht zum Verschmelzungsstichtag bereits existiert haben, da der Stichtag der Schlussbilanz wohl nicht vor dem Gründungszeitpunkt gelegen sein kann (UmgrStR Rz 83; *Hügel* § 2 Rz 42; *Zöchling/Puchner* in *Frotz/Kaufmann*[2], SteuerR Rz 6 m FN 20; *Zöchling/Paterno* in *W/Z/H/K*[5] § 1 Rz 12; s aber a § 2 Rz 49).

18 Auch ein **Gesellschafterwechsel** bei der übernehmenden oder übertragenden Körperschaft zwischen dem rückwirkenden Stichtag und der Eintragung der Verschmelzung im Firmenbuch (zB vorbereitender Anteilserwerb) ändert nichts an der Anwendbarkeit des Art I; der Gesellschafterwechsel unterliegt dem allgemeinen Steuerrecht (ErlRV 43 BlgNR 23. GP, 25 f; UmgrStR Rz 46, 73 u 85; BMF 8.2.1994, SWK 1994, A 241; BMF 22.9.1995, RdW 1995, 452 = SWK 1996, A 17 f; BMF 17.11.1999, ÖStZ 2000/133, 53 = RdW 1999, 819; *Wiesner* in Bertl, Kauf und Verkauf 133; *Schwarzinger/Wiesner*, SWK 1995, A 329; *Bruckner* in *W/H/M*, HdU[1] I § 2 Rz 33; *Wiesner/Mayr*, RdW 2007/447, 437; *Hügel* § 1 Rz 29; *Zöchling/Tüchler* in *W/Z/H/K*[5] § 5 Rz 11; s aber zur Frage des Mantelkaufs bei vorbereitenden Anteilserwerben § 4 Rz 153 u zu den zeitlichen Wirkungen § 5 Rz 56).

Nicht vom Grundsatz der gesellschaftsrechtlichen Maßgeblichkeit ist die **Bewertung** erfasst, die in den §§ 2 und 3 eine eigenständige – von § 202 UGB unabhängige – Regelung erfährt (UmgrStR Rz 52; *Bruckner* in *W/H/M*, HdU[1] I § 1 Rz 79; *Zöchling/Paterno* in *W/Z/H/K*[5] § 1 Rz 12; s a § 3 Rz 15). **19**

C. Kategorisierung

1. Rechtliche Kategorisierung

Das **Gesellschaftsrecht** unterscheidet zwei Formen der Verschmelzung (UmgrStR Rz 10; *Schneider*, SWK 1992, A I 258; *Hügel* § 1 Rz 33; s a §§ 219 ff AktG, § 96 ff GmbHG, § 1 GenVG, § 1 Abs 4 EU-VerschG, Art 17 Abs 2 SE-VO, Art 19 SCE-VO, § 25 Abs 1 SpG, § 60 VAG 2016): **21**

- Bei der **Verschmelzung durch Aufnahme** überträgt die übertragende Körperschaft ihr Vermögen als Ganzes auf eine bestehende übernehmende Körperschaft (grundsätzlich) gegen Gewährung von Anteilsrechten an ihre Gesellschafter (zB §§ 219 Z 1, 220 ff AktG, § 96 Abs 1 Z 1 GmbHG).
- Bei der **Verschmelzung durch Neugründung** übertragen zwei oder mehrere übertragende Körperschaften ihr Vermögen im Wege der Gesamtrechtsnachfolge auf eine im Zuge der Verschmelzung *uno actu* entstehende Körperschaft gegen Gewährung von Anteilsrechten an der neuen Körperschaft (zB §§ 219 Z 2, 233 AktG, § 96 Abs 1 Z 2 GmbHG).

2. Wirtschaftliche Kategorisierung

a) Konzentrations- und Konzernverschmelzung

Im Hinblick auf die Verbundenheit der verschmelzenden Körperschaften vor der Umgründung werden die **Konzentrations- und Konzernverschmelzung** unterschieden (UmgrStR Rz 11 f; *Schneider*, SWK 1992, A I 258; *Hügel*, RdW 1993, 55 ff; *Bruckner* in *W/H/M*, HdU[1] I § 1 Rz 9; *Hügel* § 1 Rz 41 ff; s a *Grünwald* in *W/H/M*, HdU[11] I Rz 2). **22**

b) Konzentrationsverschmelzung

Den gesellschaftsrechtlichen Definitionen (zB §§ 219 AktG, § 96 GmbHG) liegt als gesetzestypischer Normalfall die Vereinigung zweier oder mehrerer zum Verschmelzungszeitpunkt **weder unmittelbar noch mittelbar durch Beteiligungen** verbundener Körperschaften zu Grunde, wodurch eine **rechtliche, wirtschaftliche und organisatorische Unternehmenskonzentration** bewirkt wird („**Konzentrationsverschmelzung**"). Die Verschmelzung erfolgt gegen Anteilsgewährung, dh die Anteilsinhaber der übertragenden Körperschaft müssen als Ersatz für ihre untergehende Beteiligung neue Anteile an der übernehmenden Gesellschaft erhalten (*Hügel* § 1 Rz 42), es sei denn, sie verzichten auf die Gewährung von Anteilen durch die übernehmende Körperschaft (s § 224 Abs 2 Z 2 AktG; dazu § 5 Rz 25). Der Anteilstausch kann entweder durch Gewährung neuer, dh durch Kapitalerhöhung geschaffener Anteile, oder durch Gewährung alter Anteile (eigener Anteile) erfolgen (UmgrStR Rz 11); auch erfasst sind Anteile, die Dritte zur Verfügung stellen (*Hügel* § 1 Rz 42; ausf § 5 Rz 23). **23**

c) Konzernverschmelzung

Bei der Konzernverschmelzung sind die Gesellschaften bereits vor der Verschmelzung mittelbar oder unmittelbar durch **Beteiligungen** – im Extremfall zu 100 % – verbunden („**Konzernverschmelzung**"); besteht eine Verbindung in einem Aus- **24** maß von weniger als 100 %, spricht man von einer **„gemischten Konzentrations- und Konzernverschmelzung"** (UmgrStR Rz 16; *Bruckner* in *W/H/M*, HdU[1] I § 1 Rz 11; *Hügel* § 1 Rz 48). Im Gegensatz zur Konzentrationsverschmelzung wird beim Idealtypus der Konzernverschmelzung keine Erweiterung angestrebt, sondern eine **Veränderung (Bereinigung) bestehender Konzernstrukturen** (UmgrStR Rz 12; *Bruckner* in *W/H/M*, HdU[1] I § 1 Rz 10). Je nach **Verschmelzungsrichtung** sind folgende Typen der Konzernverschmelzung zu unterscheiden:

aa) „Upstream-Verschmelzung" (Verschmelzung der Tochter- auf die Muttergesellschaft)

25 Gem § 224 Abs 1 Z 1 AktG hat eine Anteilsgewährung zu unterbleiben, soweit die übernehmende Muttergesellschaft Anteile an der übertragenden Tochtergesellschaft besitzt (*Szep* in *Jabornegg/Strasser*, AktG II[5] § 224 Rz 17; *Hügel* § 1 Rz 48); hält daher die Muttergesellschaft vor der Verschmelzung alle Anteile der Tochtergesellschaft, muss die Anteilsgewährung zur Gänze unterbleiben (*Bruckner* in *W/H/M*, HdU[1] I § 1 Rz 16; *Hügel* § 1 Rz 45; zur Verschmelzung der Enkel- auf die Großmuttergesellschaft s *Schwarzinger/Wiesner* I/1[3] 318 ff). Dem Wegfall der Beteiligung an der übertragenden Tochtergesellschaft steht die Übernahme ihres Vermögens gegenüber.

Gesellschaftsrechtliche **Grenzen der Zulässigkeit einer Upstream-Verschmelzung** bestehen insb in Fällen, in denen das Aktivvermögen der übernehmenden Gesellschaft nach Durchführung der Verschmelzung nicht ausreicht, um sämtliche Verbindlichkeiten abzudecken (s zB *Szep* in *Jabornegg/Strasser*, AktG II[5] § 224 Rz 6 ff; *Kalss*[2] § 224 AktG Rz 40 ff u 57 ff; *Grünwald* in *W/H/M*, HdU[11] I Rz 114; *Artmann* in *Jabornegg/Strasser*, AktG I[5] § 52 Rz 21; *Kalss* in *Doralt/Nowotny/ Kalss*, AktG[2] § 224 Rz 29 ff).

26 Einer „Upstream-Verschmelzung" wesensverwandt ist die **verschmelzende Umwandlung** einer Kapitalgesellschaft auf eine andere Körperschaft als Hauptgesellschafter gem § 2 Abs 1 UmwG, die infolge der Maßgeblichkeit des Gesellschaftsrechtes jedoch nicht unter Art I, sondern zur Gänze unter **Art II** fällt (UmgrStR Rz 13 idF vor WE 2011; *Bruckner* in *W/H/M* HdU[1] I § 1 Rz 7; *Zöchling/Paterno* in *W/Z/H/K*[5] § 1 Rz 6; *Hügel* § 1 Rz 2 und 45; anders zum StruktVG VwGH 22.10.1997, 93/13/0295, ÖStZB 1998, 494 = ecolex 1998, 259 m Anm *Bachl*, und dazu krit *Wiesner*, RdW 1997, 748 f; s a *Kohler*, SWK 1998, S 51 f). Allerdings ist seit dem **GesRÄG 2007** (BGBl I 2007/72) nach **§ 2 Abs 1 UmwG** eine verschmelzende Umwandlung auf eine AG, eine GmbH oder sonst eine Kapitalgesellschaft iSd § 1 Abs 2 EU-VerschG unzulässig, sodass in diesen Fällen eine **Vereinigung von Kapitalgesellschaften** nur nach den §§ 219 ff, 234, 234a AktG, §§ 96 ff GmbHG sowie nach den Bestimmungen des EU-VerschG erfolgen kann (*Hügel* § 1 Rz 45) und diesfalls unter **Art I** fällt. Eine verschmelzende Umwandlung nach Art II ist aber unverändert zulässig, wenn es sich bei der übernehmenden Körperschaft entweder um eine Nicht-Kapitalgesellschaft oder um eine Drittstaats-Kapitalgesellschaft handelt (s *Stefaner* § 7 Rz 26 ff u zB *Kalss*, GesRZ 2007, 232).

bb) „Downstream-Verschmelzung" (Verschmelzung der Mutter- auf die Tochtergesellschaft)

27 Bei einer **Downstream-Verschmelzung** gehen mit dem Vermögen auch die Anteile an der Tochtergesellschaft verschmelzungsbedingt auf die Tochtergesellschaft über und werden bei dieser zu eigenen Anteilen. Dies ist nach § 224 Abs 3 AktG trotz der Einschränkung der § 65 AktG und § 81 GmbHG insb dann zulässig, wenn die Anteile zur Abfindung der Gesellschafter für den Verlust der Anteile an der übertragenden Obergesellschaft verwendet werden („**Durchgangserwerb durch die Untergesellschaft**"; OGH 11.11.1999, 6 Ob 4/99b, GesRZ 2000, 25 = RWZ 2000/16, 47 m Anm *Wenger*; UmgrStR Rz 14 u Rz 258; VwGH 31.1.1995, 94/14/0171, ÖStZB 1995, 539; BMF 31.10.1996, ÖStZ 1997, 31; *Bruckner* in *W/H/M*, HdU[1] I § 1 Rz 18; *Hügel* § 1 Rz 46 u § 5 Rz 15; *Kalss*[2] § 224 AktG Rz 31 ff; *Grünwald* in *W/H/M*, HdU[11] I Rz 123; *Kalss* in *Doralt/Nowotny/Kalss*, AktG[2] § 224 Rz 15; s a § 5 Rz 28); insoweit hat bei der Tochtergesellschaft eine verschmelzungsbedingte Kapitalerhöhung zu unterbleiben (§ 224 Abs 3 AktG). Bei einer „Auskehrung" der Anteile der Tochtergesellschaft an die Gesellschafter nach § 224 Abs 3 und § 225a Abs 3 Z 3 AktG erfolgt der **Erwerb durch die Gesellschafter** der übertragenden Gesellschaft *ipso iure* und bedarf keines zusätzlichen Rechtsaktes (OGH 11.11.1999, 6 Ob 4/99b, GesRZ 2000, 25 = RWZ 2000/16, 47 m Anm *Wenger*; *Kalss* in *Doralt/Nowotny/Kalss*, AktG[2] § 224 Rz 15). Soweit der übernehmenden Tochtergesellschaft **sonstiges Vermögen der Muttergesellschaft** verbleibt, ist (zusätzlich) die Gewährung neuer – durch Kapitalerhöhung geschaffener – Anteile zulässig (*Schwarzinger/Wiesner* I/1[3] 353; *Hügel* § 1 Rz 46 u § 5 Rz 15; s a UmgrStR Rz 14; *Kalss*[2] § 224 AktG Rz 33).

Gesellschaftsrechtlich ist eine Downstream-Verschmelzung grundsätzlich nur dann zulässig, wenn trotz Nichtberücksichtigung des Wertes der Beteiligung an der Tochtergesellschaft bei der übertragenden Muttergesellschaft noch immer ein **positiver Verkehrswert** des zu übertragenden Vermögens gegeben ist (OGH 11.11.1999, 6 Ob 4/99b, GesRZ 2000, 25 = RWZ 2000/16, 47 m Anm *Wenger*; für Details s *Bruckner* in *W/H/M*, HdU[1] I § 1 Rz 19; *Wolf*, FJ 2004, 145 f; *Koppensteiner/Rüffler*, GmbHG[3] § 82 Rz 17 f u § 96 Rz 6; *Szep* in *Jabornegg/Strasser*, AktG II[5] § 224 Rz 14; *Kalss*[2] § 224 AktG Rz 57 ff; *Grünwald* in *W/H/M*, HdU[11] I Rz 126 ff; *Artmann* in *Jabornegg/Strasser*, AktG I[5] § 52 Rz 21; *Kalss* in *Doralt/Nowotny/Kalss*, AktG[2] § 224 Rz 27 f; ausf zu Umgründungen iRv Sanierungsmaßnahmen *Kauba/Krickl* in FS Schlager 579 ff). Zudem darf das Grund- bzw Stammkapital der übernehmenden Gesellschaft nicht niedriger sein als jenes der übertragenden Gesellschaft (sog **„kapitalherabsetzender" oder „kapitalentsperrender" Effekt**; dazu u zu möglichen Maßnahmen, die eine grundsätzlich unzulässige Verschmelzung möglich machen, s *Koppensteiner/Rüffler*, GmbHG[3] § 82 Rz 17 g; *Bauer/Zehetner* in *Straube*, GmbHG § 82 Rz 135; *Artmann* in *Jabornegg/Strasser*, AktG I[5] § 52 Rz 22; *Kalss* in *Doralt/Nowotny/Kalss*, AktG[2] § 224 Rz 18 ff; *Kalss*[2] § 224 AktG Rz 407 ff).

cc) „Sidestream-Verschmelzung" (Schwesternverschmelzung)

Bei einer Sidestream-Verschmelzung sind an den zu verschmelzenden Körperschaften dieselben Personen unmittelbar oder mittelbar beteiligt, wobei es sich um eine **direkte Schwesternverschmelzung** (UmgrStR Rz 15) oder Verschmelzungen von Gesellschaften verschiedener Konzernäste auf unterschiedlichen Ebenen handeln kann („**diagonale Konzernverschmelzung**"; *Hübner/Six*, taxlex 2010, 107 ff; s a *Bruckner* in *W/H/M*, HdU[1] § 1 Rz 10; *Hügel* § 5 Rz 17; zur Verschmelzung der Enkel- auf die Tantengesellschaft s *Schwarzinger/Wiesner* I/1[3] 366 ff, u *Wiesner/Schwarzinger*, UmS 190/17/12, SWK 2012, 815). Bei Beteiligungen im gleichen

28

Verhältnis ist eine Kapitalerhöhung zulässig, zur Aufrechterhaltung der Beteiligung der Gesellschafter an der übernehmenden Körperschaft aber nicht erforderlich (§ 224 Abs 2 Z 1 AktG; s a UmgrStR Rz 15; *Bruckner* in *W/H/M*, HdU[1] I § 1 Rz 22; *Hügel* § 1 Rz 47 u § 5 Rz 17).

29 Nach § 224 Abs 2 Z 1 AktG darf – sofern ein „Österreichbezug" besteht (dazu OGH 15.4.2010, 6 Ob 226/09t, GES 2010, 123 = GesRZ m Anm *Winner/Obradovic* = RWZ 2010/62, 264 m Anm *Wenger*) – von einer Anteilsgewährung allerdings nur dann abgesehen werden, wenn dies nicht „dem Verbot der **Rückgewähr der Einlagen** oder der **Befreiung von Einlageverpflichtungen** widerspricht" (s zB *Kalss* in *Doralt/Nowotny/Kalss*, AktG[2] § 224 Rz 10 ff u Rz 33 ff, a zu Ausgleichsmaßnahmen); dieselbe Einschränkung gilt auch für den Verzicht auf die Anteilsgewährung nach § 224 Abs 2 Z 2 AktG (OGH 15.4.2010, 6 Ob 226/09t, GES 2010, 123 = GesRZ m Anm *Winner/Obradovic* = RWZ 2010/62, 264 m Anm *Wenger*). Nicht abschließend geklärt ist, ob auch bei einer Schwesternverschmelzung das Vermögen der übertragenden Gesellschaft als Voraussetzung für die gesellschaftsrechtliche Zulässigkeit grundsätzlich einen **positiven Verkehrswert** aufweisen muss (offen lassend OGH 26.6.2003, 6 Ob 70/03t, GesRZ 2003, 287; einschränkend OGH 7.11.2007, 6 Ob 235/07p, GeS 2008, 21 m Anm *Birnbauer* = GesRZ 2008, 100 m Anm *Umlauft*; für Details s *Kalss*[2] § 224 AktG Rz 72 ff; *Grünwald* in *W/H/M*, HdU[11] I Rz 119), oder ob es ausreicht, wenn die übernehmende Gesellschaft in der Lage ist, sämtliche Gläubiger der beteiligten Gesellschaften sicherzustellen oder zu befriedigen (dazu *Bauer/Zehetner* in *Straube*, GmbHG § 82 Rz 141; *Artmann* in *Jabornegg/Strasser*, AktG I[5] § 52 Rz 21a).

Werden Anteile an der übertragenden Körperschaft vom gemeinsamen Gesellschafter jedoch über eine Zwischengesellschaft gehalten, läge bei dieser eine **verbotene Einlagenrückgewähr** vor (§ 224 Abs 2 AktG iVm § 52 AktG u § 82 GmbHG; OGH 15.4.2010, 6 Ob 226/09t, GES 2010, 123 = GesRZ m Anm *Winner/Obradovic* = RWZ 2010/62, 264 m Anm *Wenger*; s a *Szep* in *Jabornegg/Strasser*, AktG II[5] § 224 Rz 19 mwN; *Grünwald* in *W/H/M*, HdU[11] I Rz 119), wenn die Vermögenseinbuße auf Grund des Untergangs der Anteile an der übertragenden Gesellschaft weder durch die **Gewährung von Gegenleistungsanteilen** noch durch **andere Maßnahmen** (Ausgleich durch Ausschüttung freier Rücklagen, Gesellschafterzuschuss oder Kapitalherabsetzung) ausgeglichen würde (s dazu OGH 15.4.2010, 6 Ob 226/09t, GES 2010, 123 = GesRZ m Anm *Winner/Obradovic* = RWZ 2010/62, 264 m Anm *Wenger*; *Hügel* § 1 Rz 47; *Schindler/Brix* in *Straube*, GmbHG § 101 Rz 9; *Zöchling/Paterno* in *W/Z/H/K*[5] § 1 Rz 23; UmgrStR Rz 51 iVm Rz 285 mit Beispiel und Rz 1085 zur Einbringung). Maßnahmen zum Ausgleich einer verbotenen Einlagenrückgewähr (wie zB ein Gesellschafterzuschuss in die Zwischengesellschaft stellen uE kein Entgelt für das Unterbleiben einer Anteilsgewährung an diese Zwischengesellschaft (§ 224 Abs 2 AktG) dar (in diesem Sinn auch UmgrStR Rz 1007 zu Art III, s a § 5 Rz 135).

3. Internationale Kategorisierung

30 Gemeinsamer Nenner internationaler Verschmelzungen ist, dass der Verschmelzungsvorgang zumindest eine **Auslandskomponente** aufweist (s zB *Fida* in *W/H/M*, HdU[8] Q1 Rz 3; *Metzler*, RWZ 2005/48, 161; *Hohenwarter* in *Bertl ua*, Sonderbilanzen 235; *Waitz-Ramsauer* in HB KonzernStR[2] 608; *Strimitzer/Wurm* in *T/W*, EU-VerschG[2] SteuerR Rz 48). Dies kann der Fall sein, wenn an der Verschmelzung zwar nur in-

ländische Gesellschaften – im gesellschaftsrechtlichen Sinn (§ 10 IPRG; Rz 42) – beteiligt sind, aber über ausländische Anteilseigner oder ausländisches Vermögen ein Auslandsbezug hergestellt wird (**Inlandsverschmelzung mit Auslandsbezug**; dazu Rz 104). Umgekehrt kann sich die Konstellation einer **Auslandsverschmelzung mit Inlandsbezug** ergeben, wenn zwar nur ausländische Gesellschaften an der Verschmelzung beteiligt, aber auch inländische Anteilseigner oder inländisches Vermögen betroffen sind (dazu Rz 106 ff). Demgegenüber führen **grenzüberschreitende Verschmelzungen** – also die **Hereinverschmelzung** („**Import-Verschmelzung**") bzw **Hinausverschmelzung** („**Export-Verschmelzung**") – zur Vereinigung von Gesellschaften unterschiedlichen Personalstatuts (Rz 116 ff). Vor allem bei internationalen Verschmelzungen kann es zum verschmelzungsbedingten Verlust des österreichischen Besteuerungsrechts iSd § 1 Abs 2 kommen (dazu Rz 81 ff).

4. Kategorisierung nach der gesellschaftsrechtlichen oder betrieblichen Grundlage

a) Verschmelzungsdifferenzen

Basierend auf der deutschen Rsp (BFH 4.3.1958, I 7/57 U, BStBl 1958 III 298) wird **31** hinsichtlich der ertragsteuerlichen Auswirkung von Verschmelzungsdifferenzen auf Ebene der übertragenden Körperschaft zwischen **Verschmelzungen auf „gesellschaftsrechtlicher Grundlage"** – also Einlagevorgängen – und **Verschmelzungen auf „betrieblicher Grundlage"** unterschieden (s zB *Wiesner* in FS Helbich 226 ff; *Quantschnigg* in FS Bauer 267 f u 269 f; *Hügel*, ecolex 1991, 875 ff; *Wiesner*, SWK 1992, A I 123 f; *Bruckner* in *W/H/M*, HdU[1] I § 1 Rz 23 ff; s a § 3 Rz 86 ff).

b) Verschmelzungen auf gesellschaftsrechtlicher Grundlage

Bei Verschmelzungen auf gesellschaftsrechtlicher Grundlage liegt aus körper- **32** schaftsteuerrechtlicher Sicht immer ein Einlagevorgang iSd § 8 KStG vor. Eine solche Einlage erfolgt zunächst immer dann, wenn die Gegenleistung in neuen Anteilen aus einer **Kapitalerhöhung** besteht (§ 219 iVm § 223 AktG, s BFH 4.3.1958, I 7/57 U, BStBl 1958 III 298; UmgrStR Rz 396; *Wiesner* in FS *Helbich* 228; *Schneider*, SWK 1992, A I 258; *Thunshirn*, SWK 1997, S 272 f; *Bruckner* in *W/H/M*, HdU1 I § 1 Rz 24); dies ist idR bei **Konzentrationsverschmelzungen**, aber auch bei bestimmten Formen von **Konzernverschmelzungen mit Kapitalerhöhung** (zB bei Sidestream- oder Downstream-Verschmelzungen mit Kapitalerhöhung) der Fall. Daneben werden Einlagevorgänge iSd § 8 KStG aber auch bei bestimmten Formen von **Konzernverschmelzungen ohne Kapitalerhöhung** verwirklicht, und zwar bei

- **Sidestream-Verschmelzungen**, bei denen gem § 224 Abs 2 AktG keine Kapitalerhöhung stattfindet (s *Wiesner* in FS Helbich 228; *Thunshirn*, SWK 1997, S 275; *Bruckner* in *W/H/M*, HdU[1] I § 1 Rz 24 u Rz 28; *Kohlbacher/Walter* in FS Doralt 222; *Ludwig/Hirschler*, Bilanzierung[2] II Rz 37) und
- **Downstream-Verschmelzungen**, soweit gem § 224 Abs 3 AktG (zB mangels Übertragung von sonstigem Vermögen) keine Kapitalerhöhung stattfinden darf (BFH 4.3.1958, I 7/57 U, BStBl 1958 III 298; UFS 5.12.2012, RV/1387-W/06; *Thunshirn*, SWK 1997, S 274; *Bruckner* in *W/H/M*, HdU[1] I § 1 Rz 28; *Kohlbacher/Walter* in FS Doralt 222; *Hügel* § 3 Rz 104; s a Pkt 110 f KFS/RL 25 v 3.12.2012; aA *Wiesner* in FS Helbich 228; *Hirschler/Riedl* in HBStL III[2] 96 f; *Hristov* in

*L/R/S/S*² § 20 Rz 69; unklar UmgrStR Rz 396, u dazu *Hirschler* in *Bertl ua*, Gründung 158).

33 Da die verschmelzungsbedingte Eigenkapitaländerung in diesen Fällen ertragsteuerrechtlich als Einlage iSd § 8 KStG zu qualifizieren ist, ist ein unternehmensrechtlicher Buchgewinn bzw -verlust, der sich aus der Differenz zwischen dem Buchwert des übernommenen Vermögens und einer etwaigen Nennkapitalerhöhung ergibt (Verschmelzungsdifferenz), schon **nach allgemeinem Ertragsteuerrecht steuerneutral** (BFH 4.3.1958, I 7/57 U, BStBl 1958 III 298); aufgrund der unternehmensrechtlich in diesen Fällen vorgesehenen erfolgsneutralen Verbuchung (s zB Pkt 115 KFS/RL 25 v 3.12.2012) hat dies idR keine Konsequenzen iS einer erforderlichen Mehr-Weniger-Rechnung. § 3 Abs 2 hat insofern lediglich **deklarative Bedeutung** (s a *Hügel*, ecolex 1991, 875; *Wiesner*, SWK 1992, A I 125; *Thunshirn*, SWK 1997, S 272; *Bruckner* in *W/H/M*, HdU¹ I § 1 Rz 24; *Zöchling/Tüchler* in *W/Z/H/K*⁵ § 3 Rz 23; *Hristov* in *L/R/S/S*² § 20 Rz 69; s a UmgrStR Rz 161 u 396; zum StruktVG s VwGH 21.1.1987, 86/13/0145, ÖStZB 1987, 460 = RdW 1987, 215 m Anm *Quantschnigg*; *Quantschnigg* in FS Bauer 267 f u 269 f; *Wiesner* in FS Helbich 226 ff).

c) Verschmelzungen auf betrieblicher Grundlage

34 Eine Verschmelzung auf betrieblicher Grundlage liegt vor, wenn die übernehmende Körperschaft aus Anlass der Umgründung „Wirtschaftsgüter aus ihrem Bestand als Gegenleistung für das übernommene Vermögen" abgibt (UmgrStR Rz 396; s *Wiesner* in FS Helbich 228; *Wiesner*, SWK 1992, A I 124; *Bruckner* in *W/H/M*, HdU¹ I § 1 Rz 25). Dies ist insb der Fall

- bei Aufgabe einer bestehenden Beteiligung an der übertragenden Körperschaft (**Upstream-Verschmelzung**, Kapitalerhöhungsverbot gem § 224 Abs 1 Z 1 AktG; s a UmgrStR Rz 396; *Thunshirn*, SWK 1997, S 274; *Hügel* § 3 Rz 102; *Strimitzer* in *Q/R/S/S/V*²⁴ § 20 Rz 52; *Strimitzer*, SWK 2010, S 463; *Ludwig/Hirschler*, Bilanzierung² II Rz 35; *Mayr* in *D/R* I¹¹ Tz 1136; s a Pkt 106 KFS/RL 25 v 3.12.2012; aA *Wolf*, SWK 2009, S 1003);
- in Höhe einer (zwingenden) **Aufgabe von verschmelzungsbedingt erworbenen eigenen Anteilen der übertragenden Körperschaft** (Kapitalerhöhungsverbot gem § 224 Abs 1 Z 2 AktG; UmgrStR Rz 396; *Wiesner* in FS Helbich 228; *Bruckner* in *W/H/M*, HdU¹ I § 1 Rz 25);
- in Höhe einer (freiwilligen) Abfindung mit vorhandenen **eigenen Anteilen der übernehmenden Körperschaft** (UmgrStR Rz 369; BFH 4.3.1958, I 7/57 U, BStBl 1958 III 298; *Wiesner* in FS Helbich 228; *Bruckner* in *W/H/M*, HdU¹ I § 1 Rz 25; aA *Hirschler* in *Bertl ua*, Gründung 158); und
- in Höhe der Leistung **barer Zuzahlungen durch die übernehmende Körperschaft** (§ 224 Abs 5 AktG; UmgrStR Rz 369; *Wiesner* in FS Helbich 228; *Bruckner* in *W/H/M*, HdU¹ I § 1 Rz 25).

35 Da in diesen Fällen der Verschmelzung (insoweit) keine körperschaftsteuerneutrale Einlage, sondern ein steuerbarer Tauschvorgang zu Grunde liegt, wären diese **Verschmelzungsdifferenzen steuerwirksam** (UmgrStR Rz 397); eine Besteuerung wird aber durch § 3 Abs 2 unterdrückt (s UmgrStR Rz 161; *Quantschnigg* in FS Bauer 268 u 270; *Hügel*, ecolex 1991, 875; *Wiesner*, SWK 1992, A I 125; *Thunshirn*, SWK 1997, S 274; *Bruckner* in *W/H/M*, HdU¹ I § 1 Rz 26 u § 3 Rz 36; *Hügel* § 3 Rz 95 f; dazu § 3 Rz 86 ff).

II. Inlandsverschmelzungen (Abs 1 Z 1 bis 3)

A. Gesellschaftsrechtliche Tatbestände

Unter § 1 Abs 1 Z 1 bis 3 fallen – *e contrario* § 1 Abs 1 Z 4 – **Verschmelzungen in-** **41** **ländischer Körperschaften** nach inländischem Verschmelzungsrecht (UmgrStR Rz 28; *Bruckner* in *W/H/M*, HdU[1] I § 1 Rz 84; *Hügel* § 1 Rz 27). Bei nach inländischem Recht durchgeführten Verschmelzungen kommt daher Art I unabhängig davon zur Anwendung, ob **in- oder ausländisches Vermögen** übertragen wird (*Staringer* in *W/H/M*, HdU[1] Q2 Rz 2) oder ob **in- oder ausländische Anteilsinhaber** betroffen sind; auch **Inlandsverschmelzungen mit Auslandsbezug** sind damit von § 1 Abs 1 erfasst.

Die Voraussetzungen und das Verfahren der Verschmelzung richten sich nach **42** dem **Personal- bzw Gesellschaftsstatut** *(lex societatis)* **der beteiligten Körperschaften** (UmgrStR Rz 28 ff; *Zöchling/Puchner* in *Frotz/Kaufmann*[2], SteuerR Rz 7; *Hügel* § 1 Rz 28; *Zöchling/Paterno* in *W/Z/H/K*[5] § 1 Rz 8), während die **steuerliche Ansässigkeit** insofern irrelevant ist (*Hügel* § 1 Rz 31; s aber Rz 81 ff zum Verstrickungserfordernis des § 1 Abs 2); ebenso irrelevant ist die **Steueransässigkeit der Anteilsinhaber** (BMF 22.6.1992, SWK 1992, A I 254; *Bruckner* in *W/H/M*, HdU[1] I § 1 Rz 83; *Zöchling/Paterno* in *W/Z/H/K*[5] § 1 Rz 10) oder ob die Anteilsinhaber **natürliche oder juristische Personen** sind (*Bruckner* in *W/H/M*, HdU[1] I § 1 Rz 83). Das Personal- bzw Gesellschaftsstatut, also die Frage, welchem nationalen Sachrecht eine Gesellschaft in gesellschaftsrechtlicher Hinsicht unterliegt, nach welchem Recht sie also „entsteht, lebt und untergeht" (*Behrens*, ZGR 1994, 4 mwN), ist nach österreichischem Recht iSd Sitztheorie (§§ 10, 12 IPRG) zu bestimmen, also nach dem anwendbaren Recht – samt Rück- und Weiterverweisungen – am tatsächlichen Sitz der Hauptverwaltung („Verwaltungssitz") einer juristischen Person (*Bachner/Winner*, GesRZ 2000, 75; *Staringer*, Kapitalgesellschaften 40; *Kofler*, Abschirmwirkung 76 f mwN; s a UmgrStR Rz 28). Der gesellschaftsrechtliche Verwaltungssitz ist jener Ort, an dem üblicherweise die leitenden Entscheidungen des ständigen Geschäftsbetriebes getroffen werden; dieser ist zwar nicht zwingend mit dem – alternativ zum statutarischen Sitz die unbeschränkte Steuerpflicht begründenden – Ort der Geschäftsleitung (§ 1 Abs 2 KStG iVm § 27 Abs 2 BAO) identisch, die beiden Orte werden aber im Regelfall übereinstimmen (UmgrStR Rz 28; *Aigner/Kofler/Tumpel*, Zuzug und Wegzug 52 ff; *Hügel* § 1 Rz 76). Abgesehen von der SE und der SCE ist im Hinblick auf **Fälle der Verwaltungssitzverlegung** folgendermaßen zu differenzieren:

- Beim **„Zuzug" aus einem Sitz- oder Gründungstheoriestaat** findet nach § 10 **43** IPRG österreichisches Sachrecht Anwendung: Eine Verlegung des Verwaltungssitzes in das Inland führt nämlich nach der Sitztheorie zu einer Änderung des Gesellschaftsstatuts (*Staringer*, Kapitalgesellschaften 48); zugezogenen Kapitalgesellschaften ist daher der Status als juristische Personen und damit die volle Rechtsfähigkeit im Inland zu versagen, da die Eintragung in das österreichische Firmenbuch konstitutive Voraussetzung für das Entstehen einer juristischen Person ist (§ 34 Abs 1 AktG, § 2 Abs 1 GmbHG; s OGH 28.8.1997, 3 Ob 2029/96w, ecolex 1998, 709; *Staringer*, Kapitalgesellschaften 48 f; *Bachner/Winner*, GesRZ 2000, 75; *Koppensteiner/Rüffler*, GmbHG[3] Einl Rz 18; weiters VwGH 20.6.2000, 98/15/0008, ÖStZB 2000/536). Eine solche Gesellschaft kann daher nicht an einer Verschmelzung nach österreichischem Gesellschaftsrecht teilnehmen (*Hügel* § 1 Rz 28 u 86). Jedenfalls für den **Zuzug einer vergleichbaren Gesellschaft aus einem EU-Gründungstheoriestaat**, der den Wegzug nicht mit der Aberkennung der Rechtspersönlichkeit verknüpft, ist freilich zu beachten, dass aufgrund der unionsrechtlichen Niederlassungsfreiheit nach der Rechtsprechung des EuGH in den Rs *Centros* (EuGH 9.3.1999, C-212/97, Slg 1999, I-1459), *Überseering* (EuGH 5.11.2002, C-208/00, Slg 2002, I-9919) und *Inspire Art* (EuGH 30.9.2003, C-167/01, Slg 2003, I-10155) auch in Österreich deren Rechts- und Parteifähigkeit anzuerkennen ist (s zB OGH 16.3.2011, 6 Ob 67/10 m, wbl 2011/166, 448 mwN; *Geist* in *Jabornegg/Strasser*, AktG I[5] § 5 Rz 3b; *Koppensteiner/Rüffler*, GmbHG[3] Einl Rz 17; *Zöchling/Puchner* in *Frotz/ Kaufmann*[2], SteuerR Rz 7; *Hügel* § 1 Rz 86; weiters UmgrStR Rz 29; VwGH 20.9.2006, 2005/14/0124, ÖStZB 2007/119, 165; ebenso für den Zuzug aus einem Sitztheoriestaat *Koppensteiner/Rüffler*, GmbHG[3] Einl Rz 17); dies soll auch für den **Zuzug aus EWR-Staaten** gelten (*Koppensteiner/Rüffler*, GmbHG[3] Einl Rz 17). Allerdings kann durch die Verlegung des Verwaltungssitzes aus der „ausländischen Körperschaft" keine „inländische Körperschaft" werden (UmgrStR Rz 29), sie kann jedoch bei Vorliegen der übrigen Voraussetzungen des § 1 Abs 1 Z 4 an einer steuerneutralen Auslandsverschmelzung teilnehmen (*Zöchling/Puchner* in *Frotz/Kaufmann*[2], SteuerR Rz 7; *Zöchling/Paterno* in *W/Z/H/K*[5] § 1 Rz 9; s a ErlRV 266 BlgNR 18. GP, 16, u UmgrStR Rz 29).

44 • Str ist, ob es bei einem **„Wegzug" in einen Sitztheoriestaat** wegen § 10 IPRG zu einer Auflösung der Gesellschaft kommt, die sodann nach §§ 205 ff AktG bzw §§ 89 ff GmbHG abzuwickeln wäre (so zB *Staringer*, Kapitalgesellschaften 58 ff; *Staringer* in FS Werilly 280; *Bachner/Winner*, GesRZ 2000, 75; *Hristov*, SWI 2009, 343; aA aufgrund teleologischer Reduktion des § 10 IPRG *Koppensteiner/Rüffler*, GmbHG[3] Einl Rz 18; *Hügel* § 1 Rz 84). Die UmgrStR gehen davon aus, dass diesfalls eine Inlandsverschmelzung nach § 1 Abs 1 Z 1 aufgrund der Auflösung der Gesellschaft nicht möglich sei; vielmehr komme es im Fall der tatsächlichen Abwicklung zu einer Besteuerung nach § 19 KStG (UmgrStR Rz 30). Auch unionsrechtlich wäre es wohl nicht geboten, einen identitätswahrenden Wegzug zu gestatten (s EuGH 16.12.2008 C-210/06, *Cartesio*, Slg 2006, I-9641, u dazu zB *Hristov*, SWI 2009, 342 ff). Anders zu beurteilen sind dagegen Fälle des **„Wegzugs" in einen Gründungstheoriestaat**: Die Verweisung des § 10 IPRG auf das Personalstatut einer juristischen Person ist grundsätzlich eine Gesamtverweisung (§ 5 IPRG); sie schließt daher Rück- und Weiterverweisungen ein (s OGH 28.8.1997, 3 Ob 2029/96w, ecolex 1998, 709; OGH 23.8.2000, 3 Ob 59/00y, ZfRV 2001, 152). Folgt nun der ausländische Staat der Gründungstheorie und erfolgt eine Rückverweisung auf österreichisches Recht, so sind in Österreich als Folge dieser Rückverweisung gem § 5 Abs 2 IPRG „die österreichischen Sachnormen (Rechtsnormen mit Ausnahme der Verweisungsnormen) anzuwenden" (sog Sachverweisung). Die in einen Gründungstheoriestaat weggezogene Gesellschaft behält daher trotz der Verlegung der Hauptverwaltung ein österreichisches Gesellschaftsstatut, der Wegzug löst also – anders als ein solcher in einen Sitztheoriestaat – keinen Statutenwechsel aus und gebietet keine Auflösung der weggezogenen Gesellschaft (*Staringer*, Kapitalgesellschaften 61 mwN). Damit könnte sie auch an einer Verschmelzung nach § 1 Abs 1 Z 1 teilnehmen (*Zöchling/Puchner* in *Frotz/Kaufmann*[2], SteuerR Rz 7; *Zöchling/Paterno* in *W/Z/H/K*[5] § 1 Rz 9).

B. Verschmelzungen aufgrund gesellschaftsrechtlicher Vorschriften (Abs 1 Z 1)

Die von § 1 Abs 1 Z 1 erfassten „**Verschmelzungen aufgrund gesellschaftsrechtlicher Vorschriften**" beziehen sich nicht nur auf Verschmelzungen zweier inländischer Körperschaften, sondern auch auf **grenzüberschreitende Verschmelzungen** unter Beteiligung inländischer Körperschaften (dazu Rz 71 ff). Die von § 1 Abs 1 Z 1 angesprochenen Vorschriften umfassen die (UmgrStR Rz 31; *Hügel* § 1 Rz 22) 45

- Verschmelzung von **Aktiengesellschaften durch Aufnahme** (§§ 220 ff AktG) oder durch **Neugründung** (§ 233 AktG);
- Verschmelzung einer **GmbH** als übertragende Gesellschaft **auf eine Aktiengesellschaft** (§ 234 AktG);
- Verschmelzung einer **Aktiengesellschaft** als übertragende Gesellschaft **auf eine GmbH** (§ 234a AktG, eingefügt durch das GesRÄG 2007, BGBl I 2007/72);
- Verschmelzung von **GmbHs durch Aufnahme oder durch Neugründung** (§§ 96 ff GmbHG iVm § 219 ff AktG);
- Verschmelzung von **Genossenschaften** (§ 1 ff GenVG);
- **grenzüberschreitende Verschmelzung von Kapitalgesellschaften** in der EU und im EWR nach dem EU-VerschG (BGBl I 2007/72);
- Gründung einer **Europäischen Gesellschaft (SE)** durch grenzüberschreitende Verschmelzung (Art 2 Abs 1, 17 ff SE-VO, §§ 17 ff SEG);
- Gründung einer **Europäischen Genossenschaft (SCE)** durch grenzüberschreitende Verschmelzung (Art 19 ff SCE-VO, §§ 11 ff SCEG);
- **Folgeverschmelzungen** von bereits bestehenden SE und SCE.

Die Reichweite des Begriffs der „**Verschmelzungen aufgrund gesellschaftsrechtlicher Vorschriften**" in § 1 Abs 1 Z 1 ist in den Randbereichen unscharf. Die ausdrückliche Erwähnung des SpG und des VAG in § 1 Abs 1 Z 2 und der Vermögensübertragung auf einen Versicherungsverein auf Gegenseitigkeit nach **§ 236 AktG** in § 1 Abs 1 Z 3 könnte für ein enges Verständnis sprechen. Letztgenannter Regelung dürfte jedoch lediglich klarstellende Bedeutung zukommen (*Schneider*, SWK 1992, A I 260). Dies spräche dafür, auch die – eine Gesamtrechtsnachfolge darstellende (*Kalss* in *Doralt/Nowotny/Kalss*, AktG² § 235 Rz 1) – **Vermögensübertragung auf eine Gebietskörperschaft nach § 235 AktG** und die – eine Einzelrechtsnachfolge darstellende (*Kalss* in *Doralt/Nowotny/Kalss*, AktG² § 237 Rz 1) – **Vermögensübertragung in anderer Weise nach § 237 AktG** als Verschmelzungen iSd Art I zu verstehen (so *Schneider*, SWK 1992, A I 260; aA *Znidaric*, ÖStZ 1991, 325; *Strimitzer* in Q/R/S/S/V²⁴ § 20 Rz 10 u Rz 18; *Ludwig/Hirschler*, Bilanzierung² II Rz 40: „unechte Verschmelzung"). Bei der dem Vorgang nach § 236 AktG vergleichbaren **Übernahme einer GmbH durch eine Gebietskörperschaft nach § 95 GmbHG** schließt die Verwaltungspraxis die Anwendung des Art I aber offenbar aus (BMF 2.2.2001, ecolex 2001, 407; ebenso *Strimitzer* in Q/R/S/S/V²⁴ § 20 Rz 10). Im Fall der Vermögensübertragung auf eine Gebietskörperschaft wäre zudem zu berücksichtigen, dass es idR zu einer die Anwendbarkeit des Art I ausschließenden **Verstrickungseinschränkung** nach § 1 Abs 2 käme (s Rz 102 u *Schneider*, SWK 1992, A I 260; s a BMF 2.2.2001, ecolex 2001, 407, zur Umwandlung). 46

Ein *numerus clausus* der **Verschmelzungsformen** besteht nicht (*Hügel* § 1 Rz 26; anders noch UmgrStR Rz 31 idF vor WE 2011); denkbar sind etwa grenzüberschreitende Verschmelzungen unter Beteiligung von Gesellschaften aus Drittstaaten 47 in Analogie zum EU-VerschG, grenzüberschreitende Verschmelzungen aufgrund der Niederlassungsfreiheit oder Verschmelzungen in Analogie zu § 142 UGB im Fall der Übertragung aller Anteile einer Personengesellschaft auf einen Dritten (s OGH 16.3.2000, 2 Ob 54/00 f, GesRZ 2000, 167).

C. Verschmelzungen aufgrund anderer Gesetze (Abs 1 Z 2)

51 Nach § 1 Abs 1 Z 2 fallen auch Verschmelzungen „im Sinne gesellschaftsrechtlicher Vorschriften aufgrund anderer Gesetze", also **Verschmelzungen nach Sondergesetzen** in den Anwendungsbereich des Art I (UmgrStR Rz 32). Erfasst sind auch **landesgesetzliche Vorschriften**, wenn diese „ihrem Wesen nach handelsrechtlichen Verschmelzungsvorschriften entsprechen" (AB 354 BlgNR 18. GP, 1). Andere **bundesgesetzlich geregelte Vorschriften** betreffen (UmgrStR Rz 32; *Hügel* § 1 Rz 24) die

- Verschmelzung von **Sparkassen** (§ 25 SpG);
- Verschmelzung von **Sparkassen-Privatstiftungen** (§ 27c SpG);
- Verschmelzung von **Versicherungsvereins-Privatstiftungen** (§ 67 VAG 2016; zuvor § 61 g VAG 1978 bzw bis zur Novelle BGBl I 2009/152 wortgleich § 61 f VAG 1978);
- Verschmelzung von **Versicherungsvereinen auf Gegenseitigkeit** (§§ 60, 81 VAG 2016; zuvor §§ 59, 72 VAG 1978).

Zur Verschmelzung von **Sparkassen** s BMF 23.4.1992, SWK 1992, A I 199; BMF 11.4.1994, ecolex 1994, 505; BMF 5.7.1995, SWK 1995, A 540; BMF 17.7.1995, ecolex 1995, 757; BMF 31.10.1996, SWK 1997, S 58; weiters *Schwarzinger/Wiesner* I/1[3] 404 ff; s aus der gesellschaftsrechtlichen Literatur zB *Jud/Grünwald*, ÖBA 1990, 690 ff; *Jabornegg*, ÖBA 1990, 966 ff; *Raschauer*, ecolex 1991, 61 f; *Jud/Grünwald*, ÖBA 1991, 85 ff; weiters *Szep* in *Jabornegg/Strasser*, AktG II[5] § 219 Rz 19; *Grünwald* in *W/H/M*, HdU[11] I Rz 302 ff. Zur Verschmelzung von **Sparkassen-Privatstiftungen** und **Versicherungsvereins-Privatstiftungen** s *Sulz*, ÖBA 1999, 456 f; *Helbich/Widinski* in FS Werilly 141 ff; *Arnold*, PSG[2] 580 ff und 599 ff; *Arnold/Stangl/Tanzer*, Privatstiftungs-Steuerrecht[2] VI/5; *Grünwald* in *W/H/M*, HdU[11] I Rz 308 ff u Rz 325. Zur Verschmelzung von **Versicherungsvereinen auf Gegenseitigkeit** s zB *Grünwald* in *W/H/M*, HdU[11] I Rz 317 ff.

52 § 1 Abs 1 Z 2 soll „eine **Generalklausel für künftig zu schaffende Verschmelzungsregelungen** bundes- und landesgesetzlicher Art außerhalb von gesellschaftsrechtlichen Vorschriften oder für die Verschmelzung staatsnaher Gesellschaften dar[stellen], sofern diese Vorschriften dem Wesen nach gesellschaftsrechtlichen Verschmelzungsvorschriften entsprechen" (ErlRV 266 BlgNR 18. GP, 16; UmgrStR Rz 32; *Schneider*, SWK 1992, A I 260; *Bruckner* in *W/H/M*, HdU[1] § 1 Rz 86; *Zöchling/Paterno* in *W/Z/H/K*[5] § 1 Rz 33). Dies könnte bei einer allfälligen Einführung von Verschmelzungsvorschriften für bisher nicht verschmelzungsfähige Körperschaften (zB Vereine, Privatstiftungen, Landeshypothekenanstalten) Bedeutung erlangen (dazu *Bruckner* in *W/H/M*, HdU[1] § 1 Rz 86; *Hügel* § 1 Rz 25). Auch für **Gemeindefusionen** wird die Anwendbarkeit des § 1 Abs 1 Z 2 erwogen (s *Enzinger/Prinz*, RFG 2013, 28 f).

D. Verschmelzungsartige Vermögensübertragungen (Abs 1 Z 3)

56 § 1 Abs 1 Z 3 erfasst „Vermögensübertragungen im Sinne des § 236 des Aktiengesetzes", also Vermögensübertragungen einer Aktiengesellschaft **auf einen Ver-**

sicherungsverein auf Gegenseitigkeit iSd § 236 AktG. Die früher ebenfalls in dieser Ziffer angesprochenen komplementären Vermögensübertragungen eines Versicherungsvereines auf Gegenseitigkeit **auf eine Aktiengesellschaft** sind nicht mehr erfasst, da diese Übertragungsmöglichkeit des früheren § 60 VAG 1978 im nunmehrigen VAG 2016 nicht mehr vorgesehen ist (s Art 30 BGBl I 2015/34; ab 1.1.2016, 3. Teil Z 28).

Gem § 236 AktG kann eine AG, die den Betrieb des Versicherungsgeschäftes zum Gegenstand hat, ihr Vermögen als Ganzes im Wege der **Verschmelzung auf einen „großen" Versicherungsverein auf Gegenseitigkeit** übertragen (UmgrStR Rz 34; *Hügel* § 1 Rz 54 m FN 125; *Grünwald* in *W/H/M*, HdU[11] I Rz 328). Die übertragende AG geht ohne Liquidation unter. Anders als bei Verschmelzungen werden die Aktionäre der übertragenden AG nicht mit Mitgliedschaftsrechten am übernehmenden Rechtsträger, sondern durch andere Entschädigungen (Barzahlungen) abgefunden. Daher dürfte der Vermögensübertragung nach § 236 AktG keine große Bedeutung zukommen (s *Mayer* in FS Helbich 143; *Bruckner* in *W/H/M*, HdU[1] I § 1 Rz 87; *Hügel* § 1 Rz 54; *Grünwald* in *W/H/M*, HdU[11] I Rz 327; *Zöchling/Paterno* in *W/Z/H/K*[5] § 1 Rz 29). Früher war von § 1 Abs 1 Z 3 auch die umgekehrte Richtung erfasst: So konnte ein **Versicherungsverein auf Gegenseitigkeit gem § 60 VAG 1978** (BGBl 1978/569 idF BGBl I 2014/42) sein Vermögen als Ganzes ohne Abwicklung auf eine AG, die den Betrieb der Vertragsversicherung zum Gegenstand hat, übertragen (UmgrStR Rz 35; *Mayer* in FS Helbich 141 ff; *Grünwald* in *W/H/M*, HdU[11] I Rz 329). Diese Vermögensübertragung entsprach der Verschmelzung durch Aufnahme. Der übertragende Versicherungsverein ging ohne Liquidation unter und die Mitglieder sind mit Aktien an der übernehmenden AG abzufinden (UmgrStR Rz 35; *Hügel* § 1 Rz 56). Diese Verschmelzungsform ist im nunmehrigen **VAG 2016** (BGBl I 2015/34) nicht mehr vorgesehen, sodass der „Verweis auf die Übertragung des Vermögens des Versicherungsvereins auf eine Aktiengesellschaft gemäß § 60 VAG 1978" auch im UmgrStG ersatzlos entfallen konnte (s ErlRV 354 BlgNR 25. GP, 73).

III. Auslandsverschmelzungen (Abs 1 Z 4)
A. Anwendungsvoraussetzungen
1. Verschmelzungen ausländischer Körperschaften

Art I findet auch auf **Verschmelzungen im Ausland** Anwendung, also gem § 1 Abs 1 Z 4 auf „Verschmelzungen ausländischer Körperschaften im Ausland auf Grund vergleichbarer Vorschriften". Eine solche Auslandsverschmelzung liegt dann vor, wenn an einer solchen **ausschließlich ausländische Körperschaften** beteiligt sind, und zwar unabhängig davon, ob in- oder ausländisches Vermögen übertragen wird (UmgrStR Rz 36; *Bruckner* in *W/H/M*, HdU[1]I § 1 Rz 89, 95). Maßgebend ist das **Personalstatut**, dem die an der Verschmelzung beteiligten Körperschaften unterliegen (UmgrStR Rz 36; *Hügel* § 1 Rz 146; s a Rz 42 ff); die Steueransässigkeit der an der Verschmelzung beteiligten Körperschaften ist insoweit irrelevant (*Schindler* in *Kalss/Hügel* III Rz 84; *Strimitzer/Wurm* in *T/W*, EU-VerschG[2] SteuerR Rz 57). Somit fallen Verschmelzungen österreichischer Körperschaften nicht unter § 1 Abs 1 Z 4 (sondern unter § 1 Abs 1 Z 1 bis 3), selbst wenn sie auf Grund des Ortes der Geschäftsleitung im Ausland steueransässig sind (ErlRV 266 BlgNR 18. GP, 16; UmgrStR Rz 36; *Brenner/Tumpel* in HB Fusionen 544; *Hügel* § 1

Rz 146; *Strimitzer/Wurm* in *T/W*, EU-VerschG[2] SteuerR Rz 78); umgekehrt erfasst § 1 Abs 1 Z 4 Verschmelzungen ausländischer Körperschaften, selbst wenn sich die Geschäftsleitung nicht im Sitzstaat (sondern zB in Österreich) befindet (ErlRV 266 BlgNR 18. GP, 16).

2. Inlandsvermögen und inländische Anteilsinhaber

62 Kommt demnach ausschließlich **ausländisches Gesellschaftsrecht** zur Anwendung, ist – seit dem Entfall der Einschränkung auf Betriebsstätten und inländische Vermögensteile durch das **AbgÄG 1996** (BGBl 1996/797; dazu *Rettenbacher*, ecolex 1997, 389; *Zöchling*, SWI 1997, 45 f; *Bruckner* in *W/H/M*, HdU[1] I § 1 Rz 95) – die Anwendbarkeit des Art I für das gesamte **Inlandsvermögen** gegeben (*Staringer* in *W/H/M*, HdU[1] Q2 Rz 7). Zudem bezieht sich die Steuerneutralität (§ 5) bei Anwendbarkeit des Art I auch auf **inländische Anteilsinhaber** von ausländischen verschmelzenden Körperschaften, unabhängig davon, ob die übertragende Gesellschaft über inländisches Vermögen verfügt (ErlRV 497 BlgNR 20. GP, 24; UmgrStR Rz 36 u 158; *Schwarzinger/Wiesner* I/1[3] 431; *Bruckner* in *W/H/M*, HdU[1] I § 1 Rz 91 ff; *Zöchling/Puchner* in *Frotz/Kaufmann*[2], SteuerR Rz 22; *Zöchling/Paterno* in *W/Z/H/K*[5] § 1 Rz 39; s a *Zöchling*, SWI 1997, 45 f; so bereits zur früheren Rechtslage *Lechner*, ecolex 1992, 361).

> Kommt es hinsichtlich des **inländischen Vermögens** zu einem Wegfall des Besteuerungsrechtes der Republik Österreich und ist Art I daher (insoweit) nicht anwendbar, bleibt es dennoch wegen § 5 auch für inländische Anteilsinhaber bei der Steuerneutralität des Anteilstausches (dazu § 5 Rz 73; s a UmgrStR Rz 158).

3. Grenzüberschreitende Auslandsverschmelzungen

63 § 1 Abs 1 Z 4 setzt nicht voraus, dass die an der Verschmelzung beteiligten ausländischen Gesellschaften dasselbe Personalstatut tragen; es fallen daher auch **grenzüberschreitende Auslandsverschmelzungen** unter § 1 Abs 1 Z 4 (UmgrStR Rz 37; *Bruckner* in *W/H/M*, HdU[1] I § 1 Rz 96 mwN; *Staringer* in *W/H/M*, HdU[1] Q2 Rz 6; *Brenner/Tumpel* in HB Fusionen 544; *Zöchling/Puchner* in *Frotz/Kaufmann*[2], SteuerR Rz 21; *Hügel* § 1 Rz 151; zur Frage der Verstrickungseinschränkung nach § 1 Abs 2 s Rz 106 ff). Sind die verschmolzenen Körperschaften in verschiedenen Mitgliedstaaten der EU steueransässig, können neben Art I (vorrangig) auch die **Bestimmungen der FRL** zur Anwendung kommen (UmgrStR Rz 37; *Bruckner* in *W/H/M*, HdU[1] I § 1 Rz 96).

B. Vergleichbarkeit des Verschmelzungsrechts

64 § 1 Abs 1 Z 4 erfasst nur **Auslandsverschmelzungen „auf Grund vergleichbarer Vorschriften"**. Es muss sich beim ausländischen Recht daher um gesellschaftsrechtliche Vorschriften handeln, die in ihren Grundzügen dem **österreichischen Verschmelzungsrecht** entsprechen (UmgrStR Rz 38; *Bruckner* in *W/H/M*, HdU[1] I § 1 Rz 92; s zum russischen Verschmelzungsrecht BMF 23.2.2004, ecolex 2004, 320 m Anm *Schrottmeyer* = GeS 2004, 364). Nach der Verwaltungspraxis soll aber auch auf die **konkrete Ausgestaltung der Verschmelzung** Bedacht zu nehmen sein; sieht das ausländische Recht mehrere Gestaltungsmöglichkeiten vor, ist eine Vergleichbarkeit dann gegeben, wenn die konkrete Ausgestaltung der Verschmelzung dem österreichischen Verschmelzungsrecht entspricht (UmgrStR Rz 38idF WE 2017; *Schlager*, RWZ 2017/21, 99). Aufgrund der Zielsetzung dieses

Erfordernisses, eine Abgrenzung vom Unternehmenskauf vorzunehmen, ist allerdings kein allzu strenger Maßstab anzulegen (*Staringer* in W/H/M, HdU[1] Q2 Rz 5; *Brenner/Tumpel* in HB Fusionen 543 f).

Entscheidende **Kriterien der Vergleichbarkeit** sind die Auflösung der übertragenden Körperschaft ohne Abwicklung sowie die Übertragung des gesamten Vermögens auf die übernehmende Körperschaft grundsätzlich gegen Gewährung von Gesellschaftsrechten an die Gesellschafter der übertragenden Gesellschaft (UmgrStR Rz 38; *Staringer* in W/H/M, HdU[1] Q2 Rz 5; *Brenner/Tumpel* in HB Fusionen 543 f; *Hügel* § 1 Rz 150; *Zöchling/Paterno* in W/Z/H/K[5] § 1 Rz 38; *Strimitzer/Wurm* in T/W, EU-VerschG[2] SteuerR Rz 80). Nach zutr hA ist es hingegen unschädlich, wenn eine Gewährung von Gesellschaftsrechten in den dem § 224 AktG vergleichbaren Fällen unterbleibt (UmgrStR Rz 38; *Bruckner* in W/H/M, HdU[1] I § 1 Rz 92; *Hügel* § 1 Rz 150; *Strimitzer/Wurm* in T/W, EU-VerschG[2] SteuerR Rz 80), während ins Gewicht fallende, den Rahmen des § 224 Abs 5 AktG überschreitende Zuzahlungen als Indiz für das Vorliegen eines Veräußerungsvorganges zu werten sind (UmgrStR Rz 38; s a *Staringer* in W/H/M, HdU[1] Q2 Rz 5; *Hügel* § 1 Rz 150; *Strimitzer/Wurm* in T/W, EU-VerschG[2] SteuerR Rz 80). **Gesamtrechtsnachfolge** ist hingegen nicht erforderlich (*Hügel* § 1 Rz 150; *Wiesner* in FS Ritz 404 f; aA wohl *Staringer* in W/H/M, HdU[1] Q2 Rz 5). Die Vergleichbarkeit des Verschmelzungsrechts ist von der zuständigen **Abgabenbehörde** zu prüfen (UmgrStR Rz 53; BMF 23.2.2004, ecolex 2004, 320 m Anm *Schrottmeyer*). **65**

Im EU-Raum ist nach der Verwaltungspraxis bei einer grenzüberschreitenden Auslandsverschmelzung von einer Vergleichbarkeit mit dem österreichischen Verschmelzungsrecht auszugehen, wenn das ausländische Verschmelzungsrecht an die **EU-Verschmelzungsrichtlinie** (RL 2005/56/EG) „angepasst wurde" (UmgrStR Rz 38 uHa auf die Verpflichtung zur Umsetzung bis 15.12.2007). Dies scheint freilich zu eng, wird doch impliziert, dass nachzuprüfen wäre, ob die beteiligten Mitgliedstaaten die Verschmelzungsrichtlinie tatsächlich umgesetzt haben, obwohl bei mangelnder Umsetzung die Verschmelzungsrichtlinie wohl ohnehin unmittelbar anwendbar wäre. **66**

C. Vergleichbarkeit mit inländischen Körperschaften

Die Frage, ob die verschmolzenen ausländischen Rechtsträger als „**Körperschaften**" iSd § 1 Abs 1 Z 4 zu qualifizieren sind, richtet sich nicht nach deren Personalstatut, sondern danach, ob sie nach ihren Rechtsgrundlagen und ihrer Organisation einer österreichischen juristischen Person vergleichbar sind („**Typenvergleich**"; UmgrStR Rz 39; *Brenner/Tumpel* in HB Fusionen 543; *Zöchling/Puchner* in *Frotz/Kaufmann*[2], SteuerR Rz 20; *Hügel* § 1 Rz 147; *Zöchling/Paterno* in W/Z/H/K[5] § 1 Rz 12; *Strimitzer/Wurm* in T/W, EU-VerschG[2] SteuerR Rz 80; zu den Kriterien der Vergleichbarkeit s zB KStR Rz 133 f [ex-Rz 110 f]). Die Vergleichbarkeit mit inländischen Körperschaften ist von der zuständigen **Abgabenbehörde** zu prüfen (UmgrStR Rz 53). **67**

IV. Grenzüberschreitende Verschmelzungen inländischer Körperschaften (Abs 1 Z 1)

A. Begriff

Unter einer **grenzüberschreitenden Verschmelzung** ist die Verschmelzung von Gesellschaften mit **unterschiedlichem Personalstatut** zu verstehen, dh dass deren **71**

Zivilrechtsverhältnisse verschiedenen nationalen Gesellschaftsrechtsordnungen unterliegen (s Rz 42 ff; UmgrStR Rz 41); auf die **steuerliche Ansässigkeit** kommt es dabei nicht an (*Hügel* § 1 Rz 75; *Strimitzer/Wurm* in *T/W*, EU-VerschG[2] SteuerR Rz 99). Obwohl eine Herein- oder Hinausverschmelzung unter Beteiligung einer inländischen Körperschaft weder klar unter Z 1 noch unter Z 4 des § 1 Abs 1 subsumiert werden kann, ging die hA im Ergebnis stets von einer **Verschmelzung iSd Art I** und spezifisch einer solchen nach **§ 1 Abs 1 Z 1** aus (zB UmgrStR Rz 23 u 45; BMF 3.5.2000, ecolex 2000, 682 = RdW 2000/624, 642; BMF 5.8.2004, EAS 2513 = SWI 2004, 535; weiters zB *Hirschler*, RWZ 2000/2, 6; *Damböck*, ecolex 2000, 741; *Bruckner* in *W/H/M*, HdU[1] I § 1 Rz 112; *Staringer* in *W/H/M*, HdU[1] Q2 Rz 15; *Mühlehner*, SWI 2003, 456 f; *Schindler* in *Kalss/Hügel* III Rz 82 f; *Zöchling/Fraberger* in FS Loukota 713; *Achatz/Kofler* in *Achatz ua*, IntUmgr 28 f; *Zöchling/ Puchner* in *Frotz/Kaufmann*[2], SteuerR Rz 39; *Hügel* § 1 Rz 90; *Zöchling/Paterno* in *W/Z/H/K*[5] § 1 Rz 34; s bereits BMF 16.3.1994, RdW 1994, 264 = ecolex 1994, 432 = SWK 1994, A 371, u dazu *Staringer*, SWK 1994, A 473 f). Für die **Export-Verschmelzung** ist die Anwendung des Art I durch § 1 Abs 2 S 2 bis 7 seit dem **AbgÄG 2004** (BGBl I 2004/180) auch implizit gesetzlich anerkannt (*Hügel* in *Bertl ua*, Sonderbilanzen 33; *Hügel* § 1 Rz 90). Sind die beteiligten Gesellschaften in unterschiedlichen Mitgliedstaaten iSd Art 3 FRL steueransässig, kann zudem die **FRL** Anwendung finden und geht allenfalls dem Art I vor (*Bruckner* in *W/H/M*, HdU[1] I § 1 Rz 114; s Rz 4 ff; zur Behandlung von Umgründungen unter Beteiligung hybrider Gesellschaften s *Kofler/Schindler*, taxlex 2005, 564 f, u *Kofler/Schindler*, SWI 2006, 262 ff; *Strimitzer/Wurm* in *T/W*, EU-VerschG[2] SteuerR Rz 34 ff).

B. Gesellschaftsrechtliche Zulässigkeit
1. SE, SCE und EU-VerschG

72 Explizite gesellschaftsrechtliche Rechtsgrundlagen für grenzüberschreitende Verschmelzungen bestehen für die Gründung einer **Europäischen Gesellschaft (SE)** (Art 2 Abs 1, 17 ff SE-VO, §§ 17 ff SEG, BGBl I 2004/67) und einer **Europäischen Genossenschaft (SCE)** (Art 19 ff SCE-VO, §§ 11 ff SCEG, BGBl I 2006/104) sowie nach dem – auf der RL 2005/56/EG basierenden – **EU-VerschG** (BGBl I 2007/72) für die grenzüberschreitende Verschmelzung von **EU- und EWR-Kapitalgesellschaften** (ausf *Frotz/Kaufmann*, Internationale Verschmelzungen[2] 1 ff; *Kaufmann* in HB KonzernStR[2] 581 ff; s a UmgrStR Rz 23 u 41a f).

2. Verschmelzungen außerhalb des EU-VerschG

73 Schon vor dem EU-VerschG wurden nach hA sowohl die Herein- als auch die Hinausverschmelzung nach der **Vereinigungstheorie**, wonach für jeden an der Verschmelzung beteiligten Rechtsträger sein Personalstatut anzuwenden ist, als **gesellschaftsrechtlich zulässig** angesehen (zB *Hügel* § 1 Rz 77 mwN; s zur verschmelzenden Umwandlung OGH 20.3.2003, 6 Ob 283/02i, ecolex 2003, 689 m Anm *G. Nowotny* = GeS 2003, 246 m Anm *Birkner* = GesRZ 2003, 161 m Anm *Bittner*); solche grenzüberschreitenden Verschmelzungen wurden teilweise auch ins Firmenbuch eingetragen (s *Eckert*, ecolex 2002, 97 ff; *Hirschler/Schindler*, RdW 2006/575, 607 m FN 12; *Wiesner/Mayr*, RdW 2007/447, 435). Dementsprechend ging auch steuerlich die hA vor dem Hintergrund der FRL (*Staringer* in *W/H/M*, HdU[1] Q2 Rz 13 f) davon aus, dass im Fall der Eintragung einer solchen Verschmelzung im Firmenbuch aufgrund der Maßgeblichkeit des Gesellschaftsrechts **Art I** anzuwenden ist

(Rz 14). Dies hat für **nicht unter das EU-VerschG** fallende Vorgänge unverändert Bedeutung (*Hügel* § 1 Rz 23 und 79; s a *Zöchling/Paterno* in W/Z/H/K⁵ § 1 Rz 34).

Darüber hinaus gebietet es innerhalb der EU die **Niederlassungsfreiheit nach Art 49 AEUV**, dass die Mitgliedstaaten die Verschmelzung mit Gesellschaften mit Sitz in einem anderen Mitgliedstaat unter denselben Bedingungen zulassen müssen, wie sie die Verschmelzung inländischer Gesellschaften eröffnen (EuGH 13.12.2005, C-411/03, *SEVIC*, Slg 2005, I-10805; EuGH 21.2. 2013, C-123/11, *A Oy*, EU:C:2013:84, Rn 24; EFTA-GH 2.12.2013, E-14/13, *EFTA Surveillance Authority/ Iceland*; dazu a *Schindler*, ÖStZ 2005/998, 467 ff; *Huemer*, RWZ 2006/11, 33 ff u RWZ 2006/21, 65 ff; *Hügel* § 1 Rz 23 und 79; *Zöchling/Puchner* in *Frotz/Kaufmann*², SteuerR Rz 38; *Zöchling/Paterno* in W/Z/H/K⁵ § 1 Rz 34). Dies ist vor allem von Bedeutung für die Verschmelzung von Gesellschaften iSd Art 54 AUEV, die nicht vom **Anwendungsbereich des EU-VerschG** erfasst sind (zB Genossenschaften, Sparkassen, Versicherungsvereine auf Gegenseitigkeit; s *Hügel* § 1 Rz 79).

74

V. Aufrechterhaltung der Steuerverstrickung (Abs 2 erster Satz)
A. Verstrickungserfordernis

Da die Steuerneutralität einer Verschmelzung im Wege der Buchwertfortführung lediglich einen **Aufschub der Besteuerung** stiller Reserven auf Ebene des übertragenen Vermögens bis zur Realisierung bewirken soll (s dazu *Hügel*, Verschmelzung 460; *Bruckner* in W/H/M, HdU¹ I § 1 Rz 33), kann nach § 1 Abs 2 S 1 eine Verschmelzung auch nur „insoweit" steuerneutral erfolgen, als ein bestehendes österreichisches Besteuerungsrecht „hinsichtlich der stillen Reserven einschließlich eines allfälligen Firmenwertes bei der übernehmenden Körperschaft **nicht eingeschränkt wird**" (zur Einbeziehung des Firmenwertes durch das AbgÄG 1998 s *Hügel* § 1 Rz 61). Entscheidend ist somit iS eines **„Vorher-Nachher-Vergleichs"**, ob es zu einer unmittelbar verschmelzungsbedingten Einschränkung des Rechts zur Besteuerung von Veräußerungsgewinnen im Hinblick auf das übergehende Körperschaftsvermögen kommt (*Hügel* § 1 Rz 91; *Mayr/Mair*, RdW 2016/42, 73; *Mayr/Mair* in *Kirchmayr/Mayr/Hirschler*, Konzernbesteuerung 53 f; *Massoner/ Stefaner* in *Stefaner/Schragl*, Wegzugsbesteuerung 130; *Strimitzer/Wurm* in T/W, EU-VerschG² SteuerR Rz 106). Eine Einschränkung kann dabei nicht nur aus zwischenstaatlichen **Doppelbesteuerungsabkommen**, sondern auch aus dem österreichischen **innerstaatlichen Steuerrecht** folgen, wenn innerstaatlich keine Besteuerung mehr vorgesehen ist (zB Wechsel in die beschränkte Steuerpflicht, Steuerbefreiungen; s dazu UmgrStR Rz 60 idF WE 2017; *Massoner/Stefaner* in *Stefaner/ Schragl*, Wegzugsbesteuerung 131). Unklar ist jedoch, ob es auch zu einer „Einschränkung" iSd § 1 Abs 2 kommt, wenn das österreichische Besteuerungsrecht nach der Verschmelzung zwar **dem Grunde nach** aufrecht vorhanden ist, seine Geltendmachung aber durch ein DBA **der Höhe nach** begrenzt wird (s a Rz 127); die jüngere Verwaltungspraxis zur einkommensteuerlichen Wegzugsbesteuerung nach § 27 Abs 6 Z 1 lit b EStG (s EStR Rz 6162 a, zum „Verlust" des Besteuerungsrechts; ebenso breits Pkt 1.2.2.5.1 des Erlasses zur Besteuerung von Kapitalvermögen, BMF-010203/0107-VI/6/2012; ausf und mit unionsrechtlichen Bedenken *Spies*, ÖStZ 2015/382, 289 f), während die hA und die ältere Verwaltungspraxis zu § 31 Abs 2 Z 2 EStG aF diesfalls von keinem „Verlust" des Besteuerungsrechts ausgingen (s zB BMF 15.6.1992, EAS 141 = ecolex 1992, 809 = ÖStZ 1992, 235; *Hügel*,

81

ecolex 1992, 45; *Doralt/Kempf*, EStG[8] § 31 Tz 110; *Philipp/Loukota/Jirousek*, IntStR I/1 Z 00 Rz 141; *Massoner/Stefaner* in *Stefaner/Schragl*, Wegzugsbesteuerung 132 f; ebenso EStR Rz 6678 bis zum 2. WE 2006, AÖF 2007/88).

82 Eine **Verstrickungseinschränkung** isd § 1 Abs 2 kann eintreten (*Hügel* § 1 Rz 19 u 91; s a UmgrStR Rz 388)

- bei einer Inlandsverschmelzung auf eine **steuerbefreite Körperschaft** (Rz 101 ff);
- bei einer **steueransässigkeitswechselnden Auslandsverschmelzung** (Rz 106 ff);
- beim Wechsel von der unbeschränkten Steuerpflicht zur beschränkten Steuerpflicht aufgrund einer **Export-Verschmelzung** (Rz 116 ff) oder bei Verschmelzung von inländischen Körperschaften mit unterschiedlicher Steueransässigkeit (dazu *Hügel* § 1 Rz 137 ff).

83 Wird das österreichische Besteuerungsrecht **nicht eingeschränkt**, bewirkt die zwingende **Buchwertfortführung** nach §§ 2 Abs 1, 3 Abs 1 Z 1 (iVm § 1 Abs 3), dass der Betrag der verstrickten Reserven gleich bleibt (*Hügel* § 1 Rz 65). Umgekehrt ist für die Unanwendbarkeit der §§ 2 bis 6 seit der Klarstellung durch das **StRefG 1993** (BGBl 1993/818) entscheidend, dass eine **Einschränkung österreichischer Besteuerungsrechte** unmittelbar durch die Verschmelzung bewirkt wird (arg „nicht eingeschränkt wird"; s ErlRV 1237 BlgNR 18. GP, 68; *Schneider*, SWK 1993, A 560; *Bruckner* in *W/H/M*, HdU[1] I § 1 Rz 101; *Wiesner/Mayr*, RdW 2007/ 447, 456; *Mayr/Wellinger* in HB Sonderbilanzen II 15; *Hügel* § 1 Rz 59; *Zöchling/ Paterno* in *W/Z/H/K*[5] § 1 Rz 42; *Strimitzer/Wurm* in *T/W*, EU-VerschG[2] SteuerR Rz 104; *Massoner/Stefaner* in *Stefaner/Schragl*, Wegzugsbesteuerung 130 f). Anders als bei § 6 Z 6 EStG kommt es auf eine tatsächliche Überführung des Vermögens nicht an (*Wiesner/Mayr*, RdW 2007/447, 435 f; *Hohenwarter*, RdW 2007/518, 504; *Waitz-Ramsauer* in HB KonzernStR[2] 512).

84 War daher das Besteuerungsrecht bei der übertragenden Gesellschaft schon **vor der Verschmelzung nicht gegeben** (zB bei einer DBA-befreiten ausländischen Betriebsstätte oder bei einer befreiten Körperschaft), ist Art I unabhängig davon anwendbar, ob die Steuerhängigkeit des Vermögens nach der Verschmelzung gegeben ist oder nicht (ErlRV 1237 BlgNR 18. GP, 68; UmgrStR Rz 55; *Wiesner*, RdW 1993, 379; *Schneider*, SWK 1993, A I 560; *Bruckner* in *W/H/M*, HdU[1] I § 1 Rz 101; *Zöchling/Puchner* in *Frotz/Kaufmann*[2], SteuerR 15 u Rz 42; *Zöchling* in FS Rödler 959; *Strimitzer/Wurm* in *T/W*, EU-VerschG[2] SteuerR Rz 105; so auch zur Rechtslage vor dem StRefG 1993 – „nicht eingeschränkt ist" – durch teleologische Reduktion *Lechner*, ecolex 1992, 355). Bleibt umgekehrt das österreichische Besteuerungsrecht aufrecht (zB bei Verbleiben einer Betriebsstätte im Inland), kommt es ebenfalls zu keiner Entstrickungsbesteuerung, zumal diesfalls auch „kein Grund für eine Besteuerung der am Verschmelzungsstichtag bestehenden stillen Reserven" besteht (BMF 5.8.2004, EAS 2513 = SWI 2004, 535).

85 Lediglich die (partielle) verschmelzungsbedingte Einschränkung der Steuerhängigkeit der stillen Reserven führt *e contrario* § 1 Abs 3 zu einer **(partiellen) Nichtanwendbarkeit der §§ 2 bis 6** (UmgrStR Rz 72; *Bruckner* in *W/H/M*, HdU[1] I § 1 Rz 108; *Staringer* in *W/H/M*, HdU[1] Q2 Rz 18; *Staringer*, SWI 2005, 215; *Hohenwarter*, RdW 2007/518, 503; *Hügel* § 1 Rz 58; *Strimitzer/Wurm* in *T/W*, EU-VerschG[2] SteuerR Rz 104; krit im Hinblick auf §§ 5, 6 *Hirschler/Sulz/Zöchling* in GedS Helbich 175). Insoweit wird eine **(Teil)Liquidationsbesteuerung** isd § 20 KStG ausgelöst (ErlRV 1471 BlgNR 20. GP, 21; s § 1 Rz 192 ff u ausf § 2 Rz 11 ff).

Diese **teilweise Anwendbarkeit des Art I** wurde durch das **AbgÄG 1998** (BGBl I **86** 1999/28) klargestellt (arg „insoweit"; s zum klarstellenden Charakter ErlRV 1471 BlgNR 20. GP, 21; *Wiesner*, RWZ 1999, 2; *Bruckner* in *W/H/M*, HdU[1] § 1 Rz 70 u 105; *Hügel* § 1 Rz 59). Bei (partiellem) Verlust des Besteuerungsrechts kommt es auf Vermögensebene **zur (partiellen) Liquidationsbesteuerung** nach §§ 19, 20 KStG, weil die Buchwertfortführung gem § 2 Abs 1 und § 3 Abs 1 Z 3 insofern nicht eingreift („Grenzbesteuerung"; s a ErlRV 43 BlgNR 23. GP, 20, zum BudBG 2007; ErlRV 270 BlgNR 18. GP, 12, zum AbgSiG 2007; s a Rz 196 ff). Auch bei **Anwendung des Ratenzahlungskonzepts** gem § 1 Abs 2 S 2 (dazu Rz 141 ff) liegt – mangels Erfüllung des Verstrickungserfordernisses des § 1 Abs 2 S 1 – (insoweit) keine Verschmelzung iSd § 1 Abs 1 vor, sodass (insoweit) die §§ 2 bis 6 nicht zur Anwendung kommen (*Bruckner* in *W/H/M*, HdU[1] I § 1 Rz 108; *Staringer* in *W/H/M*, HdU[1] Q2 Rz 18; *Wiesner/Mayr*, RdW 2007/447, 435; *Hügel* § 1 Rz 58; anders womöglich *Zöchling/Puchner* in *Frotz/Kaufmann*[2], SteuerR Rz 41 u *Zöchling/Paterno* in *W/Z/H/K*[5] § 1 Rz 36; zur partiellen Liquidationsbesteuerung s Rz 196 ff).

Wird ein Besteuerungsrecht zwar nicht verschmelzungsbedingt eingeschränkt, **87** werden aber **Wirtschaftsgüter anlässlich einer Verschmelzung oder in weiterer Folge in das Ausland übertragen**, ist § 6 Z 6 EStG anwendbar (UmgrStR Rz 44b u Rz 72; *Wiesner/Mayr*, RdW 2007/447, 435; *Mayr/Wellinger* in HB Sonderbilanzen II 15; *Mayr/Mair*, RdW 2016/42, 73; *Massoner/Stefaner* in *Stefaner/Schragl*, Wegzugsbesteuerung 130 f; *Strimitzer/Wurm* in *T/W*, EU-VerschG[2] SteuerR Rz 104). Kommt es hingegen zu einer Verstrickungseinschränkung nach § 1 Abs 2, ist eine nachfolgende tatsächliche Verbringung dieser Wirtschaftsgüter in das Ausland irrelevant und § 6 Z 6 EStG kann nicht mehr eingreifen (UmgrStR Rz 72).

B. Vermögen der übertragenden Körperschaft

Das Erfordernis der Verstrickung nach § 1 Abs 2 S 1 bezieht sich nur auf das **über- 91 gehende Gesellschaftsvermögen der übertragenden Körperschaft** (UmgrStR Rz 57; BMF 6.6.2000, ecolex 2000, 749 = FJ 2000, 274; *Hügel* § 1 Rz 60; *Zöchling/Paterno* in *W/Z/H/K*[5] § 1 Rz 40), nicht aber auf die **Anteile an der übertragenden Körperschaft** (UmgrStR Rz 57; BMF 18.8.1993, ecolex 1993, 706 = RdW 1993, 386 = SWK 1993, A 500; *Endfellner*, ecolex 2005, 937 f; *Huber*, ÖStZ 2006/261, 142; *Zöchling/Puchner* in *Frotz/Kaufmann*[2], SteuerR Rz 67; *Hügel* § 1 Rz 60; *Zöchling* in FS Rödler 959; *Strimitzer/Wurm* in *T/W*, EU-VerschG[2] SteuerR Rz 96; krit *Staringer* in *W/H/M*, HdU[1] Q2 Rz 16) oder auf das **Vermögen der übernehmenden Körperschaft** (*Hügel* § 1 Rz 60; *Strimitzer/Wurm* in *T/W*, EU-VerschG[2] SteuerR Rz 185).

Es ist daher – im Unterschied zu § 9 Abs 1 Z 2, aber konsistent mit § 3 Abs 2 – kein **92** Anwendungsfall des § 1 Abs 2 S 1, wenn es bei einer **Upstream-Verschmelzung** zu einer Entstrickung der in den weggefallenen Beteiligung an der Tochtergesellschaft allenfalls verstrickten stillen Reserven kommt („**Beseitigung einer doppelten Verstrickung**"; *Damböck*, ecolex 2000, 741 f; *Bruckner* in *W/H/M*, HdU[1] I § 1 Rz 34; *Achatz/Kofler* in *Achatz ua*, IntUmgr 39; *Huber*, ÖStZ 2006/261, 142; *Hirschler/Schindler*, RdW 2006/575, 611; *Wiesner/Mayr*, RdW 2007/447, 438; *Zöchling/Puchner* in *Frotz/Kaufmann*[2], SteuerR Rz 67; *Hügel* § 1 Rz 60 u 103; *Strimitzer/Wurm* in *T/W*, EU-VerschG[2] SteuerR Rz 185; s a UmgrStR Rz 57; krit *Staringer* in *W/H/M*, HdU[1] Q2 Rz 16; s auch den Diskussionsbericht bei *Tüchler*, SWI 2010, 472 ff). Auch bei der **Downstream-Verschmelzung** wird aufgrund der Entstrickung der stillen Reserven in den Anteilen keine Verstrickungseinschränkung nach § 1 Abs 2 bewirkt (UmgrStR Rz 57; s a BMF 5.8.2004, EAS 2513 = SWI 2004, 535; *Huber*, ÖStZ 2006/261, 142). Dies ergibt sich nunmehr auch im Umkehrschluss zur ausdrücklichen Regelung des § 5 Abs 1 Z 4. Denn seit dem **BudBG 2007** (BGBl I 2007/24) ist bei der entstrickenden „Durchschleusung" der Anteile an der übernehmenden Tochterkörperschaft an ausländische Anteilsinhaber der übertragenden Mutterkörperschaft iRe Downstream-Verschmelzung in § 5 Abs 1 Z 4 explizit eine – allenfalls aufschiebbare – **Entstrickungsbesteuerung auf Anteilsinhaberebene** vorgesehen (dazu § 5 Rz 81 ff; s a UmgrStR Rz 57).

C. Fusionsrichtlinie und UmgrStG
1. Betriebsstättenverhaftungserfordernis

96 Nach der FRL unterbleibt auf Vermögensebene die Besteuerung der stillen Reserven bei einer Verschmelzung, wenn und soweit das **Vermögen** der einbringenden Gesellschaft einer **Betriebsstätte im „Wegzugsstaat" zugerechnet bleibt** und somit weiterhin zur Erzielung des steuerlichen Ergebnisses dieser Betriebsstätte beiträgt (Art 4 Abs 2 lit b; s a *Strimitzer/Wurm* in *T/W*, EU-VerschG² SteuerR Rz 15 ff). Dieses „**Betriebsstättenverhaftungserfordernis**" dient dem „Schutz der Besteuerungsrechte der Mitgliedstaaten" (Pkt 2 der Präambel der RL 2005/19/EG). Es ist aber in zweifacher Hinsicht zu kritisieren: Einerseits stellt Art 4 Abs 2 lit b nicht darauf ab, ob die stillen Reserven – außerhalb einer Betriebsstätte – einer nach der Verschmelzung steuerhängig und damit im Grunde nicht „entstrickungsbesteuerungswürdig" sind (*Hirschler* in FS Wiesner 149 m FN 6). Andererseits widerspräche eine Sofortbesteuerung ohnehin den Vorgaben der Rechtsprechung zu den primärrechtlichen Grundfreiheiten in Wegzugsfällen (dazu § 1 Rz 141 ff); ist nämlich für den Fall, dass Wirtschaftsgüter nicht iSd Art 4 mit einer Betriebsstätte verbunden bleiben, der FRL letztlich gar keine Regelung zu entnehmen, weshalb für die Beurteilung nationaler Wegzugsbesteuerungsregimes auf die Grundfreiheiten zurückgegriffen werden muss (EuGH 21.2.2013, C-123/11, *A Oy*, EU:C:2013:84, Rn 22; EuGH 23.11.2017, C-292/16, *A Oy*, EU:C:2017:888, Rn 15 ff; s zB *Schindler* in *Kalss/Hügel* III Rz 88; *Hügel* in FS Wiesner 196 f; *Achatz/Kofler* in *Achatz ua*, IntUmgr 41 f; *Kofler/Schindler*, taxlex 2005, 563 f; *Kofler* in FS Rödler 447 ff mwN; wohl a SA GA *Kokott* 8.9.2011, C-371/10, *National Grid Indus*, EU:C:2011:785, Rn 50); diese Sichtweise wird auch von der Kommission vertreten (KOM(2006)825 endg, 5).

2. Verhältnis zum Verstrickungserfordernis nach § 1 Abs 2

97 Das Betriebsstättenerfordernis der FRL unterscheidet sich in zweifacher Hinsicht vom **Verstrickungserfordernis nach § 1 Abs 2**: Dieses stellt einerseits – unabhängig von der Zurechnung zu einer inländischen Betriebsstätte – auf die Steuerhängigkeit des übertragenen Vermögens ab (§ 1 Abs 2 S 1; *Hirschler* in FS Wiesner 147 ff; *Hügel* § 1 Rz 14) und ermöglicht somit auch etwa eine steuerneutrale grenzüberschreitende Verschmelzung von bloß vermögensverwaltenden Gesellschaften (Rz 3); die Problematik des Betriebsstättenverhaftungserfordernisses im Lichte der Grundfreiheiten stellt sich daher für die österreichische Rechtslage nicht in dieser Schärfe (*Kofler/Schindler*, taxlex 2005, 563 f; *Hohenwarter*, RdW 2007/518, 505 f; *Hohenwarter* in *Bertl ua*, Sonderbilanzen 251). Andererseits besteht bei Einschränkung der Verstrickung bei einer EU- oder EWR-Export-Verschmelzung unter gewissen Voraussetzungen eine – an der Rechtsprechung des EuGH orientierte – Möglichkeit der Ratenzahlung („**Ratenzahlungskonzept**" nach § 1 Abs 2 S 2; dazu Rz 141 ff).

Während aber die FRL die **anderen Rechtsfolgen** (zB den Übergang von Verlusten nach Art 6 und die Steuerfolgen des verschmelzungsbedingten Anteilstausches nach Art 8) nicht mit dem Betriebsstättenverhaftungserfordernis verknüpft, hängt die **Anwendbarkeit der Parallelbestimmungen der §§ 4 und 5** hingegen vom Vorliegen einer Verschmelzung (§ 1 Abs 3) und damit von der Verstrickung des Gesellschaftsvermögens (§ 1 Abs 2 S 1) ab (zur Kritik *Achatz/Kofler*, GeS 2005, 126 f). Daraus folgt: Jedenfalls im Anwendungsbereich der FRL ist bei Verbleiben einer inländischen Betriebsstätte im Falle einer Export-Verschmelzung der **Vortrag vorhandener Verluste** nach Maßgabe des § 4, aber ohne die Beschränkung des § 102 Abs 2 Z 2 EStG zu gewähren (s § 4 Rz 34 ff). Für den **Anteilstausch** hat die Entkoppelung der Steuerneutralität vom Verstrickungserfordernis in § 5 Abs 1 Z 3 den Vorgaben des Art 8 FRL bereits für **in der EU oder im EWR ansässige Anteilsinhaber** Rechnung getragen (s § 5 Rz 7 ff; s a *Schindler* in *Kalss/Hügel* III Rz 99; *Staringer*, SWI 2005, 218; *Achatz/Kofler*, GeS 2005, 126 f), wobei nach nationalem Recht aber Anteilsinhaber aus Drittstaaten ausgeschlossen bleiben (s ErlRV 686 BlgNR 22. GP, 21); allerdings ist Art 8 FRL auch auf **Drittstaats-Anteilsinhaber** anwendbar, sodass ungeachtet der Entstrickung auf Ebene des übertragenen Vermögens eine vollständige Steuerneutralität auf Gesellschafterebene unabhängig von der Ansässigkeit geboten wäre (s § 5 Rz 6 ff). 98

D. Inländische Verschmelzungen

1. Überblick

Im Rahmen einer **Inlandsverschmelzung** kann es nur dann zu einer Entstrickung iSd § 1 Abs 2 kommen, wenn entweder die übernehmende inländische Körperschaft **steuerbefreit** ist (Rz 102) oder wenn zumindest eine der verschmelzenden inländischen Gesellschaften steuerlich **doppelt ansässig** ist (dazu weiterführend *Hügel* § 1 Rz 137 ff). Ansonsten bleibt bei Inlandsverschmelzungen aufgrund des Welteinkommensprinzips (§ 1 Abs 2 KStG) das Besteuerungsrecht – auch bei fortbestehenden Einschränkungen aufgrund von DBA oder unilateralen Maßnahmen (insb nach der DoppelbesteuerungsVO, BGBl II 2002/474) – **unverändert** (Rz 84). Das Verstrickungserfordernis gem § 1 Abs 2 S 1 ist daher regelmäßig erfüllt (*Hügel* § 1 Rz 6). 101

2. Inlandsverschmelzung auf steuerbefreite Körperschaften

Das österreichische Besteuerungsrecht wird nicht iSd § 1 Abs 2 eingeschränkt, wenn eine Verschmelzung einer ganz oder teilweise steuerbefreiten Körperschaft auf eine zB nach § 5 KStG ganz oder teilweise steuerbefreite Körperschaft erfolgt und sich an der bei der übertragenden Körperschaft **bestehenden (Teil)Steuerpflicht** nichts ändert (UmgrStR Rz 58; BMF 28.10.1993, SWK 1993, A 593; *Bruckner* in *W/H/M*, HdU[1] I § 1 Rz 100; *Zöchling/Paterno* in *W/Z/H/K*[5] § 1 Rz 41); dies ist vor allem für die sonstigen Rechtsfolgen des § 6 von Bedeutung (BMF 28.10.1993, SWK 1993, A 593; *Staringer*, Einlagen 227; *Hügel* § 1 Rz 67). Die Verschmelzung einer **steuerpflichtigen Körperschaft auf eine steuerbefreite Körperschaft** fällt hingegen nur dann unter Art I, wenn sich die Befreiung der übernehmenden Körperschaft nicht auf das übernommene Vermögen erstreckt (ErlRV 102

266 BlgNR 18. GP, 15 f; UmgrStR Rz 58 und 388; *Schneider*, SWK 1992, A I 260; *Bruckner* in *W/H/M*, HdU¹ I § 1 Rz 100). Im Fall der Verstrickungseinschränkung kommen §§ **19, 20** KStG zur Anwendung, obwohl keine Liquidation stattfindet (s UmgrStR Rz 388; *Hügel*, ecolex 1991, 804; *Staringer*, Einlagen 226 f; *Bruckner* in *W/H/M*, HdU¹ I § 1 Rz 100). Zu bedenken ist freilich, dass die beschränkte Steuerpflicht nach § 21 Abs 2 und 3 auch Einkünfte aus der Veräußerung von Kapitalvermögen und Immobilien erfasst und daher insoweit keine Entstrickung eintritt.

103 Im Falle der **Verschmelzung einer steuerbefreiten Körperschaft auf eine steuerpflichtige Körperschaft** ist mit der Anwendung des Art I der Eintritt in die Steuerpflicht analog § 18 Abs 2 KStG verbunden (UmgrStR Rz 58; *Hügel* § 1 Rz 68; *Zöchling/Paterno* in *W/Z/H/K*⁵ § 1 Rz 41; s a BMF 28.10.1993, SWK 1993, A 593), sodass auf den Beginn der Steuerpflicht der gemeine Wert der bislang nicht steuerhängigen Wirtschaftsgüter des Betriebsvermögens anzusetzen ist.

3. Inlandsverschmelzungen mit Auslandsbezug

104 Im Falle einer **Übertragung ausländischen Vermögens** iRe Inlandsverschmelzung zwischen zwei Körperschaften mit inländischer Steueransässigkeit hat Österreich hinsichtlich der im Auslandsvermögen enthaltenen stillen Reserven **von vornherein kein Besteuerungsrecht**, sofern das mit dem Belegenheitsstaat abgeschlossene Abkommen die **Befreiungsmethode** vorsieht oder eine Befreiung unilateral vorgesehen ist (zB nach der DoppelbesteuerungsVO, BGBl II 2002/474). Da diesfalls das inländische Besteuerungsrecht durch die Verschmelzung **nicht „eingeschränkt wird"**, kommt Art I zur Anwendung (UmgrStR Rz 59; *Staringer* in *W/H/M*, HdU¹ Q2 Rz 2 f; *Achatz/Kofler* in *Achatz* ua, IntUmgr 31 f; *Hügel* § 1 Rz 62). Gleiches gilt aber auch, wenn in einem Abkommen oder unilateral die **Anrechnungsmethode** vorgesehen ist, da das österreichische Besteuerungsrecht diesfalls durch die Verschmelzung ebenfalls nicht eingeschränkt wird, sondern weiterhin aufrecht bleibt (UmgrStR Rz 59; *Hügel* § 1 Rz 71). Für den Fall der Besteuerung im Ausland räumt § 2 Abs 2 Z 1 der übertragenden Körperschaft in dieser Konstellation zur Vermeidung einer doppelten Besteuerung der im ausländischen Vermögen angesammelten stillen Reserven jedoch ein **Aufwertungswahlrecht** ein (§ 2 Rz 26 ff).

E. Auslandsverschmelzungen mit Inlandsbezug
1. Überblick

106 Bei **Auslandsverschmelzungen mit Inlandsbezug** kommt es idR nur dann zu einer Einschränkung des inländischen Besteuerungsrechtes nach § 1 Abs 2 S 1, wenn **zwei Voraussetzungen** erfüllt sind:
- Erstens muss bereits bisher nach nationalem Steuerrecht die **beschränkte Steuerpflicht das inländische Vermögen** erfasst haben (§§ 98 EStG iVm § 21 Abs 1 Z 1 und Z 3 KStG), da es sonst zu keiner Verstrickungseinschränkung iSd § 1 Abs 2 S 1 kommen kann (s a *Hügel* § 1 Rz 162).
- Zweitens muss es sich um eine **grenzüberschreitende** – präziser: **steueransässigkeitsändernde** – **Auslandsverschmelzung** von Gesellschaften im Ausland handeln, da andernfalls die – allenfalls durch ein DBA bereits eingeschränkten – Besteuerungsrechte Österreichs unverändert fortbestehen würden (UmgrStR Rz 62; *Bruckner* in *W/H/M*, HdU¹ I § 1 Rz 103; *Hohenwarter* in *Bertl* ua, Son-

derbilanzen 245; *Zöchling/Puchner* in *Frotz/Kaufmann*², SteuerR Rz 23; *Hügel* § 1 Rz 152 u 155; zum Sonderfall der Steueransässigkeit im Inland s *Hügel* § 1 Rz 163 ff).

Eine **Verstrickungseinschränkung isd § 1 Abs 2 S 1** tritt demnach – bei grundsätzlicher beschränkter Steuerpflicht – insb ein, wenn entweder nur mit dem Staat der übernehmenden Gesellschaft ein DBA besteht oder das DBA mit dem Staat der übernehmenden Gesellschaft weitergehende Besteuerungsbeschränkungen enthält, als jenes mit dem Staat der übertragenden Gesellschaft (*Metzler*, RWZ 2005/48, 162 f; *Zöchling/Puchner* in *Frotz/Kaufmann*², SteuerR Rz 23; *Hügel* § 1 Rz 156). Der **Besteuerungsanspruch** ist iRd beschränkten Steuerpflicht gegen die übertragende Gesellschaft geltend zu machen (UmgrStR Rz 63). **107**

2. Einzelfälle

a) Inländische Betriebsstätten

Sofern **inländische Betriebsstätten** oder Beteiligungen an österreichischen **Mitunternehmerschaften** der ausländischen übertragenden Körperschaft durch die grenzüberschreitende Auslandsverschmelzung auf eine ausländische übernehmende Körperschaft übergehen, wird dadurch die österreichische beschränkte Steuerpflicht hinsichtlich der Veräußerung von Betriebsvermögen bei OECD-konformen DBA idR nicht berührt (§ 21 Abs 1 KStG, § 98 Abs 1 Z 3 EStG iVm Art 13 Abs 2 OECD-MA; UmgrStR Rz 64 f; ebenso *Hügel* § 1 Rz 159). Lediglich wenn es bei einer Auslandsverschmelzung mit Inlandsbezug durch einen DBA-Wechsel zu einem **Entfall der Betriebsstättenqualifikation** kommt, ist ein Verlust des österreichischen Besteuerungsrechts die Folge (UmgrStR Rz 64; *Hohenwarter* in *Bertl ua*, Sonderbilanzen 245; *Hügel* § 1 Rz 158; *Strimitzer/Wurm* in *T/W*, EU-VerschG² SteuerR 107). **108**

Die FRL enthält in diesem Zusammenhang auch eine Regelung für den **Entfall der Betriebsstättenqualifikation** im Fall einer Auslandsverschmelzung mit Inlandsbezug. Nach Art 10 Abs 1 letzter Satz FRL, der den verschmelzungsbedingten Übergang einer Betriebsstätte außerhalb des Ansässigkeitsstaats der übertragenden Gesellschaft regelt, wendet der Betriebsstättenstaat die FRL so an, als wäre er mit dem Ansässigkeitsstaat der übertragenden Gesellschaft identisch. Darin ist eine Verweisung auf Art 4 Abs 1 FRL zu erblicken (*Tumpel*, Harmonisierung 169; *Hirschler* in *FS Wiesner* 149; *Strimitzer/Wurm* in *T/W*, EU-VerschG² SteuerR Rz 25). Entfällt also verschmelzungsbedingt das österreichische Besteuerungsrecht aufgrund eines Wegfalls der abkommensrechtlichen Betriebsstättenqualifikation, darf Österreich richtlinienkonform die stillen Reserven der **Liquidationsbesteuerung nach §§ 19, 20 KStG** unterziehen (zum Ratenzahlungskonzept s Rz 141 ff). Bleibt hingegen die Qualifikation als Betriebsstätte aufrecht, verpflichtet Art 10 Abs 1 letzter Satz iVm Art 4 FRL Österreich zur **Gewährung eines Steueraufschubs** (*Tumpel*, Harmonisierung 170), dh zur Anwendung des Art I (UmgrStR Rz 72). Dass hier strittig ist, ob der Betriebsstättenbegriff der FRL der Definition des OECD-MA entspricht oder auf das nationale Steuerrecht und das jeweilige DBA abzustellen ist (dazu *Tumpel*, Harmonisierung 169), dürfte schon deshalb keine Rolle spielen, weil sich jedenfalls aus § 4 Abs 1 TS 2 letzter Satz FRL ableiten lässt, dass dem Betriebsstättenstaat auch abkommensrechtlich ein Besteuerungsrecht verbleiben muss (s a *Hügel* § 1 Rz 101). **109**

b) Inländisches unbewegliches Vermögen

110 Ist die beschränkt steuerpflichtige übernehmende ausländische Körperschaft mit einer inländischen, unter § 7 Abs 3 KStG fallenden Körperschaft vergleichbar, ist seit dem AbgÄG 2005 (BGBl I 2005/161) nach § 21 Abs 1 Z 3 KStG die **Gewerblichkeitsfiktion des § 7 Abs 3 KStG** samt Gewinnermittlung nach § 5 EStG auch auf nicht betriebsstättenzugehöriges **unbewegliches Vermögen** anzuwenden (s ErlRV 1187 BlgNR 22. GP, 35; s a *Kofler/Tumpel* in *Achatz/Kirchmayr* § 21 Tz 29 u Tz 122). Demnach gelten – ergänzend zu § 98 Abs 1 Z 3 EStG – auch **Einkünfte aus der Veräußerung inländischen unbeweglichen Vermögens** unabhängig von der Zugehörigkeit zu einer inländischen Betriebsstätte als betriebliche Einkünfte (KStR Rz 1477 [ex-Rz 1454]); die **Isolationstheorie** ist insoweit verdrängt (s EStR Rz 7936a; BMF 16.7.2007, EAS 2863 = SWI 2007, 395; *Kofler/Tumpel* in *Achatz/Kirchmayr* § 21 Tz 27). Die Gewerblichkeitsfiktion greift jedoch nicht bei **grundstücksgleichen Rechten** (zB Baurechten), sodass hier früher auf die Spekulationsverhaftung nach § 30 EStG aF abzustellen war (s UmgrStR Rz 108; *Hügel* § 1 Rz 94 u § 2 Rz 23), während sich seit dem 1. StabG 2012 (BGBl I 2012/22) die Steuerpflicht und deren Umfang nach § 98 Abs 1 Z 7 iVm § 30 EStG richtet. Zu einer **verschmelzungsbedingten Einschränkung** des österreichischen Besteuerungsrechts an den in mitübertragenen inländischen Grundstücken bzw grundstücksgleichen Rechten enthaltenen stillen Reserven würde es nur dann kommen, wenn mit dem Ansässigkeitsstaat der übernehmenden Körperschaft ein DBA besteht, das abweichend vom DBA mit dem Ansässigkeitsstaat der übertragenden Körperschaft – und **entgegen Art 13 Abs 1 OECD-MA** – das Besteuerungsrecht nicht dem Belegenheitsstaat, sondern ausschließlich dem Ansässigkeitsstaat zuweist (UmgrStR Rz 66).

c) Beteiligungen an inländischen Körperschaften

111 Auf Grund der Isolationstheorie (*Kofler/Tumpel* in *Achatz/Kirchmayr* § 21 Tz 23 ff) werden nach österreichischem Steuerrecht iRd beschränkten Steuerpflicht realisierte Wertsteigerungen bei nicht einer inländischen Betriebsstätte zugehörigen **Beteiligungen** nur erfasst, „soweit diese Einkünfte aus der Veräußerung einer Beteiligung an einer Kapitalgesellschaft mit Sitz oder Geschäftsleitung im Inland stammen, an der der Steuerpflichtige oder im Falle des unentgeltlichen Erwerbs sein Rechtsvorgänger innerhalb der letzten fünf Kalenderjahre zu mindestens 1 % beteiligt war" (§ 21 Abs 1 Z 1 KStG iVm § 98 Abs 1 Z 5 lit e EStG idF BudBG 2011, BGBl I 2010/111). Zu einer Einschränkung des österreichischen Besteuerungsrechts an den **Veräußerungsgewinnen von Anteilen gem § 98 Abs 1 Z 5 lit e EStG** kann es dabei kommen, wenn zwar mit dem Ansässigkeitsstaat der übertragenden Körperschaft überhaupt **kein DBA** oder ein **nicht OECD-konformes DBA** besteht, das Österreich als Quellenstaat das (teilweise) Besteuerungsrecht an den Anteilen entgegen Art 13 Abs 5 OECD-MA belässt (s zB BMF 5.11.2002, EAS 2162 = SWI 2002, 593, zum DBA-Korea; BMF 6.10.2003, EAS 2351 = SWI 2003, 483, zum DBA-Israel; UmgrStR Rz 68, zum DBA-Indien; s a die DBA-Übersicht bei *Hügel* § 1 Rz 103), jedoch das mit dem Ansässigkeitsstaat der übernehmenden Gesellschaft abgeschlossene DBA **Art 13 Abs 5 OECD-MA** folgt und daher das Besteuerungsrecht dem Ansässigkeitsstaat des Gesellschafters, also der übernehmenden Gesellschaft, zuweist (s UmgrStR Rz 68). Die gleiche Überlegung greift im Hinblick auf die DBA-Zuweisung des Besteuerungsrechts an Anteilen an **Immobiliengesellschaften nach Art 13 Abs 4 OECD-MA** (*Hügel* § 1 Rz 159; s a die Diskussion bei *Seiler*, SWI 2015, 331 ff, u für einen praktischen Anwendungsfall BMF 20.7.2017, EAS 3388).

F. Grenzüberschreitende Verschmelzungen unter Beteiligung inländischer Körperschaften

1. Überblick

Eine grenzüberschreitende Verschmelzung liegt – ungeachtet der Steueransässigkeit – vor, wenn die beteiligten Körperschaften **verschiedenen zivilrechtlichen Personalstatuten** unterliegen (Rz 42), während das für § 1 Abs 2 relevante österreichische Besteuerungsrecht freilich maßgeblich von der **Steueransässigkeit** der übernehmenden Gesellschaft abhängt.

116

Im **Regelfall** werden bei jeder beteiligten Körperschaft jeweils alle relevanten Anknüpfungspunkte – also der Gründungsort bzw Satzungssitz, die Hauptverwaltung (§ 10 IPRG), der Ort der Geschäftsleitung (§ 27 Abs 2 BAO) und der abkommensrechtliche Ort der tatsächlichen Geschäftsleitung (Art 4 Abs 1, 3 OECD-MA) – in einem Staat **zusammenfallen**, sodass *(1)* eine **Import-Verschmelzung** zum „Hereinwachsen" von bisher nicht im Inland steuerhängigem Vermögen der übertragenden Gesellschaft in die unbeschränkte Steuerpflicht der übernehmenden Gesellschaft (Rz 118) und *(2)* eine **Export-Verschmelzung** zum Entfall der Steuerhängigkeit iSd § 1 Abs 2 von bisher im Rahmen der unbeschränkten Steuerpflicht der übertragenden Körperschaft in Österreich steuerhängigem Vermögen führen kann (Rz 119 ff). Eine grenzüberschreitende Verschmelzung kann aber auch dann vorliegen, wenn Gesellschaften mit unterschiedlichem Personalstatut (s zum Auseinanderfallen von Gründungsort und Verwaltungssitz bzw Ort der Geschäftsleitung Rz 42 ff), aber **gleicher Steueransässigkeit** verschmolzen werden; da in diesen Fällen der steuerliche Ort der Geschäftsleitung der beteiligten Gesellschaften trotz deren verschiedener Personalstatute in einem Staat zusammenfällt, ist für die Frage der Einschränkung der Besteuerungsrechte nach § 1 Abs 2 darauf abzustellen, ob ein DBA mit einer an **Art 4 Abs 3 OECD-MA** orientierten Tie-Breaker-Regel besteht (s dazu *Hügel* § 1 Rz 83 ff). Im Folgenden wird auf den Regelfall eingegangen.

117

2. Import-Verschmelzungen (Hereinverschmelzungen)

Bei einer **Import-Verschmelzung** bleiben die stillen Reserven hinsichtlich eines allenfalls verschmelzungsbedingt mitübertragenen Inlandsvermögens durch die unbeschränkte Steuerpflicht der inländischen aufnehmenden Körperschaft nicht nur steuerhängig, sondern werden durch das **„Hereinwachsen" von Vermögen** der ausländischen Gesellschaft in die inländische Steuerhängigkeit oftmals sogar erweitert (UmgrStR Rz 71; *Bruckner* in W/H/M, HdU[1] I § 1 Rz 113; *Staringer* in W/H/M, HdU[1] Q2 Rz 16; *Schindler* in *Kalss/Hügel* III Rz 100; *Hirschler* in FS Wiesner 149; *Zöchling/Puchner* in *Frotz/Kaufmann*[2], SteueR Rz 68 ff; *Hügel* § 1 Rz 9; *Strimitzer/Wurm* in T/W, EU-VerschG[2] SteueR Rz 101; s zum Untergang der Beteiligung bei Upstream-Import-Verschmelzung Rz 92).

118

Kommt es zum „Hereinwachsen" von Vermögen in die österreichische Steuerhoheit, ist seit dem AbgÄG 2004 (BGBl I 2004/180) nach **§ 3 Abs 1 Z 2 TS 1** – in Übereinstimmung mit der FRL (*Hügel* § 3 Rz 78 u 80) – eine zwingende **Neubewertung** des von der inländischen übernehmenden Gesellschaft übernommenen und in die österreichische Steuerhängigkeit „hineingewachsenen" Vermögens mit dem gemeinen Wert oder ausnahmsweise mit dem Fortführungswert nach einer vorausgegangenen aufgeschobenen Entstrickungsbesteuerung vorzunehmen (dazu § 3 Rz 51 ff).

3. Export-Verschmelzungen (Hinausverschmelzungen)
a) Verstrickungseinschränkung

119 Geht bei einer **Export-Verschmelzung** auf eine in einem anderen Staat steueransässige Körperschaft – unabhängig vom Personalstatut – eine bisher unbeschränkt steuerpflichtige Körperschaft unter, erfolgt eine **Einschränkung des österreichischen Besteuerungsrechts** dann, wenn entweder die stillen Reserven nach der Verschmelzung nicht der beschränkten Steuerpflicht iSd § 21 Abs 1 KStG iVm § 98 EStG unterliegen oder eine nach nationalem Recht bestehende beschränkte Steuerpflicht durch ein DBA beschränkt wird (*Hügel* § 1 Rz 93). Kommt es zur verschmelzungsbedingten Verstrickungseinschränkung, kann die **übertragende Körperschaft** unter den Voraussetzungen des § 1 Abs 2 zwischen der Sofortbesteuerung und einer ratenweisen Entrichtung der Steuerschuld wählen („**Ratenzahlungskonzept**"; s Rz 141 ff).

120 Folgende Konstellationen sind im Hinblick auf eine **Verstrickungseinschränkung** denkbar (UmgrStR Rz 72; *Hirschler*, RWZ 2000/2, 6; *Staringer* in *W/H/M*, HdU[1] Q2 Rz 17; *Metzler*, RWZ 2005/48, 162):

b) Inländische Betriebsstätte

121 Die Steuerverstrickung bleibt nach § 21 Abs 1 KStG, § 98 Abs 1 Z 3 EStG iVm Art 13 Abs 2 OECD-MA aufrecht, wenn und soweit das übertragene Vermögen einer **inländischen Betriebsstätte der ausländischen übernehmenden Körperschaft** zuzuordnen ist (UmgrStR Rz 43 u 72; BMF 5.8.2004, EAS 2513 = SWI 2004, 535; *Hügel* in *Bertl ua*, Sonderbilanzen 33 f; *Zöchling/Puchner* in *Frotz/Kaufmann*[2], SteuerR Rz 47; *Strimitzer/Wurm* in *T/W*, EU-VerschG[2] SteuerR Rz 107). Eine Einschränkung des österreichischen Besteuerungsrechts kann aber ausnahmsweise auch bei **inländischen Betriebsstätten** oder Beteiligungen an österreichischen **Mitunternehmerschaften** eintreten, wenn nach dem **DBA mit dem Ansässigkeitsstaat** der übernehmenden Körperschaft die inländische Geschäftseinrichtung nicht als Betriebsstätte gilt (UmgrStR Rz 72; *Zöchling/Puchner* in *Frotz/Kaufmann*[2], SteuerR Rz 47; *Strimitzer/Wurm* in *T/W*, EU-VerschG[2] SteuerR Rz 107) oder abkommensrechtlich keine **funktionale Zuordnung** iSd tatsächlichen Zugehörigkeit insb immaterieller Wirtschaftsgüter oder Beteiligungen zur Betriebsstätte besteht (s a *Hügel* in *Bertl ua*, Sonderbilanzen 34 f; *Quantschnigg/Trenkwalder* in FS Nolz 176; *Hügel* § 1 Rz 98; *Strimitzer/Wurm* in *T/W*, EU-VerschG[2] SteuerR Rz 107; zum Erfordernis der funktionalen Zuordnung s zB BMF 12.11.2007, EAS 2910 = SWI 2007, 573; BMF 8.2.2008, EAS 2931 = SWI 2008, 98; BMF 18.12.2008, EAS 3010 = SWI 2009, 68); eine solche funktionale Zuordnung kann nach Ansicht des BMF im Falle notwendigen Betriebsvermögens angenommen werden (zB BMF 18.12.2008, EAS 3010 = SWI 2009, 68; s a VwGH 18.10.2017, Ro 2016/13/0014, wonach aber unternehmensrechtliche Vorgaben nicht zwingend einen funktionalen Zusammenhang zur Folge haben).

c) Inländisches unbewegliches Vermögen

122 Bei inländischem unbeweglichem Vermögen bleiben seit dem AbgÄG 2005 (BGBl I 2005/161) aufgrund der **Betriebsvermögensfiktion des § 21 Abs 1 Z 3 KStG** –

ungeachtet der Zuordnung zu einer inländischen Betriebsstätte – die stillen Reserven grundsätzlich steuerverstrickt (UmgrStR Rz 72; *Hügel* § 1 Rz 102; s Rz 110); zu einem Verlust des Besteuerungsrechts könnte es nur dann kommen, wenn das konkrete Abkommen – abweichend von Art 13 Abs 1 OECD-MA – dem Belegenheitsstaat das Besteuerungsrecht nähme.

d) Ausländische Betriebsstätte

aa) Anrechnungsmethode

Der verschmelzungsbedingte Übergang einer **ausländischen Betriebsstätte** auf eine ausländische übernehmende Körperschaft führt dann zur Einschränkung des österreichischen Besteuerungsrechts an den in der Betriebsstätte verfangenen stillen Reserven, wenn entweder *(1)* mit dem Betriebsstättenstaat **kein DBA** (bzw keine Befreiung nach § 48 BAO oder der DoppelbesteuerungsVO BGBl II 2002/474) oder *(2)* ein **DBA mit Anrechnungsmethode** (zB Italien) bestand (UmgrStR Rz 72). Durch die Zuordnung zu einer ausländischen Körperschaft wird diesfalls das vor der Verschmelzung iRd unbeschränkten Steuerpflicht der übertragenden Körperschaft bestehende österreichische Besteuerungsrecht eingeschränkt (UmgrStR Rz 44 u 72; *Zöchling/Puchner* in *Frotz/Kaufmann*[2], SteuerR Rz 48; *Strimitzer/Wurm* in *T/W*, EU-VerschG[2] SteuerR Rz 108).

123

Art 10 Abs 2 FRL erlaubt diese Besteuerung im EU-Raum bei Bestehen der Anrechnungsmethode jedoch nur unter der Voraussetzung, dass Österreich die **fiktive Veräußerungsgewinnsteuer** des Betriebsstättenstaates anrechnet (*Strimitzer/Wurm* in *T/W*, EU-VerschG[2] SteuerR Rz 24). Mangels innerstaatlicher Rechtsgrundlage kann sich der Steuerpflichtige für die Anrechnung **unmittelbar** auf Art 10 Abs 2 FRL berufen (*Schindler* in *Kalss/Hügel* III Rz 96; *Achatz/Kofler* in *Achatz ua*, IntUmgr 39; *Hohenwarter* in *Bertl ua*, Sonderbilanzen 252; *Zöchling/Puchner* in *Frotz/Kaufmann*[2], SteuerR Rz 48; *Hügel* § 1 Rz 108). Diese (sofortige) fiktive Anrechnung ist zunächst dann von Bedeutung, wenn es zu **keiner aufgeschobenen Besteuerung** nach § 1 Abs 2 S 2 bis 7 kommt (*Hügel* § 1 Rz 108). Unabhängig davon, ob ein Antrag auf Ratenzahlung nach § 1 Abs 2 S 2 gestellt wird, wäre daher im Zuge der Ermittlung der Steuerschuld nach § 20 Abs 2 Z 1 KStG die Anrechnung der fiktiven Steuer in unmittelbarer Anwendung des Art 10 Abs 2 FRL zu berücksichtigen.

124

bb) Befreiungsmethode

Sieht das DBA mit dem Betriebsstättenstaat (oder eine Maßnahme nach § 48 BAO bzw die DoppelbesteuerungsVO BGBl II 2002/474) hingegen die **Befreiungsmethode** vor, ist Art I anzuwenden, da die stillen Reserven dieser ausländischen Betriebsstätte schon bis zur Verschmelzung im Inland nicht steuerhängig waren (UmgrStR Rz 72; *Schindler* in *Kalss/Hügel* III Rz 92; *Zöchling/Puchner* in *Frotz/Kaufmann*[2], SteuerR Rz 48; *Strimitzer/Wurm* in *T/W*, EU-VerschG[2] SteuerR Rz 108).

125

Dies entspricht **Art 10 Abs 1 S 1 FRL**, wonach es dem Staat der übertragenden Gesellschaft grundsätzlich untersagt ist, aus Anlass des umgründungsbedingten Übergangs des Besteuerungsrechts an einer Betriebsstätte einen Veräußerungsgewinn zu besteuern (dazu zB *Staringer* in *Gassner/Lechner*, Integration 144; *Strimitzer/Wurm* in *T/W*, EU-VerschG[2] SteuerR Rz 24 u 138). Sind allerdings auf Grundlage der Rechtsprechung (VwGH 25.9.2001, 99/14/0217, ÖStZB 2002/365)

126

bzw des – durch das StRefG 2005 (BGBl I 2004/57) eingefügten – § 2 Abs 8 EStG bereits **ausländische Betriebsstättenverluste** in Österreich verwertet worden, dürfen „frühere Verluste, die von dem in diesem Mitgliedstaat steuerbaren Gewinn der Gesellschaft abgezogen wurden und noch nicht ausgeglichen worden sind", nach Art 10 Abs 1 S 2 FRL einer **Nachversteuerung** unterzogen werden (*Schindler* in *Kalss/Hügel* III Rz 95; *Strimitzer/Wurm* in *T/W*, EU-VerschG² SteuerR Rz 24 u 138). Dafür bietet **§ 2 Abs 8 iVm § 98 Abs 3 EStG** auch eine ausreichende nationale Rechtsgrundlage (*Schindler* in *Kalss/Hügel* III Rz 95; *Achatz/Kofler* in *Achatz ua*, IntUmgr 38 f; *Huber*, ÖStZ 2006/261, 142; *Hügel* § 1 Rz 108; ausf *Hohenwarter*, Verlustverwertung 418 ff). Zu einer solchen Nachversteuerung kommt es nach § 2 Abs 8 Z 3 S 2 iVm § 98 Abs 3 EStG – anders als nach dem weiteren Wortlaut der FRL – aber nicht bereits aufgrund der Verschmelzung, sondern erst bei **tatsächlicher oder möglicher Berücksichtigung** der Verluste im Ausland (UmgrStR Rz 72; *Achatz/Kofler* in *Achatz ua*, IntUmgr 38 f; *Wiesner/Mayr*, RdW 2007/447, 436; *Hohenwarter* in *Bertl ua*, Sonderbilanzen 251 f; *Zöchling/Puchner* in *Frotz/Kaufmann*², SteuerR Rz 48; *Hügel* § 1 Rz 108; *Strimitzer/Wurm* in *T/W*, EU-VerschG² SteuerR Rz 24 u 138; zur durch das AbgÄG 2014 eingeführten Nachversteuerung infolge Zeitablaufs bei Nicht-Amtshilfestaaten s UmgrStR Rz 72 iVm EStR Rz 212 ff). Zudem war nach der älteren hA eine Nachversteuerung nur in **Höhe der stillen Reserven zum Verschmelzungsstichtag** zulässig (*Hirschler* in FS Wiesner 150; *Achatz/Kofler* in *Achatz ua*, IntUmgr 38 f). Diese – mittlerweile wohl überholte – Auffassung erklärte sich daraus, dass nach der Verwaltungspraxis bis zum EStR-WE 2005 (AÖF 2006/114) – neben der Deckelung der Nachversteuerung mit den im Inland berücksichtigten Verlusten einerseits und den im Ausland nach ausländischem Steuerrecht verwerteten ausländischen Verlusten andererseits – als weitere Nachversteuerungsgrenze das Ausmaß der im Ausland erzielten, in inländisches Steuerrecht umgerechneten positiven Einkünfte angenommen wurde (s EStR Rz 203 idF WE 2004, AÖF 2005/110; dazu *Hohenwarter*, Verlustverwertung 406 f). Da sich bei diesem Verständnis auch bei Veräußerung der ausländischen Betriebsstätte keine die stillen Reserven übersteigende Nachversteuerung ergeben hätte, war es naheliegend, in diesem Umfang auch eine Grenze der Nachversteuerung bei Verschmelzung anzunehmen (s *Hirschler* in FS Wiesner 150). Diese dritte – im Gesetz auch nicht gedeckte (s a *Hohenwarter*, Verlustverwertung 406 f) – Obergrenze der Nachversteuerung ist allerdings bereits mit dem EStR-WE 2005 (AÖF 2006/114) entfallen, weshalb auch im System der Verwaltungspraxis die Annahme einer Begrenzung der Nachversteuerung mit der Höhe der stillen Reserven zum Verschmelzungsstichtag nicht mehr gedeckt erscheint.

e) Beteiligungen an inländischen Körperschaften

127 Das österreichische Besteuerungsrecht an realisierten Wertsteigerungen an nicht zu einem Betriebsvermögen gehörenden **Anteilen an Körperschaften** kann bei einem Wechsel zur beschränkten Steuerpflicht nur dann aufrecht bleiben, wenn es sich um eine **wesentliche, also zumindest 1%ige Beteiligung an einer Kapitalgesellschaft mit Sitz oder Ort der Geschäftsleitung im Inland** handelt (§ 21 Abs 1 Z 1 KStG iVm § 98 Abs 1 Z 5 lit e EStG idF BudBG 2011; s a UmgrStR Rz 67; *Strimitzer/Wurm* in *T/W*, EU-VerschG² SteuerR Rz 110; *Massoner/Stefaner* in *Stefaner/Schragl*, Wegzugsbesteuerung 131 f). Für nicht wesentliche Beteiligungen an inländischen Kapitalgesellschaften und sämtliche Anteile an anderen Körperschaften (zB Genossenschaften, Versicherungsvereinen auf Gegenseitigkeit) kommt es *e contrario* § 98 Abs 1 Z 5 lit e EStG schon mit dem Wegfall der unbeschränkten Steuerpflicht und unabhängig von einem DBA zur Verstrickungseinschränkung (s a *Hügel* § 1 Rz 94 u 104; *Strimitzer/Wurm* in *T/W*, EU-VerschG² SteuerR Rz 110; UmgrStR Rz 44).

Aber auch ein **Besteuerungsrecht** nach § 21 Abs 1 Z 1 KStG iVm § 98 Abs 1 Z 5 lit e EStG bleibt nur dann bestehen, wenn

- Anteile an einer **inländischen Immobiliengesellschaft** übergehen, die nach dem DBA mit dem Ansässigkeitsstaat der ausländischen Gesellschaft entsprechend Art 13 Abs 4 OECD-MA in Österreich besteuert werden können (UmgrStR Rz 43; s a die DBA-Übersicht bei *Hügel* § 1 Rz 103), oder
- Anteile infolge **Fehlens eines DBA** oder infolge eines **von Art 13 Abs 5 OECD-MA abweichenden DBA** auch abkommensrechtlich gem § 21 Abs 1 Z 1 KStG iVm § 98 Abs 1 Z 5 lit e EStG besteuert werden können (UmgrStR Rz 43; *Hügel* § 1 Rz 103; *Strimitzer/Wurm* in *T/W*, EU-VerschG² SteuerR Rz 110).

Eine Reihe von österreichischen DBA weicht von Art 13 Abs 5 OECD-MA ab (s a die DBA-Übersicht bei *Hügel* § 1 Rz 103). Keine Verstrickungseinschränkung ergibt sich dabei bei jenen DBA, die Österreich ein **uneingeschränktes Quellenbesteuerungsrecht** belassen (s zB die – in UmgrStR Rz 43 erwähnten – DBA mit Frankreich, China und Japan; s a *Hohenwarter* in *Bertl ua*, Sonderbilanzen 245; zur Anwendung des DBA-Frankreich bei Umgründungen s BMF 25.11.2011, EAS 3250 = SWI 2012, 2). Andere Abkommen sehen hingegen ein **reduziertes Quellenbesteuerungsrecht** vor (s zB BMF 5.11.2002, EAS 2162 = SWI 2002, 593, zum DBA-Korea [10 %]; BMF 6.10.2003, EAS 2351 = SWI 2003, 483, zum DBA-Israel [15 %]). In diesen Fällen, in denen das Besteuerungsrecht dem Grunde nach erhalten bleibt und seine Geltendmachung durch ein DBA lediglich durch Festlegung eines Höchststeuersatzes begrenzt wird, ist nicht gänzlich geklärt, ob eine Einschränkung iSd § 1 Abs 2 vorliegt; die Verwaltungspraxis scheint dies zu bejahen (s Rz 81).

Zu einer **Verstrickungseinschränkung** kommt es daher bei innerstaatlicher beschränkter Steuerpflicht immer dann, wenn das DBA mit dem Ansässigkeitsstaat der übernehmenden Körperschaft das Besteuerungsrecht hinsichtlich der Anteile – entsprechend **Art 13 Abs 5 OECD-MA** – ausschließlich dem Ansässigkeitsstaat des Gesellschafters zuweist (UmgrStR Rz 44 und 72; *Schindler* in *Kalss/Hügel* III Rz 91; *Hügel* § 1 Rz 96 u 103; *Zöchling/Puchner* in *Frotz/Kaufmann*², SteuerR Rz 49; *Strimitzer/Wurm* in *T/W*, EU-VerschG² SteuerR Rz 110; *Mayr/Mair* in *Kirchmayr/Mayr/Hirschler*, Konzernbesteuerung 54).

f) Beteiligungen an ausländischen Körperschaften und internationale Schachtelbeteiligungen

Mangels beschränkter Steuerpflicht iSd § 21 Abs 1 KStG iVm § 98 EStG geht das Besteuerungsrecht an – nicht einer inländischen Betriebsstätte (auch abkommensrechtlich) zugeordneten – **Anteilen an ausländischen Körperschaften** schon durch den Wechsel zur beschränkten Steuerpflicht unter (UmgrStR Rz 44 und 72; *Hohenwarter* in *Bertl ua*, Sonderbilanzen 245; *Hügel* § 1 Rz 97).

Es ist daher für die Frage der Verstrickungseinschränkung von entscheidender Bedeutung, ob ein Anteil an einer ausländischen Körperschaft nach der Verschmelzung einem **inländischen Betriebsstättenvermögen zuzurechnen** ist. Aus abkommensrechtlicher Sicht (Art 13 Abs 2 OECD-MA) ist es dabei nach der Verwaltungspraxis jedoch nicht ausreichend, dass gewillkürtes Betriebsvermögen vorliegt; vielmehr ist es vor dem Hintergrund des „Authorized OECD Approach" (AOA) erforderlich, dass die Beteiligung dem **„notwendigen Betriebsvermögen"** angehört bzw im funktionellen Zusammenhang mit der operativen Tätigkeit steht (s BMF 12.11.2007, EAS 2910 = SWI 2007, 573; BMF 8.2.2008, EAS 2931 = SWI 2008, 98; BMF 18.12.2008, EAS 3010 = SWI 2009, 68; BMF 18.11.2008, EAS 3018 = SWI 2008, 544; s zum Erfordernis des funktionalen Zusammenhangs im DBA-Recht a VwGH 18.10.2017, Ro 2016/13/0014; dazu a *Hügel* in Bertl ua, Sonderbilanzen 34 f).

129 Zu einer Verstrickungseinschränkung kann es auch beim **verschmelzungsbedingten Übergang einer internationalen Schachtelbeteiligung** iSd § 10 Abs 1 Z 7 iVm Abs 2, 3 KStG kommen. Dies ist zunächst der Fall, wenn für die internationale Schachtelbeteiligung entweder zur **Steuerwirksamkeit** optiert wurde bzw ein Fall des Methodenwechsels nach § 10 Abs 4 KStG vorliegt oder in einer grundsätzlich steuerneutralen Beteiligung **stille Reserven verstrickt** sind (UmgrStR Rz 72; *Hügel* § 1 Rz 107; s a *Achatz/Kofler* in Achatz ua, IntUmgr 35; *Strimitzer/Wurm* in T/W, EU-VerschG² SteuerR Rz 111).

130 Eine **Verstrickung** von stillen Reserven in einer grundsätzlich steuerneutralen Schachtelbeteiligung kann zurückzuführen sein *(1)* auf **(fiktive) Teilwertberichtigungen** vor dem Inkrafttreten des BudBG 2003 (BGBl I 2003/71), die bei Optionsausübung nach § 26a Abs 16 Z 4 KStG verstrickt blieben (dazu *Kofler* in Achatz/Kirchmayr § 10 Tz 231; *Hügel* § 1 Rz 107), oder *(2)* auf jene umgründungssteuerlichen Regelungen, die die **fortdauernde Verstrickung bisher steuerhängiger stiller Reserven** auch nach einer Umgründung sicherstellen (s §§ 3 Abs 4, 5 Abs 7 Z 1, 9 Abs 4 Z 1, 18 Abs 4 Z 1, 20 Abs 5 Z 1, 25 Abs 3 Z 1, 30 Abs 3, 34 Abs 3 Z 1, 36 Abs 5 Z 1 und 38d Abs 4 Z 1; s zu den Fallgruppen *Hügel*, JBl 2003, 799; *Zöchling* in FS Wiesner 477).

131 Die (zweifelhafte) Verwaltungspraxis möchte allerdings nunmehr allgemein auch bei **nicht-optierten Schachtelbeteiligungen** – trotz der innerstaatlichen Steuerneutralität nach § 10 Abs 3 KStG – davon ausgehen, dass das Steuerverstrickungserfordernis dann nicht erfüllt sei, wenn das abkommensrechtliche Besteuerungsrecht abstrakt erlischt (UmgrStR Rz 72 idF WE 2017; *Titz/Wild*, RdW 2017/263, 342; aA 5. Aufl Rz 131 sowie zB *Hügel* in Bertl ua, Sonderbilanzen 35; *Hügel* § 1 Rz 107; *Mayr/Mair* in Kirchmayr/Mayr/Hirschler, Konzernbesteuerung 54 m FN 27; zum umgekehrten Fall des abstrakten Entstehens des Besteuerungsrechts s § 3 Rz 56). Selbst wenn man der Verwaltungspraxis folgte, würde aber die **Veräußerungsgewinnbefreiung nach § 10 Abs 3 KStG** greifen, da diese auch für die Liquidationsbesteuerung nach §§ 19, 20 KStG gilt (BMF 18.12.1996, RdW 1997, 177; *Hügel* in Bertl ua, Sonderbilanzen 35); eine solche „Entstrickung" würde sich damit nicht auf Gesellschafts-, sondern allenfalls auf Gesellschafterebene auswirken (s Rz 191 ff; s a UmgrStR Rz 72 idF WE 2017), wobei bei Gesellschaftern in EU-Staaten oder qualifizierten EWR-Staaten Anteilstausch nach § 5 Abs 1 Z 3 selbst dann steuerneutral ist, wenn das Besteuerungsrecht Österreichs hinsichtlich des übertragenen Vermögens eingeschränkt wird (*Titz/Wild*, RdW 2017/263, 342; s § 5 Rz 71 ff). Ist jedoch zum Verschmelzungsstichtag die **einjährige Mindestbehaltefrist** nach § 10 Abs 2 KStG noch nicht abgelaufen, greift grundsätzlich die Liquidationsbesteuerung nach §§ 19, 20 KStG (*Hügel* in Bertl ua, Sonderbilanzen 35; *Hügel* § 1 Rz 107).

g) Sonstiges Vermögen

Sonstiges bislang steuerhängiges **Inlandsvermögen** (zB bewegliche Wirtschaftsgüter, Rechte, Patente) bleibt nur dann steuerhängig, wenn es – auch abkommensrechtlich – einer inländischen Betriebsstätte zuzuordnen ist (*Hirschler* in FS Wiesner 152; *Hügel* § 1 Rz 94; *Strimitzer/Wurm* in *T/W*, EU-VerschG[2] SteuerR Rz 112; s a UmgrStR Rz 72 idF WE 2017). Zur verschmelzungsbedingten Verstrickungseinschränkung von **sonstigem Auslandsvermögen** kommt es, wenn Österreich bisher hinsichtlich des Auslandsvermögens der übertragenden inländischen Körperschaft ein Besteuerungsrecht zustand (UmgrStR Rz 72), es also insb nicht von einem DBA aufgrund einer abschließenden Verteilungsnorm oder der Befreiungsmethode schon bisher von der österreichischen Besteuerung abgeschirmt war (*Hügel* § 1 Rz 106; *Strimitzer/Wurm* in *T/W*, EU-VerschG[2] SteuerR Rz 112). 132

VI. Ratenzahlungskonzept (Abs 2 zweiter Satz)
A. System

„Insoweit" eine **Verstrickungseinschränkung iSd § 1 Abs 2 S 1** vorliegt, kommen die §§ 2 bis 6 nicht zur Anwendung; die Nichtanwendbarkeit der Buchwertfortführung nach § 2 Abs 1 führt damit – bei Verschmelzungen nach § 1 Abs 1 Z 1 bis 3 – grundsätzlich zur (partiellen) sofortigen Liquidationsbesteuerung nach §§ 19, 20 KStG (s Rz 191 ff). Da eine **sofortige Entstrickungsbesteuerung** allerdings unionsrechtlichen Grenzen begegnet (Rz 143), ist für Verschmelzungen im EU- und qualifizierten EWR-Raum (s Rz 154) ein Sonderregime vorgesehen: 141

- So wurde durch das **AbgÄG 2004** (BGBl I 2004/180) im Lichte der unionsrechtlichen Vorgaben eine umfassende Neuregelung der Entstrickungsbesteuerung bei Export-Verschmelzungen iS eines antragsgebundenen **„Nichtfestsetzungskonzepts"** eingeführt (ausf 4. Aufl Rz 141 ff; s a ErlRV 686 BlgNR 22. GP, 20 f; UmgrStR Rz 44b; *Achatz/Kofler* in *Achatz ua*, IntUmgr 31 ff; *Staringer*, SWI 2005, 213 ff; *Wiesner/Mayr*, RdW 2007/447, 435 ff; *Hohenwarter*, RdW 2007/518, 503 f; *Kauba/Krickl* in GedS Köglberger 571 ff; *Hügel* § 1 Rz 111 ff; *Strimitzer/Wurm* in *T/W*, EU-VerschG[2] SteuerR Rz 114 ff).

- Durch das **AbgÄG 2015** (BGBl I 2015/163) wurde dieses Nichtfestsetzungskonzept durch ein **„Ratenzahlungskonzept"** ersetzt: Sofern bei einer Verschmelzung auf eine EU- bzw qualifizierte EWR-Gesellschaft „eine Steuerpflicht nach § 20 des Körperschaftsteuergesetzes 1988 entsteht, ist die Abgabenschuld auf Grund eines in der Steuererklärung gestellten Antrages in Raten zu entrichten; dabei sind § 6 Z 6 lit. d bis e des Einkommensteuergesetzes 1988 sinngemäß anzuwenden" (s ErlRV 896 BlgNR 25. GP, 11). Dieses Ratenzahlungskonzept in Entstrickungsfällen wurde durch das AbgÄG 2015 nicht nur im allgemeinen Ertragsteuerrecht (§ 6 Z 6, § 27 Abs 6 Z 1 lit c EStG) umgesetzt, sondern auch flächendeckend im UmgrStG (ErlRV 896 BlgNR 25. GP, 11; UmgrStR Rz 44a; *Schlager/Titz*, RWZ 2015/87, 379 f; *Strimitzer/Wurm* in *T/W*, EU-VerschG[2] SteuerR Rz 121 ff; s für die Anteilsinhaberebene a § 5 Rz 81 ff u 96 ff); anwendbar ist das Ratenzahlungskonzept für **Verschmelzungen, die nach dem 31.12.2015 beschlossen oder vertraglich unterfertigt wurden** (3. Teil Z 30; s dazu u zur Änderung der Verjährungsregel für frühere Umgründungen Rz 147).

Weder die bisherige Nichtfestsetzung noch die nunmehrige Ratenzahlung ändert jedoch etwas daran, dass (soweit) das Verstrickungserfordernis des § 1 Abs 2 S 1 nicht erfüllt ist, keine **Verschmelzung iSd § 1 Abs 1** vorliegt und daher die §§ 2 bis 6 (insoweit) nicht zur Anwendung kommen (s Rz 81 ff u Rz 191 ff).

142 Nach den Änderungen durch das **AbgÄG 2015** (BGBl I 2015/163) sind folgende Regelungen angesprochen (ausf *Kofler* in FS Hügel 199 ff; *Mayr/Mair* in *Kirchmayr/Mayr/Hirschler*, Konzernbesteuerung 48 ff; *Titz/Wild*, RdW 2017/263, 334 ff; zum Inkrafttreten s Rz 147):

- Soweit „eine Steuerpflicht nach § 20 KStG" entsteht, ist auf **Gesellschaftsebene** nach **§ 1 Abs 2 S 2** unter gewissen Voraussetzungen bei einer Verschmelzung im EU- und qualifizierten EWR-Raum „die Abgabenschuld auf Grund eines in der Steuererklärung gestellten Antrages in Raten zu entrichten; dabei sind § 6 Z 6 lit. d bis e des Einkommensteuergesetzes 1988 sinngemäß anzuwenden" („**Ratenzahlungskonzept**"; dazu Rz 156 ff).
Zumal § 1 Abs 2 S 2 auf das **Entstehen einer Steuerschuld nach § 20 KStG** abstellt, diese Bestimmung jedoch nur auf unbeschränkt steuerpflichtige Körperschaften anwendbar ist (s *Bieber* in *Achatz/Kirchmayr* § 20 Tz 16; *Hristov* in *L/R/S/S*[2] § 20 Rz 25), könnte fraglich sein, ob auch für Verstrickungseinschränkungen bei **Auslandsverschmelzungen** mit Inlandsbezug (s Rz 106 ff), bei denen sich die Steuerpflicht verstrickter stiller Reserven nicht aus § 20 KStG, sondern aus § 21 Abs 1 KStG iVm § 98 EStG ergibt (UmgrStR Rz 40; *Bruckner* in *W/H/M*, HdU[1] § 1 Rz 40; ausf *Hügel* § 2 Rz 34 ff), das Ratenzahlungskonzept anwendbar. Dies ist uE zu bejahen und wird auch in den UmgrStR so gesehen (Rz 44a idF WE 2017; *Titz/Wild*, RdW 2017/263, 335); dies deckt sich auch mit der bisherigen Sichtweise für das frühere Nichtfestsetzungskonzept nach § 1 Abs 2 idF vor dem AbgÄG 2015 (BGBl I 2015/163), dessen Anwendbarkeit auf Auslandsverschmelzungen ebenfalls entweder generell angenommen (s zB *Hügel* § 1 Rz 160) oder zumindest eine analoge Anwendung gefordert wurde (s *Hohenwarter* in *Bertl ua*, Sonderbilanzen 245 ff; *Bertl ua*, Sonderbilanzen 194 FN 151; *Hristov* in *L/R/S/S*[2] § 20 Rz 35).
Kommt es umgekehrt zum „Hereinwachsen" von Vermögen in die österreichische Steuerhoheit, ist seit dem AbgÄG 2004 (BGBl I 2004/180) nach **§ 3 Abs 1 Z 2 TS 1** – in Übereinstimmung mit der FRL (*Hügel* § 3 Rz 78 u 80) – eine zwingende **Neubewertung** des von der inländischen übernehmenden Gesellschaft übernommenen und in die österreichische Steuerhängigkeit „hineingewachsenen" Vermögens mit dem gemeinen Wert vorzunehmen, sofern nicht eine besondere „Re-Import"-Konstellation vorliegt (dazu § 3 Rz 51 ff). Dieses „Aufwertungskonzept" ist dem Grunde nach auch durch das **AbgÄG 2015** (BGBl I 2015/163) nicht geändert worden, wenngleich eine teilweise Neuregelung für den „Re-Import" erfolgte (§ 3 Rz 58 ff).

- Auf **Gesellschafterebene** sieht § 5 Abs 1 Z 3 vor, dass trotz der grundsätzlichen (partiellen) Nichtanwendbarkeit der §§ 2 bis 6 bei einer grenzübergreifenden Verschmelzung für im Inland und im EU- bzw qualifizierten EWR-Raum ansässige Anteilsinhaber die (anteilige) Besteuerung des Anteilstausches unterbleibt (s § 5 Rz 71 ff). Lediglich für Fälle der Einschränkung des österreichischen Besteuerungsrechts bei der **Durchschleusung von Anteilen im Zuge einer Downstream-Verschmelzung nach § 5 Abs 1 Z 4** und bei der **Auskehrung eigener Anteile nach § 5 Abs 1 Z 5** ist eine Entstrickungsbesteuerung und die Anwendung des Ratenzahlungskonzepts in qualifizierten EU- bzw EWR-Situationen vorgesehen (s § 5 Rz 81 ff u 96 ff).

Das schon in § 1 Abs 1 der Stammfassung des UmgrStG (BGBl 1991/699; zuvor bereits **143** § 1 StruktVG, BGBl 1969/69, iVm § 19 KStG 1966, BGBl 1966/156) vorgesehene und sodann bis zum AbgÄG 2004 (BGBl I 2004/180) bestehende **Erfordernis einer sofortigen Steuerentstrickung** im Falle des Verlustes des österreichischen Besteuerungsrechts stand im Spannungsverhältnis zur Rsp des EuGH in den Rs *X und Y* (EuGH 21.11.2002, C-436/00, EU:C:2002:704) und ***Hughes de Lasteyrie du Saillant*** (EuGH 11.3.2004, C-9/02, EU:C:2004:138; s nachfolgend a EuGH 7.9.2006, C-470/04, *N*, EU:C:2006:525). In diesen Urteilen wurde sowohl für den Fall eines grenzüberschreitenden Aktientauschs als auch für den Fall des Wegzugs einer natürlichen Person die sofortige Aufdeckung und Besteuerung stiller Reserven auch für solche Wirtschaftsgüter für unzulässig erklärt, für die die Besteuerungshoheit dem Wegzugsstaat dauernd entzogen wurde. Im Schrifttum wurde aus diesen Urteilen überwiegend gefolgert, dass eine **Entstrickungsbesteuerung** („**Wegzugsbesteuerung**") zwar grundsätzlich zulässig sei (*Kofler*, ÖStZ 2004/483, 197 f; *Schön*, IStR 2004, 296; *Schindler*, IStR 2004, 300 ff; *Fraberger/Zöchling*, ÖStZ 2004/770, 412; *Schindler* in *Kalss/Hügel* III Rz 29; aA *Hügel* in FS Wiesner 195: freier Verkehr der stillen Reserven), die Steuer aber erst **bei tatsächlicher Realisierung** erhoben werden dürfe (*Kofler*, ÖStZ 2004/483, 197 f; *Aigner/Tissot*, SWI 2004, 295; *Schön*, IStR 2004, 296; *Schindler*, IStR 2004, 309; *Schön/Schindler*, IStR 2004, 571 ff). Die Verletzung der Niederlassungsfreiheit liege „nicht in der Besteuerung des Wertzuwachses an sich, sondern in der Besteuerung eines nicht realisierten Wertzuwachses" (s die Pressemitteilung der Kommission IP/04/493, abgedruckt in IStR 9/2004, III; s a die Kommissionsmitteilung KOM(2006)825 endg).

Nach hA waren diese Überlegungen auch auf Steuerentstrickungen bei **Umgründungen** anzuwenden (*Schön*, IStR 2004, 297; *Schön/Schindler*, IStR 2004, 575; *Fraberger/Zöchling*, ÖStZ 2004/837, 435 f; *Schindler*, IStR 2004, 713 f; *Schindler* in *Kalss/Hügel* III Rz 26 ff; *Hügel* in FS Wiesner 196 f; *Kofler/Schindler*, taxlex 2005, 563 f; *Hohenwarter*, RdW 2007, 506 f). Die unionsrechtliche **Unzulässigkeit einer sofortigen Entstrickungsbesteuerung** wurde nachfolgend auch vom EuGH für den Fall der Sitzverlegung einer Gesellschaft innerhalb der **Europäischen Union** bestätigt (EuGH 29.11.2011, C-371/10, *National Grid Indus*, EU:C:2011:785; weiters zB EuGH 6.9.2012, C-38/10, *Kommission/Portugal*, EU:C:2012:521; EuGH 6.9.2012, C-380/11, *DI. VI. Finanziaria di Diego della Valle & C. SapA*, EU:C:2012:552; dazu zB *Petritz*, RdW 2012/65, 61 ff; *Loidl/Moshammer*, SWI 2012, 177 ff). Gleiches gilt im **Europäischen Wirtschaftsraum** (EFTA-Gerichtshof 3.10.2012, E-15/11, *Arcade Drilling*; s a EuGH 12.7.2012, C-269/09, *Kommission/Spanien*, EU:C:2012:439).

Mehrere Fragestellungen waren damals jedoch ungeklärt: So war bzw ist etwa umstritten, *(1)* ob etwa für **immaterielle Wirtschaftsgüter** eine Rechtfertigung für eine sofortige Wegzugsbesteuerung gefunden werden könnte (s dazu nachfolgend EuGH 29.11.2011, C-371/10, *National Grid Indus*, EU:C:2011:785, Rn 65 ff); *(2)* ob das **Betriebsstättenverhaftungserfordernis des Art 4 FRL** (dazu Rz 96) als europarechtliche Vorgabe eine Beschränkung der Grundfreiheiten zulässig machen könnte (dies deutlich ablehnend nunmehr EuGH 21.2.2013, C-123/11, *A Oy*, EU:C:2013:84, Rn 22; s zu dieser Diskussion Rz 96 u zB *Kofler* in FS Rödler 447 ff mwN); und *(3)* ob **pauschale Regelungen** wie zB eine auf eine gewisse Periode gestreckte Versteuerung („Ratenzahlung") zulässig sein können (s dazu *Hohenwarter*, RdW 2010/546, 543; unlängst deutlich bejahend EuGH 23.1.2014, C-164/12, *DMC*, EU:C:2014:20 [5 Jahre], u EuGH 21.5.2015, C-657/13, *Verder LabTec*, EU:C:2015:331 [10 Jahre]; s zB a *Wurm*, GES 2014, 246 ff, u GES 2014, 291 ff). Schließlich wurde diskutiert, ob eine (sofortige) Entstrickungsbesteuerung dann grundfreiheitskonform sein könne, wenn der betreffende Mitgliedstaat – wie etwa Österreich auch vor dem AbgÄG 2004 (BGBl I 2004/180) im (damaligen) § 31 Abs 2 Z 2

EStG und per Analogie im (damaligen) § 3 Abs 1 (s § 3 Rz 53) – im **Zuzugsfalle eine Aufwertung** gewährt (s zu dieser Diskussion zB *Schindler*, IStR 2004, 306 ff; *Schindler*, GeS 2004, 37 f; *Beiser*, ÖStZ 2004/661, 284 ff; *Achatz/Kofler*, GeS 2005, 120 f).

144 Vor dem Hintergrund der europarechtlichen Bedenken gegen eine sofortige Entstrickungsbesteuerung und der bestehenden Unklarheiten hat der österreichische Gesetzgeber iRd **AbgÄG 2004** (BGBl I 2004/180) – unter Berufung auf das damals bereits vorliegende Urteil des EuGH in **Hughes de Lasteyrie du Saillant** (zB ErlRV 686 BlgNR 22. GP, 20 f) – für Stichtage nach dem 7.10.2004 (3. Teil Z 9) eine „**Komplettlösung**" vorgesehen und sämtliche Entstrickungstatbestände – § 6 Z 6 und § 31 Abs 2 Z 2 EStG (nunmehr § 27 Abs 6 EStG idF BudBG 2011) sowie die entsprechenden Tatbestände des UmgrStG (zB § 1 Abs 2) – durch einen **antragsgebundenen Besteuerungsaufschub** („**Nichtfestsetzungskonzept**" bzw „**aufgeschobene Grenzbesteuerung**") umfassend an die (seinerzeitigen) unionsrechtlichen Vorgaben angepasst (s a *Atzmüller/Herzog/Mayr*, RdW 2004/581, 622 f; *Achatz/Kofler* in *Achatz ua*, IntUmgr 31 ff; *Achatz/Kofler*, GeS 2005, 120 ff; ausf *Kofler*, Doppelbesteuerungsabkommen 748 ff). Im Hinblick auf Verschmelzungen wurde das Nichtfestsetzungskonzept mit dem **BudBG 2007** (BGBl I 2007/24) auf den **entstrickenden Anteilstausch** gem § 5 Abs 1 Z 4 ausgedehnt (s § 5 Rz 81 ff); eine vergleichbare Regelung findet sich seit dem **AbgSiG 2007** (BGBl I 2007/99) auch für den „**Export**" **eigener Anteile** in § 5 Abs 1 Z 5 (s § 5 Rz 96 ff). In diesem „**Nichtfestsetzungssystem**" wurde die Besteuerung im Wesentlichen ohne Verzinsung **bis zur späteren tatsächlichen Realisierung aufgeschoben** und diese sodann als **rückwirkendes Ereignis iSd § 295a BAO** behandelt, wobei freilich die früher mit dem Wegzug zu laufen beginnende absolute Verjährung nach § 209 BAO eine deutliche Schranke für die Ausübung des österreichischen Besteuerungsrechts bildete; überdies waren auch **nach dem Wegzug eingetretene Wertminderungen** in Österreich höchstens im Umfang der Bemessungsgrundlage zu berücksichtigen, soweit diese nicht in einem anderen Staat berücksichtigt werden (s ausf 4. Aufl § 1 Rz 181 ff mwN).

145 Die Rs *Hughes de Lasteyrie du Saillant* betraf allerdings den Wegzug von „Privatvermögen" und der EuGH hat in seiner nachfolgenden Rechtsprechung für die **Entstrickung von betrieblichem Vermögen** eine andere Gewichtung vorgenommen. So machte die nachfolgende Rechtsprechung des EuGH insb in den Rs **National Grid Indus** (EuGH 29.11.2011, C-371/10, EU:C:2011:785), **Kommission/Portugal** (EuGH 6.9.2012, C-38/10, EU:C:2012:521), **DMC Beteiligungsgesellschaft mbH** (EuGH 23.1.2014, C-164/12, EU:C:2014:20) und **Verder LabTec** (EuGH 21.5.2015, C-657/13, EU:C:2015:331) deutlich, dass

- im betrieblichen Bereich in Entstrickungsfällen ein **echter „Schlussstrich"** gezogen werden darf, also zB nachfolgende Wertminderungen im Ausland nicht vom Wegzugsstaat berücksichtigt werden müssen (s EuGH 29.11.2011, C-371/10, *National Grid Indus*, EU:C:2011:785, Rn 52 ff; grundsätzlich anders für „wegziehende" private Beteiligungen EuGH 7.9.2006, C-470/04, *N*, EU:C:2006:525, Rn 54);
- die Steuerschuld aufgrund der Aufdeckung der stillen Reserven in den entstrickten Wirtschaftsgütern bereits im „Wegzugszeitpunkt" festgesetzt und über einen **angemessenen Verteilungszeitraum** eingehoben werden kann; der EuGH hielt in der Rs **DMC Beteiligungsgesellschaft mbH** (EuGH 23.1.2014, C-164/12, EU:C:2014:20, Rn 64) einen Verteilungszeitraum von **5 Jahren** für zulässig, in der Rs **Verder LabTec** (EuGH 21.5.2015, C-657/13, EU:C:2015:331, Rn 52) einen Verteilungszeitraum von **10 Jahren** (s a *Mair/Nekrasov*, taxlex 2014, 144 ff; *Wurm*, GES 2014, 246 ff; *Wurm*, GES 2014, 291 ff).

Bereits die **Steuerreformkommission 2014** hatte daher darauf hingewiesen, dass das **146**
frühere österreichische System des Besteuerungsaufschubs im Lichte der jüngeren Judikatur des EuGH äußerst großzügig sei, und Änderungen empfohlen (Bericht der Steuerreform-Kommission 2014 [Dezember 2014] 139 ff); in der Tat ging die österreichische Regelung in zahlreichen Bereichen über die unionsrechtlichen Anforderungen hinaus (s zB 4. Aufl Rz 162, 179 u 183). Diese Gedanken griff sodann das **AbgÄG 2015** (BGBl I 2015/163) im gesamten Ertragsteuerrecht durch ein „**zweigleisiges System**" auf (s ErlRV 896 BlgNR 25. GP, 4 ff; weiters zB *Schlager/Titz*, RWZ 2015/87, 376 ff; *Kofler* in FS Hügel 199 ff; *Mayr/Mair* in *Kirchmayr/Mayr/Hirschler*, Konzernbesteuerung 48 ff; *Strimitzer/Wurm* in *T/W*, EU-VerschG² SteuerR Rz 123 f):

- Im **betrieblichen Bereich** (§ 6 Z 6 lit a und b EStG) und auch im **UmgrStG** (zB §§ 1 Abs 2, 5 Abs 1 Z 4 und 5) wurde im Lichte der jüngeren Judikatur in *DMC* und *Verder LabTec* das bisherige Nichtfestsetzungskonzept durch ein **Ratenzahlungskonzept** im Verhältnis zu EU-Staaten und EWR-Staaten mit umfassender Amts- und Vollstreckungshilfe ersetzt (§ 6 Z 6 lit c EStG); es sieht eine **antragsgebundene, gleichmäßige Verteilung der Abgabenschuld** über einen Zeitraum von sieben Jahren (Wirtschaftsgüter des Anlagevermögens) bzw zwei Jahren (Wirtschaftsgüter des Umlaufvermögens; s bereits bisher EStR Rz 2517j) vor (§ 6 Z 6 lit d und e EStG). Umgekehrt konnte daher auch die durch das AbgSiG 2007 (BGBl I 2007/99) eingeführte Ausnahme vom Nichtfestsetzungskonzept für **nicht entgeltlich erworbene unkörperliche Wirtschaftsgüter** des Anlagevermögens ersatzlos entfallen (dazu 4. Aufl § 1 Rz 163; s a *Schlager/Titz*, RWZ 2015/87, 377).
- Im **außerbetrieblichen Bereich** hielt der Gesetzgeber hingegen offenbar noch die vom EuGH in der älteren – inzwischen womöglich bereits überholten (EuGH 21.12.2016, C-503/14, *Kommission/Portugal*, EU:C:2016:979, Rn 52 ff) – Rechtsprechung in *Hughes de Lasteyrie du Saillant* und *N* entwickelte Rechtsprechung zum Erfordernis eines Besteuerungsaufschubs für prinzipiell (wenngleich auf einen eher engen Kernbereich eingeschränkt) anwendbar (s *Schlager/Titz*, RWZ 2015/87, 376). In diesem Sinne wurde § 27 Abs 6 EStG so modifiziert, dass das bisherige **Nichtfestsetzungskonzept** (nur mehr) für den tatsächlichen (physischen) Wegzug einer natürlichen Person sowie die unentgeltliche Übertragung an eine andere natürliche Person beibehalten wurde (§ 27 Abs 6 Z 1 lit a bis c EStG; s aber zur Anpassung bei der absoluten Verjährung § 209 Abs 3 BAO idF AbgÄG 2015 u zB *Schlager/Titz*, RWZ 2015/87, 378), in allen **anderen Wegzugs- bzw Entstrickungsfällen** („**Umständen**") aber die sinngemäße Anwendung des Ratenzahlungskonzepts des § 6 Z 6 EStG greift (insbesondere also im Privatstiftungsbereich; § 27 Abs 6 Z 1 lit d EStG).

Das AbgÄG 2015 greift dieses **System auch für Verschmelzungen** auf: § 1 Abs 2 regelt nunmehr eigenständig, dass im Falle einer **entstrickungsbedingten Steuerpflicht auf Gesellschaftsebene** nach § 20 KStG im EU- bzw qualifizierten EWR-Raum, „die Abgabenschuld auf Grund eines in der Steuererklärung gestellten Antrages in Raten zu entrichten" ist, verweist aber für die weiteren Details auf die sinngemäße Anwendung des § 6 Z 6 lit d bis e EStG idF AbgÄG 2015 (s ErlRV 896 BlgNR 25. GP, 11; *Schlager/Titz*, RWZ 2015/87, 378 f; *Kofler* in FS Hügel 199 ff; *Strimitzer/Wurm* in *T/W*, EU-VerschG² SteuerR Rz 127 ff). Kommt es hingegen zu einer **entstrickungsbedingten Steuerpflicht auf Gesellschafterebene** nach § 5 Abs 1 Z 4 oder Z 5, so verweisen diese Normen nicht nur auf das Ratenzahlungskonzept nach § 6 Z 6 lit c bis e EStG idF AbgÄG 2015, sondern auch auf den (diesfalls im UmgrStG nicht eigenständig geregelten) Wertmaßstab, dh den Ansatz des Fremdvergleichswerts nach § 6 Z 6 lit a EStG (s ErlRV 896 BlgNR 25. GP, 11; *Schlager/Titz*, RWZ 2015/87, 378 f; *Strimitzer/Wurm* in *T/W*, EU-VerschG² SteuerR Rz 70 ff u 77). Das insofern in § 27 Abs 6 EStG idF AbgÄG 2015 weiterbestehende **Nicht-**

festsetzungskonzept hat somit im zeitlichen Anwendungsbereich der Neuordnung (Rz 147) **im UmgrStG keinen Anwendungsbereich mehr**, da auch bei Entstrickungen auf Gesellschafterebene (§ 5 Abs 1 Z 4 und Z 5) insofern (nur mehr) das Ratenzahlungskonzept vorgesehen ist (s § 5 Rz 81 ff u 96 ff; dazu a ErlRV 896 BlgNR 25. GP, 11 f); der Gesetzgeber ging offenbar davon aus, dass auch diese Fälle (selbst bei Portfoliobeteiligungen) von der neuen Judikatur des EuGH zB in den Rs *National Grid Indus*, *DMC* und *Verder LabTec* (Ratenzahlungskonzept) und nicht etwa von der zum Privatvermögen ergangenen Rechtsprechung zB in den Rs *Hughes de Lasteyrie du Saillant* und *N* (Nichtfestsetzungskonzept) erfasst sind (s im Hinblick auf die anwendbare Grundfreiheit a Rz 155).

147 Die Änderungen in § 1 Abs 2 sowie § 5 Abs 1 Z 4 und Z 5 durch das **AbgÄG 2015** und damit das Ratenzahlungskonzept sind erstmals auf **Verschmelzungen anzuwenden, die nach dem 31.12.2015 beschlossen oder – wenn auf eine Beschlussfassung nach § 231 Abs 1 AktG iZm § 232 Abs 1a AktG verzichtet werden kann – vertraglich unterfertigt wurden** (3. Teil Z 30). Allerdings hat das AbgÄG 2015 auch **Auswirkungen auf davor beschlossene Umgründungen**: Wurde nämlich in der Vergangenheit nach den Bestimmungen des UmgrStG eine Entstrickungssteuer nach dem Nichtfestsetzungskonzept auf Antrag nicht festgesetzt, „**verjährt das Recht auf Festsetzung** der genannten Abgaben insoweit jedoch **spätestens zehn Jahre nach Ablauf des Jahres, in dem das rückwirkende Ereignis eingetreten ist**" (§ 209 Abs 5 BAO idF AbgÄG 2015; s a *Walter*[11] Rz 50d). Diese Perpetuierung der nach dem bisherigen Nichtfestsetzungskonzept nicht festgesetzten Entstrickungssteuer trat am 1.1.2016 für Umgründungen in Kraft, für die die **Entstrickungssteuerschuld nach dem 31.12.2005 entstanden ist** (§ 323 Abs 46 BAO idF AbgÄG 2015). Das AbgÄG 2015 beseitigte daher die bisherige Verjährungslage, wonach die **absolute Verjährungsfrist von zehn Jahren gem § 209 Abs 3 BAO** ab dem Ende des Kalenderjahres, in das der Verschmelzungsstichtag fällt, lief (s 4. Aufl Rz 182 mwN) und daher bei einem nach Ablauf der absoluten Verjährungsfrist gesetzten Realisationstatbestand die Erfassung als rückwirkendes Ereignis iSd § 295a BAO nicht mehr in Betracht kam, also die stillen Reserven endgültig steuerneutral aus der österreichischen Besteuerungshoheit ausschieden. Aufgrund der **Inkrafttretensbestimmung des § 323 Abs 46 BAO idF AbgÄG 2015**, die auf ein Entstehen der Entstrickungssteuerschuld nach dem 31.12.2005 abstellt, wirkt diese Änderung der absoluten Verjährung **gleichsam „rückwirkend"**: Einbezogen werden durch das Abstellen auf Ende 2005 all jene Fälle, bei denen die absolute Verjährung am 31.12.2015 noch nicht abgelaufen ist, wodurch – umgekehrt formuliert – all diese Fälle weiterhin „steuerverfangen" bleiben und zB bei Realisierung zur Steuerpflicht führen (s ErlRV 896 BlgNR 25. GP, 16; UmgrStR Rz 44c; *Schlager/Titz*, RWZ 2015/87, 378 f; *Strimitzer/Wurm* in *T/W*, EU-VerschG[2] SteuerR Rz 120). Obwohl es sich hier wohl um eine (unechte) Rückwirkung handelt (kritisch daher KWT, 27/SN-159/ME XXV. GP, 18 f), ist es zweifelhaft, ob darin im Lichte der großzügigen Rechtsprechung des VfGH auch ein Verstoß gegen den verfassungsrechtlichen Vertrauensschutz zu sehen ist (s zB VfGH 25.9.2015, G 111/2015).

B. Übertragende und übernehmende Körperschaft
1. Übertragende Körperschaft

151 Das Ratenzahlungskonzept des § 1 Abs 2 enthält keine Anforderungen an die Ansässigkeit der übertragenden Körperschaft. Im Falle einer Einschränkung des österreichischen Besteuerungsrechts besteht daher die Möglichkeit der Ratenzahlung auch generell für **in Drittstaaten ansässige übertragende Gesellschaften** (UmgrStR Rz 64), speziell auch im Fall der Upstream-Verschmelzung (s das Bsp in UmgrStR Rz 68), sofern nur die übernehmende Körperschaft qualifiziert ist (s Rz 147 ff).

2. Übernehmende Körperschaft
a) EU- oder EWR-Gesellschaft

Bei Verlust des Besteuerungsrechts an einen **EU-Mitgliedstaat** oder einen **EWR-Staat**, mit dem eine **umfassende Amts- und Vollstreckungshilfe** besteht, kann die Entrichtung der Abgabenschuld in Raten in sinngemäßer Anwendung des § 6 Z 6 lit d bis e EStG idF AbgÄG 2015 (BGBl I 2015/163) beantragt werden. Die **Anwendung des Ratenzahlungskonzepts** ist nach § 1 Abs 2 S 2 daher nur dann möglich, wenn die Verschmelzung auf eine übernehmende Gesellschaft „in der Anlage genannte Gesellschaft eines Mitgliedstaates der **Europäischen Union**" (s Rz 153) oder eine „den Kapitalgesellschaften vergleichbare Gesellschaft eines Staates des **Europäischen Wirtschaftsraumes**, mit dem eine umfassende Amts- und Vollstreckungshilfe mit der Republik Österreich besteht", erfolgt; Letzteres ist im Hinblick auf Norwegen, seit 2014 Liechtenstein und seit 2017 auch Island der Fall (s Rz 154).

152

Die **qualifizierten EU-Gesellschaften** werden über einen **Verweis auf die Anlage zum UmgrStG** definiert („in der Anlage genannte Gesellschaft eines Mitgliedstaates der Europäischen Union"). Die Reichweite dieses Verweises ist unklar. Er könnte so zu verstehen sein, dass eine EU-Gesellschaft zwar eine der **genannten Rechtsformen** aufweisen muss (Anl Z 1, entspricht Art 3 lit a iVm Anh I Teil A der FRL), nicht aber auch die anderen Kriterien – Steueransässigkeit in der Union (Anl Z 2, entspricht Art 3 lit b FRL) und Steuerpflicht nach einer der aufgelisteten nationalen Körperschaftsteuern (Anl Z 3, entspricht Art 3 lit c iVm Anh I Teil B der FRL) – erfüllt sein müssen. Bei einer anderen Auslegung wäre auch das zusätzliche Kriterium des Ortes der Geschäftsleitung in § 1 Abs 2 S 2 (s Rz 151) zumindest im Hinblick auf den EU-Raum weitgehend inhaltsleer. Für dieses Verständnis könnte auch sprechen, dass der Gesetzgeber, hätte er auf alle Kriterien des Art 3 FRL abstellen wollen, sich wohl zB der Formulierung des § 10 Abs 2 KStG bedient hätte, wo davon die Rede ist, dass eine qualifizierte Gesellschaft die in der Anlage „vorgesehenen Voraussetzungen des Artikels 2 [der Mutter-Tochter-RL]" erfüllen muss. Andererseits wäre es bei diesem Verständnis auch nur notwendig gewesen, die Z 1 der Anlage in das UmgrStG aufzunehmen. Die vollständige Aufnahme der Anlage und ihrer drei Kriterien scheint daher dafür zu sprechen, dass eine qualifizierte EU-Gesellschaft iSd § 1 Abs 2 sämtliche Kriterien erfüllen muss. Das Gesetz enthält für die EU – anders als für den EWR – kein ausdrückliches Erfordernis der **Amts- und Vollstreckungshilfe**, da in der EU ohnehin die AmtshilfeRL (RL 2011/16/EU idgF) und die BeitreibungsRL (RL 2010/24/EU idgF) bestehen.

153

Für übernehmende **Gesellschaften im EWR-Raum** stellt § 1 Abs 2 S 2 darauf ab, dass diese *(1)* mit einer inländischen Kapitalgesellschaft **vergleichbar** sind (s zum Typenvergleich Rz 67; s a *Hügel* § 1 Rz 116) und *(2)* mit dem jeweiligen EWR-Staat **umfassende Amts- und Vollstreckungshilfe** besteht. Wo zwar Grundfreiheitsschutz nach dem EWR-Abkommen besteht, aber die Instrumentarien der Amts- und Vollstreckungshilfe nicht existieren, scheint es nämlich auch europarechtlich möglich, eine sofortige Steuerentstrickung mit den Erfordernissen der Steuerkontrolle bzw der effektiven Einziehung der Steuerschuld zu rechtfertigen (EuGH 12.7.2012, C-269/09, *Kommission/Spanien*, EU:C:2012:439, Rn 94 ff; ebenso

154

Achatz/Kofler in *Achatz ua*, IntUmgr 43 f; *Mayr*, RdW 2011/533, 503; krit im Hinblick auf den Totalausschluss von Drittstaatsgesellschaften *Hohenwarter*, RdW 2007/518, 507, u *Hohenwarter* in *Bertl ua*, Sonderbilanzen 256 ff; weiter womöglich EFTA-Gerichtshof 3.10.2012, E-15/11, *Arcade Drilling*, Rn 101 f). Eine **Amts- und Vollstreckungshilfe** wird – ungeachtet des neuen OECD-Transparenzstandards im Hinblick auf Bankauskünfte – jedenfalls dann „umfassend" iSd § 1 Abs 2 S 2 sein, wenn in einem DBA eine dem **Art 26 Abs 1 OECD-MA** nachgebildete „große" Auskunftsklausel und eine dem Art 27 OECD-MA nachgebildete Vollstreckungsklausel existiert (BMF-Info v 13.12.2016, BMF-010221/0810-VI/8/2016; s a *Kofler/Prechtl-Aigner*, GES 2011, 190 f; wohl a EuGH 12.7.2012, C-269/09, *Kommission/Spanien*, EU:C:2012:439, Rn 97 f; weiters a EuGH 19.7.2012, C-48/11, *A Oy*, EU:C:2013:84, Rn 33 ff, zur Amtshilfe). Eine solche umfassende Amts- und Vollstreckungshilfe besteht zunächst mit **Norwegen** (Art 27 f DBA Norwegen, BGBl III 1997/1 idF BGBl III 2006/181; s a UmgrStR Rz 44a; EStR Rz 6683b) und (für Steuerjahre, die am oder nach dem 1.1.2014 begonnen haben) mit **Liechtenstein** (s Art 25a und 25b des DBA Liechtenstein idF des Protokolls vom 29.1.2013, BGBl III 2013/302); diese Regelungen im DBA-Liechtenstein entsprechen „vollinhaltlich dem Begriff der umfassenden Amts- und Vollstreckungshilfe des österreichischen Rechts" (so ausdrücklich Art II Pkt 3 des Protokolls, BGBl III 2013/302). Mit **Island** besteht aufgrund eines neuen DBA seit 1.1.2017 umfassende Amts- und Vollstreckungshilfe (s Art 25 f DBA Island, BGBl III 2017/25; s a RV 1252 BlgNR 25. GP, u zB UmgrStR Rz 44a idF WE 2017; zur früheren Rechtslage s 6. Aufl § 1 Rz 154). Die Voraussetzungen für die Inanspruchnahme des Ratenzahlungskonzepts sind damit auch **innerhalb des EWR „flächendeckend"** gegeben (*Titz/Wild*, RdW 2017/263, 334 f).

155 Nicht von einer aufgeschobenen Besteuerung erfasst sind **Export-Verschmelzungen auf Drittstaatsgesellschaften**, gleichgültig, ob mit dem betreffenden Drittstaat eine „große Auskunftsklausel" und umfassende Vollstreckungshilfe vereinbart ist. Da es sich aus der Sicht der beteiligten Gesellschaften bei einer grenzüberschreitenden Verschmelzung – ungeachtet der Frage, ob die Gesellschafter Kontrollbeteiligungen halten – um einen von der **Niederlassungsfreiheit** erfassten Vorgang handelt (s *Hügel* § 1 Rz 117; s a EuGH 13.12.2005, C-411/03, *SEVIC*, Slg 2005, I-10805, Rn 19; EuGH 21.2.2013, C-123/11, *A Oy*, EU:C:2013:84, Rn 24), folgerte die hA, dass auch eine Berufung auf die – auch gegenüber Drittstaaten wirkende – Kapitalverkehrsfreiheit nicht durchgreifend sein könne (so im Ergebnis *Hohenwarter* in *Bertl ua*, Sonderbilanzen 258 ff; *Hügel* § 1 Rz 117; offen geblieben in EuGH 6.9.2012, C-38/10, *Kommission/Portugal*, EU:C:2012:521); demgegenüber sieht der EFTA-Gerichtshof die Position der anteilstauschenden Gesellschafter (auch) als durch die Kapitalverkehrsfreiheit geschützt an (EFTA-GH 2.12.2013, E-14/13, *EFTA Surveillance Authority/Iceland*).

b) Ort der Geschäftsleitung

156 Die übernehmende Körperschaft muss nach § 1 Abs 2 S 2 „auch den Ort der Geschäftsleitung in einem Mitgliedstaat der Europäischen Union oder in einem Staat des Europäischen Wirtschaftsraumes" haben. Seit dem **AbgSiG 2007** (BGBl I 2007/99) ist es nicht mehr erforderlich, dass der Ort der Geschäftsleitung im Gründungsstaat liegen muss, sodass auch die Export-Verschmelzung auf im **EU- bzw EWR-Raum doppelt ansässige Gesellschaften** erfasst ist (ErlRV 270 BlgNR 23. GP, 11; s a *Hohenwarter* in *Bertl ua*, Sonderbilanzen 240 f; *Zöchling/Puchner* in *Frotz/Kauf-*

mann[2], SteuerR Rz 43; *Hügel* § 1 Rz 118). Es sind damit auch doppelt ansässige inländische Körperschaften mit dem Ort der Geschäftsleitung im EU- bzw EWR-Ausland begünstigt (s *Hügel* § 1 Rz 119). Wenngleich der Wortlaut des § 1 Abs 2 S 2 dazu schweigt, wird bei doppelt ansässigen Gesellschaften in teleologischer Auslegung das Bestehen einer **umfassenden Amts- und Vollstreckungshilfe** nicht nur mit dem Sitzstaat (s Rz 154), sondern auch mit dem Geschäftsleitungsstaat zu fordern sein (s *Hohenwarter* in *Bertl ua*, Sonderbilanzen 241 f).

Vor dem **AbgSiG 2007** (BGBl I 2007/99) war es erforderlich, dass die Körperschaft auch „den Ort der Geschäftsleitung in dem betreffenden Mitgliedstaat hat", wodurch Export-Verschmelzungen auf doppelt ansässige Gesellschaften vom damaligen „Nichtfestsetzungskonzept" des § 1 Abs 2 ausgeschlossen waren (zur unionsrechtlichen Kritik s *Achatz/Kofler* in *Achatz ua*, IntUmgr 48 f; *Achatz/Kofler*, GeS 2005, 124; *Staringer*, SWI 2005, 216 f; *Hohenwarter*, RdW 2007/518, 503; *Aigner/Prechtl/Tumpel*, SWK 2008, T 6 f). Die frühere Regelung war offenkundig vor dem Hintergrund des **§ 5 SEG** erlassen worden, der grundsätzlich von der Übereinstimmung von Satzungssitz und Geschäftsleitungsort ausgeht (ErlRV 270 BlgNR 23. GP, 11; s a *Staringer*, SWI 2005, 217). Mit der Neuregelung durch das AbgSiG 2007 wurde daher auch dem Umstand Rechnung getragen, dass nach **§ 3 Abs 1 EU-VerschG** auch Export-Verschmelzungen auf im EU- bzw EWR-Raum doppelt ansässige Kapitalgesellschaften zulässig sind (s ErlRV 270 BlgNR 23. GP, 11); im Übrigen steht die Regelung auch im Einklang mit **Art 3 lit b FRL** (*Aigner/Prechtl/Tumpel*, SWK 2008, T 6 f). Die durch das AbgSiG 2007 geschaffene Fassung ist für Stichtage **nach dem 14.12.2007** anzuwenden (3. Teil Z 13). **157**

C. Antragsgebundenes Ratenzahlungskonzept
1. Antrag in der Steuererklärung

Die **Anwendung des Ratenzahlungskonzepts ist antragsgebunden** (arg „auf Grund eines in der Steuererklärung gestellten Antrags"; § 1 Abs 2 S 2). Wenngleich dies seit dem AbgÄG 2015 (BGBl I 2015/163) nicht mehr ausdrücklich normiert ist, wird dieser Antrag in der letzten **Körperschaftsteuererklärung der übertragenden Körperschaft** – idR schon von der übernehmenden Körperschaft als Gesamtrechtsnachfolgerin (s UmgrStR 44a; *Hügel* § 1 Rz 120; *Strimitzer/Wurm* in *T/W*, EU-VerschG[2] SteuerR Rz 132) – zu stellen sein (so ausdrücklich § 1 Abs 2 idF BudBG 2007, BGBl I 2007/24), dh „in der Körperschaftsteuererklärung des Veranlagungsjahres, in das der Verschmelzungsstichtag fällt" (ErlRV 43 BlgNR 23. GP, 25, zum BudBG 2007; *Hohenwarter* in *Bertl ua*, Sonderbilanzen 242; *Waitz-Ramsauer* in HB KonzernStR[2] 615; *Stanek/Gurtner*, ÖStZ 2016/438, 292 f). Der Antrag ist dabei iRd erstmaligen Einbringung der betreffenden (elektronischen) Körperschaftsteuererklärung zu stellen (s zu § 10 Abs 3 KStG aF zB VwGH 25.7.2013, 2012/15/0001, ÖStZB 2014/298, 511 = GES 2013, 526 m Anm *Kofler*). Hinsichtlich der Form des Antrages hält die Rsp im Einzelfall auch eine konkludente Optionsausübung für möglich (VwGH 25.7.2013, 2012/15/0001, ÖStZB 2014/298, 511 = GES 2013, 526 m Anm *Kofler*; UFS 12.4.2012, RV/2471-W/10, GES 2012, 257 m Anm *Kofler*, zur Option nach § 10 Abs 3 KStG idF vor 2. AbgÄG 2014, BGBl I 2014/105). Sollte die Verschmelzung erst nach einer bereits abgege- **161** benen Körperschaftsteuererklärung wirksam werden, kann nach der Verwaltungspraxis eine **Korrektur dieser Erklärung** (Antrag auf Ratenzahlung) erfolgen (s UmgrStR Rz 44a idF WE 2017; *Hirschler*, taxlex 2012, 10; *Strimitzer/Wurm* in *T/W*, EU-VerschG[2] SteuerR Rz 132; *Stanek/Gurtner*, ÖStZ 2016/438, 292 f). Liegen die Voraussetzungen des § 1 Abs 2 vor, ist dem Antrag stattzugeben.

162 Eine **spätere Nachholung** des Antrags (zB iRe Bescheidbeschwerde oder einer Betriebsprüfung) wird allgemein als nicht zulässig erachtet (s ErlRV 848 BlgNR 22. GP, 4, zu § 6 Z 6 lit c EStG aF; s a *Hügel* § 1 Rz 120; *Waitz-Ramsauer* in HB KonzernStR[2] 615; *Stanek/Gurtner*, ÖStZ 2016/438, 291; zur früher hA s *Achatz/Kofler* in *Achatz ua*, IntUmgr 49, u *Hirschler/Schindler*, RdW 2006/575, 610: Antrag bis zur Rechtskraft); ein „verpasster" Antrag kann allenfalls iRd Wiedereinsetzung nach § 308 BAO saniert werden (s zur Option nach § 10 Abs 3 KStG aF VwGH 25.7.2013, 2012/15/0001, ÖStZB 2014/298, 511 = GES 2013, 526 m Anm *Kofler*). Durch das Abstellen auf die Antragstellung in der Steuererklärung in § 1 Abs 2 S 2 sollte damit offenbar eine zeitliche Grenze für die **Berücksichtigung nach § 115 Abs 4 BAO** geschaffen werden (allg *Ritz*, BAO[5] § 115 Rz 26; VwGH 25.4.2002, 2000/15/0032, ÖStZB 2002/550).

2. Steuerschuld

163 Im Fall der Verstrickungseinschränkung entsteht die **Steuerschuld gem §§ 19, 20 KStG** (*Hügel* § 1 Rz 121; s ErlRV 686 BlgNR 22. GP, 11 f u 20 f). Der für die Bestimmung der Steuerschuld relevante Betrag ergibt sich aus § 20 KStG und erfasst jene stillen Reserven im Gesellschaftsvermögen der übertragenden Körperschaft einschließlich eines allfälligen Firmenwertes, die andernfalls der österreichischen Besteuerung entzogen würden. Maßgeblich ist die Differenz zwischen dem Verkehrswert der Gegenleistungsanteile und dem Buchwert (§ 20 Abs 2 Z 1 KStG) bzw – sofern die Gegenleistung unterbleibt (dazu § 2 Rz 20) – zwischen dem Teilwert und dem Buchwert der Wirtschaftsgüter (§ 20 Abs 2 letzter Satz KStG), wobei die Verhältnisse am Verschmelzungsstichtag maßgeblich sind (§ 20 Abs 2 Z 2 KStG; s a *Hügel* § 1 Rz 122).

3. Entrichtung in Raten

164 Soweit eine Steuerpflicht nach § 20 KStG entsteht, „ist die Abgabenschuld **auf Grund eines in der Steuererklärung gestellten Antrages in Raten** zu entrichten; dabei sind **§ 6 Z 6 lit. d bis e des Einkommensteuergesetzes 1988** sinngemäß anzuwenden" (§ 1 Abs 2 S 2 idF AbgÄG 2015, BGBl I 2015/163; ausf UmgrStR Rz 44a idF WE 2017). § 1 Abs 2 regelt also eigenständig, dass im Falle einer **entstrickungsbedingten Steuerpflicht auf Gesellschaftsebene** nach § 20 KStG im EU- bzw qualifizierten EWR-Raum, „die Abgabenschuld auf Grund eines in der Steuererklärung gestellten Antrages in Raten zu entrichten" ist, verweist aber für die weiteren Details auf die sinngemäße Anwendung des § 6 Z 6 lit d bis e EStG idF AbgÄG 2015 (s ErlRV 896 BlgNR 25. GP, 11; *Schlager/Titz*, RWZ 2015/87, 378 f; *Walter*[11] Rz 50d). Diese verwiesenen Regelungen des § 6 Z 6 lit d und e EStG sehen vor, dass

- die **Raten für Wirtschaftsgüter des Anlagevermögens** gleichmäßig über einen Zeitraum von **sieben Jahren** zu entrichten sind; aus Vereinfachungsgründen – und entgegen der Anregung der KWT (27/SN-159/ME XXV. GP, 4 f) – wird nicht danach differenziert, ob es sich um körperliches oder unkörperliches bzw um abnutzbares oder nicht abnutzbares Anlagevermögen handelt (s *Schlager/*

Titz, RWZ 2015/87, 377; *Strimitzer/Wurm* in *T/W*, EU-VerschG² SteuerR Rz 127; s a EStR Rz 2518e idF WE-BegE 2017); das Ratenzahlungskonzept kann analog für Wirtschaftsgüter der Passivseite angewendet werden, wobei sich die Zugehörigkeit zum Anlage- oder Umlaufvermögen aus der – über oder unter einjährigen – Laufzeit ergibt (s EStR Rz 2518e idF WE-BegE 2017). Bei Betrieben (Betriebsstätten) ist die stille Reserve des Betriebes (Betriebsstätte) zu ermitteln, die sich aus der Differenz aus den stillen Reserven und den stillen Lasten ergibt; diese saldierte stille Reserve ist sodann auf die einzelnen Wirtschaftsgüter aufzuteilen und auf Basis dieser Aufteilung die Steuerschuld zuzuordnen (EStR Rz 2518n idF WE-BegE 2017); die Aufteilung der stillen Lasten (zB in Sozialkapitalrückstellungen) kann nach dem Verhältnis der in den Wirtschaftsgütern enthaltenen stillen Reserven erfolgen, wobei nach den EStR (Rz 2518n idF WE-BegE 2017) keine Bedenken bestehen, „aus Vereinfachungsgründen die stillen Lasten ausschließlich mit einem etwaigen Firmenwert zu saldieren", sodass der sich danach ergebende Firmenwert über sieben Raten erfasst wird (allg *Mayr/Mair* in *Kirchmayr/Mayr/Hirschler*, Konzernbesteuerung 50 f; s zur möglichen Behandlung stiller Lasten a *Schilcher*, SWI 2016, 165; *Hirschler/Knesl*, ÖStZ 2016/389, 259 f). Nach § 6 Z 6 lit d EStG wird die erste Rate mit Ablauf eines Monats nach Bekanntgabe des Abgabenbescheides (zB Bescheid am 4.5.2018, Fälligkeit der ersten Rate am 4.6.2018) und die weiteren Raten werden jeweils am 30.9. der Folgejahre (zB also die zweite Rate am 30.9.2019) fällig (s das Bsp bei *Stanek/Gurtner*, ÖStZ 2016/438, 292, a Säumniszuschläge nach § 217 BAO bei zu später Entrichtung). Über die einzelnen Fälligkeitstermine wird im Abgabenbescheid abgesprochen (ErlRV 896 BlgNR 25. GP, 5). In gewissen Fällen kann es beim Anlagevermögen auch **zur (anteiligen) vorzeitigen Fälligstellung der Raten** kommen (Rz 167 ff; UmgrStR Rz 44a idF WE 2017).
- die **Raten für Wirtschaftsgüter des Umlaufvermögens** gleichmäßig über einen Zeitraum von **zwei Jahren** zu entrichten sind, wobei die erste Rate mit Ablauf eines Monats nach Bekanntgabe des Abgabenbescheides und die zweite Rate am 30.9. des Folgejahres fällig wird (§ 6 Z 6 lit e EStG; zur bisherigen Verwaltungspraxis bei Umlaufvermögen s EStR Rz 2517j u ErlRV 896 BlgNR 25. GP, 5). Die Zweijahresregelung beim Umlaufvermögen ist eine vereinfachende Pauschalregelung, sodass es zB auch beim rascheren Ausscheiden aus dem Betriebsvermögen zu **keiner vorzeitigen Fälligstellung der Raten** kommt (Rz 170; s a ErlRV 896 BlgNR 25. GP, 5; UmgrStR Rz 44a idF WE 2017; *Schlager/Titz*, RWZ 2015/87, 377; *Strimitzer/Wurm* in *T/W*, EU-VerschG² SteuerR Rz 127).

Beim Ratenzahlungskonzept handelt sich somit nicht um ein Stundungskonzept, sondern um eine **Fälligkeitsverschiebung**; daher sind auch **keine Stundungszinsen iSd § 212 BAO** zu entrichten (ErlRV 896 BlgNR 25. GP, 5; EStR Rz 2518g idF WE-BegE 2017; *Schragl/Stieglitz/Kronig* in *Stefaner/Schragl*, Wegzugsbesteuerung 99; *Schragl/Stefaner*, SWK 2016, 764); strittig ist hingegen, ob **Anspruchszinsen iSd § 205 BAO** für die in Raten zu zahlenden Beträge anfallen (verneinend nunmehr EStR Rz 2518g idF WE-BegE 2017 u zuvor bereits *Schragl/Stieglitz/Kronig* in *Stefaner/Schragl*, Wegzugsbesteuerung 99 u *Schragl/Stefaner*, SWK 2016, 764; eher bejahend *Stanek/Gurtner*, ÖStZ 2016/438, 292). Zudem beginnt die **Einhebungsverjährung** erst mit der jeweiligen Fälligkeit der Rate zu laufen (ErlRV 896 BlgNR

25. GP, 5). Der **Bescheid** ergeht iRd umfassenden Amtshilfe an die übernehmende Körperschaft als Gesamtrechtsnachfolgerin (s das Bsp in UmgrStR Rz 44b; *Hügel* § 1 Rz 121).

165 § 1 Abs 2 bezieht sich aber nicht auf eine Ausklammerung der Bemessungsgrundlage, sondern auf eine **Ratenzahlung der Steuerschuld**. Die Bemessungsgrundlage und damit auch die Steuerschuld werden freilich insofern auch durch laufende Verluste und Verlustvorträge beeinflusst, es kommt also zu einer **„Zwangsverlustverwertung"** (*Kofler* in FS Hügel 209; anders zum früheren Nichtfestsetzungskonzept VwGH 27.4.2016, 2013/13/0038, ÖStZB 2016/165, 303; s a *Bieber/Lehner*, SWI 2013, 497 ff; weiterführend die Diskussion bei *Hasanovic/Spies*, SWI 2012, 224 ff). Die 75 %-**Verlustverrechnungsgrenze des § 8 Abs 4 Z 2 KStG** ist auf diese Beträge nicht anzuwenden, zumal die Entstrickungsgewinne „Liquidationsgewinne" iSd § 8 Abs 4 Z 2 lit b TS 4 KStG sind (KStR Rz 992b idF WE-BegE 2017; s vorgehend bereits *Strimitzer/Wurm* in *T/W*, EU-VerschG² SteuerR Rz 126; s a oben Rz 163); selbst wenn man aber daran zweifelte, wäre wohl der durch das AbgÄG 2015 (BGBl I 2015/163; ab 1.1.2016, s § 26c Z 57 KStG) neu geschaffene § 8 Abs 4 Z 2 lit b TS 6 KStG für „Beträge gemäß § 6 Z 6 des Einkommensteuergesetzes 1988" (mit Ausnahme der Beträge aufgrund sonstiger Leistungen nach § 6 Z 6 lit a letzter Satz EStG) zumindest analog anwendbar (s a *Kofler* in FS Hügel 209). Fragen können sich jedoch im Hinblick auf die **Verlustverrechnungsreihenfolge** ergeben: UE steht es jedenfalls im Ermessen des Steuerpflichtigen, **laufende Verluste** unter möglichster Schonung der durch gestreckte Entrichtung begünstigten Einkünfte zu verrechnen (s VwGH 24.2.2004, 99/14/0250, ÖStZB 2004/354, zu § 37 EStG; ebenso EStR Rz 2518o idF WE-BegE 2017). Umstritten ist jedoch, ob darüber hinaus **Verlustvorträge** vorrangig mit den nicht der Verlustverrechnungsgrenze des § 8 Abs 4 Z 2 KStG unterliegenden „Entstrickungsgewinnen" verrechnet werden müssen oder ein Wahlrecht des Steuerpflichten besteht (für eine Aufrechterhaltung der Begünstigung in Form der Ratenzahlung im größtmöglichen Ausmaß EStR Rz 2518p idF WE-BegE 2017, u allg *Kanduth-Kristen* in Jakom¹⁰ § 37 Rz 51; enger womöglich KStR Rz 992b idF WE-BegE 2017: Verrechnung „vorrangig und uneingeschränkt mit Entstrickungsbeträgen").

166 Beim Ratenzahlungskonzept wird ein **echter „Schlussstrich"** gezogen und die österreichische von der ausländischen Steuerhoheit final abgegrenzt. Nachfolgende **Wertminderungen im Ausland** sind daher – im Unterschied zum Nichtfestsetzungskonzept des früheren Rechts (s 4. Aufl Rz 176 ff) – grundsätzlich irrelevant (UmgrStR Rz 44a idF WE 2017); daher erfolgt auch ein späterer **Re-Import des Vermögens** – wie allgemein beim „Hereinwachsen" von Vermögen in die österreichische Besteuerungshoheit (§ 3 Abs 1 Z 2) – zum gemeinen Wert und allenfalls noch offene Raten laufen weiter (UmgrStR Rz 44a idF WE 2017; s ausf zum „Re-Import" § 3 Rz 63). Die Nichtberücksichtigung von Wertminderungen im Ausland erscheint auch **unionsrechtskonform**: Für den iRd § 1 relevanten Bereich des Betriebsvermögens einer Körperschaft ergibt sich nämlich auch aus der jüngeren Rsp des EuGH, dass der Wegzugsstaat unabhängig von der steuerlichen Behandlung im Zuzugsstaat nicht verpflichtet ist, nachträgliche Wertänderungen zu berücksichtigen (EuGH 29.11.2011, C-371/10, *National Grid Indus*, EU:C:2011:785, Rn 56 ff, zum Wegzug einer Gesellschaft; s a EuGH 6.9.2012, C-38/10, *Kommission/Portugal*, EU:C:2012:521; s a EStR Rz 2519 idF WE-BegE 2017; dazu zB *Petritz* in HB KonzernStR² 649 f; s a *Hohenwarter* in *Bertl ua*, Sonderbilanzen 243; grundsätzlich anders für „wegziehende" private Beteiligungen jedoch zB EuGH 7.9.2006, C-470/04, N, EU:C:2006:525, Rn 54).

4. Vorzeitige Fälligstellung der Raten

Für das Anlagevermögen ist in § 6 Z 6 lit d EStG idF AbgÄG 2015 (BGBl I 2015/163) vorgesehen, dass **offene Raten insoweit fällig zu stellen** sind, als Wirtschaftsgüter, Betriebe oder Betriebsstätten *(1)* veräußert werden, *(2)* auf sonstige Art ausscheiden oder *(3)* in einen Staat außerhalb des begünstigten EU/EWR-Raumes überführt oder verlegt werden (dazu ErlRV 896 BlgNR 25. GP, 4; UmgrStR Rz 44a idF WE 2017; *Schlager/Titz*, RWZ 2015/87, 377; *Strimitzer/Wurm* in *T/W*, EU-VerschG² SteuerR Rz 128; *Titz/Wild*, RdW 2017/263, 335 ff). Sind nicht sämtliche Wirtschaftsgüter, die dem Ratenzahlungskonzept unterliegen, von der Veräußerung, Überführung oder einem sonstigen Ausscheiden betroffen, erfolgt die vorzeitige Fälligstellung **nur hinsichtlich der davon betroffenen Wirtschaftsgüter** (arg „insoweit"; s a ErlRV 896 BlgNR 25. GP, 4; *Schlager/Titz*, RWZ 2015/87, 377; *Titz/Wild*, RdW 2017/263, 335; s a Rz 169); gleichsam kann es auch nur zu einer „anteiligen" Fälligstellung kommen (zB beim teilweisen Verkauf einer entstrickten Beteiligung hinsichtlich der veräußerten Beteiligungsquoten; UmgrStR Rz 44a idF WE 2017; *Titz/Wild*, RdW 2017/263, 335). Den Steuerpflichtigen trifft bei Eintritt dieser Umstände eine entsprechende **Anzeigepflicht** gegenüber dem zuständigen Finanzamt (UmgrStR Rz 44a); diese Anzeige hat – abweichend von §§ 120 BAO f (s 4. Aufl § 1 Rz 183) – **binnen drei Monaten** ab Eintritt dieser anzeigepflichtigen Umstände zu erfolgen (§ 6 Z 6 lit d letzter Satz EStG; s a ErlRV 896 BlgNR 25. GP, 4).

167

Die **Veräußerung** erfasst wegen § 6 Z 14 EStG auch den Tausch und jede nicht unter das UmgrStG fallende Einlage oder Einbringung. Das **sonstige Ausscheiden** betrifft insb Fälle, in denen – entgeltlich oder unentgeltlich (zB durch Stiftungsakt) – Wirtschaftsgüter des verschmelzungsbedingt übertragenen Vermögens den nach § 1 Abs 2 begünstigten EU- und EWR-Raum verlassen (zB durch Export-Übertragung oder Geschäftsleitungsortverlegung in einen Drittstaat; s a ErlRV 896 BlgNR 25. GP, 11, zum AbgÄG 2015), aber auch die Entnahme, Sachausschüttung und Sachauskehr im Zuge der Liquidation (dazu *Hirschler*, taxlex 2005, 13; *Hirschler/Schindler*, RdW 2006/575, 610; *Zöchling/Puchner* in *Frotz/Kaufmann²*, SteuerR Rz 45; *Hügel* § 1 Rz 126). Demgegenüber kommt es zu keiner vorzeitigen Fälligstellung der Raten bei **steuerneutralen Folgeumgründungen im EU- bzw qualifizierten EWR-Raum** (Rz 154), zumal hier zwar das Anlagevermögen aus der unmittelbaren Zugehörigkeit zur übernehmenden Gesellschaft ausscheidet, aber weder eine tatsächliche Realisierung der stillen Reserven noch deren Ausscheiden aus dem durch die Amts- und Vollstreckungshilfe abgesteckten Einflussbereich Österreichs erfolgt (UmgrStR Rz 44a idF WE 2017; *Mayr/Mair*, RdW 2016/42, 74; *Strimitzer/Wurm* in *T/W*, EU-VerschG² SteuerR Rz 128; *Stanek/Gurtner*, ÖStZ 2016/438, 295; *Titz/Wild*, RdW 2017/263, 336; s zum früheren Recht a *Hirschler*, taxlex 2005, 13; *Achatz/Kofler* in *Achatz ua*, IntUmgr 49; *Achatz/Kofler*, GeS 2005, 124; *Zöchling/Fraberger* in FS Loukota 714; *Hirschler/Schindler*, RdW 2006/575, 610; *Wiesner/Mayr*, RdW 2007/447, 435 f; *Zöchling/Puchner* in *Frotz/Kaufmann²*, SteuerR Rz 45; *Mayr/Wellinger* in HB Sonderbilanzen II 16; *Zöchling/Paterno* in *W/Z/H/K⁵* § 1 Rz 47). Eine Einschränkung nehmen die UmgrStR aber für **Upstream-Folgeverschmelzungen** vor: Wird im Zuge der Folgeumgründung

168

die Kapitalgesellschaft, hinsichtlich deren Anteile vormals ein Antrag auf Ratenzahlung gestellt wurde, als übertragende Gesellschaft up-stream verschmolzen, liegt ein sonstiges Ausscheiden vor und noch offene Raten sind vorzeitig fällig zu stellen, unabhängig davon, ob die Folgeumgründung steuerneutral erfolgt oder nicht (UmgrStR Rz 44a u Rz 860g; *Titz/Wild*, RdW 2017/263, 336). Ein „sonstiges Ausscheiden" liegt damit auch dann vor, wenn eine optierte internationale Schachtelbeteiligung zunächst im Zuge einer Exportverschmelzung auf eine ausländische übernehmende EU- oder qualifizierte EWR-Körperschaft übergeht (und Ratenzahlung beantragt wird), in weiterer Folge die Beteiligung aber durch eine **Upstream-Verschmelzung der Beteiligungskörperschaft** auf die vormals übernehmende Körperschaft untergeht; diesfalls kommt es zur Fälligstellung noch offener Raten (UmgrStR Rz 44a idF WE 2017). Im Rahmen der früheren Nichtfestsetzungskonzepts sahen dementsprechend die Gesetzesmaterialien zum AbgÄG 2004 (BGBl I 2004/180) und diesen folgend die UmgrStR für Umgründungen auf EU-Gesellschaften bzw qualifizierte EWR-Gesellschaften vor, dass, sollte „das Vermögen aus der übernehmenden ausländischen Körperschaft auf Grund einer Umgründung nach ausländischem Abgabenrecht ohne Gewinnverwirklichung ausscheiden", „der Nachversteuerungstatbestand bei Realisierung durch den Rechtsnachfolger zum Tragen" kommt (ErlRV 686 BlgNR 22. GP, 21; *Wiesner/Mayr*, RdW 2007/447, 435 f; krit *Hügel* § 1 Rz 125, der auf die Steuerneutralität nach dem UmgrStG abstellt; s a *Zöchling/Fraberger* in FS Loukota 714). Irrelevant ist in diesem Zusammenhang der **verschmelzungsbedingte Untergang der Beteiligung** (zB bei Upstream-Verschmelzung; *Zöchling/Puchner* in *Frotz/Kaufmann*[2], SteuerR Rz 45).

169 Die vorzeitige Fälligstellung der offenen Raten erfolgt im Rahmen einer **Änderung des Abgabenbescheides des „Wegzugsjahres"** über einen Abänderungsbescheid, der neben den bisherigen Abgabenbescheid tritt und lediglich die Fälligkeit der noch offenen Raten insoweit abändert, als diese sofort fällig werden (ErlRV 896 BlgNR 25. GP, 4; zur verfahrensrechtlichen Handhabung s *Stanek/Gurtner*, ÖStZ 2016/438, 296 f). Sind nicht sämtliche Wirtschaftsgüter, die dem Ratenzahlungskonzept unterliegen, von der Veräußerung, Überführung oder einem sonstigen Ausscheiden betroffen, ist der **Abgabenbescheid nur hinsichtlich der davon betroffenen Wirtschaftsgüter abzuändern** (ErlRV 896 BlgNR 25. GP, 4); die die übrigen Wirtschaftsgüter betreffenden, noch offenen Raten wären in weiterer Folge der Höhe nach anzupassen (*Schlager/Titz*, RWZ 2015/87, 377).

170 Ein **vorzeitiges Fälligstellen der Raten für das Umlaufvermögen** ist hingegen in § 6 Z 6 lit e EStG idF AbgÄG 2015 (BGBl I 2015/163) aus Vereinfachungsgründen **nicht vorgesehen** (ErlRV 896 BlgNR 25. GP, 5; UmgrStR Rz 44a; *Schlager/Titz*, RWZ 2015/87, 377; *Strimitzer/Wurm* in T/W, EU-VerschG[2] SteuerR Rz 127). Die gesonderte zweijährige Verteilungsregelung für das Umlaufvermögen ist damit mit **praktischen Vorteilen** verbunden, „weil eine gesonderte Fälligstellung der Raten bei Veräußerung von Wirtschaftsgütern des Umlaufvermögens vor Ablauf des Zweijahreszeitraumes sowie eine diesbezügliche Anzeigepflicht entfallen" (ErlRV 896 BlgNR 25. GP, 6). Diese pragmatische Lösung ist zu begrüßen, weil Umlaufvermögen aufgrund seiner Umschlaghäufigkeit – im Unterschied zum Anlagevermögen – ohnehin idR nur für kurze Dauer dem Betriebsvermögen zugehörig sein wird (so *Schlager/Titz*, RWZ 2015/87, 377). Eine vergleichbare Vereinfachungsregel fand sich bereits bisher in der **Verwaltungspraxis**, wonach im Rahmen des früheren

Nichtfestsetzungskonzepts hinsichtlich der auf das gesamte Umlaufvermögen entfallenden stillen Reserven von einer pauschalen Realisierung in den auf die Verstrickungseinschränkung folgenden zwei Veranlagungszeiträumen auszugehen ist (s EStR Rz 2517j zu § 6 Z 6 EStG).

VII. Anwendung der §§ 2 bis 6 (§ 1 Abs 3)
A. Anwendbarkeit des Art I

Liegt eine Verschmelzung isd § 1 Abs 1 vor, so kommen auf diese **§§ 2 bis 6** zur Anwendung (§ 1 Abs 3; UmgrStR Rz 25). Da eine Verschmelzung die Steuerrechtsverhältnisse auf **drei Ebenen** berührt (UmgrStR Rz 21), nämlich der der übertragenden Körperschaft, der übernehmenden Körperschaft und der Gesellschafter der beteiligten Körperschaften, regeln die in § 1 Abs 3 genannten Bestimmungen die Steuerrechtsfolgen der Verschmelzung für die übertragende Körperschaft (§ 2), die übernehmende Körperschaft (§ 3) und die Anteilsinhaber (§ 5); zudem bestehen Vorschriften den Verlustabzug der übertragenden und übernehmenden Körperschaft (§ 4) und sonstige Rechtsfolgen (§ 6) betreffend. Die Normen des UmgrStG sind **zwingendes Recht**; es besteht kein Wahlrecht zwischen der Anwendung des UmgrStG und dem Verzicht auf seine Anwendung (UmgrStR Rz 2; KStR Rz 1454 [ex-Rz 1433]; *Bruckner* in W/H/M, HdU[1] I § 1 Rz 51; *Mayr* in HB Sonderbilanzen II 7). **191**

Zu den Wechselwirkungen zwischen Art I und der **Gruppenbesteuerung** nach § 9 KStG siehe die Analyse von *Jann/Rittsteuer/Schneider* in diesem Band; weiters zB UmgrStR Rz 349 ff; *Zöchling/Haslinger* in *Quantschnigg ua*, Gruppenbesteuerung 261 ff; *Hügel* § 3 Rz 37 ff; *Wiesner/Kirchmayr/Mayr*, Gruppenbesteuerung[2] 256 ff. Zur Auswirkung einer Verschmelzung auf eine **stille Gesellschaft** s § 3 Rz 11 f.

B. Nicht- und Teilanwendbarkeit des Art I
1. Gründe für die Nicht- bzw Teilanwendbarkeit des Art I

Eine Verschmelzung fällt dann ganz oder teilweise nicht in den Anwendungsbereich des Art I, wenn der Vorgang *(1)* keine Verschmelzung iSd § 1 Abs 1 Z 1 bis 4 ist, *(2)* das Verstrickungserfordernis ganz oder teilweise nicht erfüllt ist oder *(3)* die Anwendung des Art I nach § 44 wegen Missbrauchs versagt wird (s UmgrStR Rz 386 ff; *Bruckner* in HBW I § 1 Rz 37 ff; *Hügel* § 1 Rz 19; *Zöchling/Paterno* in W/Z/H/K[5] § 1 Rz 11). **192**

Soweit die **Aufwertungsoption des § 2 Abs 2** genutzt wird, bleibt Art I – abgesehen vom Verzicht auf die Buchwertfortführung (s § 2 Rz 26 ff) und dem Wegfall des Verlustvortragsüberganges (s § 4 Rz 22) – umfassend anwendbar (UmgrStR Rz 26 und 389); sie löst daher insb auf Ebene der Anteilsinhaber mangels Vorliegens eines Liquidationsbesteuerungsfalles keine Steuerpflicht aus (UmgrStR Rz 405; s a *Strimitzer* in Q/R/S/S/V[24] § 20 Rz 18; *Bieber* in *Achatz/Kirchmayr* § 20 Tz 52). **193**

2. Rechtsfolgen bei Nichtanwendbarkeit

In Fällen von (zur Gänze) nicht unter § 1 Abs 1 Z 1 bis 3 fallenden Verschmelzungen unter Beteiligung einer inländischen Gesellschaft kommt es abweichend von §§ 2 bis 6 **194**

- auf **Gesellschaftsebene** zu einer (teilweisen) Liquidationsbesteuerung gem §§ 20 Abs 1 Z 1 iVm 19 KStG (s § 2 Rz 11 ff; zum Ratenzahlungskonzept s Rz 141 ff);

- zu einer **Bewertung mit Liquidationswerten in der Steuerbilanz** der übernehmenden Körperschaft sowie zur Steuerwirksamkeit gewisser **Verschmelzungsdifferenzbeträge** (§ 2 Rz 22 ff);
- zu keinem Übergang von **Verlustvorträgen** und **Mindestkörperschaftsteuern** auf die übernehmende Körperschaft (s § 4 Rz 1 ff und UmgrStR Rz 399);
- auf **Gesellschafterebene** zu einer Besteuerung des verschmelzungsbedingten Anteilstausches (s § 5 Rz 31 ff), was aber in Entstrickungsfällen wegen der weiten Ausnahme des § 5 Abs 1 Z 3 oftmals irrelevant sein wird (s § 5 Rz 71 ff);
- **umsatzsteuerlich** nach hA mangels Anwendbarkeit des § 6 Abs 4 zu einem steuerbaren Leistungsaustausch (s § 6 Rz 35).

In der Vergangenheit war vor allem auch die Versagung der (früheren) **verkehrssteuerlichen Befreiungen und Begünstigungen** des § 6 Abs 5 u 6 von Bedeutung (s a UmgrStR Rz 400; *Schneider*, SWK 1992, A I 261; krit zu dieser Versagung *Hügel* ecolex 1991, 804; *Staringer*, Einlagen 227; *Bruckner* in *W/H/M* HdU[1] I § 1 Rz 47 u 108; *Hirschler/Sulz/Zöchling* in GedS Helbich 175; *Zöchling/Paterno* in *W/Z/H/K*[5] § 1 Rz 4). Die Befreiung von der **Gesellschaftsteuer** nach § 6 Abs 5 spielt freilich angesichts der Abschaffung der Kapitalverkehrsteuer ab 2016 keine Rolle mehr (§ 6 Rz 50). Auch die **Grunderwerbsteuer** für Umgründungen ist ab 2016 eigenständig im GrESt geregelt, auf das § 6 Abs 6 nunmehr schlicht verweist und damit auf eine eigenständige Begünstigung verzichtet (s zum früheren zweifachen Einheitswert 4. Aufl Rz 71 ff); allerdings ist auch die grunderwerbsteuerliche Behandlung (grundsätzlich 0,5 % vom Grundstückswert) davon abhängig, dass es sich um „**Vorgänge nach dem Umgründungssteuergesetz**" handelt (§§ 4 Abs 1, 7 Abs 1 Z 2 lit c GrEStG; dazu § 6 Rz 71 ff). Fallen daher Vorgänge nicht unter das UmgrStG, kommt wohl generell der allgemeine Tarif von 3,5 % zur Anwendung (dazu *Rief* in *Marschner/Stefaner*, StRef 2015/2016, Rz 5/68).

Demgegenüber ist die **lohnsteuerliche Vorschrift des § 41** auch auf Umgründungen außerhalb des UmgrStG anwendbar (*Bruckner* in *W/H/M* HdU[1] I § 1 Rz 47; s a § 41 Rz 1). An Stelle der umgründungssteuerlichen **Anzeigepflicht nach § 43** tritt die allgemeine Anzeigepflicht nach § 120 BAO (*Hügel* § 1 Rz 19).

195 Fällt eine **Auslandsverschmelzung** iSd § 1 Abs 1 Z 4 nicht unter Art I, kommt es bei der übertragenden Körperschaft hinsichtlich ihres Inlandsvermögens zu einer Besteuerung iRd beschränkten Steuerpflicht gem § 21 Abs 1 KStG iVm §§ 6 Z 14 lit b, 24, 98 EStG (UmgrStR Rz 40; KStR Rz 1457 [ex-Rz 1436]; s a *Bruckner* in *W/H/M* HdU[1] I § 1 Rz 40; ausf *Hirschler* in *Bertl ua*, Gründung 158 f; *Hügel* § 2 Rz 34 ff; *Strimitzer* in *Q/R/S/S/V*[24] § 20 Rz 11); § 20 KStG kommt nicht zur Anwendung, da dieser nur für unbeschränkt steuerpflichtige Körperschaften gilt (KStR Rz 1456 [ex-Rz 1435]; s a *Hirschler* in *Bertl ua*, Gründung 157; *Bieber* in *Achatz/Kirchmayr* § 20 Tz 16; *Hristov* in *L/R/S/S*[2] § 20 Rz 25). Auf Ebene der in Österreich steueransässigen Anteilsinhaber stellt der Wegfall der Anteile an der übertragenden Gesellschaft gegen Gewährung von Anteilen an der übernehmenden Gesellschaft einen Anteilstausch iSd § 6 Z 14 EStG dar (UmgrStR Rz 40; s a EStR Rz 2588 ff).

3. Rechtsfolgen bei Teilanwendbarkeit

196 Bleibt ein **Teil des verschmelzungsbedingt übergehenden Vermögens** im Inland steuerhängig, ist Art I bloß partiell auf den steuerhängig bleibenden Teil des übergehenden Vermögens anwendbar, dh dass iS einer **gegenständlich partiellen Anwendung** diejenigen Vermögensteile, hinsichtlich derer das inländische Besteuerungsrecht erlischt, einer **Teilliquidationsbesteuerung iSd § 20 KStG** unterliegen (UmgrStR Rz 55 u 391 ff; *Hügel* § 1 Rz 21; zum Ratenzahlungskonzept s Rz 141 ff).

Gleiches gilt für den **Anteilstausch auf Gesellschafterebene** nach § 5: IS einer **quantitativ partiellen Anwendung** kann nur im Verhältnis der Verkehrswerte der unter Art I fallenden übergehenden Vermögensteile zu den nach § 20 KStG von der Teilliquidationsbesteuerung erfassten Vermögensteilen gem § 5 ein steuerneutraler Anteilstausch erfolgen (UmgrStR Rz 56; *Hügel* § 1 Rz 21 u § 5 Rz 3). Dabei ist auf das Verhältnis des Verkehrswertes (nicht der stillen Reserven) des zu Buchwerten und des zu Liquidationswerten übertragenen Vermögens abzustellen (UmgrStR Rz 404; s a *Bruckner* in *W/H/M*, HdU[1] I § 5 Rz 31; *Staringer* in *W/H/M*, HdU[1] Q2 Rz 32; *Zöchling/Haslinger*, RdW 2007/381, 371; *Hügel* § 5 Rz 54; *Strimitzer* in *Q/R/S/S/V*[24] § 20 Rz 45; *Zöchling/Puchner* in *Frotz/Kaufmann*[2], SteuerR Rz 55). Eine weite Ausnahme von dieser quantitativ partiellen Anwendbarkeit besteht aber ohnehin für den Fall einer **Verstrickungseinschränkung bei Export-Verschmelzungen**, zumal diesfalls nach § 5 Abs 1 Z 3 eine Besteuerung für im Inland, in der EU oder in qualifizierten EWR-Staaten ansässige Anteilsinhaber unterbleibt (s § 5 Rz 71 ff).

197

Für die **Bestimmungen des § 6** wird die Ansicht vertreten, dass Abs 5 und 6 quantitativ partiell anwendbar bleiben bzw blieben (Rz 194), während die Regelungen der § 6 Abs 1 bis 3 aus Praktikabilitätsüberlegungen „ungeteilt" anwendbar sein sollen (*Hügel* § 1 Rz 21). Für die umsatzsteuerliche Regelung des § 6 Abs 4 scheint die Verwaltungspraxis von einer partiellen Anwendbarkeit auszugehen (s UmgrStR Rz 460, zur Umwandlung).

198

Übertragende Körperschaft

§ 2. (1) Bei der Ermittlung des Gewinnes ist für das mit dem Verschmelzungsstichtag endende Wirtschaftsjahr das Betriebsvermögen mit dem Wert anzusetzen, der sich nach den steuerrechtlichen Vorschriften über die Gewinnermittlung ergibt.

(2) Abweichend von Abs. 1 kann

1. bei Verschmelzungen im Sinne des § 1 Abs 1 Z 1 bis 3 das ausländische Vermögen und
2. bei Verschmelzungen im Sinne des § 1 Abs. 1 Z 4 das Betriebsvermögen und sonstige Vermögensteile

mit dem sich aus § 20 des Körperschaftsteuergesetzes 1988 ergebenden Wert angesetzt werden, wenn die Verschmelzung im Ausland zur Gewinnverwirklichung führt und mit dem in Betracht kommenden ausländischen Staat ein Doppelbesteuerungsabkommen besteht, das dafür die Anrechnungsmethode vorsieht, oder eine vergleichbare innerstaatliche Maßnahme zur Vermeidung der Doppelbesteuerung getroffen wurde.

(3) Das Einkommen der übertragenden Körperschaft ist so zu ermitteln, als ob der Vermögensübergang mit Ablauf des Verschmelzungsstichtages erfolgt wäre.

(4) Abs. 3 gilt nicht für Gewinnausschüttungen der übertragenden Körperschaft auf Grund von Beschlüssen nach dem Verschmelzungsstichtag sowie für
- die Einlagenrückzahlung im Sinne des § 4 Abs. 12 des Einkommensteuergesetzes 1988 durch die übertragende Körperschaft und
- Einlagen im Sinne des § 8 Abs. 1 des Körperschaftsteuergesetzes 1988 in die übertragende Körperschaft

in der Zeit zwischen dem Verschmelzungsstichtag und dem Tag des Abschlusses des Verschmelzungsvertrages.

(5) ¹Verschmelzungsstichtag ist der Tag, zu dem die Schlußbilanz aufgestellt ist, die der Verschmelzung zugrunde gelegt wird. ²Zum Verschmelzungsstichtag ist weiters eine Verschmelzungsbilanz aufzustellen, in der die nach Abs. 1 oder 2 steuerlich maßgebenden Buchwerte oder Werte und das sich daraus ergebende Verschmelzungskapital unter Berücksichtigung nachträglicher Veränderungen im Sinne des Abs. 4 darzustellen sind.

[idF BGBl 1996/797]

Rechtsentwicklung

BGBl 1991/699 (UmgrStG; RV 266 AB BlgNR 18. GP) (Stammfassung); BGBl 1993/818 (StRefG 1993; RV 1237 AB 1301 BlgNR 18. GP) (Neufassung des § 2 Abs 1, 3 und 4; für Stichtage nach dem 30.12.1993); BGBl 1994/681 (RV 1701 AB 1816 BlgNR 18. GP) (Änderung des § 2 Abs 2 Z 2; für Umgründungen, bei denen die zugrunde liegenden Beschlüsse oder Verträge nach dem 1.1.1995 zustande gekommen sind, siehe auch BGBl 1995/50); BGBl 1996/201 (StruktAnpG 1996; RV 72 und Zu 72 AB 95 BlgNR 20. GP) (Neufassung des § 2 Abs 4; für Stichtage nach 31.12.1995); BGBl 1996/797 (AbgÄG 1996; RV 497 AB 552 BlgNR 20. GP) (Neufassung des § 2 Abs 5; für Stichtage nach 31.12.1996).

Literatur 2017

Zwick, Die Berechnung der Neunmonatsfrist bei Verschmelzungen, ÖStZ 2017/372, 254.

Übersicht

I. Unterbleiben der Liquidationsbesteuerung (Abs 1)	
A. Buchwertfortführung	
1. Buchwertbeibehaltung und Buchwertverknüpfung	1–3
2. Sphärenabgrenzung	4, 5
B. Liquidationsbesteuerung	
1. Überblick	11, 12
2. Ermittlung des Umgründungsgewinnes (§ 20 Abs 2 KStG)	
a) Anfangs- und Endvermögen	14
b) Abwicklungs-Anfangsvermögen	15
c) Abwicklungs-Endvermögen	16
aa) Gewährung einer Gegenleistung	17–19
bb) Nichtgewährung einer Gegenleistung	20
d) Liquidationsgewinn	21
3. Behandlung beim Rechtsnachfolger (§ 20 Abs 3 KStG)	
a) Wertverknüpfung	22

	b) Stichtagsverknüpfung	23
	c) Buchgewinne und Buchverluste	24
II.	Optionale Liquidationsbesteuerung (Abs 2)	
	A. Aufwertungsverschmelzung	26–29
	B. Anwendungsvoraussetzungen	30–32
	C. Auslandsvermögen bei Inlandsverschmelzungen	33–35
	D. Inlandsvermögen bei Auslandsverschmelzungen	36–38
III.	Verschmelzungsstichtag und steuerliche Rückwirkung (Abs 3)	
	A. Allgemeines	41–43
	B. Verschmelzungsstichtag und Schlussbilanz	
	1. Verschmelzungsstichtag	
	a) Gesellschaftsrechtlicher und steuerrechtlicher Verschmelzungsstichtag	44
	b) Freie Wahl des Verschmelzungsstichtages	45, 46
	2. Schlussbilanz	
	a) Unternehmensrechtliche Schlussbilanz	48, 49
	b) Steuerrechtliche Schlussbilanz	50, 51
	C. Steuerliche Rückwirkung	
	1. Rückwirkungszeitraum	
	a) Neunmonatsfrist	52–54
	b) Fristberechnung	55
	c) Auslandsverschmelzungen	56
	2. Reichweite der Rückwirkung	
	a) Allgemeines	57
	b) Rechtsgeschäfte im Rückwirkungszeitraum	58
	c) Vermögenserwerb im Rückwirkungszeitraum	59
	d) Sonstige Rechtsfolgen nach § 6	60
IV.	Ausnahmen von der Rückwirkungsfiktion (Abs 4)	
	A. Überblick	66, 67
	B. Gewinnausschüttungen	68, 69
	C. Einlagenrückzahlungen	70
	D. Einlagen	71
V.	Verschmelzungsbilanz (Abs 5)	76–79

I. Unterbleiben der Liquidationsbesteuerung (Abs 1)

A. Buchwertfortführung

1. Buchwertbeibehaltung und Buchwertverknüpfung

Nach § 6 Z 14 lit b EStG gilt die Einlage oder die Einbringung von Wirtschaftsgütern und sonstigem Vermögen in eine Körperschaft nur dann als **Tausch**, „wenn sie nicht unter das Umgründungssteuergesetz fällt oder das Umgründungssteuergesetz dies vorsieht" (ausf *Staringer* in GedS Gassner 441). Die umgründungssteuerrechtliche Steuerneutralität geht daher den ertragsteuerlichen Tauschgrundsätzen vor. Diesbezüglich normiert § 2 Abs 1 iVm § 3 für unter Art I fallende Verschmelzungen für steuerliche Zwecke den **Grundsatz der zwingenden Buchwertfortfüh-** 1 rung (zu den Aufwertungswahlrechten s Rz 26 ff), der zwei Aspekte beinhaltet: Einerseits wird durch ein **Unterdrücken der Liquidationsbesteuerung** nach §§ 19, 20 KStG bei der übertragenden Körperschaft die Steuerneutralität der Verschmelzung erreicht („**Buchwertbeibehaltung**"; § 2 Abs 1), andererseits durch die **zwingende steuerrechtliche Fortführung der Buchwerte** die Steuerverstrickung der stillen Reserven und des Firmenwerts bei der übernehmenden Körperschaft sichergestellt („**Buchwertverknüpfung**"; § 3 Abs 1; UmgrStR Rz 89). Die Steuerneutralität führt damit idealtypisch auch nicht zu einem Steuerverzicht, sondern aufgrund der fortdauernden Verstrickung der stillen Reserven nur zu einem **Steueraufschub** (*Bruckner* in *W/H/M*, HdU[1] I § 2 Rz 6; *Staringer* in GedS Gassner 442 f; *Hügel* § 2 Rz 2; s a ErlRV 266 BlgNR 18. GP, 15).

2 Mit **Ablauf des Verschmelzungsstichtages** endet das letzte Wirtschaftsjahr der übertragenden Körperschaft (UFS 15.6.2007, RV/1880-L/02; UFS 24.11.2006, RV/ 1250-W/02, UFSaktuell 2008, 185 m Anm *Hirschler/Sulz/Oberkleiner*; s Rz 41 ff); diese ist bis zum Ablauf des Verschmelzungsstichtages persönlich und sachlich steuerpflichtig (ErlRV 266 BlgNR 18. GP, 16; UmgrStR Rz 91; s Rz 41). § 2 Abs 1 regelt sodann die **Bewertung** zu diesem Zeitpunkt: Ist Art I anzuwenden, ist gem § 2 Abs 1 „das Betriebsvermögen mit dem Wert anzusetzen, der sich nach den steuerrechtlichen Vorschriften über die Gewinnermittlung ergibt". Diese Werte sind somit in der auf den Verschmelzungsstichtag aufzustellenden **steuerlichen Schlussbilanz bzw im Jahresabschluss** der übertragenden Körperschaft anzusetzen. Bei den „steuerrechtlichen Vorschriften über die Gewinnermittlung" handelt es sich – über den Verweis in § 7 Abs 2 u 3 KStG – um §§ 4 bis 14 EStG (UmgrStR Rz 91; *Staringer*, Einlagen 170 f; *Bruckner* in *W/H/M*, HdU[1] I § 2 Rz 9; *Mayr/Wiesner* in *Bertl ua*, Sonderbilanzen 152; *Hügel* § 2 Rz 1). Maßgebend sind somit **Buchwerte, nicht Teilwerte** (*Zöchling/Tüchler* in *W/Z/H/K*[5] § 2 Rz 1). Abgesehen von den Sonderfällen der Aufwertungswahlrechte des § 2 Abs 2 bewirkt eine zur Gänze unter Art I fallende Verschmelzung daher keine sofortige steuerliche Gewinnrealisierung (*Hügel* § 2 Rz 1; *Zöchling/Tüchler* in *W/Z/H/K*[5] § 2 Rz 2). Die in der steuerlichen Verschmelzungsbilanz nach § 2 Abs 5 angesetzten Werte – also die Buchwerte bzw die nach dem Wahlrecht des § 2 Abs 2 aufgewerteten Werte – sind gem § 3 Abs 1 Z 1 von der übernehmenden Körperschaft fortzuführen (s § 3 Rz 1 ff). Diese steuerliche **Buchwertfortführung** ist zwingend. Ein – nach Art 4 Abs 3 FRL durchaus mögliches – Gewinnrealisierungswahlrecht besteht im österreichischen Recht nicht (krit zB *Hügel*, ecolex 1991, 805; *Gassner*, GesRZ 1992, 93 f; *Bruckner* in *W/H/M*, HdU[1] I § 2 Rz 16; *Staringer* in GedS Gassner 444; *Hügel* § 1 Rz 2; s a die rechtspolitischen Überlegungen bei *Mayr/Wiesner* in *Bertl ua*, Sonderbilanzen 156 f).

3 Bei einer **grenzüberschreitenden Verschmelzung** unterscheidet sich die Gewinnermittlung der inländischen übertragenden Körperschaft von jener bei reinen Inlandsverschmelzungen nur dann und insoweit, als es zum Verschmelzungsstichtag zur **sofortigen oder aufgeschobenen Besteuerung** stiller Reserven auf Grund der Einschränkung des Besteuerungsrechts hinsichtlich des Vermögens der übertragenden Körperschaft kommt (UmgrStR Rz 95a; s zur aufgeschobenen Entstrickungsbesteuerung § 1 Rz 141 ff). Die UmgrStR gehen angesichts der systematischen Stellung der Aussage der Rz 95a offenbar davon aus, dass es im Fall der teilweisen Verstrickungseinschränkung zum **Ansatz der Liquidationswerte** (s Rz 11 ff) bereits in der steuerlichen **Schlussbilanz** kommt, was auch dahingehend überzeugt, dass die Schlussbilanz letztlich der steuerlichen Gewinnermittlung der übertragenden Gesellschaft dient; jedenfalls sind die Liquidationswerte aber in der **Verschmelzungsbilanz** anzusetzen (Rz 77). Führt eine **Auslandsverschmelzung** (§ 1 Abs 1 Z 4) zum Übergang einer inländischen Betriebsstätte, folgt – soweit es zu keiner Verstrickungseinschränkung kommt (s § 1 Rz 108) und auch nicht von der Aufwertungsoption nach § 2 Abs 2 Z 2 Gebrauch gemacht wird (s Rz 26 ff) – auch diesfalls das Unterbleiben der Liquidationsbesteuerung aus dem Buchwertfortführungsgebot (UmgrStR Rz 94; *Bruckner* in W/H/M, HdU¹ I § 2 Rz 15; *Hügel* § 2 Rz 6). Ebenso wie bei Inlandsverschmelzungen ist eine Schlussbilanz der Betriebsstätte zum Verschmelzungsstichtag unter Beachtung der nach § 21 Abs 1 Z 1 KStG maßgebenden Gewinnermittlungsvorschriften des EStG aufzustellen (UmgrStR Rz 94). Dies gilt kraft der Gewerblichkeitsfiktion des § 21 Abs 1 Z 3 KStG auch für inländisches unbewegliches Vermögen (*Hügel* § 2 Rz 6). Bei der Übertragung außerbetrieblichen Vermögens, etwa einer wesentlichen Beteiligung an einer inländischen Körperschaft (§ 98 Abs 1 Z 5 lit e EStG), sind – in erweiternder Auslegung des § 2 Abs 1 – die (**außerbetrieblichen**) **Anschaffungskosten** fortzuführen (UmgrStR Rz 95; s a *Bruckner* in W/H/M, HdU¹ I § 2 Rz 15; *Hügel* § 2 Rz 6 u Rz 38).

2. Sphärenabgrenzung

Durch § 2 Abs 1 iVm Abs 3 soll für steuerliche Zwecke eine klare **zeitliche Abgrenzung der steuerlichen Sphären** und eine nahtlose **Einkommens- und Vermögenszurechnung** hinsichtlich übertragender und übernehmender Körperschaft gesichert werden (*Bruckner* in W/H/M, HdU¹ I § 2 Rz 8; *Staringer* in GedS Gassner 442 f). Durch § 2 Abs 1 (iVm Abs 3) wird erreicht, dass *(1)* mit dem Verschmelzungsstichtag das letzte Wirtschaftsjahr der übertragenden Körperschaft endet, *(2)* der Gewinn für das letzte mit dem Verschmelzungsstichtag endende Wirtschaftsjahr ermittelt werden kann und *(3)* eine allfällige unternehmensrechtliche Aufwertung des Vermögens nach § 202 UGB steuerlich unbeachtlich ist (s ErlRV 266 BlgNR 18. GP, 16; UmgrStR Rz 91; BMF 6.6.2000, ecolex 2000, 749 = FJ 2000, 274; *Bruckner* in W/H/M, HdU¹ I § 2 Rz 7; *Mayr/Wiesner* in Bertl ua, Sonderbilanzen 156 f; *Mayr* in D/R I¹¹ Tz 1126). 4

Die **Steuerrechtssubjektivität der übertragenden Gesellschaft** endet mit dem Ablauf des Verschmelzungsstichtages. Für jenes Jahr, in das der Verschmelzungsstichtag fällt, hat daher noch eine **eigenständige Einkommensermittlung** stattzufinden, in deren Rahmen auch ein Abzug vorhandener Verlustvorträge vorzunehmen ist (*Quantschnigg* in FS Bauer 277; *Bruckner* in W/H/M, HdU¹ I § 2 Rz 8; s a VwGH 15.7.1998, 93/13/0054, ÖStZB 1999, 53 mwN; ausf § 4 Rz 24 ff). Bei Konzernverschmelzungen ist zu beachten, dass in der letzten Schlussbilanz auch die Möglichkeit bzw Notwendigkeit besteht, eine uU steuerwirksame **Teilwertabschreibung** auf die Beteiligung an der Beteiligungsgesellschaft vorzunehmen (zur Verwertung s § 4 Rz 9 ff), während ansonsten ein steuerneutraler Buchverlust nach § 3 Abs 2 entstünde (*Bruckner* in W/H/M, HdU¹ I § 2 Rz 12). 5

Auch die **Mindestkörperschaftsteuerpflicht** endet ungeachtet des zivilrechtlichen Fortbestehens der Körperschaft mit Ablauf des Verschmelzungsstichtages (KStR Rz 1560 [ex-Rz 1509]; UFS 17.9.2007, RV/0744-W/07; s a *Wiesner*, RdW 1995, 160 f; *Bruckner* in W/H/M, HdU¹ I § 2 Rz 11). Da § 24 Abs 4 KStG auf volle Kalendervierteljahre abstellt, besteht bei Verschmelzungen auf einen vom Ende des Kalendervierteljahres abweichenden Stichtag für jenes Kalendervierteljahr, in 6 das der Verschmelzungsstichtag fällt, keine Mindestkörperschaftsteuerpflicht mehr (KStR Rz 1578 [ex-Rz 1509]).

B. Liquidationsbesteuerung
1. Überblick

11 Durch § 20 Abs 1 letzter Satzteil KStG wird klargestellt, dass es bei Vorliegen der Voraussetzungen des UmgrStG zu keiner Liquidationsbesteuerung kommt. Fällt hingegen eine **Verschmelzung einer unbeschränkt steuerpflichtigen Körperschaft** partiell oder zur Gänze nicht unter Art I, erfolgt eine – partielle oder vollständige, sofortige oder aufgeschobene – **Liquidationsbesteuerung nach §§ 19, 20 KStG** (UmgrStR Rz 90 iVm 386 ff; KStR 1454 ff [ex-Rz 1433 ff]; s a § 1 Rz 192 ff; zur Aufschuboption § 1 Rz 141 ff u zur Tauschbesteuerung auf Ebene der Anteilsinhaber § 5 Rz 31 ff).

12 Bei **beschränkt steuerpflichtigen Körperschaften** iSd § 1 Abs 3 Z 1 KStG richtet sich die Besteuerung einer „verunglückten" Auslandsverschmelzung nicht nach §§ 19, 20 KStG, sondern nach § 21 Abs 1 KStG iVm §§ 6 Z 14 lit b, 24, 98 EStG (s § 1 Rz 195).

13 Soweit die **Aufwertungsoption des § 2 Abs 2** genutzt wird, bleibt Art I abgesehen vom Verzicht auf die Buchwertfortführung (s Rz 26 ff) und vom Wegfall des Verlustvortragsüberganges (s § 4 Rz 22) umfassend anwendbar (UmgrStR Rz 26 u 389; *Strimitzer* in Q/R/S/S/V[24] § 20 Rz 18; *Bieber* in *Achatz/Kirchmayr* § 20 Tz 52). Es handelt sich dabei **nicht um eine Teilliquidationsbesteuerung**, sondern um den – nicht aus § 20 Abs 1 Z 1 KStG, sondern aus § 2 Abs 2 folgenden – Ansatz des Vermögens mit dem sich aus § 20 KStG ergebenden Wert im Anwendungsbereich des Art I (UmgrStR Rz 389; s a *Hügel* § 2 Rz 26; *Hristov*, Liquidation 218 f). Die **Fortführung der Realisierungswerte** durch die übernehmende Körperschaft ergibt sich dementsprechend bei der Aufwertungsverschmelzung nach § 2 Abs 2 nicht aus § 20 Abs 3 KStG, sondern aus § 3 (*Hügel* § 2 Rz 33).

2. Ermittlung des Umgründungsgewinnes (§ 20 Abs 2 KStG)
a) Anfangs- und Endvermögen

14 Der Liquidationsgewinn ergibt sich nach § 19 Abs 2 KStG durch die **Gegenüberstellung von Abwicklungs-Endvermögen und Abwicklungs-Anfangsvermögen**. Das Abwicklungs-Anfangsvermögen ist in § 19 Abs 5 S 1 KStG definiert; für die Definition des Abwicklungs-Endvermögens tritt jedoch für den Umgründungsfall § 20 Abs 2 KStG an die Stelle des § 19 Abs 4 KStG (ausf *Hristov*, Liquidation 201 ff).

b) Abwicklungs-Anfangsvermögen

15 Das Abwicklungs-Anfangsvermögen ist das **(steuerliche) Betriebsvermögen laut Schlussbilanz** des letzten Wirtschaftsjahres, wobei im Falle einer Umgründung auf einen Zwischenstichtag die Bilanz zum Zwischenstichtag maßgeblich ist (UmgrStR Rz 394). Der Wert des Betriebsvermögens ist nach den Vorschriften über die Gewinnermittlung anzusetzen (§ 19 Abs 5 KStG); dies sind die nach §§ 4 bis 14 EStG bestimmten (fortgeführten) **Buchwerte**. Bewertungsstichtag ist nach § 20 Abs 2 Z 1 TS 2 – ebenso wie für das Abwicklungs-Endvermögen – der **Verschmelzungsstichtag** (KStR Rz 1462 [ex-Rz 1441] u UmgrStR Rz 395; *Hügel* § 2 Rz 30; *Hristov* in L/R/S/S[2] § 20 Rz 55).

c) Abwicklungs-Endvermögen

Auf Ebene der übertragenden Gesellschaft regelt § 20 Abs 2 KStG die für Umgründungszwecke im Verhältnis zu § 19 KStG adaptierte Ermittlung des Liquidationsgewinnes. § 20 Abs 2 KStG differenziert nach dem **Vorliegen einer Gegenleistung** und sieht davon abhängig unterschiedliche Bewertungskonzepte vor (ausf *Staringer* in GedS Gassner 441 f; *Hügel* § 2 Rz 28 ff; *Hristov* in *L/R/S/S²* § 20 Rz 53 ff; UmgrStR Rz 391 ff). Wird nur teilweise eine Gegenleistung gewährt, sind beide Regelungskonzepte im Verhältnis zwischen gewährter und nicht gewährter Gegenleistung anzuwenden (KStR Rz 1464 [ex-Rz 1443]; *Hirschler* in FS Werilly 158). Bewertungszeitpunkt ist nach § 20 Abs 2 Z 1 TS 2 KStG stets der **Verschmelzungsstichtag** (*Hirschler* in FS Werilly 158; *Hirschler* in *Bertl ua*, Gründung 156; *Hügel* § 2 Rz 29 u Rz 32; *Hristov* in *L/R/S/S²* § 20 Rz 54). 16

aa) Gewährung einer Gegenleistung

Bei Gewährung einer Gegenleistung tritt an die Stelle des Abwicklungs-Endvermögens nach § 19 Abs 4 KStG der **Wert der für die Vermögensübertragung gewährten Gegenleistung** (§ 20 Abs 2 Z 1 KStG). Der Begriff der „Gegenleistung" erschließt sich im Umkehrschluss zu § 20 Abs 2 letzter Satz KStG, der den Teilwertansatz fordert, wenn „eine Gegenleistung in Form von Gesellschafts- oder anderen Mitgliedschaftsrechten nicht gewährt wird". Die Gegenleistung kann daher zunächst in – durch Kapitalerhöhung geschaffenen oder eigenen – Anteilen bestehen (*Hügel* § 2 Rz 30; *Strimitzer* in *Q/R/S/S/V²⁴* § 20 Rz 43 f; *Hristov*, Liquidation 221 ff); erfasst sind aufgrund des engen wirtschaftlichen und gesellschaftsrechtlichen Konnexes darüber hinaus auch Zuzahlungen iSd § 224 Abs 5 AktG (KStR Rz 1464 [ex-Rz 1443]; *Hristov*, Liquidation 222; *Hristov* in *L/R/S/S²* § 20 Rz 56). Unter § 20 Abs 2 Z 1 KStG fällt schließlich die **Abtretung von Anteilen durch die Altgesellschafter** der übernehmenden Körperschaft oder Dritte, da diese Bestimmung nicht eine durch die übernehmende Körperschaft zu erbringende Gegenleistung voraussetzt (*Hügel* § 2 Rz 30; *Strimitzer* in *Q/R/S/S/V²⁴* § 20 Rz 43 ff). 17

Nach den UmgrStR soll eine Gegenleistung auch bei „Aufgabe der Anteile an der übertragenden Gesellschaft (zB Mutter-Tochter-Verschmelzung)" vorliegen (UmgrStR Rz 391; ebenso *Hirschler* in *Bertl ua*, Gründung 156 f, in Abkehr von *Hirschler* in FS Werilly 158), also bei einer **Upstream-Verschmelzung** nach § 224 Abs 1 Z 1 AktG. Diese Ansicht setzt sich nicht nur in Widerspruch zur zutr hA im Schrifttum (zB *Hristov* in *Bertl ua*, Sonderbilanzen 199; *Hügel* § 2 Rz 30 m FN 33; *Strimitzer* in *Q/R/S/S/V²⁴* § 20 Rz 44; *Hristov*, Liquidation 221 f; s a *Hristov* in *L/R/S/S²* § 20 Rz 54, 56 u 62), sondern auch zu den KStR, wonach es „bei Besitz der Anteile an der übertragenden Gesellschaft" mangels Gegenleistung zum Teilwertansatz der übertragenen Wirtschaftsgüter kommt (KStR Rz 1464 [ex-Rz 1443]). 18

Die **Gegenleistung** ist – wie § 19 Abs 4 KStG nahe legt – mit dem **gemeinen Wert** anzusetzen (*Staringer*, Einlagen 209; *Hügel* § 2 Rz 30; *Bieber* in *Achatz/Kirchmayr* § 20 Tz 67; *Hristov* in *L/R/S/S²* § 20 Rz 56), während in der Verwaltungspraxis und zT auch im Schrifttum auf den **Verkehrswert** abgestellt wird (UmgrStR Rz 391; *Hirschler* in *Bertl ua*, Gründung 156 f; *Hirschler* in FS Werilly 157; *Strimitzer* in *Q/R/S/S/V²⁴* § 20 Rz 43 ff). 19

bb) Nichtgewährung einer Gegenleistung

20 Bei Nichtgewährung einer Gegenleistung in Form von Gesellschafts- oder anderen Mitgliedschaftsrechten ist gem § 20 Abs 2 letzter Satz KStG der **Teilwert der Wirtschaftsgüter** einschließlich **selbst geschaffener unkörperlicher Wirtschaftsgüter** anzusetzen (KStR Rz 1464 [ex-Rz 1443]; zum Wertmaßstab s zB *Staringer*, Einlagen 208 ff; *Hirschler* in *Bertl ua*, Gründung 156 f; *Strimitzer* in *Q/R/S/S/V*^{24} § 20 Rz 44), wozu nach der Verwaltungspraxis auch der (originäre) **Firmenwert** gehört (s UmgrStR Rz 392; KStR Rz 1464 [ex-Rz 1443]; dazu *Strimitzer* in *Q/R/S/S/V*^{24} § 20 Rz 44; *Bieber* in *Achatz/Kirchmayr* § 20 Tz 66). Diese Bewertung greift bei unterbleibender Gegenleistung in Form von Gesellschaftsanteilen sowohl bei der **Sidestream-Verschmelzung** (§ 224 Abs 2 Z 1 AktG; s zB *Hirschler* in FS Werilly 158; *Hirschler* in *Bertl ua*, Gründung 157; *Hügel* § 2 Rz 31) als auch bei der **Downstream-Verschmelzung** (§ 224 Abs 3 AktG; s *Hirschler* in *Bertl ua*, Gründung 157; UmgrStR Rz 391) und – entgegen der UmgrStR – auch bei der **Upstream-Verschmelzung** (s Rz 18).

d) Liquidationsgewinn

21 Der Liquidationsgewinn ergibt sich als Differenz zwischen dem **Liquidations-Anfangsvermögen** (zu Buchwerten) und dem **Liquidations-Endvermögen** (zu gemeinen Werten bzw Teilwerten). Da für beide Größen als Bewertungszeitpunkt der Verschmelzungsstichtag maßgeblich ist, existiert **kein Liquidationszeitraum** (s KStR Rz 1462 [ex-Rz 1441] u UmgrStR Rz 395; *Hügel* § 2 Rz 30; *Strimitzer* in *Q/R/S/S/V*^{24} § 20 Rz 46; *Bieber* in *Achatz/Kirchmayr* § 20 Tz 55; *Hristov* in *L/R/S/S*^{2} § 20 Rz 55; *Walter*^{11} Rz 43). Allfällige **Verlustvorträge** und Schwebeverluste sind mit dem Liquidationsgewinn zu verrechnen und **Mindestkörperschaftsteuerguthaben** auf die Körperschaftsteuerschuld des letzten Veranlagungszeitraums der übertragenden Körperschaft anzurechnen (*Strimitzer* in *Q/R/S/S/V*^{24} § 20 Rz 42); die Verrechnungsgrenze des § 2 Abs 2b EStG iVm § 7 Abs 2 KStG kommt nicht zur Anwendung (§ 8 Abs 4 KStG, vor dem AbgÄG 2014: § 2 Abs 2b Z 3 TS 5 EStG). Eine Übertragung von Verlustvorträgen, Schwebeverlusten und Mindestkörperschaftsteuerguthaben auf den Rechtsnachfolger ist nicht möglich (dazu § 4 Rz 3; s a UmgrStR Rz 399; *Strimitzer* in *Q/R/S/S/V*^{24} § 20 Rz 18; krit *Hügel* § 4 Rz 19).

3. Behandlung beim Rechtsnachfolger (§ 20 Abs 3 KStG)

a) Wertverknüpfung

22 § 20 Abs 3 KStG ordnet für den das Vermögen der übertragenden Gesellschaft übernehmenden Rechtsnachfolger eine **zwingende Liquidationswertfortführung** zur Sicherung des Bilanzzusammenhanges an (s *Hirschler* in *Bertl ua*, Gründung 157; *Staringer*, Einlagen 210 f; *Strimitzer* in *Q/R/S/S/V*^{24} § 20 Rz 49; *Bieber* in *Achatz/Kirchmayr* § 20 Tz 75; *Hristov* in *L/R/S/S*^{2} § 20 Rz 64). Wird eine Gegenleistung gewährt, sind die übernommenen Wirtschaftsgüter mit dem auf sie entfallenden Anteil der gewährten Gegenleistung zu bewerten, ein Unterschiedsbetrag ist als (abzuschreibender) Firmenwert anzusetzen (*Strimitzer* in *Q/R/S/S/V*^{24} § 20 Rz 51; *Hristov* in *L/R/S/S*^{2} § 20 Rz 65); wird keine Gegenleistung gewährt, hat der Rechtsnachfolger – korrespondierend mit § 20 Abs 2 letzter Satz KStG – die Teilwerte der Wirtschaftsgüter einschließlich eines (abzuschreibenden) Firmenwertes anzusetzen (*Hirschler* in *Bertl ua*, Gründung 157; *Hristov* in *L/R/S/S*^{2} § 20 Rz 66).

Es besteht keine Bindung an die Abschreibungsdauer und -grundsätze der übertragenden Körperschaft (*Strimitzer* in Q/R/S/S/V[24] § 20 Rz 51).

b) Stichtagsverknüpfung

§ 20 Abs 3 letzter Satz KStG legt analog zum UmgrStG die Zurechnung im Anschluss an den Stichtag des Rechtsvorgängers fest (KStR Rz 1459 [ex-Rz 1438]); die zeitliche Zurechnung des übernommenen Vermögens erfolgt daher ab dem dem **Verschmelzungsstichtag** folgenden Tag (*Hristov*, Liquidation 233 ff; *Hristov* in L/R/S/S[2] § 20 Rz 68). **23**

c) Buchgewinne und Buchverluste

Bei nicht unter Art I fallenden Verschmelzungen ist zu unterscheiden, ob sie auf **gesellschaftsrechtlicher oder betrieblicher Grundlage** erfolgen (zur Unterscheidung § 1 Rz 31 ff). Während Verschmelzungsdifferenzen auf gesellschaftsrechtlicher Grundlage schon nach allgemeinem Steuerrecht steuerneutral sind, sind Verschmelzungsdifferenzen auf betrieblicher Grundlage bei der übernehmenden Körperschaft mangels Anwendbarkeit des § 3 Abs 2 steuerwirksam (UmgrStR Rz 397; s a § 1 Rz 34 f u zB *Hristov*, Liquidation 235 ff; *Bieber* in Achatz/Kirchmayr § 20 Tz 76 ff; *Hristov* in L/R/S/S[2] § 20 Rz 69). **24**

II. Optionale Liquidationsbesteuerung (Abs 2)
A. Aufwertungsverschmelzung

Abweichend von der zwingenden Buchwertfortführung nach § 2 Abs 1 räumt § 2 Abs 2 zur Vermeidung einer zeitverschobenen Doppelbesteuerung ein – nach der FRL zulässiges (s Rz 2 u *Staringer* in W/H/M, HdU[1] Q2 Rz 21) – steuerwirksames **Aufwertungswahlrecht ("Gewinnrealisierungswahlrecht")** auf den „sich aus § 20 des Körperschaftsteuergesetzes 1988 ergebenden Wert" für bestimmte Fälle von Verschmelzungen mit Auslandsbezug ein (**„Aufwertungsverschmelzung"**), und zwar **26**

- in § 2 Abs 2 Z 1 bei **Inlandsverschmelzungen** iSd § 1 Abs 1 Z 1 bis 3 hinsichtlich des **ausländischen Vermögens** und
- in § 2 Abs 2 Z 2 bei **Auslandsverschmelzungen** iSd § 1 Abs 1 Z 4 hinsichtlich des **inländischen Betriebsvermögens und sonstiger Vermögensteile**.

Das Aufwertungswahlrecht des § 2 Abs 2 wird nach hA dadurch in Anspruch genommen, dass die gemeinen Werte anstatt der Buchwerte in der steuerlichen **Verschmelzungsbilanz nach § 2 Abs 2** angesetzt werden (s *Schwarzinger/Wiesner* I/1[3] 5 u 12; *Hügel* in H/M/H § 2 Rz 61; *Polster-Grüll/Rödler* in Achatz ua, IntUmgr 244; *Hügel* § 2 Rz 25; *Jann*[2] 43; *Walter*[11] Rz 59 ff). Es kann unabhängig vom in **§ 202 UGB** verankerten unternehmensrechtlichen Bewertungswahlrecht ausgeübt werden (*Staringer* in W/H/M, HdU[1] Q2 Rz 28; *Hügel* § 2 Rz 25). Wird das Wahlrecht des § 2 Abs 2 ausgeübt, erfolgt die **antizipierte österreichische Besteuerung der stillen Reserven** im letzten Wirtschaftsjahr der übertragenden Gesellschaft mit dem laufenden Gewinn (*Bruckner* in W/H/M, HdU[1] § 2 Rz 22; *Staringer* in W/H/M, HdU[1] Q2 Rz 29), sofern nicht eine Befreiung eingreift (zB § 10 Abs 3 KStG u dazu UmgrStR Rz 138; s a *Polster-Grüll/Rödler* in Achatz ua, IntUmgr 242). Die Ausübung des Aufwertungswahlrechts und die daraus resultierende Neubewertung schlägt aufgrund der **Wertverknüpfung nach § 3 Abs 1** aus österreichischer Sicht auch auf die Bewertung bei der übernehmenden Körperschaft durch und führt zB **27** zu einem höheren Abschreibungspotenzial (s *Bruckner* in *W/H/M*, HdU¹ I § 2 Rz 25; *Staringer* in *W/H/M*, HdU¹ Q2 Rz 21; s § 3 Rz 39). Die Aufwertung hindert allerdings den **Verlustvortragsübergang** nach § 4, nicht aber den Übergang von Schwebeverlusten und Mindestkörperschaftsteuerguthaben (s § 4 Rz 22).

28 Wenngleich der Wortlaut des § 2 Abs 2 auf „reine" Inlands- bzw Auslandsverschmelzungen zugeschnitten ist, fallen nach hA auch **grenzüberschreitende Verschmelzungen aufgrund österreichischer gesellschaftsrechtlicher Vorschriften** (s § 1 Rz 71 ff) unter § 2 Abs 2 Z 1 (s *Polster-Grüll/Rödler* in *Achatz ua*, IntUmgr 242 f; *Hügel* § 2 Rz 18; *Zöchling/Tüchler* in *W/Z/H/K*⁵ § 2 Rz 6 u 8). Soweit bei **Export-Verschmelzungen** hinsichtlich des ausländischen Vermögens eine teilliquidationsauslösende Verstrickungseinschränkung eintritt, besteht freilich kein Bedarf für ein Aufwertungswahlrecht in Österreich (s dazu u zum Besteuerungsaufschub in EU- und EWR-Situationen § 1 Rz 119 ff u 141 ff; ebenso *Polster-Grüll/Rödler* in *Achatz ua*, IntUmgr 242 ff; aA wohl *Hügel* § 2 Rz 18: Anwendung des § 2 Abs 2 Z 1). Bei **Import-Verschmelzungen** würde eine Aufwertungsoption nur für das inländische, der beschränkten Steuerpflicht nach § 21 Abs 1 Z 1 KStG iVm § 98 EStG unterliegende Vermögen sinnvoll sein. Der Wortlaut des § 2 Abs 2 Z 1 erfasst jedoch nur das „ausländische Vermögen". Dennoch lässt sich eine Anwendung des § 2 Abs 2 Z 1 durch teleologische Extension im Lichte des § 2 Abs 2 Z 2 (so *Hügel* § 2 Rz 18) oder durch eine Auslegung des Begriffes des „ausländischen Vermögens" iSv Vermögen, das der ausländischen Besteuerung unterliegt (so *Polster-Grüll/Rödler* in *Achatz ua*, IntUmgr 243 u 247; womöglich a UmgrStR Rz 103), erreichen (ebenso im Ergebnis *Zöchling/Tüchler* in *W/Z/H/K*⁵ § 2 Rz 9).

29 Die **Zielsetzung der Bestimmung** liegt in der **Vermeidung einer zeitversetzten Doppelbesteuerung** (ErlRV 266 BlgNR 18. GP, 16; *Lechner*, ecolex 1992, 356 f u 360; *Bruckner* in *W/H/M*, HdU¹ § 2 Rz 20 ff; *Staringer* in *W/H/M*, HdU¹ Q2 Rz 23; *Polster-Grüll/Rödler* in *Achatz ua*, IntUmgr 229 ff). Nimmt das Ausland eine **Inlandsverschmelzung** zum Anlass für eine Gewinnverwirklichung, wäre im Falle der Buchwertfortführung im Inland erst der spätere Gewinn aus der Veräußerung des ausländischen Vermögens steuerlich zu erfassen, wobei eine Anrechnung der Auslandssteuer mangels erforderlicher Periodengleichheit ins Leere ginge (*Bruckner* in *W/H/M*, HdU¹ § 2 Rz 2; zur Nichtgewährung eines Anrechnungsvortrags s VwGH 27.11.2014, 2012/15/0002; VwGH 29.4.2015, Ro 2014/13/0027; UFS 16.5.2012, RV/1213-W/08; BFG 17.3.2014, RV/7100201/2012; weiters zB BMF 22.1.2010, EAS 3113 = SWI 2010, 98). Durch die Aufwertungsoption des § 2 Abs 2 Z 1 und die damit verbundene Vorwegnahme der Gewinnrealisierung im Inland wird somit die idealtypische Möglichkeit einer periodenkongruenten Steueranrechnung bei der übertragenden Körperschaft im Inland eröffnet (ErlRV 266 BlgNR 18. GP, 16; die Mindestkörperschaftsteuer bietet keine Anrechnungsmöglichkeit, s *Schwarzinger/Wiesner* I/1³ 217), wobei aber bei periodenverschiedener Erfassung des Verschmelzungsvorgangs (zB aufgrund mangelnder Relevanz des Verschmelzungsstichtags für Zwecke der ausländischen Besteuerung) auch eine zeitverschobene (insb **„rückwirkende"**) **Anrechnung** der ausländischen Steuer möglich ist (s Rz 31). Erfolgt demgegenüber eine **Auslandsverschmelzung** im Ansässigkeitsstaat der übertragenden Körperschaft unter Gewinnverwirklichung und wäre in Österreich hinsichtlich des inländischen Betriebsvermögens und sonstiger Vermögensteile die Buchwertfortführung verpflichtend, würden bei einer späteren

Veräußerung des Inlandsvermögens die darin enthaltenen stillen Reserven nochmals besteuert, wobei eine Anrechnung dieser Steuer im Ansässigkeitsstaat mangels Periodengleichheit ins Leere gehen könnte (*Bruckner* in *W/H/M*, HdU[1] I § 2 Rz 23). Daher sieht § 2 Abs 2 Z 2 auch für diesen Fall eine Aufwertungsoption für „das Betriebsvermögen und sonstige Vermögensteile" vor, wodurch ein Potenzial von im Ausland anrechenbarer Steuer geschaffen wird.

B. Anwendungsvoraussetzungen

Anwendungsvoraussetzung für das Geltendmachen der Aufwertungsoption ist in beiden Fällen nach § 2 Abs 2 kumulativ, 30

- dass „die Verschmelzung **im Ausland zur Gewinnverwirklichung führt**". 31
Diese Voraussetzung liegt jedenfalls vor, wenn der ausländische Staat den **Verschmelzungsakt als Besteuerungsanknüpfung** zwingend heranzieht (UmgrStR Rz 104); sie ist aber nach hA auch dann gegeben, wenn er in Ausübung eines Wahlrechts (zB ausländisches Aufwertungswahlrecht) herangezogen wird (zB *Schneider*, SWK 1992, A I 262; *Bruckner* in *W/H/M*, HdU[1] I § 2 Rz 20; *Staringer* in *W/H/M*, HdU[1] Q2 Rz 27; *Zöchling/Puchner* in *Frotz/Kaufmann*[2], SteuerR Rz 9; *Zöchling/Tüchler* in *W/Z/H/K*[5] § 2 Rz 6; ebenso UmgrStR Rz 1668, zur Spaltung; aus teleologischen Gründen aA *Mayr/Wiesner* in *Bertl ua*, Sonderbilanzen 153, u *Mayr/Wellinger* in HB Sonderbilanzen II 19: kein Schutz vor freiwillig herbeigeführter Doppelbesteuerung). Die Verwaltungspraxis verlangt zudem eine „tatsächliche steuerpflichtige Gewinnverwirklichung im Ausland" (UmgrStR Rz 101; ebenso *Mayr/Wiesner* in *Bertl ua*, Sonderbilanzen 153; *Hügel* § 2 Rz 19). Dies geht angesichts die eine virtuelle Doppelbesteuerung erfassenden Gesetzeswortlauts wohl zu weit. Nach zutr hA steht daher auch einer **Steuerbefreiung im Ausland** einer Aufwertung nach § 2 Abs 2 nicht entgegen (s *Staringer*, Einlagen 190; *Staringer* in *W/H/M*, HdU[1] Q2 Rz 27; *Polster-Grüll/Rödler* in *Achatz ua*, IntUmgr 238). Unmaßgeblich ist auch, ob aufgrund von **Verlusten oder Verlustvorträgen** eine (sofortige) Erhöhung der ausländischen Steuerbelastung erfolgt (*Staringer*, Einlagen 190; *Staringer* in *W/H/M*, HdU[1] Q2 Rz 27; *Polster-Grüll/Rödler* in *Achatz ua*, IntUmgr 238). Ebenso wenig relevant ist der **ausländische Steuersatz**, der sich ohnehin iRd Anrechnung auswirkt (*Lechner*, ecolex 1992, 357; *Staringer* in *W/H/M*, HdU[1] Q2 Rz 27). § 2 Abs 2 setzt weiters nicht voraus, dass die Verschmelzung im Ausland **periodengleich besteuert** wird (sondern zB im Jahr der Durchführung der Verschmelzung anstatt im – aus österreichischer Sicht maßgeblichen – Jahr des Verschmelzungsstichtages); auch eine zeitverschobene (insb „**rückwirkende**") Anrechnung der ausländischen Steuer sollte in diesem Fall möglich sein (so a *Schwarzinger/Wiesner* I/1[3] 219; *Bruckner* in *W/H/M*, HdU[1] I § 2 Rz 22 m FN 268; *Staringer* in *W/H/M*, HdU[1] Q2 Rz 24; *Polster-Grüll/Rödler* in *Achatz ua*, IntUmgr 244; *Hügel* § 2 Rz 13; *Zöchling/Puchner* in *Frotz/Kaufmann*[2], SteuerR Rz 9; ebenso *Mayr/Wiesner* in *Bertl ua*, Sonderbilanzen 155, u *Mayr/Wellinger* in HB Sonderbilanzen II 19 f: „Anrechnungsrücktrag").

- das Vorliegen eines – sachlich und persönlich anwendbaren (arg „dafür"; s *Lechner*, ecolex 1992, 357 m FN 19; *Staringer* in *W/H/M*, HdU[1] Q2 Rz 25) – **DBA mit Anrechnungsmethode** oder einer **vergleichbaren innerstaatlichen Maßnahme** zur Vermeidung der Doppelbesteuerung, etwa nach § 48 BAO oder der darauf basierenden DoppelbesteuerungsVO (BGBl II 2002/474) bzw einer vergleichbaren ausländischen Maßnahme (*Staringer*, Einlagen 187 f; *Polster-Grüll/Rödler* in *Achatz ua*, IntUmgr 239; *Walter*[11] Rz 59 ff; zu eng UmgrStR 32

Rz 101, wo von „in ausländischen Steuergesetzen vorgesehene[n] Anrechnungsverfahren" die Rede ist).

Im Falle eines **DBA mit Befreiungsmethode** oder einer gleichwertigen innerstaatlichen Maßnahme bleibt es bei der zwingenden Buchwertfortführung, zumal angesichts der Befreiung ohnehin keine Doppelbesteuerung eintreten kann (*Schneider*, SWK 1992, A I 263; *Bruckner* in W/H/M, HdU[1] I § 2 Rz 21; *Zöchling/Tüchler* in W/Z/H/K[5] § 2 Rz 5; *Walter*[11] Rz 64). Auch wenn entweder **kein DBA mit Anrechnungsmethode** bzw keine gleichwertige innerstaatliche Maßnahme bestünde, wäre aus dem Blickwinkel des § 2 Abs 2 eine Doppelbesteuerung **nicht systemwidrig**, sodass es auch diesfalls bei der Buchwertfortführung nach § 2 Abs 1 bliebe (*Schneider*, SWK 1992, A I 263; *Bruckner* in W/H/M, HdU[1] I § 2 Rz 21). Dass im Ergebnis aber bei einer Inlandsverschmelzung weder eine Entlastung durch Anrechnung noch durch Befreiung eintritt, ist angesichts der umfassenden **DoppelbesteuerungsVO** (BGBl II 2002/474) kaum denkbar.

C. Auslandsvermögen bei Inlandsverschmelzungen

33 § 2 Abs 2 Z 1 gestattet abweichend vom Buchwertfortführungsgrundsatz für die übertragende Körperschaft bei einer **Inlandsverschmelzung mit Auslandsbezug** iSd § 1 Abs 1 Z 1 bis 3 eine **Aufwertungsoption für „das ausländische Vermögen"**. Die übertragende Körperschaft muss nach der Verwaltungspraxis grundsätzlich im Inland iSd § 1 Abs 2 KStG unbeschränkt steuerpflichtig sein, zumal nur diesfalls auch die Übertragung des ausländischen Vermögens der inländischen Steuerpflicht unterliegt (UmgrStR Rz 102; *Hügel* § 2 Rz 17; s aber zur teleologischen Ausdehnung auf Fälle der Import-Verschmelzung Rz 28). Das **„ausländische Vermögen"** umfasst „alle Wirtschaftsgüter, die auf Grund des betreffenden DBA und der innerstaatlichen Rechtslage des ausländischen Staates der ausländischen Besteuerung unterliegen" (UmgrStR Rz 103). Dies ist idR nicht nur ausländisches „Betriebsvermögen", sondern etwa auch Beteiligungen an ausländischen Gesellschaften und ausländisches Grund- und Finanzvermögen (UmgrStR Rz 103; *Polster-Grüll/Rödler* in Achatz ua, IntUmgr 244; *Hügel* § 2 Rz 20; *Zöchling/Puchner* in *Frotz/Kaufmann*[2], SteuerR Rz 16; *Zöchling/Tüchler* in W/Z/H/K[5] § 2 Rz 7; *Strimitzer/Wurm* in T/W, EU-VerschG[2] SteuerR Rz 60); erfasst können zB auch Forderungen gegen ausländische Schuldner sein (*Bruckner* in W/H/M, HdU[1] I § 2 Rz 18 mwN).

34 Bei **Inanspruchnahme der Aufwertungsoption** nach § 2 Abs 2 Z 1 ist das betroffene Vermögen mit dem sich aus **§ 20 KStG** ergebenden Wert – also dem gemeinen Wert der gewährten Anteile oder dem Teilwert des übertragenen Vermögens bei unterbleibender Anteilsgewährung – anzusetzen (s Rz 16 ff; weiters zB *Bruckner* in W/H/M, HdU[1] I § 2 Rz 24; *Staringer* in W/H/M, HdU[1] Q2 Rz 29; *Polster-Grüll/Rödler* in Achatz ua, IntUmgr 241 f; *Strimitzer/Wurm* in T/W, EU-VerschG[2] SteuerR Rz 62). Durch diese Vorwegnahme der steuerwirksamen Gewinnrealisierung wird in Österreich Potenzial für die Anrechnung ausländischer Steuern geschaffen (s Rz 29). Nach der Verwaltungspraxis muss die Aufwertung nicht zwingend das gesamte **ausländische Vermögen** umfassen, sondern trifft vielmehr nur jenes ausländische Vermögen, welches auf Grund des ausländischen Steuerrechts zur Besteuerung herangezogen wird (UmgrStR Rz 105; s a *Lechner*, ecolex 1992, 357 f; *Bruckner* in W/H/M, HdU[1] I § 2 Rz 25; *Polster-Grüll/Rödler* in Achatz ua, IntUmgr 239 f; *Hügel* § 2 Rz 20). Das Ausüben der Aufwertungsoption ändert nichts an der

Buchwertfortführung für das Inlandsvermögen (UmgrStR Rz 105; *Hügel* § 2 Rz 21; *Strimitzer/Wurm* in *T/W*, EU-VerschG² SteuerR Rz 62).

Sind die Voraussetzungen des Aufwertungswahlrechts im Hinblick auf Vermögen **35** in jeweils **unterschiedlichen ausländischen Staaten** erfüllt, so ist eine gesonderte Ausübung der Option im Hinblick auf jeden beteiligten Staat möglich (*Lechner*, ecolex 1992, 358; *Bruckner* in *W/H/M*, HdU¹ I § 2 Rz 25; *Polster-Grüll/Rödler* in *Achatz ua*, IntUmgr 240; *Mayr/Wiesner* in *Bertl ua*, Sonderbilanzen 154). Eine gesonderte Ausübung soll auch bei **zwei (unabhängigen) Betriebsstätten** in ein und demselben ausländischen Staat möglich sein (*Mayr/Wiesner* in *Bertl ua*, Sonderbilanzen 154). Eine gesonderte Ausübung für **jedes einzelne Wirtschaftsgut** in ein und demselben ausländischen Staat dürfte aber ebenso ausgeschlossen sein wie der **Ansatz von Zwischenwerten** (*Lechner*, ecolex 1992, 358 m FN 26; *Gassner*, GesRZ 1992, 96; *Bruckner* in *W/H/M*, HdU¹ I § 2 Rz 24; *Polster-Grüll/Rödler* in *Achatz ua*, IntUmgr 240; *Mayr/Wiesner* in *Bertl ua*, Sonderbilanzen 154).

D. Inlandsvermögen bei Auslandsverschmelzungen

§ 2 Abs 2 Z 2 eröffnet abweichend vom Buchwertfortführungsgrundsatz für die **36** übertragende Körperschaft bei einer **Auslandsverschmelzung iSd § 1 Abs 1 Z 4** eine **Aufwertungsoption** auf „das Betriebsvermögen und sonstige Vermögensteile" (zur Ausdehnung auf „sonstige Vermögensteile" durch das EU-AnpG, BGBl 1994/681, s *Bruckner* in *W/H/M*, HdU¹ I § 2 Rz 19). Die Ausübung der Aufwertungsoption kann im Zusammenhang mit einer Auslandsverschmelzung nur zu einer Besteuerung des Veräußerungsgewinnes führen, wenn *(1)* **beschränkte Steuerpflicht** gem § 1 Abs 3 Z 1 KStG iVm § 21 Abs 1 KStG, § 98 EStG besteht und *(2)* das österreichische Besteuerungsrecht durch ein **DBA** nicht eingeschränkt ist (UmgrStR Rz 107 f; *Hügel* § 2 Rz 23).

Das Aufwertungswahlrecht kommt daher in Betracht beim verschmelzungsbe- **37** dingten Übergang (s a § 1 Rz 108 ff; weiters UmgrStR Rz 108; *Hügel* § 1 Rz 23)

- einer **inländischen Betriebsstätte** (§ 98 Abs 1 Z 3 EStG iVm Art 13 Abs 2 OECD-MA; unklar UmgrStR Rz 108, wo auf Art 7 OECD-MA abgestellt wird);
- von **inländischem unbeweglichem Vermögen** (§ 21 Abs 1 Z 3 KStG iVm § 98 Abs 1 Z 3 TS 3 EStG iVm Art 13 Abs 1 OECD-MA);
- einer qualifizierten **Beteiligung an einer inländischen Kapitalgesellschaft** (§ 98 Abs 1 Z 5 lit e EStG iVm Art 13 Abs 4 oder einer von Art 13 Abs 5 OECD-MA abweichenden DBA-Regelung); oder
- von **grundstücksgleichen Rechten** (zB Baurechte; § 98 Abs 1 Z 7 iVm § 30 EStG idF 1. StabG 2012, BGBl I 2012/22, und Art 13 Abs 1 OECD-MA).

Da § 20 KStG auf beschränkt steuerpflichtige Körperschaften nicht anwendbar ist, **38** kann die Aufwertungsoption beim Übergang von inländischem Vermögen im Zusammenhang mit einer Auslandsverschmelzung nur zu einer Besteuerung des Veräußerungsgewinnes iRd **beschränkten Steuerpflicht gem § 1 Abs 3 Z 1 KStG** führen (UmgrStR Rz 107; *Hügel* § 2 Rz 34 ff; *Strimitzer/Wurm* in *T/W*, EU-VerschG² SteuerR Rz 81). Dies hat nach hA eine **Bewertung iSd Einkünftetatbestände des § 98 EStG iVm § 21 KStG** zur Folge (s *Lechner*, ecolex 1992, 356 m FN 10; *Bruckner* in *W/H/M*, HdU¹ I § 2 Rz 24 m FN 272; *Hügel* § 2 Rz 34; allg *Hristov* in *Bertl ua*, Sonderbilanzen 193 f; *Hristov* in *L/R/S/S²* § 20 Rz 25), obwohl der Wortlaut des § 2 Abs 2 eine Bewertung nach dem allgemeinen Umgründungssteuerrecht des § 20

KStG auch für beschränkt Steuerpflichtige anzuordnen scheint (so *Staringer* in *W/H/M*, HdU[1] Q2 Rz 29). Die Aufwertungsoption bezieht sich nur auf jenes inländische Vermögen, das durch die ausländische verschmelzungsveranlasste Besteuerung **tatsächlich betroffen** ist (UmgrStR 109; s a *Bruckner* in *W/H/M*, HdU[1] I § 2 Rz 25; *Hügel* § 1 Rz 24). Durch die Gewinnrealisierung in Österreich wird solcherart ein Potenzial von im Ausland anrechenbarer Steuer geschaffen (s Rz 29).

III. Verschmelzungsstichtag und steuerliche Rückwirkung (Abs 3)
A. Allgemeines

41 Nach § 2 Abs 3 ist das Einkommen der übertragenden Körperschaft so zu ermitteln, als ob der **Vermögensübergang mit Ablauf des Verschmelzungsstichtages** (zB 31.12., 24:00 Uhr) erfolgt wäre, wobei nach § 3 Abs 1 Z 4 nahtlos für die übernehmende Körperschaft „§ 2 Abs. 3 [...] mit dem Beginn des auf den Verschmelzungsstichtag folgenden Tages" (zB 1.1., 0:00 Uhr) gilt (s *Bruckner* in *W/H/M*, HdU[1] I § 2 Rz 34; UmgrStR Rz 147 ff). Das unter Einsatz des übergehenden Vermögens erzielte Einkommen ist somit (erst) mit dem Beginn des auf den Verschmelzungsstichtag folgenden Tages der übernehmenden Körperschaft zuzurechnen (VwGH 17.10.1989, 88/14/0183, ÖStZB 1990, 92; VwGH 20.6.1995, 92/13/0023, ÖStZB 1996, 25; s a VwGH 26.7.2007, 2006/15/0262, ÖStZB 2008/206, 267, zur Spaltung; weiters zB UmgrStR Rz 149; *Hügel* § 2 Rz 49).

42 Der Verschmelzungsstichtag teilt somit die **Gewinn- und Einkommensermittlung** für die übertragende und die übernehmende Körperschaft zu (UmgrStR Rz 81 u 149; s a *Bruckner* in *W/H/M*, HdU[1] I § 2 Rz 47; *Staringer* in Bertl ua, Sonderbilanzen 222). Die mit dem Beginn des auf den Verschmelzungsstichtag folgenden Tages abgeschlossenen Rechtsgeschäfte und Geschäftsfälle werden iRd steuerrechtlichen Einkommens- und Gewinnermittlung bereits der übernehmenden Körperschaft zugerechnet (UmgrStR Rz 81; s zu den Divergenzen zwischen gesellschaftsrechtlicher und steuerlicher Rückwirkung *Hügel* § 2 Rz 50 ff). Die **Mindestkörperschaftsteuerpflicht** der übertragenden Körperschaft endet mit dem letzten vollen Kalenderjahresquartal, das bis zum Ende des Verschmelzungsstichtags abgeschlossen wird (s Rz 6). Der Verschmelzungsstichtag hat freilich keinen Einfluss auf das laufende Wirtschaftsjahr der **übernehmenden Körperschaft** (UFS 24.11.2006, RV/1250-W/02, UFSaktuell 2008, 185 m Anm *Hirschler/Sulz/Oberkleiner*).

43 Die gesellschaftsrechtliche Stichtagsregel betrifft allerdings nur die „**schuldrechtliche**" Zurechnung der Geschäftstätigkeit der übertragenden Gesellschaft im Innenverhältnis bzw die „**Abgrenzung der Rechnungslegung**", während der Vermögensübergang – anders als im Steuerrecht (Rz 57 ff) – erst mit der Firmenbucheintragung erfolgt (§ 225a Abs 3 Z 1 AktG; s a *Adensamer*, GeS 2009, 328; *Grünwald* in *W/H/M*, HdU[11] I Rz 36; *Strimitzer*, RWZ 2007/42, 138 f; *Staringer* in Bertl ua, Sonderbilanzen 213; *Mayr/Wellinger* in HB Sonderbilanzen II 17). Auch unternehmensrechtlich endet die Buchführungspflicht der übertragenden Gesellschaft (**rückwirkend) am Verschmelzungsstichtag** (*Hügel* § 2 Rz 41). Geschäftsfälle nach dem Stichtag sind (rückwirkend) im Rechnungswesen der übernehmenden Gesellschaft zu erfassen (UmgrStR Rz 75; *Grünwald* in *W/H/M*, HdU[11] I Rz 39), obwohl das Erlöschen der übertragenden Gesellschaft und der sachenrechtliche Vermögensübergang gem § 225a Abs 3 AktG erst am Tag der Eintragung der Verschmelzung in das Firmenbuch erfolgt (UmgrStR Rz 75; *Bruckner* in *W/H/M*, HdU¹ I § 2 Rz 45; *Hügel* § 2 Rz 41). Da somit die nach dem Verschmelzungsstichtag vorgenommenen Geschäfte und eingetretenen Vermögensänderungen in der Rechnungslegung der übernehmenden Körperschaft erfasst werden (dazu ausf Pkt 50 ff KFS/RL 25 v 3.12.2012 u *Hirschler/Six* in HB Sonderbilanzen I 363 ff) und deren Gewinn oder Verlust erhöhen oder mindern, besteht insoweit **Übereinstimmung mit der steuerrechtlichen Rückwirkung** (s *Hügel* § 2 Rz 51; *Grünwald* in *W/H/M*, HdU¹¹ I Rz 39).

B. Verschmelzungsstichtag und Schlussbilanz

1. Verschmelzungsstichtag

a) Gesellschaftsrechtlicher und steuerrechtlicher Verschmelzungsstichtag

Gem § 2 Abs 5 S 1 ist **Verschmelzungsstichtag** der Tag, „zu dem die Schlußbilanz aufgestellt ist, die der Verschmelzung zugrunde gelegt wird". Das Steuerrecht knüpft damit an das **Gesellschaftsrecht** an (*Zöchling/Tüchler* in *W/Z/H/K*⁵ § 2 Rz 11). Verschmelzungsstichtag ist dabei jener im Verschmelzungsvertrag festzusetzende Stichtag, „von dem an die Handlungen der übertragenden Gesellschaften als für Rechnung der übernehmenden Gesellschaft vorgenommen gelten" (§ 220 Abs 2 Z AktG; § 96 Abs 2 GmbHG), wobei mit der Wortfolge „von dem an" im Ergebnis „nach dem" gemeint ist (*Mayr/Wiesner* in *Bertl ua*, Sonderbilanzen 152; *Mayr/Wellinger* in HB Sonderbilanzen II 17 m FN 27; ebenso Pkt 53 KFS/RL 25 v 3.12.2012). Nach § 2 Abs 5 S 1 sind gesellschaftsrechtlicher und steuerlicher Verschmelzungsstichtag **identisch** (UmgrStR Rz 74 u 78; *Bruckner* in *W/H/M*, HdU¹ I § 2 Rz 27; *Hügel* § 2 Rz 44).

b) Freie Wahl des Verschmelzungsstichtages

Der Verschmelzungsstichtag kann – innerhalb der Rückwirkungsfrist (Rz 52 ff) – **45 frei gewählt** werden und muss daher nicht mit dem Regelbilanzstichtag übereinstimmen (§ 220 Abs 2 Z 5 AktG; *Bruckner* in *W/H/M*, HdU¹ I § 2 Rz 46; *Adensamer*, GeS 2009, 329; *Mayr/Wiesner* in *Bertl ua*, Sonderbilanzen 151). Auch steuerrechtlich kann damit der Verschmelzungsstichtag sowohl der Regelbilanzstichtag der übertragenden Körperschaft als auch jeder andere Stichtag sein (ErlRV 266 BlgNR 18. GP, 16; UmgrStR Rz 79; *Quantschnigg* in FS Bauer 276; *Bruckner* in *W/H/M*, HdU¹ I § 2 Rz 46; *Staringer* in *Bertl ua*, Sonderbilanzen 217; *Hügel* § 2 Rz 44; *Zöchling/Tüchler* in *W/Z/H/K*⁵ § 2 Rz 11). Weicht der Verschmelzungsstichtag vom Regelbilanzstichtag ab, so ist für das entstehende **Rumpfwirtschaftsjahr** der Gewinn nach allgemeinen Grundsätzen zu ermitteln; die Besteuerung des Rumpfwirtschaftsjahres erfolgt in jenem Veranlagungszeitraum, in dem das Rumpfwirtschaftsjahr endet (*Staringer*, Einlagen 171 f). Die Wahl eines vom Regelbilanzstichtag abweichenden Stichtages ist **kein zustimmungsbedürftiger Wechsel** iSd § 7 Abs 5 KStG iVm § 2 Abs 7 EStG (UmgrStR Rz 79; *Schwarzinger/Wiesner* I/1³ 73; *Bruckner* in *W/H/M*, HdU¹ I § 2 Rz 46 m FN 316; *Hügel* § 2 Rz 44).

Der Verschmelzungsstichtag kann jedenfalls auch mit dem **Tag des Vertragsab- 46 schlusses** übereinstimmen (*Staringer* in *Bertl ua*, Sonderbilanzen 217). Unklar ist jedoch, inwieweit eine Verschmelzung auf einen zukünftigen Stichtag bezogen werden kann: Unstr ist es zunächst möglich, die Verschmelzung auf einen nach dem Tag des **Vertragsabschlusses** liegenden Stichtag zu beziehen (UmgrStR Rz 77; *Bruckner* in *W/H/M*, HdU¹ I § 2 Rz 44; *Adensamer*, GeS 2009, 329; *Szep* in

Jabornegg/Strasser, AktG II⁵ § 220 Rz 15; s a *Staringer* in Bertl ua, Sonderbilanzen 217; *Zöchling/Tüchler* in W/Z/H/K⁵ § 2 Rz 11); darüber hinaus wird teilweise bejaht, dass auch ein nach den **Verschmelzungsbeschlüssen** liegender Verschmelzungsstichtag möglich sei, da die Schlussbilanz gem § 225 Abs 1 Z 6 AktG erst zur Anmeldung der Verschmelzung bei Gericht vorzulegen sei (*Adensamer*, GeS 2009, 329; *Szep* in *Jabornegg/Strasser*, AktG II⁵ § 220 Rz 15; s a *Bruckner* in W/H/M, HdU¹ I § 2 Rz 44; aA UmgrStR Rz 77, u *Hügel* § 2 Rz 47: Beschlussfassung erst nach Vorliegen der Schlussbilanz; offen bei *Zöchling/Tüchler* in W/Z/H/K⁵ § 2 Rz 11).

47 Weicht der Umgründungsstichtag (zB 1.1.) **um einen Tag vom Stichtag des Jahresabschlusses** (zB 31.12.) ab, bestehen unternehmensrechtlich keine Bedenken, der **Schlussbilanz die Ansätze des Jahresabschlusses** zugrunde zu legen, wenn „die Auswirkungen allfälliger Geschäftsfälle an diesem Tag auf die Vermögens-, Finanz- und Ertragslage nicht wesentlich sind" (Pkt 22 KFS/RL 25 v 3.12.2012). Nach der Judikatur zur Einbringung nach Art III genügen auch auf dem Jahresabschluss des Vortages basierende und den **Mindestanforderungen des § 4 EStG** entsprechende Stichtagsbilanzen iSd § 12 Abs 2 den Anforderungen von Art III UmgrStG; jedoch sind diese im Hinblick auf Veränderungen des Vermögens am Stichtag selbst nach den Grundsätzen der Bilanzberichtung nach § 4 Abs 2 EStG anzupassen (s VwGH 29.1.2015, 2011/15/0169, ÖStZB 2015/75, 190 = GES 2015, 243 m Anm *Wurm*, u weiters VwGH 26.2.2015, Ro 2014/15/0041, ÖStZB 2015/76, 192 = ecolex 2015/205, 505 m Anm *Mechtler* = GES 2015, 246 m Anm *Kofler*; s a *Wiesner*, RWZ 2015/22, 80). Nach der – auch für Verschmelzungen greifenden – Verwaltungspraxis kann freilich von einer Berichtigung gem § 4 Abs 2 EStG abgesehen werden, wenn sich entsprechend den Grundsätzen des KFS/RL 25 **am Stichtag selbst keine wesentlichen Geschäftsfälle ereignen** (UmgrStR Rz 79 iVm Rz 766 idF WE 2015; s zur früheren Verwaltungspraxis 4. Aufl § 2 Rz 47). Die jüngere Verwaltungspraxis folgt damit ausdrücklich der unternehmensrechtlichen Sichtweise und gibt ihre zwischenzeitlich vertretene strengere Auffassung, wonach – bei unternehmensrechtlicher Zulässigkeit – eine Gewinnermittlung für den **„Rumpfwirtschaftstag"** nur dann unterbleiben konnte, wenn (zB infolge eines Feiertages) *weder* ein aktiver Geschäftsbetrieb *noch* aus anderen Gründen ein Erfordernis einer exakten Vermögensdarstellung und Ergebnisabgrenzung vorlag, wieder auf (s UmgrStR Rz 79 zur Verschmelzung u Rz 766 zur Einbringung idF vor dem WE 2013; s a BMF 27.1.1992, ecolex 1992, 278 = RdW 1992, 128 = SWK 1992, A I 120; *Schneider*, SWK 1992, A I 263). Die aktuelle Sichtweise war vom BMF bereits speziell für (und eingeschränkt auf) den Übergang zum UmgrStG, das für Stichtage ab 1.1.1992 anwendbar wurde, auch in mehreren älteren Einzelerledigungen vertreten worden (s BMF 16.4.1992, SWK 1992, A I 159; BMF 23.4.1992, SWK 1992, A I 199; BMF 25.3.1994, RdW 1994, 161; dazu *Bruckner*, SWK 1992, A I 177; *Staringer*, Einlagen 172).

2. Schlussbilanz
a) Unternehmensrechtliche Schlussbilanz

48 Auf den Verschmelzungsstichtag hat gem § 220 Abs 3 S 1 AktG die übertragende Körperschaft eine **unternehmensrechtliche Schlussbilanz** aufzustellen (*Grünwald* in W/H/M, HdU¹¹ I Rz 40 u Rz 49 ff; *Hirschler/Sulz* in HB Sonderbilanzen I 463; *Kalss*² § 220 AktG Rz 51 ff; ausf zu Einzelfragen der Rechnungslegung bei Umgründungen KFS/RL 25 v 3.12.2012 idF 13.9.2014; *Ludwig/Hirschler*, Bilanzierung²; *Hirschler/Six* in HB Sonderbilanzen I 357 ff). Sie dient vornehmlich der **Abgren-**

zung des Ergebnisses, das die übertragende Gesellschaft für eigene Rechnung bzw für Rechnung der übernehmenden Gesellschaft erwirtschaftet; daneben hat sie eine **Informationsfunktion** für Gesellschafter, Gläubiger und Firmenbuchgericht sowie eine **Dokumentationsfunktion** (Pkt 19 KFS/RL 25 v 3.12.2012 idF 13.9.2014; *Hirschler/Sulz* in HB Sonderbilanzen I 464). Auf die Schlussbilanz sind die Vorschriften des UGB über den Jahresabschluss und dessen Prüfung sinngemäß anzuwenden (§ 220 Abs 3 S 2 AktG; UmgrStR Rz 76; Pkt 24 ff KFS/RL 25 v 3.12.2012 idF 13.9.2014; s a *Hügel*, Umgründungsbilanzen Rz 2.1 ff; *Bruckner* in *W/H/M*, HdU[1] I § 2 Rz 44; *Hirschler/Sulz* in HB Sonderbilanzen I 463 ff; zu Sonderbilanzen bei grenzüberschreitenden Umgründungen s *Strimitzer* in FS Brogyányi 133 ff). Bestandteil der Schlussbilanz ist auch der erörternde **Anhang** (Pkt 29, KFS/RL 25 v 3.12.2012 idF 13.9.2014; OGH 11.11.1999, 6 Ob 4/99b, JBl 2000, 188 = ecolex 2000, 121 = GesRZ 2000, 25; UmgrStR Rz 76; offenlassend jedoch OGH 23.1.2003, 6 Ob 111/02w, RdW 2003/272, 326, u dazu *Wenger*, RWZ 2003/40, 135; *Strimitzer*, RWZ 2007/42, 139), wobei nach vermittelnder Ansicht ein auf die Angaben des § 240 UGB reduzierter Anhang genügen soll (s *Kalss*[2] § 220 AktG Rz 53; *Grünwald* in *W/H/M*, HdU[11] I Rz 50; s a *Hirschler/Sulz* in HB Sonderbilanzen I 466); nach KFS/RL 25 (Pkt 29) ist die Schlussbilanz „um jene Teile des Anhangs, welche die Bilanz erläutern", zu ergänzen, worunter auch jene Angaben fallen, die wahlweise in der Bilanz oder im Anhang darzustellen sind (zB § 225 Abs 3 u 6, § 226 Abs 1 UGB). Auch die in § 199 UGB verlangten Angaben sind zu machen. Allfällige größen- oder rechtsformabhängige Erleichterungsvorschriften gelten auch für die die Schlussbilanz erläuternden Angaben im Anhang (Pkt 29 KFS/RL 25 v 3.12.2012 idF 13.9.2014). Kein Bestandteil der Schlussbilanz sind der **Lagebericht** (Pkt 30 KFS/RL 25 v 3.12.2012 idF 13.9.2014) und die **Gewinn- und Verlustrechnung** (*Hirschler/Sulz* in HB Sonderbilanzen I 466). Eine **Veröffentlichungspflicht** besteht für eine (bloße) Schlussbilanz nicht (§ 220 Abs 3 S 2 AktG; s a *Hügel*, Umgründungsbilanzen Rz 2.6; *Hirschler/Sulz* in HB Sonderbilanzen I 467 f; *Zöchling/Tüchler* in *W/Z/H/K*[5] § 2 Rz 16; Pkt 31 KFS/RL 25 v 3.12.2012 idF 13.9.2014). Fallen Verschmelzungsstichtag und Jahresabschlussstichtag der übertragenden Gesellschaft zusammen, kann die **Jahresbilanz als Schlussbilanz** verwendet werden (Pkt 21 KFS/RL 25 v 3.12. 2012 idF 13.9.2014; s a *Hügel*, Umgründungsbilanzen Rz 2.1; *Strimitzer*, RWZ 2000, 82; *Hirschler/Sulz* in HB Sonderbilanzen I 463; *Szep* in Jabornegg/Strasser, AktG II[5] § 220 Rz 22; zum Fall des „Rumpfwirtschaftstages" s Rz 47).

Um eine Schlussbilanz erstellen zu können, muss die **übertragende Körperschaft** 49
am Verschmelzungsstichtag **bereits existiert haben** (*Hügel* § 2 Rz 42; krit *Adensamer*, GeS 2009, 330). Bei gesellschaftsrechtlicher und firmenbuchrechtlicher Zulässigkeit kann allerdings eine durch eine **Spaltung nach dem SpaltG** zur Neugründung rückwirkend entstandene Körperschaft auf diesen Stichtag auch übertragende Körperschaft sein (UmgrStR Rz 83; *Adensamer*, GeS 2009, 330; *Hügel* § 2 Rz 42; s zu Mehrfachumgründungen auf einen Stichtag § 39 Rz 1 ff); die spaltungsrechtlich gebotene Eröffnungsbilanz ist diesfalls gleichzeitig die Schlussbilanz (UmgrStR Rz 83; s a *Staringer* in Bertl ua, Sonderbilanzen 218; *Szep* in Jabornegg/ Strasser, AktG II[5] § 220 Rz 22). Nicht notwendig ist es hingegen, dass die übertragende Körperschaft am Verschmelzungsstichtag Eigentümerin des **übergehenden Vermögens** gewesen ist; das tatsächlich übergehende Vermögen muss daher nicht unbedingt mit dem in der Schlussbilanz ausgewiesenen Vermögen übereinstim-

men (UmgrStR Rz 84; *Hügel* § 2 Rz 61; s Rz 59). Demgegenüber müssen **übernehmende Körperschaften** am Verschmelzungsstichtag nicht unbedingt existieren, sie können auch nach dem Verschmelzungsstichtag gegründet worden sein (s § 1 Rz 17; weiters zB *Adensamer*, GeS 2009, 329 f).

b) Steuerrechtliche Schlussbilanz

50 Zumal das letzte Wirtschaftsjahr der übertragenden Körperschaft mit Ablauf des Verschmelzungsstichtages endet, hat sie für die (letzte) Gewinnermittlung zum Verschmelzungsstichtag stichtagsbezogen eine **steuerliche Schlussbilanz** bzw einen Jahresabschluss mit den nach § 2 Abs 1 maßgeblichen Werten zu erstellen (s Rz 2; *Mayr/Wellinger* in HB Sonderbilanzen II 17; *Walter*[11] Rz 55; zur Darstellung einer Entstrickungsbesteuerung s Rz 3 u Rz 77). Die **übertragende Körperschaft** wird mit dem Gewinn oder Verlust aller im Kalenderjahr des Verschmelzungsstichtages endenden Wirtschaftsjahre bzw Rumpfwirtschaftsjahre letztmalig veranlagt (*Walter*[11] Rz 56; zur Verlustverrechnung s § 4 Rz 24 ff).

51 Die **steuerliche Schlussbilanz** nach § 2 Abs 1 entspricht einer um die **Standunterschiede zwischen den unternehmensrechtlichen und den steuerrechtlichen Buchwerten** ergänzten unternehmensrechtlichen Schlussbilanz (s a *Mayr/Wiesner* in *Bertl ua*, Sonderbilanzen 152; *Mayr/Wellinger* in HB Sonderbilanzen II 18; *Mayr* in *D/R* I[11] Tz 1128; *Walter*[11] Rz 55). In der Ableitung der steuerrechtlichen Schlussbilanz aus der unternehmensrechtlichen Schlussbilanz sind daher nur Differenzen zwischen den unternehmensrechtlichen und den steuerrechtlichen Buchwerten der einzelnen Vermögensgegenstände und Schulden (ie die Standunterschiede) zu berücksichtigen. Nicht abzugsfähige Aufwendungen (zB Repräsentationsaufwendungen) und steuerfreie Erträge (zB Beteiligungserträge gem § 10 KStG) haben keine Auswirkung auf das steuerrechtliche Eigenkapital. Das Gleiche gilt für die aufwandswirksam verbuchte Körperschaftsteuer und für ertragswirksam erfasste Körperschaftsteuervorauszahlungen. Konsequenterweise ist daher die Körperschaftsteuerrückstellung auch Bestandteil der Steuerbilanz und erhöht nicht das steuerrechtliche Eigenkapital (s a UmgrStR Rz 546 zu Umwandlung). Aus steuerlicher Sicht besteht somit ein **„Doppelbilanzierungsprinzip"**: Neben der steuerlichen **Schlussbilanz** nach § 2 Abs 1 ist nach § 2 Abs 5 S 2 eine **Verschmelzungsbilanz** zu erstellen, in der das tatsächlich zu übertragende Vermögen auszuweisen ist (Rz 76 ff).

C. Steuerliche Rückwirkung

1. Rückwirkungszeitraum

a) Neunmonatsfrist

52 Nach § 2 Abs 3 ist das Einkommen der übertragenden Körperschaft so zu ermitteln, als ob der Vermögensübergang mit Ablauf des Verschmelzungsstichtages erfolgt wäre. Im Unterschied zu den steuerrechtlichen Umgründungstatbeständen (§§ 13 Abs 1, 24 Abs 1 Z 2, 28) normiert Art I **keine eigenständige Rückwirkungsfrist**, sondern knüpft mittelbar an die gesellschaftsrechtliche Frist des § 220 Abs 3 AktG an, wonach die zugrunde gelegte Bilanz höchstens **neun Monate vor der Anmeldung zum Firmenbuch** liegen darf (ErlRV 266 BlgNR 18. GP, 16; OGH 20.2.2014, 6 Ob 21/14b, GES 2014, 119; UmgrStR Rz 80 u 152; *Staringer* in *Bertl ua*, Sonderbilanzen 216 f; *Hügel* § 2 Rz 46; zur Frist für eine Zwischenbilanz s OGH 18.12.2001, 5 Ob 137/01k, ecolex 2002/317, 817; zur Neunmonatsfrist bei grenzüberschreitenden Verschmelzungen s *Mitterecker*, GES 2016, 337 ff). Die steuerliche Rückwirkung der Verschmelzung ist nicht davon abhängig, dass die Verschmelzung nach der zeitgerechten Anmeldung auch innerhalb einer bestimmten Frist im Firmenbuch **eingetragen** wird (UmgrStR Rz 86; *Bruckner* in *W/H/M* HdU[1] I § 2 Rz 30). Die Anmeldung der Verschmelzung darf allerdings **nicht vor Abschluss des Verschmelzungsvertrages** vorgenommen werden (OGH 20.2.2014, 6 Ob 21/14b, GES 2014, 119); der Verschmelzungsvertrag muss in **Notariatsaktsform** errichtet werden (OGH 20.2.2014, 6 Ob 21/14b, GES 2014, 119; dazu *Wenger*, RWZ 2014/45, 191 f).

Unabhängig von der Eintragung ins Firmenbuch muss innerhalb von neun Monaten ab dem Umgründungsstichtag eine **Anzeige beim zuständigen Finanzamt** erfolgen (§ 43 Abs 1; s allgemein § 43 Rz 1 ff u zu Auslandsverschmelzungen § 1 Rz 56). Für die Wahrung der Neunmonatsfrist ist die verfahrensrechtliche Fristberechnung nach **§ 108 BAO** anzuwenden (UmgrStR Rz 1900 idF WE 2015), bei der die Tage des Postlaufes nicht eingerechnet werden (§ 108 Abs 4 BAO). Die rechtzeitige Anzeige stellt allerdings **keine Anwendungsvoraussetzung** für das UmgrStG dar (UmgrStR Rz 1900), eine Fristverletzung kann aber eine Finanzordnungswidrigkeit gem § 51 Abs 1 lit a FinStrG darstellen (s UmgrStR Rz 8 u Rz 1900).

Zu Problemen im Hinblick auf eine **abweichende oder fehlende Rückwirkung im Ausland** bei grenzüberschreitenden Verschmelzungen s *Zöchling/Puchner* in *Frotz/Kaufmann*[2], SteuerR Rz 52a u *Zöchling/Pinetz* in *Kirchmayr/Mayr*, Umgründungen 125 ff.

Es handelt sich um eine **materiell-rechtliche Frist** (also mit Einrechnung des Postlaufes), dh die Anmeldung muss beim Firmenbuch spätestens am letzten Tag der Neunmonatsfrist **einlangen** (§ 902 ABGB; s OGH 17.7.1997, 6 Ob 124/97x, RdW 1997, 721; UmgrStR Rz 77 u 152 f; *Bruckner* in *W/H/M*, HdU[1] I § 2 Rz 28 f; *Staringer* in *Bertl ua*, Sonderbilanzen 219; *Zöchling/Tüchler* in *W/Z/H/K*[5] § 2 Rz 11; ausf und krit zur Fristberechnung *Zwick*, ÖStZ 2017/372, 254 ff); rechtzeitige Postaufgabe genügt daher nicht. Zur Fristwahrung muss die Anmeldung jedoch **nicht vollständig** sein, sofern iSd § 17 FBG die fehlenden Unterlagen (zB Veröffentlichungshinweis, Wertgutachten) nachgereicht werden können (OGH 20.2.2014, 6 Ob 21/14b, GES 2014, 119). Lediglich bei schwerwiegenden Mängeln, wie zB bei Fehlen des Verschmelzungsvertrages überhaupt (zur Notariatsaktsform s Rz 52) oder bei Fehlen des erforderlichen Hauptversammlungsbeschlusses (OGH 27.2.2017, 6 Ob 253/16y), kann die neunmonatige Frist nicht gewahrt werden (OGH 23.1.2003, 6 Ob 111/02w, ecolex 2003/250, 600 = RdW 2003/272, 326; OGH 20.2.2014, 6 Ob 21/14b, GES 2014, 119; *Szep* in *Jabornegg/Strasser*, AktG II[5] § 220 Rz 23). An einer verspätungsbedingten Unwirksamkeit ändert sodann aber auch eine allfällige rechtzeitige Meldung beim Finanzamt nichts (s *Jann*[2] 26 u zur Meldepflicht § 43 Rz 1 ff). 53

Eine Anmeldung mit einer zu alten Bilanz führt zur **Abweisung des Eintragungsgesuches** und müsste – gegebenenfalls mit einer Schlussbilanz auf einen anderen Stichtag und daher auch mit einem geänderten Verschmelzungsvertrag (Verschmelzungsstichtag) – neu erfolgen (OGH 20.2.2014, 6 Ob 21/14b, GES 2014, 119; s a OGH 17.7.1997, 6 Ob 124/97x, RdW 1997, 723, zur Umwandlung; dazu *Fellner*, ecolex 1998, 704 ff; *Mühlehner*, ecolex 1999, 192 f; *Szep* in *Jabornegg/Strasser*, AktG 54

II[5] § 220 Rz 23; UmgrStR Rz 156). Die abgewiesene Verschmelzung kommt diesfalls auch steuerlich nicht zustande (UmgrStR Rz 77 iVm Rz 46 u 86; *Bruckner* in *W/H/M*, HdU[1] I § 2 Rz 29; *Staringer* in Bertl ua, Sonderbilanzen 219). Dabei ist unabhängig davon, ob schon vor der Anmeldung eine faktische Vermögensübertragung erfolgt ist, davon auszugehen, dass eine steuerliche Rechtsfolge nicht eintreten kann und das zu übertragende Vermögen der übertragenden Körperschaft weiterhin zuzurechnen ist (UmgrStR Rz 46 u Rz 156; *Wiesner/Schwarzinger*, UmS 21/34/00, SWK 2000, S 804; s a *Damböck*, ÖStZ 1999, 505; *Mayr/Wellinger* in HB Sonderbilanzen II 13); mangels Untergangs der übertragenden Körperschaft kann auch eine Liquidationsbesteuerung nicht Platz greifen (UmgrStR Rz 86). Sollte hingegen **trotz verspäteter Anmeldung** eine Eintragung erfolgen, liegt aufgrund der Maßgeblichkeit des Gesellschaftsrechts auch eine Verschmelzung iSd Art I vor (*Wiesner/Schwarzinger*, UmS 14/31/00, SWK 2000, S 740; *Bruckner* in *W/H/M*, HdU[1] § 2 Rz 20; ebenso UmgrStR Rz 156 bzw früher Pkt 4.1 Abs 1 AÖF 1999/136 = RdW 1999, 562).

b) Fristberechnung

55 Die Neunmonatsfrist wird mit dem im **Umgründungsvertrag genannten Stichtag** (zB 1.1.) in Gang gesetzt, und zwar selbst dann, wenn der Umgründung ein Jahresabschluss eines anderen Stichtags (zB 31.12.) zu Grunde gelegt wird (UmgrStR Rz 154; früher Pkt 1.2 AÖF 1999/136 = RdW 1999, 562). Für die Fristberechnung gilt **§ 902 Abs 2 ABGB** sinngemäß (OGH 17.7.1997, 6 Ob 124/97x, RdW 1997, 721; UmgrStR 154 u früher Pkt 1.1 AÖF 1999/136 = RdW 1999, 562; *Staringer* in *Bertl ua*, Sonderbilanzen 218; *Szep* in *Jabornegg/Strasser*, AktG II[5] § 220 Rz 23): Die neunmonatige Frist endet an jenem **Tag des Endmonats**, auf den der Verschmelzungsstichtag im Erstmonat fällt (zB Stichtag 28.2. erfordert Anmeldung bis 28.11.). Sollte dieser Tag im Endmonat nicht vorhanden sein, gilt als Fristende der letzte Tag des Endmonats (Stichtag 31.12. erfordert Anmeldung bis 30.9. des Folgejahres; s a die Übersicht in Pkt 1.2 AÖF 1999/136 = RdW 1999, 562; *Zöchling/Tüchler* in *W/Z/H/K*[5] § 2 Rz 11; ausf und krit zur Fristberechnung *Zwick*, ÖStZ 2017/372, 254 ff). Fällt das Fristende auf einen Samstag, Sonntag oder gesetzlichen Feiertag, so muss die Anmeldung iS einer Vorwärtsberechnung der Frist ab dem rückbezogenen Stichtag faktisch am letzten Werktag davor beim Firmenbuch einlangen (*Jann*[2] 26; zweifelnd *Zwick*, ÖStZ 2017/372, 254 ff, uHa eine sinngemäße Anwendung der Ablaufhemmung nach Art 5 EuFrÜb bzw § 903 letzter Satz ABGB).

c) Auslandsverschmelzungen

56 Bei Auslandsverschmelzungen wird die Rückwirkungsfiktion durch den **Nachweis einer im Ausland fristgerecht durchgeführten Verschmelzung** bzw bei Fehlen einer der Neunmonatsfrist entsprechenden ausländischen Regelung durch eine **fristgerechte Meldung** innerhalb der Neumonatsfrist bei dem für das übertragende Vermögen zuständigen Finanzamt ausgelöst (UmgrStR Rz 87 u 157; ebenso früher Pkt 2.3 AÖF 1999/136 = RdW 1999, 562; s a *Bruckner* in *W/H/M* HdU[1] I § 2 Rz 31; *Wolf*, RdW 2003/185, 221; *Hügel* § 2 Rz 48). Für die Wahrung der Neunmonatsfrist gilt sodann die verfahrensrechtliche Frist des **§ 108 BAO** (UmgrStR Rz 87 u 774), bei der die Tage des Postlaufes nicht eingerechnet werden (§ 108 Abs 4 BAO). Während die Einhaltung dieser Formalitäten zwar Voraussetzung für die Rückwirkungsfiktion ist (UmgrStR Rz 157), hat sie naturgemäß keinen Einfluss auf die Wirksamkeit der Auslandsverschmelzung (*Hügel* § 2 Rz 48).

2. Reichweite der Rückwirkung
a) Allgemeines

Das unter Einsatz des übergehenden Vermögens erzielte Einkommen ist mit dem **Beginn des auf den Verschmelzungsstichtag folgenden Tages** der übernehmenden Körperschaft zuzurechnen (s Rz 4). Die steuerliche Rückwirkung umfasst bei der Verschmelzung naturgemäß das **gesamte Vermögen** (*Staringer* in *Bertl ua*, Sonderbilanzen 219; s a Rz 59 zur Zurechnung im Rückwirkungszeitraum); die Rückwirkungsfiktion ist nach Ansicht des BMF auch für die **Anwendung von DBA** relevant, sodass bei einer grenzüberschreitenden Verschmelzung das jeweils anwendbare DBA zum Zeitpunkt der steuerlichen Vermögensübertragung zur Anwendung kommt und zu diesem Zeitpunkt zB ein **Verlust des österreichischen Besteuerungsrechts** ausgelöst wird (BMF 20.7.2017, EAS 3388). **Ausnahmen von der Rückwirkung** normiert § 2 Abs 4 (s Rz 66 ff). 57

> Seit dem **BudBG 2007** (BGBl I 2007/24) gilt die Rückwirkungsfiktion nicht nur für die übertragende und die übernehmende Körperschaft (§§ 2, 3), sondern auch für die **Anteilsinhaber** (s § 5 Rz 57 ff).

b) Rechtsgeschäfte im Rückwirkungszeitraum

Rechtsgeschäfte zwischen der übertragenden und der übernehmenden Körperschaft nach dem Verschmelzungsstichtag werden durch die gesetzlich angeordnete Rückwirkung ertragsteuerlich zu **„Innengeschäften"**; buchtechnisch bereits erfasste Steuerwirkungen sind zu neutralisieren (UmgrStR Rz 81; *Bruckner* in *W/H/M*, HdU[1] I § 2 Rz 35; *Mayr/Wellinger* in HB Sonderbilanzen II 20; *Walter*[11] Rz 69). Solche Rechtsgeschäfte im Rückwirkungszeitraum gelten daher nicht als **Anschaffung bzw Veräußerung**, sodass zB anschaffungsabhängige Investitionsbegünstigungen nicht zustehen (*Quantschnigg* in FS Bauer 278; *Bruckner* in *W/H/M*, HdU[1] I § 2 Rz 35; *Zöchling/Tüchler* in *W/Z/H/K*[5] § 2 Rz 12). Auch zu fremdüblichen Bedingungen vorgenommene Rechtsgeschäfte zwischen übertragender und übernehmender Gesellschaft können mit dem Ablauf des Verschmelzungsstichtages keine **verdeckten Ausschüttungen bzw verdeckten Einlagen** auslösen (UmgrStR Rz 82; *Bruckner* in *W/H/M*, HdU[1] I § 2 Rz 35; *Hügel* § 2 Rz 49). Zum **Fremdkapitalzinsenabzug** im Hinblick auf den Erwerb einer verschmelzungsbedingt weggefallenen Beteiligung s § 3 Rz 26. 58

c) Vermögenserwerb im Rückwirkungszeitraum

Die übertragende Körperschaft muss – *e contrario* § 13 Abs 2 S 1 – am Verschmelzungsstichtag **nicht wirtschaftliche Eigentümerin des übergehenden Vermögens** gewesen sein. Das tatsächlich übergehende Vermögen muss daher nicht unbedingt mit dem in der Schlussbilanz ausgewiesenen Vermögen übereinstimmen (UmgrStR Rz 84; *Staringer*, ecolex 1998, 251; *Bruckner* in *W/H/M*, HdU[1] I § 2 Rz 32; *Staringer* in *Bertl ua*, Sonderbilanzen 223; *Hügel* § 2 Rz 61; *Walter*[11] Rz 69a). Dies gilt auch für Vermögen, das die übertragende Körperschaft im Wege einer Einbringung nach Art III oder einer Spaltung nach Art VI auf einen Stichtag nach dem Verschmelzungsstichtag erworben hat (*Bruckner* in *W/H/M*, HdU[1] I § 2 Rz 32; s a *Hügel* § 2 Rz 62). Bei im Rückwirkungszeitraum erworbenem Vermögen sind freilich die im Rahmen dieses Vermögens erzielten Ergebnisse der übernehmenden Gesellschaft erst ab dem Erwerbszeitpunkt zurechenbar (*Hügel* § 2 Rz 61). 59

d) Sonstige Rechtsfolgen nach § 6

60 Die steuerliche Rückwirkungsfiktion beschränkt sich auf den **ertragsteuerlichen Bereich** und erstreckt sich nicht auf den Wechsel der Arbeitgeberstellung nach § 6 Abs 1, die Rechtsfolgen einer Äquivalenzverletzung nach § 6 Abs 2 sowie die Konsequenzen im Bereich der Umsatzsteuer und der Verkehrsteuern nach § 6 Abs 4 bis 6 (UmgrStR Rz 85; *Bruckner* in *W/H/M*, HdU^{1}I § 2 Rz 36; *Staringer* in *Bertl ua*, Sonderbilanzen 226; *Hügel* § 2 Rz 57; s a § 6 Rz 1 f, 38 ff u 75).

> Anstatt an die – schwer zu beeinflussenden – Firmenbucheintragung anzuknüpfen, lässt es die Verwaltungspraxis für den Bereich der **Lohnsteuer** zu, dass „der Übergang der Arbeitgebereigenschaft in Abstimmung mit der Abgabenbehörde mit dem der Anmeldung zur Eintragung im Firmenbuch folgenden Lohnzahlungszeitraum angenommen wird" (UmgrStR Rz 304; dazu § 6 Rz 2). Eine vergleichbare Vereinfachungsmaßnahme besteht im Bereich der **Umsatzsteuer**; dort kann der Übergang der umsatzsteuerlichen Zurechnung „mit dem der Anmeldung zur Eintragung im Firmenbuch folgenden Monatsersten angenommen werden, sofern der zuständigen Abgabenbehörde kein anderer Stichtag des tatsächlichen Wechsels der Unternehmereigenschaft dargetan wird" (UmgrStR Rz 319; dazu § 6 Rz 38 f).

IV. Ausnahmen von der Rückwirkungsfiktion (Abs 4)
A. Überblick

66 § 2 Abs 4 nimmt bestimmte, auf **verbandsrechtlicher Grundlage** beruhende Vorgänge zwischen der übertragenden Körperschaft und ihren Anteilsinhabern zwingend von der Rückwirkungsfiktion des § 2 Abs 3 aus, sodass diese weiterhin der übertragenden Körperschaft zugerechnet werden und das übergehende Vermögen verändern, obwohl sie erst nach dem Verschmelzungsstichtag erfolgen (UmgrStR Rz 110; *Hügel*, ecolex 1991, 809; *Bruckner* in *W/H/M*, HdU^1 I § 2 Rz 38 ff; *Hügel* § 2 Rz 58). Dies betrifft *(1)* **beschlossene Gewinnausschüttungen**, *(2)* **Einlagenrückzahlungen** iSd § 4 Abs 12 EStG und *(3)* **Einlagen** iSd § 8 Abs 1 KStG. Trotz des unklaren Wortlautes gilt die Ausnahme von der Rückwirkung nach hA für alle diese Vorgänge, die zeitlich zwischen dem Verschmelzungsstichtag und dem Tag des Abschlusses des Verschmelzungsvertrages beschlossen wurden bzw erfolgen (UmgrStR Rz 110; *Bruckner* in *W/H/M*, HdU^1 I § 2 Rz 40 m FN 302; *Hügel* § 2 Rz 58; *Jann*^{2} 27; aA für Gewinnausschüttungen *Wolf*, SWK 2009, S 1002, u *Stefaner* § 8 Rz 68 mwN zur Umwandlung); konkret wird die zeitliche Grenze von der Verwaltungspraxis im Tag „vor dem Tag des Abschlusses des Verschmelzungsvertrages" erblickt (s UmgrStR Rz 111, zu Gewinnausschüttungen).

67 Diese Vorgänge sind als **nachträgliche Veränderungen** iS des § 2 Abs 4 nach § 2 Abs 5 S 2 in der **Verschmelzungsbilanz** zu berücksichtigen (Rz 77; wohl formale Voraussetzung, s UmgrStR Rz 484 zur Umwandlung). Einlagen führen zum Ansatz eines **Aktivpostens**, Einlagenrückzahlungen und Gewinnausschüttungen zum Ansatz eines **Passivpostens** (UmgrStR Rz 111 ff; *Schwarzinger/Wiesner* I/1^3 75 u 84 u 87; *Wiesner* in GedS Gassner 537; *Mayr* in *D/R* I^{11} Tz 1131; *Walter*^{11} Rz 73), um die Forderung gegen den Gesellschafter bzw die Verbindlichkeit gegenüber den Gesellschaftern abzubilden (*Bruckner* in *W/H/M*, HdU^1 I § 2 Rz 39; *Staringer* in *Bertl ua*, Sonderbilanzen 224 ff; *Mayr/Wellinger* in HB Sonderbilanzen II 21; *Hügel* § 2 Rz 60; *Zöchling/Tüchler* in *W/Z/H/K*^{5} § 2 Rz 13 ff). Das übergehende Gesellschaftsvermögen und das **Verschmelzungskapital** werden dementsprechend vermehrt oder vermindert, die nachträglichen Veränderungen nehmen damit Einfluss sowohl auf den **Verkehrswert** des übertragenen Vermögens (BMF 6.3.2002, RdW 2002/333, 319 = SWK 2002, S 348) als auch auf die Höhe einer **Verschmelzungsdifferenz** (*Bruckner* in *W/H/M*, HdU[1] I § 2 Rz 41; *Wolf*, SWK 2009, S 1002 f). Eine nachfolgende Ausschüttung bzw Einlagenrückzahlung wird sodann als Tilgung der Verbindlichkeit, eine nachfolgende Einlage als Eingang der Forderung erfolgsneutral dargestellt (ErlRV 266 BlgNR 18. GP, 16; *Bruckner* in *W/H/M*, HdU[1] I § 2 Rz 39; *Mayr/Wellinger* in HB Sonderbilanzen II 21; *Mayr* in *D/R* I[11] Tz 1131; *Zöchling/Tüchler* in *W/Z/H/K*[5] § 2 Rz 13).

B. Gewinnausschüttungen

Gewinnausschüttungen der übertragenden Körperschaft, die „nach dem Verschmelzungsstichtag" (und vor dem Tag des Abschlusses des Verschmelzungsvertrages; s Rz 66) beschlossen werden, sind schon seit der Stammfassung (BGBl 1991/699) weiterhin der übertragenden Körperschaft zuzurechnen und stellen somit steuerlich Gewinnausschüttungen dieser Körperschaft dar (ErlRV 266 BlgNR 18. GP, 16; ebenso bereits zum StruktVG *Langer*, ÖStZ 1971, 28, u *Quantschnigg* in FS Bauer 278, in Analogie zur Rückwirkungsbestimmung des § 4 Abs 2 StruktVG für Umwandlungen); sie vermindern überdies gem § 4 Abs 12 Z 4 EStG die Innenfinanzierung dieser Körperschaft (UmgrStR Rz 111 idF WE 2017). Für die Steuerfolgen der Ausschüttung sind daher noch die **Verhältnisse vor der Verschmelzung** her-anzuziehen (*Quantschnigg* in FS Bauer 278; *Staringer* in *Bertl ua*, Sonderbilanzen 225). So ändert sich etwa auch bei verschmelzungsbedingter Reduktion des Beteiligungsausmaßes unter 10 % nichts an der Befreiung vom KESt-Abzug nach § 94 Z 2 EStG idF BudBG 2011 (BGBl I 2010/111) (*Bruckner* in *W/H/M*, HdU[1] I § 2 Rz 41; *Staringer* in *Bertl ua*, Sonderbilanzen 225; *Hügel* § 2 Rz 59). Insofern sind auch trotz der Rückwirkung des verschmelzungsbedingten Anteilstausches auf Gesellschafterebene (s § 5 Rz 57 ff) für KESt-Zwecke der Ausschüttung noch die **alten Beteiligungsverhältnisse** maßgeblich (*Staringer* in *Bertl ua*, Sonderbilanzen 225; s zum System des früheren Rechts *Bruckner* in *W/H/M*, HdU[1] I § 2 Rz 38).

68

Die Ausnahme von der Rückwirkungsfiktion gilt nur für offene Gewinnausschüttungen (arg „auf Grund von Beschlüssen"), nicht aber für **verdeckte Ausschüttungen** der übertragenden Körperschaft nach dem Verschmelzungsstichtag (UmgrStR Rz 111; zust *Bruckner* in *W/H/M*, HdU[1] I § 2 Rz 40; *Staringer* in *Bertl ua*, Sonderbilanzen 225; *Hügel* § 2 Rz 58; *Ludwig/Hirschler*, Bilanzierung[2] IV Rz 47; *Mayr* in *D/R* I[11] Tz 1131; *Walter*[11] Rz 70; *Zöchling/Tüchler* in *W/Z/H/K*[5] § 2 Rz 13; s a ErlRV 266 BlgNR 18. GP, 16); ihre Folgen (zB Gewinnerhöhung, KESt-Abfuhrverpflichtung) werden daher von den **Verhältnissen nach der Verschmelzung** beeinflusst. Sie sind also schon der übernehmenden Körperschaft zuzurechnen und anhand der **neuen Beteiligungsverhältnisse** nach der Verschmelzung zu beurteilen.

69

C. Einlagenrückzahlungen

Einlagenrückzahlungen iSd § 4 Abs 12 EStG durch die übertragende Körperschaft in der Zeit zwischen dem Verschmelzungsstichtag und dem Tag des Ab-

70

schlusses des Verschmelzungsvertrages sind seit dem **StruktAnpG 1996** (BGBl 1996/201) ebenfalls von der Rückwirkungsfiktion ausgenommen (s ErlRV 72 BlgNR 20. GP, 283; *Zöchling* in FS KWT 499 f). Durch die Zurechnung der Einlagenrückzahlung zur übertragenden Körperschaft wird auch das steuerliche **Einlagenevidenzkonto** bei ihr entsprechend **vermindert** (UmgrStR Rz 112 und Rz 377; *Bruckner* in *W/H/M*, HdU[1] I § 2 Rz 43; *Staringer* in *Bertl ua*, Sonderbilanzen 226); dies wurde auch durch das **AbgÄG 2012** (BGBl I 2012/112) in § 4 Abs 12 Z 3 EStG gesetzlich klargestellt (s § 3 Rz 157; UmgrStR Rz 112).

D. Einlagen

71 **Einlagen der Anteilsinhaber iSd § 8 Abs 1 KStG** in die übertragende Körperschaft in der Zeit zwischen dem Verschmelzungsstichtag und dem Tag des Abschlusses des Verschmelzungsvertrages sind seit dem **StRefG 1993** (BGBl 1993/818) von der Rückwirkungsfiktion ausgenommen. Nach der Verwaltungspraxis sind darunter sowohl **offene Geld- oder Sacheinlagen** als auch **verdeckte Einlagen** zu verstehen (UmgrStR Rz 113; ebenso *Bruckner* in *W/H/M*, HdU[1] I § 2 Rz 42; *Staringer* in *Bertl ua*, Sonderbilanzen 226; aA zu verdeckten Einlagen *Hügel* in *H/M/H* § 2 Rz 54 mwN), mangels Übertragung von Wirtschaftsgütern nicht jedoch **Nutzungseinlagen** (UmgrStR Rz 113; *Hügel* § 2 Rz 58); diese können daher das zu übertragende Vermögen nicht rückwirkend erhöhen. Von der Rückwirkung ausgenommene Einlagen erhöhen das steuerliche **Einlagenevidenzkonto** der übertragenden Körperschaft; dies wurde auch durch das **AbgÄG 2012** (BGBl I 2012/112) in § 4 Abs 12 Z 3 EStG gesetzlich klargestellt (s § 3 Rz 157).

V. Verschmelzungsbilanz (Abs 5)

76 § 2 Abs 5 S 1 definiert den Verschmelzungsstichtag als den Tag, zu dem die unternehmensrechtliche Schlussbilanz (§ 220 Abs 3 S 1 AktG) aufzustellen ist. In dieser **unternehmensrechtlichen Schlussbilanz** ist das Vermögen der übertragenden Gesellschaft entsprechend den Vorschriften des UGB auszuweisen (s Rz 48; *Hügel*, Umgründungsbilanzen Rz 2.1 ff; *Bruckner* in *W/H/M*, HdU[1] I § 2 Rz 44). Aus steuerlicher Sicht besteht ein **„Doppelbilanzierungsprinzip"**: In der **steuerlichen Schlussbilanz** nach § 2 Abs 1 wird das Vermögen stichtagsbezogen zum Verschmelzungsstichtag nach steuerlichen Wertmaßstäben ausgewiesen (s Rz 50 f), in der **Verschmelzungsbilanz** nach § 2 Abs 5 S 2 das tatsächlich zu übertragende Vermögen, also einschließlich der rückwirkenden Vermögensänderungen nach § 2 Abs 4 (*Mayr/Wellinger* in HB Sonderbilanzen II 17; *Mayr* in *D/R* I[11] Tz 1126; *Walter*[11] Rz 57). Die bilanzmäßige Darstellung in der Verschmelzungsbilanz soll die Bindungswirkung der übernehmenden Körperschaft an die steuerlich maßgebenden Werte der übertragenden Körperschaft erhärten und besser dokumentieren (ErlRV 497 BlgNR 20. GP, 24; s a UmgrStR Rz 99; *Staringer* in *Bertl ua*, Sonderbilanzen 218).

77 Die **Verschmelzungsbilanz iSd § 2 Abs 5 S 2** dient somit (s ErlRV 497 BlgNR 20. GP, 24; UmgrStR Rz 97; *Schwarzinger/Wiesner* I/1[3] 4; *Mayr/Wiesner* in *Bertl ua*, Sonderbilanzen 155 f; *Mayr/Wellinger* in HB Sonderbilanzen II 21)

- der Darstellung des **Vermögens der übertragenden Körperschaft** zum Verschmelzungsstichtag mit den steuerlich maßgebenden Werten iSd § 2 Abs 1

bzw Abs 2, also einschließlich des Ausweises der **Liquidationswerte** im Falle einer (allenfalls aufgeschobenen) Entstrickungsbesteuerung (s Rz 3) und der **steuerwirksam aufgewerteten Vermögensteile** bei Nutzung der Aufwertungsoption iSd § 2 Abs 2 (s Rz 26 ff);
- dem Ausweis **rückwirkender Veränderungen des Vermögens** isd § 2 Abs 4 durch Gewinnausschüttungen, Einlagenrückzahlungen und Einlagen in der Zeit zwischen dem Verschmelzungsstichtag und dem Tag des Abschlusses des Verschmelzungsvertrages (s Rz 66 ff);
- der Zusammenfassung des zu übertragenden Nettovermögens – als Saldo der mit steuerlichen Werten angesetzten aktiven und passiven Wirtschaftsgüter – unter der Bezeichnung „**Verschmelzungskapital**".

Das Verschmelzungskapital wird daher ohne Untergliederung durch eine Zahl dargestellt und weicht somit von den Gliederungsvorschriften des § 224 Abs 3 lit a UGB ab (UmgrStR Rz 97; *Mayr/Wiesner* in *Bertl ua*, Sonderbilanzen 156; *Hügel* § 2 Rz 65; *Schwarzinger/Wiesner* I/1³ 81; *Mayr* in *D/R* I¹¹ Tz 1132).

Im Unterschied zu den rein steuerrechtlichen Umgründungen (zB § 12 Abs 1 S 1) **78** ist das Erfordernis des Aufstellens der Verschmelzungsbilanz nach § 2 Abs 5 S 2 lediglich eine Ordnungsvorschrift und **keine Anwendungsvoraussetzung** des Art I (UmgrStR Rz 98; *Mayr/Wiesner* in *Bertl ua*, Sonderbilanzen 156; *Mayr/Wellinger* in HB Sonderbilanzen II 21 f; *Hügel* § 2 Rz 67; *Mayr* in *D/R* I¹¹ Tz 1132; *Zöchling/ Tüchler* in *W/Z/H/K*⁵ § 2 Rz 17; s a *Bruckner* in *W/H/M*, HdU¹ I § 2 Rz 50 m FN 321 uHa auf eine mögliche Finanzordnungswidrigkeit). Unabhängig davon, ob eine Verschmelzungsbilanz erstellt wird oder nicht, ist die übernehmende Körperschaft nach **§ 3 Abs 1** zur Übernahme und Fortführung der steuerlich maßgebenden Buchwerte (laut Verschmelzungsbilanz) verpflichtet (UmgrStR Rz 98; *Mayr/Wiesner* in *Bertl ua*, Sonderbilanzen 156; *Mayr* in *D/R* I¹¹ Tz 1132).

Bei einer **Auslandsverschmelzung** wird sowohl die steuerrechtliche Schlussbilanz als auch die Verschmelzungsbilanz wohl nur die der beschränkten Steuerpflicht unterliegenden (inländischen) Vermögensteile (zB inländisches Betriebstättenvermögen, inländisches unbewegliches Vermögen) umfassen müssen; eine – in der Praxis uU schwierige bzw äußerst aufwendige – Bilanzerstellung auch für ausländische Vermögensteile könnte zwar aus einer grammatikalischen Auslegung des § 2 Abs 1 iVm Abs 5 abgeleitet werden, geht uE aber über die Zielsetzung der Vorschrift hinaus, weil den ausländischen Vermögensteilen idR aus österreichischer ertragsteuerlicher Sicht keine Relevanz zukommt (idS wohl *Schwarzinger/Wiesner* I/1³ 419).

Von der Schlussbilanz (§ 220 Abs 3 S 1 AktG) und der Verschmelzungsbilanz (§ 2 **79** Abs 5 S 2) ist die **Übernahmebilanz** zu unterscheiden. Diese dient dem Ausweis des übergehenden Vermögens zu jenem Tag, der auf den Verschmelzungsstichtag folgt; eine Verpflichtung zu ihrer Aufstellung ergibt sich jedoch nur bei der Verschmelzung zur Neugründung in Form der **Eröffnungsbilanz** (*Hügel*, Umgründungsbilanzen Rz 2.25; *Bruckner* in *W/H/M*, HdU¹ I § 2 Rz 50 m FN 320; *Hirschler/ Sulz* in HB Sonderbilanzen I 471 f; *Hügel* § 2 Rz 68).

Übernehmende Körperschaft

§ 3. (1) Für die übernehmende Körperschaft gilt Folgendes:
1. Sie hat die zum Verschmelzungsstichtag steuerlich maßgebenden Buchwerte im Sinne des § 2 fortzuführen.
2. Soweit das Besteuerungsrecht der Republik Österreich hinsichtlich des übernommenen Vermögens entsteht, gilt Folgendes:
   – Das übernommene Vermögen ist mit dem gemeinen Wert anzusetzen.
   – [1]Wird Vermögen ganz oder teilweise übernommen, für das die Abgabenschuld bei der übernehmenden Körperschaft oder einer konzernzugehörigen Körperschaft der übernehmenden Körperschaft nicht festgesetzt worden ist oder gemäß § 16 Abs. 1a nicht entstanden ist, sind die fortgeschriebenen Buchwerte, höchstens aber die gemeinen Werte anzusetzen. [2]Die spätere Veräußerung oder das sonstige Ausscheiden gilt nicht als rückwirkendes Ereignis im Sinn des § 295a der Bundesabgabenordnung. [3]Weist die übernehmende Körperschaft nach, dass Wertsteigerungen im übrigen EU/EWR-Raum eingetreten sind, sind diese vom Veräußerungserlös oder vom gemeinen Wert im Zeitpunkt des Ausscheidens abzuziehen.
3. [1]Ist die übernehmende Körperschaft oder ein konzernzugehöriges Unternehmen der übernehmenden Körperschaft am Verschmelzungsstichtag an der übertragenden ausländischen Körperschaft beteiligt und würden die Gewinnanteile der übertragenden Körperschaft bei der übernehmenden Körperschaft oder dem konzernzugehörigen Unternehmen am Verschmelzungsstichtag § 10 Abs. 4 oder Abs. 5 des Körperschaftsteuergesetzes 1988 unterliegen, gilt der Unterschiedsbetrag zwischen dem Verschmelzungskapital im Sinne des § 2 Abs. 5 und den vorhandenen Einlagen im Sinne des § 4 Abs. 12 des Einkommensteuergesetzes 1988 zum Verschmelzungsstichtag mit dem Beginn des auf den Verschmelzungsstichtag folgenden Tages als offen ausgeschüttet. [2]Der Steuerpflichtige hat nachzuweisen, dass die Einlagen nicht aus Gesellschaftsmitteln stammen.
4. § 2 Abs. 3 gilt mit dem Beginn des auf den Verschmelzungsstichtag folgenden Tages.

(2) Buchgewinne und Buchverluste bleiben bei der Gewinnermittlung außer Ansatz.

(3) Unabhängig vom Vorliegen eines Buchgewinnes oder -verlustes sind Veränderungen des Betriebsvermögens, die aus der Vereinigung von Aktiven und Passiven (Confusio) stammen, in dem dem Verschmelzungsstichtag folgenden Wirtschaftsjahr zu berücksichtigen.

(4) Entsteht durch die Verschmelzung bei der übernehmenden Körperschaft eine internationale Schachtelbeteiligung im Sinne des § 10 Abs. 2 des Körperschaftsteuergesetzes 1988 oder wird ihr Ausmaß erweitert, ist hinsichtlich der bisher nicht steuerbegünstigten Beteiligungsquoten auf den Unterschiedsbetrag zwischen den Buchwerten und den höheren Teilwerten § 10 Abs. 3 erster Satz des Körperschaftsteuergesetzes 1988 nicht anzuwenden.

[idF BGBl I 2015/163]

Rechtsentwicklung

BGBl 1991/699 (UmgrStG; RV 266 AB BlgNR 18. GP) (Stammfassung); BGBl 1993/818 (StRefG 1993; RV 1237 AB 1301 BlgNR 18. GP) (Neufassung des § 3 Abs 4; für Stichtage nach dem 30.12.1993); BGBl 1996/201 (StruktAnpG 1996; RV 72 und Zu 72 AB 95 BlgNR 20. GP) (Neufassung des § 3 Abs 2 und 3; für Stichtage nach 31.12.1995); BGBl 1996/797 (AbgÄG 1996; RV 497 AB 552 BlgNR 20. GP) (Neufassung des § 3 Abs 4; für Stichtage nach 31.12.1996); BGBl I 2003/71 (BudBG 2003; RV 59 AB 111 BlgNR 22. GP) (Änderung des § 3 Abs 4); BGBl I 2004/180 (AbgÄG 2004; RV 686 AB 734 BlgNR 22. GP) (Neufassung des § 3 Abs 1; für Stichtage nach dem 7.10.2004); BGBl I 2005/161 (AbgÄG 2005; RV 1187 AB 1213 BlgNR 22. GP) (Neufassung des § 3 Abs 1 Z 2; für Umgründungen, bei denen die Beschlüsse oder Verträge nach dem 31.1.2006 bei dem zuständigen Firmenbuchgericht zur Eintragung angemeldet oder bei dem zuständigen Finanzamt gemeldet werden); BGBl I 2007/24 (BudBG 2007; RV 43 AB 67 BlgNR 23. GP) (Neufassung des zweiten TS des § 3 Abs 1 Z 2); BGBl I 2010/34 (AbgÄG 2010; RV 662 AB 741 BlgNR 24. GP) (Einfügung des § 3 Abs 1 Z 3, Verschiebung der bisherigen Z 3 in Z 4; für Umgründungen, die nach dem 30.6.2010 beschlossen werden); BGBl I 2012/112 (AbgÄG 2012; RV 1960 AB 1977 BlgNR 24. GP) (Neufassung des § 3 Abs 1 Z 3; für Verschmelzungen, die nach dem 31.12.2012 zur Eintragung in das Firmenbuch angemeldet werden); BGBl I 2014/105 (2. AbgÄG 2014; RV 360 AB 432 BlgNR 25. GP) (Ergänzung des § 3 Abs 1 Z 2 TS 2; grundsätzlich für Verschmelzungen, die nach dem 29.12.2014 beschlossen oder vertraglich unterfertigt werden); BGBl I 2015/118 (StRefG 2015/2016; RV 684 und Zu 684 AB 750 BlgNR 25. GP) (Änderung des § 3 Abs 1); BGBl I 2015/163 (AbgÄG 2015; RV 896 AB 907 BlgNR 25. GP) (Änderung des § 3 Abs 1; für Verschmelzungen, die nach dem 31.12.2015 beschlossen oder vertraglich unterfertigt werden).

Literatur 2017

Brugger, Importverschmelzung – Auswirkungen auf das Einlagen- und Innenfinanzierungsevidenzkonto, SWK 2017, 975; *Hübner-Schwarzinger*, Internationale Umgründungstatbestände und Innenfinanzierung, SWK 2017, 595; *Schlager*, Highlights aus dem UmgrStR-Wartungserlass 2017, RWZ 2017/21, 99; *Titz/Wild*, Aktuelle Fragen zu grenzüberschreitenden Umgründungen im Lichte des UmgrStG-Wartungserlasses 2017, RdW 2017/263, 334.

Übersicht

I. Gesamtrechtsnachfolge und Buchwertfortführung (Abs 1 Z 1)
   A. Buchwertfortführung und Rückwirkung.................................. 1
   B. Gesellschaftsrechtliche Gesamtrechtsnachfolge 2, 3
   C. Abgabenrechtliche Gesamtrechtsnachfolge
      1. Überblick
         a) Steuerliche Kontinuität................................ 5
         b) Gesamtrechtsnachfolge nach § 19 Abs 1 BAO 6, 7
         c) Bescheide bei Gesamtrechtsnachfolge 8, 9
         d) Rechtsnachfolge bei Mitunternehmerbeteiligungen und stillen Gesellschaften
            aa) Mitunternehmerschaft............................ 10
            bb) Stille Beteiligungen 11, 12
      2. Körperschaftsteuerrechtliche Rechtsnachfolge
         a) Buchwertfortführung............................... 13–15

	b) Einzelne Positionen der Gewinnermittlung................		16
		aa) Abschreibung...	17, 18
		bb) Rückstellungen..	19
		cc) Steuerfreie Rücklagen	20, 21
		dd) Schwebeverluste	22
		ee) Zuschreibungsverpflichtung.................................	23
		ff) Abzugsverbote	24–26
		gg) Nachversteuerungstatbestände	27, 28
		hh) „Dreißigstelabschreibung" eines Firmenwertes..	29
	c) Sonstige Konsequenzen der Gesamtrechtsnachfolge		30
		aa) Verlustvorträge...	31
		bb) Siebentelabsetzung...	32
		cc) Schachtelbeteiligung	33
		dd) Mindestkörperschaftsteuer	34
		ee) Anrechnungsvortrag...	35
		ff) Besitz- und Behaltefristen	36, 37
		gg) Umgründungskosten..	38
	d) Aufwertungsverschmelzung		39, 40
	3. Umsatzsteuerliche Rechtsnachfolge		41
	4. Lohnsteuerliche Rechtsnachfolge		42
	5. Verfahrensrechtliche Rechtsnachfolge..................................		43, 44
II.	Bewertung bei Import-Verschmelzungen (Abs 1 Z 2)		
	A. Aufwertung		51, 52
	B. Entstehen des inländischen Besteuerungsrechts........................		54, 56
	C. Neubewertung mit dem gemeinen Wert		57
	D. „Rückkehrsituationen" nach vorangegangenem Export		
	1. Überblick		58
	2. Verhältnis von „Exporteur" und übernehmender		
	Körperschaft		60
	3. Ansatz fortgeschriebener Buchwerte		
	a) Fortgeschriebener Buchwert		61
	b) Fiktive Abschreibung		62, 63
	c) Wertsteigerungen und Wertminderungen im Ausland		
	4. Steuerliche Erfassung...		64
	5. Zusammenfassender Überblick		66
III.	„Cash Box"-Verschmelzungen (Abs 1 Z 3)		
	A. Ausschüttungsfiktion...		71–73
	B. Fingierter Ausschüttungsbetrag		74
	C. Steuerliche Behandlung		75–77
IV.	Rückwirkung (Abs 1 Z 4)		81, 82
V.	Buchgewinne und Buchverluste (Abs 2 und 3)		
	A. Begriff...		86–89
	B. Steuerneutrale Unterschiedsbeträge (Abs 2)		
	1. Steuerneutralität..		90
	2. Buchgewinne und Buchverluste bei Konzentrationsver-		
	schmelzungen		91

3. Buchgewinne und Buchverluste bei Konzernverschmelzungen
   a) Upstream-Verschmelzung 92
   b) Downstream-Verschmelzung 93
   c) Sidestream-Verschmelzung 94
C. Steuerwirksame Unterschiedsbeträge (Abs 3)
   1. Confusio
      a) Steuerwirksamkeit 95
      b) Confusiotatbestände 96
         aa) Teilwertberichtigte Forderung 97, 98
         bb) Rückstellungen 99
         cc) Bestands- und Optionsrechte 100
         dd) Echte stille Gesellschaft, partiarisches Darlehen, Gewinnschuldverschreibung 101
         ee) Mitunternehmeranteile, atypisch stille Gesellschaft 102
         ff) Genussrechte, Fruchtgenuss 103
      c) Zeitliche Erfassung 104
   2. Exkurs: Verschmelzungsbedingte Firmenwertabschreibung
      a) Abschaffung durch das StruktAnpG 1996 105
      b) Dreißigstelabschreibung für „Altfälle" 106
VI. Entstehen bzw Erweiterung einer internationalen Schachtelbeteiligung (Abs 4)
   A. Zielsetzung und Anwendungsbereich 111–122
   B. Ausnahme von der Steuerneutralität 126–131
   C. Mindesthaltedauer 136–142
   D. Option zur Steuerwirksamkeit 146–149
VII. Übersicht: Entstehen oder Erweiterung einer internationalen Schachtelbeteiligung 150
VIII. Einlagen iSd § 4 Abs 12 EStG
   A. Einlagen und Einlagenrückzahlungen 151–155
   B. Verschmelzung und Einlagen
      1. Einlagenbegriff des § 4 Abs 12 Z 1 bis 3 EStG 156, 157
      2. Verschmelzungsbedingte Einlagen 158, 159
      3. Veränderungen des Einlagenstandes bei Verschmelzungen 160
         a) Konzentrations- und Schwesternverschmelzung ... 161
         b) Upstream- und Downstream-Verschmelzung 162, 163
         c) Gemischte Konzern-Konzentrationsverschmelzung . 164
   C. Verschmelzung und Innenfinanzierung
      1. Innenfinanzierungsbegriff des § 4 Abs 12 Z 4 EStG ... 171
      2. Verknüpfung mit der unternehmensrechtlichen Ausschüttungssperre 172–178
      3. Innenfinanzierungsverordnung 179–188

I. Gesamtrechtsnachfolge und Buchwertfortführung (Abs 1 Z 1)
A. Buchwertfortführung und Rückwirkung

1 § 3 Abs 1 Z 1 verpflichtet die übernehmende Körperschaft, die zum Verschmelzungsstichtag maßgeblichen, in der Verschmelzungsbilanz der übertragenden Körperschaft ausgewiesenen Werte iSd § 2 fortzuführen ("**Buchwertverknüpfung**"; Rz § 2 Rz 1). Darüber hinaus normiert § 3 Abs 1 Z 4, dass "§ 2 Abs. 3 [...] mit dem Beginn des auf den Verschmelzungsstichtag folgenden Tages" gilt, wodurch die **Rückwirkungsfiktion** auch auf die übernehmende Körperschaft bezogen und damit ein nahtloser Übergang in körperschaftsteuerlicher Hinsicht gewährleistet wird (Rz 81).

B. Gesellschaftsrechtliche Gesamtrechtsnachfolge

2 Gesellschaftsrechtliche **Gesamtrechtsnachfolge** (**Universalsukzession**) iRv Verschmelzungen bedeutet, dass das gesamte Vermögen der übertragenden Körperschaft mit allen Rechten und Pflichten *uno actu* mit der Eintragung in das Firmenbuch übergeht (§ 225a Abs 3 Z 1 AktG; UmgrStR Rz 114). Die übernehmende Körperschaft tritt in sämtliche Rechtspositionen der übertragenden Körperschaft ein, unabhängig davon, ob ihr diese bekannt sind oder nicht (*Szep* in *Jabornegg/Strasser*, AktG II[5] § 225a Rz 12 ff; *Grünwald* in *W/H/M*, HdU[11] I Rz 151). Die Gesamtrechtsnachfolge wirkt *ipso iure* und verdrängt andere privatrechtliche Regelungen der Weitergabe von Rechten und Anteilen (*Kalss*, GesRZ 2000, 214 mwN); die Zustimmung Dritter zur Übertragung von Rechtsverhältnissen ist nicht erforderlich (zB OGH 4.11.1999, 2 Ob 237/99p, ecolex 2000/180, 435).

3 Die Gesamtrechtsnachfolge nach § 225a Abs 3 Z 1 AktG betrifft sämtliche **privatrechtliche Rechtsverhältnisse** des Rechtsvorgängers, also insb *(1)* den sachenrechtlichen Übergang der **Gegenstände des Gesellschaftsvermögens**, wobei der Übergang von Eigentum an Liegenschaften auch ohne Grundbucheintragung (OGH 16.7.1998, 6 Ob 178/98i; *Kalss*, GesRZ 2000, 214; zur Berichtigung des Grundbuchstandes s *Grünwald* in *W/H/M*, HdU[11] I Rz 155), von Eigentum an beweglichen Sachen ohne körperliche Übergabe (*Kalss*, GesRZ 2000, 214; *Grünwald* in *W/H/M*, HdU[11] I Rz 152) und von Patenten, Marken, Gebrauchs- und Geschmacksmustern ohne eigenen Übertragungsakt (s *Szep* in *Jabornegg/Strasser*, AktG II[5] § 225a Rz 20) auf die übernehmende Gesellschaft erfolgt; *(2)* den Übergang von **Forderungen** samt dafür bestellter Sicherheiten (OGH 20.11.2001, 3 Ob 81/01k) und ungeachtet dessen, ob deren Abtretung vertraglich oder gesetzlich beschränkt ist (*Szep* in *Jabornegg/Strasser*, AktG II[5] § 225a Rz 13); *(3)* den Übergang von **Schulden**, egal ob sie bekannt sind oder nicht (UmgrStR Rz 114; *Szep* in *Jabornegg/Strasser*, AktG II[5] § 225a Rz 14; *Grünwald* in *W/H/M*, HdU[11] I Rz 156), und anderen einseitigen Belastungen (zB aufgrund eines Bürgschaftsvertrags; dazu *Szep* in *Jabornegg/Strasser*, AktG II[5] § 225a Rz 14); *(4)* **Beteiligungsrechte** an Kapitalgesellschaften, stille Einlagen und Kommanditeinlagen (dazu Rz 10 ff sowie zB *Szep* in *Jabornegg/Strasser*, AktG II[5] § 225a Rz 21; *Grünwald* in *W/H/M*, HdU[11] I Rz 154); *(5)* sonstige **Rechts- und Vertragsverhältnisse** in ihrer Gesamtheit (*Hügel* § 3 Rz 2; *Grünwald* in *W/H/M*, HdU[11] I Rz 157), einschließlich Arbeitsverhältnisse (s mwN zum AVRAG *Szep* in *Jabornegg/Strasser*, AktG II[5] § 225a Rz 16) und Vollmachten (OGH 25.6.2014, 2 Ob 233/13y, zur Vollmacht an einen Rechtsanwalt);

sowie *(6)* **verfahrensrechtliche Positionen** (*Hügel* § 3 Rz 2; *Szep* in *Jabornegg/ Strasser*, AktG II⁵ § 225a Rz 36 f).

Für **öffentlich-rechtliche Rechtsverhältnisse** fehlt eine dem § 225a Abs 3 Z 1 AktG vergleichbare allgemeine normative Aussage. Diese sind daher gesondert nach den jeweiligen Regelungen der konkreten Berechtigung zu beurteilen. **Verwaltungsrechtliche Rechtsverhältnisse** (öffentlich-rechtliche Berechtigungen und Genehmigungen) gehen stets dann auf den Rechtsnachfolger über, wenn eine öffentlich-rechtliche Sondervorschrift dies ausdrücklich vorsieht (UmgrStR Rz 116; s zu **Gewerbeberechtigungen** § 11 Abs 4 bis 6 GewO u dazu *Baumgartner* in FS Raschauer 11 ff; zur **Bankkonzession** s *Kalss/Oppitz/Zollner*, Kapitalmarktrecht § 5 Rz 7 ff). Bei Fehlen einer ausdrücklichen Regelung führt die gesellschaftsrechtliche Universalsukzession nach der Judikatur auch dann zur Übertragung verwaltungsrechtlich verliehener Rechtsverhältnisse, wenn öffentlich-rechtliche Vorschriften dem Rechtsübergang nicht entgegenstehen (VwGH 26.5.1998, 97/07/0168, ZfV 2000/31, 43, zur Verschmelzung; VwGH 18.3.2002, 99/17/0136, ecolex 2002/300, 781 m Anm *Schwarz*, zur Umwandlung; ausf *Kalss*, GesRZ 2000, 213 ff; *Schneider*, GeS 2004, 4 ff; *Koppensteiner/Rüffler*, GmbH³ § 96 Rz 23; *Granner*, SPRW V&V 2011, 72; *Baumgartner* in FS Raschauer 11 ff). Eine **Bescheinigung nach § 15 Abschlussprüfungs-Qualitätssicherungsgesetz** (A-QSG) geht im Zuge einer gesellschaftsrechtlichen Verschmelzung bei Identität des übergegangenen Prüfbetriebes analog § 11 Abs 4 bis 6 GewO (Übergang bei Anzeige des Umgründungsvorgangs binnen 6 Monaten) auf den Rechtsnachfolger über (QKB 15.5.2012, BMWF J-91.532/0002-I/1a/2012; dazu *Wesener*, WT 5-6/2012, 301; *Wesener/Jaufer/Thelen*, RWZ 2012/98, 349 ff; *Geiger*, RWZ 2012/99, 351 ff).

C. Abgabenrechtliche Gesamtrechtsnachfolge

1. Überblick

a) Steuerliche Kontinuität

Bei Verschmelzungen führt nicht nur die gesellschaftsrechtliche Gesamtrechtsnachfolge (§ 225a Abs 3 Z 1 AktG), sondern – daran anknüpfend – auch die **abgabenrechtliche Gesamtrechtsnachfolge** des § 19 Abs 1 BAO zu einer umfassenden Kontinuität zwischen übertragender und übernehmender Gesellschaft (*Hügel* § 3 Rz 1). Umgründungssteuerrechtlich wird diese Kontinuität zudem durch die – gegenüber § 19 Abs 1 BAO: *leges speciales* – der steuerrechtlichen Buchwertfortführung (§ 2 iVm § 3 Abs 1 Z 1) verwirklicht (s *Gassner* in FS Helbich 36 f, 39; *Bruckner* in *W/H/M*, HdU¹ I § 3 Rz 10 m FN 320; *Hügel* § 3 Rz 1).

b) Gesamtrechtsnachfolge nach § 19 Abs 1 BAO

Gesellschaftsrechtliche Verschmelzungen führen – auch bei Aufwertung nach § 2 Abs 2 (s Rz 39 f) – zur steuerlichen Gesamtrechtsnachfolge nach § 19 BAO (UmgrStR Rz 135; *Bruckner* in *W/H/M*, HdU¹ I § 3 Rz 15; *Hügel* § 3 Rz 32; s allg zB VwGH 22.6.2001, 2001/13/0051, ÖStZB 2002/382; VwGH 9.9.2004, 2001/15/0073, ÖStZB 2005/218). Die „sich aus **Abgabenvorschriften** ergebenden Rechte und Pflichten" der übertragenden Körperschaft gehen gem § 19 Abs 1 BAO auf die übernehmende Körperschaft über. Der Gesamtrechtsnachfolger tritt somit in **ma-**

teriell-rechtlicher und in verfahrensrechtlicher Sicht voll an die Stelle des Rechtsvorgängers (zB VwGH 25.2.1993, 92/16/0114, ÖStZB 1993, 584; VwGH 9.11.2000, 2000/16/0376, ÖStZB 2001/294), wobei die Judikatur zur Vererblichkeit von Verlustvorträgen nahelegt, dass sich der Übergang einer steuerrechtlichen Position auf den Gesamtrechtsnachfolger weder aus § 19 BAO noch dem Zivilrecht, sondern aus einer (expliziten oder impliziten) Anordnung des materiellen Steuerrechts ergebe, diese Frage also „materienspezifisch-steuerrechtlich zu lösen" sei (s zB VwGH 15.9.2016, Ra 2015/15/0003, ÖStZB 2016/325, 610, uHa *Hohenwarter* in *Holoubek/Lang*, BAO 372). So führt nach der Judikatur etwa auch die **Verschmelzung eines Gruppenträgers** auf eine gruppenfremde Gesellschaft nicht zum Übergang der Gruppenträgereigenschaft nach § 19 BAO, sondern zum „Ausscheiden" iSd § 9 Abs 9 TS 2 KStG und damit zur Beendigung der Gruppe (s VwGH 28.6.2016, 2013/13/0066, ÖStZB 2016/283, 491, u VwGH 28.6.2016, Ro 2014/13/0015; dazu *Pinetz*, GES 2016, 374 ff; *Wiesner*, RWZ 2016/63, 276 ff; UmgrStR Rz 354d; vorgehend anders UFS 25.4.2013, RV/0088-W/12, GES 2013, 364 m Anm *Siller/Stefaner*).

7   Der – materienspezifisch-steuerrechtlich verstandene oder aus der Gesamtrechtsnachfolge nach § 19 Abs 1 BAO abgeleitete – verschmelzungsbedingte Übergang betrifft nur den Übergang entstandener Abgabenschulden des Rechtsvorgängers auf den Rechtsnachfolger, sondern auch die Nachfolge in – zum Zeitpunkt der Gesamtrechtsnachfolge noch nicht vollendete – Steuertatbestände (UmgrStR Rz 119; *Gassner* in FS Helbich 38; einschränkend *Gassner* in FS Stoll I 325 f, u zuletzt ausf *Hohenwarter* in *Holoubek/Lang*, BAO 355 ff). Daher gehen grundsätzlich **gewinnermittlungsrechtliche, lohnsteuerliche, umsatzsteuerliche und verfahrensrechtliche Rechtspositionen** der übertragenden Körperschaft auf die übernehmende Körperschaft über (UmgrStR Rz 119; *Gassner* in FS Helbich 36 ff; *Bruckner* in *W/H/M*, HdU[1] § 3 Rz 10 f). Nicht übergehen können hingegen Rechte und Pflichten, wenn speziellere Abgabenvorschriften dem entgegenstehen oder wenn materienspezifisch-steuerrechtlich kein Übergang erfolgt, es sich etwa um **höchstpersönliche Rechtspositionen** handelt (UmgrStR Rz 119; *Gassner* in FS Helbich 38 f; *Bruckner* in *W/H/M*, HdU[1] I § 3 Rz 10; *Taucher* in FS Stoll II 66 u 68 f; s zB VwGH 25.2.1993, 92/16/0114, ÖStZB 1993, 584; VwGH 9.11.2000, 2000/16/0376, ÖStZB 2001/294; zum Verlustvortrag s Rz 31).

c) Bescheide bei Gesamtrechtsnachfolge

8   Bescheide, die dem Rechtsvorgänger gegenüber ergangen sind, wirken auch gegen den Rechtsnachfolger (UmgrStR Rz 142; *Stoll*, BAO I 192; *Althuber/Mang*, GeS 2004, 15 ff; *Hügel* § 3 Rz 31). Ab der Eintragung in das Firmenbuch (§ 225a Abs 3 AktG) sind **Bescheide**, die die Abgabenpflicht der übertragenden Körperschaft betreffen, an die **übernehmende Körperschaft** zu richten (UmgrStR Rz 143; umfassend zur Bescheidadressierung *Körner* in FS Ritz 144 ff). Das Geltendmachen der Abgabenansprüche gegenüber dem Gesamtrechtsnachfolger obliegt dem für den Rechtsvorgänger zuständig gewesenen Finanzamt (VwGH 18.3.1987, 86/13/0165, ÖStZB 1987, 548, zum Erbfall; UmgrStR Rz 144; zum Zuständigkeitsübergang s Rz 44).

9   Die **Rückwirkungsfiktion gilt nicht für das Verfahrensrecht**. Abgabenbescheide sind daher bis zur Eintragung der Verschmelzung in das Firmenbuch der übertra-

genden Körperschaft zuzustellen (*Körner* in FS Ritz 144 ff; *Wiesner* in FS Ritz 405). Ist die Verschmelzung durch **Eintragung in das Firmenbuch** (§ 225a Abs 3 AktG) zivilrechtlich wirksam geworden und die übertragende Körperschaft damit erloschen, müssen Bescheide bereits an die – durch ihre Firma identifizierte (VwGH 22.6.2001, 2001/13/0051, ÖStZB 2002/382) – **übernehmende Körperschaft** gerichtet werden. Wird ein Bescheid an eine Körperschaft gerichtet, die zum Zeitpunkt der Bescheiderlassung bereits im Firmenbuch gelöscht ist, entfaltet er keine Rechtswirkungen („**Nichtbescheid**"; UmgrStR Rz 143; weiters zB VwGH 19.6.2002, 99/15/0144, ÖStZB 2002/645; VwGH 3.7.2003, 2003/15/0024, ÖStZB 2003/741; VwGH 9.9.2004, 2001/15/0073, ÖStZB 2005/218; VwGH 11.4.2011, 2011/17/0082; VwGH 27.9.2012, 2009/16/0185, ÖStZB 2014/247, 423; s a VfGH 28.2.1989, B 1496/88, VfSlg 11.978/1989; weiters *Kotschnigg*, SWK 1998, S 468). Eine zum Zeitpunkt der Zustellung an ein nicht mehr existierendes Rechtsgebilde gerichtete Erledigung kann auch dadurch keine Rechtswirksamkeit erlangen, dass sie (körperlich) in die Hände des Rechtsnachfolgers gelangte (s zB VwGH 19.12.2007, 2007/13/ 0090; VwGH 11.4.2011, 2011/17/0082; VwGH 27.9.2012, 2009/16/0185, ÖStZB 2014/247, 423). Folglich ist auch eine Berufung gegen einen derartigen, an ein nicht mehr existentes Rechtssubjekt gerichteten Bescheid als **unzulässig zurückzuweisen** (s zB VwGH 21.11.1986, 86/17/0131, ÖStZB 1987, 404; VwGH 17.10.1989, 88/14/0183, ÖStZB 1990, 92; UFS 28.7.2008, RV/1538-W/08; UFS 6.2.2012, RV/1518-W/05), widrigenfalls die Berufungsentscheidung mit **Rechtswidrigkeit infolge Unzuständigkeit** belastet ist (zB VwGH 9.9.2004, 2001/15/0073, ÖStZB 2005/218; VwGH 30.3.2006, 2004/15/0048, ÖStZB 2006/507, 608). Allerdings kann auch ein „Nichtbescheid" an eine nicht mehr existierender Bescheidadressatin eine **verjährungsunterbrechende Handlung** darstellen (VwGH 27.9.2012, 2009/16/0185, ÖStZB 2014/247, 423, zu § 156 WAO).

d) Rechtsnachfolge bei Mitunternehmerbeteiligungen und stillen Gesellschaften

aa) Mitunternehmerschaft

Die Beteiligung der übertragenden Körperschaft an einer **Mitunternehmerschaft** geht aufgrund der verschmelzungsrechtlichen Gesamtrechtsnachfolge auf die übernehmende Körperschaft über (*Hügel* § 2 Rz 3; *Szep* in Jabornegg/Strasser, AktG II[5] § 225a Rz 21; *Grünwald* in W/H/M, HdU[11] I Rz 154; weiters OGH 22.5.2007, 4 Ob 51/07i, GesRZ 2007, 341 m Anm *Hochedlinger*, zur Fortsetzung einer KG mit einer Kapitalgesellschaft, die aus einer Verschmelzung mit der Kommanditistin hervorgegangen ist). Stimmt der Bilanzstichtag der Mitunternehmerschaft nicht mit dem Verschmelzungsstichtag überein, wird die Geltung des Art I durch das Fehlen einer Zwischenbilanz der Personengesellschaft nicht beeinträchtigt (UmgrStR Rz 92; BMF 5.9.2000, ecolex 2001, 152). Wird für Zwecke der Gewinnabgrenzung keine Zwischenbilanz aufgestellt, muss das steuerliche Jahresergebnis der Mitunternehmerschaft jedoch im Wege der Schätzung auf die übertragende und übernehmende Körperschaft aufgeteilt werden (UmgrStR Rz 92; BMF 5.9.2000, ecolex 2001, 152; *Bruckner* in W/H/M, HdU[1] I § 2 Rz 10; *Hügel* § 2 Rz 3; *Walter*[11] Rz 56a). Zur **verschmelzungsbedingten Anwachsung** (§ 142 UGB) s Rz 102.

bb) Stille Beteiligungen

Ob eine **(typisch oder atypisch) stille Beteiligung an der übertragenden Körperschaft** aufgrund der Verschmelzung beendet wird oder nicht, ist eine Vertragsfrage:

Für den Weiterbestand bedarf es nach Rsp und Verwaltungspraxis einer Fortsetzungsklausel, widrigenfalls die stille Gesellschaft *ipso iure* beendet wird (s VwGH 19.9.1995, 95/14/0053, ÖStZB 1996, 138, u VwGH 28.11.2001, 97/13/0078, ecolex 2002/151, jeweils zur Umwandlung; ebenso BMF 30.8.1996, ecolex 2000, 907 = RdW 1996, 510; UmgrStR Rz 355 ff; *Bruckner* in W/H/M, HdU[1] I § 1 Rz 132 ff; krit *Neuner*, ÖStZ 1996, 69 f; *Stern*, ÖJZ 1997, 87 ff; *Hügel* § 2 Rz 4; *Grünwald* in W/H/M, HdU[11] I Rz 154). Dies soll nach der Verwaltungspraxis auch für eine **stille Beteiligung an der übernehmenden Körperschaft** gelten (UmgrStR Rz 355 ff; aA *Sulz/Hirschler/Oberkleiner* in GedS Arnold 405; zweifelnd a *Wiesner/Schwarzinger*, UmS 200/6/2013, SWK 2013, 497; anders wohl a noch BMF 10.8.2000, ecolex 2000, 907 = RdW 2000, 712).

Bleibt die **typisch oder atypisch stille Gesellschaft** aufrecht, tritt aufgrund der Gesamtrechtsnachfolge und der Buchwertfortführung die übernehmende Körperschaft ohne Gewinnrealisierung und grundsätzlich mit gleichen Rechten und Pflichten in das stille Gesellschaftsverhältnis ein (UmgrStR Rz 358). Bei aufrecht bleibender **atypisch stiller Beteiligung** hängen die steuerlichen Folgen sodann davon ab, in welchem Umfang der atypisch Stille nach der Verschmelzung am Gesamtvermögen beteiligt ist: Bezieht sich die Beteiligung auf das Gesamtvermögen, liegt ein Zusammenschluss nach Art IV vor; bleibt der Stille hingegen (unverändert) nur am Vermögen der übertragenden oder übernehmenden Körperschaft beteiligt, liegt kein Zusammenschluss nach Art IV, sondern nur ein steuerneutraler Gesellschafterwechsel vor (UmgrStR Rz 359; *Schwarzinger/Wiesner* I/1[3] 535 u 539; *Bruckner* in W/H/M, HdU[1] I § 1 Rz 134; *Hügel* § 2 Rz 4; s a *Sulz/Hirschler/Oberkleiner* in GedS Arnold 405). In diesem Fall muss in der Folge für diesen (Teil)Betrieb zur Ergebnisverteilung mit dem Stillen eine eigene Ergebnisabrechnung (auf Grund eines gesonderten Rechnungskreises) erstellt werden (UmgrStR Rz 359).

12 Ist hingegen die übertragende oder übernehmende Körperschaft **typisch oder atypisch stiller Gesellschafter am Unternehmen eines Dritten**, geht das Recht aus diesem stillen Gesellschaftsverhältnis auf die übernehmende Körperschaft über bzw bleibt bestehen (UmgrStR Rz 360; *Hügel* § 2 Rz 5; *Szep* in *Jabornegg/Strasser*, AktG II[5] § 225a Rz 21; *Grünwald* in W/H/M, HdU[11] I Rz 154). Wird eine Körperschaft, die eine **atypische stille Beteiligung an der anderen verschmelzungsbeteiligten Körperschaft hält**, mit dieser verschmolzen, führt dies – unabhängig von der Verschmelzungsrichtung – zu einer Vereinigung der Anteile an der stillen Mitunternehmerschaft in einer Person und damit in der Folge zum Untergang der stillen Mitunternehmerschaft nach Art des Anwachsens nach § 142 UGB; steuerlich kann sich daraus daher weder ein Buchgewinn noch ein Buchverlust ergeben (UmgrStR Rz 361; BMF 1.2.1996, RdW 1996, 144; BMF 25.7.1996, ecolex 1996, 957 = RdW 1996, 565; *Bruckner* in W/H/M, HdU[1] I § 1 Rz 137; *Hügel* § 2 Rz 5; s a Rz 102); handelt es sich in diesem Fall um eine **typische stille Beteiligung**, liegt hingegen ein steuerwirksamer Confusio-Vorgang iSd § 3 Abs 3 vor (s Rz 101).

2. Körperschaftsteuerrechtliche Rechtsnachfolge
a) Buchwertfortführung

13 Nach § 2 iVm § 3 Abs 1 Z 1 hat die übernehmende Körperschaft – in Konformität mit der FRL (s *Hügel* § 3 Rz 4) – „die zum Verschmelzungsstichtag steuerlich maßgebenden Buchwerte im Sinne des § 2 fortzuführen". Durch diese **Wertverknüpfung** bleiben die vor der Verschmelzung im übertragenen Vermögen gelegten stillen Reserven auch nach der Verschmelzung beim Rechtsnachfolger **steuerhängig** (*Bruckner* in *W/H/M*, HdU[1] I § 2 Rz 6; *Hügel* § 2 Rz 2 u § 3 Rz 7). Diese steuerliche Buchwertwertfortführung ist **zwingend**; ein – nach Art 4 Abs 3 FRL durchaus zulässiges – Gewinnrealisierungswahlrecht besteht nicht (krit zB *Hügel*, ecolex 1991, 805; *Gassner*, GesRZ 1992, 93 f; *Bruckner* in HBW I § 2 Rz 16; *Staringer* in GedS Gassner 444; *Hügel* § 1 Rz 2; s a die rechtspolitischen Überlegungen bei *Mayr/Wiesner* in Bertl ua, Sonderbilanzen 156 f).

Die übernehmende Körperschaft hat somit die in der **steuerlichen Verschmelzungsbilanz** der übertragenden Körperschaft gem § 2 Abs 5 S 2 angesetzten Werte – Buchwerte gem § 2 Abs 1 oder iRd Wahlrechtes gem § 2 Abs 2 aufgewertete Bilanzansätze – zwingend fortzuführen („**Prinzip der Wertverknüpfung**" bzw „**Buchwertverknüpfung**"; AB 354 BlgNR 18. GP, 1; UmgrStR 159; *Hügel* § 3 Rz 6; *Zöchling/Tüchler* in *W/Z/H/K*[5] § 3 Rz 1). Bei der Übertragung außerbetrieblichen Vermögens bei Auslandsverschmelzungen kommt es zur Fortführung der **außerbetrieblichen Anschaffungskosten** (s § 2 Rz 3 u UmgrStR Rz 95; *Hügel* § 3 Rz 6). Ist das Verstrickungserfordernis des § 1 Abs 2 S 2 nicht erfüllt und kommt es nach §§ 19, 20 KStG zur (partiellen) Gewinnrealisierung, ergibt sich der Ansatz der **Realisationswerte** aus § 20 Abs 3 KStG (§ 2 Rz 22; *Hügel* § 3 Rz 6; *Zöchling/Tüchler* in *W/Z/H/K*[5] § 3 Rz 1).

14

Die Wertverknüpfung mit den steuerlichen Bilanzansätzen der übertragenden Körperschaft hat unabhängig davon zu erfolgen, ob unternehmensrechtlich die Buchwerte aus der Schlussbilanz iSd § 220 Abs 3 S 1 AktG fortgeführt werden oder eine **Neubewertung gem § 202 UGB** vorgenommen wird; eine allenfalls vorgenommene Neubewertung des übertragenen Vermögens ist daher steuerlich nicht maßgebend (ErlRV 266 BlgNR 18. GP, 17; UmgrStR Rz 52, 91 u 160; BMF 18.2.1998, RdW 1998, 315; *Bruckner* in *W/H/M*, HdU[1] I § 3 Rz 9; *Staringer* in GedS Gassner 448; *Hügel* § 3 Rz 7; *Mayr* in *D/R* I[11] Tz 1112; *Zöchling/Tüchler* in *W/Z/H/K*[5] § 3 Rz 1). Ebenso entsteht aus der zwingenden Buchwertfortführung oder aus einer fakultativen oder obligatorischen steuerlichen Aufwertung auch keine umgekehrte Maßgeblichkeit (ErlRV 266 BlgNR 18. GP, 17; BMF 18.2.1998, RdW 1998, 315; *Bruckner* in *W/H/M*, HdU[1] I § 3 Rz 9; *Staringer* in GedS Gassner 448).

15

b) Einzelne Positionen der Gewinnermittlung

Die Buchwertfortführungsverpflichtung des § 3 Abs 1 Z 1 hat im Zusammenhalt mit der Gesamtrechtsnachfolgeregelung des § 19 Abs 1 BAO insb folgende Konsequenzen (s a UmgrStR Rz 120 ff; *Bruckner* in *W/H/M*, HdU[1] I § 3 Rz 11 ff; *Hügel* § 3 Rz 8 ff):

16

Zu den verschmelzungsbedingten Auswirkungen auf eine **Unternehmensgruppe gem § 9 KStG** s die Analyse von *Jann/Rittsteuer/Schneider* in diesem Band; weiters zB UmgrStR Rz 349 ff; *Zöchling/Haslinger* in Quantschnigg ua, Gruppenbesteuerung 261 ff; *Hügel* § 3 Rz 37 ff; *Wiesner/Kirchmayr/Mayr*, Gruppenbesteuerung[2] 256 ff. Zu den Auswirkungen der Verschmelzung auf das **Einlagen- und Innenfinanzierungsevidenzkonto** der übernehmenden Körperschaft s unten Rz 151 ff.

aa) Abschreibung

17 Die **Abschreibungsgrundsätze** der übertragenden Körperschaft wie Abschreibungsmethode und Gesamtnutzungsdauer sind bei der übernehmenden Körperschaft fortzusetzen (UmgrStR Rz 120; *Zöchling/Tüchler* in *W/Z/H/K*[5] § 3 Rz 2; weiters VwGH 28.1.2015, Ra 2014/13/0025, ÖStZB 2015/77, 194, zur Einbringung; zur vorzeitigen AfA nach § 7a EStG s *Hügel* § 3 Rz 9).

18 Für Fälle des **Divergierens der relevanten Bilanzstichtage** der beteiligten Körperschaften sieht die Verwaltungspraxis Folgendes vor:

- Wird bei **deckungsgleichem Bilanzstichtag** von übertragender und übernehmender Körperschaft ein Zwischenstichtag als Verschmelzungsstichtag gewählt, darf von der übertragenden und übernehmenden Körperschaft insgesamt nicht mehr als eine volle Jahres-AfA geltend gemacht werden (UmgrStR Rz 120; s EStR Rz 3132). Hinsichtlich der Aufteilung der AfA besteht ein Wahlrecht der übertragenden Körperschaft, ob sie die Anwendung der Halbjahresregel des § 7 Abs 2 EStG oder eine Aliquotierung *pro rata temporis* in Anspruch nimmt (UmgrStR Rz 120; s EStR Rz 3132; *Bruckner* in *W/H/M*, HdU[1] I § 3 Rz 21 ff).
- Erfolgt die Verschmelzung auf einen Regelbilanzstichtag oder auf einen Zwischenstichtag und weisen übertragende und übernehmende Körperschaft **unterschiedliche Bilanzstichtage** auf, unterscheidet die Verwaltungspraxis folgende Fälle (UmgrStR Rz 121; s a *Bruckner* in *W/H/M*, HdU[1] I § 3 Rz 24; *Zöchling/Tüchler* in *W/Z/H/K*[5] § 3 Rz 3; weiters VwGH 28.1.2015, Ra 2014/13/0025, ÖStZB 2015/77, 194, zur Einbringung): Ergeben das Wirtschaftsjahr der übertragenden Körperschaft und das Wirtschaftsjahr der übernehmenden Körperschaft vom Verschmelzungsstichtag bis zum nächsten Regelbilanzstichtag (bezogen auf das übernommene Vermögen) insgesamt einen Zeitraum von *(1)* bis zu 6 Monaten, steht insgesamt nur die Halbjahres-AfA zu; *(2)* mehr als 6 bis zu 12 Monaten, kann insgesamt eine Ganzjahres-AfA verrechnet werden; *(3)* mehr als 12 bis 18 Monaten, kann insgesamt eine 1,5-fache AfA-Quote angesetzt werden; *(4)* mehr als 18 Monaten, kann bei der übertragenden und der übernehmenden Körperschaft jeweils die volle Jahres-AfA geltend gemacht werden. Hinsichtlich des Aufteilungsmodus steht auch hier der übertragenden Körperschaft das Wahlrecht zu, ob sie die Halbjahres-AfA des § 7 Abs 2 EStG oder eine Aliquotierung *pro rata temporis* in Anspruch nimmt (UmgrStR Rz 121).

bb) Rückstellungen

19 Die übernehmende Körperschaft führt die gem § 9 EStG gebildeten Rückstellungen fort (*Hügel* § 3 Rz 11). Dies betrifft auch die **Abfertigungs- und Pensionsrückstellungen** gem § 14 Abs 1 ff EStG und **Jubiläumsgeldrückstellungen** gem § 14 Abs 12 EStG und gilt auch für die **Wertpapierdeckung** nach § 14 Abs 7 EStG (EStR Rz 3406b; s a BMF 14.5.2002, ecolex 2002, 620 m Anm *Schrottmeyer*; *Bruckner* in *W/H/M*, HdU[1] § 3 Rz 19 f) und die **Dreijahresverteilung** des Unterschiedsbetrages nach § 14 Abs 13 EStG (EStR Rz 3004k f).

> Dies betrifft auch einen **Aktivposten aus einer Übertragung auf eine Pensionskasse** gem § 124 Z 2 EStG (EStR Rz 3400, s a den Erlass des BMF Z 06 0557/2-IV/6/92) und die Verteilung des **steuerneutralen Sockelbetrags zur Jubiläumsgeldrückstellung** (letztmalig VJ 2013, s EStR Rz 3436 ff).

cc) Steuerfreie Rücklagen

Steuerfreie **Rücklagen** sind grundsätzlich mit allen Fristen und sonstigen Berechtigungen und Pflichten vom Rechtsnachfolger fortzuführen (*Bruckner* in W/H/M, HdU[1] I § 3 Rz 11 u 16 ff; *Hügel* § 3 Rz 10; UmgrStR Rz 122 idF vor WE 2007). Praktische Bedeutung hat dies derzeit vor allem für die **Zuschreibungsrücklage** gem § 124b Z 270 EStG. 20

Ein **Investitionsfreibetrag gem § 10 EStG** idF vor dem KMU-FG 2006 (BGBl I 2006/101) konnte letztmalig im Jahr 2000 geltend gemacht werden (§ 10b EStG idF BudBG 2001, BGBl I 2000/142), wobei die Steuerbefreiung nach Ablauf der vierjährigen Frist definitiv wurde und daher seit dem Wirtschaftsjahr 2005 keine steuerfrei gebildeten Rücklagen mehr existieren können (s a *Hügel* § 3 Rz 10). Zudem können Körperschaften die **Übertragung stiller Reserven gem § 12 EStG idF StRefG 2005** (BGBl I 2004/57), die nach dem 31.12.2004 aufgedeckt werden, nicht mehr in Anspruch nehmen (s § 124b Z 95 EStG u EStR Rz 3892a). In einer unternehmensrechtlichen Bilanz unter den unversteuerten Rücklagen ausgewiesen sind daher allenfalls noch die vor diesem Zeitpunkt realisierten übertragenen stillen Reserven („Bewertungsreserve"; s *Fraberger/Petritz* in Hirschler, Bilanzrecht § 205 Rz 12; *Urnik/Urtz* in *Straube*, UGB II/RLG[3] § 205 Rz 10). **Übertragungsrücklagen nach § 12 Abs 8 EStG** idF vor StRefG 2005 (BGBl I 2004/57) mussten hingegen innerhalb der 12- bzw 24-monatigen Frist übertragen oder aufgelöst werden (s zum geltenden Recht Jakom[10]/*Kanduth-Kristen* § 12 Rz 41 ff), sodass bei Körperschaften solche Übertragungsrücklagen nicht mehr existieren können (unklar *Hügel* § 3 Rz 10); auch der umgründungsbedingte Übergang einer Übertragungsrücklage von einer natürlichen Person auf eine Körperschaft ist ausgeschlossen, da bei nach dem 31.12.2004 aufgedeckten stillen Reserven die Rücklage nach § 12 Abs 10 EStG dann gewinnerhöhend aufzulösen wäre, wenn sie nach einer Umgründung ganz oder teilweise einer Körperschaft zuzurechnen wäre (EStR Rz 3892d; Jakom[10]/*Kanduth-Kristen* § 12 Rz 43). **Mietzinsrücklagen nach § 11 EStG** idF vor dem StRefG 2000 (BGBl I 1999/106) waren bis zum 31.12.1999 zu verrechnen bzw gewinnerhöhend aufzulösen (§ 116 Abs 2 EStG; Jakom[10]/*Laudacher* § 116 Rz 2; unklar *Hügel* § 3 Rz 10 m FN 20). 21

dd) Schwebeverluste

Verrechenbare **Schwebeverluste** der übertragenden Körperschaft sind von § 4 bzw § 8 Abs 4 Z 2 KStG nicht berührt und gehen daher **uneingeschränkt auf die übernehmende Körperschaft über** (s § 4 Rz 12 ff; weiters zB UmgrStR Rz 211 f; *Bruckner* in W/H/M, HdU[1] I § 4 Rz 120 ff; *Peklar*, Verluste 21 ff; *Hügel* § 3 Rz 25 u § 4 Rz 6). Zur **Siebtelspreizung** nach § 12 Abs 2 Z 3 KStG s Rz 32. 22

ee) Zuschreibungsverpflichtung

Nach der Judikatur des VwGH und der Verwaltungspraxis geht eine latente **Zuschreibungsverpflichtung** im Zuge einer Verschmelzung auf die übernehmende Körperschaft über (s VwGH 22.5.2014, 2010/15/0127, ÖStZB 2014/333, 595 = GES 2015, 530 m Anm *Wurm*; UmgrStR Rz 125 u EStR Rz 2583 ff; *Hügel* § 3 Rz 19; weiters *Wiesner/Schwarzinger*, UmS 181/32/11, SWK 2011, S 1023, zur Spaltung; s a *Sulz/Hirschler/Oberkleiner* in GedS Arnold 398 f). Dieser Übergang der Zuschreibungsverpflichtung hat seit der Einführung der allgemeinen Zuschreibungspflicht in § 208 UGB durch das **RÄG 2014** (BGBl I 2015/22) für nach dem 23

31.12.2015 beginnende Geschäftsjahre erheblich an Bedeutung gewonnen (dazu und zum Nachholgebot des § 906 Abs 32 UGB ausf *Hirschler* in FS Nowotny 561 ff). Während nunmehr für alle Anlagegüter die **unternehmensrechtliche Zuschreibungspflicht auf das Steuerrecht** durchschlägt (§ 6 Z 13 EStG idF RÄG 2014), war eine solche Zuschreibungsverpflichtung früher nur für Beteiligungen iSd § 228 UGB vorgesehen, wobei die steuerliche Zuschreibung nach § 6 Z 13 EStG aF mit der unternehmensrechtlichen **Zuschreibung nach § 208 UGB** derart verknüpft war, sodass eine steuerliche Zuschreibung nur möglich war, wenn diese auch in der Unternehmensbilanz vorgenommen werden konnte (s zB VwGH 22.5.2014, 2010/15/0127, ÖStZB 2014/333, 595 = GES 2015, 530 m Anm *Wurm*; weiters *Tumpel*, RdW 2007/776, 763). Vor diesem Hintergrund wurde auch die Diskussion zum Übergang der Zuschreibungsverpflichtung im Hinblick auf Umgründungen geführt, wonach folgendermaßen zu differenzieren ist (s a § 18 Rz 45 u § 34 Rz 6): Da neben der Höhe der vorgenommenen außerbilanziellen Abschreibung die Grenze einer Zuschreibung durch die Anschaffungs- oder Herstellungskosten gebildet wird (zB *Urnik/Urtz* in *Straube*, UGB II/RLG[3] § 208 Rz 20 mwN) und die Funktion der Anschaffungs- und Herstellungskosten bei der übernehmenden Körperschaft bei **unternehmensrechtlicher Neubewertung** der gem § 202 Abs 1 UGB beizulegende Wert übernimmt (*Strimitzer* in *W/H/M*, HdU[7] Q3 Rz 72), bildet dieser auch die Obergrenze für künftige Zuschreibungen (VwGH 22.5.2014, 2010/15/0127, ÖStZB 2014/333, 595 = GES 2015, 530 m Anm *Wurm*; *Tumpel*, RdW 2007/776, 763; *Waitz-Ramsauer/Wurm*, taxlex 2009, 524; *Sulz/Hirschler/Oberkleiner* in GedS Arnold 399). Im Fall der **unternehmensrechtlichen Buchwertfortführung** gem § 202 Abs 2 UGB ist str, ob die Zuschreibung mit den **Anschaffungskosten des Rechtsvorgängers** (so zB *Hügel*, Umgründungsbilanzen Rz 1.35; *Vanas*, ecolex 1997, 49; *Hirschler/Six* in HB Sonderbilanzen I 384 f), mit dem **fortzuführenden Buchwert gem § 202 Abs 2 UGB** (so zB *Waitz-Ramsauer/Wurm*, taxlex 2009, 523) oder mit dem **beizulegenden Wert gem § 201 Abs 1 UGB** (so *Tumpel*, RdW 2007/776, 764) begrenzt ist. Während der UFS noch der erstgenannten Auffassung (Zuschreibungspflicht bis zu den Anschaffungskosten) folgte (UFS 21.8.2009, RV/0825-K/07, krit *Waitz-Ramsauer/Wurm*, taxlex 2009, 525 ff), scheint der VwGH in dem zum gleichen Fall ergangenen Erkenntnis hingegen zwischen einer Übertragung im Wege der Gesamtrechtsnachfolge und einer Übertragung im Wege der Einzelrechtsnachfolge zu differenzieren (VwGH 22.5.2014, 2010/15/0127, ÖStZB 2014/333, 595 = GES 2015, 530 m Anm *Wurm*; s a *Marchgraber*, RWZ 2014/64, 293 ff; *Wiesner*, RWZ 2014/80, 360; *Hebenstreit/Stückler*, GesRZ 2015, 115 ff). Während der übernehmende Rechtsträger bei Gesamtrechtsnachfolge durch einen Akt in die Rechtsposition und Rechtsverhältnisse des Rechtsvorgängers eintritt und somit auch die Zuschreibungsobergrenze des Übertragenden (idR die seinerzeitigen Anschaffungskosten der Beteiligung) übernimmt, soll die Obergrenze bei Einzelrechtsnachfolge durch den beizulegenden Wert der übertragenen Beteiligung iSd § 202 Abs 1 UGB definiert sein (im Ergebnis zustimmend *Marchgraber*, RWZ 2014, 293; krit *Wurm*, SWK 2014, 1024 ff, u *Hirschler* in FS Nowotny 564 ff). Für die Übernahme einer Beteiligung im Zuge einer Verschmelzung scheint daher nicht eindeutig geklärt, ob die Obergrenze für Zuschreibungen nach § 208 UGB und § 6 Z 13 EStG bei der übernehmenden Körperschaft durch die Zuschreibungsobergrenze der übertragenden Körperschaft oder durch den beizulegenden Wert definiert wird. Von praktischer Bedeutung ist dies insb in jenen Fällen, bei denen Beteiligungen mit stillen Reserven übertragen werden, die bei der übertragenden Körperschaft noch mit den Anschaffungskosten bilanziert waren.

ff) Abzugsverbote

Bei der übertragenden Körperschaft bestehende **steuerliche Abzugsverbote** gelten grundsätzlich bei der übernehmenden Körperschaft weiter (UmgrStR Rz 129; *Bruckner* in *W/H/M*, HdU[1] § 3 Rz 25; *Hügel* § 3 Rz 26).

24

Im Hinblick auf **Fremdfinanzierungszinsen** wurde durch das **AbgÄG 2014** (BGBl I 2014/13) eine besondere Abzugsbeschränkung normiert: Nach § 12 Abs 1 Z 9 KStG ist – als Ausnahme von § 11 Abs 1 Z 4 KStG – der Abzug von „Aufwendungen für **Zinsen in Zusammenhang mit einer Fremdfinanzierung, die dem Erwerb von Kapitalanteilen im Sinne des § 10 gedient hat**", dann ausgeschlossen, „wenn diese Kapitalanteile unmittelbar oder mittelbar von einem konzernzugehörigen Unternehmen bzw unmittelbar oder mittelbar von einem einen beherrschenden Einfluss ausübenden Gesellschafter erworben worden sind", was auch „bei Kapitalerhöhungen oder Zuschüssen, die in Zusammenhang mit einem Erwerb von Kapitalanteilen im Sinne des vorherigen Satzes stehen", gilt (ausf dazu KStR Rz 1266ad ff; *Lachmayer* in *Q/R/S/S/V*[27] § 12 Tz 122/22 ff; *Marchgraber/Plansky* in *L/R/S/S*[2] § 12 Rz 137 ff; aus verfassungsrechtlicher Sicht kritisch *Marchgraber*, SWK 2014, 638 ff, u rechtfertigend *Lachmayer* in *Q/R/S/S/V*[27] § 12 Tz 122/23); der bisherige Zusammenhang mit § 12 Abs 2 KStG und das Abstellen auf den Zusammenhang mit steuerfreien Beteiligungserträgen wurden damit durchbrochen (*Lachmayer* in *Q/R/S/S/V*[27] § 12 Tz 122/22; *Marchgraber/Plansky* in *L/R/S/S*[2] § 12 Rz 137 f). Im Unterschied zum bisherigen Recht (Rz 26) ist eine unter § 12 Abs 1 Z 9 KStG fallende **Fremdfinanzierung für immer „verschmutzt"** und die entsprechenden Zinsen sind nicht abzugsfähig, selbst wenn die mit Fremdkapital angeschaffte Beteiligung später durch eine Umgründung wegfällt (arg „gedient hat"; s *Mayr* in *Kirchmayr/Mayr/Hirschler*, Abzugsverbote 11 f). Dadurch sollen „**Umgehungsmöglichkeiten des Abzugsverbotes durch Umgründungsmaßnahmen** beseitigt werden" (ErlRV 24 BlgNR 25. GP, 14, zum AbgÄG 2014; *Mayr* in *Kirchmayr/Mayr/Hirschler*, Abzugsverbote 11); gemeint sind damit jene Fälle, in denen die Abzugsfähigkeit von Zinsen aufgrund einer Durchbrechung des Finanzierungszusammenhanges mit einer Beteiligung iSd § 12 Abs 2 KStG durch eine Umgründung „wiederhergestellt" wurde (s Rz 26), und zwar ungeachtet dessen, ob es sich auch um eine missbräuchliche Gestaltung iSd § 22 BAO bzw § 44 handelt (*Schlager/Titz*, RdW 2014/18, 72; *Marchgraber*, SWK 2014, 637; *Lachmayer* in *Q/R/S/S/V*[27] § 12 Tz 122/22; *Marchgraber/Plansky* in *L/R/S/S*[2] § 12 Rz 137 f). Nicht betroffen sind **Erwerbe von konzernfremden Dritten**, wenn also schon die ursprüngliche Beteiligungsanschaffung nicht unter die Konzernschranke des § 12 Abs 1 Z 9 KStG fiel; diesfalls können auch spätere konzerninterne Weiterveräußerungen oder Umgründungen an der Abzugsfähigkeit der ursprünglich eingegangenen Fremdfinanzierung nichts ändern (KStR Rz 1266ah; *Lachmayer* in *Q/R/S/S/V*[27] § 12 Tz 122/25; *Mayr* in *Kirchmayr/Mayr/Hirschler*, Abzugsverbote 13). Das Abzugsverbot des § 12 Abs 1 Z 9 KStG ist „auf **Aufwendungen anzuwenden, die nach dem 28. Februar 2014 anfallen**" (§ 26c Z 49 KStG), erfasst also auch bestehende Finanzierungen. Dies bedeutet, dass auch fremdfinanzierte Beteiligungen,

25

die vor dem Inkrafttreten der Neuregelung im Konzern erworben wurden, unter das Abzugsverbot fallen (KStR Rz 1266ad; *Lachmayer* in *Q/R/S/S/V*[27] § 12 Tz 122/24). Die KStR (Rz 1266ah idF WE 2014) erläutern dies und die Anwendbarkeit bei Durchbrechung des Finanzierungszusammenhanges durch folgendes

Beispiel

Die inländische A-GmbH erwirbt im Jahr 2008 von ihrer ausländischen Muttergesellschaft sämtliche Anteile an der inländischen B-GmbH. Dieser Beteiligungserwerb wurde zur Gänze fremdfinanziert. Die Zinsen für den konzerninternen Beteiligungserwerb sind ab dem Wirtschaftsjahr 2011 auf Ebene der A-GmbH gem § 11 Abs 1 Z 4 TS 2 KStG nicht abzugsfähig. Per 31.12.2014 wird die B-GmbH auf die A-GmbH up-stream gem Art I verschmolzen. Die Zinsaufwendungen sind aufgrund § 12 Abs 1 Z 9 KStG nicht abzugsfähig, da eine Fremdfinanzierung, die einem Beteiligungserwerb im Konzern gedient hat, ursächlich für diese Zinsaufwendungen ist.

Das Abzugsverbot des **§ 12 Abs 1 Z 9 KStG** ist grundsätzlich auch dann anzuwenden, wenn bereits **vor dem 28.2.2014 durch eine Umgründung eine Durchbrechung des Finanzierungszusammenhanges** (s Rz 26) erfolgt ist (KStR Rz 1266ah u Rz 1287 idF WE 2014; *Marchgraber/Plansky* in *L/R/S/S*[2] § 12 Rz 137 f). Diese „unechte Rückwirkung" des Abzugsverbots könnte rechtspolitisch zumindest in jenen Fällen problematisch sein, bei denen die Durchbrechung des Finanzierungszusammenhanges bereits vor Einführung der „Konzernschranke" in § 11 Abs 1 Z 4 KStG durch das BudBG 2011 (BGBl I 2010/11) erfolgt ist. Denn bis zu deren Inkrafttreten für nach dem 31.12.2010 beginnende Wirtschaftsjahre (§ 26c Z 23 lit b KStG) führten auch fremdfinanzierte Erwerbe im Konzern zur Abzugsfähigkeit der Zinsen. Wohl aus diesem Grund bestehen nach den KStR „keine Bedenken, das Abzugsverbot auf Zinsaufwendungen für eine Fremdfinanzierung, die ursprünglich einem Beteiligungserwerb im Konzern gedient hat, **dann unangewendet zu lassen, wenn die Trennung von Fremdfinanzierung und Beteiligung bereits vor dem 31.12.2010 erfolgte**" (KStR Rz 1266ah idF WE 2014; *Lachmayer* in *Q/R/S/S/V*[27] § 12 Tz 122/24; *Mayr* in *Kirchmayr/Mayr/Hirschler*, Abzugsverbote 13 f; *Hirschler/Aumayr* in *Kirchmayr/Mayr/Hirschler*, Abzugsverbote 18 f; *Marchgraber/Plansky* in *L/R/S/S*[2] § 12 Rz 150). Von vornherein nicht von der Neuregelung betroffen sind hingegen Zinsaufwendungen, die bis zum 28.2.2014 angefallen sind; diese bleiben – im Rahmen des § 11 Abs 1 Z 4 iVm § 12 Abs 2 KStG – abzugsfähig (KStR Rz 1266ad idF WE 2014; *Marchgraber*, SWK 2014, 637; *Lachmayer* in *Q/R/S/S/V*[27] § 12 Tz 122/24). Mit dem Abzugsverbot des § 12 Abs 1 Z 9 KStG verwirklicht das Gesetz im Grunde die bereits im **Entwurf der UmgrStR 2002** geplante, letztlich aber nicht in die UmgrStR übernommene Einführung einer „**Verschmutzungstheorie**", wonach ein Abzugsverbot auch nach der Trennung vom Aktivum gegeben sein sollte (s dazu *Wiesner*, ÖStZ 2003/244, 159; *Wolf*, RdW 2003/185, 221 f; zur Kritik am Entwurf s *Gröhs/Damböck*, ÖStZ 2003/2, 3 ff).

26 Bis zum AbgÄG 2014 war außerhalb der expliziten Abzugsbestimmung des § 11 Abs 1 Z 4 KStG für **Fremdfinanzierungszinsen** für den Beteiligungserwerb bei Beteiligungen iSd § 10 KStG aufgrund der Steuerfreiheit der laufenden Beteiligungserträge nach hA das Abzugsverbot des § 12 Abs 2 KStG für die damit im Zusammenhang stehenden Aufwendungen anwendbar (s zB VwGH 10.10.1996, 94/15/0187, ÖStZB 1997, 404; VwGH 20.11.1996, 96/15/0188, ÖStZB 1997, 463; krit *Tanzer*, GesRZ 1982, 28 ff; *Lechner*, GesRZ 1983, 63; *Doralt* in FS Bauer 1 ff; *Lang*, ecolex 1995, 507). Dieses Abzugsverbot hatte vor Einführung des § 11 Abs 1 Z 4 KStG durch das **StRefG 2005** (BGBl I 2004/57) vor allem Bedeutung für Fremdfinanzierungszinsen, die im Zusammenhang mit der Anschaffung einer unter § 10 KStG fallenden Beteiligung standen; aufgrund der Einschränkung des § 11 Abs 1 Z 4 KStG durch das **BudBG 2011** (BGBl I 2010/11) war diese Relevanz speziell für fremdfinanzierte **Beteiligungserwerbe im Konzern** wieder gegeben (s *Achatz/Bieber* in *Achatz/ Kirchmayr* § 11 Tz 47 ff). Bei Eingreifen des Abzugsverbots des § 12 Abs 2 KStG konnte es daher lediglich zu einer späteren Berücksichtigung der Aufwandszinsen bei steuerpflichtiger Beteiligungsveräußerung kommen (s VfGH 25.6.1998, B 125/97, ÖStZB 1998, 862; VfGH 27.9.2000, B 2031/98, ÖStZB 2001/62, 83; VwGH 22.12.2005, 2004/15/0142, ÖStZB 2007/69, 83; dazu a KStR Rz 1280 ff [ex-Rz 1211 ff] u *Kofler* in *Doralt*, EStG[11] § 20 Tz 156; zum Problem des sog negativen Zinsüberhangs siehe *Petutschnig/Six*, GES 2013, 191 ff, und *Neugschwandtner/Six*, SWK 2009, S 403 ff); diese Berücksichtigung kann von der übernehmenden Körperschaft geltend gemacht werden, wenn die Veräußerung der verschmelzungsbedingt übertragenen Beteiligung nach der Verschmelzung erfolgt (*Hügel* § 3 Rz 28). Das Abzugsverbot des § 12 Abs 2 KStG konnte aber bis zum AbgÄG 2014 (BGBl I 2014/13) durch Umgründungsmaßnahmen vermieden werden: Kam es durch **Umgründungsvorgänge** zu einer Trennung der Beteiligung und der darauf bezughabenden Anschaffungsverbindlichkeit, erstreckte sich – bis zum AbgÄG 2014 – das Abzugsverbot gem § 12 Abs 2 KStG nur auf Zeiträume **bis zur umgründungsbedingten Trennung vom Aktivum** (ausf 3. Aufl Rz 26). Ging daher die fremdfinanzierte Beteiligung durch eine **Upstream-Verschmelzung** oder eine **Downstream-Verschmelzung** unter, fiel nach hA auch das Abzugsverbot weg (BMF 6.9.2000, ecolex 2001, 153 = RdW 2000/697, 712 = SWK 2000, S 706; BMF 20.6.2002, ecolex 2002, 699 m Anm *Schrottmeyer* = SWK 2002, S 595; *Schwarzinger/Wiesner*, ÖStZ 1995, 346 f; *Bruckner* in *W/H/M*, HdU[1] I § 3 Rz 25; *Walter*, GeS 2003, 211 ff; *Hügel* § 3 Rz 28; *Zöchling/Tüchler* in *W/Z/H/K*[5] § 3 Rz 4; krit *Doralt*, RdW 1988, 438); dies galt aufgrund des systematischen Zusammenhanges zwischen § 12 Abs 2 und § 11 Abs 1 Z 4 KStG auch nach dem **BudBG 2011** (BGBl I 2010/111) (einhellig *Puchner*, taxlex 2011, 86 ff; *Lehner*, GES 2011, 131; *Polster-Grüll/Puchner* in *Achatz ua*, Unternehmensbesteuerung 405 ff; *Mayr* in *Kirchmayr/Mayr*, Konzernfinanzierung 21 f; *Zöchling* in *Kirchmayr/Mayr*, Konzernfinanzierung 30 ff; zweifelnd *Wiesner*, RWZ 2011/2, 4). Das verwaltungsnahe Schrifttum stellt allerdings in den Raum, dass wenn ein fremdfinanzierter, nach § 11 Abs 1 Z 4 iVm § 12 Abs 2 KStG abzugsschädlicher Konzernerwerb über eine **Zwischenholding** erfolgt und die erworbene Beteiligungsgesellschaft in weiterer Folge mit der Zwischenholding verschmolzen wird, je nach Ausgestaltung im Einzelfall eine Umgehung vorliegen könne und das Abzugsverbot anwendbar bliebe (s *Mayr*, RdW 2011/50, 54; *Mayr* in *Kirchmayr/Mayr*, Konzernfinanzierung 22; *Mayr* in *Kirchmayr/Mayr/Hirschler*, Abzugsverbote 11; dazu *Puchner*, taxlex 2011, 89 f; s a § 44 Rz 11). Nach der älteren Verwaltungspraxis sollte es auch dann zu einer umgründungsbedingten Trennung von Verbindlichkeit und Beteiligung kommen, wenn die von einer Kapitalgesellschaft im Wege des vorbereiteten Anteilserwerbes erworbene Kapitalgesellschaft auf eine **Schwestergesellschaft** verschmolzen wird (BMF 25.2.1998, SWK 1998, S 352 = RdW 1998, 309; krit *Doralt*, RdW 1998, 438); dies war freilich wegen der Identitätsfiktion des § 5 Abs 1 Z 1 zu bezweifeln (s *Walter*, GeS 2003, 211 ff; *Mayr* in *Kirchmayr/Mayr*, Konzernfinanzierung 22; s a § 5 Rz 54). Erfolgt eine umgründungsbedingte Trennung vom Aktivum, waren ab **Beginn des dem Verschmelzungsstichtag folgenden Tages** die auf die Kaufpreisschuld entfallenden Aufwandszinsen als Betriebsausgaben abzugsfähig, sofern sich eine Einschränkung oder ein Abzugsverbot nicht aus anderen Gründen ergab (KStR Rz 1287 idF vor dem WE 2014 [ex-Rz 1218]; BMF 25.2.1998, SWK 1998, S 352 = RdW 1998, 309; BMF 6.9.2000, ecolex 2001, 153 = RdW 2000/697, 712 = SWK 2000, S 706).

gg) Nachversteuerungstatbestände

27 Eine Verschmelzung mit Buchwertfortführung führt nicht *per se* zur Nachversteuerung (s UmgrStR Rz 72, 130, u *Hohenwarter*, Verlustverwertung 411 f, zu § 2 Abs 8 Z 3 EStG), jedoch kommt es durch § 19 BAO auch zum Übergang sonstiger abgabenrechtlicher Verpflichtungen, die **künftig in einer Steuerbelastung** ("Nachversteuerung") resultieren (*Hügel* § 3 Rz 13).

28 Dies betrifft insb *(1)* die Nachversteuerung von ausländischen **Betriebsstättenverlusten** nach § 2 Abs 8 Z 3 EStG iVm § 7 Abs 2 KStG (UmgrStR Rz 130; EStR Rz 207; *Hügel* § 3 Rz 14; *Hohenwarter*, Verlustverwertung 411 ff; Jakom[10]/*Laudacher* § 2 Rz 206; zur durch das AbgÄG 2014 eingeführten Nachversteuerung infolge Zeitablaufs bei Nicht-Amtshilfestaaten s UmgrStR Rz 72 idF WE 2015 iVm EStR Rz 212 ff); zu einer Nachversteuerung führt die Verschmelzung aber dann, wenn der Betriebsstättenstaat aufgrund der Verschmelzung die stillen Reserven in der Betriebsstätte besteuert und dabei die Verluste abgezogen wurden oder abzugsfähig wären (UmgrStR Rz 130); *(2)* die Berichtigung des Gruppeneinkommens beim Gruppenträger im Falle des **Ausscheidens eines Gruppenmitglieds** innerhalb der dreijährigen Mindestzugehörigkeitsdauer gem § 9 Abs 10 KStG (*Hügel* § 3 Rz 15); *(3)* die Nachversteuerung von ausländischen **Gruppenverlusten** nach § 9 Abs 6 Z 6 KStG (*Hügel* § 3 Rz 16); *(4)* die Nachversteuerungsverpflichtung für den **Bildungsfreibetrag** gem § 4 Abs 4 Z 8 EStG (UmgrStR Rz 127 u EStR Rz 1370 ff); und *(5)* die iRe Einbringung übergegangene Nachversteuerungsverpflichtung für den **Gewinnfreibetrag** nach § 10 Abs 6 EStG (UmgrStR Rz 122). Zur Nachversteuerung von Auslandsverlusten bei einer **Export-Verschmelzung** s Rz 126.

hh) "Dreißigstelabschreibung" eines Firmenwertes

29 Geht ein die Rest-Firmenwertabschreibung nach **Art 9 Z 3 BudBG 2001** (BGBl I 2000/142; dazu Rz 106) auslösender Betrieb umgründungsbedingt auf eine übernehmende Körperschaft über, setzt diese als Rechtsnachfolgerin die Dreißigstelabschreibung fort (*Zöchling/Tüchler* in *W/Z/H/K*[5] § 3 Rz 32 ff).

c) Sonstige Konsequenzen der Gesamtrechtsnachfolge

30 Über die unmittelbaren gewinnermittlungsrechtlichen Positionen hinaus ergeben sich aus § 19 BAO folgende Konsequenzen:

aa) Verlustvorträge

31 Str ist, ob das Recht auf **Verlustabzug** (§ 18 Abs 6 EStG iVm § 8 Abs 4 KStG) der Gesamtrechtsnachfolge nach § 19 BAO unterliegt (s § 4 Rz 3). Allerdings findet sich für Verschmelzungen iSd Art I mit **§ 4** ohnehin eine eigenständige umgründungssteuerliche Bestimmung, die die Frage des Schicksals vortragsfähiger Verluste der übertragenden und der übernehmenden Körperschaft nach der Verschmelzung iSe **objektbezogenen Verlustvortragsübergangs** regelt (dazu § 4 Rz 1 ff).

bb) Siebentelabsetzung

Nach früher hA wurden noch nicht verbrauchte Siebentelabschreibungen nach 32
§ 12 Abs 3 Z 2 KStG wie Schwebeverluste behandelt, die nach § 19 BAO auf die übernehmende Körperschaft übergehen (dazu § 4 Rz 11). Diese Auffassung dürfte überholt sein: Die Rsp ordnet nicht verbrauchte Siebentelabschreibungen nicht den Schwebeverlusten (ebenso seit dem WE 2007 UmgrStR Rz 211 u KStR Rz 994 [ex-Rz 1179]), sondern dem **normalen Verlustregime** zu (VwGH 14.10.2010, 2008/15/0212, ÖStZB 2011/183, 305 = GesRZ 2011, 131, zur Spaltung; dazu *Wiesner*, RWZ 2010/88, 361 ff; *Bergmann*, GES 2011, 88 ff; *Apfelthaler*, SWK 2011, S 518 ff). Offene Siebentelabschreibungen gehen daher nicht wie Schwebeverluste, sondern nur unter den gleichen Voraussetzungen wie Verlustvorträge und damit nach **Maßgabe des § 4** auf die übernehmende Körperschaft über (dazu UmgrStR Rz 211 u 254; § 4 Rz 10; so bereits *Hügel* § 4 Rz 10). Die Verwaltungspraxis schränkt die Anwendung dieser restriktiven Auslegung jedoch auf **Verschmelzungsbeschlüsse ab dem 1.1.2011** ein (UmgrStR Rz 211; s a § 4 Rz 10).

cc) Schachtelbeteiligung

Wird eine bereits bestehende **Schachtelbeteiligung iSd § 10 Abs 2 KStG** ver- 33
schmelzungsbedingt übertragen, kommt § 3 Abs 4 nicht zur Anwendung, vielmehr werden die Wirkungen bei der übernehmenden Körperschaft fortgesetzt (s a Rz 127 u UmgrStR Rz 178 u 184). Bei Übertragung innerhalb der Jahresfrist des § 10 Abs 2 KStG tritt die übernehmende Gesellschaft nach § 19 BAO in die von der übertragenden Gesellschaft begonnenen **Besitzfrist** ein (UmgrStR Rz 179; *Bruckner* in *W/H/M*, HdU[1] I § 3 Rz 11 u 81 ff; *Hügel* § 3 Rz 22 u 149; s a Rz 36 f u 136 ff).

dd) Mindestkörperschaftsteuer

Noch nicht verrechnete Beträge an **Mindestkörperschaftsteuer** nach § 24 Abs 4 Z 4 34
KStG der übertragenden Gesellschaft gehen auf die übernehmende Gesellschaft über (UmgrStR Rz 133 u KStR Rz 1568 [ex-Rz 1520]; BFG 29.4.2016, RV/1100371/2013; s a *Wiesner*, RdW 1995, 160; *Zöchling/Puchner* in *Frotz/Kaufmann*[2], SteuerR Rz 52). Die zeitliche Einschränkung der Verrechnung offener Mindestkörperschaftsteuerbeträge durch § 9 Abs 8 gilt für Verschmelzungen nach Art I nicht: Die Verrechnung der übergehenden Mindestkörperschaftsteuer ist daher „ab dem nach dem Verschmelzungsstichtag endenden Wirtschaftsjahr der übernehmenden Körperschaft möglich" (UmgrStR Rz 362; s a UFS 17.9.2007, RV/0744-W/07, UFSjournal 2008, 82 m Anm *Hirschler/Sulz/Oberkleiner*; UFS 21.2.2011, RV/1435-L/07 [Verschmelzungsstichtag 31.12.]; BFG 29.4.2016, RV/1100371/2013; weiters zB *Bruckner* in *W/H/M*, HdU[1] I § 3 Rz 11 m FN 340; *Brandstätter/Puchner*, SWK 2008, S 883 ff; *Zöchling/Puchner* in *Frotz/Kaufmann*[2], SteuerR Rz 52; *Zöchling/Tüchler* in *W/Z/H/K*[5] § 3 Rz 21 f); die bis zum Verschmelzungsstichtag von der übertragenden Gesellschaft angesammelte und noch nicht verrechnete Mindestkörperschaftsteuer kann somit von der übernehmenden Gesellschaft ab dem Veranlagungszeitraum, in dem der Verschmelzungsstichtag liegt, auf die Körperschaftsteuerschuld angerechnet werden (BFG 29.4.2016, RV/1100371/2013). Damit kann auch bei unterjährigen Verschmelzungen eine unmittelbare Verrechnung erfolgen (s BFG 29.4.2016, RV/1100371/2013; *Zöchling/Tüchler* in *W/Z/H/K*[5] § 3 Rz 21; s zum Ende der Mindestkörperschaftsteuerpflicht der übertragenden Körperschaft § 2 Rz 6).

ee) Anrechnungsvortrag

35 Nach § 10 Abs 6 KStG idF AbgÄG 2011 (BGBl I 2011/76) **gehen vortragsfähige Anrechnungsbeträge** hinsichtlich ausländischer Körperschaftsteuerverschmelzungsbedingt nach § 19 BAO auf die übernehmende Gesellschaft über.

ff) Besitz- und Behaltefristen

36 Nach § 19 BAO laufen bei der übertragenen Gesellschaft begonnene **Besitz- und Behaltefristen** bei der übernehmenden Gesellschaft weiter (*Hügel* § 3 Rz 22).

37 Dies betrifft etwa die einjährige Besitzfrist bei **internationalen Schachtelbeteiligungen** nach § 10 Abs 2 KStG (Rz 33), die **Mindestdauer einer Unternehmensgruppe** gem § 9 Abs 10 S 3 KStG und die dreijährige **Mindestzugehörigkeitsdauer eines Gruppenmitglieds** gem § 9 Abs 10 TS 3 (*Hügel* § 3 Rz 22 u 42). Darüber hinaus kann im Falle einer Einbringung nach Art III auch die Mindestbehaltedauer für den **Gewinnfreibetrag** nach § 10 EStG (*Hügel* § 3 Rz 22) und im Hinblick auf eine nachfolgende Umwandlung die siebenjährige **Besitzfrist des § 37 Abs 5 EStG** relevant sein (s a EStR Rz 7375; BMF 6.11.2002, RdW 2002/682, 765). Bedeutung hat das Weiterlaufen auch für die zweijährigen Besitzfristen für die umgründungssteuerrechtlichen **Kapitalverkehrsteuerbefreiungen** gem §§ 22 Abs 4, 26 Abs 3, 31 Abs 2, § 38 Abs 5 TS 2, 38 f Abs 3 im Fall von Folgeumgründungen (ErlRV 1237 BlgNR 18. GP, 74; BMF 3.7.1996, SWI 1996, 363; *Bruckner* in *W/H/M*, HdU[1] I § 3 Rz 11; *Hügel* § 3 Rz 22; anders noch ErlRV 266 BlgNR 18. GP, 31).

gg) Umgründungskosten

38 Die mit der Verschmelzung zusammenhängenden **Kosten**, wie Rechtsanwalts-, Notars-, Wirtschaftstreuhand-, Firmenbuchkosten oder verschmelzungsveranlasste Gebühren oder Verkehrssteuern (zB GrESt; s § 6 Rz 74), sind in (sinngemäßer) Anwendung des § 11 Abs 1 Z 1 KStG nicht aktivierungspflichtig, sondern sofort **abzugsfähige Aufwendungen**, wobei es nach der Verwaltungspraxis offenbar gleichgültig ist, ob die Verschmelzung auf gesellschaftsrechtlicher oder betrieblicher Grundlage erfolgt (UmgrStR Rz 141; *Hügel* § 3 Rz 112; *Bertl/Hirschler*, RWZ 2013/86, 332). Dies gilt – mangels Verweises des § 233 Abs 3 AktG bzw (mittelbar) § 96 Abs 2 GmbHG auf § 19 AktG – unabhängig von der Satzung oder dem Gesellschaftsvertrag auch bei Verschmelzungen zur Neugründung, sodass insofern auch **keine verdeckte Ausschüttung** vorliegen kann (*Hügel* § 3 Rz 112; wohl auch UmgrStR Rz 141; unklar KStR Rz 1251 [ex-Rz 659]).

d) Aufwertungsverschmelzung

39 Auch bei einer Aufwertung nach § 2 Abs 2 kommt es über § 225a Abs 3 Z 1 AktG zur steuerlichen Gesamtrechtsnachfolge nach § 19 BAO (UmgrStR Rz 135; *Bruckner* in *W/H/M*, HdU[1] I § 3 Rz 15; *Hügel* § 3 Rz 32). Die aufnehmende Körperschaft übernimmt daher auch bei **Aufwertungsverschmelzungen** grundsätzlich sämtliche Rechtspositionen der übertragenden Körperschaft (UmgrStR Rz 135). Der Ansatz von Wirtschaftsgütern mit den Werten gem § 20 Abs 2 KStG iVm § 2 Abs 2 verhindert den Eintritt in jene Rechtspositionen, die an die Fortführung der Buchwerte anknüpfen (UmgrStR Rz 135; *Hügel* § 3 Rz 32; s zum Verlustvortrag § 4 Rz 22). Die nach § 20 Abs 2 KStG aufgewerteten Werte sind von der übernehmenden Körperschaft als **(neue) Anschaffungskosten** anzusetzen (*Bruck-*

ner in *W/H/M*, HdU[1] I § 3 Rz 15). Die übernehmende Körperschaft hat daher bei abnutzbaren Wirtschaftsgütern die **AfA** auf Basis des nach § 20 Abs 2 KStG ermittelten Realisationswertes über die (neu ermittelte) Restnutzungsdauer geltend zu machen, ohne dass eine Bindung an die AfA-Methode oder Nutzungsdauer der übertragenden Körperschaft bestünde (UmgrStR Rz 136; *Bruckner* in *W/H/M*, HdU[1] I § 3 Rz 15).

Bei einer Aufwertungsverschmelzung sind **steuerfreie Rücklagen** (s Rz 20 f) bei der übertragenden Körperschaft nachzuversteuern und gehen nicht auf die übernehmende Körperschaft über, sodass diesbezügliche Besitz- und Behaltefristen keine Bedeutung haben (UmgrStR Rz 137; *Hügel* § 3 Rz 34). Im Übrigen laufen **Besitz- und Behaltefristen** bei der übernehmenden Körperschaft weiter (UmgrStR Rz 138; s a *Hügel* § 3 Rz 35). Dies gilt nach hA trotz Liquidationsbesteuerung sowohl für die einjährige Besitzfrist bei internationalen Schachtelbeteiligungen gem § 10 Abs 2 KStG als auch der zweijährigen Besitzfristen für die umgründungssteuerrechtlichen Kapitalverkehrsteuerbefreiungen gem §§ 22 Abs 4, 26 Abs 3, 31 Abs 2, § 38 Abs 5 TS 2, 38 f Abs 3, da für beide Bereiche die Bewertung des Vermögens irrelevant ist (*Bruckner* in *W/H/M*, HdU[1] I § 3 Rz 15 m FN 348; *Hügel* § 3 Rz 35 f). **40**

3. Umsatzsteuerliche Rechtsnachfolge

Die übernehmende Körperschaft tritt für den Bereich der **Umsatzsteuer** unmittelbar in die Rechtsstellung der übertragenden Körperschaft ein (s § 6 Rz 33 ff u zB UmgrStR Rz 318 ff u UStR Rz 54 f). **41**

4. Lohnsteuerliche Rechtsnachfolge

Der verschmelzungsbedingte Arbeitgeberwechsel und der daran anknüpfende Eintritt in die **lohnsteuerlichen Pflichten** deckt sich nach § 6 Abs 1 mit dem Zeitpunkt der zivilrechtlichen Gesamtrechtsnachfolge (s § 6 Rz 1 ff u zB UmgrStR Rz 304). **42**

5. Verfahrensrechtliche Rechtsnachfolge

Ab der Eintragung der Verschmelzung in das Firmenbuch (zivilrechtliche Wirksamkeit) tritt die übernehmende Körperschaft auch in alle **verfahrensrechtlichen Rechtspositionen** der übertragenden Körperschaft ein (VwGH 25.2.1993, 92/16/0114, ÖStZB 1993, 584; VwGH 9.11.2000, 2000/16/0376, ÖStZB 2001/294; UmgrStR Rz 142). Zu Bescheiden bei Gesamtrechtsnachfolge s Rz 8 f. **43**

Dies betrifft **abgabenrechtliche Ansprüche**, zB **Abgabenguthaben** (*Gassner* in FS Helbich 36 ff) einschließlich **Mindestkörperschaftsteuer-Guthaben** nach § 24 Abs 4 Z 4 (KStR Rz 1568 [ex-Rz 1520]; s a Rz 34), **Abgabenschulden** (VwGH 12.10.1989, 88/16/0050, ÖStZB 1990, 245; *Ritz*, BAO[5] § 19 Rz 7), **Haftungen** (VwGH 23.2.1987, 85/15/0376, ÖStZB 1987, 547; VwGH 25.2.1993, 92/16/0114, ÖStZB 1993, 584; VwGH 9.11.2000, 2000/16/0376, ÖStZB 2001/294; *Fröhlich*, ÖStZ 1997, 47; *Ritz*, BAO[5] § 19 Rz 7) und die Pflicht zur Entrichtung von **Anspruchszinsen** (UFS 14.9.2012, RV/0807-G/11, zur erbrechtlichen Gesamtrechtsnachfolge), weiters **Berechtigungen und Pflichten verfahrensrechtlicher Art** (UmgrStR Rz 142; *Gassner* in FS Helbich 37 f; *Ritz*, BAO[5] § 19 Rz 8). Letzteres betrifft verfahrensrechtliche **Rechte** (zB Berufungsrecht, Antragsrecht auf Wiederaufnahme des Verfahrens, auf Wiedereinsetzung, auf Zahlungserleichterungen, auf Akteneinsicht), **Pflichten** (zB Erklärungs- und Aufzeichnungspflichten, An- **44** zeige-, Offenlegungs- und Wahrheitspflichten, Beweispflichten; zur Anzeigepflicht im Zusammenhang mit der Nachversteuerung nach § 1 Abs 2 s § 1 Rz 183 u *Hirschler/Schindler*, RdW 2006/ 575, 610) sowie **Fristen**, wie zB Berufungs- und Zahlungsfristen (UmgrStR Rz 145; *Ritz*, BAO[5] § 19 Rz 8; *Hügel* § 3 Rz 31). Betroffen ist auch der **Übergang organisationsrechtlicher Positionen** (*Gassner* in FS Helbich 37 f; insb Wechsel der Finanzamtszuständigkeit gem § 6 AVOG 2010 mit Einlangen der Firmenbuchänderung, dazu *Mayer*, ÖStZ 1997, 33; allg *Ritz*, BAO[5] § 6 AVOG Rz 2 ff).

II. Bewertung bei Import-Verschmelzungen (Abs 1 Z 2)
A. Aufwertung

51 Nach § 3 gilt auch bei internationalen Verschmelzungen die zwingende „**Buchwertfortführung**" beim Rechtsnachfolger (sog „**Buchwertverknüpfung**"). Die übernehmende Körperschaft hat die in der steuerlichen Verschmelzungsbilanz der übertragenden Körperschaft gem § 2 angesetzten Werte zwingend fortzuführen. Dadurch wird sichergestellt, dass die in der Verschmelzung im übertragenen Vermögen gelegten stillen Reserven auch nach der Verschmelzung beim Rechtsnachfolger steuerhängig bleiben. Auch bei **Import-Verschmelzungen** erfolgt also bei jenem Vermögen, das schon vor der Umgründung der beschränkten Steuerpflicht unterlegen ist, die Buchwertfortführung; dies betrifft insb inländisches Betriebsvermögen und – seit dem AbgÄG 2005 (BGBl I 2005/161; s a § 26c Z 10 lit b KStG) – auch inländisches unbewegliches Vermögen (§ 21 Abs 1 Z 1, 3 KStG iVm § 98 Abs 1 Z 3 EStG; s a *Hügel* § 3 Rz 81; *Strimitzer/Wurm* in *T/W*, EU-VerschG[2] SteuerR Rz 159). Allfällige Buchgewinne – etwa bei einer **Upstream-Import-Verschmelzung** – sind steuerneutral (s Rz 90 ff u zB UmgrStR Rz 161; Pkt 6 Sbg Steuerdialog KSt u UmgrSt 2009; *Hirschler* in FS Wiesner 151; *Strimitzer/Wurm* in *T/W*, EU-VerschG[2] SteuerR Rz 166).

52 Allerdings kann sich auf Ebene der **übernehmenden Gesellschaft** die Frage stellen, wie Vermögen zu behandeln ist, das aufgrund des Eintritts in die unbeschränkte Steuerpflicht iRe Import-Verschmelzung **erstmals der österreichischen Besteuerungshoheit unterliegt** („**Importvorgänge**"), also durch die Verschmelzung in die österreichische Steuerhängigkeit „hineinwächst". Für diesen Fall sieht § 3 Abs 1 Z 2 TS 1 seit dem **AbgÄG 2004** (BGBl I 2004/180) – in Übereinstimmung mit der FRL (*Hügel* § 3 Rz 78 u 80) – eine **zwingende Neubewertung** des von der inländischen übernehmenden Gesellschaft übernommenen und in die österreichische Steuerhängigkeit „hineingewachsenen" Vermögens **mit dem gemeinen Wert** vor („**Aufwertungspflicht**"; s *Zöchling/Puchner* in *Frotz/Kaufmann*[2], SteuerR Rz 11; *Zöchling/Tüchler* in *W/Z/H/K*[5] § 3 Rz 5; *Strimitzer/Wurm* in *T/W*, EU-VerschG[2] SteuerR Rz 160). An dieser „Aufwertungspflicht" hat auch der durch das AbgÄG 2015 (BGBl I 2015/163) herbeigeführte Systemwechsel von einem Nichtfestsetzungs- zu einem Ratenzahlungskonzept (s § 1 Rz 141 ff) nichts geändert. Die Neubewertung betrifft das **gesamte „hereingewachsene" Vermögen**, wobei der Ansatz von Zwischenwerten unzulässig ist (allg *Gassner*, GesRZ 1992, 96). Wenngleich § 3 Abs 1 Z 2 nach den Gesetzesmaterialien (ErlRV 686 BlgNR 22. GP, 21, zum AbgÄG 2004; ErlRV 1187 BlgNR 22. GP, 15, zum AbgÄG 2005) und den UmgrStR (Rz 160a ff) der Regelfall der Import-Verschmelzung vor Augen schwebt, können auch bei einer **grenzüberschreitenden Auslandsverschmelzung** Besteuerungsrechte iS

dieser Bestimmung „hereinwachsen", sodass auch diesfalls die Neubewertung zum gemeinen Wert greift (s zum umgekehrten Fall der Verstrickungseinschränkung § 1 Rz 106 ff). Lediglich im **Fall des „Re-Imports"** kommt es nicht zur Aufwertung, sondern ist nach § 3 Abs 1 Z 2 TS 2 der fortgeschriebene Buchwert (höchstens aber der gemeine Wert) anzusetzen (s Rz 58 ff).

Damit nahm der Gesetzgeber des **AbgÄG 2004** (BGBl I 2004/180) auch die Frage 53 vorweg, ob eine unionsrechtliche Verpflichtung des Zuzugsstaats zur Aufwertung zuziehenden Vermögens auf den gemeinen Wert besteht, und schuf eine systematisch richtige und befriedigende Lösung zur Abgrenzung der Besteuerungsansprüche der einzelnen Staaten im Verstrickungszeitpunkt (ebenso *Schindler*, IStR 2004, 305 ff; *Schindler*, IStR 2004, 714 f; *Schindler* in Kalss/Hügel III Rz 36; anders *Hügel* in FS Wiesner 195: freier Verkehr der stillen Reserven). Die Aufwertung hängt daher auch nicht davon ab, ob der Wegzugsstaat die stillen Reserven einer Entstrickungsbesteuerung („Schlussbesteuerung") unterzieht (ErlRV 686 BlgNR 22. GP; UmgrStR Rz 160b; Pkt 6 Sbg Steuerdialog KSt u UmgrSt 2009; *Furherr/Huber*, IntUmgr 92; *Hügel* § 3 Rz 84; s a *Zöchling/Puchner* in Frotz/Kaufmann², SteuerR Rz 65; *Zöchling/ Tüchler* in W/Z/H/K⁵ § 3 Rz 6; *Strimitzer/Wurm* in T/W, EU-VerschG² SteuerR Rz 160; *Mayr/Mair* in Kirchmayr/Mayr/Hirschler, Konzernbesteuerung 56); vielmehr ist es **Zielsetzung der Neubewertung**, dass – iS des Territorialitätsprinzips (*Hügel* § 3 Rz 76) – „im Ausland entstandene stille Reserven für den Fall einer späteren Realisierung im Inland von der Besteuerung ausgenommen werden" (UmgrStR Rz 160b; *Zöchling/Tüchler* in W/Z/H/K⁵ § 3 Rz 5). Eine Ausnahme von der Aufwertung sieht § 3 Abs 1 Z 2 TS 2 allerdings für „Rückkehrfälle" („Re-Import") vor (Rz 58 ff). Bis zur Regelung durch das **AbgÄG 2004** (BGBl I 2004/180) war die hA im Falle des „Hereinwachsens" stiller Reserven von einer planwidrigen Lücke ausgegangen, die im Ergebnis durch eine steuerneutrale Neubewertung des „hereinziehenden" Vermögens mit dem gemeinen Wert gefüllt wurde (*Damböck*, ecolex 2000, 742; *Staringer* in W/H/M, HdU¹ Q2 Rz 30; *Schindler* in Kalss/Hügel III Rz 102; *Hirschler* in FS Wiesner 151; *Achatz/Kofler* in Achatz ua, IntUmgr 55). Unionsrechtlich geboten ist diese Aufwertung aber wohl nicht, da ganz allgemein auch die aus einer Nichtaufwertung womöglich resultierende **Doppelbesteuerung im Binnenmarkt nicht grundfreiheitswidrig** wäre (s zB EuGH 14.11.2006, C-513/04, *Kerckhaert and Morres*, EU:C:2006:713; EuGH 12.2.2009, C-67/08, *Block*, EU:C:2009:92; EuGH 19.9.2012, C-540/11, *Levy and Sebbag*, EU:C:2012:581; unklar womöglich EuGH 29.11.2011, C-371/10, *National Grid Indus*, EU:C:2011:785, Rn 58 u 60).

B. Entstehen des inländischen Besteuerungsrechts

§ 3 Abs 1 Z 2 stellt darauf ab, ob „das Besteuerungsrecht der Republik Österreich hin- 54 sichtlich des übernommenen Vermögens **entsteht**", also das Besteuerungsrecht an stillen Reserven in die österreichische Besteuerungshoheit „hereinwächst" (UmgrStR Rz 160b), ohne dass es darauf ankäme, ob Vermögen tatsächlich (physisch) „importiert" wird (s a *Wiesner*, RWZ 2005/96, 321; *Zöchling/Tüchler* in W/Z/H/K⁵ § 3 Rz 6; *Strimitzer/Wurm* in T/W, EU-VerschG² SteuerR Rz 160; *Massoner/Stefaner* in Stefaner/Schragl, Wegzugsbesteuerung 145); maßgeblich ist dabei das **abstrakte Entstehen eines Besteuerungsrechtes** im Verhältnis zum Ausland, ungeachtet dessen, ob Österreich dieses Besteuerungsrecht innerstaatlich auch (ganz oder teilweise) ausübt (s *Mayr*, RdW 2016/429, 560 u UmgrStR Rz 160b idF WE 2017, zu internationalen Schachtelbeteiligungen; ebenso *Massoner/Stefaner* in Stefaner/Schragl, Wegzugsbesteuerung 145). Sollten Vermögensteile nach dem Verschmelzungsvertrag vom Ausland in das Inland übertragen werden, liegt ein unter § 6 Z 6 EStG fallender, nicht von der Rückwirkungsfiktion betroffener Transfer vor (UmgrStR Rz 160b).

55 § 3 Abs 1 Z 2 idF **AbgÄG 2004** (BGBl I 2004/180) war nach den Erläuterungen noch darauf beschränkt, dass es sich um „ausländisches" Vermögen handeln musste, das zudem verschmelzungsbedingt in das Inland überführt wurde (s ErlRV 686 BlgNR 22. GP, 21); für den Fall einer grenzübergreifenden Import-Verschmelzung wurde für das als ausländische Betriebsstätte der übernehmenden inländischen Gesellschaft verbleibende Vermögen der übertragenden Gesellschaft hingegen kein Handlungsbedarf erblickt (ErlRV 686 BlgNR 22. GP, 21). Mit dem **AbgÄG 2005** (BGBl I 2005/161) sind diese Einschränkungen entfallen: Erfasst ist auch ausländisches, im Ausland verbleibendes Vermögen, für das das Besteuerungsrecht der Republik Österreich entsteht (ErlRV 1187 BlgNR 22. GP, 15). Mit der Neufassung durch das AbgÄG 2005 wurde aber auch inländisches, zum Verschmelzungsstichtag noch unter die **Isolationstheorie** fallendes Vermögen erfasst, da die Änderung des § 21 KStG durch das AbgÄG 2005 (BGBl I 2005/161) erst mit der Veranlagung ab 2006 (§ 26c Z 10 lit b KStG) wirksam wurde (s ErlRV 1187 BlgNR 22. GP, 15; *Wiesner*, RWZ 2005/96, 321; *Wolf*, SWK 2006, S 355).

56 Das österreichische Besteuerungsrecht kann bei Import-Verschmelzungen vor allem **entstehen**
- an stillen Reserven **ausländischer Betriebsstätten**, wenn mit dem Betriebsstättenstaat ein **DBA mit Anrechnungsmethode** besteht (UmgrStR Rz 160b; *Furherr/Huber*, IntUmgr 92; *Hügel* § 3 Rz 80; *Strimitzer/Wurm* in *T/W*, EU-VerschG[2] SteuerR Rz 161). Hier kommt es zum Hereinwachsen iSd § 3 Abs 1 Z 2, weil die **Abschirmwirkung** der ausländischen übertragenden Körperschaft wegfällt (zutr *Endfellner*, ecolex 2005, 938; *Hügel* § 3 Rz 80). Irrelevant ist, ob das Betriebsvermögen im Ansässigkeitsstaat der übertragenden Körperschaft oder in einem Drittstaat belegen ist (UmgrStR Rz 160b). Unklar ist allerdings, ob § 3 Abs 1 Z 2 auch im Falle der **Befreiungsmethode**, also etwa bei nur in die „**Verlusthängigkeit**" **gem** § **2 Abs 8 EStG** eintretendem Auslandsvermögen anwendbar ist; nach traditioneller hA ist dieses Vermögen gem § 2 Abs 1 iVm § 3 Abs 1 Z 1 mit den fiktiven inländischen Buchwerten anzusetzen (*Huber*, ÖStZ 2006/261, 142; *Furherr/Huber*, IntUmgr 92; aA zB *Damböck*, ÖStZ 2004, 275, u *Massoner/Stefaner* in *Stefaner/Schragl*, Wegzugsbesteuerung 146; s zu dieser Diskussion s *Stefaner*, § 9 Rz 45). Gleichermaßen käme es für den Fall, dass mit dem Betriebsstättenstaat kein DBA besteht, nur dann zu einem Hereinwachsen stiller Reserven, wenn keine Befreiung aufgrund des § 48 BAO bzw der DoppelbesteuerungsVO (BGBl II 2002/474) erfolgt (s *Furherr* § 16 Rz 56; aA *Massoner/Stefaner* in *Stefaner/Schragl*, Wegzugsbesteuerung 146).
- an stillen Reserven in – nicht einem in- oder ausländischen Betriebsvermögen zugehörigen – **Beteiligungen**, sofern nicht zuvor bereits ein inländisches Besteuerungsrecht bestanden hat (*Hügel* § 3 Rz 82); das Gleiche gilt für **sonstiges bewegliches Vermögen** (*Hügel* § 3 Rz 83). Die Verwaltungspraxis geht zudem davon aus, dass auch beim „**Hereinwachsen**" **einer steuerneutralen internationalen Schachtelbeteiligung** aus abkommensrechtlicher Sicht ein österreichischer Besteuerungsanspruch abstrakt entstehen und zur Neubewertung mit

dem gemeinen Wert führen kann (UmgrStR Rz 160b idF WE 2017; *Mayr*, RdW 2016/429, 560; *Massoner/Stefaner* in *Stefaner/Schragl*, Wegzugsbesteuerung 145); diese Neubewertung wirkt sich sodann auch auf die Höhe eines – steuerlich verwertbaren – allfälligen tatsächlichen und endgültigen Vermögensverlustes nach § 10 Abs 3 zweiter Satz KStG aus (UmgrStR Rz 160b idF WE 2017; *Mayr*, RdW 2016/429, 560 f), da dessen Höhe dann nicht mehr durch die historischen Anschschaffungskosten (s zu deren grundsätzlicher Maßgeblichkeit zB ErlRV 686 BlgNR 22. GP, 19; KStR Rz 1224 [ex-Rz 570]; *Kofler* in *Achatz/Kirchmayr* § 10 Tz 237), sondern durch den Neubewertungswert bestimmt werde (*Mayr*, RdW 2016/429, 560 f; *Massoner/Stefaner* in *Stefaner/Schragl*, Wegzugsbesteuerung 145).

C. Neubewertung mit dem gemeinen Wert

Nach § 3 Abs 1 Z 2 TS 1 ist das „übernommene Vermögen […] mit dem **gemeinen Wert** anzusetzen" („**Step-up**"), also mit dem Wert nach §§ 10 Abs 2, 13 BewG. Nicht maßgeblich ist, ob der andere Staat überhaupt eine Entstrickungsbesteuerung vornimmt oder mit welchem Wert das Vermögen diesfalls angesetzt wurde (Rz 53). Bewertungsstichtag ist der auf den **Verschmelzungsstichtag folgende Tag** (§ 3 Abs 1 Z 4; *Hügel* § 3 Rz 84; *Strimitzer/Wurm* in *T/W*, EU-VerschG² SteuerR Rz 160). Im Hinblick auf ausländisches Betriebsvermögen ist nach der Verwaltungspraxis der Ansatz des gemeinen Werts nur für die Besteuerung des Veräußerungsgewinns evident zu halten (**„Einfrieren" der stillen Reserven**), während es für Zwecke der laufenden Besteuerung aber zur Buchwertfortführung komme (s Pkt 6 Sbg Steuerdialog KSt u UmgrSt 2009 u die Anm bei *Treer/Mayr*, Steuerdialog 2009 31 f; krit *Hügel* § 3 Rz 84). 57

D. „Rückkehrsituationen" nach vorangegangenem Export
1. Überblick

Da die Abgabenschuld bei umgründungsbedingter Einschränkung des Besteuerungsrechtes seit dem AbgÄG 2015 (BGBl I 2015/163) bereits sofort festgesetzt und allenfalls in Raten entrichtet wird (s § 1 Rz 141 ff), also bereits im Zeitpunkt der Entstrickung eine klare Trennlinie zwischen österreichischer und ausländischer Steuerhoheit gezogen wird, ist bei einem **späteren umgründungsbedingten Re-Import** das Vermögen grundsätzlich mit den **gemeinen Werten** anzusetzen („Step-up"; UmgrStR Rz 160b idF WE 2017; *Schlager/Titz*, RWZ 2015/87, 377 u 379; *Strimitzer/Wurm* in *T/W*, EU-VerschG² SteuerR Rz 164); die Ratenzahlung (durch die übernehmende Körperschaft) sowie die Gründe für deren vorzeitige Fälligstellung bleiben davon unberührt (ErlRV 896 BlgNR 25. GP, 11; UmgrStR Rz 160b idF WE 2017; *Schlager/Titz*, RWZ 2015/87, 377; *Strimitzer/Wurm* in *T/W*, EU-VerschG² SteuerR Rz 164). Ein umgründungsbedingter Re-Import soll jedoch weiterhin in gewissen Fällen **zu den ursprünglichen Anschaffungskosten bzw Buchwerten** erfolgen. § 3 Abs 1 Z 2 TS 2 regelt diese **Rückkehrproblematik** („**Re-Import**"; s a ErlRV 896 BlgNR 25. GP, 11 f; UmgrStR Rz 160c idF WE 2017; *Massoner/Stefaner* in *Stefaner/Schragl*, Wegzugsbesteuerung 148 ff; *Strimitzer/Wurm* in *T/W*, EU-VerschG² SteuerR Rz 162 ff): Die Neubewertung hat – **bei Personenidentität oder Konzernzugehörigkeit** (Rz 60) – zu unterbleiben, wenn das nunmehr übernommene Vermögen zuvor aus dem österreichischen Besteuerungsrecht ausgeschieden ist und die **Abgabenschuld** 58

- aufgrund des Sonderregimes für den Anteilstausch **nicht entstanden** ist (§ 16 Abs 1a idF AbgÄG 2015 bzw früher § 16 Abs 1 Sätze 3 bis 7),
- nach § 27 Abs 6 Z 1 lit a EStG idF AbgÄG 2015 **nicht festgesetzt** wurde (also zB beim „Wegzug" einer natürlichen Person in einen EU- oder EWR-Staat mit Amts- und Vollstreckungshilfe) oder
- nach der bisherigen einkommen- oder umgründungssteuerlichen Regelungen (zB § 1 Abs 2 S 2 UmgrStG oder § 6 Z 6 EStG, jeweils idF vor dem AbgÄG 2015) **nicht festgesetzt** wurde (s zum früheren Nichtfestsetzungskonzept § 1 Rz 143 ff u ausf 4. Aufl § 1 Rz 141 ff).

In diesen „Rückkehrfällen" kommt es somit **zu keiner Aufwertung** des Vermögens auf den gemeinen Wert nach § 3 Abs 1 Z 2 TS 1. Vielmehr sind die fortgeschriebenen Buchwerte vor der Umgründung oder Verlegung (seit dem AbgÄG 2015, BGBl I 2015/163, aber höchstens die gemeinen Werte) anzusetzen (s Rz 59 u 63), wodurch grundsätzlich steuerlich eine Situation hergestellt wird, als ob kein Export erfolgt wäre. Konsequenterweise gilt umgekehrt die spätere Veräußerung oder das sonstige Ausscheiden des „zurückgekehrten" Vermögens gem § 3 Abs 1 Z 2 TS 2 S 2 nicht als rückwirkendes Ereignis iSd § 295a BAO, sondern ist im Zeitpunkt der Realisierung als **laufender Geschäftsfall** zu erfassen (UmgrStR Rz 160d). Zudem sind **nachweislich eingetretene Wertsteigerungen** im EU- bzw EWR-Raum vom Veräußerungserlös abzuziehen (Rz 63).

59 Eine Lösung der Rückkehrproblematik war im Begutachtungsentwurf zum **AbgÄG 2004** noch nicht enthalten und ist erst iRd Regierungsvorlage aufgenommen worden (s a ErlRV 686 BlgNR 22. GP, 21). Gegenüber dem AbgÄG 2004 erfolgte durch das **AbgÄG 2005** (BGBl I 2005/161) einerseits eine Anpassung an § 6 Z 6 EStG im Hinblick auf den fortgeschriebenen Buchwert (Rz 61 f), andererseits eine Einschränkung dahingehend, dass ein zwingender Ansatz des gemeinen Wertes nur für jene Fälle erfolgt, in denen das rückübertragene Vermögen **nicht von der nunmehr übernehmenden Körperschaft**, sondern von einem anderen Abgabepflichtigen in das Ausland übertragen worden ist (arg „übernehmenden Körperschaft"; s Rz 60). Durch das **BudBG 2007** (BGBl I 2007/24) wurde § 3 Abs 1 Z 2 TS 2 um die Fälle des § 16 Abs 1 TS 2 ergänzt, um der Tatsache Rechnung zu tragen, „dass bei der Exporteinbringung von Kapitalanteilen in den EU/EWR-Raum auf Grund der Steuerneutralität des Anteilstausches weder eine sofortige noch eine aufgeschobene Grenzbesteuerung stattfindet, sodass bei einem importumgründungsveranlassten Rücktransfer der Beteiligung eine Neubewertung nicht Platz greifen kann" (ErlRV 43 BlgNR 23. GP, 25). Dieser Verweis wurde durch das **AbgÄG 2015** (BGBl I 2015/163) auf den ebenfalls neu gefassten § 16 Abs 1a geändert (s a ErlRV 896 BlgNR 25. GP, 12).

Durch das **2. AbgÄG 2014** (BGBl I 2014/105) erfolgte gegenüber dem AbgÄG 2005 eine Erweiterung dahingehend, dass ein zwingender Ansatz des gemeinen Wertes nun auch dann unterbleibt, wenn Vermögen übernommen wird, für das die Steuerschuld aufgrund einer Umgründung bei einer **konzernzugehörigen Körperschaft** der übernehmenden Körperschaft nicht festgesetzt worden ist bzw nicht entstanden ist (dazu *Schlager*, RWZ 2014/78, 358; *Strimitzer/Wurm* in *T/W*, EU-VerschG² StzeuerR Rz 163; UmgrStR Rz 160c idF WE 2017). Diese Erweiterung ist grundsätzlich auf jene Umgründungen anzuwenden, die **nach dem 29.12.2014 beschlossen oder vertraglich unterfertigt wurden** (Teil 3 Z 27 lit a). Darüber hinaus ist die **„sinngemäße Anwendung"** des § 3 Abs 1 Z 2 TS 2 angeordnet, „wenn eine

Beteiligung übernommen wird, an der das Besteuerungsrecht der Republik Österreich **aufgrund einer Umgründung mit einem Stichtag vor dem 8. Oktober 2004 oder der Verlegung eines Betriebes vor dem 1. Jänner 2005 eingeschränkt worden ist**. Dies gilt für Umgründungen, die nach dem 29.12.2014 (Tag der Kundmachung des 2. AbgÄG 2014 im BGBl I 2014/105) beschlossen oder vertraglich unterfertigt werden" (Teil 3 Z 27 lit b). Begründet wird diese „sinngemäße Anwendung" damit, dass es zur Vermeidung von Gestaltungen auch dann zu „einem Ansatz der fortgeschriebenen Buchwerte an Stelle des ‚step-up' kommen soll", wenn das österreichischen Besteuerungsrecht an Vermögen entsteht, „an dem in der Vergangenheit eine Umgründung bzw eine Betriebsstättenüberführung zu einem Verlust des österreichischen Besteuerungsrechts geführt hat" (ErlRV 360 BlgNR 25. GP, 21). In diesen Fällen kam es – mangels zeitlichen Anwendungsbereichs der Bestimmungen zur Nichtfestsetzung – „noch nicht zu einer Nichtfestsetzung bzw Nichtentstehung der Steuerschuld, weshalb eine sinngemäße Anwendung von § 3 Abs 1 Z 2 zweiter Teilstrich [...] durch die Neuregelung sichergestellt werden soll" (ErlRV 360 BlgNR 25. GP, 21; s a *Schlager*, RWZ 2014/78, 359 m FN 20). Die Regelung des Teil 3 Z 27 lit b ist allerdings in mehrfacher Hinsicht unklar: So ist es zunächst unverständlich, warum sie auf die Übernahme von „Beteiligungen" beschränkt ist und nicht auch den ursprünglichen „Export" anderer Wirtschaftsgüter erfasst. Aber auch der **Umfang der „sinngemäßen Anwendung"** ist unklar: Einerseits könnte damit gemeint sein, dass nach Teil 3 Z 27 lit b nur jene Fälle von einer steuerneutralen Aufwertung ausgenommen sein sollen, **bei denen ursprünglich überhaupt keine Wegzugsbesteuerung erfolgt ist** (so ausdrücklich UmgrStR Rz 160d; in diese Richtung bereits *Schlager*, RWZ 2014/78, 359 m FN 20). Andererseits könnte sie so verstanden werden, dass jener Wert, der einer – bereits vor dem AbgÄG 2004 existierenden (s zB *Toifl*, Die Wegzugsbesteuerung [1996]) – Wegzugsbesteuerung unterworfen wurde, nach Teil 3 Z 27 lit b in der „Rückkehrsituation" fortgeführt werden muss. Erfasst werden sollen von dieser Regelung aber wohl vor allem jene Fälle, bei denen eine **im Zuge einer Exporteinbringung** vor der Einführung der Wegzugsbesteuerung für die Einbringung von Kapitalanteilen mit dem AbgÄG 2005 (BGBl I 2005/161) steuerneutral auf eine ausländische übernehmende Körperschaft übertragene Beteiligung im Wege einer Importverschmelzung dieser übernehmenden Körperschaft auf die seinerzeit einbringende Körperschaft rückübertragen wird, da in diesen Fällen bisher eine steuerneutrale Aufwertung der seinerzeit steuerneutral „exportierten" Beteiligung bei gleichzeitigem verschmelzungsbedingtem Untergang der Anteile an der damals übernehmenden Körperschaft möglich wäre, wodurch das seinerzeitige System der Sicherung des Besteuerungsrechts der Republik Österreich ausschließlich durch Übertragung der stillen Reserven auf die Gegenleistungsanteile (vgl § 20 Abs 7 Z 1 idF vor dem AbgÄG 2005) ins Leere ging (so a Bsp 4 in UmgrStR Rz 160d; in diese Richtung bereits *Schlager*, RWZ 2014/78, 359 m FN 20).

Schließlich wurde § 3 Abs 1 Z 2 TS 2 durch das **AbgÄG 2015** (BGBl I 2015/163) geändert und eine „Deckelung" des Ansatzes in Rückkehrsituationen vorgesehen, sodass **„höchstens aber die gemeinen Werte anzusetzen sind"**. Dadurch soll verhindert werden, dass im Ausland eingetretene Wertminderungen durch Ansatz der ursprünglichen höheren Anschaffungskosten bzw Buchwerte ein weiteres Mal steuerlich berücksichtigt werden können (ErlRV 896 BlgNR 25.GP, 12). Diese „Deckelung" durch das AbgÄG 2015 ist erstmals für **nach dem 31.12.2015 beschlossene Verschmelzungen** anzuwenden (3. Teil Z 30), wenn also der Re-Import des übernommenen Vermögens aufgrund einer nach dem 31.12.2015 beschlossenen Verschmelzung erfolgt (UmgrStR Rz 160c idF WE 2017).

2. Verhältnis von „Exporteur" und übernehmender Körperschaft

60 Seit dem **2. AbgÄG 2014** (BGBl I 2014/105) liegt eine unter § 3 Abs 1 Z 2 TS 2 fallende „Rückkehr" (und damit kein Fall der Neubewertung) dann vor, wenn Vermögen übernommen wird, für das die Steuerschuld aufgrund einer Umgründung *(1)* bei der **übernehmenden Körperschaft** („Personenidentität") oder *(2)* bei einer **konzernzugehörigen Körperschaft der übernehmenden Körperschaft** („Konzernzugehörigkeit") nicht festgesetzt worden ist bzw nicht entstanden ist (UmgrStR Rz 160d idF WE 2017; zum Inkrafttreten s Rz 59); dies wurde auch im Zuge der Neufassung der Vorschrift durch das **AbgÄG 2015** (BGBl I 2015/163) nicht geändert. Bis zum **2. AbgÄG 2014** (BGBl I 2014/105) lag demgegenüber eine § 3 Abs 1 Z 2 TS 2 fallende „Rückkehr (und damit kein Fall der Neubewertung) nur dann vor, wenn Vermögen übernommen wurde, für das die Steuerschuld aufgrund einer Umgründung bei der nunmehr **übernehmenden Körperschaft** nicht festgesetzt worden war bzw nicht entstanden war (arg „bei der übernehmenden Körperschaft"; ErlRV 1187 BlgNR 22. GP, 15; *Hügel* § 3 Rz 86; s 3. Aufl § 3 Rz 60).

Ziel der Erweiterung des Anwendungsbereichs durch das 2. AbgÄG 2014 ist es, „unerwünschte Gestaltungsmöglichkeiten" **im Konzern** zu verhindern (ErlRV 360 BlgNR 25. GP, 15; *Hirschler*, ÖStZ 2014/886, 561). Erfolgte nämlich zuvor ein „Reimport" des zuvor steuerneutral „exportierten" Vermögens nicht in die ursprünglich „exportierende", sondern in eine ihr konzernzugehörige Körperschaft, war § 3 Abs 1 Z 2 TS 2 aufgrund des bisherigen Wortlautes nicht anwendbar und daher eine Neubewertung zulässig. Mit dem 2. AbgÄG 2014 sollte daher der Anwendungsbereich von § 3 Abs 1 Z 2 TS 2 auf jene Fälle erweitert werden, in denen die Rückübertragung auf eine konzernzugehörige Körperschaft erfolgt (*Zöchling/Tüchler* in *W/Z/H/K*[5] § 3 Rz 8; *Strimitzer/Wurm* in *T/W*, EU-VerschG[2] SteuerR Rz 163). Die Frage nach einer späteren Festsetzung oder Entstehung der Steuerschuld stellt sich in diesen Fällen bei der ursprünglich „exportierenden" Körperschaft folglich nicht mehr (s ErlRV 360 BlgNR 25. GP, 15 f); inhaltlich gleiche Anpassungen wurden in § 9 Abs 1 Z 3 TS 2 und § 18 Abs 1 Z 3 TS 2 vorgenommen. Die Materialien (ErlRV 360 BlgNR 25. GP, 16) und die UmgrStR (Bsp 2 in UmgrStR Rz 160d idF WE 2017) erläutern dies in folgendem

Beispiel

Die inländische Körperschaft A bringt im Jahr X1 ihre italienische Betriebsstätte (Buchwert 10, gemeiner Wert 100) in die italienische Körperschaft B ein (Anrechnungsmethode im DBA Italien). A stellt gem § 16 Abs 1 zweiter Satz in Verbindung mit § 1 Abs 2 einen Antrag auf Nichtfestsetzung der Steuerschuld (Bemessungsgrundlage iHv 90). Im Jahr X5 wird B auf die inländische Körperschaft C verschmolzen, an der A 100 % der Anteile hält. Da bei der konzernzugehörigen Körperschaft A die Steuerschuld ursprünglich nicht festgesetzt wurde, hat C die Betriebsstätte mit den fortgeführten Buchwerten anzusetzen (bei Re-Import nach § 3 Abs 1 Z 2 TS 2 idF AbgÄG 2015 ist die Deckelung mit dem gemeinen Wert zu beachten; s Rz 63). Aufgrund des Reimports zu Buchwerten kommt eine Festsetzung der Steuerschuld aufgrund der ertragsteuerlichen Vorschriften idF vor dem AbgÄG 2015 später nicht mehr in Frage.

§ 3 Abs 1 Z 2 TS 2 definiert den **Begriff der Konzernzugehörigkeit** nicht; dieser ist wohl iSd § 15 AktG bzw § 115 GmbH zu verstehen (ausf Rz 72). Ob eine **Konzernzugehörigkeit** bereits im Zeitpunkt des „Exports" bestand, soll für die Anwendung des § 3 Abs 1 Z 2 TS 2 unerheblich sein, weil diese nach den Materialien ausschließlich auf den **Zeitpunkt der Verschmelzung** abstellt (ErlRV 360 BlgNR 25. GP, 16, zum 2. AbgÄG 2014; *Strimitzer/Wurm* in *T/W*, EU-VerschG[2] SteuerR Rz 163; *Massoner/Stefaner* in *Stefaner/Schragl*, Wegzugsbesteuerung 148). Die Materialien führen weiter aus, dass eine Konzernzugehörigkeit auch dann vorliegt, wenn die betreffende Körperschaft – gemeint ist wohl die übernehmende Körperschaft – erst im Rückwirkungszeitraum gegründet wird (ErlRV 360 BlgNR 25. GP, 16; UmgrStR Rz 160d idF WE 2017; *Schlager*, RWZ 2014/78, 358). Insb diese letzte Aussage in den Materialien scheint darauf hinzudeuten, dass für die Frage nach der Konzernzugehörigkeit nicht auf den Verschmelzungsstichtag abzustellen ist, da die Anteile an einer im Rückwirkungszeitraum oder sogar im Zuge der Verschmelzung gegründeten Körperschaft zivilrechtlich erst mit Eintragung im Firmenbuch und ertragsteuerrechtlich in Folge der Rückwirkungsfiktion in § 5 Abs 1 Z 1 erst am Beginn des auf den Verschmelzungsstichtag folgenden Tages entstehen. Damit kommt als Zeitpunkt der Verschmelzung wohl nur der **Tag des Abschlusses des Verschmelzungsvertrags** in Frage.

Ist der **exportierende Abgabepflichtige umgründungsbedingt untergegangen**, ist hinsichtlich der Anwendbarkeit des § 3 Abs 1 Z 2 TS 2 folgendermaßen zu differenzieren: Während der in- oder ausländische (Gesamt)Rechtsnachfolger grundsätzlich in die Rechtsstellung in Bezug auf die Nachversteuerung der aufgeschobenen Steuer eintritt (ErlRV 1187 BlgNR 22. GP, 15; s dazu Rz 65), ist nur dann von einem **Anwendungsfall des § 3 Abs 1 Z 2 TS 2** und damit des Ansatzes der fortgeschriebenen Buchwerte auszugehen, wenn die inländische übernehmende Körperschaft *(1)* Gesamtrechtsnachfolgerin jener Körperschaft ist, die das Vermögen zunächst ins Ausland übertragen und den Nichtfestsetzungsantrag gestellt hat (ErlRV 1187 BlgNR 22. GP, 15; UmgrStR Rz 160d idF WE 2017; *Hügel* § 3 Rz 86; s a *Hirschler*, taxlex 2012, 10; *Mayr* in *Kirchmayr/Mayr*, Umgründungen 21) oder *(2)* zu demselben Konzern gehört wie die Gesamtrechtsnachfolgerin jener Körperschaft, die das Vermögen zunächst ins Ausland übertragen und den Nichtfestsetzungsantrag gestellt hat.

3. Ansatz fortgeschriebener Buchwerte

a) Fortgeschriebener Buchwert

Nach § 3 Abs 1 Z 2 TS 2 sind seit dem AbgÄG 2015 (BGBl I 2015/163) in Rückkehrsituationen „die **fortgeschriebenen Buchwerte**, höchstens aber die gemeinen Werte anzusetzen". Damit wird in einem ersten Schritt durch den Ansatz der **fortgeschriebenen Buchwerte** – abgesehen von einer fiktiven Abschreibung (Rz 62) und der Ausklammerung von zwischenzeitlichen Wertsteigerungen (Rz 63) – die Besteuerungsfolge so gezogen, als wäre kein „Wegzug" erfolgt (*Hügel* § 3 Rz 86). Durch das **AbgÄG 2015** wurde allerdings für nach dem 31.12.2015 beschlossene Verschmelzungen insofern ein zweiter Schritt vorgesehen, als der Ansatz **höchstens mit den gemeinen Werten** erfolgen darf (Rz 63).

61

b) Fiktive Abschreibung

62 Das – durch das **AbgÄG 2005** (BGBl I 2005/161) eingefügte – gesetzliche Erfordernis des Ansatzes „fortgeschriebener Buchwerte" soll **Mehrfachabschreibungen** im Ausland und – sofern der „Wegzugsbuchwert" maßgeblich wäre – im Inland verhindern (ErlRV 848 BlgNR 22. GP, 4, u EStR Rz 2517h, zu § 6 Z 6 EStG; s a *Hirschler/Schindler*, RdW 2006/575, 611; *Wiesner/Mayr*, RdW 2007, 435 f m FN 8; *Hügel* § 3 Rz 87); dadurch wird auch unterbunden, dass ein Veräußerungsgewinn trotz Abschreibungen im Ausland nach dem „Re-Import" unter Ansatz des ungeminderten Wegzugsbuchwerts berechnet wird. Der „Wegzugsbuchwert" ist somit um eine **fiktive AfA** für den Zeitraum bis zur Rückkehr („Re-Import") zu kürzen (*Hügel* § 3 Rz 87). Gleichermaßen zu berücksichtigen sind **fiktive Teilwertabschreibungen** iSd § 6 Z 1 oder Z 2 EStG für im Ausland eingetretene Wertminderungen (EStR Rz 2517h; *Hirschler/Schindler*, RdW 2006/575, 611; *Hügel* § 3 Rz 87) und **fiktive Zuschreibungen** (*Hirschler/Schindler*, RdW 2006/575, 611). Weder die fiktive AfA noch eine fiktive Teilwertabschreibung oder -zuschreibung sind im Inland gewinnwirksam (*Hügel* § 3 Rz 87).

c) Wertsteigerungen und Wertminderungen im Ausland

63 Nachgewiesene **Wertsteigerungen**, die zwischen Export und Re-Import im übrigen EU/EWR-Raum eingetreten sind, sind gem § 3 Abs 1 Z 2 TS 2 S 3 „vom Veräußerungserlös oder vom gemeinen Wert im Zeitpunkt des Ausscheidens **abzuziehen**". Dadurch wird der Veräußerungserlös oder der Betrag einer allfälligen Ersatzrealisierung um die im Ausland nachweislich aufgrund von Wertsteigerungen angesammelten stillen Reserven gekürzt (s UmgrStR Rz 160d idF WE 2017; EStR Rz 2517i). Seit dem **AbgÄG 2015** (BGBl I 2015/163) spricht § 3 Abs 1 Z 2 TS 2 für nach dem 31.12.2015 beschlossene Verschmelzungen (3. Teil Z 30) jedoch auch den Fall von **Wertminderungen** im Ausland an: So ist eine „Deckelung" des Ansatzes in Rückkehrsituation insofern vorgesehen, als **„höchstens aber die gemeinen Werte anzusetzen sind"** (ausf UmgrStR Rz 160c idF WE 2017; *Mayr/Mair* in *Kirchmayr/Mayr/Hirschler*, Konzernbesteuerung 57; *Strimitzer/Wurm* in *T/W*, EU-VerschG² SteuerR Rz 162 u 164; *Wild*, taxlex 2016, 8; *Titz/Wild*, RdW 2017/263, 339). Diese Deckelung findet sich seit dem AbgÄG 2015 außerhalb des UmgrStG auch für die Rückkehrsituationen im betrieblichen (§ 6 Z 6 lit h EStG) und außerbetrieblichen (§ 27 Abs 6 Z 1 lit e EStG) Bereich (s a ErlRV 896 BlgNR 25. GP, 5 u 6; *Schlager/Titz*, RWZ 2015/87, 377 f). Dadurch soll verhindert werden, dass **im Ausland eingetretene Wertminderungen** durch Ansatz der ursprünglichen höheren Anschaffungskosten bzw Buchwerte **ein weiteres Mal steuerlich berücksichtigt werden können** (ErlRV 896 BlgNR 25.GP, 12; *Mayr/Mair* in *Kirchmayr/Mayr/Hirschler*, Konzernbesteuerung 57; *Strimitzer/Wurm* in *T/W*, EU-VerschG² SteuerR Rz 164), wobei es nach dem Wortlaut nicht darauf ankommt, dass diese Wertminderungen im Ausland auch tatsächlich steuerlich berücksichtigt wurden und damit eine Keinmalberücksichtigung in Kauf genommen wird, wohingegen die Materialien auf „im Ausland eingetretene und berücksichtigte Wertminderungen" abstellen (ErlRV 896 BlgNR 25. GP, 5 u 6 zu § 6 Z 6 u § 27 EStG; s a *Schlager/Titz*, RWZ 2015/87, 377 f; ebenso die Empfehlung der KWT in 27/SN-159/ME XXV. GP, 13). Unionsrechtlich dürften zumindest im betrieblichen Bereich gegen eine „Deckelung" wohl keine Bedenken bestehen, zumal nach der Judikatur des EuGH in der Rs ***National Grid Indus*** eine „echte" Schlussbesteuerung zulässig ist, der Wegzugsstaat also nachfolgende Wertminderungen selbst dann nicht berücksichtigen muss, wenn sie im Zuzugsstaat nicht berücksichtigt werden (EuGH 29.11.2011, C-371/10, *National Grid Indus*, EU:C:2011:785, Rn 52-64; s a ErlRV 896 BlgNR 25. GP, 5).

4. Steuerliche Erfassung

Die spätere Veräußerung oder das sonstige Ausscheiden nach dem Re-Import gilt nach § 3 Abs 1 Z 2 TS 2 S 2 **„nicht als rückwirkendes Ereignis** im Sinn des § 295a der Bundesabgabenordnung". Die Rückwirkungsfiktion ist – anders als bei der Nachversteuerung im Nichtfestsetzungskonzept nach § 1 Abs 2 S 5 idF vor dem AbgÄG 2015 (s 4. Aufl § 1 Rz 181 ff) – schon deshalb nicht notwendig, weil nach dem Re-Import im Zuge einer Import-Verschmelzung definitionsgemäß auch das abkommensrechtliche Besteuerungsrecht Österreich zusteht (s a *Hügel* § 3 Rz 89). Vielmehr verstellt § 3 Abs 1 Z 2 TS 2 S 2 sogar den Blick darauf, dass sich die Veräußerung oder das sonstige Ausscheiden nach dem Re-Import ohnehin als **laufender Geschäftsvorfall** der übernehmenden Gesellschaft darstellt und damit auch nicht der nach § 1 Abs 2 S 2 festgesetzte Betrag der „Wegzugsreserve", sondern der tatsächlich erzielte Erlös maßgeblich ist (UmgrStR Rz 160d; ebenso *Hügel* § 3 Rz 89).

64

Bei **mangelnder Identität bzw Konzernzugehörigkeit von „Exporteur" und übernehmender Körperschaft** (s Rz 60) setzt die übernehmende Körperschaft das Vermögen nach § 3 Abs 1 Z 2 TS 1 mit dem gemeinen Wert an, sodass bei Gewinnrealisierung nur die bei ihr nach dem Import angesammelten stillen Reserven besteuert werden. Hinsichtlich der ursprünglich bis zum Wegzug angesammelten stillen Reserven bleibt, sofern der exportierende Abgabepflichtige eine Nichtfestsetzung aufgrund der ertragsteuerlichen Vorschriften idF vor dem AbgÄG 2015 beantragt hat, diese Steuerhängigkeit auch nach dem Import aufrecht und wird bei Realisierung schlagend (ErlRV 1187 BlgNR 22. GP, 15; UmgrStR Rz 160d Bsp 3; *Wiesner/Mayr*, RdW 2007, 436; *Hügel* § 3 Rz 90; *Mayr* in *Kirchmayr/Mayr*, Umgründungen 21; *Strimitzer/Wurm* in T/W, EU-VerschG² SteuerR Rz 165). Die Erläuterungen differenzieren bei mangelnder Identität zwischen **zwei Fällen** (ErlRV 1187 BlgNR 22. GP, 15; UmgrStR Rz 160d):

65

- Ist die seinerzeit übertragene Körperschaft verschmelzungs- oder umwandlungsbedingt **untergegangen**, tritt der in- oder ausländische (Gesamt)Rechtsnachfolger in die Rechtsstellung in Bezug auf die Nachversteuerung der aufgeschobenen Steuer ein.
- Ist die seinerzeit übertragene Körperschaft **nicht untergegangen**, bleibt sie Steuerschuldner der aufgeschobenen Steuer; die Veräußerung durch die nunmehr übernehmende inländische Körperschaft oder das sonstige Ausscheiden aus dieser führt bei der seinerzeit übertragenden Körperschaft zur Nachversteuerung (s a UmgrStR Rz 160d Bsp 3).

5. Zusammenfassender Überblick

Zusammenfassend ergibt sich aufgrund des Zusammenspiels der verschiedenen Rechtslagen – vor und nach dem AbgÄG 2015 – folgender **Überblick zur Bewertung von verschmelzungsbedigt übernommenem Vermögen, für das das Besteuerungsrecht wieder entsteht** (UmgrStR Rz 160c idF WE 2017):

66

	Re-Import vor dem 31.12.2015 (Rechtslage vor AbgÄG 2015)	Re-Import nach dem 31.12.2015 (Rechtslage idF AbgÄG 2015)
Entstrickung/Überführung/Wegzug vor 31.12.2015 mit Antrag auf Nichtfestsetzung nach Rechtslage vor AbgÄG 2015	Ansatz mit fortgeschriebenem Buchwert, wenn Nichtfestsetzung bei übernehmender oder konzernzugehöriger Körperschaft erfolgte (§ 3 Abs 1 Z 2 2. TS)	Ansatz mit fortgeschriebenem Buchwert, höchstens gemeinem Wert, wenn Nichtfestsetzung bei übernehmender oder konzernzugehöriger Körperschaft erfolgte (§ 3 Abs 1 Z 2 2. TS)
Entstrickung/Überführung/Wegzug nach 31.12.2015 mit Antrag auf Ratenzahlung nach Rechtslage idF AbgÄG 2015	—	Ansatz mit gemeinem Wert (§ 3 Abs 1 Z 2 1. TS)
Nichtentstehung der Steuerschuld aufgrund Anteilstausch	Ansatz mit fortgeschriebenem Buchwert, wenn Steuerschuld bei übernehmender oder konzernzugehöriger Körperschaft nicht entstand (§ 3 Abs 1 Z 2 2. TS)	Ansatz mit fortgeschriebenem Buchwert, höchstens gemeinem Wert, wenn Steuerschuld bei übernehmender oder konzernzugehöriger Körperschaft nicht entstand (§ 3 Abs 1 Z 2 2. TS)
Wegzug mit Antrag auf Nichtfestsetzung gem § 27 Abs 6 EStG idF vor bzw idF nach AbgÄG 2015	Ansatz mit fortgeschriebenem Buchwert, wenn Nichtfestsetzung bei übernehmender oder konzernzugehöriger Körperschaft erfolgte (§ 3 Abs 1 Z 2 2. TS)	Ansatz mit fortgeschriebenem Buchwert, höchstens gemeinem Wert, wenn Nichtfestsetzung bei übernehmender oder konzernzugehöriger Körperschaft erfolgte (§ 3 Abs 1 Z 2 2. TS)

III. „Cash Box"-Verschmelzungen (Abs 1 Z 3)
A. Ausschüttungsfiktion

71 Nach allgemeinem Umgründungssteuerrecht kommt es bei einer Upstream-Import-Verschmelzung iH der Differenz zwischen dem Buchwert der wegfallenden Beteiligung an der ausländischen Körperschaft und dem übernommenen Vermögen (in dem auch thesaurierte Gewinne enthalten sein können) zu einem nach § 3 Abs 2 UmgrStG **steuerneutralen Buchgewinn** oder Buchverlust (s Rz 86 ff; *Wiesner*, RWZ 2010/41, 166; *Zöchling/Tüchler* in *W/Z/H/K*[5] § 3 Rz 14; *Strimitzer/Wurm* in *T/W*, EU-Versch[G2] SteuerR Rz 171). Gegen unerwünschte Folgen dieser Steuerneutralität richtet sich der mit dem **AbgÄG 2010** (BGBl I 2010/34) eingefügte und mit dem **AbgÄG 2012** (BGBl I 2012/112) nachgeschärfte § 3 Abs 1 Z 3.

Diese Bestimmung soll eine **Umgehung des Wechsels von der Befreiungs- zur Anrechnungsmethode** bei Auslandsbeteiligungen nach § 10 Abs 4 bzw 5 KStG verhindern (s ErlRV 662 BlgNR 24. GP, 11; dazu ausf *Mayr*, RdW 2010/331, 313 f; *Lehner*, SWI 2010, 429 ff; *Kofler*, SWK 2012, 1485 ff); sie soll vermeiden, „dass der Gewinn in solchen ausländischen Gesellschaften zunächst gespeichert wird (**‚cash box'**), sodann die ausländische Gesellschaft importverschmolzen wird und die gespeicherten Gewinne steuerfrei in das Inland gelangen" (ErlRV 662 BlgNR 24. GP, 11). § 3 Abs 1 Z 3 idF AbgÄG 2012 ist für Verschmelzungen anwendbar, die **nach dem 31.12.2012** zur Eintragung in das Firmenbuch angemeldet werden (3. Teil Z 20; UmgrStR Rz 160e); die durch das AbgÄG 2010 geschaffene Stammfassung war auf Umgründungen anzuwenden, die **nach dem 30.6.2010** beschlossen wurden (3. Teil Z 16). Im Zuge der Neugestaltung der Einlagenrückzahlungsbestimmung des § 4 Abs 12 EStG durch das **StRefG 2015/2016** (BGBl I 2015/118) erfuhr auch § 3 Abs 1 Z 3 eine Änderung des Wortlauts, die allerdings bereits mit der erneuten Novellierung des § 4 Abs 12 EStG durch das **AbgÄG 2015** (BGBl I 2015/163) wieder rückgängig gemacht wurde (s a § 3 Rz 152).

Für den Fall, dass die Gewinnanteile der übertragenden Körperschaft bei der **übernehmenden Körperschaft oder einem konzernzugehörigen Unternehmen** am Verschmelzungsstichtag im Ausschüttungsfall § 10 Abs 4 oder Abs 5 KStG unterliegen würden und damit steuerpflichtig wären (unter Anrechnung der Auslandssteuer), gilt nach § 3 Abs 1 Z 3 ein spezifisch definierter Betrag **mit dem Beginn des auf den Verschmelzungsstichtag folgenden Tages als offen ausgeschüttet**. Dieser Betrag wird in § 3 Abs 1 Z 3 definiert als der „Unterschiedsbetrag zwischen dem Verschmelzungskapital im Sinne des § 2 Abs. 5 und den vorhandenen Einlagen im Sinne des § 4 Abs. 12 des Einkommensteuergesetzes 1988 zum Verschmelzungsstichtag" (s Rz 74). Es obliegt dabei dem Steuerpflichtigen „nachzuweisen, dass die Einlagen nicht aus Gesellschaftsmitteln stammen".

Aus dem Wortlaut wird zunächst deutlich, dass bei der Muttergesellschaft eine Ausschüttung der übertragenden Gesellschaft dem § 10 Abs 4 oder Abs 5 KStG unterliegen muss. Dies kann insb bei **unbeschränkt steuerpflichtigen Muttergesellschaften** der Fall sein, allenfalls aber auch dann, wenn eine beschränkt steuerpflichtige Gesellschaft die betreffende Beteiligung in einer inländischen Betriebsstätte hält, ist doch diesfalls nach § 21 Abs 1 Z 2 lit a KStG die Bestimmung des „§ 10 sinngemäß anzuwenden" (*Kofler*, SWK 2012, 1487; zur umfassenden Anwendbarkeit des § 10 KStG in diesen Fällen s *Kofler/Tumpel* in *Achatz/Kirchmayr* § 21 Tz 131). § 3 Abs 1 Z 3 UmgrStG enthält allerdings – wie auch andere Bestimmungen des Unternehmenssteuerrechts (zB §§ 9 Abs 7, 11 Abs 1 Z 4 KStG) – keine Definition des Begriffs des **„konzernzugehörigen Unternehmens"**. Vieles spricht für ein Verständnis iS des **Konzernbegriffs des § 15 AktG** bzw § 115 GmbHG (*Kofler*, SWK 2012, 1487; *Zöchling/Puchner* in *Frotz/Kaufmann*[2], SteuerR Rz 67a; *Hübner-Schwarzinger*, SWK 2013, 1438; *Rzepa/Schilcher*, RdW 2013/742, 757; *Zöchling/Tüchler* in *W/Z/H/K*[5] § 3 Rz 17; s a *Urtz* in *Achatz/Kirchmayr* § 9 Tz 421 f; *Strimitzer* in GedS Helbich 314 f; *Strimitzer/Wurm* in *T/W*, EU-VerschG[2] SteuerR Rz 173; so auch die Verwaltungspraxis, UmgrStR Rz 160e u KStR Rz 1125, Rz 1266ae; ausf *Aigner/Kofler/Moshammer/Tumpel*, GES 2015, 182 ff). § 3 Abs 1 Z 3 idF AbgÄG 2012 erfasst solcherart – anders als die Stammfassung – nicht mehr bloß Upstream-Importverschmelzungen, sondern sämtliche Verschmelzungen, bei denen bei der Muttergesellschaft der übertragenden Gesellschaft eine unter den Methodenwechsel fallende Ausschüttung vorliegen würde. Dies kann aber nicht nur Upstream-Import-Verschmelzungen, (diagonale) **Sidestream-Verschmelzungen** (ErlRV 1960 BlgNR 24. GP, 35; s a das Bsp in UmgrStR Rz 160e) und **Import-Downstream-Verschmelzungen** mit einer übernehmenden Inlandsgesellschaft betreffen (*Zöchling/Tüchler* in *W/Z/H/K*^{5} § 3 Rz 16), sondern zB auch eine **Schwesternverschmelzung zweier Auslandsgesellschaften** einer gemeinsamen österreichischen Muttergesellschaft (*Waitz-Ramsauer* in HB KonzernStR^2 623; *Zöchling/Tüchler* in *W/Z/H/K*^{5} § 3 Rz 16), und zwar unabhängig davon, ob diese Gesellschaften im selben oder in verschiedenen Staaten ansässig sind (*Kofler*, SWK 2012, 1487; *Zöchling/Puchner* in *Frotz/Kaufmann*^{2}, SteuerR Rz 67a; *Rzepa/Schilcher*, RdW 2013/742, 757; *Strimitzer/Wurm* in *T/W*, EU-VerschG^2 SteuerR Rz 173 u 176). Im letztgenannten Fall der Auslandsverschmelzung ist dabei hinsichtlich der Rechtsfolgen nach der Verwaltungspraxis wie folgt zu differenzieren (UmgrStR Rz 160 f; *Schlager*, RWZ 2013/85, 329; *Waitz-Ramsauer* in HB KonzernStR^2 624 f; *Strimitzer* in GedS Helbich 315; ausf *Rzepa/Schilcher*, RdW 2013/742, 757 f; *Strimitzer/Wurm* in *T/W*, EU-VerschG^2 SteuerR Rz 176):

- Grundsätzlich kommt die fiktive Ausschüttungsbesteuerung auch bei Verschmelzungen auf ausländische übernehmende Körperschaften zur Anwendung, wenn die Gewinnausschüttungen der übertragenden Körperschaft bei ihrer inländischen Muttergesellschaft dem Methodenwechsel unterliegen würden.
- Unterliegen jedoch auch sämtliche (eigene) Gewinnausschüttungen der übernehmenden ausländischen Körperschaft an ihre inländische Muttergesellschaft bei dieser dem Methodenwechsel, kann die fiktive Ausschüttungsbesteuerung iRd Verschmelzung unterbleiben, weil die Anwendbarkeit des Methodenwechsels auf tatsächliche spätere Ausschüttungen gewahrt bleibt.

Das **AbgÄG 2012** (BGBl I 2012/112) sanierte **zwei gravierende Schwächen** des ursprünglichen Konzepts des § 3 Abs 1 Z 3 idF AbgÄG 2010 (s a ErlRV 1960 BlgNR 24. GP, 35; *Kofler*, SWK 2012, 1485 ff; *Gatterer*, taxlex 2012, 503; *Zöchling/Puchner* in *Frotz/Kaufmann*^{2}, SteuerR Rz 67a; s zum ME zum AbgÄG 2012, 389/ME 24. GP, a *Schlager*, RWZ 2012/56, 193 f; *Zeitlinger*, taxlex 2012, 301; *Bendlinger/Kofler*, RdW 2012/658, 617 f):

- Erstens erfasste die Bestimmung nach ihrer Stammfassung nur den Fall, dass die übernehmende Körperschaft „an der übertragenden ausländischen Körperschaft beteiligt" ist, also nur die **Upstream-Import-Verschmelzung**. Gestaltungen mit ähnlicher Problemstellung, etwa Sidestream-Import-Verschmelzungen, waren hingegen nicht erfasst (*Sulz/Hirschler/Oberkleiner* in GedS Arnold 408; *Zöchling/Puchner* in *Frotz/Kaufmann*^{2}, SteuerR Rz 67a; *Zöchling/Tüchler* in *W/Z/H/K*^{5} § 3 Rz 16; *Strimitzer/Wurm* in *T/W*, EU-VerschG^2 SteuerR Rz 173; s a *Walter*^{8} Rz 90i, uHa mögliche Missbrauchsfälle iSd § 22 BAO). Die Zielsetzung der Neuregelung durch das AbgÄG 2012 war daher die **Ausdehnung der Ausschüttungsfiktion** bei Importverschmelzungen, wobei das BMF „Verschmelzungen auf Schwesterngesellschaften" im Fokus hatte (so deutlich ErlRV 1960 BlgNR 24. GP, 2); es sollte gerade die Verschmelzung von Konzerngesellschaften in die Ausschüttungsfiktion einbezogen werden, „sodass die Ausschüttungsfiktion nicht durch eine Verschmel-

zung auf eine inländische Schwesterngesellschaft (statt auf die Muttergesellschaft) umgangen werden kann" (ErlRV 1960 BlgNR 24. GP, 35).
- Zweitens ermittelte sich nach der Stammfassung der als ausgeschüttet fingierte Betrag nach § 3 Abs 1 Z 3 UmgrStG als Unterschiedsbetrag zwischen dem Reinvermögen, das sich aus der der Verschmelzung zugrunde liegenden Bilanz der übertragenden Körperschaft ergibt, und dem von der übernehmenden Körperschaft **"eingezahlten Nennkapital"** (UmgrStR Rz 160e, zum AbgÄG 2010). Damit blieben aber insb **Kapitalrücklagen** unberücksichtigt, wobei nicht einmal die Nachweismöglichkeit bestand, dass die ausländischen Kapitalrücklagen tatsächlich aus Einlagen stammen (so *Mayr*, RdW 2010/331, 313; *Sulz/Hirschler/Oberkleiner* in GedS Arnold 408; *Mayr/Petrag/Schlager*, RdW 2012/63, 55; krit *Wiesner*, RWZ 2010/41, 166; *Kirchmayr/Kofler*, RdW 2010/682, 669 f; *Zöchling/Tüchler* in W/Z/H/K[5] § 3 Rz 19; *Strimitzer/Wurm* in T/W, EU-VerschG[2] SteuerR Rz 172; aA in verfassungskonformer Interpretation *Walter*[8] Rz 90j). Nach der Verwaltungspraxis führte auch eine Kapitalerhöhung aus Gesellschaftsmitteln trotz der Theorie der Doppelmaßnahme (§ 3 Abs 1 Z 29 EStG) nicht zu „eingezahltem Nennkapital" iSd § 3 Abs 1 Z 3 (UmgrStR Rz 160e, zum AbgÄG 2010; *Mayr*, RdW 2010/331, 313; *Mayr/Petrag/Schlager*, RdW 2012/63, 55; aA *Lehner*, SWI 2010, 439 m FN 93; *Hirschler*, taxlex 2012, 11). Diese Ausschlüsse wichen nicht nur in systematisch unverständlicher Weise von der Behandlung offener Einlagenrückzahlungen ausländischer Körperschaften nach § 4 Abs 12 EStG und der vergleichbaren Ausschüttungsfiktion des bisherigen § 9 Abs 6 ab (s a *Wiesner*, RWZ 2010/41, 166), sondern auch von der erklärten Zielsetzung des Gesetzgebers, lediglich die Steuerneutralität der Repatriierung der „gespeicherten Gewinne" vermeiden zu wollen (dazu ErlRV 662 BlgNR 24. GP, 11). Zur Vermeidung der negativen Konsequenzen aus planerischer Sicht war im Schrifttum daher vorgeschlagen worden, vor einer unter § 3 Abs 1 Z 3 fallenden Import-Verschmelzung eine steuerneutrale Einlagenrückzahlung auf Basis des § 4 Abs 12 EStG durchzuführen (*Kirchmayr/Kofler*, RdW 2010/682, 669 f; *Walter*[8] Rz 90j). Das AbgÄG 2012 griff nach der Kritik an der Nichtberücksichtigung von Kapitalrücklagen etc für die Berechnung des fiktiven Ausschüttungsbetrages auf: Nunmehr ist sachgerecht die **Differenz zwischen Verschmelzungskapital und Einlagenstand iSd § 4 Abs 12 EStG** maßgeblich (s Rz 74).

Die Ausschüttungsfiktion des § 3 Abs 1 Z 3 wird in der Praxis wohl nur den **Methodenwechsel nach § 10 Abs 4 KStG** betreffen, da eine „Umgehung" des – im Wesentlichen für Portfoliodividenden anwendbaren – Methodenwechsels nach § 10 Abs 5 iVm § 10 Abs 1 Z 5 bzw Z 6 KStG mittels Verschmelzung aufgrund des typischerweise niedrigen Beteiligungsausmaßes kaum vorkommen wird (*Mayr*, RdW 2010/331, 313; *Mayr/Petrag/Schlager*, RdW 2012/63, 55; *Rzepa/Schilcher*, RdW 2013/742, 756; zur Anwendbarkeit dieser Normen bei noch nicht abgelaufener Mindestbehaltefrist unabhängig vom Beteiligungsausmaß s aber *Kofler* in Achatz/Kirchmayr § 10 Tz 125). Während diese Bestimmung aufgrund der bloßen Gleichstellung mit einer tatsächlichen Ausschüttung – bei unionsrechtskonformer Anwendung der indirekten Anrechnungsmethode (s EuGH 13. 11. 2012, C-35/11, *FII Group Litigation II*, EU:C:2012:707, Rn 35 ff) – grundsätzlich den **Grundfreiheiten** entsprechen dürfte (dazu mwN *Kofler*, SWK 2012, 1490 f; s a *Mayr*, RdW 2010/331, 313 f; *Lehner*, SWI 2010, 436 ff; *Strimitzer* in GedS Helbich 316; aA die Stellungnahme der KWT, 14/SN-139/ME XXIV. GP, 4), ist str, ob sie auch im Einklang mit **Art 7 FRL** steht

73

(s zu dieser Diskussion *Mayr*, RdW 2010/331, 313 f; *Lehner*, SWI 2010, 436 ff; *Kofler*, SWK 2012, 1491). Sofern nämlich eine zumindest 10%ige Beteiligung am Kapital der übertragenden Auslandsgesellschaft besteht, unterliegen nach Art 7 Abs 1 FRL „die bei der übernehmenden Gesellschaft möglicherweise entstehenden Wertsteigerungen beim Untergang ihrer Beteiligung am Kapital der einbringenden Gesellschaft keiner Besteuerung" („shall not be liable to any taxation"). Die Ausschüttungsfiktion des § 3 Abs 1 Z 3 UmgrStG untergräbt diese in Art 7 FRL angeordnete Steuerneutralität des Buchgewinnes bei einer Upstream-Import-Verschmelzung und verstößt somit wohl gegen das Unionsrecht (s *Kofler*, SWK 2012, 1491; Stellungnahme der KWT, 14/SN-139/ME XXIV. GP, 4 f; *Zöchling/Tüchler* in W/Z/H/K[5] § 3 Rz 14; aA *Mayr*, RdW 2010/331, 314; *Lehner*, SWI 2010, 438).

B. Fingierter Ausschüttungsbetrag

74 Der fiktive Ausschüttungsbetrag nach § 3 Abs 1 Z 3 ermittelt sich – entsprechend dem Beteiligungsausmaß (UmgrStR Rz 160e) – seit dem AbgÄG 2012 (BGBl I 2012/112) als **Unterschiedsbetrag** „zwischen dem **Verschmelzungskapital im Sinne des § 2 Abs. 5** und den vorhandenen **Einlagen im Sinne des § 4 Abs. 12** des Einkommensteuergesetzes 1988 zum Verschmelzungsstichtag" (ErlRV 1960 BlgNR 24. GP, 35; UmgrStR Rz 160e; *Kofler*, SWK 2012, 1487 f). Dies wirft freilich die praktische, bisher wegen der typischen Aufwertung nach § 3 Abs 1 Z 2 kaum relevante Frage auf, wie das Verschmelzungskapital und der Einlagenstand bei Auslandsgesellschaften zu ermitteln sind. Das Abstellen auf den Einlagenstand ist aber jedenfalls insofern systemkonform, als sie den in der Stammfassung virulenten Widerspruch zur Einlagenrückzahlungsbestimmung des § 4 Abs 12 EStG mindert (s Rz 72). Vor allem wird sichergestellt, dass „aus der **Außenfinanzierung stammende Eigenkapitalbestandteile** (insb Kapitalrücklagen) nicht von der Ausschüttungsfiktion umfasst sind" (ErlRV 1960 BlgNR 24. GP, 35). Im Hinblick auf mögliche Abgrenzungsprobleme der Eigenkapitalbestandteile bei Gesellschaften aus Niedrigsteuerländern normiert das Gesetz aber auch sogleich eine **erhöhte Mitwirkungspflicht**: Nach dem letzten Satz des § 3 Abs 1 Z 3 UmgrStG hat der Steuerpflichtige „nachzuweisen, dass die Einlagen nicht aus Gesellschaftsmitteln stammen" (s UmgrStR Rz 160e; dazu a *Hübner-Schwarzinger*, SWK 2013, 1438, auch im Hinblick auf Kapitalerhöhungen aus Gesellschaftsmitteln). Dieser Nachweis kann über ein für die ausländische Gesellschaft geführtes **Evidenzkonto** erbracht werden (Stellungnahme der KWT, 32/SN-389/ME, 7; *Kofler*, SWK 2012, 1487 f; *Zöchling/Puchner* in *Frotz/Kaufmann*[2], SteuerR Rz 67a; *Zöchling/Tüchler* in W/Z/H/K[5] § 3 Rz 19; *Strimitzer/Wurm* in T/W, EU-VerschG[2] SteuerR Rz 172). Allerdings möchte das BMF für den Nachweis der Außenfinanzierung offenbar einen **strengen Prüfmaßstab** anlegen (so *Schlager*, RWZ 2012/56, 194).

C. Steuerliche Behandlung

75 § 3 Abs 1 Z 3 UmgrStG fingiert lediglich eine offene Ausschüttung an die Muttergesellschaft und knüpft damit an die **Besteuerungsfolgen des § 10 Abs 4, 5 und 6 KStG** an. Es kommt daher nach § 10 Abs 6 KStG auch zur **Anrechnung** bzw zum Anrechnungsvortrag der als Vorbelastung der Ausschüttung anzusehenden ausländischen Steuer (UmgrStR Rz 160e; *Mayr*, RdW 2010/331, 313 (313); *Kofler*, SWK 2012, 1488; *Zöchling/Puchner* in *Frotz/Kaufmann*[2], SteuerR Rz 67a; *Walter*[11] Rz 90i; *Strimitzer/Wurm* in T/W, EU-VerschG[2] SteuerR Rz 175; ausführlich zur indirekten Anrechnung *Kofler* in *Achatz/Kirchmayr* § 10 Tz 311 ff). Auch eine Anrechnung tatsächlich erhobener **ausländischer Quellensteuern** (zB aufgrund einer ausländischen Ausschüttungsfiktion) ist geboten (UmgrStR Rz 160e; allg *Kofler* in *Achatz/Kirchmayr* § 10 Tz 305), nicht jedoch jene fingierter Quellensteuern (zB bei abkommensrechtlichen „Matching Credit"-Fällen; s zB *Mayr*, RdW 2010/331, 313; *Kofler*, SWK 2012, 1488).

Allerdings ist die **Rechtsfolgenanordnung** des § 3 Abs 1 Z 3 nicht gänzlich eindeutig: **76** Die Ausschüttungsfiktion stellt darauf ab, dass „die Gewinnanteile der übertragenden Körperschaft bei der übernehmenden Körperschaft oder dem konzernzugehörigen Unternehmen **am Verschmelzungsstichtag § 10 Abs. 4 oder Abs. 5** des Körperschaftsteuergesetzes 1988 unterliegen [würden]". Die Norm scheint somit davon auszugehen, dass Gewinnanteile entweder zur Gänze oder überhaupt nicht unter § 10 Abs 4 oder Abs 5 KStG fallen; auch die **Verwaltungspraxis** vertritt diese Sichtweise, wonach das **gesamte „Gewinnkapital"** der übertragenden Gesellschaft von der Ausschüttungsfiktion erfasst sei (UmgrStR Rz 160e; dazu *Rzepa/Schilcher*, RdW 2013/742, 756 f). Dies würde damit auch **steuerfrei ausschüttbare Gewinnanteile** betreffen (so *Rzepa/Schilcher*, RdW 2013/742, 756 f). Solche können schon deshalb bestehen, weil die Beurteilung nach § 10 Abs 4 KStG **jahresweise** (BMF 24.4.2009, EAS 3054 = SWI 2009, 214) nach dem **„Gesamtbild der Verhältnisse"** (§ 2 Z 2 der VO BGBl II 2004/295) erfolgt sich auf das gesamte Unternehmen bezieht (s BMF 3.1.2005, EAS 2558 = SWI 2005, 197); entscheidend für die „Verschmutzung" nach § 10 Abs 4 KStG sind die **Verhältnisse im Zeitraum der Erwirtschaftung der Einkünfte** durch die ausländische Gesellschaft, nicht jedoch jene im Zeitpunkt der (fiktiven) Ausschüttung (KStR Rz 1236 [ex-Rz 587]; BMF 5.1.2004, EAS 2400 = SWI 2004, 296; BMF 24.4.2009, EAS 3054 = SWI 2009, 214; s a *Kofler* in *Achatz/Kirchmayr* § 10 Tz 287 mwN). Es könnte daher entgegen der Verwaltungspraxis aus dem System des § 3 durchaus gefolgert werden, dass jene Gewinnanteile, die nach § 10 Abs 1 Z 5, 6 oder 7 iVm Abs 2 KStG steuerfrei hätten ausgeschüttet werden können, auch nicht von § 3 Abs 1 Z 3 UmgrStG erfasst (ebenso *Zöchling/Puchner* in *Frotz/Kaufmann*[2], SteuerR Rz 67a; *Zöchling/Tüchler* in *W/Z/H/K*[5] § 3 Rz 18), sondern vielmehr als **Verschmelzungsdifferenz** nach § 3 Abs 2 oder nach § 5 Abs 5 steuerneutral sind (*Wiesner*, RWZ 2010/41, 166; *Kofler*, SWK 2012, 1488 f). Selbst wenn man aber der **„Alles-oder-Nichts"-Betrachtung** der Verwaltungspraxis folgen möchte, dürfte der fiktive Ausschüttungsbetrag nur insoweit eine steuerpflichtige Gewinnausschüttung gem § 10 Abs 4 KStG darstellen, als in diesem die dem Methodenwechsel unterliegenden Gewinnanteile Deckung finden; ein **Differenzbetrag wäre nach § 10 Abs 2 KStG freizustellen** (so a *Rzepa/Schilcher*, RdW 2013/742, 757; s a *Strimitzer* in GedS Helbich 314; *Zöchling/Tüchler* in *W/Z/H/K*[5] § 3 Rz 18 m FN 37; *Strimitzer/Wurm* in T/W, EU-VerschG[2] SteuerR Rz 174).

Eine fiktive Ausschüttung nach § 3 Abs 1 Z 3 führt freilich auch zu dem Problem, **77** dass das Steuerrecht etwa bei einer Import-Schwesternverschmelzung nicht mit der Wirklichkeit übereinstimmt: So übernimmt bei der Schwesternverschmelzung die übernehmende Inlandsgesellschaft tatsächlich das gesamte Vermögen der übertragenden Auslandsgesellschaft, wohingegen das Steuerrecht durch § 3 Abs 1 Z 3 UmgrStG fingiert, dass eine Ausschüttung an die gemeinsame Muttergesellschaft erfolgt ist. Dieses Auseinanderfallen muss iS einer **Doppelmaßnahme** durch eine fiktive **Einlage** der gemeinsamen Muttergesellschaft in die übernehmende Schwestergesellschaft gelöst werden (ausf *Kofler*, SWK 2012, 1489 f; *Zöchling/Puchner* in *Frotz/Kaufmann*[2], SteuerR Rz 67a; *Rzepa/Schilcher*, RdW 2013/742, 757; *Strimitzer* in GedS Helbich 315 f; *Zöchling/Tüchler* in W/Z/H/K[5] § 3 Rz 20; *Strimitzer/Wurm* in T/W, EU-VerschG[2] SteuerR Rz 176; idS a das Bsp in UmgrStR Rz 160e). Dies hat zusammenfassend folgende **Konsequenzen** (*Kofler*, SWK 2012, 1489 f):

- Die **fiktive offene Ausschüttung** an die gemeinsame Muttergesellschaft führt bei dieser zur Besteuerung unter Steueranrechnung (§ 3 Abs 1 Z 3); diese Ausschüttung kann allenfalls auch eine – steuerwirksame (KStR Rz 1290 [ex-Rz 1221]; *Achatz/Bieber* in *Achatz/Kirchmayr* § 12 Tz 252; *Blasina* in Q/R/S/S/V[25] § 12 Rz 162 und Rz 177/1) – **Teilwertabschreibung** des Beteiligungsansatzes an der übertragenden Auslandsgesellschaft nach sich ziehen.
- Das **Evidenzkonto** der übertragenden Schwestergesellschaft „springt" auf die übernehmende Schwestergesellschaft „über", die beiden Evidenzkonten werden also addiert (UmgrStR Rz 369 f, a zu Importverschmelzungen; *Schlager*, RWZ 2013/85, 329; s a § 3 Rz 161).
- Der verbleibende **Beteiligungsansatz** an der übertragenden Auslandsgesellschaft ist jenem an der übernehmenden Gesellschaft „zuzurechnen" (§ 5 Abs 5; zur Nichtanwendbarkeit der Aufwertung nach § 5 Abs 7 Z 2 s § 5 Rz 180).
- Die (fiktive) Einlage iH des nach § 3 Abs 1 Z 3 fiktiv ausgeschütteten Betrages erhöht sodann nicht nur der **Beteiligungsansatz** der Muttergesellschaft an der übernehmenden Tochtergesellschaft (s a das Bsp in UmgrStR Rz 160e; *Rzepa/Schilcher*, RdW 2013/742, 757; *Waitz-Ramsauer* in HB KonzernStR[2] 623), sondern auch deren **Einlagenstand** bzw deren Evidenzkonto (ebenso *Zöchling/Puchner* in *Frotz/Kaufmann*[2], SteuerR Rz 67a m FN 229; *Strimitzer/Wurm* in T/W, EU-VerschG[2] SteuerR Rz 176); der durch die Ausschüttungsfiktion erfasste Betrag wird damit systemkonform „entsteuert" (ebenso *Rzepa/Schilcher*, RdW 2013/742, 757).

IV. Rückwirkung (Abs 1 Z 4)

81 Nach § 2 Abs 3 ist das Einkommen der übertragenden Körperschaft so zu ermitteln, als ob der **Vermögensübergang mit Ablauf des Verschmelzungsstichtages** (zB 31.12., 24:00 Uhr) erfolgt wäre, wobei nach § 3 Abs 1 Z 4 nahtlos für die übernehmende Körperschaft „§ 2 Abs. 3 […] mit dem Beginn des auf den Verschmelzungsstichtag folgenden Tages" (zB 1.1., 0:00 Uhr) gilt (s *Bruckner* in W/H/M, HdU[1] I § 2 Rz 34; UmgrStR Rz 147 ff). Das unter Einsatz des übergehenden Vermögens erzielte Einkommen ist somit mit dem Beginn des auf den Verschmelzungsstichtag folgenden Tages der übernehmenden Körperschaft zuzurechnen (VwGH 17.10.1989, 88/14/0183, ÖStZB 1990, 92; VwGH 20.6.1995, 92/13/0023, ÖStZB 1996, 25; s a VwGH 26.7.2007, 2006/15/0262, ÖStZB 2008/206, 267, zur Spaltung; weiters zB UmgrStR Rz 149; *Hügel* § 2 Rz 49; zur Rückwirkung bei grenzüberschreitenden Verschmelzungen *Strimitzer/Wurm* in T/W, EU-VerschG[2] SteuerR Rz 170; s a § 2 Rz 41 f u zum Verrechnungsaufschub bei Verlusten § 4 Rz 24 ff). Ein gleichzeitiger Ausweis des übertragenen Vermögens in auf den Verschmelzungsstichtag aufgestellten Steuerbilanzen sowohl der übertragenden als auch der übernehmenden Körperschaft ist damit unmöglich (*Zöchling/Tüchler* in W/Z/H/K[5] § 3 Rz 21).

Entsteht die übernehmende Körperschaft im Zuge einer Verschmelzung durch 82
Neugründung (§ 233 AktG), beginnt die **Mindestkörperschaftsteuerpflicht** gem
§ 24 Abs 4 KStG mit dem auf den rückbezogenen Stichtag folgenden Tag zu laufen
(KStR Rz 1556 [ex-Rz 1505] iVm UmgrStR Rz 133; zu zeitlichen Aspekten der
Gründungsprivilegierung nach § 24 Abs 4 Z 3 KStG s *Kanduth-Kristen/Heidenbauer*, taxlex 2015, 120 f), wobei zusätzlich zu prüfen ist, ob daran ein volles
Kalendervierteljahr anschließt (s KStR Rz 1554 [ex-Rz 1503]). Zum Wegfall der
Mindestkörperschaftsteuerpflicht bei übertragenden Körperschaften s § 2 Rz 6.

V. Buchgewinne und Buchverluste (Abs 2 und 3)
A. Begriff

Buchgewinne und Buchverluste iSd § 3 Abs 2 sind alle – auf Basis der steuerlichen 86
Wertansätze errechneten – **rechnerischen Differenzbeträge**, die sich als Folge der
Verschmelzung in der Bilanz der übernehmenden Körperschaft ergeben (*Hügel*,
ecolex 1991, 875; *Wiesner*, SWK 1992, A I 121 ff; *Bruckner* in *W/H/M*, HdU[1] I § 3
Rz 26; *Zöchling/Tüchler* in *W/Z/H/K*[5] § 3 Rz 22). Buchgewinne und Buchverluste
können sowohl bei Verschmelzungen auf **gesellschaftsrechtlicher Grundlage** als
auch bei solchen auf **betrieblicher Grundlage** entstehen (s § 1 Rz 31 ff): Im Falle
einer gesellschaftsrechtlichen Grundlage bestehen sie in der Differenz zwischen
dem Buchwert des übertragenen Vermögens und dem Buchwert (Nennwert) der
neu ausgegebenen Anteile und sind im Hinblick auf die gesellschaftsrechtliche Ursache als Mehr- oder Mindereinlage schon nach allgemeinem Steuerrecht neutral
(UmgrStR Rz 161). Im Falle einer betrieblichen Grundlage ergeben sie sich aus der
Differenz zwischen dem Buchwert des übertragenen Vermögens und dem Buchwert der als Gegenleistung dafür aus dem Bestand der übernehmenden Körperschaft abgegebenen Wirtschaftsgüter; sie werden durch § 3 Abs 2 bei der übernehmenden Körperschaft konstitutiv neutral gestellt (s Rz 90 ff; zur Behandlung außerhalb des Art I s § 2 Rz 24). Dagegen sind Buchgewinne und Verluste nach § 3 Abs 3
dann steuerlich zu berücksichtigen, wenn sie durch **Confusio** entstehen (Rz 95 ff).

Die steuerlichen Buchgewinne und Buchverluste finden ihr Pendant in den **unternehmensrechtlichen Verschmelzungsdifferenzen** und sind auf verschiedene wirtschaftliche Ursachen zurückzuführen. Sie entstehen allgemein dadurch, dass das verschmelzungsbedingt auf die übernehmende Körperschaft übergehende Reinvermögen der übertragenden Körperschaft (Nettobuchwert) vom Buchwert der dafür
gewährten Gegenleistung der übernehmenden Körperschaft (zB neu geschaffener
Anteile, eigener Anteile, aufgegebener Anteile an der übertragenden Körperschaft
etc) abweicht. Ist das übergehende Reinvermögen höher als die Gegenleistung, entsteht in Höhe des Saldos ein Buchgewinn („**Verschmelzungsgewinn**"), im umgekehrten Fall ein Buchverlust („**Verschmelzungsverlust**"; s zB *Bruckner* in *W/H/M*,
HdU[1] I § 3 Rz 29; Pkt 92 ff KFS/RL 25 v 3.12.2012). Zur rechnungslegungsrechtlichen Behandlung nach §§ 202, 229 u 235 s zB KFS/RL 25 v 3.12.2012 sowie *Ludwig/
Hirschler*, Bilanzierung[2] III Rz 14 ff und *Hirschler/Six* in HB Sonderbilanzen I 357 ff. 87

Buchgewinne und Buchverluste einerseits und Verschmelzungsdifferenzen andererseits können freilich wegen der abweichenden **steuerlichen Bewertungsvorschriften** und der **zwingenden Buchwertfortführung** divergieren (*Bruckner* in
W/H/M, HdU[1] I § 3 Rz 28). So wird die Höhe des steuerrechtlichen Buchgewinns
oder Buchverlusts angesichts der zwingenden Buchwertfortführung durch eine
Neubewertung nach § 202 Abs 1 UGB nicht berührt (UmgrStR Rz 160; *Hügel* § 3 88

Rz 94; *Zöchling/Tüchler* in W/Z/H/K[5] § 3 Rz 22); dies gilt auch für den Ansatz eines Umgründungsmehrwerts oder Firmenwerts gem § 202 Abs 2 Z 2 UGB (UmgrStR Rz 161; *Hügel* § 3 Rz 94).

89 Der bei der übertragenden Körperschaft im Fall der Inanspruchnahme der **Aufwertungsoption gem § 2 Abs 2** (s § 2 Rz 26 ff) entstandene Gewinn ist kein Buchgewinn iSd § 3 Abs 2 (UmgrStR Rz 161); der Aufwertungsgewinn ist noch bei der letzten Gewinnermittlung der übertragenden Körperschaft zu erfassen und wird nicht nach § 3 Abs 2 neutralisiert (*Bruckner* in W/H/M, HdU[1] I § 3 Rz 27), wirkt sich aber auf das Verschmelzungskapital (UmgrStR Rz 97 iVm Rz 159) und damit letztlich auf die Höhe des nach § 3 Abs 2 steuerneutralen Buchgewinns bzw -verlusts aus.

B. Steuerneutrale Unterschiedsbeträge (Abs 2)
1. Steuerneutralität

90 Nach § 3 Abs 2 bleiben – über Art 7 FRL hinausgehend (s *Hügel* § 3 Rz 97 f) – **Buchgewinne und Buchverluste** „bei der Gewinnermittlung außer Ansatz", sind also steuerneutral. Diese Anordnung wirkt für Verschmelzungen auf betrieblicher Grundlage konstitutiv, für Verschmelzungen auf gesellschaftsrechtlicher Grundlage hingegen deklarativ (s § 1 Rz 31 ff). Die Steuerneutralität betrifft auch die Abschreibung von unternehmensrechtlich nach § 202 Abs 2 Z 2 oder 3 UGB aktivierten Buchverlusten (UmgrStR Rz 161; *Hügel* § 3 Rz 96). Die Bildung einer Buchgewinnrücklage als Voraussetzung für die Steuerneutralität ist dem UmgrStG unbekannt (s zum StruktVG zB *Quantschnigg* in FS Bauer 267 ff; *Schneider*, SWK 1992, A I 245; *Bruckner* in W/H/M, HdU[1] I § 3 Rz 28; *Zöchling/Tüchler* in W/Z/H/K[5] § 3 Rz 24).

2. Buchgewinne und Buchverluste bei Konzentrationsverschmelzungen

91 Werden die Gesellschafter der übertragenden Gesellschaft bei einer Konzentrationsverschmelzung mit neu geschaffenen Anteilen der übernehmenden Gesellschaft abgefunden, ist eine **positive Differenz** zwischen dem Nettobuchwert (Eigenkapital) des übergehenden Vermögens und dem Betrag der Kapitalerhöhung unternehmensrechtlich ein Aufgeld, das als Buchgewinn gem § 8 Abs 1 KStG bzw – deklarativ – § 3 Abs 2 **steuerneutral** ist (a im Sonderbetriebsvermögen, s BMF 29.10.1998, SWK 1998, S 740 f). Eine **negative Differenz** führt zu einem Buchverlust, der unabhängig vom unternehmensrechtlichen Wahlrecht (s Rz 87) weder insgesamt noch aufgrund von unternehmensrechtlichen Abschreibungen abzugsfähig ist (*Wiesner*, SWK 1992, A I 124; *Hügel* § 3 Rz 100). Gewährt die übernehmende Gesellschaft zusätzlich **bare Zuzahlungen** (s § 5 Rz 61 ff) bzw eigene Anteile, reduziert dies den Buchgewinn bzw erhöht den Buchverlust (*Quantschnigg* in FS Bauer 266; *Hügel*, ecolex 1991, 875; *Hügel* § 3 Rz 101).

3. Buchgewinne und Buchverluste bei Konzernverschmelzungen
a) Upstream-Verschmelzung

92 Nach § 224 Abs 1 Z 1 AktG darf die übernehmende Gesellschaft keine Aktien gewähren, soweit „sie Aktien der übertragenden Gesellschaft besitzt". Die von der übernehmenden Gesellschaft gehaltenen Anteile an der übertragenden Gesellschaft gehen unter; die Differenz zwischen dem **Buchwert der untergehenden Anteile** und dem **Nettobuchwert des übergehenden Vermögens** ist nach § 3 Abs 2 steuerneutral (s § 1 Rz 34 f u zur Behandlung außerhalb des Art I s § 2 Rz 24).

Ursache für einen Buchgewinn sind idR thesaurierte Gewinne der Tochtergesellschaft seit der Anschaffung der Beteiligung an der Tochtergesellschaft bzw seit deren Gründung. Daneben kann ein Buchgewinn auch auf eine nicht rückgängig gemachte Teilwertabschreibung auf die Beteiligung an der Tochtergesellschaft oder stille Lasten bei der Tochtergesellschaft zurückzuführen sein (*Bruckner* in W/H/M, HdU[1] I § 3 Rz 31; s a *Zöchling/Tüchler* in W/Z/H/K[5] § 3 Rz 24). Ein Buchverlust entsteht idR dann, wenn beim Erwerb der Tochterbeteiligung stille Reserven und ein Firmenwert abgegolten worden sind oder eine buchmäßige Überschuldung bei der übertragenden Körperschaft besteht (*Bruckner* in W/H/M, HdU[1] I § 3 Rz 31).

b) Downstream-Verschmelzung

Sofern die übertragende Gesellschaft Aktien an der übernehmenden Gesellschaft besitzt, sind diese nach § 224 Abs 3 AktG, „soweit erforderlich, zur Abfindung der Gesellschafter der übertragenden Gesellschaft zu verwenden". IdR kommt es somit bei der übernehmenden Gesellschaft hinsichtlich der Anteile zu einem **„Durchgangserwerb durch die Untergesellschaft"** (UmgrStR Rz 14; *Bruckner* in W/H/M, HdU[1] I § 1 Rz 18; *Hügel* § 1 Rz 46), nur das übrige Vermögen verbleibt bei der übernehmenden Gesellschaft (*Hügel* § 3 Rz 104). Ein **negativer bzw positiver Buchwert dieses verbleibenden Vermögens** führt zu einem Buchverlust bzw Buchgewinn, der gem § 8 Abs 1 KStG bzw – deklarativ (s § 1 Rz 32 f) – § 3 Abs 2 stets steuerneutral ist (zum Erfordernis eines positiven Verkehrswerts s § 1 Rz 27). **93**

Das Entstehen eines Buchgewinns oder Buchverlusts bei Downstream-Verschmelzungen ohne Kapitalerhöhung hängt somit von der mehr oder weniger zufälligen Relation zwischen der Eigenkapitalausstattung der übertragenden Muttergesellschaft und der Höhe des abgehenden Beteiligungsansatzes für die übernehmende Tochtergesellschaft ab (*Bruckner*, RdW 1993, 199; *Bruckner* in W/H/M, HdU[1] I § 3 Rz 32). Ist das bilanzielle Eigenkapital höher als der Buchwert der verschmelzungsbedingt abgehenden Beteiligung an der Tochtergesellschaft, entsteht bei der übernehmenden Tochtergesellschaft ein Buchgewinn, andernfalls ein Buchverlust (*Bruckner* in W/H/M, HdU[1] I § 3 Rz 32).

c) Sidestream-Verschmelzung

Unterbleibt eine Kapitalerhöhung nach § 224 Abs 2 Z 1 AktG, weil „die Gesellschafter sowohl an der übernehmenden als auch an der übertragenden Gesellschaft im gleichen Verhältnis unmittelbar oder mittelbar beteiligt sind", so ist ein **positiver oder negativer Nettobuchwert** des übergehenden Vermögens ein nach § 8 Abs 1 KStG bzw – deklarativ (s § 1 Rz 32 f) – § 3 Abs 2 steuerneutraler Buchgewinn bzw Buchverlust (*Hügel* § 3 Rz 105). Dies gilt im Falle einer Kapitalerhöhung auch für den vom Nennbetrag der Anteile abweichenden Nettobuchwert des übergehenden Vermögens (*Hügel* § 3 Rz 105). **94**

Bei einer Schwesternverschmelzung ohne Anteilsgewährung gem § 224 Abs 2 Z 1 AktG hängt somit das Entstehen eines Buchgewinns oder Buchverlusts davon ab, ob das übergehende Vermögen einen positiven oder negativen Nettobuchwert hat (*Bruckner* in W/H/M, HdU[1] I § 3 Rz 35). Bei einer Kapitalerhöhung hängt das Entstehen eines Buchgewinns oder Buchverlusts davon ab, ob die stillen Reserven samt Firmenwert der übertragenden Körperschaft relativ – im Verhältnis zum buchmäßigen Eigenkapital – geringer sind als jene der übertragenden Körperschaft (s a Rz 91). Bei teilweiser Gewährung von Anteilen nach § 224 Abs 2 Z 1 AktG hängt das Entstehen eines Buchgewinns oder Buchverlusts von der mehr oder weniger zufälligen Differenz zwischen dem Buchwert des übergehenden Vermögens und dem Buchwert der gewährten Gegenleistung ab (*Bruckner* in *W/H/M*, HdU[1] I § 3 Rz 35).

C. Steuerwirksame Unterschiedsbeträge (Abs 3)

1. Confusio

a) Steuerwirksamkeit

95 Abweichend von § 3 Abs 2 normiert § 3 Abs 3, dass „[u]nabhängig vom Vorliegen eines Buchgewinnes oder -verlustes" „Veränderungen des Betriebsvermögens, die aus der Vereinigung von Aktiven und Passiven (Confusio) stammen, in dem dem Verschmelzungsstichtag folgenden Wirtschaftsjahr zu berücksichtigen" sind. Diese **Ausnahme von der Steuerneutralität** für Buchgewinne oder Buchverluste aus Confusiotatbeständen gilt für sämtliche Verschmelzungen (UmgrStR Rz 162; *Wiesner*, SWK 1992, A I 130). Sind die zusammentreffenden Positionen ungleich, ergibt sich nach hA bei der übernehmenden Körperschaft stets ein **steuerwirksamer Buchgewinn oder ein – ausgleichs- bzw vortragsfähiger – Buchverlust** (ErlRV 266 BlgNR 18. GP, 17; UmgrStR Rz 162; *Schneider*, SWK 1992, A I 266; *Bruckner* in *W/H/M*, HdU[1] I § 3 Rz 40; *Zöchling/Tüchler* in *W/Z/H/K*[5] § 3 Rz 37; *Walter*[11] Rz 88); dies kraft ausdrücklicher gesetzlicher Anordnung ungeachtet dessen, ob sich aus der Verschmelzung insgesamt ein Buchgewinn oder Buchverlust ergibt (UmgrStR Rz 164; *Wiesner*, SWK 1992, A I 130; *Bruckner* in *W/H/M*, HdU[1] I § 3 Rz 40). Die – wohl überholte (Rz 98) – Gegenauffassung bejaht die Steuerwirksamkeit von Confusioergebnissen hingegen nur bei **Verschmelzungen auf betrieblicher Grundlage**, nicht jedoch bei jenen auf gesellschaftsrechtlicher Grundlage (*Kohlbacher/Walter* in FS Doralt 219 ff; *Hügel* § 3 Rz 108; anders aber noch *Hügel*, ecolex 1991, 876, u *Hügel* in *H/M/H* § 3 Rz 86; zu den Begriffen „auf betrieblicher" bzw „auf gesellschaftsrechtlicher" Grundlage s § 1 Rz 31 ff).

b) Confusiotatbestände

96 Confusio liegt vor, wenn sich Rechtsbeziehungen zweier Körperschaften durch ihr Zusammenfallen in einer Körperschaft auflösen, wenn also **Forderung und Verbindlichkeit** oder das **Recht und die Verpflichtung** in einer Körperschaft zusammenfallen und damit untergehen (UmgrStR Rz 162; *Bruckner* in *W/H/M*, HdU[1] I § 3 Rz 37). Zu steuerwirksamen Unterschiedsbeträgen kann es zB in folgenden Fällen kommen (UmgrStR Rz 163; s a *Bruckner* in *W/H/M*, HdU[1] I § 3 Rz 39; *Hügel* § 3 Rz 106 f):

aa) Teilwertberichtigte Forderung

97 Trifft eine **teilwertberichtigte Forderung** verschmelzungsbedingt mit der zum Nennwert bilanzierten **Verbindlichkeit** zusammen, entsteht ein steuerpflichtiger Confusiogewinn iH des nicht mehr werthaltigen Teils der Forderung, und zwar unabhängig davon, ob die Forderung oder die Verbindlichkeit im Zuge der Verschmelzung übertragen werden (ErlRV 266 BlgNR 18. GP, 17; UmgrStR Rz 163 uHa EStR Rz 2599; *Wiesner*, SWK 1992, A I 130 f; *Schneider*, SWK 1992, A I 266; s a *Kofler* in FS Ruppe 272 ff).

98 Die Gegenauffassung, wonach bei **Downstream- und Sidestream-Verschmelzungen** der Confusiogewinn als Einlagevorgang zu qualifizieren und damit nach allgemeinem Steuerrecht neutral sei (so *Kohlbacher/Walter* in FS Doralt 219 ff), ist

(spätestens) seit dem **BudBG 2007** (BGBl I 2007/24) überholt. So liegt beim *societatis causa* erfolgten Verzicht auf eine teilwertberichtigte Forderung zwar eine **körperschaftsteuerneutrale verdeckte Einlage iSd § 8 Abs 1 KStG** vor (*Wiesner* in FS Bauer 367; *Nolz* in FS Bauer 199); es war jedoch lange str, ob auf Ebene der Gesellschaft die Einlage lediglich im werthaltigen Teil der Forderung besteht („**Zwei-Stufen-Theorie**") oder der gesamte Verbindlichkeitswegfall gesellschaftlich veranlasst und damit steuerneutral ist („**Vollneutralisierungstheorie**"; s dazu ausf *Kofler* in FS Ruppe 272 ff). Entgegen der Sichtweise des deutschen BFH (BFH 9.6.1997, GrS 1/94, BFHE 183, 187, BStBl 1998 II 307) und der österreichischen Verwaltungspraxis (EStR Rz 2599 idF vor dem WE 2005, AÖF 2006/114) hatte sich der **VwGH** im Jahr 2005 der Vollneutralisierungstheorie angeschlossen (VwGH 23.9.2005, 2003/15/0078, ÖStZB 2006/130; ebenso UFS 15.2.2006, RV/1885-W/04, ausf *Heinrich* in FS Doralt 91 ff, u krit *Kofler* in FS Ruppe 272 ff). Der **Gesetzgeber** hat diese Ansicht des VwGH jedoch iRd **BudBG 2007** (BGBl I 2007/24) in § 8 Abs 1 KStG legistisch zu Gunsten einer **Gewinnrealisierung iSd Zwei-Stufen-Theorie** „korrigiert" und angeordnet, dass „[b]ei einem Forderungsverzicht auf Seiten des Gesellschafters [...] der nicht mehr werthaltige Teil der Forderung steuerwirksam" ist (s a KStR Rz 506 [ex-Rz 684 idF WE 2007]).

bb) Rückstellungen

Sofern eine Körperschaft für eine Verpflichtung durch Bildung einer **steuerwirksamen Rückstellung** Vorsorge getroffen und die andere Körperschaft die Forderung noch nicht oder nur in geringerem Umfang aktiviert hat, entsteht anlässlich der Verschmelzung der beiden Körperschaften gleichfalls ein ergebniswirksamer Confusiogewinn (UmgrStR Rz 163; *Hügel*, ecolex 1991, 876; *Hügel* § 3 Rz 106; *Mayr* in *D/R* I[11] Tz 1139). **99**

cc) Bestands- und Optionsrechte

Erwirbt eine Körperschaft entgeltlich ein Bestands- oder Optionsrecht (zB Mietrecht) und wird sie anschließend mit der bestandgebenden Körperschaft verschmolzen, kommt es zum Untergang dieses Rechts. Ein allfälliger **Restbuchwert des Bestandrechtes** ist nach Saldierung mit einem allenfalls bestehenden zugehörigen passiven Rechnungsabgrenzungsposten als Confusioverlust ergebniswirksam auszubuchen, obwohl kein Passivum wegfällt (ErlRV 266 BlgNR 18. GP, 17; UmgrStR Rz 163; *Hügel*, ecolex 1991, 876; *Wiesner*, SWK 1992, A I 130 f; *Schneider*, SWK 1992, A I 266; *Bruckner* in *W/H/M*, HdU[1] I § 3 Rz 39; *Hügel* § 3 Rz 106; *Mayr* in *D/R* I[11] Tz 1139). **100**

dd) Echte stille Gesellschaft, partiarisches Darlehen, Gewinnschuldverschreibung

Ist eine Körperschaft am Unternehmen einer anderen Körperschaft als **echter stiller Gesellschafter** beteiligt, fällt durch die Verschmelzung der beiden Körperschaften die echte stille Beteiligung mit der bei der anderen Körperschaft ausgewiesenen Schuldposition zusammen; allfällige Confusio-Differenzbeträge sind steuerwirksam (UmgrStR Rz 163; BMF 1.2.1996, ecolex 1996, 313 = RdW 1996, 144 = SWK 1996, A 191; *Bruckner* in *W/H/M*, HdU[1] I § 3 Rz 39; *Hügel* § 3 Rz 107; *Mayr* in *D/R* I[11] Tz 1139). Gleiches gilt für das Zusammenfallen einer Forderung aufgrund eines **partiarischen Darlehens** oder einer **Gewinnschuldverschreibung** mit der Schuldnerposition (BMF 1.2.1996, ecolex 1996, 313 = RdW 1996, 144 = SWK 1996, A 191; *Mayr* in *D/R* I[11] Tz 1139). **101**

ee) Mitunternehmeranteile, atypisch stille Gesellschaft

102 Kommt es zum **Erlöschen von Mitunternehmeranteilen** durch die Verschmelzung der (beiden) Personengesellschafter (§ 142 UGB), können sich aufgrund der Spiegelbildtheorie keine steuerwirksamen Confusiotatbestände ergeben (UmgrStR Rz 163; BMF 1.4.1993, SWK 1993, A 304; BMF 1.2.1996, ecolex 1996, 313 = RdW 1996, 144 = SWK 1996, A 191; BMF 25.7.1996, RdW 1996, 565; s a *Hügel* § 3 Rz 107). Allenfalls erwerbsbedingt bestehendes Ergänzungskapital ist nicht auszubuchen, sondern den Buchwerten des übernommenen Mitunternehmerschaftsvermögens zuzuschreiben (UmgrStR Rz 163). Gleiches gilt für die Verschmelzung einer die **atypisch stille Beteiligung** haltenden Körperschaft mit der den Inhaber des Unternehmens darstellenden Körperschaft (UmgrStR Rz 163; BMF 1.2.1996, ecolex 1996, 313 = RdW 1996, 144 = SWK 1996, A 191; s a Rz 12).

ff) Genussrechte, Fruchtgenuss

103 Das verschmelzungsbedingte Zusammenfallen von Genussberechtigung und Genussrechtsverpflichtung ist hinsichtlich der steuerlichen Folgen von der Art der Genussrechte abhängig: Differenzbeträge aus dem Wegfall eines **Nominalgenussrechts** (obligationsähnlichen Genussrechts) fallen unter den Confusio-Tatbestand des § 3 Abs 3, solche aus dem Wegfall eines **Substanzgenussrechts** gem § 8 Abs 3 Z 1 KStG sind gem § 3 Abs 2 steuerneutral (UmgrStR Rz 163; BMF 1.2.1996, ecolex 1996, 313 = RdW 1996, 144 = SWK 1996, A 191; *Bruckner* in *W/H/M*, HdU^1 I § 3 Rz 39 m FN 379; *Hügel* § 3 Rz 107; *Mayr* in *D/R* I^{11} Tz 1139; s a UFS 7.6.2011, RV/0166-G/07). Demgegenüber sind Differenzbeträge aus dem Wegfall eines **Fruchtgenussrechts** aufgrund der Verschmelzung des Fruchtgenussberechtigten mit jener Körperschaft, an deren Anteilen das Fruchtgenussrecht bestand, mangels Zusammentreffens eines Aktivums mit einer schuldrechtlichen Verpflichtung nach § 3 Abs 2 steuerneutral (VwGH 28.6.2012, 2008/15/0228, GES 2012, 520 m Anm *Kofler*; UmgrStR Rz 162; *Wiesner*, RWZ 2012/12, 249 f; s ebenso zuvor UFS 20.5.2008, RV/0887-L/04, UFSjournal 2009, 36 m Anm *Hirschler/Sulz/Oberkleiner*).

c) Zeitliche Erfassung

104 Sämtliche Confusio-Einzeltatbestände sind **zusammenzufassen** und ergeben bei der übernehmenden Körperschaft einen steuerwirksamen Gesamtbuchgewinn oder -verlust (UmgrStR Rz 164). Confusio-Differenzbeträge sind „in dem dem Verschmelzungsstichtag folgenden Wirtschaftsjahr zu berücksichtigen", also nicht in jenem Wirtschaftsjahr der übernehmenden Körperschaft, in das der Verschmelzungsstichtag fällt, sondern in jenem **Wirtschaftsjahr, das nach dem Verschmelzungsstichtag beginnt** (ErlRV 266 BlgNR 18. GP, 17; UmgrStR Rz 165; *Hügel* § 3 Rz 109).

> Die in der Stammfassung des UmgrStG vorgesehene Möglichkeit, Confusiogewinne einer steuerfreien Rücklage zuzuführen (**„Buchgewinnrücklage"**; s ErlRV 266 BlgNR 18. GP, 17; *Hügel*, ecolex 1991, 876), ist durch das StruktAnpG 1996 (BGBl 1996/201) entfallen (s dazu *Bruckner* in *W/H/M*, HdU^1 I § 3 Rz 78 ff).

2. Exkurs: Verschmelzungsbedingte Firmenwertabschreibung
a) Abschaffung durch das StruktAnpG 1996

105 Bis zum StruktAnpG 1996 (BGBl 1996/201) normierte § 3 Abs 2 Z 2 in der Stammfassung mit der **verschmelzungsbedingten Firmenwertabschreibung** eine Ausnahme vom Grundsatz der Steuerneutralität von Buchgewinnen und Buchverlusten: Danach konnte ein nachgewiesener Firmenwert, der bei einem vorbereitenden Anteilserwerb abgegolten wurde, soweit er im Buchverlust der übernehmenden Körperschaft Deckung fand, ab dem dem Verschmelzungsstichtag folgenden Wirtschaftsjahr auf 15 Jahre gleichmäßig verteilt steuerwirksam abgeschrieben werden (s dazu UmgrStR Rz 166; *Bruckner* in *W/H/M*, HdU[1] I § 3 Rz 58 ff). Die verschmelzungsbedingte Firmenwertabschreibung wurde durch Art 42 Z 9 StruktAnpG 1996 beseitigt (ErlRV 72 BlgNR 20. GP, 283; für Details s *Zöchling/Tüchler* in *W/Z/H/K*[5] § 3 Rz 32 ff; s zur rechtspolitischen Diskussion zB *Bruckner* in FS KWT 109 ff; *Göschl/Kovar/Wahrlich* in FS Wundsam 383 ff). Gegen diese Abschaffung *pro futuro* bestanden keine verfassungsrechtlichen Bedenken (VfGH 3.3.2000, G 172/99, ÖStZB 2000/362).

b) Dreißigstelabschreibung für „Altfälle"

Nach dem 3. Teil Z 4 lit a war eine Fünfzehntelabschreibung eines nach § 3 Abs 2 Z 2 der Stammfassung ermittelten Firmenwerts letztmalig im letzten vor dem 1.1.1997 endenden Wirtschaftsjahr zulässig, alle künftigen Abschreibungsquoten waren **steuerlich unbeachtlich** (ErlRV 72 BlgNR 20. GP, 283). Dies ist aus Gründen des **Vertrauensschutzes** auf verfassungsrechtliche Bedenken gestoßen (zB *Lang*, ÖStZ 1996, 271 ff), denen sich letztlich auch der **VfGH** angeschlossen hat (VfGH 3.3.2000, G 172/99, ÖStZB 2000/362; Streichung des 3. Teils Z 4 lit a UmgrStG mit Ablauf des 31.12.2000, kundgemacht in BGBl I 2000/22; dazu zB *Kauba*, SWK 2000, S 517 ff). In **Art 9 Z 3 BudBG 2001** (BGBl I 2000/142) wurde sodann eine gesetzliche Ersatzregelung getroffen: „Der nach Abzug der auf die Jahre bis einschließlich 2000 entfallenden Fünfzehntel verbleibende Restbetrag eines Firmenwertes auf Grund einer Umgründung auf einen Stichtag vor dem 1. Jänner 1996 kann vom anspruchsberechtigten Steuerpflichtigen in den nach dem 31. Dezember 2000 endenden Wirtschaftsjahren mit **je einem Dreißigstel des Firmenwertes** geltend gemacht werden" (ausf UmgrStR Rz 166 ff; *Bruckner* in *W/H/M*, HdU[1] § 3 Rz 73 ff; *Zöchling/Tüchler* in *W/Z/H/K*[5] § 3 Rz 32 ff; für Anlassfälle, die rechtzeitig eine Beschwerde beim VfGH eingereicht hatten, kam es dadurch zu einem Verlust der Firmenwertabschreibung für die Jahre 1998 bzw 1999 bis 2000, für Nichtanlassfälle für die Jahre 1997 bis 2000; *Plassak/Six*, taxlex 2006, 256; *Bruckner* in *W/H/M*, HdU[1] I § 3 Rz 74). Geht der die Firmenwertabschreibung auslösende Betrieb umgründungsbedingt auf eine übernehmende Körperschaft über, setzt diese als Rechtsnachfolgerin die Dreißigstelabschreibung fort (UmgrStR Rz 170; *Zöchling/Tüchler* in *W/Z/H/K*[5] § 3 Rz 35). Ein Firmenwert gem § 3 Abs 2 Z 2 idF BGBl 1991/699 gilt dabei als Wirtschaftsgut iSd allgemeinen Steuerrechts, so dass bei bei dauerhafter Wertminderung auch eine Teilwertabschreibung vorgenommen werden kann (VwGH 22.12.2005, 2004/15/0045, ÖStZB 2006/245, 314; s *Plassak/Six*, taxlex 2006, 256).

VI. Entstehen bzw Erweiterung einer internationalen Schachtelbeteiligung (Abs 4)
A. Zielsetzung und Anwendungsbereich

Eine **internationale Schachtelbeteiligung** iSd § 10 Abs 2 KStG idF BudBG 2003 (BGBl I 2003/71) liegt vor, wenn eine Körperschaft iSd § 7 Abs 3 KStG (oder sonstige unbeschränkt steuerpflichtige ausländische Körperschaften, die einem inländischen unter § 7 Abs 3 KStG fallenden Steuerpflichtigen vergleichbar sind) an einer qualifizierten Auslandsgesellschaft in Form von Kapitalanteilen (Gesellschaftsanteile, aber auch qualifiziertes Hybridkapital wie zB Substanzgenussrechte) zu mindestens 10 % („**Mindestbeteiligungshöhe**") für einen ununterbrochenen Zeitraum von mindestens einem Jahr („**Mindesthaltedauer**") beteiligt sind (s zB KStR Rz 1200 ff und *Kofler* in *Achatz/Kirchmayr* § 10 Tz 167 mwN). Besteht eine internationale Schachtelbeteiligung iSd § 10 Abs 2 KStG, so sind gem § 10 Abs 3 KStG idF BudBG 2003 (BGBl I 2003/71) – anders als bei inländischen Beteiligungen und ausländischen „Portfoliobeteiligungen" – Veräußerungsgewinne, Veräußerungsverluste und sonstige Wertänderungen – mit Ausnahme tatsächlicher und endgültiger Vermögensverluste (Liquidation oder Insolvenz) – steuerneutral, sofern nicht bei Beteiligungsanschaffung zur Steuerwirksamkeit optiert wurde (s zB KStR Rz 1216 u *Kofler* in *Achatz/Kirchmayr* § 10 Tz 240 ff mwN) oder ein Fall des Methodenwechsels nach § 10 Abs 4 und Abs 6 KStG vorliegt (s zB KStR Rz 1228 ff u *Kofler* in *Achatz/Kirchmayr* § 10 Tz 258 mwN).

112 Entsteht eine internationale Schachtelbeteiligung durch **Sitzverlegung** der Beteiligungskörperschaft ins Ausland, sieht § 10 Abs 3 Z 5 erster Satz KStG idF AbgÄG 2005 (BGBl I 2005/161) vor, dass sich die Steuerneutralität gem § 10 Abs 3 KStG nicht auf den Unterschiedsbetrag zwischen dem Buchwert und dem höheren Teilwert im Zeitpunkt der Sitzverlegung erstreckt; die bis zu diesem Zeitpunkt in Österreich steuerbaren stillen Reserven bleiben damit auch weiterhin steuerhängig (kein Wegzug bzw Export von stillen Reserven, s *Kofler* in *Achatz/Kirchmayr* § 10 Tz 249 mwN).

113 § 3 Abs 4 UmgrStG idF BudBG 2003 (BGBl I 2003/71) ergänzt das System des § 10 KStG für **Verschmelzungen iSd Art I** insofern, als vor einer Verschmelzung steuerhängige stille Reserven in Auslandsbeteiligungen nach der Verschmelzung auch dann steuerhängig bleiben, wenn „aus der verschmelzungsbedingten Vereinigung von bisherigen ausländischen Minderheitsbeteiligungen bei der übernehmenden Körperschaft eine internationale Schachtelbeteiligung entsteht" (s ErlRV 266 BlgNR 18. GP, 17, zur Stammfassung des UmgrStG; UmgrStR Rz 172). § 3 Abs 4 erfasst Verschmelzungen, in deren Folge bei der übernehmenden (inländischen) Körperschaft – also auf Gesellschaftsebene – eine internationale Schachtelbeteiligung neu entsteht oder eine bestehende internationale Schachtelbeteiligung erweitert wird (zur entsprechenden Regelung für das verschmelzungsbedingte Entstehen bzw Ändern einer internationalen Schachtelbeteiligung auf Gesellschafterebene in § 5 Abs 7 Z 1 s § 5 Rz 141 ff). Analog zu § 10 Abs 3 Z 5 erster Satz KStG sieht § 3 Abs 4 zu diesem Zweck eine Ausnahme von der Steuerneutralität von internationalen Schachtelbeteiligungen für in Österreich am Verschmelzungsstichtag steuerhängige stille Reserven vor. Konkret normiert § 3 Abs 4, dass in jenen Fällen, in denen durch die Verschmelzung bei der übernehmenden Körperschaft eine internationale Schachtelbeteiligung im Sinne des § 10 Abs 2 KStG entsteht oder das Ausmaß einer derartige Schachtelbeteiligung erweitert wird „hinsichtlich der bisher nicht steuerbegünstigten Beteiligungsquoten auf den Unterschiedsbetrag zwischen den Buchwerten und den höheren Teilwerten § 10 Abs 3 erster Satz des Körperschaftsteuergesetzes 1988 nicht anzuwenden" ist, wobei unter dem Begriff „nicht steuerbegünstigten Beteiligungsquoten" eine Beteiligung iSd § 10 Abs 2 KStG zu verstehen ist, die nicht die Mindestbeteiligungshöhe („mindestens zu einem Zehntel") erreicht (sog „**Minderheitsbeteiligung**"; vgl

UmgrStR Rz 172 ff; *Bruckner* in *W/H/M*, HdU[1] I § 3 Rz 92; angesichts einer gesellschaftsrechtlichen „Vorbelastung" des Begriffs der Minderheitsbeteiligung kritisch zur Terminologie *Hügel* § 3 Rz 137 m FN 281).

Der **Anwendungsbereich** von § 3 Abs 4 erfasst damit zwei Fallgruppen (s ausf die grafische Darstellung in Rz 190 u ausf *Kofler/Kofler* in FS Nadvornik 585 ff):

1. **„Entstehen" einer internationalen Schachtelbeteiligung.** In Folge einer Verschmelzung entsteht bei der übernehmenden Körperschaft eine unter § 10 Abs 2 iVm Abs 3 KStG fallende internationale Schachtelbeteiligung neu. Dies kann auf folgende Arten erfolgen: **114**

    a. **Bei Verschmelzung zur Neugründung** (zum Begriff s § 1 Rz 26) *(1)* durch **Vereinigung zweier Minderheitsbeteiligungen** aus dem Vermögen von zwei übertragenden Körperschaften in der Hand der durch die Verschmelzung neu gegründeten Körperschaft zu einer internationalen Schachtelbeteiligung oder *(2)* durch **Vereinigung einer Minderheitsbeteiligung** aus dem Vermögen einer übertragenden Körperschaft **mit einer steuerneutralen internationalen Schachtelbeteiligung** aus dem Vermögen einer anderen übertragenden Körperschaft in der Hand der durch die Verschmelzung neu gegründeten Körperschaft.

    b. **Bei Verschmelzung zur Aufnahme** (zum Begriff s § 1 Rz 26) *(1)* durch **Vereinigung zweier Minderheitsbeteiligungen** aus dem Vermögen von zwei übertragenden Körperschaften in der Hand der übernehmenden Körperschaft zu einer internationalen Schachtelbeteiligung oder *(2)* durch **Vereinigung einer Minderheitsbeteiligung** aus dem Vermögen einer übertragenden Körperschaft **mit einer steuerneutralen internationalen Schachtelbeteiligung** aus dem Vermögen einer anderen übertragenden Körperschaft in der Hand der übernehmenden Körperschaft oder *(3)* durch **Vereinigung einer steuerneutralen internationalen Schachtelbeteiligung** aus dem Vermögen einer übertragenden Körperschaft mit einer **bestehenden Minderheitsbeteiligung** bei der übernehmenden Körperschaft.

2. **„Erweitern" einer internationalen Schachtelbeteiligung.** In Folge einer Verschmelzung wird eine bei der übernehmenden Körperschaft bereits vor der Verschmelzung bestehende steuerneutrale internationale Schachtelbeteiligung um eine vor der Verschmelzung von der übertragenden Körperschaft gehaltene Minderheitsbeteiligung erweitert. Ein „Erweitern" einer internationalen Schachtelbeteiligung ist daher **nur bei Verschmelzung zur Aufnahme** (zum Begriff s § 1 Rz 26), nicht aber bei einer Verschmelzung zur Neugründung möglich. **115**

Nicht vom Anwendungsbereich des § 3 Abs 4 erfasst sind hingegen die folgenden Fallgruppen (zu Fragen der Option nach § 10 Abs 3 KStG s Rz 146 ff u die grafische Darstellung in Rz 190): **116**

- **Übertragung einer steuerwirksamen internationalen Schachtelbeteiligung.** Wird im Zuge einer Verschmelzung eine internationale Schachtelbeteiligung, für die die **Option zur Steuerpflicht nach § 10 Abs 3 KStG** ausgeübt wurde, auf die übernehmende Körperschaft übertragen, ist § 3 Abs 4 nicht anwendbar, da die stillen Reserven in der übertragenen steuerwirksamen internationalen Schachtelbeteiligung auch nach der Verschmelzung steuerhängig bleiben **117**

(UmgrStR Rz 178; Christiner/Wiesner, RWZ 2003/54, 193 f; aA Zöchling/Puchner in Frotz/Kaufmann[2] SteuerR Rz 24 und Rz 72 m FN 233, und Angerer/Hebenstreit/Ludwig, RWZ 2014/43, 185 f, die unter „nicht begünstigten Beteiligungsquoten" auch solche verstehen, die aufgrund einer Option zur Steuerwirksamkeit steuerhängig sind). Dies auch dann, wenn die übernehmende Körperschaft bereits eine Minderheitsbeteiligung an derselben ausländischen Körperschaft hält, da sich die Bindungswirkung der ausgeübten Option nach der Verschmelzung auch auf die bereits bestehende Minderheitsbeteiligung erstreckt. Die bestehende Minderheitsbeteiligung wird in diesem Fall also verschmelzungsbedingt Teil der übernommenen steuerwirksamen internationalen Schachtelbeteiligung, so dass auch die stillen Reserven in dieser Beteiligungsquote steuerhängig bleiben (UmgrStR Rz 178 Pkt 1 u Rz 180 Pkt 2; Kofler in Achatz/Kirchmayr § 10 Abs 3 Tz 252). Da mit der verschmelzungsbedingten Vermögensübernahme (auch) hinsichtlich der übernommenen steuerwirksamen internationalen Schachtelbeteiligung kein Anschaffungstatbestand verbunden ist, wird die Steuerwirksamkeit bei der übernehmenden Körperschaft zwingend fortgesetzt und auf etwaige bestehende Minderheitsbeteiligungen ausgedehnt. Die Möglichkeit, die Option nach § 10 Abs 3 KStG im Zuge bzw in Folge der Verschmelzung zu widerrufen, besteht nicht (s e contrario UmgrStR Rz 172).

118 • **Erweiterung einer steuerwirksamen internationalen Schachtelbeteiligung.** Wird in Folge einer Verschmelzung zur Aufnahme eine bei der übernehmenden Körperschaft bereits vor der Verschmelzung bestehende internationale Schachtelbeteiligung, für die die **Option zur Steuerpflicht nach § 10 Abs 3 KStG** ausgeübt wurde, mit einer Minderheitsbeteiligung vereinigt, ist § 3 Abs 4 nicht anwendbar, da sich die Bindungswirkung der ausgeübten Option nach der Verschmelzung auch auf die übernommene Minderheitsbeteiligung erstreckt. Die stillen Reserven in der Minderheitsbeteiligung bleiben also nach der Verschmelzung als Teil der „optierten" internationalen Schachtelbeteiligung steuerhängig (s zB UmgrStR Rz 178 Pkt 1 u Rz 180 Pkt 2; Kofler in Achatz/Kirchmayr § 10 Abs 3 Tz 252). Da mit der verschmelzungsbedingten Vermögensübernahme (auch) hinsichtlich der übernommenen Minderheitsbeteiligung kein Anschaffungstatbestand verbunden ist, wird die Steuerwirksamkeit bei der übernehmenden Körperschaft zwingend fortgesetzt und auf übernommene Minderheitsbeteiligung ausgedehnt. Die Möglichkeit, die Option nach § 10 Abs 3 KStG im Zuge bzw in Folge der Verschmelzung zu widerrufen, besteht nicht (s e contrario UmgrStR Rz 172).

119 • **Vereinigung von zwei internationalen Schachtelbeteiligungen.** Werden im Zuge einer Verschmelzung zur Neugründung oder zur Aufnahme zwei bestehende internationale Schachtelbeteiligungen an derselben ausländischen Körperschaft bei der übernehmenden Körperschaft vereinigt, ist § 3 Abs 4 auch dann nicht anwendbar, wenn für eine oder für beide Beteiligungsquoten vor der Verschmelzung die **Option zur Steuerpflicht nach § 10 Abs 3 KStG** ausgeübt wurde. Da mit der verschmelzungsbedingten Vermögensübernahme (auch) hinsichtlich der übernommenen internationalen Schachtelbeteiligungen kein Anschaffungstatbestand verbunden ist, wird für jede Beteiligung die Eigenschaft als steuerfreie bzw steuerwirksame internationale Schachtelbeteiligung

bei der übernehmenden Körperschaft zwingend fortgesetzt. Wird im Zuge der gleichen oder einer nachfolgenden Verschmelzung (unabhängig davon, ob auf den gleichen oder einen späteren Verschmelzungsstichtag) eine Minderheitsbeteiligung an derselben ausländischen Körperschaft auf die übernehmende Körperschaft übertragen, ist diese Minderheitsbeteiligung im Beteiligungsverhältnis auf die übernommene steuerneutrale und die steuerwirksame internationale Schachtelbeteiligung aufzuteilen und wird damit in Folge der Verschmelzung anteilig zu einer steuerwirksamen bzw steuerneutralen internationalen Schachtelbeteiligung (UmgrStR Rz 178 Pkt 4; KStR 2013 Rz 1217; *Hirschler/Ludwig* in *Achatz ua*, IntUmgr 212 f; *Hügel* § 3 Rz 150; s zu den einzelnen Varianten *Kofler* in *Achatz/Kirchmayr* § 10 Tz 247 ff).

- **Übertragung einer bereits bestehenden steuerneutralen internationalen** 120 **Schachtelbeteiligung.** Wird eine bereits bestehende, unter die Steuerneutralität des § 10 Abs 3 S 1 KStG fallende internationale Schachtelbeteiligung verschmelzungsbedingt auf die übernehmende Körperschaft, die vor der Verschmelzung an der ausländischen Körperschaft nicht beteiligt war, übertragen, liegt kein Anwendungsfall des § 3 Abs 4 vor, weil keine „bisher nicht steuerbegünstigten Beteiligungsquoten" bestehen (UmgrStR Rz 178 Pkt 2). Dies gilt auch für den Fall, dass die Jahresfrist zum Verschmelzungsstichtag noch nicht erfüllt ist (UmgrStR Rz 178 Pkt 2).

- **Import einer internationalen Schachtelbeteiligung.** Wird im Zuge einer Im- 121 portverschmelzung eine Beteiligung der ausländischen übertragenden Körperschaft an einer anderen ausländischen Körperschaft auf die übernehmende inländische Körperschaft übertragen und erfüllt die übernommene Beteiligung die Voraussetzungen des § 10 Abs 2 KStG, ist § 3 Abs 4 nicht anwendbar.

- **Methodenwechsel nach § 10 Abs 4 oder Abs 5 KStG.** Entsteht im Zuge einer 122 Verschmelzung eine internationale Schachtelbeteiligung, die in den Anwendungsbereich des **Methodenwechsels nach § 10 Abs 4 oder Abs 5 KStG** fällt, oder wird eine solche Beteiligung erweitert, kommt § 3 Abs 4 nicht zur Anwendung, da die nach der Verschmelzung bestehende internationale Schachtelbeteiligung die Steuerneutralität des § 10 Abs 3 KStG am Verschmelzungsstichtag nicht tatsächlich vermittelt (*Schwarzinger/Wiesner* I/1[3] 519; *Angerer/ Hebenstreit/Ludwig*, RWZ 2014/43, 184; ebenso zum umgekehrten Fall des Untergangs einer solchen Beteiligung BMF 23.4.1999, SWK 1999, S 425 = ARD 5044/15/99, sowie UmgrStR Rz 301 und Rz 994).

B. Ausnahme von der Steuerneutralität

Die Regelung in § 3 Abs 4 bewirkt, dass vor einer Verschmelzung in einer „Minder- 126 heitsbeteiligung" **steuerverstrickte stille Reserven** nach der Verschmelzung auch im Rahmen einer grundsätzlich nach § 10 Abs 3 KStG steuerneutralen internationalen Schachtelbeteiligung steuerverstrickt bleiben und der Steuerpflicht unterliegen, soweit sie in den nachfolgend **tatsächlich realisierten stillen Reserven** Deckung finden (*Walter*[11] Rz 97). Dadurch wird im Ergebnis die Steuerneutralität des § 10 Abs 3 KStG für **stille Reserven in bisherigen „Minderheitsbeteiligungen"** ausgeschlossen (s a UmgrStR Rz 175). Umgekehrt formuliert erfasst die **Steu-**

erneutralität des § 10 Abs 3 KStG damit nur jene stillen Reserven, die schon vor der Verschmelzung aufgrund von § 10 Abs 3 KStG nicht steuerhängig waren bzw jene, die nach dem Verschmelzungsstichtag entstanden sind (UmgrStR Rz 175; *Hügel* § 3 Rz 131); nach dem Verschmelzungsstichtag angesammelte stille Reserven wachsen damit nicht in die Steuerverstrickung nach § 3 Abs 4 hinein (*Rief*, SWI 1992, 106 f; *Lechner*, ecolex 1992, 359; *Hügel* § 3 Rz 136).

127 Technisch wird dies dadurch erreicht, dass nach § 3 Abs 4 „hinsichtlich der **bisher nicht steuerbegünstigten Beteiligungsquoten** auf den Unterschiedsbetrag zwischen den Buchwerten und den höheren Teilwerten § 10 Abs 3 erster Satz KStG nicht anzuwenden" ist. Die Bewertung und Ermittlung des Unterschiedsbetrags ist entsprechend dem generellen Prinzip des UmgrStG zum **Verschmelzungsstichtag** vorzunehmen (UmgrStR Rz 175 u 183; KStR 2013 Rz 1226 [ex-KStR 2001 Rz 578]; *Hügel*, ecolex 1991, 879; *Rief*, SWI 1992, 106; *Rettenbacher*, ecolex 1997, 389; *Bruckner*, ÖStZ 1999, 550; *Bruckner* in *W/H/M*, HdU[1] I § 3 Rz 93; *Hirschler/Ludwig* in *Achatz ua*, IntUmgr 218; *Hügel* § 3 Rz 136). Dieser Unterschiedsbetrag ist in Evidenz zu nehmen (UmgrStR Rz 175 u 183).

128 Da § 3 Abs 4 den „Buchwert" anspricht, so ist dieser auch dann maßgeblich, wenn von den Anschaffungskosten der steuerhängigen Beteiligung vor der Verschmelzung eine nicht durch Zuschreibung aufgeholte **Teilwertabschreibung iSd § 12 Abs 3 Z 2 KStG** vorgenommen wurde, und zwar ungeachtet dessen, ob die Siebentelabsetzungen schon erfolgt sind (UmgrStR Rz 177 u Rz 183; *Schwarzinger/Wiesner* I/1[3] 517); maßgeblich ist also der um die volle Teilwertabschreibung gekürzte Buchwert (*Schwarzinger/Wiesner* I/1[3] 517 u 521). Da § 3 Abs 4 lediglich eine Ausnahme von der Steuerneutralität nach § 10 Abs 3 KStG begründet, wirkt sich eine **Verminderung stiller Reserven** nach dem Verschmelzungsstichtag insofern unmittelbar aus, als bei **tatsächlicher Veräußerung** nur maximal die in diesem Zeitpunkt realisierten stillen Reserven steuerwirksam sein können (UmgrStR Rz 185; *Hirschler/Ludwig* in *Achatz ua*, IntUmgr 218; *Schwarzinger/Wiesner* I/1[3] 517); die realisierten stillen Reserven sind dabei allenfalls durch aliquote Zuordnung des Veräußerungserlöses zur „konservierten" Beteiligungstranche zu ermitteln. Dies lässt sich durch folgendes **Beispiel** illustrieren (in Anlehnung an *Schwarzinger/Wiesner* I/1[3] 519):

129 **Beispiel**

Die österreichische A-GmbH ist zu 5 % an der deutschen DE-GmbH (Buchwert: 200, Teilwert: 400) beteiligt (= Minderheitsbeteiligung). Die österreichische B-GmbH ist zu 12 % an der deutschen DE-GmbH (Buchwert: 300, Teilwert 960) beteiligt und hat nicht zur Steuerwirksamkeit optiert (= steuerneutrale internationale Schachtelbeteiligung). Die B-GmbH wird als übertragende Körperschaft auf die A-GmbH als übernehmende Körperschaft verschmolzen. Dies hat zunächst folgende Konsequenzen: *(1)* Die steuerneutrale internationale Schachtelbeteiligung der übertragenden B-GmbH (12 %) geht unverändert auf die A-GmbH über. *(2)* Die Minderheitsbeteiligung der A-GmbH (5 %) wird im Zuge der Verschmelzung auf eine steuerneutrale internationale Schachtelbeteiligung (17 %) erweitert. Durch § 3 Abs 4 werden die bislang in der 5%igen Beteiligung entstandenen und am Verschmelzungsstichtag steuerhängigen stillen Reserven „konserviert", dh § 10 Abs 3

KStG ist auf den Unterschiedsbetrag zwischen dem Buchwert (200) und dem höheren Teilwert (400) – also auf die stillen Reserven iHv 200 – nicht anzuwenden.
Veräußert nun die B-GmbH in weiterer Folge die 17%ige Beteiligung an der DE-GmbH um *(1)* 1.500 bzw *(2)* um 600, hat dies folgende Konsequenzen: Bei der Veräußerung um 1.500 ist ein Betrag von 800 steuerfrei und ein Betrag von 200 steuerpflichtig; bei der Veräußerung um 600 ist hingegen der gesamte Betrag steuerfrei (da – analog zu UmgrStR Rz 991 – 5/17 von 600 = 176,47 abzüglich Buchwert von 200 keine steuerpflichtige Bemessungsgrundlage ergibt).

Der Wortlaut des § 3 Abs 4 UmgrStG macht auch deutlich, dass nur ein „Unterschiedsbetrag zwischen den Buchwerten und den höheren Teilwerten" bedeutsam ist, wenn also die Teilwerte der bisher nicht steuerbegünstigten Beteiligungsquoten höher sind als die Buchwerte (UmgrStR Rz 176; *Hügel* § 3 Rz 135). Diese Regelung betrifft somit nur positive stille Reserven, nicht jedoch **„latente Veräußerungsverluste"** als Differenz zwischen dem Buchwert und einem niedrigeren Teilwert (*Hügel* § 3 Rz 135). Sofern diese Wertminderung nicht im Rahmen der Bewertung durch eine (steuerwirksame) Teilwertabschreibung berücksichtigt werden konnte, „wächst" dieser latente Verlust in die Steuerneutralität nach § 10 Abs 3 KStG hinein und kann nicht mehr steuerwirksam verwertet werden (zur umgekehrten Situation beim Untergang einer internationalen Schachtelbeteiligung auf Gesellschafterebene s § 5 Rz Rz 185). **130**

Diese Differenzierung macht sich auch die Verwaltungspraxis zu eigen: Übersteigt nämlich der Teilwert der Anteile an der ausländischen Beteiligungsgesellschaft bei einer der an der Verschmelzung beteiligten Körperschaften den Buchwert, ist aber bei der anderen an der Verschmelzung beteiligten Körperschaft der Teilwert niedriger als der Buchwert, sollen im Sinne eines **„Identitätsverfahrens"** die Beteiligungsquoten getrennt zu führen bzw die getrennten Werte in Evidenz zu nehmen sein, um bei **Realisation der Beteiligungsquote**, bei der der Teilwert höher als der Buchwert war, eine entsprechende Nachversteuerung vornehmen zu können (UmgrStR Rz 176); dadurch soll offenbar eine **Saldierung von „stillen Reserven" und „stillen Lasten"** verhindert werden (*Hügel* § 3 Rz 140 m FN 286). Die Verwaltungspraxis lehnt damit eine saldierte Betrachtung ab, nach der auf eine **hypothetische Veräußerung zum Verschmelzungsstichtag** abzustellen sei, und die sich aus der Überlegung ableiten lässt, dass diesfalls – mangels Bestehens einer internationalen Schachtelbeteiligung – bei einem der Beteiligten ein steuerwirksamer Veräußerungsgewinn, beim anderen ein steuerwirksamer Veräußerungsverlust entstanden wäre (dazu *Bruckner* in W/H/M, HdU[1] I § 1 Rz 95; *Hirschler/Ludwig* in *Achatz ua*, IntUmgr 217 f). Die durch den Gesetzeswortlaut angelegte **Asymmetrie** in der Behandlung von stillen Reserven und stillen Lasten ist uE – auch in historischer Perspektive – unbefriedigend: Vor dem BudBG 2003 (BGBl I 2003/71) kam es zwar ebenfalls zur Konservierung (nur) positiver stiller Reserven durch ein System fiktiver Teilwertabschreibungen, allerdings waren Verluste aus der Veräußerung der durch Umgründung entstandenen Schachtelbeteiligung nach Maßgabe des § 12 Abs 3 KStG abzugsfähig (s *Kofler* in *Achatz/Kirchmayr* § 10 Tz 235). **131**

C. Mindesthaltedauer

§ 3 Abs 4 erfasst nur das „Entstehen" und die „Erweiterung" einer internationalen Schachtelbeteiligung durch **Übertragung von „Minderheitsbeteiligungen"** (s § 3 Rz 113 ff). Die verschmelzungsbedingte Übertragung einer **„werdenden"** interna- **136** tionalen **Schachtelbeteiligung**, also einer internationalen Schachtelbeteiligung iSd § 10 Abs 2 KStG, bei der die Mindestbehaltedauer von einem Jahr noch nicht abgelaufen ist, ist damit von § 3 Abs 4 ebenso wenig erfasst wie eine bei der übernehmenden Körperschaft bereits bestehende „werdende" internationale Schachtelbeteiligung. Die **Nichterfüllung der einjährigen Mindesthaltedauer am Verschmelzungsstichtag** führt daher in beiden Fällen nicht zum „Einfrieren" der am Verschmelzungsstichtag (noch) steuerhängigen stillen Reserven iSd § 3 Abs 4 (UmgrStR Rz 186; *Hirschler/Ludwig* in *Achatz ua*, IntUmgr 211 f; *Hügel* § 3 Rz 137; ebenso zum früheren Recht *Bruckner*, ÖStZ 1999, 548 ff; *Bruckner* in W/H/M, HdU[1] I § 3 Rz 97 ff). Es gilt vielmehr Folgendes (s ausf die grafische Darstellung in Rz 190):

137 • Befindet sich nur im Vermögen der übernehmenden Körperschaft eine „werdende" internationale Schachtelbeteiligung, läuft die Mindesthaltedauer nach der Verschmelzung unverändert weiter (UmgrStR Rz 186).

138 • Befindet sich nur im Vermögen der der übertragenden Körperschaft eine werdende internationale Schachtelbeteiligung, läuft die Mindesthaltedauer aufgrund der zivilrechtlichen Gesamtrechtsnachfolge nach der Verschmelzung bei der übernehmenden Körperschaft weiter (UmgrStR Rz 186; *Hügel* § 3 Rz 149; *Zöchling/Tüchler* in W/Z/H/K[5] § 3 Rz 43).

139 • Beim Entstehen einer internationalen Schachtelbeteiligung (durch Zusammentreffen zweier Minderheitsbeteiligungen) beginnt die einjährige Mindesthaltedauer unabhängig von der bisherigen Behaltedauer der übertragenen Quoten bei der übernehmenden Körperschaft mit dem auf den Verschmelzungsstichtag folgenden Tag (neu) zu laufen (UmgrStR Rz 180 Pkt 1; *Huber*, ÖStZ 2006/261, 143; *Wiesner/Mayr*, RdW 2007/447, 439; *Hügel* § 3 Rz 145; *Schwarzinger/Wiesner* I/1[3] 517; *Waitz-Ramsauer* in HB KonzernStR[2] 627; *Zöchling/Tüchler* in W/Z/H/K[5] § 3 Rz 43; *Walter*[11] Rz 96).
Für den Fall, dass bei einer Importverschmelzung die ausländische übertragende Körperschaft in ihrem Vermögen eine (bislang nicht der österreichischen Steuerhoheit unterliegende) Beteiligung überträgt, die die Voraussetzungen für eine internationale Schachtelbeteiligung iSd § 10 Abs 2 KStG erfüllt, wird allerdings die Ansicht vertreten, dass die Jahresfrist am Verschmelzungsstichtag neu zu laufen beginnt (vgl *Huber*, ÖStZ 2006/261, 143; *Zöchling/Puchner* in *Frotz/Kaufmann*[2], SteuerR Rz 73; in diese Richtung wohl auch *Zöchling/Pinetz* in *Kirchmayr/Mayr*, Umgründungen 133 ff).

140 • Besteht bei einer der zu verschmelzenden Körperschaften eine werdende Schachtelbeteiligung, bei der anderen hingegen eine Minderheitsbeteiligung, wird hinsichtlich der werdenden Schachtelbeteiligung die noch nicht vollendete einjährige Besitzfrist fortgesetzt, und zwar ungeachtet dessen, ob die werdende Schachtelbeteiligung vor der Verschmelzung bei der übernehmenden Körperschaft bestand (UmgrStR Rz 180 Pkt 4; *Hügel* § 3 Rz 145) oder im Zuge der Verschmelzung von der übertragenden Körperschaft übernommen wurde (UmgrStR Rz 180 Pkt 3 und Rz 184; *Huber*, ÖStZ 2006/261, 143; *Wiesner/Mayr*, RdW 2007/447, 439; *Hügel* § 3 Rz 147; *Schwarzinger/Wiesner* I/1[3] 519). Fraglich könnte sodann sein, wie mit der **Minderheitsbeteiligung** zu verfahren ist, wobei zwei Möglichkeiten denkbar scheinen: Einerseits könnte erwogen werden, für den auf die Minderheitsbeteiligung entfallenden Anteil der vereinigten Schachtelbeteiligung eine getrennte Besitzfrist beginnen zu lassen (so *Hügel* § 3 Rz 146: neuer Fristenlauf für die hinzuerworbene Minderheitsbeteiligung ab dem Verschmelzungsstichtag);

andererseits ist die Ansicht vertretbar, dass die bisher nicht steuerbegünstigte Minderheitsbeteiligung bezüglich der „Neureserven" in die Schachtelwirkung einzubeziehen ist und für sie daher keine eigene Jahresfrist zu laufen beginnt (so zB UmgrStR Rz 180 Pkt 3 und Pkt 4; *Schwarzinger/Wiesner* I/1[3] 519; *Walter*[11] Rz 102; ebenso, wenngleich womöglich einschränkend auf „eine schon länger bestehende Minderheitsbeteiligung" *Wiesner/Mayr*, RdW 2007/447, 439; anders noch UmgrStR Rz 180 Pkt 2 und Pkt 3 idF vor WE 2007, AÖF 2008/243, wonach für die Minderheitsbeteiligungsquote die Mindestbesitzzeit ab dem dem Verschmelzungsstichtag folgenden Tag neu zu laufen begann). Letztgenannte Auffassung passt sich auch nahtlos in das allgemeine Körperschaftsteuerrecht ein: So treten nach allgemeinem Körperschaftsteuerrecht beim Zukauf weiterer Anteile (zB 5 %) zu einer bereits bestehenden internationalen Schachtelbeteiligung (zB 30 %) die Wirkungen der internationalen Schachtelbeteiligung für die hinzuerworbenen Anteile sofort ein (s KStR 2013 Rz 1207 [ex-KStR 2001 Rz 555]; *Kofler* in *Achatz/Kirchmayr* § 10 Tz 220; *Strimitzer/Vock* in *Q/R/S/S/V*[27] § 10 Tz 197; *Fürnsinn/Massoner* in *L/R/S/S*[2] § 10 Rz 76; so bereits in richtlinienkonformer Interpretation *Tumpel*, Harmonisierung 266; *Hirschler/Sulz*, SWI 1997, 217 f; *Hirschler*, Rechtsformplanung 57; s a *Kofler*, MTR Art 3 Rz 33).

- Besteht bei beiden zu verschmelzenden Körperschaften eine internationale **141** Schachtelbeteiligung an derselben ausländischen Körperschaft, verzichtet die Verwaltungspraxis mittlerweile auf eine getrennte Betrachtung (so aber noch UmgrStR Rz 181 idF vor WE 2007, AÖF 2008/243, wonach beide Haltedauern trotz der Verschmelzung unverändert weiterlaufen) und vertritt die Ansicht, dass sich das Erfüllen der Mindesthaltedauer nach der Verschmelzung für die gesamte Beteiligung nach der bereits länger laufenden Haltedauer richtet, sofern die verschmelzungsbedingt zusammengeführten Beteiligungen steuerlich dasselbe Schicksal teilen, also für beide optiert oder für beide nicht optiert wurde (UmgrStR Rz 181; *Wiesner/Mayr*, RdW 2007/447, 439; aA *Hügel* § 3 Rz 150 u *Zöchling/Tüchler* in *W/Z/H/K*[5] § 3 Rz 43: getrennte Betrachtung der beiden Behaltefristen), wobei bei einer nachfolgenden Teilveräußerung wohl ein Wahlrecht des Steuerpflichtigen besteht, welche Quote in welchem Ausmaß veräußert wird. Für Zwecke des § 10 Abs 3 KStG vertritt die hL die Ansicht, dass der Veräußernde ein Wahlrecht hat, ob und in welchem Ausmaß er die „alte" oder „neue" Beteiligung veräußert, und zwar ungeachtet dessen, ob die Anteile nach ausländischem Gesellschaftsrecht zivilrechtlich teilbar sind oder einen einheitlichen Anteil – wie zB bei einer österreichischen GmbH (VwGH 26.6.1996, 95/16/0256) – darstellen (s *Hügel* § 3 Rz 146; *Kofler* in *Achatz/Kirchmayr* § 10 Tz 223). Dieser Sichtweise steht wohl aufgrund der unterschiedlichen Zielsetzungen auch nicht jene Judikatur entgegen, die sich bei der Veräußerung eines sukzessiv erworbenen GmbH-Anteils für den Fall von innerhalb und außerhalb der Spekulationsfrist erworbenen Beteiligungsquoten für eine quotale Besteuerung nach § 30 EStG aF (Spekulationsgeschäft) einerseits und § 31 EStG aF (progressionsbegünstigte Veräußerung einer wesentlichen Beteiligung) andererseits ausspricht (VwGH 29.1.2003, 97/13/0007, ÖStZB 2003, 328 = ecolex 2003/324, 786 m Anm *Kofler*; VwGH 2.10.2014, 2012/15/0083).

Bei Veräußerung der internationalen Schachtelbeteiligung durch die übernehmen- **142** de Körperschaft nach der Verschmelzung gilt Folgendes:

- Die **Veräußerung *innerhalb* der (fortlaufenden) Mindesthaltedauer** führt in allen genannten Fällen zur vollständigen Besteuerung der stillen Reserven, dies

aber ungeachtet dessen, ob diese auf Zeiträume vor oder nach der Verschmelzung entfallen (UmgrStR Rz 186).
- Bei **Veräußerung *außerhalb* der Mindesthaltedauer** ist die Substanzgewinnbefreiung für am Verschmelzungsstichtag bereits bestehende „werdende" internationale Schachtelbeteiligungen auch hinsichtlich der bis zum Verschmelzungsstichtag angesammelten stillen Reserven anzuwenden (UmgrStR Rz 186; *Hügel* § 3 Rz 137). Für am Verschmelzungsstichtag bestehende Minderheitsbeteiligungen ist hingegen nach Ablauf der Mindesthaltedauer § 3 Abs 4 anzuwenden (s Rz 114 ff).

D. Option zur Steuerwirksamkeit

146 Bei **Entstehen einer internationalen Schachtelbeteiligung** aufgrund des Zusammentreffens zweier Minderheitsbeteiligungen ist nach der Verwaltungspraxis mangels „Anschaffung" iSd § 10 Abs 3 Z 1 KStG keine Option zur Steuerwirksamkeit möglich, so dass zwingend eine steuerneutrale Schachtelbeteiligung entsteht und die vor der Verschmelzung angesammelten stillen Reserven nach § 5 Abs 7 Z 1 UmgrStG steuerverstrickt bleiben (UmgrStR Rz 172, Rz 180 Pkt 1 und Rz 183; *Furherr*, SWI 2006, 493 ff; *Wiesner/Mayr*, RdW 2007/447, 439; *Schwarzinger/Wiesner* I/1³ 517; *Walter*[11] Rz 96).

147 Bei **Erweiterung einer internationalen Schachtelbeteiligung**, für die die Option zur Steuerwirksamkeit ausgeübt wurde, bleibt die Option nach der Verwaltungspraxis auch nach der Verschmelzung aufrecht und die vereinigte Beteiligung hat daher insgesamt den Status einer steuerwirksamen Schachtelbeteiligung und § 3 Abs 4 ist nicht anwendbar (zB UmgrStR Rz 180 Pkt 2; *Wiesner/Mayr*, RdW 2007/447, 439; *Schwarzinger/Wiesner* I/1³ 519). Bei Erweiterung einer internationalen Schachtelbeteiligung, für die die Option zur Steuerwirksamkeit nicht ausgeübt wurde, ist nach der Verwaltungspraxis die gesamte vereinigte Schachtelbeteiligung steuerneutral und § 3 Abs 4 UmgrStG ist anwendbar (zB UmgrStR Rz 180 Pkt 2; *Wiesner/Mayr*, RdW 2007/447, 439).

148 Bei **„Vereinigung" von zwei internationalen Schachtelbeteiligungen**, also in jenen Fällen, bei denen bei einer der beiden verschmelzenden Körperschaften eine internationale Schachtelbeteiligung, für die die **Option zur Steuerpflicht nach § 10 Abs 3 KStG** ausgeübt wurde (steuerwirksame internationale Schachtelbeteiligung), und bei der anderen Körperschaft eine internationale Schachtelbeteiligung besteht, für die die Option zur Steuerpflicht nach § 10 Abs 3 KStG nicht ausgeübt wurde (steuerneutrale internationale Schachtelbeteiligung), besteht, ist nach der Verwaltungspraxis mangels „Anschaffung" iSd § 10 Abs 3 Z 1 KStG keine Option zur Steuerwirksamkeit bzw Rückoption zur Steuerneutraliät möglich (UmgrStR Rz 172; zu den Rechtsfolgen im Hinblick auf die vor Verschmelzung steuerhängigen bzw nicht steuerhängigen stillen Reserven s Rz 118).

149 Die Sichtweise der Verwaltungspraxis ist insb für **Konzentrationsumgründungen** nicht unkritisiert geblieben (s zB *Waitz-Ramsauer*, taxlex 2007, 491 m FN 16; *Hügel* § 3 Rz 130; *Zöchling/Puchner* in *Frotz/Kaufmann*², SteuerR Rz 72 f; *Waitz-Ramsauer* in HB KonzernStR² 626; *Zöchling/Tüchler* in W/Z/H/K⁵ § 3 Rz 40). So wird der Sichtweise der Verwaltungspraxis insb ein Umkehrschluss zu § 10 Abs 3 Z 4 KStG entgegengehalten, der anordnet, dass für den Fall einer Übertragung einer bestehenden internationalen Schachtelbeteiligung im Rahmen einer Umgründung iSd UmgrStG an eine unmittelbar oder mittelbar konzernzugehörige Körperschaft die erwerbende Körperschaft an die Option iSd § 10 Abs 3 Z 1 KStG gebunden ist. Denn diese Regelung schließe einerseits eine Bindung an die Option für Umgründungen außerhalb eines Konzerns aus, woraus folge, dass die erwerbende Körperschaft außerhalb des Konzerns eine Optionsmöglichkeit haben müsse und daher konsequenterweise auch ein umgründungsbedingter Erwerb als „Anschaffung" iSd § 10 Abs 3 Z 1 KStG zu betrachten sei (s insb *Huber* in *W/H/M,* HdU[13] VI § 34 Rz 18; ebenso zB *Waitz-Ramsauer,* taxlex 2007, 491 m FN 16; ausf dagegen *Furherr,* SWI 2006, 493 ff). Zwingend ist dieser Umkehrschluss aber zumindest für jene Verschmelzungen nicht, die unter Gesamtrechtsnachfolge und Buchwertfortführung erfolgen (ausf *Furherr,* SWI 2006, 493 ff) und auch die Verwaltungspraxis misst der Regelung des § 10 Abs 3 Z 4 KStG für Verschmelzungen nur klarstellende, nicht aber umkehrschlussfähige Bedeutung bei (s KStR Rz 1216, wonach „[a]uf Grund der echten oder fiktiven umgründungssteuerlichen Gesamtrechtsnachfolge" eine solche Bindung iSd § 10 Abs 3 Z 4 KStG „aber auch bei Umgründungen außerhalb eines Konzernes" besteht). Damit verbliebe freilich die Frage, ob eine andere Betrachtung dann geboten sein könnte, wenn die Verschmelzung nicht unter Buchwertfortführung erfolgt. Dies ist dann der Fall, wenn bei einer Importverschmelzung die ausländische übertragende Körperschaft in ihrem Vermögen eine (bislang nicht der österreichischen Steuerhoheit unterliegende) Schachtelbeteiligung hatte, die nunmehr in den Händen der übernehmenden Körperschaft die Voraussetzungen des § 10 Abs 2 KStG erfüllt. Diesfalls ist nämlich umgründungssteuerlich eine zwingende Aufwertung der „hereingewachsenen" Beteiligung auf den gemeinen Wert (und keine Buchwertfortführung) vorgesehen (§ 3 Abs 1 Z 2 UmgrStG, s Rz 51 ff). Während die Verwaltungspraxis auch hier mangels „Anschaffung" eine zwingend steuerneutrale Schachtelbeteiligung annimmt (so *Mayr* in *Kirchmayr/Mayr,* Umgründungen 20 m FN 17; ebenso wohl UmgrStR Rz 172; *Wiesner/Schwarzinger,* UmS 170/14/11, SWK 2011, S 621), wird umgekehrt mit beachtlichen Argumenten – und wohl im Einklang mit dem Grundgedanken des allgemeinen Körperschaftsteuerrechts (s zB *Kofler* in *Achatz/Kirchmayr* § 10 Tz 242; *Strimitzer/Vock* in *Q/R/S/S/V*[27] § 10 Tz 226; *Fürnsinn/Massoner* in *L/R/S/S*[2] § 10 Rz 119) – auch die Ansicht vertreten, dass aufgrund der Aufwertung auch von einer „Anschaffung" iSd § 10 Abs 3 Z 1 KStG auszugehen sei, die zur Optionsausübung berechtige (so im Ergebnis a *Kempinger,* ÖStZ 2007/153, 73 f; *Zöchling/Puchner* in *Frotz/Kaufmann*[2], SteuerR Rz 73; *Zöchling/Pinetz* in *Kirchmayr/Mayr,* Umgründungen 133 ff; *Zöchling/Tüchler* in *W/Z/H/K*[5] § 3 Rz 40 *Strimitzer/Wurm* in *T/W,* EU-VerschG[2] SteuerR Rz 168).

VII. Übersicht: Entstehen oder Erweiterung einer internationalen Schachtelbeteiligung

Die folgende tabellarische Übersicht behandelt die unterschiedlichen **Fälle des Entstehens oder der Erweiterung einer internationalen Schachtelbeteiligung iSd § 3 Abs 4** und deren Rechtsfolgen (ausf *Kofler/Kofler* in FS Nadvornik 585 ff). 150

Konstellation	Zusammentreffen zweier Minderheitsbeteiligungen (zB auch bei Upstream- und Downstream-Verschmelzungen)[1]
Übersicht	Übertragende Körperschaft → Übernehmende Körperschaft < 10 % (zB 6 %) < 10 % (zB 6 %)
Stille Reserven	„Entstehen" einer internationalen Schachtelbeteiligung iSd § 3 Abs 4 UmgrStG bei der übernehmenden Körperschaft,[2] dh die Unterschiedsbeträge in den beiden Minderheitsbeteiligungen bleiben nach § 3 Abs 4 UmgrStG steuerverstrickt.[3]
Besitzfrist	Der Fristenlauf für die einjährige Besitzfrist beginnt unabhängig von der bisherigen Behaltedauer mit dem auf den Verschmelzungsstichtag folgenden Tag zu laufen.[4] Die Erfüllung der Jahresfrist ist jedoch nur für die Steuerfreiheit der nach dem Verschmelzungsstichtag entstandenen stillen Reserven relevant.[5]
Option nach § 10 Abs 3 KStG	Die gesamte Beteiligung ist nach der Verwaltungspraxis als steuerneutral zu behandeln, eine Optionsmöglichkeit zu Gunsten der Steuerwirksamkeit iSd § 10 Abs 3 KStG bestehe mangels „Anschaffung" nicht (kein Gegenschluss zu § 10 Abs 3 Z 4 KStG).[6]

---

1   *Schwarzinger/Wiesner* I/1[3] 517 ff.
2   UmgrStR Rz 178; *Hügel* § 3 Rz 139.
3   UmgrStR Rz 183; *Hügel* § 3 Rz 139 und Rz 145. Die Verwaltungspraxis möchte aber eine getrennte Betrachtung anstellen, wenn der Teilwert einer der Minderheitsbeteiligungen den Buchwert übersteigt, bei der anderen aber der Teilwert unter dem Buchwert liegt, s UmgrStR Rz 176; dazu a *Hirschler/Ludwig* in Achatz ua, IntUmgr 203 (217 f); *Hügel* § 3 Rz 140 f; s oben Rz 116.
4   UmgrStR Rz 180 Pkt 1; *Huber*, ÖStZ 2006/261, 141 (143); *Zöchling/Tüchler* in W/Z/H/K[5] § 3 Rz 43; *Wiesner/Mayr*, RdW 2007/447, 435 (439); *Hügel* § 3 Rz 145; *Schwarzinger/Wiesner* I/1[3] 517; *Walter*[11] Rz 96; *Waitz-Ramsauer* in HB Konzernsteuerrecht[2] 607 (627).
5   *Hügel* § 3 Rz 145.
6   UmgrStR Rz 172, Rz 180 Pkt 1 und Rz 183; *Furherr*, SWI 2006, 492 (493 ff); *Wiesner/Mayr*, RdW 2007/447, 435 (439); *Schwarzinger/Wiesner* I/1[3] 517; *Walter*[11] Rz 96; krit bzw aA insb zur Konzentrationsverschmelzung *Zöchling/Tüchler* in W/Z/H/K[5] § 3 Rz 40; *Waitz-Ramsauer*, taxlex 2007, 489 (491 m FN 16); *Hügel* § 3 Rz 130; *Zöchling/Puchner* in Frotz/Kaufmann[2] SteuerR Rz 72 f; *Waitz-Ramsauer* in HB Konzernsteuerrecht[2] 607 (626).

Konstellation	Zusammentreffen einer bestehenden steuerneutralen internationalen Schachtelbeteiligung der übertragenden Körperschaft mit einer Minderheitsbeteiligung bei der übernehmenden Körperschaft.
Übersicht	Übertragende Körperschaft → Übernehmende Körperschaft ≥ 10 % (zB 13 %) < 10 % (zB 6 %)
Stille Reserven	„Entstehen" einer internationalen Schachtelbeteiligung isd § 3 Abs 4 UmgrStG bei der übernehmenden Körperschaft, dh der Unterschiedsbetrag in der Beteiligungsquote der übernehmenden Körperschaft bleibt steuerverstrickt.[7] Die Beteiligung der übertragenden Körperschaft war schon vor der Verschmelzung eine (werdende) steuerneutrale internationale Schachtelbeteiligung; kraft der Gesamtrechtsnachfolge ändert sich nichts an der Schachtelwirkung.[8]
Besitzfrist	Handelt es sich bei der übertragenen Beteiligung um eine „werdende" Schachtelbeteiligung, setzt die übernehmende Körperschaft die von der übertragenden Körperschaft begonnene Besitzfrist fort.[9] Die bisher nicht steuerbegünstigte eigene Minderheitsbeteiligung ist bezüglich der „Neureserven" in die Schachtelwirkung einzubeziehen, für sie beginnt daher keine eigene Jahresfrist zu laufen.[10]
Option nach § 10 Abs 3 KStG	Hinsichtlich der Beteiligungsquote der übernehmenden Körperschaft ist nach der Verwaltungspraxis mangels „Anschaffung" keine Option nach § 10 Abs 3 KStG möglich;[11] die gesamte vereinigte Schachtelbeteiligung ist damit steuerneutral, wenn für die übergehende Schachtelbeteiligung nicht nach § 10 Abs 3 KStG optiert wurde.[12] **Anmerkung:** Wurde hingegen für die internationale Schachtelbeteiligung der übertragenden Körperschaft nach § 10 Abs 3 KStG zur Steuerpflicht optiert, ändert sich bei der übernehmenden Körperschaft nichts an der Steuerwirksamkeit;[13] auch die verschmelzungsbedingt erweiterte Schachtelbeteiligung hat diesfalls insgesamt den Status einer steuerwirksamen Schachtelbeteiligung.[14]

---

7   UmgrStR Rz 175 Pkt 2 u Rz 184; Schwarzinger/Wiesner, UmgrSt-Leitfaden I/13 (2013) 519.
8   UmgrStR Rz 184; *Huber*, ÖStZ 2006/261, 141 (143); *Hügel* § 3 Rz 143; *Schwarzinger/Wiesner* I/1³ 519.
9   UmgrStR Rz 180 Pkt 3 und Rz 184; *Huber*, ÖStZ 2006/261, 141 (143); *Wiesner/Mayr*, RdW 2007/447, 435 (439); *Hügel* § 3 Rz 147; *Schwarzinger/Wiesner* I/1³ 519.
10   UmgrStR Rz 180 Pkt 3 (anders noch UmgrStR Rz 180 Pkt 2 idF vor WE 2007, AÖF 2008/243, wonach die Mindestbesitzzeit für die Minderheitsbeteiligungsquote ab dem dem Verschmelzungsstichtag folgenden Tag neu zu laufen begann); *Wiesner/Mayr*, RdW 2007/447, 435 (439) (womöglich einschränkend auf „eine schon länger bestehende Minderheitsbeteiligung"); *Schwarzinger/Wiesner* I/1³ 519; *Walter*[11] Rz 102.
11   UmgrStR Rz 180 Pkt 2.
12   *Wiesner/Mayr*, RdW 2007/447, 435 (439).
13   UmgrStR Rz 180 Pkt 2; KStR 2013 Rz 1216 (KStR 2001 ex-Rz 565b) (a außerhalb von Konzernumgründungen iSd § 10 Abs 3 Z 4 KStG); *Schwarzinger/Wiesner* I/1³ 519.
14   UmgrStR Rz 180 Pkt 2; *Wiesner/Mayr*, RdW 2007/447, 435 (439); *Schwarzinger/Wiesner* I/1³ 519.

Konstellation	Zusammentreffen einer Minderheitsbeteiligung der übertragenden Körperschaft mit einer bestehenden steuerneutralen internationalen Schachtelbeteiligung der übernehmenden Körperschaft.
Übersicht	Übertragende Körperschaft → Übernehmende Körperschaft < 10 % (zB 6 %) ≥ 10 % (zB 13 %)
Stille Reserven	„Erweiterung" einer internationalen Schachtelbeteiligung iSd § 3 Abs 4 UmgrStG,[15] dh der Unterschiedsbetrag in der Beteiligungsquote der übertragenden Körperschaft bleibt nach § 3 Abs 4 UmgrStG steuerverstrickt.[16]
Besitzfrist	Eine allenfalls noch nicht vollendete einjährige Besitzfrist wird fortgesetzt.[17] Die bisher nicht steuerbegünstigte Minderheitsbeteiligung ist bezüglich der „Neureserven" sofort in eine bestehende Schachtelwirkung einzubeziehen,[18] für sie beginnt daher keine neue Jahresfrist zu laufen.[19]
Option nach § 10 Abs 3 KStG	Wurde für die Schachtelbeteiligung der übernehmenden Körperschaft nicht zur Steuerwirksamkeit nach § 10 Abs 3 KStG optiert, ist auch die erweiterte Schachtelbeteiligung zwingend steuerneutral;[20] eine Option zur Steuerpflicht nach § 10 Abs 3 KStG kann mangels „Anschaffung" nicht ausgeübt werden.[21] **Anmerkung:** Wurde hingegen für die internationale Schachtelbeteiligung der übertragenden Körperschaft nach § 10 Abs 3 KStG zur Steuerpflicht optiert, ändert sich bei der übernehmenden Körperschaft nichts an der Steuerwirksamkeit;[22] auch die verschmelzungsbedingt erweiterte Schachtelbeteiligung hat diesfalls insgesamt den Status einer steuerwirksamen Schachtelbeteiligung.[23]

---

15 *Hügel* § 3 Rz 142; unklar womöglich UmgrStR Rz 178.
16 UmgrStR Rz 184 f; *Hügel* § 3 Rz 142.
17 UmgrStR Rz 180 Pkt 4; *Hügel* § 3 Rz 145.
18 UmgrStR Rz 180 Pkt 4; s a KStR 2013 Rz 1207 (KStR 2001 ex-Rz 555) (zur Erhöhung einer bestehenden internationalen Schachtelbeteiligung um eine Beteiligung durch Anteilskauf); *Wiesner/Mayr*, RdW 2007/447, 435 (439); aA *Hügel* § 3 Rz 146 (neuer Fristenlauf für die hinzuerworbene Minderheitsbeteiligung ab dem Verschmelzungsstichtag).
19 UmgrStR Rz 180 Pkt 4 (anders noch UmgrStR Rz 180 Pkt 3 idF vor WE 2007, AÖF 2008/243, wonach die Jahresfrist für die verschmelzungsbedingt hinzuerworbene Beteiligungsquote ab dem dem Verschmelzungsstichtag folgenden Tag neu zu laufen begann); *Wiesner/Mayr*, RdW 2007/447, 435 (439) (womöglich einschränkend auf „eine schon länger bestehende Minderheitsbeteiligung"); *Walter*[11] Rz 102.
20 *Wiesner/Mayr*, RdW 2007/447, 435 (439); *Waitz-Ramsauer* in HB Konzernsteuerrecht[2] 607 (627).
21 *Wiesner/Mayr*, RdW 2007/447, 435 (439).
22 UmgrStR Rz 180 Pkt 2; KStR 2013 Rz 1216 (KStR 2001 ex-Rz 565b) (a außerhalb von Konzernumgründungen iSd § 10 Abs 3 Z 4 KStG); *Schwarzinger/Wiesner*, I/1[3] 519
23 UmgrStR Rz 180 Pkt 2; *Wiesner/Mayr*, RdW 2007/447, 435 (439); *Schwarzinger/Wiesner* I/1[3] 519; *Waitz-Ramsauer* in HB Konzernsteuerrecht[2] 607 (610 und 627).

Konstellation	Übergang einer bestehenden steuerneutralen internationalen Schachtelbeteiligung der übertragenden Körperschaft auf die bisher nicht beteiligte übernehmende Körperschaft
Übersicht	Übertragende Körperschaft → Übernehmende Körperschaft ≥ 10 % (zB 13 %)
Stille Reserven	Mangels „nicht begünstigter Beteiligungsquoten" kein Anwendungsfall des § 3 Abs 4 UmgrStG,[24] sondern Rechtsnachfolge in die (werdende) Schachtelbeteiligung.[25]
Besitzfrist	Die übernehmende Körperschaft tritt im Fall einer „werdenden" Schachtelbeteiligung in die von der übertragenden Körperschaft begonnene Besitzfrist ein.[26]
Option nach § 10 Abs 3 KStG	Hinsichtlich der Beteiligungsquote der übertragenden Körperschaft ist mangels „Anschaffung" keine Option der übernehmenden Körperschaft nach § 10 Abs 3 KStG möglich.[27] **Anmerkung:** Wurde für die internationale Schachtelbeteiligung der übertragenden Körperschaft nach § 10 Abs 3 KStG zur Steuerpflicht optiert, ändert sich bei der übernehmenden Körperschaft nichts an der Steuerwirksamkeit (Bindung an die Option der übertragenden Körperschaft).[28]

---

[24] AB 354 BlgNR 18. GP, 2; UmgrStR Rz 178 und Rz 186; *Huber*, ÖStZ 2006/261, 141 (143); *Hügel* § 3 Rz 131 und 149 f; *Angerer/Hebenstreit/Ludwig*, RWZ 2014/43, 183 (187).

[25] *Huber*, ÖStZ 2006/261, 141 (143).

[26] UmgrStR Rz 186; W/Z/H/K[4] § 3 Rz 30; *Hügel* § 3 Rz 149; *Walter*[11] Rz 92.

[27] UmgrStR Rz 178 u Rz 180 Pkt 2; *Walter*[11] Rz 92.

[28] UmgrStR Rz 180 Pkt 2; KStR 2013 Rz 1216 (KStR 2001 ex-Rz 565b) (a außerhalb von Konzernumgründungen iSd § 10 Abs 3 Z 4 KStG); *Schwarzinger/Wiesner* I/1[3] 519; *Walter*[11] Rz 92.

Konstellation	Zusammentreffen von zwei bestehenden (steuerneutralen) internationalen Schachtelbeteiligungen
Übersicht	Übertragende Körperschaft → Übernehmende Körperschaft ≥ 10% (zB 13 %) ≥ 10% (zB 13 %)
Stille Reserven	Mangels „nicht begünstigter Beteiligungsquoten" kein Anwendungsfall des § 3 Abs 4 UmgrStG,[29] sondern Rechtsnachfolge in die (werdende) Schachtelbeteiligung.[30]
Besitzfrist	Das Erreichen der Jahresfrist richtet sich nach der Verwaltungspraxis nach der länger bestehenden Beteiligung, sofern die verschmelzungsbedingt zusammengeführten Beteiligungen steuerlich dasselbe Schicksal teilen (beide steuerneutral bzw beide optiert);[31] sofern nur für eine der Beteiligungen zur Steuerwirksamkeit optiert wurde, erfolgt eine getrennte Betrachtung, dh die Jahresfrist läuft für beide Beteiligungsquoten gesondert weiter.[32]
Option nach § 10 Abs 3 KStG	Hinsichtlich der Beteiligungsquote der übertragenden Körperschaft ist mangels „Anschaffung" keine Option der übernehmenden Körperschaft nach § 10 Abs 3 KStG möglich.[33] **Anmerkung:** Sofern für eine der Beteiligungen zur Steuerwirksamkeit optiert wurde, für die andere jedoch nicht, erfolgt eine getrennte Fortsetzung;[34] neue stille Reserven sind anteilig zuzuordnen.[35]

---

29 UmgrStR Rz 178; *Hirschler/Ludwig* in Achatz ua, IntUmgr 203 (212 f); *Hügel* § 3 Rz 150.
30 *Huber*, ÖStZ 2006/261, 141 (143).
31 UmgrStR Rz 181 (anders noch UmgrStR Rz 181 idF vor WE 2007, AÖF 2008/243, wonach beide Jahresfristen trotz der Verschmelzung unverändert weiterlaufen); *Wiesner/Mayr*, RdW 2007/447, 435 (439); *Walter*[11] Rz 94; aA wohl *Zöchling/Tüchler* in W/Z/H/K[5] § 3 Rz 43 und *Hügel* § 3 Rz 150 (getrennte Betrachtung der beiden Behaltefristen).
32 *Hügel* § 3 Rz 141; *Walter*[11] Rz 94.
33 UmgrStR Rz 172.
34 UmgrStR Rz 178; KStR 2013 Rz 1216 (KStR 2001 ex-Rz 565b) (a außerhalb von Konzernumgründungen iSd § 10 Abs 3 Z 4 KStG); *Christiner/Wiesner*, RWZ 2003/54, 193 (193 f) (bei Konzernumgründungen wegen § 10 Abs 3 Z 4 KStG); *Hügel* § 3 Rz 141; *Walter*[11] Rz 94.
35 *Hügel* § 3 Rz 141. Beim späteren umgründungsbedingten Zuerwerb einer Minderheitsbeteiligung wäre der Beteiligungszugang im Verhältnis des steuerneutralen Teiles zum steuerwirksamen Teil der bestehenden Beteiligung zuzuordnen, s UmgrStR Rz 178; *Waitz-Ramsauer* in HB Konzernsteuerrecht[2] 607 (627).

Konstellation	Erstmaliger „Erwerb" einer internationalen Schachtelbeteiligung aufgrund einer Upstream- oder Sidestream-Importverschmelzung
Übersicht	Übernehmende Körperschaft ⬆ Übertragende Körperschaft ≥ 10 % (zB 13 %)
Stille Reserven	Grundsätzlich kein Anwendungsfall des § 3 Abs 4 UmgrStG,[36] sondern Rechtsnachfolge in die Beteiligung. **Anmerkung:** Bestand aber auch eine Minderheitsbeteiligung der übernehmenden Körperschaft an der ausländischen Enkelgesellschaft, kommt es verschmelzungsbedingt zum „Entstehen" einer internationalen Schachtelbeteiligung iSd § 3 Abs 4 UmgrStG,[37] dh der Unterschiedsbetrag in der Beteiligungsquote der übernehmenden Körperschaft bleibt steuerverstrickt.
Besitzfrist	Strittig, ob die Jahresfrist mit dem Tag nach dem Verschmelzungsstichtag neu zu laufen beginnt,[38] oder ob die übernehmende Körperschaft in die von der ausländischen übertragenden Körperschaft begonnene Besitzfrist eintritt.[39]
Option nach § 10 Abs 3 KStG	Strittig, ob aufgrund der Aufwertung bei der Importverschmelzung (§ 3 Abs 1 Z 2 UmgrStG[40]) eine „Anschaffung" iSd § 10 Abs 3 KStG vorliegt, die zur Optionsausübung berechtigt,[41] oder mangels „Anschaffung" zwingend eine steuerneutrale Schachtelbeteiligung entsteht.[42]

---

36 UmgrStR Rz 178 Pkt 2; *Hügel* § 3 Rz 149; *Angerer/Hebenstreit/Ludwig*, RWZ 2014/43, 183 (187); s oben Rz 127; s zB a UmgrStR Rz 990.
37 So wohl Rz 178 Pkt 2 UmgrStR 2002.
38 So *Huber*, ÖStZ 2006/261, 141 (143), uHa UmgrStR Rz 990 f; *Zöchling/Puchner* in *Frotz/Kaufmann*² SteuerR Rz 73; *Zöchling/Pinetz* in *Kirchmayr/Mayr*, Umgründungen (2014) 123 (133 ff).
39 So *Endfellner*, ecolex 2005, 937 (938) (unter Abstellen auf den Anschaffungszeitpunkt bei der übertragenden Körperschaft).
40 S zur Aufwertung Rz 51 ff.
41 So im Ergebnis *Zöchling/Tüchler* in W/Z/H/K⁵ § 3 Rz 40; *Kempinger*, ÖStZ 2007/153, 70 (73 f); *Zöchling/Puchner* in *Frotz/Kaufmann*² SteuerR Rz 73; *Zöchling/Pinetz* in *Kirchmayr/Mayr*, Umgründungen (2014) 123 (133 ff).
42 So *Mayr* in *Kirchmayr/Mayr*, Umgründungen (2014) 15 (20 m FN 17); ebenso wohl UmgrStR Rz 172; *Wiesner/Schwarzinger*, SWK 2011, S 621 (S 621).

VIII. Einlagen iSd § 4 Abs 12 EStG
A. Einlagen und Einlagenrückzahlungen

151 Mit dem **StruktAnpG 1996** (BGBl 1996/201) und dem **AbgÄG 1996** (BGBl 1996/797) wurde – der Rsp folgend (dazu *Marschner*, Einlagen 534 ff) – die **Steuerneutralität der Einlagenrückzahlung** und damit die Behandlung der Einlagenrückgewähr als logisches Gegenstück zur Einlage gesetzlich verankert und nachfolgend im Einlagenrückzahlungserlass vom 31.3.1998 (AÖF 1998/88 = SWK 1998, S 263 ff) näher erläutert (ausf *Jakom*[10]/*Marschner* § 4 Rz 471 ff). Konzeptionell soll § 4 Abs 12 EStG sicherstellen, dass die Rückzahlung von Einlagen einer Körperschaft an Anteilsinhaber steuerneutral erfolgt bzw bei Übersteigen des Buchwerts bzw der Anschaffungskosten insoweit als Veräußerung der Beteiligung anzusehen ist: Eine Einlagenrückzahlung hat auf Ebene der Anteilsinhaber – auch im außerbetrieblichen Bereich (§ 15 Abs 4 EStG) – eine steuerneutrale Vermögensumschichtung zur Folge (s ErlRV 72 BlgNR 20. GP, 266, zum StruktAnpG 1996), die aber als **buchwert- bzw anschaffungskostenmindernde Veräußerung** anzusehen ist und daher im Falle des Unterschreitens von Buchwert bzw Anschaffungskosten idR sowohl im betrieblichen wie auch im außerbetrieblichen Bereich (§§ 27 f EStG) der Besteuerung unterliegt. Eine unternehmensrechtliche Ausschüttung kann zudem aus steuerlicher Sicht nur für alle Gesellschafter einheitlich entweder als Einkommensverwendung oder als Einlagenrückzahlung angesehen werden (Pkt 4.5 des Einlagenrückzahlungserlasses, AÖF 1998/88), obwohl die Interessen der Anteilsinhaber vielfach auseinanderlaufen: Körperschaften als Anteilsinhaber werden oftmals steuerfreie Gewinnausschüttungen nach § 10 KStG bevorzugen, natürliche Personen eine Einlagenrückzahlung (s *Kofler/Marschner/Wurm*, SWK 2015, 1583). Innerhalb dieses Rahmens wurde aber von den Materialien (ErlRV 72 BlgNR 20. GP, 265, zum StruktAnpG 1996) und der Verwaltungspraxis (Pkt 1.4 des Einlagenrückzahlungserlasses, AÖF 1998/88) ein **unternehmerisches Wahlrecht** angenommen, die unternehmensrechtliche Ausschüttung eines – auch aus der Auflösung einer Kapitalrücklage stammenden – Bilanzgewinnes (zumindest in Zweifelsfällen) steuerlich entweder als Gewinnausschüttung oder als Einlagenrückzahlung zu behandeln (Pkt 3.2.3 Abs 4 des Einlagenrückzahlungserlasses, AÖF 1998/88; kritisch zB *Zorn* in *H/R*[53] § 4 Abs 12 Rz 4).

152 In der jüngeren Vergangenheit wurde dieses Regime gleich zweimal modifiziert (ausf *Kofler/Marschner/Wurm*, SWK 2015, 1581 ff): So wurden mit dem **AbgÄG 2015** (BGBl I 2015/163) die durch das **StRefG 2015/2016** (BGBl I 2015/118) eingeführten Verschärfungen bei der Einlagenrückzahlung nach § 4 Abs 12 EStG überwiegend zurückgenommen. In weiterer Folge hat das Bundesministerium für Finanzen seine Rechtsansicht zur Auslegung von § 4 Abs 12 EStG idF AbgÄG 2015 im **Einlagenrückzahlungs- und Innenfinanzierungserlass** vom 27.9.2017 (BMF-010203/0309-IV/6/2017, anwendbar auf Beschlussfassungen ab dem 1.1.2016, in weiterer Folge ERZ-IF-Erlass) dargelegt (gleichzeitig wurde der bisherige Einlagenrückzahlungserlass vom 31.3.1998 aufgehoben).

153 Sah das StRefG 2015/2016 noch eine explizite „Verwendungsreihenfolge" vor („Primat der Gewinnausschüttung"; ausf ErlRV 684 BlgN 25. GP, 8 ff, zum StRefG 2015/2016; dazu a *Rzepa/Titz* in *Mayr/Lattner/Schlager*, StRef 2015/16, 51 ff; *Marschner*, Einlagen 530 ff), wurde mit der erneuten Neufassung des § 4 Abs 12 EStG ausdrücklich das **unternehmerische Wahlrecht zwischen Gewinnausschüttung**

und **Einlagenrückzahlung** verankert, dieses jedoch zugleich an die **positive „Innenfinanzierung"** bzw den **positiven (steuerlichen) Einlagenstand** geknüpft. Die Änderungen durch das AbgÄG 2015 betreffen also die „Entscheidung", ob eine unternehmensrechtliche Ausschüttung im Einzelfall als steuerliche Gewinnausschüttung oder als Einlagenrückzahlung einzustufen ist. Während das Gesetz in § 4 Abs 12 Z 1 bis 3 EStG für die Ermittlung des Einlagenstandes zum Rechtsbestand vor dem StRefG 2015/2016 zurückgekehrt ist, normiert nunmehr § 4 Abs 12 Z 4 EStG das neue **Konzept der „Innenfinanzierung"**. Daran anknüpfend ist ua ausdrücklich normiert, dass eine offene Gewinnausschüttung nur bei positiver Innenfinanzierung möglich ist. Sollte daher der Innenfinanzierungsstand negativ sein (zB durch einen Jahresverlust; s zB ErlRV 684 BlgNR 25. GP, 9, zum StRefG 2015/2016; weiters zB *Rzepa/Titz* in *Mayr/Lattner/Schlager*, StRef 2015/16, 53; *Marschner*, Einlagen 592), ist eine offene Ausschüttung im Falle eines positiven Einlagenstandes insoweit zwingend als Einlagenrückzahlung anzusehen (s ERZ-IF-Erlass 1.3.; *Marschner*, Einlagen 674 ff); sind beide Stände „leer", soll es sich nach Ansicht der Materialien (ErlRV 896 BlgNR 25. GP, 3, zum AbgÄG 2015) und der Finanzverwaltung (ERZ-IF-Erlass 1.3.) bei einer unternehmensrechtlichen Ausschüttung aus steuerlicher Sicht stets um eine offene Ausschüttung handeln (dazu zB *Kofler/Marschner/Wurm*, SWK 2016, 5 f; *Rzepa*, RdW 2016, 63; *Schlager/Titz*, RWZ 2015, 376; *Brugger/Plott/Zöchling* in HB Einlagenrückzahlung 60 ff). Nach Ansicht der Finanzverwaltung ist das Wahlrecht zwischen Gewinnausschüttung und Einlagenrückzahlung darüber hinaus durch eine – aus dem Wortlaut des § 4 Abs 12 EStG nicht unmittelbar ableitbare – Maßgeblichkeit der unternehmensrechtlichen Bilanzierung der ertragsteuerrechtlichen Einlagen und der Innenfinanzierung eingeschränkt (s ERZ-IF-Erlass 4.2.), aufgrund derer zwischen **indisponiblen Einlagen** (Nennkapital und gebundene Kapitalrücklagen gem § 229 Abs 5 UGB; s ERZ-IF-Erlass 4.2.1.) und **disponiblen Einlagen** (alle steuerrechtlichen Einlagen, die in der unternehmensrechtlichen Schlussbilanz nicht als Nennkapital oder gebundene Kapitalrücklagen ausgewiesen sind, s ERZ-IF-Erlass 4.2.2.) einerseits und **indisponibler Innenfinanzierung** (gebundene Gewinnrücklagen gem § 229 Abs 6 UGB, s ERZ-IF-Erlass 4.2.3.) und **disponibler Innenfinanzierung** (alle steuerrechtlichen Innenfinanzierungsbeträge, die nicht in gebundenen Gewinnrücklagen ausgewiesen sind, s ERZ-IF-Erlass 4.2.4.) andererseits zu unterscheiden ist. Ein unternehmerisches Wahlrecht zwischen Gewinnausschüttung und Einlagenrückzahlung besteht nach dieser Ansicht nur dann, wenn sowohl disponible Einlagen als auch eine disponible Innenfinanzierung vorliegen (s ausf ERZ-IF Erlass 4.2.).

154 Anders als noch im StRefG 2015/2016 ist seit dem AbgÄG 2015 keine ausdrückliche Evidenzierung von umgründungsbedingten Differenzbeträgen erforderlich. Vielmehr wird eine **Verknüpfung zwischen § 4 Abs 12 EStG und „Neubewertungsumgründungen"** über die **unternehmensrechtliche Ausschüttungssperre (§ 235 UGB)** hergestellt, die ebenfalls im Rahmen des AbgÄG 2015 neu gefasst wurde (s Rz 172 ff).

155 Die Neuregelung durch das AbgÄG 2015 ist erstmals für nach dem 31.12.2015 beschlossene Einlagenrückzahlungen und offene Ausschüttungen anzuwenden (§ 124b Z 299 lit b EStG; ausf zum komplexen Übergangsrecht und der erstmaligen Ermittlung des „Innenfinanzierungsstandes" ERZ-IF-Erlass 6.3.; *Kofler/Marschner/*

Wurm, SWK 2015, 1588 f u SWK 2016, 8 ff; *Rzepa/Schilcher/Titz* in HB Einlagenrückzahlung 24 ff; *Stückler/Wytrzens*, ÖStZ 2016, 179 ff).

B. Verschmelzung und Einlagen
1. Einlagenbegriff des § 4 Abs 12 Z 1 bis 3 EStG

156 „Einlagen" sind in § 4 Abs 12 Z 1 EStG taxativ aufgezählt und bestehen aus dem **Grund-, Stamm- oder Genossenschaftskapital, Partizipations- und Substanzgenussrechtskapital, aus Einlagen oder Zuwendungen stammenden Kapitalrücklagen sowie verdecktem Eigenkapital** (s Jakom[10]/*Marschner* § 4 Rz 491 ff; ERZ-IF-Erlass 2.1.). § 4 Abs 12 Z 2 erster Fall EStG normiert, dass Beträge, die unter § 32 Abs 1 Z 3 EStG fallen (Rückzahlungen aufgrund einer **Kapitalherabsetzung** innerhalb von zehn Jahren nach einer Kapitalerhöhung aus Gesellschaftsmitteln iSd § 3 Abs 1 Z 29 EStG), nicht zu den Einlagen zählen (ausf *Kofler/Marschner/Wurm*, SWK 2016, 7 f; *Kirchmayr* in HB Einlagenrückzahlung 84 ff). § 4 Abs 12 Z 2 zweiter Fall EStG normiert, dass ua Beträge, die infolge einer **Umgründung** isd UmgrStG die Eigenschaft als Gewinnrücklage oder eines Bilanzgewinnes verloren haben, nicht zu den Einlagen zählen (dazu Rz 159). Nach § 4 Abs 12 Z 3 EStG hat eine inländische Körperschaft den Stand der Einlagen im Wege eines **Evidenzkontos** fortlaufend zu erfassen (s a UmgrStR Rz 364; zur Einlagenrückzahlung auch ohne Nachweis durch ein Evidenzkonto s UFS 29.5.2012, RV/2587-W/08, GES 2012, 522 m Anm *Marschner*; dazu a *Hirschler/Sulz/Oberkleiner*, UFSjournal 2012, 338; *Schaffer*, ecolex 2012, 824).

Nach den Änderungen durch das StRefG 2015/2016 und das AbgÄG 2015 war zunächst umstritten, ob dieses Evidenzkonto – wie vor diesen Änderungen (s Pkt 3.2 des Einlagenrückzahlungserlasses, AÖF 1998/88) – in **Subkonten** zu gliedern ist und, falls ja, welche Subkonten erforderlich sind (dazu *Kofler/Marschner/Wurm*, SWK 2016, 1 ff; *Lachmayr/Wild* in HB Einlagenrückzahlung 38 ff; *Bergmann*, SWK 2016, 1498 ff). Nach Ansicht der Finanzverwaltung (ERZ-IF-Erlass 1.1. u 4.2.) besteht für die Qualifikation einer Ausschüttung als Einlagenrückzahlung eine Maßgeblichkeit der unternehmensrechtlichen Bilanzierung der steuerrechtlichen Einlagen (s Rz 153) und es ist daher zumindest ein Subkonto **indisponible Einlagen** (Nennkapital und gebundene Kapitalrücklagen gem § 229 Abs 5 UGB; s ERZ-IF-Erlass 4.2.1.1.) und ein Subkonto **disponible Einlagen** (alle steuerrechtlichen Einlagen, die in der unternehmensrechtlichen Schlussbilanz nicht als Nennkapital oder gebundene Kapitalrücklagen ausgewiesen sind, s ERZ-IF-Erlass 4.2.2.1.) zu führen. Alternativ dazu kann jedoch für Zwecke der Darstellung – in Anlehnung an die Evidenzkonten nach dem Einlagenrückzahlungserlass vom 31.3.1998 – auch eine weitergehende Untergliederung der Evidenzkonten vorgenommen werden, die genauer an die Eigenkapitalgliederung nach § 224 Abs 3 UGB anknüpft.

157 Umgründungssteuerrechtlich sind **Einlagen und Einlagenrückzahlungen nach dem Verschmelzungsstichtag** gem § 2 Abs 4 von der Rückwirkungsfiktion ausgenommen (s § 2 Rz 70 f). Durch das AbgÄG 2012 (BGBl I 2012/112) wurde § 4 Abs 12 Z 3 EStG – ohne besondere Inkrafttretensbestimmung – dahingehend ergänzt, dass ua bei Verschmelzungen im Zeitraum zwischen dem Umgründungsstichtag und dem Tag des Umgründungsbeschlusses bzw -vertrages getätigte Einlagen in die übertragende Körperschaft und Einlagenrückzahlungen durch die übertragende Körperschaft zum Umgründungsstichtag im Evidenzkonto der übertragenden Körperschaft zu erfassen sind (*Walter*[11] Rz 73; s bereits UmgrStR Rz 377, zu Einlagenrückzahlungen). Damit sollte „gesetzlich klargestellt werden, dass bei

Umgründungen, bei denen die übertragende Körperschaft untergeht, Einlagen und Einlagenrückzahlungen im Rückwirkungszeitraum noch im Evidenzkonto der übertragenden Körperschaft zu erfassen sind" (ErlRV 1960 BlgNR 24. GP, 27; dazu und zur Frage des klarstellenden Charakters *Stefaner/Marschner*, SWK 2012, 1076 ff). Diese Regelung wurde auch durch das AbgÄG 2015 fortgeführt.

2. Verschmelzungsbedingte Einlagen

Im Hinblick auf spätere Einlagenrückzahlungen ist es notwendig, die **Veränderung des Einlagenstandes durch eine Verschmelzung** zu ermitteln. Der steuerliche Einlagenbegriff des § 4 Abs 12 EStG ist vom unternehmensbilanziellen Einlagenbegriff losgelöst; für die Erfassung auf dem Evidenzkonto sind die Einlagen vielmehr mit den steuerlichen Werten anzusetzen, also bei Umgründungen mit **Buchwertfortführung mit dem steuerlichen Buchwert** (VwGH 1.9.2015, Ro 2014/15/0002, ÖStZB 2015/269, 606, zur Einbringung; ebenso bereits Pkt 2.1.3 und Pkt 3.2.2 des Einlagenrückzahlungserlasses, AÖF 1998/88; UmgrStR Rz 365; *Bruckner* in *W/H/M*, HdU¹ I § 3 Rz 108; krit *Zöchling* in FS KWT 495 ff; *Hügel* § 3 Rz 116; *Zöchling/Tüchler* in *W/Z/H/K*⁵ § 3 Rz 26). Der bilanzielle Ausweis von Einlagen im unternehmensrechtlichen Eigenkapital der Körperschaft muss daher nicht mit dem steuerlichen Stand der Einlagen übereinstimmen (zu den Abweichungen s *Huber*, SWK 1998, S 382). 158

Nach § 4 Abs 12 Z 2 EStG kommt es zu **keiner verschmelzungsbedingten Umwandlung von Gewinnrücklagen** der übertragenden Körperschaft in Einlagen. Bei Verschmelzungen ist diese Bestimmung nach der Verwaltungspraxis (nur) dann anwendbar, wenn in der übertragenden Körperschaft am Verschmelzungsstichtag Bilanzgewinne oder Gewinnrücklagen bestehen (in denen keine Einlagen iSd § 4 Abs 12 EStG enthalten sind), die als Teil des Verschmelzungskapitals auf die übernehmende Körperschaft übergehen und iRd Kapitalerhöhung in das erhöhte Nennkapital oder eine Kapitalrücklage eingehen; diesfalls ist nach § 4 Abs 12 Z 2 EStG der Evidenzkontenstand der übernehmenden Körperschaft kleiner als die entsprechende Bilanzposition (s *Wiesner* in GedS Gassner 536 f; ausf zum Meinungsstand *Kirchmayr*, Beteiligungserträge 203 ff mwN; weiters zB *Marschner*, Einlagen 620 ff). Das Erfassen des übernommenen Vermögens in den unternehmensrechtlichen Eigenkapitalpositionen der übernehmenden Körperschaft (Nennkapital, Kapitalrücklage oder Bilanzgewinn) hat auf den Gesamtstand der Einlagen keine Auswirkung, sondern beeinflusst höchstens die Zuordnung zu einem bestimmten Subkonto (UmgrStR Rz 366; *Bruckner* in *W/H/M*, HdU¹ I § 3 Rz 113). Eine spätere Rückzahlung des den Evidenzkontenzugang übersteigenden unternehmensrechtlichen Eigenkapitals (ordentliche Kapitalherabsetzung oder Ausschüttung der aufgelösten Kapitalrücklage) stellt sich mangels entsprechender Evidenzbeträge als Gewinnausschüttung dar (UmgrStR Rz 366). 159

3. Veränderungen des Einlagenstandes bei Verschmelzungen

Verschmelzungen führen nach der **Verwaltungspraxis zu folgenden Veränderungen der steuerlichen Evidenzkonten** (ausf UmgrStR Rz 369 ff; Pkt 5.1 des Einlagenrückzahlungserlasses, AÖF 1998/88; *Thunshirn*, SWK 1997, 267 ff; *Bruckner/Hirschler* in WP-Jb 98, 307 ff; *Bruckner* in *W/H/M*, HdU¹ I § 3 Rz 109 ff; *Kirchmayr*, Beteiligungserträge 203 ff; *Hügel* § 3 Rz 114 ff; *Marschner*, Einlagen 629 ff): 160

a) Konzentrations- und Schwesternverschmelzung

161 Bei **Konzentrationsverschmelzungen** bisher unverbundener Körperschaften sowie bei **Schwesternverschmelzungen**, unabhängig davon, ob eine Anteilsgewährung erfolgt oder unterbleibt (§ 224 Abs 2 Z 1 AktG; s § 1 Rz 28), sind die Einlagenevidenzkonten der übertragenden und der übernehmenden Körperschaft **zu addieren** (UmgrStR Rz 369 f; s a *Bruckner* in *W/H/M*, HdU[1] I § 3 Rz 112; *Hügel* § 3 Rz 119; *Wiesner/Schwarzinger*, UmS 190/17/12, SWK 2012, 815; *Zöchling/Tüchler* in *W/Z/H/K*[5] § 3 Rz 27; *Jakom*[10]*/Marschner* § 4 Rz 518; zur Behandlung der Subkonten bei Kapitalerhöhung s samt Bsp UmgrStR Rz 371 f; *Mayr/Wellinger* in HB Sonderbilanzen II 56 ff; *Marschner*, Einlagen 630 f; zur Konzentrationsverschmelzung nach Kapitalberichtigung s *Wiesner/Schwarzinger*, UmS 189/14/15/12, SWK 2012, 717). Dies gilt nach der Verwaltungspraxis auch für **Importverschmelzungen**, wobei – für ab dem 30.4.2017 unterzeichnete Verträge – eine Aufwertung des übernommenen Vermögens auf den gemeinen Wert gem § 3 Abs 1 Z 2 zu einer korrespondierenden Erhöhung der Innenfinanzierung bei der übernehmenden Körperschaft führen soll (s UmgrStR Rz 370 idF WE 2017, a zur zeitlichen Abstimmung der Innenfinanzierungserhöhung mit der unternehmensrechtlichen Ausschüttungssperre; anders noch UmgrStR Rz 370 idF WE 2013, wonach bisher bei Aufwertung nach § 3 Abs 1 Z 2 eine korrespondierende Erhöhung im Einlagenevidenzkonto vertreten wurde; dazu ausf *Brugger*, SWK 2017, 975 ff; *Titz/Wild*, RdW 2017/263, 343; s zuvor einschränkend *Rzepa/Schilcher*, RdW 2013/742, 760 f; weiters *Truschnegg* in *Kirchmayr/Mayr*, Umgründungen 120 ff). Diese Addition entspricht auch dem Zusammenrechnen der Beteiligungsbuchwerte bei der Schwesternverschmelzung nach § 5 Abs 5 (s a *Hügel* § 3 Rz 126). Mit der Evidenzkontenstandvereinigung wird automatisch der in **§ 4 Abs 12 Z 2 EStG** für Gewinnteile vorgesehenen Korrektur Rechnung getragen (UmgrStR Rz 371; *Truschnegg* in *Kirchmayr/Mayr*, Umgründungen 114 mwN). Bei einer mittelbaren Schwesternbeziehung (zB Verschmelzung einer Enkel- auf die Tantenkörperschaft) sind gesellschaftsrechtliche Maßnahmen zur Vermeidung einer verschmelzungsveranlassten gesellschaftsrechtlich verbotenen Einlagenrückgewähr hinsichtlich der Einlagen- bzw Einlagenrückzahlungstatbestände für sich zu beurteilen (UmgrStR Rz 370 u Rz 375; *Bruckner* in *W/H/M*, HdU[1] I § 3 Rz 118; s dazu *Hübner/Six*, taxlex 2010, 111 f, u *Wiesner/Schwarzinger*, UmS 190/17/12, SWK 2012, 815).

b) Upstream- und Downstream-Verschmelzung

162 Bei der **Upstream-Verschmelzung** fällt das **steuerliche Evidenzkonto der übertragenden Unterkörperschaft ersatzlos weg** (*Hügel* § 3 Rz 122; *Schwarzinger/Wiesner* I/1[3] 151; *Zöchling/Tüchler* in *W/Z/H/K*[5] § 3 Rz 29), die übernehmende Oberkörperschaft führt ihr Evidenzkonto unverändert fort (UmgrStR Rz 373; *Zöchling* in FS KWT 500 ff; *Truschnegg* in *Kirchmayr/Mayr*, Umgründungen 114 f). Bei der **Downstream-Verschmelzung** führt die übernehmende Unterkörperschaft nach hA den **Evidenzkontenstand der übertragenden Obergesellschaft** weiter (UmgrStR Rz 373; *Schwarzinger/Wiesner* I/1[3] 151; *Truschnegg* in *Kirchmayr/Mayr*, Umgründungen 115 mwN; *Zöchling/Tüchler* in *W/Z/H/K*[5] § 3 Rz 29; zur Aufteilung des Evidenzkontenstandes auf Subkonten s BMF 13.12.2001, ecolex 2002, 128); das steuerliche Evidenzkonto der Unterkörperschaft geht – ebenso wie bei der Upstream-Verschmelzung – ersatzlos unter (UmgrStR Rz 373; VwGH 1.3.2007, 2004/15/0127, ÖStZB 2007/412, 544; UFS 25.3.2009, RV/0253-S/04; *Hügel* § 3

Rz 122). Dieser Grundsatz gilt auch für **mittelbare Upstream- und Downstream-Verschmelzungen**, bei denen die 100%ige Beteiligungsverbindung zwischen den zu verschmelzenden Gesellschaften nur mittelbar besteht (zB Großmutter-Enkel-Verschmelzung; s a VwGH 1.3.2007, 2004/15/0127, ÖStZB 2007/412, 544; UmgrStR Rz 374; Pkt 5.1.3 AÖF 1998/88; *Bruckner* in W/H/M, HdU[1] I § 3 Rz 116; krit *Wurm*, GES 2016, 231 ff).

Diese Behandlung ist insofern konsequent, als im Falle der **Upstream-Verschmelzung** kein Einlagentatbestand vorliegt und im Falle der **Downstream-Verschmelzung** die Außenbeziehung der Anteilsinhaber zur übertragenden Körperschaft aufgrund der **Anteilsdurchschleusung** in der rechtsnachfolgenden Tochterkörperschaft ihre Fortsetzung findet, also die Einlagen der Gesellschafter vor und nach der Verschmelzung gleich bleiben (VwGH 1.3.2007, 2004/15/0127, ÖStZ 2007/412, 544; UmgrStR Rz 373; Pkt 5.3.1 AÖF 1998/88; *Hügel* § 3 Rz 122 ff; *Marschner*, Einlagen 629 f; Jakom[10]/*Marschner* § 4 Rz 518). Dies entspricht wiederum dem Umstand, dass die **Einlagen der Gesellschafter der Muttergesellschaft** in beiden Verschmelzungsvarianten durch die Verschmelzung nicht berührt werden und durch § 5 Abs 1 Z 1 die Identität der untergegangenen Anteile mit den Abfindungsanteilen fingiert wird (s *Bruckner* in W/H/M, HdU[1] I § 3 Rz 116; *Hügel* § 3 Rz 121 ff). 163

c) Gemischte Konzern-Konzentrationsverschmelzung

Bei gemischten Vorgängen kommt es zu einer **anteiligen Anwendung** der Regeln über die Konzernverschmelzung sowie der Regeln über die Konzentrationsverschmelzung im Verhältnis des Verschmelzungspartner-Anteilsinhabers zu fremden Anteilsinhabern (UmgrStR Rz 376; *Schwarzinger/Wiesner* I/1[3] 153; *Bruckner* in W/H/M, HdU[1] I § 3 Rz 119; *Zöchling/Tüchler* in W/Z/H/K[5] § 3 Rz 31). Bei einer Upstream-Verschmelzung mit Minderheitsgesellschaftern geht das Evidenzkonto der übertragenden Tochtergesellschaft im Verhältnis der Konzernbeteiligung unter; das Evidenzkonto der übernehmenden Gesellschaft wird um den verbleibenden (der Fremdbeteiligung zuzurechnenden) Einlagenstand erhöht (UmgrStR Rz 376 mit Bsp; *Zöchling/Tüchler* in W/Z/H/K[5] § 3 Rz 31; *Walter*[11] Rz 175). 164

C. Verschmelzung und Innenfinanzierung

1. Innenfinanzierungsbegriff des § 4 Abs 12 Z 4 EStG

Das mit dem **StRefG 2015/2016** (BGBl I 2015/118) eingeführte **Konzept der „Innenfinanzierung"** durch Gewinne (reduziert um Verluste) wurde durch das **AbgÄG 2015** (BGBl I 2015/163) in § 4 Abs 12 Z 4 EStG als Gegenstück zur „Außenfinanzierung" durch Einlagen beibehalten (Rz 156 ff). Während es sich aber beim Einlagenbegriff um ein steuerliches Konzept handelt (Rz 158), greift die Definition der **Innenfinanzierung in § 4 Abs 12 Z 4 EStG auf unternehmensrechtliche Begriffe zurück**. Ausgehend vom erstmals ermittelten Stand der Innenfinanzierung (§ 124b Z 299 lit b iVm Z 279 EStG; s ausf ERZ-IF-Erlass 6.3.; *Kofler/Marschner/Wurm*, SWK 2015, 1588 f u SWK 2016, 8 ff; *Rzepa/Schilcher/Titz* in HB Einlagenrückzahlung 15 ff; *Stückler/Wytrzens*, ÖStZ 2016/245, 179 ff) sieht das Gesetz nunmehr eine laufende Berechnung und Evidenzierung des Innenfinanzierungsstandes vor (§ 4 Abs 12 Z 4 letzter Satz EStG). Dieser Innenfinanzierungsstand soll die operativen Gewinne der Körperschaft in einer Totalbetrachtung widerspiegeln 171

(ERZ-IF-Erlass 1.1.2.; *Rzepa/Titz* in *Mayr/Lattner/Schlager*, StRef 2015/16, 53; *Rzepa/Schilcher/Titz* in HB Einlagenrückzahlung 16), also „die über die Jahre **aufsummierten unternehmensrechtlichen Jahresüberschüsse und Jahresfehlbeträge**" (ErlRV 684 BlgNR 25. GP, 9, zum StRefG 2015/2016). „**Offene Ausschüttungen**" mindern den Stand der Innenfinanzierung, soweit sie im Stand der Innenfinanzierung Deckung finden, andernfalls stellen sie im Falle eines positiven Einlagenstandes insoweit zwingend eine Einlagenrückzahlung dar (Rz 152; ERZ-IF-Erlass 1.1. iVm 3.2. u 4.2.; *Kofler/Marschner/Wurm*, SWK 2015, 1584 f; *Mayr/Schlager* in HB Einlagenrückzahlung 11; *Rzepa/Schilcher/Titz* in HB Einlagenrückzahlung 17); **verdeckte Ausschüttungen** gelten unabhängig vom Innenfinanzierungsstand stets als Einkommensverwendung, mindern aber den Innenfinanzierungsstand nicht (ErlRV 896 BlgNR 25. GP, 3, zum AbgÄG 2015; dazu ausf *Marschner*, HB Einlagenrückzahlung 89 ff; s a ERZ-IF-Erlass 3.3.; *Kofler/Marschner/Wurm*, SWK 2016, 3 f; *Kirchmayr* in *Kirchmayr/Mayr/Hirschler*, Konzernbesteuerung 12 ff; *Mayr/Schlager* in HB Einlagenrückzahlung 11). § 4 Abs 12 Z 4 EStG ordnet überdies an, dass **verdeckte Einlagen und erhaltene Einlagenrückzahlungen** außer Ansatz bleiben (ERZ-IF-Erlass 3.4.; zur Rückzahlung von mehrstufigen Zuschüssen s *Kofler/Marschner/Wurm*, SWK 2016, 6 f; *Rzepa/Schilcher/Titz* in HB Einlagenrückzahlung 21 mwN).

Nach Ansicht der Finanzverwaltung (ERZ-IF-Erlass 1.1. u 4.2.) besteht für die Qualifikation einer unternehmensrechtlichen Ausschüttung als offene Gewinnausschüttung eine Maßgeblichkeit der unternehmensrechtlichen Bilanzierung der Innenfinanzierung (s Rz 153) und es ist daher zumindest ein Subkonto **indisponible Innenfinanzierung** (gebundene Gewinnrücklagen gem § 229 Abs 6 UGB, s ERZ-IF-Erlass 4.2.3.) und ein Subkonto **disponible Innenfinanzierung** (alle steuerrechtlichen Innenfinanzierungsbeträge, die nicht in gebundenen Gewinnrücklagen ausgewiesen sind, s ERZ-IF-Erlass 4.2.4.) zu führen. Alternativ dazu kann jedoch für Zwecke der Darstellung – in Anlehnung an die Evidenzkonten nach dem Einlagenrückzahlungserlass vom 31.3.1998 – auch eine weitergehende Untergliederung der Evidenzkonten vorgenommen werden, die genauer an die Eigenkapitalgliederung nach § 224 Abs 3 UGB anknüpft.

2. Verknüpfung mit der unternehmensrechtlichen Ausschüttungssperre

172 Besonderes Augenmerk legt § 4 Abs 12 EStG auf **Umgründungen, bei denen durch unternehmensrechtliche Aufwertung Gewinne** entstehen. Da aber auch bei „Aufwertungsumgründungen" iSd § 202 Abs 1 UGB der Einlagenstand nach § 4 Abs 12 EStG – lediglich – um das steuerliche Umgründungskapital erhöht wird, ist hinsichtlich des Einlagestandes aber auch keine umgründungsbedingte Gestaltungsmöglichkeit eröffnet (etwa durch die Auflösung und Rückzahlung aufwertungsbedingter Kapitalrücklagen; s zB VwGH 1.9.2015, Ro 2014/15/0002, ÖStZB 2015/269, 606, sowie Rz 158). Die **Materialien zum AbgÄG 2015** weisen allerdings auf „Gestaltungsmöglichkeiten in Zusammenhang mit Umgründungen, nach denen auf Ebene der Körperschaft unversteuerte Gewinne ausgeschüttet werden konnten", hin (ErlRV 896 BlgNR 25. GP, 3, zum AbgÄG 2015). Diese Bedenken richten sich offenbar gegen jene Fälle, in denen der **steuerliche Innenfinanzierungsstand** durch unternehmensrechtliche Gewinne aufgrund einer umgründungsbedingten Neubewertung (also steuerlich noch nicht realisierte stille Reserven) erhöht werden könnte (ErlRV 684 BlgNR 25. GP, 9, zum StRefG 2015/2016;

Rzepa/Titz in *Mayr/Lattner/Schlager*, StRef 2015/16, 55; *Mayr/Schlager* in HB Einlagenrückzahlung 10). Während das StRefG 2015/2016 (BGBl I 2015/118) dies noch durch eine eigenständig-steuerliche Regelung aufgriff und die gesonderte Evidenzierung von umgründungsbedingten Differenzbeträgen vorsah (s *Rzepa/ Titz* in *Mayr/Lattner/Schlager*, StRef 2015/16, 55 ff), nimmt das AbgÄG 2015 (BGBl I 2015/163) eine **Verknüpfung mit der unternehmensrechtlichen Ausschüttungssperre** vor: So erhöhen „Gewinne, die durch Umgründungen unter Ansatz des beizulegenden Wertes entstanden sind, [...] die Innenfinanzierung erst in jenem Zeitpunkt und Ausmaß, in dem sie nach den Vorschriften des Unternehmensgesetzbuches ausgeschüttet werden können" (dazu ausf *Kofler/Marschner/ Wurm*, SWK 2015, 1585 ff u *Hirschler/Strimitzer* in HB Einlagenrückzahlung 147 mwN; s a UmgrStR Rz 378 idF WE 2017).

Die **Neuregelung der unternehmensrechtlichen Ausschüttungssperre in § 235 Abs 1 UGB** durch das AbgÄG 2015 und deren Bezugnahme in § 4 Abs 12 Z 4 EStG sollen daher unerwünschte „Innenfinanzierungseffekte" von Umgründungen verhindern. Die Neufassung des § 235 Abs 1 UGB ist **ab 2016 für Umgründungen mit Beschluss nach dem 31.5.2015** anwendbar (§ 906 Abs 40 UGB; ausf zum Übergangsrecht *Kofler/Marschner/Wurm*, SWK 2016, 11 f). Der neugefassten Ausschüttungssperre nach § 235 Abs 1 UGB unterliegen **drei Konstellationen**, bei denen Gewinne durch Umgründungen unter Ansatz des beizulegenden Wertes entstanden sind (ErlRV 896 BlgNR 25. GP, 35, zum AbgÄG 2015; ausf *Kofler/ Marschner/Wurm*, SWK 2015, 1585 ff; *Hirschler/Strimitzer* in HB Einlagenrückzahlung 147 mwN): 173

- Die **erste Konstellation (Auflösung von Kapitalrücklagen)** spricht – wie der bisherige § 235 Abs 1 UGB idF RÄG 2014 (BGBl I 2015/22) – **„Umgründungsrücklagen"** der übernehmenden Gesellschaft bei **Downstream- und Sidestream-Umgründungen** an (§ 235 Abs 1 Z 1 UGB). Nur diese unternehmensrechtlich als Einlagen oder Zuwendungen zu qualifizierenden Umgründungen (Rz 84 ff KFS/RL 25) können zur Bildung einer **ungebundenen Kapitalrücklage** führen, die nachfolgend in den Bilanzgewinn aufgelöst werden kann (§ 231 Abs 2 Z 24 UGB; s nur *Hirschler/Strimitzer* in HB Einlagenrückzahlung 156; *Ludwig/ Strimitzer* in *Hirschler*, Bilanzrecht § 235 Rz 15). 174

Wie der bisherige § 235 Abs 1 UGB idF RÄG 2014 (BGBl I 2015/22) differenziert auch § 235 Abs 1 Z 1 UGB nicht zwischen ungebundenen und gebundenen Kapitalrücklagen iSd § 229 Abs 5 UGB. Da **gebundene Kapitalrücklagen** gem § 229 Abs 7 UBG nur zum Ausgleich eines ansonsten auszuweisenden Bilanzverlusts aufgelöst werden dürfen und damit deren Ausschüttung schon nach dieser Bestimmung beschränkt ist, geht die hA im Schrifttum (zur Altregelung ebenso wie zur Neuregelung) davon aus, dass sich die Ausschüttungssperre in § 235 UGB nur auf die Auflösung von freien Kapitalrücklagen beziehen kann (s zB *Hirschler/Strimitzer* in HB Einlagenrückzahlung 157; *Bergmann* in HB Sonderbilanzen I 416 mwN).

Dieser Ausschüttungssperre unterliegen zunächst **Gewinne aus der Auflösung von Kapitalrücklagen, die durch Umgründungen unter Ansatz des beizulegenden Wertes** nach § 202 Abs 1 UGB entstanden sind (*Ludwig/Strimitzer* in *Hirschler*, Bilanzrecht § 235 Rz 12 ff; *Ludwig/Hirschler*, Bilanzierung² Rz I/96 ff). Unklar ist jedoch, ob darüber hinaus auch Fälle der **modifizierten Buchwertfortführung nach § 202 Abs 2 Z 2 und 3 UGB** betroffen sein könnten, zumal § 235 UGB von „Gewinnen" und vom „beizulegenden Wert" spricht, seit dem RÄG 2014 aber nicht mehr 175 auf § 202 Abs 2 UGB verweist; auch § 4 Abs 12 Z 3 EStG idF StRefG 2015/2016 sprach nur Aufwertungsumgründungen iSd § 202 Abs 1 UGB an. Im Lichte des Telos des Gläubigerschutzes und der Rsp (OGH 11.9.2003, 6 Ob 103/03w; deutlich auch UFS 20.11.2013, RV/0506-I/11, BFGjournal 2014, 70 m Anm *Hirschler/Sulz/Oberkleiner*) und hA im Schrifttum zur „Urfassung" des § 235 UGB (*Bergmann* in HB Sonderbilanzen I 416; *Ludwig/Strimitzer* in *Hirschler*, Bilanzrecht § 235 Rz 12 ff mwN; *Ludwig/Hirschler*, Bilanzierung[2] Rz I/98; *Hirschler*, GeS 2004, 224) könnten aber weiterhin auch Fälle erfasst sein, bei denen es **wirtschaftlich betrachtet zu einer Aufwertung kommt** (dazu 5. Aufl § 3 Rz 175); diese Sichtweise wird implizit von der IF-VO abgelehnt (s Rz 182). Wird durch die **modifizierte Buchwertfortführung** nach § 202 Abs 2 Z 2 und 3 UGB lediglich ein sonst in Folge der Buchwertfortführung entstehender **Buchverlust** ausgeglichen (etwa weil der Nennbetrag der als Gegenleistung gewährten Anteile den positiven oder negativen Buchwert des übernommenen Vermögens übersteigt oder weil keine Gegenleistungsanteile gewährt werden und das übernommene Vermögen zu Buchwerten negativ ist) und daher keine Kapitalrücklage dotiert, kommt demnach die Ausschüttungssperre nach § 235 Abs 1 Z 1 UGB nicht zur Anwendung (s mit Bsp *Hirschler/Strimitzer* in HB Einlagenrückzahlung 158 ff). Zu den Auswirkungen der Aktivierung und Folgebewertung eines solchen iRd modifizierten Buchwertfortführung aktivierten Umgründungsmehrwerts und/oder Firmenwerts auf die Innenfinanzierung der übernehmenden Körperschaft s unten Rz 182 ff.

176 • Die **zweite Konstellation (kein Ausweis als Kapitalrücklage)** erfasst – im Unterschied zum bisherigen § 235 UGB idF RÄG 2014 (BGBl I 2015/22) – nunmehr auch **Upstream-Umgründungen** aus Sicht der übernehmenden Gesellschaft einschließlich einer Anwachsung nach § 142 UGB (§ 235 Abs 1 Z 2 UGB). Da bei Vermögensübertragungen upstream bei der übernehmenden Gesellschaft mangels Erfüllung eines der Tatbestände des § 229 Abs 2 UGB keine Kapitalrücklage dotiert wird (keine Vermögensmehrung, s zB *Hirschler/Strimitzer* in HB Einlagenrückzahlung 158 ff sowie ausf *Urtz/Zwick*, ZFR 2013/3, 9 ff), werden diese Vorgänge von § 235 Abs 1 Z 1 UGB nicht erfasst. Upstream-Vermögensübertragungen stellen keine Einlagen oder Zuwendungen iSd § 202 UGB sondern einen Tausch bzw einen tauschähnlichen Vorgang dar. Das übernommene Vermögen ist daher erfolgswirksam nach den für Tauschgeschäfte geltenden Grundsätzen (dh zum beizulegenden Wert) zu erfassen (**Neubewertung**, Rz 110 KFS/RL 25). Im Fall der **Upstream-Verschmelzung** steht dabei dem Ertrag aus dem Vermögenszugang der Aufwand (Buchwertabgang) aus dem ebenfalls erfolgswirksam zu erfassenden Untergang der Beteiligung an der übertragenden Gesellschaft gegenüber (zum Ausweis des Unterschiedsbetrages in einem Sonderposten in der GuV vor dem Posten „Jahresüberschuss/Jahresfehlbetrag" s Rz 111 KFS/RL 25; dazu a zB *Rzepa/Titz* in *Mayr/Lattner/Schlager*, StRef 2015/16, 56). Von der Ausschüttungssperre gem § 235 Abs 1 Z 2 UGB wird daher lediglich jener Teil des Aufwertungsbetrages (Differenz zwischen beizulegendem Wert und Buchwert des übernommenen Vermögens) erfasst, der den Buchwertabgang aus dem Untergang der Anteile an der übertragenden Körperschaft übersteigt. Der von der Ausschüttungssperre nach § 235 Abs 1 UGB erfasste, **unter Ansatz des beizulegenden Wertes entstandene Aufwertungsgewinn** ist also auch in diesem Fall als Nettogröße zu ermitteln. Insoweit bereits der Buchwert des übernommenen Vermögens den Buchwert der untergehenden Anteile übersteigt, unterliegt der dadurch entstehende **Buchgewinn** nicht der Ausschüttungssperre gem § 235 Abs 1 Z 2 UGB (kein Aufwertungsgewinn; s mit Beispiel *Hirschler/Strimitzer* in HB Einlagenrückzahlung 158 ff). Dies gilt auch dann, wenn das übernommene Vermögen nicht mit dem beizulegenden Wert bewertet (Neubewertung) wird sondern die Buchwerte der übertragenden Gesellschaft fortgeführt werden (**Buchwertfortführung**; zur Zulässigkeit s Rz 110 KFS/RL 25). Auch in diesem Fall unterliegt ein **Buchgewinn** nicht der Ausschüttungssperre nach § 235 Abs 1 Z 2 UGB (s mit Bsp *Hirschler/Strimitzer* in HB Einlagenrückzahlung 158 ff).

Übersteigt der Buchwert der untergehenden Anteile an der übertragenden Körperschaft den positiven oder negativen Buchwert des übernommenen Vermögen und wird ein sonst in Folge der Buchwertfortführung entstehender **Buchverlust** unter (sinngemäßer) Anwendung der **modifizierten Buchwertfortführung** nach § 202 Abs 2 Z 2 und 3 UGB durch Aktivierung eines Umgründungsmehrwerts und/oder eines Firmenwerts ausgeglichen (Rz 112 KFS/RL 25), entsteht bei der übernehmenden Körperschaft kein Gewinn; die Ausschüttungssperre nach § 235 Abs 1 Z 2 UGB kommt daher nicht zur Anwendung (s mit Bsp *Hirschler/Strimitzer* in HB Einlagenrückzahlung 158 ff). Zu den Auswirkungen der Aktivierung und Folgebewertung eines im Rahmen der modifizierten Buchwertfortführung aktivierten Umgründungsmehrwerts und/oder Firmenwerts auf die Innenfinanzierung der übernehmenden Körperschaft s unten § 3 Rz 182 ff.

- Die **dritte Konstellation (Ansatz des beizulegenden Werts für eine Gegenleistung)** erfasst – ebenfalls im Unterschied zum früheren Recht (s *Ludwig/Strimitzer* in *Hirschler*, Bilanzrecht § 235 Rz 17) – Gewinne, soweit sie durch Umgründungen unter Ansatz des beizulegenden Wertes entstanden sind und der beizulegende Wert für eine Gegenleistung angesetzt wurde (§ 235 Abs 1 Z 3 UGB). Nach den **Materialien zum AbgÄG 2015** „sollen jene Gewinne, die sich bei einer übertragenden Kapitalgesellschaft auf Grund der Bewertung der umgründungsveranlassten Gegenleistung mit dem beizulegenden Wert gegenüber dem Buchwert des übertragenen Vermögens ergeben, von der Ausschüttungssperre zukünftig erfasst werden" (ErlRV 896 BlgNR 25. GP, 35). Demnach wäre die Ausschüttungssperre nur bei Downstream-Umgründungen, bei denen die übertragende Gesellschaft bestehen bleibt, anzuwenden (zB Downstream-Einbringungen und Downstream-Abspaltungen). Verschmelzungen wären hingegen nicht erfasst. Im Schrifttum wird demgegenüber zT die Ansicht vertreten, dass § 235 Abs 1 Z 3 UGB auch eine Gegenleistung an den/die Gesellschafter der übertragenden Gesellschaft erfasst und damit zB auch bei **Downstream-Verschmelzungen** und bei **Sidestream-Verschmelzungen** anwendbar ist (s *Kofler/Marschner/Wurm*, SWK 2015, 1587 f; zur Downstream-Verschmelzung *Hofmann* in HB Einlagenrückzahlung 180; zur Sidestream-Verschmelzung zumindest offen lassend *Hirschler/Strimitzer* in HB Einlagenrückzahlung 163 ff; zur Bewertung nach den Tauschgrundsätzen bei der Downstream-Verschmelzung s Rz 120 KFS/RL 25 und bei der Sidestream-Verschmelzung s Rz 126 f KFS/RL 25). Folgt man dieser Ansicht, wäre uE auch der Begriff Gegenleistung weit auszulegen, so dass die Ausschüttungssperre unabhängig davon zur Anwendung kommt, ob bei der übernehmenden Gesellschaft eine Kapital- 177 erhöhung durchgeführt wird (in diese Richtung a *Hirschler/Strimitzer* in HB Einlagenrückzahlung 163 ff).

Wird bei einer Downstream-Verschmelzung der Buchwert der bisherigen Beteiligung an der Muttergesellschaft unverändert auf die neue Beteiligung an der Tochtergesellschaft übertragen (**Buchwertfortführung**, Rz 120 KFS/RL 25), entsteht kein Gewinn, der der Ausschüttungssperre gem § 235 Abs 1 Z 3 UGB unterliegen könnte. Das Gleiche gilt, wenn bei einer Sidestream-Verschmelzung der Buchwert der Beteiligung an der übertragenden Gesellschaft auf die Beteiligung an der übernehmenden Gesellschaft übertragen wird (Buchwertfortführung, Rz 126 KFS/RL 25).

178 § 235 Abs 1 UGB ordnet sodann die – bereits mit dem RÄG 2014 explizit vorgesehene und auch schon zuvor im Schrifttum vertretene (zB *Ludwig/Strimitzer* in *Hirschler*, Bilanzrecht § 235 Rz 26; *Ludwig/Hirschler*, Bilanzierung² Rz I/102; s a bereits die Anregung der KWT in 12/SN-100/ME XXIV. GP, 10 f, zum RÄG 2010) – **Verminderung des ausschüttungsgesperrten Betrages** insoweit an, als der Unterschiedsbetrag zwischen Buchwert und dem höheren beizulegenden Wert „in der Folge insbesondere durch **planmäßige oder außerplanmäßige Abschreibungen** gemäß den §§ 204 und 207 oder durch **Buchwertabgänge** vermindert wird", was „unabhängig von der Auflösung einer zugrunde liegenden Kapitalrücklage" gilt (zur Weiterführung des Umgründungsmehrwerts in den Folgejahren s Rz 105 KFS/RL 25). Dies deshalb, weil das Jahresergebnis (und damit die Innenfinanzierung) zB aufgrund der Abschreibung der durch den Ansatz des beizulegenden Wertes aktivierten stillen Reserven bzw Firmenwerts bereits belastet ist, also der ausschüttbare Gewinn diesfalls bereits durch Mehrabschreibungen kleiner ist als bei Buchwertfortführung. Auf dieses **Wegfallen der Ausschüttungssperre** rekurriert auch § 4 Abs 12 Z 4 EStG, wonach sich „die Innenfinanzierung erst in jenem Zeitpunkt und Ausmaß" erhöht, in dem die Umgründungsgewinne „nach den Vorschriften des Unternehmensgesetzbuches ausgeschüttet werden können" (s ErlRV 896 BlgNR 25. GP, 3, zum AbgÄG 2015; weiters *Kofler/Marschner/Wurm*, SWK 2015, 1585 ff; *Rzepa/Schilcher/Titz* in HB Einlagenrückzahlung 23 ff; *Hirschler/Strimitzer* in HB Einlagenrückzahlung 155; s a UmgrStR Rz 378 idF WE 2017).

3. Innenfinanzierungsverordnung

179 Über die Verknüpfung mit der unternehmensrechtlichen Ausschüttungssperre hinaus sind die Auswirkungen von Umgründungen auf den Stand der Innenfinanzierung allerdings weder in § 4 Abs 12 EStG noch im UmgrStG geregelt. Allerdings enthält § 4 Abs 12 Z 4 EStG eine Verordnungsermächtigung des Bundesministers für Finanzen, „die weiteren Auswirkungen von Umgründungen auf die Innenfinanzierung näher festzulegen". Am 26.4.2016 wurde die **Verordnung über die Auswirkungen von Umgründungen auf die Innenfinanzierung** (**IF-VO**) im Bundesgesetzblatt publiziert (BGBl II 2016/90; s dazu ausf *Wurm*, SWK 2016, 681 ff u SWK 2016, 743 ff; *Schlager*, RWZ 2016/25, 113 ff; *Stanek/Stückler*, ÖStZ 2016/777, 569 ff u ÖStZ 2016/801, 589 ff).

180 Die **IF-VO** ist wie folgt aufgebaut:
- § 1 IF-VO legt die **Anwendungsvoraussetzungen der Verordnung** fest (Umgründungen nach dem UmgrStG im Fall der Buchwertfortführung) und enthält Regelungen betreffend die grundsätzliche **Neutralisierung** der **umgründungs-**

bedingten **UGB-Bilanzauswirkungen** auf den Innenfinanzierungsstand der betroffenen Körperschaften (s Rz 181 ff).

- § 2 IF-VO enthält im Folgenden die entsprechenden Regelungen betreffend der Auswirkungen von Umgründungen (Verschmelzung, Umwandlung, Einbringung und Spaltung) auf die Innenfinanzierung der **übertragenden und übernehmenden Körperschaft** („steuerlich autonomer Lösungsansatz", s dazu bereits *Zöchling/Walter/Strimitzer*, SWK 2015, 1594). Die entsprechenden Regelungen für Verschmelzungen nach Art I finden sich in § 2 Abs 1 IF-VO (s Rz 185).
- § 3 IF-VO enthält die Bestimmungen zum **Inkrafttreten** der IF-VO. Die IF-VO ist erstmals für Umgründungen anzuwenden, die nach dem 31.5.2015 beschlossen werden. Für Zwecke der erstmaligen Ermittlung der Innenfinanzierung (mittels genauer Berechnung, vereinfacht gem § 124b Z 279 lit a TS 1 EStG; s dazu im Detail *Rzepa/Schilcher/Titz* in HB Einlagenrückzahlung 15 ff; *Kofler/Marschner/Wurm*, SWK 2015, 1588 f u SWK 2016, 8 ff, oder nach der Information des BMF zur erstmaligen Ermittlung des Standes der Innenfinanzierung von Kapitalgesellschaften v 4.11.2016, BMF-010203/0359-VI/6/2016) und deren Fortführung (§ 4 Abs 12 Z 4 EStG iVm § 124b Z 279 lit c EStG) kann die Verordnung ebenfalls angewendet werden (s dazu UmgrStR Rz 383 f idF WE 2017.

Nach der IF-VO ist die **Innenfinanzierung der übernehmenden Körperschaft** bei einer Verschmelzung im Anwendungsbereich des Art I mit steuerlicher Buchwertfortführung nach § 4 Abs 12 Z 4 EStG zum Verschmelzungsstichtag zunächst unverändert fortzuführen (UmgrStR Rz 378 idF WE 2017). Die Auswirkungen der Verschmelzung auf den unternehmensrechtlichen Jahresüberschuss/Jahresfehlbetrag der übernehmenden Körperschaft sind für deren Innenfinanzierung nicht relevant (§ 1 Abs 1 Z 1 IF-VO). Durch die Verschmelzung bei der übernehmenden Körperschaft entstehende **Buchgewinne und Buchverluste** wirken sich daher nicht auf die Innenfinanzierung aus (§ 1 Abs 1 Z 2 IF-VO), und zwar auch dann nicht, wenn sie – wie zB im Fall von Upstream-Verschmelzungen – in der Gewinn- und Verlustrechnung in einem Sonderposten **vor** dem Posten „Jahresüberschuss/Jahresfehlbetrag" auszuweisen sind (Rz 111 KFS/RL 25) und damit den unternehmensrechtlichen Jahresüberschuss bzw -fehlbetrag beeinflussen.

181

Dieser Grundsatz gilt auch dann, wenn ein (verschmelzungsbedingter) **Buchverlust** im auf die Übertragung des wirtschaftlichen Eigentums folgenden unternehmensrechtlichen Jahresabschluss der übernehmenden Körperschaft im Zuge der **modifizierten Buchwertfortführung gem § 202 Abs 2 Z 2 und 3 UGB** durch Ansatz eines Umgründungsmehrwerts und/oder Firmenwerts neutralisiert worden ist und sich daher erst in den Folgejahren auf den Jahresüberschuss bzw -fehlbetrag auswirken kann. In diesem Fall sind daher die erfolgswirksamen Auswirkungen der Folgebewertung des Umgründungsmehrwerts und/oder des Firmenwerts (Abschreibung bzw Buchwertabgang, Zuschreibung) bei der Ermittlung der Innenfinanzierung in Folgejahren auszuscheiden (§ 1 Abs 2 IF-VO; s *Rzepa/Titz/Wild* in HB Einlagenrückzahlung 123 f; *Schlager*, RWZ 2016, 114; *Wurm*, SWK 2016, 683 f; UmgrStR Rz 379 idF WE 2017, mit dem aus den ErlRV zu § 1 der IF-VO übernommenen Beispiel).

182

Diese Regelung wurde offenkundig deshalb in die IF-VO aufgenommen, weil (auch) das BMF davon ausgeht, dass die **Ausschüttungssperren in § 235 Abs 1 Z 1 und 2 UGB** nicht zur Anwendung kommen, wenn der Nennbetrag der als Gegenleistung gewährten Anteile (zB bei Konzentrations-, Downstream- oder Sidestream-Verschmelzungen) bzw der Buchwertabgang der untergehenden Anteile an der übertragenden Gesellschaft (zB bei Upstream-Verschmelzungen) den positiven oder negativen Buchwert des übernommenen Vermögens übersteigt und ein sonst in Folge der Buchwertfortführung entstehender Buchverlust unter (sinngemäßer) Anwendung der modifizierten Buchwertfortführung nach § 202 Abs 2 Z 2 und 3 UGB durch Aktivierung eines Umgründungsmehrwerts und/oder eines Firmenwerts neutralisiert wird. Im Anwendungsbereich der Ausschüttungssperre gem § 235 UGB wären die erfolgswirksamen Auswirkungen der Folgebewertung des Umgründungsmehrwerts und/oder des Firmenwerts nämlich bereits gem § 4 Abs 12 Z 4 dritter Satz EStG sukzessive zu neutralisieren und diese Regelung in der IF-VO daher entbehrlich (s *Rzepa/Titz/Wild* in HB Einlagenrückzahlung 126 f; UmgrStR Rz 379 idF WE 2017).

Wird im Fall einer Konzentrations-, Downstream- oder Sidestream-Verschmelzung ein die Kapitalerhöhung übersteigender Gesamtausgabebetrag festgelegt, der den Buchwert des übernommenen Vermögens übersteigt und wird der entstehende Buchverlust in Anwendung der modifizierten Buchwertfortführung nach § 202 Abs 2 Z 2 und 3 UGB durch Ansatz eines Umgründungsmehrwerts und/oder Firmenwerts neutralisiert, werden die erfolgswirksamen Auswirkungen der Folgebewertung des Umgründungsmehrwerts und/oder des Firmenwerts, soweit sie auf die im Zuge der Verschmelzung dotierte Kapitalrücklage entfallen, uU sowohl von § 235 Abs 1 Z 1 UGB iVm § 4 Abs 12 Z 4 dritter Satz EStG (s Rz 175) als auch von § 1 Abs 2 IF-VO erfasst, wobei die Konsequenzen letztlich dieselben sind.

183 Das gleiche Prinzip gilt, wenn und insoweit ein (verschmelzungsbedingter) **Buchverlust** im auf die Übertragung des wirtschaftlichen Eigentums folgenden unternehmensrechtlichen Jahresabschluss der übernehmenden Körperschaft durch den **Ansatz des beizulegenden Wertes gem § 202 Abs 1 UGB** neutralisiert worden ist (§ 1 Abs 2 letzter Satz IF-VO). Auch in diesem Fall sind daher nach der IF-VO die erfolgswirksamen Auswirkungen der Bewertung in Folgejahren bei der Ermittlung der Innenfinanzierung in Folgejahren auszuscheiden, sofern sie auf den neutralisierten Buchverlust entfallen. Ein durch Ansatz des beizulegenden Wertes entstandener Gewinn (**Aufwertungsgewinn**) unterliegt hingegen entweder der Ausschüttungssperre nach § 235 Abs 1 Z 1 UGB (s Rz 175) oder der Ausschüttungssperre nach § 235 Abs 1 Z 2 UGB (s Rz 176), so dass insoweit eine sukzessive Bereinigung der Erfolgsauswirkungen in Folgejahren bereits nach § 4 Abs 12 Z 4 EStG zu erfolgen hat (s *Rzepa/Titz/Wild* in HB Einlagenrückzahlung 127 FN 21).

184 Durch die Verschmelzung bei der übernehmenden Körperschaft entstehende **Confusiogewinne und Confusioverluste** (s Rz 95 ff) „erhöhen bzw senken die Innenfinanzierung im Wirtschaftsjahr ihrer Berücksichtigung" (§ 1 Abs 1 Z 3 IF-VO). Unklar ist, ob die IF-VO hier auf ertragsteuerrechtliche oder unternehmensrechtliche Confusiogewinne/-verluste, die durchaus voneinander abweichen können (zB im Fall einer pauschalen Wertberichtigung von Forderungen), abstellt. In diesem Zusammenhang ist außerdem zu beachten, dass Confusiogewinne/-verluste unternehmensrechtlich im Zeitpunkt des Erwerbs des wirtschaftlichen Eigentums bei der übernehmenden Körperschaft erfolgswirksam zu erfassen sind (Rz 79 KFS/ RL 25), während ertragsteuerrechtliche Confusiogewinne/-verluste in dem dem Verschmelzungsstichtag folgenden Wirtschaftsjahr der übernehmenden Körperschaft – also in dem ersten Wirtschaftsjahr, das nach dem Verschmelzungsstichtag beginnt (ErlRV 266 BlgNR 18. GP, 17; s a Rz 104) – steuerwirksam zu berücksichtigen sind (§ 3 Abs 3), wodurch die unternehmensrechtliche und steuerrechtliche Erfassung in unterschiedliche Gewinnermittlungszeiträume fallen kann (zB bei Verschmelzungsstichtagen, die nicht dem Bilanzstichtag entsprechen; s *Hübner/Hübner-Schwarzinger* in HB Einlagenrückzahlung 247).

> Teilweise wird davon ausgegangen, dass nur unternehmensrechtliche Confusiogewinne/-verluste die Innenfinanzierung beeinflussen können, weil § 4 Abs 12 Z 4 EStG für die laufende Ermittlung der Innenfinanzierung an das unternehmensrechtliche Jahresergebnis anknüpft (*Rzepa/Titz/Wild* in HB Einlagenrückzahlung 128 FN 25). In diesem Sinn geht auch die Verwaltungspraxis offenbar davon aus, dass die Regelung des § 1 Abs 1 Z 3 IF-VO unternehmensrechtliche Confusiogewinne/-verluste erfassen soll (UmgrStR Rz 379 idF WE 2017). Hinsichtlich der zeitlichen Erfassung hält das BMF lediglich fest, dass Confusiogewinne/-verluste idR in dem dem Umgründungsstichtag folgenden Wirtschaftsjahr im unternehmensrechtlichen Jahresabschluss berücksichtigt werden (UmgrStR Rz 379 idF WE 2017; so auch *Schlager*, RWZ 2016, 114 u *Rzepa/Titz/Wild*, HB Einlagenrückzahlung 128).

Die **Innenfinanzierung der übertragenden Körperschaft** ist bei Verschmelzungen gem Art I der Innenfinanzierung der übernehmenden Körperschaft hinzuzurechnen (§ 2 Abs 1 erster Satz IF-VO). Dies gilt auch bei der Verschmelzung verbundener Körperschaften (§ 2 Abs 1 zweiter Satz IF-VO). Für Verschmelzungen sieht die IF-VO somit generell eine **Addition der Innenfinanzierungsstände** vor. Dieses Prinzip gilt unabhängig vom konkreten Verschmelzungstyp (zur wirtschaftlichen Kategorisierung von Verschmelzungen s § 1 Rz 22 ff) und damit sowohl für Konzentrationsverschmelzungen als auch für unmittelbare und mittelbare Konzernverschmelzungen und im letzteren Fall unabhängig von der Verschmelzungsrichtung (Upstream-, Downstream- und Sidestream-Verschmelzungen). Der Regelung liegt somit der der Bestimmung des § 2 IF-VO immanente „Fortführungsgedanke" zu Grunde, wonach ein bestehendes steuerliches „Ausschüttungspotential" in Form einer evidenzierten Innenfinanzierung nicht durch Umgründungsmaßnahmen untergehen oder entstehen soll (ErlRV zu § 1 der IF-VO). **185**

Für **Upstream- und Downstream-Verschmelzungen** (Verschmelzungen der Tochtergesellschaft auf die Muttergesellschaft bzw Verschmelzung der Muttergesellschaft auf die Tochtergesellschaft) besteht eine Ausnahme von diesem Prinzip: Wenn die Tochtergesellschaft einen negativen Innenfinanzierungsstand aufweist und die Muttergesellschaft eine unternehmensrechtliche Abschreibung auf die Beteiligung an der Tochtergesellschaft vorgenommen hat, sieht die IF-VO eine **Erhöhung des negativen Innenfinanzierungsstands der Tochtergesellschaft um die Abschreibung der Muttergesellschaft** vor (§ 2 Abs 1 dritter Satz IF-VO). Die IF-VO bezieht sich hier auf außerplanmäßige Abschreibungen gem **186**

§ 204 Abs 2 UGB, da nur diese (und nicht eine eventuell korrespondierende steuerliche TWA) vor der Verschmelzung den Jahresüberschuss/-fehlbetrag und folglich die Innenfinanzierung der Muttergesellschaft beeinflussen konnten. Die körperschaftsteuerrechtlichen Auswirkungen dieser Abschreibungen (vgl § 12 Abs 3 KStG) sind daher in diesem Zusammenhang irrelevant (UmgrStR Rz 381 idF WE 2017). Waren die außerplanmäßigen Abschreibungen der Muttergesellschaft auf die Beteiligung an der Tochtergesellschaft höher als der negative Innenfinanzierungstand der Tochtergesellschaft, ist dieser nach Ansicht des BMF maximal auf null auszugleichen (UmgrStR Rz 381 idF WE 2017; *Kofler/Wurm* in HB Einlagenrückzahlung 213 ff; *Wurm*, SWK 2016, 684 f; s aber a *Hofmann* in HB Einlagenrückzahlung 179; *Stanek/Stückler*, ÖStZ 2016/777, 572). Wurde eine unternehmensrechtliche Abschreibung vor der Verschmelzung bereits durch eine unternehmensrechtliche Zuschreibung neutralisiert, hat (entgegen dem Wortlaut, aber systematisch richtig) insoweit keine Erhöhung der Innenfinanzierung iSv § 2 Abs 1 letzter Satz IF-VO zu erfolgen (UmgrStR Rz 381 idF WE 2017; *Rzepa/Titz/Wild* in HB Einlagenrückzahlung 130; *Kofler/Wurm* in HB Einlagenrückzahlung 215).

Laut BMF soll dadurch eine Kumulation negativer Innenfinanzierung vermieden und Kaskadeneffekten vorgebeugt werden (*Schlager* RWZ 2016, 114; *Rzepa/Titz/Wild* in HB Einlagenrückzahlung 130 f). Man hatte dabei offenbar folgendes Szenario vor Augen: Eine Muttergesellschaft hält im Betriebsvermögen 100 % der Anteile an einer Tochterkörperschaft. Diese Tochtergesellschaft hat Verluste erwirtschaftet, die über negative unternehmensrechtliche Jahresfehlbeträge zu einem Bilanzverlust und damit zu einer negativen Innenfinanzierung führen. Durch die Verlustsituation ist der beizulegende Wert der Anteile an der Tochtergesellschaft unter deren Buchwert gesunken und die Muttergesellschaft musste bzw durfte die Anteile an der Tochtergesellschaft daher erfolgswirksam abschreiben (§ 204 Abs 2 UGB). Diese Abschreibung hat sich bei der Muttergesellschaft negativ auf den Jahresüberschuss/-fehlbetrag und damit auf deren Innenfinanzierung ausgewirkt. Die auf Ebene der Tochtergesellschaft erwirtschafteten Verluste haben damit nicht nur die Innenfinanzierung der Tochtergesellschaft, sondern auch die Innenfinanzierung der Muttergesellschaft vermindert. In weiterer Folge werden die beiden Gesellschaften miteinander verschmolzen. Unabhängig von der Verschmelzungsrichtung sind dabei nach § 2 Abs 1 IF-VO die Innenfinanzierungsstände der beiden Gesellschaften zu addieren, wodurch beide negativen Effekte auf die Innenfinanzierung in einer Gesellschaft kumuliert werden. Erwirtschaftet die übernehmende Gesellschaft in weiterer Folge Jahresüberschüsse, werden dadurch zwar systemkonform die Jahresfehlbeträge der Tochtergesellschaft vor der Verschmelzung kompensiert und deren (ehemalige) negative Innenfinanzierung wieder „aufgefüllt". Eine damit einhergehende Kompensation des Wertverlusts, der zur Abschreibung der Anteile an der Tochtergesellschaft geführt hat, kann sich hingegen nach der Verschmelzung nicht mehr auf die ehemalige Innenfinanzierung der Muttergesellschaft auswirken, da die Anteile an der Tochtergesellschaft durch die Verschmelzung untergegangen sind, und die Zuschreibungspflicht bei Wertaufholung (§ 208 Abs 1 UGB) damit ins Leere geht. Trotz Wertaufholung bleibt daher der Abschreibungsaufwand in der Innenfinanzierung der übernehmenden Gesellschaft enthalten und damit „wirtschaftlich gesehen derselbe Verlust doppelt auf Dauer in der Innenfinanzierung berücksichtigt" (*Schlager*, RWZ 2016/25, 114 f; in diese Richtung a *Rzepa/Titz/Wild* in HB Einlagenrückzahlung 130 f).

§ 2 Abs 1 IF-VO erfasst zwar dem Wortlaut nach auch Verschmelzungen mittelbar **187** miteinander verbundener Körperschaften (arg § 2 Abs 1 zweiter Satz IF-VO: „Dies gilt auch bei der Verschmelzung verbundener Körperschaften"), enthält aber keine explizten Regelungen zur Auswirkung von **mittelbaren Konzernverschmelzungen** auf den Stand der Innenfinanzierung der durch diese Verschmelzungen mittelbar betroffenen Gesellschaften („Zwischengesellschaften"). § 2 IF-VO normiert lediglich die Auswirkungen auf Ebene der übertragenden bzw übernehmenden Körperschaft und zielt somit offenbar grundsätzlich auf „unmittelbare" Vermögenübertragungen durch Upstream-, Downstream- und Sidestream-Umgründungen bzw Konzentrationsumgründungen ab. Im Zusammenhang mit der Auswirkung von mittelbaren Konzernverschmelzungen auf den Innenfinanzierungsstand der (mittelbar) betroffenen Gesellschaften wären demnach grundsätzlich folgende Lösungsansätze denkbar: Es erfolgt auch bei mittelbaren Konzernverschmelzungen entsprechend dem Wortlaut des § 2 Abs 1 IF-VO eine Addition des Innenfinanzierungsstandes der übertragenden Körperschaft zum Innenfinanzierungsstand der übernehmenden Körperschaft und auf Ebene der Zwischengesellschaften kommt es folglich zu keiner Veränderung des Innenfinanzierungsstandes vor; oder man „zerlegt" die mittelbare Konzernverschmelzung in mehrere fiktive Schritte (einzelne unmittelbare Upstream-, Downstream- und Sidestream-Umgründungen), in dem man in wirtschaftlicher Betrachtung die Vermögensübertragung entsprechend der Beteiligungskette unter Einbeziehung sämtlicher involvierter Zwischengesellschaften abbildet, und somit letztlich eine stufenweise Anwendung der Regelungsgrundsätze des § 2 IF-VO auf jeden fiktiven Umgründungsschritt vornimmt, wodurch sich die mittelbare Konzernverschmelzung auch auf den Innenfinanzierungsstand der involvierten Zwischengesellschaften auswirkt (s dazu ausf die Beiträge von *Wurm*, GES 2016, 231 ff u SWK 2016, 743 ff; *Kofler/Wurm* in HB Einlagenrückzahlung 207 ff; hinsichtlich eines weiteren möglichen Lösungsansatzes für mittelbare Umgründungen s a *Hübner/Hübner-Schwarzinger* in HB Einlagenrückzahlung 249 ff). Die Verwaltungspraxis trifft in diesem Zusammenhang für den Bereich der Verschmelzung derzeit keine expliziten Aussagen (UmgrStR Rz 378ff idF WE 2017; s aber zur Einbringung UmgrStR Rz 1266a idF WE 2017, wonach bei mittelbaren Einbringungen die Bestimmungen des § 2 Abs 3 bis 5 IF-VO nur für die unmittelbar betroffene übernehmende bzw übertragende Körperschaft anzuwenden sind, nicht jedoch für die mittelbar involvierten Zwischengesellschaften, für die eine „Neutralisierung" der umgründungsbedingten UGB-Bilanzauswirkungen nach § 1 IF-VO vorzunehmen ist und sich der Vorgang somit nicht auf den Innenfinanzierungsstand auswirkt).

§ 1 IF-VO ist dem Wortlaut nach nur bei Umgründungen im Anwendungsbereich **188** des UmgrStG mit **steuerrechtlicher Buchwertfortführung** anwendbar (arg: „[...] gilt bei Buchwertfortführung Folgendes:"). § 2 Abs 1 IF-VO enthält diese Einschränkung nicht und ist damit dem Wortlaut nach auf alle Verschmelzungen im Anwendungsbereich des UmgrStG anzuwenden, unabhängig davon, ob die steuerrechtlichen Buchwerte fortgeführt werden (arg: „Bei Verschmelzungen gemäß Art. I UmgrStG [...]"). Die Verwaltungspraxis geht hingegen davon aus, dass die IF-VO ausschließlich bei Umgründungen mit steuerrechtlicher Buchwertfortführung zur Anwendung kommt, wobei die Ausübung einzelner steuerrechtlicher Aufwertungswahlrechte für die Anwendung der IF-VO unschädlich sein soll, „solange dem Grunde nach eine Buchwertumgründung vorliegt" (UmgrStR Rz 379 idF WE 2017). Wird bei einer Verschmelzung im Anwendungsbereich des Art I das Aufwertungswahlrecht gem § 2 Abs 2 (§ 2 Rz 26 ff) ausgeübt, sollte diese daher uE in den Anwendungsbereich der IF-VO fallen und zwar auch dann, wenn ausschließlich Vermögen vorliegt, das vom Aufwertungswahlrecht erfasst wird, und damit de facto keine Buchwerte fortgeführt werden (auch hier liegt uE dem Grund nach eine Buchwertumgründung vor). Erfolgt eine Verschmelzung hingegen **außerhalb des Anwendungsbereichs des Art I**, weil der Vorgang *(1)* keine Verschmelzung nach § 1 Abs 1 Z 1 bis 4 ist (s § 1 Rz 41 ff) oder *(2)* das Verstrickungserfordernis ganz oder teilweise nicht erfüllt ist (s § 1 Rz 81 ff) oder *(3)* die Anwendung des Art I wegen Missbrauchs versagt wird (s § 44 Rz 1 ff), ist die IF-VO damit jedenfalls nicht anwendbar. Es gelten damit uE die allgemeinen Grundsätze des § 4 Abs 12 Z 4 EStG (s Rz 171 ff), sodass die Auswirkungen der Verschmelzung auf die Innenfinanzierung der übernehmenden Körperschaft von deren Auswirkungen auf den unternehmensrechtlichen Jahresüberschuss bzw -fehlbetrag unter Berücksichtigung der Ausschüttungssperre nach § 235 Abs 1 UBG abhängen (s Rz 171 ff).

Verlustabzug

§ 4. § 8 Abs. 4 Z 2 des Körperschaftsteuergesetzes 1988 ist nach Maßgabe folgender Bestimmungen anzuwenden:

1. a) Verluste der übertragenden Körperschaft, die bis zum Verschmelzungsstichtag entstanden und noch nicht verrechnet sind, gelten im Rahmen der Buchwertfortführung ab dem dem Verschmelzungsstichtag folgenden Veranlagungszeitraum der übernehmenden Körperschaft insoweit als abzugsfähige Verluste dieser Körperschaft, als sie den übertragenen Betrieben, Teilbetrieben oder nicht einem Betrieb zurechenbaren Vermögensteilen zugerechnet werden können. Voraussetzung ist weiters, daß das übertragene Vermögen am Verschmelzungsstichtag tatsächlich vorhanden ist.
    b) Verluste der übernehmenden Körperschaft, die bis zum Verschmelzungsstichtag entstanden und noch nicht verrechnet sind, bleiben abzugsfähig, soweit die Betriebe, Teilbetriebe oder nicht einem Betrieb zurechenbaren Vermögensteile, die die Verluste verursacht haben, am Verschmelzungsstichtag tatsächlich vorhanden sind.
    c) Ist in den Fällen der lit. a und b der Umfang der Betriebe, Teilbetriebe oder nicht einem Betrieb zurechenbaren Vermögensteile am Verschmelzungsstichtag gegenüber jenem im Zeitpunkt des Entstehens der Verluste derart vermindert, daß nach dem Gesamtbild der wirtschaftlichen Verhältnisse eine Vergleichbarkeit nicht mehr gegeben ist, ist der von diesen Betrieben, Teilbetrieben oder Vermögensteilen verursachte Verlust vom Abzug ausgeschlossen.
    d) ¹Im Falle der Verschmelzung verbundener Körperschaften sind vortragsfähige Verluste der Körperschaft, an der die Beteiligung besteht, um abzugsfähige Teilwertabschreibungen zu kürzen, die die beteiligte Körperschaft auf die Beteiligung in Wirtschaftsjahren, die nach dem 31. Dezember 1990 geendet haben, vorgenommen hat; die Kürzung vermindert

sich insoweit, als in der Folge Zuschreibungen erfolgt sind. ²Eine Kürzung unterbleibt, soweit eine solche nach dem letzten Satz erfolgt ist. ³Die Kürzung hat im Falle der Verschmelzung auf die Mutterkörperschaft in dem dem Verschmelzungsstichtag folgenden Veranlagungszeitraum und im Falle der Verschmelzung auf die Tochterkörperschaft in dem Veranlagungszeitraum zu erfolgen, in den der Verschmelzungsstichtag fällt. ⁴§ 12 Abs. 3 Z 2 des Körperschaftsteuergesetzes 1988 gilt im Falle der Verschmelzung auf die Tochterkörperschaft ab dem dem Verschmelzungsstichtag folgenden Wirtschaftsjahr und im Übrigen mit der Maßgabe, dass in dem Jahr, in dem die Kürzung zu erfolgen hat, zusätzlich der Unterschiedsbetrag zwischen den insgesamt berücksichtigten Teilen der Teilwertabschreibung und dem Kürzungsbetrag im Sinne des ersten Satzes zu berücksichtigen ist. ⁵Die vorstehenden Bestimmungen gelten sinngemäß auch im Falle der Verschmelzung mittelbar verbundener Körperschaften, soweit abzugsfähige Teilwertabschreibungen auf Verluste zurückzuführen sind, die die mittelbar verbundene Körperschaft erlitten hat.

2. ¹Ein Mantelkauf, der den Abzug von Verlusten ausschließt, liegt auch dann vor, wenn die wesentlichen Änderungen der Struktur zu einem Teil bei der übertragenden und zum anderen Teil bei der übernehmenden Körperschaft erfolgen. ²Änderungen zum Zwecke der Verbesserung oder Rationalisierung der betrieblichen Struktur im Unternehmenskonzept der übernehmenden Körperschaft stehen Sanierungen im Sinne des § 8 Abs. 4 Z 2 dritter Satz des Körperschaftsteuergesetzes 1988 gleich.

[idF BGBl I 2003/71]

Rechtsentwicklung

BGBl 1991/699 (UmgrStG; RV 266 AB BlgNR 18. GP) (Stammfassung); BGBl 1993/818 (StRefG 1993; RV 1237 AB 1301 BlgNR 18. GP) (Neufassung des §; für Stichtage nach dem 30.12.1993); BGBl 1996/201 (StruktAnpG 1996; RV 72 und Zu 72 AB 95 BlgNR 20. GP) (Änderung des § 4 Z 1 lit a und lit b; für Stichtage nach 31.12.1995, in Kraft gesetzt durch die Verfassungsbestimmung des 3. Teil Z 5, mittlerweile bereinigt durch § 5 Abs 1 Z 14 1. BVRBG, BGBl I 2008/2); BGBl 1996/797 (AbgÄG 1996; RV 497 AB 552 BlgNR 20. GP) (Änderung des § 4 Z 1 lit a und b, Einfügung des § 4 Z 1 lit d; für Stichtage nach 31.12.1996); BGBl I 1998/9 (AbgÄG 1997; RV 933 AB 998 BlgNR 20. GP) (Änderung des § 4 Z 1 lit a und b); BGBl I 1999/28 (AbgÄG 1998; RV 1471 AB 1505 BlgNR 20. GP) (Neufassung des § 4 Z 1 lit a erster Satz); BGBl I 2003/71 (BudBG 2003; RV 59 AB 111 BlgNR 22. GP) (Neufassung des § 4 Z 1 lit d).

Literatur 2017

Jann/Ursprung-Steindl/Zwickl, Zweifelsfragen zum Zeitpunkt des umgründungsbedingten Untergangs von Verlustvorträgen, ÖStZ 2018/2, 5; *Kofler*, VwGH: Kein Verlustübergang bei Hereinverschmelzung, GES 2017, 161; *Schlager*, Highlights aus dem UmgrStR-Wartungserlass 2017, RWZ 2017/21, 99; *Schlager*, KStR-Wartungserlass 2017 in Begutachtung, RWZ 2017/70, 337; *Wiesner*, Auslandsbezogene Verluste, RWZ 2017/32, 154; *Wiesner*, Fortgesetzte Siebentel-Abschreibung in der Unternehmensgruppe, RWZ 2017/45, 211; *Wiesner*, Mantelkauf bei Änderung der Gesellschafterstruktur, RWZ 2017/71, 342; *Zorn*, VwGH zu finalen Verlusten aus der beschränkten Steuerpflicht, RdW 2017/262, 333; *Zwick*, Verlustzuordnung im Rahmen des umgründungssteuerlichen Objektbezugs, ÖStZ 2017/728, 509.

Übersicht

I. Verlustabzug nach Verschmelzung	
A. Übergang des Rechts auf Verlustabzug	
1. Verlustabzug und Gesamtrechtsnachfolge	1, 2
2. Anwendungsbereich des § 4	3
3. Regelungsstruktur des § 4	4
B. Betroffene Verluste	
1. Verlustabzug nach § 8 Abs 4 Z 2 KStG	6, 7
2. Siebentelverluste nach § 12 Abs 3 Z 2 KStG	
a) „Abgereifte" Siebentelabschreibungen	9
b) Nicht „abgereifte" Siebentelabschreibungen	10, 11
3. Exkurs: Schwebeverluste	12, 13
II. Verluste der übertragenden Körperschaft (Z 1 lit a)	
A. Allgemeines	21
B. Voraussetzung der Buchwertverschmelzung	22, 23
C. Verrechnungsaufschub	
1. Abgrenzung mit dem Verschmelzungsstichtag	24
2. Verrechnungsaufschub in den folgenden Veranlagungszeitraum	25–27
3. Verwertung bei der übernehmenden Körperschaft	28
D. Verlustübergang bei Auslandsbezug	
1. Auslandsverschmelzung	29
2. Import-Verschmelzung	
a) Inländische Verluste	30, 31
b) Ausländische Verluste	32, 33
3. Export-Verschmelzung	
a) Inländische Verluste	34, 35
b) Ausländische Verluste	37
III. Verluste der übernehmenden Körperschaft (Z 1 lit b)	41
IV. Objektbezogene Beschränkungen des Verlustabzugs (Z 1 lit a und b)	
A. Allgemeines	
1. Übertragende und übernehmende Körperschaft	46
2. Objektbezogenheit des Verlustvortrags	47–49
B. Verlustverursachendes Vermögen	
1. Vermögen iSd § 4	50
2. Betriebsführende (operative) Körperschaft	
a) Betrieb und Teilbetrieb	51–53
b) Mitunternehmeranteil	56, 57
c) Sonstige Vermögensteile	58, 59
3. Vermögensverwaltende (nichtoperative) Körperschaft	
a) „Vermögensteil"	80–82
b) Funktionszusammenhang	83

C. Zuordnung von Verlusten zu Verlustquellen
  1. Direkte Zuordnung und Aliquotierung 84
  2. Zeitliche Aspekte der Zuordnung 85
D. Vorhandensein am Verschmelzungsstichtag
  1. Relevanz des Verschmelzungsstichtages 86, 87
  2. Verschmelzungsbedingter Wegfall einer Beteiligung
    a) Identitätsfiktion 88
    b) Upstream- und Downstream-Verschmelzung 89
E. Zeitpunkt des Wegfalls von Verlusten
  1. Verluste der übertragenden Körperschaft 90
  2. Verluste der übernehmenden Körperschaft 91, 92
V. Qualifizierte Umfangsminderung (Z 1 lit c)
  A. Allgemeines 101
  B. Beurteilung der Umfangsminderung
    1. Betriebe und Teilbetriebe
      a) Vergleichende Rückwärtsbetrachtung 102
      b) Betriebswirtschaftliche Messgrößen 103
      c) „Qualifizierte" Minderung 104, 105
    2. Mitunternehmeranteile 106
    3. Nichtbetriebliche Vermögensteile 107, 108
  C. Zeitliche Aspekte 109
  D. Alles-oder-Nichts-Betrachtung 110
VI. Doppelverwertungsverbot (Z 1 lit d)
  A. Allgemeines 116, 117
  B. Verschmelzung verbundener Körperschaften 118
  C. Ermittlung des ausgeschlossenen Verlustes
    1. Kürzung vortragsfähiger Verluste der Tochtergesellschaft
      a) Kürzung um abzugsfähige Teilwertabschreibungen 119–122
      b) Minderung der Kürzung um Zuschreibungen 123
      c) Zeitpunkt der Kürzung 124
    2. Behandlung offener Teilwertabschreibungssiebentel
      a) Verwertung der Teilwertabschreibungssiebentel 125
      b) Abzug des Unterschiedsbetrags nach § 4 Z 1 lit d S 4
        aa) Überblick und Zielsetzung 126, 127
        bb) Auswirkung von Zuschreibungen 129
      c) Beispiele 130–134
VII. Verschmelzung und Mantelkauf (Z 2)
  A. Verschmelzungsbedingter Mantelkauf
    1. Allgemeiner Mantelkauf nach § 8 Abs 4 Z 2 lit c KStG
      a) Kriterien 141, 142
      b) Verwirklichung vor Verschmelzung 146, 147

	2. Erweiterter Mantelkauf nach § 4 Z 2	148
	a) Zielsetzung und „Einheitsbetrachtung"..................	149
	b) Betroffene Verluste	150, 151
B.	Strukturänderungen	
	1. Überblick..	152
	2. Entgeltliche Änderung der Gesellschafterstruktur	
	a) Strukturänderung	153, 154
	b) Zeitliche Aspekte..	155
	c) Strukturänderung durch Verschmelzung	156
	aa) Konzernverschmelzung................................	157
	bb) Konzentrationsverschmelzung....................	158
	3. Änderung der organisatorischen Struktur	
	a) Strukturänderung	159
	b) Verschmelzungsbedingte Änderung.....................	160
	4. Änderung der wirtschaftlichen Struktur	
	a) Strukturänderung	161
	b) Betriebsbezogene Betrachtung...............................	162
C.	Ausnahmetatbestände	
	1. Überblick..	163, 164
	2. Sanierungsklausel des § 8 Abs 4 Z 2 lit c S 2 KStG	165, 166
	3. Rationalisierungsklausel des § 4 Z 2 S 2	
	a) Rationalisierung und Verbesserung........................	167
	b) Synergieeffekte	168
	c) Glaubhaftmachung...	169
D.	Rechtsfolgen..	170, 171
VIII. Zusammenwirken der Beschränkungen		176

I. Verlustabzug nach Verschmelzung

A. Übergang des Rechts auf Verlustabzug

1. Verlustabzug und Gesamtrechtsnachfolge

1 Mit § 4 findet sich eine von § 19 BAO unabhängige, eigenständige umgründungssteuerliche Bestimmung, die das Schicksal vortragsfähiger Verluste iSd § 18 Abs 6 EStG iVm § 8 Abs 4 Z 2 KStG der übertragenden und der übernehmenden Körperschaft nach der Verschmelzung iS eines objektbezogenen Verlustvortragsübergangs regelt. § 4 sollte primär den **Übergang des Verlustvortrags** auf die übernehmende Körperschaft sicherstellen, enthält aber nunmehr in erster Linie Bestimmungen, die den Verlustabzug beschränken (*Bruckner* in *W/H/M*, HdU[1] I § 4 Rz 6 f; krit zu diesen Einschränkungen *Hügel* in GedS Helbich 189 ff).

2 Str ist, ob das Recht auf Verlustabzug (§ 18 Abs 6 u 7 EStG iVm § 8 Abs 4 KStG) der **Gesamtrechtsnachfolge nach § 19 BAO** unterliegt und daher auch ohne die Bestimmung des § 4 nach allgemeinen abgabenrechtlichen Grundsätzen auf den Gesamtrechtsnachfolger (die übernehmende Körperschaft) übergehen würde. Dies wird in der Rsp für die erbrechtliche Gesamtrechtsnachfolge grundsätzlich bejaht (VfGH 5.3.1988, G 248/87, VfSlg 11.636/1988; VwGH 18.1.1994, 90/14/0095,

ÖStZB 1994, 531; s zB *Dalbauer*, RdW 2009/118, 112 f). Die wohl hA vertrat dies auch für den Verlustübergang bei Umgründungen unter (gesellschaftsrechtlicher) Gesamtrechtsnachfolge (zB *Bruckner* in W/H/M, HdU[1] I § 4 Rz 5; *Wolf/Silberbauer*, taxlex 2006, 117 ff; *Hügel* § 3 Rz 24 u § 4 Rz 18 ff; ebenso noch *Walter*[8] Rz 105 f u ausf *Hügel* in GedS Helbich 196 ff), während die Verwaltungspraxis dies unter Hinweis auf die Höchstpersönlichkeit des Verlustabzugs verneint (KStR Rz 992 [ex-Rz 1177]; UmgrStR Rz 399; *Mayr* in D/R I[11] Tz 1141). Auch § 4 Z 1 lit a geht offenkundig davon aus, dass Verlustvorträge bei Nichtanwendbarkeit des Art I im Zuge einer Verschmelzung nicht übergehen, ordnet diese Bestimmung doch gerade positiv den Abzug der Verluste der übertragenden Körperschaft von den Einkünften der übernehmenden Körperschaft an (s a *Bruckner* in FS Werilly 78; *Massoner*, Mantelkauf 44 f; *Hügel* § 4 Rz 23). Die Verwaltungspraxis findet auch eine Stütze in der **Judikatur des VfGH** zur – ebenfalls unter Gesamtrechtsnachfolge erfolgenden (s nur *Stefaner* § 7 Rz 4) – Umwandlung: Danach ist „der **Verlustabzug ein höchstpersönliches Recht** […], das grundsätzlich nicht übertragbar ist (das hg. Erkenntnis VfSlg. 11.636/1988 behandelt lediglich die Sondersituation des Erbfalles)", sodass „unter diesem Gesichtspunkt der im UmgrStG vorgesehene Übergang von Verlusten einer Kapitalgesellschaft auf den Rechtsnachfolger im Zuge einer Umwandlung eine Ausnahme vom Grundsatz der Höchstpersönlichkeit des Verlustabzuges bildet" (VfGH 24.2.2009, B 1275/08, zur Umwandlung; dazu *Wiesner*, RWZ 2009/39, 137; krit *Hügel* in GedS Helbich 199 ff). Fällt eine Verschmelzung daher nicht unter Art I, können vortragsfähige Verluste nicht auf die übernehmende Körperschaft übergehen (UmgrStR Rz 399; s a *Walter*[11] Rz 106; aA zB *Hügel* § 3 Rz 24 u § 4 Rz 18 ff u *Hügel* in GedS Helbich 203); für eine analoge Anwendung der Einschränkungen des § 4 Z 1 und Z 2 auf Verschmelzungen außerhalb des Art I besteht daher mangels Verlustübergangs von vornherein kein Bedarf (s a *Massoner*, Mantelkauf 46 f).

Was die **einschränkenden Voraussetzungen** für den Verlustübergang nach § 4 im Hinblick auf den Übergang des verlustverursachenden Vermögens betrifft, wurden diese Wertungen mittlerweile auch für die **erbrechtliche Gesamtrechtsnachfolge** nachvollzogen: Während nämlich die bisherige Praxis für den erbrechtlichen Verlustvorgang auf den Übergang des verlustverursachenden Vermögens (zB des Betriebes) abstellte (s zB EStR 4534 f idF vor der Information BMF-010203/ 0640-VI/6/2013 v 19.12.2013), bewirkt nach der jüngeren Rsp des VwGH die erbrechtliche Gesamtrechtsnachfolge dann keinen Übergang von Verlustvorträgen, wenn nicht auch das **verlustverursachende Vermögen im Zuge der erbrechtlichen Gesamtrechtsnachfolge übernommen wird** (VwGH 25.4.2013, 2010/15/0131, ÖStZB 2014/295, 505; VwGH 15.9.2016, Ra 2015/15/0003, ÖStZB 2016/325, 610; dazu *Zorn*, RdW 2013/365, 354 ff; *Stückler*, ÖStZ 2013/889, 487 ff u ÖStZ 2013/927, 513 ff; krit *Peyerl*, ÖStZ 2015/743, 602 ff; *Peyerl*, SWK 2016, 1464 ff); der VwGH zieht hier das Verlustübergangsregime des UmgrStG analog heran (*Zorn*, RdW 2013/365, 355). Die Verwaltungspraxis macht sich diese Judikatur ab der Veranlagung 2013 zu eigen (EStR Rz 4537a ff idF WE 2015; s a die Information zum „Übergang von Verlustvorträgen bei Tod des Steuerpflichtigen", BMF-010203/ 0640-VI/6/2013 v 19.12.2013).

2. Anwendungsbereich des § 4

§ 4 ist bei **Verschmelzungen iSd Art I** und somit gleichermaßen bei Inlands- und Auslandsverschmelzungen iSd § 1 Abs 1 maßgeblich (*Hügel* § 4 Rz 27; *Zöchling* in W/Z/H/K[5] § 4 Rz 8); bei grenzüberschreitenden Umgründungen kann jedoch frag-

3

lich sein, ob „Verluste" iSd § 8 Abs 4 Z 2 KStG vorliegen (s Rz 33). Bei einer **Verschmelzung mit Verstrickungseinschränkung** nach § 1 Abs 2 S 1 kommt Art I und damit auch dessen § 4 nicht zur Anwendung (*Hügel* § 4 Rz 27; s a § 1 Rz 192 ff).

3. Regelungsstruktur des § 4

4   § 4 regelt einerseits den grundsätzlichen Übergang des Verlustabzugs iSd § 8 Abs 4 Z 2 KStG der übertragenden auf die übernehmende Körperschaft (Rz 21), das Erfordernis der Buchwertfortführung (Rz 22) und den Zeitpunkt der Berücksichtigung (Rz 24 ff), sieht aber andererseits eine Reihe von **Einschränkungen dieses „Übergangs des Verlustabzugs"** und analoge Beschränkungen des Fortbestehens von Verlusten der übernehmenden Körperschaft vor:

- § 4 Z 1 lit a und c möchten zunächst den Fall ausschließen, dass eine **übertragende „Verlustgesellschaft"** zur Verlustverwertung auf eine übernehmende „Gewinngesellschaft" verschmolzen wird und unterbinden den Übergang von Verlusten insoweit, als das verlustverursachende Vermögen am Verschmelzungsstichtag nicht mehr (lit a) oder – iSe „qualifizierten Umfangsminderung" – nicht mehr in wirtschaftlich vergleichbarer Form (lit c) vorhanden ist.

- Der offenkundigen Gestaltungsalternative der umgekehrten Verschmelzungsrichtung tragen **§ 4 Z 1 lit b und c** Rechnung, indem auch die Abzugsfähigkeit **eigener Verluste der übernehmenden Körperschaft** dann versagt wird, wenn verlustverursachendes Vermögen am Verschmelzungsstichtag nicht mehr (lit b) oder – iS einer „qualifizierten Umfangsminderung" – nicht mehr in wirtschaftlich vergleichbarer Form (lit c) vorhanden ist.

- § 4 Z 1 lit d sieht die Kürzung von Verlustvorträgen vor, um eine **doppelte Verwertung** von operativen Verlusten einer Körperschaft einerseits und der auf die Beteiligung an ihr bei der anderen Körperschaft vorgenommenen Teilwertabschreibungen andererseits zu verhindern.

- Ergänzend zu § 4 Z 1 sieht § 4 Z 2 einerseits eine Erweiterung der **Mantelkaufregelung des § 8 Abs 4 Z 2 lit c KStG** vor, indem die übernehmende und die übertragende Körperschaft im Hinblick auf das Vorliegen qualifizierter Strukturänderungen als Einheit betrachtet werden, ergänzt aber andererseits den Ausnahmetatbestand der **Sanierung** um jenen der **Rationalisierung**.

Zur **Reihenfolge** der Ermittlung der übergehenden bzw bei der übernehmenden Körperschaft bestehenden vortragsfähig bleibenden Verluste s Rz 176. Die Regelungen des § 4 gelten nicht nur für Verschmelzungen, sondern haben auch für **andere Umgründungen**, nämlich Umwandlungen (s § 10 Rz 1 ff), Einbringungen (s § 21 Rz 1 ff) und Spaltungen (s § 35 Rz 1 ff), Bedeutung. Zur Behandlung von Verlusten bei **Umgründungen in Unternehmensgruppen** siehe die Analyse von *Jann/Rittsteuer/Schneider* in diesem Band.

5   Die Verlusteinschränkungen des § 4 stehen in der **steuersystematischen und steuerpolitischen Kritik**, zumal sie auch Sachverhalte diskriminieren, in denen entweder keine Verlustverwertungsabsicht vorliegt oder eine solche ausgeschlossen ist, und dadurch die unternehmerische Bewegungsfreiheit erheblich einschränken (s zB *Farmer* in FS Pircher 105 ff; weiters a *Bruckner* in W/H/M, HdU[1] I § 4 Rz 10; *Hügel* § 4 Rz 58 f); vor allem seit Einführung der Gruppenbesteuerung (§ 9 KStG) wird die Beschränkung der **Verlustübertragung innerhalb eines Konzerns** nach § 4 als gravierender Wertungswiderspruch angesehen (*Hügel* § 4 Rz 59; *Hügel* in GedS Helbich 205). Gegen die Einschränkungen des § 4 Z 1 lit a und c im Hinblick auf die **Verluste**

der **übertragenden Körperschaft** dürften jedoch im Lichte der Judikatur des VfGH keine verfassungsrechtlichen Bedenken bestehen (krit aber zB *Bruckner* in *W/H/M*, HdU¹ I § 4 Rz 10; *Farmer* in FS Pircher 110 f; *Hügel* § 4 Rz 59), steht doch dem Gesetzgeber hinsichtlich der Regelung des Verlustübergangs durchaus ein weiter Gestaltungsspielraum zu. So hat der VfGH im Hinblick auf § 10 ausgeführt, „dass es dem Gesetzgeber […] freisteht, das Recht auf Verlustabzug zur Erzielung sachgerechter Ergebnisse und zur Vermeidung von Missbräuchen – unter Wahrung des Grundsatzes der Verhältnismäßigkeit – an bestimmte Bedingungen zu knüpfen, ohne auf das Motiv der Umwandlung Bedacht zu nehmen, zumal ein solcher Rechtsformwechsel im freien Belieben der handelnden Personen steht" (VfGH 24.2.2009, B 1275/08; dazu *Wiesner*, RWZ 2009/39, 137; krit *Bruckner* in *W/H/M*, HdU¹ I § 4 Rz 10). Der Untergang von eigenen **Verlusten der übernehmenden Körperschaft** nach § 4 Z 1 lit b und c wird demgegenüber weiterhin als verfassungsrechtlich problematisch kritisiert (*Bruckner* in *W/H/M*, HdU¹ I § 4 Rz 10; *Farmer* in FS Pircher 110 f; *Massoner*, Mantelkauf 50 f; *Hügel* § 4 Rz 59). Auch gegen das **Verlustdoppelverwertungsverbot des § 4 Z 1 lit d** werden verfassungsrechtliche Bedenken vorgebracht (*Bruckner* in *W/H/M*, HdU¹ I § 4 Rz 10; s a Rz 117). Bei der **Mantelkaufregelung des § 4 Z 2** wird neben verfassungsrechtlicher Kritik (*Bruckner* in *W/H/M*, HdU¹ I § 4 Rz 10) auch das Bedenken geäußert, dass sie aufgrund ihrer typisierenden Missbrauchsvermutung gegen die FRL verstoße (*Massoner*, Mantelkauf 71 ff).

B. Betroffene Verluste

1. Verlustabzug nach § 8 Abs 4 Z 2 KStG

§ 4 bezieht sich nur auf den **Verlustabzug (Verlustvortrag) iSd § 8 Abs 4 Z 2 KStG iVm § 18 Abs 6 u 7 EStG** der übertragenden bzw übernehmenden Körperschaft (ErlRV 266 BlgNR 18. GP, 17; UmgrStR Rz 187). Von § 4 betroffen sind damit auch Verlustvorträge aus den der Körperschaft als Gruppenträger zugerechneten Verlusten (*Hügel* § 4 Rz 26; s a BMF 24.1.2002, ecolex 2002, 292, zur Organschaft) und den im Entstehungsjahr nicht (zur Gänze) verrechneten und damit in den Verlustvortrag eingegangenen ausländischen Betriebsstättenverlusten iSd § 2 Abs 8 EStG. Der Verlustabzug – und damit auch die Möglichkeit des Übergangs nach § 4 – wird jedoch durch den **Mantelkauftatbestand des § 8 Abs 4 Z 2 lit c KStG** eingeschränkt (s dazu Rz 146).

Die Beschränkungen des § 4 gelten damit nicht für die **vortragsfähigen Verluste der Anteilsinhaber** der an der Verschmelzung beteiligten Körperschaften, sofern der Anteilsinhaber nicht (iRe Konzernverschmelzung) zugleich als übertragende oder übernehmende Körperschaft fungiert (UmgrStR Rz 189; BMF 5.9.2000, ecolex 2001, 153 = SWK 2000, S 706; *Bruckner* in *W/H/M*, HdU¹ I § 4 Rz 7; *Hügel* § 4 Rz 26; s Rz 88 und § 5 Rz 130). Nicht von § 4 angesprochen sind auch die besonderen Verlustverrechnungsvorschriften des § 7 Abs 2 KStG (UmgrStR Rz 187); für **Schwebeverluste** gelten weder die Einschränkungen des § 4 noch jene des Mantelkauftatbestands des § 8 Abs 4 Z 2 lit c KStG (s Rz 12 ff). Von § 4 erfasst sind jedoch auch noch nicht „abgereifte" **Teilwertabschreibungssiebentel nach § 12 Abs 3 Z 2 KStG** (s Rz 10 f; zur – mittlerweile wieder – gegenteiligen Sichtweise im Hinblick auf den Mantelkauftatbestand des § 8 Abs 4 Z 2 lit c KStG s Rz 145).

Für Sonderausgabenverluste sieht die **Vortragsgrenze des § 8 Abs 4 Z 2 lit a KStG** idF AbgÄG 2014 (BGBl I 2014/13) eine eingeschränkte Abzugsfähigkeit im Ausmaß von 75 % des Gesamtbetrags der Einkünfte vor, so dass jedenfalls ein Viertel des positiven Gesamtbetrags der Einkünfte der Körperschaft ertragsteuerlich zu erfassen ist; nicht verwertete Verlustvorträge verbleiben – wiederum unter Beachtung der Vortragsgrenze – für den Abzug in Folgejahren (s zB KStR Rz 992a). Auch solche Verlustvorträge unterliegen nach dem Gesetzeswortlaut den Einschränkungen des § 4, selbst wenn sie – ohne die 75 %-Grenze – bereits vollständig hätten verwertet werden können. Insofern kann diese steuertechnische Verlustspreizung zu einer unsystematischen Einschränkung der Verlustverwertbarkeit führen.

2. Siebentelverluste nach § 12 Abs 3 Z 2 KStG
a) „Abgereifte" Siebentelabschreibungen

9 Abzugsfähige Teilwertabschreibungen auf im Anlagevermögen gehaltene Beteiligungen iSd § 10 KStG und Verluste auf Grund der Veräußerung oder des sonstigen Ausscheidens solcher Beteiligungen (zB Liquidation) können – sofern keine gesetzliche Ausnahme eingreift – gem § 12 Abs 3 Z 2 KStG nur verteilt auf das betreffende Wirtschaftsjahr und die folgenden sechs Wirtschaftsjahre zu je einem Siebentel abgesetzt werden („Siebentelverluste" oder „Teilwertabschreibungssiebentel"; ausf KStR Rz 1299 ff [ex-Rz 1231 ff]). Bereits **abgesetzte („abgereifte") Siebentel** mindern den laufenden Gewinn oder erhöhen einen laufenden Verlust und gehen diesfalls in den Verlustvortrag ein; dieser unterliegt im Verschmelzungsfall den Einschränkungen des § 4 (UmgrStR Rz 254; *Hügel* § 4 Rz 7; *Apfelthaler*, SWK 2011, S 522), und zwar sowohl bei der übertragenden wie auch bei der übernehmenden Körperschaft (UmgrStR Rz 254; *Mayr/Petrag/Schlager*, RdW 2012/63, 56).

b) Nicht „abgereifte" Siebentelabschreibungen

10 Auch noch **nicht abgesetzte („abgereifte") Siebentel** nach § 12 Abs 3 Z 2 KStG sind nach der jüngeren Rsp – entgegen der hA (Rz 11) – nicht den Schwebeverlusten zuzurechnen, sondern als über sieben Jahre gestreckte Verlustverteilung dem „normalen" Verlustregime des § 4 zu unterstellen (VwGH 14.10.2010, 2008/15/0212, ÖStZB 2011/183, 305, zur Spaltung; dazu *Wiesner*, RWZ 2010/88, 361 f; *Bergmann*, GES 2011, 88 ff; *Kofler*, 18 ÖJT IV/2, 69 ff; *Mayr* in D/R I[11] Tz 1141; *Frei* in HB KonzernStR[2] 369; krit *Apfelthaler*, SWK 2011, S 518 ff). Dieser Sichtweise hat sich die Verwaltungspraxis für **Verschmelzungsbeschlüsse ab dem 1.1.2011 angeschlossen** (s UmgrStR Rz 211; s a *Mayr/Petrag/Schlager*, RdW 2012/63, 56, uHa Gründe des Vertrauensschutzes): Offene Siebentel sollen daher (nur) unter den gleichen Voraussetzungen wie Verlustvorträge iSd § 8 Abs 4 Z 2 KStG auf die übernehmende Körperschaft übergehen, also unter den **inhaltlichen und zeitlichen Vorgaben des § 4** (UmgrStR Rz 211 u Rz 254; s a *Schwarzinger/Wiesner* I/1[3] 99; *Mayr* in D/R I[11] Tz 1141; *Zöchling* in W/Z/H/K[5] § 4 Rz 45; *Walter*[11] Rz 107 u Rz 112, so bereits *Hügel* § 3 Rz 24 u § 4 Rz 7; krit zuletzt *Wiesner* in FS Ritz 405 f; zur Behandlung von noch nicht abgereiften Siebenteln einer Teilwertabschreibung auf die Beteiligung an einer Tochtergesellschaft bei einer Downstream-Verschmelzung s Rz 89). Auch die Fortsetzung offener Siebentel bei der übernehmenden Körperschaft soll den Einschränkungen des § 4 unterliegen (UmgrStR Rz 254; *Mayr/Petrag/Schlager*, RdW 2012/63, 56; zur Behandlung von noch nicht abgereiften Siebenteln einer Teilwertabschreibung auf die Beteiligung an einer Tochtergesellschaft bei einer Upstream-Verschmelzung s Rz 89; *Schwarzinger/Wiesner* I/1[3] 99). Die UmgrStR (Rz 254) erläutern dies durch folgendes

Beispiel

Im Jahr 02 führt die X-AG (Bilanzstichtag 31.12.) auf die 50%ige Beteiligung an der inländischen A-GmbH eine Teilwertabschreibung über 70.000 durch, die steuerlich zu einem Verlust führt. Sie macht das erste Siebentel iRd Veranlagung 02 geltend. Zum Stichtag 30.9.03 wird die X-AG auf die Y-AG (Bilanzstichtag ebenfalls 31.12.) verschmolzen. Im Jahr 03 kann nur die X-AG ein weiteres Siebentel aus der Teilwertabschreibung geltend machen, nicht aber die Y-AG, weil auch für die noch offenen Siebentel aus der Teilwertabschreibung § 4 zur Anwendung kommt und daher eine Geltendmachung erstmals in dem dem Verschmelzungsstichtag folgenden Veranlagungszeitraum, dh im Jahr 04 möglich ist (s Rz 24 ff). Weiters ist eine Geltendmachung der offenen Teilwertabschreibungssiebentel durch die Y-AG ab 04 nur dann möglich, wenn die Voraussetzungen des § 4, wie insb Vorhandensein des verlustverursachenden Vermögens am Stichtag und Vergleichbarkeit des vorhandenen Vermögens, gegeben sind.

Unklar ist jedoch, ob offene Siebentel auch dann dem Verlustvortragsregime zuzuordnen sind, wenn – bei Ausblendung der Streckung nach § 12 Abs 3 Z 2 KStG – vor dem Verschmelzungsstichtag eine **Verrechnung mit Gewinnen** möglich gewesen wäre; die Rsp (VwGH 14.10.2010, 2008/15/0212, ÖStZB 2011/183, 305; dazu *Wiesner*, RWZ 2010/88, 362) und die Verwaltungspraxis (UmgrStR Rz 211 u Rz 245) differenzieren diesbezüglich offenbar nicht (krit *Hirschler*, taxlex 2012, 11, *Frei* in HB KonzernStR[2] 369, u zuletzt a *Wiesner* in FS Ritz 405 f; zum vergleichbaren Problem bei § 8 Abs 4 Z 2 lit a KStG s Rz 8; zweifelnd a *Stefaner* § 10 Rz 3).

Nach **(früher) hA** waren noch nicht verrechnete Siebentelabschreibungen nach **11**
§ 12 Abs 3 Z 2 KStG im Umkehrschluss zum Wortlaut des § 4, der nur auf Sonderausgabenverluste iSd § 18 Abs 6 u 7 EStG iVm § 8 Abs 4 Z 2 KStG Bezug nimmt, **wie Schwebeverluste** zu behandeln, die nach § 19 BAO auf die übernehmende Körperschaft übergehen, ohne dass die Einschränkungen des § 4 oder der Mantelkaufbestimmung des § 8 Abs 4 Z 2 lit c KStG zum Tragen kämen (UmgrStR Rz 211 idF vor WE 2007; weiters zB *Wiesner*, RdW 1996, 248; *Poindl*, ÖStZ 1997, 377 f; *Schwarzinger/Wiesner* I[2] 23; *Hügel* in H/M/H § 4 Rz 21; *Bruckner* in FS Werilly 95; *Bruckner* in W/H/M, HdU[1] I § 4 Rz 120 u 126; *Peklar*, Verluste 33 f u 156 ff; *Kolienz* in FS Wiesner 209 f; *Wiesner/Mayr*, RdW 2007/714, 702, zur Spaltung; *Bruckner/Kolienz*, ÖStZ 2007/997, 474 f; *Zöchling* in W/Z/H/K[5] § 4 Rz 43 ff; s a noch die KStR 2001 in Rz 1238, anders nunmehr KStR 1306; zur Siebentelverwertung bei unterjähriger Umgründung s *Blasina*, SWK 2007, S 68 ff mwN). Auch die ErlRV zu § 12 Abs 3 Z 2 KStG sprachen ohne Einschränkung davon, dass „[d]ie umgründungsbedingte Übertragung einer Beteiligung [...] zu einem Übergang der restlichen Siebentel auf den Rechtsnachfolger" führe (ErlRV 72 BlgNR 20. GP, 289). Als Rechtsgrundlage für diesen Übergang wurde daher von der hA nicht § 4, sondern die Buchwertfortführung nach § 3 Abs 1 iVm der Gesamtrechtsnachfolge nach § 19 BAO erblickt (s *Poindl*, ÖStZ 1997, 377 f; *Hügel* in H/M/H § 4 Rz 21; *Bruckner* in FS Werilly 95; *Bruckner* in W/H/M, HdU[1] I § 4 Rz 126; unklar *Wiesner*, RdW 1996, 248). Demgegenüber wurde schon bisher ansatzweise von der Verwaltungspraxis (s KStR 2001 Rz 1179 u KStR Rz 994 idF vor WE-BegE 2017, zum Mantelkauf) und im Schrifttum (*Hügel* § 4 Rz 7) die Ansicht vertreten, dass es sich bei § 12 Abs 3 Z 2 KStG um eine bloße Verteilungsvorschrift handle, die nichts am „normalen Verlustcharakter" von Teilwertabschreibungen ändere. Diese Sichtweise

beseitige auch den möglichen Wertungswiderspruch, dass – sofern keine Verrechnung mit Gewinnen möglich ist – zum Verschmelzungsstichtag bereits „abgereifte" Teilwertabschreibungssiebentel in einen Verlustvortrag eingehen und den Beschränkungen des § 4 unterliegen, während am Verschmelzungsstichtag noch nicht „abgereifte" Teilwertabschreibungssiebentel nach (früher) hA ohne diese Einschränkungen übertragbar wären (s VwGH 14.10.2010, 2008/15/0212, ÖStZB 2011/183, 305; weiters *Hügel* § 4 Rz 7; antikrit *Apfelthaler*, SWK 2011, S 522, da offene Siebentel eben noch nie die Chance der Verrechnung mit Gewinnen hatten). Umgekehrt hat jedoch die jüngere Rsp Teilwertabschreibungssiebentel aus Vorgruppenzeiten nicht als Vorgruppenverluste qualifiziert, sodass diese laufend zu berücksichtigen sind (VwGH 31.5.2017, Ro 2015/13/0024, ÖStZB 2017/196, 382; dazu zB *Wiesner*, RWZ 2017/45, 211 f; *Raab/Renner*, SWK 2017, 983 ff).

3. Exkurs: Schwebeverluste

12 Der – legistisch nicht definierte – Begriff der **Schwebeverluste** dient als Sammelbegriff für Verluste oder negative Einkünfte, die bereits auf Ebene des innerbetrieblichen Verlustausgleichs bzw des horizontalen Verlustausgleichs bestimmten Restriktionen unterliegen und daher nicht in die **Einkommensermittlung des laufenden Jahres** eingehen (*Apfelthaler*, SWK 2011, S 520); idR erfolgt die steuerliche Verrechnung entweder nur mit **künftigen Gewinnen** aus derselben Einkunftsquelle oder durch eine **Verteilung über einen bestimmten Zeitraum** (*Peklar*, Verluste 21 ff; *Apfelthaler*, SWK 2011, S 520). Verrechenbare Schwebeverluste der übertragenen Körperschaft werden nicht von § 4 oder dem Mantelkauftatbestand des § 8 Abs 4 Z 2 lit c KStG berührt und gehen daher schon aufgrund der **Buchwertfortführungsverpflichtung nach § 3** (iVm der Gesamtrechtsnachfolge nach § 19 BAO) ohne die materiellen Beschränkungen des § 4 auf die übernehmende Körperschaft über (UmgrStR Rz 187 u Rz 211 f; *Bruckner* in *W/H/M*, HdU¹ I § 4 Rz 9 u Rz 120 ff; *Peklar*, Verluste 21 ff; *Hügel* § 3 Rz 25 u § 4 Rz 6; *Walter*¹¹ Rz 107; s a KStR Rz 994 [ex-Rz 1179] u § 3 Rz 22). Für sie gilt auch die **zeitliche Einschränkung des § 4 Z 1 lit a** nicht; Schwebeverluste sind daher iSd § 3 Abs 1 Z 4 iRd normalen Einkünfteermittlung mit den Gewinnen jenes Wirtschaftsjahres der übernehmenden Körperschaft zu verrechnen, in das der dem Verschmelzungsstichtag folgende Tag fällt (UmgrStR Rz 212; BMF 24.6.1993, RdW 1993, 293 = SWK 1993, A 444; *Schneider*, SWK 1992, A I 269; *Bruckner* in *W/H/M*, HdU¹ I § 4 Rz 29 u Rz 121).

13 Zu diesen Schwebeverlusten zählen *(1)* Verluste aus **Verlustzuweisungsbeteiligungen** iSd § 2 Abs 2a TS 1 EStG iVm § 7 Abs 2 S 3 KStG (UmgrStR Rz 211; *Bruckner* in *W/H/M*, HdU¹ I § 4 Rz 124; *Zöchling* in *W/Z/H/K*⁵ § 4 Rz 4; *Walter*¹¹ Rz 107); *(2)* von natürlichen Personen durch Einbringung nach Art III übertragene Verluste aus **Verlustzuweisungsmodellen** oder der **betrieblichen Verwaltung unkörperlicher Wirtschaftsgüter** oder der gewerblichen Vermietung von Wirtschaftsgütern iSd § 2 Abs 2a EStG (*Bruckner* in *W/H/M*, HdU¹ I § 4 Rz 124; *Hügel* § 4 Rz 6); *(3)* Verluste aus **stillen Beteiligungen** gem § 27 Abs 8 EStG idF BudBG 2011 (BGBl I 2010/111) bzw zuvor § 27 Abs 1 Z 2 EStG (s dazu KStR Rz 369 [ex-Rz 309], u Jakom¹⁰/*Marschner* § 27 Rz 419); *(4)* von natürlichen Personen durch Einbringung nach Art III übertragene **Übergangsverluste** nach § 4 Abs 10 Z 1 EStG (*Bruckner* in *W/H/M*, HdU¹ I § 4 Rz 120 u 125; *Hügel* § 4 Rz 6); *(5)* allenfalls noch vorhandene **IFB-Wartetastenverluste** gem § 10 Abs 8 EStG idF StruktAnpG 1996 (BGBl 1996/201) (UmgrStR Rz 211; BMF 24.6.1993, RdW 1993, 293 = SWK

1993, A 444; BMF 14.2.2000, ARD 5108/22/2000; *Zöchling* in *W/Z/H/K*[5] § 4 Rz 3) und Schwebeverluste aus **Kommanditbeteiligungen** nach § 23a EStG 1972 (UmgrStR Rz 211; *Schneider*, SWK 1992, A I 269; *Bruckner* in *W/H/M*, HdU[1] I § 4 Rz 120; *Hügel* § 3 Rz 24) bzw von **kapitalistischen Mitunternehmern mit beschränkter Haftung** (§ 23a EStG idF StRefG 2015/2016, BGBl I 2015/118, iVm § 21 UmgrStG); *(6)* Verluste aus einer in einem 1996 oder 1997 endenden Wirtschaftsjahr angeschafften Mitunternehmerbeteiligung oder stillen Beteiligung an Betrieben, deren Unternehmensschwerpunkt in der Verwaltung unkörperlicher Wirtschaftsgüter oder in der gewerblichen Vermietung von Wirtschaftsgütern gelegen ist (§ 26a Abs 6 KStG; s UmgrStR Rz 211). Teilweise wird auch der nachträgliche Abzug von zunächst – nach § 11 Abs 1 Z 4 (idF BudBG 2011) iVm § 12 Abs 2 KStG – nicht abzugsfähigen **Schuldzinsen** aus der Finanzierung einer Beteiligung aus Anlass der steuerpflichtigen Veräußerung der Beteiligung zu den Schwebeverlusten gerechnet (*Peklar*, Verluste 158 f; *Kolienz* in FS Wiesner 210; s zu diesem aufgeschobenen Abzug § 3 Rz 26 u zum durch das AbgÄG 2014 eingeführten Abzugsverbot des § 12 Abs 1 Z 9 KStG § 3 Rz 25).

Nicht zu den Schwebeverlusten gehören am Verschmelzungsstichtag offene **Siebentel nach § 12 Abs 3 Z 2 KStG**; diese unterliegen nach neuerer Auffassung den **Einschränkungen des § 4** (s Rz 10), nach jüngerer Verwaltungspraxis aber nicht (mehr) dem **Mantelkauftatbestand des § 8 Abs 4 Z 2 lit c KStG** (s Rz 145) und nach der jüngsten Judikatur des VwGH (VwGH 31.5.2017, Ro 2015/13/0024) auch nicht der Einschränkung für Vorgruppenverluste (§ 9 Abs 6 Z 4 KStG). **14**

II. Verluste der übertragenden Körperschaft (Z 1 lit a)

A. Allgemeines

§ 4 Z 1 lit a stellt sicher, dass die **Verluste der übertragenden Körperschaft**, die bis zum Verschmelzungsstichtag entstanden und noch nicht verrechnet sind, auf die übernehmende Körperschaft übergehen. Ein Verlustvortrag ist iSd § 4 „**bis zum Verschmelzungsstichtag entstanden**", wenn er iRd Veranlagung für vergangene Jahre ermittelt wurde; der Verlustübergang umfasst damit Verlustvorträge bis einschließlich des Veranlagungszeitraumes, in das der Verschmelzungsstichtag fällt (*Peklar*, Verluste 82; s Rz 24). Verlustvorträge sind „**noch nicht verrechnet**", wenn sie nicht im Rahmen einer Veranlagung der übertragenden Körperschaft verwertet werden konnten (*Peklar*, Verluste 82). Laufende Verluste des mit dem Verschmelzungsstichtag endenden letzten (Rumpf)Wirtschaftsjahres sind iRd letzten Veranlagung der übertragenden Körperschaft zu berücksichtigen; ein nach Veranlagung verbleibender Restverlust geht nach Maßgabe des § 4 auf die übernehmende Körperschaft über (s Rz 24 ff). Für den Übergang auf die übernehmende Körperschaft normiert § 4 Z 1 lit a – neben dem auch für die übernehmende Körperschaft geltenden **Grundsatz des objektbezogenen Verlustvortragsübergangs** (s Rz 46 ff) – sowohl eine Einschränkung des Verlustübergangs auf Fälle der **Buchwertfortführung** (Rz 22 ff) als auch eine Einschränkung hinsichtlich des **Zeitpunkts des Verlustübergangs** (Rz 24 ff). **21**

B. Voraussetzung der Buchwertverschmelzung

Der Übergang von Verlusten der übertragenden Gesellschaft ist in § 4 Z 1 lit a mit der **Buchwertübertragung** der verlustverursachenden (verlustproduzierenden) Einkunftsquelle verknüpft (arg „im Rahmen der Buchwertfortführung"; UmgrStR **22**

Rz 188; krit zu dieser Voraussetzung *Bruckner* in *W/H/M*, HdU[1] I § 4 Rz 23; *Zöchling/Fraberger* in FS Loukota 712; *Kornberger/Rödler* in FS Nolz 112 f; *Hügel* § 4 Rz 32; antikrit *Peklar*, Verluste 58 f). Mit dieser Einschränkung ist zunächst die **Aufwertungsoption des § 2 Abs 2** angesprochen, wobei seit dem **StRefG 1993** (BGBl 1993/818) klargestellt ist, dass nur solche Verluste nicht übergehen, die mit den aufgewerteten Vermögensteilen in Zusammenhang stehen (arg „im Rahmen" statt – wie in der Stammfassung – „im Falle"; s ErlRV 1237 BlgNR 18. GP, 69; *Bruckner* in *W/H/M*, HdU[1] I § 4 Rz 21 f; *Hügel* § 4 Rz 32). Eine **Aufwertung des Auslandsvermögens** nach § 2 Abs 2 Z 1 hindert daher nicht den Übergang der aus dem Inlandsvermögen stammenden Verluste (ErlRV 1237 BlgNR 18. GP, 69; UmgrStR Rz 194; *Bruckner* in *W/H/M*, HdU[1] I § 4 Rz 21 f; *Hügel* § 4 Rz 32; aA *Jann*[2] 51). Bei einer **Aufwertung des Inlandsvermögens** nach § 2 Abs 2 Z 2 geht der Inlandsverlust hingegen nicht nach § 4 über (*Huber*, FJ 1992, 107); er kann zwar mit dem Liquidationsgewinn nach § 20 KStG verrechnet werden, der danach verbleibende Verlust geht jedoch unter (*Hügel* § 4 Rz 32; *Walter*[11] Rz 110 f; krit *Bruckner* in *W/H/M*, HdU[1] I § 4 Rz 23). Die Voraussetzung der Buchwertfortführung ist auch im Fall der zwingenden **Aufwertung „hereinwachsenden" Vermögens nach § 3 Abs 1 Z 2 TS 1** im Fall der Import-Verschmelzung nicht erfüllt (s UmgrStR Rz 194; *Kornberger/Rödler* in FS Nolz 112 f; *Zöchling/Puchner* in *Frotz/Kaufmann*[2], SteuerR Rz 74; *Hirschler* in *Kirchmayr/Mayr*, Umgründungen 141 f), wobei die Verwaltungspraxis hier davon ausgeht, dass es schon wegen § 8 Abs 4 Z 2 KStG zu keinem Verlustübergang kommen könne (Rz 32).

23 Die in § 4 Z 1 lit a normierte Voraussetzung der Buchwertfortführung hinsichtlich des übergehenden Vermögens für den Verlustübergang bei der übertragenden Körperschaft gilt nicht für **Verluste der übernehmenden Körperschaft** (s Rz 41; UmgrStR Rz 217; *Bruckner* in *W/H/M*, HdU[1] I § 4 Rz 24 u Rz 30; *Hügel* § 4 Rz 38; *Mayr/Wellinger* in HB Sonderbilanzen II 38).

C. Verrechnungsaufschub

1. Abgrenzung mit dem Verschmelzungsstichtag

24 Mit dem Verschmelzungsstichtag endet das **letzte Wirtschaftsjahr der übertragenden Körperschaft** (s § 2 Rz 2). Die Ergebnisse dieses letzten Wirtschaftsjahres sind – unter Beachtung der Vortragsgrenze des § 8 Abs 4 Z 2 lit a KStG idF AbgÄG 2014 (BGBl I 2014/13) – sodann mit allfälligen Verlustvorträgen der übertragenden Körperschaft zu verrechnen (UFS 6.5.2010, RV/1160-L/08; *Bruckner* in *W/H/M*, HdU[1] I § 4 Rz 17; *Hügel* § 4 Rz 34). Die Höhe des noch nicht verrechneten Verlustes ist somit zum **Verschmelzungsstichtag** festzustellen (*Farmer* in FS Pircher 108). Während ab dem dem Verschmelzungsstichtag folgenden Tag die **laufenden Erträge und Aufwendungen** des übergehenden Vermögens der übernehmenden Körperschaft zugerechnet werden (s § 2 Rz 41 f u § 3 Rz 81), wird der **Verlustübergang** durch § 4 Z 1 lit a in den folgenden Veranlagungszeitraum verschoben (Rz 25 ff).

2. Verrechnungsaufschub in den folgenden Veranlagungszeitraum

25 § 4 Z 1 lit a betrifft die nicht verrechneten Verluste der übertragenden Körperschaft **bis zum Verschmelzungsstichtag** (*Bruckner* in *W/H/M*, HdU[1] I § 4 Rz 17). Der Verlust der übertragenden Körperschaft des Verschmelzungsjahres und deren Verlustvorträge aus Vorjahren können bei der übernehmenden Körperschaft – anders als Schwebeverluste (Rz 12 ff) – nicht bereits im Verschmelzungsjahr geltend gemacht werden, sondern erst „ab dem dem Verschmelzungsstichtag **folgenden Veranlagungszeitraum** der übernehmenden Körperschaft" (§ 4 Z 1 lit a; ErlRV 266 BlgNR 18. GP, 17; UmgrStR Rz 210; anders für Verlustvorträge iRd StruktVG zB VwGH 2.12.1987, 87/13/0080, ÖStZB 1988, 347, u dazu zB *Quantschnigg*, RdW 1998, 107; *Bruckner* in W/H/M, HdU[1] I § 4 Rz 25).

„**Veranlagungszeitraum**" iSd § 4 (iVm § 24 Abs 1 KStG) ist – unabhängig vom Wirtschaftsjahr der übertragenden oder übernehmenden Körperschaft – stets das **Kalenderjahr** (UFS 15.6.2007, RV/1880-L/02; UFS 6.5.2010, RV/1160-L/08; UFS 25.5.2010, RV/1207-L/09; UFS 18.4.2011, RV/3985-W/09, GES 2011, 302 m Anm *Lehner/Lehner*; UFS 4.6.2013, RV/0091-W/07, GES 2013, 421 m Anm *Kofler*; s a UmgrStR Rz 210; *Blasina*, SWK 2007, S 68). Eine Verwertung des übergegangenen Verlustabzugs ist daher erst in jenem Wirtschaftsjahr der übernehmenden Körperschaft möglich, dessen Ende in dem Kalenderjahr liegt, das dem Kalenderjahr, in das der Verschmelzungsstichtag fällt, folgt. Ein übergegangener Verlustabzug kann somit erst im **folgenden Kalenderjahr** (Folgeveranlagungszeitraum) geltend gemacht werden, selbst wenn ein mit dem übertragenen Vermögen erwirtschafteter Gewinn in einem Rumpfwirtschaftsjahr, das bei der übernehmenden Körperschaft zB durch die Verlegung des Bilanzstichtages oder wegen eines vom Regelstichtag abweichenden Verschmelzungsstichtages entsteht, noch im selben Jahr zu erfassen ist (UFS 6.5.2010, RV/1160-L/08; UFS 18.4.2011, RV/3985-W/09, GES 2011, 302 m Anm *Lehner/Lehner*; UFS 4.6.2013, RV/0091-W/07, GES 2013, 421 m Anm *Kofler*; s a *Bruckner* in W/H/M, HdU[1] I § 4 Rz 27 f; *Peklar*, Verluste 107). Mit dieser Regelung soll dem bis zum Verschmelzungsstichtag geltenden **Trennungsprinzip** konsequent Rechnung getragen (ErlRV 266 BlgNR 18. GP, 17 f; UFS 15.6.2007, RV/1880-L/02; *Schneider*, SWK 1992, A I 250; *Schneider*, SWK 1992, A I 269) und erreicht werden, dass die Verlustvorträge der übertragenden Körperschaft im gleichen Veranlagungszeitraum nicht auch schon von der übernehmenden Körperschaft geltend gemacht werden können (*Bruckner* in W/H/M, HdU[1] I § 4 Rz 26; UFS 6.5.2010, RV/1160-L/08; UFS 18.4.2011, RV/3985-W/09, GES 2011, 302 m Anm *Lehner/Lehner*; UFS 4.6.2013, RV/0091-W/07, GES 2013, 421 m Anm *Kofler*).

Bei mit dem **Kalenderjahr übereinstimmenden Wirtschaftsjahr** der übernehmenden Körperschaft erfolgt daher ein nahtloser Verlustübergang nur im Falle eines auf den 31.12. fallenden Verschmelzungsstichtages (*Bruckner* in W/H/M, HdU[1] I § 4 Rz 27; *Hügel* § 4 Rz 36). Bei unterjährigem Verschmelzungsstichtag (zB 30.6.) kommt es bei einem Regelbilanzstichtag zum 31.12. hingegen notwendigerweise zu einer bis dahin währenden Periode (von 1.7. bis 31.12.), in der das laufende Ergebnis der übernehmenden Körperschaft, das ab dem dem Verschmelzungsstichtag folgenden Tag auch Gewinne des übertragenen Vermögens einschließt (Rz 24), noch nicht um Verluste der übertragenden Körperschaft gemindert werden kann (UFS 18.4.2011, RV/3985-W/09, GES 2011, 302 m Anm *Lehner/Lehner*; UFS 4.6.2013, RV/0091-W/07, GES 2013, 421 m Anm *Kofler*); die nach Maßgabe des § 4 übergehenden Verluste der übertragenden Körperschaft können erst im darauffolgenden Veranlagungszeitraum (1.1. bis 31.12. des Folgejahres) verwertet werden (UmgrStR Rz 210 Bsp 1; s a *Hügel*, ecolex 1991, 806; *Bruckner* in W/H/M, HdU[1] I § 4 Rz 27; *Hügel* § 4 Rz 36). Hier kann aus planerischer Sicht allenfalls eine Verschmelzung auf die Verlustkörperschaft sinnvoll sein, zumal der Verrechnungsaufschub des § 4 Z 1 lit a nicht auf eigene Verluste der übernehmenden Körperschaft anwendbar ist (s Rz 28 u *Hügel* § 4 Rz 36 Bsp 2; s a *Bruckner* in W/H/M, HdU[1] I § 4 Rz 28; *Farmer* in FS Pircher 108 f). Bei vom **Kalenderjahr abweichendem Wirtschaftsjahr** der übernehmenden Körperschaft (zB Bilanzstichtag 31.3.02) steht der übernehmenden Gesellschaft unabhängig davon, ob die Verschmelzung zB auf den 31.1., 31.3., 30.6. oder 31.12.02 erfolgt, ein bei der übertragenden Gesellschaft bestehender vortragsfähiger Verlust aus 01 sowie ein laufender Verlust aus 02 ab der Veranlagung 03 (= Wirtschaftsjahr 1.4.02 bis 31.3.03) als Sonderausgabe zu (UmgrStR Rz 210 Bsp 2; ebenso *Bruckner* in W/H/M, HdU[1] I § 4 Rz 27).

3. Verwertung bei der übernehmenden Körperschaft

28 Der Verschmelzungsstichtag hat keinen Einfluss auf das laufende Wirtschaftsjahr der **übernehmenden Körperschaft** (UFS 24.11.2006, RV/1250-W/02, UFSaktuell 2008, 185 m Anm *Hirschler/Sulz/Oberkleiner*). Nach dem Verschmelzungsstichtag erzielte Gewinne und Verluste der übertragenden Körperschaft sind bereits **„eigene" Ergebnisse** der übernehmenden Körperschaft und erhöhen bzw vermindern ihr Einkommen (s § 3 Rz 81): Nach dem Verschmelzungsstichtag entstandene Verluste sind damit „eigene" Verluste der übernehmenden Körperschaft und nicht Regelungsgegenstand des § 4 Z 1 lit a (*Bruckner* in W/H/M, HdU[1] I § 4 Rz 17; *Zöchling* in W/Z/H/K[5] § 4 Rz 35; *Walter*[11] Rz 109), können aber in Folgeperioden durch den Mantelkauftatbestand des § 8 Abs 4 Z 2 lit c KStG von der Verwertung ausgeschlossen sein (*Hügel* § 4 Rz 35). Verlustvorträge der übernehmenden Körperschaft können bereits in dem Veranlagungszeitraum verwertet werden, in den der **Verschmelzungsstichtag fällt** (*Hügel* § 4 Rz 37; *Zöchling* in W/Z/H/K[5] § 4 Rz 35), ist doch die zeitliche Verschiebung des Abzugs der übernommenen Verlustvorträge in den folgenden Veranlagungszeitraum nach § 4 Z 1 lit a für die übernehmende Körperschaft nicht anwendbar (UmgrStR Rz 217; *Hügel* § 4 Rz 37; *Mayr/Wellinger* in HB Sonderbilanzen II 38).

D. Verlustübergang bei Auslandsbezug

1. Auslandsverschmelzung

29 Vortragsfähige inländische **Betriebsstättenverluste** und **Verluste aus inländischem unbeweglichem Vermögen** iSd § 21 Abs 1 Z 3 KStG gehen – bei Buchwertfortführung (s Rz 22) – nach Maßgabe des § 4 und § 102 Abs 2 Z 2 EStG auf den Rechtsnachfolger über und können mit zukünftigen Betriebsstättengewinnen bzw Gewinnen aus unbeweglichem Vermögen verrechnet werden (UmgrStR Rz 65 u 193; *Bruckner* in W/H/M, HdU[1] I § 4 Rz 18; *Hirschler* in FS Wiesner 154 f; *Zöchling/Puchner* in Frotz/Kaufmann[2], SteuerR Rz 23; *Strimitzer/Wurm* in T/W, EU-VerschG[2] SteuerR Rz 82; zur Bedeutung von Diskriminierungsverboten für § 102 Abs 2 Z 2 EStG s Rz 34 ff).

2. Import-Verschmelzung

a) Inländische Verluste

30 Bei einer Import-Verschmelzung gehen die von einer **inländischen Betriebsstätte** bzw von inländischem unbeweglichem Vermögen iSd § 21 Abs 1 Z 3 KStG der übertragenden ausländischen Gesellschaft verursachte und noch nicht verrechnete **Verluste** – iRd Buchwertfortführung (Rz 22) – entsprechend den Regeln des § 4 auf die übernehmende Gesellschaft über (*Hirschler* in FS Wiesner 151 f; *Zöchling/*

Fraberger in FS Loukota 711; *Zöchling* in *W/Z/H/K*[5] § 4 Rz 8). Solcherart können bei Verschmelzungen, bei denen eine inländische Betriebsstätte oder inländisches unbewegliches Vermögen auf einen unbeschränkt Steuerpflichtigen übertragen wurde, die Verluste **ohne die Einschränkung des § 102 Abs 2 Z 2 EStG** im Inland nach Maßgabe des § 4 verwertet werden (s zB *Hirschler* in FS Wiesner 152; *Achatz/ Kofler* in *Achatz ua*, IntUmgr 58; *Kofler/Tumpel* in *Achatz/Kirchmayr* § 21 Tz 141; *Aigner/Kofler* in GedS Quantschnigg 21; *Hirschler* in *Kirchmayr/Mayr*, Umgründungen 141; *Waitz-Ramsauer* in HB KonzernStR[2] 624; *Strimitzer/Wurm* in *T/W*, EU-VerschG[2] SteuerR Rz 180; ebenso zum identitätswahrenden Zuzug *Zöchling/ Fraberger* in FS Loukota 721, und zur Einbringung BMF 31.5.1999, EAS 1460 = SWI 1999, 279 = ÖStZ 1999, 436; s a BMF 4.1.1998, EAS 1397 = SWI 1999, 146 = ÖStZ 1999, 335, u BMF 18.2.1999, EAS 1418 = SWI 1999, 189 = ÖStZ 1999, 335).

Nach hA ist es darüber hinaus aber nicht möglich, **Verluste, die während beschränkter Steuerpflicht entstanden sind,** deren Vortrag nach § 102 Abs 2 Z 2 EStG jedoch wegen hinreichender Auslandseinkünfte bereits ausgeschlossen war, bei einem späteren Wechsel zur unbeschränkten Steuerpflicht steuerlich zu berücksichtigen (s *Tumpel*, SWI 1991, 106; *Damböck*, SWI 1998, 318; zweifelnd *Staringer*, Kapitalgesellschaften 337 f; anders *Gröhs*, ecolex 1991, 125). Obwohl auch hier Subjektidentität gegeben wäre und § 18 EStG auf einen *entstandenen* Verlust abstellt, ist davon auszugehen, dass das **Berücksichtigungsverbot nach § 102 Abs 2 Z letzter Satz EStG** unabhängig von den Verhältnissen im Zeitpunkt der Verlustverwertung bereits ursprünglich zu einer Kürzung des Verlustvortrags geführt hat (s *Damböck*, SWI 1998, 318; *Aigner/Kofler* in GedS Quantschnigg 21; krit *Staringer*, Kapitalgesellschaften 337 f; s a *Hirschler* in *Kirchmayr/Mayr*, Umgründungen 141; zur Bedetung von Diskriminierungsverboten s aber Rz 34 ff).

31

b) Ausländische Verluste

Dem Wortlaut des § 4 lässt sich zunächst nicht zwingend entnehmen, dass ausländische Verluste der übertragenden Körperschaft (also Verluste aus in Österreich nicht der sachlichen Steuerpflicht unterliegendem Vermögen), die bis zur Verschmelzung angefallen und nicht verwertet worden sind, nicht unter den gleichen Voraussetzungen übergehen wie inländische Verluste. Die **Verwaltungspraxis** legt den Einleitungssatz, wonach „§ 8 Abs. 4 Z 2 des Körperschaftsteuergesetzes 1988 […] nach Maßgabe folgender Bestimmungen anzuwenden" ist, aber so aus, dass davon nur inländische Verluste erfasst sein könnten, also ausländische Verluste **nicht die Eigenschaft von Verlusten iSd § 8 Abs 4 Z 2 KStG** besitzen und daher nicht auf die inländische übernehmende Körperschaft übergehen können (UmgrStR Rz 194; *Zöchling* in *W/Z/H/K*[5] § 4 Rz 8; krit *Hügel* § 4 Rz 29; unklar KStR Rz 1088 [ex-Rz 432]). Dies würde zB Fälle ausländischer Verlustvorträge der übertragenden ausländischen Gesellschaft aus einem ausländischen Betrieb betreffen, der nach der Import-Verschmelzung eine **ausländische Betriebsstätte** darstellt. Unabhängig von dieser Auslegung tritt auch der Umstand hinzu, dass bei Entstehen des österreichischen Besteuerungsrechts etwa an einer ausländischen Betriebsstätte (zB im Falle eines DBA mit Anrechnungsmethode) angesichts der zwingenden **Neubewertung nach § 3 Abs 1 Z 2 TS 1** eine Verlustverwertung wegen des Buchwertfortführungserfordernisses des § 4 nicht in Betracht kommt (s Rz 22; s a *Zöchling/Puchner* in *Frotz/Kaufmann*[2], SteuerR Rz 74; *Hirschler* in *Kirchmayr/*

32

Mayr, Umgründungen 141 f; *Waitz-Ramsauer* in HB KonzernStR^2 625; *Zöchling* in *W/Z/H/K*^{5} § 4 Rz 8; *Strimitzer/Wurm* in *T/W*, EU-VerschG^2 SteuerR Rz 182).

Gerade für den Fall der im Ausland verbleibenden Betriebsstätte spricht sich die Verwaltungspraxis aber offenbar dafür aus, dass die Verluste – in umgekehrter Anwendung der Logik im Falle der Export-Verschmelzung, bei der Verluste der inländischen Betriebsstätte von der übernehmenden Körperschaft im Rahmen ihrer beschränkten Steuerpflicht weiter verwertet werden können (s Rz 34) – **objektbezogen an der ausländischen Betriebsstätte haften bleiben sollen** und „im Rahmen der ausländischen Betriebsstätte", also mit nachfolgenden Gewinnen der ausländischen Betriebsstätte, verrechnet werden können (UmgrStR Rz 160a; KStR Rz 1088 [ex-Rz 432]; s a *Wiesner/Mayr*, RdW 2005/652, 571 f; *Wiesner/Mayr*, RdW 2007/447, 437; zust *Hirschler* in *Kirchmayr/Mayr*, Umgründungen 142). Diese Aussagen sind unklar: Sie könnten so zu deuten sein, dass lediglich zum Ausdruck gebracht werden soll, die ausländischen Verlustvorträge seien womöglich nach ausländischem Steuerrecht weiterhin verwertbar. Wollte man die Richtlinienaussagen hingegen so verstehen, dass die Verluste bei der übernehmenden Inlandsgesellschaft für Zwecke des österreichischen Steuerrechts zwar nicht mit (originär) inländischen Einkünften, aber iRe (nicht von der Befreiungsmethode erfassten) Auslandsbetriebsstätte verwertet werden können, würde einem solchen Ergebnis wohl idR das Buchwertfortführungserfordernis (Rz 22) entgegenstehen.

33 Auch nach allgemeinem Steuerrecht können **ausländische Verluste**, die **vor Begründung der unbeschränkten Steuerpflicht in Österreich** entstanden sind, nach dem Wechsel in die unbeschränkte Steuerpflicht in Österreich **nicht verwertet werden** (s zB VwGH 29.3.2017, Ro 2015/15/0004, GES 2017, 161 m Anm *Kofler*; EStR Rz 208 u 8059; KStR Rz 308 idF WE-BegE 2017; BMF 8.5.2000, EAS 1553 = SWI 2000, 285 = ÖStZ 2000/868, 435; BMF 22.7.2002, EAS 2097 = SWI 2002, 472; so bereits VwGH 10.2.1950, 1864/48, VwSlg 192 F/1950; s a *Staringer*, Kapitalgesellschaften 338 f; *Aigner/Kofler* in GedS Quantschnigg 23; zur möglichen rechtspolitischen Kritik s *Kauba/Kofler/König/Tumpel*, taxlex 2005, 324 f). Auch eine generelle **grundfreiheitsrechtliche Verpflichtung** zur Verlusthereinnahme beim Ansässigkeitswechsel wird von der hA auf Basis des Territorialitätsprinzips **abgelehnt** und bereits eine Diskriminierung verneint, sodass sich die Folgefrage der Verlustfinalität gar nicht mehr stellt (VwGH 29.3.2017, Ro 2015/15/0004, GES 2017, 161 m Anm *Kofler*; dazu a *Wiesner*, RWZ 2017/32, 154, u *Zorn*, RdW 2017/262, 333; s allg zur Verweigerung des Verlustimports VwGH 28.5.2009, 2008/15/0034, ÖStZB 2009/539, 597, u dazu *Wiesner*, RWZ 2009/59, 204 f; *Bendlinger/Kofler*, RdW 2009/692, 677; *Kofler/Tumpel* in *Achatz/Kirchmayr* § 21 Tz 142; ebenso zuvor UFS 24.2.2004, RV/0408-I/03; aA zu Umgründungen *Hirschler*, eastlex 2008, 7; *Hügel* § 4 Rz 30). Klar scheint auch, dass sich eine Verlusthereinnahmeverpflichtung im Fall der Import-Verschmelzung nicht aus **Art 6 FRL** ableiten lässt (SA GA *Kokott* 19.7.2012, C-123/11, *A Oy*, EU:C:2012:488, Rn 24 ff; *Hügel* § 4 Rz 31; *Hirschler* in Vienna Law Inauguration Lectures 3, 18 ff).

Die österreichische Verwaltungspraxis lehnt jedenfalls eine sofortige Hereinnahmeverpflichtung von Auslandsverlusten anlässlich einer Import-Verschmelzung im Ergebnis ab: Die eine Verlusthereinnahme bei Ausschluss von Verlustdoppelverwertungen bejahenden Einzelerledigungen zur **verschmelzenden Umwandlung** (zB BMF 4.2.2002, EAS 1992 = SWI 2002, 166 = ÖStZ 2002/474, 282; BMF 18.11.2002, EAS 2110 = SWI 2003, 199 = ÖStZ 2003/505, 269; BMF 24.7.2003, EAS 2339 = SWI 2003, 442 = ÖStZ 2004/86, 34) und zur **Einbringung** (BMF

27.10.2003, EAS 2365 = SWI 2003, 535) sind mittlerweile überholt (s zur früheren Ansicht im Schrifttum zB *Hirschler* in FS Wiesner 151 f; *Schindler* in *Kalss/Hügel* III Rz 103; *Zöchling/Fraberger* in FS Loukota 712; *Achatz/Kofler* in *Achatz ua*, IntUmgr 58; *Loukota* in *Achatz* ua, IntUmgr 385; *Hirschler/Schindler*, RdW 2006/575, 611). So wurde die Auffassung „über die inländische Verwertbarkeit von Auslandsverlusten in Umgründungsfällen" „in dieser Form ab Einführung der Gruppenbesteuerung (2005) **nicht mehr aufrechterhalten**" (s BMF 21.12.2006, BMF-010221/0666-IV/4/2006 = ARD 5740/7/2007, u zuvor *Wiesner/Mayr*, RdW 2005/652, 571 f; krit dazu *Grau/Stefaner*, SWI 2007, 217 ff; *Kornberger/Rödler* in FS Nolz 99 ff). Seither steht auch in solchen Umgründungsfällen nach der Verwaltungspraxis **die Möglichkeit der Verlusthereinnahme nicht mehr offen** (s zB UmgrStR Rz 160a u 194 idF WE 2006/07; dazu *Bruckner/Kolienz*, ÖStZ 2007/997, 478; *Wiesner/Mayr*, RdW 2007/447, 437; *Kornberger/Rödler* in FS Nolz 104 f; *Aigner/Kofler* in GedS Quantschnigg 23 f).

Möchte man der jüngsten Judikatur des VwGH (VwGH 29.3.2017, Ro 2015/15/0004, GES 2017, 161 m Anm *Kofler*; dazu a *Wiesner*, RWZ 2017/32, 154, u *Zorn*, RdW 2017/262, 333) und der Verwaltungspraxis nicht folgen und doch eine Vergleichbarkeit von Inlands- und Auslandssachverhalt annehmen, wäre allenfalls fraglich, ob auf Basis der Grundfreiheiten im Lichte der Rsp des EuGH in der Rs ***Marks & Spencer*** (EuGH 13.12.2005, C-446/03, EU:C: 2005:763) und ***A Oy*** (EuGH 21.2.2013, C-123/11, EU:C:2013:84) eine Verlusthereinnahmeverpflichtung dann bestünde, wenn auf Grund der **Import-Verschmelzung** im Staat der übertragenden Tochtergesellschaft keine Möglichkeit der Verwertung ihrer Verluste verbleibt, also „**finale Verluste**" vorliegen (dazu zB *Blum/Spies*, SWI 2013, 213 ff; *Petritz-Klar*, RdW 2013/431, 432 ff; *Lachmayer*, ÖStZ 2013/564, 313). Allerdings dürften die über die Gruppenbesteuerung hinausgehenden **Auswirkungen des Urteils in der Rechtssache *A Oy*** (EuGH 21.2.2013, C-123/11, EU:C:2013:84) auf die Verpflichtung zur Hereinnahme von Auslandsverlusten bei EU-Importverschmelzungen selbst im Falle „finaler Verluste" für das österreichische Steuerrecht mangels Diskriminierung nur in Randbereichen bedeutsam sein (s a *Blum/Spies*, SWI 2013, 213 ff; *Pinetz/Schaffer*, ecolex 2013, 460 ff). Es fordert nämlich § 4 auch im Inlandsfall sowohl das tatsächliche und vergleichbare **Vorhandensein des verlustverursachenden Vermögens** als auch die **Buchwertfortführung**. Hinsichtlich des ersten Kriteriums bliebe bei **operativen Tätigkeiten in Fällen „finaler Verluste"** zu prüfen, ob das (nichtdiskriminierende) Kriterium des tatsächlichen und vergleichbaren Vorhandenseins des verlustverursachenden Vermögens erfüllt wäre (bzw ob es zu einer primären Verrechnung der Auslandsverluste mit einer ausländischen Wegzugsteuer käme; *Lachmayer*, ÖStZ 2015/211, 173); wenn dies wohl typischerweise bei operativen Tätigkeiten nicht der Fall ist, kann die Hereinnahme insofern diskriminierungsfrei versagt werden (ausf *Blum/Spies*, SWI 2013, 217 ff; *Pinetz/Schaffer*, ecolex 2013, 461; *Lachmayer*, ÖStZ 2015/211, 173; s a *Hirschler* in *Kirchmayr/Mayr*, Umgründungen 143). Im Hinblick auf das zweite Kriterium wäre zudem zu bedenken, dass es bei einer Hereinverschmelzung zu einer **Aufwertung des übernommenen Vermögens nach § 3 Abs 1 Z 2** kommt, soweit ein österreichisches Besteuerungsrecht entsteht; schon aus diesem Grund wird eine Verlusthereinnnahme auch zB bei Kapitalanteilen, Forderungen und anderen immateriellen Wirtschaftsgütern ohne Bezug zu einer betrieblichen Einheit (s Rz 50 ff) oftmals ausscheiden (krit *Hirschler* in *Kirchmayr/Mayr*, Umgründungen 143 f; *Hirschler* in Vienna Law Inauguration Lectures 3, 15 u 19 f), wobei allenfalls überlegt werden könnte, ob schon das Kriterium der Buchwertfortführung im Falle „finaler Verluste" *per se* einen Verstoß gegen die Niederlassungsfreiheit darstellt (so zB *Blum/Spies*, SWI 2013, 220; *Pinetz/Schaffer*, ecolex 2013, 461 f) und dem Steuerpflichtigen daher ein Wahlrecht einzuräumen wäre, auf die Aufwertung zu verzichten (so *Lachmayer*, ÖStZ 2015/211, 173). Schließlich ist darauf hinzuweisen, dass ungeachtet der langjährigen Diskussion, wann denn nun „finale Verluste" vorliegen, die jüngere Rsp des EuGH in der Rs **Kommission/Großbritannien** (EuGH 3.2.2015, C-172/13, EU:C:2015:50) letztlich nahelegen könnte, dass „finale Verluste" überhaupt nur jene des letzten Jahres, nicht aber auch aufgelaufene Verlustvorträge sein können (ausf *Lachmayer*, ÖStZ 2015/211, 168 ff, u nunmehr a KStR Rz 1094 idF WE-BegE 2017).

3. Export-Verschmelzung
a) Inländische Verluste

34 Bei Verbleiben einer inländischen Betriebsstätte bzw von inländischem unbeweglichem Vermögen iSd § 21 Abs 1 Z 3 KStG ist im Falle einer Export-Verschmelzung nach der Verwaltungspraxis der **Vortrag vorhandener Verluste** objektbezogen nach Maßgabe des § 4 und unter der Beschränkung des § 102 Abs 2 Z 2 EStG iVm § 21 Abs 1 Z 1 letzter Satz KStG zu gewähren (UmgrStR Rz 193; *Wiesner/Mayr*, RdW 2005/652, 571; *Wiesner/Mayr*, RdW 2007/447, 436; *Zöchling* in W/Z/H/K^5 § 4 Rz 8; s zur verschmelzenden Umwandlung a UmgrStR Rz 460; BMF 6.9.1995, EAS 713 = SWI 1995, 404; BMF 25.5.1998, EAS 1264 = SWI 1998, 346 = ÖStZ 1988, 507; BMF 30.6.2003, EAS 2303 = SWI 2003, 394 = ÖStZ 2003/1066, 507; BMF 30.6.2003, EAS 2309 = SWI 2003, 395 = ÖStZ 2003/1067, 508; zur Kritik Rz 36). Im Anwendungsbereich von **EU-, EWR- oder DBA-Diskriminierungsverboten** ist jedoch der Verlustvortrag ohne die Einschränkungen des § 102 Abs 2 Z 2 EStG zuzulassen, wenn *(1)* der Steuerpflichtige in einem EU- oder EWR-Staat ansässig ist oder *(2)* zwar in einem Drittstaat ansässig ist, mit diesem aber dem Art 24 Abs 3 OECD-MA entsprechendes Betriebsstättendiskriminierungsverbot vereinbart und eine Verlustverwertung im Ansässigkeitsstaat nicht möglich ist (so nunmehr a KStR Rz 383 idF WE-BegE 2017 u EStR Rz 8059 idF WE-BegE 2017; enger noch im EU- bzw EWR-Raum aber UmgrStR Rz 193; siehe zu dieser Diskussion a Rz 35 u zB *Hügel* § 4 Rz 28; *Kofler/Tumpel* in *Achatz/Kirchmayr* § 21 Tz 136 ff; *Waitz-Ramsauer* in HB KonzernStR^2 625; *Strimitzer/Wurm* in T/W, EU-VerschG^2 SteuerR Rz 136).

35 Nach traditioneller **Verwaltungspraxis** durfte es sowohl bei der Anwendung eines abkommensrechtlichen Diskriminierungsverbots wie auch bei einer EU- oder EWR-Grundfreiheit im Ergebnis daher nicht zu einer **mehrfachen Verlustverwertung** kommen (s weiterhin zB UmgrStR Rz 193; BMF 2.9.2003, EAS 2345 = SWI 2003, 476; BMF 19.4.2005, EAS 2595 = SWI 2005, 359 = ÖStZ 2006/255, 128; ebenso für Abkommenssituationen zB VwGH 16.2.2006, 2005/14/0036, ÖStZB 2006/402, 496 = SWI 2007, 98 m Anm *Weninger*; VwGH 28.11.2007, 2007/14/0048, ÖStZB 2008/404, 502). Gefordert wird, dass eine Doppelverwertung tatsächlich, nicht bloß abstrakt vermieden wird (VwGH 28.11.2007, 2007/14/0048, ÖStZB 2008/404, 502); hierfür ist nach der Verwaltungspraxis der **Nachweis** erforderlich, „dass eine Verlustverwertung im Ansässigkeitsstaat nicht möglich ist" (s KStR Rz 383 idF WE-BegE 2017; s a UFS 28.7.2005, RV/0971-W/04). Für den Bereich der abkommensrechtlichen Diskriminierungsverbote hält die Verwaltungspraxis an diesem Erfordernis auch weiterhin fest (KStR Rz 383 idF WE-BegE 2017; allg zur Kritik zB

Schneeweiss, SWI 2006, 317; *Kofler*, SWI 2009, 482; *Haslehner*, Betriebsstättendiskriminierungsverbot 327 f; aA *Hohenwarter*, Verlustverwertung 182 f).) Im Bereich der europarechtlichen Grundfreiheiten geht hingegen der **EuGH** davon aus, dass die Vermeidung der mehrfachen Verlustverwertung nicht eine die Diskriminierung rechtfertigende Aufgabe des Quellenstaates ist (s EuGH 6.9.2012, C-18/11, *Philips Electronics*, EU:C:2012:532, Rn 33 f, und dazu ausf *Hohenwarter*, GES 2012, 517 ff; in diese Richtung bereits EuGH 23.10.2008, C-157/07, *Krankenheim Ruhesitz am Wannsee-Seniorenheimstatt GmbH*, Slg 2008, I-8061, Rn 51; s a *Haslehner*, SWI 2008, 561 ff; ausf *Hohenwarter*, Verlustverwertung 194 ff). Dieser Ansicht hat sich nunmehr – unter explizitem Hinweis auf *Philips Electronics* – auch die Verwaltungspraxis für den Fall der Ansässigkeit des Steuerpflichtigen in einem EU- oder EWR-Staat angeschlossen, sodass der Verlustvortrag unabhängig davon einzuräumen ist, ob eine doppelte Verlustverwertung vermieden wird (s KStR Rz 383 idF WE-BegE 2017 u EStR Rz 8059 idF WE-BegE 2017).

Die **hA im Schrifttum** geht freilich ohnehin zutr davon aus, dass die Beschränkung des § 102 Abs 2 Z 2 EStG für solche Verluste, die **irD unbeschränkten Steuerpflicht *entstanden* sind, von vornherein nicht anwendbar ist** (s *Djanani* in FS Lexa 433; *Aman* in FS Jakobljevich 144; *Hirschler*, Rechtsformplanung 536; *Hirschler*, RWZ 2000/2, 6; *Schindler* in *Kalss/Hügel* III Rz 97; *Hirschler* in FS Wiesner 153; *Achatz/Kofler* in *Achatz ua*, IntUmgr 57 f; *Zöchling/Fraberger* in FS Loukota 714; *Hirschler/Schindler*, RdW 2006/575, 611; *Aigner/Kofler* in GedS Quantschnigg 22 f; *Hirschler* in *Kirchmayr/Mayr*, Umgründungen 140; offen bei *Zöchling/Puchner* in *Frotz/Kaufmann*², SteuerR Rz 52). Dies ergibt sich im **Anwendungsbereich der FRL** schon aus deren Art 6 (*Schindler*, ecolex 2004, 772; *Schindler* in *Kalss/Hügel* III Rz 197; *Achatz/Kofler* in *Achatz ua*, IntUmgr 57 f; *Hirschler* in *Kirchmayr/Mayr*, Umgründungen 140; *Hirschler* in Vienna Law Inauguration Lectures 3, 11; s a *Staringer* in *Gassner/Lechner*, Integration 149 f, *Strimitzer/Wurm* in T/W, EU-VerschG² SteuerR Rz 22). § 102 Abs 2 Z 2 letzter Satz EStG ist sohin – entgegen der Verwaltungspraxis – nur für jene Verluste einschlägig, die *nach* dem Wechsel zur beschränkten Steuerpflicht entstanden sind (s a *Schindler*, ecolex 2004, 772; *Kofler/Tumpel* in *Achatz/Kirchmayr* § 21 Tz 141). Zudem wäre eine Subsumtion der während der unbeschränkten Steuerpflicht entstandenen Verluste unter § 102 Abs 2 EStG und der damit verbundene (teilweise) Untergang der Verlustvorträge wohl auch als unzulässige **Beschränkung der Niederlassungsfreiheit** zu beurteilen (*Hirschler*, RWZ 2000, 6 m FN 52; *Hirschler* in FS Wiesner 153; *Schindler* in *Kalss/Hügel* III Rz 97).

b) Ausländische Verluste

Das **Nachversteuerungspotenzial** für ausländische Verluste, die auf Basis des § 2 Abs 8 EStG der inländischen übertragenden Körperschaft zugerechnet und noch nicht nachversteuert wurden, bleibt im Fall der Export-Verschmelzung aufrecht (s § 1 Rz 126 mwN). 37

III. Verluste der übernehmenden Körperschaft (Z 1 lit b)

Bei der übernehmenden Körperschaft würde nach allgemeinem Steuerrecht durch die Verschmelzung keine Änderung im Verlustabzug eintreten; der gem § 8 Abs 4 Z 2 KStG zustehende Verlustabzug bliebe der übernehmenden Körperschaft erhalten (*Bruckner* in W/H/M, HdU¹ I § 4 Rz 30; *Mayr/Wellinger* in HB Sonderbilanzen II 37 f; *Zöchling* in W/Z/H/K⁵ § 4 Rz 13). § 4 Z 1 lit b schränkt das **höchstpersön-** 41

liche **Verlustvortragsrecht** jedoch – inhaltlich übereinstimmend mit § 4 Z 1 lit a
– is einer „Objektverknüpfung" bei der übernehmenden Körperschaft ein
(Rz 46 ff); auch die Einschränkung des § 4 Z 1 lit c im Hinblick auf eine qualifizierte
Umfangminderung des verlustverursachenden Vermögens gilt sowohl für die
übertragende wie auch die übernehmende Körperschaft (UmgrStR Rz 216; s zum
StruktVG a VwGH 18.12.2002, 98/13/0064, ÖStZB 2003/217, u dazu *Wiesner*,
RWZ 2003/11, 35). Ist daher das verlustverursachende Vermögen iSd § 4 Z 1 lit b
nicht mehr vorhanden (oder iSd § 4 Z 1 lit c qualifiziert gemindert), geht der steuerliche Verlustabzug der übernehmenden Körperschaft, der **bis zum Verschmelzungsstichtag** noch nicht verrechnet wurde, unter (dazu Rz 91 f).

Nicht auf die übernehmende Körperschaft anwendbar sind hingegen die Einschränkung des Verlustübergangs auf Fälle der **Buchwertfortführung** (s Rz 23) und die Einschränkung hinsichtlich des **Zeitpunkts des Verlustübergangs** (s Rz 28).

IV. Objektbezogene Beschränkungen des Verlustabzugs (Z 1 lit a und b)

A. Allgemeines

1. Übertragende und übernehmende Körperschaft

46 § 4 Z 1 lit a lässt den Übergang von **Verlusten der übertragenden Körperschaft** auf die übernehmende Körperschaft nur insoweit zu, als *(1)* „sie den übertragenen Betrieben, Teilbetrieben oder nicht einem Betrieb zurechenbaren Vermögensteilen zugerechnet werden können" und *(2)* „das übertragene Vermögen am Verschmelzungsstichtag tatsächlich vorhanden ist". Sprachlich leicht abweichend, aber inhaltlich übereinstimmend normiert § 4 Z 1 lit b, dass **Verluste der übernehmenden Körperschaft** nur abzugsfähig bleiben, „soweit Betriebe, Teilbetriebe oder nicht einem Betrieb zurechenbare Vermögensteile, die die Verluste verursacht haben, am Verschmelzungsstichtag tatsächlich vorhanden sind" (s a *Bruckner* in W/H/M, HdU[1] I § 4 Rz 37; *Hügel* § 4 Rz 40).

In **beiden Fällen** ist nach § 4 Z 1 lit c ein Verlustabzug auch dann ausgeschlossen, wenn „der Umfang der Betriebe, Teilbetriebe oder nicht einem Betrieb zurechenbaren Vermögensteile am Verschmelzungsstichtag gegenüber jenem im Zeitpunkt des Entstehens der Verluste derart vermindert [ist], daß nach dem Gesamtbild der wirtschaftlichen Verhältnisse eine Vergleichbarkeit nicht mehr gegeben ist" („**qualifizierte Umfangsminderung**"; Rz 101 ff).

2. Objektbezogenheit des Verlustvortrags

47 Durch § 4 Z 1 lit a und b wird die Verlustverwertung an die Übertragung bzw das Fortbestehen der verlustverursachenden Einkunftsquelle geknüpft („**Grundsatz des objektbezogenen Verlustvortrags**"; ErlRV 266 BlgNR 18. GP, 17 f; VwGH 31.1.1995, 94/14/0171, ÖStZB 1995, 539; VwGH 18.7.2001, 99/13/0194, ÖStZB 2002, 465 = ecolex 2001/363, 941 m Anm *Kofler* = RWZ 2001/81, 262 m Anm *Wiesner*). Es soll – unabhängig von der Verschmelzungsrichtung – die Verwertung von Verlusten einer „Mantelgesellschaft" bei einer „Gewinngesellschaft" verhindert werden (*Bruckner* in W/H/M, HdU[1] I § 4 Rz 37; krit *Hügel* § 4 Rz 24). Bei der Verschmelzung bleiben somit – unabhängig von der Verschmelzungsrichtung – nur jene Verluste bzw Verlustvorträge der an der Verschmelzung beteiligten Körperschaften erhalten, die dem am Verschmelzungsstichtag bei beiden Körperschaften **tatsächlich vorhandenen Vermögen** zugerechnet werden können, also von diesem Vermögen verursacht worden sind (*Bruckner* in *W/H/M*, HdU[1] I § 4 Rz 38). Die Verluste sind insofern „objektbezogen", als etwa ihr Übergang an die Übertragung der entsprechenden Verlustentstehungsquelle geknüpft ist (VwGH 31.1.1995, 94/14/0171, ÖStZB 1995, 539, zum StruktVG). Der Übergang bzw das Fortbestehen von Verlusten aus am Verschmelzungsstichtag noch vorhandenen Quellen wird jedoch nicht dadurch beeinträchtigt, dass einzelne Verlustvorträge nach § 4 Z 1 untergehen (BMF 21.12.1995, ÖStZ 1996, 236 = SWK 1996, A 191; *Quantschnigg* in FS Bauer 272 f; *Bruckner* in *W/H/M*, HdU[1] I § 4 Rz 41; *Hügel* § 4 Rz 53).

§ 4 Z 1 zielt somit nicht darauf ab, bei bestimmten Arten von Verlusten den Übergang des Verlustvortragsrechts auszuschließen, sondern knüpft den Übergang an die **Übertragung der entsprechenden Verlustentstehungsquelle** (VwGH 31.1.1995, 94/14/0171, ÖStZB 1995, 539). Es ist daher irrelevant, ob die wirtschaftliche Betätigung der übernehmenden Gesellschaft mit jener der übertragenden Gesellschaft vergleichbar ist (VwGH 18.7.2001, 99/13/0194, ÖStZB 2002, 465 = ecolex 2001/363, 941 m Anm *Kofler*). **48**

Ist das verlustverursachende Vermögen am Verschmelzungsstichtag **nicht mehr vorhanden** (zB Verkauf, Liquidation, sonstiger Untergang), gehen die Verluste bzw Verlustvorträge durch die Verschmelzung unter (s UmgrStR Rz 195; s a BMF 15.4.1994, RdW 1994, 231 = SWK 1994, A 537; *Zöchling* in *W/Z/H/K*[5] § 4 Rz 11), obwohl sie ohne Verschmelzung weiterhin vortragsfähig gewesen wären (*Bruckner* in *W/H/M*, HdU[1] I § 4 Rz 38). Da die übertragende Gesellschaft erlischt, können – anders als zB bei der Einbringung (zB UmgrStR Rz 1178) – nicht übergehende Verluste auch nicht bei dieser zurückbleiben (*Hügel* § 4 Rz 39). **49**

Nach der Verwaltungspraxis sollen bei **Verschmelzung einer „vermögenslosen Körperschaft"** alle Verlustvorträge verloren gehen (UmgrStR Rz 195; glA *Bruckner* in *W/H/M*, HdU[1] I § 4 Rz 38; *Zöchling* in *W/Z/H/K*[5] § 4 Rz 17). Unklar ist, ob sich diese Aussage nur auf Gesellschaften beziehen soll, deren gesamtes verlustverursachendes Vermögen im obigen Sinn nicht mehr vorhanden ist. Sollten tatsächlich nur solche Fälle gemeint sein, scheint der Begriff „vermögenslos" eher unglücklich gewählt, da derartige Gesellschaften nicht zwingend, sondern nur in Ausnahmefällen wirklich vermögenslos sind (dh über kein Aktivvermögen verfügen oder real überschuldet sind). Außerdem wirft dies die Frage auf, wie mit Verlustvorträgen umzugehen ist, die nicht durch ein verlustverursachendes Vermögen im engeren Sinn, sondern durch die bloße Existenz der übertragenden Körperschaft verursacht wurden. Werden zB in einer reinen Holdinggesellschaft deren laufende Aufwendungen durch Gesellschafterzuschüsse finanziert, baut sich im Lauf der Zeit ein Verlustvortrag auf, der nicht bzw nicht unmittelbar durch das Aktivvermögen (die Beteiligungen) verursacht wird. Noch deutlicher wird dieses Problem am Beispiel einer leeren Mantelgesellschaft, deren Aufwendungen (zB die Steuerberatungskosten) durch Gesellschafterzuschüsse finanziert werden. Hier liegt idR (abgesehen von liquiden Mitteln) überhaupt kein Aktivvermögen vor, das die Verluste verursacht haben könnte. Es stellt sich somit die Frage, ob Fälle, in denen ein Objektbezug nicht herstellbar ist (weil nie einer bestanden hat) gleich behandelt werden sollen, wie jene Fälle, in denen ein Objektbezug nicht mehr herstellbar ist (weil das Objekt nicht mehr vorhanden ist), mit der Konsequenz eines Untergangs der Verlustvorträge in beiden Fällen, oder ob in einer weiten Auslegung des § 4 Z 1 die übertragende Körperschaft selbst verlustverursachendes Vermögen sein kann, mit der Konsequenz eines Übergangs der Verlustvorträge in den erstgenannten Fällen.

Zum **Wegfall der Beteiligung** bei Verschmelzungen im Konzern s Rz 88 f.

B. Verlustverursachendes Vermögen

1. Vermögen iSd § 4

50 § 4 Z 1 lit a und b nennen als verlustverursachendes Vermögen **Betriebe, Teilbetriebe sowie nicht einem Betrieb zurechenbare Vermögensteile**; Mitunternehmeranteile sind nicht spezifisch erwähnt (s Rz 56 f). Bei der Zurechnung wird – ungeachtet der Gewerblichkeitsfiktion des § 7 Abs 3 KStG (s BMF 13.9.2002, ecolex 2002, 929 m Anm *Schrottmeyer*) – materiell zwischen betriebsführenden und vermögensverwaltenden Körperschaften unterschieden (ErlRV 1471 BlgNR 20. GP, 21; UmgrStR Rz 195; *Mayr/Wellinger* in HB Sonderbilanzen II 37; *Hügel* § 4 Rz 42 ff; *Zöchling* in W/Z/H/K^5 § 4 Rz 17 ff):

- Bei **betriebsführenden (operativen) Körperschaften** erfolgt die Verlustzuordnung zu Betrieben, Teilbetrieben und nur in Ausnahmefällen zu nicht einem Betrieb zurechenbaren Vermögensteilen (Rz 51 ff).
- Bei **vermögensverwaltenden (nichtoperativen) Körperschaften** erfolgt die Verlustzuordnung grundsätzlich zu den einzelnen Vermögensteilen von nicht untergeordneter Bedeutung (Rz 80 ff).

Die Typen des verlustverursachenden Vermögens – Betrieb, Teilbetrieb oder nicht einem Betrieb zurechenbarer Vermögensteil – sind sowohl für die Frage des **tatsächlichen Vorhandenseins nach § 4 Z 1 lit a und b** als auch für die Frage der **qualifizierten Umfangsminderung nach § 4 Z 1 lit c** maßgeblich (UmgrStR Rz 199; s Rz 101).

Die Betrachtung der Verlustzurechnungseinheiten erfolgt immer im **Zeitpunkt der aktuellen Umgründung** (*Frei* in HB KonzernStR^2 379). Kommt es daher im Zuge einer Vorumgründung zB zu einer Vereinigung von Betrieben, kann für eine Folgeumgründung nur der vereinigte Betrieb als Zurechnungsobjekt der verhandenen Verlustvorträge und damit Betrachtungsobjekt hinsichtlich des Objektbezuges sein; es erfolgt also keine „Verfolgung" ehemals selbständiger Betriebe, Teilbetriebe etc, wenn diese zB in einem Gesamtbetrieb aufgegangen sind (UFS 24.6.2013, RV/1067-L/06, GES 2013, 477 m Anm *Wurm* = UFSjournal 2013, 332 m Anm *Hirschler/Sulz/Oberkleiner*; ebenso *Hügel* § 4 Rz 5; *Frei* in HB KonzernStR^2 379 f; s a Rz 51).

2. Betriebsführende (operative) Körperschaft

a) Betrieb und Teilbetrieb

51 Bei betriebsführenden Körperschaften ist für die Frage, ob der Wegfall von Vermögensteilen des übertragenen Betriebes vor der Verschmelzung zu einer Kürzung (übergehender) vortragsfähiger Verluste führt, auf (weggefallene) **Teilbetriebe als kleinste wirtschaftliche Einheit** abzustellen (ErlRV 1471 BlgNR 20. GP, 21; VwGH 26.6.2014, 2010/15/0140, ÖStZB 2014/299, 514; UmgrStR Rz 202; BMF 16.6.1998, RdW 1998, 441; BMF 14.11.2002, ecolex 2003, 280 m Anm *Schrottmeyer*; *Aman* in FS Jakobljevich 127; *Bruckner* in W/H/M, HdU^1 I § 4 Rz 50; *Hügel* § 4 Rz 45; *Zöchling* in W/Z/H/K^5 § 4 Rz 20; *Walter*^{11} Rz 112). Entscheidend ist, dass der verlustverursachende Betrieb oder Teilbetrieb am Verschmelzungsstichtag als **eigenständiges Verlustzuordnungsobjekt** tatsächlich nicht mehr vorhanden ist (zB durch Verkauf oder Stilllegung, s Rz 49) oder seine **Identität als eigenständige Einheit** verloren hat, etwa weil

er nach einer Vorumgründung mit dem Betrieb der nunmehr übertragenden Körperschaft vereinigt wurde (UmgrStR Rz 207a). Nach der Verwaltungspraxis bestehen jedoch keine Bedenken, den Verlustübergang anzuerkennen, wenn nachgewiesen wird, dass der verlustverursachende Betrieb oder Teilbetrieb „in Folge der Eingliederung zwar seine Identität als eigenständige Einheit verloren hat, die verlustverursachenden Aktivitäten aber im Rahmen des Gesamtbetriebes der übertragenden Körperschaft noch in vergleichbarem (§ 4 Z 1 lit c UmgrStG) Umfang vorhanden sind" (s UmgrStR Rz 207a; dazu *Mayr/Petrag/Schlager*, RdW 2012/63, 55; *Hirschler*, taxlex 2012, 11; *Moser*, RWZ 2012/50, 168 ff; s a *Hügel* § 4 Rz 51; *Frei* in HB KonzernStR[2] 379 f).

Der Wegfall von – auch bedeutenden – betriebsbezogenen Wirtschaftsgütern führt demgegenüber nicht zu einer Kürzung des (übergehenden) vortragsfähigen Verlustes (UmgrStR 202; *Farmer* in FS Pircher 110; s a BMF 16.6.1998, RdW 1998, 441; BMF 24.1.2002, ecolex 2002, 292). Ebenso wenig kommt es zu einer Verlustvortragskürzung, wenn eine **Produktionseinheit oder Filiale** geschlossen wird, solange dieser keine Teilbetriebseigenschaft zukam (UmgrStR Rz 200; *Aman* in FS Jakobljevich 127; *Bruckner* in W/H/M, HdU[1] I § 4 Rz 50; *Farmer* in FS Pircher 109 f; *Hügel* § 4 Rz 43 u Rz 45; s a UFS 18.12.2012, RV/0188-G/11, UFSjournal 2013, 111 m Anm *Hirschler/Sulz*) und auch keine qualifizierte Umfangsminderung nach § 4 Z 1 lit c vorliegt (Rz 101 ff). Bei **betriebsführenden Körperschaften** ist wegen § 7 Abs 3 KStG iVm § 5 EStG zudem davon auszugehen, dass Vermögensteile bzw Wirtschaftsgüter, die nicht unmittelbar dem Betrieb dienen, als gewillkürtes Betriebsvermögen keine eigenständige, für den Verlustvortragsübergang relevante Bedeutung haben, sodass auf den Betrieb bzw Teilbetrieb abzustellen ist (UmgrStR Rz 203; *Hügel* § 4 Rz 43). Dies gilt – entgegen UmgrStR Rz 204 – unabhängig davon, ob der Wert des Betriebes gegenüber dem Wert des nicht unmittelbar betriebszugehörigen, aber gewillkürten Betriebsvermögens von untergeordneter Bedeutung ist (ebenso *Hügel* § 4 Rz 44; aA *Mayr/Wellinger* in HB Sonderbilanzen II 37). 52

Betriebs- und Teilbetriebsbegriff sind nach ertragsteuerlichen Kriterien auszulegen (VwGH 18.11.2009, 2006/13/0160, ÖStZB 2010/185, 283 = GES 2010, 45; VwGH 26.6.2014, 2010/15/0140, ÖStZB 2014/299, 514; UFS 18.12.2012, RV/0188-G/11, UFSjournal 2013, 111 m Anm *Hirschler/Sulz*; UmgrStR Rz 200 iVm EStR Rz 5506 ff; *Bruckner* in W/H/M, HdU[1] I § 4 Rz 50; *Kolienz* in FS Wiesner 202; *Hügel* § 4 Rz 43 u Rz 45). Relevant ist damit – ungeachtet der Gewerbebetrieblichkeitsfiktion des § 7 Abs 3 KStG – die Zuordnung zu einem Betrieb iSd § 2 Abs 3 Z 1 bis 3 EStG (*Bruckner* in FS Werilly 88; *Hügel* § 4 Rz 43). Als Betriebsvermögen gilt nach § 98 Abs 1 Z 3 EStG iVm § 21 Abs 1 Z 3 KStG auch **inländisches unbewegliches Vermögen** beschränkt steuerpflichtiger ausländischer Körperschaften, die einer unter § 7 Abs 3 KStG fallenden Körperschaft vergleichbar sind, wobei hier mehrere inländische Grundstücke als ein Betrieb und damit als ein Verlustzurechnungsobjekt anzusehen sind (*Hügel* § 4 Rz 43; s a UmgrStR Rz 195). Wird ein zum Verschmelzungsstichtag bereits **eingestellter Betrieb** nachträglich wiederaufgenommen, ändert dies nichts am Wegfall der damit verbundenen Verlustvorträge (VwGH 29.9.2010, 2007/13/0012, ÖStZB 2011/243, 403, u dazu *Wiesner*, RWZ 2010/88, 361; VwGH 26.6.2014, 2010/15/0140, ÖStZB 2014/299, 514; VwGH 20.12.2016, Ro 2015/15/0020, ÖStZB 2017/129, 214; s a UFS 12.12.2006, RV/1995-W/04, UFSaktuell 2008, 183 m Anm *Hirschler/Sulz/Oberkleiner*; BFG 24.11.2015, RV/5100439/2011, BFGjournal 2016, 136 m Anm *Hirschler/Sulz/Oberkleiner*; so offenbar auch UmgrStR Rz 205); keine Betriebsaufgabe liegt hingegen vor, „wenn 53 ein **Betrieb bloß ruhend** ist, dh nur vorübergehend in der Absicht eingestellt wird, ihn in absehbarer Zeit wieder aufzunehmen" (BFG 24.11.2015, RV/5100439/2011, BFGjournal 2016, 136 m Anm *Hirschler/Sulz/Oberkleiner*).

54 Im Falle der **Betriebsverpachtung** ist nach der Verwaltungspraxis darauf abzustellen, ob nach den einkommensteuerlichen Grundsätzen von einer Betriebsaufgabe iSd § 24 EStG auszugehen ist (UmgrStR Rz 207; Pkt 2.2 Sbg Steuerdialog KSt 2006; BMF 15.2.2000, ARD 5108/21/2000; *Wiesner/Schwarzinger*, UmS 10/29/00, SWK 2000, S 707; s a BFG 1.8.2017, RV/3100331/2014, zur verschmelzenden Umwandlung; zu den einkommensteuerlichen Grundsätzen s zB VwGH 25.3.2010, 2009/16/0241, ÖStZB 2010/389, 575; EStR Rz 5647 ff, ausf *Kofler/Kofler/Urnik*, HB Betriebsaufgabe[2] 26 ff, *Jakom*[10]/*Kanduth-Kristen* § 24 Rz 43 ff). Liegt eine Betriebsaufgabe durch Verpachtung vor, können vortragsfähige Verluste aus der Zeit bis zur Verpachtung auch bei nachfolgender Wiederaufnahme des Betriebes nicht übergehen, weil sich die Vermögensstruktur mit der durch die Verpachtung ausgelösten Betriebsaufgabe geändert hat (UmgrStR Rz 207; Pkt 2.2 Sbg Steuerdialog KSt 2006; BMF 15.2.2000, ARD 5108/21/2000; *Bruckner* in *W/H/M*, HdU[1] I § 4 Rz 39). Erhalten bleiben – bei Vergleichbarkeit iSd § 4 Z 1 lit c – aber jene Verluste, die ab der Betriebsaufgabe durch das nunmehrige ehemalige Betriebsvermögen – als nicht einem Betrieb zurechenbarer Vermögensteil iSd § 4 Z 1 lit a bzw lit b – verursacht wurden (BMF 21.12.1995, ÖStZ 1996, 236 = SWK 1996, A 191; BMF 15.2.2000, ARD 5108/21/2000; *Bruckner* in *W/H/M*, HdU[1] I § 4 Rz 39).

55 Bei einer **konzernleitenden Holdinggesellschaft** (Führungsholding) liegt idR ein Betrieb vor, dem alle der Konzernleitung unterliegenden Beteiligungen zuzuordnen sind (*Bruckner* in *W/H/M*, HdU[1] I § 4 Rz 58; *Kolienz* in FS Wiesner 203; *Hügel* § 4 Rz 43; *Zöchling* in *W/Z/H/K*[5] § 4 Rz 25), während bei der reinen **Finanz- oder Beteiligungsholding** auf die einzelne (wesentliche) Beteiligung abzustellen ist (UmgrStR Rz 208; *Kolienz* in FS Wiesner 203; s a Rz 82). Zur Beurteilung, ob eine reine oder eine geschäftsleitende Holdinggesellschaft vorliegt, ist auf die Umstände des Einzelfalles abzustellen (UmgrStR Rz 209), wobei die Verhältnisse zum Verschmelzungsstichtag maßgeblich sind (BMF 21.12.1995, ÖStZ 1996, 236 = SWK 1996, A 191; *Peklar*, Verluste 90 f; *Kolienz* in FS Wiesner 203).

b) Mitunternehmeranteil

56 Weder § 4 Z 1 lit a noch lit b erwähnen Mitunternehmeranteile als verlustverursachendes Vermögen. Diese wurden von der hA jedoch iSd **Bilanzbündeltheorie** den Betrieben gleichgehalten (UFS 22.8.2006, RV/0150-W/05; BMF 13.9.2002, ecolex 2002, 929 m Anm *Schrottmeyer*; *Peklar*, Verluste 70; *Bruckner* in *W/H/M*, HdU[1] I § 4 Rz 50; *Kolienz* in FS Wiesner 202; *Hügel* § 4 Rz 43; *Mayr/Wellinger* in HB Sonderbilanzen II 37; *Zöchling* in *W/Z/H/K*[5] § 4 Rz 19; eine gesetzliche Klarstellung fordernd *Hirschler/Sulz/Zöchling* in GedS Helbich 185). Der Mitunternehmeranteil stellt für Zwecke der Verlustzurechnung stets einen eigenständigen Betrieb und damit ein eigenständiges Verlustzurechnungsobjekt dar (UmgrStR Rz 202 idF WE 2017; s a *Titz/Wild*, RWZ 2016/9, 38). Die verwaltungsgerichtliche Rsp stellt demgegenüber auf den Betrieb der Personengesellschaft ab und betrachtet den **Mitunternehmeranteil als Zurechnungsvehikel** der betrieblichen Verluste der Personengesellschaft (VwGH 18.11.2009, 2006/13/0160, ÖStZB 2010/185, 283 = GES 2010, 45; dazu *Wiesner*, RWZ 2010/5, 16; *Lenneis*, UFSjournal 2010, 17 ff; *Zöchling* in *W/Z/H/K*[5] § 4 Rz 19).

Dies erfordert eine **Betrachtung auf zwei Ebenen**: Sowohl der Wegfall des verlust- **57** verursachenden Vermögens auf Ebene der Mitunternehmerschaft (Betrieb, Teilbetrieb oder Mitunternehmeranteil) als auch der Wegfall des Zurechnungsvehikels „Mitunternehmeranteil" auf Ebene der verschmelzungsbeteiligten Körperschaft vor dem Verschmelzungsstichtag führt (insoweit) zum Entfall des Verlustvortrags nach § 4 Z 1 lit a bzw lit b (UmgrStR Rz 200; *Wiesner*, RWZ 2010/5, 16; *Mayr* in D/R I[11] Tz 1141; *Zöchling* in W/Z/H/K[5] § 4 Rz 19; *Walter*[11] Rz 112; s zur Veräußerung des Mitunternehmeranteils VwGH 18.11.2009, 2006/13/0160, ÖStZB 2010/185, 283 = GES 2010, 45); dies gilt aufgrund der Verlustzurechnungsobjekteigenschaft des Mitunternehmeranteils auch dann, wenn der Mitunternehmeranteil (teil-)betriebszugehörig war (s UmgrStR Rz 202 idF WE 2017, zum Wegfall der auf den verkauften, vormals betriebszugehörigen Mitunternehmeranteil entfallenden Verlustvorträge; s a *Titz/Wild*, RWZ 2016/9, 38), wobei die UmgrStR für Beteiligungen an ARGEN, die zur Abwicklung einzelner (Bau-)Projekte eingerichtet und für steuerliche Zwecke als Mitunternehmerschaft behandelt werden (§ 2 Abs 4 Z 2 EStG), eine Ausnahme vorsehen, wonach diese für sich genommen keine eigenständigen Verlustzuordnungsobjekte darstellen (UmgrStR Rz 202 idF WE 2017; *Schlager*, RWZ 2017/21, 99). Unklar sind jedoch die Auswirkungen auf den Verlustvortrag, wenn der Mitunternehmeranteil vor dem Verschmelzungsstichtag lediglich **vermindert** wird; die Verwaltungspraxis geht davon aus, dass jener Teil der Verlustvorträge, der anteilig der übertragenen (zB veräußerten) Quote zuzurechnen ist, vom fortgesetzten Abzug auszuschließen sei (UmgrStR Rz 200; *Wiesner*, RWZ 2010/5, 16; *Walter*[11] Rz 112; krit *Hirschler*, taxlex 2012, 11). Aufgrund des Abstellens auf eine „Übertragung" in den UmgrStR soll diese Betrachtung wohl nicht bei einer Verwässerung iRe vorangegangenen Zusammenschlusses gelten (UmgrStR Rz 200; ebenso *Hirschler*, taxlex 2012, 11).

c) Sonstige Vermögensteile

Ist ein **Vermögensteil von nicht untergeordneter Bedeutung weder notwendiges** **58** **noch gewillkürtes Betriebsvermögen einer Körperschaft**, führt der Wegfall dieses Vermögensteils nach der Verwaltungspraxis dazu, dass die von ihm verursachten Verluste gem § 4 Z 1 lit a bzw lit b im Zuge der Verschmelzung nicht übergehen bzw nicht mehr verwertet werden können (UmgrStR Rz 203; *Hügel* § 4 Rz 44). Das Abstellen auf den „Vermögensteil" setzt also voraus, dass es sich weder um notwendiges noch um gewillkürtes Betriebsvermögen handelt (ErlRV 1471 BlgNR 20. GP, 21; *Bruckner* in W/H/M, HdU[1] I § 4 Rz 52 u Rz 54; *Massoner*, Mantelkauf 49; *Mayr/Wellinger* in HB Sonderbilanzen II 37; s a KStR Rz 435 [ex-Rz 612]). Unklar ist dabei einerseits, wo im Einzelfall die **Grenze für eine untergeordnete Bedeutung** sonstiger Vermögensteile liegt, andererseits welche – vor dem Verschmelzungsstichtag weggefallenen – Wirtschaftsgüter von „nicht untergeordneter Bedeutung" dem übertragenen **Betrieb objektiv nicht zurechenbar** waren und auch nicht zum **gewillkürten Betriebsvermögen** zählten (s a ErlRV 1471 BlgNR 20. GP, 21; UmgrStR Rz 203). Die Materialien zum AbgÄG 1998 (BGBl I 1999/28) nannten als Beispiel für ein nicht dem (gewillkürten) Betriebsvermögen zurechenbares Wirtschaftsgut von nicht untergeordneter Bedeutung ein mit dem Betriebszweck der Kapitalgesellschaft nicht zusammenhängendes und nicht bewirtschaftetes Schloss, das „mangels Verwertbarkeit vor der Verschmelzung mit Verlust veräußert" wird (ErlRV 1471 BlgNR 20. GP, 21), wobei sich in der Praxis bei ähnlich gelagerten Fällen wohl zuerst die Frage stellen wird, ob hier nicht Liebhabereivermögen vorliegt, das der außerbetrieblichen Sphäre der übertragenden Körperschaft zuzurechnen ist (s Rz 59). Zu weit geht jedenfalls das Beispiel in UmgrStR Rz 203, wonach ein nicht im wirtschaftlichen Zusammenhang mit einem Papierhandelsbetrieb stehendes verlustverursachendes Patent isoliert zu beurteilen sei (ebenso krit *Hügel* § 4 Rz 44 m FN 137).

59 Ebenfalls vom verschmelzungsbedingten Übergang von Verlusten ausgeschlossen sind Verluste aus sog **außerbetrieblichem Vermögen**. Zur sog „außerbetrieblichen Sphäre" (die KStR verwenden in Rz 436 den Begriff „**außerbetrieblicher Vermögensbereich**") einer unter § 7 Abs 3 KStG fallenden Körperschaft gehören (ausf *Kofler* in FS H. Kofler 103 ff; *Achatz/Bieber* in *Achatz/Kirchmayr* § 7 Tz 151 ff): (1) Liebhabereiwirtschaftsgüter (UmgrStR Rz 203; KStR Rz 436 [ex-Rz 613]; *Wiesner*, RWZ 2007/37, 131; *Wiesner*, RWZ 2007/103, 360; *Wiesner/Mayr*, RdW 2007/447, 439; *Hügel* § 4 Rz 44; *Mayr/Wellinger* in HB Sonderbilanzen II 37); und *(2)* Wirtschaftsgüter, die aufgrund gesetzlicher Vorschriften (zB § 12 KStG) **als „privat" gelten** (*Hügel* § 4 Rz 44; *Heinrich* in $Q/R/S/S/V^{27}$ § 7 Rz 90/1 ff), wie zB ein Repräsentationszwecken iSd § 12 Abs 1 Z 3 KStG dienendes Gebäude (VwGH 24.6.2004, 2001/15/0002, ÖStZB 2005/32; KStR Rz 436 [ex-Rz 613]; *Heinrich* in $Q/R/S/S/V^{27}$ § 7 Rz 90/1). Wirtschaftsgüter, deren **Anschaffung durch das Gesellschaftsverhältnis** veranlasst ist (s zB VwGH 23.2.2010, 2007/15/0003, GES 2010, 90 m Anm *Kofler*), sollen nach der – zweifelhaften – neueren Verwaltungspraxis auch steuerlich dem Gesellschafter zuzurechnen sein und gehören daher wohl von vornherein nicht zum Vermögen der Körperschaft (s nunmehr KStR Rz 437 u 636 ff, unklar ex-Rz 819; ausf und krit zB *Heinrich* in $Q/R/S/S/V^{27}$ § 7 Rz 91 ff); dies soll insb dem Gesellschafter überlassene „Luxusimmobilien" betreffen.

3. Vermögensverwaltende (nichtoperative) Körperschaft
a) „Vermögensteil"

80 Bei ausschließlich vermögensverwaltenden Körperschaften – dh Körperschaften, die über kein Betriebsvermögen im ertragsteuerrechtlichen Sinn (s Rz 53) verfügen – ist die kleinste Verlustzuordnungseinheit für die Beurteilung des objektbezogenen Verlustvortragsübergangs der einzelne nicht einem Betrieb zurechenbare „**Vermögensteil**" (ErlRV 1471 BlgNR 20. GP, 21; UmgrStR Rz 208; *Bruckner* in $W/H/M$, HdU^1 I § 4 Rz 53; *Kolienz* in FS Wiesner 201 ff; *Wiesner/Mayr*, RdW 2007/447, 439; *Hügel* § 4 Rz 46; *Zöchling* in $W/Z/H/K^5$ § 4 Rz 24). Verluste, die von jenen Vermögensteilen verursacht wurden, die am Verschmelzungsstichtag nicht mehr (§ 4 Z 1 lit a bzw b) oder nicht mehr in wirtschaftlich vergleichbarem Umfang (§ 4 Z 1 lit c) vorhanden sind, gehen bei der Verschmelzung unter (UmgrStR Rz 208).

> Vermögensverwaltung liegt dabei zB beim bloßen Halten von Kapitalgesellschaftsanteilen durch eine **Beteiligungsholding** (*Hügel* § 4 Rz 46; *Zöchling* in $W/Z/H/K^5$ § 4 Rz 25; zur geschäftsleitenden Holding s aber Rz 55), beim bloßen Halten von Liegenschaften durch eine **Immobilienholding** (nicht aber bei gewerblichem Grundstückshandel; zur Abgrenzung siehe EStR Rz 5440 ff) oder beim bloßen Halten von immateriellen Wirtschaftsgütern wie zB Markenrechten, Patenten oder Lizenzen (sog **IP-Holding**) vor; die Verwaltungspraxis scheint eigenartigerweise auch Vermögensverwaltung beim **Halten mehrerer Mitunternehmeranteile**

für möglich zu halten (BMF 13.9.2002, ecolex 2002, 929 m krit Anm *Schrottmeyer*; dagegen *Hügel* § 4 Rz 46 m FN 142).

Die Verwaltungspraxis (UmgrStR Rz 208) stellt auf Basis der Gesetzesmaterialien (ErlRV 1471 BlgNR 20. GP, 21) auf einen **„Vermögensteil von nicht untergeordneter Bedeutung"** als Verlustzuordnungseinheit ab und nennt – ohne nähere Konkretisierung – als Beispiele die „Liegenschaft einer vermögensverwaltenden Kapitalgesellschaft" und „eine wesentliche Beteiligung einer Holdinggesellschaft". Stammt der Verlustvortrag hingegen aus einem Vermögensteil von „untergeordneter" Bedeutung, dürfte dessen Wegfall oder qualifizierte Umfangminderung offenbar dem Verlustabzug nicht entgegenstehen (s *Bruckner* in FS Werilly 90 m FN 53; *Bruckner* in W/H/M, HdU¹ I § 4 Rz 56 m FN 593; *Hügel* § 4 Rz 46 m FN 143), wobei völlig unklar ist, nach welchen Kriterien die „Bedeutung" eines Vermögensteils zu prüfen bzw nachzuweisen ist. Die Verwaltungspraxis scheint jedenfalls von der wirtschaftlichen Bedeutung auszugehen, wobei diese uE nicht zwingend aus dem Wertverhältnis (also der Teilwert des einzelnen Vermögensgegenstands im Verhältnis zur Summe der Teilwerte aller Vermögensgegenstände) abgeleitet werden muss. 81

Diese vermögensbezogene Betrachtung ist **gegenüber der betriebsbezogenen Betrachtung subsidiär**; auf das Vorhandensein der verlustverursachenden Vermögensteile kommt es daher nur dann an, wenn entweder gar kein Betriebsvermögen vorliegt oder Vermögensteile von nicht untergeordneter Bedeutung **weder notwendiges noch gewillkürtes Betriebsvermögen** sind (arg „nicht einem Betrieb zurechenbaren Vermögensteilen"; s Rz 52 u 58; weiters zB ErlRV 1471 BlgNR 20. GP, 21; UmgrStR Rz 201; BMF 14.11.2002, ecolex 2003, 280 m Anm *Schrottmeyer*; *Bruckner* in W/H/M, HdU¹ I § 4 Rz 51; *Wiesner/Mayr*, RdW 2007/447, 439; *Hügel* § 4 Rz 47; *Zöchling* in W/Z/K⁵ § 4 Rz 22). Ist zB eine Kapitalbeteiligung einem Betrieb oder Teilbetrieb zugehörig, sind Verluste (zB aus einer Teilwertabschreibung) diesem Betrieb oder Teilbetrieb zuzurechnen, dessen (vergleichbares) Vorhandensein sodann für den Übergang des Verlustvortrags entscheidend ist (s VwGH 14.10.2010, 2008/15/0212, ÖStZB 2011/183, 305; dazu a *Titz/Wild*, RWZ 2016/9, 38). Umgekehrt genügt für den Übergang von Verlusten nach § 4 das **Vorhandensein von außerbetrieblichen „Vermögensteilen"** (zB Liegenschaftsbesitz einer vermögensverwaltenden Gesellschaft; s VwGH 31.1.1995, 94/14/0171, ÖStZB 1995, 539, zum StruktVG; *Bruckner* in W/H/M, HdU¹ I § 4 Rz 53). 82

b) Funktionszusammenhang

Ein **„Vermögensteil"** kann aus einem einzelnen Wirtschaftsgut oder aus mehreren Wirtschaftsgütern bestehen, zwischen denen ein **Funktionszusammenhang** besteht (*Bruckner* in W/H/M, HdU¹ I § 4 Rz 56). Die Verwaltungspraxis geht von einem solchen Funktionszusammenhang und damit von einer einzigen Zuordnungseinheit aus, wenn **Kapitalvermögen** iS einer Portfolioveranlagung verwaltet wird (UmgrStR Rz 208; *Bruckner* in W/H/M, HdU¹ I § 4 Rz 56; *Hügel* § 4 Rz 48; *Zöchling* in W/Z/K⁵ § 4 Rz 25); Gleiches ist bei **Liegenschaftsvermögen** (zB Zinshäusern) denkbar (*Bruckner* in FS Werilly 90; *Bruckner* in W/H/M, HdU¹ I § 4 Rz 56; *Hügel* § 4 Rz 48; *Zöchling* in W/Z/K⁵ § 4 Rz 25). Im Hinblick auf Kapitalvermögen wird von der Verwaltungspraxis unter einer Portfolioveranlagung die **Bündelung eines Wertpapierbestandes** für einen einheitlichen Veranlagungszweck verstanden, wobei es sich nicht um wesentliche Beteiligungen (Anteile von zumindest 1 %) 83 handeln darf (UmgrStR Rz 208); in ein Portfolio können auch verschiedene Wertpapiertypen (zB Aktien und Anleihen) fallen (UmgrStR Rz 208; ebenso bereits *Bruckner* in FS Werilly 90). Der Wegfall oder die qualifizierte Umfangminderung einzelner Wirtschaftsgüter ist hier solange unschädlich, als keine qualifizierte Umfangminderung hinsichtlich des gesamten Vermögensteils eintritt (*Hügel* § 4 Rz 48).

Zum Wegfall einer nicht zum Betriebsvermögen gehörenden Beteiligung bei **Verschmelzungen im Konzern** s Rz 88 f.

C. Zuordnung von Verlusten zu Verlustquellen
1. Direkte Zuordnung und Aliquotierung

84 Die Verluste sind den einzelnen Verlustquellen – „Betrieben, Teilbetrieben oder nicht einem Betrieb zurechenbaren Vermögensteilen" – primär **direkt zuzuordnen** (arg „insoweit" bzw „soweit"). Eine **Aliquotierung** ist grundsätzlich nicht vorgesehen (UmgrStR Rz 197; *Bruckner* in FS Werilly 83; *Bruckner* in *W/H/M*, HdU[1] I § 4 Rz 40). Lediglich wenn eine eindeutige Zurechnung zu – vorhandenen und nicht mehr vorhandenen – Verlustquellen nicht möglich ist, ist „eine **sachgerechte Aliquotierung**" der Verlustvorträge vorzunehmen" (UmgrStR Rz 198; *Bruckner* in FS Werilly 83; *Bruckner*, ÖStZ 2004/759, 359; *Hügel* § 4 Rz 54). Eine solche Aufteilung wird nach dem Verhältnis der Teilwerte bzw – im Falle von außerbetrieblichem Vermögen – der gemeinen Werte erfolgen können (*Quantschnigg* in FS Bauer 272 f; *Bruckner* in *W/H/M*, HdU[1] § 4 Rz 40). Dabei ist auch von einer **gleichmäßigen Verrechnung** aller Teilverluste iRd Verlustausgleichs und des Verlustvortrags bis zur Verschmelzung auszugehen (UmgrStR Rz 198; für konkrete Berechnungsbeispiele s *Zwick*, ÖStZ 2017/827, 509 ff; s a *Bruckner*, ÖStZ 2004/759, 359).

Diente ein verlustverursachender Vermögensteil mehreren Betrieben, ist er nach der Verwaltungspraxis jenem Betrieb zuzurechnen, dem er **überwiegend diente** (UmgrStR Rz 206 uHa EStR Rz 468).

2. Zeitliche Aspekte der Zuordnung

85 Für die Zuordnung des Verlustes zu betrieblichem oder zu nicht betrieblichem Vermögen kommt es auf den **Zeitpunkt der Verlustentstehung** an (UmgrStR Rz 205; *Bruckner* in *W/H/M*, HdU[1] I § 4 Rz 55; *Farmer* in FS Pircher 110; *Hügel* § 4 Rz 50; *Zöchling* in *W/Z/H/K*[5] § 4 Rz 23). War etwa eine verlustverursachende Beteiligung zum Verschmelzungsstichtag zwar schon veräußert, gehörte bis dahin aber **zu einem vorhandenen Betrieb**, geht der Verlust (bzw offene Siebentel; s Rz 10) nach § 4 über (VwGH 14.10.2010, 2008/15/0212, ÖStZB 2011/183, 305 = GesRZ 2011, 131, zur Spaltung; BMF 24.1.2002, ecolex 2002, 292; *Bruckner* in *W/H/M*, HdU[1] I § 4 Rz 57; *Hügel* § 4 Rz 50; *Hirschler*, taxlex 2012, 11 f; ebenso zur Liquidation *Poindl*, ÖStZ 1997, 376 f). War hingegen ein Vermögensteil (zB Beteiligung, Zinshaus) im Zeitpunkt der Teilwertabschreibung einem Betrieb zugerechnet und wurde dieser **Betrieb vor der Verschmelzung stillgelegt**, geht umgekehrt ein noch vorhandener Verlust aus der Teilwertabschreibung (bzw offene Siebentel; s Rz 10) unabhängig davon unter, ob der betreffende Vermögensteil zum Verschmelzungsstichtag noch tatsächlich vorhanden ist (UmgrStR Rz 205; *Hügel* § 4 Rz 50; *Hirschler*, taxlex 2012, 11). Schließlich führt der Wegfall eines Betriebes oder Teilbetriebes zwar nach § 4 Z 1 zum Untergang der diesem zuzuordnenden Verluste, lässt aber **Verluste aus sonstigen Vermögensteilen**, die nicht dem seinerzeitigem Betrieb oder Teilbetrieb zuzurechnen waren, unberührt (UmgrStR Rz 204; BMF 21.12.1995, ÖStZ 1996, 236 = SWK 1996, A 191; *Farmer* in FS Pircher 110; *Zöchling* in *W/Z/H/K*[5] § 4 Rz 23).

D. Vorhandensein am Verschmelzungsstichtag
1. Relevanz des Verschmelzungsstichtages

Maßgeblich ist nach dem klaren Wortlaut des § 4 Z 1 lit a und b stets das **Vorhandensein des verlustverursachenden Vermögens am Verschmelzungsstichtag** (BMF 15.4.1994, RdW 1994, 231 = SWK 1994, A 537; *Aman* in FS Jakoblijevich 128; *Bruckner* in *W/H/M*, HdU[1] I § 4 Rz 41; *Hügel* § 4 Rz 40), nicht hingegen die Umstände bei Abschluss des Verschmelzungsvertrages (so noch BMF 19.6.1990, RdW 1990, 273, zum StruktVG) oder bei Eintragung der Verschmelzung in das Firmenbuch (so noch VwGH 31.1.1995, 94/14/0171, ÖStZB 1995, 539, zum StruktVG). 86

Für § 4 Z 1 ist es daher irrelevant, was mit dem am Verschmelzungsstichtag tatsächlich vorhandenen Vermögen **nach dem Verschmelzungsstichtag** – insb auch im Rückwirkungszeitraum – geschieht (UmgrStR Rz 196 u Rz 213; BMF 23.1.1995, ecolex 1995, 298 = SWK 1995, A 249; BMF 14.8.1997, ecolex 1997, 884; *Bruckner* in FS Werilly 83; *Bruckner* in *W/H/M*, HdU[1] I § 4 Rz 41; *Hügel* § 4 Rz 55; *Zöchling* in *W/Z/H/K*[5] § 4 Rz 12); dies hat allenfalls für den umgründungssteuerrechtlichen **Mantelkauftatbestand** des § 8 Abs 4 Z 2 lit c KStG iVm § 4 Z 2 Bedeutung (Rz 152 ff; s a UmgrStR Rz 196 u Rz 213; BMF 23.1.1995, ecolex 1995, 298 = SWK 1995, A 249; BMF 14.8.1997, ecolex 1997, 884; *Aman* in FS Jakoblijevich 128; *Bruckner* in *W/H/M*, HdU[1] I § 4 Rz 41; *Massoner*, Mantelkauf 49; *Hügel* § 4 Rz 40 u Rz 55). Erfolgt eine **Folgeumgründung im Rückwirkungszeitraum einer unterjährigen Erstumgründung**, kann dies dazu führen, dass noch Verluste bei der übertragenden Körperschaft der Erstumgründung vorhanden sind, das entsprechende verlustverursachende Vermögen aber bereits einem anderen Rechtsträger (der übernehmenden Körperschaft der Erstumgründung) zugerechnet wird; in einem solchen Fall gehen nach § 4 Abs 1 Z 1 lit a die Verlustvorträge bei der übertragenden Körperschaft der Erstumgründung nicht unter, sondern sind lediglich bei *dieser* nicht mehr abzugsfähig, sodass die Verlustvorträge umgründungsbedingt in voller Höhe auf die übernehmende Körperschaft der Erstumgründung übergehen (s samt Bsp UmgrStR Rz 215b idF WE 2017; *Schlager*, RWZ 2017/21, 100). Die UmgrStR (Rz 215b idF WE 2017) erläutern dies durch folgendes 87

Beispiel

Die X-AG bilanziert zum 31.12. und spaltet per 30.6.X2 einen Teilbetrieb nach Art VI in die Y-AG ab. Der Teilbetrieb hat laufend Verluste erzielt, die noch im Verlustvortrag der X-AG enthalten sind (nach der Veranlagung X1 iHv -50); auch im Zeitraum 1.1.X2–30.6.X2 konnte kein positives Ergebnis im Teilbetrieb erzielt werden (-5), aus dem restlichen Betrieb der X-AG wurde im Jahr X2 ein ausgewogenes Ergebnis (0) erzielt. Zum Spaltungsstichtag ist der Teilbetrieb noch vergleichbar vorhanden.

Zum 30.9.X2 wird zudem die Z-AG nach Art I auf die X-AG verschmolzen. Im Zuge der Spaltung kommt es zu einem Übergang der Verlustvorträge bzw der laufenden Verluste nach Maßgabe des § 35 iVm §§ 21 und 4 (s Rz 1182): Somit können die Verluste aus dem Teilbetrieb (insgesamt -55) iRd Veranlagung X2 noch von der X-AG genützt werden, der Rest kann ab der Veranlagung X3 von der übernehmenden Y-AG verwertet werden.

Im Zuge der Verschmelzung der Z-AG auf die X-AG ist § 4 Z 1 lit b auf die Verlustvorträge der X-AG anzuwenden. Zum Verschmelzungsstichtag sind diese noch bei der X-AG vorhanden (sie kann diese grundsätzlich iRd Veranlagung X2 nützen), jedoch ist das verlustverursachende Vermögen (= abgespaltener Teilbetrieb) aufgrund der Rückwirkungsfiktion bereits der Y-AG zuzurechnen. Daher sind die Verlustvorträge zwar bei der X-AG nicht mehr abzugsfähig; sie gehen jedoch nicht unter und können mit Ablauf der Veranlagung X2 spaltungsbedingt in voller Höhe auf die Y-AG übergehen. Der laufende Verlust (-5) kann hingegen noch iRd Veranlagung X2 bei der X-AG genützt werden bzw geht, soweit ein Rest verbleibt, mit der Veranlagung X3 auf die Y-AG über.

2. Verschmelzungsbedingter Wegfall einer Beteiligung
a) Identitätsfiktion

88 Schon aufgrund der Identitätsfiktion des § 5 führt der **verschmelzungsbedingte Untergang** einer **Beteiligung** an der übertragenden Körperschaft nicht dazu, dass ein aus der Beteiligung resultierender teilwertabschreibungsbedingter Verlust nach § 4 Z 1 im Fall einer nachfolgenden Verschmelzung der Obergesellschaft deshalb wegfiele, weil die verlustverursachenden Anteile nicht mehr tatsächlich vorhanden wären. Vielmehr „leben" die verlustverursachenden Anteile wegen § 5 Abs 1 bzw Abs 5 in den **Abfindungsanteilen** bzw den erweiterten Anteilen an der übernehmenden Körperschaft weiter (*Bachl*, ecolex 1997, 605 f; *Bruckner* in FS Werilly 92 f; *Bruckner* in W/H/M, HdU[1] I § 4 Rz 60; *Kolienz* in FS Wiesner 204; *Hügel* § 4 Rz 49). Solcherart kann der Übergang bzw das Fortlaufen von Verlusten bzw offenen Siebenteln aus einer Teilwertabschreibung auch bei einer auf eine **Schwesternverschmelzung** folgende Umgründung der gemeinsamen Muttergesellschaft nicht deshalb versagt werden, weil die teilwertabgeschriebene Beteiligung an der seinerzeit übertragenen Schwestergesellschaft verschmelzungsbedingt nicht mehr tatsächlich vorhanden wäre (s *Bachl*, ecolex 1997, 605 f; *Bruckner* in FS Werilly 93; *Kolienz* in FS Wiesner 204).

b) Upstream- und Downstream-Verschmelzung

89 Kommt es durch eine Upstream- oder Downstream-Verschmelzung zum Wegfall bzw zur Durchschleusung der teilwertabgeschriebenen Beteiligung an der Tochtergesellschaft, führt dies im Hinblick auf **Verluste** und **Siebentelabschreibungen** grundsätzlich

- zu einem **Übergang des Verlustes** aus bereits abgereiften Siebentelabschreibungen auf die übernehmende Körperschaft im Falle der **Downstream-Verschmelzung** (UmgrStR Rz 214; BMF 30.3.1998, ecolex 1998, 590 = SWK 1998, S 406; *Bruckner* in W/H/M, HdU[1] I § 4 Rz 59; *Hügel* § 4 Rz 49; ebenso VwGH 31.1.1995, 94/14/0171, ÖStZB 1995, 539 = ecolex 1995, 515 m Anm *Staringer*, zum StruktVG) und zu einer **Weiterverwertbarkeit der Verluste** im Falle der **Upstream-Verschmelzung** (UmgrStR Rz 215; *Bruckner* in FS Werilly 92; *Bruckner* in W/H/M, HdU[1] I § 4 Rz 59; *Kolienz* in FS Wiesner 204; *Hügel* § 4 Rz 49); und
- unabhängig von der Steuerneutralität des Buchgewinnes oder Buchverlustes sowohl bei der Upstream- als auch bei der Downstream-Verschmelzung zum **Weiterlaufen der noch nicht abgereiften Siebentelabschreibungen** bei der übernehmenden Körperschaft (ErlRV 72 BlgNR 20. GP, 289; UmgrStR Rz 236;

KStR Rz 1306 [ex-Rz 1238]; *Wiesner*, RdW 1996, 248; *Bruckner* in *W/H/M*, HdU[1] I § 4 Rz 63 u Rz 126; *Bruckner/Kolienz*, ÖStZ 2007/997, 474 f; *Hügel* § 4 Rz 6 u Rz 100; *Zöchling* in *W/Z/H/K*[5] § 4 Rz 46). Teilwertabschreibungen gem § 12 Abs 3 Z 2 KStG und die zugrunde liegenden operativen Verluste unterliegen im Falle der Verschmelzung verbundener Körperschaften jedoch dem **Doppelverwertungsverbot des § 4 Z 1 lit d** (s Rz 116 ff).

Im Hinblick auf **Folgeumgründungen nach Upstream- oder Downstream-Verschmelzungen** stellt sich für Zwecke des Objektbezugs freilich die Frage, wie mit jenen Fällen umzugehen ist, bei denen es sich beim **verlustverursachenden Vermögen um jene** – nicht einem Betrieb oder Teilbetrieb zugehörige (dazu *Titz/Wild*, RWZ 2016/9, 38; s a Rz 82) – **Beteiligung an der früheren Tochtergesellschaft** handelte, die aufgrund vorangegangener Verschmelzung nicht mehr vorhanden ist. Nach der begrüßenswerten Verwaltungspraxis tritt bei zukünftigen Umgründungen für Zwecke des Objektbezuges **das Vermögen der verschmelzungsbedingt untergegangenen Körperschaft** (zB Betrieb) **an die Stelle der nicht mehr vorhandenen Beteiligung** (UmgrStR Rz 215a; *Titz/Wild*, RWZ 2016/9, 37); dies gilt auch, wenn das Vermögen der verschmelzungsbedingt untergegangenen Körperschaft eine **Beteiligung** ist (zB bei Verschmelzung einer Holdinggesellschaft; UmgrStR Rz 215a idF WE 2017). Dabei bleiben Verlustvorträge aus Teilwertabschreibungen oder Fremdfinanzierungen erhalten, wenn das an die Stelle der untergegangenen Beteiligung tretende Vermögen am Stichtag noch vergleichbar iSd § 4 vorhanden ist (UmgrStR Rz 215a); auf die Gründe der Teilwertabschreibung (zB Verluste der Tochtergesellschaft, „frustrierte" Ertragserwartungen) kommt es offenbar nicht an (s a *Titz/Wild*, RWZ 2016/9, 38). Hinsichtlich des maßgeblichen **Beobachtungszeitpunkts für die Vergleichbarkeit** ist das an die Stelle der untergehenden Beteiligung tretende Vermögen (zB Betrieb, Beteiligung) zum Stichtag der Folgeumgründung mit eben diesem Vermögen zum Zeitpunkt der ursprünglichen Verlustentstehung des im Zuge der Erstverschmelzung untergegangenen Vermögens (Zeitpunkt der Teilwertabschreibung der Beteiligung) zu vergleichen (UmgrStR Rz 215a idF WE 2017; *Schlager*, RWZ 2017/21, 99). Die UmgrStR (Rz 215a idF WE 2017) erläutern dies für den Fall einer vorangegangenen Upstream-Verschmelzung auf eine nicht betriebsführende Gesellschaft (s Rz 80 ff) durch folgendes

Beispiel

Die A-GmbH ist zu 100 % an der nicht operativ tätigen B-GmbH und zu 100 % an der D-GmbH beteiligt; die B-GmbH wiederum zu 100 % an der betriebsführenden C-GmbH. Da die C-GmbH in ihrem Betrieb Verluste erzielt, nimmt die B-GmbH eine Teilwertabschreibung auf ihre Beteiligung an der C-GmbH vor (die mangels Betriebsführung durch die B-GmbH der Beteiligung und nicht einem Betrieb zuzurechnen sind; s Rz 80 ff); diese geht bei der B-GmbH in den Verlustvortrag ein. Zum Stichtag 31.12.01 wird die C-GmbH gem Art I UmgrStG auf die B-GmbH verschmolzen, dabei bleiben die Verlustvorträge der B-GmbH aufrecht (s UmgrStR Rz 215). Die Verluste der C-GmbH sind um die Teilwertabschreibungen zu kürzen (Rz 116 ff). Zum Stichtag 31.12.02 wird die D-GmbH auf die B-GmbH gem Art I UmgrStG verschmolzen. Ob die Verluste bei der B-GmbH erhalten bleiben, ist vom Vorhandensein des verlustverursachenden Vermögens am Verschmelzungsstichtag abhängig. Zwar ist die Beteiligung an der C-GmbH im Zuge der Erstverschmelzung untergegangen, an deren Stelle kann jedoch der Betrieb der C-GmbH treten. Da dieser Betrieb zum Verschmelzungsstichtag 02 bei der B-GmbH vergleichbar iSd § 4 vorhanden ist (keine die Vergleichbarkeit ausschließende Vermögensminderung zwischen ursprünglichem Verlustentstehungszeitpunkt vor der Erstverschmelzung und Stichtag 31.12.02), bleiben die Verluste bei dieser erhalten.

E. Zeitpunkt des Wegfalls von Verlusten
1. Verluste der übertragenden Körperschaft

90 Gehen – nach § 8 Abs 4 Z 2 KStG grundsätzlich vortragsfähige – **Verluste einer übertragenden Gesellschaft** wegen des Wegfalls des verlustverursachenden Vermögens nach § 4 Z 1 lit a (oder wegen einer qualifizierten Umfangminderung nach § 4 Z 1 lit c) nicht über, können sie letztmalig in jenem Wirtschaftsjahr mit Gewinnen der übernehmenden Gesellschaft verrechnet werden, das am Verschmelzungsstichtag endet (s Rz 24), zumal von § 4 nur „die bis zum Verschmelzungsstichtag […] noch nicht verrechnet[en]" Verluste betroffen sind (*Hügel* § 4 Rz 56; zum Übergang nicht wegfallender Verluste s Rz 25 ff).

2. Verluste der übernehmenden Körperschaft

91 Hinsichtlich der **eigenen Verluste der übernehmenden Körperschaft** spricht § 4 Z 1 lit b von Verlusten „der übernehmenden Körperschaft, die bis zum Verschmelzungsstichtag entstanden und noch nicht verrechnet sind". Ist daher das verlustverursachende Vermögen iSd § 4 Z 1 lit b nicht mehr vorhanden (oder iSd § 4 Z 1 lit c qualifiziert gemindert), geht der steuerliche Verlustabzug der übernehmenden Körperschaft, der bis zum Verschmelzungsstichtag noch nicht verrechnet wurde, unter (*Zöchling* in *W/Z/H/K*[5] § 4 Rz 14).

92 Dies bedeutet: *(1)* Fällt der **Verschmelzungsstichtag mit dem Veranlagungszeitpunkt** der übernehmenden Körperschaft (dh mit dem 31.12.) zusammen, so kann ein steuerlicher Verlustabzug der übernehmenden Körperschaft in der Einkommensermittlung für diesen Veranlagungszeitraum noch mit einem positiven Gesamtbetrag der Einkünfte verrechnet werden (*Hügel* § 4 Rz 57; *Zöchling* in *W/Z/H/K*[5] § 4 Rz 14). Ein danach verbleibender („nicht verrechneter") Verlustabzug geht unter. Das Gleiche gilt in diesem Fall für einen laufenden Verlust (einem negativen Gesamtbetrag der Einkünfte) des Veranlagungszeitraums. Auch dieser Verlust geht unter. *(2)* Erfolgt die **Verschmelzung auf einen Zwischenstichtag**, endet für die übernehmende Körperschaft mit der Verschmelzung kein Veranlagungszeitraum und es ist daher keine gesonderte Einkommensermittlung durchzuführen (s a *Bruckner* in *W/H/M*, HdU[1] I § 4 Rz 31; *Hügel* § 4 Rz 57). Nach dem Wortlaut des § 4 Z 1 lit b („die bis zum Verschmelzungsstichtag entstanden und noch nicht verrechnet sind") geht der Verlustvortrag aus dem letzten Veranlagungszeitraum vor dem Verschmelzungsstichtag aus nicht mehr vorhandenem oder qualifiziert gemindertem Vermögen mit dem Verschmelzungsstichtag unter; die Verluste der übernehmenden Körperschaft entfallen daher bereits in jenem **Veranlagungszeitraum, in den der Verschmelzungsstichtag fällt** (*Bruckner* in *W/H/M*, HdU[1] I § 4 Rz 31 f; *Mayr/Wellinger* in HB Sonderbilanzen II 38; *Hügel* § 4 Rz 57; kritisch *Jann/Ursprung-Steindl/Zwick*, ÖStZ 2018/2, 5; aA *Zöchling* in *W/Z/H/K*[5] § 4 Rz 15 f). Dies wirft die Frage auf, ob § 4 Z 1 lit b in diesem Fall auch auf laufende Verluste der übernehmenden Körperschaft des Veranlagungszeitraumes, in den der Ver-

schmelzungsstichtag fällt, anwendbar ist. Zumindest in jenen Fällen, in denen der Bilanzstichtag der übernehmenden Körperschaft nach dem Verschmelzungsstichtag liegt, sind bis zum Verschmelzungsstichtag erwirtschaftete laufende Verluste uE noch nicht „entstanden" iSd § 4 Z 1 lit b und sollten daher erhalten bleiben. Ob dies auch für Verluste eines (abweichenden) Wirtschaftsjahres der übernehmenden Körperschaft gilt, das vor dem unterjährigen Verschmelzungsstichtag (aber nach dem Ende des letzten Veranlagungszeitraumes vor dem Verschmelzungsstichtag) endet, ist unklar.

Beispiel 1

Mit Verschmelzungsstichtag 31.12.01 wird die B-GmbH auf die A-GmbH verschmolzen. Bilanzstichtag der A-GmbH ist der 31.12. (Wirtschaftsjahr = Veranlagungszeitraum). Der Gesamtbetrag der Einkünfte (= die Einkünfte aus Gewerbebetrieb) des Wirtschaftsjahres 31.12.01 der A-GmbH beträgt 20. Die A-GmbH verfügt am 1.1.01 über einen Verlustvortrag iHv -100. Das verlustverursachende Vermögen ist am 31.12.01 nicht mehr vorhanden. Die B-GmbH verfügt über keine Verlustvorträge.

Da der Verschmelzungsstichtag dem Veranlagungszeitpunkt des Einkommens der A-GmbH entspricht, kann iRd Veranlagung für den Veranlagungszeitraum 01 der Verlustvortrag (letztmalig) mit den Einkünften des Wirtschaftsjahres 01 verrechnet werden (= ein Verlustabzug vorgenommen werden). Das Einkommen der A-GmbH im Kalenderjahr 01 beträgt somit 5. Der noch nicht verrechnete Verlustvortrag iHv -85 entfällt am 31.12.01. Im Veranlagungszeitraum 02 steht damit kein Verlustvortrag zur Verfügung.

Beispiel 2

Mit Verschmelzungsstichtag 31.12.01 wird die B-GmbH auf die A-GmbH verschmolzen. Bilanzstichtag der A-GmbH ist der 31.12. (Wirtschaftsjahr = Veranlagungszeitraum). Der Gesamtbetrag der Einkünfte (= die Einkünfte aus Gewerbebetrieb) des Wirtschaftsjahres 31.12.01 der A-GmbH beträgt -20. Die A-GmbH verfügt am 1.1.01 über einen Verlustvortrag iHv -100. Das verlustverursachende Vermögen hinsichtlich des Verlustvortrags iHv -100 ist am 31.12.01 nicht mehr vorhanden. Das verlustverursachende Vermögen hinsichtlich des Verlusts des Wirtschaftsjahres 01 iHv -20 ist am 31.12.01 noch vorhanden. Die B-GmbH verfügt über keine Verlustvorträge.

Da der Verschmelzungsstichtag dem Veranlagungszeitpunkt des Einkommens der A-GmbH entspricht, könnte iRd Veranlagung für den Veranlagungszeitraum 01 der Verlustvortrag (letztmalig) mit den Einkünften des Wirtschaftsjahres 01 verrechnet werden (= ein Verlustabzug vorgenommen werden). Da der Gesamtbetrag der Einkünfte der A-GmbH im Veranlagungszeitraum 01 negativ ist, kann keine Verlustverrechnung durchgeführt werden. Das Einkommen der A-GmbH im Veranlagungszeitraum 01 beträgt somit -20. Von den am 31.12.01 noch nicht verrechneten Verlusten der A-GmbH iHv -120 entfällt am 31.12.01 ein Betrag von -100. Das entspricht jenem Teil des bis zum Verschmelzungsstichtag entstandenen und noch nicht verrechneten Verlusts, für den das verlustverursachende Vermögen am Verschmelzungsstichtag nicht mehr vorhanden ist. Im Veranlagungszeitraum 02 steht damit ein Verlustvortrag iHv -20 zur Verfügung.

Beispiel 3

Mit Verschmelzungsstichtag 31.12.01 wird die B-GmbH auf die A-GmbH verschmolzen. Bilanzstichtag der A-GmbH ist der 31.12. (Wirtschaftsjahr = Veranlagungszeitraum). Der Gesamtbetrag der Einkünfte (= die Einkünfte aus Gewerbebetrieb) des Wirtschaftsjahres 31.12.01 der A-GmbH beträgt -20. Die A-GmbH verfügt am 1.1.01 über einen Verlustvortrag iHv -100. Das verlustverursachende Vermögen hinsichtlich des Verlustvortrags iHv -100 ist am 31.12.01 nicht mehr vorhanden. Das verlustverursachende Vermögen hinsichtlich des Verlusts des Wirtschaftsjahres 01 iHv -20 ist am 31.12.01 ebenfalls nicht mehr vorhanden. Die B-GmbH verfügt über keine Verlustvorträge.

Da der Verschmelzungsstichtag dem Veranlagungszeitpunkt des Einkommens der A-GmbH entspricht, könnte iRd Veranlagung für den Veranlagungszeitraum 01 der Verlustvortrag (letztmalig) mit den Einkünften des Wirtschaftsjahres 01 verrechnet werden (= ein Verlustabzug vorgenommen werden). Da der Gesamtbetrag der Einkünfte der A-GmbH im Veranlagungszeitraum 01 negativ ist, kann keine Verlustverrechnung durchgeführt werden. Das Einkommen der A-GmbH im Veranlagungszeitraum 01 beträgt somit -20. Von den am 31.12.01 noch nicht verrechneten Verlusten der A-GmbH iHv -120 entfällt am 31.12.01 ein Betrag von -120, da das verlustverursachende Vermögen für den gesamten bis zum Verschmelzungsstichtag entstandenen und noch nicht verrechneten Verlust am Verschmelzungsstichtag nicht mehr vorhanden ist. Im Veranlagungszeitraum 02 steht damit kein Verlustvortrag zur Verfügung.

Beispiel 4

Mit Verschmelzungsstichtag 31.12.01 wird die B-GmbH auf die A-GmbH verschmolzen. Bilanzstichtag der A-GmbH ist der 30.6. (Wirtschaftsjahr ≠ Veranlagungszeitraum). Der Gesamtbetrag der Einkünfte (= die Einkünfte aus Gewerbebetrieb) des Wirtschaftsjahres 30.6.01 der A-GmbH beträgt 20. Die Einkünfte aus Gewerbebetrieb der A-GmbH im Zeitraum 1.7.01 bis 31.12.01 betragen 200. Die A-GmbH verfügt am 1.1.01 über einen Verlustvortrag iHv -100. Das verlustverursachende Vermögen hinsichtlich des Verlustvortrags iHv -100 ist am 31.12.01 nicht mehr vorhanden. Die B-GmbH verfügt über keine Verlustvorträge.

Da der Verschmelzungsstichtag dem Veranlagungszeitpunkt des Einkommens der A-GmbH entspricht, kann iRd Veranlagung für den Veranlagungszeitraum 01 der Verlustvortrag (letztmalig) mit den Einkünften des Wirtschaftsjahres 00/01 verrechnet werden (= ein Verlustabzug vorgenommen werden). Das Einkommen der A-GmbH im Veranlagungszeitraum 01 beträgt somit 5. Der noch nicht verrechnete Verlustvortrag iHv -85 entfällt am 31.12.01 und steht damit für eine Verrechnung mit den Einkünften des Wirtschaftsjahres 01/02 (1.7.01-30.6.02) der A-GmbH nicht mehr zur Verfügung. Eine Verrechnung mit den positiven Einkünften des zweiten Halbjahres 01 ist nicht möglich, da am 31.12.01 kein Wirtschaftsjahr der A-GmbH endet. Im Veranlagungszeitraum 02 steht damit kein Verlustvortrag zur Verfügung.

Beispiel 5

Mit Verschmelzungsstichtag 31.12.01 wird die B-GmbH auf die A-GmbH verschmolzen. Bilanzstichtag der A-GmbH ist der 30.6. (Wirtschaftsjahr ≠ Veranlagungszeitraum). Der Gesamtbetrag der Einkünfte (= die Einkünfte aus Gewerbebetrieb) des Wirtschaftsjahres 30.6.01 der A-GmbH beträgt -20. Die Einkünfte aus Gewerbebetrieb der A-GmbH im Zeitraum 1.07.01 bis 31.12.01 betragen 200. Die A-GmbH verfügt am 1.1.01 über einen Verlustvortrag iHv -100. Das verlustverursachende Vermögen hinsichtlich des Verlustvortrags iHv -100 ist am 31.12.01

nicht mehr vorhanden. Das verlustverursachende Vermögen hinsichtlich des Verlusts des Wirtschaftsjahres 01 iHv -20 ist am 31.12.01 ebenfalls nicht mehr vorhanden. Die B-GmbH verfügt über keine Verlustvorträge.

Da der Verschmelzungsstichtag dem Veranlagungszeitpunkt des Einkommens der A-GmbH entspricht, könnte iRd Veranlagung für den Veranlagungszeitraum 01 (letztmalig) der Verlustvortrag (letztmalig) mit den Einkünften des Wirtschaftsjahres 00/01 verrechnet werden (= ein Verlustabzug vorgenommen werden). Da der Gesamtbetrag der Einkünfte der A-GmbH im Veranlagungszeitraum 01 negativ ist, kann keine Verlustverrechnung durchgeführt werden. Das Einkommen der A-GmbH im Veranlagungszeitraum 01 beträgt somit -20. Von den am 31.12.01 noch nicht verrechneten Verlusten der A-GmbH iHv -120 entfällt am 31.12.01 ein Betrag von -120, da das verlustverursachende Vermögen für den gesamten bis zum Verschmelzungsstichtag entstandenen und noch nicht verrechneten Verlust am Verschmelzungsstichtag nicht mehr vorhanden ist. Im Veranlagungszeitraum 02 steht damit kein Verlustvortrag zur Verfügung.

Beispiel 6

Mit Verschmelzungsstichtag 31.12.01 wird die B-GmbH auf die A-GmbH verschmolzen. Bilanzstichtag der A-GmbH ist der 30.6. (Wirtschaftsjahr ≠Veranlagungszeitraum). Der Gesamtbetrag der Einkünfte (= die Einkünfte aus Gewerbebetrieb) des Wirtschaftsjahres 30.6.01 der A-GmbH beträgt 20. Die (negativen) Einkünfte aus Gewerbebetrieb der A-GmbH im Zeitraum 1.7.01 bis 31.12.01 betragen -200. Die A-GmbH verfügt am 1.1.01 über einen Verlustvortrag iHv -100. Das verlustverursachende Vermögen hinsichtlich des Verlustvortrags iHv -100 ist am 31.12.01 nicht mehr vorhanden. Die B-GmbH verfügt über keine Verlustvorträge.

Da der Verschmelzungsstichtag nicht dem Veranlagungszeitpunkt des Einkommens der A-GmbH entspricht, kann iRd Veranlagung für den Veranlagungszeitraum 01 der Verlustvortrag (letztmalig) mit den Einkünften des Wirtschaftsjahres 00/01 verrechnet werden (= ein Verlustabzug vorgenommen werden). Das Einkommen der A-GmbH im Kalenderjahr 01 beträgt somit 5. Der noch nicht verrechnete Verlustvortrag iHv -85 entfällt am 31.12.01 und steht damit für eine Verrechnung mit den Einkünften des Wirtschaftsjahres 01/02 (1.7.01-30.6.02) der A-GmbH nicht mehr zur Verfügung. Im Veranlagungszeitraum 02 steht damit kein Verlustvortrag zur Verfügung.

Die laufenden Verluste des Wirtschaftsjahres 01/02 der A-GmbH im Zeitraum 1.7.01-31.12.01 werden hingegen von der Verschmelzung nicht berührt, da bis zum 31.12.01 kein Wirtschaftsjahr der A-GmbH endet und diese Verluste damit am Verschmelzungsstichtag noch nicht entstanden sind. Dies gilt unabhängig davon, ob das verlustverursachende Vermögen hinsichtlich dieser Verluste am 31.12.01 noch vorhanden ist oder nicht. Ob im Veranlagungszeitraum 02 insgesamt ein Verlust erwirtschaftet wird, hängt von den Einkünften aus Gewerbebetrieb in der zweiten Hälfte des Wirtschaftsjahres 01/02 (1.1.02-30.6.02) ab. Sollte sich in diesem Wirtschaftsjahr insgesamt ein Verlust ergeben, wäre dieser vortragsfähig.

V. Qualifizierte Umfangsminderung (Z 1 lit c)
A. Allgemeines

§ 4 Z 1 lit c fordert – zusätzlich zur Objektverknüpfung nach § 4 Z 1 lit a und lit b **101** – sowohl für die übertragende wie auch die übernehmende Körperschaft, dass „der

Umfang der Betriebe, Teilbetriebe oder nicht einem Betrieb zurechenbaren Vermögensteile am Verschmelzungsstichtag gegenüber jenem im Zeitpunkt des Entstehens der Verluste" nicht derart vermindert ist, „daß nach dem Gesamtbild der wirtschaftlichen Verhältnisse eine Vergleichbarkeit nicht mehr gegeben ist" (sog **„qualifizierte Umfangsminderung"**; UmgrStR Rz 218; *Bruckner* in *W/H/M*, HdU[1] I § 4 Rz 42; *Hügel* § 4 Rz 51). Die **umfängliche Vergleichbarkeit** des – am Verschmelzungsstichtag tatsächlich noch vorhandenen – verlustbehafteten Vermögens ist damit zusätzliche Voraussetzung für einen Verlustübergang bzw für das Aufrechtbleiben des Verlustabzugs (UmgrStR Rz 218). § 4 Z 1 lit c dient solcherart als Rückhalt für § 4 Z 1 lit a und b und bezweckt, den Übergang bzw den Erhalt von Verlusten auch in jenen Gestaltungsfällen zu verhindern, in denen zB ein unrentabler, verlustverursachender Betrieb zur Verwertung der Verluste bis zum Verschmelzungsstichtag nur mehr auf „Sparflamme" geführt wird (*Quantschnigg* in FS Bauer 274; *Bruckner* in *W/H/M*, HdU[1] I § 4 Rz 43; *Farmer* in FS Pircher 108).

> Die **Typen des verlustverursachenden Vermögens** – Betrieb, Teilbetrieb oder nicht einem Betrieb zurechenbarer Vermögensteil – sind sowohl für die Frage des tatsächlichen Vorhandenseins nach § 4 Z 1 **lit a und b** als auch für die Frage der qualifizierten Umfangsminderung nach § 4 Z 1 **lit c** maßgeblich (UmgrStR Rz 199; s Rz 50).

B. Beurteilung der Umfangsminderung
1. Betriebe und Teilbetriebe
a) Vergleichende Rückwärtsbetrachtung

102 Der Umfang des Betriebes zum Verschmelzungsstichtag ist für die Beurteilung der qualifizierten Umfangsminderung nach § 4 Z 1 lit c mit dem Umfang des Betriebes im Zeitpunkt der Verlustentstehung **zu vergleichen** (UmgrStR Rz 218). Dies erfolgt nach der Verwaltungspraxis durch eine **„fraktionierte Rückwärtsbetrachtung"** iS einer wirtschaftsjahrbezogenen Prüfung der Vergleichbarkeit: Verluste an und vor jenem Bilanzstichtag, zu dem eine Vergleichbarkeit nicht mehr gegeben ist, können verschmelzungsbedingt nicht übergehen bzw können nicht mehr verwertet werden (s UmgrStR Rz 218 u Rz 222; *Wiesner/Mayr*, RdW 2007/447, 440; *Mayr/Wellinger* in HB Sonderbilanzen II 39; BFG 24.11.2015, RV/5100439/2011, BFGjournal 2016, 136 m Anm *Hirschler/Sulz/Oberkleiner*). Es gehen damit – bei Zugrundelegung der 75 %-Grenze (Rz 104) – die noch nicht verrechneten Verluste jener Wirtschaftsjahre – zur Gänze (Rz 110) – unter, die vor oder zu jenem Bilanzstichtag angefallen sind, zu dem der Umfang des verlustverursachenden Vermögens letztmals zumindest vier mal so hoch war wie der Umfang zum Verschmelzungsstichtag (UmgrStR Rz 222; *Mayr/Wellinger* in HB Sonderbilanzen II 39 f; krit *Sulz/Hirschler/Oberkleiner* in GedS Arnold 393 f). Die UmgrStR (Rz 222) erläutern dies durch folgendes

> **Beispiel**
>
> Die übertragende GmbH hat in den Jahren 00 bis 06 vortragsfähige Verluste erlitten. Die Unternehmensparameter der stets denselben Betrieb führenden GmbH haben sich in den Vorjahren in folgender Weise entwickelt (in Klammer das Absinken der Parameter bezogen auf die Größe zum Verschmelzungsstichtag 31.12.06):

Stichtag	Unternehmensparameter (Absinken)
31.12.06	50
31.12.05	100 (Absinken 06 gegenüber 05 auf 50 %)
31.12.04	105 (Absinken 06 gegenüber 04 auf 47,61 %)
31.12.03	130 (Absinken 06 gegenüber 03 auf 38,46 %)
31.12.02	220 (Absinken 06 gegenüber 02 auf 22,72 %)
31.12.01	170 (Absinken 06 gegenüber 01 auf 29,41 %)
31.12.00	300 (Absinken 06 gegenüber 00 auf 16,66 %)

Da ausgehend von den Unternehmensparametern (Vermögen) zum 31.12.06 ab dem Bilanzstichtag 31.12.02 eine Vergleichbarkeit nicht mehr gegeben ist (50 bedeutet im Verhältnis zu 220 ein Absinken auf 22,72 %), gehen auf die übernehmende Körperschaft nur die Verluste der Jahre 06, 05, 04 und 03 über. Verluste, die im Jahr 02 und zeitlich davor entstanden sind, gehen nicht über.

b) Betriebswirtschaftliche Messgrößen

Die Vergleichbarkeit nach § 4 Z 1 lit c ist anhand von **quantitativen betriebswirtschaftlichen Kriterien** zu beurteilen, die für den Umfang des jeweiligen verlustverursachenden Vermögens repräsentativ sind, dh den Umfang des Vermögens im betriebswirtschaftlichen Sinn widerspiegeln (arg „Umfang"; VwGH 18.7.2001, 99/13/0194, ÖStZB 2002, 465 = ecolex 2001/363, 941 m Anm *Kofler*; UmgrStR Rz 220; *Schneider*, SWK 1992, A I 267; *Bruckner* in *W/H/M*, HdU[1] I § 4 Rz 42 ff; *Hügel* § 4 Rz 51; *Zöchling* in *W/Z/H/K*[5] § 4 Rz 33; aA *Aman*, SWK 1991, A I 345; *Aman* in FS Jakobljevich 128 f). Bei Betrieben und Teilbetrieben wird der Umfang dabei idR anhand von **Erfolgskennzahlen (zB Umsatz, EBIT, EBITDA)** nachgewiesen werden können. Abhängig von der Branche können zB auch das **Auftragsvolumen** und der **Umfang des Anlagevermögens** (nicht aber dessen Buchwert, s Rz 104) maßgebliche Vergleichskriterien darstellen (*Quantschnigg* in FS Bauer 274; VwGH 18.7.2001, 99/13/0194, ÖStZB 2002, 465 = ecolex 2001/363, 941 m Anm *Kofler*). Die Verwaltungspraxis nennt als weitere Beispiele für bei (Teil-)Betrieben denkbare Kriterien das **Produktionsvolumen**, die **Anlagenintensität**, das **Umlaufvermögen**, die **Bilanzsumme** und die **Beschäftigtenzahl** (UmgrStR Rz 220; BFG 24.11.2015, RV/5100439/2011, BFGjournal 2016, 136 m Anm *Hirschler/Sulz/Oberkleiner*; s a *Bruckner* in *W/H/M*, HdU[1] I § 4 Rz 44; *Bruckner* in FS Werilly 85; für eine gesetzliche Einschränkung auf die Kriterien Umsatz und Beschäftigtenzahl *Wiesner/Schwarzinger* in GedS Helbich 274). Irrelevant ist hingegen eine Änderung des Betriebs- bzw Unternehmensgegenstandes (BFG 24.11.2015, RV/5100439/2011, BFGjournal 2016, 136 m Anm *Hirschler/Sulz/Oberkleiner*; *Bruckner* in FS Werilly 85; *Bruckner* in *W/H/M*, HdU[1] I § 4 Rz 44; *Hügel* § 4 Rz 51).

c) „Qualifizierte" Minderung

Eine Vergleichbarkeit iSd § 4 Z 1 lit c ist nach der Verwaltungspraxis ab einer qualifizierten Umfangminderung der in Frage kommenden betriebswirtschaftlichen Kriterien um **75 %** nach dem Gesamtbild der Verhältnisse unter Beachtung der unternehmens- und branchenbezogenen Umstände nicht mehr gegeben (UmgrStR Rz 222; KStR Rz 1096 [ex-Rz 437a]; BMF 11.5.1994, RdW 1994, 264; *Quantschnigg* in FS Bauer 274; *Mayr/Wellinger* in HB Sonderbilanzen II 39; aA UFS 24.6.2013,

RV/1067-L/06, u dazu Rz 105). Maßgeblich ist somit nicht das Absinken eines einzigen Parameters auf 25 % oder weniger, sondern das **Gesamtbild der unternehmens- bzw branchenbezogenen Parameter** (*Bruckner* in FS Werilly 86; *Bruckner* in *W/H/M*, HdU[1] I § 4 Rz 47; *Mayr/Wellinger* in HB Sonderbilanzen II 39 f; *Hügel* § 4 Rz 51; *Zöchling* in *W/Z/H/K*[5] § 4 Rz 33; BFG 24.11.2015, RV/5100439/2011, BFGjournal 2016, 136 m Anm *Hirschler/Sulz/Oberkleiner*; aA noch *Quantschnigg* in FS Bauer, 274; BMF 11.5.1994, RdW 1994, 264). Es bedarf daher einer **jährlichen Gewichtung** der unternehmens- bzw branchenbezogenen Parameter, bei der es auf den jeweiligen Geschäftsgegenstand der betreffenden Körperschaft ankommt (*Mayr/Wellinger* in HB Sonderbilanzen II 40). Bei Handelsbetrieben werden etwa die Parameter Umsatz und Umlaufvermögen höher zu gewichten sein, bei Produktionsbetrieben die Parameter Beschäftigtenzahl und Anlagevermögen (s *Mayr/ Wellinger* in HB Sonderbilanzen II 40) bzw Sachanlagevermögen und Umsatz, nicht aber Vorräte (s UFS 30.6.2011, RV/0244-K/08). Im Hinblick auf das Betriebsvermögen kommt es auf die **umfängliche Verminderung**, nicht aber die bloße Wertminderung an (UFS 30.6.2011, RV/0244-K/08).

105 Die 75 %-Grenze ist auf zur Kritik gestoßen. Insb aus dem **Wertungszusammenhang** zwischen § 4 Z 1 lit c und dem Mantelkauftatbestand des § 8 Abs 4 Z 2 lit c KStG lässt sich ableiten, dass die nach § 4 Z 1 lit c geforderte Umfangsänderung erst bei einer Minderung der betriebswirtschaftlichen Parameter von wesentlich mehr als 75 % vorliegen kann (*Hügel* § 4 Rz 51); als Richtwert wird eine Minderung der betriebswirtschaftlichen Parameter „**von mehr als 90 %**" genannt (s *Helbich*, Umgründungen[4] 307; *Bruckner* in *W/H/M*, HdU[1] I § 4 Rz 47; *Kofler*, ecolex 2001, 943; *Hügel* § 4 Rz 51; s a *Massoner*, Mantelkauf 52). Dieser Ansicht hat sich zuletzt auch der UFS ausdrücklich angeschlossen (UFS 24.6.2013, RV/1067-L/06, GES 2013, 477 m Anm *Wurm* = UFSjournal 2013, 332 m Anm *Hirschler/Sulz/ Oberkleiner*; offen gelassen von BFG 24.11.2015, RV/5100439/2011, BFGjournal 2016, 136 m Anm *Hirschler/Sulz/Oberkleiner*). Eine Reaktion des BMF im UmgrStR-WE 2013 (BMF-010200/0011-VI/1/2013 v 14.10.2013) ist allerdings ausgeblieben (eine entsprechende Anpassung fordernd a *Wiesner/Schwarzinger* in GedS Helbich 274).

2. Mitunternehmeranteile

106 Bei Mitunternehmeranteilen ist für die Beurteilung der wirtschaftlichen Vergleichbarkeit iSd § 4 Z 1 lit c auf die **Parameter in der Mitunternehmerschaft** abzustellen (*Wiesner*, RWZ 2010/5, 16; *Zöchling* in *W/Z/H/K*[5] § 4 Rz 19), zumal der Mitunternehmeranteil nach der verwaltungsgerichtlichen Rsp als Zurechnungsvehikel für die betrieblichen Verluste anzusehen ist (dazu und zur Umfangminderung des Mitunternehmeranteils s Rz 56 f).

3. Nichtbetriebliche Vermögensteile

107 Bei nicht einer betrieblichen Einheit zuzurechnenden Vermögensteilen ist auf die der **jeweiligen Vermögensart** entsprechenden Kriterien abzustellen (UmgrStR Rz 220; *Bruckner* in *W/H/M*, HdU[1] I § 4 Rz 45). Bei einer als gesonderter Vermögensteil zu qualifizierenden **Liegenschaft** ist etwa die Nutzfläche maßgeblich, bei **Beteiligungen** an Kapitalgesellschaften das Beteiligungsausmaß (UmgrStR Rz 221); Verluste aus (abgeschriebenen oder nachgelassenen) Darlehen an Beteiligungskörperschaften folgen im Hinblick auf § 4 dem Schicksal der Beteiligung

(*Lehner/Lehner*, GES 2011, 303 f). Auch hier ist nach der Verwaltungspraxis die **75 %-Grenze** maßgeblich (UmgrStR Rz 222; s Rz 104 f).

Es ist daher bei Kapitalgesellschaftsanteilen für die Beurteilung der Vergleichbarkeit das **Beteiligungsausmaß (Beteiligungsquote)** im Zeitpunkt der Teilwertabschreibung dem Beteiligungsausmaß zum späteren Verschmelzungsstichtag gegenüberzustellen (UmgrStR Rz 221; *Bruckner* in FS Werilly 93 f; *Bruckner* in W/H/M, HdU[1] I § 4 Rz 62; *Wiesner/Mayr*, RdW 2007/447, 440; *Mayr/Wellinger* in HB Sonderbilanzen II 40), wobei es irrelevant sein soll, ob das Absinken der Beteiligungsquote auf eine **Teilveräußerung oder eine umgründungsveranlasste Teilübertragung** zurückzuführen ist (*Mayr/Wellinger* in HB Sonderbilanzen II 40). Unschädlich ist hingegen ein Absinken des Beteiligungsausmaßes aufgrund einer bei der Beteiligungskörperschaft erfolgten **Kapitalerhöhung** unter Ausschluss des Bezugsrechts oder unter Verzicht auf das Bezugsrecht bei Wahrung der Äquivalenz (UmgrStR Rz 221; *Wiesner/Mayr*, RdW 2007/447, 440; *Mayr/Wellinger* in HB Sonderbilanzen II 40). Für die wirtschaftliche Vergleichbarkeit nach § 4 Z 1 lit c ist der **Wert der Beteiligung** nicht maßgeblich (UmgrStR Rz 221; *Bruckner* in W/H/M, HdU[1] I § 4 Rz 62; *Mayr/Wellinger* in HB Sonderbilanzen II 40; *Walter*[11] Rz 115); insofern ist auch eine als **vollkommen wertlos abgeschriebene Beteiligung** am Verschmelzungsstichtag noch tatsächlich vorhanden (offen geblieben in UFS 18.4.2011, RV/3985-W/09, GES 2011, 302 m Anm *Lehner/Lehner*). Irrelevant ist aufgrund des Trennungsprinzips auch das **Vermögen der Beteiligungskörperschaft** (*Bruckner* in FS Werilly 93; *Bruckner* in W/H/M, HdU[1] I § 4 Rz 62; *Hügel* § 4 Rz 52 m FN 162; aA *Bachl*, ecolex 1997, 605).

108

C. Zeitliche Aspekte

§ 4 Z 1 lit c legt die **Vergleichszeitpunkte** für die Beurteilung der qualifizierten Umfangsminderung einerseits mit dem Verschmelzungsstichtag und andererseits dem Zeitpunkt des Entstehens des Verlustes fest. Hinsichtlich des **Entstehens des Verlustvortrages** ist das verlustverursachende Vermögen jener Vermögensbestand, der am betreffenden Bilanzstichtag zur Verfügung stand (*Peklar*, Verluste 96). Für die Beurteilung der qualifizierten Umfangsminderung ist sodann die Vergleichbarkeit **am Verschmelzungsstichtag** maßgeblich; spätere Änderungen sind für die Frage des Verlustübergangs oder des weiteren Verlustabzugs nach § 4 Z 1 ohne Bedeutung (UmgrStR Rz 219; BFG 24.11.2015, RV/5100439/2011, BFGjournal 2016, 136 m Anm *Hirschler/Sulz/Oberkleiner*; *Bruckner* in W/H/M, HdU[1] I § 4 Rz 42; s a Rz 87). Zum **Zeitpunkt des Wegfalls von Verlusten** bei qualifizierter Umfangsminderung s Rz 90 ff.

109

D. Alles-oder-Nichts-Betrachtung

Liegt eine qualifizierte Umfangsminderung iSd § 4 Z 1 lit c vor, so geht ein von diesem Vermögen bis zu diesem Wirtschaftsjahr (s Rz 102) verursachter und am Verschmelzungsstichtag noch nicht verrechneter Verlustvortrag anlässlich der Verschmelzung **zur Gänze verloren**, andernfalls bleibt er zur Gänze erhalten (UmgrStR Rz 222; BFG 24.11.2015, RV/5100439/2011, BFGjournal 2016, 136 m Anm *Hirschler/Sulz/Oberkleiner*); es erfolgt **keine Aliquotierung** (s *Quantschnigg* in FS Bauer 274; *Aman*, SWK 1991, A I 347; *Aman* in FS Jakoblijevich 127; *Bruckner* in FS Werilly 86; *Bruckner* in W/H/M, HdU[1] I § 4 Rz 50; *Hügel* § 4 Rz 52). Die qualifizierte Umfangsminderung des verlustverursachenden Vermögens hindert je-

110

doch nicht den Abzug jener Verluste, die auf dem **verbleibenden, nicht qualifiziert verminderten Vermögen** beruhen (BMF 21.12.1995, ÖStZ 1996, 236 = SWK 1996, A 191; *Hügel* § 4 Rz 53).

VI. Doppelverwertungsverbot (Z 1 lit d)
A. Allgemeines

116 § 4 Z 1 lit d erfasst die Verschmelzung verbundener Körperschaften, bei denen es durch die Verschmelzung zu einem Zusammenfallen von dem übernommenen Vermögen zuzuordnenden Verlusten mit der teilwertabgeschriebenen Beteiligung kommt. Diese Bestimmung soll eine **doppelte Verlustverwertung** durch das Zusammentreffen von Verlustvorträgen und Teilwertabschreibungssiebentel bei einer Körperschaft verhindern (ErlRV 72 BlgNR 20. GP, 275; *Mayr/Wellinger* in HB Sonderbilanzen II 40; *Hügel* § 4 Rz 79). Im Ergebnis soll lediglich der **höhere dieser beiden Beträge**, nicht aber die Summe dieser Beträge, zum Abzug zugelassen werden (*Hügel* § 4 Rz 86). In § 4 Z 1 lit d S 2 u S 5 ist klargestellt, dass diese Bestimmung sinngemäß auch im Falle der **Verschmelzung mittelbar verbundener Körperschaften** (zB Großmutter- und Enkelgesellschaft) gilt, soweit abzugsfähige Teilwertabschreibungen auf Verluste zurückzuführen sind, die die mittelbar verbundene Körperschaft erlitten hat.

117 Bereits das **StruktAnpG 1996** führte Maßnahmen gegen eine doppelte Verlustverwertung ein (s ErlRV 72 BlgNR 20. GP, 283; *Bruckner* in *W/H/M*, HdU[1] I § 4 Rz 67 ff; *Zöchling* in *W/Z/H/K*[5] § 4 Rz 36 ff). Diese wurden durch das **AbgÄG 1996** (BGBl 1996/797) und – ein dort unterlaufenes Redaktionsversehen bereinigend – durch das **AbgÄG 1997** (BGBl I 1998/9; s ErlRV 933 BlgNR 20. GP, 13; *Keppert*, SWK 1997, T 27 f) aufgehoben und für Stichtage nach dem 31.12.1996 durch die Vorschrift des § 4 Z 1 lit d ersetzt (s zur Begründung ErlRV 497 BlgNR 20. GP, 24 ff; *Bruckner* in *W/H/M*, HdU[1] I § 4 Rz 73 f; zum Inkrafttreten s 3. Teil Z 6 lit a); durch das **BudBG 2003** (BGBl I 2003/71) kam es schließlich zu einer Ergänzung im Hinblick auf die Verschmelzung mittelbar verbundener Körperschaften (s ErlRV 59 BlgNR 22. GP, 276; zum früheren Meinungsstreit s *Bruckner* in *W/H/M*, HdU[1] I § 4 Rz 76; *Hügel* in *H/M/H* § 4 Rz 69 ff; *Bruckner*, ÖStZ 2004, 360; *Hügel* § 4 Rz 103 f). Die Bestimmung des § 4 Z 1 lit d ist **gesetzestechnisch missglückt** und nur schwer verständlich (s *Wolf*, ecolex 1998, 508, u *Hügel* § 4 Rz 86 m FN 221). Sie regelt überdies (einseitig) nur die Doppelverwertung von Verlusten, wenngleich diese – ebenso wie die Doppelbesteuerung von Gewinnen und stillen Reserven – lediglich eine Folge des **Trennungsprinzips** ist (s VwGH 31.1.1995, 94/14/0171, ÖStZB 1995, 539, zum StruktVG; *Bruckner* in *W/H/M*, HdU[1] I § 4 Rz 66). § 4 Z 1 lit d ordnet zudem nur eine **Kürzung** von *Verlustvorträgen* der Tochtergesellschaft an, schließt aber im Falle bereits verrechneter Verluste der Tochtergesellschaft die Verwertung der korrespondierenden Teilwertabschreibungssiebentel nach einer Upstream- oder Downstream-Verschmelzung nicht aus (*Bruckner* in *W/H/M*, HdU[1] I § 4 Rz 81; s a *Zöchling* in *W/Z/H/K*[5] § 4 Rz 37).

B. Verschmelzung verbundener Körperschaften

118 § 4 Z 1 lit d S 1 stellt auf die „**Verschmelzung verbundener Körperschaften**" ab. Der Zielsetzung einer Verhinderung einer doppelten Verlustverwertung entsprechend ist nur die Verschmelzung beteiligungsmäßig verbundener Körperschaften erfasst, also die **Upstream- oder Downstream-Verschmelzung von Mutter- und Tochtergesellschaft** (*Hügel* § 4 Rz 94); es kommt dabei weder auf das Beteiligungsausmaß (ErlRV 497 BlgNR 20. GP, 25; UmgrStR Rz 224; *Mayr/Wellinger* in HB Sonderbilanzen II 40) noch darauf an, ob ein Konzernverhältnis iSd § 15 AktG bzw § 115 GmbHG vorliegt (*Hügel* § 4 Rz 95). § 4 Z 1 lit d S 2 u S 5 regelt die sinngemäße Anwendbarkeit auf mittelbar verbundene Körperschaften, also zB für die **Verschmelzung von Großmutter- und Enkelgesellschaft**. Bei der **Verschmelzung von Schwesterngesellschaften** ist § 4 Z 1 lit d hingegen unstr nicht anzuwenden (ErlRV 497 BlgNR 20. GP, 25; UmgrStR Rz 226; *Wolf*, ecolex 1998, 510; *Bruckner* in W/H/M, HdU¹ I § 4 Rz 75; *Mayr/Wellinger* in HB Sonderbilanzen II 41; *Hügel* § 4 Rz 94 u Rz 111; *Zöchling* in W/Z/H/K⁵ § 4 Rz 42; ausf *Peklar*, Verluste 133 ff).

C. Ermittlung des ausgeschlossenen Verlustes

1. Kürzung vortragsfähiger Verluste der Tochtergesellschaft

a) Kürzung um abzugsfähige Teilwertabschreibungen

Zunächst ist der – nach § 4 Z 1 lit a bis c grundsätzlich übergehende bzw verwertbare (UmgrStR Rz 229) – Verlustvortrag der Tochtergesellschaft um die **abzugsfähigen Teilwertabschreibungen der Muttergesellschaft** auf die Beteiligung an der Tochtergesellschaft zu kürzen (§ 4 Z 1 lit d S 1 1. HS). Von der Kürzungsvorschrift des § 4 Z 1 lit d sind somit ausschließlich vortragsfähige Verluste der Tochterkörperschaft betroffen (ErlRV 497 BlgNR 20. GP, 25; UmgrStR Rz 227; *Mayr/Wellinger* in HB Sonderbilanzen II 41; *Hügel* § 4 Rz 87). Die Kürzung unterliegt einer **doppelten Obergrenze**: Sie erfolgt nur um den geringeren Betrag der übergehenden Verluste der Tochtergesellschaft einerseits und der Teilwertabschreibung andererseits (UmgrStR Rz 229; *Bruckner* in W/H/M, HdU¹ I § 4 Rz 78; *Mayr/Wellinger* in HB Sonderbilanzen II 41). **119**

§ 4 Z 1 lit d ist nach der Verwaltungspraxis auch im Fall einer **zeitlich nicht ununterbrochenen Beteiligung** anwendbar, wenn also etwa die Beteiligung von der „Mutter"-Körperschaft nicht durchgehend ab Vornahme der (ersten) Teilwertabschreibung und der Verschmelzung gehalten wurde, sondern zwischenzeitig veräußert und vor der Verschmelzung zurückerworben wurde; lediglich Verluste, die zwischen Verkauf und Rückkauf entstanden sind, unterliegen nicht der Kürzung nach § 4 Z 1 lit d (Pkt 3.2 Sbg Steuerdialog ESt/KSt/UmgrSt 2008) Allerdings soll diesfalls auch der beim Verkauf erzielte, nach § 12 Abs 3 Z 2 KStG zu verteilende **Veräußerungsverlust** „der Teilwertabschreibung gleichzustellen" sein, sodass „§ 4 Z 1 lit. d UmgrStG [...] auch für diesen zur Anwendung" komme (Pkt 3.2 Sbg Steuerdialog ESt/KSt/UmgrSt 2008). Diese Auslegung erscheint zwar teleologisch naheliegend, findet aber im Gesetzeswortlaut keine Stütze (arg „Teilwertabschreibungen"). **120**

Die Kürzung erfolgt gem § 4 Z 1 lit d S 1 um „**abzugsfähige Teilwertabschreibungen**", also jene nach § 12 Abs 3 Z 2 KStG; nicht zu einer Kürzung führen mangels „Abzugsfähigkeit" die steuerlich nicht absetzbaren ausschüttungsbedingten Teilwertabschreibungen iSd § 12 Abs 3 Z 1 KStG (UmgrStR Rz 232; *Zöchling*, ÖStZ 1997, 139; *Mayr/Wellinger* in HB Sonderbilanzen II 41; *Hügel* § 4 Rz 96; *Zöchling* in W/Z/H/K⁵ § 4 Rz 37). Mit dem Begriff der „abzugsfähigen Teilwertabschreibungen" meint das Gesetz den **Gesamtbetrag der abzugsfähigen Teilwert-** **121** abschreibung, also den gesamten Abschreibungsbetrag, unabhängig davon, in welchem Ausmaß die Teilwertabschreibung wegen der Siebentelverteilung nach § 12 Abs 3 Z 2 KStG bis zum Verschmelzungsstichtag tatsächlich steuerlich geltend gemacht werden konnte (ErlRV 497 BlgNR 20. GP, 25; UmgrStR Rz 229, Rz 233 u Rz 235; *Bruckner* in *W/H/M*, HdU[1] I § 4 Rz 86). Der von § 4 Z 1 lit d S 1 angesprochene Betrag der „abzugsfähigen Teilwertabschreibungen" umfasst damit die bereits abgereiften Siebentel, unabhängig davon, ob diese bereits mit Gewinnen verrechnet werden konnten (ErlRV 497 BlgNR 20. GP, 25; UmgrStR Rz 230; *Bruckner* in *W/H/M*, HdU[1] I § 4 Rz 81; *Hügel* § 4 Rz 96), sowie die noch nicht abgereiften Siebentel (*Bruckner* in *W/H/M*, HdU[1] I § 4 Rz 82; *Hügel* § 4 Rz 96). Für die Kürzung spielt es daher auch keine Rolle, ob im Zeitpunkt der Verschmelzung bei der Muttergesellschaft aus der in der Vergangenheit vorgenommenen Teilwertabschreibung noch ein Verlustvortrag besteht (Pkt 3.2 Sbg Steuerdialog ESt/KSt/UmgrSt 2008). Aus der Teleologie der Verhinderung der doppelten Verlustverwertung wird zT abgeleitet, dass eine Kürzung nur um jene Teilwertabschreibungen zu erfolgen habe, die auf einem **Verlust der Tochtergesellschaft** beruhen (*Hügel* § 4 Rz 98; aA *Bruckner* in *W/H/M*, HdU[1] I § 4 Rz 81); für den Fall der mittelbaren Verschmelzung wurde diesem Rechtsgedanken in § 4 Z 1 lit d S 5 legistisch Ausdruck verliehen (Rz 122). Betroffen sind nur Teilwertabschreibungen, die in **Wirtschaftsjahren, die nach dem 31.12.1990 geendet haben**, vorgenommen wurden (§ 4 Z 1 lit d S 1; s a ErlRV 497 BlgNR 20. GP, 25; *Bruckner* in *W/H/M*, HdU[1] I § 4 Rz 82; *Hügel* § 4 Rz 96).

122 Bei „**mittelbaren Verschmelzungen**" werden nach § 4 Z 1 lit d S 5 – wie durch das **BudBG 2003** (BGBl I 2003/71) klargestellt wurde – die Verlustvorträge der Enkelgesellschaft um Teilwertabschreibungen der Großmuttergesellschaft auf die Beteiligung an der Zwischengesellschaft, soweit sie auf Verluste der Enkelgesellschaft zurückzuführen sind, gekürzt (ErlRV 59 BlgNR 22. GP, 276; UmgrStR Rz 228; *Christiner/Wiesner*, RWZ 2003/54, 194; *Bruckner*, ÖStZ 2004/759, 360; *Hügel* § 4 Rz 106 f). Teilwertabschreibungen der Zwischengesellschaft auf die Beteiligung an der Enkelgesellschaft sind unbeachtlich und werden ebenso wie eigene Verluste der Zwischengesellschaft durch § 4 Z 1 lit d nicht berührt (UmgrStR Rz 228; *Christiner/Wiesner*, RWZ 2003/54, 194; *Mayr/Wellinger* in HB Sonderbilanzen II 41; *Hügel* § 4 Rz 105; *Zöchling* in *W/Z/H/K*[5] § 4 Rz 41; ausf *Peklar*, Verluste 125 ff; aA zur Rechtslage vor dem BudBG 2003 zB *Wolf*, ecolex 1998, 510; *Bruckner* in *W/H/M*, HdU[1] I § 4 Rz 76). Für den Fall einer nachfolgenden Verschmelzung mit der vormaligen Zwischenkörperschaft unterbleibt nach § 4 Z 1 lit d S 2 eine nochmalige Kürzung, soweit die Verluste der Enkelgesellschaft betroffen sind (UmgrStR Rz 228; ausf *Christiner/Wiesner*, RWZ 2003/54, 194; *Hügel* § 4 Rz 108 ff).

b) Minderung der Kürzung um Zuschreibungen

123 Die Kürzung vermindert sich insoweit, „als in der Folge Zuschreibungen erfolgt sind" (§ 4 Z 1 lit d S 1 2. HS). Der Kürzungsbetrag nach § 4 Z 1 lit d S 1 mindert sich demnach insoweit, als nach der Teilwertabschreibung und vor der Verschmelzung (steuerwirksame) **Zuschreibungen** iSd § 6 Z 13 EStG erfolgt sind (ErlRV 497 BlgNR 20. GP, 25; UmgrStR Rz 232; zur Auswirkung von Zuschreibungen auf den Unterschiedsbetrag gem § 4 Z 1 lit d S 4 s Rz 129).

c) Zeitpunkt der Kürzung

Nach § 4 Z 1 lit d S 3 erfolgt die Kürzung im Fall der **Upstream-Verschmelzung** „in dem dem Verschmelzungsstichtag folgenden Veranlagungszeitraum", also idR in dem Jahr, in dem nach § 4 Z 1 lit a der übergehende Verlustvortrag bei der übernehmenden Körperschaft wirksam wird (s Rz 24 ff u *Bruckner* in W/H/M, HdU[1] I § 4 Rz 84). Im Fall der **Downstream-Verschmelzung** erfolgt die Kürzung „in dem Veranlagungszeitraum, in den der Verschmelzungsstichtag fällt", also im Verschmelzungsjahr (ErlRV 497 BlgNR 20. GP, 25; UmgrStR Rz 233; *Bruckner* in W/H/M, HdU[1] I § 4 Rz 84; *Hügel* § 4 Rz 99).

124

2. Behandlung offener Teilwertabschreibungssiebentel

a) Verwertung der Teilwertabschreibungssiebentel

Zumal die Kürzung nach § 4 Z 1 lit d S 1 um den vollen Abschreibungsbetrag erfolgt, haben auch noch nicht abgereifte Teilwertabschreibungssiebentel zur Kürzung des Verlustvortrages beigetragen (Rz 121). Sowohl bei der Upstream-Verschmelzung als auch bei der Downstream-Verschmelzung kommt es jedoch unabhängig von der Steuerneutralität des Buchgewinnes oder Buchverlustes grundsätzlich zum **Weiterlaufen der noch nicht abgereiften Siebentelabschreibungen** bei der übernehmenden Körperschaft (ErlRV 72 BlgNR 20. GP, 289; UmgrStR Rz 236; KStR 1306 [ex-Rz 1238]; *Wiesner*, RdW 1996, 248; *Bruckner* in W/H/M, HdU[1] I § 4 Rz 63, Rz 86 f u Rz 126; *Hügel* § 4 Rz 6 u Rz 100, s a Rz 89). Während sich hinsichtlich des Fortlaufens der Siebentel bei der **Upstream-Verschmelzung** „für die übernehmende (Mutter)Körperschaft keine Änderung ergibt" (ErlRV 497 BlgNR 20. GP, 25), ordnet § 4 Z 1 lit d S 4 für den Fall der **Downstream-Verschmelzung** an, dass die Streckung nach § 12 Abs 3 Z 2 KStG „ab dem dem Verschmelzungsstichtag folgenden Wirtschaftsjahr" gilt; eine Berücksichtigung des nächsten Siebentelbetrags soll damit erst in dem dem Verschmelzungsstichtag folgenden Wirtschaftsjahr der übernehmenden Tochtergesellschaft erfolgen (ErlRV 497 BlgNR 20. GP, 25; *Bruckner* in W/H/M, HdU[1] I § 4 Rz 87).

125

b) Abzug des Unterschiedsbetrags nach § 4 Z 1 lit d S 4

aa) Überblick und Zielsetzung

Nach dem zweiten Satzteil des § 4 Z 1 lit d S 4 ist „im Übrigen" – also sowohl bei der Upstream- wie auch der Downstream-Verschmelzung (*Bruckner* in W/H/M, HdU[1] I § 4 Rz 88) – „in dem Jahr, in dem die Kürzung zu erfolgen hat, zusätzlich der **Unterschiedsbetrag** zwischen den insgesamt berücksichtigten Teilen der Teilwertabschreibung und dem Kürzungsbetrag im Sinne des ersten Satzes zu berücksichtigen". In dem Jahr, in dem es zur Kürzung des Verlustvortrags kommt, ist daher zusätzlich der Unterschiedsbetrag zwischen den bereits abgesetzten („abgereiften") Teilwertabschreibungssiebentel und jenem Betrag, um den der Gesamtbetrag der Verluste nach § 4 Z 1 lit d S 1 gekürzt wurde (s Rz 119 ff), von der Bemessungsgrundlage abzuziehen (ErlRV 497 BlgNR 20. GP, 25; *Bruckner* in W/H/M, HdU[1] I § 4 Rz 89). Im Fall der Upstream-Verschmelzung erfolgt diese Absetzung des Unterschiedsbetrags **zusätzlich zum „normalen" Siebentelbetrag** nach § 12 Abs 2 Z 3 KStG (UmgrStR Rz 238).

126

Durch diese Regelung wird bewirkt, dass bis zum Veranlagungszeitraum iSd § 4 Z 1 lit d S 3 insgesamt **Verluste in Höhe der Verluste der Tochtergesellschaft** ab-

127

gezogen werden können (*Hügel* § 4 Rz 101): Es erfolgt zwar die Kürzung der Verlustvorträge der Tochtergesellschaft um die vorgenommene Teilwertabschreibung, dafür können im Ausmaß des Unterschiedsbetrags die noch vorhandenen Teilwertabschreibungssiebentel früher abgesetzt werden (UmgrStR Rz 237; *Wolf*, ecolex 1998, 509; *Bruckner* in *W/H/M*, HdU[1] I § 4 Rz 88). Der Abzug des Unterschiedsbetrags führt somit zu einem **Vorziehen künftiger Siebentelbeträge** (*Bruckner* in *W/H/M*, HdU[1] I § 4 Rz 90; *Zöchling* in *W/Z/H/K*[5] § 4 Rz 38); er mindert daher die noch verbleibenden Siebentelbeträge und **verkürzt den restlichen Verteilungszeitraum** für die Streckung nach § 12 Abs 3 Z 2 KStG (UmgrStR Rz 238; *Bruckner* in *W/H/M*, HdU[1] I § 4 Rz 90).

128 Der Unterschiedsbetrag ist im Fall der **Upstream-Verschmelzung** bei der Muttergesellschaft, bei der **Downstream-Verschmelzung** bei der Tochtergesellschaft zu berücksichtigen (UmgrStR Rz 239). In Fällen **mittelbarer Verschmelzungen** ist der Unterschiedsbetrag – errechnet als Differenz zwischen dem auf die Enkelgesellschaft bezogenen Kürzungsbetrag und bisher bei der Großmuttergesellschaft abgesetzten Siebentelbeträgen – bei der übernehmenden Körperschaft zu berücksichtigen (UmgrStR Rz 240).

bb) Auswirkung von Zuschreibungen

129 **Zuschreibungen** sind nach Rechtsprechung und Verwaltungspraxis gem § 12 Abs 3 Z 2 TS 1 KStG vorrangig mit dem laufenden Teilwertabschreibungssiebentel zu verrechnen; soweit die Zuschreibung das laufende Siebentel übersteigt, kommt es im Zuschreibungsjahr zu einer „**Zusatzabschreibung**" und insoweit zu einem Vorziehen noch nicht abgesetzter Siebentel, wobei eine Verrechnung beginnend mit dem zeitlich letzten und schließlich mit den vorausgegangenen Siebenteln erfolgt (UFS 5.12.2012, RV/1387-W/06; KStR Rz 1302 [ex-Rz 1234]; BMF 28.10.1999, ÖStZ 2000/132, 53 = RdW 1999, 818 = SWK 1999, S 780 mwN). Es kommt also – entgegen der hA im Schrifttum – nicht zu einem Vorziehen der Absetzbarkeit von offenen Siebenteln zusätzlich zum laufenden Siebentel (s für die hA zB *Hübner-Schwarzinger/Prodinger*, SWK 2000, S 355 ff, *Achatz/Bieber* in *Achatz/Kirchmayr* § 12 Tz 294 u *Marchgraber/Plansky* in *L/R/S/S*[2] § 12 Rz 155 ff je mwN). Der Verteilungszeitraum verkürzt sich in jenem Ausmaß, in dem noch nicht abgesetzte Siebentelbeträge in der Zuschreibung Deckung finden (KStR Rz 1302 [ex-Rz 1234]). Im Hinblick auf den **Abzug des Unterschiedsbetrags nach § 4 Z 1 lit d S 3** folgt aus diesem Vorziehen von Siebentelbeträgen aufgrund einer Zuschreibung, dass diese Zusatzabschreibung zum Betrag der „insgesamt berücksichtigten Teile der Teilwertabschreibung" iSd § 4 Z 1 lit d S 3 rechnet. Für die Ermittlung des Unterschiedsbetrags ist die Zusatzabschreibung nach § 12 Abs 3 Z 2 TS 1 KStG somit der Summe der regulär abgesetzten Teilwertabschreibungssiebentel **hinzuzurechnen** (s a *Walter*[11] Rz 122 f; aA *Hügel* § 4 Rz 102), verringert also den absetzbaren Unterschiedsbetrag (s das Bsp in Rz 131).

c) Beispiele

130 Die **Funktionsweise des Doppelverwertungsverbots** des § 4 Z 1 lit d lässt sich – in Anlehnung an das Beispiel in den Gesetzesmaterialien (ErlRV 497 BlgNR 20. GP, 25 f) und den UmgrStR (Rz 239) – folgendermaßen erläutern (s a *Wolf*, ecolex 1998, 509 f; *Bruckner* in *W/H/M*, HdU[1] I § 4 Rz 91; *Mayr/Wellinger* in HB Sonderbilanzen II 42 ff; *Hügel* § 4 Rz 89 ff; für weitere Beispiele s *Peklar*, Verluste 115 ff):

Beispiel 1 – Upstream-Verschmelzung mit TWA < Verlust der Tochtergesellschaft

131

Die Muttergesellschaft M-GmbH hat im Jahre 01 eine Teilwertabschreibung iHv 700 auf die hundertprozentige Beteiligung an der Tochtergesellschaft T-GmbH vorgenommen und steuerlich nach § 12 Abs 3 Z 2 KStG im Jahr 01 100 absetzen können. Im Jahre 03 (Verschmelzungsstichtag im Jahr 03, zB 30.6.03 oder auch 31.12.03) wird die T-GmbH auf die M-GmbH verschmolzen. Der vortragsfähige Verlust der T-GmbH beträgt 1.000.

Der übertragene vortragsfähige Verlust der T-GmbH iHv 1.000 kann bei der übernehmenden M-GmbH im Jahr 04 geltend gemacht werden (§ 4 Z 1 lit a; s Rz 24 ff). Dieser Betrag ist im Jahr 04 nach § 4 Z 1 lit d S 1 um den vollen Betrag der Teilwertabschreibung iHv 700 zu kürzen (s Rz 124), sodass die übernehmende M-GmbH nur mehr 300 als Sonderausgaben-Verlust absetzen kann. Die übernehmende M-GmbH konnte weiters bis zum Verschmelzungsstichtag von der Teilwertabschreibung von 700 drei Siebentel, das sind 300, steuerwirksam absetzen; sie kann im Jahre 04 das vierte Siebentel iHv 100 geltend machen (Rz 125). Zusätzlich kann sie im Jahr 04 (Rz 126) den Unterschiedsbetrag gem § 4 Z 1 lit d S 4 zwischen den insgesamt bisher abgesetzten Siebentelbeträgen (400) und dem Kürzungsbetrag iSd § 4 Z 1 lit d S 1 (700), somit 300, geltend machen, sodass eine weitere Siebentelabschreibung entfällt. Bei der übernehmenden M-GmbH sind daher folgende Beträge einkommenswirksam:

Jahr	Position	Betrag
01	1. TWA-Siebentel (§ 12 Abs 3 Z 2 KStG)	./. 100
02	2. TWA-Siebentel (§ 12 Abs 3 Z 2 KStG)	./. 100
03	3. TWA-Siebentel (§ 12 Abs 3 Z 2 KStG)	./. 100
04	4. TWA-Siebentel (§ 12 Abs 3 Z 2 KStG)	./. 100
	Sonderausgabenverlust der T-GmbH (§ 4 Z 1 lit a)	./. 1.000
	Kürzungsbetrag (§ 4 Z 1 lit d S 1)	+ 700
	Unterschiedsbetrag (400 ./. 700; § 4 Z 1 lit d S 4)	./. 300
=	Summe (= höherer Verlust der Tochtergesellschaft)	./. 1.000

Wurde im Jahr 02 eine Zuschreibung iHv 150 vorgenommen, erfolgt eine Verrechnung mit dem laufenden Siebentel des Jahres 02 und ein „Vorziehen" des letzten Teilwertabschreibungssiebentels im Ausmaß von 50 (Rz 129). Der Kürzungsbetrag nach § 4 Z 1 lit d S 1 vermindert sich um das Ausmaß der Zuschreibung von 700 auf 550 (Rz 123). Der zusätzlich absetzbare Unterschiedsbetrag ergibt sich aus der Differenz des Kürzungsbetrags nach § 4 Z 1 lit d S 1 (550) und den bisher berücksichtigten Teilen der Teilwertabschreibung, das sind vier Siebentelabschreibungen iHv je 100 zuzüglich des aufgrund der Zuschreibung vorgezogenen Betrags von 50, also 450 (Rz 126 u 129); der Unterschiedsbetrag ist daher 100. Bei der übernehmenden M-GmbH sind in diesem Fall daher folgende Beträge einkommenswirksam:

Jahr	Position	Betrag
01	1. TWA-Siebentel (§ 12 Abs 3 Z 2 KStG)	./. 100
02	2. TWA-Siebentel (§ 12 Abs 3 Z 2 KStG)	./. 100
	Vorgezogener Teil des 7. TWA-Siebentels aufgrund der Zuschreibung	./. 50
03	3. TWA-Siebentel (§ 12 Abs 3 Z 2 KStG)	./. 100
	4. TWA-Siebentel (§ 12 Abs 3 Z 2 KStG)	./. 100
04	Sonderausgabenverlust der T-GmbH (§ 4 Z 1 lit a)	./. 1.000
	Kürzungsbetrag (700 ./. 150; § 4 Z 1 lit d S 1)	+ 550
	Unterschiedsbetrag (450 ./. 550; § 4 Z 1 lit d S 4)	./. 100
=	Summe (= höherer Verlust der Tochtergesellschaft)	./. 1.000

132 Beispiel 2 – Upstream-Verschmelzung mit TWA > Verlust der Tochtergesellschaft

Die Muttergesellschaft M-GmbH hat im Jahre 01 eine Teilwertabschreibung iHv 700 auf die hundertprozentige Beteiligung an der Tochtergesellschaft T-GmbH vorgenommen und steuerlich nach § 12 Abs 3 Z 2 KStG im Jahr 01 100 absetzen können. Im Jahre 03 (Verschmelzungsstichtag im Jahr 03, zB 30.6.03 oder auch 31.12.03) wird die T-GmbH auf die M-GmbH verschmolzen. Der vortragsfähige Verlust der T-GmbH beträgt 450.

Die von der M-GmbH vorgenommene Teilwertabschreibung von 700 übersteigt den übergehenden Verlustvortrag der T-GmbH von 450; aufgrund der (vollen) Kürzung nach § 4 Z 1 lit d S 1 um 450 kommt für die übernehmende M-GmbH ein weiterer Abzug als Sonderausgabe nicht mehr in Betracht. Die M-GmbH kann im Jahre 04 das vierte TWA-Siebentel iHv 100 geltend machen (Rz 125). Zusätzlich kann sie nach § 4 Z 1 lit d S 4 den Unterschiedsbetrag zwischen den insgesamt abgesetzten Siebentelbeträgen von 400 und dem Kürzungsbetrag gem § 4 Z 1 lit d S 1 von 450, also 50, geltend machen (Rz 126). Im Hinblick auf die Zusatzabschreibung des Unterschiedsbetrags im Jahr 04 kann die M-GmbH in den Jahren 05 und 06 die nächsten Siebentel in Höhe von je 100 und im Jahre 07 den Restbetrag von 50 absetzen (Rz 127). Bei der übernehmenden M-GmbH sind daher folgende Beträge einkommenswirksam:

Jahr	Position	Betrag
01	1. TWA-Siebentel (§ 12 Abs 3 Z 2 KStG)	./. 100
02	2. TWA-Siebentel (§ 12 Abs 3 Z 2 KStG)	./. 100
03	3. TWA-Siebentel (§ 12 Abs 3 Z 2 KStG)	./. 100
	4. TWA-Siebentel (§ 12 Abs 3 Z 2 KStG)	./. 100
04	Sonderausgabenverlust der T-GmbH (§ 4 Z 1 lit a)	./. 450
	Kürzungsbetrag (§ 4 Z 1 lit d S 1)	+ 450
	Unterschiedsbetrag (400 ./ 450; § 4 Z 1 lit d S 4)	./. 50
05	5. TWA-Siebentel (§ 12 Abs 3 Z 2 KStG)	./. 100
06	6. TWA-Siebentel (§ 12 Abs 3 Z 2 KStG)	./. 100
07	Restbetrag	./. 50
=	Summe (= höhere Teilwertabschreibung)	./. 700

Beispiel 3 – Downstream-Verschmelzung mit TWA < Verlust der Tochtergesellschaft 133

Die Muttergesellschaft M-GmbH hat im Jahre 01 eine Teilwertabschreibung iHv 700 auf die hundertprozentige Beteiligung an der Tochtergesellschaft T-GmbH vorgenommen und steuerlich nach § 12 Abs 3 Z 2 KStG im Jahr 01 100 absetzen können. Im Jahre 03 (Verschmelzungsstichtag im Jahr 03, zB 30.6.03 oder auch 31.12.03) wird die M-GmbH auf die T-GmbH verschmolzen. Der vortragsfähige Verlust der T-GmbH beträgt 1.000.

Die übernehmende Tochtergesellschaft T-GmbH kann ihren eigenen vortragsfähigen Verlust iHv 1.000 im Jahre 03 nur um den vollen Betrag der Teilwertabschreibung von 700 gekürzt geltend machen (§ 4 Z 1 lit d S 1; s zur zeitlichen Berücksichtigung Rz 124), sodass sie noch 300 als Sonderausgabe absetzen kann. Die übertragende M-GmbH konnte bis zum Verschmelzungsstichtag im Jahre 03 drei Siebentel der vollen Teilwertabschreibung von 700, das sind 300, steuerwirksam absetzen. Die übernehmende T-GmbH kann im Jahre 03 kein (viertes) Siebentel (s Rz 125), wohl aber zusätzlich den Unterschiedsbetrag nach § 4 Z 1 lit d S 4 zwischen den von der M-GmbH insgesamt (bis einschließlich 03) abgesetzten Siebentelbeträgen von 300 und dem Kürzungsbetrag von 700 (§ 4 Z 1 lit d S 1), das sind 400, geltend machen (s zur zeitlichen Berücksichtigung Rz 126), sodass eine weitere Siebentelabschreibung entfällt. Bei der übertragenden M-GmbH und der übernehmenden T-GmbH sind daher folgende Beträge einkommenswirksam:

Jahr	Position	Betrag
01	1. TWA-Siebentel bei der M-GmbH (§ 12 Abs 3 Z 2 KStG)	./. 100
02	2. TWA-Siebentel bei der M-GmbH (§ 12 Abs 3 Z 2 KStG)	./. 100
03	3. TWA-Siebentel bei der M-GmbH (§ 12 Abs 3 Z 2 KStG)	./. 100
	Sonderausgabenverlust der T-GmbH (§ 4 Z 1 lit b)	./. 1.000
	Kürzungsbetrag (§ 4 Z 1 lit d S 1)	+ 700
	Unterschiedsbetrag (300 ./. 700; § 4 Z 1 lit d S 4)	./. 400
=	Summe (= höherer Verlust der Tochtergesellschaft)	./. 1.000

Beispiel 4 – Downstream-Verschmelzung mit TWA > Verlust der Tochtergesellschaft 134

Die Muttergesellschaft M-GmbH hat im Jahre 01 eine Teilwertabschreibung iHv 700 auf die hundertprozentige Beteiligung an der Tochtergesellschaft T-GmbH vorgenommen und steuerlich nach § 12 Abs 3 Z 2 KStG im Jahr 01 100 absetzen können. Im Jahre 03 (Verschmelzungsstichtag im Jahr 03, zB 30.6.03 oder auch 31.12.03) wird in die M-GmbH auf die T-GmbH verschmolzen. Der vortragsfähige Verlust der T-GmbH beträgt 450.

Der eigene vortragsfähige Verlust der übernehmenden T-GmbH im Jahre 03 iHv 450 ist um die volle von der M-GmbH vorgenommene Teilwertabschreibung von 700 zu kürzen (§ 4 Z 1 lit d S 1), sodass kein weiterer Sonderausgabenverlust verbleibt. Die übertragende M-GmbH konnte nach § 12 Abs 3 Z 2 KStG bis zum Verschmelzungsstichtag drei Siebentel der Teilwertabschreibung von 700, das sind

300, steuerwirksam absetzen. Die T-GmbH kann im Jahre 03 kein (viertes) Siebentel absetzen (s Rz 125), wohl aber den Unterschiedsbetrag nach § 4 Z 1 lit d S 4 zwischen den insgesamt abgesetzten Siebentelbeträgen von 300 und dem Kürzungsbetrag von 450, das sind 150, geltend machen (s zur zeitlichen Berücksichtigung Rz 126). Im Hinblick auf die zusätzliche Abschreibung des Unterschiedsbetrags gem § 4 Z 1 lit d S 4 im Jahr 03 kann die T-GmbH in den Jahren 04 und 05 die nächsten Siebentel iHv je 100 und im Jahre 06 den Restbetrag von 50 absetzen. Bei der übertragenden M-GmbH und der übernehmenden T-GmbH sind daher folgende Beträge einkommenswirksam:

Jahr	Position	Betrag
01	1. TWA-Siebentel bei der M-GmbH (§ 12 Abs 3 Z 2 KStG)	./. 100
02	2. TWA-Siebentel bei der M-GmbH (§ 12 Abs 3 Z 2 KStG)	./. 100
	3. TWA-Siebentel bei der M-GmbH (§ 12 Abs 3 Z 2 KStG)	./. 100
	Sonderausgabenverlust der T-GmbH (§ 4 Z 1 lit b)	./. 450
03	Kürzungsbetrag (§ 4 Z 1 lit d S 1)	+ 450
	Unterschiedsbetrag (300 ./ 450; § 4 Z 1 lit d S 4)	./. 150
04	4. TWA-Siebentel (§ 12 Abs 3 Z 2 KStG)	./. 100
05	5. TWA-Siebentel (§ 12 Abs 3 Z 2 KStG)	./. 100
06	Restbetrag	./. 50
=	Summe (= höhere Teilwertabschreibung)	./. 700

VII. Verschmelzung und Mantelkauf (Z 2)

A. Verschmelzungsbedingter Mantelkauf

1. Allgemeiner Mantelkauf nach § 8 Abs 4 Z 2 lit c KStG

a) Kriterien

141 Der Verlustabzug – und damit auch die Möglichkeit des Übergangs nach § 4 – wird bereits im allgemeinen Körperschaftsteuerrecht durch den **Mantelkauftatbestand des § 8 Abs 4 Z 2 lit c KStG** idF AbgÄG 2014 (BGBl I 2014/13) eingeschränkt. Der Mantelkauftatbestand ist erfüllt, wenn wegen einer wesentlichen Änderung der organisatorischen und wirtschaftlichen Struktur im Zusammenhang mit einer wesentlichen Änderung der Gesellschafterstruktur auf entgeltlicher Grundlage nach dem Gesamtbild der Verhältnisse die **wirtschaftliche Identität des Steuerpflichtigen** nicht mehr gegeben ist und keine Sanierung iSd § 8 Abs 4 Z 2 lit c S 2 KStG vorliegt (ausf zu den einzelnen Kriterien KStR Rz 993 ff [ex-Rz 1178 ff]; *Massoner*, Mantelkauf 11 ff; *Kirchmayr* in *Achatz/Kirchmayr* § 8 Tz 539 ff; *Raab/Renner* in $Q/R/S/S/V^{27}$ § 8 Rz 275 ff; *Ressler/Stürzlinger* in $L/R/S/S^2$ § 8 Rz 242 ff). Eine **Strukturänderung** erfüllt den Mantelkauftatbestand nur dann, wenn sämtliche Tatbestandsmerkmale kumulativ erfüllt sind (KStR Rz 993 [ex-Rz 1178]). Auf die zeitliche Abfolge der Strukturänderungen kommt es nicht an; ausschlaggebend ist vielmehr, dass ein planmäßiger Zusammenhang zwischen den einzelnen Änderungen besteht (VwGH 26.7.2005, 2001/14/0135, ÖStZB 2006/66, 89). Der erforderliche Zusammenhang der einzelnen Merkmale ist indiziert, wenn die Änderungen **innerhalb eines Jahres** erfolgen (KStR Rz 999 [ex-Rz 1184]), wobei im Einzelfall auch ein längerer Zeitraum in Betracht kommen kann, wenn die Änderungen in einem inneren Zusammenhang stehen (KStR Rz 999 [ex-Rz 1184]; Pkt 1.2 Sbg Steuerdialog KStG/UmgrStG 2012; *Kirchmayr* in *Achatz/Kirchmayr* § 8 Tz 574 ff; *Raab/Renner* in *Q/R/S/S/V*[27] § 8 Rz 294/1 f; s zur sukzessiven Strukturänderung a VwGH 26.7.2005, 2001/14/0135, ÖStZB 2006/66, 89).

Nach § **8 Abs 4 Z 2 lit c KStG** vom Vortrag – und damit dem Übergang iRe Verschmelzung nach § 4 Z 1 lit a – ausgenommen sind (nur) jene Verluste, die im Zeitpunkt der Verwirklichung des Manteltatbestandes, **potenzielle Verlustvorträge** (also Verluste aus Vorjahren, nicht jedoch ein Verlust des Mantelkaufjahres selbst) darstellen (VwGH 22.12.2005, 2002/15/0079, ÖStZB 2006/271, 347 = RdW 2006/105, 107 m Anm *Zorn*; ebenso KStR Rz 999 [ex-Rz 1184]; *Hügel* § 4 Rz 16; *Raab/Renner* in *Q/R/S/S/V*[27] § 8 Rz 277; zur Diskussion s *Kirchmayr* in *Achatz/Kirchmayr* § 8 Tz 583 ff; krit *Wiesner*, RWZ 2006/25, 82 f). Ein allfälliger laufender Gewinn im Mantelkaufjahr ist damit körperschaftsteuerpflichtig (KStR Rz 1002 [ex-Rz 1188]; *Kirchmayr* in *Achatz/Kirchmayr* § 8 Tz 606), während ein laufender Verlust nach Maßgabe des § 4 übergeht (s Rz 147). **142**

Str ist, wann der Manteltatbestand **verwirklicht wird**: Die Verwaltungspraxis geht davon aus, dass dies auch bei sukzessiven Änderungen „rückwirkend" bereits im ersten Wirtschaftsjahr der Änderungen sei (dazu KStR Rz 999 [ex-Rz 1184]; Pkt 1.2 Sbg Steuerdialog KStG/UmgrStG 2012; s a *Raab/Renner* in *Q/R/S/S/V*[27] § 8 Rz 294/2; *Kirchmayr* in *Achatz/Kirchmayr* § 8 Tz 579), während die hA im Schrifttum zu Recht den Zeitpunkt des Mantelkaufes erst dann annimmt, wenn die Strukturänderungen kumulativ und in einem solchen Maß vorliegen, dass wirtschaftlich betrachtet der Wechsel in der Identität des Steuerpflichtigen bereits eingetreten ist (*Peklar*, Verluste 39 f; *Zorn*, RdW 2006/105, 107; *Massoner*, Mantelkauf 27; *Ressler*, ecolex 2006, 327; *Hügel* § 4 Rz 16; *Ressler/Stürzlinger* in *L/R/S/S*[2] § 8 Rz 271). **143**

Nach § **8 Abs 4 Z 2 lit c S 3 KStG** bleiben Verluste „jedenfalls insoweit abzugsfähig, als infolge der Änderung der wirtschaftlichen Struktur bis zum Ende des Wirtschaftsjahres der Änderung **stille Reserven** steuerwirksam aufgedeckt werden" (dazu ErlRV 266 BlgNR 18. GP, 42; *Massoner*, Mantelkauf 29 f; *Kirchmayr* in *Achatz/Kirchmayr* § 8 Tz 605). **144**

Unberührt von § 8 Abs 4 Z 2 lit c KStG bleiben **Schwebeverluste**, die auch bei einer vollständigen Strukturänderung der Körperschaft mit ihrem nächsten Gewinnen zu verrechnen sind (KStR Rz 994 [ex-Rz 1179]; *Kirchmayr* in *Achatz/Kirchmayr* § 8 Tz 582; *Raab/Renner* in *Q/R/S/S/V*[27] § 8 Rz 277; *Ressler/Stürzlinger* in *L/R/S/S*[2] § 8 Rz 272; s a Rz 12). Umstritten war, ob vom Mantelkauftatbestand auch offene **Teilwertabschreibungssiebentel** nach § 12 Abs 3 Z 2 KStG erfasst sind. Dies wurde für längere Zeit von der Verwaltungspraxis bejaht (KStR Rz 994 idF von WE-BegE 2017 ; Pkt 3 Sbg Steuerdialog KSt/UmgrSt 2011; ebenso *Hügel* § 4 Rz 7), während die hA sie wie Schwebeverluste behandeln möchte (zB *Peklar*, Verluste 41 f; *Massoner*, Mantelkauf 12; *Kirchmayr* in *Achatz/Kirchmayr* § 8 Tz 582; *Prodinger*, SWK 2013, 925 ff; *Raab/Renner* in *Q/R/S/S/V*[27] § 8 Rz 277/1; *Ressler/Stürzlinger* in *L/R/S/S*[2] § 8 Rz 272; s a *Waitz-Ramsauer* in GedS Helbich 333; dazu a Rz 9 ff). Wohl im Gefolge der Judikatur des VwGH, wonach Teilwertabschreibungssiebentel aus Vorgruppenzeiten nicht als Vorgruppenverluste zu qualifizieren sind (VwGH 31.5.2017, Ro **145**

2015/13/0024, ÖStZB 2017/196, 382; dazu zB *Wiesner*, RWZ 2017/45, 211 f; *Raab/ Renner*, SWK 2017, 983 ff), ordnet aber nunmehr auch die Verwaltungspraxis offene Teilwertabschreibungssiebentel nicht mehr dem Mantelkauftatbestand zu (KStR Rz 994 idF WE-BegE 2017; dazu a *Schlager*, RWZ 2017/70, 338).

b) Verwirklichung vor Verschmelzung

146 Sollte bereits der allgemeine Mantelkauftatbestand des **§ 8 Abs 4 Z 2 lit c KStG** vor der Verschmelzung verwirklicht sein, stellt sich im Verschmelzungszeitpunkt die Frage des **Verlustvortragsübergangs nach § 4** mangels eines vortragsfähigen Verlustes der übertragenden Körperschaft nicht mehr (KStR Rz 1000 [ex-Rz 1186]; UmgrStR Rz 243; Pkt 1.4 Sbg Steuerdialog KStG/UmgrStG 2012; BMF 26.4.1996, RdW 1996, 295 = SWK 1996, A 308; *Schrottmeyer*, ecolex 1998, 898; *Kirchmayr* in *Achatz/Kirchmayr* § 8 Tz 571; Waitz-Ramsauer in GedS Helbich 332). Diesfalls kann auch die **Rationalisierungsklausel des § 4 Z 2 S 2** nicht zur Anwendung kommen (BMF 26.4.1996, RdW 1996, 295 = SWK 1996, A 308; *Peklar*, RdW 2001/341, 312; *Peklar*, Verluste 140; *Hügel* § 4 Rz 120; *Kirchmayr* in *Achatz/Kirchmayr* § 8 Tz 597 ff; s Rz 164).

147 Liegen die **Voraussetzungen für den Mantelkauftatbestand gem § 8 Abs 4 Z 2 lit c KStG** bereits in einem Jahr vor der Verschmelzung oder in dem mit dem Verschmelzungsstichtag endenden Wirtschaftsjahr der übertragenden Körperschaft vor, ist bereits am Verschmelzungsstichtag ein vortragsfähiger Verlust aus den betroffenen Vorjahren nicht mehr gegeben (UmgrStR Rz 243). Fällt der verwirklichte Mantelkauftatbestand in das Wirtschaftsjahr, in das der Verschmelzungsstichtag fällt, sind sämtliche Vorjahresverluste schon am Verschmelzungsstichtag keine vortragsfähigen Verluste mehr, ein laufender Verlust ist nach den Grundsätzen des § 4 zu beurteilen (UmgrStR Rz 243 uHa VwGH 22.12.2005, 2002/15/0079, ÖStZB 2006/271, 347; *Mayr/Wellinger* in HB Sonderbilanzen II 46).

2. Erweiterter Mantelkauf nach § 4 Z 2

148 a) Zielsetzung und „Einheitsbetrachtung"

§ 4 Z 2 erweitert die allgemeine körperschaftsteuerrechtliche Mantelkaufregelung durch eine **kombinierte Betrachtung von übertragender und übernehmender Körperschaft**: Nach § 4 Z 2 S 1 liegt ein Mantelkauf, der den Abzug von Verlusten ausschließt, auch dann vor, „wenn die wesentlichen Änderungen der Struktur zu einem Teil bei der übertragenden und zum anderen Teil bei der übernehmenden Körperschaft erfolgen"; lediglich für den Fall der Sanierung oder der Rationalisierung sieht das Gesetz Ausnahmen vor (Rz 163 ff). Damit soll „dem objektverknüpften Verlustvortragsübergang in gewisser Weise auch zukunftsorientiert Rechnung getragen werden" (ErlRV 266 BlgNR 18. GP, 18; *Bruckner* in W/H/M, HdU[1] I § 4 Rz 98). Ein Verlustausschluss tritt somit auch dann ein, wenn die Strukturänderungen zwar nicht – vor oder nach der Verschmelzung – bei nur einer der verschmolzenen Körperschaften eintreten, sondern teilweise bei der übertragenden und teilweise bei der übernehmenden Körperschaft (*Hügel* § 4 Rz 112 u Rz 118). Die verschmolzenen Körperschaften sind insofern als **„Einheit"** anzusehen (ErlRV 266 BlgNR 18. GP, 18; Pkt 1.4 Sbg Steuerdialog KStG/UmgrStG 2012; *Waitz-Ramsauer* in GedS Helbich 334).

Leitgedanke auch für § 4 Z 2 ist, dass nach dem Gesamtbild der Verhältnisse erkennbar sein muss, dass letztlich nur ein Interesse am **Erwerb von verwertbaren Verlusten** und nicht am dahinterstehenden Vermögen besteht (BMF 9.11.1992, RdW 1993, 53; *Bruckner* in *W/H/M*, HdU[1] I § 4 Rz 100), wenngleich es keine Tatbestandsvoraussetzung ist, dass der Kauf der Gesellschaftsanteile ausschließlich zum Zwecke des Erwerbs von Verlustabzügen erfolgt ist (s VwGH 26.7.2005, 2001/14/0135, ÖStZB 2006/66, 89; VwGH 9.7.2008, 2005/13/0045, ÖStZB 2009/100, 119). Aufgrund des häufigen Einhergehens von Verschmelzungen mit Strukturänderungen soll § 4 Z 2 „unter **vorrangiger Betrachtung der wirtschaftlichen Plausibilität** gegenüber formalistischen Betrachtungen interpretiert werden" (ErlRV 266 BlgNR 18. GP, 18).

149

b) Betroffene Verluste

Wenngleich § 4 Z 2 grundsätzlich auch auf eigene Verluste der übernehmenden Körperschaft anwendbar scheint, besteht zu Recht weitgehende Einigkeit darin, dass § 4 Z 2 im Ergebnis nur die **Verluste der übertragenden Körperschaft** betreffen kann (*Bruckner* in *W/H/M*, HdU[1] § 4 Rz 101 f; *Hügel* § 4 Rz 117 f; *Massoner*, Mantelkauf 57; *Waitz-Ramsauer* in GedS Helbich 334 ff). Erfolgt daher bei der späteren übertragenden Körperschaft ein Gesellschafterwechsel durch einen **vorbereitenden Anteilserwerb**, so wäre – entgegen der Gesetzesmaterialien (ErlRV 266 BlgNR 18. GP, 18) – die Anwendung des § 4 Z 2 auf originäre Verluste der übernehmenden Gesellschaft auch bei nachfolgender wirtschaftlicher und organisatorischer Änderung verfehlt (ebenso *Schneider*, SWK 1992, A I 268 f; *Bruckner* in *W/H/M*, HdU[1] I § 4 Rz 102; *Hügel* § 4 Rz 117; *Zöchling* in *W/Z/H/K*[5] § 4 Rz 53). Trotz der „Einheitsbetrachtung" kann § 4 Z 2 somit nicht dazu führen, dass vor der Verschmelzung bei der übertragenden Gesellschaft durchgeführte Strukturänderungen zum Wegfall der originären Verluste der übernehmenden Körperschaft führen (*Massoner*, Mantelkauf 57; *Hügel* § 4 Rz 117 f; unklar UmgrStR Rz 255 Pkt 4). Dies ergibt sich schon aus der betriebsbezogenen Betrachtung (s Rz 162, ebenso *Massoner*, Mantelkauf 57).

150

Ein Untergang von Verlusten aufgrund eines Mantelkaufs ist natürlich auch dann möglich, wenn die entgeltlich erworbene Körperschaft als **übernehmende Körperschaft** auftritt (zB bei der **Downstream- oder Schwesternverschmelzung**). Da diesfalls aber alle Strukturänderungen – einschließlich des entgeltlichen Gesellschafterwechsels – bei der übernehmenden Körperschaft anfallen würden, kommt hier nach hA nur die Anwendung des allgemeinen körperschaftsteuerlichen **Mantelkauftatbestandes des § 8 Abs 4 Z 2 lit c KStG** in Betracht (*Massoner*, Mantelkauf 57; s a *Bruckner* in *W/H/M*, HdU[1] I § 4 Rz 102; unklar UmgrStR Rz 243 u Rz 255; aA offenbar *Schwarzinger/Wiesner* I/1[3] 124 ff). In zeitlicher Hinsicht soll diesfalls jedoch – abweichend von der allgemeinen Verwaltungspraxis, die auf das Wirtschaftsjahr der ersten Strukturänderung abstellt (Rz 143) – der Mantelkauf erst mit **Vollendung der Strukturänderungen** (zB Stilllegung des Betriebes im Jahr nach der Verschmelzung) erfüllt sein (s das Beispiel in UmgrStR Rz 243).

151

B. Strukturänderungen

1. Überblick

Nach § 4 Z 2 S 1 liegt ein Mantelkauf, der den Abzug von Verlusten ausschließt, auch dann vor, wenn die wesentlichen Änderungen der Struktur – also kumulativ der organisatorischen und wirtschaftlichen Struktur sowie der Gesellschafterstruk-

152

tur auf entgeltlicher Grundlage – zu **einem Teil bei der übertragenden und zum anderen Teil bei der übernehmenden Körperschaft** erfolgen. Wie der Mantelkauftatbestand des allgemeinen Körperschaftsteuerrechts kann auch § 4 Z 2 nur dann eingreifen, wenn die Strukturänderungen innerhalb eines **kurzen Zeitraumes** eintreten (*Massoner*, Mantelkauf 48 u 53; *Hügel* § 4 Rz 112; s a Rz 141). Die Verwaltungspraxis spricht hier von einem „relativ kurzen" bzw „überschaubaren Zeitraum" vor und nach der Verschmelzung (UmgrStR Rz 242 u Rz 243; BMF 6.7.1994, ecolex 1994, 719 = SWK 1994, A 625; BMF 26.4.1996, RdW 1996, 295 = SWK 1996, A 308). Je nach Lage des Einzelfalles wird der „Beobachtungszeitraum" daher „maximal einen Zeitraum von **ein bis zwei Jahren** vor und nach der Fusion umfassen können" (*Schneider*, SWK 1992, A I 269; *Bruckner* in *W/H/M*, HdU[1] I § 4 Rz 96 m FN 653; enger *Schrottmeyer*, SWK 2003, S 583: maximal ein Jahr).

2. Entgeltliche Änderung der Gesellschafterstruktur

a) Strukturänderung

153 Auch iRd § 4 Z 2 bedarf es einer wesentlichen Änderung der Gesellschafterstruktur **auf entgeltlicher Grundlage** (s UmgrStR Rz 244 u KStR Rz 997 [ex-Rz 1182]; ausf, a zur wirtschaftlichen Betrachtungsweise *Raab/Renner* in Q/R/S/S/V[27] § 8 Rz 290 ff); maßgeblich ist nur die unmittelbare Änderung der Beteiligungsverhältnisse, nicht jene der mittelbaren Gesellschafterstruktur (etwa auf Ebene der Muttergesellschaft; VwGH 13.9.2017, Ro 2015/13/0007, ÖStZB 2017/271, 578; *Wiesner*, RWZ 2017/71, 343 f). Ein typischer Fall liegt bei einem einer Konzernverschmelzung unmittelbar vorgelagerten **vorbereitenden Anteilserwerb** vor (UmgrStR Rz 244; BMF 14.8.1997, ecolex 1997, 884; BMF 30.9.1997, ecolex 1998, 71 = RdW 1997, 701 = SWK 1997, S 659; *Bruckner* in *W/H/M*, HdU[1] I § 4 Rz 104; *Massoner*, Mantelkauf 53; *Hügel* § 4 Rz 114 f).

154 Die Verwaltungspraxis nimmt eine wesentliche Änderung an, wenn ein Gesellschafterwechsel **75 % des Nennkapitals** der Körperschaften oder mehr betrifft (UmgrStR Rz 244; BMF 6.7.1994, ecolex 1994, 719 = SWK 1994, A 625; s a UFS 24.6.2013, RV/1067-L/06, GES 2013, 477 m Anm *Wurm* = UFSjournal 2013, 332 m Anm *Hirschler/Sulz/Oberkleiner*: keine wesentliche Änderung bei 67 %). Die 75 %-Grenze kann nach der Rsp aber „allenfalls als Richtwert dienen", stets sei „auf die Verhältnisse des Einzelfalls abzustellen" (VwGH 18.12.2008, 2007/15/0090, ÖStZB 2009/192, 176: 70 % ausreichend; auf den gesellschaftsrechtlichen Einfluss abstellend *Hügel* § 4 Rz 13 u *Ressler/Stürzlinger* in L/R/S/S[2] § 8 Rz 257 ff). Auch die KStR betonen seit dem WE 2010 die Notwendigkeit der Einzelfallbeurteilung, halten aber fest, dass „jedenfalls" von einer wesentlichen Änderung auszugehen sei, wenn sich mehr als 75 % der Vorstruktur ändert (Rz 997 [ex-Rz 1182]; für Details s *Kirchmayr* in *Achatz/Kirchmayr* § 8 Tz 559 ff; *Raab/Renner* in Q/R/S/S/V[27] § 8 Rz 293; *Ressler/Stürzlinger* in L/R/S/S[2] § 8 Rz 257 ff).

b) Zeitliche Aspekte

155 Die relevante Änderung der Gesellschafterstruktur bei der übernehmenden oder der übertragenden Gesellschaft kann sowohl **vor als auch nach dem Verschmelzungsstichtag** eintreten (UmgrStR Rz 245; BMF 14.8.1997, ecolex 1997, 884; BMF 30.9. 1997, ecolex 1998, 71 = RdW 1997, 701 = SWK 1997, S 659; *Aman* in FS Jakobljevich 135; *Bruckner* in *W/H/M*, HdU[1] I § 4 Rz 104; *Hügel* § 4 Rz 113;

Zöchling in W/Z/H/K⁵ § 4 Rz 49), sodass etwa auch eine Anteilsveräußerung nach der Verschmelzung relevant sein kann (UmgrStR Rz 244; BMF 6.7.1994, ecolex 1994, 719 = SWK 1994, A 625; *Bruckner* in W/H/M, HdU¹ I § 4 Rz 104). Fehlt es hingegen an einem entgeltlichen Erwerb von Gesellschaftsanteilen an der übertragenden oder der übernehmenden Körperschaft zeitnah zur Verschmelzung, wird kein verschmelzungsbedingter Mantelkauf nach § 4 Z 2 bewirkt (BMF 23.1.1995, ecolex 1995, 298 = SWK 1995, A 249; *Zöchling* in W/Z/H/K⁵ § 4 Rz 49).

c) Strukturänderung durch Verschmelzung

Unklar ist, ob und unter welchen Umständen die **Verschmelzung selbst** eine für 156
§ 4 Z 2 erforderliche Änderung der Gesellschafterstruktur auf entgeltlicher Grundlage auslösen kann.

aa) Konzernverschmelzung

Sofern nicht ein Anteilserwerb im zeitlichen Naheverhältnis erfolgt ist, lässt sich 157
zunächst sowohl für eine **Verschmelzung ohne Gewährung von Gesellschaftsanteilen** (zB Mutter-Tochter-Verschmelzung) als auch für eine **Schwesternverschmelzung ohne Kapitalerhöhung** eine Änderung der Gesellschafterstruktur iSd § 8 Abs 4 Z 2 lit c KStG mangels Entgeltlichkeit klar verneinen (UmgrStR Rz 246; BMF 23.1.1995, ecolex 1995, 298 = SWK 1995, A 249; BMF 30.9.1997, ecolex 1998, 71 = RdW 1997, 701 = SWK 1997, S 659; *Aman* in FS Jakobljevich 134; *Bruckner* in W/H/M, HdU¹ I § 4 Rz 105; *Massoner*, Mantelkauf 53; *Hügel* § 4 Rz 13; *Zöchling* in W/Z/H/K⁵ § 4 Rz 50).

bb) Konzentrationsverschmelzung

Nach hA und der älteren Verwaltungspraxis gilt dies auch für einen Anteilstausch 158
auf Grund einer **Konzentrationsverschmelzung**, weil aufgrund der Identitätsfiktion des § 5 Abs 1 Z 1 auf Anteilsinhaberebene keine Anschaffung – und damit umso weniger eine Änderung der Gesellschafterstruktur „auf entgeltlicher Grundlage" – vorliegt (BMF 30.9.1997, ecolex 1998, 71 = RdW 1997, 701 = SWK 1997, S 659; *Massoner*, Mantelkauf 53; *Zöchling* in W/Z/H/K⁵ § 4 Rz 50; aA *Aman* in FS Jakobljevich 134; *Hirschler/Riedl* in HBStL III² 105); die gleiche Überlegung greift auch, wenn auf eine Nennkapitalerhöhung bei der übernehmenden Körperschaft deshalb verzichtet wird, weil ihre Anteilsinhaber den Anteilsinhabern der übertragenden Gesellschaft entsprechende Anteile aus ihrem Besitz übertragen (BMF 30.9.1997, ecolex 1998, 71 = RdW 1997, 701 = SWK 1997, S 659; *Zöchling* in W/Z/H/K⁵ § 4 Rz 50). Diese Auslegung für den Fall der Konzentrationsverschmelzung findet in der **jüngeren Verwaltungspraxis** allerdings wohl keine Stütze mehr: Nach den **KStR** ist „der fusionsbedingte Anteilstausch [...] zwar kein Tausch, aber für die Mantelkaufsbetrachtung ein Beteiligungszugang auf entgeltlicher Basis, was für den erweiterten Mantelkauftatbestand des UmgrStG von Bedeutung sein kann" (Rz 997 [ex-Rz 1182]; so bereits *Aman* in FS Jakobljevich 134; ebenso *Hirschler/Riedl* in HBStL III² 105; *Kirchmayr* in Achatz/Kirchmayr § 8 Tz 570).

3. Änderung der organisatorischen Struktur

a) Strukturänderung

Für die Beurteilung dieser Komponente ist auf die organisatorische Struktur bei der 159
übernehmenden Körperschaft nach der Verschmelzung dahingehend abzustellen, ob und wieweit die Geschäftsleitung der übertragenden Körperschaft in der über-

nehmenden Körperschaft nach der Verschmelzung vertreten ist (UmgrStR Rz 247). Relevant sind **Änderungen im gesetzlichen Leitungsorgan** der Körperschaft, also Vorstand, Geschäftsführer oder Verwaltungsrat einer monistischen SE-Organstruktur (*Raab/Renner* in *Q/R/S/S/V*[27] § 8 Rz 285; *Hügel* § 4 Rz 10), nicht hingegen solche in der Gesellschafterversammlung (*Hügel* § 4 Rz 10; *Ressler/Stürzlinger* in *L/R/S/S*[2] § 8 Rz 247). Die Verwaltungspraxis stellt hier auf den Ersatz **aller oder der überwiegenden Mehrheit der Mitglieder der Geschäftsführung** ab; dies wurde früher als eine Änderung der Willensbildung im Ausmaß von 75 % und mehr verstanden (BMF 21.3.1994, ecolex 1994, 431; *Bruckner* in *W/H/M*, HdU[1] I § 4 Rz 107; *Raab/Renner* in *Q/R/S/S/V*[27] § 8 Rz 285 f), wohingegen die KStR 2013 nunmehr nicht auf die formale Geschäftsführerstellung, sondern auf die tatsächlichen Entscheidungsbefugnisse abstellen (KStR Rz 995; s a Pkt 1.2 Sbg Steuerdialog KStG/UmgrStG 2012; *Moser*, SWK 2012, 1526 ff; *Raab/Renner* in *Q/R/S/S/V*[27] § 8 Rz 285 ff; *Ressler/Stürzlinger* in *L/R/S/S*[2] § 8 Rz 247 ff).

b) Verschmelzungsbedingte Änderung

160 Die Änderung der organisatorischen Struktur wäre bei der übertragenden Körperschaft freilich schon stets deshalb erfüllt, weil durch deren **Untergang die Geschäftsführer- bzw Vorstandsfunktion** automatisch beendet wird (unklar ErlRV 266 BlgNR 18. GP, 18: Abberufung). Daher ist für Zwecke des § 4 Z 2 darauf abzustellen, ob die Geschäftsleitung der übertragenden (untergehenden) Körperschaft in jene der übernehmenden Körperschaft **aufgenommen wird**, widrigenfalls die Änderung der organisatorischen Struktur letztlich durch den Verschmelzungsvorgang selbst realisiert wird (UmgrStR Rz 247; BMF 6.7.1994, ecolex 1994, 719 = SWK 1994, A 625; BMF 14.8.1997, ecolex 1997, 884; *Bruckner* in *W/H/M*, HdU[1] I § 4 Rz 108; *Massoner*, Mantelkauf 53 f; *Hügel* § 4 Rz 115; *Kirchmayr* in *Achatz/Kirchmayr* § 8 Tz 547).

4. Änderung der wirtschaftlichen Struktur
a) Strukturänderung

161 Eine Änderung der wirtschaftlichen Struktur iSd § 4 Z 2 kann insb dann verwirklicht werden, wenn der übertragene, verlustverursachende Betrieb nach dem Verschmelzungsstichtag **veräußert oder eingestellt** wird (ErlRV 266 BlgNR 18. GP, 18; UmgrStR Rz 248; *Hügel* § 4 Rz 113). Dies gilt generell, wenn der frühere (verlusterzeugende) Betrieb bzw die frühere Geschäftstätigkeit nicht mehr oder nur mehr in einem untergeordneten Ausmaß existiert oder wenn die vorhandene Betriebsstruktur wesentlich erweitert oder in der Folge durch eine neue ersetzt wird (UmgrStR Rz 248; *Bruckner* in *W/H/M*, HdU[1] I § 4 Rz 109; zur Verpachtung s BMF 14.8.1997, ecolex 1997, 884). Nach den KStR 2013 soll eine aus **Vermögen und Tätigkeit gebildete Einheit** iS eines beweglichen Systems auch dann verloren gehen können, wenn sich nur eines der beiden Strukturmerkmale relevant ändert (KStR Rz 1011).

> Eine Änderung der wirtschaftlichen Struktur **vor dem Verschmelzungsstichtag** würde bei Zugrundelegung der Verwaltungspraxis (75 %-Grenze) hingegen schon zum Wegfall des Verlustes nach § 4 Z 1 lit a bis c führen (UmgrStR Rz 249; BMF 6.7.1994, ecolex 1994, 719 = SWK 1994, A 625; *Bruckner* in *W/H/M*, HdU[1] I § 4 Rz 110; *Massoner*, Mantelkauf 54; *Hügel* § 4 Rz 113; s a Rz 104 f).

b) Betriebsbezogene Betrachtung

Str ist, ob beim Vergleich der wirtschaftlichen Struktur vor und nach der Verschmelzung nur auf die konkrete betriebliche bzw vermögensmäßige Struktur der übertragenden Körperschaft abzustellen ist („betriebsbezogene Betrachtung"; so *Schneider*, SWK 1992, A I 269; *Aman* in FS Jakobljevich 132 f; *Bruckner* in W/H/M, HdU[1] I § 4 Rz 112 ff; *Peklar*, Verluste 80; *Massoner*, Mantelkauf 55 ff; *Zöchling* in W/Z/H/K[5] § 4 Rz 54; s dazu a *Waitz-Ramsauer* in GedS Helbich 337 ff), oder ob die wirtschaftliche Struktur der übertragenden Körperschaft mit dem Gesamtbetrieb bzw Gesamtvermögen der übernehmenden Körperschaft nach der Verschmelzung zu vergleichen ist (so *Wiesner/Helbich*, RdW 1992, 39). Die Verwaltungspraxis folgt zu Recht einer „**betriebsbezogenen**" **Betrachtung**: Für die Beurteilung der wirtschaftlichen Strukturänderung ist die konkrete betriebliche (vermögensmäßige) **Struktur der iSd § 4 Z 2 vom Mantelkauftatbestand potenziell betroffenen Körperschaft** vor und nach der Verschmelzung zu vergleichen; ist diese konkrete Struktur – unabhängig von der betrieblichen Struktur (Betriebsgröße, Branche etc) der zweiten an der Verschmelzung beteiligten Körperschaft – auch nach der Verschmelzung unverändert geblieben, kann kein Mantelkauf vorliegen (UmgrStR Rz 250; ähnlich bereits BMF 21.12.1995, ÖStZ 1996, 236 = SWK 1996, A 191; s a BMF 26.4.1996, RdW 1996, 295 = SWK 1996, A 308). Durch diese Betrachtung wird auch klargestellt, dass – entgegen früherer Stellungnahmen im Schrifttum (s *Wiesner/Helbich*, RdW 1992, 39) – nicht schon aufgrund von Größenunterschieden der verschmolzenen Gesellschaften eine wesentliche Änderung der wirtschaftlichen Struktur anzunehmen ist (s *Bruckner* in W/H/M, HdU[1] § 4 Rz 112 f; *Massoner*, Mantelkauf 56; *Hirschler/Riedl* in HBStL III[2] 106; s a *Hügel* § 4 Rz 118).

162

> Gegen eine „betriebsbezogene Betrachtung" wird eingewendet, dass es für § 4 Z 2 lediglich darauf ankomme, ob eine nachträgliche wesentliche Veränderung **der verschmelzungsbedingt vereinigten wirtschaftlichen Struktur** erfolge; die betriebsbezogene Betrachtung würdige daher nicht die Bedeutung einer Betriebseinstellung für den Gesamtbetrieb der übernehmenden Körperschaft (*Hügel* § 4 Rz 118). Gegen dieses Auslegungsergebnis sprechen allerdings *(1)* der Grundsatz der Bindung abzugsfähiger Verluste an das verlustverursachende Vermögen in § 4 Z 1, *(2)* das Abstellen des § 8 Abs 4 Z 2 lit c KStG auf die wirtschaftliche Identität der Mantelgesellschaft und nicht auf jene des Erwerbers und *(3)* der Umstand, dass die im Falle einer Erfüllung des Mantelkauftatbestandes des § 4 Z 2 untergehenden Verluste der übertragenden Verlustkörperschaft nicht aus dem Gesamtbetrieb, sondern aus dem übernommenen Vermögen entstanden sind (s *Massoner*, Mantelkauf 55 f).

C. Ausnahmetatbestände

1. Überblick

Nach § 4 Z 2 S 2 stehen „Änderungen zum Zwecke der Verbesserung oder Rationalisierung der betrieblichen Struktur im Unternehmenskonzept der übernehmenden Körperschaft [...] Sanierungen im Sinne des § 8 Abs. 4 Z 2 dritter Satz des Körperschaftsteuergesetzes 1988 gleich". Trotz Vorliegens aller Strukturänderungen ist ein Mantelkauf somit dann nicht gegeben, wenn entweder die – allgemeine körperschaftsteuerliche – **Sanierungsklausel** des § 8 Abs 4 Z 2 lit c S 2 KStG oder die – spezifisch umgründungssteuerrechtliche – **Rationalisierungs- bzw Synergieklausel** des § 4 Z 2 S 2 zur Anwendung kommt (UmgrStR Rz 251).

163

164 Die **Rationalisierungs- bzw Synergieklausel** des § 4 Z 2 S 2 sollte zwar nach dem Entwurf des StRefG 1993 auch im allgemeinen körperschaftsteuerlichen Mantelkauftatbestand des § 8 Abs 4 Z 2 KStG verankert werden (s zum ME *Nolz*, ÖStZ 1993, 220), ist jedoch letztlich nicht in das Gesetz übernommen worden (s *Peklar*, RdW 2001/341, 312 f); sie findet daher nur dann Anwendung, wenn die Strukturänderungen teilweise vor und teilweise nach dem Verschmelzungsstichtag erfolgen, nicht jedoch, wenn sie zur Gänze vor oder nach dem Verschmelzungsstichtag verwirklicht werden (BMF 26.4.1996, RdW 1996, 295 = SWK 1996, A 308; s dazu krit *Hügel*, ecolex 1991, 806 f; *Aman* in FS Jakoblijevich 137; *Peklar*, RdW 2001/341, 312; *Massoner*, Mantelkauf 58 f; *Hügel* § 4 Rz 120; *Kirchmayr* in *Achatz/ Kirchmayr* § 8 Tz 596; *Waitz-Ramsauer* in GedS Helbich 340). Die Sachlichkeit dieser Differenzierung ist zu bezweifeln (*Peklar*, RdW 2001/341, 312 f; *Hügel* § 4 Rz 120; *Kofler*, 18 ÖJT IV/2, 76). Auch die Materialien zum Entwurf des StRefG 1993 betonten, dass insofern eine **Differenzierung zwischen allgemeinem Körperschaftsteuerrecht und Umgründungssteuerrecht** „nicht begründet erscheint" (s *Nolz*, ÖStZ 1993, 220).

2. Sanierungsklausel des § 8 Abs 4 Z 2 lit c S 2 KStG

165 Nach § 8 Abs 4 Z 2 lit c S 2 KStG tritt kein mantelkaufbedingter Verlustuntergang ein, wenn die Strukturänderungen zum **Zwecke der Sanierung** des Steuerpflichtigen mit dem Ziel der Erhaltung eines wesentlichen Teiles betrieblicher **Arbeitsplätze** erfolgen („**Sanierungsklausel**"; dazu KStR Rz 1002 [ex-Rz 1188]; *Moser*, RWZ 2009/57, 197 ff; *Massoner*, Mantelkauf 27 ff; *Kirchmayr* in *Achatz/Kirchmayr* § 8 Tz 589 ff; *Raab/Renner* in *Q/R/S/S/V*[27] § 8 Rz 295 ff; *Ressler/Stürzlinger* in *L/R/S/S*[2] § 8 Rz 262 ff; zur beihilfenrechtl Beurteilung s *Novacek*, RdW 2012/247, 245 ff).

166 Die Sanierungsklausel rekurriert nach der Verwaltungspraxis auf Maßnahmen, die zu einem Sanierungsgewinn iSd § 23a KStG führen würden, und setzt einen vor den Strukturänderungen **existierenden Betrieb mit Arbeitsplätzen** voraus (KStR Rz 1002 [ex-Rz 1188]; *Kirchmayr* in *Achatz/Kirchmayr* § 8 Tz 590). Ein wesentlicher Anteil der Arbeitsplätze wird „**bei mindestens 25 %**" angenommen (KStR Rz 1002 [ex-Rz 1188]; BMF 26.4.1996, RdW 1996, 295 = SWK 1996, A 308; *Moser*, RWZ 2009/57, 198 f; *Zöchling* in *W/Z/H/K*[5] § 4 Rz 55; *Raab/Renner* in *Q/R/S/S/V*[27] § 8 Rz 297/2); eine kurzfristige Weiterbeschäftigung genügt jedoch nicht (*Kirchmayr* in *Achatz/Kirchmayr* § 8 Tz 594). Angesichts des objektiv formulierten Gesetzeswortlautes („Arbeitsplätze") kommt es jedoch nicht auf die Übernahme der konkreten Arbeitnehmer an, zumal eine **ortsbezogene, regionalpolitische Förderung** bezweckt ist (KStR Rz 1002 [ex-Rz 1188]; *Hügel* § 4 Rz 17; *Kirchmayr* in *Achatz/Kirchmayr* § 8 Tz 535; *Ressler/Stürzlinger* in *L/R/S/S*[2] § 8 Rz 267).

3. Rationalisierungsklausel des § 4 Z 2 S 2

a) Rationalisierung und Verbesserung

167 Die Verlustvorträge bleiben nach § 4 Z 2 S 2 auch dann erhalten, wenn die den Mantelkauftatbestand grundsätzlich erfüllende Totaländerung die „Verbesserung oder Rationalisierung der betrieblichen Struktur im Unternehmenskonzept der übernehmenden Körperschaft" zum Ziel hat („**Rationalisierungsklausel**"; UmgrStR Rz 252). Eine „**Rationalisierung**" dient vorwiegend der Verbesserung der Ergebnissituation durch Kosteneinsparung, eine „**Verbesserung**" insb der Optimierung von Unternehmensabläufen (*Massoner*, Mantelkauf 57 f; *Hügel* § 4

Rz 121; *Schwarzinger/Wiesner* I/1[3] 129). Dabei ist nicht nur auf die betriebliche Organisation, sondern auch auf die **Unternehmenstätigkeit der übernehmenden Körperschaft** abzustellen (KStR Rz 1003 [ex-Rz 1189]).

b) Synergieeffekte

Vom Rationalisierungstatbestand des § 4 Z 2 S 2 ist auch die **Erzielung von Synergieeffekten** als Verschmelzungszweck erfasst (ErlRV 266 BlgNR 18. GP, 18; UmgrStR Rz 252; KStR Rz 1003 [ex-Rz 1189]; *Hügel* § 4 Rz 122). Darunter werden Wertsteigerungen aufgrund der Vereinigung und Integration von Unternehmen verstanden („**Verbundeffekte**"; KStR Rz 1003 [ex-Rz 1189]; *Bruckner* in W/H/M, HdU[1] I § 4 Rz 118; *Kofler*, 18 ÖJT IV/2, 75). Sie treten üblicherweise nicht automatisch aufgrund der Unternehmensakquisition ein, sondern werden durch erhebliche organisatorische Maßnahmen verwirklicht (KStR Rz 1003 [ex-Rz 1189]; *Hügel* § 4 Rz 122). Wirtschaftlich sinnvolle Verschmelzungen werden daher idR den Rationalisierungstatbestand erfüllen (*Massoner*, Mantelkauf 58). 168

Synergieeffekte sind zB (KStR Rz 1003 [ex-Rz 1189]; UmgrStR Rz 252; s a *Hügel* § 4 Rz 122; *Raab/Renner* in Q/R/S/S/V[27] § 8 Rz 301): *(1)* Vergrößerung des Abnehmerkreises (zB Ersparung teuren Eindringens in neue Märkte); *(2)* Übernahme eingeführter Produkte (zB Ersparung von Entwicklung und Werbemaßnahmen); *(3)* Größenvorteile im Beschaffungsmarkt durch gesteigerte Nachfragemacht; *(4)* wechselseitige Finanzierungen bei Vereinigung kapitalstarker mit kapitalnachfragenden Unternehmen; *(5)* Größenvorteile bei Finanzierungen (zB Zugang zum Kapitalmarkt); *(6)* Diversifikation (zB Senkung des Anleger- und Kreditrisikos); *(7)* Steigerung der wirtschaftlichen Auslastung (zB durch Stilllegen der verschmelzungsveranlasst übernommenen Produktion eines Marktkonkurrenten); s ErlRV 266 BlgNR 18. GP, 18). Nicht zu den Synergieeffekten zählt freilich die Übernahme vortragsfähiger Verluste (*Massoner*, Mantelkauf 58).

c) Glaubhaftmachung

Das Rationalisierungs- bzw Verbesserungsmotiv muss erkennbar und der Abgabenbehörde gegenüber – zB durch Planungsrechnungen (*Bruckner* in W/H/M, HdU[1] I § 4 Rz 119) – „**auch darstellbar sein**" (UmgrStR Rz 252), also nachgewiesen oder zumindest glaubhaft gemacht werden können (KStR Rz 1003 [ex-Rz 1189]; *Schwarzinger/Wiesner* I/1[3] 129; *Zöchling* in W/Z/H/K[5] § 4 Rz 55; *Raab/Renner* in Q/R/S/S/V[27] § 8 Rz 299). 169

D. Rechtsfolgen

Liegen die Voraussetzungen für einen Mantelkauf iSd § 4 Z 2 S 1 vor und greift weder die Sanierungs- noch die Rationalisierungsausnahme (Rz 163 ff), ist der Verlust der übertragenden Körperschaft von der Verwertung als Sonderausgabe ausgeschlossen. In zeitlicher Hinsicht stellt die Verwaltungspraxis zu Recht – und im Unterschied zu § 8 Abs 4 Z 2 lit c KStG (Rz 143) – auf die **Vollendung des Mantelkauftatbestandes** durch die übernehmende Körperschaft ab (UmgrStR Rz 243). Geht also ein Verlust der übertragenden Körperschaft auf die übernehmende Körperschaft über, ist im folgenden (bzw uU einem späteren) Veranlagungszeitraum der übernehmenden Körperschaft zu prüfen, ob der Manteltatbestand verwirklicht ist (UmgrStR Rz 243). Vom Wegfall betroffen ist der **übergegangene vortragsfähige Verlust** (s das Bsp in UmgrStR Rz 243), nicht jedoch die dem übertragenen 170

Vermögen zuzurechnenden Verluste, die nach dem Verschmelzungsstichtag schon bei der übernehmenden Körperschaft entstanden sind.

171 Wird der Mantelkauftatbestand durch eine **Veräußerung oder Stilllegung nach der Verschmelzung** finalisiert, so bleiben nach **§ 8 Abs 4 Z 2 lit c S 3 KStG** Verluste jedenfalls insoweit abzugsfähig, als infolge der Änderung der wirtschaftlichen Struktur bis zum Ende des Wirtschaftsjahres der Änderung stille Reserven steuerwirksam aufgedeckt werden (s Rz 144). Es besteht daher im Jahr der Vollendung des Manteltatbestandes bei der übernehmenden Körperschaft die **Verrechnungsmöglichkeit** der vom Manteltatbestand betroffenen Verluste mit in diesem Jahr aufgedeckten stillen Reserven (UmgrStR Rz 243).

VIII. Zusammenwirken der Beschränkungen

176 Nach dem System des § 4 ist bei der Ermittlung der **nach der Verschmelzung verfügbaren Sonderausgabenverluste** iSd § 8 Abs 4 Z 2 KStG folgendermaßen vorzugehen (UmgrStR Rz 255; BMF 3.4.2002, ecolex 2002, 617 m Anm *Schrottmeyer*; *Wiesner*, RWZ 2001/81, 263; *Bruckner* in *W/H/M*, HdU[1] I § 4 Rz 131; *Mayr/Wellinger* in HB Sonderbilanzen II 47 f; s a UFS 30.6.2011, RV/0244-K/08):

- Die zum Verschmelzungsstichtag bestehenden Verluste von übertragender und übernehmender Körperschaft sind darauf zu untersuchen, ob sie Vermögen (Betrieben, Teilbetrieben oder nicht einem Betrieb zurechenbaren Vermögensteilen) zuzuordnen sind, das am Verschmelzungsstichtag nicht mehr tatsächlich vorhanden sind (**„objektbezogener Verlustvortrag"** iSd **§ 4 Z 1 lit a und lit b**; s Rz 46 ff); bejahendenfalls sind diese (Teile der) Verluste (Verlustvorträge) auszuscheiden.
- Bei den danach verbleibenden Verlusten ist zu überprüfen, ob bei diesen Betrieben usw, die diese Verluste verursacht haben, im Vergleich zum Zeitpunkt der Verlustentstehung eine qualifizierte Umfangsminderung eingetreten ist (**„qualifizierte Umfangsminderung"** nach **§ 4 Z 1 lit c**; s Rz 101 ff); bejahendenfalls sind auch diese Verluste – trotz tatsächlichem Vorhandensein der Vermögenswerte – auszuscheiden.
Die Sanierungs- und Rationalisierungsklauseln des § 8 Abs 4 Z 2 lit c S 2 KStG bzw § 4 Z 2 finden im Rahmen des § 4 Z 1 keine Anwendung (UFS 30.6.2011, RV/0244-K/08; *Peklar*, RdW 2001/341, 313; *Massoner*, Mantelkauf 59).
- Bei Mutter-Tochter-Verschmelzungen (bzw Großmutter-Enkel-Verschmelzungen) sind die danach verbleibenden Verluste der (übertragenden oder übernehmenden) Tochterkörperschaft (Enkelkörperschaft) um Teilwertabschreibungen zu kürzen, welche die Mutterkörperschaft (Großmutterkörperschaft) auf die Beteiligung an der Tochterkörperschaft (wegen der Enkelverluste) in Wirtschaftsjahren mit Bilanzstichtag nach dem 31. Dezember 1990 vorgenommen hat (**„Doppelverwertungsverbot"** des **§ 4 Z 1 lit d**; s Rz 116 ff).
- Die danach verbleibenden Verluste sind dahingehend zu prüfen, ob sie bei gesamthafter Betrachtung wegen Anwendung des Mantelkauftatbestandes – unter Berücksichtigung der Sanierungsklausel des § 8 Abs 4 Z 2 lit c S 2 KStG sowie der Rationalisierungsklausel des § 4 Z 2 S 2 – auszuscheiden sind (**„erweiterter Mantelkauf"** nach **§ 4 Z 2**; s Rz 141 ff).

Die nach diesen vier Schritten noch verbleibenden Sonderausgabenverluste können nach der Verschmelzung – unter Beachtung der Einschränkung des § 8 Abs 4 Z 2 lit a KStG idF AbgÄG 2014 (BGBl I 2014/13) – weiterhin abgezogen werden (UmgrStR Rz 255).

Behandlung der Anteilsinhaber

§ 5. (1) Für die Anteilsinhaber gilt Folgendes:

1. ¹Der Austausch von Anteilen an der übertragenden Körperschaft auf Grund der Verschmelzung gilt nicht als Tausch. ²Die Anteile an der übernehmenden Körperschaft gelten mit Beginn des dem Verschmelzungsstichtag folgenden Tages als erworben.
2. Zuzahlungen auf Grund gesellschaftsrechtlicher Vorschriften kürzen die Anschaffungskosten oder Buchwerte.
3. Soweit das Besteuerungsrecht der Republik Österreich hinsichtlich des übertragenen Vermögens auf Grund der Verschmelzung eingeschränkt wird, gilt Z 1 auch für Anteilsinhaber, die in einem Staat des EU/EWR-Raumes mit umfassender Amts- und Vollstreckungshilfe ansässig sind.
4. Soweit das Besteuerungsrecht der Republik Österreich hinsichtlich der Anteile der übertragenden Körperschaft an der übernehmenden Körperschaft eingeschränkt wird, sind diese bei der übernehmenden Körperschaft mit den nach § 6 Z 6 lit. a des Einkommensteuergesetzes 1988 maßgebenden Werten anzusetzen, wobei § 6 Z 6 lit. c des Einkommensteuergesetzes 1988 sinngemäß anzuwenden ist.
5. Werden ausländischen Anteilsinhabern eigene Anteile der übernehmenden Körperschaft gewährt, sind diese mit den nach § 6 Z 6 lit. a des Einkommensteuergesetzes 1988 maßgebenden Werte anzusetzen, wobei § 6 Z 6 lit. c bis e des Einkommensteuergesetzes 1988 sinngemäß anzuwenden sind.

(2) Für neue Anteile sind die Anschaffungszeitpunkte der alten Anteile maßgeblich.

(3) *(entfällt; BGBl I 2012/112)*

(4) *(entfällt, BGBl I 2012/112)*

(5) Unterbleibt die Gewährung von Anteilen, weil die Beteiligungsverhältnisse an der übertragenden und der übernehmenden Körperschaft übereinstimmen (§ 224 Abs. 2 Z 1 des Aktiengesetzes), sind die steuerlich maßgebenden Anschaffungskosten oder Buchwerte der Anteile an der übertragenden Körperschaft den Anteilen an der übernehmenden Körperschaft zuzurechnen.

(6) Unterbleibt die Gewährung von Anteilen, weil Anteilsinhaber der übertragenden Körperschaft auf die Gewährung verzichten (§ 224 Abs. 2 Z 2 des Aktiengesetzes), ist § 3 Abs. 2 anzuwenden.

(7) Für internationale Schachtelbeteiligungen im Sinne des § 10 Abs. 2 des Körperschaftsteuergesetzes 1988 gilt folgendes:

1. Entsteht durch eine Verschmelzung im Sinne des § 1 Abs. 1 bei einer Körperschaft als Anteilsinhaber eine internationale Schachtelbeteiligung oder

wird ihr Ausmaß durch neue Anteile oder durch Zurechnung zur bestehenden Beteiligung verändert, ist hinsichtlich der bisher nicht steuerbegünstigten Beteiligungsquoten auf den Unterschiedsbetrag zwischen den Buchwerten und den höheren Teilwerten § 10 Abs. 3 erster Satz des Körperschaftsteuergesetzes 1988 nicht anzuwenden.
2. Geht durch eine Verschmelzung im Sinne des § 1 Abs. 1 die Eigenschaft einer Beteiligung als internationale Schachtelbeteiligung unter, gilt, soweit für sie keine Option zugunsten der Steuerwirksamkeit erklärt worden ist, der höhere Teilwert zum Verschmelzungsstichtag, abzüglich auf Grund einer Umgründung nach diesem Bundesgesetz von § 10 Abs. 3 erster Satz des Körperschaftsteuergesetzes 1988 ausgenommener Beträge, als Buchwert.

[idF BGBl I 2015/163]

Rechtsentwicklung

BGBl 1991/699 (UmgrStG; RV 266 AB BlgNR 18. GP) (Stammfassung); BGBl 1993/818 (StRefG 1993; RV 1237 AB 1301 BlgNR 18. GP) (Neufassung des § 5 Abs 5; für Stichtage nach dem 30.12.1993); BGBl 1996/797 (AbgÄG 1996; RV 497 AB 552 BlgNR 20. GP) (Neufassung des § 5 Abs 4, Änderung bzw Einfügung des § 5 Abs 5 bis 7; Anwendung des § 5 Abs 7 Z 1 für Stichtage nach dem 31.12.1996); BGBl I 2003/71 (BudBG 2003; RV 59 AB 111 BlgNR 22. GP) (Neufassung des § 5 Abs 1 und Änderung des § 5 Abs 7 Z 1; § 5 Abs 1 für Stichtage nach dem 30.12.2002); BGBl I 2004/180 (AbgÄG 2004; RV 686 AB 734 BlgNR 22. GP) (Änderung des § 5 Abs 1; für Stichtage nach dem 7.10.2004); BGBl I 2005/161 (AbgÄG 2005; RV 1187 AB 1213 BlgNR 22. GP) (Änderung des § 5 Abs 7 Z 1 und Z 2; für Umgründungen, bei denen die Beschlüsse oder Verträge nach dem 31.1.2006 bei dem zuständigen Firmenbuchgericht zur Eintragung angemeldet oder bei dem zuständigen Finanzamt gemeldet werden); BGBl I 2007/24 (BudBG 2007; RV 43 AB 67 BlgNR 23. GP) (Neufassung des § 5 Abs 1, Änderung des § 5 Abs 7 Z 2; für Stichtage nach dem 31.12.2006); BGBl I 2007/99 (AbgSiG 2007; RV 270 AB 391 BlgNR 23. GP) (Änderung des § 5 Abs 1 Z 4 und Anfügung der Z 5; § 5 Abs 1 Z 5 für Umgründungen, die nach dem 31.12.2007 beschlossen werden); BGBl I 2012/112 (AbgÄG 2012; RV 1960 AB 1977 BlgNR 24. GP) (Neufassung des § 5 Abs 3 und 4 für Stichtage ab dem 1.4.2012); BGBl I 2014/105 (2. AbgÄG 2014; RV 360 AB 432 BlgNR 25. GP) (Änderung des § 5 Abs 1 Z 5); BGBl I 2015/163 (AbgÄG 2015; RV 896 AB 907 BlgNR 25. GP) (Änderung des § 5 Abs 1 Z 3 bis 5; für Verschmelzungen, die nach dem 31.12.2015 beschlossen oder vertraglich unterfertigt werden).

Literatur 2017

Hübner-Schwarzinger, Internationale Umgründungstatbestände – Überblick für die Praxis, SWK 2017, 552; *Schlager*, Highlights aus dem UmgrStR-Wartungserlass 2017, RWZ 2017/21, 99.

Übersicht

I.	Anwendungsbereich	
	A. Verschmelzungsbedingter Anteilstausch..................	1–3
	B. Steuerverstrickung	
	1. Steuerverstrickung des übertragenden Vermögens	
	a) Verschmelzung iSd Art I.............................	6–9
	b) Fusionsrichtlinie	10

2. Steuerverstrickung auf Ebene der Anteilsinhaber
   a) Überblick 11
   b) Ausnahme: Downstream-Verschmelzung 12
   c) Import- und Exportverschmelzungen 13
      aa) Export-Verschmelzung 14
      bb) Import-Verschmelzung 15
C. Anteilsgewährung und Unterbleiben der Anteilsgewährung
  1. Überblick 21
  2. Konzentrationsverschmelzung
    a) Anteilstausch 22
    b) Arten der Anteilsgewährung 23
    c) Unterbleiben der Anteilsgewährung 24
    d) Verzicht auf die Anteilsgewährung 25
  3. Konzernverschmelzung 26
    a) Überblick 27
    b) Upstream-Verschmelzung
    c) Downstream-Verschmelzung 28
    d) Sidestream-Verschmelzung 29
  4. Exkurs: Austritt und Barabfindung 30
D. Besteuerung des Anteilstausches außerhalb des UmgrStG
  1. Ausnahmen von der Steuerneutralität 31, 32
  2. Besteuerungsfolgen
    a) Tausch versus Liquidation 33
      aa) Tausch auf Anteilsinhaberebene 34
      bb) Doppelmaßnahme 35
      cc) Verwaltungspraxis 36, 37
      dd) Konsequenzen 38, 39
    b) Steuerfolgen nach dem BudBG 2011 41–44
II. Identitätsfiktion und Rückwirkung (Abs 1 Z 1)
  A. Identitätsfiktion (Abs 1 Z 1 S 1)
    1. Unterdrückung der Tauschbesteuerung
      a) „Identitätsfiktion" 51–54
    2. Wertefortführung auf Ebene der Anteilsinhaber 55
    3. Erfasste Anteilsinhaber 56
  B. Steuerrechtliche Rückwirkung (Abs 1 Z 1 S 2) 57–59
III. Zuzahlungen (Abs 1 Z 2)
  A. Regelungsinhalt 61, 62
  B. Behandlung beim empfangenden Anteilsinhaber 63–65
  C. Behandlung bei der übernehmenden Körperschaft 66
IV. Steuerneutralität des EU- bzw EWR-Anteilstausches
(Abs 1 Z 3)
  A. Regelungsinhalt 71, 72
  B. Erfasste Anteilsinhaber 73–75
  C. Erfasste Verschmelzungen 76

V.	Verstrickungseinschränkung bei Downstream-Verschmelzung (Abs 1 Z 4)	
	A. Regelungsinhalt	81, 82
	B. „Durchgeschleuste" Anteile	85
	C. Verstrickungseinschränkung	86–88
	D. Entstrickungsbesteuerung	89
	E. Ratenzahlungskonzept	90–92
VI.	Gewährung eigener Anteile der übernehmenden Gesellschaft (Abs 1 Z 5)	
	A. Regelungsinhalt	96, 97
	B. Eigene „Anteile"	98, 99
	C. Entstrickungsbesteuerung	100–102
	D. Ratenzahlungskonzept	103, 104
VII.	Fortlaufen steuerrechtlicher Fristen (Abs 2)	106
VIII.	Untergang und Entstehen einer qualifizierten Beteiligung (Abs 3 und 4)	111
IX.	Unterbleiben der Anteilsgewährung infolge identischer Beteiligungsverhältnisse (Abs 5)	
	A. Regelungsinhalt	121, 122
	B. Schwesternverschmelzung	123
	C. Diagonale Konzernverschmelzung	124
	D. Identitätsfiktion	125
X.	Verzicht auf Anteilsgewährung (Abs 6)	
	A. Regelungsinhalt	131
	B. Anwendungsbereich	132–135
	C. Steuerneutraler Buchverlust nach § 3 Abs 2	136–138
XI.	Entstehen, Änderung oder Untergang einer internationalen Schachtelbeteiligung (Abs 7)	
	A. Regelungsinhalt	141–145
	B. Entstehen bzw Änderung einer internationalen Schachtelbeteiligung (Abs 7 Z 1)	
	1. Zielsetzung und Anwendungsbereich	150–158
	2. Ausnahme von der Steuerneutralität	159–162
	3. Mindesthaltedauer	163–167
	4. Option zur Steuerwirksamkeit	168–170
	C. Untergang einer internationalen Schachtelbeteiligung (Abs 7 Z 2)	180–186
	D. Übersicht: Entstehen, Änderung oder Untergang einer internationalen Schachtelbeteiligung	190

I. Anwendungsbereich
A. Verschmelzungsbedingter Anteilstausch

1 Während die §§ 2 bis 4 die steuerrechtlichen Folgen für eine Verschmelzung nach Art I bei der übertragenden und übernehmenden Körperschaft regeln, befasst sich § 5 mit den steuerlichen Folgen für die Anteilsinhaber der verschmolzenen Körperschaften. § 5 Abs 1 fingiert insb, dass der verschmelzungsbedingte Anteilstausch **nicht als Tausch „gilt"**. Nach § 5 Abs 1 Z 1 liegt somit keine Anschaffung oder Veräußerung vor und es kommt auch nicht zu einer Realisierung der in den untergehenden Anteilen enthaltenen stillen Reserven bei den Anteilsinhabern der übertragenden Körperschaft. Vielmehr wird eine **Identität der Anteile** an der übertragenden mit jenen an der übernehmenden Körperschaft fingiert (sog **„Identitätsfiktion"**; s Rz 51 ff). Durch die Fortführung der Buchwerte bzw Anschaffungskosten werden auch die in den Anteilen in der übertragenden Gesellschaft enthaltenen stillen Reserven fortgeführt, wodurch die Besteuerung idealtypisch bis zur allfälligen späteren Realisierung aufgeschoben wird.

Voraussetzung für die Anwendbarkeit des § 5 ist, dass überhaupt eine **Verschmelzung iSd Art I** vorliegt (s Rz 31 ff; *Hügel* § 5 Rz 1). Es muss also einerseits eine Verschmelzung iSd § 1 Abs 1 vorliegen, andererseits darf die Verschmelzung zu keiner Verstrickungseinschränkung iSd § 1 Abs 2 S 1 führen (s Rz 6 ff und Rz 71 ff zur Gegenausnahme nach § 5 Abs 1 Z 3). Im Übrigen gilt § 5 unabhängig davon, 2

- ob der Anteilsinhaber eine **juristische oder natürliche Person** ist (*Bruckner* in *W/H/M*, HdU[1] I § 5 Rz 6);
- ob die Anteile **betrieblich oder privat** gehalten werden (UmgrStR Rz 263; *Bruckner* in *W/H/M*, HdU[1] I § 5 Rz 6; *Zöchling/Puchner* in *Frotz/Kaufmann*[2], SteuerR Rz 12);
- ob der Anteilsinhaber **unbeschränkt oder beschränkt steuerpflichtig** ist, und zwar ungeachtet dessen, ob DBA-Schutz besteht (UmgrStR Rz 263; BMF 18.8.1993, SWK 1993, A 500; BMF 10.2.1994, RdW 1994, 192 = SWK 1994, A 279; BMF 31.10.1996, ÖStZ 1997, 31; *Bruckner* in *W/H/M*, HdU[1] I § 5 Rz 6; *Furherr/Huber*, IntUmgr 94; *Zöchling/Puchner* in *Frotz/Kaufmann*[2], SteuerR Rz 13; *Zöchling/Tüchler* in *W/Z/H/K*[5] § 5 Rz 2);
- ob es sich um eine reine **Inlands- bzw Auslandsverschmelzung** oder eine **Herein- bzw Hinausverschmelzung** iSd § 1 Abs 1 handelt (UmgrStR Rz 263; *Bruckner* in *W/H/M*, HdU[1] I § 5 Rz 2), soweit keine Verstrickungseinschränkung nach § 1 Abs 2 S 1 erfolgt und nicht die Ausnahme des § 5 Abs 1 Z 3 greift (dazu Rz 6 ff, 31 ff u 71 ff).

So kann etwa eine **Auslandsverschmelzung** spätestens seit dem AbgÄG 1996 (BGBl 1996/797) auf Ebene der Anteilsinhaber auch dann steuerneutral erfolgen, wenn die übertragende Körperschaft überhaupt kein Inlandsvermögen hat (s § 1 Rz 62; *Bruckner* in *W/H/M*, HdU[1] I § 5 Rz 19; *Staringer* in *W/H/M*, HdU[1] Q2 Rz 31 mwN; *Schindler* in *Kalss/Hügel* III Rz 108). Die Steuerneutralität des Anteilstausches wird auch nicht dadurch beeinträchtigt, dass die übertragende Körperschaft von der **Aufwertungsoption des § 2 Abs 2** Gebrauch macht (s Rz 32).

- ob der verschmelzungsbedingte Anteilstausch **wertäquivalent** oder **nicht wertäquivalent** erfolgt.

Entspricht das Beteiligungsverhältnis an der übernehmenden Körperschaft nicht den Wertverhältnissen vor der Verschmelzung, spricht man von einer **Äquivalenzverletzung**, die die Anwendung des Art I und damit auch des § 5 nicht ausschließt. Gem § 6 Abs 2 ist in diesen Fällen vielmehr in einem (fiktiven) ersten Schritt ein äquivalenzwahrender (dh den Wertverhältnissen entsprechender) Anteilstausch (in Anwendung des § 5) und in einem (fiktiven) zweiten Schritt eine unentgeltliche Zuwendung iH der Wertverschiebung (nach allgemeinem Abgabenrecht) vorzunehmen (siehe dazu im Detail § 6 Rz 11 ff mwN).

3 § 5 hat nur ertragsteuerliche Bedeutung und gilt nicht für den Bereich der **Verkehrsteuern** (UmgrStR Rz 260; *Bruckner* in *W/H/M*, HdU[1] I § 5 Rz 5 u Rz 27; *Zöchling/Tüchler* in *W/Z/H/K*[5] § 5 Rz 3).

B. Steuerverstrickung

1. Steuerverstrickung des übertragenden Vermögens

a) Verschmelzung iSd Art I

6 Nach § 1 Abs 3 iVm § 5 kommt es nur insoweit zur Steuerneutralität des Anteilstausches, als die Verschmelzung unter Art I fällt. Bei einer (**partiellen**) **Entstrickung** des übertragenen Vermögens nach § 1 Abs 2 S 1 kommt es – soweit nicht § 5 Abs 1 Z 3 greift – auch zu einer (partiellen) Aufdeckung der stillen Reserven in den **Anteilen** (s *Hügel*, ecolex 1991, 804; *Bruckner* in *W/H/M*, HdU[1] § 5 Rz 2; *Hügel* § 5 Rz 5; *Zöchling/Tüchler* in *W/Z/H/K*[5] § 5 Rz 2; *Walter*[11] Rz 133a; dazu a Rz 31 ff u § 1 Rz 192 ff). Dies würde sowohl für **inlands- wie auch auslandsansässige Anteilsinhaber** gelten (*Zöchling/Haslinger*, RdW 2007/381, 370; *Hügel* § 1 Rz 19 f, § 5 Rz 5 u 54; aA *Kauba*, RdW 2005/333, 327, u *Walter*[11] Rz 133a f: stets Steuerneutralität bei inlandsansässigen Anteilsinhabern nach § 5 Abs 1 Z 1).

7 Die Sinnhaftigkeit dieser Verknüpfung der **Steuerhängigkeit des übertragenen Vermögens** mit der steuerlichen Behandlung des Anteilstausches ist aus systematischer Sicht zu bezweifeln (s *Hügel*, ecolex 1991, 807 f; *Staringer*, Einlagen 175 f; *Bruckner* in *W/H/M*, HdU[1] § 5 Rz 3 mwN; *Schindler* in *Kalss/Hügel* III Rz 99; *Hohenwarter*, RdW 2007/595, 569; *Hügel* § 5 Rz 4). Sie **widerspricht auch Art 8 FRL** (s Rz 10).

8 Eine (weite) **Gegenausnahme** findet sich seit dem AbgÄG 2004 (BGBl I 2004/180) in § 5 Abs 1 Z 3: Liegt eine Verstrickungseinschränkung iSd § 1 Abs 2 S 1 vor, gelten die Steuerneutralität des Anteilstausches sowie die Rückwirkungsfiktion nach § 5 Abs 1 Z 1 dennoch für in der **EU oder in qualifizierten EWR-Staaten ansässige Anteilsinhaber** (Rz 71); da Österreich ein EU-Mitgliedstaat ist, kommt es auch bei **inländischen Anteilsinhabern** stets zu einem steuerneutralen Anteilstausch (ErlRV 686 BlgNR 22. GP, 21; UmgrStR Rz 264; *Wiesner/Mayr*, RdW 2007/447, 437). Die Verknüpfung zwischen der Verstrickung auf Vermögensebene und der Steuerneutralität des Anteilstausches ist damit nur für Anteilsinhaber in **Drittstaaten** relevant, zumal seit 2017 mit sämtlichen EWR-Staaten (Island, Liechtenstein und Norwegen) umfassende Amts- und Vollstreckungshilfe besteht (§ 1 Rz 154). Ob Österreich in diesen Fällen seinen innerstaatlichen Besteuerungsanspruch nach § 98 Abs 1 Z 5 lit e EStG idF BudBG 2011 (BGBl I 2010/111) bzw – früher – § 98 Abs 1 Z 8 EStG durchsetzen kann, richtet sich sodann nach dem **jeweiligen DBA** (*Kauba*, RdW 2005/333, 327 f; *Walter*[11] Rz 133a; *Hügel* § 5 Rz 29; s a ErlRV 686 BlgNR 22. GP, 21; s a Rz 44 u 75). Die Steuerneutralität lässt sich für Verschmelzungen im Anwendungsbereich der FRL jedoch nach hA auch für in Drittstaaten ansässige Anteilsinhaber aus **Art 8 Abs 1 und 4 FRL** ableiten (Rz 10).

9 Die Gegenausnahme nach § 5 Abs 1 Z 3 bezieht sich lediglich auf § 5 Abs 1 Z 1. Hinsichtlich der **übrigen Regelungen des § 5** bleibt es hingegen nach ihrem Wortlaut bei der Nichtanwendbarkeit auch im Verhältnis zu inländischen Anteilsinhabern und solchen in den übrigen EU-Staaten und qualifizierten EWR-Staaten

(*Hügel* § 5 Rz 3). Analog wird man aber aufgrund des engen sachlichen Zusammenhanges mit § 5 Abs 1 Z 1 (s Rz 106) – zumindest – auch die Anwendbarkeit des § 5 Abs 2 bejahen können.

b) Fusionsrichtlinie

Die Steuerneutralität auf Ebene der Anteilsinhaber knüpft nach § 1 Abs 3 iVm § 5 an die Steuerverstrickung des übertragenen Vermögens an. Dies **widerspricht Art 8 FRL**: Auf Gesellschafterebene darf die aufgrund der Verschmelzung vorgenommene Anteilsgewährung gegen Aufgabe der Anteile an der einbringenden Gesellschaft gem Art 8 Abs 1 FRL für sich allein keinen Anlass zur Besteuerung geben, wenn entsprechend Art 8 Abs 2 FRL die Buchwerte bzw die Anschaffungskosten der Altanteile in den Neuanteilen fortgeführt werden (s *Bachl/Staringer*, SWI 1994, 406 f; *Hügel*, ÖStZ 1996, 82; *Damböck*, SWI 1999, 347 f; *Staringer* in W/H/M, HdU[1] Q2 Rz 33; *Schindler*, IStR 2004, 714; *Schindler* in Kalss/Hügel III Rz 99; *Achatz/Kofler* in Achatz ua, IntUmgr 61; *Achatz/Kofler*, GeS 2005, 126; *Hügel* § 5 Rz 6; *Furherr/Huber*, IntUmgr 49). Sofern also eine Verschmelzung unter die FRL fällt (s § 1 Rz 4 ff), hat auch bei bloß partieller Anwendung des Art I auf Ebene der Gesellschaften eine **vollständige Steuerneutralität** des Anteilstausches auf Gesellschafterebene zu folgen (s zB *Staringer* in W/H/M, HdU[1] Q2 Rz 33; *Staringer*, SWI 2005, 218; *Achatz/Kofler*, GeS 2005, 126 f; *Hügel* § 5 Rz 6; *Furherr/Huber*, IntUmgr 49). Während diese Steuerneutralität für in der EU oder in qualifizierten EWR-Staaten ansässige Anteilsinhaber seit dem **AbgÄG 2004** (BGBl I 2004/180) durch **§ 5 Abs 1 Z 3** erreicht wird (*Staringer*, SWI 2005, 218 f; *Hügel* § 5 Rz 6), kann es nach nationalem Steuerrecht insb für **Anteilsinhaber in Drittstaaten** bei (partieller) Entstrickung des übertragenen Vermögens nach § 1 Abs 2 S 1 nach wie vor zur (partiellen) Aufdeckung der stillen Reserven in den Anteilen kommen. Die **Anwendbarkeit des Art 8 FRL** ist allerdings nach hA von der Steueransässigkeit der Anteilsinhaber unabhängig (s zB *Tumpel*, Harmonisierung 193 ff; *Hügel* in FS Werilly 162 ff; *Staringer* in W/H/M, HdU[1] Q2 Rz 33; *Staringer*, SWI 2005, 219; *Schindler*, CDFI 90b, 56 u 61; *Furherr/Huber*, IntUmgr 49; zur letztlich nicht umgesetzten Klarstellung im Kommissionsvorschlag KOM(2003)613 s *Kofler/Schindler*, taxlex 2006, 561 f). Aufgrund des Anwendungsvorranges der FRL ist die **Steuerneutralität des Anteilstausches** im Staat der übertragenden Körperschaft somit auch dann zu gewähren, wenn es sich um in Drittstaaten ansässige Anteilsinhaber handelt (*Staringer* in W/H/M, HdU[1] Q2 Rz 33; *Staringer*, SWI 2005, 219; *Hügel* § 5 Rz 6 u Rz 32, *Furherr/Huber*, IntUmgr 49; für eine grundfreiheitsrechtliche Analyse s *Hohenwarter*, RdW 2007/595, 569 ff, u *Hohenwarter* in Bertl ua, Sonderbilanzen 270 ff).

Unklar ist allenfalls, ob im Lichte des Art 8 FRL *de lege ferenda* ein Abstellen auf die Verstrickung der stillen Reserven in den Anteilen selbst zulässig wäre. Schlüssig wäre es nämlich allenfalls, die Unterdrückung der Tauschbesteuerung im Wege der Identitätsfiktion von der Verstrickung der in den untergehenden Anteilen angesammelten stillen Reserven abhängen zu lassen (s zB *Hohenwarter*, RdW 2007/595, 569; *Hügel* § 5 Rz 4), was jedoch im geltenden Recht nur für den Sonderfall der Downstream-Verschmelzung in § 5 Abs 1 Z 4 verwirklicht ist (s Rz 11 ff u 81 ff). Unklar ist jedoch, ob ein solches Abhängigmachen von der **Verstrickung stiller Reserven in den Anteilen** im **Anwendungsbereich der FRL** generell zulässig wäre. Denn nach **Art 8 Abs 1 u 4 FRL** darf der Anteilstausch „für sich allein keine Besteuerung des Veräußerungsgewinns dieses Gesellschafters auslösen", „wenn der Gesellschafter den erworbenen Anteilen keinen höheren steuerlichen Wert beimisst, als den in Tausch gegebenen Anteilen unmittelbar vor der Fusion [...] beigemessen war". Ob die Entstrickung der stillen Reserven in den Anteilen nun ein **zum Anteilstausch hinzutretender Umstand** („für sich allein") ist, der eine Besteuerung ermöglicht, wird unterschiedlich beantwortet (s dazu *Hirschler* in FS Wiesner 150; *Furherr/Huber*, IntUmgr 50; abl *Hügel* § 5 Rz 4). Dagegen spricht jedenfalls die Existenz der **Spezialregel des Art 8 Abs 6 FRL**, wonach die Mitgliedstaaten nicht gehindert sind, „den Gewinn aus einer späteren Veräußerung der erworbenen Anteile in gleicher Weise zu besteuern wie den Gewinn aus einer Veräußerung der vor dem Erwerb vorhandenen Anteile". Diese Bestimmung könnte es aber ermöglichen, eine **bis zur Veräußerung aufgeschobene Entstrickungsbesteuerung** durchzuführen (so zB *Hohenwarter*, RdW 2007/595, 569; *Furherr/ Huber*, IntUmgr 52 f; *Hohenwarter* in Bertl ua, Sonderbilanzen 274 f; aA wohl *Hügel* § 5 Rz 4). Insofern dürfte auch § 5 Abs 1 Z 4 den Vorgaben der FRL entsprechen (zur grundfreiheitsrechtlichen Kritik s Rz 84).

2. Steuerverstrickung auf Ebene der Anteilsinhaber
a) Überblick

11 Die sich aus der Identitätsfiktion zwingend ergebende Buchwert- bzw Anschaffungskostenfortführung stellt die Steuerneutralität des verschmelzungsbedingten Anteiltausches bei den Anteilsinhabern sicher. Anders als auf Ebene des Vermögens der übertragenden Körperschaft (s § 1 Rz 81 ff) ist die Anwendbarkeit des § 5 auch grundsätzlich **nicht an die fortdauernde Verstrickung der stillen Reserven in den untergehenden Anteilen** geknüpft (BMF 18.8.1993, SWK 1993, A 500; BMF 10.2.1994, RdW 1994, 192; BMF 31.10.1996, ÖStZ 1997, 31; *Bruckner* in *W/H/M*, HdU[1] § 5 Rz 4; *Hügel* § 1 Rz 2; *Waitz-Ramsauer* in HB KonzernStR[2] 609). Die Entstrickungsbesteuerung nach § 6 Z 6 EStG oder § 27 Abs 6 Z 1 EStG kommt schon aufgrund des *Lex-specialis*-Charakters des § 5 Abs 1 Z 1 nicht zur Anwendung (s UmgrStR Rz 265; BMF 10.2.1994, RdW 1994, 192; BMF 31.10.1996, ÖStZ 1997, 31; *Bruckner* in *W/H/M*, HdU[1] § 5 Rz 20; *Staringer* in *W/H/M*, HdU[1] Q2 Rz 31; *Huber*, ÖStZ 2006/261, 142; *Hügel* § 5 Rz 21). Diese Rechtslage entspricht auch der **FRL** (s Rz 10).

> Tritt an die Stelle steuerverstrickter Anteile an der übertragenden Körperschaft eine **internationale Schachtelbeteiligung**, so ist zwar § 5 Abs 1 Z 1 anwendbar, § 5 Abs 7 Z 1 bewirkt jedoch, dass die stillen Reserven in den bis zur Verschmelzung nicht steuerbegünstigten Beteiligungsquoten steuerverstrickt bleiben (Rz 150 ff).

b) Ausnahme: Downstream-Verschmelzung

12 Zu einer Tauschbesteuerung auf Anteilsinhaberebene kommt es jedoch seit dem BudBG 2007 (BGBl I 2007/24) nach § 5 Abs 1 Z 4 für den **verstrickungseinschränkenden Anteilstausch bei der Downstream-Verschmelzung** (s Rz 81 ff); § 5 Abs 1 Z 4 hat konstitutive Bedeutung (s § 1 Rz 92).

c) Import- und Exportverschmelzungen

13 Im Hinblick auf die Abgrenzung stiller Reserven in den Anteilen können folgende Situationen unterschieden werden:

aa) Export-Verschmelzung

Bei der **Export-Verschmelzung** stellt sich zunächst die Frage nach der steuerlichen **14** Behandlung der untergehenden Anteile auf Ebene des **unbeschränkt steuerpflichtigen Anteilsinhabers**. In Situationen, in denen das österreichische Besteuerungsrecht an den Anteilen (ausnahmsweise) eingeschränkt wird, kommt es nach hA zwar zu einer Steuerentstrickung, diese hat allerdings steuerneutral zu erfolgen (*Hügel* § 5 Rz 2). Ähnliche Überlegungen können für den **beschränkt steuerpflichtigen Anteilsinhaber** angestellt werden. Da hier bei OECD-konformen DBA wegen Art 13 Abs 5 ein österreichisches Besteuerungsrecht ohnehin nicht gegeben wäre, kommt es durch die Hinausverschmelzung idR auch zu keiner zusätzlichen Einschränkung des österreichischen Besteuerungsrechts (*Achatz/Kofler* in *Achatz ua*, IntUmgr 60; *Hügel* § 5 Rz 2). Aber selbst in den Fällen, in denen zB wegen eines vom OECD-MA abweichenden DBA ein Besteuerungsrecht bestanden haben sollte, ist unstrittig, dass der verschmelzungsbedingte Tausch von inländischen gegen ausländische Kapitalanteile auf Ebene der Anteilsinhaber in Österreich wegen § 5 auch dann nicht besteuert wird, wenn der ausländische Anteilsinhaber in einem **Drittstaat** ansässig ist (*Lechner* in FS Wiesner 258 ff; *Schindler* in *Kalss/Hügel* III Rz 98; *Achatz/Kofler* in *Achatz ua*, IntUmgr 60).

bb) Import-Verschmelzung

Bei der **Import-Verschmelzung** kann sich für aus österreichischer Sicht **beschränkt** **15** **steuerpflichtige Anteilsinhaber** der übertragenden Körperschaft die Situation ergeben, dass verschmelzungsbedingt bisher in Österreich nicht steuerhängige stille Reserven in den Anteilen an der übertragenden (ausländischen) Körperschaft in den Anteilen an der übernehmenden (inländischen) Körperschaft steuerhängig werden. Dies ist zB dann der Fall, wenn zwischen Österreich und dem Ansässigkeitsstaat der Anteilsinhaber kein DBA besteht oder das DBA Österreich entgegen Art 13 Abs 5 OECD-MA ein Besteuerungsrecht belässt (*Hristov*, taxlex 2012, 89 f) oder wenn es sich bei der übernehmenden Körperschaft (nach der Verschmelzung) um eine Immobiliengesellschaft mit Liegenschaftsvermögen in Österreich nach Art 13 Abs 4 OECD-MA handelt (*Achatz/Kofler* in *Achatz ua*, IntUmgr 60). Bei diagonalen Konzernverschmelzungen oder bei Sidestream-Verschmelzungen von mittelbar verbundenen Konzerngesellschaften mit ausländischen Gesellschaften kann sich dieses Problem zudem auch hinsichtlich der Anteile an österreichischen Zwischengesellschaften stellen (*Knapp/Six*, GES 2013, 257). Für diese Fälle sieht das UmgrStG keine steuerneutrale Neubewertung vor. In all diesen Fällen wäre die Gegenleistung (nach § 5 Abs 1 Z 2, § 5 Abs 5 bzw § 5 Abs 6) mit den bisherigen Anschaffungskosten bzw Buchwerten der untergehenden Anteile an der übertragenden (ausländischen) Körperschaft zu bewerten, wodurch bisher nicht steuerhängige stille Reserven „importiert" würden. Ein sachgerechtes Ergebnis kann jedoch in Analogie zur Regelung des Zuzugs in § 6 Z 6 lit c bzw § 27 Abs 6 lit b EStG idF BudBG 2011 (BGBl I 2010/111; früher § 31 Abs 2 Z 2 EStG) durch eine **steuerneutrale Aufwertung auf den gemeinen Wert** erreicht werden (ebenso *Hirschler* in FS Wiesner 154; *Achatz/Kofler* in *Achatz ua*, IntUmgr 60; *Hirschler/Schindler*, RdW 2006/575, 612; *Zöchling/Puchner* in *Frotz/Kaufmann*[2], SteuerR Rz 76; *Waitz-Ramsauer* in HB KonzernStR[2] 609; *Zöchling/Tüchler* in *W/Z/H/K*[5] § 5 Rz 24; *Strimitzer/Wurm* in *T/W*, EU-VerschG² SteuerR Rz 187; ausf *Knapp/Six*, GES 2013, 257 ff und *Hristov*, taxlex 2012, 89 ff; iE a *Furherr/Huber*, IntUmgr 96: Aufwertung nach § 5 Abs 4 aF; eine entsprechende Klarstellung in den UmgrStR fordernd *Hirschler/Sulz/Zöchling* in GedS Helbich 176).

C. Anteilsgewährung und Unterbleiben der Anteilsgewährung
1. Überblick

21 § 5 erfasst zunächst den „Austausch von Anteilen an der übertragenden Körperschaft auf Grund der Verschmelzung" und damit als Grundfall die **Abfindung der Anteilsinhaber der übertragenden Körperschaft mit (neuen oder bestehenden) Anteilen** an der übernehmenden Körperschaft oder Anteilen dritter (Konzern-)Gesellschaften (§ 5 Abs 1 Z 1, UmgrStR Rz 258 u Rz 289), wobei neben dem **Austausch von Gesellschaftsanteilen** (zB Aktien, Geschäftsanteile, Genossenschaftsanteile) auch der **Austausch von Surrogatkapital iSd § 8 Abs 3 KStG** (zB Partizipationskapital, Substanzgenussrechte) **erfasst ist** (s ausf *Schragl* in HB Genussrechte² 289 ff; *Kirchmayr/Rieder*, RdW 2016/576, 777 f; weiters *Schwarzinger/Wiesner* I/1³ 173; *Thunshirn*, ÖStZ 1996, 350 f; *Bruckner* in W/H/M, HdU¹ § 4 Rz 17; *Hügel* § 5 Rz 9 f u Rz 75; *Sulz/Hirschler/Oberkleiner* in GedS Arnold 404; *Zöchling/Tüchler* in W/Z/H/K⁵ § 5 Rz 3); teilweise wird auch die Anwendbarkeit des § 5 Abs 1 Z 1 auf den verschmelzungsbedingten „Tausch" von Fruchtgenussrechten bejaht (so *Staringer* in FS Hügel 355 ff). Damit sind **alle Formen eines verschmelzungsbedingten Anteilstausches** steuerneutral gestellt (*Schwarzinger/Wiesner* I/1³ 43 u 173; *Zöchling/Haslinger*, RdW 2007/381, 369; *Zöchling/Tüchler* in W/Z/H/K⁵ § 5 Rz 11).

2. Konzentrationsverschmelzung
a) Anteilstausch

22 IRe Verschmelzung unverbundener Körperschaften mit unterschiedlichen Anteilsinhabergruppen erhalten die Anteilsinhaber – sofern keine Ausnahme eingreift (Rz 24 f) – für den Verlust der Anteile an der übertragenden Körperschaft als Ausgleich eine wertgleiche Beteiligung an der übernehmenden Gesellschaft (*Hügel* § 5 Rz 7; zur Beteiligung an einer Konzerngesellschaft s Rz 23); es liegt damit ein nach § 5 steuerneutraler „Anteilstausch" vor. Umgründungssteuerrechtlich wird damit die idealtypische **Aufrechterhaltung des Beteiligungsengagements** der Anteilsinhaber verwirklicht (*Hügel*, Verschmelzung und Einbringung 460 ff; *Hügel* § 5 Rz 7).

b) Arten der Anteilsgewährung

23 Die unter § 5 fallende **Abfindung der Anteilsinhaber der übertragenden Körperschaft** kann erfolgen

- durch **neue Anteile der übernehmenden Körperschaft** aufgrund einer durchgeführten Kapitalerhöhung (zB § 223 AktG);
- durch **eigene Anteile der übernehmenden Körperschaft** (*Hügel* § 5 Rz 8; *Schwarzinger/Wiesner* I/1³ 51);

  Im Fall der Auskehrung „eigener Aktien" (Vorratsaktien) an ausländische Anteilsinhaber der übertragenden Gesellschaft unterliegen die dadurch entstrickten Anteile der – sofortigen oder aufgeschobenen - **Wegzugsbesteuerung nach § 6 Z 6 EStG** (§ 5 Abs 1 Z 5; s Rz 96 ff).

- durch Anteile der übernehmenden Körperschaft, die von deren **Altgesellschaftern** überlassen werden (UmgrStR Rz 258; BMF 23.1.1995, SWK 1995, A 249 f;

BMF 30.9.1997, ecolex 1998, 71 = RdW 1997, 701 = SWK 1997, S 659; *Schwarzinger/Wiesner* I/1³ 51; *Bruckner* in *W/H/M*, HdU¹ I § 5 Rz 10, Rz 14 u Rz 21; *Zöchling/Haslinger*, RdW 2007/381, 369; *Hügel* § 5 Rz 8); für die Altgesellschafter, die einen Teil ihrer Anteile an die neuen Gesellschafter abtreten, tritt dabei keine Änderung der Buchwerte bzw Anschaffungskosten der verbleibenden Anteile ein (*Schwarzinger/Wiesner* I/1³ 51; so auch ausdrücklich zur Einbringung § 20 Abs 3);

- durch **Anteile an dritten Körperschaften** (Konzerngesellschaften) nach Maßgabe der verschmelzungsrechtlichen Bestimmungen (zB durch Anteile an der Muttergesellschaft der übernehmenden Gesellschaft; UmgrStR Rz 289; *Bruckner* in *W/H/M*, HdU¹ I § 5 Rz 21; *Zöchling/Haslinger*, RdW 2007/381, 369; *Schwarzinger/Wiesner* I/1³ 51; s zum sog „Triangular Merger" *Kalss*² § 224 AktG Rz 34).

c) Unterbleiben der Anteilsgewährung

Die Anteilsgewährung muss insoweit unterbleiben, als die übertragende Körperschaft **eigene Anteile** besitzt (§ 224 Abs 1 Z 2 AktG; *Bruckner* in *W/H/M*, HdU¹ I § 5 Rz 11; *Grünwald* in *W/H/M*, HdU¹¹ I Rz 115). Die Anteilsgewährung unterbleibt zudem im Ausmaß der **Leistung von baren Zuzahlungen** („Spitzenausgleich" nach § 220 Abs 2 Z 3 iVm § 224 Abs 5 AktG; UmgrStR Rz 6) bzw einer **Ausgleichsleistung** im Falle einer SE-Verschmelzungsgründung (Art 20 Abs 1 lit b SE-VO; s *Hügel* § 5 Rz 11 u Rz 73); solche Zuzahlungen kürzen nach § 5 Abs 1 Z 2 die Anschaffungskosten oder Buchwerte (s Rz 61 ff; zur Auswirkung auf den Buchgewinn bzw -verlust s § 3 Rz 91).

24

d) Verzicht auf die Anteilsgewährung

Die übernehmende Körperschaft darf gem **§ 224 Abs 2 Z 2 AktG** von der Gewährung von Aktien absehen, „soweit Gesellschafter der übertragenden Gesellschaft auf die Gewährung von Aktien verzichten", etwa weil die Umtauschaktien nicht von der übernehmenden Körperschaft, sondern von ihren Anteilsinhabern oder Dritten gewährt werden (*Kalss*² § 224 AktG Rz 24; *Grünwald* in *W/H/M*, HdU¹¹ I Rz 121; s Rz 23 u 134). Der Verzicht auf die Anteilsgewährung ist auch steuerlich anzuerkennen (UmgrStR Rz 6, Rz 258 u Rz 286 ff; BMF 23.1.1995, SWK 1995, A 249; BMF 30.9.1997, ecolex 1998, 71 = RdW 1997, 701 = SWK 1997, S 659; *Bruckner* in *W/H/M*, HdU¹ I § 5 Rz 12; *Hügel* § 5 Rz 18; *Zöchling/Tüchler* in *W/Z/H/K*⁵ § 5 Rz 9). Diesfalls ist im Fall des **unentgeltlichen Verzichts** auf den Buchverlust § 3 Abs 2 anzuwenden (§ 5 Abs 6), während bei **entgeltlichem Verzicht** nach der Art der Gegenleistung zu differenzieren ist (s Rz 133 ff).

25

3. Konzernverschmelzung

a) Überblick

Auch bei der Konzernverschmelzung richtet sich die Frage nach dem Unterbleiben der Anteilsgewährung bzw der Kapitalerhöhung – anders als iRd StruktVG – nach dem Gesellschaftsrecht (zB § 224 AktG iVm § 234 Abs 2 AktG und § 96 Abs 2 GmbHG; *Hügel* § 5 Rz 13). Ebenso wie bei der Konzentrationsverschmelzung kann auch bei einer Konzernverschmelzung ein **Verzicht auf die Anteilsgewährung** nach § 224 Abs 2 Z 2 AktG erfolgen (s Rz 25).

26

b) Upstream-Verschmelzung

27 Nach **§ 224 Abs 1 Z 1 AktG** ist eine Anteilsgewährung unzulässig, soweit die übernehmende Körperschaft Anteile an der übertragenden Körperschaft besitzt (UmgrStR Rz 13; *Hügel* § 5 Rz 14; *Grünwald* in *W/H/M*, HdU[11] I Rz 113; zur Verschmelzung der Enkel- auf die Großmuttergesellschaft s BMF 22.6.1992, SWK 1992, A I 254, u zum Verzicht der umgangenen Tochtergesellschaft auf die Anteilsgewährung s Rz 138 u UmgrStR Rz 286 ff; s a *Hügel* § 5 Rz 14 m FN 15).

Hält bei einer gemischten Konzentrations- und Konzernverschmelzung die übernehmende Körperschaft nicht alle Anteile an der übertragenden Körperschaft, sind die übrigen Anteilsinhaber der übertragenden Körperschaft mit **Anteilen der übernehmenden Körperschaft** abzufinden (*Hügel* § 5 Rz 14; *Grünwald* in *W/H/M*, HdU[11] I Rz 113), sofern sie nicht nach § 224 Abs 2 Z 2 AktG (entgeltlich oder unentgeltlich) auf die Abfindung verzichten (zu den Rechtsfolgen siehe Rz 131 ff).

c) Downstream-Verschmelzung

28 Bei einer **Downstream-Verschmelzung** gehen mit dem Vermögen auch die Anteile an der Tochterkörperschaft verschmelzungsbedingt auf diese über und werden bei ihr zu eigenen Anteilen. Dies ist trotz der Einschränkung der § 65 AktG und § 81 GmbHG zulässig, sofern die Anteile zur Abfindung der Anteilsinhaber für den Verlust der Anteile an der übertragenden Oberkörperschaft verwendet werden (**„Durchgangserwerb durch die Untergesellschaft"**; UmgrStR Rz 14 u Rz 258; BMF 31.10.1996, ÖStZ 1997, 31; *Bruckner* in *W/H/M*, HdU[1] I § 1 Rz 18; *Hügel* § 1 Rz 46 u § 5 Rz 15; s a § 1 Rz 27). Insoweit hat bei der Tochtergesellschaft eine verschmelzungsbedingte Kapitalerhöhung zu unterbleiben (§ 224 Abs 3 AktG); nur soweit der übernehmenden Tochtergesellschaft sonstiges Vermögen der Muttergesellschaft verbleibt, ist (zusätzlich) die Gewährung neuer – durch Kapitalerhöhung geschaffener – Anteile zulässig (*Hügel* § 1 Rz 46 u § 5 Rz 15; s a UmgrStR Rz 14). § 5 Abs 1 Z 1 fingiert ganz allgemein, dass ein verschmelzungsbedingter Anteilstausch **nicht als Tausch „gilt"**. Aus Sicht des im Rahmen einer Verschmelzung nach Art I tauschenden Gesellschafters der übertragenden Körperschaft liegt somit kraft gesetzlicher Fiktion und abweichend vom allgemeinen Ertragsteuerrecht keine Anschaffung oder Veräußerung vor und es kommt auch nicht zu einer Realisierung der in den untergehenden Anteilen enthaltenen stillen Reserven (oder zur Auflösung einer Zuschreibungsrücklage gem § 124b Z 270 lit a EStG, s Rz 55). Vielmehr wird eine **Identität der Anteile** an der übertragenden mit jenen an der übernehmenden Körperschaft fingiert (sog **„Identitätsfiktion"**; s Rz 51 ff u UmgrStR Rz 263). Diese Fiktion gilt auch im Fall einer **Downstream-Verschmelzung** und zwar für die Gesellschafter der übertragenden Muttergesellschaft. Der Tausch der untergehenden Anteile an der Muttergesellschaft gegen die bisher von der Muttergesellschaft gehaltenen Anteile an der Tochtergesellschaft (und allenfalls neue Anteile) ist somit nach § 5 Abs 1 Z 1 steuerneutral, die erworbenen Anteile an der Tochtergesellschaft gelten als ident mit den untergegangenen Anteilen an der Muttergesellschaft (UFS 5.12.2012, RV/1387-W/06; UmgrStR Rz 263 idF WE 2017; BMF 10.2.1994, RdW 1994, 192 = SWK 1994, A 279; BMF 31.10.1996, ÖStZ 1997, 31; *Bruckner* in *W/H/M*, HdU[1] I § 4 Rz 14; *Walter*[11] Rz 141b). Nach der Verwaltungspraxis gilt die Identitätsfiktion bei der Downstream-Verschmelzung im Falle einer Schachtelbeteiligung auch für die nach § 10 Abs 3 S 1 KStG getroffene **Option hinsichtlich der Steuerwirksamkeit**: Die von den Anteilsinhabern hinsichtlich der untergehenden Anteile an der übertragenden Körperschaft getroffene Entscheidung hinsichtlich der Steuerwirksamkeit oder Steuerneutralität setzt sich in den ausgekehrten Anteilen fort (UmgrStR Rz 263 idF WE 2017 samt Bsp; *Schlager*, RWZ 2017/21, 100 f).

Eine **Ausnahme** von der aus der Identitätsfiktion folgenden Steuerneutralität nach § 5 Abs 1 Z 1 besteht seit dem BudBG 2007 (BGBl I 2007/24) nach § 5 Abs 1 Z 4, wenn bei einer Downstream-Verschmelzung das österreichische Besteuerungsrecht aufgrund des Anteilstauschs verloren geht; diesfalls kommt es zur Tauschbesteuerung, die allenfalls nach § 1 Abs 2 aufgeschoben werden kann (Rz 81 ff).

Hält die übertragende Muttergesellschaft **nicht alle Anteile an der übernehmenden Tochtergesellschaft**, müssen an die Gesellschafter der übertragenden Muttergesellschaft nicht nur die bisher von dieser gehaltenen Anteile, sondern zusätzlich noch weitere – idR durch **Kapitalerhöhung** zu schaffende – Anteile an der übernehmenden Tochtergesellschaft ausgegeben werden, damit die außenstehenden Gesellschafter der übernehmenden Tochtergesellschaft nicht um den anteiligen Wert des übergehenden Vermögens der Muttergesellschaft „bereichert" werden (*Kalss*[2] § 224 AktG Rz 33; *Hügel* § 5 Rz 15). Alternativ können die Gesellschafter der übertragenden Muttergesellschaft auch in diesem Fall nach § 224 Abs 2 Z 2 AktG (entgeltlich oder unentgeltlich) auf die zusätzliche Anteilsgewährung verzichten (*Kalss*[2] § 224 AktG Rz 33; zu den Rechtsfolgen siehe Rz 131 ff). Zur Kapitalerhöhung im Falle der Übertragung weiteren Vermögens s § 1 Rz 27.

d) Sidestream-Verschmelzung

Bei einer Sidestream-Verschmelzung sind an den zu verschmelzenden Körperschaften dieselben Personen unmittelbar oder mittelbar beteiligt, wobei es sich um **direkte Schwesternverschmelzungen** (UmgrStR Rz 15) oder Verschmelzungen von Körperschaften verschiedener Konzernäste auf unterschiedlichen Ebenen handeln kann („**diagonale Konzernverschmelzung**"; *Hübner/Six*, taxlex 2010, 107 ff; s a *Bruckner* in *W/H/M*, HdU[1] I § 1 Rz 10; *Hügel* § 5 Rz 17). Bei Beteiligungen im gleichen Verhältnis ist eine Kapitalerhöhung zulässig, zur Aufrechterhaltung der Beteiligung der Anteilsinhaber an der übernehmenden Körperschaft aber nicht erforderlich (§ 224 Abs 2 Z 1 AktG; s a UmgrStR Rz 15; *Bruckner* in *W/H/M*, HdU[1] I § 1 Rz 22; *Hügel* § 1 Rz 47 u § 5 Rz 17; *Grünwald* in *W/H/M*, HdU[11] I Rz 117 f; zu den gesellschaftsrechtlichen Grenzen s § 1 Rz 28 f). Auch diese Vorgänge sind nach **§ 5 Abs 1 Z 1** steuerneutral (BMF 18.8.1993, SWK 1994, A 500; *Bruckner* in *W/H/M*, HdU[1] I § 4 Rz 14). Unterbleibt die Gewährung neuer Anteile bei **unmittelbarer Beteiligung im gleichen Verhältnis** (Schwesternverschmelzung), sind nach § 5 Abs 5 die steuerlich maßgebenden Anschaffungskosten bzw Buchwerte der Anteile an der übertragenden Körperschaft den Anteilen an der übernehmenden Körperschaft zuzurechnen (s Rz 121 ff). Nicht ausdrücklich geregelt ist jedoch die Rechtsfolge bei **mittelbarer Beteiligung im gleichen Verhältnis** (Verschmelzung von Gesellschaften unterschiedlicher Konzernebenen oder -zweige; s dazu Rz 124).

4. Exkurs: Austritt und Barabfindung

Bei rechtsformübergreifenden Verschmelzungen zwischen einer AG und einer GmbH (§ 234b AktG), bei Export-Verschmelzungen von Kapitalgesellschaften (§§ 10 f EU-VerschG) und bei grenzüberschreitenden Verschmelzungsgründungen einer SE (§§ 17, 21 SEG) besteht ein mit einem **Barabfindungsanspruch verbundenes Austrittsrecht** von Minderheitsgesellschaftern. Nimmt ein Anteilsinhaber ein Abfindungsangebot an, so gelten seine Anteile an der übertragenden Gesellschaft nach § 6 Abs 3 S 1 als veräußert; der Erwerber erwirbt aufgrund der in § 6 Abs 3 S 2 fingierten Rückwirkung die abgefundenen Anteile mit dem Beginn des dem Verschmelzungsstichtag folgenden Tages (s § 6 Rz 31 f).

D. Besteuerung des Anteilstausches außerhalb des UmgrStG
1. Ausnahmen von der Steuerneutralität

31 Die Identitätsfiktion des § 5 Abs 1 Z 1 und damit die Steuerneutralität des Anteilstausches greift **nicht**,

- wenn die Umgründung zwar eine Verschmelzung, aber – aus welchen Gründen immer – **keine Verschmelzung iSd § 1 Abs 1 Z 1 bis 3** ist (UmgrStR Rz 388); Fällt eine **Auslandsverschmelzung** iSd § 1 Abs 1 Z 4 nicht unter Art I, kommt es bei der übertragenden Körperschaft hinsichtlich ihres Inlandsvermögens zu einer Besteuerung iRd beschränkten Steuerpflicht gem § 21 Abs 1 KStG iVm §§ 6 Z 14 lit b, 24, 98 EStG (UmgrStR Rz 40; KStR Rz 1457 [ex-Rz 1436]; s a *Bruckner* in W/H/M HdU[1] I § 1 Rz 40; ausf *Hügel* § 2 Rz 34 ff); auf Ebene der in Österreich steueransässigen Anteilsinhaber stellt der Wegfall der Anteile an der übertragenden Gesellschaft gegen Gewährung von Anteilen an der übernehmenden Gesellschaft einen Anteilstausch iSd § 6 Z 14 EStG dar (UmgrStR Rz 40; s a EStR Rz 2588 ff).

- soweit die Verschmelzung nicht unter Art I fällt, weil das **Verstrickungserfordernis des § 1 Abs 2 S 1** nicht erfüllt ist, also insb bei Export-Verschmelzungen (s Rz 6 ff; UmgrStR Rz 388; *Hügel* § 5 Rz 38). Zu einer Besteuerung des Anteilstausches kann es wegen § 5 Abs 1 Z 3 jedoch nur dann kommen, wenn Anteilsinhaber in den EWR-Staaten ohne umfassende Amts- und Vollstreckungshilfe oder sonstigen **Drittstaaten** betroffen sind (s Rz 6 ff u 71 ff).

- wenn bei einer **Downstream-Verschmelzung** das österreichische Besteuerungsrecht hinsichtlich der durchgeschleusten Anteile eingeschränkt wird (§ 5 Abs 1 Z 4; UmgrStR Rz 388; dazu Rz 81 ff).

Darüber hinaus sieht § 5 Abs 1 Z 5 eine „Wegzugsbesteuerung" in sinngemäßer Anwendung des § 6 Z 6 EStG für den Fall vor, dass ausländischen Anteilsinhabern **eigene Aktien** der übernehmenden Gesellschaft gewährt werden (dazu Rz 96 ff).

32 Die Steuerneutralität des Anteilstausches wird jedoch nicht dadurch beeinträchtigt, dass die übertragende Körperschaft von der **Aufwertungsoption des § 2 Abs 2** Gebrauch macht (UmgrStR Rz 257 u Rz 405; *Schwarzinger/Wiesner* I/1[3] 219; *Bruckner* in W/H/M, HdU[1] I § 5 Rz 18; *Staringer* in W/H/M, HdU[1] Q2 Rz 31; *Hügel* § 5 Rz 38; *Mayr/Wellinger* in HB Sonderbilanzen II 48).

2. Besteuerungsfolgen
a) Tausch versus Liquidation

33 Kommt § 5 Abs 1 Z 1 nicht zur Anwendung, ergeben sich die **Steuerfolgen des Anteilstausches** aus dem allgemeinen Steuerrecht. Die konkrete **steuerrechtliche Einordnung** ist strittig, hat aber seit der Neuordnung der Kapitalertragsbesteuerung insb durch das **BudBG 2011** (BGBl I 2010/111) und das **AbgÄG 2011** (BGBl

I 2011/76) geringere praktische Konsequenzen (s Rz 38 ff u 41 ff). Folgende Ansichten lassen sich unterscheiden:

aa) Tausch auf Anteilsinhaberebene

Die wohl **hA** trennt nach dem Konzept des UmgrStG die Ebene der Anteilsinhaber 34 von der Ebene der verschmelzenden Körperschaften: Während das Vermögen direkt zwischen übertragender und übernehmender Körperschaft – und nicht über den Umweg der Anteilsinhaber – übergehe und dies durch §§ 19, 20 KStG erfasst werde (s § 2 Rz 11 ff), sei der Anteilstausch auf Anteilsinhaberebene steuerrechtlich als **Tausch iSd § 6 Z 14 EStG** zu qualifizieren, der für jeden Tauschpartner sowohl eine Anschaffung als auch eine Veräußerung von Anteilen bedeute und auch nach den Tauschgrundsätzen des § 6 Z 14 EStG zu beurteilen sei (s zB *Staringer*, Einlagen 174 ff; *Hirschler* in FS Werilly 160; *Bruckner* in W/H/M, HdU[1] I § 5 Rz 15 u Rz 27 ff; *Hirschler* in Bertl ua, Gründung 163; *Hohenwarter*, RdW 2007/595, 568; *Hohenwarter* in *Bertl ua*, Sonderbilanzen 265 ff; *Hügel* § 5 Rz 39 ff; *Strimitzer/ Wurm* in T/W, EU-VerschG[2] SteuerR Rz 52). Diese Sichtweise liegt offenbar auch § **5 Abs 1 Z 1** („gilt nicht als Tausch") zu Grunde (ErlRV 266 BlgNR 18. GP, 15 ff; s a *Bruckner* in W/H/M, HdU[1] I § 4 Rz 16) und wird auch durch den Verweis auf § 6 Z 14 EStG in **§ 5 Abs 1 Z 4** bestätigt (*Hügel* § 5 Rz 39).

bb) Doppelmaßnahme

Die **Gegenansicht** zerlegt hingegen – iS einer **Doppelmaßnahme** – den Anteil- 35 stausch in eine der **Liquidationsbesteuerung nach § 20 KStG** unterliegende (gedankliche) Verteilung des Vermögens der übertragenden Körperschaft an ihre Anteilsinhaber (Sachauskehr) und eine **anschließende Einlage iSd § 4 Abs 12 EStG** dieses Vermögens in die übernehmende Körperschaft (*Wiesner* in FS Helbich 230; *Kirchmayr*, Beteiligungserträge 188 ff; *Hristov* in Bertl ua, Sonderbilanzen 203 f; *Hristov*, Liquidation 268 f; *Zöchling/Puchner* in *Frotz/Kaufmann*[2], SteuerR Rz 2; *Mayr* in D/R I[11] Tz 1105; *Zöchling/Tüchler* in W/Z/H/K[5] § 1 Rz 3 u § 5 Rz 5; *Walter*[11] Rz 44; dazu krit *Hügel* § 5 Rz 39). Für diese Auslegung sprechen auch die Materialien zum AbgÄG 2004 (BGBl I 2004/180), wonach es bei fehlender Steuerneutralität des verschmelzungsbedingten Anteilstausches „(insoweit) zur Liquidationsbesteuerung der übertragenden Körperschaft und ihrer Anteilsinhaber zum Verschmelzungsstichtag" komme (ErlRV 686 BlgNR 22. GP, 21; ebenso ErlRV 43 BlgNR 23. GP, 26, zum BudBG 2007).

cc) Verwaltungspraxis

Die **Verwaltungspraxis** ist nicht eindeutig: Sie spricht einerseits von einem 36 „**Tausch**, der nach § 6 Z 14 EStG 1988 für jeden Tauschpartner eine **Anschaffung und eine Veräußerung** bewirkt" (UmgrStR Rz 257, Rz 263 u wohl a Rz 390), geht jedoch andererseits davon davon aus, dass „[a]uf Ebene der Anteilsinhaber der übertragenden (untergehenden) Gesellschaft [...] ein sämtliche Anteilsinhaber treffender Fall der **Liquidationsbesteuerung** vor[liegt], der **zusätzlich mit einem Tausch** der untergehenden Anteile gegen solche der übernehmenden Körperschaft verbunden ist" (UmgrStR Rz 402; dazu *Zöchling/Tüchler* in W/Z/H/K[5] § 1 Rz 3 u § 5 Rz 5). Diese – an die Liquidationsbesteuerung anschließende – Tauschbesteuerung soll sodann bei betrieblich gehaltenen Anteilen im Zeitpunkt der Firmenbucheintragung und bei privat gehaltenen Anteilen mit dem tatsächlichen Umtausch erfolgen (UmgrStR Rz 402; *Zöchling/Paterno* in W/Z/H/K[5] § 1 Rz 3).

37 Gegen die **Annahme einer Doppelmaßnahme** iS der letztgenannten Position der Verwaltungspraxis spricht freilich, dass diesfalls *in jedem Fall* eine Verstrickungseinschränkung auf Ebene des übertragenen Vermögens gem § 1 Abs 2 zu einer Liquidationsbesteuerung auch auf Ebene der Anteilseigner führen müsste, selbst wenn der – an die Liquidationsbesteuerung anschließende – **Anteilstausch nach § 5 Abs 1 Z 3 iVm Z 1 steuerneutral** wäre. Dieser Schluss wird aber auch von der Verwaltungspraxis nicht gezogen: So „unterbleibt" im „Falle einer gesellschaftsrechtlich abgeschlossenen Export-Verschmelzung auf eine wo immer ansässige übernehmende Körperschaft" „die Besteuerung für in der EU oder in Norwegen beziehungsweise (ab dem 1.1.2014) im Fürstentum Liechtenstein […] ansässige Anteilsinhaber" (UmgrStR Rz 404; s a *Zöchling/Haslinger*, RdW 2007/381, 370 m FN 10). Überdies würde eine Besteuerung auf Ebene der Anteilsinhaber wegen einer Entstrickung auf Gesellschaftsebene im Anwendungsbereich der FRL gegen deren Art 8 verstoßen (s Rz 10).

dd) Konsequenzen

38 Die **Konsequenzen der unterschiedlichen Auffassungen** zur dogmatischen Erfassung des Anteilstausches liegen insb auf Ebene der Bemessungsgrundlage und – vor der Neuordnung der Kapitaleinkünftebesteuerung durch das BudBG 2011 (BGBl I 2010/111) und das AbgÄG 2011 (BGBl I 2011/76) – in der steuerlichen Erfassbarkeit. Die **Bemessungsgrundlage** unterscheidet sich nach den beiden Denkmodellen deswegen, weil sie sich beim Tausch (zB nach § 6 Z 14 EStG) als Differenz zwischen dem Buchwert bzw den Anschaffungskosten einerseits und dem gemeinen Wert der aufgegebenen (hingegebenen) Anteile an der *übertragenden* Körperschaft andererseits ergibt, bei der Liquidationsbesteuerung aber der gemeine Wert der gewährten, in Anteilen der *übernehmenden* Körperschaft bestehenden Gegenleistung maßgeblich ist (s zB *Hristov*, Liquidation 268; s a *Staringer* in GedS Gassner 446 ff). Ungeachtet dieser Divergenz ging und geht die Verwaltungspraxis wohl – in Abkehr vom Gesetzestext und wohl aus Praktikabilitätsgründen (s *Staringer* in GedS Gassner 447) – ohnehin davon aus, dass sowohl im betrieblichen als auch im außerbetrieblichen Bereich generell der gemeine Wert der *hingegebenen* Anteile als Bewertungsmaßstab maßgeblich sein soll (UmgrStR Rz 390; *Hügel* § 5 Rz 52; s a *Staringer* in GedS Gassner 447; s weiters Rz 41). Hinsichtlich der **steuerlichen Erfassbarkeit** konnte es vor der Neuordnung der Kapitalvermögensbesteuerung überdies nur bei Annahme einer Doppelmaßnahme und einer Sachauskehr aufgrund des – unabhängig vom Beteiligungsausmaß anwendbaren – Liquidationstatbestandes § 31 Abs 2 Z 1 EStG idF vor BudBG 2011 (BGBl I 2010/111) auch bei außerbetrieblichen Beteiligungen, die unter dem 1%igen Beteiligungsausmaß des (früheren) § 31 Abs 1 EStG lagen, zur verschmelzungsbedingten Besteuerung kommen (s *Kirchmayr*, Beteiligungserträge 188 ff; *Zöchling/Tüchler* in W/Z/H/K[5] § 1 Rz 3 u § 5 Rz 5; s a *Hügel* § 5 Rz 39).

39 So wäre nämlich nach der **Rechtslage vor dem BudBG 2011** (BGBl I 2010/111) bei Annahme einer Doppelmaßnahme (Rz 35) durch den ersten gedanklichen Schritt der Liquidation sowohl im Betriebs- als auch im Privatvermögen stets eine Empfängerbesteuerung nach § 4 iVm § 6 Z 14 lit a EStG oder § 31 Abs 2 Z 1 EStG idF vor BudBG 2011 (BGBl I 2010/111) ausgelöst worden, während der zweite gedankliche Schritt der Einlage iSd § 6 Z 14 EStG angesichts der liquidationsbedingten Übereinstimmung von Buchwert bzw Anschaffungskosten mit dem gemeinen

Wert des übertragenen Vermögens im Ergebnis nicht steuerwirksam gewesen wäre (*Wiesner* in FS Helbich 230). Davon gingen wohl auch die Materialien zum EStG 1988 aus, die eine – vom Beteiligungsausmaß unabhängige – Steuerpflicht nach § 31 Abs 2 Z 1 EStG „auch bei der Verschmelzung [...] von Kapitalgesellschaften" annahmen, „sofern nicht die Liquidationsbesteuerung (§ 20 KStG 1988) unterbleibt" (ErlRV 621 BlgNR 17. GP, 82 f).

Nach der **Neuordnung der Besteuerung des Kapitalvermögens** durch das BudBG 2011 (BGBl I 2010/111) und das AbgÄG 2011 (BGBl I 2011/76) ist das Beteiligungsausmaß aber in Inlandsfällen auch im Privatvermögen ohnehin ohne Bedeutung (s Rz 41 f). **40**

b) Steuerfolgen nach dem BudBG 2011

Die Steuerrechtsfolgen des Anteilstausches ergeben sich für **unbeschränkt steuerpflichtige Anteilsinhaber** aus dem allgemeinen Steuerrecht, also im Betriebsvermögen aus den Gewinnermittlungsvorschriften und seit dem BudBG 2011 (BGBl I 2010/111) und dem AbgÄG 2011 (BGBl I 2011/76) im Privatvermögen aus **§ 27 EStG**, wobei für natürliche Personen sowohl im Betriebs- wie auch im Privatvermögen in § 27a EStG ein besonderer Steuersatz vorgesehen ist (27,5 % seit dem StRefG 2015/2016, BGBl I 2015/118; zuvor: 25 %). Ungeachtet der steuertheoretischen Einordnung des Anteilstausches besteht daher seit dem BudBG 2011 unabhängig vom Beteiligungsausmaß stets Steuerpflicht (*Mayr* in *D/R* I^{11} Tz 1105; *Walter*^{11} Rz 44). Bemessungsgrundlage ist nach hA (zB *Hirschler* in FS Werilly 160; *Bruckner* in *W/H/M*, HdU^1 I § 5 Rz 28; *Hügel* § 5 Rz 52) und wohl auch nach der Verwaltungspraxis (UmgrStR Rz 390; *Mayr* in *D/R* I^{11} Tz 1105) sowohl im betrieblichen als auch im außerbetrieblichen Bereich die Differenz zwischen den Anschaffungskosten bzw den Buchwerten und dem **gemeinen Wert der hingegebenen Anteile** (s a Rz 38). Hinsichtlich des **Umfangs der Besteuerung** des Anteilstausches ist bei bloß partieller Liquidationsbesteuerung nach § 1 Abs 2 auf das Verhältnis des Verkehrswertes des zu Buchwerten und des zu Liquidationswerten übertragenen Vermögens abzustellen (s § 1 Rz 197). Die Anschaffungskosten bzw Buchwerte der Abfindungsanteile erhöhen sich spiegelbildlich (*Mayr* in *D/R* I^{11} Tz 1105; *Walter*^{11} Rz 44). **41**

Für nach dem 31.12.2010 entgeltlich erworbene Kapitalanteile gelten §§ **27, 27a EStG** (iVm §§ 93 ff EStG) bei Veräußerungen ab dem 1.4.2012 (§ 124b Z 185 lit a TS 2 EStG; zur früheren Rechtslage s 1. Aufl § 5 Rz 43). Durch die Veräußerung von Kapitalanteilen, die nach dem 31.12.2010 entgeltlich erworben wurden, vor dem 1.4.2012 wurde stets ein Spekulationsgeschäft iSd § 30 EStG aF verwirklicht (§ 124b Z 184 TS 1 EStG). Auch Beteiligungen, die vor dem 1.1.2011 entgeltlich erworben wurden und zum 31.3.2012 die Voraussetzungen des § 31 EStG erfüllen, bleiben generell steuerhängig und wurden in das neue Regime „überführt"; Veräußerungen ab 1.4.2012 sind sodann nach § 27 Abs 3 bzw Abs 6 Z 2 EStG zu erfassen (§ 124b Z 185 lit a TS 1 EStG; *Schlager/Mayr* in *Kirchmayr/Mayr/Schlager*, Kapitalvermögen 12). Ein „**Bestandsschutz**" besteht lediglich, wenn *(1)* nicht unter § 31 EStG aF fallende Kapitalanteile vor dem 1.1.2011 entgeltlich erworben wurden (§ 124b Z 185 lit a TS 2 EStG); oder wenn *(2)* eine Beteiligung iSd § 31 EStG aF vor dem 1.1.2011 entgeltlich erworben wurde und das Beteiligungsausmaß vor dem 1.4.2011 auf weniger als ein Prozent absank, wobei diesfalls eine Steuerpflicht für realisierte Wertsteigerungen nach §§ 27 Abs 3, 27a EStG nur dann be- **42** steht, wenn die Beteiligung innerhalb der fünfjährigen Frist des § 31 Abs 1 EStG aF oder einer längeren umgründungssteuerlichen Frist veräußert wird (§ 124b Z 185 lit a TS 1 iVm lit b EStG); in diesem Fall besteht auch keine KESt-Abzugspflicht nach § 93 EStG (§ 124 Z 185 lit b EStG).

44 Im Hinblick auf nicht einer inländischen Betriebsstätte zugeordnete Anteile richtet sich bei **beschränkt steuerpflichtigen Anteilsinhabern** für ab dem 1.4.2012 verwirklichte Besteuerungstatbestände (s § 124b Z 184 EStG) die Steuerpflicht nach § 98 Abs 1 Z 5 lit e EStG idF BudBG 2011 (BGBl I 2010/111). Der beschränkten Steuerpflicht unterliegen demnach realisierte Wertsteigerungen aus Beteiligungen an einer Kapitalgesellschaft mit Sitz oder Geschäftsleitung im Inland, sofern der Anteilsinhaber qualifiziert, dh also „innerhalb der letzten fünf Kalenderjahre zu mindestens 1 % beteiligt" war (zur Anwendbarkeit dieser 1 %-Grenze auch im Liquidationsfall s Jakom[10]/*Marschner* § 98 Rz 97, u anders wohl *Vock* in *Kirchmayr/Mayr/Schlager*, Kapitalvermögen 426 f). Im Falle von nicht einer inländischen Betriebsstätte zugehörigen Beteiligungen ist das österreichische Besteuerungsrecht aber idR ohnehin durch dem Art 13 Abs 5 OECD-MA entsprechende Abkommensbestimmungen ausgeschlossen (s *Bruckner* in *W/H/M*, HdU[1] I § 5 Rz 30; *Hügel* § 5 Rz 50; s a Rz 8 u 75). Mangels Rückwirkung ist in **zeitlicher Hinsicht** die Eintragung der Verschmelzung im Firmenbuch maßgeblich (*Hügel* § 5 Rz 53; aA für Anteile im außerbetrieblichen Vermögen UmgrStR Rz 402: tatsächlicher Umtausch).

II. Identitätsfiktion und Rückwirkung (Abs 1 Z 1)
A. Identitätsfiktion (Abs 1 Z 1 S 1)
1. Unterdrückung der Tauschbesteuerung
a) „Identitätsfiktion"

51 Nach der Fiktion des § 5 Abs 1 Z 1 S 1 „gilt" der „Austausch von Anteilen an der übertragenden Körperschaft aufgrund der Verschmelzung [...] **nicht als Tausch**" und ist daher abweichend vom allgemeinen Steuerrecht weder Anschaffungs- noch Veräußerungsgeschäft (UmgrStR Rz 263; *Hügel* § 5 Rz 20). Aufgrund dieser **„Identitätsfiktion"** treten die neuen Anteile an Stelle der untergehenden Anteile und sind so zu behandeln, als wären sie mit ihnen identisch (UmgrStR Rz 263; *Strimitzer/Wurm* in *T/W*, EU-VerschG[2] SteuerR Rz 86). Damit sind alle Formen eines **verschmelzungsbedingten Anteilstausches** steuerneutral gestellt (s Rz 21 ff; zum Verlustübergang bei weggefallenen Anteilen s § 4 Rz 88 f). Auch alle **steuerlich maßgeblichen Fristen** laufen beim Anteilsinhaber unverändert und ohne Unterbrechung weiter (UmgrStR Rz 265; *Bruckner* in *W/H/M*, HdU[1] I § 5 Rz 22; *Zöchling/Puchner* in *Frotz/Kaufmann*[2], SteuerR Rz 18; *Zöchling/Tüchler* in *W/Z/H/K*[5] § 5 Rz 15; *Strimitzer/Wurm* in *T/W*, EU-VerschG[2] SteuerR Rz 63; s a Rz 106 f); ebenso werden Behaltezeiten der alten untergehenden Anteile bis zum Verschmelzungsstichtag eingerechnet (UmgrStR Rz 265). Daraus und aus § 5 Abs 2 folgt, dass verschmelzungsbedingt erworbene Abfindungsanteile nicht als neu erworbene Anteile iSd §§ 27, 27a EStG idF BudBG 2011 (BGBl I 2010/111), sondern als **„Altvermögen"** gelten, wenn die übertragenen bzw untergegangenen Anteile Altvermögen waren (UmgrStR Rz 265; EStR Rz 6103b; *Mayr* in *D/R* I[11] Tz 1145; *Walter*[11] Rz 133; s a Pkt 1.1.1.3 des Erlasses zur Besteuerung von Kapitalvermögen, BMF-010203/0107-IV/6/2012); dies wurde durch die **Neufassung des § 5 Abs 2** durch das **AbgÄG 2012** (BGBl I 2012/112) auch gesetzlich klargestellt (s Rz 106).

Verschmelzungsbedingt erworbene Anteile an der übernehmenden Körperschaft unterliegen damit auch dann dem **„Bestandsschutz"** des § 124b Z 185 lit a TS 2 idF BudBG 2011 (BGBl I 2010/111) und AbgÄG 2011 (BGBl I 2011/76), wenn die Anteile an der übertragenden Körperschaft vor dem 1.1.2011 entgeltlich erworben wurden und der Verschmelzungsstichtag nach dem 31.12.2010 liegt (s Rz 106; weiters zB *Wurm*, SWK 2012, 1531 ff; *Walter*[11] Rz 133; *Strimitzer/Wurm* in *T/W*, EU-VerschG[2] SteuerR Rz 85). Zur kapitalertragsteuerlichen Behandlung s die **Kapitalmaßnahmen-VO**, BGBl II 2011/322, und dazu zB *Wild*, ÖStZ 2013/846, 464 ff, u *Wild* in *Kirchmayr/Mayr*, Umgründungen 8 ff.   52

Auch **andere Steuerrechtsfolgen** einer Veräußerung treten nicht ein: Weder löst der verschmelzungsrechtliche Anteilstausch einen ertragsteuerlichen **Fristenlauf** aus (UmgrStR Rz 265; *Hügel* § 5 Rz 27), noch gilt er etwa bei Mitarbeiteraktien als **nachversteuerungsauslösende Übertragung** iSd § 3 Abs 1 Z 15 lit b EStG (UmgrStR Rz 265; BMF 4.9.1997, AÖF 1997/205 = ecolex 1997, 71 = RdW 1997, 700 = SWK 1997, S 706; *Bruckner* in *W/H/M*, HdU[1] § 5 Rz 22).   53

Offene Siebentelbeträge nach § 12 Abs 3 Z 2 KStG aus einer **Teilwertabschreibung auf die untergegangene Beteiligung** laufen unverändert weiter (s a *Bruckner* in *W/H/M*, HdU[1] § 5 Rz 54). Es kommt auch nicht zu einem Wegfall von Verlustvorträgen, die auf (abzugsfähigen) Teilwertabschreibungen der untergegangenen Beteiligung beruhen (Rz 130; § 4 Rz 7 und Rz 88; *Hügel* § 5 Rz 104).   54

2. Wertefortführung auf Ebene der Anteilsinhaber

Aufgrund der „Identitätsfiktion" sind die den Anteilsinhabern gewährten Anteile mit dem **Buchwert** bzw im außerbetrieblichen Bereich mit den **Anschaffungskosten** der untergehenden Anteile anzusetzen („**Wertfortführung auf Gesellschafterebene**"; UmgrStR Rz 263 u Rz 265; *Bruckner* in *W/H/M*, HdU[1] § 5 Rz 21 f; *Hügel* § 5 Rz 23); stille Reserven in den untergehenden Anteilen bleiben somit idealtypisch in den Abfindungsanteilen steuerverstrickt (*Schneider*, SWK 1992, A I 270). Dieses Prinzip gilt generell für steuerliche stille Reserven in den Anteilen, unabhängig davon, ob die stillen Reserven aus Wertzuwächsen seit Anschaffung, Abschreibungen ohne Zuschreibungspflicht oder steuerlichen Sonderbestimmungen – wie früher der Bewertungsreserve nach § 12 EStG oder nunmehr entsprechend bei **Zuschreibungsrücklagen** iSv § 124b Z 270 EStG – stammen (s § 3 Rz 20 f). Zuschreibungsrücklagen gem § 124b Z 270 EStG zu den untergehenden Anteilen an der übertragenden Körperschaft sind daher auf Ebene der Anteilsinhaber auf die Gegenleistungsanteile zu übertragen und entsprechend fortzuführen (§ 124b Z 270 lit a EStG) und evident zu halten (§ 124b Z 270 lit b EStG).   55

Die Identitätsfiktion bewirkt wohl auch, dass es neben einer Wertfortführung auf Ebene der Anteilsinhaber auch zu einer Fortführung der historischen Anschaffungskosten (und damit eines Zuschreibungspotentials) kommt (s a UFS 5.12.2012, RV/1387-W/06, zu § 5 Abs 5).

Die Buchwerte oder Anschaffungskosten der Abfindungsanteile sind gem § 43 Abs 2 **aufzuzeichnen und evident zu halten** (s § 43 Rz 6 ff; weiters zB UmgrStR Rz 265; *Hügel* § 5 Rz 24).

3. Erfasste Anteilsinhaber

56 § 5 Abs 1 Z 1 S 1 gilt – ungeachtet der Rückwirkungsfiktion des § 5 Abs 1 Z 1 S 2 (s Rz 57 ff) – nur für jene Anteilsinhaber, die im **Zeitpunkt der Eintragung der Verschmelzung** in das Firmenbuch (§ 225a Abs 3 AktG) an der übertragenden Gesellschaft beteiligt sind (ErlRV 43 BlgNR 23. GP, 25; *Bruckner* in *W/H/M*, HdU[1] I § 5 Rz 26; *Andreaus*, taxlex 2008, 421 f; *Hügel* § 5 Rz 36; *Zöchling/Tüchler* in *W/Z/H/K*[5] § 5 Rz 11; ebenso UmgrStR Rz 261 idF vor WE 2011; aA noch *Wiesner* in *Bertl*, Kauf und Verkauf 133: Zeitpunkt der Verschmelzungsbeschlüsse).

Ein **Anteilsinhaberwechsel** bei der übernehmenden oder übertragenden Körperschaft **nach dem Verschmelzungsstichtag** und vor der Eintragung in das Firmenbuch (zB vorbereitender Anteilserwerb) lässt die Anwendbarkeit des Art I unberührt und unterliegt dem allgemeinen Steuerrecht (s § 1 Rz 18).

B. Steuerrechtliche Rückwirkung (Abs 1 Z 1 S 2)

57 Seit dem **BudBG 2007** (BGBl I 2007/24) gelten nach **§ 5 Abs 1 Z 1 S 2** die „Anteile an der übernehmenden Körperschaft […] mit Beginn des dem Verschmelzungsstichtag folgenden Tages als erworben". Wenngleich der Wortlaut nur den Erwerb der „Anteile an der übernehmenden Gesellschaft" anspricht, ist § 5 Abs 1 Z 1 S 2 analog auf jene Verschmelzungen iSd Art I anwendbar, bei denen eine Gewährung von Abfindungsanteilen unterbleibt (*Hügel* § 5 Rz 35).

58 Bis zum **BudBG 2007** (BGBl I 2007/24) sah das Gesetz **keine steuerrechtliche Rückwirkung** für den Anteilstausch vor (s zB BMF 11.1.1999, SWK 1999, S 182 = RdW 1999, 119; für eine Rückwirkung bereits vor dem BudBG 2007 *Hügel* in *H/M/H* § 5 Rz 29 f u dazu krit *Bruckner* in *W/H/M*, HdU[1] I § 5 Rz 25). Zuvor ging der Gesetzgeber aufgrund der Identitätsfiktion offenbar davon aus, dass eine Regelung entbehrlich sei (ErlRV 43 BlgNR 23. GP, 25). Allerdings wurden schon vor dem BudBG 2007 in der Verwaltungspraxis bei **Downstream-Verschmelzungen** die durchgeschleusten Anteile als rückwirkend erworben angesehen (UmgrStR Rz 262 idF vor WE 2011; BMF 11.1.1999, SWK 1999, S 182 = RdW 1999, 119; s a ErlRV 43 BlgNR 23. GP, 25; *Bruckner* in *W/H/M*, HdU[1] I § 5 Rz 24; *Zöchling/Haslinger*, RdW 2007/381, 370). Durch die explizite Aufnahme einer Rückwirkungsfiktion in § 5 Abs 1 Z 1 S 2 durch das BudBG 2007 sollte daher „eine **einheitliche Regelung** geschaffen werden, die etwa bei der Gruppenbesteuerung im Sinne des § 9 KStG 1988 unerwünschte Erschwernisse beseitigen kann" (ErlRV 43 BlgNR 23. GP, 25; dazu zB *Mayr/Petrag/Schlager*, RdW 2012/63, 56 ff). Die Rückwirkungsfiktion gilt für alle Verschmelzungen, denen ein **Stichtag nach dem 31.12.2006** zu Grunde liegt (3. Teil Z 12; *Zöchling/Tüchler* in *W/Z/H/K*[5] § 5 Rz 17 f).

59 Die Rückwirkung führt nach der Verwaltungspraxis **nicht zu einer rückwirkenden „Anschaffung"** (s ausf *Strimitzer/Wurm* in *T/W*, EU-VerschG[2] SteuerR Rz 84), etwa für Zwecke der Bestimmung des Anschaffungszeitpunkts (§ 5 Abs 2, s Rz 51 und 106) der Firmenwertabschreibung nach § 9 Abs 7 KStG (UmgrStR Rz 351; *Mayr/Petrag/Schlager*, RdW 2012/63, 57; aA *Sulz/Oberkleiner*, SWK 2009,

S 659 f) oder der Optionsausübung nach § 10 Abs 3 KStG (s Rz 149). Sie betrifft aber zB Fragen des **Zeitpunkts der Gewinnrealisierung** (zB bei § 5 Abs 1 Z 4, § 5 Abs 1 Z 5 und § 6 Abs 3), des **Bewertungsstichtags** (zB bei § 5 Abs 5 und § 5 Abs 7) und des **Fristenlaufes** bei Besitzfristen (s *Hügel* § 5 Rz 33 u Rz 35). Sie ist zudem relevant für den **Zeitpunkt der Herstellung der finanziellen Verbindung** nach § 9 Abs 4 KStG (s a UmgrStR Rz 262 u 349b; *Zöchling/Haslinger*, RdW 2007/381, 370; *Wiesner/Mayr*, RdW 2007/447, 437; *Sulz/Oberkleiner*, SWK 2009, S 658; *Zöchling/Tüchler* in W/Z/H/K[5] § 5 Rz 18 u § 6 Rz 29), wobei die Verwaltungspraxis zudem darauf abstellt, dass die Beteiligung an der übertragenden Körperschaft auch tatsächlich spätestens am Folgetag des Verschmelzungsstichtags angeschafft wurde, da nur dann durchgehend eine Beteiligung an übertragender und übernehmender Körperschaft gegeben sei (UmgrStR Rz 262; krit *Hirschler*, taxlex 2012, 12).

III. Zuzahlungen (Abs 1 Z 2)

A. Regelungsinhalt

Nach § 5 Abs 1 Z 2 kürzen „**Zuzahlungen** auf Grund gesellschaftsrechtlicher Vorschriften […] die Anschaffungskosten oder Buchwerte". Zuzahlungen „auf Grund gesellschaftsrechtlicher Vorschriften" sind insb „**bare Zuzahlungen**" nach **§ 224 Abs 5 AktG** (davon zu unterscheiden sind sog Abstandszahlungen der Anteilsinhaber der übernehmenden Gesellschaft oder durch Dritte als Gegenleistung für einen Verzicht der Anteilsinhaber der übertragenden Gesellschaft auf eine Gegenleistung gem § 224 Abs 2 Z 2 AkG; s Rz 135). **61**

Werden im Zuge einer Konzentrationsverschmelzung neue Anteile gewährt und entspricht das Wertverhältnis der verschmolzenen Gesellschaftsanteile nicht exakt dem gewünschten Beteiligungsverhältnis, ist es gesellschaftsrechtlich nach **§ 224 Abs 5 AktG** möglich, dass die übernehmende Körperschaft bare Zuzahlungen bis zu 10 % des Gesamtnennbetrages der gewährten Gesellschaftsanteile leistet („**Spitzenausgleich**"; UmgrStR Rz 266; *Hügel* § 5 Rz 72; *Zöchling/Tüchler* in W/Z/H/K[5] § 5 Rz 19; für Details s *Szep* in *Jabornegg/Strasser*, AktG II[5] § 224 Rz 23, u *Kalss*[2] § 224 AktG Rz 35 ff). Diese 10 %-Grenze findet sich für Fusionen auch in **Art 2 lit a FRL**. Zuzahlungen „auf Grund gesellschaftsrechtlicher Vorschriften" iSd § 5 Abs Z 2 können – ohne eine betragliche Begrenzung – über Antrag auch bei unangemessenen Umtauschverhältnissen nach **§ 225c AktG** gerichtlich angeordnet werden (UmgrStR Rz 266; s a *Hügel* § 5 Rz 74; *Zöchling/Tüchler* in W/Z/H/K[5] § 5 Rz 19). Schließlich sind nach der Regelung des **Art 20 Abs 1 lit b SE-VO** (VO (EG) 2157/2001) über den Verschmelzungsplan für die SE-Gründungs-Verschmelzung „**Ausgleichsleistungen**" zulässig, die allerdings nicht der 10 %-Grenze des § 224 Abs 5 AktG unterliegen (*Hügel* § 5 Rz 73). Ob diese „Ausgleichsleistungen" nur bare oder aber auch unbare Komponenten enthalten können, entscheidet sich nach hA auf Basis des nationalen Verschmelzungsrechts (s zB *Casper* in *Spindler/Stilz*, AktG[2] Art 20 Rz 8 mwN; aA *Hügel* in *Kalss/Hügel* § 17 SEG Rz 13, u *Hügel* § 5 Rz 73, der von einer europarechtlichen Kompetenznorm für unbare Zuzahlungen ausgeht). Soweit unbare „Zuzahlungen" zulässig sind, wird für § 5 Abs 1 Z 2 vertreten, dass zwar Sachleistungen nicht erfasst (sondern gewinnrealisierend) sind, wohl aber in Schuldverschreibungen verbriefte, nicht sofort fällige „Zuzahlungen" (so *Hügel* § 5 Rz 73). Zu „baren Zuzahlungen" iSd § 5 Abs 1 Z 2 kann es auch **aufgrund ausländischer gesellschaftsrechtlicher Vorschriften** kommen (*Bruckner* in W/H/M, HdU[1] I § 5 Rz 33; s zur Vergleichbarkeit der Auslandsverschmelzung **62**

§ 1 Rz 65). Nicht unter § 5 Abs 1 Z 2 fallen **Barabfindungen bei Austritt eines Gesellschafters** (s § 6 Rz 31 f; s a *Hügel* § 5 Rz 76; *Kirchmayr/Rieder*, RdW 2016/576, 778). Bei der **Barabfindung von Substanzgenussrechten** gem §§ 220 Abs 2 Z 6, 226 Abs 3 AktG wird ebenfalls von der Nichtanwendbarkeit des § 5 Abs 1 Z 2 ausgegangen, sodass es – wie nach früherem Recht (*Hügel* in H/M/H § 5 Rz 5 u Rz 52) – zu einer gewinnrealisierenden Veräußerung kommt (*Hügel* § 5 Rz 10 u Rz 75; s a *Schragl* in HB Genussrechte[2] 289 ff; *Kirchmayr/Rieder*, RdW 2016/576, 778).

B. Behandlung beim empfangenden Anteilsinhaber

63 Beim Empfänger **vermindern** diese Zuzahlungen nach § 5 Abs 1 Z 2 die Anschaffungskosten bzw Buchwerte der Anteile (UmgrStR Rz 267; *Hügel* § 5 Rz 81). Übersteigen Zuzahlungen die Anschaffungskosten bzw Buchwerte, sind die **negativen Anschaffungskosten bzw Buchwerte** anzusetzen (ErlRV 59 BlgNR 22. GP, 276; UmgrStR Rz 267; *Christiner/Wiesner*, RWZ 2003/54, 195; *Hügel* § 5 Rz 71; *Zöchling/Tüchler* in W/Z/H/K[5] § 5 Rz 20); diese sind nach § 43 Abs 2 in Evidenz zu nehmen (UmgrStR Rz 267; *Christiner/Wiesner*, RWZ 2003/54, 195). § 5 Abs 1 Z 2 bewirkt damit keine Steuerbefreiung, sondern einen Steueraufschub, zumal die Kürzung der Anschaffungskosten bzw Buchwerte zur Übertragung einer **zusätzlichen stillen Reserve** in Höhe der Zuzahlung auf die Abfindungsanteile führt (*Christiner/Wiesner*, RWZ 2003/54, 195; *Hügel* § 5 Rz 78). Die Steuerwirksamkeit der späteren Realisierung dieser stillen Reserve richtet sich nach dem allgemeinen Steuerrecht; es kommt also zur Ertragsteuerpflicht, wenn die gewährten Anteile zum Betriebsvermögen gehören oder der Tatbestand des § 27 Abs 3 EStG erfüllt ist (UmgrStR Rz 267).

64 Nach der **Stammfassung** galten nach § 1 Abs 1 S 2 „Zuzahlungen aufgrund handelsrechtlicher Vorschriften […] beim Empfänger als Veräußerungsentgelt" und führten damit zu einer steuerrechtlichen Gewinnrealisierung (s dazu un ent sprechenden Streitfragen *Hügel*, ecolex 1991, 808; *Hügel* in H/M/H § 5 Rz 57; *Bruckner* in W/H/M, HdU[1] I § 5 Rz 34 f). Durch das **BudBG 2003** (BGBl I 2003/71) wurde sodann zur Herstellung eines Gleichklangs mit § 36 Abs 2 Z 1 die heute gültige Rechtslage (damals in § 5 Abs 1 S 2) geschaffen (ErlRV 59 BlgNR 22. GP, 276; für Stichtage nach 30.12.2002, s 3. Teil Z 8). Sowohl die frühere als auch die heutige Rechtslage entsprachen bzw entsprechen dem Unionsrecht: **Art 8 Abs 9 FRL** stellt es den Mitgliedstaaten frei, „eine bare Zuzahlung aufgrund einer Fusion […] an die Gesellschafter zu besteuern".

65 **Ausgaben**, die im Zusammenhang mit der Gewährung der Zuzahlungen bei den empfangenden Gesellschaftern anfallen (zB Kosten für die gerichtliche Geltendmachung, Beratungskosten), können wegen der Wertefortführung nach § 5 Abs 1 Z 1 **nicht aktiviert** werden (*Hügel* § 5 Rz 82) und nach der Verwaltungspraxis auch **nicht sofort als Abzugsposten** (Betriebsausgaben oder Werbungskosten) geltend gemacht werden (UmgrStR Rz 268). Sie sind aber iRd **Ermittlung der Einkünfte** bei der späteren Veräußerung der Anteile zu berücksichtigen (UmgrStR Rz 268; *Hügel* § 5 Rz 82).

C. Behandlung bei der übernehmenden Körperschaft

66 Nach der Verwaltungspraxis sind die getätigten baren Zuzahlungen der übernehmenden Körperschaft „als ein **gesellschaftsrechtlich veranlasster Teil der Gegen-**

leistung für die Übernahme des Vermögens der übertragenden Körperschaft nicht abzugsfähig" (UmgrStR Rz 269; krit *Bruckner* in *W/H/M*, HdU¹ I § 5 Rz 36; *Hügel* § 3 Rz 110 iVm § 5 Rz 83).

Das Schrifttum erwägt demgegenüber zu Recht eine **anteilige Aktivierung** auf das übergehende Vermögen mit der Konsequenz höherer Abschreibungen (so *Hügel* in *H/M/H* § 5 Rz 59; *Bruckner* in *W/H/M*, HdU¹ I § 5 Rz 36) oder möchte den **sofortigen Abzug** barer Zuzahlungen als Betriebsausgabe zulassen (so *Schneider*, SWK 1992, A I 270; ausf *Hügel* § 3 Rz 110).

IV. Steuerneutralität des EU- bzw EWR-Anteilstausches (Abs 1 Z 3)
A. Regelungsinhalt

Die Steuerneutralität auf Gesellschafterebene knüpft nach § 1 Abs 3 iVm § 5 an die Steuerverstrickung des übertragenen Gesellschaftsvermögens an (Rz 6 ff). Der durch das AbgÄG 2004 (BGBl I 2004/180) geschaffene § 5 Abs 1 Z 3 **durchbricht** – wenngleich systematisch missglückt (Rz 72) – **diese Verknüpfung** für EU- und qualifizierte EWR-Anteilsinhaber: Soweit es „auf Grund der Verschmelzung" zu einer Verstrickungseinschränkung nach § 1 Abs 2 S 1 hinsichtlich des übertragenen Vermögens kommt, „gilt Z 1 auch für Anteilsinhaber, die in einem **Staat des EU/EWR-Raumes mit umfassender Amts- und Vollstreckungshilfe** ansässig sind". Die durch § 5 Abs 1 Z 3 angeordnete Anwendbarkeit der „Z 1" erstreckt sich sowohl auf die **Identitätsfiktion** nach § 5 Abs 1 Z 1 S 1 als auch auf die **steuerliche Rückwirkung** nach § 5 Abs 1 Z 1 S 2 (*Hügel* § 5 Rz 37). Diese unbedingte Steuerneutralität des Anteilstausches nach § 5 Abs 1 Z 3 iVm Z 1 besteht unabhängig von der Ursache der Verstrickungseinschränkung auf Gesellschaftsebene und ungeachtet der Frage, ob ein Steueraufschub nach § 1 Abs 2 S 2 bis 7 beantragt wurde (*Schindler*, IStR 2004, 714; *Zöchling/Puchner* in *Frotz/Kaufmann*², SteuerR Rz 54; *Hügel* § 5 Rz 28). Umgekehrt bezieht sich § 5 Abs 1 Z 3 lediglich auf § 5 Abs 1 Z 1, sodass es nach dem Wortlaut hinsichtlich der **übrigen Regelungen des § 5** bei deren Nichtanwendbarkeit bleibt (*Hügel* § 5 Rz 3; krit *Hirschler/Sulz/Zöchling* in GedS Helbich 175), wenngleich eine analoge Anwendung – zumindest – für § 5 Abs 2 möglich scheint (s Rz 9). **71**

Die heutige Bestimmung des § 5 Abs 1 Z 3 wurde durch das **AbgÄG 2004** (BGBl I 2004/180) eingefügt (als § 5 Abs 1 S 2). Da bei einer Verstrickungseinschränkung auf Ebene des übertragenen Vermögens selbst bei beantragtem Besteuerungsaufschub mangels Übertragung der Anteile in das Ausland kein dem § 6 Z 6 bzw – damals – § 31 EStG entsprechendes Hinausschieben der Besteuerung auf Ebene der Gesellschaftsanteile erfolgen konnte, sollte „für im Inland und im EU- bzw. EWR-Raum ansässige Anteilsinhaber die (anteilige) Besteuerung unterbleiben" (ErlRV 686 BlgNR 22. GP, 21). Das AbgÄG 2004 sah die Steuerneutralität auf Anteilsebene jedoch beschränkt auf jene Fälle vor, in denen eine Verstrickungseinschränkung „hinsichtlich des übertragenen Vermögens auf Grund der Verschmelzung auf eine in § 1 Abs. 2 zweiter Satz genannte Gesellschaft" erfolgte. Durch das **BudBG 2007** (BGBl I 2007/24) wurde schließlich der heutige § 5 Abs 1 Z 3 geschaffen, wobei – ohne Begründung in den Gesetzesmaterialien (ErlRV 43 BlgNR 23. GP, 25 f) – im Wortlaut die Einschränkung entfiel, dass die Verschmelzung auf die in § 1 Abs 2 S 2 genannten EU- oder EWR-Gesellschaften erfolgen müsse. Damit sind nunmehr zweifelsfrei auch Verschmelzungen auf übernehmende Gesellschaften in **72**

Drittstaaten erfasst (Rz 76; so bereits zur Fassung vor dem BudBG 2007 zB *Zöchling/Haslinger*, RdW 2007/381, 370 f; *Zöchling/Puchner* in *Frotz/Kaufmann*[2], SteuerR Rz 54 m FN 184; *Zöchling/Tüchler* in *W/Z/H/K*[5] § 5 Rz 22). Das **AbgÄG 2015** (BGBl I 2015/163) hat sodann lediglich die Änderung des § 1 Abs 2 (s § 1 Rz 141 ff) insofern nachvollzogen, als nicht mehr auf diese Bestimmung verwiesen wird, sondern die „begünstigten" Staaten („Staat des EU/EWR-Raumes mit umfassender Amts- und Vollstreckungshilfe") nunmehr ausdrücklich in § 5 Abs 1 Z 3 genannt werden; eine inhaltliche Änderung geht damit nicht einher (ErlRV 896 BlgNR 25. GP, 12).

§ 5 Abs 1 Z 3 erscheint **systematisch deplaziert**: Tritt nämlich auf Ebene des übertragenen Gesellschaftsvermögens eine Steuerentstrickung nach § 1 Abs 2 ein, wären (insoweit) auch §§ 2 bis 6 nicht anzuwenden (§ 1 Rz 191 ff). Man käme daher im Falle einer Entstrickung im Interpretationsprozess gar nicht so weit, § 5 (und die Verknüpfungsdurchbrechung in dessen Abs 1 Z 3) überhaupt zu „lesen". Nach Wortlaut und Systematik könnte diese Bestimmung daher nicht zur Anwendung kommen. Diese Hürde kann freilich durch eine teleologische und historische Interpretation genommen werden. Systematisch wäre die Anordnung des § 5 Abs 1 Z 3 aber besser in § 1 oder § 6 Z 14 EStG aufgehoben.

B. Erfasste Anteilsinhaber

73 Durch den Verweis auf **„Anteilsinhaber, die in einem Staat des EU/EWR-Raumes mit umfassender Amts- und Vollstreckungshilfe ansässig sind"**, erfasst § 5 Abs 1 Z 3 Anteilsinhaber, die in einem EU-Mitgliedstaat oder EWR-Mitgliedstaat, mit dem eine umfassende Amts- und Vollstreckungshilfe besteht, ansässig sind; seit 2017 besteht mit sämtlichen EWR-Staaten (Island, Liechtenstein und Norwegen) eine solche umfassende Amts- und Vollstreckungshilfe (§ 1 Rz 154). Da auch Österreich als EU-Mitgliedstaat von dieser Definition erfasst ist, kommt es nach § 5 Abs 1 Z 3 insb auch bei **inländischen Anteilsinhabern** stets zu einem steuerneutralen Anteilstausch (ErlRV 686 BlgNR 22. GP, 21; UmgrStR Rz 264 iVm Rz 158; *Wiesner/Mayr*, RdW 2007/447, 437; ebenso iE *Hügel* § 5 Rz 29).

74 Nicht näher determiniert wird in § 5 Abs 1 Z 3, wann ein Anteilsinhaber in einem EU- oder EWR-Staat **„ansässig"** ist (s a *Hügel* § 5 Rz 29; ferner *Kofler/Tumpel* in *Achatz/Kirchmayr* § 21 Tz 160, zu § 21 Abs 1 Z 1a KStG). Dies könnte einerseits auf eine einfache Anknüpfung an die **unbeschränkte Steuerpflicht im Ausland** hinweisen, andererseits darüber hinaus darauf, dass die unbeschränkte Ansässigkeit nicht außerhalb der in § 1 Abs 2 definierten Staaten liegen darf. Für das Erfordernis auch der **abkommensrechtlichen Ansässigkeit** im EU-Raum bzw qualifizierten EWR spricht sowohl der unionsrechtliche Hintergrund der Regelung als auch der Umstand, dass § 1 Abs 2 offenbar davon ausgeht, dass der Steuerpflichtige mit seinem Welteinkommen in zumindest einem der in § 1 Abs 2 definierten Staaten steuerlich erfasst wird (s Art 4 Tz 8.2 OECD-MK). Für diese Auslegung spricht letztlich auch das Abstellen des § 1 Abs 2 auf das Bestehen von (abkommensrechtlicher) Amts- und Vollstreckungshilfe: Zwar sind Vorschriften nach dem Vorbild sowohl von Art 26 als auch von Art 27 OECD-MA unabhängig davon anwendbar, ob der Steuerpflichtige in einem der beiden Vertragsstaaten abkommensrechtlich ansässig ist (s Art 26 Abs 1 S 2 OECD-MA u zB *Engelschalk* in *Vogel/Lehner*, DBA[5] Art 26 Rz 57 u Art 27 Rz 20); allerdings basiert § 1 Abs 2 wohl auf der Prämisse, dass der andere Staat die benötigten Informationen aufgrund der dortigen abkommens-

rechtlichen Ansässigkeit des Steuerpflichtigen auch tatsächlich zur Verfügung stellen bzw Abgabenansprüche auch tatsächlich vollstrecken kann.

Die Verknüpfung zwischen der Verstrickung auf Vermögensebene und der Steuerneutralität des Anteilstausches ist damit nur für Anteilsinhaber in **Drittstaaten** relevant (Rz 8), zumal seit 2017 mit sämtlichen EWR-Staaten (Island, Liechtenstein und Norwegen) umfassende Amts- und Vollstreckungshilfe besteht (§ 1 Rz 154). Ob Österreich in diesen Fällen seinen innerstaatlichen Besteuerungsanspruch nach § 98 Abs 1 Z 5 lit e EStG idF BudBG 2011 (BGBl I 2010/111) bzw – früher – § 98 Abs 1 Z 8 EStG durchsetzen kann, richtet sich nach dem **jeweiligen DBA** (s Rz 8 u Rz 44; *Kauba*, RdW 2005/333, 327 f; *Zöchling/Tüchler* in *W/Z/H/K*[5] § 5 Rz 23; *Walter*[11] Rz 133a; s a *Hügel* § 5 Rz 29), wobei die verschmelzungsbedingte Vermögensübertragung eine Veräußerung iSd **Art 13 OECD-MA** darstellt (*Bruckner* in *W/H/M*, HdU[1] § 5 Rz 30; *Hohenwarter*, RdW 2007/595, 571; *Hohenwarter* in *Bertl ua*, Sonderbilanzen 267 ff; *Zöchling/Puchner* in *Frotz/Kaufmann*[2], SteuerR Rz 55). Eine Steuerneutralität lässt sich für Verschmelzungen im Anwendungsbereich der FRL jedoch nach hA auch für in Drittstaaten ansässige Anteilsinhaber aus **Art 8 Abs 1 und 4 FRL** ableiten (Rz 10). Bei partieller Steuerpflicht ist auf das Verhältnis der Verkehrswerte des zu Buchwerten und des zu Liquidationswerten übertragenen Vermögens abzustellen (s § 1 Rz 197).

75

C. Erfasste Verschmelzungen

§ 5 Abs 1 Z 3 knüpft an eine Verstrickungseinschränkung nach § 1 Abs 2 S 1 hinsichtlich des übertragenen Vermögens „**auf Grund der Verschmelzung**" an. Es ist daher – spätestens seit dem BudBG 2007 (s Rz 72) – irrelevant, ob die übernehmende Körperschaft in einem **EU-, EWR- oder Drittstaat** steueransässig ist (UmgrStR 404; *Zöchling/Haslinger*, RdW 2007/381, 370 f; *Hügel* § 5 Rz 30; *Zöchling/Tüchler* in *W/Z/H/K*[5] § 5 Rz 22). Erfasst sind somit aber auch entstrickende Verschmelzungen auf **inländische steuerbefreite Körperschaften** (dazu § 1 Rz 102; ebenso *Hügel* § 5 Rz 30).

76

V. Verstrickungseinschränkung bei Downstream-Verschmelzung (Abs 1 Z 4)

A. Regelungsinhalt

§ 5 Abs 1 Z 4 S 1 ordnet die Anwendung einer Entstrickungsbesteuerung mit Rückwirkungsfiktion insoweit an, als „das Besteuerungsrecht der Republik Österreich hinsichtlich der Anteile der übertragenden Körperschaft an der übernehmenden Körperschaft auf Grund des Austausches eingeschränkt wird". Regelungsgegenstand ist damit eine **Verstrickungseinschränkung an den übertragenen („durchgeschleusten") Anteilen iRe Downstream-Verschmelzung**. § 5 Abs 1 Z 4 setzt die Anwendbarkeit des Art 1 voraus und betrifft damit nur jene Fälle, in denen nicht bereits eine Verstrickungseinschränkung auf Ebene des übertragenen Vermögens nach § 1 Abs 2 eintritt (s ErlRV 43 BlgNR 23. GP, 26; s a *Hügel* § 5 Rz 65). Im Fall einer Verstrickungseinschränkung auf Ebene der Anteile sind diese seit dem **AbgÄG 2015** (BGBl I 2015/163) für nach dem 31.12.2015 beschlossene Verschmelzungen bei der übernehmenden Körperschaft „mit den nach § 6 Z 6 lit. a des Einkommensteuergesetzes 1988 maßgebenden Werten anzusetzen, wobei § 6 Z 6 lit. c bis e des Einkommensteuergesetzes 1988 sinngemäß anzuwenden sind". Die „weg-

81

ziehenden" Anteile unterliegen also bei der Tochtergesellschaft der **Entstrickungsbesteuerung unter Ansatz des Fremdvergleichswertes (§ 6 Z 6 lit a EStG)**, wobei sie insoweit einen **Antrag auf Ratenzahlung** stellen kann, als ihre Anteile an Gesellschafter herausgegeben werden, die in einem **EU/EWR-Staat mit umfassender Amts- und Vollstreckungshilfe** ansässig sind (§ 6 Z 6 lit c bis e EStG; s a *Walter*[11] Rz 133d). Damit wurde durch das AbgÄG 2015 auch § 5 Abs 1 Z 4 an die allgemeine **Neuordnung der Entstrickungsbesteuerung** im Ertragsteuerrecht angepasst (s § 1 Rz 141 ff; zuvor war noch die Anwendung der Tauschgrundsätze des § 6 Z 14 lit a EStG und die sinngemäße Anwendung des antragsgebundenen **Nichtfestsetzungskonzepts** angeordnet (4. Aufl Rz 81 ff u 90; s a ErlRV 896 BlgNR 25. GP, 12, zum AbgÄG 2015).

82   § 5 Abs 1 Z 4 geht in seinem Anwendungsbereich systematisch der Regelung des **§ 5 Abs 1 Z 5** vor, obwohl auch bei der Anteilsdurchschleusung im Rahmen einer Downstream-Verschmelzung (s § 1 Rz 27) die übernehmende Körperschaft nach § 224 Abs 3 AktG im Wege der Gesamtrechtsnachfolge „eigene Aktien" erwirbt und gewährt und damit bei ausländischen Anteilsinhabern der Wortlaut des § 5 Abs 1 Z 5 erfüllt wäre (dazu *Szep* in *Jabornegg/Strasser*, AktG II[5] § 224 Rz 20; *Kalss*[2] § 224 AktG Rz 32; s a *Zöchling/Puchner* in *Frotz/Kaufmann*[2], SteuerR Rz 18). § 5 Abs 1 Z 5 wird damit auf jene Fälle einzuschränken sein, in denen die eigenen Anteile nicht verschmelzungsbedingt erworben wurden. § 5 Abs 1 Z 5 bleibt somit im Falle einer Downstream-Verschmelzung anwendbar, soweit die übernehmende Körperschaft eigene Anteile auskehrt, bei denen es sich nicht um „Anteile der übertragenden Körperschaft an der übernehmenden Körperschaft" handelt (s Rz 96).

83   § 5 Abs 1 Z 4 wurde zunächst durch das **BudBG 2007** (BGBl I 2007/24) in das UmgrStG eingefügt (für Stichtage nach dem 31.12.2006, s 3. Teil Z 12). Das Gesetz sah damals eine Tauschgewinnbesteuerung und die sinngemäße Anwendung des antragsgebundenen Nichtfestsetzungskonzepts vor (4. Aufl Rz 81 ff), wenn eine Einschränkung des Besteuerungsrechts „an den Anteilen der übertragenden Körperschaft auf Grund des Austausches" erfolgte. Angesichts der Unklarheit des Gesetzeswortlautes und der Erläuterungen (ErlRV 43 BlgNR 23. GP, 26) war str, ob sich § 5 Abs 1 Z 4 generell auf eine Einschränkung des Besteuerungsrechts „an den Anteilen der übertragenden Körperschaft", *die von den Anteilsinhabern gehalten werden*, oder spezifisch auf eine Einschränkung des Besteuerungsrechts „an den Anteilen der übertragenden Körperschaft" *an der übernehmenden Körperschaft* (und damit ausschließlich auf den Fall der Downstream-Verschmelzung) bezog (s zu dieser Diskussion *Wiesner/Mayr*, RdW 2007/447, 438; *Zöchling/Haslinger*, RdW 2007/381, 371 ff; *Hohenwarter*, RdW 2007/595, 573 f; *Zöchling/Tüchler* in *W/Z/H/K*[5] § 5 Rz 25). Das **AbgSiG 2007** (BGBl I 2007/99) stellte die Rechtslage sodann ohne besondere Inkrafttretensbestimmung iS einer spezifischen Erfassung der Downstream-Verschmelzung klar: Die missverständliche Wortfolge „an den Anteilen der übertragenden Körperschaft" wurde durch die Wortfolge „hinsichtlich der Anteile der übertragenden Körperschaft an der übernehmenden Körperschaft" ersetzt (s zuvor den Textvorschlag von *Hohenwarter*, RdW 2007/595, 573). Die Materialien wiesen lediglich darauf hin, dass § 5 Abs 1 Z 4 dadurch „inhaltlich unverändert" bleibe, „aber sprachlich klarer gefasst werden" sollte (ErlRV 270 BlgNR 23. GP, 11). Die durch das AbgSiG 2007 klargestellte Rechtslage ist für Stichtage nach dem 31.12.2006 anzuwenden. Durch das **AbgÄG 2015** (BGBl I 2015/163) erfolgte eine Anpassung des § 5 Abs 1 Z 4 an die allgemeine Neuordnung der Ent-

strickungsbesteuerung im Ertragsteuerrecht und im Falle der Verstrickungseinschränkung an den „durchgeschleusten" Anteilen iRe Downstream-Verschmelzung wurde eine **Entstrickung zum Fremdvergleichswert unter sinngemäßer Anwendung des Ratenzahlungskonzepts** angeordnet (ErlRV 896 BlgNR 25. GP, 12); diese Neuregelung ist für **nach dem 31.12.2015 beschlossene Verschmelzungen** anzuwenden (3. Teil Z 30; UmgrStR Rz 265a idF WE 2017).

§ 5 Abs 1 Z 4 ist **erheblicher und zutreffender Kritik ausgesetzt:** Einerseits betrifft die Regelung des § 5 Abs 1 Z 4 zwar den verschmelzungsbedingten Anteilstausch, systematisch handelt es sich aber um eine – eher in § 1 Abs 2 anzusiedelnde – **Verstrickungseinschränkung auf Ebene des übertragenen Vermögens** (s a *Hohenwarter*, RdW 2007/595, 573; *Hügel* § 5 Rz 66; *Zöchling* in FS Rödler 963; *Zöchling/Tüchler* in W/Z/H/K[5] § 5 Rz 25). Andererseits bricht § 5 Abs 1 Z 4 mit dem **Grundsatz der Gleichbehandlung von Upstream- und Downstream-Verschmelzung** (*Zöchling/Haslinger*, RdW 2007/381, 371 ff; *Hohenwarter*, RdW 2007/595, 572 ff; *Huber*, ÖStZ 2008/978, 503 ff; *Hügel* § 5 Rz 59 u Rz 66; *Furherr/Huber*, IntUmgr 95; *Waitz-Ramsauer* in HB KonzernStR[2] 621; *Strimitzer/Wurm* in T/W, EU-VerschG[2] SteuerR 67), zumal bei der Upstream-Verschmelzung systemrichtig wegen § 3 Abs 2 die stillen Reserven in der Beteiligung an der Untergesellschaft (steuerneutral) entstrickt werden (s § 1 Rz 92; dazu a *Wiesner/Mayr*, RdW 2007/447, 438; *Zöchling* in FS Rödler 962; *Zöchling/Puchner* in *Frotz/Kaufmann*[2], SteuerR Rz 19). Die Entstrickung ist aber ebenso wie bei der Upstream-Verschmelzung auch bei der Downstream-Verschmelzung lediglich eine **Konsequenz des Untergangs der Anteile** aufgrund der steuerlichen Identitätsfiktion und somit eine systematische Folge sowohl für in- wie auch auslandsansässige Anteilseigner der übertragenden Gesellschaft (*Huber*, ÖStZ 2008/978, 503 ff; *Furherr/Huber*, IntUmgr 95; *Waitz-Ramsauer* in HB KonzernStR[2] 621). Auch für die ursprünglich intendierte Sicherung der stillen Reserven aus einer **Firmenwertabschreibung** gem § 9 Abs 7 KStG (s dazu *Wiesner/Mayr*, RdW 2007, 438) würde § 5 Abs 1 Z 4 nicht mehr benötigt, wird diese Sicherung doch seit dem AbgSiG 2007 (BGBl I 2007/99) bereits durch § 9 Abs 7 TS 6 KStG umfassend erreicht (dazu und zur vorrangigen Nachversteuerung nach § 9 Abs 7 TS 6 KStG s UmgrStR Rz 265a; *Hirschler/Sulz*, taxlex 2010, 381 ff; *Hirschler*, taxlex 2012, 12; s a *Hügel* § 5 Rz 66). Gegen § 5 Abs 1 Z 4 werden zudem **grundfreiheitsrechtliche Bedenken** geltend gemacht, da die Regelung sowohl materiell als auch zeitlich eine Besteuerungsfolge bei der übernehmenden Körperschaft an die Ansässigkeit der Anteilseigner bzw deren Disposition knüpft und damit gegen Muttergesellschaften mit auslandsansässigen Anteilseignern diskriminiert (*Hohenwarter*, RdW 2007/595, 574 f; *Huber*, ÖStZ 2008/978, 504 f; *Hohenwarter* in Bertl ua, Sonderbilanzen 278 ff).

84

B. „Durchgeschleuste" Anteile

Angesprochen ist durch § 5 Abs 1 Z 4 lediglich der Fall, dass es bei einer Downstream-Verschmelzung aufgrund der **„Anteilsdurchschleusung"** zu einer Einschränkung des bisherigen österreichischen Besteuerungsrechts an den Anteilen der übertragenden an der übernehmenden Körperschaft kommt (*Wiesner/Mayr*, RdW 2007/447, 438; *Hügel* § 5 Rz 57; *Zöchling/Puchner* in *Frotz/Kaufmann*[2], SteuerR Rz 18). Da von § 5 Abs 1 Z 1 nur „Anteile der übertragenden Körperschaft an der übernehmenden Körperschaft" erfasst sind, kommt diese Bestimmung konsequenterweise auf **andere Anteile** nicht zur Anwendung, selbst wenn diese aus

85

Anlass einer Downstream-Verschmelzung gewährt werden, also etwa neue oder eigene Anteile der übernehmenden Körperschaft (*Wiesner/Mayr*, RdW 2007/447, 438; *Hügel* § 5 Rz 57; *Mayr/Wellinger* in HB Sonderbilanzen II 50; *Zöchling/Puchner* in *Frotz/Kaufmann*[2], SteuerR Rz 19; *Strimitzer/Wurm* in *T/W*, EU-VerschG[2] SteuerR Rz 65); im Fall der Gewährung „eigener Anteile" kann jedoch § 5 Abs 1 Z 5 eingreifen (s Rz 96).

C. Verstrickungseinschränkung

86 Zu der von § 5 Abs 1 Z 4 geregelten **Verstrickungseinschränkung an „durchgeschleusten" Anteilen** kommt es bei der Downstream-Verschmelzung dann, wenn Anteilsinhaber der übertragenden Körperschaft im Ausland ansässig sind und das österreichische Besteuerungsrecht an den stillen Reserven in den „durchgeschleusten" Anteilen sodann zB durch eine dem Art 13 Abs 5 OECD-MA entsprechende Abkommensbestimmung ausgeschlossen wird (s *Wiesner/Mayr*, RdW 2007/447, 438; *Zöchling/Haslinger*, RdW 2007/381, 372 f; *Hohenwarter*, RdW 2007/595, 572; *Hügel* § 5 Rz 55; *Zöchling/Tüchler* in *W/Z/H/K*[5] § 5 Rz 25; s a UmgrStR Rz 265a; zur Einschränkung der Höhe nach s § 1 Rz 81). Nach der jüngeren Verwaltungspraxis wäre wohl auch bei der Verschmelzung auf eine **auslandsansässige übernehmende Körperschaft** § 5 Abs 1 Z 4 auch dann einschlägig, wenn schon nach nationalem Steuerrecht kein Besteuerungsrecht auf Ebene der übertragenden Körperschaft (insb wegen § 10 Abs 3 KStG) besteht, weil es diesfalls bei einem OECD-konformen DBA zu einer (abkommensrechtlich-abstrakten) „Einschränkung" eines bestehenden Besteuerungsrechts iSd § 5 Abs 1 Z 4 kommt (s a § 1 Rz 131 u UmgrStR Rz 72 idF WE 2017, zu § 1 Abs 2; aA 6. Aufl Rz 86); sie wäre allerdings aufgrund des allgemeinen Steuerrechts gem § 6 Z 14 EStG iVm § 10 Abs 3 KStG (s a *Kofler* in *Achatz/Kirchmayr* § 10 Tz 234) im Ergebnis steuerneutral.

87 Angesichts des klaren Wortlautes des § 5 Abs 1 Z 4 kommt es, wenn teilweise ausländische und teilweise inländische Anteilsinhaber bestehen, nur zur Entstrickung hinsichtlich der **von den ausländischen Anteilsinhabern gehaltenen Quote** (arg „[s]oweit"; ebenso *Wiesner/Mayr*, RdW 2007/447, 438; *Walter*[11] Rz 133d; *Strimitzer/Wurm* in *T/W*, EU-VerschG[2] SteuerR Rz 66).

88 Darüber hinaus kann § 5 Abs 1 Z 4 nach hA auch dann zur Anwendung kommen, wenn das Besteuerungsrecht bei einem **inländischen Anteilsinhaber** eingeschränkt ist (UmgrStR Rz 265a; *Wiesner/Mayr*, RdW 2007/447, 438; *Hügel* § 5 Rz 56), wobei es diesfalls nach der Verwaltungspraxis stets zu einer sofortigen Besteuerung kommt (s UmgrStR Rz 265a; *Wiesner/Mayr*, RdW 2007/447, 438; *Walter*[11] Rz 133d f; dazu Rz 90). Eine derartige Entstrickung wird jedoch schon deshalb von geringer praktischer Relevanz sein, weil seit der **Neuregelung der Kapitalbesteuerung** in §§ 27, 27a EStG durch das BudBG 2011 (BGBl I 2011/111) und das AbgÄG 2011 (BGBl I 2011/76) realisierte Veräußerungsgewinne iSd § 27 Abs 3 EStG auch bei steuerbefreiten Körperschaften iSd § 5 KStG erfasst werden (§ 21 Abs 2 und 3 KStG; dazu a UmgrStR Rz 265a; *Walter*[11] Rz 133d; weiters zum „Bestandsschutz" für Altanteile *Marschner* in *Kirchmayr/Mayr/Schlager*, Kapitalvermögen 435 ff). Dies gilt auch für **Privatstiftungen** gem § 13 KStG (UmgrStR Rz 265a) aufgrund der prinzipiellen Zwischensteuerpflicht gem § 13 Abs 3 iVm § 22 Abs 2 KStG, und zwar selbst dann, wenn infolge von Zuwendungen eine Zwischensteuer teilweise oder gänzlich entfällt.

D. Entstrickungsbesteuerung

Nach § 5 Abs 1 Z 4 sind die „entstrickten" Anteile bei nach dem 31.12.2015 beschlossenen Verschmelzungen „bei der übernehmenden Körperschaft mit den nach § 6 Z 6 lit. a des Einkommensteuergesetzes 1988 maßgebenden Werten anzusetzen, wobei § 6 Z 6 lit. c bis e des Einkommensteuergesetzes 1988 sinngemäß anzuwenden sind" (ausf zur Frage des Steuerpflichtigen in § 5 Abs 1 Z 4 idF vor dem AbgÄG 2015 zB *Hügel* § 5 Rz 60 f; *Hirschler*, taxlex 2012, 12; zur Nacherfassung einer Firmenwertabschreibung nach § 9 Abs 7 KStG s Rz 84, UmgrStR Rz 265a, u *Hügel* § 5 Rz 66). Die „wegziehenden" Anteile unterliegen also bei der Tochtergesellschaft der **Entstrickungsbesteuerung unter Ansatz des Fremdvergleichswertes (§ 6 Z 6 lit a EStG)**, wobei sie insoweit einen **Antrag auf Ratenzahlung** stellen kann, als ihre Anteile an Gesellschafter herausgegeben werden, die in einem **EU/EWR-Staat mit umfassender Amtshilfe** ansässig sind (§ 6 Z 6 lit c bis e EStG; s a *Walter*[11] Rz 133d; *Strimitzer/Wurm* in *T/W*, EU-VerschG[2] SteuerR Rz 70 f). Die Besteuerungsfolge bezieht sich sodann auf die Differenz zwischen dem Fremdvergleichswert der Anteile nach § 6 Z 6 lit a EStG und deren (von der übertragenden Gesellschaft übernommenen) Buchwert (*Hügel* § 5 Rz 62; *Strimitzer/Wurm* in *T/W*, EU-VerschG[2] SteuerR Rz 70). Diese Differenz unterliegt dem allgemeinen Steuerrecht (zur Schachtelbefreiung nach § 10 Abs 3 KStG s Rz 86). Aufgrund der allgemeinen Rückwirkung auf Gesellschafts- und Gesellschafterebene (s § 3 Rz 81 u § 5 Rz 57 ff) wird der „Entstrickungsgewinn" – entsprechend der früheren ausdrücklichen Anordnung in § 5 Abs 1 Z 4 idF vor dem AbgÄG 2015 – **an dem dem Verschmelzungsstichtag folgenden Tag** realisiert (UmgrStR Rz 265a idF WE 2017), also zu einem Zeitpunkt, an dem die übertragende Körperschaft ertragsteuerlich nicht mehr existiert (*Hirschler*, taxlex 2012, 12); dieser Tag ist auch für die Bestimmung des Fremdvergleichswerts maßgeblich, danach eingetretene Wertsteigerungen bleiben unberücksichtigt (*Hügel* § 5 Rz 63).

89

E. Ratenzahlungskonzept

Im Falle der Entstrickungsbesteuerung sind seit dem **AbgÄG 2015** (BGBl I 2015/163) für nach dem 31.12.2015 beschlossene Verschmelzungen „**§ 6 Z 6 lit. c bis e des Einkommensteuergesetzes 1988 sinngemäß anzuwenden**". Während bis zum AbgÄG 2015 die Verstrickungseinschränkung nach § 5 Abs 1 Z 4 entweder zur sofortigen Besteuerung der stillen Reserven oder – bei rechtzeitig gestelltem Antrag – zur aufgeschobenen Besteuerung in sinngemäßer Anwendung des früheren § 1 Abs 2 führte („**Nichtfestsetzungskonzept**"; s 4. Aufl § 1 Rz 141 ff), resultiert die sinngemäße Anwendung des § 6 Z 6 lit c bis e EStG idF AbgÄG 2015 nunmehr in der Möglichkeit der ratenweisen Entrichtung der Abgabenschuld („**Ratenzahlungskonzept**"; s § 1 Rz 141 ff). Durch die „sinngemäße" Anwendung werden also die Bestimmungen über die Ratenzahlung und die vorzeitige Fälligstellung auch „bei einer umgründungsbedingten Einschränkung des Besteuerungsrechts ebenfalls maßgeblich" (ErlRV 896 ErlRV 25. GP, 11). Unklar scheint allerdings, ob dies konkret zur Anwendung der Regelung für das **Umlaufvermögen** (Zweijahresverteilung; § 6 Z 6 lit e EStG) oder jener für das **Anlagevermögen** (Siebenjahresverteilung; § 6 Z 6 lit d EStG) führt (s a Rz 103); obwohl seit dem RÄG 2014 (BGBl I 2015/22) eigene Anteile nicht mehr auf der Vermögensseite, sondern als Absetzung vom Nennkapital auszuweisen sind (§ 229 Abs 1a UGB idF RÄG 2014), wird maß-

90

geblich sein, ob die Anteile dem Grunde nach Anlage- oder Umlaufvermögen wären (s zu den Kriterien im früheren Recht zB *Hirschler/Wiedermann-Ondrej* in *Hirschler*, Bilanzrecht § 225 Rz 41 ff), wobei uE überdies nicht auf die Beurteilung auf Ebene der übernehmenden (durchgangserwerbenden) Tochtergesellschaft, sondern auf jene bei der übertragenden Muttergesellschaft abzustellen sein wird (so im Ergebnis a *Strimitzer/Wurm* in *T/W*, EU-VerschG[2] SteuerR Rz 73). Zur **vorzeitigen Fälligstellung der Raten** nach § 6 Z 6 lit d EStG im Fall des Anlagevermögens führt insb die Veräußerung durch den ausländischen Anteilsinhaber oder das „sonstige Ausscheiden" (ErlRV 896 BlgNR 25. GP, 11; s zur Rechtslage vor dem AbgÄG 2015 a *Hohenwarter*, RdW 2007/595, 574 f; *Hohenwarter* in *Bertl ua*, Sonderbilanzen 276; *Hügel* § 5 Rz 64; *Strimitzer/Wurm* in *T/W*, EU-VerschG[2] SteuerR Rz 73; s a § 1 Rz 167 ff).

91 Das antragsgebundene Ratenzahlungskonzept greift freilich nur dann, wenn die Anteilsinhaber in einem – von Österreich verschiedenen – **EU-Mitgliedstaat** bzw in einem **EWR-Staat ansässig sind, mit dem eine umfassende Amts- und Vollstreckungshilfe besteht** (s § 1 Rz 154). Unerheblich ist, ob die Anteilsinhaber natürliche oder juristische Personen sind. Fällt das Besteuerungsrecht durch die Auskehrung an inländische Anteilsinhaber weg (s Rz 88), kommt eine Anwendung des Ratenzahlungskonzepts wohl nicht in Betracht, da sich der – sinngemäß anzuwendende – § 6 Z 6 lit c EStG nur auf grenzüberschreitende Fälle bezieht (*Walter*[11] Rz 133d f; so a zum bisherigen Nichtfestsetzungskonzept UmgrStR Rz 265a; *Wiesner/Mayr*, RdW 2007/447, 438).

92 Ein allfälliger **Antrag auf Ratenzahlung** der entstehenden Abgabenschuld ist nicht von der eigentlich übertragenden Körperschaft, sondern von der **übernehmenden, die Anteile auskehrenden Körperschaft** zu stellen (ErlRV 896 BlgNR 25. GP, 12, zum AbgÄG 2015; ebenso UmgrStR Rz 265a idF WE 2017; *Wiesner/Mayr*, RdW 2007/447, 438; *Hohenwarter*, RdW 2007/595, 572 f; *Hohenwarter* in *Bertl ua*, Sonderbilanzen 276; *Hügel* § 5 Rz 64; *Waitz-Ramsauer* in HB KonzernStR[2] 620; *Zöchling/Tüchler* in *W/Z/H/K*[5] § 5 Rz 25; *Strimitzer/Wurm* in *T/W*, EU-VerschG[2] SteuerR Rz 72).

VI. Gewährung eigener Anteile der übernehmenden Gesellschaft (Abs 1 Z 5)

A. Regelungsinhalt

96 Wird bei einer Verschmelzung (teilweise) auf die Gewährung neuer Anteile verzichtet und kehrt die übernehmende Gesellschaft dafür von ihr gehaltene eigene Anteile aus, können diese Anteile aus der **österreichischen Besteuerungshoheit** ausscheiden, wenn die Auskehrung an ausländische Anteilsinhaber erfolgt (s zB *Walter*[11] Rz 133g). Nach § 5 Abs 1 Z 5 sind daher bei der **Gewährung „eigener Anteile"** der übernehmenden Körperschaft an **ausländische Anteilsinhaber** seit dem **AbgÄG 2015** (BGBl I 2015/163) für nach dem 31.12.2015 beschlossene Verschmelzungen „diese mit den nach § 6 Z 6 lit. a des Einkommensteuergesetzes 1988 maßgebenden Werten anzusetzen, wobei § 6 Z 6 lit. c bis e des Einkommensteuergesetzes 1988 sinngemäß anzuwenden sind" (dazu a ErlRV 896 BlgNR 25. GP, 11; *Walter*[11] Rz 133 g; *Strimitzer/Wurm* in *T/W*, EU-VerschG[2] SteuerR Rz 74; zuvor war „**§ 6 Z 6 des Einkommensteuergesetzes 1988 sinngemäß anzuwenden"**). Durch § 5 Abs 1 Z 5 soll also für den Fall, „dass eine übernehmende inländische Aktiengesellschaft als Gegenleistung eigene [Anteile] ausgibt und diese [Anteile] ausländischen Anteilsinhabern zukommen, das wegfallende Besteuerungsrecht der Republik Österreich gewahrt werden (ErlRV 270 BlgNR 23. GP, 12; UmgrStR Rz 265b). § 5 Abs 1 Z 5 ist in Abgrenzung zu § 5 Abs 1 Z 4 teleologisch auf jene Fälle einzuschränken, in denen die eigenen Anteile **nicht verschmelzungsbedingt** erworben wurden (*Strimitzer/Wurm* in *T/W*, EU-VerschG² SteuerR Rz 74; s Rz 82).

§ 5 Abs 1 Z 5 wurde durch das **AbgSiG 2007** (BGBl I 2007/99) eingefügt und ist § 20 Abs 2 Z 2 nachgebildet (s ErlRV 270 BlgNR 23. GP, 12); die Bestimmung war auf Umgründungen anzuwenden, die nach dem 31.12.2007 beschlossen werden (3. Teil Z 14; s a UmgrStR Rz 265b). Mit dem **2. AbgÄG 2014** (BGBl I 2014/105) wurde – ohne besondere Inkrafttretensbestimmung – der ursprüngliche Begriff der „eigenen Aktien" durch jenen der „eigenen Anteile" ersetzt (Rz 98 f). Durch das **AbgÄG 2015** (BGBl I 2015/163) erfolgte eine Anpassung der „Entstrickungsbesteuerung" an die allgemeine Neuordnung der Entstrickungsbesteuerung im Ertragsteuerrecht („Ratenzahlungskonzept"; s ErlRV 896 BlgNR 25. GP, 12); diese Neuregelung ist für nach dem 31.12.2015 beschlossene Verschmelzungen anzuwenden (3. Teil Z 30). Ebenso wie gegen § 5 Abs 1 Z 4 bestehen auch gegen § 5 Abs 1 Z 5 **grundfreiheitsrechtliche Bedenken**, zumal es durch das Auseinanderfallen der Besteuerungsebenen zu einer abweichenden Besteuerung im Vergleich zu rein innerstaatlichen Fällen kommt, in denen die Anteile an „inländische Anteilsinhaber" ausgegeben werden (*Hohenwarter* in *Bertl ua*, Sonderbilanzen 280; s a Rz 84).

97

B. Eigene „Anteile"

Seit dem **2. AbgÄG 2014** (BGBl I 2014/105) erfasst § 5 Abs 1 Z 5 **„eigene Anteile"** der übernehmenden Körperschaft und damit gleichermaßen eigene Aktien (§ 65 AktG) und eigene GmbH-Anteile (§ 81 GmbHG) (s ErlRV 360 BlgNR 25. GP, 16, zum 2. AbgÄG 2014; UmgrStR Rz 265b); erfasst sind wohl auch eigene Anteile ausländischer, dem EU-Verschmelzungsgesetz unterliegender übernehmender Körperschaften.

98

Nach der mit dem **AbgSiG 2007** (BGBl I 2007/99) eingeführten Stammfassung dieser Bestimmung waren dem Wortlaut nach nur **„eigene Aktien"** der übernehmenden Körperschaft, nicht jedoch zB eigene Geschäftsanteile einer GmbH erfasst (so a *Hügel* § 5 Rz 68). Diese Einschränkung war darauf zurückzuführen, dass der Erwerb eigener Anteile durch eine GmbH bis zur Erweiterung durch das GesRÄG 2007 (BGBl I 2007/72) unzulässig war (ErlRV 270 BlgNR 23. GP, 12; ErlRV 360 BlgNR 25. GP, 16, zum 2. AbgÄG 2014). Obwohl das GesRÄG 2007 zwar zeitlich vor dem AbgSiG 2007 im BGBl veröffentlicht wurde, ging die hA von einer durch Analogie zu schließenden, planwidrigen Lücke aus, sodass § 5 Abs 1 Z 5 schon bisher **allgemein auf eigene Anteile** anzuwenden war (s 3. Aufl § 5 Rz 99; *Hügel* § 5 Rz 68; *Waitz-Ramsauer* in HB KonzernStR2 622). Diese Ansicht wird letztlich auch durch die ErlRV zum **2. AbgÄG 2014** (BGBl I 2014/105) bestätigt, wonach mit der Änderung der Wortlauts „auch gesetzlich klargestellt werden [soll], dass die Bestimmung bei der Gewährung sämtlicher ‚eigener Anteile', und somit auch bei der Gewährung eigener GmbH-Anteile, anzuwenden ist" (ErlRV 360 BlgNR 25. GP, 16). Dementsprechend wurde die Änderung durch das 2. AbgÄG 2014 auch ohne besondere Inkrafttretensbestimmung eingefügt.

99

C. Entstrickungsbesteuerung

100 Durch den Verweis auf § 6 Z 6 lit a EStG will § 5 Abs 1 Z 5 das **österreichische Besteuerungsrecht an den stillen Reserven** in den ausgegebenen (steuerhängigen) eigenen Anteilen wahren (ErlRV 896 BlgNR 25. GP, 12; s a UmgrStR Rz 265b). Unter einem **„ausländischen Anteilsinhaber"** (der übernehmenden Körperschaft) ist somit ein Anteilsinhaber zu verstehen, der (auch abkommensrechtlich) nicht im Inland steueransässig ist (*Hügel* § 5 Rz 69). Fraglich könnte allenfalls sein, ob es für die Ermittlung eines Gewinnes gemäß der nach § 6 Z 6 lit a EStG maßgebenden Werte und eine allfällige Ratenzahlung im qualifizierten EU/EWR-Raum erforderlich ist, dass durch die Auskehr eigener Anteile an ausländische Anteilsinhaber auch eine **umgründungsbedingte Einschränkung des Besteuerungsrechts der Republik Österreich** erfolgt. Sowohl der Telos der Bestimmung, den Verlust des österreichischen Besteuerungsrechts zu vermeiden (ErlRV 270 BlgNR 23. GP, 12, zum AbgSiG 2007; UmgrStR Rz 265a), als auch deutlich die ErlRV zum AbgÄG 2015 (ErlRV 896 BlgNR 25. GP, 12) sprechen dafür, dass § 5 Abs 1 Z 5 – anders als nach früherem Recht (Rz 101) – nur bei einer Einschränkung des österreichischen Besteuerungsrechts greifen; dies lässt sich rechtstechnisch auch damit begründen, dass auch der verwiesene § 6 Z 6 lit c TS 2 EStG von einer „Einschränkung des Besteuerungsrechts der Republik Österreich" (iS eines Verlusts des Besteuerungsrechts; s ErlRV 896 BlgNR 25. GP, 4) spricht. Zumindest im Binnenmarkt scheint diese Auslegung auch **unionsrechtlich geboten** (s EuGH 23.1.2014, C-164/12, *DMC*, EU:C:2014:20, Rn 56, u dazu *Spies*, ÖStZ 2015/382, 286 f). Eine Einschränkung des österreichischen Besteuerungsrechts würde etwa dann nicht eintreten, wenn aufgrund einer mindestens 1%igen Beteiligung innerhalb der letzten fünf Kalenderjahre ein nationales Besteuerungsrecht gem § 98 Abs 1 Z 5 lit e EStG idF BudBG 2011 (BGBl I 2010/111; zuvor § 98 Abs 1 Z 8 EStG) bestünde und dieses abkommensrechtlich nicht eingeschränkt wäre, etwa weil das konkrete Abkommen eine **von Art 13 Abs 5 OECD-MA abweichende Verteilungsnorm** enthält oder es sich bei der übernehmenden Körperschaft um eine **Immobiliengesellschaft iSd Art 13 Abs 4 OECD-MA** handelt.

101 Das **AbgÄG 2015** (BGBl I 2015/163) brachte insofern eine Verbesserung der Systematik, als es nach der **früheren Fassung des § 5 Abs 1 Z 5**, die pauschal auf die sinngemäße Anwendung des „§ 6 Z 6 des Einkommensteuergesetzes 1988" verwies, nach hA für das Eingreifen der Entstrickungsbesteuerung nicht darauf ankam, ob durch die Anteilsgewährung überhaupt eine **Einschränkung des österreichischen Besteuerungsrechts** erfolgt (*Hohenwarter* in *Bertl ua*, Sonderbilanzen 277; *Zöchling/Puchner* in *Frotz/Kaufmann*[2], SteuerR Rz 19; *Waitz-Ramsauer* in HB KonzernStR[2] 622; *Strimitzer/Wurm* in *T/W*, EU-VerschG[2] SteuerR Rz 75; krit *Hirschler/Sulz/Zöchling* in GedS Helbich 176; aA wohl *Kauba/Krickl* in GedS Köglberger 573 FN 142 u *Petritz* in HB KonzernStR[2] 645). Dieses Nicht-Abstellen auf eine Einschränkung des österreichischen Besteuerungsrechts war auch im Hinblick auf § 6 Z 6 lit a EStG stimmig, zumal auch eine Entstrickungsbesteuerung aufgrund dieser Bestimmung nach hA unabhängig davon zur Anwendung kommt, ob aufgrund der Abkommensrechtslage die stillen Reserven weiterhin der österreichischen Besteuerung unterliegen (s *Gassner*, SWK 1990, 390; *Zorn* in *Hofstätter/Reichel*, EStG[41] § 6 Z 6 Rz 16; *Mayr* in *Doralt*, EStG[14] § 6 Tz 383; aA *Q/S* § 6 Tz 212).

Der Besteuerung zugrunde gelegt wird nach § 5 Abs 1 Z 5 iVm § 6 Z 6 lit a EStG **102** die Differenz zwischen dem **Fremdvergleichswert der ausgekehrten eigenen Anteile** und dem Buchwert; Bewertungsstichtag ist der dem Verschmelzungsstichtag folgende Tag (§ 5 Abs 1 Z 1 S 2; s a *Hügel* § 5 Rz 70; *Strimitzer/Wurm* in *T/W*, EU-VerschG² SteuerR Rz 76). Die stillen Reserven sind bei der **übernehmenden Gesellschaft** zu erfassen (ErlRV 270 BlgNR 23. GP, 12; UmgrStR Rz 265b); diese hat die Gegenleistung gewährt, also die eigenen Anteile „exportiert" (UmgrStR Rz 265a; s a *Hügel* § 5 Rz 70), und sie kann auch den **Antrag auf Entrichtung der Steuerschuld in Raten** (Rz 103) stellen (UmgrStR Rz 265b).

D. Ratenzahlungskonzept

Ist der Anteilsinhaber in einem **EU-Mitgliedstaat oder einem EWR-Mitglied-** **103** **staat, mit dem umfassende Amts- und Vollstreckungshilfe** besteht (s § 1 Rz 154), ansässig, ist nach § 5 Abs 1 Z 5 idF **AbgÄG 2015** (BGBl I 2015/163) für nach dem 31.12.2015 beschlossene Verschmelzungen das **antragsgebundene Ratenzahlungskonzept** gem „§ 6 Z 6 lit. c bis e des Einkommensteuergesetzes 1988 sinngemäß anzuwenden" (dazu a ErlRV 896 BlgNR 25. GP, 11; *Walter*[11] Rz 133 g; s zum früheren Recht 4. Aufl Rz 103); der Antrag ist durch die übernehmende Gesellschaft zu stellen (UmgrStR Rz 265b idF WE 2017).

Unklar scheint allerdings, ob die sinngemäße Anwendung des § 6 Z 6 lit c bis e konkret **104** zur Anwendung der Regelung für das **Umlaufvermögen** (Zweijahresverteilung; § 6 Z 6 lit e EStG) oder jener für das **Anlagevermögen** (Siebenjahresverteilung; § 6 Z 6 lit d EStG) führt (s a Rz 90); obwohl seit dem RÄG 2014 (BGBl I 2015/22) eigene Anteile nicht mehr auf der Vermögensseite, sondern als Absetzung vom Nennkapital auszuweisen sind (§ 229 Abs 1a UGB idF RÄG 2014), wird hier darauf abzustellen sein, ob die Anteile dem Grunde nach Anlage- oder Umlaufvermögen wären (so im Ergebnis a *Strimitzer/Wurm* in *T/W*, EU-VerschG² SteuerR Rz 77; s zu den Kriterien im früheren Recht zB *Hirschler/Wiedermann-Ondrej* in *Hirschler*, Bilanzrecht § 225 Rz 41 ff; zur Abgrenzung allg a VwGH 23.11.2016, Ro 2014/13/0011). Zur **vorzeitigen Fälligstellung der Raten** nach § 6 Z 6 lit d EStG im Falle von Anlagevermögen führt insb die Veräußerung durch den ausländischen Anteilsinhaber oder das „sonstige Ausscheiden" (ErlRV 896 BlgNR 25. GP, 11).

VII. Fortlaufen steuerrechtlicher Fristen (Abs 2)

Schon aufgrund der **Identitätsfiktion** des § 5 Abs 1 Z 1 S 1 laufen „[a]lle steuerlich **106** maßgeblichen Fristen […] beim Anteilsinhaber unverändert weiter" (UmgrStR Rz 265; *Bruckner* in *W/H/M*, HdU¹ I § 5 Rz 37; *Andreaus*, taxlex 2008, 421 ff; *Hügel* § 5 Rz 86; *Zöchling/Tüchler* in *W/Z/H/K*⁵ § 5 Rz 16; s Rz 51). Dies wurde bisher in § 5 Abs 2 „zur Vermeidung von Zweifeln" für die **Fristen der §§ 30 und 31 EStG** idF vor BudBG 2011 (BGBl I 2010/111) ausdrücklich „klargestellt" (ErlRV 266 BlgNR 18. GP, 18; ausf *Hügel* § 5 Rz 84). Da aufgrund der **Neuordnung der Besteuerung der Einkünfte aus Kapitalvermögen in §§ 27, 27a EStG** idF BudBG 2011 (BGBl I 2010/111) und AbgÄG 2011 (BGBl I 2011/76) für „Neuvermögen" Haltefristen keine Rolle mehr spielen, hatte diese Bestimmung seither lediglich historische Bedeutung. Mit dem **AbgÄG 2012** (BGBl I 2012/112) wurde daher auch § 5 Abs 2 an das neue Kapitalbesteuerungsregime angepasst: Für Verschmelzungen mit einem **Stichtag nach dem 31.3.2012** (s 3. Teil Z 21) sind für neue Anteile „die **Anschaffungszeitpunkte der alten Anteile** maßgeblich". Aus dieser gesetzlichen Anordnung folgt, dass verschmelzungsbedingt erworbene Abfindungsanteile nicht als neu erworbene Anteile iSd §§ 27, 27a EStG, sondern als „**Altvermögen**" gelten, wenn die übertragenen bzw untergegangenen Anteile Altvermögen waren; dies entspricht auch der schon bisher hA im Schrifttum (s 3. Aufl § 3 Rz 106) und der Verwaltungspraxis (Pkt 1.1.1.3 des Erlasses zur Besteuerung von Kapitalvermögen, BMF-010203/0107-IV/6/2012; ausf *Wurm*, SWK 2012, 1531 ff; s a Rz 51). Konkret folgt (ErlRV 1960 BlgNR 24. GP, 35; UmgrStR Rz 265; EStR Rz 6103b; *Schlager*, RWZ 2012/56, 194 f; *Wurm*, SWK 2012, 1531):

- Anteile als Gegenleistung für **nicht steuerhängige Altanteile** (§ 124b Z 185 lit a TS 2 EStG) stellen ebenfalls nicht steuerhängiges Altvermögen dar und können daher sofort steuerfrei veräußert werden (UmgrStR Rz 265 Bsp 3).
- Anteile als Gegenleistung **für befristet steuerhängige Altanteile** (§ 124b Z 185 lit a TS 1 zweiter Satzteil EStG) sind ebenfalls befristet steuerhängig und können nach Ablauf der (ursprünglichen) Fünfjahresfrist (bzw der umgründungsbedingten Zehnjahresfrist) steuerfrei veräußert werden; die Frist beginnt hierbei nicht neu zu laufen, sondern wird in den Gegenleistungsanteilen fortgesetzt (s UmgrStR Rz 265 Bsp 1; s a Rz 107).
- Anteile als Gegenleistung für im Privatvermögen gehaltene Anteile, die entweder **nach dem 31.12.2010 entgeltlich erworben** wurden oder **zum 31.3.2012 eine Beteiligung iHv mindestens 1 %** an der übertragenden Gesellschaft vermittelten, sind nach § 27 Abs 3 EStG steuerverfangen (**unbefristet steuerhängige Altanteile**; s UmgrStR Rz 265 Bsp 2; *Schlager*, RWZ 2012/56, 195).

107 Hält ein Gesellschafter an der übertragenden Gesellschaft (zB aufgrund eines zeitlich gestaffelten Erwerbs) **Anteile verschiedener Kategorien** (nicht steuerhängig, befristet steuerhängig, unbefristet steuerhängig), sind diese Kategorien den verschmelzungsbedingt erworbenen Abfindungsanteilen im entsprechenden prozentuellen Ausmaß zuzuordnen. Von den als Gegenleistung gewährten Anteilen an der übernehmenden Körperschaft ist daher der prozentuell gleiche Anteil nicht steuerhängig, befristet steuerhängig oder unbefristet steuerhängig wie der der untergehenden Beteiligung an der übertragenden Körperschaft. Besteht bei einer übernehmenden AG die Gegenleistung in Aktien, kann jede einzelne Aktie immer nur zur Gänze befristet steuerhängig oder unbefristet steuerhängig oder nicht steuerhängig sein. Sollte eine solche Zuordnung aufgrund des Umtauschverhältnisses nicht möglich sein, bestehen nach Ansicht des BMF keine Bedenken, kaufmännisch zu runden (s UmgrStR Rz 265, insb Bsp 4; EStR Rz 6103b). Bestehen an der übertragenden Gesellschaft **unterschiedliche Anteilstypen** (zB Stammaktien und Vorzugsaktien bei einer übertragenden AG) und sind in jeder oder einzelner Gruppen von Anteilstypen Anteile aus verschiedenen Kategorien (nicht steuerhängig, befristet steuerhängig, unbefristet steuerhängig) enthalten, sind nach der Verwaltungspraxis die verschmelzungsbedingt erworbenen Abfindungsanteile je Anteilstyp im entsprechenden prozentuellen Ausmaß den einzelnen Kategorien zuzuordnen (s UmgrStR Rz 265, insb Bsp 5; EStR Rz 6103b).

Das **Fortlaufen von Fristen** ist weiters insb relevant für

- die **Besitzfrist des § 12 Abs 3 EStG** im Falle der Übertragung stiller Rücklagen (UmgrStR Rz 265; *Hügel*, ecolex 1991, 809; *Hügel* § 5 Rz 86);
- die **fünfjährige Verstrickungsfrist des § 31 Abs 1 S 1 EStG aF** iVm § 124b Z 185 lit a TS 1 EStG aF bzw die zehnjährige **umgründungssteuerliche Son-**

derverstrickung als Beteiligung iSd § 31 EStG aF iVm § 124b Z 185 lit a TS 1 EStG im Falle des Absinkens der Beteiligungsquote auf unter 1 % vor dem 1.4.2012 (s UmgrStR Rz 265; *Hügel* § 5 Rz 86; *Zöchling/Tüchler* in W/Z/H/K[5] § 5 Rz 16);
- die einjährige **Mindestbehaltedauer gem § 94 Z 2 EStG** idF BudBG 2011 (ab 1.4.2012, früher: § 94a EStG) für das Unterbleiben des Kapitalertragsteuerabzuges bei Ausschüttungen an EU-Muttergesellschaften (*Hügel* § 5 Rz 86; *Zöchling/Puchner* in *Frotz/Kaufmann*[2], SteuerR Rz 18; *Zöchling/Tüchler* in W/Z/H/K[5] § 5 Rz 16);
- die einjährige **Mindestbehaltedauer gem § 10 Abs 2 KStG** für die Qualifikation einer bestehenden Beteiligung als internationale Schachtelbeteiligung (UmgrStR Rz 265 u Rz 297 Pkt 5; *Hügel* § 5 Rz 86). Entsteht durch die Verschmelzung hingegen eine internationale Schachtelbeteiligung, beginnt die Besitzfrist mit dem dem Verschmelzungsstichtag folgenden Tag zu laufen (s Rz 155).

Die in § 5 Abs 1 Z 1 S 2 normierte **Rückwirkungsfiktion** des Anteilserwerbs führt dazu, dass **Behaltezeiten** der alten untergehenden Anteile bis zum Verschmelzungsstichtag eingerechnet werden (UmgrStR Rz 265; s a Rz 51).

VIII. Untergang und Entstehen einer qualifizierten Beteiligung (Abs 3 und 4)

§ 5 Abs 3 und 4 regelten bis zum AbgÄG 2012 (BGBl I 2012/112) die **Steuerverstrickung beim Untergang** bzw die **Steuerentstrickung beim Entstehen** einer qualifizierten Beteiligung iSd § 31 EStG idF vor BudBG 2011 im Privatvermögen (dazu ausf zB UmgrStR Rz 270 ff; *Bruckner* in W/H/M, HdU[1] I § 5 Rz 37 ff; *Andreaus*, taxlex 2008, 421 ff; *Hügel* § 5 Rz 87 ff; *Zöchling/Tüchler* in W/Z/H/K[5] § 5 Rz 27 ff). Aufgrund der **Neugestaltung der Besteuerung von Einkünften aus Kapitalvermögen** in §§ 27, 27a EStG unter umfassender Einbeziehung realisierter Wertsteigerungen aus Kapitalanteilen im Privatvermögen unabhängig vom Ausmaß der Beteiligung und der Besitzzeiten durch das **BudBG 2011** (BGBl I 2010/111) und das **AbgÄG 2011** (BGBl I 2011/76) kam diesen Bestimmungen weitgehend nur mehr **historische Bedeutung** zu (ErlRV 1960 BlgNR 24. GP, 35). Denn sämtliche am 31.3.2012 noch bestehenden Beteiligungen iSd § 31 EStG aF wurden mit Ablauf dieses Tages in § 27 Abs 3 EStG 1988 überführt (§ 124b Z 185 lit a TS 1 erster Satzteil EStG); Beteiligungen, die am 31.3.2012 das Ausmaß von 1 % nicht mehr erreichen, aber noch innerhalb der fünf- bzw zehnjährigen „Beobachtungsfrist" dem § 31 EStG aF unterliegen, werden ebenfalls überführt, für sie gilt die Frist aber weiter (§ 124b Z 185 lit a TS 1 zweiter Satzteil EStG), sodass sich auch diesfalls die Frage nach einem „Herausfallen" aus § 31 EStG aF durch eine Verschmelzung nicht mehr stellt (ErlRV 1960 BlgNR 24. GP, 35; *Schlager*, RWZ 2012/56, 194). Die bisherigen Bestimmungen des § 5 Abs 3 und 4 sind daher mit dem **AbgÄG 2012** (BGBl I 2012/122) **ersatzlos entfallen** (s a ErlRV 1960 BlgNR 24. GP, 35 f; zur Rechtslage vor dieser Änderung s 1. Aufl Rz 112). §§ 5 Abs 3 und 4 waren letztmals auf Umgründungen anzuwenden, denen ein Stichtag vor dem 1.4.2012 zu Grunde liegt. Für Umgründungen davor – und die im Zuge dieser Umgründungen erworbenen Anteile – soll die alte Rechtslage weiter anwendbar sein (ErlRV 1960 BlgNR 24. GP, 35 f), wobei die Aufwertung nach § 5 Abs 4 für „Neuvermögen" nicht gilt,

111

also „insoweit Anteile nach dem 31. Dezember 2010 entgeltlich erworben worden sind" (3. Teil Z 22). Auf eine spezifische Regelung im Hinblick auf die weiter bestehende 1 %-Grenze bei der **beschränkten Steuerpflicht** nach § 98 Abs 1 Z 5 lit e EStG wurde aus Vereinfachungsgründen ausdrücklich verzichtet (s ErlRV 1960 BlgNR 24. GP, 35; *Schlager*, RWZ 2012/56, 195; *Zeitlinger*, taxlex 2012, 302).

IX. Unterbleiben der Anteilsgewährung infolge identischer Beteiligungsverhältnisse (Abs 5)

A. Regelungsinhalt

121 Unterbleibt bei einer **Sidestream-Verschmelzung** wegen gleicher Beteiligungsverhältnisse die Gewährung von Anteilen gem § 224 Abs 2 Z 1 AktG, „sind die steuerlich maßgebenden Anschaffungskosten oder Buchwerte der Anteile an der übertragenden Körperschaft den Anteilen an der übernehmenden Körperschaft zuzurechnen" (§ 5 Abs 5). Angesprochen sind damit insb die **Schwesternverschmelzung** und die **Verschmelzung von Gesellschaften unterschiedlicher Konzernebenen** (UFS 5.12.2012, RV/1387-W/06, GES 2014, 36 m Anm *Marschner* = UFSjournal 2013, 55 m Anm *Blasina*; UmgrStR Rz 283; *Bruckner* in *W/H/M*, HdU[1] I § 5 Rz 53 ff).

122 In diesen Fällen kommt es nach § 5 Abs 5 zu einer bloßen **steuerneutralen Umschichtung der Anschaffungskosten bzw Buchwerte** der untergehenden Anteile an der übertragenden Körperschaft auf jene an der übernehmenden Körperschaft. Dies ist auch konsequent, steht doch dem Untergang der Beteiligung an der übertragenden Körperschaft keine Anteilsgewährung, sondern vielmehr eine bloße Erhöhung des Wertes der Anteile an der übernehmenden Körperschaft gegenüber (*Hügel* § 5 Rz 101). Unterbleibt im Zuge einer **Import-Verschmelzung** die Anteilsgewährung und kommt es zum Wegfall einer inländischen Schachtelbeteiligung, so ist gem § 5 Abs 7 Z 2 als Buchwert der untergehenden Anteile der höhere gemeine Wert nach § 5 Abs 5 auf die Beteiligung an der übernehmenden inländischen Körperschaft zu übertragen (ebenso *Zöchling/Puchner* in *Frotz/Kaufmann*[2], SteuerR Rz 76).

§ 5 Abs 5 wurde durch das **AbgÄG 1996** (BGBl 1996/797) ohne besondere Inkrafttretensbestimmung eingefügt und in den Materialien als bloße **„Klarstellung"** angesehen (ErlRV 497 BlgNR 20. GP, 26). Die steuerneutrale „Umschichtung" der Buchwerte bzw Anschaffungskosten entsprach auch vor dem AbgÄG 1996 der **Verwaltungspraxis** (s BMF 18.8.1993, ecolex 1993, 706 = RdW 1993, 386 = SWK 1993, A 500).

B. Schwesternverschmelzung

123 Bei **unmittelbarer Beteiligung im gleichen Verhältnis(Schwesternverschmelzung)** kommt es gem § 5 Abs 5 zu einer Übertragung der Anschaffungskosten bzw Buchwerte der Anteile an der übertragenden Gesellschaft vor Verschmelzung auf die Anschaffungskosten bzw Buchwerte der Anteile an der übernehmenden Gesellschaft, wobei die steuerlich maßgebenden Werte nach Verschmelzung der Summe der Werte vor Verschmelzung entsprechen (s UmgrStR Rz 284 samt Bsp).

Die UmgrStR gehen davon aus, dass für die „neu erworbenen" Anteile die **Anschaffungszeitpunkte der untergegangenen Anteile** an der übertragenden Gesellschaft maßgeblich seien (UmgrStR Rz 284 u 265); dies ist insofern nicht nachvollziehbar, zumal in diesem Fall gerade keine neuen Anteile erworben werden und es systematisch näher liegend wäre, die Anschaffungszeitpunkte der bestehenden Anteile an der übernehmenden Gesellschaft für maßgeblich zu erachten oder eine anteilsmäßig getrennte Betrachtung vorzunehmen (so bis zum WE 2013 a UmgrStR Rz 284).

C. Diagonale Konzernverschmelzung

Wird die Beteiligung an der übertragenden oder der übernehmenden Körperschaft nur **mittelbar** – also unter Einschaltung einer oder mehrerer **Zwischengesellschaften** – im gleichen Verhältnis gehalten, so sind nach Rechtsprechung und Verwaltungspraxis aufgrund der **verschmelzungsbedingten Wertverschiebung** entsprechende Aufstockungen der Beteiligungen an den Zwischengesellschaften in der Kette zur übernehmenden Körperschaft (Einlagen) und entsprechende Abstockungen der Beteiligungen an den Zwischengesellschaften in der Kette zur erlöschenden Körperschaft (Einlagenrückzahlungen) vorzunehmen (UFS 5.12.2012, RV/1387-W/06, GES 2013, 36 m Anm *Marschner* = UFSjournal 2013, 55 m Anm *Blasina*; UmgrStR Rz 285; BMF 18.8.1993, SWK 1993, A 500; *Bruckner* in *W/H/M*, HdU[1] I § 5 Rz 56; *Hügel* § 5 Rz 102; *Zöchling/Tüchler* in *W/Z/H/K*[5] § 5 Rz 13). Diese Buchwertumschichtung hat – in Analogie zu § 20 Abs 4 Z 3 – nicht im Beteiligungsverhältnis, sondern im Ausmaß der **Verkehrswertverschiebung** zu erfolgen (UFS 5.12.2012, RV/1387-W/06; UmgrStR Rz 285; *Zöchling/Tüchler* in *W/Z/H/K*[5] § 5 Rz 13). Es kommt bei der „Aufstockung" jedoch nicht zu einer gespaltenen Betrachtung in bisherige Anteile und umgründungsbedingten Wertzuwachs; vielmehr folgen der entsprechenden Einlage der Buchwerte auch die **stillen Reserven** (s UFS 5.12.2012, RV/1387-W/06, GES 2013, 36 m Anm *Marschner* = UFSjournal 2013, 55 m Anm *Blasina*). Übersteigt daher der Teilwert der gesamten Beteiligung den Buchwert der gesamten Beteiligung, hat eine Zuschreibung (§ 6 Z 13 EStG) stattzufinden, die mit den historischen Anschaffungskosten aus der Summe aller gehaltenen und umgründungsbedingt zugegangenen Beteiligungsteile begrenzt ist (UFS 5.12.2012, RV/1387-W/06). Der Abgang der Beteiligung bei der Zwischengesellschaft führt steuerlich zu einem nicht abzugsfähigen **Buchverlust gem § 3 Abs 2** (UmgrStR Rz 285; *Hügel* § 5 Rz 103). Die UmgrStR (Rz 285) erläutern dies durch folgendes

Beispiel

Die Muttergesellschaft (M) ist zu 100 % an der Tochtergesellschaft 1 (T1) und der Tochtergesellschaft 2 (T2) beteiligt. T1 hält sämtliche Anteile an der Enkelgesellschaft (E). In weiterer Folge wird E auf T2 verschmolzen. Steuerlich führt der Abgang der Beteiligung E bei T1 zu einem steuerneutralen Buchverlust (§ 3 Abs 2), der verschmelzungsbedingte Vermögenszugang bei der übernehmenden T2 führt zu einem steuerneutralen Buchgewinn. Die Muttergesellschaft muss den verschmelzungsbedingten Wertverlust der Beteiligung T1 steuerneutral abstocken und der Beteiligung T2 steuerneutral zuschreiben. Das Verhältnis der Verkehrswerte der E zu T1 (nach Wegfall der Beteiligung E) wird in Analogie zu § 20 Abs 4 Z 3 UmgrStG als Maßstab für die Werteverschiebung zwischen den Beteiligungen auf der Ebene von M angenommen, dh im selben prozentuellen Ausmaß ist der Beteiligungsansatz T1 bei M abzustocken und der sich dabei ergebende Betrag beim Beteiligungsansatz T2 zuzuschreiben.

Aus **gesellschaftsrechtlicher Sicht** ist durch geeignete Begleitmaßnahmen sicherzustellen, dass es durch den Wegfall der Beteiligung bei der Zwischengesellschaft bzw den Zwischengesellschaften zu keinem Verstoß gegen das **Verbot der Einlagenrückgewähr** bzw **Befreiung von Einlageverpflichtungen** kommt (UmgrStR Rz 285; *Hügel* § 5 Rz 103).

D. Identitätsfiktion

125 Aufgrund der – analog anzuwendenden – **Identitätsfiktion** des § 5 Abs 1 Z 1 S 1 wird kein Tausch bewirkt (zur Anwendung der Rückwirkungsfiktion s Rz 57). Der Zuerwerb löst daher keine neuen Behalte- oder Besitzfristen aus, die **steuerlichen Fristen** der untergegangenen Anteile an der übertragenden Körperschaft laufen unverändert weiter (UmgrStR Rz 284; *Bruckner* in *W/H/M*, HdU[1] I § 5 Rz 54; *Hügel* § 5 Rz 104). Es können daher nach Verschmelzung für verschiedene Teile einer Beteiligung unterschiedliche Fristen laufen (UmgrStR Rz 284; *Bruckner* in *W/H/M*, HdU[1] I § 5 Rz 54; *Hügel* § 5 Rz 104).

Aufgrund der Identitätsfiktion kommt es auch nicht zum **Wegfall von Verlusten** nach § 4, die auf Teilwertabschreibungen der untergegangenen Beteiligung beruhen (§ 4 Rz 7 und Rz 88; *Hügel* § 5 Rz 104); auch **offene Siebentelbeträge** nach § 12 Abs 3 Z 2 KStG aus einer Teilwertabschreibung auf die untergegangene Beteiligung laufen unverändert weiter (s *Bruckner* in *W/H/M*, HdU[1] I § 5 Rz 54).

X. Verzicht auf Anteilsgewährung (Abs 6)
A. Regelungsinhalt

131 Nach § 5 Abs 6 ist „§ 3 Abs. 2 anzuwenden", wenn die Gewährung von Anteilen unterbleibt, „weil Anteilsinhaber der übertragenden Körperschaft auf die Gewährung (§ 224 Abs. 2 Z 2 des Aktiengesetzes)". Über den Verweis des § 5 Abs 6 auf § 3 Abs 2 soll damit der **Buchverlust in der Höhe des Buchwertes der untergehenden Anteile**, der aufgrund des verzichtsbedingt ersatzlosen Wegfalls der Anteile an der übertragenden Körperschaft im Betriebsvermögen des Anteilsinhabers entsteht, **steuerneutral gestellt** werden.

§ 5 Abs 6 wurde durch das **AbgÄG 1996** (BGBl 1996/797) ohne besondere Inkrafttretensbestimmung eingefügt und in den Materialien als bloße „**Klarstellung**" angesehen (ErlRV 497 BlgNR 20. GP, 26).

B. Anwendungsbereich

132 Der **Anwendungsbereich des § 5 Abs 6** ist unklar. Im Ergebnis beschränkt er sich auf den unentgeltlichen Verzicht auf eine Anteilsgewährung (UmgrStR Rz 287 f) und den Verzicht in „Bagatellfällen", wenn der Wert des Vermögens der übertragenden Gesellschaft **null oder nur geringfügig positiv** ist (*Bruckner* in *W/H/M*, HdU[1] I § 5 Rz 12 u Rz 61; *Grünwald* in *W/H/M*, HdU[11] I Rz 121).

133 Indessen kommt § 5 Abs 6 bei einem Verzicht auf Anteilsgewährung in **zwei Fallgruppen** („entgeltlicher Verzicht") nicht zur Anwendung (UmgrStR Rz 289; *Bruckner* in *W/H/M*, HdU[1] I § 5 Rz 59 f; *Hügel* § 5 Rz 105 ff), und zwar

134 • wenn iSd § 224 Abs 2 Z 2 AktG die übernehmende Gesellschaft aufgrund des Verzichts keine neuen Anteile gewährt, aber schon aufgrund der **Identitätsfiktion des § 5 Abs 1 Z 1** die Buchwerte bzw Anschaffungskosten der untergehenden Anteile auf anderweitig **gewährte Abfindungsanteile** übergehen, zumal es diesfalls zu keinem Buchgewinn oder Buchverlust kommen kann (UmgrStR Rz 289; *Hügel* § 5 Rz 107; *Zöchling/Tüchler* in *W/Z/H/K*⁵ § 5 Rz 15); Dies ist der Fall, wenn *(1)* die Abfindung durch die Anteilsinhaber der übernehmenden Körperschaft oder durch Dritte mit **bestehenden Anteilen** an dieser erfolgt (UmgrStR Rz 289; *Bruckner* in *W/H/M*, HdU¹ I § 5 Rz 21 u Rz 59; *Zöchling/Tüchler* in *W/Z/H/K*⁵ § 5 Rz 14; s Rz 22); *(2)* die Abfindung mit **eigenen Anteilen** der übernehmenden Körperschaft, die sich schon vor der Verschmelzung in ihrem Eigentum befinden, erfolgt (UmgrStR Rz 289; zu einer allfälligen Steuerpflicht nach § 5 Abs 1 Z 5 s Rz 96 ff); oder *(3)* die Abfindung durch **Anteile an dritten Gesellschaften** (Konzerngesellschaften) nach Maßgabe der verschmelzungsrechtlichen Bestimmungen erfolgt (zB durch Anteile an der Muttergesellschaft der übernehmenden Gesellschaft; UmgrStR Rz 289; s Rz 23).

- wenn die Gegenleistung aus **anderen Vermögenswerten** (zB Barzahlungen oder sonstigen Vermögensleistungen) besteht, da es diesfalls nach der Verwaltungspraxis zu einer **Anteilsveräußerung** kommt (UmgrStR Rz 289; *Bruckner* in *W/H/M*, HdU¹ I § 5 Rz 60).   **135**

Werden im Fall einer mittelbaren oder diagonalen Konzernverschmelzung (s § 1 Rz 24 ff) gesellschaftsrechtliche Maßnahmen zum Ausgleich einer verbotenen Einlagenrückgewähr (wie zB ein Gesellschafterzuschuss in die Zwischengesellschaft) vereinbart (s § 1 Rz 29; UmgrStR Rz 51 iVm Rz 285 m Bsp u Rz 1085 zur Einbringung) stellen diese Maßnahmen bei der empfangenden Zwischengesellschaft uE kein Entgelt für das Unterbleiben einer Anteilsgewährung an diese Zwischengesellschaft (§ 224 Abs 2 AktG) dar (idS a UmgrStR Rz 1007 zu Art III).

C. Steuerneutraler Buchverlust nach § 3 Abs 2

Im Fall des unentgeltlichen Verzichts ist nach § 5 Abs 6 die durch den Untergang der Beteiligung an der übertragenden Körperschaft verursachte **Verschmelzungsdifferenz** nach § 3 Abs 2 steuerneutral zu stellen (UmgrStR Rz 287).   **136**

Besteht bei Verschmelzungen Bereicherungsabsicht, kann eine **Schenkungsmeldepflicht nach § 121a BAO** bestehen, wenn das Vermögen der übertragenden Gesellschaft unter § 121a Abs 1 BAO fällt (zB Betrieb; UmgrStR Rz 287; *Hügel* § 5 Rz 106). Die dreimonatige Frist für die Anzeige nach § 121a Abs 4 BAO beginnt mit der Eintragung der Verschmelzung im Firmenbuch zu laufen (UmgrStR Rz 287; s Pkt 6 AÖF 2009/37). Handelt es sich bei dem durch den Verzicht auf die Anteilsgewährung bereicherten Gesellschafter der übernehmenden Körperschaft um eine Privatstiftung bzw ein anderes unter § 1 Abs 1 StiftEG fallendes Gebilde, kann dies nach der Verwaltungspraxis **Stiftungseingangssteuerpflicht** auslösen (UmgrStR Rz 287).   **137**

Die Verwaltungspraxis nennt als Anwendungsfall des § 5 Abs 6 iVm § 3 Abs 2 auch den Verzicht auf die Anteilsgewährung nach § 224 Abs 2 Z 2 AktG durch die Tochtergesellschaft im Fall der **Upstream-Verschmelzung der Enkel- auf die (Groß)Muttergesellschaft** (UmgrStR Rz 288). Der bei der Tochtergesellschaft entstehende Buchverlust aufgrund des Wegfalls der Beteiligung an der Enkelgesellschaft ist gem § 3 Abs 2 steuerneutral (UmgrStR Rz 288). Bei der (Groß)Muttergesellschaft sind auch jene Wertdifferenzen steuerneutral, die sich durch die verschmelzungsbedingte Über-   **138** nahme des Vermögens der Enkelgesellschaft sowie eine allfällige Teilwertabschreibung des Beteiligungsansatzes an der Tochtergesellschaft ergeben (UmgrStR Rz 288).

Aus **gesellschaftsrechtlicher Sicht** ist durch geeignete Begleitmaßnahmen sicherzustellen, dass es durch den Wegfall der Beteiligung bei der Tochtergesellschaft zu keinem Verstoß gegen das **Verbot der Einlagenrückgewähr** bzw **Befreiung von Einlageverpflichtungen** kommt (UmgrStR Rz 288; s a *Grünwald* in *W/H/M*, HdU[11] I Rz 121).

XI. Entstehen, Änderung oder Untergang einer internationalen Schachtelbeteiligung (Abs 7)
A. Regelungsinhalt

141 Eine **internationale Schachtelbeteiligung** iSd § 10 Abs 2 KStG idF BudBG 2003 (BGBl I 2003/71) liegt vor, wenn eine Körperschaft iSd § 7 Abs 3 KStG (oder sonstige unbeschränkt steuerpflichtige ausländische Körperschaften, die einem inländischen unter § 7 Abs 3 KStG fallenden Steuerpflichtigen vergleichbar sind) an einer qualifizierten Auslandsgesellschaft in Form von Kapitalanteilen (Gesellschaftsanteile, aber auch qualifiziertes Hybridkapital wie zB Substanzgenussrechte) zu mindestens 10 % („**Mindestbeteiligungshöhe**") für einen ununterbrochenen Zeitraum von mindestens einem Jahr („**Mindesthaltedauer**") beteiligt sind (s zB KStR Rz 1200 ff und *Kofler* in *Achatz/Kirchmayr* § 10 Tz 167 mwN). Besteht eine internationalen Schachtelbeteiligung iSd § 10 Abs 2 KStG, so sind gem § 10 Abs 3 KStG idF BudBG 2003 (BGBl I 2003/71) – anders als bei inländischen Beteiligungen und ausländischen „Portfoliobeteiligungen" – Veräußerungsgewinne, Veräußerungsverluste und sonstige Wertänderungen – mit Ausnahme tatsächlicher und endgültiger Vermögensverluste (Liquidation oder Insolvenz) – steuerneutral, sofern nicht bei Beteiligungsanschaffung zur Steuerwirksamkeit optiert wurde (s zB KStR Rz 1216 u *Kofler* in *Achatz/Kirchmayr* § 10 Tz 240 ff mwN) oder ein Fall des Methodenwechsels nach § 10 Abs 4 und Abs 6 KStG vorliegt (s zB KStR Rz 1228 ff u *Kofler* in *Achatz/Kirchmayr* § 10 Tz 258 mwN).

142 Entsteht eine internationale Schachtelbeteiligung durch **Sitzverlegung** der Beteiligungskörperschaft ins Ausland, sieht § 10 Abs 3 Z 5 erster Satz KStG idF AbgÄG 2005 (BGBl I 2005/161) vor, dass sich die Steuerneutralität gem § 10 Abs 3 KStG nicht auf den Unterschiedsbetrag zwischen dem Buchwert und dem höheren Teilwert im Zeitpunkt der Sitzverlegung erstreckt; die bis zu diesem Zeitpunkt in Österreich steuerbaren stillen Reserven bleiben damit auch weiterhin steuerhängig (kein Wegzug bzw Export von stillen Reserven, s *Kofler* in *Achatz/Kirchmayr* § 10 Tz 249 mwN). Geht eine internationale Schachtelbeteiligung durch Sitzverlegung der Beteiligungskörperschaft ins Inland unter, gilt gem § 10 Abs 3 Z 5 zweiter Satz KStG idF AbgÄG 2005 (BGBl I 2005/161) der höhere Teilwert im Zeitpunkt der Sitzverlegung als Buchwert, sofern die Option zur Steuerwirksamkeit für diese Beteiligung nicht ausgeübt wurde. Die bis zu diesem Zeitpunkt in Österreich nicht steuerbaren stillen Reserven bleiben damit auch weiterhin steuerneutral (kein Zuzug bzw Import von stillen Reserven; s *Kofler* in *Achatz/Kirchmayr* § 10 Tz 255 mwN).

143 § 5 Abs 7 idF BudBG 2007 (BGBl I 2007/24) ergänzt dieses System um Regelungen für **Verschmelzungen iSd Art I**, im Zuge derer es auf Ebene der Gesellschafter der an der Verschmelzung beteiligten Körperschaften – also auf Gesellschafterebene – in Folge einer Veränderung einer internationalen Schachtelbeteiligung zu **Ent- oder Verstrickung von stillen Reserven** kommen würde:

- § 5 Abs 7 Z 1 soll sicherstellen, dass vor einer Verschmelzung steuerhängige stille Reserven in den Anteilen an den an der Verschmelzung beteiligten Körperschaften nach der Verschmelzung auch dann steuerhängig bleiben, wenn es in Folge der Verschmelzung zu einem **Entstehen einer internationalen Schachtelbeteiligung** oder zu einer **Änderung des Ausmaßes einer internationalen Schachtelbeteiligung** iSd § 10 Abs 2 KStG kommt (keine „Entstrickung" stiller Reserven; ErlRV 266 BlgNR 18. GP, 18; *Zöchling/Tüchler* in W/Z/H/K[5] § 5 Rz 30).

- § 5 Abs 7 Z 2 soll sicherstellen, dass vor einer Verschmelzung nicht steuerhängige stille Reserven in einer steuerneutralen Schachtelbeteiligung iSd § 10 Abs 2 KStG nach der Verschmelzung auch dann weiterhin steuerneutral bleiben, wenn es in Folge der Verschmelzung zu einem **Wegfall einer internationalen Schachtelbeteiligung** kommt (UmgrStR Rz 298; *Hügel* § 5 Rz 112).

Die heutige Regelung in § 5 Abs 7 erschließt sich teilweise aus der historischen Entwicklung: In § 5 Abs 5 der **Stammfassung des UmgrStG** war zunächst nur das Entstehen einer internationalen Schachtelbeteiligung angesprochen, wobei die Anwendung des § 3 Abs 4 angeordnet wurde (s ErlRV 266 BlgNR 18. GP, 18). Mit dem **StRefG 1993** (BGBl 1993/818) wurde die Erweiterung einer internationalen Schachtelbeteiligung einbezogen, eine fiktive Teilwertabschreibung als eigene Rechtsfolge angeordnet und die Besitzfrist des damaligen § 10 Abs 2 Z 2 KStG dispensiert (s ErlRV 1237 BlgNR 18. GP, 69). Das **AbgÄG 1996** (BGBl 1996/797) verschob die Regelung in § 5 Abs 7, ersetzte den Begriff der „Erweiterung" durch jenen der „Veränderung" und erfasste damit auch die bloß wertmäßige Änderung durch Zurechnung bei unterbliebender Anteilsgewährung (s Rz 147 f; s a *Bruckner* in W/H/M, HdU[1] I § 5 Rz 76; *Hirschler/Ludwig* in Achatz ua, IntUmgr 213; weiters *Hügel* § 5 Rz 129), hob die Dispensierung der Besitzfrist auf, fügte der Regelung die zweite Ziffer an, die die Entstrickung bei Wegfall einer internationalen Schachtelbeteiligung regelt (so zuvor bereits die Verwaltungspraxis; s *Schwarzinger/Wiesner* I[2] 137), und stellte für die Anwendbarkeit sowohl des § 5 Abs 7 Z 1 als auch Z 2 auf eine „Verschmelzung im Sinne des § 1 Abs. 1 Z 4", also eine Auslandsverschmelzung, ab (ErlRV 497 BlgNR 20. GP, 26). Durch das **BudBG 2003** (BGBl I 2003/71) wurde schließlich das zuvor bestehende umgründungssteuerrechtliche System fiktiver Teilwertabschreibungen aufgegeben (s zu diesem zB *Bruckner* in W/H/M, HdU[1] I § 5 Rz 72 f; *Hügel*, JBl 2003, 799; *Zöchling* in FS Wiesner 477; zum Zusammenwirken mit der Option nach § 26a Abs 16 KStG s *Kofler* in Achatz/Kirchmayr § 10 Tz 229 ff mwN); die bis dahin in § 5 Abs 7 Z 1 angeordnete Rechtsfolge einer fiktiven Teilwertabschreibung wurde dahingehend geändert, dass „hinsichtlich der bisher nicht steuerbegünstigten Beteiligungsquoten auf den Unterschiedsbetrag zwischen den Buchwerten und den höheren Teilwerten § 10 Abs. 3 erster Satz des Körperschaftsteuergesetzes 1988 nicht anzuwenden" ist. Im Lichte der ausdrücklichen Einbeziehung grenüberschreitender Verschmelzungen in den Art I durch das AbgÄG 2004 (s § 1 Rz 71) bezog das **AbgÄG 2005** (BGBl I 2005/161) schließlich durch eine Änderung des Verweises auf § 1 – nämlich anstatt auf „§ 1 Abs. 1 Z 4" auf „§ 1 Abs. 1" – auch grenzüberschreitende Verschmelzungen in den Anwendungsbereich des § 5

144

Abs 7 ein (s ErlRV 1187 BlgNR 22. GP, 15; s a *Wiesner*, RWZ 2005/96, 321; *Kempinger*, ÖStZ 2007/153, 71; *Hügel* § 5 Rz 116). Zudem wurde durch das AbgÄG 2005 klargestellt, dass „der Ansatz eines höheren Teilwertes insoweit nicht in Betracht kommt, als für die internationale Schachtelbeteiligung in die Steuerwirksamkeit optiert worden ist" (ErlRV 1187 BlgNR 22. GP, 15; s zum klarstellenden Charakter *Wolf*, SWK 2006, S 355 f). Mit dem **BudBG 2007** (BGBl I 2007/24) erhielt schließlich § 5 Abs 7 Z 2 den heutigen Wortlaut. Die seit dem AbgÄG 1996 (BGBl 1996/797) in § 5 Abs 7 Z 2 angeordnete Form der Kürzung der Aufwertung, wonach der Teilwert abzüglich „vorgenommener oder als nach diesem Bundesgesetz vorgenommen geltender Teilwertabschreibungen im Sinne des § 6 Z 2 lit. a des Einkommensteuergesetzes 1988" als Buchwert galt (dazu s zB *Zöchling* in FS Wiesner 479 f; *Kempinger*, ÖStZ 2007/ 153, 72 f; *Zöchling/Tüchler* in W/Z/H/K[5] § 5 Rz 33), wurde wegen des Auslaufens der Übergangsvorschrift des § 26a Abs 16 KStG aufgegeben, da es – aufgrund der vollen Steuerneutralität nach § 10 Abs 3 KStG – „keine steuerwirksame oder fiktive Teilwertabschreibung auf internationale Schachtelbeteiligungen mehr gibt" (ErlRV 43 BlgNR 23. GP, 26; s weiters Rz 170). Seither erfolgt die Kürzung der Aufwertung um „auf Grund einer Umgründung nach diesem Bundesgesetz von § 10 Abs. 3 erster Satz des Körperschaftsteuergesetzes 1988 ausgenommener Beträge". Der steuerneutrale Ansatz des höheren Teilwertes soll daher um jene Beträge gekürzt werden, die durch Vorumgründungen auf Grund des Entstehens oder der Erhöhung der internationalen Schachtelbeteiligung von den Wirkungen der Steuerneutralität ausgenommen waren (ErlRV 43 BlgNR 23. GP, 26).

145 § 5 Abs 7 (und § 3 Abs 4) schafft durch die Abgrenzung der stillen Reserven **umgründungssteuerliches Sonderrecht**, das sich in vergleichbarer Form im allgemeinen Steuerrecht nur für das Entstehen oder Untergehen einer internationalen Schachtelbeteiligung durch Sitzverlegung der Tochtergesellschaft findet (§ 10 Abs 3 Z 5 KStG; dazu *Kofler* in Achatz/Kirchmayr § 10 Tz 247 ff u Tz 253 ff; s a *Hirschler/ Ludwig* in *Achatz ua*, IntUmgr 216 ff; *Kempinger*, ÖStZ 2007, 70 ff). Es steht insb in einem eigenartigen **Spannungsverhältnis zur allgemeinen Behandlung der Veroder Entstrickung stiller Reserven** im Bereich internationaler Schachtelbeteiligungen (s a *Hügel* § 5 Rz 135; *Kofler*, 18 ÖJT IV/2 56 ff): So ist etwa die Veräußerung einer etappenweise aufgebauten internationalen Schachtelbeteiligung im Fall der Nichtoption nach allgemeinem Steuerrecht zur Gänze steuerfrei, sodass stille Reserven aus jener Zeit, die vor der Aufstockung auf die Mindestbeteiligungshöhe angesammelt wurden, nicht zeitlich abgegrenzt und nacherfasst werden (s *Hirschler/Sulz*, SWI 1997, 221; *Hügel* § 5 Rz 135; *Kofler* in *Achatz/Kirchmayr* § 10 Tz 247). Spiegelbildlich kommt es im Falle der Abstockung unter die Mindestbeteiligungshöhe zu keiner steuerneutralen Aufwertung um die während des Bestehens der internationalen Schachtelbeteiligung angesammelten stillen Reserven (s *Hügel* § 5 Rz 135; *Kofler* in *Achatz/Kirchmayr* § 10 Tz 253). Schließlich führte die Liberalisierung des internationalen Schachtelprivilegs durch das BudBG 2003 auch zur Erfassung von Beteiligungen, die zuvor nicht begünstigt waren (insb Beteiligungen zwischen 10 % und 25 %). Dadurch kam es zum Hineinwachsen zuvor aufgelaufener und steuerverstrickter stiller Reserven in die Steuerneutralität nach § 10 Abs 3 KStG; entgegen ursprünglicher Überlegungen, derartige stille Reserven durch eine Übergangsregelung weiterhin steuerlich erfassen zu können (s dazu *Tissot*, SWK 2003, S 408), hat der Gesetzgeber von einer solchen Regelung Abstand genommen, sodass auch „hineingewachsene" stille Reserven iRd § 10 Abs 3 KStG steuerfrei vereinnahmt werden können (s *Tissot*, ÖStZ 2003, 362; *Hügel*, JBl 2003, 798 m FN 16; *Lechner* in Seicht, Jb 563; *Kofler* in *Achatz/Kirchmayr* § 10 Tz 228). Hinzu kommt im Hinblick auf die **Mindestbehaltedauer des § 10 Abs 2 KStG**, die nach der Verwaltungspraxis für Zwecke des § 5 Abs 7 Z 1 für aufstockende Minderbeteiligungen neu zu laufen beginnt (s Rz 155), ein Spannungsverhältnis im Vergleich zur allgemeinen körperschaftsteuerlichen Behandlung des Zukaufes weiterer Anteile (zB 5 %) zu einer bereits bestehenden internationalen Schachtelbeteiligung (zB 30 %); nach hA zum allgemeinen Körperschaftsteuerrecht treten diesfalls die Wirkungen der internationalen Schachtelbeteiligung für die hinzuerworbenen Anteile nämlich sofort ein (KStR Rz 1207 [ex-Rz 555]; *Kofler* in *Achatz/Kirchmayr* § 10 Tz 220; *Fürnsinn/Massoner* in *L/R/S/S*² § 10 Rz 76; so bereits in richtlinienkonformer Interpretation für laufende Ausschüttungen *Tumpel*, Harmonisierung 266; *Hirschler/Sulz*, SWI 1997, 217 f; *Hirschler*, Rechtsformplanung 57; s a *Kofler* MTR Art 3 Rz 33).

B. Entstehen bzw Änderung einer internationalen Schachtelbeteiligung (Abs 7 Z 1)

1. Zielsetzung und Anwendungsbereich

§ 5 Abs 7 Z 1 UmgrStG idF **BudBG 2007** (BGBl I 2007/24) ergänzt das System des § 10 KStG für **Verschmelzungen iSd Art I** insofern, als vor einer Verschmelzung steuerhängige stille Reserven in den Anteilen an den an der Verschmelzung beteiligten Körperschaften nach der Verschmelzung auch dann steuerhängig bleiben, wenn „zu der vor der Verschmelzung bestehenden Minderheitsbeteiligung an der ausländischen übernehmenden Körperschaft verschmelzungsbedingt ein weiterer Anteil hinzutritt" (s ErlRV 266 BlgNR 18. GP, 18 zur Stammfassung des UmgrStG; UmgrStR Rz 290 ff). § 5 Abs 7 Z 1 erfasst Verschmelzungen, in deren Folge bei einer Körperschaft als Anteilsinhaber der übertragenden Körperschaft – also auf Gesellschafterebene – in Folge der Verschmelzung eine internationale Schachtelbeteiligung neu entsteht oder eine bestehende internationale Schachtelbeteiligung verändert wird (zur entsprechenden Regelung für das verschmelzungsbedingte Entstehen bzw Erweitern einer internationalen Schachtelbeteiligung auf Gesellschaftsebene in § 3 Abs 4 s § 3 Rz 111 ff). Analog zu § 10 Abs 3 Z 5 erster Satz KStG sieht § 5 Abs 7 Z 1 zu diesem Zweck eine Ausnahme von der Steuerneutralität von internationalen Schachtelbeteiligungen für in Österreich am Verschmelzungsstichtag steuerhängige stille Reserven vor. Konkret normiert § 5 Abs 7 Z 1, dass in jenen Fällen, in denen durch eine Verschmelzung iSd Art I bei einer Körperschaft als Anteilsinhaber eine internationale Schachtelbeteiligung im Sinne des § 10 Abs 2 KStG entsteht oder das Ausmaß einer bestehenden internationalen Schachtelbeteiligung durch neue Anteile oder durch Zurechnung zur bestehenden Beteiligung verändert wird, „hinsichtlich der bisher nicht steuerbegünstigten Beteiligungsquoten auf den Unterschiedsbetrag zwischen den Buchwerten und den höheren Teilwerten § 10 Abs 3 erster Satz KStG nicht anzuwenden" ist, wobei unter dem Begriff „nicht steuerbegünstigten Beteiligungsquoten" eine Beteiligung iSd § 10 Abs 2 KStG zu verstehen ist, die nicht die Mindestbeteiligungshöhe („mindestens zu einem Zehntel") erreicht (sog **„Minderheitsbeteiligung"**; s UmgrStR Rz 172 ff; *Bruckner* in *W/H/M*, HdU¹ I § 3 Rz 92; angesichts einer gesellschaftsrechtlichen „Vorbelastung" des Begriffs der Minderheitsbeteiligung kritisch zur Terminologie *Hügel* § 3 Rz 137 m FN 281).

150

Der **Anwendungsbereich** von § 5 Abs 7 Z 1 erfasst damit zwei Fallgruppen (s ausf die grafische Darstellung in Rz 190):

151 1. **„Entstehen" einer internationalen Schachtelbeteiligung.** In Folge einer Verschmelzung entsteht bei einer Körperschaft als Anteilsinhaber der übertragenden Körperschaft eine unter § 10 Abs 2 iVm Abs 3 KStG fallende internationale Schachtelbeteiligung neu. Dies kann auf folgende Arten erfolgen:

- Wenn bei einer **Auslandsverschmelzung** (zum Begriff s § 1 Rz 30) an der übernehmenden Körperschaft vor der Verschmelzung zwar nur eine Minderheitsbeteiligung bestand, nach der Verschmelzung aber die vereinigten Anteile an der übernehmenden Körperschaft („Altbeteiligung" von unter 10 % und Gegenleistungsanteile) insgesamt eine internationale Schachtelbeteiligung darstellen, wobei es irrelevant ist, ob die internationale Schachtelbeteiligung durch die Gewährung neuer oder eigener Anteile (zB Vorratsaktien) durch die übernehmende Körperschaft, durch die Abtretung von bestehenden Anteilen durch die Gesellschafter der übernehmenden Körperschaft oder durch die „durchgeschleusten" Anteile bei der Downstream-Verschmelzung entsteht (ebenso UmgrStR Rz 294; *Hügel* § 5 Rz 117; aA *Hirschler/Ludwig* in *Achatz ua*, IntUmgr 213).
Dies wird praktisch nur dann der Fall sein, wenn an der übertragenden Körperschaft eine Beteiligung von mehr als 10 % bestand (UmgrStR Rz 297 Pkt 3; *Hügel* § 5 Rz 119; *Zöchling/Tüchler* in W/Z/H/K[5] § 5 Rz 32), da nur in diesem Fall die Summe der Gegenleistungsanteile und der (verwässerten) „Altanteile" an der übernehmenden Körperschaft die 10 %-Grenze erreichen werden. Bestehen an beiden verschmelzenden Körperschaften nur Minderheitsbeteiligungen, ist ein „Entstehen" einer internationalen Schachtelbeteiligung allerdings dann denkbar, wenn vor der Verschmelzung auch zwischen den verschmelzenden Gesellschaften eine Beteiligung besteht und in Folge dessen das „mittelbare" Beteiligungsausmaß an zumindest einer der beiden Gesellschaft schon vor der Verschmelzung über 10 % lag (*Bruckner* in W/H/M, HdU[1] I § 5 Rz 74 m FN 836).
- Wenn bei einer **Export-Verschmelzung** (zum Begriff s § 1 Rz 30) eine Beteiligung an der inländischen übertragenden Körperschaft bestand und die Anteile an der ausländischen übernehmenden Körperschaft nach der Verschmelzung eine internationale Schachtelbeteiligung darstellen (UmgrStR Rz 294; *Hügel* § 5 Rz 117), wobei es irrelevant ist, ob die internationale Schachtelbeteiligung durch die Gewährung neuer oder eigener Anteile (zB Vorratsaktien) der übernehmenden Körperschaft, durch die Abtretung von bestehenden Anteilen durch die Gesellschafter der übernehmenden Körperschaft oder durch die „durchgeschleusten" Anteile bei der Downstream-Verschmelzung entsteht (ebenso UmgrStR Rz 294; *Hügel* § 5 Rz 117; aA *Hirschler/Ludwig* in *Achatz ua*, IntUmgr 213).

152 2. **„Änderung des Ausmaßes" einer internationalen Schachtelbeteiligung.** In Folge einer Verschmelzung wird bei einer Körperschaft als Anteilsinhaber der übernehmenden Körperschaft das Ausmaß einer unter § 10 Abs 2 iVm Abs 3 KStG fallenden internationalen Schachtelbeteiligung verändert. Dies kann auf folgende Arten erfolgen:

153 - Wenn bei einer **Auslandsverschmelzung** oder einer **Export-Verschmelzung mit Anteilsgewährung** vor der Verschmelzung eine internationale Schachtelbeteiligung an der übernehmenden Körperschaft besteht und ihr

„Ausmaß durch neue Anteile verändert wird." Dies ist dann der Fall, wenn die vereinigten Anteile („Altbeteiligung" von über 10 % und Gegenleistungsanteile) auch nach der Verschmelzung eine internationale Schachtelbeteiligung darstellen, wobei es irrelevant ist, ob die bestehende internationale Schachtelbeteiligung durch die Gewährung neuer Anteile oder eigener Anteile (zB Vorratsaktien) der übernehmende Körperschaft oder durch die Abtretung von bestehenden Anteilen durch die Gesellschafter der übernehmenden Körperschaft erfolgt (Änderung des Ausmaßes „durch neue Anteile"; UmgrStR Rz 297 Pkt 2; *Hügel* § 5 Rz 119; *Schwarzinger/Wiesner* I/1³ 523; *Zöchling/Tüchler* in W/Z/H/K⁵ § 5 Rz 32).

Wird die bestehende „Altbeteiligung" hingegen derart verwässert, dass die vereinigten Anteile unter die Schwelle für das Vorliegen einer internationalen Schachtelbeteiligung absinken, liegt kein Fall einer Änderung des Ausmaßes einer internationalen Schachtelbeteiligung iSd § 5 Abs 7 Z 1, sondern ein Untergang einer internationalen Schachtelbeteiligung nach § 5 Abs 7 Z 2 vor (s Rz 158 und zB *Hügel* § 5 Rz 133).

- Wenn bei einer **Auslandsverschmelzung** oder einer **Export-Verschmelzung ohne Anteilsgewährung** vor der Verschmelzung eine internationale Schachtelbeteiligung an der übernehmenden Körperschaft besteht und ihr „Ausmaß durch Zurechnung zur bestehenden Beteiligung verändert wird." Dies ist dann der Fall, wenn bei der Verschmelzung von verbundenen Körperschaften (zB von Schwestergesellschaften) nach § 224 Abs 2 Z 1 AktG gem § 5 Abs 5 die Buchwerte der Anteile an der übertragenden Körperschaft den Buchwerten in der übernehmenden Körperschaft hinzuzurechnen sind (so ErlRV 479 BlgNR 20. GP, 26; UmgrStR Rz 294; *Hirschler/Ludwig* in *Achatz ua*, IntUmgr 213; zur Anteilsbewertung bei Unterbleiben einer Gegenleistung s Rz 121 ff).

154

Der Anwendungsbereich dieser Variante ist freilich eng: Eine „Veränderung" bezieht sich einerseits nach dem Wortlaut des § 5 Abs 7 Z 1 auf eine bestehende internationale Schachtelbeteiligung an der übernehmenden Körperschaft, andererseits kann eine Anteilsgewährung nach § 224 Abs 2 Z 1 AktG nur dann unterbleiben, wenn auch an der übertragenden Körperschaft eine ebenso hohe Beteiligung besteht (Erfordernis der Beteiligungsidentität); da somit an beiden Körperschaften eine zumindest 10%ige Beteiligung bestehen muss, kann eine „bisher nicht steuerbegünstigte Beteiligungsquote" nach § 5 Abs 7 Z 1 UmgrStG nur dann in Betracht kommen, wenn die ausländische übertragende Körperschaft entweder nicht von § 10 Abs 2 KStG erfasst ist (zB Verschmelzung einer Drittstaats-Genossenschaft auf eine ausländische vergleichbare Kapitalgesellschaft; UmgrStR Rz 296; *Hirschler/ Ludwig* in *Achatz ua*, IntUmgr 210 und 213; *Hügel* § 5 Rz 128) oder eine Export-Verschmelzung vorliegt (*Hügel* § 5 Rz 128). Das den Materialien vor Augen schwebende Beispiel der „Verschmelzung einer hundertprozentigen Auslandstochter auf eine zweite" (so ErlRV 479 BlgNR 20. GP, 26) ist daher jedenfalls insofern problematisch, als die Beteiligung an der übertragenden Gesellschaft bereits eine qualifizierte Beteiligung darstellt und folglich der Unterschiedsbetrag (weiterhin) nicht steuerhängig bleibt (s *Hirschler/Ludwig* in *Achatz ua*, IntUmgr 213).

Nicht vom Anwendungsbereich des § 5 Abs 7 Z 1 erfasst sind hingegen die folgenden Fallgruppen:

155

- **„Übertragung" einer steuerneutralen internationalen Schachtelbeteiligung.** Besteht bei einer Auslandsverschmelzung vor der Verschmelzung eine steuerneutrale internationale Schachtelbeteiligung an der übertragenden Körperschaft und überhaupt keine Beteiligung an der übernehmenden Körperschaft und stellen die Gegenleistungsanteile an der übernehmenden Körperschaft wieder eine internationale Schachtelbeteiligung dar (keine Verwässerung unter 10 %), ist § 5 Abs 7 Z 1 nicht anwendbar, obwohl eine internationale Schachtelbeteiligung an der übernehmenden Körperschaft neu entsteht (UmgrStR Rz 297 Pkt 4; *Hügel* § 5 Rz 120; missverständlich UmgrStR Rz 294). Ein verschmelzungsbedingtes Absinken der Beteiligungsquote unter 10 % kann aber zum Untergang der Schachtelbeteiligung und damit zu einem Anwendungsfall des § 5 Abs 7 Z 2 führen (s Rz 158).

156 - **Erweiterung einer steuerwirksamen internationalen Schachtelbeteiligung.** Wird in Folge einer Auslandverschmelzung eine bereits vor der Verschmelzung bestehende internationale Schachtelbeteiligung, für die die **Option zur Steuerpflicht nach § 10 Abs 3 KStG** ausgeübt wurde (steuerwirksame internationale Schachtelbeteiligung), an der übernehmenden Körperschaft durch neue Anteile oder durch Zurechnung zur bestehenden Beteiligung verändert, erstreckt sich die Option zur Steuerwirksamkeit auf die vereinigte Schachtelbeteiligung, sodass stille Reserven ohnehin steuerverstrickt bleiben und § 5 Abs 7 Z 1 UmgrStG irrelevant ist (*Hügel* § 5 Rz 132; *Schwarzinger/Wiesner* I/1³ 523; s a KStR 2013 Rz 1216 und *Kofler* in *Achatz/Kirchmayr* § 10 Abs 3 Tz 252). Zur Frage, ob beim verschmelzungsbedingten Entstehen bzw Erweitern einer internationalen Schachtelbeteiligung die Möglichkeit besteht, erstmals bzw erneut nach § 10 Abs 3 KStG zur Steuerpflicht zu optieren bzw eine Option nach § 10 Abs 3 KStG zu widerrufen, s § 3 Rz 125 f).

157 - **„Vereinigung" von zwei internationalen Schachtelbeteiligungen.** Besteht bei einer Auslandsverschmelzung an einer der beiden verschmelzenden Körperschaften eine internationale Schachtelbeteiligung, für die die **Option zur Steuerpflicht nach § 10 Abs 3 KStG** ausgeübt wurde (steuerwirksame internationale Schachtelbeteiligung) und an der anderen Körperschaft eine internationale Schachtelbeteiligung, für die die Option zur Steuerpflicht nach § 10 Abs 3 KStG nicht ausgeübt wurde (steuerneutrale internationale Schachtelbeteiligung), liegt uE mangels „bisher nicht steuerbegünstigter Beteiligungsquoten" kein Anwendungsfall des § 5 Abs 7 Z 1 vor (*Hügel* § 5 Rz 112; wohl a *Zöchling/Tüchler* in W/Z/H/K⁵ § 5 Rz 31 u Rz 32; im Ergebnis a *Strimitzer/Wurm* in T/W, EU-VerschG² SteuerR Rz 91; aA *Angerer/Hebenstreit/Ludwig*, RWZ 2014/43, 185 f, a auf Basis eines weiten Verständnisses der „Veränderung" einer internationalen Schachtelbeteiligung; unklar UmgrStR Rz 297 Pkt 7). Nach der Verschmelzung wäre die steuerliche Behandlung damit wohl – analog § 10 Abs 3 Z 4 KStG – getrennt nach einem optierten und einem nicht-optierten Teil fortzuführen und würden Wertänderungen unabhängig von der Verschmelzungsrichtung aliquot das Schicksal des optierten bzw nicht-optierten Teiles teilen (s a § 3 Rz 119 zum Fall des Zusammentreffens zweier Beteiligungen an derselben ausländischen Gesellschaft auf Gesellschaftsebene; weiters a *Hirschler/Ludwig* in *Achatz ua*, IntUmgr 219 f).

Vertritt man hingegen die Ansicht, dass § 5 Abs 7 Z 1 UmgrStG auf diesen Fall anwendbar ist (und es damit ohnehin zu einer Verstrickung der in der optierten Schachtelbeteiligung bis zum Verschmelzungsstichtag aufgelaufenen „Altreserven" kommt; so *Zöchling/Puchner* in *Frotz/Kaufmann*[2] SteuerR Rz 24 u *Angerer/Hebenstreit/Ludwig*, RWZ 2014/43, 185 f; unklar UmgrStR Rz 297 Pkt 7), so divergieren dennoch die Schlussfolgerungen hinsichtlich der Optionsmöglichkeiten nach § 10 Abs 3 KStG: Teilweise wird aufgrund der Identitätsfiktion die bisherige Optionsentscheidung für maßgeblich gehalten, sodass die Fortsetzung **getrennt nach der jeweiligen Option bzw Nicht-Option** erfolgen solle (so *Zöchling/Puchner* in *Frotz/Kaufmann*[2] SteuerR Rz 24), zum Teil wird eine (analoge) Anwendung des § 10 Abs 3 Z 4 KStG für die zukünftigen stillen Reserven abgelehnt und gefolgert, dass für die neuen stillen Reserven eine Maßgeblichkeit der für die übernehmende Körperschaft gewählten Option oder Nicht-Option bestehe und daher durch die Wahl der Verschmelzungsrichtung die grundsätzlich unwiderrufliche Option (§ 10 Abs 3 Z 2 KStG) wirtschaftlich für die Zukunft geändert werden könne (so *Angerer/Hebenstreit/Ludwig*, RWZ 2014/43, 185 f).

- **Methodenwechsel nach § 10 Abs 4 KStG.** Entsteht im Zuge einer Verschmelzung eine internationale Schachtelbeteiligung, die in den Anwendungsbereich des **Methodenwechsels nach § 10 Abs 4 KStG** fällt, oder wird eine solche Beteiligung verändert, kommt § 5 Abs 7 Z 1 nicht zur Anwendung, da die nach der Verschmelzung bestehende internationale Schachtelbeteiligung die Steuerneutralität des § 10 Abs 3 KStG am Verschmelzungsstichtag nicht tatsächlich vermittelt (*Schwarzinger/Wiesner* I/1[3] 519; *Angerer/Hebenstreit/Ludwig*, RWZ 2014/43, 184; *Strimitzer/Wurm* in T/W, EU-VerschG[2] SteuerR Rz 89; ebenso zum umgekehrten Fall des Untergangs einer solchen Beteiligung BMF 23.4.1999, SWK 1999, S 425 = ARD 5044/15/99, sowie UmgrStR Rz 301 und Rz 994).

158

2. Ausnahme von der Steuerneutralität

Die Regelung in § 5 Abs 7 Z 1 bewirkt, dass vor einer Verschmelzung in einer „Minderheitsbeteiligung" **steuerverstrickte stille Reserven** nach der Verschmelzung auch im Rahmen einer grundsätzlich nach § 10 Abs 3 KStG steuerneutralen internationalen Schachtelbeteiligung steuerverstrickt bleiben und der Steuerpflicht unterliegen, soweit sie in den nachfolgend **tatsächlich realisierten stillen Reserven** Deckung finden (UmgrStR Rz 293; *Walter*[11] Rz 97). Dadurch wird im Ergebnis die Steuerneutralität des § 10 Abs 3 KStG für **stille Reserven in bisherigen „Minderheitsbeteiligungen"** ausgeschlossen. Umgekehrt formuliert erfasst die **Steuerneutralität des § 10 Abs 3 KStG** damit nur jene stillen Reserven, die schon vor der Verschmelzung aufgrund von § 10 Abs 3 KStG nicht steuerhängig waren bzw jene, die nach dem Verschmelzungsstichtag entstanden sind (UmgrStR Rz 292; *Zöchling/Tüchler* in W/Z/H/K[5] § 5 Rz 31); nach dem Verschmelzungsstichtag angesammelte stille Reserven wachsen damit nicht in die Steuerverstrickung nach § 5 Abs 7 Z 1 hinein (UmgrStR Rz 293).

159

Technisch wird dies dadurch erreicht, dass nach § 5 Abs 7 Z 1 „hinsichtlich der **bisher nicht steuerbegünstigten Beteiligungsquoten** auf den Unterschiedsbetrag zwischen den Buchwerten und den höheren Teilwerten § 10 Abs 3 erster Satz KStG nicht anzuwenden" ist. Die Bewertung und Ermittlung des Unterschiedsbetrags ist entsprechend dem generellen Prinzip des UmgrStG zum **Verschmelzungsstichtag**

160

vorzunehmen (UmgrStR Rz 292; *Hügel* § 5 Rz 122; *Strimitzer/Wurm* in *T/W*, EU-VerschG² SteuerR Rz 89; idS a ErlRV 43 BlgNR 23. GP, 18).

161 Da § 5 Abs 7 Z 1 den „Buchwert" anspricht, so ist dieser auch dann maßgeblich, wenn von den Anschaffungskosten der steuerhängigen Beteiligung vor der Verschmelzung eine nicht durch Zuschreibung aufgeholte **Teilwertabschreibung iSd § 12 Abs 3 Z 2 KStG** vorgenommen wurde, und zwar ungeachtet dessen, ob die Siebentelabsetzungen schon erfolgt sind (UmgrStR Rz 177 u Rz 183; *Schwarzinger/Wiesner* I/1³ 517); maßgeblich ist also der um die volle Teilwertabschreibung gekürzte Buchwert (*Schwarzinger/Wiesner* I/1³ 517 u 521). Da § 5 Abs 7 Z 1 UmgrStG lediglich eine Ausnahme von der Steuerneutralität nach § 10 Abs 3 KStG begründet, wirkt sich eine **Verminderung stiller Reserven** nach dem Verschmelzungsstichtag insofern unmittelbar aus, als bei **tatsächlicher Veräußerung** nur maximal die in diesem Zeitpunkt realisierten stillen Reserven steuerwirksam sein können (UmgrStR Rz 185; *Hirschler/Ludwig* in *Achatz ua*, IntUmgr 218; *Schwarzinger/Wiesner* I/1³ 517); die realisierten stillen Reserven sind dabei allenfalls durch aliquote Zuordnung des Veräußerungserlöses zur „konservierten" Beteiligungstranche zu ermitteln (s dazu das Beispiel in § 3 Rz 118).

162 Gleich wie bei § 3 Abs 4 (s § 3 Rz 130) bezieht sich auch die Ausnahme von der Steuerneutralität nach § 5 Abs 7 Z 1 UmgrStG nur auf den Unterschiedsbetrag zwischen den Buchwerten und „den höheren Teilwerten", also eine positive stille Reserve. Sollte daher der Teilwert unter dem Buchwert liegen und konnte keine Teilwertabschreibung erfolgen, bleibt es bei der Wertfortführung nach § 5 Abs 1 Z 1 UmgrStG und damit der **Konservierung latenter Verluste** in den Abfindungsanteilen, die sich jedoch aufgrund der Steuerneutralität nach § 10 Abs 3 KStG nicht auswirken.

3. Mindesthaltedauer

163 Ebenso wie § 3 Abs 4 erfasst § 5 Abs 7 Z 1 nur das „Entstehen" und die „Änderung" einer internationalen Schachtelbeteiligung **durch Übertragung von „Minderheitsbeteiligungen"**, enthält jedoch keine Regelung zu den Auswirkungen einer Verschmelzung auf den Lauf der **einjährigen Mindesthaltedauer** des § 10 Abs 2 KStG (s a § 3 Rz 136 ff). Nach der Verwaltungspraxis gilt hier Folgendes:

164 • War der inländische Gesellschafter vor der Verschmelzung **an der übertragenden und an der übernehmenden Gesellschaft zu weniger als 10 %** beteiligt, lag keine internationale Schachtelbeteiligung vor. Durch das verschmelzungsbedingte Entstehen der internationalen Schachtelbeteiligung beginnt die Jahresfrist für die vereinigten Anteile ab dem maßgebenden Erwerbszeitpunkt der übernommenen Anteile zu laufen (UmgrStR Rz 297 Pkt 6 iVm Rz 262; *Hügel* § 5 Rz 125; *Zöchling/Puchner* in *Frotz/Kaufmann*² SteuerR Rz 27; *Schwarzinger/Wiesner* I/1³ 521).

165 • War der Gesellschafter zum Verschmelzungszeitpunkt **an beiden Gesellschaften zwar mit 10 % oder mehr, aber weniger als ein Jahr** beteiligt, ist die Jahresfrist auf die ursprünglichen Anschaffungszeitpunkte zu beziehen (UmgrStR Rz 297 Pkt 7).

Die Verwaltungspraxis ist hier inkonsequent, da bei verschmelzungsbedingter Vereinigung von zwei „werdenden" Schachtelbeteiligungen bei der übernehmenden Körperschaft nunmehr auf die bereits länger laufende Haltedauer abgestellt wird, sofern die verschmelzungsbedingt zusammengeführten Beteiligungen steuerlich dasselbe Schicksal teilen, also für beide optiert oder für beide nicht optiert wurde (s § 3 Rz 132; vgl UmgrStR Rz 181; *Wiesner/Mayr*, RdW 2007/447, 439; aA *Hügel* § 3 Rz 150 u *Zöchling/Tüchler* in W/Z/H/K[5] § 3 Rz 43: getrennte Betrachtung der beiden Behaltefristen).

- War der Gesellschafter zum Verschmelzungszeitpunkt **nur an der übernehmenden Gesellschaft länger als ein Jahr mit 10 % oder mehr beteiligt**, beginnt hinsichtlich der Beteiligungserweiterung die Jahresfrist ab dem maßgebenden Erwerbszeitpunkt der übernommenen Anteile zu laufen. Sollte die erweiterte Beteiligung innerhalb der Jahresfrist veräußert werden, tritt Steuerpflicht nicht nur hinsichtlich der Ausnahme von der Substanzgewinnbefreiung, sondern auch hinsichtlich der nach dem Verschmelzungszeitpunkt entstandenen und auf die Erweiterung der internationalen Schachtelbeteiligung entfallenden stillen Reserven ein (UmgrStR Rz 297 Pkt 8).

    166

    Die Verwaltungspraxis ist auch hier inkonsequent, da auf Ebene der übernehmenden Körperschaft bei verschmelzungsbedingter Erweiterung einer bestehenden internationalen Schachtelbeteiligung, für die die Mindestbehaltedauer bereits abgelaufen ist, hinsichtlich der stillen Reserven in der übernommenen Minderheitsbeteiligung keine eigene Jahresfrist zu laufen beginnt (s § 3 Rz 122 mwN), und steht auch nicht im Einklang mit dem allgemeinen Körperschaftsteuerrecht, wonach beim Zukauf weiterer Anteile (zB 5 %) zu einer bereits bestehenden internationalen Schachtelbeteiligung (zB 30 %) die Wirkungen der internationalen Schachtelbeteiligung für die hinzuerworbenen Anteile sofort eintreten (s KStR 2013 Rz 1207; *Fürnsinn/Massoner* in L/R/S/S[2] § 10 Rz 76; *Kofler* in Achatz/Kirchmayr § 10 Tz 220; *Strimitzer* in Q/R/S/S/V[27] § 10 Tz 197; so bereits in richtlinienkonformer Interpretation *Tumpel*, Harmonisierung 266; *Hirschler/Sulz*, SWI 1997, 217 f; *Hirschler*, Rechtsformplanung 57; s a *Kofler*, MTR Art 3 Rz 33).

- Bestand die Beteiligung des Gesellschafters **an der übernehmenden Gesellschaft zwar mit 10 % oder mehr, aber weniger als ein Jahr**, ist hinsichtlich des Beginnes der Jahresfrist gleichfalls auf den ursprünglichen Anschaffungszeitpunkt abzustellen. Die Veräußerung der Beteiligung innerhalb der Jahresfrist führt zur vollständigen Besteuerung der stillen Reserven, gleichgültig, ob diese auf Zeiträume vor der Verschmelzung oder danach entfallen. Sollte die mindestens 10%ige Beteiligung zum Verschmelzungszeitpunkt die Jahresfrist nicht erfüllen und wird diese Beteiligung außerhalb der Jahresfrist veräußert, ist für die Substanzgewinnbefreiung die Ausnahme von der Steuerneutralität nicht maßgebend (UmgrStR Rz 297 Pkt 9; vgl *Hügel* § 5 Rz 125).

    167

- War der Gesellschafter **an beiden Gesellschaften länger als ein Jahr, aber nur an der übertragenden Gesellschaft mindestens 10 %** beteiligt, läuft hinsichtlich der begünstigten Beteiligungsquote die bereits begonnene Besitzfrist weiter, für die nicht begünstigte Beteiligungsquote beginnt ab dem maßgebenden Erwerbszeitpunkt der übernommenen Anteile eine neue Besitzfrist zu laufen. Die Ausnahme von der Steuerneutralität ist auf die mindestens 10%ige Beteiligung an der übertragenden Gesellschaft auch dann nicht anzuwenden (UmgrStR Rz 297 Pkt 10).

    168

4. Option zur Steuerwirksamkeit

169 Bei **Entstehen einer internationalen Schachtelbeteiligung** in Folge einer Auslands- oder Export-Verschmelzung ist nach der Verwaltungspraxis mangels „Anschaffung" iSd § 10 Abs 3 Z 1 KStG keine Option zur Steuerwirksamkeit möglich, so dass zwingend eine steuerneutrale Schachtelbeteiligung entsteht und die vor der Verschmelzung angesammelten stillen Reserven nach § 5 Abs 7 Z 1 UmgrStG steuerverstrickt bleiben (s analog UmgrStR Rz 180 Pkt 2; so ausdrücklich a *Wiesner/Schwarzinger*, UmS 170/14/11, SWK 2011, S 621; *Schwarzinger/Wiesner* I/1³ 521; aA insb zur Export-Verschmelzung *Hügel* § 5 Rz 123; *Zöchling/Puchner* in *Frotz/Kaufmann*² SteuerR Rz 27, zu von einer ausländischen konzernfremden übernehmenden Gesellschaft gewährten Anteilen; zur Optionsmöglichkeit bei Export-Verschmelzung s *Strimitzer/Wurm* in *T/W*, EU-VerschG² SteuerR Rz 146).

170 Bei **Änderung einer internationalen Schachtelbeteiligung**, für die die Option zur Steuerwirksamkeit ausgeübt wurde, bleibt die Option auch nach der Verschmelzung aufrecht und erstreckt sich auch auf die neuen Anteile bzw die Zurechnung zur bestehenden Beteiligung (s Rz 142), so dass stille Reserven ohnehin steuerverstrickt bleiben und § 5 Abs 7 Z 1 UmgrStG irrelevant ist (s *Hügel* § 5 Rz 132; *Schwarzinger/Wiesner* I/1³ 523; s a KStR 2013 Rz 1216 auch außerhalb von Konzernumgründungen iSd § 10 Abs 3 Z 4 KStG). Bei Änderung einer internationalen Schachtelbeteiligung, für die die Option zur Steuerwirksamkeit nicht ausgeübt wurde, ist die gesamte vereinigte Schachtelbeteiligung steuerneutral und § 5 Abs 7 Z 1 UmgrStG ist anwendbar.

171 Bei **„Vereinigung" von zwei internationalen Schachtelbeteiligungen,** also in jenen Fällen, bei denen an einer der beiden verschmelzenden Körperschaften eine internationale Schachtelbeteiligung, für die die **Option zur Steuerpflicht nach § 10 Abs 3 KStG** ausgeübt wurde (steuerwirksame internationale Schachtelbeteiligung), und an der anderen Körperschaft eine internationale Schachtelbeteiligung, für die die Option zur Steuerpflicht nach § 10 Abs 3 KStG nicht ausgeübt wurde (steuerneutrale internationale Schachtelbeteiligung), besteht, ist mangels „Anschaffung" iSd § 10 Abs 3 Z 1 KStG keine Option zur Steuerwirksamkeit bzw Rückoption zur Steuerneutraliät möglich (zu den Rechtsfolgen im Hinblick auf die vor Verschmelzung steuerhängigen/nicht steuerhängigen stillen Reserven s Rz 151).

C. Untergang einer internationalen Schachtelbeteiligung (Abs 7 Z 2)

180 § 5 Abs 7 Z 2 UmgrStG idF BudBG 2007 (BGBl I 2007/24) ergänzt das System des § 10 KStG für **Verschmelzungen iSd Art I** insofern, als vor einer Verschmelzung nicht steuerhängige stille Reserven in den Anteilen an der an der Verschmelzung beteiligten Körperschaften – also auf Gesellschafterebene – nach der Verschmelzung auch dann nicht steuerhängig bleiben, wenn durch die Verschmelzung **„die Eigenschaft einer Beteiligung als internationale Schachtelbeteiligung"** untergeht. Diesfalls gilt nach § 5 Abs 7 Z 2, „soweit für sie keine Option zugunsten der Steuerwirksamkeit erklärt worden ist, der höhere Teilwert zum Verschmelzungsstichtag, abzüglich auf Grund einer Umgründung nach diesem Bundesgesetz von § 10 Abs. 3 erster Satz des Körperschaftsteuergesetzes 1988 ausgenommener Beträge, als Buchwert".

> Gesetzlich nicht geregelt ist, ob es im Fall des verschmelzungsbedingten Untergangs einer internationalen Schachtelbeteiligung auch dann zu einer Aufwertung auf den

höheren Teilwert kommen kann, wenn aufgrund der **Missbrauchsbestimmung des § 10 Abs 4 KStG** bisher keine Steuerbefreiung der internationalen Schachtelbeteiligung gegeben war. Systemkonform geht die Verwaltungspraxis davon aus, dass „**eine steuerneutrale Aufwertung nicht Platz greifen kann**, wenn die Beteiligung zwar formal eine internationale Schachtelbeteiligung ist, aber aufgrund des § 10 Abs. [4] 1988 die Wirkungen des § 10 Abs. [3] 1988 nicht tatsächlich vermittelt" (s BMF 23.4.1999, SWK 1999, S 425 = ARD 5044/15/99; ebenso UmgrStR Rz 301 u Rz 994; zust *Bruckner* in W/H/M, HdU[1] I § 5 Rz 84; *Hügel* § 5 Rz 134; *Kofler* in *Achatz/Kirchmayr* § 10 Tz 254; *Strimitzer/Wurm* in *T/W*, EU-VerschG[2] SteuerR Rz 92; *Angerer/Hebenstreit/Ludwig*, RWZ 2014/43, 184; ausf *Aigner*, SWI 2000, 224 ff). Zur Ausschüttungsfiktion nach § 3 Abs 1 Z 3 s § 3 Rz 71 ff.

Der **Anwendungsbereich** von § 5 Abs 7 Z 2 erfasst damit zwei Fallgruppen (s ausf die grafische Darstellung in Rz 190): **181**

1. Bei einer **Auslandsverschmelzung** (zum Begriff s § 1 Rz 30) kommt es in folgenden Fällen zu einem Untergang einer bestehenden internationalen Schachtelbeteiligung:
   - Wenn an der übertragenden Körperschaft vor der Verschmelzung eine steuerneutrale internationale Schachtelbeteiligung besteht und die Beteiligung an der übernehmenden Körperschaft nach der Verschmelzung weniger als 10 % beträgt, und zwar unabhängig davon, ob vor der Verschmelzung bereits eine Beteiligung an der übernehmenden Körperschaft bestand oder nicht (UmgrStR Rz 298; *Hügel* § 5 Rz 133 m FN 174).
   - Wenn an der übernehmenden Körperschaft vor der Verschmelzung eine steuerneutrale internationale Schachtelbeteiligung besteht und diese Beteiligung verschmelzungsbedingt auf unter 10 % verwässert wird und zwar unabhängig davon, ob vor der Verschmelzung auch eine Beteiligung an der übertragenden Körperschaft bestand oder nicht (zB *Bruckner* in W/H/M, HdU[1] I § 5 Rz 82 m FN 843; *Hügel* § 5 Rz 133).
   - Wenn an der übertragenden Körperschaft vor der Verschmelzung eine steuerneutrale internationale Schachtelbeteiligung besteht, diese aber **auf eine nicht unter § 10 Abs 2 KStG fallende Körperschaft** verschmolzen wird (zB die Verschmelzung einer Kapitalgesellschaft auf eine Drittstaats-Genossenschaft; UmgrStR Rz 299).
2. Bei einer **Import-Verschmelzung** (zum Begriff s § 1 Rz 30) kommt es zu einem Untergang einer bestehenden internationalen Schachtelbeteiligung, wenn an der übertragenden Körperschaft vor der Verschmelzung eine steuerneutrale internationale Schachtelbeteiligung besteht, da die Gegenleistung auf Anteilsinhaberebene in diesem Fall immer eine nationale und damit zwingend steuerwirksame Beteiligung darstellt (UmgrStR Rz 298; *Hügel* § 5 Rz 133; *Strimitzer/Wurm* in *T/W*, EU-VerschG[2] SteuerR Rz 188).

Soweit es sich nicht ohnehin um eine optierte und damit steuerwirksame Schachtelbeteiligung handelt, gilt bei einem solchen **Untergehen einer steuerneutralen internationalen Schachtelbeteiligung** nach § 5 Abs 7 Z 2 „der **höhere Teilwert** zum Verschmelzungsstichtag, abzüglich auf Grund einer Umgründung nach diesem Bundesgesetz von § 10 Abs. 3 erster Satz des Körperschaftsteuergesetzes 1988 ausgenommener Beträge, **als Buchwert**". Diese Regelung zielt darauf ab, die Verstrickung von bisher nach § 10 Abs 3 KStG nicht steuerhängigen „Altreserven" **182** zu verhindern und ordnet daher an, bei Wegfall einer bestehenden internationalen Schachtelbeteiligung – abweichend vom Prinzip der Buchwertfortführung nach § 5 Abs 1 Z 1 – an, dass **„der höhere Teilwert"** zum Verschmelzungsstichtag (*Hügel* § 5 Rz 134) „als Buchwert" anzusetzen ist (s ErlRV 1187 BlgNR 22. GP, 15; zur steuerneutralen Aufwertung bei Option nach § 26a Abs 16 Z 4 KStG s *Kofler* in *Achatz/Kirchmayr*, KStG § 10 Tz 231). Durch das AbgÄG 2005 (BGBl I 2005/161) wurde auch ausdrücklich klargestellt, dass der Ansatz eines höheren Teilwertes insoweit nicht in Betracht kommt, als für die internationale Schachtelbeteiligung **in die Steuerwirksamkeit optiert** worden ist (arg „soweit für sie keine Option zugunsten der Steuerwirksamkeit erklärt worden ist" in § 5 Abs 7 Z 2; s a ErlRV 1187 BlgNR 22. GP, 15, u zum klarstellenden Charakter *Wolf*, SWK 2006, S 355 f).

183 Der höhere Teilwert ist nach § 5 Abs 7 Z 2 um bis zum Verschmelzungsstichtag „auf Grund einer Umgründung nach diesem Bundesgesetz **von § 10 Abs. 3 erster Satz des Körperschaftsteuergesetzes 1988"** ausgenommene Beträge zu kürzen (UmgrStR Rz 300; *Hügel* § 5 Rz 134; *Schwarzinger/Wiesner* I/1[3] 525), also insb um umgründungsbedingt verstrickte stille Reserven (zB nach § 3 Abs 4, § 5 Abs 7 Z 1, § 9 Abs 4 Z 1, § 18 Abs 4 Z 1, § 20 Abs 7 Z 1, § 25 Abs 3 Z 1, § 30 Abs 3 Z 1, § 34 Abs 3 Z 1, § 36 Abs 5 Z 1 und § 38d Abs 4 Z 1), aber wohl auch um fiktive Teilwertabschreibungen nach dem vor dem BudBG 2003 geltenden Regime der „Verstrickung" stiller Reserven. Der (verbleibende) Teilwert ist sodann als steuerlich maßgebender Buchwert der Beteiligung nach § 43 Abs 2 UmgrStG in Evidenz zu nehmen (UmgrStR Rz 300).

184 Im Hinblick auf die Frage, ob der Teilwert außerdem um **fiktive Teilwertabschreibungen** iSd UmgrStG idF vor dem BudBG 2003 (BGBl I 2003/71) zu vermindern ist, ist der der Gesetzeswortlaut unklar. Diese Frage stellt sich deshalb, weil diese fiktiven Teilwertabschreibungen – anders als tatsächliche Teilwertabschreibungen (dazu *Kofler* in *Achatz/Kirchmayr* § 10 Tz 230) – auch nach dem Auslaufen der Übergangsregelung des § 26a Abs 16 KStG noch bestehen können, also nicht bereits im Zuge der Nichtabgabe einer Optionserklärung zur Steuerpflicht in den Jahren 2004 bzw 2006 nach § 26a Abs 16 Z 3 KStG nachversteuert werden mussten. Denn es entspricht sowohl der Verwaltungspraxis (KStR 2013 Rz 1219 [ex-Rz 565e KStR 2001]; anders wohl ErlRV 59 BlgNR 22. GP, 275) als auch der hA im Schrifttum (zB *Zöchling* in FS Wundsam 473 ff; *Hügel*, JBl 2003, 802; *Zöchling* in FS Wiesner 475; *Hirschler/Ludwig* in *Achatz et al* 223 f; *Fürnsinn/Massoner* in L/R/S/S[2] § 10 Rz 96; *Kofler* in *Achatz/Kirchmayr* § 10 Tz 230), dass sich die Nachversteuerung gem § 26a Abs 16 Z 3 KStG nur auf tatsächliche Teilwertabschreibungen nach § 12 Abs 3 KStG, nicht aber auf fiktive umgründungsbedingte Teilwertkorrekturen (zB nach §§ 3 Abs 4, 5 Abs 7 Z 1 UmgrStG idF vor dem BudBG 2003) bezogen hat. Können aber weiterhin zum Verschmelzungsstichtag internationale Schachtelbeteiligungen mit einer fiktiven Teilwertabschreibung bestehen, so scheint es auch systematisch geboten, die Kürzung nach § 5 Abs 7 Z 2 UmgrStG unmittelbar oder zumindest analog auf diese fiktiven Teilwertabschreibungen zu erstrecken, da ansonsten die stillen Reserven aus einer Vorumgründung einer Besteuerung entzogen wären (ebenso *Zöchling/Tüchler* in W/Z/H/K[5] § 5 Rz 33; *Walter*[11] Rz 153).

185 Ebenso wie § 3 Abs 4 (s § 3 Rz 130) und § 5 Abs 7 Z 1 (Rz 162) bezieht sich auch § 5 Abs 7 Z 2 nur auf den **„höhere[n] Teilwert"**, also eine **positive stille Reserve**.

Sollte der Teilwert unter dem Buchwert liegen und hatte keine Teilwertabschreibung zu erfolgen (zB mangels Langfristigkeit der Wertminderung), bleibt es daher bei der Wertfortführung nach § 5 Abs 1 Z 1 und kommt es nicht zu einer – systematisch durchaus naheliegenden – „Abwertung" auf den Teilwert. Mangels einer solchen „Abwertung" bleibt es aber auch bei der **Konservierung latenter (und bisher steuerneutraler) Verluste** in den Abfindungsanteilen, die sich sodann – mangels Steuerneutralität nach § 10 Abs 3 KStG – im Realisierungsfall auch steuerlich auswirken können.

Beim Untergang einer internationalen Schachtelbeteiligung kann sich im Hinblick auf die einjährige **Mindestbehaltedauer** des § 10 Abs 2 KStG auch die spezifische, von § 5 Abs 7 Z 2 UmgrStG nicht angesprochene Frage stellen, ob die „Aufwertung" voraussetzt, dass die einjährige Mindestbehaltedauer nach § 10 Abs 2 KStG am Tag nach dem Verschmelzungsstichtag bereits abgelaufen ist, fällt doch zu diesem Zeitpunkt aufgrund der Rückwirkungsfiktion des § 5 Abs 1 Z 1 UmgrStG **die werdende Schachtelbeteiligung weg**. Hier lässt sich uE angesichts der Identitätsfiktion durchaus die Ansicht vertreten, dass die Aufwertung auch für den verschmelzungsbedingten Untergang einer werdenden internationalen Schachtelbeteiligungen innerhalb der einjährigen Behaltefrist anwendbar ist, wenn diese in der Folge für die dann steuerhängigen Anteile tatsächlich vollendet wird (s a *Hirschler/Sulz*, SWI 1997, 223; *Hirschler*, ÖStZ 1996, 89 m FN 19 zur Spaltung).

186

D. Übersicht: Entstehen, Änderung oder Untergang einer internationalen Schachtelbeteiligung

Die folgende tabellarische Übersicht behandelt die unterschiedlichen **Fälle des Entstehens, der Änderung oder des Untergangs einer internationalen Schachtelbeteiligung iSd § 5 Abs 7** und deren Rechtsfolgen:

190

Konstellation	Exportverschmelzung, wenn an der übernehmenden Körperschaft überhaupt keine Beteiligung oder eine Minderheitsbeteiligung bestand
Übersicht	Gesellschafter → Übertragende Körperschaft ⇓ Übernehmende Körperschaft

Stille Reserven	„Entstehen" einer internationalen Schachtelbeteiligung iSd § 5 Abs 7 Z 1 UmgrStG,[43] sofern die Gegenleistungsanteile bzw vereinigten Anteile eine zumindest 10%ige Beteiligung vermitteln. Die Unterschiedsbeträge in der bis zur Verschmelzung inländischen – also unabhängig von der Beteiligungshöhe steuerhängigen – Beteiligung und einer allfälligen Minderheitsbeteiligung des Gesellschafters an der übernehmenden Körperschaft bleiben steuerverstrickt.[44]
Besitzfrist	Aufgrund der Rückwirkungsfiktion des § 5 Abs 1 Z 1 S 2 UmgrStG Beginn der Besitzfrist am Tag nach dem Verschmelzungsstichtag.[45]
Option nach § 10 Abs 3 KStG	Das verschmelzungsbedingte Entstehen einer internationalen Schachtelbeteiligung (durch Anteilstausch) ist nach der Verwaltungspraxis mangels „Anschaffung" nicht von der Optionsmöglichkeit des § 10 Abs 3 KStG erfasst, sodass zwingend eine steuerneutrale Schachtelbeteiligung entsteht.[46]
Konstellation	Exportverschmelzung, wenn an der übernehmenden Körperschaft eine steuerneutrale internationale Schachtelbeteiligung bestand
Übersicht	Gesellschafter — Übertragende Körperschaft — ≥ 10% (zB 13 %) — Übernehmende Körperschaft

---

43 UmgrStR Rz 294; *Hügel* § 5 Rz 117.
44 *Hügel* § 5 Rz 119.
45 *Zöchling/Puchner* in *Frotz/Kaufmann*² SteuerR Rz 27.
46 *Wiesner/Schwarzinger* SWK 2011, S 621 (S 621); aA *Hügel* § 5 Rz 123; *Zöchling/Puchner* in *Frotz/Kaufmann*² SteuerR Rz 27 (zu von einer ausländischen konzernfremden übernehmenden Gesellschaft gewährten Anteilen).

Stille Reserven	„Veränderung des Ausmaßes" einer internationalen Schachtelbeteiligung iSd § 5 Abs 7 Z 1 UmgrStG, dh der Unterschiedsbetrag in der bis zur Verschmelzung inländischen – also unabhängig von der Beteiligungshöhe steuerhängigen – Beteiligung bleibt in den Gegenleistungsanteilen steuerverstrickt.
Besitzfrist	Weiterlaufen der Besitzfrist hinsichtlich der bestehenden Beteiligung an der übernehmenden Körperschaft;[47] hinsichtlich der Beteiligungserweiterung würde nach der – wohl inkonsequenten[48] – Verwaltungspraxis zur Auslandsverschmelzung[49] mit dem Tag nach dem Verschmelzungsstichtag eine neue Frist zu laufen beginnen.
Option nach § 10 Abs 3 KStG	Wurde für die Beteiligung des Gesellschafters an der übernehmenden Körperschaft keine Option ausgeübt, so ist die gesamte erweiterte Schachtelbeteiligung steuerneutral. Im Fall einer ausgeübten Option erstreckt sich diese Option wohl auf die gesamte erweiterte Schachtelbeteiligung.[50]
Konstellation	Auslandsverschmelzung, wenn sowohl an der übertragenden als auch an der übernehmenden Körperschaft eine Minderheitsbeteiligung bestand
Übersicht	Gesellschafter — < 10 % (zB 6 %) / < 10 % (zB 6 %) — Übertragende Körperschaft → Übernehmende Körperschaft

---

47 UmgrStR Rz 297 Pkt 5 und Pkt 9; *Hügel* § 5 Rz 125.
48 S zur ähnlichen Situation einer Vereinigung bei den verschmelzenden Gesellschaften UmgrStR Rz 180 Pkt 4, wonach beim verschmelzungsbedingten Zuerwerb einer Minderheitsbeteiligung zu einer bestehenden internationalen Schachtelbeteiligung die Beteiligungserweiterung „in die Schachtelwirkung einzubeziehen" ist und „*daher keine neue Jahresfrist zu laufen*" beginnt. Zur allgemeinen Kritik a § 3 Rz 145.
49 UmgrStR Rz 297 Pkt 8; *Hügel* § 5 Rz 125 und Rz 131; aA *Schwarzinger/Wiesner* I/1³ 523 (wonach hinsichtlich der neuen Beteiligung sofort die volle Schachtelwirkung vorliege und für sie daher keine Jahresfrist abzuwarten sei); zur Kritik a § 3 Rz 145.
50 S *Hügel* § 5 Rz 132.

Stille Reserven	„Entstehen" einer internationalen Schachtelbeteiligung iSd § 5 Abs 7 Z 1 UmgrStG,[51] wenn die vereinigten Anteile eine Beteiligung von zumindest 10 % vermitteln,[52] was idR nur dann denkbar ist, wenn die übernehmende Gesellschaft bereits an der übertragenden Gesellschaft beteiligt war.[53] Ausgenommen von der Steuerneutralität ist der volle Unterschiedsbetrag zwischen dem neuen (addierten) Buchwert der vereinigten Beteiligung an der übernehmenden Gesellschaft und dem höheren (addierten) Teilwert der vereinigten Beteiligung.[54]
Besitzfrist	Aufgrund der Rückwirkungsfiktion des § 5 Abs 1 Z 1 S 2 UmgrStG Beginn der Besitzfrist für die vereinigten Anteile am Tag nach dem Verschmelzungsstichtag.[55]
Option nach § 10 Abs 3 KStG	Die gesamte Beteiligung ist nach der Verwaltungspraxis als steuerneutral zu behandeln, eine Optionsmöglichkeit zu Gunsten der Steuerwirksamkeit iSd § 10 Abs 3 KStG bestehe mangels „Anschaffung" nicht.[56]
Konstellation	Auslandsverschmelzung, wenn an der übernehmenden Körperschaft eine steuerneutrale internationale Schachtelbeteiligung und an der übertragenden Körperschaft eine Minderheitsbeteiligung bestand
Übersicht	

```
                    ┌──────────────┐
                    │ Gesellschafter│
                    └──────────────┘
        ─ ─ ─ ─ ─ ─ ─ ─ ─ ─ ─ ─ ─ ─ ─ ─ ─ ─ ─
              < 10 %              ≥ 10 %
              (zB 6 %)            (zB 13 %)
       ┌──────────────┐      ┌──────────────┐
       │ Übertragende │ ═══▶ │ Übernehmende │
       │  Körperschaft│      │  Körperschaft│
       └──────────────┘      └──────────────┘
```

---

51 UmgrStR Rz 294 und Rz 297 Pkt 1; *Hügel* § 5 Rz 119; *Schwarzinger/Wiesner* I/1³ 521.
52 UmgrStR Rz 294.
53 *Bruckner* in W/H/M, HdU¹ I § 5 Rz 74.
54 UmgrStR Rz 292 und 297 Pkt 1; *Hügel* § 5 Rz 119; *Schwarzinger/Wiesner* I/1³ 521.
55 UmgrStR Rz 297 Pkt 6 iVm Rz 262; *Hügel* § 5 Rz 125; *Schwarzinger/Wiesner* I/1³ 521.
56 *Schwarzinger/Wiesner* I/1³ 521.

Stille Reserven	„Veränderung des Ausmaßes" (zB „Erweiterung") einer internationalen Schachtelbeteiligung iSd § 5 Abs 7 Z 1 UmgrStG, wenn die vereinigten Anteile eine Beteiligung von zumindest 10 % vermitteln.[57] Ausnahme von der Steuerneutralität für die Beteiligungserweiterung (Gegenleistungsanteile)[58] und Fortsetzung der bisherigen internationalen Schachtelbeteiligung in der Beteiligung an der übernehmenden Körperschaft.[59]	„Untergang" einer internationalen Schachtelbeteiligung iSd § 5 Abs 7 Z 2 UmgrStG (der höhere Teilwert zum Verschmelzungsstichtag wird zum Buchwert), wenn die vereinigten Anteile aufgrund einer Verwässerung eine Beteiligung von weniger als 10 % vermitteln.[60]
Besitzfrist	Weiterlaufen der Besitzfrist hinsichtlich der bestehenden Beteiligung an der übernehmenden Körperschaft;[61] hinsichtlich der Beteiligungserweiterung beginnt nach der – wohl inkonsequenten[62] – Verwaltungspraxis mit dem Tag nach dem Verschmelzungsstichtag eine neue Frist zu laufen.[63]	–
Option nach § 10 Abs 3 KStG	Wurde für die Beteiligung des Gesellschafters an der übernehmenden Körperschaft keine Option ausgeübt, so ist die gesamte erweiterte Schachtelbeteiligung steuerneutral.	–

---

57 UmgrStR Rz 297 Pkt 2; *Zöchling/Tüchler* in *W/Z/H/K*[5] § 5 Rz 32; *Hügel* § 5 Rz 119; *Schwarzinger/Wiesner* I/1[3] 523.
58 UmgrStR Rz 297 Pkt 2; *Hügel* § 5 Rz 119; *Schwarzinger/Wiesner* I/1[3] 523.
59 UmgrStR Rz 297 Pkt 9.
60 UmgrStR Rz 298; *Hügel* § 5 Rz 133.
61 UmgrStR Rz 297 Pkt 5 und Pkt 9; *Hügel* § 5 Rz 125.
62 S zur analogen Situation einer Vereinigung bei den verschmelzenden Gesellschaften UmgrStR Rz 180 Pkt 4, wonach beim verschmelzungsbedingten Zuerwerb einer Minderheitsbeteiligung zu einer bestehenden internationalen Schachtelbeteiligung die Beteiligungserweiterung „in die Schachtelwirkung einzubeziehen" ist und „daher keine neue Jahresfrist zu laufen" beginnt. Zur allgemeinen Kritik a § 3 Rz 145.
63 UmgrStR Rz 297 Pkt 8; *Hügel* § 5 Rz 125 und 131; aA *Schwarzinger/Wiesner* I/1[3] 523 (wonach hinsichtlich der neuen Beteiligung sofort die volle Schachtelwirkung vorliege und für sie daher keine Jahresfrist abzuwarten sei); zur Kritik a § 3 Rz 145.

	Anmerkung: Wurde für die internationale Schachtelbeteiligung an der übernehmenden Körperschaft nach § 10 Abs 3 KStG zur Steuerpflicht optiert, ändert sich nichts an der Steuerwirksamkeit;[64] auch die verschmelzungsbedingt erweiterte Schachtelbeteiligung hat insgesamt den Status einer steuerwirksamen Schachtelbeteiligung.[65]	–
Konstellation	Auslandsverschmelzung, wenn an der übertragenden Körperschaft eine steuerneutrale internationale Schachtelbeteiligung und an der übernehmenden Körperschaft eine Minderheitsbeteiligung bestand	
Übersicht	Gesellschafter — ≥ 10 % (zB 13 %) Übertragende Körperschaft → Übernehmende Körperschaft — < 10 % (zB 6 %)	
Stille Reserven	„Entstehen" einer internationalen Schachtelbeteiligung iSd § 5 Abs 7 Z 1 UmgrStG, wenn die vereinigten Anteile eine Beteiligung von zumindest 10 % vermitteln.[66] Ausnahme von der Steuerneutralität für die bisherige Minderbeteiligung an der übernehmenden Gesellschaft[67] und Fortsetzung der bisherigen internationalen Schachtelbeteiligung in der Beteiligung an der übernehmenden Körperschaft.[68]	„Untergang" einer internationalen Schachtelbeteiligung iSd § 5 Abs 7 Z 2 UmgrStG (der höhere Teilwert zum Verschmelzungsstichtag wird zum Buchwert), wenn die vereinigten Anteile aufgrund einer Verwässerung eine Beteiligung von weniger als 10 % vermitteln.[69]

---

64 *Schwarzinger/Wiesner*, I/1³ 523; s a KStR 2013 Rz 1216 (KStR 2001 ex-Rz 565b) (auch außerhalb von Konzernumgründungen iSd § 10 Abs 3 Z 4 KStG).
65 *Hügel* § 5 Rz 132; *Schwarzinger/Wiesner* I/1³ 523.
66 UmgrStR Rz 297 Pkt 3; W/Z/H/K⁴ § 5 Rz 32; *Hügel* § 5 Rz 119.
67 Rz 297 Pkt 3 UmgrStR 2002; *Hügel* § 5 Rz 119.
68 Rz 297 Pkt 3 und Pkt 10 UmgrStR 2002.
69 Rz 298 UmgrStR 2002; *Hügel*, Grenzüberschreitende und nationale Verschmelzungen im Steuerrecht (2009) § 5 Rz 133 m FN 174.

Besitzfrist	Weiterlaufen der Besitzfrist hinsichtlich der bestehenden, werdenden Schachtelbeteiligung an der übertragenden Körperschaft;[70] hinsichtlich der Beteiligungserweiterung beginnt nach der – wohl inkonsequenten[71] – Verwaltungspraxis mit dem Tag nach dem Verschmelzungsstichtag eine neue Frist zu laufen.[72]	–
Option nach § 10 Abs 3 KStG	Mangels „Anschaffung" ist nach der Verwaltungspraxis wohl keine Option für die Gegenleistungsanteile bzw vereinigten Anteile nach § 10 Abs 3 KStG möglich.[73] **Anmerkung:** Wurde für die internationale Schachtelbeteiligung an der übertragenden Körperschaft nach § 10 Abs 3 KStG zur Steuerpflicht optiert, ändert sich aufgrund der Identitätsfiktion nichts an dieser Steuerwirksamkeit;[74] auch die verschmelzungsbedingt erweiterte Schachtelbeteiligung hat diesfalls insgesamt den Status einer steuerwirksamen Schachtelbeteiligung.[75]	–
Konstellation	Auslandsverschmelzung und Zusammentreffen von „optierter" und „nicht optierter" internationaler Schachtelbeteiligung bei einer Auslandsverschmelzung	**Konstellation**

---

[70] Rz 297 Pkt 5 und Pkt 10 UmgrStR 2002; *Zöchling/Tüchler* in W/Z/H/K[5] § 5 Rz 32; *Hügel* § 5 Rz 125.
[71] S zur analogen Situation einer Vereinigung bei den verschmelzenden Gesellschaften UmgrStR Rz 180 Pkt 3, wonach beim verschmelzungsbedingten Zugang einer internationalen Schachtelbeteiligung zu einer bestehenden Minderheitsbeteiligung die *„bisher nicht steuerbegünstigte eigene Minderheitsbeteiligung in die Schachtelwirkung einzubeziehen"* ist und *„daher keine Jahresfrist zu laufen"* beginnt. Zur allgemeinen Kritik a § 3 Rz 145.
[72] UmgrStR Rz 297 Pkt 10; *Hügel* § 5 Rz 125.
[73] Analog UmgrStR Rz 180 Pkt 2.
[74] S a KStR 2013 Rz 1216 (KStR ex-Rz 565b) (auch außerhalb von Konzernumgründungen iSd § 10 Abs 3 Z 4 KStG).
[75] Analog UmgrStR Rz 180 Pkt 2; *Schwarzinger/Wiesner* I/1[3] 519.

Übersicht	
	Gesellschafter ≥ 10 % (zB 13 %) ≥ 10 % (zB 13 %) Übertragende Körperschaft → Übernehmende Körperschaft
Stille Reserven	Da zwei Schachtelbeteiligungen bestehen, liegt wohl mangels „bisher nicht steuerbegünstigter Beteiligungsquoten" kein Anwendungsfall des § 5 Abs 7 UmgrStG vor, selbst wenn für eine der Beteiligungen eine Option zur Steuerpflicht nach § 10 Abs 3 KStG ausgeübt wurde.[76]
Besitzfrist	Getrenntes Weiterlaufen der Behaltefristen, wobei die Jahresfristen auf die ursprünglichen Anschaffungszeitpunkte zu beziehen sind.[77]
Option nach § 10 Abs 3 KStG	Strittig, ob die Fortsetzung getrennt nach der jeweiligen Option bzw Nicht-Option erfolgt,[78] oder ob eine Maßgeblichkeit der für die übernehmende Körperschaft gewählten Option oder Nicht-Option besteht.[79]
Konstellation	Auslandsverschmelzung, wenn an der übertragenden Körperschaft eine steuerneutrale internationale Schachtelbeteiligung und an der übernehmenden Körperschaft überhaupt keine Beteiligung bestand

---

76 *Hügel* § 5 Rz 112; s oben Rz 149; wohl auch *Zöchling/Tüchler* in W/Z/H/K[5] § 5 Rz 31 (wonach „bisher nicht steuerbegünstigte Beteiligungsquoten" nur Beteiligungen an qualifizierten ausländischen Körperschaften von unter 10 % des Kapitals sind) und § 5 Rz 32 (wonach für optierte Schachtelbeteiligungen § 5 Abs 7 UmgrStG „gegenstandslos" ist); aA *Zöchling/Puchner* in *Frotz/Kaufmann*[2] SteuerR Rz 24 (da die aufgrund einer Optionsausübung steuerhängigen stillen Reserven „nicht begünstigte Beteiligungsquoten" seien); *Angerer/Hebenstreit/Ludwig*, RWZ 2014/43, 183 (185 f) (auch auf Basis eines weiten Verständnisses der „Veränderung" einer internationalen Schachtelbeteiligung); unklar UmgrStR Rz 297 Pkt 7 (wo dieser Fall womöglich unter den Fall der „Beteiligungsänderung" nach § 5 Abs 7 subsumiert wird).
77 UmgrStR Rz 297 Pkt 7.
78 So im Ergebnis *Zöchling/Puchner* in *Frotz/Kaufmann*[2] SteuerR Rz 24; oben Rz 149; s a analog UmgrStR Rz 178 (zum Fall des Zusammentreffens zweier Beteiligungen an derselben ausländischen Gesellschaft auf Gesellschaftsebene); weiters auch *Hirschler/Ludwig* in *Achatz ua*, IntUmgr 203 (219 f).
79 So *Angerer/Hebenstreit/Ludwig*, RWZ 2014/43, 183 (185 f).

Übersicht	Gesellschafter ≥ 10 % (zB 13 %) Übertragende Körperschaft → Übernehmende Körperschaft	
Stille Reserven	„Aufrechterhaltung" einer steuerneutralen internationalen Schachtelbeteiligung (kein Anwendungsfall des § 5 Abs 7 Z 1 UmgrStG),[80] wenn bereits an der übertragenden Gesellschaft eine steuerneutrale internationale Schachtelbeteiligung bestand, die durch die Verschmelzung nicht unter die 10-%-Grenze verwässert wurde.[81]	„Untergang" einer internationalen Schachtelbeteiligung iSd § 5 Abs 7 Z 2 UmgrStG (der höhere Teilwert zum Verschmelzungsstichtag wird zum Buchwert),[82] wenn zwar bereits an der übertragenden Gesellschaft eine steuerneutrale internationale Schachtelbeteiligung bestand, die aber durch die Verschmelzung unter die 10-%-Grenze verwässert wurde.[83]
Besitzfrist	Weiterlaufen der Behaltefrist einer werdenden Schachtelbeteiligung,[84] da der Fristablauf auch ohne Verschmelzung zur Steuerneutralität auch mit Wirkung für die Altreserven geführt hätte.[85]	–

---

80 UmgrStR Rz 297 Pkt 4; *Hügel* § 5 Rz 120.
81 *Hügel* § 5 Rz 120.
82 UmgrStR Rz 298 Bsp 1; *Schwarzinger/Wiesner* I/1³ 525.
83 UmgrStR Rz 297 Pkt 4 und Rz 298 samt Bsp 1; *Hügel* § 5 Rz 120 und Rz 133; *Schwarzinger/Wiesner* I/1³ 525.
84 UmgrStR Rz 297 Pkt 5; *Zöchling/Tüchler* in W/Z/H/K⁵ § 5 Rz 31.
85 *Bruckner* in W/H/M, HdU¹ I § 5 Rz 80; *Hügel* § 5 Rz 118.

Option nach § 10 Abs 3 KStG	Mangels „Anschaffung" nach der Verwaltungspraxis wohl keine Optionsmöglichkeit nach § 10 Abs 3 Z 1 KStG. **Anmerkung:** Wurde für die internationale Schachtelbeteiligung an der übertragenden Körperschaft nach § 10 Abs 3 KStG zur Steuerpflicht optiert, bleibt es bei der Steuerwirksamkeit.[86]	–
Konstellation		„Untergang" bei einer Importverschmelzung, wenn an der übertragenden Körperschaft eine steuerneutrale internationale Schachtelbeteiligung bestand (zB auch bei Schwestern-Importverschmelzung).
Übersicht		Gesellschafter — Übernehmende Körperschaft — ≥ 10 % (zB 13 %) — Übertragende Körperschaft
Stille Reserven		„Untergang" einer internationalen Schachtelbeteiligung iSd § 5 Abs 7 Z 2 UmgrStG,[87] dh der höhere Teilwert zum Verschmelzungsstichtag wird zum Buchwert der Gegenleistungsanteile.
Besitzfrist		–
Option nach § 10 Abs 3 KStG		–

---

86 *Schwarzinger/Wiesner*, UmgrSt-Leitfaden I/13 (2013) 525; siehe auch Rz 1216 KStR 2013 (ex-Rz 565b KStR 2001) (auch außerhalb von Konzernumgründungen iSd § 10 Abs 3 Z 4 KStG).

87 Rz 298 Bsp 2 UmgrStR; *Hügel* § 5 Rz 133.

Sonstige Rechtsfolgen der Verschmelzung

§ 6. (1) ¹Die übertragende Körperschaft bleibt bis zu ihrem Erlöschen Arbeitgeber im Sinne des § 47 des Einkommensteuergesetzes 1988. ²Dies gilt auch für die Beurteilung von Tätigkeitsvergütungen als solche im Sinne des § 22 Z 2 des Einkommensteuergesetzes 1988.

(2) ¹Entsprechen die Beteiligungsverhältnisse nach der Verschmelzung nicht den Wertverhältnissen, gilt der Unterschiedsbetrag, wenn der Wertausgleich nicht auf andere Weise erfolgt, als unentgeltlich zugewendet. ²Die Wertverhältnisse sind im Zweifel durch das Gutachten eines Sachverständigen nachzuweisen.

(3) ¹Die Annahme eines Abfindungsangebotes gilt als Anteilsveräußerung. ²Beim Erwerber gilt der Beginn des dem Verschmelzungsstichtag folgenden Tages als Anschaffungstag der Anteile.

(4) Verschmelzungen nach § 1 gelten nicht als steuerbare Umsätze im Sinne des Umsatzsteuergesetzes 1994; die übernehmende Körperschaft tritt für den Bereich der Umsatzsteuer unmittelbar in die Rechtsstellung der übertragenden Körperschaft ein.

(5) Verschmelzungen nach § 1 sind von den Kapitalverkehrsteuern befreit wenn die übertragende Körperschaft am Tag der Anmeldung des Verschmelzungsbeschlusses zur Eintragung in das Firmenbuch länger als zwei Jahre besteht.

(6) Werden auf Grund einer Verschmelzung nach § 1 Erwerbsvorgänge nach § 1 des Grunderwerbsteuergesetzes 1987 verwirklicht, so ist die Grunderwerbsteuer gemäß § 4 in Verbindung mit § 7 des Grunderwerbsteuergesetzes 1987 zu berechnen.

[idF BGBl I 2015/118]

Rechtsentwicklung

BGBl 1991/699 (UmgrStG; RV 266 AB BlgNR 18. GP) (Stammfassung); BGBl 1993/818 (StRefG 1993; RV 1237 AB 1301 BlgNR 18. GP) (Neufassung des § 6 Abs 2; für Stichtage nach dem 30.12.1993); BGBl 1996/797 (AbgÄG 1996; RV 497 AB 552 BlgNR 20. GP) (Änderungen des § 6 Abs 3 und 4); BGBl I 2003/71 (BudBG 2003; RV 59 AB 111 BlgNR 22. GP) (Neufassung des § 6 Abs 2 erster Satz); BGBl I 2007/24 (BudBG 2007; RV 43 AB 67 BlgNR 23. GP) (Einfügung des § 6 Abs 3 und Verschiebung der bisherigen Abs 3 bis 5 in Abs 4 bis 6); BGBl I 2015/118 (StRefG 2015/2016; RV 684 AB 750 BlgNR 25. GP) (Neufassung des § 6 Abs 6; für Stichtage nach dem 31.12.2015).

Literatur 2017

Bavenek-Weber, Die Bewegung des Grundstücks bei Rechtsvorgängen iSd § 1 Abs 2 GrEStG, BFGjournal 2017, 22; *Mayer/Pinetz*, Anforderungen an die Personenidentität für die grunderwerbsteuerliche Differenzbesteuerung, ecolex 2017, 68; *Prodinger*, Keine Grunderwerbsteuer bei Rückgängigmachung einer Schenkung, SWK 2017, 28; *Stanek*, Nichtfestsetzung und Abänderung der Steuer bei der Rückgängigmachung von Anteilsübertragungen gem § 1 Abs 2a GrEStG, ÖStZ 2017/299, 195.

Übersicht

I. Arbeitsverhältnisse (Abs 1)
   A. Lohnsteuerliche Rechtsnachfolge 1–4
   B. Wesentlich beteiligte Gesellschafter-Geschäftsführer 5
   C. Exkurs: Kommunalsteuerliche Rechtsnachfolge 6
II. Äquivalenzverletzung (Abs 2)
   A. Abweichen der Wertverhältnisse
     1. Überblick
       a) Anwendung des Art I 11
       b) Wirkungen einer Äquivalenzverletzung 12, 13
     2. Äquivalenzverletzung und Signifikanz
       a) Wertverschiebung 14
       b) Bereicherungswille 15
       c) Wertausgleich „auf andere Weise" 16, 17
     3. Bewertung
       a) Verhältnis der Verkehrswerte 18, 19
     4. Zeitliche Aspekte 20
       a) Abschluss des Verschmelzungsvertrages
       b) Zuwendungszeitpunkt 21
   B. Ertragsteuerliche Folgen 22–24
   C. Anzeigepflicht nach § 121a BAO 25, 26
   D. Stiftungseingangssteuerpflicht nach § 1 Abs 1 StiftEG 28
III. Annahme eines Abfindungsangebots (Abs 3) 31, 32
IV. Umsatzsteuer (Abs 4)
   A. Überblick 33
   B. Nichtsteuerbarkeit 34, 35
   C. Umsatzsteuerliche Rechtsnachfolge
     1. Unmittelbarkeit des Übergangs 36, 37
     2. Zeitpunkt der Rechtsnachfolge 38–40
   D. Exkurs: Vorsteuerabzug für Umgründungskosten 41, 42
V. Gesellschaftsteuer (Abs 5) 50
VI. Grunderwerbsteuer (Abs 6)
   A. Verschmelzungsbedingte Steuertatbestände
     1. Überblick 71
     2. Unmittelbare Erwerbsvorgänge (§ 1 Abs 1 und Abs 2 GrEStG) 72
     3. Mittelbare Erwerbsvorgänge (§ 1 Abs 2a und Abs 3 GrEStG)
       a) Erwerbsvorgänge nach § 1 Abs 2a GrEStG 73–79
       b) Erwerbsvorgänge nach § 1 Abs 3 GrEStG 80–89
   B. Bemessungsgrundlage und Tarif
     1. Land- und forstwirtschaftliche Grundstücke 90
     2. Sonstige Grundstücke 91, 92
   C. Entstehen der Steuerschuld 93, 94

D. Abzugsfähigkeit 95, 96
E. „Differenzbesteuerung" 97, 98
F. Rückgängigmachung nach § 17 GrEStG............................ 99, 100
G. Exkurs: Eintragungsgebühr nach §§ 26, 26a GGG 101, 102

I. Arbeitsverhältnisse (Abs 1)
A. Lohnsteuerliche Rechtsnachfolge

Nach § 6 Abs 1 S 1 bleibt die übertragende Körperschaft bis zu ihrem Erlöschen aus **1** **lohnsteuerlicher Sicht** Arbeitgeber im Sinne des § 47 EStG; maßgeblich ist damit die Eintragung der Verschmelzung im Firmenbuch (§ 225a Abs 3 AktG), es kommt – aus verwaltungsökonomischen Gründen – zu **keiner Rückwirkung** (ErlRV 266 BlgNR 18. GP, 19; *Hügel*, ecolex 1991, 809; *Bruckner* in *W/H/M*, HdU[1] I § 6 Rz 10; *Hügel* § 6 Rz 1; *Zöchling/Paterno* in *W/Z/H/K*[5] § 6 Rz 2; *Walter*[11] Rz 160; ausf *Freudhofmeier*, FJ 2003, 286 ff). Der verschmelzungsbedingte Arbeitgeberwechsel iSd § 6 Abs 1 S 1 deckt sich daher mit dem Zeitpunkt der zivilrechtlichen Gesamtrechtsnachfolge (UmgrStR Rz 304; *Bruckner* in *W/H/M*, HdU[1] I § 6 Rz 11).

Anstatt an den kaum beeinflussbaren Zeitpunkt der Firmenbucheintragung anzuknüp- **2** fen, lässt es die **Verwaltungspraxis** für den Bereich der Lohnsteuer zu, dass „der Übergang der Arbeitgebereigenschaft in Abstimmung mit der Abgabenbehörde mit dem der **Anmeldung zur Eintragung im Firmenbuch** folgenden Lohnzahlungszeitraum angenommen wird" (UmgrStR Rz 304; *Zöchling/Paterno* in *W/Z/H/K*[5] § 6 Rz 2).

Die **lohnsteuerliche Rechtsnachfolge** betrifft insb (s *Bruckner* in *W/H/M*, HdU[1] I **3** § 3 Rz 13; *Freudhofmeier*, FJ 2003, 286 ff):

- die abgabenrechtliche **Kontinuität in den Dienstverhältnissen**, zB durch Zusammenrechnung der Dienstzeiten bei übertragender und übernehmender Körperschaft (zB für Besteuerung der sonstigen Bezüge nach § 67 Abs 6 bis 8 EStG);
- den Eintritt in alle **lohnsteuerlich relevanten Fristen und Verpflichtungen** (zB Pflicht zur Aufbewahrung und Vorlage der Lohnkonten gem §§ 76, 86 EStG, Mitwirkungspflichten gem § 87 EStG, diverse Fristen und Pflichten im Zusammenhang mit gem § 3 Abs 1 Z 15 lit b steuerfreien Mitarbeiterbeteiligungen; s a LStR Rz 90; BMF 4.9.1997, AÖF 1997/205 = ecolex 1997, 71 = RdW 1997, 700 = SWK 1997, S 706);
- die **Übernahme der Lohnsteuerhaftung** (§ 82 EStG);
- die Möglichkeit der **Lohnsteueraufrollung** durch den Arbeitgeber (§ 77 Abs 3 u 4 EStG);
- den Übergang der **Verpflichtung zur Lohnzettelausstellung und -übermittlung** (§ 84 EStG).

Die **lohnsteuerliche Vorschrift des § 41** ist sowohl auf Umgründungen innerhalb **4** als auch außerhalb des UmgrStG anwendbar (*Wiesner/Helbich*, RdW 1992, 63; *Bruckner* in *W/H/M*, HdU[1] I § 1 Rz 47; s a § 41 Rz 1 ff). Für Umgründungen mit Gesamtrechtsnachfolge, somit insb für Verschmelzungen, kommt der Sonderregelung des § 41 allerdings keine normative Bedeutung, sondern lediglich **klarstellender Charakter** zu (*Bruckner* in *W/H/M*, HdU[1] I § 6 Rz 12).

B. Wesentlich beteiligte Gesellschafter-Geschäftsführer

5 § 6 Abs 1 S 2 normiert, dass für die steuerliche Beurteilung von Tätigkeitsvergütungen **wesentlich beteiligter Gesellschafter-Geschäftsführer** nach § 22 Z 2 EStG ebenfalls auf das Erlöschen der übertragenden Gesellschaft abzustellen ist, also keine Rückwirkungsfiktion greift (UmgrStR Rz 304; *Hügel* § 6 Rz 2; *Zöchling/Paterno* in *W/Z/H/K*^{5} § 6 Rz 4). Sinkt also zB die Beteiligung eines wesentlich beteiligten Gesellschafter-Geschäftsführers auf oder unter die 25 %-Grenze des § 22 Z 2 EStG, erzielt der Gesellschafter (erst) ab dem Zeitpunkt der gesellschaftsrechtlichen Wirkung der Verschmelzung Einkünfte aus nichtselbständiger Arbeit gem § 25 Abs 1 Z 1 EStG, sodass erst dann die in der Praxis wichtigen lohnsteuerlichen Begünstigungen des § 67 EStG (zB für den 13. und 14. Monatsbezug) in Anspruch genommen werden können (*Hügel*, ecolex 1991, 809; *Hügel* § 6 Rz 2; *Zöchling/Paterno* in *W/Z/H/K*^{5} § 6 Rz 4; zum vereinfachenden Abstellen auf die Anmeldung zur Eintragung s Rz 2).

C. Exkurs: Kommunalsteuerliche Rechtsnachfolge

6 Das UmgrStG enthält keine Regelung für die Kommunalsteuer. Allerdings besteht – in Analogie zur umsatzsteuerlichen Beurteilung – auch für den **kommunalsteuerlichen Rechtsträgerwechsel** keine Rückwirkung (s *Taucher*, KommSt § 3 Rz 229 f; *Zöchling/Paterno* in *W/Z/H/K*^{5} § 6 Rz 3; *Walter*[11] Rz 164). Die übertragende Körperschaft bleibt daher bis zum Ablauf des Tages der Löschung Schuldner der Kommunalsteuer hinsichtlich der bis dahin gewährten Arbeitslöhne (*Taucher*, KommSt § 3 Rz 230; *Zöchling/Paterno* in *W/Z/H/K*^{5} § 6 Rz 3).

Im Hinblick auf die lohnsteuerliche Nahebeziehung des KommStG kann aber der **Übergang der Dienstverhältnisse** iSd § 2 KommStG auf die übernehmende Körperschaft im Gleichklang mit dem lohnsteuerlichen Übergang, also mit dem der **Anmeldung zur Eintragung im Firmenbuch** folgenden Lohnzahlungszeitraum, angenommen werden (s Rz 37 der KommSt-Information BMF-010222/0260-VI/7/2011; zur LSt s oben Rz 2 u UmgrStR Rz 304).

II. Äquivalenzverletzung (Abs 2)
A. Abweichen der Wertverhältnisse
1. Überblick
a) Anwendung des Art I

11 Das UmgrStG unterstellt – wie auch das Gesellschaftsrecht (§§ 220 Abs 2 Z 3 iVm 220b Abs 4 AktG) – eine **grundsätzliche Wertübereinstimmung** von Leistung und Gegenleistung. Bei einem angemessenen Umtauschverhältnis entspricht der Wert der untergehenden Anteile an der übertragenden Körperschaft der dafür gewährten Gegenleistung in Form von Anteilen an der übernehmenden Körperschaft (§ 5 Rz 23) und gesellschaftsrechtlichen Zuzahlungen durch die übernehmende Körperschaft (§ 5 Rz 61 f). Wird aber eine Wertverschiebung zwischen den Anteilsinhabern bewirkt und entsprechen daher die Beteiligungsverhältnisse nach der Verschmelzung nicht den Wertverhältnissen vor der Verschmelzung, gilt nach § 6 Abs 2 S 1 „der Unterschiedsbetrag, wenn der Wertausgleich nicht auf andere Weise erfolgt, **als unentgeltlich zugewendet**". Gem § 6 Abs 2 S 2 sind die Wertverhältnisse „im Zweifel durch das Gutachten eines Sachverständigen nachzuweisen". Eine Äquivalenzverletzung nach § 6 Abs 2 setzt begrifflich eine Anteilsgewährung

voraus (arg „Beteiligungsverhältnisse"), sodass im Anwendungsbereich des § 5 Abs 5 bei vollständigem Unterbleiben der Anteilsgewährung aufgrund übereinstimmender Beteiligungsverhältnisse (Schwesternverschmelzung) auch keine Äquivalenzverletzung vorliegen kann; demgegenüber kann ein Verzicht auf eine Anteilsgewährung durch die übernehmende Körperschaft nach § 224 Abs 2 Z 2 AktG bei unzureichender Gegenleistung (zB in Form von Anteilen der „Altgesellschafter") Inäquivalenz begründen (*Hügel* § 6 Rz 4).

Über entsprechende **Verweisungen** ist § 6 Abs 2 auch bei der Einbringung (§ 22 Abs 1), dem Zusammenschluss (§ 26 Abs 1 Z 1), der Realteilung (§ 31 Abs 1 Z 1), der Handelsspaltung (§ 38 Abs 4) und der Steuerspaltung (§ 38 f Abs 1) relevant; bei der Umwandlung nach Art II fehlt hingegen ein derartiger Verweis, obwohl seit dem ÜbRÄG 2006 (BGBl I 2006/75) eine Änderung der Beteiligungsverhältnisse möglich ist (s dazu *Stefaner* § 11 Rz 17, u zB *Keppert*, SWK 1997, S 417 ff; zur gesellschaftsrechtlichen Zulässigkeit s zB *Kalss*[2] § 5 UmwG Rz 15).

b) Wirkungen einer Äquivalenzverletzung

Eine Äquivalenzverletzung schließt die **Anwendung des Art I nicht aus** (ErlRV **12** 266 BlgNR 18. GP, 19; UmgrStR Rz 306; *Takacs*, ÖStZ 1994, 390; *Bruckner* in *W/H/M*, HdU[1] I § 6 Rz 14; *Hügel* § 6 Rz 3; *Zöchling/Paterno* in *W/Z/H/K*[5] § 6 Rz 5). Die Wirkungen einer Äquivalenzverletzung beschränken sich vielmehr auf eine **unentgeltliche Zuwendung auf Gesellschafterebene** iH der Wertverschiebung (ErlRV 266 BlgNR 18. GP, 19; UmgrStR Rz 306). Es wird damit zweistufig in einem ersten Schritt eine äquivalenzwahrende Verschmelzung unter entsprechender Anwendung des § 5 und in einem zweiten Schritt eine unentgeltliche Zuwendung angenommen. Letzteres bedeutet, dass

- die **Anschaffungskosten der Anteile** korrigiert werden (Rz 22) und
- allenfalls eine nach § 121a BAO **meldepflichtige Schenkung oder Zweckzuwendung** bzw eine nach § 1 Abs 1 StiftEG **stiftungseingangssteuerpflichtige Zuwendung** ausgelöst wird (Rz 25 u Rz 28).

Bis zur mit Ablauf des 31.7.2008 erfolgten verfassungsgerichtlichen Aufhebung von § 1 Abs 1 Z 2 ErbStG (VfGH 15.6.2007, G 23/07, ÖStZB 2008/189, 234) konnten Äquivalenzverletzungen bei Vorliegen von Bereicherungsabsicht **Schenkungssteuerpflicht** auslösen (s zB *Bruckner* in *W/H/M*, HdU[1] I § 6 Rz 25 f). In Reaktion auf diesen Wegfall wurden durch das SchenkMG (BGBl I 2008/85) die Schenkungsmeldepflicht nach § 121a BAO sowie das Stiftungseingangssteuergesetz geschaffen.

Unklar ist, ob bzw inwieweit § 6 Abs 2 eine echte **Fiktion** normiert („gilt ... als"; **13** so UmgrStR Rz 311). Im Fall des Vorliegens familiärer oder konzernmäßiger Beziehungen ergibt sich die Einordnung eines inäquivalenten Umgründungsvorgangs als unentgeltliche Zuwendung (gemischte Schenkung) auf Gesellschafterebene aber ohnehin bereits aus dem **allgemeinen Steuerrecht** (VwGH 25.10.1994, 94/14/0075, ÖStZB 1995, 264, zum StruktVG, und diesem folgend BMF 23.1.1995, SWK 1995, A 249; s a *Keppert*, SWK 1997, S 417 ff; *Bruckner* in *W/H/M*, HdU[1] I § 6 Rz 15 f; anders zuvor zB *Wiesner* in FS Stadler 356 f u in FS Bauer 363 f); § 6 Abs 2 hat insofern nur klarstellenden Charakter (*Takacs*, ÖStZ 1994, 389; *Keppert*, SWK 1997, S 421; *Bruckner* in *W/H/M*, HdU[1] I § 6 Rz 15).

2. Äquivalenzverletzung und Signifikanz
a) Wertverschiebung

14 Eine Äquivalenzverletzung liegt vor, wenn „die Beteiligungsverhältnisse nach der Verschmelzung nicht den Wertverhältnissen" entsprechen, die Verschmelzung also aufgrund eines unangemessenen Umtauschverhältnisses eine **Wertverschiebung zwischen den Anteilsinhabern** bewirkt (*Bruckner* in *W/H/M*, HdU^1 I § 6 Rz 16; *Hügel* § 6 Rz 4). Äquivalenz iSd § 6 Abs 2 erfordert jedoch nicht vollkommene Wertgleichheit. So greift § 6 Abs 2 nur bei einer „signifikanten, weder dem Fremdvergleich standhaltenden noch auf die Schwierigkeiten einer Unternehmensbewertung rückführbaren Verletzung der Äquivalenz ein" (ErlRV 266 BlgNR 18. GP, 19; s a *Hügel* § 6 Rz 5). Erst ein **gewichtiges Abweichen** von einem als Mittelwert in der Bandbreite definierten Umtauschverhältnis spricht für das Vorliegen einer Äquivalenzverletzung iSd § 6 Abs 2. Während im älteren Schrifttum von einer Grenzziehung bei etwa **25 % oder mehr** ausgegangen war (*Takacs*, ÖStZ 1994, 389 ff; *Schwarzinger/Wiesner* I^2 185; krit zu festen Bandbreiten *Hügel* § 6 Rz 5; s a Rz 25), scheint die jüngere Verwaltungspraxis eine **50 %-Grenze** anzunehmen (UmgrStR Rz 306; KStR Rz 490; zustimmend *Schwarzinger/Wiesner* I/1^3 131; dazu § 6 Rz 24).

b) Bereicherungswille

15 Unklar ist, ob das tatbestandliche Vorliegen einer Äquivalenzverletzung nach § 6 Abs 2 einen **subjektiven Bereicherungswillen** zumindest auf der Seite des Zuwendenden voraussetzt. Dies wird zT bejaht (*Hügel* § 6 Rz 6 ff; wohl a *Wiesner* in *Bertl ua*, Kauf und Verkauf 134 f; *Schwarzinger/Wiesner* I/1^3 135; *Bruckner* in *W/H/M*, HdU^1 I § 6 Rz 17 f; aA *Schneider*, SWK 1992, A I 247 u 271). Demnach schließe das Fehlen eines Bereicherungswillens die Anwendbarkeit des § 6 Abs 2 aus, sodass es weder zu einer Korrektur der Anschaffungskosten noch zu einer Zuwendung iSd § 121a Abs 1 BAO bzw § 1 Abs 1 StiftEG kommen könne (*Hügel* § 6 Rz 8). Aus dem Wortlaut des § 6 Abs 2 lässt sich dies indessen nicht ableiten. Die **Verwaltungspraxis** differenziert daher zutr zwischen der durch § 6 Abs 2 geschaffenen Fiktion einer unentgeltlichen Zuwendung bei bloß objektiver Äquivalenzverletzung für Ertragsteuerzwecke und dem – bei zusätzlicher Verwirklichung eines der in § 3 ErbStG genannten Tatbestände (Bereicherungswille) – Vorliegen etwa einer gem § 121a BAO meldepflichtigen Schenkung (UmgrStR Rz 306 u Rz 311; *Zöchling/Paterno* in *W/Z/H/K*^{5} § 6 Rz 6 f; unklar Pkt 4 Sbg Steuerdialog KSt/UmgrStR 2010). Im Ergebnis wird aber aufgrund des üblicherweise bestehenden Interessengegensatzes eine Anwendung des § 6 Abs 2 praktisch ohnehin dann auszuschließen sein, wenn keine **familiären oder konzernmäßigen Beziehungen** bestehen (s a UmgrStR Rz 306; Pkt 4 Sbg Steuerdialog KSt/UmgrStR 2010; *Wiesner* in *Bertl ua*, Kauf und Verkauf 135; *Schwarzinger/Wiesner* I/1^3 131 u 135; *Bruckner* in *W/H/M*, HdU^1 I § 6 Rz 18; *Hügel* § 6 Rz 7; *Walter*^{11} Rz 159).

c) Wertausgleich „auf andere Weise"

16 Eine Äquivalenzverletzung tritt nach § 6 Abs 2 S 1 nur ein, „wenn der **Wertausgleich nicht auf andere Weise** erfolgt". In Betracht kommen vor allem gesellschaftsrechtliche Maßnahmen, wie etwa die Einräumung eines **Gewinn- oder Li-**

quidationsvorzugsrechtes (ErlRV 266 BlgNR 18. GP, 19; *Schneider*, SWK 1992, A I 247; *Bruckner* in *W/H/M*, HdU[1] I § 6 Rz 21; *Hügel* § 6 Rz 9; *Schwarzinger/Wiesner* I/1[3] 135). Die Verwaltungspraxis erwähnt spezifisch „die vertragliche Vereinbarung einer **alinearen Gewinnausschüttung** im Zusammenhang mit dem Verschmelzungs- oder Gesellschaftsvertrag, die der Höhe nach mit dem Erreichen der Äquivalenz begrenzt ist" (UmgrStR Rz 307; BMF 6.6.2002, ecolex 2002, 618 = RdW 2002/436, 447; s a *Walter*[11] Rz 156).

Demgegenüber wird von der Verwaltungspraxis ein **nicht-gesellschaftsrechtlicher** **17** **Wertausgleich** (zB Zuzahlung auf Gesellschafterebene, erhöhter Geschäftsführerbezug) aufgrund des Wechsels einer solchen Transaktion in den Bereich der steuerwirksamen Tauschvorgänge nicht als Ausgleich iSd § 6 Abs 2 angesehen (UmgrStR 307; *Wiesner* in *Bertl ua*, Kauf und Verkauf 135 f; *Schwarzinger/Wiesner* I/1[3] 135; krit *Hügel* § 6 Rz 9; s § 5 Rz 135). Die Verschmelzung fällt diesfalls zwar weiterhin unter Art I, wobei zunächst eine wertäquivalente, unter § 5 fallende Anteilszuordnung anzunehmen ist (*Bruckner* in *W/H/M*, HdU[1] I § 6 Rz 23); der rechtsgeschäftliche Wertausgleich ist sodann jedoch nicht nach § 6 Abs 2, sondern nach allgemeinem Steuerrecht zu beurteilen (*Wiesner* in *Bertl ua*, Kauf und Verkauf 135 f; *Bruckner* in *W/H/M*, HdU[1] I § 6 Rz 21 u Rz 23; *Hügel* § 6 Rz 9; s § 5 Rz 135).

3. Bewertung

a) Verhältnis der Verkehrswerte

Die Beurteilung der Wertäquivalenz hat nach der Verwaltungspraxis auf **Basis der** **18** **Verkehrswerte** der zu verschmelzenden Gesellschaften zu erfolgen (UmgrStR Rz 308; ebenso zB *Bertl/Hirschler*, RdW 1996, 610; *Bruckner* in *W/H/M*, HdU[1] I § 6 Rz 19; s aber *Hügel* § 6 Rz 10: gemeine Werte nach BewG). Die bei der Beurteilung der Äquivalenzverletzung zu berücksichtigenden Anteilsrechte umfassen auch das **Surrogatkapital** iSd § 8 Abs 3 KStG (zB Substanzgenussrechte; s *Thunshirn*, ÖStZ 1996, 351; *Bruckner* in *W/H/M*, HdU[1] I § 6 Rz 23 m FN 869; *Schragl* in HB Genussrechte[2] 289 ff). In die Äquivalenzbetrachtung ist aber nicht bloß das Vermögen einzubeziehen, sondern es sind zB auch auf die übernehmende Gesellschaft übergehende **Verlustvorträge** zu berücksichtigen, sofern diese zu Steuereinsparungen bei der übernehmenden Gesellschaft führen (*Bertl/Hirschler*, RdW 1996, 610).

Zum Nachweis des Nichtvorliegens einer Äquivalenzverletzung ist nach § 6 Abs 2 **19** S 2 im Zweifel ein **Bewertungsgutachten eines Sachverständigen** erforderlich. Der Sachverständige muss – seit dem StRefG 1993 (BGBl 1993/818) – kein „unabhängiger" sein, sodass zB „der die Umgründenden betreuende Wirtschaftstreuhänder" nicht von der Begutachtung ausgeschlossen ist (ErlRV 1237 BlgNR 18. GP, 69). Nach den Materialien sollte mit dem Streichen des Wortes „unabhängig" dem Gutachten deutlicher die Stellung als **Beweismittel iSd BAO** zugeordnet werden, das „wie jedes andere der Würdigung der Abgabenbehörde" unterliegt (ErlRV 1237 BlgNR 18. GP, 69; *Wiesner*, RdW 1993, 379; *Schneider*, SWK 1993, A 560). Das Gesetz schweigt allerdings zu der Frage, zu welchem **Zeitpunkt der Nachweis** zu erbringen ist. Wenngleich ein Vorliegen bei Abschluss des Verschmelzungsvertrages oft ratsam sein wird (*Bruckner* in *W/H/M*, HdU[1] I § 6 Rz 20), muss auch ein Nachbringen etwa beim Entstehen von „Zweifeln" iRe Betriebsprüfung möglich sein (*Hügel* § 6 Rz 13).

4. Zeitliche Aspekte
a) Abschluss des Verschmelzungsvertrages

20 Die Wertäquivalenz ist unstrittig nicht nach den Wertverhältnissen zum Verschmelzungsstichtag zu beurteilen (s VwGH 25.10.1994, 94/14/0075, ÖStZB 1995, 264; *Hügel* § 6 Rz 11). Während jedoch die Verwaltungspraxis auf den **Zeitpunkt der Beschlussfassung** der Verschmelzung abstellt (UmgrStR Rz 308; so a noch *Hügel* in H/M/H § 6 Rz 9 uHa § 221a Abs 5 AktG), ist nach hA stichtagsbezogen der **Abschluss des Verschmelzungsvertrages** maßgeblich (s zB *Schneider*, SWK 1992, A I 261; *Bertl/Hirschler*, RdW 1996, 610 f; *Bruckner* in W/H/M, HdU[1] I § 6 Rz 19; *Hügel* § 6 Rz 11; wohl a VwGH 25.10.1994, 94/14/0075, ÖStZB 1995, 264); auch die Verwaltungspraxis stellt aber letztlich für die Frage des Bereicherungswillens auf den Abschluss des Verschmelzungsvertrages ab (UmgrStR Rz 312). **Spätere Wertänderungen** sind für die Überprüfung der Äquivalenz unbeachtlich (UmgrStR Rz 308; *Bruckner* in W/H/M, HdU[1] I § 6 Rz 19; *Hügel* § 6 Rz 11; zur Möglichkeit einer Änderung des Vertrages bei nachträglichen wesentlichen Änderungen s *Hirschler*, Spaltung 322 f).

b) Zuwendungszeitpunkt

21 Aufgrund der seit dem **BudBG 2007** (BGBl I 2007/24) in § 5 Abs 1 Z 1 S 2 angeordneten **Rückwirkung** des Erwerbes der Anteile mit Beginn des dem Verschmelzungsstichtag folgenden Tages erfolgt nach der Verwaltungspraxis die Zuwendung mit diesem Tag (UmgrStR Rz 310; *Zöchling/Paterno* in W/Z/H/K[5] § 6 Rz 7; aA *Hügel* § 6 Rz 20). Zu diesem Zeitpunkt hat auch das ertragsteuerliche Auf- oder Abstocken der Anschaffungskosten der Gesellschaftsanteile zu erfolgen (so UmgrStR Rz 310; *Zöchling/Paterno* in W/Z/H/K[5] § 6 Rz 7; s dazu Rz 22).

Mit dem BudBG 2007 wurde somit im Hinblick auf § 6 Abs 2 im Ergebnis die Rechtslage vor dem **BudBG 2003** (BGBl I 2003/71) wieder hergestellt, war doch mit dem BudBG 2003 die zuvor in § 6 Abs 2 vorgesehene Rückwirkung der unentgeltlichen Zuwendung explizit aufgegeben worden, um Gleichklang mit der damaligen Nicht-Rückwirkung des Anteilstausches nach § 5 herzustellen (s ErlRV 59 BlgNR 22. GP, 276).

B. Ertragsteuerliche Folgen

22 Aus ertragsteuerlicher Sicht kommt es als Folge einer Äquivalenzverletzung iH der Wertverschiebung zu einer ertragsteuerneutralen **Korrektur der Anschaffungskosten** der Gesellschaftsanteile (UmgrStR Rz 309; *Wiesner* in Bertl ua, Kauf und Verkauf 135 f; *Bruckner* in W/H/M, HdU[1] I § 6 Rz 23; *Hügel* § 6 Rz 14). Dies erfolgt iRe **zweistufigen Korrekturverfahrens**:

- In einem ersten Schritt ist unter Außerachtlassung des tatsächlich vereinbarten (inäquivalenten) Umtauschverhältnisses eine **sachgerechte (den tatsächlichen Werten entsprechende, also äquivalente) Zuordnung** der Anteilsrechte zu unterstellen; auf diese kommt § 5 zur Anwendung.
- Anschließend werden bei den durch die Äquivalenzverletzung begünstigten Anteilsinhabern – nach allgemeinem Steuerrecht und damit außerhalb des UmgrStG – **zusätzliche Anschaffungskosten** (Buchwerte) iH der ihnen unentgeltlich zugewendeten Anteile angesetzt; in gleicher Höhe **vermindern sich die**

Anschaffungskosten (Buchwerte) der Anteile jener Gesellschafter, die diese Vorteile unentgeltlich zuwenden.

§ 6 Abs 2 setzt allerdings das **allgemeine Steuerrecht** nicht außer Kraft (s a *Bruckner* in *W/H/M*, HdU[1] I § 6 Rz 24; *Jann*[2] 69; *Walter*[11] Rz 159). Werden etwa die Anteile von **natürlichen Personen** jeweils in einem Betriebsvermögen gehalten, so liegt, wenn es sich um eine außerbetriebliche Vorteilszuwendung handelt, beim Bereichernden eine Entnahme und beim Bereicherten eine Einlage vor (*Bruckner* in *W/H/M*, HdU[1] I § 6 Rz 24). Handelt es sich bei den von der Äquivalenzverletzung betroffenen **Anteilsinhabern um Körperschaften** und ist die Äquivalenzverletzung auf eine Nahebeziehung deren Anteilsinhaber zurückzuführen, ist nach allgemeinem Steuerrecht von *(1)* einer verdeckten Ausschüttung der bereichernden Körperschaft an deren Anteilsinhaber, *(2)* einer unentgeltlichen Zuwendung an die Anteilsinhaber der bereicherten Körperschaft (allg *Kirchmayr/Toifl* in *Achatz/Kirchmayr* § 8 Tz 257) und schließlich *(3)* einer Einlage dieser in die bereicherte Körperschaft auszugehen (s a *Jann* 56; weiters *Bruckner* in *W/H/M*, HdU[1] I § 6 Rz 24; s a *Hirschler*, taxlex 2012, 12; *Walter*[11] Rz 159; zu Schwesternverschmelzungen s aber Rz 11). Das gesellschaftsrechtliche Verbot der Einlagenrückgewähr ist zu beachten (*Jann*[2] 69). 23

Abgesehen von diesen Fällen einer Nahebeziehung und der Annahme von Ausschüttungen und Einlagen ist weiters zu beachten, dass nach der Verwaltungspraxis unentgeltliche **Zuwendungen an unter § 7 Abs 3 KStG fallende Körperschaften**, wenn sie von fremden Dritten erfolgen (nicht von Anteilsinhabern bzw diesen nahestehenden Personen), idR steuerpflichtige Betriebseinnahmen darstellen (KStR Rz 490 [schärfer ex-Rz 668: „stets"]). Nach der Verwaltungspraxis ist aber im Falle einer objektiv bestehenden Bereicherung zugunsten einer solchen Körperschaft als Anteilsinhaberin durch fremde Dritte nur dann eine Betriebseinnahme anzunehmen, „wenn die verschmelzungsbedingt eingeräumte Gegenleistung nicht das Ergebnis einer marktkonformen Preisbildung ist" (UmgrStR Rz 306; KStR Rz 490; ebenso Pkt 4 Sbg Steuerdialog KSt/UmgrStR 2010; s a *Walter*[11] Rz 159). Zur Vermeidung von Vollzugsschwierigkeiten wird dabei nicht auf rein subjektive Elemente abgestellt, sondern auf die **Bandbreite der am Markt denkbaren Preise**. Liegt die gewährte Gegenleistung außerhalb dieser Bandbreite, wird davon ausgegangen, dass der Zuwendungscharakter im Vordergrund steht (s a *Treer/Mayr*, Steuerdialog 2010, 27). Davon ist nach der Verwaltungspraxis auszugehen, wenn die gewährte Gegenleistung um **mehr als 50 %** vom Wert des (anteilig) übertragenen Vermögens abweicht; beträgt die Abweichung weniger als 50 %, ist das Vorliegen einer Bereicherungsabsicht nach dem Gesamtbild der Verhältnisse zu beurteilen (UmgrStR Rz 306; KStR Rz 490). 24

C. Anzeigepflicht nach § 121a BAO

Seit dem **SchenkMG 2008** (BGBl I 2008/85) unterliegen Schenkungen (§ 3 ErbStG) und Zweckzuwendungen (§ 4 Z 2 ErbStG) der **Anzeigepflicht nach § 121a BAO**. Im Falle einer Äquivalenzverletzung ab dem 1.8.2008, also für ab diesem Tag ungeachtet eines davor liegenden Stichtags eingetragene Verschmelzungen (UmgrStR Rz 317; *Staringer* in *Bertl ua*, Sonderbilanzen 226 f; s a Rz 27), liegt damit beim Zusammentreffen von objektiver Unentgeltlichkeit mit einem der in § 3 ErbStG genannten Tatbestände (Bereicherungswille) **keine Schenkungssteuer-** 25 pflicht, sondern (lediglich) eine nach § 121a BAO **meldepflichtige Schenkung** vor (ausf UmgrStR Rz 311 ff), sofern der (zusammengerechnete) Wert der Zuwendung(en) den Betrag von 50.000 € (bei einer Äquivalenzverletzung zugunsten eines Angehörigen) bzw 15.000 € übersteigt (s im Detail Pkt 4.2 AÖF 2009/37). Der (zumindest bedingte) **Bereicherungswille** muss bei Abschluss des Verschmelzungsvertrages vorliegen (UmgrStR Rz 312; *Bruckner* in *W/H/M*, HdU[1] I § 6 Rz 25). Für die Beurteilung der Frage, ob eine objektive Bereicherung bzw ein Missverhältnis zwischen Leistung und Gegenleistung vorliegt oder nicht, sind die gemeinen Werte von Leistung und Gegenleistung gegenüberzustellen (UmgrStR Rz 313); ein die Meldpflicht auslösendes **offenbares oder erhebliches Missverhältnis zwischen Leistung und Gegenleistung** ist anzunehmen, wenn die tatsächliche Gegenleistung die sonst übliche angemessene Gegenleistung um ca 20 % bis 25 % unterschreitet (Pkt 1.3 AÖF 2009/37; UmgrStR Rz 313), wobei auch die absolute Höhe des Differenzbetrages relevant sein soll (UmgrStR Rz 313). Geringere Wertverschiebungen sollen dann eine Meldepflicht nach § 121a BAO auslösen, wenn die Ursache der Wertverschiebung nicht in einem Bewertungsspielraum liegt, sondern die Vertragsparteien bei Abschluss des Verschmelzungsvertrages **bewusst von der Gleichwertigkeit abgehen** (UmgrStR Rz 314).

26   Die Schenkungsmeldepflicht nach § 121a BAO wird nach der Verwaltungspraxis **nicht** von der **Anzeigepflicht nach § 43** verdrängt (s Pkt 5.4 AÖF 2009/37; UmgrStR Rz 311 ff; *Ritz*, SWK 2008, S 646; *Hügel* § 6 Rz 16; *Mayr/Wellinger* in HB Sonderbilanzen II 53; aA weiterhin zB *Korntner*, FJ 2009, 58 f); die Anzeigepflichten nach § 121a BAO und § 43 bestehen somit nebeneinander (*Hügel* § 6 Rz 16; *Jann*[2] 69). Dies ist nicht praktikabel: Eine Äquivalenzverletzung wird idR erst im Zuge einer späteren Betriebsprüfung festgestellt, sodass die dreimonatige Anzeigefrist nach § 121a BAO regelmäßig bereits abgelaufen sein wird; es wäre daher – iSd frühen Schrifttums zu dieser Frage (*Petritz* in *Fraberger/Petritz*, SchenkMG 9; *Rief*, GeS 2008, 241 f; *Marschner*, SWK 2008, S 706; *Marschner*, SWK 2008, S 744; *Fraberger/Petritz*, JEV 2009, 53 f) – eine Änderung der Verwaltungspraxis dahingehend wünschenswert, dass die Anzeige nach § 43 die Schenkungsmeldung für eine allfällige Äquivalenzverletzung bereits beinhaltet.

27   Meldepflichtig nach § 121a BAO sind zur ungeteilten Hand der **bereicherte sowie der entreichte Gesellschafter** sowie **Rechtsanwälte und Notare**, die beim Erwerb oder bei der Errichtung des Verschmelzungsvertrages, in dem das Umtauschverhältnis gem § 220 Abs 2 Z 3 AktG festgelegt wurde, mitgewirkt haben oder die zur Erstattung der Anzeige beauftragt worden sind (s UmgrStR Rz 316; zu Details zum „Mitwirkenden" s Pkt 5.3 AÖF 2009/37). Ungeachtet der ertragsteuerlichen Rückwirkung des Anteilsaustausches nach § 5 Abs 1 Z 1 S 2 ist die Anzeige nach § 121a BAO **binnen drei Monaten ab dem tatsächlichen Erwerb**, also der Eintragung der Verschmelzung in das Firmenbuch (§ 225a Abs 3 AktG; s zum früheren Recht aber zB *Bruckner* in *W/H/M*, HdU[1] I § 6 Rz 27) zu erstatten; dies kann ungeachtet der örtlichen Zuständigkeit bei **jedem Finanzamt** (außer an das Finanzamt für Gebühren, Verkehrsteuern und Glücksspiel) erfolgen (UmgrStR Rz 317; *Hügel* § 6 Rz 17 f). Die Anzeige ist nach § 121a Abs 5 BAO grundsätzlich auf **elektronischem Weg** zu übermitteln (zu Form und Inhalt s Pkt 7 AÖF 2009/37). Eine vorsätzliche Verletzung der Anzeigepflicht gem § 121a BAO stellt eine **Finanzordnungswidrigkeit gem § 49a FinStrG** dar (UmgrStR Rz 317; *Hügel* § 6 Rz 19).

D. Stiftungseingangssteuerpflicht nach § 1 Abs 1 StiftEG

Tritt durch die Äquivalenzverletzung eine **Bereicherung einer privatrechtlichen** 28
Stiftung oder einer damit vergleichbaren Vermögensmasse iSd § 1 Abs 1 StiftEG als Gesellschafterin ein, begründet dies nach Maßgabe des § 1 Abs 2 StiftEG als unentgeltliche Zuwendung Stiftungseingangssteuerpflicht (UmgrStR Rz 317a uHa StiftR Rz 313). Fällt die Zuwendung unter das StiftEG, besteht keine Schenkungsmeldepflicht (§ 121a Abs 2 lit d BAO), unabhängig davon, ob sie steuerpflichtig oder steuerfrei ist (*Rathgeber* in *Adametz/Proksch/Rathgeber*, SchenkMG 75).

III. Annahme eines Abfindungsangebots (Abs 3)

Nach § 6 Abs 3 S 1 gilt die „Annahme eines Abfindungsangebotes [...] als Anteils- 31
veräußerung". Diese durch das **BudBG 2007** (BGBl I 2007/24) eingeführte Bestimmung nimmt damit auf jene gesellschaftsrechtlichen Regelungen Bezug, nach denen in gewissen Fällen eine **gesellschaftsrechtlich gedeckte Abfindungsmöglichkeit** widersprechender Gesellschafter besteht (ErlRV 43 BlgNR 23. GP, 26).

Ein derartiges, mit einem Barabfindungsanspruch verbundenes Austrittsrecht von Minderheitsgesellschaftern besteht bei **rechtsformübergreifenden Verschmelzungen** zwischen einer AG und einer GmbH (§ 234b AktG; s *Kalss*, GesRZ 2007, 231 f; *Grünwald* in *W/H/M*, HdU[11] I Rz 251 ff), bei **Export-Verschmelzungen** von Kapitalgesellschaften (§ 10 EU-VerschG; ausf *Kaufmann*, RWZ 2008/59, 203 ff) und bei grenzüberschreitenden **SE-Verschmelzungsgründungen** (§ 21 SEG).

Nimmt ein **Anteilsinhaber** ein Abfindungsangebot an, so gelten seine Anteile an 32
der übertragenden Gesellschaft nach § 6 Abs 3 S 1 als veräußert, wobei die Steuerfolgen nach allgemeinem Steuerrecht (§ 27 Abs 3 EStG, § 10 Abs 3 KStG) zu beurteilen sind (UmgrStR Rz 317b; *Hügel* § 6 Rz 25; *Zöchling/Paterno* in *W/Z/H/K*[5] § 6 Rz 8); Gleiches gilt für die Barabfindung von soziétaren Genussrechten (s *Kirchmayr/Rieder*, RdW 2016/576, 778). Das Gesetz schweigt allerdings zum **Zeitpunkt der Veräußerung**, wobei die Materialien für die Abfindung nach § 21 SEG auf den Zeitpunkt der Eintragung der Verschmelzung in das Firmenbuch abstellen (ErlRV 43 BlgNR 23. GP, 26; *Walter*[11] Rz 149a; ausf *Hügel* § 6 Rz 25). Der **Erwerber** erwirbt aufgrund der in § 6 Abs 3 S 2 fingierten Rückwirkung die abgefundenen Anteile mit dem Beginn des dem Verschmelzungsstichtag folgenden Tages und nicht im Zeitpunkt des Erwerbs des (wirtschaftlichen) Eigentums (ErlRV 43 BlgNR 23. GP, 26; UmgrStR Rz 317b; *Zöchling/Paterno* in *W/Z/H/K*[5] § 6 Rz 8; *Walter*[11] Rz 149a).

IV. Umsatzsteuer (Abs 4)

A. Überblick

Im Anwendungsbereich des Art I normiert § **6 Abs 4**, dass Verschmelzungen 33
„nicht als steuerbare Umsätze im Sinne des Umsatzsteuergesetzes 1994" gelten und „die übernehmende Körperschaft [...] für den Bereich der Umsatzsteuer unmittelbar in die Rechtsstellung der übertragenden Körperschaft" eintritt. Diese Bestimmung normiert somit einerseits die zwingende **Nichtsteuerbarkeit des Umgründungsvorgangs** (Rz 34 f) und andererseits die **umsatzsteuerliche Gesamtrechtsnachfolge** (Rz 36 f); eine umsatzsteuerliche Rückwirkung ist indessen nicht vorgesehen (Rz 38 ff).

B. Nichtsteuerbarkeit

34 Die Anordnung der **Nichtsteuerbarkeit** in § 6 Abs 4 basiert auf Art 19 MwStSystRL und erfasst den gesamten – Leistung und Gegenleistung umfassenden – Umgründungsvorgang: Sowohl die Übertragung von Vermögen auf der einen als auch etwa die Gewährung von Gesellschaftsrechten auf der anderen Seite sind sohin nicht steuerbar (VwGH 20.11.1996, 96/15/0027, ÖStZB 1997, 694; *Pernegger*, ÖStZ 2002/262, 147; *Wiesinger/Eipeldauer*, taxlex 2013, 283); Verschmelzungen iSd Art I ziehen somit **keine umsatzsteuerlichen Konsequenzen** nach sich (VwGH 5.7.1994, 94/14/0021, ÖStZB 1995, 237). Auf die Nichtsteuerbarkeit kann nicht verzichtet werden (UStR Rz 54). Einer Rechnung (zB für den Betriebsübergang) bedarf es nicht (*Kuder/Weinzierl*, RdW 2015/692, 815). Es kommt sohin verschmelzungsbedingt auch weder zu einer **Vorsteuerberichtigung** aufgrund einer Änderung der Verhältnisse nach § 12 Abs 10 bzw Abs 11 UStG (VwGH 5.7.1994, 94/14/0021, ÖStZB 1995, 237; *Rief/Staringer*, ecolex 1992, 799; *Bruckner* in W/H/M, HdU[1] I § 6 Rz 29; *Zöchling/Paterno* in W/Z/H/K[5] § 6 Rz 9) noch zu einer Besteuerung als **Entnahmeeigenverbrauch** (*Pernegger*, ÖStZ 2002/262, 147; *Ruppe/Achatz*, UStG[4] § 3 Rz 235). Eine Änderung der Verhältnisse und damit das Erfordernis einer **Vorsteuerkorrektur** kann sich jedoch bei der übernehmenden Körperschaft ergeben (*Bruckner* in W/H/M, HdU[1] I § 6 Rz 29; *Zöchling/Paterno* in W/Z/H/K[5] § 6 Rz 9).

35 Fällt eine Verschmelzung nicht unter Art I, so ist die Beurteilung der umsatzsteuerlichen Konsequenzen umstritten (s zB *Kuder/Weinzierl*, RdW 2015/692, 816 f). Die **traditionelle hA** geht im Fall einer Gegenleistung von einem steuerbaren Leistungsaustausch aus: Bei der übertragenden Gesellschaft liege eine **Geschäftsveräußerung im Ganzen** nach § 4 Abs 7 UStG vor, unabhängig davon, dass die Verschaffung der Verfügungsmacht durch Gesetz eintritt; die Gegenleistung der übernehmenden Gesellschaft bestehe in der – nach § 6 Abs 1 Z 8 lit f UStG unecht befreiten – Gewährung von Gesellschaftsrechten, der Übernahme von Schulden, der Aufgabe von Anteilen an der übertragenden Gesellschaft, in baren Zuzahlungen etc (s UmgrStR Rz 400; UStR Rz 52; *Bruckner* in W/H/M, HdU[1] I § 6 Rz 28; *Pernegger*, ÖStZ 2002/262, 146 f; *Tumpel* in FS Bruckner 282 f; *Mayr* in HB Sonderbilanzen II 4; *Zöchling/Paterno* in W/Z/H/K[5] § 6 Rz 9; s a BFH 22.4.1971, V R 86/67, BFHE 102, 419, BStBl 1971 II 657; BFH 22.4.1976, V R 54/71, BFHE 119, 112, BStBl 1976 II 518; BFH 24.4.1980, V B 35/79, UR 1980, 185). Die **Gegenauffassung** verneint hingegen einen Leistungsaustausch, weil der Vermögensübergang und der Anspruch auf Gewährung von Anteilsrechten auf Grund von Beschlüssen auf Gesellschafterebene und *ex lege* gegeben sei und keine Gegenleistung der übernehmenden Körperschaft vorliege (*Lang*, ÖStZ 1988, 217; s a *Ruppe* in FS Heidinger 331; *Hügel* § 6 Rz 27; *Ruppe/Achatz*, UStG[4] § 1 Rz 82/1 ff u Rz 95; ausf zu dieser Diskussion *Kofler* in *Achatz/Tumpel*, USt im Konzern 139 ff; *Tumpel* in FS Bruckner 273 ff; *Kuder/Weinzierl*, RdW 2015/692, 816 f); diesfalls wäre jedoch eine Entnahme nach § 3 Abs 2 iVm § 4 Abs 8 lit a UStG anzunehmen (s *Kofler* in *Achatz/Tumpel*, USt im Konzern 148; *Achatz/Leidel* in Achatz ua, Praxisfragen 284 f; *Ruppe/Achatz*, UStG[4] § 1 Rz 82/3 f; s a VwGH 24.2.2005, 2004/16/0200, ÖStZB 2005/357, zur Sacheinlage ohne Kapitalerhöhung), wobei die auf die Entnahme entfallende Umsatzsteuer gem § 12 Abs 15 UStG auf den übernehmenden Unternehmer weitergeleitet werden kann (*Kuder/Weinzierl*, RdW 2015/692, 817).

C. Umsatzsteuerliche Rechtsnachfolge

1. Unmittelbarkeit des Übergangs

Der umsatzsteuerliche Rechtsnachfolger tritt nach § 6 Abs 4 S 1 unmittelbar in die **umsatzsteuerrechtlichen Positionen des Rechtsvorgängers** ein (UStR Rz 54 f; UmgrStR Rz 321; *Ruppe/Achatz*, UStG[4] § 2 Rz 156). Durch die Anordnung der **Unmittelbarkeit des Überganges** sollte auch ein Umweg über die Privatsphäre ausgeschlossen und damit ein „umsatzsteuerliches Vakuum" vor allem im Bereich des Eigenverbrauches" verhindert werden (ErlRV 266 BlgNR 18. GP, 19; s a *Bruckner* in *W/H/M*, HdU[1] I § 6 Rz 32; *Ruppe/Achatz*, UStG[4] § 2 Rz 157; *Wiesinger/Eipeldauer*, taxlex 2013, 284 ff, a zu internationalen Aspekten). 36

Diese Rechtsnachfolgeregelung führt insb 37

- zum Übergang der beim Rechtsvorgänger entstandenen **Umsatzsteuerschulden bzw -guthaben** (UStR Rz 204; *Bruckner* in *W/H/M*, HdU[1] I § 6 Rz 30; *Ruppe/Achatz*, UStG[4] § 2 Rz 150);
- zum Übergang der **Vorsteuerabzugsberechtigung**, wenn der Rechtsvorgänger Leistungen für sein Unternehmen erhalten hat und die Rechnung erst beim umsatzsteuerlichen Rechtsnachfolger eingeht (UmgrStR Rz 321; UStR Rz 204; *Ruppe/Achatz*, UStG[4] § 2 Rz 150), und zwar zB auch dann, wenn er aufgrund seiner eigenen Tätigkeit – zB als Holdinggesellschaft – nicht Unternehmer ist (*Bruckner* in *W/H/M*, HdU[1] I § 6 Rz 30; *Ruppe/Achatz*, UStG[4] § 2 Rz 150);
- zum Übergang der Berücksichtigung von **Änderungen der Bemessungsgrundlage** nach § 16 UStG, die erst beim Rechtsnachfolger eintreten, unabhängig davon, ob der Rechtsvorgänger Leistender oder Leistungsempfänger war (UmgrStR Rz 321; *Bruckner* in *W/H/M*, HdU[1] I § 6 Rz 30), und unabhängig davon, ob der Rechtsnachfolger selbst Unternehmereigenschaft besitzt (*Ruppe/Achatz*, UStG[4] § 2 Rz 150 u § 16 Rz 16);
- zum Weiterlaufen der vom Rechtsvorgänger in Gang gesetzten maßgeblichen **Fristen**, wenn dies dem Zweck des Fristenlaufs entspricht (zB die Verpflichtung zur **Vorsteuerberichtigung** gem § 12 Abs 10, Abs 10a und Abs 11 UStG; s VwGH 20.4.1999, 99/14/0080, ÖStZB 1999, 651; ErlRV 266 BlgNR 18. GP, 19; UStR Rz 55 u UmgrStR Rz 321; *Bruckner* in *W/H/M*, HdU[1] I § 6 Rz 30; *Ruppe/Achatz*, UStG[4] § 2 Rz 150); Fristen, die vom Rechtsvorgänger durch **Ausübung von Wahlrechten** in Gang gesetzt wurden (zB Istbesteuerung, Regelbesteuerung), laufen beim Nachfolger nicht weiter (*Ruppe/Achatz*, UStG[4] § 2 Rz 150; *Wiesinger/Eipeldauer*, taxlex 2013, 284);
- zum Übergang des zivilrechtlichen Anspruchs des Leistungsempfängers auf **Ausstellung einer Rechnung** gem § 11 Abs 1 UStG gegen den Rechtsnachfolger (UmgrStR Rz 321; UStR Rz 204; *Bruckner* in *W/H/M*, HdU[1] I § 6 Rz 30; *Ruppe/Achatz*, UStG[4] § 2 Rz 150);
- zur Ausübbarkeit von **Optionsrechten** der übertragenden Körperschaft für bis zur Vermögensübertragung ausgeführte Umsätze innerhalb der dafür vorgesehenen Fristen durch den umsatzsteuerlichen Rechtsnachfolger (zB Option zur Differenzbesteuerung nach § 24 Abs 12 UStG, Option zur Steuerpflicht nach § 6 Abs 2 und § 24a Abs 5 bis 7 UStG; s *Keppert/Waitz-Ramsauer* in *W/H/M*, HdU[8] II § 11 Rz 17; *Wiesinger/Eipeldauer*, taxlex 2013, 284);

- zur Maßgeblichkeit der **Vorjahresumsätze** des Rechtsvorgängers im Hinblick auf die Berechnung der Umsatzgrenze des § 21 Abs 1 und 2 UStG hinsichtlich des **Voranmeldungszeitraums** für den Rechtsnachfolger (*Ruppe/Achatz*, UStG⁴ § 21 Rz 11; *Wiesinger/Eipeldauer*, taxlex 2013, 284).

Umgründungen können allerdings weitere umsatzsteuerliche „Querwirkungen" haben: So wurde zB durch das 1. StabG 2012 (BGBl I 2012/22) die **Optionsmöglichkeit zur Steuerpflicht bei Vermietung und Verpachtung** auf den Fall eingeschränkt, dass der Leistungsempfänger die Immobilie „nahezu ausschließlich für Umsätze verwendet, die den Vorsteuerabzug nicht ausschließen" (§ 6 Abs 2 UStG); diese Regelung ist auf Miet- und Pachtverhältnisse anzuwenden, die nach dem 31.8.2012 beginnen (§ 28 Abs 38 Z 1 UStG). Unklar ist diesbezüglich, ob es durch eine **Verschmelzung des Mieters oder Vermieters** zu einem neuen Miet- oder Pachtverhältnis iSd § 28 Abs 38 Z 1 UStG kommt (dazu *Lang*, SWK 2013, 792 ff). Das **BMF** geht im **UStR-Wartungserlass 2012** (GZ BMF-010219/0288-VI/4/2012) davon aus, dass ein neu beginnendes Miet- oder Pachtverhältnis iSd § 28 Abs 38 Z 1 UStG mangels Unternehmeridentität grundsätzlich auch dann vorliege, wenn der Wechsel im Zuge einer nicht steuerbaren Rechtsnachfolge (zB Erbfolge, Umgründung) erfolge. Kein Mieter- oder Vermieterwechsel soll hingegen dann vorliegen, wenn iRe Umgründung die Unternehmeridentität erhalten bleibe (Rz 899c UStR idF WE 2012), was auch bei einer **Verschmelzung zur Aufnahme** der Fall sei, „wenn sich das vermietete Grundstück bereits im Betriebsvermögen der aufnehmenden Gesellschaft befindet" (Rz 899c UStR idF WE 2012). Kommt es hingegen zur Verschmelzung einer Gesellschaft, die ein Bürogebäude angemietet hat, auf eine andere Gesellschaft, liege mangels Unternehmeridentität des Mieters für Umsatzsteuerzwecke ein neues Miet- bzw Pachtverhältnis vor (so die Antwort des BMF auf Fragestellungen der KWT zum 1. StabG 2012, BMF-010219/0192-VI/4/2012). Die Verwaltungspraxis stellt also darauf ab, ob die Immobilie „bewegt" wird. Diese Ansicht scheint allerdings zu eng; vielmehr ist wohl aufgrund der **Gesamtrechtsnachfolge** in bestehende Verträge im Verschmelzungsfall stets davon auszugehen, dass kein „neues" Miet- bzw Pachtverhältnis iSd § 28 Abs 38 Z 1 UStG begründet wird (ebenso *Lang*, SWK 2013, 792 ff).

2. Zeitpunkt der Rechtsnachfolge

38 Anders als im StruktVG ist im UmgrStG **keine rückwirkende umsatzsteuerliche Rechtsnachfolge** vorgesehen, zumal sich diese „als nicht zweckmäßig erwiesen" hat (ErlRV 266 BlgNR 18. GP, 19; *Bruckner* in *W/H/M*, HdU¹ I § 6 Rz 33). Die Unternehmereigenschaft der übertragenden Körperschaft endet damit erst im **Zeitpunkt ihres Erlöschens**, also mit der Eintragung der Verschmelzung im Firmenbuch (*Bruckner* in *W/H/M*, HdU¹ I § 6 Rz 33; *Hügel* § 6 Rz 29; *Ruppe/Achatz*, UStG⁴ § 2 Rz 156; *Zöchling/Paterno* in *W/Z/K*⁵ § 6 Rz 10); bis dahin ist sie umsatzsteuerliches Zurechnungssubjekt und mit Beginn des auf den Eintragungstag folgenden Tages tritt die übernehmende Körperschaft unmittelbar in ihre Rechtsstellung ein (*Zöchling/Paterno* in *W/Z/K*⁵ § 6 Rz 10). Da jedoch die Eintragung im Firmenbuch nicht exakt vorausgeplant werden kann, lässt die **Verwaltungspraxis** den Übergang der umsatzsteuerlichen Zurechnung mit dem der **Anmeldung zur Eintragung im Firmenbuch** folgenden Monatsersten zu (UStR Rz 56), sofern der zuständigen Abgabenbehörde kein anderer Stichtag des tatsächlichen Wechsels der Unternehmereigenschaft dargetan wird (UmgrStR Rz 319; s a *Wiesinger/ Eipeldauer*, taxlex 2013, 283 f; *Zöchling/Paterno* in W/Z/H/K[5] § 6 Rz 10).

Diese **Vereinfachungsmaßnahme** basiert auf der Überlegung, dass der Eintragungszeitpunkt nicht exakt geplant werden kann (s BMF 5.11.1993, ÖStZ 1993, 339) und dies uU aufwendige Berichtigungen der Rechnungen erfordern würde (*Bruckner* in W/H/M, HdU[1] I § 6 Rz 34). Aus Praktikabilitätsgründen hat es das BMF daher bereits früh als zulässig angesehen, die Unternehmereigenschaft (Leistungstätigkeit) der übertragenden Körperschaft mit dem Tag der Anmeldung der Verschmelzung zur Eintragung in das Firmenbuch enden zu lassen (BMF 5.11.1993, ÖStZ 1993, 339); ab diesem Zeitpunkt können daher die Umsätze bzw Vorsteuerbeträge der übernehmenden Körperschaft zugerechnet werden. In den **UStR** wird nunmehr auf den der Anmeldung folgenden Monatsersten abgestellt (UStR Rz 56; s a *Bruckner* in W/H/M, HdU[1] I § 6 Rz 34). Nach den **UmgrStR** kann der Übergang der umsatzsteuerlichen Zurechnung mit dem der Anmeldung zur Eintragung im Firmenbuch folgenden Monatsersten angenommen werden, sofern der zuständigen Abgabenbehörde kein anderer Stichtag des tatsächlichen Wechsels der Unternehmerfunktion dargetan wird (UmgrStR Rz 319). Damit erscheint es auch möglich, jenen Zeitpunkt als maßgeblich anzusehen, ab dem die übernehmende Körperschaft auch für das von der übertragenden Körperschaft übernommene Vermögen nach außen hin erkennbar als leistender bzw empfangender Unternehmer am Markt auftritt (s *Bruckner* in W/H/M, HdU[1] I § 6 Rz 35; *Zöchling/ Paterno* in W/Z/H/K[5] § 6 Rz 10). **39**

Mangels Rückwirkung hat die übertragende Körperschaft für den Zeitraum vom Verschmelzungsstichtag bis zum Ende der Unternehmerfunktion noch **Umsatzsteuervoranmeldungen** zu erstellen und eine gesonderte **(Jahres)Umsatzsteuererklärung** abzugeben (UmgrStR Rz 320; s a *Bruckner* in W/H/M, HdU[1] I § 6 Rz 33; *Ruppe/Achatz*, UStG[4] § 2 Rz 156; *Wiesinger/Eipeldauer*, taxlex 2013, 284); die **Wahrnehmung der abgabenrechtlichen Pflichten** obliegt bis zur Eintragung der Verschmelzung im Firmenbuch der Geschäftsführung der übertragenden Gesellschaft (zur Vertreterhaftung nach §§ 9 Abs 1, 80 ff BAO s BFG 18.2.2016, RV/3100321/2011, BFGjournal 2016, 178 m Anm *Hirschler/Sulz/Oberkleiner*). Bis zu diesem Zeitpunkt hat die übertragende Körperschaft unter ihrem Namen noch **Ausgangsrechnungen** iSd § 11 UStG auszustellen und es haben auch die **Eingangsrechnungen** für Lieferungen und Leistungen an die übertragende Körperschaft noch nicht auf ihren Namen zu lauten (UmgrStR Rz 320; *Bruckner* in W/H/M, HdU[1] I § 6 Rz 33; *Hügel* § 6 Rz 29; zu Anzahlungen u Schlussrechnungen s *Wiesinger/Eipeldauer*, taxlex 2013, 284; zum Vorsteuerabzug nach Verschmelzung s Rz 41 f). Aus der mangelnden Rückwirkung folgt auch, dass die übernehmende Körperschaft die auf die Umsätze der übertragenden Körperschaft entfallende Umsatzsteuer auf das **Konto der übertragenden Körperschaft** abzuführen hat, da dieser Zeitraum noch zur Umsatzsteuer veranlagt wird (*Schwarzinger/Wiesner* I/1[3] 9). Nach dem Übergangsstichtag sind sämtliche **Ein- bzw Ausgangsrechnungen** (auch Dauerrechnungen) auf bzw durch den Rechtsnachfolger (insb Firmenwortlaut, Adresse sowie UID-Nummer) auszustellen (*Wiesinger/Eipeldauer*, taxlex 2013, 284). Es wird daher empfohlen, in der Praxis den Stichtag rechtzeitig an Lieferanten und Kunden zu kommunizieren und nach dem Stichtag keine anderslautenden Eingangsrechnungen zu akzeptieren (*Wiesinger/Eipeldauer*, taxlex 2013, 284). **40**

D. Exkurs: Vorsteuerabzug für Umgründungskosten

41 Die Umsatzsteuer für Dienstleistungen, die die **übertragende Körperschaft** für die Durchführung der Übertragung in Anspruch nimmt (zB Beratungsleistungen), ist insoweit **als Vorsteuer abzugsfähig**, als für die Umsätze der übertragenden Körperschaft das Recht auf Vorsteuerabzug besteht (s a UmgrStR Rz 322 uHa EuGH 22.2.2001, C-408/98, *Abbey National*, Slg 2001, I-1361; ausf *Pernegger*, ÖStZ 2002/262, 147 f; *Kofler* in *Achatz/Tumpel*, USt im Konzern 163 ff; *Ruppe/Achatz*, UStG^4 § 2 Rz 157; *Kuder/Weinzierl*, RdW 2015/692, 816). Auch für Leistungen an die **übernehmende Körperschaft** im Zusammenhang mit der Verschmelzung steht idS der Vorsteuerabzug insoweit zu, als mit dem übertragenen Vermögen zum Vorsteuerabzug berechtigende Umsätze erzielt werden (s *Pernegger*, ÖStZ 2003/262, 148; *Kofler* in *Achatz/Tumpel*, USt im Konzern 171).

42 Aus dem Urteil des EuGH in *Abbey National* (EuGH 22.2.2001, C-408/98, Slg 2001, I-1361) ergibt sich, dass aufgrund der Nichtsteuerbarkeit nach § 6 Abs 4 für die Beurteilung der Zulässigkeit des Vorsteuerabzugs für Leistungen im Zusammenhang mit einer unter Art I fallenden Verschmelzung prinzipiell an die gesamten Umsätze des Unternehmers angeknüpft werden muss. Der Vorsteuerabzug aus Umstrukturierungskosten, insb Notarkosten, Kosten für Steuer- und Rechtsberatung sowie Konzeptionskosten, ist sohin grundsätzlich **abhängig von den laufenden Umsätzen** zu beurteilen. Es ist somit nicht auf den eigentlichen, nicht steuerbaren Umstrukturierungsvorgang abzustellen, sondern vielmehr ein Bezug zu den laufenden Umsätzen herzustellen (*Kofler* in *Achatz/Tumpel*, USt im Konzern 163 ff). Werden daher etwa ausschließlich vorsteuerabzugsberechtigende Umsätze ausgeführt, besteht im Ergebnis ein gänzlicher Vorsteuerabzug aus den Umstrukturierungskosten. Weisen überdies die in Anspruch genommenen Dienstleistungen einen direkten und unmittelbaren Zusammenhang mit einem klar abgegrenzten Teil der wirtschaftlichen Tätigkeit des Steuerpflichtigen auf, und unterliegen alle Umsätze dieses Unternehmensteiles der Mehrwertsteuer, kann der Steuerpflichtige die gesamte Mehrwertsteuer abziehen, die seine Ausgaben für die Vergütung der Dienstleistungen belastet (EuGH 22.2.2001, C-408/98, *Abbey National*, Slg 2001, I-1361, Rn 40).

V. Gesellschaftsteuer (Abs 5)

50 § 6 Abs 5 normiert eine **Befreiung von der Gesellschaftsteuer**, „wenn die übertragende Körperschaft am Tag der Anmeldung des Verschmelzungsbeschlusses zur Eintragung in das Firmenbuch länger als zwei Jahre besteht". Diese Befreiung ist mittlerweile obsolet, da durch das **AbgÄG 2014** (BGBl I 2014/13) die **Gesellschaftsteuer ab 2016 abgeschafft** wurde: „Mit Ablauf des 31. Dezember 2015 tritt Teil I (Gesellschaftsteuer) außer Kraft. Diese Vorschriften sind letztmalig auf Rechtsvorgänge anzuwenden, bei denen die **Steuerschuld vor dem 1. Jänner 2016 entsteht**" (§ 38 Abs 3e KVG; ausf *Tausch*, GES 2014, 396 ff). Eine besondere Regelung für Umgründungen ist nicht vorgesehen. Da aber auch im KVG keine spezielle Bestimmung hinsichtlich des Entstehens der Steuerschuld enthalten ist, gilt die Bestimmung des § 4 Abs 1 BAO: Maßgeblich ist jener Zeitpunkt, in dem der **Tatbestand, der im Gesetz als steuerpflichtig beschrieben wird, zur Gänze verwirklicht ist** (UFS 26.3.2009, RV/0497-S/08; s a UmgrStR Rz 323 idF WE 2015), was bei steuerbaren Verschmelzungen idR der Zeitpunkt der **Eintragung ins Firmenbuch**

sein wird; auf den Umgründungsstichtag kommt es nicht an (UmgrStR Rz 323 idF WE 2015). Umgründungsvorgänge ab 1.1.2016, bei denen ein Umgründungsstichtag bis zum 31.12.2015 zu Grunde gelegt wird, können daher keine Gesellschaftsteuerpflicht mehr auslösen (UmgrStR Rz 323 idF WE 2015). Materiell wird die Abschaffung der GesSt für Verschmelzungen aber insofern wenig relevant sein, weil selbst die **steuerbaren Vorgänge bereits bisher entweder nach § 6 Abs 5 oder nach § 6 Abs 1 Z 3 KVG befreit waren** (Rz 51 ff). Zur **bis 31.12.2015 geltenden Rechtslage** s 6. Aufl Rz 51 ff.

VI. Grunderwerbsteuer (Abs 6)
A. Verschmelzungsbedingte Steuertatbestände
1. Überblick

Werden auf Grund einer Verschmelzung nach § 1 „**Erwerbsvorgänge nach § 1 des Grunderwerbsteuergesetzes 1987** verwirklicht, so ist die Grunderwerbsteuer gemäß § 4 in Verbindung mit § 7 des Grunderwerbsteuergesetzes 1987 zu berechnen" (§ 6 Abs 6; zum Fall der Nichtanwendbarkeit des UmgrStG s § 1 Rz 194 u zB *Rief* in *Marschner/Stefaner*, StRef 2015/2016, Rz 5/68). Diese durch das StRefG 2015/2016 (BGBl I 2015/118) geschaffene Regelung ist „erstmals auf Umgründungen mit einem **Stichtag nach dem 31. Dezember 2015** anzuwenden" (3. Teil Z 29); für alle Verschmelzungen mit einem früheren Stichtag, unabhängig davon, ob die Grundstücke zivilrechtlich erst im Jahr 2016 erworben werden, gilt weiterhin die Rechtslage des GrEStG idF vor dem StRefG 2015/2016 (dh 3,5 % vom zweifachen Einheitswert; UmgrStR Rz 330; Pkt 10.1 BMF-Info v 13.5.2016, BMF-010206/0058-VI/5/2016; s dazu die 4. Aufl Rz 71 ff). Die Neufassung geht Hand in Hand mit der diesbezüglichen **Novellierung des GrEStG durch das StRefG 2015/2016** (BGBl I 2015/118) und durch das **AbgÄG 2015** (BGBl I 2015/163): Sofern es im Zuge einer Verschmelzung zu einem grunderwerbsteuerpflichtigen – mittelbaren oder unmittelbaren – Erwerbsvorgang kommt, beträgt die GrESt nunmehr grundsätzlich **0,5 %** (§ 7 Abs 2 Z 1 lit c GrEStG) vom **Grundstückswert** (§ 4 Abs 1 GrEStG; ausf *Raab* in *Pinetz/Schragl/Siller/Stefaner*, GrEStG § 4 Rz 102 f und 104 ff; s a *Bodis/Fiala/Lattner/Ofner* in *Mayr/Lattner/Schlager*, StRef 2015/16, 100; *Rief* in *Marschner/Stefaner*, StRef 2015/2016, Rz 5/68); lediglich bei Erwerben von land- und forstwirtschaftlichen Grundstücken kommt es zur Erfassung des **einfachen Einheitswertes** (§ 4 Abs 2 Z 3 und 4 GrEStG; s *Raab* in *Pinetz/Schragl/Siller/Stefaner*, GrEStG § 4 Rz 166) mit dem Steuersatz von **3,5 %** (§ 7 Abs 1 Z 3 GrEStG). Das AbgÄG 2015 (BGBl I 2015/163) hat zwar zu einer erneuten Novellierung auch der §§ 4 und 7 GrEStG geführt, insofern jedoch keine Änderung für Umgründungen gegenüber der Fassung des StRefG 2015/2016 bewirkt.

§ 6 Abs 6 idF StRefG 2015/2016 (BGBl I 2015/118) sieht damit anders als die Vorgängerregelung **keine eigene Begünstigung für Verschmelzungen im Bereich der GrESt** iS einer *lex specialis* vor (zur früheren Maßgeblichkeit des zweifachen Einheitswerts s 4. Aufl § 6 Rz 71 ff), sondern verweist lediglich auf die ebenfalls durch das StRefG 2015/2016 neu gefassten Regelungen in § 4 GrEStG („Art der Berechnung") und § 7 GrEStG („Steuersatz"). Das GrEStG regelt seit dem StRefG 2015/2016 für alle (mittelbaren und unmittelbaren) Erwerbsvorgänge, die durch bzw als Folge einer Verschmelzung verwirklicht werden (siehe gleich Rz 72 ff), sowohl die Bemessungsgrundlage als auch den anwendbaren Tarif eigenständig (ausf dazu zB *Raab* in *Pinetz/Schragl/Siller/Stefaner*, GrEStG § 4 Rz 105; *Bodis/Fiala/ Lattner/Ofner* in *Mayr/Lattner/Schlager*, StRef 2015/16, 86 ff; *Rief* in *Marschner/ Stefaner*, StRef 2015/2016, 85 ff). Dem Verweis in § 6 Abs 6 idF StRefG 2015/2016 kommt daher lediglich klarstellende Bedeutung zu. Im Sinne einer Gesetzesvereinfachung könnte § 6 Abs 6 (und auch die gleichlautenden Verweise in den übrigen Artikeln des UmgrStG) uE gestrichen werden, ohne dadurch eine Änderung der Rechtsfolgen zu bewirken.

2. Unmittelbare Erwerbsvorgänge (§ 1 Abs 1 und Abs 2 GrEStG)

72 § 1 Abs 1 Z 1 GrEStG erfasst Rechtsgeschäfte, die einen Anspruch auf Übereignung eines Grundstückes iSd § 1 Abs 1 Z 1 GrEStG begründen. Auch **Verträge über Verschmelzungen von Gesellschaften** (zB gem § 220 Abs 1 AktG, § 5 Abs 1 EU-VerschG, § 3 GenVerschmG) zählen zu den Rechtsgeschäften iSd § 1 Abs 1 Z 1 GrEStG (s zB VwGH 26.2.1958, Slg 1786/F; VwGH 4.11.1994, 94/16/0177, ÖStZB 1995, 361; UFS 1.8.2012, RV/0217-I/11; UmgrStR Rz 331; *Mechtler/Pinetz* in *Pinetz/Schragl/Siller/Stefaner*, GrEStG § 1 Rz 304 ff; *Bruckner* in W/H/M, HdU[1] I § 6 Rz 67 f; *Fellner* in FS Schlager 753; *Fellner*, GrEStG[13] § 1 Rz 211 ff mwN; s a VwGH 8.9.2010, 2009/16/0017, ÖStZB 2011/186, 308, zum Einbringungsvertrag). Befinden sich bei einer Verschmelzung im Vermögen der übertragenden Körperschaft **inländische Grundstücke iSd § 2 GrEStG** (Grundstücke im Sinne des bürgerlichen Rechtes, Baurechte, Gebäude auf fremdem Boden), wird daher immer ein Erwerbsvorgang nach § 1 Abs 1 Z 1 GrEStG verwirklicht (UmgrStR Rz 331; *Mechtler/Pinetz* in *Pinetz/Schragl/Siller/Stefaner*, GrEStG § 1 Rz 312; *Hügel* § 6 Rz 52; s a *Takacs*, GrEStG[5] § 1 Rz 10.32 f u *Fellner*, GrEStG[13] § 1 Rz 211a), und zwar unabhängig davon, ob es sich um eine Inlands-, Auslands- oder grenzüberschreitende Verschmelzung handelt (zu den Begriffen s § 1 Rz 30), und unabhängig von der Verschmelzungsrichtung. Auch bei **Upstream- und Downstream-Verschmelzungen** von grundstücksbesitzenden Konzerngesellschaften liegen damit Erwerbsvorgänge iSd § 1 Abs 1 Z 1 GrEStG vor (zur Upstream-Verschmelzung s UFS 20.10. 2011, RV/1005-G/09, ecolex 2012/75, 172 m Anm *Pamperl*, Beschwerde beim VfGH zu Zl B 1401/11 mit Beschluss vom 11.6.2012 abgelehnt; weiters *Takacs*, GrEStG[5] § 1 Rz 10.32; zur Verwirklichung eines mittelbaren Erwerbsvorgangs bei einer **Downstream-Verschmelzung** s Rz 87). Daneben kann ein unmittelbarer Erwerbsvorgang auch eine bloß mittelbare Folge einer Verschmelzung sein, und zwar dann, wenn es durch das verschmelzungsbedingte Erlöschen der übertragenden Gesellschaft zu einer **Anwachsung** des Vermögens einer grundstücksbesitzenden Personengesellschaft gem § 142 UGB bei der übernehmenden Gesellschaft kommt und dadurch ein Erwerbsvorgang gem § 1 Abs 1 Z 2 GrEStG verwirklicht wird (Erwerb des Eigentums an einem inländischen Grundstück, wenn kein den Anspruch auf Übereignung begründendes Rechtsgeschäft vorausgegangen ist; s *Mechtler/Pinetz* in *Pinetz/Schragl/Siller/Stefaner*, GrEStG § 1 Rz 370 u Rz 480 ff, insb Rz 486; *Fellner*, GrEStG[13] § 1 Rz 229 mwN; UmgrStR Rz 336; ein Erwerbsvorgang gem § 1 Abs 2a oder § 1 Abs 3 GrEStG wird in diesem Fall nicht verwirklicht, s Rz 76 u 82). Schlussendlich kann es im Zuge einer Verschmelzung auch zu einer **Übertragung der wirtschaftlichen Verfügungsmacht** an einem Grundstück von der übertragenden auf die übernehmende Gesellschaft und damit zu einem Erwerbsvorgang iSd § 1 Abs 2 GrEStG kommen (*Mechtler/Pinetz* in *Pinetz/Schragl/Siller/Stefaner*, GrEStG § 1 Rz 313; *Fellner*, GrEStG[13] § 1 Rz 210; UmgrStR Rz 334; s zu einem

Superädifikat a BFG 25.6.2015, RV/5100299/2011, BFGjournal 2016, 32 m Anm *Hirschler/Sulz/Oberkleiner*).

3. Mittelbare Erwerbsvorgänge (§ 1 Abs 2a und Abs 3 GrEStG)
a) Erwerbsvorgänge nach § 1 Abs 2a GrEStG

Eine verschmelzungsbedingte Grunderwerbsteuerpflicht nach **§ 1 Abs 2a GrEStG** idF StRefG 2015/2016 (BGBl I 2015/118) tritt dann ein, wenn zum Vermögen der übertragenden Körperschaft **Anteile an einer grundstücksbesitzenden Personengesellschaft** gehören und unter Berücksichtigung der verschmelzungsbedingten Anteilsübertragung innerhalb von fünf Jahren mindestens 95 % der Anteile am Gesellschaftsvermögen dieser Personengesellschaft auf neue Gesellschafter übergegangen sind (ausf zB UmgrStR Rz 340 idF WE 2017; *Hirschler/Schimmer*, ÖStZ 2015/903, 691; weiters zB *Mechtler/Pinetz* in *Pinetz/Schragl/Siller/Stefaner*, GrEStG § 1 Rz 317 iVm Rz 842 ff; *Schimmer/Stückler*, ÖStZ 2015/569, 465 ff u ÖStZ 2016/5, 8 ff; *Bodis/Varro*, RdW 2016/39, 55 ff; *Oreschnik*, GES 2016, 31 f). **73**

Der Tatbestand des § 1 Abs 2a GrEStG wurde mit dem StRefG 2015/2016 (BGBl I 2015/118) **ab 1.1.2016** eingeführt und soll „mögliche und praktizierte Steuervermeidungskonstruktionen künftig hintanhalten" (ErlRV 684 BlgNR 25. GP, 4; zum fiskalpolitischen Hintergrund s *Bodis/Varro*, RdW 2016/39, 55). Die Bestimmung wurde in Anlehnung an das deutsche Grunderwerbsteuergesetz eingeführt (s § 1 Abs 2a dGrEStG 1983), erfasst im Unterschied zur deutschen Regelung allerdings nur **unmittelbare Anteilsübertragungen** (s *Mechtler/Pinetz* in *Pinetz/Schragl/Siller/ Stefaner*, GrEStG § 1 Rz 814; *Bodis/Fiala/Lattner/Ofner* in *Mayr/Lattner/Schlager*, StRef 2015/16, 87; *Bodis/Varro*, RdW 2016/39, 55; *Oreschnik*, GES 2016, 29; s *Wünsche/ Knörzer*, FJ 2016, 60 f mit einem Vergleich zur deutschen Rechtslage). Die 95 %- Grenze betrifft nur **Substanzbeteiligungen**, Anteile ohne Substanzbeteiligung (sog Arbeitsgesellschafter) sind nicht erfasst (arg „am Gesellschaftsvermögen"; ErlRV 684 BlgNR 25. GP, 4; *Mechtler/Pinetz* in *Pinetz/Schragl/Siller/Stefaner*, GrEStG § 1 Rz 809). **Treuhändig gehaltene Gesellschaftsanteile** sind dem Treugeber zuzurechnen (§ 1 Abs 2a letzter Satz GrEStG). Der bisher geltende Grundsatz der Anknüpfung an das Zivilrecht wird damit zu Gunsten einer wirtschaftlichen Betrachtungsweise in Analogie zu § 24 Abs 1 lit b BAO aufgegeben (s *Mechtler/ Pinetz* in *Pinetz/Schragl/Siller/Stefaner*, GrEStG § 1 Rz 837 ff; *Bodis/Fiala/Lattner/ Ofner* in *Mayr/Lattner/Schlager*, StRef 2015/16, 87; *Thunshirn*, ecolex 2015, 732 f). **74**

Der Tatbestand des § 1 Abs 2a GrEStG wird nur dann erfüllt, wenn Anteile auf Gesellschafter übergehen, die bisher noch nicht am Gesellschaftsvermögen beteiligt waren (Arg: „**neue Gesellschafter**"). Werden daher im Zuge einer Verschmelzung Anteile an einer grundstücksbesitzenden Personengesellschaft auf eine übernehmende Gesellschaft übertragen, die bereits vor der Verschmelzung am Gesellschaftsvermögen dieser Personengesellschaft beteiligt war, dann ist diese Anteilsübertragung bei der Prüfung, ob ein Erwerbsvorgang iSd § 1 Abs 2a GrEStG vorliegt, nicht zu berücksichtigen. Dies gilt allerdings nur dann, wenn die übernehmende Gesellschaft an der grundstücksbesitzenden Personengesellschaft substanzbeteiligt war. War die übernehmende Gesellschaft vor der Verschmelzung an der grundstücksbesitzenden Personengesellschaft lediglich als Arbeitsgesellschafterin beteiligt, ist der verschmelzungsbedingte Erwerbsvorgang für die Berechnung der 95%-Schwelle hingegen zu berücksichtigen (s Pkt 1.2.1 BMF-Info v **75**

13.5.2016, BMF-010206/0058-VI/5/2016,; *Hirschler/Schimmer*, ÖStZ 2015/903, 691; weiterführend zum Begriff des Anteils am Gesellschaftsvermögen *Mechtler/Pinetz* in *Pinetz/Schragl/Siller/Stefaner*, GrEStG § 1 Rz 809 ff u Rz 825 ff; s a *Bodis/Varro*, RdW 2016/39, 58).

76 Werden alle Anteile an einer grundstücksbesitzenden Personengesellschaft auf einen neuen Gesellschafter iSd § 1 Abs 2a übertragen und kommt es dadurch bei diesem zur **Anwachsung** gem § 142 UGB, so liegt nach Ansicht des BMF kein Erwerbsvorgang nach § 1 Abs 2a GrEStG (und auch kein Erwerbsvorgang nach § 1 Abs 3 GrEStG, s Rz 82), sondern (nur) ein Erwerbsvorgang nach § 1 Abs 1 Z 2 GrEStG vor (Pkt 1.1.2 BMF-Info v 13.5.2016, BMF-010206/0058-VI/5/2016; s *Mechtler/Pinetz* in *Pinetz/Schragl/Siller/Stefaner*, GrEStG § 1 Rz 796; *Bodis/Varro*, RdW 2016/39, 57 und RdW 2016/385, 512; *Hirschler/Schimmer*, ÖStZ 2015/903, 691). Das BMF geht also davon aus, dass eine Anwachsung den Tatbestand der Anteilsübertragung nach § 1 Abs 2a ausschließt (zur uE zutreffenden Begründung s *Bodis/Varro*, RdW 2016/39, 57). Unter Berücksichtigung des Kriteriums der Übertragung auf neue Gesellschafter (Rz 75) ist dies im Anwendungsbereich des Art I zum einen für die Verschmelzung von zwei oder mehr Gesellschaften, die gemeinsam 100 % der Anteile an einer grundstücksbesitzenden Personengesellschaft halten, zur Neugründung bzw zur Aufnahme auf eine bisher an der Personengesellschaft nicht beteiligte Gesellschaft, und zum anderen für die Verschmelzung zur Aufnahme einer am Gesellschaftsvermögen einer grundstückshaltenden Personengesellschaft zu 100 % beteiligten Gesellschaft mit einer an der gleichen Personengesellschaft als Arbeitsgesellschafterin beteiligten Gesellschaft relevant. In beiden Fällen soll dem BMF zu Folge kein Erwerbsvorgang nach § 1 Abs 2a GrEStG verwirklicht werden (Pkt 1.1.2 BMF-Info v 13.5.2016, BMF-010206/0058-VI/5/2016). Aus Sicht der übernehmenden Gesellschaft liegt allerdings in beiden Fällen ein Erwerb des Eigentums der Grundstücke der gem § 142 UGB erloschenen Personengesellschaft und damit ein unmittelbarer Erwerbsvorgang nach § 1 Abs 1 Z 2 GrEStG vor (§ 6 Rz 72).

77 Wird durch einen Rechtsvorgang sowohl der Tatbestand des § 1 Abs 2a GrEStG als auch jener des § 1 Abs 3 GrEStG verwirklicht (s Rz 80 f), kommt vorrangig der Tatbestand des § 1 Abs 2a zum Tragen (arg „soweit eine Besteuerung nach Abs. 2a nicht in Betracht kommt" in § 1 Abs 3 S 1; s ErlRV 684 BlgNR 25. GP, 34; *Mechtler/Pinetz* in *Pinetz/Schragl/Siller/Stefaner*, GrEStG § 1 Rz 797, Rz 842 u Rz 866; weiters *Schimmer/Stückler*, ÖStZ 2015/569, 469 f; *Hirschler/Schimmer*, ÖStZ 2015/903, 691).

78 Wird ein Erwerbsvorgang nach § 1 Abs 2a GrEStG verwirklicht, so ist die grundstücksbesitzende Personengesellschaft, deren Anteile übertragen werden, die (einzige) **Schuldnerin der GrESt** (§ 9 Z 3 lit a GrEStG idF StRefG 2015/2016; s ErlRV 684 BlgNR 25. GP, 35; s *Bodis/Fiala/Lattner/Ofner* in Mayr/Lattner/Schlager, StRef 2015/16, 87).

79 Ein **Erwerbsvorgang nach § 1 Abs 2a kann erstmals nach dem 31.12.2015 verwirklicht werden**. Änderungen des Gesellschafterbestandes, die vor dem 1.1.2016 erfolgen, sind für die Verwirklichung des Tatbestandes des § 1 Abs 2a GrEStG nicht zu berücksichtigen (§ 18 Abs 2p GrEStG idF AbgÄG 2015; s a ErlRV 896 BlgNR 25. GP, 14). Neue Gesellschafter iSd § 1 Abs 2a (s Rz 75) sind also nur jene Rechtsträger, die ab dem 1.1.2016 Anteile an der Personengesellschaft erworben haben (s *Mechtler/Pinetz* in *Pinetz/Schragl/Siller/Stefaner*, GrEStG § 1 Rz 850; *Bodis/Varro*, RdW 2016/39, 56; *Schimmer/Stückler*, ÖStZ 2016/5, 13). Das Inkrafttreten der Neuregelung mit 1.1.2016 selbst hat dabei keinen steuerbaren Erwerbsvorgang dargestellt (§ 18 Abs 2p GrEStG idF AbgÄG 2015; *Mechtler/Pinetz* in *Pinetz/Schragl/Siller/Stefaner*, GrEStG § 1 Rz 849; *Rief* in *Marschner/Stefaner*, StRef 2015/2016, Rz 5/18 f), was insb für am 31.12.2015 treuhändig gehaltene Anteile vom praktischer Relevanz ist. Nach der Neuregelung sind diese Anteile zwar ab 1.1.2016 dem Treugeber zuzurechnen (§ 1 Abs 2a letzter Satz GrEStG), ein Erwerbsvorgang wird dadurch aber nicht verwirklicht (dazu *Bodis/Fiala/Lattner/Ofner* in *Mayr/Lattner/Schlager*, StRef 2015/16, 89; *Thunshirn*, ecolex 2015, 732 f). Die Rückübertragung an den Treugeber gilt in diesen Fällen allerdings als Übergang auf einen neuen Gesellschafter iSd § 1 Abs 2a und ist daher für die Berechnung der 95%-Schwelle zu berücksichtigen (§ 18 Abs 2p GrEStG idF AbgÄG 2015; dazu *Bodis/Varro*, RdW 2016/39, 5; *Mechtler/Pinetz* in *Pinetz/Schragl/Siller/Stefaner*, GrEStG § 1 Rz 351).

b) Erwerbsvorgänge nach § 1 Abs 3 GrEStG

Eine verschmelzungsbedingte Grunderwerbsteuerpflicht nach **§ 1 Abs 3 GrEStG** **80** idF StRefG 2015/2016 (BGBl I 2015/118) tritt sowohl dann ein, wenn zum Vermögen der übertragenden Gesellschaft mindestens 95 % der Anteile einer grundstücksbesitzenden Gesellschaft gehören und es bei der übernehmenden Gesellschaft somit auf gesellschaftsrechtlicher Grundlage zu einem **Erwerb von mindestens 95 % aller Anteile einer grundstücksbesitzenden Personen- oder Kapitalgesellschaft** kommt (§ 1 Abs 3 Z 4 GrEStG), als auch dann, wenn die übertragende und übernehmende Körperschaft (oder die Unternehmensgruppe, deren Gruppenmitglied/-träger die übernehmende Körperschaft ist) an derselben grundstücksbesitzenden Gesellschaft beteiligt sind und es durch die Verschmelzung auf gesellschaftsrechtlicher Grundlage zu einer **Vereinigung von mindestens 95 % aller Anteile einer grundstücksbesitzenden Personen- oder Kapitalgesellschaft** in der Hand der übernehmenden Gesellschaft oder in der Hand einer Unternehmensgruppe gem § 9 KStG kommt (§ 1 Abs 3 Z 2 GrEStG; ausf UmgrStR Rz 340 idF WE 2017; *Mechtler/Pinetz* in *Pinetz/Schragl/Siller/Stefaner*, GrEStG § 1 Rz 317 iVm Rz 935 u Rz 953; *Rief* in *Marschner/Stefaner*, StRef 2015/2016, Rz 5/29 ff; *Oreschnik*, GES 2016, 29 f; zu verfassungsrechtlichen Bedenken gegen die Anteilsvereinigung in der Unternehmensgruppe s *Varro*, RdW 2016/106, 148 ff).

Der Tatbestand des § 1 Abs 3 GrEStG wurde mit dem StRefG 2015/2016 (BGBl I **81** 2015/118) **ab 1.1.2016** dahingehend erweitert, dass ein mittelbarer Erwerbsvorgang nicht mehr ausschließlich bei einer Vereinigung bzw Übertragung von 100 % der Anteile einer grundstückshaltenden Gesellschaft vorliegt, sondern der Tatbestand bereits ab einer Vereinigung bzw Übertragung von 95 % erfüllt wird. „Damit soll die Verhinderung der Tatbestandserfüllung – durch Zurückbehaltung von Zwerganteilen bzw. Halten eigener Anteile – erschwert werden" (ErlRV 684 BlgNR 25. GP, 34; s a *Bodis/Fiala/Lattner/Ofner* in *Mayr/Lattner/Schlager*, StRef 2015/16, 88; *Mechtler/Pinetz* in *Pinetz/Schragl/Siller/Stefaner*, GrEStG § 1 Rz 860). Die Neuregelung soll also „mögliche und praktizierte Steuervermeidungskonstruktionen künftig hintanhalten" (ErlRV 684 BlgNR 25. GP, 4). Anders als die sonst vergleichbare Regelung in Deutschland (§ 1 Abs 3 dGrEStG 1983) erfasst § 1 Abs 3 GrEStG auch idF StRefG 2015/2016 nur **unmittelbare Anteilsübertragungen** (s ausf *Mechtler/Pinetz* in *Pinetz/Schragl/Siller/Stefaner*, GrEStG § 1 Rz 886 ff; s a *Bodis/Fiala/Lattner/Ofner* in *Mayr/Lattner/Schlager*, StRef 2015/16, 87; *Bodis/Varro*,

RdW 2016/385, 512; *Pinetz/Zeiler*, SWK 2016, 1171 f; *Oreschnik*, GES 2016, 28; s *Wünsche/Knörzer*, FJ 2016, 62 ff, mit einem Vergleich zur deutschen Rechtslage). Eigene Anteile sind bei der Ermittlung der 95%-Grenze zu berücksichtigen (arg „95 % aller Anteile am Gesellschaftsvermögen"; s a Pkt 1.3.2 BMF-Info v 13.5.2016, BMF-010206/0058-VI/5/2016). **Treuhändig gehaltene Gesellschaftsanteile** sind dabei dem Treugeber zuzurechnen. Der bisher geltende Grundsatz der Anknüpfung an das Zivilrecht (s *Fellner*, GrEStG^{13} § 1 Rz 317 mwN) wurde damit zu Gunsten einer wirtschaftlichen Betrachtungsweise in Analogie zu § 24 Abs 1 lit b BAO aufgegeben (s *Mechtler/Pinetz* in *Pinetz/Schragl/Siller/Stefaner*, GrEStG § 1 Rz 954 ff; *Bodis/Fiala/Lattner/Ofner* in *Mayr/Lattner/Schlager*, StRef 2015/16, 87; *Oreschnik*, GES 2016, 28; *Thunshirn*, ecolex 2015, 732 f).

82 Scheidet bei einer grundstücksbesitzenden Personen- oder Kapitalgesellschaft der vorletzte Gesellschafter aus und kommt es dadurch bei dem letzten Gesellschafter zur **Anwachsung** gem § 142 UGB, so liegt nach der Judikatur (VwGH 29.11.1978, 2149/75) kein zeitlich vorgelagerter Erwerb der Anteile des vorletzten, ausscheidenden Gesellschafters vor. Damit wird kein mittelbarer Erwerbsvorgang iSd § 1 Abs 3 GrEStG (und auch kein Erwerbsvorgang nach § 1 Abs 2a GrEStG, s Rz 76), sondern (nur) ein unmittelbarer Erwerbsvorgang nach § 1 Abs 1 Z 2 GrEStG verwirklicht (s Pkt 1.1.2 BMF-Info v 13.5.2016, BMF-010206/0058-VI/5/2016; s *Mechtler/Pinetz* in *Pinetz/Schragl/Siller/Stefaner*, GrEStG § 1 Rz 946; *Bodis/Varro*, RdW 2016/39, 57 und RdW 2016/385, 512; *Hirschler/Schimmer*, ÖStZ 2015/903, 691). Im Anwendungsbereich des Art I ist dies für die Verschmelzung von zwei oder mehr Gesellschaften, die gemeinsam 100 % der Anteile an einer grundstücksbesitzenden Personengesellschaft halten, relevant. In beiden Fällen wird kein Erwerbsvorgang nach § 1 Abs 3 GrEStG (und auch kein Erwerbsvorgang nach § 1 Abs 2a GrEStG, s Rz 76) verwirklicht. Aus Sicht der übernehmenden Gesellschaft liegt allerdings in beiden Fällen ein Erwerb des Eigentums der Grundstücke der gem § 142 UGB erloschenen Personengesellschaft und damit ein unmittelbarer Erwerbsvorgang nach § 1 Abs 1 Z 2 GrEStG vor (§ 6 Rz 72).

83 Wird durch einen Rechtsvorgang sowohl der Tatbestand des § 1 Abs 3 als auch jener des § 1 Abs 2a erfüllt (s Rz 73), dann kommt vorrangig der Tatbestand des § 1 Abs 2a zum Tragen (§ 1 Abs 3 S 1 „soweit eine Besteuerung nach Abs. 2a nicht in Betracht kommt"; s ErlRV 684 BlgNR 25. GP, 34; UmgrStR Rz 340 idF WE 2017; *Mechtler/Pinetz* in *Pinetz/Schragl/Siller/Stefaner*, GrEStG § 1 Rz 797, Rz 842 u Rz 866; *Schimmer/Stückler*, ÖStZ 2015/569, 469 f; *Hirschler/Schimmer*, ÖStZ 2015/903, 691). Ausschließlich § 1 Abs 3 GrEStG findet daher etwa dann Anwendung, wenn es sich bei der übernehmenden Körperschaft um eine Altgesellschafterin (zB weiterhin beteiligte Gründungsgesellschafterin) der grundstückshaltenden Personengesellschaft handelt, da diesfalls keine Übertragung auf einen „neuen" Gesellschafter iSd § 1 Abs 2a GrESt erfolgt (Rz 75; s a *Hirschler/Schimmer*, ÖStZ 2015/903, 691; *Rief* in *Marschner/Stefaner*, StRef 2015/2016, Rz 5/12).

84 Wurde der Tatbestand des § 1 Abs 3 durch Vereinigung von mindestens 95 % aller Anteile einer grundstücksbesitzenden Personen- oder Kapitalgesellschaft in der Hand einer **Unternehmensgruppe gem § 9 KStG** verwirklicht und wird durch eine nachfolgende gruppeninterne Verschmelzung bei dem übernehmenden Gruppenmitglied der Tatbestand des § 1 Abs 3 durch Vereinigung von mindestens 95 % aller Anteile einer grundstücksbesitzenden Personen- oder Kapitalgesellschaft in einer Hand verwirklicht (zu den sonstigen Rechtsfolgen einer Verschmelzung zwischen Gruppenmitgliedern s § 9 KStG Rz 67 f), unterliegen beide Erwerbsvorgänge der GrESt. Es kommt zu einem Zurechnungswechsel hinsichtlich der Anteile einer grundstücksbesitzenden Personen- oder Kapitalgesellschaft von der Unternehmensgruppe zu dem übernehmenden Gruppenmitglied. Die Steuer wird in diesem Fall allerdings nur insoweit erhoben, als die Bemessungsgrundlage für den späteren Rechtsvorgang den Betrag übersteigt, von dem beim vorausgegangenen Rechtsvorgang die Steuer berechnet worden ist (§ 1 Abs 5 GrEStG, sog „**Differenzbesteuerung**"; s Rz 98 u Pkt 1.3.6 BMF-Info v 13.5.2016, BMF-010206/ 0058-VI/5/2016 GZ; *Mechtler/Pinetz* in *Pinetz/Schragl/Siller/Stefaner*, GrEStG § 1 Rz 993 ff). Das Gleiche gilt für den umgekehrten Fall, wenn es zunächst zu einer Vereinigung von mindestens 95 % aller Anteile einer grundstücksbesitzenden Personen- oder Kapitalgesellschaft in der Hand einer Körperschaft kommt und diese in weiterer Folge in eine Unternehmensgruppe (dh auf den Gruppenträger oder ein Gruppenmitglied) verschmolzen wird (zur Verschmelzung einer gruppenfremden Körperschaft auf den Gruppenträger bzw auf ein Gruppenmitglied s § 9 KStG Rz 69 ff). Wurde der Tatbestand des § 1 Abs 3 durch Vereinigung von mindestens 95 % aller Anteile einer grundstücksbesitzenden Personen- oder Kapitalgesellschaft in der Hand einer Unternehmensgruppe gem § 9 KStG verwirklicht und wird diese Unternehmensgruppe in Folge einer Verschmelzung innerhalb der Mindestbestandsdauer rückabgewickelt, so hat in Folge der **Rückabwicklung** rückwirkend kein Erwerbsvorgang gem § 1 Abs 3 UmgrStG stattgefunden. Es liegt ein **rückwirkendes Ereignis nach § 295a BAO** vor. Wurde eine Grunderwerbsteuererklärung abgegeben, ist der Grunderwerbsteuerbescheid abzuändern. Wurde die GrESt selbstberechnet, hat eine Festsetzung der GrESt mit null gem § 201 Abs 2 Z 5 BAO zu erfolgen (Pkt 1.3.5 BMF-Info v 13.5.2016, BMF-010206/0058-VI/5/2016).

§ 1 Abs 3 GrEStG idF StRefG 2015/2016 ist auf **Erwerbsvorgänge anzuwenden, die nach dem 31.12.2015 verwirklicht werden** (§ 18 Abs 2p GrEStG idF AbgÄG 2015; *Mechtler/Pinetz* in *Pinetz/Schragl/Siller/Stefaner*, GrEStG § 1 Rz 962 ff). Das Inkrafttreten der Neuregelung mit 1.1.2016 hat keinen steuerbaren Erwerbsvorgang dargestellt (§ 18 Abs 2p GrEStG idF AbgÄG 2015; s a *Mechtler/Pinetz* in *Pinetz/Schragl/Siller/Stefaner*, GrEStG § 1 Rz 963; *Rief* in *Marschner/Stefaner*, StRef 2015/2016, Rz 5/28), was insb für am 31.12.2015 treuhändig gehaltene Anteile vom praktischer Relevanz war. Ab Inkrafttreten der Neuregelung sind diese Anteile zwar dem Treugeber zuzurechnen (§ 1 Abs 2a letzter Satz GrEStG), ein Erwerbsvorgang wurde dadurch aber nicht verwirklicht (dazu *Bodis/Fiala/Lattner/Ofner* in *Mayr/Lattner/Schlager*, StRef 2015/16, 89; *Thunshirn*, ecolex 2015, 732 f). Die Rückübertragung an den Treugeber gilt in diesen Fällen allerdings als Erwerbsvorgang, durch den der Tatbestand des § 1 Abs 3 erfüllt werden kann (§ 18 Abs 2p GrEStG idF AbgÄG 2015; s *Mechtler/Pinetz* in *Pinetz/Schragl/Siller/Stefaner*, GrEStG § 1 Rz 964; *Bodis/Varro*, RdW 2016/39, 55; *Oreschnik*, GES 2016, 30; krit *Schimmer/Stückler*, ÖStZ 2016/5, 11 ff). **85**

Werden am 31.12.2015 mindestens 95 % der Anteile am Gesellschaftsvermögen oder an der Gesellschaft in der Hand einer Person oder einer Unternehmensgruppe gem § 9 KStG gehalten, ist § 1 Abs 3 GrEStG idF StRefG 2015/2016 auch auf Rechtsvorgänge anzuwenden, sofern dadurch der Prozentsatz verändert wird, aber **86** nicht unter 95 % sinkt und bezogen auf diese Anteile nicht bereits ein Tatbestand des § 1 Abs 3 erfüllt wurde (sog **Eintrittsbesteuerung**; § 18 Abs 2p GrEStG idF AbgÄG 2015; vgl ErlRV 896 BlgNR 25. GP, 15; s a Pkt 1.3.3 u 1.4.3 BMF-Info v 13.5.2016, BMF-010206/0058-VI/5/2016; krit *Mechtler/Pinetz* in *Pinetz/Schragl/Siller/Stefaner*, GrEStG § 1 Rz 963; *Plott/Vaishor*, RdW 2016/335, 441ff, u *Schimmer/Stückler*, ÖStZ 2016/5, 8 ff).

87 Der Tatbestand des § 1 Abs 3 GrEStG kann auch bei einer **Downstream-Verschmelzung auf eine grundstückshaltende Tochtergesellschaft** verwirklicht werden, wenn die Anteile der Muttergesellschaft an der Tochtergesellschaft gem § 224 Abs 3 AktG zur Abfindung der Gesellschafter der Muttergesellschaft verwendet werden und dadurch bei einem Gesellschafter der Muttergesellschaft ein Tatbestand des § 1 Abs 3 GrEStG verwirklicht wird (**mittelbarer Erwerbsvorgang**, s Rz 80 ff; zB Erwerb von mindestens 95 % der Anteile an der grundstückshaltenden Tochtergesellschaft durch einen Gesellschafter der Muttergesellschaft, der vor der Verschmelzung nicht an der grundstückshaltenden Tochtergesellschaft beteiligt war, oder Vereinigung von mindestens 95 % aller Anteile an der grundstückshaltenden Tochtergesellschaft in der Hand eines Gesellschafters der Muttergesellschaft, der vor der Verschmelzung zu weniger als 95 % an der grundstückshaltenden Tochtergesellschaft beteiligt war, s UmgrStR Rz 340; *Mechtler/Pinetz* in *Pinetz/Schragl/Siller/Stefaner*, GrEStG § 1 Rz 953). Nach der Verwaltungspraxis kann der Tatbestand des § 1 Abs 3 GrEStG darüber hinaus auch bei **Downstream-Verschmelzung einer grundstückshaltenden Muttergesellschaft** verwirklicht werden, wenn die Anteile der Muttergesellschaft an der Tochtergesellschaft gem § 224 Abs 3 AktG zur Abfindung der Gesellschafter der Muttergesellschaft verwendet werden, da in diesem Fall hinsichtlich der Grundstücke der Muttergesellschaft zwei Erwerbsvorgänge vorliegen (s Ergänzung der Information des BMF vom 13.5.2016 zum Grunderwerbsteuergesetz, BMF-010206/0058-VI/5/2016, Pkt 1.4.):

(1) Durch die Verschmelzung geht das zivilrechtliche Eigentum an den Grundstücken der Muttergesellschaft auf die übernehmende Tochtergesellschaft über, wodurch ein Erwerbsvorgang gem § 1 Abs 1 Z 1 GrEStG verwirklicht wird (**unmittelbarer Erwerbsvorgang**, s Rz 72).

(2) Gleichzeitig geht durch die Verschmelzung das zivilrechtliche Eigentum an den Anteilen an der Tochtergesellschaft auf die übernehmende Tochtergesellschaft über, die diese Anteile unmittelbar (aber nach der Verwaltungspraxis erst nach dem Erwerb der Grundstücke der Muttergesellschaft) zur Abfindung der Gesellschafter der Muttergesellschaft verwendet („Anteilsdurchschleusung" bzw „Durchgangserwerb", s § 5 Rz 28). Der Erwerb der Anteile an der Tochtergesellschaft durch die Gesellschafter der Muttergesellschaft findet daher nach der Verwaltungspraxis zu einem Zeitpunkt statt, zu dem die Tochtergesellschaft bereits verschmelzungsbedingt die Grundstücke der Muttergesellschaft erworben hat. Folglich kann hinsichtlich dieser Grundstücke bei einem Gesellschafter der Muttergesellschaft durch den verschmelzungsbedingten Erwerb der Anteile an der Tochtergesellschaft ein Tatbestand des § 1 Abs 3 GrEStG verwirklicht werden (**mittelbarer Erwerbsvorgang**, s Rz 80 ff). Die Anrechnungsvorschriften („Differenzbesteuerung") des § 1 Abs 4 letzter Satz und § 1 Abs 5 letzter Satz GrEStG kommen in diesen Fällen nicht zur Anwendung.

Bei gleichzeitiger Vereinbarung einer Anteilsvereinigung und einer Verschmel- 88
zung löst **jeder Erwerbsvorgang** selbständig die Grunderwerbsteuerpflicht aus
(s zB UFS 1.8.2012, RV/0217-I/11). Entgegen der Verwaltungspraxis (Pkt 4.4 Sbg
Steuerdialog Gebühren und Verkehrsteuern 2007, BMF-010206/0167-VI/5/2009)
kommt es jedoch zu keiner vorgelagerten Anteilsvereinigung iSd § 1 Abs 3 GrEStG,
wenn an einen oder mehrere Gesellschafter der übertragenden grundstückshaltenden Gesellschaft die **Anteilsgewährung** nach § 224 AktG unterbleibt (s VwGH
16.12.2014, 2013/16/0188, ecolex 2015/169, 427 m Anm *Pinetz/Schaffer* =
GES 2015, 190 m Anm *Wurm* = immolex 2015/46, 161 m Anm *Oberkleiner/Sulz*,
u nachfolgend BFG 9.2.2015, RV/3100118/2015, zu einer Upstream-Verschmelzung einer Tochtergesellschaft auf ihre 98%ige Muttergesellschaft mit Unterbleiben einer Anteilsgewährung an den 2%igen Treuhandgesellschafter; anders zuvor
noch UFS 30.4.2013, RV/0205-I/13, GES 2013, 419 m Anm *Wurm*; ausf *Pinetz/
Schaffer*, ÖStZ 2013/977, 554 ff; *Wurm*, GES 2013, 404 ff; *Zöchling/Paterno* in
W/Z/H/K^5 § 6 Rz 17; s a 3. Aufl § 6 Rz 80); dies deshalb, weil im Zeitpunkt der Eintragung der Verschmelzung die Anteile an der übertragenden Gesellschaft *ex lege*
untergehen.

Unter „Übertragung" bzw „Erwerb" von mindestens 95 % aller Anteile iSd § 1 89
Abs 3 ist der Erwerb von bereits zu mindestens 95 % in einer Hand vereinigten Anteile an einer Gesellschaft mit Grundbesitz zu verstehen (*Fellner*, GrEStG^{13} § 1
Rz 329). Dies ist aber bei dem ersten Erwerb aller Anteile an einer neu gegründeten
Kapitalgesellschaft nicht der Fall (VwGH 17.9.1992, 91/16/0085, ÖStZB 1993, 388).
Werden daher bei einer **Verschmelzung mehrerer grundbesitzender Körperschaften zur Neugründung** alle Anteile der übernehmenden Gesellschaft an eine
Person bzw eine Personenmehrheit iSd § 1 Abs 3 GrEStG ausgegeben, so kommt
es nur zur Grunderwerbsteuerpflicht gem § 1 Abs 1 oder Abs 2 GrEStG, nicht jedoch zur Anwendung der subsidiären Grunderwerbsteuerpflicht gem § 1 Abs 3
GrEStG (*Zöchling/Paterno* in *W/Z/H/K*^{5} § 6 Rz 16).

B. Bemessungsgrundlage und Tarif
1. Land- und forstwirtschaftliche Grundstücke

Wird im Zuge einer Verschmelzung ein unmittelbarer (Rz 72) oder ein mittelbarer 90
(Rz 73 ff) Erwerbsvorgang betreffend ein land- und forstwirtschaftliches Grundstück verwirklicht, ist die Grunderwerbsteuer immer vom einfachen **Einheitswert**
zu bemessen und beträgt der Steuersatz immer **3,5 %**. Die **Bemessungsgrundlage
Einheitswert** ergibt sich dabei aus § 4 Abs 2 Z 3 und 4 GrEStG idF StRefG 2015/
2016, nach dem die Grunderwerbsteuer bei mittelbaren Erwerbsvorgängen nach
§ 1 Abs 2a und Abs 3 sowie „**bei Erwerb eines Grundstückes auf Grund einer Umgründung im Sinne des Umgründungssteuergesetzes**", sofern es sich um ein
land- und forstwirtschaftliches Grundstück handelt, vom Einheitswert zu berechnen ist (s a *Raab* in *Pinetz/Schragl/Siller/Stefaner*, GrEStG § 4 Rz 166; *Rief* in
Marschner/Stefaner, StRef 2015/2016, Rz 5/56; ausf UmgrStR Rz 338 idF WE
2017). Der **Tarif von 3,5 %** ergibt sich aus § 4 Abs 2 Z 3 und 4 GrEStG iVm § 7
Abs 1 Z 3 GrEStG idF StRefG 2015/2016 (s ErlRV 684 BlgNR 25. GP, 40; weiters
Pinetz/Plansky in *Pinetz/Schragl/Siller/Stefaner*, GrEStG § 7 Rz 45; *Bodis/Fiala/
Lattner/Ofner* in *Mayr/Lattner/Schlager*, StRef 2015/16, 100; *Zöchling/Paterno* in
W/Z/H/K^5 § 6 Rz 15; *Schimmer/Stückler*, ÖStZ 2015/568, 461; *Bergmann*, SWK

2016, 14; *Oreschnik*, GeS 2016, 28; aA *Petritz-Klar/Petritz*, taxlex 2016, 174 f). Hinsichtlich der Besteuerung des Erwerbs (Bemessungsgrundlage und Steuersatz) von land- und forstwirtschaftlichen Grundstücken haben sich damit durch das StRefG 2015/2016 (BGBl I 2015/118) gegenüber der bisherigen Rechtslage inhaltlich keine Änderungen ergeben (s ErlRV 684 BlgNR 25. GP, 40; s a 4. Aufl § 6 Rz 77).

2. Sonstige Grundstücke

91 Wird im Zuge einer Verschmelzung ein unmittelbarer (Rz 72) oder ein mittelbarer (Rz 73 ff) Erwerbsvorgang betreffend ein nicht land- und forstwirtschaftliches Grundstück verwirklicht, ist die Grunderwerbsteuer immer vom **Grundstückswert** zu bemessen und beträgt der Steuersatz immer **0,5 %**. Die **Bemessungsgrundlage Grundstückswert** ergibt sich dabei aus § 4 Abs 1 GrEStG idF AbgÄG 2015, nach dem die Grunderwerbsteuer bei mittelbaren Erwerbsvorgängen nach § 1 Abs 2a und Abs 3 sowie bei **Vorgängen nach dem Umgründungssteuergesetz**, sofern es sich nicht um land- und forstwirtschaftliche Grundstücke handelt, immer vom Grundstückswert zu berechnen ist (*Raab* in *Pinetz/Schragl/Siller/Stefaner*, GrEStG § 4 Rz 102 f u Rz 109 ff). Der **Tarif von 0,5 %** ergibt sich aus § 7 Abs 2 Z 1 lit c GrEStG idF StRefG 2015/2016, nach dem die Grunderwerbsteuer bei mittelbaren Erwerbsvorgängen, Vorgängen gem § 1 Abs 2a und 3 oder **bei Vorgängen nach dem Umgründungssteuergesetz**, wenn die Steuer nicht vom Einheitswert zu berechnen ist, 0,5 % beträgt (s ErlRV 684 BlgNR 25. GP, 40; *Pinetz/Plansky* in *Pinetz/Schragl/Siller/Stefaner*, GrEStG § 7 Rz 43 u Rz 48; *Bodis/Fiala/Lattner/Ofner* in *Mayr/Lattner/Schlager*, StRef 2015/16, 100; *Schimmer/Stückler*, ÖStZ 2015/568, 461; *Zöchling/Paterno* in *W/Z/H/K*⁵ § 6 Rz 15).

92 Der Begriff **Grundstückswert** wurde mit dem StRefG 2015/2016 neu eingeführt. Der Grundstückswert ist gem § 4 Abs 1 GrEStG

- entweder als Summe des hochgerechneten (anteiligen) dreifachen Bodenwertes gem § 53 Abs 2 BewG (BGBl 1955/148 idgF) und des (anteiligen) Wertes des Gebäudes (sog **„Pauschalwertmodell"**) oder
- iH eines von einem geeigneten **Immobilienpreisspiegel** abgeleiteten Wertes

zu berechnen (s weiterführend ErlRV 684 BlgNR 25. GP, 36; *Raab* in *Pinetz/Schragl/Siller/Stefaner*, GrEStG § 4 Rz 28 ff; *Bodis/Fiala/Lattner/Ofner* in *Mayr/Lattner/Schlager*, StRef 2015/16, 90 ff; *Schimmer/Stückler*, ÖStZ 2015/568, 455 ff; *Rief* in *Marschner/Stefaner*, StRef 2015/16, Rz 5/52 ff; zu den verfassungsrechtlichen Bedenken hinsichtlich der gesetzlichen Grundlage für die Berechnung des Grundstückswerts s *Fellner*, SWK 2016, 144 ff). Der BMF hat im Einvernehmen mit dem Bundeskanzler in der **GrundstückswertVO** (GrWV, BGBl II 2015/442) sowohl die näheren Umstände und Modalitäten für die Hochrechnung des Bodenwertes und die Ermittlung des Gebäudewertes als auch den anzuwendenden Immobilienpreisspiegel sowie die Höhe des Abschlages festgelegt (s weiterführend *Malainer/Staribacher*, immolex 2016, 6 ff; krit zur Ermittlung des Gebäudewerts nach der GrWV *Varro*, SWK 2016, 908 ff; zu den verfassungsrechtlichen Bedenken gegen die GrWV s *Fellner*, SWK 2016, 144 ff). Weist schließlich ein Steuerschuldner nach, dass der gemeine Wert des Grundstückes im Zeitpunkt des Entstehens der Steuerschuld geringer ist als der nach der GrWV ermittelte Grundstückswert, gilt der geringere gemeine Wert als Grundstückswert (§ 4 Abs 1 GrEStG). Erfolgt dieser Nachweis durch Vorlage eines **Schätzungsgutachtens**, das von einem allgemein beeideten und gerichtlich zertifizierten Immobiliensachverständigen erstellt wurde, hat der von diesem festgestellte Wert die Vermutung der Richtigkeit für sich (§ 4 Abs 1 letzter Absatz GrEStG idF StRefG 2015/2016; s ErlRV 684 BlgNR 25. GP, 40).

C. Entstehen der Steuerschuld

§ 6 Abs 6 idF StRefG 2015/2016 enthält keine Regelung zum Entstehen der Steuerschuld. Diese entsteht – mangels Rückwirkungsfiktion – mit der Begründung des Übereignungsanspruchs, also nicht mit dem Verschmelzungsstichtag, sondern grundsätzlich mit dem **Abschluss des Verschmelzungsvertrags** (§ 8 Abs 1 GrEStG; s BFG 26.1.2015, RV/7101674/2010; UmgrStR Rz 332; *Mechtler/Pinetz* in *Pinetz/Schragl/Siller/Stefaner*, GrEStG § 1 Rz 312 u *Massoner/Stefaner* in *Pinetz/ Schragl/Siller/Stefaner*, GrEStG § 8 Rz 10; *Bruckner* in *W/H/M*, HdU[1] I § 6 Rz 69; *Hügel* § 6 Rz 52; *Takacs*, GrEStG[5] § 1 Rz 10.32; *Zöchling/Paterno* in *W/Z/H/K*[5] § 6 Rz 19) bzw, sofern dieser nicht vorweg genehmigt wurde, mit der letzten Genehmigung durch die Haupt- oder Gesellschafterversammlungen (zB § 221 Abs 1 AktG u § 8 Abs 2 GrEStG; *Hügel* § 6 Rz 52; *Takacs*, GrEStG[5] § 1 Rz 10.32; *Jann*[2] 65; ebenso VwGH 11.3.1971, 1100/70, ÖStZB 1971, 218, zur Genossenschaftsverschmelzung). Eine **rückwirkende Entstehung** der Grunderwerbsteuerpflicht ist **nicht vorgesehen** (UmgrStR Rz 332 f; *Hügel* § 6 Rz 52; *Zöchling/Paterno* in *W/Z/H/K*[5] § 6 Rz 19). 93

Der Grunderwerbsteuerpflicht nach § 1 Abs 1 und Abs 2 GrEStG unterliegen daher mangels Rückwirkung – ungeachtet des Ausweises in der Verschmelzungsbilanz – nur jene Grundstücke, die sich im Zeitpunkt des Abschlusses des Verschmelzungsvertrages im Eigentum der übertragenden Gesellschaft befinden (*Fellner* in FS Schlager 753; *Fellner*, GrEStG[13] § 1 Rz 211a), also **noch nicht veräußert bzw bereits erworben** wurden (s UmgrStR Rz 332 f; *Mechtler/Pinetz* in *Pinetz/Schragl/Siller/Stefaner*, GrEStG § 1 Rz 315; *Bruckner* in *W/H/M*, HdU[1] I § 6 Rz 69). Bei der Veräußerung kommt es auf eine Verbücherung des Eigentumsrechtes des Erwerbers nicht an (UmgrStR Rz 332), während es beim Erwerb nach § 1 Abs 1 Z 3 GrEStG genügt, wenn der übertragenden Gesellschaft ein Übereignungsanspruch zusteht (UmgrStR Rz 333; s a *Takacs*, GrEStG[5] § 4 Rz 4.2; *Fellner*, GrEStG[13] § 1 Rz 211a). Das Gleiche gilt für Grundstücke im Eigentum von Tochterkapital- bzw Tochterpersonengesellschaften und die diesbezüglichen Tatbestände in § 1 Abs 2a und Abs 3 GrEStG. Auch hier unterliegen der Grunderwerbsteuerpflicht nur Grundstücke, die sich im Zeitpunkt des Abschlusses des Verschmelzungsvertrages im Eigentum der jeweiligen Gesellschaft befinden. 94

D. Abzugsfähigkeit

Die verschmelzungsbedingte Grunderwerbsteuer ist – ungeachtet der unternehmensbilanziellen Behandlung (BMF 20.6.1995, ÖStZ 1995, 273 = SWK 1995, A 542; *Zöchling/Paterno* in *W/Z/H/K*[5] § 6 Rz 20) – nicht als Anschaffungsnebenkosten zu aktivieren, sondern nach § 11 Abs 1 Z 1 KStG bei der übernehmenden Körperschaft sofort als **Betriebsausgabe** (Umgründungsaufwand) abzugsfähig (BMF 8.4.1991, ecolex 1991, 647; BMF 20.6.1995, ÖStZ 1995, 273 = SWK 1995, A 542; ausf *Prodinger*, SWK 2016, 903; s a *Schwarzinger/Wiesner* I/1[3] 10; *Bruckner* in *W/H/M*, HdU[1] I § 6 Rz 76; *Walter*[11] Rz 168; *Bertl/Hirschler*, RWZ 2013/86, 331 f; *Zöchling/ Paterno* in *W/Z/H/K*[5] § 6 Rz 20; allg a EStR Rz 1662; missverständlich EStR Rz 6106 95

„Grunderwerbsteuer"; aA *Woischitzschläger*, ÖStZ 1994, 338 ff, zur Einbringung). Dies gilt nach hA auch dann, wenn § 11 Abs 1 Z 1 KStG mangels Einlage nicht zur Anwendung kommt (zB bei einer Upstream-Verschmelzung; s *Bruckner* in *W/H/M*, HdU[1] I § 6 Rz 76 m FN 951; *Hügel* § 6 Rz 59). Die Grunderwerbsteuer ist auch keine nichtabzugsfähige Personensteuer iSd § 12 Abs 1 Z 6 KStG (s zB *Lachmayer* in *Q/R/S/S/V*[27] § 12 Tz 89; weiters UFS 19.1.2011, RV/0242-W/10, zum GrESt-Äquivalent); sie fällt auch nicht unter das für die GrESt vorgesehene **Abzugsverbot des § 12 Abs 1 Z 6 EStG** idF AbgÄG 2012 (BGBl I 2012/112), da es sich bei einer Grundstücksübertragung im Zuge einer Verschmelzung um keine „unentgeltliche Grundstücksübertragung" handelt (so wohl a *Bertl/Hirschler*, RWZ 2013/86, 331 f). Auch eine wegen einer verschmelzungsbedingten **Anteilsvereinigung nach § 1 Abs 3 GrEStG** anfallende Grunderwerbsteuer ist nicht zu aktivieren, sondern sofort als Betriebsausgabe abzugsfähig (BFH 20.4.2011, I R 2/10, BFHE 233, 251, BStBl 2011 II 761; *Bruckner* in *W/H/M*, HdU[1] I § 6 Rz 76 m FN 951; *Daxkobler/ Hasanovic/Kerschner/Steindl*, ecolex 2011, 1154); die Verwaltungspraxis möchte aber offenbar die Abzugsfähigkeit versagen, wenn das ausdrückliche (aber nicht für §-7-Abs-3-KStG-Körperschaften anwendbare; s § 12 Abs 2 letzter Satz KStG) Abzugsverbot im Kapitalvermögensbereich nach § 12 Abs 2 TS 2 KStG greift (s EStR Rz 6106, zum Werbungskostenabzug bei GmbH-Anteilsvereinigung). Diese Überlegungen greifen uE gleichermaßen für den mit dem StRefG 2015/2015 neu eingeführten Tatbestand der **Anteilsvereinigung nach § 1 Abs 2a GrEStG** (ausf *Prodinger*, SWK 2016, 904 f).

96 Der deutsche **BFH** geht demgegenüber bei Verschmelzungen mit Anteilsgewährung im Hinblick auf die Grunderwerbsteuer von aktivierungspflichtigen Anschaffungsnebenkosten aus (s BFH 15.10.1997, I R 22/96, BFHE 184, 435, BStBl 1998 II 168; s a BFH 17.9.2003, I R 97/02, BFHE 203, 334, BStBl 2004 II 686; dBMF 18.1.2010, BStBl 2010 I 70 = DStR 2010, 169); andererseits nimmt der BFH sowohl bei einer durch Sacheinlage von Gesellschaftsanteilen ausgelösten Grunderwerbsteuer (BFH 20.4.2011, I R 2/10, BFHE 233, 251, BStBl 2011 II 761; dazu *Daxkobler/ Hasanovic/Kerschner/Steindl*, ecolex 2011, 1151 ff; *Prodinger*, SWK 2016, 902 f) als auch bei einer durch einen entgeltlichen Gesellschafterwechsel bei einer grundstücksbesitzenden Personengesellschaft ausgelösten Grunderwerbsteuer (BFH 2.9.2014, IX R 50/13; dazu *Prodinger*, SWK 2016, 903) sofort abziehbaren Aufwand an, zumal es aufgrund der bloß grunderwerbsteuerlichen Fiktion einem über die reine Kausalität hinausgehenden inhaltlichen Zusammenhang zwischen dem Erwerb von Anteilen und der Grunderwerbsteuer fehle.

E. „Differenzbesteuerung"

97 Für **mehrfache Umgründungen auf denselben Stichtag** enthält § 39 Regelungen für ertragsteuerliche Zwecke. Diese Bestimmung gilt jedoch nicht für Verkehrsteuern (VwGH 29.11.2001, 99/16/0119, ÖStZB 2002/411, 529; s a § 39 Rz 23). Vielmehr sind die in einer gemeinsamen Urkunde nacheinander vereinbarten, rechtlich verschiedenen Umgründungsschritte jeweils gesondert der Grunderwerbsteuer zu unterwerfen, weil durch sie jeweils Grunderwerbsteuervorgänge iSd § 1 Abs 1 Z 1 GrEStG verwirklicht werden (VwGH 27.5.1999, 98/16/0304, ÖStZB 1999, 616; ausf UmgrStR Rz 342 ff).

Im Falle der **Aufeinanderfolge gewisser, in § 1 Abs 4 GrESt bezeichneter Erwerbsvorgänge** (zB eine Verschmelzung folgt einer Anteilsvereinigung nach § 1 Abs 3 GrEStG), die dasselbe Grundstück betreffen, ist jedoch eine **Anrechnungsvorschrift** vorgesehen ("**Differenzbesteuerung**"); diesfalls wird nach § 1 Abs 4 letzter Satz GrEStG die Steuer „nur insoweit erhoben, als die Bemessungsgrundlage für den späteren Rechtsvorgang den Betrag übersteigt, von dem beim vorausgegangenen Rechtsvorgang die Steuer berechnet worden ist" (s a *Rief* in *Marschner/Stefaner*, StRef 2015/2016, Rz 5/33). Voraussetzung für die Anwendbarkeit des § 1 Abs 4 GrEStG ist aber, dass die einzelnen Erwerbsvorgänge **zwischen den gleichen Vertragspartnern** stattfinden (s VwGH 27.5.1999, 98/16/0304, ÖStZB 1999, 616; VwGH 20.2.2003, 2001/16/0477, ÖStZB 2003/682; UmgrStR Rz 344 f; *Mechtler/Pinetz* in *Pinetz/Schragl/Siller/Stefaner*, GrEStG § 1 Rz 969).

Erfolgt nach einer **grunderwerbsteuerpflichtigen Anteilsvereinigung** iSd § 1 Abs 3 Z 2 GrEStG die **Upstream-Verschmelzung der grundstückshaltenden Körperschaft** auf die anteilshaltende Muttergesellschaft, findet nach der Verwaltungspraxis ein Erwerbsvorgang zwischen denselben Personen statt und ist eine Anrechnung der Grunderwerbsteuer des früheren Erwerbsvorganges nach § 1 Abs 4 GrEStG möglich (UmgrStR Rz 346; *Mechtler/Pinetz* in *Pinetz/Schragl/Siller/Stefaner*, GrEStG § 1 Rz 971; *Bruckner* in *W/H/M*, HdU[1] I § 6 Rz 67); *Hügel* § 6 Rz 57); Gleiches gilt bei einer Upstream-Verschmelzung nach einem grunderwerbsteuerpflichtigen Erwerb aller Anteile iSd § 1 Abs 3 Z 4 GrEStG (Pkt 4.4 Sbg Steuerdialog Gebühren und Verkehrsteuern 2007; *Hügel* § 6 Rz 57).

Im Falle der **Aufeinanderfolge mehrerer mittelbarer Erwerbsvorgänge** iSd § 1 **98** Abs 3 GrEStG (s Rz 80 ff), die dasselbe Grundstück betreffen, unterliegt grundsätzlich jeder Erwerbsvorgang der GrESt, es sei denn, die Erwerbsvorgänge iSd § 1 Abs 3 werden **in der gleichen Unternehmensgruppe** verwirklicht (s Rz 84). In letzterem Fall wird die Steuer nur insoweit erhoben, als die Bemessungsgrundlage für den späteren Rechtsvorgang den Betrag übersteigt, von dem beim vorausgegangenen Rechtsvorgang die Steuer berechnet worden ist (§ 1 Abs 5 GrEStG idF StRefG 2015/2016; dazu ErlRV 684 BlgNR 25. GP, 34; *Mechtler/Pinetz* in *Pinetz/Schragl/Siller/Stefaner*, GrEStG § 1 Rz 993 ff; *Bodis/Fiala/Lattner/Ofner* in *Mayr/Lattner/Schlager*, StRef 2015/16, 88 f; *Schimmer/Stückler*, ÖStZ 2015/569, 470; *Rief* in *Marschner/Stefaner*, StRef 2015/2016, Rz 5/34; s a Pkt 1.3.6 BMF-Info v 13.5.2016, BMF-010206/0058-VI/5/2016).

F. Rückgängigmachung nach § 17 GrEStG

Kommt es durch eine Verschmelzung zum **Rückerwerb** eines innerhalb von drei **99** Jahren vor der Verschmelzung veräußerten Grundstücks, wird die Grunderwerbsteuer auf Antrag nach Maßgabe von § 17 Abs 1 Z 1 GrEStG für den seinerzeitigen Erwerbsvorgang nicht festgesetzt (UmgrStR Rz 347; s a UFS 12.6.2012, RV/1708-W/10; BFG 27.1.2015, RV/7101686/2010); weiters ist auch der verschmelzungsbedingte Rückerwerb des Grundstücks selbst nach § 17 Abs 2 GrEStG grunderwerbsteuerfrei (VwGH 29.10.1998, 98/16/0115, ÖStZB 1999, 317; UmgrStR Rz 347; *Volpini de Maestri/Stanek* in *Pinetz/Schragl/Siller/Stefaner*, GrEStG § 17 Rz 25; *Bruckner* in *W/H/M*, HdU[1] I § 6 Rz 78; *Hügel* § 6 Rz 58; *Prodinger*, SWK 2013, 84 ff).

100 Für die Anwendung des § 17 Abs 1 Z 1 und Abs 2 GrEStG ist es nicht erforderlich, dass die **Rückgängigmachung des ursprünglichen Erwerbsvorganges** durch das gleiche Verpflichtungsgeschäft wie das vorangegangene erfolgt (VwGH 29.10.1998, 98/16/0115, ÖStZB 1999, 317; UmgrStR Rz 347; *Takacs*, GrEStG[5] § 4 Rz 3.9; *Volpini de Maestri/Stanek* in *Pinetz/Schragl/Siller/Stefaner*, GrEStG § 17 Rz 25): Es kann daher ein Kaufvertrag auch durch eine Umgründung (zB eine Verschmelzung) rückgängig gemacht werden (VwGH 29.10.1998, 98/16/0115, ÖStZB 1999, 317; UFS 11.6.2012, RV/1711-W/10; UFS 12.6.2012, RV/1708-W/10; *Prodinger*, SWK 2013, 84 ff; *Volpini de Maestri/Stanek* in *Pinetz/Schragl/Siller/Stefaner*, GrEStG § 17 Rz 83). Dies gilt sowohl für unmittelbare als auch für mittelbare Erwerbsvorgänge (s BFG 31.3.2016, RV/7101828/2012, zur Neutralisierung einer einbringungsbedingten Anteilsvereinigung nach § 1 Abs 3 GrEStG durch Verschmelzung der übernehmenden Körperschaft mit der einbringenden Körperschaft). Weiters ist es nicht erforderlich, dass der zur Rückgängigmachung führende Rechtsakt (zB Verschmelzung) ausdrücklich auf die Rückübertragung des Grundstücks gerichtet ist; auf den Zweck der Rückführung kommt es nicht an (VwGH 29.10.1998, 98/16/0115, ÖStZB 1999, 317).

Die Vereinbarung, die zur Rückgängigmachung führt, muss allerdings zwischen **denselben Vertragsparteien** abgeschlossen werden, zwischen denen der seinerzeitige Erwerbsvorgang vereinbart wurde (VwGH 29.10.1998, 98/16/0115, ÖStZB 1999, 317; VwGH 30.3.2000, 99/16/0403, ÖStZB 2000/379; VwGH 9.8.2001, 2000/16/0085, ÖStZB 2002/328; UmgrStR Rz 347; *Volpini de Maestri/Stanek* in *Pinetz/Schragl/Siller/Stefaner*, GrEStG § 17 Rz 31 ff). Wird daher von denselben Parteien eines grunderwerbsteuerpflichtigen Rechtsgeschäfts dieses innerhalb von drei Jahren rückgängig gemacht, so ist die GrESt nach § 17 GrEStG nicht festzusetzen und zu erstatten; dies gilt auch, wenn nach dem Verkauf zwischen zwei Gesellschaften diese später verschmolzen werden. Nach der Verwaltungspraxis wird die **Voraussetzung der Parteienidentität** insb auch bei Mehrfachumgründungen nicht gegeben sein (UmgrStR Rz 348). Zu beachten ist allerdings, dass es sich beim Recht, den seinerzeitigen Verkauf auf vertraglicher Basis rückgängig zu machen, nicht um ein höchstpersönliches Recht handelt, dieses also – entgegen der Verwaltungspraxis (UmgrStR Rz 348) – im Wege der **Gesamtrechtsnachfolge iSd § 19 Abs 1 BAO** übergeht (UFS 11.6.2012, RV/1711-W/10; UFS 12.6.2012, RV/1708-W/10; s a *Prodinger*, SWK 2013, 84 ff). Die Voraussetzung der Parteienidentität ist daher auch erfüllt, wenn der zur Durchführung der Rückgängigmachung geschlossene Verschmelzungsvertrag **zwischen den jeweiligen Gesamtrechtsnachfolgern** (§ 19 Abs 1 BAO) der seinerzeitigen Käuferin bzw der seinerzeitigen Verkäuferin besteht. Werden allerdings Verkäufer und Käufer **zum gleichen Stichtag** in eine dritte aufnehmende Gesellschaft verschmolzen, so ist diese nach der Rechtsprechung zum Zeitpunkt des Abschlusses des Verschmelzungsvertrags nicht Partei des ursprünglichen Übertragungsgeschäfts, da die Gesamtrechtsnachfolge erst mit Eintragung eintritt (UFS 11.6.2012, RV/1711-W/10, und UFS 12.6.2012, RV/1708-W/10, zur stichtagsgleichen rückwirkenden Verschmelzung von Käuferin und Verkäuferin auf eine dritte Gesellschaft; dazu ausf *Prodinger*, SWK 2013, 84 ff).

G. Exkurs: Eintragungsgebühr nach §§ 26, 26a GGG

101 Mit der Grundbuchsgebührennovelle 2012 (GGN, BGBl I 2013/1) wurde die Bemessungsgrundlage der **grundbücherlichen Eintragungsgebühr** iHv 1,1 % (TP 9 lit b Z 1 u Anm 6 GGG) für Eingaben, die nach dem 31.12.2012 bei Gericht einlangen und für die bis 31.12.2012 keine Selbstberechnung erfolgt ist (Art VI Z 49 f GGG), neu geregelt. Ungeachtet der grundsätzlichen Anknüpfung an den „Wert" (§ 26 GGG) wurden dabei – anders als noch im ME der Novelle (412/ME 24. GP) – Liegenschaftsübertragungen iRv Umgründungen (ua Verschmelzungen) in die Ermäßigung der Bemessungsgrundlage mit dem **dreifachen Einheitswert** (maximal jedoch 30 % des Werts) einbezogen (§ 26a Abs 1 Z 2 GGG; s a ErlRV 1984 BlgNR 24. GP, 7 f; *Verweijen* in *Pinetz/Schragl/Siller/Stefaner*, GrEStG Gerichtsgebühren Rz 97 ff; *Zöchling/Paterno* in *W/Z/H/K*[5] § 6 Rz 18; verfassungsrechtliche Bedenken bei *Fellner*, ÖStZ 2012/981, 535 ff). Die Begünstigung tritt nur ein, wenn sie in der Eingabe unter Hinweis auf die gesetzliche Grundlage und unter Bescheinigung der Voraussetzungen in Anspruch genommen wird (§ 26a Abs 2 GGG). Auf die Erfüllung der Anwendungsvoraussetzungen des UmgrStG soll es jedoch nicht ankommen, um in den Anwendungsbereich der Begünstigung des § 26a GGG zu kommen (*Marschner/Puchinger*, RdW 2012/789, 755). Mit der GrEStG-Novelle 2014 (BGBl I 2014/36), der Grundbuchsgebühren-Novelle 2014 (GGN 2014, BGBl I 2015/19) und der Änderung der GrundbuchsgebührenVO (BGBl II 2015/157) wurde die **gemeinsame Entrichtung der Grunderwerbsteuer und der Eintragungsgebühr** im Grundbuch beim zuständigen Finanzamt wieder ermöglicht (s *Dokalik*, SWK 2015, 837 ff); die Datenübermittlung zwischen den Abgabenbehörden und der Justiz erfolgt auf Basis der Grunderwerbsteuer-SelbstberechnungsVO (GrESt-SBV, BGBl II 2015/156).

Bis zur GGN (BGBl I 2013/1) knüpfte die **grundbücherliche Eintragungsgebühr** **102** iHv 1,1 % (TP 9 lit b Z 1 GGG) hinsichtlich der Wertberechnung an den Betrag an, „der der Ermittlung der Grunderwerbsteuer oder Erbschafts- und Schenkungssteuer zugrunde zu legen wäre", wobei „Steuerbegünstigungen nicht zu berücksichtigen" sind (§ 26 Abs 1 GGG). Die Eintragungsgebühr bemaß sich nach hA bei Verschmelzungen daher stets **vom zweifachen Einheitswert** gem § 26 GGG idF vor der GGN 2012 (VwGH 24.1.2002, 2001/16/0566; *Bruckner* in *W/H/M*, HdU[1] I § 6 Rz 79; *Walter*[8] Rz 169; s a VwGH 28.9.1998, 98/16/0200, ÖStZB 1999, 159, zur Spaltung); die umgründungssteuerlichen Bestimmungen, die – bis zum StRefG 2015/2016 (BGBl I 2015/118) – eine Bemessung vom zweifachen Einheitswert vorsahen, stellten nach der Rsp **keine Steuerbegünstigung** iSd § 26 Abs 1 GGG dar (VwGH 28.9.1998, 98/16/0200, ÖStZB 1999, 159; VwGH 24.1.2002, 2001/16/0566; krit aB *Vogt*, ÖStZ 1999, 34 ff). § 26 Abs 1 und Abs 1a GGG wurden vom **VfGH** allerdings aufgrund der **Unsachlichkeit des Rückgriffs auf veraltete Einheitswerte** bei mangelnder Gegenleistung für eine Grundstücksübertragung (insb bei Schenkungen und Erbschaften) im Vergleich zum sonstigen Abstellen auf den Wert der Gegenleistung als verfassungswidrig aufgehoben, dem Gesetzgeber wurde jedoch eine **Reparaturfrist bis 31.12.2012** eingeräumt (VfGH 21.9.2011, G 34/11, VfSlg 19.487/2011 = GES 2011, 456 m Anm *Kofler*; dazu ausf *Fellner*, ÖStZ 2011/954, 545 ff). Die **Neuregelung** erfolgte durch die GGN (BGBl I 2013/1; dazu *Fellner*, ÖStZ 2012/981, 535 ff). Die alte Rechtslage war aufgrund einer Fälligkeitsfiktion in Art VI Z 49 f GGG noch auf Eintragungen anzuwenden, die zwar erst nach dem 31.12.2012 erfolgten, denen aber eine Eingabe, die vor dem 1.1.2013 bei Gericht eingelangt ist, zugrunde lag, und für Fälle der Selbstberechnung vor dem 1.1.2013; dadurch wurde sichergestellt, dass sich die Eintragungsgebühren aus Anlass von Grundbuchsgesuchen vor Änderung der Rechtslage noch nach der alten Rechtslage vor dem Inkrafttreten der Novelle berechneten (ErlRV 1984 BlgNR 24. GP, 8).

Artikel II

Umwandlung

Anwendungsbereich

§ 7. (1) Umwandlungen im Sinne dieses Bundesgesetzes sind
1. errichtende Umwandlungen nach dem Bundesgesetz über die Umwandlung von Handelsgesellschaften, BGBl. Nr. 304/1996, wenn am Umwandlungsstichtag und am Tag des Umwandlungsbeschlusses ein Betrieb vorhanden ist,
2. verschmelzende Umwandlungen nach dem Bundesgesetz über die Umwandlung von Handelsgesellschaften, BGBl. Nr. 304/1996, wenn
   - am Umwandlungsstichtag und am Tag des Umwandlungsbeschlusses ein Betrieb vorhanden ist oder
   - Hauptgesellschafter eine unter § 7 Abs. 3 des Körperschaftsteuergesetzes 1988 fallende Körperschaft oder eine ausländische Gesellschaft eines Mitgliedstaates der Europäischen Union, die die in der Anlage zu diesem Bundesgesetz vorgesehenen Voraussetzungen des Artikels 3 der Richtlinie 2009/133/EG über das gemeinsame Steuersystem für Fusionen, Spaltungen, Abspaltungen, die Einbringung von Unternehmensteilen und den Austausch von Anteilen, die Gesellschaften verschiedener Mitgliedstaaten betreffen, sowie für die Verlegung des Sitzes einer Europäischen Gesellschaft oder einer Europäischen Genossenschaft von einem Mitgliedstaat in einen anderen Mitgliedstaat, ABl. Nr. L 310 vom 25.11.2009 S. 34 in der jeweils geltenden Fassung erfüllt, ist,
3. vergleichbare Umwandlungen ausländischer Körperschaften im Ausland.

(2) [1]Abs. 1 Z 1 bis 3 findet nur insoweit Anwendung, als das Besteuerungsrecht der Republik Österreich hinsichtlich der stillen Reserven einschließlich eines allfälligen Firmenwertes beim Rechtsnachfolger nicht eingeschränkt wird. [2]Soweit bei der Umwandlung das Besteuerungsrecht der Republik Österreich gegenüber einem EU/EWR-Staat mit umfassender Amts- und Vollstreckungshilfe eingeschränkt wird, ist die nach § 20 des Körperschaftsteuergesetzes 1988 entstehende Abgabenschuld auf Grund eines in der Steuererklärung gestellten Antrages in Raten zu entrichten; dabei sind § 6 Z 6 lit. d bis e des Einkommensteuergesetzes 1988 sinngemäß anzuwenden.

(3) Rechtsnachfolger sind der Hauptgesellschafter (§ 2 Abs. 1 UmwG), beziehungsweise dessen Gesellschafter (Mitunternehmer), oder die Gesellschafter (Mitunternehmer) der errichteten Personengesellschaft (§ 5 Abs. 1 UmwG).

(4) **Auf Umwandlungen sind die §§ 8 bis 11 anzuwenden.**

[idF BGBl I 2015/163]

Rechtsentwicklung

BGBl 1991/699 (UmgrStG; RV 266 AB BlgNR 18. GP) (Stammfassung); BGBl 1993/818 (StRefG 1993; RV 1237 AB 1301 BlgNR 18. GP) (Neufassung des § 7 Abs 1, für Stichtage nach dem 30.12.1993); BGBl 1994/681 (EU-AnpG; RV 1701 AB 1816 BlgNR 18. GP) (Neufassung § 7 Abs 1, für Umgründungen, bei denen die zugrunde liegenden Beschlüsse oder Verträge nach dem 1.1.1995 zustande gekommen sind; siehe auch BGBl 1995/20);

BGBl 1996/797 (AbgÄG 1996; RV 497 AB 552 BlgNR 20. GP) (Neufassung § 7 Abs 1 Z 3 und Abs 2); BGBl I 1999/28 (AbgÄG 1998; RV 1471 AB 1505 BlgNR 20. GP) (Neufassung § 7 Abs 1 2. Satz); BGBl I 2003/71 (BudBG 2003; RV 59 AB 111 BlgNR 22. GP) (Neufassung § 7 Abs 1 Z 1 und 2); BGBl I 2004/180 (AbgÄG 2004; RV 686 AB 734 BlgNR 22. GP) (Neufassung des § 7; für Stichtage nach dem 7.10.2004); BGBl I 2005/161 (AbgÄG 2005; RV 1187 AB 1213 BlgNR 22. GP) (Neufassung § 7 Abs 1 Z 2; für Anmeldung nach dem 31.1.2006); BGBl I 2012/112 (AbgÄG 2012; RV 1960 AB 1977 BlgNR 22. GP) (Anpassung Verweis auf FusionsRL in § 7 Abs 1 Z 2); BGBl I 2015/163 (AbgÄG 2015; RV 896 AB 907 BlgNR 25. GP) (Ratenzahlung für Einschränkung des Besteuerungsrechts im Verhältnis zu EU und EWR).

Judikatur 2017

VwGH 31.5.2017, Ro 2016/13/0001; BFG 20.6.2017, RV/7103034/2017; BFG 1.8.2017, RV/3100331/2014; BFG 28.11.2017, RV/2100237/2014; BFG 29.11.2017, RV/2100234/2014.

Literatur 2017

Heinlein/Krenn, Kein rückwirkendes Ausscheiden eines Gruppenmitgliedes bei errichtender Umwandlung, SWK 2017, 1171; *Hirschler/Sulz/Oberkleiner*, Umwandlung einer erheblich reduzierten Betriebs-GmbH, BFGjournal 2017, 466; *Komarek/Reinold/Zinnöcker*, Umwandlungen: Rückwirkendes Ausscheiden des umgewandelten Gruppenmitglieds?, BFGjournal 2017, 317; *Schlager*, Highlights aus dem UmgrStR-Wartungserlass 2017, RWZ 2017, 99; *Titz/Wild*, Aktuelle Fragen zu grenzüberschreitenden Umgründungen im Lichte des UmgrStR-Wartungserlasses 2017, RdW 2017, 334; *Zwick*, Die Berechnung der Neunmonatsfrist bei Verschmelzungen, ÖStZ 2017, 254.

Übersicht

I. Anwendungsbereich
    A. Umwandlungsbegriff
        1. Allgemeines
            a) Begriffsbestimmung 1–4
            b) Anwendungsvoraussetzungen 5
        2. Fusionsrichtlinie 6
        3. Besteuerungsebenen und Systematik von Art II 7
    B. Maßgeblichkeit des Gesellschaftsrechts
        1. Anknüpfung an das Gesellschaftsrecht....................... 11–14
        2. Notwendigkeit eines positiven Verkehrswerts 15, 16
        3. Umwandlungsarten 17, 18
    C. Betriebserfordernis 21–23
    D. Steuerverknüpfungserfordernis 24
II. Inländische Umwandlungen
    A. Verschmelzende Umwandlung
        1. Gesellschaftsrechtlicher Rahmen................................. 26–36
        2. Eintritt in die steuerrechtlichen Rechte 37–41
    B. Errichtende Umwandlung
        1. Gesellschaftsrechtlicher Rahmen................................. 46–57
        2. Eintritt in die steuerrechtlichen Rechte 61–68

III. Ausländische Umwandlungen
  A. Anwendbarkeit von Art II 71–75
  B. Vergleichbarkeit der ausländischen Umwandlung
    1. Allgemeines zur Vergleichbarkeit 81–84
    2. Vergleichbarkeit verschmelzender Umwandlungen 85
    3. Vergleichbarkeit errichtender Umwandlungen 87
    4. Weitere Anforderungen des UmgrStG 89
IV. Grenzüberschreitende Umwandlungen
  A. Outbound-Umwandlungen 91–95
  B. Inbound-Umwandlungen 101–107
  C. Grenzüberschreitende Umwandlungen im Ausland 111
V. Betriebserfordernis
  A. Notwendigkeit des Vorliegens eines Betriebs 116, 117
  B. Ausnahmen vom Betriebserfordernis 121–127
  C. Definition des Betriebs 131–137
  D. Nötiger Umfang 141, 142
  E. Zeitpunkt 146–153
  F. Relevanz für ausländische Umwandlungen 156, 157
  G. Nichterfüllung 158
VI. Einschränkung des Besteuerungsrechts
  A. Hintergrund 161–164
  B. Internationale Fälle
    1. Relevante Beschränkung des Besteuerungsrechts 166, 168
    2. Verschmelzende Outbound-Umwandlungen 170–172
    3. Errichtende Outbound-Umwandlungen 174, 176
    4. Verschmelzende Inbound-Umwandlungen 181–183
    5. Errichtende Inbound-Umwandlungen 185–187
    6. Umwandlungen im Ausland 188
  C. Innerstaatliche Steuerbefreiung bei Rechtsnachfolgern 191–194
  D. Rechtsfolge
    1. (Partielle) Nichtanwendung von Art II 196–198
    2. Einschränkung des Besteuerungsrechts im Verhältnis zu EU und EWR
      a) Anwendungsbereich 201–203
      b) Ausübung 205
      c) Rechtsfolge 206–211
      d) Inkrafttreten und Vorgängerregelung 212
VII. Gesellschafterwechsel nach dem Stichtag
  A. Gesellschafterwechsel im Rückwirkungszeitraum 216–219
  B. Gesellschafterwechsel und Quotenverschiebungen iRd Umwandlung 221
VIII. Rechtsnachfolger 226–228
IX. Besteuerung der Umwandlung
  A. Anwendbarkeit von Art II 231–235

B. Nichtanwendbarkeit von Art II
  1. Umwandlungen außerhalb des UmgrStG
     a) Zeitpunkt 241
     b) Ertragsteuerliche Beurteilung 243–245
     c) Übergang Verlustvorträge 246
     d) Übergang Mindestkörperschaftsteuer 249
     e) Umsatzsteuer 250, 251
     f) Arbeitnehmer 252
     g) Grunderwerbsteuer 253
     h) Gesellschaftsteuer 254
     i) Gebühren 256
     j) Gesellschafterwechsel im Rückwirkungszeitraum 256a
  2. Partielle Nichtanwendbarkeit von Art II UmgrStG 257, 258
C. Evidenzkonten
  1. Einlagen 261
  2. Innenfinanzierung 262–268

I. Anwendungsbereich
A. Umwandlungsbegriff
1. Allgemeines
a) Begriffsbestimmung

Umwandlungen sind Vorgänge, bei denen die **Rechtsform des Unternehmens geändert** 1
wird. Es sind formwechselnde (vgl Rz 2) von übertragenden Umwandlungen (vgl Rz 4)
zu unterscheiden (s UmgrStR Rz 406). Ausländische Rechtsvorgänge sind aufgrund einer
gesellschaftsrechtlichen Vergleichbarkeitsprüfung als formwechselnde oder übertragende zu qualifizieren (vgl auch *Zöchling/Paterno* in W/Z/H/K[5] § 7 Rz 29).

Bei **formwechselnden Umwandlungen** ändert sich die Identität des Unternehmens 2
nicht (s UmgrStR Rz 406; BMF 5.5.1993, SWK 1993, 432; vgl auch *Keppert/Waitz-Ramsauer* in W/H/M, HdU II[8] § 7 Rz 7; *Hügel* in H/M/H § 7 Rz 2; *Kalss*[2] Vor § 1
UmwG Rz 3). Diese Umwandlungen liegen vor, wenn durch die Umwandlung einer
Kapitalgesellschaft eine andere Form der **Kapitalgesellschaft** entsteht (zB GmbH in
AG oder SE, aber auch bei Versicherungsvereinen auf Gegenseitigkeit – BMF 5.5.1993,
SWK 1993, 432 f – und bei Wechsel der Art der Haftung bei Genossenschaften – vgl
BMF 5.5.1993, SWK 1993, 433; s auch *Zöchling/Paterno* in W/Z/H/K[5] § 7 Rz 28; *Hügel*
in H/M/H § 7 Rz 2; s auch *Korntner*, FJ 2009, 133). Selbes gilt für Umwandlungen einer
Personengesellschaft in eine andere Form der **Personengesellschaft** (zB OG in KG
oder GmbH & Co KG – vgl auch *Sulz/Brunner*, RdW 2014/476, 433; *Zöchling/Paterno*
in W/Z/H/K[5] § 7 Rz 28). Im Gegensatz dazu stellt der Wechsel einer GesbR in eine Personengesellschaft schon gesellschaftsrechtlich keine formwechselnde Umwandlung
(*Kalss*[2] Vor § 1 UmwG Rz 4), sondern nach der GesbR-Novelle 2015 eine Umwandlung nach § 1206 ABGB dar (vgl *Astl/Gutfleisch*, ecolex 2015, 570) und soll nach
Keppert/Waitz-Ramsauer bei Erfüllung der Anwendungsvoraussetzungen unter
Art IV (vgl § 23 Rz 21 ff) fallen (*Keppert/Waitz-Ramsauer* in W/H/M, HdU II[8] § 7
Rz 7; vgl auch *Astl/Gutfleisch*, ecolex 2015, 569 ff). So wurde auch die Transformation
einer Erwerbs- und Wirtschaftsgenossenschaft in eine Aktiengesellschaft mangels
gesellschaftsrechtlicher Umwandlung vom BMF nicht als Umwandlung, sondern al-

lenfalls als Einbringung gem Art III qualifiziert (BMF 5.5.1993, SWK 1993, 433 f). Da bei formwechselnden Umwandlungen die Identität des Rechtsträgers bestehen bleibt, erfolgt keine Übertragung. Daher löst die formwechselnde Umwandlung bereits nach den **allgemeinen Prinzipien** keine **ertrags- und verkehrssteuerlichen Konsequenzen** aus (UmgrStR Rz 407; *Zöchling/Paterno* in *W/Z/H/K*[5] § 7 Rz 27; *Hügel* in *H/M/H* § 7 Rz 2). Formwechselnde Umwandlungen fallen nicht unter das UmgrStG. Sie bedürfen der Begünstigungen des UmgrStG nicht.

3 **Stellungnahme.** Eine formwechselnde Umwandlung liegt dann vor, wenn die **Identität gewahrt** bleibt. Demnach kann es zu keinem Tausch kommen (vgl auch *Keppert/Waitz-Ramsauer* in *W/H/M*, HdU II[8] § 7 Rz 7), da weiterhin dasselbe Steuersubjekt vorliegt. **Mangels Möglichkeit der Verschiebung** der **stillen Reserven** besteht somit auch keine Notwendigkeit, eine Besteuerung der stillen Reserven vorzunehmen. Ob insb bei **Wechseln** zwischen Formen der **Innen- und Außengesellschaften** (wie bei GesbR zur Personengesellschaft gem § 1206 ABGB) jedoch die Identität des Rechtsträgers erhalten bleibt, ist zweifelhaft. Gesellschaftsrechtlich liegt wohl idR ein Übergang in das Gesellschaftsvermögen der Außengesellschaft und somit keine formwechselnde Umwandlung vor (vgl *Kalss*[2] Vor § 1 UmwG Rz 4). Und auch steuerlich kann es – abhängig vom Außenauftritt – zu einem Wechsel des umsatzsteuerlichen Unternehmers kommen (im Gegensatz dazu stellen formwechselnde Umwandlungen auch keinen umsatzsteuerlichen Übergang dar – vgl auch *Mayr* in *D/R* I[10] Tz 1101). Dennoch stützt eine Einzelerledigung der FV die Ansicht, dass auch der Wechsel von Außen- zur Innengesellschaft eine formwechselnde Umstellung darstellt, wenn die Identität aus Sicht der direkten Steuern erhalten bleibt (BMF 18.7.2000, RdW 2000/543, 578).

4 Im Gegensatz zu formwechselnden Umwandlungen ändert sich bei **übertragenden Umwandlungen** die Identität des Rechtsträgers. Gesellschaftsrechtliche Grundlage der Umwandlungen ist das UmwG. Der übertragende Rechtsträger geht unter und das Vermögen wird mittels Gesamtrechtsnachfolge unter Ausschluss der Liquidation auf den übernehmenden Rechtsträger übertragen (UmgrStR Rz 408; *Keppert/Waitz-Ramsauer* in *W/H/M*, HdU II[8] § 7 Rz 8; *Zöchling/Paterno* in *W/Z/H/K*[5] § 7 Rz 1; *Walter*[11] Rz 193; *Korntner*, FJ 2009, 133; *Schwarzinger/Wiesner* I/1[3] 661). Übertragende Umwandlungen können unter Art II fallen (*Hügel* in *H/M/H* § 7 Rz 1). Umwandlungen von Erwerbs- und Wirtschaftsgenossenschaften in eine AG können ebenfalls nur dann steuerneutral erfolgen, wenn Art II anwendbar ist (*Zöchling/Paterno* in *W/Z/H/K*[5] § 7 Rz 28). Bei übertragenden Umwandlungen ist zwischen folgenden zwei Varianten zu unterscheiden (vgl auch *Zöchling/Paterno* in *W/Z/H/K*[5] § 7 Rz 13):

- **Verschmelzende Umwandlungen** (Übertragung auf den Hauptgesellschafter; vgl Rz 26 ff)
- **Errichtende Umwandlungen** (Übertragung auf eine durch die Umwandlung errichtete Personengesellschaft; vgl Rz 46 ff)

b) Anwendungsvoraussetzungen

5 Voraussetzung für die Anwendung von Art II ist, dass

- eine der genannten (gesellschaftsrechtlichen) **Umwandlungsformen** vorliegt (vgl Rz 26 ff),
- das **Besteuerungsrecht** Österreichs **nicht eingeschränkt** wird (vgl Rz 161 ff) und

- das Betriebserfordernis erfüllt ist oder eine der Ausnahmen anwendbar ist (vgl Rz 116 ff).

Nur wenn (und insoweit) diese Voraussetzungen gegeben sind (und kein Missbrauch vorliegt), kommen die **Rechtsfolgen des Art II** zwingend (*Schwarzinger/Wiesner* I/1³ 673) zur Anwendung (vgl auch *Zöchling/Paterno* in *W/Z/H/K*⁵ § 7 Rz 6). **Andernfalls** kommen die Folgen des **allgemeinen Steuerrechts** zur Anwendung (vgl Rz 241 ff).

2. Fusionsrichtlinie

Die **FRL** ist nur auf (gewisse) grenzüberschreitende Umgründungen in der EU **zwischen Kapitalgesellschaften** anwendbar (vgl auch *Hafner/Heinrich* in *Achatz ua*, IntUmgr 73). Sie kann daher **Art II** nicht vollumfänglich erfassen, da dieser **auch** Umwandlungen **auf andere Rechtsträger** erlaubt und auch Umgründungen innerhalb Österreichs sowie grenzüberschreitende Umwandlungen mit Bezug zu Drittstaaten erfasst. Grenzüberschreitende **verschmelzende Umwandlungen** auf Körperschaften iSv Art 3 FRL stellen für Zwecke der FRL idR **Fusionen** dar (vgl *P Schwarzinger*, FJ 1997, 185; *Hügel* in *H/M/H* § 7 Rz 17; *Hafner/Heinrich* in *Achatz ua*, IntUmgr 73 f). Da verschmelzende Umwandlungen auf EU-Kapitalgesellschaften seit dem EU-VerschG nicht mehr möglich sind (vgl Rz 28), verbleibt hierfür kaum ein Anwendungsbereich. Auf errichtende Umwandlung ist die FRL nicht anwendbar (vgl auch *Damböck*, SWI 2001, 11; *Damböck*, ÖStZ 2004/592, 276).

6

3. Besteuerungsebenen und Systematik von Art II

Umwandlungen iSv Art II haben steuerliche Auswirkungen auf **zwei Ebenen**: Zum einen ist die umzuwandelnde Gesellschaft betroffen. Zum anderen ergeben sich auch steuerliche Konsequenzen auf Ebene der Gesellschafter. Für Zwecke der Ertragsteuern ist dabei auf Gesellschafterebene durch transparente Rechtsformen (insb Mitunternehmerschaften) durchzublicken. Im Gegensatz dazu können für Zwecke anderer Steuern (zB Umsatzsteuer) auch Personengesellschaften Steuersubjekt sein. Diese Berührung beider Ebenen findet sich auch in der Systematik von Art II wieder: So regelt § 8 die Rechtsfolgen für die **übertragende Gesellschaft**, § 9 jene der **Rechtsnachfolger**, § 10 den **Übergang von** steuerlichen **Verlustvorträgen** und § 11 die **sonstigen Rechtsfolgen**.

7

B. Maßgeblichkeit des Gesellschaftsrechts

1. Anknüpfung an das Gesellschaftsrecht

Wie bei Verschmelzungen (vgl § 1 Rz 11 ff) gilt auch bei Umwandlungen grundsätzlich die **Maßgeblichkeit des Gesellschaftsrechts** (UmgrStR Rz 443; vgl auch *Hügel* in *H/M/H* § 7 Rz 3; *Wiesner*, RWZ 2006/49, 165; *Schwarzinger/Wiesner* I/1³ 671; *Zöchling/Paterno* in *W/Z/H/K*⁵ § 7 Rz 12). Inlandsumwandlungen können nur dann unter Art II fallen, wenn es sich um (verschmelzende oder errichtende) Umwandlungen nach dem UmwG handelt (vgl auch *Wiesner*, RWZ 2008/34, 107). Ausländische Umwandlungen qualifizieren dann für die Anwendung von Art II, wenn die Umwandlung (aus der gesellschaftsrechtlichen Sicht) einer Umwandlung nach dem UmwG vergleichbar ist.

11

12 Gleichzeitig sind sowohl FV als auch Abgabepflichtiger an die **gesellschaftsrechtliche Beurteilung gebunden** (vgl UFS 24.1.2006, RV 0946/-W/05; s auch BMF 12.2.2002, RdW 2002/383, 383). Die Anknüpfung erfolgt gesellschaftsrechtlich und nicht in wirtschaftlicher Betrachtung (BMF 5.3.1992, SWK 1992, 164; s auch *Zöchling/Paterno* in *W/Z/H/K*^{5} § 7 Rz 6; vgl allerdings Rz 39, 63 ff für die Berücksichtigung der wirtschaftlichen Zurechnung von Anteilen und Rz 40 zur Berücksichtigung von Innengesellschaften als Mitunternehmerschaften). Es besteht daher eine Bindung an die **gesellschaftsrechtliche Beurteilung**, ob die Voraussetzungen des UmwG erfüllt sind. Die gesellschaftsrechtlichen Anwendungsvoraussetzungen können daher bei inländischen Umwandlungen von der FV nicht erneut geprüft werden (vgl auch *Keppert/Waitz-Ramsauer* in *W/H/M*, HdU II^8 § 7 Rz 6). Ausschlaggebend ist ausschließlich die **Eintragung ins Firmenbuch** (vgl auch *Keppert/Waitz-Ramsauer* in *W/H/M*, HdU II^8 § 7 Rz 5; *Zöchling/Paterno* in *W/Z/H/K*^{5} § 7 Rz 12; *Wiesner*, RWZ 2008/34, 107). Einzig die weiteren **Anwendungsvoraussetzungen** von Art II (Betriebserfordernis, Steuerverstrickung) sind **von der FV zu überprüfen** (*Zöchling/Paterno* in *W/Z/H/K*^{5} § 7 Rz 8; *Wiesner*, RWZ 2006/49, 165; *Wiesner*, RWZ 2008/34, 107).

13 Wird eine Umwandlung (mangels Erfüllung der Voraussetzungen) **nicht** ins Firmenbuch **eingetragen**, ist es weder gesellschafts- noch steuerrechtlich zu einer Umwandlung (und somit auch nicht zu einer Übertragung von Vermögen) gekommen (vgl auch *Keppert/Waitz-Ramsauer* in *W/H/M*, HdU II^8 § 7 Rz 5; *Wiesner*, RWZ 2008/34, 107). Entsprechend ist auch weiterhin eine getrennte Einkommensermittlung (allenfalls im Schätzungswege) vorzunehmen (UmgrStR Rz 446). Entsprechendes gilt für bereits im Firmenbuch eingetragene Umwandlungen, wenn sie wieder aus dem Firmenbuch **ausgetragen** werden. Ab Austragung liegt auch für steuerliche Zwecke keine Umwandlung mehr vor (vgl UmgrStR Rz 445). Auch in diesen Fällen wird es jedoch auch zu keiner Übertragung von Vermögen gekommen sein.

14 Wurde im Firmenbuch eine Umwandlung eingetragen (zB verschmelzende Umwandlung), kann dieser Rechtsvorgang **nicht in eine andere Umgründung** (zB Verschmelzung) **umgedeutet** werden (UmgrStR Rz 445; vgl auch *Wiesner/Schwarzinger*, UmS 127/27/02, SWK 2002, 1047; *Wiesner/Schwarzinger*, UmS 185/6/12, SWK 2012, 331). Es liegt damit aufgrund der gesellschaftsrechtlichen Beurteilung ein Vorgang vor, der potenziell unter Art II (s Rz 116 ff [Betriebserfordernis] und Rz 161 ff [Einschränkung des Besteuerungsrechts] zu den weiteren Anwendungsvoraussetzungen) fällt (vgl auch *Wiesner/Schwarzinger*, SWK 2012, 331 zur Umwandlung auf den Hauptgesellschafter, der auch atypisch still an der umwandelnden Gesellschaft beteiligt war). Daher stellt auch der **Beitritt** eines **Arbeitsgesellschafters** iR einer errichtenden Umwandlung Teil der Umwandlung gem Art II und keinen (zusätzlichen) Anwendungsfall des Art VI dar (BMF 12.2.2002, RdW 2002/383, 383). Dies muss mE auch für andere Anteilsverschiebungen iRd Umwandlung gelten. Gegengleich kann ein Vorgang, der in Österreich keine Umwandlung gem UmwG darstellt (zB eine Verschmelzung) nicht für steuerrechtliche Zwecke in eine Umwandlung umgedeutet werden.

2. Notwendigkeit eines positiven Verkehrswerts

15 Das UmwG sieht **kein explizites Erfordernis eines positiven Verkehrswerts** der umzuwandelnden Gesellschaft vor (vgl auch *Keppert/Waitz-Ramsauer* in *W/H/M*,

HdU II[8] § 7 Rz 6; *Kalss*[2] § 1 UmwG Rz 10; *Schwarzinger/Wiesner* I/1[3] 685; *Zöchling/ Paterno* in *W/Z/H/K*[5] § 7 Rz 13). Ist **Nachfolgerechtsträger** allerdings eine **Quasi-Kapitalgesellschaft** (somit eine Personengesellschaft ohne natürliche Person als unbeschränkt haftendem Gesellschafter; eine verschmelzende Umwandlung auf eine Kapitalgesellschaft ist nach dem GesRÄG 2007 nicht mehr möglich – vgl Rz 28), führen **Gläubigerschutzüberlegungen** zur Frage der Notwendigkeit eines positiven Verkehrswerts. Bei Umwandlungen auf (Quasi-) Kapitalgesellschaften wurde daher vertreten, dass ein positiver Verkehrswert nötig ist (aA *Nowotny* in *Bertl ua*, Sonderbilanzen 79 f; vgl auch *Schwarzinger/Wiesner* I/1[3] 685). Der positive Verkehrswert sollte durch entsprechende Zuschüsse herstellbar sein (*W/Z/H/K*[4] § 7 Rz 17). Die Notwendigkeit eines positiven Verkehrswerts scheint jedoch auch bei Quasi-Kapitalgesellschaften als Rechtsnachfolger fraglich (vgl Rz 29). So hat der OGH auch bei errichtenden Umwandlungen auf Quasi-Kapitalgesellschaften angedeutet, dass ein positiver Verkehrswert uU nicht nötig ist – zumindest wenn der übernehmende Rechtsträger nicht überschuldet ist (OGH 7.11.2007, 6 Ob 235/07p; vgl auch *Wenger*, RWZ 2008/33, 105; vgl auch *Schwarzinger/Wiesner* I/1[3] 659 f). Bei **anderen Umwandlungen** ist ein **positiver Verkehrswert** jedenfalls **nicht nötig** (*Kalss*[2] § 1 UmwG Rz 10; vgl auch *Schwarzinger/Wiesner* I/1[3] 987).

Art II sieht den positiven Verkehrswert nicht als eigene (steuerliche) Anwendungsvoraussetzung vor (*Wenger*, RWZ 2008/33, 105; *Wiesner*, RWZ 2008/34, 107; *Schwarzinger/Wiesner* I/1[3] 869). Die Möglichkeit der Umwandlung einer überschuldeten Gesellschaft ist (so wie auch die anderen Fragen der gesellschaftsrechtlichen Zulässigkeit der Umwandlung) ausschließlich **vom Firmenbuchgericht zu beurteilen** (vgl *Keppert/Waitz-Ramsauer* in *W/H/M*, HdU II[8] § 7 Rz 6) und einer (nochmaligen) Überprüfung durch die FV nicht zugänglich (vgl Rz 12). Aufgrund der Maßgeblichkeit des Gesellschaftsrechts (vgl Rz 11 ff) ist ein negativer Verkehrswert **der Anwendbarkeit von Art II** solange **nicht schädlich** (auch *Keppert/Waitz-Ramsauer* in *W/H/M*, HdU II[8] § 7 Rz 19), als die Umwandlung gesellschaftsrechtlich als durchgeführt gilt (somit ins Firmenbuch eingetragen ist – vgl Rz 35, 56). Auch die Feststellung eines negativen Verkehrswerts iRe späteren abgabenrechtlichen Außenprüfung ändert daher nichts an der Anwendbarkeit von Art II (UmgrStR Rz 631).

16

3. Umwandlungsarten

Für die weitere Darstellung sollen folgende Arten von Umwandlungen unterschieden werden:

17

- **Inländische** Umwandlungen, bei denen
  - **verschmelzende** Umwandlungen und
  - **errichtende** Umwandlungen

zu unterscheiden sind.

- **Vergleichbare** Auslandsumwandlungen.
- **Grenzüberschreitende** Umwandlungen, die in Form von
  - **Inbound**-Umwandlungen (Umwandlung einer ausländischen Körperschaft auf einen inländischen Rechtsnachfolger) und
  - **Outbound**-Umwandlungen (Umwandlung einer inländischen Körperschaft auf einen ausländischen Rechtsnachfolger)

vorkommen können.

18 Ursprünglich lagen größtenteils inländische Umwandlungen vor. Aufgrund der Internationalisierung sind nun **ausländische** und **grenzüberschreitende** Umwandlungen immer häufiger anzutreffen. Hierauf haben auch **Steuer-** und **Gesellschaftsrecht** reagiert. Inzwischen sind auch ausländische Umwandlungen im Ausland und grenzüberschreitende Umwandlungen von Art II **erfasst** (*Zöchling/Paterno* in *W/Z/H/K*[5] § 7 Rz 6).

C. Betriebserfordernis

21 Im Gegensatz zu anderen Artikeln (vgl § 12 Rz 71 ff; § 23 Rz 21 ff; § 27 Rz 27 ff; § 32 Rz 60 ff; § 38a Rz 21 ff) des UmgrStG enthält Art II keine taxative Aufzählung des umgründungsfähigen Vermögens. Gleichzeitig ist das übergehende Vermögen jedoch idR nicht gänzlich irrelevant wie in Art I (vgl § 1 Rz 3). Für die meisten Umwandlungsformen sieht Art II die Notwendigkeit der Betriebsführung der übertragenden Kapitalgesellschaft vor (vgl UmgrStR Rz 444; *Zöchling/Paterno* in *W/Z/H/K*[5] § 7 Rz 8; *Hügel* in *H/M/H* § 7 Rz 4; *Egger*, ecolex 2001, 820). Das **Betriebserfordernis** (vgl zum nötigen Betrieb Rz 131 ff) greift grundsätzlich sowohl bei **errichtenden Umwandlungen** als auch bei **verschmelzenden Umwandlungen**. Wird gegen das Betriebserfordernis verstoßen, fällt die Umwandlung nicht unter das UmgrStG.

22 Eine **Ausnahme vom Betriebserfordernis** sieht § 7 Abs 1 Z 2. TS für verschmelzende Umwandlungen auf §-7-Abs-3-KStG-Körperschaften (vgl dazu *Naux* in *L/R/S/S*[2] § 7 Rz 82 ff) als Hauptgesellschafter vor. Die Ausnahme erfasst auch vergleichbare §-7-Abs-3-EU-Körperschaften, die in Art 3 der FRL genannt sind. Damit soll eine Parallelität mit Verschmelzungen, bei denen kein Betriebserfordernis vorgesehen ist, geschaffen werden.

23 Mit dem GesRÄG 2007 (BGBl I 2007/72) wurde das EU-VerschG eingeführt und dadurch die grenzüberschreitende Verschmelzung von Kapitalgesellschaften ermöglicht. Parallel dazu kam es zu einer Änderung in § 2 Abs 1 UmwG. Seither (für Firmenbuchanmeldungen ab 1.12.2007) sind **verschmelzende Umwandlungen auf GmbH, AG** und sonstige Kapitalgesellschaften iSd § 1 Abs 2 EU-VerschG als Hauptgesellschafter **nicht** mehr **möglich** (vgl auch Rz 28). Innerhalb von EU und EWR ist eine verschmelzende Umwandlung daher nur mehr dort möglich, wo keine Verschmelzung erfolgen kann. Der Ausnahme vom Betriebserfordernis bleibt seither nur mehr ein sehr eingeschränkter Anwendungsbereich (vgl *Zöchling/Paterno* in *W/Z/H/K*[5] § 7 Rz 43). Zur Anwendung kann die Regel insb noch bei grenzüberschreitenden Umgründungen auf unter § 7 Abs 3 KStG fallende EU-Körperschaften, die in Art 3 der FRL genannt, jedoch keine Kapitalgesellschaft iSd § 1 Abs 2 EU-VerschG sind, kommen (vgl dazu Rz 28).

D. Steuerverknüpfungserfordernis

24 Weiters ist Voraussetzung für die Anwendung von Art II, dass durch die Umwandlung das **Besteuerungsrecht Österreichs** am Vermögen der umwandelnden Gesellschaft **nicht eingeschränkt** wird (UmgrStR Rz 413; *Zöchling/Paterno* in *W/Z/H/K*[5] § 7 Rz 9; *Hügel* in *H/M/H* § 7 Rz 4; vgl detailliert Rz 161 ff). Verliert Österreich durch die Umwandlung das Besteuerungsrecht an den stillen Reserven und/oder dem Firmenwert, ist insoweit Art II nicht anwendbar und es finden (partiell) die Rechtsfolgen des allgemeinen Steuerrechts Anwendung (vgl Rz 257 f).

II. Inländische Umwandlungen
A. Verschmelzende Umwandlung
1. Gesellschaftsrechtlicher Rahmen

§ 2 UmwG gewährt die Möglichkeit der verschmelzenden Umwandlung einer Kapitalgesellschaft auf ihren Hauptgesellschafter. Gem § 2 Abs 1 UmwG kann die **Haupt-/Generalversammlung** einer AG/GmbH die verschmelzende Umwandlung **beschließen**. Wird eine verschmelzende Umwandlung beschlossen, führt dies zum Übergang aller Vermögensgegenstände, Verbindlichkeiten und (vertraglichen) Rechte und Pflichten ohne Liquidation mittels Gesamtrechtsnachfolge auf den Hauptgesellschafter. Eine Anteilsausgabe unterbleibt (*Korntner*, FJ 2009, 133). 26

Das UmwG erlaubt nur die Umwandlung unter Beteiligung gewisser Rechtsträger. Die **übertragende Körperschaft** muss eine österreichische Kapitalgesellschaft sein (vgl *Hügel* in *H/M/H* § 7 Rz 11; *Walter*[11] Rz 204a). Als übertragende Rechtsträger kommen daher nur **GmbH, AG** und **SE** in Betracht (UmgrStR Rz 426; *Hügel* in *H/M/H* § 7 Rz 8). Andere Körperschaften (wie zB Genossenschaften – *Hügel* in *H/M/H* § 7 Rz 8) oder andere Rechtsträger können nicht übertragende Rechtsträger einer Umwandlung iSd UmwG sein. 27

Seit dem EU-VerschG bestehen Beschränkungen bei den möglichen Rechtsträgern, die als **übernehmende Rechtsträger** in Frage kommen. Zuvor war die verschmelzende Umwandlung eine Möglichkeit der Übertragung mittels Gesamtrechtsnachfolge auf alle Arten von Hauptgesellschaftern (vgl auch UFS 15.11.2011, RV/0350-L/03; s weiters *Zöchling/Paterno* in *W/Z/H/K*[5] § 7 Rz 24). Auch verschmelzende Umwandlungen auf ausländische Rechtsträger waren und sind möglich (*Korntner*, FJ 2009, 133). Verschmelzende Umwandlungen können daher tw auch dazu verwendet werden, die Effekte einer Verschmelzung grenzüberschreitend zu ermöglichen, insoweit grenzüberschreitende Verschmelzungen nicht möglich sind (vgl BMF 5.3.1992, SWK 1992, 164; s auch *Staringer*, SWI 2005, 219 zur Situation vor dem EU-VerschG, s weiters *Zöchling/Paterno* in *W/Z/H/K*[5] § 7 Rz 26 zur Vergleichbarkeit der steuerlichen Effekte). Seit durch die VerschRL und deren innerstaatliche Umsetzung durch das EU-VerschG grenzüberschreitende Verschmelzungen innerhalb der EU und von AG auf GmbH ermöglicht wurden, wurde (im Gegenzug) die Auswahl der **Hauptgesellschafter**, auf die verschmelzend umgewandelt werden kann, eingeschränkt. Seither ist die verschmelzende Umwandlung auf Hauptgesellschaften, die österreichische **Kapitalgesellschaften** (GmbH, AG, SE) oder **EU-Körperschaften**, auf die eine Verschmelzung gem EU-VerschG möglich ist, sind, **ausgeschlossen** (vgl UmgrStR Rz 412, 425, 427, s auch *Zöchling/Paterno* in *W/Z/H/K*[5] § 7 Rz 25; *Walter*[11] Rz 196; *Althuber*, ZUS 2012/3, 5; *Hirschler*, taxlex 2012, 93; *Schwarzinger/Wiesner* I/1[3] 685). Unabhängig davon können auch GesbR nicht übernehmende Gesellschaft einer verschmelzenden Umwandlung sein (UmgrStR Rz 427; vgl auch *Schwarzinger/Wiesner* I/1[3] 687). Die verschmelzende Umwandlung ist daher insb auf natürliche Personen, Personengesellschaften (vgl auch UFS 26.4.2004, RV/1693-W/03), sonstige Körperschaften in der EU (die keine Kapitalgesellschaften iSd EU-VerschG sind – auch Privatstiftungen, vgl *Wiesner/Schwarzinger*, UmS 99/09/02, SWK 2002, 383) und Körperschaften (inkl Kapitalgesellschaften) aus Drittstaaten möglich (vgl auch *Althuber*, ZUS 2012/3, 6; *Zöchling/Paterno* in *W/Z/H/K*[5] § 7 Rz 25). Sie eignet sich dazu, die Ef- 28 fekte einer Verschmelzung auf einen Rechtsträger zu erreichen, auf den nicht verschmolzen werden kann („Misch-Verschmelzungen" – *Hügel* in H/M/H § 7 Rz 13).

29 Verschmelzende Umwandlungen können einen **kapitalentsperrenden Effekt** haben. Verschmelzende Umwandlungen auf eine KG könnten dazu führen, dass die Gläubigerschutzinteressen beeinträchtigt werden. Dennoch sind verschmelzende Umwandlungen von überschuldeten Kapitalgesellschaften auch auf KG, die Quasi-Kapitalgesellschaften darstellten, wohl nicht ausgeschlossen (vgl *Nowotny* in Bertl ua, Sonderbilanzen 79 f; s auch zur Judikatur des OGH *Schwarzinger/Wiesner* I/1³ 685). Es können die Prinzipien, die für errichtende Umwandlungen auf KG entwickelt wurden (vgl Rz 49 mwN), übertragen werden (*Kalss*² § 5 UmwG Rz 149).

30 Erfolgt eine Umwandlung auf einen **inländischen Hauptgesellschafter** als Rechtsnachfolger (vgl dazu Rz 226 ff), handelt es sich um eine **inländische Umwandlung** (vgl *Walter*[11] Rz 204a). Steht ein **ausländischer Hauptgesellschafter** hinter der umwandelnden Kapitalgesellschaft, liegt eine **Outbound-Umwandlung** vor (vgl dazu Rz 91 ff; zur gesellschaftsrechtlichen Zulässigkeit *Hafner/Heinrich* in Achatz ua, IntUmgr 70 f; *Schwarzinger/Wiesner* I/1³ 689).

31 Die verschmelzende Umwandlung muss in einer Generalversammlung/Hauptversammlung der übertragenden Gesellschaft beschlossen werden. Der **Hauptgesellschafter** muss zu **mind 90 %** beteiligt sein (vgl *W/Z/H/K*⁵ § 7 Rz 18; *Hügel* in H/M/H § 7 Rz 12; *Walter*[11] Rz 195; eine Anhebung des nötigen Quorums in der Satzung ist möglich – *Kalss*² § 2 UmwG Rz 24; *Schwarzinger/Wiesner* I/1³ 687) und in der Generalversammlung/Hauptversammlung für die Umwandlung stimmen (UmgrStR Rz 425; vgl auch *Zöchling/Paterno* in *W/Z/H/K*⁵ § 7 Rz 19). Die Beteiligung von mind 90 % muss durch die Person des Hauptgesellschafters selbst gehalten werden. Ein Erreichen der Mindestbeteiligungsquote durch eine Hauptgesellschaftergruppe ist im Gegensatz zur errichtenden Umwandlung (vgl Rz 50) nicht möglich. Wird (ein Teil der) 90%igen **Beteiligung** erst nach dem Umwandlungsstichtag (dh **im Rückwirkungszeitraum**) **erworben**, ist dies der Anwendung von Art II nicht schädlich (UFS 26.4.2004, RV/1694-W/03).

32 Zur Berechnung sind nicht die **Quoten** in der beschlussfassenden Hauptversammlung/Generalversammlung maßgeblich. Stattdessen ist auf die Grundgesamtheit **aller Anteile** abzustellen. Dadurch sind auch in der Hauptversammlung/Generalversammlung nicht vertretene Anteile zu berücksichtigen. Maßgeblich ist der Anteil am Kapital und nicht das Stimmrecht. Somit sind auch zB stimmlose **Vorzugsaktien** entsprechend ihrem Anteil am Kapital zu berücksichtigen (*Kalss*² § 2 UmwG Rz 19). Eigene Anteile sind gem § 2 Abs 1 UmwG den Gesellschaftern entsprechend dem Beteiligungsverhältnis aliquot zuzurechnen (vgl auch *Zöchling/Paterno* in *W/Z/H/K*⁵ § 7 Rz 18). Die Beteiligungsquoten sind aufgrund der Verhältnisse zum Zeitpunkt des Umwandlungsbeschlusses (und nicht aufgrund jener zum Umwandlungsstichtag) zu ermitteln (*Kalss*² § 2 UmwG Rz 21). Nicht zu berücksichtigen sind jedoch **Surrogatkapitalanteile** (wie zB Genussrechte), da ihnen kein Anteil am Nennkapital zukommt.

33 Durch die verschmelzende Umwandlung wird sämtliches Vermögen der übertragenden Gesellschaft auf den Hauptgesellschafter übertragen. Minderheitsgesellschafter scheiden (auch gegen ihren Willen) aus (UmgrStR Rz 425; vgl auch *Hügel* in H/M/H § 7 Rz 12, 18). Ausscheidenden Minderheitsgesellschaften steht eine

Barabfindung zu (s auch *Zöchling/Paterno* in *W/Z/H/K*⁵ § 7 Rz 18). Die Barabfindung muss **angemessen** sein (vgl § 11 Rz 11 ff zur Besteuerung der Abfindung; vgl zur Durchsetzung des Anspruchs – die jedoch keinen Anfechtungsgrund für die Umwandlung darstellt – *Korntner*, FJ 2009, 133 f). Die Höhe der Barabfindung ist nach dem Wert zum Tag der Beschlussfassung der Umwandlung zu berechnen. Ein Abfindungsanspruch besteht gegenüber dem Nachfolgerechtsträger (*Korntner*, FJ 2009, 136). Bei verschmelzenden Umwandlungen hat folglich der Hauptgesellschafter die Abfindung zu leisten (*Kalss*² § 2 UmwG Rz 21; vgl auch *Schwarzinger/ Wiesner* I/1³ 767); bei errichtenden Umwandlungen die entstehende Personengesellschaft (*Kalss*² § 5 UmwG Rz 104). Die steuerliche Behandlung beim die Barabfindung Leistenden ist strittig (vgl zur Verschmelzung § 5 Rz 66).

Umwandlungen sind beim **Firmenbuch anzumelden** und von diesem einzutragen, wenn die gesellschaftsrechtlichen Voraussetzungen erfüllt sind. Gem § 2 Abs 3 UmwG iVm § 220 AktG hat die **Anmeldung zum Firmenbuch spätestens neun Monate nach dem Stichtag** zu erfolgen (vgl auch *Schwarzinger/Wiesner* I/1³ 691; weiterführend zur Fristberechnung am Bsp d Verschmelzung *Zwick*, ÖStZ 2017, 255 ff). Ebenfalls binnen neun Monaten hat die **Anzeige** beim **Finanzamt** zu erfolgen. Die Finanzamtsmeldung stellt jedoch keine Anwendungsvoraussetzung, sondern nur eine **Ordnungsnorm** dar (UmgrStR Rz 469). 34

Gem § 2 Abs 2 UmwG **gehen** das Vermögen und alle Rechtspositionen der übertragenden Kapitalgesellschaft für zivilrechtliche Zwecke **mit Eintragung** der Umwandlung **ins Firmenbuch** auf den Hauptgesellschafter **über**. Mit der Eintragung **erlischt** auch die übertragende **Kapitalgesellschaft** (siehe auch *Zöchling/Paterno* in *W/Z/H/K*⁵ § 7 Rz 23, *Schwarzinger/Wiesner* I/1³ 687). 35

Die Umwandlung erfolgt unter zivilrechtlicher **Gesamtrechtsnachfolge** (§ 1 UmwG; vgl auch *Schwarzinger/Wiesner* I/1³ 687). Der Hauptgesellschafter tritt in alle Rechtspositionen der übertragenden Kapitalgesellschaft ein. Die übertragende Gesellschaft geht durch die Umwandlung unter (*Hügel* in *H/M/H* § 7 Rz 7). 36

2. Eintritt in die steuerrechtlichen Rechte

Bei einer verschmelzenden Umwandlung wird die Kapitalgesellschaft **auf den Hauptgesellschafter** umgewandelt. Diese zivilrechtliche Gesamtrechtsnachfolge gilt gem § 19 BAO auch für steuerrechtliche Zwecke (BFG 14.4.2014, RV/3100498/ 2010; BFG 8.6.2015, RV/3100586/2013; UmgrStR Rz 489a; s auch *Hirschler*, taxlex 2012, 95; vgl weiters Rz 226; *Schwarzinger/Wiesner* I/1³ 705). Ist der Hauptgesellschafter eine Personengesellschaft, geht das Vermögen auf die Personengesellschaft (Mitunternehmerschaft) über. Da die Mitunternehmerschaft für ertragsteuerliche Zwecke transparent behandelt wird (vgl *Jakom*¹⁰/*Vock* § 23 Rz 121 ff), sind hier die Gesellschafter der Mitunternehmerschaft für Zwecke der direkten Steuern Rechtsnachfolger (vgl UmgrStR Rz 429 – s Rz 227). 37

Rechtsnachfolger ist der wirtschaftliche Eigentümer der Beteiligung, die ihm zum Hauptgesellschafter macht. Weicht daher das rechtliche vom **wirtschaftlichen Eigentum** (vgl dazu *Ritz*, BAO⁴ § 24 Rz 1 ff) **an den Gesellschaftsanteilen** (zB bei Treuhandschaftsvereinbarungen) ab, tritt der wirtschaftliche Eigentümer als Gesamtrechtsnachfolger ein (UmgrStR Rz 422; *Keppert/Waitz-Ramsauer* in *W/H/M*, HdU II⁸ § 7 Rz 51). So verhindert auch eine nicht offengelegte Treuhandschaft nicht die Anwendung von Art II. Auch ändert abweichendes wirt- 38 schaftliches Eigentum idR nichts am steuerlichen Vorliegen einer **verschmelzenden Umwandlung**.

39 Hält der Hauptgesellschafter nur das zivilrechtliche Eigentum an mind 90 % der Anteile und stehen die Anteile im **wirtschaftlichen Eigentum** von **mehreren Personen**, bleibt es aus gesellschaftsrechtlicher Sicht bei einer verschmelzenden Umwandlung. Aus **(ertrag)steuerlicher Sicht** liegt im **Effekt** eine **errichtende Umwandlung** vor (vgl auch Rz 65). Genauso kann aus steuerlicher Sicht eine errichtende Umwandlung vorliegen, wenn gesellschaftsrechtlich eine verschmelzende Umwandlung vorliegt, am Inhaber des **übernehmenden Unternehmens** jedoch eine **atypisch stille Beteiligung** besteht. Da steuerlich eine Mitunternehmerschaft besteht, liegt aus steuerlicher Sicht eine errichtende Umwandlung mit den Mitunternehmern als Rechtsnachfolgern vor (vgl auch *Keppert/Waitz-Ramsauer* in *W/H/M*, HdU II^8 § 7 Rz 58). Besteht an der umwandelnden Gesellschaft ein **sozietäres Genussrecht** und bleibt dieses auch über die Umwandlung hinaus bestehen, entsteht dadurch eine **Mitunternehmerschaft** (vgl auch zur Qualifikation des sozietären Genussrechtskapital als Eigenkapital der Mitunternehmerschaft *Schwarzinger/Wiesner* I/1^3 891). Die Mitunternehmerschaft entsteht nach *Wiesner/Schwarzinger* ex lege, ohne dass ein Zusammenschluss nach Art VI vorliegt (*Wiesner/Schwarzinger*, UmS 128/27/02, SWK 2002, 1047).

40 Umgekehrt kann bei Vereinigung des **wirtschaftlichen Eigentums** an allen **Anteilen in einer Hand** und **mehreren zivilrechtlichen Eigentümern** die gesellschaftsrechtliche Rechtsfigur der errichtenden Umwandlung aus **(ertrag)steuerlicher Sicht** eine **verschmelzende Umwandlung** darstellen (vgl *Schwarzinger/Wiesner* I/1^3 701, 919; s weiters Rz 64 ff).

41 Die (rechtzeitige) Anmeldung beim Firmenbuch ist auch für steuerrechtliche Zwecke eine Anwendungsvoraussetzung. Aus der gesellschaftsrechtlichen Regelung (vgl Rz 34) ergibt sich die Möglichkeit einer **Rückwirkung** von maximal **neun Monaten** (vgl UmgrStR Rz 447). Die daneben vorgesehene verpflichtende Meldung bei der FV ist weiterhin (vgl auch die nicht umgesetzte Änderung durch den BE zum AbgÄG 2012) eine reine Ordnungsnorm (vgl § 43 Rz 5). Der Verstoß gegen die Meldepflicht beim Finanzamt führt nicht zur Nichtanwendbarkeit von Art II, sondern stellt lediglich eine Ordnungswidrigkeit dar (vgl auch UmgrStR Rz 469).

B. Errichtende Umwandlung

1. Gesellschaftsrechtlicher Rahmen

46 Neben der verschmelzenden Umwandlung ist auch eine errichtende Umwandlung möglich. Gem § 5 Abs 1 UmwG kann die **Haupt-/Generalversammlung** einer AG/GmbH die errichtende Umwandlung **beschließen**. Wird eine errichtende Umwandlung beschlossen, führt dies zur Errichtung einer Personengesellschaft (OG, KG oder EWIV – vgl auch UFS 6.5.2010, RV/1160-L/08; s weiters *Schwarzinger/Wiesner* I/1^3 659) bei gleichzeitigem Übertragung des gesamten Vermögens der Kapitalgesellschaft auf die Personengesellschaft. Bei der errichtenden Umwandlung wird iRd Umwandlung somit eine **Personengesellschaft errichtet** (vgl *Zöchling/Paterno* in *W/Z/H/K*^{5} § 7 Rz 14; *Hügel* in *H/M/H* § 7 Rz 20). Eine gleichzeitige errichtende Umwandlung mehrerer Kapitalgesellschaften auf dieselbe Personengesellschaft ist gesellschaftsrechtlich nicht möglich (*Schwarzinger/Wiesner* I/1^3 659).

Das UmwG erlaubt nur die Umwandlung unter Beteiligung gewisser Gesellschafts- 47
formen. Die **übertragende Körperschaft** muss eine **österreichische Kapitalgesellschaft** sein (vgl *Hügel* in H/M/H § 7 Rz 22; *Walter*[11] Rz 204a). Als übertragende Rechtsträger kommen daher nur **GmbH, AG** und **SE** in Betracht (UmgrStR Rz 418; *Hügel* in H/M/H § 7 Rz 22). Andere Körperschaften (oder andere Rechtsträger) können nicht übertragende Rechtsträger iSd UmwG sein.

Genauso bestehen Beschränkungen bei den möglichen Rechtsträgern, die als **über- 48 nehmende Gesellschaften** in Frage kommen. Übernehmende Gesellschaften können nur **österreichische** (vgl *Walter*[11] Rz 204a) eingetragene **Personengesellschaften** (gem UGB) sein. Als übernehmende Rechtsträger kommen daher nur **OG** und **KG** (UmgrStR Rz 419) oder auch **EWIV** (*Walter*[11] Rz 200; *Kalss*[2] § 5 UmwG Rz 9; *Schwarzinger/Wiesner* I/1[3] 659) in Betracht. Andere zivilrechtliche Gesellschaftsformen wie insb die GesbR (vgl *Kalss*[2] § 5 UmwG Rz 9; *Hügel* in H/M/H § 7 Rz 23) kommen nicht, Personengesellschaften mit Sitz im Ausland nur in Ausnahmefällen (*Hafner/Heinrich* in Achatz ua, IntUmgr 72) als übernehmende Gesellschaft einer Umwandlung iSd UmwG in Betracht (nach *Schwarzinger/Wiesner* I/1[3] 659 sind errichtende Umwandlungen auf ausländische Personengesellschaften gänzlich ausgeschlossen). Ebenso wenig kommen stille Gesellschaften (als reine Innengesellschaften) als übernehmende Rechtsträger in Betracht, selbst wenn die stille Gesellschaft als steuerliche Mitunternehmerschaft (atypisch stille Gesellschaft – s dazu Jakom[10]/*Vock* § 23 Rz 157 ff) ausgestaltet ist.

Wird eine Kapitalgesellschaft in eine KG (nicht nur bei Quasi-Kapitalgesellschaften 49
– vgl *Kalss*[2] § 5 UmwG Rz 19) umgewandelt, ist aus Gläubigerschutzüberlegungen der **Grundsatz der Kapitalerhaltung** zu beachten. Die **Hafteinlagen** der Kommanditisten nach Umwandlung haben daher **mindestens** den (entsprechenden Teil der) **Stammeinlagen** zu entsprechen (vgl OGH 7.11.2007, 6 Ob 235/07p; s *Keppert/Waitz-Ramsauer* in W/H/M, HdU II[8] § 7 Rz 11; *Walter*[11] Rz 204; *Kalss*[2] § 5 UmwG Rz 19, 110 ff; *Umlauft*, ecolex 2002, 178 ff; *Schwarzinger/Wiesner* I/1[3] 659; krit *Wenger*, RWZ 2008/33, 106). Um die **persönliche Haftung** der Kommanditisten zu vermeiden, ist dabei darauf zu achten, dass den Kapitalaufbringungsvorschriften in der Kapitalgesellschaft entsprochen wurde. Eine weitere Differenzhaftung iRd Umwandlung (Pflicht zur Aufbringung durch das iRd Umwandlung übergehende Vermögen) scheint unbillig (*Egermann/Winkler*, RdW 2002/338, 325 ff). Ob die Hafteinlagen auch den gebundenen Rücklagen entsprechen müssen, ist strittig (*Nowotny* in Bertl ua, Sonderbilanzen 81 f mwN). Einlagen unbeschränkt haftender Rechtsnachfolger sind davon nicht erfasst (*Keppert/Waitz-Ramsauer* in W/H/M, HdU II[8] § 7 Rz 11).

Die **Zustimmungserfordernisse** hängen von der Verteilung der Anteile ab. Es gel- 50 ten folgende Varianten von Zustimmungserfordernissen (vgl auch *Schwarzinger/Wiesner* I/1[3] 663):

- Hält ein **Hauptgesellschafter** (oder eine Hauptgesellschaftergruppe – vgl *Kalss*[2] § 5 GesAusG Rz 17) mind 90 % der Anteile, besteht ein **Zustimmungserfordernis** von **90 %** (vgl *Zöchling/Paterno* in W/Z/H/K[5] § 7 Rz 16). Als Hauptgesellschaftergruppe gilt aufgrund des Verweises auf § 1 Abs 3 GesAusG ein Hauptgesellschafter gemeinsam mit Unternehmen, die mit ihm gem § 228 Abs 3 UGB verbunden sind (vgl *Kalss*[2] § 5 UmwG Rz 91). Als verbundene Unternehmen gelten daher jene Unternehmen, die mittels Vollkonsolidierung in denselben Konzernabschluss des obersten Mutterunternehmens (auch wenn dieses seinen Sitz im Ausland hat) einzubeziehen sind (vgl *Janschek* in *Hirschler*, Bilanzrecht § 228 Rz 38 ff mwN). Die Verbindung muss dauerhaft während eines Jahres vor dem Beschluss der Umwandlung bestehen, um eine Zurechnung der Anteile zum Hauptgesellschafter zu erlauben (*Kalss*[2] § 5 UmwG Rz 91, § 1 GesAusG Rz 23). Liegt ein solcher Hauptgesellschafter (eine Hauptgesellschaftergruppe) vor, genügt de facto die Zustimmung des Hauptgesellschafters. Minderheitsgesellschafter können gegen ihren Willen ausgeschlossen werden („**Squeeze-out**" – vgl *Walter*[11] Rz 201). Jedoch kann der Gesellschaftsvertrag höhere Zustimmungserfordernisse vorsehen (*Korntner*, FJ 2009, 134).

51 • Hält **kein Hauptgesellschafter**/keine Hauptgesellschaftergruppe eine Mehrheit von 90 %, bedarf der Umwandlungsbeschluss der **Einstimmigkeit** (vgl *Zöchling/Paterno* in *W/Z/H/K*[5] § 7 Rz 16; *Kalss*[2] § 5 UmwG Rz 81). Ein Squeeze-out von Minderheitsgesellschaftern gegen ihren Willen ist daher nicht möglich. Jedoch können Gesellschafter (bis zu 10 % – vgl dazu Rz 53) nach Zustimmung zur Umwandlung in deren Rahmen ausscheiden (vgl *Schwarzinger/Wiesner* I/1[3] 663).

52 Zur Berechnung sind nicht die **Quoten** in der beschlussfassenden Hauptversammlung/Generalversammlung maßgeblich. Stattdessen ist auf die Grundgesamtheit **aller Anteile** abzustellen. Maßgeblich ist der Anteil am **Grund-/Stammkapital** (nicht an den Stimmrechten). Dadurch sind auch in der Hauptversammlung/Generalversammlung nicht vertretene Anteile zu berücksichtigen. Weiters sind auch **stimmrechtslose Vorzugsaktien** entsprechend ihrem Anteil am Kapital zu berücksichtigen (*Kalss*[2] § 5 UmwG Rz 90 f). Da auf das Nennkapital abzustellen ist, sind Anteile am **Surrogatkapital** (wie zB Genussrechte), denen kein Anteil am Nennkapital zukommt, nicht zu berücksichtigen. Auch mangels einer expliziten Regelung werden eigene Anteile analog zu § 2 Abs 1 UmwG den Gesellschaftern entsprechend dem Beteiligungsverhältnis aliquot zuzurechnen sein.

52a Auch wenn ein Beschluss der Hauptversammlung/Generalversammlung nötig ist, ist die **Zustimmung auch außerhalb der Hauptversammlung/Generalversammlung** möglich. Soll der Umwandlung außerhalb der Hauptversammlung/Generalversammlung zugestimmt werden, muss die Zustimmung schriftlich erfolgen und gerichtlich oder notariell beglaubigt unterfertigt sein (vgl auch *Schwarzinger/Wiesner* I/1[3] 663). Eine solche Zustimmung muss innerhalb von drei Monaten ab Beschlussfassung in der Hauptversammlung/Generalversammlung erfolgen. Dadurch ist die Zustimmung durch nicht in der Hauptversammlung/Generalversammlung vertretene Anteilsinhaber möglich. Und auch Gesellschafter, die in der Hauptversammlung/Generalversammlung gegen die Umwandlung gestimmt haben, können ihre Meinung durch nachträgliche schriftliche Zustimmung revidieren (*Kalss*[2] § 5 UmwG Rz 92).

53 Wird die Kapitalgesellschaft errichtend auf eine Personengesellschaft umgewandelt, muss **weitgehende Gesellschafteridentität** zwischen übertragender Kapitalgesellschaft und übernehmender Personengesellschaft bestehen. Gesellschafter, die zu mindestens neun Zehntel des Nennkapitals (irrelevant ist – wie bei der verschmelzenden Umwandlung – das Ausmaß der Stimmrechte; *Kalss*[2] § 5 UmwG Rz 13) an der umwandelnden Gesellschaft beteiligt sind, müssen auch am Nachfolgerechtsträger (zu mindestens neun Zehntel) beteiligt sein. Lediglich ein **Abweichen** der Anteile im Ausmaß von **10 %** des Grundkapitals/Stammkapitals der übertragenden Gesellschaft ist **möglich** (vgl auch *Zöchling/Paterno* in *W/Z/H/K*[5] § 7

Rz 15 mwN). Es kann somit im Ausmaß von max 10 % zu folgenden Vorgängen kommen (vgl auch *Walter*[11] Rz 200a; weiters *Keppert/Waitz-Ramsauer* in W/H/M, HdU II[8] § 7 Rz 10; *Schwarzinger/Wiesner* I/1[3] 663):

- **Eintritt** eines **Arbeitsgesellschafters** (mit und ohne Anteilsverschiebungen, Austritt alter und Eintritt neuer Gesellschafter; vgl auch *Wiesner/Schwarzinger*, UmS 119/22/02, SWK 2002, 853; *Zöchling/Paterno* in W/Z/H/K[5] § 7 Rz 15),
- **Eintritt** neuer Gesellschafter (vgl auch *Zöchling/Paterno* in W/Z/H/K[5] § 7 Rz 15; ein entsprechender Austritt von Altgesellschaftern ist nach *Kalss* nicht nötig – *Kalss*[2] § 5 UmwG Rz 16), oder
- Austritt oder Verwässerung von Altgesellschaftern mit **teilweisem oder gänzlichem Aufgriff durch alte und teilweisem Aufgriff durch neue Gesellschafter**.

Auch eine **Anteilsverschiebung innerhalb** der 90 % der **Altgesellschafter** ist seit dem ÜbRÄG 2006 möglich (*Wiesner/Schwarzinger*, UmS 188/11/12, SWK 2012, 599; *Schwarzinger/Wiesner* I/1[3] 663; *Zöchling/Paterno* in W/Z/H/K[5] § 7 Rz 15). Dies ist mit oder ohne Austritt einzelner Gesellschafter möglich (*Kalss*[2] § 5 UmwG Rz 15; *Briem* in FS Ruppe 88). IRd gesellschaftsrechtlichen Möglichkeiten sind diese Verschiebungen auch steuerlich maßgeblich (vgl BMF 14.9.1995, SWK 1995, 668 zur Frage der Möglichkeit des Eintritts des Komplementärs). 53a

Ausscheidenden Altgesellschaftern steht eine **Barabfindung** zu. Die Barabfindung muss **angemessen** sein (vgl § 11 Rz 11 zur Besteuerung der Abfindung; s auch *Walter*[11] Rz 200a). Erfolgt eine Barabfindung in nicht angemessener Höhe, liegt eine Äquivalenzverletzung vor (vgl § 11 Rz 17), die jedoch die Anwendbarkeit von Art II nicht gefährdet (vgl auch *Keppert/Waitz-Ramsauer* in W/H/M, HdU II[8] § 7 Rz 42). 54

Umwandlungen sind beim **Firmenbuch anzumelden**. § 5 Abs 5 iVm § 2 Abs 3 UmwG iVm § 220 AktG führt dazu, dass der **Stichtag maximal neun Monate vor** der **Anmeldung** der Umwandlung **zum Firmenbuch** liegen darf (vgl auch *Schwarzinger/Wiesner* I/1[3] 665 ff; weiterführend zur Fristberechnung *Zwick*, ÖStZ 2017, 255 ff). Ebenfalls binnen neun Monaten hat die Anzeige beim Finanzamt zu erfolgen. Die Finanzamtsmeldung stellt jedoch keine Anwendungsvoraussetzung, sondern nur eine **Ordnungsnorm** dar (UmgrStR Rz 469). 55

Gem § 5 Abs 5 UmwG entsteht die Personengesellschaft mit **Eintragung** (der Umwandlung und damit der Personengesellschaft) **ins Firmenbuch**. Gleichzeitig erlischt die Kapitalgesellschaft und die **Umwandlung** wird **wirksam**. 56

Die Umwandlung erfolgt unter zivilrechtlicher **Gesamtrechtsnachfolge** (§ 1 UmwG). Die Personengesellschaft tritt in alle Rechtspositionen der übertragenden Kapitalgesellschaft ein. 57

2. Eintritt in die steuerrechtlichen Rechte

Bei einer errichtenden Umwandlung gehen die Rechtspositionen mittels zivilrechtlicher **Gesamtrechtsnachfolge** von der übertragenden Kapitalgesellschaft auf die Personengesellschaft über. Diese Gesamtrechtsnachfolge gilt gem § 19 BAO auch für steuerliche Zwecke. Dh die Rechtsnachfolger treten in alle Rechtspositionen des Rechtsvorgängers ein (vgl auch *Schwarzinger/Wiesner* I/1[3] 681). Ausnahmen bestehen allenfalls für höchstpersönliche Rechte (vgl *Ritz*, BAO[4] § 19 Rz 4). 61

Für Zwecke der **direkten Steuern** treten – aufgrund der Transparenz – die **Gesellschafter** der Mitunternehmerschaft (aufgrund des Betriebserfordernisses entsteht 62 immer eine Mitunternehmerschaft – *Zöchling/Paterno* in W/Z/H/K⁵ § 7 Rz 17) in die Stellung der übertragenden Kapitalgesellschaft (vgl dazu Rz 227). Rechtsnachfolger können daher alle (nichttransparenten) Rechtsträger, wie natürliche und juristische Personen, die Körperschaftsteuersubjekt sein können (vgl dazu *Hohenwarter-Mayr* in L/R/S/S² § 1 Rz 23 ff), sein (UmgrStR Rz 421). Ist eine steuerlich transparente Gesellschaft Gesellschafter (doppelstöckige Mitunternehmerschaft), ist wiederum auf die Gesellschafterebene durchzublicken, bis ein Einkommen- oder Körperschaftsteuersubjekt als Rechtsnachfolger vorliegt.

63 Rechtsnachfolger ist der wirtschaftliche Eigentümer der Beteiligung. Weicht daher das rechtliche vom **wirtschaftlichen Eigentum** (vgl dazu *Ritz*, BAO⁴ § 24 Rz 1 ff) **an den Gesellschaftsanteilen** (zB bei Treuhandschaftsvereinbarungen) ab, tritt der wirtschaftliche Eigentümer als Gesamtrechtsnachfolger ein (UmgrStR Rz 422; vgl auch *Keppert/Waitz-Ramsauer* in W/H/M, HdU II⁸ § 7 Rz 51). So verhindert auch eine nicht offengelegte Treuhandschaft nicht die Anwendung von Art II. Auch ändert abweichendes wirtschaftliches Eigentum idR nichts am steuerlichen Vorliegen einer **errichtenden Umwandlung**.

64 Anderes liegt nur dann vor, wenn das **wirtschaftliche Eigentum aller Anteile in einer Hand** vereinigt wird, jedoch das zivilrechtliche Eigentum an den Anteilen auf mehrere Personen verteilt ist. Gesellschaftsrechtlich liegt auch in diesem Fall (aufgrund mehrerer zivilrechtlicher Gesellschafter) eine errichtende Umwandlung vor. Die **wirtschaftliche Betrachtung** des Steuerrechts führt dazu, dass es sich (aus ertragsteuerlicher Sicht) um eine **verschmelzende Umwandlung** handelt (vgl auch *Schwarzinger/Wiesner* I/1³ 677).

65 Umgekehrt kann bei Vereinigung des zivilrechtlichen Eigentums an allen Anteilen in einer Hand und **mehreren wirtschaftlichen Eigentümern** die gesellschaftsrechtliche Rechtsfigur der verschmelzenden Umwandlung aus steuerlicher Sicht eine errichtende Umwandlung darstellen.

66 Die (rechtzeitige) Anmeldung beim Firmenbuch ist auch für steuerrechtliche Zwecke Anwendungsvoraussetzung. Die gesellschaftsrechtliche Grundlage (vgl Rz 55) eröffnet die Möglichkeit einer bis zu **neunmonatigen Rückwirkung**. Die daneben vorgesehene verpflichtende Meldung bei der FV (auch nach dem AbgÄG 2012) eine reine Ordnungsnorm (vgl § 43 Rz 5) und keine Anwendungsvoraussetzung.

67 Bei **Änderungen der Gesellschafterquoten** ist für steuerliche Zwecke wie folgt zu differenzieren (vgl *Walter*¹¹ Rz 200a):
- Treten iRd Umwandlung **neue Gesellschafter** (als reine Arbeitsgesellschafter oder als Minderheitsgesellschafter gegen Abfindung ausscheidender Gesellschafter bis max 10 %) bei, erfolgt dies **umwandlungsbedingt**. Es liegt daher nur eine Umgründung (**Umwandlung**) und kein zusätzlicher Zusammenschluss (vgl dazu § 23 Rz 1 ff) vor. Ein Umgründungsplan (vgl § 39 Rz 11 ff) ist daher nicht nötig. Dasselbe hat mE auch für **Quotenverschiebungen zwischen Gesellschaftern** zu gelten, wenn die Übertragung iRd Umwandlung zwischen den Gesellschaftern durch Abfindung auf Gesellschafterebene erfolgt (vgl Rz 53 zur gesellschaftsrechtlichen Zulässigkeit; § 11 Rz 11 ff zur Versteuerung der ausscheidenden oder verwässerten Gesellschafter).

68
- Erfolgt eine **Quotenverschiebung** zwischen den Altgesellschaftern, liegt dann (neben der Umwandlung auch) ein **Zusammenschluss** vor, wenn die Quoten-

verschiebungen aufgrund von **Einlagen in das Vermögen der Personengesellschaft** (somit nicht iRd Umwandlung selbst) erfolgen (UmgrStR Rz 1301). Es ist ein **Umgründungsplan** (vgl dazu § 39 Rz 11 ff) nötig, um beide Umgründungen zum selben Stichtag durchführen zu können.

III. Ausländische Umwandlungen
A. Anwendbarkeit von Art II

Die Anwendbarkeit von Art II ist nicht auf inländische Umwandlungen beschränkt. Die **Rechtsfolgen** (vgl Rz 231 ff) **greifen auch für ausländische Umwandlungen** im Ausland (vgl auch *Zöchling/Paterno* in W/Z/H/K^5 § 7 Rz 41; *Schwarzinger/Wiesner* I/1^3 697). Voraussetzung ist, dass die ausländische Umwandlung mit österreichischen Umwandlungen vergleichbar ist (vgl Rz 81 ff). 71

Ist die ausländische Umwandlung mit inländischen Umwandlungen vergleichbar, greifen die Rechtsfolgen von Art II auf allen betroffenen Besteuerungsebenen (vgl UmgrStR Rz 433). Damit fällt zum einen **Vermögen der umwandelnden Gesellschaft**, das der österreichischen Besteuerungshoheit unterliegt, unter Art II (vgl *Zöchling/Paterno* in W/Z/H/K^5 § 7 Rz 41). Dabei kann es sich insb um österreichische Betriebsstätten, allerdings auch um anderes österreichisches Vermögen, das gem § 98 EStG der beschränkten Steuerpflicht unterliegt und für das das Besteuerungsrecht auch durch kein DBA eingeschränkt wird, handeln. Zum anderen ist Art II auch auf **Gesellschafter der umwandelnden Gesellschaft** (vgl auch ErlRV AbgÄG 1996, 497 BlgNR 20. GP, 25) anzuwenden, soweit diese der Besteuerung in Österreich unterliegen. 72

Die Verwaltungspraxis (UmgrStR Rz 433) geht davon aus, dass auf Anteilsinhaberebene Art II bei ausländischen Umwandlungen nur bei **ansässigen Gesellschaftern** greift. Die Einschränkung scheint jedoch aus § 7 Abs 1 Z 3 nicht ableitbar zu sein. Vielmehr sollte Art II wohl auf alle Gesellschafter anwendbar sein, soweit diese mit der Umwandlung der österreichischen Besteuerung unterliegen. Dies kann jedoch nicht nur bei ansässigen Gesellschaftern, sondern auch bei nicht ansässigen Gesellschaftern zB dann der Fall sein, wenn die Beteiligung an der umzuwandelnden Gesellschaft in einer österreichischen Betriebsstätte gehalten wird. 73

Aufgrund des ausländischen Umwandlungen inhärenten Auslandsbezugs stellt sich hier in vielen Fällen das Problem einer möglichen **Einschränkung des österreichischen Besteuerungsrechts** (so auch *Keppert/Waitz-Ramsauer* in W/H/M, HdU II^8 § 7 Rz 14). Wird das Besteuerungsrecht an Wertsteigerungen (stille Reserven inkl Firmenwert) durch die Umwandlung (teilweise) eingeschränkt (vgl Rz 161 ff), ist Art II insoweit nicht anzuwenden (vgl Rz 196 ff). 74

Von *Wiesner/Mayr* wurde vertreten, dass Art II bei Auslandsumwandlungen nicht anwendbar sein sollte, wenn die **Beteiligung an** der ausländischen **übertragenden Gesellschaft steuerbefreit** ist (*Wiesner/Mayr*, RdW 2007, 496). Dies ist jedoch mE mangels entsprechender gesetzlicher Regelung oder systematischer Notwendigkeit abzulehnen (so auch *Keppert/Waitz-Ramsauer* in W/H/M, HdU II^8 § 7 Rz 15). Da Art II seinen Anwendungsbereich auch auf Ebene des übertragenen Vermögens entfaltet, ist die Anwendung von Art II auf ausländische Umwandlungen auch bei Steuerbefreiung der Anteile nötig, um eine Liquidationsbesteuerung in Bezug auf in Österreich steuerhängiges Vermögen der übertragenden Gesellschaft zu unterdrücken. 75

B. Vergleichbarkeit der ausländischen Umwandlung
1. Allgemeines zur Vergleichbarkeit

81 Voraussetzung der Anwendbarkeit von Art II auf ausländische Umwandlungen ist die Vergleichbarkeit in zwei Bereichen (vgl auch *Schwarzinger/Wiesner* I/1³ 673; *Zöchling/Paterno* in W/Z/H/K⁵ § 7 Rz 40): Zum einen muss die ausländische **umwandelnde Körperschaft** nach dem Typenvergleich (vgl *Damböck*, SWI 2001, 10; s zum Typenvergleich *Hohenwarter-Mayr* in L/R/S/S² § 1 Rz 65 ff) mit einer österreichischen Körperschaft (nach hA besteht die Notwendigkeit der Vergleichbarkeit mit einer österreichischen Kapitalgesellschaft – vgl UmgrStR Rz 438 f; s auch *Keppert/Waitz-Ramsauer* in W/H/M, HdU II⁸ § 7 Rz 13 – aA jedoch *Hügel* in H/M/H § 7 Rz 57, der nur fordert, dass eine ausländische *Körperschaft* vorliegt) vergleichbar sein (*Zöchling/Paterno* in W/Z/H/K⁵ § 7 Rz 40; *Hügel* in H/M/H § 7 Rz 57). Weiters ist eine Vergleichbarkeit der **ausländischen Umwandlung** gefordert (vgl UmgrStR Rz 433; *Keppert/Waitz-Ramsauer* in W/H/M, HdU II⁸ § 7 Rz 12). Die für die **Vergleichbarkeit** nötigen **Kriterien** legt das UmgrStG jedoch nicht fest. Bei der Vergleichbarkeitsprüfung ist – wie im Steuerrecht allgemein üblich – auf die Vergleichbarkeit der ausländischen gesellschaftsrechtlichen Umwandlung mit (einer übertragenden Umwandlung nach) dem österreichischen UmwG abzustellen (UmgrStR Rz 443; vgl auch *Damböck*, SWI 2001, 9). Das ausländische Steuerrecht ist irrelevant. Eine ausländische Umwandlung kann selbst dann unter Art II fallen, wenn sie nach dem ausländischen Gesellschaftsrecht als formwechselnde Umwandlung (ohne Übertragung des Vermögens) ausgestaltet ist (*Zöchling/Paterno* in W/Z/H/K⁵ § 7 Rz 29 mwN; zum gleichen Ergebnis kommend auch *Damböck*, SWI 2001, 9).

82 Um den Anwendungsbereich von § 7 Abs 1 Z 3 nicht der Zielsetzung widersprechend einzuengen, stellt *Damböck* zutr fest, dass an die Vergleichbarkeit nicht zu strenge Maßstäbe anzulegen sind (*Damböck*, SWI 2001, 9). Für eine Vergleichbarkeit mit einer der beiden Umwandlungsformen ist jedenfalls erforderlich, dass das **Vermögen** der Körperschaft aufgrund entsprechender **gesellschaftsrechtlicher Grundlage** auf den **Hauptgesellschafter** (verschmelzende Umwandlung)/eine **Personengesellschaft** (errichtende Umwandlung oder uU verschmelzende Umwandlung) **übergeht**. Der Übergang (und damit verbunden der Untergang der übertragenden Gesellschaft) hat aufgrund der gesellschaftsrechtlichen Regelung **ohne Liquidation** der übertragenden Gesellschaft zu erfolgen (vgl UmgrStR Rz 435; *Keppert/Waitz-Ramsauer* in W/H/M, HdU II⁸ § 7 Rz 12; *Zöchling/Paterno* in W/Z/H/K⁵ § 7 Rz 40; *Hügel* in H/M/H § 7 Rz 57; *Damböck*, SWI 2001, 10; *Mühlehner*, SWI 2003, 457). IRd Umwandlung darf ein **Ausscheiden von Minderheitsgesellschaftern** im Umfang von max 10 % erlaubt sein und diesen muss ein Abfindungsanspruch zukommen (*Keppert/Waitz-Ramsauer* in W/H/M, HdU II⁸ § 7 Rz 12).

82a Nach *Huber* soll bei **errichtenden Umwandlungen** der **übernehmende Rechtsträger** eine **Mitunternehmerschaft** darstellen und **nicht** einer **Personengesellschaft vergleichbar sein müssen** (*Huber*, ÖStZ 2006/261, 143). Da aufgrund des Betriebserfordernisses idR ein Betrieb übergehen muss (vgl Rz 156 f), wird bei Vorliegen einer Personengesellschaft idR auch eine Mitunternehmerschaft gegeben sein. Aufgrund der Maßgeblichkeit des (ausländischen) Gesellschaftsrechts ist jedoch mE die Vergleichbarkeit des Rechtsträgers mit einer Personengesellschaft (gesellschaftsrechtliche und nicht steuerrechtliche Qualifikation) gefordert. Anderes kann allenfalls vorliegen, wenn eine Transaktion aus gesellschaftsrechtlicher Sicht eine verschmelzende Umwandlung, aus steuerlicher Sicht jedoch mit einer errichtenden Umwandlung darstellt (vgl dazu Rz 40 mwN).

Im Gegensatz zu § 1 fordert § 7 nicht, dass die Umgründung *aufgrund vergleichbarer Vorschriften* (vgl dazu § 1 Rz 64 ff) durchgeführt wird, sondern dass eine *vergleichbare Umwandlung* vorliegt. Folglich muss wohl nicht das ausländische Umwandlungsrecht in Summe, sondern die **konkrete Umwandlung vergleichbar** sein (vgl auch UmgrStR Rz 435 idF WE 2017; s auch *Hafner/Heinrich* in *Achatz ua*, IntUmgr 76 f). Gibt das ausländische Recht zB mehr Gestaltungsmöglichkeiten, ist dies für die Vergleichbarkeit nicht schädlich, wenn die Umgründung im konkreten Fall so ausgestaltet ist, dass sie mit einer österreichischen Umwandlung vergleichbar ist (Hintergrund ist, dass dadurch der Abgrenzung zum Verkauf Genüge getan wird – vgl *Schlager*, RWZ 2017, 99). Nach *Hafner/Heinrich* sollen sich aus der Ausgestaltung der Umwandlung keine wesentlichen Unterschiede ergeben (*Hafner/ Heinrich* in *Achatz ua*, IntUmgr 77), damit die Vergleichbarkeit vorliegt. **83**

Die Übertragung nach der ausländischen Rechtsordnung muss dabei entweder einer **verschmelzenden oder** einer **errichtenden Umwandlung** vergleichbar sein. Es ist möglich, dass das ausländische Recht für beide Umwandlungsformen Entsprechungen vorsieht. Jedoch ist die Vergleichbarkeit der ausländischen Umwandlung auch dann gegeben, wenn das ausländische Recht nur eine Übertragungsform vorsieht, die mit einer dieser beiden Umwandlungsarten vergleichbar ist (UmgrStR Rz 435; *Keppert/Waitz/Ramsauer* in *W/H/M*, HdU II[8] § 7 Rz 13; *Zöchling/Paterno* in *W/Z/H/K*[5] § 7 Rz 40). **84**

2. Vergleichbarkeit verschmelzender Umwandlungen

Um mit den österreichischen Regeln über die verschmelzende Umwandlung vergleichbar zu sein, müssen die **ausländische Umwandlung** neben den allgemeinen Anforderungen an Umwandlungsregeln (vgl Rz 81 ff) noch weitere Anforderungen erfüllen. Die Kriterien, die Voraussetzungen für die Vergleichbarkeit mit verschmelzenden Umwandlungen darstellen, sind (UmgrStR Rz 437; vgl auch *Mühlehner*, SWI 2003, 457; *Schwarzinger/Wiesner* I/1[3] 1071): **85**

- Der **Hauptgesellschafter**, auf den umgewandelt wird, muss zu mindestens **90 %** an der übertragenden Gesellschaft beteiligt sein (vgl auch *Staringer* in *W/H/M*, HdU II[8] Q2 Rz 35).
- Ausscheidenden **Minderheitsgesellschaftern** muss ein durchsetzbarer Rechtsanspruch auf angemessene **Barabfindung** zustehen.

Daneben sieht die Verwaltungspraxis (UmgrStR Rz 437) auch noch die Voraussetzung vor, dass der **Hauptgesellschafter** der Umwandlung **zustimmt**. Dies wird wohl idR gegeben sein, da eine Umwandlung auf den Hauptgesellschafter mit 90 %-Beteiligung (selbst bei möglichen Beschränkungen des Stimmrechts) gegen dessen Willen wohl kaum beschlossen wird. **86**

3. Vergleichbarkeit errichtender Umwandlungen

Ausländische errichtende Umwandlungen müssen in ihrer Grundkonzeption den österreichischen **gesellschaftsrechtlichen Grundlagen** entsprechen (vgl dazu Rz 46 ff). Neben den allgemeinen Anforderungen an die Vergleichbarkeit der Um- **87** wandlung (vgl Rz 81 ff) muss die ausländische Umwandlung bei errichtenden Umwandlungen folglich auch die folgenden Anforderungen gerecht werden (vgl UmgrStR Rz 436; weiters *Hafner/Heinrich* in *Achatz ua*, IntUmgr 77; *Mühlehner*, SWI 2003, 457):

- Mind **90%ige Anteilsinhaberidentität** zwischen übertragender Kapitalgesellschaft und übernehmender Personengesellschaft (vgl zur inländischen Umwandlung Rz 53; auch *Damböck* geht davon aus, dass diese Identität vorliegen sollte, damit die Vergleichbarkeit zweifellos gegeben ist – *Damböck*, SWI 2001, 10;
- Vergleichbarkeit der **übernehmenden** Gesellschaft mit einer österreichischen **Personengesellschaft** (OG, KG oder EWIV – vgl zur inländischen Umwandlung Rz 48) nach dem Typenvergleich (s auch *Damböck*, SWI 2001, 10; vgl *Feith* zum Vorliegen einer Personengesellschaft, die im Anhang zur FRL genannt ist: *Feith*, SWI 2005, 534 ff) und ein
- rechtlich durchsetzbarer **Abfindungsanspruch** ausscheidender Minderheitsgesellschafter (vgl zur inländischen Umwandlung Rz 54).

88 Von der Verwaltungspraxis wird nicht gefordert, dass die im österreichischen Umwandlungsrecht vorgesehenen **Zustimmungserfordernisse** auch im Ausland vorliegen müssen. Es wird davon auszugehen sein, dass jene Anteilsinhaber, die an der übernehmenden Gesellschaft beteiligt sind, der Umwandlung zustimmen müssen. Die weitergehende Einstimmigkeit bei errichtenden Umwandlungen, bei denen kein Hauptgesellschafter/keine Hauptgesellschaftergruppe alleine 90 % der Anteile besitzt (vgl zur inländischen Umwandlung Rz 51), wird jedoch nicht gefordert.

88a Weiters fordert die FV richtigerweise keine bestimmte (neunmonatige) maximale **Rückwirkungsfrist**. Wie *Damböck* zutr dargestellt hat, würde dies eine nicht gerechtfertigte (unnötige und überschießende) Pönalisierung darstellen (*Damböck*, SWI 2001, 10). Stattdessen entfaltet die Umwandlung erst mit ihrer zivilrechtlichen Wirksamkeit auch für Zwecke des österreichischen Steuerrechts Wirkung. Dabei erfolgt der Übergang mE folgerichtig dann (rückwirkend) mit Ablauf des Stichtags, der nach ausländischem Recht relevant ist, auch wenn er zu einer Rückwirkung von mehr als neun Monaten führt. Das Heranziehen eines Ersatzstichtags, für den es keine vertragliche, gesellschaftsrechtliche Grundlage gibt und zu dem auch keine Bilanz vorliegt, nur für Zwecke des österreichischen Steuerrechts ist mE aufgrund der Maßgeblichkeit des Gesellschaftsrechts (vgl Rz 11 ff) abzulehnen.

4. Weitere Anforderungen des UmgrStG

89 Neben der Vergleichbarkeit des Umwandlungsrechts müssen auch ausländische Umwandlungen noch die in § 7 Abs 1 und Abs 2 vorgesehenen zusätzlichen **Anforderungen des österreichischen Steuerrechts** für Umwandlungen erfüllen, um in den Anwendungsbereich von Art II zu fallen (vgl auch *Keppert/Waitz-Ramsauer* in *W/H/M*, HdU II[8] § 7 Rz 14). Dies sind insb das Betriebserfordernis (vgl Rz 116 ff; s auch *Hafner/Heinrich* in *Achatz ua*, IntUmgr 78 f; aA allerdings *Keppert/Waitz-Ramsauer* in *W/H/M*, HdU II[8] § 7 Rz 14, die davon ausgehen, dass das Betriebserfordernis bei ausländischen Umwandlungen nicht erfüllt sein muss) und die Nichteinschränkung des österreichischen Besteuerungsrechts (vgl Rz 161 ff).

IV. Grenzüberschreitende Umwandlungen
A. Outbound-Umwandlungen

Unter Outbound- oder Exportumwandlungen sind grenzüberschreitende Umwandlungen zu verstehen, bei denen eine **österreichische Kapitalgesellschaft** auf einen **ausländischen Rechtsnachfolger** umgewandelt wird. Der Rechtsnachfolger ist somit ein nicht ansässiger Steuerpflichtiger. Da bei einer Outbound-Umwandlung die umzuwandelnde Gesellschaft eine österreichische ist, liegen Umwandlungen iSv § 7 Abs 1 Z 1 und Z 2 und keine vergleichbaren ausländischen Umwandlungen iSv § 7 Abs 1 Z 3 vor. 91

Unter Outbound-Umwandlungen fallen **verschmelzende Umwandlungen** auf einen **ausländischen Hauptgesellschafter**. Ist der ausländische Hauptgesellschafter eine Kapitalgesellschaft, entspricht dies im Effekt einer Outbound- oder Exportverschmelzung (vgl dazu § 1 Rz 119 ff). Bis zur Einführung der Möglichkeit der **grenzüberschreitenden** Verschmelzung mit dem EU-VerschG war die **verschmelzende Umwandlung** die einzige Möglichkeit, den Effekt einer grenzüberschreitenden Verschmelzung herbeizuführen. Mit dem EU-VerschG wurde die grenzüberschreitende Verschmelzung auf **EU-Kapitalgesellschaften** ermöglicht. Seither ist jedoch eine verschmelzende Umwandlung auf Kapitalgesellschaften, die übernehmende Gesellschaft einer grenzüberschreitenden Verschmelzung sein können, nicht mehr möglich (vgl auch Rz 28). Somit ist eine verschmelzende Umwandlung auf Körperschaften gem UmwG nur mehr auf **Drittstaatsgesellschaften** (und auf EU-Körperschaften, die keine EU-Kapitalgesellschaft iSd EU-VerschG sind) möglich. 92

Auch eine **errichtende Umwandlung** kann zu einer Outbound-Umwandlung führen. Da hier eine Analyse aus Sicht der Ertragsteuern angestellt wird, ist – für die Frage des Vorliegens einer grenzüberschreitenden Umwandlung – auf den Rechtsnachfolger für Ertragsteuern abzustellen (vgl auch UmgrStR Rz 441). Stehen daher hinter der **übernehmenden Personengesellschaft** einer errichtenden Umwandlung (ausländische) **beschränkt steuerpflichtige Gesellschafter**, liegt ebenfalls eine Outbound-Umwandlung vor. Dies ist auch bei errichtenden Umwandlungen auf österreichische Personengesellschaften möglich (vgl *Hafner/Heinrich* in *Achatz ua*, IntUmgr 78). Auf die Ansässigkeit der Personengesellschaft kommt es dabei nicht an. Dasselbe hat bei **verschmelzenden Umwandlungen auf** Hauptgesellschafter, die **Personengesellschaften** sind, zu gelten. 93

Als grenzüberschreitende Umwandlungen können Outbound-Umwandlungen zu einer **Beschränkung des Besteuerungsrechts** und den daraus resultierenden Konsequenzen (vgl Rz 196 ff) führen (vgl auch *Zöchling/Paterno* in W/Z/H/K[5] § 7 Rz 38). Insoweit nach der Umwandlung eine Betriebsstätte verbleibt, wird idR das österreichische Besteuerungsrecht bestehen bleiben. Das Besteuerungsrecht wird jedoch insoweit eingeschränkt, als **Wirtschaftsgüter** nach der Umwandlung **nicht** mehr der **österreichischen Betriebsstätte zugerechnet** werden. Außerdem kann auch das innerstaatliche Recht zu einer Änderung des Besteuerungsrechts führen. 94

Outbound-Umwandlungen können die **Besteuerungsmöglichkeiten** Österreichs jedoch auch **ausdehnen**. Zum einen kann durch eine Umwandlung mit einer (nicht ansässigen) **natürlichen Person** als Rechtsnachfolger der **anwendbare Steuersatz** (und damit die mögliche Steuerlast in Österreich) erhöht werden. Um hierdurch eine (ungerechtfertigte) erhöhte Besteuerung früher entstandener stiller Reserven 95 zu vermeiden, sind in § 9 Abs 1 Z 3 entsprechende Vorsorgen getroffen (vgl § 9 Rz 66 ff). Zum anderen wäre zB auch eine **Ausdehnung des Besteuerungsrechts** in Bezug auf Wirtschaftsgüter, bei denen vor der Umwandlung kein österreichisches Besteuerungsrecht besteht und die bei einer errichtenden Umwandlung zu Sonderbetriebsvermögen werden, möglich.

B. Inbound-Umwandlungen

101 Unter Inbound- oder Importumwandlungen werden Umwandlungen, bei denen eine **ausländische Kapitalgesellschaft** auf einen **in Österreich ansässigen Rechtsnachfolger** umgewandelt wird, verstanden. Da es sich um die Umwandlung einer ausländischen Kapitalgesellschaft handelt, sind die Grundlage der Umwandlung ausländische Rechtsvorschriften, die gem § 7 Abs 1 Z 3 zur Anwendung von Art II führen, wenn die ausländische Umwandlung vergleichbar (vgl Rz 81 ff) und andere Voraussetzungen gegeben sind.

102 Augenscheinlichster Fall der Inbound-Umwandlung ist die **verschmelzende Umwandlung** auf einen in Österreich **ansässigen Hauptgesellschafter** (UmgrStR Rz 442). Ist der Hauptgesellschafter eine Kapitalgesellschaft, wird damit im Effekt eine Inbound- oder Import-Verschmelzung erreicht (vgl dazu § 1 Rz 118). Wobei aufgrund der VerschRL innerhalb der EU idR eine grenzüberschreitende Verschmelzung möglich sein sollte. Im Verhältnis zu Drittstaaten kann jedoch die verschmelzende Umwandlung die gesellschaftsrechtliche Grundlage zur Erreichung des Effekts einer grenzüberschreitenden Verschmelzung sein (vgl dazu bereits Rz 28).

103 **Stellungnahme.** Neben dem von der FV angesprochenen Fall der verschmelzenden Umwandlung auf einen ansässigen Hauptgesellschafter scheinen noch **weitere Fallkonstellationen** möglich, bei denen es zur – aus Sicht der Ertragsteuern relevanten – Erweiterung des österreichischen Besteuerungsrechts kommt. Auch hier liegen entsprechende Fragestellungen wie bei **Inbound-Umwandlungen** vor. Und auch diese Fälle sind von Art II erfasst.

104 • **Verschmelzende Umwandlung** auf einen beschränkt Steuerpflichtigen, wenn der **Anteil** an der umwandelnden Kapitalgesellschaft **zum Betriebsvermögen einer österreichischen Betriebsstätte** (auch Mitunternehmerschaft) gehört. Durch die Umwandlung kann es zum **Zuordnen von Vermögen** der umgewandelten Kapitalgesellschaft **zur** (übernehmenden) **österreichischen Betriebsstätte** kommen. Zu einer Zuordnung zur österreichischen Betriebsstätte kann es aus mehreren Gründen kommen. So kann die verschmelzende Umwandlung dazu führen, dass einzelne Wirtschaftsgüter nicht mehr einer nach der verschmelzenden Umwandlung im Ansässigkeitsstaat der umgewandelten Kapitalgesellschaft verbleibenden Betriebsstätte (sondern somit uU der österreichischen Betriebsstätte) zugerechnet werden. Weiters besteht auch die Möglichkeit, dass mangels Verbleibens einer Betriebsstätte im Ansässigkeitsstaat (vgl zur Ausnahme vom Betriebserfordernis bei verschmelzenden Umwandlungen Rz 121 ff) der umgewandelten Kapitalgesellschaft das gesamte Vermögen an die österreichische Betriebsstätte übergeht.

105 • Daneben besteht bei **verschmelzenden Umwandlungen auf österreichische Betriebsstätten** auch die (theoretische) Frage, ob nach der Umwandlung eine **Subbetriebsstätte** verbleibt (vgl *Gassner/Hofbauer*, Beschränkte Steuerpflicht 83 ff, zum Konzept der Subbetriebsstätte). Mangels Ansässigkeit des Steuerpflichtigen ist auch das österreichische DBA mit dem Subbetriebsstättenstaat nicht anwendbar, wodurch es jedenfalls zu einer Erweiterung des Besteuerungsrechts kommt. Das Unionsrecht verlangt jedoch, dass bei Betriebsstätten von EU-Ansässigen die Effekte des DBA dennoch gewährt werden (EuGH 21.9.1999, C-307/97, *St Gobain*). Die Frage, ob auch Betriebsstättendiskriminierungsverbote in DBA mit dem Ansässigkeitsstaat des Steuerpflichtigen, dem die österreichische Betriebsstätte zuzurechnen ist, zu einem entsprechenden Ergebnis führen, ist derzeit nicht höchstgerichtlich entschieden, jedoch mE zu bejahen. Doch auch bei (fiktiver) Anwendung des DBA mit dem Subbetriebsstättenstaat führen zumindest DBA mit Anrechnungsmethode zur Erweiterung des Besteuerungsrechts (vgl § 9 Rz 43 zur Frage, ob auch bei Anwendung eines DBA mit Befreiungsmethode eine Erweiterung des Besteuerungsrechts vorliegt).

- Weiters können auch **errichtende Umwandlungen** zum Effekt einer Inbound-Umwandlung führen. Stehen **hinter der** (in- oder ausländischen – vgl dazu Rz 93) **Personengesellschaft österreichische Steuerpflichtige**, eine **österreichische Betriebsstätte** oder stellt die **Personengesellschaft eine österreichische Betriebsstätte** dar, kann es im Effekt zu einer für das Vorliegen einer Inbound-Umwandlung relevanten Erweiterung des österreichischen Besteuerungsrechts kommen. Da bei errichtenden Umwandlungen jedoch das Betriebserfordernis (vgl Rz 116 ff) ausnahmslos eine Voraussetzung für die Anwendung von Art II darstellt, wird idR eine Betriebsstätte nach Umwandlung der Kapitalgesellschaft zurückbleiben, weshalb es idR (wenn es sich nicht um einen österreichischen Betrieb handelt) nicht (wie in Rz 94 dargestellt) zu einer Zuordnung des gesamten Vermögens zum österreichischen Besteuerungsrecht kommen wird.

106

Da die Inbound-Umwandlung eine grenzüberschreitende Umwandlung darstellt, stellt sich wiederum besonders die Frage, ob es zu einer **Änderung des Umfangs des Besteuerungsrechts** kommt. In den oben dargestellten Fällen (Rz 102 ff) kann es zu einer **Erweiterung des Besteuerungsrechts** kommen, da Österreich das Besteuerungsrecht (an den stillen Reserven) für gewisse Vermögensgegenstände zuwächst (s auch *Zöchling/Paterno* in W/Z/H/K[5] § 7 Rz 35). Dies kann aufgrund der Zurechnung des Vermögens nach Österreich oder aufgrund der Besteuerungsmöglichkeit trotz Verbleibens im Ausland (bei Fehlen der Vermeidung der Doppelbesteuerung, bei Anwendung der Anrechnungsmethode) geschehen (vgl § 9 Rz 41 ff zur Bewertung bei Erweiterung des Besteuerungsrechts). Und auch bei Anwendbarkeit der Befreiungsmethode (gem DBA oder § 48 BAO) auf die ausländischen Einkünfte kann mE eine Erweiterung des Besteuerungsrechts argumentiert werden (vgl § 9 Rz 43).

107

Eine **Einschränkung des Besteuerungsrechts** am Vermögen der umzuwandelnden Gesellschaft scheint bei einer Inbound-Umwandlung nur in Ausnahmefällen vorzuliegen. Jedoch kann auch eine Inbound-Umwandlung zu einer Einschränkung des Besteuerungsrechts führen. Dies kann zB bei einer errichtenden Umwandlung der Fall sein, bei der Vermögen, für das Österreich zuvor das Besteuerungsrecht zustand, zu Sonderbetriebsvermögen einer ausländischen Personengesellschaft wird und somit – zumindest bei Anwendung der Befreiungsmethode – aus dem österreichischen Besteuerungsrecht ausscheidet. Kommt es durch die Umwandlung zu einer Beschränkung des Besteuerungsrechts, ist Art II insoweit

108

nicht anwendbar (vgl Rz 196 ff). Regelmäßig kann es aber zu einer Einschränkung des Besteuerungsrechts auf Gesellschafterebene kommen, wenn der Gesellschafter in Österreich ansässig ist. War die Beteiligung zuvor steuerhängig und ist das übernommene Vermögen (zB als ausländisches Betriebsstättenvermögen) anschließend in Österreich steuerbefreit, liegt insoweit eine Einschränkung des Besteuerungsrechts vor (vgl Rz 166 ff; s auch *Zöchling/Paterno* in *W/Z/H/K*^{5} § 7 Rz 36).

C. Grenzüberschreitende Umwandlungen im Ausland

111 Grenzüberschreitende Umwandlungen können auch dann vorliegen, wenn eine ausländische Kapitalgesellschaft auf einen Nachfolgerechtsträger umgewandelt wird, der in einem anderen Staat ansässig ist (vgl auch *Hafner/Heinrich* in *Achatz ua*, IntUmgr 78). Erfolgt eine Umwandlung auf eine **transparente Gesellschaft**, hinter der ein **österreichischer Mitunternehmer** steht, ist dieser aus Sicht des UmgrStG Rechtsnachfolger (vgl Rz 227). In der oben gewählten Definition liegt daher eine Inbound-Umwandlung (vgl Rz 107) vor. In anderen Fällen kann von grenzüberschreitenden Umwandlungen im Ausland auch in Österreich **steuerhängiges Vermögen** betroffen sein. In beiden Fällen ist Art II grundsätzlich anwendbar. Besonderes Augenmerk ist dabei darauf zu legen, dass es zu Änderungen im Umfang des österreichischen Steuerrechts kommen kann, die die dafür vorgesehenen Rechtsfolgen auslösen können (vgl Rz 161 ff bei Einschränkung des Besteuerungsrechts auf Ebene des übertragenen Vermögens, § 9 Rz 31 ff bei Einschränkung des Besteuerungsrechts in den Anteilen, § 9 Rz 41 ff bei Erweiterungen des Besteuerungsrechts).

V. Betriebserfordernis

A. Notwendigkeit des Vorliegens eines Betriebs

116 Bei Umwandlungen ist regelmäßig das **Bestehen und Übergehen** (BFG 29.11.2017, RV/2100234/2014) **eines Betriebs Voraussetzung** für die Anwendbarkeit von Art II (vgl auch VwGH 25.2.2004, 99/13/0147; VwGH 2.9.2009, 2008/15/0030; UFS 31.1.2004, RV/0308-F/02; UFS 26.4.2004, RV/1694- W/03; UFS 11.10.2007, RV/2138-W/07; UFS 3.3.2009, RV/1297-L/07; UFS 21.7.2010, RV/0426-F/08; BFG 19.8.2015, RV/7101225/2013; BFG 20.10.2015, RV/7103461/2009; BFG 29.11.2017, RV/2100234/2014; s BMF 14.6.1999, ARD 5042/10/99; weiters *Zöchling/Paterno* in *W/Z/H/K*^{5} § 7 Rz 7; das UmwG verlangt keinen Betrieb: *Hügel* in *H/M/H* § 7 Rz 9). § 7 Abs 1 TS 1 sieht bei **errichtenden Umwandlungen** ausnahmslos das Vorliegen eines Betriebs als Anwendungsvoraussetzung vor (vgl UmgrStR Rz 449; *Zöchling/Paterno* in *W/Z/H/K*^{5} § 7 Rz 42). Vermögensverwaltende Kapitalgesellschaften (zB reine Holdings, reine Liegenschafts- oder Kapitalvermögensbesitz- oder -verwaltungsgesellschaften) sind daher von der Durchführung einer errichtenden Umwandlung unter Anwendung von Art II ausgeschlossen (UmgrStR Rz 423).

117 Auch § 7 Abs 1 TS 2 sieht bei **verschmelzenden Umwandlungen** grundsätzlich das Betriebserfordernis als Anwendungsvoraussetzung vor (vgl UmgrStR Rz 450). Allerdings gibt es bei verschmelzenden Umwandlungen auch Ausnahmen von der Notwendigkeit des Vorliegens eines Betriebs (vgl Rz 121 ff). Liegt keine Ausnahme vom Betriebserfordernis (zB bei verschmelzenden Umwandlungen von reinen

Holdings auf natürliche Personen, Personengesellschaften und Nicht-§-7-Abs-3-KStG-Körperschaften oder Kapitalgesellschaften aus Drittstaaten [*Zöchling/Paterno* in *W/Z/H/K*[5] § 7 Rz 43]) vor, führt eine Umwandlung einer nicht betriebsführenden Kapitalgesellschaft nach dem UmwG zu einer Beurteilung nach allgemeinem Steuerrecht (vgl dazu Rz 241 ff).

B. Ausnahmen vom Betriebserfordernis

§ 7 Abs 1 Z 2 sieht bei verschmelzenden Umwandlungen zwei Ausnahmen vom Betriebserfordernis vor. Die übertragende Kapitalgesellschaft benötigt dann keinen Betrieb, wenn eine **verschmelzende Umwandlung** auf den Hauptgesellschafter (vgl *P Schwarzinger*, FJ 1997, 184; *Keppert/Waitz-Ramsauer* in *W/H/M*, HdU II[8] § 7 Rz 21; *Zöchling/Paterno* in *W/Z/H/K*[5] § 7 Rz 43; *Hügel* in *H/M/H* § 7 Rz 37 f; *Huber*, ÖStZ 2006/261, 143) durchgeführt wird und **Hauptgesellschafter** (vgl auch *Schwarzinger/Wiesner* I/1[3] 697) **121**

- eine §-7-**Abs-3-KStG-Körperschaft** ist (vgl dazu *Naux* in *L/R/S/S*[2] § 7 Rz 82 ff) oder
- eine in **Art-3-FRL-Körperschaft** ist (UmgrStR Rz 455).

Hintergrund für diese Befreiung vom Betriebserfordernis ist, dass durch diese verschmelzenden Umwandlungen im wirtschaftlichen Ergebnis derselbe Effekt wie bei einer Verschmelzung erreicht wird (vgl *Zöchling/Paterno* in *W/Z/H/K*[5] § 7 Rz 43). Bei Verschmelzungen besteht kein Betriebserfordernis (vgl § 1 Rz 3). Um die Anwendungsvoraussetzungen von Art II dort an Art I anzugleichen, wo beide Regelungen in wirtschaftlich vergleichbaren Transaktionen Anwendung finden, sind die Ausnahmen vom Betriebserfordernis eingeführt worden. Allerdings ist die Ausnahme enger gefasst als im Fall des vorbereitenden Anteilserwerbs in § 10 Z 1 lit c (vgl dazu § 10 Rz 46 ff). **122**

Seit dem **EU-VerschG** verbleibt den Ausnahmen vom Betriebserfordernis bei inländischen Umwandlungen nur ein sehr **eingeschränkter Anwendungsbereich**. Seither sind verschmelzende Umwandlungen auf EU- und EWR-Kapitalgesellschaften (inkl österreichische GmbH, AG und SE) nicht mehr möglich (vgl auch *Zöchling/Paterno* in *W/Z/H/K*[5] § 7 Rz 43; *Walter*[11] Rz 219). **123**

Vom **Betriebserfordernis befreit** sind somit verschmelzende Umwandlungen **auf österreichische Körperschaften**, die zwar unter § 7 Abs 3 KStG fallen (vgl dazu *Naux* in *L/R/S/S*[2] § 7 Rz 82 ff), allerdings **keine GmbH**, **AG** oder **SE** sind. Als übernehmende Körperschaften verbleiben daher insb Versicherungsvereine auf Gegenseitigkeit, Sparkassen, gewisse Privatstiftungen (zB eigennützige Privatstiftungen, die den Offenlegungsanforderungen nicht nachkommen – *Wiesner/Schwarzinger*, UmS 99/09/02, SWK 2002, 383), EWIV, rechnungslegungspflichtige (Erwerbs- und Wirtschafts-)Genossenschaften (vgl auch *Schwarzinger/Wiesner* I/1[3] 785) auch bei Anässigkeit in anderen EU-Staaten (*Schwarzinger/Wiesner* I/1[3] 1105), Europäische Genossenschaften (vgl auch *Keppert/Waitz-Ramsauer* in *W/H/M*, HdU II[8] § 7 Rz 9; *Wellinger* in HB Sonderbilanzen II 75) rechnungslegungspflichtige BgA (UmgrStR Rz 450; *Wiesner*, RWZ 2008/34, 107) und unbeschränkt steuerpflichtige ausländische §-7-Abs-3-KStG-Körperschaften (UmgrStR Rz 440) insb auch aus Drittstaaten (vgl *Schwarzinger/Wiesner* I/1[3] 1099; s auch *Zöchling/Paterno* in *W/Z/H/K*[5] § 7 Rz 43). **124**

125 Ebenso ist die Ausnahme vom Betriebserfordernis bei verschmelzenden Umwandlungen auf ausländische **Art-3-FRL-Körperschaften ausgehöhlt**, als nur mehr jene Körperschaften als Hauptgesellschafter einer verschmelzenden Umwandlung einer österreichischen Kapitalgesellschaft in Betracht kommen, die keine Kapitalgesellschaft iSd RL über die Offenlegung (RL 2009/101/EG) sind. Hier verbleiben als Anwendungsfall insb Umwandlungen auf EU-Genossenschaften (UmgrStR Rz 440).

126 Kommt es zu einer Outbound-Umwandlung (vgl Rz 79 ff) einer inländischen Kapitalgesellschaft auf eine Art-3-FRL-Körperschaft unter Ausnahme vom Betriebserfordernis, kann es leicht zu einer **Einschränkung des Besteuerungsrechts** kommen. Besteht kein Betrieb, bleibt auch **keine Betriebsstätte** zurück, die in Österreich steuerhängig wäre. Schon innerstaatlich bleibt daher das Besteuerungsrecht uU (zumindest teilweise) nicht erhalten. Weitere Einschränkungen werden sich idR aus der Anwendung des DBA mit dem neuen Ansässigkeitsstaat ergeben. Erfolgt eine verschmelzende Umwandlung auf eine Körperschaft, die nicht mit einer § 7 Abs 3 KStG-Gesellschaft vergleichbar ist, können sich zudem Auswirkungen aus der Änderung der Gewinnermittlung (vgl zu den Effekten der Änderung der Gewinnermittlung § 9 Rz 116 ff) ergeben.

127 Daneben gilt nicht nur das Betriebserfordernis (vgl auch *Hafner/Heinrich* in *Achatz ua*, IntUmgr 77), sondern auch dessen Ausnahmen für vergleichbare **ausländische Umwandlungen**. Erfasst von der Ausnahme vom Betriebserfordernis sind damit sowohl Umwandlungen im Ausland als auch Inbound-Umwandlungen. Zum einen sind damit verschmelzende Umwandlungen aus Drittstaaten auf österreichische Kapitalgesellschaften weiterhin auch ohne Vorliegen eines Betriebs möglich. Daneben sind auch verschmelzende Umwandlungen innerhalb der EU (auf eine Art-3-FRL-Körperschaft) dann unter Befreiung vom Betriebserfordernis im Anwendungsbereich von Art II möglich, wenn das ausländische Umwandlungsrecht – im Gegensatz zu § 2 UmwG – verschmelzende Umwandlungen auf EU-Kapitalgesellschaften erlaubt.

C. Definition des Betriebs

131 Für diese Prüfung des Betriebserfordernisses ist **§ 7 Abs 3** KStG **nicht anwendbar** (UFS 21.7.2010, RV/0426-F/08; BMF 9.7.1996, SWK 1996, 488; UmgrStR Rz 451; s auch *Hügel* in *H/M/H* § 7 Rz 30; vgl zur umfassenden Betriebsfiktion des § 7 Abs 3 KStG *Naux* in *L/R/S/S*² § 7 Rz 163 ff). Somit gelten für die Frage des Vorliegens eines Betriebs iSv § 7 Abs 1 nicht alle Kapitalgesellschaften als betriebsführend. Stattdessen ist das Vorliegen des Betriebs materiell zu prüfen. Dabei qualifizieren für Zwecke der Anwendung von Art II auch **steuerbefreite Kapitalgesellschaften** als betriebsführend, wenn sie operativ sind (*Schwarzinger/Wiesner* I/1³ 673).

132 Die **Definition des Betriebsbegriffs** richtet sich dabei **nach dem allgemeinen ertragsteuerlichen tätigkeitsbezogenen Betriebsbegriff** (vgl VwGH 31.5.2017, Ro 2016/13/0001; UFS 23.11.2005, RV/2403-W/02; UFS 24.1.2006, RV/0946-W/05; UFS 11.10.2007, RV/2138-W/07; UFS 21.7.2010, RV/0426-F/08; BFG 20.6.2017, RV/7103034/2017; BFG 1.8.2017, RV/3100331/2014; BFG 29.11.2017, RV/2100234/2014; BMF 9.7.1996, SWK 1996, 488; s auch *Keppert/Waitz-Ramsauer* in *W/H/M*, HdU II⁸ § 7 Rz 21; *Schwarzinger/Wiesner* I/1³ 673; vgl zum Betriebsbegriff als einbringungsfähiges Vermögen auch § 12 Rz 71 ff; vgl zum allgemeinen Betriebsbegriff EStR Rz 409 ff; Jakom[10]/*Marschner* § 4 Rz 3 ff). Der Betrieb muss daher „*eine Zusammenfassung menschlicher Arbeitskraft und sachlicher Produktionsmittel in einer organisatorischen Einheit*" (*Walter*[11] Rz 210; vgl auch UFS 21.7.2010, RV/0426-F/08; BFG 19.8.2015, RV/7101225/2013) aufweisen. Relevant ist dabei nicht, dass das gesamte Betriebsvermögen, sondern die wesentlichen **Betriebsgrundlagen** übergehen (UFS 21.7.2010, RV/0426-F/08; BFG 19.8.2015, RV/7101225/2013; BFG 20.6.2017, RV/7103034/2017; BFG 28.11.2017, RV/2100237/2014; BFG 29.11.2017, RV/2100234/2014; wobei zB bei der Unternehmensberatung das fachliche Wissen die wesentliche Betriebsgrundlage darstellt [BFG 19.8.2015, RV/7101225/2013]; in einem Fall hat der UFS jedoch sogar bei minimaler Betriebsausstattung [ein Computer und zwei Handys] die Vergleichbarkeit für die Frage des Verlustübergangs geprüft und daher implizit Art II angewendet [UFS 1.3.2005, RV/3658-W/02]). Der Betrieb muss dabei nicht im Inland betrieben werden, auch ein ausschließlich **im Ausland betriebener Betrieb** reicht aus (*Hügel* in *H/M/H* § 7 Rz 30; *Schwarzinger/Wiesner* I/1³ 1039).

Ob eine **vermögensverwaltende Tätigkeit** als betrieblich gilt, ist anhand der oben genannten – einkommensteuerlichen (vgl UmgrStR Rz 452) – Kriterien festzustellen (vgl Jakom[10]/*Vock* § 23 Rz 46 ff). Daneben stellt auch die Verwaltung fremden Vermögens iSv § 22 Z 2 2.TS EStG (vgl Jakom[10]/*Vock* § 22 Rz 96 ff) eine betriebliche Tätigkeit dar. Nur wenn die (potenziell vermögensverwaltende) Tätigkeit der umzuwandelnden Gesellschaft das Ausmaß einer betrieblichen Tätigkeit im steuerlichen Sinn erreicht (BMF 9.7.1996, SWK 1996, 488; somit Tätigkeit iSd § 2 Abs 3 Z 1 bis 3 EStG – *Zöchling/Paterno* in *W/Z/H/K*⁵ § 7 Rz 42), ist das Betriebserfordernis erfüllt (vgl auch *Schwarzinger/Wiesner* I/1³ 673). **133**

Mangels Gewinnerzielungsabsicht liegt im Fall von **Liebhaberei** (vgl Jakom[10]/*Laudacher* § 2 Rz 220 ff) kein Betrieb vor. Bei einer Kapitalgesellschaft, deren Tätigkeit als Liebhaberei zu qualifizieren ist, ist somit das Betriebserfordernis nicht erfüllt (vgl auch UFS 3.3.2009, RV/1297-L/07; vgl auch *Schwarzinger/Wiesner* I/1³ 861). Derartige Gesellschaften sind daher – abgesehen von den Ausnahmen vom Betriebserfordernis (vgl Rz 121 ff) – von einer **Umwandlung unter Anwendung von Art II ausgeschlossen** (vgl *Schwarzinger/Wiesner* I/1³ 673; s Rz 241 ff zu den Rechtsfolgen der Umwandlung außerhalb des Anwendungsbereichs von Art II). Für Zwecke der Beurteilung der Liebhabereieigenschaft ist aufgrund der (steuerlichen) Gesamtrechtsnachfolge bei der Umwandlung eine übergreifende Betrachtung anzustellen (*Schwarzinger/Wiesner* I/1³ 865) **134**

Unter den Anwendungsbereich von Art II können auch Kapitalgesellschaften fallen, die einen **ruhenden oder verpachteten** Betrieb besitzen (vgl BFG 19.8.2015, RV/7101225/2013; BFG 20.6.2017, RV/7103034/2017; BFG 1.8.2017, RV/3100331/2014; s auch *Hügel* in *H/M/H* § 7 Rz 30; weiters *Korntner*, FJ 2012, 309; *Schwarzinger/Wiesner* I/1³ 673). Voraussetzung ist, dass die Kapitalgesellschaft noch als betriebsführend gilt (vgl UmgrStR Rz 452). Übertragende Gesellschaften dürfen daher den Betrieb noch nicht aufgegeben haben (vgl auch BFG 1.8.2017, RV/3100331/2014; BMF 9.7.1996, SWK 1996, 488; siehe auch *Zöchling/Paterno* in *W/Z/H/K*⁵ § 7 Rz 45; weiters *Keppert* in *W/H/M*, HdU II⁸ § 7 Rz 26; § 4 Rz 54 zum verpachteten Betrieb als verlusterzeugendes Vermögen beim objektbezogenen Verlustübergang; sowie UFS 24.1.2006, RV 0946/W/05 bei fehlender Wiederaufnahmeabsicht und UFS 21.1.2011, RV/0534-G/08; BFG 1.8.2017, RV/3100331/2014 bei fehlender Wie- **135** deraufnahmemöglichkeit aus eigenen Mitteln). Unter dieser Voraussetzung sollte auch eine Verpachtung des Betriebs an Rechtsnachfolger nicht schädlich sein. Ebenfalls als betriebsführend gelten nach der zutr Verwaltungspraxis Gesellschaften, die einen **Betrieb gepachtet** haben (BMF 13.12.2001, RdW 2002/177, 189).

136 Entsprechend der Bilanzbündeltheorie ist es auch ausreichend, wenn die übertragende Kapitalgesellschaft eine **Substanzbeteiligung** (vgl UmgrStR Rz 452) an einer **Mitunternehmerschaft** hält (vgl BMF 24.7.1996, SWK 1996, 474; BMF 16.5.2003, RdW 2003/414, 480; s auch *Keppert/Waitz-Ramsauer* in *W/H/M*, HdU II[8] § 7 Rz 26; *Zöchling/Paterno* in *W/Z/H/K*[5] § 7 Rz 45; *Hügel* in *H/M/H* § 7 Rz 33; *Walter*[11] Rz 211; *Egger*, ecolex 2001, 820; *Schwarzinger/Wiesner* I/1[3] 673), die der Kapitalgesellschaft eine Beteiligung an einem Betrieb vermittelt. Dies gilt sowohl für errichtende (BMF 7.5.1996, SWK 1996, A 474), als auch verschmelzende Umwandlungen (BMF 16.5.2003, SWK 2003, S 737). Nicht ausreichend ist nach der Verwaltungspraxis eine Beteiligung an einer Mitunternehmerschaft als reiner (haftender) Arbeitsgesellschafter (vgl UmgrStR Rz 452; BMF 7.5.1996, RdW 1996, 294). Mangels Substanzbeteiligung vermittelt diese Beteiligung demnach keinen Anteil am Betrieb. Reine Arbeitsgesellschafter sollen demnach nach der Verwaltungsmeinung nicht als betriebsführend gelten (aA *Hügel* in *H/M/H* § 7 Rz 30, der auch beim Arbeitsgesellschafter einen [steuerlichen] Betrieb vorliegen sieht, da auch der Arbeitsgesellschafter Mitunternehmer ist; *Huber*, in *Bertl/Mandl/Mandl/Ruppe*, GmbH 132 vgl auch § 27 Rz 30 f, 167 zur Frage, ob der Anteil des Arbeitsgesellschafters ohne Substanzbeteiligung realteilungsfähiges Vermögen darstellt).

137 Wird das Betriebserfordernis durch einen **Mitunternehmeranteil** erfüllt, soll nach einer Einzelerledigung des BMF Art II nur anwendbar sein, wenn *„die umzuwandelnde Gesellschaft abgesehen von Mitunternehmeranteilen [...] und den damit unmittelbar zusammenhängenden sonstigen Aktiva und Passiva [...] kein Vermögen besitzt"* (BMF 7.5.1996, RdW 1996, 294; BMF 24.7.1996, SWK 1996, 474; vgl auch *Wiesner/Schwarzinger*, UmS 120/22/02, SWK 2002, 853). Da jedoch auch bei dem Übergang eines Betriebs Art II (solange kein Missbrauch vorliegt) anwendbar bleibt, wenn überwiegend **außerbetriebliches Vermögen** vorliegt (Rz 141) scheint diese Ansicht der FV veraltet und widerspricht der (nunmehr zu Betrieben auch von der FV explizit vertretenen – vgl dazu Rz 141 f) hA (vgl auch *Schwarzinger/Wiesner* I/1[3] 915).

D. Nötiger Umfang

141 Die Umwandlungsfähigkeit (unter Anwendung von Art II) einer Kapitalgesellschaft hängt vom Vorliegen eines Betriebs ab. Es gibt jedoch **keine Definition eines gewissen Mindestumfangs** des Betriebs (s auch BFG 19.8.2015, RV/7101225/2013; BFG 20.6.2017, RV/7103034/2017). Voraussetzung ist jedoch, dass – auch beim Schrumpfen des Umfangs und bei Verkauf von Betriebsvermögen – noch die (einkommensteuerrechtlichen) Kriterien eines Betriebs erfüllt sind (vgl auch *Wiesner*, RWZ 2004/28, 105; vgl allerdings auch die Ausführungen des UFS, der [in einem Einzelfall] bei einem Speditionsbetrieb Art II anwendete, obwohl nur ein Computer und zwei Handys übergingen – UFS 1.3.2005, RV/3658-W/02). Der Betrieb muss auch umfänglich nicht unverändert fortbestehen (BFG 19.8.2015, RV/7101225/2013; BFG 20.6.2017, RV/7103034/2017). So ist auch ein starkes Schrumpfen im Rückwirkungszeitraum unschädlich (vgl auch *Hirschler/Sulz/*

Oberkleiner, BFGjournal 2017, 469). Auch gibt es keine Anforderungen an ein Mindestverhältnis der Größe des Betriebs der Kapitalgesellschaft im Verhältnis zum restlichen Vermögen der Kapitalgesellschaft. Grundsätzlich sind daher sowohl **ausschließlich** als auch **überwiegend** sowie **in geringem Ausmaß betriebsführende Kapitalgesellschaften** umwandlungsfähig (UmgrStR Rz 453; vgl auch *Keppert/ Waitz-Ramsauer* in *W/H/M*, HdU II[8] § 7 Rz 26). Daher kann auch eine **Kapitalgesellschaft mit überwiegend nicht betrieblichem Vermögen** (insb Vermögen aus vermögensverwaltender Tätigkeit und/oder Liebhaberei) unter Anwendung von Art II umgewandelt werden, wenn sie zusätzlich (zumindest in geringem Ausmaß) einen Betrieb besitzt.

Die Grenze ist hierbei wohl, dass einer nicht betriebsführenden Gesellschaft nicht **142** nur (missbräuchlich) ein geringfügiger Betrieb (auch in Form einer Mitunternehmerbeteiligung – vgl Bsp bei *Schwarzinger/Wiesner* I/1[3] 915) ‚beigemischt' werden darf, um die Anwendung von Art II zu ermöglichen. So sieht die Verwaltungspraxis insb dann einen erhöhten **Missbrauchsverdacht** vor, wenn auf den Betrieb am Stichtag **weniger als 25 % des Verkehrswerts** der umzuwandelnden Gesellschaft entfällt und dieser innerhalb von ca einem halben Jahr vor dem Stichtag erworben wurde (UmgrStR Rz 454; siehe auch *Zöchling/Paterno* in *W/Z/H/K*[5] § 7 Rz 46). Missbräuchlich ist demnach auch der unter 25 % des Umfangs ausmachende Betrieb selbst nach der Verwaltungspraxis wohl insb nur dann, wenn der Betrieb zeitnah zur Umwandlung erworben wurde. Analog zur Frage des Übergangs des Verlustvortrags kann mE auch hier die 25 %-Grenze hinterfragt werden (vgl § 4 Rz 105).

E. Zeitpunkt

Aufgrund der Rückwirkungsfiktion, die in §§ 8 und 9 verankert ist (vgl § 8 Rz 56 **146** und § 9 Rz 10), muss ein Betrieb bei der übertragenden Kapitalgesellschaft jedenfalls zum **Umwandlungsstichtag** bestehen (vgl VwGH 22.4.2004, 2004/15/0043; UFS 23.11.2005, RV/2403-W/02; UFS 11.10.2007, RV/2138-W/07; UFS 4.6.2010, RV/1080-L/05; BFG 19.8.2015, RV/7101225/2013; BFG 20.10.2015, RV/7103461/2009; BFG 20.6.2017, RV/7103034/2017; BFG 29.11.2017, RV/2100234/2014; s auch *Keppert/Waitz-Ramsauer* in *W/H/M*, HdU II[8] § 7 Rz 22; *Walter*[11] Rz 209a; *Zöchling/Paterno* in *W/Z/H/K*[5] § 7 Rz 44; *Hirschler/Sulz/Oberkleiner*, BFGjournal 2017, 469). Der Betrieb muss der übertragenden Gesellschaft am Stichtag auch zuzurechnen sein (UFS 23.11.2005, RV/2403-W/02; UmgrStR Rz 449; BMF 14.6.1999, ARD 5042/10/99). Bis zum Umwandlungsstichtag ist daher auch eine Betriebseröffnung oder ein Betriebserwerb möglich, um die Anwendbarkeit von Art II zu sichern (UmgrStR Rz 454). Aus der eindeutigen Formulierung von § 7 Abs 1 ergibt sich, dass ein Betrieb nicht nur zum Umwandlungsstichtag, sondern auch am **Tag des Umwandlungsbeschlusses** vorliegen muss (VwGH 22.4.2004, 2004/15/0043; UFS 24.1.2006, RV/0946-W/05; UFS 4.6.2010, RV/1080-L/05; BFG 19.8.2015, RV/7101225/2013; BFG 20.10.2015, RV/7103461/2009; BFG 20.6.2017, RV/7103034/2017; UmgrStR Rz 457; vgl auch *Keppert/Waitz-Ramsauer* in *W/H/M*, HdU II[8] § 7 Rz 22; *Zöchling/Paterno* in *W/Z/H/K*[5] § 7 Rz 44; *Walter*[11] Rz 209a; *Korntner*, FJ 2009, 134; *Hirschler/Sulz/Oberkleiner*, BFGjournal 2017, 469).

§ 7 Abs 1 fordert, dass an beiden Tagen *ein* Betrieb besteht. Es muss sich dabei **nicht 147 unbedingt um denselben Betrieb** handeln (ErlRV BudBG 2003, 59 BlgNR 22. GP, 276; vgl auch *Keppert* in *W/H/M*, HdU II[8] § 7 Rz 22; *Walter*[11] Rz 209a; *Egger*, ecolex

2003, 493; *Christiner/Wiesner*, RWZ 2003/54, 196; *Wellinger*, RdW 2004/151, 182 f; *Sulz/Wellinger*, RdW 2005/158, 127; *Wiesner*, RWZ 2008/34, 107). Wird der Betrieb nach dem Umwandlungsstichtag eingestellt oder übertragen, ist Art II dennoch anwendbar, wenn bis zum Tag des Umwandlungsbeschluss ein anderer Betrieb eröffnet oder erworben wird (siehe auch BFG 20.6.2017, RV/7103034/2017; weiters *Zöchling/Paterno* in *W/Z/H/K*[5] § 7 Rz 46; *Schwarzinger/Wiesner* I/1[3] 673, 697). Besteht die umzuwandelnde Kapitalgesellschaft zwischenzeitlich ohne Betrieb, ist auch dies nicht schädlich (vgl auch UmgrStR Rz 457; s weiters *Keppert* in *W/H/M*, HdU II[8] § 7 Rz 22).

148 Auch aus Sicht des **Verlustübergangs** ist es **unschädlich, wenn sich der Betrieb nach dem Umwandlungsstichtag** ändert. Grund dafür ist, dass nur auf das Bestehen und die Vergleichbarkeit des verlustverursachenden Vermögens am Umwandlungsstichtag abgestellt wird. Eine spätere Änderung des Vermögens ist nach der hA unschädlich (vgl § 10 Rz 9), kann jedoch iRe Mantelkaufbetrachtung relevant sein.

149 Relevant kann der Untergang des zum Umwandlungsstichtag bestehenden Betriebs jedoch für die weitere **Anrechnung der Mindestkörperschaftsteuer bei natürlichen Personen** sein, da hier seit dem BudBG 2012 das Bestehen des zum Stichtag übergehenden Betriebs gefordert wird (vgl § 9 Rz 363 ff).

150 Ein **Einstellen der betrieblichen Tätigkeit nach dem Beschluss der Umwandlung** ist der Anwendung von Art II auch dann nicht schädlich, wenn der Betrieb noch vor Eintragung der Umwandlung eingestellt oder übertragen wird (vgl auch BFG 19.8.2015, RV/7101225/2013 zur Schließung nach Eintragung; weiters BFG 20.6.2017, RV/7103034/2017 – unschädlich sind daher auch Vorbereitungshandlungen für ein späteres Schließen des Betriebs im Rückwirkungszeitraum; *Hirschler/Sulz/Oberkleiner*, BFGjournal 2017, 469). Diesfalls ist die Schließung oder Übertragung aufgrund der Rückwirkungsfiktion bereits den Rechtsnachfolgern zuzurechnen (UmgrStR Rz 457). Auch Betriebseinstellungen oder -übertragungen zwischen Stichtag und Umwandlungsbeschluss sind den Rechtsnachfolgern zuzurechnen. Dies folgt bei Anwendbarkeit von Art II aus der Rückwirkungsfiktion der §§ 8 und 9. Gem § 20 KStG greift der rückwirkende Übergang mit Ablauf des Umwandlungsstichtags auch bei Umwandlungen außerhalb des Anwendungsbereichs von Art II (vgl Rz 241 f).

151 Auch für die Frage des **Vorliegens** von **Betrieben** zu den fraglichen Zeitpunkten greifen die **Rückwirkungsfiktionen des UmgrStG**. Liegt zu einem der fraglichen Zeitpunkte kein Betrieb vor, kann die Betriebsführung hergestellt werden, indem eine Vorumgründung mit einem Stichtag vor dem fraglichen Tag durchgeführt wird und somit der übertragenden Gesellschaft der Betrieb, der durch die Vorumgründung übertragen wurde, am Beginn des Umwandlungsstichtags und/oder Tag der Beschlussfassung zuzurechnen ist (vgl auch UmgrStR Rz 454; BMF 14.6.1999, ARD 5042/10/99; s weiters *Walter*[11] Rz 215; *Sulz/Wellinger*, RdW 2005/158, 127). Allenfalls kann die rechtzeitige Zurechnung auch aufgrund einer Vorumgründung zum selben Stichtag mittels Umgründungsplan (vgl § 39 Rz 11 ff) erreicht werden (vgl auch BMF 14.6.1999, ARD 5042/10/99; s weiters *Wiesner/Schwarzinger*, UmS 120/22/02, SWK 2002, 853; *Keppert/Waitz-Ramsauer* in *W/H/M*, HdU II[8] § 7 Rz 22; *Korntner*, FJ 2009, 135). Bei einer derartigen Vorgangsweise ist die von der

FV angekündigte verschärfte Missbrauchsprüfung bei Mehrfachumgründungen (vgl § 44 Rz 6 ff) zu beachten. So wurde von der FV in einer Einzelerledigung darauf hingewiesen, dass bei Umgründungen auf denselben Stichtag mittels Umgründungsplan ein außersteuerlicher Grund nachzuweisen sei (BMF 14.6.1999, ARD 5042/10/99).

Stellungnahme. Schädlich wäre daher im Umkehrschluss, wenn der Betrieb bei der übertragenden Gesellschaft zwar am Stichtag (zivilrechtlich) besteht, jedoch aufgrund einer **Umgründung** so übertragen wird, dass er der übertragenden Gesellschaft **rückwirkend** zum Stichtag **nicht mehr zuzurechnen** ist. Dies wäre ebenfalls entweder aufgrund einer Umgründung auf einen Stichtag vor dem Umwandlungsstichtag oder auf eine Vorumgründung zum selben Stichtag mittels Umgründungsplan (vgl § 39 Rz 11 ff) möglich. 152

Erfolgt der **Erwerb des Betriebs zeitnah zum Umwandlungsstichtag** (lt Verwaltungspraxis innerhalb von ca sechs Monaten vor dem Umwandlungsstichtag), ist dies auch nach Ansicht der FV nicht grundsätzlich schädlich (BMF 9.7.1996, SWK 1996, 488). Selbes gilt, wenn der Betrieb von relativ geringem Umfang im Verhältnis zum Gesamtwert der umzuwandelnden Gesellschaft ist. Allerdings geht die FV in diesen Fällen von einem zu überprüfenden **Missbrauchsverdacht** aus (s auch *Keppert* in *W/H/M*, HdU II[8] § 7 Rz 23; *Zöchling/Paterno* in *W/Z/H/K*[5] § 7 Rz 46; vgl Rz 142). Betreibt die umzuwandelnde Kapitalgesellschaft zum Umwandlungsstichtag einen anderen Betrieb als am Tag des Beschlusses der Umwandlung (zur Möglichkeit vgl Rz 147), führt auch dies zu einem Missbrauchsverdacht der FV, wenn die Größe der Betriebe erheblich abweicht. 153

F. Relevanz für ausländische Umwandlungen

§ 7 Abs 1 Z 3 ermöglicht auch ausländische Umwandlungen im Anwendungsbereich von Art II durchzuführen. Voraussetzung ist, dass die ausländische Umwandlung vergleichbar einer inländischen Umwandlung im Anwendungsbereich von Art II ist. Dabei bezieht sich die **Vergleichbarkeit** nicht nur auf die gesellschaftsrechtlichen Grundlagen (vgl dazu Rz 81 ff). Daneben greifen auch die **Notwendigkeit** des Vorliegens **eines** in- oder ausländischen (vgl auch Rz 178) **Betriebs** (vgl Rz 116 ff) bei der übertragenden ausländischen Körperschaft (Ausnahmen davon vgl Rz 121 ff) und die Definition des Betriebs (vgl Rz 131 ff) auch für ausländische Umwandlungen. Nur wenn die ausländische Umwandlung auch diese Anforderungen erfüllt, ist Art II anzuwenden (vgl auch *Huber*, ÖStZ 2006/261, 143; aA *Keppert/Waitz-Ramsauer* in *W/H/M*, HdU II[8] § 7 Rz 14). 156

Nach *Damböck* soll bei ausländischen Umwandlungen das Betriebserfordernis nicht greifen (*Damböck*, SWI 2001, 10 f). Demnach soll sich die Forderung der **Vergleichbarkeit** in Abs 1 Z 3 nur auf die **Umwandlung** selbst, nicht aber auf das in Z 1 und Z 2 festgeschriebene **Betriebserfordernis** erstrecken. Die Nichtanwendbarkeit solle sich daraus ergeben, dass das Betriebserfordernis bei Inlandsumwandlungen erst eingeführt wurde, als es aus dem UmwG entfallen ist (in der Urfassung war ein Betriebserfordernis nur bei Auslandsumwandlungen vorgesehen; vgl auch *Hügel*, ecolex 1992, 45). Dass eine Rechtsänderung, die dazu führt, eine Anwendungsvoraussetzung vom Gesellschaftsrecht ins Steuerrecht zu überführen (und sie damit bereits für inländische Umwandlungen explizit zu fordern 157 und damit bei den vergleichbaren ausländischen Umwandlungen nicht mehr – erneut – vorzusehen), dazu führen soll, dass die Anwendungsvoraussetzung für – für steuerliche Zwecke – *vergleichbare* Umwandlungen im Ausland gänzlich wegfällt, kann dabei mE nicht überzeugen. Und auch das Argument, dass das Betriebserfordernis (bei inländischen Umwandlungen) der Sicherung des Besteuerungsrechts dienen soll, kann mE nicht überzeugen, da das Betriebserfordernis nicht nur bei (errichtenden) Umwandlungen mit ausländischen Rechtsnachfolgern (vgl Rz 226) greift und die Zielsetzung der Sicherung des Besteuerungsrechts durch § 7 Abs 2 erreicht wird (vgl Rz 161 ff). Dient das Betriebserfordernis somit nicht (ausschließlich) Fiskalinteressen, kann daher auch nicht vorgebracht werden, dass bei ausländischen Umwandlungen das Betriebserfordernis nicht nötig ist, um österreichische Fiskalinteressen zu schützen. In Summe kann die Argumentation daher mE nicht überzeugen.

G. Nichterfüllung

158 Fordert § 7 Abs 1 das Vorliegen eines Betriebs bei der fraglichen Umgründung und wird gegen diese Voraussetzung verstoßen, ist **Art II nicht anwendbar**. Das Fehlen des Betriebs ändert nichts an der Anwendbarkeit des UmwG. Die Besteuerung der Umwandlung erfolgt nach dem allgemeinen Steuerrecht (vgl Rz 241 ff).

VI. Einschränkung des Besteuerungsrechts
A. Hintergrund

161 Das UmgrStG gewährt in Bezug auf die direkten Steuern die Steuerneutralität und die Übernahme der steuerlichen Buchwerte (Buchwertverknüpfung). Durch die **Übernahme der Buchwerte bleiben** die **stillen Reserven** im übertragenen Vermögen steuerhängig (Steuerhängigkeit der stillen Reserven und des Firmenwerts beim Rechtsnachfolger – *Zöchling/Paterno* in W/Z/H/K[5] § 7 Rz 47; *Nekrasov* in *Kirchmayr/Mayr*, Umgründungen 48). Bleiben die stillen Reserven steuerhängig, ist eine sofortige Besteuerung der stillen Reserven nicht nötig. Gleichzeitig bedeutet dies, dass die steuerneutrale **Buchwertfortführung** nach dem Gesetzeszweck **nur** dann zuzustehen hat, wenn die **stillen Reserven** auch nach der Umwandlung **steuerhängig bleiben** (vgl auch *Hügel* in H/M/H § 7 Rz 40; *Hafner/Heinrich*, GES 2005, 210; *Zöchling/Paterno* in W/Z/H/K[5] § 7 Rz 47). § 7 Abs 2 sieht daher vor, dass Art II nur insoweit Anwendung findet, als das Besteuerungsrecht am **Vermögen der umwandelnden Gesellschaft** (stille Reserven und Firmenwert) nicht eingeschränkt wird (UmgrStR Rz 458; vgl weiterführend Rz 166 ff für Einschränkungen des Besteuerungsrechts in internationalen und Rz 191 ff in nationalen Sachverhalten). Kommt es nur zu einer teilweisen (und nicht gänzlichen) Einschränkung des Besteuerungsrechts, bleibt Art II teilweise anwendbar (vgl auch *Walter*[11] Rz 221; *Zöchling/Paterno* in W/Z/H/K[5] § 7 Rz 49). Nur insoweit das Besteuerungsrecht eingeschränkt wird, ist Art II nicht anwendbar (UmgrStR Rz 460; vgl weiterführend Rz 196 ff) und es kommt zu einer (partiellen) Liquidationsbesteuerung (vgl Rz 257 ff; weiters *Keppert* in W/H/M, HdU II[8] § 7 Rz 27).

162 Zu einer Einschränkung kann es nur kommen, wenn **vor der Umwandlung ein österreichisches Besteuerungsrecht** bestand (BMF 6.7.1999, ARD 5051/22/99; BMF 6.2.2006, EAS 2684; vgl auch *Keppert* in W/H/M, HdU II[8] § 7 Rz 30; *Zöchling/Paterno* in W/Z/H/K[5] § 7 Rz 48; *Damböck/Schrottmeyer*, ÖStZ 2002/1049, 608; *Zöchling*, SWK 2007, 1031). Waren stille Reserven und/oder Firmenwert vor der

Umwandlung (aufgrund einer inner- oder zwischenstaatlichen Grundlage) **steuerbefreit**, kann es insoweit zu **keiner Einschränkung** des Besteuerungsrechts kommen (vgl *Kirchmayr/Wellinger* in *Kirchmayr/Mayr*, Umgründungen 66; *Massoner/Stefaner* in *Stefaner/Schragl*, Wegzugsbesteuerung 129 ff; s auch § 1 Rz 81 zum „Vorher-Nachher-Vergleich"; aA aber offenbar *Schwarzinger/Wiesner* beim ‚Untergang des Besteuerungsrechts an einer potenziell steuerneutralen internationalen Schachtel – *Schwarzinger/Wiesner* I/1³ 1089 ff). Daher führt § 7 Abs 2 dann auch nicht zu einer (partiellen) Unanwendbarkeit von Art II, wenn Wertänderungen auch nach der Umwandlung nicht dem Besteuerungsrecht unterliegen (aA *Wiesner/Mayr*, RdW 2007, 496, die bei einem Fehlen des Besteuerungsrechts [auf Anteilsinhaberebene] die Anwendung von Art II versagen wollen, da es zu keiner Einschränkung des Besteuerungsrechts kommen kann; dies widerspricht auch der hA in Bezug auf befreites Vermögen auf Gesellschaftsebene – vgl dazu Rz 193).

Für die Frage der Anwendbarkeit von Art II ist ausschließlich eine **Einschränkung des Besteuerungsrechts** im **Vermögen der übertragenden Gesellschaft** relevant (*Keppert/Waitz-Ramsauer* in W/H/M, HdU II⁸ § 7 Rz 30; *Damböck/Schrottmeyer*, ÖStZ 2002/1049, 608; *Zöchling*, SWK 2007, 1030 f). Für Fälle der Einschränkung des Besteuerungsrechts an den (untergehenden) Anteilen sieht § 9 Abs 1 Z 2 eine eigenständige Regel vor (vgl § 9 Rz 31 ff). **163**

Zu einer **Einschränkung des Besteuerungsrechts** kann es insb in zwei unterschiedlichen Fallgruppen kommen. Zum einen kann es bei Umwandlungen mit **internationalem Bezug** zu einer Einschränkung des Besteuerungsrechts im Verhältnis zu anderen Staaten kommen. Auch das innerstaatliche Recht kann durch den Wechsel von der unbeschränkten in die beschränkte Steuerpflicht zu einer Einschränkung des Besteuerungsrechts führen. Zum anderen kann es auch bei **inländischen Umwandlungen** ohne internationalen Bezug durch eine im österreichischen Recht vorgesehene **Steuerbefreiung** (oder durch einen anderen Umfang der Steuerpflicht) zu einer Einschränkung des Besteuerungsrechts kommen. **164**

B. Internationale Fälle

1. Relevante Beschränkung des Besteuerungsrechts

Bei **grenzüberschreitenden Umwandlungen** kann es in mehreren Fällen zu einer Einschränkung des Besteuerungsrechts kommen. Für Zwecke des § 7 Abs 2 relevant ist die Einschränkung des **Besteuerungsrechts am Vermögen der umwandelnden Gesellschaft** (vgl *Damböck/Schrottmeyer*, ÖStZ 2002/1049, 608). Dabei geht es um eine **Einschränkung des Besteuerungsrechts dem Grunde** nach. Die Betrachtung hat getrennt nach den einzelnen Rechtsnachfolgern und den einzelnen Wirtschaftsgütern zu erfolgen (*Damböck*, SWI 2001, 11). Nach der jüngeren Verwaltungspraxis könnte jedoch auch eine Einschränkung der Höhe nach problematisch sein (vgl auch § 1 Rz 81). Zu einer derartigen Beschränkung der Bemessungsgrundlage kann es dabei sowohl bei Outbound- als auch – weniger offensichtlich – bei Inbound-Umwandlungen kommen. Der Grund für die Einschränkung kann dabei im **innerstaatlichen** (Unterschiede zwischen unbeschränkter und beschränkter Steuerpflicht) oder **zwischenstaatlichen Recht** (Beschränkung des Besteuerungsrechts für österreichische oder ausländische Vermögensmassen durch erst durch die Umwandlung anwendbare DBA) liegen (vgl auch *Massoner/Stefaner* in *Stefaner/Schragl*, Wegzugsbesteuerung 130 f). Weiters kann es durch **Änderung** **166** der Zurechnung von Vermögensgegenständen zu inländischen oder ausländischen Anknüpfungspunkten oder durch mit der Umwandlung einhergehender **Verschiebung** von Wirtschaftsgütern zu einer Einschränkung des Besteuerungsrechts kommen.

167 Eine Kürzung des auf die Besteuerung der Wertänderungen des Vermögens (maximal) **anzuwendenden Steuersatzes** kann sich aus der innerstaatlichen Besteuerungssystematik nicht ergeben, da bereits vor der Umwandlung der proportionale Steuersatz des KStG Anwendung findet und somit das Vermögen durch die Umwandlung im proportionalen 25%igen Steuersatz des KStG verbleibt oder in den bis max 50 % progressiven Steuersatz des EStG wechselt (vgl § 16 Rz 16 ff zu Konsequenzen des bei Einbringungen möglichen Wechsels aus dem progressiven Steuersatz bei natürlichen Personen in den proportionalen 25%igen Steuersatz bei Körperschaften). Eine Reduzierung des anzuwendenden Steuersatzes wäre aus teleologischer Sicht wohl auch nicht schädlich (vgl auch *Massoner/Stefaner* in *Stefaner/Schragl*, Wegzugsbesteuerung 132 f), da *Hügel* nachgewiesen hat, dass im Zeitpunkt der Einführung des UmgrStG auch die gewerbeertragsteuerliche Entstrickung der Anwendung von Art II nicht schädlich war, wenn die stillen Reserven ertragsteuerlich erfasst blieben (*Hügel*, ecolex 1992, 45). Allerdings kann sich uU eine potenzielle (systemwidrige) Erhöhung der Steuerlast auf bereits angefallene stille Reserven ergeben, die nur teilweise gesetzlich vermieden wird (vgl dazu § 9 Rz 66 ff).

168 Der **Verlust des Besteuerungsrechts an der (untergehenden) Beteiligung an der umgewandelten Kapitalgesellschaft** ist der Umwandlung systemimmanent (vgl auch *Damböck/Schrottmeyer*, ÖStZ 2002/1049, 607 f; *Hafner/Heinrich*, GES 2005, 211; *Hofmann*, taxlex 2007, 567; *Mayr*, RdW 2013/430, 431). Dies muss auch im internationalen Verhältnis gelten (vgl dazu auch noch BMF 24.3.1999, ARD 5022/28/99; diese Ansicht dezidiert aufgebend BMF 24.9.2002, ecolex 2002, 932 f; nunmehr seit dem WE 2012 wieder anerkennend). Allenfalls kann bei Verlust des Besteuerungsrechts an der untergehenden Beteiligung § 9 Abs 1 Z 2 insoweit zu einer Besteuerung führen, als Österreich nach der Umwandlung kein Besteuerungsrecht am übertragenen Vermögen zukommt (vgl dazu § 9 Rz 31 ff). § 7 Abs 2 greift ausschließlich für Einschränkungen des Besteuerungsrechts im übertragenen Vermögen (so auch UmgrStR Rz 458 vgl zur früheren Ansicht der FV 1. Aufl Rz 169; siehe weiters *Keppert/Waitz-Ramsauer* in *W/H/M*, HdU II[8] § 7 30; *Damböck*, SWI 2001, 11).

2. Verschmelzende Outbound-Umwandlungen

170 Bei einer **verschmelzenden Outbound-Umwandlung** können mehrere Faktoren zu einer Einschränkung des Besteuerungsrechts führen (vgl auch *Zöchling/Paterno* in *W/Z/H/K*[5] § 7 Rz 38). So unterliegt vor einer Umwandlung das gesamte Vermögen der ansässigen Kapitalgesellschaft der unbeschränkten Steuerpflicht. Schon das **innerstaatliche Recht** führt aint einem Wechsel in die beschränkte Steuerpflicht dazu, dass nur mehr die im Katalog von § 98 EStG aufgezählten Quelleneinkünfte besteuert werden (vgl auch *Hügel* in *H/M/H* § 7 Rz 43). Steuerhängig bleiben nach § 98 EStG insb Wertänderungen österreichischer Betriebsstätten, in Österreich belegener Land- und Forstwirtschaften, von Wirtschaftsgütern in Österreich ausgeübter selbständiger Arbeit und Anteile an österreichischen Kapitalgesellschaften. Bei anderen Wertänderungen (insb bei Wertänderungen von Wirtschaftsgütern, die keiner österreichischen Betriebsstätte zuzurechnen sind) kann es damit zu einem Wegfall der österreichischen Steuerpflicht kommen (zum Katalog der beschränkten Steuerpflicht vgl Jakom[10]/*Marschner* § 98 Rz 27 ff).

Zu weiteren Einschränkungen kann es bei verschmelzenden Outbound-Umwandlungen durch das **anwendbare DBA** kommen. So verbleibt Österreich als **Quellenstaat** idR ausschließlich das Besteuerungsrecht an unbeweglichem Vermögen (inkl Land- und Forstwirtschaften) und an Betriebsstättenvermögen. In Bezug auf dieses Vermögen kommt es daher zu keiner Einschränkung des Besteuerungsrechts und folglich zu einer Anwendung von Art II (vgl UmgrStR Rz 460; s auch *Zöchling/Paterno* in W/Z/H/K[5] § 7 Rz 51). Nach dem OECD-MA verbleibt jedoch zB kein Besteuerungsrecht an Beteiligungen an österreichischen Kapitalgesellschaften (UmgrStR Rz 460; *Hügel* in H/M/H § 7 Rz 45; zu beachten ist jedoch, dass die einzelnen DBA hiervon öfters abweichen; vgl auch *Hügel* in H/M/H § 7 Rz 46 zur möglichen Einschränkung des Besteuerungsrechts bei Schifffahrts- und Luftfahrtsunternehmen), weshalb es zu einer weiteren Einschränkung des österreichischen Besteuerungsrechts kommt. 171

So führt die Umwandlung idR dazu, dass Österreich gem dem DBA mit dem Ansässigkeitsstaat nur mehr das Besteuerungsrecht an gewissen **österreichischen Quellen** (insb Betriebsstätten) verbleibt. Im Gegensatz zur Situation vor der Umwandlung steht Österreich nach der Umwandlung idR kein Besteuerungsrecht an nicht einer österreichischen Betriebsstätte zurechenbaren und an ausländischen Einkünften zu (UmgrStR Rz 460; s auch *Keppert/Waitz-Ramsauer* in W/H/M, HdU II[8] § 7 Rz 31; *Zöchling/Paterno* in W/Z/H/K[5] § 7 Rz 48; *Hügel* in H/M/H § 7 Rz 47; *Zöchling*, SWK 2007, 1032; vgl aber zum Konzept der Subbetriebsstätte *Gassner/Hofbauer* in Beschränkte Steuerpflicht 83 ff). Unterlagen **Wertänderungen von ausländischen Vermögensteilen** vor der Umwandlung der Besteuerung in Österreich (zB weil das DBA dem Ansässigkeitsstaat das Besteuerungsrecht zugewiesen hat, das DBA die Anrechnungsmethode vorsieht oder kein DBA besteht), kommt es auch dadurch zu einer Einschränkung des österreichischen Besteuerungsrechts. 172

Neben den DBA sind wohl auch die Effekte der unilateralen Vermeidung der Doppelbesteuerung durch Maßnahmen gem § 48 BAO zu berücksichtigen. Führt daher die VO zu § 48 BAO (BGBl II 2002/474) zu einer Befreiung, liegt demnach auch vor der Umwandlung kein Besteuerungsrecht vor, das eingeschränkt werden kann. Aus der Formulierung von § 7 könnte abgeleitet werden, dass nur dann eine relevante Einschränkung des Besteuerungsrechts vorliegt, wenn das Besteuerungsrecht durch internationales Recht eingeschränkt wird (arg *„Besteuerungsrecht der Republik Österreich […] nicht eingeschränkt [Hervorhebung durch den Autor] wird"*). Dementsprechend würde wohl auch nur dann vor Umwandlung bereits ein beschränktes (und somit durch die Umwandlung nicht weiter einzuschränkendes) Besteuerungsrecht vorliegen, wenn die Einschränkung durch internationales Recht gegeben wäre. Maßnahmen des innerstaatlichen Rechts (wie zB die Selbstbeschränkung aufgrund von § 48 BAO) wären folglich irrelevant. Diese Argumentation kann jedoch nicht überzeugen, da generell auch Einschränkungen des innerstaatlichen Rechts (zB aufgrund des Wechsels in die beschränkte Steuerpflicht [vgl Rz 170], Anwendung einer Steuerbefreiung [vgl Rz 191 ff], unterschiedlicher Umfang der Steuerpflicht [vgl Rz 164]) tatbestandliche Einschränkungen des Besteuerungsrechts darstellen. 173

3. Errichtende Outbound-Umwandlungen

174 Errichtende Umwandlungen **nach dem UmwG** können **va auf österreichische Personengesellschaften** durchgeführt werden (vgl Rz 48). Folglich bleibt nach der errichtenden Umwandlung idR eine österreichische Personengesellschaft zurück. Zu einer Outbound-Umwandlung kann es daher insb insoweit kommen, als die Rechtsnachfolger für Zwecke der Ertragsteuern (**Mituntnernehmer** – vgl Rz 227) **im Ausland ansässig** sind (vgl auch *Hügel* in H/M/H § 7 Rz 49). Errichtende Umwandlungen sind ausnahmslos nur bei Vorliegen eines Betriebs unter Anwendung von Art II möglich (vgl Rz 116). Liegt dieser **Betrieb in Österreich**, wird die Personengesellschaft mit ihrem Betrieb eine Betriebsstätte des Mitunternehmers bilden und somit die Besteuerung in Österreich sichern. Weiters könnte die abgegrenzte Rechtsfähigkeit der Personengesellschaft auch helfen, Wirtschaftsgüter weiterhin Österreich zuordenbar zu halten und nicht (mangels funktionalem Zusammenhang) dem Ansässigkeitsstaat der Gesellschafter zuzurechnen und somit der österreichischen Besteuerung zu entziehen.

175 Entsprechendes wird zu gelten haben, wenn – iRd gesellschaftsrechtlichen Möglichkeiten (vgl *Hafner/Heinrich* in *Achatz ua*, IntUmgr 72) – eine Umwandlung auf eine **Personengesellschaft** mit **Sitz im Ausland** stattfindet und der Betrieb in Österreich liegt. In diesem Fall ist zu beachten, dass die österreichische Personengesellschaft hier nicht eine weitere Abgrenzung ermöglicht (vgl auch Rz 180 zum Fall der errichtenden Umwandlung auf eine ausländische Personengesellschaft).

176 Da idR ein Betrieb (und damit das Besteuerungsrecht) zurückbleiben sollte, greift die FV im Fall einer errichtenden Outbound-Umwandlung auch nicht den Fall der Beschränkung des Besteuerungsrechts, sondern die mögliche **Erweiterung der Besteuerungslast** auf bestehende stille Reserven durch eine errichtende Umwandlung auf. Nach den BudBG 2012 sind stille Reserven evident zu halten, um sie mit 25 % steuerhängig zu halten (vgl § 9 Rz 54 ff).

177 Zu beachten ist, dass auch errichtende Outbound-Umwandlungen zu einer **Einschränkung des Besteuerungsrechts führen können**. Hierbei sind insb folgende Konstellationen zu bedenken:

178 • Errichtende Umwandlung einer Kapitalgesellschaft, die einen **ausländischen Betrieb hat, in Österreich** jedoch lediglich **Tätigkeiten** ausübt, die **keine Betriebsstätte darstellen:** Da das Betriebserfordernis erfüllt ist, ist Art II anwendbar. Abhängig vom österreichischen Vermögen bleibt dieses in Österreich innerstaatlich und nach Anwendung des DBA steuerhängig (s Rz 166) oder kann danach nicht mehr besteuert werden.

179 • Errichtende Umwandlung einer **in Österreich betriebsführenden Kapitalgesellschaft mit ausländischen Betriebsstätten**: Befinden sich die Betriebsstätten in Staaten, mit denen ein DBA mit Anrechnungsmethode (oder kein DBA) vorliegt, bestand vor der Umwandlung österreichisches Besteuerungsrecht. Nach der Umwandlung stellen die Betriebsstätten (abgesehen von Konzept der Subbetriebsstätte – vgl dazu *Gassner/Hofbauer* in Beschränkte Steuerpflicht 83 ff) Betriebsstätten des ausländischen Steuerpflichtigen dar und können damit in Österreich nicht mehr besteuert werden. Diese Konsequenz besteht auch bei anderen ausländischen Vermögensteilen, die nicht als eigene

Betriebsstätte qualifizieren, die jedoch bisher im Ausland unter Anwendung der Anrechnungsmethode besteuert wurden (zB unbewegliches Vermögen) und anschließend als direktes Vermögen der Mitunternehmer gesehen werden. Dasselbe gilt auch für ausländisches Vermögen, das vor Umwandlung mangels DBA oder aufgrund des DBA (mangels Zuordnung des Besteuerungsrechts zum Quellenstaat) in Österreich besteuert werden konnte.

Grundsätzlich könnte ausländisches Umwandlungsrecht ermöglichen, dass **österreichische Kapitalgesellschaften auf ausländische Personengesellschaften errichtend umgewandelt** werden. Diesfalls könnte die Umwandlung (nach der funktionellen Zuordnung) dazu führen, dass einzelne Wirtschaftsgüter nicht mehr einer österreichischen Betriebsstätte zuzuordnen wären und somit durch die Umwandlung bzw eine anschließende Verlegung in Österreich nicht mehr der Besteuerung unterlägen (dies entspricht der Fragestellung bei einer verschmelzenden Umwandlung – in diesem Fall auf eine ausländische Personengesellschaft, – vgl dazu Rz 170 ff). 180

4. Verschmelzende Inbound-Umwandlungen

Bei verschmelzender Umwandlung im Ausland auf einen österreichischen Hauptgesellschafter liegt eine Inbound-Umwandlung vor. Durch die Umwandlung geht die Beteiligung an der umwandelnden Gesellschaft unter. An ihre Stelle tritt das Vermögen der umgewandelten Gesellschaft. Insoweit somit vor der Umwandlung ein **Besteuerungsrecht an den Wertänderungen der Beteiligung** gegeben ist, kann es zu einer **Einschränkung des österreichischen Besteuerungsrechts** iSv § 9 Abs 1 Z 2 kommen (vgl auch *Walter*[11] Rz 225c; s weiterführend § 9 Rz 31 ff). 181

Das **Besteuerungsrecht an der Beteiligung** vor der Umwandlung steht **nach dem OECD-MA** (mit Ausnahme von Beteiligungen an Immobiliengesellschaften) idR dem Ansässigkeitsstaat zu (bei Immobiliengesellschaften hängt es vom anzuwendenden Methodenartikel ab). Daneben hängt die Frage der **Steuerhängigkeit** vom **innerstaatlichen Recht** ab. So können die Wertänderungen nicht steuerpflichtig sein, weil eine steuerneutrale internationale Schachtelbeteiligung gem § 10 Abs 3 KStG besteht oder wenn bei natürlichen Personen eine Altbeteiligung (vgl dazu Jakom[10]/*Marschner* § 27 Rz 125) vorliegt, die weder nach § 30 noch nach § 31 EStG steuerpflichtig ist. Liegt vor der Umwandlung keine Steuerpflicht vor, kann es mE zu keiner Einschränkung des Besteuerungsrechts kommen (vgl Rz 162). 182

Der **Untergang** der **Beteiligung** ist der Umwandlung inhärent und somit **systembedingt** (vgl auch *Hafner/Heinrich* in *Achatz ua*, Int Umgr 89; *Damböck*, ÖStZ 2004/592, 275; *Hafner/Heinrich*, GES 2005, 211). Österreichs **Besteuerungsrecht** an den Anteilen **geht** daher bei jeder Umwandlung **unter**. Nach der hA ändert dies nichts an der Anwendbarkeit von Art II (vgl *Hafner/Heinrich* in *Achatz ua*, IntUmgr 86 mwN). Jedoch sieht seit dem BudBG 2007 § 9 Abs 1 Z 2 eine Regel zur **Steuerentstrickung** für gewisse Sachverhalte vor (vgl § 9 Rz 31 ff). 183

Stellungnahme. Auf **Ebene** des Vermögens der **umzuwandelnden Gesellschaft** scheint eine **Einschränkung des Besteuerungsrechts kaum denkbar**. Waren Vermögensteile bereits vor der Umwandlung (also als Teil der ausländischen Körper- 184 schaft) aufgrund ihres Österreichbezugs (zB als österreichische Betriebsstätte) in Österreich steuerpflichtig, werden sie es idR auch nach Umwandlung auf einen österreichischen Rechtsnachfolger sein.

5. Errichtende Inbound-Umwandlungen

185 Erfolgt nach ausländischem Recht eine **errichtende Umwandlung** (vgl Rz 87 ff) einer **ausländischen Kapitalgesellschaft** und ist an der umzuwandelnden Kapitalgesellschaft **ein in Österreich ansässiger Gesellschafter** beteiligt, ist für Zwecke der Ertragsteuern ein ansässiger Steuerpflichtiger Rechtsnachfolger (vgl Rz 226 ff) der ausländischen Kapitalgesellschaft. Folglich liegt eine Inbound-Umwandlung vor. Ob sich der Sitz der übernehmenden Personengesellschaft im In- oder Ausland befindet, ist aufgrund der Transparenz der Personengesellschaft irrelevant.

186 Durch die Umwandlung kommt es zu einem Untergang der Beteiligung und damit zu einem Entfall der Besteuerungsmöglichkeiten der stillen Reserven in der Beteiligung. Der **Wegfall der Beteiligung** an der umzuwandelnden Gesellschaft ist bei Umwandlungen **systemkonform** (vgl auch BMF 15.7.2003, RdW 2003/530, 607). Jedoch kann eine daraus resultierende Einschränkung des Besteuerungsrechts die Anwendung von § 9 Abs 1 Z 2 auslösen (vgl dazu § 9 Rz 31 ff – vgl zur früheren Ansicht der FV 1. Aufl Rz 186 ff).

187 **Stellungnahme.** Die errichtende Umwandlung kann auch zu **Einschränkungen des Besteuerungsrechts** im Vermögen führen. Durch eine errichtende Inbound-Umwandlung wird idR das Besteuerungsrecht Österreichs am Vermögen nicht eingeschränkt werden. Bestand vor der Umwandlung ein österreichisches Besteuerungsrecht am Vermögen der umzuwandelnden Kapitalgesellschaft (zB bei einer österreichischen Betriebsstätte), wird das Besteuerungsrecht idR auch weiterbestehen, wenn das Vermögen einem österreichischen Steuerpflichtigen zuzurechnen ist. Allerdings kann es dann zu einer Einschränkung des Besteuerungsrechts kommen, **wenn Vermögen durch die Umwandlung zu Sonderbetriebsvermögen der ausländischen Personengesellschaft wird**. War das Vermögen zuvor in Österreich steuerpflichtig, kann es aufgrund der Qualifikation als Sonderbetriebsvermögen (durch die Personengesellschaft) der ausländischen Betriebsstätte zuzuordnen und in Österreich aufgrund des anwendbaren DBA zu befreien sein (vgl VPR Rz 294 ff zur Frage der Qualifikation als Sonderbetriebsvermögen bei internationalen Sachverhalten).

6. Umwandlungen im Ausland

188 Erfolgt eine Umwandlung im Ausland, kann dies auch zu einer Änderung des Besteuerungsrechts Österreichs führen. Erfolgt im Ausland eine grenzüberschreitende Umwandlung (sind also Rechtsnachfolger – vgl Rz 226 ff – in einem anderen Staat als die umwandelnde Kapitalgesellschaft ansässig), kommt es zur **Anwendbarkeit eines anderen DBA**. Durch **Abweichungen in den Verteilungsnormen** (zB unterschiedliche Betriebsstättendefinitionen, abweichende Besteuerungsregeln bei Kapitalanteilen) kann es hierbei zu einer Einschränkung des Besteuerungsrechts kommen (*Hügel* in H/M/H § 7 Rz 60). Auch in diesem Fall ist Art II insoweit nicht anzuwenden.

C. Innerstaatliche Steuerbefreiung bei Rechtsnachfolgern

Zu einer **Einschränkung des österreichischen Besteuerungsrechts** kann es auch bei rein innerstaatlichen Umwandlungen kommen. Ist **beim übernehmenden Rechtsträger eine Steuerbefreiung** anwendbar (die bei der übertragenden Gesellschaft nicht anwendbar war), führt dies dazu, dass Wertänderungen nach der Umwandlung nicht mehr steuerhängig sind. Insoweit kommt es daher zu einer Einschränkung des Besteuerungsrechts (vgl auch § 1 Rz 102 f; weiters *Keppert/ Waitz-Ramsauer* in W/H/M, HdU II[8] § 7 Rz 40; *Zöchling/Paterno* in W/Z/H/K[5] § 7 Rz 50; *Hügel* in H/M/H § 7 Rz 42; *Zöchling*, SWK 2007, 1032; *Schwarzinger/ Wiesner* I/1[3] 1045). Folglich ist Art II insoweit nicht anwendbar (BMF 4.8.1998, SWK 1998, 608). Dies gilt sowohl für **umfassende Steuerbefreiungen** als auch für Auswirkungen des **unterschiedlichen Umfangs der Steuerpflicht** (zB bei Privatstiftungen und Körperschaften, die der beschränkten Steuerpflicht zweiter Art – vgl dazu *Prillinger* in L/R/S/S[2] § 21 Rz 105 ff – unterliegen) beim übernehmenden Rechtsträger. Bei der Frage der Einschränkung des Besteuerungsrechts kommt es darauf an, ob die stillen Reserven (und der Firmenwert), die bei der umwandelnden Kapitalgesellschaft steuerhängig waren, beim Empfänger weiterhin steuerhängig sind. **191**

So kann eine **Umwandlung auf eine Körperschaft öffentlichen Rechts**, bei der Wertänderungen nicht voll umfänglich steuerhängig sind (vgl dazu *Prillinger* in L/R/S/S[2] § 21 Rz 105 ff) allerdings auch dann zur Anwendung von Art II führen, wenn bei der übernehmenden Körperschaft ein Betrieb gewerblicher Art (vgl dazu *Sutter* in L/R/S/S[2] § 2 Rz 25 ff) entsteht, da die stillen Reserven im Betrieb gewerblicher Art steuerhängig sind (*Keppert/Waitz-Ramsauer* in W/H/M, HdU II[8] § 7 Rz 40; *Zöchling/Paterno* in W/Z/H/K[5] § 7 Rz 50; *Hügel* in H/M/H § 7 Rz 42; *Schwarzinger/Wiesner* I/1[3] 1065). **192**

Stellungnahme. In der legistischen Entwicklung ist zu beobachten, dass auch bei der **Besteuerung** von **Körperschaften öffentlichen Rechts** und **befreiten** (beschränkt steuerpflichtigen) **Körperschaften Wertänderungen** vermehrt der Besteuerung unterliegen. So sind iRd beschränkten Steuerpflicht zweiter Art gem § 21 Abs 2 und 3 KStG inzwischen Wertänderungen im Kapitalvermögen (iSv § 27 Abs 3 und 4 EStG auch im Fall von § 27a Abs 2 EStG) sowie bei Grundstücksveräußerungen iSd §§ 30 ff EStG steuerpflichtig. Insoweit die Wertänderungen daher weiterhin steuerhängig bleiben, bestehen mE gute Argumente dafür, dass keine Einschränkung des österreichischen Besteuerungsrechts vorliegt. Entsprechendes lässt sich mE auch bei **Privatstiftungen** als Rechtsnachfolgern argumentieren, insoweit bei Wertänderungen (zumindest) die Zwischenbesteuerung greift. Die Zwischenbesteuerung ist zwar auf die Zuwendungsbesteuerung anrechenbar, führt aber dazu, dass die Wertänderungen einmal der Besteuerung mit 25 % (bzw schlussendlich mit 27,5 %) unterliegen. Da die Besteuerung iHv 27,5 % bei diesem Vermögen auch bei natürlichen Personen dem Bereich der vollen Besteuerung (25 %, 27,5 % oder 30 %) entspricht, ist mE die wirtschaftliche Einmalbesteuerung erreicht und es sollte mE (so wie auch bei natürlichen Personen als Rechtsnachfolgern) zu keiner Einschränkung des Besteuerungsrechts iSv § 7 Abs 2 kommen (vgl auch zu diesem Ergebnis kommend *Schwarzinger/Wiesner* I/1[3] 1053; vgl auch § 16 Rz 49 mwN). **192a**

§ 7 *Stefaner*

193 Waren Vermögensteile vor der Umwandlung steuerbefreit, kann die Umwandlung keine Einschränkung des Besteuerungsrechts verursachen. **Umwandlungen steuerbefreiter Körperschaften** (vgl dazu *Blum/Spies* in *L/R/S/S*² § 5 Rz 41 ff) können daher auch dann unter Art II fallen, wenn der übernehmenden Rechtsträger eine steuerbefreite Körperschaft ist (*Zöchling/Paterno* in *W/Z/H/K*⁵ § 7 Rz 50). (Partiell) Nicht unter Art II könnten Umwandlungen steuerbefreiter Körperschaften jedoch dann fallen, wenn beim Rechtsnachfolger eine volle Steuerbefreiung (und nicht nur eine Befreiung von der unbeschränkten Körperschaftsteuer) zur Anwendung kommt, insoweit in diesen Fällen Wertänderungen vor der Umwandlung iRd der beschränkten Körperschaftsteuerpflicht zweiter Art steuerhängig waren und nach der Umwandlung nicht mehr der Steuerpflicht unterliegen. Solche vollumfänglichen Steuerbefreiungen sind nicht nur in § 3 EStG enthalten, sondern können für spezielle (der öffentlichen Hand nahestehende) Körperschaften teilweise in Spezialgesetzen vorgesehen sein.

194 Auf die Vermögensteile, bei denen das Besteuerungsrecht eingeschränkt wird, ist somit **Art II nicht anwendbar** (vgl Rz 257 ff). Es kommen insoweit die allgemeinen steuerlichen Konsequenzen zur Anwendung (vgl dazu Rz 241 ff).

D. Rechtsfolge
1. (Partielle) Nichtanwendung von Art II

196 Kommt es zu einer Einschränkung des Besteuerungsrechts, führt dies insoweit zu einer Nichtanwendbarkeit von Art II (vgl auch *Hügel* in H/M/H § 7 Rz 48; *Nekrasov* in *Kirchmayr/Mayr*, Umgründungen 49; *Kirchmayr/Wellinger* in *Kirchmayr/Mayr*, Umgründungen 64; *Zöchling/Paterno* in *W/Z/H/K*⁵ § 7 Rz 49). Bezogen auf die Ertragsbesteuerung bedeutet dies, dass sowohl auf Ebene der **übertragenden Kapitalgesellschaft** (vgl detailliert Rz 243) als auch auf Ebene der **Gesellschafter** (vgl detailliert Rz 244 f) die Rechtsfolgen einer teilweisen **Liquidationsbesteuerung** zum Tragen kommen (vgl UmgrStR Rz 458 idF WE 2017, 460; *Keppert/Waitz-Ramsauer* in W/H/M, HdU II⁸ § 7 Rz 27; *Zöchling/Paterno* in *W/Z/H/K*⁵ § 7 Rz 49; *Hügel* in H/M/H § 7 Rz 53; *Zöchling*, SWK 2007, 1032; *Nekrasov* in *Kirchmayr/Mayr*, Umgründungen 48; *Kirchmayr/Wellinger* in *Kirchmayr/Mayr*, Umgründungen 64; *Ludwig/Hebenstreit* in GedS Bruckner 379). Dh es werden auf Ebene der Gesellschaft die **stillen Reserven** jener Wirtschaftsgüter **besteuert**, deren Wertsteigerungen nach der Umwandlung in Österreich nicht mehr besteuert werden können. Parallel dazu kommt es zu einer (anteiligen) Besteuerung der stillen Reserven in den Anteilen auf Gesellschafterebene, falls Österreich das Besteuerungsrecht an den Anteilen zusteht (vgl detailliert § 1 Rz 81 ff zum Erfordernis der Steuerverstrickung). Die anteilige Besteuerung der stillen Reserven in den Anteilen an der übertragenden Gesellschaft hat dabei im Verhältnis der Verkehrswerte (nicht der stillen Reserven!) jener Vermögensteile, an denen österreichisches Besteuerungsrecht eingeschränkt wird, zu jenen Vermögensteilen, an denen das Besteuerungsrecht nicht eingeschränkt wird, zu erfolgen (vgl UmgrStR Rz 460; s auch *Wellinger* in HB Sonderbilanzen II 77; *Nekrasov* in *Kirchmayr/Mayr*, Umgründungen 49).

197 Da Art II nicht anwendbar ist, hat dies noch weitere Folgen für jene Vermögensteile, bei denen das Besteuerungsrecht Österreichs eingeschränkt wird. Insb bedeutet die Nichtanwendbarkeit der Buchwertfortführung (vgl § 8 Rz 11 ff) die Besteuerung der stillen Reserven. Folglich übernimmt der **Rechtsnachfolger** die

Vermögensgegenstände aus österreichischer steuerlicher Sicht mit den **Verkehrswerten** (vgl zur Übernahme durch den Rechtsnachfolger § 9 Rz 21 ff). Da die Vermögensgegenstände anschließend nicht der österreichischen Besteuerung unterliegen, hat dies erst dann eine Auswirkung, falls die Vermögensgegenstände zu einem späteren Zeitpunkt wieder in die österreichische Besteuerungshoheit eintreten und dabei zu bewerten sind.

Da auch der Verlustübergang an die Buchwertfortführung des verlustverursachenden Vermögens gebunden ist (vgl § 10 Rz 6), können auch **Verlustvorträge**, die aus Vermögen stammen, an denen das Besteuerungsrecht eingeschränkt wird, nicht nach § 10 (vgl dazu § 10 Rz 1 ff) auf die Rechtsnachfolger übergehen (vgl UmgrStR Rz 460). Verlustvorträge sind (letztmalig) mit Gewinnen des letzten Wirtschaftsjahres – inkl jenen aus den aufgedeckten stillen Reserven – zu verrechnen (vgl Rz 246 ff zur Frage, ob die Verlustvorträge auch außerhalb des Anwendungsbereichs von Art II auf Rechtsnachfolger übergehen). **198**

§ 7 Abs 2 erklärt Art II zur Gänze (und nicht nur die Buchwertfortführung) als nicht anwendbar, insoweit das Besteuerungsrecht eingeschränkt wird. Ist Art II nur partiell anwendbar, stellt sich die Frage, mit welchem Zeitpunkt die Vermögensteile, für die Art II nicht anwendbar ist, übergehen. Mangels Anwendbarkeit von Art II kommt auch die Rückwirkungsfiktion von § 8 iVm § 9 nicht zur Anwendung. Allerdings führt § 20 Abs 2 Z 1 iVm Abs 3 KStG (vgl *Hristov* in *L/R/S/S²* § 20 Rz 57) auch außerhalb von Art II idR vereinfachend dazu, dass auch **außerhalb** des Anwendungsbereichs von **Art II** ein Übergang mit **Ablauf des Stichtags** erfolgt (UmgrStR Rz 632; vgl auch Rz 241 f). **199**

Aufgrund der (partiellen) Nichtanwendbarkeit von Art II greifen auch die Sonderregeln für **andere Steuern** nicht. Es sind daher (partiell) die Rechtsfolgen für Umwandlungen außerhalb des UmgrStG anzuwenden (vgl auch *Keppert/Waitz/Ramsauer* in *W/H/M*, HdU II[8] § 7 Rz 28; vgl zu den Rechtsfolgen für Umwandlungen außerhalb von Art II Rz 250 ff). **200**

2. Einschränkung des Besteuerungsrechts im Verhältnis zu EU und EWR
a) Anwendungsbereich

Bei Umwandlungen, bei denen es zu einer **Einschränkung** des **Besteuerungsrechts gegenüber EU**- oder **EWR-Staaten** kommt, sieht § 7 Abs 2 Abminderungen der Rechtsfolgen der sofortigen Besteuerung von nicht am Markt realisierten stillen Reserven vor. Im Verhältnis zu EWR-Staaten greift die Abminderung der Rechtsfolgen jedoch nur, wenn mit dem fraglichen Staat umfassende Amts- und Vollstreckungshilfe besteht. Aufgrund des Erfordernisses der umfassenden Amts- und Vollstreckungshilfe können im EWR **nunmehr** Umwandlungen im Verhältnis zu **Norwegen** und **Liechtenstein** und ab 1.1.2017 zu **Island** profitieren (vgl UmgrStR Rz 458 idF WE 2017; s auch *Keppert/Waitz-Ramsauer* in *W/H/M*, HdU II[8] § 7 Rz 32; zu Island vgl § 1 Rz 149). **201**

Nach den Materialien (ErlRV AbgÄG 2015, 896 BlgNR 25. GP, 13) soll eine Einschränkung des Besteuerungsrechts gegenüber einem privilegierten EU-/EWR-Staat vorliegen, insoweit **Rechtsnachfolger** in diesem **ansässig** sind. Im Gegensatz zu § 1 Abs 2 stimmt dies jedoch nicht mit dem Wortlaut von § 7 Abs 2 überein. Dies scheint auch systematisch zu vereinfachend zu sein, da zB auch eine Zuordnung des Vermögens zu einer EU-/EWR-Betriebsstätte (vgl zum Fall der Umwandlung auf **202** eine österreichische Betriebsstätte Rz 104) zu einer Einschränkung des Besteuerungsrechts gegenüber einem EU- oder EWR-Staat führen kann. Auch klärt die Formulierung in den Materialien nicht, ob die Ansässigkeit nach den Prinzipien des österreichischen Steuerrechts oder den konkreten Anforderungen des ausländischen Steuerrechts bestehen soll (und im zweiten Fall einen dynamischen Verweis auf alle betroffenen Rechtsordnungen darstellt). Systematisch ist auch vor dem Hintergrund des Unionsrechts (vgl dazu Rz 203) darauf abzustellen, welchem Staat das Besteuerungsrecht an den stillen Reserven im Einzelfall zukommt (vgl auch zu diesem Ergebnis kommend UmgrStR Rz 458 idF WE 2017; s weiters *Massoner/Stefaner* in *Stefaner/Schragl*, Wegzugsbesteuerung 138).

203 Der durch das **AbgÄG 2015 erweiterte Anwendungsbereich**, der nunmehr die begünstigten Besteuerungsfolgen für alle Einschränkungen des Besteuerungsrechts gegenüber EU- und (gewissen) EWR-Staaten erlaubt, beendet pro futuro auch die Diskussion, ob die Vorgängerregelung nur auf verschmelzende Umwandlungen auf EU- und EWR-Kapitalgesellschaften anwendbar war, oder auch darüber hinaus für andere (verschmelzende und errichtende) Umwandlungen griff oder die entsprechenden Rechtsfolgen durch direkte Anwendung von Unionsrecht geboten waren (vgl dazu 4. Aufl Rz 202 ff). Die Ausführungen in den Materialien (ErlRV AbgÄG 2015, 896 BlgNR 25. GP, 12 f) stützen dabei mE auch die in der 4. Aufl vertretene Interpretation, die aus unionsrechtlichen Gründen eine weitere Anwendung für geboten erachtete. Diese Erwägungen führen mE auch zu der in Rz 202 als geboten erachteten Interpretation der Einschränkung des Besteuerungsrechts gegenüber EU- oder EWR-Staaten, da das pauschale Abstellen auf die Ansässigkeit wiederum entsprechende Bedenken zur Unionsrechtskonformität wecken würde.

b) Ausübung

205 Besteht ein Rechtsanspruch auf Ratenzahlung, muss ein entsprechender **Antrag** gestellt werden. Nur wenn ein Antrag gestellt wird, wird die Begünstigung gewährt. Der Antrag muss mit der letzten Steuererklärung der übertragenden Gesellschaft gestellt werden (UmgrStR Rz 458 idF WE 2017; *Zöchling/Paterno* in *W/Z/H/K*[5] § 7 Rz 52; s auch *Keppert/Waitz-Ramsauer* in *W/H/M*, HdU II[8] § 7 Rz 36). Wird ein Antrag auf Ratenzahlung gestellt, **ist** dem Antrag **von der FV stattzugeben**, wenn eine Einschränkung des Besteuerungsrechts im Verhältnis zu begünstigten EU- oder EWR-Staaten (vgl Rz 201 ff) erfolgt. Wurde die Steuererklärung bereits vor Umwandlung abgegeben, stellt dies einen Grund für die Abgabe einer korrigierten Steuererklärung dar, in der die Option ausgeübt werden kann (vgl § 1 Rz 156).

c) Rechtsfolge

206 Wird die Option auf Ratenzahlung ausgeübt, wird für Umwandlungen, die nach dem 31.12.2015 beschlossen wurden (3. Teil Z 30), die Steuerschuld aufgrund der Liquidationsbesteuerung auf **Gesellschaftsebene** und – mangels einer § 5 Abs 1 Z 3 entsprechenden Regelung (vgl dazu § 1 Rz 142) – auch auf **Gesellschafterebene festgestellt**. Dabei kommen – trotz geringer Abweichungen im Wortlaut – dieselben Prinzipien wie in iRd Verschmelzung zur Anwendung (vgl dazu detailliert § 1 Rz 141 ff; dafür spricht auch die gemeinsame Behandlung im Rahmen der Materialien – ErlRV AbgÄG 2015, 896 BlgNR 25. GP, 11). Jedoch wird die Steuer, die sich aus der Anwendung von § 20 KStG ergibt, nicht sofort erhoben. Vielmehr ist die **Steuer in Raten zu zahlen** (vgl *Walter*[11] Rz 225a; s detailliert § 1 Rz 161 ff; *Massoner/Stefaner* in *Stefaner/Schragl*, Wegzugsbesteuerung 138 ff). Ein Steueraufschub ist nicht mehr vorgesehen.

Abhängig von der Kategorie des Vermögensgegenstandes – und wohl dessen pauschal vermuteten (Rest-)Nutzungsdauer – ist die Steuer in unterschiedlich vielen Raten zu zahlen. Für Anlagevermögen (inkl Firmenwert und ähnlicher Wirtschaftsgüter) kommt eine Verteilung auf **sieben Raten** (§ 6 Z 6 lit d EStG; vgl *Walter*[11] Rz 225a, s weiterführend *Jakom*[10]/*Laudacher* § 6 Rz 157), für Umlaufvermögen eine Verteilung auf **zwei Raten** (§ 6 Z 6 lit e; vgl *Walter*[11] Rz 225a; s weiterführend *Jakom*[10]/*Laudacher* § 6 Rz 157) zur Anwendung. Die erste ist dabei binnen eines Monats nach dem Abgabenbescheid, die sechs folgenden Raten (Anlagevermögen) oder die verbliebene Rate (Umlaufvermögen) mit 30. September des Folgejahres/ des Folgejahres fällig. Eine spätere Bescheiderlassung kann somit auch die Fälligkeit der späteren Raten verzögern. 207

Offene Raten für Steuern, die sich aus Anlagevermögen ergeben, werden **vorzeitig fällig**, wenn die Vermögensteile veräußert werden, eine übernehmende Kapitalgesellschaft liquidiert wird oder das Vermögen sonst aus dem Vermögen des Rechtsnachfolgers ausscheidet (vgl *Walter*[1] Rz 225a; s detailliert § 1 Rz 167 ff; s zur Vorgängerregelung auch *Zöchling/Paterno* in W/Z/H/K[5] § 7 Rz 52; *Hafner/Heinrich*, GES 2005, 210). Derartige Umstände sind dem Finanzamt binnen drei Monaten ab Eintritt mitzuteilen. Für Umlaufvermögen ist keine vorzeitige Fälligkeit bei Ausscheiden vorgesehen (vgl auch *Jakom*[10]/*Laudacher* § 6 Rz 157). 208

Zu einer vorzeitigen Fälligkeit kommt es bei **Ausscheiden** des übertragenden Vermögens. Werden **einzelne Wirtschaftsgüter** übertragen, löst bereits das Ausscheiden des einzelnen Wirtschaftsguts eine Einhebung der Steuern auf die stillen Reserven, die auf dieses Wirtschaftsgut entfallen, aus (*Keppert/Waitz-Ramsauer* in W/H/M, HdU II[8] § 7 Rz 38; vgl auch § 1 Rz 167). 209

Stellungnahme. Die Regelungen für die Ratenzahlung sprechen nur stille Reserven von Aktivvermögen an. Allerdings können auch in **Passivposten** stille Reserven enthalten sein. Teleologisch sind mE die Regelungen (so wie auch andere Bewertungsregelungen des § 6 EStG – vgl auch *Jakom*[10]/*Laudacher* § 6 Rz 104 ff) **spielgebildlich** auch auf **Verbindlichkeiten, Rückstellungen** uÄ anzuwenden. Somit muss auch hier die Ratenzahlungsmöglichkeit (bereits vor dem unionsrechtlichen Hintergrund) zustehen. Da die Anzahl der Raten von Aktiva wohl von der pauschal erwarteten Nutzungsdauer abhängt, wird auch bei Passivposten die Verteilung auf sieben oder zwei Raten von der erwarteten Laufzeit abhängen. Analog zur Aktivseite wird hier mE nicht auf die am Umgründungsstichtag verbliebene Restlaufzeit, sondern (wie auch bei nur mehr kurzfristig genutztem Anlagevermögen) pauschal auf die Laufzeit bei Eingehen der Verbindlichkeit (oder Rückstellung etc) abzustellen sein. 210

Der Begriff des **sonstigen Ausscheidens** für die vorzeitige Fälligkeit, der sowohl im UmgrStG als auch für § 6 Z 6 EStG (vgl dazu *Jakom*[10]/*Laudacher* § 6 Rz 156) relevant ist, ist nicht eindeutig definiert. Das Ratenzahlungskonzept wurde vor unionsrechtlichem Hintergrund eingeführt, um eine Sofortbesteuerung in jenen Fällen zu vermeiden, die bei entsprechenden Transaktionen im Inland keine Sofortbesteuerung auslösen. Folglich wäre teleologisch gefordert, dass auch **Folgetransaktionen**, die bei **Durchführung in Österreich keine Besteuerung auslösen, kein sonstiges** 211

Ausscheiden darstellen. Somit sollten Verlegungen von Vermögensteilen innerhalb der EU und dem EWR (zumindest bei Bestehen von Amts- und Vollstreckungshilfe) entsprechend § 6 Z 6 EStG keine vorzeitige Fälligkeit auslösen. Genauso dürfen Folgeumgründungen, die bei Durchführung im Inland nach dem UmgrStG steuerfrei wären, keine vorzeitige Fälligkeit auslösen. Somit dürfen auch diese Folgeumgründungen kein sonstiges Ausscheiden darstellen (vgl detaillierter § 1 Rz 168; *Walter*[11] Rz 223 mwN; s auch zur Vorgängerregelung *Keppert/Waitz-Ramsauer* in W/H/M, HdU II[8] § 7 Rz 38; W/Z/H/K[4] § 7 Rz 32; *Wiesner*, RWZ 2004/90, 358; *Zöchling*, SWK 2007, 1033; nach Ansicht der FV jedoch nur, wenn die folgende Umgründung auch im Ausland steuerneutral ist: BMF 3.10.2013, BMF-010203/0493-VI/6/2013, Sbg Steuerdialog 2013 KöSt/UmgrStG).

d) Inkrafttreten und Vorgängerregelung

212 Die Neuregelung (Ratenzahlungskonzept) ist auf Umwandlungen anwendbar, die nach dem 31.12.2015 beschlossen wurden (3. Teil Z 30; vgl auch *Walter*[11] Rz 225a).

213 Für Umwandlungen, die vor dem 1.1.2016 beschlossen wurden, kam im privilegierten EU-/EWR-Fall (vgl 4. Aufl Rz 201 ff) der Besteuerungsaufschub zur Anwendung. Zu einer Erhebung der Steuer kam es erst, wenn die Vermögens(teile) zu einem späteren Zeitpunkt **veräußert** wurden oder sonst aus dem Betriebsvermögen ausschieden. Dabei wurde die Steuer, die im Jahr des Umwandlungsstichtags ursprünglich festgesetzt wurde, erhoben. Die Veräußerung bzw das sonstige Ausscheiden stellte dabei gem § 7 Abs 2 S 4 ein **rückwirkendes Ereignis** gem § 295a BAO (vgl dazu *Ritz*, BAO[4] § 295a Rz 3 ff) dar. Daher wird – solange noch keine absolute **Festsetzungsverjährung** (vgl dazu *Ritz*, BAO[4] § 209 Rz 36 ff) vorliegt – ein neuer Bescheid für das fragliche Jahr (ohne Festsetzung von Anspruchszinsen (vgl 4. Aufl Rz 210) – erlassen. Bis zum AbgÄG 2015 wurde bei Veräußerungen nach Ablauf der absoluten Festsetzungsverjährung die Steuer in Österreich nicht mehr erhoben (s auch *Keppert/Waitz-Ramsauer* in W/H/M, HdU II[8] § 7 Rz 38; *Zöchling/Paterno* in W/Z/H/K[5] § 7 Rz 52).

214 Mit dem AbgÄG 2015 wurde jedoch nicht nur das Wegzugsbesteuerungsregime für zukünftige Umgründungen (Ratenzahlung statt Steueraufschub) geändert, sondern auch die Verjährungsvorschriften geändert. Demnach **verjährt** die noch nicht festgesetzte Steuer auch für Steueraufschübe aus Umwandlungen, die vor dem 1.1.2016 beschlossen wurden (**Altumgründungen**), erst zehn Jahre, nachdem das rückwirkende Ereignis (zB Verkauf nach Einschränkung des österreichischen Besteuerungsrechts) ausgelöst wurde (§ 209 Abs 5 BAO idF AbgÄG 2015; vgl auch *Walter*[11] Rz 225a). Dies gilt ua für alle Steueraufschübe, die für Umwandlungen mit Stichtagen in Jahren ab 2006 beantragt wurden (§ 323 Abs 46 BAO; s auch *Walter*[11] Rz 225a). Im Effekt ergibt sich dadurch bezogen auf das Auslösen des rückwirkenden Ereignisses eine unendliche Betrachtungsperiode. ME ist fraglich, ob die Wirkung des Effekts, der ausschließlich grenzüberschreitende Transaktionen (wie ua Altumgründungen) innerhalb der EU/des EWR betrifft, mit höherrangigem Recht vereinbar ist.

VII. Gesellschafterwechsel nach dem Stichtag
A. Gesellschafterwechsel im Rückwirkungszeitraum

216 Weder das UmwG noch § 7 enthalten ein Verbot des Gesellschafterwechsels oder von Quotenverschiebungen. Somit sind **Wechsel in der Gesellschaftersphäre** zwi-

schen Umwandlungsstichtag und Umwandlungsbeschluss oder Eintragung der Umwandlung (somit im Rückwirkungszeitraum) der Anwendung von Art II **nicht schädlich** (vgl *Zöchling/Paterno* in W/Z/H/K⁵ § 7 Rz 33; *Schwarzinger/Wiesner* I/1³ 663, 671). Sie ermöglichen damit den Einkauf in Verluste des Rückwirkungszeitraums (*Keppert/Waitz-Ramsauer* in W/H/M, HdU II⁸ § 9 Rz 11). Und auch wenn die – oder ein Teil – der 90%igen **Beteiligung** (die für eine verschmelzende Umwandlung nötig ist) erst nach dem Umwandlungsstichtag (dh **im Rückwirkungszeitraum**) **erworben** wurde, ist dies der Anwendung von Art II nicht schädlich (UFS 26.4.2004, RV/1694-W/03).

Derartige Änderungen im Rückwirkungszeitraum sind nach allgemeinen steuerlichen Normen zu beurteilen und von der Rückwirkungsfiktion nicht umfasst (vgl *Zöchling/Paterno* in W/Z/H/K⁵ § 7 Rz 33). Sie führen zu einem **Systembruch**. Obwohl die übertragende Kapitalgesellschaft für ertragsteuerliche Zwecke rückwirkend mit dem Stichtag untergeht (vgl § 8 Rz 57 f), wird eine Veräußerung der Anteile im Rückwirkungszeitraum als **Veräußerung von Kapitalanteilen** behandelt (vgl § 11 Rz 11; vgl BMF 18.5.1998, SWK 1998, 445; s auch *Ludwig*, ÖStZ 2008/450, 220). Hintergrund ist, dass aus zivilrechtlicher Sicht die Kapitalgesellschaft noch bis zur Eintragung existiert und daher noch Kapitalanteile ge- und verkauft werden (vgl UmgrStR Rz 464). Die Behandlung scheint auch insoweit gerechtfertigt, als der Verkäufer im Rückwirkungszeitraum uU nicht von der Umwandlung gewusst, nicht an dieser mitgewirkt hat oder diese uU sogar gegen seinen Willen erfolgt. Jedenfalls war der Verkäufer nie am übernehmenden Rechtsträger beteiligt. Änderungen der Gesellschafterverhältnisse sind insoweit relevant, als die Verhältnisse beim Umwandlungsbeschluss für die **nötigen Mehrheiten** (vgl Rz 31 f, 50 ff) relevant sind. **217**

In einer früheren Einzelerledigung ging die FV davon aus, dass jene Personen, die **an der Umwandlung mitwirken** und anschließend verkaufen, einen Mitunternehmeranteil übertragen, wohingegen Gesellschafter, die an der Umwandlung nicht mitwirken, einen Kapitalanteil übertragen (BMF 26.5.1999, ecolex 1999, 652). Abgestellt wurde dabei letztendlich darauf, ob der **Gesellschafter Rechtsnachfolger** (vgl Rz 226 ff) wurde oder nicht. Dadurch liegt auch bei iRd Umwandlung ausscheidenden Gesellschaftern – selbst wenn diese an der Beschlussfassung der Umwandlung mitgewirkt haben – eine Veräußerung eines Kapitalanteils vor (vgl § 11 Rz 11 ff). Das Abstellen auf das Eintreten in die Stellung als Rechtsnachfolger scheint dabei dogmatisch richtiger als das vereinfachende Abstellen auf den Zeitpunkt der Eintragung der Umwandlung ins Firmenbuch. Insoweit in Einzelfällen Gesellschafter nach Beschluss, jedoch vor Eintragung der Umwandlung ausscheiden und bereits Rechtsnachfolger geworden sind, liegt mE die Veräußerung eines Mitunternehmeranteils vor (vgl auch *Wiesner/Schwarzinger* in FS Bertl 924 f). Da eine rückwirkende Veräußerung nicht möglich ist, ist dem Rechtsnachfolger auch bei unmittelbar folgender Veräußerung jedenfalls das steuerliche Ergebnis des Zeitraums Umwandlungsstichtag – Veräußerungszeitpunkt zuzurechnen (BMF 28.2.2002, ecolex 2002, 464). **217a**

Stellungnahme. Analoges zur Abgrenzung, ob bei Ausscheiden eines Gesellschafters eine Veräußerung eines Kapitalanteils oder Mitunternehmeranteils vorliegt, wird mE auch für Änderungen der Beteiligungsquoten zu gelten haben. War ein Gesellschafter zum Stichtag noch mit 35 % beteiligt, verwässert sich sein Anteil je- **217b**

doch bis zur (oder iRd) Umwandlung auf 15 %, wird die Übertragung der 20 % mE eine Veräußerung des Kapitalanteils darstellen.

218 Aus steuerlicher Sicht sind Änderungen der Beteiligungsquoten nach dem Stichtag insb insoweit relevant, als die Wirkungen der Umwandlung die bei der Umwandlung beteiligten (und nicht vor oder durch die Umwandlung ausscheidenden) Gesellschafter betreffen (vgl auch *Zöchling/Paterno* in W/Z/H/K[5] § 7 Rz 33). Die **Zurechnung der steuerlichen Ergebnisse** der umgewandelten Gesellschaft bei einer errichtenden Umwandlung ab dem dem Stichtag folgenden Tag richtet sich nach den Beteiligungsverhältnissen der Rechtsnachfolger (vgl Rz 226 ff). Deren Beteiligungen entsprechen den Verhältnissen nach Änderungen der Beteiligungsquoten (inkl Ausscheiden von Minderheitsgesellschaftern auch gegen ihren Willen) bis zur und iRd Umwandlung. Bei verschmelzenden Umwandlungen führen spätestens diese Änderungen der Beteiligungsquoten (inkl Ausscheiden der Minderheitsgesellschafter) dazu, dass der übernehmende Hauptgesellschafter zu 100 % an der übertragenden Gesellschaft beteiligt ist, wodurch sich eine 100%ige Zurechnung der Ergebnisse an den Hauptgesellschafter ergibt.

219 Außerdem sind die Beteiligungsverhältnisse der Rechtsnachfolger zum Zeitpunkt der Eintragung der Umwandlung auch für die Frage des Verhältnisses des Übergangs von **steuerlichen Verlustvorträgen** (vgl § 10 Rz 17 ff) und anrechenbarer **Mindestkörperschaftsteuer** (vgl § 9 Rz 344 ff) relevant. Bei Verlustvorträgen ist zu berücksichtigen, dass der Zuerwerb von Anteilen den Übergang von Verlustvorträgen kürzen kann (vgl § 10 Rz 34 ff).

B. Gesellschafterwechsel und Quotenverschiebungen iRd Umwandlung

221 Diese Prinzipien der Besteuerung der Übertragung der Anteile gelten auch für Minderheitsgesellschafter, die iRd Umwandlung ausscheiden. Das Steuerrecht fingiert ein Ausscheiden in einer juristischen Sekunde, die der Umwandlung vorgelagert ist (*Keppert/Waitz-Ramsauer* in W/H/M, HdU II[8] § 7 Rz 52). Für den **ausscheidenden Gesellschafter** liegen Einkünfte aus der **Veräußerung einer Kapitalbeteiligung** vor (vgl weiterführend § 11 Rz 11). Für aufgreifende Gesellschafter erhöhen sich die – bei der Ermittlung des steuerneutralen Buchgewinns oder -verlusts zu berücksichtigenden – **Anschaffungskosten** um die geleisteten Zahlungen (vgl weiterführend § 11 Rz 13). Dasselbe gilt – iRd gesellschaftsrechtlichen Möglichkeiten (vgl auch *Schwarzinger/Wiesner* I/1[3] 663) – mE für **Anteilsverschiebungen zwischen Gesellschaftern** iRd Umwandlung (vgl weiterführend § 11 Rz 14 f).

VIII. Rechtsnachfolger

226 § 7 Abs 3 bestimmt die Rechtsnachfolger für Zwecke der Ertragsteuern. Bereits das UmwG führt dazu, dass der Übergang aller Rechtspositionen (zivilrechtlich) mittels **Gesamtrechtsnachfolge** erfolgt (vgl Rz 26, 57). Die Gesamtrechtsnachfolge gilt nach § 19 BAO auch für steuerliche Zwecke (BFG 14.4.2014, RV/3100498/2010; UmgrStR Rz 489a; s auch *Hirschler*, taxlex 2012, 95; vgl weiters *Ritz*, BAO[4] § 19 Rz 1 ff). Bei verschmelzenden Umwandlungen auf natürliche Personen oder Körperschaften sind diese auch für Zwecke der direkten Steuern Gesamtrechtsnachfolger (*Zöchling/Paterno* in W/Z/H/K[5] § 7 Rz 31).

Zivilrechtlich kann eine **Personengesellschaft** Gesamtrechtsnachfolger der umgewandelten Kapitalgesellschaft sein. Dies kann zum einen bei einer verschmelzenden Umwandlung auf eine Personengesellschaft, die Hauptgesellschafterin der umwandelnden Kapitalgesellschaft ist, der Fall sein. Zum anderen kann dies die Konsequenz einer errichtenden Umwandlung sein. Betrieblich tätige Personengesellschaften sind aus steuerlicher Sicht transparente **Mitunternehmerschaften**. Als solche sind sie keine Steuersubjekte für Zwecke der direkten Steuern. Folglich normiert § 7 Abs 3, dass in diesen Fällen nicht die Mitunternehmerschaft, sondern deren **Gesellschafter Rechtsnachfolger** der umzuwandelnden Kapitalgesellschaft sind (vgl UFS 6.5.2010, RV/1160-L/08; s auch *Keppert/Waitz-Ramsauer* in W/H/M, HdU II[8] § 7 Rz 48; *Zöchling/Paterno* in W/Z/H/K[5] § 7 Rz 32; *Schwarzinger/Wiesner* I/1[3] 767; *Heinlein/Krenn*, SWK 2017, 1172; *Komarek/Reinold/Zinnöcker*, BFGjournal 2017, 322; detailliert *Hügel* in H/M/H § 7 Rz 18; *Walter*[11] Rz 226 f). Auch durch (entstehende) mehrstöckige Mitunternehmerschaften ist durchzublicken (vgl *Schwarzinger/Wiesner* I/1[3] 759). Rechtsnachfolger können dabei nur jene Gesellschafter sein, die nicht vor oder iRd Umwandlung aus der Gesellschaft ausscheiden (und somit im Eintragungszeitpunkt der Umwandlung noch beteiligt sind – vgl *Zöchling/Paterno* in W/Z/H/K[5] § 7 Rz 33).

227

Weiters ist die wirtschaftliche Betrachtung zu beachten. Wird ein Anteil an der Kapitalgesellschaft iRd Umwandlung treuhändig gehalten, ist zivilrechtlich diese **Treuhandschaft** zu berücksichtigen. Bei einer verschmelzenden Umwandlung würde daher der Treuhänder Rechtsnachfolger. Bei einer errichtenden Umwandlung würde er Gesellschafter des Nachfolgerechtsträgers. Steuerlich wird jedoch entsprechend der wirtschaftlichen Betrachtung der **Treugeber Rechtsnachfolger** (*Keppert/Waitz-Ramsauer* in W/H/M, HdU II[8] § 7 Rz 51).

228

IX. Besteuerung der Umwandlung
A. Anwendbarkeit von Art II

Sind die Anwendungsvoraussetzungen gegeben, sind die §§ 8 bis 11 anwendbar (vgl UmgrStR Rz 414, s auch *Hügel* in H/M/H § 7 Rz 5; *Zöchling/Paterno* in W/Z/H/K[5] § 7 Rz 1). Demnach gilt grundsätzlich der **Buchwertfortführung** – die übertragende Gesellschaft hat das Vermögen mit den laufenden steuerlichen Werten anzusetzen (vgl § 8 Rz 11 ff), der Rechtsnachfolger führt diese Werte fort (vgl § 9 Rz 21 ff, Buchwertverknüpfung). Eine Besteuerung der stillen Reserven unterbleibt (vgl auch *Zöchling/Paterno* in W/Z/H/K[5] § 7 Rz 5). Ausnahmen bestehen bei der Einschränkung des Besteuerungsrechts (vgl Rz 161 ff), dem Aufwertungswahlrecht (vgl § 8 Rz 36 ff), der Erweiterung des Besteuerungsrechts (vgl § 9 Rz 41 ff) und internationalen Schachtelbeteiligungen (vgl § 9 Rz 151 ff). Das Gewinnkapital unterliegt der **Ausschüttungsfiktion** (vgl § 9 Rz 211 ff). Der Übergang der Vermögensgegenstände erfolgt **rückwirkend** zum Umwandlungsstichtag. Mit Beginn des dem Umwandlungsstichtag folgenden Tages sind das Vermögen sowie Erträge und Aufwendungen den Rechtsnachfolgern zuzurechnen (vgl § 8 Rz 58 f). **Verlustvorträge** gehen bei Buchwertfortführung insoweit über, als das verlustverursachende Vermögen im vergleichbaren Umfang vorhanden ist (vgl § 10 Rz 7 ff), kein schädlicher Einkauf in Verlustvorträge (vgl § 10 Rz 34 ff) und kein Mantelkauf (vgl § 10 Rz 80 ff) vorliegt. Mindestkörperschaftsteuerguthaben gehen ebenfalls auf die Rechtsnachfolger über (§ 9 Rz 343 ff).

231

232 Werden aufgrund von § 8 **stille Reserven steuerwirksam aufgedeckt** (Aufwertungsoption vgl § 8 Rz 36 ff), bleibt Art II anwendbar. Nur die Buchwertfortführung und der **Übergang der Verlustvorträge** kommen (insoweit) nicht zur Anwendung. Auch bei einem Eintritt ins österreichische Besteuerungsrecht kommt es zu einer Aufwertung (vgl § 9 Rz 41 ff). Auch hier bleibt Art II (inkl der vorgesehenen Regeln zur Aufwertung) anwendbar.

233 Für Zwecke der **Umsatzsteuer** gelten Umwandlungen als nicht steuerbare Umsätze (vgl § 11 Rz 21 ff). Der Rechtsnachfolger tritt nach Umwandlung unmittelbar in die umsatzsteuerliche Stellung der umwandelnden Kapitalgesellschaft (vgl § 11 Rz 22). Auch für **lohnsteuerliche Zwecke** ist die übertragende Gesellschaft bis zur Umwandlung weiterhin Arbeitgeber. Erst mit Erlöschen der Kapitalgesellschaft tritt der Rechtsnachfolger an dessen Stelle (vgl § 11 Rz 1). Dies gilt auch für die Frage von Vergütungen für wesentlich beteiligte Gesellschafter (vgl § 11 Rz 2 ff).

234 Fällt die Umwandlung unter Art II und besteht die Kapitalgesellschaft seit mehr als zwei Jahren, griff eine Befreiung von der (seit 1.1.2016 nicht mehr ehobenen) **Gesellschaftsteuer**, daneben waren auch die Befreiungen des KVG anwendbar (vgl § 11 Rz 26 ff). Da bei Umwandlungen die Übertragung von Vermögen und Rechtsverhältnissen mittels Gesamtrechtsnachfolge erfolgt, ist keine Befreiung von den **Rechtsgeschäftsgebühren** (vgl § 11 Rz 46) vorgesehen.

235 Werden durch die Umwandlungen **Grundstücke** übertragen oder Anteilsvereinigungs-/-übertragungstatbestände ausgelöst, fällt GrESt iHv 0,5 vom Grundstückswert an (vgl § 11 Rz 36 ff).

B. Nichtanwendbarkeit von Art II
1. Umwandlungen außerhalb des UmgrStG
a) Zeitpunkt

241 Ist Art II nicht anwendbar, greift auch die in § 8 und § 9 vorgesehene Rückwirkungsfiktion nicht (vgl § 8 Rz 56 ff; § 9 Rz 10 f). Dennoch ist auch außerhalb des UmgrStG ein Übergang **mit Beginn des dem Umwandlungsstichtag folgenden Tags** vorgesehen (vgl UFS 21.7.2010, RV/0426-F/08; UFS 21.1.2011, RV/0534-G/08; BMF 14.3.2000, RdW 2000/623, 642; BMF 30.1.2002, ecolex 2002, 388; s auch *Keppert/Waitz-Ramsauer* in *W/H/M*, HdU II[8] § 7 Rz 46; *Zöchling/Paterno* in *W/Z/H/K*[5] § 7 Rz 4; *Schwarzinger/Wiesner* I/1[3] 845). Dies soll Vereinfachungszwecken dienen, *„um eine Vermögensaufstellung am Tag der Eintragung des Umwandlungsbeschlusses in das Firmenbuch und einen daraus ableitbaren Liquidationszeitraum zu vermeiden"* (UmgrStR Rz 632).

242 **Stellungnahme.** Ist Art II zur Gänze nicht anwendbar, **greift** auch die darin vorgesehene **Rückwirkungsfiktion nicht**. Somit würde die umzuwandelnde Gesellschaft so lange Steuersubjekt bleiben, wie sie zivilrechtlich besteht. Dies würde bedeuten, dass die umzuwandelnde Gesellschaft bis zur **Löschung im Firmenbuch** (vgl Rz 35, 56) Zurechnungssubjekt für Einkünfte und Vermögen bleiben würde (und damit auch die Werte der Wirtschaftsgüter zu diesem Tag zu ermitteln wären – *Ludwig*, ÖStZ 2008/450, 220). Aus Vereinfachungsgründen führt § 20 KStG jedoch auch bei Nichtanwendbarkeit von Art II idR zu einem Übergang mit Ablauf des Umwandlungsstichtags (*Hristov* in *L/R/S/S*[2] § 20 Rz 57; *Ludwig*, ÖStZ 2008/450, 220). Ist der Rechtsnachfolger eine Körperschaft, ergibt sich auch für den Rechtsnachfolger die Rückwirkung aus § 20 KStG. Da im EStG eine entsprechende

Regelung fehlt, wird dies auch bei Gesellschaftern, die natürliche Personen sind, aus § 20 KStG abgeleitet (*Ludwig*, ÖStZ 2008/450, 221). Die steuerliche Einordnung von Sachverhalten nach dem Stichtag hat anschließend nach den steuerlichen Normen, die auf den Rechtsnachfolger anwendbar sind, zu erfolgen (vgl auch *Ludwig*, ÖStZ 2008/450, 221). Diese Rückwirkung des § 20 KStG greift jedoch nur für Umwandlungen und nicht für vergleichbare Vermögensübertragungen (*Bieber* in *Achatz/Kirchmayr* § 20 Tz 56). *Ludwig* hat überzeugende Argumente dafür gebracht, dass der Effekt der Rückwirkungsfiktion dabei – so wie auch im Anwendungsbereich von Art II (vgl dazu § 8 Rz 66 ff) – nicht für Ausschüttungen und Einlagen gelten sollte (*Ludwig*, ÖStZ 2008/450, 222).

b) Ertragsteuerliche Beurteilung

Außerhalb des Anwendungsbereichs von Art II sind Umwandlungen steuerlich als Liquidationen zu betrachten (vgl auch *Schwarzinger/Wiesner* I/1[3] 841). Auf Ebene der **übertragenden Kapitalgesellschaft** greift daher gem § 20 iVm § 19 KStG die **Liquidationsbesteuerung** (VwGH 2.9.2009, 2008/15/0030; UFS 11.10.2007, RV/2138-W/07; UmgrStR Rz 632; BMF 30.1.2002, ecolex 2002, 388; *Keppert/Waitz-Ramsauer* in *W/H/M*, HdU II[8] § 7 Rz 46; *Zöchling/Paterno* in *W/Z/H/K*[5] § 7 Rz 2; *Walter*[11] Rz 205; *Wild* in *Kirchmayr/Mayr*, Umgründungen 82 ff; vgl zur Liquidationsbesteuerung *Hristov* in *L/R/S/S*[2] § 19 Rz 46 ff und § 20 Rz 53 ff). Das Vermögen (inkl selbst geschaffener Wirtschaftsgüter wie zB Firmenwert – UmgrStR Rz 632; vgl auch *W/Z/H/K*[4] § 7 Rz 3) ist daher gem § 19 Abs 4 KStG mit gemeinen Werten (UmgrStR Rz 632; nach *Walter*[11] Rz 206 wird es sich hierbei um die Teilwerte handeln, da der Betrieb fortgeführt wird; so auch *Keppert/Waitz-Ramsauer* in *W/H/M*, HdU II[8] § 7 Rz 46) anzusetzen. Dem sind die steuerlichen Buchwerte gegenüberzustellen (UmgrStR Rz 632). Die stillen Reserven sind folglich noch bei der übertragenden Gesellschaft zu besteuern. 243

Auch auf **Gesellschafterebene** kommen die Konsequenzen der **Liquidationsbesteuerung** zur Anwendung. Die Beteiligung ist durch die übernommenen Vermögensgegenstände zu ersetzen. Im **Privatvermögen** ist der sich ergebende **Überschuss** gem § 27 Abs 3 iVm Abs 6 Z 2 EStG (s UmgrStR Rz 636; vgl auch *Walter*[1] Rz 207; *Schwarzinger/Wiesner* I/1[3] 843; *Zöchling/Paterno* in *W/Z/H/K*[5] § 7 Rz 3; zuvor und für Altbeteiligungen auch unabhängig von der Beteiligungsquote gem § 31 Abs 2 Z 1 EStG; UmgrStR Rz 636 idF vor WE 2012; BMF 30.1.2002, ecolex 2002, 388; *Keppert/Waitz-Ramsauer* in *W/H/M*, HdU II[8] § 7 Rz 46; *Walter*[7] Rz 207) **zu erfassen**. Abwicklungsguthaben ist dabei das anteilige Vermögen, zu dem gem § 20 Abs 2 KStG bei der übertragenden Gesellschaft anzusetzenden Abwicklungsendvermögen (UmgrStR Rz 636 – vgl Rz 243). Wird die Beteiligung im **Betriebsvermögen** gehalten, erfolgt ebenfalls ein **steuerwirksamer Tausch** (vgl auch *Zöchling/Paterno* in *W/Z/H/K*[5] § 7 Rz 3). Die Rechtsnachfolger haben das Vermögen nach der Verwaltungspraxis mit dem anteiligen Abwicklungsendvermögen (UmgrStR Rz 637; vgl auch *Keppert/Waitz-Ramsauer* in *W/H/M*, HdU II[8] § 7 Rz 46), nach *Zöchling/Paterno* mit den Verkehrswerten oder (bei Fehlen einer Gegenleistung) mit den Teilwerten (*Zöchling/Paterno* in *W/Z/H/K*[5] § 7 Rz 4) anzusetzen. 244

Wird eine **beschränkt steuerpflichtige Kapitalgesellschaft umgewandelt**, findet § 20 KStG keine Anwendung (vgl *Damböck*, SWI 2001, 6). Dennoch findet auch in diesen Fällen eine Übertragung des Vermögens auf andere Rechtsträger statt. Zu einer Besteuerung der stillen Reserven im Vermögen der umwandelnden Gesell- 244a schaft führen dabei andere Normen wie § 21 Abs 1 Z 1 KStG iVm §§ 98 Abs 1 Z 3 iVm 24 Abs 1 Z 2 EStG bei Betriebsstätten (*Damböck*, SWI 2001, 7). Ob dabei zB bei einer errichtenden Umwandlung ein Tausch vorliegt, soll nach *Damböck* jedoch fraglich sein (*Damböck*, SWI 2001, 7). Da durch die errichtende Umwandlung die Kapitalbeteiligung gegen den Mitunternehmeranteil (Bilanzbündel) ersetzt wird, erscheint eine Erfassung als Tausch mE naheliegend.

245 Gem § 20 KStG (vgl Rz 241) erfolgt auch außerhalb des UmgrStG mit Ablauf des Umwandlungsstichtags der Übergang an die Rechtsnachfolger. Mangels Anwendbarkeit von Art II und damit auch von § 11 Abs 1 (vgl dazu § 11 Rz 2 ff) können dadurch **Tätigkeitsvergütungen** ab dem dem Stichtag folgenden Tag zu Teilen des Betriebsgewinns werden (*Keppert/Waitz-Ramsauer* in W/H/M, HdU II[8] § 7 Rz 46; vgl zur Transformation zu Teilen des Betriebsgewinns § 11 Rz 2 f).

c) Übergang Verlustvorträge

246 Mangels Anwendbarkeit von Art II greift auch die Norm des **§ 10** zum Verlustübergang nicht. § 10 wurde als **Begünstigung** geschaffen, um einen Übergang der Verlustvorträge zu ermöglichen. Die FV geht daher davon aus, dass außerhalb des Anwendungsbereichs der UmgrStG ein Übergang der Verlustvorträge nicht möglich ist (UmgrStR Rz 570; vgl auch *Keppert/Waitz-Ramsauer* in W/H/M, HdU II[8] § 7 Rz 46; *Zöchling/ Paterno* in W/Z/H/K[5] § 7 Rz 4; *Zöchling* in W/Z/H/K[5] § 10 Rz 3). Die Unmöglichkeit des Verlustübergangs soll daraus folgen, dass nach Ansicht der FV aus steuerlicher Sicht keine Gesamtrechtsnachfolge vorliegen soll (BMF 30.1.2002, ecolex 2002, 388; aA UFS 10.8.2004, RV/0627-L/02; UFS 15.6.2007, RV/1880-L/02; UFS 6.5.2010, RV/ 1160-L/08) oder Verlustvorträge nur iRd Gesamtrechtsnachfolge „*im Rahmen des Erbweges*" übergehen sollen (KStR Rz 992). Dies widerspricht jedoch dem Umstand, dass § 19 BAO bei *zivilrechtlicher* Gesamtrechtsnachfolge auch eine solche für Zwecke der Besteuerung vorsieht (*Ritz*, BAO[4] § 19 Rz 1) und nicht zwischen Gesamtrechtsnachfolge bei Erbschaften und sonstigen Fällen der Gesamtrechtsnachfolge unterscheidet.

247 **Stellungnahme.** Da höchstgerichtlich inzwischen festgehalten wurde, dass ein Übergang von Verlustvorträgen auf andere Personen in Einzelfällen möglich ist, scheint auch ein Übergang bei Vorgängen außerhalb des Anwendungsbereichs des UmgrStG möglich. Der **VfGH** hat zum Übergang mittels **Gesamtrechtsnachfolge** im Fall der Erbschaft ausgesprochen (VfGH 5.3.1988, G 248/87), dass auch die **steuerlichen Verlustvorträge** auf den Rechtsnachfolger **übergehen**. Da somit Verlustvorträge dem Übergang mittels Gesamtrechtsnachfolge zugänglich sind (vgl auch § 4 Rz 3; *Walter*[11] Rz 281 mwN), sollte mE auch ein Übergang iRd Gesamtrechtsnachfolge bei der Umwandlung nicht ausgeschlossen sein. So geht auch der UFS davon aus, dass „*[d]ie Übertragung des Gesamtvermögens [... bei Umwandlungen] im Wege der Gesamtrechtsnachfolge (§ 1 UmwG) [erfolgt]. Durch diese Gesamtrechtsnachfolge geht der bei der umgewandelten Kapitalgesellschaft bestehende Verlustabzug grundsätzlich auf die übernehmenden Rechtsnachfolger über. Um Umwandlungen zu vermeiden, die vor allem dazu dienen, bestehende Verlustabzüge der umzuwandelnden Kapitalgesellschaft zu verwerten, schränkt das UmgrStG [Anm d Autors: in seinem Anwendungsbereich] den Verlustabzug erheblich ein.*" (UFS 15.6.2007, RV/1880-L/02).

248 Zur Frage, ob steuerliche Verlustvorträge bei Umwandlungen außerhalb von Art II übergehen, gibt es **keine** (abschließende) **Antwort durch den VfGH** (ablehnend UFS 21.1.2011, RV/0534-G/08). Allerdings wurde dem VfGH bereits die Frage vorgelegt, ob die Einschränkungen des Verlustübergangs durch § 10 verfassungswidrig sind. Dies hat der VfGH (zuletzt VfGH 6.10.2011, B 1098/11) und in der Folge der VwGH (20.3.2013, 2009/13/0046) verneint. Im Beschluss vom 24.2.2009 wird angeführt, dass es dem Gesetzgeber offensteht, dort wo er einen Übergang der steuerlichen Verlustvorträge – trotz Höchstpersönlichkeit des Verlustvortrags – zulässt, auch allgemeine Ausschlussgründe vom Übergang vorzusehen. Ausschlussgründe können insb auch deshalb vorgesehen werden, da die Durchführung der Umwandlung der Entscheidung der handelnden Personen obliegt. Der Anlassfall betrifft zwar nicht Umwandlungen außerhalb des Anwendungsbereichs von Art II, jedoch gilt auch dort, dass der Beschluss (oder das Unterlassen) der Umwandlung – im Gegensatz zum Eintritt des Erbfalls – im freien Ermessen der betroffenen Personen steht. Jedoch muss auch dies nicht in jedem Fall so gedeutet werden, dass ein Übergang der Verluste außerhalb des Anwendungsbereichs von Art II jedenfalls ausgeschlossen ist. Die Aussage des VfGH betraf einen Fall, in dem eine gesetzliche Norm den Übergang unter gewissen Einschränkungen regelt. Gibt es **keine Regelung** durch den Gesetzgeber, besteht derzeit einzig die Aussage des VfGH zur Ebschaft, dass der **steuerliche Verlustvortrag einem Übergang im Wege der Gesamtrechtsnachfolge zugänglich** ist. Dies wäre im Fall der Umwandlung außerhalb des Anwendungsbereichs von Art II denkbar (vgl noch *W/Z/H/K*[4] § 7 Rz 4; *Schwarzinger/Wiesner* I/1[3] 845 sehen außerhalb von Art II den Übergang von Verlustvorträgen als nicht möglich an). Da jedoch die Umwandlung im Ermessen des Steuerpflichtigen steht, scheint eine Übertragbarkeit der Aussage zur Erbschaft, dass Verlustvorträge iRd Gesamtrechtsnachfolge übertragbar sind, auf die Umwandlung fraglich. Auch wäre entsprechend der Rsp des VwGH zur Erbschaft (VwGH 20.3.2013, 2009/13/0046) ein Verlustübergang fraglich, wenn der verlustverursachende Betrieb oder möglicherweise das sonstige verlustverursachende Vermögen nicht mehr besteht.

d) Übergang Mindestkörperschaftsteuer

Mindestkörperschaftsteuern (vgl dazu *Brugger* in *L/R/S/S*[2] § 24 Rz 47 ff) können nur auf Einkommensteuern derselben Körperschaft angerechnet werden. Sie können **durch Rechtsgeschäfte nicht** auf andere Rechtsträger **übertragen** werden. Eine Übertragung und Nutzung außerhalb des Anwendungsbereichs von § 9 (und damit außerhalb von Art II) scheint bei natürlichen Personen nach der hA nicht möglich (vgl UFS 31.1.2004, RV/0308-F/02; BFG 20.10.2015, RV/7103461/2009; s auch BMF 30.1.2002, ecolex 2002, 388; weiters § 9 Rz 342). **249**

e) Umsatzsteuer

Umwandlungen außerhalb von Art II sind grundsätzlich umsatzsteuerbar. Bei der **übertragenden Gesellschaft** liegt eine **Geschäftsveräußerung** (vgl auch *Keppert/Waitz-Ramsauer* in *W/H/M*, HdU II[8] § 11 Rz 15; *Schwarzinger/Wiesner* I/1[3] 843; vgl zur Geschäftsveräußerung gem § 4 Abs 7 UStG *Pernegger* in *Melhardt/Tumpel*, UStG § 4 Rz 251 ff) gegen Übernahme der Schulden und Aufgabe der Gesellschafterrechte vor (UmgrStR Rz 633). Eine umsatzsteuerliche Beurteilung hat auf Ebene der **einzelnen übergehenden Rechtspositionen** zu erfolgen (vgl weiterführend § 6 Rz 35). **250**

Auf **Gesellschafterebene** stellt sowohl die Aufgabe der Gesellschafterrechte (§ 6 Abs 1 Z 8 lit g UStG – vgl dazu *Rattinger* in *Melhardt/Tumpel*, UStG § 6 Rz 251 f) als auch die Übernahme der Schulden (zumindest bei Verbriefung gem § 6 Abs 1 **251**

Z 8 lit f UStG – vgl dazu *Rattinger* in *Melhardt/Tumpel*, UStG § 6 Rz 238 ff) eine unecht **steuerfreie Leistung** dar. Voraussetzung ist, dass die **Anteile im unternehmerischen Bereich** gehalten werden (vgl auch *Schwarzinger/Wiesner* I/1³ 843). Werden die **Anteile außerhalb** des **unternehmerischen Bereichs** gehalten, sind die Leistungen **nicht steuerbar** (s auch *Schwarzinger/Wiesner* I/1³ 843). Werden bereits **vor** der **Umwandlung Leistungen iZm** der **Umwandlung** an den Rechtsnachfolger erbracht (und fakturiert), stellen sie dort **Vorleistungen für** die **zukünftige unternehmerische Tätigkeit** dar. Der Vorsteuerabzug richtet sich daher nach der (zukünftigen) unternehmerischen Tätigkeit (UmgrStR Rz 639).

f) Arbeitnehmer

252 Die übertragende Gesellschaft bleibt bis zur Eintragung der Umwandlung Arbeitgeber. Mit **Eintragung der Umwandlung im Firmenbuch** und dem Übergang des Vermögens wird der Rechtsnachfolger zum **steuerlichen Arbeitgeber** der Dienstnehmer des Unternehmens. Daher bliebe auch die Qualifikation von Tätigkeiten iSd § 22 Z 2 EStG bis zum Untergang der übertragenden Gesellschaft unverändert. Da § 20 KStG zu einer Übertragung zum Stichtag führt (vgl Rz 241) und § 11 Abs 1 außerhalb des Anwendungsbereichs von Art II nicht greift, erfolgt für Vergütungen von Rechtsnachfolgern eine Umqualifizierung in einen Teil des Betriebsgewinns ab dem dem Umwandlungsstichtag folgenden Tag.

g) Grunderwerbsteuer

253 Werden durch eine Umwandlung außerhalb des Anwendungsbereichs von Art II Erwerbstatbestände iSd § 1 Abs 1 oder Abs 2 GrEStG verwirklicht, greift die Begünstigung des § 11 Abs 5 (vgl § 11 Rz 36 ff) nicht. Es liegen **entgeltliche Erwerbe** vor (vgl auch *Rief* in *Marschner/Stefaner*, StRef 2015/16, Rz 5/68), und die GrESt ist von der **Gegenleistung** oder allenfalls vom höheren (anteiligen) **Grundstückswert** zu berechnen (vgl detailliert zur Berechnung *Zöchling/Paterno* in *W/Z/H/K*⁵ § 11 Rz 13; s auch *Petritz-Klar/Petritz*, taxlex 2016, 177). Kommt es durch die Umwandlung zur Anteilsvereinigung oder -übertragung gem § 1 Abs 3 GrEStG, ist die GrESt mit 0,5 % vom Grundstückswert zu berechnen (§ 4 Abs 1 iVm § 7 Abs 1 Z 2 lit c GrEStG; vgl auch § 11 Rz 38 f).

h) Gesellschaftsteuer

254 Die Gesellschaftsteuer wird für nach dem 31.12.2015 verwirklichte Tatbestände nicht mehr erhoben (vgl 4. Aufl Rz 254 f für die Behandlung bis 2015).

i) Gebühren

256 Bei der Umwandlung kommt es zu einer Übertragung aller Rechtspositionen mittels **Gesamtrechtsnachfolge**. Solange nicht zusätzlich (einzelne) Rechtsverhältnisse mittels Einzelrechtsnachfolge übertragen werden, wird **kein Tatbestand** verwirklicht, der **Rechtsgeschäftsgebühren** auslöst.

j) Gesellschafterwechsel im Rückwirkungszeitraum

256a So wie auch bei Anwendbarkeit von Art II (vgl Rz 216 ff) haben Gesellschafterwechsel (oder Verschiebungen der Beteiligungsquoten) im Rückwirkungszeitraum **keine Auswirkungen auf** die Umwandlung und deren **Rechtsfolgen** (BMF 30.1.2002, ecolex 2002, 388; vgl auch *Zöchling/Paterno* in *W/Z/H/K*⁵ § 7 Rz 33). Auch Änderungen der Beteiligungsquoten iRd Umwandlung sind mE von der von der FV gewählten Formulierung erfasst (arg „*Gesellschafterwechsel nach dem Stichtag*"). Dabei wird derselbe Systembruch wie bei Anwendbarkeit von Art II erfolgen: Änderungen der Beteiligungsquoten, die bis spätestens zur Umwandlung erfolgen, werden – trotz der Rückwirkungsfiktion – als **Übertragungen von Anteilen an Kapitalgesellschaften** gelten (vgl Rz 217; weiterführend § 11 Rz 11).

2. Partielle Nichtanwendbarkeit von Art II UmgrStG

Bei **Einschränkung des Besteuerungsrechts** (vgl Rz 161 ff) ist Art II nur partiell anwendbar (vgl Rz 196 ff; vgl auch *Korntner*, FJ 2009, 134). Auf Ebene der **übertragenden Gesellschaft** bedeutet dies, dass Art II in Bezug auf jene Vermögensteile, an denen das Besteuerungsrecht Österreichs eingeschränkt wird, nicht anwendbar ist. Auf diese Teile kommen die **Rechtsfolgen** zur Anwendung, die **für Umwandlungen außerhalb des UmgrStG** dargestellt wurden (vgl Rz 241 ff). 257

Auf **Gesellschafterebene** erfolgt aufgrund der partiellen Unanwendbarkeit von Art II ebenfalls eine **partielle Besteuerung** der **stillen Reserven in** den **Anteilen**. Der Anteil der zu besteuernden stillen Reserven ist dabei nach dem **Verhältnis** der **Verkehrswerte** jener Vermögensteile, die im Anwendungsbereich von Art II übertragen werden, zu jenen Vermögensteilen, die außerhalb des Anwendungsbereichs von Art II übertragen werden, zu ermitteln (vgl auch UmgrStR Rz 638; weiters *Keppert/Waitz-Ramsauer* in W/H/M, HdU II[8] § 7 Rz 47). 258

C. Evidenzkonten

1. Einlagen

Evidenzkonten iSv § 4 Abs 12 EStG sind von **Körperschaften** zu führen (vgl *Jakom*[10]/*Marschner* § 4 Rz 506). Ist der **übernehmende Rechtsträger** eine **Personengesellschaft** (errichtende Umwandlung, verschmelzende Umwandlung auf eine Personengesellschaft), hat der übernehmende Rechtsträger **kein Evidenzkonto** zu führen. Dasselbe gilt bei verschmelzenden Umwandlungen auf **natürliche Personen**. Einzig bei Umwandlungen, bei denen **Körperschaften Rechtsnachfolger** sind (insb verschmelzende Umwandlungen auf Körperschaften und Umwandlungen mit transparenten Rechtsträgern als Nachfolgern, hinter denen Körperschaften stehen), könnte sich die Frage der Auswirkung auf ein vom Nachfolgerechtsträger zu führendes Evidenzkonto stellen. Verschmelzende Umwandlungen führen jedoch – so wie **Up-stream**-Verschmelzungen (vgl § 3 Rz 138 f) – zu **keiner Zuführung von Mitteln durch den Gesellschafter**. Entsprechendes gilt für Umwandlungen auf Personengesellschaften, an der eine Körperschaft beteiligt ist. Folglich bleibt das **Einlagenevidenzkonto** der **Rechtsnachfolger-Körperschaft unverändert**. Umwandlungen haben daher keinen Einfluss auf Einlagenevidenzkonten der Rechtsnachfolger (vgl UmgrStR Rz 626). **Evidenzkonten** der **übertragenden Gesellschaften gehen** durch Umwandlungen **unter** (vgl UmgrStR Rz 626; s auch *Jakom*[10]/*Marschner* § 4 Rz 519; vgl auch *Schwarzinger/Wiesner* I/1[3] 725; *Nekrasov* in *Kirchmayr-Mayr*, Umgründungen 49 f). 261

2. Innenfinanzierung

Auch bei der Evidenzierung der Innenfinanzierung (vgl auch § 1 Rz 171 ff) gilt, dass diese nur von **Körperschaften** durchzuführen ist. Auf deren Innenfinanzierungsevidenz können sich Umwandlungen auswirken (vgl zu möglichen Auswirkungen *Zöchling/Walter/Strimitzer*, SWK 2015, 1599). Die Details wurden durch 262 die IF-VO geregelt (vgl auch § 1 Rz 179 ff). Die IF-VO sieht dabei in § 1 folgende Prinzipien vor (vgl auch *Rzepa/Titz/Wild* in HB Einlagenrückzahlung 123 ff):

- Die Auswirkung der Umwandlung auf den **unternehmensrechtlichen Gewinn beeinflusst** den Stand der **Innenfinanzierung nicht**.
- **Steuerneutrale Buchgewinne beeinflussen** den Stand der Innenfinanzierung **nicht**.
- Stattdessen ist die **Innenfinanzierung** der übertragenden Gesellschaft **fortzuführen**.

263 Durch die IF-VO wurde ein **rein steuerliches System** eingeführt, das die Entwicklung der Innenfinanzierung von unternehmensrechtlichen Auswirkungen der Umgründung entkoppelt (vgl auch zB *Kirchmayr/Achatz*, taxlex 2016, 133; *Schlager*, RWZ 2016/25, 114; *Rzepa/Titz/Wild* in HB Einlagenrückzahlung 124 f). Daher schlagen weder unternehmensrechtliche Umgründungsgewinne noch -verluste auf den Stand der Innenfinanzierung durch. Dies gilt nicht nur für das Ergebnis im Jahr der Umgründung, sondern auch für Auswirkungen in Folgejahren (Aufwertungen, Zuschreibungen und Buchwertabschreibungen), die aus Aufwertungsbeträgen und Umgründungsmehrwerten stammen.

264 **Stellungnahme.** Laut § 4 Abs 12 S 3 EStG beeinflussen **Aufwertungsbeträge** die Innenfinanzierung solange nicht, als sie der Ausschüttungssperre (§ 235 UGB idF AbgÄG 2015) unterliegen (vgl auch *Rzepa/Schilcher/Titz* in HB Einlagenrückzahlung 23 f). Da die IF-VO die Entwicklung der Innenfinanzierung von allen unternehmensrechtlichen Auswirkungen der Umgründung (sowohl bei Umgründungen unter unternehmensrechtlicher Aufwertung als auch unter Buchwertfortführung) und nicht nur von den Aufwertungsbeträgen entkoppelt, wird der Anwendungsbereich von § 4 Abs 12 S 3 EStG eingeschränkt (vgl auch § 3 Rz 182).

265 Obwohl die IF-VO ein rein steuerliches System einführt, führen auch nach **steuerlichen Werten** ermittelte steuerneutrale Umwandlungsgewinne und -verluste zu keiner Veränderung des Stands der Innenfinanzierung. Im Gegensatz dazu beeinflussen (steuerpflichtige) **Confusiogewinne** und -verluste die Innenfinanzierung. Dass Confusiogewinne die Innenfinanzierung beeinflussen, ist insoweit konsequent, als auch frühere Abschreibungen den unternehmensrechtlichen Gewinn und somit die Innenfinanzierung reduzierten. Um diesen Effekt umzukehren, müsste das unternehmensrechtliche Confusioergebnis relevant sein. Dies steht jedoch in einem Spannungsfeld zum allgemeinen Konzept, dass § 1 IF-VO auf steuerliche Werte abstellt (wobei dieses Spannungsfeld auch beim Vorliegen einer negativen Innenfinanzierung und früherer Abschreibungen vom VO-Geber aus systematischen Gründen in Kauf genommen wurde – vgl dazu Rz 267).

266 Statt auf unternehmensrechtliche Auswirkungen abzustellen, ist die Innenfinanzierung der übertragenden Gesellschaft fortzuführen. Bei Umwandlungen ist der Stand der Innenfinanzierung durch den ertragsteuerlichen Gesamtrechtsnachfolger (vgl Rz 226 ff) **fortzuführen** (somit dessen Innenfinanzierungsevidenzkonto um die Innenfinanzierung der übertragenden Gesellschaft zu erhöhen – s auch UmgrStR Rz 628 idF WE 2017; vgl weiters *Rzepa/Titz/Wild* in HB Einlagenrückzahlung 132; *Kofler/Wurm* in HB Einlagenrückzahlung 205). Umwandlungen weisen hierbei zwei Besonderheiten auf. Zum einen kann bei Umwandlungen mehr als ein Rechtsnachfolger gegeben sein. Diesfalls ist die Inennfinanzierung **anteilig**

durch die Rechtsnachfolger fortzuführen (s auch UmgrStR Rz 628 idF WE 2017; vgl weiters *Kirchmayr/Achatz*, taxlex 2016, 133; *Schlager*, RWZ 2016/25, 114; *Rzepa/Titz/Wild* in HB Einlagenrückzahlung 132; *Kofler/Wurm* in HB Einlagenrückzahlung 205). Der Anteil ist dabei – entsprechend dem Übergang von Mindestkörperschaftsteuern (§ 9 Rz 344) und Verlustvorträgen (§ 10 Rz 17) – nach den Beteiligungsverhältnissen zum Zeitpunkt der Firmenbucheintragung des Umwandlungsbeschlusses zu ermitteln (§ 2 Abs 2 IF-VO; UmgrStR Rz 628 idF WE 2017; vgl auch *Rzepa/Titz/Wild* in HB Einlagenrückzahlung 132; *Walter/Zöchling* in HB Einlagenrückzahlung 274). Zum anderen sind nur Innenfinanzierungsevidenzkonten jener Rechtsnachfolger zu erhöhen, die ein Innenfinanzierungsevidenzkonto zu führen haben (§ 2 Abs 2 IF-VO; UmgrStR Rz 628 idF WE 2017; s auch *Rzepa/Titz/Wild* in HB Einlagenrückzahlung 132; *Kofler/Wurm* in HB Einlagenrückzahlung 205; *Wurm*, SWK 2016, 685 f). Eine Zurechnung der auf das Beteiligungsausmaß ausscheidender Gesellschafter entfallende Innenfinanzierungsstände erfolgt nach Ansicht der FV nicht (UmgrStR Rz 628 idF WE 2017; kritisch *Walter/Zöchling*, die aus der Rückwirkungsfiktion in § 11 Abs 2 ableiten, dass die Anteile der ausscheidenden Gesellschafter [und somit wohl auch die anteilige Innenfinanzierung] bereits den übernehmenden Gesellschaftern zuzurechnen sind – *Walter/Zöchling* in HB Einlagenrückzahlung 275). Ebenfalls nicht anderen Gesellschaftern zugerechnet werden Innenfinanzierungsstände für Anteile von Rechtsnachfolgern, die keine Innenfinanzierung zu evidenzieren haben (*Schlager*, RWZ 2016/25, 114; *Rzepa/Titz/Wild* in HB Einlagenrückzahlung 132; *Kofler/Wurm* in HB Einlagenrückzahlung 205; *Walter/Zöchling* in HB Einlagenrückzahlung 275). Konsequenterweise gehen daher diese Teile des Stands der Innenfinanzierung unter (vgl auch *Kofler/Wurm* in HB Einlagenrückzahlung 205; *Wurm*, SWK 2016, 686).

267 Auch **negative** Stände der **Innenfinanzierung** sind nach diesen Prinzipien fortzuführen (vgl auch *Brugger/Plott/Zöchling* in HB Einlagenrückzahlung 70; *Kofler/Wurm* in HB Einlagenrückzahlung 205; *Wurm*, SWK 2016, 748). § 2 Abs 2 lS iVm § 2 Abs 1 lS IF-VO sieht eine Sonderregelung vor, wenn die übertragende Gesellschaft eine negative Innenfinanzierung ausweist und der ertragsteuerliche Rechtsnachfolger eine **unternehmensrechtliche Abschreibung** auf die Beteiligung an der umwandelnden Gesellschaft vorgenommen hat. In diesem Fall ist der übergehende Stand der Innenfinanzierung (der umwandelnden Gesellschaft) um den Betrag der Abschreibung zu erhöhen (UmgrStR Rz 628 idF WE 2017; vgl auch *Kofler/Wurm* in HB Einlagenrückzahlung 213). Da die Regelung nur für die Erhöhung negativer Stände greift, kann sie mE nur max zu einer Erhöhung auf null (und zu keinem positiven Betrag) führen (vgl auch *Kofler/Wurm* in HB Einlagenrückzahlung 217). Weiters ist die Erhöhung systematisch nur für den jeweiligen Anteil, der auf den fraglichen Rechtsnachfolger übergeht, vorzunehmen (*Kofler/Wurm* in HB Einlagenrückzahlung 217). Abschreibungen eines Rechtsnachfolgers können den Stand der Innenfinanzierung, der auf einen anderen Rechtsnachfolger übergeht, mE nicht beeinflussen (so auch *Wurm*, der dies mE überzeugend daraus ableitet, dass systematisch nicht die Innenfinanzierung der übertragenden Gesellschaft, sondern jene des Rechtsnachfolgers korrigiert werden soll – *Wurm*, SWK 2016, 749 f).

268 Der Betrag des **fiktiv ausgeschütteten Gewinnkapitals** beeinflusst den Stand der Innenfinanzierung der ertragsteuerlichen Rechtsnachfolger nicht (§ 2 Abs 2 IF-VO;

s auch *Kirchmayr/Achatz*, taxlex 2016, 133; *Rzepa/Titz/Wild* in HB Einlagenrückzahlung 133; *Kofler/Wurm* in HB Einlagenrückzahlung 205). Dies stellt einen Unterschied zu offenen Ausscheidungen dar. Allerdings geht bei Umwandlungen bereits die Innenfinanzierung der untergehenden Gesellschaft (anteilig) auf die (ertragsteuerlichen) Rechtsnachfolger über. Würde der ausgeschüttet geltende Betrag auch die Innenfinanzierung der Rechtsnachfolger erhöhen, würde es zu einer Doppelerfassung kommen (vgl auch UmgrStR Rz 547, 628 idF BegE WE 2016; § 9 Rz 320; s weiters *Schlager*, RWZ 2016/25, 114; *Walter/Zöchling* in HB Einlagenrückzahlung 275; *Wurm*, SWK 2016, 686).

Übertragende Körperschaft

§ 8. (1) Bei der Ermittlung des Gewinnes ist für das mit dem Umwandlungsstichtag endende Wirtschaftsjahr das Betriebsvermögen mit dem Wert anzusetzen, der sich nach den steuerrechtlichen Vorschriften über die Gewinnermittlung ergibt.

(2) Abweichend von Abs. 1 kann

1. bei Umwandlungen im Sinne des § 7 Abs. 1 Z 1 und 2 das ausländische Vermögen und
2. bei Umwandlungen im Sinne des § 7 Abs. 1 Z 3 das Betriebsvermögen und sonstige Vermögensteile mit dem sich aus § 20 des Körperschaftsteuergesetzes 1988 ergebenden Wert angesetzt werden, wenn die Umwandlung im Ausland zur Gewinnverwirklichung führt und mit dem in Betracht kommenden ausländischen Staat ein Doppelbesteuerungsabkommen besteht, das dafür die Anrechnungsmethode vorsieht, oder eine vergleichbare innerstaatliche Maßnahme zur Vermeidung der Doppelbesteuerung getroffen wurde.

(3) Das Einkommen ist so zu ermitteln, als ob der Vermögensübergang mit Ablauf des Umwandlungsstichtages erfolgt wäre.

(4) Abs. 3 gilt nicht für Gewinnausschüttungen der übertragenden Körperschaft auf Grund von Beschlüssen nach dem Umwandlungsstichtag sowie für

- die Einlagenrückzahlung im Sinne des § 4 Abs. 12 des Einkommensteuergesetzes 1988 durch die übertragende Körperschaft und
- Einlagen im Sinne des § 8 Abs. 1 des Körperschaftsteuergesetzes 1988 in die übertragende Körperschaft

in der Zeit zwischen dem Umwandlungsstichtag und dem Tag des Umwandlungsbeschlusses.

(5) [1]Umwandlungsstichtag ist der Tag, zu dem die Schlußbilanz aufgestellt ist, die der Umwandlung zugrunde gelegt wird. [2]Zum Umwandlungsstichtag ist weiters eine Umwandlungsbilanz aufzustellen, in der die nach Abs. 1 oder 2 steuerlich maßgebenden Buchwerte oder Werte und das sich daraus ergebende Umwandlungskapital unter Berücksichtigung nachträglicher Veränderungen im Sinne des Abs. 4 darzustellen sind.

[idF BGBl I 2000/142]

Rechtsentwicklung

BGBl 1991/699 (UmgrStG; RV 266 AB BlgNR 18. GP) (Stammfassung); BGBl 1993/818 (StRefG 1993; RV 1237 AB 1301 BlgNR 18. GP) (Neufassung des § 7 Abs 1, für Stichtage nach dem 30.12.1993); BGBl 1995/21 (RV 26 AB 53 BlgNR 19. GP) (Anpassung Verweis in § 8 Abs 2 Z 2 auf § 7 Abs 1 Z 3), BGBl 1996/201 (StruktAnpG 1996; RV 72 AB 95 BlgNR 20. GP) (Erweiterung von § 8 Abs 4 um beide TS); BGBl 1996/797 (AbgÄG 1996; RV 497 AB 552 BlgNR 20. GP) (Neufassung Notwendigkeit des Aufstellens einer steuerlichen Umwandlungsbilanz für Umwandlungen mit Stichtagen nach dem 31.12.1996); BGBl I 2000/142 (BudBG 2001; RV 311 AB 369 BlgNR 21. GP) (Erweiterung des Verweises in § 8 Abs 2 Z 1 auf § 7 Abs 1 Z 2 und Erweiterung von § 8 Abs 2 Z 2 auf sonstige Vermögensteile).

Judikatur 2017

BFG 4.5.2017, RV/4100440/2012.

Übersicht

I.	Umwandlungsstichtag	1–5
II.	Buchwertfortführung	
	A. Laufende steuerliche Werte	11–15
	B. Anknüpfung an die Werte zum Ende des Wirtschaftsjahres.	21, 22
III.	Aufwertungsoption	
	A. Hintergrund	26–32
	B. Anwendungsvoraussetzungen	
	1. Umwandlung mit Auslandsbezug	
	a) Inlandsumwandlungen	36–38
	b) Auslandsumwandlungen	39
	2. Besteuerung der stillen Reserven im Ausland	40, 41
	3. Anwendung der Anrechnungsmethode	42
	4. Ausübung der Option	44, 45
	C. Rechtsfolgen	51–53
IV.	Rückwirkungsfiktion	56–59
V.	Rückwirkende Änderungen	66–73
VI.	Nötige Bilanzen	
	A. Unternehmensrechtliche Schlussbilanz	76–77
	B. Steuerliche Umwandlungsbilanz	
	1. Notwendigkeit und Zweck	81–83
	2. Ausweis steuerlicher Werte	84
	3. Rückwirkende Änderungen	85
	4. Umwandlungskapital	86–86b
	5. Abfindungsansprüche von Minderheitsgesellschaftern	87
	6. Confusiopositionen	88

I. Umwandlungsstichtag

§ 8 Abs 1 regelt, dass **für Zwecke der Ertragsbesteuerung** das (letzte) Wirtschafts- 1 jahr der umzuwandelnden Körperschaft im Anwendungsbereich von Art II (basierend auf § 20 KStG vereinfachend auch für Umwandlungen außerhalb von

Art II – vgl § 7 Rz 241 f) mit dem Umwandlungsstichtag endet (vgl UmgrStR Rz 473; s auch *Zöchling* in *W/Z/H/K*^{5} § 8 Rz 1). Die persönliche und sachliche Steuerpflicht (für ertragsteuerliche Zwecke) endet daher mit **Ablauf des Umwandlungsstichtags** (UmgrStR Rz 465; vgl auch *Schwarzinger/Wiesner* I/1^3 709) und nicht erst mit Eintragung der Umwandlung ins Firmenbuch (vgl § 7 Rz 35, 56 zum Zeitpunkt des zivilrechtlichen Untergangs der umgewandelten Körperschaft). Die Eigenschaft als Steuersubjekt geht erst mit Eintragung ins Firmenbuch (jedoch rückwirkend zum Umwandlungsstichtag) unter (UmgrStR Rz 470). Für Zwecke der Gewinnermittlung wird der Vermögensübergang auf den Rechtsnachfolger gem § 8 Abs 3 mit Ablauf des Umwandlungsstichtags fingiert (vgl dazu Rz 58). Im Gegensatz dazu kommt es zB für Zwecke der Umsatzsteuer zu einem davon abweichenden Untergang der umgewandelten Körperschaft (vgl dazu § 11 Rz 21 ff).

2 Der Umwandlungsstichtag wird dabei gem § 8 Abs 5 nach dem Stichtag der gesellschaftsrechtlich verpflichtenden (§ 2 Abs 3 bzw § 5 Abs 5 UmwG iVm § 220 Abs 3 AktG) unternehmensrechtlichen Schlussbilanz (vgl dazu Rz 76 f) definiert (UmgrStR Rz 466; *Zöchling* in *W/Z/H/K*^{5} § 8 Rz 11; *Hügel* in *H/M/H* § 8 Rz 5). Insoweit ist auch hier wiederum eine **Maßgeblichkeit des Gesellschaftsrechts** gegeben (UmgrStR Rz 467). Gesellschaftsrechtlich ist der Umwandlungsstichtag durch den Umwandlungsvertrag festzulegen.

3 Der Umwandlungsstichtag kann dabei von den Vertragsparteien frei gewählt werden. Der Stichtag darf allerdings **maximal neun Monate** vor Einreichung der Umwandlung beim Firmenbuch liegen (vgl auch *Zöchling* in *W/Z/H/K*^{5} § 8 Rz 11; *Schwarzinger/Wiesner* I/1^3 661; vgl eine Übersicht der relevanten Fristtage bei Umwandlungsstichtagen am Monatsletzten bei *Zöchling* in *W/Z/H/K*^{5} § 8 Rz 12). Aufgrund der Maßgeblichkeit des Gesellschaftsrechts (vgl § 7 Rz 11 ff) gilt diese maximal mögliche **Rückwirkungsfrist** von neun Monaten auch für Zwecke des Steuerrechts. Relevant ist ausschließlich, dass die Einreichung innerhalb der Neunmonatsfrist beim Firmenbuch einlangt (UmgrStR Rz 469; *Zöchling* in *W/Z/H/K*^{5} § 8 Rz 12). Eine verzögerte Eintragung im Firmenbuch ist dabei der Anwendung von Art II nicht schädlich (UmgrStR Rz 470). Ebenfalls binnen neun Monaten hat die Anzeige beim Finanzamt zu erfolgen. Dies stellt jedoch keine Anwendungsvoraussetzung, sondern nur eine Ordnungsnorm dar (UmgrStR Rz 469).

4 Der **Umwandlungsstichtag beendet das** (letzte) **Wirtschaftsjahr** der umgewandelten Körperschaft (vgl auch *Keppert/Waitz-Ramsauer* in *W/H/M*, HdU II^8 § 8 Rz 5; *Zöchling* in *W/Z/H/K*^{5} § 8 Rz 1). Im Gegensatz zu anderen Änderungen des Bilanzstichtags erfordert die durch eine Umwandlung ausgelöste Änderung nicht die Zustimmung des Finanzamts (UmgrStR Rz 469).

5 Für **Rechtsnachfolger** (vgl dazu § 7 Rz 226 ff) hat der **Umwandlungsstichtag** dabei mehrere (auch außersteuerliche) **Funktionen**. Schuldrechtlich und ertragsteuerlich greift die Rückwirkung auf den Umwandlungsstichtag. Bei einer errichtenden Umwandlung wandelt sich das Beteiligungsverhältnis mit Ablauf des Umwandlungsstichtags in eine Stellung als Mitunternehmer (vgl UmgrStR Rz 468). Dies gilt für die Rechtsnachfolger, auch wenn sie die Beteiligung erst im Rückwirkungszeitraum erworben haben (vgl zu Änderungen in der Gesellschafterstruktur nach dem Umwandlungsstichtag § 7 Rz 216 ff und zur Möglichkeit des Einstiegs iRd errichtenden Umwandlung § 7 Rz 53).

II. Buchwertfortführung
A. Laufende steuerliche Werte

Für Zwecke der letzten steuerlichen Gewinnermittlung (vgl Rz 4) ist das Vermögen **11** grundsätzlich (vgl zur Aufwertungsoption Rz 36 ff und zur Aufwertung bei Einschränkung des Besteuerungsrechts § 7 Rz 196 ff) mit den **laufenden steuerlichen Werten** (vgl *Keppert/Waitz-Ramsauer* in W/H/M, HdU II[8] § 8 Rz 3; *Zöchling* in W/Z/H/K[5] § 8 Rz 3; *Walter*[11] Rz 231), die sich aus den Einkünfteermittlungsvorschriften des EStG und KStG ergeben, anzusetzen. Ein Ansatz von Liquidations-/ Zerschlagungswerten hat daher zu unterbleiben (vgl auch *Keppert/Waitz-Ramsauer* in W/H/M, HdU II[8] § 8 Rz 7). Da nach dem UmwG nur inländische Kapitalgesellschaften umgewandelt werden können, ist das Vermögen nach den Grundsätzen der **Gewinnermittlung nach § 5 EStG** (vgl dazu *Jakom*[10]/*Marschner* § 5 Rz 1 ff) zu bewerten (UmgrStR Rz 476).

Nach dem Wortlaut ordnet § 8 Abs 1 die Buchwertfortführung auf Seiten der über- **12** tragenden Gesellschaft nur für **Betriebsvermögen** an. Soweit die umwandelnde Gesellschaft auch **außerbetriebliches Vermögen** hat (vgl zB VwGH 16.5.2007, 2005/14/0083; s weiterführend *Naux* in L/R/S/S[2] § 7 Rz 171 ff), könnte argumentiert werden, dass § 8 Abs 1 nicht greift (*Keppert/Waitz-Ramsauer* in W/H/M, HdU II[8] § 8 Rz 4). § 8 sieht jedoch auch keine abweichende Bewertungsvorschrift vor. Der Gesetzgeber ist mE uU davon ausgegangen, dass er (aufgrund der Fiktion des § 7 Abs 3 KStG – vgl dazu *Naux* in L/R/S/S[2] § 7 Rz 163 ff) eine abschließende Regel für die Bewertung des Vermögens der übertragenden Gesellschaft schafft. Eine Schließung der wohl planwidrigen Lücke über Analogie (und damit die Anwendung von § 8 Abs 1 auch auf außerbetriebliche Bereiche) scheint daher nach *Keppert/Waitz-Ramsauer* möglich (in W/H/M, HdU II[8] § 8 Rz 4; vgl auch *Hirschler/Sulz/Zöchling* in GedS Helbich 185 zu einem Vorschlag zur Verbesserung des Wortlauts).

Stellungnahme. Auch ausländische Umwandlungen können unter Art II fallen. **13** Voraussetzung ist die Vergleichbarkeit der Umwandlung (vgl § 7 Rz 81 ff). Aus der nötigen Vergleichbarkeit leitet sich nach der hA ab, dass auch ausländische Körperschaften, die im Anwendungsbereich von Art II umgewandelt werden, mit österreichischen Kapitalgesellschaften vergleichbar sein müssen. Eine Vergleichbarkeit mit sonstigen österreichischen Körperschaften reicht nach der hA nicht aus (vgl § 7 Rz 82). Folglich unterlag auch die **Gewinnermittlung** von zuvor in Österreich steuerpflichtigen **Betriebsstätten und unbewegliches Vermögen** der Gewinnermittlung gem § 5 EStG (§ 21 Abs 1 Z 3 KStG, vgl dazu *Prillinger* in L/R/S/S[2] § 21 Rz 96). Dieses Vermögen ist daher auch in der Umwandlungsbilanz mit den **Werten gem § 5 EStG** anzusetzen. **Sonstiges** in Österreich (gem § 98 EStG und einem möglicherweise anwendbaren DBA) **steuerpflichtiges Vermögen** (zB möglicherweise steuerpflichtige Beteiligungen) unterlag nicht § 5 EStG und ist somit in der Umwandlungsbilanz nicht mit den sich gem § 5 EStG ergebenden Werten, sondern mit den sich aus den **anwendbaren Einkünfteerzielungsvorschriften** ergebenden Werten anzusetzen (vgl auch zum Fortführen der steuerlichen Werte für nach der Isolationstheorie steuerhängiges Vermögen *Damböck*, SWI 2001, 12).

Durch den Ansatz der laufenden steuerlichen Werte zum Umwandlungsstichtag **14** und deren Übernahme beim Rechtsnachfolger (vgl § 9 Rz 21; Buchwertverknüpfung) erfolgt eine trenngenaue **Aufteilung der steuerlichen Ergebnisse** zwischen umwandelnder Gesellschaft und Rechtsnachfolgern. Ist die übertragende Kapitalgesellschaft **Mitunternehmerin**, hat eine Aufteilung der Erträgnisse der Mitunternehmerschaft zwischen übertragender Kapitalgesellschaft und Rechtsnachfolgern zu erfolgen. **Weicht** der Umwandlungsstichtag vom **Bilanzstichtag** der **Mitunternehmerschaft ab**, hat eine **Aufteilung** im Schätzungswege zu erfolgen – vgl § 3 Rz 10 zur Verschmelzung; vgl auch *Walter*[11] Rz 233).

15 Eine **steuerfreie Aufwertung** von Vermögen, das bereits vor der Umwandlung in Österreich steuerhängig war, ist durch den Ansatz der laufenden steuerlichen Buchwerte **ausgeschlossen**. Gleichzeitig **unterbleibt** damit (abgesehen von der Aufwertungsoption des § 8 Abs 2 – vgl Rz 36 ff) eine **steuerpflichtige Aufwertung** (vgl UmgrStR Rz 476; Zöchling in *W/Z/H/K*[5] § 8 Rz 3; *Walter*[1] Rz 231).

B. Anknüpfung an die Werte zum Ende des Wirtschaftsjahres

21 Im Anwendungsbereich von Art II erfolgt gem § 8 Abs 3 (vgl dazu Rz 56 ff) der **Übergang** auf die Rechtsnachfolger **mit Ablauf des Umwandlungsstichtags** (vgl § 7 Rz 241 f zur Frage des Übergangs bei Umwandlungen [partiell] außerhalb des Anwendungsbereichs von Art II). Da das Vermögen (und die Einkünfte) mit Ablauf des Umwandlungsstichtags den Rechtsnachfolgern zuzurechnen sind, **verbleiben** der umwandelnden Kapitalgesellschaft nach dem Umwandlungsstichtag **keine zugerechneten Vermögensgegenstände** (und Einkunftsquellen). Daher sieht § 8 Abs 1 vor, dass der **Umwandlungsstichtag** das steuerliche **Wirtschaftsjahr** der übertragenden Kapitalgesellschaft **beendet**. Dieses Wirtschaftsjahr stellt ertragsteuerrechtlich das letzte Wirtschaftsjahr der umwandelnden Gesellschaft dar (*Walter*[11] Rz 231). Damit endet auch die Steuerpflicht der übertragenden Gesellschaft (*Zöchling* in *W/Z/H/K*[5] § 8 Rz 1).

22 Die Buchwertfortführung knüpft an die **laufenden steuerlichen Buchwerte** (vgl Rz 11 ff) zum Umwandlungsstichtag an. Abgesehen von der Aufwertungsoption (vgl Rz 36 ff) sind die laufenden steuerlichen Werte zum Ende jenes Wirtschaftsjahres, das mit dem Umwandlungsstichtag endet, in die Umwandlungsbilanz (vgl Rz 81 ff) aufzunehmen. Die Aufwertung bei Eintritt ins österreichische Besteuerungsrecht ist nicht in die Umwandlungsbilanz aufzunehmen, da sie erst in der Sphäre des Rechtsnachfolgers erfolgt (§ 9 Rz 41 ff). Auch die verpflichtende Aufwertung (vgl § 7 Rz 196 ff) bei Einschränkung des Besteuerungsrechts ist nicht in der Umwandlungsbilanz auszuweisen, da Art II insoweit nicht anwendbar ist (vgl auch Rz 84).

III. Aufwertungsoption
A. Hintergrund

26 Art II liegt der Grundsatz des Besteuerungsaufschubs und damit der Vermeidung der Besteuerung von Buchgewinnen zu Grunde. Allerdings hängen die Konsequenzen bei **Umwandlungen mit Auslandsbezug** auch vom ausländischen Steuerrecht ab. Die **Anwendung** von **Art II** ist dabei **nicht** von der Behandlung des Vorgangs gem **ausländischem Steuerrecht abhängig**. Und auch der Vorteil der **Buchwertfortführung** wird **unabhängig** von der Behandlung nach ausländischem Steuerrecht gewährt.

27 Allerdings kann sich aus der Anwendung der Buchwertfortführung in Österreich bei gleichzeitiger steuerpflichtiger Realisierung der stillen Reserven im Ausland aus

den unterschiedlichen Besteuerungszeitpunkten ein **steuerlicher Nachteil** (vgl *Keppert/Waitz-Ramsauer* in W/H/M, HdU II[8] § 8 Rz 9; *Zöchling* in W/Z/H/K[5] § 8 Rz 5) für den Steuerpflichtigen ergeben. Zu derartigen Nachteilen kann es kommen, wenn das DBA oder eine innerstaatliche Maßnahme zur Vermeidung der Doppelbesteuerung (insb aufgrund von § 48 BAO) die **Anrechnungsmethode** vorsieht (vgl auch UmgrStR Rz 481; s auch *Zöchling* in W/Z/H/K[5] § 8 Rz 6). Zu Nachteilen kann es dabei in mehreren Sachverhaltskonstellationen kommen:

- Der Steuerpflichtige ist **im Inland ansässig**, das **Vermögen** ist **im Ausland** **28** belegen (vgl auch *Zöchling* in W/Z/H/K[5] § 8 Rz 8): Im Ausland werden stille Reserven bei Umwandlung besteuert, die ausländische Steuer kann in Österreich (mangels Vorliegens von steuerpflichtigen Einkünften) nicht angerechnet werden. Bei späterer Realisierung der stillen Reserven sind auch die (bei Umwandlung bestehenden) ausländischen stillen Reserven in Österreich steuerpflichtig. Sind diese stillen Reserven im Ausland dann nicht steuerpflichtig (da sie bereits bei Umwandlung besteuert wurden), liegt keine ausländische Steuer vor, die angerechnet werden kann.

- Der Steuerpflichtige ist **im Ausland ansässig**, das **Vermögen** liegt **in Österreich** **29** (vgl auch *Zöchling* in W/Z/H/K[5] § 8 Rz 9): Da im Inland keine Aufdeckung der stillen Reserven bei Umwandlung vorgenommen wird, fällt keine österreichische Steuer an, die im Zeitpunkt der Umwandlung im Ausland angerechnet werden kann. Kommt es später zu einer Realisierung in Österreich, liegen im Ausland keine steuerpflichtigen stillen Reserven vor. Mangels Einkünften im Ausland kann daher die österreichische Steuer bei Verkauf nicht angerechnet werden.

Stellungnahme. In beiden Fällen käme es daher zu einer **Doppelbesteuerung**. Diese **30** könnte allenfalls vermieden werden, wenn sich aus dem Methodenartikel auch die Verpflichtung der periodenübergreifenden Vermeidung der Doppelbesteuerung ableiten würde. Dabei hätte auch der in Österreich kurzfristig von der Verwaltungspraxis akzeptierte **Anrechnungsvortrag** (BMF 22.5.2009, EAS 3065; BMF 24.9.2009, BMF-010221/2415-IV/4/2009, Abschn 1.4 – zurückgezogen mit BMF 22.1.2010, EAS 3113) die Doppelbesteuerung wohl selbst im ersten Fall nicht beseitigt. Dieser Anrechnungsvortrag hatte die Doppelbesteuerung dann vermeiden sollen, wenn sowohl im In- als auch Ausland Einkünfte vorliegen, aber die Anrechnung aufgrund der Kürzung des Anrechnungshöchstbetrags durch einen in Österreich erlittenen Verlust scheitert. Dieser Anrechnungsvortrag würde die dargestellte Doppelbesteuerung daher nicht vermeiden. Erst der Vortrag anrechenbarer Steuer in Fällen, in denen im Jahr des Steueranfalls in Österreich keine Einkünfte aus der Transaktion resultieren, könnte die Doppelbesteuerung vermeiden.

Wird die Doppelbesteuerung aufgrund der **Befreiungsmethode** vermieden, ent- **31** steht die Problematik der Doppelbesteuerung grundsätzlich nicht. Bei Anwendung der Befreiungsmethode werden die ausländischen Einkünfte, die sich nach der Ermittlung im Ansässigkeitsstaat ergeben, befreit – grundsätzlich **unabhängig davon, ob** die **Einkünfte** im Ausland (im fraglichen Jahr) **ebenfalls anfallen und besteuert werden**. Auch bei Besteuerung der Umwandlung im Ausland entsteht keine Doppelbesteuerung, wenn der Ansässigkeitsstaat die Einkünfte in jenem Zeitpunkt, in dem er sie erfassen würde, befreit (und allenfalls über den Progressionsvorbehalt berücksichtigt). Zu einer der Situation bei der Anrechnungsmethode vergleichbaren Problematik würde es allerdings kommen, wenn der Ansässigkeitsstaat zB aufgrund einer Subject-to-Tax-Klausel (vgl dazu *Schilcher*, Subject-to-tax-Klauseln in der österreichischen Abkommenspraxis) die Befreiung verweigert, wenn keine (zeitgleiche) Besteuerung im Quellenstaat erfolgt (so auch *Hirschler/Sulz/Zöchling* in GedS Helbich 86).

32 Da das UmgrStG Strukturwechsel begünstigen will und somit vermeiden soll, dass betriebswirtschaftlich nötige Änderungen der Struktur aus steuerlichen Gründen unterbleiben, soll das UmgrStG nicht zu Steuernachteilen führen. Um die oben dargestellten möglichen **Steuernachteile zu vermeiden** (vgl auch UmgrStR Rz 481), sieht § 8 Abs 2 in gewissen Fällen (vgl Rz 36 ff) die Möglichkeit (nicht die Verpflichtung – vgl *Keppert/Waitz-Ramsauer* in W/H/M, HdU II[8] § 8 Rz 9) vor, dass der Steuerpflichtige freiwillig eine steuerpflichtige Aufwertung vornimmt (**Aufwertungsoption**; vgl weiterführend § 2 Rz 26 ff). Durch die synchrone Besteuerung (*Zöchling* in W/Z/H/K[5] § 8 Rz 9) wird die Anrechnung ermöglicht und der Nachteil beseitigt.

B. Anwendungsvoraussetzungen
1. Umwandlung mit Auslandsbezug
a) Inlandsumwandlungen

36 Bei Inlandsumwandlungen (also solchen mit ansässigen Steuerpflichtigen) kann die Aufwertungsoption bei beiden Formen der nach dem UmwG möglichen Umwandlungen zur Anwendung kommen. Die Aufwertungsoption steht daher sowohl bei **verschmelzenden** (vgl § 7 Rz 26 ff) als auch bei **errichtenden Umwandlungen** (vgl § 7 Rz 46 ff) österreichischer Kapitalgesellschaften zur Verfügung. Die Aufwertungsoption betrifft bei Inlandsumwandlungen ausschließlich Auslandsvermögen (UmgrStR Rz 480; vgl *Zöchling* in W/Z/H/K[5] § 8 Rz 8).

37 Als **Auslandsvermögen** gilt dabei Vermögen der unbeschränkt steuerpflichtigen Kapitalgesellschaft, für das **einem anderen Staat das Besteuerungsrecht zusteht** (vgl *Zöchling* in W/Z/H/K[5] § 8 Rz 8; s auch *Schwarzinger/Wiesner* I/1[3] 1039) und der andere Staat das Besteuerungsrecht auch durch innerstaatliches Recht ausfüllt. Auslandsvermögen, für das ausschließlich Österreich das Besteuerungsrecht zusteht (für das somit dem anderen Staat zB aufgrund eines DBA das Besteuerungsrecht entzogen ist), ist kein Auslandsvermögen iSv § 8 Abs 2 Z 1, da sich in diesem Fall keine Doppelbesteuerung ergeben kann (und somit die Problemstellung, die § 8 Abs 2 bekämpfen will – vgl Rz 27 ff –, nicht besteht).

38 Aus dem Wortlaut von § 8 Abs 2 könnte geschlossen werden, dass die Aufwertungsoption bei **inländischen Umwandlungen** in Bezug auf Auslandsvermögen **immer zusteht**. Auch wenn die weiteren Anwendungsvoraussetzungen (sofortige Besteuerung im Ausland – vgl Rz 40 f – und Anwendung der Anrechnungsmethode – vgl Rz 42 f) direkt in Z 2 angefügt und nicht in einem von den beiden Ziffern getrennten Satz in Abs 2 eingefügt wurden, müssen nach der **hA** diese **Voraussetzungen auch bei Inlandsumwandlungen** erfüllt sein, damit die Aufwertungsoption zusteht (UmgrStR Rz 480; vgl auch *Hafner/Heinrich* in Achatz ua, IntUmgr 90 f). Eine entsprechende Klarstellung durch den Gesetzgeber wäre dennoch wünschenswert.

b) Auslandsumwandlungen

39 Weiters greift die Aufwertungsoption auch für **Auslandsumwandlungen ausländischer Körperschaften**. Bei Auslandsumwandlungen greift die Aufwertungsoption nur für **inländisches Vermögen** (UmgrStR Rz 480; vgl *Zöchling* in W/Z/H/K[5]

§ 8 Rz 9). Auch bei ausländischen Umwandlungen sind sowohl Umwandlungen, die inländischen **errichtenden Umwandlungen**, als auch jene, die inländischen **verschmelzenden Umwandlungen vergleichbar** sind, erfasst. Da die umwandelnde Körperschaft im Ausland ansässig ist, kann hier auch das österreichische Vermögen im Ausland der Besteuerung unterliegen, wenn der andere Staat das Welteinkommensprinzip anwendet.

2. Besteuerung der stillen Reserven im Ausland

Eine Anwendungsvoraussetzung der Aufwertungsoption ist, dass die Umwandlung **im Ausland** zu einer tatsächlichen **steuerpflichtigen Gewinnverwirklichung** führt (UmgrStR Rz 480; vgl *Zöchling* in *W/Z/H/K*[5] § 8 Rz 7). Eine steuerpflichtige Gewinnverwirklichung liegt vor, wenn eine **Aufdeckung und Besteuerung der stillen Reserven** im Vermögen der umwandelnden Gesellschaft erfolgt. Nur in diesen Fällen kann es zur oben dargestellten potenziellen Doppelbesteuerung kommen. Tatbestandserheblich ist dabei eine Gewinnverwirklichung bei jenen Vermögensteilen, an denen auch Österreich ein Besteuerungsrecht zusteht. 40

Die Gewinnverwirklichung im Ausland muss dabei nicht verpflichtend erfolgen. Auch eine steuerpflichtige Aufwertung **im Ausland**, die der Steuerpflichtige durch die Ausübung eines **Wahlrechts** auslöst, berechtigt in Österreich zur Ausübung der Aufwertungsoption (*Zöchling* in *W/Z/H/K*[5] § 8 Rz 7; s weiterführend und zu abweichenden Meinungen in der Lit § 2 Rz 31). 41

3. Anwendung der Anrechnungsmethode

Daneben besteht die Aufwertungsoption gem § 8 Abs 2 nur dann, wenn die Doppelbesteuerung durch Anwendung der **Anrechnungsmethode** vermieden wird (UmgrStR Rz 480; *Zöchling* in *W/Z/H/K*[5] § 8 Rz 7). Sieht das DBA oder eine entsprechende unilaterale Maßnahme (UmgrStR Rz 480; dabei sind nicht nur österreichische, sondern auch unilaterale Maßnahmen im Ausland tatbestandserheblich – *Zöchling* in *W/Z/H/K*[5] § 8 Rz 7) die Anwendung der Befreiungsmethode vor, erfolgt die Besteuerung ausschließlich im Quellenstaat. Mangels Gefahr einer Doppelbesteuerung wurde die Aufwertungsoption in diesem Fall vom Gesetzgeber nicht eingeräumt. Allenfalls wäre sie jedoch rechtspolitisch sinnvoll, wenn sonst aufgrund einer Subject-to-Tax-Regel Nachteile entstünden (vgl Rz 31). 42

Stellungnahme. Der Wortlaut von § 8 Abs 2 sieht die Aufwertungsoption nur dann vor, wenn die Doppelbesteuerung durch Anwendung der Anrechnungsmethode vermieden wird. **Teleologisch** sollte die **Aufwertungsoption in allen Fällen** zustehen, **in denen die stillen Reserven von in Österreich steuerhängigem Vermögen iRd Umwandlung auch in einem anderen Staat besteuert werden**. Dies betrifft nicht nur den Fall der Anwendung der Anrechnungsmethode, sondern auch jene Fälle, in denen die **Doppelbesteuerung** (für gewisse Steuern) mangels Anwendbarkeit eines DBA oder einer unilateralen Maßnahme **nicht** mittels Anrechnungs- oder Befreiungsmethode **vermieden** wird. Für in Österreich ansässige Kapitalgesellschaften scheint dies kaum der Fall zu sein, da iaR entweder ein DBA oder eine Maßnahme gem § 48 BAO greifen sollte. Insb bei im Ausland ansässigen Körperschaften, kann – abhängig vom ausländischen Steuerrecht – der Fall eintreten, dass die Doppelbesteuerung bei Fehlen eines DBA nicht entsprechend vermieden wird. Wird die Doppelbesteuerung auf andere Art vermieden, wird auch hierfür uU die zeitgleiche Gewinnvermittlung nötig sein. Mangels Anwendbarkeit eines DBA könnte der Fall als 43 nicht schutzwürdig betrachtet werden. Jedoch stellt sich die rechtspolitische Frage, warum ein – auch nach der FRL zulässiges – Gewinnrealisierungswahlrecht nicht gewährt wird (s auch § 1 Rz 13 mwN).

4. Ausübung der Option

44 § 8 Abs 2 stellt ein **Wahlrecht** dar (vgl auch *Keppert/Waitz-Ramsauer* in *W/H/M*, HdU II[8] § 8 Rz 9; *Zöchling* in *W/Z/H/K*[5] § 8 Rz 5). Die Aufwertung ist nicht verpflichtend. Der Steuerpflichtige kann die Aufwertung **nach Günstigkeit wählen**.

45 Wird die Option ausgeübt, erfolgt die Aufwertung für das **gesamte Vermögen** im Anwendungsbereich der Aufwertungsoption (vgl UmgrStR Rz 482 für die Aufwertungsoption bei inländischen Umwandlungen). Ein ‚**Cherry Picking**' – also eine Ausübung der Aufwertungsoption nur für einzelne Vermögensteile, zB nur Vermögen in gewissen Ländern oder der Einzelauswahl von einzelnen Vermögensteilen – ist demnach nach Ansicht der FV **nicht möglich**. Die Ausübung des Wahlrechts getrennt nach Staaten und auch Betriebsstätten innerhalb eines Staates wird von der hA bei der Verschmelzung als möglich erachtet (s § 2 Rz 35). Eine parallele Auslegung bei der Umwandlung scheint geboten.

C. Rechtsfolgen

51 Wird die Aufwertungsoption ausgeübt, sind die fraglichen Vermögensteile (inkl unkörperlicher selbstgeschaffener Wirtschaftsgüter) gem § 20 KStG mit den **Teilwerten** anzusetzen (vgl UmgrStR Rz 480). Die Aufwertung führt zu einem steuerpflichtigen Gewinn, der

- bei **Ansässigkeit in Österreich** Anrechnungspotenzial für ausländische Steuern **schafft** (vgl auch UmgrStR Rz 481) oder
- bei **Ansässigkeit im Ausland** die Anrechnung österreichischer Steuern ermöglicht und somit die **Besteuerung im Ausland reduziert**.

52 Die **Aufwertung** erfasst dabei **bei inländischen Umwandlungen nur Auslandsvermögen**. Für Inlandsvermögen greift die Buchwertfortführung gem § 8 Abs 1. Nach der Verwaltungspraxis muss bei Ausübung der Aufwertungsoption das **gesamte Auslandsvermögen aufgewertet** werden (UmgrStR Rz 482). Hierbei kann mE nur jenes Vermögen gemeint sein, für das eine Aufwertung gem § 8 Abs 2 Z 1 möglich ist. Somit können nur jene Vermögensteile der Aufwertung unterliegen, bei denen im Ausland eine steuerwirksame Aufdeckung der stillen Reserven erfolgt (vgl Rz 40 f) und bei denen die Doppelbesteuerung nicht unter Anwendung der Befreiungsmethode vermieden wird (vgl Rz 42 f).

53 Bei **ausländischen Umwandlungen** erfolgt eine Besteuerung des Aufwertungsgewinns bei Ausübung der Aufwertungsoption nur insoweit, als vor der Umwandlung ein **österreichisches Besteuerungsrecht** gem § 98 EStG **bestand** und dieses nicht durch ein DBA eingeschränkt war. Abhängig vom inländischen Vermögen ist dabei ein Veräußerungsgewinn (insb bei österreichischen Betriebsstätten) oder ein -überschuss (insb bei Beteiligungen iSv § 27 Abs 3 EStG und Grundstücken iSv § 30 EStG) zu ermitteln (UmgrStR Rz 483).

IV. Rückwirkungsfiktion

56 Der Umwandlungsstichtag definiert sich nach der Schlussbilanz, die der Umwandlung zugrunde liegt (vgl Rz 76 f). Der gesellschaftsrechtliche Umwandlungsstichtag definiert auch den steuerlichen Stichtag (*Zöchling* in *W/Z/H/K*[5] § 8 Rz 11). Die Schlussbilanz darf zum Zeitpunkt der Anmeldung der Umwandlung zum Firmenbuch (Einlangen beim Firmenbuchgericht – vgl *Keppert/Waitz-Ramsauer* in *W/H/M*, HdU II[8] § 8 Rz 13) max 9 Monate alt sein (vgl *Walter*[11] Rz 230). Zu beachten ist, dass die Frist taggenau (so zB vom 28.2. zum 28.11.) und nicht auf den Monatsletzten zu berechnen ist (*Keppert/Waitz-Ramsauer* in *W/H/M*, HdU II[8] § 8 Rz 13; s eine Übersicht bei *Zöchling* in *W/Z/H/K*[5] § 8 Rz 15). Daraus ergibt sich auch für steuerliche Zwecke ein **Rückwirkungszeitraum** von **max 9 Monaten** (s auch *Keppert/Waitz-Ramsauer* in *W/H/M*, HdU II[8] § 8 Rz 12; *Walter*[11] Rz 230).

Aufgrund der Rückwirkungsfiktion **endet** das (letzte) **Wirtschaftsjahr** der umwandelnden Kapitalgesellschaft **mit** dem **Umwandlungsstichtag** (vgl UFS 15.6.2007, RV/1880-L/02; UFS 6.5.2010, RV/1160-L/08; s auch *Walter*[11] Rz 232; *Zöchling* in *W/Z/H/K*[5] § 8 Rz 16). Geschäftsfälle nach dem Stichtag sind den Rechtsnachfolgern zuzurechnen (*Zöchling* in *W/Z/H/K*[5] § 8 Rz 13). Damit endet auch die persönliche und sachliche Ertragsteuerpflicht (UFS 23.11.2005, RV/2403-W/02) und damit auch die **Mindestkörperschaftsteuerpflicht** (BMF 19.8.1994, RdW 1994, 299). Je nach Wahl des Umwandlungsstichtags (dieser ist frei wählbar – *Walter*[11] Rz 229) liegt ein letztes volles oder ein Rumpfwirtschaftsjahr der umwandelnden Kapitalgesellschaft vor (vgl auch *Keppert/Waitz-Ramsauer* in *W/H/M*, HdU II[8] § 8 Rz 5). 57

§ 8 Abs 3 normiert, dass für die Einkommensermittlung der Vermögensübergang mit dem Ende des Umwandlungsstichtags als bewirkt gilt (vgl *Zöchling* in *W/Z/H/K*[5] § 8 Rz 10). Aus Sicht der Ertragsteuern **geht** das **Vermögen** der umwandelnden Gesellschaft mit Ablauf des Umwandlungsstichtags **auf** den/die **Rechtsnachfolger** (vgl dazu § 7 Rz 226 ff) **über** (vgl UFS 23.11.2005, RV/2403-W/02; UFS 11.10.2007, RV/2138-W/07; UFS 6.5.2010, RV/1160-L/08; s auch § 9 Rz 10; weiters *Staringer*, ecolex 1998, 249; *Keppert/Waitz-Ramsauer* in *W/H/M*, HdU II[8] § 8 Rz 16). Nach dem Stichtag sind Erträge und Vermögen dem Rechtsnachfolger/den Rechtsnachfolgern zuzurechnen. Die Rückwirkungsfiktion gilt dabei nur für die **übertragende Körperschaft und** jene Steuerpflichtige, die **Rechtsnachfolger** sind und nicht für jene Gesellschafter, die vor Wirksamkeit der Umwandlung als Gesellschafter ausscheiden. Durch die Rückwirkungsfiktion können eine Körperschaftsteuerpflicht bis zum Untergang der Kapitalgesellschaft und damit eine steuerliche Bilanzierung zum Tag der Eintragung der Umwandlung ins Firmenbuch unterbleiben (UmgrStR Rz 472). 58

Ist Art II anwendbar, können aufgrund der Rückwirkungsfiktion **Geschäftsbeziehungen** zwischen umwandelnder Gesellschaft und Rechtsnachfolger **nach dem Stichtag** (als Insichgeschäfte) keine ertragsteuerliche Wirkung entfalten (vgl UmgrStR Rz 473). Ausgenommen hiervon sind jene Geschäftsbeziehungen, die aufgrund expliziter gesetzlicher Regelung auf den Umwandlungsstichtag rückbezogen werden können (vgl dazu Rz 66 ff). Kommt es zu einem **Gesellschafterwechsel** im Rückwirkungszeitraum, stellen Geschäftsbeziehungen mit dem ausgeschiedenen Gesellschafter ebenfalls keine Insichgeschäfte dar (zutr *Ludwig*, ÖStZ 2008/450, 221). 59

Stellungnahme. Aus Vereinfachungsgründen führt auch außerhalb des Anwendungsbereichs von Art II § 20 KStG zu einem Übergang mit Ablauf des Umwandlungsstichtags (vgl § 7 Rz 241 f). Folglich kommt auch außerhalb von Art II Rechtsbeziehungen zwischen Gesellschaft und Rechtsnachfolger keine ertragsteuerliche 60

Wirkung zu. Mangels Anwendbarkeit von Art II greifen allerdings die Ausnahmen des § 11 Abs 1 von der Rückwirkung für Tätigkeitsvergütungen (vgl § 11 Rz 1 ff) nicht.

V. Rückwirkende Änderungen

66 § 8 Abs 4 sieht vor, dass gewisse **Vorgänge** nach dem Stichtag nicht den Rechtsnachfolgern zuzurechnen sind (vgl auch § 11 Abs 1 zu Ausnahmen für Tätigkeitsvergütungen – vgl dazu § 11 Rz 1 ff). Dies führt dazu, dass die abschließend aufgezählten Vorgänge noch der umzuwandelnden Gesellschaft zuzurechnen sind und somit **auf den Stichtag rückzubeziehen** sind. Die aufgezählten Vorgänge betreffen ausschließlich Eigenkapitalveränderungen. Diese Veränderungen bei der umwandelnden Kapitalgesellschaft sollen nicht als solche des Rechtsnachfolgers behandelt werden (UmgrStR Rz 484). Die Vorgänge, die zu rückwirkenden Änderungen führen, sind:
- **Gewinnausschüttungen** nach dem Umwandlungsstichtag bei Ausschüttungsbeschluss nach dem Umwandlungsstichtag (vgl auch *Zöchling* in *W/Z/H/K*[5] § 8 Rz 14),
- **Einlagenrückzahlungen** iSd § 4 Abs 12 EStG durch die umwandelnde Kapitalgesellschaft nach dem Umwandlungsstichtag (vgl auch *Zöchling* in *W/Z/H/K*[5] § 8 Rz 15) und
- **Einlagen** iSd § 8 Abs 1 KStG in die umwandelnde Kapitalgesellschaft nach dem Umwandlungsstichtag (vgl auch *Zöchling* in *W/Z/H/K*[5] § 8 Rz 15).

Dabei sind die rückwirkenden Änderungen auch rückwirkend zum Umwandlungsstichtag in den **Evidenzkonten** (Einlagen- und Innenfinanzierungsevidenzkonto) der übertragenden Gesellschaft zu berücksichtigen (vgl auch UmgrStR Rz 484 idF WE 2017).

67 Nach Ansicht der Finanzverwaltung müssen die rückwirkenden Änderungen entsprechend **in der** (steuerlichen) **Umwandlungsbilanz dargestellt** werden, damit die Vorgänge im Rückwirkungszeitraum auf den Stichtag rückbezogen werden (UmgrStR Rz 484; vgl zur Darstellung in der Umwandlungsbilanz Rz 85). Andernfalls soll die Rückbeziehung auf den Umwandlungsstichtag (und damit auch die Zuordnung zum Rechtsvorgänger) entfallen. § 8 Abs 4 sieht die Aufnahme in die Umwandlungsbilanz allerding nicht als Anwendungsvoraussetzung für die Rückbeziehung vor. Insoweit kann eine Verpflichtung zur Aufnahme in die Umwandlungsbilanz (so wie auch die Umwandlungsbilanz selbst – vgl Rz 83) wohl nur eine Ordnungsnorm darstellen. Somit kann die Nichtaufnahme nicht die Rückwirkung verhindern.

68 Offene Ausschüttungen der übertragenden Gesellschaft können uU auch noch nach dem Umwandlungsbeschluss (sogar nach Anmeldung der Umwandlung zum Firmenbuch) beschlossen werden. Ein **Beschluss** der Ausschüttung kann bis zum Tag der Eintragung des Umwandlungsbeschlusses ins Firmenbuch gefasst werden (*Keppert/Waitz-Ramsauer* in *W/H/M*, HdU II[8] § 8 Rz 19). Nach anderer Ansicht ist der Rückbezug jedoch nur für Ausschüttungsbeschlüsse bis zum Umwandlungsbeschluss möglich (vgl zur Verschmelzung § 2 Rz 66). Allerdings muss auch die **Zahlung** noch **vor Untergang der Gesellschaft** erfolgen, um eine Zurechnung zur übertragenden Gesellschaft zu ermöglichen. Andernfalls kann keine rückbezogene Gewinnausschüttung der übertragenden Gesellschaft vorliegen. Nach

Schwarzinger/Wiesner stellen auch durchgeführte Ausschüttungen, deren Beschluss gesellschaftsrechtlich unzulässig ist (Zwischenausschüttungen bei einer GmbH), steuerlich Dividenden isd § 8 Abs 4 dar (*Schwarzinger/Wiesner* I/1³ 711).

Bei den **Gesellschaftern** greift die Rückwirkungsfiktion für Ausschüttungen nicht (*Schwarzinger/Wiesner* I/1³ 879). **Gewinnausschüttungen** im Rückwirkungszeitraum werden nach den **allgemeinen Prinzipien** als von der gesellschaftsrechtlich noch bestehenden Gesellschaft durchgeführt besteuert (vgl auch *Zöchling* in *W/Z/H/K*⁵ § 8 Rz 14). Nur bei **Rückbeziehung mindern Dividenden**, die nach dem Stichtag beschlossen wurden, das Umwandlungskapital und dadurch den **Betrag, der als ausgeschüttet gilt** (vgl zur Fiktion der Ausschüttung des Gewinnkapitals § 9 Rz 206 ff). Würden durchgeführte (und als solche steuerlich erfasste) Ausschüttungen den Betrag, der der Ausschüttungsfiktion unterliegt (Gewinnkapital), nicht verringern, ergäbe sich eine systemwidrige doppelte Erfassung als Dividende beim Gesellschafter. 69

§ 8 Abs 4 greift nur für offene Ausschüttungen. **Verdeckte Ausschüttungen** sind nicht erfasst (ein Ausweis in der Umwandlungsbilanz – vgl Rz 85 – wäre bei verdeckten Ausschüttungen wohl auch kaum praktikabel). Im Zusammenwirken mit dem rückwirkenden Übergang (vgl Rz 58 und § 9 Rz 10) können verdeckte Ausschüttungen **an Rechtsnachfolger im Rückwirkungszeitraum** im Ergebnis **rückgängig gemacht** werden (weiters *Keppert/Waitz-Ramsauer* in *W/H/M*, HdU II⁸ § 8 Rz 22). Allerdings können sie dann Entnahmen darstellen (*Zöchling* in *W/Z/H/K*⁵ § 8 Rz 14). Verdeckte Ausschüttungen **an ausscheidende Minderheitsgesellschafter** (oder andere vor der Umwandlung ausscheidende Gesellschafter) können jedoch **nicht geheilt** werden. Sie werden daher den Rechtsnachfolgern zugerechnet (*Zöchling* in *W/Z/H/K*⁵ § 8 Rz 14). 70

Auch **Einlagenrückzahlungen** sind von der Zurechnung an Rechtsnachfolger ausgenommen, auch wenn sie erst nach dem Stichtag erfolgen und in der Umwandlungsbilanz entsprechend ausgewiesen werden (vgl Rz 85; s auch *Schwarzinger/Wiesner* I/1³ 861; *Zöchling* in *W/Z/H/K*⁵ § 8 Rz 15). Einlagenrückzahlungen müssen dabei **vor dem Umwandlungsbeschluss beschlossen** werden, um in den Anwendungsbereich von § 8 Abs 4 zu fallen (vgl *Keppert/Waitz-Ramsauer* in *W/H/M*, HdU II⁸ § 8 Rz 23; zur Auswirkung auf die Ausschüttungsfiktion vgl § 9 Rz 244 f). Einlagenrückzahlungen im Rückwirkungszeitraum werden bei den Gesellschaftern nach den allgemeinen Prinzipien behandelt und verringern daher den **steuerlichen Buchwert**/die steuerlichen **Anschaffungskosten** (vgl zu § 4 Abs 12 Jakom¹⁰/*Marschner* § 4 Rz 481) und können auch zur Besteuerung führen, wenn sie die Buchwerte/Anschaffungskosten übersteigen (vgl *Keppert/Waitz-Ramsauer* in *W/H/M*, HdU II⁸ § 8 Rz 25; *Schwarzinger/Wiesner* I/1³ 721). Über die Beeinflussung des steuerlichen Buchwerts/der steuerlichen Anschaffungskosten und des Umwandlungskapitals haben sie **Auswirkungen auf** den steuerfreien **Buchgewinn/-verlust** (vgl zum Buchgewinn/-verlust § 9 Rz 91 ff). 71

Gegengleich zu Einlagenrückzahlungen können auch **Einlagen** isd § 8 Abs 1 KStG (vgl dazu *Ressler/Stürzlinger* in *L/R/S/S*² § 8 Rz 24 ff) bei entsprechendem Ausweis in der Umwandlungsbilanz im Rückwirkungszeitraum noch der übertragenden Gesellschaft zugerechnet werden (vgl *Schwarzinger/Wiesner* I/1³ 725; s zur Auswirkung auf die Ausschüttungsfiktion § 9 Rz 244 f). Nach *Zöchling* müssen sie dazu bis zum Abschluss des Umwandlungsvertrags geleistet werden (*Zöchling* in *W/Z/H/K*⁵ § 8 72

Rz 15). Solange die Verwaltungspraxis die Berücksichtigung von **Nutzungseinlagen** als Einlagen iSd § 8 Abs 1 KStG (in rein innerstaatlichen Sachverhalten) ablehnt (vgl KStR Rz 501 f [ex-Rz 679 f]), wird sie diese auch für Zwecke des § 8 Abs 4 nicht anerkennen.

73 Nach *Keppert/Waitz-Ramsauer* können auch **verdeckte Einlagen** von der Zurechnung zum Rechtsvorgänger gem § 8 Abs 4 erfasst sein (*Keppert/Waitz-Ramsauer* in *W/H/M*, HdU II[8] § 8 Rz 27). ME wird dies in der Praxis jedoch regelmäßig an der nötigen Aufnahme in die Umwandlungsbilanz (vgl Rz 85) scheitern. Alle nicht von der Zurechnung zum Rechtsvorgänger **erfassten Einlagen** (somit Nutzungseinlagen, aber auch idR verdeckte Einlagen) **der Rechtsnachfolger** fallen durch die Umwandlung wiederum zusammen und werden – wie verdeckte Ausschüttungen (vgl Rz 70) – **beseitigt werden** (*Keppert/Waitz-Ramsauer* in *W/H/M*, HdU II[8] § 8 Rz 27).

74 Die genannten Fiktionen und die Möglichkeit der Beseitigung von verdeckten Ausschüttungen und Einlagen durch die Umwandlung greifen nur für Zwecke der Ertragsbesteuerung. Eine (bis 2015) entstandene **Gesellschaftsteuerpflicht** für Einlagen wird durch die Umwandlung **nicht beseitigt**.

VI. Nötige Bilanzen
A. Unternehmensrechtliche Schlussbilanz

76 Aus gesellschaftsrechtlicher Sicht ist zum Stichtag eine Schlussbilanz zu erstellen (vgl auch *Hügel* in *H/M/H* § 8 Rz 4; weiters *Korntner*, FJ 2012, 309; *Schwarzinger/Wiesner* I/1[3] 665). Fällt der Umwandlungsstichtag auf den **Bilanzstichtag** der umzuwandelnden Gesellschaft, kann die **Regelbilanz** als Schlussstichtag herangezogen werden. **Andernfalls** muss zum Umwandlungsstichtag eine **Schlussbilanz** für Zwecke der Umwandlung erstellt werden (vgl OGH 11.11.1999, 6 Ob 4/99b; s auch *Walter*[11] Rz 229; *Keppert/Waitz-Ramsauer* in *W/H/M*, HdU II[8] § 8 Rz 30; vgl *Schwarzinger/Wiesner* I/1[3] 659 zur Frage, ob auch ein Anhang nötig ist). Diesfalls gelten die Regeln über die Erstellung und Prüfung des Jahresabschlusses sinngemäß (§ 2 Abs 3 oder § 5 Abs 5 UmwG iVm § 220 AktG; ebenso OGH 11.11.1999, 6 Ob 4/99b; vgl auch *Zöchling* in *W/Z/H/K*[5] § 8 Rz 16). Der Stichtag der Schlussbilanz für Zwecke des UmwG definiert den Umwandlungsstichtag (vgl auch *Keppert/Waitz-Ramsauer* in *W/H/M*, HdU II[8] § 8 Rz 30). Dieser ist gem § 8 Abs 5 auch für Zwecke des Steuerrechts relevant (UmgrStR Rz 474). Für steuerrechtliche Zwecke kann kein abweichender Stichtag gewählt werden (so auch *Keppert/Waitz-Ramsauer* in *W/H/M*, HdU II[8] § 8 Rz 31).

76a **Weicht** der **Umwandlungsstichtag** um einen Tag **vom Bilanzstichtag ab** und sind die Auswirkungen auf die Vermögens-, Finanz- und Ertragslage unwesentlich, kann vereinfachend die Regelbilanz herangezogen werden (KFS/RL 25, 21). Die Ansicht der Finanzverwaltung zu Verschmelzungen, dass dies auch für steuerliche Zwecke möglich ist, wenn am fraglichen Tag kein aktiver Geschäftsbetrieb geführt wird oder kein anderer Grund für eine exakte Abgrenzung spricht (UmgrStR Rz 79), sollte auch auf Umwandlungen übertragbar sein (*Zöchling* in *W/Z/H/K*[5] § 8 Rz 12).

77 Die Umwandlungsbilanz stellt auch die **Grundlage für den steuerlichen Betriebsvermögensvergleich** im letzten Veranlagungszeitraum der umwandelnden Gesellschaft dar (vgl UmgrStR Rz 468). Abweichende steuerliche Bewertungen, die sich aus dem EStG oder KStG ergeben, sind bei der Einkommensermittlung zu berücksichtigen.

B. Steuerliche Umwandlungsbilanz
1. Notwendigkeit und Zweck

§ 8 Abs 5 S 2 schreibt vor, dass zum Umwandlungsstichtag eine Umwandlungsbilanz mit steuerlichen Werten aufzustellen ist (vgl auch *Zöchling* in *W/Z/H/K*^{5} § 8 Rz 17). Diese ist nur bei Anwendbarkeit von Art II aufzustellen. Bei partieller Nichtanwendbarkeit von Art II gem § 7 Abs 2 (vgl § 7 Rz 196 ff) sind jene Vermögensteile, die außerhalb des Anwendungsbereichs von Art II übertragen werden, nicht in die Umwandlungsbilanz aufzunehmen (UmgrStR Rz 477; vgl auch *Kirchmayr/Wellinger* in *Kirchmayr/Mayr*, Umgründungen 65). Die Umwandlungsbilanz erfüllt **mehrere Zwecke** (UmgrSt Rz 478; vgl auch *Zöchling* in *W/Z/H/K*^{5} § 8 Rz 1; weiters *Korntner*, FJ 2012, 310; *Schwarzinger/Wiesner* I/1^3 721): 81

- Darstellung der **steuerlichen Wertansätze** (und daraus folgend der Abweichungen zur unternehmensrechtlichen Schlussbilanz),
- Dokumentation der **Ausübung der Aufwertungsoption** gem § 8 Abs 2 (vgl Rz 36 ff),
- Ausweis von **rückwirkenden Korrekturen** (vgl Rz 66 ff) und
- Ausweis des **steuerlichen Umwandlungskapitals**.

Die **Abfindung** von **Minderheitsgesellschaftern** ist nicht in der Umwandlungsbilanz auszuweisen (*Keppert/Waitz-Ramsauer* in *W/H/M*, HdU II^8 § 8 Rz 32). 82

Bei **errichtenden Umwandlungen** stellt das (anteilige) Umwandlungskapital **spiegelbildlich** den **Beteiligungsansatz** bei den Gesellschaftern (**Rechtnachfolgern**) dar (*Zöchling* in *W/Z/H/K*^{5} § 8 Rz 18; s auch BFG 4.5.2017, RV/4100440/2012). Abweichungen können sich insb aus Vermögen ergeben, das nach der Umwandlung Sonderbetriebsvermögen darstellt (vgl dazu § 9 Rz 131). Entsprechend schlägt das Umwandlungskapital auch bei verschmelzenden Umwandlungen auf Mitunternehmerschaften auf die Beteiligungsansätze der Rechtsnachfolger durch. 82a

Das Erfordernis der Erstellung einer Umwandlungsbilanz stellt eine **Ordnungsnorm** dar. Neben der Darstellung der Bilanz in der klassischen Form einer Tabellen- oder Staffelbilanz kann die steuerliche Umwandlungsbilanz auch in anderer geeigneter Weise (zB durch Beschreibung der Abweichungen von der unternehmensrechtlichen Schlussbilanz – s *Walter*^{11} Rz 231; *Keppert/Waitz-Ramsauer* in *W/H/M*, HdU II^8 § 8 Rz 34; *Schwarzinger/Wiesner* I/1^3 721) dargestellt werden. Das **Fehlen** der Umwandlungsbilanz (oder Fehler in dieser) hat **keine Auswirkung auf** die **Anwendbarkeit von Art II** (vgl UmgrSt Rz 477; vgl auch *Schwarzinger/Wiesner* I/1^3 721; *Zöchling* in *W/Z/H/K*^{5} § 8 Rz 19), sondern kann (bei Vorsatz) eine Finanzordnungswidrigkeit (vgl dazu *Leitner/Plückhahn*, FinStrR kompakt Tz 194) darstellen (*Keppert/Waitz-Ramsauer* in *W/H/M*, HdU II^8 § 8 Rz 34). Auch das Fehlen einer steuerlichen Umwandlungsbilanz und einer beschreibenden Darstellung ändert nichts an der Buchwertfortführung (*Schwarzinger/Wiesner* I/1^3 721). 83

2. Ausweis steuerlicher Werte

In der steuerlichen Umwandlungsbilanz ist das Vermögen mit jenen **Wertansätzen** anzusetzen, die sich gem § 8 **bei der übertragenden Gesellschaft** für die Übertragung an den Rechtsnachfolger ergeben. Grundsätzlich sind dies gem § 8 84

Abs 1 die laufenden steuerlichen Buchwerte (s UmgrSt Rz 479; s auch *Zöchling* in *W/Z/H/K*⁵ § 8 Rz 17; **Buchwertfortführung** – vgl Rz 11). Zu beachten ist, dass die steuerlichen Buchwerte von den unternehmensrechtlichen abweichen können (vgl Rz 86 f). Wird die **Aufwertungsoption** (vgl Rz 36 ff) für Vermögensteile ausgeübt, sind diese Vermögensteile jedoch mit Teilwerten anzusetzen (vgl auch *Zöchling* in *W/Z/H/K*⁵ § 8 Rz 17). Weiters wurde vertreten, dass in der steuerlichen Umwandlungsbilanz auch die Teilwerte bei verpflichtender Aufwertung von Vermögensteilen (vgl § 7 Rz 196 ff zur Aufwertung bei Einschränkung des Besteuerungsrechts) anzusetzen sind (*Korntner*, FJ 2012, 311). Erfolgt die Aufwertung gem § 7 Abs 2 aufgrund der Einschränkung des österreichischen Besteuerungsrechts, ist Art II jedoch insoweit nicht anwendbar (vgl § 7 Rz 257 f). Daher sind jene Vermögensteile, die aufgrund von § 7 Abs 2 aufzuwerten sind, nicht in die Umwandlungsbilanz aufzunehmen (s auch *Zöchling* in *W/Z/H/K*⁵ § 8 Rz 17).

3. Rückwirkende Änderungen

85 Eigenkapitalveränderungen, die gem § 8 Abs 4 auf den Umwandlungsstichtag rückbezogen werden sollen, sind als rückwirkende Änderungen in der Umwandlungsbilanz auszuweisen (vgl auch *Korntner*, FJ 2012, 311 f; *Schwarzinger/Wiesner* I/1³ 721; *Zöchling* in *W/Z/H/K*⁵ § 8 Rz 17). Andernfalls werden diese Vorgänge nicht auf den Umwandlungsstichtag rückbezogen (vgl Rz 67). Einlagen sind dabei als **Aktivposten** anzusetzen. Die spätere Durchführung der Einlage stellt die Einlösung einer Forderung dar. Gewinnausschüttungen und Einlagenrückzahlungen sind als **Passivposten** darzustellen (vgl UmgrStR Rz 484; vgl auch *Schwarzinger/Wiesner* I/1³ 721, 877). Die spätere Ausschüttung stellt die Tilgung der Verbindlichkeit dar (*Zöchling* in *W/Z/H/K*⁵ § 8 Rz 14). Entsprechendes gilt für Einlagenrückzahlungen.

4. Umwandlungskapital

86 Das (steuerliche) Eigenkapital der umwandelnden Gesellschaft ist in der steuerlichen Umwandlungsbilanz als Umwandlungskapital auszuweisen. Das Umwandlungskapital stellt daher den **Unterschiedsbetrag zwischen Aktiva und Passiva** nach **steuerlicher Bewertung** dar (vgl UmgrStR Rz 478; vgl zu einem Überblick über Einzelfragen *Sulz/Hirschler*, SWK 2010, 999 ff). Mehr-Weniger-Rechnungspositionen, die zu zeitlichen Unterschieden führen (die sich somit in der Zukunft wieder umkehren) beeinflussen auch die steuerlichen Buchwerte (*Bertl/Hirschler*, RWZ 2013/93, 365). Im Gegensatz dazu beeinflussen steuerliche Abweichungen, die zu keinen zeitlichen, sondern zu permanenten Differenzen führen (Abzugsverbote, Steuerbefreiungen – wie zB Repräsentationsaufwendungen, Körperschaftsteuerrückstellungen, Beteiligungserträge), die laufenden Erträge, nicht jedoch die steuerlichen Buchwerte und somit auch nicht das steuerliche Eigenkapital (*Sulz/Hirschler*, SWK 2010, 1004; *Bertl/Hirschler*, RWZ 2013/93, 365 f; vgl für Zwecke der Ausschüttungsfiktion gem § 9 Abs 7 idF AbgÄG 2012 *Stefaner*, GES 2012, 403; *Hübner-Schwarzinger*, SWK 2013, 1483; *Walter*[11] Rz 272a).

86a Differenzierend wollen *Sulz/Hirschler* in Bezug auf **Körperschaftsteuerrückstellungen** (oder -**guthaben**) vorgehen. Diese würden (als Privatverbindlichkeiten) nicht (automatisch) das Eigenkapital kürzen (oder erhöhen), sondern wären dem Grunde nach Teil des steuerlichen Eigenkapitals (*Sulz/Hirschler*, SWK 2010, 1004; vgl auch *Schwarzinger/Wiesner* I/1³ 1151). Jedoch ist die Berücksichtigung der

Steuerrückstellung, -verbindlichkeit oder -forderung als eigener Bilanzposten – getrennt vom Eigenkapital – ein Ausfluss der Regelung in § 12 KStG. § 12 KStG verbietet nur den Abzug des Steueraufwands. So wie auch bei anderen **Abzugsverboten**, ist auch die Körperschaftsteuerrückstellung **steuerbilanziell zu berücksichtigen**, selbst wenn der Aufwand nicht abzugsfähig ist (vgl auch *Hübner-Schwarzinger*, SWK 2013, 1483; *Bertl/Hirschler*, RWZ 2013/93, 365). Entsprechend gehen auch das BFG (BFG 4.5.2017, RV/4100440/2012) und die Verwaltungspraxis davon aus, dass Körperschaftsteuerrückstellungen (und andere Aktiv- und Passivposten aus Steuerbefreiungen und Abzugsverboten) nicht mit dem Umwandlungskapital saldiert werden (UmgrStR Rz 546; vgl auch *Schwarzinger/Wiesner* I/1³ 893).

Da das Umwandlungskapital nunmehr auch für die Bemessungsgrundlage der Ausschüttungsfiktion relevant ist (vgl § 9 Rz 211 ff), kann mE nur durch diese Vorgangsweise eine systemkonforme Lösung (auch für die Ausschüttungsfiktion) erzielt werden (vgl § 9 Rz 222 f; vgl auch *Stefaner*, GES 2012, 403).

Eine **Untergliederung** des Umwandlungskapitals in einzelne Eigenkapitalpositionen (Stamm-/Grundkapital, Kapitalrücklagen, Gewinnrücklagen und Bilanzgewinn) ist nicht vorgesehen (so ist das Umwandlungskapital auch nach *Walter*[11] Rz 234 „*in einer Position auszuweisen*"). Das Umwandlungskapital stellt das steuerliche Eigenkapital dar. Folglich sind alle Kapitalkomponenten, die steuerliches Eigenkapital darstellen, dem Umwandlungskapital zuzuordnen. Dies umfasst auch zB sozietäres Genussrechtskapital (*Schwarzinger/Wiesner* I/1³ 889). Dementsprechend sollen nach *Sulz/Hirschler* Verbindlichkeiten, die als wirtschaftliches Eigenkapital zu qualifizieren sind, in der Umwandlungsbilanz jedenfalls gesondert ausgewiesen werden, „*wenn sie nicht in die Hauptgruppe Eigenkapital umgegliedert werden*" (*Sulz/Hirschler*, SWK 2010, 1005).

86b

5. Abfindungsansprüche von Minderheitsgesellschaftern

Abfindungsansprüche ausscheidender Minderheitsgesellschafter stellen **keine rückwirkenden Änderungen** dar. Sie sind **nicht in der Umwandlungsbilanz auszuweisen** (*Keppert/Waitz-Ramsauer* in W/H/M, HdU II⁸ § 8 Rz 32). Abfindungsansprüche mindern auch nicht das Umwandlungskapital. Da Minderheitsgesellschafter bei verschmelzenden Umwandlungen von den aufgreifenden Gesellschaftern abzufinden sind (*Hügel* in H/M/H § 8 Rz 6), handelt es sich bei verschmelzenden Umwandlungen um **Verbindlichkeiten der Gesellschafter** und nicht um Verbindlichkeiten der Gesellschaft (anders aber bei errichtenden Umwandlungen – vgl § 7 Rz 33). Dennoch sind Abfindungsansprüche auch bei errichtenden Umwandlungen nicht in der Umwandlungsbilanz auszuweisen (vgl auch *Wellinger* in HB Sonderbilanzen II 122). Dies hat auch für Zahlungen für Quotenverschiebungen zwischen den Rechtsnachfolgern – soweit diese gesellschaftsrechtlich möglich sind (vgl dazu § 7 Rz 53) – zu gelten.

87

6. Confusiopositionen

Durch Umwandlungen können Berechtigter (zB Gläubiger) und Belasteter (zB Schuldner) einer Vertragsbeziehung in einer Person zusammenfallen. Durch das **Zusammenfallen** von **Aktivum** und **Passivum** beim Rechtsnachfolger (einer verschmelzenden Umwandlung) löschen sich diese aus (vgl § 9 Rz 101 ff zur steuerlichen Behandlung von daraus resultierenden Confusiogewinnen). Da die Bilanzpositionen erst durch die Vereinigung beim Rechtsnachfolger confusiobedingt

88

wegfallen, sind sie in der Umwandlungsbilanz (der übertragenden Gesellschaft) noch **darzustellen** (vgl auch *Korntner*, FJ 2012, 311).

Rechtsnachfolger

§ 9. (1) Für die Rechtsnachfolger gilt Folgendes:

1. ¹Sie haben die zum Umwandlungsstichtag maßgebenden Buchwerte im Sinne des § 8 fortzuführen. ²§ 8 Abs. 3 gilt für die Rechtsnachfolger mit Beginn des dem Umwandlungsstichtag folgenden Tages.

2. ¹Soweit das Besteuerungsrecht der Republik Österreich hinsichtlich der Anteile an der übertragenden Körperschaft durch die Umwandlung eingeschränkt wird, gilt dies als Tausch im Sinne des § 6 Z 14 lit. a des Einkommensteuergesetzes 1988 an dem dem Umwandlungsstichtag folgenden Tag. ²§ 6 Z 6 lit. c bis e des Einkommensteuergesetzes 1988 sind sinngemäß anzuwenden.

3. Soweit das Besteuerungsrecht der Republik Österreich entsteht, gilt Folgendes:
   - Das übernommene Vermögen ist mit dem gemeinen Wert anzusetzen.
   - ¹Wird Vermögen ganz oder teilweise übernommen, für das die Abgabenschuld bei einem Rechtsnachfolger oder bei einer konzernzugehörigen Körperschaft eines Rechtsnachfolgers nicht festgesetzt worden ist oder gemäß § 16 Abs. 1a nicht entstanden ist, sind die fortgeschriebenen Buchwerte oder die ursprünglichen Anschaffungskosten, höchstens aber die gemeinen Werte anzusetzen. ²Die spätere Veräußerung oder das sonstige Ausscheiden gilt nicht als rückwirkendes Ereignis im Sinn des § 295a der Bundesabgabenordnung. ³Weist die übernehmende Körperschaft nach, dass Wertsteigerungen im übrigen EU/EWR-Raum eingetreten sind, sind diese vom Veräußerungserlös abzuziehen.
   - ¹Soweit das Besteuerungsrecht der Republik Österreich hinsichtlich der Anteile an der durch eine errichtende Umwandlung entstandenen Personengesellschaft entsteht, ist der Unterschiedsbetrag zwischen dem Buchwert und dem gemeinen Wert der Anteile am Umwandlungsstichtag bei einer späteren Realisierung der Anteile bei natürlichen Personen als Rechtsnachfolger mit einem besonderen Steuersatz von 25 % zu besteuern. ²Dies gilt sinngemäß für verschmelzende Umwandlungen auf natürliche Personen als Rechtsnachfolger.

(2) ¹Auf Buchgewinne und Buchverluste ist § 3 Abs. 2 und 3 anzuwenden. ²Dies gilt sinngemäß auch für Umwandlungsgewinne und Umwandlungsverluste in Bezug auf die Anschaffungskosten von außerbetrieblich gehaltenen Anteilen an der übertragenen Körperschaft.

(3) ¹Auf einen durch die Umwandlung bewirkten Wechsel der Gewinnermittlungsart ist § 4 Abs. 10 des Einkommensteuergesetzes 1988 anzuwenden. ²Diese Bestimmung gilt auch für den Fall des durch die Umwandlung bewirkten Ausscheidens von Wirtschaftsgütern aus dem Betriebsvermögen und für Gewinnerhöhungen, die sich aus der Änderung der Besteuerungsgrundsätze ergeben. ³Ein sich daraus insgesamt ergebender Gewinn ist in dem dem Umwandlungsstichtag folgenden Wirtschaftsjahr zu berücksichtigen; auf Antrag der Rechts-

nachfolger ist der Gewinn einschließlich eines steuerwirksamen Buchgewinnes im Sinne des Abs. 2 in den dem Umwandlungsstichtag folgenden drei Wirtschaftsjahren gleichmäßig verteilt zu berücksichtigen.

(4) Für internationale Schachtelbeteiligungen im Sinne des § 10 Abs. 2 des Körperschaftsteuergesetzes 1988 gilt folgendes:

1. Entsteht durch die Umwandlung eine internationale Schachtelbeteiligung oder wird ihr Ausmaß erweitert, ist hinsichtlich der bisher nicht steuerbegünstigten Beteiligungsquoten auf den Unterschiedsbetrag zwischen den Buchwerten und den höheren Teilwerten § 10 Abs. 3 erster Satz des Körperschaftsteuergesetzes 1988 nicht anzuwenden.

2. Geht durch die Umwandlung die Eigenschaft einer Beteiligung als internationale Schachtelbeteiligung unter, gilt, soweit für sie keine Option zugunsten der Steuerwirksamkeit erklärt worden ist, der höhere Teilwert zum Umwandlungsstichtag, abzüglich auf Grund einer Umgründung nach diesem Bundesgesetz von § 10 Abs. 3 erster Satz des Körperschaftsteuergesetzes 1988 ausgenommener Beträge, als Buchwert.

(5) Forderungen und Verbindlichkeiten eines Anteilsinhabers der übertragenden Körperschaft aus Leistungsbeziehungen, die nicht unter Abs. 2 fallen, gelten spätestens mit dem Tag der Anmeldung des Umwandlungsbeschlusses zur Eintragung in das Firmenbuch im Rahmen der betreffenden Einkunftsart nach § 19 des Einkommensteuergesetzes 1988 als vereinnahmt oder verausgabt.

(6) [1]Mit dem Tag der Anmeldung des Umwandlungsbeschlusses zur Eintragung in das Firmenbuch gilt das Gewinnkapital der übertragenden Körperschaft als offen an die Rechtsnachfolger ausgeschüttet. [2]Gewinnkapital ist der Unterschiedsbetrag zwischen dem Umwandlungskapital im Sinne des § 8 Abs. 5 und den vorhandenen Einlagen im Sinne des § 4 Abs. 12 des Einkommensteuergesetzes 1988 zum Umwandlungsstichtag. [3]Wurde im Zuge von Umgründungen innerhalb von zehn Jahren vor dem Umwandlungsstichtag Vermögen mit negativem Buchwert übernommen, erhöht sich das Gewinnkapital um diesen Betrag, soweit er nicht im Rahmen des § 18 Abs. 2 als ausgeschüttet gilt. [4]Der Tag der Anmeldung des Umwandlungsbeschlusses zur Eintragung in das Firmenbuch gilt als Tag des Zufließens im Sinne des § 95 Abs. 3 Z 1 des Einkommensteuergesetzes 1988.

(7) (aufgehoben durch BGBl I 2012/112)

(8) [1]Mindeststeuern der übertragenden Körperschaft im Sinne des § 24 Abs. 4 des Körperschaftsteuergesetzes 1988, die bis zum Umwandlungsstichtag entstanden und noch nicht verrechnet sind, sind den Rechtsnachfolgern ab dem dem Umwandlungsstichtag folgenden Wirtschaftsjahr in jenem Ausmaß zuzurechnen, das sich aus der Höhe der Beteiligung an der umgewandelten Körperschaft im Zeitpunkt der Eintragung des Umwandlungsbeschlusses in das Firmenbuch ergibt. [2]Dabei sind die Anteile abfindungsberechtigter Anteilsinhaber den Rechtsnachfolgern quotenmäßig zuzurechnen. [3]§ 24 Abs. 4 Z 4 des Körperschaftsteuergesetzes 1988 gilt für natürliche Personen als Rechtsnachfolger, wenn der Betrieb nach § 7 Abs. 1 am Ende des Jahres, für das die Anrechnung er-

folgen soll, noch vorhanden ist; unabhängig von diesem Betriebserfordernis ist auf die Einkommensteuer, die auf Veräußerungsgewinne gemäß § 24 des Einkommensteuergesetzes 1988 dieses Betriebes entfällt, eine Anrechnung vorzunehmen. [4]§ 46 Abs. 2 des Einkommensteuergesetzes 1988 ist nicht anzuwenden.

(9) Entfällt durch die Umwandlung die Befreiung von nach dem Umwandlungsstichtag angefallenen Kapitalerträgen gemäß § 94 Z 2 oder § 94 Z 5 des Einkommensteuergesetzes 1988, gilt Folgendes:

1. Kapitalerträge im Sinne des § 94 Z 2 des Einkommensteuergesetzes 1988 gelten mit dem Tag der Anmeldung des Umwandlungsbeschlusses zur Eintragung in das Firmenbuch als zugeflossen.

2. [1]Bei Kapitalerträgen im Sinne des § 94 Z 5 des Einkommensteuergesetzes 1988 ist eine Widerrufserklärung innerhalb einer Woche nach dem Tag der Anmeldung des Umwandlungsbeschlusses zur Eintragung in das Firmenbuch abzugeben. [2]Die Widerrufserklärung ist auf den dem Umwandlungsstichtag folgenden Tag zu beziehen.

[idF BGBl I 2015/163]

Rechtsentwicklung

BGBl 1991/699 (UmgrStG; RV 266 AB BlgNR 18. GP) (Stammfassung); BGBl 1993/818 (StRefG 1993; RV 1237 AB 1301 BlgNR 18. GP) (Neuformulierung von § 9 Abs 2 bis 4 [davor § 9 Abs 2 und 3], für Umwandlungen mit Stichtag nach 30.12.1993); BGBl 1996/201 (StruktAnpG 1996; RV 72 AB 95 BlgNR 20. GP) (Einführung der Verteilungsoption auf drei Jahre gem § 9 Abs 3 bei Gewinnen, für Umwandlungen mit Stichtag nach 31.12.1995; Neuformulierung der Ausschüttungsfiktion in § 9 Abs 6, für Umwandlungen mit Stichtag nach 31.12.1995; Einfügen von § 9 Abs 8, für Umwandlungen mit Stichtag nach 30.12.1995); BGBl 1996/797 (AbgÄG 1996; RV 497 AB 552 BlgNR 20. GP) (Erweiterung der Verteilungsoption auf drei Jahre in § 9 Abs 3 auf Confusiogewinne, auf Umwandlungen mit Stichtag nach dem 31.12.1995; Neutextierung von § 9 Abs 4, auf Umwandlungen mit Stichtag nach 31.12.1996; Änderung des Wortlauts von § 9 Abs 6); BGBl I 1999/28 (AbgÄG 1998; RV 1471 AB 1505 BlgNR 20. GP) (Berücksichtigung von Kapitalberichtung bei Ausschüttungsfiktion in § 9 Abs 6); BGBl I 2001/144 (AbgÄG 2001; RV 827 AB 859 BlgNR 21. GP) (Änderung § 9 Abs 6 S 2, auf Umwandlungen mit Firmenbuchanmeldung nach 31.8.2001); BGBl I 2003/71 (BudBG 2003; RV 59 AB 111 BlgNR 22. GP) (Anpassung § 9 Abs 4 Z 1 an § 10 Abs 3 idF BudBG 2003; Einfügung § 9 Abs 9); BGBl I 2004/180 (AbgÄG 2004; RV 686 AB 734 BlgNR 22. GP) (Neuformulierung § 9 Abs 2) BGBl I 2005/161 (AbgÄG 2005; RV 1187 AB 1213 BlgNR 22. GP) (Neuformulierung § 9 Abs 1, auf Umwandlungen mit Beschluss oder Vertrag nach 31.1.2006); BGBl I 2007/24 (BudBG 2007; RV 43 AB 67 BlgNR 23. GP) (Neuformulierung § 9 Abs 1 Z 2 und 3); BGBl I 2010/34 (AbgÄG 2010; RV 662 AB 741 BlgNR 24. GP) (Nichtabschreibbarkeit des Aufwertungsbetrags in § 9 Abs 1 Z 3 TS 3 bei Erweiterung des Besteuerungsrechts); BGBl I 2010/111 (BudBG 2011; RV 981 AB 1026 BlgNR 24. GP) (Neufassung § 9 Abs 6, auf Umwandlungen mit Beschluss nach 31.12.2010); BGBl I 2011/79 (Kundmachung über die Aufhebung eines Teils von § 9 Abs 8 S 3 durch den VfGH); BGBl I 2011/112 (BudBG 2012; RV 1494 AB 1500 BlgNR 24. GP) (Neufassung § 9 Abs 1 Z 3 TS 3 Besteuerung alter stiller Reserven mit 25 % statt Aufwertung auf gemeinen Wert bei errichtenden Umwandlungen, auf Umwandlungen mit Beschluss nach 31.10.2011; Anpassung § 9 Abs 8 S 3 an VfGH-Jud, ab Veranlagung

2011); BGBl I 2012/112 (AbgÄG 2012; RV 1960 AB 1977 BlgNR 22. GP) (Wiedereinführung einer expliziten Regel zur Zurechnung zum Rechtsnachfolger mit Beginn des dem Stichtag folgenden Tages; Anpassung an Erfassung der Wertzuwächse im EStG gem BudBG 2011, für Umwandlungsstichtage nach dem 31.3.2012; Neufassung der Ausschüttungsfiktion und Auslaufen der Kapitalherabsetzungsfiktion, für Umwandlungsstichtage nach dem 31.12.2012; Ausschluss der Rückzahlungsmöglichkeit von auf natürliche Personen übergehende Mindestkörperschaftsteuer); BGBl I 2014/105 (2. AbgÄG 2014; RV 306 AB 532 BlgNR 25. GP) (Erweiterung Regelung für den Reimport von Wirtschaftsgütern nach Aufschub der Steuerschuld auf konzernzugehörige Körperschaften als Rechtsnachfolger); BGBl I 2015/118 (StRefG 2015/2016; RV 684 AB 750 BlgNR 25. GP) (Anpassung Ausschüttungsfiktion an Einlagensystematik iSd StRefG 2015/2016); BGBl I 2015/163 (AbgÄG 2015; RV 896 AB 907 BlgNR 25. GP) (Anpassung an die neue Wegzugsbesteuerung und die neue Einlagensystematik iSd AbgÄG 2015).

Judikatur 2017
VwGH 31.5.2017, Ro 2016/13/0001; BFG 4.5.2017, RV/4100440/2012; BFG 20.6.2017, RV/7103034/2017.

Literatur 2017
Hirschler/Sulz/Oberkleiner, Umwandlung einer erheblich reduzierten Betriebs-GmbH, BFGjournal 2017, 466; *Reinold*, Immobilienertragsteuer und Umgründungen (2017); *Schlager*, VwGH: Keine Verrechnungsschranke für Mindestkörperschaftsteuer bei natürlicher Person als Rechtsnachfolger, RWZ 2017/44, 209.

Übersicht

I.	Rechtsnachfolger	1–13
II.	Bilanzansatz beim übernehmenden Rechtsträger	
	A. Unternehmensrecht	16–18
	B. Steuerrecht	
	1. Buchwertfortführung	21–23
	2. Sonderfragen bei eingebrachten Grundstücken	23a
	3. Übernahme aufgewerteter Werte	24
	4. Kosten der Umwandlung	25
III.	Einschränkung des Besteuerungsrechts an den Anteilen	31–37
IV.	Entstehen des österreichischen Besteuerungsrechts	
	A. Aufwertung	41–43
	B. Sonderregelung bei früherem Verlust des Besteuerungsrechts	46–50
	C. Erweiterung der Besteuerung auf Gesellschafterebene	
	1. Hintergrund	55–57
	2. Errichtende Umwandlung	
	a) Anwendungsvoraussetzungen	
	aa) Inkrafttreten	66
	bb) Erweiterung des Besteuerungsrechts	67–69
	cc) Auslandsumwandlungen	72a
	dd) Natürliche Personen als Rechtsnachfolger	73–76
	ee) Besteuerung im Ausland	76a

	b) Rechtsfolge	
	aa) Feststellung der stillen Reserven	77–79a
	bb) Besteuerung	80–83a
	3. Verschmelzende Umwandlung	84, 85
V.	Buchgewinne und -verluste	
	A. Übernahme Vermögen	91–95
	B. Confusio	101–105
	C. Früher steuerwirksame Buchgewinne und -verluste	109
VI.	Fremdfinanzierungskosten	111, 112
VII.	Umwandlungsbedingter Wechsel der Gewinnermittlungsart	
	A. Änderung der Besteuerungsgrundsätze	116
	B. Anwendbarkeit der einkommensteuerlichen Regelung	117–119
	C. Umwandlungsbedingtes Ausscheiden von Wirtschaftsgütern	121–125
	D. Umwandlungsbedingte Einlage von Wirtschaftsgütern	131, 132
	E. Sonstige umwandlungsbedingte Änderungen der Struktur	136–140
	F. Zeitpunkt Gewinn- und Verlustberücksichtigung	146–148
VIII.	Internationale Schachtelbeteiligungen	
	A. Entstehung oder Erweiterung der Schachtelbeteiligung	
	1. Anwendungsvoraussetzungen	
	a) Entstehung	151, 152
	b) Werdende Schachtelbeteiligungen	153
	c) Erweiterung	154, 155
	d) Steuerneutrale Schachtelbeteiligung	156
	2. Rechtsfolgen	157–161
	B. Untergang der Schachtelbeteiligung	
	1. Anwendungsvoraussetzungen	
	a) Untergang	166–169
	b) Werdende Schachtelbeteiligungen	170
	c) Steuerneutrale Schachtelbeteiligung	171, 172
	2. Rechtsfolgen	173–175
IX.	Vereinnahmungs- und Verausgabungsfiktion	
	A. Allgemeines	181–186
	B. Vereinnahmung von Forderungen des Anteilsinhabers	191, 192
	C. Verausgabung von Verbindlichkeiten des Anteilsinhabers	196–198
	D. Zeitpunkt des fingierten Zu- oder Abflusses	201
X.	Fiktion der Ausschüttung des Gewinnkapitals	
	A. Hintergrund	206–209
	B. Ermittlung des fiktiven Ausschüttungsbetrags	
	1. Ausgangspunkt: Steuerliches Reinvermögen	
	a) Umwandlungskapital	211–214
	b) Gewinnausschüttungen	216
	c) Auswirkungen von abweichenden steuerlichen Buchwerten	221–223

	d) Aufwertungsbeträge	226–229
	e) Verhältnis zur Besteuerung auf Anteilsinhaberebene	230
	f) Rückwirkende Änderungen	231
2.	Abrechnungen	
	a) Steuerliche Einlagen	241–247
	b) Ausschüttungen	256–260
	c) Altgewinne vor KStG 1988	266, 267
3.	Hinzurechnung bei übernommenem negativem Vermögen	
	a) Hintergrund	271, 272
	b) Übertragung von Vermögen mit negativem steuerlichem Buchwert	276, 277
	c) Vorumgründung	281–287
	d) Beschränkung auf Down-stream-Umgründungen	291–293
	e) Erhöhung des Gewinnkapitals	296–299
	f) Mehrfachzüge	300–302
4.	Ausländische Umwandlungen	311, 312

C. Besteuerung der Ausschüttungsfiktion
  1. Zeitpunkt … 316
  2. Besteuerung und Befreiungen … 317–319
  3. Auswirkungen auf das Innenfinanzierungsevidenzkonto … 320
D. Unterschied zur Ausschüttungsfiktion bei Inbound-Verschmelzungen … 321, 322

XI. Kapitalherabsetzungsfiktion … 326, 327
XII. Übergang von Mindestkörperschaftsteuern
  A. Bestehen von Mindestkörperschaftsteuern … 341, 342
  B. Übergang … 343–350
  C. Nutzung bei Körperschaften … 351–353
  D. Nutzung bei natürlichen Personen
    1. Anrechnungsmöglichkeit … 356, 357
    2. Gleichrangigkeit mit Vorauszahlungen … 361–362a
    3. Betriebserfordernis … 363–365
    4. Veräußerungsgewinne … 366, 367
XIII. Entfall der Befreiung vom KESt-Abzug
  A. Entfall der Befreiung für Kapitalgesellschaften … 371
  B. Befreiung für erhaltene Dividenden
    1. Erträge im Rückwirkungszeitraum … 372
    2. Informationspflichten … 373, 374
  C. Befreiung für Zinserträge, Wertänderungen und Derivate
    1. Erträge im Rückwirkungszeitraum … 376
    2. Informationspflichten … 377–379
XIV. Entfall der Befreiung von ImmoESt-Abzug und Vorauszahlung … 381–384

§ 9 *Stefaner*

I. Rechtsnachfolger

1 **Zivilrechtlich** ist bei einer **errichtenden Umwandlung** die entstehende **Personengesellschaft** Rechtsnachfolger der Kapitalgesellschaft (UmgrStR Rz 485; vgl § 7 Rz 227). Bei einer **verschmelzenden Umwandlung** ist der **Hauptgesellschafter** der zivilrechtliche Rechtsnachfolger (vgl § 7 Rz 226 f). Der Hauptgesellschafter kann eine Personengesellschaft, eine Körperschaft oder eine natürliche Person sein (vgl § 7 Rz 28). Nur wenn der Hauptgesellschafter **keine** transparente **Personengesellschaft** ist, ist er auch für (ertrag-)**steuerliche** Zwecke als **Rechtsnachfolger** anzusehen (UmgrStR Rz 488). Immer wenn der **Rechtsnachfolger** eine **Mitunternehmerschaft** ist, sind aus **steuerlicher Sicht** die **dahinterstehenden Personen** die **Rechtsnachfolger** (UmgrStR Rz 486, 488; vgl § 7 Rz 227).

2 Das UmwG führt dazu, dass das Vermögen durch die Umwandlung iRd **Gesamtrechtsnachfolge** übergeht (vgl § 7 Rz 36, 57). Diese Gesamtrechtsnachfolge gilt gem § 19 BAO auch für Zwecke des Steuerrechts (UmgrStR Rz 489 f; s auch *Zöchling* in *W/Z/H/K*[5] § 9 Rz 2; *Schwarzinger/Wiesner* I/1[3] 947; vgl zu § 19 BAO *Ritz*, BAO[4] § 19 Rz 1 ff). **Bescheide**, die die umgewandelte Körperschaft betreffen, sind nach Eintragung der Umwandlung in das Firmenbuch an den zivilrechtlichen Nachfolgerechtsträger (somit – abweichend von den ertragsteuerlichen Rechtsnachfolgern [vgl § 7 Rz 226 ff] – auch an Personengesellschaften) zu richten (UmgrStR Rz 489a; vgl auch *Zöchling* in *W/Z/H/K*[5] § 9 Rz 2). Somit ergehen auch Haftungsbescheide für KESt auf das ausgeschüttet geltende Gewinnkapital an den zivilrechtlichen Gesamtrechtsnachfolger (und nicht an den steuerlichen Rechtsnachfolger gem § 7 Abs 3 – UmgrStR Rz 549 idF WE 2017). Bescheide an die (untergegangene) GmbH erlangen keine Rechtswirkung (UFS 15.12.2011, RV/3253-W/11; BFG 14.4.2014, RV/3100498/2010; vgl auch *Hirschler/Sulz/Oberkleiner*, BFGjournal 2014, 188).

2a Offenbar überlegt die Finanzverwaltung, zukünftig **Körperschaftsteuerbescheide** der **übertragenden Kapitalgesellschaft** nicht an die zivilrechtlichen, sondern einheitlich gem § 199 BAO an die ertragsteuerlichen Rechtsnachfolger gem § 7 Abs 3 (vgl dazu § 7 Rz 226 ff) zu erlassen (UmgrStR Rz 489a idF WE 2017). Dies führt dann (im Vergleich zur derzeitigen Vorgangsweise) zu unterschiedlichen Bescheidadressaten, wenn Personengesellschaften (Mitunternehmerschaften) zivilrechtliche Gesamtrechtsnachfolger sind. Da sich der Eintritt in die verfahrensrechtliche Position aus der Gesamtrechtsnachfolge ergibt, § 7 Abs 3 nur eine Rechtsnachfolge für ertragsteuerliche Zwecke vorsieht (vgl § 7 Rz 226) und es auch sonst keine Sondervorschrift für die verfahrensrechtliche Rechtsnachfolge gibt, überzeugt diese Ansicht mE nicht.

2b Auch § 9 ordnet die **steuerliche Gesamtrechtsnachfolge** (für Zwecke der Ertragsbesteuerung) an (*Keppert/Waitz-Ramsauer* in *W/H/M*, HdU II[8] § 9 Rz 2). Daraus ergeben sich folgende Konsequenzen (UmgrStR Rz 490; vgl auch *Keppert/Waitz-Ramsauer* in *W/H/M*, HdU II[8] § 9 Rz 4 f; *Schwarzinger/Wiesner* I/1[3] 853 ff):

3 • Die **Abschreibung** ist vom Rechtsnachfolger **fortzuführen**. Dies bedeutet, dass die steuerlichen Abschreibungsmethoden (zB § 4 Abs 7 EStG, § 7a EStG, § 8 Abs 2 EStG) und die Nutzungsdauer fortzuführen sind. Auch steuerliche **Zuschreibungsverpflichtungen** gehen über (unter Maßgabe der unternehmensrechtlichen Zuschreibungsmöglichkeiten; bei Ansatz der beizulegenden Werte durch den Nachfolgerechtsträger stellen diese neue Anschaffungskosten und somit die Zuschreibungsobergrenze dar – *Ludwig/Strimitzer* in *Hirschler, Bilanzrecht* § 202 Rz 14 mwN). Parallel gehen auch Aktivposten bei Leasing-PKWs über.

- Daneben gehen auch **offene Siebentel** aus einem Wertverlust gem § 12 Abs 3 Z 2 KStG (vgl zur Siebentelverteilung *Marchgraber/Plansky* in *L/R/S/S²* § 12 Rz 312 ff, 353 ff) auf den Rechtsnachfolger über (vgl § 10 Rz 2 f zum objektbezogenen Übergang entsprechend dem Verlustvortragsübergang). Sie können beim Rechtsnachfolger ab dem Wirtschaftsjahr, das nach dem Umwandlungsstichtag beginnt, geltend gemacht werden (vgl *Bruckner/Kolienz*, ÖStZ 2007/997, 478). Bei errichtenden Umwandlungen ist dabei nach *Wiesner/Schwarzinger* auf das Wirtschaftsjahr der Mitunternehmerschaft (als Nachfolgerechtsträger) und nicht der steuerlichen Rechtsnachfolger (vgl § 7 Rz 226 ff) abzustellen (*Wiesner/Schwarzinger*, UmS 109/14/15/02, SWK 2002, 614). Entsprechendes muss mE konsequenterweise auch für verschmelzende Umwandlungen auf Mitunternehmerschaften gelten. Auf **Rechtsnachfolger, die nicht** unter § 7 **Abs 3 KStG** (vgl zum Anwendungsbereich von § 7 Abs 3 *Naux* in *L/R/S/S²* § 7 Rz 82 ff) fallen, ist § 12 Abs 3 KStG nicht anwendbar. Gehen auf sie als Rechtsnachfolger iRe Umwandlung (anteilig) offene Siebentel über, können bei ihnen alle verbleibenden Siebentel im Wirtschaftsjahr, das nach dem Stichtag beginnt, sofort abgesetzt werden (vgl auch *Wiesner/Schwarzinger*, UmS 109/14/15/02, SWK 2002, 614; *Seiser*, SWK 2006, 407; *Waitz-Ramsauer*, taxlex 2007, 493; *Bruckner/Kolienz*, ÖStZ 2007/997, 478; *Schwarzinger/Wiesner* I/1[3] 935). ME ist *Keppert/Waitz-Ramsauer* zuzustimmen, dass bei errichtenden Umwandlungen mit sowohl §-7-Abs-3-Körperschaften als auch Nicht-§-7-Abs-3-Körperschaften, die §-7-Abs-3-Körperschaften die Siebentelabschreibungen (außerbücherlich) fortzuführen haben. Nur die anderen Rechtsnachfolger können eine sofortige Geltendmachung vornehmen (*Keppert/Waitz-Ramsauer* in *W/H/M, HdU II[8]* § 9 Rz 5; weiters *Wiesner/Schwarzinger*, UmS 109/14/15/02, SWK 2002, 614).   4

- Die Rechtsnachfolger **treten** auch **in Behaltefristen** (und damit in die Anschaffungszeitpunkte) **ein** (vgl *Zöchling* in *W/Z/H/K[5]* § 9 Rz 4; s weiterführend Rz 22).   4a

- Auch **Rückstellungen** gehen über und sind nach dem Grundsatz der Bewertungsstetigkeit weiterzuführen (vgl auch Rz 118). Bei **Sozialkapitalrückstellungen** gehen sowohl die Werte nach § 14 EStG als auch die Werte für Zwecke der Wertpapierdeckung über. Auch die Werte der Aufstockung der Pensionsrückstellung (§ 116 Abs 4 EStG) werden übernommen (vgl Rz 137 zur Frage der Sozialkapitalrückstellung für Rechtsnachfolger).   5

- **Mindestkörperschaftsteuern**, die von der umwandelnden Gesellschaft nicht genutzt werden, gehen auf die Rechtsnachfolger über. § 9 Abs 8 sieht Regeln für Übergang und Nutzung vor (vgl dazu Rz 341 ff).   6

- **Steuerliche Abzugsverbote** sind nach der Umwandlung beim Rechtsnachfolger beachtlich. Ist der Rechtsnachfolger eine §-7-Abs-3-Körperschaft, gelten die Abzugsverbote idR beim Rechtsnachfolger weiter (analog UmgrStR Rz 129; vgl § 3 Rz 24 ff). Sind sonstige Körperschaften Rechtsnachfolger, sind die Abzugsverbote des KStG (§ 12 KStG – vgl dazu *Marchgraber/Plansky* in *L/R/S/S²* § 12)   7 ohne Besonderheiten für §-7-Abs-3-Körperschaften zu beachten. Bei **Rechtsnachfolgern**, die **natürliche Personen** sind, kommen anschließend die Abzugsverbote des § 20 EStG (vgl Jakom[10]/*Vock* § 20) zur Anwendung.

8 • Mit der Umwandlung geht die steuerliche **Arbeitgebereigenschaft** über. Wirksam wird der Übergang grundsätzlich mit Eintragung im Firmenbuch (vgl § 11 Rz 1 f). Die Arbeitgebereigenschaft geht grundsätzlich an den **zivilrechtlichen Rechtsnachfolger** (somit insb auch an Personengesellschaften – vgl § 11 Rz 1) über.

9 • Weiters geht auch die **Unternehmereigenschaft** für Zwecke der USt auf den Rechtsnachfolger über. Auch hier erfolgt der Übergang grundsätzlich mit Eintragung ins Firmenbuch (vgl § 11 Rz 23). Außerdem erfolgt auch hier der Übergang idR auf den am Markt präsenten **zivilrechtlichen Rechtsnachfolger** (somit insb auch an Personengesellschaften – vgl § 11 Rz 22).

10 **Ertragsteuerlich** treten **Rechtsnachfolger mit Beginn des auf den Umwandlungsstichtag folgenden Tags** in die Position der umwandelnden Gesellschaft ein (vgl UFS 11.10.2007, RV/2138-W/07; s auch § 8 Rz 58; s weiters *Staringer*, ecolex 1998, 249; *Keppert/Waitz-Ramsauer* in *W/H/M*, HdU II[8] § 9 Rz 3; *Hirschler* in *H/M/H* § 9 Rz 2; *Zöchling* in *W/Z/H/K*[5] § 9 Rz 3; *Walter*[11] Rz 235; *Schwarzinger/Wiesner* I/1[3] 709). Mit dem AbgÄG 2012 wurde dies auch (wieder) explizit in § 9 Abs 1 Z 1 lS verankert, nachdem eine entsprechende Regel offenbar durch ein Redaktionsversehen (ErlRV AbgÄG 2012 1960 BlgNR 22. GP, 30) mit dem BudBG 2007 aus § 9 Abs 1 Z 3 idF AbgÄG 2005 entfallen ist. **Vermögen und Einkünfte** werden daher ab dem Folgetag den Rechtsnachfolgern **zugerechnet**, auch wenn diese zu diesem Zeitpunkt uU noch nicht existieren (vgl UmgrStR Rz 491; s auch *Zöchling* in *W/Z/H/K*[5] § 9 Rz 6). Daher stehen zB auch Steuerbefreiungen (wie § 10 KStG) ab dem dem Umwandlungsstichtag folgenden Tag nur zu, wenn auch die Rechtsnachfolger darauf Anspruch haben (vgl BMF 13.9.2002, RdW 2002/630, 704 zur Frage der damals bei indirektem Halten noch nicht zustehenden Schachtelbefreiung gem § 10 Abs 2 KStG). Geschäftsvorfälle mit Dritten nach dem Stichtag sind den Rechtsnachfolgern zuzurechnen (vgl UmgrStR Rz 492; s auch *Keppert/Waitz-Ramsauer* in *W/H/M*, HdU II[8] § 9 Rz 6).

11 **Geschäftsvorfälle mit** den **Rechtsnachfolgern** sind im Rückwirkungszeitraum grundsätzlich ertragsteuerlich unwirksam (vgl UmgrStR Rz 493; vgl auch *Keppert/Waitz-Ramsauer* in *W/H/M*, HdU II[8] § 9 Rz 6; *Hirschler* in *H/M/H* § 9 Rz 2), außer es besteht eine Sonderregelung. Dies kann auch zum Wegfall von verdeckten Gewinnausschüttungen führen (*Keppert/Waitz-Ramsauer* in *W/H/M*, HdU II[8] § 9 Rz 6). Geschäftsvorfälle mit den Rechtsnachfolgern aus der Zeit vor dem Stichtag, die zum Stichtag noch nicht abgerechnet wurden, können zu steuerwirksamen (vgl Rz 181 ff) oder steuerunwirksamen Gewinnen oder Verlusten führen (vgl Rz 91 ff). **Zivil- und sachenrechtlich** erfolgt der Übergang erst am Tag der Eintragung der Umwandlung ins Firmenbuch (vgl UmgrStR Rz 491). Schuldrechtlich sind (im Innenverhältnis) alle Handlungen jedoch bereits nach dem Stichtag dem Rechtsnachfolger zuzurechnen (*Walter*[11] Rz 235).

12 Besteht **an der umwandelnden Gesellschaft** eine **atypisch stille Beteiligung** und enthält diese eine Fortsetzungsvereinbarung, die auch erst nach dem Stichtag eingefügt werden kann, ist eine **Fortsetzung** der stillen Beteiligung (jedenfalls) möglich (BMF 30.8.1996, ecolex 1996, 957), andernfalls geht sie unter (*Schwarzinger/*

Wiesner I/1³ 1031; vgl auch *Wallentin/Bruckmüller* in *W/H/M*, HdU II⁸ Q4 Rz 164). Bleibt der stille Gesellschafter am selben Vermögen beteiligt, liegt ein Gesellschafterwechsel vor, der das Bestehen der steuerlichen Mitunternehmerschaft nicht beeinflusst (vgl auch *Schwarzinger/Wiesner* I/1³ 1179). Der Wechsel im Rechtsträger des Inhabers des Unternehmens erfolgt aufgrund der Anwendbarkeit von Art II (grundsätzlich) steuerneutral (BMF 30.8.1996, ecolex 1996, 957). Erfolgt (bei einer verschmelzenden Umwandlung) eine Erweiterung der stillen Beteiligung auf neue Vermögensteile, liegt mE wie bei Verschmelzungen ein Zusammenschluss vor (vgl § 3 Rz 11; s auch *Schwarzinger/Wiesner* I/1³ 1033; s auch *Zöchling/Paterno* in *W/Z/H/K*⁵ § 10 Rz 16). Um eine Geltung zum selben Stichtag zu ermöglichen, ist ein Umgründungsplan (vgl § 39 Rz 11 ff) nötig (*Schwarzinger/Wiesner* I/1³ 1033). Wird die stille Beteiligung am Nachfolgerechtsträger **nicht fortgesetzt**, ist das Ausscheiden nach allgemeinen steuerlichen Grundsätzen zu beurteilen (abhängig vom übertragenen Vermögen wäre auch eine Realteilung denkbar – *Schwarzinger/Wiesner* I/1³ 1033). Mangels Anwendbarkeit der Rückwirkungsfiktion scheidet der atypisch stille Gesellschafter in diesem Fall (falls kein anderer Abschichtungsstichtag gewählt wird – *Schwarzinger/Wiesner* I/1³ 1033) mit Eintragung der Umwandlung ins Firmenbuch aus. Wie beim Ausscheiden von Gesellschaftern der umwandelnden Gesellschaft im Rückwirkungszeitraum oder bei Umwandlung (vgl § 11 Rz 11 ff), liegt noch ein Ausscheiden aus der mit der umwandelnden Kapitalgesellschaft (und nicht mit deren Rechtsnachfolgern) gebildeten Mitunternehmerschaft vor.

Ist die **umwandelnde Gesellschaft** an anderen Unternehmen **mittels** einer **stillen** **13** **Einlage beteiligt**, geht die stille Beteiligung mittels **Gesamtrechtsnachfolge** auf die Rechtsnachfolger über (vgl auch *Wallentin/Bruckmüller* in *W/H/M*, HdU II⁸ Q4 Rz 165). Führt eine verschmelzende Umwandlung zum Zusammenfallen des Inhabers des Unternehmens und still Beteiligtem, resultiert die **Vereinigung aller Anteile** an der Mitunternehmerschaft in einer Hand. Aus steuerlicher Sicht liegt daher ein Vorgang vor, der sinngemäß einer Anwachsung entspricht. Bei einer atypisch stillen Beteiligung kann daraus kein Buchgewinn oder -verlust resultieren. Bei einer typisch stillen Beteiligung resultiert ein Confusiogewinn (vgl auch § 3 Rz 12; zur Confusio § 9 Rz 101 ff; vgl auch *Zöchling/Paterno* in *W/Z/H/K*⁵ § 10 Rz 17).

II. Bilanzansatz beim übernehmenden Rechtsträger
A. Unternehmensrecht

Bei der unternehmensrechtlichen Bilanz ergibt sich grundsätzlich ein **Ansatzwahl-** **16** **recht**. So können idR die **Buchwerte** (vgl *Ludwig/Strimitzer* in *Hirschler*, Bilanzrecht § 202 Rz 22 f) fortgeführt oder **beizulegende Werte** (vgl *Ludwig/Strimitzer* in *Hirschler*, Bilanzrecht § 202 Rz 12) angesetzt werden (vgl *Keppert/Waitz-Ramsauer* in *W/H/M*, HdU II⁸ § 9 Rz 7; *Walter*¹¹ Rz 236; *Schwarzinger/Wiesner* I/1³ 665). Im Anwendungsbereich von § 202 UGB (vgl dazu *Ludwig/Strimitzer* in *Hirschler*, Bilanzrecht § 202 Rz 1 ff; *Hirschler/Six* in HB Sonderbilanzen I 377) ist auch der Ansatz des **Umgründungsmehrwerts** möglich. Ein Ansatz von Zwischenwerten ist nicht möglich (vgl *Walter*¹¹ Rz 236).

Verschmelzende Umwandlungen entsprechen systematisch einer **Up-stream-** **17** Verschmelzung (so auch *Walter*¹¹ Rz 237). Folglich gelten die entsprechenden Bilanzierungsgrundsätze. Beim übernehmenden Rechtsträger erfolgt ein **Tausch** (vgl zur Bilanzierung *Fraberger/Petritz* in *Hirschler*, Bilanzrecht § 201 Rz 145) der Beteiligung an der übertragenden Kapitalgesellschaft gegen die übernommenen Aktiva und Passiva. Übersteigen die angesetzten Werte den Buchwert der Beteiligung, liegt ein Gewinn vor (vgl *Keppert/Waitz-Ramsauer* in W/H/M, HdU II[8] § 9 Rz 27; *Walter*[11] Rz 238). Das übernommene Vermögen kann mit den **beizulegenden Werten** oder den **Buchwerten** angesetzt werden (vgl auch *Keppert/Waitz-Ramsauer* in W/H/M, HdU II[8] § 9 Rz 27).

18 **Errichtende Umwandlungen** stellen eine **Side-stream**-Umgründung dar. Auf **Gesellschafterebene** wird die **Beteiligung** an der übertragenden Kapitalgesellschaft durch eine Beteiligung an der übernehmenden Personengesellschaft **ersetzt**. Das zum Tausch bei der verschmelzenden Umwandlung gesagte (Rz 17) gilt sinngemäß (vgl auch *Walter*[11] Rz 241). Der **übernehmenden Personengesellschaft** wird das Vermögen von den Gesellschaftern (bei Entstehung der Personengesellschaft) zur Verfügung gestellt. Es liegt daher eine **Einlage** vor. Gem § 202 UGB ist daher ein Ansatz mit den **beizulegenden Werten**, eine **Buchwertfortführung** (vgl *Walter*[11] Rz 240) oder auch ein Ansatz des **Umgründungsmehrwerts** möglich (vgl auch *Ludwig/Strimitzer* in *Hirschler*, Bilanzrecht § 202 Rz 6 ff). Zu einem Bilanzgewinn kann es daher beim übernehmenden Rechtsträger nicht kommen (vgl auch *Zöchling* in W/Z/H/K[5] § 9 Rz 17).

B. Steuerrecht
1. Buchwertfortführung

21 Gem § 9 Abs 1 Z 1 haben Rechtsnachfolger grundsätzlich zwingend die nach § 8 **für die umwandelnde Gesellschaft relevanten steuerlichen Buchwerte** (vgl § 8 Rz 11 ff) zu **übernehmen** (vgl *Keppert/Waitz-Ramsauer* in W/H/M, HdU II[8] § 9 Rz 7; *Hirschler* in H/M/H § 9 Rz 1; *Zöchling* in W/Z/H/K[5] § 9 Rz 3; *Korntner*, FJ 2012, 383; *Schwarzinger/Wiesner* I/1[3] 671, 701; die Norm entspricht jener bei Verschmelzungen – vgl dazu § 3 Rz 14 f). Die Rechtsnachfolger übernehmen daher die in der steuerlichen Umwandlungsbilanz ausgewiesenen Werte (*Walter*[11] Rz 244; selbst wenn eine solche nicht aufgestellt wird – *Schwarzinger/Wiesner* I/1[3] 807) unabhängig von der unternehmensrechtlichen Bewertung beim übernehmenden Rechtsträger (*Keppert/Waitz-Ramsauer* in W/H/M, HdU II[8] § 9 Rz 7; *Hirschler* in H/M/H § 9 Rz 1; *Zöchling* in W/Z/H/K[5] § 9 Rz 3). Dies führt iVm § 8 Abs 1 zur **Buchwertfortführung** (Buchwertverknüpfung). Die Rechtsnachfolger übernehmen daher die **stillen Reserven** (*Hirschler* in H/M/H § 9 Rz 1). Die Beteiligung an der umwandelnden Gesellschaft fällt weg (vgl *Zöchling* in W/Z/H/K[5] § 9 Rz 3) und wird steuerlich durch die Buchwerte des übernommenen Vermögens (verschmelzende Umwandlung) oder den spiegelbildlichen Anteil (Bilanzbündel) am Eigenkapital der Mitunternehmerschaft (errichtende Umwandlung) ersetzt. Die (steuerlichen) Buchwerte der Beteiligung gehen unter. Auch bei der errichtenden Umwandlung sind Unterschiedsbeträge zwischen anteiligem Eigenkapital und untergehendem Beteiligungsbuchwert nicht in einer Ergänzungsbilanz zu erfassen (BMF 16.4.1992, SWK 1992, 163).

21a **Stille Reserven** (und Lasten) in der **Beteiligung gehen** somit **systemkonform steuerneutral unter**. Sie werden beim Rechtsnachfolger durch die stillen Reserven im Vermögen ersetzt (vgl Rz 31). Dieses Prinzip gilt generell für steuerliche stille Reserven in der Beteiligung, unabhängig davon, ob die stillen Reserven aus Wertzuwächsen seit Anschaffung, Abschreibungen ohne Zuschreibungspflicht oder steuerlichen Sonderbestimmungen – wie früher der Bewertungsreserve nach § 12 EStG (vgl hierzu *Hirschler* in *H/M/H* § 9 Rz 6) oder nunmehr entsprechend bei Zuschreibungsrücklagen iSv § 124b Z 270 EStG – stammen. Dieser Grundsatz greift dann nicht, wenn gesetzlich eine explizite Ausnahme von der Steuerneutralität (zB § 9 Abs 1 Z 2 für grenzüberschreitende Sachverhalte – vgl Rz 31 ff –; 3. Teil Z 3 iVm § 3 Abs 3 Z 1 idF BGBl 1991/699) oder eine (Nach-)Versteuerung (zB § 9 Abs 7 TS 6 KStG) vorgesehen ist.

Nach *Zöchling* knüpft die **Buchwertfortführung** an der Vorschrift des § 6 Z 9 lit a EStG an. Daraus sollen sich ua folgende Konsequenzen ergeben: Fortführung der steuerlichen **Ansätze** aller **Wirtschaftsgüter** und deren **Abschreibungsgrundsätze**, Eintritt in **Behaltefristen**, Übernahme von IFB-**Wartetastenverlusten** (vgl auch UFS 3.3.2010, RV/0795-W/03) und der **Wertpapierdeckungspflicht** (*Zöchling* in *W/Z/H/K*[5] § 9 Rz 4; s a *Hirschler* in *H/M/H* § 9 Rz 1). Dies bedeutet auch, dass an Behaltefristen geknüpfte Veräußerungsbegünstigungen für Betriebe beim Rechtsnachfolger § 37 Abs 5 EStG (vgl Jakom[10]/*Kanduth-Kristen* § 37 Rz 27) nur von der Dauer des Bestehens des Betriebs abhängen; der Zeitpunkt des (der Umwandlung vorgelagerten) Erwerbs der Anteile an der umgewandelnden GmbH ist irrelevant (BMF 24.6.1992, ecolex 1992, 664 f; BMF 19.7.1995, SWK 1995, 669; vgl auch *Schwarzinger/Wiesner* I/1[3] 1001). Selbes gilt für an Behaltefristen geknüpfte Veräußerungstatbestände (zB Spekulationsgeschäfte gem § 31 EStG BMF 12.11.1996, SWK 1997, 57 – vgl zu § 31 Jakom[10]/*Kanduth-Kristen* § 31 Rz 6 ff). Der Eintritt in Behaltefristen ergibt sich mE bereits aus der steuerlichen Gesamtrechtsnachfolge (so auch BMF 24.6.1992, ecolex 1992, 664; BMF 19.7.1995, SWK 1995, 669; vgl weiterführend *Siller/Stefaner*, RdW 2011, 633). Dies gilt nach der hA auch für die Abschreibungsgrundsätze, sowie die Wertpapierdeckungspflicht (vgl auch Rz 2 ff). **22**

Fallen Bilanzstichtag der umwandelnden Kapitalgesellschaft und des übernehmenden Rechtsträgers **auseinander**, ergibt sich nach den Regeln des § 7 EStG, dass in Summe (umwandelnde Kapitalgesellschaft und Rechtsnachfolger) mindestens eine **Halbjahresabschreibung** (gesamter Zeitraum weniger als sechs Monate) **bis maximal zwei Jahresabschreibungen** (gesamter Zeitraum mehr als 18 Monate) für übergehendes Vermögen geltend gemacht werden kann. Dabei besteht nach *Zöchling* die Möglichkeit, die gesamte Abschreibung aliquot aufzuteilen. Alternativ kann die umwandelnde Gesellschaft nach § 7 Abs 2 EStG (abhängig von der Länge des letzten Wirtschaftsjahres) eine Ganz- oder Halbjahresjahresabschreibung geltend machen. Das Wahlrecht kann die umwandelnde Kapitalgesellschaft ausüben und damit die Rechtsnachfolger binden (*Zöchling* in *W/Z/H/K*[5] § 9 Rz 5; vgl auch *Schwarzinger/Wiesner* I/1[3] 853). **23**

2. Sonderfragen bei eingebrachten Grundstücken

Sonderfragen können zu beachten sein, wenn Grundstücke früher mittels **Einbringungen** gem Art III an die umzuwandelnde Gesellschaft übertragen wurden (vgl für eine Übersicht *Walter*[11] Rz 252e; weiterführend *Reinold*, Immobilienertragsteuer 208 ff). Zum einen können Grundstücke iRd Umwandlung aus dem Betriebsvermögen ausscheiden (vgl dazu Rz 121 f). Aber auch bei Grundstücken, die im Betriebsvermögen verbleiben, können Sonderthemen zu beachten sein. Wurde **23a** der Grund und Boden eingebracht, kann dies dazu geführt haben, dass **stille Reserven steuerhängig wurden**. Sowohl Grund und Boden selbst, als auch Rücklagen gem § 4 Abs 10 Z 3 lit a und b **bleiben bei Rechtsnachfolgern steuerhängig**, wobei auch die **pauschale Ermittlung** der Bemessungsgrundlagen **für Altvermögen** greifen kann (UmgrStR Rz 522). Ob eine durch die Einbringung verursachte gespaltene Betrachtung durch die Umwandlung „rückgängig gemacht" werden kann, ist strittig (*Titz/Wild*, RdW 2014/800, 746 mwN; überzeugend gegen eine Rückgängigmachung *Reinold*, Immobilienertragsteuer 212 f).

3. Übernahme aufgewerteter Werte

24 Werden **stille Reserven** beim Rechtsvorgänger **steuerwirksam aufgedeckt, übernimmt** der **Rechtsnachfolger** diese höheren Werte (vgl auch *Hirschler* in *H/M/H* § 9 Rz 1; *Zöchling* in *W/Z/H/K*[5] § 9 Rz 3). Zu einer solchen Aufdeckung der stillen Reserven kann es bei Anwendung der **Aufwertungsoption** (vgl § 8 Rz 26 ff) oder der (partiellen) **Nichtanwendbarkeit** von Art II (vgl § 7 Rz 161 ff) kommen.

4. Kosten der Umwandlung

25 **Umwandlungsbedingte** Kosten stellen **abzugsfähige Betriebsausgaben** dar. Sie sind bei der umwandelnden Gesellschaft (Aufwand vor dem Stichtag) oder den Rechtsnachfolgern abzugsfähig. Eine Aktivierung würde auch der Buchwertfortführung widersprechen (vgl auch *Bertl/Hirschler*, RWZ 2013/86, 332). Die Verwaltungspraxis nennt hierfür Beratungs-, Notar-, Prüfungs- Eintragungskosten, Gebühren und Verkehrsteuern (UmgrStR Rz 494; s a *Keppert/Waitz-Ramsauer* in *W/H/M*, HdU II[8] § 9 Rz 2; vgl weiters *Korntner*, FJ 2012, 386; *Schwarzinger/Wiesner* I/1[3] 859). So stellt auch zB GrESt abzugsfähige Betriebsausgaben dar (vgl § 11 Rz 40 mwN).

III. Einschränkung des Besteuerungsrechts an den Anteilen

31 Durch die Umwandlung kommt es zu einem **Untergang der Anteile** an der umwandelnden Kapitalgesellschaft (vgl § 7 Rz 168). Daher **verliert Österreich systemkonform das Besteuerungsrecht** an den Anteilen bei jeder Umwandlung. Die Anteile **werden durch** die **übernommenen Wirtschaftsgüter** (bzw das Bilanzbündel daran) **ersetzt** (vgl auch BMF 15.7.2003, RdW 2003/530, 607). Folglich ersetzt das Besteuerungsrecht am übernommenen Vermögen das Besteuerungsrecht an den Anteilen (vgl UmgrStR Rz 495). Dennoch war vor der Einführung von § 9 Abs 1 Z 2 str, ob ein Untergang des Besteuerungsrechts an den Anteilen durch deren Untergang eine Besteuerung auslöste (vgl *Zöchling* in *W/Z/H/K*[5] § 9 Rz 8 mwN; *Zöchling*, SWK 2007, 1035). Durch § 9 Abs 1 Z 2 wurde die doppelte Steuerhängigkeit explizit gesetzlich verankert (*Keppert/Waitz-Ramsauer* in *W/H/M*, HdU II[8] § 9 Rz 13). Nach den ErlRV sollte diese explizite gesetzliche Verankerung allerdings nur klarstellenden Charakter haben (ErlRV BudBG 2007, 43 BlgNR 23. GP, 26).

32 Neben der allgemeinen Regel (zum Besteuerungsrecht am übergehenden Vermögen), die in § 7 Abs 2 enthalten ist (vgl § 7 Rz 161 ff), enthält § 9 Abs 1 Z 2 somit eine **spezielle Norm**, dass insoweit das **Besteuerungsrecht an den Anteilen eingeschränkt wird**, auf Anteilsebene steuerlich ein Tausch verwirklicht wird (vgl UmgrStR Rz 495; s auch *Zöchling* in *W/Z/H/K*[5] § 9 Rz 9). Eine für die Anwendung von § 9 Abs 1 Z 2 relevante **Einschränkung des Besteuerungsrechts** liegt daher vor, wenn vor der Umwandlung ein Besteuerungsrecht an den Anteilen (bei An-

teilen ansässiger Kapitalgesellschaften an ausländischen Kapitalgesellschaften somit nur im Fall der Portfoliobeteiligung, einer optierten Schachtelbeteiligung oder im Fall des Switch-Over – vgl auch *Keppert/Waitz-Ramsauer* in *W/H/M*, HdU II[8] § 9 Rz 17; *Zöchling*, SWK 2007, 1035 –, nicht jedoch im Fall einer steuerneutralen Schachtelbeteiligung – vgl auch *Zöchling* in *W/Z/H/K*[5] § 9 Rz 9), nach der Umwandlung jedoch **kein Besteuerungsrecht am übernommenen Vermögen** besteht (vgl § 7 Rz 166 ff; s a *Kirchmayr/Wellinger* in *Kirchmayr/Mayr*, Umgründungen 67; *Nekrasov* in *Kirchmayr/Mayr*, Umgründungen 50 ff). Besteht nur an Teilen des übernommenen Vermögens ein Besteuerungsrecht Österreichs, kommt es zu einer anteiligen Tauschbesteuerung (vgl auch *Zöchling* in *W/Z/H/K*[5] § 9 Rz 9). Bei der Ermittlung des der Tauschbesteuerung zu unterziehenden Anteils ist mE auf das Verkehrswertverhältnis (und nicht zB auf das Verhältnis der stillen Reserven im übernommenen Vermögen – vgl dazu auch § 7 Rz 258) abzustellen (vgl auch *Keppert/Waitz-Ramsauer* in *W/H/M*, HdU II[8] § 9 Rz 16; *Hofmann*, taxlex 2007, 566 f). Zu einer tatbeständlichen Einschränkung kann es dabei sowohl durch innerstaatliches als auch durch zwischenstaatliches Steuerrecht kommen (vgl § 7 Rz 164). Im Gegensatz zur Rechtsfolge einer Einschränkung des Besteuerungsrechts gem § 7 Abs 2 (Einschränkung des Besteuerungsrechts am Vermögen der umwandelnden Gesellschaft), der zur (partiellen) Nichtanwendbarkeit von Art II führt (vgl § 7 Rz 196 ff), bleibt Art II bei einer für § 9 Abs 1 Z 2 tatbeständlichen Einschränkung des Besteuerungsrechts (Einschränkung des Besteuerungsrechts in den Anteilen) anwendbar (vgl auch UmgrStR Rz 495).

Nach *Kirchmayr/Wellinger* soll auch insoweit eine tatbeständliche **Einschränkung** **32a** **des Besteuerungsrechts** der Republik Österreich vorliegen, als (Auslands-) Vermögen durch die Umwandlung in das österreichische Besteuerungsrecht eingetreten ist und somit gem § 9 Abs 1 Z 2 TS 1 **steuerneutral aufgewertet** wurde. Zwar besteht danach ein österreichisches Besteuerungsrecht am Vermögen. Durch die Aufwertung hat Österreich jedoch auf die Besteuerung alter stiller Reserven verzichtet. Dies soll nach *Kirchmayr/Wellinger* der Einschränkung des Besteuerungsrechts gleichzuhalten sein (*Kirchmayr/Wellinger* in *Kirchmayr/Mayr*, Umgründungen 69; vgl auch *Allgäuer* in *Kirchmayr/Mayr*, Umgründungen 78). Ein derartig weiter Umfang des Begriffs der Einschränkung des österreichischen Besteuerungsrechts in § 9 Abs 1 Z 2 scheint jedoch mE zu hinterfragen. Zum einen stimmen stille Reserven in den Anteilen und dem Vermögen systematisch nicht überein. Die zu besteuernden stillen Reserven im Vermögen können und werden daher systematisch nicht mit den untergehenden stillen Reserven in den Anteilen übereinstimmen. Daher ist dies für eine steuerneutrale Umwandlung auch nicht gefordert, sondern der Untergang der stillen Reserven in den Anteilen wird systemkonform hingenommen. Einzige Voraussetzung ist, dass auch nach der Umwandlung (zukünftige) stille Reserven im Vermögen in Österreich steuerhängig bleiben. Dies ist bei Eintritt des Vermögens in das österreichische Besteuerungsrecht sichergestellt. Außerdem würde die von *Kirchmayr/Wellinger* vorgenommene Interpretation dazu führen, dass § 9 Abs 1 Z 2 immer greifen würde, wenn vor Umwandlung ein Besteuerungsrecht auf Anteilsebene bestand und § 9 Abs 1 Z 3 TS 1 zur Anwendung kommt. Darauf lässt jedoch mE weder der Gesetzeswortlaut noch die Gesetzessystematik schließen. Somit würde der Eintritt des Vermögens ins österreichische Steuerrecht eine (uU in Raten zu zahlende) Versteuerung der stillen Reserven in den Anteilen auslösen. Dies würde mE der Zielsetzung von § 9 Abs 1 Z 3 TS 1 entgegenlaufen. Somit sprechen mE gute Gründe dagegen, dass ein Eintritt von übertragenen Vermögen in das österreichische Besteuerungsrecht als Reflexwirkung die Anwendung von § 9 Abs 1 Z 2 nach sich zieht. Und auch die von *Allgäuer* vorgebrachte Lösung, dass über die Ausschüttungsfiktion eine Besteuerung herbeigeführt werden soll, ist mE zu relativieren, da – wie gezeigt (vgl auch 1. Aufl § 7 Rz 162 f, 169, 183, 187 f) – der Untergang des Besteuerungsrechts in den Anteilen systemkonform ist und nicht in jedem Fall (sondern nur in jenen, die gesetzlich explizit vorgesehen sind) eine Besteuerung auslöst.

33 Bei **verschmelzenden Umwandlungen** kommt es insoweit zu einer Einschränkung des Besteuerungsrechts (im Vergleich zum vor der Umwandlung bestehenden Besteuerungsrecht an den Anteilen), als das **Vermögen** der **übertragenden Gesellschaft** nach der Umwandlung **nicht** der **österreichischen Besteuerung unterliegt** (vgl auch UmgrStR Rz 495). Dies kann bei unbeschränkt steuerpflichtigen Rechtsnachfolgern insb bei ausländischem (Betriebsstätten-)Vermögen der Fall sein, das gem DBA (oder einer unilateralen Maßnahme zur Vermeidung der Doppelbesteuerung – vgl § 7 Rz 173) in Österreich von der Besteuerung zu befreien ist. Entsprechendes gilt, bei einer Outbound-Umwandlung einer österreichischen Kapitalgesellschaft auf einen ausländischen Rechtsnachfolger, wenn Österreich vor der Umwandlung ein Besteuerungsrecht an den Anteilen hatte. Dabei kann das österreichische Besteuerungsrecht (am übertragenen Vermögen) durch das anwendbare **DBA** mit dem Ansässigkeitsstaat oder schon durch **innerstaatliches Recht** (zB geringerer Umfang der beschränkten Steuerpflicht) eingeschränkt werden (vgl § 7 Rz 170 ff).

34 Bei **errichtenden Umwandlungen** tritt an Stelle des untergehenden Kapitalanteils das Bilanzbündel des Mitunternehmeranteils. Der Kapitalanteil setzt sich dabei nicht im Mitunternehmeranteil (der kein eigenständiges Wirtschaftsgut darstellt), sondern im anteiligen Vermögen fort (vgl Rz 92). Insoweit am **zugrunde liegenden Vermögen** aufgrund eines anwendbaren DBA oder innerstaatlichem Recht **kein Besteuerungsrecht** (vgl zur Einschränkung des Besteuerungsrechts Rz 33) besteht (s auch UmgrStR Rz 495), ergibt sich auch am Mitunternehmeranteil kein eigenständiges Besteuerungsrecht. Nach hA ist § 9 Abs 1 Z 2 daher bei errichtenden Umwandlungen dann anzuwenden, wenn nach der Umwandlung am übertragenen Vermögen (und damit spiegelbildlich auch am Mitunternehmeranteil) kein Besteuerungsrecht besteht (*Keppert/Waitz-Ramsauer* in *W/H/M*, HdU II[8] § 9 Rz 16 mwN; *Schwarzinger/Wiesner* I/1[3] 1073). In diesen Fällen ist der Mitunternehmeranteil (Bilanzbündel) daher mit dem gemeinen Wert anzusetzen (*W/Z/H/K*[4] § 9 Rz 6). Auswirkungen kann dies beim Progressionsvorbehalt und bei der Berücksichtigung von Auslandsverlusten gem § 2 Abs 8 EStG haben. Aufgrund der Deckelung der nach österreichischem Recht ermittelten Verluste mit dem Betrag gem ausländischem Recht durch das 1. StabG 2012 (BGBl I 2012/22) wurde die Relevanz für die zu berücksichtigenden Auslandsverluste uU verringert.

34a Kommt § 9 Abs 1 Z 2 zur Anwendung, erfolgt auf Anteilsebene eine **Tauschbesteuerung** (vgl ausführlicher *Nekrasov* in *Kirchmayr/Mayr*, Umgründungen 54 f; *Massoner/Stefaner* in *Stefaner/Schragl*, Wegzugsbesteuerung 136 f). Die Besteuerung erfolgt dabei nach den allgemeinen steuerlichen Regeln. So kommt zB auch die Steuerbefreiung des § 10 Abs 3 KStG zur Anwendung (UmgrStR Rz 495). Die Besteuerung erfolgt unabhängig von der steuerlichen Behandlung im Ausland (UmgrStR Rz 495).

Aus **unionsrechtlichen Erwägungen** war bei Einschränkungen des Besteuerungs- 35
rechts im Verhältnis zu EU-Staaten und den EWR-Staaten (Norwegen, Liechtenstein und seit 1.1.2017 zählt auch Island zu dieser Gruppe – vgl § 7 Rz 201; s auch *Keppert/Waitz-Ramsauer* in *W/H/M*, HdU II[8] § 9 Rz 18; zu Island vgl § 1 Rz 149) ein **Besteuerungsaufschub** vorgesehen (vgl dazu 4. Aufl Rz 35 f). Bereits bei diesem wurde die **Kompatibilität** mit der **FRL** und den Grundfreiheiten in Frage gestellt (vgl *Keppert/Waitz-Ramsauer* in *W/H/M*, HdU II[8] § 9 Rz 19 mwN; *Beiser*, ÖStZ 2010/705, 368 f).

Eine Zielsetzung des **AbgÄG 2015** war die Anpassung der **Entstrickungsbesteu-** 36
erung an die jüngere EuGH-Judikatur. Somit wurde auch in § 9 Abs 1 Z 2 der Besteuerungsaufschub durch ein **Ratenzahlungskonzept** ersetzt (vgl auch *Walter*[11] Rz 225c). Somit wird die Steuerlast auf die stillen Reserven in der untergehenden Beteiligung an der umwandelnden Kapitalgesellschaft festgesetzt. Erfolgt eine Einschränkung im Verhältnis zu EU- und den genannten EWR-Staaten (vgl Rz 35), kann die Steuer optional in Raten gezahlt werden (vgl auch UmgrStR Rz 495 idF WE-WE 2017). Da es sich beim untergehenden Wirtschaftsgut um eine Beteiligung handelt, die idR dem Anlagevermögen zuzuordnen sein wird, wird mE im Zweifel die Verteilung der Steuerschuld auf sieben Raten (§ 6 Z 6 lit d EStG) zur Anwendung kommen (vgl auch *Massoner/Stefaner* in *Stefaner/Schragl*, Wegzugsbesteuerung 138 f). Da die Beteiligung selbst iRd Umwandlung untergeht, kann deren spätere Veräußerung, sonstiges Ausscheiden oder Verlagerung nicht zu einer vorzeitigen Fälligkeit der Raten gem § 6 Z 6 lit d EStG führen können. Entsprechend den allgemeinen Regeln (vgl Rz 21 und 31) wird stattdessen auf das übergehende Vermögen (idR [Teil-]Betriebe) abzustellen sein. Dieses neue System gilt für Umwandlungen, die nach dem 31.12.2015 beschlossen wurden (3. Teil Z 30).

Dabei stellt sich die Frage, wie zu ermitteln ist, ob eine **Einschränkung des Besteu-** 37
erungsrechts im Verhältnis zu **begünstigten Staaten** vorliegt. Bereits zu der Vorgängerregelung wurde vorgebracht, dass (vereinfachend) auf die Ansässigkeit der Rechtsnachfolger abzustellen sei (vgl 4. Aufl Rz 36). Auch in den Materialien zur Änderung der Entstrickungsbesteuerung wird zur Änderung in § 7 Abs 2 die Ansässigkeit der Rechtsnachfolger angesprochen (ErlRV AbgÄG 2015, 896 BlgNR 25. GP, 13). Für § 9 Abs 1 Z 2 sind in den Materialien keine entsprechenden Ausführungen enthalten. Da es um die Einschränkung des Besteuerungsrechts im Verhältnis zu einem Staat geht, ist zur Erreichung des systematischen Ziels mE auf den Staat abzustellen, im Verhältnis zu dem Österreich das Besteuerungsrecht (zB aufgrund der Belegenheit einer Betriebsstätte) verliert.

IV. Entstehen des österreichischen Besteuerungsrechts
A. Aufwertung

§ 9 Abs 1 Z 3 TS 1 sieht entsprechend zu § 3 Abs 1 Z 2 eine Regelung vor, nach der 41
Vermögensteile, für die **durch** die **Umwandlung** ein **österreichisches Besteue-**
rungsrecht entsteht, mit dem **gemeinen Wert anzusetzen** sind (vgl *Zöchling* in *W/Z/H/K*[5] § 9 Rz 11; *Walter*[11] Rz 252a; *Zöchling*, SWK 2007, 1034; *Korntner*, FJ 2012, 384; *Schwarzinger/Wiesner* I/1[3] 943; *Kirchmayr/Wellinger* in *Kirchmayr/Mayr*, Umgründungen 68; *Massoner/Stefaner* in *Stefaner/Schragl*, Wegzugsbesteuerung 144 f; s detailliert § 3 Rz 51 ff). Zum Ansatz der gemeinen Werte kommt es verpflichtend; es besteht kein Wahlrecht (*Keppert/Waitz-Ramsauer* in *W/H/M*,

HdU II[8] § 9 Rz 8; *Massoner/Stefaner* in *Stefaner/Schragl*, Wegzugsbesteuerung 145). Relevant ist ausschließlich das Entstehen des Besteuerungsrechts (vgl auch *Nekrasov* in *Kirchmayr/Mayr*, Umgründungen 54); eine physische Verlegung des Vermögens nach Österreich ist nicht Anwendungsvoraussetzung (*Zöchling* in *W/Z/H/K*[5] § 9 Rz 11; *Zöchling*, SWK 2007, 1034). Die Aufwertung löst in Österreich keine Besteuerung aus, da der gemeine Wert bereits mit Eintritt in das österreichische Besteuerungsrecht angesetzt wird. Die Aufwertung erfolgt (anders als bei der Aufwertungsoption in § 8 Abs 2 – vgl dazu § 8 Rz 40 f) unabhängig von der Besteuerung im Ausland (*Keppert/Waitz-Ramsauer* in *W/H/M*, HdU II[8] § 9 Rz 8; *Zöchling* in *W/Z/H/K*[5] § 9 Rz 11) und dient der Abgrenzung des Besteuerungsrechts (s auch *Walter*[11] Rz 252a; *Zöchling*, SWK 2007, 1034). Stille Reserven, die vor Entstehen des österreichischen Besteuerungsrechts entstanden sind, sollen in Österreich nicht besteuert werden (vgl UmgrStR Rz 160b; s auch *Zöchling* in *W/Z/H/K*[5] § 9 Rz 11). Die Aufwertung greift auch dann, wenn die Anteile an der umwandelnden Gesellschaft zuvor in Österreich steuerhängig waren, ohne dass dies eine steuerpflichtige Realisation auf Anteilsebene bedingt (vgl *Nekrasov* in *Kirchmayr/Mayr*, Umgründungen 54).

42 Zu einer steuerfreien Aufwertung kommt es insb bei **Umwandlungen beschränkt steuerpflichtiger Kapitalgesellschaften** mit in Österreich **ansässigen Rechtsnachfolgern** (vgl auch *Keppert/Waitz-Ramsauer* in *W/H/M*, HdU II[8] § 9 Rz 8; *Nekrasov* in *Kirchmayr/Mayr*, Umgründungen 54), sowie idR bei österreichischen doppelt ansässigen Kapitalgesellschaften mit Ort der Geschäftsleitung im DBA-Ausland (*Schwarzinger/Wiesner* I/1[3] 943). Zu einer Aufwertung kann es sowohl bei **österreichischem Vermögen**, für das zuvor kein Besteuerungsrecht bestanden hat (zB nicht einer Betriebsstätte zuzuordnendes Vermögen), als auch bei **ausländischem Vermögen**, für das nach der Umwandlung ein Besteuerungsrecht besteht (zB bei Zuteilung des Besteuerungsrechts zum Ansässigkeitsstaat des Rechtsnachfolgers), aufgrund einer Erweiterung des Besteuerungsrechts kommen. Daneben kann es auch dann zu einer Erweiterung des Besteuerungsrechts kommen, wenn (bei Vermögen, für das Österreich vor Umwandlung kein Besteuerungsrecht zusteht) das DBA zwar dem Quellenstaat das primäre Besteuerungsrecht zuteilt, jedoch die **Anrechnungsmethode** zur Vermeidung der Doppelbesteuerung vorgesehen ist (UmgrStR Rz 160c; s auch *Schwarzinger/Wiesner* I/1[3] 943; vgl weiterführend § 3 Rz 56 ff). Selbes gilt jedenfalls wenn § 48 BAO zur Anwendung der Anrechnungsmethode führt (vgl *Schwarzinger/Wiesner* I/1[3] 943), wobei bei Anwendung der Befreiungsmethode als unilateraler Maßnahme neben den allgemeinen Argumenten (s Rz 43) weitere Argumente für die Aufwertung bestehen, da das Besteuerungsrecht *der Republik Österreich* entstanden ist, woran auch der freiwillige und einseitige Verzicht darauf nichts ändert.

43 **Stellungnahme.** Nach der Verwaltungspraxis kommt es – bei Verschmelzungen (diese Aussagen sollen gem UmgrStR Rz 497 auf Umwandlungen anwendbar sein) – zu einer tatbestandlichen Erweiterung des Besteuerungsrechts, wenn an **Vermögensteilen vor der Umgründung** kein Besteuerungsrecht bestand, weil es sich um ausländisches **Vermögen einer ausländischen Kapitalgesellschaft** handelt und nach der Verschmelzung ein Besteuerungsrecht besteht, weil das Vermögen in Österreich (unter Anrechnung der ausländischen Steuer) besteuert wird (UmgrStR Rz 160; s auch *Walter*[11] Rz 252b). Zweifelhaft erscheint, ob auch dann eine Erweiterung des Besteuerungsrechts vorliegt, wenn das **anwendbare DBA** (oder die innerstaatliche Maßnahme) zwischen Österreich und dem Quellenstaat die **Befreiungsmethode** vorsieht (vgl ablehnend § 3 Rz 56 mwN). Aus Sicht des **rein innerstaatlichen Steuerrechts** ist das **Besteuerungsrecht erweitert** worden (und die Aufwertung dient daher der Abgrenzung des Besteuerungsrechts – vgl *Damböck*, ÖStZ 2004/592, 275). Jedoch könnte aus dem Umstand, dass Österreich an der Ausübung des Besteuerungsrechts gehindert ist, geschlossen werden, dass keine Erweiterung des Besteuerungsrechts vorliegt und es damit zu keinem Ansatz des gemeinen Werts kommt. Systematisch scheint dies konsistent mit dem Umstand, dass nur dann keine Einschränkung des Besteuerungsrechts vorliegt, wenn weder zwischenstaatliches noch innerstaatliches Recht zu einer Einschränkung des Besteuerungsrechts führen (vgl Rz 33). Konsequenterweise müsste daher die Fortführung der steuerlichen Buchwerte erfolgen. Da es jedoch keine österreichischen steuerlichen Buchwerte gibt, scheint die Buchwertfortführung in diesem Fall mE fragwürdig. Eine Anknüpfung an die ausländischen steuerlichen Buchwerte sieht das UmgrStG nicht vor. Ebenso wenig ist die Entwicklung fiktiver österreichischer steuerlicher Buchwerte vorgesehen, die den österreichischen Rechtsnachfolger wohl ungebührlich belasten würde, wenn dies für jedes Wirtschaftsgut zu erfolgen hätte. Und auch eine Übernahme von Buchwerten aus der ausländischen unternehmensrechtlichen Bilanzierung sieht das UmgrStG nicht vor. Es liegen somit keine Buchwerte vor, die für Zwecke des Art II vom Rechtsnachfolger übernommen werden könnten (so stellt auch *Damböck* zutr fest, dass die Buchwertfortführung des § 8 nur für vor der Umwandlung in Österreich steuerhängiges Vermögen greift – *Damböck*, ÖStZ 2004/592, 275 f). Weiters ist zu berücksichtigen, dass die **ausländischen Ergebnisse** auch bei Anwendung der Befreiungsmethode über zwei Effekte **Auswirkungen auf die österreichische Steuerbelastung** haben. Zum einen schlagen sie über den **Progressionsvorbehalt** (zumindest bei Rechtsnachfolgern, die natürliche Personen sind, effektiv) auf die Steuerbelastung in Österreich durch. Zum anderen sind auch **Verluste**, die aus dem ausländischen Vermögen resultieren – seit dem 1. StabG 2012 gedeckelt mit dem gem ausländischem Steuerrecht ermittelten Betrag –, in Österreich gem § 2 Abs 8 (vgl dazu Jakom[10]/ *Laudacher* § 2 Rz 194 ff) zu berücksichtigen (so auch *Damböck*, ÖStZ 2004/592, 275). ME liegt daher eine **Erweiterung des Besteuerungsrechts** vor. § 9 Abs 1 Z 3 TS 1 sollte daher zu einem Ansatz der gemeinen Werte führen (vgl auch *Massoner/ Stefaner* in *Stefaner/Schragl*, Wegzugsbesteuerung 146). Eine andere Auslegung würde auch dazu führen, dass in Verlustsituationen im Ausland (bei denen § 2 Abs 8 EStG zu einer Gleichbehandlung von Anrechnungs- und Befreiungsmethode führen soll) eine bedenkliche und unsachliche Unterscheidung stattfinden würde. Verluste aus Anrechnungsländern wären mit, jene aus Befreiungsländern ohne Aufwertung zu ermitteln.

B. Sonderregelung bei früherem Verlust des Besteuerungsrechts

Hat **Österreich zu einem früheren Zeitpunkt das Besteuerungsrecht an Wirtschaftsgütern verloren** und die Erhebung der Besteuerung **aufgeschoben**, kann es durch die Umwandlung zu einem Wiedereintritt desselben Vermögens in das österreichische Besteuerungsrecht kommen. Um Verwerfungen bei Parallelanwendung der Regeln zu vermeiden, sieht § 9 Abs 1 Z 3 TS 2 **explizite Rechtsfolgen** für diesen Fall vor (vgl UmgrStR Rz 160d; weiterführend § 3 Rz 58 ff). Diese Regel ist anwendbar, **wenn:**

46

- es zu einem **früheren Zeitpunkt** zu einer **Einschränkung des Besteuerungsrechts** am Vermögen kam (vgl 4. Aufl Rz 49 zur Auswirkung, wenn die Erhebung der aufgeschobenen Besteuerung nicht mehr möglich ist),
- diese Einschränkung durch eine **Verbringung** des Vermögens oder durch eine **Umgründung** (vgl für Umwandlungen § 7 Rz 161 ff) ausgelöst wurde,
- die **Option auf Steueraufschub ausgeübt** wurde (dies betrifft Sachverhalte vor dem AbgÄG 2015 [vgl für Umwandlungen 4. Aufl § 7 Rz 201 ff] und gem AbgÄG 2015 die Nichtfestsetzung gem § 27 Abs 6 EStG [vgl UmgrStR Rz 497 idF WE 2017]) und
- die aufgeschobene Besteuerung durch einen **Rechtsnachfolger** (vgl § 7 Rz 226 ff) der umwandelnden Kapitalgesellschaft oder eine konzernzugehörige Körperschaft eines Rechtsnachfolgers beantragt wurde oder
- bei **Einbringungen** gem **§ 16 Abs 1a** (vgl dazu § 16 Rz 51 ff) nicht entstanden ist.

46a Durch das AbgÄG 2015 hat diese Regelung an Bedeutung verloren. Seither folgt das Entstrickungskonzept in weiten Bereichen nicht mehr dem Aufschubkonzept. Vielmehr wird regelmäßig die Steuer festgesetzt und erhoben. Im Verhältnis zu EU- und EWR-Staaten mit umfassender Amtshilfe kann idR eine **Ratenzahlung**, jedoch kein vollständiger Aufschub beantragt werden (vgl ausführlich Jakom[10]/ *Laudacher* § 6 Rz 155 ff; § 1 Rz 141 ff, § 7 Rz 201 ff; s aber auch die Behandlung von Kapitalvermögen im Privatvermögen [Jakom[10]/*Marschner* § 27 Rz 353 ff] und Einbringungen gem § 16 Abs 1a [§ 16 Rz 73]). Soweit die Besteuerung nach dem neuen Entstrickungskonzept sofort oder in Raten fällig ist, besteht auch keine Notwendigkeit für eine Sondernorm beim **Reimport** in das österreichische Besteuerungsrecht. Es kommt damit für diese Wirtschaftsgüter gem § 9 Abs 1 Z 3 TS 1 zum **Ansatz** der **gemeinen Werte** (s auch UmgrStR Rz 497 idF WE 2017; *Massoner/Stefaner* in *Stefaner/Schragl*, Wegzugsbesteuerung 147 f; zur Aufwertung vgl Rz 41 ff). Noch offene Raten laufen nach dem Reimport mit Aufwertung weiter (UmgrStR Rz 497 idF WE 2017).

47 Ist § 9 Abs 1 Z 3 TS 2 anwendbar, bedeutet dies, dass die fraglichen **Wirtschaftsgüter nicht mit** dem **gemeinen Wert anzusetzen** sind (vgl auch *Walter*[11] Rz 252c). Stattdessen sind die **fortgeschriebenen Buchwerte** (vormals Betriebsvermögen) oder **Anschaffungskosten** (vormals außerbetriebliches Vermögen) anzusetzen (vgl *Keppert/Waitz-Ramsauer* in *W/H/M*, HdU II[8] § 9 Rz 10; *Zöchling* in *W/Z/H/ K*[5] § 9 Rz 13; *Zöchling*, SWK 2007, 1034; *Massoner/Stefaner* in *Stefaner/Schragl*, Wegzugsbesteuerung 148). Insoweit die fortgeschriebenen Buchwerte oder Anschaffungskosten höher als die gemeinen Werte zum Umwandlungsstichtag sind, darf **maximal** der **gemeine Wert** angesetzt werden (vgl UmgrStR Rz 497 idF WE 2017; s auch *Walter*[11] Rz 252c; *Massoner/Stefaner* in *Stefaner/Schragl*, Wegzugsbesteuerung 148). Weist der Rechtsnachfolger nach, dass in der Zeit, in der kein österreichisches Besteuerungsrecht bestanden hat, **Wertsteigerungen** eingetreten sind, können diese (bei einer späteren steuerwirksamen Realisierung der stillen Reserven im Wirtschaftsgut) vom steuerpflichtigen Veräußerungsgewinn abgezogen werden (weiterführend § 3 Rz 63; vgl auch *Keppert/Waitz-Ramsauer* in *W/H/M*, HdU II[8] § 9 Rz 10; *Zöchling*, SWK 2007, 1034; *Zöchling* in *W/Z/H/K*[5] § 9 Rz 13). Die Regelung ist individuell für jedes Wirtschaftsgut zu überprüfen und hat keine Ausstrahlungswirkung auf andere Vermögensteile.

Fallen Wirtschaftsgüter unter die Norm des § 9 Abs 1 Z 3 TS 2, hat dies auch Auswirkungen auf die Möglichkeit, dass ein **nachträgliches Ereignis** (relevant für die frühere **aufgeschobene Besteuerung**) nach Wiedereintritt in das österreichische Besteuerungsrecht ausgelöst werden kann. Nach **Wiedereintritt** sind Veräußerungen der Wirtschaftsgüter steuerpflichtig. Sie stellen daher **nicht** auch zusätzlich **ein nachträgliches Ereignis** dar. Somit wird dadurch die aufgeschobene Besteuerung nicht mehr ausgelöst (weiterführend § 3 Rz 64 f; s auch *Keppert/Waitz-Ramsauer* in *W/H/M*, HdU II[8] § 9 Rz 10). 48

Die Fortführung der fortgeschriebenen Buchwerte greift dabei immer dann, wenn der Aufschub der Steuerschuld bei einem Rechtsnachfolger beantragt wurde. Seit dem 2. AbgÄG 2014 greift die Fortführung der fortgeschriebenen Buchwerte oder Anschaffungskosten auch dann, wenn der Antrag von einer Körperschaft gestellt wurde, die zum Konzern eines Rechtsnachfolgers (vgl § 7 Rz 226 ff) gehört (vgl auch UmgrStR Rz 497; s weiters *Zöchling* in *W/Z/H/K*[5] § 9 Rz 13). Für die Definition des **Konzernbegriffs** ist dabei auf das Gesellschaftsrecht (§ 15 AktG; § 115 GmbHG) abzustellen (vgl weiterführend § 3 Rz 60 und 72). Relevant ist die Konzernzugehörigkeit im Zeitpunkt der Umwandlung (und nicht im Zeitpunkt der Einschränkung des Besteuerungsrechts – vgl *Schlager*, RWZ 2014/78, 359). Aufgrund der Rückwirkungsfiktion wäre systematisch wohl auf den Umwandlungsstichtag abzustellen. Allerdings führen die ErlRV an, dass die Konzernzugehörigkeit auch dann gegeben sein soll, wenn der Rechtsnachfolger erst im Rückwirkungszeitraum gegründet wurde (ErlRV 2. AbgÄG 2014, 360 BlgNR 25. GP, 16). Dies scheint dafür zu sprechen, dass auf die Verbindung im Zeitpunkt des Umwandlungsbeschlusses abzustellen ist (vgl auch § 3 Rz 60). Allerdings könnte man im Umkehrschluss auch argumentieren, dass die in den ErlRV angeführte Begründung der Verbindung im Rückwirkungszeitraum die (einzige) Ausnahme von der Regel des Abstellens auf den Stichtag darstellen soll. Dies würde jedoch bedeuten, dass Gesellschaften, die zum Stichtag bereits bestanden, auch dann keine Konzerngesellschaften sind, wenn die Verbindung im Rückwirkungszeitraum (zB durch Anteilserwerb) hergestellt wird. Aufgrund des Abstellens auf den gesellschaftsrechtlichen Konzernbegriff müsste dies (mangels gesellschaftsrechtlicher Rückwirkung) auch für Anteilserwerbe durch (steuerlich rückwirkende) Umgründungen gelten. Die sich daraus ergebende Differenzierung scheint mE gegen das systematische Abstellen auf den Stichtag zu sprechen. 49a

Die Erweiterung auf Konzerngesellschaften als Rechtsnachfolger greift dabei für Umwandlungen, die ab dem der Veröffentlichung des 2. AbgÄG 2014 im BGBl folgenden Tag beschlossen wurden (Teil 3 Z 27 lit a; vgl auch *Hirschler*, ÖStZ 2014/886, 561), somit für **Umwandlungen, die nach dem 29.12.2014 beschlossen** wurden. Dabei gilt die Regel sinngemäß auch dann, wenn *eine Beteiligung übernommen wird, an der das Besteuerungsrecht der Republik Österreich aufgrund einer Umgründung mit einem Stichtag vor dem 8. Oktober 2004 oder der Verlegung eines Betriebes vor dem 1. Jänner 2005 eingeschränkt worden ist* (Teil 3 Z 27 lit b; vgl weiterführend § 3 Rz 59). Nach *Schlager* soll die sinngemäße Anwendung (entgegen dem Wortlaut von § 9 Abs 1 Z 3 TS 2, der einen Besteuerungsaufschub beim Export explizit als Anwendungsvoraussetzung der Sondervorschrift für den Reimport vorsieht) dazu führen, dass die fortgeschriebenen Buchwerte/Anschaffungskosten auch dann anzusetzen sind, wenn (mangels damaliger entsprechender gesetzlicher Re- 49b gelungen – vgl § 3 Rz 59) kein Besteuerungsaufschub beantragt wurde (*Schlager*, RWZ 2014/78, 359; vgl zur Kritik an der fehlenden Eindeutigkeit der Norm § 3 Rz 59).

50 Eine Anwendungsvoraussetzung für § 9 Abs 1 Z 3 TS 2 ist, dass „*die Steuerschuld bei* einem [Hervorhebung durch den Autor] *Rechtsnachfolger oder bei einer konzernzugehörigen Körperschaft* eines [Hervorhebung durch den Autor] *Rechtsnachfolgers*" nicht festgesetzt wurde. Im Gegensatz zur Verschmelzung (vgl dazu § 3 Rz 2 ff) kann es bei Umwandlungen (errichtenden Umwandlungen oder verschmelzende Umwandlungen auf Personengesellschaften) **mehrere Rechtsnachfolger** (vgl dazu § 7 Rz 227) geben. Auch in diesem Fall ist § 9 Abs 1 Z 3 TS 2 entsprechend dem Wortlaut anwendbar, wenn bei *einem* Rechtsnachfolger die Aufschuboption genutzt wurde. Dabei stellt sich jedoch die Frage, ob die Aufwertung für alle Rechtsnachfolger ausgeschlossen sein soll. Zwar sieht der Wortlaut von § 9 Abs 1 Z 3 TS 2 keine differenzierte Behandlung zwischen Rechtsnachfolgern, die die Aufschuboption genutzt haben oder konzernzugehörig sind und anderen Gesellschaftern der umwandelnden Gesellschaft vor. Dennoch ist **teleologisch** die **Versagung** des **Ansatzes** des **gemeinen Werts** wohl **nur für jene Gesellschafter** gefordert, die **zuvor** den **Aufschub genutzt haben** (vgl auch UmgrStR Rz 160d, nach der die entsprechende Regelung in § 3 nur zur Anwendung kommen soll, wenn der nunmehrige Übernehmende und der ursprüngliche Übertragende derselbe Steuerpflichtige sind).

51 **Stellungnahme.** Der Umstand, dass es bei Umwandlungen **mehr als einen Rechtsnachfolger** geben kann, zeigt, dass § 9 Abs 1 Z 3 TS 2 wohl **systematisch nicht** das **Ziel erreicht**, für das die Norm eingeführt wurde. Erfolgt eine Abspaltung zur Aufnahme durch eine österreichische Kapitalgesellschaft in eine EU-Kapitalgesellschaft, an der die abspaltende Kapitalgesellschaft zu 50 % beteiligt ist, kann der Steueraufschub beantragt werden. Dadurch wird zB die Besteuerung für stille Reserven iHv 300 aufgeschoben. Erfolgt anschließend eine Umwandlung, werden dadurch nur 150 (und somit **nicht die gesamten stillen Reserven**) bei der abspaltenden Gesellschaft wieder steuerhängig. Folglich wird das Ziel der Regelung verfehlt. Werden die stillen Reserven auch bei den anderen Rechtsnachfolgern steuerhängig (wäre also § 9 Abs 1 Z 3 TS 2 entgegen der hier vertretenen Ansicht [s Rz 50] auch auf die anderen Rechtsnachfolger anwendbar), wird zwar erreicht, dass die gesamten stillen Reserven steuerhängig wären (wenn alle Rechtsnachfolger in Österreich steuerpflichtig sind), allerdings kommt es zur **Verschiebung der stillen Reserven** (nunmehr sind die 300 nur mehr iHv 150 bei der abspaltenden, dafür iHv 150 bei anderen Rechtsnachfolgern steuerhängig). Auch dies widerspricht den Grundprinzipien des Steuerrechts (so ist zB Art IV nur anwendbar, wenn eine Verschiebung stiller Reserven ausgeschlossen ist – vgl § 24 Rz 131 ff). Dies zeigt mE rechtspolitischen Handlungsbedarf bei § 9 Abs 1 Z 3 TS 2 auf.

C. Erweiterung der Besteuerung auf Gesellschafterebene
1. Hintergrund

55 Wird eine österreichische Kapitalgesellschaft mit **ausländischen Gesellschaftern** umgewandelt, entsteht aufgrund des Betriebserfordernisses (vgl § 7 Rz 116 ff) idR eine österreichische Betriebsstätte. In diesem Fall kommt Österreich auch bei Anwendbarkeit eines DBA idR das Besteuerungsrecht zu (vgl auch *Zöchling* in W/Z/H/K[5] § 9 Rz 14; *Althuber*, ZUS 2012/3, 6). Art II ist allerdings auch anwendbar, wenn ausschließlich ein ausländischer Betrieb besteht (vgl § 7 Rz 132). In diesem Fall wird keine österreichische Betriebsstätte zurückbleiben.

Ist eine (nicht ansässige) natürliche Person **Rechtsnachfolger** einer österreichischen Kapitalgesellschaft, würde die Umwandlung dazu führen, dass Wertzuwächse in Österreich nicht mehr mit (in Summe) 25 % (vor der Umwandlung bei der Kapitalgesellschaft, wenn aufgrund eines anwendbaren DBA kein Besteuerungsrecht an den Anteilen an der Kapitalgesellschaft besteht – vgl auch *Marschner/Puchinger*, FJ 2012, 3; *Walter*[11] Rz 225 f), sondern mit bis zu 50 % steuerpflichtig sind. Da dies auch für alte (bereits in der Struktur der Kapitalgesellschaft angesammelte) stille Reserven gilt, besteht insoweit Bedarf einer Entlastung von der Besteuerung, als ohne Regel alte stille Reserven höher besteuert würden. Teleologisch ist daher eine **Herabminderung** der Steuerlast von max 50 % **auf den Körperschaftsteuersatz von 25 %** gefordert (vgl dazu 1. Aufl Rz 62). **56**

Zu einem entsprechenden Effekt kann es auch bei **in Österreich ansässigen Rechtsnachfolgern** kommen. Ist eine ansässige Person an einer ausländischen Gesellschaft beteiligt, die eine österreichische Betriebsstätte betreibt und weist das DBA mit dem Ansässigkeitsstaat der Kapitalgesellschaft diesem das Besteuerungsrecht an den Kapitalanteilen zu (vom OECD-MA abweichende DBA – vgl § 7 Rz 171), führt die Umwandlung dazu, dass bei natürlichen Personen als Rechtsnachfolgern die stillen Reserven (zukünftig) mit 50 % zu versteuern sind (vgl Rz 69) und es somit zu einer Erweiterung der Steuerlast kommen würde. Auch in diesem Fall ist die Beschränkung der **Besteuerung alter stiller Reserven mit 25 %** gefordert. **57**

2. Errichtende Umwandlung
a) Anwendungsvoraussetzungen
aa) Inkrafttreten

Für **Umwandlungen**, die **nach** dem **31.10.2011** beim Firmenbuch **angemeldet** werden, sieht § 9 Abs 1 Z 3 TS 3 eine neue Regelung zur Vermeidung der systemwidrigen Erhöhung der Steuerbelastung (vgl Rz 57) vor. Zu diesem Zeitpunkt war allerdings erst der BE veröffentlicht. Das BudBG 2012 trat erst am 8.12.2011 in Kraft. Daraus wurde in der Literatur gefolgert, dass verfassungsrechtlich geboten ist, die Neuregelung auch erst ab diesem Zeitpunkt anzuwenden (*Hofbauer-Steffel/Zeitlinger*, RdW 2012/248, 249). § 9 Abs 1 Z 3 TS 3 S 1 ist bei Vorliegen folgender **Voraussetzungen** anwendbar: **66**

- eine **errichtende Umwandlung** wird durchgeführt,
- dadurch **entsteht das Besteuerungsrecht an** den **Anteilen** an der Personengesellschaft,
- **vor** der **Umwandlung** hat **kein Besteuerungsrecht an** den **Kapitalanteilen** an der umwandelnden Kapitalgesellschaft **bestanden** und
- **natürliche Personen** sind **Rechtsnachfolger** (vgl dazu § 7 Rz 226 ff) der übertragenden Kapitalgesellschaft.

bb) Erweiterung des Besteuerungsrechts

§ 9 Abs 1 Z 3 TS 3 S 1 ist damit anwendbar, wenn bei einer errichtenden Umwandlung das **Besteuerungsrecht** auf Anteilsinhaberebene **entsteht**. Aufgrund des Betriebserfordernisses (vgl § 7 Rz 116 ff) wird in Österreich **nach der Umwandlung** einer österreichischen Kapitalgesellschaft idR eine **Betriebsstätte** (oÄ) verbleiben (vgl Rz 55). Österreich steht somit idR das Besteuerungsrecht zu. Aufgrund des **67**

Transparenz- und Bilanzbündelprinzips kommt Österreich damit nicht nur das Besteuerungsrecht an den laufenden Erträgen, sondern insoweit auch das **Besteuerungsrecht an den Anteilen** an der Mitunternehmerschaft zu.

68 Zu einer **Erweiterung** des Besteuerungsrechts auf der Anteilsinhaberebene kann es dabei dann kommen, wenn **vor der Umwandlung kein Besteuerungsrecht an den Anteilen** an der umwandelnden Kapitalgesellschaft bestanden hat. Nach dem OECD-MA kommt Österreich als Ansässigkeitsstaat der Kapitalgesellschaft idR (mit Ausnahme von Liegenschaftsgesellschaften) nach Art 13 bei nicht ansässigen Gesellschaftern kein Besteuerungsrecht an den Kapitalanteilen zu (vgl auch *Andreaus/Hristov*, taxlex 2012, 97). Folglich führt die Umwandlung idR zu einer Erweiterung des Besteuerungsrechts zumindest bei übergreifender Betrachtung (Kapitalgesellschaft und Anteilsinhaber) der Höhe nach (vgl auch *Marschner/Puchinger*, FJ 2012, 3). War das Besteuerungsrecht Österreich allerdings vor der Umwandlung auch auf Anteilsinhaberebene nicht beschränkt (weil kein oder ein vom OECD-MA abweichendes DBA und eine Beteiligung von mindestens 1 % besteht), kommt § 9 Abs 1 Z 3 TS 3 nicht zur Anwendung (vgl auch *Andreaus/Hristov*, taxlex 2012, 97).

69 War die **umwandelnde Kapitalgesellschaft nicht in Österreich ansässig**, kann vor der Umwandlung das **Besteuerungsrecht an den Anteilen** aus zwei Gründen **eingeschränkt** gewesen sein. Zum einen bestand bei nicht ansässigen Gesellschaftern schon **gem § 98 EStG kein Besteuerungsanspruch** an Anteilen an nicht ansässigen Kapitalgesellschaften (entsprechend der Frage der Einschränkung des Besteuerungsrechts – vgl dazu § 7 Rz 162 – stellt dies auch hier eine tatbestandsrelevante Beschränkung des Besteuerungsrechts dar). Dasselbe gilt für Beteiligungen von unter 1 % an österreichischen Kapitalgesellschaften (vgl Jakom[10]/*Marschner* § 98 Rz 97). Zum anderen kann ein vom OECD-MA abweichendes (oder ein eine Liegenschaftsgesellschaftsklausel enthaltendes) DBA auch für **in Österreich ansässige Gesellschafter** zu einer Beschränkung des Besteuerungsrechts führen (vgl auch *Kirchmayr/Wellinger* in *Kirchmayr/Mayr*, Umgründungen 71). In all diesen Fällen kann es daher durch die Umwandlung zu einer Erweiterung des Besteuerungsrechts kommen.

70 **Stellungnahme.** Daneben besteht die Frage, ob vor der Umwandlung eine **relevante Einschränkung** nur dann bestanden hat, wenn ein gänzlicher Ausschluss des Besteuerungsrechts **dem Grunde nach** (also ein Ausschluss des österreichischen Besteuerungsrechts) bestanden hat oder ob auch eine **teilweise Einschränkung dem Grunde nach** (eine Beschränkung auf einen Teil der stillen Reserven – wie zB Art 13 Abs 4 DBA-Schweiz im Fall des Wegzugs des Gesellschafters) oder eine teilweise **Einschränkung der Höhe nach** (also eine Beschränkung des Steuersatzes auf einen maximalen Prozentsatz bei ansäsigen Kapitalgesellschaften – wie zB Art 13 Abs 4 DBA-Korea) zu einer tatbeständlichen Einschränkung des Besteuerungsrechts führt.

71 Ist das Besteuerungsrecht für **Teile** der **stillen Reserven** der Anteile (zB nach Wegzug) gänzlich **ausgeschlossen** (somit teilweise Einschränkung dem Grund nach), wird wohl insoweit vor Umwandlung jedenfalls eine teilweise Einschränkung (und durch die Umwandlung somit eine teilweise Erweiterung) des österreichischen Besteuerungsrechts vorliegen. Durch die Anwendung von § 9 Abs 1 Z 3 TS 3, insoweit (vgl auch Rz 75) es zu einer Erweiterung des Besteuerungsrechts kommt, kommt es hier nur zu einer Festsetzung des Unterschiedsbetrags, insoweit Wertsteigerungen in der Zeitspanne angefallen sind, in denen auf Anteilsebene kein Besteuerungsrecht bestand (so auch *Mayr*, RdW 2013/430, 431 f).

Schwieriger ist die Frage bei einer **Beschränkung des Besteuerungsrechts der Höhe nach** zu beantworten. Hier liegt vor Umwandlung zwar eine Beschränkung des Besteuerungsrechts vor, jedoch sind alle stillen Reserven in Österreich (wenn auch mit einem reduzierten Steuersatz) steuerhängig. **Rechtspolitisch** könnte diesem Umstand uU durch **Anwendung eines anderen Steuersatzes** (Kombination aus Körperschaftsteuersatz und anwendbarer Steuersatz auf Anteilsinhaberebene) auf die alten stillen Reserven Rechnung getragen werden. Auch eine derartige Vorgangsweise würde jedoch den **systematischen Fehler beinhalten**, dass die stillen Reserven auf Gesellschaftsebene idR nicht mit jenen auf Anteilsinhaberebene übereinstimmen werden (zB bei Erwerb der Anteile an einer Gesellschaft, die im Erwerbszeitpunkt bereits stille Reserven angesammelt hat). Im Gegensatz dazu scheint die mögliche Berücksichtigung der **teilweisen Einschränkung** des Besteuerungsrechts über eine Feststellung der stillen Reserven **insoweit** (dh im Verhältnis des vollen anwendbaren Steuersatzes zum unter Berücksichtigung des DBA anwendbaren Steuersatzes) möglich, da die Höhe hier unter Berücksichtigung der Erweiterung des Steuersatzes auf die stillen Reserven in den Anteilen möglich wäre. Hierdurch würde eine endgültige Loslösung von stillen Reserven in einzelnen Wirtschaftsgütern des übertragenen Vermögens erfolgen (vgl weiterführend zur Einschränkung des Besteuerungsrechts bei Beschränkung des Steuersatzes § 1 Rz 81). Somit bleibt dieser Fall wohl rechtspolitisch durch den Gesetzgeber zu klären.

72

cc) Auslandsumwandlungen

Daneben stellt sich die Frage, ob auch **Auslandsumwandlungen** zu einer Anwendung von § 9 Abs 1 Z 3 TS 3 führen können. Wird eine **ausländische Körperschaft**, die über eine **Betriebsstätte** (oder andere steuerpflichtige Einkommenstangenten) **in Österreich** verfügt, umgewandelt, kann es zur selben Thematik wie bei Inlandsumwandlungen kommen. Auch bei einer ausländischen umwandelnden Gesellschaft mit ausländischen Gesellschaftern hatte Österreich vor der Umwandlung kein Besteuerungsrecht auf Anteilsinhaberebene. Und aufgrund des Betriebsstättenprinzips und der Transparenz der (ausländischen) Personengesellschaft kann Österreich nach der Umwandlung das Besteuerungsrecht bis auf die Ebene der Anteile an der Personengesellschaft ausüben. Auch in diesem Fall ist daher ein Besteuerungsrecht an den Anteilen an der *durch eine errichtende Umwandlung entstandenen Personengesellschaft* entstanden. Auch diese Umwandlungen fallen daher **in den Anwendungsbereich** von § 9 Abs 1 Z 3 TS 3 (vgl auch *Nekrasov* in *Kirchmayr/Mayr*, Umgründungen 57). Dies gilt auch, wenn die österreichische Betriebsstätte durch die Beteiligung an einer österreichischen Personengesellschaft vermittelt wird. Auch in diesem Fall führt die Umwandlung aufgrund der Transparenz der Personengesellschaften dazu, dass das Besteuerungsrecht an den Anteilen der aus der errichtenden Umwandlung entstehenden (ausländischen) Personengesellschaft entsteht (vgl auch *Andreaus/Hristov*, taxlex 2012, 97).

72a

dd) Natürliche Personen als Rechtsnachfolger

Im Vergleich zur Regelung vor dem BudBG 2012 ist in § 9 Abs 1 Z 3 TS 3 auf Ebene der **Anwendungsvoraussetzungen** die Beschränkung der Rechtsfolgen (vgl Rz 77 ff) auf **natürliche Personen** als Rechtsnachfolger hinzugekommen (vgl auch *Hofbauer-Steffel/Zeitlinger*, RdW 2012/248, 249). Dies entspricht der **Zielsetzung**

73

(BudBG 2012; RV 1494 BlgNR 24. GP, 15; vgl auch Rz 57), da bei Körperschaften als Rechtsnachfolgern auch nach der Umwandlung der Körperschaftsteuersatz anwendbar ist und es somit zu keiner Erweiterung der Steuerlast bei bereits bestehenden stillen Reserven kommt (vgl auch *Mayr*, RdW 2012/64, 60). Bei Körperschaften bedarf es daher nach Ansicht des Gesetzgebers offenbar keiner entsprechenden Vorsorge. Eine subsidiäre Anwendung von § 9 Abs 1 Z 3 TS 1, der zu einem Ergebnis entsprechend § 9 Abs 1 Z 3 TS 3 idF vor BudBG 2012 (vgl dazu 1. Aufl § 9 Rz 54 ff) führt, ist mE sowohl aufgrund des bilanzbündeltheoretischen Fehlens eines vom anteiligen Vermögen unabhängigen Wirtschaftsguts ‚Mitunternehmeranteil' als auch aufgrund der Zielsetzung der Neuregelung ausgeschlossen (vgl auch zu diesem Ergebnis kommend *Wiesner/Schwarzinger*, SWK 2014, 612).

74 **Stellungnahme.** Die Einschränkung des Anwendungsbereichs auf natürliche Personen dient dabei wohl auch der **Verhinderung von Gestaltungsmöglichkeiten**, die sich bei **Anwendung** der alten Regelung **auf Körperschaften** als Rechtsnachfolger ergaben (vgl 1. Aufl Rz 63). Angesichts der Änderung der Rechtsfolge (vgl Rz 77 ff) wären diese Gestaltungsmöglichkeiten wohl bereits auf Rechtsfolgenebene unterbunden worden.

75 § 9 Abs 1 Z 3 TS 3 S 1 ist anwendbar, wenn **natürliche Personen** Rechtsnachfolger der Kapitalgesellschaft bei einer Umwandlung sind. Dies könnte als eine Einschränkung auf Umwandlungen interpretiert werden, bei denen ausschließlich natürliche Personen als Rechtsnachfolger auftreten. Eine solche Interpretation würde jedoch bei allen Umwandlungen, bei denen auch eine Körperschaft Rechtsnachfolger ist, der Zielsetzung der Norm (BudBG 2012; RV 1494 AB 1500 BlgNR 24. GP, 15; vgl auch Rz 57) nicht zum Durchbruch verhelfen. Auch wäre eine derartige Auslegung aus Sicht der offenbar abzuwehrenden Gestaltungen (vgl 1. Aufl Rz 61 ff) überschießend. Die Voraussetzung ist daher als *insoweit*-Voraussetzung zu verstehen. Die Rechtsfolge kommt daher **auf alle** Rechtsnachfolger von errichtenden Umwandlungen zur Anwendung, die **natürliche Personen** sind, **auch wenn** aufgrund derselben Umwandlung neben natürlichen Personen **auch Körperschaften Rechtsnachfolger** der umwandelnden Kapitalgesellschaft **sind**. Auf Körperschaften, die bei diesen Umwandlungen Rechtsnachfolger (vgl § 7 Rz 226 ff) sind, kommt § 9 Abs 1 Z 3 TS 3 nicht zur Anwendung.

76 Die Regel ist dabei nur auf jene natürlichen Personen als Rechtsnachfolger anwendbar, bei denen vor der Umwandlung kein Besteuerungsrecht an den Kapitalanteilen bestand. Waren **vor der Umwandlung** natürliche Personen an der Kapitalgesellschaft beteiligt, bei denen **Österreich das Besteuerungsrecht an den Kapitalanteilen** zustand (zB ansässige Gesellschafter und nicht ansässige Gesellschafter, bei denen das österreichische Besteuerungsrecht nicht durch ein anwendbares DBA eingeschränkt war), kommt **§ 9 Abs 1 Z 3 TS 3 insoweit nicht zur Anwendung**.

ee) Besteuerung im Ausland

76a § 9 Abs 1 Z 3 TS 3 stellt damit eine **Regelung zur Abgrenzung des österreichischen Besteuerungsrechts** dar. Die Anwendung ist daher **unabhängig** von der Anwendung einer sofortigen, in Raten zu zahlenden, aufgeschobenen (oder anderen) **Besteuerung im Ansässigkeitsstaat** der Gesellschafter (vgl auch *Andreaus/Hristov*, taxlex 2012, 96).

b) Rechtsfolge
aa) Feststellung der stillen Reserven

Kommt § 9 Abs 1 Z 3 TS 3 zur Anwendung, bedeutet dies, dass die **stillen Reserven** 77 (Unterschiedsbetrag zwischen Buchwert und gemeinem Wert der Anteile [nach Ansicht der FV Anteile an der Personengesellschaft]; vgl auch UmgrStR Rz 496; s auch *Schwarzinger/Wiesner* I/1³ 927), die in der Kapitalgesellschaft angesammelt wurden, **zum Umwandlungsstichtag festgestellt** werden (vgl auch *Mayr*, RdW 2013/430, 431). Die stillen Reserven (vgl *Hofbauer-Steffel/Zeitlinger*, RdW 2012/248, 250 zur Frage eines negativen Unterschiedsbetrags) werden evident gehalten, um **bei Realisierung mit 25 %** (somit mit jenem Steuersatz, der auf Ebene der Körperschaft anwendbar war und mit dem die stillen Reserven daher vor der Umwandlung steuerhängig waren; UmgrStR Rz 496; vgl auch *Althuber*, ZUS 2012/3, 7; *Hirschler*, taxlex 2012, 93; *Andreaus/Hristov*, taxlex 2012, 96; *Hofbauer-Steffel/Zeitlinger*, RdW 2012/248, 248 f; *Mayr*, RdW 2012/64, 60; *Payerer/Sylle*, ÖStZ 2012/325, 230; *Schwarzinger/Wiesner* I/1³ 927; *Mayr*, RdW 2013/430, 431) versteuert zu werden (vgl auch *Marschner/Puchinger*, FJ 2012, 3; *Mayr*, RdW 2012, 60; *Mayr* in *D/R* I¹⁰ Tz 1156; *Sylle*, ÖStZ 2012/9, 15; *Zöchling* in *W/Z/H/K*⁵ § 9 Rz 16). Insoweit die realisierten stillen Reserven höher als jene zum Umwandlungsstichtag sind, erfolgt eine Besteuerung (des übersteigenden Betrags) mit dem progressiven Steuersatz (vgl auch *Mayr*, RdW 2012/64, 60; *Payerer/Sylle*, ÖStZ 2012/325, 229 f). Da sich bei Realisierung (durch andere Begünstigungen) auch geringere Steuerbelastungen ergeben können, wurde in der Literatur die rechtspolitische Forderung nach einer Optionsmöglichkeit zur Regelbesteuerung aufgebracht (*Andreaus/Hristov*, taxlex 2012, 96 f).

Stellungnahme. Zur Ermittlung des Unterschiedsbetrags ist mE auf den **Buchwert** 78 **auf Ebene der umwandelnden Kapitalgesellschaft** abzustellen (so auch *Hofbauer-Steffel/Zeitlinger*, RdW 2012/248, 249 f). Mangels Besteuerungsrecht auf Ebene der Anteilsinhaber (vgl Rz 68 ff zur Anwendungsvoraussetzung) bestehen keine steuerlichen Buchwerte (oder Anschaffungskosten) der Kapitalanteile (die aufgrund des Abstellens auf den Stichtag relevant sein müssen) für Zwecke des österreichischen Steuerrechts. Auch ist teleologisch auf die in der umwandelnden Kapitalgesellschaft bestehenden stillen Reserven abzustellen (vgl Rz 77), die weiterhin mit 25 % besteuert werden sollen (s auch *Mayr*, RdW 2012, 60). Der Gesetzeswortlaut scheint jedoch auf die stillen Reserven in den Anteilen abzustellen (vgl auch kritisch *Hofbauer-Steffel/Zeitlinger*, RdW 2012/248, 249; nach Ansicht der FV offenbar die stillen Reserven in den – am Umwandlungsstichtag noch nicht bestehenden – Anteilen an der Personengesellschaften und somit im Vermögen – UmgrStR Rz 496; s auch *Mayr*, RdW 2013/430, 431).

Konsequent wäre das Einfrieren der Besteuerung dieser stillen Reserven mit 25 % 79 zu verwirklichen, wenn auch die **gemeinen Werte der Wirtschaftsgüter in der Kapitalgesellschaft** zur Berechnung des Unterschiedsbetrags herangezogen würden. Hierdurch wären die stillen Reserven in den Wirtschaftsgütern zur späteren Besteuerung mit 25 % festgehalten. Die Anteilsebene, an der vor Umwandlung kein Besteuerungsrecht bestand, würde somit nicht in die Ermittlung einfließen. Der **Gesetzeswortlaut** führt jedoch zu einer systematisch fragwürdigen **Verknüpfung** der beiden **Besteuerungsebenen Kapitalgesellschaft und Anteilsinhaber**. Dies kann zu einer Vereinfachung führen, als nicht die gemeinen Werte der einzelnen Wirtschaftsgüter (sondern nur jener des Anteils) ermittelt werden müssen.

79a Die FV versucht den Wortlaut der Norm mit der Zielsetzung zu vereinigen, indem die stillen Reserven in den **Anteilen an der Personengesellschaft**, die aus der errichtenden Umwandlung entsteht, erfasst und später einer Besteuerung mit 25 % unterworfen werden sollen (UmgrStR Rz 496; vgl auch *Mayr*, RdW 2013/430, 431). Telelogisch ist diese Interpretation zu begrüßen. Der Gesetzeswortlaut drängt diese Interpretation jedoch nicht auf. Nach § 9 Abs 1 Z 3 TS 3 sind die stillen Reserven am Umwandlungsstichtag zu erfassen. Am Umwandlungsstichtag existiert (auch unter Berücksichtigung der Rückwirkungsfiktion) die Kapitalgesellschaft noch. Die Personengesellschaft entsteht erst mit Beginn des Folgetages. Am Umwandlungsstichtag können daher streng genommen keine stillen Reserven in den Anteilen an der Personengesellschaft erfasst werden. Daher ist wohl rechtspolitisch der Gesetzgeber aufgefordert, den Wortlaut anzupassen, um Rechtssicherheit zu schaffen und die von der FV gewählte Interpretation stärker im Wortlaut zu verankern oder eine andere der Zielsetzung entsprechende Regelung zu schaffen. Bis dahin stellt UmgrStR Rz 496 den Versuch dar, das Ergebnis mittels teleologischer Interpretation zu erreichen.

bb) Besteuerung

80 Die festgestellten stillen Reserven sind (auch zukünftig) mit dem (eingefrorenen) **Steuersatz von 25 %** zu besteuern (vgl auch *Wiesner/Schwarzinger*, SWK 2014, 612). Dieser Steuersatz greift wiederum (wie bei § 9 Abs 1 Z 3 TS 3 idF vor BudBG 2012 – vgl 1. Aufl Rz 60) **erst bei Veräußerung des Mitunternehmeranteils** (vgl auch *Walter*[11] Rz 225 f; *Nekrasov* in *Kirchmayr/Mayr*, Umgründungen 57; *Zöchling* in *W/Z/H/K*[5] § 9 Rz 16). Die Veräußerung der Wirtschaftsgüter vor Veräußerung des Mitunternehmeranteils unterliegt der Besteuerung zum gewöhnlichen Tarif (vgl auch *Mayr*, RdW 2012, 60). Dadurch entsteht das Problem, dass bei Verkauf von Wirtschaftsgütern mit (signifikanten) stillen Reserven durch die Mitunternehmerschaft vor Veräußerung des Anteils an der Mitunternehmerschaft, der schlussendlich verbleibende Veräußerungsgewinn geringer sein kann, als der bei Umwandlung festgestellte Unterschiedsbetrag. Der Steuersatz von 25 % ist auch auf andere (nach der Umwandlung entstandene) stille Reserven anzuwenden, soweit die ursprünglichen stillen Reserven bereits vorzeitig realisiert wurden und daher neue stille Reserven im ermittelten Unterschiedsbetrag Platz finden (s auch *Mayr*, RdW 2012, 60). Die betragsmäßige Beschränkung ist daher eine abstrakte Beschränkung der Höhe nach und stellt nicht darauf ab, dass bei Verkauf des Mitunternehmeranteils noch die konkreten Wirtschaftsgüter und/oder stille Reserven vom Umwandlungsstichtag vorliegen. Ist der **Veräußerungsgewinn geringer als der ursprüngliche Unterschiedsbetrag, kann** der **Wortlaut** der Norm (arg „*ist der Unterschiedsbetrag […] bei einer späteren Realisierung der Anteile […] mit einem besonderen Steuersatz von 25 % zu besteuern*") **nicht erfüllt** werden, da kein ausreichender Veräußerungsgewinn vorliegt. Es verbleibt diesfalls nur der niedrigere Veräußerungsgewinn als mit 25 % zu versteuern (*Mayr*, RdW 2012, 60). Damit wird **auch** die **Zielsetzung** der Norm **nicht erfüllt**, da somit nicht der gesamte Betrag der stillen Reserven, die in der Kapitalgesellschaft angesammelt wurden, mit 25 % besteuert wird.

80a Der festgestellte Unterschiedsbetrag stellt somit den Maximalbetrag dar, der bei Realisierung dem Steuersatz von 25 % unterliegt (**betragsmäßige Beschränkung** – so auch *Mayr*, RdW 2012, 60). Telelogisch ist § 9 Abs 1 Z 3 TS 3 daher nicht so auszulegen, dass bei Veräußerung jedenfalls die bei Umwandlung festgestellten stillen Reserven zu versteuern sind (vgl kritisch zum Wortlaut, der als eine **betragsmäßige Festsetzung** gelesen werden könnte *Hofbauer-Steffel/Zeitlinger*, RdW 2012/248, 250). Konsequenterweise müsste eine derartige betragsmäßige Festsetzung dazu führen, dass bei der Veräußerung ein (mit dem Regeltarif zu besteuernder) Verlust entstünde. ME würde eine derartige betragsmäßige Festsetzung die Probleme der Überbesteuerung verstärken (während es bei der betragsmäßigen Beschränkung zu einer Überbesteuerung von Gewinnanteilen mit dem Regelsteuersatz kommen kann [vgl Rz 80], würde die betragsmäßige Festsetzung zu einer Erfassung zu hoher Gewinne führen, die nur dann ausgeglichen wird, wenn im Veräußerungsjahr [oder bei übergreifender Betrachtung durch Verlustvortrag in Folgeperioden] ausreichend andere – mit dem Regelsteuersatz – steuerpflichtige Einkünfte vorhanden sind, gegen die ein Veräußerungsverlust verrechnet werden kann) und ist daher teleologisch abzulehnen.

Stellungnahme. In § 9 Abs 1 Z 3 TS 3 idgF scheint die Anwendung der Rechtsfolge (dh die Besteuerung mit 25 %) erst im Zeitpunkt der Veräußerung des Mitunternehmeranteils noch fragwürdiger als idF vor BudBG 2012. IdF vor BudBG 2012 sollte die Regelung dazu führen, dass alte stille Reserven in den Anteilen nicht steuerhängig werden sollten. Hieraus könnte man das Abstellen auf die Realisierung der Anteile ableiten (vgl allerdings zur Kritik 1. Aufl Rz 60). IdgF soll die Norm dazu führen, dass stille Reserven, die **auf Ebene der Kapitalgesellschaft angesammelt** wurden, **weiterhin** mit dem **für Kapitalgesellschaften geltenden Steuersatz besteuert** werden (vgl auch *Zöchling* in *W/Z/H/K*[5] § 9 Rz 16). Die Anteilsinhaberebene ist dabei nur mehr insoweit relevant, als sie aufgrund der Erhöhung der Steuerbelastung in die Anwendungsvoraussetzung einfließt. Um das **Ziel** der Sicherung der Besteuerung jener stiller Reserven, die im Umwandlungszeitpunkt bestanden haben, mit 25 % **zu gewährleisten**, müsste **auf die einzelnen Wirtschaftsgüter** und auf den **Zeitpunkt deren Realisierung abgestellt** werden. Hierfür wäre (rechtspolitisch) de lege ferenda für alte stille Reserven ein System entsprechend § 6 Z 2 lit c EStG (vgl dazu *Jakom*[10]*/Laudacher* § 6 Rz 95) vorzusehen (vgl auch die entsprechende Kritik bei *Zöchling* in *W/Z/H/K*[5] § 9 Rz 16). Wertänderungen nach Umwandlung wären entsprechend den allgemeinen Regeln zu versteuern.

81

Stattdessen stellt § 9 Abs 1 Z 3 TS 3 idgF **systemwidrig** auf die **Realisierung des (Mitunternehmer-)Anteils** ab. Damit wird jedoch nicht auf jene Ebene abgestellt, die zuvor steuerhängig war und deshalb weiterhin mit demselben Steuersatz besteuert werden soll. Stattdessen wird auf jene Ebene abgestellt, die zuvor gar nicht steuerhängig war. Auf diese Ebene kommt der Steuersatz, der früher auf Ebene der Kapitalgesellschaft anwendbar war, zur Anwendung und nicht jener, der auf Anteilsebene (fiktiv) anzuwenden gewesen wäre (vgl auch *Mayr*, RdW 2012, 60, dass der 25%ige Steuersatz eine Fortschreibung des KSt-Steuersatzes darstellen soll). Gleichzeitig erfolgt damit ein Abstellen auf einen Vermögensteil (Mitunternehmeranteil), der kein Wirtschaftsgut, sondern ein Bilanzbündel darstellt (vgl auch 1. Aufl § 9 Rz 60 zum Problem, dass dadurch auch die Gefahr besteht, dass der Gesetzeszweck – die Besteuerung stiller Reserven in entsprechender Höhe mit dem begünstigten Steuersatz – vereitelt werden kann).

82

Mit der Änderung von § 9 Abs 1 Z 3 TS 3 wurde auch erreicht, dass alte stille Reserven jedenfalls mit 25 % steuerhängig bleiben. Zu einer **gänzlichen Entsteuerung** alter stiller Reserven, die früher durch die Berücksichtigung des Unterschiedsbetrags als Posten in der Ergänzungsbilanz, der bei der Realisierung ver-

83

rechnet werden konnte (vgl 1. Aufl § 9 Rz 62), möglich war, **kann es** durch § 9 Abs 1 Z 3 TS 3 idgF **nicht mehr kommen** (s auch *Mayr*, RdW 2012, 60).

83a Scheidet nach einer **errichtenden Umwandlung** der vorletzte Gesellschafter aus der Gesellschaft aus, **wächst** die Personengesellschaft gem § 142 UGB **auf den letzten** (verbleibenden) **Gesellschafter** an. Dies stellt (für den verbleibenden Gesellschafter) keine Veräußerung des Mitunternehmeranteils dar. Der Gesellschafter hat den (auf seinen Anteil entfallenden) Unterschiedsbetrag weiterhin evident zu halten und für den verbliebenen Betrieb fortzuführen (*Walter*[11] Rz 225h). Die Berücksichtigung erfolgt in diesem Fall analog zum Fall einer verschmelzenden Umwandlung (vgl dazu Rz 84 f).

3. Verschmelzende Umwandlung

84 Seit dem BudBG 2012 ist gem § 9 Abs 1 Z 3 TS 3 S 2 auch eine **sinngemäße Anwendung** der Regel auf verschmelzende Umwandlungen vorgesehen (s auch *Marschner/Puchinger*, FJ 2012, 3; *Zöchling* in *W/Z/H/K*[5] § 9 Rz 16). Bestand daher vor der verschmelzenden Umwandlung **kein** (oder ein **beschränktes**) **österreichisches Besteuerungsrecht an** den **Anteilen** an der Kapitalgesellschaft (vgl dazu Rz 68 ff) und erfolgt die Umwandlung auf eine **natürliche Person** (vgl dazu Rz 73 ff) als **Rechtsnachfolger** (vgl § 7 Rz 226 ff), käme es dadurch zu einer höheren Steuerlast auf bereits bestehende stille Reserven. Die **bestehenden stillen Reserven** (vgl Rz 77 ff) sind daher festzustellen und **bei Realisierung mit 25 %** zu besteuern.

85 Auch hier stellt sich die Frage, in welchem **Zeitpunkt** eine Realisierung vorliegt, die zu einer **Anwendung des Steuersatzes von 25 %** führt (vgl auch *Kirchmayr/Wellinger* in *Kirchmayr/Mayr*, Umgründungen 64). Entsprechend der Zielsetzung wäre mE systematisch eine Anwendung bei Realisierung der stillen Reserven der einzelnen Wirtschaftsgüter geboten (vgl Rz 81). Dem widersprechend sieht der Wortlaut von § 9 Abs 1 Z 3 TS 3 S 1 jedoch eine Anwendung des Steuersatzes von 25 % erst bei Veräußerung der Mitunternehmeranteile vor (vgl Rz 82). Eine sinngemäße Anwendung wird wohl auch bei verschmelzenden Umwandlungen eine Anwendung des Steuersatzes von 25 % auf Erträge aus der laufenden Veräußerung einzelner Wirtschaftsgüter der zurückbleibenden Betriebsstätte nicht ermöglichen (vgl auch *Schwarzinger/Wiesner* I/1[3] 1085). Da an der verbleibenden Betriebsstätte keine Anteile bestehen, kann auch nicht auf die Realisierung der Anteile (an der österreichischen Betriebsstätte) abgestellt werden. In Analogie wird daher (mE systemwidrig – vgl Rz 81) auf die Realisierung der (stillen Reserven in der) gesamten Betriebsstätte – somit insb auf **Veräußerung oder Schließung der fraglichen Betriebsstätte** – abzustellen sein (vgl auch *Schwarzinger/Wiesner* I/1[3] 1085; *Nekrasov* in *Kirchmayr/Mayr*, Umgründungen 57).

V. Buchgewinne und -verluste
A. Übernahme Vermögen

91 Durch die Umwandlung übernimmt der Rechtsnachfolger Vermögen der umwandelnden Kapitalgesellschaft. Bei der **verschmelzenden Umwandlung** übernimmt der Rechtsnachfolger das **gesamte Vermögen** der übertragenden Kapitalgesellschaft mit den **steuerlichen Buchwerten** (vgl zu unternehmensrechtlichen Ansatzmöglichkeiten Rz 16 ff). Als Nettoposition verbleibt dem Rechtsnachfolger somit als Vermögenszugang das **steuerliche Eigenkapital**. Dem steht als Vermögensabgang der steuerliche **Buchwert der Beteiligung** an der umwandelnden Kapitalgesellschaft gegenüber (vgl auch *Hirschler* in *H/M/H* § 9 Rz 3). Der sich daraus ergebende **Buchgewinn oder -verlust** ist grundsätzlich **steuerneutral** (vgl *Keppert/ Waitz-Ramsauer* in *W/H/M*, HdU II[8] § 9 Rz 25; *Hirschler* in *H/M/H* § 9 Rz 5; *Zöchling* in *W/Z/H/K*[5] § 9 Rz 17). Dh Buchgewinne sind nicht steuerpflichtig, Buchverluste nicht abzugsfähig.

Entsprechend übernimmt der Rechtsnachfolger bei **errichtenden Umwandlungen** aufgrund des Transparenzprinzips aus steuerlicher Sicht (spiegelbildlich) das **anteilige Eigenkapital** der Mitunternehmerschaft zu steuerlichen Buchwerten (vgl Rz 18 zum unternehmensrechtlichen Bilanzansatz; sowie zur Unmöglichkeit von unternehmensrechtlichen Gewinnen bei errichtenden Umwandlungen auf Ebene der Personengesellschaft *Zöchling* in *W/Z/H/K*[5] § 9 Rz 17). Im Gegenzug fällt die **Beteiligung an der Kapitalgesellschaft** weg. Auch hier ergibt sich ein **steuerneutraler Buchgewinn oder Buchverlust** auf Ebene der Mitunternehmer (vgl auch *Keppert/Waitz-Ramsauer* in *W/H/M*, HdU II[8] § 9 Rz 25; *Hirschler* in *H/M/H* § 9 Rz 4 f; *Zöchling* in *W/Z/H/K*[5] § 9 Rz 17; vgl auch *Schwarzinger/Wiesner* I/1[3] 677). Die Steuerneutralität gilt auch für **Minderheitsgesellschafter**, die iRd errichtenden Umwandlung **beitreten** (UmgrStR Rz 529). 92

Die **steuerliche Buchwertfortführung** greift **unabhängig vom unternehmensrechtlich** gewählten **Wertansatz** (vgl *Zöchling* in *W/Z/H/K*[5] § 9 Rz 3; *Walter*[11] Rz 244). Wird unternehmensrechtlich ein **abweichender Ansatz** gewählt (zB beizulegender Wert, Aktivierung eines Umgründungsmehrwerts und Firmenwerts), sind spätere unternehmensrechtlich höhere Aufwendungen (Abschreibungen, Buchwertabgang) in der **Mehr-Weniger-Rechnung** zu korrigieren (vgl *Walter*[11] Rz 249). 93

Der sich ergebende Buchgewinn oder -verlust ist gem § 9 Abs 2 bei den Rechtsnachfolgern für steuerliche Zwecke **steuerneutral** (vgl *Walter*[11] Rz 248). Die Steuerneutralität greift **unabhängig von der unternehmensrechtlichen Behandlung** (UmgrStR Rz 501; vgl weiterführend zur Steuerneutralität der Buchgewinne und -verluste § 3 Rz 86 ff). Ein **Buchgewinn** oder **-verlust** ergibt sich nur bei Rechtsnachfolgern, die den Gewinn durch **doppelte Buchführung** ermitteln (*Hirschler* in *H/M/H* § 9 Rz 4). Die Steuerneutralität greift auch dann, wenn der **Rechtsnachfolger** die Einkünfte **nicht mittels doppelter Buchführung** ermittelt (UmgrStR Rz 529) und auch bei im **Privatvermögen** gehaltenen Beteiligungen (ErlRV AbgÄG 2004, 686 BlgBR 22. GP, 21; bereits BMF 3.11.1998, SWK 1998, 739; vgl *Keppert/Waitz-Ramsauer* in *W/H/M*, HdU II[8] § 9 Rz 28; *Walter*[11] Rz 250). 94

Scheiden Minderheitsgesellschafter iRd Umwandlung **aus**, steht diesen ein **Abfindungsanspruch** zu (vgl § 7 Rz 82). Für steuerliche Zwecke gilt der Anteil mit Eintragung der Umwandlung als veräußert (vgl § 11 Rz 12). Sinngemäßes gilt mE für Verschiebungen zwischen Anteilsinhabern im gesellschaftsrechtlich möglichen Ausmaß während der Umwandlung (vgl § 11 Rz 14). Bei den Rechtsnachfolgern, die Zahlungen leisten, **erhöhen** die Zahlungen die **Buchwerte** (Abfindender hält die Anteile im Betriebsvermögen) oder **Anschaffungskosten** (Abfindender hält die Anteile im Privatvermögen). Mit der Umwandlung übernehmen die Rechtsnachfolger (oder der Nachfolgerechtsträger bei verschmelzenden Umwandlungen auf Mitunternehmerschaften) die Vermögensgegenstände (verschmelzende Um- 95 wandlung) oder den Mitunternehmeranteil (errichtende Umwandlung). Es ergibt sich ein Buchgewinn oder -verlust. Die Abfindungszahlungen (und die dadurch geänderten Beteiligungsquoten iRd Übernahme) **gehen in** den **steuerneutralen Buchgewinn/-verlust ein** (vgl auch *Keppert/Waitz-Ramsauer* in *W/H/M*, HdU II[8] § 9 Rz 26; *Schwarzinger/Wiesner* I/1[3] 715).

B. Confusio

101 Kommt es durch Umwandlungen zum **Zusammenfallen von Forderungen und Verbindlichkeiten**, löschen sich diese gegenseitig aus (vgl auch *Keppert/Waitz-Ramsauer* in *W/H/M*, HdU II[8] § 9 Rz 31). Ein Confusiotatbestand wird verwirklicht. Beim Zusammenfallen von Gläubiger- und Schuldnerstellung kann es (insb bei Zusammenfallen wertberichtigter Forderungen mit Verbindlichkeiten, bei Untergang eines Optionsrechts oder bei Wegfall eines Rechts, wenn es mit der rechtsbegründenden Sache zusammenfällt – UmgrStR Rz 508; vgl auch *Keppert/Waitz-Ramsauer* in *W/H/M*, HdU II[8] § 9 Rz 31) zu **ertragswirksamen Folgen** kommen. Diese Unterschiedsbeträge sind – im Gegensatz zu steuerneutralen Buchgewinnen und -verlusten (vgl Rz 91 ff) – gem § 9 Abs 2 iVm § 3 Abs 3 **steuerwirksam** (vgl *Keppert/Waitz-Ramsauer* in *W/H/M*, HdU II[8] § 9 Rz 31; *Hirschler* in *H/M/H* § 9 Rz 7; *Zöchling* in *W/Z/H/K*[5] § 9 Rz 19; *Walter*[11] Rz 248; s weiterführend § 3 Rz 95 ff).

102 Der **steuerliche Begriff** der Confusio ist **weitergehend als** der **zivilrechtliche** (UmgrStR Rz 506). Steuerlich kommt es auch dann zu einer Confusio, wenn **zivilrechtlicher Rechtsnachfolger** eine **Mitunternehmerschaft** ist (insb verschmelzende Umwandlungen auf Personengesellschaften und errichtende Umwandlungen) und **Leistungsbeziehungen** zwischen Gesellschafter und Gesellschaft anschließend **nicht mehr steuerlich anerkannt werden**, sondern Teil der Gewinnverteilung darstellen (UmgrStR Rz 506; BMF 23.9.1996, RdW 1996, 566; vgl auch *Hirschler* in *H/M/H* § 9 Rz 7; *W/Z/H/K*[4] § 9 Rz 17 mwN; s zu den entsprechenden Leistungsbeziehungen *Jakom*[10]/*Vock* § 23 Rz 196 ff).

103 Steuerliche Confusio kann nur vorliegen, wenn auch der Rechtsnachfolger den Gewinn mittels doppelter Buchhaltung ermittelt (UmgrStR Rz 507; s auch *Keppert/Waitz-Ramsauer* in *W/H/M*, HdU II[8] § 9 Rz 31; *Hirschler* in *H/M/H* § 9 Rz 7). Wird der **Gewinn vom Rechtsnachfolger mittels Einnahmen-Ausgaben-Rechnung ermittelt**, sorgt die **Zu- und Abflussfiktion** des § 9 Abs 5 für eine entsprechende Rechtsfolge (vgl Rz 181 ff).

104 Verbleibt als Summe aller Confusiotatbestände ein **Gewinn**, erfolgt die **Versteuerung** beim Rechtsnachfolger grundsätzlich **im Wirtschaftsjahr**, das **nach dem Umwandlungsstichtag beginnt** (UmgrStR Rz 503; s auch *Keppert/Waitz-Ramsauer* in *W/H/M*, HdU II[8] § 9 Rz 33; *Hirschler* in *H/M/H* § 9 Rz 7; *Zöchling* in *W/Z/H/K*[5] § 9 Rz 19; *Walter*[11] Rz 248). Entspricht der Umwandlungsstichtag nicht dem Ende des Wirtschaftsjahres des Rechtsnachfolgers, kommt es zu einer späteren steuerlichen Berücksichtigung, da auch in diesem Fall die Berücksichtigung erst in jenem Wirtschaftsjahr erfolgt, das nach dem Umwandlungsstichtag beginnt (vgl auch die Beispiele in UmgrStR Rz 504). Ergibt sich aus den Confusiotatbeständen in Summe ein **Verlust**, ist dieser ebenfalls **im Folgejahr** zu berücksichtigen (UmgrStR Rz 505; vgl *Keppert/Waitz-Ramsauer* in *W/H/M*, HdU II[8] § 9 Rz 33; *Zöchling* in *W/Z/H/K*[5] § 9 Rz 19).

105 Confusiogewinne können (gemeinsam mit Gewinnen, die sich aus dem umwandlungsbedingten Wechsel der Gewinnermittlungsart [vgl dazu Rz 116 ff] ergeben) **auf Antrag** des Steuerpflichtigen gem § 9 Abs 3 S 3 **auf die drei Wirtschaftsjahre, die auf den Umwandlungsstichtag folgen, verteilt** werden (ErlRV StruktAnPG 1996, 20. GP 72 BlgNR, 281; UmgrStR Rz 504; vgl auch *Hirschler* in *H/M/H* § 9 Rz 8; *Zöchling* in *W/Z/H/K*[5] § 9 Rz 19; vgl weiterführend Rz 146). Bestehen nach einer Umwandlung **mehrere Rechtsnachfolger** (verschmelzende Umwandlung auf Mitunternehmerschaften und errichtende Umwandlungen – vgl § 7 Rz 227), ist jeder Rechtsnachfolger **für sich antragsberechtigt** (UmgrStR Rz 504; s auch *Keppert/ Waitz-Ramsauer* in *W/H/M*, HdU II[8] § 9 Rz 33; *Hirschler* in *H/M/H* § 9 Rz 8). Der Antrag eines Rechtsnachfolgers bindet andere Rechtnachfolger nicht.

C. Früher steuerwirksame Buchgewinne und -verluste

109 Aus Umwandlungen (und anderen Umgründungen) mit **Stichtag vor 1.1.1996** konnte eine **steuerwirksame Firmenwertabschreibung** resultieren (UmgrStR Rz 501 idF vor WE 2017; vgl ausführlich *Keppert/Waitz-Ramsauer* in *W/H/M*, HdU II[8] § 9 Rz 29; *Zöchling* in *W/Z/H/K*[5] § 9 Rz 18; auch Praxiswerte waren erfasst: *Aman*, ÖStZ 1995, 141), aus der noch verbleibende Dreißigstel steuerwirksam sein können (vgl dazu weiterführend § 3 Rz 105 f). Umwandlungen unterbrechen die Dreißigstelabschreibung nicht. Die **Abschreibung** ist **vom Rechtsnachfolger** (auch wenn dieser eine natürliche Person ist) **fortzuführen** (UmgrStR Rz 509 idF vor WE 2017; vgl auch *Keppert/Waitz-Ramsauer* in *W/H/M*, HdU II[8] § 9 Rz 29).

110 Früher konnten auf Beteiligungen an Kapitalgesellschaften gem § 12 EStG stille Reserven übertragen werden. Bei umwandlungsbedingtem Untergang der Beteiligung kam es zu einer **Aufdeckung der** in den fünf Jahren vor der Umwandlung **übertragenen stillen Reserven** (vgl *Keppert/Waitz-Ramsauer* in *W/H/M*, HdU II[8] § 9 Rz 30; *Hirschler* in *H/M/H* § 9 Rz 6; *Zöchling* in *W/Z/H/K*[5] § 9 Rz 18).

VI. Fremdfinanzierungskosten

111 Durch die Umwandlung geht die **Beteiligung** an der **Kapitalgesellschaft** unter. Stattdessen übernimmt bei verschmelzenden Umwandlungen der zivilrechtliche Rechtsnachfolger das Vermögen der übertragenden Kapitalgesellschaft. Bei errichtenden Umwandlungen wird die Beteiligung an der Kapitalgesellschaft durch eine Mitunternehmerbeteiligung ersetzt. **Anschaffungsbedingte Fremdfinanzierungskosten**, die aufgrund von § 20 Abs 2 EStG (vgl *Jakom*[10]/*Vock* § 20 Rz 93) oder § 12 Abs 2 KStG (vgl *Marchgraber/Plansky* in *L/R/S/S*[2] § 12 Rz 235 ff) **nicht abzugsfähig** waren, fehlt nach der Umwandlung der Bezug zum angeschafften Kapitalanteil (vgl auch *Briem* in FS Ruppe 84). Damit **greift das Abzugsverbot** gem § 20 Abs 2 EStG und § 12 Abs 2 KStG ab dem dem Umwandlungsstichtag folgenden Tag **nicht mehr** (BMF 19.7.1995, ecolex 1995, 845; BMF 9.10.2003, ÖStZ 2004/43, 64; vgl auch *Keppert/Waitz-Ramsauer* in *W/H/M*, HdU II[8] § 9 Rz 6; *Hirschler* in *H/M/ H* § 9 Rz 9; *Walter*[11] Rz 247a f; *Korntner*, FJ 2012, 384; *Schwarzinger/Wiesner* I/1[3] 857). Durch § 12 Abs 1 Z 9 KStG idF **AbgÄG 2014** kommt es jedoch für Zinsaufwand seit 1.3.2014 (bei Körperschaften als Rechtsnachfolgern) zu einem Abzugsverbot. Demnach greift ein Zinsabzugsverbot immer dann, wenn die Aufnahme des Fremdkapitals zur schädlichen Anschaffung einer Beteiligung (von konzernzugehörigen Unternehmen oder [in]direkt von beherrschenden Einfluss ausübenden Gesellschaftern) gedient hat und somit auch nach Untergang der Beteiligung durch eine Umwandlung (vgl auch *Walter*[11] Rz 247b).

112 Wurden die Kapitalanteile vor der Umwandlung im **Privatvermögen** gehalten ging die FV davon aus, dass sich die Verbindlichkeit auch nach Umwandlung im Privatvermögen befindet (BMF 9.10.2003, ÖStZ 2004/43, 64). Auch bei **errichtender Umwandlung** soll die Verbindlichkeit nicht dem **Sonderbetriebsvermögen** zuzuordnen sein (BMF 19.7.1995, SWK 1995, 669; BMF 9.10.2003, ÖStZ 2003/1055, 504 f). Die Zinsen sollen daher nicht abzugsfähig sein. ME stellt *Hirschler* jedoch zutr fest, dass bei errichtender Umwandlung einer Kapitalgesellschaft, deren Anteile vor Umwandlung im **Privatvermögen** gehalten wurden, die Finanzierungskosten zu Sonderbetriebsausgaben – und damit abzugsfähig – werden (*Hirschler* in H/M/H § 9 Rz 9). Dementsprechend sind mE auch Zinsen bei **verschmelzenden Umwandlungen** als Betriebsausgaben des übernommenen Betriebs abzugsfähig, selbst wenn die Beteiligung vor der Umwandlung im Privatvermögen gehalten wurde.

VII. Umwandlungsbedingter Wechsel der Gewinnermittlungsart

A. Änderung der Besteuerungsgrundsätze

116 Vor der Umwandlung hat die Kapitalgesellschaft den Gewinn gem § 5 EStG ermittelt (vgl *Jakom*[10]/*Marschner* § 5 Rz 20; *Naux* in L/R/S/S[2] § 7 Rz 193 f). Ist der **Rechtsnachfolger keine Kapitalgesellschaft**, kann nach der Umwandlung – sachverhaltsabhängig – auch **eine andere Gewinnermittlungsart** zur Anwendung kommen, wenn auch kein Antrag gem § 5 Abs 2 EStG gestellt wird (vgl auch UmgrStR Rz 510 f; KStR 2013 Rz 454; s weiters *Keppert/Waitz-Ramsauer* in W/H/M, HdU II[8] § 9 Rz 34; *Hirschler* in H/M/H § 9 Rz 10; *Zöchling* in W/Z/H/K[5] § 9 Rz 20; *Walter*[11] Rz 253) oder dies nicht möglich ist, weil keine gewerblichen (sondern andere betriebliche) Einkünfte vorliegen (vgl *Schwarzinger/Wiesner* I/1[3] 1059 zum Fall der Umwandlung einer GmbH mit land- und forstwirtschaftlichem Betrieb auf eine Privatstiftung; weiters *Reinold*, Immobilienertragsteuer 219).

B. Anwendbarkeit der einkommensteuerlichen Regelung

117 Bei einem Wechsel der Gewinnermittlungsart ist durch die Ermittlung eines **Übergangsgewinns** sicherzustellen, dass **Erträge und Betriebsausgaben nur einmal berücksichtigt** werden (UmgrStR Rz 512). Der Übergangsgewinn ist gem § 4 Abs 10 EStG (vgl auch *Keppert/Waitz-Ramsauer* in W/H/M, HdU II[8] § 9 Rz 34; *Hirschler* in H/M/H § 9 Rz 11; *Zöchling* in W/Z/H/K[5] § 9 Rz 20) durch Zu- und Abschläge zu ermitteln (vgl weiterführend *Jakom*[10]/*Marschner* § 4 Rz 396 ff).

118 Die **Bewertungsstetigkeit** gilt auch **für den Rechtsnachfolger**. Bei der Bewertung der meisten Bilanzpositionen kann sich daher keine Abweichung durch den Übergang auf § 4 Abs 1 EStG ergeben (vgl auch *Keppert/Waitz-Ramsauer* in W/H/M, HdU II[8] § 9 Rz 37; *Hirschler* in H/M/H § 9 Rz 11; *Walter*[11] Rz 258). Ein **Übergangsgewinn** ergibt sich bei dem Wechsel auf eine Gewinnermittlungsart gem § 4 EStG in Bezug auf **gewillkürtes Betriebsvermögen** (UmgrStR Rz 513; vgl ausführlich *Keppert/Waitz-Ramsauer* in W/H/M, HdU II[8] § 9 Rz 35; weiters *Hirschler* in H/M/H § 9 Rz 11; *Zöchling* in W/Z/H/K[5] § 9 Rz 23; *Walter*[11] Rz 257, vgl für Grundstücke zum Verbleiben im Regime des § 5 *Reinold*, Immobilienertragsteuer 193).

118a Besondere Regeln sind bei **Grund und Boden** zu beachten (vgl zur Rechtslage vor dem 1. StabG 2012 1. Aufl Rz 118). **Nicht** zum **notwendigen Betriebsvermögen** zählender **Grund und Boden** scheidet aus dem Betriebsvermögen aus (vgl auch *Schwarzinger/Wiesner* I/1³ 809). Nur insoweit die stillen Reserven anschließend dem besonderen Steuersatz gem § 30a Abs 3 iHv 30 % unterliegen, erfolgt die Entnahme zum Buchwert, andernfalls zum Teilwert (*Walter*[11] Rz 255). Am Ausscheiden (für steuerliche Zwecke) ändert auch ein möglicherweise weiterhin bestehendes zivilrechtliches Eigentum nichts (*Schwarzinger/Wiesner* I/1³ 811). Zum **notwendigen Betriebsvermögen** zählender **Grund und Boden** wird in die Gewinnermittlung gem § 4 Abs 1 überführt (*Walter*[1] Rz 256; *Schwarzinger/Wiesner* I/1³ 809; vgl auch *Zöchling* in *W/Z/H/K*[5] § 9 Rz 22).

Erfolgt eine Umstellung auf die Gewinnermittlung gem § 4 Abs 3 EStG, ergeben sich Unterschiede in der zeitlichen Erfassung. Doppel- oder Nichterfassungen von Betriebsein- und -ausgaben sind zu vermeiden, indem entsprechende **Zu- und Abschläge** in den Übergangsgewinn eingehen (UmgrStR 516; vgl *Keppert/Waitz-Ramsauer* in W/H/M, HdU II[8] § 9 Rz 38; *Hirschler* in H/M/H § 9 Rz 12; *Zöchling* in *W/Z/H/K*[5] § 9 Rz 25; *Walter*[11] Rz 261 f; weiterführend *Jakom*[10]/*Marschner* § 4 Rz 399). **119**

C. Umwandlungsbedingtes Ausscheiden von Wirtschaftsgütern

Für **gewillkürtes Betriebsvermögen** ist der Grund für die Besteuerung der stillen Reserven, dass bei §-4-Abs-1-Gewinnermittlern **kein gewillkürtes Betriebsvermögen bestehen kann** (UmgrStR Rz 514; vgl *Wolf*, taxlex 2007, 247 f; *Jakom*[10]/*Marschner* § 4 Rz 43). Gewillkürtes Betriebsvermögen scheidet daher beim (umwandlungsbedingten) Wechsel auf Gewinnermittlung gem § 4 Abs 1 am dem Umwandlungsstichtag folgenden Tag (*Walter*[11] Rz 257) aus dem Betriebsvermögen aus (vgl auch *Keppert/Waitz-Ramsauer* in W/H/M, HdU II[8] § 9 Rz 36; *Hirschler* in H/M/H § 9 Rz 11; *Wolf*, taxlex 2007, 248; *Hirschler* in FS Bertl 718; *Reinold*, Immobilienertragsteuer 194). Die stillen Reserven sind dabei zu versteuern (UmgrStR 514; vgl auch *Zöchling* in *W/Z/H/K*[5] § 9 Rz 23). **121**

Wie anderes gewillkürtes Betriebsvermögen scheidet auch **Grund und Boden** des gewillkürten Betriebsvermögens aus dem Betriebsvermögen aus (UmgrStR Rz 514; vgl auch *Keppert/Waitz-Ramsauer* in W/H/M HdU II[8] § 9 Rz 35; *Schwarzinger/Wiesner* I/1³ 809 ff; *Hilber*, ecolex 2013, 1105). Für Grund und Boden gelten die Grundsätze des § 30 EStG (somit abgesehen von gewissen Ausnahmen Entnahme zum Buchwert: UmgrStR Rz 524; vgl *Schwarzinger/Wiesner* I/1³ 961; *Reinold*, Immobilienertragsteuer 194). Bei umwandlungsbedingter Entnahme eines Grundstückes wird der Grund und Boden zum Buchwert (§ 6 Z 4 EStG 1988), das Gebäude steuerwirksam zum Teilwert (30 % oder wohl unter Anwendung der Regelbesteuerungsoption gem § 30a EStG 1988) entnommen (UmgrStR Rz 524; vgl auch *Schwarzinger/Wiesner* I/1³ 1205; *Zöchling* in *W/Z/H/K*[5] § 9 Rz 22; *Reinold*, Immobilienertragsteuer 194). Kommt es zu einem Verlust aus der Entnahme von Grundstücken, kommt nach *Reinold* die Begrenzung der Verlustnutzung gem § 6 Z 2 lit d EStG nicht zur Anwendung (die auch in der umwandelnden Kapitalgesellschaft nicht zur Anwendung käme), da § 6 Z 2 lit d Entnahmen nicht anspricht (*Reinold*, Immobilienertragsteuer 197 f). **121a**

Weiters kann die Umwandlung dazu führen, dass auch Vermögen, das **vor** der **Umwandlung notwendiges Betriebsvermögen** war, **zwangsweise** (selbst bei Beibehaltung der Gewinnermittlung gem § 5 Abs 1 EStG – vgl auch *Keppert/Waitz-* **122**

Ramsauer in *W/H/M*, HdU II[8] § 9 Rz 40) **aus** dem **Betriebsvermögen ausscheidet**. So kann Vermögen bei der Kapitalgesellschaft notwendiges Betriebsvermögen sein, seine Einstufung als notwendiges Betriebsvermögen durch die Umwandlung jedoch verlieren. **Nach Umwandlung** kann in diesem Fall auch **notwendiges Privatvermögen** vorliegen, was zu einem zwangsweisen Ausscheiden des Vermögens (auch bei Gewinnermittlung gem § 5 Abs 1) führt (vgl *Hirschler* in *H/M/H* § 9 Rz 16; vgl auch *Hirschler* in FS Bertl 719; *Reinold*, Immobilienertragsteuer 200).

123 Die UmgrStR führen als Beispiel für das Ausscheiden von Wirtschaftsgütern, die vor Umwandlung notwendiges Betriebsvermögen darstellten, eine Wohnung an, die zu fremdüblichen Konditionen an den Gesellschafter zu Wohnzwecken vermietet wird. Bei der Kapitalgesellschaft stellt sie notwendiges Betriebsvermögen dar. Bei einer verschmelzenden Umwandlung auf das Einzelunternehmen des Gesellschafters wird sie zu notwendigem Privatvermögen, da sie die **Privatwohnung des Unternehmers** ist (UmgrStR Rz 519; vgl auch *Schwarzinger/Wiesner* I/1[3] 811).

123a Besitzt die umzuwandelnde Gesellschaft **Vermögensteile**, die schon vor der Umwandlung **keinem Betrieb zuzuordnen** sind, und sind diese auch nach Umwandlung weiterhin keinem Betrieb zuzuordnen (zB mangels Anwendbarkeit der Fiktion eines allumfassenden Gewerbebetriebs beim Rechtsnachfolger gem § 7 Abs 3 KStG), scheiden auch diese Vermögensteile umwandlungsbedingt aus dem Betriebsvermögen aus (dem sie vor der Umwandlung gem § 7 Abs 3 KStG zuzuordnen waren). *Schwarzinger/Wiesner* führen als Beispiel den Fall der Umwandlung einer GmbH, die grundsätzlich vermögensverwaltend ist, jedoch eine Substanzbeteiligung an einer Mitunternehmerschaft hält, an (*Schwarzinger/Wiesner* I/1[3] 919). Die Mitunternehmerbeteiligung führt dazu, dass die umwandelnde Gesellschaft als betriebsführend gilt und Art II somit anwendbar ist (vgl § 7 Rz 136). Sonstiges Vermögen der umwandelnden Kapitalgesellschaft, das auch nicht als Sonderbetriebsvermögen der Mitunternehmerbeteiligung zuzuordnen ist, wird bei natürlichen Personen als Rechtsnachfolgern (vgl § 7 Rz 226 ff) zu außerbetrieblichem Vermögen. Folglich scheidet es umwandlungsbedingt aus dem Betriebsvermögen aus. Entsprechendes gilt bei der verschmelzenden Umwandlung einer Kapitalgesellschaft, die nicht zum Betrieb gehörende Anteile hält (*Schwarzinger/Wiesner* I/1[3] 1059).

124 Ausscheidendes Vermögen **scheidet mit Ablauf des Umwandlungsstichtags** (vgl § 8 Rz 58) **aus** dem **Betriebsvermögen aus** (somit am Folgetag – vgl zu Auswirkungen von Steuersatzänderungen am Beispiel der ImmoESt *Reinhold/Stückler*, ÖStZ 2015/902, 686). Der Ausscheidenszeitpunkt ist daher unabhängig davon, dass gewisse Vergütungen bis zum Untergang der Kapitalgesellschaft (vgl § 7 Rz 35, 56) mit steuerlicher Wirkung verrechnet werden können (§ 11 Rz 2 ff).

125 Stellt Vermögen, das für sich als **betriebliches Vermögen** qualifiziert (UmgrStR Rz 514: Mitunternehmeranteil) **gewillkürtes Vermögen** der Kapitalgesellschaft dar, verbleibt das Vermögen im betrieblichen Bereich. Mangels Entnahme in den außerbetrieblichen Bereich kommt es diesfalls zu keiner Besteuerung der stillen Reserven.

D. Umwandlungsbedingte Einlage von Wirtschaftsgütern

131 Durch die Umwandlung kann es nicht nur zum Ausscheiden, sondern auch zur Einlage von Wirtschaftsgütern in das Betriebsvermögen kommen. **Stellt** ein

Gesellschafter der **Kapitalgesellschaft Wirtschaftsgüter** (des Privatvermögens) **zur Verfügung** (zB Vermietung einer Liegenschaft; Einräumung eines Kredits), **führt** eine verschmelzende **Umwandlung** auf die natürliche Person **dazu, dass das Vermögen ins Betriebsvermögen übergeht** (vgl auch *Schwarzinger/Wiesner* I/1³ 957 ff; *Reinold*, Immobilienertragsteuer 202). Einlagen liegen nur insoweit vor, als die Wirtschaftsgüter nicht aufgrund von Confusio (vgl Rz 101 ff) oder der Vereinnahmungs- oder Verausgabungsfiktion (vgl Rz 181 ff) untergehen (*Hirschler* in H/M/H § 9 Rz 18). Bei einer errichtenden Umwandlung stellt das frühere Privatvermögen anschließend Sonderbetriebsvermögen dar (UmgrStR Rz 523). Entsprechendes hat mE bei einer verschmelzenden Umwandlung auf eine Personengesellschaft zu gelten, wenn das Vermögen durch einen Gesellschafter der Personengesellschaft vermietet wurde. Es liegt eine Einlage ins Betriebsvermögen vor. War das Vermögen zuvor im Privatvermögen, liegt somit eine **Einlage** gem § **6 Z 5 EStG** vor (vgl auch *Keppert/Waitz-Ramsauer* in W/H/M, HdU II⁸ § 9 Rz 35; *Schwarzinger/Wiesner* I/1³ 1213; *Hirschler* in FS Bertl 720 f; *Hirschler/Aumayr*, ÖStZ 2014/454, 301; s weiterführend Jakom¹⁰/*Laudacher* § 6 Rz 131 ff; vgl zu Grundstücken auch *Zöchling* in W/Z/H/K⁵ § 9 Rz 22; *Reinold*, Immobilienertragsteuer 202 ff). War das Vermögen zuvor zwar Teil eines Betriebsvermögens, jedoch die Beteiligung an der umwandelnden Gesellschaft nicht Teil dieses Betriebsvermögens, kann sich die Thematik der Übertragung von einem in ein anderes Betriebsvermögen ergeben (BMF 1.9.1998, SWK 1998, 609).

Genauso wie die Entnahme (vgl Rz 124) erfolgt die Einlage **mit Ablauf des Umwandlungsstichtags** (vgl UmgrStR Rz 525; vgl auch *Hirschler/Aumayr*, ÖStZ 2014/454, 301; *Reinold*, Immobilienertragsteuer 205). Die Rückwirkung greift wiederum unabhängig von der steuerlichen Anerkennung gewisser Leistungsbeziehungen bis zum Untergang der Kapitalgesellschaft (vgl § 11 Rz 2 ff). **132**

E. Sonstige umwandlungsbedingte Änderungen der Struktur

Der im Umwandlungszeitpunkt zu ermittelnde **Übergangsgewinn/-verlust** gem § 4 Abs 10 EStG **umfasst** dabei **auch sonstige Strukturänderungen**. Voraussetzung ist, dass die Strukturänderung **ertragswirksame Auswirkungen** hat. **136**

In Bezug auf **Bilanzpositionen** können sich derartige sonstige Änderungen regelmäßig in Bezug auf **Rückstellungen** für **Gesellschafter-Geschäftsführer** ergeben (vgl auch *Keppert/Waitz-Ramsauer* in W/H/M, HdU II⁸ § 9 Rz 41, *Hirschler* in H/M/H § 9 Rz 17). Nicht wesentlich beteiligte Gesellschafter-Geschäftsführer sind steuerlich vor Umwandlung als Dienstnehmer anerkannt und erzielen Einkünfte gem § 25 EStG (vgl Jakom¹⁰/*Lenneis* § 25 Rz 5). Für sie können in gewissem Ausmaß auch **Sozialkapitalrückstellungen** gem § 14 EStG gebildet werden (vgl EStR Rz 3334, 3372, 3378, 3391 ff; Jakom¹⁰/*Kanduth-Kristen* § 14 Rz 4, 47). Das Dienstverhältnis kann bis zum Untergang der Kapitalgesellschaft auch steuerwirksam fortgeführt werden (vgl § 11 Rz 2). Nach Erlöschen der Kapitalgesellschaft (somit im Bereich der Mitunternehmerschaft) ist jedoch eine steuerliche Anerkennung des Dienstverhältnisses mit dem Mitunternehmer nicht mehr möglich (vgl *Zöchling* in W/Z/H/K⁵ § 9 Rz 24; Jakom¹⁰/*Vock* § 23 Rz 196 ff). **Besteht** das **Dienstverhältnis** auch **arbeitsrechtlich** ab Umwandlung **nicht weiter** (auch nicht ruhend – zB wenn der Geschäftsführer nach der Umwandlung unbeschränkt haftender **137**

Gesellschafter einer Personengesellschaft ist [*Hirschler*, taxlex 2008, 86]), sind Abfertigungs- und Pensionsrückstellung **steuerwirksam aufzulösen** (UmgrStR Rz 526; war die Rückstellungsbildung nicht abzugsfähig, ist auch die Auflösung nicht steuerpflichtig – *Hirschler/Jost*, RdW 2000/539, 575). Der Auflösungsgewinn geht in den Übergangsgewinn ein. Bleibt das **Dienstverhältnis** arbeitsrechtlich **bestehen**, **unterbleibt** eine **Auflösung** der Rückstellungen (*Zöchling* in W/Z/H/K^5 § 9 Rz 24; vgl auch *Schwarzinger/Wiesner* I/1^3 813; s ausführlich auch zu den Möglichkeiten des Aufrechterhaltens des Dienstverhältnisses *Hirschler* in H/M/H § 9 Rz 17). Eine weitere steuerwirksame Dotierung der Rückstellung wird allerdings nicht anerkannt (vgl *Hirschler/Jost*, RdW 2000/539, 576); eine Inflationsanpassung nach der hA jedoch schon (*Keppert/Waitz-Ramsauer* in W/H/M, HdU II^8 § 11 Rz 5 mwN; *Hirschler*, taxlex 2008, 86).

138 Bei verschmelzenden Umwandlungen kann es zu einem **Zusammenfallen** des **Anspruchsberechtigten** (Gesellschafter-Geschäftsführer) **und Verpflichteten** (Betrieb der umwandelnden Kapitalgesellschaft) kommen. Folglich sind **steuerwirksam gebildete Rückstellungen aufzulösen** und gehen (lt UmgrStR Rz 527) in den Übergangsgewinn ein. Zu einer entsprechenden Konsequenz hätte uU bereits die Regel über Confusiogewinne (vgl Rz 101 ff) geführt.

139 Abhängig von der Beteiligungsquote kann vor der Umwandlung uU auch nur die Bildung einer **Pensionsrückstellung** möglich gewesen sein. Selbst bei einer **verschmelzenden Umwandlung** kann dabei die Pensionsforderung weiterbestehen. Dennoch ist nach *Keppert/Waitz-Ramsauer* die Pensionsrückstellung bei verschmelzender Umwandlung auf den Geschäftsführer steuerwirksam aufzulösen (*Keppert/Waitz-Ramsauer* in W/H/M, HdU II^8 § 9 Rz 43; vgl auch *Hirschler*, taxlex 2008, 86).

140 Durch die Umwandlung (auf ausländische Hauptgesellschafter) kann es auch dazu kommen, dass steuerwirksam gebildete **Haftrücklagen von Kreditinstituten** aufgelöst werden müssen. Auch die Auflösung von steuerwirksam gebildeten Haftrücklagen geht in den Übergangsgewinn ein (UFS 23.9.2003, RV/2174-W/02; BMF 26.9.2000, ecolex 2001, 78; *Zöchling* in W/Z/H/K^5 § 9 Rz 28).

F. Zeitpunkt Gewinn- und Verlustberücksichtigung

146 Ein Gesamtgewinn oder Saldo aus **Übergangsgewinnen** (inkl Gewinn aus dem **Ausscheiden von Wirtschaftsgütern** und **sonstigen Strukturänderungen**), ist so wie ein **Confusiogewinn** im **ersten** dem Stichtag folgenden **Wirtschaftsjahr** – entsprechend der Verwaltungspraxis somit im ersten Wirtschaftsjahr, das **nach** dem **Umwandlungsstichtag** beginnt (UmgrStR Rz 517) – zu berücksichtigen (vgl *Keppert/Waitz-Ramsauer* in W/H/M, HdU II^8 § 9 Rz 39; *Hirschler* in H/M/H § 9 Rz 13; *Zöchling* in W/Z/H/K^5 § 9 Rz 26; *Wolf*, taxlex 2007, 248; *Schwarzinger/Wiesner* I/1^3 813; *Reinold*, Immobilienertragsteuer 194), da der Wechsel mit Beginn des auf den Umwandlungsstichtag folgenden Tags erfolgt (EStR Rz 725). Auf **Antrag** kann der Übergangs- einschließlich des Confusiogewinn gem § 9 Abs 3 S 3 gleichmäßig auf die **drei** dem Umwandlungsstichtag **folgenden Wirtschaftsjahre** verteilt versteuert werden (vgl *Keppert/Waitz-Ramsauer* in W/H/M, HdU II^8 § 9 Rz 45; *Hirschler* in H/M/H § 9 Rz 13; *Zöchling* in W/Z/H/K^5 § 9 Rz 26; *Walter*^{11} Rz 259; *Wolf*, taxlex 2007, 248; *Schwarzinger/Wiesner* I/1^3 813; *Reinold*, Immobilienertragsteuer 195; nach *Zöchling* soll auch eine Ausübung der Option zur Verteilung von

Confusiogewinnen unabhängig von jenen der Übergangsgewinne möglich sein – Zöchling in W/Z/H/K⁵ § 9 Rz 19). Die Steuerneutralität für Buchgewinne kommt auf diese Gewinne nicht zur Anwendung (UFS 23.9.2003, RV/2174-W/02). Der **Antrag** auf Dreijahresverteilung ist **vom Rechtsnachfolger** zu stellen (vgl Zöchling in W/Z/H/K⁵ § 9 Rz 26). Bei **mehreren Rechtsnachfolgern** (vgl § 7 Rz 227) kann jeder Rechtsnachfolger **für sich** (getrennt von der Wahl der anderen Rechtsnachfolger) die **Option auf Verteilung** auf drei Jahre ausüben (vgl UmgrStR Rz 517; s auch *Keppert/Waitz-Ramsauer* in W/H/M, HdU II⁸ § 9 Rz 45; *Hirschler* in H/M/H § 9 Rz 13; *Schwarzinger/Wiesner* I/1³ 811; *Reinold*, Immobilienertragsteuer 195).

Gem § 9 Abs 3 iVm § 4 Abs 10 Z 1 EStG (vgl dazu Jakom¹⁰/*Marschner* § 4 Rz 413) sind **Übergangsverluste** wohl nicht gleichmäßig über **sieben Jahre** verteilt steuerlich abzusetzen, sondern uU wie bei Einbringungen (VwGH 17.12.2014, 2012/13/0126) im ersten Wirtschaftsjahr, das nach dem Umwandlungsstichtag endet (nicht erst in jenem, das danach beginnt), zu berücksichtigen (vgl *Walter*¹¹ Rz 259). Gegen eine Übertragbarkeit der sofortigen Abzugsfähigkeit der Verluste könnte allerdings vorgebracht werden, dass der Übergangsverlust bei Einbringungen beim Übertragenden, bei Umwandlungen jedoch beim Übernehmenden anfällt (vgl *Reinold*, Immobilienertragsteuer 197). Demnach käme die Verteilung auf sieben Jahre zur Anwendung. **147**

Liegt in Summe ein **Verlust** aus **Confusio** vor, kann dieser sofort abgesetzt werden (vgl Rz 104; s auch *Schwarzinger/Wiesner* I/1³ 813). Getrennt davon kann der Gesamtbetrag eines sich in Summe ergebenden **Übergangsgewinns** auf drei Jahre verteilt werden. Genauso sind **Übergangsverluste** auf sieben Jahre zu verteilen, auch wenn sich ein Confusiogewinn ergibt. Der **Confusiogewinn** ist dann im Folgejahr oder über Antrag in den drei Folgejahren der Besteuerung zu unterwerfen (*Keppert/Waitz-Ramsauer* in W/H/M, HdU II⁸ § 9 Rz 45). **148**

VIII. Internationale Schachtelbeteiligungen
A. Entstehung oder Erweiterung der Schachtelbeteiligung
1. Anwendungsvoraussetzungen
a) Entstehung

Durch die Umwandlung der Kapitalgesellschaft wird die **Beteiligung** (anteilig) den **Rechtsnachfolgern** (vgl § 7 Rz 226 ff) zugerechnet. Insoweit **Rechtsnachfolger** eine **§-7-Abs-3-Körperschaft** (vgl dazu *Naux* in L/R/S/S² § 7 Rz 82 ff) ist, **kann** auch bei dieser eine **internationale Schachtelbeteiligung vorliegen** (vgl zu den Anwendungsvoraussetzungen *Fürnsinn/Massoner* in L/R/S/S² § 10 Rz 57 ff). Da internationale Schachtelbeteiligungen auch bei indirektem Halten der Beteiligung durch eine Kapitalgesellschaft vorliegen, kann auch eine errichtende Umwandlung zum Entstehen einer internationalen Schachtelbeteiligung führen, wenn Kapitalgesellschaften Gesellschafter der Personengesellschaft sind (vgl auch *Zöchling* in W/Z/H/K⁵ § 9 Rz 29 FN 42; *Schwarzinger/Wiesner* I/1³ 1109). Dasselbe gilt für verschmelzende Umwandlungen auf eine Personengesellschaft als Hauptgesellschafter. **151**

Eine Schachtelbeteiligung kann nur dann *entstehen*, wenn **vor** der **Umwandlung weder bei** der **umwandelnden Kapitalgesellschaft noch** beim **Rechtsnachfolger** eine **Schachtelbeteiligung vorlag**. In diesem Fall entsteht die Schachtelbeteiligung, wenn durch die **Zusammenrechnung** der bereits vom Rechtsnachfolger gehaltenen Beteiligungsquote mit der aufgrund der Umwandlung (anteilig) zuzurechnen- **152** den Beteiligungsquote die in § 10 Abs 2 KStG vorgesehene **Beteiligungsquote von 10 % erreicht** wird (s auch *Hirschler* in *H/M/H* § 9 Rz 19; *Schwarzinger/Wiesner* I/1³ 1109; vgl weiterführend § 3 Rz 119 ff; s Rz 153 zur Frage einer Beteiligung, die im Umgründungszeitpunkt zwar die Beteiligungshöhe, nicht aber die Haltedauer erfüllt hat).

b) Werdende Schachtelbeteiligungen

153 Liegt bei der umwandelnden Kapitalgesellschaft eine **Beteiligung** von **mindestens 10 %** an einer ausländischen Kapitalgesellschaft vor, die vor **weniger als einem Jahr** angeschafft wurde (= werdende Schachtelbeteiligung), führt **nicht** die Umwandlung zum **Entstehen** (oder Erweitern) der internationalen Schachtelbeteiligung. Dasselbe gilt, wenn eine Kapitalgesellschaft als Rechtsnachfolger eine werdende Schachtelbeteiligung hält. In beiden Fällen führt schon der Ablauf der Behaltefrist zur Steuerneutralität der Beteiligung. § 9 Abs 4 Z 1 ist daher **nicht anwendbar** (vgl auch *Keppert/Waitz-Ramsauer* in *W/H/M*, HdU II⁸ § 9 Rz 48; *Zöchling* in *W/Z/H/K*⁵ § 9 Rz 31; *Schwarzinger/Wiesner* I/1³ 1111). Die Quote der werdenden Schachtelbeteiligung gilt daher auch dann nicht als entstehende oder erweiterte Schachtelbeteiligung, wenn sie durch die Umwandlung mit weiteren begünstigten, werdenden oder nicht begünstigten Beteiligungsquoten zusammenfällt.

c) Erweiterung

154 Eine *Erweiterung* einer internationalen Schachtelbeteiligung liegt vor, wenn bereits vor Umwandlung bei der **umwandelnden Kapitalgesellschaft oder** auf **Gesellschafterebene** eine **internationale Schachtelbeteiligung** iSv § 10 Abs 2 KStG vorliegt. Zu einer Erweiterung kommt es, wenn durch die Umwandlung beim Rechtsnachfolger die bestehende Schachtelbeteiligung **mit** bisher **nicht begünstigten Beteiligungsquoten zusammenfällt** (vgl weiterführend § 3 Rz 123 f) und somit die begünstigte Beteiligungsquote erweitert wird (vgl auch *Hirschler* in *H/M/H* § 9 Rz 20; *Schwarzinger/Wiesner* I/1³ 1111).

155 Keine tatbeständliche Erweiterung der Schachtelbeteiligung liegt vor, wenn **sowohl** beim **Rechtsnachfolger als auch** bei der **übertragenden Kapitalgesellschaft** bereits eine **begünstigte Schachtelbeteiligung** vorliegt. Diesfalls erhöht sich zwar die Beteiligungsquote. Da jedoch bereits zuvor die Summe der beiden Quoten begünstigt war, liegt **keine Erweiterung auf** bisher **nicht begünstigte Quoten** vor. § 9 Abs 4 Z 1 kommt daher nicht zur Anwendung (vgl auch *Keppert/Waitz-Ramsauer* in *W/H/M*, HdU II⁸ § 9 Rz 48).

d) Steuerneutrale Schachtelbeteiligung

156 § 9 Abs 4 sieht eine Regelung in Bezug auf Wertänderungen vor. Regelungsbedarf besteht dort, wo durch die Umwandlung bisher steuerpflichtige Beteiligungsquoten (vgl Rz 153 zu werdenden internationalen Schachteln) zu **steuerbefreiten Beteiligungen** werden. Dies zeigt sich daran, dass der Wortlaut von § 9 Abs 4 eine Regelung „*hinsichtlich der bisher nicht steuerbegünstigten Beteiligungsquoten*" vorsieht. Besteht daher eine (aufgrund einer Option gem § 10 Abs 3 KStG; oder bei Anwendung von § 10 Abs 4 KStG) **steuerpflichtige Schachtelbeteiligung** (vgl dazu *Fürnsinn/Massoner* in *L/R/S/S*² § 10 Rz 107 ff, 137 ff) und wird diese erweitert, bleiben die stillen Reserven steuerpflichtig. Folglich liegen weder bisher nicht steuerbegünstigte Beteiligungsquoten vor, noch werden begünstigte Quoten geschaffen. § 9 Abs 4 Z 1 ist daher bei der **Erweiterung einer steuerpflichtigen**

Schachtelbeteiligung nicht anwendbar (s *Keppert/Waitz-Ramsauer* in W/H/M, HdU II[8] § 9 Rz 48 und *Zöchling* in W/Z/H/K[5] § 9 Rz 30 für optierte Schachtelbeteiligungen; vgl weiterführend § 3 Rz 111; spiegelbildlich ist auch § 9 Abs 4 Z 2 nur anwendbar, wenn keine Option ausgeübt wurde – vgl Rz 171).

2. Rechtsfolgen

Wird durch eine Umwandlung eine steuerneutrale internationale Schachtelbeteiligung geschaffen oder erweitert, sind **Wertänderungen anschließend steuerneutral**. Um durch die Steuerneutralität nicht auch bereits angefallene (steuerwirksame) Wertsteigerungen in die Steuerneutralität zu überführen, ordnet § 9 Abs 4 an, dass auf Wertsteigerungen vor der Umwandlung die Steuerneutralität gem § 10 Abs 3 KStG nicht anwendbar ist. Alte Wertsteigerungen (**stille Reserven zum Umwandlungsstichtag** [und nicht zum Zeitpunkt des Abschlusses des Umwandlungsvertrags – *Zöchling* in W/Z/H/K[5] § 9 Rz 29; s auch *Keppert/Waitz-Ramsauer* in W/H/M, HdU II[8] § 9 Rz 48; *Hirschler* in H/M/H § 9 Rz 22]) **bleiben** daher **steuerhängig** (s auch *Zöchling* in W/Z/H/K[5] § 9 Rz 29; *Schwarzinger/Wiesner* I/1[3] 1109; vgl weiterführend § 3 Rz 113). Wertverluste vor der Umwandlung werden jedoch in die Steuerneutralität überführt und werden somit nichtabzugsfähig. **157**

§ 9 Abs 4 führt dabei zu einer Rechtsfolge, die sich von jener des § 10 Abs 3 KStG unterscheidet (vgl auch *Keppert/Waitz-Ramsauer* in W/H/M, HdU II[8] § 9 Rz 48). Während beim Entstehen einer internationalen Schachtelbeteiligung durch **Zuerwerb** weiterer Beteiligungsquoten auch die alten **stillen Reserven** der **bestehenden Beteiligung steuerfrei** werden (und nur jene des Veräußerers besteuert werden, wenn bei diesem keine steuerneutrale internationale Schachtelbeteiligung vorliegt), führt § 9 Abs 4 dazu, dass die bisher angesammelten stillen Reserven steuerpflichtig bleiben. Durch eine **Übertragung** der Beteiligung **vor** dem **Umwandlungsstichtag** kann daher uU die Steuerfreiheit der stillen Reserven in der Beteiligung des Erwerbers erreicht werden (*Keppert/Waitz-Ramsauer* in W/H/M, HdU II[8] § 9 Rz 48; *Hirschler* in H/M/H § 9 Rz 23). **158**

Aufgrund der steuerlichen Gesamtrechtsnachfolge treten die Rechtsnachfolger grundsätzlich in die **Behaltedauer** und Anschaffungszeitpunkte der Rechtsvorgänger ein (vgl *Wolf*, taxlex 2007, 248; *Siller/Stefaner*, RdW 2011, 633 mwN). Anschaffungszeitpunkte vor der Umwandlung sind jedoch nur dann für die Berechnung der Einjahresfrist des § 10 Abs 3 KStG relevant, wenn bei der fraglichen Gesellschaft (für sich – unmittelbar oder mittelbar iSv § 10 Abs 3 KStG) die **10 %-Grenze erreicht** wird. Die **ursprünglichen Anschaffungszeitpunkte** sind daher bei Übergang einer bestehenden oder werdenden internationalen Schachtelbeteiligung relevant. Insoweit die begünstigte internationale **Schachtelbeteiligung erst durch** die **Umwandlung entsteht** oder erweitert wird, **läuft** die **Frist** erst **ab** dem Zeitpunkt der Entstehung oder der Erweiterung – somit ab dem Zeitpunkt der Vereinigung mit der mind 10%igen Beteiligung. Beginn der Frist ist in diesen Fällen der Ablauf des **Umwandlungsstichtag**s (vgl *Keppert/Waitz-Ramsauer* in W/H/M, HdU II[8] § 9 Rz 48; *Zöchling* in W/Z/H/K[5] § 9 Rz 31; *Schwarzinger/Wiesner* I/1[3] 1109). Nach *Schwarzinger/Wiesner* soll im Fall von Erweiterungen die Neutralität sofort greifen (*Schwarzinger/Wiesner* I/1[3] 1111). **159**

Nach der Verwaltungspraxis stellen Umgründungen keine Anschaffungen iSv § 10 Abs 3 dar. Daher soll beim **Entstehen** einer **internationalen Schachtelbeteiligung** **160** durch eine Umwandlung keine **Option auf Steuerwirksamkeit** der Beteiligung ausgeübt werden können (UmgrStR Rz 180). Wertänderungen wären demnach immer steuerneutral (vgl auch *Schwarzinger/Wiesner* I/1³ 1109). Systematisch scheint dies jedoch zweifelhaft (vgl *Zöchling* in *W/Z/H/K*⁵ § 9 Rz 29; vgl weiterführend § 3 Rz 121).

161 Kommt es durch eine Umwandlung zu einem **Zusammentreffen** von **Tranchen** von internationalen Schachtelbeteiligungen (an derselben ausländischen Gesellschaft), für die von einem Rechtsträger auf **Steuerpflicht** der Wertänderungen optiert, vom anderen Rechtsträger jedoch die **steuerneutrale Behandlung** gewählt wurde, ändert die Umwandlung nichts an der Behandlung der fraglichen Quoten (*Schwarzinger/Wiesner* I/1³ 1113 ff). Spätere (teilweise) Veräußerungen sind entsprechend der Verwaltungspraxis nach der Relation der steuerneutralen und steuerpflichtigen Tranche aufzuteilen (KStR 2013 Rz 1217).

B. Untergang der Schachtelbeteiligung
1. Anwendungsvoraussetzungen
a) Untergang

166 **Umwandlungen können** bei den Rechtsnachfolgern auch **zum Untergang von internationalen Schachtelbeteiligungen führen**. Zu einem Untergang von internationalen Schachtelbeteiligungen iRv Umwandlungen kann es aus mehreren Gründen kommen.

167 • **Rechtsnachfolger** sind (teilweise) **keine §-7-Abs-3-KStG-Körperschaften** (vgl auch *Keppert/Waitz-Ramsauer* in *W/H/M*, HdU II⁸ § 9 Rz 50; *Hirschler* in *H/M/H* § 9 Rz 25; *Schwarzinger/Wiesner* I/1³ 935). Folglich kann bei ihnen keine internationale Schachtelbeteiligung gem § 10 Abs 2 vorliegen. Bei errichtenden Umwandlungen mit Rechtsnachfolgern, die nur teilweise §-7-Abs-3-KStG-Körperschaften sind, kommt es jedenfalls zu einem teilweisen Untergang der internationalen Schachtelbeteiligung.

168 • Durch **errichtende Umwandlungen** kommt es über die Mitunternehmerschaft zu einer **anteiligen Zurechnung** der Beteiligung an die Rechtsnachfolger. Dadurch kann es zu einem **Sinken der (indirekten) Beteiligungsquote** unter die gem § 10 Abs 2 für das Bestehen einer internationalen Schachtelbeteiligung nötige Mindestbeteiligung kommen. Auch in diesem Fall kann es zu einem (teilweisen) Untergang der Schachtelbeteiligung kommen, wenn mehreren Rechtsnachfolgern die Beteiligung quotenmäßig zugerechnet wird. Ergibt sich daher bei einer §-7-Abs-3-Körperschaft als Rechtsnachfolger (zB aufgrund direkt gehaltener Beteiligungsquoten) eine indirekte Beteiligung von mind 10 %, bei anderen jedoch eine Beteiligung von weniger als 10 %, bedeutet dies wiederum einen (teilweisen) Untergang der internationalen Schachtelbeteiligung. Dasselbe gilt für verschmelzende Umwandlungen auf Personengesellschaften uÄ.

169 Kommt es durch die Umwandlung dazu, dass nicht bei allen Rechtsnachfolgern die Anwendungsvoraussetzungen für die internationale Schachtelbeteiligung erfüllt sind, **geht** die **Schachtelbeteiligung teilweise unter**. § 9 Abs 4 Z 2 ist in solchen Fällen **bei jenen Rechtsnachfolgern** (anteilig) **anzuwenden, bei denen** die steuerbefreite internationale **Schachtelbeteiligung nicht weiter besteht** (und die stillen Reserven daher in Zukunft steuerpflichtig sind). Hingegen ist § 9 Abs 4 Z 2 bei jenen Rechtsnachfolgern nicht anwendbar, bei denen die steuerneutrale internationale Schachtelbeteiligung weiter besteht.

b) Werdende Schachtelbeteiligungen

§ 9 Abs 4 Z 2 spricht internationale Schachtelbeteiligungen an. So wie Z 1 gibt es **keine** gesonderte **Regelung** für werdende Schachtelbeteiligungen. Somit greift für werdende Schachteln wohl keine (automatische) Aufwertung (vgl auch *Keppert/Waitz-Ramsauer* in *W/H/M*, HdU II[8] § 9 Rz 50; *Schwarzinger/Wiesner* I/1[3] 1115). Nach *Hirschler* soll § 9 Abs 4 Z 2 jedoch dann für werdende Schachtelbeteiligungen greifen, wenn die Beteiligung vom Rechtsnachfolger erst **nach Ablauf** der **Behaltefrist veräußert** wird (*Hirschler* in H/M/H § 9 Rz 25).

170

c) Steuerneutrale Schachtelbeteiligung

Eine weitere Anwendungsvoraussetzung für § 9 Abs 4 Z 2 ist, dass für die **untergehende** internationale **Schachtelbeteiligung keine Option auf Steuerwirksamkeit** der Wertänderungen ausgeübt wurde (vgl auch *Keppert/Waitz-Ramsauer* in *W/H/M*, HdU II[8] § 9 Rz 50; *Walter*[1] Rz 295; *Schwarzinger/Wiesner* I/1[3] 1089). Wenn die Option ausgeübt wurde, erfolgt auch bei Untergang der Schachtelbeteiligung kein Wechsel aus der Steuerneutralität in die Steuerhängigkeit der Wertänderungen. Diesfalls wären die stillen Reserven bereits vor der Umwandlung steuerhängig. Es ergibt sich keine Änderung; somit ist keine Aufwertung nötig. § 9 Abs 4 Z 2 ist bei ausgeübter Option auf Steuerwirksamkeit nicht anwendbar (vgl auch *Zöchling* in W/Z/H/K[5] § 9 Rz 32). Liegen in der umwandelnden Gesellschaft steuerpflichtige und steuerfreie Tranchen vor, greift § 9 Abs 4 Z 2 nur für die steuerneutralen Quoten (*Schwarzinger/Wiesner* I/1[3] 1115).

171

> Nach dem Wortlaut der Norm ist die Anwendung von § 9 Abs 4 Z 2 nur dann ausgeschlossen, wenn für die Schachtelbeteiligung die Option auf Steuerwirksamkeit der Wertänderungen ausgeübt wurde. **Teleologisch** wäre die Regel **auch bei Anwendung des Methodenwechsels** (§ 10 Abs 5 KStG) **auf Wertänderungen** nicht nötig. Der Wortlaut von § 9 Abs 4 Z 2 sieht jedoch einen Ausschluss der Anwendung in diesem Fall nicht vor. Dennoch will die Verwaltungspraxis § 9 Abs 4 Z 2 auch im Fall des Methodenwechsels nicht anwenden (BMF 23.4.1999, SWK 1999, S 425).

172

2. Rechtsfolgen

Ziel von § 9 Abs 4 ist eine **Abgrenzung der steuerpflichtigen von den nicht steuerpflichtigen Wertänderungen** durch das Entstehen und den Wegfall der Steuerbefreiung für Wertänderungen bei internationalen Schachtelbeteiligungen. Z 2 schafft hierbei einen Rahmen für die Behandlung von **Wertsteigerungen**, die **während** des Bestehens einer steuerneutralen Schachtelbeteiligung entstanden sind, **im Fall des Untergangs** der steuerneutralen Schachtelbeteiligung. Durch den Untergang der Schachtelbeteiligung werden **zukünftige Wertänderungen steuerwirksam**. Um Wertsteigerungen, die in der Zeit der Anwendbarkeit der Steuerbefreiung angefallen sind, auch bei späterer Realisierung steuerfrei zu behandeln, normiert § 9 Abs 4 Z 2, dass eine **steuerneutrale Aufwertung** auf den höheren Teilwert zum Umwandlungsstichtag zu erfolgen hat (vgl auch *Keppert/Waitz-Ramsauer* in *W/H/M*, HdU II[8] § 9 Rz 50; *Hirschler* in H/M/H § 9 Rz 25; *Zöchling* in W/Z/H/K[5] § 9 Rz 32; *Walter*[11] Rz 295; *Schwarzinger/Wiesner* I/1[3] 935). Dabei führt die Aufwertung auch zu einer Entsteuerung der stillen Reserven bis auf Ge-

173

sellschafterebene (*Keppert/Waitz-Ramsauer* in *W/H/M*, HdU II[8] § 9 Rz 50), wo die uU entsprechenden stillen Reserven möglicherweise steuerhängig waren.

174 Dadurch soll ein System geschaffen werden, das die **stillen Reserven nach ihrer Entstehung** im Besitzzeitraum (und nicht zur Gänze nach dem Status der Beteiligung im Veräußerungszeitpunkt) besteuert. Um dieses System zu verwirklichen, ist auch vorgesehen, dass nur insoweit auf den Teilwert zum Umwandlungsstichtag aufgewertet werden kann, als nicht bei einer **Vorumgründung stille Reserven** in der fraglichen Schachtelbeteiligung **von** der Anwendung der **Steuerneutralität ausgenommen** wurden. Liegen solche steuerpflichtige Beträge aus Vorumgründungen vor, ist die steuerfreie Aufwertung um diese Beträge zu kürzen (vgl auch *Keppert/Waitz-Ramsauer* in *W/H/M*, HdU II[8] § 9 Rz 50; *Walter*[11] Rz 295) – dh es erfolgt eine Aufwertung auf den Teilwert minus steuerhängiger Beträge aus Vorumgründungen (vgl *Keppert/Waitz-Ramsauer* in *W/H/M*, HdU II[8] § 9 Rz 50 zur Frage der Berücksichtigung von fiktiven Abschreibungen aufgrund von Vorumgründungen).

175 Für **Wertminderungen** sieht § 9 Abs 4 Z 2 **keine gesonderte Regel** vor. Liegt der Verkehrswert unter dem Buchwert, wird sich **idR** (zumindest bei langfristigen Wertminderungen) aus den **allgemeinen Bewertungsregeln** für die Bilanz am Umwandlungsstichtag (vgl § 8 Rz 11 ff zu den anwendbaren Bewertungsvorschriften) eine Abwertungsverpflichtung ergeben, da die umwandelnde Kapitalgesellschaft ihren Gewinn gem § 5 Abs 1 EStG ermittelt (vgl zur Abwertungsverpflichtung bei dauernder Wertminderung Jakom[10]/*Laudacher* § 6 Rz 77; *Janschek/Jung* in *Hirschler*, Bilanzrecht § 204 Rz 50). Kann eine **Abschreibung** spätestens zum Umwandlungsstichtag jedoch **mangels Langfristigkeit der Wertminderung** nach § 6 Z 2 lit a EStG iVm § 204 Abs 2 UGB **unterbleiben**, kann – mangels gesonderter Norm – mit dem höheren Buchwert in die steuerpflichtige Sphäre gewechselt werden (so auch *Keppert/Waitz-Ramsauer* in *W/H/M*, HdU II[8] § 9 Rz 50; *Hirschler* in *W/H/M* § 9 Rz 25, wenn der Buchwert über dem Teilwert liegt).

IX. Vereinnahmungs- und Verausgabungsfiktion
A. Allgemeines

181 § 9 Abs 5 sieht vor, dass der **Zu- oder Abflusszeitpunkt** bei Forderungen und Verbindlichkeiten aus **Leistungsbeziehungen** (ausgenommen solche, die unter § 9 Abs 2 fallen) **zwischen Gesellschafter und Gesellschaft** für Zwecke des § 19 EStG vor Untergang der Kapitalgesellschaft **fingiert wird**. Dies ist relevant, insoweit der **Gesellschafter** die Einkünfte aus den Leistungsbeziehungen nach den **Grundsätzen des § 19 EStG** (somit bei Gewinnermittlung gem § 4 Abs 3 EStG [vgl dazu Jakom[10]/*Marschner* § 4 Rz 236 ff] oder im außerbetrieblichen Bereich durch Überschussermittlung [vgl dazu Jakom[10]/*Vock* § 19 Rz 1 ff] – vgl Beispiele bei *Keppert/Waitz-Ramsauer* in *W/H/M*, HdU II[8] § 9 Rz 52; *Hirschler* in *H/M/H* § 9 Rz 27 und *Zöchling* in *W/Z/H/K*[5] § 9 Rz 34) **ermittelt** (vgl UmgrStR Rz 531; s auch *Hirschler* in *H/M/H* § 9 Rz 26; *Walter*[11] Rz 264; *Schwarzinger/Wiesner* I/1[3] 1121; *Zöchling* in *W/Z/H/K*[5] § 9 Rz 33).

182 Mangels Bilanzierung erfolgt die **steuerliche Berücksichtigung** der Leistungsbeziehungen **erst mit Zu- oder Abfluss**. Würde der Zu- oder Abfluss **nicht fingiert** werden, würde der Untergang des Anspruchs durch Zusammenfallen von Anspruch und Verpflichtung zu **keiner steuerlichen Berücksichtigung** führen (vgl auch *Keppert/Waitz-Ramsauer* in *W/H/M*, HdU II[8] § 9 Rz 51; *Hirschler* in *H/M/H* § 9 Rz 26;

W/Z/H/K⁴ § 9 Rz 24; Zöchling in W/Z/H/K⁵ § 9 Rz 34). Mangels Bilanzierung würde dies auch (für die zum Umwandlungsstichtag bestehenden Forderungen und Verbindlichkeiten) nicht durch einen Confusiogewinn steuerlich zu berücksichtigen sein (vgl Rz 103; s auch *Walter*¹¹ Rz 264). § 9 Abs 5 führt daher in jenen Fällen zu einer Realisierung, in denen der Confusiotatbestand nicht greift (*Hirschler* in *H/M/H* § 9 Rz 26). Die **Zu- und Abflussfiktion ist zur systemkonformen steuerlichen Erfassung** der positiven und negativen Einkommenstangenten (die korrespondierend bei der bilanzierenden Kapitalgesellschaft bereits erfasst wurden) im Anwendungsbereich von § 19 EStG beim Anteilsinhaber nötig (vgl UmgrStR Rz 531).

Die Einkünfte gelten als (nachträgliche) Einkünfte jener **Einkunftsart**, der sie **vor Umwandlung** zuzuordnen waren (*Keppert/Waitz-Ramsauer* in *W/H/M*, HdU II⁸ § 9 Rz 54; *Hirschler* in *H/M/H* § 9 Rz 28). Die Einkünftetransformation des § 23 Z 2 EStG (vgl dazu Jakom¹⁰/*Vock* § 23 Rz 196 ff; bzw der entsprechenden Regeln in §§ 21 und 22) greift – auch bei Entstehen einer Mitunternehmerschaft durch eine errichtende Umwandlung – nicht. **183**

Die Zu- und Abflussfiktion greift **nur** für Verbindlichkeiten und Forderungen, deren **Vereinnahmung** oder **Verausgabung** zu **ertragswirksamen** Konsequenzen auf Ebene des Gesellschafters führen (vgl auch *Keppert/Waitz-Ramsauer* in *W/H/M*, HdU II⁸ § 9 Rz 55; *Hirschler* in *H/M/H* § 9 Rz 26; *Schwarzinger/Wiesner* I/1³ 1121). Soweit sich ausschließlich **Vermögensumschichtungen** ergeben (UmgrStR Rz 532 nennt bspw die Darlehensrückzahlung) **greift** die Zu- oder Abflussfiktion **nicht** (sehr wohl greift die Fiktion jedoch bei Zinsforderungen oder -verbindlichkeiten aus einem Darlehen – vgl *Keppert/Waitz-Ramsauer* in *W/H/M*, HdU II⁸ § 9 Rz 52; *Hirschler* in *H/M/H* § 9 Rz 29). Erfolgt die Abwicklung vermögensumschichtender und ertragswirksamer Vorgänge über ein gemeinsames Verrechnungskonto, liegt die Abgrenzung für Zwecke der Zu- und Abflussfiktion nach der Verwaltungspraxis an der Kapitalgesellschaft (UmgrStR Rz 533). Ist die Abgrenzung nicht exakt möglich, hat sie hilfsweise im Schätzungswege zu erfolgen (*Schwarzinger/Wiesner* I/1³ 949). **184**

Weiters greift die Vereinnahmungs- und Verausgabungsfiktion nur für **Vorgänge vor** dem **Umwandlungsstichtag**, somit für Forderungen und Verbindlichkeiten, die zum Umwandlungsstichtag aushaften (*Keppert/Waitz-Ramsauer* in *W/H/M*, HdU II⁸ § 9 Rz 53). Für **Forderungen und Verbindlichkeiten** zwischen Kapitalgesellschaft und Rechtsnachfolger, die **nach dem Umwandlungsstichtag** entstehen, gilt grundsätzlich die allgemeine Regel der **rückwirkenden Zurechnung** und der Beziehungen zwischen umwandelnder Gesellschaft und Rechtsnachfolger (vgl § 8 Rz 58 ff). Sind einzelne Beziehungen von der Rückwirkungsfiktion ausgenommen (insb die Stellung als Gesellschafter-Geschäftsführer – vgl § 11 Rz 2 ff), kann nach Ansicht der FV auch für Zeiträume nach dem Umwandlungsstichtag die Zu- und Abflussfiktion greifen (UmgrStR Rz 535; s auch *Schwarzinger/Wiesner* I/1³ 983). **185**

Auf **Ebene der umwandelnden Gesellschaft** greift die Abflussfiktion nicht (vgl auch *Keppert/Waitz-Ramsauer* in *W/H/M*, HdU II⁸ § 9 Rz 57; *Hirschler* in *H/M/H* § 9 Rz 29). Wird die **Verbindlichkeit der Gesellschaft** zwischen Anmeldung und Eintragung der Umwandlung **(teilweise) getilgt**, führt dies bei Gesellschaft und Rechtsnachfolger zu einer **ertragsneutralen Umschichtung** (vgl UmgrStR Rz 537). **Forderungen** des Gesellschafters, die bei Untergang der Gesellschaft **durch Umwandlung untergehen**, stellen bei der Gesellschaft Teil des **steuerfreien Umwandlungsgewinns** (vgl **186**

Rz 91) dar (UmgrStR Rz 536; s auch *Keppert/Waitz-Ramsauer* in *W/H/M*, HdU II^8 § 9 Rz 57; *Hirschler* in *H/M/H* § 9 Rz 29). Zu einem entsprechenden Ergebnis würde nach *Zöchling* auch eine korrespondierende Behandlung bei der umwandelnden Gesellschaft führen, die bewirkt, dass die Forderungen und Verbindlichkeiten auch für die Gesellschaft als gezahlt gelten (*Zöchling* in *W/Z/H/K*^{5} § 9 Rz 35).

B. Vereinnahmung von Forderungen des Anteilsinhabers

191 Forderungen des Gesellschafters (vgl UmgrStR Rz 538 für Beispiele möglicher Forderungen; s auch *Zöchling* in *W/Z/H/K*^{5} § 9 Rz 34) gelten bei diesem mit dem Tag der **Anmeldung** der **Umwandlung** zum Firmenbuch als vereinnahmt (vgl auch *Keppert/Waitz-Ramsauer* in *W/H/M*, HdU II^8 § 9 Rz 54). Erst die **Fiktion** führt dazu, dass die Leistungsbeziehung noch beim Gesellschafter **steuerlich erfasst** wird (vgl *Zöchling* in *W/Z/H/K*^{5} § 9 Rz 33). Diese **Fiktion gilt nur für** den **Anteilsinhaber** (vgl UmgrStR Rz 536). Eine **teilweise Tilgung nach Anmeldung** der Umwandlung beim Firmenbuch soll auf Ebene des Anteilsinhabers nach der Verwaltungspraxis **zur Steuerpflicht führen** (UmgrStR Rz 537). Dies kann jedoch wohl nur dann der Fall sein, wenn die Steuerpflicht nicht (bereits zuvor) durch die Zuflussfiktion ausgelöst wurde (vgl auch Rz 201).

192 § 9 Abs 5 **fingiert** dabei immer den **Zufluss der gesamten aushaftenden Forderung**, unabhängig von der Solvenz der übertragenden Gesellschaft (vgl UmgrStR Rz 539; s auch *Schwarzinger/Wiesner* I/1^3 1123). Beim Gesellschafter wird daher immer der gesamte Betrag ertragswirksam. Im Effekt führt dies zu einer vollständigen Berücksichtigung des Ertrags (spiegelbildlich zum Aufwand auf Ebene der Gesellschaft) und macht daher eine Anwendung der Regelung über Confusiogewinne (vgl Rz 101 ff) entbehrlich (vgl auch Rz 103 zum Umstand, dass die Regel für Confusiogewinne bei Rechtsnachfolgern, die nicht bilanzieren, nicht greift). War die Forderung bereits am Umwandlungsstichtag wieder werthaltig, ist bereits bei der übertragenden Gesellschaft eine Zuschreibung vorzunehmen (*Keppert/Waitz-Ramsauer* in *W/H/M*, HdU II^8 § 9 Rz 58). Erfolgt nach der Anmeldung der Umwandlung zum Firmenbuch ein (teilweiser) **Forderungsverzicht**, ist dieser nach den allgemeinen Regeln zu betrieblich oder den Gesellschafterstellung veranlassten Forderungsverzichten zu behandeln (UmgrStR Rz 539; vgl auch *Keppert/Waitz-Ramsauer* in *W/H/M*, HdU II^8 § 9 Rz 59).

C. Verausgabung von Verbindlichkeiten des Anteilsinhabers

196 Spiegelbildlich zu Forderungen gelten auch Verbindlichkeiten des Gesellschafters (vgl UmgrStR Rz 542 für Beispiele möglicher Verbindlichkeiten) mit dem Tag der Anmeldung der Umwandlung zum Firmenbuch als verausgabt. Auch diese **Fiktion gilt nur für** den **Anteilsinhaber** (vgl UmgrStR Rz 540). Eine **teilweise Tilgung** der Verbindlichkeit **nach Anmeldung** der Umwandlung beim Firmenbuch durch den Gesellschafter kann auf Ebene des Anteilsinhabers nach der Verwaltungspraxis **zur Abzugsfähigkeit führen** (UmgrStR Rz 541). Dies kann jedoch wohl nur dann der Fall sein, wenn die Abzugsfähigkeit nicht (bereits zuvor) durch die Abflussfiktion ausgelöst wurde (vgl auch Rz 201).

197 Auf **Ebene der umwandelnden Gesellschaft** greift keine gegengleiche Zuflussfiktion. Wird die **Verbindlichkeit des Gesellschafters** zwischen Anmeldung und Eintragung der Umwandlung **(teilweise) getilgt**, führt dies bei Gesellschaft und Rechtsnachfolger zu einer **ertragsneutralen Umschichtung** (vgl UmgrStR Rz 541). Ver-

bindlichkeiten des Gesellschafters, die bei Untergang der Gesellschaft **durch Umwandlung untergehen**, stellen bei der Gesellschaft Teil des **steuerfreien Umwandlungsverlusts** (vgl Rz 91 ff) dar (UmgrStR Rz 540).

Wurde auf Ebene der umwandelnden Gesellschaft die **Forderung gegenüber dem Gesellschafter abgeschrieben**, führt die Umwandlung nach der hA im Effekt zu einer **Nachversteuerung** der Abschreibung (vgl *Hirschler* in *H/M/H* § 9 Rz 29; *Zöchling* in *W/Z/H/K*[5] § 9 Rz 36mwN). Dadurch ist auch in diesem Fall wiederum erreicht, dass es zu keiner Doppelberücksichtigung von (Betriebs-)Ausgaben (Abschreibung der Forderung durch die Gesellschaft und Abflussfiktion beim Gesellschafter) kommt. Zum einen kann die Umwandlung dazu führen, dass die Forderung aus Sicht der Gesellschaft wieder werthaltig wird, weshalb eine **Zuschreibung** zu einer Nachversteuerung der ursprünglichen Abschreibung führen kann. Andernfalls ist nach der Verwaltungspraxis (UmgrStR Rz 543) eine Nachversteuerung unter Anwendung der Grundsätze der **Änderung der Besteuerungsgrundsätze** gem § 9 Abs 3 (vgl dazu Rz 116) herbeizuführen, selbst wenn der Confusiotatbestand selbst nicht verwirklicht wird. 198

D. Zeitpunkt des fingierten Zu- oder Abflusses

Forderungen/Verbindlichkeiten, die zum Umwandlungsstichtag bestehen, gelten spätestens mit dem **Tag der Anmeldung der Umwandlung beim Firmenbuch** vereinnahmt/verausgabt (vgl UmgrStR Rz 531; s auch *Hirschler* in *H/M/H* § 9 Rz 30; *Zöchling* in *W/Z/H/K*[5] § 9 Rz 33; *Walter*[11] Rz 267; *Schwarzinger/Wiesner* I/1[3] 949). Die Fiktion greift damit zu einem Zeitpunkt, zu dem die Kapitalgesellschaft zivilrechtlich noch existiert (vgl § 7 Rz 35, 56). Erfolgt ein (teilweiser) **Zu- oder Abfluss vor Anmeldung zum Firmenbuch**, ist der Zu- oder Abflusszeitpunkt nach den **allgemeinen steuerlichen Regeln** (§ 19 EStG – vgl dazu *Jakom*[10]/*Vock* § 19 Rz 1 ff) zu ermitteln (vgl UmgrStR Rz 531; s auch *Hirschler* in *H/M/H* § 9 Rz 30; *Zöchling* in *W/Z/H/K*[5] § 9 Rz 33); nur die verbleibenden Forderungen und Verbindlichkeiten gelten mit dem Tag der Anmeldung als zugeflossen (UmgrStR Rz 534). 201

X. Fiktion der Ausschüttung des Gewinnkapitals
A. Hintergrund

Durch die Umwandlung erfolgt ein Systemwechsel. Das **Vermögen** wird von **der umwandelnden Kapitalgesellschaft in** das **Eigentum des Hauptgesellschafters** (verschmelzende Umwandlung – vgl § 7 Rz 26 ff) oder in das Gesamthandeigentum **einer Personengesellschaft** (errichtende Umwandlung – vgl § 7 Rz 46 ff), an der die Gesellschafter beteiligt sind, **übertragen**. In beiden Fällen ist nach der Umwandlung eine **Entnahme** der **thesaurierten Gewinne ohne Dividendenbesteuerung möglich** (vgl auch *Hirschler* in *H/M/H* § 9 Rz 32). Somit werden Gewinne, die bis zur Umwandlung nur der KSt (nicht aber der Dividendenbesteuerung) unterlegen sind, in die Gesellschaftersphäre überführt (UmgrStR Rz 544). Dies bedeutet, dass durch die Umwandlung die zweite Besteuerungsebene wegfällt (vgl auch *Puchinger/Marschner*, FJ 2010, 352). 206

Dieser systembedingte **Wegfall der zweiten Besteuerungsebene** wird iRd Umwandlung berücksichtigt. Da **thesaurierte Gewinne anschließend frei entnehmbar** sind, sieht § 9 Abs 6 vor, dass Gewinne **mit der Umwandlung** als **ausgeschüttet** gelten (vgl UmgrStR Rz 544). Ziel ist damit die Besteuerung des Gewinnkapitals zur Sicherung der „materiellen Einmalbesteuerung" (vgl ErlRV UmgrStG, 266 BlgNR 18. GP, 21; s auch *Walter*[11] Rz 270 f; *Zöchling* in *W/Z/H/K*[5] § 9 Rz 37; ähnlich 207

Keppert/Waitz-Ramsauer in W/H/M, HdU II[8] § 9 Rz 60; *Beiser*, ÖStZ 2001/106, 72; *Matzka/Walter*, GES 2003, 119 f; *Stefaner*, GES 2012, 344; *Strimitzer* in GedS Helbich 300) wie bei einer offenen Ausschüttung (*Zöchling* in W/Z/H/K[5] § 9 Rz 37). Für Umwandlungen, die vor dem 1.1.2013 beim Firmenbuch angemeldet wurden, wurde der Betrag der als ausgeschüttet galt, vom unternehmensrechtlich ausschüttbaren Ergebnis abgeleitet (vgl auch UmgrStR Rz 544; 1. Aufl § 9 Rz 211 ff; s aber auch VwGH 25.7.2013, 2012/15/0004). Mit dem AbgÄG 2012 wurde dieses System ersetzt (vgl auch *Stefaner*, GES 2012, 402). Für Umwandlungen, die nach dem 31.12.2012 zum Firmenbuch angemeldet werden (3. Teil Z 23), ergibt sich der als ausgeschüttet geltende Betrag nunmehr losgelöst vom unternehmensrechtlich ausschüttbaren Betrag (vgl UmgrStR Rz 544; s auch *Wurm*, SWK 2013, 113; *Schwarzinger/Wiesner* I/1[3] 1133; *Hübner-Schwarzinger*, SWK 2013, 1482). Stattdessen wird der Ausschüttungsbetrag nach der (Einlagen-)Evidenzkontentechnik (vgl *Schwarzinger/Wiesner* in GedS Quantschnigg 417 ff; *Stefaner/Marschner*, SWK 2012, 1072; *Stefaner*, GES 2012, 346; *Stefaner*, GES 2012, 402) anhand steuerlicher Werte ermittelt (vgl UmgrStR Rz 544; s auch *Allgäuer* in *Kirchmayr/Mayr*, Umgründungen 74; *Ludwig/Hebenstreit* in GedS Bruckner 381; vgl krit *Schwarzinger/Wiesner* in GedS Quantschnigg 419; *Stefaner*, GES 2012, 349; *Stefaner*, GES 2014, 137). Dadurch kann sich iRd Ausschüttungsfiktion eine Ausschüttung ergeben, selbst wenn alle ausschüttbaren Gewinne laufend ausgeschüttet wurden und auch keine ‚pönalisierte' Gestaltung der Umwandlung voranging (*Stefaner*, GES 2012, 345). Gleichzeitig wurde durch den Systemwechsel der Einfluss von unternehmensrechtlichen Bewertungswahlrechten auf den Betrag, der der Ausschüttungsfiktion unterliegt, reduziert (vgl *Stefaner*, GES 2012, 346; *Ludwig/Hebenstreit* in GedS Bruckner 383; vgl aber auch Rz 212).

207a **Zielsetzung** der Neuregelung ist, dass **nach** der **Umwandlung** das gesamte (steuerliche) **Eigenkapital** versteuert und daher **frei entnehmbar** ist (ErlRV AbgÄG 2012 1960 BlgNR 22. GP, 30; UmgrStR Rz 544; *Schlager*, RWZ 2012, 193; *Stefaner*, GES 2012, 347; *Stefaner/Marschner*, SWK 2012, 1073; *Wurm*, SWK 2013, 117). Gem § 9 Abs 6 gilt daher das Gewinnkapital (vgl *Moshammer/Tumpel*, SWK 2012, 913; *Schlager*, RWZ 2012/56, 193; *Stefaner/Marschner*, SWK 2012, 1072 f; *Stefaner*, GES 2012, 346; *Stefaner*, GES 2012, 402; *Walter*[11] Rz 272a; *Wurm*, SWK 2013, 113) als ausgeschüttet. Dabei wird für die Berechnung des Gewinnkapitals das steuerliche Eigenkapital (vgl Rz 211 ff) jenem Teil des Eigenkapitals gegenübergestellt, der bereits aus versteuerten Mitteln stammt (vgl auch *Zöchling* in W/Z/H/K[5] § 9 Rz 39). Abzugsfähig bei der Ermittlung des Gewinnkapitals sind daher die steuerlichen Einlagen (vgl Rz 241 ff; s zu systematischen Nachteilen aus der fehlenden Berücksichtigung von idR höheren Anschaffungskosten auf Gesellschafterebene *Ludwig/Hebenstreit* in GedS Bruckner 384). Dadurch soll sichergestellt werden, dass es zu **keiner Doppelerfassung von Gewinnen** kommt (ErlRV AbgÄG 2012 1960 BlgNR 22. GP, 30; vgl auch *Korntner*, FJ 2013, 91). Eine Hinzurechnung ist in Fällen, in denen durch Vorumgründungen negatives Eigenkapital übertragen wurde (vgl Rz 271 ff), vorgesehen. Außerdem soll durch dieses System nach dem Willen des Gesetzgebers erreicht werden, dass „*systembedingt auch keine höheren Steuern anfallen, als wenn das Unternehmen von Beginn weg in Form einer Mitunternehmerschaft geführt worden wäre*" (ErlRV AbgÄG 2012 1960 BlgNR 22. GP, 30). Der Zielsetzung, dass durch das gewählte System keine höheren Steuern als bei ursprünglichem Vorliegen einer Mitunternehmerschaft anfallen sollen (vgl *Stefaner*,

GES 2012, 346), wird das neue System jedoch mE nicht gerecht (vgl bereits *Stefaner*, GES 2012, 346; *Stefaner*, GES 2012, 402, 405; *Ludwig/Hebenstreit* in GedS Bruckner 387; *Reinold*, Immobilienertragsteuer 215 f mit einem wohl rechtspolitischen Lösungsvorschlag zur Vermeidung einer gegen diese Zielsetzung verstoßende Auswirkung bei früheren Einbringungen von Grundstücken), wobei diese Zielsetzung auch systematisch hinterfragt werden kann (vgl *Stefaner*, GES 2012, 346; *Strimitzer* in GedS Helbich 306 f).

Stellungnahme. Durch die Ausschüttungsfiktion soll eine wirtschaftliche Einmalbesteuerung sichergestellt werden. Findet die **Ausschüttungsfiktion auf verschiedene Kategorien von Eigenkapital** (zB Aktien und Substanzgenussrechte – vgl Rz 214) Anwendung, wäre für die fingierte Ausschüttung mE nach Möglichkeit die **Aufteilung auf** die unterschiedlichen **Kategorien** geboten. Anschließend wäre die Ausschüttung entsprechend bei den Gesellschaftern zu berücksichtigen. Dies ist insb für die Besteuerung beim Gesellschafter und die Anwendung von KESt-Befreiungen (vgl Rz 317 f) relevant. Eine derartige Aufteilung ist allerdings derzeit im Gesetzestext nicht explizit vorgesehen. **208**

Der Betrag der Ausschüttungsfiktion ist wie folgt zu ermitteln (vgl auch UmgrStR Rz 545; s auch *Walter*[11] Rz 272a; *Zöchling* in W/Z/H/K[5] § 9 Rz 39): **209**

Umwandlungskapital (Rz 211 ff)
– Stand des Einlagenevidenzkontos (Rz 241 ff)
= Gewinnkapital
+ negativer Buchwert von iRv Vorumgründungen übernommenem Vermögen (Rz 271 ff)
= Fiktiv ausgeschüttetes Gewinnkapital

B. Ermittlung des fiktiven Ausschüttungsbetrags

1. Ausgangspunkt: Steuerliches Reinvermögen

a) Umwandlungskapital

Ausgangspunkt der Ausschüttungsfiktion ist das durch die Umwandlung an Rechtsnachfolger **übergehende Umwandlungskapital** (vgl UmgrStR Rz 546; s auch *Ludwig/Hebenstreit* in GedS Bruckner 383; *Hübner-Schwarzinger*, SWK 2013, 1482). Über den steuerlichen Gewinn (s zur Behandlung von temporären und permanenten Differenzen Rz 221 ff) erhöht auch ein Sanierungsgewinn das relevante steuerliche Umwandlungskapital (UmgrStR Rz 546). Im Unterschied zur Ermittlung der Ausschüttungsfiktion vor dem AbgÄG 2012 wird dabei nicht mehr auf das übergehende unternehmensrechtliche Reinvermögen (vgl dazu 1. Aufl Rz 211 ff) abgestellt. Vielmehr ist nunmehr das steuerliche Umwandlungskapital (vgl auch *Schwarzinger/Wiesner* I/1[3] 1133) Startpunkt der Ermittlung des Betrags, der der Ausschüttungsfiktion unterliegt (= Gewinnkapital). **211**

Das **steuerliche Umwandlungskapital** ergibt sich dabei aus der steuerlichen Umwandlungsbilanz (vgl dazu § 8 Rz 81 ff). § 9 Abs 6 verweist dafür explizit auf die *„Umwandlungsbilanz im Sinne des § 8 Abs. 5"*. Aufgrund der **Maßgeblichkeit** schlagen **unternehmensrechtliche Grundsätze ordnungsgemäßer Buchführung** auch weiterhin auf den Betrag der Ausschüttungsfiktion durch. Auch der Grund- **212** satz der **Bewertungsstetigkeit** ist für die Schlussbilanz zu beachten und somit auch für die Umwandlungsbilanz relevant (vgl auch *Ludwig/Hebenstreit* in GedS Bruckner 383). Daher kann das **Reinvermögen** für die Schlussbilanz durch Bewertungswahlrechte nur begrenzt verändert werden, um das Gewinnkapital zu **beeinflussen** (UmgrStR Rz 549; *Stefaner*, GES 2012, 346).

213 Die Auswirkungen auf das Gewinnkapital werden dabei noch dadurch verringert, dass durch das Abstellen auf das **steuerliche Umwandlungskapital** (für Firmenbuchanmeldungen) seit 1.1.2013 unternehmensrechtliche GoB nur mehr dort relevant bleiben, wo nicht **zwingende steuerliche Bewertungsregeln** (zB des UmgrStG und somit idR die verpflichtende Buchwertfortführung – vgl auch *Zöchling* in W/Z/H/K^5 § 9 Rz 40) einen gewissen Ansatz gebieten (vgl auch *Ludwig/Hebenstreit* in GedS Bruckner 383). Auch die frühere Aussage der FV zur Ermittlung der Ausschüttungsfiktion idF vor AbgÄG 2012, dass (willkürliche) **überhöhte Ansätze bei Bilanzpositionen auf der Passivseite** den GoB widersprechen (vgl UmgrStR Rz 549 idF WE 2011) und daher das Reinvermögen (nunmehr: Umwandlungskapital) **zu korrigieren ist** (vgl dazu 1. Aufl Rz 213), wird wohl auch auf die Ausschüttungsfiktion idgF übertragbar sein.

214 Stellungnahme. Fraglich könnte die Behandlung von **Hybridkapital** sein. § 9 Abs 6 soll der Sicherung der Versteuerung auf Gesellschafterebene dienen. Zielsetzung von § 9 Abs 6 idgF ist, dass das gesamte steuerliche Eigenkapital nach der Umwandlung frei entnehmbar ist – entweder da es eine Einlage oder versteuertes Gewinnkapital darstellt (vgl ErlRV AbgÄG 2012, 1960 BlgNR 24. GP, 30). Daher stellt sich bei allen Kapitalpositionen, die zum einen **steuerliches Eigenkapital** (Nettovermögen – *Hübner-Schwarzinger*, SWK 2013, 1482) darstellen und zum anderen nach der Umwandlung ohne weitere Besteuerung entnommen werden können, dieselbe (§ 9 Abs 6 zugrunde liegende) Frage. § 9 Abs 6 greift als Ausgangspunkt der Berechnung der Ausschüttungsfiktion auf das steuerliche Umwandlungskapital zurück. Ein Gleichklang wird dabei nur dann erreicht, wenn daher einzelne (eigenkapitalähnliche) Hybridkapitalkomponenten jeweils parallel im Umwandlungskapital und als Einlage gem § 4 Abs 12 EStG berücksichtigt werden, oder in keinem der beiden Komponenten als Eigenkapital berücksichtigt werden. Teleologisch sind dabei mE bei der Ermittlung des Gewinnkapitals alle Kapitalformen zu berücksichtigen, die nach der Umwandlung als steuerliches Eigenkapital frei entnehmbar sind (so wohl insb sozietäres Genussrechtskapital und Partizipationskapital – *Keppert/Waitz-Ramsauer* in W/H/M, HdU II^8 § 9 Rz 63; *Schwarzinger/Wiesner* I/1^3 889; vgl auch § 8 Rz 86b zur Berücksichtigung von Hybridkapital im Umwandlungskapital). Konsequenterweise hat dies auch für verdecktes Eigenkapital zu gelten (vgl auch § 8 Rz 86b; s allerdings 1. Aufl Rz 214; BMF 31.8.1993, SWK 1993, 481; und auch *Alterdinger*, ÖStZ 2004/321, 131 zur Berücksichtigung von wirtschaftlichen Eigenkapital, das [unternehmensrechtlich nicht als Eigenkapital ausgewiesen wurde] iRd Ausschüttungsfiktion idF vor AbgÄG 2012).

b) Gewinnausschüttungen

216 **Gewinnausschüttungen**, die bereits **vor** dem **Umwandlungsstichtag** beschlossen wurden, sind in der Umwandlungsbilanz als Verbindlichkeit auszuweisen. Sie gehen somit **nicht** in das **Umwandlungskapital** ein. Und auch Ausschüttungen, die erst nach dem Umwandlungsstichtag beschlossen, aber noch vor der Umwandlung durchgeführt werden, **kürzen** aufgrund der Rückwirkungsfiktion in § 8 Abs 4 (vgl § 8 Rz 68 ff) das **Umwandlungskapital** (vgl auch *Schwarzinger/Wiesner* I/1³ 905 ff, 1133; *Zöchling* in *W/Z/H/K*⁵ § 9 Rz 40). Eine gesonderte Kürzung iRd Berechnung der fiktiven Ausschüttung ist daher in beiden Fällen nicht nötig (vgl weiterführend Rz 256 ff).

c) Auswirkungen von abweichenden steuerlichen Buchwerten

Da die Ausschüttungsfiktion auf das steuerliche Umwandlungskapital abstellt, können sich auch Mehr-Weniger-Rechnungs-Positionen über die Beeinflussung des steuerlichen Buchwerts und folglich des steuerlichen Eigenkapitals auf das Gewinnkapital auswirken. **Temporäre Differenzen** führen dabei (über die geänderten steuerlichen Buchwerte – vgl *Sulz/Hirschler*, SWK 2010, 999 ff) systemkonform zu einer Erhöhung (Hinzurechnungen) oder Reduzierung (Abrechnungen) des Gewinnkapitals (vgl auch *Schwarzinger/Wiesner* I/1³ 895; *Bertl/Hirschler*, RWZ 2013/93, 365; *Zöchling* in *W/Z/H/K*⁵ § 9 Rz 40). Gegengleich stehen den Rechtsnachfolgern die höheren bzw niedrigeren steuerlichen Buchwerte bei der zukünftigen Einkommensermittlung zur Verfügung (vgl bereits *Stefaner*, GES 2012, 403). **221**

Auch Erträge und Aufwendungen, die aufgrund von Abzugsverboten und Steuerbefreiungen zu **permanenten Differenzen** führen, verändern (trotz Nichtabzugsfähigkeit des Aufwands oder Steuerbefreiung des Ertrags) das steuerliche (genauso wie das unternehmensrechtliche) Eigenkapital, auch wenn die Erträge und Aufwendungen steuerlich nicht zu berücksichtigen sind (vgl auch *Sulz/Hirschler*, SWK 2010, 1004), über die Bilanzierung der Wirtschaftsgüter (vgl auch *Bertl/Hirschler*, RWZ 2013/93, 365). Das steuerliche Umwandlungskapital weicht daher bei permanenten Differenzen nicht vom unternehmensrechtlichen Kapital ab (vgl auch BFG 4.5.2017, RV/4100440/2012; s weiters *Zöchling* in *W/Z/H/K*⁵ § 9 Rz 40). Auch steuerfreie Erträge und nichtabzugsfähige Betriebsausgaben führen daher zu einem höheren oder niedrigeren Gewinnkapital (vgl auch UmgrStR Rz 546; s weiters *Walter*¹¹ Rz 272a). Diese Auswirkung ist ebenfalls systemkonform – die Ab- oder Hinzurechnung bei permanenten Differenzen bei der Einkommensermittlung soll dazu führen, dass auf Ebene der umzuwandelnden Gesellschaft eine höhere oder niedrigere Steuerbelastung entsteht. Die Besteuerung der zweiten Ebene (laufende Ausschüttungen) wird von den steuerlichen Bestimmungen bei der ausschüttenden Gesellschaft jedoch nicht beeinflusst – vielmehr erfolgt die Besteuerung des (sich nach der Anwendung der steuerlichen Vorschriften auf Ebene der Körperschaft ergebenden) ausschüttbaren Ergebnisses (vgl bereits *Stefaner*, GES 2012, 403). Die Beeinflussung des Gewinnkapitals verwirklicht auch die Zielsetzung der steuerlichen Vorschriften, die nur auf Ebene der (umwandelnden) Körperschaft und nicht auf Gesellschafterebene (bei Ausschüttung) greifen sollen (vgl auch *Stefaner/Marschner*, SWK 2012, 1074 f). So wäre nach *Hübner-Schwarzinger* eine Besteuerung von nicht-entnahmefähigen Aufwendungen (wie zB der Körperschaftsteuerrückstellung) auch ein Verstoß gegen das Leistungsfähigkeitsprinzip (*Hübner-Schwarzinger*, SWK 2013, 1483). **222**

Die Auswirkungen auf das Umwandlungskapital ergeben sich dabei spätestens mit **Zahlungsfluss** jedenfalls automatisch aus der **Bilanzlogik** (vgl auch BFG 4.5.2017, RV/4100440/2012; s weiters *Schwarzinger/Wiesner* I/1³ 1151 zur Körperschaftsteuer aus Vorjahren). Und auch solange die Zahlung noch nicht erfolgte, ergibt sich die **223** entsprechende Auswirkung dadurch, dass die sich aus nicht abzugsfähigen Aufwendungen ergebenden Passivposten (zB Rückstellungen für Körperschaftsteuer) genauso wie aus steuerfreien Erträgen stammende Aktivposten (zB Forderungen aus Dividendenerträgen) anzuerkennen und nicht mit dem Umwandlungskapital zu saldieren sind (s auch BFG 4.5.2017, RV/4100440/2012; vgl bereits *Stefaner*, GES 2012, 403; weiters *Bertl/Hirschler*, RWZ 2013/93, 365; s auch § 8 Rz 86 f; aA *Schwarzinger/Wiesner* I/1³ 1151). Eine sich andernfalls ergebende Unterscheidung nach dem Zahlungsfluss würde im Bilanzierungssystem einen Fremdkörper darstellen.

d) Aufwertungsbeträge

226 Bei Umwandlungen iSd Art II können mehrere Gründe zur Aufwertung führen:
- Einschränkung des österreichischen **Besteuerungsrechts** (vgl § 7 Rz 196)
- **Aufwertungsoption** zur Vermeidung der Doppelbesteuerung (vgl § 8 Rz 26 ff)
- **Entstehen** des österreichischen Besteuerungsrechts am Vermögen (vgl Rz 41 ff)

Fraglich ist nun, wie sich diese Aufwertungsbeträge auf das Gewinnkapital auswirken.

227 Da das Gewinnkapital vom Umwandlungskapital abgeleitet wird, können sich Aufwertungsbeträge nur insoweit auf den Betrag, der der Ausschüttungsfiktion zu unterwerfen ist, auswirken, als sie sich im Umwandlungskapital niederschlagen. Zielsetzung der Umwandlungsbilanz ist die Dokumentation der Werte, mit denen die umwandelnde Gesellschaft das Vermögen (iRv Art II) überträgt. Aufwertungsbeträge, die in der Sphäre der Rechtsnachfolger entstehen, haben daher keine Auswirkungen auf das Umwandlungskapital. Somit **beeinflusst** die **Aufwertung gem § 9** beim **Entstehen des Besteuerungsrechts** der Republik Österreich (vgl Rz 41 ff) die Höhe des **Gewinnkapitals nicht** (vgl *Zöchling* in *W/Z/H/K*⁵ § 9 Rz 42; aA *Allgäuer* in *Kirchmayr/Mayr*, Umgründungen 79 f).

228 Im Gegensatz dazu sind Aufwertungsbeträge, die aus der Ausübung der **Aufwertungsoption** stammen, in der Umwandlungsbilanz abzubilden (vgl § 8 Rz 84). Die Ausübung der Aufwertungsoption **beeinflusst** daher das Umwandlungskapital und in der Folge auch das **Gewinnkapital** (vgl UmgrStR Rz 546; s auch *Allgäuer* in *Kirchmayr/Mayr*, Umgründungen 74 f; *Hübner-Schwarzinger*, SWK 2013, 1482 f; *Zöchling* in *W/Z/H/K*⁵ § 9 Rz 42). Dabei stellt sich die rechtspolitische Frage, ob die Aufwertungsoption, die eine Überbesteuerung vermeiden soll, durch die Erhöhung des Betrags der Ausschüttungsfiktion unattraktiver werden soll (vgl *Stefaner*, GES 2012, 404). Daneben könnte aus dem Umstand, dass systematisch (ohne Ausübung der Aufwertungsoption) die Besteuerung beim Rechtsnachfolger anfallen würde (und dort unter der Annahme eines entsprechenden Steuersatzes zu keinem höheren Steueraufkommen in Österreich führt – vgl daher ebenfalls krit *Hirschler/Sulz/Zöchling* in GedS Helbich 177 f), auch die Anrechenbarkeit der ausländischen Steuer auf die Steuer aus der Ausschüttungsfiktion gefordert werden (vgl *Stefaner*, GES 2012, 404 f).

229 Auch **Aufwertungsbeträge**, die sich aus der (partiellen) Nichtanwendung von Art II aufgrund der **Einschränkung des österreichischen Besteuerungsrechts** gem § 7 Abs 2 ergeben, fallen in der Sphäre der umwandelnden Gesellschaft an. Insoweit das Besteuerungsrecht eingeschränkt wird, ist Art II (und die Verpflichtung zur Aufstellung einer Umwandlungsbilanz) aber nicht anwendbar. Somit scheint insoweit nicht nur der Ansatzpunkt (Umwandlungskapital) für die **Ausschüttungsfiktion** zu fehlen. Vielmehr ist § 9 Abs 6 insoweit gar **nicht anwendbar** (vgl

auch *Zöchling* in *W/Z/H/K*[5] § 9 Rz 41). Weder das anteilige übergehende Vermögen (vgl zur Nichtaufnahme in die Umwandlungsbilanz UmgrStR Rz 477), noch der damit verbundene Anteil am Einlagenevidenzkonto sind bei der Berechnung des Gewinnkapitals zu berücksichtigen (vgl auch *Kirchmayr/Wellinger* in *Kirchmayr/Mayr*, Umgründungen 64; *Nekrasov* in *Kirchmayr/Mayr*, Umgründungen 59; gegen die von *Nekrasov* dargestellte rechnerische Alternativlösung [*Nekrasov* in *Kirchmayr/Mayr*, Umgründungen 60] spricht mE die partielle Nichtanwendbarkeit von Art II). Dasselbe hat für Hinzurechnungsbeträge aus negativem Buchwert von bei Vorumgründungen übertragenem Vermögen zu gelten. Die Anwendung der Ausschüttungsfiktion ist auch nicht nötig, da bereits die (partielle) Liquidationsbesteuerung zu einer Besteuerung der zweiten Ebene führt. Die Anwendung der Ausschüttungsfiktion würde in einer Doppelbesteuerung resultieren (vgl auch 1. Aufl Rz 312). Die Erfassung des erhöhten Betrags wäre im Anwendungsbereich des Unionsrechts auch bedenklich (vgl *Ludwig/Hebenstreit* in GedS Bruckner 387).

e) Verhältnis zur Besteuerung auf Anteilsinhaberebene

Zu einer **Doppelbesteuerung** kann es jedoch kommen, wenn durch die Umwandlung das **Besteuerungsrecht** an den **Anteilen an** der **umwandelnden Gesellschaft untergeht** (vgl *Gatterer*, taxlex 2012, 503; *Ludwig/Hebenstreit* in GedS Bruckner 387; *Nekrasov* in *Kirchmayr/Mayr*, Umgründungen 60; *Allgäuer* in *Kirchmayr/Mayr*, Umgründungen 76 ff). Diesfalls erfolgt gem § 9 Abs 1 Z 2 (vgl Rz 31 ff) eine (im Verhältnis zu EU-Staaten und Norwegen in Raten zu zahlende – vgl Rz 35 f) Besteuerung der stillen Reserven in den Anteilen. Dennoch bleibt Art II anwendbar und somit greift auch die Ausschüttungsfiktion. Da die Aufwertung in der Sphäre der Rechtsnachfolger erfolgt, ist sie in der Umwandlungsbilanz noch nicht abzubilden und erhöht somit das Umwandlungskapital (und in der Folge das Gewinnkapital) nicht (vgl auch *Zöchling* in *W/Z/H/K*[5] § 9 Rz 42). Dennoch kann es jedenfalls zu einer Doppelbesteuerung kommen, als durchgeführte Ausschüttungen die ausschüttende Gesellschaft entreichern und folglich den Verkehrswert (und somit einen möglichen Veräußerungsgewinn) senken. Insoweit die Ausschüttungsfiktion greift, muss diese daher zumindest den Verkehrswert, der für § 9 Abs 1 Z 2 herangezogen wird, systemkonform (anteilig) verringern, um eine Doppelbesteuerung zu vermeiden (vgl auch *Kirchmayr/Wellinger* in *Kirchmayr/Mayr*, Umgründungen 67; *Allgäuer* in *Kirchmayr/Mayr*, Umgründungen 78; *Hirschler/Sulz/Zöchling* in GedS Helbich 178; aA wohl *Zöchling* in *W/Z/H/K*[5] § 9 Rz 42). Auch dies scheint jedoch nicht ausreichend, um eine systemkonforme Einmalbesteuerung zu erreichen und eine Überbesteuerung zu vermeiden. Nach *Keppert/Waitz-Ramsauer* ist die Ausschüttungsfiktion insoweit nicht anwendbar, als durch § 9 Abs 1 Z 2 die Besteuerung der zweiten Ebene erreicht wird (*Keppert/Waitz-Ramsauer* in W/H/M, HdU II[8] § 9 Rz 77; aA *Allgäuer* in *Kirchmayr/Mayr*, Umgründungen 77; vgl auch Rz 312; *Zöchling* in *W/Z/H/K*[5] § 9 Rz 42).

f) Rückwirkende Änderungen

Rückwirkende Änderungen des Vermögens gem § 8 Abs 4 (vgl § 8 Rz 66) **wirken sich auf** das **Umwandlungskapital** aus (vgl *Walter*[11] Rz 272a). Auch diese beeinflussen daher das Gewinnkapital (vgl UmgrStR Rz 546; s auch *Hübner-Schwarzinger*, SWK 2013, 1483; *Zöchling* in *W/Z/H/K*[5] § 9 Rz 40). Soweit diese jedoch zu einer parallelen rückwirkenden Änderung des Stands der steuerlichen Einlagen führen (vgl Rz 244 f), gleichen sich die Effekte der beiden rückwirkenden Änderungen aus (vgl auch *Walter*[11] Rz 272a).

2. Abrechnungen
a) Steuerliche Einlagen

241 Mit dem AbgÄG 2012 wurde die Ausschüttungsfiktion von unternehmensrechtlichen Werten ab- und an steuerliche Werte angekoppelt (vgl Rz 207). Daher soll *„der Unterschiedsbetrag zwischen dem abgabenrechtlichen Umwandlungskapital am Umwandlungsstichtag und den vorhandenen Einlagen im Sinne des § 4 Abs. 12 EStG 1988"* (ErlRV AbgÄG 2012, 1960 BlgNR 24. GP, 30) der Ausschüttungsfiktion unterzogen werden. Abziehbar sind daher **Einlagen**, die nach der **steuerlich geprägten Definition** als Einlagen (steuerneutrale Vermögensmehrung bei der empfangenden Gesellschaft, sofern sie vom Gesellschafter in seiner Stellung als Gesellschafter geleistet werden – *Jakom*[10]/*Marschner* § 4 Rz 486) gelten (vgl auch UmgrStR Rz 547; s weiters *Schwarzinger/Wiesner* I/1[3] 1133; *Hübner-Schwarzinger*, SWK 2013, 1483; *Zöchling* in *W/Z/H/K*[5] § 9 Rz 43). Auch mittelbare Einlagen stellen (sowohl bei empfangenden als auch bei zwischengeschalteten Gesellschaften) Einlagen dar (*Jakom*[10]/*Marschner* § 4 Rz 487). Keine Einlagen stellen nach hA Nutzungseinlagen dar (*Jakom*[10]/*Marschner* § 4 Rz 486). Auch Aufwertungsgewinne aus dem Wechsel der Gewinnermittlung iZm Grundstücken gem § 4 Abs 10 Z 3 lit a EStG idF AbgSiG 2007 wirken sich nicht auf das Einlagenevidenzkonto aus, was zu einer Versteuerung nicht erwirtschafteter Gewinne iRd Ausschüttungsfiktion führen kann (vgl *Stefaner*, GES 2012, 405; *Ludwig/Hebenstreit* in GedS Bruckner 384 f). Damit können folgende Bestandteile als Einlagen abgezogen werden (vgl auch *Zöchling* in *W/Z/H/K*[5] § 9 Rz 43):

- **(Nenn-)Kapital** (*Jakom*[10]/*Marschner* § 4 Rz 491),
- **Partizipationskapital** iSd BWG und des VAG (*Jakom*[10]/*Marschner* § 4 Rz 491),
- **Substanzgenussrechtskapital** (*Jakom*[10]/*Marschner* § 4 Rz 491),
- **Kapitalrücklage**, soweit sie auf Einlagen und Zuwendungen zurückzuführen ist (*Jakom*[10]/*Marschner* § 4 Rz 492),
- **Verdecktes Eigenkapital** (*Jakom*[10]/*Marschner* § 4 Rz 493) und
- Einlagen, die durch **Auflösung** der entsprechenden Kapitalposition in ein anderes Subkonto **umgebucht**, jedoch **nicht rückgezahlt** wurden (vgl auch *Jakom*[10]/*Marschner* § 4 Rz 500 zur Verlustabdeckung).

242 Keine steuerliche Einlagen iSd EStG stellen die folgenden Bestandteile dar:

- **Kapitalerhöhungen aus Gesellschaftsmitteln** (thesaurierten Gewinnen) innerhalb der 10-Jahresfrist (vgl auch *Schwarzinger/Wiesner* I/1[3] 1135; *Ludwig/Hebenstreit* in GedS Bruckner 385) von § 32 Z 2 EStG (*Jakom*[10]/*Marschner* § 4 Rz 494); nach Ablauf der 10-Jahresfrist erhöht sich der Stand der steuerlichen Einlagen (vgl auch *Zöchling* in *W/Z/H/K*[5] § 9 Rz 55; *Jakom*[10]/*Marschner* § 4 Rz 495),
- **Umwandlungen von** (von Körperschaften) **thesaurierten Gewinnen** in Positionen, die grundsätzlich **Einlagencharakter** haben, durch Umgründungen im Anwendungsbereich des UmgrStG (detailliert *Jakom*[10]/*Marschner* § 4 Rz 496 f; vgl auch *Ludwig/Hebenstreit* in GedS Bruckner 385),

- **Einlagenpositionen**, die nur (iRe Umgründung) unternehmensrechtlich (aufgrund einer Aufwertung) ausgewiesen werden und nicht durch einen steuerlichen Buchwert unterlegt sind (Jakom[10]/*Marschner* § 4 Rz 499),
- **Steuerumlagezahlungen** iSv § 9 Abs 6 Z 5 (*Korntner*, FJ 2013, 91) und andere Zahlungen auf vertraglicher/wirtschaftlicher Grundlage, die nicht aus der Gesellschafterstellung resultieren,
- **Nutzungseinlagen** (Jakom[10]/*Marschner* § 4 Rz 498) und
- nach Ansicht der FV Verlustübernahmen iRe Ergebnisabführungsvertrags (Jakom[10]/*Marschner* § 4 Rz 498; *Thunshirn*, ÖStZ 2007, 249).

In § 9 Abs 6 idF AbgÄG 2012 wurde in Bezug auf die Einlagen eine **Formulierung** **243** gewählt, die jener durch das **StruktAnpG 1996** (BGBl 1996/63) eingeführten und bis vor dem BudBG 2011 geltenden **entspricht**. Demnach ist das Umwandlungskapital um vorhandene *„Einlagen im Sinne des § 4 Abs. 12"* zu kürzen. Aus der Formulierung wurde idF StruktAnpG 1996 die Kürzung des Betrags der Ausschüttungsfiktion auch um Kapitalrücklagen, die aus der ausschließlich unternehmensrechtlichen Aufwertung von Vermögensgegenständen iRv Vorumgründungen stammten, abgeleitet (UmgrStR Rz 553 idF vor WE 2012; aA VwGH 25.7.2013, 2012/15/0004). Da der VwGH dieser Ansicht nunmehr eine Absage erteilt hat und die Zielsetzung von § 9 Abs 6 idgF eine andere ist (vgl 2. Aufl § 9 Rz 243), ist mE nur der Betrag, der als Einlagenrückzahlung gem § 4 Abs 12 EStG an den Gesellschafter rückgeführt werden könnte, abzugsfähig (nur dieser sollte auch nach Umwandlung [ohne weitere Besteuerung] frei entnehmbar sein – vgl auch *Ludwig/Hebenstreit* in GedS Bruckner 384). Da aufgrund der Historie jedoch Zweifel am Inhalt der Norm verbleiben könnten, wäre mE eine Gesetzesänderung aus dem Blickwinkel der Rechtssicherheit wünschenswert.

§ 9 Abs 6 lässt den Abzug von **zum Umwandlungsstichtag** vorhandenen Einlagen **244** zu. Es ist daher auf den Stand der Einlagen zum Umwandlungsstichtag abzustellen. Eine flankierende Anpassung von § 4 Abs 12 EStG soll sicherstellen, dass auch **Änderungen im Rückwirkungszeitraum** der Umwandlung (Einlagen und Einlagenrückzahlungen) noch im Stand der Einlagen gem Einlagenevidenzkonto berücksichtigt werden (ErlRV AbgÄG 2012 1960 BlgNR 22. GP, 21; vgl weiterführend *Stefaner/Marschner*, SWK 2012, 1075 ff; *Stefaner*, GES 2012, 347; *Ludwig/Hebenstreit* in GedS Bruckner 385; *Zöchling* in W/Z/H/K[5] § 9 Rz 43). Da sich die fraglichen Änderungen gem § 8 Abs 4 rückwirkend im Umwandlungskapital auswirken (vgl § 8 Rz 66 ff), kann nur durch die parallele Behandlung im Einlagenevidenzkonto eine gleichmäßige Behandlung (und damit eine Vermeidung der systemwidrigen zu hohen oder zu niedrigen Besteuerung der zweiten Ebene) erreicht werden (vgl auch UmgrStR Rz 547).

Stellungnahme. Die Anpassung von § 4 Abs 12 EStG greift nicht nur für Umwandlungen. Vielmehr ist sie auch für Vorumgründungen (sowohl zum selben als auch zu früheren Stichtagen) relevant (vgl *Stefaner/Marschner*, SWK 2012, 1077). Systematisch sollte die Zielsetzung mE eine parallele Entwicklung des steuerlichen Eigenkapitals (Umgründungskapital) und Einlagenstands sein. Ob dies durch den Wortlaut, der auf Umgründungen, bei denen die übertragende Körperschaft untergeht, beschränkt ist, in allen Fällen gelungen ist, scheint mE fraglich (vgl weiterführend *Stefaner/Marschner*, SWK 2012, 1078). Und auch die Auswirkungen bei Vorumgründungen vor 2013, bei denen die nun umwandelnde Gesellschaft Rechtsnachfolgerin ist, wirft in Einzelfällen Fragen auf, die durch eine Inkrafttretensvorschrift für die Änderung in § 4 Abs 12 EStG durch den Gesetzgeber vermieden hätten werden können (vgl weiterführend *Stefaner/Marschner*, SWK 2012, 1077 f). Ob Wortlaut und historische Entwicklung in allen Fällen eine (systematisch wünschenswerte) Interpretation ermöglichen, die zu einer parallelen Berücksichtigung im Umwandlungskapital und Einlagenevidenzkonto führt, scheint daher mE fraglich.

246 IdgF lässt § 9 Abs 6 nur den Abzug von **vorhandenen Einlagen** zu. Daher ist mE zB noch ausstehendes noch nicht eingefordertes Nennkapital nicht zu berücksichtigen. Vielmehr sind nur jene Einlagen als vorhandene Einlagen zu berücksichtigen, die den Stand des Einlagenevidenzkontos erhöhen. Einlagen und Einlagenrückzahlungen bei der umwandelnden Gesellschaft sind gem § 4 Abs 12 Z 3 EStG idF AbgÄG 2012 rückwirkend zum Stichtag zu erfassen.

247 **Stellungnahme.** Um die systematisch gebotene parallele Berücksichtigung von Veränderungen im Umwandlungskapital und Einlagenevidenzkonto (vgl Rz 244 f) zu erreichen, müssen mE auch Änderungen des Einlagenevidenzkontos aufgrund von Vorumgründungen (die sich aufgrund der Rückwirkungsfiktion im Umwandlungskapital auswirken können) bereits zum Stichtag der Vorumgründung im Einlagenevidenzkonto berücksichtigt werden. Allerdings bestehen aufgrund des Wortlauts und der Historie von § 4 Abs 12 EStG mE Bedenken, ob die Parallelität in allen Fällen erreicht wird (vgl Rz 245).

b) Ausschüttungen

256 **Ausschüttungen**, die **im Rückwirkungszeitraum** beschlossen und durchgeführt werden, werden bereits mit der Ausschüttung der zweiten Besteuerungsebene unterworfen. Eine Erfassung iRd Ausschüttungsfiktion ist daher nicht nötig und würde zu einer Doppelerfassung führen (vgl auch *Schwarzinger/Wiesner* I/1³ 1133). Im Gegensatz zu § 9 Abs 6 idF vor AbgÄG 2012 (vgl dazu 1. Aufl Rz 231 ff) enthält § 9 Abs 6 idgF keine explizite Kürzungsvorschrift mehr. Diese ist jedoch auch nicht nötig. Im Gegensatz zum unternehmensrechtlichen Reinvermögen wird das steuerliche Umwandlungskapital bereits aufgrund von § 8 Abs 4 gemindert (vgl § 8 Rz 68; s UmgrStR Rz 547; vgl weiters *Ludwig/Hebenstreit* in GedS Bruckner 385).

257 Für den Rückbezug gem § 8 Abs 4 ist ein Beschluss nötig. **Verdeckte Gewinnausschüttungen** werden daher nicht rückbezogen (vgl § 8 Rz 70) und mindern folglich auch das steuerliche Umwandlungskapital nicht. Eine Besteuerung erfolgt somit als Teil der Fiktion der Ausschüttung des Gewinnkapitals. Mangels Fiktion der Rückbeziehung von verdeckten Ausschüttungen findet der Sachverhalt, der in der Körperschaft eine verdeckte Ausschüttung dargestellt hätte, steuerlich zu einem Zeitpunkt statt, in dem der Rechtskörper nicht mehr vorliegt. Folglich erfolgt auch keine verdeckte Ausschüttung an den Rechtsnachfolger (vgl § 8 Rz 70). Dadurch unterbleibt auch eine nochmalige Besteuerung.

258 Offene Ausschüttungen werden nach § 8 Abs 4 nur dann auf den Stichtag rückbezogen, wenn sie nach dem Stichtag beschlossen wurden (vgl § 8 Rz 68). Wurde die Gewinnausschüttung bereits **vor** dem **Umwandlungsstichtag beschlossen**, wird der Ausschüttungsbetrag auch ohne spezielle Norm für die Rückbeziehung bereits als **Verbindlichkeit** – und somit nicht als Teil des Umwandlungskapitals – aus-

zuweisen sein (vgl auch *Keppert/Waitz-Ramsauer* in W/H/M, HdU II⁸ § 9 Rz 67; *Hirschler* in H/M/H § 9 Rz 36; 1. Aufl Rz 233 zum maßgeblichen unternehmensrechtlichen Reinvermögen). Folglich sind in der steuerlichen Umwandlungsbilanz sowohl vor dem Umwandlungsstichtag (aufgrund der gewöhnlichen unternehmensrechtlichen Bilanzierungsregeln und der Maßgeblichkeit) als auch im Rückwirkungszeitraum (aufgrund von § 8 Abs 4) beschlossene Ausschüttungen als Passivposten darzustellen. In beiden Fällen wird somit das Umwandlungskapital (und damit auch das Gewinnkapital) gekürzt.

§ 8 Abs 4 sieht eine Rückbeziehung von **offenen** Ausschüttungen vor. § 8 Abs 4 ist somit nicht auf gewisse Eigenkapitalkategorien beschränkt, sondern führt zu einer Kürzung bei Ausschüttungen auf alle Eigenkapitalkategorien, die in das Umwandlungskapital eingehen. Somit sind offene Ausschüttungen auf sämtliche Typen von (steuerlichem) **wirtschaftlichem Eigenkapital** erfasst (vgl zu § 9 Abs 6 idF vor AbgÄG 2012 1. Aufl Rz 234). 259

Neben der Ausschüttung von thesaurierten Gewinnen führt § 8 Abs 4 auch zu einer Rückbeziehung von **Einlagenrückzahlungen** auf den Umwandlungsstichtag. Somit kürzen auch diese das Umwandlungskapital. Insoweit jedoch § 4 Abs 12 Z 3 idF AbgÄG 2012 auch zu einer Kürzung des Einlagenevidenzkontostands zum Umwandlungsstichtag führt, verändern Einlagenrückzahlungen im Rückwirkungszeitraum das Gewinnkapital nicht (vgl auch UmgrStR Rz 547; s weiters *Ludwig/Hebenstreit* in GedS Bruckner 385). 260

c) Altgewinne vor KStG 1988

Weiters sind im Umwandlungskapital enthaltene thesaurierte Gewinne abzurechnen, die vor dem 1.1.1989 entstanden sind (Teil 3 Z 1 lit b). Da im Anwendungsbereich des **KStG 1966** bei **thesaurierten Gewinnen** eine Besteuerung mit 55 % erfolgte, unterlagen diese Gewinne bereits einer Besteuerung, die auch die **Besteuerung auf Gesellschafterebene berücksichtigt**. Eine Erfassung als (fiktive) Ausschüttung ist daher nicht nötig (vgl auch UmgrStR Rz 554 idF vor WE 2012; s auch *Hirschler* in H/M/H § 9 Rz 37; *Zöchling* in W/Z/H/K⁵ § 9 Rz 40; *Ludwig/Hebenstreit* in GedS Bruckner 382). Soweit nicht klar ist, ob thesaurierte Gewinne aus Zeiträumen bis oder nach 1988 stammen, soll im Zweifel davon ausgegangen werden, dass die verbliebenen thesaurierten Gewinne aus Zeiträumen vor 1989 stammen und somit den Betrag der Ausschüttungsfiktion kürzen (*Hirschler* in H/M/H § 9 Rz 37; *Keppert/Waitz-Ramsauer* in W/H/M, HdU II⁸ § 9 Rz 62 mit Nachweisen aus der Gesetzwerdung). 266

Diese **Meistbegünstigungsregel** soll auch bei der **Verrechnung von Verlusten** gelten. Dh Verluste sollen vorrangig als mit Neugewinnen verrechnet gelten, wodurch im Zweifel Altgewinne verbleiben (BMF 29.11.2000, ecolex 2001, 314). Dies gilt wohl nur insoweit, als die Verrechnung mit Neugewinnen denkmöglich ist (dh insoweit Neugewinne erst nach Verlusten entstehen, ist die Verrechnung wohl mit Altgewinnen vorzunehmen). Auch die sich aus den ErlRV (ErlRV UmgrStG, 266 BlgNR 18. GP, 21) ergebende Meistbegünstigung ist wohl mE nicht soweit zu verstehen, dass sie der Entstehungsgeschichte der thesaurierten Gewinne vorgeht. 267

268 Teil 3 Z 2 lit b blieb durch das AbgÄG 2012 unverändert. Somit bleiben auch bei § 9 Abs 6 idF AbgÄG 2012 Altgewinne von der Ausschüttungsfiktion ausgenommen und kürzen somit das Gewinnkapital. Allerdings kommt es bei der Kürzungsvorschrift zu systematischen Verwerfungen: Da kein Gewinnkapital zum 1.1.1989 vorliegt (und auch nicht mit angemessenem Aufwand rekonstruierbar ist) und auch die Kürzungsvorschrift in Teil 3 Z 2 lit b unverändert bleibt, ist ihr mE weiterhin derselbe Inhalt (wie vor dem AbgÄG 2012) zuzurechnen. Somit erfolgt eine Kürzung des Gewinnkapitals (das auf steuerlichen Werten basiert) um noch nicht ausgeschüttete (unternehmensrechtliche) Altgewinne (vgl auch *Stefaner*, GES 2012, 347 f).

3. Hinzurechnung bei übernommenem negativem Vermögen

a) Hintergrund

271 Das **Einlagenevidenzkonto** soll die **Außenfinanzierung** durch die Gesellschafter abbilden. Bei Einlagen (außerhalb des UmgrStG) erhöht sich das Einlagenevidenzkonto grundsätzlich um den gemeinen Wert (steuerlichen Wert der Einlage; § 8 Abs 1 KStG iVm § 6 Z 14 EStG) des zugeführten Vermögens (vgl Jakom[10]/*Marschner* § 4 Rz 499). Führen Umgründungen zur Zuführung von Vermögen durch Gesellschafter (Down-stream-Umgründungen), erhöht sich der Stand des Einlagenevidenzkontos – abweichend von der Grundregel – parallel zur Buchwertfortführung um den Buchwert des übergehenden Vermögens. Durch Umgründungen kann auch Vermögen übertragen werden, das (idR zwar einen positiven Verkehrswert, jedoch) einen negativen steuerlichen Buchwert hat. Das Einlagenevidenzkonto als Verkörperung der Außenfinanzierung kann dadurch jedoch nicht sinken (vgl ErlRV AbgÄG 2004, 686 BlgBR 22. GP, 30; s auch *Wurm*, SWK 2013, 116; *Schwarzinger/Wiesner* I/1[3] 1147; *Ludwig/Hebenstreit* in GedS Bruckner 386; *Allgäuer* in *Kirchmayr/Mayr*, Umgründungen 75; *Korntner*, FJ 2013, 91; *Hübner-Schwarzinger*, SWK 2013, 1404; *Strimitzer* in GedS Helbich 304 f; differenzierend *Beiser*, RdW 2013/617, 629, 631).

272 Zielsetzung der Ausschüttungsfiktion ist die Sicherung der zweiten Besteuerungsebene für (in der umwandelnden Gesellschaft) erwirtschaftete Gewinne (vgl Rz 207). Stellt das Gewinnkapital den Unterschiedsbetrag zwischen Umwandlungskapital und Stand des Einlagenevidenzkontos dar, hätte die umgründungsbedingte Übertragung von Vermögen mit negativem steuerlichem Buchwert folgenden Effekt: Das steuerliche Eigenkapital (Umwandlungskapital) sinkt. Das Einlagenevidenzkonto bleibt unverändert. Ohne weitere Maßnahmen hätte dies in Bezug auf die Ausschüttungsfiktion einen **entsteuernden Effekt** (vgl auch *Ludwig/ Hebenstreit* in GedS Bruckner 386; *Zöchling* in *W/Z/H/K*[5] § 9 Rz 45; daher dient S 3 nach *Walter* dem Zweck der Einmalbesteuerung – *Walter*[11] Rz 272b). Um dies zu vermeiden, sieht § 9 Abs 6 bei Umwandlung (anstatt einem rechtspolitisch auch möglich gewesenen Abstellen auf negative Buchwerte der Beteiligung – *Zöchling* in *W/Z/H/K*[5] § 9 Rz 45) eine **Hinzurechnung** iHd übernommenen negativen steuerlichen Buchwerts vor (vgl auch *Schwarzinger/Wiesner* I/1[3] 1135; *Ludwig/Hebenstreit* in GedS Bruckner 386; nach *Beiser* ergibt sich dies bereits aus systematischer Interpretation von § 9 Abs 6 S 2 und S 3 soll nur klarstellenden Charakter haben – *Beiser*, RdW 2013/617, 630). Gleichzeitig verpufft damit zum Teil die Einfachheit (vgl auch *Zöchling* in *W/Z/H/K*[5] § 9 Rz 39), die in der Fassung des BE die Nachverfolgung von Vorumgründungen gänzlich unnötig gemacht hätte (vgl dazu *Schlager*, RWZ 2012, 193; *Stefaner*, GES 2012, 347).

b) Übertragung von Vermögen mit negativem steuerlichem Buchwert

§ 9 Abs 6 S 3 führt zu einer Hinzurechnung, wenn durch eine **Vorumgründung** **276**
Vermögen mit **negativem steuerlichem Buchwert** auf die umwandelnde Gesellschaft übertragen wurde (vgl auch *Walter*[11] Rz 272b). Auch die frühere Übertragung ausländischen Vermögens mit negativem steuerlichem Buchwert kann eine Erhöhung des Gewinnkapitals verursachen (*Schwarzinger/Wiesner* I/1[3] 935). Zu einem negativen steuerlichen Buchwert des übertragenden Vermögens kann es dabei nicht nur kommen, wenn ein Vermögensgegenstand einen negativen Buchwert aufweist, sondern immer, wenn die übertragenen Aktiva einen niedrigeren steuerlichen Buchwert haben als die übertragenen Passiva (somit zB bei der Übertragung eines nach steuerlichen Buchwerten überschuldeten Betriebs – vgl auch 1. Aufl Rz 242 zu einer ähnlichen Regelung iRv § 9 Abs 6 idF vor AbgÄG 2012; s auch *Beiser*, RdW 2013/617, 630).

Die Besteuerung des Gewinnkapitals iRd Besteuerung einer fiktiven Ausschüttung **277** soll der Herstellung der wirtschaftlichen Einmalbesteuerung dienen (vgl Rz 207). Zielsetzung war dabei die Erfassung von negativen steuerlichen Buchwerten, die aufgrund von rückwirkenden Änderungen (insb vorbehaltene Entnahmen bei vorangegangenen Einbringungen) aus Vorumgründungen stammen. Jedoch soll dadurch keine Besteuerung von Scheingewinnen resultieren (aufgrund des im Vergleich zur Zielsetzung weiten Wortlauts ist daher die teleologische Interpretation besonders wichtig – *Zöchling* in W/Z/H/K[5] § 9 Rz 45). Somit soll auch die Hinzurechnung bei übernommenen negativen Vermögen aus Vorumgründungen nur dann greifen, wenn durch die Vorumgründung (fiktiv ausschüttbare) Gewinne der Besteuerung entzogen wurden (vgl auch *Zöchling* in W/Z/H/K[5] § 9 Rz 46). **Nicht erfasst** sind daher jene Fälle, in denen das negative Vermögen aus **tatsächlich erlittenen Verlusten** stammt (*Hübner-Schwarzinger*, SWK 2013, 1483 f; vgl auch *Walter*[11] Rz 272b; *Zöchling* in W/Z/H/K[5] § 9 Rz 47). Andernfalls würden Scheingewinne iRd Ausschüttungsfiktion der Besteuerung unterzogen (UmgrStR Rz 548). Daher geht auch die FV davon aus (wobei eine Klarstellung im Gesetzeswortlaut wünschenswert wäre – *Hirschler/Sulz/Zöchling* in GedS Helbich 186; *Zöchling* in W/Z/H/K[5] § 9 Rz 49), dass keine Hinzurechnung greift, wenn das negative übertragene Vermögen iRe vorangehenden Verschmelzung aus laufenden Verlusten der übertragenden Gesellschaft resultiert (UmgrStR Rz 548). Dies hat wohl nicht nur für Verschmelzungen, sondern auch für andere Vorumgründungen zu gelten. Wurde dabei ein durch Verluste bestehendes negatives übertragenes Vermögen durch vorbehaltene Entnahmen weiter erhöht, muss die Regel dementsprechend eine „insoweit"-Vorschrift darstellen. Eine Erhöhung sollte somit auch in diesen Fällen mE nur in Höhe der vorbehaltenen Entnahme vorgenommen werden.

c) Vorumgründung

Die Hinzurechnungsvorschrift greift, wenn die umwandelnde Gesellschaft Vermögen mit negativem Buchwert übernommen hat. Der Terminus *Umgründungen* erfasst dabei in in einheitlicher Auslegung im UmgrStG **nur** Vorumgründungen **unter Anwendung des UmgrStG**. Dies ist auch systemkonform. Findet eine Restrukturierung (auch wenn es sich um einen grundsätzlich vom UmgrStG erfassten Um- **281** gründungstypus handelt) außerhalb des Anwendungsbereichs des UmgrStG statt, erfolgt die Bewertung des übertragenen Vermögens und der Einlagenevidenzkontenveränderung nach allgemeinen steuerlichen Vorschriften. Stille Reserven werden aufgedeckt und übertragenes Vermögen mit positivem Verkehrswert hat somit auch einen positiven steuerlichen Buchwert. Das steuerliche Eigenkapital und das Einlagenevidenzkonto verändern sich parallel. Es kommt daher nicht zu den oben angeführten (vgl Rz 272) Verwerfungen. Entsprechend der Zielsetzung von § 9 Abs 6 S 3 ist dessen Anwendung folglich auch nicht nötig.

282 Nach dem Wortlaut greift § 9 Abs 6 S 3, wenn *innerhalb von zehn Jahren vor dem Umwandlungsstichtag Vermögen mit negativem Buchwert übernommen* wurde. Da es um die Frage des Übergangs negativer steuerlicher Buchwerte geht, ist für die Ermittlung des Zeitpunkts (anders als im System vor dem AbgÄG 2012, bei dem auf die unternehmensrechtliche Verbuchung abzustellen war – vgl 1. Aufl Rz 263) nach der steuerlichen Systematik der **Ablauf des Stichtags der Vorumgründung** relevant. Somit können Vorumgründungen mit **Vermögensübernahme** (somit Beginn des dem Stichtag folgenden Tages) **bis zu zehn Jahre vor dem Stichtag der** fraglichen **Umwandlung** lag, zu einer Hinzurechnung führen. Vorumgründungen mit einem dem Stichtag folgenden Tag, der länger als zehn Jahre zurückliegt, führen zu keiner Hinzurechnung (vgl UmgrStR Rz 548; s auch *Schwarzinger/Wiesner* I/1³ 1135; *Ludwig/Hebenstreit* in GedS Bruckner 386; *Hübner-Schwarzinger*, SWK 2013, 1485; *Zöchling* in *W/Z/H/K*⁵ § 9 Rz 50).

283 Stellungnahme. Der Wortlaut *innerhalb von zehn Jahren **vor dem Umwandlungsstichtag** [Hervorhebung durch den Autor] Vermögen mit negativem Buchwert übernommen* scheint nahezulegen, dass nur solche **Vorumgründungen** zu Hinzurechnungen führen können, deren **Stichtag vor jenem der Umwandlung** liegt. Dies würde dazu führen, dass Vorumgründungen, die – mittels Umgründungsplan – auf denselben Stichtag durchgeführt werden, nicht zu einer Hinzurechnung führen, selbst wenn Vermögen mit einem negativen steuerlichen Buchwert übertragen wird. Dies würde jedoch mE der Zielsetzung widersprechen. **Teleologisch ist mE gefordert**, dass auch jene **Vorumgründungen** erfasst sind, deren Stichtag auf **denselben Stichtag** fällt. Vor diesem teleologischem Hintergrund wird der Wortlaut wohl so zu interpretieren sein, dass der Wortlaut „*vor*" klarstellen soll, dass es sich um eine *Vor*umgründung handelt und sich die Formulierung „*innerhalb von zehn Jahren vor*" klarstellen soll, dass Vorumgründungen mit Stichtagen von mehr als zehn Jahren vor der tatbestandlichen Umwandlung zu keinen Hinzurechnungen führen. Diese Begrenzung auf Vorumgründungen der letzten zehn Jahre dient der Nachvollziehbarkeit und Überprüfbarkeit. Stellt die Norm eine Regel zur Bekämpfung von Missbräuchen dar, scheint auch der Planungshorizont von mehr als zehn Jahren für missbräuchliche Gestaltungen nicht geeignet.

284 Wie in der Vorgängerregelung der Ausschüttungsfiktion (§ 9 Abs 6 idF BudBG 2011) greift die volle Zehnjahresfrist für Hinzurechnungen, die aus Vorumgründungen stammen, nicht sofort, sondern wird erst durch eine **„Eisberglösung"** erreicht (vgl zu § 9 Abs 6 idF BudBG 2011 1. Aufl Rz 283). Zu einer Hinzurechnung nach § 9 Abs 6 S 3 kommt es nur *wenn der Vorumgründung ein Stichtag nach dem 31. Dezember 2007 zu Grunde lag* (3. Teil Z 23). Umgründungen mit **Stichtag vor**

dem 1.1.2008 sind daher **auch innerhalb** der **Zehnjahresfrist nicht zu berücksichtigen** (vgl UmgrStR Rz 548; s auch *Schwarzinger/Wiesner* I/1[3] 1135; *Ludwig/ Hebenstreit* in GedS Bruckner 386; *Hübner-Schwarzinger*, SWK 2013, 1485; *Zöchling* in W/Z/H/K[5] § 9 Rz 50). Die Zehnjahresfrist wird daher nur sukzessive durch Abschmelzen der von der Eisberglösung geschützten Zeiträume erreicht. ME kann auch aus VwGH 25.7.2013, 2012/15/0004 (zu § 9 Abs 6 idF AbgÄG 2001) nichts anderes abgeleitet werden (*Stefaner*, GES 2014, 138; vgl auch *Hübner-Schwarzinger*, SWK 2013, 1405; aA jedoch *Beiser*, RdW 2013/617, 631).

> **Stellungnahme.** Die Eisberglösung dient der **Überprüfbarkeit** (die Überprüfung könnte bei Umgründungen, die vor mehreren Jahren durchgeführt wurden und bei denen die Frage zumindest für eine spätere Ausschüttungsfiktion nicht rechtserheblich war, nicht entsprechend evident gehalten und daher schwer überprüfbar sein – insb, wenn die Aufbewahrungsfrist des § 132 BAO überschritten ist) und der **Rechtssicherheit** (vorgenommene Umgründungen vor mehreren Jahren sollen nunmehr nicht bei Folgeumgründungen zu negativen Folgen führen, die bei der Vorumgründung nicht absehbar waren). Aus diesen Gründen ist die Eisberglösung zu begrüßen (zur Kritik am gewählten Stichtag für die Eisberglösung vgl 3. Aufl Rz 285). 285

Effekte von Vorumgründungen **treffen** auch **Personen**, die an der **Vorumgründung nicht beteiligt** waren. Resultiert die Hinzurechnung aus einer früheren Einbringung in die umzuwandelnde Gesellschaft, trifft die Auswirkung der Hinzurechnung nicht nur jenen Gesellschafter, der das fragliche Vermögen damals eingebracht hat, sondern geht allgemein in den Betrag, der als ausgeschüttet gilt, ein. Die Hinzurechnung greift daher auch dann, wenn der ursprünglich einbringende Gesellschafter nicht Rechtsnachfolger (vgl § 7 Rz 226 ff) der umwandelnden Gesellschaft wird. 286

Nach der Verwaltungspraxis soll auch im Fall, dass die **ursprüngliche Übertragung nicht auf** die **umwandelnde Gesellschaft**, sondern auf einen (steuerlichen) **Gesamtrechtsvorgänger** erfolgte, die Hinzurechnung greifen. Dies ist gesetzlich nicht explizit vorgesehen. Daher könnten Zweifel verbleiben, ob die in § 9 Abs 6 S 3 vorgesehene Spezialregel für Vorumgründungen Platz für die sonst greifende allgemeine Gesamtrechtsnachfolge iRv (Vor-)Umgründungen belässt. In den UmgrStR ist als Beispiel für diese Durchgriffsbetrachtung die Einbringung in eine Kapitalgesellschaft (X) genannt, die anschließend auf eine andere Kapitalgesellschaft (Y) verschmolzen wird, wenn die übernehmende Kapitalgesellschaft (Y) später umgewandelt wird (UmgrStR Rz 548). Bei der Umwandlung der übernehmenden Kapitalgesellschaft (Y) kommt es zu einer Hinzurechnung. Auch wenn in diesem Fall das Vermögen mit negativem Buchwert mehrmals übertragen wird, kommt es zu keiner Kumulierung der negativen Buchwerte (vgl Rz 301). 287

d) Beschränkung auf Down-stream-Umgründungen

Der Gesetzeswortlaut differenziert nicht nach der Verschmelzungsrichtung. Demnach könnten nach dem **Wortlaut** von § 9 Abs 6 S 3 Down-, Side- und Upstream-Umgründungen eine Hinzurechnung auslösen. Betrachtet man jedoch die Zielsetzung, scheint diese undifferenzierte Erfassung aller Umgründungsrichtungen fraglich. 291

292 Ziel von § 9 Abs 6 S 3 ist, die Entsteuerung eines Teils der thesaurierten Gewinne durch die Übertragung von Vermögen mit negativen Buchwerten zu unterbinden (vgl ErlRV AbgÄG 2012 1960 BlgNR 22. GP, 30; weiters Rz 272). Da sich das Gewinnkapital als Unterschiedsbetrag zwischen Umwandlungskapital und Einlagenevidenzkontenstand ergibt, besteht das von § 9 Abs 6 S 3 zu bekämpfende Phänomen in jenen Fällen, in denen es bei der Übertragung von Vermögen mit negativem Buchwert (im Gegensatz zu Fällen der Übertragung eines positiven Buchwerts) zu einem Auseinanderlaufen der Berücksichtigung in Einlagenevidenzkonto und steuerlichem Eigenkapital kommen kann. Zu einer dem Grunde nach parallelen Entwicklung von Einlagenevidenzkontenstand und steuerlichem Eigenkapital kommt es jedoch nur bei Down-stream-Umgründungen (vgl zu Einbringungen § 18 Rz 158). Im Gegensatz dazu führen Up-stream-Umgründungen bei der übernehmenden Gesellschaft zu keinen Auswirkungen im Einlagenevidenzkonto (vgl § 18 Rz 164). Daher kann es hier auch zu keiner systematisch unterschiedlichen Behandlung bei der Übertragung von positiven und negativen Buchwerten im Einlagenevidenzkonto kommen. Und auch bei Side-stream-Umgründungen kommt es zu keiner systematischen parallelen Entwicklung von Einlagenevidenzkontenstand und steuerlichem Eigenkapital – während sich die Entwicklung des Einlagenevidenzkontenstands nach Ansicht der FV aus dem Einlagenevidenzkonto der übertragenden Gesellschaft ergibt (vgl § 18 Rz 159 ff), entwickelt sich das Eigenkapital nach dem Wert des übertragenen steuerlichen Buchwerts. Der **Telos** von § 9 Abs 6 S 3 ist, dass die Hinzurechnung nur dann greift, wenn die Vorumgründung dem Grunde nach eine parallele Auswirkung auf das Einlagenevidenzkonto hatte, diese parallele Auswirkung jedoch bei negativen Buchwerten nicht greift (vgl zur Begründung für die Hinzurechnung ErlRV AbgÄG 2012 1960 BlgNR 22. GP, 30). Demnach sollte die **Hinzurechnung nur** bei **Down-stream-Umgründungen** greifen.

293 Stellungnahme. Es stellt sich damit die Frage, ob die rechtspolitische Zielsetzung, dass die Hinzurechnungsvorschrift auf Down-stream-Vorumgründungen beschränkt sein soll, auch rechtsdogmatisch (mittels teleologischer Interpretation) zu berücksichtigen ist. Da die Hinzurechnung eine begrenzte Durchbrechung des Abstellens auf den Unterschiedsbetrag zwischen Umwandlungskapital und Einlagenevidenzkontenstand darstellt, sollte diese Durchbrechung mE restriktiv interpretiert werden und daher nur dort angewendet werden, wo sie entsprechend dem Telos systematisch notwendig und daher geboten ist (so sieht auch *Zöchling* aufgrund des im Vergleich zur Zielsetzung weiten Wortlauts die teleologische Interpretation als besonders wichtig an – *Zöchling* in *W/Z/H/K*[5] § 9 Rz 45). Auf **Up-** und **Side-stream-Vorumgründung** sollte die **Hinzurechnung** daher mE bereits im Auslegungswege **keine Anwendung** finden (vgl auch *Allgäuer* in *Kirchmayr/Mayr*, Umgründungen 76; *Zöchling* in *W/Z/H/K*[5] § 9 Rz 46; auch *Schwarzinger/Wiesner* wenden die Hinzurechnung bei vorangehenden Up-stream-Verschmelzungen nicht an – *Schwarzinger/Wiesner* I/1[3] 1157). Andernfalls würde (insb am Bsp der Up-stream-Umgründungen; aber auch bei Side-stream-Umgründungen aufgrund des Fehlens einer spiegelbildlichen Regel beim Übertragenden – vgl Rz 299) eine systemwidrige und daher bedenkliche Übersteuerung erfolgen. Aus Sicht der Rechtssicherheit ist rechtspolitsch der Gesetzgeber zu einer Klarstellung aufgerufen.

e) Erhöhung des Gewinnkapitals

Ist § 9 Abs 6 S 3 anwendbar, wird das Gewinnkapital erhöht. Somit erhöht sich der Betrag, der der Ausschüttungsfiktion unterliegt. Das Gewinnkapital wird dabei **um den Betrag des in der Vorumgründung übertagenen negativen Buchwerts erhöht** (vgl auch UmgrStR Rz 548). Um klarzustellen, dass die Erhöhung des Gewinnkapitals um den Betrag des *negativen* Buchwerts zu einer Erhöhung des Gewinnkapitals führt – und nicht aus der mathematischen Logik die Addition eines negativen Werts eine der Zielsetzung widersprechende Verringerung des Betrags des Gewinnkapitals verursacht – führen die ErlRV aus, dass eine Hinzurechnung des *absoluten* Betrags zu erfolgen hat (ErlRV AbgÄG 2012 1960 BlgNR 22. GP, 30). Im Gegensatz zu § 18 Abs 2 Z 1 greift die Erhöhung des Gewinnkapitals gem § 9 Abs 6 auch nach Realisierung der stillen Reserven durch Verkauf der Beteiligung. Nach *Kirchmayr* ist die Regel insoweit überschießend (*Kirchmayr* in FS Hügel 182). **296**

Entstand ein negativer Buchwert iSv § 9 Abs 6 S 3 (tw) bei **früheren Einbringungen** durch Korrekturen iSv § 16 Abs 5 Z 1 (vgl § 16 Rz 111 ff) und 2 (vgl § 16 Rz 131 ff), lösten diese Korrekturen gem § 18 Abs 2 Z 1 eine Besteuerung als (fiktive) Ausschüttung aus, wenn sich dadurch ein negativer Buchwert ergab oder erhöhte (vgl § 18 Rz 71 ff). Die KESt auf diese **fiktive Ausschüttung gem § 18** kann zum Teil bis zur Tilgung der entsprechenden Passivposten aufgeschoben werden, wird jedoch spätestens mit der Umwandlung ausgelöst (vgl § 18 Rz 77). Um eine Doppelbesteuerung derselben Beträge iRd Nachversteuerung bei der Einbringung und der Umwandlung zu vermeiden, sieht § 9 Abs 6 S 3 vor, dass eine Hinzurechnung für Zwecke der Ausschüttungsfiktion gem § 9 Abs 6 nur insoweit vorzunehmen ist, als nicht bereits die Ausschüttungsfiktion gem § 18 Abs 2 gegriffen hat (vgl UmgrStR Rz 548; s auch *Walter*[11] Rz 272b; *Ludwig/Hebenstreit* in GedS Bruckner 386; Schwarzinger/Wiesner I/1[3] 135). Der Ausschüttungsfiktion gem § 18 kommt somit insoweit **Vorrang gegenüber § 9 Abs 6** zu. So wie die Vorgängernormen in § 9 Abs 6 Z 1 lit b TS 3 und 4 (vgl dazu 1. Aufl Rz 282), dient § 9 Abs 6 S 3 letzter TS somit der Vermeidung der Doppel- und damit Überbesteuerung und der Erzielung einer systemkonformen Einmalerfassung (vgl auch *Hübner-Schwarzinger*, SWK 2013, 1483). **297**

Da die Ausschüttungsfiktion des **§ 18 Abs 2 bereits mit Beschluss der Umwandlung** greift, ist diese der Ausschüttungsfiktion gem § 9 Abs 6 (die erst mit Anmeldung zum Firmenbuch ausgelöst wird – vgl Rz 316) **zeitlich vorgelagert**. Daher ist die zeitliche Abfolge und somit auch der Vorrang eindeutig. **298**

§ 9 Abs 6 sieht nur eine Regel zur Erhöhung des Gewinnkapitals bei der übernehmenden Gesellschaft vor. Eine **spiegelbildliche** (gegenläufige) **Regel für die übertragende Person fehlt**. Dies ist vor dem Telos der Norm **systemkonform**. Greift die Norm nur **für Down-stream-Umgründungen**, führt die Vorumgründung zu keiner Änderung des Einlagenevidenzkontostands der übertragenden Gesellschaft und auch das steuerliche Eigenkapital bleibt unverändert, da nur ein Aktivtausch vorliegt. Nur wenn die Norm auch für Side- oder Up-stream-Umgründungen greifen würde, wäre eine spiegelbildliche Norm nötig, da in diesen Fällen auch Einlagenevidenzkontenstand und steuerliches Eigenkapital der übertragenden Gesellschaft verändert werden. Eine entsprechende Regel wäre in diesen Fällen nötig, um in übergreifender Betrachtung eine konsistente Einmalerfassung sicherzustellen und eine Überbesteuerung zu vermeiden (vgl zu dieser Zielsetzung auch *Hübner-* **299**

Schwarzinger, SWK 2013, 1483). Wäre die Regel auch auf Side- oder Up-stream-Umgründungen anwendbar, wäre das Fehlen einer gegenläufigen Regel bei übertragenden Körperschaften einer Side- oder uU Up-stream-Umgründung mE systemwidrig. Allerdings ist es bei einer beschränkten Anwendung auf Down-stream-Umgründungen systemkonform. Daher spricht auch dies mE für eine **Beschränkung** der **Anwendung** von § 9 Abs 6 S 3 **auf Down-stream-Vorumgründungen**.

f) Mehrfachzüge

300 Wird im Betrachtungszeitraum (vgl Rz 282 ff) in mehreren Umgründungen Vermögen mit negativem Buchwert übertragen, werden die Beträge addiert. Diese Aufsummierung erfolgt jedoch nur, wenn mehrmals neues Vermögen mit negativem Buchwert geschaffen und in der Folge übertragen wird. Wird hingegen bei einer Umgründung **Vermögen** mit einem negativen Buchwert ‚geschaffen' und dieses anschließend (zum selben Stichtag oder auch zu unterschiedlichen Stichtagen) im Anwendungsbereich des Umgründungssteuerrechts **mehrfach übertragen**, soll der Betrag (der dieselbe Wurzel hat) nicht mehrfach erfasst werden – sich **nicht kumulieren** (vgl auch *Walter*[11] Rz 272b; *Zöchling* in *W/Z/H/K*[5] § 9 Rz 48). Die FV hat hierfür als Beispiel angeführt, dass bei einer Einbringung eines negativen Vermögens in eine Kapitalgesellschaft (X) gefolgt von der Verschmelzung der Kapitalgesellschaft (X) auf eine andere Kapitalgesellschaft (Y) zwar zwei Übertragungen von negativem Vermögen vorliegen, der negative Buchwert jedoch nur einmal hinzugerechnet wird und die Werte nicht für jeden Schritt erfasst (kumuliert) werden (UmgStR Rz 548).

301 **Stellungnahme.** Nach dem von der FV angeführten Beispiel bleibt die Behandlung von Konstellationen, in denen die ‚**Zwischengesellschaft**' besteht bleibt, offen. In Abwandlung des Beispiels in UmgrStR Rz 548 bringt die natürliche Person A in die Kapitalgesellschaft X negatives Vermögen ein. X bringt das Vermögen mittels Einbringung in Kapitalgesellschaft Y ein. Innerhalb der Zehnjahresfrist wird Y, nachdem X die Beteiligung veräußert hat, umgewandelt. Unabhängig davon wird auch X umgewandelt. Auch hier wird das Prinzip, dass Mehrfachbewegungen zu **keiner Kumulierung** der Hinzurechnungsbeträge führen dürfen (UmgrStR Rz 548), greifen. Handelte es sich bei allen Umgründungen um Down-Stream-Umgründungen (andere Umgründungen sind mE anders zu behandeln und führen somit zu anderen Ergebnissen – vgl dazu Rz 291 ff), verringerten die Einbringungen das steuerliche Reinvermögen bei beiden Kapitalgesellschaften. Bei der Folgeeinbringung wurde bei Kapitalgesellschaft X jedoch auch der Beteiligungsansatz an Y verringert und damit bei der Veräußerung der Beteiligung erfasst. Im Gegensatz dazu verbleibt bei Y der Effekt, der rechtspolitisch mit § 9 Abs 6 S 3 vermieden werden sollte – geringeres (unversteuertes) Eigenkapital und unverändertes Einlagenevidenzkonto. Dies spricht mE dafür, analog zur Verwaltungspraxis eine Erhöhung des Gewinnkapitals bei jener Gesellschaft vorzunehmen, die das Vermögen schlussendlich besitzt, wobei die Kumulierung der Hinzurechnungen auszuschließen ist, um eine Einmalerfassung sicherzustellen. Systematisch kann es dabei mE keinen Unterschied machen, ob X bei Umwandlung noch Gesellschafter von Y ist.

302 **Stellungnahme.** IRv **Mehrfachzügen** können auch Ungewissheiten entstehen, ob eine fragliche Umgründung mit negativen Buchwerten in die **Zehnjahresfrist** (vgl Rz 282 ff) fällt. Erfolgte die Umgründung, aus der der negative Buchwert stammt, außerhalb der Zehnjahresfrist, jedoch die Übertragung auf die umwandelnde Gesellschaft innerhalb der Zehnjahresfrist, stellt sich die Frage, ob eine Hinzurechnung zu erfolgen hat. Die Zehnjahresfrist dient der Vereinfachung und der Nachvollziehbarkeit. Muss zur Vermeidung der Besteuerung von Scheingewinnen (vgl Rz 294) nachvollzogen werden, ob negative Buchwerte aus laufenden Verlusten stammen, spricht dies wohl dafür, dass für die Zehnjahresfrist auf die ursprüngliche Umgründung abzustellen ist. Dagegen spricht jedoch wohl, dass die Umgründung, mit der das Vermögen auf die umwandelnde Gesellschaft übergeht, eine tatbeständliche iSv § 9 Abs 6 S 3 ist (idS wohl auch UmgrStR Rz 548, da sich die Frage der doppelten Erfassung nur stellen kann, wenn beide Umgründungen tatbeständliche Umgründungen sind).

4. Ausländische Umwandlungen

Die Ausschüttungsfiktion ist auf alle Umwandlungen im Anwendungsbereich von Art II anzuwenden (vgl auch *Nekrasov* in *Kirchmayr/Mayr*, Umgründungen 58); somit grundsätzlich auch auf Umwandlungen ausländischer Kapitalgesellschaften (vgl BMF 16.9.1999, RdW 1999, 756; s auch *Keppert/Waitz-Ramsauer* in *W/H/M*, HdU II[8] § 9 Rz 77; *Staringer* in *W/H/M*, HdU II[8] Q2 Rz 49; *Damböck*, SWI 2001, 14; vgl aber auch *Schwarzinger/Wiesner* I/1[3] 1073; s zu den sich dabei ergebenden praktischen Problemen *Nekrasov* in *Kirchmayr/Mayr*, Umgründungen 60 f). Im Gegensatz zur Verschmelzung (vgl § 3 Rz 71 ff) kennt Art II keine gesonderte Ausschüttungsfiktion für Umwandlungen ausländischer Gesellschaften mit österreichischen Rechtsnachfolgern. Der Betrag der fiktiven Ausschüttung ist in diesem Fall **ebenfalls nach** dem System von **§ 9 Abs 6** zu ermitteln. Das Formalargument, dass § 9 Abs 6 mangels Eintragung der ausländischen Umwandlung ins österreichische Firmenbuch nicht greifen kann, überzeugt nicht (so auch *Damböck*, SWI 2001, 14; *Hafner/Heinrich* in *Achatz ua*, Int Umgr 95 f). 311

Bei ausländischen Umwandlungen ist zu beachten, dass die Ausschüttungsfiktion bei ausländischen Gesellschaften nur bei inländischen Gesellschaftern (oder bei über österreichische Betriebsstätten gehaltenen Beteiligungen) relevant sein kann. Damit liegt eine **Inbound-Umwandlung** vor. Somit kommt auch die Regelung des § 9 Abs 1 Z 2 zur Anwendung (vgl Rz 31). Durch den Wegfall der Beteiligung (und dem Besteuerungsrecht daran) kommt es insoweit zu einer **Einschränkung** des österreichischen **Besteuerungsrechts**, als die Vermögensgegenstände der übertragenden Gesellschaft nach Umwandlung in Österreich nicht steuerhängig sind (vgl Rz 32). Insoweit es zu einer solchen Einschränkung des Besteuerungsrechts kommt, folgt eine **Tauschbesteuerung** und möglicherweise eine Leistung der Abgabenschuld in Raten. Würde neben der Tauschbesteuerung auch noch die Ausschüttungsfiktion greifen, käme es zu einer systemwidrigen **Doppelbesteuerung** (vgl auch Rz 230, weshalb zumindest der für Zwecke von § 9 Abs 1 Z 2 zugrunde zu legende Verkehrswert zu verringern wäre). Somit ist *Keppert/Waitz-Ramsauer* zuzustimmen, dass die **Ausschüttungsfiktion** bei Inbound-Umwandlungen nur in jenem Anteil greift, als der Verkehrswert des Vermögens der übertragenden Gesellschaft auf nach der Umwandlung in Österreich zu besteuerndes Vermögen entfällt (*Keppert/Waitz-Ramsauer* in *W/H/M*, HdU II[8] § 9 Rz 77). Der Anteil, der dem Vermögen, das nach der Umwandlung nicht der österreichischen Besteuerung unterliegt, entspricht, fällt unter § 9 Abs 1 Z 2 (vgl Rz 34). Hierfür kommt es durch die Aufdeckung der stillen Reserven zu einer Besteuerung der zweiten Ebene (vgl 312

Rz 34 ff; uU mit Besteuerungsaufschub – vgl Rz 35 f) statt der Besteuerung einer fiktiven Ausschüttung. Auch dies führt zur Erreichung der wirtschaftlichen Einmalbesteuerung.

C. Besteuerung der Ausschüttungsfiktion

1. Zeitpunkt

316 Gem § 9 Abs 6 S 1 gilt das Gewinnkapital mit dem **Tag der Anmeldung der Umwandlung beim Firmenbuch** als offen ausgeschüttet (UmgrStR Rz 544; s auch *Keppert/Waitz-Ramsauer* in *W/H/M*, HdU II[8] § 9 Rz 75; *Hirschler* in *H/M/H* § 9 Rz 39; *Zöchling* in *W/Z/H/K*[5] § 9 Rz 51; *Schwarzinger/Wiesner* I/1[3] 895). Der Tag der Anmeldung zum Firmenbuch gilt auch als Tag des Zufließens iSv § 95 Abs 3 Z 1 EStG und löst damit die Frist zur Abfuhr der KESt aus (vgl auch *Ludwig/Hebenstreit* in GedS Bruckner 386). KESt ist daher innerhalb einer Woche nach Anmeldung zum Firmenbuch zu erklären und abzuführen (vgl *Keppert/Waitz-Ramsauer* in *W/H/M*, HdU II[8] § 9 Rz 75; *Hirschler* in *H/M/H* § 9 Rz 39; *Zöchling* in *W/Z/H/K*[5] § 9 Rz 51; *Walter*[11] Rz 272a).

2. Besteuerung und Befreiungen

317 Durch § 9 Abs 6 erfolgt keine Erweiterung der Einkunftsarten (*Keppert/Waitz-Ramsauer* in *W/H/M*, HdU II[8] § 9 Rz 73). Die Beträge, die der Ausschüttungsfiktion unterliegen, sind **wie offene Ausschüttungen** zu behandeln (vgl UFS 21.8.2003, RV/0424-S/02; UmgrStR Rz 549). Fiktive unterliegen wie offene Ausschüttungen grundsätzlich dem KESt-Abzug (vgl BFG 8.6.2015, RV/3100586/2013 zur nicht in jedem Fall gegebenen späteren Haftungsverpflichtung der Rechtsnachfolger; weshalb auch die Verwaltungspraxis nunmehr von einer Vorschreibung an den Rechtsnachfolger ausgeht – UmgrStR Rz 549 idF WE 2015). Auf Ebene der ausschüttenden ansässigen Gesellschaft greifen die **KESt-Befreiungen** des EStG (BMF 29.11.1999, EAS 1568; weiters BMF 20.8.1996, RdW 1996, 566 zur Notwendigkeit des Erfüllens der Befreiungsvoraussetzungen, die deren Anwendung ermöglicht; vgl zu den Befreiungen Jakom[10]/*Marschner* § 94 Rz 7 ff, insb § 94 Z 2 für Ausschüttungen an Kapitalgesellschaften). Bei ausländischen Rechtsnachfolgern sind auch Folgen eines anwendbaren DBA zu berücksichtigen (vgl BMF 23.3.1993, SWI 1993, 153; BMF 5.7.2009, EAS 3078, SWI 2009, 441; s auch *Keppert/Waitz-Ramsauer* in *W/H/M*, HdU II[8] § 9 Rz 74; *Staringer* in *W/H/M*, HdU II[8] Q2 Rz 49; *Hirschler* in *H/M/H* § 9 Rz 33; *Damböck*, SWI 2001, 14; *Zöchling* in *W/Z/H/K*[5] § 9 Rz 51). Eine Reduzierung der KESt an der Quelle entsprechend der QuellenentlastungsVO (BGBl III 2005/92) ist daher mE möglich.

318 Sind **EU-Kapitalgesellschaften Rechtsnachfolger** der umwandelnden Kapitalgesellschaft, kann auch die **fiktive Ausschüttung** aufgrund von § 94 Z 2 EStG von **der KESt befreit** sein, wenn vor Umwandlung eine Beteiligung von **mindestens 10 %** für **mindestens ein Jahr** gehalten wurde (vgl auch *Keppert/Waitz-Ramsauer* in *W/H/M*, HdU II[8] § 9 Rz 76; *Staringer* in *W/H/M*, HdU II[8] Q2 Rz 49; *Zöchling* in *W/Z/H/K*[5] § 9 Rz 54). Wurde die **Mindestbehaltedauer zum Zeitpunkt der Umwandlung nicht erfüllt**, ist **KESt abzuführen** (vgl auch *Keppert/Waitz-Ramsauer* in *W/H/M*, HdU II[8] § 9 Rz 76; *Hirschler* in *H/M/H* § 9 Rz 33). In Bezug auf die Beteiligung an der umwandelnden Gesellschaft kann eine bis zur Umwandlung nicht erfüllte Mindestbehaltedauer aufgrund des Untergangs der Beteiligung auch nach der Umwandlung nicht mehr erfüllt werden. Jedoch setzt das übernommene Vermögen die Beteiligung fort (vgl auch Rz 31, sowie § 7 Rz 169). Daher sieht die FV bei Umwandlungen (auch bei errichtenden Umwandlungen – BMF 5.7.2009, EAS 3078) auf EU-Kapitalgesellschaften vor, dass die **KESt rückerstattet** wird, wenn die Behaltedauer durch das übernommene Vermögen erfüllt wird (UmgrStR Rz 549; vgl *Keppert/Waitz-Ramsauer* in *W/H/M*, HdU II[8] § 9 Rz 76 und *W/Z/H/K*[4] § 9 Rz 31 zu einem potenziellen Unionsrechtsverstoß, der sich aus der Quellenbesteuerung der fiktiven Ausschüttung iRd Umwandlung selbst bei einer Rückerstattungsmöglichkeit ergeben könnte).

Auch auf Ebene der Gesellschafter greifen die Folgen wie bei einer offenen Ausschüttung. Wird die Ausschüttung an Körperschaften fingiert, ist sie bei diesen unter den Anwendungsvoraussetzungen des **§ 10 KStG steuerbefreit** (vgl UmgrStR Rz 549; s auch *Keppert/Waitz-Ramsauer* in *W/H/M*, HdU II[8] § 9 Rz 74; *Hirschler* in *H/M/H* § 9 Rz 33; *Zöchling* in *W/Z/H/K*[5] § 9 Rz 53; *Schwarzinger/ Wiesner* I/1[3] 1135), bei natürlichen Personen entsprechend **§ 97 EStG endbesteuerungsfähig** (vgl auch *Keppert/Waitz-Ramsauer* in *W/H/M*, HdU II[8] § 9 Rz 74). Alternativ kann bei natürlichen Personen auch eine Besteuerung mit der vollen progressiven ESt gewählt werden (§ 27a Abs 5; vgl Jakom[10]/*Marschner* § 27a Rz 46 ff). Und auch für Ausschüttungsfiktionen bei Umwandlungen ausländischer Kapitalgesellschaften gilt, dass neben den Befreiungen des § 10 KStG (bei Körperschaften) sowie dem Sondersteuersatz des § 27a Abs 1 (bei natürlichen Personen) auch mögliche in DBA enthaltene Begünstigungen (vgl *Damböck*, SWI 2001, 14) anwendbar sind. 319

3. Auswirkung auf das Innenfinanzierungsevidenzkonto

Ist der (ertragsteuerliche) Rechtsnachfolger eine Körperschaft (vgl § 7 Rz 226 ff), stellt sich die Frage wie sich der als ausgeschüttet geltende Betrag des Gewinnkapitals auf die Innenfinanzierung des Rechtsnachfolgers auswirkt. Laufende Ausschüttungen erhöhen den unternehmensrechtlichen Gewinn und führen somit mangels gegenteiliger Regelung in § 4 Abs 12 Z 4 EStG zu einer Erhöhung der Innenfinanzierung. Im Gegensatz dazu **wirkt sich** der Betrag des als ausgeschüttet geltenden Gewinnkapitals **nicht auf die Höhe der Innenfinanzierung** des Rechtsnachfolger **aus** (§ 2 Abs 2 3. S IF-VO). Da bereits die Innenfinanzierung der übertragenden Gesellschaft (anteilig) fortgeführt wird, ist dies nötig um eine Doppelberücksichtigung zu vermeiden (UmgrStR Rz 547, 628 idF WE 2017; vgl auch § 7 Rz 266 ff). In der Literatur wurde die Frage aufgeworfen, ob – bei nicht ausreichendem Stand der Innenfinanzierung – die Ausschüttungsfiktion zu einer fiktiven Einlagenrückzahlung und in der Folge einem fiktiven Veräußerungsgewinn führen kann (*Brugger/Plott/Zöchling* in HB Einlagenrückzahlung 70). Soweit die Neuregelung von § 4 Abs 12 EStG zu diesem Ergebnis führt, wäre der fiktive Veräußerungsgewinn mE, da er iRd Umwandlung anfällt, wohl nach § 9 Abs 2 steuerneutral zu behandeln. Parallel wäre auch die Frage des KESt-Abzugs (der bei Einlagenrückzahlungen nicht greift) zu beantworten. 320

D. Unterschied zur Ausschüttungsfiktion bei Inbound-Verschmelzungen

Mit dem AbgÄG 2010 wurde in § 3 Abs 1 Z 3 eine eigene **Ausschüttungsfiktion** eingeführt und durch das AbgÄG 2012 novelliert (sowie durch das StRefG 2015/2016 und das AbgÄG 2015 an die Änderungen in § 4 Abs 12 EStG angepasst). Diese – 321 bis dahin bei Verschmelzungen unbekannte – Ausschüttungsfiktion greift nur bei **Verschmelzungen, wenn Gesellschafter der übertragenden Gesellschaft in Österreich ansässig** (vgl § 3 Rz 72) sind und auch dort nur, wenn die Ausschüttungen der ausländischen übertragenden Gesellschaft aufgrund der Anwendbarkeit von § 10 Abs 4 oder Abs 5 KStG steuerpflichtig waren (vgl weiterführend § 3 Rz 71 ff).

322 Der Gesetzgeber hat sich dazu entschieden in § 3 Abs 1 Z 3 eine eigenständige Ausschüttungsfiktion einzuführen. Inzwischen sind beide Ausschüttungsfiktionen aneinander **angenähert**, da sowohl in § 9 Abs 6 als auch in § 3 Abs 1 Z 3 auf das übergehende **steuerliche Reinvermögen** (vgl § 3 Rz 74) abgestellt und die Einlagen iSd § 4 Abs 12 EStG abgezogen (vgl § 3 Rz 74) werden.

XI. Kapitalherabsetzungsfiktion

326 Durch eine **Kapitalerhöhung aus Gesellschaftsmitteln** iSd KapBerG (BGBl 1967/171) können ua **thesaurierte Gewinne in Nennkapital umgewandelt** werden (vgl dazu *Schwarzinger/Wiesner* I/1³ 883 ff). Mit der Kapitalberichtigung disponieren die Gesellschafter über die Gewinne. Aus steuerlicher Sicht läge daher eine **Doppelmaßnahme** (Ausschüttung und Einlage) vor. Gem § 3 Abs 1 Z 29 EStG ist die Ausschüttung jedoch steuerfrei (EStR Rz 306 ff; vgl Jakom[10]/*Laudacher* § 3 Rz 111 ff). Gleichzeitig sieht § 32 Z 3 EStG eine zehnjährige Steuerhängigkeit vor. Wird das **Kapital** innerhalb von zehn Jahren nach der Kapitalberichtigung **herabgesetzt** und an die Gesellschafter rückgezahlt, führt dies zu Dividendeneinkünften auf Gesellschafterebene (EStR Rz 6907 ff; vgl Jakom[10]/*Kanduth-Kristen* § 32 Rz 36 ff).

327 **Umwandlungen** führen ebenfalls dazu, dass das **Kapital** der Gesellschaft **auf Gesellschafterebene überführt** wird. Es liegt jedoch keine Kapitalherabsetzung vor. Folglich sah § 9 Abs 7 idF vor AbgÄG 2012 eine Norm vor, die die systemkonforme **Besteuerung** (entsprechend der Kapitalherabsetzung) herbeiführte (vgl dazu 1. Aufl § 9 Rz 331 ff). Durch die Änderung des Systems der Ausschüttungsfiktion mit dem AbgÄG 2012 (vgl dazu Rz 206 ff) wurde eine eigenständige Kapitalherabsetzungsfiktion entbehrlich (vgl ErlRV AbgÄG 2012, 1960 BlgNR 22. GP, 30; *Moshammer/Tumpel*, SWK 2012, 913; *Schlager*, RWZ 2012, 193; *Stefaner*, GES 2012, 347; *Gatterer*, taxlex 2012, 503; *Walter*[11] Rz 280; *Schwarzinger/Wiesner* I/1³ 1135; *Korntner*, FJ 2013, 93) und § 9 Abs 7 entfiel ersatzlos (vgl auch UmgrStR Rz 557; *Zöchling* in *W/Z/H/K*⁵ § 9 Rz 55). Da nunmehr iRd Ausschüttungsfiktion die Einlagenevidenzkontentechnik zur Anwendung kommt und daher das steuerliche Eigenkapital nur mehr um den Stand des Einlagenevidenzkontos zu vermindern ist, erfolgt eine Erfassung automatisch iRd Ausschüttungsfiktion (vgl auch *Schwarzinger/Wiesner* I/1³ 1171 ff). Eine Umwandlung von thesaurierten Gewinnen in Einlagen führt erst nach Ablauf der zehnjährigen Frist des § 32 Z 3 EStG zu einer Erhöhung des Standes des Einlagenevidenzkontos und kann erst nach Ablauf der Frist zu einer Kürzung des Gewinnkapitals führen (vgl auch *Zöchling* in *W/Z/H/K*⁵ § 9 Rz 55).

XII. Übergang von Mindestkörperschaftsteuern
A. Bestehen von Mindestkörperschaftsteuern

341 Ist die **umwandelnde Kapitalgesellschaft unbeschränkt steuerpflichtig**, unterliegt sie der Mindestkörperschaftsteuer gem § 24 Abs 4 KStG (vgl dazu *Brugger* in *L/R/S/S*² § 24 Rz 68 ff; s auch *Hirschler* in *H/M/H* § 9 Rz 41). Die Mindestkörper-

schaftsteuerpflicht der übertragenden Kapitalgesellschaft **endet** spätestens **mit dem Umwandlungsstichtag** (vgl auch *Hirschler* in *H/M/H* § 9 Rz 41). Nur wenn dieser auf das Ende eines Quartals fällt, fällt für dieses Quartal noch Mindestkörperschaftsteuer an. Andernfalls endet die Mindestkörperschaftsteuerpflicht mit Ablauf des Quartals vor dem Umwandlungsstichtag (*Keppert/Waitz-Ramsauer* in *W/H/M*, HdU II^8 § 9 Rz 83; *Zöchling* in *W/Z/H/K*^{5} § 9 Rz 56 mwN).

Sind bei der umwandelnden Gesellschaft Mindestkörperschaftsteuern angefallen, **342** die **bis zur letzten Steuerveranlagung**, die das letzte – mit dem Umwandlungsstichtag endende – Wirtschaftsjahr der Kapitalgesellschaft (vgl dazu § 8 Rz 57) beinhaltet, **nicht verrechnet werden können**, bestehen die Mindestkörperschaftsteuern bei Umwandlung noch. Nur diese Mindestkörperschaftsteuern können iRd Umwandlung auf Rechtsnachfolger übertragen werden (*Keppert/Waitz-Ramsauer* in *W/H/M*, HdU II^8 § 9 Rz 82). Ohne spezielle Regelung könnten natürliche Personen die Mindestkörperschaftsteuerguthaben, die auf sie iRd steuerlichen **Gesamtrechtsnachfolge** uU übergehen, nicht nutzen (vgl ErlRV StruktAnpG 1996, 72 BlgNR 20. GP, 281; s auch UmgrStR Rz 560; weiters *Keppert/Waitz-Ramsauer* in *W/H/M*, HdU II^8 § 9 Rz 81; *W/Z/H/K*^{4} § 9 Rz 34).

B. Übergang

§ 9 Abs 8 gewährleistet, dass Mindestkörperschaftsteuerguthaben iRd Umwand- **343** lung als **Teil der steuerlichen Gesamtrechtsnachfolge** an die ertragsteuerlichen **Rechtsnachfolger** (vgl § 7 Rz 226 ff) **übergehen** (vgl auch *Keppert/Waitz-Ramsauer* in *W/H/M*, HdU II^8 § 9 Rz 81; *Zöchling* in *W/Z/H/K*^{5} § 9 Rz 57). Auch beschränkt steuerpflichtige Rechtsnachfolger übernehmen Mindestkörperschaftsteuerguthaben (vgl *Hirschler* in *H/M/H* § 9 Rz 41). Im Gegensatz zur Regel über den Übergang der Verlustvorträge (vgl dazu § 10 Rz 26 ff) ist beim Übergang der Mindestkörperschaftsteuer **keine Regel gegen** den **Einkauf in bestehende Mindestkörperschaftsteuerguthaben** vorgesehen (vgl UmgrStR Rz 561; vgl auch *Keppert/Waitz-Ramsauer* in *W/H/M*, HdU II^8 § 9 Rz 82; *Zöchling* in *W/Z/H/K*^{5} § 9 Rz 57). Es gehen somit auch Mindestkörperschaftsteuerguthaben aus Zeiträumen vor Erwerb der Beteiligung an der übertragenden Kapitalgesellschaft über (*Hirschler* in *H/M/H* § 9 Rz 43). Ein Anteilserwerb unter Wahrung des Anspruchs auf anteiligen Übergang des Mindestkörperschaftsteuerguthabens ist auch noch nach Umwandlungsbeschluss (vor Eintragung der Umwandlung ins Firmenbuch) möglich (UmgrStR Rz 561). Auch kennt § 9 Abs 8 **keine allgemeine** und ähnlich strikte **Überprüfung** des **Objektbezugs**, wie § 10 für den Übergang von Verlustvorträgen (vgl *Keppert/Waitz-Ramsauer* in *W/H/M*, HdU II^8 § 9 Rz 82; s jedoch Rz 363 ff zu Einschränkungen bei Nutzung durch natürliche Personen seit dem BudBG 2012; vgl weiters § 10 Rz 7 ff zum Objektbezug beim Übergang von Verlustvorträgen).

Erfolgt eine errichtende Umwandlung (mit mehr als einem substanzbeteiligten **344** Rechtsnachfolger) oder eine verschmelzende Umwandlung auf eine Mitunternehmerschaft (mit mehr als einem substanzbeteiligten Rechtsnachfolger), ist die Mindestkörperschaftsteuer **anteilig auf** die **Rechtsnachfolger** aufzuteilen (s UFS 10.8. 2004, RV/0627-L/02; BFG 19.8.2015, RV/7101225/2013; BFG 20.10. 2015, RV/7103461/2009; BFG 20.6.2017, RV/7103034/2017; vgl dazu *Rzepa/Wild*, RWZ 2015/81, 348 ff; s auch *Hirschler* in *H/M/H* § 9 Rz 42; *Zöchling* in *W/Z/H/K*^{5} § 9 Rz 57; *Schwarzinger/Wiesner* I/1^3 751). Die Mindestkörperschaftsteuer ist dabei

§ 9 Stefaner

nach dem **Verhältnis der Beteiligungen** an der umgewandelten Körperschaft **zum Zeitpunkt der Eintragung** der Umwandlung **ins Firmenbuch** aufzuteilen (vgl UmgrStR Rz 560; KStR 2013 Rz 1568; s weiters *Keppert/Waitz-Ramsauer* in *W/H/M*, HdU II[8] § 9 Rz 82; *Zöchling* in *W/Z/H/K*[5] § 9 Rz 57; *Walter*[11] Rz 293). Auf **Gesellschafter**, die erst iRd errichtenden **Umwandlung einsteigen** (vgl § 7 Rz 53), gehen daher **keine Mindestkörperschaftsteuerguthaben** über (vgl auch UmgrStR Rz 563; s auch *Zöchling* in *W/Z/H/K*[5] § 9 Rz 57). Ebenso ist eine **iRd Umwandlung** erfolgende **Erhöhung der Beteiligungsquote** für die Aufteilung der Mindestkörperschaftsteuerguthaben **irrelevant**.

345 Stellungnahme. Fraglich könnte sein, welche Anteilsrechte bei der **Ermittlung des Beteiligungsverhältnisses** zum Zeitpunkt der Eintragung des Umwandlungsbeschlusses zu berücksichtigen sind. Nach *Keppert/Waitz-Ramsauer* wäre auch eine Berücksichtigung von Surrogatkapital denkbar (*Keppert/Waitz-Ramsauer* in *W/H/M*, HdU II[8] § 9 Rz 82). Durch das Zusammenspiel mit dem UmwG ist jedoch mE auf die gesellschaftsrechtlichen Anteilsrechte und damit auf den Anteil am **Nennkapital** abzustellen (vgl ausführlicher § 10 Rz 18).

346 **Scheiden Gesellschafter iRd Umwandlung** (gegen Abfindung) **aus**, sind deren Anteile am **Mindestkörperschaftsteuerguthaben auf** die **Rechtsnachfolger quotal aufzuteilen** (vgl UFS 10.8.2004, RV/0627-L/02; s auch *Keppert/Waitz-Ramsauer* in *W/H/M*, HdU II[8] § 9 Rz 83; *Hirschler* in *H/M/H* § 9 Rz 42; *Zöchling* in *W/Z/H/K*[5] § 9 Rz 57; *Walter*[11] Rz 293). Auch hier erfolgt die Aufteilung quotal entsprechend den relativen Anteilen im **Zeitpunkt der Eintragung des Umwandlungsbeschlusses** ins Firmenbuch (vgl UmgrStR Rz 562: *„Zurechnung im entsprechenden Ausmaß"*). Wie und von wem die Anteile von iRd Umwandlung ausscheidenden Gesellschaftern aufgegriffen werden, ist für die anteilige Zurechnung der Mindestkörperschaftsteuer irrelevant (UmgrStR Rz 562). Gesellschafter, die erst iRd Umwandlung eintreten, erhalten daher auch keine (anteiligen) Mindestkörperschaftsteuerguthaben der ausscheidenden Gesellschafter (vgl auch *Keppert/Waitz-Ramsauer* in *W/H/M*, HdU II[8] § 9 Rz 83).

347 Stellungnahme. Sinngemäß könnte mE bei **Anteilsverschiebungen** – im gesellschaftsrechtlich möglichen Ausmaß (vgl *Kalss*[2] § 5 UmwG Rz 15) – vorgegangen werden. So wären den **verwässerten Gesellschaftern** auch Mindestkörperschaftsteuerguthaben nur im **Ausmaß** der **geringeren Beteiligungshöhe** nach Umwandlung zuzurechnen. Guthaben, die auf die Quotenverwässerung entfallen, wären auf die Rechtsnachfolger aliquot (unter Berücksichtigung der Verwässerung, nicht aber der Aufstockung durch den oder die Aufgreifenden) aufzuteilen. Da Beteiligungsquoten an einer iRe errichtenden Umwandlung entstehenden Personengesellschaft für die Zurechnung irrelevant sind, sondern ausschließlich auf die Beteiligungsquoten an der umwandelnden Körperschaft abgestellt wird und einzig das Verbleiben als Rechtsnachfolger Voraussetzung für die Zurechnung der Mindestkörperschaftsteuerguthaben ist, könnte nach dem Wortlaut auch argumentiert werden, dass dem verwässerten Rechtsnachfolger Mindestkörperschaftsteuerguthaben im **Ausmaß vor** seiner **Verwässerung** zugerechnet werden sollte (vgl auch § 10 Rz 21). So gehen auch *Wiesner/Schwarzinger* davon aus, dass die Anteilsverschiebung erst am Tag nach dem Umwandlungsstichtag erfolgt und daher das Verhältnis vor Quotenverschiebungen für den Übergang der Mindestkörperschaftsteuer relevant ist (*Wiesner/Schwarzinger* in FS Bertl (2013) 923).

Übergehende Minderkörperschaftsteuerguthaben können gem § 9 Abs 8 ab dem **dem Umwandlungsstichtag folgenden Wirtschaftsjahr** bei den Rechtsnachfolgern geltend gemacht werden (vgl UFS 26.4.2004, RV/1694-W/03; UFS 6.5.2010, RV/1160-L/08; UFS 25.5.2010, RV/1207-L/09; UFS 15.12.2010, RV/0187-G/10; BFG 25.9.2014, RV/7102620/2013; s auch *Hirschler* in H/M/H § 9 Rz 46; *Zöchling* in W/Z/H/K[5] § 9 Rz 57). Die Übertragung eines Mindestkörperschaftsteuerguthabens erfolgt im Zeitpunkt der Eintragung der Umwandlung ins Firmenbuch (*Walter*[11] Rz 293). Mindestkörperschaftsteuer kann nach Ansicht der FV – so wie übergehende Verlustvorträge (vgl UFS 17.9.2007, RV/0744-W/07; s zum Übergang der Verlustvorträge § 10 Rz 61) – ab dem ersten Wirtschaftsjahr, das **nach Ablauf des Umwandlungsstichtags beginnt**, von den Rechtsnachfolgern genutzt werden (vgl UmgrStR Rz 560). Uneinheitlich ist die Interpretation der Wortfolge *dem Umwandlungsstichtag folgenden Wirtschaftsjahr* (im Gegensatz zu folgenden Veranlagungszeitraum in § 4) durch den UFS. So hat der UFS einmal entschieden, dass die Anrechnung bereits im ersten Jahr, das **nach dem Umwandlungsstichtag endet**, möglich ist (UFS 6.5.2010, RV/1160-L/08; aA offenbar UFS 21.2.2011, RV/1435-L/07). 348

Stellungnahme. Die Argumentation des UFS, die auf den unterschiedlichen Wortlaut von § 9 Abs 8 und § 4 Abs 1 Z 1 lit a (Wirtschaftsjahr und Veranlagungszeitraum) basiert, ist mE insoweit überzeugend, als sich daraus ein anderer Anknüpfungspunkt ergibt. Dies kann auch in Einzelfällen zu anderen Ergebnissen führen. Allerdings ist fraglich, ob die Ansicht des UFS, dass eine Anrechnung bereits im Jahr, das nach dem Stichtag endet (aber vor dem Stichtag begonnen hat), möglich ist. Dagegen spricht mE, dass die beiden vom UFS verglichenen – einen ähnlichen Zweck verfolgenden – Normen jeweils vom *folgenden* Zeitraum sprechen. Will man aus den unterschiedlichen Formulierungen (Kalenderjahr und Wirtschaftsjahr) einen unterschiedlichen Inhalt ableiten, scheint überraschend, dass die idente Formulierung **„folgend"** einmal auf den Beginn und ein anderes Mal auf das Ende des Zeitraums abstellen soll (entsprechend offenbar auch UFS 21.2.2011, RV/1435-L/07, nach dem bei der Umwandlung im Gegensatz zur Verschmelzung die Nutzung noch nicht in jenem Wirtschaftsjahr möglich sein soll, in das der Umwandlungsstichtag fällt). Geht man von einem identen Inhalt des Worts „folgend" aus, ergeben sich aber dennoch in Einzelfällen von der Frage des Verlustabzugs abweichende Ergebnisse. Ist Stichtag der Umwandlung der 31.12.X0 und hat der **Rechtsnachfolger** ein vom Kalenderjahr **abweichendes Wirtschaftsjahr**, beginnt das folgende Wirtschaftsjahr erst im Jahr X1, weshalb das folgende Wirtschaftsjahr wohl das Wirtschaftsjahr X1/X2 ist (vgl auch *Schwarzinger/Wiesner* I/1[3] 751). Ist der Umwandlungsstichtag nicht der 31.12. und endet das nachfolgende Rumpfwirtschaftsjahr noch im selben Kalenderjahr, müssen die Mindestkörperschaftsteuern sogar noch **im selben Veranlagungszeitraum** genutzt werden können. Im letztgenannten Fall ist eine Nutzung allerdings wohl nur mit Steuerschulden für Wirtschaftsjahre, die nach dem Umwandlungsstichtag beginnen, möglich. 349

Stellungnahme. Das Abstellen auf das **folgende Wirtschaftsjahr** führt zu weiteren Fragestellungen in Bezug auf den Zeitpunkt der Nutzungsmöglichkeit der Mindestkörperschaftsteuer bei Rechtsnachfolgern. Da ein Steuerpflichtiger über meh- 350 rere (betriebliche) Einkunftsquellen verfügen kann, können (auch ohne Umstellung des Wirtschaftsjahres) in einem Veranlagungszeitraum auch Wirtschaftsjahre mit unterschiedlichem Beginn zusammenfallen. Der Umstand, dass sich § 9 Abs 8 (so wie auch die entsprechenden Regelungen zum Übergang des Verlustvortrags) an die Rechtsnachfolger wendet, spricht dafür, dass Wirtschaftsjahre von Betrieben (nach Übernahme des Vermögens iRd Umwandlung) beim Rechtsnachfolger relevant sind. Der Umstand, dass der Wortlaut auf *„ab dem [...] folgenden Wirtschaftsjahr"* abstellt, könnte dafür sprechen, dass auf das Wirtschaftsjahr der übertragenden Gesellschaft (die aufgrund des § 7 Abs 3 KStG einen einheitlichen Betrieb und somit ein eindeutig feststellbares Wirtschaftsjahr hat) abzustellen ist. Jedoch zeigt der Fall, dass eine Kapitalgesellschaft mehrere Mitunternehmeranteile mit unterschiedlichen Bilanzstichtagen halten kann, dass auch der Beginn des Wirtschaftsjahres des übergehenden Vermögens nicht in jedem Fall eindeutig ist. Ist die umgewandelte Kapitalgesellschaft eine Kapitalgesellschaft mit Mitunternehmeranteilen (mit unterschiedlichen Bilanzstichtagen), aber ohne (der Kapitalgesellschaft eigenem) ‚Hauptbetrieb', kann auch kein Hauptbetrieb bei den Rechtsnachfolgern den relevanten Beginn des Wirtschaftsjahres prägen. Da die Ableitung des folgenden Wirtschaftsjahrs vom Wirtschaftsjahr der umwandelnden Kapitalgesellschaft nicht eindeutig ist, verbleibt mE – auch entsprechend der Zielsetzung der Norm – nur, auf die Wirtschaftsjahre bei den Rechtsnachfolgern abzustellen. Da § 9 Abs 8 auch die Nutzung nicht auf die Einkünfte aus dem übergehenden Vermögen einschränkt (vgl Rz 363), spricht auch dies mE dafür, dass Mindestkörperschaftsteuerguthaben auf alle Steuerzahlungen der Rechtsnachfolger anrechenbar sind, wenn diese aus Wirtschaftsjahren stammen, die nach Ablauf des Umwandlungsstichtags beginnen. Dies kann dazu führen, dass bei Rechtsnachfolgern mit unterschiedlichen Einkunftsquellen mit unterschiedlichen Bilanzstichtagen die übergehende Mindestkörperschaftsteuer nicht auf Steuerschulden aller Einkunftsquellen desselben Veranlagungszeitraums erstmals anrechenbar ist. Da Mindestkörperschaftsteuerguthaben auch auf Steuerzahlungen aus außerbetrieblichen Einkünften anrechenbar sind, ist hier analog vorzugehen, wobei mE im außerbetrieblichen Bereich davon auszugehen ist, dass (mangels Möglichkeit eines abweichenden Wirtschaftsjahres) das ‚Wirtschaftsjahr' dem Kalenderjahr entspricht. Ist eine Anrechnung nur auf gewisse Einkunftsquellen möglich, wäre bei der Anwendung eines progressiven Steuertarifs der maximal anrechenbare Betrag zu ermitteln. Hierfür erscheinen mE zwei Ansätze denkbar: Der Höchstbetrag könnte unter Anwendung des Durchschnittsteuersatzes oder unter Heranziehung der höchsten angewendeten Progressionsklasse(n) (arg: da die Wirtschaftsjahre später als jene begonnen haben, auf die keine Anrechnung möglich ist, wären diese gedanklich die letzten Einkünfte und somit jene, die den höchsten Tarifstufen unterliegen) ermittelt werden. Entsprechend der Systematik bei der Anrechnung (ausländischer) Quellensteuern ist dabei mE der Anwendung des Durchschnittsteuersatzes der Vorzug zu geben.

C. Nutzung bei Körperschaften

351 Bei Körperschaften als Rechtsnachfolger kann eine gem § 9 Abs 8 übernommene Mindestkörperschaftsteuer **wie eigene Mindestkörperschaftsteuerguthaben** gem § 24 Abs 4 genutzt werden (vgl *Zöchling* in *W/Z/H/K*[5] § 9 Rz 58; *Brugger* in *L/R/S/S*[2] § 24 Rz 101 ff). Das Weiterbestehen des Betriebs ist – im Gegensatz zu natürlichen Personen (vgl Rz 363 ff) – nicht gefordert (*Zöchling* in *W/Z/H/K*[5] § 9 Rz 60). Die Frage, ob sich auch ein erstattbares Guthaben ergeben kann, wird unterschiedlich beantwortet. So geht *Hirschler* davon aus, dass eine Rückerstattung möglich ist, wenn zumindest eine Mindestkörperschaftsteuerbelastung des Rechtsnachfolgers verbleibt (*Hirschler* in H/M/H § 9 Rz 44; vgl auch *Zöchling* in W/Z/H/K[5] § 9 Rz 58). Die Einschränkung kann jedoch wohl nur für Körperschaften gelten, die selbst Mindestkörperschaftsteuerpflichtig sind (vgl aber wohl aA BFG 19.8.2015, RV/7101225/2013 zur Frage bei natürlichen Personen; weiterführend auch zur anhängigen Amtsrevision Rz 361). Anders gehen *Schwarzinger/Wiesner* von einer Nichtrückzahlbarkeit aus (*Schwarzinger/Wiesner* I/1[3] 1063). Auch *Keppert/Waitz-Ramsauer* sehen nur eine Herabsetzung von laufenden (die Mindestkörperschaftsteuer übersteigenden) Vorauszahlungen möglich (*Keppert/Waitz-Ramsauer* in W/H/M, HdU II[8] § 9 Rz 84). Der Ansicht von *Keppert/Waitz-Ramsauer* scheinen jedoch nunmehr die ErlRV zum AbgÄG 2012 zu widersprechen: „*[E]ine Gutschrift von Mindestkörperschaftsteuerbeträgen als solche[s ist] nicht möglich [...]; nur soweit Gewinne vorliegen und die geleistete Vorauszahlungen nach Anrechnung der Mindestkörperschaftsteuer die anfallende Körperschaftsteuer übersteigen, können die Vorauszahlungen gutgeschrieben werden.*"

Stellungnahme. Soll eine **Nutzung entsprechend Mindestkörperschaftsteuerguthaben des Rechtsnachfolgers aus Vorjahren** möglich sein, ist mE eine differenzierte Betrachtung nötig. Eine **Rückerstattung** sollte demnach insoweit **möglich sein, als eine die Mindestkörperschaftsteuer übersteigende Körperschaftsteuer festgesetzt wird** und diese bereits durch die Mindestkörperschaftsteuer übersteigende Körperschaftsteuervorauszahlungen abgedeckt wurde. Würde es sich um Mindestkörperschaftsteuerguthaben des Rechtsnachfolgers handeln, wäre dies bereits bei der Festsetzung der Vorauszahlungen berücksichtigt worden. Eine dennoch zu hoch angesetzte Vorauszahlung wäre rückerstattbar. Durch diese Vorgangsweise wird jener Effekt erreicht, der auch durch die Herabsetzung der Vorauszahlungen erreichbar gewesen wäre. Jedoch wird dieses Ergebnis auch noch im Rahmen der Veranlagung ermöglicht. Eine Differenzierung danach, ob ein (rechtzeitiger) Herabsetzungsantrag gestellt wurde, erscheint mE aufgrund von § 9 Abs 7 nicht geboten. 352

Beispiel

Die bescheidmäßig festgesetzte Körperschaftsteuer eines Veranlagungszeitraums entspricht den Vorauszahlungen einer GmbH und beträgt 4.000 €. Somit wären (nach der gründungsprivilegierten Anlaufphase) max 2.250 € an übergehender Mindestkörperschaftsteuer rückerstattbar, da die festgesetzte Körperschaftsteuer um diesen Betrag die Mindestkörperschaftsteuer der GmbH (1.750 € nach der gründungsprivilegierten Anlaufphase) übersteigt.

Fällt beim **Rechtsnachfolger** (zB aufgrund einer Steuerbefreiung eines gemeinnützigen Vereins) **keine Steuerschuld** an, kann die Mindestkörperschaftsteuer nicht angerechnet werden (BFG 4.7.2016, RV/4100478/2011). Auch ist sie nicht rückerstattbar. 353

D. Nutzung bei natürlichen Personen
1. Anrechnungsmöglichkeit

§ 9 Abs 8 ermöglicht auch natürlichen Personen die Anrechnung der anteiligen Mindestkörperschaftsteuer. Die **Mindestkörperschaftsteuer** ist durch den Ver- 356 weis in § 9 Abs 8 nach den Prinzipien des § 24 Abs 4 Z 4 KStG (vgl dazu *Brugger* in *L/R/S/S*² § 24 Rz 101 ff) **auf** die **Einkommensteuer** anrechenbar (vgl auch BFG 20.6.2017, RV/7103034/2017). Daneben sieht jedoch auch § 9 Abs 8 noch weitere Vorgaben für die Anrechenbarkeit vor.

357 Vor dem BudBG 2012 normierte § 9 Abs 8, dass übernommene Mindestkörperschaftsteuer auf die Einkommensteuer anrechenbar war. Jedoch konnte die **Mindestkörperschaftsteuer nur auf** eine **Restschuld angerechnet** werden, die sich nach Anrechnung der in § 46 Abs 1 EStG (vgl dazu Jakom¹⁰/*Vock* § 46 Rz 2 ff) genannten Vorauszahlungen ergab (vgl UmgrStR Rz 565 idF vor WE 2012; s auch *Keppert/Waitz-Ramsauer* in *W/H/M*, HdU II⁸ § 9 Rz 85; *Hirschler* in *H/M/H* § 9 Rz 45; *W/Z/H/K*⁴§ 9 Rz 34; *Mayr/Pülzl*, GES 2003, 146; *Stefaner*, GES 2013, 211 f). Die Nachrangigkeit wurde vom VfGH als verfassungswidrig erkannt (VfGH 30.6.2011, G 15/11; vgl weiterführend 1. Aufl Rz 359).

360 Der VfGH hat in seinem Erkenntnis angesprochen, dass grundsätzlich die **Anrechnung vom Vorliegen eines Betriebs abhängig** gemacht werden kann (vgl auch *Marschner/Puchner*, FJ 2011, 340). Da dies jedoch in § 9 Abs 8 idF vor BudBG 2012 nicht der Fall war, konnte dies keine Verfassungskonformität der im Anlassfall geltenden Rechtslage herstellen (VfGH 30.6.2011, G 15/11). Mit dem BudBG 2012 hat der Gesetzgeber diesen (von der Republik Österreich im Verfahren vorgebrachten) Gedanken aufgegriffen und in § 9 Abs 8 S 3 festgeschrieben.

2. Gleichrangigkeit mit Vorauszahlungen

361 IdgF kann eine Anrechnung der übernommen Mindestkörperschaftsteuerguthaben **gleichrangig mit** anderen **Steuervorauszahlungen** erfolgen (vgl auch *Stefaner*, GES 2013, 212). Es ist daher ein Mindestkörperschaftsteuerguthaben anzurechnen, auch wenn sich bei der Veranlagung keine (ausreichende) Einkommensteuerrestschuld ergibt. Daher kann das Mindestkörperschaftsteuerguthaben jedenfalls genutzt werden, um **andere Einkommensteuervorauszahlungen rückerstatten** oder **Vorauszahlungen herabsetzen zu lassen** (vgl auch *Zöchling* in *W/Z/H/K*⁵ § 9 Rz 58). Parallel zu Körperschaften ergibt sich daher die Möglichkeit, dass der Übergang von Mindestkörperschaftsteuerguthaben zur Rückerstattung von Steuer führt, soweit die ‚Mindeststeuer' für das Veranlagungsjahr überschritten wird. Da es im Gegensatz zur Körperschaftsteuer jedoch keine Mindestzahlung bei der Einkommensteuer gibt (VwGH 31.5.2017, Ro 2016/13/0001), können die gesamten Einkommensteuervorauszahlungen rückerstattet werden (UFS 6.12.2012, RV/1025-L/12; auch zB abgezogene LSt: BFG 20.6.2017, RV/7103034/2017; s auch *Hirschler/Sulz/Oberkleiner*, BFGjournal 2017, 469; *Schlager*, RWZ 2017/44, 210).

361a Anders ging das BFG zwischenzeitlich davon aus, dass auch **natürliche Personen** die **Schranke** der jährlichen **Mindestkörperschaftsteuer** der umgewandelten Körperschaft **fortzuführen** haben und demnach eine Rückerstattung sonstiger Einkommensteuervorauszahlungen nur bis zu dieser Mindestkörperschaftsteuer möglich sein sollte (BFG 19.8.2015, RV/7101225/2013; BFG 31.5.2016, RV/5100118/2013; mE zutr kritisch *Rzepa/Wild*, RWZ 2015/81, 349). Ua gegen dieses Weitergelten der Mindeststeuerpflicht wurde offenbar Amtsrevision erhoben (*Blasina*, BFGjournal 2015, 427). Entsprechend der hA wurde die fiktive Fortführung der Mindeststeuerschranke durch natürliche Personen nunmehr auch hg abgelehnt (VwGH 31.5.2017, Ro 2016/13/0001).

Der Wortlaut von § 9 Abs 8 sieht weiterhin nur die Anrechnung der Mindestkörperschaftsteuer bei natürlichen Personen als Rechtsnachfolger vor. Bereits daraus konnte uU geschlossen werden, dass eine **Rückerstattung** der **Mindestkörperschaftsteuer** selbst (wenn die gesamte Einkommensteuerschuld geringer als das übernommene Mindestkörperschaftsteuerguthaben ist) auch idF BudBG 2012 nicht vorgesehen war (vgl UFS 6.12.2012, RV/1025-L/12; auch *Schwarzinger/ Wiesner* I/1³ 751; kritisch 2. Aufl § 9 Rz 362 mwN; *Stefaner*, GES 2013, 212 ff). Durch die mit dem AbgÄG 2012 vorgenommene Änderung stellt sich die Frage jedoch nicht mehr. Nunmehr soll durch den Ausschluss der Anwendung von § 46 Abs 2 EStG die **Rückzahlung** der übergehenden Mindestkörperschaftsteuer jedenfalls wieder **ausgeschlossen** sein (vgl KStR 2013 Rz 1568; s auch BFG 28.8.2015, RV/2100382/2014; BFG 20.6.2017, RV/7103034/2017; weiters *Zöchling* in *W/Z/H/K*⁵ § 9 Rz 58; zur entsprechenden Rechtslage vor dem BudBG 2011 UFS 8.6.2011, RV/0226-G/10; UFS 26.7.2011, RV/1681-W/11). Nach den Erl soll diese Änderung klarstellenden Charakter für die Rechtslage nach dem BudBG 2012 haben (ErlRV AbgÄG 2012, 1960 BlgNR 22. GP, 30). Betrachtet man die Historie, scheint der klarstellende Charakter jedoch mE fraglich (s auch *Stefaner*, GES 2013, 214; vgl weiterführend 4. Aufl Rz 362).

362

Die Erl führen dabei nicht unbedingt dazu, dass der Regelungsinhalt klarer wird. Die Erl sprechen nur an, dass Mindestkörperschaftsteuer, die die anfallende *Körperschaftsteuer* übersteigt, nicht rückerstattbar ist (ErlRV AbgÄG 2012, 1960 BlgNR 22. GP, 30). Daraus könnte geschlossen werden, dass die **Rückerstattung nur bei Körperschaften** – nicht aber bei natürlichen Personen – **ausgeschlossen** ist. Da sich die Differenzierung jedoch weder aus dem Gesetzeswortlaut ergibt, noch systematisch geboten ist, scheint diese Auslegung zwar vertretbar, aber mE wohl nicht überzeugend. Vielmehr scheint die Körperschaftsteuer in den Erl beispielhaft genannt zu sein.

362a

3. Betriebserfordernis

Eine Nutzung der Mindestkörperschaftsteuer durch Rechtsnachfolger ist nach § 9 Abs 8 idgF jedoch nur möglich, wenn der **Betrieb beim Rechtsnachfolger** (vgl auch BFG 15.3.2016, RV/7100623/2014; BFG 31.5.2016, RV/5100118/2013) **noch besteht** (vgl auch BFG 20.6.2017, RV/7103034/2017; weiters *Stefaner*, GES 2013, 212; *Zöchling* in *W/Z/H/K*⁵ § 9 Rz 59; s krit zum Betriebserfordernis *Wurm*, taxlex 2012, 100). Das Betriebserfordernis umfasst dabei nicht nur Betriebe ieS, sondern (zB bei errichtenden Umwandlungen) auch **Mitunternehmeranteile** (s auch BFG 15.3.2016, RV/7100623/2014). Der Betrieb muss dabei am Ende des Jahres, auf dessen Steuerschuld die Mindestkörperschaftsteuer angerechnet werden soll, noch bestehen (vgl BFG 19.8.2015, RV/7101225/2013; BFG 31.5.2016, RV/5100118/2013; auch KStR 2013 Rz 1568; s auch *Kofler*, GES 2011, 410; *Wurm*, taxlex 2012, 100; *Schwarzinger/Wiesner* I/1³ 751). Dabei stellt sich bei vom Kalenderjahr abweichenden Wirtschaftsjahren die Frage, ob der Betrieb am Ende des Wirtschaftsjahres (des fraglichen Betriebs) oder am Ende des Kalenderjahres noch vorhanden sein muss.

363

Wurm sieht dabei das Abstellen auf das Ende des Wirtschaftsjahres als am zweckmäßigsten an (*Wurm*, taxlex 2012, 101). Dem ist teleologisch mE zuzustimmen, um die Anrechnungsmöglichkeiten nicht stärker einzuschränken, als nach der Zielsetzung der Regelung nötig. Im Gegensatz zur Zielsetzung scheint der Wortlaut (arg „*am Ende des Jahres, für das die Anrechnung erfolgen soll*") jedoch auf das Ende des Kalenderjahres abzustellen. Nicht nur die Formulierung (*Jahr* im Gegensatz zu *Wirtschaftsjahr* in S 1), sondern auch der Umstand, dass die Anrechnung auf das gesamte Einkommen (und nicht nur auf Einkommen aus dem speziellen Betrieb mit abweichendem Wirtschaftsjahr) möglich ist, dieses jedoch erst mit Ablauf des Veranlagungszeitraums – und damit mit Ende des Kalenderjahres – erzielt wird, spricht mE im Sinne einer Wortinterpretation für ein Abstellen auf das Ende des Kalenderjahres. In einer teleologischen Interpretation sollte jedoch dem Ergebnis von *Wurm* nahegetreten werde, da der uneindeutige Wortlaut (*Jahr* und nicht *Kalender-* oder *Wirtschaftsjahr*) beide Varianten trägt. Gem § 9 Abs 8 ist dabei das Bestehen des **Betriebs** nötig, der gem **§ 7 Abs 1** – zum Umwandlungsstichtag – zur Anwendung von Art II berechtigt (s UmgrStR Rz 565; vgl *Wurm*, taxlex 2012, 100; *Althuber*, ZUS 2012/3, 7; s zum Betrieb gem § 7 Abs 1 § 7 Rz 146 ff). Wird der Betrieb (im Rückwirkungszeitraum) eingestellt und durch einen anderen **Betrieb ersetzt**, kann die Mindestkörperschaftsteuer anschließend **nicht angerechnet** werden.

363a Der Betrieb muss zum Jahresende im Eigentum des Rechtsnachfolgers der Umwandlung bestehen. Wurde er übertragen, besteht er nicht mehr im Vermögen des Rechtsnachfolgers und eine Anrechnung der Mindestkörperschaftsteuer ist nicht mehr möglich. Dies gilt sowohl für **entgeltliche** als auch für **unentgeltliche Übertragungen** wie Schenkungen (BFG 15.3.2016, RV/7100623/2014; BFG 31.5.2016, RV/5100118/2013). Die Trennung von Mindestkörperschaftsteuern und Betrieb führt somit zum Verfall des Mindestkörperschaftsteuerguthabens. Teleologisch stellt sich mE die Frage, ob diese Trennung auch schädlich sein sollte, wenn die Erträge weiterhin beim Rechtsnachfolger steuerpflichtig sind. Telelogisch sollte mE die **Übertragung** des Betriebs **an eine Mitunternehmerschaft** unschädlich sein, da Erträge aus dem Betrieb (oder ein entsprechender Anteil am Gesamtertrag der Mitunternehmerschaft) weiterhin beim Rechtsnachfolger der Umwandlung steuerpflichtig sind und der Betrieb auch noch durch das Bilanzbündel indirekt im Eigentum des Rechtsnachfolgers der Umwandlung steht. Dies gilt jedenfalls für Fälle, in denen der Rechtnachfolger der Umwandlung zu 100 % an der Mitunternehmerschaft beteiligt ist. Da Umfangsminderungen des Betriebs unschädlich sind (s Rz 365), sollten mE auch Fälle unschädlich sein, in dem der Rechtsnachfolger nicht zu 100 % beteiligt ist (und somit seine indirekte Beteiligung am fraglichen Betrieb sinkt, aber durch eine Beteiligung am sonstigen Vermögen der Mitunterschaft ersetzt wird). Leitet sich die weitere Verfügbarkeit der Mindestkörperschaftsteuer aus der Besteuerung der Erträge beim Rechtsnachfolger ab, sollten die Mindestkörperschaftsteuerbeträge nicht nur bei Zusammenschlüssen gem Art IV, sondern auch nach Übertragungsarten außerhalb des UmgrStG weiterhin zur Verfügung stehen. Und auch aus § 9 Abs 8 letzter Teilsatz lässt sich mE nicht ableiten, dass nach einer möglichen Realisierung (iRd Übertragung an die Mitunternehmerschaft außerhalb von Art IV) keinenfalls eine weitere Verrechnung von Mindestkörperschaftsteuer mehr möglich sein soll.

Stellungnahme. Daneben verbleibt die Frage, ob Mindestkörperschaftsteuern nach **363b**
Übertragungen des Betriebs mittels **Umgründungen** (neben den in Rz 363a angesprochenen Zusammenschlüssen somit insb durch Einbringungen iSd Art III) weiter zur Verfügung stehen. Dagegen könnte vorgebracht werden, dass nach Einbringungen die Erträge des Betriebs nicht mehr bei der natürlichen Person steuerpflichtig sind. Für eine weitere Nutzbarkeit spricht mE jedoch, dass Umgründungen nicht zu einer Verschlechterung führen sollen und zB Verlustvorträge grundsätzlich übergehen können und systematisch Folgeumgründungen nicht generell zu einem Untergang der Mindestkörperschaftsteuern führen sollen. Auch führt der Umstand, dass bei Einbringungen die Gegenleistung das übertragene Vermögen ersetzt, dazu, dass der Betrieb durch die Beteiligung ersetzt wird und somit das Betriebserfordernis durch die Gegenleistungsanteile als erfüllt angesehen werden könnte.

Stellungnahme. Der **Übergang** des **Betriebs** erfolgt mit Ablauf des **Umwandlungs-** **364**
stichtags. Dieser übergehende Betrieb ist auch für Zwecke des objektbezogenen Verlustvortrags relevant (vgl § 10 Rz 9). Da der in § 9 Abs 8 durch das BudBG 2012 eingefügte Objektbezug jenem des § 10 nachempfunden ist und sowohl Höchstgericht (VfGH 30.6.2011, G 15/11) als auch Materialien (ErlRV BudBG 2012 1494 AB 1500 BlgNR 24. GP, 15) auf „*die Fortführung des Betriebs*" und die ErlRV nochmals auf „*den aus der Umwandlung hervorgegangenen Betrieb*" (ErlRV BudBG 2012 1494 AB 1500 BlgNR 24. GP, 15) abstellen, ist wohl auf den **Betrieb zum Umwandlungsstichtag** abzustellen. Ein **Ersetzen des Betriebs** durch einen anderen **im Rückwirkungszeitraum** ist daher zwar nicht der Anwendbarkeit von Art II (vgl § 7 Rz 147), mE jedoch der **weiteren Anrechenbarkeit** der Mindestkörperschaftsteuer **schädlich** (vgl mit Kritik *Wurm*, taxlex 2012, 100 f). Eine Anrechenbarkeit wäre jedoch allenfalls insoweit möglich, als sich aus der Aufgabe des Betriebs im Rückwirkungszeitraum ein Veräußerungsgewinn iSd § 24 EStG (vgl dazu *Jakom*[10]/ *Kanduth-Kristen* § 24 Rz 11 ff) ergibt (vgl Rz 366 f). Voraussetzung wird nach der Verwaltungspraxis jedoch wohl sein, dass das Wirtschaftsjahr, in dem der Veräußerungsgewinn fällt, nach dem Umwandlungsstichtag beginnt (vgl Rz 348 f). Dies kann mE zu systemwidrigen Lücken in der Anrechenbarkeit führen.

Im Gegensatz zur Regel über den Übergang der Verlustvorträge (vgl dazu § 10 **365**
Rz 10) sieht § 9 Abs 8 nicht vor, dass der Betrieb noch in vergleichbarem (oder sonst in einem bestimmten) Umfang vorliegen muss (s BFG 19.8.2015, RV/ 7101225/2013; BFG 20.6.2017, RV/7103034/2017; weiters UmgrStR Rz 565; KStR 2013 Rz 1568; vgl auch *Wurm*, taxlex 2012, 100; *Althuber*, ZUS 2012/3, 7). Auch eine Zuordnung zu Teilbetrieben ist nicht nötig (vgl BFG 19.8.2015, RV/7101225/ 2013; UmgrStR Rz 565; s auch *Kofler*, GES 2011, 410; *Sylle*, ÖStZ 2012/9, 15; *Zöchling* in *W/Z/H/K*[5] § 9 Rz 59). Daher sind Mindestkörperschaftsteuern auch anrechenbar, wenn sie nicht dem (noch) bestehenden Betrieb(steil) zuordenbar sind. Die **Anrechnung** ist daher so lange **möglich**, als der **Betrieb** – wenn auch in sehr **geringem Umfang** – noch beim Rechtsnachfolger **besteht** (s a *Marschner/ Puchinger*, FJ 2011, 340; *Zöchling* in *W/Z/H/K*[5] § 9 Rz 59). Erst die Aufgabe oder Übertragung des Betriebs schließt die spätere Anrechnung verbliebener Mindestkörperschaftsteuerguthaben aus.

4. Veräußerungsgewinne

Wird der Betrieb veräußert, kann er am Ende des fraglichen Jahres nicht mehr beim **366**
Rechtsnachfolger bestehen (allenfalls wäre dies nur bei Veräußerung mit Ende des

Jahres möglich). Folglich wäre eine Anrechnung der Mindestkörperschaftsteuer auf die Besteuerung von Gewinnen aus der Betriebsveräußerung idR nicht möglich. Um dies zu vermeiden, sieht § 9 Abs 8 S 3 letzter Teilsatz vor, dass die **Mindestkörperschaftsteuer auf Gewinne aus der Veräußerung des** iRd Umwandlung **übertragenen Betriebs möglich** ist (*Kofler*, GES 2011, 410; *Marschner/Puchinger*, FJ 2011, 340), **selbst wenn** der **Betrieb** am Ende des Jahres beim Rechtsnachfolger **nicht mehr besteht**. Dabei ist die Anrechnung auf die Steuer auf den Veräußerungsgewinn iSd § 24 EStG (somit sind auch Aufgabegewinne umfasst) begrenzt (s UmgrStR Rz 565; KStR 2013 Rz 1568; vgl auch *Wurm*, taxlex 2012, 100; *Althuber*, ZUS 2012/3, 7; *Schwarzinger/Wiesner* I/1[3] 751; *Stefaner*, GES 2013, 212; mit Kritik *Wurm*, taxlex 2012, 101). Wird die Versteuerung des Veräußerungsgewinns gem § 37 EStG auf drei Jahre verteilt, ist auch die Anrechnung der Mindestkörperschaftsteuer auf diese Gewinntangenten in allen drei Jahren möglich (*Hirschler*, taxlex 2012, 95). Da Veräußerungsgewinne iSd § 24 EStG zur Anrechnung der Mindestkörperschaftsteuer berechtigen, ist die Anrechnung auch bei Aufgabegewinnen (vgl dazu Jakom[10]/*Kanduth-Kristen* § 24 Rz 32 ff) möglich (vgl UmgrStR Rz 565; so a *Marschner/Puchinger*, die nur auf das Nicht-mehr-Bestehen des Betriebs abstellen – *Marschner/Puchinger*, FJ 2011, 340).

367 **Stellungnahme.** Wird der Betrieb unterjährig veräußert, ist eine Anrechnung auf den Veräußerungsgewinn möglich. Da der Betrieb somit mit Ende des Jahres nicht mehr vorhanden ist, scheint eine sonstige Anrechnung nicht mehr möglich. Allerdings spricht der Telos der Regelung, dass Mindestkörperschaftsteuer jedenfalls auf zukünftige Steuer aus dem übergehenden Betrieb anrechenbar sein sollte, dafür, dass im Veräußerungsjahr Mindestkörperschaftsteuer nicht nur auf den Veräußerungsgewinn, sondern auch noch mögliche Steuern auf **Gewinne** im Zeitraum **bis zur Veräußerung** möglich sein sollte. Eine gegenteilige Interpretation könnte auch (trotz Dispositionsmöglichkeit des Steuerpflichtigen) verfassungsrechtliche Bedenken wecken. Abhängig davon, ob das wirtschaftliche Eigentum vor oder nach Jahresende übergeht, wäre eine Anrechnung noch auf Steuern (aus der betrieblichen Tätigkeit) des Jahres möglich oder unmöglich. Teleologisch sprechen daher mE gute Argumente dafür, auch eine Anrechnung auf Steuern auf die Tätigkeit des fraglichen Betriebs bis zum Veräußerungszeitpunkt zu ermöglichen.

XIII. Entfall der Befreiung vom KESt-Abzug
A. Entfall der Befreiung für Kapitalgesellschaften

371 § 94 EStG sieht spezielle Steuerbefreiungen für Kapitalerträge, die an Kapitalgesellschaften gezahlt werden, vor (vgl auch *Walter*[11] Rz 280a). Vom KESt-Abzug befreit sind dabei sowohl **Dividenden-** (§ 94 Z 2 EStG) als auch **Zinserträge** (§ 94 Z 5 EStG) und auch Einkünfte aus **Wertänderungen** und **Derivaten** (§ 94 Z 5 EStG). Wird die Kapitalgesellschaft umgewandelt, kann dies dazu führen, dass die Rechtsnachfolger nicht mehr in den Genuss der Befreiung kommen (insb wenn natürliche Personen Rechtsnachfolger sind; vgl auch *Keppert/Waitz-Ramsauer* in W/H/M, HdU II[8] § 9 Rz 86; *Zöchling* in W/Z/H/K[5] § 9 Rz 61). In solchen Fällen entfällt daher die Steuerbefreiung (vgl auch UmgrStR Rz 565a). Aufgrund der Rückwirkungsfiktion (vgl § 8 Rz 56 ff) entfällt die Befreiung rückwirkend mit Beginn des dem Umwandlungsstichtag folgenden Tages (vgl auch *Keppert/Waitz-Ramsauer* in W/H/M,

HdU II[8] § 9 Rz 86; *Zöchling* in *W/Z/H/K*[5] § 9 Rz 62; *Walter*[11] Rz 280b; *Christiner/Wiesner*, RWZ 2003/54, 196).

B. Befreiung für erhaltene Dividenden

1. Erträge im Rückwirkungszeitraum

Dividendenerträge, die im Rückwirkungszeitraum erzielt wurden, profitierten bereits von der Befreiung vom Quellensteuerabzug. Insoweit Rechtsnachfolger nicht unter die Befreiung gem § 94 Z 2 fallen, wären die Erträge jedoch bei den Rechtsnachfolgern KESt-pflichtig. Gem § 9 Abs 9 Z 1 **gelten** diese **Erträge mit dem Tag der Anmeldung der Umwandlung** zum Firmenbuch **als zugeflossen** (vgl auch *Keppert/Waitz-Ramsauer* in *W/H/M*, HdU II[8] § 9 Rz 87; *Walter*[11] Rz 280b). Zu diesem Zeitpunkt existiert die umwandelnde Gesellschaft (zivilrechtlich) noch. Die KESt kann daher von der umwandelnden Gesellschaft abgeführt werden. Die **umwandelnde Gesellschaft** ist verpflichtet, die **KESt** binnen einer Woche nach Anmeldung der Umwandlung zum Firmenbuch an das für sie zuständige Finanzamt **abzuführen** (ErlRV BudBG 2003, 59 BlgNR 22. GP, 276; UmgrStR Rz 565b; s auch *Walter*[11] Rz 280c).

372

2. Informationspflichten

Um die ausschüttende Gesellschaft in die Lage zu versetzen, Dividenden zukünftig korrekt zu versteuern, hat die umwandelnde Gesellschaft nach der Verwaltungspraxis die **Beteiligungsgesellschaft** vom (durch die Umwandlung ausgelösten) **Gesellschafterwechsel** zu **informieren**. Weiters ist den **Rechtsnachfolgern** die **Korrektur der KESt** zu **bestätigen** (UmgrStR Rz 565b).

373

Wurde bei **Auslandsdividenden**, die auf einem inländischen Depot liegen, eine **Befreiungserklärung** gem AuslandsKESt-VO abgegeben, ist diese anlässlich der Umwandlung zu widerrufen (*Zöchling* in *W/Z/H/K*[5] § 9 Rz 61; s weiterführend Rz 378 f zur **Widerrufserklärung**). Die Widerrufserklärung ist mit dem dem Umwandlungsstichtag folgenden Stichtag zu datieren (vgl auch Rz 379).

374

C. Befreiung für Zinserträge, Wertänderungen und Derivate

1. Erträge im Rückwirkungszeitraum

Waren **Erträge** nach dem Stichtag (bei Erklärung des Widerrufs – vgl dazu Rz 378 f) **bereits fällig**, wurde die KESt-Befreiung bereits genutzt. Das KESt-abzugsverpflichtete Kreditinstitut tritt in diesem Fall keine Verpflichtung (zur nachträglichen KESt-Abfuhr). In diesem Fall hat die **KESt-Korrektur** – gemeinsam mit anderen Korrekturen (vgl Rz 372) – **durch** die **umwandelnde Kapitalgesellschaft** zu erfolgen. Waren die Erträge **noch nicht fällig**, hat der **KESt-Abzug durch** den **KESt-Abzugsverpflichteten** entsprechend dem neuen Sachverhalt zu erfolgen (UmgrStR Rz 565b; vgl auch *Keppert/Waitz-Ramsauer* in *W/H/M*, HdU II[8] § 9 Rz 88).

376

2. Informationspflichten

Um die KESt-Befreiung für Zinserträge, Wertänderungen und Derivate gem § 94 Z 5 EStG in Anspruch zu nehmen, muss der Empfänger der Erträge dem KESt-Abzugsverpflichteten eine **Befreiungserklärung abgeben** (vgl Jakom[10]/*Marschner* § 94 Rz 51 ff). Andernfalls darf der Abzugsverpflichtete nicht vom KESt-Abzug absehen.

377

§ 9 Abs 9 Z 2 verpflichtet die umwandelnde Kapitalgesellschaft, die **Befreiungserklärung** zu **widerrufen**. Bestehen mehrere KESt-Abzugsverpflichtete, bei denen

378

die Befreiung gem § 94 Z 5 greift, muss von der umwandelnden Kapitalgesellschaft **gegenüber allen Abzugsverpflichteten** eine Widerrufserklärung abgegeben werden. Widerrufserklärungen müssen innerhalb von **einer Woche nach Anmeldung** der Umwandlung **beim Firmenbuch** abgegeben werden (vgl *Keppert/Waitz-Ramsauer* in *W/H/M*, HdU II[8] § 9 Rz 88; *Walter*[11] Rz 280b; *Schwarzinger/Wiesner* I/1[3] 897).

379 Aufgrund der Rückwirkungsfiktion steht die Befreiung des § 94 Z 5 mit Ablauf des Umwandlungsstichtags nicht mehr zu. In der Widerrufserklärung ist daher der **Widerruf mit** dem dem **Umwandlungsstichtag folgenden Tag** zu erklären (vgl auch *Keppert/Waitz-Ramsauer* in *W/H/M*, HdU II[8] § 9 Rz 88).

XIV. Entfall der Befreiung von ImmoESt-Abzug und Vorauszahlung

381 Auf §-7-Abs-3-Körperschaften ist gem § 24 Abs 3 Z 4 KStG das System der ImmoESt nicht anwendbar. Folglich ist für sie **keine ImmoESt** abzuführen und **keine Vorauszahlung** gem § 30b Abs 4 EStG zu leisten. § 9 Abs 9 enthält nur eine Regelung für Kapitalerträge und keine Regelung für Immobilienerträge, obwohl sich hier wohl dasselbe Problem stellt: Im Zeitpunkt der Immobilientransaktion liegt zivilrechtlich noch eine Kapitalgesellschaft vor. Mangels Rückwirkung iRd GrESt (vgl § 11 Rz 36) wird für die übertragende Kapitalgesellschaft auch die GrESt durch den Parteienvertreter abgeführt. Schon praktisch wird die Abfuhr der ImmoESt daher wohl idR daran scheitern, dass aus Sicht der Parteienvertreter zum fraglichen Zeitpunkt eine §-7-Abs-3-Körperschaft vorliegt. Erst durch die spätere Umwandlung, die für Zwecke der Ertragsteuern rückwirkend durchgeführt wird, ergibt sich eine Situation, in der durch die Rückwirkungsfiktion eine ImmoESt-Pflicht durch Abzug oder Vorauszahlung entstehen kann. Dabei kann im Zeitpunkt des Umwandlungsbeschlusses die Frist gem § 30b Abs 1 EStG (15. des zweitfolgendem Monats) bereits abgelaufen sein (vgl weiterführend *Reinold*, Immobilienertragsteuer 216 f).

382 Dabei ist mE aus systematischer Sicht klar, dass sich für die **Parteienvertreter** basierend auf der bestehenden Rechtslage keine Abfuhrpflicht ergeben kann. Zum einen sind die Parteienvertreter von der Abfuhrpflicht zB bei Zahlungsflüssen nach mehr einem Jahr befreit, da dies unpraktikabel und überbordend belastend erscheint. Sind sie allerdings schon bei späterem Zahlungsfluss aus demselben Rechtsgeschäft von der Abfuhrpflicht befreit, müssen sie dies im Größenschluss umso mehr in einem Fall sein, in dem sich die Frage der ImmoESt aus einem getrennten Vorgang (der Umwandlung) ergibt, an dem sie nicht (zwangsweise) beteiligt sind und von dem sie auch (mangels Aufnahme in § 9 Abs 9) nicht unterrichtet werden müssen. Zum anderen kann der Abzug durch die Parteienvertreter durchgeführt werden, wenn sie den Zahlungsfluss treuhändisch abwickeln (bzw bei Vertragserstellung zumindest für den Anteil der ImmoESt eine entsprechende Abwicklung vorsehen können). Bei einer späteren Umwandlung können sich Situationen ergeben, in denen der Treuhänder die Zahlung an den Verkäufer im Zeitpunkt der Umwandlung bereits durchgeführt und somit keine Mittel mehr zur Durchführung der Abfuhr hat. Somit können mE Parteienvertreter aus systematischen Gründen auch de lege ferenda nicht zu einer Abfuhr für Immobilientransaktionen im Rückwirkungszeitraum verpflichtet werden.

Wird die ImmoESt nicht durch den Parteienvertreter abgeführt, sieht § 30b Abs 4 EStG subsidiär die Verpflichtung des Steuerpflichtigen vor, eine **Sondervorauszahlung** zu leisten. Somit könnte sich eine Verpflichtung der Rechtsnachfolger zur Leistung einer Sondervorauszahlung ergeben. Ergibt sich eine derartige Verpflichtung, kann die Frist – in Analogie zu § 9 Abs 9 – wie von *Reinold* zutr dargestellt erst mit dem Tag der Anmeldung der Umwandlung zum Firmenbuch zu laufen beginnen (*Reinold*, Immobilienertragsteuer 217). Wie von *Reinold* dargestellt spricht systematisch viel für die Zielsetzung der Parallelität von KESt und ImmoESt und daher für eine Analogie. Allerdings ist zu bedenken, dass ImmoESt und Sondervorauszahlungen im Betriebsvermögen kein Endbesteuerungscharakter zukommt. Somit ist die Transaktion idR ohnedies in die Steuererklärung aufzunehmen und erst durch die bescheidmäßige Festsetzung endgültig zu besteuern (*Reinold*, Immobilienertragsteuer 217). Insoweit scheint auch eine Sondervorauszahlung aus dem Zweck der Sicherung der Besteuerung entbehrlich. In der Abwägung der Interessen und Belastungen scheint es daher rechtsdogmatisch basierend auf den bestehenden Regelungen den Rechtsnachfolgern nicht zuzumuten zu sein, entgegen dem eindeutigen Wortlaut von § 9 Abs 9, der nur Kapitalerträge anspricht, eine Analogie zwischen §§ 93 ff EStG und §§ 30 ff EStG herzustellen und diese als planwidrige Lücke bei der Ableitung der sich aus § 9 Abs 9 ergebenden Verpflichtungen zu berücksichtigen.

383

> **Stellungnahme. Rechtspolitisch** ist der Gesetzgeber mE aufgerufen, eine eindeutige Regelung einzuführen. Zum einen dient dies der Klarheit und der Beseitigung von verbleibenden Zweifeln. Zum anderen verbleibt eine Konstellation, die durch die bestehenden Regeln mE nur unbefriedigend abgebildet wird. Scheidet ein Grundstück durch die Umwandlung aus dem Betriebsvermögen aus und wird sie daher im Rückwirkungszeitraum (aus dem Blickwinkel nach Umwandlung) aus dem Privatvermögen veräußert, kann wohl aus dem eindeutigen Wortlaut von § 9 Abs 9 und der Unklarheit, ob eine planwidrige Lücke durch (Denksport und) Analogie zu schließen ist, oder der Umkehrschluss aus dem eindeutigen Wortlaut gezogen werden kann, keine Verpflichtung des Rechtsnachfolgers zur Leistung einer Sondervorauszahlung abgeleitet und bei Verstoß keine Säumnisfolgen geltend gemacht werden. Dennoch sehen §§ 30 ff EStG für Veräußerungen aus dem Privatvermögen grundsätzlich die Möglichkeit der Endbesteuerungswirkung vor. Nach derzeitigem Recht wird der Rechtsnachfolger mittels (wohl mangels Verpflichtung freiwilliger) Sondervorauszahlung eine Art Endbesteuerungswirkung erreichen oder spätestens mit der Veranlagung die Immobilientransaktion steuerlich erfassen müssen. Bei der derzeit bestehenden Rechtslage ist *Reinold* zuzustimmen, dass sich aus Sicht der Praxis eine ergänzende Information über Immobilientransaktionen im Rückwirkungszeitraum, bei denen für die Rechtsnachfolger keine Befreiung von der ImmoESt und von Sondervorauszahlungen gegeben ist, als Offenlegung anbietet (*Reinold*, Immobilienertragsteuer 217).

384

Verlustabzug

§ 10. § 8 Abs. 4 Z 2 des Körperschaftsteuergesetzes 1988 ist nach Maßgabe folgender Bestimmungen anzuwenden:

1. a) **Für Verluste der übertragenden Körperschaft ist § 4 Z 1 lit. a, c und d anzuwenden.**

b) ¹Übergehende Verluste sind den Rechtsnachfolgern als Verluste gemäß § 18 Abs. 6 des Einkommensteuergesetzes 1988 oder § 8 Abs. 4 Z 2 des Körperschaftsteuergesetzes 1988 in jenem Ausmaß zuzurechnen, das sich aus der Höhe der Beteiligung an der umgewandelten Körperschaft im Zeitpunkt der Eintragung des Umwandlungsbeschlusses in das Firmenbuch ergibt. ²Dabei sind die Anteile abfindungsberechtigter Anteilsinhaber den Rechtsnachfolgern quotenmäßig zuzurechnen.
c) Das Ausmaß der nach lit. b maßgebenden Beteiligungen verringert sich um jene Anteile, die im Wege der Einzelrechtsnachfolge, ausgenommen
   - die Kapitalerhöhung innerhalb des gesetzlichen Bezugsrechtes,
   - Erwerbe von Todes wegen,
   - Erwerbe eines unter § 7 Abs. 3 des Körperschaftsteuergesetzes 1988 fallenden Hauptgesellschafters
     - vor der verschmelzenden Umwandlung oder
     - vor der errichtenden Umwandlung, an der neben dem Hauptgesellschafter nur ein Arbeitsgesellschafter teilnimmt, oder
   - Erwerbe einer Mitunternehmerschaft als Hauptgesellschafter, an der neben einem Arbeitsgesellschafter nur eine unter § 7 Abs. 3 des Körperschaftsteuergesetzes 1988 fallende Körperschaft beteiligt ist,
   erworben worden sind, sofern die Verluste nicht erst in Wirtschaftsjahren entstanden sind, die nach dem Anteilserwerb begonnen haben.
2. § 4 Z 1 lit. b und c ist auch für eigene Verluste einer Körperschaft anzuwenden, die am Nennkapital der umgewandelten Körperschaft am Tage der Eintragung der Umwandlung in das Firmenbuch mindestens zu einem Viertel beteiligt ist.
3. § 4 Z 2 ist auf Verluste der übertragenden und der übernehmenden Körperschaft anzuwenden.

[idF BGBl I 2012/112]

Rechtsentwicklung

BGBl 1991/699 (UmgrStG; RV 266 AB BlgNR 18. GP) (Stammfassung); BGBl 1996/797 (AbgÄG 1996; RV 497 AB 552 BlgNR 20. GP) (Änderung § 10 Z 1 lit a; Stichtag nach 31.12.1996); BGBl I 2003/71 (BudBG 2003; RV 59 AB 111 BlgNR 22. GP) (Umwandlungen auf Personengesellschaften mit Arbeitsgesellschaftern; Stichtag nach 30.12.2002); BGBl I 2012/112 (AbgÄG 2012; RV 1960 AB 1977 BlgNR 22. GP) (Anpassung objektbezogener Verlustübergang, Änderung Mantelkaufregel).

Judikatur 2017

BFG 20.6.2017, RV/7103034/2017; BFG 1.8.2017, RV/3100331/2014.

Literatur 2017

Hirschler/Sulz/Oberkleiner, Umwandlung: Verlustübergang trotz verdeckter Treuhandschaft; BFGjournal 2017, 231; *Hirschler/Sulz/Oberkleiner*, Umwandlung einer erheblich reduzierten Betriebs-GmbH, BFGjournal 2017, 466; *Marschner/Renner*, Körperschaft-/Umgründungssteuer-Update Juni 2017: Aktuelles auf einen Blick, SWK 2017, 800; *Raab/Renner*, VwGH zur Behandlung von Teilwertabschreibungssiebenteln aus Vorgruppenzeiten, SWK 2017, 983; *Wiesner*, Neues zum Umgründungssteuerrecht,

RWZ 2017, 38; *Zorn*, VwGH: Umwandlung auf die zwischengeschaltete KG, RdW 2017, 126; *Zwick*, Verlustzuordnung im Rahmen des umgründungssteuerlichen Objektbezugs, ÖStZ 2017, 509.

Übersicht

I. Objektbezogener Verlustübergang	
A. Möglicher Verlustübergang	1–5
B. Buchwertfortführung	6
C. Objektbezug	7–9
D. Umfangsminderung	10
E. Frühere Teilwertabschreibungen	11–13
II. Zurechnung bei mehreren Rechtsnachfolgern	16–20
III. Verlustkürzung bei vorgelagerten Anteilserwerben	
A. Hintergrund	26–29
B. Kürzung des Verlustvortrags bei Anteilserwerb	
1. Unschädlicher Erwerb mittels Gesamtrechtsnachfolge	31–33
2. Schädlicher Erwerb mittels Einzelrechtsnachfolge	34–38
3. Unschädlicher Erwerb mittels Einzelrechtsnachfolge	39–43
C. Kapitalgesellschaften als Hauptgesellschafter	46–55
IV. Nutzungsmöglichkeit beim Rechtsnachfolger	61
V. Verlustvorträge der Rechtsnachfolger	
A. Natürliche Personen	66
B. Juristische Personen	
1. Gefährdung der Verlustvorträge	71–74
2. Objektbezug	75
3. Umfangsminderung	76
4. Frühere Teilwertabschreibungen	77
VI. Mantelkauf	80–85
VII. Umwandlungen mit Auslandsbezug	86–88

I. Objektbezogener Verlustübergang

A. Möglicher Verlustübergang

Im Anwendungsbereich von Art II **ermöglicht** § 10 den **Übergang** von **Verlust-** 1
vorträgen der übertragenden Körperschaft **auf Rechtsnachfolger** (vgl VwGH 22.4.2004, 2004/15/0043; s auch § 7 Rz 246 ff; *Keppert/Waitz-Ramsauer* in W/H/M, HdU II[8] § 10 Rz 8; *Zöchling* in W/Z/H/K[5] § 10 Rz 4; s § 7 Rz 241 f zur Frage des Übergangs von Verlustvorträgen bei Umwandlungen außerhalb des Anwendungsbereichs von Art II). Auf (ehemalige) Gesellschafter, die **keine Rechtsnachfolger** sind, gehen **keine Verlustvorträge** über (UFS 5.8.2011, RV/0881-L/11). Der Übergang auf Rechtsnachfolger der Verlustvorträge folgt dabei **Prinzipien**, die schon iRd Verlustübergangs in **Art I** Anwendung finden (vgl UFS 31.1.2004, RV/0308-F/02; UFS 23.11.2005, RV/2403-W/02; UFS 21.7.2010, RV/0426-F/08; BFG 1.8.2017, RV/3100331/2014; s auch *Keppert/Waitz-Ramsauer* in W/H/M, HdU II[8]

§ 10
Stefaner

§ 10 Rz 7; *Zöchling* in *W/Z/H/K*[5] § 10 Rz 4; vgl zu Art I § 4 Rz 21 ff). Da – wie bei der Verschmelzung (vgl § 1 Rz 1) – die übertragende Gesellschaft iRd Umwandlung untergeht (vgl § 7 Rz 35), gehen Verlustvorträge, die nicht auf Rechtsnachfolger übergehen, unter (vgl auch *Hirschler/Sulz/Oberkleiner*, BFGjournal 2016, 146).

2 Gesellschaftsrechtlich führt die Umwandlung zu einer **Gesamtrechtsnachfolge**. Daraus könnte sich eine allgemeine Möglichkeit des Verlustübergangs ergeben (vgl § 7 Rz 241 f). Da jedoch die gesellschaftsrechtliche Gesamtrechtsnachfolge von der hA als nicht ausreichend für die Übernahme der Verlustvorträge erachtet wird (vgl *Keppert/Waitz-Ramsauer* in *W/H/M*, HdU II[8] § 10 Rz 1; *Zöchling* in *W/Z/H/K*[5] § 10 Rz 3; aber kritisch *Keppert/Waitz-Ramsauer* in *W/H/M*, HdU II[8] § 10 Rz 9), schafft § 10 ein System für den Verlustübergang (vgl auch *Wiesner*, RWZ 2009/39, 137 mit Verweis auf VfGH 24.2.2009, B 1275/08). Dabei **beschränkt** § 10 die **Möglichkeit** des **Übergangs** des **Verlustvortrags** (UFS 15.6.2007, RV/1880-L/02; *Keppert/Waitz-Ramsauer* in *W/H/M*, HdU II[8] § 10 Rz 1; *Walter*[11] Rz 282). Aus hg Judikatur (VwGH 14.10.2010, 2008/15/0212) leitet die FV ab, dass auch noch **offene Siebentel** gem § 12 Abs 3 Z 2 KStG aus **Teilwertabschreibungen von Beteiligungen** (vgl *Marchgraber/Plansky* in *L/R/S/S*[2] § 12 Rz 312 ff, Rz 353 ff) als Verlustvorträge, auf die die Mantelkaufregelung des § 8 Abs 4 Z 2 KStG (vgl *Ressler/Stürzlinger* in *L/R/S/S*[2] § 8 Rz 242 ff) gelten (kritisch *Ressler/Stürzlinger* in *L/R/S/S*[2] § 8 Rz 272). Und auch die Verlustübergangsregel des §§ 35 iVm 21 (vgl dazu § 35 Rz 10 ff) ist auf offene Siebtel anwendbar (VwGH 14.10.2010, 2008/15/0212). Darauf gestützt gehen offene Siebtel nach Ansicht der FV bei Umwandlungen nur **nach den Regeln** des **§ 10** über (UmgrStR Rz 490; vgl auch *Walter*[11] Rz 283; *Schwarzinger/Wiesner* I/1[3] 743; s noch aA *Keppert/Waitz-Ramsauer* in *W/H/M*, HdU II[8] § 10 Rz 2 mwN).

3 **Stellungnahme.** Nach dem VwGH (14.10.2010, 2008/15/0212) sollen **offene Siebentel** wie Verlustvorträge behandelt werden, da der Verlust bereits angefallen sei und § 12 Abs 3 Z 2 KStG nur zu einer Verteilung führt. Da der gesamte Verlust (auch die noch offenen Siebentel) somit **bereits verursacht** wurde, soll er auch **wie** ein **Verlustvortrag behandelt** werden. Dies scheint jedoch mE insb insoweit **hinterfragenswürdig**, als **im Entstehungsjahr** ausreichend **positive Einkünfte** vorliegen (vgl auch *Wiesner*, RWZ 2010, 362; vgl auch weiterführend *Ressler/Stürzlinger* in *L/R/S/S*[2] § 8 Rz 272). Zu § 9 Abs 6 Z 4 KStG hat der VwGH nunmehr ausgeführt, dass offene Siebentel keine Verluste iSv § 8 KStG darstellen (VwGH 31.5.2017, Ro 2015/13/0024). Und auch die Argumentation aus 2010 sei nicht auf § 9 Abs 6 Z 4 KStG übertragbar, da sie *„in einem spezifischen Zusammenhang (partielle Gesamtrechtsnachfolge bei Spaltung) aus einer den Übergang von Jahresverlusten betreffenden Wertungsentscheidung des Gesetzgebers abgeleitet"* wurde. Daraus leiten *Raab/Renner* ab, dass das Prinzip des VwGH-Erk aus 2010 für Umgründungen gilt, da hier die übertragende Gesellschaft untergeht und der Verlust auf andere Gesellschaften übergeht, somit ein Einkauf in Verluste möglich wäre, wohingegen bei § 9 Abs 9 Z 4 KStG (und wohl auch beim Mantelkauf gem § 8 Abs 4 KStG) die Verlustverwertung auf die Gesellschaft beschränkt bleibt (*Raab/Renner*, SWK 2017, 988). Dabei stellt sich dann die Frage, ob auch bei Umgründungen zwischen aufnehmender und übertragender Gesellschaft unterschieden werden soll. Andernfalls würde nur im Umgründungssteuerrecht bei der weiterbestehenden Gesellschaft eine Qualifikation der offenen Siebentel als Verluste greifen, wobei auch außerhalb des Umgründungssteuerrechts zur Nutzung dieser Betriebsausgaben

Vermögen auf die Gesellschaft übertragen werden kann. Somit wird wohl erst die zukünftige Judikatur zeigen können, ob VwGH 31.5.2017, Ro 2015/13/0024 zu einer Differenzierung zwischen den Normen des KStG und des UmgrStG, zu einer Differenzierung zwischen übertragender und übernehmender Gesellschaft im Anwendungsbereich des UmgrStG führt (wobei sich diese Differenzierungen nicht aus den Gesetzeswortlaut ergeben, sondern mE bestenfalls teleologisch argumentierbar sind), die Besonderheit im Sachverhalt der Entscheidung 2010 darin lag, dass die übertragende Gesellschaft nach der Abspaltung weiterbestand (und somit die Siebentel nicht untergingen, sondern ‚nur' zurückblieben) oder vielleicht durch das Erk 2017 eine Änderung der Judikatur eingeläutet wurde.

Diese Übergangsbeschränkungen greifen nach der hA **nicht für Schwebeverluste** 4 iSd § 2 Abs 2a EStG (vgl *Walter*[11] Rz 283; s zu § 2 Abs 2a Jakom[10]/*Laudacher* § 2 Rz 136 ff; *Schwarzinger/Wiesner* I/1[3] 743) und sonstige **Sonderverluste** (*Keppert/ Waitz-Ramsauer* in *W/H/M*, HdU II[8] § 10 Rz 2). Bei Schwebeverlusten soll der Übergang nicht aus § 10, sondern aus der Buchwertfortführung folgen (*Keppert/ Waitz-Ramsauer* in *W/H/M*, HdU II[8] § 10 Rz 3). Folglich sollen auch die Beschränkungen des Übergangs gem § 10 nicht greifen. Die **Aufteilung** der Schwebeverluste auf mehrere Rechtsnachfolger (§ 7 Rz 226 ff) soll nach *Keppert/Waitz-Ramsauer* entsprechend der **Beteiligung** im **Zeitpunkt** der **Eintragung** der **Umwandlung** erfolgen, wobei auch Änderungen iRd Umwandlung noch zu berücksichtigen seien (*Keppert/Waitz-Ramsauer* in *W/H/M*, HdU II[8] § 10 Rz 3).

§ 23a EStG ist nur bei **kapitalistischen Mitunternehmerbeteiligungen** von natür- 4a lichen Personen anwendbar. Bei der umwandelnden Gesellschaft können daher keine Schwebeverluste iSd § 23a vorliegen. Auch werden Verlustvorträge der umwandelnden Gesellschaften durch die Umwandlung nach der mE zutr Ansicht von *Zöchling* nicht zu Schwebeverlusten iSv § 23a EStG, auch wenn Verlustvorträge auf einen kapitalistischen Mitunternehmer übergehen (*Zöchling* in *W/Z/H/K*[5] § 10 Rz 4).

Übergehen können nur jene **Verlustvorträge**, die von der übertragenden Kapital- 5 gesellschaft **nicht spätestens bei** der **Veranlagung des letzten Wirtschaftsjahres** der umwandelnden Gesellschaft, das mit dem Umwandlungsstichtag endet (vgl § 8 Rz 57), **genutzt werden** können (vgl weiterführend § 4 Rz 21; s auch *Mühlehner* in *H/M/II* § 10 Rz 3).

B. Buchwertfortführung

Verlustvorträge können nach § 10 nur übergehen, insoweit das **verlustverursa-** 6 **chende Vermögen** (vgl Rz 7 ff) unter **Buchwertfortführung** auf die Rechtsnachfolger übergeht (s auch UmgrStR Rz 566; vgl weiterführend § 4 Rz 22 f; weiters *Keppert/Waitz-Ramsauer* in *W/H/M*, HdU II[8] § 10 Rz 9; *Zöchling* in *W/Z/H/K*[5] § 10 Rz 5; *Mühlehner* in *H/M/H* § 10 Rz 1; *Walter*[11] Rz 284; *Schwarzinger/Wiesner* I/1[3] 731). Insoweit die **Aufwertungsoption** genutzt wird (vgl § 8 Rz 36 ff), können Verlustvorträge **nicht gem § 10 übergehen** (vgl auch *Keppert/Waitz-Ramsauer* in *W/H/M*, HdU II[8] § 10 Rz 9). Dasselbe gilt grundsätzlich, wenn die **Aufwertung verpflichtend** anzuwenden ist, wobei bei Einschränkung des Besteuerungsrechts (vgl § 7 Rz 161 ff) Art II teilweise nicht anwendbar ist. Folglich greifen die Regeln des § 10 insoweit mangels Anwendbarkeit von Art II nicht. In beiden Fällen kann der **Verlustvortrag** noch **im letzten Wirtschaftsjahr** der übertragenden Kapitalgesellschaft **verwertet** werden. Damit ist auch der Ausgleich noch mit **Aufwertungsgewinnen** möglich (vgl § 4 Rz 22; s auch *Mühlehner* in *H/M/H* § 10 Rz 1). Ein danach verbleibender Verlustvortrag geht unter (*Keppert/Waitz-Ramsauer* in *W/H/M*, HdU II[8] § 10 Rz 9 mit Kritik am Untergang der Verlustvorträge bei Ausübung der Aufwertungsoption).

C. Objektbezug

7 Verlustvorträge gehen gem § 10 Z 1 lit a iVm § 4 Z 1 lit a nur dann auf die Rechtsnachfolger über, wenn auch das **verlustverursachende Vermögen** auf die Rechtsnachfolger übergeht (s auch BFG 20.6.2017, RV/7103034/2017; vgl weiterführend § 4 Rz 46 ff; weiters *Keppert/Waitz-Ramsauer* in *W/H/M*, HdU II[8] § 10 Rz 11; *Zöchling* in *W/Z/H/K*[5] § 10 Rz 5; *Mühlehner* in *H/M/H* § 10 Rz 3; *Walter*[11] Rz 284; *Hirschler* in *Kirchmayr/Mayr*, Umgründungen 139 f). Hierzu muss das verlustverursachende Vermögen noch **vorhanden** sein und durch die Umwandlung **tatsächlich übergehen** (vgl BFG 19.8.2015, RV/7101225/2013; s auch ausführlich *Schwarzinger/Wiesner* I/1[3] 731 ff; zum verpachteten Betrieb *Schwarzinger/Wiesner* I/1[3] 735). Dabei ist (bei betriebsführenden Gesellschaften) der Teilbetrieb die kleinste Zuordnungseinheit für verlustverursachendes Vermögen (vgl BFG 19.8.2015, RV/7101225/2013; BFG 20.6.2017, RV/7103034/2017; s *Keppert/Waitz-Ramsauer* in *W/H/M*, HdU II[8] § 10 Rz 12; *Bruckner*, ÖStZ 2004/759, 361; *Schwarzinger/Wiesner* I/1[3] 731; zur Eingliederung von iRv Vorumgründungen übergegangenen in vorhandene Betriebe vgl *Schwarzinger/Wiesner* I/1[3] 735; *Zöchling* in *W/Z/H/K*[5] § 10 Rz 5; zu Fragen der Zuordnung bei mehreren Teilbetrieben im Verlustentstehungsjahr s *Zwick*, ÖStZ 2017, 509 ff). Dies gilt auch für ausländische Betriebe, wenn sie aufgrund von § 2 Abs 8 EStG zu Verlustvorträgen geführt haben (*Schwarzinger/Wiesner* I/1[3] 735). Bei nicht betriebsführenden Gesellschaften ist auf das sonstige Vermögen abzustellen (UFS 11.1.2008, RV/0027-L/04; vgl auch *Schwarzinger/Wiesner* I/1[3] 785; *Zöchling* in *W/Z/H/K*[5] § 10 Rz 5), soweit diese Umwandlung unter Art II fallen kann (vgl § 7 Rz 121 ff). Ist das verlustverursachende Vermögen nicht mehr vorhanden, kann der daraus entstandene Verlustvortrag nicht übergehen und geht durch die Umwandlung unter (*Keppert/Waitz-Ramsauer* in *W/H/M*, HdU II[8] § 10 Rz 12).

8 IdR ist für die Anwendbarkeit von Art II das Übergehen eines Betriebs Voraussetzung (vgl § 7 Rz 116 ff; vgl § 7 Rz 121 ff zu den Ausnahmen vom **Betriebserfordernis**). Verlustvorträge, die aus diesem Betrieb stammen, gehen somit über (UmgrStR Rz 569; vgl *Keppert/Waitz-Ramsauer* in *W/H/M*, HdU II[8] § 10 Rz 13 zu Verlustvorträgen, die nicht aus erst mittels Vorumgründung erworbenen Betrieb stammen). Wurde der verlustverursachende **Betrieb** jedoch vor dem **Stichtag verkauft** oder eingestellt (und durch einen anderen Betrieb ersetzt), geht der Verlustvortrag nicht über (vgl UmgrStR Rz 571). Bei Umwandlungen, die unter Nutzung der Ausnahme vom Betriebserfordernis (vgl § 7 Rz 121 ff) durchgeführt werden, ist – **mangels Betriebs** – das sonstige Vermögen auf den verlustverursachenden Charakter zu überprüfen (UmgrStR Rz 570; vgl *Bruckner*, ÖStZ 2004/759, 361; s weiterführend § 4 Rz 80 ff). Wird bei einer Umwandlung unter Betriebserfordernis der Betrieb unmittelbar zuvor (durch Vorumgründungen) auf die umwandelnde Gesellschaft übertragen, bestritt die FV in einer Einzelerledigung, dass Verlustvorträge, die nicht aus dem betrieblichen Bereich (somit jene, die aus dem Bereich der zuvor nicht betriebsführenden Kapitalgesellschaft) stammen, übergehen (BMF 14.6.1999, ARD 5042/10/99).

Art II ist idR nur anwendbar, wenn sowohl zum **Umwandlungsstichtag** als auch zum **Zeitpunkt des Umwandlungsbeschlusses** ein Betrieb vorliegt (vgl § 7 Rz 146). Art II bleibt auch anwendbar, wenn zu **beiden Zeitpunkten** ein **unterschiedlicher Betrieb** vorhanden ist. Für den **Übergang der** (originär der umwandelnden Kapitalgesellschaft entstammenden) **Verlustvorträge** ist das Vorliegen eines anderen Betriebs zum Zeitpunkt des Umwandlungsbeschlusses **nicht schädlich** (s BFG 19.8.2015, RV/7101225/2013; so auch *Keppert/Waitz-Ramsauer* in W/H/M, HdU II[8] § 10 Rz 11; *Mühlehner* in H/M/H § 10 Rz 3; *Wellinger*, RdW 2004/151, 183). Zwar muss zur Möglichkeit des Verlustvortragübergangs das verlustursachende Vermögen *tatsächlich übergehen* (vgl ausführlich § 4 Rz 86 f). Hierfür ist aufgrund der Rückwirkungsfiktion aber auf den Umwandlungsstichtag abzustellen. Das weitere Schicksal des verlustverursachenden Vermögens nach dem Stichtag ist für den Verlustübergang unerheblich (BFG 20.6.2017, RV/7103034/2017; UmgrStR Rz 572; vgl auch *Bruckner*, ÖStZ 2004/759, 361; s weiters W/Z/H/K[4] § 10 Rz 3, die eine Kontinuität des Vermögens bis zum Umwandlungs*stichtag* fordern). Allenfalls kann dies jedoch bei einer Mantelkaufüberprüfung relevant sein (vgl auch *Mühlehner* in H/M/H § 10 Rz 3; *Bruckner*, ÖStZ 2004/759, 361; *Schwarzinger/Wiesner* I/1[3] 731; s ausführlich § 4 Rz 141 ff). Liegt daher zum Zeitpunkt des tatsächlichen Übergangs ein anderer Betrieb vor, ist Art II anwendbar und der Verlustvortrag kann grundsätzlich übergehen (vgl auch *Massoner*, Mantelkauf 60).

D. Umfangsminderung

Verlustvorträge gehen iRd Umwandlung gem § 10 Z 1 iVm § 4 Z 1 lit c nur dann über, wenn der Umfang des **verlustverursachenden Vermögens** im Zeitpunkt der Umwandlung (somit am Umwandlungsstichtag – BFG 24.11.2015, RV/5100439/2011) noch mit dem Umfang im Zeitpunkt der Verlustentstehung **vergleichbar** ist (vgl weiterführend § 4 Rz 101 ff; s auch BFG 19.8.2015, RV/7101225/2013; BFG 20.6.2017, RV/7103034/2017; *Keppert/Waitz-Ramsauer* in W/H/M, HdU II[8] § 10 Rz 14 f; *Zöchling* in W/H/K[5] § 10 Rz 5; *Mühlehner* in H/M/H § 10 Rz 4; *Walter*[11] Rz 284; *Schwarzinger/Wiesner* I/1[3] 737, 755 ff; s zur Frage der Vergleichbarkeit nach Betriebsverpachtung BFG 1.8.2017, RV/3100331/2014). Nach Ansicht der FV liegt keine Vergleichbarkeit des Umfangs mehr vor, wenn gewisse Umfangsindikatoren um mehr als **75 % gesunken** sind (vgl § 4 Rz 105 zur Kritik an der 75 %-Grenze; vgl auch das Abstellen des UFS auf eine 10 %-Grenze – UFS 1.3.2005, RV/3658-W/02; UFS 24.6.2013, RV/1067-L/06).

E. Frühere Teilwertabschreibungen

§ 10 Z 1 lit a iVm § 4 Z 1 lit d soll die Möglichkeit der doppelten Verlustverwertung bekämpfen. Wurde die Beteiligung an der übertragenden Körperschaft von einem Rechtsnachfolger vor der Umwandlung im Betriebsvermögen gehalten und (in Wirtschaftsjahren, die nach dem 31.12.1990 geendet haben) **steuerwirksam abgeschrieben, kürzt** der Betrag der steuerlich wirksamen Abschreibung den Betrag der **übergehenden Verlustvorträge** (vgl weiterführend § 4 Rz 116 ff; s weiters *Keppert/Waitz-Ramsauer* in W/H/M, HdU II[8] § 10 Rz 16; *Zöchling* in W/Z/H/K[5] § 10 Rz 5; *Mühlehner* in H/M/H § 10 Rz 5; *Walter*[11] Rz 284; *Schwarzinger/Wiesner* I/1[3] 737). Spätere **Zuschreibungen** führen dazu, dass der übergehende Verlustvortrag nicht um die gesamte Teilwertabschreibung, sondern nur um den Saldo aus Teilwertabschreibung und Zuschreibung zu kürzen ist (vgl auch *Keppert/Waitz-Ramsauer* in *W/H/M*, HdU II[8] § 10 Rz 16; *Mühlehner* in *H/M/H* § 10 Rz 5; s ausführlich § 4 Rz 123).

11a Führt § 12 Abs 3 Z 2 KStG dazu, dass bei Körperschaften als Rechtsnachfolgern noch nicht die gesamte Abschreibung steuerwirksam wurde (sondern noch **restliche Siebtel** offen sind), ist dennoch eine Kürzung des übergehenden Verlustvortrags in Höhe der vollen Abschreibung vorzunehmen (vgl *Schwarzinger/Wiesner* I/1³ 761). Die verbleibenden Siebentel können (unter der Annahme, dass es zu keinem Untergang gem § 10 Z 2 kommt – vgl Rz 71 ff) weiter abgesetzt werden. Nach *Schwarzinger/Wiesner* können zusätzlich zum laufenden Siebtel **weitere Siebtel** geltend gemacht werden, soweit der **übergehende Verlustvortrag bereits geltend gemachte Siebtel übersteigt** (*Schwarzinger/Wiesner* I/1³ 791). Insoweit die Siebtel objektbezogen (iRd Umwandlung oder auch bei Vorumgründungen) beim Rechtsnachfolger untergehen, scheint der Wortlaut von § 4 Z 1 lit d dafür zu sprechen, übergehende Verluste insoweit nicht zu kürzen, als die Teilwertabschreibung (durch den Untergang der noch offenen Siebtel) nicht abzugsfähig war.

12 Die Kürzung greift nach hA sowohl bei Rechtsnachfolgern, die **Körperschaften** sind, als auch bei **natürlichen Personen** (UFS 23.11.2005, RV/2403-W/02; UmgrStR Rz 573; vgl auch *Zöchling* in *W/Z/H/K*[5] § 10 Rz 5; *Mühlehner* in *H/M/H* § 10 Rz 6; *Bruckner*, ÖStZ 2004/759, 362; kritisch *Schwarzinger/Wiesner* I/1³ 983), wobei eine Teilwertabschreibung nur vorliegen kann, wenn die Beteiligung zuvor im Betriebsvermögen gehalten wurde (vgl auch *Zöchling* in *W/Z/H/K*[5] § 10 Rz 5). Da § 4 Z 1 lit d jedoch nur bei Verschmelzung *verbundener Unternehmen* (vgl detailliert § 4 Rz 118) anwendbar ist, wird vorgebracht, dass die Verlustkürzung nicht greifen kann, insoweit der Rechtsnachfolger kein verbundenes Unternehmen iSd § 228 Abs 3 UGB (vgl *Janschek* in *Hirschler*, Bilanzrecht § 228, 38 ff) ist (*Keppert/Waitz-Ramsauer* in *W/H/M*, HdU II[8] § 10 Rz 17). Weiters wird von *Keppert/Waitz-Ramsauer* offenbar aufgrund des Verweises auf Verschmelzungen auch hinterfragt, ob die Kürzung bei natürlichen Personen als Rechtsnachfolger greifen kann. Entsprechend gehen auch *Schwarzinger/Wiesner* davon aus, dass der Wortlaut nur eine Anwendung auf rechtsnachfolgende Körperschaften rechtfertigt (*Schwarzinger/Wiesner* I/1³ 737, 761).

13 Vorzunehmende **Kürzungen** haben **getrennt je Rechtsnachfolger** zu erfolgen. Die Verlustvorträge, die auf jeden Rechtsnachfolger übergehen, sind dabei um Teilwertabschreibungen zu kürzen, die der jeweilige Rechtsnachfolger gemacht hat. **Teilwertabschreibungen eines Gesellschafters kürzen** daher **nicht** die **Verlustvorträge**, die auf einen **anderen Rechtsnachfolger** übergehen (vgl auch UmgrStR Rz 573 Bsp 2).

II. Zurechnung bei mehreren Rechtsnachfolgern

16 Erfolgt eine Umwandlung mit einem Rechtsnachfolger (verschmelzende Umwandlung auf eine natürliche Person oder Körperschaft), sind die gesamten übergehenden Verluste dem Rechtsnachfolger zuzurechnen. Gibt es bei einer Umwandlung **mehrere Rechtsnachfolger** (errichtende Umwandlung, verschmelzende Umwandlung auf eine Mitunternehmerschaft), gehen die **Verlustvorträge** grundsätzlich (vgl allerdings Rz 26 ff zu möglichen Kürzungen bei Zuerwerben von

Anteilen nach Verlustentstehung) **anteilig** auf die Rechtsnachfolger über (vgl UFS 8.3.2004, RV/0216-K/03; UFS 24.1.2005, RV/0066-W/04; UFS 1.2.2006, RV/ 0075-L/04; UFS 15.6.2007, RV/1880-L/02; UFS 30.5.2008, RV/0921-W/05; UFS 2.9.2009, RV/0955-W/08; BFG 30.6.2016, RV/7100975/2010; s auch *Massoner*, Mantelkauf 60; *Schwarzinger/Wiesner* I/1³ 729).

Die Aufteilung der Verlustvorträge erfolgt dabei – wie bei Mindestkörperschaft- **17** steuerguthaben (vgl § 9 Rz 345 ff) – entsprechend der relativen **Beteiligungsquoten** (des wirtschaftlichen Eigentums an den Beteiligungen – BFG 19.9.2016, RV/ 1100324/2015) an der übertragenden Körperschaft im Zeitpunkt der **Eintragung der Umwandlung** ins Firmenbuch (vgl UFS 2.10.2008, RV/0224-S/05; BFG 30.6.2016, RV/7100975/2010; UmgrStR Rz 574; s auch *Keppert/Waitz-Ramsauer* in *W/H/M*, HdU II⁸ § 10 Rz 21; *W/Z/H/K*⁵ § 10 Rz 7; *Mühlehner* in *H/M/H* § 10 Rz 12; *Walter*[11] Rz 286; *Schwarzinger/Wiesner* I/1³ 739; *Schimmer*, taxlex 2016, 156). Dabei sind treuhändig gehaltene Anteile dem Treugeber zuzurechnen (vgl zur verschmelzenden Umwandlung *Schwarzinger/Wiesner* I/1³ 739). Quotenverschiebungen bis zum Zeitpunkt der Eintragung sind daher grundsätzlich zu berücksichtigen (vgl jedoch Rz 26 ff zu vorzunehmenden Kürzungen). **Zuerwerbe** von Beteiligungen, die erst **iRd Umwandlung** stattfinden (vgl § 7 Rz 153) – sei es als Beitritt eines neuen Gesellschafters (vgl *Sulz/Wellinger*, RdW 2005/158, 126 f) oder Quotenerhöhung eines existierenden Gesellschafters –, **beeinflussen** daher die Aufteilung des übergehenden Verlustvortrags **nicht** (vgl auch *Briem* in FS Ruppe 92; *Wiesner*, RWZ 2006/49, 166; *Schwarzinger/Wiesner* I/1³ 911). Dies gilt auch für den Beitritt eines Komplementärs iRe errichtenden Umwandlung (UmgrStR Rz 569).

Stellungnahme. Gem UmwG müssen bei einer errichtenden Umwandlung Ge- **18** sellschafter, die vor der Umwandlung zu mind 90 % am Nennkapital der übernehmenden Personengesellschaft beteiligt sind, an der übernehmenden Personengesellschaft beteiligt sein (vgl auch § 7 Rz 53; weiters *Kalss*² § 5 UmwG Rz 13). Folglich sind diese die primären Rechtsnachfolger. Weitere Gesellschafter können nur iRd möglichen 10%igen Einstiegs neuer Gesellschafter beitreten. Folglich ist die **Beteiligungsquote** mE – entsprechend der Ableitung der primären Rechtsnachfolger aus der Nennkapitalbeteiligung – auf Basis des **Nennkapitals** zu berechnen. Steuersystematisch wäre nach *Keppert/Waitz-Ramsauer* auch die Berücksichtigung von **Surrogatkapital** denkbar (*Keppert/Waitz-Ramsauer* in *W/H/M*, HdU II⁸ § 10 Rz 22). Dies ist jedoch vor dem Hintergrund der Beschränkungen der Kernrechtsnachfolger auf jene mit Beteiligung am Nennkapital aufgrund des UmwG mE abzulehnen.

Ausscheidenden Gesellschaftern wird kein Verlustvortrag zugerechnet (*Keppert/* **19** *Waitz-Ramsauer* in *W/H/M*, HdU II⁸ § 10 Rz 28; vgl auch *Wiesner*, RWZ 2014/55, 257). Die Anteile des Verlustvortrags, der auf **ausscheidende Gesellschafter** entfällt (auf diese gehen keine Verlustvorträge über), werden den **verbleibenden Gesellschaftern**, die bereits im Zeitpunkt der Eintragung der Umwandlung beteiligt waren, anteilig zugerechnet (VwGH 27.2.2014, 2010/15/0015; UFS 5.8.2011, RV/ 0881-L/11; UmgrStR Rz 574; vgl weiters *Keppert/Waitz-Ramsauer* in *W/H/M*, HdU II⁸ § 10 Rz 24; *Zöchling* in *W/Z/H/K*⁵ § 10 Rz 7; *Mühlehner* in *H/M/H* § 10 Rz 12; *Schwarzinger/Wiesner* I/1³ 741, 771). Die quotale Zurechnung hat daher unabhängig vom Aufgriff der Anteile **entsprechend** der **Beteiligungsquoten** der verbliebenen Gesellschafter **vor der Umwandlung** zu erfolgen (*Wiesner/Schwarzinger*, UmS 61/20/21/01, SWK 2001, 811; *Schwarzinger/Wiesner* I/1³ 911). Der Erwerb der Anteile ausscheidender Minderheitsgesellschafter stellt dabei keinen schädlichen Erwerb iSd § 10 Z 1 lit c (vgl Rz 34 ff) dar (vgl auch BMF 28.5.2001, ecolex 2001, 638). Dabei stellen *Keppert/Waitz-Ramsauer* zutr fest, dass auch der Umstand, dass ausscheidende Minderheitsgesellschafter ihre Beteiligung erst nach Entstehung der Verlustvorträge mittels schädlicher Einzelrechtsnachfolge (vgl Rz 34 ff) erworben haben, kein Hindernis für die anteilige Zurechnung an die Rechtsnachfolger darstellt (*Keppert/Waitz-Ramsauer* in *W/H/M*, HdU II⁸ § 10 Rz 25; s auch *Wellinger* in HB Sonderbilanzen II 104; weiters *Wolf/Silberbauer*, taxlex 2006, 120, die jedoch verfassungsrechtliche Bedenken äußern). Demgemäß geht auch die FV davon aus, dass es beim Übergang von Verlustvorträgen, die ausscheidenden Minderheitsgesellschaftern zustehen, nur darauf ankommt, dass der Rechtsnachfolger die Verlustvorträge der fraglichen Periode übernehmen kann (vgl dazu Rz 26 ff) und nicht, ob der Minderheitsgesellschafter dazu berechtigt wäre (UmgrStR Rz 576; vgl auch *Hirschler*, taxlex 2012, 94; *Schwarzinger/Wiesner* I/1³ 749, 913)

20   Auch bei **Einstieg neuer Gesellschafter** und gleichzeitigem Ausstieg alter Gesellschafter oder **Übernahme** der Beteiligung ausscheidender Gesellschafter **durch einzelne Gesellschafter** werden die Verlustvorträge der ausscheidenden Gesellschafter **anteilig auf** die **verbleibenden Altgesellschafter** und nicht auf einen neu einsteigenden Gesellschafter oder auf bestimmte Altgesellschafter, die die Beteiligungsquoten der ausscheidenden Gesellschafter übernehmen, aufgeteilt (vgl auch UmgrStR Rz 574; vgl auch *Keppert/Waitz-Ramsauer* in *W/H/M*, HdU II⁸ § 10 Rz 26 f; *Zöchling* in *W/Z/H/K*⁵ § 10 Rz 7; *Walter*¹ Rz 286 f; *Schwarzinger/Wiesner* I/1³ 741; s entsprechend § 9 Rz 344 f zur Mindestkörperschaftsteuer). Auf iRd Umgründung beitretende Gesellschafter geht somit kein Verlustvortrag über (UmgrStR Rz 575), da diese nicht – wie von § 10 Z 1 lit b gefordert – an der umgewandelten Körperschaft (sondern erst am übernehmenden Rechtsträger) beteiligt waren.

21   **Stellungnahme.** Erfolgt iRd Umwandlung eine **Quotenverschiebung zwischen verbleibenden Gesellschaftern** (iRd gesellschaftsrechtlichen Möglichkeiten – *Kalss*² § 5 UmwG Rz 15 mwN), soll dies nach Ansicht von *Wiesner* zu einem **teilweisen Untergang der Verlustvorträge** führen (*Wiesner*, RWZ 2006, 166 f; s auch *Zöchling* in *W/Z/H/K*⁵ § 10 Rz 7). Diese Ansicht sollte jedoch mE **kritisch hinterfragt** werden (vgl auch kritisch *Briem* in FS Ruppe 94 f). In analoger Anwendung von § 10 Z 1 lit b könnte vertreten werden, dass Quotenverschiebungen durch nur teilweise Abfindung von bestehenden Gesellschaftern dazu führen sollten, dass dem verwässerten Rechtsnachfolger Verlustvorträge nur entsprechend jener Quote zugerechnet werden, die er nach Umwandlung hält. Die Verlustvorträge, die dem Sinken der Beteiligungsquote entsprechen, wären demnach anteilig auf alle Rechtsnachfolger (entsprechend der Beteiligung zum Zeitpunkt der Eintragung der Umwandlung – vgl auch *Keppert/Waitz-Ramsauer* in *W/H/M*, HdU II⁸ § 10 Rz 27) aufzuteilen (und wären somit auch wiederum teilweise dem verwässerten Gesellschafter zuzurechnen). Der Wortlaut der Norm würde jedoch für eine andere Auslegung sprechen. Aus dem Umstand, dass der verwässerte Gesellschafter

nicht ausgeschieden ist (und auch keine *Abfindung* vorliegt – vgl *Briem* in FS Ruppe 91), könnte geschlossen werden, dass gem § 10 Z 1 lit b das Ausmaß der Beteiligung an der umzuwandelnden Körperschaft (und nicht am übernehmenden Rechtsträger) für die Zurechnung der Verlustvorträge relevant ist. Dieses Verhältnis wäre für alle Gesellschafter, die auch als Rechtsnachfolger beteiligt sind, relevant. Somit wäre auch beim verwässerten Gesellschafter die ungekürzte Beteiligungsquote vor Eintragung der Umwandlung für die quotale Zurechnung der Verlustvorträge relevant (so auch *Briem* in FS Ruppe 95). So gehen auch *Wiesner/Schwarzinger* davon aus, dass die Anteilsverschiebung erst am Tag nach dem Umwandlungsstichtag erfolgt und daher das Verhältnis vor Quotenverschiebungen (zumindest) für den Übergang der Mindestkörperschaftsteuer relevant ist (*Wiesner/Schwarzinger* in FS Bertl 923).

III. Verlustkürzung bei vorgelagerten Anteilserwerben
A. Hintergrund

Durch **Beteiligungserwerbe** wird der **Verlustvortrag** – abgesehen vom Vorliegen eines Mantelkaufs (vgl dazu *Ressler/Stürzlinger* in *L/R/S/S*[2] § 8 Rz 242 ff) – auf Ebene der Kapitalgesellschaft **nicht gefährdet**. Dies könnte dazu führen, dass die Anteile an einer Gesellschaft mit Verlustvorträgen erworben werden, um diese **Verlustvorträge** anschließend **mittels Umwandlung bei** den **Rechtsnachfolgern nutzen** zu können (vgl auch UmgrStR Rz 576). Besonders attraktiv könnte dies für Rechtsnachfolger sein, die natürliche Personen sind, da die Verlustvorträge hier bei einer Steuerbelastung von bis zu 55 % wirksam würden. **26**

Um **ungewünschte steuerliche Gestaltungen** zu vermeiden, hat der Gesetzgeber in § 10 Z 1 lit c eine Regelung eingeführt (vgl UmgrStR Rz 576; s auch zur Kritik an der bestehenden Regel *Keppert/Waitz-Ramsauer* in W/H/M, HdU II[8] § 10 Rz 41), die sich in § 4 nicht findet. Nach § 10 Z 1 lit c ist der **übergehende Verlust** in gewissen Situationen zu **kürzen**, wenn der **Rechtsnachfolger** die **Beteiligung** erst **erworben** oder **erhöht** hat, **nachdem** der **Verlust entstanden** ist (vgl auch *Massoner*, Mantelkauf 60 f; *Schwarzinger/Wiesner* I/1[3] 741; *Stefaner*, GES 2013, 519; *Zöchling* in W/Z/H/K[5] § 10 Rz 8). Bei der Frage, ob die Beteiligung im Verlustentstehungszeitpunkt schon bestanden hat, ist dabei entsprechend der wirtschaftlichen Betrachtung auf das **wirtschaftliche Eigentum** an der Beteiligung abzustellen (vgl auch BFG 19.9.2016, RV/1100324/2015). So kann ein Verlust zB auch auf den Rechtsnachfolger übergehen, wenn im Verlustentstehungszeitpunkt ein Treuhänder als (zivilrechtlicher) Eigentümer ausgewiesen wurde, der Rechtsnachfolger jedoch als Treugeber wirtschaftlicher Eigentümer war (UFS 24.4.2012, RV/0588-G/07; BFG 19.9.2016, RV/1100324/2015; vgl auch *Hirschler/Sulz/Oberkleiner*, BFGjournal 2017, 235; der Übergang wurde jedoch versagt, wenn das wirtschaftliche Eigentum – die Treuhandschaft – nicht nachgewiesen oder glaubhaft gemacht werden konnte: UFS 29.7.2003, RV/0391-K/02; UFS 29.7.2003, RV/0394-K/02; UFS 5.8.2003, RV/0409-K/02; UFS 6.8.2003, RV/0407-K/02; UFS 8.3.2004, RV/0216-K/03; UFS 8.3.2004, RV/0093-S/04; UFS 10.8.2004, RV/0627-L/02). **27**

Mangels Verweis auf die Escape-Klausel des Mantelkauftatbestands im KStG oder UmgrStG (vgl auch *Stefaner*, GES 2013, 520 f der Anm), **gehen** die **Verluste auch unter**, wenn Anteilserwerb und Umwandlung **zur Sanierung** erfolgen (VwGH 20.3.2013, 2009/13/0046; BFG 4.11.2015, RV/2100914/2014). Nach *Wolf/Silber-* **28** *bauer* ist der Untergang der Verlustvorträge allerdings **überschießend**, wenn die Verlustvorträge nicht mit anderen Einkünften verrechnet werden, sondern **Ziel die Sanierung des Betriebs** ist (vgl ähnlich kritisch *Schimmer*, taxlex 2016, 158). Denn dadurch werden aus der Sanierung resultierende zukünftige Gewinne (ohne Abminderung durch die Verlustvorträge) sofort steuerpflichtig (*Wolf/Silberbauer*, taxlex 2006, 120). Trotz Argumentation der Erdrosselungswirkung wurde die Behandlung einer Beschwerde jedoch vom VfGH (E 24.2.2009, B 1275/08; vgl auch *Wiesner*, RWZ 2009/39, 137) abgelehnt. Und auch der VwGH hat den Untergang der Verlustvorträge gesetzlich gedeckt und darin auch keinen Verstoß gegen Verfassungsrecht gesehen (VwGH 20.3.2013, 2009/13/0046; vgl auch *Stefaner*, GES 2013, 518 ff).

29 Die Kürzung des Verlustübergangs greift nicht bei Umwandlungen mit §-7-Abs-3-KStG-Körperschaften als rechtsnachfolgendem Hauptgesellschafter (vgl Rz 46 ff). Andernfalls würden verfassungsrechtliche Bedenken provoziert (*Wolf/Silberbauer*, taxlex 2006, 120). Gleichzeitig führt allerdings die derzeitige gesetzliche Situation dazu, dass der Verlustübergang nach der **Rechtsform des Hauptgesellschafters differenziert**. Nach *Wolf/Silberbauer* führt auch dies zu **verfassungsrechtlichen Bedenken** an der geltenden Rechtslage (*Wolf/Silberbauer*, taxlex 2006, 120). Und auch der Umstand, dass Umwandlungen zur zivil- und steuerrechtlichen Gesamtrechtsnachfolge führen, jedoch der Übergang der Verlustvorträge in dieser Gesamtrechtsnachfolge aufgrund eines vorgelagerten Vorgangs (Erwerb der Anteile in Einzelrechtsnachfolge) verweigert wird, scheint *Wolf/Silberbauer* nicht systemkonform (*Wolf/Silberbauer*, taxlex 2006, 121).

B. Kürzung des Verlustvortrags bei Anteilserwerb
1. Unschädlicher Erwerb mittels Gesamtrechtsnachfolge

31 Werden Beteiligungen durch **Gesamtrechtsnachfolge** erworben, stellen die Erwerbe **generell unschädliche Erwerbe** dar. Erwerbe mittels Gesamtrechtsnachfolge führen zu **keiner Kürzung** der übergehenden Verlustvorträge (vgl auch UmgrStR Rz 578; weiters *Keppert/Waitz-Ramsauer* in *W/H/M*, HdU II[8] § 10 Rz 29; *Zöchling* in *W/Z/H/K*[5] § 10 Rz 8; *Mühlehner* in *H/M/H* § 10 Rz 16; *Stefaner*, GES 2013, 519). Der Erwerber tritt in die Rechtsposition des Rechtsvorgängers ein und kann daher auch jene Verlustvorträge übernehmen, die während der Beteiligung des Rechtsvorgängers angesammelt wurden. Eine Kürzung ist allerdings für Verlustvorträge vorzunehmen, die vor einem schädlichen Erwerb mittels Einzelrechtsnachfolge des Rechtsvorgängers angefallen sind. Dh bei der Ermittlung der Kürzung von Verlustvorträgen sind Erwerbe mittels Gesamtrechtsnachfolge unbeachtlich; es ist **auf den letzten (schädlichen) Erwerb im Wege der Einzelrechtsnachfolge** (vgl dazu Rz 34 ff) **abzustellen** (vgl UmgrStR Rz 579; BMF 21.3.2001, ecolex 2001, 566; BMF 28.5.2001, ecolex 2001, 638; s auch *Keppert/Waitz-Ramsauer* in *W/H/M*, HdU II[8] § 10 Rz 29; *Zöchling* in *W/Z/H/K*[5] § 10 Rz 10; *Mühlehner* in *H/M/H* § 10 Rz 21).

32 Unschädliche Erwerbe liegen daher insbesondere bei folgenden Vorgängen, die **zivilrechtlich** unter **Gesamtrechtsnachfolge** stattfinden, vor (UmgrStR Rz 578; *Zöchling* in *W/Z/H/K*[5] § 10 Rz 10; *Schwarzinger/Wiesner* I/1[3] 743):

- Verschmelzungen,
- Umwandlungen iSd UmwG,

- Handelsspaltungen iSd SpaltG (s auch *Zöchling*, der die Unschädlichkeit des Beteiligungserwerbs durch Spaltungen aus der Unterdrückung der Anteilserwerbs gem UmgrStG ableitet – *Zöchling* in W/Z/H/K[5] § 10 Rz 11; vgl weiters eine Differenzierung zwischen Gesellschafts- und Gesellschafterebene andenkend, jedoch aufgrund der Materialien wohl ablehnend *Mühlehner* in H/M/H § 10 Rz 19),
- Anwachsung iSd § 142 UGB (vgl *Wiesner/Schwarzinger*, UmS 72/28/01, SWK 2001, 1099); schädlich ist jedoch ein vorangehender Erwerb der Kapitalanteile durch die Personengesellschaft mittels Einzelrechtsnachfolge; unschädlich ist demgegen über (trotz Bilanzbündeltheorie) der Erwerb der Personengesellschaftsanteile (zu deren Betriebsvermögen die Kapitalanteile gehören) im Wege der Einzelrechtsnachfolge (vgl *Wiesner/Schwarzinger*, UmS 72/28/01, SWK 2001, 1099 zu einer Einbringung, differenzierend aber *Wiesner/Schwarzinger*, UmS 123/25/02, SWK 2002, 962 bei Schenkung des Personengesellschaftsanteils),
- Einbringungen, soweit sie gem § 92 BWG und § 62 VAG 2016 Unter Gesamtrechtsnachfolge erfolgen und
- Erbanfall (Testament, gesetzliche Erbfolge, Erbvertrag zwischen Ehegatten; nach *Keppert/Waitz-Ramsauer* in W/H/M, HdU II[8] § 10 Rz 29 auch Erbschaftskauf und -schenkung).

Nach Ansicht der FV qualifizieren ausschließlich **zivil- und gesellschaftsrechtliche Gesamtrechtsnachfolgen** als Gesamtrechtsnachfolgen iSd § 10 Z 1 lit c (vgl auch *Mühlehner* in H/M/H § 10 Rz 17) und stellen daher **keinen schädlichen Anteilserwerb** dar. Vorgänge, die ausschließlich einer **steuerlichen Gesamtrechtsnachfolge** unterliegen (zB Einbringungen iSd Art III), können **schädliche Anteilserwerbe** darstellen (vgl zur Einbringung UmgrStR Rz 577). Basierend auf den ErlRV differenzieren *Keppert/Waitz-Ramsauer* zwischen jenen Vorgängen, bei denen steuerlich die Anteilsinhaberschaft fortgesetzt wird (Anteilserwerbe bei Verschmelzungen und Spaltungen) und jenen, bei denen die Anteile als angeschafft gelten (Einbringungen). Wird die Anteilsinhaberschaft fortgesetzt, soll keine Kürzung erfolgen (*Keppert/Waitz-Ramsauer* in W/H/M, HdU II[8] § 10 Rz 35).

2. Schädlicher Erwerb mittels Einzelrechtsnachfolge

Erwirbt ein Rechtsnachfolger **Anteile** im Wege der Einzelrechtsnachfolge, können grundsätzlich (Ausnahmen bestehen für gewisse Fälle des Erwerbs mittels Einzelrechtsnachfolge – vgl Rz 39 ff – und im erweiterten Umfang bei Erwerben durch Kapitalgesellschaften – vgl Rz 46 ff) **Verlustvorträge bis zum** (und damit inklusive des) **Erwerbsjahr nicht** iRd Umwandlung auf den Rechtsnachfolger **übergehen** (vgl VwGH 27.2.2014, 2010/15/0015; UFS 6.8.2003, RV/0408-K/02; UFS 26.4.2004, RV/1694-W/03; UFS 15.6.2007, RV/1880-L/02; UFS 1.10.2008, RV/2264-W/05; BFG 4.11.2015, RV/2100914/2014; s auch *Keppert/Waitz-Ramsauer* in W/H/M, HdU II[8] § 10 Rz 29; *Zöchling* in W/Z/H/K[5] § 10 Rz 8; *Mühlehner* in H/M/H § 10 Rz 14; *Walter*[11] Rz 288; *Schwarzinger/Wiesner* I/1[3] 741; *Stefaner*, GES 2013, 519). Unterlag die umwandelnde Kapitalgesellschaft Vorumgründungen, ist auch auf den Zeitpunkt des ursprüngliche Erwerbs iRd Einzelrechtsnachfolge an der vorangegangenen Kapitalgesellschaft abzustellen (BMF 21.3.2001, ecolex 2001, 566; BMF 28.5.2001, ecolex 2001, 638). Dasselbe gilt für die **Erhöhung der Beteiligung** (vgl auch *Schwarzinger/*

Wiesner I/1³ 749; *Stefaner*, GES 2013, 519). Wird die quotale Beteiligung mittels Erwerb iRe schädlichen Einzelrechtsnachfolge erhöht, gehen Verlustvorträge bis zum Erwerbsjahr nur entsprechend der Quote vor dem Zuerwerb über (vgl UFS 10.8.2004, RV/0627-L/02; s auch UmgrStR Rz 576). Diese Regel führt dazu, dass nur Verlustvorträge aus dem Zeitraum, in dem die Beteiligung (in entsprechender Höhe) bestand, übergehen (*W/Z/H/K*⁴ § 10 Rz 7).

35 Nicht übergehende **Verlustvorträge gehen unter** (vgl *Zöchling* in *W/Z/H/K*⁵ § 10 Rz 8; *Mühlehner* in *H/M/H* § 10 Rz 20; *Walter*¹¹ Rz 290). Im Gegensatz zu Änderungen der Beteiligungsquoten iRd Umwandlung (vgl Rz 19 ff) werden Verlustvorträge, aus Zeiträumen vor schädlichen Erwerben **nicht anteilig** auf die verbleibenden Rechtsnachfolger **aufgeteilt** (*H/M/H* § 10 Rz 20; *Zöchling* in *W/Z/H/K*⁵ § 10 Rz 8). Auch fallen Verlustvorträge aus Perioden vor Erwerb nach dem eindeutigen Wortlaut (*Übergehende Verluste sind den Rechtsnachfolgern [...] in jenem Ausmaß zuzurechnen, das sich aus der Höhe der Beteiligung [...] im Zeitpunkt der Eintragung [...] ergibt*) wohl nicht dem verwässerten Gesellschafter zu, selbst wenn er Rechtsnachfolger wird (auch wenn dies aus teleologischer Sicht uU wünschenswert wäre). Im Umkehrschluss greift die Kürzungsregel des § 10 Z 1 lit c für übergehende Verlustvorträge bei Quotenverschiebungen iRd Umwandlung nicht (s auch *Keppert/Waitz-Ramsauer* in *W/H/M*, HdU II⁸ § 10 Rz 24). Für **Schwebeverluste** gelten die Übergangsbeschränkungen nicht (*Keppert/Waitz-Ramsauer* in *W/H/M*, HdU II⁸ § 10 Rz 41).

36 Bei einem schädlichen Erwerb mittels Einzelrechtsnachfolge **gehen Verlustvorträge nur** dann **über**, wenn sie aus **Wirtschaftsjahren** stammen, die **nach** dem **Erwerb beginnen** (vgl UFS 15.6.2007, RV/1880-L/02; UFS 30.5.2008, RV/0921-W/05; UFS 2.10.2008, RV/0224-S/05; BFG 30.6.2016, RV/7100975/2010; s auch BMF 22.5.2000, ecolex 2000, 682; weiters *Wolf/Silberbauer*, taxlex 2006, 118). Das heißt, dass auch die Verluste aus dem Jahr, in dem der (unterjährige) Erwerb stattgefunden hat, untergehen. Fraglich könnte sein, ob im Erwerb der Anteile mit Beginn des Wirtschaftsjahres (ie bei Wirtschaftsjahr = Kalenderjahr mit 1.1., 0:00) einen Erwerb nach Beginn des Wirtschaftsjahres darstellt. Dies sollte mE zu verneinen sein. Nach *Walter* wäre generell ein aliquoter Übergang des Verlusts des Jahres des Beteiligungserwerbs gefordert (*Walter*¹¹ Rz 288; vgl auch *Keppert/Waitz-Ramsauer* in *W/H/M*, HdU II⁸ § 10 Rz 29 mwN; weiters *Massoner*, Mantelkauf 61). Eine zeitanteilige Aufteilung des Verlusts des Erwerbsjahres wurde vom VwGH aber abgelehnt (VwGH 31.3.2005, 2000/15/0002 ua; kritisch *Wolf/Silberbauer*, taxlex 2006, 121). Der **Zeitpunkt** des Erwerbs ist dabei nach den allgemeinen Regeln des **Übergangs des wirtschaftlichen Eigentums** (vgl auch BFG 19.9.2016, RV/1100324/2015) und mE unter Berücksichtigung von steuerlichen Rückwirkungsfiktionen (vgl *Stefaner*, GES 2014, 308) zu ermitteln.

37 Die Beschränkung des Übergangs der Verlustvorträge greift für alle Verlustvorträge, die durch die Umwandlung übergehen können und nicht nur für jene, die originär von der umzuwandelnden Gesellschaft erlitten wurden. Gingen somit **Verlustvorträge** iRe **Vorumgründung** (von jener Gesellschaft, bei der sie originär entstanden sind) auf die umzuwandelnde Gesellschaft über, sind auch diese Verlustvorträge vom Untergang bedroht, wenn die Anteile an der umzuwandelnden Gesellschaft mittels Einzelrechtsnachfolge erworben wurden (vgl auch *Keppert/ Waitz-Ramsauer* in *W/H/M*, HdU II⁸ § 10 Rz 39). Für die Frage, ob die Verlustvor-

träge vor dem Anteilserwerb angefallen sind, ist nach der Verwaltungspraxis auf das **Jahr** abzustellen, in dem die Verluste von jener Gesellschaft erlitten wurden, bei der sie **originär entstanden** (vgl UmgrStR Rz 583; BMF 28.5.2001, ARD 5257/ 22/2001; s auch *Bruckner/Kolienz*, ÖStZ 2007/997, 478; weiters *Wiesner*, RWZ 2014/55, 257). Der Zeitpunkt des Übergangs auf die umzuwandelnde Gesellschaft durch die Vorumgründung ist irrelevant.

Anders wollen *Schwarzinger/Wiesner* aus UmgrStR Rz 583 ableiten, dass übergehende Verlustvorträge dann zu kürzen sind, wenn die **Vorumgründung** eine (vor GesRÄG 2007 zulässige) **verschmelzende Umwandlung** war und es im Vorfeld der Vorumwandlung zu Anteilserwerben mittels schädlicher Einzelrechtsnachfolge kam. Zwar gingen die Verlustvorträge iRd Vorumwandlung aufgrund von § 10 Z 1 lit c TS 3 nicht unter. Jedoch soll nach *Schwarzinger/Wiesner* die folgende errichtende Umwandlung nun zum Untergang der Verlustvorträge führen (*Schwarzinger/Wiesner* I/1³ 753). Diese Interpretation ist jedoch mE abzulehnen, da § 10 auf die konkrete Umwandlung und vorbereitende Anteilserwerbe zu dieser abstellt und eine Nachverfolgung von Vorerwerben von Anteilen an Gesellschaften, die in Vorumgründungen untergegangen sind, kaum mit vertretbarem Aufwand lückenlos möglich ist. Auch gehen die UmgrStR Rz 583 mE nicht in die von *Schwarzinger/ Wiesner* vorgebrachte Richtung, da hier der Zeitpunkt des schädlichen Erwerbs jener des Erwerbs der X-Anteile darstellt und die X-GmbH jene Gesellschaft ist, die später umgewandelt wird. 37a

Schädliche Anteilserwerbe können insb bei folgenden Erwerbsformen vorliegen (VwGH 27.2.2014, 2010/15/0015; BFG 30.6.2016, RV/7100975/2010; UmgrStR Rz 577; *Zöchling* in *W/Z/H/K*⁵ § 10 Rz 9; weiters *Keppert/Waitz-Ramsauer* in *W/H/M*, HdU II⁸ § 10 Rz 30; *Schwarzinger/Wiesner* I/1³ 741): 38

- **Kauf**,
- **Tausch**,
- **Schenkung** (vgl auch *Wiesner/Schwarzinger*, UmS 123/25/02, SWK 2002, 962; die Differenzierung zwischen Schenkungen unter Lebenden und Erwerben von Todes Wegen [vgl Rz 42 f] führt jedoch zu verfassungsrechtlichen Bedenken – *Wolf/Silberbauer*, taxlex 2006, 121),
- **Gründungseinlage** (auch der originäre Erwerb iRd Gründung stellt einen Fall der Einzelrechtsnachfolge dar – VwGH 27.2.2014, 2010/15/0015; UFS 1.12. 2009, RV/0472-F/07; BFG 16.4.2014, RV/1100057/2011; vgl dazu *Stefaner*, GES 2014, 304 ff; *Wiesner*, RWZ 2014/55, 256 f; aA *Beiser*, SWK 2010, S 988; s auch UmgrStR Rz 576),
- ordentliche **Kapitalerhöhung** (vgl Rz 40 f zur Ausübung des Bezugsrechts) und
- **Geld-** oder **Sacheinlage** in eine bestehende Körperschaft (auch als Einbringung iSd Art III – vgl auch *Wiesner/Schwarzinger*, UmS 72/28/01, SWK 2001, 1099; *Schwarzinger/Wiesner* I/1³ 749 ff).

3. Unschädlicher Erwerb mittels Einzelrechtsnachfolge

§ 10 Z 1 lit c normiert in TS 1 und 2 zwei **Formen der Einzelrechtsnachfolge**, die allgemein den **Übergang der Verlustvorträge** iRe Umwandlung aus Jahren bis zum Erwerbsjahr auf den Rechtsnachfolger **nicht verhindern**. Diese Einzelrechtsnachfolgetatbestände sind (vgl auch *Keppert/Waitz-Ramsauer* in *W/H/M*, HdU II⁸ § 10 Rz 31; *Zöchling* in *W/Z/H/K*⁵ § 10 Rz 8; *Mühlehner* in *H/M/H* § 10 Rz 16; 39

Walter[11] Rz 288; *Wolf/Silberbauer*, taxlex 2006, 118; *Schwarzinger/Wiesner* I/1[3] 743; *Stefaner*, GES 2013, 519):
- **Kapitalerhöhung** innerhalb des **gesetzlichen Bezugsrechtes** und
- **Erwerbe von Todes wegen**.

40 Erwerbe von Beteiligungen iRe **Kapitalerhöhung** stellen Erwerbe iRd **Einzelrechtsnachfolge** dar. Dies gilt auch für Erwerbe iRd gesetzlichen Bezugsrechtes. Da die Erwerbe der Beteiligung iRd gesetzlichen Bezugsrechts der Erhaltung der Stellung des bestehenden Gesellschafters und nicht dem Einkauf in eine (Verlust-)Gesellschaft (und auch keiner Quotenerhöhung) dienen, liegt keine ungewünschte Gestaltung vor. Erwerbe von Beteiligungen bei Kapitalerhöhungen iRd gesetzlichen Bezugsrechts erhöhen die Beteiligungsquote (und damit auch den Anteil am Verlustvortrag) nicht und stellen auch daher keinen schädlichen Erwerb (oder Erweiterung der Beteiligungsquote) dar (vgl auch UmgrStR Rz 579; *Zöchling* in W/Z/H/K[5] § 10 Rz 9).

41 Werden jedoch iRd Kapitalerhöhung **mehr Anteile erworben, als aufgrund** des **gesetzlichen Bezugsrechtes zustehen**, stellt diese Erhöhung der Beteiligungsquote einen **schädlichen Erwerb** dar (vgl auch UmgrStR Rz 579; s auch *Schwarzinger/Wiesner* I/1[3] 749). Ein Übergang von Verlustvorträgen aufgrund der – durch den über das Bezugsrecht hinausgehenden Erwerb – erhöhten Beteiligungsquote ist daher erst für Wirtschaftsjahre möglich, die nach der Kapitalerhöhung beginnen.

42 § 10 Z 1 lit c TS 2 normiert, dass **Erwerbe von Todes wegen** keine schädlichen Erwerbe sind. Erwerbe durch **Erbschaft** sind schon aufgrund ihres Charakters als zivilrechtliche **Gesamtrechtsnachfolge** unschädlich. Rechtsfolge von § 10 Z 1 lit c TS 2 ist, dass auch **andere Erwerbe von Todes wegen** mit der Erbschaft **gleichbehandelt** werden. Auch stellen diese ebenfalls zwangsläufige Erwerbsvorgänge dar (*Zöchling* in W/Z/H/K[5] § 10 Rz 9). So stellen auch Erwerbe mittels **Vermächtnis, Schenkung auf den Todesfall, Erwerb zur Abgeltung von Pflichtteilen** und **vom Erblasser geschlossenem Vertrag, der mit dessen Tod unmittelbar gemacht wird**, keine schädlichen Erwerbe dar (UmgrStR Rz 580; vgl auch *Keppert/Waitz-Ramsauer* in W/H/M, HdU II[8] § 10 Rz 31; *Schwarzinger/Wiesner* I/1[3] 749). Somit können Verluste aus Jahren vor dem Erwerb von Todes wegen iRd Umwandlung auf den Rechtsnachfolger übergehen, unabhängig davon, um welche Art des Erwerbs von Todes wegen es sich handelt.

43 Liegt ein unschädlicher Erwerb von Todes wegen vor, können auch Verluste aus Vorjahren iRd Umwandlung auf den Rechtsnachfolger übergehen. Dabei können mE **Verluste** aus jenen Jahren vor dem unschädlichen Erwerb **übergehen**, zurück **bis** zum **Jahr**, das **nach** dem **letzten schädlichen Erwerb** begonnen hat (vgl auch *Mühlehner* in H/M/H § 10 Rz 21). Durch einen späteren unschädlichen Erwerb kann daher ein früherer schädlicher Erwerb iRd Einzelrechtsnachfolge nicht geheilt werden (s auch BFG 4.11.2015, RV/2100914/2014; vgl UmgrStR Rz 579 bei Vorerwerben vor Erwerben mittels Gesamtrechtsnachfolge).

C. Kapitalgesellschaften als Hauptgesellschafter

46 Erfolgen Umwandlungen mit einer **§-7-Abs-3-KStG-Körperschaft** oder einer vergleichbaren ausländischen Körperschaft (BMF 3.11.2000, ecolex 2001, 80) **als Hauptgesellschafter** (vgl auch UmgrStR Rz 581) – dort wo dies noch möglich ist (vgl § 7 Rz 23) –, kann das Ergebnis in wirtschaftlicher Betrachtung einer **Ver-**

schmelzung vergleichbar sein (vgl auch ErlRV BudBG 2003 59 BlgNR 22. GP, 276 zur Erweiterung auf andere der verschmelzenden Umwandlung vergleichbare Umwandlungen; s auch BMF 13.9.1999, ecolex 2000, 236; BMF 24.8.1999, RdW 1999, 695; weiters *Keppert/Waitz-Ramsauer* in *W/H/M*, HdU II[8] § 10 Rz 31). Eine Vergleichbarkeit mit einer Verschmelzung ist insb dann gegeben, wenn das Vermögen (und die stillen Reserven) der übertragenden Gesellschaft nach der Umwandlung zu 100 % einer Kapitalgesellschaft als Rechtsnachfolger zuzurechnen ist (vgl auch BMF 17.11.1998, RdW 1998, 778). Da Art I keine Norm kennt, die dazu führt, dass Verlustvorträge nicht übergehen, weil sie vor Erwerb der Anteile durch den Rechtsnachfolger angefallen sind, sollen Verluste auch bei wirtschaftlich vergleichbaren Umwandlungen ohne diese Beschränkung übergehen (vgl auch *Stefaner*, GES 2013, 520; andernfalls würden verfassungsrechtliche Bedenken entstehen – *Wolf/Silberbauer*, taxlex 2006, 120). Dasselbe gilt bei errichtenden Umwandlungen mit einer 100 % beteiligten §-7-Abs-3-Körperschaft, die einer Verschmelzung gem Art I gefolgt von einem Zusammenschluss gem Art IV entsprechen (vgl *Sulz/ Wellinger*, RdW 2005/158, 126).

Um eine der Verschmelzung vergleichbare Umwandlung nicht zu diskriminieren **47** (vgl auch *Walter*[11] Rz 288 f), liegen gem § 10 Z 1 lit c TS 3 und 4 keine schädlichen Beteiligungserwerbe (vgl Rz 34 ff) vor, wenn (vgl auch *Zöchling* in *W/Z/H/K*[5] § 10 Rz 12)

- ein unter § 7 Abs 3 KStG fallender **Hauptgesellschafter** (oder eine vergleichbare ausländische Körperschaft – BMF 3.11.2000, ecolex 2001, 80) Anteile erwirbt und anschließend (oder später) eine
  - **verschmelzende Umwandlung** (s auch *Walter*[11] Rz 288; soweit dies gesellschaftsrechtlich möglich ist – vgl § 7 Rz 28) oder
  - eine **errichtende Umwandlung**, an der neben dem Hauptgesellschafter nur ein (nicht substanzbeteiligter) Arbeitsgesellschafter teilnimmt (vgl auch *Walter*[11] Rz 289)

  stattfindet, oder

- Anteilserwerbe gefolgt von entsprechenden Umwandlungen (jedenfalls bei verschmelzenden [vgl auch *Schwarzinger/Wiesner* I/1[3] 801] nach der hA auch bei errichtenden Umwandlungen mit ausschließlichen Beitritt des Arbeitsgesellschafters – vgl *Keppert/Waitz-Ramsauer* in *W/H/M*, HdU II[8] § 10 Rz 31 mwN; *Walter*[11] Rz 289; *Bruckner*, ÖStZ 2004/759, 362; *Zöchling* in *W/Z/H/K*[5] § 10 Rz 12) auf eine **Mitunternehmerschaft**, an der neben einer **§ 7-Abs-3-KStG-Körperschaft** (auch hier sollten mE vergleichbare ausländische Körperschaften auch für die Anwendung von TS 4 qualifizieren) **nur** ein **Arbeitsgesellschafter** beteiligt ist, vorliegt. Dies gilt auch, wenn durch die Umwandlung eine **mehrstöckige Mitunternehmerschaft** geschaffen wird, solange sichergestellt ist, dass *eine* §-7-Abs-3-KStG-Körperschaft indirekt zu 100 % beteiligt ist (vgl überzeugend *Christiner/Wiesner*, RWZ 2003/54, 197).

In all den aufgezählten Fällen ist **sichergestellt**, dass *einer* §-7-Abs-3-**Körperschaft** **48** (vgl weiterführend *Naux* in *L/R/S/S*[2] § 7 Rz 82 ff) nach der Umwandlung steuerlich **100 % des Vermögens** der umwandelnden Gesellschaft **zuzurechnen ist** (vgl auch die Betonung, dass eine 100%ige Beteiligung vorliegt, in UmgrStR Rz 582; s auch zum teleologischen Hintergrund der Norm *Keppert/Waitz-Ramsauer* in *W/H/M*, HdU II[8] § 10 Rz 33; *Sulz/Wellinger*, RdW 2005/158, 126; s weiters *Schwarzinger/*

Wiesner I/1³ 743; *Stefaner*, GES 2013, 520). Daher ist auch der Fall, dass neben einer §-7-Abs-3-Körperschaft eine weitere Person als Treuhänder des Hauptgesellschafters an der errichtenden Umwandlung beteiligt ist, erfasst (*Wiesner/Schwarzinger*, UmS 184/01/12, SWK 2012, 69). Sind mehrere §-7-Abs-3-Körperschaften in Summe zu 100 % an der Substanz beteiligt, greift die Ausnahmebestimmung nicht (BMF 25.8.2000, SWK 2000, S 669). Im Fall der verschmelzenden Umwandlung (§ 10 Z 1 lit c TS 3 UTS 1) wird das Vermögen **direkt** an die §-7-Abs-3-Körperschaft übertragen. Im Fall der errichtenden Umwandlung, bei der ein reiner Arbeitsgesellschafter beitritt (§ 10 Z 1 lit c TS 3 UTS 2) sowie bei der verschmelzenden Umwandlung auf die Mitunternehmerschaft, an der neben der §-7-Abs-3-Körperschaft nur ein reiner Arbeitsgesellschafter beteiligt ist (§ 10 Z 1 lit c TS 4), wird der §-7-Abs-3-Körperschaft **indirekt** 100 % des Vermögens (über die 100%ige Beteiligung an der Mitunternehmerschaft) zugerechnet (nach *Sulz/Wellinger* wäre auch eine 100%ige Beteiligung über eine atypisch stille Gesellschaft denkbar, wenn der atypisch stille Gesellschafter eine 100%ige Beteiligung hält – *Sulz/Wellinger*, RdW 2005, 127). *Keppert/Waitz-Ramsauer* wollen daher – mE zutr – TS 4 teleologisch in allen Fällen anwenden, in denen nach einer Umwandlung einer §-7-Abs-3-Körperschaft eine 100%ige Substanzbeteiligung zukommt (*Keppert/Waitz-Ramsauer* in *W/H/M*, HdU II⁸ § 10 Rz 33), was auch für indirekte Beteiligungen über mehrstöckige Mitunternehmerschaften zu gelten hat (*Sulz/Wellinger*, RdW 2005/158, 127).

49 Daneben scheint (dem Wortlaut entsprechend) allerdings auch eine andere Auslegung von § 10 Z 1 lit c TS 4 möglich. Demnach soll ein Verlusteinkauf auch möglich sein, wenn eine **errichtende Umwandlung** mit einer **kapitalistischen Personengesellschaft** (mit einer §-7-Abs-3-Körperschaft als 100%igem Kommanditisten) als **Hauptgesellschafter** und weiteren (beitretenden) Gesellschaftern in der errichteten Personengesellschaft erfolgt (*Sulz/Wellinger*, RdW 2005, 127). Ob dies jedoch dem Willen des Gesetzgebers entspricht, scheint fraglich (*Keppert/Waitz-Ramsauer* in *W/H/M*, HdU II⁸ § 10 Rz 32). ME ist diese Interpretation zum einen teleologisch (arg: eine Begünstigung ist nur bei Vergleichbarkeit mit der Verschmelzung – somit nur wenn eine §-7-Abs-3-Körperschaft 100%ig an der Substanz beteiligt ist – nötig und vorgesehen) abzulehnen (vgl auch *Christiner/Wiesner*, RWZ 2003/54, 197 zur doppelstöckigen GmbH & Co KG). Zum anderen ist TS 4 mE in Zusammenschau mit TS 3 UTS 2 zu würdigen. Somit ist nur eine errichtende Umwandlung auf eine Personengesellschaft, an der neben dem 100%igen Kommanditisten ausschließlich ein Arbeitsgesellschafter beteiligt ist, begünstigt.

50 Auch *Mühlehner* will (vor dem BudBG 2003) die Ausnahmetatbestände von TS 3 und 4 nicht nur in Fällen anwenden, in denen eine §-7-Abs-3-Körperschaften 100 % der Substanz hält. Demnach sollen die umwandlungsrechtlichen Begriffe in § 10 Z 1 lit c eine **formalrechtliche Anknüpfung** an das UmwG darstellen (*Mühlehner* in *H/M/H* § 10 Rz 17 f). Folglich soll eine verschmelzende Umwandlung auch dann vorliegen, wenn aus steuerlicher Sicht keine 100%ige Beteiligung vorliegt. Voraussetzung für die Anwendung von § 10 lit c TS 3 (idF vor BudBG 2003) wäre demnach nur, dass eine **verschmelzende Umwandlung gem UmwG** vorliegt. ME kann diese Interpretation bei § 10 Z 1 lit c idgF jedoch nicht überzeugen. Mit dem BudBG 2003 wurde TS 3 geändert und TS 4 eingefügt. Laut den Materialien (ErlRV BudBG 2003, RV 59 BlgNR 22. GP, 276) wurde diese Änderung durchgeführt, um „*wirtschaftlich vergleichbare Sachverhalte*" zu erfassen. Dies zeigt, dass

(spätestens mit dem BudBG 2003) eine wirtschaftliche Betrachtung geboten ist, um eine Gleichbehandlung (von mit Verschmelzungen) wirtschaftlich vergleichbarer Sachverhalte zu erreichen. Dies unterstreicht, dass die Begünstigung wohl bei 100%iger Substanzbeteiligung einer §-7-Abs-3-Körperschaft vorliegen soll (vgl Rz 46). Weiters ist mE damit auch das Vorliegen einer **tatbeständlichen verschmelzenden** oder **errichtenden Umwandlung** einer **wirtschaftlich Interpretation zugänglich** (vgl auch § 7 Rz 39 f, 63 ff). Relevant sollte daher in den Tatbeständen des lit c insbes die 100%ige (indirekte) Substanzbeteiligung einer §-7-Abs-3-Körperschaft sein.

Zur Anwendung von § 10 Z 1 lit c TS 3 müssen 100 % der Beteiligung der §-7-Abs-3- Körperschaft zurechenbar sein. Eine **Zurechenbarkeit** zur Körperschaft ist auch bei einer **offengelegten Treuhandschaft** gegeben. Hält daher eine **§-7-Abs-3-Körperschaft** einen Teil der Anteile zivilrechtlich und ist **Treugeber für** die **restlichen Anteile**, liegt bei einer errichtenden Umwandlung, bei der ein **Arbeitsgesellschafter beitritt** und ausschließlich Treugeber und Treuhänder eine Substanzbeteiligung haben, ein Anwendungsfall des § 10 Z 1 lit c TS 3 UTS 2 vor (vgl auch *Schwarzinger/Wiesner* I/1³ 765). Folglich ist der **Übergang von Verlustvorträgen** aus Zeiträumen **vor Erwerb** der Beteiligung **möglich** (*Wiesner/Schwarzinger*, SWK 2012, 69). 51

> **Stellungnahme.** Entsprechendes müsste mE gelten, wenn eine **errichtende Umwandlung** auf eine Personengesellschaft erfolgt, an der **ausschließlich Treuhänder und Treugeber** (der eine §-7-Abs-3-Körperschaft ist) **beteiligt** sind. In diesem Fall liegt aus steuerlicher Sicht eine verschmelzende Umwandlung vor (vgl § 7 Rz 64). Folglich muss § 10 Z 1 lit c TS 3 UTS 1 greifen. 52

> Soll eine **verschmelzende Umwandlung auf** eine **§-7-Abs-3-KStG-Körperschaft** erfolgen, **an der** eine **atypisch stille Beteiligung besteht**, wäre aus steuerlicher Sicht eine Umwandlung auf eine Mitunternehmerschaft gegeben. Damit die **Ausnahme** des § 10 Z 1 lit c TS 3 greifen kann, **muss** der **atypisch stille Gesellschafter** spätestens **am Umwandlungsstichtag ausscheiden** (UmgrStR Rz 582; vgl a *Bruckner*, ÖStZ 2004/759, 362; aA *Mühlehner*, der hier § 10 Z 1 lit c TS 3 anwenden will und daher den Verlustvortrag anteilig auf die §-7-Abs-3-Körperschaft und den stillen Gesellschafter übergehen lassen will – *Mühlehner* in H/M/H § 10 Rz 18, allerdings zu § 10 Z 1 lit c TS 3 idF vor BudBG 2003). Anderes hätte allenfalls zu gelten, wenn der atypisch stille Gesellschafter eine zu 100 % beteiligte §-7-Abs-3-Körperschaft ist (vgl Rz 48). 53

> Bei **Erwerben durch** eine **Mitunternehmerschaft** und späteren **verschmelzenden Umwandlungen** sieht § 10 Z 1 lit c TS 4 vor, dass an der Mitunternehmerschaft ausschließlich eine **§-7-Abs-3-Körperschaft** (zu **100 %**) **und** ein **reiner Arbeitsgesellschafter** beteiligt sein dürfen (vgl auch *Egger*, ecolex 2003, 493). Dabei ist es nicht schädlich, wenn im Zeitpunkt des Erwerbs der Anteile an der umwandelnden Gesellschaft noch weitere Gesellschafter an der Mitunternehmerschaft beteiligt waren. Und auch zum Umwandlungsstichtag sind weitere Gesellschafter nicht schädlich. Nach der Verwaltungspraxis müssen die geforderten Beteiligungsverhältnisse an der Mitunternehmerschaft erst **am Tag des Umwandlungsbeschlusses** bestehen (UmgrStR Rz 582). ME sollte teleologisch auch ein Ausscheiden der letzten (weiteren) Substanzbeteiligten iRd Umwandlung nicht schädlich sein. 54

§ 10

55 Die **Übernahme** von Verlustvorträgen aus Zeiträumen **bis zum Jahr des Beteiligungserwerbs** bei §-7-Abs-3-Körperschaften als Hauptgesellschaftern ist **nur möglich**, wenn nach der Umwandlung **einer Körperschaft 100 % des Vermögens** der übertragenden Gesellschaft **zuzurechnen sind**. Dabei greift die **Kürzung des übergehenden Verlustvortrags** aufgrund des Wortlauts auch dann, **wenn** zwar am Ende einer §-7-Abs-3-Körperschaft 100 % des Vermögens zuzurechnen sind, dies jedoch durch eine **andere Struktur** als in § 10 Z 1 lit c TS 3 und 4 erfolgt (zB Beteiligung einer Kapitalgesellschaft über zwei Schwester-GmbH & Co KG).

56 **Stellungnahme.** Um eine Gleichstellung mit der Verschmelzung zu erreichen, führen § 10 Z 1 lit c TS 3 und 4 dazu, dass in ihrem Anwendungsbereich **alle Verlustvorträge** auf den Rechtsnachfolger **übergehen**. Es erfolgt daher mE auch ein Übergang von Verlustvorträgen aus Perioden, die auf den früheren Gesellschafter aufgrund eines vorgelagerten schädlichen Erwerbs nicht übergehen hätten können. Im Gegensatz zu TS 1 und 2 (vgl dazu Rz 39 ff) führen TS 3 und 4 daher dazu, dass alte schädliche Erwerbe geheilt werden.

IV. Nutzungsmöglichkeit beim Rechtsnachfolger

61 Verlustvorträge der übertragenden Kapitalgesellschaft können bei den Rechtsnachfolgern nach den allgemeinen Regeln der Nutzung von Verlustvorträgen genutzt werden. Die Verlustvorträge sind dabei bei den Rechtsnachfolgern **ab** dem dem **Umwandlungsstichtag folgenden Veranlagungszeitraum** steuerlich verwertbar (vgl UFS 15.6.2007, RV/1880-L/02; UFS 6.5.2010, RV/1160-L/08; UFS 25.5.2010, RV/1207-L/09; UFS 18.4.2011, RV/3985-W/09; BFG 25.9.2014, RV/7102620/2013; s auch *Keppert/Waitz-Ramsauer* in *W/H/M*, HdU II[8] § 10 Rz 10; weiterführend 4 Rz 25 ff). Da der Veranlagungszeitraum dem Kalenderjahr entspricht, führen Umgründungsstichtage von 1.1.X0 – 31.12.X0 dazu, dass der Verlustvortrag ab dem Jahr (= Veranlagungszeitraum) X1 bei den Rechtsnachfolgern nutzbar ist (vgl auch UFS 1.2.2006, RV/0072-L/04 und RV/0075-L/04; UFS 6.5.2010, RV/1160-L/08).

V. Verlustvorträge der Rechtsnachfolger

A. Natürliche Personen

66 § 10 sieht keine Regelungen für Verlustvorträge von Rechtsnachfolgern (vgl § 7 Rz 226 ff), die natürliche Personen sind, vor. **Verlustvorträge** von natürlichen Personen (die Rechtsnachfolger bei der Umwandlung sind) sind daher sowohl bei verschmelzenden als auch bei errichtenden Umwandlungen **nicht vom Untergang bedroht** (vgl auch UmgrStR Rz 584; s weiters *Keppert/Waitz-Ramsauer* in *W/H/M*, HdU II[8] § 10 Rz 19; *Zöchling* in *W/Z/H/K*[5] § 10 Rz 15).

B. Juristische Personen
1. Gefährdung der Verlustvorträge

71 Ähnlich wie Umwandlungen, bei denen **Körperschaften Rechtsnachfolger** sind, aufgrund der wirtschaftlichen Vergleichbarkeit mit Verschmelzungen Vorteile beim Übergang der Verlustvorträge genießen (vgl Rz 46 ff), ergeben sich auch Nachteile, um der Verschmelzung vergleichbare Rechtsfolgen zu erreichen (vgl zur Kritik an der Regelung *Keppert/Waitz-Ramsauer* in *W/H/M*, HdU II[8] § 10 Rz 20). So können gem § 10 Z 2 Umwandlungen auch die Verlustvorträge von Rechts-

nachfolgern gefährden, wenn diese Körperschaften sind (vgl auch *Zöchling* in *W/Z/H/K*[5] § 10 Rz 13). Im Gegensatz zur Norm über den Einkauf in Verlustvorträge greift § 10 Z 2 bei **allen Körperschaften** (vgl auch für Genossenschaften *Schwarzinger/Wiesner* I/1[3] 775, aber für Privatstiftungen *Schwarzinger/Wiesner* I/1[3] 1059) als Rechtsnachfolger und nicht – wie § 10 Z 1 lit c TS 3 und 4 – nur bei §-7-Abs-3-Körperschaften (vgl zur Beschränkung auf §-7-Abs-3-Körperschaften bei der Regel zum Einkauf in Verlustvorträge Rz 46). Neben Fragen des Objektbezugs für den Verlustabzug stellt sich bei Körperschaften als Rechtsnachfolger auch die Frage des Mantelkaufs (vgl dazu Rz 81 ff).

Verlustvorträge des Rechtsnachfolgers sind bei Umwandlungen gem § 10 Z 2 gefährdet, wenn die Körperschaft als Rechtsnachfolger zu **mindestens 25 %** an der umwandelnden Kapitalgesellschaft beteiligt ist (vgl UmgrStR Rz 585; s auch *Keppert/Waitz-Ramsauer* in *W/H/M*, HdU II[8] § 10 Rz 18; *Zöchling* in *W/Z/H/K*[5] § 10 Rz 13; *Mühlehner* in *H/H/M* § 10 Rz 22; *Walter*[11] Rz 291; *Massoner*, Mantelkauf 61; *Schwarzinger/Wiesner* I/1[3] 739). Die Beteiligung von mindestens 25 % muss am **Nennkapital** bestehen. Verluste der Rechtsnachfolger können dabei dann gefährdet sein, wenn die Beteiligung von einer Körperschaft indirekt über eine Mitunternehmerschaft (zumindest bei Beteiligungen über eine 100%ige Kommanditbeteiligung – vgl BMF 17.8.2003, RdW 2003/531, 607; oder teleologisch wohl in jenen Strukturen, in denen gem § 10 Z 1 lit c TS 3 und 4 keine Kürzung der Verlustvorträge bei Anteilserwerben stattfinden soll) gehalten wird (BMF 17.8.2003, ecolex 2003, 949). Dies wurde hg (seitens des VwGH) für den Fall der verschmelzenden Umwandlung auf eine Personengesellschaft (für Mitunternehmerschaften als auch für außerbetrieblich tätige Personengesellschaften) bestätigt (VwGH 20.12.2016, Ro 2015/15/0020; vgl auch *Wiesner*, RWZ 2017, 41; *Zorn*, RdW 2017, 126; *Marschner/Renner*, SWK 2017, 800). Beteiligungen an anderen (**hybriden**) Formen des **Eigenkapitals** sind nicht zu berücksichtigen. Sie berechtigen auch gesellschaftsrechtlich nicht dazu, Rechtsnachfolger zu werden oder am Nachfolgerechtsträger aufgrund des UmwG als Gesellschafter beteiligt zu sein. § 10 Z 2 greift daher **immer** bei **verschmelzenden Umwandlungen** auf Körperschaften (vgl auch *Zöchling* in *W/Z/H/K*[5] § 10 Rz 12). Bei **errichtenden Umwandlungen** greift § 10 Z 2 **sachverhaltsabhängig**. Sind **mehrere Körperschaften** an der umwandelnden Kapitalgesellschaft **beteiligt**, greift § 10 Z 2 auch nur bei jenen Körperschaften, die zu mindestens 25 % an der umwandelnden Gesellschaft beteiligt waren.

Stellungnahme. Gem UmwG sind bei einer errichtenden Umwandlung Gesellschafter mit einem Anteil von mindestens 90 % am Nennkapital die primären Rechtsnachfolger. Die **Berechnung** der tatbeständlichen **Beteiligungsquote** ist daher mE anhand der Beteiligung am Nennkapital zu berechnen (vgl Rz 18). Das **Nennkapital** umfasst dabei auch **Vorzugsaktien** (*Kalss*[2] § 5 UmwG Rz 13 iVm § 2 UmwG Rz 19). Folglich sind auch Anteile von Inhabern von Vorzugsaktien mE bei der Berechnung der 25 %-Quote zu berücksichtigen. Auch können Vorzugsaktien bei deren Inhabern bei Umwandlungen zum Überschreiten der 25 %-Grenze und somit zur Gefährdung der Verlustvorträge aufgrund von § 10 Z 2 führen.

Relevant ist die Beteiligung an der umwandelnden Gesellschaft am **Tag der Eintragung der Umwandlung** ins Firmenbuch (vgl UmgrStR Rz 585; *Keppert/Waitz-Ramsauer* in *W/H/M*, HdU II[8] § 10 Rz 18). Somit sind Anteilsveränderungen iRd

Umwandlung (vgl § 7 Rz 53) unerheblich. Hält somit eine Körperschaft vor der Umwandlung eine Beteiligung iHv 20 % und übernimmt sie die Beteiligung eines ausscheidenden Minderheitsgesellschafters iHv 10 %, ist sie an der entstehenden Mitunternehmerschaft mit 30 % beteiligt. Dennoch greift § 10 Z 2 für sie nicht. Wobei sie auch nicht 30 % der Verluste der umwandelnden Gesellschaft übernimmt (vgl Rz 17).

2. Objektbezug

75 Bei Umwandlungen auf qualifiziert beteiligte Körperschaften (vgl Rz 72) greift § 10 Z 2 § 4 Z 1 lit b (vgl dazu § 4 Rz 41). Dies bedeutet, dass **Verlustvorträge** der **Rechtsnachfolger** durch die Umwandlung untergehen, wenn das **verlustverursachende Vermögen** im Zeitpunkt der Umwandlung nicht mehr vorhanden ist (§ 4 Z 1 lit a; vgl UmgrStR Rz 587; s dazu weiterführend § 4 Rz 46 ff; weiters *Keppert/ Waitz-Ramsauer* in *W/H/M*, HdU II[8] § 10 Rz 18; *Walter*[11] Rz 291; *Zöchling* in *W/Z/H/K*[5] § 10 Rz 14; *Mühlehner* in *H/M/H* § 10 Rz 22; *Hirschler/Sulz/Oberkleiner*, UFSjournal 2013, 337 f).

3. Umfangsminderung

76 Durch den Verweis von § 10 Z 2 auf § 4 Z 1 lit c geht der Verlustvortrag bei Rechtsnachfolgern auch dann unter, wenn das **verlustverursachende Vermögen** im Zeitpunkt der Umwandlung zwar noch vorhanden ist, vom **Umfang** jedoch so stark verringert ist, dass es **nicht** mehr **vergleichbar** ist (vgl UmgrStR Rz 588; s dazu weiterführend § 4 Rz 101 ff; weiters *Keppert/Waitz-Ramsauer* in *W/H/M*, HdU II[8] § 10 Rz 18; *Walter*[11] Rz 291; *Mühlehner* in *H/M/H* § 10 Rz 22; *Hirschler/Sulz/Oberkleiner*, UFSjournal 2013, 337 f).

4. Frühere Teilwertabschreibungen

77 Der Verweis in § 10 Z 2 umfasste bis zum AbgÄG 2012 auch den Verweis auf § 4 Z 1 lit d. Somit wäre formal auch die Verlustkürzungsregel für frühere Teilwertabschreibungen anwendbar (*Walter*[8] Rz 291) gewesen. Da jedoch § 4 Z 1 lit d nur für Verlustvorträge der übertragenden Gesellschaft greift (vgl dazu § 4 Rz 119 ff), lief der Verweis von § 10 Z 2 (für Rechtsnachfolger) bei § 4 Z 1 lit d mE leer. Daher wurde § 10 Z 2 mit dem AbgÄG 2012 geschärft und enthält seither nur Verweise auf § 4 Z 1 lit b und c. Die **Kürzungsregel für frühere Teilwertabschreibungen bei Verlusten der Rechtsnachfolger** ist daher für Umwandlungen mit Anmeldung zum Firmenbuch nach dem 31.12.2012 (3. Teil Z 23) auch formal **nicht** mehr **anwendbar**. Auf Ebene der **übertragenden Gesellschaft greift § 4 Z 1 lit d** bei Umgründungen ohnedies aufgrund des Verweises in § 10 Z 1 lit a (vgl Rz 11 ff).

VI. Mantelkauf

80 Mit dem AbgÄG 2012 wurde der Mantelkauftatbestand iRd Umwandlung in § 10 Z 3 neu gefasst und von der Notwendigkeit des Objektbezugs der Verlustvorträge bei Rechtsnachfolgern (vgl Rz 71 ff) getrennt. Seither (für Umwandlungen mit Firmenbuchanmeldung nach dem 31.12.2012 – 3. Teil Z 23) ist der **Mantelkauftatbestand** „*auf Verluste der* **übertragenden und** *der* **übernehmenden Körperschaft** [Hervorhebung durch den Autor] *anzuwenden*" (vgl UmgrStR Rz 589; s auch *Puchinger/Marschner*, FJ 2012, 274; *Walter*[11] Rz 293; *Schwarzinger/Wiesner* I/1[3] 793; *Stefaner*, GES 2013, 521). Zuvor war der Mantelkauf nach der hA nur auf die Verlustvorträge von Körperschaften, die zu mind 25 % beteiligt waren, anzuwenden (vgl 1. Aufl Rz 82). Allerdings schien eine Verwirklichung der tatbeständlichen Strukturänderungen des Mantelkaufs beim Rechtsnachfolger umgründungsbedingt nicht möglich (vgl 1. Aufl Rz 82).

Gem § 10 Z 3 ist auch der Mantelkauftatbestand des § 4 Z 2 auf Umwandlungen anwendbar. Demnach **gehen Verlustvorträge unter**, wenn es durch die Umwandlung zu einer **Strukturänderung** iSd § 8 Abs 4 Z 2 KStG (vgl dazu *Ressler/Stürzlinger* in *L/R/S/S*² § 8 Rz 242 ff) kommt (vgl weiterführend § 4 Rz 141 ff). Verlustvorträge gehen dabei auch dann unter, wenn die **Strukturänderungen** tw auf **Ebene** der **übertragenden Gesellschaft** und zum Teil beim **Rechtsnachfolger** (oder bei der nachfolgenden Personengesellschaft) vorliegen (vgl auch *Zöchling* in *W/Z/H/K*⁵ § 10 Rz 16; s weiterführend § 4 Rz 148 ff). Der Ansicht von *Mühlehner*, dass nur Strukturänderungen beim Rechtsnachfolger relevant sein sollen, da die Mantelkaufregelung des § 10 Z 2 auch nur für Verlustvorträge des Rechtsnachfolgers anwendbar war (*Mühlehner* in *H/M/H* § 10 Rz 10; s weiters 1. Aufl Rz 81 ff), wurde mit dem AbgÄG 2012 und der Ausgliederung der Mantelkaufregel in § 10 Z 3 wohl die Grundlage entzogen. Seither ist § 4 Z 2 explizit für Verluste von übertragender und übernehmender Körperschaft anwendbar (vgl auch *Zöchling* in *W/Z/H/K*⁵ § 10 Rz 16). Gleichfalls greift nunmehr auch die Escape-Klausel der Arbeitsplatzerhaltung (vgl weiterführend § 4 Rz 167 ff) bei Umwandlungen wohl unzweifelhaft auf Ebene der übertragenden und übernehmenden Körperschaft (so schon *Mühlehner* zur Rechtslage vor dem AbgÄG 2012, der allerdings den Mantelkauftatbestand des § 4 Z 2 idF vor AbgÄG 2012 generell – und damit auch die Escape-Klausel – nicht anwendbar sah – *Mühlehner* in *H/M/H* § 10 Rz 11).

81

Durch die Ausgliederung des Mantelkauftatbestands in Z 3 ist dieser seit dem AbgÄG 2012 nicht mehr auf den Anwendungsbereich von § 10 Z 2 (vgl dazu Rz 66 ff) beschränkt. Eine übergreifende Betrachtung kann weiterhin nur zur Anwendung kommen, wenn **übernehmender Rechtsträger** eine **Körperschaft** ist. Allerdings ist im Wortlaut keine Einschränkung auf **Körperschaften als Rechtsnachfolger** mit einer Beteiligung von **mindestens 25 %** mehr vorgesehen (vgl auch *Schwarzinger/Wiesner* I/1³ 767; *Zöchling* in *W/Z/H/K*⁵ § 10 Rz 16; s zur Rechtslage vor dem AbgÄG 2012 1. Aufl Rz 82; sowie zu § 10 Z 2 Rz 71 ff). § 10 Z 3 führt dazu, dass die Mantelkaufregel des § 4 Z 2 (vgl dazu § 4 Rz 141 ff) „*auf Verluste der [...] übernehmenden Körperschaft*" anwendbar ist. Zweifelsfrei greift § 10 Z 3 daher bei **verschmelzenden Umwandlungen auf Körperschaften** (wobei diese bei EU-Kapitalgesellschaften nicht möglich sind – vgl § 7 Rz 28).

82

Weniger klar ist der Wortlaut in Bezug auf **errichtende Umwandlungen** und **verschmelzende Umwandlungen auf Personengesellschaften**, hinter denen Körperschaften stehen (vgl auch *Hirschler/Sulz/Zöchling* in GedS Helbich 186). Auch in diesen Fällen sind **Körperschaften Rechtsnachfolger** (vgl § 7 Rz 227), jedoch sind sie nicht *übernehmende* Körperschaften. Der Wortlaut scheint daher dafür zu sprechen, dass der Mantelkauftatbestand auf diese Umwandlung nicht anwendbar ist. Allerdings zeigt die Historie (vgl 4. Aufl Rz 82a), dass § 10 Z 3 bei allen Körperschaften greifen kann, die Rechtsnachfolger der umgewandelten Gesellschaft sind. Dies kann jedoch mE aus mehreren Gründen nicht überzeugen (so fordern auch *Schwarzinger/Wiesner* eine qualifizierte Beteiligung [*Schwarzinger/Wiesner* I/1³ 793] und gehen von einer Fortgeltung der früheren 25 %-Grenze aus [*Schwarzinger/Wiesner* I/1³ 911]). Der historische Hintergrund zeigt bei § 10 Z 3 einen Nahebezug zu Z 2

82a

§ 10 *Stefaner*

und auch die Erl lassen nicht erkennen, dass eine Ausweitung der Mantelkaufregelung auf Körperschaften, die an einer Umwandlung mit einer geringfügigen Beteiligung an der umwandelnden Gesellschaft teilnehmen, geplant war. Auch stellt § 10 Z 3 eine Belastungsvorschrift für den Steuerpflichtigen dar, die ihn nur bei qualifizierter Nahebeziehung zur umwandelnden Gesellschaft treffen soll. Weiters spricht ein Größenschluss dafür, dass ein Mantelkauftatbestand Verlustvorträge von Rechtsnachfolgern mit einer geringfügigen Beteiligung nicht gefährden sollte, wenn der Objektbezug bei Verlustvorträgen von Körperschaften, die Rechtsnachfolger sind, erst ab einer Beteiligung von 25 % zu einem Untergang führen kann. Darüber hinaus sprechen die Erl jenen Fall an, in dem die Mantelkaufregel zur Anwendung kommen soll: So soll die Regel dann greifen, wenn die Verlustvortragskürzung bei Einkauf des neuen Gesellschafters gem § 10 Z 1 lit c TS 3 und 4 nicht greift (ErlRV AbgÄG 2012, 1960 BlgNR 24. GP, 31; s auch UmgrStR Rz 589), da eine Kapitalgesellschaft nach der Umwandlung zu 100 % am Vermögen beteiligt ist (vgl Rz 46 ff). Für § 10 Z 3 bedeutet dies daher mE, dass dieser teleologisch (neben dem Fall der verschmelzenden Umwandlung auf eine Körperschaft) auf Ebene des Rechtsnachfolgers dann zur Anwendung kommen soll, wenn **nach der Umwandlung eine Körperschaft zu 100 % am Vermögen der umzuwandelnden Gesellschaft beteiligt** ist. Eine Einschränkung auf §-7-Abs-3-Körperschaften, die zu einer Parallelität mit § 10 Z 1 lit c TS 3 und 4 führen würde, ist mE zwar teleologisch wünschenswert, jedoch aufgrund des unterschiedlichen Wortlauts in § 10 Z 3 vom Wortlaut wohl nicht getragen. Die Beschränkung auf Körperschaften, die 100%ige Rechtsnachfolger sind, kommt auch dem Wortlaut der Norm, der die *übernehmende Körperschaft* anspricht, möglichst nahe.

82b **Stellungnahme.** Dabei bleibt darauf hinzuweisen, dass eine Verwirklichung der tatbestandlichen Strukturänderungen des Mantelkaufs beim Rechtsnachfolger umgründungsbedingt nicht möglich scheint (vgl 1. Aufl Rz 82; weiters *Mühlehner* in *H/M/H* § 10 Rz 7; weiters *Keppert/Waitz-Ramsauer* in *W/H/M*, HdU II[8] § 10 Rz 5 f). Zielsetzung der Neuregelung war daher mE die Ausweitung des Mantelkauftatbestands iRd Umwandlung auf die übertragende Gesellschaft (vgl Rz 84; diese steht auch im Mittelpunkt der Erl: ErlRV AbgÄG 2012, 1960 BlgNR 24. GP, 31 – auf diese war der Mantelkauftatbestand nach hA vor dem AbgÄG 2012 nicht anwendbar [vgl 1. Aufl Rz 84]). Dennoch ist die Frage der **Anwendung auf** die **Gesellschafterebene** insoweit von Relevanz, als **Strukturänderungen** für die Frage, ob ein Mantelkauftatbestand vorliegt, nur dann **übergreifend** betrachtet werden können, wenn § 4 Z 2 gem § 10 Z 3 auf beide Ebenen anwendbar ist (vgl Rz 85 zur übergreifenden Betrachtung).

83 Der **Verlustvortrag von natürlichen Personen als Rechtsnachfolger** der Kapitalgesellschaft ist **nicht** durch die Mantelkaufregelung des § 10 Z 3 **gefährdet** (vgl auch *Zöchling* in *W/Z/H/K*[5] § 10 Rz 16). § 10 Z 3 greift aufgrund des expliziten Wortlauts nur für Körperschaften als Rechtsnachfolger (arg ‚*übernehmende Körperschaft*'). Dies stellt eine Fortführung der Rechtslage von § 10 Z 2 idF vor AbgÄG 2012 dar (vgl 1. Aufl Rz 83).

84 Im Gegensatz zur Fassung vor dem AbgÄG 2012, nach der § 10 Z 2 nur für Verlustvorträge des Rechtsnachfolgers (vgl 1. Aufl Rz 84; weiters *Schrottmeyer*, ecolex 2003, 949) griff, ist die **Mantelkaufregel § 10 Z 3** idF AbgÄG 2012 explizit auch auf

Verlustvorträge der übertragenden Gesellschaft anwendbar. Daneben ist auf die Verlustvorträge der übertragenden Gesellschaft auch der **allgemeine Mantelkauftatbestand** des KStG **anwendbar** (vgl auch *Mühlehner* in *H/M/H* § 10 Rz 7; *Massoner*, Mantelkauf 63; s dazu *Ressler/Stürzlinger* in *L/R/S/S*² § 8 Rz 242 ff).

Neben dem allgemeinen Mantelkauftatbestand im KStG führt im Fall von Umwandlungen auch § 10 Z 1 lit c bereits zu einem (anteiligen) Untergang des Verlustvortrags bei **vorbereitenden Anteilserwerben** (vgl Rz 26 ff). Insoweit dieser jedoch bei Umwandlungen mit **§-7-Abs-3-KStG-Körperschaften** als 100 % Rechtsnachfolger nicht greift (vgl dazu Rz 46 ff), soll (auch in Parallelität zu Art I – vgl § 4 Rz 141 ff) der Mantelkauftatbestand zu einem Untergang der Verlustvorträge der übertragenden Gesellschaft führen können (UmgrStR Rz 589). Ist dies die Zielrichtung der neuen Regelung, sollten Änderungen der Gesellschafterstruktur insb vor der Umwandlung (als vorbereitende Anteilserwerbe) schädlich sein, wohingegen teleologisch Gesellschafterwechsel nach der Umwandlung nicht relevant sein sollten. Die Zielsetzung spricht auch dafür, dass die Norm greifen soll, wenn der Rechtsnachfolger zu 100 % beteiligt ist (vgl Rz 82a). Im Ergebnis kann der Mantelkauftatbestand daher zu einem Untergang von Verlustvorträgen bei entgeltlichen Erwerben führen, die gem § 10 Z 1 lit c zu keinem Untergang der Verlustvorträge führen (*Schwarzinger/Wiesner* I/1³ 773) **und** falls der Mantelkauftatbestand – entgegen der hier vertretenen Ansicht – so interpretiert wird, dass er nicht nur bei Umwandlungen mit einer 100%igen Rechtsnachfolgerin greift, auch für von § 10 Z 1 lit c **nicht erfassten Quoten**. 84a

Greift der Mantelkauftatbestand des § 4 Z 2 nicht nur auf Ebene der umwandelnden Gesellschaft, sondern auch auf Gesellschafterebene (vgl Rz 82 f), ist das Vorliegen der Strukturänderungen **übergreifend** (kombiniert) **über** beide betroffene Körperschaften zu beurteilen (vgl weiterführend § 4 Rz 148 f). Offensichtlich ist die übergreifende Betrachtung bei **verschmelzenden Umwandlungen** auf Körperschaften – hier sind wie bei der Verschmelzung Änderungen sowohl auf Ebene der umwandelnden als auch der übernehmenden Körperschaft kombiniert – zu betrachten. Weniger eindeutig ist der Betrachtungsumfang, erfolgt eine verschmelzende Umwandlung auf eine Personengesellschaft (an der eine Körperschaft zu 100 % beteiligt ist). Hier ist jedenfalls die Ebene des übernehmenden Rechtsträgers (Personengesellschaft) einzubeziehen. Da jedoch Steuersubjekt die beteiligte Körperschaft ist und gem § 10 Z 3 die Norm des § 4 Z 2 auf die Körperschaft anwendbar ist (vgl Rz 82a), ist mE die Betrachtung bis zur Körperschaft auszudehnen. Dasselbe hat für **errichtende Umwandlungen** zu gelten, wenn eine Körperschaft 100 % vermögensbeteiligt ist. Spiegelbildlich gilt auch eine entsprechend weite Betrachtung für den Sanierungstatbestand (vgl dazu § 4 Rz 163 ff). 85

VII. Umwandlungen mit Auslandsbezug

Wird eine österreichische Kapitalgesellschaft mit ausländischen Rechtsnachfolgern umgewandelt (**Outbound-Umwandlung** – vgl § 7 Rz 91 ff), gehen Verlustvorträge gem § 10 (somit ua nur, wenn die Aufwertungsoption nicht ausgeübt wird – vgl Rz 6) anteilig auch auf ausländische Rechtsnachfolger über (vgl auch *Schwarzinger/Wiesner* I/1³ 743). Die **Verlustvorträge** können anschließend nach der Verwaltungspraxis (soweit eine Doppelverwertung in Österreich und im Ansässigkeitsstaat ausgeschlossen ist – BMF 19.11.2001, EAS 1954) von den ausländischen 86

Rechtsnachfolgern gem § 102 Abs 2 Z 2 EStG (vgl auch Jakom[10]/*Marschner* § 102 Rz 13 ff) in Österreich (bei zukünftigen **österreichischen Einkünften**) genutzt werden (siehe BMF 6.9.1995, EAS 713; BMF 25.5.1998, EAS 1264; BMF 24.3.1999, ARD 5022/28/99; BMF 30.6.2003, EAS 2309; vgl auch § 4 Rz 34 ff; s weiters *Keppert/Waitz-Ramsauer* in W/H/M, HdU II[8] § 10 Rz 43; *Zöchling* in W/Z/H/K[5] § 10 Rz 17; *Weidlich*, SWI 2002, 121; *Schwarzinger/Wiesner* I/1[3] 1085). Der Umstand, dass die Verluste jedoch bei einer ansässigen Gesellschaft entstanden sind, spricht gegen die Anwendbarkeit der Beschränkungen von § 102 Abs 2 Z 2 EStG auf die übergehenden Verluste (vgl zutr *Hafner/Heinrich* in Achatz ua, IntUmgr 99; *Hirschler* in *Kirchmayr/Mayr*, Umgründungen 140 f). Eine Beschränkung könnte sich insoweit ergeben, als die Verluste im Ausland zB durch Teilwertabschreibungen genutzt wurden (*Huber*, ÖStZ 2006/261, 144).

87 Bei Umwandlungen ausländischer Körperschaften mit österreichischen Rechtsnachfolgern (**Inbound-Umwandlungen** – vgl § 7 Rz 101 ff) greift ebenfalls § 10. **Österreichische Verlustvorträge** (somit insb solche aus österreichischen Betriebsstätten) der übertragenden Körperschaft gehen gem § 10 über und können von den **Rechtsnachfolgern verwertet** werden (BMF 4.2.2002, EAS 1992; s auch *Hirschler* in *Kirchmayr/Mayr*, Umgründungen 141; vgl weiterführend § 4 Rz 30 f). Zu beachten ist dabei, dass es nur dann zu einem Übergang der Verlustvorträge kommen kann, wenn die Umwandlung zu Buchwerten erfolgt (vgl *Schwarzinger/Wiesner* I/1[3] 743; vgl auch Rz 6). Die Verwertung **ausländischer Verluste in Österreich** ist nach Ansicht der FV **nicht möglich** (BMF 21.12.2006, BMF-010221/0666-IV/4/2006; aA zB noch BMF 8.3.2004, EAS 2420; vgl auch *Huber*, ÖStZ 2006/261, 144; *Zöchling* in W/Z/H/K[5] § 10 Rz 19), auch wenn dies bei endgültigen Verlusten in gewissen Konstellationen unionsrechtlich geboten sein könnte (vgl weiterführend § 4 Rz 32 f; s weiters *Keppert/Waitz-Ramsauer* in W/H/M, HdU II[8] § 10 Rz 44; *Hirschler* in *Kirchmayr/Mayr*, Umgründungen 140 ff).

88 Bei Umwandlungen **ausländischer Körperschaften** mit **ausländischen Rechtsnachfolgern** greift § 10 ebenfalls. **Österreichische Verlustvorträge** aus österreichischen Aktivitäten können (entsprechend § 102 Abs 2 Z 2 EStG) bestehen. Auch sie gehen **nach** den Regeln des **§ 10** (ua Objektbezug und Buchwertfortführung) auf ausländische Rechtsnachfolger über und können von diesen anschließend mit österreichischen Gewinnen verrechnet werden (*Hafner/Heinrich* in Achatz ua, IntUmgr 98; *Schwarzinger/Wiesner* I/1[3] 1075).

Sonstige Rechtsfolgen der Umwandlung

§ 11. (1) **Die übertragende Körperschaft bleibt bis zu ihrem Erlöschen Arbeitgeber im Sinne des § 47 des Einkommensteuergesetzes 1988. Dies gilt auch für die Beurteilung von Tätigkeitsvergütungen als solche im Sinne des § 22 Z 2 des Einkommensteuergesetzes 1988.**

(2) Die Anteile abfindungsberechtigter Anteilsinhaber gelten am Tag der Eintragung des Umwandlungsbeschlusses in das Firmenbuch als veräußert.

(3) Umwandlungen nach § 7 gelten nicht als steuerbare Umsätze im Sinne des Umsatzsteuergesetzes 1994; die Rechtsnachfolger treten für den Bereich der Umsatzsteuer unmittelbar in die Rechtsstellung der übertragenden Körperschaft ein.

(4) Umwandlungen nach § 7 sind von den Kapitalverkehrsteuern befreit, wenn die übertragende Körperschaft am Tag der Anmeldung des Umwandlungsbeschlusses zur Eintragung in das Firmenbuch länger als zwei Jahre besteht.

(5) Werden auf Grund einer Umwandlung nach § 7 Erwerbsvorgänge nach § 1 des Grunderwerbsteuergesetzes 1987 verwirklicht, so ist die Grunderwerbsteuer gemäß § 4 in Verbindung mit § 7 des Grunderwerbsteuergesetzes 1987 zu berechnen.

[idF BGBl I 2015/118]

Rechtsentwicklung

BGBl 1991/699 (UmgrStG; RV 266 AB BlgNR 18. GP) (Stammfassung); BGBl 1993/819 (StRefG 1993; RV 1238 AB 1302 BlgNR 18. GP); BGBl 1996/797 (AbgÄG 1996; RV 497 AB 552 BlgNR 20. GP); BGBl I 2015/118 (StRefG 2015/2016; RV 684 AB 750 BlgNR 25. GP) (neues System der GrESt).

Literatur 2017

Pinetz/Schragl/Siller/Stefaner, GrEStG-Kommentar (2017).

Übersicht

I.	Arbeitgeber	1–5
II.	Ausscheidende Minderheitsgesellschafter und Anteilsverschiebungen	11–17
III.	Umsatzsteuer	21–25
IV.	Kapitalverkehrsteuern	26
V.	Grunderwerbsteuer	36–44
VI.	Folgen für sonstige Abgaben	46–48

I. Arbeitgeber

§ 11 Abs 1 normiert, dass die Rückwirkungsfiktion nicht für Zwecke der **Arbeit-** **1** **gebereigenschaft** gilt (vgl auch *Keppert/Waitz-Ramsauer* in *W/H/M*, HdU II[8] § 11 Rz 3; *Zöchling/Paterno* in *W/Z/H/K*[5] § 11 Rz 2; *Walter*[11] Rz 301). Dh die **übertragende Körperschaft** bleibt **bis** zur **Eintragung der Umwandlung** (und dadurch bis zu ihrem Erlöschen) Arbeitgeber iSv § 47 EStG (vgl auch UmgrStR Rz 594; s weiters *Keppert/Waitz-Ramsauer* in *W/H/M*, HdU II[8] § 11 Rz 4; *Zöchling/Paterno* in *W/Z/H/K*[5] § 10 Rz 2; *Mühlehner* in *H/M/H* § 11 Rz 1; *Walter*[11] Rz 301; *Hirschler*, taxlex 2008, 85; *Schwarzinger/Wiesner* I/1[3] 675, 699). Folglich muss sie ua die Lohnsteuer für diese Zeiträume abführen (vgl weiterführend § 6 Rz 3). Mit Eintragung der Umwandlung gehen idR die Arbeitsverhältnisse auch aufgrund von § 3 AVRAG mittels Gesamtrechtsnachfolge auf den Nachfolgerechtsträger über (*Keppert/ Waitz-Ramsauer* in *W/H/M*, HdU II[8] § 11 Rz 5; *Mühlehner* in *H/M/H* § 11 Rz 1; anders uU für Rechtsnachfolger *Keppert/Waitz-Ramsauer* in *W/H/M*, HdU II[8] § 11 Rz 5). Der **Rechtsnachfolger** für lohnsteuerliche Zwecke kann von jenem gem § 7 abweichen (vgl dazu § 7 Rz 227 f), da **auch Personengesellschaften** Arbeitgeber iSv § 47 EStG und damit lohnsteuerlicher Rechtsnachfolger (zu den Konsequenzen für den Rechtsnachfolger vgl *Keppert/Waitz-Ramsauer* in *W/H/M*, HdU II[8] § 11 Rz 11) sein können. Der Übergang ergibt sich bereits aus der zivilrechtlichen

§ 11

Gesamtrechtsnachfolge iVm § 19 BAO (*Keppert/Waitz-Ramsauer* in *W/H/M*, *HdU II*[8] § 11 Rz 10). Aus der zivilrechtlichen Gesamtrechtsnachfolge und § 19 BAO folgt auch, dass lohnsteuerlich relevanten Fristen weiterlaufen (vgl *Zöchling/Paterno* in *W/Z/H/K*[5] § 11 Rz 1). Der genaue Zeitpunkt der Eintragung der Umwandlung liegt nicht im unmittelbaren Einflussbereich des Steuerpflichtigen und wird oft nicht mit dem Beginn/Ende eines Lohnzahlungszeitraums übereinstimmen. Daher kann nach der Verwaltungspraxis in Abstimmung mit dem Finanzamt der **Übergang** der **Arbeitgebereigenschaft** mit Beginn des Lohnzahlungszeitraums, der auf die Anmeldung zum Firmenbuch folgt, vorgenommen werden (UmgrStR Rz 596; s auch *Keppert/Waitz-Ramsauer* in *W/H/M*, *HdU II*[8] § 11 Rz 12; *Walter*[11] Rz 301; *Schwarzinger/Wiesner* I/1[3] 701; *Zöchling/Paterno* in *W/Z/H/K*[5] § 10 Rz 2).

2 Die Qualifikation als Arbeitgeber bleibt **auch für Dienstverhältnisse** (auch für Pensionszahlungen – *Keppert/Waitz-Ramsauer* in *W/H/M*, *HdU II*[8] § 11 Rz 7) **von Rechtsnachfolgern** bis zum Erlöschen der übertragenden Gesellschaft aufrecht. Dh auch deren (fremdübliche – UmgrStR Rz 594) Einkünfte bleiben **für Zeiträume bis zur Eintragung** der Umwandlung **Einkünfte aus nichtselbständiger Arbeit**. Auch lohnsteuerliche Begünstigungen für Einkünfte aus unselbständiger Tätigkeit greifen für diese Perioden (UmgrStR Rz 594). Dies gilt auch für die Besteuerung von Abfertigungszahlungen, wenn Dienstverhältnisse von Rechtsnachfolgern im Rückwirkungszeitraum aufgelöst werden (vgl UmgrStR Rz 597; s auch *Hirschler*, taxlex 2008, 86). Erst für Zeiträume **nach Eintragung** von errichtenden Umwandlungen greifen die Normen des § 23 Z 2, § 21 Abs 2 Z 2 und § 22 Z 3 EStG (vgl auch *Keppert/Waitz-Ramsauer* in *W/H/M*, *HdU II*[8] § 11 Rz 4), die dazu führen, dass bei Mitunternehmern Tätigkeitsvergütungen Teil des **Betriebsgewinns** sind (vgl dazu *Jakom*[10]/*Vock* § 23 Rz 196 ff). Bei verschmelzenden Umwandlungen gehen Tätigkeitsvergütungen ebenfalls erst für Zeiträume nach Eintragung der Umwandlung in dem Betriebsgewinn auf.

3 Dieselben Prinzipien greifen auch für **Tätigkeitvergütungen** iSv § 22 Z 2 EStG (vgl dazu *Keppert/Waitz-Ramsauer* in *W/H/M*, *HdU II*[8] § 11 Rz 8; *Walter*[11] Rz 301; *Schwarzinger/Wiesner* I/1[3] 675, 699; s zu § 22 Z 2 *Jakom*[10]/*Vock* § 22 Rz 106 ff; *Hirschler*, taxlex 2008, 85). Erhält eine Person, die **wesentlich** (zu mehr als 25 %) direkt oder indirekt **an der umwandelnden Kapitalgesellschaft beteiligt** ist, Vergütungen für Tätigkeiten, die (abgesehen von einer Weisungsfreiheit) die Merkmale eines Dienstverhältnisses aufweisen, liegen für **Zeiträume bis** zum **zivilrechtlichen Untergang** der übertragenden Kapitalgesellschaft Einkünfte gem **§ 22 Z 2 EStG** mit der übertragenden Kapitalgesellschaft als Vertragspartner vor (siehe auch *Mühlehner* in *H/M/H* § 11 Rz 1; *Walter*[11] Rz 302; *Zöchling/Paterno* in *W/Z/H/K*[5] § 10 Rz 4). Bis zu diesem Zeitpunkt steht auch das Betriebsausgabenpauschale noch zu (*Hirschler*, taxlex 2008, 85). Erst für **Zeiträume nach** zivilrechtlichem **Erlöschen** der Gesellschaft stellen die Vergütungen der Mitunternehmer **Teil des Betriebsgewinns** dar (vgl auch *Mühlehner* in *H/M/H* § 11 Rz 3). Wird die Tätigkeit an einen indirekt (über eine Kapitalgesellschaft) maßgeblich beteiligten Gesellschafter bezahlt, liegen auch nach der Umwandlung noch Einkünfte gem § 22 Z 2 vor (*Mühlehner* in *H/M/H* § 11 Rz 2), da die Person, die die Leistungen erbringt, in diesem Fall nicht Rechtsnachfolger ist.

4 **Tätigkeitsvergütungen** der Rechtsnachfolger **bis zur Eintragung** ins Firmenbuch behalten ihren Charakter als eigenständige Einkünfte (vgl Rz 2 f). Folglich stellt

sich bei ihnen dieselbe Problematik wie bei zum Umwandlungsstichtag offenen Leistungsvergütungen. Nach der Verwaltungspraxis gilt daher für Rechtsnachfolger, die die Einkünfte aus der Tätigkeitsvergütung durch Bilanzierung ermitteln, **§ 9 Abs 2** (Steuerpflicht bei Confusio, sonstige Steuerfreiheit von Umwandlungsgewinnen – vgl § 9 Rz 91 ff) **und** sonst **§ 9 Abs 5** (Vereinnahmungs- und Verausgabungsfiktion – vgl § 9 Rz 181 ff) **sinngemäß** auch **für** Forderungen aus **Leistungen im Rückwirkungszeitraum** (UmgrStR Rz 598). Dadurch soll auch in jenem Bereich, der von der Rückwirkungsfiktion ausgenommen ist, eine systemkonforme Besteuerung erreicht werden.

Korrespondierend sind fremdübliche (*Schwarzinger/Wiesner* I/1[3] 953) **Tätigkeits-** 5 **vergütungen von Gesellschaftern** für Zeiträume **bis** zur **Eintragung** des **Umwandlungsbeschlusses abzugsfähig** (vgl auch *Keppert/Waitz-Ramsauer* in W/H/M, HdU II[8] § 11 Rz 4; *Hirschler*, taxlex 2008, 85 f; *Schwarzinger/Wiesner* I/1[3] 827), auch wenn die Gewinnermittlung nicht mehr bei der Kapitalgesellschaft, sondern bei den **Rechtsnachfolgern** (auch bei jenen, die die Vergütung beziehen) stattfindet (vgl UmgrStR Rz 594). Gleichzeitig werden in diesem Zeitraum auch **Abzugsverbote** für Tätigkeitsvergütungen (wie § 12 Abs 1 Z 8 KStG idF AbgÄG 2014) noch gelten. Tätigkeitsvergütungen für **Zeiträume nach Eintragung** der Umwandlung sind **nicht abzugsfähig**, sondern stellen eine Verteilung des Gewinns dar. Ob **Sozialkapitalrückstellungen**, die für Rechtsnachfolger gebildet wurden, aufzulösen sind, hängt davon ab, ob auch nach der Umwandlung ein Dienstverhältnis besteht (vgl § 9 Rz 137; s auch *Walter*[11] Rz 303; vgl zur Frage, wann ein Dienstverhältnis weiter besteht, *Keppert/Waitz-Ramsauer* in W/H/M, HdU II[8] § 11 Rz 5).

Wird das arbeitsrechtliche Arbeitsverhältnis beendet, entsteht ein Abfertigungs- 6 anspruch. Ein solcher kann auch bei Personen vorliegen, die aus steuerlicher Sicht Einkünfte iSd § 22 Z 2 erzielen (*Keppert/Waitz-Ramsauer* in W/H/M, HdU II[8] § 11 Rz 9). Wird eine **Abfertigungszahlung** an den Gesellschafter-Geschäftsführer sofort ausbezahlt, greift die **begünstigte Besteuerung** gem § 67 Abs 3 EStG (vgl dazu Jakom[10]/*Lenneis* § 67 Rz 8 ff), wenn in den zehn Jahren vor Beendigung des Tätigkeitsverhältnisses überwiegend Einkünfte iSd § 25 EStG vorlagen (*Keppert/Waitz-Ramsauer* in W/H/M, HdU II[8] § 11 Rz 6). Bei einer späteren Zahlung soll die Überwiegensregel nach der Verwaltungspraxis (LStR Rz 1074) entgegen der hA (vgl *Keppert/Waitz-Ramsauer* in W/H/M, HdU II[8] § 11 Rz 6 mwN) ebenfalls gelten.

II. Ausscheidende Minderheitsgesellschafter und Anteilsverschiebungen

Scheiden Minderheitsgesellschafter (auch Inhaber von Surrogatkapital – vgl ErlRV 11 UmgrStG, 266 BlgNR 18. GP, 22; s auch *Keppert/Waitz-Ramsauer* in W/H/M, HdU II[8] § 11 Rz 13; *Zöchling/Paterno* in W/Z/H/K[5] § 10 Rz 5mwN) iRe Umwandlung aus, steht ihnen ein **Abfindungsanspruch** zu (vgl UmgrStR Rz 599; s weiters § 7 Rz 33; *Zöchling/Paterno* in W/Z/H/K[5] § 10 Rz 5). Das UmgrStG kennt für dessen Besteuerung keine speziellen Regeln; es wird kein eigener Steuertatbestand für ausscheidende Gesellschafter geschaffen. Daher ist der Ausstieg nach **allgemeinem Steuerrecht** zu beurteilen (vgl *Walter*[11] Rz 297 ff; *Schwarzinger/Wiesner* I/1[3] 907; *Zöchling/ Paterno* in W/Z/H/K[5] § 10 Rz 6). Obwohl das Ausscheiden zu einem Zeitpunkt stattfindet, an dem aus Sicht des direkten Steuerrechts aufgrund der Rückwirkungsfiktion bereits keine Kapitalgesellschaft mehr besteht (vgl § 8 Rz 57 f), wird – wie im

Fall des Gesellschafterwechsels im Rückwirkungszeitraum (vgl § 7 Rz 216 ff; zur Besteuerung auch *Keppert* in *W/H/M*, HdU II[8] § 9 Rz 11) – auch hier die Besteuerung der **Veräußerung** eines **Kapitalanteils** vorgenommen (vgl *Schwarzinger/Wiesner* I/1[3] 679, 703; s auch *Zöchling/Paterno* in *W/Z/H/K*[5] § 10 Rz 6).

12 Als **Zeitpunkt** der Veräußerung gilt – entgegen der allgemeinen Rückwirkungsfiktion – gem § 11 Abs 2 der Tag der Eintragung der Umwandlung ins Firmenbuch (vgl auch UmgrStR Rz 599; s weiters *Keppert/Waitz-Ramsauer* in *W/H/M*, HdU II[8] § 11 Rz 13; *Zöchling/Paterno* in *W/Z/H/K*[5] § 10 Rz 6; *Mühlehner* in *H/M/H* § 11 Rz 8; *Walter*[9] Rz 299; *Korntner*, FJ 2009, 136; *Schwarzinger/Wiesner* I/1[3] 679, 701). Dieser Zeitpunkt ist auch für **Fristenberechnungen**, die über die Steuerpflicht bei den ausscheidenden Anteilsinhabern entscheiden, relevant (*Keppert/Waitz-Ramsauer* in *W/H/M*, HdU II[8] § 11 Rz 14; *Zöchling/Paterno* in *W/Z/H/K*[5] § 10 Rz 6; *Mühlehner* in *H/M/H* § 11 Rz 8, zu dem bis 31.3.2012 geltenden Besteuerungsregime; gem § 124b Z 185 lit a TS 1 EStG wird dies auch weiterhin für die Fünfjahresfrist des § 31 idF vor BudBG 2011 [oder die verlängerte Zehnjahresfrist bei Umgründungen – vgl § 5 Rz 112] gelten, die für die Steuerhängigkeit gem § 27 Abs 3 bei Altanteilen relevant ist – vgl *Jakom*[10]/*Marschner* § 27 Rz 125). Ein **Zufluss** beim ausscheidenden Minderheitsgesellschafter wird an diesem Tag jedoch **nicht fingiert** (*Keppert/Waitz-Ramsauer* in *W/H/M*, HdU II[8] § 11 Rz 14).

13 Auch für jene Rechtsnachfolger, die die Anteile der ausscheidenden Minderheitsgesellschafter erwerben, gilt nach *Keppert/Waitz-Ramsauer* der Tag der **Eintragung des Umwandlungsbeschlusses** als Tag des Erwerbs (vgl auch *Keppert/Waitz-Ramsauer* in *W/H/M*, HdU II[8] § 11 Rz 14; s auch *Walter*[11] Rz 299; aA wohl vereinfachend *Korntner*, FJ 2009, 136). Zu diesem Zeitpunkt können sie nur den Kapitalanteil erwerben, den der ausscheidende Minderheitsgesellschafter abgibt. Dieser wird rückwirkend (mit Ablauf des Umwandlungsstichtags) durch den Anteil an der errichtenden Personengesellschaft oder das zugerechnete Vermögen ersetzt. Der Anteil an einer Personengesellschaft (bei errichtenden Umwandlungen) oder das Vermögen (bei verschmelzenden Umwandlungen) wird den Rechtsnachfolgern schon mit Ablauf des Umwandlungsstichtags zugerechnet (BMF 18.5.1998, SWK 1998, 445; vgl auch *Briem* in FS Ruppe 89 f; so im Ergebnis auch *Korntner*, FJ 2009, 136; *Schwarzinger/Wiesner* I/1[3] 679, 703, 909). Für Erwerber stellen die geleisteten Zahlungen zusätzliche Anschaffungskosten dar und beeinflussen den steuerfreien Buchverlust/-gewinn (vgl auch *Walter*[1] Rz 299; *Briem* in FS Ruppe 90 f; *Schwarzinger/Wiesner* I/1[3] 909; s zum steuerfreien Buchverlust/-gewinn § 9 Rz 91 ff).

14 **Stellungnahme.** Dieselben Prinzipien gelten mE auch für **Übertragungen** (Anteilsverschiebungen) **zwischen Gesellschaftern iRd Umwandlung** – soweit diese gesellschaftsrechtlich möglich sind (vgl § 7 Rz 53). Erfolgt daher iRd Umwandlung (oder auch im Rückwirkungszeitraum) eine Übertragung zwischen den Gesellschaftern, die auch nach der Umwandlung an einer übernehmenden Personengesellschaft beteiligt sind, erfolgt mE beim **Verkäufer** eine **Besteuerung** des **Verkaufs** einer **Kapitalbeteiligung**. Beim **Erwerber erhöhen** sich die **Anschaffungskosten/Buchwerte**, die in den (steuerfreien) Umwandlungsgewinn oder -verlust eingehen. Zu diesem Ergebnis kommt auch *Briem*, der herausstreicht, dass solche Anteilsverschiebungen keine Abfindungen darstellen (*Briem* in FS Ruppe 91).

14a Anders gehen *Schwarzinger/Wiesner* davon aus, dass im Fall von Verschiebungen zwischen Anteilsinhabern, die an der Umwandlung teilnehmen, eine **Veräuße-**

rung eines **Mitunternehmeranteil** am dem Umwandlungsstichtag folgenden Tag darstellen (*Schwarzinger/Wiesner* I/1³ 677). Dies bedeutet, dass (bei Entgeltlichkeit) die Veräußerung des Mitunternehmeranteils zu versteuern ist (vgl *Wiesner/Schwarzinger* in FS Bertl 922 f) und Zahlungen nicht Teil des steuerneutralen Buchgewinns-/verlusts werden. Diese Behandlung soll sich aus der **Teilnahme an** der **Umwandlung** ableiten und geht offenbar davon aus, dass **Anteilsverschiebungen** erst in der **logischen Sekunde nach** der **Umwandlung** erfolgen (wohingegen allerdings sogar im Fall des Ausscheidens eines Gesellschafters zwischen Firmenbuchanmeldung und -eintragung die Veräußerung eines Kapitalanteils vorliegt – vgl *Schwarzinger/Wiesner* I/1³ 711). Allerdings ist mE fraglich, ob dies die unterschiedliche Behandlung von jenen Gesellschaftern, die der Umwandlung zustimmen und ausscheiden, und jenen, die in der Gesellschaft verbleiben, deren Anteil sich jedoch ändert, rechtfertigt.

Die **Besteuerung** der Veräußerung erfolgt unterschiedlich – abhängig vom **ausscheidenden Gesellschafter**. Bei **Körperschaften** unterliegt sie als Veräußerung einer inländischen Beteiligung grundsätzlich der KöSt (vgl *Fürnsinn/Massoner* in *L/R/S/S*² § 10 Rz 87 ff; vgl zu Besonderheiten für Privatstiftungen *Englmair* in *L/R/S/S*² § 13 Rz 125). Dasselbe gilt für Neuanteile ab 1.4.2012 für Körperschaften, die der beschränkten Steuerpflicht zweiter Art unterliegen (§ 21 Abs 2 KStG iVm § 93 Abs 2 Z 2 EStG und § 21 Abs 3 Z 3 KStG). Und auch bei **natürlichen Personen** unterliegen Wertsteigerungen von Neuanteilen ab 1.4.2012 grundsätzlich der Besteuerung (§ 27 Abs 3 EStG; vgl zur neuen Besteuerung sowie zu den Übergangsvorschriften Jakom[10]/*Marschner* § 27 Rz 121, 125). 15

Die Fiktion der Veräußerung am Tag der Eintragung der Umwandlung gem § 11 Abs 2 gilt nur für Gesellschafter der umwandelnden Gesellschaft. Werden auch **andere Kapitalgeber** (zB von Hybridkapital oder auch von Fremdkapital aufgrund entsprechender Klauseln) aufgrund der Umwandlung **abgefunden** (s auch *Zöchling/Paterno* in *W/Z/H/K*⁵ § 10 Rz 5), richtet sich bei diesen nicht nur die Besteuerung, sondern auch der **Zeitpunkt** nach **Prinzipien** des **allgemeinen Steuerrechts** (UmgrStR Rz 600). Dabei gilt jedoch mE auch hier, dass ein Ausscheiden vor dem (zivilrechtlichen) Erlöschen der Gesellschaft noch – wie ein Ausscheiden von Inhabern von Nennkapitalanteilen – als Transaktion von Anteilen an einer Kapitalgesellschaft zu werten ist. Somit stellt sich auch bei Veräußerung/Tilgung von societären Genussrechten im Rückwirkungszeitraum nicht die Frage, ob durch die sozietären Genussrechte eine Mitunternehmerschaft begründet wurde (vgl *Keppert* in *W/H/M*, HdU II⁸ § 7 Rz 59). 16

§ 11 kennt – im Gegensatz zu § 6 – keine Regel für **Äquivalenzverletzungen** (*Keppert/Waitz-Ramsauer* in *W/H/M*, HdU II⁸ § 11 Rz 1; *Mühlehner* in *H/M/H* § 11 Rz 5; vgl zur Äquivalenzverletzung iRd Verschmelzung § 6 Rz 11 ff). Bei Umwandlungen können Äquivalenzverletzungen insb in Form von **Abfindungszahlungen** in unangemessener Höhe vorkommen (vgl *Mühlehner* in *H/M/H* § 11 Rz 5 f). Daneben wäre uU noch eine Äquivalenzverletzung bei **Quotenverschiebungen** zwischen den Rechtsnachfolgern – iRd gesellschaftsrechtlichen Möglichkeiten (vgl § 7 Rz 53) – **ohne angemessene Gegenleistung** denkbar (*Keppert* in *W/H/M*, HdU II⁸ § 7 Rz 41). Entsprechend den Prinzipien von § 6 sollten unangemessene Teile der Abfindungszahlungen unentgeltliche Zuwendungen darstellen (*Mühlehner* in *H/M/H* § 11 Rz 7). Folglich unterliegen bei ausscheidenden Minderheitsgesellschaftern Abfindungszahlungen in angemessener Höhe der Besteuerung als Ver- 17 äußerungserlös (vgl Rz 11 ff). Beim Abfindenden stellen nur die angemessenen Abfindungszahlungen Anschaffungskosten dar und fließen in den steuerneutralen Umwandlungsgewinn/-verlust (vgl dazu § 9 Rz 91 ff) ein. Unangemessene Teile der Abfindungszahlungen werden so wie Äquivalenzverletzungen bei Quotenverschiebungen unentgeltliche Zuwendungen darstellen, die abhängig von der Bereicherungsabsicht schenkungsmeldepflichtig sein können (vgl *Keppert* in *W/H/M*, HdU II[8] § 7 Rz 42 zur ErbSt-Pflicht).

III. Umsatzsteuer

21 Gem § 11 Abs 3 gelten Umwandlungen im Anwendungsbereich von Art II als **nicht steuerbare Umsätze** (vgl *Keppert/Waitz-Ramsauer* in *W/H/M*, HdU II[8] § 11 Rz 15; *Mühlehner* in *H/M/H* § 11 Rz 9; *Walter*[11] Rz 304; *Schwarzinger/Wiesner* I/1[3] 679, 703; *Zöchling/Paterno* in *W/Z/H/K*[5] § 10 Rz 7). Dh die Umwandlung unterliegt in Österreich **keiner Umsatzsteuer**. Es wird auch verhindert, dass Übertragungen unecht umsatzsteuerbefreit wären (*Keppert/Waitz-Ramsauer* in *W/H/M*, HdU II[8] § 11 Rz 15). Die Umwandlung führt daher zu **keiner Korrektur** von **Vorsteuer** (vgl weiterführend § 6 Rz 34 f).

22 Weiters treten gem § 11 Abs 3 **Rechtsnachfolger** für Zwecke der Umsatzsteuer unmittelbar in die Rechtsstellung der übertragenden Gesellschaft ein (vgl *Mühlehner* in *H/M/H* § 11 Rz 9; zu den Konsequenzen *Keppert/Waitz-Ramsauer* in *W/H/M*, HdU II[8] § 11 Rz 17). Dabei ist nach der hA (entgegen dem Wortlaut) für Zwecke der Umsatzsteuer der **zivilrechtliche Nachfolgerechtsträger** als umsatzsteuerlicher Unternehmer Rechtsnachfolger (dies trifft insb auch Personengesellschaften – vgl auch UmgrStR Rz 602; weiters *Keppert/Waitz-Ramsauer* in *W/H/M*, HdU II[8] § 11 Rz 16; *Zöchling/Paterno* in *W/Z/H/K*[5] § 10 Rz 7; *Mühlehner* in *H/M/H* § 11 Rz 9). Der Nachfolgerechtsträger kann vom Rechtsnachfolger für die Ertragsbesteuerung (vgl dazu § 7 Rz 226 ff) abweichen. Die Rechtsnachfolger treten dabei insb auch in die Fristen für **Vorsteuerkorrekturen** gem § 12 Abs 10 ff (vgl dazu *Kollmann/Schuchter* in *Melhardt/Tumpel*, UStG § 12 Rz 416 ff) ein (*Keppert/Waitz-Ramsauer* in *W/H/M*, HdU II[8] § 11 Rz 16; *Zöchling/Paterno* in *W/Z/H/K*[5] § 10 Rz 7).

23 Für Zwecke der Umsatzsteuer **gilt** die **Rückwirkungsfiktion nicht**. Der **Übergang** findet daher grundsätzlich **mit Untergang** der übertragenden Kapitalgesellschaft statt (vgl auch *Keppert/Waitz-Ramsauer* in *W/H/M*, HdU II[8] § 11 Rz 18; *Zöchling/Paterno* in *W/Z/H/K*[5] § 10 Rz 7, *Mühlehner* in *H/M/H* § 11 Rz 10; *Walter*[11] Rz 304). Dieser hängt vom Zeitpunkt der Eintragung der Umwandlung ins Firmenbuch ab und kann daher auch im Laufe eines Monats stattfinden. Zur besseren Planbarkeit und Vereinfachung sieht die FV daher die Möglichkeit vor, dass in Abstimmung mit dem Finanzamt ein Übergang mit dem **Monatsersten**, der auf die **Firmenbuchanmeldung** folgt, erfolgt (UmgrStR Rz 603; vgl auch *Keppert/Waitz-Ramsauer* in *H/W/B*, HdU II[8] § 11 Rz 18; *Zöchling/Paterno* in *W/Z/H/K*[5] § 10 Rz 7; *Schwarzinger/Wiesner* I/1[3] 679 ff, 703). Nach hA ist auch – in gewissen Grenzen – ein Übergang zu einem abweichenden Stichtag möglich, da es auf den Außenauftritt ankommt (vgl *Keppert/Waitz-Ramsauer* in *H/W/B*, HdU II[8] § 11 Rz 18 mwN).

24 Ermittelt der **Rechtsnachfolger** für **Leistungsbeziehungen mit** der **übertragenden Gesellschaft** seine Einkünfte nicht mittels Bilanzierung, führt erst die **Vereinnahmungs- und Verausgabungsfiktion** des § 9 Abs 5 zur systemkonformen

Berücksichtigung bei den Ertragsteuern (vgl Rz 4 und § 9 Rz 181). Erfolgt bei solchen Leistungsbeziehungen eine Umsatzbesteuerung nach vereinnahmten Entgelten (,Istbesteuerung' – vgl dazu *Reinbacher* in *Melhardt/Tumpel*, UStG § 19 Rz 153 ff), entsteht nach der Verwaltungspraxis am **Tag des Übergangs der Unternehmereigenschaft** (somit idR Eintragung im Firmenbuch oder Monatserster nach Anmeldung zum Firmenbuch – vgl Rz 23) auch die **Umsatzsteuerpflicht** für diese Leistungsbeziehungen (UmgrStR Rz 603; UStR Rz 56; vgl kritisch *Keppert/Waitz-Ramsauer* in W/H/M, HdU II[8] § 11 Rz 18). Nach *Zöchling/Paterno* richtet sich der Zeitpunkt der Umsatzbesteuerung sowohl bei Besteuerung nach vereinnahmten, als auch nach vereinbarten Entgelten (,**Sollbesteuerung**') nach den allgemeinen Vorschriften (*Zöchling/Paterno* in W/Z/H/K[5] § 10 Rz 8; vgl zur Sollbesteuerung *Reinbacher* in *Melhardt/Tumpel*, UStG § 19 Rz 125 ff).

Daneben können Umwandlungen weitere Auswirkungen auf die umsatzsteuerlichen Rahmenbedingungen haben. Mit dem 1. StabG 2012 wurde die **Optionsmöglichkeit auf Steuerpflicht bei Vermietungen und Verpachtungen** eingeschränkt (§ 6 Abs 2 UStG). Die Optionsmöglichkeit hängt dabei ua vom Beginn des Miet- und Pachtverhältnisses ab. Die FV geht davon aus, dass selbst Umgründungen unter Gesamtrechtsnachfolge dazu führen können, dass die Verträge nicht mehr als ,Altverträge' geschützt sind (UStR Rz 899c; mit überzeugenden Argumenten aA *Zöchling/Paterno* in W/Z/H/K[5] § 10 Rz 7 mwN). Ob diese Ansicht trotz nicht steuerbarem Übergang und Gesamtrechtsnachfolge greift, wird wohl durch hg Rechtsprechung geklärt werden müssen (vgl dazu § 6 Rz 37). 25

IV. Kapitalverkehrsteuern

Für Kapitalverkehrsteuern greift **keine Rückwirkung** (vgl auch *Zöchling/Paterno* in W/Z/H/K[5] § 10 Rz 11). Mit Ablauf des 31.12.2015 ist die **GesSt außer Kraft** getreten (§ 38 Abs 3e KVG; vgl auch *Walter*[11] Rz 307). Somit fällt für Umgründungen, die ab 1.1.2016 verwirklicht werden (Umwandlungsbeschluss) keine GesSt mehr an, auch wenn der Stichtag vor dem 1.1.2016 liegt (vgl auch UmgrStR Rz 612 iVm Rz 323). 26

Wird vor dem 31.12.2015 im Rückwirkungszeitraum bei der übertragenden Gesellschaft ein **gesellschaftsteuerpflichtiger Vorgang** verwirklicht, führt dies zur GesSt-Pflicht, **auch wenn** der **Nachfolgerechtsträger keine Kapitalgesellschaft** iSd KVG **ist** (*Zöchling/Paterno* in W/Z/H/K[5] § 10 Rz 11). Gleichzeitig führt die Umwandlung auch beim Ersterwerb von Gesellschaftsrechten durch einen Rechtsnachfolger im Rückwirkungszeitraum nicht zu einem Wegfall der GesSt-Pflicht, auch wenn für Zwecke der Ertragsbesteuerung ein In-Sich-Geschäft vorliegt (vgl § 8 Rz 58 aus Sicht der Ertragsbesteuerung). 26a

Erfolgt durch die **Umwandlung** eine Übertragung **auf eine österreichische Kapitalgesellschaft** iSv § 4 KVG (somit auch auf Kommanditgesellschaften, deren unbeschränkt haftender Gesellschafter eine Kapitalgesellschaft ist – vgl auch UmgrStR Rz 605), kann dies der Gesellschaftsteuer unterliegen. Voraussetzung ist dabei, dass es sich um eine Zuwendung von Gesellschaftern der übernehmenden Gesellschaft handelt. Somit verwirklichen **verschmelzende Umwandlungen** grundsätzlich keinen Tatbestand der GesSt, da es sich um **Up-stream**-Umgründungen handelt (so auch *Keppert/Waitz-Ramsauer* in W/H/M, HdU II[8] § 11 Rz 19; *Zöchling/Paterno* in W/Z/H/K[5] § 10 Rz 10; vgl § 6 Rz 53 ausführlich zu Up-stream-Ver- 27 schmelzungen). Im Gegensatz dazu können **errichtende Umwandlungen** (so wie **Side-stream**-Verschmelzungen) GesSt auslösen (vgl auch UmgrStR Rz 612; s weiters *Keppert/Waitz-Ramsauer* in *W/H/M*, HdU II[8] § 11 Rz 19; allg *Mühlehner* in *H/M/H* § 11 Rz 12; *Zöchling/Paterno* in *W/Z/H/K*[5] § 10 Rz 10; ausführlich zu Side-stream-Verschmelzungen § 6 Rz 51).

28 Daneben können auch **Umwandlungen mit Auslandsbezug** zur Verwirklichung von GesSt-Tatbeständen führen. Dies gilt insb in folgenden Fällen (vgl UmgrStR Rz 612):
- **Inbound-Umwandlungen** (vgl § 7 Rz 101) mit inländischen Rechtsnachfolgern, die Kapitalgesellschaften iSd KVG sind, können GesSt auslösen, wenn es sich nicht um Up-stream-Umwandlungen handelt. Zu keiner GesSt-Pflicht kommt es dabei, wenn die übertragende Gesellschaft in der EU ansässig war und als Kapitalgesellschaft anzusehen war (s zu den begünstigten EU-Kapitalgesellschaften *Thunshirn/Himmelsberger/Hohenecker*, KVG Rz 319 ff).

29
- Entsprechend hg Judikatur kann die **Umwandlung auf** eine **ausländische Kapitalgesellschaft** zu einer **Zuführung von Kapital zu** einer **österreichischen Betriebsstätte** führen (VwGH 2.4.1990, 89/15/0002). Hierauf ist § 11 Abs 4 anwendbar (*Zöchling/Paterno* in *W/Z/H/K*[5] § 10 Rz 10). Handelt es sich bei der ausländischen Gesellschaft um keine EU-Kapitalgesellschaft (s zu den begünstigten EU-Kapitalgesellschaften *Thunshirn/Himmelsberger/Hohenecker*, KVG Rz 319 ff), löst dies grundsätzlich GesSt gem § 2 Z 6 aus.

30 Kann die Umwandlung grundsätzlich GesSt auslösen, sieht § 11 Abs 4 im Anwendungsbereich von Art II (vgl UmgrStR Rz 606 idF vor WE 2017; UmgrStR Rz 604 idF WE 2017 – bei der Frage, ob eine Umwandlung iSd UmwG vorliegt, ist die FV wiederum an die gesellschaftsrechtliche Würdigung gebunden: vgl § 7 Rz 12) eine **Befreiung** von der GesSt vor, wenn die **übertragende Kapitalgesellschaft** am Tag der Anmeldung beim Firmenbuch länger als **zwei Jahre bestanden** hat (vgl UmgrStR Rz 604; vgl auch *Keppert/Waitz-Ramsauer* in *W/H/M*, HdU II[8] § 11 Rz 21; *Mühlehner* in *H/M/H* § 11 Rz 15; *Walter*[11] Rz 306). Damit entspricht die Norm jener bei Verschmelzungen (vgl dazu weiterführend § 6 Rz 57 ff). Die Frist ist nach der Verwaltungspraxis vom Tag der Ersteintragung der Gesellschaft zu berechnen (UmgrStR Rz 327). Nach *Keppert/Waitz-Ramsauer* ist jedoch der Zeitpunkt einer früheren Aufnahme der Geschäfte durch die Vorgesellschaft beachtlich (*Keppert/Waitz-Ramsauer* in *W/H/M*, HdU II[8] § 11 Rz 21). Ob bei Entstehen des Rechtsvorgängers durch (zivilrechtlicher) **Gesamtrechtsnachfolge** auf Bestandszeiten des Rechtsvorgängers durchgegriffen wird, ist str (dagegen wohl VwGH 18.6.2002, 2001/16/0597; dagegen *Mühlehner* in *H/M/H* § 11 Rz 15; dafür *Keppert/Waitz-Ramsauer* in *W/H/M*, HdU II[8] § 11 Rz 21 mwN). Die Frage wie lange das übergehende **Vermögen im Eigentum** der **übertragenden Gesellschaft** steht, ist irrelevant (vgl UmgrStR Rz 327; siehe auch *Keppert/Waitz-Ramsauer* in *W/H/M*, HdU II[8] § 11 Rz 21; *Mühlehner* in *H/M/H* § 11 Rz 15). Auf die Umwandlung **vorbereitende Maßnahmen** der Gesellschafter iSd § 2 KVG ist die Befreiung des § 11 Abs 4 nicht anwendbar (UmgrStR Rz 608).

31 Parallel zu § 11 Abs 4 sind auch die **im KVG vorgesehenen Steuerbefreiungen** anwendbar (vgl auch UmgrStR Rz 611 iVm 324 f; s weiters *Schwarzinger/Wiesner* I/1[3] 681, 703). Dabei kann die günstigste Befreiungsnorm angewendet werden (*Keppert/Waitz-Ramsauer* in *W/H/M*, HdU II[8] § 11 Rz 22; *Mühlehner* in *H/M/H* § 11 Rz 16; *Schrottmeyer*, ecolex 2002, 463). So kann bei (errichtenden) Umwandlung die Befreiung des § 6 Abs 1 Z 2 lit a KVG greifen (s auch *Keppert/Waitz-Ramsauer* in W/H/M, HdU II[8] § 11 Rz 22; Zöchling/Paterno in W/Z/H/K[5] § 10 Rz 10; Mühlehner in H/M/H § 11 Rz 16; Walter[11] Rz 306; Schwarzinger/Wiesner I/1[3] 681; vgl weiterführend zu § 6 Abs 1 Z 2 lit a KVG Thunshirn/Himmelsberger/Hohenecker, KVG Rz 555 ff). Nach dieser Norm greift eine Befreiung von der GesSt bei **Umwandlungen einer Kapitalgesellschaft** in eine andere Form der Kapitalgesellschaft iSd KVG. Da auch Kapitalgesellschaften & Co als Kapitalgesellschaften iSd KVG gelten können (vgl Rz 27), kann auch diese Befreiung bei errichtenden Umwandlungen greifen (vgl auch BMF 12.2.2002, RdW 2002/383, 383). Die Befreiung greift jedoch nicht für Gesellschaftsrechte, die erst durch die Umwandlung zu Gesellschaftsrechten iSd KVG (vgl zu tatbeständlichen Gesellschaftsrechten Thunshirn/Himmelsberger/Hohenecker, KVG Rz 456 ff) wurden (vgl auch UmgrStR Rz 610).

Weiters kann auch die All-Asset-Befreiung des KVG greifen (vgl auch UmgrStR Rz 324 f; s weiters Keppert/Waitz-Ramsauer in W/H/M, HdU II[8] § 11 Rz 22; Zöchling/Paterno in W/Z/H/K[5] § 10 Rz 10; Mühlehner in H/M/H § 11 Rz 17; Walter[11] Rz 306). Da durch die Umwandlung stets das **gesamte Vermögen** der umwandelnden Kapitalgesellschaft **übergeht** und auch von der übernehmenden Gesellschaft keine Zuzahlungen (und sonstigen Leistungen) von mehr als 10 % geleistet werden dürfen, sollte auch die Steuerbefreiung des § 6 Abs 1 Z 3 KVG anwendbar sein (vgl auch Schrottmeyer, ecolex 2002, 463). Diese Befreiung sieht **keine Mindestbestandsdauer** der übertragenden Gesellschaft vor. **Umwandlungen** von Kapitalgesellschaften sind daher – unabhängig von der Bestandsdauer der umwandelnden Gesellschaft – idR **von der GesSt befreit**. Voraussetzung ist, dass keine 10 % übersteigenden Zuzahlungen geleistet wurden (Mühlehner in H/M/H § 11 Rz 17). Dies dürfte jedoch aufgrund der Abfindung von max 10 % der Altanteilsinhaber idR (außer uU bei zu hohen Abfindungszahlungen – vgl dazu Rz 17) nicht der Fall sein (Keppert/Waitz-Ramsauer in W/H/M, HdU II[8] § 11 Rz 22). Ob für vorbereitende Maßnahmen ebenfalls eine Befreiung greift, ist getrennt zu beurteilen (vgl auch Keppert/Waitz-Ramsauer in W/H/M, HdU II[8] § 11 Rz 22).

V. Grunderwerbsteuer

Für Zwecke der GrESt greift die **Rückwirkungsfiktion nicht**. GrESt wird daher grundsätzlich mit Abschluss des Verpflichtungsgeschäfts ausgelöst; somit mit Wirksamkeit des **Umwandlungsbeschlusses** (weiterführend Massoner/Stefaner in Pinetz/Schragl/Siller/Stefaner, GrEStG § 8 Rz 10 mwN; vgl auch Zöchling/Paterno in W/Z/H/K[5] § 10 Rz 12; Schwarzinger/Wiesner I/1[3] 681, 705: Abschluss des Umwandlungsvertrags). Aufschiebende Bedingungen im Verpflichtungsgeschäft führen allerdings dazu, dass die Steuerschuld erst bei Eintritt der Bedingung entsteht und auch erst die Verhältnisse bei Bedingungseintritt relevant sind (vgl dazu Massoner/Stefaner in Pinetz/Schragl/Siller/Stefaner, GrEStG § 8 Rz 23 mwN). Im Gegensatz dazu bleiben bei behördlichen Genehmigungen die Verhältnisse zum Zeitpunkt des Umwandlungsbeschlusses relevant (Massoner/Stefaner in Pinetz/Schragl/Siller/Stefaner, GrEStG § 8 Rz 35 mwN). Das der Umwandlung zugrunde liegende Rechtsgeschäft (Verpflichtungsgeschäft) stellt ein Rechtsgeschäft iSd § 1 Abs 1 Z 1 GrEStG dar (VwGH 27.9.1995, 94/16/0142; UFS 20.9.2012, RV/0266-I/12; UmgrStR Rz 615; Keppert/Waitz-Ramsauer in W/H/M, HdU II[8] § 11 Rz 24). Der GrESt unterliegen daher alle inländischen Grundstücke (oder Kaufoptionen), die **im Zeitpunkt** des **Abschlusses** des **Verpflichtungsgeschäfts** (vgl auch Keppert/Waitz-Ramsauer in W/H/M, HdU II[8] § 11 Rz 26; Mühlehner in H/M/H § 11 Rz 19; Schwarzinger/Wiesner I/1[3] 681, 705) oder bei relevanten aufschiebenden Bedingungen (vgl *Massoner/Stefaner* in *Pinetz/Schragl/Siller/Stefaner*, GrEStG § 8 Rz 18 ff) bei deren Eintritt (*Massoner/Stefaner* in *Pinetz/Schragl/Siller/Stefaner*, GrEStG § 8 Rz 10 mwN) **im Eigentum** der umwandelnden Gesellschaft **stehen**. Dabei liegt eine Grundstücksübertragung auch bei jenen Grundstücken vor, die im außerbücherlichen Eigentum der Gesellschaft stehen (UmgrStR Rz 616). Werden Grundstücke von der übertragenden Gesellschaft nach Abschluss des Umwandlungsvertrags (aber noch vor Eintragung der Umwandlung ins Firmenbuch) veräußert, fällt grundsätzlich GrESt an. Allerdings kann gem § 17 GrEStG ein Antrag auf Nichtfestsetzung gestellt werden (*Keppert/Waitz-Ramsauer* in W/H/M, HdU II[8] § 11 Rz 26). Sieht der Umwandlungsvertrag eine aufschiebende **Bedingung** vor, die nicht erfüllt wird, wird er nie rechtswirksam und löst somit gem § 8 Abs 2 GrEStG keine GrESt aus (UFS 19.9.2012, RV/0266-I/12). Dasselbe gilt für nicht erteilte behördliche Genehmigungen (*Massoner/Stefaner* in *Pinetz/Schragl/Siller/Stefaner*, GrEStG § 8 Rz 35), wobei die Firmenbucheintragung nach hA in Österreich nicht als behördliche Genehmigung iSv § 8 Abs 2 GrEStG angesehen wird (weiterführend *Massoner/Stefaner* in *Pinetz/Schragl/Siller/Stefaner*, GrEStG § 8 Rz 10).

37 Für Umwandlungen gem § 7 (bei der Frage, ob eine Umwandlung vorliegt, ist die FV an die gesellschaftsrechtliche Beurteilung gebunden – vgl § 7 Rz 12; dies gilt auch für die Frage der GrESt – UmgrStR Rz 614), die **Tatbestände** gem **§ 1 GrEStG** verwirklichen, führt § 11 Abs 5 zu einer begünstigten Besteuerung (wobei sich die Rechtsfolgen seit dem StRefG 2015/2016 aus dem GrEStG selbst ergeben). § 11 Abs 5 greift daher, wenn **inländische Grundstücke** iSd § 2 GrEStG (oder die damit zusammenhängende Rechtsposition wie insb Kaufoptionen – vgl *Keppert/Waitz-Ramsauer* in W/H/M, HdU II[8] § 11 Rz 25) **übertragen** werden. Seit der Reform der GrESt mit der StRef 2015/2016, greift dieselbe Besteuerung (UmgrStR Rz 618 idF WE 2017) auch bei der **Übertragung** oder **Vereinigung** von mind 95 % der **Anteile** an Gesellschaften, die österreichische Grundstücke besitzen (zur Rechtslage vor Inkrafttreten des StRefG 2015/2016 vgl 4. Aufl Rz 37 ff), und beim transaktions- und zeitraumbezogenen Tatbestand des § 1 Abs 2a GrEStG für Personengesellschaften (s auch *Petritz-Klar/Petritz*, taxlex 2016, 174; *Pinetz/Plansky* in *Pinetz/Schragl/Siller/Stefaner*, GrEStG § 7 Rz 42).

38 Durch errichtende Umwandlungen entstehen Personengesellschaften. Damit ist nach deren Entstehen auf sie auch die **zeitraumbezogene Betrachtung** des § 1 Abs 2a GrEStG anwendbar. Da die **Personengesellschaft** erst durch die Umwandlung entsteht, führen *Hirschler/Schimmer* zutr aus, dass durch die Umwandlung die Anteile an der entstehenden Personengesellschaft nicht auf ‚neue Gesellschafter' übergehen. Folglich wird § 1 Abs 2a GrEStG durch die Umwandlung nicht für die Anteile an der entstehenden Personengesellschaft ausgelöst (*Hirschler/Schimmer*, ÖStZ 2015/903, 692; vgl auch *Pinetz/Mechtler* in *Pinetz/Schragl/Siller/Stefaner*, GrEStG § 1 Rz 844). Hält die umwandelnde Kapitalgesellschaft jedoch Anteile an einer Personengesellschaft, kann die Umwandlung mit dem übertragenen Vermögen auch GrESt gem § 1 Abs 2a GrEStG auslösen.

39 Gem § 11 Abs 5 ist die Bemessungsgrundlage der GrESt gem § 4 GrEStG zu ermitteln. Werden Grundstücke oder Anteile an Gesellschaften, die Grundstücke besitzen, iRe Umgründung begünstigt übertragen, ist grundsätzlich der **Grundstückswert** gem § 4 Abs 1 GrEStG als Bemessungsgrundlage der **GrESt** heranzuziehen (vgl UmgrStR Rz 613 idF WE 2017; s auch *Rief* in *Marschner/Stefaner*, StRef 2015/16,

Rz 5/68; *Zöchling/Paterno* in *W/Z/H/K*[5] § 10 Rz 12 f; *Walter*[1] Rz 308; *Bergmann*, SWK 2016, 14; *Petritz-Klar/Petritz*, taxlex 2016, 174, 177 f; *Raab* in *Pinetz/Schragl/Siller/Stefaner*, GrEStG § 4 Rz 95, 107). Dies gilt auch für die Übertragung von Beteiligungen an Personengesellschaften (vgl auch *Zöchling/Paterno* in *W/Z/H/K*[5] § 10 Rz 13). § 4 Abs 1 GrEStG sieht auch die Möglichkeit vor, einen **nachgewiesenen niedrigeren gemeinen Wert** als **Bemessungsgrundlage** heranzuziehen (s auch *Bergmann*, SWK 2016, 14). Bei **land- und forstwirtschaftlichen Grundstücken** ist der (einfache) **Einheitswert** als Bemessungsgrundlage heranzuziehen (§ 4 Abs 2 Z 1 GrEStG; vgl auch UmgrStR Rz 613 idF WE 2017; s weiters *Rief* in *Marschner/Stefaner*, StRef 2015/16, Rz 5/68; *Zöchling/Paterno* in *W/Z/H/K*[5] § 10 Rz 12; *Bergmann*, SWK 2016, 14; *Raab* in *Pinetz/Schragl/Siller/Stefaner*, GrEStG § 4 Rz 97).

Bei unter Art II fallenden Umwandlungen beträgt der **Steuersatz** der **GrESt** gem § 11 Abs 5 iVm § 7 Abs 1 Z 2 lit c GrEStG grundsätzlich **0,5 %** (vgl auch UmgrStR Rz 613 idF WE 2017; s weiters *Rief* in *Marschner/Stefaner*, StRef 2015/16, Rz 5/68; *Zöchling/Paterno* in *W/Z/H/K*[5] § 10 Rz 12 f; *Walter*[11] Rz 308; *Bergmann*, SWK 2016, 14; *Petritz-Klar/Petritz*, taxlex 2016, 174, 177 f; *Pinetz/Plansky* in *Pinetz/Schragl/Siller/Stefaner*, GrEStG § 7 Rz 44). Abweichend davon ist bei **land- und forstwirtschaftlichen** Grundstücken (bei denen der einfache Einheitswert als Bemessungsgrundlage heranzuziehen ist) und auch bei Anteilsübertragungen und -vereinigungen, insoweit land- und forstwirtschaftliche Grundstücke in der fraglichen Gesellschaft bestehen (vgl auch *Petritz-Klar/Petritz*, taxlex 2016, 178), ein Steuersatz von **3,5 %** anzuwenden (§ 7 Abs 1 Z 3 GrEStG; vgl auch UmgrStR Rz 613 idF WE 2017; s weiters *Rief* in *Marschner/Stefaner*, StRef 2015/16, Rz 5/68; *Bergmann*, SWK 2016, 14 mwN; *Pinetz/Plansky* in *Pinetz/Schragl/Siller/Stefaner*, GrEStG § 7 Rz 45; wobei bei – iRv Umwandlungen kaum vorliegenden – unentgeltlichen Erwerben der Stufentarif anwendbar ist – *Petritz-Klar/Petritz*, taxlex 2016, 175; *Pinetz/Plansky* in *Pinetz/Schragl/Siller/Stefaner*, GrEStG § 7 Rz 45).

40

Die sich ergebende Steuerschuld kann gem § 7 Abs 3 GrEStG über Antrag in Raten gezahlt werden (vgl auch *Rief* in *Marschner/Stefaner*, StRef 2015/16, Rz 5/71), wenn die GrESt mittels Abgabenerklärung angezeigt wird (vgl auch *Bodis/Fiala/Lattner/Ofner* in *Mayr/Lattner/Schlager* StRef 2015/16, 100). Wird die Ratenzahlung gewählt, wird die Abgabenschuld um bis zu 10 % erhöht (pauschale Verzinsung – vgl auch *Schimmer/Stückler*, ÖStZ 2015/568, 462). Die Möglichkeit zur **Ratenzahlung** besteht nicht für land- und forstwirtschaftliche Grundstücke, bei denen die GrESt nach dem besonderen Regime ermittelt wird.

41

Vor Geltung des neuen GrESt-Systems fand eine unterschiedliche Ermittlung der Bemessungsgrundlagen bei Umwandlungen statt (vgl ausführlich 4. Aufl Rz 37 ff): Bei der Übertragung von Grundstücken war die GrESt (gem § 11 Abs 5) vom zweifachen, bei Anteilsübertragungen (gem GrEStG) vom dreifachen Einheitswert zu berechnen. Diese Differenzierung ist auch 2016 noch relevant, da die **Inkrafttretensregelungen** im GrEStG und im UmgrStG abweichen. Die Neuregelungen des GrEStG gelten für nach dem 31.12.2015 realisierte Tatbestände (§ 18p GrEStG). § 11 Abs 5 tritt jedoch erst für Umgründungen mit Stichtag nach dem 13.12.2015 in Kraft (3. Teil Z 29; vgl UmgrStR Rz 613 idF WE 2017; s auch *Zöchling/Paterno* in *W/Z/H/K*[5] § 10 Rz 12). Soweit nicht bereits aus § 4 iVm § 7 GrEStG idF StRefG 2015/2016 die Anwendung der Neuregelungen ableitbar ist, ergibt sich eine Phase, in der Teile der

42

Alt- und Neuregelung anwendbar sind (vgl auch *Walter*[11] Rz 308; s weiterführend *Marschner/Stefaner* in *Marschner/Stefaner*, StRef 2015/16, Rz 10/30).

43 Eine abweichende Bemessungsgrundlage ist für die (1,1%ige) **Grundbuchseintragungsgebühr** aufgrund der Grundbuchgebührennovelle 2012 in § 26a GGG vorgesehen. Die Bemessungsgrundlage der Eintragungsgebühr ist (bei Erfüllung der Voraussetzungen des GGG) der dreifache Einheitswert, maximal jedoch 30 % des Werts (vgl auch *Schwarzinger/Wiesner* I/1[3] 681, 705; *Walter*[11] Rz 309; s weiterführend § 6 Rz 87 f; *Hirschler/Schimmer*, BFGjournal 2014, 279; *Fellner*, ÖStZ 2014/ 407, 270).

44 Anfallende GrESt und Grundbucheintragungsgebühr sind (aufgrund der Buchwertfortführung) von den Rechtsnachfolgern nicht (als Teil der Anschaffungskosten des Grundstücks) zu aktivieren. Sie stellen **laufende Betriebsausgaben** dar (*Keppert/Waitz-Ramsauer* in *W/H/M*, HdU II[8] § 11 Rz 28; *Mühlehner* in *H/M/H* § 11 Rz 23; *Walter*[11] Rz 308).

VI. Folgen für sonstige Abgaben

46 § 11 sieht keine Begünstigung für **Gebühren** vor. Umwandlungen führen zu einem Übergang der Rechtsverhältnisse mittels Gesamtrechtsnachfolge (vgl § 7 Rz 36, 57). Ein gebührenauslösendes Rechtsgeschäft und dessen Dokumentation kann daher idR unterbleiben, weshalb keine Rechtsgeschäftsgebühren anfallen (*Schwarzinger/ Wiesner* I/1[3] 681, 703). Erfolgt jedoch (vorab/zusätzlich) eine rechtsgeschäftliche Übertragung einzelner Rechtspositionen per Einzelrechtsnachfolge und eine entsprechende Beurkundung, kann dies Gebühren gem § 33 GebG auslösen.

47 § 11 sieht keine Regelung für die **KommSt** vor. Die Rückwirkungsfiktion greift nicht. Die KommSt-Pflicht geht – in analoger Anwendung der umsatzsteuerlichen (vgl dazu Rz 23) und lohnsteuerlichen Regeln (vgl dazu Rz 1 ff) – erst mit Eintragung der Umwandlung ins Firmenbuch über (*Walter*[11] Rz 305; vgl auch *Zöchling/ Paterno* in *W/Z/H/K*[5] § 10 Rz 3 mwN; *Schwarzinger/Wiesner* I/1[3] 675, 701).

48 Auch für andere bundesgesetzlich geregelte Abgaben gilt **keine Rückwirkungsfiktion**. Der **Nachfolgerechtsträger** tritt aufgrund der Gesamtrechtsnachfolge gem § 19 BAO **mit Eintragung** der Umwandlung **ins Firmenbuch** in die Rechtsstellung der übertragenden Gesellschaft ein. Hierbei ist idR wiederum auf den Nachfolgerechtsträger und nicht auf die möglicherweise abweichenden Rechtsnachfolger gem § 7 (vgl § 7 Rz 226 ff) abzustellen. Dies gilt insb für **Kraftfahrzeugsteuer, Kammerumlagen, Werbeabgabe** und **Dienstgeberbeitrag** (*Keppert/Waitz-Ramsauer* in *W/H/M*, HdU II[8] § 11 Rz 31).

Artikel III

Einbringung

Anwendungsbereich

§ 12. (1) [1]Eine Einbringung im Sinne dieses Bundesgesetzes liegt vor, wenn Vermögen (Abs. 2) auf Grundlage eines schriftlichen Einbringungsvertrages (Sacheinlagevertrages) und einer Einbringungsbilanz (§ 15) nach Maßgabe des § 19 einer übernehmenden Körperschaft (Abs. 3) tatsächlich übertragen wird. [2]Voraussetzung ist, dass das Vermögen am Einbringungsstichtag, jedenfalls aber am Tag des Abschlusses des Einbringungsvertrages, für sich allein einen positiven Verkehrswert besitzt. [3]Der Einbringende hat im Zweifel die Höhe des positiven Verkehrswertes durch ein begründetes Gutachten eines Sachverständigen nachzuweisen.

(2) Zum Vermögen zählen nur

1. Betriebe und Teilbetriebe, die der Einkunftserzielung gemäß § 2 Abs. 3 Z 1 bis 3 des Einkommensteuergesetzes 1988 dienen, wenn sie zu einem Stichtag eingebracht werden, zu dem eine Bilanz (§ 4 Abs. 1 des Einkommensteuergesetzes 1988) für den gesamten Betrieb des Einbringenden vorliegt,
2. Mitunternehmeranteile, das sind Anteile an Gesellschaften, bei denen die Gesellschafter als Mitunternehmer anzusehen sind, wenn sie zu einem Stichtag eingebracht werden, zu dem eine Bilanz (§ 4 Abs. 1 des Einkommensteuergesetzes 1988) der Mitunternehmerschaft vorliegt, an der die Beteiligung besteht,
3. [1]Kapitalanteile, das sind Anteile an inländischen und vergleichbaren ausländischen Kapitalgesellschaften sowie Erwerbs- und Wirtschaftsgenossenschaften, weiters an anderen ausländischen Gesellschaften eines Mitgliedstaates der Europäischen Union, die die in der Anlage zu diesem Bundesgesetz vorgesehenen Voraussetzungen des Artikels 3 der Richtlinie 2009/133/EG in der jeweils geltenden Fassung erfüllen,
   – wenn sie mindestens ein Viertel des gesamten Nennkapitals oder des rechnerischen Wertes der Gesamtanteile umfassen oder
   – wenn die eingebrachten Anteile der übernehmenden Gesellschaft für sich oder gemeinsam mit ihr bereits vor der Einbringung gehörenden Anteilen unmittelbar die Mehrheit der Stimmrechte an der Gesellschaft, deren Anteile eingebracht werden, vermitteln oder erweitern.

[2]Zum Begriff des Kapitalanteiles zählt bei vertraglicher Einbeziehung auch der am Einbringungsstichtag ausstehende Teil des nachweisbar ausschließlich zur Anschaffung des einzubringenden Anteiles aufgenommenen Fremdkapitals. [3]Verbindlichkeiten in unmittelbarem Zusammenhang mit einer Einlage im Sinne des § 8 Abs. 1 des Körperschaftsteuergesetzes 1988 in die Körperschaft, deren Anteile übertragen werden, zählen jedenfalls zum Begriff des Kapitalanteils, wenn die Einlage innerhalb von zwei Jahren vor dem Einbringungsstichtag erfolgt ist.

(3) Übernehmende Körperschaften können sein:

1. Unbeschränkt steuerpflichtige Kapitalgesellschaften oder Erwerbs- und Wirtschaftsgenossenschaften (§ 1 Abs. 2 des Körperschaftsteuergesetzes 1988).
2. Ausländische Körperschaften, die mit einer inländischen Kapitalgesellschaft oder Erwerbs- und Wirtschaftsgenossenschaft vergleichbar sind,

wenn mit dem in Betracht kommenden ausländischen Staat ein Doppelbesteuerungsabkommen besteht sowie andere ausländische Gesellschaften eines Mitgliedstaates der Europäischen Union, die die in der Anlage zu diesem Bundesgesetz vorgesehenen Voraussetzungen des Artikels 3 der Richtlinie 2009/133/EG in der jeweils geltenden Fassung erfüllen.

(4) Auf Einbringungen sind die §§ 13 bis 22 anzuwenden.

[idF BGBl I 2012/112]

Rechtsentwicklung

BGBl 1991/699 (UmgrStG; RV 266 AB 354 BlgNR 18. GP) (Stammfassung); BGBl 1993/818 (StRefG 1993; RV 1237 AB 1301 BlgNR 18. GP) (Neufassung des § 12 Abs 1, für Stichtage nach dem 30.12.1993); BGBl 1994/681 (EU-AnpG; RV 1701 AB 1816 BlgNR 18. GP) (Neufassung des § 12 Abs 2 Z 3 und Neufassung des § 12 Abs 3 Z 2, für Umgründungen, bei denen die zugrunde liegenden Beschlüsse oder Verträge nach dem 1.1.1995 zustande gekommen sind; siehe auch BGBl 1995/50); BGBl 1996/797 (AbgÄG 1996; RV 497 AB 552 BlgNR 20. GP) (Entfall des § 12 Abs 1 S 2 und Ergänzung des § 12 Abs 2 Z 3, für Stichtage nach dem 31.12.1996); BGBl I 2003 71 (BudBG 2003; RV 59 AB 111 BlgNR 22. GP) (Neufassung des § 12 Abs 1 S 1); BGBl I 161/2005 (AbgÄG 2005; RV 1187 AB 1213 BlgNR 22. GP) (Neufassung des § 12 Abs 1, für Umgründungen, bei denen die Beschlüsse oder Verträge nach dem 31.1.2006 bei dem zuständigen Firmenbuchgericht zur Eintragung angemeldet oder bei dem zuständigen Finanzamt gemeldet werden); BGBl I 2010/34 (AbgÄG 2010; RV 662 AB 741 BlgNR 24. GP) (Änderung des § 12 Abs 2 Z 3 und Änderung des § 12 Abs 3 Z 2); BGBl I 2012/112 (AbgÄG 2012; RV 1960 AB 1977 BlgNR 24. GP) (Änderung des § 12 Abs 2 Z 3 und des § 12 Abs 3 Z 2; Anfügung letzter Satz in § 12 Abs 2 Z 3, für Umgründungen, bei denen die Beschlüsse oder Verträge nach dem 31.12.2012 bei dem zuständigen Firmenbuchgericht zur Eintragung angemeldet oder bei dem zuständigen Finanzamt gemeldet werden).

Literatur 2017

Beiser, Einbringungen von Gebäuden ohne Grund und Boden, SWK 2017, 1242; *Hirschler/Sulz/Oberkleiner*, Umwandlung einer erheblich reduzierten Betriebs-GmbH, BFGjournal 2017, 466; *Hirschler/Sulz/Oberkleiner/Knesl*, Trennung des Gebäudes von Grund und Boden weiterhin möglich, SWK 2017, 1236; *Marschner/Renner*, Körperschaft-/Umgründungsteuer-Update Dezember 2017: Aktuelles auf einen Blick, SWK 2017, 1444; *Wiesner*, Voraussetzung für die Einbringung des Betriebsgebäudes ohne Grund und Boden nach Art III UmgrStG, RWZ 2017/58, 284; *Zorn*, VwGH: Missglückte Einbringung von Mitunternehmeranteilen, RdW 2017/320, 465.

Übersicht

I. Begriffsabgrenzung
   A. Begriff 1, 2
   B. Arten 6
      1. Bestehen einer gesellschaftsrechtlichen Verbindung zwischen Einbringendem und übernehmender Körperschaft bereits vor der Einbringung.................................. 7, 8
      2. Nach dem einbringenden Rechtsträger 9
      3. Nach dem Inlands- oder Auslandsbezug.................. 10
   C. Erforderlicher Inlandsbezug... 13

II. Einbringung nach allgemeinem Steuerrecht (außerhalb des Art III)	16–25
III. Wertung der Einbringung im Anwendungsbereich des Art III	31, 32
IV. Unternehmens- und gesellschaftsrechtliche Grundlagen	
A. Allgemeines	36–39
B. Einzelrechtsnachfolge und Begriff des Einbringungsvertrages	41–43
C. Leistungszeitpunkt für Sacheinlagen	46
D. Firmenbuchverfahren	49–51
V. Europarechtliche Grundlagen der Fusionsbesteuerungsrichtlinie	
A. Grundsatz	56
B. Einbringung von Unternehmensteilen und Austausch von Anteilen iSd FRL	59, 60
C. Bedeutung der FRL für die Auslegung des UmgrStG	63–66
VI. Anwendungsvoraussetzungen	
A. Vermögen iSd § 12 Abs 2 UmgrStG	
1. Überblick	71, 72
2. Betriebe und Teilbetriebe	
a) Begriff	73–78
b) Umfang	79
c) Zurückbehaltung von Wirtschaftsgütern	80, 81
d) Betriebsaufspaltung	82
e) Besonderheiten bei Betriebsliegenschaften	83–85
f) Zeitliche Anforderungen	86, 87
g) (Teil)Betriebsdefinition nach FRL	88–92
h) Freiberuflicher Betrieb/höchstpersönliche Tätigkeit	93–94
i) Nicht aktiv geführte Betriebe/Betriebsverpachtung	95, 96
j) Fruchtgenuss	97–99
k) Körperschaften des öffentlichen Rechts	100
l) Liebhabereibetriebe	101
m) Stichtagsbilanz	102–107
3. Mitunternehmeranteile	
a) Begriff	111–116
b) Umfang	117–120
c) Unterbeteiligung	121
d) Fruchtgenuss	122–127
e) Stichtagsbilanz	128, 128a
f) GmbH & atypisch stille Gesellschaft	129
4. Kapitalanteile	
a) Begriff	130, 131
b) Wesentliche Beteiligung	132–134
c) Stimmrechtsmehrheit	135–136

		d) Anteilstausch nach FRL	138–140
		e) Anschaffungsbedingtes Fremdkapital	141–144
		f) Verbindlichkeiten aus Einlagevorgängen	145–146b
		g) Fruchtgenuss und sonstige Belastungen	147, 148
		h) Vorbehaltene Gewinnausschüttungen	149, 150
	B.	Einbringungsvertrag und Einbringungsbilanz	
		1. Einbringungsvertrag	
		a) Begriff	151–153
		b) Zivilrechtliche Mängel	154–155a
		c) Definition des Einbringungsvermögens	156, 157
		d) Steuerklauseln und aufschiebende Vertragsbedingungen	158, 159
		2. Einbringungsbilanz	160, 161
	C.	Übernehmende Körperschaft	166–171
	D.	Gegenleistung	173
	E.	Tatsächliche Vermögensübertragung	175–182
	F.	Positiver Verkehrswert	
		1. Grundsatz	186–188
		2. Begriff des positiven Verkehrswertes	189–193
		3. Zeitliche Anforderungen	194–196
		4. Nachweis und Beweislastverteilung	197–199
		5. Europarechtliche Vorgaben	200
	G.	Sonstige Anwendungsvoraussetzungen außerhalb des § 12 Abs 1	206
	H.	Exkurs: Maßgeblichkeit der firmenbuchrechtlichen Eintragung	208–212
VII.	Verpflichtende Anwendung des Art III		216–218
VIII.	Einbringender		
	A.	Grundsatz	221–223
	B.	Begriff des Einbringenden im ertragsteuerlichen Regelungsbereich	226–234
	C.	Begriff des Einbringenden im verkehrsteuerlichen Regelungsbereich	236
	D.	Körperschaften öffentlichen Rechts	238

I. Begriffsabgrenzung

A. Begriff

1 Anders als nach Art I, II und VI besteht für die Einbringung nach UmgrStG **keine Anknüpfung an Rechtsfiguren und Tatbestände des Unternehmensrechts**. Aufgrund des Fehlens einer unternehmensrechtlichen Begriffsbestimmung der Einbringung enthält das UmgrStG eine **eigenständige Begriffsdefinition**. Das Zutreffen der Anwendungsvoraussetzungen sowie die Rechtsfolgen des UmgrStG sind daher ausschließlich nach den Normen dieses Gesetzes zu beurteilen (UmgrStR Rz 641; *Huber* in *W/Z/H/K*[5] § 12 Rz 16, 31; *Mayr* in *D/R* I[10] Tz 1170; *Rabel* in *W/H/M*, HdU[1] § 12 Rz 1, 48, 52; *Hügel* in *H/M/H* § 12 Rz 1 f, 6). Nach Abs 1 liegt eine Einbringung iSd UmgrStG vor, wenn Vermögen iSd Abs 2 auf Grundlage eines schriftlichen Einbringungsvertrages (Sacheinlagevertrages) und einer Einbringungsbilanz (§ 15) gegen Gewährung einer Gegenleistung iSd § 19 auf eine übernehmende Körperschaft iSd § 12 Abs 3 tatsächlich übertragen wird. Weitere Voraussetzung ist, dass das Vermögen am Einbringungsstichtag, jedenfalls aber am Tag des Abschlusses des Einbringungsvertrages, für sich allein einen positiven Verkehrswert besitzt. Wirtschaftlich handelt es sich damit um Sacheinlagen in Körperschaften auf rechtsgeschäftlicher Grundlage (*Huber* in W/Z/H/K[5] § 12 Rz 2; *Mayr* in D/R I[10] Tz 1171; *Rabel* in W/H/M, HdU[1] § 12 Rz 1 ff, 52; *Hügel* in H/M/H § 12 Rz 1 f, 6; UmgrStR Rz 640).

Ausgehend von der Beurteilung von Einlagevorgängen in Körperschaften als Tauschvorgang nach allgemeinem Ertragsteuerrecht (siehe unten Rz 16 ff) werden auch Einbringungen nach Art III als **entgeltliche Übertragungen**, dh beim Einbringenden als Veräußerung und bei der übernehmenden Körperschaft als Anschaffung des Einbringungsgegenstandes, betrachtet, ungeachtet der in bestimmten Fällen durch die Buchwertfortführung bestehenden Erfolgsneutralität (s unten Rz 32). 2

B. Arten

Einbringungen können nach folgenden Merkmalen eingeteilt werden (UmgrStR Rz 645; *Huber* in W/Z/H/K[5] § 12 Rz 13; *Rabel* in W/H/M, HdU[1] § 12 Rz 4; *Hügel* in H/M/H § 12 Rz 3): 6

1. Bestehen einer gesellschaftsrechtlichen Verbindung zwischen Einbringendem und übernehmender Körperschaft bereits vor der Einbringung

- **Konzentrationseinbringung:** Zum Einbringungszeitpunkt besteht weder unmittelbar noch mittelbar eine Beteiligung des Einbringenden an der übernehmenden Körperschaft, die Einbringung erfolgt daher gegen Anteilsgewährung. 7
- **Konzerneinbringung:** Einbringung zwischen unmittelbar oder mittelbar gesellschaftsrechtlich verbundenen Personen; im Hinblick auf die bereits bestehende gesellschaftsrechtliche Verflechtung kann eine Anteilsgewährung unterbleiben.

Bei Konzerneinbringungen kann weiters nach der Einbringungsrichtung unterschieden werden: 8

- **Up-stream-Einbringung:** Einbringung in eine Gesellschaft, die unmittelbar oder mittelbar Anteile an der einbringenden Gesellschaft besitzt (Beispiele: Einbringung von Tochter- in Muttergesellschaft, Einbringung von Enkel- in Großmuttergesellschaft).
- **Down-stream-Einbringung:** Einbringung in eine Gesellschaft, an der der Einbringende unmittelbar oder mittelbar beteiligt ist (Beispiele: Einbringung von Mutter- in Tochtergesellschaft, Einbringung von Großmutter- in Enkelgesellschaft).
- **Side-stream-Einbringung:** Einbringung in eine Körperschaft, deren Anteile mittelbar oder unmittelbar von den Anteilsinhabern der einbringenden Körperschaft gehalten werden (Beispiel: Einbringung in Schwestergesellschaft).

2. Nach dem einbringenden Rechtsträger

- Einbringung durch **Personenunternehmen**, zB Einzelunternehmen, Mitunternehmerschaften. 9
- Einbringung durch **Körperschaften**, zB Kapitalgesellschaften, Stiftungen, Körperschaften öffentlichen Rechts.

§ 12

3. Nach dem Inlands- oder Auslandsbezug

10
- **Einbringung ohne Auslandsbezug:** Inländischer Einbringender überträgt inländisches Vermögen auf inländische Körperschaft (sog „rein nationale Einbringung", UmgrStR Rz 851, 855).
- **Einbringung mit Auslandsbezug:**
  - **Grenzüberschreitende Einbringung:** Inländischer Einbringender überträgt auf ausländische Körperschaft oder ausländischer Einbringender überträgt auf inländische Körperschaft (Belegenheit des Vermögens irrelevant; idS UmgrStR Rz 851, 857);
  - **Inlandseinbringung mit Auslandsbezug:** Inländischer Einbringender überträgt auf inländische Körperschaft, wobei sich das Einbringungsvermögen (tw) auf das Ausland erstreckt (UmgrStR Rz 851);
  - **Auslandseinbringung mit Inlandsbezug:** Ausländischer Einbringender überträgt auf ausländische Körperschaft, wobei sich das Einbringungsvermögen (tw) auf das Inland erstreckt (UmgrStR Rz 851).

C. Erforderlicher Inlandsbezug

13 Art III sieht weder im Bereich der Anwendungsvoraussetzungen (§ 12) noch der Rechtsfolgen (§§ 13 bis 22) das Erfordernis eines Inlandsbezuges vor. Art III ist demnach „international ausgelegt", erfasst inländische, ausländische und grenzüberschreitende Einbringungen und ist für in- und ausländische Einbringende, in- und ausländisches Einbringungsvermögen sowie für in- und ausländische übernehmende Körperschaften anwendbar (UmgrStR Rz 653; *Mayr* in *D/R* I^{10} Tz 1118).

> **Stellungnahme.** Die Einbringung von Auslandsvermögen ist aus österreichisch-steuerlicher Sicht im Falle eines inländischen Einbringenden oder einer inländischen übernehmenden Körperschaft im Grundsatz auch regelungsbedürftig, selbst wenn das Einbringungsvermögen oder daraus erfließende Einkünfte beim Einbringenden und/oder bei der übernehmenden Körperschaft nach einem DBA dem österreichischen Ertragsteuerzugriff entzogen sind (zB für die Ermittlung der Progressionswirkung der Einbringung beim Einbringenden, der Auslandsverluste nach § 2 Abs 8 EStG bei der übernehmenden Körperschaft, der umsatz- und verkehrsteuerlichen Folgen der Vermögensübertragung udgl). Darüber hinaus ist Art III tatbestandsmäßig auch auf die Einbringung von Auslandsvermögen durch ausländische Einbringende in ausländische übernehmende Körperschaften anwendbar, der Rechtsfolgenbereich wird aber in diesen Fällen idR mangels übergeordneter steuerlicher Anknüpfung in Österreich nach allgemeinen Steuerrecht leerlaufen (idS *Mayr* in *D/R* I^{10} Tz 1118, wonach Auslandseinbringungen „steuerrechtlich nur dann von Bedeutung sind", wenn ein Bezug zu Österreich zB durch inländische Gesellschafter oder inländisches Vermögen besteht).

II. Einbringung nach allgemeinem Steuerrecht (außerhalb des Art III)

16 Kraft ausdrücklicher gesetzlicher Anordnung in § 6 Z 14 lit b EStG gilt die Einbringung von Wirtschaftsgütern oder sonstigem Vermögen in eine Körperschaft als **Tausch iSd § 6 Z 14 lit a EStG**, „wenn sie nicht unter das UmgrStG fällt oder das UmgrStG dies vorsieht". Durch den Verweis in § 20 Abs 1 Z 2 KStG auf § 6 Z 14 EStG gilt dies auch für Einbringungen zwischen unbeschränkt steuerpflichtigen Körperschaften (KStR Rz 1466).

Nach § 6 Z 14 lit b EStG liegen bei jedem Tauschpartner, das sind der Einbringende **17**
und die übernehmende Körperschaft, jeweils ein **Veräußerungs- und ein Anschaffungsvorgang** vor, wobei die Gegenleistung für die Hingabe der eingebrachten Wirtschaftsgüter in Gesellschaftsrechten gesehen wird, unabhängig von einer allfälligen Kapitalerhöhung bei der übernehmenden Körperschaft (KStR Rz 497; UmgrStR Rz 1276, 1280; kritisch zur Anwendung des Tauschgedankens auf Einbringungen sowohl mit als auch ohne Anteilsgewährung *Rabel* in *W/H/M*, HdU[1] § 12 Rz 9 mwN). Unternehmens- und zivilrechtlich ist eine Einbringung ohne Anteilsgewährung lt ständiger Rsp des OGH hingegen als „unentgeltliche Zuwendung" zu beurteilen (OGH 1.10.2008, 6 Ob 132/08t; OGH 26.4.2001, 6 Ob 5/01 f; *Jennewein*, UFSaktuell 2009/7, 201 [203] mwN). Aus Sicht der übernehmenden Körperschaft liegt hinsichtlich des übernommenen Vermögens eine Einlage im Sinne des § 8 Abs 1 KStG vor (dh keine steuerliche Erfassung der Vermögenserhöhung), wenn das Vermögen aus gesellschaftsrechtlichen Erwägungen übertragen wird (KStR Rz 1468); durch den Verweis in § 8 Abs 1 KStG auf § 6 Z 14 lit b EStG gilt die Einlage als Anschaffung in Form eines Tausches (KStR Rz 498).

Nach der Grundregel des § 6 Z 14 lit a EStG hat der **Einbringende** als **Veräuße-** **18**
rungspreis (für das Einbringungsvermögen) und als **Anschaffungskosten** (für die Gegenleistung) jeweils den gemeinen Wert der hingegebenen Wirtschaftsgüter anzusetzen. Wenngleich der gemeine Wert grundsätzlich dem Einzelveräußerungspreis in der Liquidation und damit dem Liquidationswert entspricht (im Gegensatz zum Teilwert, bei dessen Ermittlung die Fortführung des Unternehmens nach dem Going-Concern-Prinzip zu unterstellen ist), ist nach § 2 Abs 1 BewG der Wert wirtschaftlicher Einheiten stets „im ganzen" festzustellen, womit auch der gemeine Wert eines Betriebes oder Teilbetriebes grundsätzlich als Fortführungswert unter Einschluss von **Firmenwertkomponenten** zu ermitteln ist (UmgrStR Rz 1280; *Rabel* in *W/H/M*, HdU[1] § 12 Rz 14, 18, 20; Q/S § 6 Tz 84 ff, 94 ff). Bei Einbringungen zwischen unbeschränkt steuerpflichtigen Körperschaften ist nach der Sonderregelung in § 20 Abs 2 S 2 KStG im Falle des Unterbleibens der Gewährung einer Gegenleistung in Form von Gesellschafts- oder anderen Mitgliedschaftsrechten beim Einbringenden hingegen der „*Teilwert*" der Wirtschaftsgüter einschließlich selbstgeschaffener unkörperlicher Wirtschaftsgüter" anzusetzen (UmgrStR Rz 1280). Die stillen Reserven des Einbringungsvermögens werden dadurch aufgelöst und ertragsteuerlich erfasst, womit die Einbringung außerhalb des UmgrStG zu einer **Gewinnrealisierung beim Einbringenden** führt (*Huber* in *W/Z/H/K*[5] §12 Rz 14). Die Gesellschaftsrechte gelten als ein neu angeschafftes Wirtschaftsgut, dessen Erwerb in Form eines eigenen Anschaffungsvorganges erfolgt (UmgrStR Rz 1276).

Auch die bloß faktische oder unbeabsichtigte Fortführung eines (Teil)Betriebes **19**
durch eine Körperschaft, an der der bisherige Betriebsinhaber beteiligt ist, kann eine Betriebsveräußerung bzw Sacheinlage nach § 6 Z 14 lit b EStG darstellen (sog **kalte Einbringung**). Lt FV liegt eine kalte Einbringung vor, wenn die Vermögensübertragung ohne erkennbare (rechtsgeschäftliche oder gesellschaftsrechtliche) Vereinbarung erfolgt und keine bloße Nutzungsüberlassung (iSe Nutzungseinlage in die übernehmende Körperschaft) vorliegt; dieser Fall wird begrifflich von der sog **verunglückten Umgründung**, bei der lediglich (einzelne) Anwendungsvoraussetzun-

gen des Art III verletzt werden (exemplarische Aufzählung in UmgrStR Rz 1279), unterschieden und führt zur „grundsätzlichen Unanwendbarkeit des UmgrStG" (UmgrStR Rz 1280a; zur Begriffsabgrenzung weiters Sbg Steuerdialog 2012 [KStG/UmgrStG] vom 21.9.2012, BMF-010203/04444-VI/6/2012, Pkt 5.4; *Hübner-Schwarzinger*, SWK 2008, S 935). Rechtsfolgen einer kalten Einbringung sind die Entnahme der Wirtschaftsgüter zu Teilwerten in das Privatvermögen, bei der im Unterschied zur Betriebsaufgabe iSd § 24 EStG der Übergang unkörperlicher Wirtschaftsgüter (insb Firmenwert, Kundenstock) zu erfassen ist, und die nachfolgende Einlage nach § 6 Z 14 lit b EStG in die Körperschaft (UmgrStR Rz 1280a; VwGH 29.9.2004, 2001/13/0125, Anm *Wiesner*, RWZ 2004, 326, zur Veräußerung des Inventars eines Fleischhauer-Einzelunternehmens an die GmbH des Einzelunternehmers unter Fortführung der Tätigkeit in der GmbH; weiters VwGH 28.10.2009, 2005/15/0014, Anm *Wiesner*, RWZ 2010, 14; VwGH 26.2.2014, 2009/13/0113, Anm *Wiesner*, RWZ 2014, 360). Infolge der „grundsätzlichen Unanwendbarkeit des UmgrStG" scheidet eine etwaige Rückbeziehung des Realisierungszeitpunktes nach § 6 Z 14 lit b S 2 EStG (s dazu Rz 21) aus (UmgrStR Rz 1280a).

20 Bei der **übernehmenden Körperschaft** ist nach § 6 Z 14 lit a EStG das Einbringungsvermögen mit dem gemeinen Wert der hingegebenen Gesellschaftsrechte zu bewerten, aus Gründen der „einfacheren Handhabung" bestehen lt FV aber keine Bedenken, wenn auf beiden Seiten der gemeine Wert des eingebrachten Vermögens angesetzt wird (Wertverknüpfung; UmgrStR Rz 1280; KStR Rz 498; EStR Rz 2593). Für Einbringungen zwischen unbeschränkt steuerpflichtigen Körperschaften sieht § 20 Abs 3 KStG diese Wertverknüpfung ausdrücklich vor (UmgrStR Rz 1280; KStR Rz 498).

21 Der **Zeitpunkt der Gewinnrealisierung** ist beim Tausch mit der Hingabe des Wirtschaftsgutes anzunehmen. Dies ist der Zeitpunkt der Erlangung der betrieblichen Nutzungsmöglichkeit im Sinne der faktischen Verfügungsmöglichkeit über das Wirtschaftsgut durch den Tauschpartner (EStR Rz 2594 mVa VwGH 8.3.1994, 93/14/0179; UmgrStR Rz 1281) und damit auch der maßgebliche Zeitpunkt bei Einbringung von nicht qualifiziertem Vermögen iSd § 12 Abs 2 UmgrStG (BFG 24.10.2017, RV/5100233/2013). Abweichend davon ist nach § 6 Z 14 lit b S 2 EStG der Tausch bei der Einbringung von „(Teil)Betrieben, Mitunternehmer- und Kapitalanteilen iSd § 12 Abs 2 UmgrStG [...] auf den nach dem UmgrStG maßgeblichen **Einbringungsstichtag** zu beziehen" (EStR Rz 2607; BFG 24.10.2017, RV/5100233/2013; UFS Wien 27.1.2012, RV/3543-W/08; UFS Wien 7.2.2012, RV/2580-W/08). § 6 Z 14 lit b S 2 EStG normiert damit die Anwendbarkeit der Stichtagsregelung nach § 13 außerhalb des UmgrStG, womit eine Rückbeziehung der Vermögensübertragung auch außerhalb des UmgrStG nach Maßgabe der in § 13 vorgesehenen Voraussetzungen zum Tragen kommt (partielle Anwendbarkeit des Art III; *Rabel* in W/H/M, HdU[1] § 12 Rz 25). Eine Rückbeziehung nach § 6 Z 14 lit b S 2 EStG scheidet lt FV allerdings grundsätzlich für sog kalte Einbringungen (unabhängig vom übertragenen Vermögen) aus (UmgrStR Rz 1280a; zur Begriffsabgrenzung s Rz 19; aA *Rabel/Ehrke-Rabel* in W/H/M, HdU[16] § 12 Rz 30, wonach eine Rückbeziehung denkbar ist, in der Praxis aber am Nachweis eines vor dem Übertragungsakt festgelegten Stichtags scheitern wird); laut Literatur sind von der Rückwirkungsfiktion des Weiteren im Privatvermögen gehaltene Kapitalanteile iSd § 12 Abs 2 Z 3 nicht erfasst unter Hinweis auf den Einleitungssatz des § 6 EStG, wonach sich § 6 EStG allgemein nur auf Betriebsvermögen bezieht (*Rabel* in *W/H/ M*, HdU[1] § 12 Rz 24, 27; *Huber* in *W/Z/H/K*[5]§ 12 Rz 14; aA *Rabel/Ehrke-Rabel* in *W/H/M*, HdU[16] § 12 Rz 30; UmgrStR Rz 1281, dritter Gliederungspunkt, wonach lediglich Kapitalanteile, die die Voraussetzungen des § 12 Abs 2 Z 3 nicht erfüllen, von der Rückwirkungsfiktion des § 6 Z 14 lit b S 2 EStG ausgenommen sind, ohne Unterscheidung nach einer Betriebszugehörigkeit). Das Aufrechterhalten der Rückwirkungsfiktion auch außerhalb des UmgrStG wird mit der Verwaltungsökonomie begründet, da regelmäßig auf diesen (Einbringungs)Stichtag Bilanzen vorliegen und damit die Erstellung einer Bilanz auf den nach allgemeinem Steuerrecht für den Tausch maßgeblichen Realisierungstag unterbleiben kann (UmgrStR Rz 1277). Maßgeblich ist demnach der **im Einbringungsvertrag festgelegte Stichtag**, wenn das Einbringungsvermögen zu diesem Zeitpunkt dem Einbringenden bereits zuzurechnen war iSd § 13 Abs 2 S 1 und die Einbringung rechtzeitig bei dem gem § 13 Abs 1 zuständigen Behörden an- bzw gemeldet wird. War das Vermögen zum Einbringungsstichtag dem Einbringenden noch nicht zuzurechnen (§ 13 Abs 2 S 1 und 2) oder unterbleibt eine fristgerechte (An)Meldung gem § 13 Abs 1, kommt der **Tag des Abschlusses des Einbringungsvertrages als umgrsteuerlicher Ersatzstichtag** (§ 13 Abs 1 S 4, Abs 2 S 3) und somit als maßgebender Zeitpunkt der Gewinnverwirklichung nach § 6 Z 14 lit b S 2 EStG zur Anwendung (UmgrStR Rz 1278, 1280 Bsp; VwGH 25.6.2014, 2009/13/0154, Anm *Wiesner*, RWZ 2014, 360; UFS Wien 27.1.2012, RV/3543-W/08; UFS Wien 7.2.2012, RV/2580-W/08; *Rabel* in *W/H/M*, HdU[1] § 12 Rz 25; *Schwarzinger/Wiesner* I/2[3] 1501). Die Rechtsfolgen sind, dass (i) der Vermögensabgang und damit Realisationszeitpunkt beim Einbringenden mit Ablauf des Einbringungsstichtages (bzw Ersatzstichtages) und (ii) die Anschaffung des eingebrachten Vermögens bei der übernehmenden Körperschaft sowie die Anschaffung der tauschbedingten Gegenleistung beim Einbringenden mit Beginn des dem Einbringungsstichtag (bzw Ersatzstichtag) folgenden Tages anzunehmen sind (UmgrStR Rz 1280). Maßnahmen nach § 16 Abs 5 entfalten allerdings mangels Anwendbarkeit des UmgrStG keine Rückwirkung; im Falle der Rückbeziehung nach § 6 Z 14 lit b S 2 EStG auf den ursprünglich im Einbringungsvertrag festgelegten Stichtag ist zu diesem Einbringungsstichtag der gemeine Wert des Vermögens ohne rückbezogene Maßnahmen anzusetzen (UmgrStR Rz 1280b); die Maßnahmen nach § 16 Abs 5 gelten als durch die übernehmende Körperschaft bewirkt. Entnahmen des Einbringenden nach § 16 Abs 5 Z 1 und 2 bzw Nutzungsentgelte der übernehmenden Körperschaft für zurückbehaltene Wirtschaftsgüter, die sich auf den „Rückwirkungszeitraum" beziehen, können zu kest-pflichtigen vA führen (UmgrStR Rz 1280).

Auf Einbringungen außerhalb des UmgrStG kommen lt Verwaltungspraxis die **verkehrsteuerlichen Begünstigungen** nach § 22 nicht zur Anwendung. Diese Einbringungen sind umsatzsteuerlich nach allgemeinen Tauschgrundsätzen zu beurteilen, womit im Fall der Einbringung von Betrieben und Teilbetrieben die Regeln über die Geschäftsveräußerung im Ganzen gelten (UmgrStR Rz 1284; UStR Rz 676); die gesellschaftsteuerrechtlichen, grunderwerbsteuerrechtlichen und gebührenrechtlichen Folgen richten sich nach allgemeinen Grundsätzen (UmgrStR Rz 1284).

Stellungnahme. Aufgrund der Anknüpfung der verkehrsteuerlichen Begünstigungsregelungen in § 22 Abs 3 bis 4 an „Einbringungen nach § 12" (und nicht an

Einbringungen nach Art III) könnte eine differenzierte Beurteilung, abhängig von den Gründen und der Reichweite der Nicht-Anwendbarkeit des Art III, geboten sein; s § 22 Rz 24, 41.

23 **Sonderfall „Einbringung von Vermögen iSd Art III gemeinsam mit nicht-begünstigtem Vermögen".** Wird nach Art III begünstigtes Vermögen gemeinsam mit nicht begünstigtem Vermögen eingebracht, ist der Vorgang in eine unter Art III fallende Einbringung und eine Sacheinlage nach § 6 Z 14 lit b EStG (Tauschbesteuerung) zu trennen (sog Teilanwendung des UmgrStG; vgl Rz 217 und § 19 Rz 7). Anwendungsbereich (einer sog Teilanwendung des UmgrStG) ist zB eine gemischte Bar- und Sacheinlage. Neben der Einbringung von Vermögen iSd Art III (Sacheinlage) wird ein Teil des Nennkapitals bar eingezahlt (Bareinlage), um zB eine Gründungsprüfung zu vermeiden (s unten Rz 38). Die Bareinlage erfolgt außerhalb von Art III; auf das einbringungsfähige Vermögen (Sacheinlage) ist Art III anwendbar, wenn die sonstigen Voraussetzungen der §§ 12 und 19 erfüllt sind (*Walter*[11] Rz 329a, s § 19 Rz 53).

24 **Sonderfall „Up-stream-Einbringung".** Bei einer Up-stream-Einbringung liegt mangels Einlagevorgangs zwar nach allgemeinem Steuerrecht grundsätzlich kein Tauschvorgang vor (UmgrStR Rz 1276), nach § 6 Z 14 lit b EStG gilt die Tauschfiktion jedoch ausdrücklich für die „Einlage oder die Einbringung" von Wirtschaftsgütern, § 20 Abs 1 Z 2 KStG knüpft ebenso an „Einbringungen" nach dem UmgrStG an. Unabhängig vom Nicht-Vorliegen eines Einlagevorganges ist somit auch die Up-stream-Einbringung als Tausch iSd § 6 Z 14 lit b EStG zu behandeln, bei dem die Gegenleistung der übernehmenden Körperschaft nicht in der Gewährung oder Erhöhung von Gesellschaftsrechten, sondern in der Aufgabe bzw Verminderung von Gesellschaftsrechten zu sehen ist (idS UmgrStR Rz 391; *Ludwig/Hirschler*, Bilanzierung[2] II Rz 169; zum Vorliegen eines Tauschvorganges auch *Bergmann* in *Straube*, UGB[3] § 235 Rz 18 mwN).

25 **Sonderfall „Einbringung mit Übertragung von Passiva".** Zur Übertragung von Passiva iRe Einbringung kommt es, wenn entweder das Einbringungsvermögen iSd § 12 Abs 2 selbst Passiva beinhaltet (Einbringung von [Teil]Betrieben, Mitunternehmeranteilen mit negativen Sonderbetriebsvermögen oder Kapitalanteilen mit in den Einbringungsvertrag einbezogenen Anschaffungsverbindlichkeiten) oder wenn gemeinsam mit Vermögen iSd § 12 Abs 2 sonstige (Privat)Verbindlichkeiten des Einbringenden in den Einbringungsvorgang aufgenommen werden. In der erstgenannten Fallgruppe ist eine **Verletzung der Anwendungsvoraussetzung des Art III** denkbar, wenn das Vermögen insgesamt überschuldet ist und keinen positiven Verkehrswert aufweist (s unten Rz 186). In der letztgenannten Fallgruppe kann die Übernahme der (Privat)Verbindlichkeit eine der Anwendung des Art III entgegenstehende schädliche Gegenleistung der übernehmenden Körperschaft iSd § 19 darstellen (insb bei Vorliegen einer synallagmatischen Verknüpfung zwischen der Übertragung des Einbringungsvermögens und der Übernahme der Verbindlichkeit; s § 19 Rz 7). Als Folge des **Anwendungsausschlusses** erfolgt (in beiden Fallgruppen) eine **Tauschbesteuerung** unter Aufdeckung der stillen Reserven der übertragenen Aktiva nach § 6 Z 14 lit b EStG, ggf rückbezogen auf den Einbringungsstichtag (UmgrStR Rz 1280). Zusätzlich findet in dem Ausmaß, in dem die übertragenen Passiva den Wert der übertragenen Aktiva übersteigen, neben dem

Veräußerungsvorgang (Tausch) eine Bereicherung des Einbringenden auf Kosten der übernehmenden Körperschaft statt, die als **verdeckte Ausschüttung** zu berücksichtigen ist. Der Realisationszeitpunkt der vA richtet sich nach allgemeinem Steuerrecht (zB Zufluss-/Abflussprinzip im außerbetrieblichen Bereich, Realisationsprinzip im betrieblichen Bereich), in der Regel wird der Zufluss der vA mit dem Tag des Abschlusses des Einbringungsvertrages, der die Schuldübernahmevereinbarung enthält, gleichzusetzen sein (idS UmgrStR Rz 1280 Bsp; differenzierend UmgrStR Rz 904, wonach die befreiende [privative] Schuldübernahme zur sofortigen vA iHd kapitalisierten Verbindlichkeit führt, bei einem Schuldbeitritt nur die jeweiligen Zins- und Tilgungsbelastungen der übernehmenden Körperschaft vA auslösen). Spiegelbildlich liegt bei der übernehmenden Körperschaft eine Einlage als Anschaffungsvorgang dar, wobei die übernommenen Passiva bis zur Höhe des Wertes der Aktiva als Gegenleistung für die Anschaffung des Einbringungsvermögens, der übersteigende Betrag als verdeckte Gewinnausschüttung zu behandeln sind (UmgrStR Rz 1280).

III. Wertung der Einbringung im Anwendungsbereich des Art III

Laut Gesetzesmaterialien liegt den begünstigenden Sondervorschriften des UmgrStG der Gedanke zugrunde, dass Umgründungen „wirtschaftlich betrachtet lediglich einen **Formwechsel der Unternehmensorganisation** darstellen und daher nicht als Realisierungsvorgänge [...] gewertet werden müssen" (ErlRV 266 BGBl NR 18. GP, Allgemeiner Teil). Umgründungstypische Merkmale sind daher laut Literatur und FV das Fortbestehen der unternehmerischen Einheit bei Wechsel des Rechtsträgers unter Aufrechterhaltung des Beteiligungsengagements des Gesellschafters (UmgrStR Rz 640; *Hügel* in *H/M/H*, Einl Rz 11; *Rabel* in *W/H/M*, HdU[1] § 12 Rz 39). 31

Ausgehend von der Beurteilung von Einlagevorgängen in Körperschaften als Tauschvorgang nach allgemeinem Ertragsteuerrecht (s Rz 16) sind laut Literatur und FV auch Einbringungen im Anwendungsbereich des Art III als **entgeltliche Übertragungen**, das heißt beim Einbringenden als Veräußerung und bei der übernehmenden Körperschaft als Anschaffung des Einbringungsgegenstandes, zu betrachten (*Rabel* in *W/H/M*, HdU[1] § 12 Rz 42; *Huber* in *W/Z/H/K*[5] § 12 Rz 19; BMF 29.11.2000, ecolex 2001, 316, und BMF 23.1.1995, ecolex 1995, 296, jeweils mVa „tauschartigen Vorgang"; BMF 25.3.1994, RdW 1994, 161, wonach eine Umgründung „grundsätzlich als Veräußerungstatbestand" zu sehen ist; UmgrStR Rz 1001, wonach die Einbringung als Sacheinlage ein „entgeltlicher Vorgang" ist). Dass das Gesetz selbst bei Buchwerteinbringung mit Gesamtrechtsnachfolgefiktion von einer entgeltlichen Übertragung (Veräußerung und Anschaffung) ausgeht, lässt sich laut Rsp und Literatur weiters aus § 24 Abs 7 S 1 EStG (Veräußerungstatbestand nach § 24 EStG für Vermögensübertragungen innerhalb des UmgrStG; anschaulich VwGH 17.12.2014, 2012/13/0126: „Veräußerung ist die entgeltliche Übertragung [...] oder Einbringung eines Einzelunternehmens in eine Kapitalgesellschaft gegen Ausgabe von Gesellschaftsrechten. Bei Einbringung eines Betriebes in eine Kapitalgesellschaft besteht das Entgelt in der Gewährung von Gesellschaftsrechten. Auch bei einer Einbringung zu Buchwerten handelt es sich um einen Veräußerungsakt. § 24 Abs 7 EStG 1988 sieht dazu vor, dass ein Veräußerungsgewinn nicht zu ermitteln ist, soweit das UmgrStG eine Buchwertfortführung 32 vorsieht; der Gesetzgeber setzt hiemit also voraus, dass der Umstand der Buchwertfortführung nichts daran ändert, dass ein Veräußerungstatbestand vorliegt, es entfällt lediglich die Ermittlung des Veräußerungsgewinns"; dazu *Simader*, ecolex 2013, 282; *Marschner*, GES 2013, 104; bestätigend VwGH 25.2.2015, Ro 2014/13/0041) und aus § 20 Abs 1 S 1 (Anschaffungstatbestand hinsichtlich der Gegenleistungsanteile für den Einbringenden; *Rabel* in *W/H/M*, HdU[1] § 12 Rz 42) ableiten. Folgerichtig gewährte die FV nach älterer Auffassung dem Einbringenden auch die Progressionsermäßigung nach § 37 Abs 5 EStG für Übergangsgewinne anlässlich von Einbringungen nach Art III (UmgrStR Rz 819 idF vor WE 2013; s § 14 Rz 21). Durch die Anwendbarkeit des Art III werden lediglich (insoweit) die Rechtsfolgen des § 6 Z 14 lit b EStG verdrängt. Als Veräußerungserlös beim Einbringenden und als Anschaffungskosten bei der übernehmenden Körperschaft sind im Falle einer Buchwerteinbringung nach Art III die umgründungssteuerlich maßgebenden Buchwerte anzusetzen, die Gesamtrechtsnachfolgefiktion in § 18 Abs 1 Z 4 sichert dabei für den Bereich der Gewinnermittlung weitestgehende Kontinuität. Die Aufwertungseinbringung ist kraft unmittelbarer gesetzlicher Anordnung als Tausch iSd § 6 Z 14 lit b EStG zu qualifizieren (§ 6 Z 14 lit b EStG ist anwendbar, „wenn […] das UmgrStG dies vorsieht", für betriebliches Einbringungsvermögen enthalten § 16 Abs 2 und 3 Verweise auf § 6 Z 14 EStG; dazu *Rabel* in *W/H/M*, HdU[1] § 12 Rz 44). Analog wird auch bei einer Aufwertungsverschmelzung von einem Anschaffungsvorgang ausgegangen (trotz Gesamtrechtsnachfolge nach § 19 Abs 1 BAO; UmgrStR Rz 136; *Bruckner* in *W/H/M*, HdU[1] § 3 Rz 15), für Buchwertverschmelzungen allerdings verneint (*Bruckner* in *W/H/M*, HdU[1] § 3 Rz 11, 1. Gliederungspunkt).

IV. Unternehmens- und gesellschaftsrechtliche Grundlagen
A. Allgemeines

36 Anders als das Steuerrecht kennt das Handelsrecht **keine Legaldefinition** des Begriffs der Einbringung, es existiert auch kein eindeutiges, herkömmliches Begriffsverständnis. Die Grundvorstellung besteht darin, dass es sich bei der Einbringung um eine organisationsrechtlich motivierte Erbringung von Leistungen in das Vermögen eines selbständigen Rechtsträgers seitens der Gesellschafter oder Mitglieder handelt (**Einbringung iwS**). Die Rechtsform des übernehmenden Rechtsträgers ist grundsätzlich sekundär (Kapitalgesellschaft, Genossenschaft, Verein, Personengesellschaft etc). Je nach sachenrechtlicher Ausgestaltung des Einbringungsvorganges sind Einbringungen zu Eigentum (quoad dominium), zur Nutzung (quoad usum) und dem Werte nach (quoad sortem) zu unterscheiden. Im Allgemeinen orientiert sich das Unternehmensrecht beim Begriff der **Einbringung ieS** am Steuerrecht (insbesondere UmgrStG) und versteht darunter die Erbringung von **Sacheinlagen in das Eigentum einer Körperschaft**, wobei die Sacheinlage im praktischen Regelfall in einem Betrieb, Teilbetrieb oder einer Beteiligung besteht. Die Umsetzung der Einbringung erfolgt entweder als Sachgründung, als Sachkapitalerhöhung oder als Sacheinlage ohne Anteilsgewährung (*Grünwald* in *W/H/M*, HdU[5] Art III Rz 2 ff).

37 Im Falle der **Sachgründung einer AG** sind die Sachgründungsvorschriften der §§ 20 ff AktG zu beachten. Sie sehen die Festsetzung des Gegenstandes der Sacheinlage, der leistenden Person sowie des Nennbetrages der für die Sacheinlage zu gewährenden Aktien in der Satzung vor. Des Weiteren ist die Prüfung der Sacheinlage

durch die Gründer, Vorstands- und Aufsichtsratmitglieder sowie einen vom Firmenbuchgericht zu bestellenden Gründungsprüfer vorgesehen. Als Sacheinlagen kommen nach § 20 Abs 2 AktG lediglich Vermögensgegenstände, „deren wirtschaftlicher Wert feststellbar ist" in Betracht, ausdrücklich ausgeschlossen als mögliche Sacheinlagen werden „Verpflichtungen zur Erbringung von Dienstleistungen" (§ 20 Abs 2 S 2 AktG). Im Fall der **Sachgründung einer GmbH** gelten die aktienrechtlichen Sachgründungsvorschriften analog, wenn nicht zumindest die Hälfte des Stammkapitals durch Bareinlagen aufgebracht wird oder wenn die Gesellschaft nicht zum ausschließlichen Zweck der Fortführung eines seit mindestens fünf Jahre bestehenden Unternehmens errichtet und ihr nur die letzten Inhaber bzw Mitinhaber und deren nahe Angehörige angehören (§ 6a GmbHG; UmgrStR Rz 644).

Bei Einbringungen in eine bestehende AG gegen Vornahme einer **Kapitalerhöhung** sind gem § 150 AktG die Einzelheiten der Sacheinlage im Kapitalerhöhungsbeschluss festzusetzen, die aktienrechtlichen Sachgründungsvorschriften (insb Gründungsprüfung) gelten analog. Sacheinlagen gegen Vornahme einer **Kapitalerhöhung in eine GmbH** unterliegen den Vorschriften der Sachgründung gem § 6a GmbHG. Analog zur Sachgründung kann eine Gründungsprüfung nach aktienrechtlichen Vorschriften ua unterbleiben, wenn die Einbringung eines mindestens fünf Jahre bestehenden Unternehmens zum ausschließlichen Zweck der Fortführung durch den letzten Inhaber bzw die Mitinhaber und dessen nahe Angehörige vorliegt (§ 6a Abs 4 GmbHG). 38

Aufgrund von an unternehmensrechtliche Figuren angelehnten Tatbestandsvoraussetzungen in Art III (insb schriftlicher Einbringungsvertrag bzw Sacheinlagevertrag in § 12 Abs 1 S 1, tatsächliche Vermögensübertragung in § 12 Abs 1 S 1, Anmeldung der Einbringung zur Eintragung beim Firmenbuch in § 13 Abs 1 S 3) und diesbezüglicher Verweise auf das Handelsrecht in den UmgrStR interessieren aus steuerlicher Sicht insbesondere die **unternehmensrechtlichen Vorgaben** hinsichtlich des **Einbringungsvertrages** (s unten Rz 41) und des **Leistungszeitpunktes** für Sacheinlagen (s unten Rz 56) sowie das **Firmenbuchverfahren** (s unten Rz 59). 39

B. Einzelrechtsnachfolge und Begriff des Einbringungsvertrages

Zentrales Merkmal der oa Einbringungsvarianten ist die Übertragung von Vermögen, idR Sachwerte, in das Eigentum des übernehmenden Rechtsträgers, wobei der Vermögensübergang im Regelfall (außerhalb sondergesetzlicher Regelungen, s unten Rz 43) in **Einzelrechtsnachfolge** erfolgt (UmgrStR Rz 642; *Grünwald* in *W/H/M*, HdU[5] Art III Rz 4). Der Vermögensübergang erfordert somit einen **Titel** als schuldrechtliche Vereinbarung zwischen dem Einbringenden und dem übernehmenden Rechtsträger über den Eigentumsübergang am Einbringungsvermögen (schuldrechtliches Verpflichtungsgeschäft). Der Titel kann ein einheitlicher sein und sich auf eine Gesamtheit von Sachen (zB Unternehmen, Betrieb oder Teilbetrieb) beziehen. Der **Modus** als sachenrechtliches Verfügungsgeschäft hat sich demgegenüber regelmäßig am **Spezialitätsprinzip** zu orientieren. Die iRd Vermögensübertragung erforderlichen Verfügungshandlungen müssen sich daher auf die Einzelbestandteile des übertragenen Vermögens nach Maßgabe der dafür jeweils vorgesehenen Übertragungsakte beziehen. Weitere Folge der Einzelrechtsnachfolge ist, dass die mit dem übertragenen Vermögen verknüpften **schuldrechtlichen Positionen** gleichfalls gesondert nach den dafür jeweils geltenden Grundsätzen zu 41 übertragen sind (zB Forderungen iRe Zession nach §§ 1392 ff ABGB, Schulden durch Schuldübernahme nach § 1404 ff ABGB und Vertragsverhältnisse durch Vertragsübernahmen, jeweils im Grundsatz unter Zustimmung des Gläubigers bzw Vertragspartners; *Grünwald* in *W/H/M*, HdU[5] Art III Rz 5; UmgrStR Rz 642). Hierin liegt der wesentliche Unterschied zu den mit **zivilrechtlicher Gesamtrechtsnachfolge** ausgestatteten Umgründungen (Verschmelzung, Umwandlung und Spaltung), bei denen der Übergang sowohl der sachen- als auch der schuldrechtlichen Positionen iRe **einheitlichen Verfügungsaktes**, den im Regelfall die **Eintragung der Umgründung im Firmenbuch** darstellt, „uno actu" bzw automatisch auf den neuen Rechtsträger erfolgt. Das Erfordernis der sachenrechtlichen Einzelverfügungen oder der Drei-Parteien-Einigung für die Überbindung von Verbindlichkeiten und Vertragsverhältnissen entfällt. Aufgrund des „umwandlungsrechtlichen Analogieverbotes" ist die zivilrechtliche Gesamtrechtsnachfolge jedoch auf die gesetzlich ausdrücklich geregelten Fällen beschränkt, lt OGH-Rsp wird auch ein quasi automatischer Vermögensübergang analog der steuerrechtlichen Gesamtrechtsnachfolge abgelehnt (vgl *Grünwald* in *W/H/M*, HdU[5] Art III Rz 4, 6 ff mwN).

42 Die oa **schuldrechtliche Vereinbarung** zwischen dem Einbringenden und dem übernehmenden Rechtsträger über den Eigentumsübergang am Einbringungsvermögen (Titel bzw schuldrechtliches Verpflichtungsgeschäft) wird in der unternehmensrechtlichen Literatur als Sacheinlagevertrag, vielfach synonym als Einbringungsvertrag, Einbringungsvereinbarung, auch Aktienübernahmevertrag (im Falle der Sachgründung einer AG) oder Übernahmevertrag (im Falle der Sachgründung einer GmbH), bezeichnet (*Grünwald* in *W/H/M*, HdU[5] Art III Rz 4, 19 mwN, 91). Wenngleich der Sacheinlagevertrag in der Praxis häufig schriftlich abgeschlossen wird, besteht im Grundsatz **kein Formzwang**, auch mündliche Vereinbarungen sind anzuerkennen (*Grünwald* in *W/H/M*, HdU[5] III Rz 30). Formerfordernisse können sich jedoch mittelbar ergeben, wenn die für den Gegenstand der Sacheinlage maßgeblichen zivilrechtlichen Vorschriften den Rechtsübergang an bestimmte Formerfordernisse knüpfen (zB Notariatsakt für die Übertragung von GmbH-Geschäftsanteilen nach § 76 Abs 2 GmbHG, Aufsandungserklärung für die Übertragung von Liegenschaften; vgl *Grünwald* in *W/H/M*, HdU[5] Art III Rz 19, 22); weiters bedarf die Übernahmserklärung für neue Stammeinlagen der Beurkundung durch einen Notariatsakt (§ 52 Abs 4 GmbHG; vgl *Grünwald* in *W/H/M*, HdU[5] Art III Rz 115). Um auch verbandsrechtlich wirksam zu sein (dh Befreiung von der gesellschaftsrechtlichen Geldeinzahlungspflicht), muss der Sacheinlagevertrag im Falle einer Sachgründung einer AG oder GmbH in der Satzung bzw im Gesellschaftsvertrag (§ 20 Abs 1 AktG, § 6a Abs 4 GmbHG), bei Sachkapitalerhöhungen im Kapitalerhöhungsbeschluss (§ 150 Abs 1 AktG) „festgesetzt" und damit näher umschrieben werden (siehe oben Rz 23; *Grünwald* in *W/H/M*, HdU[5] Art III Rz 23, 29).

43 **Sondergesetzliche Regelungen mit automatischen Rechtsübergang oder Gesamtrechtsnachfolge.** Bei Unternehmensübertragungen nach §§ 38 ff UGB tritt neben die Erwerberhaftung ein automatischer Übergang von Rechtsverhältnissen in bestimmten Bereichen (insb unternehmensbezogene Vertragsverhältnisse mit Widerspruchsrecht des Dritten; *Dehn/Krejci*, Das neue UGB [2005] 48 ff; UmgrStR Rz 642). Ein Rechtsübergang in Gesamtrechtsnachfolge ist bei der Einbringung

eines bankgeschäftlichen Unternehmens oder Teilbetriebes nach § 92 BWG oder eines Versicherungsunternehmens nach § 61a VAG möglich; des Weiteren im Zuge einer Geschäftsübernahme durch Anwachsung nach § 142 UGB (zB Einbringung sämtlicher Mitunternehmeranteile an einer Personengesellschaft an den letzten verbleibenden Gesellschafter unter Anwachsung des Gesellschaftsvermögens; *Grünwald* in *W/H/M*, HdU[5] Art III Rz 8; UmgrStR Rz 643).

C. Leistungszeitpunkt für Sacheinlagen

Sacheinlagen müssen bei der Sachgründung einer AG „sofort im vollen Umfang bewirkt werden" (§ 28a Abs 2 AktG). Die Anmeldung der Gesellschaft darf erst erfolgen, wenn die nach der Satzung zu leistende Sacheinlage zur freien Verfügung des Vorstandes steht (§ 28 Abs 2 Z 2 AktG). Gleiches gilt für die Sachgründung einer GmbH (§ 10 Abs 1 GmbHG) und für Sachkapitalerhöhungen bei einer AG (§ 155 Abs 2 AktG) oder GmbH (§ 52 Abs 6 GmbHG; *Grünwald* in *W/H/M*, HdU[5] Art III Rz 28, 51, 101, 116). Durchbrochen wird das **Prinzip der Vorleistungspflicht** von Sacheinlagen nach der hA nur bei Einbringungsvorgängen, die kraft sondergesetzlicher Anordnung mit einer Gesamtrechtsnachfolge verbunden sind (*Grünwald* in *W/H/M*, HdU[5] Art III Rz 28). **46**

D. Firmenbuchverfahren

In der Literatur wird zwischen Firmenbucheintragungen mit konstitutiver und mit deklaratorischer Wirkung unterschieden. **49**

Als **konstitutiv wirkende Firmenbucheintragungen** werden die Firmenbuchverfahren für die **Sachgründung** und die **Kapitalerhöhung** bei einer AG oder GmbH (Einbringungen mit Firmenbuchzuständigkeit nach § 13 Abs 1 3) bezeichnet (*Rabel* in *W/H/M*, HdU[1] § 12 Rz 141; *Huber* in *W/Z/H/K*[5] § 12 Rz 29). Die „konstitutive" Wirkung der Firmenbucheintragung umfasst bei der Sachgründung die Eintragung der Gesellschaft und damit das Entstehen der juristischen Person, bei der Sachkapitalerhöhung die Wirksamkeit der Kapitalerhöhung (*Grünwald* in *W/H/M*, HdU[5] Art III Rz 106, 117). Die Prüfpflicht des Firmenbuchgerichtes nach § 31 AktG betrifft zwar auch die Sacheinlage (*Grünwald* in *W/H/M*, HdU[5] Art III Rz 36), die erfolgte Eintragung kann jedoch **weder** selbst einen **Vermögensübergang bewirken** (im Unterschied zu Umgründungen mit zivilrechtlicher Gesamtrechtsnachfolge, wo die Eintragung idR die sachenrechtlichen Einzelverfügungen ersetzt) **noch Leistungsstörungen iZm der Sacheinlagevereinbarung heilen.** Für Leistungsstörungen iZm Sacheinlagevereinbarungen (zB Unmöglichkeit, Verzug, Sach- oder Rechtsmängel) sind vor der Eintragung die allgemeinen zivilrechtlichen Regelungen heranzuziehen, nach der Eintragung werden diese durch Sonderbestimmungen des AktG bzw GmbHG (zB Kaduzierung, subsidiäre Bareinlagepflicht) verdrängt; im Regelfall ergibt sich daraus, dass der Gesellschafter die **Sacheinlage** zwar **nicht erbringen muss**, seine Bareinlagepflicht aber aufrecht bleibt (*Grünwald* in *W/H/M*, HdU[5] Art III Rz 29, 44, 46 mwN). Auch im Falle einer nach §§ 20 Abs 3, 150 Abs 2 AktG gegenüber der Gesellschaft unwirksamen Sacheinlagevereinbarung (zB infolge einer fehlenden oder unrichtigen Festsetzung der Sacheinlagevereinbarung in der Satzung oder im Kapitalerhöhungsbeschluss) heilt die Eintragung zwar das Entstehen der juristischen Person oder die Wirksamkeit der Kapitalerhöhung, nicht aber die Leistung der Sacheinlage; diese bleibt gegenüber **50** der Gesellschaft unwirksam und den Gesellschafter trifft eine subsidiäre Bareinlagepflicht (*Grünwald* in *W/H/M*, HdU[5] Art III Rz 24 f, 44).

51 Als **deklaratorisch wirkendes Anmeldeerfordernis** ist § 3 Z 15 FBG zu nennen, wonach die Übertragung eines Betriebes oder Teilbetriebes sowie der Rechtsgrund für die Übertragung sowohl beim Erwerber als auch beim Veräußerer im Firmenbuch einzutragen sind (vgl *Grünwald* in *W/H/M*, HdU[5] Art III Rz 31 mwN). Weitere (deklaratorische) Anmeldeerfordernisse ergeben sich bei der Einbringung von Beteiligungsrechten an einer eingetragenen Personengesellschaft (§ 4 Z 5, 6 FBG) oder an einer GmbH (§ 4 Z 6 FBG; vgl *Grünwald* in *W/H/M*, HdU[5] Art III Rz 33 f).

V. Europarechtliche Grundlagen der Fusionsbesteuerungsrichtlinie
A. Grundsatz

56 Die Europäische Union begnügt sich im Bereich der ertragsteuerlichen Behandlung grenzüberschreitender Umgründungen nicht mit der **Schrankenwirkung der primärrechtlichen Diskriminierungsverbote und Grundfreiheiten**, weil diese zu einer Ausdehnung der unterschiedlichen nationalen Systeme auf Gemeinschaftsebene führen würden (EUGH 11.12.2008, C-285/07, *A.T.*, Rn 27). Zwecks Harmonisierung der ertragsteuerlichen Behandlung grenzüberschreitender Umgründungen wurde die „Richtlinie des Rates über das gemeinsame Steuersystem für Fusionen, Spaltungen, Abspaltungen, die Einbringung von Unternehmensteilen und den Austausch von Anteilen, die Gesellschaften verschiedener Mitgliedsstaaten betreffen, sowie für die Verlegung des Sitzes einer Europäischen Gesellschaft oder einer Europäischen Genossenschaft von einem Mitgliedsstaat in einen anderen Mitgliedsstaat" (Fusionsbesteuerungsrichtlinie, FRL), idF RL 90/434/EWG vom 23.7.1990, ABl L 225/1 vom 20.8.1990 sowie der Änderungsrichtlinie 2005/19/EG vom 17.2.2005, ABl L 58/19 vom 4.3.2005, erlassen (zum Harmonisierungsziel vgl Präambel, 3. Erwägungsgrund FRL). Die FRL regelt die ertragsteuerlichen Folgen bestimmter EU-grenzüberschreitender Umgründungen (Fusion, Spaltung, Einbringung von Unternehmensteilen und Austausch von Anteilen, wenn daran Gesellschaften aus zwei oder mehreren Mitgliedsstaaten beteiligt sind) und von EU-grenzüberschreitenden Sitzverlegungen einer Europäischen Gesellschaft (Societas Europaea, SE) oder Europäischen Genossenschaft (SCE) von einem Mitgliedsstaat in einen anderen. Andere grenzüberschreitende Umgründungen und rein innerstaatliche Umgründungen sind durch die FRL nicht geregelt (*Furherr/Huber*, IntUmgr 28). IRd Art III interessieren va die Regelungen der FRL zu der Einbringung von Unternehmensteilen und zum Austausch von Anteilen.

B. Einbringung von Unternehmensteilen und Austausch von Anteilen iSd FRL

59 Art 2 lit c FRL definiert die **Einbringung von Unternehmensteilen** als Vorgang, „durch den eine Gesellschaft, ohne aufgelöst zu werden, ihren Betrieb insgesamt oder einen oder mehrere Teilbetriebe in eine andere Gesellschaft gegen Gewährung von Anteilen am Gesellschaftskapital der übernehmenden Gesellschaft einbringt". Die Einbringung von Unternehmensteilen fällt unter die FRL, wenn die einbringende und die übernehmende Gesellschaft in zumindest zwei verschiedenen Mitgliedstaaten steuerlich ansässig sind (Art 1) und jeweils eine im Anhang zur FRL aufgezählte

Gesellschaftsform haben (Art 3 lit a). Der Begriff Teilbetrieb ist in Art 2 lit i definiert als die „Gesamtheit der in einem Unternehmensteil einer Gesellschaft vorhandenen aktiven und passiven Wirtschaftsgüter, die in organisatorischer Hinsicht einen selbständigen Betrieb, d.h. eine aus eigenen Mitteln funktionsfähige Einheit, darstellen". Der Begriff „Betrieb insgesamt" ist nicht definiert und wird in Anlehnung an den Teilbetriebsbegriff als Gesamtheit der aktiven und passiven Wirtschaftsgüter, die einer betrieblichen Tätigkeit dienen, verstanden. Die Betriebseinbringung wird daher auch als „unechte Sitzverlegung" bezeichnet (*Furherr/Huber*, IntUmgr 60).

Ein **Anteilstausch** besteht gem Art 2 lit d FRL im Erwerb von Mehrheitsanteilen an der sogenannten **„erworbenen Gesellschaft"** (Art 2 lit g FRL) durch eine **„erwerbende Gesellschaft"** (Art 2 lit h FRL), wofür im Austausch die bisherigen Gesellschafter der erworbenen Gesellschaft Anteile an der erwerbenden Gesellschaft und bare Zuzahlungen (bis 10 % des Nennwerts oder rechnerischen Werts der ausgegebenen Anteile) erhalten. Österreich (und auch Deutschland) betrachten diesen Vorgang als Einbringung, bei dem Gesellschaftsanteile (anstatt von Betrieben) übertragen werden, weshalb zumeist bereits eine wesentliche Beteiligung von 25 % als begünstigtes (einbringungsfähiges) Vermögen genügt. Großbritannien betrachtet diesen Vorgang dagegen als „unechte Fusion", bei der zwei Gesellschaften zwar nicht rechtlich verschmolzen, aber wirtschaftlich derart „untereinander verschoben" werden, dass die erwerbende Gesellschaft die erworbene Gesellschaft beherrschen kann. Daher ist auch eine Mehrheitsbeteiligung von über 50 % erforderlich. Die FRL folgt der angelsächsischen Sichtweise und regelt den Anteilstausch wie eine Fusion. Im Mittelpunkt stehen die beiden zusammengeführten Gesellschaften (erworbene und erwerbende Gesellschaft), nicht der einbringende Gesellschafter. Daher müssen auch die erworbene und die erwerbende Gesellschaft in zwei **verschiedenen Mitgliedstaaten** ansässig sein und eine **Gesellschaftsform** gem Anhang zur FRL aufweisen (Art 3 lit a, b und c FRL). Der Gesellschafter der erworbenen Gesellschaft (**Einbringender**) ist – wie bei der echten Fusion nach Art 2 lit a FRL – nicht definiert und kann auch eine **natürliche Person** oder ein **Drittstaatsangehöriger** sein. Dies irritiert zwar, wenn man mit der österreichischen (oder deutschen) Sichtweise den Anteilstausch als Einbringung betrachtet (wo Einbringender und übernehmende Körperschaft in verschiedenen Mitgliedstaaten ansässig sein und eine bestimmte Gesellschaftsform aufweisen müssen; s oben), ist aber konsequent, wenn man den Anteilstausch als unechte Fusion versteht (*Furherr/Huber*, IntUmgr 65).

C. Bedeutung der FRL für die Auslegung des UmgrStG

Zu unterscheiden ist zwischen der direkten und der indirekten Normwirkung der FRL. IRd **Anwendungsbereiches** der FRL (Umgründungen nach Art 2 und 3 FRL) entfaltet die Richtlinie **direkte Normwirkung**, deren Reichweite wie folgt zu differenzieren ist:

- Für die **zwingenden Regelungen** der FRL besteht eine Umsetzungspflicht der Mitgliedstaaten, die sich zunächst an den Gesetzgeber (Transformation der Richtlinie in nationales Recht innerhalb der vorgegebenen Umsetzungsfrist) und an die Vollziehung (Behörden, Gerichte) richtet. Die Umsetzungspflicht im Bereich der Vollziehung umfasst die Pflicht zur gemeinschaftskonformen Auslegung unter Berücksichtigung der EuGH-Rsp und die Vorlageverpflichtung letztinstanzlicher Gerichte an den EuGH (Vorabentscheidung nach Art 267 Abs 3 AEUV). Darüber hinaus haben die Gerichte und Behörden in Fällen, in denen Richtlinien nicht fristgerecht umgesetzt werden, diese **direkt** zugunsten der durch sie begünstigten Personen **anzuwenden**, sofern die Richtlinien konkrete (unmittelbar anwendbare) Regelungen zugunsten von EU-Bürgern enthalten (sog unmittelbare Wirkung nicht fristgerecht umgesetzter Richtlinien; vgl *Furherr/Huber*, IntUmgr 34).

- In jenen Bereichen, in denen die FRL **Wahlrechte** für die Mitgliedstaaten oder **gewollte Regelungsfreiräume (unechte Lücke)** vorsieht, können die Mitgliedstaaten die Wahlrechte oder Regelungsfreiräume **autonom**, jedoch unter **Beachtung des Richtlinienzwecks und des Primärrechts** (dh keine Benachteiligung gegenüber innerstaatlichen Umgründungen) ausüben bzw ausfüllen.
- Von einem Regelungsfreiraum (unechte Lücke) streng zu unterscheiden ist die **echte Regelungslücke**, die durch den Richtliniengeber nicht gewollt war; sie ist durch **Interpretation** der FRL, insb durch Analogie, **zu schließen** (vgl *Furherr/Huber*, IntUmgr 35 f mwN).

65 Außerhalb ihres Anwendungsbereichs entfaltet die FRL eine sogenannte **indirekte Normwirkung** für folgende Fälle:

- **Freiwillige Übernahme** der FRL für innerstaatliche Umgründungen oder Drittlandsumgründungen: Übernehmen die Mitgliedstaaten die Regelungen der FRL (freiwillig) auch für innerstaatliche Umgründungen oder Drittlandsumgründungen, ist die gemeinschaftsrechtliche Auslegung der FRL auch für diese nationalen Regelungen von Bedeutung. Aufgrund des Interesses der Gemeinschaft an einer einheitlichen Auslegung der FRL hat der EuGH seine Zuständigkeit und Auslegungskompetenz auch für freiwillig übernommenes Gemeinschaftsrecht (zB zur Regelung rein innerstaatlicher Sachverhalte) bejaht (EuGH 17.7.1997, C-28/95, *Leur-Bloem*; EuGH 15.1.2002, C-43/00, *Andersen*, Rz 14 bis 19). Betroffen sind davon nicht bloß die Auslegung von Regelungen, die nationale und von der FRL erfasste Sachverhalte einheitlich (im Rahmen derselben Bestimmungen oder unter Verwendung identischer Begriffe) erfassen, sondern generell Umstrukturierungsvorgänge, die in der FRL geregelt sind und ein Mitgliedstaat auch für rein nationale Sachverhalte einführt (*Hügel* in H/M/H Einl Rz 93 ff).
- **Inländergleichbehandlungsgebot:** Reine Inlandsumgründungen ohne EU-Bezug sind weder durch die FRL noch durch das Primärrecht erfasst, womit eine Diskriminierung gegenüber EU-Umgründungen gemeinschaftsrechtlich nicht untersagt ist. Eine Diskriminierung von Inlandsumgründungen verstößt allerdings gegen das innerstaatliche verfassungsrechtliche Gleichheitsgebot, wenn für die Ungleichbehandlung keine sachliche Rechtfertigung besteht (VfGH 17.6.1997, B 592/96). Zur Vermeidung eines Verstoßes gegen das nationale verfassungsrechtliche Gleichheitsgebot kann daher der nationale Gesetzgeber verpflichtet sein, die in der FRL vorgesehenen Begünstigungen für EU-Umgründungen auch für rein innerstaatliche Umgründungen zu gewähren (*Tumpel*, Harmonisierung 107 mwH; *Hügel* in H/M/H Einl Rz 99; *Furherr/Huber*, IntUmgr 37).

66 Im Ergebnis kommt der FRL aufgrund der direkten und indirekten Normwirkung großes Gewicht iRd Interpretation weiter Bereiche des UmgrStG zu. Auf mögliche

Verstöße des Art III gegen die FRL wird bei der jeweils betroffenen Gesetzesstelle eingegangen.

VI. Anwendungsvoraussetzungen
A. Vermögen isd § 12 Abs 2 UmgrStG
1. Überblick

Das nach Art III einbringungsfähige Vermögen wird in § 12 Abs 2 abschließend definiert und umfasst ausschließlich Betriebe, Teilbetriebe, Mitunternehmeranteile und qualifizierte Kapitalanteile. Sonstiges Vermögen kann nicht nach Art III eingebracht werden (UmgrStR Rz 670). **71**

Werden neben Vermögen isd § 12 Abs 2 sonstige Aktiva oder Passiva miteingebracht (zB im Fall der nachträglichen Aberkennung der Betriebsvermögenseigenschaft iRe abgabenbehördlichen Prüfung), liegt hinsichtlich der Aktiva insoweit eine außerhalb des Art III vorgenommene Einlage vor, die Übernahme der sonstigen Passiva kann allerdings eine schädliche Gegenleistung isd § 19 darstellen; siehe im Detail Rz 217. **72**

2. Betriebe und Teilbetriebe
a) Begriff

Die Begriffsumschreibung in § 12 Abs 2 Z 1 lautet „Betriebe und Teilbetriebe, die der Einkunftserzielung gem § 2 Abs 3 Z 1 bis 3 EStG dienen, wenn sie zu einem Stichtag eingebracht werden, zu dem eine Bilanz (§ 4 Abs 1 EStG) für den gesamten Betrieb des Einbringenden vorliegt". Maßgebend sind damit folgende drei Tatbestandsmerkmale: Betrieb oder Teilbetrieb, Einkunftserzielung gem § 2 Abs 3 Z 1 bis 3 EStG, Vorliegen einer Stichtagsbilanz für den Gesamtbetrieb. **73**

Die Begriffe „**Betrieb**" und „**Teilbetrieb**" sind lt Rsp, FV und hM mangels eigenständiger Begriffsbestimmung im UmgrStG nach den Regeln des EStG auszulegen, für die Beurteilung des Vorliegens eines (Teil)Betriebes isd § 12 Abs 2 ist somit auf die Judikatur, Verwaltungspraxis und Lehre zu § 24 EStG zurückzugreifen (UFS 24.10.2011, RV/0478-W/07, Seite 19; UFS 9.11.2010, RV/0476-S/09, Seite 103; UmgrStR Rz 687, 714 mit Verweis auf EStR Rz 5501 ff und Rz 5578 ff; *Huber* in W/Z/H/K[5] § 12 Rz 38). Ein Betrieb bzw Teilbetrieb ist demnach eine selbständige organisatorische Einheit, die der Erzielung von Einkünften aus Land- und Forstwirtschaft, selbständiger Arbeit oder Gewerbebetrieb dient (UFS 9.11.2010, RV/0476-S/09, Seite 103; UmgrStR Rz 687). **74**

Vor dem Hintergrund, dass das EStG die betrieblichen Einkunftsarten ausschließlich tätigkeitsbezogen definiert (zB § 23 Z 1 EStG, einheitliche Definition für alle betrieblichen Einkunftsarten als „selbständige, nachhaltige *Betätigung*, die mit Gewinnerzielungsabsicht unternommen wird und sich als Beteiligung am allgemeinen wirtschaftlichen Verkehr darstellt") und eine betriebliche Tätigkeit demnach weder Betriebsvermögen noch einen Betrieb im Sinne einer Zusammenfassung von Arbeitskraft und sachlichen Produktionsmitteln voraussetzt (sog „tätigkeitsbezogener Betriebsbegriff" des EStG; vgl *Farmer*, RdW 2009, 130), ist fraglich, ob ein rein tätigkeitsbezogener Betrieb einbringungsfähig nach Art III ist. Laut UFS 9.11.2010, RV/0476-S/09 ist lediglich ein **sachbezogener Betrieb** iSe Zusammenfassung von menschlicher Arbeitskraft und sachlichen Produktionsmitteln einbringungsfähig unter Hinweis auf den Wortlaut des § 12 Abs 1, wonach das Ein- **75** bringungsvermögen „übertragen" werden muss und eine Übertragung von Vermögen nur denkbar ist, wenn es an sachlichen Merkmalen festgemacht werden kann (abw BFG 20.6.2017 RV/7103034/2017, Anm *Hirschler/Sulz/Oberkleiner*, BFGjournal 2017, 466, Vorentscheidungen: VwGH 31.5.2017, Ro 2016/13/0001 u BFG 19.8.2015, RV/7101225/2013, Anm *Blasina*, BFGjournal 2015, 422, Anm *Rzepa/Wild*, RWZ 2015/81, 348, jeweils zu Art II, der allerdings das Tatbestandselement der „tatsächlichen Übertragung" nicht vorsieht; differenzierend u auf das konkrete Geschäftsmodell abstellend *Rabel/Ehrke-Rabel* in *W/H/M*, HdU[16] § 12 Rz 96). Als sachliche Produktionsmittel kommen nicht bloß körperliche Wirtschaftsgüter in Frage, bei höchstpersönlichen Tätigkeiten können darunter auch zB Kundenstock, persönlicher Ruf und Bekanntheitsgrad des Einbringenden fallen, sofern diese Werte zu selbständigen (unkörperlichen) Wirtschaftsgütern erstarkt sind (UFS 9.11.2010, RV/0476-S/09; aufgehoben in Teilaspekten durch VwGH 26.6.2014, 2011/15/0028, allerdings offenlassend, ob die Nichtanwendbarkeit des Art III auf die fehlende Betriebseigenschaft analog UFS oder lediglich auf den fehlenden positiven Verkehrswert [mangels übertragungsfähigem Firmenwert] zurückgeführt wird; dazu *Wiesner*, RWZ 2014, 860).

76 Ein sich vom Gesamtbetrieb abhebender **Teilbetrieb** muss laut Rsp zu § 24 EStG folgende Voraussetzungen erfüllen, die in erster Linie aus Sicht des Veräußerers (Einbringenden) vorliegen müssen (EStR Rz 5579 ff mwN; UFS 24.10.2011, RV/0478-W/07, Seite 20):

- Betriebsteil eines Gesamtbetriebes (Mehrheit zusammenhängender Wirtschaftsgüter, die sich aus der Gesamtbetätigung ohne organisatorische Schwierigkeiten herauslösen lassen; EStR Rz 5580);
- organische Geschlossenheit eines Betriebsteiles innerhalb des Gesamtbetriebes (Mehrheit von Wirtschaftsgütern in einem eigenständigen betrieblichen Funktionszusammenhang, die dem Erwerber die Fortführung der Tätigkeit ermöglichen; EStR Rz 5581);
- gewisse Selbständigkeit des Betriebsteiles gegenüber dem Gesamtbetrieb (nach außen erkennbare Abgrenzung des Betriebsteiles von der übrigen betrieblichen Tätigkeit und betriebsinterne Selbständigkeit; EStR Rz 5582);
- eigenständige Lebensfähigkeit des Betriebsteiles (Übertragung aller wesentlichen Betriebsgrundlagen, die objektiv gesehen dem Erwerber die Fortführung des Betriebes ermöglichen; EStR Rz 5583).

77 EStR Rz 5584 nennt **fünfzehn Merkmale eines Teilbetriebes** (eigenes Anlagevermögen, eigenes Warenlager, unterschiedliches Warenangebot, Branchenungleichheit, örtliche Distanz, selbständige Organisation, eigene Verwaltung, eigenes Personal, eigene Buchführung/Kostenrechnung, eigene Rechnungen/Geschäftspapier, eigenständiger Einkauf, eigene Preisgestaltung, eigener Kundenkreis, eigene Werbetätigkeit, eigene Gewerbeberechtigung). Laut VwGH genügt das Vorliegen eines Merkmals idR nicht, es ist auf das Gesamtbild abzustellen (EStR Rz 5584; *Jakom*[10]/*Kanduth-Kristen* § 24 Rz 22), laut UFS müssen „mehrere der [...] 15 Merkmale erfüllt sein" (UFS 24.10.2011, RV/0478-W/07, Seite 20, zur fehlenden Teilbetriebseigenschaft einer bei einem ausländischen Lohnveredler eingesetzten Fertigungsstraße, die lediglich die Merkmale „eigenes Anlagevermögen" und „eigener Kundenkreis" erfüllt; kritisch *Hirschler/Sulz/Oberkleiner*, UFSjournal

2012, 73; ferner UFS 18.12.2012, RV/0188-G/11, Anm *Hirschler/Sulz/Oberkleiner*, UFSjournal 2013, 111, zur TB-Eigenschaft einer Filiale eines Handelsunternehmens).

Das Vorliegen **betrieblicher Einkünfte** ist losgelöst von der Rechtsform des Einbringenden (rechtsformunabhängig) zu prüfen. Der Umstand, dass bei Körperschaften nach § 7 Abs 3 KStG idR umfassend Einkünfte aus Gewerbebetrieb vorliegen und bei einer Personengesellschaft nach § 2 Abs 4 S 3 EStG die geringste gewerbliche Tätigkeit sämtliche betriebliche Aktivitäten zu gewerblichen Tätigkeiten macht (*Bergmann*, GeS 2011, 86), führt nicht zur (automatischen) Einbringungsfähigkeit des Vermögens. Eine vermögensverwaltende Personen- oder Kapitalgesellschaft (insbesondere ausschließliche Holding Kapitalgesellschaften) verfügen daher über keinen Betrieb oder Teilbetrieb iSd § 12 Abs 2 Z 1 (*Huber* in W/Z/H/K[5] § 12 Rz 39, 43). Die Übertragung von nicht betrieblichen Tätigkeiten oder Einzelwirtschaftsgütern durch eine Körperschaft unterliegt nicht den Bestimmungen des Art III (UmgrStR Rz 692; *Huber* in W/Z/H/K[5] § 12 Rz 39; zur Gewerblichkeit und damit Einbringungsfähigkeit einer Immobilienverwaltung *Pröll*, UFSaktuell 2008, 180, wonach gewerbliche Nebenleistungen im „erheblichen Umfang" mVa eine 25-%-Cash-flow-Grenze vorliegen müssen). Andererseits ist bei der Beurteilung einer betrieblichen Tätigkeit keine isolationstheoretische Betrachtung anzustellen, auch ausländische Betriebe oder Teilbetriebe sind einbringungsfähig (*Huber* in W/Z/H/K[5] § 12 Rz 45). 78

b) Umfang

Der Betrieb bzw Teilbetrieb in seiner konkreten Konfiguration muss auf die übernehmende Körperschaft als funktionsfähige Einheit übergehen, dh die „bestehende Betriebseigenschaft" muss erhalten bleiben (UmgrStR Rz 688). Die Begriffe Betrieb und Teilbetrieb stellen nicht auf das zivilrechtliche, sondern auf das wirtschaftliche Eigentum des Einbringenden (§ 24 Abs 1 lit d BAO) ab. Demnach gehören zum Einbringungsgegenstand im Grundsatz auch im wirtschaftlichen Eigentum des Einbringenden stehende Wirtschaftsgüter, die zivilrechtlich betrachtet nicht Bestandteil seines Vermögens sind (*Huber* in W/Z/H/K[5] § 12 Rz 51). Die konkrete umfangsmäßige Abgrenzung und Festlegung des zu übertragenden (Teil)Betriebes (insb Zuordnung von notwendigem und neutralem Betriebsvermögen, Aufdeckung zwischen- und innerbetrieblicher Leistungsbeziehungen, Korrekturmaßnahmen nach § 16 Abs 5 udgl) erfolgt iRd Einbringungsbilanz (alternativ iRd Einbringungsvertrages), s dazu § 15 Rz 16 ff. 79

c) Zurückbehaltung von Wirtschaftsgütern

Das UmgrStG enthält kein Erfordernis einer vollständigen Einbringung von Betrieben oder Teilbetrieben. Laut FV müssen (lediglich) „jene wesentlichen Aktiven, die für die Führung des Betriebes notwendig waren, tatsächlich der Erfüllung des Betriebszweckes gedient haben und nach der Umgründung weiterhin dienen sollen", übernommen werden (sog **wesentliche Betriebsgrundlagen**; UmgrStR Rz 688). Die Aktiven müssen nicht in das Eigentum der übernehmenden Körperschaft übertragen werden, ein **„rechtlich abgesichertes Nutzungsrecht"** (zB auf Grund eines Mietverhältnisses) ersetzt die Übertragung auch für wesentliche Wirtschaftsgüter, wenn **gleichzeitig zumindest eine wesentliche Betriebsgrundlage** in das Eigentum übergeht (UmgrStR Rz 688). Aktiva und Passiva, die nicht aus dem „eigentlichen 80

Geschäftsbetrieb" stammen, sind nicht zu den „wesentlichen Betriebsgrundlagen" zu rechnen und können ohne Verletzung der Anwendungsvoraussetzungen des Art III zurückbehalten werden (UmgrStR Rz 688 mVa gewillkürtes Betriebsvermögen). Betriebsmittel oder Rechtsverhältnisse, denen keine Wirtschaftsguteigenschaft zukommt, müssen lt FV offensichtlich generell (unabhängig von der Beurteilung als wesentliche oder unwesentliche Betriebsgrundlage) nicht übertragen werden (zB BMF 29.4.1993, SWK 1993, A 386, und UmgrStR Rz 975a zur Nicht-Überbindung von Dienstverhältnissen; allg zur Beurteilung von Arbeitskräften als wesentliche Betriebsgrundlage EStR Rz 5509; UmgrStR Rz 889 zur Zurückbehaltung einzelner Rechtsgeschäfte wie Kaufverträge und erhaltene Aufträge; Salzburger Steuerdialog 2014 [KöSt/UmgrSt] vom 3.10.2014, Pkt 1.5 zur Zurückbehaltung von Großaufträgen). Umgekehrt können Einbringende mit Gewinnermittlung nach § 5 Abs 1 EStG auch Wirtschaftsgüter des gewillkürten Betriebsvermögens anlässlich der Einbringung dem zu übertragenden Betrieb bzw Teilbetrieb zuordnen und mitübertragen (UmgrStR Rz 690; *Huber* in W/Z/H/K[5] § 12 Rz 56).

81 Das Erfordernis der **Übertragung der wesentlichen Betriebsgrundlagen** ergibt sich primär aus der Anknüpfung des § 12 Abs 2 Z 1 an den Betriebsbegriff des § 24 EStG und der diesbezüglichen VwGH-Rsp. Danach setzt eine (Teil)Betriebsveräußerung iSd § 24 EStG (in Abgrenzung zur Veräußerung einzelner Wirtschaftsgüter) voraus, dass die übertragenen Wirtschaftsgüter „die *wesentlichen Betriebsgrundlagen* gebildet haben und objektiv geeignet sind, dem Erwerber die Fortführung des (Teil)Betriebes zu ermöglichen". Es muss „ein lebender (Teil)Betrieb, das ist ein in seinen wesentlichen Betriebsgrundlagen vollständiger Organismus des Wirtschaftslebens", übertragen werden (VwGH 21.12.1993, 89/14/0268; EStR Rz 5507). Die Zuordnung eines Wirtschaftsgutes bzw Betriebsmittels zu den wesentlichen Betriebsgrundlagen richtet sich nach der Art des Betriebes und dessen Funktion innerhalb des konkreten Betriebes (EStR Rz 5508 mwN und exemplarischer Auflistung; Salzburger Steuerdialog 2014 [KöSt/UmgrSt] vom 3.10.2014, Pkt 1 zu freiberuflichen Betrieben; BFG 19.8.2015, RV/7101225/2013, Anm *Blasina*, BFGjournal 2015, 422, Anm *Rzepa/Wild*, RWZ 2015/81, 348, Amtsrevision anhängig zu Ro 2016/13/0001, zur Unternehmensberatung und dem dafür erforderlichen Fachwissen). Das Zurückbehalten auch nur geringer Teile der wesentlichen Betriebsgrundlagen durch den Veräußerer zwecks Fortführung eines eigenen Betriebes steht einer Betriebsveräußerung entgegen (VwGH 9.9.2004, 2001/15/0215), das Zurückbehalten mit anschließender Nutzungsüberlassung an den Erwerber ist dagegen unschädlich (VwGH 12.1.1979, 2600/78; dazu EStR Rz 5574 f; *Rabel* in W/H/M, HdU[1] § 12 Rz 73). Übereinstimmend führen die Gesetzesmaterialien zur Stammfassung des § 12 Abs 2 Z 1 aus, dass „das Zurückbehalten von zu den wesentlichen Grundlagen zählenden Wirtschaftsgütern anlässlich der Einbringung solange unbedenklich [ist], als sie der übernehmenden Körperschaft zur Nutzung überlassen werden und für das tatsächlich übertragene Vermögen die Eigenschaft eines (Teil)Betriebes noch gegeben ist" (ErlRV 266 BlgNR 18. GP, zu § 12 Abs 2). Aus den Gesetzesmaterialien ist zu schließen, dass zum einen jede zurückbehaltene „wesentliche Betriebsgrundlage" der übernehmenden Körperschaft zur Nutzung zu überlassen ist (idS *Rabel* in W/H/M, HdU[1] § 12 Rz 73; aA *Hügel* in H/M/H § 12 Rz 69, wonach die Nutzungsüberlassung zurückbehaltener wesentlicher Betriebsgrundlagen unterbleiben kann, solange die [Teil]Betriebseigenschaft erhalten bleibt) und dass zum

anderen durch die Zurückbehaltung von wesentlichen Betriebsgrundlagen (selbst bei anschließender Nutzungsüberlassung an die übernehmende Körperschaft) die Teilbetriebseigenschaft des übertragenen Vermögens gefährdet sein kann (siehe Rz 82). Die Zurückbehaltung von Teilen des Klientenstocks bei der Einbringung freiberuflicher Betriebe steht lt FV der Übertragung der „wesentlichen Betriebsgrundlagen" nicht entgegen, solange die zurückbehaltenen Teile „unwesentlich" in Bezug auf den gesamten Klientenstock sind; davon ist auszugehen, wenn die zurückbehaltenen Klienten eine „doppelte" Wesentlichkeitsgrenze von 10 % – bezogen auf die Parameter Klientenanzahl und Umsatz – nicht übersteigen (Salzburger Steuerdialog 2014 [KöSt/UmgrSt] vom 3.10.2014, Pkt 1.2, 1.3).

d) Betriebsaufspaltung

Eine Betriebsaufspaltung im Wege des Zurückbehaltens des gesamten Anlagevermögens kann laut FV „in aller Regel" **nicht unter Art III** fallen, weil dadurch die Eigenschaft des Einbringungsvermögens als Betrieb oder Teilbetrieb verletzt wird (UmgrStR Rz 921). In der **Literatur** wird die Zulässigkeit von Betriebsaufspaltungen **uneinheitlich** beurteilt. Laut älterer Literaturmeinung ist eine Zurückbehaltung von Wirtschaftsgütern nur in eingeschränktem Umfang zulässig (*Bruckner*, Betriebsaufspaltung² 197; Q/S § 24 Tz 160, 198; weiterführende Literaturübersicht bei *Rabel* in W/H/M, HdU¹ § 12 Rz 73). Von Teilen der Literatur wurde diese Auffassung unter Hinweis auf die ältere Verwaltungspraxis, wonach die Einräumung eines rechtlich abgesicherten Nutzungsrechts die Übertragung der Wirtschaftsgüter generell ersetzt (insb UmgrStR Rz 688 idF vor WE 2015), als überholt beurteilt und die Zulässigkeit von Betriebsaufspaltungen vertreten (*Huber* in W/Z/H/K⁵ § 12 Rz 57). Nach anderer Auffassung besteht bei einer weitgehenden Zurückbehaltung von wesentlichen Betriebsgrundlagen trotz Nutzungsüberlassung die Gefahr des Verlustes der (Teil)Betriebseigenschaft (weil dadurch die Betriebsstruktur derart verändert wird, dass nicht mehr von der Übertragung des nämlichen [Teil]Betriebes gesprochen werden kann) und steht eine vollständige Zurückbehaltung wesentlicher Betriebsgrundlagen jedenfalls der Anwendbarkeit des Art III entgegen (*Rabel* in W/H/M, HdU¹ § 12 Rz 73 mwN). Die jüngere Verwaltungspraxis dürfte dieser Auffassung folgen und fordert nunmehr bei der Zurückbehaltung von wesentlichen Betriebsgrundlagen gleichzeitig zumindest die Übertragung einer wesentlichen Betriebsgrundlage in das Eigentum (UmgrStR Rz 688).

e) Besonderheiten bei Betriebsliegenschaften

Für betriebszugehörige Liegenschaften kann lt FV durch Abschluss eines Baurechtsvertrages oder eines grundbücherlich eingetragenen Dienstbarkeitsvertrages zwischen dem Einbringenden und der übernehmenden Körperschaft die **Übertragung des Gebäudes** vereinbart werden, während **Grund und Boden zurückgehalten** wird und (bei Gesamtbetriebseinbringungen) als aus dem Betriebsvermögen entnommen gilt (UmgrStR Rz 694, 694a und 964b; allg *Mayr/Petrag/Titz*, RdW 2014, 43). Der **Baurechtsvertrag** ist im Einbringungsvertrag oder „gleichzeitig" mit dem Einbringungsvertrag abzuschließen, in letzterem Fall ist im Einbringungsvertrag auf den Baurechtsvertrag Bezug zu nehmen (UmgrStR Rz 694a). Lt Rsp muss das Baurecht bereits im Zeitpunkt der Einbringung im Grundbuch eingetragen sein (VwGH 1.6.2017, Ro 2015/15/0034). Der Entscheidung sollte keine über den Einzelfall hinausgehende Bedeutung beizumessen sein, weil lt den Sachverhaltsfeststellungen (i) bei Abschluss des Einbringungsvertrages iSd UmgrStR Rz 694a unstrittig weder ein Baurechtsvertrag existierte noch ein solcher im Einbingungsvertrag zitiert wurde und (ii) der VwGH offenkundig die Übertragung des Baurechts selbst und nicht die Verschaffung des erforderlichen Verfügungsrechts über das Gebäudes vor Augen hatte (*Rabel/Ehrke-Rabel* in *W/H/M*, HdU[16] § 12 Rz 93; *Hirschler/Sulz/Oberkleiner/Knesl*, SWK 2017, 1236; *Wiesner*, RWZ 2017/58, 284; idS *Beiser*, SWK 2017, 1242; *Marschner/Renner*, SWK 2017, 1444). Bei unbesehener Übernahme dieser Rsp wäre eine Teilung mit einem Baurecht in bestimmten Fällen (insb bei Einbringungen zur Sachgründung oder bei denen die übernehmende Körperschaft erst in zeitlichem Naheverhältnis zum Abschluss des Einbringungsvertrages gegründet wird, s Rz 170) nicht mehr möglich, da (i) die Grundbucheintragung zeitlich nicht beeinflussbar ist (lt Grundbuchspraxis dauert diese idR 1–2 Monate), (ii) das Baurecht erst nach rechtlicher Existenz der übernehmenden Körperschaft eintragungsfähig ist u (iii) der Einbringende nach hA auch nicht „vorsorglich" ein Baurecht an seiner eigenen Liegenschaft begründen kann (OGH SZ 70/11; NZ 2010, 87; *Csoklich*, RdW 1991, 254, 256; aA *Kletečka* in *Kletečka/Rechberger/Zitta*, Bauten auf fremdem Grund[2] [2004], 23, 28). Die Anforderungen der FV an den Baurechtsvertrag werden in UmgrStR Rz 694a dargelegt. Zwecks Wahrung der wirtschaftlichen Vergleichbarkeit mit einer „tatsächlichen Einbringung der Liegenschaft" muss der Baurechtsvertrag zumindest auf die aus der Buchwertfortführung resultierende Restnutzungsdauer des Gebäudes abstellen (vgl auch BMF 15.10.2003, GeS 2004, 78). Der Bauzins ist nur auf den Grund und Boden zu beziehen (für das Gebäude erfolgt die Gegenleistung der übernehmenden Körperschaft nach § 19). Am Ende der Baurechtsdauer gebührt der (bauberechtigten) übernehmenden Körperschaft eine Entschädigung (Ablöse) aufgrund des Heimfalls des Gebäudes an den Liegenschaftseigentümer auf Verkehrswertbasis (VwGH 31.5.2011, 2008/15/0153); anstelle einer verkehrswertabhängigen Entschädigung am Ende des Baurechtszeitraumes kann im Baurechtsvertrag ein entsprechend geringerer Bauzins (in Aufrechnung gegen den späteren Ablösewert) vereinbart werden (UmgrStR Rz 694a). Lt FV ist lediglich eine Übertragung des „Gebäudes (in strl Betrachtungsweise)" und nicht auch *„anderer Bestandteile des Grundstückes"* wie stehendes Holz oder Obstkulturen im Wege einer brauchrechtlichen „Teilung des Grundstückes" möglich (UmgrStR Rz 694a).

83a **Stellungnahme.** Die FV dürfte iZm der oa unzulässigen Teilung auf die zivilrechtlichen Grundsätze zum sog „Zugehör" bzw nach heutiger Terminiologie zu „Nebensachen" rekurrieren (§§ 294 ff ABGB). Nebensachen, die nicht oder nur unter Beschädigung der Substanz von einer Liegenschaft (Grund und Boden) abgesondert werden können, sind grds unselbständig, sonderrechtsunfähig und folgen damit stets dem sachenrechtlichen Schicksal der Hauptsache.

Darunter fallen in erster Linie Gebäude bzw Bauwerke (alle grundfeste, auf Dauer bestimmte Baulichkeiten mit selbständiger Bedeutung und nicht ganz untergeordnetem Wert, wie zB Wohnhäuser, Fabriken, Anlagen, Keller oder sonstige Baulichkeiten; OGH SZ 69/50; immolex 2001/169 mit Anm *Iby*; wobl 2003, 118; vgl *Helmich* in *Kletečka/Schauer*, ABGB-ON[1.03] § 297 Rz 4 mit zahlreichen weiteren Bsp), die auf einer Liegenschaft errichtet wurden („superficies solo cedit"; *Iro*, Sachenrecht[5] Rz 1/21). Weiters gelten etwa natürliche Früchte (zB Holz oder Obst) als sonderrechtsunfähig, solange sie nicht von der Muttersache getrennt werden (sog "stehende Früchte"; § 295 ABGB; *Iro, Sachenrecht*[5] Rz 1/44). Demgegenüber werden zB in der Erde verlegte Leitungssysteme (Gas, Wasser, Strom usw) zivilrechtlich idR als Bestandteil der betreffenden Ver- bzw Entsorgungsanlage (Gebäude) und nicht der Liegenschaft angesehen (*Iro, Sachenrecht*[5] Rz 1/20 mVa *P Bydlinski/ Stefula*, JBl 2003, 69, 84 ff).

Eine Durchbrechung des sachenrechtlichen Zusammenhangs ist bei Gebäuden mit einem Baurecht nach dem BauRG möglich (sog „Baurechts-Bauwerk"; OGH 3 Ob 158/93 = JBl 1994, 250; *F Bydlinski*, Superädifikate 6). Ein „Baurechts-Bauwerk" ist – wie der Begriff schon nahelegt – auf Gebäude bzw Bauwerke beschränkt. Die von der FV angeführte Einschränkung iZm stehendem Holz oder Obstkulturen ist damit nachvollziehbar, weil diese sachenrechtlich der Liegenschaft und nicht einem Gebäude zuzuordnen sind. Hingegen werden Fabriken, Anlagen u idZ stehende Leitungssysteme regelmäßig als Gebäude anzusehen und einem Baurecht zugänglich sein.

Alternativ kann das wirtschaftliche Eigentum am Gebäude durch Abschluss eines grundbücherlich eingetragenen **Dienstbarkeitsvertrages** verschafft werden. In diesem Fall verlangt die FV (kumulativ) das Vorliegen eines uneingeschränkten Nutzungsrechts der übernehmenden Körperschaft über zumindest die Restnutzungsdauer des Gebäudes, das Festlegen einer Verpflichtung des Liegenschaftseigentümers, bei sämtlichen Verfügungs- und Verwertungshandlungen zuzustimmen, und die Vereinbarung einer angemessenen Ablöse für den Fall der Aufgabe des wirtschaftlichen Eigentums am Gebäude (UmgrStR Rz 694b; bestätigend BFG 26.8.2014, RV/7101318/2012, dazu *Hirschler/Sulz/Oberkleiner*, BFGjournal 2014, 454, mit Anm *Raab/Renner*, BFGjournal 2015, 100; *Huber* in *W/Z/H/K*[5] § 12 Rz 54). Bei gemischt genutzten Gebäuden ist ein lediglich auf den **betrieblichen Gebäudeteil** eingeschränkter Dienstbarkeitsvertrag möglich (ungleich einem Baurecht, das nur auf die gesamte Liegenschaft bezogen werden kann; UmgrStR Rz 694, 694b; BFG 26.8.2014, RV/7101318/2012, mit Anm *Raab/Renner*, BFGjournal 2015, 100). Der in UmgrStR Rz 694a angeführten Einschränkung hins „*anderer Bestandteile des Grundstückes*" kommt iRv Dienstbarkeiten keine Bedeutung zu, da Dienstbarkeiten vertraglich frei u individuell ausgestaltbar sind und keinen gesetzlichen Einschränkungen (zB wie beim Baurecht, s Rz 83a) unterliegen (*Iro, Sachenrecht*[5] Rz 15/1). Die Aussagen der FV iZm Baurechtsverträgen in zeitlicher Hinsicht (s Rz 83) sind lt Literatur indes auch auf Dienstbarkeitsverträge übertragbar (idS *Rabel/Ehrke-Rabel* in *W/H/M*, HdU[16] § 12 Rz 94). Handelt es sich beim Betriebsgebäude um ein **Superädifikat** gem § 435 ABGB des Einbringenden (Bauwerk auf fremdem Grund auf Basis eines zeitlich beschränkten Nutzungsrechts), kann dieser ohnedies nur das Gebäude (nicht auch den Grund) übertragen. Zivilrechtlich wird ein Superädifikat erstmalig ausschließlich durch Bauführung begründet (nicht durch Urkundenhinterlegung; vgl OGH 26.6.1996, 3 Ob 6/96), ein derivativer Eigentumserwerb erfordert allerdings eine Urkundenhinterlegung (s *Mader* in *Kletečka/Schauer*, ABGB-ON 1.01 § 435 Rz 10). Entsprechend ist lt FV für eine wirksame Übertragung nach Art III eine Urkundenhinterlegung erforderlich (UmgrStR Rz 694). Die Begründung eines Superädifikats erst anlässlich der Einbringung wird mangels zivilrechtlicher Zulässigkeit (keine Bauführung auf fremdem Grund) nicht anerkannt, bei Zurückbehaltung des Grund und Bodens gilt diesfalls auch das als „Superädifikat" bezeichnete und mitübertragene Gebäude als

83b

zurückbehalten und ggf entnommen (UmgrStR Rz 694; *Mayr/Petrag/Titz*, RdW 2014, 43 [46]); allg zum wirtschaftlichen Eigentum an Superädifikaten VwGH 31.5.2011, 2008/15/0153.

84 Dient die Betriebsliegenschaft eines einbringenden Einzelunternehmers (Gewinnermittlung nach § 5 Abs 1) teilweise außerbetrieblichen Zwecken, sind folgende Fälle zu unterscheiden: Beträgt die außerbetriebliche Nutzung unter 20 % und ist die Liegenschaft folglich einheitlich dem Betriebsvermögen zuzurechnen, ist im Falle der Einbringung der gesamten Liegenschaft zur Vermeidung einer vA eine fremdübliche (entgeltliche) Vereinbarung mit der übernehmenden Körperschaft über die Nutzungsüberlassung an den Einbringenden mit Wirkung ab dem dem Einbringungsstichtag folgenden Tag erforderlich (UmgrStR Rz 694; bei Vereinbarung eines Nutzungsentgelts erst ab Vertragsabschluss kommt es bei rückwirkenden Einbringungen zu einer vA für den Rückwirkungszeitraum). Alternativ kann der Einbringende die Liegenschaft nach § 16 Abs 5 Z 3 zurückbehalten (Entnahmebesteuerung) oder mittels Baurechtsvertrages bzw Dienstbarkeitsvertrages die Entnahme auf den Grund und Boden reduzieren und lediglich hinsichtlich des übertragenen Gebäudes eine Nutzungsvereinbarung abschließen. Wird im Baurechts- oder Dienstbarkeitsvertrag keine oder eine zu geringe Entschädigung (zB Baurechtszins) für die Nutzung von Grund und Boden vereinbart, ist dies für die Anwendung des Art III unschädlich, wenn dadurch das rechtlich abgesicherte Nutzungsrecht der übernehmenden Körperschaft zivilrechtlich nicht geschwächt wird (UmgrStR Rz 694); der Differenzbetrag zur fremdüblichen Entschädigung stellt eine Nutzungseinlage des Einbringenden dar. Beträgt die betriebliche Nutzung weniger als 80 % und wird die Liegenschaft zur Gänze eingebracht, liegt hinsichtlich des außerbetrieblich genutzten Teiles eine Sacheinlage außerhalb des Art III vor (Tauschbesteuerung nach § 6 Z 14 lit b EStG, keine Rückwirkung, keine verkehrsteuerlichen Begünstigungen; UmgrStR Rz 695). Insoweit der außerbetrieblich genutzte Teil nicht dem notwendigen Privatvermögen zuzurechnen ist, kommt eine rückwirkende Einlage nach § 16 Abs 5 Z 1 als gewillkürtes Betriebsvermögen in Betracht. Soll der außerbetrieblich genutzte Teil nicht eingebracht werden, ist ein Zurückbehalten etwa durch die Begründung von Miteigentum oder Wohnungseigentum denkbar (vgl UmgrStR Rz 695). Alternativ kommt die Zurückbehaltung des zivilrechtlichen Eigentums an der gesamten Liegenschaft unter Abschluss eines auf den betrieblichen Gebäudeteil eingeschränkten Dienstbarkeitsvertrages in Betracht (UmgrStR Rz 694b). Zu Besonderheiten von (gemischt genutzten) Gebäuden, die im Miteigentum des Einbringenden und seiner Angehörigen stehen, s UmgrStR Rz 696 f; *Mayr/Petrag/Titz*, RdW 2014, 43 [47 f].

85 Bei Betriebseinbringung durch eine Mitunternehmerschaft mit im Sonderbetriebsvermögen eines Mitunternehmers befindlichen Betriebsliegenschaften, wobei Grund und Boden vom Mitunternehmer zurückbehalten und das Gebäude mit eingebracht sollen, gelten die vorstehenden Grundsätze analog (UmgrStR Rz 723); vgl im Detail Rz 120.

f) Zeitliche Anforderungen

86 Der Einbringungsgegenstand muss bereits beim Einbringenden zum Einbringungsstichtag einen Betrieb oder Teilbetrieb darstellen und der Erzielung betrieblicher Einkünfte dienen (UmgrStR Rz 692; allg VwGH v 5.11.1991, 91/14/0135 zum [Teil]Betriebserwerb nach § 10 Abs 2 Z 5 EStG 1972); bei Teilbetriebseinbringun-

gen muss darüber hinaus die geforderte interne und externe Selbständigkeit des Teilbetriebes beim Einbringenden am Einbringungsstichtag vorliegen (UmgrStR Rz 715). Die Tatsache, dass die übertragenen Wirtschaftsgüter und die übrige betriebliche Substanz (zB Personal) für die übernehmende Körperschaft ausreichen, um einen Betrieb oder Teilbetrieb zu führen, macht daraus noch kein einbringungsfähiges Vermögen (*Huber* in *W/Z/H/K*[5] § 12 Rz 38; idS UmgrStR Rz 714).

Das UmgrStG enthält keine Anforderungen an eine Mindestbestanddauer des Betriebes oder Teilbetriebes beim Einbringenden oder bei der übernehmenden Körperschaft, so dass zB ein Betriebserwerb bzw eine Betriebseröffnung beim Einbringenden kurz vor dem Stichtag oder eine zeitnahe Einstellung des übertragenen Betriebes oder Teilbetriebes nach der Einbringung bei der übernehmenden Körperschaft unschädlich sein sollte (vgl *Huber* in *W/Z/H/K*[5] § 12 Rz 46 und 38, wonach jedoch im Zeitpunkt des Vertragsabschlusses noch ein Betrieb oder Teilbetrieb vorliegen muss). IdS a UmgrStR Rz 454, wonach ein Missbrauchsverdacht idZ nur besteht, wenn der Betrieb nicht bloß für sich selbst bewegt wird, sondern (i) erst zeitnah (innerhalb von sechs Monaten) vor dem Umgründungsstichtag erworben wurde und (ii) als Transportvehikel für sonstiges, nicht-begünstigtes Vermögen von erheblichem Ausmaß dient (mehr als der dreifache Wert des Betriebes) (s im Detail § 16 Rz 180a). 87

g) (Teil)Betriebsdefinition nach FRL

Art 2 lit i FRL definiert den Begriff Teilbetrieb als „Gesamtheit der in einem Unternehmensteil einer Gesellschaft vorhandenen aktiven und passiven Wirtschaftsgüter, die in organisatorischer Hinsicht einen selbständigen Betrieb, dh eine aus eigenen Mitteln funktionsfähige Einheit, darstellen". Kernelemente des Teilbetriebsbegriffes sind somit ein Betrieb, der in organisatorischer Hinsicht selbständig funktionsfähig ist. Hinsichtlich des Merkmales Betrieb fordert die FRL nicht zwingend eine betriebliche Tätigkeit iSd EStG, wenngleich strittig ist, ob schon eine umfangreiche Vermögensverwaltung ausreicht (*Posautz/Six*, taxlex 2005, 136 f mwH; *Herzig*, IStR 1994, 3; negativ jedenfalls zu einem Beteiligungsbündel EuGH 13.12.1991, C-164/90). Jedenfalls ist eine Leistungserbringung am Markt erforderlich, eine bloß interne Dienstleistungsfunktion (zB Buchhaltung, Produktion oder Vertrieb) genügt nicht (*Posautz/Six*, taxlex 2005, 136; *Herzig*, IStR 1994, 4). Das Merkmal der selbständigen Funktionsfähigkeit beurteilt der EuGH in der Rs *Andersen* „in erster Linie unter einem funktionellen Aspekt, die übertragenen Unternehmensteile müssen als selbständiges Unternehmen funktionsfähig sein, ohne dass sie hierfür zusätzliche Investitionen oder Einbringungen bedürfen" (EuGH 15.1.2002, C-43/00, *Andersen*, Rz 35). Hierin liegt der **Hauptunterschied zum österreichischen Teilbetriebsbegriff**, wonach die „gewisse Selbständigkeit" bereits vor der Übertragung bestanden haben und nach außen in Erscheinung getreten sein muss, eine nur betriebsinterne Selbständigkeit genügt nicht (EStR Rz 5582 mwN). Eine solche interne oder externe Selbständigkeit bereits vor Übertragung fordert der EuGH offenkundig nicht, die übertragenen Unternehmensteile müssen erst bei der **übernehmenden Körperschaft** als **„selbständiges Unternehmen funktionsfähig sein"** (*Mayr*, RdW 2009, 155 [160] mVa EuGH 15.1.2002, C-43/00, *Andersen*, Rz 35). Der Unterschied ergibt sich aus der dem EStG und der FRL zugrunde liegenden unterschiedlichen Perspektive: § 24 EStG muss bei der Begünstigung der Veräußerungsgewinnbesteuerung auf den Veräußerer abstellen, während es bei 88 der FRL auf die übernehmende Gesellschaft ankommt (*Mayr*, RdW 2009, 150 [160]). Laut überwiegendem Schrifttum gilt der weitergefasst **europäische Teilbetriebsbegriff** iRd richtlinienkonformen Auslegung nicht nur für grenzüberschreitende (unter die FRL fallende) Einbringungen, sondern auch für **rein nationale Einbringungen**, weil Art III nicht zwischen nationalen und grenzüberschreitenden Einbringungen unterscheidet (*Hügel* in *H/M/H* § 12 Rz 80; *Metzler*, GeS 2004, 40; *Posautz/Six*, taxlex 2005, 134; *Aigner*, SWI 2002, 382; aA *Mayr* in *D/R* I^{10} Tz 1172; *ders*, RdW 2009, 150 [160]). Die UmgrStR halten allerdings grundsätzlich am nationalen Teilbetriebsbegriff fest und sehen vor, dass nur für „grenzüberschreitende Einbringung, die unter den Anwendungsbereich der FRL fallen, der Teilbetriebsbegriff der FRL maßgebend ist" (UmgrStR Rz 714; glA *Mayr* in *D/R* I^{10} Tz 1172; *ders*, RdW 2009, 150 [160], wonach die EuGH-Rsp in der Rs *Andersen* (und zuvor in der Rs *Leur-Bloem*) zum dänischen Fusionsteuergesetz nicht auf das österreichische UmgrStG übertragbar sei, da das dänische Fusionsteuergesetz auch für rein dänische Einbringungen an der FRL ausgerichtet wurde, wohingegen das UmgrStG ein „eigenständiges und sich von der FRL unterscheidendes Gesetz" sei und damit „rein österreichische Einbringungen nicht direkt an das Regime der FRL anknüpfen").

89 Eine Einschränkung weist der europäische Teilbetriebsbegriff gegenüber dem österreichischen allerdings darin auf, dass der Teilbetrieb im Sinne der FRL als **Gesamtheit der zu diesen Unternehmensteilen gehörigen aktiven und passiven Wirtschaftsgüter** definiert ist. Eine Zurückbehaltung einzelner Aktiva oder Passiva ist nicht möglich (EuGH 15.1.2002, C-43/00, *Andersen* zur Unzulässigkeit der getrennten Übertragung von Darlehensmitteln und der Darlehensverbindlichkeit, wenn beide demselben Betrieb dienen; *Posautz/Six*, taxlex 2005, 134 mwH). § 16 Abs 5 sieht dagegen Möglichkeiten der (rückwirkenden) Veränderung des Einbringungsvermögens vor, s § 16 Rz 91. Allerdings fordert die FRL nicht, dass alle teilbetriebszugehörigen Wirtschaftsgüter in das Eigentum der übernehmenden Gesellschaft übertragen werden. Es genügt eine Übertragung in die wirtschaftliche Verfügungsmacht. Diese kann zB durch Abschluss einer Nutzungsvereinbarung erreicht werden, weil auch dadurch die für die FRL maßgebliche selbständige Funktionsfähigkeit des Teilbetriebes gewährleistet ist (*Tumpel*, Harmonisierung 146).

90 **Stellungnahme.** Soweit der Teilbetriebsbegriff der FRL über den nationalen Teilbetriebsbegriff hinausgeht (kein Erfordernis der internen oder externen Selbständigkeit vor der Übertragung) ist er entgegen UmgrStR Rz 714 nicht nur für Einbringungen im Anwendungsbereich der FRL, sondern aufgrund der vom EuGH anerkannten indirekten Normwirkung der FRL auch für rein nationale Einbringungsvorgänge maßgebend; die indirekte Normwirkung für freiwillig übernommenes Gemeinschaftsrecht zur Regelung rein innerstaatlicher Sachverhalte betrifft nicht bloß die Auslegung von Regelungen, die nationale und von der FRL erfasste Sachverhalte einheitlich (im Rahmen derselben Bestimmungen oder unter Verwendung identischer Begriffe) erfassen, sondern generell Umstrukturierungsvorgänge, die in der FRL geregelt und ein Mitgliedstaat auch für rein nationale Sachverhalte einführt (s Rz 38). Das UmgrStG verwendet den Teilbetriebsbegriff in § 12 Abs 2 Z 1 einheitlich für nationale und für von der FRL erfasste Vorgänge. Des Weiteren spricht für die indirekte Normwirkung auch das verfassungsrechtliche Gleichheitsgebot (s Rz 38). Insoweit der Teilbetriebbegriff der FRL enger gefasst ist

(Teilbetrieb als Gesamtheit der zu diesem Unternehmensteil gehörigen aktiven und passiven Wirtschaftsgüter), wird er bei EU-Einbringungen auch innerhalb des Anwendungsbereiches der FRL von den großzügigeren nationalen Regelungen aufgrund primärrechtlicher Diskriminierungsverbote verdrängt (insb auf Grundlage der Niederlassungsfreiheit, vgl schon EuGH 28.1.1986, 270/83, *avoir fiscal*; EuGH 21.9.1999, C-307/97, *Saint Gobain*).

Strittig ist die Anwendung der FRL, wenn neben dem Teilbetrieb auch nicht-begünstigtes Vermögen übertragen wird. Lt Schrifttum ist die FRL jedenfalls auf den übertragenen Teilbetrieb anwendbar, für nicht begünstigtes Vermögen bestehe ein Regelungsfreiraum der Mitgliedstaaten (*Körner*, IStR 2006, 471). Weiters strittig ist, ob Anteile an transparenten Personengesellschaften (Mitunternehmeranteile) einen Teilbetrieb darstellen (bejahend *Tumpel*, Harmonisierung 146; verneinend *Furherr/Huber*, IntUmgr 57, 63, mVa die Sonderregelungen für hybride Gesellschaften im Zuge der Änderungsrichtlinie 2005, die den Rückschluss zulassen, dass Personengesellschaftsanteile nicht als „Teilbetrieb" anzusehen sind). **91**

Nicht definiert ist der in der FRL verwendete Begriff „Betrieb insgesamt". Darunter ist in Anlehnung an den Teilbetriebsbegriff die Gesamtheit der aktiven und passiven Wirtschaftsgüter zu verstehen, die einer betrieblichen Tätigkeit dienen. Daher wird eine Betriebseinbringung insgesamt auch als „unechte Sitzverlegung" bezeichnet (*Furherr/Huber*, IntUmgr 60). **92**

h) Freiberuflicher Betrieb/höchstpersönliche Tätigkeit

Ein **freiberuflicher Betrieb** kann lt FV nur Gegenstand einer Einbringung sein, wenn die übernehmende Körperschaft nach den berufsrechtlichen Vorschriften als Rechtsträger der freiberuflichen Tätigkeit auftreten kann und über eine aufrechte Berufsbefugnis verfügt (UmgrStR Rz 700). Demnach fiel vor der 14. Ärztegesetznovelle (BGBl I 2010/61; Inkrafttreten mit 19.8.2010) die Einbringung ärztlicher Betriebe in eine GmbH mangels berufsrechtlicher Zulässigkeit nicht unter Art III (*Gloser/Goertz*, ecolex 2010, 1126 [1128]). Auch Treuhandkonzeptionen zur Vermeidung berufsrechtlicher Mängel sind nicht möglich (*Huber* in *W/Z/H/K*[5] § 12 Rz 49). Die Begründung der FV lautet, dass bei berufsrechtlicher Unzulässigkeit der Betriebsführung durch die übernehmende Körperschaft nicht der Betrieb selbst, sondern lediglich das Inventar eingebracht werden könne, die bloße Einbringung von Inventar jedoch keine Betriebseinbringung iSd § 12 Abs 2 darstelle (UmgrStR Rz 700; glA *Mayr* in *D/R* I[10] Tz 1172). Ähnlich OLG Wien 13.11.2006, 28 R 128/06 H, GeS 2007, 81, zu einer nach § 2 Abs 2 Z 1 SDG nur durch natürliche Personen ausübbaren Tätigkeit als Gerichtssachverständiger für Verkehrssicherheit (höchstpersönliche Tätigkeit); der SV-Betrieb wurde insoweit als nicht übertragbar auf eine Kapitalgesellschaft beurteilt, die Erträge aus der gerichtlichen SV-Tätigkeit waren daher bei der Verkehrswertermittlung auszuscheiden. **93**

Stellungnahme. In der Literatur wird die Auffassung der FV aaO als nicht durch das UmgrStG gedeckt kritisiert (*Huber* in *W/Z/H/K*[5] § 12 Rz 49; *Hügel* in *H/M/H* § 12 Rz 54). Bei rechtlicher Unzulässigkeit der Tätigkeitsausübung durch die übernehmende Körperschaft wird allerdings weder den Anforderungen an den Betriebsbegriff des § 12 Abs 2 Z 1 (Übertragung der wesentlichen Betriebsgrundlagen, die objektiv geeignet sind, dem Erwerber eine [Teil]Betriebsfortführung zu ermöglichen; s Rz 81) noch dem Erfordernis der „tatsächlichen Übertragung" des

Einbringungsgegenstandes nach § 12 Abs 1 S 1 (bei dem die rechtliche Zulässigkeit der Übertragung mit zu berücksichtigen ist; s Rz 175) entsprochen; die Auffassung der FV scheint daher gerechtfertigt, da es in diesem Fall an der Übertragung einer betrieblichen Tätigkeit auf die übernehmende Körperschaft mangelt (in Abgrenzung zu einer zeitnahen Einstellung eines übertragenen Betriebes durch die übernehmende Körperschaft, die im Grundsatz unschädlich sein sollte).

93a Zu den zwecks Wahrung der Betriebseigenschaft isd § 12 Abs 2 bei freiberuflichen Betrieben zwingend mitzuübertragenden „wesentlichen Betriebsgrundlagen" s Salzburger Steuerdialog 2014 [KöSt/UmgrSt] vom 3.10.2014, Pkt 1, u oben Rz 81.

94 Die Einbringungsfähigkeit einer **höchstpersönlichen Tätigkeit** isd EStR Rz 104 (Tätigkeit, die (i) aufgrund eines gesetzlichen oder statutarischen Verbots nur von einer natürlichen Person erbracht werden kann [zB AG-Vorstand, Aufsichtsrat] oder in typisierender Betrachtungsweise nach der Verkehrsauffassung eine höchstpersönliche Tätigkeit darstellt [zB Schriftsteller, Sportler, Künstler] und bei der (ii) ein eigenständiger, sich von der natürlichen Person abhebender geschäftlicher Betrieb fehlt) ist nach *Mayr* zu verneinen, weil die Einkünfte der jeweiligen natürlichen Person zuzurechnen sind (*Mayr*, in *D/R* I^{10} Tz 1172; *ders*, RdW 2008, [420] 422).

> **Stellungnahme.** Nach UFS-Rspr ist für Beurteilung der Einbringungsfähigkeit darauf abzustellen, ob die der Tätigkeitsausübung zugrunde liegenden Werte (zB Kundenstock, persönlicher Ruf und Bekanntheitsgrad des Einbringenden) zu selbständigen Wirtschaftsgütern erstarkt sind. Zutreffendenfalls liegen sachliche (unkörperliche) Poduktionsmittel und damit im Grunde ein sachbezogener (einbringungsfähiger) Betrieb isd § 12 Abs 2 Z 1 vor; eines darüber hinausgehenden, sich von der Person des Einbringenden abhebenden Geschäftsbetriebes würde es demnach nicht zwingend bedürfen (s Rz 75).

i) Nicht aktiv geführte Betriebe / Betriebsverpachtung

95 Zu unterscheiden ist zwischen einer tatsächlichen betrieblichen Tätigkeit, einer ruhenden betrieblichen Tätigkeit (Betriebsunterbrechung, häufig infolge einer Betriebsverpachtung) und der Aufgabe der betrieblichen Tätigkeit. Ein **ruhender Betrieb** liegt vor, wenn ein Betrieb vorübergehend in der objektiv erkennbaren Absicht eingestellt wird, ihn in ähnlicher Weise und in einem relativ kurzen Zeitraum wieder aufzunehmen, sodass der stillgelegte mit dem wieder aufgenommenen Betrieb ident ist (VwGH 18.12.1997, 96/15/0141). Das Ruhen des Betriebes endet, wenn die betriebliche Tätigkeit wiederaufgenommen wird oder wenn die wesentlichen Betriebsgrundlagen veräußert oder in das Privatvermögen überführt werden (Betriebsaufgabe; EStR Rz 5638). Bei einer Betriebsunterbrechung durch Betriebsverpachtung gehören die Pachteinahmen zu den betrieblichen Einkünften, weil mangels Betriebsbeendigung die betriebliche Tätigkeit (wenn auch in geänderter Form) weiter andauert, ein Gewinn aus der Veräußerung oder Aufgabe des verpachteten Betriebes fällt unter § 24 EStG (VwGH 25.6.2008, 2008/15/0088; EStR Rz 5647, 5653). Das wirtschaftliche Eigentum am verpachteten Betriebsvermögen bleibt im Regelfall beim Verpächter (EStR Rz 5654). Ist die Betriebsverpachtung mit einer Betriebsaufgabe verbunden, zählen die Pachteinnahmen zu den Einkünften aus Vermietung und Verpachtung (VwGH 26.4.1989, 88/14/0096; EStR Rz 5650).

Lt FV setzt die Fortsetzung einer betrieblichen Tätigkeit bei der übernehmenden **96** Körperschaft zwar eine tatsächlich ausgeübte und aufrechte betriebliche Tätigkeit beim Einbringenden voraus (UmgrStR Rz 702). Wird eine betriebliche Tätigkeit beim Einbringenden jedoch bloß vorübergehend nicht selbst ausgeübt und sind die ertragsteuerlichen Voraussetzungen einer Betriebsunterbrechung (in Abgrenzung zur Betriebsaufgabe, vgl EStR Rz 5638, 5647 ff) erfüllt, stellt der **ruhende Betrieb** weiterhin **einbringungsfähiges Vermögen** dar (UmgrStR Rz 702). IRd Einbringung eines verpachteten Betriebes kommt es somit zur Übertragung des im wirtschaftlichen Eigentum des Verpächters stehenden Betriebsvermögens sowie zur Überbindung des Pachtvertrages (Vertragsstellung des Verpächters) auf die übernehmende Körperschaft. Zusätzlich liegt mE auch beim Pächter einbringungsfähiges Vermögen in Form des gepachteten Betriebes vor (Übertragung des im wirtschaftlichen Eigentum des Pächters stehenden Betriebsvermögens und Überbindung der Pächterstellung).

j) Fruchtgenuss

Bei mit Fruchtgenussrechten belasteten (Teil)Betrieben ist zu prüfen, ob beim FG- **97** Belasteten (zivilrechtlicher Eigentümer) und/oder beim Fruchtnießer einbringungsfähiges Vermögen iSd § 12 Abs 2 Z 1 vorliegt. Einkünfte aus einem Fruchtgenuss iSd ABGB (§ 509 ABGB: „Die Fruchtnießung ist das Recht, eine fremde Sache mit Schonung der Substanz ohne alle Einschränkung zu genießen") sind dem Fruchtnießer als eigene Einkünfte zuzurechnen, wenn er auf die Einkünfteerzielung Einfluss nimmt, indem er am Wirtschaftsleben teilnimmt und die Nutzungsmöglichkeiten nach eigenen Intentionen gestaltet (VwGH 4.3.1986, 85/14/0133). Dazu gehört, dass der Fruchtnießer die Aufwendungen iZm dem Gegenstand des FG trägt (insb Erhaltungsaufwand, Zinsen und Abgaben), ihm bleibt daher nur der Nettoertrag (Einnahmen abzüglich Aufwendungen; sog **Nettofruchtgenuss**). Zusätzlich muss der FG für eine gewisse Dauer bei rechtlich abgesicherter Position bestellt sein, wobei ein Zeitraum von zehn Jahren üblicherweise als ausreichend angesehen werden kann (EStR Rz 111 mwN). Die Zurechnung der Einkünfte (Einkunftsquelle) zum Fruchtnießer muss nicht mit der Zurechnung der zur Einkunftserzielung eingesetzten Wirtschaftsgüter zusammenfallen, die weiterhin zum FG-Besteller als (wirtschaftlichen) Eigentümer erfolgen kann (EStR Rz 111). Bei steuerlicher Zurechnung der Einkünfte zum Fruchtnießer (Nettofruchtgenuss) und des wirtschaftlichen Eigentums an der FG-Sache zum FG-Belasteten ist gesondert zu prüfen, ob bei Letzterem hinsichtlich der FG-Sache eine Einkunftsquelle vorliegt. Bejahendenfalls kann der FG-Belastete als wirtschaftlicher Eigentümer die AfA auf die FG-Sache geltend machen (Ausgleichsfähigkeit etwaiger negativer Einkünfte ist nach allgemeinen Grundsätzen zu prüfen; EStR Rz 113), eine Substanzabgeltung des Fruchtnießers an den FG-Besteller ist bei Ersterem abzugsfähig und bei Letzterem als Einnahme zu erfassen (EStR Rz 112). Bei einem steuerlich anzuerkennenden Netto-FG am ganzen Betrieb ist eine Feststellung der Einkünfte nach § 188 BAO von Fruchtnießer und FG-Besteller (Eigentümer) idR mangels gemeinsamer Einkunftserzielung nicht durchzuführen (EStR Rz 113). Die unentgeltliche Übereignung eines Betriebes unter gleichzeitiger Zurückbehaltung des Netto-FG (Vorbehaltsfruchtgenuss) führt zu keiner Änderung der bisherigen Zurechnung der Einkünfte, wenn der Fruchtnießer die mit der FG-Sache verbundenen Aufwendungen trägt und ihm die Disposition über die Einkünfte möglich ist (EStR Rz 114 mwN). Verbleiben dem Fruchtnießer hingegen die Bruttoeinnahmen, erfolgt die steuerliche Einkünftezurechnung zum FG-Besteller (sog **Bruttofruchtgenuss**). Es liegt eine bloße Verfügung über Einnahmen vor, die dem FG-Besteller zuzurechnen ist (Einkommensverwendung), auf die geleisteten bzw erhaltenen Bruttoerträge sind idR die Grundsätze über die Behandlung von Unterhaltsrenten anzuwenden (EStR Rz 115).

98 Ein **Brutto-FG an einem Betrieb** berührt somit nicht das Vorliegen von Vermögen iSd § 12 Abs 2 Z 1 beim **FG-Belasteten**. Die Gegenleistung iSd § 19 ist dem FG-Belasteten zu gewähren (s § 19 Rz 38). Unabhängig davon ist zu beurteilen, ob die Übernahme der FG-Belastung durch die übernehmende Körperschaft eine schädliche Gegenleistung nach § 19 darstellt (s § 19 Rz 21), alternativ wäre das Brutto-FG an den Gegenleistungsanteilen fortzusetzen. Bei einem **Netto-FG unter Zurechnung auch des wirtschaftlichen Eigentums** an der FG-Sache (Betrieb) zum **Fruchtnießer** wird bei diesem ein Betrieb iSd § 12 Abs 2 Z 1 vorliegen. Gegenstand des Einbringungsvertrages ist die Überbindung des Fruchtgenusses; der FG-Belastete ist dabei einem zivilrechtlichen Treuhänder vergleichbar, seine Mitwirkung beschränkt sich auf die Sicherstellung der tatsächlichen Vermögensübertragung nach § 12 Abs 1 S 1. Die Gegenleistung iSd § 19 kann direkt dem Fruchtnießer oder dem FG-Belasteten gewährt werden, letzterenfalls ist die abgabenrechtliche Zurechnung der Gegenleistung zum Einbringenden sicherzustellen (zB Begründung eines Netto-FG oder Treuhandvertrages an den Gegenleistungsanteilen zugunsten des Einbringenden, s auch Rz 125). Fraglich ist, ob bei steuerlicher Zurechnung einer **betrieblichen Einkunftsquelle zum Fruchtnießer** (Netto-FG) und der zur Einkünfteerzielung eingesetzten **Wirtschaftsgüter zum FG-Belasteten** jeweils die Einkunftsquelle des Fruchtnießers und/oder die Wirtschaftsgüter des FG-Belasteten für sich als Betrieb iSd § 12 Abs 2 Z 1 einbringungsfähig sind. Die UmgrStR treffen dazu keine explizite Aussage.

99 **Stellungnahme.** Die Einkunftsquelle für sich wird aufgrund der Vermögensbezogenheit des Grundtatbestandes in § 12 Abs 1 S 1 („eine Einbringung liegt vor, wenn Vermögens tatsächlich übertragen wird"), des sachbezogenen Betriebs- bzw Vermögensbegriffes lt UFS-Rsp (s oben Rz 75) und aus systematischen Überlegungen (Erhaltung der Steuerhängigkeit der stillen Reserven des Einbringungsvermögens beim bisherigen Zurechnungssubjekt in Form der Gegenleistungsanteile) grundsätzlich kein einbringungsfähiges Vermögen (Betrieb oder Teilbetrieb) darstellen. Hinsichtlich der dem FG-Besteller zuzurechnenden Wirtschaftsgüter ist zu prüfen, ob das Vermögen dem wirtschaftlichen Eigentümer betriebliche Einkünfte nach § 2 Ab 3 Z 1 bis 3 EStG vermittelt, widrigenfalls auch dieses Vermögen für sich nicht einbringungsfähig ist. Im Ergebnis wären weder die Einkunftsquelle noch die Wirtschaftsgüter nach Art III übertragbar. Die Einbringungsfähigkeit des Vermögens könnte nur hergestellt werden, wenn bis spätestens zum Ablauf des Einbringungsstichtages die betriebliche Einkunftserzielung und das wirtschaftliche Eigentum in einer Person (Einbringender iSd Art III) vereinigt werden (zB durch Aufgabe des FG oder Übertragung des wirtschaftlichen Eigentums auf den Fruchtnießer; s dazu auch unten Rz 229).

k) Körperschaften des öffentlichen Rechts

Das Unterhalten von Hoheitsbetrieben iSd § 2 Abs 5 KStG begründet für die Körperschaft des öffentlichen Rechts weder Steuersubjekteigenschaft noch Einkünfte iSd § 2 Abs 3 EStG, so dass die Einbringung eines Hoheitsbetriebes nicht unter Art III fällt (UmgrStR Rz 710). Dagegen ist ein Betrieb gewerblicher Art sowie ein wirtschaftlicher Geschäftsbetrieb iSd § 31 BAO einer Körperschaft des öffentlichen Rechts einbringungsfähig. Die Tatsache, dass die Gewinnabsicht nicht erforderlich ist, schließt die Einbringungsfähigkeit nicht aus, wenn die übrigen Voraussetzungen des § 12 UmgrStG erfüllt sind (UmgrStR Rz 711). Bei Einbringung einer Mehrheit von Betrieben gewerblicher Art ist für jeden einzelnen Betrieb die Einbringungsfähigkeit zu prüfen (BMF 22.4.2002, SWK 2002, S 455; *Huber* in *W/Z/H/K*[5] § 12 Rz 40). **100**

l) Liebhabereibetriebe

Mangels Beurteilung als Einkommensquelle sind Liebhabereibetriebe von der Einbringungsmöglichkeit ausgenommen (UmgrStR Rz 709). Bei der Beurteilung, ob eine Tätigkeit als Liebhaberei einzustufen ist, beendet eine Einbringung lt FV nicht den Beobachtungszeitraum, eine Umgründung und ihre Folgewirkungen (zB umgründungsbedingter Entfall von Einnahmen) sind bei der Beurteilung des Vorliegens eines Totalgewinnes auszuklammern (*Huber* in *W/Z/H/K*[5] § 12 Rz 35). **101**

m) Stichtagsbilanz

Nach § 12 Abs 2 Z 1 sind nur (Teil)Betriebe einbringungsfähig, „wenn sie zu zu einem Stichtag eingebracht werden, zu dem eine Bilanz (§ 4 Abs 1 EStG) für den gesamten Betrieb des Einbringenden vorliegt" (sog Stichtagsbilanz). Die Gesetzesmaterialien führen dazu aus (ErlRV 266 BlgNR 18. GP, 23): „Das Verknüpfen der (Teil)Betriebseinbringung mit dem Vorliegen einer steuerlichen Bilanz ist eine notwendige Folge der Tatsache, dass nach § 13 zu jedem beliebigen Stichtag eingebracht werden kann. Grundlage einer Einbringung zum Regelbilanzstichtag ist der Jahresabschluss des einbringenden Kaufmannes, bei anderen Einbringenden eine Vermögensübersicht (Steuerbilanz iSd § 4 EStG). Grundlage einer Einbringung zu einem Zwischenstichtag muss eine auf diesen Tag erstellte Steuerbilanz sein, sodass auch in diesem Fall Bestand und Wert des Vermögens festgestellt werden kann. Abs 1 sieht daher auch bei Teilbetriebseinbringungen auf einen Zwischenstichtag eine den gesamten Betrieb umfassende Steuerbilanz vor," Die Stichtagsbilanz dient damit ausschließlich der **Gewinnermittlung und Ergebnisabgrenzung** für den Einbringenden bis zum Einbringungsstichtag (VwGH 26.2.2015, Ro 2014/15/0041, Anm *Kofler*, GES 2015, 246, Anm *Renner/Marschner*, SWK 2015, 772; UmgrStR Rz 766, 816; *Huber* in *W/Z/H/K*[5] § 12 Rz 37; *Rabel* in *W/H/M*, HdU[1] § 12 Rz 76); im praktischen Regelfall wird sie gleichzeitig die Grundlage für die Aufstellung der (von der Stichtagsbilanz zu unterscheidenden) Einbringungsbilanz nach § 15 darstellen, womit ihr mittelbar auch Bedeutung für die Feststellung des buchmäßigen Einbringungswertes zukommt (VwGH 26.2.2015, Ro 2014/15/0041, Anm *Kofler*, GES 2015, 246, Anm *Renner/Marschner*, SWK 2015, 772; idS VwGH 21.4.2016, 2013/15/0289, Anm *Wiesner*, RWZ 2016/52, 224, Anm *Zorn*, RdW 2016/332, 431; *Rabel* in *W/H/M*, HdU[1] § 12 Rz 76; zu den Funktionen der Einbringungsbilanz s § 15 Rz 16). Die Stichtagsbilanz wird als **Anwendungsvoraussetzung** für die Einbringung von Betrieben und Teilbetrieben betrachtet; auch **102** bei einer Teilbetriebseinbringung muss eine Steuerbilanz für den Gesamtbetrieb des Einbringenden vorliegen (VwGH 26.2.2015, Ro 2014/15/0041, Anm *Kofler*, GES 2015, 246, Anm *Renner/Marschner*, SWK 2015, 772; UmgrStR Rz 816, 823; *Rabel* in *W/H/M*, HdU[1] § 12 Rz 80; *Huber* in *W/Z/H/K*[5] § 12 Rz 36; *Hügel* in *H/M/H* § 12 Rz 75). Im Fall der Einbringung des gesamten Betriebs in eine Körperschaft erfüllt auch die Einbringungsbilanz nach Vornahme allenfalls notwendiger steuerlicher Anpassungen das Erfordernis einer Stichtagsbilanz (VwGH 26.2.2015, Ro 2014/15/0041, Anm *Kofler*, GES 2015, 246, Anm *Renner/Marschner*, SWK 2015, 772; BFG 20.6.2016, RV/5100070/2012, Anm *Hirschler/Sulz/Oberkleiner*, BFGjournal 2016, 271; idS a VwGH 21.4.2016, 2013/15/0289, Anm *Wiesner*, RWZ 2016/52, 224, Anm *Zorn*, RdW 2016/332, 431, wonach die Anforderungen an eine Stichtagsbilanz nicht überspannt werden dürfen und nicht streng formal sind). Im Ergebnis kann damit die Stichtagsbilanz mit der Einbringungsbilanz (bzw a wechselseitig) gleichgesetzt werden, womit eine „Bilanz" (unabhängig von deren formaler Bezeichnung) beide Funktionen bzw Anwendungsvoraussetzungen erfüllt. Zu Bedenken hinsichtlich der Stichtagsbilanz als Anwendungsvoraussetzung *Rabel* in *W/H/M*, HdU[1] § 12 Rz 81. Zu iRv (Teil)Betrieben gehaltenen Mitunternehmeranteilen und dem Erfordernis einer Stichtagsbilanz auch für die Mitunternehmerschaft s Rz 128.

103 Aus dem Grundsatz, dass der Gewinnbegriff des EStG betriebsbezogen und die Gewinnermittlung bei **Steuerpflichtigen mit mehreren Betrieben** für jeden Betrieb gesondert vorzunehmen ist (EStR Rz 409 f; VwGH 5.2.1974, 1511/73), folgt, dass die Stichtagsbilanz nur für den Betrieb vorliegen muss, der eingebracht wird bzw dem der einzubringende Teilbetrieb zuzuordnen ist (nicht für etwaige sonstige Betriebe des Einbringenden). Die betriebsbezogene Gewinnermittlung gilt im Grunde (außerhalb des § 7 Abs 3 KStG) auch für Körperschaften (§ 7 Abs 2 KStG; KStR Rz 348, Rz 360). Bei **unbeschränkt Steuerpflichtigen** werden in die Stichtagsbilanz sämtliche in- und ausländische Betriebsteile des betreffenden Betriebes (als maßgebendes Gewinnermittlungsobjekt) einzubeziehen sein; bei § 7 Abs 3 KStG-Körperschaften darüber hinaus kraft Gewerblichkeitsfiktion (§ 7 Abs 3 KStG) sämtliche sonstige Betriebsteile und Einkunftsquellen (*arg* Teil des fiktiven einheitlichen Gewinnermittlungsobjekts „Gewerbebetrieb"; KStR Rz 401, 406; *Achatz/Bieber* in *Achatz/Kirchmayr* § 7 Tz 142; krit *Burgstaller* in *L/S/S* § 7 Rz 167). Bei **ausländischen, beschränkt Steuerpflichtigen** wird die Stichtagsbilanz nur die der beschränkten Steuerpflicht unterliegenden (inländischen) Betriebsteile umfassen; eine Bilanzerstellung auch für ausländische Betriebsteile könnte zwar aus einer grammatikalischen Auslegung des § 12 Abs 2 Z 1 abgeleitet werden, geht aber über die Zielsetzung der Vorschrift (Gewinnermittlung und Ergebnisabgrenzung für den Einbringenden; s Rz 102) hinaus, weil den ausländischen Betriebsteilen aus österreichischer ertragsteuerlicher Sicht keine Relevanz zukommt (glA *Rabel* in *W/H/M*, HdU[1] § 12 Rz 85 u *Hügel* in *H/M/H* § 12 Rz 77, wonach das Bilanzerfordernis nach § 12 Abs 2 Z 1 zumindest für ausländische Betriebsstätten in DBA-Ländern mit Befreiungsmethode teleologisch zu reduzieren ist; *Staringer* in *W/H/M*, HdU[1] Q2 Rz 52 zur Einbringungsbilanz nach § 15). Gleiches gilt für beschränkt steuerpflichtige Körperschaften, die mit § 7 Abs 3 KStG-Körperschaften vergleichbar sind: Zum einen schränkt § 21 Abs 1 Z 3 KStG die Anwendbarkeit des § 7 Abs 3 KStG (Gewerblichkeitsfiktion) auf inländische Vermögensteile ein (dh nur diese bilden das maßgebende einheitliche Gewinnermittlungsobjekt; *Kofler/Tumpel* in *Achatz/Kirchmayr* § 21 Tz 15, 29, 124; *Prillinger* in *L/S/S* § 21 Rz 69 f), zum anderen sind nach dem Gesetzeszweck (so wie bei ausländischen natürlichen Personen) lediglich die inländischen Betriebs- bzw Vermögensteile ertragsteuerlich von Relevanz. Keine Stichtagsbilanz ist demnach ferner bei Einbringung von **Auslandsvermögen durch Steuerausländer** zu erstellen, wofür mangels Anknüpfung an die Stichtagsbilanz iRd Bewertungsregelungen für die übernehmende Körperschaft (§ 18 Abs 1) oder für die Gegenleistungsanteile (§ 20 Abs 2) auch kein Bedarf besteht. IdS auch UmgrStR Rz 838, letzter Absatz, wonach bei Einbringung von Auslandsvermögen offensichtlich generell von Nicht-Vorliegen einer Stichtagsbilanz für das Auslandsvermögen ausgegangen wird. Zur Bewertung von Auslandsvermögen in der Einbringungsbilanz s § 15 Rz 7, zur Bewertung bei der übernehmenden Körperschaft s § 18 Rz 26 und zur Bewertung der Gegenleistungsanteile s § 20 Rz 8a.

Die Bilanz muss nach § 12 Abs 2 Z 1 den **Grundsätzen des § 4 Abs 1 EStG**, bei rechnungslegungspflichtigen Gewerbetreibenden laut FV und Literatur darüber hinaus den **Grundsätzen des § 5 Abs 1 EStG** entsprechen (VwGH 29.1.2015, 2011/15/0169; UmgrStR Rz 816; *Huber* in *W/Z/H/K*^{5} § 12 Rz 36). Das Vorliegen eines unternehmensrechtlichen (Zwischen-)Abschlusses ist nicht erforderlich (*Hügel* in *H/M/H* § 12 Rz 75), umgekehrt genügt laut FV bei rechnungslegungspflichtigen Gewerbetreibenden eine auf den Einbringungsstichtag „ordnungsgemäß erstellte UGB-Bilanz", sofern allfällige Abweichungen zwischen den unternehmensrechtlichen und steuerlichen Buchwerten aus einer „dem Finanzamt vorgelegten Mehr-Weniger-Rechnung bzw aus dem Einbringungsvertrag" hervorgehen (UmgrStR Rz 816; dazu allg *Mayr* in *D/R* I^{10} Tz 1175; *Wiesner/Mayr*, RdW 2007, 563 [564]; *Hügel* in *H/M/H* § 12 Rz 75 mVa ErlRV 266 BlgNR 18. GP, 23). **104**

In **zeitlicher Hinsicht** muss die Stichtagsbilanz lt FV nicht bereits am Tag des Abschlusses des Einbringungsvertrages vorliegen, sofern der Einbringungsgegenstand im Einbringungsvertrag ausreichend vertraglich fixiert wird (BMF 29.4.1997, ecolex 1997, 982). Lt UFS bzw BFG hat die Erstellung der Stichtagsbilanz bei Einbringungen mit Finanzamtszuständigkeit nach § 13 Abs 1 S 3 allerdings vor Ablauf der darin vorgesehenen Neun-Monats-Meldefrist zu erfolgen, anderenfalls das Bilanzerfordernis nach § 12 Abs 2 Z 1 verletzt wird (UFS 7.6.2011, RV/0166-G/07, anschließend offen lassend VwGH 29.1.2015, 2011/15/0169; BFG 14.4.2014, RV/5100888/2010, anschließend offen lassend VwGH 26.2.2015, Ro 2014/15/0041); nach zutr hM ist dagegen aufgrund der fehlenden Befristung für die Bilanzerstellung in § 12 Abs 2 Z 1 von der Zulässigkeit einer – im Grundsatz zeitlich unbeschränkten – nachträglichen Erstellung auszugehen (*Rabel* in *W/H/M*, HdU^1 § 12 Rz 84; *Hirschler/Sulz/Oberkleiner*, UFSjournal 2011, 419; *Furherr*, GES 2014, 309; *Sulz/Oberkleiner* in FS Tanzer 209 [217 f]). **104a**

Fehlerin bzw das **Fehlen einer eigenen (formalen) Stichtagsbilanz** schließen das Vorliegen einer solchen Bilanz nicht aus. Im Falle einer unrichtigen Stichtagsbilanz, sofern sie noch als solche iSd § 4 Abs 1 EStG und nicht als „Nicht-Bilanz" angesehen werden kann, ist mit einer Bilanzberichtigung nach § 4 Abs 2 EStG vorzugehen (VwGH 29.1.2015, 2011/15/0169, Anm *Wurm*, GES 2015, 243, Anm *Renner/Marschner*, SWK 2015, 772; VwGH 26.2.2015, Ro 2014/15/0041, Anm *Kofler*, GES 2015, 246, Anm *Mechtler*, ecolex 2015/205, 505, Anm *Renner/Marschner*, SWK 2015, 772; BFG 20.6.2016, RV/5100070/2012, Anm *Hirschler/Sulz/Oberkleiner*, **104b**

BFGjournal 2016, 271; idS a VwGH 21.4.2016, 2013/15/0289, Anm *Wiesner*, RWZ 2016/52, 224, Anm *Zorn*, RdW 2016/332, 431). Eine Ableitung der Stichtagsbilanz aus der Einbringungsbilanz durch Korrektur von Entnahmen iSd § 16 Abs 5, die einer Bilanzberichtigung iSd § 4 Abs 2 EStG gleichzuhalten sind, ist zulässig (das bloße Fehlen einer eigenen formalen Stichtagsbilanz verletzt keine Anwendungsvoraussetzung, die damit verbunde Rechtsfolge der vollen Gewinnrealisierung wäre überschießend; VwGH 26.2.2015, Ro 2014/15/0041, Anm *Kofler*, GES 2015, 246, Anm *Mechtler*, ecolex 2015/205, 505, Anm *Renner/Marschner*, SWK 2015, 772; BFG 20.6.2016, RV/5100070/2012, Anm *Hirschler/Sulz/Oberkleiner*, BFGjournal 2016, 271; idS a VwGH 21.4.2016, 2013/15/0289, Anm *Wiesner*, RWZ 2016/52, 224, Anm *Zorn*, RdW 2016/332, 431).

105 Bei Einbringungen durch **Mitunternehmerschaften** umfasst die Stichtagsbilanz auch Ergänzungsbuchwerte der Mitunternehmer (insb aus Anteilserwerben) und das Sonderbetriebsvermögen (*Rabel* in *W/H/M*, HdU[1] § 12 Rz 96).

106 Wird der Einbringung ein auf den **Vortag des Einbringungsstichtages bezogener Jahresabschluss** zugrunde gelegt (Beispiel: Einbringungsstichtag 1.1., Jahresabschluss zum 31.12. des Vorjahres), ist mangels steuerlicher Bilanz zum Einbringungsstichtag eine Anwendungsvoraussetzung des § 12 nicht erfüllt. In diesen Fällen genügt zur Wahrung der Anwendungsvoraussetzungen eine auf dem Jahresabschluss des Vortages basierende (im Beispielsfall 31.12.) und den Mindestanforderungen des § 4 Abs 1 EStG entsprechende Stichtagsbilanz iSd § 12 Abs 2; diese ist ggf nach den Grundsätzen des § 4 Abs 2 EStG um die Geschäftsfälle des Stichtages anzupassen (VwGH 29.1.2015, 2011/15/0169, Anm *Wurm*, GES 2015, 243, Anm *Renner/Marschner*, SWK 2015, 772; VwGH 26.2.2015, Ro 2014/15/0041, Anm *Kofler*, GES 2015, 246; UmgrStR Rz 766; *Hirschler*, ÖStZ 2012/569, 317; *Wiesner*, RWZ 2015/22, 80); von einer Anpassung kann lt FV abgesehen werden, wenn sich entsprechend den Grundsätzen des KFS/RL 25 vom 3.12.2012 am Stichtag selbst keine wesentlichen Geschäftsfälle ereignen; die Gewinnermittlung für den Rumpfwirtschaftstag des Einbringenden erübrigt sich in diesen Fällen (UmgrStR Rz 766; dazu *Mayr/Petrag/Titz*, RdW 2014, 103 [107]; *Hirschler*, ÖStZ 2012/569, 317). Unter den vorgenannten Voraussetzungen sind die Anwendungsvoraussetzungen des Art III daher gewahrt, selbst wenn die steuerliche Bilanz auch nicht pro forma auf den Einbringungsstichtag bezogen wird, sondern lediglich eine auf den Vortag bezogene Bilanz vorliegt.

107 Nachträgliche **Berichtigungen** der Bilanz in Folge abgabenbehördlicher Überprüfungen können auf bilanzsteuerrechtliche Berichtigungen für Zeiträume bis zum Einbringungsstichtag als auch auf fehlerhafte Maßnahmen im Zuge der Einbringung zurückzuführen sein. Die Berichtigung der steuerlichen Bilanz sowie die sich daraus ergebenden Folgeberichtigungen (Berichtigung der Einbringungsbilanz, der Buchwerte der übernehmenden Körperschaft und der Anschaffungskosten der einbringungsgeborenen oder einbringungsveränderten Anteile beim Einbringenden) sind amtswegig vorzunehmen. Eine nachträgliche Ausübung oder Änderung von Gestaltungswahlrechten hinsichtlich der bezughabenden Einbringung (zB Erhöhung vorbehaltener Entnahme nach § 16 Abs 5 Z 2) ist nicht mehr möglich, da die Einbringung „mit der Protokollierung oder der Meldung beim Finanzamt rechtlich abgeschlossen ist" (UmgrStR Rz 1268 ff). Zur Berichtigung der Stichtags- und Einbringungsbilanz hinsichtlich privater Verbindlichkeiten s UFS 26.3.2013, RV/0076-I/06, Anm *Hirschler/*

Sulz/Oberkleiner, UFSjournal 2013, 292; BFG 29.4.2014, RV/4100717/2008, Anm *Hirschler/Sulz/Oberkleiner*, BFGjournal 2014, 340.

3. Mitunternehmeranteile
a) Begriff

§ 12 Abs 2 Z 2 definiert Mitunternehmeranteile als „Anteile an Gesellschaften, bei denen die Gesellschafter als Mitunternehmer anzusehen sind, wenn sie zu einem Stichtag eingebracht werden, zu dem eine Bilanz (§ 4 Abs 1 EStG) der Mitunternehmerschaft vorliegt, an der die Beteiligung besteht". Laut FV ist der Begriff nach den Vorschriften des EStG zu bestimmen, wobei zur Begriffsbestimmung auf **§ 24 EStG und EStR Rz 5801 ff** verwiesen wird (UmgrStR Rz 717). **111**

Der Begriff der Mitunternehmerschaft ist ein rein steuerlicher Begriff, sie muss über betriebliche Einkünfte gem § 2 Abs 2 Z 1 bis 3 EStG verfügen (EStR Rz 5802). Anteile an einer **vermögensverwaltenden Personengesellschaft** fallen nicht unter Art III (UmgrStR Rz 718). Laut **Abfärbetheorie nach § 2 Abs 4 S 3 EStG** führt allerdings jede geringste gewerbliche Tätigkeit einer Personengesellschaft, die neben einer anderen (betrieblichen oder außerbetrieblichen) Tätigkeit ausgeübt wird, zu einheitlich gewerblichen Einkünften der Mitunternehmer (VwGH 18.10.2005, 2001/14/0042; VwGH 29.11.2006, 2003/13/0065; EStR Rz 5064, 5831a, 5835; Q/S § 23 Rz 21; Jakom[10]/*Vock* § 23 Rz 126; *Bergmann*, GES 2011, 86; *ders*, ÖStZ 2008, 360; *Peth/Wanke/Wiesner* in W/G/W, EStG[12] § 23 Rz 148). Gleiches gilt für eine vermögensverwaltende (Ober-)Personengesellschaft, die an einer gewerblichen (Unter-)Personengesellschaft beteiligt ist (EStR Rz 5831a; Q/S § 23 Rz 20; *Peth/Wanke/Wiesner* in W/G/W, EStG[12] § 23 Rz 148). Der Anteil an der (Ober-)Personengesellschaft wird dadurch zu einem einheitlichen, einbringungsfähigen Mitunternehmeranteil nach § 12 Abs 2 Z 2. Laut jüngerer Auffassung zur Abfärbetheorie führt nicht nur jede gewerbliche, sondern jede betriebliche Tätigkeit, die neben einer anderen Tätigkeit ausgeübt wird, zu einheitlich gewerblichen Einkünften nach § 2 Abs 4 S 3 EStG (*Bergmann*, GeS 2011, 86; Jakom[10]/*Vock* § 23 Rz 126). Abweichend allerdings EStR-WE 2010 zu einer neben einer LuF-Tätigkeit ausgeübten Vermögensverwaltung; mangels (geringster) gewerblicher Tätigkeit ist die Mitunternehmerschaft nicht einheitlich als gewerblich nach § 2 Abs 4 S 3 EStG zu beurteilen und es sind für die betriebliche und die vermögensverwaltende Tätigkeit zwei getrennte Feststellungsverfahren nach § 188 BAO durchzuführen (EStR Rz 5064, 5835; kritisch *Bergmann*, GeS 2011, 86). Für Zwecke des § 12 Abs 2 Z 2 kommt es dadurch zu einer **Aufspaltung** des Personengesellschaftsanteiles in einen **einbringungsfähigen, betrieblichen Mitunternehmeranteil** und einen **nicht einbringungsfähigen Anteil an einer „vermögensverwaltenden" Personengesellschaft** (Miteigentumsgemeinschaft; EStR Rz 6015 ff). **112**

Mitunternehmer ist nach allgemeinem Ertragsteuerrecht, wer Unternehmerwagnis eingeht, dh **Unternehmerinitiative** entfaltet und **Unternehmerrisiko** übernimmt. Unternehmerinitiative entfaltet, wer betriebliche Abläufe mitgestaltet, indem er entweder die Geschäfte führt oder Stimmrechte ausübt oder Kontroll- und Widerspruchsrechte wahrnimmt; die Möglichkeit reicht, die tatsächliche Wahrnehmung der zustehenden Rechte ist nicht erforderlich (VwGH 29.6.1995, 94/15/0103; EStR Rz 5805). Unternehmerrisiko übernimmt, wer an den wirtschaftlichen Risiken des Unternehmens teilnimmt; idR zeigt sich dies in der Beteiligung am Ge- **113** winn/Verlust, den stillen Reserven und dem Firmenwert, auch in der Haftung für Gesellschaftsschulden (VwGH 23.2.1994, 93/15/0163). Die Mitunternehmerstellung ist nach dem Vorliegen von Unternehmerwagnis insgesamt zu beurteilen; eine (zu) geringe Unternehmerinitiative kann durch höheres Unternehmerrisiko kompensiert werden (zB atypisch stille Beteiligung, dazu VwGH 23.2.1994, 93/150163; EStR Rz 5806, 5816), andererseits ist der Komplementär einer KG als reiner Arbeitsgesellschafter ohne Vermögenseinlage und ohne Teilnahme am Vermögen Mitunternehmer aufgrund der Übernahme der Geschäftsführung und des Risikos der unbeschränkten Haftung (VwGH 7.2.1989, 86/14/0121-0122; EStR Rz 5811). Ein Mitunternehmeranteil iSd § 12 Abs 2 Z 3 muss laut FV hingegen stets eine **Substanzbeteiligung** iSe Beteiligung am **Firmenwert** und an den **stillen Reserven** vermitteln, der Anteil eines Arbeitsgesellschafters (ohne Substanzbeteiligung) fällt nicht unter Art III (UmgrStR Rz 705, 718; *Mayr* in *D/R* I[10] Tz 1172; kritisch *Rabel* in *W/H/M*, HdU[1] § 12 Rz 88). Mit dem StRefG 2015/2016 (BGBl I 118/2015) wurde der Begriff des sog *„kapitalistischen Mitunternehmers"* in § 23a EStG verankert; dieser stellt begünstigtes Vermögen iSd § 12 Abs 2 Z 2 dar (*Hübner-Schwarzinger/ Schwarzinger/Wiesner*, SWK 2015, 1182; *Herzog/Lachmayer* in *Mayr/Lattner/ Schlager*, StRef 2015/16, 63).

114 **Stellungnahme.** Die Einschränkung des Mitunternehmeranteiles nach § 12 Abs 2 Z 3 auf Substanzbeteiligungen scheint aufgrund der Vermögensbezogenheit des Grundtatbestandes in § 12 Abs 1 S 1 („eine Einbringung liegt vor, wenn Vermögen tatsächlich übertragen wird"), des sachbezogenen Betriebs- bzw Vermögensbegriffes lt UFS-Rsp (s Rz 75) und aus systematischen Überlegungen (Erhaltung der Steuerhängigkeit der stillen Reserven des Einbringungsvermögens beim bisherigen Zurechnungssubjekt in Form der Gegenleistungsanteile) gerechtfertigt. Steuerrechtlich ist das Betriebsvermögen nicht der Mitunternehmerschaft als solcher, sondern nach § 24 Abs 1 lit e BAO den einzelnen Gesellschaftern nach Maßgabe ihrer Vermögensbeteiligung zuzurechnen, das Betriebsvermögen der Gesellschaft stellt somit quotenmäßig das Betriebsvermögen der Gesellschafter dar (Gebot der Individualzurechnung; EStR Rz 5907; s unten Rz 117). Nur die Übertragung eines Mitunternehmeranteiles mit Substanzbeteiligung kann daher nach § 24 Abs 1 lit e BAO zu einer quotenmäßigen Übertragung von (Betriebs)Vermögen iSd § 12 Abs 2 führen.

115 Aufgrund des Erfordernisses der tatsächlichen Vermögensübertragung (§ 12 Abs 1 S 1) und der Stichtagsbilanz (§ 12 Abs 2 Z 2) muss die **Mitunternehmeranteilseigenschaft** sowohl zum **Einbringungsstichtag** als auch bei **Vertragsabschluss** vorliegen (*Rabel* in *W/H/M*, HdU[1] § 12 Rz 70, 92; *Huber* in *W/Z/H/K*[5] § 12 Rz 74, wonach allerdings der „zugrunde liegende Betrieb" zu beiden Zeitpunkten vorliegen muss).

116 Gegenstand der Einbringung können Anteile an **jeder inländischen oder ausländischen Mitunternehmerschaft** sein, insb an Personengesellschaften, GesbR und unechten stillen Gesellschaften. Die Mitunternehmeranteile können sowohl aus dem Privatvermögen als auch aus dem Betriebsvermögen eingebracht werden (*Huber* in *W/Z/H/K*[5] § 12 Rz 73, 76). Tritt bei einer zweigliedrigen Personengesellschaft ein Gesellschafter als Treuhänder des anderen Gesellschafters auf, ist bei Offenlegung der Treuhandschaft gegenüber den Abgabenbehörden die Einbringung der Gesellschaftsanteile als Einbringung eines 100%igen Mitunternehmeranteiles (keine Betriebseinbringung) zu beurteilen (BMF 18.4.2002, SWK 2002, S 466).

b) Umfang

Bei einer Mitunternehmerschaft erfolgt die Gewinnermittlung nach § 188 BAO in **117** zwei Stufen, auf Ebene der Gesellschaft (iRd Gesellschaftsbilanz) und in einem zweiten Schritt auf Ebene der Gesellschafter unter Berücksichtigung deren persönlicher Verhältnisse (iRd Ergänzungs- und Sonderbilanzen). Zum Gesellschaftsvermögen gehören alle Wirtschaftsgüter, die im zivilrechtlichen Gesamthand- bzw Miteigentum oder im wirtschaftlichen Eigentum der Personengesellschaft stehen; die Zuordnung zum Betriebsvermögen oder zum Privatvermögen erfolgt nach den allgemeinen, auch für Einzelunternehmen geltenden Grundsätzen, in die (steuerliche) Gesellschaftsbilanz sind nur Wirtschaftsgüter des notwendigen und – bei Gewinnermittlung nach § 5 Abs 1 EStG – des gewillkürten Betriebsvermögens aufzunehmen (EStR Rz 5852, 5907 f). Steuerrechtlich ist das Betriebsvermögen nicht der Mitunternehmerschaft als solcher, sondern nach § 24 Abs 1 lit e BAO den einzelnen Gesellschaftern nach Maßgabe ihrer Beteiligung zuzurechnen, das Betriebsvermögen der Gesellschaft stellt somit quotenmäßig das Betriebsvermögen der Gesellschafter dar (Gebot der Individualzurechnung; EStR Rz 5907). Der steuerliche Mitunternehmeranteil besteht aus (i) dem Anteil (Quote) des Gesellschafters am Gesellschaftsvermögen (starres und variables Kapitalkonto) einschließlich (ii) allfälliger Mehr- oder Minderwerte einer Ergänzungsbilanz und (iii) seinem Sonderbetriebsvermögen (Sonderbilanz; EStR Rz 5912).

Der Mitunternehmeranteil iSd § 12 Abs 2 Z 3 umfasst demnach lt UmgrStR neben **118** dem **fixen (starren) Kapitalkonto** den **variablen Kapitalanteil, Gewinnverrechnungskonten, ausstehende Einlagen,** eventuell vorhandene **Sonderbetriebsvermögen I** und **Sonderbetriebsvermögen II** (Fremdkapital zur entgeltlichen Anschaffung von Mitunternehmeranteilen) sowie das **Ergänzungskapital,** dh anschaffungsveranlasste Aufwertungsbeträge (UmgrStR Rz 719) und Mehr- bzw Minderwerte iZm Vorsorgemaßnahmen bei vorangegangenen Verkehrswertezusammenschlüssen nach Art IV (*Wiesner/Schwarzinger*, UmS 209/34/35/13, SWK 2013, 1486). Das UmgrStG setzt weder ein Mindestausmaß der Beteiligung insgesamt noch ein Mindestausmaß des einzubringenden Mitunternehmeranteils voraus. Art III ist daher auch anwendbar, wenn lediglich ein (Zwerg)Teil des Mitunternehmeranteils eingebracht wird (*Huber* in W/Z/H/K[5] § 12 Rz 77). Bei der Einbringung von Teilen des Mitunternehmeranteils ist – vor allfälligen rückwirkenden Korrekturen nach § 16 Abs 5 (s Rz 119) – davon auszugehen, dass zum übertragenen Mitunternehmeranteil der Quote entsprechende Teil des starren Kapitalkontos und der übrigen Bestandteile des Mitunternehmeranteils (variable Kapitalkonten, Sonderbetriebsvermögen und Ergänzungskapital) gehören (UmgrStR Rz 719). Durch Zuordnung/Widmung zum gewillkürten Sonderbetriebsvermögen (durch Aufnahme in die steuerlichen Aufzeichnungen) ist es grds möglich, Vermögen, das für sich nicht einbringungsfähig wäre (zB GmbH-Anteil unter Mindestquote, Rz 132), nach Art III einzubringen. Die FV geht bei einer Überführung aus dem sonstigen Betriebsvermögen in das Sonderbetriebsvermögen desselben Mitunternehmers aber (grds) von einer (die stillen Reserven realisierenden) Entnahme und nachfolgenden Einlage aus, lässt aber bei abnutzbaren WG des AV – anders als bei nicht abnutzbaren WG des AV (zB Beteiligungen) und UV – durch Gleichsetzung des Teilwertes mit dem Buchwert eine „vereinfachte Bewertung" zu, die im Ergebnis zur Unterdrückung der Aufdeckung von stillen Reserven führt

(EStR Rz 5933, Rz 5926; VwGH 17.12.1980, 2429/77). Der BFH hat das dem Mitunternehmer zustehende Recht am Namen der Mitunternehmerschaft als wesentliche Betriebsgrundlage eines Mitunternehmeranteiles beurteilt, wenn dieser in funktionaler Betrachtungsweise für den Betrieb der Mitunternehmerschaft wesentlich ist; die Zurückbehaltung oder bloße Nutzungsüberlassung des Namens könnte demnach der Einbringungsfähigkeit des Mitunternehmeranteiles entgegenstehen (BFH 16.12.2009, I R 97/08, lexinform 17/2010, 6).

119 Der Umfang der übrigen Bestandteile des Mitunternehmeranteils (abgesehen vom starren Kapitalkonto) kann durch **Maßnahmen nach § 16 Abs 5 rückwirkend geändert** werden. Im Detail s § 16 Rz 128, 142, 160 u 175.

120 Soll anlässlich der Einbringung des gesamten Betriebes einer den Gewinn nach § 5 EStG ermittelnden Mitunternehmerschaft die **im Sonderbetriebsvermögen befindliche Liegenschaft** dahingehend geteilt werden, dass der Grund und Boden zurückbehalten und das Gebäude mit eingebracht werden, kann dies durch Abschluss eines in die Einbringung integrierten Baurechtsvertrages oder grundbücherlich eingetragenen Dienstbarkeitsvertrages zwischen dem zivilrechtlichen Eigentümer der Liegenschaft (Mitunternehmer) und der übernehmenden Körperschaft erfolgen (UmgrStR Rz 723). Dadurch kommt es hinsichtlich des zurückbehaltenen Grund und Bodens zur Entnahmebesteuerung zum Einbringungsstichtag, während das Betriebsgebäude idR zu Buchwerten auf die übernehmende Körperschaft übergeht (UmgrStR Rz 723; *Huber* in W/Z/H/K[5] § 12 Rz 86; zu den Anforderungen an den Baurechts- bzw Dienstbarkeitsvertrag s Rz 83).

c) Unterbeteiligung

121 Eine Unterbeteiligung ist eine Beteiligung am Mitunternehmeranteil eines Personengesellschafters (Hauptgesellschafter) auf schuldrechtlicher Basis. Erhält der Unterbeteiligte nur einen Anteil am Gewinn/Verlust des Hauptgesellschafters, erzielt er als bloßer Gläubiger des Hauptgesellschafters Einkünfte aus Kapitalvermögen; bei einer Beteiligung auch an den stillen Reserven und am Firmenwert ist er Mitunternehmer und erzielt betriebliche Einkünfte, wenn der Hauptgesellschafter betriebliche Einkünfte erzielt (sog mitunternehmerische Unterbeteiligung; VwGH 5.3.1979, 2217/78; EStR Rz 5824). Ist die Unterbeteiligung den Gesellschaftern der Hauptgesellschaft bekannt, besteht die Mitunternehmerschaft des Unterbeteiligten bereits im Verhältnis zur Hauptgesellschaft und ist bei der Gewinnfeststellung der Hauptgesellschaft zu berücksichtigen (VwGH 15.1.1991, 87/14/0053). Ist die Unterbeteiligung nicht bekannt, besteht die Mitunternehmerschaft nur im Verhältnis zum Hauptgesellschafter und muss in einem zweiten Feststellungsverfahren, in welchem der Gewinnanteil des Hauptgesellschafters aus der Hauptgesellschaft verteilt wird, berücksichtigt werden (EStR Rz 5826).

> **Stellungnahme.** Die mitunternehmerische Unterbeteiligung ist als Mitunternehmeranteil iSd § 24 EStG für sich, unabhängig vom Mitunternehmeranteil des Hauptbeteiligten und unabhängig von der Bekanntgabe der Unterbeteiligung, gegenüber der Hauptgesellschaft einbringungsfähig (idS UmgrStR Rz 706, allerdings zum Fruchtgenuss an Mitunternehmeranteilen; weiters UmgrStR Rz 1028, 2. Gliederungspunkt, zur Anteilseinbringung durch den Hauptbeteiligten). Eine Mitwirkung des Hauptbeteiligten kann allerdings aufgrund des Erfordernisses der tatsächlichen Vermögensübertragung nach § 12 Abs 1 S 1 geboten sein. Der Haupt-

beteiligte wird seinen Mitunternehmeranteil im Grundsatz ohne Mitwirkung des Unterbeteiligten einbringen können, wobei die Fortsetzung der Unterbeteiligung eine Frage der zivilrechtlichen Regelung im Innenverhältnis zwischen Haupt- und Unterbeteiligten und der übernehmenden Körperschaft ist.

d) Fruchtgenuss

Besteht der Fruchtgenuss nicht nur am laufenden Gewinn, sondern auch an stillen **122** Reserven und Firmenwert und hat der Fruchtnießer mitunternehmerähnliche Einflussrechte, so ist der Fruchtnießer als Mitunternehmer anzusehen und nicht der FG-Belastete (**mitunternehmerischer Fruchtgenuss**; dazu EStR Rz 5804 ff, 5828; *Doralt*, EStG, § 23 Tz 240). Der FG-Berechtigte erzielte originäre Einkünfte als Mitunternehmer, der Mitunternehmeranteil steht in seinem wirtschaftlichen Eigentum. Der FG-Belastete verfügt über keine Mitunternehmereinkünfte und keinen Mitunternehmeranteil, er hat ertragsteuerlich die Stellung eines zivilrechtlichen Treuhänders.

Ein FG-Berechtigter, dem der Mitunternehmeranteil nicht zuzurechnen ist (man- **123** gels Beteiligung an Firmenwert und Einflussrechten), erzielt nach der älteren Rsp (VwGH 25.6.1969, 1430/68; VwGH 14.6.1978, 1230/77) allein aufgrund seiner Gewinnbeteiligung originäre betriebliche Einkünfte aus der Mitunternehmerschaft. Voraussetzung ist, dass sich der FG auf den Gewinn bezieht (**Nettofruchtgenussrecht oder Gewinnfruchtgenussrecht**) und nicht auf sonstige Zahlungen wie zB Umsätze oder Entnahmen (Bruttofruchtgenussrecht). In der jüngeren Rechtsprechung (VwGH 21.7.1998, 98/14/0029) wird die Voraussetzung hinzugefügt, dass der Nettofruchtgenussberechtigte an einem Mitunternehmeranteil soviel Unternehmerinitiative (Einflussmöglichkeiten) im Hinblick auf seinen Gewinnanteil haben muss, so dass er als Mitunternehmer angesehen werden kann. Diese Initiative muss sich nicht aus dem Fruchtgenussrecht selbst, sondern kann sich auch aus anderen Einflussmöglichkeiten wie zB aus einer Geschäftsführerstellung in der Komplementärgesellschaft ergeben (VwGH 21.7.1998, 98/14/0029). Ebenso vertreten die FV (EStR Rz 114, 5828) und die Literatur (*Doralt*, EStG § 2 Tz 152, § 23 Tz 240; *Q/S* § 23 Tz 22), dass dem Nettofruchtgenussberechtigten gewisse Einflussrechte (zB Stimmrechte) auf die Einkunftsquelle zustehen müssen (zB *Q/S* § 23 Tz 22, wonach der Fruchtnießer sämtliche Mitwirkungsrechte des Fruchtgenussbestellers in seiner Person ausüben muss können). Es muss ihm die „Disposition" über die Einkunftserzielung überlassen sein, was bei gewinnabhängigen Einkünften tendenziell bejaht wird (EStR Rz 118, zu Dividenden). Der Gewinnfruchtgenussberechtigte ist Mitunternehmer, jedoch ohne Substanzbeteiligung und ohne Mitunternehmeranteil. Er erzielt Einkünfte aus einem „fremden Betrieb" vergleichbar einem Pächter (VwGH 21.7.1998, 98/14/0029) oder Arbeitsgesellschafter. Die Einkünfte aus der Mitunternehmerschaft sind ertragsteuerlich originär dem Gewinnoder Nettofruchtgenussberechtigten, der Mitunternehmeranteil dagegen dem FG-Belasteten zuzurechnen; er erzielt daraus zwar keine laufenden Einkünfte, im Falle einer Anteilsveräußerung jedoch einen Veräußerungsgewinn nach § 24 EStG.

Bezieht sich ein FG nicht auf Gewinne, sondern auf Einnahmen (**Bruttofrucht- 124 genussrecht**) oder hat der FG-Berechtigte keinerlei Einflussmöglichkeiten auf die Mitunternehmerschaft, sind die Einkünfte ertragsteuerlich dem FG-Belasteten zuzurechnen. Der FG-Berechtigte erlangt (insoweit) keine Mitunternehmerstellung, der Gewinnanteil verbleibt in diesem Fall steuerlich beim FG-Belasteten, auch wenn der FG-Berechtigte daneben bereits Mitunternehmer der Gesellschaft ist (EStR Rz 5828). Die geleisteten Zahlungen (Bruttoerträge) an den FG-Berechtigten sind Einkommensverwendung, aufgrund von Sondertatbeständen können beim FG-Belasteten Sonderausgabe gem § 18 EStG und beim FG-Berechtigten sonstige Einkünfte gem § 29 EStG vorliegen.

125 Für umgründungssteuerliche Zwecke folgt daraus: Ein **mitunternehmerisches Fruchtgenussrecht** führt zu einbringungsfähigem Vermögen iSd § 12 Abs 2 Z 2 beim **FG-Berechtigten**, nicht beim FG-Belasteten. Der FG-Belastete ist einem zivilrechtlichen Treuhänder vergleichbar, seine Mitwirkung bei der Einbringung beschränkt sich auf die Sicherstellung der tatsächlichen Vermögensübertragung iSd § 12 Abs 1 S 1 (UmgrStR Rz 705). Kommt die Gegenleistung formal dem FG-Belasteten zu, ist die abgabenrechtliche Zurechnung des Kapitalanteiles an der übernehmenden Körperschaft (sowie der Ausschüttungen) zum FG-Berechtigten als Einbringenden sicherzustellen, zB durch (fortgesetzte) Ausübung der Herrschaftsrechte an den Gegenleistungsanteilen (UmgrStR Rz 708; BMF 13.6.2001, ecolex 2001, 785).

126 Im Falle eines **Netto- oder Gewinnfruchtgenussrechts** (keine Beteiligung an stillen Reserven und Firmenwert) reicht laut UmgrStR Rz 706 für die Begründung der Mitunternehmerstellung des Fruchtgenussberechtigten eine Vereinbarung, wonach der Fruchtgenussbesteller „die Stimm- und Kontrollrechte nicht zum Nachteil des Fruchtgenussberechtigten ausüben darf", aus; lt UmgrStR ist in diesem Fall dem FG-Berechtigten darüber hinaus aber auch der Mitunternehmeranteil selbst als einbringungsfähiges Vermögen zuzurechnen (UmgrStR Rz 706, Beispiel). Die Einbringung des Fruchtgenussrechts für sich (ohne Übertragung auch der formalen Gesellschafterstellung des FG-Bestellers) dürfte lt FV jedoch nicht möglich sein (UmgrStR Rz 706, wonach die Einbringung „nur treuhändig durch den Fruchtgenussbelasteten vorgenommen werden kann", weil dieser handelsrechtlich die Mitunternehmerstellung besitzt; idS auch UmgrStR Rz 708, wonach die Gegenleistung „formal dem FG-Besteller zukommt"), de facto kommt es damit zum Untergang des FG-Rechts am Mitunternehmeranteil. Ob der fruchtgenussbelastete Anteil in den Händen des FG-Belasteten für sich gleichfalls einbringungsfähiges Vermögen darstellt, wird nicht explizit behandelt, dürfte aber nach den UmgrStR aaO zu verneinen sein.

> **Stellungnahme.** Die Auffassung der FV erscheint unzutreffend. Dem FG-Berechtigten werden zwar die laufenden Einkünfte aus dem Mitunternehmeranteil zugerechnet, er hat aber mangels Vermögensbeteiligung kein wirtschaftliches Eigentum am Mitunternehmeranteil und damit kein einbringungsfähiges Vermögen. Der FG-Belastete ist als wirtschaftlicher Eigentümer des Mitunternehmeranteiles anzusehen und erzielt daraus im Falle der Anteilsveräußerung betriebliche Einkünfte nach § 24 EStG, der Anteil stellt daher bei ihm einbringungsfähiges Vermögen dar. Der steuerliche Einbringungswert ergibt sich aus dem zuzurechnenden Kapitalkonten abzüglich allfälliger Gewinnverrechnungskonten für den FG-Berechtigten, vorbehaltene Entnahmen nach § 16 Abs 5 sind dem FG-Belasteten (als Einbringenden) zuzurechnen (aA UmgrStR Rz 708, Zurechnung zum FG-Berechtigten; allg zur Zurechnung von Entnahmen nach § 16 Abs 5 bei Einbringung von fruchtgenussbelasteten Mitunternehmeranteilen BMF 13.6.2001, ecolex 2001, 785). Davon getrennt ist zu beurteilen, ob die Übernahme der Fruchtgenuss-

belastung durch die übernehmende Körperschaft eine schädliche Gegenleistung iSd § 19 darstellt (s § 19 Rz 9), alternativ kommt eine Fortsetzung des FG an den Gegenleistungsanteilen in Betracht.

Ein **Bruttofruchtgenussrecht** ändert nichts an der Mitunternehmerstellung des FG-Belasteten und an der Zurechnung und Einbringungsfähigkeit seines Mitunternehmeranteiles, weil eine bloße Einkommensverwendung vorliegt (UmgrStR Rz 705). Vorbehaltene Entnahmen nach § 16 Abs 5 sind dem FG-Belasteten zuzurechnen (UmgrStR Rz 705). Davon getrennt ist zu beurteilen, ob die Übernahme der Fruchtgenussbelastung durch die übernehmende Körperschaft eine schädliche Gegenleistung iSd § 19 darstellt (s § 19 Rz 9), alternativ kommt eine Fortsetzung des FG an den Gegenleistungsanteilen in Betracht. **127**

e) Stichtagsbilanz

Weitere Anwendungsvoraussetzung ist das Vorliegen einer steuerlichen Bilanz der Mitunternehmerschaft zum Einbringungsstichtag; der Begriff der Stichtagsbilanz entspricht jenem in § 12 Abs 2 Z 1 (*Rabel* in W/H/M, HdU[1] § 12 Rz 95; *Hügel* in H/M/H § 15 Rz 5; s oben Rz 102), sie umfasst allerdings auch Ergänzungsbuchwerte der Mitunternehmer (insb aus Anteilserwerben) und das Sonderbetriebsvermögen (*Rabel* in W/H/M, HdU[1] § 12 Rz 96). Nach der Rsp wird dem Erfordernis der Stichtagsbilanz grds „*mit einer Aufstellung*" entsprochen, aus der sich der Stand des Kapitals des betreffenden Mitunternehmers zum Einbringungsstichtag ersehen lässt (VwGH 21.4.2016, 2013/15/0289, Anm *Wiesner*, RWZ 2016/52, 224, Anm *Zorn*, RdW 2016/332, 431, in der konkreten Sachverhaltskonstellation wurden keine rückwirkenden Maßnahmen iSd § 16 Abs 5 vorgenommen und lag kein Sonderbetriebsvermögen vor). Wird ein Mitunternehmeranteil auf einen vom Regelbilanzstichtag abweichenden Stichtag eingebracht, obliegt es dem einbringenden Mitunternehmer, die Erstellung einer Bilanz der Mitunternehmerschaft auf diesen Stichtag zu erwirken (UFS 7.6.2011, RV/0166-G/07; *Rabel* in W/H/M § 12 Rz 96; *Hügel* in H/M/H § 12 Rz 95; kritisch *Hirschler/Sulz/Oberkleiner*, UFSjournal 2011, 414). Ist der MU-Anteil Bestandteil eines einzubringenden (Teil)Betriebes, ist die Bilanz des (Teil)Betriebes ausreichend, eine Bilanz für die Mitunternehmerschaft ist in diesem Fall nicht erforderlich (*Zorn*, RdW 2016/332, 431 [432]; *Wiesner/Schwarzinger*, UmS 140/01/03, SWK 2003, S 23; *Huber* in W/Z/H/K[5] § 12 Rz 78; *Mühlehner* in H/M/H § 24 Rz 4; *Walter*[11] Rz 341; vgl auch UmgrStR Rz 92 zur Verschmelzung); analog sollte bei der Einbringung von Mitunternehmeranteilen an doppelstöckigen Mitunternehmerschaften lediglich eine Stichtagsbilanz der Ober-Mitunternehmerschaft, nicht jedoch der Unter-Mitunternehmerschaft(en) erforderlich sein (idS VwGH 29.3.2017, Ra 2015/15/0034, Anm *Zorn*, RdW 2017/320, 465; *Wiesner/Schwarzinger*, UmS 140/01/03, SWK 2003, S 23, wonach die Stichtagsbilanz aus „rechtlichen, faktischen und verwaltungsökonomischen Gründen" entfallen kann). Die fehlende Stichtagsbilanz der (Unter-)Mitunternehmerschaft wird daher kein Anwendungshindernis für Art III darstellen; sofern dadurch eine taggenaue Ergebnisabgrenzung zum Einbringungsstichtag nicht möglich ist (insb bei unterjährigem Einbringungsstichtag), wird analog UmgrStR Rz 92 das Jahresergebnis der (Unter-)Mitunternehmerschaft im Wege der Schätzung auf den Einbringenden und die übernehmende Körperschaft aufzuteilen sein. Zur Ergebnisabgrenzung s allg § 14 Rz 6 ff. **128**

§ 12

128a Bei der Einbringung von Anteilen an **ausländischen Mitunternehmerschaften** sind die Anforderungen an die Stichtagsbilanz der Mitunternehmerschaft gem § 12 Abs 2 Z 2 vergleichbar teleologisch zu reduzieren wie bei der Einbringung ausländischer Betriebs- bzw Vermögensteile (s Rz 103 mwN).

f) GmbH & atypisch stille Gesellschaft

129 Es sind folgende Arten von Einbringungen zu unterscheiden:

- Betriebseinbringung durch die Betriebs-GmbH,
- Einbringung des stillen Gesellschaftsanteils in eine andere GmbH,
- Einbringung des stillen Gesellschaftsanteils in die Betriebs-GmbH.

Wird der **Betrieb der Betriebs-GmbH** (Inhaberin des Handelsgewerbes) in eine andere GmbH unter Fortsetzung der stillen Gesellschaft mit der übernehmenden GmbH eingebracht, liegt keine Betriebseinbringung, sondern eine Einbringung eines Mitunternehmeranteils durch die Betriebs-GmbH vor. Ertragsteuerlich besitzt die Betriebs-GmbH im Ausgangspunkt nämlich keinen Betrieb, sondern einen Mitunternehmeranteil an der GmbH & atypisch stillen Gesellschaft (entgegen der steuerlichen Beurteilung als Mitunternehmeranteils-Einbringung liegt gesellschaftsrechtlich sehr wohl eine Betriebsübertragung zwischen den beiden GmbH vor). Auf Ebene der Mitunternehmerschaft handelt es sich um keinen Umgründungsvorgang, sondern lediglich um einen Gesellschafterwechsel. Wird die **atypisch stille Beteiligung** durch Mitunternehmeranteilseinbringung in eine andere GmbH eingebracht, liegt auf Ebene der Mitunternehmerschaft keine Umgründung, sondern lediglich ein Gesellschafterwechsel hinsichtlich des atypisch stillen Gesellschafters vor. Wird die Beteiligung des atypisch stillen Gesellschafters hingegen **in die Betriebs-GmbH eingebracht**, erlischt die atypisch stille Gesellschaft und der Betrieb geht steuerlich von der Mitunternehmerschaft auf die GmbH über (*Huber* in *W/Z/H/K*[5] § 12 Rz 79 ff mwN).

4. Kapitalanteile

a) Begriff

130 Als einbringungsfähige Kapitalanteile gelten (i) Anteile an inländischen und vergleichbaren ausländischen Kapitalgesellschaften sowie Erwerbs- und Wirtschaftsgenossenschaften (Vergleichbarkeit ist anhand der Gesellschaftsformen des österreichischen Gesellschaftsrechts zu beurteilen; *Huber* in *W/Z/H/K*[5] § 12 Rz 90; *Gröhs*, ÖStZ 1985, 307 ff) und (ii) Anteile an ausländischen Gesellschaften laut Katalog des Anhangs zu Art 3 der FRL in der jeweils geltenden Fassung (§ 12 Abs 2 Z 3). Unter letztere Tatbestandsgruppe fallen somit auch Anteile an ausländischen hybriden Gesellschaften, die aus österreichischer Sicht als (steuerlich transparente) Personengesellschaften zu sehen sind (zB slowakische KS), die Vergleichbarkeit mit einer österreichischen Kapitalgesellschaft oder Erwerbs- und Wirtschaftsgenossenschaft ist keine Voraussetzung (*Huber* in *W/Z/H/K*[5] § 12 Rz 90; offenkundig auch UmgrStR Rz 729). Die Einbringungsfähigkeit ist unabhängig davon gegeben, ob der Kapitalanteil dem notwendigen oder gewillkürten Betriebsvermögen oder dem außerbetrieblichen Vermögen des Einbringenden zuzurechnen ist und ob der Kapitalanteil einer natürlichen Person, einer Personengesellschaft oder einer Körperschaft gehört (UmgrStR Rz 726). Bei betriebszugehörigen Kapitalanteilen ist zu unterscheiden, ob die Kapitalanteilseinbringung isoliert nach § 12 Abs 2 Z 3 oder iRe (Teil)Betriebseinbringung nach § 12 Abs 2 Z 2 erfolgt (zu den unterschiedlichen Rechtsfolgen s Rz 141).

Als Voraussetzung für die Einbringungsfähigkeit von Kapitalanteilen an den vorgenannten Gesellschaften bestehen zwei alternative Tatbestände: **131**

b) Wesentliche Beteiligung

Nach dem ersten Tatbestand in § 12 Abs 2 Z 3 S 1 müssen die Kapitalanteile „mindestens ein Viertel des gesamten Nennkapitals oder des rechnerischen Wertes der Gesamtanteile umfassen". Daraus folgt, dass nicht nur Anteile am Nennkapital (Aktien, Geschäftsanteile einer GmbH oder Genossenschaft) einbringungsfähig sind, sondern auch Anteile am Surrogatkapital (Substanzgenussrechte und Partizipationskapitalanteile iSd § 8 Abs 13 Z 1 KStG). Kapitalanteile und Anteile am Surrogatkapital können voneinander unabhängig eingebracht werden (UmgrStR Rz 728). Der Begriff „rechnerischer Wert" ist dahingehend auszulegen, dass die 25%ige Anteilsquote von der Gesamtsumme des Nennkapitals (Grund- oder Stammkapital) und des Surrogatkapitals berechnet wird. Das Erfordernis der 25%igen Mindestquote wird damit begründet, dass nur in diesem Fall eine funktionelle Ähnlichkeit des Kapitalanteiles mit einem Betrieb gegeben ist (*Huber* in *W/Z/H/K*[5] § 12 Rz 94 f). Die Stimmrechtsquote ist idZ unbeachtlich, auch zB stimmrechtslose Vorzugsaktien sind einbringungsfähig (*Hügel* in *H/M/H* § 12 Rz 101; ungleich § 12 Abs 2 Z 3 S 1 zweiter Tatbestand, s Rz 135). Folgende Einbringungsvarianten sind denkbar: **132**

- Einbringung einer mindestens 25%igen Nominalkapitalbeteiligung, unabhängig vom Umfang eines zusätzlich bestehenden Surrogatkapitals und des damit verbundenen rechnerischen Wertes des Gesamtkapitals,
- Einbringung eines mindestens 25%igen Surrogatkapitalanteiles am rechnerischen Wert des Gesamtkapitals (Nominalkapital und Surrogatkapital),
- Einbringung einer 25 % nicht erreichenden Nominalkapitalbeteiligung und einer Surrogatkapitalbeteiligung an der gleichen Körperschaft, die gemeinsam einen mindestens 25%igen Anteil am rechnerischen Wert des Gesamtkapitals ergeben (UmgrStR Rz 731).

Es muss nicht die gesamte Beteiligung in den Einbringungsvorgang einbezogen werden, sofern eine 25%ige Mindestquote übertragen wird (ErlRV 266 BlgNR 18. GP, 23). Lt FV ist die unmittelbare (zivilrechtliche) Gesellschafterstellung des Einbringenden nicht erforderlich, maßgebend ist die abgabenrechtliche Zurechnung des Kapitalanteils zum Einbringenden (BMF 17.1.1994, SWK 1994, A 303). Die Einbringung von **Anteilen an einer vermögensverwaltenden Personengesellschaft** (GesBR, OG oder KG), die ihrerseits Kapitalanteile iSd § 12 Abs 2 Z 3 hält, kann unter Art III fallen, sofern der auf den Einbringenden gemäß Quotenzurechnung (§ 24 Abs 1 lit e BAO) entfallende Kapitalanteil die 25%ige Mindestquote erfüllt (BMF 17.1.1994, SWK 1994, A 303; idS auch UmgrStR Rz 726; *Rabel* in *W/H/M*[1] § 12 Rz 108). Nach jüngerer Verwaltungspraxis soll die *„Einbringung von Anteilen an einer vermögensverwaltenden Personengesellschaft, die ihrerseits einbringungsfähiges Vermögen (Kapitalanteile iSd § 12 Abs 2 Z 3) hält, keine mittelbare Einbringung von Kapitalanteilen im Sinne von Art III [darstellen]"* (UmgrStR Rz 718). Diese Auffassung steht im Widerspruch zu § 32 Abs 2 EStG u UmgrStR Rz 726 und ist daher als unzutreffend abzulehnen. Zur Anwendbarkeit des § 12 Abs 2 Z 3 S 1 zweiter **133**

Tatbestand (Vermittlung oder Erweiterung der Stimmrechtsmehrheit) auf mittelbare Kapitalanteilseinbringungen s Rz 135.

134 Bei **Einbringungen durch vermögensverwaltende Personengesellschaften** (GesbR, OG oder KG) ist lt FV Einbringender nicht die Personengesellschaft, sondern der einzelne Gesellschafter als steuerlicher Miteigentümer des Kapitalanteils. Der Gesellschafter muss daher die quantitativen und qualitativen Erfordernisse des § 12 Abs 2 Z 3 erfüllen (UmgrStR Rz 726 mit folgendem Beispiel: An der GmbH X sind A mit 5 %, B mit 10 % und C mit 12 % beteiligt. A, B und C gründen eine vermögensverwaltende Personengesellschaft, auf die die Anteile übertragen werden. Die Personengesellschaft kann den 27%igen Kapitalanteil an der GmbH X nicht nach Art III einbringen, sofern die Anteile nicht bei der übernehmenden Körperschaft zur Stimmrechtsmehrheit nach § 12 Abs 2 Z 3 S 1 zweiter Tatbestand führen; glA *Mayr* in *D/R* I[10] Tz 1173; *Walter*[11] Rz 346a; offenbar auch *Rabel* in *W/H/M* § 12 Rz 106; aA *Wiesner/Schwarzinger*, UmS 1/2000, SWK 2000, S 650, wonach sich die Anteilsbesitzer zwecks Herstellung einer 25 %-Beteiligung auch bloß kurzfristig zB iRd Einbringungsvertrages zu einer GesbR verbinden können). Aufgrund des Abstellens auf die Miteigentumsgemeinschaft gilt bei einer gewerblichen Mitunternehmerschaft der Durchgriff auf den Gesellschafter bei der Beurteilung des Beteiligungsausmaßes nicht (UmgrStR Rz 726).

> **Stellungnahme.** Die Unterscheidung ist zwecks Vermeidung einer Umgehung der 25%igen Beteiligungsssschwelle nachvollziehbar, kann aber rechtsdogmatisch nicht überzeugen. Der Gesetzestext des § 12 Abs 2 Z 3 stellt hinsichtlich der 25 %-Grenze in keiner Weise auf den Begriff des Einbringenden ab, auch ist der Begriff des Einbringenden nicht (zwingend) iSd ertragsteuerlichen Einkünfte- bzw Vermögenszurechnungssubjekts zu sehen. Eine vermögensverwaltende Personengesellschaft gilt als Einbringender zB im Bereich des Gegenleistungsrechts nach § 19 (s § 19 Rz 47) oder der Verkehrsteuerbegünstigung nach § 22 (s Rz 236; allg zum Begriff des Einbringenden s unten Rz 223 ff). Naheliegender ist, dass sich die 25 %-Grenze auf das Ausmaß der übertragenen Anteile je Einbringungsvorgang bezieht und aus den vorgenannten Gesetzesstellen ist ableitbar, dass auch eine Einbringung durch eine vermögensverwaltende Personengesellschaft als ein „einheitlicher" Einbringungsvorgang zu werten ist (idS *Wiesner/Schwarzinger*, UmS 1/2000, SWK 2000, S 650).

c) Stimmrechtsmehrheit

135 Einbringungsfähig sind nach § 12 Abs 2 Z 3 S 1 zweiter Tatbestand ferner Kapitalanteile, die „der übernehmenden Körperschaft für sich oder gemeinsam mit ihr bereits vor der Einbringung gehörenden Anteilen **unmittelbar die Mehrheit der Stimmrechte** an der Gesellschaft […] vermitteln oder erweitern". Der zweite Tatbestand wurde iRd EU-StAnpG (BGBl 1994/681) zur Umsetzung des Anteilstausches nach Art 2 lit d FRL eingeführt (ErlRV 1701 BlgNR 18. GP, 8). Der Begriff „Mehrheit der Stimmrechte" ist rein quantitativ iSd einfachen Stimmrechtsmehrheit (mehr als 50 % der auf die stimmberechtigten Gesellschaftsanteile entfallenden Stimmrechte) zu verstehen, etwaige höhere Mehrheitserfordernisse für Gesellschafterbeschlüsse in der Zielgesellschaft kraft gesetzlicher oder gesellschaftsvertraglicher Sonderregelungen sind unbeachtlich (UmgrStR Rz 732; *Hügel* in *H/M/H* § 12 Rz 107; *Rabel* in *W/H/M*¹ § 12 Rz 111 ff). Unbeachtlich ist die Kapitalquote der eingebrachten oder von der übernehmenden Körperschaft bereits vor der Einbringung gehaltenen Anteile (*Rabel* in W/H/M[1] § 12 Rz 111; *Hügel* in H/M/H § 12 Rz 106); einbringungsfähig ist daher auch zB ein Zwerganteil mit entsprechendem Mehrstimmrecht (*Hügel* in H/M/H § 12 Rz 107). Ferner können gemeinsam mit den Stimmrechtsanteilen auch stimmrechtslose Anteile oder Substanzgenussrechte miteingebracht werden (BMF 15.5.2002, SWK 2002, S 560; *Wiesner/Schwarzinger*, UmS 32/6/01, SWK 2001, S 225; *Huber* in W/H/M[10] § 32 Rz 51; *Rabel* in W/H/M[1] § 12 Rz 112 FN 205).

Laut Gesetzestext muss der übernehmenden Gesellschaft die **unmittelbare Stimmrechtsmehrheit** zukommen. Das Unmittelbarkeitserfordernis dürfte von Art 2 lit b FRL (dessen Umsetzung § 12 Abs 2 Z 3 S 1 zweiter Tatbestand dient, s Rz 135) zwar gedeckt sein (*Tumpel*, Harmonisierung 160; *Furherr/Huber*, IntUmgr 65) ist aber vor dem Hintergrund, dass Art 2 lit d FRL bloß die Verhinderung der Zwischenschaltung von Tochtergesellschaften zum Ziel haben dürfte (*Tumpel*, Harmonisierung 160; *Furherr/Huber*, IntUmgr 65) weit auszulegen. Lt Literatur sind demnach über zwischengeschaltete Gesellschaften gehaltene Stimmrechtsquoten unbeachtlich (*Rabel* in W/H/M[1] § 12 Rz 111; *Hügel* in H/M/H § 12 Rz 108). Ferner soll die Einbringung von **Anteilen an einer vermögensverwaltenden Personengesellschaft**, über die Minderheitskapitalanteile gehalten werden, nur dann unter § 12 Abs 2 Z 3 S 1 zweiter Tatbestand fallen, wenn es infolge der Einbringung zur Anwachsung der Personengesellschaft auf die übernehmende Körperschaft und folglich zur Vermittlung bzw Erweiterung der unmittelbaren Stimmrechtsmehrheit an der Zielkapitalgesellschaft kommt (*Aman*, ÖStZ 1995, 255 [257]). Im Übrigen wird das Unmittelbarkeitserfordernis aber nicht mit der zivilrechtlichen Gesellschafterstellung gleichzusetzen sein, sondern iSe gemeinschaftsrechtskonformen Interpretation jegliche Form des **wirtschaftlichen Eigentums** an Kapitalanteilen erfassen, weil anderenfalls § 12 Abs 2 Z 3 S 1 in unzulässiger Weise strengere Anforderungen als die FRL stellen würde (vgl ErlRV 1701 BlgNR 18. GP, 8, zur Umsetzung der FRL). Die Einbringung der **Treugeberstellung** vermittelt daher der übernehmenden Körperschaft in gleicher Weise „unmittelbar" Stimmrechte in Bezug auf die Treuhandanteile (vgl *Ritz*, BAO § 24 Rz 13 zum wirtschaftlichen Eigentum des Treugebers) wie die Einbringung eines **Fruchtgenussrechts**, sofern dem Fruchtnießer das wirtschaftliche Eigentum an den FG-belasteten Kapitalanteilen zugerechnet werden kann (s allg zum Fruchtgenuss § 12 Rz 97 ff). **135a**

Bei **Einbringung von Minderheitsanteilen** müssen laut FV die übernehmenden Gesellschaft bereits „vor der Einbringung gehörenden" Anteile, die zur Vermittlung oder Erweiterung der Stimmrechtsmehrheit (und somit zur Herstellung der Einbringungsfähigkeit der Minderheitsanteile) herangezogen werden, der übernehmenden Körperschaft bereits zum **Einbringungsstichtag zurechenbar** sein (UmgrStR Rz 733, als Begründung werden die Rückwirkungsfiktion und die analoge Anwendbarkeit des Zurechnungserfordernisses für die Einbringenden nach § 13 Abs 2 auf die übernehmende Körperschaft angeführt; *Mayr* in D/R I[10] Tz 1173). Lt Literatur kommt es bei rückwirkenden Einbringungen lediglich auf die Beteiligungsverhältnisse bei Abschluss des Einbringungsvertrages an (arg „vor der Einbringung"), womit auch solche Anteile an der Zielgesellschaft einzurechnen sind, die die übernehmende Körperschaft im Rückwirkungszeitraum bis vor Abschluss des Einbringungsvertrages erworben hat (*Wiesner/Schwarzinger* in GedS Helbich 265 [271]; *Rabel*, ÖStZ 2008, 116; *Walter*[11] Rz 346; *Wolf*, SWK 2009, S 887). **135b**

136 Auch die **Einbringung** von Kapitalanteilen, die jeweils unter 25 % liegen, **durch mehrere Anteilsinhaber** der Zielgesellschaft ist nach § 12 Abs 2 Z 3 S 1 zweiter Tatbestand möglich, wenn dadurch der übernehmenden Körperschaft die Mehrheit der Stimmrechte an der Zielgesellschaft insgesamt erst **vermittelt** wird. Die FV fordert als Voraussetzung, dass die Anteilsinhaber „in einem einheitlichen Vertragswerk auf ein und denselben Stichtag einbringen" (UmgrStR Rz 732, 3. Gliederungspunkt). Die individuellen Einbringungen müssen demnach zwar nicht auf Grundlage eines einheitlichen Einbringungsvertrages (Vertragsurkunde) erfolgen (UmgrStR Rz 732 idF vor WE 2013 *e contrario*, wo noch ein einheitlicher „Einbringungsvertrag" gefordert wurde), allerdings offenbar durch eine Art „Rahmenvertrag" in Beziehung zueinander gesetzt werden, womit auch alle Anteilsinhaber, die nach § 12 Abs 2 Z 3 S 1 zweiter Tatbestand einbringen wollen, Parteien des Rahmenvertrages sein müssten (lt *Wiesner/Schwarzinger*, UmS 207/27/13, SWK 2013, 1204, sind die individuellen Einbringungsverträge in einem „Vertragspaket" zusammenzufassen). Lt Gesetzesmaterialien sind dagegen „alle auf einen Stichtag bezogenen Übertragungen als Einheit zu sehen" (ErlRV 1701 BlgNR 18. GP, 8), ohne weitere Voraussetzungen wie zB ein einheitliches Vertragswerk (unter Einbeziehung aller Einbringenden) oder eine gleichzeitige zivilrechtliche Durchführung der Einbringungen (*Rabel* in W/H/M[1] § 12 Rz 114; *Hügel* in H/M/H § 12 Rz 105). Im Ergebnis wären demnach Minderheitsanteile für sich einbringungsfähig, wenn sie in Zusammenschau mit (i) weiteren, auf denselben Stichtag eingebrachten und/oder (ii) von der übernehmenden Körperschaft bis zum Abschluss des Einbringungsvertrages anderweitig erworbenen Anteilen (s Rz 135) der übernehmenden Körperschaft die Stimmrechtsmehrheit an der Beteiligungsgesellschaft vermitteln. Zur Kritik an UmgrStR Rz 732, 3. Gliederungspunkt, aus EU-rechtlicher Sicht s Rz 139.

d) Anteilstausch nach FRL

138 Nach der FRL fällt dieser Vorgang grundsätzlich unter die Regelungen des Anteilstausches nach Art 2 lit d FRL, wofür als Rechtsfolge das Unterbleiben der Veräußerungsgewinnbesteuerung beim Einbringenden nach Maßgabe des Art 8 Abs 1 FRL (Besteuerungsverbot) vorgesehen ist (*Furherr/Huber,* IntUmgr 67; s oben Rz 60).

139 Der **sachliche Anwendungsbereich** des § 12 Abs 2 Z 3 geht zum Teil über Art 2 lit d FRL hinaus. Zusätzlich zum Kriterium des Art 2 lit d FRL (Vermittlung oder Erweiterung der Stimmrechtsmehrheit) ist nach Art III auch ein Viertel des Gesamtkapitals bzw des rechnerischen Werts der Gesamtanteile einbringungsfähig (*Huber* in W/Z/H/K[5] § 12 Rz 91; *Tumpel*, Harmonisierung 234). Des Weiteren sieht Art 10a Abs 1 FRL die Berechtigung der Mitgliedstaaten vor, bei einer transparenten gebietsfremden erworbenen Gesellschaft (Beteiligungsgesellschaft) die FRL nicht anzuwenden (Opting Out) und eine Veräußerungsgewinnbesteuerung vorzunehmen, jedoch unter Anrechnung einer fiktiven Veräußerungsgewinnsteuer des Ansässigkeitsstaates der Beteiligungsgesellschaft (vgl *Furherr/Huber,* IntUmgr 76 f). Österreich hat von dieser Option nicht Gebrauch gemacht (*Furherr/Huber*, IntUmgr 107). Kritisch zu sehen sind hingegen die Anforderungen der FV an die Zusammenfassung mehrer (jeweils unter 25 % liegender) Anteilseinbringungen, wenn dadurch der übernehmenden Körperschaft die Mehrheit der Stimmrechte an der Zielgesellschaft vermittelt wird. Lt FV haben die Einbringungen in einem einheitlichen Vertragswerk und auf denselben Stichtag zu erfolgen

(UmgrStR Rz 732), lt hA müssen nach der FRL die Minderheitsanteile lediglich in einem wirtschaftlichen Vorgang (Gesamtplan) eingebracht werden (*Furherr/Huber*, IntUmgr 65 mwN).

Der **persönliche Anwendungsbereich** des Art III ist zu eng gefasst. Nach Art 2 lit d **140** FRL ist für die Anwendbarkeit des Art 8 Abs 1 FRL (Besteuerungsverbot) ausreichend, dass die erworbene und die erwerbende Gesellschaft in verschiedenen Mitgliedstaaten ansässig sind, die Person des Einbringenden ist beliebig (*Furherr/Huber*, IntUmgr 112 mwN). Insb die Entstrickungsbesteuerung nach § 16 Abs 1 S 2 für Exporteinbringungen durch natürliche Personen oder Drittlandsangehörige und die Zwangsaufwertung nach § 16 Abs 2 Z 2 für Drittlandsangehörige können gegen die FRL verstoßen (*Hügel* in *H/M/H*, § 16 Rz 84; *Furherr/Huber*, IntUmgr 112 mwN).

e) Anschaffungsbedingtes Fremdkapital

In der Stammfassung begünstigte § 12 Abs 2 Z 3 ausschließlich die Einbringung **141** von Kapitalanteilen, die Miteinbringung anderer Wirtschaftsgüter war nicht möglich. Mit AbgÄG 1996 (BGBl I 1996/797) wurde Z 3 um einen neuen S 2 erweitert, der unter bestimmten Voraussetzungen die Möglichkeit der Miteinbringung von Fremdkapital eröffnet (*Rabel* in *W/H/M*, HdU^1 § 12 Rz 115; *Sulz*, FJ 1998, 52). Nach § 12 Abs 2 Z 3 S 2 zählt „zum Begriff des Kapitalanteiles […] bei vertraglicher Einbeziehung auch der am Einbringungsstichtag ausstehende Teil des nachweisbar ausschließlich zur Anschaffung des einzubringenden Anteiles aufgenommenen Fremdkapitals". Die Gesetzesmaterialien führen dazu aus, dass „die Einbringung von Kapitalanteilen mangels Vorliegen einer wirtschaftlichen Einheit bisher auf den Anteil selbst beschränkt gewesen [ist]. Mit der Erweiterung der Z 3 soll erreicht werden, daß Verbindlichkeiten, die nachweisbar ausschließlich auf die Anschaffung des Anteiles zurückzuführen sind, miteingebracht werden können. Diese als Option ausgestaltete Erweiterung bringt den Vorteil, daß der Wert der Sacheinlage im Falle des Ansatzes der Verbindlichkeit vermindert werden kann und bei Gewährung von Anteilen im Umtauschverhältnis Berücksichtigung findet oder bei Verzicht auf die Gewährung von Anteilen als geringerer Nettosacheinlagewert auf die bestehende Beteiligung aktiviert wird" (ErlRV 497 BlgNR 20. GP, 23). Abhängig davon, ob eine Kapitalanteilseinbringung isoliert nach § 12 Abs 2 Z 3 oder iRe (Teil)Betriebseinbringung nach § 12 Abs 2 Z 2 erfolgt, ergeben sich jedoch unterschiedliche Rechtsfolgen. Im erstgenannten Fall steht das Wahlrecht der Einbeziehung von anschaffungsbedingtem Fremdkapital nach § 12 Abs 2 Z 3 S 3 offen (*Wiesner/Schwarzinger*, SWK 2011, 855), im zweitgenannten Fall das Instrumentarium nach § 16 Abs 5 zur Veränderung des Einbringungsvermögens (zB rückbezogenes Zuordnen des Kapitalanteiles zum bzw Zurückbehalten aus dem übertragenen Teilbetrieb, jedoch unter Beachtung des Verknüpfungszusammenhanges zwischen Aktiva und im Finanzierungszusammenhang stehenden Passiva; s § 16 Rz 161 ff) und wird dadurch das Wahlrecht nach § 12 Abs 2 Z 3 S 3 verdrängt (idS BFG 21.12.2015, RV/7102158/2013, Revision eingebracht, anhängig zu Ro 2016/13/0018; *Rzepa/Wild*, RWZ 2016/43, 184; krit *Stieglitz/Volpini de Maestri/Pfleger*, SWK 2016, 381).

Als Voraussetzung muss das Fremdkapital zunächst im Zusammenhang mit der **141a** „**Anschaffung**" des einzubringenden Kapitalanteiles stehen. Der Anschaffungsbegriff umfasst zumal den entgeltlichen Erwerb bereits existenter Wirtschaftsgüter und damit sämtliche Vorgänge (Aufwendungen), die zu Anschaffungskosten, Anschaffungsnebenkosten und nachträglichen Anschaffungskosten führen (*Sulz*, FJ 1998, 52 [53 f]); des Weiteren Einlagentatbestände, worunter neben tatsächlich geleisteten Einlagen des Gesellschafters auch einklagbare Einlageversprechen fallen (BMF 21.8.1997, ecolex 1998, 74; BMF 16.2.1998, RdW 1998, 238; *Rabel* in *W/H/M*, HdU¹ § 12 Rz 119). Einbringungsfähig sind somit ua Verpflichtungen aus Gegenleistungsrenten, während Verpflichtungen aus Unterhaltsrenten mangels Zusammenhang mit einem Anschaffungsvorgang nicht einbringungsfähig sind (*Rabel* in *W/H/M*, HdU¹ § 12 Rz 118). Der Begriff **„Fremdkapital"** ist in einem weiten bilanztechnischen Sinn zu interpretieren und erfasst grundsätzlich Verbindlichkeiten, Rückstellungen und passive Rechnungsabgrenzungen (*Rabel* in *W/H/M*, HdU¹ § 12 Rz 118; *Sulz*, FJ 1998, 52 [54]). Das Fremdkapital muss allerdings „ausschließlich" zur Anschaffung des eingebrachten Kapitalanteiles „aufgenommen" worden sein (**Ausschließlichkeit der Anschaffungsbezogenheit**). Demnach muss die Schuld anlässlich bzw im Zuge der Anschaffung entstehen (arg „aufgenommen"). Zum Anschaffungszeitpunkt bereits bestehende oder erst danach aufgenommene Verbindlichkeiten sind grundsätzlich nicht einbringungsfähig (*Huber* in *W/Z/H/K*⁵ § 12 Rz 97), ausgenommen nachträglich aufgenommenes Fremdkapital iZm Anschaffungsnebenkosten und nachträglichen Anschaffungskosten (zB spätere Kaufpreiserhöhung; *Sulz*, FJ 1998, 52 [54]) und ggf nachträgliches Fremdkapital, das explizit und nachweisbar der Substitution von für die Anschaffung verwendeten Eigenmitteln dient (idS VwGH 20.10.2010, 2007/13/0085, zum Abzugsverbot nach § 12 Abs 2 KStG; dazu *Polster-Grüll/Pucher* in *Achatz ua* Unternehmensbesteuerung 389 [405]). Wegen der Bezugnahme auf „aufgenommenes Fremdkapital" wird die Übertragungsfähigkeit von Schuldpositionen, die auf zum Einbringungsstichtag offene Zinsen entfallen, bezweifelt (*Rabel/Ehrke-Rabel* in *W/H/M*, HdU¹⁶ § 12 Rz 156; ablehnend *Sulz*, FJ 1998, 52 [54]). Folgt man dieser Auffassung, ist fraglich, ob allfällige Verluste aus im Rückwirkungszeitraum gezahlten Zinsen auf die übernehmende Körperschaft übergehen oder nicht. Da nach dieser Auffassung die offenen Zinsen kein Teil des „aufgenommenen Fremdkapitals" sind, sollten auch die daraus resultierenden Verluste nicht dem übertragenen Kapitalanteil iSd § 21 zuzurechnen sein und demnach beim Einbringenden verbleiben (UmgrStR Rz 1178). Andernfalls käme es idZ zu einer unsystematischen Aufsplittung (arg Schuldzinsen verbleiben beim Einbringenden, wohingegen die diesbezüglichen Verluste übergehen). Als weitere Konsequenz dieser Auffassung wäre eine exakte Abgrenzung der offenen Zinsen zum Einbringungsstichtag vorzunehmen und eine entsprechend strenge Stichtagsregelung in der Schuldübernahmevereinbarung zu treffen, damit keine schädliche Gegenleistung vorliegt (s § 19 Rz 7). Das Fremdkapital darf des Weiteren nicht der Finanzierung auch anderer Maßnahmen dienen (arg „ausschließlich"; *Rabel* in *W/H/M*, HdU¹ § 12 Rz 117, wonach ein gemischt verwendeter Kredit zur Gänze nicht einbringungsfähig ist; glA *Sulz*, FJ 1998, 52 [54]). Laut FV sind allerdings später durchgeführte Umschuldungsmaßnahmen der ursprünglichen Finanzierungsschuld unschädlich (UmgrStR Rz 736). Nur der **„am Einbringungsstichtag noch ausstehende Teil"** des Fremdkapitals kann miteingebracht werden. Die Einbringungsfähigkeit von wiederaufgebauten Schuldpositionen (Verbindlichkeiten, die durch die Anschaffung des einzubringenden Kapitalanteils zwar verursacht, zwischenzeitig jedoch zum Teil getilgt und vor dem Einbringungsstichtag in ihrem Ausmaß wiederum erhöht wurden) wird überwiegend abgelehnt (*Sulz*, FJ 1998, 52 [53]; *Rabel* in *W/H/M*, HdU¹ § 12 Rz 116; offen *Huber* in *W/Z/H/K*⁵ § 12 Rz 97). Tilgungen des Einbringenden nach dem Einbringungsstichtag (bzw im Rückwirkungszeitraum) kürzen das einbringungsfähige Fremdkapital allerdings nicht; aufgrund der Rückwirkungsfiktion sind die Tilgungen der übernehmenden Körperschaft zuzurechnen und führen zu einer Verrechnungsforderung des Einbringenden gegenüber der übernehmenden Körperschaft (*Rabel* in *W/H/M*, HdU¹ § 12 Rz 116; *Sulz*, FJ 1998, 52 [53]). Von praktischer Bedeutung ist § 12 Abs 2 Z 3 S 2 vor allem für erwerbsbedingt aufgenommene Fremdfinanzierungen und zum Einbringungsstichtag offene Kaufpreisverbindlichkeiten (*Rabel* in *W/H/M*, HdU¹ § 12 Rz 118; *Sulz*, FJ 1998, 52 [54]) sowie offene Verbindlichkeiten aus Einlagentatbeständen (BMF 21.8.1997, ecolex 1998, 74, zu Verbindlichkeiten aus Einlageversprechen; BMF 16.2.1998, RdW 1998, 238, zu fremdfinanzierten Einlagen; zur Sonderregelung für Einlagenverbindlichkeiten nach § 12 Abs 2 Z 3 S s Rz 145).

Die Mitübertragung von Anschaffungsverbindlichkeiten bedarf einer speziellen Regelung im Einbringungsvertrag; wird von dem Wahlrecht im Einbringungsvertrag nicht ausdrücklich Gebrauch gemacht, gilt die Verbindlichkeit als nicht miteingebracht. Hat die Anschaffungsverbindlichkeit dem Erwerb mehrerer Kapitalanteile gedient, werden aber nicht sämtliche dieser Kapitalanteile eingebracht, ist bei Mitübertragung der Anschaffungsverbindlichkeit eine nachvollziehbare Zuordnung zu den übertragenen bzw zurückbehaltenen Kapitalanteilen vorzunehmen (UmgStR Rz 735). Das Zurückbehalten der Verbindlichkeit stellt keine Maßnahme nach § 16 Abs 5 dar, die Verpflichtung zur zusammenhängenden Behandlung von Aktivum und Passivum nach § 16 Abs 5 (Verknüpfungsregelung in § 16 Abs 5 Z 3 und 4) oder nach allgemeinem Steuerrecht ist ohne Bedeutung (UmgrStR Rz 735 mit Hinweis, dass § 16 Abs 5 nicht auf Kapitalanteile anwendbar ist und darüber hinaus § 12 Abs 2 Z 3 S 2 als lex specialis zu sehen ist; *Huber* in *W/Z/H/K*⁵ § 12 Rz 97). Das Wahlrecht der Miteinbeziehung der Finanzierungsverbindlichkeit besteht sowohl bei (isolierten) Kapitalanteilseinbringungen aus dem Betriebsvermögen als auch aus dem Privatvermögen (*Wiesner/Schwarzinger*, UmS 175/23/24/11, SWK 2011, S 855) und kann entweder für die gesamte (ausstehende) Verbindlichkeit oder nur für einen Teil davon ausgeübt werden (UmgrStR Rz 735; *Wiesner/Schwarzinger*, UmS 173/20/21/11, SWK 2011, S 756, wonach aufgrund dieses Wahlrechts das mitzuübertragende Fremdkapital stets zu beziffern ist). **141b**

Als **unmittelbare Rechtsfolge** der Miteinbeziehung zählt die Finanzierungsverbindlichkeit nach § 12 Abs 2 Z 3 S 1 „zum Begriff des Kapitalanteiles". Für den Bereich des Art III kommt es somit zu einer **Erweiterung des Kapitalanteilsbegriffs**; er umfasst neben dem eigentlichen Kapitalanteil auch die einbezogene Anschaffungsverbindlichkeit, diese wird zu einem Bestandteil des Kapitalanteiles (*Rabel* in *W/H/M*, HdU¹ § 12 Rz 115; *Hofbauer-Steffel/Stetsko*, taxlex 2008, 427). Bei Einbringungen aus dem Privatvermögen kommt es durch die Miteinbeziehung zur Transformation des Fremdkapitals von einer bis dahin steuerlich unerheblichen Finanzierungsentscheidung in ein zweites (negatives) Wirtschaftsgut, welches mit dem Kapitalanteil ieS ebenso eingebracht wird (*Hofbauer-Steffel/Stetsko*, ecolex 2008, 427). Zu den Auswirkungen des erweiterten Kapitalanteilsbegriffes auf die Bewertungsregelung für den Einbringenden (§ 17 Abs 1) s § 17 Rz 24, für die über- **142** nehmende Körperschaft (§ 18 Abs 1 Z 2) s § 18 Rz 32 und für die Gegenleistungsanteile (§ 20) s § 20 Rz 9.

143 Wird die **Anschaffungsverbindlichkeit zurückbehalten**, besteht lt FV für diese Verbindlichkeit kein unmittelbarer Zusammenhang mehr mit der Anschaffung der eingebrachten Kapitalanteile (UmgrStR Rz 737; KStR Rz 1218) und lebt dieser laut hA auch nicht in den Gegenleistungsanteilen wieder auf (*Rabel* in *W/H/M*, HdU[1] § 12 Rz 120 mwN; *Zöchling* in *Kirchmayr/Mayr*, Konzernfinanzierung 25 [29]). Bei Zugehörigkeit zum **Betriebsvermögen** ist der Zinsaufwand ab dem dem Einbringungsstichtag folgenden Tag als Betriebsausgabe abzugsfähig (keine Anwendbarkeit der §§ 20 Abs 2 EStG oder 12 Abs 2 KStG beim Einbringenden; UmgrStR Rz 737; KStR Rz 1287; *Wiesner/Schwarzinger*, UmS 173/20/21/11, SWK 2011, S 765; *Rabel* in *W/H/M*, HdU[1] § 12 Rz 120 mwN; *Walter*[11] Rz 348). Auch das Abzugsverbot für Konzernerwerbe nach § 11 Abs 1 Z 4 TS 2 KStG idF vor AbgÄG 2014 entfiel beim Einbringenden infolge der Einbringung (vgl *Puchner*, taxlex 2011, 86; *Mayr*, RdW 2011, 52 [54]); seit 1.3.2014 ist das Abzugsverbot für Konzernerwerbe bei einbringenden Körperschaften allerdings lt FV aufgrund der Neuregelung in § 12 Abs 1 Z 9 KStG idF AbgÄG 2014 (wieder) anwendbar (arg „gedient hat", Einführung der sog Trennungsschranke; KStR Rz 1266ah und 1287). Bei Zugehörigkeit zum **außerbetrieblichen Bereich** fallen die Zinsen nach allgemeinen Grundsätzen im Regelfall unter das Abzugsverbot nach § 20 Abs 2 EStG (*Rabel* in *W/H/M*, HdU[1] § 12 Rz 120; *Schwarzinger/Wiesner*, ÖStZ 1995, 345 [349]; *Walter*[11] Rz 348); die UmgrStR Rz 737 verweisen idZ weiters auf den Fall einer Betriebseinbringung durch eine natürliche Person oder Personengesellschaft samt betriebszugehörigem Kapitalanteil unter Zurückbehaltung der Anschaffungsverbindlichkeit und führen aus, dass der Zinsaufwand im Hinblick auf die Zugehörigkeit der Verbindlichkeit zum Privatvermögen auch zu keinen (nachträglichen) Betriebsausgaben nach § 32 EStG führt (UmgrStR Rz 737).

> **Stellungnahme.** Bei dem in UmgrStR Rz 737 angesprochenen Fall handelt es sich allerdings nicht um eine Kapitalanteilseinbringung nach § 12 Abs 2 Z 3, sondern um eine Betriebseinbringung nach § 12 Abs 2 Z 1 unter Zurückbehalten einer Verbindlichkeit nach § 16 Abs 5 Z 3 (BFG 21.12.2015, RV/7102158/2013, Revision eingebracht, anhängig zu Ro 2016/13/0018; krit *Stieglitz/Volpini de Maestri/Pfleger*, SWK 2016, 381).

144 Bei **Mitübertragung der Verbindlichkeit** richtet sich die Abzugsfähigkeit der Zinsaufwendungen bei der übernehmenden Körperschaft nach §§ 12 Abs 2 iVm 11 Abs 1 Z 4 KStG (UmgrStR Rz 737; *Huber* in *W/Z/H/K*[5] § 12 Rz 96 ff; *Wiesner/Schwarzinger*, UmS 173/20/21/11, SWK 2011, S 765; *Walter*[11] Rz 348) und seit 1.3.2014 auch nach § 12 Abs 1 Z 9 und 10 KStG idF AbgÄG 2014. Fraglich ist, ob und bejahendenfalls unter welchen Voraussetzungen das Abzugsverbot für Konzernerwerbe nach § 12 Abs 1 Z 9 KStG (bzw bis 28.2.2014 nach § 11 Abs 1 Z 4 TS 2 KStG idF vor AbgÄG 2014; allg *Achatz/Bieber* in *Achatz/Kirchmayr* Art 60 Z 5 BBG 2011 Tz 11 ff) den Zinsabzug bei der übernehmenden Körperschaft verhindert. Denkbar ist eine auf die **Verhältnisse der übernehmenden Körperschaft** bezogene Beurteilung (dh ob der Einbringende als konzernverbundene bzw beherrschende Person im Verhältnis zur übernehmenden Körperschaft zu sehen ist) oder eine auf die **Verhältnisse des Einbringenden** abstellende Betrachtung (dh ob die mitübertragene Verbindlichkeit beim Einbringenden dem Abzugsverbot nach § 12 Abs 1 Z 9 KStG unterlag bzw bei einbringenden Nicht-Körperschaften unterlegen hätte). Nach *Walter* ist für die Rechtslage vor AbgÄG 2014 auf die Verhältnisse des Einbringenden abzustellen, weil nach dem „Sinn und Zweck" der Regelung das Abzugsverbot bei der übernehmenden Körperschaft „in teleologischer Reduktion" nur jene Zinsen erfasst, die bereits beim Einbringenden unter § 11 Abs 1 Z 4 TS 2 KStG idF vor AbgÄG 2014 gefallen wären (*Walter*[11] Rz 348; zustimmend *Mayr* in *Kirchmayr/Mayr*, Konzernfinanzierung 15 [22]; *ders*, RdW 2012, 696; *Zöchling* in *Kirchmayr/Mayr*, Konzernfinanzierung 25 [29]; *Mayr* in *D/R* I[10] Tz 1173).

Stellungnahme: Fraglich ist, ob die oa Literaturmeinung tatsächlich mit dem Telos der Regelung begründet werden kann. Laut Gesetzesmaterialien zum BBG 2011 (ErlRV 981 BglNR 24. GP, 132) sollte durch § 11 Abs 1 Z 4 TS 2 KStG idF vor AbgÄG 2014 zwar lediglich die Möglichkeit unterbunden werden, „im Konzernverbund [...] durch fremdfinanzierte Beteiligungsverkäufe Betriebsausgaben *künstlich* zu generieren" (keine grundsätzliche Einschränkung des Zinsabzuges; vgl *Achatz/Bieber* in *Achatz/Kirchmayr* Art 60 Z 5 BBG 2011 Tz 12), der Wortlaut knüpft allerdings ohne weitere Differenzierung allein an den Umstand eines konzerninternen Anteilserwerbes an und verweigert den Zinsabzug **unabhängig von der Herkunft des Fremdkapitals** (dh sowohl allenfalls künstlich generierte konzerninterne Fremdfinanzierungen als auch externe Bankenfinanzierungen; *Lehner*, GES 2011, 121 [125]; *Achatz/Bieber* in *Achatz/Kirchmayr* Art 60 Z 5 BBG 2011 Tz 13; *Mayr*, RdW 2011, 52 [54]; *Puchner*, taxlex 2011, 86 [87]; *Polster-Grüll/Pucher* in *Achatz ua* Unternehmensbesteuerung 389 [397]). Dies blieb auch durch die Neuregelung des Abzugsverbots in § 12 Abs 1 Z 9 KStG idF AbgÄG 2014 unverändert. Der einbringungsbedingte Erwerb stellt lt FV und hA unstrittig einen **Anschaffungsvorgang bei der übernehmenden Körperschaft** dar (s im Detail Rz 32). Ein konzerninterner Verkauf einer (ursprünglich fremd angeschafften) Beteiligung führt beim Erwerber jedenfalls zum Abzugsverbot nach § 12 Abs 1 Z 9 KStG (bzw § 11 Abs 1 Z 4 TS 2 KStG idF vor AbgÄG 2014), ein Erwerb im Wege einer wirtschaftlich vergleichbaren Einbringung unter Übernahme der Finanzierungsverbindlichkeit des Einbringenden nach oa Auffassung nicht. Die Nicht-Anwendbarkeit des § 12 Abs 1 Z 9 KStG (bzw § 11 Abs 1 Z 4 TS 2 KStG idF vor AbgÄG 2014) auf die übernehmende Körperschaft iRe „teleologischen Reduktion" erscheint daher jedenfalls nicht naheliegend. Des Weiteren verweisen die Gesetzesmaterialien zum BBG 2011 idZ auf den Konzernausschluss für Firmenwertabschreibungen bei konzerninternen Anteilserwerben iRd Gruppenbesteuerung nach § 9 Abs 7 S 2 KStG idF vor AbgÄG 2014, dem § 11 Abs 1 Z 4 TS 2 KStG idF vor AbgÄG 2014 nachempfunden wurde (ErlRV 981 BglNR 24. GP, 132; *Mayr*, RdW 2011, 52 [53]; *Lehner*, GES 2011, 121 [125]). IRd § 9 Abs 7 S 2 KStG idF vor AbgÄG 2014 wird bei einbringungsbedingten Anteilserwerben auf die jeweiligen **Verhältnisse bei der übernehmenden Körperschaft** abgestellt (KStR Rz 1135), ua führt die Konzernzugehörigkeit des Einbringenden zum Konzernausschluss nach § 9 Abs 7 S 2 KStG idF vor AbgÄG 2014 bei der übernehmenden Körperschaft (UmgrStR Rz 1245, letzter Satz, idF AÖF 2008/243); eine Fortführung der Firmenwertabschreibung ist allenfalls iRd umgründungssteuerlichen Gesamtrechtsnachfolge möglich (zB UmgrStR Rz 1245c idF AÖF 2008/243). Zutreffender erscheint daher eine am Wortlaut des § 12 Abs 1 Z 9 KStG (bzw § 11 Abs 1 Z 4 TS 2 KStG idF vor AbgÄG 2014) ausgerichtete Auslegung, wonach die Vorschrift auf die jeweiligen Verhältnisse bei der übernehmenden Körperschaft anzuwenden ist (*arg*

Einbringung gilt als neuerlicher „Erwerb" der übertragenen Kapitalanteile). Einbringungen durch konzernangehörige Personen iSd § 12 Abs 1 Z 9 KStG können demnach das Zinsabzugsverbot für miteingebrachte Finanzierungsverbindlichkeiten bei der übernehmenden Körperschaft auslösen (arg Erwerb der Kapitalanteile im Konzernverbund), Einbringungen durch (vor der Einbringung) konzernfremde Personen iSd § 12 Abs 1 Z 9 KStG dagegen nicht (idS auch *Wiesner*, RWZ 2011, 3 [4]). Im Falle **einbringender Körperschaften** können diese allgemeinen Rechtsfolgen allerdings durch die **Gesamtrechtsnachfolgefiktion nach § 18 Abs 1 Z 4 berdrängt werden**, wonach die übernehmende Körperschaft in die diesbezügliche (objektbezogene) Rechtsposition des Einbringenden (Abzugsfähigkeit nach § 11 Abs 1 Z 4 KStG oder Abzugsverbot nach § 12 Abs 1 Z 9 KStG) eintritt. Bei einbringenden natürlichen Personen kann eine solche Verdrängung mangels entsprechender Rechtsposition des Einbringenden (§§ 11 und 12 KStG sind idR auf natürliche Personen nicht anwendbar), in die die übernehmende Körperschaft eintreten könnte, nicht Platz greifen (s im Detail § 18 Rz 46).

f) Verbindlichkeiten aus Einlagevorgängen

145 § 12 Abs 2 Z 3 wurde iRd AbgÄG 2012 um folgenden neuen S 3 erweitert: „Verbindlichkeiten in unmittelbarem Zusammenhang mit einer Einlage im Sinne des § 8 Abs. 1 des Körperschaftsteuergesetzes 1988 in die Körperschaft, deren Anteile übertragen werden, zählen jedenfalls zum Begriff des Kapitalanteils, wenn die Einlage innerhalb von zwei Jahren vor dem Einbringungsstichtag erfolgt ist." S 3 ist erstmals auf Umgründungen anzuwenden, bei denen die Anmeldung zur Eintragung beim zuständigen Firmenbuchgericht oder die Meldung beim zuständigen Finanzamt nach dem 31. Dezember 2012 erfolgt (3. Teil UmgrStG, Z 24). Laut **Gesetzesmaterialien** sollen „künftig […] Verbindlichkeiten in unmittelbarem Zusammenhang mit Einlagen in das begünstigte Vermögen miteinbezogen werden. Dies soll für Einlagen gelten, die innerhalb von 2 Jahren vor dem Einbringungsstichtag erfolgt sind. Damit sollen unerwünschte Gestaltungsmaßnahmen durch eine künstliche Trennung unmittelbar wirtschaftlich zusammenhängender Aktiv- und Passivpositionen ausgeschlossen werden. Die Miteinbeziehung soll nur solche Sachverhalte erfassen, in denen der Zusammenhang zwischen Verbindlichkeiten und Einlagen klar gegeben ist und die Umgründung in zeitlichem Zusammenhang mit der Einlage erfolgt. Betroffen sind neben fremdfinanzierten Einlagen auch durch Zuschusszusagen entstandene Verbindlichkeiten." (ErlRV 1960 BglNR 24. GP, 31). Der in den Gesetzesmaterialien angesprochene **Gesetzeszweck der Vermeidung unerwünschter Gestaltungsmaßnahmen** erfährt keine nähere Erläuterung, dürfte allerdings Umgründungen mit der Zielsetzung der Reduzierung einer Veräußerungsgewinnbesteuerung iZm der Übertragung steuerhängiger Kapitalanteile vor Augen haben (idS *Mayr*, RdW 2012, 696 f; UmgrStR Rz 737a).

> **Beispiel** (nach *Mayr*, RdW 2012, 696):
> Die M-GmbH beabsichtigt ihre Anteile an der 100 %-Tochtergesellschaft T-GmbH (Buchwert 100, Verkehrswert 1.000) zu veräußern. Vor der Veräußerung leistet T-GmbH eine Einlagenzusage (oder tätigt eine fremdfinanzierte Einlage) in eine neu gegründete 100 %-Enkelgesellschaft E-GmbH iHd Verkehrswertes der T-GmbH; im Anschluss wird die Beteiligung an E-GmbH up stream in die M-GmbH eingebracht (oder abgespalten) unter Zurückbehaltung der Verbind-

lichkeit aus der Einlagenzusage (bzw aus der fremdfinanzierten Einlage) bei T-GmbH. Die T-GmbH-Anteile werden infolge des Leverage der T-GmbH zum (ggf nach § 20 Abs 4 Z 2 auf null herabgesetzten; s § 20 Rz 37) Buchwert veräußert, wirtschaftlich fließt der „Kaufpreis" an M-GmbH über die Beteilgung an der E-GmbH, zB im Wege einer (steuerneutralen) Einlagenrückzahlung oder einer Up-stream-Verschmelzung.

§ 12 Abs 2 Z 3 S 3 verdrängt als lex specialis das Einbeziehungswahlrecht für anschaffungsbezogenes Fremdkapital nach S 2 (idS *Walter*[11] Rz 347), wobei die **Rechtsfolge** des S 3 mit jener nach S 2 gleichzusetzen sein wird. Demnach umfasst der erweiterte Kapitalanteilsbegriff neben dem eigentlichen Kapitalanteil auch die Einlagenverbindlichkeit iSd S 3, sie wird zu einem Bestandteil des Kapitalanteils und kann steuerlich nur gemeinsam mit diesem übertragen werden (s Rz 142). Die Abzugsfähigkeit der Zinsaufwendungen bei der übernehmenden Körperschaft richtet sich nach §§ 12 Abs 2 iVm 11 Abs 1 Z 4 KStG, wobei dieselben Grundsätze wie bei der Miteinbringung von anschaffungsbedingtem Fremdkapital nach § 12 Abs 2 Z 3 S 2 gelten (s Rz 144). **146**

Wird die Einlagenverbindlichkeit abweichend davon zivilrechtlich **beim Einbringenden zurückbehalten**, wird lt FV eine Anwendungsvoraussetzung des Art III verletzt (UmgrStR Rz 737a; *Mayr*, RdW 2012, 696 [697]). **146a**

> **Stellungnahme.** Gegen das Vorliegen einer Anwendungsvoraussetzung spricht an erster Stelle der Gesetzeswortlaut, wonach S 3 als Rechtsfolgenanordnung (iSe steuerlichen Fiktion) und nicht als Tatbestandsmerkmal des Kapitalanteilsbegriffs konzipiert ist („Verbindlichkeiten [...] *zählen jedenfalls* zum Begriff des Kapitalanteiles"). Zum anderen steht S 3 nach seinem Regelungsinhalt in einem engen systematischen Zusammenhang mit den Verknüpfungsregelungen für fremdfinanzierte Aktiva in § 16 Abs 5 Z 3 und 4. Naheliegender erscheint daher, bei einer zivilrechtlich abweichenden Zuordnung der Einlagenverbindlichkeit von denselben Rechtsfolgen wie bei einem Verstoß gegen die Verknüpfungsregelungen für fremdfinanzierte Aktiva in § 16 Abs 5 Z 3 bzw 4 auszugehen. Demnach ist keine Anwendungsvoraussetzung des Art III verletzt (Verknüpfungsregelung als bloße Ordnungsvorschrift), die Einlagenverbindlichkeit gilt allerdings steuerlich in einem ersten Schritt als mit eingebracht und in einem zweiten Schritt als vom Einbringenden übernommen (s § 16 Rz 173). Diesfalls richtet sich die steuerliche Behandlung der gedanklichen Schuldübernahme sowie der Zinszahlungen und Tilgungen beim Einbringenden nach allg Steuerrecht und hängt von der Einbringungsrichtung ab. Bei Down-stream-Einbringungen stellt die gedankliche Schuldübernahme eine Einlage dar, die Verbindlichkeit ist als Finanzierungsverbindlichkeit iZm der Beteiligung des Einbringenden an der übernehmenden Körperschaft zu sehen; bei Side-stream- oder Up-stream-Einbringung stellen die gedankliche Schuldübernahme bzw die Zins- und Tilgungszahlungen bei einbringenden Körperschaften vGA oder Einlagenrückzahlungen dar (s § 16 Rz 173).

Verbindlichkeiten iZm Einlagevorgängen, die länger als zwei Jahre vor dem Einbringungsstichtag erfolgten, fallen nicht unter S 3 und können nach Maßgabe von S 2 wahlweise miteingebracht oder zurückbehalten werden (*Walter*[11] Rz 347; s Rz 141). **146b**

g) Fruchtgenuss und sonstige Belastungen

147 Die Belastung mit Fruchtgenussrechten ist keine selbständige Verbindlichkeit, die nur unter den Voraussetzungen des § 12 Abs 2 Z 3 mitübertragen werden könnte (*Huber* in *W/H/M*¹⁰ § 32 Rz 60; idS EStR Rz 114a, wonach bei entgeltlicher Übertragung eines Wirtschaftsgutes unter Vorbehalt des Nutzungsrechtes das um den Wert des Nutzungsrechtes verminderte Wirtschaftsgut übertragen wird [sog Nettomethode] und der Vorgang nicht in die Übertragung des unbelasteten Wirtschaftsgutes einerseits und die entgeltliche Einräumung eines Nutzungsrechtes durch den neuen Eigentümer andererseits zerlegt werden kann; analog StiftR 2009 Rz 222 zur unentgeltlichen Übertragung). Gleichfalls ist die Belastung mit Pfandrechten nur ein Werteelement und kann mitübertragen werden (*Wiesner/Schwarzinger*, UmS 3/2000, SWK 2000, S 650).

148 Es ist allerdings zu prüfen, wem das wirtschaftliche Eigentum an den zu übertragenden Kapitalanteilen zusteht, nur in dessen Hand ist der Vermögensbegriff nach § 12 Abs 2 erfüllt und nur dieser kann sie nach dem UmgrStG übertragen (UmgrStR Rz 726a; *Huber* in *W/H/M*¹⁰ § 32 Rz 60 mVa BMF). Bei der Einbringung von Kapitalanteilen nach § 12 Abs 2 Z 3 bestehen jedoch keine darüber hinausgehenden Anforderungen an die Erzielung von Einkünften aus dem Vermögen. Ein Nettofruchtgenuss, der zur Erzielung von zB Einkünften aus Kapitalvermögen durch den Fruchtnießer unter Aufrechterhaltung des wirtschaftlichen Eigentums beim FG-Besteller führt, hindert somit die Einbringungsfähigkeit durch den FG-Besteller nicht. Davon getrennt ist zu beurteilen, ob die Überbindung der bestehenden Fruchtgenussvereinbarung auf die übernehmende Körperschaft eine schädliche Gegenleistung iSd § 19 darstellt (s § 19 Rz 9), alternativ kommt die Fortsetzung des FG an den Gegenleistungsanteilen in Betracht.

h) Vorbehaltene Gewinnausschüttungen

149 IZm Gewinnausschüttungen im Rückwirkungszeitraum (dh zwischen zurückliegendem Einbringungsstichtag und Tag der Unterfertigung des Einbringungsvertrages) ist zunächst zu unterscheiden, ob das **Ausschüttungssubstrat** nach dem Parteienwillen beim Einbringenden **zurückbleiben** (s Rz 149a) oder in die übernehmende Körperschaft mit **eingebracht** werden soll (s Rz 149b).

149a Der **zivilrechtliche Vermögensübergang** des Kapitalanteils auf die übernehmende Körperschaft erfolgt idR mit Abschluss des Einbringungsvertrages oder zu einem vereinbarten späteren Zeitpunkt (s § 13 Rz 14). Beim Einbringenden entsteht indes vorgelagert (im Zeitpunkt des Gewinnausschüttungsbeschlusses) ein zivilrechtlich vom Kapitalanteil getrenntes, eigenständiges Forderungsrecht gegenüber der übertragenen Kapitalgesellschaft. Soll dieser Anspruch beim Einbringenden verbleiben, ist hins der in UmgrStR erwähnten „Verankerung des Vorbehalts im Einbringungsvertrag" (UmgrStR Rz 881, 812) zu differenzieren: Ein explizites Zurückbehalten des Anspruchs ist grds nicht erforderlich, weil das Forderungsrecht nicht mehr Teil des Kapitalanteiles ist, folglich auch nicht durch einen auf den Kapitalanteil gerichteten Einbringungs- und Abtretungsvertrag übertragen wird. Der Anspruch wird vielmehr „automatisch" zurückbehalten, sofern nicht umgekehrt die Gewinnausschüttungsforderung (bzw das an deren Stelle getretene Ausschüttungssubstrat) explizit mitübertragen wird. Lediglich wenn im Einbringungsvertrag der zurückliegende Einbringungsstichtag auch als **schuldrechtlicher Verrechnungsstichtag** zwischen Einbringendem und übernehmender Körperschaft vereinbart wird (s § 13 Rz 14), wäre ein expliziter Vorbehalt hins der Gewinnausschüttung (als Ausnahme von der schuldrechtlichen Rückbeziehung) erforderlich.

Ein Zurückbehalten der Gewinnausschüttung (entweder als „automatische" Rechtsfolge oder durch expliziten Vorbehalt, siehe oben) stellt lt FV **keinen Verstoß gegen die Anwendungsvoraussetzungen des Art III** dar (UmgrStR Rz 881 mVa die wirtschaftliche Vergleichbarkeit des Vorbehalts mit einer rückwirkenden Entnahme nach § 16 Abs 5). Ertragsteuerlich geht der Kapitalanteil bei einer rückwirkenden Einbringung mangels Anwendbarkeit des § 16 Abs 5 zum Einbringungsstichtag unbelastet auf die übernehmende Körperschaft über und ist die im Rückwirkungszeitraum erfolgte Ausschüttung in einem ersten Schritt der übernehmenden Körperschaft (als steuerfreier Beteiligungsertrag gem § 10 Abs 1 KStG) zuzurechnen. In einem zweiten Schritt ist eine als Einkommensverwendung zu qualifizierende Auszahlung an den Einbringenden (der zivilrechtlich das Forderungsrecht bzw Ausschüttungssubstrat innehat) anzunehmen, die bei einbringenden Körperschaften als steuerfreier Beteiligungsertrag gem § 10 Abs 1 KStG zu behandeln ist und bei einbringenden natürlichen Personen unter die Endbesteuerung gem § 97 EStG fällt (sog Doppelmaßnahme; UmgrStR Rz 881; BMF 22.8.1997, RdW 1997, 768; *Huber* in *W/Z/H/K*[5] § 14 Rz 15; aA *Balber-Peklar*, taxlex 2012, 407, wonach die vorbehaltene Dividende unmittelbar dem Einbringenden zuzurechnen ist). Die KESt-Abzugsverpflichtung der übertragenen Körperschaft (§ 95 Abs 1 EStG) bleibt davon unberührt, ua tritt auch keine (rückwirkende) KESt-Abzugsverpflichtung der übernehmende Körperschaft ein (idS UmgrStR Rz 881, 956).

Stellungnahme. In UmgrStR Rz 881 nicht explizit angesprochen wird der Fall einer **rückwirkenden Einbringung**, in dem sich der Einbringende im Einbringungsvertrag eine Gewinnausschüttung zwar vorbehält (zB für abgelaufene Geschäftsjahre), der Gewinnausschüttungsbeschluss allerdings erst nach Abschluss des Einbringungsvertrages (ggf bereits durch die übernehmende Körperschaft) gefasst wird. Für die Unschädlichkeit auch dieser Maßnahme (bzw Vergleichbarkeit mit einer §-16-Abs-5-Maßnahme) spricht, dass bei Vertragsabschluss zwar noch kein (gedanklich) entnahmefähiges Wirtschaftsgut iSd § 16 Abs 5 Z 1 (Forderungsrecht oder Ausschüttungssubstrat) vorliegt, aus systematischen Überlegungen UmgrStR 881 aber analog anwendbar sein müsste, weil der Vorbehalt diesfalls mit einer unbaren Entnahme nach § 16 Abs 5 Z 2 vergleichbar ist (s § 16 Rz 131).

Gleiches müsste für den Fall einer Einbringung mit Wirksamkeit auf den Tag des Vertragsabschlusses oder auf einen **künftigen Einbringungsstichtag** unter Ausschüttungsvorbehalt gelten, wobei hier noch unterstützend hinzutritt, dass ein bereits um die vorbehaltene Gewinnausschüttung geschmälerter Kapitalanteil eingebracht wird, bei einer rückwirkenden Einbringung hingegen der Kapitalanteil mangels Anwendbarkeit des § 16 Abs 5 zum Einbringungsstichtag steuerlich unbelastet auf die übernehmende Körperschaft übergeht. KStR Rz 1168 steht dem nicht entgegen, weil der Dividendenvorbehalt in keinem – nach KStR Rz 1168 schädlichen – „offenkundigen Zusammenhang" mit einem Verkauf steht und daher auch nicht „in wirtschaftlicher Betrachtungsweise einen Teil des Kaufpreises" darstellt (idS *Fürnsinn/Massoner* in L/R/S/S[2] § 10 Rz 43).

149b Wird die Gewinnausschüttungsforderung bzw das Ausschüttungssubstrat auf die übernehmende Körperschaft mit übertragen (entweder durch Sonderregelung im Einbringungsvertrag oder Vereinbarung eines vor dem Gewinnausschüttungsbeschluss liegenden schuldrechtlichen Verrechnungsstichtages), unterbleibt eine Doppelmaßnahme (siehe oben Rz 149a). Folglich ist die durch die übertragene Kapitalgesellschaft einbehaltene KESt ertragsteuerlich nicht mehr dem Einbringenden, sondern der übernehmenden Körperschaft zuzurechnen und ihr iRd Veranlagung gutzuschreiben (UmgrStR Rz 812, 956). Dadurch wird im Ergebnis die KESt-Schuld des Einbringenden nachträglich „vernichtet".

150 Laut Literatur kann sich der Einbringende auf Grundlage von UmgrStR Rz 881 auch Einlagenrückzahlungen nach § 4 Abs 12 EStG vorbehalten (*Wiesner/Schwarzinger*, UmS 195/33/12, SWK 2012, 1422).

B. Einbringungsvertrag und Einbringungsbilanz
1. Einbringungsvertrag
a) Begriff

151 Seit BudBG 2003 sieht § 12 Abs 1 das Erfordernis eines **schriftlichen Einbringungsvertrages** vor (§ 12 Abs 1 S 1: „Eine Einbringung liegt vor, wenn Vermögen (Abs 2) auf Grundlage eines schriftlichen Einbringungsvertrages (Sacheinlagevertrages) […] übertragen wird"). Laut Gesetzesmaterialien soll dadurch klargestellt werden, „dass zu den **Anwendungsvoraussetzungen** für Einbringungen […] ein schriftlicher (Gesellschafts)Vertrag gehört" (ErlRV 59 BlgNR 22. GP, Zu § 12 Abs 1, § 23 Abs 1, § 27 Abs 1 UmgrStG). Dem Begriffsverständnis des Einbringungsvertrages kommt damit maßgebende Bedeutung zu.

152 Die **FV** geht von einem primär **zivilrechtlich anknüpfenden (formalen) Begriffsverständnis** aus. Demnach bildet der Einbringungsvertrag die **rechtsgeschäftliche Grundlage** für die Einbringung (UmgrStR Rz 661); er muss nicht ausdrücklich als Einbringungsvertrag bezeichnet oder in Form einer gesonderten Vertragsurkunde errichtet werden, aber als solcher klar erkennbar sein und kann zB im Fall einer Sachgründung auch im Gesellschaftsvertrag oder in der Errichtungserklärung enthalten sein (UmgrStR Rz 661). Der Einbringungsvertrag bedarf lt FV der **Unterfertigung** als Zeichen der abschließenden Willensübereinstimmung (UmgrStR Rz 763) und ist **vollständig**, wenn er folgende Punkte enthält: den Einbringenden (Name bzw Firma und Sitz oder Firmenbuchnummer), den Einbringungsstichtag, die übernehmende Körperschaft (Firma und Sitz oder Firmenbuchnummer), das Einbringungsvermögen und die dafür vereinbarte Gegenleistung (UmgrStR Rz 663).

153 Im Schrifttum wird dagegen von einem **eigenständigen umgrstrl (wirtschaftlichen) Rechtsbegriff** ausgegangen (*Kohlbacher/Walter* in FS Pircher 149). IdS a UFS 24.10.2011, RV/0478-W/07, Seite 18, wonach das UmgrStG „keine nähere Beschreibung der Anforderungen" an den Einbringungsvertrag enthält (Anm *Hirschler/Sulz/Oberkleiner*, UFSjournal 2012, 73; glA *Rabel* in *W/H/M*, HdU[1] § 12 Rz 122). Weiters BFG 14.4.2014, RV/5100888/2010 (Revision eingebracht), wonach der fehlende Hinweis im Einbringungsvertrag auf die Gegenleistung nach § 19 keine Anwendungsverletzung des Art III begründet (Anm *Furherr*, GES 2014, 309; Anm *Hirschler/Sulz/Oberkleiner*, BFGjournal 2014, 300). Auch aus unternehmens- und gesellschaftsrechtlicher Sicht besteht im Grundsatz kein Formzwang für Einbringungs- bzw Sacheinlageverträge (s Rz 42). In der Lit werden neben der Aufzählung zweckmäßiger bzw üblicher Regelungsinhalte (zB *Hügel* in *H/M/H* § 12 Rz 126 ff; *Rabel* in *W/H/M*, HdU[1] § 12 Rz 122 ff) die Anforderungen an den Einbringungsvertrag primär iZm zivilrechtlichen Mängeln und deren Schädlichkeit für die Anwendbarkeit des Art III vertieft diskutiert. Die dazu geführte Diskussion wird vorweg dargestellt (s unten Rz 154 f), weil sie zum allg Begriffsverständnis des „Einbringungsvertrages" überleitet (s unten Rz 155a).

b) Zivilrechtliche Mängel

Die umgründungssteuerlichen Fragestellungen iZm zivilrechtlich mangelhaften **154** Einbringungsverträgen lassen sich in **drei zentrale Themenbereiche** einordnen: 1. Vorliegen einer Anwendungsverletzung des Art III (allein) aufgrund eines **zivilrechtlich mangelhaften bzw unwirksamen Einbringungsvertrages** (arg kein Einbringungsvertrag iSd § 12 Abs 1 S 1); 2. Einbringung mit Finanzamtszuständigkeit nach § 13 Abs 1: Anwendungsverletzung des Art III, weil infolge eines zivilrechtlich mangelhaften bzw unwirksamen Einbringungsvertrages **sonstige Anwendungsverletzungen des Art III** eintreten (insb keine tatsächliche Vermögensübertragung nach § 12 Abs 1 S 1); 3. Einbringung mit Firmenbuchzuständigkeit nach § 13 Abs 1 (Sachgründung bzw -kapitalerhöhung): Anwendungsverletzung des Art III, weil infolge eines zivilrechtlich mangelhaften bzw unwirksamen Einbringungsvertrages die **Firmenbucheintragung unterbleibt** und daraus **sonstige Anwendungsverletzungen des Art III** resultieren (zB keine übernehmende Körperschaft nach § 12 Abs 3, keine Gegenleistung nach § 19, keine Vermögensübertragung nach § 12 Abs 1 S 1). Nachfolgend wird die erste Fragestellung beleuchtet (Rz 155); zur zweiten Fragestellung (Auswirkungen eines mangelhaften Einbringungsvertrages auf das Erfordernis der **tatsächlichen Vermögensübertragung** nach § 12 Abs 1 S 1) s Rz 177 f; zur dritten Fragestellung (umgründungssteuerliche Folgen des **Unterbleibens der Firmenbucheintragung**) s Rz 210.

Nach *Huber* können zivilrechtliche Mängel des Einbringungsvertrages eine **155** **Anwendungsverletzung des Art III** darstellen, wenn die Mängel zu einer **Nichtigkeit des Vertrages** führen, wohingegen Mängel, die den Vertrag anfechtbar machen, keine Auswirkung auf die Anwendbarkeit des Art III haben (*Huber* in *W/Z/H/K*[5] § 12 Rz 103 ohne weitere Differenzierung). Laut *Mayr* ist bei nichtigen Einbringungsverträgen zu unterscheiden: Bei Unterbleiben bzw Löschung konstitutiv wirkender Firmenbucheintragungen (Sachgründung oder -kapitalerhöhung) ist die Einbringung nicht zustande gekommen und das Vermögen weiterhin dem Einbringenden zuzurechnen (*Mayr* in *D/R* I[10] Tz 1174 mVa UmgrStR Rz 660), in allen anderen Fällen (Finanzamtszuständigkeit nach § 13 Abs 1) bleibt die Einbringung aufrecht und Art III anwendbar (*Mayr* in *D/R* I[10] Tz 1174; glA *Kohlbacher/ Walter* in FS Pircher 143, wonach der Anwendbarkeit des Art III auch nicht entgegensteht, wenn Handlungen, die auf die zivilrechtliche Heilung des Einbringungsvertrages und damit den zivilrechtlichen Bestand des durch die Einbringung herbeigeführten wirtschaftlichen Ergebnisses abzielen, erst nach Ablauf der Neunmonatsfrist nach § 13 Abs 1 gesetzt werden). Kommt es hingegen zur zivilrechtlichen Rückabwicklung, soll laut *Kohlbacher/Walter* ertragsteuerlich die Vermögenszurechnung durchgängig zum Einbringenden erfolgen (ex nunc wirkende Rückabwicklung der Einbringung), analog den Fällen des Unterbleibens bzw der Löschung konstitutiv wirkender Firmenbucheintragungen (*Kohlbacher/Walter* in

FS Pircher 152; *Walter*[11] Rz 328). Die zivilrechtliche Unwirksamkeit bzw Nichtigkeit des Einbringungsvertrages stellt für sich nach *Kohlbacher/Walter* jedenfalls **keine Anwendungsverletzung des Art III** dar (*Kohlbacher/Walter* in FS Pircher 152, 154); diese Auffassung lässt sich auch den **UmgrStR** entnehmen (UmgrStR Rz 747, wonach es bei gesellschaftsrechtlicher Unzulässigkeit der Vermögensübertragung „nach der Regelung des § 23 Abs 3 BAO trotzdem zu einer Einbringung kommen kann"; UmgrStR Rz 742, wonach bei der Beurteilung der Vermögensübertragung der „Übernahme der Betriebsführergewalt und des wirtschaftlichen Eigentums" entscheidende Bedeutung zukommen; allerdings wird in UmgrStR Rz 780 bei Unterbleiben einer konstitutiv wirkenden Firmenbucheintragung das Vorliegen einer Einbringung nach Art III kategorisch ausgeschlossen; s dazu Rz 210 f).

155a **Stellungnahme.** Dem Begriff des Einbringungsvertrages in § 12 Abs 1 S 1 ist prima facie ein zivilrechtliches Verständnis iSd rechtsgeschäftlichen Verpflichtungsgeschäftes bzw Titels für die Übertragung des Einbringungsvermögens zuzuschreiben, insb aufgrund des Verweises in § 12 Abs 1 S 1 auf den handelsrechtlich geprägten Begriff des „Sacheinlagevertrages". Damit wäre Tatbestandsvoraussetzung des Art III ein zivilrechtlich gültiges Verpflichtungsgeschäft (auch wenn es ggf unter Bedingungen steht, vgl UmgrStR Rz 651). Im Kern wird der Tatbestand des Einbringungsvertrages aber im Sinne der VwGH-Rsp zur steuerlichen Anerkennung von **Vereinbarungen zwischen nahen Angehörigen** auszulegen sein und demnach als **eine nach außen ausreichend zum Ausdruck kommende, inhaltlich eindeutige, klare und jeden Zweifel ausschließende Dokumentation des Einbringungsvorganges (Publizitäts- und Klarheitsgebot)** zu sehen sein (idS UFS 9.11.2010, RV/0476-S/09, Seite 134, 144, wonach Einbringungsverträge „nur nach Maßgabe der Angehörigenjudikatur des VwGH steuerlich anzuerkennen [sind]", aufgehoben durch VwGH 26.6.2014, 2011/15/0028, jedoch aus anderen Gründen; glA *Kohlbacher/Walter* in FS Pircher 152; kritisch *Gittmaier*, ÖStZ 2011, 161; zum Publizitäts- und Schriftformerfordernis nach der sog Angehörigenjudikatur des VwGH vgl EStR Rz 1130 ff). Dafür sprechen die fehlende unternehmensrechtliche Anknüpfung des Art III, die maßgebende wirtschaftliche Betrachtungsweise (§ 21 BAO) iRd Art III (*Kohlbacher/Walter* in FS Pircher 149), das – über die unternehmensrechtlichen Vorgaben hinausgehende – Gebot der Schriftform in § 12 Abs 1 S 2 und die Aussagen in den UmgrStR zur Unbeachtlichkeit der zivilrechtlichen Wirksamkeit des Einbringungsvorganges für die Anwendbarkeit des Art III (zB UmgrStR Rz 747, wonach es bei gesellschaftsrechtlicher Unzulässigkeit der Vermögensübertragung „nach der Regelung des § 23 Abs 3 BAO trotzdem zu einer Einbringung kommen kann"; weiters UmgrStR Rz 742; allg auch EStR Rz 1134). Die zivilrechtliche Gültigkeit des Einbringungsvertrages ist daher grds keine Tatbestandsvoraussetzung (idS EStR Rz 1134), wird allerdings im Ergebnis insoweit für Zwecke des Art III von Bedeutung sein, als sie im Regelfall für die Übertragung des wirtschaftlichen Eigentums auf die übertragende Körperschaft (tatsächlichen Vermögensübertragung nach § 12 Abs 1 S 1, s unten Rz 177) erforderlich ist (vgl zB *Werndl*, Wirtschaftliches Eigentum [1983], 166 f, wonach die obligatorische Berechtigung eine unabdingbare Voraussetzung für wirtschaftliches Eigentum ist; der wirtschaftliche Eigentümer unterscheidet sich vom zivilrechtlichen Eigentümer demnach nur durch die fehlende dingliche Berechtigung, die er aber durch ein einseitiges Gestaltungsrecht erzwingen kann). Das Publizitäts- und Klarheitsgebot iSd Angehörigenjudikatur des VwGH bedeutet jedoch andererseits, dass der schriftliche Einbringungsvertrag (als „Grundlage" der Einbringung) eine

eindeutige und abschließende Regelung der Einbringung enthalten muss (insb hinsichtlich des Umfanges des Einbringungsvermögens). Konkludente oder mündliche Zusatzvereinbarungen der Parteien wären mangels Schriftlichkeit unbeachtlich für Zwecke des Art III; selbiges wird darüber hinaus im Regelfall für schriftliche Nebenvereinbarungen (Side Letter) gelten, auf die im Einbringungsvertrag nicht verwiesen wird (idS UFS 9.11.2010, RV/0476-S/09, Seite 144, mVa das Schriftformerfordernis in § 12 Abs 1 S 1, aufgehoben durch VwGH 26.6.2014, 2011/15/0028, jedoch aus anderen Gründen; UFS 29.9.2006, RV/0031-F/06, UFS-aktuell 2008, 189, zur Rechtslage vor BudBG 2003 unter Verweis auf die Vertragsauslegung nach § 914 ABGB).

c) Definition des Einbringungsvermögens

Laut UFS kommt dem Einbringungsvertrag „in erster Linie die Aufgabe der Definition und Abgrenzung des eingebrachten Vermögens zu" (UFS 24.10.2011, RV/0478-W/07, Seite 18), laut UmgrStR muss das eingebrachte Vermögen „genau definiert sein" (UmgrStR Rz 664). Hinsichtlich der zum Einbringungsstichtag bilanzierungsfähigen Wirtschaftsgüter kann diese Definition durch Bezugnahme auf den **Jahres- oder Zwischenabschluss gemäß § 12 Abs 2** erfolgen. Werden (positive oder negative) Vermögensbestandteile übertragen, die mangels Bilanzierungsfähigkeit nicht im Jahresabschluss (oder in der Einbringungsbilanz) aufscheinen, sind diese „auf andere Weise ausreichend zu definieren", exemplarisch wird auf selbsterstelltes unkörperliches Anlagevermögen und Eventualverbindlichkeiten verwiesen (UmgrStR Rz 667). Gleiches gilt für Wirtschaftsgüter, die zwar grundsätzlich Bilanzierungsfähigkeit besitzen, jedoch aufgrund steuerlicher oder handelsrechtlicher Vollabschreibung nicht in den Bilanzen aufscheinen (zB geringwertige und vollständig abgeschriebene Wirtschaftsgüter; UmgrStR Rz 667 idF vor WE 2013). Bei der Einbringung von ganzen Betrieben kann die Übertragung nicht bilanzierter Wirtschaftsgüter durch eine pauschale **Zweifelsregelung** im Einbringungsvertrag sichergestellt werden (Beispiel: „Der Betrieb A wird mit allen Aktiven und Passiven übertragen"; vgl UmgrStR Rz 667; VwGH 30.5.2001, 99/13/0024). Bei der Einbringung von **Teilbetrieben** ist davon auszugehen, dass derartige Zweifelsregelungen lediglich das **betriebsnotwendige Vermögen** umfassen und daher darüber hinaus das nicht betriebsnotwendige Vermögen positiv zu definieren und zuzuordnen ist (UmgrStR Rz 666).

156

Stellungnahme. Die „genaue Definition" des Einbringungsvermögens wird nur dem Grunde nach, nicht dem Wert nach (im Sinne einer vertraglichen Festlegung der Buch- und/oder Verkehrswerte) erfolgen müssen. Die Entbehrlichkeit einer vertraglichen Festlegung der Verkehrs- oder Buchwerte ergibt sich ua auch aus der Zulässigkeit pauschaler Zweifelsregelungen (so UmgrStR Rz 667 mVa VwGH 30.5.2001, 99/13/0024). Insb bei den unternehmens- oder steuerrechtlichen Buchwerten handelt es sich im Regelfall (von Bewertungswahlrechten abgesehen) ohnehin um Rechtsfolgen, für die es keiner Parteieinigung bedarf. Erfolgt die umfängliche Definition des Einbringungsvermögens im Einbringungsvertrag ohne Bezugnahme auf eine Bilanz, müssen zB die Schlussbilanz nach § 12 Abs 2 oder die Einbringungsbilanz nach § 15 nicht Teil des Einbringungsvertrages sein (idS UmgrStR Rz 786, die Funktion der Bilanzen ist diesfalls auf die Darstellung der Steuerwerte reduziert). Erfolgt die Definition unter Bezugnahme auf Bilanzen, müssen die bezughabenden Bilanzen auch Teil des schriftlichen Vertrages sein, anderenfalls der Vertrag nicht den Publizitäts- und Klarheitsanforderungen iSd § 12 Abs 1 entspricht.

157 Nach UmgrStR Rz 763 sind Einbringungsverträge, die **vor dem Bilanzstichtag oder vor der Erstellung der Bilanzen nach § 12 Abs 2** abgeschlossen werden, „idR nur Grundsatzverträge", die lediglich eine Definition des „abstrakten Einbringungsgegenstandes" enthalten. Dieser „vorläufige Vertrag" muss nach Bilanzerstellung ergänzt und vervollständigt werden, „da die Endfassung einer abschließenden Willensübereinstimmung und damit der Unterfertigung bedarf". Die Ergänzungen sind daher innerhalb der Neunmonatsfrist ab Stichtag vorzunehmen und der zuständigen Behörde vorzulegen (übereinstimmend UmgrStR Rz 847; *Huber* in *W/Z/H/K*[5] § 13 Rz 5).

> **Stellungnahme.** Ausgangspunkt der Schlussfolgerungen der UmgrStR ist, dass der Einbringungsgegenstand ausreichend vertraglich definiert und fixiert werden muss. Eine solche Fixierung des zu übertragenden Vermögens dem Grunde nach ist entgegen UmgrStR Rz 763 auch vor dem Einbringungsstichtag bzw vor Erstellung der Bilanzen möglich, lediglich die Höhe der unternehmens- bzw steuerrechtlichen Werte wird zu diesem Zeitpunkt noch nicht feststehen. Diese Werte haben aber im Regelfall keinen Einfluss auf den Umfang des zu übertragenden Vermögens. Die vertraglichen Ergänzungen laut UmgrStR 763 sind daher verzichtbar, wenn der Einbringungsvertrag den Umfang des zu übertragenden Vermögens dem Grunde nach bereits eindeutig festlegt, gegebenenfalls auch mit Hilfe von Zweifelsregelungen.

d) Steuerklauseln und aufschiebende Vertragsbedingungen

158 Ist ein Abgabenanspruch entstanden, ist grundsätzlich ein Wegfall des Abgabenanspruches durch nachträgliche Disposition des Abgabepflichtigen ausgeschlossen (VwGH 30.4.2003, 2002/16/0271; VwGH 25.5.2000, 2000/16/0066-0071; *Ritz*, BAO[3] § 4 Rz 11). Unter Steuerklauseln versteht man die Vereinbarung, dass ein Rechtsgeschäft iSe auflösenden Bedingung als aufgehoben oder überhaupt nicht abgeschlossen gelten soll, falls die Abgabenbehörde an das Geschäft von den Vorstellungen der Partei abweichende abgabenrechtliche Rechtsfolgen knüpft; eine solche auflösende Bedingung kann weder das Entstehen des Abgabenanspruches verhindern noch den Abgabenanspruch zum Wegfall bringen (*Ritz*, BAO[3] § 4 Rz 11). Laut UmgrStR Rz 651 kann der Eintritt der steuerlichen Wirkungen einer Einbringung oder das Verhindern der negativen Wirkungen einer missglückten Einbringung nicht durch Steuerklauseln im Einbringungsvertrag von der „Erfüllung sämtlicher Anwendungsvoraussetzungen des § 12 Abs 1 UmgrStG" abhängig gemacht werden (dazu *Rabel* in *W/H/M*, HdU[1] § 12 Rz 140 mit kritischem Verweis auf ältere BMF-Auskünfte, wonach solche Steuerklauseln noch anerkannt wurden).

159 Die UmgrStR bestätigen hingegen die steuerliche Beachtlichkeit von **aufschiebenden Bedingungen**, deren Eintritt von der Zustimmung (Nichtuntersagung) durch Dritte (zB Kartellbehörde, Grundverkehrsbehörde, berufsständische Körperschaften wie zB Kammern) abhängig ist (UmgrStR Rz 651; *Huber* in *W/Z/H/K*[5] § 12 Rz 108 leiten daraus die generelle Anerkennung „außersteuerlicher Bedingungen" ab). Darüber hinaus ist lt UmgrStR die Vereinbarung einer sog **„fristbezogenen Vertragsklausel"** anzuerkennen, wonach die tatsächliche Vermögensübertragung am Tag der fristgerechten (An)Meldung der Einbringung bei der zuständigen Behörde (Firmenbuchgericht oder Abgabenbehörde) erfolgen soll (UmgrStR Rz 800 mit Formulierungsvorschlag: „Die Übertragung des Vermögens erfolgt unter der aufschiebenden Bedingung, dass die Einbringung bei der zuständigen Behörde rechtzeitig gemeldet wird"). Im Falle einer Fristverletzung kommt demzufolge mangels Vermögensübertragung weder eine Einbringung nach Art III noch außerhalb des Art III (Einlage nach § 6 Z 14 lit b EStG) zustande; sollte die übernehmende Körperschaft das Einbringungsvermögen bereits in Besitz genommen haben, liegt eine bloße Nutzungsüberlassung vor, die bei Bestehen einer Beteiligung des Einbringenden (Nutzungsüberlassers) vor der Einbringung als steuerneutrale Nutzungseinlage zu werten ist (UmgrStR Rz 800).

Stellungnahme. Einerseits wird mit *Rabel* in *W/H/M*, HdU[1] § 12 Rz 140, eine fristbezogene Klausel nur dann steuerliche Wirkung entfalten, wenn auch das Verpflichtungsgeschäft aufschiebend bedingt ausgestaltet wird. Andererseits ist entgegen UmgrStR Rz 651 kein Grund ersichtlich, dass nur aufschiebende Bedingungen, deren Eintritt von der Zustimmung (Nichtuntersagung) eines Dritten abhängen, anzuerkennen sind. In UmgrStR Rz 800 (fristbezogene Vertragsklausel) wird die steuerliche Anerkennung einer aufschiebenden Bedingung für die Übertragung des Einbringungsgegenstandes auch für den Fall bestätigt, dass der Eintritt der Bedingung vom Verhalten einer der beiden Vertragsparteien (rechtzeitige [An-]Meldung) abhängt und der Übertragungsgegenstand bereits vor bzw ohne Eintritt der Bedingung in den Besitz der übernehmenden Körperschaft übertragen wurde. Im Ergebnis darf es somit keinen Unterschied machen, ob eine aufschiebende Bedingung an die Zustimmung eines Dritten (zB Kartellbehörde) oder an das Verhalten einer der Parteien anknüpft, an ein außersteuerliches Ereignis (zB kartellrechtliche Genehmigung; vgl *Huber* in *W/Z/H/K*[5] § 12 Rz 108) oder an ein „steuerliches" Ereignis wie zB die Zustellung eines positiven Auskunftsbescheides nach § 118 BAO über die Steuerneutralität der Einbringung (sollte dieser nicht rechtzeitig vor Abschluss des Einbringungsvertrages erlangt werden können).

2. Einbringungsbilanz

§ 12 Abs 1 fordert als weitere **Anwendungsvoraussetzung** für Art III eine Einbringungsbilanz (UFS 24.10.2011, RV/0478-W/07, Seite 19; UFS 27.1.2012, RV/3543-W/08; UFS 7.2.2012, RV/2580-W/08). Die Einbringungsbilanz dient insb der Darstellung des laut Vertrag tatsächlich zu übertragenden Vermögens zu Steuerwerten, berichtigt um steuerwirksame Aufwertungen und um die rückwirkenden Korrekturen, und des sich daraus ergebenden Einbringungskapitals (UmgrStR Rz 664). Nach § 15 S 3 kann die Einbringungsbilanz jedoch entfallen, „wenn die steuerlich maßgebenden Werte und das Einbringungskapital im Einbringungsvertrag beschrieben werden" (vgl UmgrStR Rz 838, wonach als Voraussetzung für den Entfall der Einbringungsbilanz im Einbringungsvertrag die steuerlich maßgebenden Werte, die Ausübung der Gestaltungs- und Wahlrechte und das Einbringungskapital beschrieben werden müssen; allg UFS 24.10.2011, RV/0478-W/07, Seite 19; s § 15 Rz 2). **160**

Wird der Einbringungsvertrag vor dem Einbringungsstichtag bzw der Erstellung der Einbringungsbilanz abgeschlossen, sind laut Verwaltungspraxis die „fehlenden Daten und Unterlagen, wozu auch die Einbringungsbilanz gehört", bis zum Ablauf der Neunmonatsfrist zu erstellen und der zuständigen Behörde anzumelden oder zu melden (UmgrStR Rz 847). Die Einbringungsbilanz muss demnach **nicht be- 161** reits im Zeitpunkt des Abschlusses des Einbringungsvertrages vorliegen (unabhängig davon, ob der Einbringungsvertrag vor oder nach dem Einbringungsstichtag unterfertigt wird), die fristgerechte Vorlage bei den Behörden nach §§ 13 Abs 1 iVm 15 ist ausreichend. Sie muss auch nicht zu einem Vertragsbestandteil gemacht werden, zB durch Unterfertigung durch die Vertragsparteien (s Rz 156; siehe im Detail § 15 Rz 3).

C. Übernehmende Körperschaft

166 Art III ist nach § 12 Abs 3 nur für Einbringungen in bestimmte übernehmende Körperschaften anwendbar. Als übernehmende Körperschaft kommen nach § 12 Abs 3 Z 1 **unbeschränkt steuerpflichtige Kapitalgesellschaften oder Erwerbs- und Wirtschaftsgenossenschaften** iSv § 1 Abs 2 KStG in Frage. Die Körperschaften müssen demnach Sitz oder Geschäftsleitung im Inland haben. Eines der beiden Merkmale reicht, inländische Kapitalgesellschaften mit Ort der Geschäftsleitung im Ausland können somit übernehmende Körperschaften ohne weitere Voraussetzungen (insb ohne jene des § 12 Abs 3 Z 2 für ausländische Körperschaften) sein. Lt UmgrStR müssen jedoch ausländische Körperschaften mit inländischer Geschäftsleitung analog der Regelung im § 12 Abs 3 Z 2 mit einer inländischen Kapitalgesellschaft oder Genossenschaft vergleichbar sein (UmgrStR Rz 753). Die scheint vor dem Hintergrund der Gleichbehandlung mit dem Kreis der inländischen übernehmenden Körperschaften gerechtfertigt. Eine Steuerbefreiung der übernehmenden Körperschaft steht der Anwendbarkeit des UmgrStG nicht entgegen, wenn der eingebrachte Betrieb auch schon bisher steuerbefreit war oder wenn die übernehmende Körperschaft durch die Einbringung eines bisher steuerpflichtigen Betriebes in diesem Umfang oder zur Gänze steuerpflichtig wird (UmgrStR Rz 754 mit Beispiel; *Huber* in *W/Z/H/K*[5] § 12 Rz 42). Es ist darauf hinzuweisen, dass durch die Neuregelung der Besteuerung von Kapitalvermögen mit dem BudBG 2011 und dem AbgÄG 2011 Wertsteigerungen bei Kapitalanlagen grundsätzlich auch bei steuerfreien Körperschaften iSd § 1 Abs 3 KStG steuerhängig sind (vgl auch § 17 Rz 19) und daher die Einbringung von qualifizierten Kapitalanteilen in eine steuerbefreite Körperschaft unter Anwendung des UmgrStG möglich ist (*Walter*[11] Rz 356).

167 Übernehmende Körperschaften können weiters nach § 12 Abs 3 Z 2 entweder (i) **ausländische Körperschaften** sein, die mit einer inländischen Kapitalgesellschaft oder Erwerbs- und Wirtschaftsgenossenschaft vergleichbar sind, wenn mit dem in Betracht kommenden ausländischen Staat ein Doppelbesteuerungsabkommen besteht (erste Tatbestandsgruppe), oder (ii) **andere ausländische Gesellschaften** eines Mitgliedstaats der Europäischen Union, die die in Anlage zum UmgrStG vorgesehenen Voraussetzungen des Art 3 der FRL in der jeweils geltenden Fassung erfüllen (zweite Tatbestandsgruppe). Die beiden Gruppen kommen unabhängig voneinander zur Anwendung, dh eine EU-Gesellschaft, die die Voraussetzungen der zweiten Tatbestandsgruppe nicht erfüllt, kann als übernehmende Körperschaft nach der ersten Fallgruppe in Betracht kommen; umgekehrt sind die Tatbestandsmerkmale der ersten Fallgruppe (zB Vergleichbarkeitskriterium) irrelevant iRd Subsumtion von Gesellschaften unter die zweite Tatbestandsgruppe (ErlRV 1701 BlgNR 18. GP, 8; *Leitner/Furherr* in FS Rödler 546 [548]; s Rz 169).

168 Hinsichtlich der ersten Tatbestandsgruppe (idR **Drittlandgesellschaften**) ist die Vergleichbarkeit mit inländischen Kapitalgesellschaften bzw Erwerbs- und Wirtschaftsgenossenschaften anhand der in KStR Rz 1204 aufgestellten Grundsätze zu beurteilen. Lt UmgrStR hat im Zweifel der Einbringende die Vergleichbarkeit iRd erhöhten Mitwirkungspflicht nachzuweisen (UmgrStR Rz 759, wonach zu den in KStR Rz 134 angeführten Kriterien Stellung zu nehmen ist). Als weitere Anwendungsvoraussetzung muss mit dem Ansässigkeitsstaat der übernehmenden Körperschaft ein DBA bestehen (UmgrStR Rz 760).

Stellungnahme. Der Gesetzeswortlaut lässt offen, ob mit der Wortfolge „mit dem in Betracht kommenden ausländischen Staat" das Gründungsland oder der Sitzstaat (Ansässigkeitsstaat) der ausländischen Gesellschaft angesprochen ist. Aus systematischen Überlegungen scheint ein Abstellen auf den Ansässigkeitsstaat angemessen. *Huber* in W/Z/H/K[5] § 12 Rz 111 fordern, dass die Anwendbarkeit auch auf jene Staaten ausgedehnt wird, mit denen Österreich zwar kein DBA abgeschlossen hat, jedoch gemäß § 48 BAO aufgrund des Vorliegens von Gegenseitigkeit im Einzelfall Maßnahmen zur Vermeidung einer Doppelbesteuerung trifft. Gegen diese Forderung könnte sprechen, dass ein DBA über die Maßnahmen nach § 48 BAO zur Vermeidung einer Doppelbesteuerung (Aufteilung der nationalen Besteuerungsansprüche) hinaus Instrumentarien wie zB Informationsaustausch und Verständigungsverfahren bereithält, die insb bei grenzüberschreitenden Einbringungen mit aufgeschobener Entstrickungsbesteuerung zur Durchsetzung des österreichischen, aufgeschobenen Besteuerungsanspruches von hervorragender Bedeutung sind.

169 Nach der zweiten Tatbestandsgruppe kommen **EU-Gesellschaften** als übernehmende Körperschaften in Frage, wenn sie die in der Anlage zum UmgrStG vorgesehenen Voraussetzungen des Art 3 FRL in der jeweils geltenden Fassung erfüllen. Die in der Anlage aufgezählten Gesellschaften müssen den darin genannten oder diese ersetzenden Steuern unterliegen, dürfen nicht steuerbefreit sein und dürfen nicht durch ein DBA mit einem Drittlandstaat außerhalb der EU ansässig sein (UmgrStR Rz 756 mit weiteren Beispielen). Die Vergleichbarkeit mit inländischen Kapitalgesellschaften bzw Erwerbs- und Wirtschaftsgenossenschaften ist nach Gesetzeswortlaut und -materialien nicht gefordert (ErlRV 1701 BlgNR 18. GP, 8: „Der Kreis der übernehmenden ausländischen Körperschaften soll auf jene in der FRL aufgezählten EU-Gesellschaften erweitert werden, die nicht unter den Kapitalgesellschaften- bzw Genossenschaftsbegriff fallen"; idS UmgrStR Rz 758, wo die Vergleichbarkeit nur iZm „Drittlandsgesellschaften" gefordert wird). Unklar allerdings BMF 18.12.2008, EAS 3010, wo die Anwendbarkeit des Art III auf eine Kapitalanteilseinbringung in eine slowakische Kommanditgesellschaft (komanditna spoločnost; Gesellschaft iSd FRL) mit der Begründung verneint wird, dass eine slowakische KS „nicht die gesetzlich geforderte Vergleichbarkeit mit einer inländischen Kapitalgesellschaft erfüllt" (kritisch *Leitner/Furherr* in FS Rödler 545 f).

170 Die übernehmende Körperschaft muss am Einbringungsstichtag weder bestanden haben noch muss bis zu diesem Tag ein konstituierender Rechtsakt zur Errichtung der Körperschaft gesetzt worden sein (ErlRV 266 BglNR 18. GP, 24; UmgrStR Rz 749; *Mayr* in D/R I[10] Tz 1178; VwGH 18.10.2012, 2012/15/0114-7, 2012/15/0015; zur abweichenden u vom VwGH aaO verworfenen UFS-Rspr *Wiesner*, RWZ 2012, 165; *Furherr*, GES 2012, 253; *ders*, GES 2013, 39; *Frei/Waitz-Ramsauer*, ÖStZ 2012, 328). Die übernehmende Körperschaft gilt mit Vollzug der Einbringung steuerlich als mit Beginn des dem Einbringungsstichtag folgenden Tages entstanden (UmgrStR Rz 749). Sie muss zwar auch bei Unterfertigung des Einbringungsvertrages noch nicht protokolliert sein, aber zumindest als vertragsfähige Vorgesellschaft existieren (dh Abschluss des Gründungsvertrages und Auftreten der Körperschaft als solche nach außen hin; UmgrStR Rz 749; KStR Rz 144; *Mayr* in *D/R* I^{10} Tz 1178). Diese Anforderung ist insb izM dem Erfordernis der tatsächlichen Vermögensübertragung nach § 12 Abs 2 zu sehen, woraus sich die Notwendigkeit einer entsprechend geschäftsfähigen Körperschaft als Vertragspartei für den Einbringungsvertrag ergibt (idS VwGH 18.10.2012, 2012/15/0114, S 12; *Furherr*, GES 2013, 39; s Rz 176). Zusätzlich fordern die UmgrStR, dass die übernehmende Körperschaft im Falle der Einbringung eines (Teil)Betriebes zeitnah zum Tag des Abschlusses des Einbringungsvertrages rechtlich in der Lage ist, den (Teil)Betrieb fortzuführen, wobei in diesem Zusammenhang insb auf den Bereich der freien Berufe verwiesen wird (UmgrStR Rz 751, wonach allerdings die Betriebseinbringung zur Sachgründung unter aufschiebender Bedingung der Kammerzustimmung unschädlich ist).

> **Stellungnahme.** UmgrStR Rz 751 kann nicht im Sinn einer generellen Betriebsfortführungspflicht der übernehmenden Körperschaft als Anwendungsvoraussetzung gesehen werden. Aufgrund des Verweises auf die freien Berufe sollen wohl lediglich Fälle ausgeschlossen werden, wo die Übertragung der wesentlichen Grundlagen des Betriebes bzw der betrieblichen Tätigkeit mangels erforderlicher Berechtigungen bzw Genehmigungen der übernehmenden Körperschaft zu verneinen ist. Die Aussage ist somit iZm dem Gebot der Übertragung eines organisch in sich geschlossenem, funktionsfähigen (Teil)Betriebes bzw einer betrieblichen Tätigkeit zu sehen (s Rz 93).

171 Eine **Änderung der Beteiligungsverhältnisse** an der übernehmenden Körperschaft zu welchem Zeitpunkt auch immer (zB im Zeitraum zwischen Einbringungsstichtag und Abschluss des Einbringungsvertrages) ist jedenfalls unschädlich (UmgrStR Rz 808; *Huber* in *W/Z/H/K*^{5} § 12 Rz 114, § 19 Rz 35). Gleichfalls ist es nicht erforderlich, dass der Einbringende mit der übernehmenden Körperschaft bereits vor der Einbringung beteiligungsmäßig verflochten ist.

D. Gegenleistung

173 Aus dem Verweis des § 12 Abs 1 auf § 19 ergibt sich, dass das Gewähren einer entsprechenden Gegenleistung für die Übertragung des Einbringungsvermögens eine Anwendungsvoraussetzung des Art III ist. Durch die Gewährung von Gegenleistungsanteilen wird lt UmgrStR dem Grundsatz der Einbringung, der Fortsetzung des unternehmerischen Engagements, entsprochen. Demnach sieht § 19 Abs 1 die Gewährung von neuen Anteilen an der übernehmenden Körperschaft vor. Die Ausnahmetatbestände des § 19 Abs 2 seien nicht als Verstoß bzw Aufweichen des Prinzips der Gewährung einer Gegenleistung (in Form von Anteilen) zu sehen, da in diesen Fällen bereits vor der Einbringung eine beteiligungsmäßige Verbindung zur übernehmenden Körperschaft bestehe (UmgrStR Rz 748).

E. Tatsächliche Vermögensübertragung

175 § 12 Abs 1 sieht als weitere Anwendungsvoraussetzung vor, dass das Einbringungsvermögen auf die übernehmende Körperschaft „tatsächlich übertragen" wird.

Daraus ist zunächst abzuleiten, dass das Einbringungsvermögen im Zeitpunkt des 176
Abschlusses des Einbringungsvertrages **tatsächlich vorhanden und dem Einbringenden zuzurechnen sein muss**, um in weiterer Folge tatsächlich übertragen werden zu können (UmgrStR Rz 739). Der Einbringende muss zumindest wirtschaftlicher Eigentümer im Sinn des § 24 BAO sein, um die Herrschaft bzw Verfügungsgewalt über das Einbringungsvermögen auf die übernehmende Körperschaft übertragen zu können (UmgrStR Rz 738 f, wonach zB ein im Rückwirkungszeitraum veräußerter Betrieb nicht Gegenstand einer Einbringung sein kann mangels tatsächlicher Übertragung auf die übernehmende Körperschaft; UmgrStR Rz 804). Bei Auseinanderfallen von zivilrechtlichem und wirtschaftlichem Eigentum ist eine Anerkenntnisvereinbarung des Einbringenden mit dem zivilrechtlichen Eigentümer nicht zwingend erforderlich, sofern das wirtschaftliche Eigentum in weiterer Folge der übernehmenden Körperschaft tatsächlich übertragen wird (UmgrStR Rz 804; VwGH 25.6.2014, 2009/13/0154; aA noch UmgrStR Rz 804 idF vor WE 2013). Spiegelbildlich muss die übernehmende Körperschaft bei Unterfertigung des Einbringungsvertrages zumindest als vertragsfähige Vorgesellschaft existieren, damit sie als übernehmender Rechtsträger auftreten kann (UmgrStR Rz 749; idS VwGH 18.10.2012, 2012/15/0114, S 12; *Furherr*, GES 2013, 39; s Rz 170)

Das **wirtschaftliche Eigentum** des Einbringenden muss auf die übernehmende 177
Körperschaft **tatsächlich übertragen werden** (Übertragung der tatsächlichen Verfügungs- bzw Betriebsführergewalt). Lt FV muss das im Einbringungsvertrag festgelegte Verpflichtungsgeschäft in der Folge durch das Erfüllungsgeschäft abgeschlossen werden, weil eine Einbringung idR eine gesellschaftsrechtliche Einlage darstellt und „ein Einlageversprechen steuerlich unwirksam ist" (UmgrStR Rz 742; als Kritik an der Unwirksamkeit von Einlageversprechen im Bereich des KStG s § 16 Rz 179). Lt UmgrStR wird der Vermögensübergang „durch die Eintragung im Firmenbuch jedenfalls dokumentiert" (UmgrStR Rz 742). Soweit „eine Firmenbuchzuständigkeit nicht gegeben ist oder das Firmenbuch nicht einträgt", ist die Vermögensübertragung in sonstiger geeigneter Form zu dokumentieren. Dabei kommen die genaue Umschreibung des Vermögens im Einbringungsvertrag, der den Anspruch auf Übernahme der Betriebsführergewalt und des wirtschaftlichen Eigentums vermittelt, ebenso in Betracht wie die verschiedenen Publizitätsakte des Zivilrechts, mit denen dargetan wird, dass die übernehmende Körperschaft die Verfügungsgewalt über das Einbringungsvermögen ausüben kann (zB körperliche Übergabe, Traditionspapiere, Eintragung in Registern; UmgrStR Rz 742). Bei der Übertragung von Grundvermögen ist lt FV eine Eintragung des Eigentumsüberganges im Grundbuch nicht zwingend erforderlich, es bedarf aber zumindest einer gleichzeitig mit dem Einbringungsvertrag gefertigten Aufsandungserklärung, die den jederzeitigen Herausgabeanspruch der übernehmenden Körperschaft sicherstellt (UmgrStR Rz 743, im Falle eines intabulierten Veräußerungs- und Belastungsverbots oder Vorkaufsrechts ist zusätzlich eine einverleibungsfähige Zustimmungserklärung des Verbotsberechtigten erforderlich). Hinsichtlich der Übertragung von GmbH-Geschäftsanteilen wird auf die Notariatsaktspflicht nach § 76 Abs 2 GmbHG verwiesen (UmgrStR Rz 745).

> **Stellungnahme.** Entscheidend ist die Übertragung des wirtschaftlichen Eigentums 178
> am Einbringungsvermögen auf die übernehmende Körperschaft. Dies ist zumal
> unabhängig von der Eintragung im Firmenbuch zu beurteilen (idS *Rabel* in W/H/M,

HdU[1] § 12 Rz 139). Die Aussage in UmgrStR Rz 742, wonach die FB-Eintragung jedenfalls den Eigentumsübergang dokumentiere, ist historisch bedingt (vgl *Rabel* in *W/H/M*, HdU[1] § 12 Rz 139) und unzutreffend. Selbst die konstitutiv wirkenden FB-Eintragungen bei Sachgründungen oder Kapitalerhöhungen bewirken weder selbst einen Vermögensübergang noch können sie diesbezügliche Leistungsstörungen heilen (s Rz 50). Andererseits kann bei **zivilrechtlichen Mängeln** (zB im Einbringungsvertrag) der übernehmenden Körperschaft dennoch das wirtschaftliche Eigentum nach Maßgabe des § 23 Abs 3 BAO (steuerliche Anerkennung nichtiger Rechtsgeschäfte) verschafft werden und damit eine tatsächliche Vermögensübertragung iSd § 12 Abs 1 vorliegen (idS UmgrStR Rz 747).

179 Der **Begriff des Vermögens**, das tatsächlich übertragen werden muss, ist wohl nach dem Vermögensbegriff des § 12 Abs 2 auszulegen. Das heißt, bei Betriebseinbringungen müssen nicht sämtliche Wirtschaftsgüter des Betriebes zum Einbringungsstichtag am Tag des Vertragsabschlusses noch vorhanden sein, es erfolgt keine Zellteilung.

180 Das Gesetz enthält **keine zeitlichen Vorgaben**, bis wann die **tatsächliche Vermögensübertragung** zu erfolgen hat. Laut UmgrStR Rz 802 ist der Zeitpunkt der tatsächlichen Übertragung der Verfügungsmacht über das Einbringungsvermögen „unbeachtlich"; idS auch UmgrStR Rz 651 zur steuerlichen Beachtlichkeit (Unschädlichkeit) aufschiebender Bedingungen in Einbringungsverträgen, womit selbst die zivilrechtliche Wirksamkeit des Einbringungsvertrages nicht bereits vor Ablauf der Neunmonatsfrist iSd § 13 Abs 1 eintreten muss; weiters UmgrStR Rz 742, wonach das im Einbringungsvertrag festgelegte Verpflichtungsgeschäft „in der Folge" (ohne konkrete Zeitvorgaben) durch das Erfüllungsgeschäft abgeschlossen werden muss. Abweichend davon hat laut UmgrStR Rz 1373 zur wortgleichen Regelung in § 23 (Zusammenschluss) der tatsächliche Vermögensübergang grundsätzlich „bis zum letzten Tag der Neunmonatsfrist" zu erfolgen, rechtliche oder behördliche Hindernisse einer „geplanten rechtzeitigen Vermögensübertragung" stellen allerdings keine Anwendungsverletzung dar, wenn nach Vorliegen der rechtlichen Möglichkeit die tatsächliche Übertragung „ungesäumt erfolgt" (UmgrStR Rz 131; idS auch BMF 22.10.2010, Sbg Steuerdialog 2010, wonach die Arbeitsleistung als Einlage iRe Zusammenschlusses nach Art IV nicht anerkannt wird mit der Begründung, dass die Arbeitsleistung nicht innerhalb der Neunmonatsfrist eingebracht werden kann).

> **Stellungnahme.** Die tatsächliche Übertragung wird mangels gesetzlicher Anordnung nicht zwingend vor Ablauf des Rückwirkungszeitraumes (Neunmonatsfrist) erfolgen müssen, wohl jedoch möglichst zeitnahe nach Vertragsabschluss bzw rechtlicher Wirksamkeit des Einbringungsvertrages (Wegfall von Hindernissen, Eintritt aufschiebender Bedingungen), um ein länger andauerndes bzw in der Willkür des Steuerpflichtigen begründetes Auseinanderfallen zwischen steuerlicher Vermögenszurechnung nach UmgrStG einerseits (zur übernehmenden Körperschaft) und tatsächlichem wirtschaftlichem Eigentum andererseits (beim Einbringenden) zu vermeiden.

181 **Vermögenskorrekturen nach § 16 Abs 5** bei der Einbringung von Betrieben, Teilbetrieben und Mitunternehmeranteilen müssen hingegen lt ausdrücklicher gesetzlicher Anordnung am Tag des Vertragsabschlusses bereits vollzogen sein, soweit sie

sich auf „tatsächliche Vorgänge" beziehen (UmgrStR Rz 888, zB Entnahmen im Rückwirkungszeitraum nach § 16 Abs 5 Z 1).

In Zusammenschau mit § 13 Abs 2, wonach als Einbringungsstichtag nur ein Tag **182** gewählt werden kann, zu dem das einzubringende Vermögen dem Einbringenden zuzurechnen war, ergibt sich, dass das einzubringende Vermögen dem Einbringenden sowohl am Einbringungsstichtag (nach Maßgabe § 13 Abs 2) als auch am Tag des Abschlusses des Einbringungsvertrages (nach Maßgabe § 12 Abs 1) zuzurechnen sein muss (UmgrStR Rz 740 f; s § 13 Rz 51).

F. Positiver Verkehrswert
1. Grundsatz

Nach § 12 Abs 1 S 2 ist „Voraussetzung" für eine Einbringung nach Art III, „dass **186** das Vermögen am Einbringungsstichtag, jedenfalls aber am Tag des Abschlusses des Einbringungsvertrages, für sich allein einen positiven Verkehrswert besitzt". Nach § 12 Abs 1 S 3 hat der Einbringende „im Zweifel" die Höhe des positiven Verkehrswertes durch ein „begründetes Gutachten eines Sachverständigen" nachzuweisen. Die **Gesetzesmaterialien** zur Stammfassung des § 12 Abs 1 führen aus, dass „die Anwendungsvoraussetzungen für Art III [...] das Vorliegen eines spätestens bei Vertragsabschluss positiven Verkehrswertes [erfordern]. Im Falle einer realen Überschuldung müssen daher bis zum Vertragsabschluss entweder Aktiven durch Einlagen zugeführt oder Passiven abgebaut werden, eine bloße Zusage im Einbringungsvertrag auf spätere Einlagen erfüllt die Voraussetzung nicht. [...] Der in Zweifelsfällen vorgesehene Gutachter muss von allen Parteien unabhängig sein, sodass etwa der steuerliche Vertreter des Einbringenden als Gutachter ausscheidet" (ErlRV 266 BlgNR 18. GP, zu § 12 Abs 1). Das Erfordernis des „für sich allein" positiven Verkehrswertes in S 2 und eines „fundierten" Gutachtens in S 3 wurden erst iRd AbgÄG 2005 (BGBl I 2005/161) eingeführt. Laut Gesetzesmaterialien ist „Ziel der Regelung [...] unverändert primär die Feststellung, dass kein real überschuldetes Vermögen vorliegt [...]. Die mit der „Stand-alone-Betrachtung" verbundene Bewertungsanordnung ändert nichts am Grundsatz der Beachtung allgemein anerkannter Bewertungsgrundsätze, wie sie etwa im Fachgutachten des Instituts für Betriebswirtschaft, Steuerrecht und Organisation der Kammer der Wirtschaftstreuhänder KFS-BW 1 ausgeführt werden, dies aber mit der Maßgabe, dass die Bewertung auf das dem Einbringenden gehörende Vermögen und damit unter Beachtung eines objektivierten Unternehmerlohns und einer sich aus dem Blickwinkel der übernehmenden Körperschaft ergebenden Ertragsteuerbelastung (KöSt und KESt unter Vollausschüttungsgesichtspunkten) und unter Außeransatzlassen von Confusiowirkungen zu beziehen ist. Schließlich soll im Hinblick auf die hohe Bedeutung des im Einzelfall zu Grunde liegenden Wertes des einzubringenden Vermögens [...] das im Zweifelsfall vorzulegende – nach der bisherigen Praxis nicht immer nachvollziehbar aufbereitete – Gutachten eines Sachverständigen ausdrücklich als begründetes Gutachten über die Tatsache und die Höhe des positiven Verkehrswertes zu verstehen sein. Ein „begründetes" Gutachten liegt dann vor, wenn in ihm die verwendeten (Plan)Größen und Faktoren schlüssig dargestellt sind und die Höhe des ermittelten Unternehmenswerts auf nachvollziehbare Art abgeleitet werden kann" (ErlRV 1187 BlgNR 22. GP, zu § 12 Abs 1 UmgrStG).

187 Der positive Verkehrswert muss für **jedes einzubringende Vermögen** (arg „für sich allein") im Sinn des § 12 Abs 2 gegeben sein (UmgrStR Rz 678). Es ist somit jeweils auf den eingebrachten Vermögenskomplex iSd § 12 Abs 2 in seiner Gesamtheit abzustellen (*Rabel/Ehrke-Rabel* in *W/H/M*, HdU^{16} § 12 Rz 224). Demnach muss bei Einbringung eines Betriebes nicht jeder einzelne (untergeordnete) Teilbetrieb oder betriebszugehörige Mitunternehmer- oder Kapitalanteil iSd § 12 Abs 2 Z 2 u 3 einen positiven Verkehrswert besitzen. Weiters ist bei einer Mitunternehmer-Anteilseinbringung auch miteingebrachtes Sonderbetriebsvermögen im Gesamtwert des Mitunternehmeranteils miteinzubeziehen. Ein negativer Verkehrswert des Anteils an einer Personengesellschaft ist daher unschädlich, wenn dieser durch einen positiven Verkehrswert des miteingebrachten Sonderbetriebsvermögens kompensiert wird (*Rabel/Ehrke-Rabel* in *W/H/M*, HdU^{16} § 12 Rz 224). Bei Einbringung eines Betriebes durch eine Mitunternehmerschaft ist bei Ermittlung des positiven Verkehrswertes des Betriebes einerseits das mitübertragene Sonderbetriebsvermögen miteinzubeziehen (idS UmgrStR Rz 723 u 1025, unveröffentlichte BMF-Einzelerledigung), andererseits muss aber nur das jeweils von der Mitunternehmerschaft übertragene Vermögen iSd § 12 Abs 2 einen positiven Verkehrswert aufweisen, nicht jedoch die einzelnen Mitunternehmeranteile an der einbringenden Mitunternehmerschaft (UmgrStR Rz 679).

187a Nicht ausreichend ist, wenn das iRe Einbringungsvertrages eingebrachte Vermögen insgesamt positiv ist (*Huber* in *W/Z/H/K*^{5} § 12 Rz 116). Werden somit auf denselben Stichtag mit demselben Einbringungsvertrag in dieselbe übernehmende Körperschaft zB zwei Betriebe oder Mitunternehmeranteile iSd § 12 Abs 2 eingebracht, muss jeder Betrieb bzw Mitunternehmeranteil für sich allein einen positiven Verkehrswert haben (*Rabel/Ehrke-Rabel* in *W/H/M*, HdU^{16} § 12 Rz 224).

188 Das **Fehlen eines positiven Verkehrswertes** führt zur Nichtanwendbarkeit des Art III und hat ertragsteuerlich die Gewinnrealisierung hinsichtlich des eingebrachten Vermögens gem § 6 Z 14 lit b EStG (Tauschbesteuerung) zur Folge (ErlRV 266 BlgNR 18. GP, zu § 12 Abs 1 UmgrStG; UmgrStR Rz 672; *Huber* in *W/Z/H/K*^{5} § 12 Rz 134). Zu den Rechtsfolgen im Detail (insb bei Übernahme von negativem Vermögen) s Rz 25. Fraglich ist, ob darüber hinaus auch die Nichtvorlage eines begründeten Gutachtens in Zweifelsfällen nach § 12 Abs 1 S 3 für sich eine Anwendungsverletzung darstellt, unabhängig davon, ob das Einbringungsvermögen tatsächlich einen positiven Verkehrswert aufweist; s dazu Rz 199.

2. Begriff des positiven Verkehrswertes

189 Das Gesetz verlangt einen **positiven** Verkehrswert. Als positiv gilt lt UmgrStR „jedenfalls ein Wert, der größer als null ist" (UmgrStR Rz 672), an anderer Stelle wird „zumindest EUR 0,01" gefordert (UmgrStR Rz 691).

> **Stellungnahme.** Der Begriff „jedenfalls" in UmgrStR Rz 672 ist zu relativieren, ein Verkehrswert iHv Null ist kein positiver Verkehrswert (BFG 18.9.2015, RV/2100285/2012, Revision unzulässig, eingebracht; *Rabel* in *W/H/M*, HdU^1 § 12 Rz 184 mwN). Der Wert wird daher *zumindest* größer als null sein müssen, andererseits reicht aber jeder über null liegende Wert. Bedeutsam für die Praxis ist das Übersteigen der Null-Marke in einem Ausmaß, sodass ein Absinken des Verkehrswertes auf bzw unter die Null-Marke bereits bei geringfügiger Veränderung einzelner (unsicherer) Bewertungs-

parameter – und damit letztendlich Beweisprobleme hinsichtlich des Vorliegens eines positiven Verkehrswertes – vermieden werden können.

Der Begriff **Verkehrswert** stellt lt FV auf jenen Wert ab, der im gewöhnlichen Ge- 190
schäftsverkehr nach der Beschaffenheit der Sache bei einer Veräußerung unter Fremden erzielbar ist. Es handelt sich um den nach anerkannten **betriebswirtschaftlichen Methoden der Unternehmensbewertung** ermittelten Wert des Vermögens (UmgrStR Rz 680). Als anerkannte Methoden der Unternehmensbewertung wird auf das Fachgutachten „KFS BW 1" vom 26.3.2014 des Fachsenats für Betriebswirtschaft und Organisation des Instituts für Betriebswirtschaft, Steuerrecht und Organisation der Kammer der Wirtschaftstreuhänder verwiesen (UmgrStR Rz 680, 683). Der Unternehmenswert ist demnach aus der künftigen Ertragskraft durch Diskontierung der erwarteten, zukünftigen Unternehmenserträge nach dem Ertragswert- oder Discounted-Cash-Flow-(DCF)-Verfahren zu ermitteln; die künftigen Erträge sind in Form einer Prognoserechnung zu schätzen (Planungsrechnung). Vergleichsverfahren, Substanzwert- oder Mischverfahren sind grundsätzlich nicht geeignet (BFG 18.9.2015, RV/2100285/2012, Revision unzulässig, eingebracht; vgl *Rabel* in *W/H/M*, HdU[1] § 12 Rz 171 mwN; idS auch ErlRV 1187 BlgNR 22. GP, zu § 12 Abs 1 UmgrStG mVa auf dem Gutachten zugrunde liegende „(Plan)Größen"). Der Unternehmenswert ist demnach ein Prognosewert aus dem Ex-ante-Blickwinkel des jeweiligen Bewertungsstichtages; eine Abweichung zwischen den der Bewertung zugrunde gelegten Prognosewerten und den tatsächlich erzielten Erträgen bleibt lt FV unbeachtlich (kein rückwirkendes Ereignis nach § 295a BAO), da „Prognoserechnungen auch Verkehrswertgutachten Schätzungen dar[stellen], die sich im Nachhinein auch als falsch herausstellen können" (Sbg Steuerdialog 26.11.2007, BMF-010216/0125-VI/6/2007, Pkt 2.2). Maßgebend ist insb das Fachgutachten vom 26.3.2014, von in früheren Fachgutachten verankerten Grundsätzen sollte dementsprechend abgegangen werden können (UmgrStR Rz 683). Der positive Verkehrswert muss gemäß § 12 Abs 1 S 1 jedenfalls am Tag des Einbringungsvertragsabschlusses gegeben sein, die Prüfung dieser Voraussetzung (Bewertungsstichtag) hat sich daher auf diesen Stichtag zu beziehen (UmgrStR Rz 684; im Detail unten Rz 195).

Nach § 12 Abs 1 S 1 muss das Vermögen „für sich allein" einen positiven Verkehrs- 191
wert besitzen. Die FV leitet daraus ab, dass der **objektivierte Unternehmenswert** gemäß KFS BW 1 vom 26.3.2014 Tz 16 maßgebend ist (UmgrStR Rz 686). Der objektivierte Unternehmenswert ist ein typisierter Zukunftserfolgswert, der sich bei **Fortführung des Unternehmens** auf Basis des zum Bewertungsstichtag bestehenden Unternehmenskonzepts (unter Ansatz erforderlicher Objektivierungen und Typisierungen) ergibt; persönliche Verhältnisse und sonstige Gegebenheiten beim Erwerber bleiben (in Abgrenzung zum subjektiven Unternehmenswert) unberücksichtigt (KFS BW 1 vom 26.3.2014 Tz 16 ff, 19 ff). Strukturelle Änderungen sind nur dann zu berücksichtigen, wenn sie zum Bewertungsstichtag bereits eingeleitet bzw hinreichend konkretisiert sind (KFS BW 1 vom 26.3.2014, Tz 79). Laut älterer Stellungnahme des BMF (26.3.1998, Pkt 1.2, RdW 1998, 313) stimmt der Verkehrswert des § 12 Abs 1 mit dem beizulegenden Wert nach § 202 UGB überein (glA *Huber* in *W/Z/H/K*[5] § 12 Rz 126; *Rabel* in *W/H/M*, HdU[1] § 12 Rz 163, jedoch noch zur Rechtslage vor AbgÄG 2005); aufgrund der Berücksichtigung der konkreten Nut-

zungsmöglichkeiten des jeweiligen Erwerbers bzw persönlicher und betriebsbezogener Einflüsse iRd beizulegenden Wertes (*Urnik/Urtz* in *Straube*, UGB[3] § 202 Rz 17; *Ludwig/Strimitzer* in *Hirschler*, Bilanzrecht § 202 Rz 12) weicht dieser jedoch vom objektivierten Unternehmenswert gemäß KFS BW 1 Tz 16 ab. Der gemeine Wert nach § 10 BewG entspricht zwar hinsichtlich der Unbeachtlichkeit persönlicher und ungewöhnlicher Verhältnisse dem objektivierten Unternehmenswert, unterscheidet sich aber konzeptionell dadurch, dass er primär den am Markt erzielbaren Preis (unter Berücksichtigung marktbestimmender Faktoren wie zB Angebot- und Nachfragestruktur) widerspiegelt und sich vorrangig aus vergleichbaren Markttransaktionen ableitet (*Q/S* § 6 Tz 96; *Rabel* in *W/H/M*, HdU[1] § 12 Rz 153 f). Am ehesten entspricht der objektivierte Unternehmenswert damit dem Teilwert gemäß § 12 BewG, der als „betrieblicher Zusammenhangswert" vergleichbar einen objektiven (Maßgeblichkeit der allgemeinen Verkehrsauffassung) und inneren (durch die Rentabilität des Unternehmens bestimmten) Wert darstellt (*Q/S* § 6 Tz 87, 91; *Ehrke-Rabel* in *D/R* II[6], 343). In der VwGH-Rspr wird die Unterscheidung zwischen Teilwert und gemeinem Wert allerdings zusehens eingeebnet (VwGH 24.11.2011, 2009/15/0115, GES 2012, 200 mit Anm *Bachl*, worin der Teilwert unter Vernachlässigung des betrieblichen Zusammenhanges aus einem nachträglichen Einzelveräußerungserlös abgeleitet wurde; idS auch bereits VwGH 6.4.1994, 91/13/0211; VwGH 28.4.1994, 93/16/0186). Laut FV sind mögliche **echte Synergieeffekte**, die sich konkret bezogen auf die übernehmende Körperschaft ergeben, und Effekte durch die Confusio von Aktiv- und Passivposten bei der Verkehrwertermittlung nicht zu berücksichtigen (UmgrStR Rz 686 mVa Stand-Alone-Betrachtung). **Unechte Synergieeffekte**, die sich ohne Berücksichtigung der Auswirkungen des Bewertungsanlasses oder mit einer nahezu beliebigen Vielzahl von Partnern realisieren lassen, sind dagegen einzubeziehen (UmgrStR 686, ohne nähere Konkretisierung unechter Synergieeffekte; die Terminologie der UmgrStR Rz 686 zu den unechten Synergieeffekten entspricht den Bewertungsstandards des deutschen Instituts der Wirtschaftsprüfer, IDW S 1 Tz 44, worin zu unechten Synergieeffekten exemplarisch auf die Ausnutzung von Größeneffekten, verbessertes Cash-Management, Kostenreduktion durch wechselseitige Nutzung bzw Zusammenlegung des Rechnungswesens und steuerliche Verlustvorträge verwiesen wird). Ein **Firmen- oder Praxiswert**, der einzig und allein auf dem persönlichen Ruf und Bekanntheitsgrad des Einbringenden basiert, kann bei der Ermittlung des Verkehrswertes nicht berücksichtigt werden (VwGH 26.6.2014, 2011/15/0028, Anm *Marschner*, GES 2015, 42; UmgrStR Rz 672).

191a Lt Rsp (jedoch noch zur Rechtslage vor AbgÄG 2005, BGBl 1994/681) u Literatur markiert der Substanzwert auf Grundlage von Liquidationswerten (**Liquidationswert**) die Untergrenze für den Unternehmenswert (Entscheidungswert). Der Liquidationswert wird als Barwert der finanziellen Überschüsse aus der Veräußerung der Vermögenswerte und der Bedeckung der Schulden unter Berücksichtigung der Liquidationskosten und der mit der Liquidation verbundenen Steuerwirkungen ermittelt (KFS BW 1 vom 26.3.2014 Tz 133). Ist der Liquidationswert des einzubringenden Vermögens positiv, liegt ein positiver Verkehrswert vor (BFG 18.9.2015, RV/2100285/2012, Revision unzulässig, eingebracht; *Rabel* in *W/H/M*, HdU[1] § 12 Rz 176). Der Liquidationswert stellt insoweit einen „Alternativwert" zum Fortführungswert hins der Berechnung des positiven Verkehrswerts dar (insoweit Abweichen vom Unternehmensfortführungskonzept). Dies gilt unabhängig davon, welche künftigen Unternehmenserträge aus dem einzubringenden Vermögen bei dessen Fortführung erwartet werden (*Rabel* in *W/H/M*, HdU¹ § 12 Rz 176).

Für **Unternehmensanteile** ist der objektivierte Wert als **Quote des objektivierten Gesamtunternehmenswertes** (ohne Berücksichtigung von Minderheitsab- oder -zuschlägen) zu ermitteln (KFS BW 1 vom 26.3.2014 Tz 149). Dementsprechend lehnt die FV bei Einbringung von **Kapitalanteilen** die Bewertungsmaßstäbe nach § 13 BewG (Kurswert bzw Vergleichstransaktionen oder subsidiär Wiener Verfahren, AÖF 1996/189) ab (UmgrStR Rz 681); bei Kapitalanteilseinbringungen ohne Verbindlichkeiten ist von einem positiven Verkehrswert auszugehen (UmgrStR Rz 675). **Personengesellschaftsanteile** sind lt Rsp zu § 12 BewG als Bruchteil des Gesellschafts-Betriebsvermögens zu behandeln; ein negativer Wert ist dem Kommanditisten nur zuzurechnen, wenn er sich aufgrund besonderer Vereinbarung zu einer weitergehenden Haftung oder zum Ausgleich des negativen Kapitalkontos verpflichtet hat (VwGH 29.9.2011, 2008/16/0150). Allg zum Verkehrswert bei Mitunternehmeranteilen UmgrStR Rz 678 f. 192

Bewertungsgegenstand ist das konkret übertragene Einbringungsvermögen und die damit verbundenen zivilrechtlichen Ansprüche und Belastungen. **Zurückbehaltene Wirtschaftsgüter** sind daher in die Verkehrswertermittlung nicht einzubeziehen. Wird der übernehmenden Körperschaft anlässlich der Einbringung ein Nutzungsrecht an zurückbehaltenen Wirtschaftsgütern eingeräumt, ist lt Kommentarmeinung der Wert des Nutzungsrechts bei der Unternehmensbewertung anzusetzen (*Huber* in *W/Z/H/K*⁵ § 12 Rz 117; *Rabel* in *W/H/M*, HdU¹ § 12 Rz 167). **Zivilrechtliches Fremdkapital** mindert den Verkehrswert selbst bei Beurteilung als steuerliches Eigenkapital (zB Verbindlichkeiten aus Gesellschafterdarlehen; *Rabel* in *W/H/M*, HdU¹ § 12 Rz 169); ebenso mindern **Passivposten für vorbehaltene Entnahmen nach § 16 Abs 5 Z 2** den Verkehrswert in vollem Ausmaß (unabh von der weiteren umgrstrl Beurteilung als strl Eigen- oder Fremdkapital) und können daher zu einem die Anwendbarkeit des Art III ausschließenden negativen Verkehrswert führen (VwGH 26.2.2014, 2011/13/0034, Anm *Wurm*, GES 2014, 356; *Rabel* in *W/H/M*, HdU¹ § 16 Rz 71). 193

> **Stellungnahme.** Erfolgt die Einräumung des Nutzungsrechtes zu fremdüblichen Konditionen, wird dem Nutzungsrecht idR kein gesonderter Wert beizumessen sein, insb bei Ermittlung eines objektivierten Unternehmenswertes.

3. Zeitliche Anforderungen

Nach dem Gesetzeswortlaut muss der positive Verkehrswert am Einbringungsstichtag, jedenfalls aber am **Tag des Abschlusses des Einbringungsvertrages** vorliegen. Lt FV hat sich daher die Prüfung des positiven Verkehrswertes „auf diesen Stichtag [Tag des Vertragsabschlusses] zu beziehen" (UmgrStR Rz 684); da dieser Tag idR nicht mit dem letzten Bilanzstichtag zusammenfällt, sind „für die Ermittlung der Prognoserechnung bzw für die Substanzwertermittlung geeignete Hilfsmittel aufzustellen, die Doppel- oder Nichtberücksichtigungen verhindern und die Nachvollziehbarkeit erleichtern sollen" (UmgrStR Rz 684; zum maßgebenden Bewertungsstichtag im Falle eines Gutachtens nach § 12 Abs 1 S 3 s Rz 197). Weist das 194

Vermögen zum Einbringungsstichtag keinen positiven Verkehrswert aus, ist dies unschädlich, sofern dieser am Tag des Abschlusses des Einbringungsvertrages vorliegt. Der positive Verkehrswert kann laut FV durch eine nachhaltige Besserung der Ertragslage im Rückwirkungszeitraum eintreten (zB iSe Sanierung des Unternehmens; vgl *Huber* in *W/Z/H/K*[5] § 12 Rz 123), anderenfalls ist er vom Einbringenden durch rückbezogene Korrekturmaßnahmen nach § 16 Abs 5 herzustellen (UmgrStR Rz 677). Soll der positive Verkehrswert durch Einlagen in das Einbringungsvermögen hergestellt werden, sind diese laut Gesetzesmaterialien (und § 16 Abs 5 Z 1) bis zum Vertragsabschlusszeitpunkt zu leisten, bloße Zusagen des Einbringenden sind nicht ausreichend (ErlRV 266 BlgNR 18. GP, zu § 12 Abs 1; *Huber* in *W/Z/H/K*[5] § 12 Rz 118, 122).

> **Stellungnahme.** Zu differenzieren ist zwischen der Möglichkeit der Rückbeziehung einer im Rückwirkungszeitraum getätigten Einlage auf den Einbringungsstichtag nach § 16 Abs 5 Z 1, hierfür verlangt das Gesetz ausdrücklich die Leistung der Einlage vor Vertragsunterfertigung. Daneben gilt im allgemeinen Ertragsteuerrecht der Grundsatz, dass bloße Einlageversprechen steuerlich unwirksam sind (UmgrStR Rz 742; s dazu im Detail § 16 Rz 179). Dessen ungeachtet wird aber aus bewertungstechnischer Sicht die verbindliche Zusage einer Einlage den Wert des Bewertungsobjekts entsprechend erhöhen können, unabhängig davon, ob das Versprechen vor dem Bewertungsstichtag bereits erfüllt oder anstelle des Erfüllungsbetrages eine (werthaltige) Forderung anzusetzen ist.

195 Erfolgt eine **Grundsatzvereinbarung** über die Einbringung **vor dem Einbringungsstichtag**, kann lt Literatur ein zum Einbringungsstichtag ggf bestehender negativer Verkehrswert durch geeignete Maßnahmen noch bis zum Zeitpunkt der Fixierung der Detailvereinbarung und der Erstellung der Einbringungsbilanz beseitigt werden (*Huber* in *W/Z/H/K*[5] § 12 Rz 124). In diesem Fall ist der Zeitpunkt der Unterfertigung der Grundsatzvereinbarung nicht als der maßgebliche Tag des Abschlusses des Einbringungsvertrages iSd § 12 Abs 1 S 2 zu sehen.

> **Stellungnahme.** Trotz des Spannungsverhältnisses dieser Auffassung zum Gesetzeswortlaut erscheint sie gerechtfertigt, da insb rückbezogene Maßnahmen nach § 16 Abs 5 in den Einbringungsbilanzen darzustellen sind und somit in diesem Fall der (ggf spätere) Zeitpunkt der Erstellung der Einbringungsbilanz teleologisch an die Stelle des Zeitpunktes des Vertragsabschlusses tritt.

196 Ist der Verkehrswert zum **Einbringungsstichtag positiv**, jedoch bei Vertragsabschluss negativ, so ist die Anwendungsvoraussetzung der Existenz eines positiven Verkehrswertes nicht gegeben (*Huber* in *W/Z/H/K*[5] § 12 Rz 119; *Wiesner/Mayr*, RdW 2006, 365).

4. Nachweis und Beweislastverteilung

197 Nach § 12 Abs 1 S 3 hat der Einbringende lediglich **„im Zweifel"** die Höhe des positiven Verkehrswertes durch ein begründetes **Gutachten eines Sachverständigen** „nachzuweisen". Lt FV trifft den **Einbringenden** hingegen generell die **Nachweispflicht**, dass ein positiver Verkehrswert bei Vertragsabschluss vorhanden ist (UmgrStR Rz 673). In Fällen von Zweifeln gilt der Nachweis als erbracht, wenn durch ein Gutachten, das den oa Grundsätzen (s Rz 190) entspricht, der positive

Verkehrswert unter Außerachtlassung möglicher Synergieeffekte (Stand-Alone-Betrachtung) bestätigt wird. Gutachten, die diesen Grundsätzen nicht entsprechen, sind im Einzelfall auf ihre Nachweiskraft zu untersuchen. Werden Mängel trotz Aufforderung nicht behoben, sind sie als Nachweise nicht geeignet (UmgrStR Rz 673). Als **Sachverständiger** kann laut FV (entgegen ErlRV 266 BlgNR 18. GP, zu § 12 Abs 1) auch der steuerliche Vertreter der beteiligten Personen herangezogen werden, dieser muss aber als neutraler Gutachter iSd KFS BW 1 vom 26.3.2014 tätig werden und darf bei der Erstellung und Begründung der Unternehmensbewertung rein subjektive Entscheidungswerte nicht in die Betrachtung einbeziehen (UmgrStR Rz 685). Wenngleich die Verkehrswertermittlung stets eine Bandbreitenbetrachtung darstellt und es „den" (einzig) objektiv richtigen Wert nicht gibt (*Wiesner*, RWZ 2012, 36), wird in der Literatur betont, dass auch das Gutachten eines (gerichtlich beeidigten) Sachverständigen keine „Garantie" für Richtigkeit bzw Akzeptanz der Ergebnisse durch FV oder Rsp ist (*Wiesner*, RWZ 2012, 36, mVa VwGH 24.11.2011, 2009/15/0115, zur Ablehnung eines Verkehrswertgutachtens eines gerichtlich beeidigten Sachverständigen; ebenso restriktiv UFS 13.12. 2007, RV/2777-W/02, UFSaktuell 2008, 80; BFG 17.7.2014, RV/6100396/2014, zu nicht ausreichend nachvollziehbaren Planungsrechnungen, mit Anm *Raab/Renner*, BFGjournal 2015, 100; dazu *Marschner/Renner*, Körperschaftsteuer-Update: Aktuelles auf einen Blick, SWK 2014, 1460 [1465]; restriktiv BFG 4.11.2016, RV/7102712/2013, zur Ablehnung eines Gutachtens (i) wegen des Ansatzes von im Widerspruch zur Vergangenheit stehender, zu optimistischer Planerlöse ohne eigene Befundaufnahme, iE erfolgte keine Berücksichtigung der Einflussfaktoren für Zukunftserfolge hins Führungskräfte, Belegschaft, Betriebsorganisation, Entwicklung, Marktlage, Kostenstruktur, (ii) wegen Berücksichtigung von Plandaten nur gem „Auskunft der Geschäftsführung" ohne Darlegung, ob und wieweit diese Auskünfte durch Einsicht in Firmenunterlagen überprüft worden sind, (iii) mangels Ableitung der Zukunftserfolge aus den Ergebnissen der jüngsten Vergangenheit, berichtigt um außerordentliche Komponenten, und (iv) mangels nachvollziehbaren Ansatzes eines Kapitalmarktzinssatzes; restriktiv BFG 23.6.2017, RV/5100284/2011, zur Ablehnung eines – zivilrechtlich iZm einer FB-Eintragung akzeptierten – Gutachtens, bei dem ein Firmenwert nach der „Praktikerformel" ermittelt wurde, Anm *Marschner/Renner*, SWK 2017, 1444, Revision anhängig zu Ro 2017/15/0039). Als **Bewertungsstichtag** ist grundsätzlich auf den gesetzlich maßgebenden Tag des Vertragsabschlusses abzustellen (idS UmgrStR Rz 684 Satz 1), wobei aus Praktikabilitätsüberlegungen wohl auch der letzte Bilanzstichtag in Betracht kommen wird unter Vornahme von – außerhalb des Gutachtens angestellten – Wertfortschreibungen auf den Vertragsabschlusstag (idS UmgrStR Rz 684 S 2 mVa die Zurverfügungstellung „geeigneter Hilfsmittel"; vgl *Hübner-Schwarzinger*, SWK 2013, 1523 [1524]).

Die UmgrStR grenzen die im Gesetz angesprochenen **Zweifelsfälle**, in denen ein Gutachten vorzulegen ist, sowohl negativ als auch positiv ab. Vom Bestehen eines positiven Verkehrswertes **(kein Zweifelsfall)** ist bei folgenden Sachverhalten auszugehen (UmgrStR Rz 674, 675): (i) zum Vertragsabschlusstag wird eine Zwischenbilanz (Vermögensstatus) erstellt, die für das einzubringende Vermögen ein positives Eigenkapital aufweist, zusätzlich liegen keine Gründe vor, die Anlass zu Zweifeln an positiven Zukunftserfolgen geben; (ii) Eintragung der Einbringung im 198

Firmenbuch in Fällen einer materiellen Prüfungspflicht des Firmenbuchgerichts; (iii) Einbringung von Kapitalanteilen ohne Verbindlichkeiten (anderes gilt für Mitunternehmeranteile, siehe nachstehend). Positiv führen die UmgrStR folgende Umstände an, die Anlass für **Zweifel am positiven Verkehrswert** geben und somit die Vorlage eines Gutachtens erfordern (UmgrStR Rz 676): (i) buchmäßige Überschuldung (so auch BFG 18.9.2015, RV/2100285/2012, Revision unzulässig, eingebracht, wonach begründete Zweifel vor allem im Fall einer buchmäßigen Überschuldung bestehen); (ii) negative Erfolgszahlen in der Vergangenheit; (iii) vergangene (Teilwert)Abschreibungen von Anlagevermögen aufgrund eines geringen oder negativen Ertragswertes, sofern dem betroffenen Anlagevermögen eine gewisse Bedeutung zukommt; (iv) der positive Verkehrswert wird durch stille Reserven im abnutzbaren Anlagevermögen erklärt und durch eine Neubewertung dargestellt, die auf einer Nutzungsdauer basiert, die von der bisherigen betriebsgewöhnlichen Nutzungsdauer erheblich abweicht. Diese Kriterien können grundsätzlich auch bei Mitunternehmeranteilen zur Anwendung kommen (UFS 13.12.2007, RV/2777-W/02, UFSaktuell 2008, 80, zu einer atypisch stillen Beteiligung an einer real überschuldeten Adress-Marketing-GmbH und Nichtanerkennung des Verkehrswertgutachtens).

199 Erbringt der Abgabepflichtige keinen Nachweis des positiven Verkehrswertes, obwohl Zweifelsfälle iSd UmgrStR Rz 676 vorliegen, ist laut Verwaltungspraxis eine **Anwendungsvoraussetzung** des Art III UmgrStG **verletzt** (UmgrStR Rz 673, 1279; idS a VwGH 26.2.2014, 2011/13/0034, Anm *Wurm*, GES 2014, 356).

Stellungnahme. Für die Beurteilung als Anwendungsvoraussetzung spricht, dass die Verpflichtung zur Nachweisführung durch ein Gutachten in § 12 Abs 1 S 3 und damit in der Begriffsdefinition der Einbringung in § 12 Abs 1 vorgesehen ist. Dagegen sprechen jedoch die Gesetzesmaterialien, wonach (allein) auf das Vorliegen eines spätestens bei Vertragsabschluss positiven Verkehrswertes abzustellen ist, unabhängig von der formalen Nachweisführung (s § 12 Rz 186). Im Schrifttum wird diese Frage soweit ersichtlich nicht ausdrücklich behandelt, implizit aber nur das Fehlen des positiven Verkehrswertes als Anwendungsverletzung, das Gutachten als bloßes Beweismittel iSd BAO betrachtet (*Rabel* in *W/H/M*, HdU[1] § 12 Rz 182 f; *Huber* in *W/Z/H/K*[5] § 12 Rz 131, wonach die Behörde bei Zweifel ein Gutachten „verlangen kann"). § 12 Abs 1 S 3 wird daher nicht als materiell-rechtliche Anwendungsvoraussetzung, sondern als verfahrensrechtliche Beweislastverteilungsregelung zu sehen sein (so auch *Wiesner* in FS Ritz 410, nach dem die Behörden den Verkehrswert im Zweifel selbst zu ermitteln und im Notfall zu schätzen haben). Die FV setzt damit die Verletzung der Nachweispflicht dem Fehlen eines positiven Verkehrswertes gleich, diese Konsequenz erscheint überschießend. Vielmehr ist zu differenzieren: Verletzt der Steuerpflichtige die ihn treffenden Nachweispflichten, ist das Beweismaß der Behörde entsprechend herabgemindert, sie darf der steuerlichen Würdigung den (ggf im Schätzungswege ermittelten) wahrscheinlichsten Sachverhalt zugrunde legen (*Schimetschek*, ÖStZ 1993, 354 [357]; *Kotschnigg*, ÖStZ 1992, 82; *ders*, SWK 2002, S 681; *Crezelius*, IStR 2002, 435; *Wiesner* in FS Ritz 410). Ergibt sich iRd amtswegigen Ermittlungsverfahrens als wahrscheinlichster Sachverhalt ein positiver Verkehrswert, ist insoweit die Anwendbarkeit des Art III gewahrt, im Fall eines negativen Verkehrswertes ist von einer Verletzung der Anwendungsvoraussetzungen auszugehen. Im Fall der schlichten Unbeweisbarkeit (non liquet), zB weil Jahre nach dem Vertragsabschluss iRe Außenprüfung der maßgebliche Verkehrswert zum Zeitpunkt des Vertragsabschlusses nicht feststellbar ist, spricht der Gesetzeswortlaut dafür, dass die Unbeweisbarkeit zu Lasten der Steuerpflichtigen geht. Aber auch hier ist vorausgesetzt, dass dem Steuerpflichtigen sämtliche Beweismöglichkeiten iRd Ermittlungsverfahrens zur Verfügung stehen und dass die – von allen zur Verfügung stehenden – wahrscheinlichste Sachverhaltsvariante nicht für einen positiven Verkehrswert spricht (*Schimetschek*, ÖStZ 1993, 354 [358]; *Kotschnigg*, SWK 2002, S 682 FN 19, mwN aus der Rsp).

5. Europarechtliche Vorgaben

Die Anwendungsvoraussetzung eines positiven Verkehrswerts des Einbringungsvermögens verstößt nach Literaturauffassung gegen die FRL. Der Verstoß kann unter unmittelbarer Berufung auf die FRL geltend gemacht werden (*Hügel* in H/M/H § 12 Rz 123; aA *Rabel* in W/H/M, HdU[1] § 12 Rz 151). **200**

G. Sonstige Anwendungsvoraussetzungen außerhalb des § 12 Abs 1

Als sonstige, außerhalb des § 12 Abs 1 festgelegte Anwendungsvoraussetzungen ist zu verweisen auf: **206**

- die fristgerechte Anmeldung der Einbringung beim Firmenbuchgericht bzw Meldung der Einbringung beim Finanzamt nach § 13 Abs 1 S 3 iVm § 108 BAO (s § 13 Rz 41 f);
- die Vermögenszurechnung zum Einbringenden am Einbringungsstichtag nach § 13 Abs 2 (s § 13 Rz 51).

H. Exkurs: Maßgeblichkeit der firmenbuchrechtlichen Eintragung

Die Aussagen der UmgrStR zur Maßgeblichkeit der firmenbuchrechtlichen Eintragung von Einbringungen iRd Art III, insb der konstitutiv wirkenden Firmenbucheintragungen im Falle einer Sachgründung oder Sachkapitalerhöhung (Firmenbuchzuständigkeit nach § 13 Abs 1 S 3), sind widersprüchlich. **208**

Für eine generelle **Unmaßgeblichkeit der Eintragung** sprechen die Feststellungen in UmgrStR Rz 641 zum allgemeinen Begriffsverständnis der Einbringung, wonach für eine Einbringung nach Art III „keine handels- und gesellschaftsrechtlichen Grundlagen bestehen", der Tatbestand der Einbringung „ausschließlich durch das Steuerrecht in den §§ 12 ff definiert wird" und daher „der Eintragung einer Einbringung in das Firmenbuch keine für steuerliche Zwecke maßgebende Wirkung" zukommt; die Abgabenbehörde habe daher auch im Falle einer Firmenbucheintragung das Vorliegen der steuerlichen Anwendungsvoraussetzungen eigenständig zu beurteilen (UmgrStR Rz 641). Dazu kommt, dass laut ständiger Rsp des OGH eine Prüfpflicht des FB-Gerichts in steuerrechtlicher Hinsicht nicht besteht, das FB-Gericht daher weder die steuerrechtliche Zulässigkeit noch die steuerrechtlichen Auswirkungen eines Vorganges zu prüfen hat; zu prüfen sei lediglich, ob die Einbringung gegen zwingendes Unternehmensrecht wie insb Gläubigerschutzvorschriften verstoße (OGH 1.10.2008, 6 Ob 132/08t mwN; dazu *Jennewein*, UFSaktuell 2009/7, 201 [203]). IdS führt UmgrStR Rz 747 zum Tatbestandsmerkmal der tatsächlichen Vermögensübertragung nach § 12 Abs 1 S 1 aus, dass es bei gesellschaftsrechtlicher Unzulässigkeit der Vermögensübertragung „nach der Regelung des § 23 Abs 3 BAO trotzdem zu einer Einbringung kommen kann" (§ 23 **209**

Abs 3 BAO normiert die steuerliche Anerkennung nichtiger Handlungen, insoweit und solange das wirtschaftliche Ergebnis eintritt und bestehen bleibt); übereinstimmend kommt nach UmgrStR Rz 742 bei Einbringungen mit Firmenbuchzuständigkeit, bei denen „das Firmenbuch nicht einträgt", dennoch eine tatsächliche Vermögensübertragung iSd § 12 Abs 1 S 1 in Betracht.

210 Für eine **Maßgeblichkeit der Eintragung** sprechen UmgrStR Rz 742, wonach der tatsächliche Vermögensübergang nach § 12 Abs 1 S 1 „durch die Eintragung im Firmenbuch jedenfalls dokumentiert wird" (dh eine eigenständige abgabenrechtliche Prüfung offenbar unterbleiben kann). Des Weiteren UmgrStR Rz 1273, wonach Einbringungen mit Firmenbuchzuständigkeit generell erst „mit der Protokollierung abgeschlossen sind" (dh bis zur Protokollierung ein Art abgabenrechtlicher Schwebezustand herrscht) und schließlich UmgrStR Rz 780, wonach bei Unterbleiben der Eintragung in Fällen der Firmenbuchzuständigkeit infolge einer Zurück- oder Abweisung des Firmenbuchgesuches eine Einbringung „weder iSd Art III noch außerhalb des Art III" zustande kommen kann und eine „bloße Nutzungsüberlassung" vorliegt. Gleiches gilt nach Literaturauffassung für das Unterbleiben der Firmenbucheintragung infolge des Zurückziehens des Firmenbuchgesuches (*Rabel* in *W/H/M*, HdU[1] § 12 Rz 142 mwN; war hingegen der Einbringungsvorgang nach § 19 nicht zwingend mit einer Kapitalerhöhung verbunden und wird nur der Antrag auf Kapitalerhöhung unter Aufrechterhaltung des Einbringungsvertrages zurückgezogen, bleibt Art III anwendbar und liegt ein Fall der Finanzamtszuständigkeit nach § 13 Abs 1 S 3 vor; BMF 12.7.1996, RdW 1996, 395). Übereinstimmend sieht UmgrStR Rz 660 bei einer nachträglichen Löschung der Eintragung wegen Nichtigkeit vor, dass „im Falle der Sachgründung infolge der Löschung der übernehmenden Körperschaft und im Falle der Löschung der Kapitalerhöhung infolge des Wegfalls einer Gegenleistung für den Einbringenden" eine Vermögensübertragung nicht stattgefunden hat und die Einkünfte aus dem Einbringungsvermögen weiterhin dem Einbringenden zuzurechnen sind; sofern bei der Einkommensermittlung der übernehmenden Körperschaft eine Trennung zwischen den Einkünften aus dem eigenen und dem übernommenen Vermögen nicht ableitbar ist, sind die Besteuerungsgrundlagen beim Einbringenden und der übernehmenden Körperschaft im Schätzungswege zu ermitteln (UmgrStR Rz 660). Die Aussagen in UmgrStR Rz 780 und 660 sind als steuerliche Begünstigungen zu sehen. Im Falle einer Sachgründung oder Sachkapitalerhöhung müssen die Sacheinlagen nach §§ 28 Abs 2 Z 2 bzw 155 Abs 2 AktG bereits vor der Anmeldung zum Firmenbuch „zur freien Verfügung des Vorstandes" stehen, infolge der Versagung bzw Löschung der Eintragung wird es im Regelfall zur Rückübertragung des Vermögens kommen. Findet eine tatsächliche Vermögensübertragung bereits vor der Eintragung statt, könnte zwar uU eine (steuerneutrale) Einbringung nach Art III vorliegen, jedoch würde die Rückübertragung des Vermögens infolge des Unterbleibens der Firmenbucheintragung eine Gewinnrealisierung bei der übernehmenden Körperschaft auslösen; die FV nimmt daher bei Unterbleiben einer konstitutiv wirkenden Firmenbucheintragung an, dass – unabhängig von einer tatsächlichen Vermögensübertragung – das Einbringungsvermögen (weiterhin) dem Übertragenden zuzurechnen ist, es aus steuerlicher Sicht „bei den Verhältnissen vor der gescheiterten Umgründung" bleibt (vgl *Rabel* in *W/H/M*, HdU[1] § 12 Rz 141 f).

Stellungnahme. Die Aussagen in den UmgrStR werden wie folgt zu verstehen sein. **211**
Art III sieht keine (formalrechtliche) Anknüpfung an Rechtsfiguren und Tatbestände des Unternehmensrechts vor (s Rz 1), die Eintragung im Firmenbuch bleibt daher im Grundsatz unbeachtlich für die steuerliche Beurteilung. Eine Versagung oder Löschung konstitutiv wirkender Eintragungen wird jedoch im Regelfall eine Verletzung sonstiger Anwendungsvoraussetzungen des Art III bedingen, zB Wegfall der übernehmenden Körperschaft iSd § 12 Abs 3 bei geplanten Sachgründungen, Entfall der Gegenleistung nach § 19 bei geplanten Sachkapitalerhöhungen, keine rechtzeitige Anmeldung iSd § 13 Abs 1 S 3 infolge des Zurückziehens oder der Zurückweisung des Firmenbuchgesuches (s unten § 13 Rz 36, 42) oder Unterbleiben der tatsächlichen Vermögensübertragung nach § 12 Abs 1 S 1 infolge der Unwirksamkeit der Sacheinlagevereinbarung gegenüber der Gesellschaft bzw des Rückforderungsanspruches des Einbringenden (s Rz 50). Führt die Versagung oder Löschung der Firmenbucheintragung hingegen zu keiner Verletzung der steuerlichen Anwendungsvoraussetzungen des Art III, kann unter den allgemeinen Voraussetzungen eine Einbringung nach Art III vorliegen (Beispiel: Unterbleiben der Eintragung einer Kapitalerhöhung bei Einbringungen, bei denen die Ausgabe neuer Anteile nach § 19 Abs 2 UmgrStG unterbleiben kann); gleichfalls kann aber auch bei Unterbleiben konstitutiv wirkender Firmenbucheintragungen nach Maßgabe der wirtschaftlichen Gehalts des Vorganges (§§ 21, 23 Abs 3 BAO) eine Vermögensübertragung außerhalb des Art III eintreten (Tauschbesteuerung nach § 6 Z 14 lit b EStG bzw § 20 Abs 1 Z 2 KStG), unbesehen der begünstigenden Aussagen in UmgrStR Rz 780 und 660.

Das **Unterbleiben einer fristgerechten Anmeldung** der Einbringung zur Eintra- **212** gung in das Firmenbuch nach § 13 Abs 21 S 3 steht hingegen der Anwendbarkeit des Art III entgegen; Grund dafür ist nicht die Maßgeblichkeit der Firmenbucheintragung iRd Art III, sondern die Normierung der rechtzeitigen Anmeldung als eigenständige (steuerliche) Anwendungsvoraussetzung in § 13 Abs 1 S 3 (s unten § 13 Rz 42).

VII. Verpflichtende Anwendung des Art III

§ 12 Abs 4 enthält die Anordnung, dass „auf Einbringungen die §§ 13 bis 22 anzu- **216** wenden [sind]". Die Gesetzesmaterialien führen dazu aus, dass „Art III zwingend zur Anwendung kommt, wenn alle in § 12 Abs 1 genannten Voraussetzungen gegeben sind" (ErlRV 266 BlgNR 18. GP, zu § 12). Laut FV gilt damit wie in allen anderen Umgründungstatbeständen auch für Einbringungen der Grundsatz, dass „bei Vorliegen der Anwendungsvoraussetzungen des § 12 sämtliche Bestimmungen des Art III [...] zwingend anzuwenden sind" (UmgrStR Rz 650). Bei Vorliegen der Anwendungsvoraussetzungen besteht damit **kein Wahlrecht** des Abgabepflichtigen für die Anwendung des Art III insgesamt oder einzelner (zwingender) Rechtsfolgen des Art III (*Mayr* in D/R I[10] Tz 1109; *Huber* in W/Z/H/K[5] § 12 Rz 17; *Rabel* in W/H/M, HdU[1] § 12 Rz 48). Zu relativieren sind diese Aussagen zumal dahingehend, dass Art III auch außerhalb des § 12 Anwendungsvoraussetzungen und -ausschlüsse vorsieht, die zumindest nach Auffassung der FV der Anwendbarkeit des Art III entgegenstehen können (s Rz 206).

Wird **begünstigtes Vermögen iSd § 12 Abs 2 gemeinsam mit nicht begünstigtem** **217** **Vermögen** eingebracht, ist der Vorgang in eine unter Art III fallende Einbringung und eine Sacheinlage nach § 6 Z 14 lit b EStG (Tauschbesteuerung) zu trennen (sog

Teilanwendung des UmgrStG; vgl UmgrStR Rz 670, 734, 1275 ff; BMF 17.1.1994, SWK 1994, S 303); ungleich der Spaltung nach § 32 Abs 1 enthält Art III kein Erfordernis der ausschließlichen Übertragung von begünstigtem Vermögen (*Huber* in *W/H/M*[8] § 32 Rz 70 f). Die Übernahme von sonstigen (keinem begünstigtem Vermögen zurechenbaren) Passiva kann allerdings eine schädliche Gegenleistung iSd § 19 darstellen mit der Folge, dass Art III insgesamt nicht anwendbar ist (s § 19 Rz 7); anderenfalls gilt das (zivilrechtlich überbundene) Passivum für steuerliche Zwecke als nicht übertragen (Art III bleibt für das übrige §-12-Abs-2-Vermögen anwendbar), in weiterer Folge sind Zinszahlungen als verdeckte Gewinnausschüttung und Tilgungen als Einlagenrückzahlungen oder vGA an den Einbringenden zu sehen (UmgrStR Rz 904).

218 Hervorzuheben ist idZ die in der Praxis bedeutsame Frage, ob der Eintritt der Rechtsfolgen des Art III durch **bewusste Nicht-Erfüllung einer Anwendungsvoraussetzung** vermieden werden kann und somit auf diesem Wege ein „faktisches" Wahlrecht besteht. In der Literatur wird dies zT pauschal bejaht (*Rabel* in *W/H/M*, HdU[1] § 12 Rz 48) oder zumindest für möglich erachtet (*Mayr* in *D/R* I[10] Tz 1109; *ders* in *Kirchmayr/Mayr*, Umgründungen 30 und RdW 2008, 618 [620], zur „verunglückten" Einbringung eines deutschen Mitunternehmeranteiles durch einen österreichischen Einbringenden, die eine Aufwertung der Gegenleistungsanteile und folglich steuerfreie Veräußerung derselben ermöglicht). Der UFS hat die Vermeidbarkeit der Rechtsfolgen des Art III durch die bewusste Nicht-Erfüllung einer (formalen) Anwendungsvoraussetzung bestätigt, allerdings die Möglichkeit einer abweichenden Beurteilung nach §§ 21 oder 22 BAO offengelassen (UFS 13.3.2012, RV/2673-W/06, Anm *Hirschler/Sulz/Oberkleiner*, UFSjournal 2012, 188, zu einer Kapitalanteilseinbringung ohne Angabe des Buchwertes im Einbringungsvertrag bzw ohne Einbringungsbilanz; restriktiv allerdings VwGH 21.4.2016, 2013/15/0289, Anm *Wiesner*, RWZ 2016/52, 224, zu einer mehr als neun Jahre nach der Einbringung vom Steuerpflichtigen behaupteten Anwendungsverletzung, hinsichtlich derer der Einbringende die Beweislast trägt). Im Kern stellt sich die Frage, ob und bejahendenfalls unter welchen Umständen die bewusste Nicht-Erfüllung einer Anwendungsvoraussetzung des Art III nach Maßgabe des § 21 BAO (wirtschaftliche Betrachtungsweise) unbeachtlich bleiben kann oder auf Basis des § 22 BAO als rechtsmissbräuchlich negiert und die Erfüllung der fehlenden Anwendungsvoraussetzung als „wirtschaftlich angemessener Sachverhalt" fingiert werden kann.

> **Stellungnahme.** Auf Basis von § 21 BAO sollte eine (bewusste) Anwendungsverletzung steuerlich nicht unbeachtlich bleiben können. Wird eine „materielle" Anwendungsvoraussetzung verletzt (zB keine Gewährung einer Gegenleistung nach § 19 BAO, kein positiver Verkehrswert), wird diese Voraussetzung auch nach dem „wahren wirtschaftlichen Gehalt" des Sachverhaltes nicht vorliegen. Der Bereich der „formalen" Anwendungsvoraussetzungen (zB schriftlicher Einbringungsvertrag, An- bzw Meldung der Einbringung bei den Behörden) ist nach der Intention des Gesetzgebers im Grundsatz keiner wirtschaftlichen Betrachtung zugänglich, eine Anwendungsverletzung wird daher weder zugunsten noch zulasten des Steuerpflichtigen wirtschaftlich zu würdigen sein. Nach § 22 BAO könnte auf Basis der sog Außentheorie und bei Hinzutreten der übrigen Tatbestandsvoraussetzungen (Unangemessenheit, Ungewöhnlichkeit, Absicht der Steuervermeidung; vgl *Ritz*, BAO[3] § 22 Rz 2 ff) allenfalls die absichtliche Nicht-Erfüllung insbesondere einer

bloß formalen Anwendungsvoraussetzung (zB Unterlassen einer Finanzamtsmeldung nach § 13) steuerlich unbeachtlich bleiben (idS ggf UmgrStR Rz 1430). Dagegen spricht aber die VwGH-Rsp, wonach ein Missbrauch nach § 22 BAO auszuschließen ist, wenn eine Abgabenbegünstigung auf einem Weg erreicht wird, der vom Gesetz ausdrücklich vorgesehen ist (dazu *Ritz*, BAO³ § 22 Rz 4). Das Gesetz hält zum einen das UmgrStG mit einem klar abgegrenzten Anwendungsbereich und zum anderen allgemeine Besteuerungsregelungen für alle übrigen, nicht unter das UmgrStG fallenden Umgründungen bereit. Dem Steuerpflichtigen steht es damit frei, nach Maßgabe der (bewussten) Erfüllung der umgründungssteuerlichen Anwendungsvoraussetzungen den einen oder den anderen Weg zu beschreiten, beide sind aber vom Gesetz ausdrücklich vorgesehen (glA *Hirschler/Sulz/Oberkleiner*, UFSjournal 2012, 188 [191]).

VIII. Einbringender

A. Grundsatz

Art III enthält weder eine **Definition** des „Einbringenden" noch **Beschränkungen** 221
für die als Einbringende in Frage kommenden Rechtsträger (UmgrStR Rz 646, 652; *Rabel* in *W/H/M*, HdU¹ § 12 Rz 185; *Huber* in *W/Z/H/K*⁵ § 12 Rz 22; *Hügel* in *H/M/H* § 12 Rz 44). Nach den UmgrStR kann Einbringender „jeder Rechtsträger sein, der wirtschaftlicher Eigentümer eines begünstigten Vermögens iSd § 12 Abs 2 UmgrStG ist" mit exemplarischem Verweis auf Einzelunternehmen, Mitunternehmer, Mitunternehmerschaften, Körperschaften und natürliche und juristische Personen, die aus dem Privatvermögen einbringen (UmgrStR Rz 646). Unbeachtlich ist, ob der Einbringende der unbeschränkten oder beschränkten Einkommensteuer- oder Körperschaftsteuerpflicht unterliegt (*Huber* in *W/Z/H/K*⁵ § 12 Rz 22) oder ob ihm Steuersubjektivität zukommt. Laut Gesetzesmaterialien sollen dadurch sämtliche vor Inkrafttreten des UmgrStG in §§ 1 Abs 2 und 8 StruktVG geregelten Einbringungen und im Geltungsbereich des StruktVG bis dahin nicht begünstigte Einbringungen durch die öffentliche Hand unter Art III fallen (ErlRV 266 BlgNR 18. GP, zu § 12 Abs 1; *Rabel* in *W/H/M*, HdU¹ § 12 Rz 185).

Wenngleich Art III keine Einschränkung hinsichtlich der Person des Einbringenden 222
an sich enthält, stellt Art III Anforderungen an den Einbringenden, zum Teil als **Anwendungsvoraussetzung** (zB Zurechnung des Einbringungsvermögens zum Stichtag nach § 13 Abs 2 S 1 und 2), zum Teil als **Voraussetzung für Begünstigungen** (zB Besitzfrist für verkehrsteuerliche Begünstigungen nach § 22 Abs 4), und sieht abhängig vom Status des Einbringenden unterschiedliche Rechtsfolgen vor (zB Buchwerteinbringung für inländische oder EU-/EWR-Einbringende nach § 16 Abs 1, Aufwertungseinbringung für Drittlands-Einbringende nach § 16 Abs 2 Z 2). Zur Feststellung, ob diese „personenbezogenen" Merkmale vorliegen oder Rechtsfolgen greifen, ist eine Abgrenzung des Begriffes Einbringender erforderlich (idS UmgrStR Rz 652, wonach Einbringender „jedermann" sein kann, „der die in Art III vorgenannten Voraussetzungen erfüllen kann"; *Rabel* in *W/H/M*, HdU¹ § 12 Rz 186).

Art III liegt **kein einheitlicher (durchgängiger) Begriff** des Einbringenden zu- 223
grunde. Dem Begriff kommt ein unterschiedlicher Bedeutungsinhalt zu, abhängig vom jeweiligen Normzweck und Regelungsbereich. Im Wesentlich ist zwischen der Gruppe der ertragsteuerlichen Regelungen und der verkehrsteuerlichen (Begünstigungs)Regelungen des Art III zu unterscheiden.

B. Begriff des Einbringenden im ertragsteuerlichen Regelungsbereich

226 Aus den Kernbestimmungen der ertragsteuerlichen Regelungen (Erfordernis der tatsächlichen Vermögensübertragung nach § 12 Abs 1 S 1, Zurechnung des Einbringungsvermögens zum Einbringenden am Einbringungsstichtag nach § 13 Abs 2 S 1, direkte Anteilsgewährung an den Einbringenden nach § 19 Abs 3) ergibt sich, dass in diesem Bereich der **wirtschaftliche Eigentümer** des Einbringungsvermögens nach § 24 BAO als Einbringender zu sehen ist (idS UmgrStR Rz 1018). Als Einbringender kommt somit im Grundsatz jeder Rechtsträger in Betracht, der Zurechnungssubjekt (§ 24 BAO) für Vermögen iSd § 12 Abs 2 sein kann (*Rabel* in *W/H/M*, HdU[1] § 14 Rz 6). Aufgrund des Erfordernisses der tatsächlichen Vermögensübertragung nach § 2 Abs 1 S 1 ist der maßgebliche Zeitpunkt für die Feststellung der wirtschaftlichen Eigentümerstellung (und damit des Einbringenden) der Zeitpunkt des Abschlusses des Einbringungsvertrages. Jener Rechtsträger, dem zu diesem Zeitpunkt das wirtschaftliche Eigentum am Einbringungsvermögen zukommt, ist der maßgebliche Einbringende, dem zur Wahrung der Anwendbarkeit des Art III ua das Einbringungsvermögen auch am Einbringungsstichtag zuzurechnen sein muss (§ 13 Abs 2 S 1) und die Gegenleistung zu gewähren ist (§ 19 Abs 3).

227 Bei **Auseinanderfallen von wirtschaftlichem und zivilrechtlichem Eigentum** ist der wirtschaftliche Eigentümer iSd § 24 BAO der Einbringende (*Huber* in W/Z/H/K[5] § 12 Rz 23; *Hügel* in H/M/H § 12 Rz 45). Die Mitwirkung des zivilrechtlichen Eigentümers kann erforderlich sein, um die Voraussetzung der „tatsächlichen Vermögensübertragung" nach § 12 Abs 1 S 1 zu erfüllen. Der zivilrechtliche Eigentümer gilt (unbesehen etwaiger Mitwirkungserfordernisse) nicht als Einbringender; folglich kann die Gegenleistung nach § 19 Abs 3 auch direkt an den wirtschaftlichen Eigentümer (als Einbringendem iSd § 19 Abs 3) gewährt werden (UmgrStR Rz 1018 zur Einbringung von im wirtschaftlichen Eigentum stehendem Sonderbetriebsvermögen: der zivilrechtliche Eigentümer ist der Übertragende iSd Einbringungsvertrages, Einbringender und Gegenleistungsberechtigter nach Art III ist der wirtschaftliche Eigentümer; s § 19 Rz 38).

228 Bei **Auseinanderfallen von Einkünftezurechnung** (Früchte aus dem Einbringungsvermögen) und **wirtschaftlichem Eigentum** am Einbringungsvermögen (Stamm bzw Substanz) kann aufgrund der Vermögensbezogenheit des Grundtatbestandes in § 12 Abs 1 S 1 („eine Einbringung liegt vor, wenn Vermögens tatsächlich übertragen wird", wobei lt UFS-Rsp von einem sachbezogenen Vermögensbegriff auszugehen ist; s Rz 75) und aus systematischen Überlegungen (Erhaltung der Steuerhängigkeit der stillen Reserven des Einbringungsvermögens beim bisherigen Zurechnungssubjekt in Form der Gegenleistungsanteile) grundsätzlich nur der wirtschaftliche Eigentümer des Vermögens Einbringender iSd Art III sein.

229 Im Falle einer **Betriebs- oder Teilbetriebseinbringung** ist diesfalls zu prüfen, ob das Vermögen dem Einbringenden (wirtschaftlichen Eigentümer) betriebliche Einkünfte nach § 2 Abs 3 Z 1 bis 3 EStG vermittelt, widrigenfalls kein einbringungsfähiges Vermögen vorliegt (weder beim wirtschaftlichen Eigentümer mangels betrieblicher Einkünfte noch beim Einkünftezurechnungssubjekt mangels wirtschaftlichen Eigentums am Einbringungsvermögen). Anwendungsfall wäre insb ein **Nettofruchtgenussrecht** an einem (ganzen) Betrieb, das zur Zurechnung der Einkünfte (Einkunftsquelle) zum Fruchtnießer und des wirtschaftlichen Eigentums an den Wirtschaftsgütern zum FG-Besteller führt (Regelfall).

Stellungnahme. Die Einbringungsfähigkeit des Vermögen könnte diesfalls hergestellt werden, wenn bis spätestens zum Ablauf des Einbringungsstichtages die betriebliche Einkunftserzielung und das wirtschaftliche Eigentum in einer Person vereinigt werden (idR durch Aufgabe des FG, alternativ wäre auch die Übertragung des wirtschaftlichen Eigentums auf den Fruchtnießer denkbar; s Rz 99).

Führt hingegen der FG neben der Einkünftezurechnung auch zur Zurechnung des **wirtschaftlichen Eigentums zum Fruchtnießer**, kann die Einbringung durch den Fruchtnießer erfolgen; die Mitwirkung des FG-Bestellers als zivilrechtlicher Eigentümer des Einbringungsvermögens beschränkt sich auf die Sicherstellung der „tatsächlichen Vermögensübertragung" auf die übernehmende Körperschaft, s oben Rz 227. Anderes gilt bei der Einbringung von im Betriebsvermögen gehaltenen Kapitalanteilen nach § 12 Abs 2 Z 3, weil diesbezüglich keine Anforderung an die Erzielung von Einkünften aus dem Vermögen besteht. **230**

Bei **Einbringungen durch eine Mitunternehmerschaft** kommt diese an erster Stelle als Einbringende in Betracht, weil und soweit sie wirtschaftlicher Eigentümer iSd § 24 Abs 1 lit d BAO ihres Gesellschafts- bzw Betriebsvermögens ist (EStR Rz 5908). Die Beurteilung der Mitunternehmerschaft als Einbringende lässt sich ausdrücklich aus den §§ 13 Abs 2 Satz 2, 16 Abs 4 sowie 21 Abs 1 Satz 4 ableiten (*Huber* in W/Z/H/K[5] § 12 Rz 22 FN 11; *Hügel* in H/M/H § 12 Rz 48; idS auch VwGH 14.1.1996, 94/16/0157; aA *Rabel* in W/H/M, HdU[1] § 14 Rz 8, wonach ausschließlich die Mitunternehmer als Einbringende anzusehen sind). Voraussetzung für die Begründung von wirtschaftlichem Eigentum durch eine Personengesellschaft ist im Regelfall die (Teil)Rechtsfähigkeit der Gesellschaft (*Werndl*, Wirtschaftliches Eigentum [1983] 139 f). Als Einbringende kommen somit lt hM die rechtsfähigen Personengesellschaften des Unternehmensrechts (insb OG, KG, EEG) und die teilrechtsfähige GesbR nach ABGB in Betracht (*Hügel* in H/M/H § 12 Rz 48; *Mayr* in D/R I[10] Tz 1171; *Walter*[11] Rz 358; *Huber* in W/Z/H/K[5] § 12 Rz 22, wo darüber hinaus auch die atypisch stille Gesellschaft als mögliche Einbringende genannt wird; aA *Rabel* in W/H/M, HdU[1] § 14 Rz 8, wonach ausschließlich die Mitunternehmer als Einbringende anzusehen sind). Ertragsteuerlich ist das Betriebsvermögen nach § 24 Abs 1 lit e BAO nicht der Mitunternehmerschaft als solcher, sondern den einzelnen Gesellschaftern nach Maßgabe ihrer Beteiligungen (oder abweichender Eigentumsverhältnisse) am Gesellschaftsvermögen zuzurechnen, das Betriebsvermögen der Gesellschaft stellt somit quotenmäßig das Betriebsvermögen der Gesellschafter dar (EStR Rz 5906). Neben der Mitunternehmerschaft (als wirtschaftlicher Eigentümer) kommen damit grundsätzlich auch die Mitunternehmer (als steuerliche Vermögenszurechnungssubjekte ex lege) als Einbringende in Frage; da in den oben zitierten Sonderregelungen die Mitunternehmer allerdings nur punktuell als weitere „Einbringende" genannt werden (§ 13 Abs 2 S 2, § 21 Z 1 S 4), wird e contrario (außerhalb des Anwendungsbereiches der Sonderregelungen) nur die Mitunternehmerschaft als Einbringender gelten (aA *Rabel* in W/H/M, HdU[1] § 14 Rz 7 f). Vermögensverwaltenden Personengesellschaften kommt im ertragsteuerlichen Bereich lediglich Bedeutung bei Kapitalanteilseinbringungen zu **231**

(*Rabel* in *W/H/M*, HdU¹ § 14 Rz 7 FN 421; BMF 17.1.1994, SWK 1994, A 303; s Rz 134), zur Bedeutung im verkehrsteuerlichen Bereich s Rz 236.

232 Bei der **Einbringung von Mitunternehmeranteilen** ist das Gebot der Individualzurechnung des § 24 Abs 1 lit e BAO zu beachten, wonach den Mitunternehmern das gemeinschaftliche Vermögen von Personengesellschaften nach Bruchteilsgrundsätzen zuzurechnen ist; die Quote am Gesellschaftsvermögen wird durch das starre und variable Kapitalkonto verkörpert (EStR Rz 5912). Bei Auseinanderfallen der formalrechtlichen Gesellschafterstellung und der Einkünftezurechnung oder bei Zurechnung von Einkünften aus einem Mitunternehmeranteil an mehrere Mitunternehmer (Unterbeteiligung, Fruchtgenuss) ist das wirtschaftliche Eigentum am Mitunternehmeranteil maßgebend. Ein **mitunternehmerischer Unterbeteiligter** kommt daher als Einbringender in Betracht, die Unterbeteiligung ist für sich und unabhängig vom Mitunternehmeranteil des Hauptbeteiligten einbringungsfähig (s oben Rz 121). Eine Mitwirkung des Hauptbeteiligten kann aufgrund des Erfordernisses der tatsächlichen Vermögensübertragung geboten sein. Der Hauptbeteiligte wird seinen Mitunternehmeranteil im Grundsatz ohne Mitwirkung des Unterbeteiligten einbringen können, wobei die Fortsetzung der Unterbeteiligung wiederum eine Frage der zivilrechtlichen Regelung im Innenverhältnis zwischen Haupt- und Unterbeteiligten und der übernehmenden Körperschaft ist. Gleiches gilt für den FG-Berechtigten im Falle eines **mitunternehmerischen Fruchtgenusses** iSd EStR Rz 5828 (s oben Rz 122). Bei einem **Gewinn- oder Nettofruchtgenuss** ist laut UmgrStR Rz 706 ff gleichfalls im Grundsatz der FG-Berechtigte als Einbringender anzusehen, sofern ihm gewisse Einflussnahmemöglichkeiten auf die Mitunternehmerschaft oder den FG-Besteller (hinsichtlich dessen Stimm- und Kontrollrechte an der Mitunternehmerschaft) zukommen (vgl im Detail und als Kritik oben Rz 125 f).

233 Bei der Einbringung von betrieblich oder außerbetrieblich gehaltenen **Kapitalanteilen nach § 12 Abs 2 Z 3** hindert ein Nettofruchtgenuss, das zur Einkünftezurechnung zum Fruchtnießer unter Aufrechterhaltung des wirtschaftlichen Eigentums beim FG-Besteller führt, die Einbringungsfähigkeit durch den FG-Besteller nicht. § 12 Abs 2 Z 3 sieht keine Anforderung an die Erzielung von Einkünften aus dem Vermögen vor, die Überbindung der bestehenden Fruchtgenussvereinbarung auf die übernehmende Körperschaft oder Fortsetzung durch den Einbringenden an den Gegenleistungsanteilen ist eine Frage der zivilrechtlichen Vereinbarung im Innenverhältnis der Beteiligten (s oben Rz 145).

234 Dem ertragsteuerlichen Bereich werden auch die Regelungen zu den Nachweispflichten des Einbringenden hinsichtlich eines positiven Verkehrswertes des Einbringungsvermögens in § 12 Abs 1 S 3 und die An- bzw Meldeerfordernisse in § 13 Abs 1 S 3 bis 5 zuzuordnen sein. Die steuerlichen Konsequenzen einer Verletzung dieser Pflichten (keine Anwendung des Art III, Tauschbesteuerung) treffen den wirtschaftlichen Eigentümer des Einbringungsvermögens, weshalb er als Einbringender iSd vorgenannten Vorschriften zu sehen ist.

C. Begriff des Einbringenden im verkehrsteuerlichen Regelungsbereich

236 Im Hinblick auf die primäre Anknüpfung an das Zivilrecht im Bereich der Gebühren und Verkehrsteuern ist laut Gesetzesmaterialien, Rsp und hM bei den verkehrsteuerlichen Begünstigungen des § 22 auf die **zivilrechtliche Zurechnung** des Ein-

bringungsvermögens (und nicht auf das wirtschaftliche Eigentum nach § 24 Abs 1 lit d BAO oder die Individualzurechnung nach § 24 Abs 1 lit e BAO) abzustellen (ErlRV 266 BlgNR 18. GP, zu § 22 Abs 3, S 31; VwGH 14.11.1996, 94/16/0157; *Walter*[11] Rz 544; *Huber* in *W/Z/H/K*[5] § 22 Rz 24; *Rabel* in *W/H/M*, HdU[1] § 14 Rz 9). Einbringender ist jeweils der zivilrechtliche Eigentümer, bei Einbringungen durch Personenvereinigungen sohin die (rechtsfähige) Personengesellschaft; ferner hat der VwGH die (bloß teilrechtsfähige) GesbR als Einbringende iSd § 22 Abs 4 anerkannt (VwGH 14.11.1996, 94/16/0157, die Vermögenszurechnung zur GesbR wird darauf gestützt, dass das Vermögen der GesbR zivilrechtlich Sondervermögen darstellt, das nach § 1182 ABGB von den anderen (Privat)Vermögen der Gesellschafter zu trennen ist; der fehlenden Rechts- und Parteifähigkeit der GesbR hat der VwGH keine Bedeutung beigemessen, sein Erkenntnis aber ausdrücklich auf mitunternehmerische GesbR eingeschränkt mVa ErlRV 266 BlgNR 18. GP, zu § 22 Abs 3; unklar bleibt damit insb, ob das E auch auf Kapitalanteilseinbringungen durch vermögensverwaltende GesbR anwendbar ist; s § 22 Rz 47). Abweichend davon ist bei der Einbringung durch einen Treuhänder laut FV nicht auf den zivilrechtlichen, sondern den wirtschaftlichen Eigentümer abzustellen (UmgrStR Rz 1233; vgl § 22 Rz 46).

D. Körperschaften öffentlichen Rechts

Bei Einbringungen eines Betriebs gewerblicher Art, der Rechtspersönlichkeit besitzt, ist die Körperschaft öffentlichen Rechts der Einbringende, weisen die Betriebe gewerblicher Art hingegen keine Rechtspersönlichkeit auf, gilt als Einbringender die Trägerkörperschaft (*Huber* in *W/Z/H/K*[5] § 12 Rz 22; *Rabel* in *W/H/M*, HdU[1] § 14 Rz 11). **238**

Einbringungsstichtag

§ 13. (1) [1]Einbringungsstichtag ist der Tag, zu dem das Vermögen mit steuerlicher Wirkung auf die übernehmende Körperschaft übergehen soll. [2]Der Stichtag kann auch auf einen Zeitpunkt vor Unterfertigung des Einbringungsvertrages rückbezogen werden. [3]In jedem Fall ist innerhalb einer Frist von neun Monaten nach Ablauf des Einbringungsstichtages (§ 108 der Bundesabgabenordnung)

- die Anmeldung der Einbringung im Wege der Sachgründung bzw einer Kapitalerhöhung zur Eintragung in das Firmenbuch und
- in den übrigen Fällen die Meldung der Einbringung bei dem für die Erhebung der Körperschaftsteuer der übernehmenden Körperschaft zuständigen Finanzamt

vorzunehmen. [4]Erfolgt die Anmeldung oder Meldung nach Ablauf der genannten Frist, gilt als Einbringungsstichtag der Tag des Abschlusses des Einbringungsvertrages, wenn dies innerhalb einer Frist von neun Monaten nach Ablauf des Ersatzstichtages (§ 108 BAO) dem für die Erhebung der Körperschaftsteuer der übernehmenden Körperschaft zuständigen Finanzamt gemeldet wird und die in § 12 Abs. 1 genannten Voraussetzungen auf den Ersatzstichtag vorliegen. [5]Erfolgt die Einbringung in eine im Ausland ansässige übernehmende Körperschaft, für die bis zur Einbringung kein inländisches Finanzamt zuständig ist, tritt an die Stelle der vorgenannten Behörden das für den Einbringenden zuständige Wohnsitz-, Sitz- oder Lagefinanzamt.

(2) ¹Einbringungsstichtag kann nur ein Tag sein, zu dem das einzubringende Vermögen dem Einbringenden zuzurechnen war. ²Im Falle der Einbringung durch eine Gesellschaft, bei der die Gesellschafter als Mitunternehmer anzusehen sind, gelten für die Frage der Zurechnung auch die Mitunternehmer als Einbringende. ³Erfolgt eine Einbringung auf einen Stichtag, zu dem das einzubringende Vermögen dem Einbringenden nicht zuzurechnen war, gilt als Einbringungsstichtag der Tag des Abschlusses des Einbringungsvertrages, wenn dies innerhalb einer Frist von neun Monaten nach Ablauf des Ersatzstichtages (§ 108 BAO) dem für die Erhebung der Körperschaftsteuer der übernehmenden Körperschaft zuständigen Finanzamt gemeldet wird und die in § 12 Abs. 1 genannten Voraussetzungen auf den Ersatzstichtag vorliegen. ⁴Die vorstehenden Sätze kommen nicht zur Anwendung, wenn das Vermögen im Erbwege erworben wurde und eine Buchwerteinbringung (§§ 16 und 17) erfolgt.

[idF BGBl 2010/9]

Rechtsentwicklung

BGBl 1991/699 (UmgrStG; RV 266 AB 354 BlgNR 18. GP) (Stammfassung); BGBl 1993/818 (StRefG 1993; RV 1237 AB 1301 BlgNR 18. GP) (Neufassung des § 13 Abs 1, für Stichtage nach dem 30.12.1993); BGBl 1996/797 (AbgÄG 1996; RV 497 AB 552 BlgNR 20. GP) (Neufassung des § 13 Abs 1, für Stichtage nach dem 31.12.1996); BGBl I 2003/71 (BudBG 2003; RV 59 AB 111 BlgNR 22. GP) (Neufassung des § 13); BGBl I 2005/161 (AbgÄG 2005; RV 1187 AB 1213 BlgNR 22. GP) (Anfügung des § 13 Abs 1 S 4, für Umgründungen, bei denen die Beschlüsse oder Verträge nach dem 31.1.2006 bei dem zuständigen Firmenbuchgericht zur Eintragung angemeldet oder bei dem zuständigen Finanzamt gemeldet werden); BGBl I 2010/9 (AVOG 2010; RV 477 AB 499 BlgNR 24. GP) (Änderung des § 13 Abs 1 und Abs 2).

Übersicht

I.	Regelungsinhalt..	1
II.	Bedeutung des Einbringungsstichtages	
	A. Vermögensübergang..	3
	B. Wahl des Stichtages...	5
	C. Sonderfall Stichtag 1.1.	7
	D. Fehlende Festlegung eines Stichtages	9
III.	Ertragsteuerliche Rückwirkungsfiktion	
	A. Reichweite	11–14
	B. Rechtsfolge	17
	C. Handelsbilanz	19
IV.	Frist- und Meldeerfordernisse	
	A. Fristberechnung...	21–24
	B. Anmeldung beim Firmenbuch....................................	26, 27
	C. Meldung beim Finanzamt..	29–31
	D. Inhalt und Form der Meldung beim Finanzamt.....	33, 34
	E. Rechtsfolge der Anmeldung beim Firmenbuch bzw Meldung beim Finanzamt...................................	36, 37
V.	Folgen der Fristverletzung...	41–50

VI. Vermögenszurechnung am Einbringungsstichtag
   A. Grundsatz 51–53
   B. Mitunternehmerschaften 55
   C. Vorumgründungen 57
   D. Ersatzstichtag und Rechtsfolgen bei Verletzung des Zurechnungserfordernisses 59, 60

I. Regelungsinhalt

§ 13 definiert den Einbringungsstichtag und legt die Rahmenbedingungen für dessen Auswahl fest. § 13 Abs 1 eröffnet als Ausnahmeregelung zum allgemeinen steuerlichen Rückwirkungsverbot die Möglichkeit einer Rückbeziehung der mit dem Einbringungsstichtag verbundenen Rechtsfolgen (§ 13 Abs 1 S 2) und normiert als Voraussetzung dafür die fristgerechte Anmeldung bzw Meldung der Einbringung (§ 13 Abs 1 S 3, 5). Des Weiteren ist eine Ersatzstichtagsregelung bei Fristversäumnis vorgesehen (§ 13 Abs 2 S 4). § 13 Abs 2 verknüpft die Festlegung des Stichtages mit dem Erfordernis der Zurechnung des Einbringungsvermögens zum Einbringenden (*Rabel* in *W/H/M*, HdU[1] § 13 Rz 1). 1

II. Bedeutung des Einbringungsstichtages
A. Vermögensübergang

§ 13 Abs 1 S 1 definiert den Einbringungsstichtag als den Tag, „zu dem das Vermögen mit steuerlicher Wirkung auf die übernehmende Körperschaft übergehen soll" und eröffnet damit die Möglichkeit der **privatautonomen Festlegung eines Einbringungsstichtages** (innerhalb der Vorgaben des § 13) durch die Vertragsparteien (*Hügel* in *H/M/H* § 13 Rz 18, 20). Die Vorschrift erfasst laut Literatur den ertragsteuerrechtlichen Vermögensübergang und entfaltet damit ausschließlich ertragsteuerrechtliche Wirkung (*Huber* in *W/Z/H/K*[5] § 13 Rz 1; *Rabel* in *W/H/M*, HdU[1] § 13 Rz 19). Lt FV ist mit dem Einbringungsstichtag die Funktion verbunden, dass die Zurechnung des Vermögens und der „daraus resultierenden Einkünfte" zum Einbringenden mit Ablauf dieses Tages endet und ab dem dem Stichtag folgenden Tag zur übernehmenden Körperschaft erfolgt (UmgrStR Rz 761). 3

Stellungnahme. § 13 Abs 1 S 1 spricht ausschließlich den Vermögensübergang, nicht die Einkünftezurechnung an. Die Zurechnung des Vermögens richtet sich nach § 24 BAO und somit nach dem wirtschaftlichen Eigentum am einzubringenden Vermögen. Wenngleich häufig Übereinstimmung bestehen wird, muss sich die Zurechnung von Einkünften nicht mit dem wirtschaftlichen Eigentum an den zur Einkunftserzielung eingesetzten Wirtschaftsgütern (Einkunftsquelle) decken (EStR Rz 104 mwN; Q/S § 2 Rz 46; *Doralt/Toifl*, EStG[14] § 2 Tz 142). Aus einer Zusammenschau der § 13 Abs 2 S 1 (Erfordernis der Zurechnung des „einzubringenden Vermögens" zum Einbringenden am Einbringungsstichtag), § 14 Abs 2 (Einkünfteermittlung beim Einbringenden, als ob der „Vermögensübergang" mit Ablauf des Einbringungsstichtages erfolgt wäre) und § 18 Abs 1 Z 5 (Verweis auf § 14 Abs 2 für die übernehmende Körperschaft) ist zu schließen, dass Art III zwar den steuerlich maßgeblichen Zeitpunkt des einbringungsbedingten Vermögensüberganges regelt, jedoch keine Sonderregelung über die Zurechnung von Einkünften aus dem Einbringungsvermögen dem Grunde nach trifft (idS *Rabel* in *W/H/M*, HdU[1] § 14 Rz 4 f, 13; vgl BMF 13.6.2001, ecolex 2001, 785, zur Einbringung von

Mitunternehmeranteilen bei Vorliegen eines Fruchtgenusses). Sind demnach allerdings Vermögen und Einkünfte übereinstimmend dem Einbringenden zuzurechnen, erlangt der Einbringungsstichtag (bzw Art III) auch im Bereich der Einkünftezurechnung in zeitlicher Hinsicht im Verhältnis zwischen Einbringendem und übernehmender Körperschaft Relevanz, s § 14 Rz 6 f.

B. Wahl des Stichtages

5 Als Einbringungsstichtag ist jeder beliebige Tag möglich, es kann der Tag des Vertragsabschlusses, ein bevorstehender oder ein zurückliegender Tag (Tag, der vor dem Abschluss des Einbringungsvertrages liegt) als Einbringungsstichtag festgelegt werden (ErlRV 266 BlgNR 18. GP, § 13 Abs 1; UmgrStR Rz 762). Die Wahl eines rückbezogenen Stichtages ist in zeitlicher Hinsicht durch die Neunmonatsfrist des § 13 Abs 1 S 3 eingeschränkt und mit einer abgabenrechtlichen Rückwirkung verbunden (s Rz 16); die übernehmende Körperschaft muss am Einbringungsstichtag noch nicht existiert haben (s § 12 Rz 170). Wird der Einbringungsstichtag auf den Tag des Vertragsabschlusses oder auf einen Tag danach bezogen, ist lt FV der Einbringungsvertrag als bloße Grundsatzvereinbarung zu sehen, die nach Erstellung der Schluss- und Einbringungsbilanzen einer vertraglichen Ergänzung bedarf (s § 12 Rz 157).

C. Sonderfall Stichtag 1.1.

7 Der Einbringung eines (Teil)Betriebes oder Mitunternehmeranteiles auf den Stichtag 1.1. kann lt UmgrStR vereinfachend ein Jahresabschluss gem § 12 Abs 2 Z 1 oder 2 zum 31.12. des Vorjahres zugrunde gelegt werden, wenn am 1.1. kein aktiver Geschäftsbetrieb vorliegt oder das Erfordernis einer exakten Vermögensdarstellung und Ergebnisabgrenzung aus anderen Gründen nicht vorliegt (s § 12 Rz 104).

D. Fehlende Festlegung eines Stichtages

9 Lt FV ist der steuerlich maßgebende Einbringungsstichtag der im Vertrag zwischen dem Einbringenden und der übernehmenden Körperschaft „klar und eindeutig […] festgelegte Tag" (UmgrStR Rz 762, ohne nähere Konkretisierung, in welcher Form diese Festlegung zu erfolgen hat; eine ausdrückliche Bezeichnung des beabsichtigten Einbringungsstichtages als solchen wird vom Gesetz jedenfalls nicht gefordert). Enthält der Einbringungsvertrag keinen ausdrücklich als „Einbringungsstichtag" genannten Tag, wird wegen der grundsätzlichen **Maßgeblichkeit der privatautonomen Festlegung** des Stichtages (s Rz 1) subsidiär der zwischen den Parteien vereinbarte zivilrechtliche oder wirtschaftliche Übertragungszeitpunkt als Einbringungsstichtag gelten, sofern er die Voraussetzungen des § 13 erfüllt (idS *Hügel* in *H/M/H* § 13 Rz 18 f). Fehlt im Einbringungsvertrag auch eine solche Vereinbarung, ist lt FV der Einbringungsstichtag wie folgt festzulegen (UmgrStR Rz 764):

- Bei einer Einbringung eines (Teil)Betriebes oder Mitunternehmeranteiles ist der Einbringungsstichtag unter Bezugnahme auf den zugrunde liegenden Jahres- oder Zwischenabschluss zu ermitteln, dh der Einbringungsstichtag wird mit dem **Stichtag des Jahres- oder Zwischenabschlusses gleichgesetzt**.
- Bei einer Einbringung eines betrieblichen Kapitalanteils ist der Einbringungsstichtag unter Bezugnahme auf die Einbringungsbilanz zu ermitteln, dh Einbringungsstichtag ist der **Stichtag der Einbringungsbilanz**.

- Enthält im Falle der Einbringung eines privat gehaltenen Kapitalanteiles der Einbringungsvertrag keinen Stichtag und wird weder eine Stichtagsbilanz noch eine Einbringungsbilanz erstellt, ist von einem „Verzicht auf eine Rückwirkung" auszugehen, als Einbringungsstichtag ist der **„Tag des Abschlusses des nach außen erkennbaren Einbringungsvertrages"** anzunehmen.

III. Ertragsteuerliche Rückwirkungsfiktion
A. Reichweite

Nach § 4 Abs 1 BAO entsteht der Abgabenanspruch, „sobald der Tatbestand verwirklicht ist"; ein demnach entstandener Abgabenanspruch kann lt ständiger Rsp nicht durch nachträgliche Disposition des Abgabepflichtigen zum Wegfall gebracht werden (VwGH 30.4.2003, 2002/16/0271; VwGH 25.5.2000, 2000/16/0066-0071; *Ritz*, BAO³ § 4 Rz 11). Rückwirkende Rechtsgeschäfte sind daher ungeachtet ihrer zivil- oder unternehmensrechtlichen Zulässigkeit für den Bereich des Steuerrechts nicht anzuerkennen (VwGH 25.5.2000, 2000/16/0066-0071; VwGH 15.7.1998, 96/13/0039), im Bereich der ESt und KSt auch nicht bei Vereinbarung noch vor Ablauf des Steuerabschnittes und damit Entstehen des Steueranspruches nach § 4 Abs 2 lit a Z 2 BAO (*Stoll*, BAO³ 73); sie entfalten steuerliche Wirkung erst ab dem Tag des Vertragsabschlusses bzw Tag des Gesellschaftsvertrages (UmgrStR Rz 767; *Q/S* § 23 Tz 51; *D/R*, Steuerrecht I¹¹ Rz 1115; VwGH 27.9.2000, 97/14/0047, zur versagten steuerlichen Anerkennung eines rückwirkenden Eintritts atypisch stiller Gesellschafter), es sei denn, der Gesetzgeber selbst durchbricht diesen Grundsatz durch eine besondere Vorschrift wie zB in § 13 Abs 1 S 2 (*Ritz*, BAO³ § 4 Rz 11, 13). 11

Nach § 13 Abs 1 S 2 kann „der Stichtag [...] auch auf einen Zeitpunkt vor Unterfertigung des Einbringungsvertrages rückbezogen werden". Durch die Bezugnahme in S 2 auf den Einbringungsstichtag ist die Rückwirkungsfiktion auf die Funktion des Einbringungsstichtages und somit den **ertragsteuerrechtlichen Übergang des Einbringungsvermögens** vom Einbringenden auf die übernehmende Körperschaft eingeschränkt; sämtliche das Einbringungsvermögen betreffende Vorgänge sind ab dem dem Einbringungsstichtag folgenden Tag mit ertragsteuerlicher Wirkung der übernehmenden Körperschaft zuzurechnen (UmgrStR Rz 769; *Huber* in *W/Z/H/K*⁵ § 13 Rz 1). Die Rückwirkungsfiktion gilt daher weder für andere ertragsteuerliche Regelungsbereiche betreffend den Einbringenden oder die übernehmende Körperschaft (zB Gegenleistungsrecht) noch für andere Abgaben, für Verfahrensvorschriften oder generell für andere von der Einbringung betroffene Personen (zB Gesellschafter der übernehmenden Körperschaft); in diesen Fällen treten die steuerlichen Wirkungen der Einbringung nach allgemeinem Steuerrecht (dh grundsätzlich zum zivilrechtlich maßgebenden Zeitpunkt) ein, sofern nicht ausdrücklich Abweichendes vorgesehen ist (zB § 20 Abs 1 zum Zeitpunkt der Anschaffung der Gegenleistungsanteile, § 6 Z 14 lit b EStG zum Zeitpunkt der Tauschbesteuerung bei Einbringungen außerhalb des Art III; UmgrStR Rz 769; *Huber* in *W/Z/H/K*⁵ § 13 Rz 17; idS a VwGH 20.1.2016, 2012/13/0013, zur Bewertung von außerhalb des UmgrStG übertragenen Vermögens iZm einem Zusammenschluss nach Art IV, wonach die Rückwirkungsfiktionen des UmgrStG idZ als Ausnahmebestimmungen *„nicht weit auszulegen"* sind, Anm *Renner*, SWK 2016, 565; *Wiesner*, RWZ 2016/20, 83; krit *Bergmann*, GES 2016, 191; *Hu/Ludwig*, ÖStZ 2016/388, 253; *Reinold*, ecolex 2016/404, 919). 12

13 Auch hinsichtlich der **Buchführungs- und Aufzeichnungsvorschriften** der §§ 124 ff BAO und § 18 UStG für einen eingebrachten (Teil)Betrieb entfaltet der Einbringungsstichtag keine Wirkung. Der Einbringende und die übernehmende Körperschaft haben diesen Vorschriften auch während des Rückwirkungszeitraumes jeweils für sich und bis zum wirtschaftlichen Vermögensübergang zu entsprechen (vgl zB KFS/RL 25 Rz 58). Lt FV ist allerdings die Zusammenführung der Bücher und Aufzeichnungen mit Ablauf des Tages der (An)Meldung der Einbringung (bzw des späteren Einbringungsstichtages) zulässig (UmgrStR Rz 770 mVa KFS/RL 25 und UStR Rz 56; zur USt im Detail s § 22 Rz 21 ff). Die Geschäftsfälle und zugrunde liegenden Belege sind bis dahin getrennt zu verbuchen, aufzuzeichnen und aufzubewahren. Die Zusammenführung hat leicht nachvollziehbar (zB auf Basis eines formlosen Zwischenabschlusses oder eindeutig textierter Sammelbuchungen der Salden aus Saldenlisten) zu erfolgen. Nur Abwicklungen, die diesen Grundsätzen folgen, haben die Vermutung der Ordnungsmäßigkeit des § 163 BAO für sich (UmgrStR Rz 770).

14 Der **zivilrechtliche Vermögensübergang** findet idR mit Abschluss des Einbringungsvertrages (oder zu einem vereinbarten späteren Zeitpunkt) statt. Aus Vereinfachungsgründen wird im Einbringungsvertrag häufig eine auf den zurückliegenden Einbringungsstichtag bezogene **schuldrechtliche Rückbeziehung** vereinbart. Damit wird zivilrechtlich der steuerliche Einbringungsstichtag als Verrechnungsstichtag zwischen dem Einbringenden und der übernehmenden Körperschaft vereinbart; im Außenverhältnis ändert diese schuldrechtliche Rückbeziehung nichts am späteren zivilrechtlichen Vermögensübergang (*Huber* in *W/Z/H/K*[5] § 13 Rz 19; zu den handelsbilanziellen Auswirkungen der schuldrechtlichen Rückbeziehung s unten Rz 19).

B. Rechtsfolge

17 Die Rückwirkungsfiktion bewirkt neben den **ertragsteuerlichen Vermögensübergang** insb, dass vom Einbringenden nach dem Einbringungsstichtag abgeschlossene Rechtsgeschäfte, die das Einbringungsvermögen betreffen, ertragsteuerlich bereits der übernehmenden Körperschaft zuzurechnen sind. Derartige Rechtsgeschäfte zwischen der übernehmenden Körperschaft und dem Einbringenden nach dem Einbringungsstichtag entfalten aufgrund der ertragsteuerlichen Identität der Vertragsparteien keine ertragsteuerliche Wirkung, zB führt ein Kaufvertrag zwischen dem Einbringenden und der übernehmenden Körperschaft im Rückwirkungszeitraum zu keiner Anschaffung der übernehmenden Körperschaft (*Huber* in *W/Z/H/K*[5] § 13 Rz 2). Zu den Folgen der Rückwirkungsfiktion im Falle einer Anwachsung von Personengesellschaften nach § 142 UGB mit vorgelagerter Einbringung von Mitunternehmeranteilen s § 18 Rz 63.

C. Handelsbilanz

19 Unternehmensrechtlich (handelsbilanziell) ergibt sich aus der Einbringung **kein rückwirkender Vermögensübergang**; ungeachtet einer etwaigen schuldrechtlichen Rückbeziehung auf einen zurückliegenden Verrechnungsstichtag (idR den steuerlichen Einbringungsstichtag) ist der Abgang des (zwischenzeitig durch Gewinne erhöhten oder Verluste geminderten) Einbringungsvermögens beim Einbringenden und der Erwerb bei der übernehmenden Körperschaft erst im

Zeitpunkt des Überganges des (wirtschaftlichen) Eigentums handelsbilanziell zu erfassen (vgl allg KFS/RL 25; UmgrStR Rz 813). Liegt zwischen dem Verrechnungsstichtag (Einbringungsstichtag) und dem Zeitpunkt des Eigentumsüberganges ein Regelbilanzstichtag des Einbringenden, hat dieser das Vermögen noch in der (Regel)Bilanz auszuweisen; das sich daraus ergebende (unternehmensrechtliche) Ergebnis ist in der Steuerbilanz des Einbringenden zu korrigieren (UmgrStR Rz 813). Zur Bewertung des Einbringungsvermögens bei der übernehmenden Körperschaft s § 18 Rz 6 ff.

IV. Frist- und Meldeerfordernisse
A. Fristberechnung

Nach § 13 Abs 1 S 3 und 5 kann der Einbringungsstichtag höchstens neun Monate 21 vor der (An)Meldung der Einbringung bei der zuständigen Behörde liegen (**Rückwirkungsfrist**). Die zuständige Behörde ist bei Einbringungen im Wege einer Sachgründung oder einer Kapitalerhöhung das **Firmenbuch**, in den übrigen Fällen das körperschaftsteuerlich zuständige **Finanzamt** für die übernehmende Körperschaft (bei Einbringungen in ausländische übernehmende Körperschaften, für die bis zur Einbringung kein inländisches Finanzamt zuständig ist, das für den Einbringenden zuständige Wohnsitz-, Sitz- oder Lagefinanzamt; § 13 Abs 1 S 5).

Aus umgründungssteuerlicher Sicht ist sowohl bei Zuständigkeit des Firmenbu- 22 ches als auch bei jener des Finanzamts die **Fristberechnung nach § 108 BAO** vorzunehmen (UmgrStR Rz 774; *Hügel* in H/M/H § 13 Rz 52; *Rabel* in W/H/M, HdU[1] § 13 Rz 29 mVa den Normzweck der Erlangung der ertragsteuerlichen Rückwirkung); folglich sind die Tage des Postenlaufs nicht in die Neunmonatsfrist einzurechnen (UmgrStR Rz 774; *Sulz/Oberkleiner* in FS Tanzer 209 [211]). Aus der Maßgeblichkeit des § 108 BAO ergeben sich für die nachfolgend exemplarisch dargestellten Umgründungsstichtage folgende steuerliche Fristen: (erstes Datum Umgründungsstichtag, zweites Datum jeweils letzter Postaufgabetag): 28.2. (Normaljahr) → 28.11., 29.2. (Schaltjahr) → 29.11.; 31.5. → 28.2. des Folgejahres (Normaljahr) oder 29.2. des Folgejahres (Schaltjahr); 30.6. → 30.3. des Folgejahres (nicht 31.3.); 31.7. → 30.4. des Folgejahres (nicht 1.5.); vgl dazu UmgrStR 775.

Auch in den Fällen der Firmenbuchzuständigkeit ist damit die Frage der Rechtzei- 23 tigkeit der Anmeldung iSd § 13 Abs 1 S 3 (dh Anerkennung des ursprünglichen Stichtages oder alternativ Ersatzstichtagsregelung) allein nach § 108 BAO zu beurteilen, wobei in UmgrStR Rz 744 folgende Fallgruppen gebildet werden:

- Wird eine nach § 108 BAO rechtzeitig erstattete, aber nach Firmenbuchrecht verspätete Anmeldung einer Einbringung vom Firmenbuchgericht zurückgewiesen, ist eine Einbringung nach Art III abgabenrechtlich nicht zustande gekommen (Anmerkung: es handelt sich hierbei allerdings nicht um eine Frage der Fristenverletzung nach § 13 Abs 1 S 3, sondern, ob allg eine Einbringung mit Firmenbuchzuständigkeit bei Zurück- oder Abweisung der Anmeldung durch das Firmenbuchgericht zustande kommen kann; s dazu § 12 Rz 210).
- Wird eine nach § 108 BAO rechtzeitig erstattete, aber nach Firmenbuchrecht verspätete Anmeldung vom Firmenbuchgericht nicht zurückgewiesen werden, ist die Einbringung nach Art III wirksam geworden (keine Fristverletzung nach § 13 Abs 1 S 3).

- Wird eine nach § 108 BAO verspätete Anmeldung vom Firmenbuchgericht nicht zurückgewiesen, kommt (dennoch) die Ersatzstichtagsregelung nach § 13 Abs 1 S 4 zur Anwendung (aA noch BMF 15.6.1999, ARD 5041, 16; zu den Rechtsfolgen der Fristverletzung s Rz 41).

24 **Stellungnahme.** FV und Schrifttum setzen den Begriff „Anmeldung der Einbringung zur Eintragung in das Firmenbuch" in § 13 Abs 1 S 2 im Falle der Sachgründung mit der Anmeldung der Gesellschaft nach § 29 AktG bzw § 9 GmbHG und im Falle der (ordentlichen) Kapitalerhöhung mit der Anmeldung der (Durchführung der) Kapitalerhöhung nach § 155 AktG bzw § 53 GmbHG gleich (s unten Rz 26). Für diese Anmeldungen sind weder unternehmens- noch firmenbuchrechtlich Fristen vorgesehen, die steuerliche Frist des § 13 Abs 1 S 2 ist für das Firmenbuchgericht nicht maßgeblich (idS OGH 17.7.1997, RdW 1997, 723); eine Zurückweisung des Firmenbuchgesuches wegen Fristverletzung (insb jener des § 13 Abs 1 S 3) sollte daher nicht eintreten. Zwar ist für die Zulässigkeit der unternehmensrechtlichen Buchwertfortführung nach § 202 Abs 2 UGB die dort normierte Neunmonatsfrist nach § 902 Abs 2 ABGB zu berechnen, die Nichteinhaltung dieser (unternehmensrechtlichen) Frist führt aber gleichfalls nicht zu einer Zurückweisung des Firmenbuchgesuches (*Rabel* in *W/H/M*, HdU[1] § 12 Rz 143, § 13 Rz 29 mwN; *Huber* in *W/Z/H/K*[5] § 13 Rz 22; *Hügel* in *H/M/H* § 13 Rz 41, 53).

B. Anmeldung beim Firmenbuch

26 Nach § 13 Abs 1 S 3 ist im Falle einer Einbringung im Wege der Sachgründung oder einer Kapitalerhöhung die rechtzeitige „Anmeldung der Einbringung zur Eintragung in das Firmenbuch" maßgeblich. Angesprochen sind hiermit ausschließlich Einbringungen in inländische Körperschaften (UmgrStR Rz 776). Zuständig ist das Firmenbuchgericht am Sitz der übernehmenden Körperschaft. Die Anmeldung beim Firmenbuchgericht sollte lt UmgrStR vollständig erfolgen, klar abgefasst sein und jeden Zweifel ausschließen; aus diesem Grund sollten der Anmeldung der Einbringungsvertrag, die unternehmensrechtliche Einbringungsbilanz und die nach den gesellschaftsrechtlichen Bestimmungen erforderlichen Urkunden (zB Erklärung über Leistung und freie Verfügbarkeit der Einlage nach § 10 Abs 3 GmbHG) angeschlossen sein (UmgrStR Rz 778).

> **Stellungnahme.** FV und Schrifttum setzen den Begriff „Anmeldung der Einbringung zur Eintragung in das Firmenbuch" in § 13 Abs 1 S 2 im Falle einer Sachgründung mit der Anmeldung der Gesellschaft nach § 29 AktG bzw § 9 GmbHG und im Falle der (ordentlichen) Kapitalerhöhung mit der Anmeldung der (Durchführung der) Kapitalerhöhung nach § 155 AktG bzw § 53 GmbHG gleich (*Grünwald* in *W/H/M*, HdU[5] Art III Rz 30, 53, 105, 116). Eine ordentliche Kapitalerhöhung bei einer AG bedarf im Grundsatz einer zweifachen Anmeldung und Eintragung im Firmenbuch, nämlich die Anmeldung und Eintragung (i) des Erhöhungsbeschlusses und (ii) der Durchführung der Kapitalerhöhung, diese können jedoch verbunden werden (*Grünwald* in *W/H/M*, HdU[5] Art III Rz 52 ff); für § 13 Abs 1 S 3 dürfte die Anmeldung der Durchführung der Kapitalerhöhung relevant sein. Maßgeblich für die vorgenannten Anmeldungen beim Firmenbuch sind allein die diesbezüglichen handelsrechtlichen materiellen und formellen Anforderungen (*Grünwald* in *W/H/M*, HdU[5] Art III Abschnitt 3 und 4; *Rabel* in *W/H/M*, HdU[1] § 12 Rz 27).

§ 13 Abs 1 S 3 knüpft an die Anmeldung und nicht an die Eintragung an (Rabel in 27
W/H/M, HdU¹ § 13 Rz 31); unmaßgeblich für Zwecke des § 13 Abs 1 S 3 ist daher
der Zeitpunkt der Eintragung (Rabel in W/H/M, HdU¹ § 13 Rz 31) oder ob die Eintragung infolge einer Abweisung des Firmenbuchgesuches unterbleibt (zu den sonstigen Auswirkungen des Unterbleibens einer konstitutiv wirkenden Firmenbucheintragung auf Art III s § 12 Rz 208). Wird eine Anmeldung vom Firmenbuchgericht zurückgewiesen, dürfte nach Auffassung der FV bereits dem Grunde nach keine Anmeldung iSd § 13 Abs 1 S 3 erfolgt sein (UmgrStR Rz 774 zur Zurückweisung aufgrund einer nach Firmenbuchrecht verspäteten Anmeldung; allg UmgrStR Rz 780). Wird die Anmeldung hingegen vom Antragsteller zurückgezogen, ist auch laut Literatur davon auszugehen, dass keine Anmeldung iSd § 13 Abs 1 S 3 vorgenommen worden ist (Rabel in W/H/M, HdU¹ § 12 Rz 1452; s § 12 Rz 211).

C. Meldung beim Finanzamt

In allen übrigen Fällen (und somit auch bei Einbringungen im Wege einer Sach- 29
gründung oder Kapitalerhöhung in ausländische Körperschaften) ist die fristgerechte Meldung beim Finanzamt maßgeblich. Dies gilt auch in jenen Fällen, in denen nach § 3 Z 15 FBG Einbringungen von (Teil)Betrieben zur Eintragung in das Firmenbuch anzumelden sind, jedoch weder eine Sachgründung noch eine Kapitalerhöhung bei der übernehmenden Körperschaft vorliegt (Huber in W/Z/H/K⁵ § 13 Rz 13). Die Meldung ist bei dem „für die Erhebung der KSt der übernehmenden Körperschaft zuständigen Finanzamt" vorzunehmen (§ 13 Abs 1 S 3). Zuständig ist nach § 52 BAO iVm § 21 Abs 1 AVOG jenes Betriebsfinanzamt, in dessen Bereich die übern Körperschaft ihren Ort der Geschäftsleitung (§ 27 Abs 2 BAO) oder, sofern dieser nicht im Inland gelegen ist, ihren inländischen Sitz hat (erfasst sind damit auch doppelt ansässige Gesellschaften, die entweder ihren OdGL oder ihren Sitz im Inland haben). Erfolgt die Einbringung in eine ausländische übernehmende Körperschaft, für die bis zur Einbringung kein inländisches Finanzamt zuständig ist, ist die Meldung bei dem für den Einbringenden zuständigen Wohnsitz-, Sitz- oder Lagefinanzamt vorzunehmen (§ 13 Abs 1 S 5). Liegt auch für den Einbringenden keine inländische Finanzamtszuständigkeit vor (zB Einbringung einer inländischen Beteiligung durch einen Ausländer in eine ausländische übernehmende Körperschaft), ist lt Literaturmeinung die Meldung „an das für das übertragene Vermögen" zuständige Finanzamt zu richten (Huber in W/Z/H/K⁵ § 13 Rz 14), nach anderer Auffassung kann eine Meldung nach § 13 Abs 1 gänzlich unterbleiben (Sulz/Oberkleiner in FS Tanzer 209 [213]).

Wird die Meldung an eine unzuständige Abgabenbehörde adressiert, erfolgt die 30
Weiterleitung an die zuständige Abgabenbehörde auf Gefahr des Einschreiters
(§ 50 BAO). Die Meldung gilt in diesem Fall erst dann als erfolgt, wenn sie bei der
zuständigen Abgabenbehörde einlangt. Unterbleibt eine Weiterleitung, gilt die
Meldung als nicht erfolgt und Art III als nicht anwendbar (UmgrStR Rz 782, 793).
Nicht erforderlich ist, dass die Meldung an die richtige Abteilung der (zuständigen)
Abgabenbehörde adressiert ist (UmgrStR Rz 782 mit weiteren Beispielen).

In Fällen der Finanzamtszuständigkeit kommt lt FV bei **Fristversäumnis** eine Wieder- 31
einsetzung in den vorigen Stand gem § 308 BAO in Betracht (UmgrStR Rz 783 mit
exemplarischen Verweis auf Betriebsurlaub oder Brand). Ein Rechtsirrtum stellt im
Allgemeinen allerdings keinen Wiedereinsetzungsgrund dar (UmgrStR Rz 783
mVa VwGH 10.5.2001, 98/15/0028).

D. Inhalt und Form der Meldung beim Finanzamt

33 Lt UmgrStR Rz 785 ff lässt sich aus § 13 Abs 1 ableiten, dass die Meldung beim Finanzamt systematisch der Anmeldung beim Firmenbuch gleichgestellt bzw nachempfunden ist. Die Meldung müsse daher (i) alle Mindestelemente des Einbringungsvertrages, (ii) den „Jahres- bzw Zwischenabschluss" (isV steuerlicher Stichtagsbilanz gem § 12 Abs 2 Z 1 und 2; vgl UmgrStR Rz 785 iVm 663) und (iii) die Einbringungsbilanz nach § 15 enthalten; die Meldung iSd § 13 Abs 1 S 3 besteht somit aus dem Einbringungsvertrag, dem entweder integrierend oder gesondert der Jahres- oder Zwischenabschluss und die Einbringungsbilanz angeschlossen sind (UmgrStR Rz 786). Im Falle einer Meldung vor Abschluss des Einbringungsvertrages oder vor dem Einbringungsstichtag sind die Mindestelemente der Einbringung (Einbringender, Stichtag, Gegenstand der Einbringung, übernehmende Körperschaft, Gegenleistung) in der Meldung „eindeutig darzustellen" (UmgrStR Rz 787). Die Meldung hat allerdings „aufschiebende Wirkung" und entfaltet erst Steuerwirksamkeit iSd § 13 Abs 1 S 3, wenn die fehlenden Unterlagen (Einbringungsvertrag, Jahres- oder Zwischenabschluss und Einbringungsbilanz) bis zum Ablauf der Neunmonatsfrist nachgereicht werden (UmgrStR Rz 787 f). Fehlt einer innerhalb der Neunmonatsfrist erfolgten Meldung unter Einschluss des Einbringungsvertrages der Jahres- bzw Zwischenabschluss und/oder die Einbringungsbilanz, hat die Abgabenbehörde den Einbringenden zur Vorlage der fehlenden Unterlagen aufzufordern. Kommt der Einbringende der Aufforderung innerhalb von zwei Wochen nach, ist der rückwirkende Stichtag anzuerkennen, auch wenn die Nachreichung der fehlenden Unterlagen erst außerhalb der Neunmonatsfrist erfolgt (UmgrStR Rz 791; *Huber* in W/Z/H/K[5] § 13 Rz 16; restriktiv UFS 7.6.2011, RV/0166-G/07, Beschwerde zu Zl 2011/15/0169, und BFG 14.4.2014, RV/5100888/2010, Rev eingebracht, wonach die Aufstellung der Stichtagsbilanz erst nach Ablauf der Neunmonatsfrist auch bei fristgerechter Nachreichung eine Verletzung des Bilanzerfordernisses nach § 12 Abs 2 Z 1 u 2 darstellt; s im Detail § 12 Rz 104a). Eine Meldung ohne Einschluss des Einbringungsvertrages gilt grundsätzlich nicht als fristwahrend und löst die Ersatzstichtagsregelung aus, weil aus einer solchen Meldung „die wesentlichen Grundlagen der Einbringung nicht hervorgehen" (UmgrStR Rz 791). Bei Nachreichung des Einbringungsvertrages innerhalb von zwei Wochen ab Aufforderung durch das Finanzamt und Nachweis, dass der Vertrag im Zeitpunkt der Meldung bereits bestand (zB Notariatsakt), bestehen allerdings „keine Bedenken", den ursprünglichen Stichtag anzuerkennen (UmgrStR Rz 791; *Mayr/Petrag/Titz*, RdW 2014, 103 [107]; *Rabel*, ÖStZ 2008, 116 [117], wonach die Abgabenbehörde analog zum Firmenbuchverfahren zur Erteilung eines Verbesserungsauftrages angehalten ist). Im Schrifttum werden die Anforderungen der FV an den Umfang der Meldung als nicht gesetzlich gedeckt kritisiert; eine vollständige Meldung iSd § 13 Abs 1 S 3 liege vor, wenn sie die wesentlichen Daten des Einbringungsvorganges (Einbringender, übernehmende Körperschaft, Einbringungsvermögen und Stichtag) enthält (*Hügel* in H/M/H § 13 Rz 49; *Rabel* in W/H/M, HdU[1] § 13 Rz 27; *Huber* in W/Z/H/K[5] § 13 Rz 16; *Rabel*, ÖStZ 2008, 116 [117]; *Sulz/Oberkleiner* in FS Tanzer 209 [216 f]; aA *Mayr/Petrag/Titz*, RdW 2014, 103 [107]). Zu Bedenken hinsichtlich der Einbringungsbilanz als Teil der Meldung nach § 13 Abs 1 s auch § 15 Rz 26.

Das Gesetz enthält keine Vorgaben zur Person, die die Meldung vorzunehmen hat. 34
Die FV geht offensichtlich davon aus, dass die Meldung durch bzw für den Einbringenden vorzunehmen ist (UmgrStR Rz 783).

E. Rechtsfolge der Anmeldung beim Firmenbuch bzw Meldung beim Finanzamt

Rechtsfolge einer rechtzeitigen **Meldung beim Finanzamt** ist bei Zutreffen der übrigen Anwendungsvoraussetzungen die steuerliche Wirksamkeit der Einbringung (UmgrStR Rz 783, unabhängig davon, ob die Meldung vollständig oder unvollständig erfolgte); sie gilt als „rechtlich abgeschlossen", eine „nachträgliche Veränderung tatsächlicher Verhältnisse oder bereits tatsächlich vorgenommener rückwirkender Korrekturen [ist] nicht möglich bzw nicht rückwirkend steuerwirksam" (UmgrStR Rz 1273). Im Bereich der Maßnahmen nach § 16 Abs 5 betrifft dies Entnahmen bzw Einlagen nach Z 1 und tatsächlich umgesetzte Maßnahmen nach Z 3 und 4. In Bezug auf vorbehaltene Entnahmen nach § 16 Abs 5 Z 2 (bei denen noch keine „tatsächliche" Entnahme vorliegt) wird lediglich die Bildung, Erhöhung oder Verminderung für die sich aus späteren abgabenbehördlichen Feststellungen ergebenden „steuerlichen Mehrbelastungen für den Einbringenden" ausgeschlossen (UmgrStR Rz 1273; grundsätzlich bestätigend UFS 26.3.2013, RV/0076-I/06, Anm *Hirschler/Sulz/Oberkleiner*, UFSjournal 2013, 292); die Möglichkeit bzw Reichweite etwaiger sonstiger nachträglicher Änderungen bleibt damit allerdings unklar (*Hirschler/Sulz/Oberkleiner*, UFSjournal 2013, 292 [295 f]). Der BFG hat die Möglichkeit einer nachträglichen Korrektur (Stornierung) barer und unbarer Entnahmen (§ 16 Abs 5 Z 1 u 2) nach Abschluss des Einbringungsvertrages im Wege einer (bloßen) einseitigen Berichtigung der Einbringungsbilanz durch den Einbringenden verneint (BFG 20.10.2014, RV/3100051/2013). In dem BFG-Erkenntnis aaO wurde die Berichtigung allerdings erst nach der Meldung der Einbringung beim Finanzamt (§ 13 Abs 1) und nach dem tatsächlichen Vollzug der vorbehaltenen Entnahme beantragt, lt BFG schied daher eine nachträgliche, rückwirkende Erhöhung des Einbringungsvermögens aus (s a § 16 Rz 94a). Die oa Rechtsfolge einer rechtzeitigen Meldung tritt lt FV mit dem Einlangen der Meldung ein, ein Zurückziehen der Meldung durch den Einbringenden hebt die Wirkung einer Art-III-Einbringung nicht auf (UmgrStR Rz 783). 36

In Fällen der **Firmenbuchzuständigkeit** ist die Einbringung lt FV dagegen erst mit der Protokollierung „rechtlich abgeschlossen" (nicht bereits mit der Anmeldung beim Firmenbuchgericht; UmgrStR Rz 1273; UFS 26.3.2013, RV/0076-I/06, Anm *Hirschler/Sulz/Oberkleiner*, UFSjournal 2013, 292); dem Zurückziehen des Firmenbuchgesuches und Zurück- oder Abweisungen kommt damit steuerliche Bedeutung zu (s § 12 Rz 208 ff).

Die Fristerfordernisse des § 13 Abs 1 haben **keine Relevanz** für die Beurteilung 37
des Vorliegens der Anwendungsvoraussetzung des „**tatsächlichen Übertragens**" des Einbringungsvermögens auf die übernehmende Körperschaft nach § 12 Abs 1. Lt UmgrStR ist der Zeitpunkt der tatsächlichen Übertragung der Verfügungsmacht über das Vermögen auf die übernehmende Körperschaft „unbeachtlich", jedenfalls im Bereich der Fristerfordernisse des § 13 Abs 1 (UmgrStR Rz 802; s § 12 Rz 175 f).

V. Folgen der Fristverletzung

41 Wird das Fristerfordernis in § 13 Abs 1 S 3 verletzt, geht zunächst nur die Möglichkeit der **rückwirkenden Umgründung** auf den ursprünglich beabsichtigten Stichtag **verloren** (UmgrStR Rz 793). Als weitere Konsequenzen sind zwei Folgewirkungen denkbar: § 13 Abs 1 S 4 sieht als Sanierungsmöglichkeit (zwecks Wahrung der grundsätzlichen Anwendbarkeit des Art III) vor, die Einbringung auf einen **Ersatzstichtag** (Tag des Abschlusses des Einbringungsvertrages) zu beziehen. Der Ersatzstichtag gilt unabhängig vom Zeitpunkt der Vermögensübertragung (UmgrStR Rz 793), steht unter bestimmten Voraussetzungen (s unten Rz 44) und ist sowohl für Fälle der Firmenbuchzuständigkeit als auch für Fälle der Finanzamtszuständigkeit nach § 13 Abs 1 S 3 zulässig (UmgrStR Rz 797; *Rabel* in *W/H/M*, HdU[1] § 13 Rz 35).

42 Nimmt der Einbringende die Sanierungsmöglichkeit nach § 13 Abs 1 S 4 nicht wahr oder kann sie aufgrund eines verspäteten Erkennens einer Fristverletzung nicht mehr wahrgenommen werden, liegt eine **Verletzung einer Anwendungsvoraussetzung** des Art III vor (UmgrStR Rz 793, 799, 782). Hinsichtlich der steuerlichen Konsequenzen der Nichtanwendbarkeit des Art III ist zu unterscheiden: War die Einbringung im Wege einer Sachgründung oder Kapitalerhöhung beabsichtigt und unterbleibt – aus welchen Gründen immer – die Firmenbucheintragung (zB weil das Firmenbuchgericht die Anmeldung zur Eintragung zurück- oder abwies), hat laut Verwaltungspraxis eine Vermögensübertragung weder innerhalb noch außerhalb des Art III UmgrStG stattgefunden. Das Vermögen ist weiterhin dem Einbringenden zuzurechnen, sodass auch eine Gewinnrealisierung bzw Tauschbesteuerung nach § 6 Z 14 lit b EStG unterbleibt (UmgrStR Rz 780; im Übrigen scheidet nach dieser Beurteilung der Konsequenzen einer unterbleibenden Firmenbucheintragung die Sanierungsmöglichkeit auf den Ersatzstichtag bereits grundsätzlich aus; idS *Huber* in *W/Z/H/K*[5] § 13 Rz 22; *Rabel* in *W/H/M*, HdU[1] § 13 Rz 35; kritisch zu dieser Beurteilung der Maßgeblichkeit der Firmenbucheintragung oben § 12 Rz 211). In allen übrigen Fällen ist von einer steuerlich wirksamen Vermögensübertragung auszugehen, so dass lt UmgrStR mangels Anwendbarkeit des Art III eine Tauschbesteuerung nach § 6 Z 14 lit b EStG bzw § 20 Abs 1 Z 2 KStG erfolgt, bei Übertragung von Vermögen iSd § 12 Abs 2 bezogen auf den nach § 13 maßgebenden Einbringungsstichtag gem § 6 Z 14 lit b S 2 EStG (UmgrStR Rz 793, 799; s im Detail § 12 Rz 21).

43 Hingewiesen wird, dass die oa Folgen einer Fristverletzung (Tauschbesteuerung nach § 6 Z 14 lit b EStG bei Nichtwahrnehmung der Sanierungsmöglichkeit; s Rz 42) eine vollzogene **Vermögensübertragung voraussetzen** (idS *Rabel* in *W/H/M*, HdU[1] § 13 Rz 34) und laut FV durch eine sog „fristbezogene Klausel" im Einbringungsvertrag, wonach die tatsächliche Vermögensübertragung aufschiebend bedingt am Tag der fristgerechten (An)Meldung der Einbringung bei der zuständigen Behörde (Firmenbuchgericht oder Abgabenbehörde) erfolgen soll, vermieden werden können (UmgrStR Rz 800, wonach im Fall der bereits erfolgten Besitznahme des Vermögens durch die übernehmende Körperschaft eine bloße Nutzungsüberlassung vorliegt, die bei Bestehen einer Beteiligung vor der Einbringung als steuerneutrale Nutzungseinlage zu werten ist; s dazu oben § 12 Rz 159).

44 Das Gesetz setzt für die Wahrung des **Ersatzstichtages** (und somit die Anwendbarkeit von Art III) voraus, dass für den Ersatzstichtag **sämtliche Bedingungen** erfüllt werden, die für den ursprünglichen gewählten Einbringungsstichtag gelten. Die Sanierung der Einbringung auf den Ersatzstichtag ist daher nur möglich, wenn folgende Voraussetzungen erfüllt sind (UmgrStR Rz 798):

- Schriftliche Adaptierung des Einbringungsvertrages für steuerliche Zwecke insoweit, als die Grundlagen der Einbringung zum Ersatzstichtag nicht mehr stimmen. **45**

- Ermittlung des Verkehrswertes zum Ersatzstichtag, um das Vorliegen eines positiven Verkehrswertes sicherzustellen und ein ggf geändertes Umtauschverhältnis zu berücksichtigen. Liegt ein positiver Verkehrswert zum Ersatzstichtag nicht vor, kann dieser nach Verwaltungspraxis noch bis zum Tag der Adaptierung des Einbringungsvertrages durch Einlagen nach § 16 Abs 5 oder zB Verminderung vorbehaltener Entnahmen nach § 16 Abs 5 Z 2 hergestellt werden (UmgrStR Rz 798).

- Erstellung eines Zwischenabschlusses zum Ersatzstichtag, um die Ergebniszurechnung zum Einbringenden bis zum Ersatzstichtag zu ermitteln und sicherzustellen (bei Unmöglichkeit einer Inventur zum Ersatzstichtag ist eine sachgerechte Schätzung ausreichend; UmgrStR Rz 798).

- Erstellung einer Einbringungsbilanz zum Ersatzstichtag, in der eine Adaptierung der ursprünglich vorgenommenen rückwirkenden Korrektur nach § 16 Abs 5 UmgrStG insoweit möglich ist, als sie durch geänderte Buch- bzw Verkehrswerte bedingt ist.

Als weitere Voraussetzung ist nach § 13 Abs 1 S 4 die Wahl des Tages des Abschlusses des Einbringungsvertrages als Ersatzstichtag innerhalb einer Frist von neun Monaten nach Ablauf des Ersatzstichtages dem gem § 58 BAO für die übernehmende Körperschaft zuständigen Finanzamt zu melden. Die **Meldung beim Finanzamt** ist auch in jenen Fällen, in denen für den ursprünglich gewählten Einbringungsstichtag aufgrund einer Sachgründung oder einer Kapitalerhöhung die Anmeldung beim Firmenbuchgericht fristbestimmend war, vorzunehmen (UmgrStR Rz 797; *Huber* in W/Z/H/K[5] § 13 Rz 27). Lt UmgrStR Rz 795 müssen zur Wahrung des Ersatzstichtages zusätzlich innerhalb der Neunmonatsfrist auch die sonstigen Anwendungsvoraussetzungen (bezogen auf den Ersatzstichtag) „geschaffen" werden (zB Erstellung Zwischenabschluss und Einbringungsbilanz, ggf Vermögensbewertung, Überprüfung Umtauschverhältnis). **46**

> **Stellungnahme.** § 13 Abs 1 S 4 verlangt lediglich, dass die Anwendungsvoraussetzungen des § 12 Abs 1 „auf den Ersatzstichtag vorliegen", trifft jedoch keine Aussage in zeitlicher Hinsicht. Des Weiteren verlangt § 13 Abs 1 S 4 lediglich, dass die Wahl des Vertragsabschlusstages als Ersatzstichtag dem Finanzamt binnen der Neunmonatsfrist gemeldet wird, womit auch nicht vom Erfordernis einer weiteren, vollständigen Meldung iSd § 13 Abs 1 S 2 auszugehen ist. Die Forderung in UmgrStR Rz 795 erscheint daher gesetzlich nicht gedeckt. **47**

Folge der Wahrung des Ersatzstichtages nach § 13 Abs 1 S 4 ist, dass das einzubringende Vermögen und die aus diesen resultierenden Erträge bis zum Ablauf des Ersatzstichtages weiterhin dem Einbringenden zuzurechnen sind, unabhängig vom Zeitpunkt der Vermögensübertragung (UmgrStR Rz 794, 798). Damit ist eine steuerneutrale Einbringung nach Art III auf den Ersatzstichtag möglich, **48** auch wenn die tatsächliche Vermögensübertragung schon vor dem Ersatzstichtag erfolgt ist.

49 Die dargestellten Grundsätze gelten auch für den Fall, dass im Vertrag ein Einbringungsstichtag festgelegt wird, der mehr als neun Monate vor dem Tag der Unterfertigung des Einbringungsvertrages liegt (*Huber* in *W/Z/H/K*[5] § 13 Rz 30).

50 Für **nicht rückwirkende Einbringungen** (Einbringungsstichtag ist der Tag des Vertragsabschlusses) hat die Ersatzstichtagsregelung des § 13 Abs 1 S 4 keine praktische Bedeutung. Da der ursprüngliche Einbringungsstichtag nach § 13 Abs 1 S 1 mit dem potentiellen Ersatzstichtag nach § 13 Abs 1 S 4 zusammenfällt, führt eine Verletzung der Neunmonatsfrist nach § 13 Abs 1 S 3 gleichzeitig auch zur Versäumnis der Ersatzfrist des § 13 Abs 1 S 4 (UmgrStR Rz 771).

VI. Vermögenszurechnung am Einbringungsstichtag
A. Grundsatz

51 Nach § 13 Abs 2 S 1 kann Einbringungsstichtag „nur ein Tag sein, zu dem das einzubringende Vermögen dem Einbringenden zuzurechnen war". Laut FV kann daher als frühestmöglicher Einbringungsstichtag jener Zeitpunkt gewählt werden, zu dem das **eingebrachte Vermögen** bereits **existiert** hat und dem Einbringenden (natürliche Person, Personengesellschaft, Körperschaft) zumindest wirtschaftlich **zuzurechnen** war (wirtschaftliches Eigentum nach § 24 BAO; UmgrStR Rz 803). Maßgebend ist allein das wirtschaftliche Eigentum nach § 24 BAO, bei Auseinanderfallen von zivilrechtlichem und wirtschaftlichem Eigentum schadet eine fehlende Anerkenntnisvereinbarung des Einbringenden mit dem zivilrechtlichen Eigentümer nicht (UmgrStR Rz 804; VwGH 25.6.2014, 2009/13/0154). Die Einschränkung des möglichen Einbringungsstichtages durch das Zurechnungserfordernis ist wegen der steuerlichen Rückwirkung erforderlich, um einen Eingriff in das Steuerrechtsverhältnis dritter Personen zu vermeiden (*Huber* in *W/Z/H/K*[5] § 13 Rz 34). Der Erwerbszeitpunkt des Einbringenden kann daher als frühestmöglicher Einbringungsstichtag gewählt werden, wobei jedoch bereits der Tag des Erwerbes (und nicht erst der Folgetag) als Einbringungsstichtag in Frage kommt (ausdrücklich *Huber* in *W/Z/H/K*[5] § 13 Rz 33; idS auch ErlRV 266 BlgNR 18. GP, zu § 13 Abs 2, wonach Stichtage „vor dem Erwerb" ausscheiden, e contrario der Erwerbstag selbst zulässig ist; *Rabel* in *W/H/M*, HdU[1] § 13 Rz 9).

52 **Stellungnahme.** Maßgeblich ist das wirtschaftliche Eigentum an der Einkunftsquelle, nicht die Zurechnung der daraus resultierenden Einkünfte zum Einbringenden (s oben Rz 51); eine von der Person des Einbringenden abweichende Einkünftezurechnung steht der Einbringungsfähigkeit des Vermögens nicht entgegen. Der Erwerb des wirtschaftlichen Eigentums durch den Einbringenden mit spätestens Ablauf des angestrebten Einbringungsstichtages (24:00 Uhr) sollte dem Zurechnungserfordernis genügen. Dem Voreigentümer waren Vermögen (und im Regelfall die Einkünfte) bis Ablauf des Einbringungsstichtages zuzurechnen, der Einbringende erwirbt das Vermögen mit 24:00 Uhr und überträgt es weiter nach Art III auf eine übernehmende Körperschaft, welcher das Vermögen „mit Beginn des dem Einbringungsstichtag folgenden Tages" (§ 18 Abs 1 Z 5) zuzurechnen ist. Der Einbringende war damit zwar lediglich für eine juristische Sekunde das Zurechnungssubjekt, es kommt aber zu keinen Überschneidungen der Zurechnung zu anderen Steuerpflichtigen (kein Eingriff in Steuerrechtsverhältnisse dritter Per-

sonen). Dem stehen die Aussagen in den UmgrStR Rz 806 zu vorumgründungsbedingten Vermögenserwerben nach dem UmgrStG, wonach Folgeeinbringungen frühestens auf den Tag nach dem Vor-Umgründungsstichtag bezogen werden können (s unten Rz 57), nicht entgegen; laut ausdrücklicher gesetzlicher Anordnung findet der Vermögenserwerb iRd Vorumgründung eben (noch) nicht am Vor-Umgründungsstichtag, sondern bei allen Umgründungsarten erst mit Beginn des Folgetages statt (zB für Einbringungen § 18 Abs 1 Z 5). Fraglich könnte allenfalls sein, ob der Einbringende bei derartigen „Durcherwerben" (Erwerb des Einbringungsvermögens erst mit Ablauf des Einbringungsstichtages) tatsächlich wirtschaftliches Eigentum am Einbringungsvermögen erlangt (restriktiv FG München, 7.10.2008, 6 K 3945/06, wonach es einem nur für eine juristische Sekunde beteiligten Kommanditisten an der für die Mitunternehmerstellung erforderlichen Mitunternehmerinitiative und am Mitunternehmerrisiko fehlt). Diesem Merkmal legen aber weder der Gesetzgeber noch die Verwaltungspraxis besondere Bedeutung bei, was sich ua aus der Zulässigkeit von auf denselben Stichtag bezogenen Vermögensübertragungen bei Mehrfachumgründungen nach § 39 oder auch aus der bloßen Anerkennung von Einbringungen auf den Folgetag rückbezogener Erwerbe aus Vorumgründungen ergibt. Beide Fälle stellen Durchgangserwerbe dar, bei denen der Einbringende sein „wirtschaftliches Eigentum" nicht iSe Betriebsführergewalt (Betrieb, Teilbetrieb) oder durch Ausübung von Herrschafts- und Vermögensrechten (Kapitalanteile, Personengesellschaftsanteile) ausgeübt hat.

Eine Ausnahme vom Erfordernis der wirtschaftlichen Zurechnung zum Einbringenden am Einbringungsstichtag besteht nach § 13 Abs 2 S 4 für jenes Vermögen, das der Einbringende zwischen Einbringungsstichtag und Abschluss des Einbringungsvertrages im **Erbwege** erworben hat und zu **Buchwerten nach Art III** eingebracht wird. Der Erwerb durch Legat (Vermächtnis) stellt keinen Erwerb im Erbwege dar und ist somit wie der Erwerb durch zB Schenkung, Kauf oder Umgründungen mit zivilrechtlicher Gesamtrechts- oder Einzelrechtsnachfolge (Verschmelzung, Umwandlung oder Einbringung) schädlich (UmgrStR Rz 809; *Huber* in *W/Z/H/K*[5] § 13 Rz 33). Durch ertragsteuerlich rückbezogene Erwerbe iRv Umgründungen kann das Zurechnungserfordernis allerdings gewahrt werden (s Rz 57), nicht hingegen durch die Vereinbarung einer „wirtschaftlichen Rückwirkung" der Vermögensübertragung (UFS 30.6.2009, RV/1342-W/06, UFSjournal 2010, 291, Beschwerde zu Zl 2009/13/0080, zur Übertragung von Mitunternehmeranteilen durch die Erbin eines Gesellschafters auf die Mitgesellschafter im Wege einer in 2003 unterfertigten, auf den 31.12.2002 „rückwirkenden" Ausscheidensvereinbarung; auch wenn die Erbin gesellschaftsvertraglich zur Anteilsübertragung mit Ablauf des 31.12.2002 verpflichtet war und ab 2003 weder Gewinnanspruch noch Mitspracherecht hatte, war laut UFS kein „automatischer Anteilsübergang" auf die Mitgesellschafter zum 31.12.2002 anzunehmen, womit eine Einbringung dieser Mitunternehmeranteile durch die Mitgesellschafter [bzw des Betriebes der Mitunternehmerschaft] zum Stichtag 31.12.2002 nach Art III nicht möglich war).

B. Mitunternehmerschaften

Für Einbringungen durch Mitunternehmerschaften sieht § 13 Abs 2 S 2 vor, dass für die Frage der Zurechnung „auch die **Mitunternehmer** als Einbringende [gelten]". Für Einbringungen durch Mitunternehmerschaften kann somit kein Einbringungsstichtag gewählt werden, nach dem ein Übergang von Mitunternehmeranteilen auf andere Weise als im Erbweg (Ausnahmeregelung nach § 13 Abs 2 S 4) erfolgte (*Huber* in *W/Z/H/K*^{5} § 13 Rz 34; UFS 30.6.2009, RV/1342-W/06, UFSjournal 2010, 291, Beschwerde zu Zl 2009/13/0080). Auch eine Änderung der Eigentumsverhältnisse an Wirtschaftsgütern des Sonderbetriebsvermögens auf andere Weise als im Erbwege schließt die Wahl eines vor diesem Zeitpunkt liegenden Einbringungsstichtages aus, sofern das Sonderbetriebsvermögen Teil des Einbringungsvermögens der Mitunternehmerschaft ist (*Huber* in *W/Z/H/K*^{5} § 13 Rz 34; BMF 28.2.2002, ecolex 2002, 463). Unschädlich ist der Wechsel eines reinen Arbeitsgesellschafters ohne Vermögensbeteiligung (UmgrStR Rz 807 mit Beispiel).

C. Vorumgründungen

57 Wurde das Einbringungsvermögen vom Einbringenden iRe Umgründung nach dem UmgrStG erworben, ist auf den iRd Vorumgründung maßgeblichen steuerlichen Anschaffungszeitpunkt abzustellen. Nachfolgende Einbringungen können deshalb im Grundsatz frühestens auf den **Tag nach dem Umgründungsstichtag der vorangegangenen Umgründung** bezogen werden. IRe Umgründungsplanes gem § 39 kann eine solche Maßnahme frühestens auf den Umgründungsstichtag der vorangegangenen Umgründung bezogen werden (UmgrStR Rz 806 mit Beispiel). Im Falle einer einbringenden Körperschaft muss diese zum Einbringungsstichtag noch nicht bestanden haben, es muss ihr lediglich das Vermögen ertragsteuerlich zuzurechnen gewesen sein. Wurde somit iRe Vorumgründung Vermögen auf die einbringende Körperschaft mit Wirkung auf den Einbringungsstichtag übertragen, obwohl die Körperschaft erst zu einem späteren Zeitpunkt errichtet wurde, so kann die Körperschaft das Vermögen nach Art III auf diesen Stichtag iRe Umgründungsplanes nach § 39 einbringen (UmgrStR Rz 808; *Huber* in *W/Z/H/K*^{5} § 13 Rz 38). Änderungen der Beteiligungsverhältnisse bei der einbringenden Körperschaft nach dem Einbringungsstichtag sind unbeachtlich (UmgrStR Rz 808, wo jedoch annahmegemäß irrtümlich die Beteiligungsverhältnisse bei der übernehmenden Körperschaft angesprochen werden; idS auch *Huber* in *W/Z/H/K*^{5} § 13 Rz 37).

D. Ersatzstichtag und Rechtsfolgen bei Verletzung des Zurechnungserfordernisses

59 Wird das Vermögen erst nach dem Einbringungsstichtag erworben, sieht § 13 Abs 2 S 3 zunächst vor, dass als **Einbringungsstichtag** der Tag des Abschlusses des Einbringungsvertrages gilt, sofern dies innerhalb einer Neunmonatsfrist nach Ablauf des Ersatzstichtages dem für die übernehmende Körperschaft zuständigen Finanzamt gemeldet und die im § 12 Abs 1 genannten Anwendungsvoraussetzungen auf diesen Ersatzstichtag vorliegen (UFS 27.1.2012, RV/3543-W/08; UFS 7.2.2012, RV/2580-W/08). Aufgrund der wortidenten Regelung der Sanierungsmöglichkeit in § 13 Abs 2 S 3 und § 13 Abs 1 S 4 ist davon auszugehen, dass die oben bei Rz 44 f genannten Voraussetzungen bzw Anforderungen der FV für die Wahrung des Ersatzstichtages gleichermaßen gelten (idS UmgrStR Rz 805; *Huber* in *W/Z/H/K*^{5} § 13 Rz 39).

60 Wird die Sanierungsmöglichkeit (Wahrung des Ersatzstichtages) nach § 13 Abs 2 S 3 nicht wahrgenommen, ist eine **Anwendungsvoraussetzung des Art III verletzt** und daher eine steuerneutrale Einbringung nicht möglich (UmgrStR Rz 805; *Huber* in *W/Z/H/K*^{5}Rz 39; UFS 27.1.2012, RV/3543-W/08; UFS 7.2.2012, RV/2580-W/08; idS VwGH 25.6.2014, 2009/13/0154).

Der Einbringende

§ 14. (1) ¹Bei der Einbringung von Betrieben und Teilbetrieben endet für das eingebrachte Vermögen das Wirtschaftsjahr des Einbringenden mit dem Einbringungsstichtag. ²Dabei ist das Betriebsvermögen mit dem Wert anzusetzen, der sich nach den steuerrechtlichen Vorschriften über die Gewinnermittlung ergibt. ³Das gilt auch für einzubringende Kapitalanteile. ⁴Bei einzubringenden internationalen Schachtelbeteiligungen kommt die zeitliche Beschränkung des § 10 Abs. 2 des Körperschaftsteuergesetzes 1988 nicht zur Anwendung.

(2) Die Einkünfte des Einbringenden sind hinsichtlich des einzubringenden Vermögens so zu ermitteln, als ob der Vermögensübergang mit Ablauf des Einbringungsstichtages erfolgt wäre.

[idF BGBl I 2005/161]

Rechtsentwicklung

BGBl 1991/699 (UmgrStG; RV 266 AB 354 BlgNR 18. GP) (Stammfassung); BGBl 1993/818 (StRefG 1993; RV 1237 AB 1301 BlgNR 18. GP) (Neufassung des § 14, für Stichtage nach dem 30.12.1993); BGBl I 1999/28 (AbgÄG 1998; RV 1471 AB 1505 BlgNR 20. GP) (Änderung des § 14 Abs 1 S 4); BGBl I 2005/161 (AbgÄG 2005; RV 1187 AB 1213 BlgNR 22. GP) (Änderung des § 14 Abs 1, für Umgründungen, bei denen die Beschlüsse oder Verträge nach dem 31.1.2006 bei dem zuständigen Firmenbuchgericht zur Eintragung angemeldet oder bei dem zuständigen Finanzamt gemeldet werden).

Übersicht

I.	Regelungsinhalt	1–3
II.	Vermögensübergang und Einkünftezurechnung	6, 7
III.	Einbringung eines Betriebes oder Teilbetriebes	
	A. Ende des Wirtschaftsjahres	11–13
	B. Bewertung	15–17
	C. Begünstigungen für einbringende natürliche Personen gem §§ 10 bis 12 EStG	
	1. Gewinnfreibetrag gem § 10 EStG	18, 18a
	2. Besteuerung nicht entnommener Gewinne gem § 11a EStG	19–19b
	3. Übertragungsrücklagen gem § 12 EStG	20
	D. Wechsel der Gewinnermittlung	21–25
IV.	Einbringung von Mitunternehmeranteilen	
	A. Keine Ende des Wirtschaftsjahres	26, 27
	B. Bewertung	29, 30
	C. Wechsel der Gewinnermittlung	33
V.	Einbringung von betriebszugehörigen Kapitalanteilen	
	A. Anwendungsbereich	36
	B. Gewinnausschüttungen im Rückwirkungszeitraum	38
	C. Kapitalanteile eines ausländischen Betriebsvermögens	40
VI.	Internationale Schachtelbeteiligungen	46, 47
VII.	Einbringung von außerbetrieblichen Kapitalanteilen	51, 52

I. Regelungsinhalt

1 § 14 regelt die ertragsteuerlichen Konsequenzen einer Einbringung nach Art III beim Einbringenden. Zum Begriff des Einbringenden s § 12 Rz 221.

2 § 14 Abs 1 normiert Rechtsfolgen im Bereich der **Gewinnermittlung** und bezieht sich damit auf **betriebliches Einbringungsvermögen** (Betrieb, Teilbetrieb, Mitunternehmeranteil und zu einem Betriebsvermögen gehörende Kapitalanteile). Die wesentlichen Anordnungen sind, dass bei der Einbringung von Betrieben oder Teilbetrieben das Wirtschaftsjahr des Einbringenden für das eingebrachte Vermögen mit dem Einbringungsstichtag endet (§ 14 Abs 1 S 1) und dass das Betriebsvermögen zum fingierten Ende des Wirtschaftsjahres nach den steuerrechtlichen Vorschriften über die Gewinnermittlung zu bewerten ist (§ 14 Abs 1 S 2).

3 § 14 Abs 2 trifft Regelungen zur **Einkünfteermittlung** des Einbringenden, die sich auf **betriebliches und außerbetriebliches Einbringungsvermögen** beziehen (*Rabel* in *W/H/M*, HdU[1] § 14 Rz 1 f).

II. Vermögensübergang und Einkünftezurechnung

6 Nach § 14 Abs 2 sind die Einkünfte des Einbringenden so zu ermitteln, „als ob der **Vermögensübergang** mit Ablauf des Einbringungsstichtages erfolgt wäre". Die Anordnung ergänzt die Definition des Einbringungsstichtages in § 13 Abs 1 S 1 („Tag, zu dem das Vermögen mit steuerlicher Wirkung auf die übernehmende Körperschaft übergehen soll") in zeitlicher Hinsicht; durch den Verweis in § 18 Abs 1 Z 5 gilt § 14 Abs 2 für die übernehmende Körperschaft „mit Beginn des dem Einbringungsstichtag folgenden Tages". Lt UmgrStR Rz 811 stellt § 14 Abs 2 sicher, dass in der Besteuerung der einzubringenden Einkunftsquelle keine Unterbrechung eintritt und die Besteuerung nahtlos fortgesetzt wird; bis zum Ablauf des Einbringungsstichtages sind die Einkunftsquelle und „deren Ergebnisse" dem Einbringenden ab Beginn des dem Einbringungsstichtag folgenden Tages der übernehmenden Körperschaft zuzurechnen (UmgrStR Rz 811, 812). Unbeachtlich ist, ob die übernehmende Körperschaft zu diesem Zeitpunkt bereits rechtlich existiert hat (s § 12 Rz 170).

> **Stellungnahme.** Die Zurechnung von Einkünften muss sich nicht mit der Zurechnung (iSv wirtschaftlichem Eigentum an) der Einkunftsquelle decken; aus systematischen Gründen ist davon auszugehen, dass Art III allein den steuerlich maßgeblichen Zeitpunkt des einbringungsbedingten Vermögensüberganges regelt und keine Sonderregelung über die Zurechnung von Einkünften aus dem Einbringungsvermögen trifft (idS *Rabel* in *W/H/M*, HdU[1] § 14 Rz 4 f, 13). Die Aussage der UmgrStR Rz 812 ist insoweit zu relativieren, als § 14 Abs 2 ausschließlich den ertragsteuerlichen Zeitpunkt des Überganges der Einkunftsquelle regelt und die Einkünftezurechnung nach allgemeinem Steuerrecht (wenn auch unter Berücksichtigung des fingierten Vermögensüberganges) vorzunehmen ist. Siehe auch § 13 Rz 3.

7 Im Falle der **Übereinstimmung von Vermögens- und Einkünftezurechnung** werden somit beim Einbringenden auf Grundlage des § 14 Abs 2 folgende einbringungsbedingte Gewinne mit Ablauf des Einbringungsstichtages verwirklicht: Entnahmegewinne nach § 16 Abs 5, Aufwertungsgewinne nach § 16 Abs 1 S 2, Abs 2 und Abs 3, Übergangsgewinne bzw -verluste nach § 4 Abs 10 EStG (*Rabel* in *W/H/M*, HdU[1] § 14 Rz 16 mwN).

III. Einbringung eines Betriebes oder Teilbetriebes
A. Ende des Wirtschaftsjahres

Bei der Einbringung von Betrieben oder Teilbetrieben endet kraft ausdrücklicher **11** Anordnung in § 14 Abs 1 S 1 das **Wirtschaftsjahr** des Einbringenden für das **eingebrachte Vermögen** mit dem Einbringungsstichtag (§ 14 Abs 1 S 1).

Wird der Einbringungsstichtag abweichend vom Regelbilanzstichtag festgelegt, **12** entsteht für den Einbringenden ein **Rumpfwirtschaftsjahr** iSd § 2 Abs 6 EStG; dies gilt unabhängig von der Gewinnermittlungsart des Einbringenden und damit auch für Betriebe, die den Gewinn nach § 4 Abs 1 EStG ermitteln (*Rabel* in *W/H/M*, *HdU*[1] § 14 Rz 17). Diesbezüglich liegt kein zustimmungsbedürftiger Wechsel des Wirtschaftsjahres nach § 2 Abs 7 EStG vor (UmgrStR Rz 814). Für Zwecke der Gewinnermittlung bedeutet die Annahme eines Rumpfwirtschaftsjahres, dass ua Fristen, die sich nach Wirtschaftsjahren bemessen, ablaufen und die Absetzung für Abnutzung als Halbjahres- oder Ganzjahresabschreibung nach § 7 Abs 2 EStG vorzunehmen ist. Laut FV darf der Gesamtabsetzbetrag jedoch nicht mehr als eine Jahres-AfA betragen, die Abschreibung kann demnach entweder (i) pro rata temporis beim Einbringenden und bei der übernehmenden Körperschaft oder (ii) als Halbjahres- oder Ganzjahresabschreibung nach § 7 Abs 2 EStG (Letztere unter Verzicht der übernehmenden Körperschaft auf eine Halbjahresabschreibung) vorgenommen werden (EStR Rz 3132; UmgrStR Rz 952, 4. Gliederungspunkt; *Huber* in *W/Z/H/K*[5] § 14 Rz 4). Des Weiteren steht bei unterjährigen Einbringungen dem Einbringenden eine (volle) Siebentelabschreibung nach § 12 Abs 3 Z 2 KStG für das Rumpfwirtschaftsjahr zu, laut FV gehen die noch nicht abgesetzten Siebentelbeträge auf die übernehmende Körperschaft jedoch erst mit Wirkung ab dem nach dem Einbringungsstichtag beginnenden Wirtschaftsjahr über (UmgrStR Rz 952, 7. Gliederungspunkt, 1180; dazu auch § 21 Rz 22).

Bei Einbringung eines Teilbetriebes betrifft die Fiktion der Beendigung des Wirt- **13** schaftsjahres nur das **eingebrachte Vermögen**, der **Restbetrieb** sowie das nach § 16 Abs 5 zurückbehaltene Vermögen bleiben von der Fiktion unberührt (*Rabel* in *W/H/M*, *HdU*[1] § 14 Rz 19). Die Geschäfte des eingebrachten Teilbetriebes sind dem Einbringenden gemäß § 14 Abs 1 S 1 bis zum Einbringungsstichtag zuzurechnen; in der Besteuerungsgrundlage des Einbringenden sind daher die Ergebnistangenten des eingebrachten Teilbetriebes vom Beginn des Wirtschaftsjahres, in das der Einbringungsstichtag fällt, bis zum Einbringungsstichtag für das übrige Betriebsvermögen für das volle Wirtschaftsjahr enthalten (*Rabel* in *W/H/M*, *HdU*[1] § 14 Rz 19; *Huber* in *W/Z/H/K*[5] § 14 Rz 11). Ungeachtet dessen ist nach § 12 Abs 2 für den Gesamtbetrieb eine Bilanz zu erstellen. Bei einem vom Regelbilanzstichtag abweichenden Einbringungsstichtag begründet diese Bilanz für den verbleibenden Betrieb des Einbringenden kein Rumpfwirtschaftsjahr, sondern hat lediglich Zwischenbilanzcharakter (UmgrStR Rz 824).

B. Bewertung

Nach § 14 Abs 1 S 2 hat die **Bewertung des Betriebsvermögens** zum fingierten **15** Ende des Wirtschaftsjahres „nach den steuerrechtlichen Vorschriften über die Gewinnermittlung" zu erfolgen. § 14 Abs 1 S 2 trifft selbst keine Aussage zu der für die Bewertung maßgeblichen Gewinnermittlungsart (nach dem offenen Wortlaut kämen neben den §§ 4 Abs 1, 4 Abs 3 und 5 Abs 1 EStG auch Pauschalierungen nach

§ 17 EStG in Betracht). Aufgrund der Bezugnahme in § 16 Abs 1 S 1 auf die „in § 14 Abs 1 genannten Werte" unter Beifügung des Klammerausdruckes „Buchwerteinbringung" ist davon auszugehen, dass die Gewinnermittlung nach § 14 Abs 1 S 2 analog zur Stichtagsbilanz nach § 12 Abs 2 Z 1 grundsätzlich nach § 4 Abs 1 EStG, bei rechnungslegungspflichtigen Gewerbetreibenden nach § 5 Abs 1 EStG zu erfolgen hat (UmgrStR Rz 814, 816; *Rabel* in *W/H/M*, HdU[1] § 14 Rz 22; *Huber* in *W/Z/H/K*[5] § 14 Rz 3).

16 § 14 Abs 1 S 2 regelt die **Gewinnermittlung** des Einbringenden bis zum Einbringungsstichtag, **nicht** jedoch die **Bewertung anlässlich der Einbringung**, die in § 16 normiert wird (*Huber* in *W/Z/H/K*[5] § 14 Rz 2; *Rabel* in *W/H/M*, HdU[1] § 14 Rz 20 ff). Die Wertansätze nach § 14 Abs 1 S 2 entsprechen damit inhaltlich jenen der Stichtagsbilanz nach § 12 Abs 2, in denen ein Aufwertungsgewinn nach § 16 Abs 2 oder 3 noch nicht zu zeigen ist (*Rabel* in *W/H/M*, HdU[1] § 14 Rz 22). Uneinigkeit herrscht im Schrifttum, ob § 14 Abs 1 S 2 nur im Fall der Buchwerteinbringung anwendbar ist und im Fall der Aufwertungseinbringung keine Bedeutung hat (idS *Rabel* in *W/H/M*, HdU[1] § 14 Rz 21, mit Hinweis auf die Bezugnahme auf § 14 Abs 1 S 2 iRd Buchwerteinbringung nach § 16 Abs 1 S 1) oder auch im Fall der Aufwertungseinbringung anwendbar bleibt und sich diesfalls zusätzlich ein Aufwertungsergebnis ergibt (so *Huber* in *W/Z/H/K*[5] § 14 Rz 2, mit Hinweis auf die unterschiedlichen Zielsetzungen der Bewertungsregelungen in § 14 Abs 1 S 2 und § 16). Die FV dürfte ersterer Ansicht folgen (UmgrStR Rz 814: „Sollte kein Fall der Buchwertfortführung vorliegen, ist nach Maßgabe der Bestimmungen des § 16 Abs 2 oder 3 das Vermögen mit dem gemeinen Wert nach § 6 Z 14 EStG anzusetzen"). Im Ergebnis sollten beide Auffassungen zum selben Ergebnis führen.

17 Zusammenfassend reduziert sich der **normative Gehalt** des § 14 Abs 1 S 2 auf die **formale Anordnung** der Gewinnermittlung für das Einbringungsvermögen beim Einbringenden bis zum Einbringungsstichtag, inhaltlich werden die Wertansätze entweder durch die Stichtagsbilanz nach § 12 Abs 2 Z 1 und 2 oder die Sonderbewertungsvorschriften in § 16 Abs 2 und 3 vorgegeben.

C. Begünstigungen für einbringende natürliche Personen gem §§ 10 bis 12 EStG
1. Gewinnfreibetrag gem § 10 EStG

18 Ab der Veranlagung 2007 sah § 10 EStG idF vor 1. StabG (BGBl I 2012/22) einen Freibetrag für investierte Gewinne (FBiG) für natürliche Personen mit Gewinnermittlung nach § 4 Abs 3 EStG vor; der Freibetrag war der Höhe nach begrenzt (10 % des Gewinnes, max 100.000 €) und stand zu, soweit er durch die Anschaffung bestimmter begünstigter Wirtschaftsgüter gedeckt war. Ab der Veranlagung 2010 wurde die Regelung durch den Gewinnfreibetrag (GFB) ersetzt, der auch bilanzierenden natürlichen Personen zusteht. IZm Einbringungen stellt sich insb die Frage, bis zu welchem Zeitpunkt im unterjährigen Einbringungsfall begünstigte Wirtschaftsgüter erworben werden müssen, damit der Einbringende diese zur Deckung des FBiG bzw GFB in Anspruch nehmen kann. Laut UFS sind nur Anschaffungen bis zum Einbringungsstichtag verwertbar (UFS 16.4.2013, RV/2542-W/11; dazu *Blasina*, SWI 2013, 1201; ferner *Sulz/Andreaus*, SWK 2008, S 498).

18a IZm einer Einbringung zB eines (Teil)Betriebes, dem die begünstigten WG (zB Wertpapiere) zuzurechnen sind, geht die Nachversteuerungspflicht iZm dem investitionsbedingten GFB (§ 10 Abs 6 EStG) grds auf die übernehmende Körperschaft über (UmgrStR Rz 122). Werden die WG vor Ablauf der 4-jährigen Behaltefrist (§ 10 Abs 5 EStG) vom Einbringenden nach § 16 Abs 5 (s § 16 Rz 146) zurückbehalten, ist zu differenzieren: Wird der **gesamte Betrieb** eingebracht, ist der GFB beim Einbringenden gewinnerhöhend anzusetzen, weil das WG aus dem maßgeblichen Betriebsvermögen ausscheidet; ob das WG nach der Einbringung in einem anderen Betrieb des Einbringenden weiterhin betrieblich genutzt wird, ist unbeachtlich (BFG 9.8.2017, RV/3100582/2015 mVa Jakom[10]/*Kanduth-Kristen* § 10 Rz 29). Wird hingegen nur ein **Teilbetrieb** eingebracht, kann die Behaltefrist beim Einbringenden weiterlaufen, sofern das WG im Restbetrieb verbleibt (BFG 9.8.2017, RV/3100582/2015).

2. Besteuerung nicht entnommener Gewinne gem § 11a EStG

Da die Inanspruchnahme der begünstigten Besteuerung nicht entnommener Gewinne nach § 11a EStG auf natürliche Personen beschränkt ist, kann sie infolge der Einbringung zwar nicht fortgesetzt werden, die Einbringung löst aber weder beim Einbringenden noch bei der übernehmenden Körperschaft eine Nachversteuerung aus (UmgrStR Rz 1267). **19**

Rückbezogene Entnahmen nach § 16 Abs 5 Z 1 bis 3 stellen lt ständiger Rspr **Entnahmen nach § 11a EStG** dar, die zu einer eigenkapitalabfallbedingten (letzten) Nachversteuerung führen können (Jakom[10]/*Kanduth-Kristen* § 11a Rz 37 mwN; *Hübner-Schwarzinger*, SWK 2008, S 701, zur möglichen Vermeidung einer Nachversteuerung nach § 11a EStG bei Entnahmen nach § 16 Abs 5 Z 3). Sie vermindern das Eigenkapital (Einbringungskapital) zum Einbringungsstichtag und gelten mit Ablauf dieses Stichtages als entnommen; sie sind daher bei der Berechnung des Eigenkapitalanstieges oder -abfalles jenes Wirtschaftsjahres, das mit dem Einbringungsstichtag endet, zu berücksichtigen und zu diesem Zeitpunkt dem Einbringenden zuzurechnen (BFG 24.9.2014, RV/5100868/2011; UFS 1.3.2012, RV/0046-S/11; UFS 19.1.2012, RV/0334-F/09; VwGH 24.2.2011, 2011/15/0029; UmgrStR Rz 1267a). Spiegelbildlich können rückbezogene Einlagen nach § 16 Abs 5 Z 1 oder 3 (Zurückbehalten von Verbindlichkeiten) oder die Verschiebetechnik nach § 16 Abs 5 Z 4 einen Anstieg des Eigenkapitals iSd § 11a EStG bewirken (UmgrStR Rz 1267a). Soweit die Entnahmen bzw Einlagen nicht nach § 16 Abs 5 rückbezogen werden, sind sie der übernehmenden Körperschaft zuzurechnen und haben keine Relevanz für die Einkommensermittlung des Einbringenden. Soweit die Passivpost für vorbehaltene Entnahmen die Obergrenze des § 16 Abs 5 Z 2 übersteigt, verändert sie das Einbringungskapital nicht und bleibt sie gleichfalls unbeachtlich (UmgrStR Rz 1267a). **19a**

Die Inanspruchnahme der Begünstigung nach § 11a EStG kürzt weder das steuerliche Einbringungskapital noch den Einlagenstand nach § 4 Abs 12 EStG bei der übernehmenden Körperschaft, eine steuerneutrale „Entnahme" der nach § 11a EStG begünstigten Gewinne ist bei der übernehmenden Körperschaft nur als Einlagenrückzahlung nach § 4 Abs 12 EStG möglich (UmgrStR Rz 1267a). **19b**

3. Übertragungsrücklagen gem § 12 EStG

Die Übertragung stiller Reserven, die bei der Veräußerung von Anlagevermögen aufgedeckt werden, auf bestimmte begünstigte Ersatzanschaffungen nach § 12 EStG ist seit dem StRefG 2005 auf natürliche Personen beschränkt. Nach § 12 Abs 8 EStG **20** können die stillen Reserven im Jahr der Aufdeckung alternativ auch vorübergehend einer sog. Übertragungsrücklage (bzw einem steuerfreien Betrag) zugeführt werden; gem § 12 Abs 10 EStG (idF StRefG 2005) sind bestehende Rücklagen ua aufzulösen, wenn sie in Folge einer Umgründung nach dem UmgrStG „ganz oder teilweise einer Körperschaft zuzurechnen wären" (§ 12 Abs 10 TS 2 EStG). Bestehende §-12-Abs-8-EStG-Rücklagen sind daher anlässlich der Einbringung des gesamten Betriebes oder des gesamten Mitunternehmeranteils vom Einbringenden aufzulösen. Bei der Einbringung eines Teilbetriebes oder Teiles eines Mitunternehmeranteiles ist es zulässig, die Übertragungsrücklage im verbleibenden Teilbetrieb oder Mitunternehmeranteil fortzuführen (UmgrStR Rz 952).

D. Wechsel der Gewinnermittlung

21   Hat der **Einbringende** den Gewinn bisher nach § 4 Abs 3 EStG oder § 17 EStG ermittelt, ergibt sich aufgrund der Bilanzerstellungspflicht zum Einbringungsstichtag ein **Wechsel der Gewinnermittlungsart zu** § 4 Abs 1 EStG nach Maßgabe von § 4 Abs 10 EStG. Lt Rsp erfolgt die Zurechnung des Übergangsgewinnes von § 4 Abs 3 EStG auf § 4 Abs 1 EStG nach der Sonderregelung für Betriebsveräußerungen (§ 4 Abs 10 Z 1 S 4 EStG) in jenem Veranlagungszeitraum, in welchen der Einbringungsstichtag fällt (UmgrStR Rz 819; EStR Rz 724, 725; BFG 21.7.2016, RV/7100610/2010, Anm *Hirschler/Sulz/Oberkleiner*, BFGjournal 2016, 394). Auf den Übergangsgewinn sind die Begünstigungen des § 37 Abs 5 EStG (außerordentliche Einkünfte) allerdings lt FV nicht anwendbar (UmgrStR Rz 819 mVa EStR Rz 7323; aA noch UmgrStR Rz 819 idF vor WE 2013; weiters *Rabel* in *H/W/B*, HdU[1] § 14 Rz 24 mwN). Führt der Wechsel der Gewinnermittlung zu einem Übergangsverlust, ist dieser gem § 4 Abs 10 Z 1 S 4 EStG zur Gänze im letzten Gewinnermittlungszeitraum vor der Einbringung (Veranlagungszeitraum, in den der Einbringungsstichtag fällt) anzusetzen und ein etwaiger Verlustüberhang geht nach Maßgabe von § 21 auf die übernehmende Körperschaft über (VwGH 17.12.2014, 2012/13/0126, Anm *Marschner*, GES 2015, 89, Anm *Heidenbauer*, ecolex 2015/129, 332, Anm *Renner/Marschner*, SWK 2015, 772; UmgrStR Rz 820; *Hirschler/Sulz/Oberkleiner*, UFSjournal 2013, 71 [72]; *Marschner*, GES 2013, 104; *Simader*, ecolex 2013, 282; *Hirschler/Sulz/Oberkleiner*, BFGjournal 2014, 376; *Marschner*, GES 2014, 480; *Wiesner*, Interessantes zum Umgründungssteuerrecht, RWZ 2015/22, 80).

22   Bei der Einbringung eines Betriebes mit Gewinnermittlung durch Betriebsausgabenpauschalierung (Basispauschalierung gem § 17 Abs 1 oder Teil- bzw Individualpauschalierung gem § 17 Abs 4 und 5) ergibt sich ein Übergangsergebnis wie bei Einbringung eines Betriebes mit Gewinnermittlung gem § 4 Abs 3 EStG (EStR Rz 691, 711; *Rabel* in *W/H/M*, HdU[1] § 14 Rz 23 mwN). Bei der Einbringung eines Betriebes mit Gewinnermittlung durch Vollpauschalierung gem § 17 Abs 4 EStG ergibt sich anlässlich des Übergangs auf die Gewinnermittlung nach § 4 Abs 1 EStG kein Übergangsergebnis (EStR Rz 4249a und Rz 692 iVm LuF-PauschVO 2011, BGBl II 2010/471 idF BGBl II 2011/4, § 7; *Rabel* in *W/H/M*, HdU[1] § 14 Rz 23 mVa VwGH 16.6.1976, 2186/75, ÖStZB 1977, 21; *Huber* in *W/Z/H/K*[5] § 14 Rz 6).

23   In der Sphäre der **übernehmenden Körperschaft** hat ein weiterer **Wechsel der Gewinnermittlungsart von** § 4 Abs 1 EStG **auf** § 5 EStG zu erfolgen. Dieses Übergangsergebnis ist ausschließlich der übernehmenden Körperschaft zuzurechnen (UmgrStR Rz 820, 963; glA *Huber* in *W/Z/H/K*[5] § 14 Rz 7; aA *Beiser*, SWK 2006,

S 613, wonach alle Änderungen aus einem notwendigen Wechsel zur Gewinnermittlung nach § 5 EStG dem Einbringenden zuzurechnen sind; *ders*, ÖStZ 2012, 325). Ein Übergangsgewinn aus dem Wechsel zur Gewinnermittlung nach § 5 EStG ist auf den dem Einbringungsstichtag folgenden Tag zu beziehen. Ein Übergangsverlust ist von der übernehmenden Körperschaft in den folgenden sieben Jahren ab dem Einbringungsstichtag geltend zu machen (UmgrStR Rz 820, 963 mit weiterführendem Beispiel; *Huber* in *W/Z/H/K*[5] § 14 Rz 9; aA *Hirschler/Sulz/Oberkleiner*, BFGjournal 2016, 394). S § 18 Rz 56.

Erfolgt die Einbringung durch einen **rechnungslegungspflichtigen Gewerbetreibenden**, ist der Jahres- oder Zwischenabschluss bereits nach § 5 EStG aufzustellen, sodass es im Zuge der Einbringung oder bei der übernehmenden Körperschaft zu **keinem Wechsel der Gewinnermittlung** kommt (UmgrStR Rz 817). **24**

Ein Übergangsergebnis ist lt FV auch für **rückwirkend entnommene Wirtschaftsgüter** nach § 16 Abs 5 Z 1 (insb Umlaufvermögen) und nach § 16 Abs 5 Z 3 (insb Verbindlichkeiten) zu ermitteln, da diese Wirtschaftsgüter in die Stichtagsbilanz für den einzubringenden (Teil)Betrieb nach § 12 Abs 2 Z 1 aufzunehmen sind (UmgrStR Rz 820a). Bei der Einbringung von **Teilbetrieben**, für die der Gewinn nach §§ 4 Abs 3 oder 17 EStG ermittelt wird, ergibt sich darüber hinaus nach § 12 Abs 2 Z 1 die Notwendigkeit der Aufstellung einer steuerlichen Bilanz nach § 4 Abs 1 EStG für den gesamten Betrieb. Hinsichtlich des zu übertragenden Teilbetriebes ist das Übergangsergebnis aus dem Wechsel der Gewinnermittlungsart wie bei einer Betriebseinbringung nach § 4 Abs 10 EStG zu beurteilen. Hinsichtlich des vom Einbringenden weitergeführten **Restbetriebes** hat die Bilanz nach § 4 Abs 1 lediglich Statuscharakter und liegt aufgrund der fortgesetzten Einnahmen-Ausgaben-Rechnung oder Vollpauschalierung **kein steuerlich relevantes Übergangsergebnis** nach § 4 Abs 10 EStG vor (UmgrStR Rz 825). **25**

IV. Einbringung von Mitunternehmeranteilen
A. Keine Ende des Wirtschaftsjahres

§ 14 Abs 1 S 1 erfasst nach dem Gesetzeswortlaut nicht die Einbringung von Mitunternehmeranteilen, das **Wirtschaftsjahr des Mitunternehmerschaft** bleibt demnach von der Einbringung **unberührt** (*Rabel* in *W/H/M*, HdU[1] § 14 Rz 27). Mangels Beendigung eines (Rumpf-)Wirtschaftsjahres kann zum Einbringungsstichtag zB auch kein beschleunigter Ablauf von wirtschaftsjahrbezogenen Behaltefristen bei der Mitunternehmerschaft eintreten (*Rabel* in *W/H/M*, HdU[1] § 14 Rz 27). Anderes wird im Falle einer **Anwachsung** des Betriebes der Mitunternehmerschaft infolge einer Anteilseinbringung vertreten, wo in Analogie zu § 14 Abs 1 S 1 ein Ende des Wirtschaftsjahres der Mitunternehmerschaft als geboten erachtet wird (*Rabel* in *W/H/M*, HdU[1] § 14 Rz 27). **26**

Die Regelung zur Einkünfteermittlung des Einbringenden nach § 14 Abs 2 bleibt hingegen anwendbar, womit der **Gewinnanteil** des einbringenden Mitunternehmers mit Ablauf des Einbringungsstichtages zu ermitteln ist. Grundlage für die Gewinnabgrenzung ist die **Stichtagsbilanz der Mitunternehmerschaft nach § 12 Abs 2 Z 2**, die nach § 4 Abs 1 EStG, im Fall einer rechnungslegungspflichtigen Personengesellschaft nach § 5 EStG, auf den Einbringungsstichtag bezogen zu erstellen ist (*Rabel* in *W/H/M*, HdU[1] § 14 Rz 29 f). **27**

B. Bewertung

29 Die Bewertungsvorschrift in § 14 Abs 1 S 2 spricht die Einbringung von Mitunternehmeranteilen nicht ausdrücklich an. Da jedoch § 16 Abs 1 auf die „in § 14 Abs 1 genannten Werte" auch im Falle der Einbringung von Mitunternehmeranteilen abstellt, ist laut Literatur § 14 Abs 1 S 2 auch auf Mitunternehmeranteile anzuwenden (*Rabel* in *W/H/M*, HdU^1 § 14 Rz 31). Im Falle einer Buchwerteinbringung nach § 16 Abs 1 S 1 sind demnach nach Maßgabe des § 14 Abs 1 S 2 die Werte, die sich aus der steuerrechtlichen Gewinnermittlung ergeben, maßgeblich, die wiederum der Stichtagsbilanz nach § 12 Abs 2 Z 2 entsprechen. Im Falle einer Aufwertungseinbringung sind abweichend davon die Werte nach § 16 Abs 2 oder 3 anzusetzen (*Rabel* in *W/H/M*, HdU^1 § 14 Rz 31).

30 Zur gewinnerhöhenden Auflösung von Rücklagen gem § 12 EStG s oben Rz 19.

C. Wechsel der Gewinnermittlung

33 Wird ein Mitunternehmeranteil einer **nichtbilanzierenden Mitunternehmerschaft** (nicht rechnungslegungspflichtige OG oder KG, GesbR) eingebracht, hat die Mitunternehmerschaft nach § 12 Abs 2 Z 2 zum Einbringungsstichtag einen Jahres- oder Zwischenabschluss nach § 4 Abs 1 EStG für das gesamte Vermögen aufzustellen. Für den **Einbringenden** liegt damit ein **Wechsel der Gewinnermittlungsart zu § 4 Abs 1 EStG** vor (UmgrStR Rz 831); für die Mitunternehmerschaft und die übrigen Mitunternehmer hat die Bilanz lediglich Statuscharakter, für die Gewinnermittlung ergeben sich daraus keine Auswirkungen (UmgrStR Rz 831; *Huber* in *W/Z/H/K*^{5} § 14 Rz 13; *Rabel* in *W/H/M*, HdU^1 § 14 Rz 32). Bei der übernehmenden Körperschaft erfolgt ein umgekehrter Wechsel der Gewinnermittlung von § 4 Abs 1 EStG zu § 4 Abs 3 EStG (UmgrStR Rz 970); der Anteil der übernehmenden Körperschaft am Jahresergebnis der Mitunternehmerschaft ist in weiterer Folge zu adaptieren (UmgrStR Rz 970; EStR Rz 661; *Huber* in *W/Z/H/K*^{5} §§ 14 Rz 13, 18 Rz 16; s § 18 Rz 58). Die vorstehenden Grundsätze gelten unabhängig davon, ob nur ein Mitunternehmer seinen Anteil oder mehrere oder alle Mitunternehmer entweder ihre gesamten Anteile oder nur Teile ihrer Mitunternehmeranteile einbringen (UmgrStR Rz 829).

V. Einbringung von betriebszugehörigen Kapitalanteilen
A. Anwendungsbereich

36 § 14 Abs 1 S 3 erfasst nach hM die Einbringung von Kapitalanteilen, die bei unbeschränkt steuerpflichtigen Einbringenden dem betrieblichen Bereich und bei beschränkt steuerpflichtigen Einbringenden einem inländischen Betriebsvermögen zugehörig sind und somit unter § 16 (in Abgrenzung zu § 17) fallen (*Rabel* in *W/H/M*, HdU^1 § 14 Rz 34; *Hügel* in *H/M/H* § 14 Rz 10; aA *Huber* in *W/Z/H/K*^{5} § 14 Rz 16, wonach auch einem ausländischen Betriebsvermögen zugehörige Kapitalanteile beschränkt steuerpflichtiger Einbringender unter § 14 Abs 1 fallen; s dazu unten Rz 40).

Die Einbringung einer Kapitalbeteiligung im Sinn des § 12 Abs 2 Z 3 erfordert zwar **keine Stichtagsbilanz** des Einbringenden, allerdings ist nach § 15 eine **Einbringungsbilanz** zum Einbringungsstichtag zu erstellen. Grundlage für die Einbringungsbilanz ist im Falle der Buchwerteinbringung nach § 16 Abs 1 der Buchwert des Einbringenden nach § 14 Abs 1. § 14 Abs 1 S 3 ordnet daher an, dass der Einbringende auch für betriebszugehörige Kapitalanteile den maßgebenden steuerlichen Buchwert zum Einbringungsstichtag zu ermitteln hat. Maßgebliche Gewinnermittlungsart wäre analog der Betriebs- oder Teilbetriebseinbringung der Betriebsvermögensvergleich nach § 4 Abs 1 EStG, bei rechnungslegungspflichtigen Gewerbetreibenden nach § 5 Abs 1 EStG. Erfolgt die Einbringung zum Regelbilanzstichtag des Einbringenden, ist der steuerliche Buchwert lt Schlussbilanz die Grundlage für die Einbringungsbilanz. Bei einem vom Regelbilanzstichtag abweichenden Einbringungsstichtag bildet der **steuerliche Buchwert** lt letztem Jahresabschluss den Ausgangspunkt für die Beurteilung und ist auf den Einbringungsstichtag **fortzuschreiben**. Es kann daher gegebenenfalls beim Einbringenden zu einer Zuschreibung nach § 6 Z 13 EStG oder Teilwertabschreibung kommen, die im laufenden Wirtschaftsjahr des Einbringenden steuerwirksam ist, vorbehaltlich § 12 Abs 3 KStG (UmgrStR Rz 833).

B. Gewinnausschüttungen im Rückwirkungszeitraum

Zu Gewinnausschüttungen im Rückwirkungszeitraum s § 12 Rz 149 ff. **38**

C. Kapitalanteile eines ausländischen Betriebsvermögens

Nach Auffassung von Teilen des Schrifttums gilt § 14 Abs 1 auch für Kapitalanteile, **40** die einem ausländischen Betriebsvermögen beschränkt Steuerpflichtiger zuzuordnen sind. Die Bewertung des eingebrachten Kapitalanteiles beim Einbringenden hat demnach zwingend iRe Gewinnermittlung nach § 4 Abs 1 EStG zu erfolgen, Teilwertabschreibungen beim Einbringenden sind demnach wahlweise möglich; im Ergebnis läuft diese Auffassung auf ein Ansatzwahlrecht zwischen historischen Anschaffungskosten oder dem niedrigeren (unter Ansatz einer Teilwertabschreibung ermittelten) Buchwert iSd § 4 Abs 1 EStG hinaus (*Huber* in *W/Z/H/K*[5] § 14 Rz 16; *Lechner*, SWI 1992, 134; *Damböck*, SWI 1999, 239 [241]).

> **Stellungnahme.** Dieses Ergebnis erscheint unzutreffend. Zwar enthält der Wortlaut des § 14 Abs 1 S 3 keine explizite Einschränkung auf betriebszugehörige Kapitalanteile (arg *Damböck*, SWI 1999, 238 [240]), anders als in den §§ 15 (Einbringungsbilanz), 16 (Bewertung von Betriebsvermögen) und 17 (Bewertung für nicht zu einem inländischen Betriebsvermögen gehörenden Kapitalanteile). Umgekehrt lässt sich dem Wortlaut der §§ 12 Abs 2 Z 3 oder 14 allerdings auch nicht entnehmen, dass für Kapitalanteile, die isolationstheoretisch dem außerbetrieblichen Bereich zuzuordnen sind, ein Buchwert nach Maßgabe des § 4 Abs 1 EStG zum Einbringungsstichtag zu ermitteln ist. Vielmehr legt diesbezüglich § 17 fest, dass nicht zu einem inländischen Betriebsvermögen gehörende Kapitalanteile mit den Anschaffungskosten nach § 27a Abs 3 Z 2 EStG, mit dem gemeinen Wert oder den niedrigeren ausländischen Buchwerten anzusetzen sind (idS auch *Mühlehner*, SWI 1999, 420). Auch aus systematischer Sicht ergeben sich keine Anhaltspunkte, dass für isolationstheoretisch im außerbetrieblichen Bereich gehaltene Kapitalanteile entgegen der allgemeinen Systematik der Einkunftsarten anlässlich der Einbringung eine Ergebnisermittlung nach § 4 Abs 1 EStG vorzunehmen ist; bestätigend auch ErlRV 266 BlgNR 18. GP, zu § 14, wonach § 14 Abs 1 S 3 auf „zum **Betriebsvermögen** gehörende" Kapitalanteile anwendbar ist und worin auf die bilanzsteuerrechtlichen (und damit inländischen) Gewinnauswirkungen der Bewertungsvorschrift verwiesen wird.

VI. Internationale Schachtelbeteiligungen

46 § 14 Abs 1 S 4 regelt, dass bei einzubringenden Schachtelbeteiligungen das in § 10 Abs 2 KStG genannte Erfordernis des Bestehens der Beteiligung während eines ununterbrochenen **Zeitraumes von einem Jahr** nicht zur Anwendung kommt (UmgrStR Rz 834). Betroffen von dieser Bestimmung sind die dem Einbringenden aus der zu übertragenden Schachtelbeteiligung zufließenden Beteiligungserträge, für die in Folge des einbringungsbedingten Ausscheidens der Beteiligung zum Einbringungsstichtag die Jahresfrist nach § 10 Abs 2 KStG nicht erfüllt ist und somit die Ertragsbefreiung nicht zum Tragen käme. Sind alle anderen Anwendungsvoraussetzungen des § 10 Abs 2 KStG erfüllt, werden die Beteiligungserträge nach § 14 Abs 1 S 4 unabhängig von der Dauer der Zugehörigkeit zum Betriebsvermögen der einbringenden Gesellschaft steuerfrei gestellt. Die Steuerfreiheit ist nach dem Gesetzestext auch dann zu gewähren, wenn die Jahresfrist unter Einrechnung der bei der übernehmenden Körperschaft verbleibenden Behaltedauer nicht erreicht wird (*Huber* in *W/Z/H/K*[5] § 14 Rz 18, wonach die Regelung eine überschießende Begünstigung darstellt). Die Bestimmung ist auch für **vorbehaltene Gewinnausschüttungen** einer einbringenden Körperschaft anwendbar (*Huber* in *W/Z/H/K*[5] § 14 Rz 19, *Hügel* in *H/M/H* § 14 Rz 16).

47 Bei Einbringung eines **Teiles einer internationalen Schachtelbeteiligung** und eines dadurch bedingten Absinkens des Beteiligungsausmaßes unter die 10 %-Grenze des § 10 Abs 2 KStG enthält das UmgrStR keine Sonderregelungen. Lt UmgrStR Rz 992 ist die Begünstigungsvorschrift des § 18 Abs 4 Z 2, wonach im Falle eines solchen Unterganges einer internationalen Schachtelbeteiligung die übernehmende Körperschaft den eingebrachten Kapitalanteil mit dem höheren Teilwert ansetzen kann, in gleicher Weise auch auf den bei der einbringenden Körperschaft verbleibenden Teil der Kapitalbeteiligung anwendbar (s § 18 Rz 136).

VII. Einbringung von außerbetrieblichen Kapitalanteilen

51 § 14 Abs 1 findet keine Anwendung auf **außerbetriebliches Vermögen** (UmgrStR Rz 836 mVa „Privatvermögen und außerbetriebliches Vermögen von Körperschaften"; *Rabel* in *W/H/M*, HdU[1] § 14 Rz 34; *Hügel* in *H/M/H* § 14 Rz 10; differenziert *Huber* in *W/Z/H/K*[5] § 14 Rz 17, wonach § 14 Abs 1 auch einem ausländischen Betriebsvermögen zugehörige Kapitalanteile beschränkt steuerpflichtiger Einbringender erfasst; als Kritik dazu oben Rz 40). Einnahmen und Ausgaben (Werbungskosten) hinsichtlich des einzubringenden Kapitalanteiles sind dem Einbringenden zuzurechnen, soweit diese bis zum Ablauf des Einbringungsstichtages zu- oder abfließen (UmgrStR Rz 836; *Huber* in *W/Z/H/K*[5] § 14 Rz 17).

52 Auch für die Einbringung von außerbetrieblichen Vermögen kann ein rückbezogener Stichtag nach § 13 Abs 1 S 2 gewählt werden. Die Bewertung des einzubringenden Kapitalanteiles richtet sich nach den Regelungen des § 17, § 14 Abs 2 ordnet die (außerbetriebliche) Einkünfteermittlung beim Einbringenden bezogen auf den Ablauf des Einbringungsstichtages an. Zu Gewinnausschüttungen im Rückwirkungszeitraum s § 12 Rz 149 ff.

Einbringungsbilanz

§ 15. ¹Bei der Einbringung von Betrieben, Teilbetrieben, Mitunternehmeranteilen und zu einem Betriebsvermögen gehörenden Kapitalanteilen ist zum Einbringungsstichtag eine Einbringungsbilanz aufzustellen, in der das einzubringende Vermögen nach Maßgabe des § 16 und das sich daraus ergebende Einbringungskapital darzustellen ist. ²Die Einbringungsbilanz ist dem für die übernehmende Körperschaft zuständigen Finanzamt vorzulegen. ³Die Einbringungsbilanz kann entfallen, wenn die steuerlich maßgebenden Werte und das Einbringungskapital im Einbringungsvertrag beschrieben werden.

[idF BGBl I 2005/161]

Rechtsentwicklung

BGBl 1991/699 (UmgrStG; RV 266 AB 354 BlgNR 18. GP) (Stammfassung); BGBl I 1999/28 (AbgÄG 1998; RV 1471 AB 1505 BlgNR 20. GP) (Neufassung des § 15); BGBl I 2005/161 (AbgÄG 2005; RV 1187 AB 1213 BlgNR 22. GP) (Ergänzung des § 15, für Umgründungen, bei denen die Beschlüsse oder Verträge nach dem 31.1.2006 bei dem zuständigen Firmenbuchgericht zur Eintragung angemeldet oder bei dem zuständigen Finanzamt gemeldet werden).

Übersicht

I.	Bedeutung...	1–4
II.	Anwendungsbereich	6–9
III.	Maßgebliche Gewinnermittlungsart und unternehmensbilanzielle Aspekte	11–14
IV.	Zweck und Inhalt der Einbringungsbilanz...........................	16–23
V.	Vorlage- und Fristerfordernisse...	26
VI.	Berichtigung einer fehlerhaften Einbringungsbilanz..........	29, 30

I. Bedeutung

Nach § 15 S 1 ist „bei der Einbringung von Betrieben, Teilbetrieben, Mitunternehmeranteilen und zu einem Betriebsvermögen gehörenden Kapitalanteilen zum Einbringungsstichtag eine Einbringungsbilanz aufzustellen, in der das einzubringende Vermögen nach Maßgabe des § 16 und das sich daraus ergebende Einbringungskapital darzustellen ist". Die Vorschrift bezieht sich auf einzubringende **Betriebe, Teilbetriebe und Mitunternehmeranteile**, die entweder beim Einbringenden oder bei der übernehmenden Körperschaft der Erzielung von Einkünften nach § 2 Abs 3 Z 1 bis 3 EStG dienen und auf **Kapitalanteile**, die bei unbeschränkt steuerpflichtigen Einbringenden im **betrieblichen Bereich** gehalten werden oder bei beschränkt steuerpflichtigen Einbringenden einem **inländischen Betriebsvermögen** zugehörig sind (s Rz 8). **1**

Die Einbringungsbilanz dient der Darstellung des Einbringungsvermögens zu **Steuerwerten** unter Berücksichtigung der Ausübung der **Gestaltungs- und Wahlrechte** einschließlich des sich daraus ergebenden **Einbringungskapitals** (UmgrStR Rz 838). Gem § 12 Abs 1 S 1 ist die Existenz der Einbringungsbilanz zwar Anwendungsvoraussetzung für Art III (UmgrStR Rz 838; *Huber* in W/Z/H/K⁵ § 15 Rz 2), sie kann jedoch nach § 15 S 3 entfallen, „wenn die steuerlich maßgebenden Werte **2** und das Einbringungskapital im Einbringungsvertrag beschrieben werden" (UmgrStR Rz 838; *Huber* in W/Z/H/K[5] § 15 Rz 2; *Zorn*, RdW 2016/332, 431 [432]). Im Falle einer Betriebseinbringung ohne (gesonderte) Einbringungsbilanz hat es der UFS allerdings als ausreichend erachtet, dass der Einbringungsvertrag eine bloße Beschreibung des Einbringungskapitals enthielt und im Übrigen auf die angeschlossene Stichtagsbilanz des einzubringenden Betriebes gem § 12 Abs 2 Z 1 verwies (UFS 29.5.2012, RV/2587-W/08).

3   Hinsichtlich der **Rechtsnatur oder Form** der Einbringungsbilanz lassen sich weder dem UmgrStG noch den UmgrStR Hinweise entnehmen, dass die Einbringungsbilanz bestimmten Formerfordernissen unterliegt (zB Unterfertigung durch den Einbringenden und/oder die übernehmende Körperschaft) oder einen Bestandteil des Einbringungsvertrages darstellen muss. Sie muss somit vertragsrechtlich nicht zu einem Bestandteil der Parteieneinigung über die Einbringung gemacht werden (vgl UmgrStR Rz 786, 847). Die einseitige Erstellung durch den Einbringenden, wenn auch mit steuerlicher Bindungswirkung für die übernehmende Körperschaft (insb hinsichtlich der Gestaltungs- und Wahlrechte des Art III; s unten), genügt damit den gesetzlichen Anforderungen. IdS bestätigen die UmgrStR, dass im Fall eines Widerspruches zwischen der Darstellung in der Einbringungsbilanz und dem Einbringungsvertrag Letzterer vorgeht und die Einbringungsbilanz steuerlich zu korrigieren ist (UmgrStR Rz 885 bis 887; *Huber* in W/Z/H/K[5] § 15 Rz 16). Lt UFS kann auch die Stichtagsbilanz nach § 12 Abs 2 Z 1 gleichzeitig die Einbringungsbilanz iSd § 15 darstellen, unabhängig von einer formalen Bezeichnung als Einbringungsbilanz (UFS 29.5.2012, RV/2587-W/08; idS a VwGH 26.2.2015, Ro 2014/15/0041, Anm *Kofler*, GES 2015, 246; idS a VwGH 21.4.2016, 2013/15/0289, Anm *Wiesner*, RWZ 2016/52, 224, Anm *Zorn*, RdW 2016/332, 431, wonach die Anforderungen an eine Einbringungsbilanz nicht überspannt werden dürfen und nicht streng formal sind). Zu der Rechtsnatur und den Formerfordernissen der Geschäftseröffnungsbilanz nach § 193 UGB (als unternehmensrechtliches Pendant zur Einbringungsbilanz nach § 15) s unten Rz 12.

4   Ihre Wirkung als **Anwendungsvoraussetzung** entfaltet die Einbringungsbilanz nach § 15 dahingehend, dass alle Wirtschaftsgüter, die im Zuge einer Einbringung nach Art III übertragen werden, aber weder im Einbringungsvertrag zumindest abstrakt (zB iRe Zweifelsklausel; s § 12 Rz 156) umschrieben noch in die Einbringungsbilanz aufgenommen werden, als außerhalb des Art III eingelegt gelten und insoweit Gewinnverwirklichung nach § 6 Z 14 lit b EStG eintritt (UmgrStR Rz 843; UFS 27.1.2012, RV/3543-W/08; UFS 7.2.2012, RV/2580-W/08).

II. Anwendungsbereich

6   **Normadressat** des § 15 ist aufgrund der systematischen Stellung der Einbringende. Bei Einbringungen durch eine Mitunternehmerschaft gilt diese als Einbringende (s § 12 Rz 231), sie hat daher eine (einheitliche) Einbringungsbilanz zu erstellen (keine gesonderten Einbringungsbilanzen der Mitunternehmer).

7   Bei Einbringung von **Auslandsvermögen durch Steuerausländer** ist nach dem Wortlaut des § 15 S 1 eine Einbringungsbilanz auch dann zu erstellen, wenn der einzubringende Betrieb, Teilbetrieb oder Mitunternehmeranteil (zu Kapitalanteilen s Rz 8) vor der Einbringung nicht dem Besteuerungsrecht Österreichs unterlag

(Beispiel: Einbringung einer ausländischen Betriebsstätte durch einen ausländischen Einbringenden). Laut UmgrStR Rz 838, letzter Absatz, ist dabei allerdings zu differenzieren: Bei Einbringung von Auslandsvermögen, das auch nach der Einbringung abkommensrechtlich in Österreich freizustellen ist (**kein Entstehen eines österreichischen Besteuerungsrechts**), kommt der Einbringungsbilanz insoweit „**keine Bedeutung zu**"; aufgrund des Eintritts dieses Vermögens in die Verlusthängigkeit nach § 2 Abs 8 EStG ist jedoch eine „vollständige, dem inländischen Einkommensteuerrecht entsprechende Vermögensdarstellung" zu erstellen (UmgrStR Rz 838). Bei Entstehen eines Besteuerungsrechts Österreichs ist die Einbringungsbilanz von Bedeutung, in ihr ist das Einbringungsvermögen generell „mit den gemeinen Werten anzusetzen" (UmgrStR Rz 838, letzter Absatz).

> **Stellungnahme.** UmgrStR Rz 838 liegt derselbe Begriff des Entstehens des Besteuerungsrechts wie der Aufwertungsregelung in § 18 Abs 1 Z 3 zugrunde (Eintritt des Einbringungsvermögens in die volle Steuerhängigkeit auf Ebene der übernehmenden Körperschaft; zB Einbringung einer ausländischen Betriebsstätte in einem Land mit DBA-Anrechnungsmethode in eine inländische Körperschaft; s § 18 Rz 26). Dass der Einbringungsbilanz ohne Eintritt dieser Steuerhängigkeit keine Bedeutung zukommt, ist insoweit unzutreffend, als die Bewertung der Gegenleistungsanteile nach § 20 Abs 2 grundsätzlich an den Einbringungswert nach §§ 16 iVm 15 anknüpft. Auch der generelle Ansatz der gemeinen Werte in der Einbringungsbilanz bei Eintritt in die Steuerhängigkeit lt UmgrStR Rz 838 widerspricht der Gesetzessystematik, wonach in der Einbringungsbilanz die für den Einbringenden maßgebenden Werte nach § 16 (und nicht die für die übernehmende Körperschaft maßgebenden Werte nach § 18) anzusetzen sind. Vor diesem Hintergrund ist UmgrStR Rz 838 kritisch zu sehen und wird zutreffenderweise bei Einbringung von Auslandsvermögen stets eine Einbringungsbilanz mit den nach § 16 maßgebenden Werten, im Falle der Buchwerteinbringung somit mit fiktiven, dem öEStG entsprechenden Buchwerten, zu erstellen sein (s a § 18 Rz 26). Die Erstellung einer Stichtagsbilanz nach § 12 Abs 2 Z 1 für den ausländischen Betrieb des Einbringenden ist allerdings nicht erforderlich (s § 12 Rz 103).

Des Weiteren ist seit AbgÄG 1998 (BGBl I 1999/28) eine Einbringungsbilanz für **8** „**zu einem Betriebsvermögen gehörende Kapitalanteile**" erforderlich. Laut Gesetzesmaterialien (ErlRV 1471 BlgNR 20. GP, zu § 15 UmgrStG) sind „betrieblich gehaltene Kapitalanteile" erfasst, es soll „im Hinblick auf das mögliche Erfordernis der Darstellung eines vom letzten Jahresabschluß abweichenden Zwischenstichtagsbuchwertes (§ 14 Abs. 1 dritter Satz UmgrStG) und die Möglichkeit des Einbeziehens von anschaffungsveranlaßten Verbindlichkeiten (§ 12 Abs. 2 Z 3 UmgrStG) die Darstellung des steuerlichen Einbringungskapitals in Bilanzform erfolgen". Trotz des diesbezüglich nicht eindeutigen Gesetzeswortlautes werden aus systematischen Gründen ausschließlich betriebszugehörige Kapitalanteile außerhalb des Anwendungsbereiches des § 17 (dh bei beschränkt steuerpflichtigen Einbringenden nur einem inländischen Betriebsvermögen zugehörige Kapitalanteile) erfasst sein (s § 16 Rz 1, § 17 Rz 1). Bei allfälliger Mitübertragung von anschaffungsbedingtem Fremdkapital nach § 12 Abs 2 Z 3 S 2 ist dieses als negatives Wirtschaftsgut in die Einbringungsbilanz aufzunehmen (UmgrStR Rz 841).

Für die Einbringung von Kapitalanteilen aus dem **Privatvermögen** oder dem (auch **9** isolationstheoretisch) **außerbetrieblichen Bereich** (somit Kapitalanteile iSd § 17, s § 17 Rz 1) ist die Aufstellung einer Einbringungsbilanz nicht erforderlich (UmgrStR Rz 838; *Wiesner/Schwarzinger*, UmS 215/10/15, SWK 2015, 495). In diesen Fällen sind der Gegenstand der Einbringung sowie die allfällige Mitübertragung von anschaffungsbedingten Fremdkapital, ein allfälliger Ausschüttungsvorbehalt und die sich ergebende Gegenleistung im Einbringungsvertrag zu beschreiben, die steuerlich maßgebenden Anschaffungskosten sowie allenfalls der Verkehrswert sind lediglich vom Einbringenden evident zu halten (UmgrStR Rz 838; *Huber* in *W/Z/H/K*[5] § 15 Rz 10).

III. Maßgebliche Gewinnermittlungsart und unternehmensbilanzielle Aspekte

11 Das Gesetz enthält keinen expliziten Hinweis auf die für die Einbringungsbilanz maßgebliche Gewinnermittlungsart (Gewinnermittlung nach § 4 Abs 1 oder § 5 Abs 1). Laut Rsp u Literatur bildet die Stichtagsbilanz nach § 12 Abs 2 Z 1 oder 2 die „Grundlage" für die Einbringungsbilanz bzw ist die Einbringungsbilanz von dieser „abzuleiten" (VwGH 26.2.2015, 2014/15/0041, Anm *Kofler*, GES 2015, 246, Anm *Mechtler*, ecolex 2015/205, 505; VwGH 21.4.2016, 2013/15/0289, Anm *Wiesner*, RWZ 2016/52, 224, Anm *Zorn*, RdW 2016/332, 431; *Rabel* in *W/H/M*, HdU[1] § 12 Rz 76, § 15 Rz 7; *Huber* in *W/Z/H/K*[5] § 15 Rz 6), womit die **für die Stichtagsbilanz maßgebliche Gewinnermittlungsart** auch auf die Einbringungsbilanz anzuwenden ist. Die Einbringungsbilanz ist somit allgemein nach § 4 Abs 1 EStG, bei rechnungslegungspflichtigen Gewerbetreibenden nach § 5 Abs 1 EStG zu erstellen (aA *Beiser*, ÖStZ 2012, 570, wonach die Einbringungsbilanz stets nach § 5 Abs 1 EStG zu erstellen ist).

12 Das **unternehmensrechtliche Pendant** zur Einbringungsbilanz kann in der **Geschäftseröffnungsbilanz nach § 193 Abs 1 UGB** gesehen werden, die auf den Zeitpunkt der Eintragung der Gesellschaft aufzustellen und Grundlage der Eintragung der Einbringung im Firmenbuch gem § 2 FBG ist (*Hügel*, Umgründungsbilanzen Rz 4.7; UmgrStR Rz 837). Eine Geschäftseröffnungsbilanz ist nur bei Sachgründungen, nicht bei Sachkapitalerhöhungen oder Einbringungen ohne Gegenleistung nach § 19 Abs 2 Z 5 erforderlich; in letzteren Fällen ist die Einbringung als „laufendes Geschäft" in den Handelsbilanzen der beteiligten Rechtsträger zu dokumentieren, wobei diese Bilanzen bei der Anmeldung des Einbringungsvorganges (zB nach § 3 Z 15 FBG) noch nicht vorliegen müssen (OGH 1.10.2008, 6 Ob 132/08t; *Hügel*, Umgründungsbilanzen Rz 4.7). Im Falle einer Sachgründung einer AG ist die Eröffnungsbilanz zu veröffentlichen (§ 33 Abs 3 AktG), erfolgt die Sachgründung durch Einbringung eines Unternehmens, kann die Eröffnungsbilanz nach § 33 Abs 3 S 3 AktG auf einen maximal neun Monate vor der Errichtung liegenden Stichtag rückbezogen werden (*Hügel*, Umgründungsbilanzen Rz 4.7). Die Geschäftseröffnungsbilanz ist nach den Grundsätzen der ordnungsgemäßen Buchführung aufzustellen und unterliegt den Regeln über die Jahresbilanz (OGH 16.5.2001, 6 Ob 40/01b). Sie ist daher vom Geschäftsführer der übernehmenden GmbH aufzustellen (zu unterfertigen) und von der Generalversammlung zu genehmigen (bei einer übernehmenden AG ist für die Feststellung der Aufsichtsrat, ausnahmsweise die Hauptversammlung zuständig). Berichtigungen oder Änderungen vor der Feststellung (Genehmigung) sind uneingeschränkt, danach nur eingeschränkt möglich; jedenfalls ist aber eine Befassung der zuständigen Organe erforderlich, bloß einseitige Erklärungen von Organen des Rechtsträgers über zB die Unrichtigkeit der Geschäftseröffnungsbilanz wären bloße Wissenserklärungen, die ua nicht in die Urkundensammlung beim FB-Gericht aufzunehmen sind (*Jennewein*, UFSaktuell 2009/7, 201; OGH 1.10.2008, 6 Ob 132/08t).

In der Literatur wird es für möglich gehalten, dass in Fällen einer unternehmensrechtlichen Geschäftseröffnungsbilanz nach § 193 UGB **an Stelle einer Einbringungsbilanz** nach § 15 etwaige Abweichungen zwischen den steuerrechtlichen und den unternehmensrechtlichen Bilanzansätzen im Einbringungsvertrag dargelegt werden (*Huber* in W/Z/H/K[5] § 15 Rz 13). **13**

> **Stellungnahme.** Diese Vorgehensweise wird aus umgründungssteuerrechtlicher Sicht als Fall eines Verzichtes auf die Erstellung einer Einbringungsbilanz und einer alternativen Beschreibung der relevanten Umstände und Steuerwerte im Einbringungsvertrag nach § 15 S 3 zu sehen sein. Bei dieser Vorgehensweise wird es daher zur Sicherstellung einer vollständigen Beschreibung des Einbringungsvermögens iRd Einbringungsvertrages erforderlich sein, dass die Geschäftseröffnungsbilanz zum Vertragsbestandteil gemacht wird.

Lt UmgrStR stellt die Einbringungsbilanz zwar das „Verbindungsglied zwischen der unternehmens- oder steuerrechtlichen Vermögensdarstellung zum Einbringungsstichtag [...] und dem für die übernehmende Körperschaft steuerlich zu übernehmenden Vermögen dar" (UmgrStR Rz 840). Die übernehmende Körperschaft ist an die Bilanzansätze lt Einbringungsbilanz jedoch lediglich in steuerlicher Hinsicht gebunden (nach Maßgabe des § 18; UmgrStR Rz 840; s Rz 17), hinsichtlich der **unternehmensrechtlichen Bilanzierung** besteht **keine Bindung** an die Vorgehensweise des Einbringenden oder die Gestaltung der Einbringungsbilanz (*Huber* in W/Z/H/K[5] § 15 Rz 15; s auch § 16 Rz 14). **14**

IV. Zweck und Inhalt der Einbringungsbilanz

Nach dem Wortlaut des § 15 kommt der Einbringungsbilanz eine dreifache Aufgabenstellung zu: (i) Darstellung des einzubringenden Vermögens (dh Abgrenzung dem Grunde nach), (ii) nach Maßgabe des § 16 (dh Bewertung des Vermögens der Höhe nach) und (iii) Darstellung des Einbringungskapitals (dh Ermittlung der Saldogröße aus Aktiva und Passiva). Auf Grund von Verweisen auf die Einbringungsbilanz in diversen weiteren Bestimmungen des Art III sind der Einbringungsbilanz die nachstehenden Funktionen zuzuschreiben (vgl UmgrStR Rz 841 ff): **16**

Darstellung des einzubringenden Vermögens und der Buchwerte nach § 16 Abs 1 S 1. Im Regelfall der Einbringung von Betrieben und Teilbetrieben enthält die Einbringungsbilanz die Buchwerte des im Jahres- oder Zwischenabschluss nach § 12 Abs 2 zum Einbringungsstichtag ausgewiesenen eingebrachten Vermögens; Abweichungen von diesen Buchwerten auf Grund von Aufwertungen nach § 16 Abs 1 S 1 u 4, 2, 3 und 6 oder rückwirkenden Maßnahmen nach § 16 Abs 5 sind möglich. Bei Einbringungen durch eine Mitunternehmerschaft umfasst sie auch das Einbringungsvermögen betreffende Ergänzungsbuchwerte der Mitunternehmer (insb aus Anteilserwerben) und das mitzuübertragende Sonderbetriebsvermögen (idS *Rabel* in W/H/M, HdU[1] § 12 Rz 96, § 15 Rz 15). Einschränkend ist anzumerken, dass die Einbringungsbilanz lediglich die zum Einbringungsstichtag bilanzierungsfähigen Wirtschaftsgüter enthält und daher das zu übertragende **17**

Vermögen nicht vollständig und insoweit für die übernehmende Körperschaft bilanziell auch nicht verbindlich darstellt. Zu übertragende nicht bilanzierungsfähiger Wirtschaftsgüter (zB selbsterstellte unkörperliche Wirtschaftsgüter, abgeschriebener Wirtschaftsgüter und geringwertige Wirtschaftsgüter) sind nur im Einbringungsvertrag entsprechend darstellbar. Eine Darstellung dieser nicht bilanzierungsfähigen Wirtschaftsgüter im Einbringungsvertrag wird insoweit unterbleiben können, als sie durch eine Zweifelsregelung (s oben Rz 4) als mitübertragen gelten (zutreffend insb für notwendiges Betriebsvermögen des übertragenen Betriebes oder Teilbetriebes; vgl UmgrStR Rz 843). Eine Bindung der übernehmenden Körperschaft an die Bilanzansätze lt Einbringungsbilanz ist auch dann gegeben, wenn es in der Folge bei der übernehmenden Körperschaft zu einem Wechsel zur Gewinnermittlung nach § 5 Abs 1 EStG kommt (UmgrStR Rz 842). Keine Bindung besteht aber insb bei einer Aufwertung nach § 16 Abs 1 S 4 (s Rz 21 u § 16 Rz 45) aufgrund der Spezialnorm des § 18 Abs 1 Z 1 S 2 (s § 18 Rz 21).

18 Bei der Einbringung von **Teilbetrieben** kommt der Einbringungsbilanz besondere Bedeutung hinsichtlich der Definition des Umfangs des eingebrachten Teilbetriebes und damit der Abgrenzung vom nicht eingebrachten Vermögen zu. Lt UmgrStR sind aus der Gesamtbetriebsbilanz abgeleitete Teilbetriebsbilanzen zu erstellen, in denen die Zuordnung von Aktiva und Passiva nach den Grundsätzen des notwendigen Betriebsvermögens zu erfolgen hat (vorbehaltlich rückwirkender Maßnahmen nach § 16 Abs 5). Dabei ist in mehreren Teilbetrieben genutztes Anlagevermögen einheitlich nach dem Überwiegenheitsgrundsatz zuzuordnen, Fremdkapital nach Zugehörigkeit zu den Teilungsmassen aufzuteilen (zB Lieferantenschulden, Anschaffungskredite, Drohverlust- und Gewährleistungsrückstellungen), Personalverbindlichkeiten sind nach Maßgabe der in den Teilbetrieben tätigen Arbeitnehmern zuzuordnen (UmgrStR Rz 1575, 1663). Neutrales Betriebsvermögen (Aktiva und Fremdkapital) kann dispositiv entweder dem einzubringenden Teilbetrieb oder dem zurückbleibenden Restbetrieb zugeordnet werden (kein Fall einer rückwirkenden Maßnahme nach § 16 Abs 5; UmgrStR Rz 841, 1575, 1663). Am Einbringungsstichtag bestehende **zwischenbetriebliche Verrechnungsposten** (zB Leistungsverrechnungen, Vorfinanzierungen) haben aufgrund des betriebsbezogenen Gewinnermittlung bereits Wirtschaftsgutcharakter, auch wenn sie bisher in der Bilanz nicht gesondert ausgewiesen wurden; anlässlich der Einbringung können sie aufgedeckt werden und sind den Teilungsmassen nach ihrer objektiven Zugehörigkeit als Aktiv- oder Passivposten zuzuordnen (*Huber* in W/H/M[10] § 32 Rz 62). Davon zu unterscheiden ist die Aufdeckung **innerbetrieblicher Leistungsbeziehungen** zwischen den Teilungsmassen und der Ansatz entsprechender Verrechnungsforderungen und -verbindlichkeiten in den Übertragungsbilanzen, die als Unterart einer Korrekturmaßnahme nach § 16 Abs 5 Z 4 betrachtet wird (siehe § 16 Rz 162a). Wird im Falle der Einbringung durch eine Mitunternehmerschaft neben dem (Gesamthand)Vermögen auch Sonderbetriebsvermögen einzelner Gesellschafter eingebracht, wird hierfür die Erstellung einer Einbringungs-Ergänzungsbilanz als zweckmäßig erachtet (*Huber* in W/Z/H/K[5] § 15 Rz 8).

19 Die Darstellung eines einzubringenden **Mitunternehmeranteiles** erfolgt in der Einbringungsbilanz im Grundsatz abgeleitet aus den Kapitalkonten lt Gesamtsteuerbilanz der Mitunternehmerschaft zum Einbringungsstichtag. Bei der Einbringung eines Teiles eines Mitunternehmeranteiles sind der einzubringenden Quote alle Teile des Mitunternehmeranteiles quotal zuzuordnen (vorbehaltlich rückwirkender Maßnahmen nach § 16 Abs 5; UmgrStR Rz 841). Auf der Aktivseite der Einbringungsbilanz ist zunächst die einzubringende Beteiligung an der Mitunternehmerschaft auszuweisen; diese entspricht nach der Spiegelbildtheorie dem steuerlichen Kapitalkonto des betreffenden Mitunternehmers in der Mitunternehmerschaft unter Ausklammerung des einzubringenden Sonderbetriebsvermögens, das idR gesondert in der Einbringungsbilanz angesetzt wird; allfällige Ergänzungsbuchwerte aus Anteilserwerben sind hingegen einzubeziehen, eine Erfassung in einer gesonderten Einbringungs-Ergänzungsbilanz ist zulässig (*Rabel* in W/H/M, HdU[1] § 15 Rz 15 f; *Hügel* in H/M/H § 15 Rz 12; *Huber* in W/Z/H/K[5] § 15 Rz 9).

Bei der Einbringung von **Kapitalanteilen** enthält die Einbringungsbilanz den steu- 20
erlich maßgeblichen Wert zum Einbringungsstichtag, der sich durch Wertunterschiede vom letzten Jahresabschluss des Einbringenden unterscheiden kann (zB Vornahme von Teilwertabschreibungen), des Weiteren Einlagenverbindlichkeiten nach § 12 Abs 2 Z 3 S 3 und bei Ausübung des Wahlrechts anteilsbezogene Anschaffungsverbindlichkeiten nach § 12 Abs 2 Z 3 S 2 (UmgrStR Rz 841; *Huber* in W/Z/H/K[5] § 15 Rz 10). Bei Einbringung teilwertberichtigter Kapitalanteile nach § 12 Abs 3 Z 3 KStG ist der um die volle Abschreibung geminderte Buchwert maßgebend (*Wiesner/Schwarzinger*, UmS 181/32/11, SWK 2011, S 1023).

Darstellung der Steuerwerte bei Aufwertungseinbringung nach § 16 Abs 2 Z 2, 3 21
und 6. In der Einbringungsbilanz erfolgt infolge des expliziten Verweises auf § 16 der Ansatz der Fremdvergleichswerte bei einer Aufwertung nach § 16 Abs 1 S 2 u 4 oder der gemeinen Werte bei einer Aufwertung nach § 16 Abs 2 Z 2 oder der Nutzung der Aufwertungsoptionen nach § 16 Abs 3 und 6 (UmgrStR Rz 841).

Darstellung der rückwirkenden Maßnahmen nach § 16 Abs 5. Rückbezogene 22
Vermögensänderungen nach § 16 Abs 5 sind in der Einbringungsbilanz zu Steuerwerten in folgender Weise zu berücksichtigen: Aktivpost für rückbezogene Einlagen nach § 16 Abs 5 Z 1; Passivpost für rückbezogene Entnahmen nach § 16 Abs 5 Z 1 und 2; Zurückbehaltung von Wirtschaftsgütern des Anlagevermögens und Verbindlichkeiten durch Nichtaufnahme nach § 16 Abs 5 Z 3; Zurückbehaltung oder Zuführung von aktiven oder passiven Wirtschaftsgütern durch Nichtaufnahme bzw Aufnahme nach § 16 Abs 5 Z 4; Zuordnung von Gewinnausschüttungen, Einlagen und Einlagenrückzahlungen einbringender Körperschaften zum eingebrachten Vermögen durch Ansatz von Aktiv- oder Passivposten nach § 16 Abs 5 Z 5 (vgl *Huber* in W/Z/H/K[5] § 15 Rz 6). Als Unterart einer Maßnahme nach § 16 Abs 5 Z 4 wird ferner die Aufdeckung innerbetrieblicher Leistungsbeziehungen zwischen den Teilungsmassen und der Ansatz entsprechender Verrechnungsforderungen und -verbindlichkeiten in den Übertragungsbilanzen betrachtet (siehe § 16 Rz 162a).

Darstellung des Einbringungskapitals. Als Saldogröße aus den eingebrachten 23
Aktiva und Passiva legt das Einbringungskapital nochmals (verprobend) die Steuerwerte der einzelnen Wirtschaftsgüter fest. Insoweit ist es auch von Bedeutung für den von der übernehmenden Körperschaft nach § 18 Abs 1 Z 1 anzusetzenden Wert. Insb dient es aber der Fixierung des steuerlich maßgeblichen Wertes für die Gegenleistungsanteile oder im Fall des Unterbleibens einer Gewährung von Anteilen des Betrages der Zuschreibung oder Abschreibung zu bzw von den Anschaf-

fungskosten der Anteile an der übernehmenden Körperschaft beim Einbringenden (UmgrStR Rz 845; *Huber* in *W/Z/H/K*[5] § 15 Rz 12).

V. Vorlage- und Fristerfordernisse

26 Die Einbringungsbilanz ist nach § 15 S 2 „dem für die übernehmende Körperschaft zuständigen Finanzamt vorzulegen". Lt Gesetzesmaterialien bezweckt die Regelung, dass „im Interesse des steuerlichen Geheimnisschutzes die Vorlage der Einbringungsbilanz stets an das Finanzamt der übernehmenden Körperschaft erfolgen [soll], was dann von Bedeutung ist, wenn die Einbringung beim Firmenbuch anzumelden ist" (ErlRV 1187 BlgNR 22. GP, zu § 15 UmgrStG). Das Gesetz enthält keine Aussage, bis wann die Erstellung der Einbringungsbilanz oder die Vorlage beim Finanzamt zu erfolgen hat. Die FV dürfte von der Verpflichtung zur **Erstellung** innerhalb der **Neunmonatsfrist ab Einbringungsstichtag bzw Ersatzstichtag** (§ 13 Abs 1 S 3 und 4) ausgehen (UmgrStR Rz 838, 1. Gliederungspunkt, S 5). Hinsichtlich der **Vorlageverpflichtung** differenzieren die UmgrStR wie folgt: In Fällen der **Finanzamtszuständigkeit** für die Meldung der Einbringung nach § 13 Abs 1 S 2 wird die Einbringungsbilanz als Bestandteil der Finanzamts-Meldung gesehen, die innerhalb der **Neunmonatsfrist** ab den Einbringungsstichtag zu erfolgen hat. Bei Fehlen der Einbringungsbilanz ist eine Aufforderung des Finanzamts mit einer Nachfrist von zwei Wochen vorgesehen. Wird in weiterer Folge die Einbringungsbilanz trotz Aufforderung dem Finanzamt nicht innerhalb der Nachfrist vorgelegt, kommt die Ersatzstichtagsregelung zur Anwendung und kann in weiterer Folge eine **Anwendungsverletzung** des Art III vorliegen (UmgrStR Rz 791, 793, 799; *Huber* in *W/Z/H/K*[5] § 15 Rz 3 mwN). In Fällen der **Firmenbuchzuständigkeit** für die Anmeldung der Einbringung nach § 13 Abs 1 S 2 ist die Einbringungsbilanz dem Finanzamt für die übernehmende Körperschaft iRd Anzeige nach § 43 Abs 1 innerhalb der Neunmonatsfrist vorzulegen (UmgrStR Rz 838). Da der Anzeigeverpflichtung nach § 43 (im Unterschied zur [An]Meldeverpflichtung nach § 13) lediglich deklaratorische Bedeutung zukommt, stellt eine Verletzung der Anzeigepflicht nach § 43 **keine Verletzung einer Anwendungsvoraussetzung** des Art III dar.

Stellungnahme. Die Unterscheidung in den Sanktionen lt UmgrStR erscheint gesetzlich nicht gedeckt und unsystematisch. Das Gesetz regelt die Vorlage der Einbringungsbilanz in § 15 getrennt von und ohne jeglichen Verweis auf die Meldeerfordernisse in § 13 und die Anzeigeverpflichtung nach § 43 Abs 1, damit erfolgt offensichtlich eine Entkoppelung sowohl von der (An)Meldung der Einbringung nach § 13 als auch von der Anzeige nach § 43 Abs 1. Daraus folgt für Fälle der Finanzamts-Zuständigkeit nach § 13 Abs 1 S 3: Weder die Neunmonatsfrist nach § 13 noch die Beurteilung der Finanzamtsmeldung als Anwendungsvoraussetzung sind für die Vorlageverpflichtung nach § 15 maßgeblich; die Sonderregelung in § 15 legt vielmehr den Schluss nahe, dass die Einbringungsbilanz eben kein Teil der Finanzamtsmeldung nach § 13 ist (glA *Mechtler/Pinetz*, ecolex 2014, 648, mVa den ansonsten fehlenden Anwendungsbereich der Vorlageverpflichtung nach § 15 S 2) und auch nach Ablauf der Neunmonatsfrist nach § 13 erstellt bzw vorgelegt werden kann (*Sulz/Oberkleiner* in FS Tanzer 209 [217 f]). Alternativ könnte die Vorlage binnen Neunmonatsfrist nach § 43 Abs 1 geboten sein (Vorrang- bzw Spezialitätsverhältnis zwischen §§ 15 und 43 unklar, gegebenenfalls parallele Anwendbarkeit), eine Verletzung dieser Anzeigepflicht stellt jedoch kein Anwendungshindernis für Art III dar. In Fällen der Firmenbuchzuständigkeit nach § 13 Abs 1 S 2 gilt selbiges: Gegebenenfalls hat die Vorlage nach § 15 S 2 iRd Anzeige nach § 43 binnen der Neunmonatsfrist zu erfolgen, eine Verletzung stellt jedoch kein Anwendungshindernis für Art III dar.

VI. Berichtigung einer fehlerhaften Einbringungsbilanz

Dem **Einbringungsvertrag** kommt iRd Auslegung **Priorität gegenüber der Einbringungsbilanz** zu (UmgrStR Rz 846, 885; *Huber* in W/Z/H/K[5] § 16 Rz 16; *Wiesner/ Schwarzinger*, UmS 174/20/21/11, SWK 2011, S 765; *Wiesner/Schwarzinger*, UmS 164/06/06, SWK 2006, S 540). Spiegelt die Einbringungsbilanz die Vereinbarungen des Einbringungsvertrages nicht wider, ist sie daher insoweit unrichtig und berichtigungspflichtig. Eine **Berichtigung** der Einbringungsbilanz ist diesfalls auch nach Einreichung beim Finanzamt möglich, die Zustimmung des Finanzamtes ist nicht erforderlich (UmgrStR Rz 846). Eine Berichtigung kann insb in folgenden Fällen erforderlich sein: In der Einbringungsbilanz scheinen Wirtschaftsgüter nicht auf, obwohl deren Mitübertragung nach dem Einbringungsvertrag gewollt war und diese auch tatsächlich auf die übernehmende Körperschaft übertragen werden; in der Einbringungsbilanz scheinen Wirtschaftsgüter auf, die nach dem Vertragsinhalt nicht mitübertragen werden sollten; in der Einbringungsbilanz sind irrtümlicherweise rückbezogene Entnahmen nicht oder in unrichtiger Höhe erfasst (*Huber* in W/Z/H/K[5] § 16 Rz 16; *Wiesner/Schwarzinger*, UmS 174/20/21/11, SWK 2011, S 765). Erfolgte die Einbringung gegen Anteilsgewährung und wurde die fehlerhafte Einbringungsbilanz der Ermittlung des Umtauschverhältnisses zugrunde gelegt, kommt aus steuerlicher Sicht eine Korrektur der (fehlerhaften) Kapitalerhöhung durch die nachträgliche Vereinbarung einer alinearen Ausschüttung in Betracht; bei Verzicht auf eine Anteilsgewährung nach § 19 Abs 2 Z 5 sind lediglich die Steuerwerte für die Gegenleistung zu korrigieren (*Wiesner/Schwarzinger*, UmS 164/06/06, SWK 2006, S 540). 29

Zu den Folgen von abgabenbehördlichen Berichtigungen des der Einbringung zu Grunde liegenden Jahres- oder Zwischenabschlusses s § 12 Rz 107; diesbezüglich besteht keine Berichtigungspflicht seitens des Einbringenden, zB hinsichtlich der Einbringungsbilanz oder des Wertansatzes für Gegenleistungsanteile (UmgrStR Rz 846 mVa 1268 ff). 30

Bewertung von Betriebsvermögen

§ 16. (1) [1]Der Einbringende hat das in § 15 genannte Vermögen in der Einbringungsbilanz (oder im Einbringungsvertrag) und einzubringende Kapitalanteile im Einbringungsvertrag mit den in § 14 Abs. 1 genannten Werten anzusetzen (Buchwerteinbringung). [2]Soweit im Rahmen der Einbringung in eine inländische oder ausländische Körperschaft das Besteuerungsrecht der Republik Österreich eingeschränkt wird, sind die nach § 6 Z 6 lit. a des Einkommensteuergesetzes 1988 maßgebenden Werte anzusetzen, wobei § 6 Z 6 lit. c bis e des Einkommensteuergesetzes 1988 sinngemäß anzuwenden sind. [3]Dabei sind offene Raten auch dann fällig zu stellen, wenn in weiterer Folge die Gegenleistung durch den Einbringenden veräußert wird oder auf sonstige Art ausscheidet. [4]Bei teilweiser Einschränkung des Besteuerungsrechtes der Republik Österreich ist auf den nach dem zweiten Satz ermittelten Gewinn der besondere Steuersatz gemäß § 27a Abs. 1 Z 2 des Einkommensteuergesetzes 1988 anzuwenden. [5]Dabei sind offene Raten nur dann fällig zu stellen, wenn in weiterer Folge die Gegenleistung durch den Einbringenden veräußert wird oder auf sonstige Art ausscheidet.

(1a) Abweichend von Abs. 1 gilt bei Einbringung von Kapitalanteilen im Sinne des § 12 Abs. 2 Z 3 durch eine unbeschränkt steuerpflichtige Kapitalgesellschaft oder Erwerbs- und Wirtschaftsgenossenschaft in eine in der Anlage genannte Gesellschaft eines Mitgliedstaates der Europäischen Union, wenn dem Einbringenden eine Gegenleistung gewährt wird, Folgendes:

- Abs. 1 erster Satz ist anzuwenden.
- [1]Entsteht durch die Einbringung eine internationale Schachtelbeteiligung im Sinne des § 10 Abs. 2 des Körperschaftsteuergesetzes 1988 oder wird ihr Ausmaß durch neue Anteile oder durch Zurechnung zur bestehenden Beteiligung verändert, entsteht eine Steuerschuld hinsichtlich des Unterschiedsbetrages zwischen dem Buchwert und dem nach § 6 Z 14 des Einkommensteuergesetzes 1988 maßgebenden Wert zum Einbringungsstichtag, wenn die Kapitalanteile von der übernehmenden Gesellschaft in weiterer Folge veräußert werden oder sonst aus dem Betriebsvermögen ausscheiden. [2]Dies gilt nicht, soweit die Anteile an der übernehmenden Körperschaft vor dem Entstehen der Abgabenschuld entgeltlich übertragen werden.
- Zwischen dem Einbringungsstichtag und der Veräußerung (Ausscheiden) eingetretene Wertminderungen sind höchstens im Ausmaß des Unterschiedsbetrages zu berücksichtigen.

(2) Ist beim Einbringenden das Besteuerungsrecht der Republik Österreich hinsichtlich der Gegenleistung (§ 19) eingeschränkt, gilt Folgendes:

1. Wird das Besteuerungsrecht im Verhältnis zu anderen Mitgliedstaaten der Europäischen Union oder zu anderen Mitgliedstaaten des Europäischen Wirtschaftsraumes, mit denen eine umfassende Amts- und Vollstreckungshilfe mit der Republik Österreich besteht, eingeschränkt, sind die Abs. 1, 1a und 3 anzuwenden.
2. Wird das Besteuerungsrecht im Verhältnis zu anderen als in Z 1 angeführten Staaten eingeschränkt, sind für das inländische und das ausländische Vermögen die nach § 6 Z 14 des Einkommensteuergesetzes 1988 maßgebenden Werte anzusetzen.

(3) Abweichend von Abs. 1 gilt bei der Einbringung von inländischem und ausländischem Vermögen folgendes:

1. Alle unter Abs. 2 Z 1 fallenden Personen können vorbehaltlich des Abs. 4 das inländische und das ausländische Vermögen mit dem nach § 6 Z 14 des Einkommensteuergesetzes 1988 maßgebenden Wert ansetzen, wenn die Einbringung im Ausland zur Gewinnverwirklichung führt und mit dem in Betracht kommenden ausländischen Staat ein Doppelbesteuerungsabkommen besteht, das dafür die Anrechnungsmethode vorsieht oder eine vergleichbare innerstaatliche Maßnahme zur Vermeidung der Doppelbesteuerung getroffen wurde.
2. Alle nicht unter Abs. 2 fallenden Personen können vorbehaltlich des Abs. 4 das ausländische Vermögen mit dem nach § 6 Z 14 des Einkommensteuergesetzes 1988 maßgebenden Wert ansetzen, wenn die Einbringung im Ausland zur Gewinnverwirklichung führt und mit dem in Betracht kommenden

ausländischen Staat ein Doppelbesteuerungsabkommen besteht, das dafür die Anrechnungsmethode vorsieht oder eine vergleichbare innerstaatliche Maßnahme zur Vermeidung der Doppelbesteuerung getroffen wurde.

3. ¹Zum ausländischen Vermögen zählen ausländische Betriebe, Teilbetriebe, Anteile an ausländischen Mitunternehmerschaften und Kapitalanteile im Sinne des § 12 Abs. 2 Z 3 an ausländischen Körperschaften, die mit einer inländischen Kapitalgesellschaft oder Erwerbs- und Wirtschaftsgenossenschaft vergleichbar sind. ²Inländisches Vermögen ist das übrige Vermögen im Sinne des § 12 Abs. 2.

(4) Bringt eine Gesellschaft, bei der die Gesellschafter als Mitunternehmer anzusehen sind, Vermögen ein, gilt folgendes:

1. Der jeweils nach Abs. 1 bis 3 in Betracht kommende Wertansatz ist für alle Mitunternehmer maßgebend.
2. ¹Fallen nicht sämtliche Mitunternehmer unter Abs. 1 oder unter Abs. 2 Z 2 ist abweichend von Z 1 für sämtliche Mitunternehmer Abs. 1 maßgebend. ²Unabhängig vom Wertansatz in der Einbringungsbilanz ist für die unter Abs. 2 Z 2 fallenden Mitunternehmer und für die im Falle der gemeinsamen Ausübung des Wahlrechtes unter Abs. 3 fallenden Mitunternehmer § 6 Z 14 des Einkommensteuergesetzes 1988 anzuwenden. ³Die übernehmende Körperschaft hat den Betrag, der sich als Unterschied zwischen dem Buchwertanteil und dem nach § 6 Z 14 des Einkommensteuergesetzes 1988 maßgebenden Wert ergibt, wie einen Firmenwert im Sinne des § 8 Abs. 3 des Einkommensteuergesetzes 1988 zu behandeln und ab dem dem Einbringungsstichtag folgenden Wirtschaftsjahr außerbilanzmäßig abzusetzen.

(5) Abweichend von § 14 Abs. 2 kann bei der Einbringung von Betrieben, Teilbetrieben oder Mitunternehmeranteilen das nach § 14 Abs. 1 anzusetzende Vermögen, sofern die Voraussetzungen des § 12 gewahrt bleiben, in folgender Weise verändert werden:

1. ¹Entnahmen und Einlagen, die in der Zeit zwischen dem Einbringungsstichtag und dem Tag des Abschlusses des Einbringungsvertrages getätigt werden, können an Stelle der Erfassung als Verrechnungsforderung oder -verbindlichkeit gegenüber der übernehmenden Körperschaft zurückbezogen werden. ²Diese Vorgänge gelten als mit Ablauf des Einbringungsstichtages getätigt, wenn sie in der Einbringungsbilanz durch den Ansatz einer Passivpost für Entnahmen oder einer Aktivpost für Einlagen berücksichtigt werden.
2. ¹Neben der in Z 1 genannten Passivpost kann eine weitere Passivpost für vorbehaltene Entnahmen in folgender Weise gebildet werden:
   – Auszugehen ist vom positiven Verkehrswert am Einbringungsstichtag (§ 12 Abs. 1).
   – Sämtliche Veränderungen auf Grund der Inanspruchnahme der Z 1, Z 3 und Z 4 und der nicht nach Z 1 rückbezogenen Entnahmen sind zu berücksichtigen, sofern diese Veränderungen insgesamt zu einer Verminderung des Verkehrswertes führen.
   – Der sich danach ergebende Betrag ist höchstens in Höhe von 50 % anzusetzen.

   ²Der sich ergebende Betrag gilt mit Ablauf des Einbringungsstichtages als entnommen.

3. ¹Bis zum Tag des Abschlusses des Einbringungsvertrages können vorhandene Wirtschaftsgüter des Anlagevermögens einschließlich mit ihnen unmittelbar zusammenhängendes Fremdkapital und vorhandene Verbindlichkeiten zurückbehalten werden. ²Ein unmittelbarer Zusammenhang zwischen Wirtschaftsgütern und Fremdkapital ist jedenfalls nicht mehr gegeben, wenn die Wirtschaftsgüter am Einbringungsstichtag bereits länger als sieben Wirtschaftjahre durchgehend dem Anlagevermögen zuzuordnen waren. ³Das Zurückbehalten gilt durch die Nichtaufnahme in die Einbringungsbilanz als eine mit Ablauf des Einbringungsstichtages getätigte Entnahme beziehungsweise Einlage, sofern der Vorgang nicht unter Z 4 fällt.
4. ¹Wirtschaftsgüter und mit diesen unmittelbar zusammenhängendes Fremdkapital können im verbleibenden Betrieb des Einbringenden zurückbehalten oder aus demselben zugeführt werden. ²Diese Vorgänge gelten durch die Nichtaufnahme bzw. Einbeziehung in die Einbringungsbilanz als mit Ablauf des Einbringungsstichtages getätigt. ³Einbringende unter § 7 Abs. 3 des Körperschaftsteuergesetzes 1988 fallende Körperschaften können Wirtschaftsgüter und mit ihnen unmittelbar zusammenhängendes Fremdkapital auch dann zurückbehalten, wenn ein Betrieb nicht verbleibt. ⁴Ein unmittelbarer Zusammenhang ist jedenfalls nicht mehr gegeben, wenn die Wirtschaftsgüter am Einbringungsstichtag bereits länger als sieben Wirtschaftjahre durchgehend dem Betrieb zuzuordnen waren.
5. Gewinnausschüttungen einbringender Körperschaften, Einlagen im Sinne des § 8 Abs. 1 des Körperschaftsteuergesetzes 1988 und die Einlagenrückzahlung im Sinne des § 4 Abs. 12 des Einkommensteuergesetzes 1988 in dem in Z 1 genannten Zeitraum können auf das einzubringende Vermögen bezogen werden.

(6) ¹Abweichend von § 14 Abs. 1 kann bei der Einbringung von Vermögen im Sinne des § 12 Abs. 2 Z 1 und 2 der zum Betriebsvermögen gehörende Grund und Boden mit den nach § 6 Z 14 EStG des Einkommensteuergesetzes 1988 maßgebenden Werten angesetzt werden, wenn im Falle einer Veräußerung am Einbringungsstichtag § 30 Abs. 4 des Einkommensteuergesetzes 1988 auf den Grund und Boden ganz oder eingeschränkt anwendbar wäre. ²Dies ist im Einbringungsvertrag festzuhalten.

[idF BGBl I 2016/117]

Rechtsentwicklung

BGBl 1991/699 (UmgrStG; RV 266 AB 354 BlgNR 18. GP) (Stammfassung); BGBl 1993/818 (StRefG 1993; RV 1237 AB 1301 BlgNR 18. GP) (Neufassung des § 16 Abs 2, Abs 3 und Abs 5, für Stichtage nach dem 30.12.1993); BGBl 1994/680 (AbgÄG 1994; RV 1624 AB 1826 BlgNR 18. GP) (Änderung des § 16 Abs 5 Z 3); BGBl 1994/681 (EU-AnpG; RV 1701 AB 1816 BlgNR 18. GP) (Neufassung des § 16 Abs 2 und Abs 3, Änderung des § 16 Abs 4 Z 2, für Umgründungen, bei denen die zugrunde liegenden Beschlüsse oder Verträge nach dem 1.1.1995 zustande gekommen sind; siehe auch BGBl 1995/50); BGBl 1995/21 (RV 26 AB 53 BlgNR 19. GP) (Änderung § 16 Abs 3 Z 3); BGBl 1996/201 (StruktAnpG 1996; RV 72 AB 95 BlgNR 20. GP) (Neufassung des § 16 Abs 5 Z 5, für

Stichtage nach dem 31.12.1995); BGBl 1996/797 (AbgÄG 1996; RV 497 AB 552 BlgNR 20. GP) (Neufassung des § 16 Abs 5 Z 3, für Stichtage nach dem 31.12.1996); BGBl I 2003 71 (BudBG 2003; RV 59 AB 111 BlgNR 22. GP) (Neufassung des § 16 Abs 5 Z 2 und Z 4); BGBl I 2004/180 (AbgÄG 2004; RV 686 AB 734 BlgNR 22. GP) (Neufassung des § 16 Abs 2 Z 1, für Stichtage nach dem 7.10.2004); BGBl I 2005/161 (AbgÄG 2005; RV 1187 AB 1213 BlgNR 22. GP) (Ergänzung des § 16 Abs 1, Änderung des § 16 Abs 2 und Anfügung des § 16 Abs 2 Z 1 S 3, Neufassung des § 16 Abs 5 Z 2, Änderung des § 16 Abs 5 Z 3 S 1, Neufassung des § 16 Abs 5 Z 4, für Umgründungen, bei denen die Beschlüsse oder Verträge nach dem 31.1.2006 bei dem zuständigen Firmenbuchgericht zur Eintragung angemeldet oder bei dem zuständigen Finanzamt gemeldet werden); BGBl I 2007/24 (BudBG 2007; RV 43 AB 67 BlgNR 23. GP) (Neufassung des § 16 Abs 1, Änderung des § 16 Abs 2 Z 1 S 2, Änderung des § 16 Abs 5 Z 2); BGBl I 2010/34 (AbgÄG 2010; RV 662 AB 741 BlgNR 24. GP) (Neufassung des § 16 Abs 1 S 2, Neufassung des § 16 Abs 2 S 1, Änderung des § 16 Abs 2 Z 1, Ergänzung des § 16 Abs 5 Z 2); BGBl I 2012/112 (AbgÄG 2012; RV 1960 AB 1977 BlgNR 24. GP) (Anfügung des § 16 Abs 6, für Umgründungen, denen ein Stichtag nach dem 31.3.2012 zugrunde liegt); BGBl I 2014/105 (2. AbgÄG 2014; RV 360 AB 432 BlgNR 25. GP) (Änderung u Ergänzung des § 16 Abs 6; letzter Satz erstmals auf Einbringungsverträge anzuwenden, die nach dem 31.12.2014 abgeschlossen werden); BGBl I 163/2015 (AbgÄG 2015; RV 896 AB 907 BlgNR 25. GP) (Änderung und Ergänzung des § 16 Abs 1 S 2, S 3 – 6, Anfügung des § 16 Abs 1a, Änderung des § 16 Abs 2 Z 1; erstmals auf Umgründungen anzuwenden, die nach dem 31.12.2015 beschlossen oder vertraglich unterfertigt werden); BGBl I 117/2016 (AbgÄG 2016; RV 1352 AB 1392 BlgNR 25. GP) (Ergänzung des § 16 Abs 1a S 1 erster Satz).

Literatur 2017

Bernwieser, Fragen zur Nichtfestsetzung im Zusammenhang mit Gegenleistungsanteilen – UmgrStR-Wartungserlass 2017, ÖStZ 2017/652, 437; *Reinold*, Die Wahlrechte für Grund und Boden iSd § 16 Abs 6 und § 18 Abs 5 UmgrStG bei Einbringung durch Mitunternehmerschaften, ÖStZ 2016/291, 204; *Schlager*, Highlights aus dem UmgrStR-Wartungserlass 2017, RWZ 2017/21, 99; *Titz/Wild*, Aktuelle Fragen zu grenzüberschreitenden Umgründungen im Lichte des UmgrStR-Wartungserlasses 2017, RdW 2017/263, 334.

Übersicht

I.	Geltungsbereich..	1–3
II.	Überblick über die Bewertungsregelungen...........................	6–8
III.	Grundsatz der Buchwertfortführung	11–14
IV.	Zwangsaufwertung bei Einbringung durch Drittland-Steuerausländer	
	A. Grundsatz...	16–20
	B. Zweck der Regelung..	23–25
	C. Besteuerungsfolgen...	27
V.	Aufwertungsoption bei Einbringung durch Steuerinländer und EU-/EWR-Steuerausländer	
	A. Zweck der Regelung..	31, 32
	B. Inhalt der Aufwertungsoption	36–39
VI.	Exporteinbringung nach § 16 Abs 1 S 2	
	A. Historische Entwicklung...	41, 42

B. Anwendungsbereich		43–45
C. Verhältnis des Abs 1 zu Abs 2		46, 47
D. Rechtsfolgen		49–53
VII. Exporteinbringung von Kapitalanteilen nach § 16 Abs 1a (Anteilstausch)		
A. Überblick		56, 57
B. Verhältnis zu § 16 Abs 2 Z 1		58, 59
C. Tatbestandsvoraussetzungen der Entstrickungsbesteuerung nach § 16 Abs 1a TS 2		61–63
D. Rechtsfolge		66–68
E. Europarechtskonformität		71–73
VIII. Einbringung durch Mitunternehmerschaft		
A. Grundsatz		76
B. Untergang der Mitunternehmerschaft		78–83
C. Fortbestand der Mitunternehmerschaft		86
IX. Rückwirkende Korrekturen des Einbringungsvermögens		
A. Grundlagen und Regelungszweck		91–95
B. Sachlicher Anwendungsbereich		97–101
C. Persönlicher Anwendungsbereich		103–110
D. Einlagen und Entnahmen nach § 16 Abs 5 Z 1		
1. Bar- und Sacheinlagen		
a) Begriff		111–113
b) Besonderheiten bei Sacheinlagen		114–117
c) Finanzierungszusammenhang		118
d) Abgrenzung zur Maßnahme nach Z 3		119
2. Bar- und Sachentnahmen		
a) Begriff		120–124
b) Finanzierungszusammenhang		125–126
c) Abgrenzung zur Maßnahme nach Z 3		127
3. Mitunternehmeranteile		128–130
E. Vorbehaltene (unbare) Entnahmen nach § 16 Abs 5 Z 2		
1. Begriff		131–135
2. Höchstbetrag		136
3. Rechtsfolgen		137–140
4. Unternehmensrechtliche Aspekte		141
5. Mitunternehmeranteile		142
F. Zurückbehalten von Wirtschaftsgütern des Anlagevermögens und von Verbindlichkeiten nach § 16 Abs 5 Z 3		
1. Überblick		146–149
2. Zurechnungserfordernis zum Einbringenden		150
3. Finanzierungszusammenhang für Anlagegüter		152, 153
4. Zurückbehalten von Verbindlichkeiten		154
5. Rechtsfolge		155, 156
6. Abgrenzung zu Maßnahmen nach Z 1		157
7. Abgrenzung zu Maßnahmen nach Z 4		158, 159
8. Mitunternehmeranteile		160

G. Verschieben von Wirtschaftsgütern nach § 16 Abs 5 Z 4
1. Überblick.. 161–163
2. Zurechnungserfordernis zum Einbringenden................ 165
3. Finanzierungszusammenhang..................................... 166–173
4. Rechtsfolge.. 174
5. Mitunternehmeranteil... 175–175b
H. Rückbeziehung von Gewinnausschüttungen, Gesellschaftereinlagen und Einlagenrückzahlungen bei einbringenden Körperschaften nach § 16 Abs 5 Z 5
1. Überblick.. 176
2. Gewinnausschüttungen und Einlagenrückzahlungen...... 177–178
3. Gesellschaftereinlagen.. 179
4. Mitunternehmeranteil... 180
I. Missbrauchsverdacht iZm der Zuordnung von Aktiva und Passiva außerhalb und innerhalb § 16 Abs 5............ 180a
X. Aufwertungswahlrecht für Grund und Boden des Altvermögens... 181–186

I. Geltungsbereich

§ 16 regelt die Bewertung des „in § 15 genannten Vermögens" beim Einbringenden **1** (§ 16 Abs 1 S 1 HS 1). Durch den Verweis auf § 15 erfasst § 16 einzubringende Betriebe, Teilbetriebe und Mitunternehmeranteile, die entweder beim Einbringenden oder bei der übernehmenden Körperschaft der Erzielung von Einkünften nach § 2 Abs 3 Z 1 bis 3 EStG dienen, und Kapitalanteile, die bei unbeschränkt steuerpflichtigen Einbringenden im betrieblichen Bereich und bei beschränkt steuerpflichtigen Einbringenden in einem inländischen Betriebsvermögen gehalten werden (s § 15 Rz 8). Der zusätzliche Verweis auf „einzubringende Kapitalanteile" in § 16 Abs 1 S 1 HS 2 ist historisch bedingt und hat seit der mit AbgÄG 1998 (BGBl 1999/28) erfolgten Einbeziehung von betrieblich gehaltenen Kapitalanteilen in § 15 keine Berechtigung mehr (*Rabel* in *W/H/M*, HdU[1] § 16 Rz 17 mwN).

Komplementär dazu regelt § 17 die Bewertung von Kapitalanteilen beim Einbringen- **2** den, die im Privatvermögen oder in einem isolationstheoretisch als außerbetrieblich geltenden ausländischen Vermögen gehalten werden (UmgrStR Rz 849; s § 17 Rz 1).

Die Bewertungsregeln der §§ 16 und 17 bestimmen den Ansatz des Einbringungs- **3** vermögens beim Einbringenden, sind aber aufgrund der Verweise in § 18 und § 20 auch maßgebend für die Bewertung des Einbringungsvermögens in der Steuerbilanz der übernehmenden Körperschaft und der Anteile an der übernehmenden Körperschaft beim Einbringenden (UmgrStR Rz 850).

II. Überblick über die Bewertungsregelungen

§ 16 sieht bestimmte Kategorien von Bewertungsmaßstäben vor (UmgrStR Rz 854): **6**
- Grundsatz der zwingenden Buchwerteinbringung nach § 16 Abs 1 S 1 (s Rz 11 ff),
- Aufwertungswahlrecht für Einbringung von Grund und Boden des Altvermögens nach § 16 Abs 6 idF nach AbgÄG 2012 (s Rz 180 ff),
- Zwangsaufwertung bei Einbringung durch Drittland-Steuerausländer nach § 16 Abs 2 Z 2 (s Rz 16 ff),

- Aufwertungsoption bei Einbringung durch Steuerinländer und EU/EWR-Steuerausländer nach § 16 Abs 3 (s Rz 31 ff) und
- Steuerentstrickende Einbringung (Exporteinbringung), wobei eine sofortige Grenzbesteuerung nach § 16 Abs 1 S 2 in Verbindung mit § 6 Z 6 lit a EStG (s unten Rz 41 ff), eine Grenzbesteuerung nach § 16 Abs 1 S 2 in Verbindung mit § 6 Z 6 lit a und lit c bis e EStG (Ratenzahlungskonzept, s Rz 51 ff) und ein Sonderregime für den sog Anteilstausch nach § 16 Abs 1a (s unten Rz 56 ff) vorgesehen sind.

7 Da die oa Bewertungsmaßstäbe in weiten Bereichen sowohl für inländische und ausländische Einbringende als auch für Inlands- und Auslandsvermögen anwendbar sein können, erscheint eine Kommentierung nach Kategorien von Einbringenden oder Vermögen nicht zielführend und es wird daher im Wesentlichen dem Gesetzesaufbau gefolgt. In Anlehnung an das Prüfschema in UmgrStR Rz 854a können die Bewertungsregelungen des UmgrStG ausgehend von der Ansässigkeit des Einbringenden überblicksmäßig wie folgt dargestellt werden (UmgrStR Rz 854a; vgl auch *Huber* in W/Z/H/K[5] § 16 Rz 33):

8

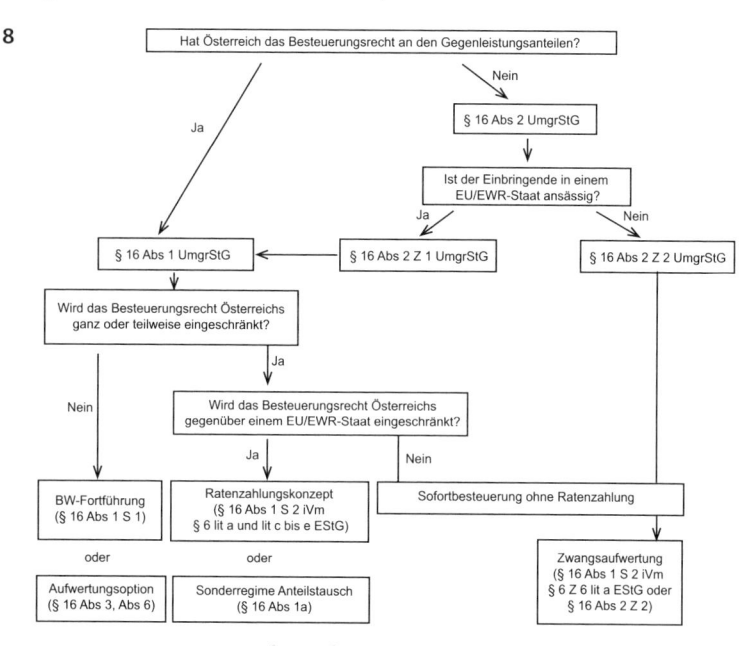

```
                    Hat Österreich das Besteuerungsrecht an den Gegenleistungsanteilen?
                                              │
                          ┌───────Ja──────────┴──────Nein───────┐
                          │                                      ▼
                          │                              § 16 Abs 2 UmgrStG
                          │                                      │
                          │                                      ▼
                          │                          Ist der Einbringende in einem
                          │                             EU/EWR-Staat ansässig?
                          │                                      │
                          │                        ┌────Ja───────┴─────Nein────┐
                          ▼                        ▼                           ▼
                 § 16 Abs 1 UmgrStG  ◄──  § 16 Abs 2 Z 1 UmgrStG       § 16 Abs 2 Z 2 UmgrStG
                          │
                          ▼
              Wird das Besteuerungsrecht Österreichs
                  ganz oder teilweise eingeschränkt?
                          │
             ┌────Nein────┴────Ja────┐
             │                        ▼
             │         Wird das Besteuerungsrecht Österreichs
             │         gegenüber einem EU/EWR-Staat eingeschränkt?
             │                        │
             │              ┌───Ja────┴────Nein────┐
             ▼              ▼                       ▼
       BW-Fortführung   Ratenzahlungskonzept   Sofortbesteuerung ohne Ratenzahlung
       (§ 16 Abs 1 S 1) (§ 16 Abs 1 S 2 iVm
                         § 6 lit a und lit c bis e EStG)
             │              │                       │
            oder           oder                     ▼
             │              │              Zwangsaufwertung
             ▼              ▼              (§ 16 Abs 1 S 2 iVm
      Aufwertungsoption  Sonderregime Anteilstausch  § 6 Z 6 lit a EStG oder
      (§ 16 Abs 3, Abs 6) (§ 16 Abs 1a)            § 16 Abs 2 Z 2)
```

III. Grundsatz der Buchwertfortführung

11 Das in § 16 Abs 1 S 1 normierte Grundprinzip der Buchwerteinbringung bedeutet, dass das eingebrachte Vermögen in der Einbringungsbilanz mit den Werten angesetzt wird, die sich nach den steuerlichen Gewinnermittlungsvorschriften in der Steuerbilanz des Einbringenden ergeben (UmgrStR Rz 855). Durch die Übertragung des Einbringungsvermögens zu Buchwerten werden die im Einbringungsvermögen enthaltenen stillen Reserven einerseits auf die übernehmende Körperschaft übertragen und anderseits in den Anteilen an der übernehmenden Körperschaft gespeichert. Die Buchwerteinbringung führt somit zu einem **Steueraufschub** hinsichtlich der stillen Reserven des Einbringungsvermögens bei **Verdoppelung der Steuerhängigkeit** dieser stillen Reserven (UmgrStR Rz 852, 855; *Huber* in *W/Z/H/K*[5] § 16 Rz 2).

Das Grundprinzip der Buchwertfortführung gilt für Einbringungen ohne Auslandsbezug (UmgrStR Rz 851, 855) und für Einbringungen mit Auslandsbezug, soweit es zu keiner Einschränkung des Besteuerungsrechts Österreichs iSd § 16 Abs 1 S 2 oder Abs 2 Z 2 kommt (UmgrStR Rz 856; zur Begriffsdefinition Einbringung mit/ohne Auslandsbezug s § 12 Rz 10). Die Buchwertfortführung gilt daher auch für die Einbringung von **Auslandsvermögen durch Steuerinländer oder -ausländer**, das vor und ggf nach der Einbringung keinem österreichischen Besteuerungsrecht unterliegt (Beispiel: Einbringung einer Auslands-BS mit DBA-Befreiungsmethode durch einen Steuerinländer oder -ausländer in eine inländische Körperschaft; UmgrStR Rz 856 Bsp 1 und 2). Das Vermögen ist nach § 16 Abs 1 S 1 mit fiktiven, dem öEStG entsprechenden Buchwerten anzusetzen, eine Aufwertung nur nach Maßgabe von § 16 Abs 3 und 6 möglich (idS UmgrStR Rz 856 Bsp 2; aA ggf UmgrStR Rz 838, letzter Absatz, s dazu § 15 Rz 7). **12**

Der Grundsatz der Buchwerteinbringung lässt grundsätzlich **kein Wahlrecht** für die Bewertung des Einbringungsvermögens offen (UmgrStR Rz 855), zu den Ausnahmefällen s unten Rz 31 ff und Rz 180 ff. In der Literatur wird der Buchwerteinbringungszwang als einschränkend bzw unsystematisch kritisiert (*Huber* in *W/Z/H/K*[5] § 16 Rz 9 mit weiteren Nachweisen). **13**

Die Bewertung des Einbringungsvermögens in der Einbringungsbilanz bzw im Einbringungsvertrag berührt weder die **unternehmensrechtliche Bewertung** beim Einbringenden oder bei der übernehmenden Körperschaft noch besteht umgekehrt eine Maßgeblichkeit der Unternehmensbilanz für die Steuerbilanz, da der Maßgeblichkeitsgrundsatz durch die verpflichtenden steuerlichen Bewertungsvorschriften des UmgrStG außer Kraft gesetzt wird (UmgrStR Rz 853; *Huber* in *W/Z/H/K*[5] § 16 Rz 12; vgl § 15 Rz 14). **14**

IV. Zwangsaufwertung bei Einbringung durch Drittland-Steuerausländer

A. Grundsatz

Als Ausnahme von der Buchwerteinbringung nach § 16 Abs 1 S 1 ist für bestimmte Einbringungsfälle mit Auslandsbezug eine verpflichtende Bewertung des Einbringungsvermögens mit dem **gemeinen Wert** nach § 16 Abs 2 Z 2 vorgesehen, wobei die Zwangsaufwertung an die **Einschränkung des Besteuerungsrechts der Republik Österreich** „beim Einbringenden [...] hinsichtlich der Gegenleistung (§ 19)" anknüpft (§ 16 Abs 2 S 1). Maßgebend ist das Besteuerungsrecht an den Anteilen an der übernehmenden Körperschaft, die dem **Einbringenden** als Gegenleistung gewährt werden oder die der Einbringende bei Unterbleiben einer Anteilsgewährung bereits vor der Einbringung an der übernehmenden Körperschaft hält (ErlRV 266 BlgNR 18. GP, 25; UmgrStR Rz 862 f; BMF 29.4.1993, SWK 1993, A 419; *Wiesner*, RWZ 2010, 165 [167]; zur als missverständlich kritisierten Vorgängerregelung in § 16 Abs 2 S 1 idF vor AbgÄG 2010 vgl *Rabel* in *W/H/M*[1] § 16 Rz 19; *Huber* in *W/Z/H/K*[5] § 16 Rz 14; *Hügel* in *H/M/M* § 16 Rz 41 f). Hält der Einbringende weder **16** vor noch nach der Einbringung Anteile an der übernehmenden Körperschaft (zB Einbringungen in Mutter- oder Schwestergesellschaften nach § 19 Abs 2 Z 5), ist lt älterer Auffassung der FV und hM abstrakt auf das Besteuerungsrecht Österreichs an Kapitalanteilen, die der Einbringende im gedanklichen Fall einer Anteilsgewährung halten würde, nicht jedoch an den nicht vom Einbringenden gehaltenen Anteilen an der übernehmenden Körperschaft abzustellen (*Rabel* in W/H/M¹ § 16 Rz 20; *Hügel* in H/M/H § 16 Rz 42; BMF 29.4.1993, SWK 1993, A 419). Gleiches müsste für Einbringungen durch den mittelbaren Alleingesellschafter unter Verzicht auf Anteilsgewährung nach § 19 Abs 2 Z 5 gelten (zB Einbringung in Enkelgesellschaft); maßgeblich ist der Besteuerungszugriff Österreichs auf die gedanklichen Gegenleistungsanteile beim Einbringenden und nicht auf die bestehenden Anteile an der übernehmenden Körperschaft bei der Zwischengesellschaft (idS BMF 29.4.1993, SWK 1993, A 419, Pkt 1 letzter Satz). Lt neuer Verwaltungspraxis wird in diesen Konstellationen nunmehr offenbar auf die bestehenden Anteile an der übernehmenden Körperschaft bei der Zwischengesellschaft und nicht mehr auf die gedanklichen Gegenleistungsanteile beim Einbringenden abgestellt, womit im Anwendungsbereich des § 16 Abs 2 die Ansässigkeit der Anteilsinhaber der übernehmenden Körperschaft maßgeblich sein soll (vgl Beispiele UmgrStR Rz 854b u Rz 1086; s § 19 Rz 102).

17 Hinsichtlich dieser **Einschränkung des österreichischen Besteuerungsrechts** ist zwischen folgenden Fällen zu unterscheiden:
- Besteht die Einschränkung des Besteuerungsrechts im Verhältnis zu **EU-Mitgliedstaaten oder EWR-Staaten, mit denen eine umfassende Amts- und Vollstreckungshilfe besteht**, kommen durch den Verweis in § 16 Abs 2 Z 1 auf § 16 Abs 1 und 3 die allgemeinen Bewertungsregelungen (insb Buchwerteinbringungszwang nach § 16 Abs 1 S 1) zur Anwendung (UmgrStR Rz 854a, 860d).
- Besteht die Einschränkung des Besteuerungsrechts im Verhältnis zu **anderen als den in § 16 Abs 2 Z 1 genannten Staaten**, besteht nach § 16 Abs 2 Z 2 eine Verpflichtung zur sofortigen Gewinnrealisierung hinsichtlich des eingebrachten Vermögens gem § 6 Z 14 EStG (UmgrStR Rz 862 ff).

18 Bei der Auslegung der Wortfolge „**Einschränkung des Besteuerungsrechts der Republik Österreich**" differenziert die Verwaltungspraxis wie folgt:
- Hinsichtlich der Ausgangsfrage, ob das Besteuerungsrecht Österreichs im Verhältnis zu anderen Staaten eingeschränkt wird (Abgrenzung zwischen § 16 Abs 1 und Abs 2), wird auf den Bestand eines **effektiven (iSv uneingeschränkten) Besteuerungsrechts Österreichs** iRd unbeschränkten oder beschränkten Steuerpflicht des Einbringenden (natürliche oder juristische Person) an den Anteilen an der übernehmenden Körperschaft abgestellt (vgl *Mair* in *Kirchmayr/Mayr*, Umgründungen 100). Beschränkte Steuerpflicht für die Anteile an einer inländischen übernehmenden Körperschaft eines ausländischen Einbringenden ohne DBA-Schutz ist demnach ausreichend (idS UmgrStR Rz 854a). Lt FV kann auch bei einem inländischen Einbringenden eine schädliche Beschränkung vorliegen, wenn das Besteuerungsrecht an den Gegenleistungsanteilen abkommensrechtlich ausschließlich dem Ansässigkeitsstaat der ausländischen übernehmenden (EU/EWR- oder Drittland-)Körperschaft zugewiesen wird (UmgrStR Rz 937b, relevant bei DBA mit Befreiungsmethode iZm Immobiliengesellschaften, zB Estland, Lettland, Litauen, Neuseeland, Ukraine und Zypern);

unschädlich bleibt hingegen, wenn das Besteuerungsrecht an den Gegenleistungsanteilen abkommensrechtlich grundsätzlich Österreich zugewiesen wird, allerdings eine Anrechnungsverpflichtung zugunsten des Ansässigkeitsstaats der übernehmenden (EU/EWR- oder Drittland-)Körperschaft besteht (UmgrStR Rz 937a Bsp 2 zu Frankreich, 937b Bsp zu China; s a UmgrStR Rz 858 zu den DBA mit Frankreich, Japan, China, Brasilien). Bis zum UmgrStR-WE 2017 ging die FV bei letztgenannter Fallgruppe noch von einer Einschränkung des Besteuerungsrechts aus (vgl UmgrStR Rz 937a Bsp 2 zu Frankreich, 937b Bsp zu China jeweils idF vor WE 2017; *Titz/Wild*, RdW 2017/263, 334 mwN).

- Besteht nach den vorstehenden Grundsätzen **kein effektives (uneingeschränktes) Besteuerungsrecht Österreichs** an den Gegenleistungsanteilen, ist hinsichtlich der Unterscheidung, ob die Einschränkung im Verhältnis zu EU/EWR-Staaten oder Drittland-Staaten vorliegt (Abgrenzung zwischen § 16 Abs 2 Z 1 und Z 2), lt älterer Auffassung der FV auf die nach jeweiligem ausländischem Steuerrecht bestehende grundsätzliche **unbeschränkte Steuerpflicht des Einbringenden in einem EU-/EWR-Staat,** nicht auf ein etwaiges effektives (iRd unbeschränkten oder beschränkten Steuerpflicht bestehendes) Besteuerungsrecht eines EU/EWR-Staates an den Gegenleistungsanteilen, abzustellen (BMF 21.4.1995, SWK 1995, A 403; BMF 22.3.1995, ÖStZ 1995, 218; BMF 5.3.1997, SWK 1997, S 365; idS auch UmgrStR Rz 859 idF vor WE 2013, wo auf den „Sitz" der ausländischen einbringenden Kapitalgesellschaft im EU-/EWR-Ausland abgestellt wird); lt UmgrStR ist nunmehr die **DBA-Ansässigkeit des Einbringenden in einem EU/EWR-Staat** maßgeblich (UmgrStR Rz 862; vgl *Mayr/Petrag/Titz*, RdW 2013, 762 [766, 769]). Unter Abs 2 Z 1 fallen damit (i) Steuerinländer (iSv DBA-ansässig in Österreich), wenn das Besteuerungsrecht an den Gegenleistungsanteilen abkommensrechtlich dem Ansässigkeitsstaat der ausländischen übernehmenden (EU/EWR- oder Drittland-)Körperschaft zugewiesen wird (UmgrStR Rz 854a FN 7, 858) und (ii) Steuerausländer mit DBA-Ansässigkeit in einem ausländischen EU/EWR-Staat (UmgrStR Rz 854a FN 7 und 862, wonach die „Beibringung einer Ansässigkeitsbescheinigung" als „Indiz für die EU/EWR-Ansässigkeit" gilt; allg *Mayr/Petrag/Titz*, RdW 2013, 762 [765 f]). Als Konsequenz kommt ein in Österreich oder einem ausländischen EU/EWR-Staat grundsätzlich unbeschränkt steuerpflichtiger Einbringender nicht in den Genuss der Buchwerteinbringung nach § 16 Abs 1, wenn das Besteuerungsrecht Österreichs bzw des betreffenden EU-/EWR-Staats aufgrund der DBA-Ansässigkeit des Einbringenden in einem Drittland eingeschränkt ist. Andererseits sind Einbringungen durch transparente EU/EWR-Personengesellschaften mit Drittlandsgesellschaftern (insoweit) nicht zu Buchwerten nach § 16 Abs 2 Z 1 möglich, selbst wenn die Gegenleistungsanteile der effektiven Besteuerung in dem EU/EWR-Staat auf Ebene der einbringenden Personengesellschaft unterliegen (kritisch *Gahleitner* zit in *Daxkobler*, SWI 2012, 128; zu gemeinschaftsrechtlichen Bedenken s gleich unten; zu Bedenken wg DBA-Betriebsstättendiskriminierungsverbote s *Bruns* in *Schönfeld/Ditz*, DBA (2013) Art 24 OECD-MA Rz 98 mwN). Lt überwiegendem Schrifttum kann eine Einschränkung des österreichischen Besteuerungsrechts „im Verhältnis zu" EU/EWR-Staaten nach § 16 Abs 2 Z 1 hingegen sowohl im Falle der unbeschränkten als auch der beschränkten Steuerpflicht des Einbringenden in 19 einem EU/EWR-Staat vorliegen, strittig ist allerdings, ob dieses Besteuerungsrecht bloß grundsätzlich (innerstaatlich) oder auch effektiv (unter Berücksichtigung der DBA des EU/EWR-Staates) bestehen muss (vgl Übersicht in *Huber*, SWI 2000, 122; *Mair* in *Kirchmayr/Mayr*, Umgründungen 100 f; *Mair*, Grenzüberschreitende Einbringungen 257 ff).

Stellungnahme. Die Ausnahmeregelung zur Aufwertungspflicht in § 16 Abs 2 Z 1 wurde in Umsetzung der FRL mit 1.1.1995 (BGBl 1994/681) eingeführt. Der Grundtatbestand des § 16 Abs 2 S 1 stellt auf das Fehlen des effektiven Besteuerungsrechts Österreichs an den Gegenleistungsanteilen ab, dieser Tatbestand (Fehlen des effektiven Besteuerungsrechts Österreichs) sollte infolge des EU-Beitritts auf EU-/EWR-Staaten ausgedehnt werden (ErlRV 1701 BlgNR 18. GP, 8, wonach die Aufwertungspflicht „nicht für Anteile gelten [soll], für die das Besteuerungsrecht einem Mitgliedstaat der EU zusteht"). Die beabsichtigte Gleichstellung mit Buchwerteinbringungen nach § 16 Abs 1 spricht für die Maßgeblichkeit des **effektiven Besteuerungsrechts eines EU/EWR-Staates (iRd unbeschränkten oder beschränkten Steuerpflicht des Einbringenden)** an den Gegenleistungsanteilen iRd § 16 Abs 2 Z 1 (idS *C. Huber*, SWI 2000, 123 mVa ErlRV 1701 BlgNR 18. GP, 8, wonach allein maßgeblich ist, ob das Besteuerungsrecht an den Anteilen effektiv einem EU-Staat zukommt; glA *Zorn*, zit in *Daxkobler*, SWI 2012, 128 [129]; differenziert *Mair* in *Kirchmayr/Mayr*, Umgründungen 100 ff; *Mair*, Grenzüberschreitende Einbringungen 263 f). Bei dem oa Fall einer **einbringenden EU/EWR-Personengesellschaft** mit Drittlands-Gesellschaftern stößt die Auffassung der FV (Zwangsaufwertung nach § 16 Abs 2 Z 2 mangels DBA-Ansässigkeit der Personengesellschaft bzw der Gesellschafter in der EU) insb auf primärrechtliche Bedenken: Einer einbringenden österreichischen KG steht eine Buchwerteinbringung nach § 16 Abs 1 offen, sofern die Gegenleistungsanteile in Österreich auf Ebene der KG effektiv steuerhängig sind, die Ansässigkeit der Gesellschafter ist irrelevant. Bei einer einbringenden zB deutschen KG sind die Gegenleistungsanteile gleichfalls in der EU (Deutschland) steuerhängig, die Steuerneutralität wird aber lt FV nur unter der zusätzlichen Voraussetzung, dass (alle) Gesellschafter in der EU ansässig sind, gewährt. Eine deutsche KG fällt nach Art 54 AEUV in den Schutzbereich der Niederlassungsfreiheit (vgl *Fischer/Köck*, Europarecht[3], 526; *Calliess/Ruffert*, EUV/EGV[3], Art 48 Rz 2 ff; EuGH 6.12.2007, C-298/05, *Columbus Container Services*, Rz 33 und 39); wenn schon eine Aufwertungseinbringung nach § 16 Abs 2 Z 2 vertreten wird, sollte aus gemeinschaftsrechtlichen Erwägungen zumindest eine Stundungsmöglichkeit nach § 1 Abs 2 gewährt werden, solange die Gegenleistungsanteile bei der deutschen KG (bzw im EU-Raum) steuerhängig bleiben (iSe „geltungserhaltenden" Reduktion des § 16 Abs 2 Z 2).

Zu der lt UmgrStR denkbaren Subsumtion von **Steuerinländern unter § 16 Abs 2 Z 1** (UmgrStR Rz 854, 858) ist kritisch anzumerken, dass der Wortlaut des § 16 Abs 2 Z 1 die Einschränkung des österreichischen Besteuerungsrechts im Verhältnis zu einem „anderen" EU/EWR-Mitgliedstaat fordert und argumentierbar wäre, dass Österreich kein „anderer" EU/EWR-Staat iSd § 16 Abs 2 Z 1 ist. Alternativ käme allerdings die Zwangsaufwertung nach § 16 Abs 2 Z 2 zur Anwendung, die Lösung lt UmgrStR scheint daher vor der Zielsetzung der Gleichbehandlung von inländischen und EU/EWR-ansässigen Einbringenden bzw des Verbots der Schlechterbehandlung von inländischen Einbringenden sachgerecht (idS *Mayr/Petrag/Titz*, RdW 2013, 762 [766]; *Mair*, Grenzüberschreitende Einbringungen 264). Allg zu gemeinschaftsrechlichen Bedenken s auch Rz 24.

Die Einbringung eines **Betriebs gewerblicher Art (BgA) durch KöR** isd § 2 KStG erfolgt grundsätzlich zu Buchwerten nach 16 Abs 1. Für Einbringungen mit einem **Stichtag bis 30.8.2011** liegt lt UmgrStR „trotz des Fehlens einer Körperschaftsteuerpflicht der KöR und eines hieraus resultierenden Fehlens der Steuerhängigkeit der Kapitalanteile" kein Anwendungsfall des 16 Abs 2 vor, weil keine Einschränkung des Besteuerungsrechts Österreichs „im Verhältnis zu anderen Staaten" erfolgt (UmgrStR Rz 860). Seit BudBG 2011 (BGBl I 2010/111) und AbÄG 2011 (BGBl I 2011/76) unterliegen Einkünfte aus realisierten Wertsteigerungen aus nach dem 31.8.2011 „entgeltlich erworbenen" Anteilen an Körperschaften grundsätzlich auch bei beschränkt steuerpflichtigen KöR bzw befreiten Körperschaften (§ 1 Abs 3 Z 2 und 3 KStG) der Besteuerung (§ 21 Abs 2 und 3 Z 3 iVm § 26c Z 25 lit a KStG idF AbgÄG 2011; mit Ausnahme der Befreiungen nach § 21 Abs 2 Z 3 KStG). Nach den UmgrStR (Rz 860) gilt auch der einbringungsbedingte Erwerb als „entgeltlicher Erwerb" iSd § 26c Z 25 lit a KStG, die bei Einbringungen mit einem **Stichtag ab 31.8.2011** „erhaltenen bzw einbringungsbezogenen Anteile" sind daher steuerhängig und es kommt nach der Grundregel des § 16 Abs 1 zur Buchwerteinbringung. Zusätzlich zu der in den UmgrStR genannten Unterscheidung nach Stichtagen bis 30.8.2011 und ab 31.8.2011 gibt es aber den Fall, dass auch bei Einbringungen mit einem Stichtag ab 31.8.2011 keine Steuerhängigkeit der erhaltenen Anteile entsteht und es daher gemäß bisheriger Verwaltungspraxis trotz fehlender Steuerhängigkeit nicht zur Anwendung von § 16 Abs 2 kommt. Das betrifft die Einbringung durch eine KöR in eine bereits bestehende Gesellschaft, wenn die Anteilsgewährung aufgrund § 19 Abs 2 Z 5 unterbleibt und die Beteiligung an der übernehmenden Körperschaft dem Bestandsschutz nach § 26c Z 25 lit a KStG unterliegt (so *Walter*[11] Rz 401e f). **20**

B. Zweck der Regelung

Die Zwangsentstrickung nach § 16 Abs 2 Z 2 wird als erforderlich bzw gerechtfertigt erachtet, weil wegen der fehlenden Steuerhängigkeit der Anteile an der übernehmenden Körperschaft in Österreich die stillen Reserven des Einbringungsvermögens nicht auf Gesellschafterebene in Österreich steuerlich verstrickt werden und somit eine **Verdoppelung der stillen Reserven** in Folge der Einbringung unterbleibt (lediglich einfache Steuerhängigkeit der stillen Reserven auf Ebene der übernehmenden Körperschaft; *Huber* in W/Z/H/K[5] § 16 Rz 24). Die Ausnahme von der Aufwertungspflicht nach § 16 Abs 2 Z 1 für in **EU-/EWR-Staaten** steuerpflichtige Einbringende wurde mit 1.1.1995 in Umsetzung der FRL eingeführt und bewirkt eine Gleichstellung dieser Personen mit inländischen Einbringenden. Österreich **verzichtet** damit auf eine **Besteuerung der stillen Reserven des eingebrachten Vermögens**, obwohl die stillen Reserven auf Gesellschafterebene der österreichischen Besteuerung (ungleich inländischen Einbringenden) entzogen sind (*Huber* in W/Z/H/K[5] § 16 Rz 13, 24; *Mair* in *Kirchmayr/Mayr*, Umgründungen 107 ff). **23**

Stellungnahme europarechtliche Aspekte. Art III setzt die in der **FRL** geregelten Umgründungsformen Einbringung von Unternehmensteilen (Art 2 lit c) und Anteilstausch (Art 2 lit d) um. Die **Einbringung von Unternehmensteilen** fällt unter **24**

die FRL, wenn die einbringende und die übernehmende Gesellschaft in verschiedenen Mitgliedstaaten ansässig sind (Art 1, 3 FRL). Die Ausnahme von der Aufwertungspflicht für einbringende EU-Gesellschaften in § 16 Abs 2 Z 1 entspricht damit den Richtlinienvorgaben. Der **Anteilstausch** ist von der FRL erfasst, sofern die erwerbende und die erworbene Gesellschaft (dh die übernehmende und die eingebrachte Kapitalgesellschaft) in verschiedenen Mitgliedstaaten ansässig sind (Art 1, 3 FRL), die Ansässigkeit des Einbringenden ist unbeachtlich und kann auch im Drittland liegen (s oben § 12 Rz 60). § 16 Abs 2 Z 1 setzt insoweit die FRL nicht vollständig um, da zB die Einbringung von österreichischen Kapitalanteilen durch in Österreich beschränkt steuerpflichtige Drittlandsangehörige (ohne DBA-Schutz) in eine deutsche übernehmende EU-Gesellschaft nach Auffassung der Verwaltungspraxis unter die Zwangsaufwertung nach § 16 Abs 2 Z 2 fällt (keine unbeschränkte Steuerpflicht des Einbringenden im EU-/EWR-Raum), jedoch vom Besteuerungsverbot nach Art 8 Abs 1 FRL erfasst ist, sofern der übernehmenden deutschen Gesellschaft eine Mehrheitsbeteiligung vermittelt wird. Zu **primärrechtlichen Bedenken** gegen § 16 Abs 2 Z 2 s *Wurm*, GES 2014, 291; *Pinetz/Schaffer*, ecolex 2014, 563; *Beiser*, SWI 2014, 476.

25 Der im Zuge mehrerer Gesetzesnovellen seit 1.1.1995 sukzessiv entschlackte **§ 16 Abs 2 Z 1** erschöpft sich spätestens seit dem AbgÄG 2010 in seiner materiellen Bedeutung darin, den **Anwendungsbereich anderer Normen entweder negativ oder positiv abzugrenzen** (zB § 16 Abs 2 Z 2, wo „im Verhältnis zu anderen als in [§ 16 Abs 2] Z 1 genannten Staaten" eine Zwangsaufwertung angeordnet wird; § 16 Abs 3 Z 1, wo für „unter [§ 16] Abs 2 Z 1 fallende Personen" eine Aufwertungsoption für in- oder ausländisches Vermögen vorgesehen ist); innerhalb seines eigenen Anwendungsbereiches sieht er keine eigenständigen Rechtsfolgen vor und verweist lediglich auf § 16 Abs 1 und 3 (*Hohenwarter*, RdW 2006, 596 [600]). Zur Bedeutung des Verweises in § 16 Abs 2 Z 1 auf Abs 1 spezifisch für Exporteinbringungen nach § 16 Abs 1 S 2 s unten Rz 46, für die Exporteinbringung von Kapitalanteilen nach § 16 Abs 1a unten Rz 56.

C. Besteuerungsfolgen

27 Als Rechtsfolge des § 16 Abs 2 Z 2 sind „für das inländische und das ausländische Vermögen die nach § 6 Z 14 EStG maßgebenden Werte (gemeinen Werte) anzusetzen" (sog **Zwangsaufwertung**). § 16 Abs 2 Z 2 sieht damit im Vergleich zu EU/EWR-Staaten (Maßgeblichkeit des sog Fremdvergleichswertes nach § 16 Abs 1 iVm § 6 Z 6 lit a EStG, s Rz 50) einen anderen Bewertungsmaßstab vor. Laut hM sind nicht nur die in der Einbringungsbilanz ausgewiesenen Wirtschaftsgüter, sondern sämtliche übertragene Wirtschaftsgüter (zB nicht bilanziell erfasste Immaterialgüter oder geringwertige Wirtschaftsgüter, originärer Firmenwert) mit dem gemeinen Wert zu bewerten (UmgrStR Rz 864; *Huber* in *W/Z/H/K*[5] § 16 Rz 16). Auf den Aufwertungsgewinn sind etwaige Freibeträge (§ 24 Abs 4 EStG), Verteilungsregelungen (§ 37 Abs 2 EStG) oder Tarifbegünstigungen (§ 37 Abs 5 EStG) oder eine Übertragung stiller Reserven nach § 12 EStG unter den allgemeinen Tatbestandsvoraussetzungen anwendbar (*Huber* in *W/Z/H/K*[5] § 16 Rz 16 f). Die Gewinnrealisierung führt einerseits dazu, dass die übernehmende Körperschaft das Einbringungsvermögen mit den gemeinen Werten anzusetzen hat (§ 18 Abs 1), andererseits diese gemeinen Werte auch für den Ansatz der Anteile an der überneh-

menden Körperschaft beim Einbringenden maßgeblich sind (§ 20 Abs 2; vgl *Huber* in *W/Z/H/K*[5] § 16 Rz 19).

V. Aufwertungsoption bei Einbringung durch Steuerinländer und EU-/EWR-Steuerausländer

A. Zweck der Regelung

Das UmgrStG lässt ein Bewertungswahlrecht in jenen Fällen offen, in denen das Buchwertfortführungsprinzip wegen des Vorliegens einer Steuerpflicht **im Ausland zu steuerlichen Nachteilen** führen würde (ErlRV 266 BlgNR 18. GP, zu § 16 Abs 3). 31

Um solche Nachteile zu vermeiden, kann abweichend von der grundsätzlich zwingenden Buchwertfortführung das von der ausländischen Steuerpflicht umfasste Einbringungsvermögen in zwei Fällen auf den gemeinen Wert (steuerpflichtig) aufgewertet werden (Aufwertungsoption): 32

- Nach § 16 Abs 3 Z 1 können unter § 16 Abs 2 Z 1 fallende Personen (idR **EU/EWR-Ausländer**) das **in- und ausländische Einbringungsvermögen** auf den gemeinen Wert aufwerten, wenn die Einbringung **im Ausland zur Gewinnverwirklichung** führt und mit dem in Betracht kommenden ausländischen Staat ein DBA besteht, das für diese Gewinne die Anrechnungsmethode vorsieht oder eine vergleichbare innerstaatliche Maßnahme zur Vermeidung der Doppelbesteuerung getroffen wird (§ 16 Abs 3 Z 1).

- Nach § 16 Abs 3 Z 2 besteht für Personen, für die das Besteuerungsrecht Österreichs hinsichtlich der Anteile an der übernehmenden Körperschaft nicht eingeschränkt ist (idR **Steuerinländer**), eine Abwertungsoption unter den oben genannten Voraussetzungen lediglich für das **ausländische Einbringungsvermögen**.

B. Inhalt der Aufwertungsoption

Der Einbringende kann gem § 16 Abs 3 zwischen dem Ansatz der **Buchwerte** und der **gemeinen Werte** hinsichtlich des Einbringungsvermögens wählen, der Ansatz eines Zwischenwertes ist nicht zulässig (*Huber* in *W/Z/H/K*[5] § 16 Rz 66). Die Option wird durch Ansatz des gemeinen Wertes in der **Einbringungsbilanz** ausgeübt, der Wertansatz ist für die übernehmende Körperschaft (§ 18 Abs 2) und für die Bewertung der Anteile an der übernehmenden Körperschaft (§ 20 Abs 2) maßgebend. Wird die Option zum Ansatz des gemeinen Wertes ausgeübt, unterbleibt demnach eine Verdoppelung der stillen Reserven, ein möglicher Aufwertungsgewinn unterliegt als Veräußerungsgewinn der österreichischen Besteuerung (*Huber* in *W/Z/H/K*[5] § 16 Rz 67 ff; *Rabel* in *W/H/M*, HdU[1] § 16 Rz 30; *Hügel* in *H/M/H* § 16 Rz 88). Die Aufwertungsoption ermöglicht, dass im Falle einer ausländischen Besteuerung mit potenzieller Anrechnungsmöglichkeit einer österreichischen Steuerbelastung fakultativ eine österreichische Steuerbelastung ausgelöst und im Ausland auf die entsprechende ausländische Besteuerung zur Anrechnung gebracht werden kann. Dadurch soll eine Mehrfachbesteuerung vermieden werden, die eintreten würde, wenn trotz der anlässlich der Einbringung im Ansässigkeitsstaat erfolgten Besteuerung die stillen Reserven des Einbringungsvermögens in Österreich in Folge der Buchwertfortführung weiterhin steuerhängig bleiben (*Huber* in *W/Z/H/K*[5] § 16 Rz 72; *Rabel* in *W/H/M*, HdU[1] § 16 Rz 28 ff; *Hügel* in *H/M/H* § 16 Rz 87 ff). 36

37 Der Gesetzeswortlaut des § 16 Abs 3 Z 1 erlaubt die Aufwertung für „das inländische und das ausländische Vermögen", lt UmgrStR besteht die Aufwertungsmöglichkeit hingegen für „das in- und/oder ausländische Vermögen" (UmgrStR Rz 861). Lt Verwaltungspraxis kann demnach ein EU-/EWR-Steuerausländer die **Option getrennt für in- und ausländische Einbringungsvermögen** ausüben.

38 **Stellungnahme.** Fraglich ist, ob auch innerhalb der Kategorien des ausländischen und des inländischen Vermögens die Aufwertungsoption partiell oder nur einheitlich bzw gesamthaft ausgeübt werden kann. Der Gesetzestext spricht prima facie gegen eine partielle Aufwertung, da die Aufwertung nicht „insoweit", sondern „wenn" eine Gewinnverwirklichung im Ausland erfolgt, zugestanden wird (iSd offenkundig auch UmgrStR Rz 861). Der Regelungszweck lt Gesetzesmaterialien (Vermeidung steuerlicher Nachteile bzw einer Doppelbesteuerung stiller Reserven lt ErlRV 266 BlgNR 18. GP, zu § 16 Abs 3; Ausschluss einer wirtschaftlichen Doppelbesteuerung lt ErlRV 1701 BlgNR 18. GP, zu § 16 Abs 2 bis 4) legt aber nahe, dass eine partielle Aufwertung zustehen sollte, sofern auch im Ausland das in- oder ausländische Vermögen nur einer partiellen Besteuerung anlässlich der Einbringung unterworfen wird und daher bei einer gesamthaften Aufwertung ein (steuerlich nicht verwertbarer) Anrechnungsüberhang im Ausland entstehen würde.

39 § 16 Abs 3 Z 3 definiert den Begriff **„ausländisches Vermögen"** als „ausländische Betriebe, Teilbetriebe, Anteile an ausländischen Mitunternehmerschaften und Kapitalanteile iSd § 12 Abs 2 Z 3 an ausländischen Körperschaften, die mit einer inländischen Kapitalgesellschaft oder Erwerbs- und Wirtschaftsgenossenschaft vergleichbar sind". Als inländisches Vermögen wird das übrige Vermögen iSd § 12 Abs 2 bezeichnet.

Anmerkung: Diese Definition des ausländischen Vermögens ist nur für Zwecke des § 16 Abs 3 von Bedeutung; zB werden in § 19 Abs 2 Z 5 Anteile an ausländischen übernehmenden Körperschaften als „inländische Anteile an der übernehmenden Körperschaft" beschrieben, das Adjektiv „inländisch" bezeichnet idZ in Österreich steuerhängige Anteile.

VI. Exporteinbringung nach § 16 Abs 1 S 2
A. Historische Entwicklung

41 Mit Abgabenänderungsgesetz 2005 (AbgÄG 2005, BGBl I 2005/166) wurde eine **einbringungsbedingte Grenzbesteuerung** in § 16 Abs 1 S 2 in Form eines **partiellen Anwendungsausschlusses des Art III** eingeführt, der in weiterer Folge durch das Budgetbegleitgesetz 2007 (BudBG 2007, BGBl I 2007/24) und Abgabenänderungsgesetzes 2010 (AbgÄG 2010, BGBl I 2010/34) weiterentwickelt wurde (idS *Huber* in W/Z/H/K[5] § 16 Rz 61; *Huber*, ÖStZ 2005, 211; *Wiesner/Mayr*, RdW 2006, 363 [366]; UmgrStR Rz 860a idF vor WE 2013; abweichend UmgrStR Rz 859 idF WE 2013, wonach § 16 Abs 1 S 2 idF vor AbgÄG 2015 lediglich eine Bewertungsregelung darstellt, die die übrigen Wirkungen des Art III unberührt lässt; vgl *Schwarzinger/Wiesner* I/2³ 2049; *Mair*, Grenzüberschreitende Einbringungen 290 f). Der Anwendungsausschluss des Art III wurde technisch durch die an den jeweiligen Grundtatbestand (su) anknüpfende Rechtsfolge der sinngemäßen Anwendung des § 1 Abs 2 umgesetzt. Hatte die ursprüngliche Fassung (AbgÄG 2005) noch die Entstrickung aus der österreichischen Steuerhängigkeit durch die einbringungsbedingte (körperliche) Überführung von Vermögen auf eine ausländische übernehmende Körperschaft vor Augen (§ 16 Abs 1 S 2 idF AbgÄG 2005: „Soweit im Rahmen der Einbringung Vermögensteile auf eine ausländische übernehmende Körperschaft überführt werden, ist § 1 Abs. 2 sinngemäß anzuwenden"; lt ErlRV 1187 BlgNR 22. GP, 16, sollte der „Wegfall des Besteuerungsrechtes hinsichtlich einbringungsveranlasst in das Ausland überführter Vermögensteile" erfasst werden), wurde der Entstrickungstatbestand iRd BudBG 2007 losgelöst von einer Überführung auf jegliche Form der Einschränkung des Besteuerungsrechts hinsichtlich des Einbringungsvermögens bei ausländischen übernehmenden Körperschaften ausgedehnt (§ 16 Abs 1 S 2 idF BudBG 2007: „Soweit im Rahmen der Einbringung in eine ausländische Körperschaft das Besteuerungsrecht der Republik Österreich hinsichtlich des Vermögens eingeschränkt wird, ist § 1 Abs. 2 sinngemäß anzuwenden"; lt ErlRV 43 BlgNR 23. GP, 27, soll nicht nur eine Vermögensübertragung in das Ausland, sondern auch eine Einschränkung des österreichischen Besteuerungsrechts „in anderer Weise" erfasst werden mit exemplarischem Verweis auf die Einbringung eines in einem ausländischen DBA-Staat mit Anrechnungsmethode gelegenen Betriebes durch einen Inländer in eine ausländische Körperschaft). IRd AbgÄG 2010 wurde der **Anwendungsbereich des § 16 Abs 1 S 2 auf Einbringungen in „inländische oder ausländische Körperschaften" erweitert** und die tatbestandliche Bezugnahme der Einschränkung des österreichischen Besteuerungsrechts „hinsichtlich des Vermögens" gestrichen. Laut ErlRV 662 BlgNR 24. GP, 12, sollten die Änderungen in Abs 1 (gemeinsam mit den Änderungen in § 16 Abs 2) „klarstellen", dass sich der Verlust des Besteuerungsrechts „nicht nur auf das eingebrachte Vermögen als solches, sondern auch auf zB eingebrachte Mitunternehmeranteile bezieht. Die Änderungen dienen damit der Absicherung des Besteuerungsrechts der Republik Österreich – in Österreich entstandenes Steuersubstrat soll nicht durch grenzüberschreitende Einbringungen entsteuert werden können". Konkretisiert wurde die Aussage durch folgendes Beispiel: „Bringt zB eine in Deutschland ansässige natürliche Person ihren Mitunternehmeranteil an einer operativen österreichischen Kommanditgesellschaft in eine inländische oder ausländische Kapitalgesellschaft ein, verliert Österreich das Besteuerungsrecht auf Gesellschafterebene (Beteiligung der in Deutschland ansässigen natürlichen Person an der übernehmenden Kapitalgesellschaft). Durch die Änderung soll klargestellt werden, dass eine Entsteuerung von in Österreich bis zur Einbringung verfangenem Steuersubstrat nicht möglich ist [...]. Dabei soll es auch keinen Unterschied machen, ob die übernehmende Gesellschaft eine inländische oder ausländische ist. Die Einbringung eines Mitunternehmeranteils durch eine ausländische Kapitalgesellschaft ist von den Änderungen nicht erfasst, weil bei einer einbringenden Kapitalgesellschaft das Besteuerungsrecht Österreichs nicht eingeschränkt wird." Entgegen den Gesetzesmaterialien war nach zutreffender hM **nicht von einer bloß klarstellenden Bedeutung** der Gesetzesänderung auszugehen, da durch die Streichung der Wortfolge „hinsichtlich des Vermögens" eine Ausweitung des Entstrickungstatbestandes bewirkt wurde (*Wiesner/Schwarzinger*, UmS 199/3/13, SWK 2013, 112; *Wiesner*, RWZ 2010, 164 [167]; *derselbe*, zit in *Kirchmayr/Mayr*, Umgründungen 179; *Zöchling* in FS Rödler 957 [969]; *Jerabek/ Jann*, GEW 2013, 82 [86] mwN; 14/SN/-139/ME XXIV. GP Stellungnahme KWT zu AbgÄG 2010, Seite 6; aA *Mayr/Petrag/Titz*, RdW 2013, 762 [767]); die Gesetzesmaterialien sind insoweit lt VwGH-Rspr unbeachtlich (su). IdF vor AbgÄG 2010 betraf § 16 Abs 1 lediglich die Steuerhängigkeit des Einbringungsvermögens beim jeweiligen Vermögenseigentümer, § 16 Abs 2 dagegen die Steuerhängigkeit der Gegenleistungsanteile (*Furherr*, RdW 2008, 813). Seit AbgÄG 2010 (Einbringungsstichtage ab 16.6.2010; vgl *Wiesner/Schwarzinger*, UmS 199/3/13, SWK 2013, 112) war laut Gesetzesmaterialien die Steuerhängigkeit der Gegenleistungsanteile für Zwecke des Abs 1 S 2 mitzuberücksichtigen und konnte auch die fehlende Steuerhängigkeit der Gegenleistungsanteile zu einer schädlichen Einschränkung des Besteuerungsrechts iSd Abs 1 S 2 führen (*Wiesner*, RWZ 2010, 164 [167], wonach dem Begriff Einschränkung des Besteuerungsrechts „eine neue Bedeutung" gegeben wird; *derselbe*, zit in *Kirchmayr/Mayr*, Umgründungen 179; im Detail unten Rz 45).

Stellungnahme. Der VwGH vertritt in st Rsp, dass Gesetze aus sich heraus auszulegen sind und Gesetzesmaterialien nur dann zur Auslegung eines Gesetzes heranzuziehen sind, wenn der „Wortlaut" des Gesetzes selbst zu Zweifeln über seinen Inhalt Anlass gibt (zB VwGH 25.7.2013, 2012/15/0004; VwGH 14.1.1991, 90/15/0125; VwGH 6.3.1989, 88/15/0066). Gesetzesmaterialien, die widersprüchlich zum Gesetzeswortlaut oder mit dem Zweck der Regelung nicht vereinbar sind, sind lt VwGH iRd Auslegung unbeachtlich (VwGH 25.7.2013, 2012/15/0004; VwGH 28.5.1997, 95/12/0046; *Kotschnigg*, ÖStZ 1997, 37). Übereinstimmend kann auch nach dt Rsp eine in den Gesetzesmaterialien dargelegte Sichtweise nicht zum Tragen kommen, wenn sie vom Wortlaut der Gesetzesvorschrift nicht gedeckt ist und dem Sinnzusammenhang widerspricht, auch wenn dem in Gesetzesmaterialien zum Ausdruck kommenden gesetzgeberischen Willen damit nicht vollumfänglich entsprochen wird (BVerfG 21.5.1952, 2 BvH 2/52, BVerfGE 1, 299, 312, NJW 1952, 737; *Häck*, IStR 2/2011, S 72). Der Wortlaut des § 16 Abs 1 Satz 2 idF BudBG 2007 (Tatbestandsmerkmal „hinsichtlich des Vermögens", Einschränkung auf Einbringungen in „ausländische Körperschaften") lässt keine Möglichkeit, den in den Gesetzesmaterialien zum AbgÄG 2010 zum Ausdruck gebrachten gesetzgeberischen Willen (Gesetzesänderung iRd AbgÄG 2010 lediglich klarstellend, womit auch die alte Rechtslage idF BudBG 2007 bereits im Sinne der neuen Rechtslage idF AbgÄG 2010 auszulegen sei) durchzusetzen. Abgesehen davon sind Gesetzesmaterialien iRd historischen Auslegung zu beachten, wo auf den „historischen" Gesetzgeber und die Meinungen und Zwecke, die dieser mit dem BudBG 2007 realisieren wollte, abzustellen ist (*Bydlinski*, Methodenlehre [2005] 20 f). Vorliegend ist daher auf den Gesetzgeber des BudBG 2007 (und nicht des AbgÄG 2010) abzustellen. Die Gesetzesmaterialien zum BudBG 2007 enthalten keinerlei Hinweis auf einen gesetzgeberischen Willen, wie dieser in den Gesetzesmaterialien zum AbgÄG 2010 zum Ausdruck gebracht wird. Zusammenfassend sind die Gesetzesmaterialien zum AbgÄG 2010 unbeachtlich für die Auslegung des BudBG 2007, weil sie an erster Stelle vom Wortlaut und Sinnzusammenhang des § 16 Abs 1 S 2 idF BudBG 2007 nicht gedeckt und im Übrigen auch nicht dem maßgebenden historischen Gesetzgeber des BudBG 2007 zurechenbar sind.

42 Mit dem Abgabenänderungsgesetz 2015 (AbgÄG 2015, BGBl I 2015/163) wurde der Verweis auf § 1 Abs 2 abgeschafft (der weiter auf § 20 KStG und § 6 Z 14 EStG verwiesen hat) und durch einen direkten Verweis auf den nach § 6 Z 6 lit a EStG maßgeblichen Wert ersetzt. Die Einschränkung des österreichischen Besteuerungsrechtes bewirkt damit nicht mehr einen partiellen Anwendungsausschluss des Art III, sondern § 16 Abs 1 S 2 ist nunmehr als Bewertungsvorschrift anzusehen. Formal hat sich durch die Neuregelung auch der Bewertungsmaßstab geändert. Anstatt der mit dem Einsetzen der Tauschbesteuerung verbundenen Bewertung des Einbringungsvermögens mit dem gemeinen Wert nach § 6 Z 14 EStG ist das von der Einschränkung betroffene Einbringungsvermögen im Anwendungsbereich des § 16 Abs 1 S 2 mit den Fremdvergleichswerten nach § 6 Z 6 lit a EStG anzusetzen (*Hirschler/Knesl*, ÖStZ 2016/701, 499 [504]; *Mair*, Grenzüberschreitende Einbringungen 300; *Mayr/ Mair*, RdW 2016/42, 72 [73]). § 16 Abs 1 wurde ferner dahingehend erweitert, dass bei „teilweiser Einschränkung des Besteuerungsrechtes der Republik Österreich [...] auf den nach dem zweiten Satz ermittelten Gewinn der besondere Steuersatz gemäß § 27a Abs. 1 Z 2 des Einkommensteuergesetzes 1988 anzuwenden [ist]" (§ 16 Abs 1 S 4). Lt verwaltungsnahem Schrifttum handelt es sich dabei um eine „Klarstellung", mit der die bisherige Ansicht der UmgrStR Rz 860d nunmehr im Gesetz verankert wird und die bloß teilweise Einschränkung des Besteuerungsrechts kompensiert werden soll (*Schlager/Titz*, RWZ 2015/87, 381). Überdies wurde in § 16 Abs 1 ein sog Ratenzahlungskonzept implementiert, s dazu Rz 51.

B. Anwendungsbereich

Der Anwendungsbereich des § 16 Abs 1 S 2 und dessen Rechtsfolgen lassen sich **43** dem Gesetzestext auch nach den seit Einführung des Entstrickungstatbestandes mit AbgÄG 2005 zahlreichen Novellierungen nicht bzw nur mit großer Mühe entnehmen (idS *Wiesner*, zit in *Kirchmayr/Mayr*, Umgründungen 179 f) und ergründen sich erst in Zusammenschau mit den literarischen Beiträgen im verwaltungsnahen Schrifttum und den UmgrStR. Der Entstrickungstatbestand erfasst demnach folgende zwei Fallgruppen:

- **Gänzliche Einschränkung des österreichischen Besteuerungsrechts am Ein- 44 bringungsvermögen** (UmgrStR Rz 854a FN 3). Anwendungsfälle dieser Fallgruppe sind:
  - Überführung von Wirtschaftsgütern ins Ausland: Dafür spricht insb die historische Entwicklung des § 16 Abs 1 S 2. Die ursprüngliche Fassung (AbgÄG 2005) erfasst die einbringungsveranlasste Überführung von Vermögen ins Ausland, lt Gesetzesmaterialien kam es seither zu einer stetigen Erweiterung (nicht Einschränkung) des Entstrickungstatbestandes (s Rz 41 f); aA FV, wonach bei einer „(körperlichen) Überführung von Wirtschaftsgütern in das Ausland im Zuge oder im Anschluss an die Einbringung" § 6 Z 6 EStG vorgeht (UmgrStR Rz 857, 2. Gliederungspunkt idF vor WE 2013; BMF 22.10.2010, Sbg Steuerdialog 2010 [UmgrStG], zu § 16 Abs 1). Auch nach AbgÄG 2015 hat die Abgrenzung einer Entstrickungsbesteuerung nach § 6 Z 6 EStG von jener nach § 16 Abs 1 S 2 iVm § 6 Z 6 EStG Relevanz, weil die Rechtsfolgen (Ratenzahlungskonzept gemäß § 6 Z 6 EStG) enger als nach § 16 Abs 1 S 2 sind (zur relevanten Abgrenzung idF vor dem AbgÄG 2015 s Ausführungen an dieser Stelle in der 5. Aufl).
  - Einbringung einer Auslands-BS in einem DBA-Land mit Anrechnungsmethode durch einen Inländer in eine übernehmende ausländische Körperschaft (UmgrStR Rz 859 Bsp 2; *Huber*, ÖStZ 2006, 211).
  - Exporteinbringung von (in Österreich nach DBA-Grundsätzen steuerhängigen) Kapitalanteilen, unabhängig vom Vorliegen einer steuerfreien oder einer optierten Schachtelbeteiligung nach § 10 Abs 3 KStG (UmgrStR

Rz 857 Bsp 2 und Rz 860i; *Titz/Wild*, RdW 2017/263, 334 mwN; *Schlager*, RWZ 2017/21, 99) oder einer Schachtelbeteiligung nach § 10 Abs 4 KStG (idS UmgrStR Rz 994); § 16 Abs 1a sieht für Export-Einbringungen von Kapitalanteilen iSd § 12 Abs 2 Z 3 durch unbeschränkte steuerpflichtige Körperschaften allerdings Ausnahmeregelungen zu § 16 Abs 1 S 2 vor (UmgrStR Rz 857 Bsp 3; s Rz 56 ff).

– Einbringung von (in Österreich steuerhängigen) Kapitalanteilen, die bei der übernehmenden Körperschaft zwar nach innerstaatlichem Recht, aber nicht nach DBA-Grundsätzen einem inländischen Betriebsvermögen zuzurechnen sind (UmgrStR Rz 860c mVa die Zurechnungskriterien des sog Authorised OECD Approach).

– **Kein Anwendungsfall** des § 16 Abs 1 S 2 ist dagegen die Einbringung von bisher nicht steuerlich verstrickten Vermögen, zB Einbringung einer Auslands-BS in einem DBA-Land mit Befreiungsmethode durch einen Inländer in eine ausländische Körperschaft (UmgrStR Rz 859 Bsp 1).

45 • **Teilweise Einschränkung des österreichischen Besteuerungsrechts am Einbringungsvermögen** (iSe „Reduktion des Steuersatzes" infolge der einbringungsbedingten Überführung des Einbringungsvermögens aus der Einkommensteuerhängigkeit beim Einbringenden in die Körperschaftsteuerhängigkeit bei der übernehmenden Körperschaft; *Mayr*, zit in *Kirchmayr/Mayr*, Umgründungen 182) in Fällen einer **Einschränkung des österreichischen Besteuerungsrechts an den Gegenleistungsanteilen nach § 16 Abs 2 Z 1** (UmgrStR Rz 854a FN 6 und 7; „Verlust der zweiten Besteuerungsebene" bzw „partielle Entsteuerung" lt *Mayr*, RdW 2008, 618 [619]; *ders* in D/R I¹⁰ Tz 1183; „Einschränkung des Besteuerungsausmaßes" lt *Wiesner*, RWZ 2010, 165 [168]). Angesprochen sind hiermit insb Einbringungen von inländischen Betrieben oder Mitunternehmeranteilen durch (idR ausländische) natürliche Personen in inländische oder ausländische übernehmende Körperschaften, wodurch der bisher „volle Besteuerungszugriff" iRd Einkommensteuerpflicht des Einbringenden (55 % Grenzsteuersatz) aufgeteilt wird in zwei Besteuerungsebenen (Besteuerung der übernehmenden Körperschaft, Besteuerung der Gegenleistungsanteile) und das Besteuerungsrecht Österreichs auf Gesellschafterebene (Gegenleistungsanteile) nicht besteht (ErlRV 896 BlgNR 25. GP, 13: „*Zu einer solchen teilweisen Einschränkung des Besteuerungsrechts kommt es der Verwaltungspraxis folgend, wenn natürliche Personen einen [Teil-]Betrieb oder Mitunternehmeranteil einbringen und dabei das Besteuerungsrecht an der Gegenleistung eingeschränkt ist [Abs. 2 Z 1]*"). Das bisherige „volle" Besteuerungsrecht am Einbringungsvermögen wird damit für Zwecke des § 16 Abs 1 S 2 gedanklich auf zwei Besteuerungsebenen aufgeteilt (KSt-Hängigkeit bei der übernehmenden Körperschaft, ESt-Hängigkeit der Gegenleistungsanteile beim Einbringenden) und die Rechtsfolgen der Entstrickungsbesteuerung greifen für die (entfallende) zweite Besteuerungsebene (UmgrStR Rz 858; *Mayr/Petrag/Titz*, RdW 2013, 762 [767 ff]; *Mair*, Grenzüberschreitende Einbringungen 274 ff u 301 sowie *Mayr/Mair* in FS Hügel 267, die einräumen, dass eine Legaldefinition der teilweisen Einschränkung auch im Anwendungsbereich des AbgÄG 2015 fehlt und eine Auslegung anhand der Rechtsfolgen und Gesetzesmaterialien erforderlich ist; *Mayr/Mair*, RdW 2016/42, 72 [76 f]; *Walter*[11] Rz 402k; krit zur

Rechtslage vor AbgÄG 2010 *Furherr*, RdW 2008, 813; *Zöchling* in FS Rödler 957 [969]; krit zur Rechtslage AbgÄG 2010 *Jerabek/Jann*, GES 2013, 82 ff; *Kühbacher*, SWI 2015, 589 ff; *Beiser*, RdW 2016, 433; *Beiser*, IStR 2016, 582). Unter diese Fallgruppe des § 16 Abs 1 S 2 fallen (i) einbringende natürliche Personen iSd § 16 Abs 2 Z 1, dh Steuerausländer mit DBA-Ansässigkeit in einem EU/EWR-Staat (UmgrStR Rz 858 Bsp 1), oder (ii) Steuerinländer, wenn das Besteuerungsrecht an den Gegenleistungsanteilen abkommensrechtlich ausschließlich dem Ansässigkeitsstaat der ausländischen übernehmenden (EU/EWR- oder Drittland-)Körperschaft zugewiesen wird (idS UmgrStR Rz 858 Bsp 2, relevant bei DBA mit Befreiungsmethode iZm Immobiliengesellschaften, zB Estland, Lettland, Litauen, Neuseeland, Ukraine und Zypern). Wird das Besteuerungsrecht dagegen grundsätzlich Österreich zugewiesen und besteht lediglich eine Anrechnungsverpflichtung zugunsten des Ansässigkeitsstaats der ausländischen übernehmenden Körperschaft, liegt lt FV keine teilweise Einschränkung des Besteuerungsrechts vor (UmgrStR Rz 858 zu den DBA mit Frankreich, Japan, China, Brasilien, siehe Bsp 2 zu Frankreich; s Rz 18; aA noch UmgrStR Rz 858 Bsp 2 zu Frankreich idF vor WE 2017; *Titz/Wild*, RdW 2017/263, 334 mwN). Nicht erfasst sind einbringende Körperschaften iSd § 1 Abs 1 KStG mangels „Reduktion des Steuersatzes" (die fehlende Steuerhängigkeit der Gegenleistungsanteile für sich alleine ist unschädlich; ErlRV 662 BlgNR 24. GP, 12; UmgrStR Rz 860d Bsp 2 mit einschränkendem Hinweis auf Missbrauchsfälle; dazu *Mayr/Petrag/Titz*, RdW 2013, 762 [768]) und einbringende natürliche Personen iSd § 16 Abs 1 mangels „Verlust der zweiten Besteuerungsebene" (BMF 22.10.2010, Sbg Steuerdialog 2010 [UmgrStG], zu § 16 Abs 1, zur Einbringung von inländischen Mitunternehmeranteilen durch eine inländische natürliche Person in eine ausländische Kapitalgesellschaft mit nachfolgender Anwachsung der Mitunternehmerschaft). Auch der bloße Wechsel vom KESt-Regime idF StRefG 2015/2016 für die Veräußerung von Kapitalvermögen (27,5 %) in das KöSt-Regime (25 %) stellt lt FV u Literatur keine teilweise Einschränkung des Besteuerungsrechts iSd § 16 Abs 1 S 2 dar (Bsp: Einbringung von inländischen Kapitalanteilen durch eine ausländische natürliche Person ohne DBA-Schutz in eine ausländische Körperschaft ohne DBA-Schutz; UmgrStR Rz 860e; *Mayr/Mair*, RdW 2016, 78; *Mair*, Grenzüberschreitende Einbringungen 283). Gleiches soll lt Literatur für Grundstücke des Einbringungsvermögens gelten, die dem Sondersteuersatz nach § 30a Abs 1 EStG (30 %) unterliegen (*Jerabek/Jann*, GES 2013, 82; *Wurm*, GES 2014, 291; *Mair*, Grenzüberschreitende Einbringungen 283 u 302) oder wenn der Einbringende hins eines (Teil-)Betriebs die Anwendungsvoraussetzungen des halben Durchschnittssteuersatzes gem § 37 Abs 5 EStG erfüllt (*Jerabek/Jann*, GES 2013, 82; *Wurm*, GES 2014, 291; restriktiv *Mair*, Grenzüberschreitende Einbringungen 284). Zur grds „Unschädlichkeit" der Umwandlung einer Kapitalgesellschaft auf eine Personengesellschaft mit nat Personen als Mitunternehmer (Erhöhung des Steuersatzes) mit anschließender Mitunternehmeranteilseinbringung in eine Kapitalgesellschaft (Reduktion des Steuersatzes) s UmgrStR Rz 860f.

C. Verhältnis des Abs 1 zu Abs 2

§ 16 Abs 2 ist als **lex specialis zu § 16 Abs 1** zu sehen, jeglicher Fall der Einschränkung des österreichischen Besteuerungsrechts hinsichtlich der Gegenleistungs- **46** anteile ist zunächst unter Abs 2 zu subsumieren. Im Fall des Abs 2 Z 1 (Einschränkung im Verhältnis zu EU/EWR-Staaten) erfolgt der Rückverweis auf Abs 1, Abs 1a und auf Abs 3 als Spezialregelung zu Abs 1, womit die Entstrickungsbesteuerung nach Abs 1 S 2 in selber Weise wie bei unter Abs 1 fallenden Einbringenden zur Anwendung kommen kann (idS ErlRV 662 BlgNR 24. GP, zu § 16 UmgrStG; *Mayr*, RdW 2008, 618 [620], zu Zweifelsfragen der Abgrenzung zwischen 16 Abs 1 und 2; *Mair* in *Kirchmayr/Mayr*, Umgründungen 99).

47 Im Fall des **Abs 2 Z 2** (Einschränkung im Verhältnis zum Drittland) greift die dort vorgesehene **(sofortige) Zwangsaufwertung** als abschließende Rechtsfolgeregelung, wodurch im Ergebnis das Entstrickungsregime des Abs 1 S 2 (mit Ratenzahlungsmöglichkeit) durch Abs 2 Z 2 als lex specialis verdrängt wird.

D. Rechtsfolgen

49 § 16 Abs 1 S 2 sieht vor, dass „soweit" eine Einschränkung des österreichischen Besteuerungsrechtes erfolgt, „die nach § 6 Z 6 lit. a des Einkommensteuergesetzes 1988 maßgebenden Werte anzusetzen [sind], wobei § 6 Z 6 lit c bis e des Einkommensteuergesetzes 1988 sinngemäß anzuwenden sind." § 16 Abs 1 S 2 ist demnach eine **Bewertungsregelung**, die die übrigen Wirkungen des Art III unberührt lässt (UmgrStR Rz 860a; *Hirschler/Knesl*, ÖStZ 2016/701, 499 [504]; *Mair*, Grenzüberschreitende Einbringungen 300; *Mayr/Mair*, RdW 2016/42, 72 [73]; idS *Schwarzinger/Wiesner* I/2³ 2049). Rechtsfolge der Aufwertung ist die Ermittlung eines Einbringungs- bzw Aufwertungsgewinnes beim Einbringenden nach allgemeinen ertragsteuerlichen Grundsätzen (sog Entstrickungsbesteuerung; s § 12 Rz 32). Bei der Exporteinbringung von steuerbefreiten Schachtelbeteiligungen außerhalb des Anwendungsbereiches v Abs 1a (Einbringung in Drittstaat-Gesellschaft oder Unterbleiben der Gewährung von Gegenleistungsanteilen, s Rz 56) läuft diese Rechtsfolge ins Leere. Beim Export von sog werdenden Schachtelbeteiligungen (dh vor Ablauf der 1-Jahresfrist) wird demgegenüber ein Einbringungs- bzw Aufwertungsgewinn zu versteuern und das Erfüllen der Behaltefrist durch die ausländische übernehmende Körperschaft unbeachtlich sein; anderes gilt im Anwendungsbereich des Abs 1a, weil Abs 1a explizit die Buchwertfortführung anordnet und damit die Behaltefrist bei der übernehmenden Körperschaft fortläuft (s Rz 56 ff).

50 Für Zwecke der Bewertung des Einbringungsvermögens beim Einbringenden ist Rechtsfolge des Verweises von § 16 Abs 1 S 2 auf § 6 Z 6 lit a EStG jedenfalls, dass das Einbringungsvermögen mit dem **Fremdvergleichswert** unter Aufdeckung der stillen Reserven samt Firmenwert anzusetzen ist (zum Fremdvergleichswert und der Behandlung allfälliger stiller Lasten s *Hirschler/Knesl*, ÖStZ 2016/389, 257 [259] mwN). Ein Einbringungs- bzw Aufwertungsgewinn in Höhe der Differenz zwischen den Buchwerten des betroffenen Vermögens und deren Fremdvergleichswerten ist auf den **Einbringungsstichtag** zu beziehen (UmgrStR Rz 860d).

51 Als weitere Rechtsfolge besteht die Möglichkeit, anstelle der sofortigen Entstrickungsbesteuerung im Jahr des Einbringungsstichtages einen **Antrag auf Ratenzahlung** (sog Ratenzahlungskonzept) der entstandenen Steuerschuld bei Exporteinbringungen in einen EU/EWR-Staat mit umfassender Amts- und Vollstreckungshilfe zu stellen (§ 6 Z 6 lit c EStG idF AbgÄG 2015; *Mayr/Mair*, RdW 2016/42, 72 [75]; s im Detail § 1 Rz 164, s § 18 Rz 47 zum „Übergang" von Raten auf die übernehmende Körperschaft). Letzteres ist derzeit im Hinblick auf Liechtenstein

(s Art 25a u 25b des DBA Liechtenstein idF des Protokolls vom 29.1.2013, BGBl III 2013/302) und Norwegen (Art 27 f DBA Norwegen, BGBl III 1997/1 idF BGBl III 2006/181), im Hinblick auf Island erst seit 1.1.2017 (UmgrStR Rz 860a) der Fall (s im Detail § 1 Rz 154). Der Antrag auf Ratenzahlung ist in der Steuererklärung jenes Veranlagungszeitraumes zu beantragen, in den der Einbringungsstichtag fällt (UmgrStR Rz 860d). Das **Ratenzahlungskonzept** ist anzuwenden auf Einbringungen, die **nach dem 31.12.2015 beschlossen oder vertraglich unterfertigt** wurden (3. Teil Z 30 idF AbgÄG 2015; *Mayr/Mair*, RdW 2016, 78). Durch das Ratenzahlungskonzept wurde das in § 16 Abs 1 S 2 iVm § 1 Abs 2 idF vor AbgÄG 2015 verankerte Nichtfestsetzungskonzept ersetzt (ErlRV 896 BlgNR 25. GP, 11 ff, zum Nichtfestsetzungskonzept s 5. Aufl; *Bernwieser*, ÖStZ 2017/652, 437 zu Zweifelsfragen betreffend die Nichtfestsetzung iZm Gegenleistungsanteilen). Wurde die Steuerschuld bis zum Inkrafttreten des Ratenzahlungskonzeptes nach dem Nichtfestsetzungskonzept auf Antrag gestundet, verjährt das Recht auf Festsetzung zehn Jahre, nachdem die Steuerschuld (insb durch Veräußerung oder sonstiges Ausscheiden des entstrickten Vermögens) festzusetzen ist (§ 209 Abs 5 BAO idF AbgÄG 2015). Damit entfällt die endgültige Steuerneutralität hins des einbringungsbedingt entstrickten Vermögens nach Ablauf der Zehnjahresfrist für diese Altfälle (*Walter*[11] Rz 402d; *Mayr/Mair*, RdW 2016, 73; s im Detail § 1 Rz 147).

Das Ratenzahlungskonzept differenziert zwischen Wirtschaftsgütern des Anlage- und Umlaufvermögens:

- Die auf Wirtschaftsgüter des **Anlagevermögens** entfallende Steuerschuld kann auf Antrag **in sieben Jahresraten** entrichtet werden. Aus Vereinfachungsgründen wird nicht danach unterschieden, ob es sich um abnutzbares oder nicht abnutzbares bzw um körperliches oder unkörperliches Anlagevermögen handelt (*Schlager/Titz*, RWZ 2015/87, 378). Der Eintritt von Umständen, die zu einer Fälligstellung noch offener Raten führen, ist der Abgabenbehörde binnen drei Monaten anzuzeigen (§ 16 Abs 1 iVm § 6 Z 6 lit d EStG idF AbgÄG 2015, s im Detail § 1 Rz 164, 167 ff).

- Die auf Wirtschaftsgüter des **Umlaufvermögens** entfallende Steuerschuld kann auf Antrag **in zwei Jahresraten** entrichtet werden, unabhängig davon, ob eine Veräußerung bereits zu einem früheren Zeitpunkt erfolgt. Eine Anzeigepflicht bei der Abgabenbehörde besteht folglich nicht (*Schlager/Titz*, RWZ 2015/87, 378, s im Detail § 1 Rz 164, 170).

Stellungnahme. Fraglich ist, wie bei der Einbringung von außerbetrieblichen Kapitalanteilen iSd § 12 Abs 2 Z 3 vorzugehen ist. Aus dem (sinngemäßen) Verweis auf § 6 Z 6 lit c bis e EStG, der grds nur für Betriebsvermögen anzuwenden ist, lässt sich nicht ableiten, ob die zwei- oder siebenjährige Ratenverteilung anzuwenden ist. Es wird daher auf die allgemeinere Norm des § 27 Abs 6 Z 1 lit d EStG idF AbgÄG 2015 zurückzugreifen sein (Einschränkung des Besteuerungsrechts in allen nicht in § 27 Abs 6 Z 1 lit a EStG idF AbgÄG 2015 genannten Fällen). Diese verweist auf die sinngemäße Anwendung von § 6 Z 6 lit c u d EStG idF AbgÄG 2015 (Ratenverteilung auf sieben Jahre). Dafür spricht etwa, dass § 27 Abs 6 Z 1 lit d EStG idF AbgÄG 2015 im Verhältnis zum UmgrStG lex generalis für außerbetrieblich gehaltene Kapitalanteile ist. Im Ergebnis sollte daher die auf außerbetriebliche Kapitalanteile entfallende Steuerschuld auf Antrag in sieben Jahresraten entrichtet werden können (im Ergebnis wohl auch *Mayr/Mair*, RdW 2016/42, 72 [75], wobei aus dem angeführten Bsp nicht hervorgeht, ob es sich um einen betrieblichen oder außerbetrieblichen Kapitalanteil der natürlichen Person handelt).

IZm den Rechtsfolgen ist zwischen den oa beiden **Fallgruppen** der Einschränkung des österreichischen Besteuerungsrechts (Rz 43 ff) zu unterscheiden:

52 Im Falle einer **gänzlichen Einschränkung des österreichischen Besteuerungsrechts am Einbringungsvermögen** (s oben Rz 44) erfasst die Bewertung mit dem Fremdvergleichswert nach § 6 Z 6 lit a EStG die **stillen Reserven des entstrickten Einbringungsvermögens** in den Händen des Einbringenden (Grenzbesteuerung). Bei Exporteinbringungen in den EU-/EWR-Raum mit umfassender Amts- und Vollstreckungshilfe kann die Entrichtung der Grenzbesteuerung nach § 6 Z 6 lit c bis e EStG in Raten beantragt werden (UmgrStR Rz 860a).

52a Noch offene Raten sind nach § 6 Z 6 lit d EStG grds insoweit **fällig zu stellen**, als das eingebrachte **entstrickte Anlagevermögen** (i) **veräußert** wird, (ii) auf sonstige Art **ausscheidet** oder (iii) in einen Drittstaat (außerhalb des EU/EWR-Raums) **überführt** wird (UmgrStR Rz 860g; *Mayr/Mair*, RdW 2016/42, 72; *Titz/Wild*, RdW 2017/263, 334). Sind nicht sämtliche WG, die dem Ratenzahlungskonzept unterliegen, von einer Veräußerung, sonstigem Ausscheiden oder Überführung betroffen, ist der Abgabenbescheid nur hinsichtlich der tatsächlich betroffenen WG abzuändern (ErlRV 896 BlgNR 25. GP, 4); die übrigen WG betreffende offene Raten sind der Höhe nach anzupassen (*Schlager/Titz*, RWZ 2015/87, 377). Eine Fälligstellung unterbleibt, wenn das Vermögen im Zuge einer steuerneutralen Umgründung nach ausländischem Abgabenrecht als solches erhalten und weiterhin innerhalb des EU-/EWR-Raumes mit umfassender Amts- und Vollstreckungshilfe steuerhängig bleibt (UmgrStR Rz 860g); stundungsschädlich wäre aber, wenn im Falle einer Exporteinbringung eines Kapitalanteiles die Beteiligungsgesellschaft in weiterer Folge auf die übernehmende ausländische Körperschaft verschmolzen wird (UmgrStR Rz 860g). Eine nach ausländischem Abgabenrecht steuerpflichtige (realisierende) Umgründung oder eine (steuerneutrale) Umgründung in einen Drittstaat (zB Folgeeinbringungen des eingebrachten Vermögens in eine in einem Drittstaat ansässige Gesellschaft oder Folgeverschmelzung der übernehmenden Gesellschaft auf eine in einem Drittstaat ansässige Gesellschaft) führen ebenfalls zu einer vorzeitigen Fälligstellung (UmgrStR Rz 860g u 44a).

52b Darüber hinaus sieht § 16 Abs 1 S 3 eine **Fälligstellung** noch **offener Raten** vor, wenn der Einbringende **seine Gegenleistungsanteile an der übernehmenden Körperschaft veräußert** oder **diese auf sonstige Art ausscheiden** (*Titz/Wild*, RdW 2017/263, 334; *Schlager/Titz*, RWZ 2015/87, 380, wonach diese Sonderregelung notwendig ist, weil sich der Wert der Gegenleistungsanteile beim Ratenzahlungskonzept – anders als beim Nichtfestsetzungskonzept – bereits im Zeitpunkt der Einbringung erhöht u die stillen Reserven bei Veräußerung der Gegenleistung nicht realisiert werden können; *Walter*[11] Rz 402d). Damit führt nicht nur die Veräußerung oder ein sonstiges Ausscheiden des eingebrachten Vermögens, sondern bereits eine Veräußerung oder ein sonstiges Ausscheiden des Gegenleistungsanteils zur Fälligstellung noch offener Raten (ErlRV 896 BlgNR 25. GP, 13; *Mayr/Mair*, RdW 2016, 75). Zu etwaigen Ersatzrealisierungen hinsichtlich der Gegenleistungsanteile des Einbringenden hat die FV bestätigt, dass Anteilsübertragungen im Wege einer nach ausländischem Recht steuerneutralen Umgründung im EU/

EWR-Raum iSd UmgrStR Rz 860g (s Bsp 1) und unentgeltliche Übertragungen auf in die EU/im EWR ansässige natürliche Personen im Wege der Gesamtrechtsnachfolge (zB Erbweg) unschädlich sind; die Übertragung auf den Gesamtrechtsnachfolger ist der Abgabenbehörde anzuzeigen (BMF-Einzelerledigung). Die unentgeltliche Übertragung im Wege der Einzelrechtsnachfolge (zB Schenkung, Vermächtnis, Stiftung) wurde bisher als stundungsunschädlich jedenfalls für den Steueraufschub nach § 27 Abs 6 Z 1 lit b EStG idF vor AbgÄG 2015 bestätigt (EStR Rz 6170b, BMF-EAS 3176, 20.9.2010 und BMF-EAS 3182, 20.10.2010).

Stellungnahme. Für den Fortlauf der Raten im Falle einer unentgeltlichen Anteilsübertragung iRd Einzelrechtsnachfolge sprechen als überzeugende Argumente, dass dieser Übertragungsvorgang (i) innerhalb Österreichs gleichfalls steuerneutral nach § 27 Abs 6 Z 2 TS 5 EStG oder § 6 Z 9 lit a EStG und (ii) grenzüberschreitend in den EU/EWR-Raum einem Steueraufschub nach § 27 Abs 6 Z 1 lit a EStG zugänglich ist (EStR Rz 6170b zur Stundungsmöglichkeit bei grenzüberschreitender Schenkung oder Stiftung; BMF-EAS 3182, 20.10.2010 zur grenzüberschreitenden Stiftung; idS *Mair/Mayr* in W/H/M, HdU[16] § 16 Rz 55); durch diese Vorgänge wird daher keine ansonsten anfallende österreichische Steuer vermieden und die Annahme eines Realisierungstatbestandes führt zu einer Diskriminierung gegenüber dem Inlands- bzw Exportfall.

Die Einbringung erfolgt unabhängig von einem Antrag auf Ratenzahlung sowohl **52c** für Zwecke der Einbringungsbilanz (§ 15) als auch der Bewertung der Gegenleistungsanteile (§ 20 Abs 2) zu **Fremdvergleichswerten**; zu einer erst rückwirkenden Erhöhung der Gegenleistungsanteile aufgrund von § 20 Abs 2 Z 5 UmgrStG kommt es nur noch im Falle von Festsetzungen aufgrund von § 16 UmgrStG idF vor dem AbgÄG 2015 (UmgrStR Rz 860b).

Im Fall einer **teilweisen Einschränkung des österreichischen Besteuerungsrechts** **53** **am Einbringungsvermögen im Anwendungsbereich des § 16 Abs 2 Z 1** (s oben Rz 45) erfasst die Entstrickungsregel lt Gesetzesmaterialien lediglich die (gedankliche) **zweite Besteuerungsebene des Einbringenden** (Gesellschafterebene; ErlRV 662 BlgNR 24. GP, 12). Es kommt folglich durch Ansatz des Fremdvergleichswertes zur Aufdeckung der stillen Reserven im Einbringungsvermögen; der Aufwertungsgewinn ist auf den Einbringungsstichtag bezogen zu ermitteln und führt zu **betrieblichen Einkünften** des Einbringenden (UmgrStR Rz 860d), die nach § 16 Abs 1 S 4 dem Sondersteuersatz iHv 27,5 % nach § 27a Abs 1 Z 2 EStG unterliegen (für Einbringungsstichtage nach 31.3.2012 [BudBG 2011] bis 31.12.2015: 25 %; für Einbringungsstichtage bis 31.3.2012 ist die nicht festzusetzende Steuerschuld mit dem Hälftesteuersatz nach § 37 EStG idF vor BBG 2011 im Jahr der Einbringung zu bemessen; UmgrStR Rz 860d; BMF 3.10.2013, Sbg Steuerdialog 2013 [UmgrStG], Pkt 2.4; *Schwarzinger/Wiesner* I/2[3] 2049; *Walter*[11] Rz 402k; kritisch *Kühbacher*, SWI 2015, 589 ff). Der Antrag auf Ratenzahlung steht dem Einbringenden offen und ist in der Steuererklärung jenes Veranlagungszeitraumes, in den der Einbringungsstichtag fällt, zu stellen (UmgrStR Rz 860d). Zur **Fälligstellung** noch **offener** Raten **führt** nach § 16 Abs 1 S 4 iVm S 5 **nur** die Veräußerung oder das sonstige Ausscheiden der Gegenleistungsanteile, nicht aber die Veräußerung oder das sonstige Ausscheiden des eingebrachten Vermögens durch die übernehmende Körperschaft (UmgrStR Rz 860g). Auf Ebene der **übernehmenden Kör-**

perschaft sind gem der Sonderregelung in § 18 Abs 1 Z 1 S 2 die **Buchwerte** des Einbringungsvermögens fortzuführen (UmgrStR Rz 860g; s § 18 Rz 21; lt *Schlager/ Titz*, RWZ 2015/87, 381 wird damit bei einer späteren Veräußerung die gänzliche Besteuerung des Einbringungsvermögens *„vervollständigt"*; *Mayr/Mair*, RdW 2016, 77). Die Bewertung der **Gegenleistungsanteile** erfolgt zu **Fremdvergleichswerten** (§ 20 Abs 2, s § 20 Rz 8). Zum Verlustübergang s § 21 Rz 31.

VII. Exporteinbringung von Kapitalanteilen nach § 16 Abs 1a (Anteilstausch)

A. Überblick

56 Für die Exporteinbringung von betriebszugehörigen Kapitalanteilen iSd § 12 Abs 2 Z 3 ist in § 16 Abs 1a eine **Ausnahme von der Grenzbesteuerung** nach § 16 Abs 1 S 2 unter bestimmten Voraussetzungen vorgesehen: Bei der **Kapitalanteilseinbringung** durch eine **unbeschränkt steuerpflichtige Kapitalgesellschaft oder Genossenschaft** in eine in der Anlage zum UmgrStG aufgezählte Gesellschaft eines (anderen) EU-Mitgliedstaates bleibt es bei der Buchwerteinbringung ohne sofortige Grenzbesteuerung nach § 16 Abs 1 S 2, wenn dem Einbringenden **eine Gegenleistung gewährt** wird. Entsteht als Gegenleistung eine internationale Schachtelbeteiligung nach § 10 Abs 2 KStG an der übernehmenden Körperschaft oder wird ihr Ausmaß erweitert, sieht § 16 Abs 1a TS 2 S 1 einen zusätzlichen Besteuerungstatbestand hinsichtlich der im eingebrachten Kapitalanteil enthaltenen stillen Reserve (Unterschiedsbetrag zwischen dem Buchwert und dem gemeinen Wert zum Einbringungsstichtag) vor, wenn die eingebrachten Kapitalanteile von der übernehmenden Gesellschaft „in weiterer Folge" veräußert werden oder sonst aus dem Betriebsvermögen ausscheiden. Im Unterschied zur sofortigen Grenzbesteuerung nach § 16 Abs 1 S 2, bei der die Steuerschuld am Einbringungsstichtag entsteht und lediglich die Bezahlung auf Antrag in Raten erfolgen kann, entsteht bei der Exporteinbringung von Kapitalanteilen nach § 16 Abs 1a am Einbringungsstichtag keine Steuerschuld, sondern erst bei Vorliegen der vorgenannten Voraussetzungen im (künftigen) Jahr ihres Eintritts (UmgrStR Rz 860h). Der Anteilstausch wurde mit dem Abgabenänderungsgesetz 2015 (AbgÄG 2015, BGBl I 2015/163) inhaltlich unverändert von § 16 Abs 1 S 3 idF vor AbgÄG 2015 in einen neuen Abs 1a überführt. Die Gesetzesmaterialien führen dazu aus, dass *„dies der besseren Übersichtlichkeit dienen und vor* [einem] *systematischen Hintergrund das Ratenzahlungskonzept von jenen Fällen trennen* [soll]*, bei denen die Abgabenschuld nicht entsteht.* [Der Anteilstausch soll] *aufgrund der Fusionsrichtlinie auch weiterhin beibehalten werden"* (ErlRV 896 BlgNR 25. GP, 11, 13). Das Erfordernis der Gewährung einer Gegenleistung wurde erst mit dem Abgabenänderungsgesetz 2016 (AbgÄG 2016, BGBl I 2016/117) vor dem Hintergrund des Art 8 Abs 1 FRL im Gesetzestext verankert (ErlRV 1352 BlgNR 25. GP, 12). Auf Basis des bis zum AbgÄG 2016 maßgeblichen Wortlauts von § 16 Abs 1a war denkbar, auf eine Anteilsgewährung zu verzichten (zB die inländische einbringende und ausländische übernehmende Körperschaft haben denselben inländischen Gesellschafter iSd § 19 Abs 2 Z 5), womit die Rechtsfolge des § 16 Abs 1a TS 2 (Rz 61) ins Leere geht (*Schlager/Baumgartner*, RWZ 2016/78, 343 [345 f]). *Titz/Wild*, RdW 2017/263, 334).

Stellungnahme. Fraglich ist, wann das Tatbestandsmerkmal der „Gewährung einer Gegenleistung" iSd § 16 Abs 1a erfüllt ist, da den Gesetzesmaterialien idZ nichts Näheres zu entnehmen ist. Der Gesetzeswortlaut (keine tatbestandsmäßige Einschränkung auf „neue" Gegenleistungsanteile) legt nahe, dass neben der Gewährung neuer (eingebringungsgeborener) Gegenleistungsanteile iSd § 19 Abs 1 (s § 19 Rz 53) auch bereits bestehende Anteile iSd § 19 Abs 2 Z 1 bis Z 3 gewährt werden können (s § 19 Rz 58, 61, 71). Dafür spricht auch die Definition des „Austauschs von Anteilen" in Art 2 lit e FRL, nach der ebenso keine „neuen" Anteile zu gewähren sind („*[...] die Gesellschafter der anderen Gesellschaft im Austausch für ihre Anteile Anteile am Gesellschaftskapital der erwerbenden Gesellschaft und gegebenenfalls eine bare Zuzahlung erhalten; letztere darf 10 % des Nennwerts oder [...] nicht überschreiten*"). Im Verhältnis zu § 19 Abs 2 Z 4 und Z 5 wird § 16 Abs 1a aber lex specialis sein, da in diesen Fällen keine neuen oder bereits bestehende Anteile gewährt werden (s § 19 Rz 76 u 81). In letztgenannten Fällen wird § 16 Abs 1a somit nicht anwendbar sein und die allgemeine Entstrickungsregel nach § 16 Abs 1 S 2 greifen.

Die entstrickungsbedingte Grenzbesteuerung nach § 16 Abs 1a (bzw Abs 1 S 2) gilt **57** für die Exporteinbringung einer steuerhängigen optierten internationalen Schachtelbeteiligung nach § 10 Abs 3 Z 1 KStG, einer Schachtelbeteiligung nach § 10 Abs 4 KStG (idS UmgrStR Rz 994) u lt neuer Auffassung der FV nunmehr auch einer steuerneutralen Schachtelbeteiligung iSd § 10 Abs 3 KStG (UmgrStR Rz 860i, arg „liegt zunächst eine Einschränkung des Besteuerungsrechtes im eingebrachten Vermögen vor", aufgrund des Sonderregimes des Anteilstauschs erfolgt die Einbringung aber zu Buchwerten). Die weitere Rechtsfolge der Besteuerung des „Unterschiedsbetrages zwischen dem Buchwert und dem gemeinen Wert" gem Abs 1a (s im Detail Rz 66 f) läuft lt FV aber leer (UmgrStR Rz 860i). Wenngleich dieses Ergebnis insb aus systematischen Überlegungen zwingend ist (insb in Zusammenschau mit der Nichtanwendbarkeit v § 20 Abs 7 Z 1 iZm internationalen Schachtelbeteiligungen, vgl UmgrStR Rz 1163b), lässt es sich nur erreichen, wenn die – insoweit eindeutige – Rechtsfolgeregelung in Abs 1a teleologisch reduziert wird. Im Ergebnis bleibt damit keinerlei Anwendungsbereich für die Exportregelungen iZm steuerneutralen Schachtelbeteiligungen. Nicht zuletzt daran zeigt sich, dass sich die Auffassung der FV (Entstrickung iSd Abs 1 S 2 auch bei Export steuerneutraler Schachtelbeteiligungen) dem Gesetzgeber nicht zuschreiben lässt und daher als unzutreffend abzulehnen ist. Anders ist dies beim Export sog werdender Schachtelbeteiligungen (Jahresfrist nach § 10 Abs 2 KStG zum Einbringungsstichtag nicht erfüllt) zu sehen, die laut UmgrStR Rz 1164 generell mit steuerneutralen Schachtelbeteiligungen gleichzusetzen sind, sofern die Behaltefrist von der übernehmenden Körperschaft erfüllt wird. Bei Export einer werdenden Schachtelbeteiligung laufen die Rechtsfolgen nur dann leer, wenn die übernehmende Körperschaft die Behaltefrist erfüllt, (i) die Fristen aufgrund der steuerlichen Gesamtrechtsnachfolgefiktion bei der übernehmenden Körperschaft weiterlaufen und (ii) sich dieses Ergebnis auch in systematischer Zusammenschau mit § 20 Abs 7 Z 1 ergibt (bestätigt durch BMF-Einzelerledigung).

B. Verhältnis zu § 16 Abs 2 Z 1

Fraglich ist, ob und bejahendenfalls inwieweit der **persönliche Anwendungs-** **58** **bereich** des § 16 Abs 1a (unbeschränkt steuerpflichtige Kapitalgesellschaften und Genossenschaften) durch den Verweis in § 16 Abs 2 Z 1 auf Abs 1a eine Erweiterung erfährt. § 16 Abs 2 Z 1 ist lt FV auf in einem EU/EWR-Staat unbeschränkt steuerpflichtige juristische und **auch natürliche Personen** anwendbar (s oben Rz 19). Wird iRd Verweises in § 16 Abs 2 Z 1 auf Abs 1a das Tatbestandsmerkmal der „unbeschränkt steuerpflichtigen Kapitalgesellschaften und Genossenschaften" in § 16 Abs 1a teleologisch reduziert und durch den Kreis der Einbringenden iSd § 16 Abs 2 Z 1 substituiert, würde die Export-Einbringung von Kapitalanteilen zB aus inländischen Betriebsstätten ausländischer natürlicher EU-/EWR-Personen keine Entstrickungsbesteuerung nach § 16 Abs 1 S 2 auslösen. Die Erweiterung auf ausländische natürliche EU/EWR-Personen wäre jedenfalls unionsrechtlich geboten (s Rz 71), in der Literatur reicht das Meinungsspektrum von keinerlei Änderung des persönlichen Anwendungsbereichs des § 16 Abs 1a durch den Verweis in § 16 Abs 2 Z 1 (*Hirschler*, taxlex 2005, 605 [607]; *Krickl*, taxlex 2006, 259 [261]) bis zu einer „sinngemäßen" Erweiterung auf EU-/EWR-Körperschaften (*Huber*, ÖStZ 2006, 211 [212, FN 16]; *Hohenwarter*, RdW 2006, 596 [600]; *Mair*, Grenzüberschreitende Einbringungen 324).

59 Stellungnahme. Für die Ausweitung auf sämtliche Einbringende iSd § 16 Abs 2 Z 1 sprechen die historische Entwicklung und der Gesetzeswortlaut des § 16 Abs 2 Z 1. Die anlässlich der Einführung der Sonderregelung für Export-Anteilseinbringungen iRd AbgÄG 2005 in § 16 Abs 2 Z 1 neu aufgenommene Regelung lautete „Abs 1 dritter bis letzter Satz ist anzuwenden", sie enthielt keine Einschränkung auf eine „entsprechende" oder „sinngemäße" Anwendung. Lt ErlRV 1187 BlgNR 24. GP, zu § 16 Abs 2 Z 1 UmgrStG, betrifft die Bezugnahme auf Abs 1 „die Einbringung durch die inländische Betriebsstätte des ausländischen Abgabepflichtigen", insgesamt soll – gemeinsam mit weiteren Gesetzesänderungen – „eine systematische Annäherung zu den Vermögenstransferregelungen für inländische Einbringende" geschaffen werden. Ein Hinweis auf bestimmte Anforderungen an den ausländischen Einbringenden (zB Vergleichbarkeit mit inländischen Kapitalgesellschaften oder Genossenschaften) erfolgt nicht. Der ausdrückliche Verweis in § 16 Abs 2 Z 1 wurde iRd AbgÄG 2010 gestrichen, der Streichung kommt lt ErlRV 662 BlgNR 24. GP aber lediglich klarstellende Bedeutung zu; die Historie des § 16 Abs 2 Z 1 (ausdrücklicher Verweis in § 16 Abs 2 Z 1 idF AbgÄG 2005 ohne Einschränkung auf eine sinngemäße Anwendung) spricht für eine Anwendbarkeit des § 16 Abs 1a auf sämtliche Einbringende iSd § 16 Abs 2 Z 1. Dieses Ergebnis ist im Übrigen auch nach der FRL geboten, die darüber hinaus die Anwendbarkeit des § 16 Abs 1a auch auf Drittlandsangehörige erstreckt (s unten Rz 71).

C. Tatbestandsvoraussetzungen der Entstrickungsbesteuerung nach § 16 Abs 1a TS 2

61 Voraussetzung für eine Besteuerung nach § 16 Abs 1a TS 2 ist zunächst das **Entstehen oder die Veränderung einer internationalen Schachtelbeteiligung nach § 10 Abs 2 KStG** beim Einbringenden an der übernehmenden Körperschaft; der Tatbestand ist nahezu wortident zu § 20 Abs 7 Z 1 gefasst, laut Gesetzesmaterialien stehen beide Vorschriften in „systematischem Zusammenhang" (ErlRV 1187 BlgNR 22. GP, 17), womit grundsätzlich auf die Kommentierung zu § 20 Abs 7 Z 1 verwiesen werden kann (idS auch *Walter*[11] Rz 402e mVa 486 f; *Mayr* in D/R[10] Tz 1184 mVa 1196). Folglich setzt § 16 Abs 1a TS 2 eine steuerneutrale Schachtelbeteiligung voraus (analog § 20 Abs 7 Z 1) und steht eine steuerwirksame Schachtelbeteiligung des Einbringenden an der übernehmenden Körperschaft (zB Option nach § 10 Abs 3 Z 1 KStG) oder ein Gegenleistungsbeteiligungsausmaß von unter 10 %

einer Besteuerung nach § 16 Abs 1a TS 2 entgegen (idS ErlRV 1187 BlgNR 22. GP, 16 f mVa das „internationale Schachtelprivileg"; idS UmgrStR Rz 860i; s § 20 Rz 85 und 94a). Weitere Voraussetzung ist die **Veräußerung** der eingebrachten Kapitalanteile oder ein **sonstiges Ausscheiden aus dem Betriebsvermögen** der übernehmenden Körperschaft. Der Realisierungstatbestand ist lt UmgrStR gleichzusetzen mit der Auslegung des entsprechenden Tatbestandes iRd Ratenzahlungskonzepts nach § 16 Abs 1 S 2 iVm § 6 Z 6 lit bis e EStG (UmgrStR Rz 860h). Demnach führt eine Folgeumgründung bei der übernehmenden ausländischen Gesellschaft nicht zu einer Realisierung unter denselben Voraussetzungen wie nach § 16 Abs 1a S 2 (steuerneutrale Umgründung nach ausländischem Abgabenrecht, Umgründungs-Nachfolgegesellschaft erfüllt Voraussetzungen des § 16 Abs 1a; UmgrStR Rz 860h mit Beispiel).

Als zusätzliches Tatbestandsmerkmal muss die Veräußerung (bzw Ersatzrealisierung) **„in weiterer Folge"** stattfinden. Lt UmgrStR ist die Wortfolge „sowohl zeitlich als auch vor dem Sinn und Zweck der Bestimmung zu sehen" (UmgrStR Rz 860h). Die Gesetzesmaterialien zum AbgÄG 2005 (ErlRV 1187 BlgNR 22. GP, 16 f) führen zur Sonderregelung für Exporteinbringungen von Kapitalanteilen aus, dass „im Falle der grenzübergreifenden Anteilseinbringung eine dem Artikel 8 der FRL (90/434/EWG) entsprechende Regelung Platz greifen [soll]. Es soll dem Grunde nach die Buchwerteinbringung gelten, es soll aber die Steuerschuld hinsichtlich der stillen Reserven der eingebrachten Kapitalanteile dann entstehen, wenn durch die Einbringung von Kapitalanteilen eine internationale Schachtelbeteiligung entsteht oder eine solche verändert wird und die übernehmende Gesellschaft die Kapitalanteile in weiterer Folge veräußert oder die Kapitalanteile sonst aus dem Betriebsvermögen ausscheiden. […]. Dieses Entstehen einer Steuerschuld im Zusammenhang mit dem internationalen Schachtelprivileg ist vom Sinn und Zweck der Fusionsbesteuerungsrichtlinie gedeckt, weil die Richtlinie nur Benachteiligungen grenzüberschreitender Umgründungen verhindern und **nicht missbräuchliche Gestaltungen begünstigen** will. Entsprechend eindeutig sind auch die **Missbrauchbestimmungen** in der Präambel und in Artikel 11 der Fusionsbesteuerungsrichtlinie". Zweck des § 16 Abs 1a ist demnach die Umsetzung des Anteilstausches iSd Art 2 lit d FRL (zum Anteilstausch s oben § 12 Rz 60), der Nachbesteuerungstatbestand in § 16 Abs 1a TS 2 S 1 somit an den diesbezüglichen Vorgaben der FRL zu messen. Als Rechtsfolge des Anteilstausches sieht die FRL in Art 8 Abs 1 FRL ein Besteuerungsverbot vor, wonach der Anteilstausch für sich allein keine Veräußerungsgewinnbesteuerung beim einbringenden Gesellschafter auslösen darf. Nach EuGH 11.12.2008, C-285/07, *AT*, wirkt das Besteuerungsverbot in Art 8 Abs 1 FRL absolut und lässt den Mitgliedstaaten keinen Umsetzungsspielraum, die Steuerneutralität von zusätzlichen Voraussetzungen abhängig zu machen (im entschiedenen Fall von der Bewertung der eingebrachten Anteile bei der übernehmenden Körperschaft), abgesehen vom Missbrauchsvorbehalt nach Art 11 Abs 1 FRL (Rs *AT*, Rn 26). Art 11 Abs 1 FRL ermächtigt die MS, die Begünstigungen der FRL zu versagen, wenn der Umgründungsvorgang als „einen der hauptsächlichen Beweggründe" die Steuerhinterziehung oder -umgehung hat. Diesbezüglich verweist der EuGH in der Rs *AT* auf seine Rsp in der Rs *Leur-Bloem* (17.7.1997, C-28/95), wonach Art 11 Abs 1 FRL die MS nicht ermächtige, anhand „allgemeiner Kriterien" einen Missbrauch anzunehmen; erforderlich sei vielmehr eine „Untersuchung jedes Einzelfalls", wobei diese Untersuchung „gerichtlich überprüfbar" sein müssen (EuGH C-28/95, *Leur-Bloem*, Rn 41). Eine auf Art 11 Abs 1 gestützte Missbrauchsbekämpfungsregelung darf somit die Begünstigungen der FRL nicht typisierend einschränken (zB durch gesetzliche Behaltefristen), sondern muss an das (gerichtlich überprüfbare) Vorliegen der tatbestandlichen Voraussetzungen des Art 11 Abs 1 (Steuerumgehung als hauptsächlicher Beweggrund der Umgründung) im jeweiligen Einzelfall anknüpfen (EuGH Rs *AT*, Rn 31). Bei einer an der gewöhnlichen Wortlautbedeutung orientierten Auslegung des § 16 Abs 1a TS 2 S 1 (dh undifferenzierte Anwendung auf sämtliche, einer Einbringung „folgende" Veräußerungen bzw Ersatzrealisierungen durch die erwerbende Körperschaft) würde der Realisierungstatbestand aufgrund der oben aufgezeigten Gemeinschaftsrechtsinkonformität durch die unmittelbare Wirkung der FRL zur Gänze verdrängt werden, § 16 Abs 1 würde ohne die Einschränkung des § 16 Abs 1a TS 2 S 1 gelten (*Furherr*, taxlex 2006, 309 [314] mwN; offensichtlich auch *Hohenwarter*, RdW 2006, 725 [732]; zu EU-rechtlichen Bedenken ferner *Mühlehner*, SWI 2009, 269; *Krickl*, taxlex 2006, 259; allg zur Unterscheidung zwischen richtlinienkonformer Auslegung nationaler Normen, bei der innerhalb des möglichen Wortsinnes der nationalen Regelung noch ein gemeinschaftskonformes Auslegungsergebnis erzielt werden kann und der unmittelbaren Wirkung der Richtlinie, wo das gemeinschaftskonforme Auslegungsergebnis im möglichen Wortsinn der nationalen Regelung keine Deckung findet, das Gemeinschaftsrecht vom Gesetzgeber somit nicht entsprechend umgesetzt wurde und folglich die nationale Vorschrift aufgrund der unmittelbaren Wirkung der Richtlinie nicht anwendbar ist, vgl *Klamert*, Auslegung 157 f; *Müller-Dobler*, UFSaktuell 2006/2, 61). Im Schrifttum zum § 16 Abs 1 TS 2 S 1 wird auch von Vertretern der FV anerkannt, dass die Vorschrift nach deren Normzweck „flexibel" bzw „richtlinienkonform" auszulegen ist (*Wiesner/Mayr*, RdW 2006, 363 [366]; *Mayr*, RdW 2009, 157; *Mayr/ Petrag/Titz*, RdW 2013, 762 [765]). Lt UmgrStR Rz 860h löst eine Veräußerung (bzw Ersatzrealisierung) nach Ablauf von zehn Jahren jedenfalls keine Nachbesteuerung nach § 16 Abs 1a TS 2 S 1 aus (vgl *Mayr*, RdW 2005, 779; *ders*, RdW 2009, 157, wonach die Bestimmung nicht strenger als das Nichtfestsetzungskonzept nach § 16 Abs 1 S 2 sei). Vor Ablauf der zehn Jahre ist das Vorliegen eines Missbrauches anhand einer Einzelfallbeurteilung unter Berücksichtigung insb folgender Umstände vorzunehmen (UmgrStR Rz 860h; *Mair/Mayr* in *W/H/M*, HdU[16] § 16 Rz 75): Vorliegen vernünftiger wirtschaftlicher Gründe für die Einbringung, Höhe des Beteiligungsausmaßes an der übernehmenden Körperschaft, Einflussmöglichkeit des Einbringenden auf die Ausschüttung eines etwaigen Veräußerungsgewinnes (Beteiligungshöhe, vereinbarte alineare Gewinnausschüttung), zeitliche Nähe bzw Zusammenhang zwischen Einbringung und Veräußerung. Lt Vertretern der FV ist daraus abzuleiten, dass mit zunehmender Beteiligungsquote und Einflussnahmemöglichkeit des Einbringenden zunächst die Einbringung an sich „verdächtiger" (und damit eher unter die Bestimmung fallend) erscheint und eine anschließende Veräußerung mit zunehmender zeitlicher Nähe zur Einbringung „verdächtiger" wird, sich aus diesen Verdachtsmomenten aber nicht zwangsläufig (nach dem Gesamtbild der Umstände des Einzelfalls) ein Verdacht erhärten muss (*Mayr/Petrag/ Titz*, RdW 2013, 762 [765]; vgl auch *Mayr*, RdW 2009, 157).

Stellungnahme. Art 11 Abs 1 FRL erfordert nach der Rsp des EuGH grundsätzlich, 63 dass im Zeitpunkt der Einbringung das Motiv der **Steuerersparnis als hauptsächlicher Beweggrund** erkennbar ist, das Vorliegen dieses Tatbestandselements muss im jeweiligen Einzelfall einer gerichtlichen Überprüfung zugänglich sein (*Tumpel*, Harmonisierung 200; *Hohenwarter*, RdW 2006, 725 [731]; *Furherr*, taxlex 2006, 309 [314]). Darüber hinaus werden im deutschen Schrifttum aber auch gesetzliche **Behalte- bzw Sperrfristen** (trotz typisierender Wirkung) als zulässig erachtet, wenn sie entweder entsprechend **kurz** gefasst sind (zB zwei bis drei Jahre lt *Wassermeyer*, DStR 1992, 57; *Körner*, IStR 2006, 471) oder als **widerlegbare Umgehungsvermutung** ausgestaltet sind, dem Einbringenden somit die Möglichkeit des Nachweises offensteht, dass trotz eines Weiterverkaufes der Anteile innerhalb der Behaltefrist die Steuerumgehung im Gesellschafterstaat kein hauptsächliches Motiv für den Anteilstausch war (*Furherr/Huber*, IntUmgr 69 f mwN). Folgt man dem dt Schrifttum zur Zulässigkeit kurzer (wenngleich typisierender) Behaltefristen und unter der Annahme der Zugänglichkeit des § 16 Abs 1a TS 2 S 1 einer „richtlinienkonformen" Auslegung (in Abgrenzung zur vollständigen Verdrängung durch die unmittelbare Wirkung der FRL), wird eine steuerschädliche Veräußerung (bzw Ersatzrealisierung) „in weiterer Folge" iSd § 16 Abs 1a TS 2 S 1 unter folgenden Voraussetzungen anzunehmen sein: (i) Im Falle einer **zeitnahen Veräußerung** (bzw Ersatzrealisierung) nach der Einbringung kann der Steuerpflichtige keine „vernünftigen wirtschaftlichen Gründe" für den Anteilstausch im Sinne eines Motivtests glaubhaft machen, er kann somit die **(gesetzliche) Vermutung der Steuerersparnis** als hauptsächlichen Beweggrund der Anteilseinbringung nicht **entkräften**; den Steuerpflichtigen trifft somit bei einer zeitnahen Veräußerung (bzw Ersatzrealisierung) das Risiko der Unbeweisbarkeit (non liquet) (*Furherr/Huber*, IntUmgr 70; *Furherr*, SWI 2009, 188 [190], wobei allerdings fraglich erscheint, ob die Formulierung „in weiterer Folge" den Bestand einer solchen gesetzlichen Vermutung überhaupt ausreichend zum Ausdruck bringt). (ii) Im Falle einer Veräußerung (bzw Ersatzrealisierung) erst nach **Ablauf mehrerer Jahre** wird das **Motiv der Steuerersparnis** als „hauptsächlicher Beweggrund" für die Anteilseinbringung (iSe planmäßigen Vorgehens mit einer nach Art 11 Abs 1 lit a FRL inkriminierten Zielsetzung) hingegen **objektiv erkennbar vorliegen** und einer gerichtlichen Überprüfung zugänglich sein müssen, in dieser Fallkonstellation trägt daher die FV das Risiko der Unbeweisbarkeit (non liquet). Im älteren Schrifttum wurde vereinzelt auch Art 8 Abs 6 FRL als mögliche gemeinschaftsrechtliche Deckung des Realisierungstatbestandes in § 16 Abs 1a TS 2 S 1 ins Treffen geführt (*Mayr*, RdW 2005, 779; idS auch bereits *Wassermeyer*, DStR 1992, 60); nach Art 8 Abs 6 hindert das Besteuerungsverbot nach Art 8 Abs 1 die Mitgliedstaaten nicht, „den Gewinn aus einer späteren Veräußerung der erworbenen Anteile in gleicher Weise zu besteuern wie den Gewinn aus einer Veräußerung der vor dem Erwerb vorhandenen Anteile"; diese Ermächtigung der Mitgliedstaaten zu Steuersicherungsregelungen bezieht sich nach überwiegender Auffassung jedoch nur auf die durch den Einbringenden erworbenen Gegenleistungsanteilen an der übernehmenden Körperschaft, nicht jedoch auf die eingebrachten Anteile (*Furherr/Huber*, IntUmgr 71 mwN; *Krickl*, taxlex 2006, 262; *Furherr*, taxlex 2006, 312).

D. Rechtsfolge

Die **Steuerschuld** nach § 16 Abs 1a TS 2 S 1 erfasst lt Gesetzeswortlaut den **Unterschiedsbetrag** zwischen dem **Buchwert des Kapitalanteils und dem gemeinen Wert zum Einbringungsstichtag**, allfällige Wertsteigerungen nach dem Einbrin- 66 gungsstichtag unterliegen nicht der Besteuerung. § 16 Abs 1a TS 2 S 1 sieht damit einen anderen Bewertungsmaßstab als Abs 1 (Maßgeblichkeit des sog Fremdvergleichswertes nach § 16 Abs 1 iVm § 6 Z 6 lit a EStG, s Rz 50) vor. Vermindert sich hingegen der Wert der exportierten Kapitalanteile nach dem Einbringungsstichtag, sind solche Wertminderungen – begrenzt im Ausmaß des Unterschiedsbetrages zwischen dem Buchwert und dem gemeinen Wert des Kapitalanteils zum Einbringungsstichtag – gewinnkürzend zu berücksichtigen (§ 16 Abs 1a TS 3).

67 Für eine aufgrund der Einbringung entstandene oder erweiterte internationale **Schachtelbeteiligung bei der einbringenden Körperschaft an der übernehmenden Körperschaft** besteht eine **Ausnahme von der Steuerneutralität** hinsichtlich der stillen Reserven des exportierten Kapitalanteiles nach § 20 Abs 7 Z 1. Um für den Fall der (Ersatz)Realisierung der exportierten stillen Reserven bei der übernehmenden Körperschaft eine Doppelbesteuerung zu vermeiden, sieht § 20 Abs 7 Z 1 vor, dass im Falle des Eintritts der Steuerschuld für den eingebrachten Kapitalanteil nach § 16 Abs 1a TS 1 S 1 die Ausnahme von der Steuerneutralität der Anteile an der übernehmenden Körperschaft wegfällt (UmgrStR Rz 1163a mit Beispielen; s § 20 Rz 94).

68 Werden die **Anteile an der übernehmenden Körperschaft** vor Verwirklichung des (Ersatz)Realisierungstatbestandes durch die übernehmende Körperschaft „**entgeltlich übertragen**", fällt umgekehrt die Steuerhängigkeit des Einbringungsvorganges nach § 16 Abs 1a TS 2 S 1 weg (§ 16 Abs 1a TS 2 S 2). Laut ErlRV 43 BlgNR 23. GP, 27, soll durch den iRd BudBG 2007 nachträglich eingeführten S 2 eine Besteuerung nach S 1 unterbleiben, „soweit die stillen Reserven schon bei der Realisierung durch die Veräußerung der als Gegenleistung übernommenen Anteile bei der einbringenden Körperschaft infolge der Ausnahme von den Wirkungen der internationalen Schachtelbeteiligung erfasst werden" (übereinstimmend UmgrStR Rz 860h).

> **Stellungnahme.** Der in TS 2 S 2 verwendete Begriff „entgeltliche Übertragung" ist unbestimmt, er kann allerdings allein dem Wortlaut nach nicht auf die in den Gesetzesmaterialien bzw in UmgrStR Rz 860h erwähnte Veräußerung (oder allgemein auf steuerpflichtige Realisierungsvorgänge) eingegrenzt werden. Als entgeltliche Übertragung gilt ua auch eine Übertragung im Wege einer steuerneutralen Umgründung nach dem UmgrStG (zB Einbringung gegen Anteilsgewährung; s § 12 Rz 16, 32). Bei dieser Auslegung würde im Ergebnis die Steuerhängigkeit der Exporteinbringung nach TS 2 S 1 durch eine Folgeeinbringung der Gegenleistungsanteile untergehen, auch wenn die Folgeeinbringung keine Realisierung der (in den Gegenleistungsanteilen gespeicherten) entstrickten stillen Reserven auslöst. Dies dürfte dem Telos des S 2 nicht entsprechen, wonach der Wegfall der Steuerhängigkeit nach S 1 der Vermeidung einer Doppelbesteuerung dient (vgl ErlRV 43 BlgNR 23. GP, 27, Wegfall der Steuerhängigkeit nach S 1 „soweit die stillen Reserven schon […] erfasst werden"). Der Begriff der „entgeltlichen Übertragung" wird auch in § 18 Abs 2 Z 1 S 4 verwendet; s § 18 Rz 83.

E. Europarechtskonformität

71 Die Ausnahmeregelung für Exporteinbringungen von Kapitalanteilen ist hinsichtlich des **persönlichen Anwendungsbereiches** enger gefasst als die FRL und setzt diese daher nur **unvollständig** um. Nach Art 2 lit d, g und h FRL ist es für die An-

wendbarkeit der FRL ausreichend, dass die erworbene und die erwerbende Gesellschaft (dh die Beteiligungsgesellschaft und die übernehmende Körperschaft) in verschiedenen Mitgliedstaaten ansässig sind, an die Person des Einbringenden werden keine Anforderungen gestellt. Die Ausnahmeregelung des § 16 Abs 1a ist nach dem unmittelbaren Gesetzeswortlaut nur auf einbringende unbeschränkt steuerpflichtige Kapitalgesellschaften und Genossenschaften und über den Verweis in § 16 Abs 2 Z 1 ggf auch auf ausländische EU-/EWR-Einbringende anwendbar (s oben Rz 58). § 16 Abs 1a ist insoweit zu eng gefasst, als generell **einbringende natürliche Personen (insb auch Inländer und Drittstaatsangehörige)** unter das Veräußerungsgewinnbesteuerungsverbot nach Art 8 Abs 1 FRL fallen (*Furherr/ Huber*, IntUmgr 112 mwN; *Krickl*, taxlex 2006, 261; idS *Mair*, Grenzüberschreitende Einbringungen 324). Folge der unvollständigen Umsetzung sind die direkte Anwendbarkeit der FRL zugunsten des Einbringenden und eine mögliche Staatshaftung der Republik Österreich nach Art 340 AEUV (*Furherr/Huber*, IntUmgr 35).

Der **sachliche Anwendungsbereich** des § 16 Abs 1a ist hinsichtlich der begünstigten Kapitalanteile **weitergefasst** als die diesbezüglichen Vorgaben der FRL. Begünstigt sind nach § 16 Abs 1a Kapitalanteile iSd § 12 Abs 2 Z 3 und damit sowohl Anteile an Drittlandsgesellschaften (Art 2 lit d FRL erfasst nur Anteile an EU-/ EWR-Gesellschaften) als auch Anteile ab bereits 25 % Beteiligungsausmaß (Art 2 lit d FRL erfasst nur Anteile, die der erwerbenden Gesellschaft die Mehrheit der Stimmrechte verleihen, und lediglich sofern die erwerbende Gesellschaft die Stimmrechtsmehrheit bereits hält, jede weitere Beteiligung; *Furherr/Huber*, IntUmgr 64 f). Hinsichtlich der übernehmenden Körperschaft (erwerbenden Gesellschaft) ist der sachliche Anwendungsbereich allerdings **zu eng gefasst**. Diese kann entgegen dem unmittelbaren Gesetzeswortlaut nicht nur eine in der Anlage genannte Gesellschaft eines Mitgliedstaates der Europäischen Union sein, sondern lt EuGH-Rsp zur EWR-Niederlassungsfreiheit auch eine Gesellschaft in einem EWR-Staat, mit dem eine umfassende Amts- und Vollstreckungshilfe besteht (EuGH 19.7.2012, C-48/11, *A Oy*, EU:C:2013:84, Anm *Moshammer/Niedermair*, taxlex-EU 2012/154). 72

Beim EuGH (*C-327/16, Marc Jacob/Ministre des finances et des comptes publics*; C-421/16, *Ministre des finances et des comptes publics/Marc Lassus*) war jüngst ein Vorabentscheidungsverfahren zur Frage anhängig, ob Art 8 FRL einer Regelung entgegensteht, nach der bereits im Zeitpunkt des Austauschs der Anteile dem Grunde nach eine Steuerschuld entsteht und diese bis zur Veräußerung der Gegenleistungsanteile gestundet wird (in der Rs *Lassus* hatte sich der Einbringende infolge des Anteilstausches zudem aus der beschränkten Steuerpflicht im Ansässigkeitsstaat der erwerbenden Gesellschaft entstrickt); lt Urteil des EuGH v 22.3.2018 steht Art 8 FRL einer derartigen Stundungsregelung nicht entgegen, eine Besteuerung allein aufgrund der Entstrickung wird allerdings auch im MS (Ansässigkeitsstaat) der erwerbenen Gesellschaft durch Art 8 FRL verhindert. 73

VIII. Einbringung durch Mitunternehmerschaft
A. Grundsatz

Für die Bewertung des Einbringungsvermögens im Falle der Einbringung durch eine Mitunternehmerschaft besteht im § 16 Abs 4 eine gesonderte Regelung. Die Regelung soll einerseits einen **einheitlichen Wertansatz für das Einbringungs-** 76 vermögen der Mitunternehmerschaft **in der Einbringungsbilanz** sicherstellen. Andererseits soll für den Fall, dass einzelne Mitunternehmer der Zwangsaufwertung nach § 16 Abs 2 Z 2 (Einschränkung des Besteuerungsrechts an den Gegenleistungsanteilen im Verhältnis zu Drittland-Staaten) unterliegen, ein Durchschlagen der sich daraus ergebenden steuerlichen Nachteile auf die übrigen Gesellschafter durch eine **individuelle Anwendung der Bewertungsprinzipien für die Mitunternehmer** vermieden werden (*Huber* in W/Z/H/K⁵ § 16 Rz 76). Die Rechtsfolgen des § 16 Abs 4 unterscheiden sich danach, ob die Mitunternehmerschaft in Folge der Einbringung untergeht (Löschung oder Übergang zu einer vermögensverwaltenden Personengesellschaft; UmgrStR Rz 866 ff) oder bestehen bleibt (zB bei Einbringung eines Teilvermögens; UmgrStR Rz 871 f).

B. Untergang der Mitunternehmerschaft

78 Geht die Mitunternehmerschaft in Folge der Einbringung unter, sind die **Anteile an der übernehmenden Körperschaft** steuerlich unmittelbar den **Mitunternehmern** zuzurechnen und es kann je nach Ansässigkeit der Mitunternehmer zu einer Einschränkung des österreichischen Besteuerungsrechts an diesen Anteilen nach § 16 Abs 2 kommen. Je nach Ansässigkeit der Mitunternehmer können verschiedene Bewertungsprinzipien nach § 16 Abs 1 bis 3 zur Anwendung gelangen.

79 § 16 Abs 4 Z 1 ordnet zunächst an, das der **Wertansatz in der Einbringungsbilanz** einheitlich für alle Mitunternehmer vorzunehmen ist. In Zusammenschau mit § 16 Abs 4 Z 2 ergibt sich, dass § 16 Abs 4 Z 1 zum einen für den Fall gilt, dass sämtliche Mitunternehmer ausschließlich um Steuerinländer iSd § 16 Abs 1 und/oder um EU/EWR-Steuerausländer iSd § 16 Abs 2 Z 1 (aufgrund des Verweises in § 16 Abs 2 Z 1 auf Abs 1; idS UmgrStR Rz 867, 1. Gliederungspunkt) handelt. In diesem Fall sind in der Einbringungsbilanz einheitlich die Buchwerte und alternativ die Aufwertungsbeträge nach § 16 Abs 3 Z 1 (betrifft EU/EWR-Steuerausländer nach § 16 Abs 2 Z 1) und/oder § 16 Abs 3 Z 2 (betrifft Steuerinländer nach § 16 Abs 1), sofern alle Mitunternehmer der jeweiligen Gruppe von der Aufwertungsoption Gebrauch machen, anzusetzen (UmgrStR Rz 867, 1. Gliederungspunkt). Handelt es sich bei sämtlichen Mitunternehmern um Drittland-Steuerausländer nach § 16 Abs 2 Z 2, erfolgt eine einheitliche Zwangsaufwertung in der Einbringungsbilanz unter Ansatz des gemeinen Wertes (UmgrStR Rz 867, 1. Gliederungspunkt). In allen übrigen Fällen wird das Einbringungsvermögen in der Einbringungsbilanz zu Buchwerten ausgewiesen (*Rabel* in W/H/M, HdU¹ § 16 Rz 31; *Hügel* in H/M/H § 16 Rz 112) und es gelangt – unabhängig vom Wertansatz in der Einbringungsbilanz – eine **gesellschafterbezogene Bewertung** zur Anwendung (UmgrStR Rz 867, 2. Gliederungspunkt). Im Rahmen dieser gesellschafterbezogenen Bewertung ist auf Gesellschafterebene für Personen nach § 16 Abs 1 S 2 (EU/EWR-Steuerausländer) sowie § 16 Abs 2 Z 2 (Drittland-Steuerausländer) eine Zwangsaufwertung vorzunehmen (UmgrStR Rz 867, 1. und 2. Gliederungspunkt) und Personen nach § 16 Abs 3 (Steuerinländer und EU/EWR-Steuerausländer) können unter der Voraussetzung einer „gemeinsamen Ausübung" von der Aufwertungsoption für das in- und/oder ausländische Vermögen nach § 16 Abs 3 Z 1 oder von der Aufwertungsoption für das ausländische Vermögen nach § 16 Abs 3 Z 2 Gebrauch machen (UmgrStR Rz 870). Die **übernehmende Körperschaft** hat diese Aufwertungsbeträge außer-

bücherlich wie einen Firmenwert nach § 8 Abs 3 EStG zu behandeln und ab dem dem Einbringungsstichtag folgenden Wirtschaftsjahr außerbilanziell abzusetzen (§ 16 Abs 4 S 3; UmgrStR Rz 869, 870; *Rabel* in *W/H/M*, HdU¹ § 16 Rz 31). Die steuerliche Absetzbarkeit bei der übernehmenden Körperschaft nach § 16 Abs 4 S 3 erfasst lt FV allerdings nicht etwaige weitere Aufwertungsbeträge der Mitunternehmer auf anderer Rechtsgrundlage als § 16 Abs 2 Z 2 oder Abs 3, zB nach § 16 Abs 1 S 2 (UmgrStR Rz 868 f); zur Entstrickungsbesteuerung nach § 16 Abs 1 S 2 s auch Rz 83.

Die **gesellschafterbezogenen Aufwertungsbeträge** führen bei den Mitunternehmern, für welche diese Aufwertung vorzunehmen ist, zu einem Veräußerungsgewinn. Die übernehmende Körperschaft hat die Aufwertungsbeträge evident zu halten und wie einen Firmenwert nach § 8 Abs 3 EStG über 15 Jahre verteilt außerbücherlich abzuschreiben, wobei kraft ausdrücklicher gesetzlicher Anordnung die Absetzung erst mit dem auf den Einbringungsstichtag folgenden Wirtschaftsjahr beginnt (UmgrStR Rz 869, 870; *Hügel* in *H/M/H* § 16 Rz 112). Eine auf Art und Zusammensetzung der Aufwertungsbeträge abstellende Regelung sieht das UmgrStG nicht vor (*Huber* in *W/Z/H/K*⁵ § 16 Rz 81 f). 80

Hinsichtlich der weiteren steuerlichen Konsequenzen liegt eine **Buchwerteinbringung** vor, dh die übernehmende Körperschaft hat die Buchwerte lt Einbringungsbilanz anzusetzen (§ 18 Abs 1), diese Werte sind auch für den Ansatz der Anteile an der übernehmenden Körperschaft maßgebend (§ 20 Abs 2; *Huber* in *W/Z/H/K*⁵ § 16 Rz 84). Eine Doppelbesteuerung hinsichtlich der aufgedeckten stillen Reserven durch die Buchwertfortführung für die Anteile an der übernehmenden Körperschaft sollte zumindest in Österreich nicht erfolgen, soweit das österreichische Besteuerungsrecht an den Anteilen nach § 16 Abs 2 eingeschränkt ist. 81

Aus der **steuerlichen Absetzbarkeit der Aufwertungsbeträge** bei der übernehmenden Körperschaft resultiert ein Vermögensvorteil für alle Gesellschafter der übernehmenden Körperschaft im Ausmaß ihrer Beteiligung, es kommt insoweit zu einem **Vermögensvorteil zugunsten der übrigen (von der gesellschafterbezogenen Aufwertung nicht betroffenen) Gesellschafter** der übernehmenden Körperschaft. Unterbleibt ein Ausgleich dieses Vermögensvorteils zwischen den Gesellschaftern, hat dies keine ertragsteuerlichen Konsequenzen und beeinträchtigt nicht die Anwendbarkeit von Art III (*Huber* in *W/Z/H/K*⁵ § 16 Rz 85). 82

Kommt es iRd Einbringung zu einer Einschränkung des Besteuerungsrechts Österreichs nach § 16 Abs 1 S 2, gelten die allgemeinen Regelungen über die Grenzbesteuerung (UmgrStR Rz 867 mVa Rz 860a ff). Auf Ebene der übernehmenden Körperschaft kommt es lt FV zur Buchwertfortführung, etwaige Aufwertungsbeträge nach § 16 Abs 1 S 2 können bei der übernehmenden Körperschaft auch nicht iRd Firmenwertabschreibung nach § 16 Abs 4 Z 2 S 3 verwertet werden (UmgrStR Rz 868 f). 83

C. Fortbestand der Mitunternehmerschaft

Geht die einbringende Mitunternehmerschaft in Folge der Einbringung nicht unter (kein Absinken auf bloße Vermögensverwaltung, keine Betriebsaufgabe etc), kommt für das Inlandsvermögen lt FV „nur die Buchwertfortführung in Betracht" (unabhängig vom Besteuerungszugriff Österreichs auf die Gesellschafter der Mitunternehmerschaft), weil die Gegenleistungsanteile der (Rest)Mitunternehmerschaft zu gewähren und somit idR in Österreich steuerhängig iSd § 16 Abs 1 sind (UmgrStR Rz 871 Bsp). Diesen Aussagen liegt die Annahme zugrunde, dass die An- 86 teile an der übernehmenden Körperschaft dem **(inländischen) Betriebsvermögen der einbringenden Mitunternehmerschaft** auch zwischenstaatlich zuzurechnen und daher unabhängig von der Ansässigkeit der Mitunternehmer in Österreich steuerhängig sind (vgl *Hügel* in *H/M/H* § 16 Rz 108; *Huber* in *W/Z/H/K*[5] § 16 Rz 87). Allenfalls kommt eine einheitliche Ausübung der Aufwertungsoption für Auslandsvermögen nach § 16 Abs 3 Z 2 in Betracht (UmgrStR Rz 871). Lt UmgrStR Rz 871 sind diese Aufwertungsbeträge „für die Einbringungsbilanz irrelevant" (entgegen der allgemeinen Regelung nach § 16 Abs 4 Z 1; vgl UmgrStR Rz 867, 1. Gliederungspunkt) und führen bei der übernehmenden Körperschaft zu einer außerbilanzmäßigen Firmenwertabschreibung; diese Ausführungen dürften allerdings von einem Anwendungsfall des § 16 Abs 4 Z 2 ausgehen (Mitunternehmer sind auch Drittland-Steuerausländer iSd § 16 Abs 2 Z 2), wie sich aus dem in UmgrStR Rz 871 angeführten Beispiel ergibt.

IX. Rückwirkende Korrekturen des Einbringungsvermögens
A. Grundlagen und Regelungszweck

91 **Vermögensveränderungen**, die **nach dem Einbringungsstichtag** erfolgen, sind nach § 13 Abs 1 S 1 (steuerlicher Vermögensübergang mit Ablauf des Einbringungsstichtages) und nach § 14 Abs 2 (Wechsel der steuerlichen Einkünftezurechnung mit Ablauf des Einbringungsstichtages) nicht mehr dem Einbringenden, sondern bereits der **übernehmenden Körperschaft** zuzurechnen. Grundsätzlich kann daher durch Entnahmen, Einlagen und sonstige Vermögenstransfers zwischen dem Einbringungsstichtag und dem Abschluss des Einbringungsvertrages keine Veränderung des Einbringungsvermögens zum Einbringungsstichtag vorgenommen werden. § 16 Abs 5 schafft die rechtliche Grundlage, durch Vorgänge zwischen dem Einbringungsstichtag und dem Abschluss des Einbringungsvertrages das einzubringende Vermögen in seinem zum Einbringungsstichtag bestehenden Umfang und Wert zu verändern, und stellt damit ein Instrumentarium bereit, mit dessen Hilfe im Falle einer rückwirkenden Einbringung sowohl Erhöhungen als auch Verminderungen des Einbringungsvermögens **mit steuerlicher Wirkung zu dem in der Vergangenheit liegenden Einbringungsstichtag** durchgeführt werden können (UmgrStR Rz 873 f; *Rabel* in *W/H/M*, HdU[1] § 16 Rz 32 ff; *Hügel* in *H/M/H* § 16 Rz 117; *Huber* in *W/Z/H/K*[5] § 16 Rz 88; *Wellinger* in FS Pircher 123).

92 Werden Entnahmen oder Einlagen **nicht nach § 16 Abs 5** rückbezogen, sind sie aufgrund der Rückwirkungsfiktion wie folgt zu beurteilen:

- Entnahmen als Kreditaufnahme des Einbringenden und damit als Verrechnungsforderung der übernehmenden Kapitalgesellschaft gegenüber dem Einbringenden;
- Einlagen als Kreditgewährung des Einbringenden und damit als Verrechnungsverbindlichkeit der übernehmenden Kapitalgesellschaft gegenüber dem Einbringenden.

Für diese **Verrechnungsforderungen bzw -verbindlichkeiten** kommen die allgemeinen Grundsätze über rechtsgeschäftliche Beziehungen zwischen Gesellschaft und Gesellschafter zur Anwendung (UmgrStR Rz 888). Lt FV muss allerdings bei Entnahmen bereits gleichzeitig mit dem Einbringungsvertrag eine fremdübliche Kreditvereinbarung geschlossen werden (Verzinsung ab Vertragsabschluss), anderenfalls von einer vA des entnommenen Betrages auszugehen ist (UmgrStR Rz 888 mVa KStR Rz 571). Die an § 16 Abs 5 anknüpfenden umgründungssteuerlichen Rechtsfolgen sind unbeachtlich (zB Ausschüttungsfiktion nach § 18 Abs 2 Z 1; *Wellinger* in FS Pircher 125).

Der Katalog des § 16 Abs 5 umfasst folgende **Gestaltungsmöglichkeiten** 93 (UmgrStR Rz 875):

- Rückbeziehung von im Rückwirkungszeitraum getätigten **Bar- und Sacheinlagen und Bar- und Sachentnahmen** durch Einstellen einer Aktiv- bzw Passivpost in der Einbringungsbilanz (§ 16 Abs 5 Z 1);
- Rückbeziehung von nicht getätigten, **vorbehaltenen Entnahmen** durch Einstellen einer Passivpost in der Einbringungsbilanz (§ 16 Abs 5 Z 2);
- Rückbeziehung des **Zurückbehaltens von Anlagevermögen** (als Entnahmefiktion) und von **Verbindlichkeiten** (als Einlagefiktion) durch Nichtaufnahme in der Einbringungsbilanz (§ 16 Abs 5 Z 3);
- Rückbeziehung des Zurückbehaltens von Wirtschaftsgütern im verbleibenden Betrieb des Einbringenden oder der Zuführung aus demselben durch Nichtaufnahme bzw Aufnahme in die Einbringungsbilanz (sog **Verschiebetechnik**, § 16 Abs 5 Z 4);
- Rückbeziehung von **Gewinnausschüttungen, Einlagen und Einlagenrückzahlungen** auf das einzubringende Vermögen im Falle einbringender Körperschaften (§ 16 Abs 5 Z 5 UmgrStG).

Die Rückbeziehungsoption ist nach dem Gesetzeswortlaut in der **Einbringungs-** 94 **bilanz** auszuüben, der Bilanzausweis hat daher Bindungswirkung (UmgrStR Rz 885). Bei fehlerhafter Darstellung der Einbringungsbilanz ist jedoch lt FV bei entsprechendem Nachweis, dass lt Einbringungsvertrag und „sonstigen Unterlagen" eine abweichende Vorgangsweise gewählt wurde, eine von der Darstellung in der Einbringungsbilanz abweichende Festlegung rückbezogener Vermögensänderungen möglich (allg zu Maßnahmen nach Abs 5 UmgrStR Rz 885 f; speziell zu Sacheinlagen UmgrStR Rz 892, zu Bareinlagen UmgrStR Rz 899, zu Sachentnahmen UmgrStR Rz 906; *Wellinger* in FS Pircher 124, FN 1, wonach für Barentnahmen aufgrund des Fehlens diesbezüglicher Ausführungen in UmgrStR Rz 902 allein der Bilanzausweis maßgeblich sein könnte, weiters 137; *Huber* in W/Z/H/K⁵ § 16 Rz 90).

Eine **nachträgliche Korrektur (Stornierung) barer oder unbarer Entnahmen** 94a (§ 16 Abs 5 Z 1 u 2) ist lt BFG nach Abschluss des Einbringungsvertrages im Wege einer (bloßen) einseitigen Berichtigung der Einbringungsbilanz durch den Einbringenden nicht mehr möglich (BFG 20.10.2014, RV/3100051/2013, mit Anm *Raab/Renner*, BFGjournal 2015, 100). In dem BFG-Erkenntnis aaO wurde die Berichtigung allerdings erst nach der Meldung der Einbringung beim Finanzamt (§ 13 Abs 1) und nach dem tatsächlichen Vollzug der vorbehaltenen Entnahme beantragt, der BFG hat daher die Möglichkeit einer nachträglichen, rückwirkenden Erhöhung des Einbringungsvermögens verneint. Zu den Korrekturmöglichkeiten laut UmgrStR bis zur Meldung beim Finanzamt bzw bei Firmenbuchzuständigkeit (§ 13 Abs 1 S 3 TS 1) bis zur Firmenbuch-Protokollierung s im Detail § 13 Rz 36.

Das Instrumentarium des § 16 Abs 5 kann insbesondere zu folgenden **Zwecken** 95 eingesetzt werden (UmgrStR Rz 878):

- Herstellung eines am Einbringungsstichtag nicht vorliegenden positiven Verkehrswertes des einzubringenden Vermögens;
- Trennung von Besitz und Betrieb durch Zurückbehalten von Anlagevermögen (Betriebsaufspaltung);
- Minderung/Erhöhung des Wertes des einzubringenden Vermögens zur Erreichung einer niedrigeren/höheren Beteiligungsquote des Einbringenden.

B. Sachlicher Anwendungsbereich

97 In sachlicher Hinsicht beschränkt sich der Anwendungsbereich des § 16 Abs 5 auf die Einbringung von **Betrieben, Teilbetrieben und Mitunternehmeranteilen**. Bei der Einbringung von Mitunternehmeranteilen können die Vermögensänderungen lt FV und Literatur sowohl auf die variablen Kapitalkonten als auch auf das Sonderbetriebsvermögen bezogen werden (s im Detail Rz 128, 142, 160 u 175).

99 Maßnahmen nach § 16 Abs 5 sind insoweit beschränkt, als die **Voraussetzungen des § 12** gewahrt bleiben müssen. Sie dürfen daher weder zum **Verlust der Betriebs- oder Teilbetriebseigenschaft** noch zu einem **negativen Verkehrswert** des einzubringenden Vermögens führen (UmgrStR Rz 879). Lt Verwaltungspraxis bestehen keine Bedenken, den vor den Maßnahmen nach § 16 Abs 5 ermittelten Verkehrswert im Ausmaß des Wertes der jeweiligen Maßnahme nach § 16 Abs 5 abzusenken oder zu erhöhen (sog „lineare Absenkung oder Erhöhung von Buch- und Verkehrswert", UmgrStR Rz 876; s § 12 Rz 193).

100 Lt Verwaltungspraxis fällt die Disposition des Einbringenden, „einzelne den einzubringenden (Teil)Betrieb betreffende nach dem Einbringungsstichtag getätigte **Rechtsgeschäfte**" nicht der übernehmenden Körperschaft zuzurechnen, nicht unter den Begriff einer rückwirkenden Maßnahme nach § 16 Abs 5 (UmgrStR Rz 889 mit exemplarischem Hinweis auf nach dem Einbringungsstichtag erfolgte Liegenschaftserwerbe, Großaufträge und abstrakt „einzelne Kundenbeziehungen" des Einbringenden). Derartige Dispositionen sind steuerlich anzuerkennen unter der Voraussetzung, dass das betreffende Rechtsgeschäft im Einbringungsvertrag von der Übertragung auf die übernehmende Körperschaft ausgenommen wird (UmgrStR Rz 889).

> **Stellungnahme.** Die in den UmgrStR zugestandene Dispositionsfähigkeit kann nicht Rechtsgeschäfte umfassen, die sich auf zum Stichtag vorhandenes (zurückbleibendes oder übertragenes) Vermögen beziehen (zB Veräußerungsvorgänge betreffend das Einbringungsvermögen), da anderenfalls die tragenden Grundsätze des steuerlichen Überganges und des Wechsels der steuerlichen Einkünftezurechnung hinsichtlich des Einbringungsvermögens mit Ablauf des Einbringungsstichtages (§§ 13 Abs 1 S 1, 14 Abs 2) unterlaufen werden. Die praktische Bedeutung wird sich auf ein vertragliches Zurückbehalten von zum Einbringungsstichtag noch nicht bilanzierungsfähigen Anschaffungsvorgängen und schwebenden bzw sich anbahnenden Rechtsverhältnissen beschränken; liegt zum Einbringungsstichtag bereits ein bilanzierungsfähiges Wirtschaftsgut vor, richtet sich die diesbezügliche Dispositionsfähigkeit nach dem Instrumentarium des § 16 Abs 5.

101 Auf die Einbringung von **Kapitalanteilen** ist § 16 Abs 5 **nicht anwendbar**. Die fakultative **Zuordnung von Anschaffungsverbindlichkeiten** zum eingebrachten Kapitalanteil nach § 12 Abs 2 Z 3 S 2 ist keine Maßnahme nach § 16 Abs 5. Auch im Einbringungsvertrag **vorbehaltene Gewinnausschüttungen** zugunsten des Einbringenden können nicht auf den Einbringungsstichtag rückbezogen werden. S im Detail § 12 Rz 146 f.

C. Persönlicher Anwendungsbereich

In **persönlicher Hinsicht** enthält lediglich § 16 Abs 5 Z 5 eine Einschränkung auf einbringende Körperschaften, die Z 1 bis 4 enthalten hingegen **keine ausdrücklichen Einschränkungen** (UmgrStR Rz 882); lt FV ergeben sich insb aufgrund der Begriffsverwendung Entnahme bzw Einlage in Z 1 bis 3 folgende Vorgaben: 103

- **Natürlichen Personen** als Einbringenden stehen die Maßnahmen nach Z 1 bis 3 zur Verfügung, bei Teilbetriebseinbringungen auch die Verschiebetechnik nach Z 4 (UmgrStR Rz 882). 104

- **Körperschaften** können die Z 1 nur insoweit nutzen, als sie neben der betrieblichen auch eine außerbetriebliche Sphäre besitzen und somit Einlagen bzw Entnahmen iSd § 4 Abs 1 EStG im Zusammenhang mit dem betrieblichen Einbringungsvermögen tätigen können (zB Verein; KStR Rz 429). Für Körperschaften nach § 7 Abs 3 KStG steht diese Maßnahme laut UmgrStR kategorisch nicht zur Verfügung (UmgrStR Rz 882, 890, 900, 913 wonach Z 1 für Körperschaften nach § 7 Abs 3 KStG „begrifflich keine Bedeutung hat"). Nur im Falle der gesonderten Übertragung von Mitunternehmeranteilen können lt FV §-7-Abs-3-KStG-Körperschaften eine rückwirkende Übertragung von Guthaben des variablen Kapitalkontos in das Stammvermögen bzw Einlagen in das variable Kapitalkonto in sinngemäßer Anwendung von § 16 Abs 5 Z 1 vornehmen (UmgrStR Rz 890 mit Verweis auf Rz 721, im Detail zu Mitunternehmeranteilseinbringungen s Rz 128 ff). Lt FV seht die sinngemäße Anwendung von § 16 Abs 5 Z 1 UmgrStG einer einbringenden ausländischen Körperschaft, die mit einer inländischen, unter § 7 Abs 3 KStG fallenden Körperschaft vergleichbar ist, auch zu. Dies auch deswegen, weil sich die Gewerblichkeitsfiktion des § 21 Abs 1 Z 3 KStG nur auf inländisches Betriebsstättenvermögen und inländisches unbewegliches Vermögen bezieht (UmgrStR Rz 721). Die Z 2 stellt mit dem Begriff der vorbehaltenen Entnahme analog der Z 1 auf Entnahmen iSd § 4 Abs 1 EStG ab, der persönliche Anwendungsbereich ist daher mit Z 1 gleichzusetzen (UmgrStR Rz 913); die FV setzt weiters auch den persönlichen Anwendungsbereich der Z 3 mit jenem der Z 1 gleich (UmgrStR Rz 882, 917, 925, 2. Gliederungspunkt unter Hinweis auf die „Struktur der Z 3 als Sondertatbestand von Entnahmen und Einlagen"). Maßnahmen nach Z 4 stehen bei Teilbetriebseinbringungen sämtlichen Körperschaften, bei Gesamtbetriebseinbringungen Körperschaften nach § 7 Abs 3 KStG laut ausdrücklicher gesetzlicher Anordnung zur Verfügung. Maßnahmen nach Z 5 beschränken sich nach dem Gesetzestext auf einbringende Körperschaften (UmgrStR Rz 927; *Mayr* in *D/R* I[10] Tz 1185; *Wiesner/Mayr*, RdW 2007, 628). Einem **Betrieb gewerblicher Art** (BgA, Steuersubjekt ohne Rechtsfähigkeit) steht demnach für Einbringungen des gesamten Betriebes lediglich eine Rückbeziehung von Gewinnausschüttungen bzw Einlagen nach § 16 Abs 5 Z 5 offen (UmgrStR Rz 884, 1. Gliederungspunkt); die Einbringung des gesamten Betriebes (BgA) beendet mit Ablauf des Einbringungsstichtages das Steuersubjekt BgA, die Gegenleistung kommt folglich der Trägerkörperschaft (KöR) zu (UmgrStR Rz 884). Ein Zurückbehalten 105 von Wirtschaftsgütern würde aufgrund des Trennungsprinzips zwischen BgA und Trägerkörperschaft zu einer gewinnrealisierenden Vermögensübertragung auf die Trägerkörperschaft (Sachausschüttung) führen, die allenfalls nach Z 5 rückbezogen werden kann (UmgrStR Rz 884, 1. Gliederungspunkt; s im Detail Rz 177a); bei der Einbringung von Teilbetrieben und Mitunternehmeranteilen sind rückwirkende Korrekturen nach § 16 Abs 5 Z 4 möglich, soweit der BgA bestehen bleibt (UmgrStR Rz 884, 2. Gliederungspunkt, wo – annahmegemäß irrtümlich – auch auf Kapitalanteilseinbringungen verwiesen wird).

106 **Stellungnahme.** Der in den UmgrStR vertretene kategorische Ausschluss von Körperschaften nach § 7 Abs 3 KStG vom Anwendungsbereich der Z 1 bis 3 erscheint nicht zutreffend. Z 1 bis 3 enthalten (wie auch Z 4) keine ausdrückliche Einschränkung des persönlichen Anwendungsbereiches (UmgrStR Rz 882; *Rabel* in W/H/M, HdU¹ § 16 Rz 42).

107 Z 1 setzt das Vorliegen einer im Rückwirkungszeitraum getätigten Einlage oder Entnahme voraus; die Gleichsetzung mit dem Einlage- und Entnahmebegriff iSd § 4 Abs 1 EStG und folglich Einschränkung der Anwendbarkeit der Z 1 auf Körperschaften, die neben der betrieblichen auch eine außerbetriebliche Vermögenssphäre haben, erscheint gerechtfertigt (*Rabel* in W/H/M, HdU¹ § 16 Rz 43; *Wellinger* in FS Pircher 124). Zusätzlich setzt Z 1 voraus, dass im Rückwirkungszeitraum die Einlage tatsächlich geleistet bzw die Entnahme tatsächlich getätigt wird, was zB bei notwendigem Betriebsvermögen die endgültige betriebsfremde Verwendung erfordert (*Doralt*, EStG § 6 Tz 335). Körperschaften nach § 7 Abs 3 KStG können nach stRsp des VwGH eine außerbetriebliche Sphäre haben (VwGH 20.6.2000, 98/15/0169; VwGH 24.6.2004, 2001/15/0002; VwGH 26.3.2007, 2005/14/0091; VwGH 16.5.2007, 2005/14/0083; VwGH 23.2.2010, 2007/15/0003; dazu KStR Rz 429, 436, 637 mwN; *Burgstaller* in L/S/S § 7 Rz 172) und sind daher entgegen den UmgrStR Rz 882, 890, 900 nicht kategorisch vom Anwendungsbereich der Z 1 ausgeschlossen (im Übrigen wird in UmgrStR Rz 203 die Existenz einer außerbetrieblichen Vermögenssphäre für Körperschaften nach § 7 Abs 3 KStG bejaht). Da jedoch das Zusammenfallen der Existenz einer außerbetrieblichen Sphäre und einer tatsächlichen Vermögensüberführung zwischen der außer- und der betrieblichen Sphäre im Rückwirkungszeitraum den extremen Ausnahmefall darstellen wird, wird Z 1 für Körperschaften nach § 7 Abs 3 KStG zwar nicht kategorisch, aber im praktischen Regelfall ausscheiden (übereinstimmend *Rabel* in W/H/M, HdU¹ § 16 Rz 43, 85; *ders*, ÖStZ 2008, 116 [118]; offenbar auch *Wellinger* in FS Pircher 124, FN 4; allg *Hübner-Schwarzinger/Schwarzinger/Wiesner* in GedS Bruckner 416). Anderes gilt für ausländische einbringende Körperschaften, selbst wenn sie mit §-7-Abs-3-KStG-Körperschaften vergleichbar sind. Für diese grenzt § 21 Abs 1 Z 3 KStG die Gewerblichkeitsfiktion nach § 7 Abs 3 KStG auf die inländischen Vermögensteile (Betriebsstätten und unbewegliches Vermögen) ein, sodass sie isolationstheoretisch über eine außerbetriebliche Sphäre verfügen (*Kofler/Tumpel* in Achatz/Kirchmayr § 21 Tz 15, 29, 124; *Prillinger* in L/S/S § 21 Rz 39 f) und damit Entnahmen iSd § 4 Abs 1 EStG tätigen können. IRd Einbringung von zB inländischen Mitunternehmeranteilen durch eine ausländische Körperschaft wären somit Entnahmen nach Z 1 möglich.

Gleiches gilt im Grundsatz für Z 2 seit AbgÄG 2005 (BGBl I 2005/161), in dessen Rahmen der Tatbestand des § 16 Abs 5 Z 2 ausdrücklich auf Passivposten für „vorbehaltene Entnahmen" eingegrenzt und der Anwendungshinweis auf § 16 Abs 5 Z 2 in § 16 Abs 5 Z 4 gestrichen wurde (s unten Rz 133; zur Rechtslage vor AbgÄG 2005 vgl *Rabel* in *W/H/M*, HdU[1] § 16 Rz 66 ff), jedoch mit der Erleichterung, dass die Entnahme nicht bereits im Rückwirkungszeitraum tatsächlich getätigt werden muss. Z 2 steht daher Körperschaften nach § 7 Abs 3 KStG offen, sofern der vorbehaltene Betrag auch erst künftig in die außerbetriebliche Sphäre überführt werden soll; die Entnahmefiktion in Z 2 S 4 („der Betrag gilt mit Ablauf des Einbringungsstichtag als entnommen") steht als bloße Rechtsfolgeanordnung der tatbestandlichen „Erleichterung" einer bloß künftig zu tätigenden Entnahme nicht entgegen. Ausländischen einbringenden Körperschaften (auch iSd § 21 Abs 1 Z 3 KStG) stehen Entnahmen nach Z 2 aufgrund der isolationstheoretisch außerbetrieblichen Sphäre grundsätzlich offen (s Rz 107). **108**

Z 3 enthält im Tatbestandsbereich kein Erfordernis einer Entnahme (*Rabel* in *W/H/M*, HdU[1] § 16 Rz 81, 85), sondern lediglich im Rechtsfolgenbereich (Satz 3) eine Entnahmefiktion. Vielmehr verwendet Z 3 denselben Begriff des „Zurückbehaltens" wie Z 4 (Zurückbehalten von Wirtschaftsgütern im betrieblichen Bereich des Einbringenden) und enthält zudem einen Vorrangverweis auf Z 4, woraus folgt, dass Z 3 auch das Zurückbehalten von Vermögen im betrieblichen Bereich des Einbringenden nach Z 4 umfassen kann. Ein „Sondertatbestand von Einlagen und Entnahmen" (UmgrStR Rz 917) ist somit in Z 3 nicht erkennbar, Z 3 steht mangels Voraussetzung einer tatsächlichen Entnahmehandlung auch Körperschaften ohne außerbetriebliche Sphäre offen (*Rabel* in *W/H/M*, HdU[1] § 16 Rz 85; vgl auch *Wellinger* in FS Pircher 132); zum verbleibenden Anwendungsbereich der Z 3 infolge des Vorrangverweises auf Z 4 und zur Bedeutung der Entnahmefiktion bei Körperschaften nach § 7 Abs 3 KStG s Rz 159. **109**

Mitunternehmerschaften können Maßnahmen nach Z 1 bis 4 aufgrund des Transparenzprinzips lediglich nach Maßgabe der dahinterstehenden Gesellschafter nutzen (dh insoweit natürliche Personen beteiligt sind, Z 1 bis 4, insoweit §-7-Abs-3-KStG-Körperschaften beteiligt sind, idR lediglich Z 4). Bei Doppelstock-Mitunternehmeranteilseinbringungen (Ober-Mitunternehmerschaft bringt Anteile an Unter-Mitunternehmerschaft ein) sind rückwirkende Barentnahmen aus den Unter-Mitunternehmeranteilen durch die einbringende Ober-Mitunternehmerschaft lt Literatur auch hinsichtlich der §-7-Abs-3-KStG-Gesellschafter der Ober-Mitunternehmerschaft möglich (Beurteilung der Barentnahme als „Verschieben" auf die Anteile an der Ober-Mitunternehmerschaft nach § 16 Abs 5 Z 4, iRe fiktiven Schwesternsituation), unbare Entnahmen scheiden allerdings insoweit aus (*Wiesner/Schwarzinger*, UmS 194/29/12, SWK 2012, 1254). Infolge der unterschiedlichen steuerlichen Behandlung von Maßnahmen nach Abs 5 im Verhältnis zwischen der Ober- und der Unter-Mitunternehmerschaft auf Ebene der Gesellschafter der Ober-Mitunternehmerschaft (zB Anerkennung unbarer Entnahmen lediglich hinsichtlich der natürlichen Gesellschafter) können Ausgleichsmaßnahmen zwischen den Gesellschaftern der Ober-Mitunternehmerschaft erforderlich werden (*Wiesner/Schwarzinger*, UmS 194/29/12, SWK 2012, 1254). **110**

D. Einlagen und Entnahmen nach § 16 Abs 5 Z 1
1. Bar- und Sacheinlagen
a) Begriff

111 Nach § 16 Abs 5 Z 1 können Entnahmen und Einlagen, die in der Zeit zwischen dem Einbringungsstichtag und dem Tag des Abschlusses des Einbringungsvertrages „getätigt werden", anstelle der Erfassung als Verrechnungsforderung oder -verbindlichkeit gegenüber der übernehmenden Körperschaft auf den Einbringungsstichtag rückbezogen werden. Diese Vorgänge gelten als mit Ablauf des Einbringungsstichtages getätigt, wenn sie in der Einbringungsbilanz durch Ansatz einer Passivpost für Entnahmen oder einer Aktivpost für Einlagen berücksichtigt werden (§ 16 Abs 5 Z 1). Der **Einlagebegriff** entspricht lt FV und hM § 4 Abs 1 EStG (UmgrStR Rz 890; *Rabel* in *W/H/M*, HdU^1 § 16 Rz 49; *Wellinger* in FS Pircher 124). Nach § 4 Abs 1 EStG sind Einlagen „alle Zuführungen von Wirtschaftsgütern aus dem außerbetrieblichen Bereich", für Sacheinlagen ist die Bewertungsregelung nach § 6 Z 5 EStG maßgebend (UmgrStR Rz 893; *Wellinger* in FS Pircher 124).

112 Für rückbezogene Einlagen ist in der Einbringungsbilanz eine **Aktivpost (Forderung)** anzusetzen. Dieser Aktivpost kommt der Charakter einer **fiktiven, bereits zum Einbringungsstichtag bestehenden Forderung** gegen den Einbringenden zu, die durch die Leistung der Einlage erfüllt wird. Durch den Ansatz der Aktivpost in der Einbringungsbilanz erhöhen sich der Buch- und der Verkehrswert bereits zum Einbringungsstichtag, obwohl die Einlage tatsächlich erst später geleistet wird (UmgrStR Rz 891, 894). Die Steuerwirkung einer rückwirkenden Einlage wird durch den Ansatz in der Einbringungsbilanz bindend geprägt; lt FV ist es allerdings auch ausreichend, wenn die rückwirkende Einlage alternativ **im Einbringungsvertrag eindeutig beschrieben** wird (UmgrStR Rz 892 mit Beispiel; UmgrStR Rz 899; s § 12 Rz 160, § 15 Rz 2).

113 Die Einlagen müssen lt FV vor dem Vertragsabschluss dem Betriebsvermögen **tatsächlich zugekommen bzw geleistet** sein; die Zusage des Einbringenden, zu einem späteren Zeitpunkt das Einbringungsobjekt der übernehmenden Körperschaft zuzuführen, gilt nicht als Einlage im Sinn des § 16 Abs 5 Z 1. Hinsichtlich des Erfordernisses der **tatsächlichen Leistung** der Einlage vor Abschluss des Einbringungsvertrages ist bei Geldeinlagen auf die Einzahlung in das Betriebsvermögen, bei Sacheinlagen grundsätzlich auf den Zeitpunkt der tatsächlichen Zuführung zum Betriebsvermögen durch die betriebliche Verwendung des Wirtschaftsgutes, bei gewillkürtem Betriebsvermögen auf den Zeitpunkt der Aufnahme in die Bücher des einzubringenden (Teil)Betriebes abzustellen (UmgrStR Rz 898; *Rabel* in *W/H/M*, HdU^1 § 16 Rz 53). Vor dem Umgründungsstichtag getätigte Einlageversprechen stellen noch keine Einlage dar und müssen daher ebenso wie Einlagen iSd § 16 Abs 5 Z 1 im Rückwirkungszeitraum tatsächlich geleistet werden (UmgrStR Rz 891, 898; allg zur ertragsteuerlichen Unbeachtlichkeit von Einlagezusagen s Rz 179). Bei der Einlage von bislang dem Privatvermögen zugeordneten Liegenschaften in den einzubringenden Betrieb eines Einzelunternehmers ist es lt FV hingegen ausreichend, wenn die Sacheinlage der Liegenschaft (erst) im Einbringungsvertrag verankert und die Miteinbringung durch eine Aufsandungserklärung zu Gunsten der übernehmenden Körperschaft abgesichert wird (UmgrStR Rz 898).

b) Besonderheiten bei Sacheinlagen

Als Sacheinlage kommen lediglich **einlagefähige Wirtschaftsgüter** im steuerlichen Sinn in Frage. Einlagefähig sind solche Wirtschaftsgüter, denen Betriebsvermögenseigenschaft (notwendiges oder gewillkürtes [Sonder]Betriebsvermögen) im Bezug auf den einzubringenden Betrieb, Teilbetrieb oder Mitunternehmeranteil zukommt. Die Einlage von Wirtschaftsgütern des gewillkürten Betriebsvermögens setzt voraus, dass der Gewinn des einzubringenden Betriebes oder Teilbetriebes nach § 5 EStG ermittelt wird (UmgrStR Rz 894 Bsp). Nicht einlagefähig sind daher Vermögensgegenstände des notwendigen Privatvermögens; die Einlagefähigkeit privater Verbindlichkeiten ist ausnahmsweise gegeben, wenn die Verbindlichkeit in wirtschaftlichem Zusammenhang mit einem eingelegten Wirtschaftsgut steht (UmgrStR Rz 894).   114

Eine **Begrenzung des Umfanges** rückbezogener Einlagen besteht nicht; einem einzubringenden Kleinbetrieb, dessen Gewinn nach § 5 EStG ermittelt wird, können Sacheinlagen, die die Eigenschaft von gewillkürtem Betriebsvermögen aufweisen, auch „in erheblichem Umfang" zugeordnet werden (UmgrStR Rz 896; einschränkend UmgrStR Rz 1674 zur Abspaltung, wo in Fällen eines hohen Missverhältnisses zwischen Wert des umgründungsfähigen Teilbetriebes und des zugeordneten gewillkürten bzw neutralen Vermögens – exemplarisch wird auf ein Verhältnis von 1:100 verwiesen – die Möglichkeit eines Missbrauches nach § 44 erwogen wird, im Detail Rz 180a).   115

Die rückbezogenen eingelegten Wirtschaftsgüter müssen am Einbringungsstichtag **weder zum Vermögen des Einbringenden gehört noch (körperlich) existiert** haben (UmgrStR Rz 895).   117

c) Finanzierungszusammenhang

Nach allgemeinem Einkommensteuerrecht gilt der Grundsatz, dass sich die Sacheinlage in einen Betrieb (oder die Sachentnahme aus demselben) auch auf das **mit dem Aktivum zusammenhängende Passivum** bezieht (VwGH 30.9.1999, 99/15/0106; VwGH 22.10.1996, 95/14/0018; EStR Rz 2482). Dieser allgemeine Grundsatz wird durch die **Sonderregelungen** in § 16 Abs 5 Z 1, 2 und teilweise auch 3 (hinsichtlich des isolierten Zurückbehaltens betrieblicher Verbindlichkeiten) **verdrängt**. Lt UmgrStR ist es daher zulässig, Verbindlichkeiten, die mit nach § 16 Abs 5 Z 1 entnommenen Aktiva zusammenhängen, im Betriebsvermögen des einzubringenden (Teil)Betriebes zu belassen, ohne dass diese bei der übernehmenden Körperschaft die Eigenschaft von (negativen) Betriebsvermögen verlieren (UmgrStR 903, 909). Analog kann ein Finanzierungskredit für Einlagen nach § 16 Abs 5 Z 1 im Privatvermögen belassen werden, insb da erst dadurch die angestrebte Buch- bzw Verkehrswerterhöhung eintreten kann; der Finanzierungskredit bleibt dadurch lt Literatur und Rsp Privatvermögen, sodass der Zinsaufwand unter das Abzugsverbot nach § 20 EStG fällt (*Wiesner/Schwarzinger*, UmS 169/14/11, SWK 2011, S 621; BFG 7.7.2015, RV/6100343/2010).   118

d) Abgrenzung zur Maßnahme nach Z 3

Das **Zurückbehalten von Verbindlichkeiten nach Z 3** kommt wirtschaftlich einer Sacheinlage nach Z 1 gleich, ist aber als rückbeziehungsfähige Maßnahme auch unter Z 3 erfasst. Die beiden Tatbestände unterscheiden sich (i) an erster Stelle strukturell dadurch, dass Z 1 als Tatbestandsvoraussetzung eine tatsächliche Einlage-   119 handlung im Rückwirkungszeitraum vorsieht (Beispiel: Verbindlichkeiten des notwendigen Betriebsvermögens müssten vor Abschluss des Einbringungsvertrages durch Widmungsänderung einer „betriebsfremden" Verwendung zugeführt werden), während Z 3 die Einlage lediglich als Rechtsfolge des Einbringungsvorganges fingiert (*Rabel* in *W/H/M*, HdU[1] § 16 Rz 59) und (ii) im Übrigen formal durch die Darstellung in der Einbringungsbilanz (Ansatz einer Aktivpost nach Z 1 und Nichtaufnahme der Verbindlichkeit in der Einbringungsbilanz nach Z 3). Es besteht insoweit **Wahlfreiheit des Einbringenden** (UmgrStR Rz 917; unklar hingegen UmgrStR Rz 893 und Rz 909, wonach vorrangig Z 3 anwendbar sein dürfte).

2. Bar- und Sachentnahmen

a) Begriff

120 Der Begriff entspricht lt FV und hM der **Entnahme nach § 4 Abs 1 EStG** (UmgrStR Rz 900; *Rabel* in *W/H/M*, HdU[1] § 16 Rz 57; *Wellinger* in FS Pircher 124). Nach § 4 Abs 1 EStG sind Entnahmen „alle nicht betrieblich veranlassten Abgänge von Werten", womit neben Bar- auch Sachentnahmen in Form von zB Waren- oder Nutzungsentnahmen durch den einbringenden Betriebsinhaber in Frage kommen (UmgrStR Rz 905; EStR Rz 435). Für Sachentnahmen ist die Bewertungsregelung nach § 6 Z 4 EStG maßgebend (UmgrStR Rz 905). Die Bar- oder Sachentnahmen müssen lt FV „spätestens am Tag des Abschlusses des Einbringungsvertrages getätigt worden [sein]" (UmgrStR Rz 907, ferner 875). Der Zeitpunkt der Entnahme ergibt sich allg aus dem nach außen in Erscheinung tretenden Willensentschluss hins der privaten bzw betrieblichen Verwendung (Jakom[10]/*Laudacher* § 6 Rz 122); bei notwendigem Betriebsvermögen ist demnach auf die (dauerhafte) betriebsfremde Verwendung (allg *Zorn* in HB Bilanzsteuerrecht Rz 327), bei gewillkürtem Betriebsvermögen auf das Ausscheiden aus den Büchern abzustellen (idS UmgrStR Rz 898 zum Leistungszeitpunkt bei Sacheinlagen). Der Entnahmebegriff gilt für Einzelunternehmen und Mitunternehmerschaften gleichermaßen (*Zorn* in H/R § 4 Abs 1 Rz 169); zu Entnahmen iZm Mitunternehmeranteilseinbringungen s Rz 128 ff.

121 Zu den Auswirkungen von Entnahmen nach § 16 Abs 5 Z 1 auf die **begünstigte Besteuerung nicht entnommener Gewinne nach § 11a EStG** s § 14 Rz 19 ff.

122 Die steuerliche Rückbeziehung auf den Einbringungsstichtag hat durch den Ansatz einer **Passivpost (Verbindlichkeit) in der Einbringungsbilanz** zu erfolgen und führt dazu, dass der Buch- und Verkehrswert des Einbringungsvermögens bereits zum Einbringungsstichtag um die Entnahme vermindert wird. Die rückwirkende Entnahme kann auch in Anspruch genommen werden, wenn der Buchwert des Einbringungsvermögens schon vor der Entnahme negativ ist oder durch die Entnahme negativ wird (UmgrStR Rz 901). Entscheidend ist, dass trotz der Entnahme noch ein positiver Verkehrswert vorhanden ist, um die Anwendungsvoraussetzungen des Art III zu wahren (UmgrStR Rz 902).

123 **Kein Anwendungsfall** einer Sachentnahme nach § 16 Abs 5 Z 1 stellt das **Zurückbehalten eines Mitunternehmeranteils** anlässlich der Einbringung eines Betriebes oder Teilbetriebes dar. Die Mitunternehmeranteile vermitteln dem Einbringenden unabhängig von einer Zugehörigkeit zu einem Betriebsvermögen betriebliche Einkünfte nach § 2 Abs 2 Z 1 bis 3 EStG, sodass keine Entnahme iSd § 16 Abs 5 Z 1 (in den außerbetrieblichen Bereich des Einbringenden) vorliegt. In diesen Fällen liegt somit lediglich eine Verminderung des Buch- und Verkehrswertes des einzubringenden Vermögens zum Einbringungsstichtag vor (UmgrStR Rz 910).

Die FV fordert bei der Sachentnahme von Wirtschaftsgütern des **Anlagevermögens** als zusätzliche Voraussetzung, dass die entnommenen Wirtschaftsgüter bereits am **Einbringungsstichtag zum einzubringenden Betriebsvermögen** gehört haben (UmgrStR Rz 907). 124

Stellungnahme. Das Zurechnungserfordernis für Sachentnahmen aus dem Anlagevermögen scheint gesetzlich nicht gedeckt und unsystematisch; das UmgrStG sieht lediglich in § 13 Abs 2 S 1 die Zurechnung des „einzubringenden" Vermögens zum Einbringenden am Einbringungsstichtag vor, Sachentnahmen nach Z 1 werden gerade nicht mit eingebracht, des Weiteren wird auch für Sacheinlagen nach § 16 Abs 5 Z 1 nicht gefordert, dass diese dem Einbringenden bereits am Einbringungsstichtag gehört oder körperlich existiert haben müssen (UmgrStR Rz 895). Im Ergebnis dürfte das Zurechnungserfordernis ohne Bedeutung bleiben, weil alternativ zum Vermögensgegenstand der (nach dem Stichtag getätigte) Anschaffungsvorgang beim Einbringenden zurückbehalten werden kann (s Rz 100). Gegen das Zurechnungserfordernis zum Einbringungsstichtag auch *Rabel* in *W/H/M*, HdU[1] § 16 Rz 60; *Hügel* in *H/M/H* § 16 Rz 125 mVa Barentnahmen, wo die liquiden Mittel auch nicht zum Einbringungsstichtag vorhanden sein müssen; *Wellinger* in FS Pircher 124.

b) Finanzierungszusammenhang

Die allgemeinen einkommensteuerrechtlichen Grundsätze über die Entnahme fremdfinanzierter Aktiva (EStR Rz 2482; vgl Rz 118) werden durch die **Sonderregelung** in § 16 Abs 5 Z 1 **verdrängt**. Es ist daher zulässig, die mit den entnommenen Aktiva zusammenhängenden Verbindlichkeiten im Betriebsvermögen des einzubringenden (Teil)Betriebes zu belassen, ohne dass diese bei der übernehmenden Körperschaft die Eigenschaft von **(negativen) Betriebsvermögen** verlieren; fremdfinanzierte Bar- oder Sachentnahmen führen somit nicht zum Verlust des Betriebsausgabenabzuges für die mit der Kreditaufnahme verbundenen Aufwandszinsen der übernehmenden Körperschaft (UmgrStR 903, 909; BMF 23.3.2003, RdW 2003, 352). Begründet wird dies iRe systematischen Interpretation mVa § 18 Abs 3, der die rückwirkende Verzinsung von unbaren Entnahmen zulässt; im Größenschluss muss daher auch die steuerliche Abzugsfähigkeit von Zinsen iZm baren Entnahmen zulässig sein (*Zöchling* in *Kirchmayr/Mayr*, Konzernfinanzierung 25 [28]). 125

Auf **vor dem Einbringungsstichtag getätigte kreditfinanzierte Entnahmen** ist allerdings das allgemeine Einkommensteuerrecht anzuwenden. Durch die Entnahme geht die betriebliche Veranlassung der Finanzierungsverbindlichkeit unter, sie gilt steuerlich als mit entnommen. Wird die Finanzierungsverbindlichkeit dennoch (zivilrechtlich) mit dem begünstigten Vermögen in die **übernehmende Körperschaft** eingebracht, erfolgt der Übertragungsvorgang „außerhalb des Art III" und gefährdet daher die Anwendung des Art III nicht (insb keine schädliche Gegenleistung; UmgrStR Rz 904 mVa 1005; UFS 26.3.2013, RV/0076-I/06, Anm *Hirschler/Oberkleiner/Sulz*, UFSjournal 2013, 292). Die Zinsbelastung der übernehmenden Körperschaft stellt eine **verdeckte Gewinnausschüttung** dar (UFS 28.9.2010, RV/1187-L/08, zu fremdfinanzierten Entnahmen aus einer KG vor 125a dem Stichtag der nachfolgenden Einbringung der KG-Anteile in eine GmbH und anschließender Anwachsung; UFS 26.3.2013, RV/0076-I/06, Anm *Hirschler/ Oberkleiner/Sulz*, UFSjournal 2013, 292; *Zöchling* in *Kirchmayr/Mayr*, Konzernfinanzierung 25 [28]). Lt UmgrStR Rz 904 ist zu differenzieren: bei einem bloßen Schuldbeitritt führen die jeweiligen Zins- und Tilgungsbelastungen der übernehmenden Körperschaft zu vA, bei einer privativen (befreienden) Schuldübernahme durch die übernehmende Körperschaft ist dagegen von einer sofortigen vA iHd kapitalisierten Verbindlichkeit auszugehen (abw UmgrStR Rz 926c, wonach allg vA nur nach Maßgabe der Zins- und Tilgungsbelastungen vorliegen; kritisch *Hirschler/Oberkleiner/Sulz*, UFSjournal 2013, 292 [295], wonach zum einen im Falle der privativen Schuldübernahme auch den unter UmgrStR Rz 904 vertretenen Konsequenzen die laufenden Zinsbelastungen der übernehmenden Körperschaft zu [zusätzlichen] vA führen müssten und zum anderen der Vorgang insgesamt auch als offene Ausschüttung beurteilt werden könnte mit der Folge der Abzugsfähigkeit des Zinsaufwandes). Die steuerliche Behandlung der Zinszahlungen und Tilgungen beim **Einbringenden** richtet sich nach allgemeinem Steuerrecht; aufgrund der Entnahme der Verbindlichkeit in das Privatvermögen bzw den außerbetrieblichen Bereich führt der auf Zeiträume nach der Entnahme entfallende Zinsaufwand zu **keinen (nachträglichen) Betriebsausgaben** (VwGH 30.9.2009, 2004/ 13/0169), bei Zuordnung zu einer (außerbetrieblichen) Einkunftsquelle des Einbringenden können die Zinsen Werbungskosten darstellen (zB Zurückbehaltung einer Liegenschaft samt Finanzierungsverbindlichkeit mit nachfolgender Vermietung an die übernehmende Körperschaft; idS UmgrStR Rz 924 iVm 737).

126 Die Übernahme der Finanzierungsverbindlichkeit für Entnahmen nach § 16 Abs 5 Z 1 durch die übernehmende Körperschaft stellt **keine schädliche Gegenleistung nach § 19** dar (UmgrStR 903); zur Übernahme von Finanzierungsverbindlichkeiten für vor dem Einbringungsstichtag getätigte kreditfinanzierte Entnahmen durch die übernehmende Körperschaft s § 19 Rz 7.

c) Abgrenzung zur Maßnahme nach Z 3

127 Als Sachentnahme nach Z 1 ist auch das Zurückbehalten von Wirtschaftsgütern des Anlagevermögens nach Z 3 zu werten. Zur Abgrenzung der beiden Tatbestände und diesbezüglichen Wahlfreiheit des Einbringenden s oben Rz 119; als Besonderheit ist zu beachten, dass Z 3 ein Trennungsverbot zwischen dem zurückbehaltenen Anlagevermögen und damit unmittelbar zusammenhängendem Fremdkapital vorsieht, für Sachentnahmen nach Z 1 besteht dieses Trennungsverbot nicht (s oben Rz 125); die Sachentnahme eines Aktivums nach Z 1 führt damit nicht zum Verlust der betrieblichen Veranlassung der damit zusammenhängenden, miteingebrachten Finanzierungsverbindlichkeit bei der übernehmenden Körperschaft, ungleich dem Zurückbehalten fremdfinanzierten Anlagevermögens nach Z 3. Die Entnahme von Umlaufvermögen kann nur nach Maßgabe der Z 1 erfolgen (UmgrStR Rz 923).

3. Mitunternehmeranteile

128 Aufgrund der Maßgeblichkeit des Entnahmebegriffes nach § 4 Abs 1 EStG setzt eine Entnahme nach § 16 Abs 5 Z 1 grundsätzlich eine im Rückwirkungszeitraum getätigte **Entnahme aus dem Gesellschaftsvermögen oder dem Sonderbetriebsvermögen** voraus (*Rabel* in *W/H/M*, HdU[1] § 16 Rz 57; s speziell zur Entnahme aus dem Gesellschaftsvermögen *Huber* in W/H/M, HdU[1] § 33 Rz 31 mwN). IZm **Gesamtanteilseinbringungen** unter teilweiser oder gänzlicher Zurückbehaltung von **variablen Kapitalkonten** ist daher fraglich, ob eine Entnahme nach § 16 Abs 5 Z 1 eine Auszahlung des zurückbehaltenen Saldos aus dem Gesellschaftsvermögen an den Einbringenden erfordert. Die Ansichten der FV divergieren. Lt älterer Ansicht müssen „Guthaben tatsächlich abgezogen werden" (BMF 7.10.2002, ARD 5359/24/2002), was für das Erfordernis der Auszahlung spricht. Lt UmgrStR Rz 721 idF vor WE 2013 stellt dagegen das „bloße Stehen lassen" des variablen positiven Kontenstandes „strukturell eine Entnahme [...] in Verbindung mit einer Wandlung in eine steuerwirksame Forderung [...] gegenüber der Mitunternehmerschaft" dar; eine Auszahlung ist demnach nicht erforderlich. IRd WE 2013 wurde diese Aussage gestrichen und allg auf die Möglichkeit der „tatsächlichen Entnahme" des Kapitalkontos nach Z 1 oder alternativ des Ansatzes einer vorbehaltenen Entnahme nach Z 2 verwiesen (UmgrStR Rz 721, 915; *Huber* in W/Z/H/K[5] § 12 Rz 87; zur vorbehaltenen Entnahme s im Detail Rz 142). Zutreffenderweise wird zu unterscheiden sein, ob der zurückbehaltene Kontenstand aus Sicht der Personengesellschaft eine zivilrechtliche Verbindlichkeit (**Gesellschafter-Fremdkapital**, zB bereits entnahmefähige Gewinnansprüche) oder gesamthändisch gebundenes Vermögen (**Gesellschafter-Eigenkapital**, zB Gewinnrücklagen) darstellt. Bei Gesellschafter-Fremdkapital wird eine Auszahlung nicht erforderlich sein, da der Kontenstand infolge der Gesamteinbringung (Beendigung der Mitunternehmerstellung) automatisch zu auch steuerlichem Fremdkapital der Mitunternehmerschaft wird und damit zu einer „strukturellen" Entnahme iSd UmgrStR Rz 721 idF vor WE 2013 führt. Bei Gesellschafter-Eigenkapital wird eine tatsächliche Auszahlung zu fordern sein, da ein „Zurückbehalten" lediglich das Innenverhältnis zwischen Einbringendem und übernehmender Körperschaft betrifft und zu einer (Verrechnungs-)Forderung bzw Verbindlichkeit analog einer vorbehaltenen Entnahme nach Z 2 führen würde (keine Entnahmehandlung aus dem Gesellschaftsvermögen der Mitunternehmerschaft). Ein **negatives Kapitalkonto** kann lt FV nur dann nach Z 1 „zurückbehalten" werden, wenn die Einlage des negativen Kontostandes tatsächlich bis zum Abschluss des Einbringungsvertrages erfolgt. Ein bloß buchmäßiges Zurückbehalten des negativen Kapitalkontos ist nicht möglich, diesfalls geht es zwingend auf die übernehmende Körperschaft über (UmgrStR Rz 720, 721; kritisch *Hübner-Schwarzinger/Schwarzinger/Wiesner* in GedS Bruckner 414 f). Bei **Teileinbringungen** kann das zurückbehaltene positive oder negative Kapitalkonto dem verbleibenden Mitunternehmeranteil zugeordnet werden (keine Entnahme nach Z 1, sondern Verschieben nach Z 4; s im Detail Rz 175 ff).

Analog ist das Zurückbehalten von **Sonderbetriebsvermögen** möglich. Wird der gesamte Mitunternehmeranteil aus dem Privatvermögen eingebracht, führt das Zurückbehalten zu einer steuerpflichtigen Entnahmebesteuerung nach Z 1 oder Z 3 (UmgrStR Rz 722). Wird lediglich ein Teil des Mitunternehmeranteils aus dem Privatvermögen eingebracht, löst das Zurückbehalten des Sonderbetriebsvermögens keine Entnahmebesteuerung aus (selbst wenn bloß ein Zwerganteil des Mitunternehmeranteils von der Einbringung ausgeklammert wird; BMF 11.2.1992, SWK 1992, A I 95; *Huber* in W/Z/H/K[5] § 12 Rz 84). Ebenso unterbleibt eine Entnahmebesteuerung bei Einbringung des Mitunternehmeranteils aus dem Betriebsvermögen (UmgrStR Rz 722). Bei diesen Vorgängen stellt das Zurückbehalten von

129

SBV allerdings bereits nach allg Steuerrecht keine Entnahmehandlung (Maßnahme nach § 16 Abs 5 Z 1) dar (vgl EStR Rz 5934 u 5984 zur un-/entgeltlichen Abstockung der Mitunternehmeranteilsquote; EStR Rz 5933 zur Überführung von Wirtschaftsgütern aus dem SBV in den eigenen Betrieb; s auch Rz 123).

130 Nicht zurückbehaltungsfähig ist grundsätzlich das **Ergänzungskapital**, dh anschaffungsveranlasste Aufwertungsbeträge (UmgrStR Rz 719) oder Mehr- bzw Minderwerte iZm Vorsorgemaßnahmen bei vorangegangenen Verkehrswertezusammenschlüssen nach Art IV (*Wiesner/Schwarzinger*, UmS 209/34/35/13, SWI 2013, 1486). Bei Teileinbringungen gehen die Ergänzungsbeträge anteilig (dh der Quote am starren Kapitalkonto entsprechend) über (UmgrStR Rz 719; *Wiesner/Schwarzinger*, UmS 209/34/35/13, SWK 2013, 1486); ein Zurückbehalten der Ergänzungsbeträge wird lediglich iZm der Zurückbehaltung von aktiven oder passiven Wirtschaftsgütern des Sonderbetriebsvermögens für möglich erachtet (*Huber* in W/Z/H/K^5 § 12 Rz 85).

E. Vorbehaltene (unbare) Entnahmen nach § 16 Abs 5 Z 2
1. Begriff

131 Vorbehaltene (unbare) Entnahmen iSd § 16 Abs 5 Z 2 sind Entnahmen, die zwar erst **nach dem Tag des Abschlusses des Einbringungsvertrages** getätigt werden, aber durch Einstellung einer Passivpost (Verbindlichkeit) bereits in der Einbringungsbilanz vorbehalten werden; beim Einbringenden entsteht eine korrespondierende Forderung aus der vorbehaltenen Entnahme (UmgrStR Rz 911; *Huber* in W/Z/H/K^5 § 16 Rz 105). Ebenso wie die Passivpost für tatsächliche Entnahmen iSd § 16 Abs 5 Z 1 führt auch die gesondert auszuweisende Passivpost für vorbehaltene Entnahmen dazu, dass der Buch- und Verkehrswert des Einbringungsvermögens bereits zum Einbringungsstichtag um die vorbehaltenen Entnahmen vermindert wird (UmgrStR Rz 911). Aus zivil- und unternehmensrechtl Sicht handelt es sich in voller Höhe um Verbindlichkeiten (*Rabel* in W/H/M, HdU^1 § 16 Rz 67, 71; § 18 Rz 28). Führen die vorbehaltenen Entnahmen dazu, dass der Verkehrswert negativ wird, ist eine Anwendungsvoraussetzung des Art III verletzt (UmgrStR Rz 916, 1009; s § 12 Rz 193); wird lediglich der Buchwert des einzubringenden Vermögens negativ oder ein bestehender negativer Buchwert weiter erhöht, kommt es zu einer Ausschüttungsfiktion (s dazu unten § 18 Rz 71; UmgrStR Rz 972b ff). Ein nach Abschluss des Einbringungsvorgangs gegenüber der übernehmenden Körperschaft getätigter Verzicht auf die Forderung aus der vorbehaltenen Entnahme hat keinen Einfluss auf die in der Einbringungsbilanz auszuweisende Verbindlichkeit (UmgrStR 911 mVa VwGH 2.10.2014, 2012/15/0213, Anm *Renner/Marschner*, SWK 2015, 772).

132 Zu den Auswirkungen von Entnahmen nach § 16 Abs 5 Z 2 auf die **begünstigte Besteuerung nicht entnommener Gewinne nach § 11a EStG** s § 14 Rz 19 ff.

133 IdF vor AbgÄG 2005 (BGBl I 2005/161) lautete der Tatbestand des § 16 Abs 5 Z 2 „Neben der in Z 1 genannten Passivpost kann eine weitere *Passivpost* […] gebildet werden", des Weiteren enthielt § 16 Abs 5 Z 4 einen ausdrücklichen Anwendungsverweis auf Z 2 für unter § 7 Abs 3 KStG fallende Einbringenden (§ 16 Abs 5 Z 4 S 4 idF vor AbgÄG 2005: „Z 2 kann bei handelsrechtlicher Zulässigkeit des Ausweises der Passivpost sinngemäß angewendet werden"). Im Ergebnis war § 16 Abs 5 Z 2 für alle Einbringenden anwendbar, unabhängig vom Vorliegen einer außerbetrieblichen Sphäre (*Rabel* in W/H/M, HdU^1 § 16 Rz 45; BMF 30.8.2001, RdW

2001, 776). IRd AbgÄG 2005 (BGBl I 2005/161) wurde der Tatbestand des § 16 Abs 5 Z 2 eingegrenzt auf „Neben der in Z 1 genannten Passivpost kann eine weitere Passivpost *für vorbehaltene Entnahmen* [...] gebildet werden" und der Anwendungsverweis in Z 4 auf Z 2 wurde gestrichen. Laut ErlRV 1187 BlgNR 22. GP, zu § 16 Abs 5 Z 2 und 4, soll durch die Gesetzesänderungen „das Institut der unbaren Entnahme wieder den natürlichen Personen vorbehalten bleiben" und „die in der Z 4 geregelte sinngemäße Anwendung der Regelung über die unbare Entnahme bei einbringenden Körperschaften im Interesse einer Eindämmung des hohen Gestaltungsspielraumes entfallen". Nach Auffassung der FV bezieht sich damit der Begriff vorbehaltene Entnahme (wie auch jener der tatsächlichen Entnahme nach § 16 Abs 5 Z 1) auf den **Entnahmetatbestand des § 4 Abs 1 EStG** (UmgrStR Rz 913) und kann daher für einbringende Körperschaften nach § 7 Abs 3 KStG „begrifflich keine Bedeutung haben" (UmgrStR Rz 913).

Daraus folgt zumal, dass jedenfalls **nicht unter § 7 Abs 3 KStG fallende Körperschaften**, die neben der betrieblichen Vermögenssphäre auch über eine außerbetriebliche Vermögenssphäre verfügen, unbare Entnahmen tätigen können. Zur Anwendbarkeit auf **Körperschaften nach § 7 Abs 3 KStG** s Rz 108; zur Rechtslage vor dem AbgÄG 2005 und vor dem BudBG 2003 *Rabel* in *W/H/M*, HdU[1] § 16 Rz 43 und 45. **134**

Bringt eine **Mitunternehmerschaft** einen Betrieb oder Teilbetrieb ein, kann jeder Mitunternehmer vorbehaltene Entnahmen tätigen. Für die Berechnung des Höchstbetrags (s unten Rz 136) ist der auf den jeweiligen Mitunternehmer entfallende Verkehrswertanteil maßgeblich (UmgrStR Rz 915). Zur **Einbringung von Mitunternehmeranteilen** s Rz 142. **135**

2. Höchstbetrag

Der Höchstbetrag möglicher vorbehaltener Entnahmen wird wie folgt ermittelt: Basis ist der positive Verkehrswert des einzubringenden Vermögens am Einbringungsstichtag nach der Stand-alone-Methode (UmgrStR Rz 914; zum Verkehrswertbegriff s § 12 Rz 190 f). In einem zweiten Schritt ist der Saldo sämtlicher rückbezogener Vermögensänderungen iSd § 16 Abs 5 Z 1, 3 und 4 und „der nicht nach Z 1 rückbezogenen Entnahmen" (betrifft nach dem Einbringungsstichtag getätigte, nicht rückbezogene Entnahmen; lt *Wiesner/Mayr*, RdW 2006, 368, systematisch unbegründet, weil sie ohnehin zu Verrechnungsforderungen der übernehmenden Körperschaft führen; kritisch *Huber* in *W/Z/H/K*[5] § 16 Rz 105 FN 60) zu ermitteln und – sofern sich daraus insgesamt eine Verminderung des Verkehrswertes ergibt – abzuziehen. Diese Vermögensänderungen können die Bemessungsgrundlage für die vorbehaltenen Entnahmen somit nur vermindern, nicht erhöhen. Von dem verbleibenden Betrag können schließlich höchstens 50 % als vorbehaltene Entnahmen angesetzt werden (UmgrStR Rz 914 mit Bsp). **136**

3. Rechtsfolgen

Nach § 16 Abs 5 Z 2 letzter Satz gelten die vorbehaltenen Entnahmen mit Ablauf des Einbringungsstichtages als entnommen und stellen daher auf Ebene der übernehmenden Gesellschaft **Fremdkapital** dar (ErlRV 622 BlgNR 14. GP, 12). Die Verbindlichkeit auf Ebene der übernehmenden Körperschaft ist bis zur Tilgung oder einem Forderungsverzicht des Einbringenden weiterzuführen (UmgrStR Rz 912). Ein **Forderungsverzicht** ist lt FV als **Doppelmaßnahme** (Tilgung und nachfolgende Einlage) zu beurteilen (s § 18 Rz 81). **137**

138 Eine **Verzinsung** für diese Verbindlichkeit kann **steuerwirksam** vereinbart werden, Finanzierungskosten für Verbindlichkeiten aus vorbehaltenen Entnahmen sind grundsätzlich abzugsfähig (UmgrStR Rz 903; *Huber* in W/Z/H/K^5 § 16 Rz 109; s § 18 Rz 106 f). Zur Frage, ob bei fehlender oder fremdunüblich niedriger Verzinsung **Gesellschaftsteuer vom Wert der Zinsersparnis** nach § 2 Z 1 bzw 4 lit c KVG (für Zeiträume bis 31.12.2015) ausgelöst wird, s a Ausführungen an dieser Stelle in der 5. Aufl. Wird im Einbringungsvertrag die Nichtverzinsung einer vorbehaltenen Entnahme gem § 16 Abs 5 Z 2 vereinbart, löst diese Vereinbarung für sich genommen keine Gesellschaftsteuerpflicht aus (UmgrStR Rz 912 mVa UFS 16.3.2012, RV/3451,W/08; BFG 27.7.2016, RV/7101650/2009). **Gebührenpflicht** nach § 33 TP 7 oder TP 19 (für Zeiträume bis 31.12.2010) wird nicht ausgelöst, weil der Rechtsgrund für unbare Entnahmen im Einbringungsvertrag nicht in einem Kreditvertrag gesehen wird (UFS 10.7.2009, RV/0005-I/08, UFSjournal 2010, 292).

139 Die **Überschreitung des Höchstbetrages** der zulässigen vorbehaltenen Entnahmen hat keine Auswirkung auf die Anwendbarkeit des Art III, sofern die Entnahmen nicht zu einem negativen Verkehrswert führen (UmgrStR Rz 916; *Huber* in W/Z/H/K^5 § 16 Rz 105). Im Fall zu hoher vorbehaltener Entnahmen erfolgt eine Umqualifikation des übersteigenden Betrags in steuerliches Eigenkapital. Der übersteigende Betrag gilt gemäß § 18 Abs 2 Z 2 bei der übernehmenden Körperschaft als **versteuerte Rücklage** und erhöht die Anschaffungskosten der Beteiligung an der übernehmenden Körperschaft; Zinszahlungen der übernehmenden Körperschaft stellen insoweit **vGA**, Tilgungszahlungen abhängig vom Buchwert des Einbringungsvermögens entweder **Einlagenrückzahlungen** (bei buchmäßig positivem Einbringungsvermögen) oder vGA (bei buchmäßig negativem Einbringungsvermögen) dar (vgl § 18 Rz 91).

140 Die Einstellung von Verbindlichkeiten in die Einbringungsbilanz und die dadurch erfolgte Einräumung von Forderungsrechten an den Einbringenden führt zu einer **Wertminderung des Einbringungsobjekts** und nicht zu einer Gegenleistung der übernehmenden Körperschaft. Durch die vorbehaltene Entnahme wird daher kein Verstoß gegen das nach § 19 Abs 1 bestehende Erfordernis der ausschließlichen Gewährung von Gesellschaftsanteilen an der übernehmenden Körperschaft als Gegenleistung bewirkt (s § 19 Rz 18).

4. Unternehmensrechtliche Aspekte

141 Der OGH hat Einbringungen mit unbaren Entnahmen in seiner jüngeren Rsp vermehrt unter dem Aspekt der **verdeckten Sacheinlage und Kapitalerhaltung (verbotene Einlagenrückgewähr)** geprüft (OGH 23.1.2003, 6 Ob 81d/02h, ecolex 2003, 685; dazu *Reich-Rohrwig/Gröss*, ecolex 2003, 680; OGH 23.10.2003, 6 Ob 196/03x, ecolex 2003, 279 mit Anm *Konwitschka*; OGH 30.8.2000, ecolex 2001, 79 mit Anm *Konwitschka*) und dabei die deutsche Auffassung zur verdeckten Sacheinlage grundsätzlich anerkannt (*Gruber*, GesRZ 2004, 315). Bei Einbringungen mit unbaren Entnahmen in zeitlicher Nähe zur Bargründung der übernehmenden Körperschaft (GmbH, AG) wird daher im unternehmensrechtlichen Schrifttum empfohlen, die Einbringung gegen Kapitalerhöhung (zwecks Ausschluss des Vorliegens einer verdeckten Sacheinlage) und auf Grundlage eines Verkehrswertgutachtens vorzunehmen (*Thurnher*, GeS 2005, 10; *Gruber*, GesRZ 2004, 315).

5. Mitunternehmeranteile

Auch bei **Einbringung eines Mitunternehmeranteils** kann der Einbringende vorbehaltene Entnahmen tätigen. Zu beachten ist, dass sich die entstehende Verbindlichkeit nicht auf die Kapitalkonten der Mitunternehmerschaft auswirkt, sondern als **negatives Sonderbetriebsvermögen** der zum Mitunternehmer gewordenen, übernehmenden Körperschaft anzusetzen ist (UmgrStR Rz 915; *Rabel* in *W/H/M*, HdU[1] § 16 Rz 73; *Hübner-Schwarzinger/Schwarzinger/Wiesner* in GedS Bruckner 414; *Huber* in *W/Z/H/K*[5] § 16 Rz 106). Zur Ermittlung des Höchstbetrages nach § 16 Abs 5 Z 2 S 1 bei Mitunternehmeranteilseinbringungen s *Hübner-Schwarzinger* in FS Wiesner 163. 142

F. Zurückbehalten von Wirtschaftsgütern des Anlagevermögens und von Verbindlichkeiten nach § 16 Abs 5 Z 3
1. Überblick

Die Regelung in § 16 Abs 5 Z 3 bezieht sich lt Verwaltungspraxis auf zum „notwendigen Betriebsvermögen" gehörige Wirtschaftsgüter, die nach einkommensteuerrechtlichen Grundsätzen nicht ohne Widmungsänderung aus dem (Teil)Betrieb herausgelöst werden können, und erlaubt eine **Herauslösung ohne Widmungsänderung** (UmgrStR Rz 917). 146

> **Stellungnahme.** Die Einschränkung in UmgrStR Rz 917 auf notwendiges Betriebsvermögen kann dem Gesetz nicht entnommen werden und ist wohl iSd praktischen Hauptanwendungsbereiches zu sehen. Während Z 1 als Tatbestandsvoraussetzung die Verwirklichung einer tatsächlichen Entnahmehandlung (Widmungsänderung) noch vor dem Abschluss des Einbringungsvertrages erfordert, setzt Z 3 lediglich eine entsprechende Darstellung in der Einbringungsbilanz voraus und fingiert die Entnahme als Rechtsfolge.

Durch Maßnahmen nach § 16 Abs 5 darf die **Eigenschaft des einzubringenden Vermögens als (Teil)Betrieb** (Anwendungsvoraussetzung des Art III) nicht verletzt werden. Eine Betriebsaufspaltung im Wege des Zurückbehaltens des gesamten Anlagevermögens einschließlich nicht aktivierter Wirtschaftsgüter (zB Firmen- oder Praxiswert) kann daher lt FV nicht unter Art III fallen (UmgrStR Rz 921; s § 12 Rz 80 ff, 82). Das Zurückbehalten einzelner Anlagegüter ist dem gegenüber auch dann unschädlich, wenn sie zu den wesentlichen Betriebsgrundlagen gehören (zB Betriebsliegenschaft) und nach der Einbringung der übernehmenden Körperschaft entgeltlich oder unentgeltlich zur Nutzung überlassen werden (UmgrStR Rz 921). 147

Die Einräumung eines **Wohnrechts** an einer iRe Betriebseinbringung übertragenen **Betriebsliegenschaft** (Privatnutzung unter 20 %) zugunsten des Einbringenden wird in der Literatur als (partielle) Entnahme nach § 16 Abs 5 Z 3 beurteilt (*Wiesner/Schwarzinger*, UmS 156/05/06, SWK 2006, S 390 mit Hinweis, dass die Wohnrechtsbegründung anderenfalls eine schädliche Gegenleistung iSd § 19 darstellen könnte; *Wild*, taxlex 2013, 417 [418]; s § 19 Rz 9). Dadurch kommt es zur Entnahmebesteuerung iHd kapitalisierten Verkehrswertes des Wohnrechts. Weitere Zahlungen der übernehmenden Körperschaft iZm dem Wohnrecht (zB Betriebs-, Strom- und Heizkosten) werden idR eine vGA darstellen. Geht iRd Einbringung ein bereits bestehendes Wohnrecht (zB zugunsten fremder Dritter) auf die übernehmende Körperschaft über, wird hingegen keine Entnahme (weil das 148

Einbringungsvermögen schon a priori belastet war) und auch keine schädliche Gegenleistung durch die übernehmende Körperschaft vorliegen. Wird iRe Betriebseinbringung durch eine Mitunternehmerschaft ein **Superädifikat** übertragen und befand sich das belastete Grundvermögen im Sonderbetriebsvermögen eines Mitunternehmers, kommt es infolge der Einbringung zu keiner Entnahme des Grundvermögens aus dem Sonderbetriebsvermögen; der Abschluss eines (neuerlichen) Baurechtsvertrages ist nur bei erstmaliger Trennung eines einheitlichen Grund- und Gebäudevermögens erforderlich (*Wiesner/Schwarzinger*, UmS 160/05/06, SWK 2006, S 460).

149 Zu den Auswirkungen von Entnahmen nach § 16 Abs 5 Z 3 auf die **begünstigte Besteuerung nicht entnommener Gewinne nach § 11a EStG** s § 14 Rz 19 ff.

2. Zurechnungserfordernis zum Einbringenden

150 Nach dem Wortlaut der Z 3 S 1 können „bis zum Tag des Abschlusses des Einbringungsvertrages [...] **vorhandene** Wirtschaftsgüter [...] und **vorhandene** Verbindlichkeiten zurückbehalten werden". Lt Verwaltungspraxis ist Voraussetzung für das Zurückbehalten nach Z 3, dass die betreffenden Aktiva und/oder Passiva sowohl am Einbringungsstichtag als auch am Tag des Abschlusses des Einbringungsvertrages vorhanden sind (UmgrStR Rz 918). Das Zurechnungserfordernis zum Einbringungsstichtag lässt sich aus der Technik der Nichtaufnahme in die Einbringungsbilanz ableiten, die aber den Ausweis des betreffenden Wirtschaftsgutes in der Schlussbilanz nach § 12 Abs 2 voraussetzt, das Zurechnungserfordernis zum Vertragsabschlusstag aus dem Gesetzeswortlaut („vorhandene") in Z 3 S 1 (*Rabel* in *W/H/M*, HdU¹ § 16 Rz 76 f; *Wellinger* in FS Pircher 130). Sind diese Voraussetzungen nicht erfüllt, ergeben sich folgende Rechtsfolgen: Wurde das zurückbehaltene Wirtschaftsgut erst nach dem Einbringungsstichtag vom Einbringenden erworben, ist die Anschaffung (sofern über das zugrunde liegende Rechtsgeschäft nicht gesondert disponiert wurde; s oben Rz 100) bereits der übernehmenden Körperschaft zuzurechnen und ein Ausscheiden des zurückbehaltenen Wirtschaftsguts aus dem Vermögen der übernehmenden Körperschaft zu unterstellen (Einlagenrückzahlung oder Gewinnausschüttung an den Einbringenden; *Wellinger* in FS Pircher 130). Wurde das Wirtschaftsgut bereits vor dem Zeitpunkt des Vertragsabschlusses vom Einbringenden veräußert, ist der Veräußerungsvorgang zwingend der übernehmenden Körperschaft zuzurechnen (*Huber* in *W/Z/H/K*⁵ § 16 Rz 119 mwN; *Rabel* in *W/H/M*, HdU¹ § 16 Rz 76; *Hügel* in *H/M/H* § 16 Rz 136, wonach die Regelung eine „sonst mögliche Verlagerung des Veräußerungsvorganges in die steuerliche Privatsphäre" verhindert; *Wellinger* in FS Pircher 129).

> **Stellungnahme.** Einschränkend zu der von *Hügel* aaO angesprochenen „Verlagerung des Veräußerungsvorganges in die steuerliche Privatsphäre" ist festzuhalten, dass diese Verlagerung aufgrund der auf den Einbringungsstichtag bezogenen Entnahmefiktion der Z 3 im Grunde nur nach dem Einbringungsstichtag entstandene stille Reserven betreffen kann.

151 Im Ergebnis kann ein Veräußerungsvorgang hinsichtlich des Einbringungsvermögens im Rückwirkungszeitraum somit nur dann dem Einbringenden zugeordnet werden, wenn entweder vorgelagert eine tatsächliche Entnahme des betreffenden Wirtschaftsgutes nach Z 1 erfolgte oder das Wirtschaftsgut einem (Rest)Betrieb des Einbringenden nach Z 4 zugeordnet werden kann; die bloße Nichtaufnahme

in die Einbringungsbilanz gemeinsam mit der daran anknüpfenden (vorgeschalteten) Entnahmefiktion nach Z 3 (ohne tatsächlichen Entnahmevorgang) lässt der Gesetzgeber offensichtlich nicht für eine Durchbrechung der Rückwirkungsfiktion ausreichen.

3. Finanzierungszusammenhang für Anlagegüter

Seit AbgÄG 2005 (BGBl I 2005/161) können **Anlagegüter** nur „einschließlich mit ihnen unmittelbar zusammenhängendes Fremdkapital" nach Z 3 zurückbehalten werden. Eine entsprechende **Verknüpfungsregelung** wurde auch in Z 4 (Verschiebetechnik) aufgenommen. Die Gesetzesmaterialien führen zu Z 3 aus, dass „das Zurückbehalten von Anlagegütern als Sonderfall einer rückwirkenden Entnahme [...] die mit ihnen unmittelbar zusammenhängenden Verbindlichkeiten einschließen [soll]. Damit wird in diesem Punkt der dem allgemeinen Einkommensteuerrecht innewohnende Grundsatz verankert, dass sich die Sacheinlage in einen Betrieb und die Sachentnahme aus demselben grundsätzlich auch auf das mit dem Aktivum zusammenhängende Passivum bezieht" (ErlRV 1187 BlgNR 22. GP, zu § 16 Abs 5 Z 3). Zu Z 4 wird idZ weitergehend erläutert, dass „eine Zerlegung unmittelbar wirtschaftlich zusammenhängender Aktiv- und Passivpositionen ausgeschlossen werden soll. [...] Zur Vermeidung unnötigen Such- und Überprüfungsaufwandes für die Anwender und die FV soll sich die zusammenhängende Behandlung nur auf eindeutig gegebene Sachverhalte beziehen. So wird der zum Zweck der Anschaffung einer Beteiligung oder einer Maschine aufgenommene Kredit einen unmittelbaren Zusammenhang aufweisen. Es soll im übrigen auch verhindert werden, dass etwa vor dem Einbringungsstichtag ein Kredit aufgenommen und die Verbindlichkeit mit dem begünstigten Vermögen übertragen, die Barmittel hingegen zurückgehalten werden" (ErlRV 1187 BlgNR 22. GP, zu § 16 Abs 5 Z 4). Nach den Gesetzesmaterialien muss der Finanzierungszusammenhang einer Verbindlichkeit sohin zu einem **konkreten Aktivum** (Einzelwirtschaftsgut) bestehen, ein allgemeiner Finanzierungszusammenhang (zB zu einem Teilbetrieb nach Art einer Betriebsmitteillinie) wäre nicht ausreichend. Des Weiteren ist die Verknüpfungsregelung iSe engen Auslegung nur auf eindeutige Sachverhalte zu beziehen, es muss ein **eindeutiger unmittelbarer Veranlassungszusammenhang** einer Verbindlichkeit zu einem konkreten Wirtschaftsgut vorliegen (vgl *Rabel*, ÖStZ 2008, 116 [118]).

Dem folgend führen die UmgrStR aus, dass bei einem „kurz vor der Einbringung aufgenommenen Kredit" der unmittelbare Zusammenhang mit den entsprechenden Aktiva „eindeutig" sein wird, bei anderen Wirtschaftsgütern hingegen ein „eindeutiger Veranlassungszusammenhang" vorliegen muss, wobei exemplarisch auf eine Verbindlichkeit zum Zwecke der **Anschaffungsfinanzierung** eines Wirtschaftsguts verwiesen wird (UmgrStR Rz 926a). Ein **Kontokorrentkredit**, der zur Finanzierung eines Aktivums verwendet und danach mehrfach **umgeschichtet** wurde, weist hingegen „keinen eindeutigen unmittelbaren Zusammenhang" mehr auf (UmgrStR Rz 926a). Laut gesetzlicher Anordnung besteht ein unmittelbarer Zusammenhang jedenfalls nicht mehr, wenn Wirtschaftsgüter am Einbringungsstichtag bereits **länger als sieben Jahre** durchgehend dem Anlagevermögen des Einbringenden zuzuordnen waren (§ 16 Abs 5 Z 3 S 3).

Werden entgegen der Verknüpfungsregelung Anlagegüter zurückbehalten und mit diesen unmittelbar zusammenhängende Verbindlichkeiten auf die übernehmende Körperschaft übertragen, ist lt FV **keine Anwendungsvoraussetzung des Art III** verletzt, weil es sich bei der Verknüpfungsregelung um eine bloße Ordnungsvorschrift handelt (UmgrStR Rz 926c; *Wiesner/Mayr*, RdW 2006, 371; aA *Wellinger* in FS Pircher 131). Als ertragsteuerliche Sanktion gilt die Finanzierungsverbindlichkeit allerdings als mit entnommen, der Zinsaufwand sowie Tilgungen der Verbindlichkeit durch die übernehmende Körperschaft sind lt FV als **vA** zu werten (UmgrStR Rz 926c). Zur Behandlung der (steuerlich als entnommen geltenden) Finanzierungsverbindlichkeit beim Einbringenden s Rz 156.

4. Zurückbehalten von Verbindlichkeiten

154 Hinsichtlich der Verbindlichkeiten können auch bloß Teile von Verbindlichkeiten zurückbehalten werden (UmgrStR Rz 917). Die Verknüpfungsregelung gilt nach § 16 Abs 5 Z 3 S 1 ausschließlich für das Zurückbehalten von Anlagegütern, nicht für Verbindlichkeiten; diese können auch zurückbehalten werden, wenn mit ihnen in einem Finanzierungszusammenhang stehende Aktiva (zB Anlagegüter) auf die übernehmende Körperschaft übertragen werden (UmgrStR Rz 924; *Huber* in W/Z/H/K[5] § 16 Rz 114 mwN). Zur Einbringung eines kreditfinanzierten Mitunternehmeranteils s Rz 160; zur Zurückbehaltungsmöglichkeit nach Z 4 s Rz 169.

5. Rechtsfolge

155 Die Rechtsfolge der Entnahmefiktion in Z 3 S 3 („das Zurückbehalten gilt als eine mit Ablauf des Einbringungsstichtages getätigte Entnahme") löst lt Verwaltungspraxis dieselben **Wirkungen wie jene der tatsächlich getätigten Entnahme** nach § 16 Abs 5 Z 1 aus (UmgrStR Rz 919). Ein daraus resultierender Entnahmegewinn ist jenem Jahr zuzuordnen, in das der Einbringungsstichtag fällt, wobei Einbringenden steht die Begünstigung für Veräußerungsgewinne iSd § 24 EStG nicht zu (UmgrStR Rz 919; VwGH 29.1.1998, 97/15/0197; *Walter*[11] Rz 426; aA *Rabel* in W/H/M, HdU[1] § 16 Rz 85, wonach eine Entnahmegewinnbesteuerung nur bei tatsächlicher Überführung in den außerbetrieblichen Bereich bzw Widmungsänderung zum Tragen kommt).

156 Das **Zurückbehalten von Verbindlichkeiten** erhöht als Einlage den Buch- und Verkehrswert zum Einbringungsstichtag (zum bilanziellen Ausweis *Hirschler/Sulz/Oberkleiner*, BFGjournal 2015, 110). Aufgrund des fingierten Überganges der zurückbehaltenen Verbindlichkeit in das Privatvermögen bzw den außerbetrieblichen Bereich führt der auf Zeiträumen nach dem Einbringungsstichtag entfallende Zinsaufwand zu keinen (nachträglichen) Betriebsausgaben nach § 32 EStG (VwGH 30.9.2009, 2004/13/0169; UmgrStR Rz 924; aA *Wellinger* in FS Pircher 132; spiegelbildlich können aus den Verbindlichkeiten auch keine nachträglichen Betriebseinnahmen resultieren (VwGH 30.9.2009, 2004/13/0169; VwGH 24.9.2008, 2006/15/0255, zu Schuldzinsen und Kursgewinnen; abweichend VwGH 17.4.2008, 2006/15/0082, zu einem Schuldenerlass als nachträgliche Betriebseinnahme; vgl Jakom[2]/*Kanduth-Kristen* § 32 Rz 31, Seite 1210). Ist die zurückbehaltene Verbindlichkeit einer (außerbetrieblichen) Einkunftsquelle des Einbringenden zuzuordnen, können die Zinsen nach allgemeinen einkommensteuerlichen Grundsätzen Werbungskosten bzw Betriebsausgaben darstellen (zB Zurückbehaltung einer Liegenschaft samt Finanzierungsverbindlichkeit mit nachfolgender Vermietung an die übernehmende Körperschaft; idS UmgrStR Rz 924 iVm 737; *Walter*[11] Rz 426; *Wellinger* in FS Pircher 132).

6. Abgrenzung zu Maßnahmen nach Z 1

Lt FV überschneidet sich der Anwendungsbereich der Z 3 mit Z 1, Z 3 ist jedoch enger gezogen (Zurückbehaltung lediglich von Anlagegütern einschließlich zusammenhängendem Fremdkapital und von Verbindlichkeiten als Teilmenge der Sacheinlagen bzw -entnahmen nach Z 1); die Unterscheidung erfolgt durch den Ausweis in der Einbringungsbilanz, dh Ansatz einer Aktiv- oder Passivpost nach Z 1 versus Nichtaufnahme des Anlagevermögens oder Verbindlichkeit nach Z 3 (UmgrStR Rz 917); dazu allgemein und als Kritik Rz 105, 109. **157**

7. Abgrenzung zu Maßnahmen nach Z 4

Mit Maßnahmen nach Z 4 (Zurückbehalten im bzw Zuführen aus dem betrieblichen Bereich des Einbringenden, sog Verschiebetechnik) ergibt sich lt FV begrifflich kein überschneidender Anwendungsbereich (UmgrStR Rz 925, erster Gliederungspunkt). Bei Teilbetriebseinbringungen können Einbringende mit außerbetrieblichem Bereich (natürliche Personen, Körperschaften außerhalb des § 7 Abs 3 KStG) wählen, ob sie eine Überführung des zurückbehaltenen Vermögens in den außerbetrieblichen Bereich beabsichtigen (Maßnahme nach Z 3) oder das zurückbehaltene Vermögen dem restlichen betrieblichen Bereich des Einbringenden widmen (Maßnahme nach Z 4; UmgrStR Rz 925, erster Gliederungspunkt). **158**

Stellungnahme. Die Abgrenzung der Z 3 zu Z 4 lt UmgrStR Rz 925 erscheint unzutreffend. Z 3 verwendet denselben Begriff des „Zurückbehaltens" wie Z 4 (Zurückbehalten von Wirtschaftsgütern im betrieblichen Bereich des Einbringenden) und enthält zudem einen Vorrangverweis auf Z 4, woraus folgt, dass Z 3 auch das Zurückbehalten von Vermögen im betrieblichen Bereich des Einbringenden nach Z 4 umfassen kann; s oben Rz 109. Die Anwendungsbereiche der Z 3 und 4 überschneiden sich demnach insoweit, als Anlagevermögen gemeinsam mit Finanzierungsverbindlichkeiten oder Verbindlichkeiten ohne Finanzierungszusammenhang mit einem verbleibenden Betrieb des Einbringenden bzw durch Körperschaften nach § 7 Abs 3 KStG zurückbehalten wird; nach der Vorrangregel in Z 3 S 3 geht diesfalls Z 4 vor – mit der Folge, dass die Entnahmefiktion nach Z 3 S 3 unterdrückt wird. Der **verbleibende Anwendungsbereich der Z 3 bei Körperschaften nach § 7 Abs 3 KStG** beschränkt sich damit auf das Zurückbehalten von Verbindlichkeiten, die im Finanzierungszusammenhang mit einem übertragenen Aktivum stehen (mangels tatbestandlicher Erfassung in Z 4). Als unmittelbare **Rechtsfolge der Z 3** gilt die zurückbehaltene Verbindlichkeit mit Ablauf des Einbringungsstichtages als in den außerbetrieblichen Bereich der Körperschaft entnommen (§ 16 Abs 5 Z 3 S 3), der auf Zeiträume nach dem Einbringungsstichtag entfallende Zinsaufwand führt demnach grundsätzlich zu keinen Betriebsausgaben (UmgrStR Rz 924). Ist die zurückbehaltene Verbindlichkeit jedoch nach allgemeinen einkommensteuerlichen Grundsätzen einer steuerlich beachtlichen Einkunftsquelle der einbringenden Körperschaft zuzuordnen (zB den Anteilen an der übernehmenden Körperschaft), werden die Zinsen kraft § 7 Abs 3 KStG wiederum Betriebsausgaben darstellen (UmgrStR Rz 924 iVm 737). Im Ergebnis unterbleibt somit lediglich die Fiktion einer steuerlichen Doppelmaßnahme, die laut Finanzverwaltung bei Subsumtion dieses Sachverhaltes unter § 16 Abs 5 Z 4 zum Tragen kommt (Fiktion der Miteinbringung der zivilrechtlich zurückbehaltenen Verbindlichkeit mit nachfolgender Übernahme [Einlagevorgang] durch den Einbringenden; UmgrStR Rz 926c, S 3, s dazu unten Rz 173). **159**

8. Mitunternehmeranteile

160 Aufgrund der tatbestandlichen Voraussetzungen kommt Z 3 begrifflich nur für Wirtschaftsgüter des Anlagevermögens und Verbindlichkeiten, die zum steuerlichen **Sonderbetriebsvermögen** des Mitunternehmers (nicht zum Gesamthandvermögen der Mitunternehmerschaft) gehören, in Betracht (UmgrStR Rz 722; *Rabel* in *W/H/M*, HdU[1] § 16 Rz 73; *Wiesner/Schwarzinger*, UmS 36/9/01, SWK 2001, 311, zur Entnahme einer zum Gesamthandvermögen gehörenden Liegenschaft anlässlich der Einbringung aller Mitunternehmeranteile). Bei Einbringung eines **kreditfinanzierten Mitunternehmeranteils** kann die Kreditverbindlichkeit zur Gänze oder teilweise nach Z 3 zurückbehalten werden (keine Verknüpfungsregelung für Verbindlichkeiten; *Rabel*, ÖStZ 2008, 116 [118]). Ein **variables Kapitalkonto** kann lt FV nicht nach Z 3 zurückbehalten werden; ein positives variables Konto kann lediglich nach Z 1 tatsächlich oder nach Z 2 „vorbehalten" entnommen werden, ein negativer Kontenstand lediglich durch eine tatsächliche Einlage bis zum Abschluss des Einbringungsvertrages nach Z 1 ausgeglichen werden (UmgrStR Rz 721 *e contrario*; kritisch *Hübner-Schwarzinger/Schwarzinger/Wiesner* in GedS Bruckner 414 f).

G. Verschieben von Wirtschaftsgütern nach § 16 Abs 5 Z 4

1. Überblick

161 § 16 Abs 5 Z 4 schafft die Möglichkeit, iRd Einbringung von Teilbetrieben oder Teilen eines Mitunternehmeranteiles aktive und passive Wirtschaftsgüter zwischen dem **Einbringungsvermögen und dem zurückbleibenden Restbetriebsvermögen** des Einbringenden **zu verschieben** und zwar sowohl im Wege des Zurückbehaltens von aktiven oder passiven Wirtschaftsgütern aus dem Einbringungsvermögen im Restbetriebsvermögen des Einbringenden als auch durch Zuordnung von aktiven oder passiven Wirtschaftsgütern des zurückbleibenden Vermögens in das Einbringungsvermögen. Diese Vorgänge gelten allein durch die Nichtaufnahme bzw Einbeziehung in die Einbringungsbilanz als mit Ablauf des Einbringungsstichtages getätigt (Z 4 S 2).

162 Lt FV dürfte nur die Verschiebung von nach den Grundsätzen des **notwendigen Betriebsvermögens** dem Einbringungsvermögen oder dem zurückbleibenden Restvermögen zugehörigen Aktiva oder Passiva unter Z 4 fallen; über die Zuordnung sonstiger, „neutraler" (zuordnungsindifferenter) Aktiva oder Passiva kann der Steuerpflichtige außerhalb des Instrumentariums nach § 16 Abs 5 frei disponieren (UmgrStR Rz 1663; *Wiesner/Schwarzinger*, UmS 175/23/24/11, SWK 2011, S 855; *Wellinger* in FS Pircher 127, 135; s a Rz 115). Tatsächliche Entnahme- bzw Einlagehandlungen oder **Widmungsänderungen** bei Wirtschaftsgütern des notwendigen Betriebsvermögens im Verhältnis zwischen übertragenem und zurückbleibendem (Teil)Betrieb sind **nicht erforderlich** (*Rabel* in *W/H/M*, HdU[1] § 16 Rz 91). Bei Einbringungen durch Körperschaften nach § 7 Abs 3 KStG besteht diese Möglichkeit auch, wenn der gesamte Betrieb (bzw der gesamte Mitunternehmeranteil) eingebracht wird und kein Restbetriebsvermögen zurückbleibt (Z 4 S 3).

162a Als Unterart einer Maßnahme nach § 16 Abs 5 Z 4 wird die Möglichkeit erachtet, offene Posten aus **innerbetrieblichen Leistungsbeziehungen** zwischen den Teilungsmassen aufzudecken und als Verrechnungsforderung bzw -verbindlichkeit in den Übertragungsbilanzen darzustellen (UmgrStR Rz 1618 zu Art V; UmgrStR

Rz 1677 zu Art VI; zur analogen Anwendbarkeit auf Art III *Wiesner/Schwarzinger*, UmS 196/33/12, SWK 2012, 1422). Voraussetzung ist lt FV, dass das Bestehen innerbetrieblicher Verrechnungen nachgewiesen wird (UmgrStR Rz 1677).

Begrenzt ist die Verschiebung von Wirtschaftsgütern und Verbindlichkeiten zum einen dadurch, dass die **Einbringungsfähigkeit des Einbringungsobjekts** (Teilbetriebseigenschaft, positiver Verkehrswert) nicht zerstört wird, insb durch exzessives Zurückbehalten von aktiven Wirtschaftsgütern (Vorliegen einer schädlichen Betriebsaufspaltung, Verlust des positiven Verkehrswertes) oder Zuordnung von Verbindlichkeiten (Verlust des positiven Verkehrswertes). Dagegen besteht für die Zuführung von aktiven Wirtschaftsgütern oder das Zurückbehalten von Verbindlichkeiten im Grundsatz keine Begrenzung (vgl *Huber* in W/Z/H/K[5] § 16 Rz 125; *Rabel* in W/H/M, HdU[1] § 16 Rz 99; s im Detail Rz 180a). Zum anderen darf bei nicht unter § 7 Abs 3 KStG fallenden Einbringenden die Betriebseigenschaft des Restvermögens nicht verloren gehen (*Wellinger* in FS Pircher 137, wonach als Rechtsfolge des Verlust der Betriebseigenschaft des Restvermögens zwar keine Anwendungsverletzung des Art III vorliegt, hinsichtlich des Restvermögens jedoch eine Betriebsaufgabe anzunehmen ist und die Veränderung des Einbringungsvermögens mangels Restbetriebs nicht nach Z 4, sondern ggf nach Z 1 erfolgen kann). **163**

2. Zurechnungserfordernis zum Einbringenden

Z 4 schränkt die Verschiebetechnik nicht auf „vorhandene" Wirtschaftsgüter ein (abweichend zu Z 3). Von der Verwaltungspraxis wird dementsprechend auch nicht eine Zurechnung der verschobenen Wirtschaftsgüter zum Einbringenden am Einbringungsstichtag oder die Existenz der verschobenen Wirtschaftsgüter am Tag des Vertragsabschlusses gefordert (*Huber* in W/Z/H/K[5] § 16 Rz 124, FN 85; *Wellinger* in FS Pircher 136). So wie bei Z 3 impliziert jedoch die Technik der Nichtaufnahme bzw Einbeziehung in die Einbringungsbilanz, dass die zurückbehaltenen bzw zugeführten Wirtschaftsgüter bereits am **Einbringungsstichtag** zum Einbringungsvermögen bzw zum verbleibenden Betrieb des Einbringenden gehört haben (*Rabel* in W/H/M, HdU[1] § 16 Rz 92; *Wellinger* in FS Pircher 136; *Wiesner/Schwarzinger*, UmS 192/23/24/12, SWK 2012, 1032). Z 4 ist daher nicht auf im Rückwirkungszeitraum erworbene Wirtschaftsgüter anwendbar, sehr wohl aber auf im Rückwirkungszeitraum veräußerte Wirtschaftsgüter (ungleich Z 3). **165**

3. Finanzierungszusammenhang

Die Zuordnung von **neutralen (zuordnungsindifferenten) Aktiva** zum Einbringungsvermögen oder zurückbleibenden Restvermögen erfolgt lt FV außerhalb des Instrumentariums nach § 16 Abs 5 (s oben Rz 162); mit den zugeordneten Aktiva **zusammenhängendes Fremdkapital** wird nach **allgemeinem Steuerrecht** dieser Zuordnung folgen (idS UmgrStR Rz 1663, wonach über „neutrale" Verbindlichkeiten, nicht aber über mit neutralen Aktiva zusammenhängendes Fremdkapital frei disponiert werden kann; aA offenbar *Wiesner/Schwarzinger*, UmS 175/23/24/11, SWK 2011, S 855, letzter Satz, wonach mit neutralen Aktiva zusammenhängendes Fremdkapital „ohne Verknüpfungszwang" zugeordnet werden kann). **166**

Unter § 16 Abs 5 Z 4 fallende Wirtschaftsgüter können lt gesetzlicher Anordnung nur gemeinsam „mit diesen unmittelbar zusammenhängendem Fremdkapital" beim Einbringenden zurückbehalten oder auf die übernehmende Körperschaft übertragen werden. Die **Verknüpfungsregelung** entspricht lt Gesetzesmaterialien der entspre- **167** chenden Anordnung in § 16 Abs 5 Z 3 für die Zurückbehaltung von Anlagevermögen (ErlRV 1187 BlgNR 22. GP, zu § 16 Abs 5 Z 4; s oben Rz 52). Besonderheiten ergeben sich iRd Verschiebetechnik nach § 16 Abs 5 Z 4 in folgenden Bereichen:

168 • § 16 Abs 5 Z 3 sieht die Verknüpfungsregelung lediglich im Zusammenhang mit zurückbehaltenem Anlagevermögen, nicht jedoch mit zurückbehaltenen Verbindlichkeiten vor. Z 4 sieht die Verknüpfungsregelung hingegen für **sämtliche Wirtschaftsgüter** und damit auch für Verbindlichkeiten als negative Wirtschaftsgüter vor (UmgrStR Rz 926b).

169 • Nach den UmgrStR ist unklar, ob ein Veranlassungszusammenhang lediglich zu (konkreten) **Einzelwirtschaftsgütern** bestehen kann oder – sofern kein Veranlassungszusammenhang zu Einzelwirtschaftsgütern herstellbar ist – subsidiär ein allgemeiner Veranlassungszusammenhang zwischen einer Verbindlichkeit und einem **(Teil)Betrieb** gleichfalls der Verknüpfungsregelung unterliegt mit der Folge, dass diese Verbindlichkeit nicht vom (Teil)Betrieb getrennt werden kann. Für erstere Auffassung spricht UmgrStR Rz 926a letzter Satz (ein Kontokorrentkredit, der zwecks Anschaffungsfinanzierung einer Maschine aufgenommen und in weiterer Folge mehrfach umgeschichtet wurde, weist „keinen eindeutigen unmittelbaren Zusammenhang" auf), für letztere Auffassung sprechen UmgrStR Rz 926b Satz 2 (Verknüpfungsregelung anwendbar auf „dem einzubringenden Teilbetrieb objektiv zuzurechnende Verbindlichkeiten"), UmgrStR 926b Beispiel 4 (bei einem Kontokorrentkredit, der zur Anschaffung „diverser Betriebsmittel" aufgenommen wurde, besteht ein Verknüpfungszusammenhang zwischen „den erworbenen Betriebsmitteln und dem Kredit") sowie UmgrStR Rz 926d (Verknüpfungsregelung anwendbar für die Einbringung von „kreditfinanzierten Betrieben, Teilbetrieben und Mitunternehmeranteilen"). **Stellungnahme.** Der Gesetzeswortlaut verlangt einen „unmittelbaren" Finanzierungszusammenhang mit dem jeweiligen zurückbehaltenen oder zugeführten Einzelwirtschaftsgut; laut Gesetzesmaterialien (ErlRV 1187 BlgNR 22. GP, zu § 16 Abs 5 Z 4 UmgrStG) ist ein unmittelbarer Zusammenhang nur anzunehmen, wenn eine eindeutige erkennbare Verbindung zwischen einem Aktivum und der Verbindlichkeit besteht (siehe Rz 153). Nicht ausreichend ist somit ein bloß mittelbarer (Veranlassungs)Zusammenhang einer Verbindlichkeit mit einzelnen Wirtschaftsgütern oder ein un- oder mittelbarer Zusammenhang einer Verbindlichkeit zu Sachgesamtheiten (Konglomerat mehrerer Wirtschaftsgüter) wie zB einem Teilbetrieb oder Mitunternehmeranteil. Die Verknüpfungsregelung ist demnach nicht anwendbar auf allgemeine Betriebsmittel- bzw Kontokorrentkreditlinien und auf Verbindlichkeiten aus der Anschaffung von (Teil)Betrieben oder Mitunternehmeranteilen (arg kein unmittelbarer Zusammenhang zu konkreten Einzelwirtschaftsgütern; idS *Rabel*, ÖStZ 2008, 116 [118]; *Huber* in W/Z/H/K[5] § 16 Rz 129).

170 Nach strenger Auffassung der Verwaltungspraxis wird ein **Verknüpfungszusammenhang** auch zwischen Verbindlichkeiten aus **erhaltenen Kundenanzahlungen** und den daraus resultierenden liquiden Mitteln bestehen (gegebenenfalls andere Beurteilung, wenn sich die Kassenbestände bzw Bankguthaben zwischenzeitig gedreht haben). **Kein Verknüpfungszusammenhang** kann jedoch zwischen dem vom Betrieb bzw Teilbetrieb erwirtschafteten **Liquiditätsüberschuss (allgemeiner Finanzierungssaldo)** und etwaigen Verbindlichkeiten des Teilbetriebes bestehen, auch wenn dem Liquiditätsüberschuss buchhalterisch (Kontokorrent)Kredite gegenüberstehen, sofern die liquiden Mittel nicht unmittelbar aus der Ausnützung der Kreditlinien resultieren (kein „anschaffungsbedingter" Finanzierungszusammenhang). Des Weiteren ist lt Literatur ein bloßer Besicherungszusammenhang zwischen Aktivum und Passivum (zB Verpfändung einer eigenfinanziert angeschafften Betriebsliegenschaft zur Besicherung eines Betriebsmittelkredits) unbeachtlich (*Rabel*, ÖStZ 2008, 116 [118]).

Eine Ausnahme vom Grundsatz der Verknüpfung zwischen einem Wirtschaftsgut und einer unmittelbar zusammenhängenden Finanzierungsverbindlichkeit ist in § 16 Abs 5 Z 4 S 4 vorgesehen, wonach der unmittelbare Zusammenhang jedenfalls nicht mehr gegeben ist, wenn die Wirtschaftsgüter am Einbringungsstichtag **länger als sieben Jahre** durchgehend dem Betrieb zuzuordnen waren. **171**

Bei **Übertragung einer Finanzierungsverbindlichkeit unter Zurückbehaltung des damit im Verknüpfungszusammenhang stehenden Aktivums** wird die Verbindlichkeit steuerlich dem zurückbleibenden Teilbetrieb zugeordnet und die Begleichung des laufenden Zinsaufwandes bzw die Tilgung der zivilrechtlich übertragenen Verbindlichkeit durch die übernehmende Körperschaft als verdeckte Ausschüttung gewertet (keine Anwendungsverletzung des Art III, s oben Rz 153; aA *Wellinger* in FS Pircher 133 f, wonach eine Anwendungsverletzung des Art III sowie eine Entnahme des zurückbehaltenen Aktivums vorliegen kann). Die steuerliche Behandlung der Zinszahlungen und Tilgungen beim **Einbringenden** richten sich nach allgemeinem Steuerrecht; der laufende Zinsaufwand wird demnach eine abzugsfähige Betriebsausgabe im zurückbleibenden Teilbetrieb des Einbringenden darstellen (UmgrStR Rz 924 iVm 737; s oben Rz 156). **172**

Wird iRd Verschiebetechnik umgekehrt ein **Aktivum miteingebracht und die unmittelbar zusammenhängende Verbindlichkeit zurückbehalten**, gilt lt UmgrStR die Verbindlichkeit ertragsteuerlich in einem ersten Schritt als mit eingebracht und in einem zweiten Schritt vom Einbringenden abgedeckt, das heißt in die übernehmende Körperschaft eingelegt (**steuerliche Doppelmaßnahme**; UmgrStR Rz 926c, S 3; aA *Wellinger* in FS Pircher 133, wonach das Aktivum als entnommen und außerhalb des Art III eingelegt gilt). Die steuerliche Behandlung der Zinszahlungen und Tilgungen beim Einbringenden richtet sich wiederum nach allgemeinem Steuerrecht und hängt insb von der Einbringungsrichtung ab. Bei Down-stream-Einbringungen stellt die gedankliche Schuldübernahme eine Einlage dar, die Verbindlichkeit ist als Finanzierungsverbindlichkeit iZm der Beteiligung des Einbringenden an der übernehmenden Körperschaft zu sehen; je nach der Person des Einbringenden richtet sich die Abzugsfähigkeit des Zinsaufwandes nach § 20 Abs 2 EStG bei natürlichen Personen oder nach §§ 12 Abs 2, 11 Abs 1 Z 4 KStG bei Körperschaften. Bei Side-stream- oder Up-stream-Einbringungen stellen die gedankliche Schuldübernahme bzw die Zins- und Tilgungszahlungen bei einbringenden Körperschaften vGA oder Einlagenrückzahlungen dar. **173**

> **Stellungnahme.** Weitere Konsequenz der steuerlichen Doppelmaßnahme lt UmgrStR Rz 926c wäre, dass der übernehmenden Körperschaft der **Betriebsausgabenabzug für den Zinsaufwand zumindest bis Abschluss des Einbringungsvertrages** (dh bis zur Wirksamkeit des fingierten Einlagevorganges durch den Einbringenden) zusteht. Ein darüber hinausgehender Betriebsausgabenabzug bei der übernehmenden Körperschaft nach Art einer verdeckten Einlage in Form

übernommener Aufwendungen durch den Gesellschafter (dazu *Doralt/Ruppe*, Steuerrecht[9] Rz 968; *Wiesner* in FS Bauer 370 ff) dürfte nicht zustehen, da bereits die Verbindlichkeit an sich (und nicht bloß der daraus resultierende Zinsaufwand) als durch den Einbringenden übernommen bzw eingelegt gilt. Unklar bleibt die Auswirkung der steuerlichen Doppelmaßnahme auf den **Verkehrswert des Einbringungsvermögens** am Einbringungsstichtag, wobei dieser nach Maßgabe der zivilrechtlichen Verhältnisse **nicht** um die steuerlich mitübertragene Verbindlichkeit **geschmälert sein sollte** (idS UmgrStR Rz 926b, S 2). Im Ergebnis geht die Verwaltungspraxis bei einer Durchbrechung des Verknüpfungszusammenhanges davon aus, dass die vom Steuerpflichtigen vorgenommene **Zuordnung des Aktivums aufrecht bleibt** und zur Herstellung des steuerlichen Verknüpfungszusammenhanges die steuerliche **Zuordnung der Verbindlichkeit entsprechend korrigiert** wird. Diese (einseitige) Berichtigung dürfte zwar dem allgemeinen einkommensteuerlichen Grundsatz des Zusammenhangs von Aktivum und damit verbundenem Passivum entsprechen (steuerliche Behandlung des Passivums folgt der steuerlichen Beurteilung bzw Verwendung des zusammenhängenden Aktivums), aufgrund der Durchbrechung dieses allgemeinen einkommensteuerlichen Grundsatzes durch die Sondertatbestände im § 16 Abs 5 scheint die Möglichkeit einer umgekehrten Berichtigung (korrigierte Zuordnung des Aktivums zu jenem Betriebsteil, dem der Steuerpflichtige die Verbindlichkeit zugeordnet hat) gleichermaßen vertretbar. Die Fiktion einer **steuerlichen Doppelmaßnahme** nach UmgrStR Rz 926c wird zudem auf Sachverhalte einzuschränken sein, die **nicht unter Z 3 subsumierbar** sind; da nach Z 3 die (zivilrechtlich zurückbehaltene) Verbindlichkeit auch steuerlich als nicht übertragen und beim Einbringenden als „Entnahme bzw Einlage" betrachtet wird, bleibt für die Fiktion einer Doppelmaßnahme (Übertragung der Verbindlichkeit, Übernahme der Verbindlichkeit durch den Einbringenden im Wege einer Einlage) im Anwendungsbereich der Z 3 kein Raum (idS UmgrStR Rz 924). Nach hier vertretener Auffassung ist Z 3 auch auf einbringende Körperschaften nach § 7 Abs 3 KStG anwendbar, womit die Fiktion der Doppelmaßnahme generell nicht zum Tragen kommt.

4. Rechtsfolge

174 Das Verschieben von Wirtschaftsgütern löst bei Einbringenden, die den Gewinn nach § 5 EStG ermitteln, keine Entnahmebesteuerung aus. Bei Einbringenden, die den Gewinn nicht nach § 5 EStG ermitteln, ist lt FV Voraussetzung für die Steuerneutralität im Falle des Zurückbehaltens eines Wirtschaftsgutes aus dem Einbringungsvermögen, dass das verschobene Wirtschaftsgut zum (notwendigen) Betriebsvermögen des verbleibenden Restbetriebes „gehören kann" (UmgrStR Rz 926); trifft dieses Erfordernis nicht zu, dürfte zwar eine rückwirkende Maßnahme nach Z 4 vorliegen, in weiterer Folge aber von einer Entnahme des zurückbehaltenen Wirtschaftsgutes in das Privatvermögen auszugehen sein (UmgrStR Rz 926).

5. Mitunternehmeranteil

175 Z 4 knüpft tatbestandlich an „Wirtschaftsgüter" an. IZm Mitunternehmeranteilseinbringungen kommt Z 4 daher nach Teilen der Literatur nur für **Wirtschaftsgüter des Sonderbetriebsvermögens** (analog Z 3) und nicht für (variable) Kapitalkonten des Einbringenden in Betracht, weil Kapitalkonten steuerliches Eigenkapital und keine Wirtschaftsgüter darstellen (*Rabel* in W/H/M, HdU[1] § 16 Rz 93). Lt anderer Auffassung und FV kann Z 4 auch auf (positive oder negative) **variable Kapitalkonten** angewendet werden (UmgrStR Rz 721; *Wiesner/Schwarzinger*,

UmS 213/6/5, SWK 2015, 344; *dies*, UmS 194/29/12, SWK 2012, 1254; *dies*, UmS 192/23/24/12, SWK 2012, 1032; *dies*, UmS 37/9/01, SWK 2001, 311; *Hübner-Schwarzinger/Schwarzinger/Wiesner* in GedS Bruckner 415 f; *Huber* in W/Z/H/K[5] § 12 Rz 87); im Detail s Rz 175a ff.

Bei der Einbringung von **Teilen eines Mitunternehmeranteiles** kann die Verschiebetechnik lt FV und Literatur für das gänzliche oder teilweise Zurückbehalten der positiven oder negativen **variablen Kapitalkonten** (UmgrStR Rz 721; *Wiesner/Schwarzinger*, UmS 213/6/15, SWK 2015, 344) oder von **Sonderbetriebsvermögen** unter Zuordnung zum verbleibenden Mitunternehmeranteil verwendet werden (UmgrStR Rz 926 ua zu Darlehensforderungen oder im Rückwirkungszeitraum beschlossenen Gewinnausschüttungen, 721, 722; *Wiesner/Schwarzinger*, UmS 213/6/15, SWK 2015, 344; *Schlager*, RWZ 2017/21, 99). Analog kann auch das auf den nicht übertragenen Mitunternehmeranteil entfallende (anteilige) Sonderbetriebsvermögen miteingebracht werden (UmgrStR Rz 926). Bei betriebszugehörigen Mitunternehmeranteilen kann Z 4 lt FV allerdings nicht dazu verwendet werden, Wirtschaftsgüter aus dem (Rest)Betrieb des Einbringenden außerhalb des „Bilanzbündelbetriebes der Mitunternehmerschaft" in den einzubringenden Mitunternehmeranteil zu verschieben (UmgrStR Rz 926 Bsp 2, wonach von einer gewinnrealisierenden Entnahme aus dem Restbetrieb nach § 6 Z 4 EStG und Einlage in die übernehmende Körperschaft außerhalb des Art III auszugehen ist; kritisch *Hübner-Schwarzinger/Schwarzinger/Wiesner* in GedS Bruckner 415 f, wonach UmgrStR Rz 926 einschränkend unter Missbrauchsgesichtspunkten [analog UmgrStR Rz 1910] zu sehen ist und im Grundsatz eine steuerneutrale Zuordnung von sonstigem neutralem oder gewillkürtem Betriebsvermögen in das SBV bei Gewinnermittlung nach § 5 Abs 1 EStG möglich sein sollte). Bei Mitunternehmeranteilseinbringungen zum Regelbilanzstichtag der Mitunternehmerschaft (zB 31.12.2013) kann der **Gewinnanteil für das abgelaufene Geschäftsjahr** (vorliegend 2013) lt älterer Literatur allerdings nicht nach § 16 Abs 5 Z 4 zurückbehalten werden, weil der Gewinnanteil am Einbringungsstichtag noch nicht entstanden ist (§§ 120, 122 UGB) und somit noch kein „verschiebefähiges" Aktivum darstellt (*Wiesner/Schwarzinger*, UmS 192/23/24/12, SWK 2012, 1032, wonach der Gewinnanspruch alternativ als „Rechtsgeschäft" nach UmgrStR Rz 889 zurückbehalten werden könnte; s Rz 100; aA UmgrStR Rz 926; *Schlager*, RWZ 2017/21, 99); relevant ist dies insb für §-7-Abs-3-KStG-Körperschaften, denen Maßnahmen nach § 16 Abs 5 Z 1, 2 oder 3 lt FV nicht offenstehen (s Rz 105 ff). Zum Zurechnungserfordernis am Einbringungsstichtag s Rz 165. 175a

Bei der Einbringung des **gesamten Mitunternehmeranteiles** ist lt Literatur ein Verschieben nach Z 4 von **variablen Kapitalkonten** (ganz oder teilweise) bei betriebszugehörigen Mitunternehmeranteilen möglich (*Hübner-Schwarzinger/Schwarzinger/Wiesner* in GedS Bruckner 415; restriktiv UmgrStR Rz 721 u 926, wonach ein Zurückbehalten nur für aus Sicht der Personengesellschaft zivilrechtliche Verbindlichkeiten, sog Gesellschafter-Fremdkapital, zulässig ist; s a Rz 128); es können dabei zum einen positive oder negative Kapitalkonten dem Restbetrieb des Einbringenden zugeordnet werden (bei negativen Kapitalkonten ist anders als nach Z 1 keine tatsächliche Einzahlung erforderlich; s Rz 128) und zum anderen Vermögenswerte aus dem Restvermögen (zB liquide Mittel) auf die variablen Kapitalkonten verschoben werden (*Hübner-Schwarzinger/Schwarzinger/Wiesner* in 175b

GedS Bruckner 415). Als Ergebnis dieser Auffassung kann das Verschieben positiver Kapitalkonten in den Restbetrieb wie bei einer unbaren Entnahme zum Entstehen einer Verbindlichkeit der übernehmenden Körperschaft gegenüber dem Einbringenden, die als negatives SBV in einer Ergänzungsbilanz bei der übern Körperschaft anzusetzen ist, führen (s Rz 128, 142); das Verschieben (Zurückbehalten) eines negativen Kapitalkontos zu einer entsprechenden Forderung der übernehmenden Körperschaft. Ein steuerneutrales Verschieben von **Sonderbetriebsvermögen** in den Restbetrieb des Einbringenden ist ebenfalls nur bei betriebszugehörigen Mitunternehmeranteilen möglich (UmgrStR Rz 722, 926); zur umgekehrten Zuordnung von Wirtschaftsgütern aus dem Restbetrieb des Einbringenden in das SBV s Rz 175. Einbringenden **§-7-Abs-3-KStG-Körperschaften** stehen die oa Maßnahmen nach Z 4 wegen der Ausnahmeregelung in § 16 Abs 5 Z 4 S 3 auch für nicht-betriebszugehörige Mitunternehmeranteile oder bei Fehlen eines Restbetriebes offen (idS UmgrStR Rz 926; *Hübner-Schwarzinger/Schwarzinger/Wiesner* in GedS Bruckner 416).

H. Rückbeziehung von Gewinnausschüttungen, Gesellschaftereinlagen und Einlagenrückzahlungen bei einbringenden Körperschaften nach § 16 Abs 5 Z 5

1. Überblick

176 Auf Grundlage von § 16 Abs 5 Z 5 können bei der Gestaltung des Einbringungsvermögens im Rückwirkungszeitraum neben dem Vermögen der einbringenden Körperschaft auch **Vermögenstransfers von und zu den Anteilseignern der einbringenden Körperschaft** (Gewinnausschüttungen, Einlagenrückzahlungen, Einlagen) einbezogen werden. Ohne explizite Rückbeziehungsmöglichkeit sind diese Vorgänge, die erst nach dem Einbringungsstichtag hervorkommen, der einbringenden Körperschaft zuzurechnen, eine Belastung des Einbringungsvermögens mit Verbindlichkeiten aus Gewinnausschüttungen und Einlagenrückzahlungen oder eine Bereicherung des Einbringungsvermögens um Einlagen wäre nicht möglich (*Rabel* in W/H/M, HdU¹ § 16 Rz 102; *Hügel* in H/M/H § 16 Rz 154 f; *Wellinger* in FS Pircher 138). § 16 Abs 5 Z 5 betrifft aber ausschließlich das Verhältnis zwischen einbringender und übernehmender Körperschaft, im Verhältnis zu den Anteilseignern liegen stets Gewinnausschüttungen bzw Einlagenrückzahlungen aus der einbringenden Körperschaft oder Einlage in diese (und nicht aus bzw in die übernehmende Körperschaft) vor (*Hügel* in H/M/H § 16 Rz 155 ff; *Wellinger* in FS Pircher 138).

2. Gewinnausschüttungen und Einlagenrückzahlungen

177 Nach Z 5 S 1 können „**Gewinnausschüttungen** einbringender Körperschaften […] und die **Einlagenrückzahlung iSd § 4 Abs 12 EStG** in dem in Z 1 genannten Zeitraum auf das einzubringende Vermögen bezogen werden". Gewinnausschüttungen und Einlagenrückzahlungen der einbringenden Körperschaft zwischen dem Einbringungsstichtag und dem Abschluss des Einbringungsvertrages können demnach dem **Einbringungsvermögen zugeordnet werden**, wodurch dieses rückwirkend zum Einbringungsstichtag entsprechend verringert wird (UmgrStR Rz 927); die Zuordnung erfolgt durch Ausweis einer **Passivpost** in Höhe der Gewinnausschüttung oder Einlagenrückzahlung bzw durch den Ausweis einer Aktivpost in Höhe der Einlagen in der Einbringungsbilanz (UmgrStR Rz 927 samt Beispiel; *Mayr* in *D/R* I[10] Tz 1191). Lt FV können lediglich im Rückwirkungszeitraum **beschlossene Gewinnausschüttungen** zugeordnet werden, eine Zuordnung verdeckter Ausschüttungen scheidet aus (UmgrStR Rz 927; *Mayr* in *D/R* I[10] Tz 1191).

Stellungnahme. Der kategorische Ausschluss verdeckter Ausschüttungen vom Anwendungsbereich des Z 5 S 1 laut UmgrStR Rz 927 scheint rein vom Wortlaut des Z 5 S 1 nicht gedeckt, eine Zuordnung zum Einbringungsvermögen nach Z 5 S 1 wird aber im Regelfall an der fehlenden Dokumentation in den Einbringungsunterlagen (Einbringungsvertrag bzw -bilanz) scheitern.

Bei der Einbringung des gesamten Betriebes gewerblicher Art kommt es mit Ablauf des Einbringungsstichtages zur Beendigung des Steuersubjekts „BgA", ein Zurückbehalten von Wirtschaftsgütern führt aufgrund des Trennungsprinzips zwischen BgA und Trägerkörperschaft zu einer gewinnrealisierenden Vermögensübertragung auf die Trägerkörperschaft (Sachausschüttung). Eine Rückbeziehung nach Z 5 ist lt FV grundsätzlich nur möglich, wenn ein diesbezüglicher förmlicher Beschluss der Trägerkörperschaft des BgA erfolgt (keine Rückbeziehungsmöglichkeit für vA; UmgrStR Rz 884, 1. Gliederungspunkt). Lt FV bestehen allerdings keine Bedenken, vom Vorliegen eines diesbezüglichen förmlichen Gewinnausschüttungsbeschlusses auszugehen, wenn aus der Einbringungsbilanz oder dem Einbringungsvertrag eine solche rückbezogene Korrektur ersichtlich ist, anderenfalls ist die „Entnahme" bereits der übernehmenden Körperschaft zuzurechnen (UmgrStR Rz 884, 1. Gliederungspunkt). **177a**

Eine **Einlagenrückzahlung** iSd § 4 Abs 12 EStG liegt allg erst mit tatsächlicher Auszahlung vor (Jakom[10]/*Marschner* § 4 Rz 448; *Doralt/Kirchmayr*, EStG[11] § 4 Tz 445, 448; *Wiesner/Grabner/Wanke*, EStG[11], § 4 Anm 217), weshalb auch für Zwecke des Z 5 S 1 eine tatsächliche Auszahlung bis zum Abschluss des Einbringungsvertrages erfolgen wird müssen (unklar UmgrStR Rz 927; allg *Walter*[11] Rz 432). **178**

3. Gesellschaftereinlagen

Nach Z 5 S 1 können „**Einlagen iSd § 8 Abs 1 KStG** [...] in dem in Z 1 genannten Zeitraum auf das einzubringende Vermögen bezogen werden". Durch die Zuordnung kommt es zu einer rückwirkenden Erhöhung des Einbringungsvermögens zum Einbringungsstichtag, die Zuordnung erfolgt durch Ausweis einer **Aktivpost** in der Einbringungsbilanz (UmgrStR Rz 927). Lt FV muss die Einlage bis zum Abschluss des Einbringungsvertrages **tatsächlich getätigt** werden (UmgrStR Rz 927; glA offenbar *Walter*[11] Rz 432). **179**

Stellungnahme. Im Unterschied zu § 16 Abs 5 Z 1 sieht der Gesetzeswortlaut in **Z 5 nicht ausdrücklich vor**, dass die Einlagen bis zum Abschluss des Einbringungsvertrages **getätigt** werden müssen. Z 5 bezieht sich – im Gegensatz zu Z 1, die auf den Einlagetatbestand des § 4 Abs 1 EStG verweist (UmgrStR Rz 890) – explizit auf Einlagen im Sinne des § 8 Abs 1 KStG. Der körperschaftsteuerliche Einlagebegriff ist vom einkommensteuerlichen Einlagebegriff insofern abzugrenzen, als § 8 KStG die Sphären zweier Steuersubjekte (jener der Körperschaft von jener des Gesellschafters) trennt, wohingegen § 4 Abs 1 EStG die betriebliche von der außerbetrieblichen Sphäre eines einzigen Steuerpflichtigen trennt (*Ressler/Stürzlinger* in L/R/S/S[2] § 8 Rz 21 und 25 mwN; *Kirchmayr* in *Achatz/Kirchmayr* § 8 Tz 9 mwN). Vor diesem Hintergrund erscheint das Erfordernis der tatsächlichen Tätigung der Einlage im Anwendungsbereich der Z 1 gerechtfertigt, weil eine bloße Einlagenzusage seitens der privaten an die betriebliche Sphäre desselben Steuerpflichtigen steuerlich unbeachtlich bleibt. Demgegenüber erfüllt eine Einlagenzusage (Einlagenversprechen) des Gesellschafters an die einbringende Körperschaft den Einlagenbegriff iSd § 8 Abs 1 KStG (*Ressler/Stürzlinger* in L/R/S/S[2] § 8 Rz 21 ff; *Kirchmayr* in *Achatz/Kirchmayr* § 8 Tz 9 ff; *Richter/Khuepach* in *Herrmann/Heuer/Raupach*, § 5 EStG Anm 246c) und sollte daher für eine Zuordnung zum Einbringungsvermögen nach Z 5 (Ausweis einer Aktivpost in der Einbringungsbilanz) ausreichen. Unzutreffend daher auch UmgrStR Rz 742, wonach das im Einbringungsvertrag festgelegte Verpflichtungsgeschäft als bloßes „Einlageversprechen [...] steuerlich unwirksam ist" (s § 12 Rz 177).

4. Mitunternehmeranteil

180 Maßnahmen nach Z 5 stehen auch für die Einbringung von Mitunternehmeranteilen zu. Der von der Körperschaft einzubringende Mitunternehmeranteil kann daher um Gewinnausschüttungen oder Einlagenrückzahlungen vermindert und durch Gesellschaftereinlagen erhöht werden; erkennbar werden diese Korrrekturen durch den Ansatz von Passiv- bzw Aktivposten in der Einbringungsbilanz (*Hübner-Schwarzinger/Schwarzinger/Wiesner* in GedS Bruckner 416).

I. Missbrauchsverdacht iZm der Zuordnung von Aktiva und Passiva außerhalb und innerhalb § 16 Abs 5

180a Die Zuordnung von Aktiva und Passiva darf nicht missbräuchlich iSd § 44 sein (s grundlegend § 44 Rz 1 ff).

Lt FV besteht bei der **Zuordnung** von für sich allein nicht übertragungsfähiger **Aktiva** zu begünstigtem Vermögen iSd § 12 Abs 2 „außerhalb" von § 16 Abs 5 (Verschieben neutraler Aktiva zwischen eigenständigen Teil-/Betrieben oder Zuordnung für sich nicht übertragungsfähiger Aktiva in das gewillkürte BV oder SBV) oder „innerhalb" von § 16 Abs 5 (Verschiebetechnik nach Abs 5 Z 4) grds kein strenger Maßstab (UmgrStR Rz 1674). Abhängig von der Dauer der Zugehörigkeit des begünstigten Vermögens (zB Betrieb, Teilbetrieb) zum Einbringenden enthalten die UmgrStR unterschiedliche Missbrauchsverdachtsmomente: (i) wird ein Betrieb erst zeitnah (arg „etwa sechs Monate") vor dem Stichtag erworben, soll die schädliche Grenze der Wertrelation Betrieb vs zugeordnete Aktiva am Stichtag 1:3 betragen (UmgrStR Rz 454 zur Umwandlung, s § 7 Rz 142); (ii) existiert ein Betrieb beim Einbringenden bereits länger als ein halbes Jahr (arg „vorbereitend" u in Zusammenschau mit UmgrStR Rz 454), soll hingegen erst eine Wertrelation Betrieb vs zugeordnete Aktiva von 1:100 und das Ziel der Vermeidung einer Abgabepflicht missbrauchsverdachtsbegründend sein (UmgrStR Rz 1674, Bsp zur Abspaltung).

Ein strengerer Maßstab gilt bei der **Zuordnung** von neutralen bzw indifferenten **Verbindlichkeiten** (Leverage). „Außerhalb" von § 16 Abs 5 sind diese nach allgemeinen ertragsteuerlichen Grundsätzen den damit im Zusammenhang stehenden Aktiva zuzuordnen (s Rz 118). Kann eine Zuordnung ausnahmsweise nicht erfolgen (zB Finanzamtsverbindlichkeit, Kontokorrentkonto, Passiva aufgegebener Betriebe), ist die „Restgröße" „sachgerecht" zuzuordnen (UmgrStR Rz 1663). Dafür und für grds zulässige Zuordnungswahlrechte „innerhalb" von § 16 Abs 5 (zB Ausschüttungsverbindlichkeit nach Abs 5 Z 5) sind in den UmgrStR bestimmte Missbrauchsverdachtsmomente angeführt. Missbrauchsverdacht besteht, wenn (i) wesentlich mehr Passiva zugeordnet werden als dem Verhältnis der Verkehrswerte des übertragenen u zurückbehaltenen Vermögens vor Abzug der Schulden entspricht und (ii) die Einbringung der Vorbereitung einer Veräußerung, Einlösung, Abschichtung oder sonstigen Realisierung dient (UmgrStR Rz 1663). Anders bei der Zuordnung von Aktiva (so) kann der Missbrauchsverdacht iZm der Zuordnung von Passiva somit dadurch entkräftet werden, dass keine nachfolgende Veräußerung bzw Realisierung erfolgt. Kein Missbrauch besteht jedenfalls, wenn übertragenes u zurückbehaltenes Vermögen jeweils ein positives steuerliches Eigenkapital aufweisen, die Zuordnung der „Restgröße" im Verhältnis der Buchwerte der jeweiligen Aktivseiten erfolgt oder nur unwesentlich vom Verkehrswertverhältnis vor Abzug der Schulden abweicht (UmgrStR Rz 1663).

X. Aufwertungswahlrecht für Grund und Boden des Altvermögens

Als **Ausnahme innerhalb der Buchwerteinbringung** sieht § 16 Abs 6 bei der Einbringung von Betrieben, Teilbetrieben und Mitunternehmeranteilen ab Einbringungsstichtag 1.4.2012 (3. Teil Z 25 UmgrStG; s Rz 184) ein Aufwertungswahlrecht für im Betriebsvermögen gehaltenen Grund und Boden, der ganz oder eingeschränkt unter die pauschale Einkünfteermittlung für sog „Altgrundstücke" iSd § 30 Abs 4 EStG fällt, vor (UmgrStR Rz 928). Bei Mitunternehmersanteilseinbringungen lassen die UmgrStR allerdings im Detail offen, ob davon nur im Sonderbetriebsvermögen befindlicher Grund und Boden (idS ggf *Mayr/Petrag/Titz*, RdW 2014, 43 [45]) oder auch der bilanzbündeltheoretisch anteilige Grund und Boden der Mitunternehmerschaft selbst erfasst sind (idS *Hirschler/Reinold*, Der Wirtschaftstreuhänder 2013, 263; *Hirschler* in FS Bertl 722; *Reinold*, ÖStZ 2016/291, 204 [210]). Der Gesetzestext spricht klar für letztere Auffassung (arg „*der zum Betriebsvermögen gehörende Grund und Boden*"), die Gesetzesmaterialien zum 2. AbgÄG 2014, womit die Anwendbarkeit des § 16 Abs 6 auf Mitunternehmeranteilseinbringungen „klargestellt" wurde, verweisen allerdings lediglich auf „zum Sonderbetriebsvermögen gehörenden Grund und Boden" (ErlRV 360 BlgNR 25. GP, 17; *Hirschler*, ÖStZ 2014/886, 561; *Titz/Wild*, RdW 2014/800, 745). Die Regelung des § 16 Abs 6 wurde mit AbgÄG 2012 (BGBl 2012/112) als **Konsequenz der neuen Grundstücksbesteuerung** im EStG (1. StabG 2012, BGBl I 2012/22, in weiterer Folge geändert durch AbgÄG 2012) eingeführt. Die neue Grundstücksbesteuerung im EStG bewirkt für Veräußerungen ab dem 1.4.2012, dass sämtliche Wertveränderungen von Grund und Boden – auch bei Gewinnermittlung nach §§ 4 Abs 1 und 4 Abs 3 EStG – steuerlich erfasst werden (*Herzog*, SWK 2012, 563). Allerdings kommt für Altgrundstücke (keine Steuerverfangenheit am 31.3.2012) eine pauschale Einkünfteermittlung zur Anwendung (§ 4 Abs 3a Z 3 lit a EStG iVm § 30 Abs 4 EStG); demnach betragen die Einkünfte (strl Veräußerungsgewinn) pauschal 15 % bzw im Umwidmungsfall (§ 30 Abs 4 Z 1 EStG) 60 % des Veräußerungserlöses (§ 30 Abs 4 EStG). Die pauschale Einkünfteermittlung stellt für Altgrundstücke im Betriebsvermögen idR eine Begünstigung dar, weil die buchmäßigen stillen Reserven meist die nach § 30 Abs 4 EStG steuerverfangenen stillen Reserven übersteigen (*Hofmann*, SWK 2012, 811). Die pauschale Einkünfteermittlung kann auch lediglich auf Teile der stillen Reserven anwendbar sein, insb im Falle eines Wechsels zur Gewinnermittlung nach § 5 Abs 1 EStG (§ 4 Abs 3a Z 3 lit c EStG) oder einer Einlage in das Betriebsvermögen zum Teilwert (§ 4 Abs 3a Z 4 EStG) vor dem 1.4.2012 (vgl *Herzog*, SWK 2012, 563 [580]).

181

§ 16

182 Werden Altgrundstücke anlässlich einer Betriebs-, Teilbetriebs- oder Mitunternehmeranteilseinbringung auf eine Körperschaft übertragen, führt die Buchwertfortführung nach § 16 Abs 1 dazu, dass die buchmäßig vorhandenen stillen Reserven auf Ebene der übernehmenden Körperschaft (§ 18 Abs 2) und in den Anteilen an der übernehmenden Körperschaft (§ 20 Abs 2) fortgeführt werden. Im Ergebnis kommt es dadurch zu einer **Verdoppelung der buchmäßigen stillen Reserven**. Auf Ebene der übernehmenden Körperschaft stellt zwar uU die Gesamtrechtsnachfolgefiktion nach § 18 Abs 1 Z 4 (s § 18 Rz 44 f, 140c) oder alternativ § 18 Abs 5 als lex specialis (s § 18 Rz 140 f) die pauschale Einkünfteermittlung nach § 30 Abs 4 EStG für bis zur Einbringung angesammelte stille Reserven sicher, für die Anteile an der übernehmenden Körperschaft ist aber keine vergleichbare Maßnahme vorgesehen. Im Ergebnis kommt es somit zur vollen Steuerhängigkeit der buchmäßigen stillen Reserven des Grund und Bodens jedenfalls in den Gegenleistungsanteilen (ErlRV 1960 BlgNR 24. GP, 31).

183 Vor diesem Hintergrund räumt der Gesetzgeber in § 16 Abs 6 dem Einbringenden ein **Wahlrecht** ein, den zum Einbringungsvermögen gehörenden Grund und Boden mit den Werten nach § 6 Z 14 EStG (gemeiner Wert) anzusetzen. Lt Gesetzesmaterialien steht das Wahlrecht **wirtschaftsgutbezogen** zu (dh gesondert für jeden Grund und Boden; UmgrStR Rz 928) und wird durch Ansatz des gemeinen Wertes in der **Einbringungsbilanz** ausgeübt (ErlRV 1960 BlgNR 24. GP, 31). IRd **2. AbgÄG 2014** (BGBl I 2014/105) wurde in § 16 Abs 6 letzter Satz eine **Dokumentationspflicht hinsichtlich des Wahlrechts im Einbringungsvertrag** implementiert (UmgrStR Rz 928). Die Dokumentationspflicht ist erstmals auf Einbringungsverträge anzuwenden, die **nach dem 31.12.2014 abgeschlossen werden** (3. Teil UmgrStG, Z 26; UmgrStR Rz 928). Dadurch soll das Haftungsrisiko der Parteienvertreter, die im Falle der Selbstberechnung die ImmoESt gem § 30b Abs 1 EStG zu entrichten haben, minimiert und eine höhere Transparenz der Rechtsfolgen im Zeitpunkt der Einbringung sowie für spätere Veräußerungsvorgänge durch die übernehmende Körperschaft geschaffen werden (ErlRV 360 BlgNR 25. GP, 17). Es handelt sich um eine bloße Ordnungsvorschrift, weshalb im Falle der unterlassenen Dokumentation die Anwendungsvoraussetzungen des Art III nicht verletzt werden (UmgrStR Rz 928; *Titz/Wild*, RdW 2014/800, 745 f), das Wahlrecht aber wohl verwirkt ist. Der Ansatz von Zwischenwerten (zB falls § 30 Abs 4 EStG nur auf Teile der stillen Reserven anwendbar ist; s Rz 184a) ist nach dem Gesetzestext (arg Ansatz der „nach § 6 Z 14 EStG maßgebenden Werte") und wohl auch den Gesetzesmaterialien (ErlRV 1960 BlgNR 24. GP, 31) nicht möglich. Bei Einbringungen durch **Mitunternehmerschaften** kann das Wahlrecht lt Lit nur einheitlich für alle Mitunternehmer in Anspruch genommen werden (*Hirschler/Reinold*, Der Wirtschaftstreuhänder 2013, 263 [265]; *Hirschler/Sulz*, RWZ 2014, 160 [170]). Voraussetzung dafür ist, dass zumindest aus Sicht eines Mitunternehmers die Möglichkeit der tw Anwendung des § 30 Abs 4 EStG vorliegt (s Rz 184a). Bei **Mitunternehmeranteilseinbringungen** steht das Wahlrecht dem jeweils einbringenden Mitunternehmer für den Grund und Boden des Sonderbetriebsvermögens bzw anteilig für den Grund und Boden der Mitunternehmerschaft zu (*Hirschler/Reinold*, Der Wirtschaftstreuhänder 2013, 263 [264]; *Reinhold*, ÖStZ 2016/291, 204; zur Anwendbarkeit des § 16 Abs 6 bei MU-Anteilseinbringungen nur auf SBV oder auch auf Grundvermögen der Mitunternehmerschaft s Rz 181). Kommt es infolge der

Mitunternehmeranteilseinbringung zur Anwachsung, muss für die (individuell durch einzelne Einbringende) aufgewerteten Grundstücksanteile eine Einbringungs-Ergänzungsbilanz auf Ebene der übernehmenden Körperschaft geführt werden (*Reinhold*, ÖStZ 2016/291, 204 [210]).

Voraussetzung für die Inanspruchnahme des Wahlrechts ist, dass „im Falle einer Veräußerung am Einbringungsstichtag § 30 Abs 4 EStG auf den Grund und Boden ganz oder teilweise (bzw „eingeschränkt" idF 2. AbgÄG 2014) anwendbar wäre" (§ 16 Abs 6, UmgrStR Rz 928). Daraus folgt zunächst die zeitliche Anwendbarkeit des § 16 Abs 6 für Einbringungsstichtage erst ab 1.4.2012 (3. Teil Z 25 UmgrStG; UmgrStR Rz 928), in sachlicher Hinsicht können folgende Fallgruppen unterschieden werden: 184

a) Altgrundstücke: § 30 Abs 4 EStG ist auf den gesamten Grund und Boden bei sog Altgrundstücken (keine Steuerhängigkeit am 31.3.2012) anwendbar. Dies betrifft im Wesentlichen Grundstücke, die vor dem 31.3.2002 angeschafft wurden und bis zum 31.3.2012 keinem Betriebsvermögen nach § 5 Abs 1 EStG zugehörig waren. In diesem Fall ist ein (künftiger) Veräußerungsgewinn zur Gänze nach § 30 Abs 4 EStG zu ermitteln (§ 4 Abs 3a Z 3 lit a EStG), auch wenn nach dem 31.3.2012 zB eine Einlage in einen §-5-Abs-1-EStG-Betrieb oder ein Wechsel zur Gewinnermittlung nach § 5 Abs 1 EStG erfolgt.

b) Einlage zum Teilwert vor 1.4.2012: Eine teilweise Anwendbarkeit des § 30 Abs 4 EStG ist möglich, wenn der Grund und Boden vor dem 31.3.2002 angeschafft wurde und vor dem 1.4.2012 (Rechtslage vor 1. StabG 2012) mit dem Teilwert in einen § 5 Abs 1 EStG-Betrieb eingelegt wurde. Im Falle der Veräußerung gilt der Unterschiedsbetrag zwischen dem Teilwert im Einlagezeitpunkt und den Anschaffungs- oder Herstellungskosten als Einkünfte aus privaten Grundstücksveräußerungen; hinsichtlich dieser stillen Reserven ist § 30 Abs 4 EStG anwendbar, wobei an die Stelle des Veräußerungserlöses der Teilwert im Einlagezeitpunkt tritt (§ 4 Abs 3a Z 4 EStG).

c) Wechsel der Gewinnermittlungsart vor 1.4.2012: Eine teilweise Anwendbarkeit des § 30 Abs 4 EStG ist weiters denkbar, wenn der Grund und Boden vor dem 31.3.2002 angeschafft wurde und ein Übergang zur Gewinnermittlung nach § 5 Abs 1 EStG bis zum 31.3.2012 stattgefunden hat (ErlRV 1960 BlgNR 24. GP, 31). Bis 31.3.2012 führte ein Wechsel zur Gewinnermittlung nach § 5 Abs 1 EStG zu einer steuerneutralen Auf- oder Abwertung des Grund und Bodens auf den Teilwert (§ 4 Abs 10 Z 3 lit a EStG idF vor 1. StabG 2012); dieser Auf- oder Abwertungsbetrag ist ab 1.4.2012 im Falle der Veräußerung gewinnwirksam anzusetzen, wobei die Besteuerung nach § 30 Abs 4 EStG erfolgt, wenn der Grund und Boden ohne Wechsel der Gewinnermittlungsart zum 31.3.2012 nicht steuerverfangen gewesen wäre (§ 4 Abs 3a Z 3 lit c EStG). Ab 1.4.2012 löst ein Wechsel zur Gewinnermittlung nach § 5 Abs 1 EStG keine derartige Auf- oder Abwertung mehr aus.

Stellungnahme. Die Inanspruchnahme des Aufwertungswahlrechts nach § 16 Abs 6 im Fall lit c (Wechsel zur Gewinnermittlungsart nach § 5 Abs 1 EStG vor 1.4.2012) erscheint nur im Fall einer steuerneutralen Abwertung von Grund und Boden sinnvoll (arg Vermeidung der vollen Steuerhängigkeit des Abwertungsbetrages in Form der Gegenleistungsanteile). Eine vorhergehende Aufwertung führt dagegen ohnehin zu einer entsprechenden Erhöhung des Einbringungskapitals, womit der Aufwertungsbetrag keine (weitere) Steuerhängigkeit in Form der Gegenleistungsanteile auslöst (s Rz 186).

§ 16

184a Bei Einbringungen durch eine **Mitunternehmerschaft** muss die Möglichkeit der (teilweisen) Anwendung des § 30 Abs 4 EStG auf das betreffende Wirtschaftsgut für zumindest einen Mitunternehmer gegeben sein (*Hirschler/Sulz*, RWZ 2014, 160 [170]); bei **Mitunternehmeranteilseinbringungen** muss diese Möglichkeit dem jeweils einbringenden Mitunternehmer selbst zustehen (idS *Hirschler/Reinold*, Der Wirtschaftstreuhänder 2013, 263 [264]).

185 Als **Rechtsfolge** der Ausübung des Wahlrechts nach § 16 Abs 6 hat der Einbringende den Aufwertungsbetrag wie bei einer Veräußerung des Grund und Bodens zu versteuern, wobei von der pauschalen Einkünfteermittlung nach Maßgabe von §§ **4 Abs 3a iVm 30 Abs 4 EStG** Gebrauch gemacht werden kann. Des Weiteren kommt es zur Übernahme des gemeinen Wertes laut Einbringungsbilanz auf Ebene der übernehmenden Körperschaft (§ 18 Abs 2) und für die Bewertung der Gegenleistungsanteile (§ 20 Abs 2); damit unterbleibt eine Verhaftung der buchmäßigen stillen Reserven des eingebrachten Grund und Bodens sowohl bei der übernehmenden Körperschaft als auch in den Gegenleistungsanteilen (*Walter*[11] Rz 407b). Weiter erhöht sich auch das steuerliche Evidenzkonto um den Betrag des (positiven) Einbringungskapitals (*Hirschler/Reinold*, Der Wirtschaftstreuhänder 2013, 263 [265]; *Hofmann*, SWK 2013, 619). Bringt ein Mitunternehmer seinen **Mitunternehmeranteil** ein und macht er für den nicht steuerverfangenen Grund und Boden der Mitunternehmerschaft (anteilig) vom Wahlrecht nach § 16 Abs 6 Gebrauch, wird zur Evidenthaltung auf Ebene der Kapitalgesellschaft die Führung einer Ergänzungsbilanz erforderlich sein, da sich der Buchwert des zum Betriebsvermögen der Mitunternehmerschaft zählenden Grund und Bodens durch die Einbringung nicht verändert (*Hirschler/Reinold*, Der Wirtschaftstreuhänder 2013, 263 [264]).

186 Alternativ zur Aufwertungsoption gem § 16 Abs 6 hätte die Vermeidung der Steuerhängigkeit der buchmäßigen stillen Reserven in den Gegenleistungsanteilen (s Rz 181) auch durch eine **Sonderregelung für die Bewertung der Gegenleistungsanteile (§ 20)** erfolgen können, wonach zB auf die Gegenleistungsanteile exakt jene stillen Reserven, die am Einbringungsstichtag beim Einbringenden steuerverfangen sind, übertragen werden. Eine solche Regelung hätte aus steuersystematischen Gründen überzeugt, weil durch sie den Grundprinzipien des UmgrStG „Buchwertfortführung" und „Verdoppelung stiller Reserven" (*Mayr* in D/R I[10] Tz 1112 f) entsprechend sichergestellt werden könnte, dass (i) ohne Steuerbelastung beim Einbringenden (ii) die tatsächlich steuerverfangenen stillen Reserven in den Gegenleistungsanteilen gespeichert werden (idS a *Hirschler/Sulz*, RWZ 2014, 169 [172]). Durch die fehlende Sonderregelung im Gegenleistungsrecht ergeben sich auch nach AbgÄG 2012 unsystematische Ergebnisse, zT auch zugunsten des Einbringenden, insb wenn die buchmäßigen stillen Reserven geringer als die tatsächlich steuerverfangenen stillen Reserven sind (Bsp: Wechsel der Gewinnermittlungsart auf § 5 Abs 1 EStG vor dem 1.4.2012; obwohl ein Aufwertungsbetrag beim Einbringenden nach § 4 Abs 3a Z 3 lit c EStG steuerverfangen war, kommt es zu keiner Steuerverstrickung in den Gegenleistungsanteilen aufgrund der buchmäßigen Aufwertung des Grundstücks nach § 4 Abs 10 Za 3a EStG idF vor 1. StabG 2012 und folglich Erhöhung des für die Bewertung der Gegenleistungsanteile maßgebenden Einbringungskapitals). Dem Vernehmen nach wurde auf eine solche Regelung verzichtet, da von der FV unerwünschte Gestaltungsmöglichkeiten iZm Beteiligungsverkäufen befürchtet wurden.

Bewertung der nicht zu einem inländischen Betriebsvermögen
gehörenden Kapitalanteile

§ 17. (1) ¹Der Einbringende hat Kapitalanteile, die nicht zu einem Betriebsvermögen gehören, mit den nach § 27a Abs. 3 Z 2 des Einkommensteuergesetzes 1988 maßgebenden Anschaffungskosten anzusetzen. ²Die Bewertungsregeln des § 16 Abs. 1 zweiter Satz, Abs. 2 und 3 sind anzuwenden.

(2) Abweichend von Abs. 1 gilt Folgendes:

1. Kapitalanteile, bei denen am Einbringungsstichtag ein Besteuerungsrecht der Republik Österreich im Verhältnis zu anderen Staaten nicht besteht, sind mit dem gemeinen Wert anzusetzen, es sei denn, dass im Einbringungsvertrag der Ansatz der niedrigeren Anschaffungskosten bzw. Buchwerte festgelegt wird.

2. Kapitalanteile, bei denen am Einbringungsstichtag ein Besteuerungsrecht der Republik Österreich auf Grund einer Ausnahme von der unbeschränkten Körperschaftsteuerpflicht nicht besteht, sind mit dem höheren gemeinen Wert anzusetzen.

[idF BGBl I 2012/112]

Rechtsentwicklung

BGBl 1991/699 (UmgrStG; RV 266 AB 354 BlgNR 18. GP) (Stammfassung); BGBl 1996/797 (AbgÄG 1996; RV 497 AB 552 BlgNR 20. GP) (Anfügung des § 17 Abs 2, für Stichtage nach dem 31.12.1996); BGBl I 1998/9 (AbgÄG 1997; RV 933 AB 998 BlgNR 20. GP) (Neufassung des § 17 Abs 2); BGBl I 2004/180 (AbgÄG 2004; RV 686 AB 734 BlgNR 22. GP) (Neufassung der Überschrift des § 17 und Neufassung des § 17 Abs 2, für Stichtage nach dem 7.10.2004); BGBl I 2005/161 (AbgÄG 2005; RV 1187 AB 1213 BlgNR 22. GP) (Neufassung des § 17, für Umgründungen, bei denen die Beschlüsse oder Verträge nach dem 31.1.2006 bei dem zuständigen Firmenbuchgericht zur Eintragung angemeldet oder bei dem zuständigen Finanzamt gemeldet werden); BGBl I 2010/34 (AbgÄG 2010; RV 662 AB 741 BlgNR 24. GP) (Neufassung des § 17 Abs 2 Z 1); BGBl I 2012/112 (AbgÄG 2012; RV 1960 AB 1977 BlgNR 24. GP) (Änderung des § 17 Abs 1).

Übersicht

I.	Überblick	1–3
II.	Historische Entwicklung	6
III.	Anwendungsbereich	
	A. Anwendungsbereich des Abs 1	11
	B. Anwendungsbereich des Abs 2 Z 1	13–16
	C. Anwendungsbereich des Abs 2 Z 2	19, 20
IV.	Bewertungsmaßstäbe	
	A. Maßgebender Wertermittlungszeitpunkt	21
	B. Bewertung nach § 17 Abs 1	
	1. Überblick	23, 24
	2. Anschaffungskosten	25–27
	3. Exporteinbringungen nach § 16 Abs 1 S 2	28
	4. Zwangsaufwertung nach § 16 Abs 2 Z 2	29–33
	5. Aufwertungsoption nach § 16 Abs 3	34

C. Bewertung nicht steuerverstrickter Kapitalanteile nach § 17
Abs 2 Z 1
   1. Überblick 36, 37
   2. Niedrigere Anschaffungskosten oder Buchwerte............ 38
D. Bewertung nicht steuerverstrickter Kapitalanteile nach § 17
Abs 2 Z 2... 41–43

I. Überblick

1 § 17 regelt die Bewertung von einzubringenden Kapitalanteilen, die nicht zu einem Betriebsvermögen gehören, beim Einbringenden. Der Begriff Kapitalanteile knüpft an die Begriffsdefinition in § 12 Abs 2 Z 3 an (UmgrStR Rz 929). In Zusammenschau mit der Überschrift zu § 17 erfasst die Regelung bei unbeschränkt steuerpflichtigen Einbringenden Kapitalanteile, die im außerbetrieblichen Bereich gehalten werden, und bei beschränkt steuerpflichtigen Einbringenden darüber hinaus Kapitalanteile, die zwar Bestandteil eines ausländischen Betriebsvermögens, aufgrund der isolierenden Betrachtungsweise jedoch den außerbetrieblichen Einkunftsarten nach § 98 EStG zuzuordnen sind (UmgrStR Rz 929, 949, 950; *Wiesner/Schwarzinger*, UmS 215/10/15, SWK 2015, 495). Im Ergebnis fallen unter § 17 sämtliche Kapitalanteile iSd § 12 Abs 2 Z 3, die nicht der Erzielung betrieblicher Einkünfte dienen.

2 Analog dem in § 16 Abs 1 verankerten Grundsatz der Buchwertfortführung normiert § 17 Abs 1 den Grundsatz der Bewertung der eingebrachten Kapitalanteile mit den nach § 27a Abs 3 Z 2 EStG maßgeblichen, historischen Anschaffungskosten (**Grundsatz der Maßgeblichkeit der Anschaffungskosten**); im Anwendungsbereich dieses Grundsatzes kommt es somit zur Vermeidung einer Gewinnrealisierung beim Einbringenden (Steuerneutralität der Einbringung; vgl *Rabel* in *W/H/M*, HdU[1] § 17 Rz 4 f). Wie bei der Buchwerteinbringung ist auch die Bewertung mit historischen Anschaffungskosten systematisch mit einer **Verdoppelung der stillen Reserven** verknüpft: Durch Verweise in §§ 18 und 20 auf den Wertansatz nach § 17 (Wertverknüpfung) werden die in den eingebrachten Kapitalanteilen vorhandenen stillen Reserven auf die übernehmende Körperschaft (§ 18) und auf die Gegenleistungsanteile an der übernehmenden Körperschaft (§ 20) überbunden (UmgrStR Rz 930). Aufgrund der Einbringung von Kapitalanteilen aus dem außerbetrieblichen Bereich sehen aber sowohl § 18 als auch § 20 Ausnahmen von der Wertverknüpfung vor. Nach § 18 Abs 1 Z 2 sind die eingebrachten Kapitalanteile bei der übernehmenden Körperschaft zwar mit den nach § 17 maßgebenden Werten, „höchstens jedoch mit den gemeinen Werten" anzusetzen; eine Steuerwirksamkeit der bis zum Einbringungsstichtag entstandenen Wertminderungen bei der übernehmenden Körperschaft soll dadurch verhindert werden. Nach § 20 Abs 6 idF AbgÄG 2012 wird bei der Einbringung bisher nicht steuerhängiger Kapitalanteile das Entstehen einer Steuerhängigkeit in den Gegenleistungsanteilen durch sinngemäße Anwendung des § 5 Abs 1 und 2 verhindert (s § 20 Rz 76 ff). Als Ausnahme von der Maßgeblichkeit der Anschaffungskosten nach § 17 Abs 1 sieht § 17 Abs 2 in dessen Anwendungsbereich (im Wesentlichen bisher nicht steuerhängige Kapitalanteile) einen Aufwertungszwang bzw Bewertungswahlrechte vor.

3 Zur Abgrenzung der Anwendungsbereiche des Abs 1 zu Abs 2 führen die UmgrStR aus, dass **Abs 1** die Einbringung von **steuerverstrickten**, **Abs 2** die Einbringung

von **nicht steuerverstrickten Kapitalanteilen** regelt (UmgrStR Rz 929). Diese Einteilung greift zu kurz und entspricht nicht dem Aufbau des § 17 nach dem **Regel-Ausnahme-Prinzip**. Abs 1 erfasst tatbestandsmäßig sämtliche Kapitalanteile iSd § 12 Abs 2 Z 3, die nicht der Erzielung betrieblicher Einkünfte dienen (ohne Differenzierung, ob ein Besteuerungsrecht Österreichs an diesen Anteilen besteht). Abs 2 verdrängt Abs 1 als lex specialis in jenen Fällen, in denen ein Besteuerungsrecht Österreichs „im Verhältnis zu anderen Staaten nicht besteht" (Abs 2 Z 1) oder „aufgrund einer Ausnahme von der unbeschränkten Körperschaftsteuerpflicht nicht besteht" (Abs 2 Z 2). Angesprochen ist in beiden Fällen das **Besteuerungsrecht an den Substanzwertänderungen** (Stamm), nicht an den laufenden Erträgen (UmgrStR Rz 933). Die Anwendungsbereiche des Abs 1 und Abs 2 erschließen sich insb aus der historischen Entwicklung und den Gesetzesmaterialien.

II. Historische Entwicklung

§ 17 sah in der Stammfassung (BGBl 1991/699) die Bewertung generell zu Anschaffungskosten vor. Mit AbgÄG 1996 (BGBl 1996/797) wurde in § 17 ein neuer Abs 2 angefügt, wonach der Ansatz des höheren gemeinen Wertes in all jenen Fällen zwingend war, in denen am Einbringungsstichtag „ein Besteuerungsrecht der Republik Österreich nicht besteht". Lt Gesetzesmaterialien sollte durch diese Regelung sichergestellt werden, dass eine einbringungsbedingte Verdopplung von stillen Reserven nur dann eintritt, wenn die stillen Reserven in den eingebrachten Kapitalanteilen bereits vor der Einbringung steuerhängig waren; als Beispiele für ein fehlendes Besteuerungsrecht Österreichs nannten die ErlRV Kapitalanteile, die zum Hoheitsbereich von Körperschaften öffentlichen Rechts, zum steuerbefreiten Bereich von Körperschaften des privaten Rechts, zum außerbetrieblichen Bereich und außerhalb des Geltungsbereiches der §§ 30 und 31 EStG [idF vor BudBG 2011] von natürlichen Personen oder Körperschaften und zum Vermögen „ausländischer Einbringender" zählten (ErlRV 497 BlgNR 20. GP, 23). Bereits mit AbgÄG 1997 (BGBl 1998/9) wurde Abs 2 neu gefasst und sein Anwendungsbereich eingeschränkt auf Kapitalanteile, an denen das Besteuerungsrecht Österreichs entweder „im Verhältnis zu anderen Staaten" oder „auf Grund einer Ausnahme von der unbeschränkten Körperschaftsteuerpflicht" nicht bestand. Lt Gesetzesmaterialien sollte dadurch eine Reduktion des Anwendungsbereiches des Abs 2 auf die Einbringung „durch Steuerausländer gleichgültig welcher Rechtsform" und durch befreite Körperschaften oder Körperschaften des öffentlichen Rechts verankert werden. Die Einbringung von außerbetrieblich gehaltenen, nicht steuerhängigen Zwerganteilen durch unbeschränkt steuerpflichtige natürliche Personen sollte unter Hinweis auf nicht gewünschte Gestaltungsmöglichkeiten entfallen, im Gegenzug wurde in § 20 Abs 6 eine dem Verschmelzungstatbestand vergleichbare steuerneutrale Aufwertungsregelung für die Gegenleistungsanteile an der übernehmenden Körperschaft vorgesehen (ErlRV 933 BlgNR 20. GP, 13; zur historischen Entwicklung allgemein *Rabel* in W/H/M, HdU[1] § 17 Rz 15 f).

III. Anwendungsbereich

A. Anwendungsbereich des Abs 1

Als Generalregelung erfasst Abs 1 tatbestandsmäßig grundsätzlich sämtliche Kapitalanteile iSd § 12 Abs 2 Z 3, die nicht der Erzielung betrieblicher Einkünfte dienen.

Nach Berücksichtigung der Spezialregelungen in Abs 2 Z 1 und Z 2 verbleibt Abs 1 folgender Anwendungsbereich:
- Einbringungen durch Steuerinländer oder Steuerausländer (unbeschränkt oder beschränkt steuerpflichtige, natürliche oder juristische Personen) von **steuerverstrickten** (iSe Besteuerungsrechts Österreichs an Substanzwertänderungen), **in- oder ausländischen Kapitalanteilen**; das österreichische Besteuerungsrecht kann iRd unbeschränkten oder beschränkten Steuerpflicht bestehen, eine DBA-Anrechnungsverpflichtung Österreichs zugunsten des ausländischen Ansässigkeitsstaates der Beteiligungsgesellschaft ist unschädlich (Bsp: Einbringung durch Steuerinländer von ausländischen Kapitalanteilen mit von Art 13 Abs 5 OECD-MA abweichendem DBA; UmgrStR Rz 936), allerdings darf kein gänzlicher abkommensrechtlicher Ausschluss des Besteuerungsrechts Österreichs vorliegen (Bsp: Einbringung durch Steuerausländer von inländischen Kapitalanteilen mit Art 13 Abs 5 OECD-MA-konformem DBA; UmgrStR Rz 942); vgl UmgrStR Rz 935 ff mit zahlreichen Beispielen.
- Einbringungen durch **Steuerinländer** (unbeschränkt steuerpflichtige, natürliche oder juristische Personen) von in Österreich **nicht steuerverstrickten Kapitalanteilen**, sofern die fehlende Steuerhängigkeit nicht auf eine Ausnahme von der unbeschränkten Körperschaftsteuerpflicht iSd § 17 Abs 2 Z 2 zurückzuführen ist (zB Einbringung durch natürliche Personen von nicht nach §§ 30 oder 31 EStG idF vor BudBG 2011 steuerhängigen Zwerganteilen, sog Altbestand); zur Diskriminierung gegenüber den von § 17 Abs 2 Z 2 erfassten Fällen (zB Einbringung von Altbestand durch Privatstiftungen) s Rz 43.

B. Anwendungsbereich des Abs 2 Z 1

13 Aus der Gesetzeshistorie (s Rz 6) ergibt sich zum einen, dass das fehlende Besteuerungsrecht Österreichs **iSd Abs 2 Z 1** (i) auf die **Substanzwertänderungen** (vgl UmgrStR Rz 933) und (ii) auf die **eingebrachten Kapitalanteile** (nicht Gegenleistungsanteile) zu beziehen ist (*Huber* in *W/Z/H/K*[5] § 17 Rz 5). Zum anderen stellt das Tatbestandsmerkmal „im Verhältnis zu anderen Staaten" nicht – wie der Wortlaut vermuten ließe – auf nach innerstaatlichem Recht steuerhängige Anteile, bei denen das österreichische Besteuerungsrecht nach Abkommensrecht zugunsten anderer Staaten ausgeschlossen wird, ab, sondern generell auf die Einbringung nicht steuerhängiger Anteile durch „**Steuerausländer**" (ErlRV 933 BlgNR 20. GP, 13). Demnach fallen unter Abs 2 Z 1 Einbringungen durch **Steuerausländer** von (i) **nicht steuerverstrickten inländischen Kapitalanteilen** (insb wegen OECD-konformem Abkommensschutz zugunsten des ausländischen Ansässigkeitsstaates; UmgrStR Rz 948, 1. Gliederungspunkt) und (ii) **nicht steuerverstrickten ausländischen Kapitalanteilen** (keine Steuerhängigkeit iRd beschränkten Steuerpflicht nach § 98 EStG; UmgrStR Rz 942, 948; *Huber* in *W/Z/H/K*[5] § 17 Rz 22 f); die Ansässigkeit der übernehmenden Körperschaft ist in beiden Fällen unbeachtlich (UmgrStR Rz 942, 948, 1. und 3. Gliederungspunkt).

14 Des Weiteren umfasst der Anwendungsbereich lt Literatur die Einbringung durch Steuerinländer von ausländischen Kapitalanteilen mit einer – vom OECD-MA abweichenden – abkommensrechtlichen Zuordnung des Besteuerungsrechts zum Sitzstaat der Beteiligungsgesellschaft (*Huber* in *W/Z/H/K*[5] § 17 Rz 13).

Stellungnahme. In diesem Fall muss jedoch ein vollständiger Ausschluss des österreichischen Besteuerungsrechts erfolgen; eine bloße Einschränkung iSe Zuweisung eines Besteuerungsrechtes zum Sitzstaat der Beteiligungsgesellschaft mit Anrechnungsverpflichtung Österreichs als Ansässigkeitsstaat (iSd Art 23B OECD-MA) wäre nicht ausreichend zur Annahme eines nicht bestehenden Besteuerungsrechts Österreichs iSd § 17 Abs 2 Z 1 (idS UmgrStR Rz 936, Beispiel 2 zum DBA-Japan).

Durch das **Lex-specialis-Verhältnis** im Tatbestand des Abs 2 Z 1 zu Abs 1 wird eine **Konkurrenz im Rechtsfolgenbereich** (zB Zwangsaufwertung bei Drittlandseinbringenden nach § 17 Abs 1 iVm 16 Abs 2 Z 2 versus Wahlrecht zur Buchwertfortführung nach § 17 Abs 2 Z 1) **vermieden** (Vorrang des Abs 2 Z 1 gegenüber Abs 1; vgl UmgrStR Rz 948, 3. Gliederungspunkt; aA ggf *Huber*, ÖStZ 2006, 211 [213], FN 36). **15**

Maßgebend ist das **fehlende Besteuerungsrecht** Österreichs zum **Einbringungsstichtag**. § 17 Abs 2 Z 1 ist daher auch anwendbar, wenn das zum Einbringungsstichtag fehlende Besteuerungsrecht Österreichs im Rückwirkungszeitraum, etwa durch Zuzug, begründet wird (*Rabel* in *W/H/M*, HdU[1] § 17 Rz 25 mVa BMF 8.8.2000, ecolex 2000, 907). **16**

Stellungnahme. Bei einem Zuzug im Rückwirkungszeitraum wird die Aufwertungsvorschrift in § 27 Abs 6 Z 1 lit b EStG infolge der das allgemeine Steuerrecht überlagernden Rückwirkungsfiktion des UmgrStG nicht auf die (tatsächlich importierten) eingebrachten Kapitalanteile, sondern auf die Gegenleistungsanteile, die nach § 20 Abs 1 mit Beginn des dem Einbringungsstichtag folgenden Tages als angeschafft gelten, anzuwenden sein. Umgekehrt ist § 17 Abs 2 Z 1 auch dann nicht anwendbar, wenn das Besteuerungsrecht Österreichs zum Einbringungsstichtag bestand und erst im Rückwirkungszeitraum, etwa durch Wegzug, untergeht. Die auf einen Stichtag vor dem Wegzug rückbezogene Einbringung wird im Regelfall noch zu Anschaffungskosten nach der Grundregel des § 17 Abs 1 erfolgen, die infolge des Wegzuges ausgelösten Besteuerungsfolgen auf die Gegenleistungsanteile anzuwenden sein.

C. Anwendungsbereich des Abs 2 Z 2

Erfasst sind Kapitalanteile, an denen ein Besteuerungsrecht „auf Grund einer Ausnahme von der unbeschränkten Körperschaftsteuerpflicht nicht besteht". Seit BudBG 2011 und AbgÄG 2011 ist der Anwendungsbereich dieser Regelung eingeschränkt, da die Steuerpflicht hinsichtlich realisierter Substanzgewinne bei Kapitalanteilen ausgedehnt wurde. **Vor den Änderungen durch das BudBG 2011 und das AbgÄG 2011** fielen unter § 17 Abs 2 Z 2 zum einen Kapitalanteile im **steuerbefreiten Bereich von Körperschaften nach § 1 Abs 3 Z 2 und 3 KStG** (*Rabel* in *W/H/M*, HdU[1] § 17 Rz 32), zB Einbringungen durch gemeinnützige Vereine (UmgrStR Rz 940) oder von nicht nach §§ 30 oder 31 EStG idF vor BudBG 2011 steuerhängigen Kapitalanteilen durch **Privatstiftungen** (BMF 29.5.2001, ecolex 2001, 636; *Rabel* in *W/H/M*, HdU[1] § 17 Rz 33), darüber hinaus lt Gesetzesmaterialien und FV auch die Einbringung von Kapitalanteilen im **Hoheitsbereich von Körperschaften des öffentlichen Rechts** (UmgrStR Rz 940; kritisch *Rabel* in *W/H/M*, HdU[1] § 17 Rz 32, weil eine KöR nicht als unbeschränkt steuerpflichtige Körperschaft iSd § 1 Abs 2 KStG gilt und somit auch nicht von einer solchen „ausgenommen" werden kann). **19**

20 Nach den Änderungen durch das BudBG 2011 und das AbgÄG 2011 betrifft die Regelung zum einen den sog **"Altbestand"** der in Rz 19 genannten Kapitalanteile. Als Altbestand kommen im steuerbefreiten Bereich von Körperschaften nach § 1 Abs 3 Z 2 und 3 KStG und im Hoheitsbereich von Körperschaften öffentlichen Rechts depotfähige Kapitalanteile (Aktien), die vor dem 1.1.2011 erworben wurden und nicht depotfähige GmbH-Anteile, die vor dem 1.9.2011 erworben wurden, in Betracht sowie bei Privatstiftungen Kapitalanteile, die vor dem 1.1.2011 erworben wurden und nicht nach §§ 30 oder 31 EStG idF vor BudBG 2011 steuerhängig sind. Zum anderen sind **Kapitalanteile begünstigter Körperschaften iSd § 21 Abs 2 Z 3 KStG** weiterhin nicht steuerhängig (zB Kapitalanteile, die einer Veranlagungs- oder Risikogemeinschaft einer Pensions- oder Mitarbeitervorsorgekasse nachweislich zuzurechnen sind; Kapitalanteile, die einer Unterstützungskasse nachweislich zuzurechnen sind) und daher von der Regelung des § 17 Abs 2 Z 2 erfasst.

IV. Bewertungsmaßstäbe
A. Maßgebender Wertermittlungszeitpunkt

21 Wenngleich in § 17 nicht explizit geregelt, ist der maßgebliche Wertansatz beim Einbringenden (Anschaffungskosten nach § 27a Abs 3 Z 2 EStG, ausländische Anschaffungskosten bzw Buchwerte, gemeiner Wert) stets auf den Einbringungsstichtag (exakt Ablauf des Einbringungsstichtages) zu beziehen. Dies ergibt sich aus dem systematischen Zusammenhang der Bewertungsvorschrift mit § 14 Abs 2, wonach die Einkünfte des Einbringenden so zu ermitteln sind, als ob der Vermögensübergang mit Ablauf des Einbringungsstichtages erfolgt wäre, und § 18 Abs 1 Z 5, wonach die Einkünftezurechnung hinsichtlich des Einbringungsvermögens zur übernehmenden Körperschaft mit Beginn des dem Einbringungsstichtag folgenden Tages vorzunehmen ist (idS *Rabel* in *W/H/M*, HdU[1] § 17 Rz 2).

B. Bewertung nach § 17 Abs 1
1. Überblick

23 Zum Anwendungsbereich des Abs 1 s oben Rz 11. Als Grundregel sind die eingebrachten Kapitalanteile mit den **Anschaffungskosten** iSd § 27a Abs 3 Z 2 EStG anzusetzen. Aufgrund des Verweises in § 17 Abs 1 sind jedoch die Bewertungsregeln für **Exporteinbringungen** nach § 16 Abs 1 zweiter Satz, die **Zwangsaufwertung** bei einer Einschränkung des österreichischen Besteuerungsrechts an den Gegenleistungsanteilen im Verhältnis zum Drittland nach § 16 Abs 2 und die **Aufwertungsoptionen** bei einer Besteuerung im Ausland nach § 16 Abs 3 anzuwenden (UmgrStR Rz 932).

24 Die Bewertungsregelung in § 17 Abs 1 bezieht sich lt Literatur ausschließlich auf den **Kapitalanteilsbegriff des § 12 Abs 2 Z 3 ieS**; anschaffungsbedingtes **Fremdkapital**, das nach § 12 Abs 2 Z 3 S 2 oder 3 in den „Begriff des Kapitalanteiles" einbezogen (dh gemeinsam mit den Kapitalanteilen eingebracht) werden kann (sog erweiterter Kapitalanteilsbegriff), wird in § 17 Abs 1 bewertungsrechtlich **nicht berücksichtigt**. Die in § 17 Abs 1 normierten Wertansätze (zB Anschaffungskostenbegriff nach § 27a Abs 3 Z 2 EStG) sind daher nicht um nach § 12 Abs 2 Z 3 S 2 oder 3 einbezogenes Fremdkapital zu kürzen (*Hofbauer-Steffel/Stetsko*, taxlex 2008, 427 mwN). Die fehlende Regelung zur Bewertung des anschaffungsbezogenen Fremdkapitals sollte aufgrund der steuerlichen Unerheblichkeit der Finanzierungsverbindlichkeit im außerbetrieblichen Bereich allein für Zwecke des § 17 (Bewertung beim Einbringenden) ohne Auswirkungen bleiben, führt aber aufgrund der Verweise auf § 17 in §§ 18 und 20 zu **Zweifelsfragen** hinsichtlich der Bewertung des Fremdkapitals bei der **übernehmenden Körperschaft** (s § 18 Rz 32) und hinsichtlich des Wertansatzes für die **Gegenleistungsanteile** beim Einbringenden (s § 20 Rz 9).

2. Anschaffungskosten

Die Anschaffungskosten sind nach Maßgabe des § 27a Abs 3 Z 2 EStG zu bestimmen. Der Verweis auf § 27a Abs 3 Z 2 EStG wurde mit AbgÄG 2012 im Zuge der Anpassung an das neue Kapitalbesteuerungsregime eingefügt und ersetzt den Verweis auf den Anschaffungskostenbegriff des § 31 EStG idF vor BudBG 2011. In den Gesetzesmaterialien findet sich kein Hinweis, dass mit dieser Änderung des Verweises eine inhaltliche Änderung des Anschaffungskostenbegriffs im Vergleich zur Rechtslage vor AbgÄG 2012 verbunden sein soll. Bei den Anschaffungskosten handelt es sich daher um die historischen Anschaffungskosten einschließlich nachträglicher oder späterer Anschaffungskosten aufgrund von Kapitalerhöhungen, Einlagen oder Anteilserwerben und einschließlich von Anschaffungskostenminderungen aufgrund von Einlagenrückzahlungen nach § 4 Abs 12 EStG (UmgrStR Rz 931; allg Jakom[10]/*Marschner* § 27a Rz 31 ff). Einzubeziehen sind damit insb der Anschaffungspreis, bei Bargründung die Bareinlage und bei Sachgründung der gemeine Wert der Sacheinlage; zu den nachträglichen Anschaffungskosten zählen neben Gesellschafterzuschüssen auch kapitalerhaltende Gesellschafterdarlehen, verdeckte Einlagen sowie gesellschaftsrechtlich veranlasste Verlustübernahmen und Bürgschaftsübernahmen (*Doralt* § 31 Rz 127 ff; Jakom[10]/*Kanduth-Kristen* § 31 Rz 33 ff). 25

Die Berücksichtigung von **Wertminderung** (Teilwertabschreibungen) kommt **nicht in Betracht**; liegt der gemeine Wert der Kapitalanteile zum Einbringungsstichtag unter den Anschaffungskosten, sind dennoch die Anschaffungskosten maßgebend (UmgrStR Rz 931); hat die übernehmenden Köperschaft die Anteile nach der Sonderregelung in § 18 Abs 1 Z 2 jedoch „höchstens mit dem gemeinen Wert" anzusetzen, um vor der Einbringung entstandenen Wertminderungen nicht steuerwirksam werden zu lassen; *Rabel* in W/H/M, HdU[1] § 17 Rz 9). 26

Der Anschaffungskostenbegriff nach § 27a Abs 3 Z 2 EStG ist auch für die Einbringung von nicht nach §§ 30 oder 31 EStG idF vor BudBG 2011 steuerhängigen Kapitalanteilen des „Altbestands" (dh Anschaffung vor dem 1.1.2011) maßgebend. 27

> **Anmerkung:** Durch den zwingenden Ansatz der Anschaffungskosten kommt es zur Überführung von bis zum Einbringungsstichtag entstandenen (nicht steuerhängigen) stillen Reserven in die Steuerhängigkeit bei der übernehmenden Körperschaft (vgl § 18 Rz 1, 31 ff); das Entstehen einer Steuerhängigkeit für diese stillen Reserven auch in den Gegenleistungsanteilen auf Ebene des Einbringenden wird jedoch nach § 20 Abs 6 in Verbindung mit § 5 Abs 1 und 2 verhindert (s § 20 Rz 76 ff; *Huber* in W/Z/H/K[5] § 17 Rz 8).

3. Exporteinbringungen nach § 16 Abs 1 S 2

Der Anwendungsbereich wird sich auf die entstrickende Exporteinbringung von bisher steuerhängigen Kapitalanteilen in **ausländische übernehmende Körperschaften** beschränken (UmgrStR Rz 932, 2. Gliederungspunkt; ebenso *Huber* in 28

W/Z/H/K⁵ § 17 Rz 10). Die in Folge der Bewertung mit dem Fremdvergleichswert resultierende **Grenzbesteuerung** nach § 16 Abs 1 S 2 iVm 6 Z 6 lit a EStG gilt auch im außerbetrieblichen Bereich (§§ 30 Abs 5, 31 Abs 7 EStG idF vor BudBG 2011). Aufgrund des Zuflussprinzips sind die Einkünfte grundsätzlich in jenem Veranlagungszeitraum zu erfassen, in dem die Gegenleistung dem Einbringenden „zufließt" iSd § 19 Abs 1 EStG, er sohin die „volle Verfügungsmacht" über die Gegenleistung erhält (EStR Rz 4601 mVa VwGH 22.2.1993, 92/15/0048; VwGH 17.10.1984, 82/13/0266). Der Realisierungszeitpunkt ist nach § 20 Abs 1 auf den nach dem UmgrStG maßgebenden **Einbringungsstichtag folgenden Tag** rückzubeziehen, sofern die Meldung bzw Anmeldung innerhalb der Neunmonatsfrist nach § 13 Abs 1 erfolgt (EStR Rz 2607); anderenfalls wird der Realisierungszeitpunkt mit **Zufluss** der Gegenleistung nach allgemeinen Grundsätzen (insb Maßgabe des Verpflichtungsgeschäfts, daher des Einbringungsvertrages) zu beurteilen sein. Bei einer Exporteinbringung in eine **EU-/EWR-Körperschaft** ist eine Bewertung mit den Anschaffungskosten aufgrund der Grenzbesteuerung nach § 16 Abs 1 S 2 ausgeschlossen, auf Antrag kann die Steuerschuld in Raten entrichtet werden (UmgrStR Rz 932, 2. Gliederungspunkt; UmgrStR Rz 948, Bsp 2).

4. Zwangsaufwertung nach § 16 Abs 2 Z 2

29 Die Einbringung von Kapitalanteilen hat verpflichtend zum gemeinen Wert zu erfolgen, sofern das Besteuerungsrecht Österreichs an den **Gegenleistungsanteilen** eingeschränkt ist und der Einbringende nicht in einem **EU/EWR-Mitgliedstaat** mit umfassender Amts- und Vollstreckungshilfe DBA-ansässig ist (§ 17 Abs 1 S 2 mVa § 16 Abs 2 Z 2; UmgrStR Rz 932, 3. Gliederungspunkt; allg zu § 16 Abs 2 Z 2 s § 16 Rz 19).

30 Die UmgrStR verweisen auf folgenden **Anwendungsfall**: Einbringung von inländischen Anteilen durch eine in Brasilien ansässige Person in eine deutsche oder kanadische übernehmende Körperschaft; die inländischen Anteile unterliegen vor der Einbringung der beschränkten Steuerpflicht nach § 98 Abs 1 Z 8 EStG, die durch das DBA mit Brasilien nicht eingeschränkt wird. Da (i) die eingebrachten Anteile in Österreich steuerhängig sind und da (ii) Österreich kein Besteuerungsrecht an den Gegenleistungsanteilen an der übernehmenden deutschen bzw kanadischen Körperschaft zukommt und der Einbringende nicht in einem EU/EWR-Staat ansässig ist, erfolgt die Einbringung nach § 17 Abs 1 iVm 16 Abs 2 Z 2 zum gemeinen Wert (Zwangsaufwertung; UmgrStR Rz 948 Bsp 4 und 5). Der Umstand, dass das Besteuerungsrecht Österreichs an den eingebrachten Anteilen nach Maßgabe des DBA mit Deutschland bzw Kanada verloren geht, ist dabei unbeachtlich.

31 **Kein Anwendungsfall** der Zwangsaufwertung nach § 17 Abs 1 iVm 16 Abs 2 Z 2 stellt dagegen die Einbringung durch Steuerinländer in Drittstaats-Körperschaften dar, wenn das Besteuerungsrecht Österreichs an den Gegenleistungsanteilen nach dem DBA mit dem Ansässigkeitsstaat der übernehmenden Körperschaft eingeschränkt ist. Da der Einbringende in einem EU-Staat (Österreich) ansässig ist, wird dieser Fall unter § 16 Abs 2 Z 1 (nicht Z 2) subsumiert. Die Einbringung erfolgt zu Anschaffungskosten, sofern das Besteuerungsrecht Österreichs am eingebrachten Kapitalanteil nicht eingeschränkt wird (UmgrStR Rz 937b mit Beispiel zu China); im Falle der Einschränkung des Besteuerungsrechts kommt es allerdings zur Realisierung der stillen Reserven, ohne dass die Möglichkeit besteht, einen Antrag auf Ratenzahlung zu stellen, mangels übernehmender EU/EWR-Körperschaft (UmgrStR Rz 938, 2. Gliederungspunkt mit Bsp zur USA). AA noch UmgrStR Rz 937, 2. Gliederungspunkt idF vor WE 2013, wonach die Einbringung von Anteilen an einer US-Kapitalgesellschaft durch Steuerinländer in eine japanische übernehmende Kapitalgesellschaft zum gemeinen Wert nach § 16 Abs 2 Z 2 zu erfolgen hat, weil Japan nach dem DBA ein Besteuerungsrecht an den Gegenleistungsanteilen (mit Anrechnungsverpflichtung seitens Österreich) zukommt.

Nicht unter die Zwangsaufwertung nach §§ 17 Abs 1 iVm 16 Abs 2 Z 2 fallen Drittlandseinbringungen von bisher **nicht steuerverstrickten Kapitalanteilen**; aufgrund des Lex-specialis-Verhältnisses geht **§ 17 Abs 2 Z 1** (Wahlrecht zur Fortführung der Anschaffungskosten bzw Buchwerte) vor (UmgrStR Rz 942, 948; s Rz 13; aA ggf *Huber*, ÖStZ 2006, 211 [213], FN 36). 32

Aufgrund des Zuflussprinzips sind die Einkünfte in jenem Veranlagungszeitraum zu erfassen, in dem die Gegenleistung dem Einbringenden „zufließt" iSd § 19 Abs 1 EStG, wobei dieser Grundsatz im Anwendungsbereich des UmgrStG durch die Anschaffungsfiktion des § 20 Abs 1 überlagert wird und sohin der Zufluss der Gegenleistung mit dem dem Einbringungsstichtag folgenden Tag anzunehmen ist (*Rabel* in *W/H/M*, HdU[1] § 17 Rz 13). 33

5. Aufwertungsoption nach § 16 Abs 3

Führt die Einbringung im Ausland zur Gewinnverwirklichung und besteht mit dem ausländischen Staat ein DBA mit Anrechnungsmethode oder wurde eine vergleichbare innerstaatliche Maßnahme zur Vermeidung der Doppelbesteuerung getroffen, besteht für inländische und ausländische Anteile das Wahlrecht zum Ansatz der Anschaffungskosten oder des gemeinen Werts (*Huber* in *W/Z/H/K*[5] § 17 Rz 20; dazu UmgrStR Rz 936, Beispiel 2: Einbringung von japanischen Anteilen durch einen Steuerinländer in eine inländische übernehmende GmbH; die Einbringung löst eine japanische Besteuerung aus und das DBA sieht die Anrechnungsmethode vor; der Einbringende kann somit nach § 17 Abs 1 S 2 in Verbindung mit § 16 Abs 3 Z 2 für eine Aufwertungseinbringung optieren; der Ansatz des Kapitalanteils zum gemeinen Wert verhindert die nochmalige Belastung der Einbringungsreserven bei einer späteren Veräußerung durch die übernehmende Körperschaft). 34

C. Bewertung nicht steuerverstrickter Kapitalanteile nach § 17 Abs 2 Z 1

1. Überblick

Zu den Anwendungsfällen s oben Rz 13 ff. Nach § 17 Abs 2 Z 1 sind die Kapitalanteile grundsätzlich mit dem **gemeinen Wert** anzusetzen (HS 1), ausgenommen im Einbringungsvertrag wird der Ansatz der „niedrigeren Anschaffungskosten bzw Buchwerte" festgelegt (HS 2). Das Wahlrecht erlangt Bedeutung für Einbringungen aus Staaten, nach deren nationalem Steuerrecht der Wertansatz beim Einbringenden von dem Wertansatz in der österreichischen übernehmenden Körperschaft abhängig ist, sohin die Steuerneutralität der Einbringung im Ansässigkeitsstaat die Fortführung der Anschaffungskosten bzw Buchwerte bei der übernehmenden inländischen Körperschaft voraussetzt (sog **doppelte Buchwertverknüpfung**; vgl *Huber* in *W/Z/H/K*[5] § 17 Rz 28). Der Ansatz eines Zwischenwertes ist im Gesetz 36 nicht vorgesehen. Werden von mehreren Steuerausländern Anteile, für die das Besteuerungsrecht Österreichs im Verhältnis zu anderen Staaten nicht besteht, in dieselbe übernehmende Körperschaft eingebracht, kann jeder Einbringende autonom entscheiden, in welcher Weise er das Wahlrecht ausübt. Bringt ein Steuerausländer Anteile an verschiedenen Kapitalgesellschaften in eine übernehmende Körperschaft ein, steht ihm das Wahlrecht gesondert für jeden der eingebrachten Anteile zu (UmgrStR Rz 947).

37 Die vom Einbringenden getroffene Entscheidung hat für die übernehmende Körperschaft **Bindungswirkung** nach § 18 Abs 1 Z 2 (UmgrStR Rz 942), zu Importeinbringungen nach § 18 Abs 1 Z 3 s § 18 Rz 33.

2. Niedrigere Anschaffungskosten oder Buchwerte

38 Der Ansatz der niedrigeren Anschaffungskosten bzw Buchwerte zum Einbringungsstichtag (anstelle des gemeinen Wertes) ist zulässig, wenn diese Entscheidung im **Einbringungsvertrag** verankert wird, ein gesonderter Antrag ist nicht erforderlich (UmgrStR Rz 946). Der Begriff Anschaffungskosten bzw Buchwerte bezieht sich auf die nach dem für den Einbringenden nach **ausländischem Abgabenrecht maßgebenden Anschaffungskosten bzw Buchwerte** (UmgrStR Rz 942). Liegt der gemeine Wert unter den ausländischen Anschaffungskosten bzw Buchwerten, hat mangels Anwendbarkeit der Spezialregelung des § 17 Abs 2 Z 1 HS 2 die Bewertung zum gemeinen Wert zu erfolgen (ErlRV 662 BlgNR 24. GP, zu § 17 Abs 2 Z 1 UmgrStG; *Wiesner*, RWZ 2010, 168).

> **Stellungnahme.** Bis zum AbgÄG 2010 (BGBl I 2010/34) konnte der Einbringenden die ausländischen Anschaffungskosten bzw Buchwerte auch dann nach § 17 Abs 2 Z 1 ansetzen, wenn diese über dem gemeinen Wert lagen. IRd AbgÄG 2010 erfolgte die Einschränkung in § 17 Abs 2 Z 1 auf die „niedrigeren Anschaffungskosten bzw Buchwerte". Die Änderung wird in den ErlRV 662 BlgNR 24. GP, zu § 17 Abs 2 Z 1 UmgrStG, damit begründet, dass in § 18 Abs 1 Z 3 der Ansatz des gemeinen Werts bei der übernehmenden Körperschaft davon abhängig gemacht wird, dass „sich aus § 17 Abs. 2 Z 1 nichts anderes ergibt", womit über den Ansatz der Anschaffungskosten bzw Buchwerte beim Einbringenden erreicht werden könnte, dass auch die übernehmende Körperschaft die Anschaffungskosten bzw Buchwerte anzusetzen hat und somit eine im Inland steuerwirksame Teilwertabschreibung für im Ausland entstandene Wertminderungen erreicht werden kann. Laut *Wiesner*, RWZ 2010, 168, bestand diese Befürchtung des Gesetzgebers zu Unrecht, weil die allgemeine Wertverknüpfungsregelung des § 18 Abs 1 Z 2 (Ansatz der eingebrachten Kapitalanteile mit den Werten nach § 17, „höchstens jedoch mit den gemeinen Werten") die Sonderregelung für Import-Einbringungen nach § 18 Abs 1 Z 3 (Ansatz der gemeinen Werte, „soweit sich aus § 17 Abs 2 Z 1 nichts anderes ergibt") insoweit verdrängt; vgl dazu § 18 Rz 33.

D. Bewertung nicht steuerverstrickter Kapitalanteile nach § 17 Abs 2 Z 2

41 Zu den Anwendungsfällen s Rz 19. Durch den (verpflichtenden) Ansatz des höheren gemeinen Werts wird **verhindert**, dass die bis zum Einbringungsstichtag gebildeten **stillen Reserven** durch die Einbringung bei der übernehmenden Körperschaft **steuerhängig werden** (*Huber* in $W/Z/H/K^5$ § 17 Rz 34). Der Ansatz des ge-

meinen Werts nach § 17 Abs 2 Z 2 erfolgt nur, wenn er höher ist als die Anschaffungskosten nach § 17 Abs 1 S 1 (UmgrStR Rz 940). Liegt der gemeine Wert unter den Anschaffungskosten, gilt mangels Anwendbarkeit der Spezialregel nach § 17 Abs 2 Z 2 die Bewertung mit den Anschaffungskosten gem § 17 Abs 1 (*Huber* in W/Z/H/K[5] § 17 Rz 35).

Beispielsweise erfolgt die Einbringung von nicht gem §§ 30 oder 31 EStG idF vor BudBG 2011 steuerhängigen Kapitalanteilen des „Altbestands" (dh Anschaffung vor dem 1.1.2011) durch eine **Privatstiftung** nach § 17 Abs 2 Z 2 zum gemeinen Wert, die Einbringung von nach §§ 30 oder 31 EStG idF vor BudBG 2011 steuerhängigen Kapitalanteilen des „Altbestands" sowie die Einbringung von Kapitalanteilen des „Neubestands" (dh Anschaffung nach dem 31.12.2010) durch eine Privatstiftung erfolgt dagegen zu Anschaffungskosten nach § 17 Abs 1. **42**

Im Ergebnis kommt es zu einer **Ungleichbehandlung** der Einbringung nicht steuerhängiger Kapitalanteile durch **natürliche Personen** zu Anschaffungskosten nach § 17 Abs 1 (Überführung der stillen Reserven in die Steuerhängigkeit bei der übernehmenden Körperschaft) und durch **Körperschaften** zum höheren gemeinen Wert nach § 17 Abs 2 Z 2 (keine Überführung von bisher nicht steuerhängigen stillen Reserven auf die übernehmende Körperschaft; vgl *Huber* in W/Z/H/K[5] § 17 Rz 33 f). **43**

Die übernehmende Körperschaft

§ 18. (1) Für die übernehmende Körperschaft gilt Folgendes:

1. [1]Sie hat das eingebrachte Vermögen mit den für den Einbringenden nach § 16 maßgebenden Werten anzusetzen. [2]Bei einer teilweisen Einschränkung des Besteuerungsrechtes gemäß § 16 Abs. 1 vierter Satz hat die übernehmende Körperschaft das übernommene Vermögen mit den Buchwerten anzusetzen.

2. Kapitalanteile, die nicht aus einem Betriebsvermögen eingebracht wurden, sind mit den nach § 17 maßgebenden Werten, höchstens jedoch mit den gemeinen Werten anzusetzen.

3. Soweit das Besteuerungsrecht der Republik Österreich hinsichtlich übernommener Vermögensteile entsteht, gilt Folgendes:
   - Die übernommenen Vermögensteile sind mit dem gemeinen Wert anzusetzen, soweit sich aus § 17 Abs. 2 Z 1 nichts anderes ergibt.
   - [1]Wird Vermögen ganz oder teilweise übernommen, für das die Abgabenschuld bei der übernehmenden Körperschaft oder einer konzernzugehörigen Körperschaft der übernehmenden Körperschaft nicht festgesetzt worden ist oder gemäß § 16 Abs 1a nicht entstanden ist, sind die fortgeschriebenen Buchwerte, höchstens aber die gemeinen Werte anzusetzen. [2]Die spätere Veräußerung oder das sonstige Ausscheiden gilt nicht als rückwirkendes Ereignis im Sinn des § 295a der Bundesabgabenordnung. [3]Weist die übernehmende Körperschaft nach, dass Wertsteigerungen im übrigen EU/EWR-Raum eingetreten sind, sind diese vom Veräußerungserlös oder vom gemeinen Wert im Zeitpunkt des Ausscheidens abzuziehen.

4. Sie ist im Rahmen einer Buchwerteinbringung für Zwecke der Gewinnermittlung so zu behandeln, als ob sie Gesamtrechtsnachfolger wäre.
5. § 14 Abs. 2 gilt mit Beginn des dem Einbringungsstichtag folgenden Tages, soweit in Abs. 3 und in § 16 Abs. 5 keine Ausnahmen vorgesehen sind.

(2) Für nach § 16 Abs. 5 Z 1 und 2 gebildete Passivposten gilt Folgendes:
1. ¹Soweit sich auf Grund sämtlicher Veränderungen im Sinne des § 16 Abs. 5 ein negativer Buchwert des einzubringenden Vermögens ergibt oder sich ein solcher erhöht, gelten die als rückwirkende Entnahmen zu behandelnden Beträge der Passivposten im Ausmaß des negativen Buchwertes mit dem Tag der nach § 13 Abs. 1 maßgebenden Anmeldung oder Meldung der Einbringung als an den Einbringenden ausgeschüttet. ²Der als ausgeschüttet geltende Betrag ist in der Anmeldung gemäß § 96 Abs. 3 des Einkommensteuergesetzes 1988 anzugeben. ³Abweichend von § 96 Abs. 1 des Einkommensteuergesetzes 1988 ist die Kapitalertragsteuer
   – bei Entnahmen gemäß § 16 Abs. 5 Z 1 binnen einer Woche nach dem Tag der nach § 13 Abs. 1 maßgebenden Anmeldung oder Meldung der Einbringung und
   – bei Entnahmen gemäß § 16 Abs. 5 Z 2 binnen einer Woche
   – nach einer Tilgung oder
   – nach dem Beschluss auf Auflösung oder
   – nach dem Beschluss auf Verschmelzung, Umwandlung oder Aufspaltung oder
   – nach Zuwendung der Beteiligung an eine Privatstiftung
   abzuführen. ⁴Die Ausschüttungsfiktion nach dem ersten Satz entfällt, soweit Anteile an der übernehmenden Körperschaft vor den im Vorsatz genannten Maßnahmen entgeltlich übertragen worden sind.
2. Ein nicht als rückwirkende Entnahme geltender Betrag der Passivpost ist als versteuerte Rücklage zu behandeln.

(3) ¹Abweichend von Abs. 1 Z 5 sind Rechtsbeziehungen des Einbringenden zur übernehmenden Körperschaft im Zusammenhang mit der Beschäftigung, der Kreditgewährung und der Nutzungsüberlassung, soweit sie sich auf das eingebrachte Vermögen beziehen, ab Vertragsabschluß, frühestens jedoch für Zeiträume steuerwirksam, die nach dem Abschluß des Einbringungsvertrages beginnen. ²Dies gilt im Falle der Einbringung durch eine Gesellschaft, bei der die Gesellschafter als Mitunternehmer anzusehen sind, auch für die Mitunternehmer. ³Ausgenommen von den vorangehenden Sätzen sind Entgelte, die sich auf eine Rechtsbeziehung auf Grund einer Maßnahme nach § 16 Abs. 5 Z 2 bis 4 beziehen, wenn die Entgeltvereinbarung am Tage des Abschlusses des Einbringungsvertrages (Sacheinlagevertrages) getroffen wird.

(4) Für internationale Schachtelbeteiligungen im Sinne des § 10 Abs. 2 des Körperschaftsteuergesetzes 1988 gilt folgendes:
1. Entsteht durch die Einbringung bei der übernehmenden Körperschaft eine internationale Schachtelbeteiligung oder wird ihr Ausmaß erweitert, ist hinsichtlich der bisher nicht steuerbegünstigten Beteiligungsquoten auf den Unterschiedsbetrag zwischen den Buchwerten und den höheren Teilwerten § 10 Abs. 3 erster Satz des Körperschaftsteuergesetzes 1988 nicht anzuwenden.

2. Geht durch die Einbringung die Eigenschaft einer Beteiligung als internationale Schachtelbeteiligung unter, gilt, soweit für sie keine Option zugunsten der Steuerwirksamkeit erklärt worden ist, der höhere Teilwert zum Einbringungsstichtag, abzüglich von auf Grund einer Umgründung nach diesem Bundesgesetz von § 10 Abs. 3 erster Satz des Körperschaftsteuergesetzes 1988 ausgenommener Beträge, als Buchwert

(5) Für zum Buchwert übernommene Grundstücke im Sinne des § 30 Abs. 1 des Einkommensteuergesetzes 1988 gilt Folgendes:

1. ¹Der Teilwert von Grund und Boden ist in Evidenz zu nehmen, wenn beim Rechtsvorgänger im Falle einer Veräußerung am Einbringungsstichtag § 30 Abs. 4 des Einkommensteuergesetzes 1988 auf den gesamten Grund und Boden anwendbar wäre. ²Bei späterer Veräußerung des Grund und Bodens ist wie folgt vorzugehen:
   - Für Wertveränderungen bis zum Einbringungsstichtag kann § 30 Abs. 4 des Einkommensteuergesetzes 1988 angewendet werden, wobei an Stelle des Veräußerungserlöses der in Evidenz genommene Teilwert tritt.
   - Für Wertveränderungen nach dem Einbringungsstichtag tritt der in Evidenz genommene Teilwert an die Stelle des Buchwerts.
2. § 30 Abs. 4 des Einkommensteuergesetzes 1988 kann bei der übernehmenden Körperschaft insoweit angewendet werden, als beim Rechtsvorgänger im Falle einer Veräußerung am Einbringungsstichtag § 30 Abs. 4 des Einkommensteuergesetzes 1988 aufgrund eines Wechsels der Gewinnermittlungsart oder einer Einlage (§ 4 Abs. 3a Z 3 lit. c oder Z 4 des Einkommensteuergesetzes 1988) nur eingeschränkt anwendbar wäre.

(6) Auf Buchgewinne und Buchverluste ist § 3 Abs. 2 und 3 anzuwenden.

[idF BGBl I 2015/163]

Rechtsentwicklung

BGBl 1991/699 (UmgrStG; RV 266 AB 354 BlgNR 18. GP) (Stammfassung); BGBl 1993/818 (StRefG 1993; RV 1237 AB 1301 BlgNR 18. GP) (Neufassung des § 18, für Stichtage nach dem 30.12.1993); BGBl 1995/21 (RV 26 AB 53 BlgNR 19. GP) (Anfügung des § 18 Abs 1 S 2); BGBl 1996/201 (StruktAnpG 1996; RV 72 AB 95 BlgNR 20. GP) (Neufassung des § 18 Abs 5, für Stichtage nach dem 31.12.1995); BGBl 1996/797 (AbgÄG 1996; RV 497 AB 552 BlgNR 20. GP) (Anfügung des § 18 Abs 3 S 3 und Neufassung des § 18 Abs 4, für Stichtage nach dem 31.12.1996); BGBl I 2003/71 (BudBG 2003; RV 59 AB 111 BlgNR 22. GP) (Änderung des § 18 Abs 4 Z 1); BGBl I 2004/180 (AbgÄG 2004; RV 686 AB 734 BlgNR 22. GP) (Neufassung des § 18 Abs 1 und Neufassung des § 18 Abs 3 S 3, für Stichtage nach dem 7.10.2004); BGBl I 2005/161 (AbgÄG 2005; RV 1187 AB 1213 BlgNR 22. GP) (Neufassung des § 18 Abs 1 und Abs 2, Änderung des § 18 Abs 3 S 3, für Umgründungen, bei denen die Beschlüsse oder Verträge nach dem 31.1.2006 bei dem zuständigen Firmenbuchgericht zur Eintragung angemeldet oder bei dem zuständigen Finanzamt gemeldet werden); BGBl I 2007/24 (BudBG 2007; RV 43 AB 67 BlgNR 23. GP) (Anfügung des § 18 Abs 2 Z 1 S 3; Neufassung des § 18 Abs 4 Z 2, für Stichtage nach dem 31.12.2006); BGBl I 2007/99 (AbgSiG 2007; RV 270 AB 391 BlgNR 23. GP) (Änderung des § 18 Abs 2 Z 1, für Zuwendungen nach dem 31.12.2007); BGBl I 2012/112 (AbgÄG 2012; RV 1960 AB 1977 BlgNR 24. GP) (Änderung des § 18 Abs 3; Neufassung des § 18 Abs 5, für Umgründungen, denen ein Stichtag nach dem 31.3.2012 zugrunde liegt; Anfügung des § 18 Abs 6); BGBl I

2014/105 (2. AbgÄG 2014; RV 360 AB 432 BlgNR 25. GP) (Ergänzung des § 18 Abs 1 Z 3 zweiter Teilstrich, für Umgründungen, die nach dem 29.12.2014 beschlossen oder vertraglich unterfertigt werden; Änderung des § 18 Abs 5 Z 1 und Neufassung des § 18 Abs 5 Z 2); BGBl I 118/2015 (StRefG 2015/2016; RV 684 AB 750 BlgNR 25. GP) (Entfall des § 18 Abs 5 Z 1 zweiter TS letzter Satz, erstmals auf Umgründungen mit einem Stichtag nach dem 31.12.2015 anzuwenden); BGBl I 163/2015 (AbgÄG 2015; RV 896 AB 907 BlgNR 25. GP) (Anfügung des § 18 Abs 1 Z 1 zweiter Satz; Änderung des § 18 Abs 1 Z 3 zweiter TS erster Satz, erstmals auf Umgründungen anzuwenden, die nach dem 31.12.2015 beschlossen oder vertraglich unterfertigt werden).

Literatur 2017

Bader, Update zum Evidenzkonto, SWK 2017, 718; *Furherr*, Ausschüttungsfiktion bei negativen Einbringungsbuchwerten: Zweifelsfragen zur Berechnung der Bemessungsgrundlage der KESt-Schuld und zur Fälligkeit, die leider unbeantwortet bleiben mussten, GES 2017, 166; *Hirschler/Sulz/Oberkleiner*, Zur Ausschüttungsfiktion nach § 18 Abs 2 Z 1 UmgrStG, BFGjournal 2017, 264; *Marschner/Renner*, Körperschaft-/Umgründungssteuer-Update Juni 2017: Aktuelles auf einen Blick, SWK 2017, 800; *Wilplinger*, Highlights des neuen Einlagenrückzahlungs- und Innenfinanzierungserlasses, taxlex 2017, 351; *Zorn*, VwGH zur Ausschüttungsfiktion bei Einbringung eines buchmäßig überschuldeten Betriebes, RdW 2017/163, 201.

Übersicht

I.	Systematischer Überblick und Regelungsinhalt	1, 2
II.	Bewertung des übernommenen Vermögens	
	A. Bewertung in der UGB-Bilanz der übernehmenden Körperschaft	
	1. Grundsatz der Verkehrswerteinbringung	6–9
	2. Wahlrecht der Buchwertfortführung	10–17
	B. Übernahme von Betriebsvermögen	21–26
	C. Übernahme von unter § 17 fallenden Kapitalanteilen	31–36
	D. Importeinbringung nach vorangegangener Exportumgründung oder Überführung ins Ausland nach § 6 Z 6 EStG	39–40b
III.	Abgabenrechtliche Gesamtrechtsnachfolge	41–49
IV.	Vermögensübergang und Einkünftezurechnung	
	A. Überblick	51–53
	B. Wechsel der Gewinnermittlungsart	56–58
V.	Anwachsung nach § 142 UGB	
	A. Begriff	61
	B. Ertragsteuerliche Folgen	63, 64
	C. Verfahrensrechtliche Folgen	66
	D. Handelsbilanzielle Folgen	68, 69
VI.	Ausschüttungsfiktion für Verbindlichkeiten aus rückbezogenen Entnahmen	
	A. Überblick	71
	B. Anwendungsbereich	73, 74
	C. Rechtsfolge	76–78
	D. Forderungsverzicht	81
	E. Gesellschafter- oder Gläubigerwechsel	83–85

VII. Rücklage aufgrund überhöhter vorbehaltener Entnahmen	91–97
VIII. Steuerwirksame Rechtsbeziehungen zum Einbringenden	101–109
IX. Internationale Schachtelbeteiligungen	
A. Grundsatz	111–113
B. Reichweite	116–119
C. Entstehen einer internationalen Schachtelbeteiligung	121–126
D. Erweiterung einer internationalen Schachtelbeteiligung	131–133
E. Untergang einer internationalen Schachtelbeteiligung	136, 137
X. Grund und Boden des Altvermögens	140–140d
XI. Buchgewinne und Buchverluste	
A. Allgemeines	141
B. Steuerneutrale Unterschiedsbeträge	143–145
C. Steuerwirksame Unterschiedsbeträge (Confusio)	147, 148
XII. Einbringung: Einlagen und Innenfinanzierung gem § 4 Abs 12 EStG	
A. Einlagen und Einlagenrückzahlung gem § 4 Abs 12 EStG	151–153
1. Konzentrations- und Down-stream-Einbringung	156–159
2. Side stream-Einbringung	161–164
3. Up-stream-Einbringung	166–169
B. Innenfinanzierung gem § 4 Abs 12 EStG	
1. Allgemeines	170–177
2. Konzentrations- und Down-stream-Einbringung	178, 179
3. Up-stream-Einbringung	180, 181
4. Side-stream-Einbringung	182, 183

I. Systematischer Überblick und Regelungsinhalt

Kernbereich der Begünstigungen des Art III ist das Unterbleiben der Besteuerung **1** der stillen Reserven anlässlich des Vermögensüberganges, jedoch unter Aufrechterhaltung der Steuerhängigkeit sowohl bei der übernehmenden Körperschaft als auch beim Einbringenden in Form der Gegenleistungsanteile (**Prinzip der Verdoppelung der stillen Reserven**; UmgrStR Rz 654). Eine Besteuerung beim Einbringenden wird durch den Buchwertansatz bzw der Einbringung zu Anschaffungskosten in §§ 16 Abs 1 und 17 Abs 1 verhindert, die Sicherung der Steuerhängigkeit bei der übernehmenden Körperschaft erfolgt durch die Anknüpfung an diese Einbringungswerte in § 18 Abs 1 Z 1 und 2 (Grundsatz der Buchwertfortführung bzw des Wertzusammenhanges; vgl UmgrStR Rz 654; *Huber* in W/Z/H/K[5] § 18 Rz 1). Zur Sicherung der Steuerhängigkeit der stillen Reserven beim Einbringenden ist korrespondierend in § 20 Abs 2 Z 1 der Grundsatz der Bewertung der Gegenleistungsanteile mit den Einbringungswerten nach §§ 16 und 17 vorgesehen.

§ 18 regelt die Auswirkungen des Einbringungsvorganges bei der **übernehmenden** **2** **Körperschaft**. Abs 1 legt die **Bewertung** des Einbringungsvermögens fest (Z 1 bis 3), normiert eine abgabenrechtliche **Gesamtrechtsnachfolge** für Zwecke der Gewinnermittlung (Z 4) und regelt den **Zeitpunkt** des Vermögensüberganges und der Einkünftezurechnung (Z 5). Abs 2 enthält Sonderregelungen zum steuerlichen Schicksal von nach § 16 Abs 5 Z 1 und 2 gebildeten **Passivposten** bei der übernehmenden Körperschaft. Abs 3 regelt die steuerliche Wirksamkeit von **Rechtsbezie-**

hungen zwischen dem Einbringenden und der übernehmenden Körperschaft. Abs 4 regelt die Folgen des Entstehens, Erweiterns und Unterganges von **internationalen Schachtelbeteiligungen** bei der übernehmenden Körperschaft (*Rabel* in *W/H/M*, HdU[1] § 18 Rz 1). Abs 5 idF AbgÄG 2012 enthält eine Regelung für Grund und Boden des Altvermögens, das im Zuge einer Einbringung unter Fortführung der Buchwerte auf die übernehmende Kapitalgesellschaft übertragen wird und Abs 6 idF AbgÄG 2012 regelt die steuerliche Behandlung von einbringungsbedingten **Buchgewinnen und -verlusten**.

II. Bewertung des übernommenen Vermögens
A. Bewertung in der UGB-Bilanz der übernehmenden Körperschaft
1. Grundsatz der Verkehrswerteinbringung

6   Nach der Grundregel des § 202 Abs 1 UGB hat die Bewertung von Einlagen mit dem Wert, „der ihnen im Zeitpunkt ihrer Leistung beizulegen ist" (sog **beizulegender Wert**), zu erfolgen. Der beizulegende Wert ist ein **unternehmensbezogener Verkehrswert**, der die konkreten Nutzungsmöglichkeiten des jeweiligen Erwerbers bzw persönliche und betriebsbezogene Einflüsse berücksichtigt (*Urnik/Urtz* in *Straube*, UGB[3] § 202 Rz 17; *Ludwig/Strimitzer* in *Hirschler*, Bilanzrecht § 202 Rz 12). Maßgeblicher **Bewertungsstichtag** ist der Zeitpunkt der Vermögensmehrung, dh des Überganges des wirtschaftlichen Eigentums (auch bei einem schuldrechtlich rückbezogenen Verrechnungsstichtag; *Ludwig/Strimitzer* in *Hirschler*, Bilanzrecht § 202 Rz 12, 49; *Ludwig/Hirschler*, Bilanzierung III Rz 34). Bei der Einlage von Betrieben und Teilbetrieben kommt der Ansatz eines Firmenwertes in Betracht (§ 202 Abs 1 S 2 UGB); nach überwiegender Ansicht auch bei Fehlen einer Gegenleistung der übernehmenden Körperschaft (insb Konzerneinbringungen), ermittelt auf Grundlage einer Unternehmensbewertung (*Ludwig/Strimitzer* in *Hirschler*, Bilanzrecht § 202 Rz 16; *Ludwig/Hirschler*, Bilanzierung III Rz 36). Das Aktivierungsverbot für nicht entgeltlich erworbene immaterielle Gegenstände des Anlagevermögens gilt für Einbringungen nicht (*Ludwig/Strimitzer* in *Hirschler*, Bilanzrecht § 202 Rz 18; *Urnik/Urtz* in *Straube*, UGB[3] § 202 Rz 7, 15 f; *Ludwig/Hirschler*, Bilanzierung III Rz 38). Der beizulegende Wert übernimmt in weiterer Folge die Funktion der **Anschaffungs- oder Herstellungskosten** und bildet den Ausgangspunkt für (außer)planmäßige Abschreibungen sowie die **Obergrenze für Zuschreibungen** (*Ludwig/Strimitzer* in *Hirschler*, Bilanzrecht § 202 Rz 14; *Ludwig/Hirschler*, Bilanzierung[2] III Rz 53; *Strimitzer* in *W/H/M*, Q3 Rz 71; VwGH 22.5.2014, 2010/15/0127, Anm *Wurm*, GES 2014, 580).

7   Bei **Down-stream-** und **Side-stream-Einbringungen** sowie bei **Konzentrationseinbringungen** ist ein positiver Differenzbetrag zwischen unternehmensrechtlichem Einbringungskapital und Gegenleistung der übernehmenden Körperschaft unter den Kapitalrücklagen auszuweisen (*Bergmann* in *Straube*, UGB[3] § 235 Rz 18). Nach **§ 235 Z 3 UGB** unterliegen Erträge aus der Auflösung von Kapitalrücklagen, die „durch Umgründungen unter Ansatz des beizulegenden Wertes nach § 202 Abs 2 Z 1 in Höhe des Unterschiedsbetrages zwischen dem Buchwert und dem höheren beizulegenden Wert entstanden sind", einer **Ausschüttungssperre**; der Verweis auf § 202 Abs 2 Z 1 UGB ist laut OGH und hA ein Redaktionsversehen (OGH 11.9.2003, 6 Ob 103/03w; *Ludwig/Strimitzer* in *Hirschler*, Bilanzrecht § 235 Rz 12) und in berichtigender Interpretation entweder auf § 202 Abs 1

UGB zu beziehen (dh Anwendbarkeit der Ausschüttungssperre nur bei **Neubewertung nach § 202 Abs 1 UGB**, idS *Göth* in *Straube*, UGB² § 235 Rz 9) oder zu ignorieren (dh Anwendbarkeit des § 235 Z 3 UGB auch iRd **Buchwertfortführung nach § 202 Abs 2 UGB**, wenn aufgrund der Festlegung eines über den Nennbetrag der ausgegebenen Anteile hinausgehenden Gesamtausgabebetrages ein **Umgründungsmehrwert oder Firmenwert** gemäß § 202 Abs 2 Z 2 oder 3 UGB ausgewiesen wird; *Ludwig/Strimitzer* in *Hirschler*, Bilanzrecht § 235 Rz 13 ff mVa OGH 11.9.2003, 6 Ob 103/03w; *Bergmann* in *Straube*, UGB³ § 235 Rz 23; *Ludwig/Hirschler*, Bilanzierung III Rz 60 ff). Auf Umgründungen zu Buchwerten, die zum Ansatz ungebundener Kapitalrücklagen ohne Ansatz eines Umgründungsmehrwertes oder Firmenwertes führen, findet § 235 Z 3 UGB keine Anwendung (*Ludwig/Strimitzer* in *Hirschler*, Bilanzrecht § 235 Rz 14; *Bergmann* in *Straube*, UGB³ § 235 Rz 23). Zur Buchwertfortführung nach § 202 Abs 2 UGB allgemein und zum maßgeblichen Buchwertbegriff für die Ermittlung des gesperrten Unterschiedsbetrages nach § 235 Z 3 UGB s unten Rz 10).

Das sich bei einer **Up-stream-Einbringung** ergebende Einbringungsergebnis (Differenzbetrag zwischen unternehmensrechtlichem Einbringungskapital und Betrag der einbringungsbedingt vorzunehmenden Verminderung des Buchwerts der Beteiligung der übernehmenden Körperschaft an der einbringenden Tochtergesellschaft) ist als außerordentlicher Ertrag bzw Aufwand oder unter den Erträgen aus Beteiligungen bzw Aufwendungen aus Finanzanlagen auszuweisen (*Ludwig/Hirschler*, Bilanzierung III Rz 121; *Huber* in *W/Z/H/K*⁵ § 18 Rz 20); die **Ausschüttungssperre** nach § 235 Z 3 UGB kann lt hM **nicht zur Anwendung kommen** (*Bergmann* in *Straube*, UGB³ § 235 Rz 18 mwN; *Ludwig/Hirschler*, Bilanzierung III Rz 123; aA *Reich-Rohrwig*, Grundsatzfragen der Kapitalerhaltung 47, 319 ff). 8

Die unternehmensrechtliche Neubewertung hat auf die steuerliche Gewinnermittlung keine Auswirkung; sofern keine steuerlichen Bilanzen erstellt werden, hat die Anpassung an die steuerlichen Wertansätze iRd Mehr-Weniger-Rechnung zu erfolgen (UmgrStR Rz 959, 960; *Hügel*, Umgründungsbilanzen Rz 1.19; *Leitner/Rohatschek*, SWK 2007, W 157). 9

2. Wahlrecht der Buchwertfortführung

Gem § 202 Abs 2 S 1 UGB besteht bei **Umgründungen** das Wahlrecht der übernehmenden Körperschaft, die (unternehmensrechtlichen) Buchwerte aus dem letzten Jahresabschluss oder einer Zwischenbilanz des Einbringenden fortzuführen; eine Wertverknüpfung mit der Bewertung beim Übertragenden besteht nicht (*Urnik/Urtz* in *Straube*, UGB³ § 202 Rz 31). Laut hM erfasst § 202 Abs 2 UGB zwar nur die Umgründungstypen des UmgrStG, die tatsächliche Anwendbarkeit des UmgrStG oder die umgründungssteuerliche Buchwertfortführung im jeweils konkreten Fall ist hingegen keine Voraussetzung (*Ludwig/Strimitzer* in *Hirschler*, Bilanzrecht § 202 Rz 22; *Urnik/Urtz* in *Straube*, UGB³ § 202 Rz 23; *Ludwig/Hirschler*, Bilanzierung III Rz 43; *Leitner/Rohatschek*, SWK 2007, W 157). § 202 Abs 2 UGB gilt für Einbringungen aller Einbringungsrichtungen (down-stream, side-stream und up-stream; *Huber* in *W/Z/H/K*⁵ § 18 Rz 18); zur Anwendbarkeit auf Anwachsungen nach § 142 UGB s unten Rz 61. Der Stichtag der zugrunde liegenden Bilanz darf bis höchstens neun Monate vor der Anmeldung beim Firmenbuch oder bei fehlender Firmenbuchzuständigkeit vor Abschluss des Einbringungsvertrages lie- 10 gen (unabhängig von einer etwaigen schuldrechtlichen Rückbeziehung der Einbringung auf diesen Verrechnungsstichtag; *Ludwig/Strimitzer* in *Hirschler*, Bilanzrecht § 202 Rz 23).

11 War der Einbringende **unternehmensrechtlich nicht buchführungspflichtig**, dürfen nach § 202 Abs 2 Z 1 S 3 UGB die **„steuerrechtlichen Werte"** angesetzt werden (zur unternehmensrechtlichen Buchführungspflicht iSd § 202 Abs 2 Z 1 S 3 UGB vgl *Leitner/Rohatschek*, SWK 2007, W 157). IdZ ist fraglich, ob der Begriff „steuerrechtliche Werte" lediglich (i) auf steuerliche Buchwerte des Einbringenden abstellt und folglich bei der Einbringung von außerbetrieblichem Vermögen (zB im Privatvermögen gehaltene Kapitalanteile) mangels Vorliegens steuerlicher Buchwerte nur eine (Neu)Bewertung nach der Grundregel des § 202 Abs 1 UGB in Betracht kommt (idS Bericht des Justizausschusses zum GesRÄG 1993, BGBl 1993/458, 1016 BlgNR 18. GP 9, worin die „Fortführung der steuerrechtlichen Buchwerte" angesprochen wird; dem folgend *Hügel*, Umgründungsbilanzen, Rz 1.32; *Kofler/Kristen* in *Kofler/Nadvornik/Pernsteiner/Vodrazka*, Handbuch Bilanz und Abschlussprüfung, 3. Aufl [ab 1998], § 202 Rz 53) oder (ii) auch die Anschaffungskosten nach § 31 EStG idF vor BudBG 2011 als steuerrechtlicher Wert nach § 202 Abs 2 Z 1 S 3 UGB zulässig sind (bejahend *Ludwig/Strimitzer* in *Hirschler*, Bilanzrecht § 202 Rz 24; *Strimitzer* in *W/H/M* Q3 Rz 84; wohl auch *Schwarzinger/Wiesner* I² 657; *Aman/Hübner-Schwarzinger* in *Bertl/Mandl*, HB zum RLG, 8. Lieferung, B.II./3.2. cc), 9). In diesem Fall bestehen keine weiteren Anforderungen hinsichtlich der Aktualität der Werte (*Ludwig/Strimitzer* in Hirschler, Bilanzrecht § 202 Rz 24). Bei Einbringenden, die (lediglich) **nach ausländischem Recht rechnungslegungspflichtig** sind, ist strittig, welche Werte bei einer Buchwerteinbringung nach § 202 Abs 2 Z 1 UGB anzusetzen sind; im Schrifttum wird sowohl die Fortführung der Buchwerte laut der nach ausländischem Recht erstellten (Handels-)Bilanz (idS *Hügel*, Umgründungsbilanzen Rz 1.33 für nach EU-Recht erstellte ausländische Bilanzen; aA *Leitner/Rohatschek*, SWK 2007, W 157), der Ansatz der nach österreichischem Steuerrecht ermittelten Buchwerte und uU auch der (fiktiven) unternehmensrechtlichen Buchwerte unter Anwendung der Bewertungsmethoden des Rechtsnachfolgers (*Leitner/Rohatschek*, SWK 2007, W 157) vertreten.

12 Die Beurteilung der nach § 202 Abs 2 Z 1 UGB fortgeführten Werte beim Rechtsnachfolger ist umstritten. Nach einer Mindermeinung kommt den fortgeführten Werten die Funktion der Anschaffungskosten zu und bilden sie die (neue) Zuschreibungsobergrenze nach § 208 UGB (*Waitz-Ramsauer/Wurm*, taxlex 2009, 525 ff). Nach **überwiegender Meinung** gelten die fortgeführten Werte **nicht als Anschaffungskosten** des Rechtsnachfolgers und gehen entweder die historischen Anschaffungskosten des Rechtsvorgängers über und bilden die Zuschreibungsobergrenze nach § 208 UGB (*Hügel*, Umgründungsbilanzen Rz 1.35; *Ludwig/ Hirschler*, Bilanzierung² III Rz 68; *Strimitzer* in *W/H/M*, HdU Q3 Rz 85/2; offen *Ludwig/Strimitzer* in *Hirschler*, Bilanzrecht § 202 Rz 37) oder kommt dem beizulegenden Wert iSd § 202 Abs 1 UGB im Leistungszeitpunkt auch bei Buchwertfortführung gem § 202 Abs 2 UGB die Anschaffungskostenfunktion zu und bildet dieser die Zuschreibungsobergrenze (*Tumpel*, RdW 2007, 7643; *Zorn/Petritz* in *H/R*, EStG § 6 Z 13 Rz 3.3; *Hirschler/Sulz/Oberkleiner*, UFSjournal 2010, 240; zum maßgebenden Bewertungsstichtag nach § 202 Abs 1 UGB s *Ludwig/Hirschler*, Bilanzierung² III Rz 51). Letzterer Auffassung hat sich der VwGH für den Fall der Einbringung von Kapitalanteilen unter zivilrechtlicher **Einzelrechtsnachfolge** angeschlossen mVa das Vorliegen einer Sacheinlage iSd § 202 Abs 1 UGB, bei der der beizulegende Wert iSd § 202 Abs 1 UGB stets die Anschaffungskostenfunktion übernehme (VwGH 22.5.2014, 2010/15/0127); die Übertragbarkeit dieses E auf Umgründungen mit zivilrechtlicher Gesamtrechtsnachfolge bleibt offen (dazu *Wurm*, GES 2014, 530; *Marchgraber*, RWZ 2014, 293; *Wiesner*, RWZ 2014, 360). Zu den strl Auswirkungen s Rz 47.

Des Weiteren stellen die nach § 202 Abs 2 Z 1 UGB fortgeführten Wert den maßgeblichen Buchwert iSd § 235 Z 3 UGB für die **Ermittlung des gesperrten Aufwertungsbetrages** dar (*Ludwig/Strimitzer* in *Hirschler*, Bilanzrecht § 202 Rz 22; *Bergmann* in *Straube*, UGB[3] § 235 Rz 27); wird hierbei auf die steuerrechtlichen Werte nach § 202 Abs 2 Z 1 S 3 UGB zurückgegriffen und beinhalten diese bereits eine **Aufwertungstangente** im Vergleich zu den ursprünglichen, historischen Anschaffungskosten bzw Buchwerten (zB Aufwertungseinbringungen nach §§ 16 Abs 2, 17 Abs 2), ist ungeklärt, ob diese Aufwertungstangente bereits als Teil des gesperrten Aufwertungsbetrages iSd § 235 Z 3 UGB zu sehen ist (insb bei Bejahung der Anwendbarkeit des § 235 Z 3 UGB auf Aufwertungsbeträge auch iRd Buchwertfortführung nach § 202 Abs 2; dazu oben Rz 7) oder als Teil des Buchwertes iSd § 235 Z 3 UGB nicht gesperrt ist; diese Frage wird in der Literatur soweit ersichtlich nicht explizit behandelt. 13

Stellungnahme. Für eine Sperre der in den fortgeführten Werten nach § 202 Abs 2 Z 1 S 3 UGB enthaltenen Aufwertungstangente (insb der umgründungsveranlassten Aufwertungsbeträge nach §§ 16 Abs 2, 17 Abs 2) würde die Zielsetzung des § 235 Z 3 UGB als Gläubigerschutzvorschrift sprechen (OGH 11.9.2003, 6 Ob 103/03w, GesRZ 2004, 59; idS *Sulz*, SWK 2004, W 172, wonach die Sperre generell Rücklagen mit „aufwertungsbedingter" Ursache erfasst); gegen eine Sperre hingegen die historische Absicht des Gesetzgebers als fiskalisch motivierte Vorschrift, wonach nur Aufwertungsbeträge, für die bisher ein Besteuerungsrecht Österreichs bestand, gesperrt sein sollen (*Göth* in *Straube*, UGB[2] § 235 Rz 1), was auf Aufwertungsbeträge infolge von Import-Einbringungen gerade nicht zutrifft.

Bei Down-stream- und Side-stream-Einbringungen sowie bei Konzentrationseinbringungen **ohne Gegenleistung** (Unterbleiben einer Kapitalerhöhung bei der übernehmenden Körperschaft oder einer sonstigen Gegenleistung an den Einbringenden) ist ein positiver Differenzbetrag als Kapitalrücklage, ein negativer Differenzbetrag (Einbringung von buchmäßig negativem Nettoaktivvermögen) nach überwiegender Auffassung als Bilanzverlust, alternativ als negative Kapitalrücklage auszuweisen (*Ludwig/Strimitzer* in *Hirschler*, Bilanzrecht § 202 Rz 27; der Ansatz eines Umgründungsmehrwertes und/oder Firmenwertes ist nicht zulässig, *Ludwig/Hirschler*, Bilanzierung III Rz 47; *Huber* in *W/Z/H/K*[5] § 18 Rz 23). 14

Bei Gewährung einer **Gegenleistung** sind zwei mögliche Konstellationen zu unterscheiden: 15

- Der **Gesamtbetrag** der dem Einbringenden gewährten Gegenleistung (Gesamtnennbetrag oder Gesamtausgabebetrag der neuen Anteile zuzüglich Buchwert eigener oder untergehender Anteile zuzüglich bare Zuzahlungen) **unterschreitet das Einbringungskapital** (Saldo der Buchwerte der übertragenen Aktiva und Passiva): Der Unterschiedsbetrag ist unter den **Kapitalrücklagen** auszuweisen oder als ao Ertrag zu verrechnen (*Urnik/Urtz* in *Straube*, UGB³ § 202 Rz 30; *Huber* in *W/Z/H/K*⁵ § 18 Rz 22); er unterliegt nach hA **keiner Ausschüttungssperre** (s Rz 7).

- Der **Gesamtbetrag** der Gegenleistung **übersteigt das Einbringungskapital**: Jener Teil des Unterschiedsbetrages, der den Aktiven und Passiven des übertragenen Vermögens zugeordnet werden kann, kann als **Umgründungsmehrwert** unter den Posten des Anlagevermögens ausgewiesen werden; der Umgründungsmehrwert ist in weiterer Folge entsprechend den stillen Reserven der Aktiva und Passiva zu behandeln. Ein darüber hinaus verbleibender Restbetrag darf als **Firmenwert** angesetzt werden, der entsprechend § 203 Abs 5 UGB zu behandeln ist. Sowohl der Ansatz des Umgründungsmehrwertes als auch des Firmenwertes stellt ein Wahlrecht dar, alternativ kann die übernehmende Körperschaft den Differenzbetrag in der Gewinn- und Verlustrechnung als Buchverlust (ao Aufwendungen) erfassen (§ 202 Abs 1 Z 2 und 3 UGB; *Urnik/Urtz* in *Straube*, UGB³ § 202 Rz 26 ff; *Ludwig/Hirschler*, Bilanzierung III Rz 50 ff; *Huber* in *W/Z/H/K*⁵ § 18 Rz 22). Zur Anwendbarkeit der **Ausschüttungssperre** nach § 235 Z 3 UGB auf die Aufwertungsbeträge s Rz 7.

16 Bei einer **Up-stream-Einbringung** ist das Einbringungsergebnis (Einbringungsgewinn oder -verlust) so wie bei der Verkehrswerteinbringung als außerordentlicher Ertrag bzw Aufwand oder unter Erträgen aus Beteiligungen bzw Aufwendungen aus Finanzanlagen zu erfassen (*Ludwig/Hirschler*, Bilanzierung III Rz 121; *Huber* in *W/Z/H/K*⁵ § 18 Rz 24).

17 Zu den handelsbilanziellen Folgen einer **Anwachsung** nach § 142 UGB s unten Rz 68.

B. Übernahme von Betriebsvermögen

21 Nach § 18 Abs 1 Z 1 hat die übernehmende Körperschaft „das eingebrachte Vermögen mit den für den Einbringenden nach § 16 maßgebenden Werten anzusetzen". Maßgeblich sind damit die **Wertansätze** des Einbringenden laut **Einbringungsbilanz gem § 15**, in der das einzubringende Vermögen **nach Maßgabe des § 16** anzusetzen ist (UmgrStR Rz 960). Im Falle einer durch eine abgabenrechtliche Prüfung vorgenommenen Änderung der steuerlichen Bilanzansätze beim Einbringenden tritt eine entsprechende Korrektur der Einbringungsbilanz und der steuerlich maßgeblichen Wertansätze bei der übernehmenden Körperschaft ein (UmgrStR Rz 1268 ff). Kommt es zur teilweisen Einschränkung des österreichischen Besteuerungsrechtes iSd § 16 Abs 1 S 4 (s § 16 Rz 53), hat die übernehmende Körperschaft das übernommene Vermögen gem § 18 Abs 1 Z 1 – trotz Ansatz des Einbringungsvermögens mit dem Fremdvergleichswert beim Einbringenden – mit den Buchwerten fortzuführen (UmgrStR Rz 860d, 960a ; ErlRV 896 BlgNR 25. GP, 12; lt *Schlager/Titz*, RWZ 2015/87, 381, wird damit bei einer späteren Veräußerung die gänzliche Besteuerung des Einbringungsvermögens „vervollständigt").

22 **Kosten iZm der Umgründung** sind lt FV allg sofort abzugsfähige **Betriebsausgaben** (EStR Rz 1662; UmgrStR Rz 962). Dies wird auch für den Fall einer unternehmensrechtlichen Aktivierung der aus Anlass einer Umgründung anfallenden Grunderwerbsteuer auf das Grundstück oder von Nebenkosten der Umgründung auf die Beteiligung an der übernehmenden Körperschaft bestätigt, wenngleich mit unterschiedlichen Begründungen (EStR Rz 1662 mVa „Gründungskosten" iSd § 11 Abs 1 Z 1 KStG, s dazu im Detail § 6 Rz 84 mwN; UmgrStR Rz 962 mVa „Buchwertfortführung"; glA *Hügel* in *H/M/H* § 6 Rz 39 für Up-stream-Umgründungen außerhalb des § 11 Abs 1 Z 1 KStG mVa das Fehlen eines Anschaffungsvorganges bei Buchwerteinbringungen; übereinstimmend *Moser*, SWK 2008, S 816).

Stellungnahme. Die sofortige Abzugsfähigkeit des Umgründungsaufwandes sollte auch bei Aufwertungseinbringungen nach § 16 oder Einbringungen nach § 17 (jeweils keine Buchwerteinbringung) und außerhalb des § 11 Abs 1 Z 1 KStG (sofern Anwendbarkeit auf Up-stream-Einbringungen verneint wird) zustehen aufgrund der Wertverknüpfung bei der übernehmenden Körperschaft (§ 18 Abs 1 Z 1 und 2) und bei der Bewertung der Gegenleistungsanteile (§ 20 Abs 2 Z 1, Abs 4 Z 1) mit den Wertansätzen nach §§ 16 und 17.

Bei Einbringung eines Teilbetriebes oder eines Teilvermögens richtet sich die **Zuordnung der Geschäftsvorfälle** ab dem dem Einbringungsstichtag folgenden Tag grundsätzlich nach der objektiven Zugehörigkeit des Geschäftsvorfalles zum übertragenen oder zum zurückbleibenden Vermögen. Ist demnach eine eindeutige Zuordnung eines vor der tatsächlichen Vermögensübertragung (dh im Rückwirkungszeitraum) liegenden Geschäftsvorfalles nicht möglich, kann über die Zuordnung vom Einbringenden disponiert werden, wobei zur Vermeidung von Zweifeln die Entscheidung im Einbringungsvertrag festzulegen sein wird (UmgrStR Rz 965 mVa Rz 889). Des Weiteren gilt der einkommensteuerrechtliche Grundsatz, wonach ein mit einem Aktivum verbundenes Passivum grundsätzlich das Schicksal des Aktivums teilt (UmgrStR Rz 965). 23

Bei **Einbringungen durch Mitunternehmerschaften**, bei der nicht sämtliche Mitunternehmer unter die Buchwert- oder Aufwertungseinbringung fallen, kommt es gem § 16 Abs 4 Z 2 bei der übernehmenden Körperschaft zur Buchwertfortführung; der Unterschiedsbetrag zwischen den Buchwerten und den nach § 16 Abs 4 EStG maßgebenden Werten der aufwertenden Mitunternehmer ist bei der übernehmenden Körperschaft wie ein Firmenwert nach § 8 Abs 3 EStG zu behandeln und ab dem dem Einbringungsstichtag folgendem Wirtschaftsjahr außerbilanziell abzusetzen (s UmgrStR Rz 961; *Huber* in *W/Z/H/K*[5] § 18 Rz 1; im Detail s § 16 Rz 76 ff). 24

Der Einbringungsgegenstand bei der **Einbringung von Mitunternehmeranteilen** umfasst neben den fixen und variablen Kapitalkonten auch Gesellschaftsverrechnungskonten, Sonderbetriebsvermögen sowie allfällige (aufgrund des Anteilserwerbes bestehende) Ergänzungsaktiva oder -passiva. Die übernehmende Körperschaft tritt mit dem dem Einbringungsstichtag folgenden Tag in die Mitunternehmerstellung ein (UmgrStR Rz 966). Mitübertragenes Sonderbetriebsvermögen geht in das Sonderbetriebsvermögen der übernehmenden Körperschaft über, wenn die Widmung bzw Nutzungsüberlassung an die Mitunternehmerschaft auch nach der Einbringung weiter besteht, andernfalls geht das Sonderbetriebsvermögen in das Vermögen der Körperschaft selbst über (die Unterscheidung hat keine ertragsteuerliche Bedeutung, da die Überführung in das sonstige Betriebsvermögen einer Körperschaft nach § 7 Abs 3 KStG steuerneutral erfolgt; UmgrStR Rz 967 mVa KStR Rz 406). Ein in einer Ergänzungsbilanz des Einbringenden ausgewiesener derivativer Firmenwert geht im Umfang der übertragenen Quote über und kann von der übernehmenden Körperschaft weiterhin abgeschrieben werden (UmgrStR Rz 969). Zur etwaigen Anwachsung des Gesellschaftsvermögens in Folge der Einbringung von Mitunternehmeranteilen s Rz 61 ff. 25

26 Im Falle des „**Entstehens**" des **Besteuerungsrechts der Republik Österreich** sieht § 18 Abs 1 Z 3 vor, dass „die übernommenen Vermögensteile […] mit dem **gemeinen Wert** anzusetzen sind". Z 3 wurde mit AbgÄG 2005 (BGBl I 2005/161) neu eingeführt, laut Gesetzesmaterialien sollte § 18 Abs 1 „in gleicher Weise wie die Importregelungen in Art I (§ 3 Abs. 1) und Art II (§ 9 Abs. 1) strukturiert werden" (ErlRV 1187 BlgNR 22. GP, zu § 18 Abs 1 UmgrStG). Z 3 entspricht damit inhaltlich der Regelung in § 3 Abs 1 Z 2, Tatbestandsvoraussetzung ist der Eintritt in die volle Steuerhängigkeit (zB Einbringung einer ausländischen Betriebsstätte in einem Land mit DBA-Anrechnungsmethode in eine inländische Körperschaft) und nicht bloß in die Verlusthängigkeit nach § 2 Abs 8 EStG (s § 3 Rz 56; UmgrStR Rz 838, 972a; *Hügel*, Verschmelzungen § 3 Rz 79 ff; *Achatz/Kofler* in *Achatz ua*, IntUmgr 54; *Huber*, ÖStZ 2005, 141 [142]; *Walter*[11] Rz 516a; zur Einbringung einer Auslands-BS mit DBA-Anrechnungsmethode BMF 5.10.2009, Sbg Steuerdialog 2009 KSt/UmgrSt – Ergebnisunterlage, Pkt 6); bei Eintritt in die bloße Verlusthängigkeit (zB Einbringung einer ausländischen Betriebsstätte in einem Land mit DBA-Befreiungsmethode in eine inländische Körperschaft) richtet sich die Bewertung nach § 18 Abs 1 Z 1 iVm § 16, womit nach Maßgabe des § 16 (insb Ansässigkeit des Einbringenden und Einschränkung des österreichischen Besteuerungsrechts an den Gegenleistungsanteilen) entweder die (fiktiven) inländischen Buchwerte (zB bei EU-Einbringenden nach § 16 Abs 2 Z 1) oder die gemeinen Werte (zB bei Drittlands-Einbringenden nach § 16 Abs 2 Z 2) anzusetzen sind (*Huber*, ÖStZ 2005, 211 [213]; aA *Damböck*, ÖStZ 2004, 275, der die Buchwertfortführung generell auf bisher steuerhängiges Vermögen einschränkt). § 18 Abs 1 Z 3 sieht ferner Sonderregelungen für die Importeinbringung von Kapitalanteile nach § 17 (§ 18 Abs 1 Z 3 1. TS; s unten Rz 31 ff) und für Importeinbringungen nach vorangegangener Exportumgründung bzw Überführung ins Ausland nach § 6 Z 6 EStG (§ 18 Abs 1 Z 3 2. TS; s unten Rz 39) vor (UmgrStR Rz 972a). Zur Bewertung der Gegenleistungsanteile s § 20 Rz 8.

C. Übernahme von unter § 17 fallenden Kapitalanteilen

31 Nach § 18 Abs 1 Z 2 sind unter § 17 fallende Kapitalanteile „mit den **nach § 17 maßgebenden Werten, höchstens** jedoch mit den **gemeinen Werten** anzusetzen".

32 Hervorzuheben ist zunächst der Fall der Einbeziehung von **anschaffungsbedingtem Fremdkapital** in Kapitalanteilseinbringungen nach § 12 Abs 2 Z 3 S 2 oder 3. Durch die Einbeziehung des Fremdkapitals werden zwei Wirtschaftsgüter (Kapitalanteile und Fremdkapital) übertragen, § 17 Abs 1 regelt jedoch ausschließlich die Bewertung der Kapitalanteile, nicht des einbezogenen Fremdkapitals (s § 17 Rz 24). Aus dem Verweis auf § 17 in § 18 Abs 1 Z 2 lässt sich somit der maßgebliche Wertansatz für das Fremdkapital bei der übernehmenden Körperschaft nicht ableiten, in der Literatur bleibt diese Frage weitgehend unreflektiert (vgl Übersicht bei *Hofbauer-Steffel/Stetsko*, ecolex 2008, 427).

> **Stellungnahme.** Gute Gründe sprechen dafür, das Fremdkapital bei der übernehmenden Körperschaft mit dem gemeinen Wert zum Einbringungsstichtag anzusetzen. Zum einen normiert § 18 Abs 1 Z 2 den gemeinen Wert als allgemeine Wertobergrenze, zum anderen kommt es durch die Einbringung zur Transformation der – bisher im außerbetrieblichen Bereich – steuerlich unerheblichen Finanzierungsverbindlichkeit in ein steuerrelevantes (negatives) Wirtschaftsgut, womit ein

Fall des Entstehens des Besteuerungsrechts nach § 18 Abs 1 Z 3 (unter Ansatz des gemeinen Wertes) vorliegen könnte (*Hofbauer-Steffel/Stetsko*, ecolex 2008, 427).

Zweifelsfragen ergeben sich weiters bei **Import-Einbringungen von Kapitalanteilen nach § 17 Abs 2 Z 1** (Ansatz der ausländischen Anschaffungskosten bzw Buchwerte, s § 17 Rz 13 ff). § 18 Abs 1 Z 2 sieht keine Einschränkung auf reine Inlandseinbringungen vor, und durch die Bezugnahme auf § 17 werden auch die Bewertungsregelungen des § 17 Abs 2 Z 1 für Importeinbringungen von Kapitalanteilen beim Einbringenden übernommen, jedoch mit der in § 18 Abs 1 Z 2 normierten **Wertobergrenze** des gemeinen Wertes. § 18 Abs 1 Z 3 ordnet allgemein für Import-Einbringungen („Entstehen des Besteuerungsrechts der Republik Österreich hinsichtlich übernommener Vermögensteile", keine Einschränkung auf Kapitalanteilseinbringungen) den Ansatz der übernommenen Vermögensteile mit dem gemeinen Wert an, „soweit sich aus § 17 Abs 2 Z 1 nichts anderes ergibt"; der gemeine Wert als **Obergrenze** für die Übernahme der ausländischen Anschaffungskosten bzw Buchwerte nach § 17 Abs 2 Z 1 bei der übernehmenden Körperschaft ist **nicht vorgesehen**. Z 2 (Wertobergrenze) scheint sich mit Z 3 (keine Wertobergrenze) in Fällen der Importeinbringung von Kapitalanteilen nach § 17 Abs 2 Z 1 zu überschneiden, es stellt sich die Frage nach der Abgrenzung der Anwendungsbereiche. 33

Stellungnahme. Z 3 wurde mit AbgÄG 2005 neu eingeführt, zuvor wurden unter der (unverändert gebliebenen) Z 2 sowohl Inlands- als auch Importeinbringungen subsumiert (vgl zur Rechtslage vor AbgÄG 2005 *Rabel* in *W/H/M*, HdU[1] § 18 Rz 5 f). Die ErlRV 1187 BlgNR 22. GP führen zur neu eingeführten Z 3 aus, dass § 18 Abs 1 dadurch „in gleicher Weise wie die Importregelungen in Art I (§ 3 Abs. 1) und Art II (§ 9 Abs. 1) strukturiert werden [soll]. Die Z 2 stellt in ihrer Bezugnahme auf § 17 auf die für den Einbringenden maßgebenden Wertansätze und damit auch auf das dem ausländischen Einbringenden zustehende Bewertungswahlrecht ab und begrenzt es unverändert zur bisherigen Rechtslage mit dem allenfalls niedrigeren gemeinen Wert. Die Z 3 entspricht inhaltlich der Regelung in § 3 Abs 1 Z 2. Der zwingende Ansatz des gemeinen Wertes soll unter Beachtung des nach § 17 Abs 2 allenfalls getroffenen Bewertungsansatzes zugunsten einer Fortführung der ausländischen Anschaffungskosten erfolgen." Daraus ist zu schließen, dass § 18 Abs 1 Z 2 zwar nach wie vor auch Importeinbringungen erfasst, § 18 Abs 1 Z 3 aber als lex specialis vorgeht und in seinem Anwendungsbereich eine abschließende Rechtsfolgenanordnung trifft (Bewertung mit dem gemeinen Wert oder dem nach § 17 Abs 2 Z 1 maßgeblichen Wert). Dieses Ergebnis wird in den Gesetzesmaterialien zum AbgÄG 2010 (ErlRV 662 BlgNR 24. GP, zu § 17 Abs 2 Z 1 UmgrStG) bestätigt. Konsequenz dieser Auffassung ist, dass die Wertobergrenze des § 18 Abs 1 Z 2 keine Bedeutung iRd § 18 Abs 1 Z 3 hat (abschließende Maßgeblichkeit der sich aus § 17 Abs 2 Z 1 ergebenden Werte). Durch die Einschränkung des § 17 Abs 2 Z 1 iRd AbgÄG 2010, wonach der Ansatz ausländischer Anschaffungskosten bzw Buchwerte nur zulässig ist, wenn diese unter dem gemeinen Wert zum Einbringungsstichtag liegen, sollte die Unterscheidung in der Anwendung des § 18 Abs 1 Z 2 oder Z 3 nunmehr im Ergebnis aber bedeutungslos bleiben (aA im Detail *Wiesner*, RWZ 2010, 168, wonach die Wertobergrenze des § 18 Abs 1 Z 2 generell auch im Anwendungsbereich des § 18 Abs 1 Z 3 zu beachten ist, das Spezialitätsverhältnis zwischen § 18 Abs 1 Z 2 und Z 3 damit aber unklar bleibt).

34 Lt FV ist (vereinfachend) § 18 Abs 1 Z 2 für „Inlandseinbringungen", § 18 Abs 1 Z 3 für „Importeinbringungen" maßgeblich (UmgrStR Rz 971 f). Infolge der Wertobergrenzenregelung in § 18 Abs 1 Z 2 können **Wertminderungen vor dem Einbringungsstichtag nicht bei der übernehmenden Körperschaft steuerwirksam werden** (UmgrStR Rz 971). Konsequenz dieser Bewertungsregel ist aber auch, dass bis zum Einbringungsstichtag eingetretene Wertminderungen im Ausmaß einer späteren Wertaufholung bei der übernehmenden Körperschaft steuerhängig sind (*Huber* in W/Z/H/K^5 § 18 Rz 4; *Rabel* in W/H/M, HdU^1 § 18 Rz 6). Die Wertverknüpfung nach § 18 Abs 1 Z 2 gilt gleichermaßen für die Einbringung von Kapitalanteilen durch Körperschaften des öffentlichen Rechts oder steuerbefreite Körperschaften nach § 17 Abs 2 Z 2, die zwingend zum gemeinen Wert anzusetzen sind (UmgrStR Rz 971).

35 Entsteht im Falle einer „Importeinbringung" das Besteuerungsrecht Österreichs an den eingebrachten Kapitalanteilen nach § 18 Abs 1 Z 3, ist der vom Einbringenden gewählte **Wertansatz nach § 17 Abs 2 Z 1** (gemeiner Wert oder niedrigere Anschaffungskosten bzw Buchwerte) für die übernehmende Körperschaft maßgeblich (UmgrStR Rz 972 f). Wertminderungen beim Einbringenden vor dem Einbringungsstichtag können auch in diesem Fall nicht bei der übernehmenden Körperschaft steuerwirksam werden, jedenfalls seit Einschränkung des Wertansatzwahlrechtes in § 17 Abs 2 Z 1 iRd AbgÄG 2010 auf die ausländischen „niedrigeren" Anschaffungskosten bzw Buchwerte (s oben Rz 33). Sonderregelungen sieht § 18 Abs 1 Z 3 für Importeinbringungen nach vorangegangener Exportumgründung oder Überführung ins Ausland nach § 6 Z 6 ESt vor.

36 Zur Abzugsfähigkeit von Kosten iZm der Umgründung s oben Rz 22.

D. Importeinbringung nach vorangegangener Exportumgründung oder Überführung ins Ausland nach § 6 Z 6 EStG

39 Durch das mit dem Abgabenänderungsgesetz 2015 (AbgÄG 2015, BGBl I 2015/163) neu eingeführte Entstrickungskonzept wird die Abgabenschuld bei einbringungsbedingter Einschränkung des österreichischen Besteuerungsrechts sofort festgesetzt und kann allenfalls in Raten entrichtet werden (Ratenzahlungskonzept). Bei einem späteren Re-Import (Wiedereintritt in die österreichische Besteuerungshoheit) ist das Vermögen nach § 18 Abs 1 Z 3 TS 1 grds mit dem gemeinen Wert anzusetzen („Step-up"). Dies gilt auch für wieder übernommenes Vermögen, für das in der Vergangenheit ein Antrag auf Ratenzahlung gestellt wurde (UmgrStR Rz 972a). Die Ratenzahlung sowie die Gründe für deren vorzeitige Fälligstellung bleiben davon unberührt (ErlRV 896 BlgNR 25. GP, 12). Wertentwicklungen zwischen Entstrickung und erneuter Verstrickung sind daher für Zwecke des Wiedereintritts in die österreichische Besteuerungshoheit relevant und verändern nicht die Entstrickungsbesteuerung (*Schlager/Titz*, RWZ 2015/87, 378 u 380).

40 Davon abweichend hat ein einbringungsbedingter Re-Import nach § 18 Abs 1 Z 3 TS 2 grds zu den fortgeschriebenen Buchwerten bzw Anschaffungskosten zu erfolgen, wenn die Abgabenschuld bei der übernehmenden oder einer konzernzugehörigen Körperschaft der übernehmenden Körperschaft auf Grund

- des Sonderregimes des Anteilstausches nicht entstanden ist (§ 16 Abs 1a idF AbgÄG 2015 bzw § 16 Abs 1 Sätze 3 bis 7 idF vor AbgÄG 2015, s § 16 Rz 56),
- des § 27 Abs 6 Z 1 lit a EStG nicht festgesetzt wurde oder

- des bisherigen einkommen- oder umgründungssteuerlichen Nichtfestsetzungskonzeptes idF vor AbgÄG 2015 nicht festgesetzt wurde (ErlRV 896 BlgNR 25. GP, 12). Zu den einzelnen Fallkonstellationen s UmgrStR Rz 160c, 160d.

40a Vermögensteile, für die zu einem früheren Zeitpunkt bei der übernehmenden Körperschaft (oder einer konzernzugehörigen Körperschaft der übernehmenden Körperschaft) die **Steuerschuld** aufgrund eines Vermögensexports durch **Umgründung oder nach § 6 Z 6 EStG nicht festgesetzt** worden ist (Rechtslage vor AbgÄG 2015), sind nach § 18 Abs 1 Z 3 TS 2 mit den fortgeschriebenen Buchwerten bzw Anschaffungskosten vor dem vorangegangenen (durch Umgründung oder Überführung bewirkten) Export anzusetzen (UmgrStR Rz 972a; *Huber* in *W/Z/H/K*[5] § 18 Rz 7). Die exportierten stillen Reserven werden dadurch wieder in die österreichische Steuerhängigkeit überführt, nach § 18 Abs 1 Z 3 TS 2 gilt **eine spätere Veräußerung** oder ein **sonstiges Ausscheiden** des vormals exportierten und danach reimportierten Vermögens folgerichtig **nicht mehr als stundungsschädliches, rückwirkendes Ereignis nach § 295a BAO**. Im Falle einer späteren Veräußerung oder eines Ausscheidens des reimportierten Vermögens können Wertsteigerungen, die im EU- bzw EWR-Ausland eingetreten sind, bei Nachweis durch die übernehmende Körperschaft vom Veräußerungserlös bzw gemeinen Wert im Zeitpunkt des Ausscheidens abgezogen werden (§ 18 Abs 1 Z 3 TS 2 S 3). Im Ergebnis wird eine durch das vorübergehende Fehlen eines österreichischen Besteuerungsrechts nicht unterbrochene Steuerhängigkeit (bereinigt um Wertsteigerungen im EU- bzw EWR-Ausland) unterstellt (*Huber* in *W/Z/H/K*[5] § 18 Rz 7). Ist hingegen im Zeitpunkt des Zuzuges eine rückwirkende Festsetzung der beim vorangegangenen Wegzug aufgeschobenen Besteuerung wegen Verstreichens der (absoluten) Verjährungsfrist nicht mehr möglich, ist lt Literatur das zuziehende Vermögen mit dem gemeinen Wert anzusetzen, da anderenfalls endgültig aus der inländischen Besteuerung ausgeschiedene stille Reserven wiederum der inländischen Besteuerung unterworfen werden (*Walter*[10] Rz 516c mVa eine teleologische Reduktion des § 18 Abs 1 Z 3 TS 2).

> **Stellungnahme.** Das Aufwertungsverbot wird über den Wortlaut des § 18 Abs 1 Z 3 hinaus auch auf vorangegangene Wegzugsfälle mit Steuerstundung nach § 27 Abs 6 Z 1 lit b S 2 EStG (bzw § 31 Abs 2 Z 2 EStG idF vor BudGB 2011) iRe teleologischen Ausweitung anwendbar sein (insb in Zusammenschau mit dem analogen Aufwertungsverbot nach § 27 Abs 6 Z 1 lit b S 7 EStG). Beispiel: Import-Einbringung eines Kapitalanteiles in eine inländische übernehmende Körperschaft, der vorgelagert nach § 27 Abs 6 Z 1 lit b EStG unter aufgeschobener Besteuerung entstrickt wurde. IdS EStR Rz 6683i, Beispiel 2 und 3.

40b Seit dem **2. AbgÄG 2014** (BGBl I 2014/105) liegt eine unter § 18 Abs 1 Z 3 TS 2 fallende „Rückkehr" (und damit **kein Fall der Neubewertung**) dann vor, wenn Vermögen übernommen wird, für das die Steuerschuld aufgrund einer Umgründung bei der **übernehmenden Körperschaft** oder bei **einer konzernzugehörigen Körperschaft der übernehmenden Körperschaft** nicht festgesetzt worden bzw nicht entstanden ist (s a § 3 Rz 60). Die Erweiterung ist grundsätzlich auf jene Umgründungen anzuwenden, die **nach dem 29.12.2014 beschlossen oder vertraglich unterfertigt** werden (Teil 3 Z 27 lit a). Ferner ist die **„sinngemäße Anwendung"** des § 18 Abs 1 Z 3 TS 2 angeordnet, wenn eine Beteiligung übernommen wird, an der das Besteuerungsrecht der Republik Österreich aufgrund einer Umgründung mit einem Stichtag vor dem 8. Oktober 2004 oder der Verlegung eines Betriebes vor dem 1. Jänner 2005 eingeschränkt worden ist. Dies gilt ebenfalls für Umgründungen, die **nach dem 29.12.2014 beschlossen oder vertraglich unterfertigt** werden (Teil 3 Z 27 lit b). Im Detail s § 3 Rz 59.

Bis zum 2. AbgÄG 2014 lag eine unter § 18 Abs 1 Z 3 TS 2 fallende „Rückkehr" nur dann vor, wenn Vermögen übernommen wurde, für das die Steuerschuld aufgrund einer Umgründung bei der **übernehmenden Körperschaft** nicht festgesetzt worden bzw nicht entstanden war (s ErlRV 1187 BlgNR 22. GP, 15; UmgrStR Rz 160d). Ziel der Regelung ist, unerwünschte Gestaltungsmöglichkeiten **im Konzern** hintanzuhalten (ErlRV 360 BlgNR 25. GP, 15; *Hirschler*, ÖStZ 2014/886, 561; *Schlager*, RWZ 2014/78, 358). Erfolgt die Rückeinbringung des zuvor steuerneutralen „exportierten" Vermögens nicht in die ursprünglich „exportierende", sondern in eine ihr konzernzugehörige Körperschaft, war § 18 Abs 1 Z 3 TS 2 idF vor 2. AbgÄG 2014 aufgrund des Wortlautes nicht anwendbar und folglich eine Neubewertung mit dem gemeinen Wert zulässig (*Hirschler*, ÖStZ 2014/886, 561). Durch das 2. AbgÄG 2014 wurde daher der Anwendungsbereich von § 18 Abs 1 Z 3 TS 2 auf jene Fälle erweitert, in denen die Rückeinbringung auf eine konzernzugehörige Körperschaft erfolgt. Zur Übernahme des ursprünglichen Buchwertes (anstatt eines steuerneutralen step-ups) kommt es auch in jenen Fällen, in denen die Nichtfestsetzung durch die „exportierende" Körperschaft und nicht durch die übernehmende Körperschaft erfolgt ist, sofern beide Körperschaften einem Konzern angehören (*Schlager*, RWZ 2014/78, 358). Die Frage nach einer späteren Festsetzung oder Entstehung der Steuerschuld stellt sich in diesen Fällen bei der ursprünglich „exportierenden" Körperschaft folglich nicht mehr (s ErlRV 360 BlgNR 25. GP, 15 f); inhaltlich gleiche Anpassungen wurden in § 3 Abs 1 Z 2 TS 2 und § 9 Abs 1 Z 3 TS 2 vorgenommen. Die Gesetzesmaterialien (ErlRV 360 BlgNR 25. GP, 16) erläutern dies in folgendem

Beispiel

Die inländische Körperschaft A bringt im Jahr X1 ihre 100 %-ige Beteiligung an der inländischen Körperschaft B in die deutsche Körperschaft C ein (Buchwert 10, gemeiner Wert 100). Gemäß § 16 Abs 1 zweiter Teilstrich entsteht die Steuerschuld (90) anlässlich der Einbringung bei der Körperschaft A nicht. Im Jahr X5 bringt C die Beteiligung an B in die inländische D ein, die wiederum 100 % der Anteile an A hält. Da die Steuerschuld bei der konzernzugehörigen Körperschaft A ursprünglich nicht entstanden ist, hat D die Beteiligung an B mit den fortgeschriebenen Buchwerten anzusetzen (10). Eine spätere Veräußerung der Beteiligung an B durch D würde bei A nicht zu einer Entstehung der Steuerschuld führen.

§ 18 Abs 1 Z 3 TS 2 beinhaltet keine eigenständige Definition des **Begriffs der Konzernzugehörigkeit**; dieser ist wohl iSd § 15 AktG bzw § 115 GmbH zu verstehen (s § 3 Rz 72; zum Konzernbegriff s *Aigner/Kofler/Moshammer/Tumpel*, GES 2015, 182 ff). Den Gesetzesmaterialien zufolge ist hinsichtlich der Konzernzugehörigkeit auf den Zeitpunkt der Importeinbringung abzustellen. In diesem Zusammenhang liegt eine Konzernzugehörigkeit auch dann vor, wenn die betreffende Körperschaft (gemeint ist wohl die übernehmende Körperschaft) erst im Rückwirkungszeitraum gegründet wird (ErlRV 360 BlgNR 25. GP, 16; *Schlager*, RWZ 2014/78, 358 f).

III. Abgabenrechtliche Gesamtrechtsnachfolge

Zivilrechtlich sind Einbringungen grundsätzlich mit **Einzelrechtsnachfolge** verbunden, sodass die an die zivilrechtliche Gesamtrechtsnachfolge anknüpfende **Rechtsnachfolgeregelung des § 19 Abs 1 BAO nicht zum Tragen kommt** (UmgrStR Rz 951; VwGH 18.11.2003, 2000/14/0036; VwGH 29.11.2001, 99/16/0139; VwGH 27.5.1999, 99/15/0014; UFS 15.6.2007, ZRV/0046-Z 3K/05, UFSaktuell 2008, 85; *Ritz*, BAO⁴ § 19 Rz 1). Eine Gesamtrechtsnachfolge nach § 19 Abs 1 BAO erfolgt nur bei bestimmten Sondereinbringungsfällen mit zivilrechtlicher Gesamtrechtsnachfolge (s § 12 Rz 43) und mittelbar bei Einbringungen mit anschließender Anwachsung nach § 142 UGB (s unten Rz 66). Abgesehen davon gehen abgabenrechtliche Rechte und Pflichten des Einbringenden nicht allgemein auf die übernehmende Körperschaft über, sondern nur insoweit, als dies ausdrücklich angeordnet wird (*Rabel* in W/H/M, HdU¹ § 18 Rz 9). 41

§ 18 Abs 1 Z 4 enthält eine derartige, spezifisch auf den Fall einer Buchwerteinbringung (s unten Rz 43) und auf den Bereich der Gewinnermittlung (s unten Rz 44 f) eingeschränkte **Gesamtrechtsnachfolgeregelung**. Nach § 18 Abs 1 Z 4 ist die übernehmende Körperschaft „im Rahmen einer **Buchwerteinbringung** für Zwecke der **Gewinnermittlung** so zu behandeln, als ob sie Gesamtrechtsnachfolger wäre" (fiktive steuerliche Gesamtrechtsnachfolge). Lt Gesetzesmaterialien bewirkt die Gesamtrechtsnachfolgefiktion „den Eintritt der übernehmenden Körperschaft in die bilanzsteuerrechtlichen Rechte und Pflichten des Einbringenden. Damit hat die übernehmende Körperschaft die Abschreibungsgrundsätze fortzuführen, steuerfrei gebildete Rücklagen fortzuführen bzw offene Verwendungsfristen hinsichtlich solcher Rücklagen zu beachten, offene Behaltefristen zu wahren, übergehende Schwebeverluste in Evidenz zu halten, den Abbau des Unterdeckungsbetrages bei Pensionsrückstellungen fortzuführen [...] usw. Die Gesamtrechtsnachfolgefiktion bezieht sich [...] nur auf das materielle Recht. Verfahrensrechtlich bleibt es – mit Ausnahme der Einbringungen nach § 8a KWG und § 61a VAG – bei der Einzelrechtsnachfolge" (ErlRV 266 BlgNR 18. GP, 26 f). 42

Durch die Anknüpfung in § 18 Abs 1 Z 4 an den in § 16 Abs 1 S 1 definierten Begriff der **Buchwerteinbringung** ist die Gesamtrechtsnachfolgefiktion auf Vermögen, das nach § 16 Abs 1 zu Buchwerten übertragen wird, eingegrenzt. Sie weist dadurch zumal einen gewissen Objektbezug auf, nur mit dem Einbringungsvermögen im kausalen Zusammenhang stehende abgabenrechtliche Positionen sind von ihr erfasst (idS UmgrStR Rz 1180). Das bezughabende Vermögen muss zu Buchwerten nach § 16 Abs 1 übertragen werden, die Gesamtrechtsnachfolgefiktion gilt somit nicht für Kapitalanteilseinbringungen zu Buchwerten nach § 17 Abs 2 Z 1 HS 2 (implizit UmgrStR Rz 990, 2. Gliederungspunkt, aufgrund des neuen Fristenlaufes für die eingebrachten Kapitalanteile; *Huber*, ÖStZ 2006, 211 [213], FN 44) oder für Aufwertungseinbringungen nach § 16 Abs 2 Z 2 (*Huber* in W/Z/H/K⁵ § 18 Rz 25). Wird ausländisches oder inländisches Vermögen nach § 16 Abs 3 mit dem gemeinen Wert angesetzt, gilt die Gesamtrechtsnachfolge insoweit nicht (*Huber* in W/Z/H/K⁵ § 18 Rz 25); gleiches gilt für nach § 16 Abs 6 aufgewerteten Grund und Boden (s § 16 Rz 181 ff). 43

Fraglich ist, ob bei **teilweiser Einschränkung des Besteuerungsrechts nach § 16 Abs 1 S 4** aus Sicht der übernehmenden Körperschaft eine Buchwerteinbringung iSd § 16 Abs 1 S 1 vorliegt. Da § 18 Abs 1 Z 1 S 2 explizit den Ansatz mit den „Buch- 43a

§ 18

werten" vorsieht, diese Buchwerte wiederum nur jene nach § 16 Abs 1 S 1 sind, liegt im Ergebnis eine Buchwerteinbringung iSd § 18 Abs 1 Z 4 vor, die eine abgabenrechtliche Gesamtrechtsnachfolge bewirkt (aA *Mair/Mayr* in *W/H/M*, HdU[16] § 18 Rz 26).

44 Des Weiteren ist die Gesamtrechtsnachfolge auf abgabenrechtliche Positionen des Einbringenden im Bereich der **Gewinnermittlung** (gleichgesetzt mit „Bilanzsteuerrecht" laut Gesetzesmaterialien und VwGH-Rspr; ErlRV 266 BlgNR 18. GP, 26; VwGH 29.11.2001, 99/16/0139; UmgrStR Rz 953; *Mayr* in *D/R* I[10] Tz 1193) beschränkt. Nach § 2 Abs 4 Z 1 EStG sind die maßgebenden Bestimmungen für die Gewinnermittlung die §§ 4 bis 14 EStG einschließlich der Steuerbegünstigungen wie zB Forschungs-, Bildungsfreibetrag und Lehrlingsprämie und der Befreiungen nach § 3 EStG (*D/R* I[10] Tz 958; *Burgstaller* in *L/S/S* § 7 Rz 158; allg zum Begriff der Gewinnermittlung Jakom[10]/*Laudacher* § 2 Rz 107; *Q/S* § 4 Tz 1 ff). Dies gilt nach § 7 Abs 2 KStG grundsätzlich auch für einbringende Körperschaften, bei denen neben den einkommensteuerlichen Gewinnermittlungsvorschriften die spezielleren Normen des KStG (zB §§ 5, 9, 10, 11, 12) als leges speciales zu berücksichtigen sind (*Burgstaller* in *L/S/S* § 7 Rz 158; *Achatz/Bieber* in *Achatz/Kirchmayr* § 7 Tz 34 ff; KStR Rz 360; *D/R* I[10] Tz 958 f).

45 Ein Eintritt in Gewinnermittlungspositionen des Einbringenden erfolgt lediglich insoweit, als die Vorschriften **grundsätzlich für die übernehmende Körperschaft anwendbar** sind (nach Maßgabe von § 7 Abs 2 KStG) und bei der übernehmenden Körperschaft **nicht durch kstrl Sonderregelungen verdrängt** werden. Bei einbringenden natürlichen Personen erfolgt demnach kein Übergang zB einer **Übertragungsrücklage gem § 12 Abs 8 EStG**, weil Körperschaften von der Übertragung stiller Reserven nach § 12 EStG ausgeschlossen sind (UmgrStR Rz 952, wonach bei Einbringung des gesamten Betriebes oder Mitunternehmeranteiles die Rücklage vom Einbringenden zum Einbringungsstichtag gewinnerhöhend aufzulösen ist, bei Einbringung eines Teilbetriebes oder Teiles eines Mitunternehmeranteiles kann die Übertragungsrücklage im verbleibenden Teilbetrieb bzw Mitunternehmeranteil fortgeführt werden). Im Übrigen ist nach dem Zweck der jeweiligen estrl Regelung zu beurteilen, ob eine (sinngemäße) Anwendung auf Körperschaften in Betracht kommt (*Achatz/Bieber* in *Achatz/Kirchmayr* § 7 Tz 34, zum Prüfkriterium der „Vereinbarkeit mit der Rechtsnatur der Körperschaft"), wobei im Detail Abgrenzungsfragen strittig sind (zB Anwendbarkeit des Freibetrages nach § 24 Abs 4 EStG für Körperschaften; bejahend *Naux* in *L/R/S/S*[2] § 7 Rz 166 mVa eine „sachliche Steuerbefreiung"; verneinend *Achatz/Bieber* in *Achatz/Kirchmayr* § 7 Tz 140 mVa eine „Tarifbegünstigung"). Die pauschale Einkünfteermittlung für Altgrundstücke nach §§ 4 Abs 3a Z 3 iVm 30 Abs 4 EStG sowie der Inflationsabschlag nach §§ 4 Abs 3a Z 3 iVm 30 Abs 3 EStG sind demnach als sachliche Begünstigungsregelung auch auf Körperschaften anwendbar und gehen folglich iRd Gesamtrechtsnachfolge über (*Bodis/Mayr*, RdW 2012, 239 [242, 243]; *Mayr/Petrag/Titz*, RdW 2014, 43; *Hirschler/Sulz*, RWZ 2014, 169 [170, 173 mwN]; s auch Rz 48), soweit sie nicht durch umgrstrl Sonderregelungen verdrängt werden (zB § 18 Abs 5; s Rz 140 ff). Mit **StRefG 2015/2016** (BGBl I 2015/118) entfiel allerdings der Inflationsabschlag in § 30 Abs 3 EStG und die diesbezügliche Sonderregelung in § 18 Abs 5 Z 1 TS 2 (s Rz 140b). Der Übergang der sachlichen Begünstigungsregeln betreffend der Anwendbarkeit von § 30 Abs 4 EStG für Wertsteigerungen vor dem Wechsel der Gewinnermittlung bzw der Einlage auf die übernehmende Körperschaft hat der Gesetzgeber mit dem 2. AbgÄG 2014 (BGBl I 2014/105) in § 18 Abs 5 Z 2 einer klarstellenden Regelung zugeführt und die bisherige Literaturmeinung in diesem Zusammenhang bestätigt (*Titz/Wild*, RdW 2014/800, 746 f; im Detail Rz 140c). Eine Verdrängung der estrl Gewinnermittlungspositionen des Einbringenden durch kstrl Sonderregelungen bei der übernehmenden Körperschaft ist insb im Bereich der §§ 10, 11 u 12 KStG denkbar (zB Verdrängung des Zinsabzugsverbots für fremdfinanzierte Kapitalanteile bei einbringenden natürlichen Personen nach § 20 Abs 2 EStG auf Ebene der übernehmenden Körperschaft durch § 11 Abs 1 Z 4 KStG; UmgrStR Rz 737). Kein Eintritt erfolgt des Weiteren in persönliche Befreiungen des Einbringenden, die auf die übernehmende Körperschaft nicht anwendbar sind (zB Wegfall der Befreiung von der Wertpapierdeckung für Pensionsrückstellungen nach § 14 Abs 11 EStG bei der Einbringung von BgA; vgl UmgrStR Rz 952, 10. Gliederungspunkt; *Rabel* in W/H/M, HdU[1] § 18 Rz 23).

Bei **Einbringungen durch §-7-Abs-3-KStG-Körperschaften** bewirkt die Gesamtrechtsnachfolgefiktion darüber hinaus eine Übernahme der objektbezogenen kstrl Gewinnermittlungspositionen wie zB der Firmenwertabschreibung bei Kapitalanteilseinbringungen iRd Gruppenbesteuerung (Übergang der offenen Firmenwertabschreibung der einbringenden Körperschaft und Verdrängung des Konzernausschlusses nach § 9 Abs 7 S 2 KStG bei der übernehmenden Körperschaft; UmgrStR Rz 1245c idF AÖF 2008/243; zu Beteiligungsübertragungen innerhalb der Gruppe s KStR Rz 1122, außerhalb der Gruppe s KStR Rz 1123; dazu *Pucher/Tüchler*, SWK 2013, 649 [652]). Aus systematischen Gründen dürfte dies analog für den Fremdkapitalzinsabzug iZm Anteilserwerben des Einbringenden nach § 11 Abs 1 Z 4 KStG gelten, sowohl im positiven Fall des Zinsabzuges beim Einbringenden nach § 11 Abs 1 Z 4 S 1 KStG (Übergang der Zinsabzugsberechtigung und Verdrängung des ggf aus Sicht der übernehmenden Körperschaft verwirklichten Konzernausschlusses nach § 12 Abs 1 Z 9 KStG), als auch im negativen Fall des Abzugsverbotes für Konzernerwerbe beim Einbringenden nach § 12 Abs 1 Z 9 KStG (Übergang des Abzugsverbotes, selbst wenn aus Sicht der übernehmenden Körperschaft kein Konzernerwerb vorliegt; idS a *Walter*[11] Rz 348 zur Rechtslage vor AbgÄG 2014). Bei Einbringungen durch natürliche Personen wird der Zinsabzug bei der übernehmenden Körperschaft allerdings iaR nach deren Verhältnissen zu beurteilen sein; mangels Übergang einer kstrl Gewinnermittlungsposition des Einbringenden (§§ 11 und 12 KStG sind auf natürliche Personen nicht anwendbar) kommt es zu keiner diesbezüglichen Verdrängungswirkung. Der Zinsabzug wird daher zB bei der Einbringung von Kapitalanteilen samt Anschaffungsverbindlichkeit durch konzernfremde Einbringende stets zustehen (aA *Walter*[11] Rz 348 zur Rechtslage vor AbgÄG 2014, wonach auf die gedankliche Anwendbarkeit des Konzernausschlusses nach § 11 Abs 1 Z 4 TS 2 KStG idF vor AbgÄG 2014 beim Einbringenden abzustellen ist; s im Detail § 12 Rz 144).

Für das **Abgabenverfahrensrecht** ergibt sich aus Art III keine Rechtsnachfolge der übernehmenden Körperschaft (zB keine Berufungslegitimation für die übernehmende Körperschaft, keine rechtswirksame Zustellung von Bescheiden für Zeiträume vor der Einbringung an die übernehmende Körperschaft; VwGH 2.8.2000, 2000/13/0093; VwGH 27.5.1999, 99/15/0014; UmgrStR Rz 953; *Körner* in FS Ritz 143 ff), weil der Übergang verfahrensrechtlicher Positionen Inhalt der zivilrechtlichen Gesamtrechtsnachfolge ist (*Ritz*, BAO[5] § 19 Tz 4). Keine Rechtsnachfolge besteht auch für **andere Abgabenarten**, auch wenn im Einbringungsvertrag diesbezügliche Schuld- oder Haftungsübernahmen zwischen dem Einbringenden und der übernehmenden Körperschaft vereinbart werden (VwGH 29.11.2001, 99/16/0139, zur GesSt; UFS 15.6.2007, ZRV/0046-Z 3K/05, UFSaktuell 2008, 85, zu Zollabgaben; BFG 2.3.2015, RV/7200232/2013, zu Altlastenbeiträgen; VwGH 18.11.2003, 2000/14/0036, zu Lohnabgaben).

> **Stellungnahme.** Fraglich ist, ob im Fall einer entstrickungsbedingten Grenzbesteuerung (s § 16 Rz 41), bei der die Entrichtung der Abgabenschuld in Raten beantragt wird (Ratenzahlungskonzept), die offenen Raten im Falle einer Folgeeinbringung auf Ebene des entstrickenden Steuersubjekts gemeinsam mit dem Einbringungsvermögen auf die übernehmende Körperschaft „übergehen". Ein „Übergang" der offenen Raten auf die übernehmende Körperschaft ist mangels zivilrechtlicher Gesamtrechtsnachfolge der Einbringung wohl nur dann möglich, wenn dies vertraglich (zivilrechtlich) vereinbart wird (s Rz 41 f, 47). Eine entsprechende Vereinbarung wird aber nur im Innenverhältnis (zw Einbringenden und übernehmender Körperschaft), nicht aber im Außenverhältnis Wirkung entfalten (keine verfahrensrechtliche Gesamtrechtsnachfolge, Indisponibilität öffentlich-rechtlicher Steuerschuldverhältnisse, s zB *Granner*, SPRW 2011 VuV A, 72 mwN). Folglich bleibt der Einbringende Steuerschuldner hins noch offener Raten. Die Überbindung dieser Schuldposition auf die übernehmende Körperschaft iRv Teil-/Betriebseinbringungen wird als betrieblich veranlasste u im Regelfall zuordnungsindifferente (neutrale) Verbindlichkeit nach §§ 12 und 16 Abs 5 möglich sein u keine schädliche Gegenleistung nach § 19 darstellen (s § 19 Rz 6 ff).

48 Für die übernehmende Körperschaft ergeben sich aus der Gesamtrechtsnachfolgefiktion folgende **Konsequenzen** (UmgrStR Rz 952 mit weiterführender beispielhafter Aufzählung):

- Beibehaltung der **Abschreibungsgrundsätze**, wobei im Jahr der Übertragung bei Vorliegen eines Rumpfwirtschaftsjahres insgesamt nicht mehr als eine Ganzjahres-AfA angesetzt werden kann (UmgrStR Rz 952, 3. Gliederungspunkt mit Bsp und Verweis auf VwGH 28.1.2015, 2014/13/0025, Anm *Renner/Marschner*, SWK 2015, 772); lt FV bestehen keine Bedenken, die Jahres-AfA aliquot auf den Einbringenden und die übernehmende Körperschaft aufzuteilen (EStR Rz 3132; aA *Rabel* in *W/H/M*, HdU[1] § 18 Rz 21, wonach dem Einbringenden und der der übernehmenden Körperschaft jeweils eine Halbjahres- und/oder Ganzjahres-AfA nach § 7 Abs 2 EStG zusteht).
- Fortführung von steuerwirksamen **Rücklagen und Rückstellungen**.
- Fortführung der **Abfertigungsrückstellung** unter Beachtung der Übergangsregelungen des § 124 b Z 66 bis 68 EStG.
- Fortführung einer Fünfzehntelabsetzung zur **Jubiläumsgeldrückstellung** (EStR Rz 3442)
- **Liebhabereibeurteilung:** Weiterlauf des Beurteilungszeitraumes zur Erzielung eines Totalgewinnes.
- Übergang von **Schwebeverlusten** (§ 2 Abs 2a; EStR Rz 157), **Übergangsverlusten** nach § 4 Abs 10 Z 1 EStG und offenen **Wartetastenverlusten** (§ 10 Abs 8, § 27 Abs 1 Z 2 EStG; UmgrStR Rz 1180; *W/Z/H/K*[5] § 18 Rz 26).

- Fortlaufen der Besitzfrist für **internationale Schachtelbeteiligungen** nach § 10 Abs 2 KStG (UmgrStR Rz 1165, 988 Beispiel 2; *Rabel* in *W/H/M*, HdU[1] § 18 Rz 64; *W/Z/H/K*[5] § 18 Rz 53) und Eintritt in die Option bzw Nicht-Option nach § 10 Abs 3 Z 1 KStG (s Rz 122).
- Weitergeltung der Einkünfteermittlungsvorschriften für **betriebliche Grundstücke** nach § 4 Abs 3a EStG, insb der (teilweisen) pauschalen Einkünfteermittlung nach §§ 4 Abs 3a iVm 30 Abs 4 EStG (so auch *Mayr/Petrag/Titz*, RdW 2014, 45) und des Anschaffungszeitpunktes für die Berechnung des Inflationsabschlags nach §§ 4 Abs 3a Z 3 iVm 30 Abs 3 EStG (§ 18 Abs 5 Z 1 TS 2 S 2 idF vor StRefG 2015/2016 *e contrario*; allg zum Inflationsabschlag bei Körperschaften *Bodis/Mayr*, RdW 2012, 239 [242]). Die bisherige Literaturmeinung wurde durch das 2. AbgÄG 2014 (§ 18 Abs 5 Z 2) bestätigt.

Folge der abgabenrechtlichen Gesamtsrechtsnachfolgefiktion ist zunächst, dass dem Grunde nach auch eine Zuschreibungsverpflichtung nach § 6 Z 13 EStG auf die übernehmende Körperschaft übergeht, weil der einbringungsbedingte Erwerb iRv Art III kein (neuerlicher) Anschaffungsvorgang ist. IdZ ist der Höhe nach aber fraglich, ob die Weitergeltung der Zuschreibungspflicht bei der übernehmenden Körperschaft bis zu den ursprünglichen Anschaffungskosten des Einbringenden besteht. Lt VwGH ist dies bei Einbringungen (zivilrechtliche Einzelrechtsnachfolge) zu verneinen, weil der beizulegende Wert gem § 202 Abs 1 UGB im Zeitpunkt der Einbringung bei der übernehmenden Körperschaft die Funktion der Anschaffungs- und Herstellungskosten übernimmt und die maßgebende Wertobergrenze für die künftige Bewertung darstellt (VwGH 22.5.2014, 2010/15/0127); den maßgebenden Bewertungszeitpunkt markiert die Vermögensmehrung und somit grundsätzlich der Zeitpunkt des Übergangs des wirtschaftlichen Eigentums (*Ludwig/Strimitzer* in *Hirschler*, Bilanzrecht § 202 UGB Rz 12; *Wurm*, SWK 2014, 1024; aA KFS/RL 25 [Juni 2016] Abs 88 u *Grünberger*, RWZ 2009, 37, wonach die Ermittlung des beizulegenden Werts zum Umgründungsstichtag vorzunehmen ist, sofern gesellschaftsrechtlich oder vertraglich eine schuldrechtliche Rückwirkung auf den Umgründungsstichtag vorgesehen ist). Dies gilt unabhängig davon, ob das eingebrachte Vermögen unternehmensrechtlich mit dem beizulegenden Wert oder unter Fortführung der Buchwerte übernommen wurde (UmgrStR Rz 952 mit Verweis auf VwGH 22.5.2014, 2010/15/0127; *Wurm*, GES 2014, 530; *Marchgraber*, RWZ 2014, 293; *Hebenstreit/Stückler*, GesRZ 2015, 115, mit Beispielen).

Sollte auf Grund einer steuerunwirksamen unternehmensrechtlichen Aufwertung im Zuge einer Umgründung nach § 202 Abs 1 UGB der unternehmensrechtliche Beteiligungswert höher als der steuerliche Buchwert sein und kommt es in der UGB-Bilanz nach erfolgter außerplanmäßiger Abschreibung zu einer Zuschreibung, ist diese nur insoweit steuerwirksam, als sich auch die vorangegangene Abschreibung steuerlich ausgewirkt hat (UmgrStR Rz 952 mit Verweis auf EStR Rz 2585).

Unklar ist, ob offene **Siebentelabschreibungen** gem § 12 Abs 3 Z 2 KStG auf die übernehmende Körperschaft ausschließlich nach Maßgabe der steuerlichen Gesamtrechtsnachfolge gemäß § 18 Abs 1 Z 4 übergehen (idS UmgrStR Rz 952) oder zusätzlich unter § 21 fallen (s § 21 Rz 17).

IV. Vermögensübergang und Einkünftezurechnung
A. Überblick

51 Nach § 14 Abs 2 sind die **Einkünfte** des Einbringenden hinsichtlich des Einbringungsvermögens letztmalig bezogen auf den **Ablauf des Einbringungsstichtages** zu ermitteln. Daran anknüpfend sieht § 18 Abs 1 Z 5 vor, dass das **Einbringungsvermögen** der übernehmenden Körperschaft mit Beginn des dem Einbringungsstichtag folgenden Tages zuzurechnen ist; unbeachtlich ist, ob die übernehmende Körperschaft zu diesem Zeitpunkt bereits rechtlich existiert hat (s § 12 Rz 170). Sämtliche Vermögensänderungen wirken sich ab diesem Zeitpunkt iRd steuerlichen Gewinnermittlung der übernehmenden Körperschaft aus. Zu den Folgen von Gewinnausschüttungen s im Detail § 12 Rz 149 ff. Ausnahmen von der Rückwirkung bestehen nach **§ 18 Abs 3** für **Rechtsbeziehungen des Einbringenden zur übernehmenden Körperschaft** (s unten Rz 101). Für **Abgaben außerhalb der Gewinnermittlung** ist keine Rückwirkung vorgesehen (zB USt, Verkehrsteuern, Kraftfahrzeugsteuer, lohnabhängige Abgaben; UmgrStR Rz 957).

52 Bei **Betriebseinbringung** endet das letzte (Rumpf)Wirtschaftsjahr des Einbringenden mit Ablauf des Einbringungsstichtages (§ 14 Abs 2), der Zeitraum zwischen dem Einbringungsstichtag und dem nächsten Abschlussstichtag der übernehmenden Körperschaft gilt demgegenüber nicht als weiteres (Rumpf)Wirtschaftsjahr (UmgrStR Rz 958; *Huber* in W/Z/H/K^5 § 18 Rz 27). Bei vom Regelbilanzstichtag der übernehmenden Körperschaft abweichenden Einbringungsstichtagen kann der Beginn eines neuen Wirtschaftsjahres bei der übernehmenden Körperschaft mit Beginn des dem Einbringungsstichtag folgenden Tages nur durch eine rechtzeitige Umstellung des Wirtschaftsjahres nach § 7 Abs 5 KStG erreicht werden (keine rückwirkende Umstellung möglich; UmgrStR Rz 958).

53 Zur Abzugsfähigkeit des Zinsaufwandes für iRv Kapitalanteilseinbringungen mitübertragene Anschaffungsverbindlichkeiten (§ 12 Abs 2 Z 3 S 2) s § 12 Rz 144, für mitübertragene Verbindlichkeiten aus Einlagevorgängen (§ 12 Abs 2 Z 3 S 3) s § 12 Rz 146.

B. Wechsel der Gewinnermittlungsart

56 Die übernehmende Körperschaft hat den Gewinn nach § 5 Abs 1 EStG zu ermitteln. Ein allfälliger Übergangsgewinn des Einbringenden zur Gewinnermittlung nach § 4 Abs 1 EStG ist bei diesem zum Einbringungsstichtag zu erfassen. Ein weiterer **Wechsel von § 4 Abs 1 EStG auf § 5 EStG** ist durch die übernehmende Körperschaft begründet und daher bei dieser auf den dem Einbringungsstichtag folgenden Tag nach den Grundsätzen des § 4 Abs 10 EStG zu erfassen; ein Übergangsgewinn ist im ersten Wirtschaftsjahr nach dem Einbringungsstichtag, ein Übergangsverlust verteilt auf sieben Jahre zu erfassen (UmgrStR Rz 963; aA *Beiser*, SWK 2006, S 613; *ders*, ÖStZ 2012, 570; s § 14 Rz 22). Betroffen sind im Geltungsbereich des § 4 Abs 10 Z 3 lit a EStG idF vor 1. StabG 2012 (BGBl I 2012/22) vor allem die bei der Gewinnermittlung nach § 4 Abs 1 EStG steuerlich nicht erfassten Wertänderungen von Grund und Boden (steuerneutrale Aufwertung auf den Teilwert). Dies betrifft Einbringungen bis zum Stichtag 30.3.2012 (daher Wechsel der Gewinnermittlungsart vor dem 1.4.2012; vgl § 124b Z 212 EStG idF nach AIFMG; zu § 124b Z 212 EStG idF vor AIFMG und den damit zusammenhängenden Fallkonstellationen vgl UmgrStR Rz 963, 1169 und 1266; *Mayr/Petrag/Titz*, RdW 2014,

45 f). Für Einbringungsstichtage ab 31.3.2012 sind gem § 4 Abs 10 EStG idF 1. StabG 2012 bei der übernehmenden Körperschaft die Buchwerte auch bei einem Wechsel zur Gewinnermittlungsart nach § 5 Abs 1 EStG fortzuführen, im Falle der Anwendbarkeit des § 18 Abs 5 Z 1 UmgrStG (s § 18 Rz 140 ff) ist der (höhere) Teilwert des Grund und Bodens lediglich außerbücherlich in Evidenz zu nehmen (UmgrStR Rz 1169). Im Übrigen kann sich ein Übergangsgewinn bzw -verlust insbesondere aus der Nachholung von Rückstellungsdotierungen und Teilwertabschreibungen sowie der Bildung von Rechnungsabgrenzungsposten ergeben (UmgrStR Rz 963, 1169).

Im Falle der Einbringung von **körperschaftsteuerbefreiten Betrieben** in eine unbeschränkt steuerpflichtige Körperschaft kommt es lt FV zunächst zu einer zwingenden Buchwerteinbringung mit unmittelbar anschließender steuerneutraler Aufwertung bei der übernehmenden Körperschaft, wobei als Rechtsgrundlage für die steuerneutrale Aufwertung auf § 18 Abs 2 KStG (Aufwertungsvorschrift für steuerbefreite Körperschaften bei Eintritt in die unbeschränkte Steuerpflicht) verwiesen wird (UmgrStR Rz 964). 57

Bei der **Einbringung eines Mitunternehmeranteiles** an einer Mitunternehmerschaft, die den Gewinn nach **§ 4 Abs 3 EStG** ermittelt, kann es zu einer „**unechten Wechselsondersituation**" kommen: Für den Einbringenden erfolgt zunächst zum Einbringungsstichtag ein Übergang zur Gewinnermittlung nach § 4 Abs 1; bei der übernehmenden Körperschaft kommt es abweichend zum Normalfall nicht zu einem Wechsel der Gewinnermittlung nach § 5 EStG, sondern auf den dem Einbringungsstichtag folgenden Tag zurück zu jener nach § 4 Abs 3 EStG. Erst in einer zweiten Stufe kommt es bei der übernehmenden Körperschaft zu einer Transformation und Adaptierung ihres nach § 4 Abs 3 EStG ermittelten Gewinnanteiles nach Maßgabe des § 5 EStG (UmgrStR Rz 970; s zur Gewinnermittlung einer an einer Personengesellschaft beteiligten Kapitalgesellschaft nach § 4 Abs 3 EStG allg Jakom[10]/*Marschner* § 4 Rz 24). Aufgrund dieser durch die Anerkennung der einheitlichen Vorgangsweise bei der Mitunternehmerschaft entstehenden „unechten Wechselsondersituation" kommt lt FV „die in § 4 Abs 10 EStG vorgesehene Verteilung eines Übergangsverlustes auf sieben Wirtschaftsjahre nicht in Betracht" (UmgrStR Rz 970, allg *Huber* in W/Z/H/K[5] § 18 Rz 16). Demnach ist lt FV bei der übernehmenden Körperschaft offenbar ein Übergangsverlust gleich einem Übergangsgewinn im ersten Wirtschaftsjahr nach dem Einbringungsstichtag zu erfassen. Diese Auffassung dürfte implizit durch jüngere VwGH-Rsp gedeckt sein, wonach im Fall eines Wechsels der Gewinnermittlungsart nach § 4 Abs 3 EStG auf § 4 Abs 1 EStG und einem unmittelbaren Rückwechsel auf § 4 Abs 3 EStG zum selben Stichtag zwar Zu-/Abschläge nach dem „Grundsatz der Totalgewinngleichheit" vorzunehmen sind, die Verteilungsregelung des § 4 Abs 10 Z 1 EStG (ua S 3) aufgrund der durchgehenden Gewinnermittlung nach § 4 Abs 3 EStG aber nicht anwendbar ist (VwGH 25.7.2013, 2011/15/0046, RdW 2013, 620 zur Realteilung). Allg erscheint die doppelte Ermittlung eines Übergangsergebnisses allerdings nur dann systematisch gerechtfertigt, wenn iRd weiterer Gewinnermittlung bzw Ergebnisüberleitung bei der übernehmenden Körperschaft ausgeschlossen werden kann, dass Veränderungen des Betriebsvermögens iSd Totalgewinnbetrachtung nicht oder doppelt berücksichtigt werden. 58

V. Anwachsung nach § 142 UGB
A. Begriff

61 § 142 Abs 1 UGB sieht vor, dass das Ausscheiden des vorletzten Gesellschafters einer Personengesellschaft zum Erlöschen der Gesellschaft ohne Liquidation führt (S 1) und dass das Gesellschaftsvermögen „im Wege der Gesamtrechtsnachfolge" auf den letzten Gesellschafter übergeht (S 2; sog Anwachsung). In der **Praxis** üblich ist die Einbringung sämtlicher Mitunternehmeranteile zu einem Einbringungsstichtag in dieselbe übernehmende Körperschaft (zB Komplementär-GmbH), die nach dieser Einbringung alleinige Gesellschafterin der Mitunternehmerschaft ist; infolge der Vereinigung aller Anteile in der Hand der übernehmenden Körperschaft geht die Personengesellschaft unter und das Gesellschaftsvermögen auf den letzten Gesellschafter nach § 142 UGB über. **Zivilrechtlich** liegt ein zweistufiger Vorgang vor: **Einbringung** der Mitunternehmeranteile im Wege der **Einzelrechtsnachfolge** und in der Folge **Übergang des Gesellschaftsvermögens** im Wege der **Gesamtrechtsnachfolge** nach § 142 UGB. Die Tatsache einer Anwachsung ist dem Firmenbuchgericht nach § 3 Z 15 FBG mitzuteilen und in das Firmenbuch einzutragen; die untergegangene Personengesellschaft ist zu löschen, die Anwachsung nach § 142 UGB wird erst mit der **Firmenbucheintragung zivilrechtlich wirksam** (keine zivilrechtliche Rückwirkung; *Moser*, SWK 2006, S 845; allg *Jabornegg/Artmann* in Jabornegg/Artmann, UGB[2] § 142 Rz 1, 24 mwN). Das Anwachsungsmodell ist in der Praxis von Bedeutung, da es die steuerlichen Begünstigungen für Einbringungen nach Art III mit der häufig angestrebten zivilrechtlichen Gesamtrechtsnachfolge verbindet (*Huber* in W/Z/H/K[5] § 19 Rz 70; im Detail *Körner* in FS Ritz 149 ff).

B. Ertragsteuerliche Folgen

63 Analog der zivilrechtlichen Beurteilung ist auch ertragsteuerlich ein **zweistufiger Vorgang** gegeben: In der **ersten Stufe** liegt eine **Einbringung von Mitunternehmeranteilen** nach Art III vor, in der **zweiten Stufe** kommt es zum Untergang der Mitunternehmerschaft und zum **Übergang des Gesellschaftsvermögens auf die übernehmende Körperschaft** (UmgrStR Rz 1047). Das Anwachsen des Gesellschaftsvermögens zieht ertragsteuerlich **keine Gewinnverwirklichung** nach sich; begründet wird dies von der FV mit der zivil- und abgabenrechtlichen Gesamtrechtsnachfolge (UmgrStR Rz 1047, 1048), in der Literatur mit der Bilanzbündeltheorie (*Rabel* in W/H/M, HdU[1] § 18 Rz 35; *Moser*, SWK 2006, S 845). Die von der Körperschaft übernommenen Mitunternehmeranteile werden durch die übernommenen Aktiven und Passiven der Personengesellschaft ersetzt, infolge der steuerlich geltenden Spiegelbildtheorie kann sich daraus ein steuerwirksamer Buchgewinn oder -verlust nicht ergeben, unternehmensbilanzielle Unterschiedsbeträge (s unten Rz 68) bleiben steuerlich unwirksam (UmgrStR Rz 1047; *Rabel* in W/H/M, HdU[1] § 18 Rz 35). Gleiches gilt für **Sonderbetriebsvermögen** des letzten Gesellschafters oder auf ihn im Zuge der vorgelagerten Anteilseinbringung übertragenes Sonderbetriebsvermögen; laut FV werden wegen der unternehmens- und steuerrechtlichen Gesamtrechtsnachfolge **keine steuerwirksamen Entnahme-/Einlage-Tatbestände** verwirklicht (UmgrStR Rz 968; dazu *Rabel* in W/H/M, HdU[1] § 18 Rz 36).

64 Das UmgrStG entfaltet auf der zweiten Stufe der Anwachsung lediglich insofern Wirkung, als steuerrechtlich (nicht zivilrechtlich; s oben Rz 61) die Anwachsung analog der (vorgelagerten) Einbringung der Mitunternehmeranteile **auf einen zurückliegenden Einbringungsstichtag** bezogen werden kann (*Moser*, SWK 2006, S 845). In Analogie zu § 14 Abs 1 S 1 ist zum Einbringungsstichtag auch ein Ende des Wirtschaftsjahres der Mitunternehmerschaft anzunehmen (*Rabel* in *W/H/M*, HdU[1] § 18 Rz 37, § 14 Rz 27).

C. Verfahrensrechtliche Folgen

Die Anwachsung nach § 142 UGB bewirkt aufgrund der zivilrechtlichen Gesamtrechtsnachfolge zwar eine **steuerliche Gesamtrechtsnachfolge nach § 19 Abs 1 BAO** (*Huber* in *W/Z/H/K*[5] § 19 Rz 70). Da jedoch nicht die vorgelagerte Einbringung der Kommanditanteile, sondern erst die Anwachsung des Gesellschaftsvermögens unter zivilrechtlicher Gesamtrechtsnachfolge nach § 142 UGB erfolgt, sind Feststellungsbescheide für Zeiträume vor der Einbringung auch nach Löschung der Mitunternehmerschaft im Firmenbuch nicht an die übernehmende Körperschaft als Gesamtrechtsnachfolgerin, sondern gem § 191 Abs 2 BAO an die ehemaligen Gesellschafter der Mitunternehmerschaft zu richten (VwGH 21.9.2005, 2005/13/0117; UmgrStR Rz 954; *Huber* in *W/Z/H/K*[5] § 18 Rz 30 FN 37).

66

D. Handelsbilanzielle Folgen

Die handelsbilanziellen Folgen der Anwachsung bei der übernehmenden Körperschaft werden in der Literatur unterschiedlich beurteilt. Nach *Bertl/Hirschler* (RWZ 2011, 129) liegt ein **(gewinnrealisierender) Tausch** der Beteiligung an der untergehenden Personengesellschaft gegen deren Vermögen vor, der Vermögenszugang ist nach allgemeinen Bewertungsvorschriften mit dem beizulegenden Wert unter Aufdeckung der stillen Reserven und eines originären Firmenwertes des Personengesellschaft nach § 203 Abs 5 UGB zu erfassen; die Differenz zwischen Buchwertabgang der Beteiligung und Vermögenszugang ist in der GuV als Ertrag aus dem Abgang einer Beteiligung auszuweisen. Aufgrund der Vergleichbarkeit der Anwachsung mit einer Up-stream-Verschmelzung oder Umwandlung wird alternativ die Anwendbarkeit der **Buchwertfortführung nach § 202 Abs 2 UGB** als vertretbar erachtet, wobei die untergehende Beteiligung als Gegenleistung nach § 202 Abs 2 Z 2 und daher im Falle eines Buchverlustes wahlweise der Ausweis eines Umgründungsmehrwertes und/oder Firmenwertes nach § 202 Abs 2 Z 3 in Betracht kommt. Nach *Moser* (SWK 2006, S 845) erfolgt der Vermögenszugang hingegen generell zu **Buchwerten** (ohne nähere Begründung), Buchgewinne oder -verluste sind erfolgswirksam in der GuV zu erfassen. § 202 Abs 2 UGB ist auf die Anwachsung mangels Vorliegens eines Umgründungsvorganges iSd UmgrStG nicht anwendbar (kein Ausweis eines Umgründungsmehrwertes und/oder Firmenwertes im Falle eines Buchverlustes), lediglich iRe etwaigen vorgelagerten (Mitunternehmer)Anteilseinbringung kommt bei der übernehmenden Körperschaft der Ansatz der stillen Reserven und/oder eines Firmenwertes nach § 202 UGB in Betracht.

68

> **Stellungnahme.** Das Ausmaß der nach oa Literaturauffassungen **aktivierbaren stillen Reserven und/oder eines Firmenwertes variiert beträchtlich**, auch im Falle einer vorgelagerten Anteilseinbringung. Während nach *Bertl/Hirschler* die gesamten stillen Reserven (inklusive Firmenwert) der untergehenden Personengesellschaft aktivierbar sind, kommt nach *Moser* eine Aktivierung nur hinsichtlich der stillen Reserven (inkl Firmenwert) der vorgelagert eingebrachten Anteile in Betracht.

69

VI. Ausschüttungsfiktion für Verbindlichkeiten aus rückbezogenen Entnahmen

A. Überblick

71 § 18 Abs 2 Z 1 sieht eine Ausschüttungsfiktion für Verbindlichkeiten aus rückbezogenen Entnahmen iSd § 16 Abs 5 Z 1 und 2 vor. Die Ausschüttungsfiktion führt dazu, dass unter bestimmten Voraussetzungen eine Ausschüttungsbesteuerung hinsichtlich der Verbindlichkeiten aus rückbezogenen Entnahmen erfolgt (vgl *Huber* in W/Z/H/K[5] § 18 Rz 31). Insbesondere durch den Ansatz unbarer Entnahmen iSd § 16 Abs 5 Z 2 konnte nach der Rechtslage vor AbgÄG 2005 ein (langfristiges) Hinausschieben einer Ausschüttungsbesteuerung bei der übernehmenden Körperschaft erreicht werden, dieser „Effekt einer Entsteuerung von ohne Bildung der unbaren Entnahme früher entstehenden ausschüttungsfähigen Bilanzgewinnen" sollte durch die Einführung einer Ausschüttungsfiktion in § 18 Abs 2 Z 1 idF AbgÄG 2005 neutralisiert werden (ErlRV 1187 BlgNR 22. GP, zu § 18 Abs 2 UmgrStG; UmgrStR Rz 972b). Zu verfassungsrechtlicher Kritik s *Frei*, SWK 2006, S 41 (43]); allg *Strimitzer* in GedS Helbich 299 (310).

B. Anwendungsbereich

73 Grundvoraussetzung ist, dass das Einbringungsvermögen unter Berücksichtigung der Verbindlichkeiten (Passivposten) noch einen positiven Verkehrswert aufweist (anderenfalls bereits keine Anwendbarkeit des Art III; UmgrStR Rz 916, 1009; *Rabel* in W/H/M, HdU[1] § 18 Rz 28). Die Ausschüttungsfiktion in § 18 Abs 2 Z 1 ist in zweierlei Hinsicht begrenzt:

- Ausschließlich **Passivposten nach § 16 Abs 5 Z 1 und 2** können dem Grunde nach die Ausschüttungsbesteuerung nach § 18 Abs 2 Z 1 auslösen.
- Der Höhe nach greift die Ausschüttungsfiktion insoweit, als sich aufgrund sämtlicher Veränderungen iSd § 16 Abs 5 UmgrStG ein **negativer Buchwert** des eingebrachten Vermögens **ergibt** oder sich ein bereits bestehender negativer Buchwert **erhöht**. Der Höhe nach unterliegen Passivposten nach § 16 Abs 5 Z 1 und 2 damit lediglich insoweit der Ausschüttungsbesteuerung, als sie in einem, auf die vorgenannten Maßnahmen zurückführenden negativen Buchwert des Einbringungsvermögens Deckung finden. Die rückwirkenden Vermögensänderungen iSd § 16 Abs 5 Z 3, Z 4 und Z 5 sind damit zwar für die Ermittlung des (potenziellen) Ausmaßes des Betrags der Ausschüttungsfiktion zu berücksichtigen, unterliegen dieser jedoch selbst nicht (UmgrStR Rz 972c; vgl *Huber* in W/Z/H/K[5] § 18 Rz 34). Sind Passivposten nach § 16 Abs 5 Z 1 und 2 teilweise im positiven Buchwert gedeckt, gelten zunächst die im positiven Buchwert Deckung findenden und damit kest-freien Entnahmen als vorgenommen. Erst wenn der positive Buchwert aufgebraucht ist, sind weitere Beträge der Ausschüttungsfiktion zu unterziehen (UmgrStR Rz 972e mit Beispiel).

74 Für den Buchwert ist nach der Verwaltungspraxis auf das buchmäßige **Einbringungskapital gemäß Einbringungsbilanz** Bezug zu nehmen (vgl *Huber* in W/Z/H/K[5] § 18 Rz 35). Kommt es im Zuge einer Einbringung zum Wechsel der Gewinnermittlungsart von § 4 Abs 1 auf § 5 EStG, ist ein nach § 4 Abs 10 EStG resultierender Buchgewinn für Zwecke der Ausschüttungsfiktion nicht buchwerterhöhend zu berücksichtigen, weil der aus dem Übergang zur Gewinnermittlung nach § 5 EStG resultierende Übergangsgewinn erst bei der übernehmenden Körperschaft eintritt

(BMF 23.5.2006, SWK 2006, S 541; *Huber* in W/Z/H/K⁵ § 18 Rz 35; aA *Beiser*, SWK 2006,S 613 f; aA BFG 30.9.2016, RV/7105857/2015, Rev zu VwGH 20.12.2016, Ro 2015/15/0023, als unbegründet abgewiesen, wobei diese Frage nicht Gegenstand des Revisionsverfahrens war, Anm *Zorn*, RdW 2017/163, 201; *Furherr*, GES 2017, 166).

C. Rechtsfolge

Die oa Passivposten „gelten [...] als an den Einbringenden ausgeschüttet" (§ 18 Abs 2 Z 1 S 1, sog **Ausschüttungsfiktion**) und stellen Beteiligungserträge iSd § 27 Abs 2 Z 1 EStG dar (UmgrStR Rz 972i). Für den von der Ausschüttungsfiktion erfassten Betrag **entsteht** die **Kapitalertragsteuerschuld** am Tag der (An)Meldung der Einbringung beim zuständigen Firmenbuchgericht bzw Finanzamt (§ 18 Abs 2 Z 1 S 1), die übernehmende Körperschaft hat innerhalb einer Woche ab Entstehen der KESt-Schuld eine entsprechende **KESt-Erklärung** abzugeben (§ 18 Abs 2 Z 1 S 2 mVa § 96 Abs 3 EStG; UmgrStR Rz 972d). Wird auf die Einbehaltung oder Rückforderung der KESt (insb bei baren Entnahmen, die bereits „ungekürzt" im Rückwirkungszeitraum ausbezahlt wurden) verzichtet, stellt dies eine vA dar und beträgt die KESt lt FV im Ergebnis 37,93 % vom ausbezahlten Betrag (UmgrStR Rz 972c). Lt Rsp beträgt die KESt dagegen 27,5 % vom negativen Buchwert (keine In-Hundert-Rechnung), da sich aus der im eindeutigen Gesetzeswortlaut ergibt, dass die fingierte Ausschüttung in Höhe des negativen Buchwertes einen Nettobetrag nach Abzug der KESt darstellt. Anders als bei einer vA steht der Annahme eines ausgeschütteten Nettobetrags entgegen, dass es sich um eine reine gesetzliche Fiktion handelt, aus der sich keine Forderung der abzugsverpflichteten Gesellschaft gegen ihren Gesellschafter ergibt (BFG 30.9.2016, RV/7105857/2015, Anm *Hirschler/Sulz/Oberkleiner*, BFGjournal 2017, 19; Rev zu VwGH 20.12.2016, Ro 2015/15/0023, als unbegründet abgewiesen, wobei diese Frage nicht Gegenstand des Revisionsverfahrens war, Anm *Zorn*, RdW 2017/163, 201; *Hirschler/Sulz/ Oberkleiner*, BFGjournal 2017, 264; *Marschner/Renner*, SWK 2017, 800; aA ausführlich *Furherr*, GES 2017, 166).

Der Zeitpunkt der **Fälligkeit der Kapitalertragsteuer** ist nach § 18 Abs 2 Z 1 S 3 (abweichend von § 96 Abs 1 EStG) wie folgt festgelegt:

- Bei baren Entnahmen (§ 16 Abs 5 Z 1) ist die Kapitalertragsteuer binnen einer Woche nach dem Tag der **Anmeldung oder Meldung der Einbringung** abzuführen.
- Bei vorbehaltenen Entnahmen (§ 16 Abs 5 Z 2) ist die Kapitalertragsteuer binnen einer Woche nach einer **Tilgung der Entnahmeverbindlichkeit** abzuführen. Der Tilgung gleichgestellt wird die Auflösung, Verschmelzung, Umwandlung oder Aufspaltung der übernehmenden Körperschaft, die Kapitalertragsteuer ist binnen einer Woche nach dem jeweiligen Beschluss abzuführen. Zum Vorliegen einer Tilgung iZm einer Umfinanzierung der Entnahmeverbindlichkeit bei der übernehmenden Körperschaft s unten Rz 85. Des Weiteren stellt § 18 Abs 2 Z 1 S 3 die „Zuwendung der Beteiligung an eine Privatstiftung" dem Tilgungstatbestand gleich und sieht die KESt-Abfuhrverpflichtung binnen Wochenfrist vor. Hintergrund dieser Regelung ist, dass die KESt-Abfuhrverpflichtung bei entgeltlicher Übertragung der Gegenleistungsanteile nach § 18 Abs 2 Z 1 S 4 entfällt (s Rz 83); bei einer vorgelagerten (unentgeltlichen) Zuwendung der Beteiligung durch den Einbringenden an eine Privatstiftung kann im Er-

gebnis sowohl eine KESt-Belastung nach § 18 Abs 2 Z 1 als auch allg eine Veräußerungsgewinnbesteuerung in jenen Fällen vermieden werden, in denen bei Veräußerung der Beteiligung durch die Privatstiftung keine Zwischensteuer anfällt (weil nach § 13 Abs 3 KStG im Veranlagungszeitraum Zuwendungen in ausreichender Höhe getätigt wurden). Diese Lücke sollte mit Einfügung „der Zuwendung der Beteiligung an eine Privatstiftung" in § 18 Abs 2 Z 1 S 3 iRd AbgSiG 2007 (BGBl I 2007/99) geschlossen werden (ErlRV 43 BlgNR 23. GP, zu § 18 Abs 2 UmgrStG). Zu den steuerlichen Folgen einer sonstigen unentgeltlichen Anteilsübertragung s Rz 83.

78 Beim **Einbringenden** entsteht die ESt-Schuld für die fingierte Ausschüttung lt FV mit Ablauf des Veranlagungszeitraumes, in dem die Fälligkeit der KESt (Abfuhrverpflichtung) nach § 18 Abs 2 Z 1 S 3 eintritt (UmgrStR Rz 972i; *Wiesner/Mayr*, RdW 2006, 363 [369]; *Schuh*, RdW 2006, 116 [118]; aA *Wellinger* in FS Pircher 141, wonach auf die Begründung der KESt-Schuld nach § 18 Abs 2 Z 1 S 1 abzustellen ist); alternativ zur Abgeltungswirkung der KESt nach § 97 EStG steht dem Einbringenden die **Regelbesteuerungsoption gem § 27a Abs 5 EStG** in diesem Veranlagungszeitraum zu (UmgrStR Rz 972i; *Wiesner/Mayr*, RdW 2006, 363 [369]; zur ESt-Pflicht des Einbringenden im Detail *Wellinger* in FS Pircher 140 f). Der Eintritt der Fälligkeit der KESt (Realisierung der Ausschüttungsfiktion) führt nach § 20 Abs 2 Z 4 zu einer korrespondierenden **Erhöhung der Anschaffungskosten oder Buchwerte** der Anteile an der übernehmenden Körperschaft. Dadurch soll eine Doppelbesteuerung dieser Beträge vermieden werden (s § 20 Rz 21).

D. Forderungsverzicht

81 Wird seitens des Gesellschafters auf die **Forderung aus der vorbehaltenen Entnahme verzichtet**, ist nach Auffassung der FV eine **Doppelmaßnahme** in dem Sinn anzunehmen, dass es zur Tilgung der Verbindlichkeit mit anschließender Einlage kommt (UmgrStR Rz 972j; kritisch *Beiser*, SWK 2007, S 997 ff; *Strimitzer* in GedS Helbich 299 [309]). Die fingierte Tilgung führt zur Verwirklichung der **Ausschüttungsfiktion**. Gleichzeitig kommt es zu einer **doppelten Erhöhung der Anschaffungskosten** der Beteiligung: einerseits aufgrund der Tilgung nach § 20 Abs 2 Z 4 und andererseits aufgrund der Einlage nach § 6 Z 14 lit b EStG (UmgrStR Rz 972j; aA *Schuh*, RdW 2006, 119). Auf Ebene der Körperschaft kann es bei mangelnder Werthaltigkeit der Forderung nach Maßgabe des § 8 Abs 1 KStG zu einem entsprechenden steuerpflichtigen Gewinn kommen (vgl *Walter*[11] Rz 516 h).

E. Gesellschafter- oder Gläubigerwechsel

83 Nach § 18 Abs 2 Z 1 S 4 **entfällt die Ausschüttungsfiktion**, wenn die Anteile an der übernehmenden Körperschaft vor Fälligkeit der Kapitalertragsteuer „entgeltlich übertragen worden sind". Da in diesen Fällen die durch die Entnahmen entstandenen bzw erhöhten negativen Buchwerte zu einer entsprechend höheren Veräußerungsgewinn(überschuss)besteuerung führen, soll eine spätere KESt-Abfuhr aus Gründen der Verwaltungsvereinfachung unterbleiben (ErlRV 43 BlgNR 23. GP, 27; UmgrStR Rz 972g); nach der Rechtslage vor BudBG 2007 blieb die Ausschüttungsfiktion aufrecht und wurde die Veräußerungsgewinn(überschuss)besteuerung anlässlich der (späteren) KESt-Abfuhr nachträglich berichtigt (ErlRV 43 BlgNR 23. GP, 27).

Stellungnahme. Der in S 4 verwendete Begriff „entgeltliche Übertragung" ist unbestimmt. Auch wenn der Wortlaut eine weite Interpretation zulässt, die auch Übertragungen im Wege einer steuerneutralen Umgründung erfassen würde (s § 16 Rz 68 und § 12 Rz 16, 32), sprechen die Gesetzesmaterialien für ein enges Begriffsverständnis, da explizit nur von einer Veräußerung der Anteile gesprochen wird (ErlRV 43 BlgNR 23. GP, 27). Die FV versteht idZ als „unentgeltliche Übertragung" offenbar jede Übertragung der Anteile zu Buchwerten oder Anschaffungskosten (s Rz 84), womit sie als „entgeltliche Übertragung" e contrario jede realisierende Übertragung (nicht zu Buchwerten oder Anschaffungskosten) sehen dürfte.

Das Gesetz trifft keine explizite Aussage zum weiteren Schicksal der KESt-Pflicht bei einer **unentgeltlichen Anteilsübertragung** oder einer **(un)entgeltlichen Forderungsabtretung** zwischen Einbringungsstichtag und Eintritt der Fälligkeit der KESt. Laut FV bleibt die einbringungsveranlasst entstandene Ausschüttungsfiktion im Grundsatz „unabhängig von einem späteren Gesellschafter- oder Gläubigerwechsel wirksam" (UmgrStR Rz 972 f; zur Ausnahme bei entgeltlicher Anteilsübertragung s oben Rz 83); auch bei Übertragung der Beteiligung oder der Forderung auf eine Körperschaft bleibt die KESt-Abfuhrverpflichtung aufrecht, § 10 Abs 1 KStG oder § 94 Z 2 EStG sind unbeachtlich (UmgrStR Rz 972 f). Im Detail ist wie folgt zu differenzieren: **84**

- **Unentgeltliche Anteilsübertragung:** Die Ausschüttungshängigkeit bleibt beim Einbringenden weiterhin aufrecht, es kommt in weiterer Folge zu einem Auseinanderfallen zwischen KESt- und Aufwertungstatbestand. Die kestpflichtige Tilgung der Passivposten führt beim unentgeltlichen Erwerber (Rechtsnachfolger) zu einer Erhöhung der Anschaffungskosten bzw Buchwerte; veräußert der Rechtsnachfolger die Beteiligung vor der Tilgung der Passivpost, entfällt die KESt-Pflicht nach § 18 Abs 2 Z 1 S 4 und werden auch die Anschaffungskosten bzw Buchwerte beim Rechtsnachfolger nicht nachträglich (zB bei späterer Tilgung der Passivpost) korrigiert (UmgrStR Rz 972h). Als unentgeltliche Anteilsübertragung versteht die FV offensichtlich **jede Übertragung der Gegenleistungsanteile zu Anschaffungskosten bzw Buchwerten**, sohin auch eine Einbringung zu Buchwerten bzw Anschaffungskosten nach Art III (UmgrStR Rz 972 f; *Huber* in W/Z/H/K[5] § 18 Rz 38).

- **(Un)entgeltliche Forderungsabtretung:** Eine un- oder entgeltliche Zession der Forderung des Einbringenden aus einer unbaren Entnahme (Forderungsabtretung) stellt lt FV noch keine die KESt-Abfuhrverpflichtung auslösenden Tatbestand nach § 18 Abs 2 Z 1 S 3 dar, erst die tatsächliche „nachfolgende Tilgung" der abgetretenen Forderungen durch die übernehmende Körperschaft (UmgrStR Rz 972k; *Wiesner/Mayr*, RdW 2006, 370; *Schuh*, RdW 2006, 160; *Rabel*, ÖStZ 2008, 116 [119]). Im Falle der „Umfinanzierung" der Entnahmeverbindlichkeit ist daher wie folgt zu unterscheiden: Erfolgt eine Umschuldung auf Ebene der übernehmenden Körperschaft (Aufnahme eines Bankkredites und Tilgung der Entnahmeverbindlichkeit aus der Kreditsumme), liegt eine KEstpflichtige Tilgung der Entnahmeverbindlichkeit nach § 18 Abs 2 Z 1 S 3 vor (UmgrStR Rz 972k); tritt dagegen der Einbringende seine Forderung entgeltlich an die Bank ab, wird die KESt-Pflicht erst mit Tilgung der Entnahmeverbind- **85** lichkeit durch die übernehmende Körperschaft gegenüber dem Zessionar (Bank) ausgelöst (UmgrStR Rz 972k letzter Satz idF vor WE 2013).

VII. Rücklage aufgrund überhöhter vorbehaltener Entnahmen

91 Nach § 18 Abs 2 Z 2 gelten Passivposten für vorbehaltene Entnahmen nach § 16 Abs 5 Z 2 insoweit, als sie den in § 16 Abs 5 Z 2 vorgesehenen **Höchstbetrag** überschreiten, als „**versteuerte Rücklage**". Grundvoraussetzung ist zunächst, dass das Einbringungsvermögen unter Berücksichtigung der Verbindlichkeiten (Passivposten) noch einen positiven Verkehrswert aufweist (andernfalls bereits keine Anwendbarkeit des Art III; UmgrStR Rz 916, 1009; *Rabel* in *W/H/M*, HdU^1 § 18 Rz 28). Ist dies erfüllt, erhöht sich als Rechtsfolge des § 18 Abs 2 Z 2 der steuerliche Sacheinlagewert und korrespondierend die Anschaffungskosten der Anteile an der übernehmenden Körperschaft (§§ 20 Abs 2 Z 1 iVm 16 Abs 5 Z 2; UmgrStR Rz 981). Da die fingierte Rücklage zivil- und unternehmensrechtlich eine Verbindlichkeit bleibt (*Rabel* in *W/H/M*, HdU^1 § 18 Rz 28), ist wie bei der Behandlung eines Gesellschafterdarlehens als verdecktes Grund- oder Stammkapital vorzugehen und folglich bei Vorliegen eines positiven Einbringungsbuchwertes (s dazu unten) der Korrekturbetrag als **Einlage nach § 4 Abs 12 Z b EStG** auf dem Surrogatkapital-Subkonto einzustellen (UmgrStR Rz 981).

92 Auf diesen Betrag bei der übernehmenden Körperschaft entfallende Aufwandsinsen stellen stets **verdeckte Ausschüttungen** dar (UmgrStR Rz 981). Hinsichtlich der steuerlichen Folgen von **Tilgungen** der als versteuerte Rücklage behandelten Verbindlichkeit ist wie folgt zu unterscheiden (UmgrStR Rz 982):

93 • Bei Vorliegen eines **buchmäßig positiven Einbringungsvermögens** bereits vor der Korrektur (Erhöhung) des Einbringungskapitals um die als Rücklage geltende Verbindlichkeit ist ein Betrag in Höhe des Korrekturbetrages auf dem Surrogatkapital-Subkonto einzustellen (s Rz 91). Die Tilgung des Korrekturbetrags gilt laut UmgrStR „grundsätzlich" als **Einlagenrückzahlung** (UmgrStR Rz 982), die zu einer korrespondierenden Abstockung des Standes am Einlagen-Evidenzkonto und der Anschaffungskosten des Einbringenden führt.

Stellungnahme. Die Einlagenrückzahlung wird nicht bereits als eine aus § 18 Abs 2 Z 2 zwingend erwachsende Rechtsfolge zu sehen sein. Vielmehr werden (zusätzlich) die allgemeinen Voraussetzungen für Einlagenrückzahlungen nach § 4 Abs 12 EStG vorliegen müssen, idS ist wohl die Formulierung „grundsätzlich" in UmgrStR Rz 982 zu verstehen. Daraus folgt, dass Einlagen iSd § 4 Abs 12 EStG aus Korrekturbeträgen nach § 18 Abs 2 Z 2 nicht nur iRd Tilgung des zugrunde liegenden Passivpostens nach § 16 Abs 5 Z 2 rückgezahlt, sondern allgemein auch für sonstige Einlagenrückzahlungen verwendet werden können – mit der Konsequenz, dass spätere Tilgungen des Passivpostens nach § 16 Abs 5 Z 2 als verdeckte Ausschüttungen zu behandeln sein können (zB mangels ausreichender Einlagen nach § 4 Abs 12 EStG im Tilgungszeitpunkt).

94 • Bei Vorliegen eines **buchmäßig negativen Einbringungsvermögens** auch nach Korrektur des Einbringungskapitals um die als Rücklage geltende Verbindlichkeit (dh die Korrektur führt lediglich zu einer Verminderung des negativen Buchwertes), kann der **Einlagenstand iSd § 4 Abs 12 EStG** durch die Korrektur **nicht erhöht** werden. Lt UmgrStR stellt in diesem Fall die Rückzahlung des Passivpostens „mangels eines Evidenzbetrages auf dem Rücklagen-Subkonto eine verdeckte Ausschüttung dar" (UmgrStR Rz 982).

Stellungnahme. Auch hier wird der übernehmenden Körperschaft die Möglichkeit offenstehen, Tilgungen des Passivpostens nach Maßgabe der allgemeinen Voraussetzungen des § 4 Abs 12 EStG (zB durch Verwendungen sonstiger Einlagen iSd § 4 Abs 12 Z 1 EStG) als Einlagenrückzahlungen zu behandeln.

- Zu dem Fall, dass der Korrekturbetrag nach § 18 Abs 2 Z 2 **teilweise zu einer Verminderung eines negativen Buchwertes** (keine Einlage iSd § 4 Abs 12 EStG) und teilweise zum **Entstehen eines positiven Einbringungsbuchwertes** (Einlage iSd § 4 Abs 12 EStG) führt, treffen die UmgrStR keine explizite Aussage. Im Falle von Teiltilgungen wird die übernehmende Körperschaft nach allgemeinen Grundsätzen festlegen können, inwieweit eine Einlagenrückzahlung nach § 4 Abs 12 EStG oder alternativ eine verdeckte Ausschüttung vorliegt (idS UmgrStR Rz 982, Satz 1 und 2).

95

Ist eine **Entnahmeverbindlichkeit** steuerlich **teilweise als Fremdkapital** (keine Korrektur nach § 18 Abs 2 Z 2) und teilweise als **Eigenkapital** (Korrektur nach § 18 Abs 2 Z 2) anzusehen, ist im Falle von Teiltilgungen laut UmgrStR stets von einer **anteiligen Rückführung** des steuerwirksamen Teiles (Tilgung der Verbindlichkeit) und des steuerunwirksamen Teils (Einlagenrückzahlung oder verdeckte Ausschüttung) auszugehen, unabhängig vom Ausweis der Tilgungsbeträge bzw des zugrunde liegenden Passivpostens im Rechenwert der übernehmenden Körperschaft (zB einheitlicher oder getrennter Ausweis der steuerlich unterschiedlich behandelten Teile des Passivpostens; UmgrStR Rz 982 mit Beispiel). GlA UFS 4.2.2013, RV/0217-L/09, Beschwerde zu Zl 2013/15/0141; aA *Furherr*, GES 2013, 315 ff, wonach insb aufgrund der Definition des steuerunwirksamen Teiles der Passivpost in § 18 Abs 2 Z 2 als „Residualgröße" von einer priorisierenden Tilgung des steuerwirksamen Teiles auszugehen ist.

96

Unternehmensrechtlich bleibt unabhängig von der Zulässigkeit aus steuerrechtlicher Sicht stets die **Verbindlichkeit** in voller Höhe bestehen. Es kommt daher nicht zu einer Erhöhung des unternehmensrechtlichen Einbringungsvermögens.

97

VIII. Steuerwirksame Rechtsbeziehungen zum Einbringenden

§ 18 Abs 3 S 1 normiert, dass „Rechtsbeziehungen des Einbringenden zur übernehmenden Körperschaft im Zusammenhang mit der Beschäftigung, der Kreditgewährung und der Nutzungsüberlassung, soweit sie sich auf das eingebrachte Vermögen beziehen, ab Vertragsabschluß, frühestens jedoch für Zeiträume [...], die nach dem Abschluss des Einbringungsvertrages beginnen", steuerwirksam sind. Nach den ErlRV 266 BlgNR 18. GP, zu § 18 Abs 3, soll Abs 3 verhindern, dass sich die umgründungssteuerliche Rückwirkungsfiktion „auf nach dem Trennungsprinzip denkbare, grundsätzlich steuerwirksame rechtsgeschäftliche Beziehungen zwischen dem Einbringenden und der übernehmenden Körperschaft erstreckt, soweit die Beziehungen das eingebrachte Vermögen betreffen", die „rückwirkende Zurechnung des Vermögens zur übernehmenden Körperschaft" soll nicht dazu führen, dass „vertragliche Leistungsbeziehungen [...] für Zeiträume vor dem Tag des Abschlusses des Einbringungsvertrages steuerwirksam sind." Der Gesetzgeber geht offensichtlich davon aus, dass aufgrund der **umgründungssteuerlichen Rückwirkungsfiktion**

101

und des dadurch rückwirkend geltenden Trennungsprinzips **schuldrechtliche Vereinbarungen** zwischen dem Einbringenden und der übernehmenden Körperschaft in Bezug auf das Einbringungsvermögen steuerwirksam für Zeiträume ab dem dem Einbringungsstichtag folgenden Tag rückwirkend getroffen werden können (*Rabel* in *W/H/M*, HdU¹ § 18 Rz 48). § 18 Abs 3 S 1 UmgrStG ist somit als Durchbrechung der in § 18 Abs 1 Z 5 iVm § 14 Abs 2 UmgrStG normierten Rückwirkungsfiktion konzipiert. Demnach soll für bestimmte Rechtsbeziehungen zwischen dem Einbringenden und der übernehmenden Körperschaft ein **Rückwirkungsverbot** gelten. Betroffen sind insb dem Einbringenden gewährte Geschäftsführungsvergütungen, Zinsen für der übernehmenden Körperschaft eingeräumte Darlehens- oder Kreditgewährung oder Mietentgelte für anlässlich der Einbringung zurückbehaltene und der übernehmenden Körperschaft zur Nutzung überlassene Wirtschaftsgüter (*Rabel* in *W/H/M*, HdU¹ § 18 Rz 54, 50).

102 Nach § 18 Abs 3 S 1 können die vom **Rückwirkungsverbot** erfassten Rechtsbeziehungen frühestens für Zeiträume **ab Abschluss des Einbringungsvertrags** steuerwirksam werden. Eine steuerliche Anerkennung dieser Rechtsbeziehungen für Zeiträume vor Abschluss des Einbringungsvertrages (insb für den Rückwirkungszeitraum) ist dadurch ausgeschlossen, Vergütungen der übernehmenden Körperschaft für diese Zeiträume sind als **verdeckte Ausschüttungen** zu qualifizieren (VwGH 16.12.2015, 2012/15/0216; *Rabel* in *W/H/M*, HdU¹ § 18 Rz 50; *Hügel* in *H/M/H* § 18 Rz 26). **Alternativ** können vor Abschluss des Einbringungsvertrages bezahlte Vergütungen jedoch als **Entnahme aus dem Einbringungsvermögen** dargestellt werden, die nach § 16 Abs 5 Z 1 rückbezogen werden kann, bei fehlender Rückbeziehung nach § 16 Abs 5 Z 1 wird die Zahlung als verdeckte Gewinnausschüttung qualifiziert (so zu Geschäftsführervergütungen UFS 14.11.2007, RV/0188-G/06). Vor Abschluss des Einbringungsvertrages ausbezahlte Geschäftsführervergütungen unterliegen daher auch nicht dem Dienstgeberbeitrag und dem Zuschlag zum Dienstgeberbeitrag (UFS 14.11.2007, RV/0188-G/06).

103 Da das Rückwirkungsverbot nur für Zeiträume vor Abschluss des Einbringungsvertrages gilt, kann es für **nicht rückbezogene Einbringungen** keine Bedeutung haben (*Rabel* in *W/H/M*, HdU¹ § 18 Rz 51; *Huber* in *W/Z/H/K*⁵ § 18 Rz 41). Um die Steuerwirksamkeit betroffener Vereinbarungen zu gewährleisten, sollte der Einbringungsvertrag daher möglichst frühzeitig abgeschlossen werden (*Huber* in *W/Z/H/K*⁵ § 18 Rz 46).

104 Nach § 18 Abs 3 S 2 gilt das Rückwirkungsverbot im Sinne des ersten Satzes bei **Einbringungen durch eine Mitunternehmerschaft** nicht nur für Rechtsbeziehungen zwischen der übernehmenden Körperschaft und der Mitunternehmerschaft, sondern auch für Rechtsbeziehungen zwischen der übernehmenden Körperschaft und den Mitunternehmern (*Hügel* in *H/M/H* § 18 Rz 27).

105 In der Literatur wird **kritisiert**, dass es des Rückwirkungsverbotes in § 18 Abs 3 S 1 nicht bedarf. Nach dem allgemeinen steuerlichen **Grundsatz der Unbeachtlichkeit rückwirkender Vereinbarungen** ist ein rückwirkender Abschluss schuldrechtlicher Vereinbarungen zwischen Einbringendem und übernehmender Körperschaft in Bezug auf das eingebrachte Vermögen steuerlich ohnedies unwirksam; zudem sind schuldrechtliche Vereinbarungen zwischen dem Einbringenden und dem ihm zuzurechnenden einzubringenden Vermögen während des Rückwirkungszeitraumes zivilrechtlich nur in Ausnahmefällen denkbar, steuerlich aber

stets unwirksam (*Rabel* in *W/H/M*, HdU[1] § 18 Rz 49 mwN; *Hügel* in *H/M/H* § 18 Rz 17). Nach *Rabel* hat demnach sowohl die Einschränkung des Rückwirkungsverbots in § 18 Abs 3 S 1 auf die genannten Fallgruppen als auch der darin vorgesehene Bezug zum Einbringungsvermögen **keine materielle Bedeutung** (*Rabel* in *W/H/M*, HdU[1] § 18 Rz 54; idS wohl auch UmgrStR Rz 973 f). Demgegenüber vertreten *Huber* und *Hügel*, dass aus der Einschränkung auf bestimmte Fallgruppen im Umkehrschluss abgeleitet werden könne, dass andere schuldrechtliche Rechtsverhältnisse zurückreichende, steuerlich beachtliche Rechtsfolgen festsetzen können (*Hügel* in *H/M/H* § 18 Rz 18 und 25; *Huber* in *W/Z/H/K*[5] § 18 Rz 42). Bedeutung hätte dies nach *Hügel* insb für Werkverträge und Aufträge, die Service-, Wartungs- oder Betriebsführungsleistungen, die sich auf das Einbringungsvermögen beziehen, zum Gegenstand haben (*Hügel* in *H/M/H* § 18 Rz 25).

Stellungnahme. Dem von *Huber* und *Hügel* (aaO) vertretenen Umkehrschluss könnten die ErlRV 266 BlgNR 18. GP, zu § 18 Abs 3, entgegenstehen, wonach das Rückwirkungsverbot generell „vertragliche Leistungsbeziehungen wie Lohn-, Werk-, Kauf- Bestand- oder Kreditverträge für Zeiträume vor dem Abschluss des Einbringungsvertrages" erfasst.

Ausgenommen vom Rückwirkungsverbot nach § 18 Abs 3 S 1 und 2 (und damit auch vom allgemeinen steuerrechtlichen Rückwirkungsverbot) sind nach § 18 Abs 3 S 3 Entgelte für Rechtsbeziehungen aufgrund einer Maßnahme nach § 16 Abs 5 Z 2 bis 4 UmgrStG (zur normative Bedeutung dieser Ausnahmeregelung *Rabel* in *W/H/M*, HdU[1] § 18 Rz 49). Dies betrifft im Wesentlichen Vereinbarungen über die **Verzinsung vorbehaltener Entnahmen** und Entgeltvereinbarungen über die **Nutzungsüberlassung von zurückbehaltenen Wirtschaftsgütern**. Voraussetzung für die Ausnahme vom Rückwirkungsverbot ist, dass die Entgeltvereinbarung am Tag des Abschlusses des Einbringungsvertrags (Sacheinlagevertrags) getroffen wird. Denkbar ist daher entweder die Aufnahme der Entgeltvereinbarung in den Einbringungsvertrag oder der Abschluss einer gesonderten Entgeltvereinbarung am Tag des Abschlusses des Einbringungsvertrags (*Huber* in *W/Z/H/K*[5] § 18 Rz 43).

106

Folglich kann die Vereinbarung über die **Verzinsung der aus der vorbehaltenen Entnahme resultierenden Verbindlichkeit** gegenüber dem Einbringenden auf den dem Einbringungsstichtag folgenden Tag mit steuerlicher Wirkung rückbezogen werden, wenn die Vereinbarung am Tag des Abschlusses des Einbringungsvertrags getroffen wird (UmgrStR Rz 978). Entscheidend ist, dass der Zeitpunkt der Vereinbarung eindeutig belegbar ist (UmgrStR Rz 979). Die aufgrund der vorbehaltenen Entnahme bestehende Verbindlichkeit gegenüber dem Einbringenden ist nach Auffassung der FV in weiterer Folge an den **Grundsätzen von Gesellschafterdarlehen** zu messen (UmgrStR Rz 980). Folglich muss die Vereinbarung über die Verzinsung einem **Fremdvergleich** standhalten (UmgrStR Rz 978). Eine fremdunüblich niedrige Verzinsung einer vorbehaltenen Entnahme löst laut FV in einem nicht grenzüberschreitenden Sachverhalt keine ertragsteuerliche Korrektur aus aufgrund der steuerlichen Unbeachtlichkeit von **Nutzungseinlagen** (UmgrStR Rz 978 mVa KStR Rz 501; anders nach Maßgabe des § 6 Z 6 EStG in einem grenzüberschreitenden Sachverhalt, vgl KStR Rz 503). Zur **Gesellschaftsteuerpflicht** bei fehlender oder fremdunüblich niedriger Verzinsung nach § 2 Z 4 lit c KVG s unten § 22 Rz 35.

107

Stellungnahme. Umgekehrt ist wohl nach allgemeinen Grundsätzen davon auszugehen, dass eine fremdunüblich hohe Verzinsung im Ausmaß des fremdunüblichen Anteils eine verdeckte Ausschüttung iSd § 8 Abs 2 KStG auslöst (KStR Rz 727).

108 Auch Vereinbarungen über die **Nutzungsüberlassung** von nach § 16 Abs 5 Z 3 oder Z 4 zurückbehaltenen und in weiterer Folge der übernehmenden Körperschaft zur Nutzung überlassenen Wirtschaftsgütern können mit steuerlicher Wirkung auf den dem Einbringungsstichtag folgenden Tag rückbezogen werden (UmgrStR Rz 983; BMF 25.8.2004, SWK 2004, S 962). Voraussetzung ist, dass die Vereinbarung nachweislich am Tag des Abschlusses des Einbringungsvertrags getroffen wurde (UmgrStR Rz 983). Auch bei diesen Vereinbarungen ist der **Fremdvergleichsgrundsatz** zu beachten. Fremdüblich hohe Entgelte für die Nutzungsüberlassung werden daher im Ausmaß des fremdunüblichen Anteils zu einer verdeckten Ausschüttung führen (UmgrStR Rz 983), während fremdunüblich niedrige Entgelte – zumindest in einem nicht grenzüberschreitenden Sachverhalt – ausgehend von der steuerlichen Unbeachtlichkeit einer Nutzungseinlage keine ertragsteuerliche Korrektur auslösen.

109 Keine Ausnahme vom Rückwirkungsverbot besteht für **Beschäftigungsverhältnisse** zwischen dem Einbringenden und der übernehmenden Körperschaft, die sich auf das eingebrachte Vermögen beziehen. Sie können daher mit steuerlicher Wirksamkeit frühestens mit dem Abschluss des Einbringungsvertrags begründet oder verändert werden (UmgrStR Rz 975). Auf die Übernahme der im eingebrachten Betrieb beschäftigten Arbeitnehmer durch die übernehmende Körperschaft sind die arbeitsrechtlichen Regelungen und § 41 anzuwenden (UmgrStR Rz 975a). Auch wenn die im eingebrachten Betrieb beschäftigten Dienstnehmer beim Einbringenden verbleiben und eine Arbeitsgestellung an die übernehmende Körperschaft erfolgt, kann ein diesbezüglicher **Gestellungsvertrag** nicht mit steuerlicher Wirkung rückbezogen und daher frühestens mit Abschluss des Einbringungsvertrages abgeschlossen werden (UmgrStR Rz 975a). Dennoch akzeptiert die FV im Fall der fortgesetzten effektiven Arbeitsausübung im eingebrachten Betrieb eine Verrechnung anfallender Lohnkosten vom Einbringenden an die übernehmende Körperschaft ab dem Einbringungsstichtag (UmgrSt Rz 975a).

IX. Internationale Schachtelbeteiligungen
A. Grundsatz

111 **Entsteht oder erweitert** sich bei der übernehmenden Körperschaft einbringungsbedingt eine **internationale Schachtelbeteiligung** nach § 10 Abs 2 KStG, ist nach § 18 Ab 4 Z 1 „hinsichtlich der bisher nicht steuerbegünstigten Beteiligungsquoten auf den Unterschiedsbetrag zwischen den Buchwerten und den höheren Teilwerten" die **Substanzgewinnbefreiung** nach § 10 Abs 3 KStG **nicht anwendbar**. Der Tatbestand entspricht im Wesentlichen der Stammfassung des UmgrStG (BGBl 1991/699, § 18 Abs 4 mit Verweis auf § 3 Abs 4), lt Gesetzesmaterialien soll die Vorschrift das Besteuerungsrecht für den Fall, dass bei der übernehmenden Körperschaft einbringungsbedingt eine internationale Schachtelbeteiligung „aus der Vereinigung bisheriger ausländischer Minderheitsbeteiligungen entsteht", sichern (ErlRV 266 BlgNR 18. GP, zu § 3 Abs 4). Bis zur Einbringung angesammelte steuerhängige stille Reserven sollen auch nach der Einbringung steuerhängig bleiben, die Bestimmung verhindert die einbringungsbedingte Transformation von steuerverstrick-

ten stillen Reserven in Beteiligungen in steuerfreie stille Reserven internationaler Schachtelbeteiligungen (UmgrStR Rz 984; *Huber* in *W/Z/H/K*[5] § 18 Rz 48; *Rabel* in *W/H/M*, HdU[1] § 18 Rz 61). Die internationale Schachtelbeteiligung kann bei der übernehmenden Körperschaft sowohl durch Übertragung eines ausländischen Kapitalanteils iRe Betriebs- oder Teilbetriebseinbringung als auch durch Einbringung eines isolierten Kapitalanteils nach § 12 Abs 2 Z 3 entstehen oder erweitert werden.

Geht im umgekehrten Fall durch eine Einbringung die Eigenschaft einer Beteiligung als **internationale Schachtelbeteiligung unter**, soll nach § 18 Abs 4 Z 2 eine **Entsteuerung** der bis zur Einbringung nicht steuerhängigen stillen Reserven erreicht werden (UmgrStR Rz 985). 112

§ 18 Abs 4 unterscheidet damit zwischen den **bis zum Einbringungsstichtag entstandenen stillen Reserven** und den nach Ablauf des Einbringungsstichtages erfolgenden Wertänderungen; für ersteren Bereich trifft § 18 Abs 4 **Sonderregelungen**, die das allgemeine Regime des § 10 KStG verdrängen, für letzteren Bereich gelten die Regelungen des § 10 KStG im Grundsatz unverändert wie zB die Jahresfrist nach § 10 Abs 2 KStG, die im Falle des Entstehens einer Schachtelbeteiligung mit dem dem Einbringungsstichtag folgenden Tag zu laufen beginnt (UmgrStR Rz 988; *Huber* in *W/Z/H/K*[5] § 18 Rz 52, 55). Zur Optionsmöglichkeit nach § 10 Abs 3 Z 1 KStG s Rz 122. 113

B. Reichweite

§ 18 Abs 4 regelt ausschließlich die Rechtsfolgen des Entstehens, der Erweiterung sowie des Untergangs einer internationalen Schachtelbeteiligung bei der **übernehmenden Körperschaft**, entsprechende Regelungen für die Anteilsinhaber sieht § 20 Abs 7 vor (UmgrStR Rz 986). § 18 Abs 4 ist nur auf das Entstehen, die Erweiterung bzw den Untergang von **steuerbefreiten Schachtelbeteiligungen** nach § 10 Abs 3 KStG anwendbar, nicht hingegen auf zugunsten der Steuerwirksamkeit optierte Schachtelbeteiligungen nach § 10 Abs 3 Z 1 KStG (UmgrStR Rz 988, Beispiel 2, letzter Satz) oder auf steuerhängige Schachtelbeteiligungen nach § 10 Abs 4 KStG (UmgrStR Rz 994). 116

> **Stellungnahme.** Die Übertragung einer zugunsten der Steuerwirksamkeit nach § 10 Abs 3 Z 1 KStG optierten Schachtelbeteiligung wird dem Entstehen einer steuerbefreiten Schachtelbeteiligung bei der übernehmenden Körperschaft im Regelfall entgegenstehen, da die übernehmende Körperschaft an die Option des Einbringenden entweder bereits nach § 10 Abs 3 Z 4 KStG (konzerninterner umgründungsbedingter Erwerb) oder iRd steuerlichen Gesamtrechtsnachfolge nach § 18 Abs 1 Z 4 gebunden sein wird; s unten Rz 122.

§ 18 Abs 4 erfasst ausschließlich die steuerliche Behandlung von **Substanzwertänderungen iSd § 10 Abs 3 KStG**, nicht die Befreiung von Beteiligungserträgen nach § 10 Abs 1 KStG. Im Falle des Entstehens oder der Erweiterung einer internationalen Schachtelbeteiligung bei der übernehmenden Körperschaft sind für die Befreiung von Beteiligungserträgen die allgemeinen Regelungen des § 10 KStG maßgeblich, wobei etwaige Fristerfordernisse mit dem dem Einbringungsstichtag folgenden Tag zu laufen beginnen bzw der Fristenlauf im Falle der Einbringung einer bereits bestehenden internationalen Schachtelbeteiligung im Wege der ertragsteu- 117 erlichen Gesamtrechtsnachfolge bei der übernehmenden Körperschaft fortgesetzt wird (UmgrStR Rz 987).

118 Kein Anwendungsfall des § 18 Abs 4 UmgrStG ist lt FV und hA die **Importeinbringung von bisher nicht steuerhängigen Anteilen** in eine inländische übernehmende Körperschaft, da das Tatbestandsmerkmal der „bisher nicht steuerbegünstigten Beteiligungsquoten" (mangels Steuerhängigkeit der importierten Kapitalanteile in Österreich) nicht erfüllt ist (UmgrStR Rz 990; *Rabel* in *W/H/M*, HdU[1] § 18 Rz 75; *Huber* in *W/Z/H/K*[5] § 18 Rz 53, 56; *Mayr* in *D/R* I[10] Tz 1194; *Hofbauer/Sauer*, taxlex 2006, 326; aA noch *Wiesner/Schwarzinger*, UmS 157a/04/06, SWK 2006, S 409; allerdings überholt lt *Wiesner/Mayr*, RdW 2007, 563 [567]). Erfolgt die Importeinbringung mit dem gemeinen Wert nach §§ 18 Abs 1 Z 3 iVm 17 Abs 2 Z 1 HS 1, kann die Frage nach der Anwendbarkeit von § 18 Abs 1 Z 4 im Ergebnis dahingestellt bleiben, weil die bis zum Einbringungsstichtag entstandenen stillen Reserven durch die Aufwertung bereits entsteuert sind (*Mayr* in *D/R* I[10] Tz 1194); mit Ablauf der Jahresfrist treten die Wirkungen einer steuerneutralen internationalen Schachtelbeteiligung nach § 10 Abs 3 KStG ein. Erfolgt die Einbringung mit Anschaffungskosten nach §§ 18 Abs 1 Z 3 iVm 17 Abs 2 Z 1 HS 2, werden zunächst stille Reserven in die österreichische Steuerhängigkeit überführt, fallen jedoch lt FV und hA mit Ablauf der Jahresfrist unter die Steuerneutralität des § 10 Abs 3 KStG mangels Anwendbarkeit des § 18 Abs 4 Z 1 (UmgrStR Rz 990; *Rabel* in *W/H/M*, HdU[1] § 18 Rz 75; *Huber* in *W/Z/H/K*[5] § 18 Rz 53, 56; aA *Wiesner/Schwarzinger*, UmS 157a/04/06, SWK 2006, S 409, wonach die importierten stillen Reserven nach § 18 Abs 4 Z 1 steuerhängig bleiben; überholt lt *Wiesner/Mayr*, RdW 2007, 563 [567]); der neue Fristenlauf ist durch die fehlende Gesamtrechtsnachfolge nach § 18 Abs 1 Z 4 bedingt (keine „Buchwerteinbringung", s oben Rz 43).

119 Kein Anwendungsfall des § 18 Abs 4 Z 1 UmgrStG ist weiters die Einbringung von **steuerneutralen Schachtelbeteiligungen** nach § 10 Abs 3 KStG (arg keine „bisher nicht steuerbegünstigten Beteiligungsquoten"; UmgrStR Rz 988, Beispiel 2), lt Literatur auch bei Einbringung vor Ablauf der Jahresfrist nach § 10 Abs 2 KStG beim Einbringenden (*Rabel* in *W/H/M*, HdU[1] § 18 Rz 64, 76; *Huber* in *W/Z/H/K*[5] § 18 Rz 52, 56). Die Literaturmeinung lässt sich auch auf die UmgrStR stützen, worin generell die Gleichstellung einer werdenden mit einer steuerneutralen Schachtelbeteiligung mVa den Fortlauf der Jahresfrist iRd steuerlichen Gesamtrechtsnachfolgefiktion vertreten wird (UmgrStR Rz 1165; *Rabel* in *W/H/M*, HdU[1] § 18 Rz 64; *Huber* in *W/Z/H/K*[5] § 18 Rz 55).

C. Entstehen einer internationalen Schachtelbeteiligung

121 Eine internationale Schachtelbeteiligung „**entsteht**" nach § 18 Abs 4 Z 1, wenn die übernehmende Körperschaft an der ausländischen Beteiligungsgesellschaft vor der Einbringung **keine oder eine unter 10 % liegende Beteiligung** hielt und in Folge der Einbringung die Beteiligungsquote bei der übernehmenden Körperschaft auf 10 % oder mehr ansteigt (UmgrStR Rz 1159).

122 Die entstehende Schachtelbeteiligung muss **steuerneutral** gem § 10 Abs 3 KStG sein (s Rz 116), womit sich die grundsätzliche Frage nach der **Optionsmöglichkeit** der übernehmenden Körperschaft zugunsten der Steuerwirksamkeit nach § 10 Abs 3 Z 1 KStG für die entstehende Schachtelbeteiligung stellt. Lt FV besteht für die einbringungsbedingt entstehende Schachtelbeteiligung „mangels eines Anschaffungstatbestandes isd § 10 Abs 3 Z 1 KStG" **keine Optionsmöglichkeit nach § 10 Abs 3 Z 1 KStG** (UmgrStR Rz 988; *Wiesner/Schwarzinger*, UmS 170/14/11, SWK 2011, S 621; *dies*, UmS 180/32/11, SWK 2011, S 1023, jedoch mVa die Gesamtrechtsnachfolgefiktion nach § 18 Abs 1 Z 4; aA *Huber* in *W/H/M*, HdU⁸ § 34 Rz 18 und *Huber* in *W/Z/H/K*⁵ § 18 Rz 56 FN 60 mit der Begründung, dass die Einbringung einen Tauschvorgang darstellt). Die Optionsmöglichkeit wird damit lt FV sowohl bei der Einbringung einer Minderheitsbeteiligung unter 10 % (bisher keine Optionsmöglichkeit beim Einbringenden) als auch einer beim Einbringenden bestehenden Schachtelbeteiligung (Optionsmöglichkeit bereits verwirkt) verneint.

Stellungnahme. Der umgründungsbedingte Erwerb stellt lt hA in der Literatur, Rspr und BMF-Auskünften einen Anschaffungstatbestand bei der übernehmenden Körperschaft dar, selbst bei einer Buchwerteinbringung mit Gesamtrechtsnachfolgefiktion nach § 18 Abs 1 Z 4 (s § 12 Rz 32). Aufgrund des Vorliegens einer Anschaffung kann die übernehmende Körperschaft somit grundsätzlich für eine entstehende Schachtelbeteiligung zugunsten der Steuerwirksamkeit nach § 10 Abs 3 Z 1 KStG optieren (glA *Rabel*, ÖStZ 2008, 116 [120]). Im Falle einer Einbringung einer bestehenden Schachtelbeteiligung (Optionsmöglichkeit beim Einbringenden bereits verwirkt) kann dieser Wahlfreiheit der übernehmenden Körperschaft aber entweder die Ausnahmeregelung nach § 10 Abs 3 Z 4 KStG für konzerninterne Erwerbe (Bindung des Erwerbers an die Option bzw Nicht-Option des Rechtsvorgängers; *Haslinger* in *L/S/S* § 10 Rz 102 ff mwN) oder die umgründungssteuerliche Gesamtrechtsnachfolgefiktion nach § 18 Abs 1 Z 4 entgegenstehen (idS KStR Rz 1216; *Wiesner/Schwarzinger*, UmS 180/32/11, SWK 2011, S 1023). IRd Gesamtrechtsnachfolgefiktion nach § 18 Abs 1 Z 4 tritt der Rechtsnachfolger in die gewinnermittlungsrechtlichen Positionen des Einbringenden ein und ist damit an die diesbezüglichen Wahlrechte (zB AfA-Methode) gebunden (UmgrStR Rz 952, 136), diese Bindung wird auch an eine Option bzw Nicht-Option nach § 10 Abs 3 Z 1 KStG des Rechtsvorgängers bestehen (idS UmgrStR 988, Beispiel 2; explizit KStR Rz 1216; s Rz 46 ff). Auch eine etwaige bisherige Minderheitsbeteiligung der übernehmenden Körperschaft wird in der eingebrachten Schachtelbeteiligung aufgehen (keine getrennte Behandlung bzw Optionsmöglichkeit; idS *Haslinger* in *L/S/S* § 10 Rz 105). Die Optionsmöglichkeit der übernehmenden Körperschaft besteht daher (i) generell bei der Einbringung von Minderheitsbeteiligungen (erstmaliges Entstehen der Schachtelbeteiligung durch Vereinigung mit bestehenden Anteilen der übernehmenden Körperschaft) und (ii) der Einbringung von Schachtelbeteiligungen außerhalb der Gesamtrechtsnachfolgefiktion nach § 18 Abs 1 Z 4 und außerhalb des Konzerntatbestandes nach § 10 Abs 3 Z 4 KStG (zB Konzentrationseinbringung oder Einbringung durch ausländische Konzerngesellschaften, da der Erwerb von ausländischen Konzerngesellschaften nicht unter § 10 Abs 3 Z 4 KStG fällt; *Haslinger* in *L/S/S* § 10 Rz 106; *Kofler* in *Achatz/Kirchmayr* § 10 Tz 242).

Umgekehrt geht die FV davon aus, dass die Einbringung einer beim Einbringenden **123** zugunsten der Steuerwirksamkeit **optierten Schachtelbeteiligung** nach § 10 Abs 3 Z 1 KStG bei der übernehmenden Körperschaft keinesfalls zum Entstehen einer steuerneutralen Schachtelbeteiligung führen kann (UmgrStR Rz 988, Beispiel 2, letzter Satz).

Stellungnahme. Aufgrund des Vorliegens einer Anschaffung (s Rz 122) kann die übernehmende Körperschaft grundsätzlich durch Nicht-Option die Steuerneutralität bewirken (glA *Rabel*, ÖStZ 2008, 116 [120]). Dieser Wahlfreiheit der übernehmenden Körperschaft kann aber die Ausnahmeregelung nach § 10 Abs 3 Z 4 KStG für konzerninterne umgründungsbedingte Erwerbe (Bindung des Erwerbers an die Option des Rechtsvorgängers; *Haslinger* in *L/S/S* § 10 Rz 102 ff mwN) oder die umgründungsteuerliche Gesamtrechtsnachfolgefiktion nach § 18 Abs 1 Z 4 entgegenstehen (idS KStR Rz 1216; *Wiesner/Schwarzinger*, UmS 180/32/11, SWK 2011, S 1023). Besteht demnach keine (neuerliche) Optionsmöglichkeit, wird auch eine etwaige bisherige Minderheitsbeteiligung der übernehmenden Körperschaft in der eingebrachten (steuerpflichtigen) Schachtelbeteiligung aufgehen (keine getrennte Behandlung; *Haslinger* in *L/S/S* § 10 Rz 105). Das Wahlrecht zur Nicht-Option bei der übernehmenden Körperschaft (= steuerneutrale Schachtelbeteiligung) besteht daher bei der Einbringung von optierten Schachtelbeteiligungen außerhalb der Gesamtrechtsnachfolgefiktion nach § 18 Abs 1 Z 4 und außerhalb des Konzerntatbestandes nach § 10 Abs 3 Z 4 KStG (zB Konzentrationseinbringung oder Einbringung durch ausländische Konzerngesellschaften; vgl *Haslinger* in *L/S/S* § 10 Rz 106; *Kofler* in *Achatz/Kirchmayr* § 10 Tz 242).

124 Kein „Entstehen" iSd § 18 Abs 4 Z 1 liegt lt FV und Literatur vor, wenn bei der übernehmenden Körperschaft bereits eine **10 %-Beteiligung** besteht (*Huber* in *W/Z/H/K*[5] § 18 Rz 56). Dies gilt zum einen für bestehende steuerneutrale Schachtelbeteiligungen nach § 10 Abs 3 KStG, auch bereits vor Ablauf der Jahresfrist nach § 10 Abs 2 KStG, weil die sog **werdende Schachtelbeteiligung** insoweit einer steuerneutralen Schachtelbeteiligung gleichzusetzen ist (*Huber* in *W/Z/H/K*[5] § 18 Rz 56; UmgrStR Rz 1164). Wurde für die bestehende Beteiligung zugunsten der Steuerwirksamkeit nach § 10 Abs 3 Z 1 KStG optiert, gilt die Option nach § 10 Abs 3 Z 2 KStG auch für die Erweiterung der bestehenden Schachtelbeteiligung durch zusätzliche Anschaffungen (*Haslinger* in *L/S/S* § 10 Rz 99), wodurch gleichfalls kein „Entstehen" einer steuerneutralen Schachtelbeteiligung nach § 18 Abs 4 Z 1 eintreten kann.

125 Die in § 18 Abs 4 Z 1 normierte Ausnahme von der Steuerneutralität für Substanzwertänderungen (§ 10 Abs 3 S 1 KStG) für „bisher nicht steuerbegünstigte Beteiligungsquoten" betrifft sohin im Regelfall

- eine vor der Einbringung bestehende Beteiligung der übernehmenden Körperschaft unter 10 % Beteiligungsquote (UmgrStR Rz 988, Beispiel 1),
- die übertragene Beteiligung einer einbringenden juristischen Person, die unter 10 % liegt (UmgrStR Rz 988, Beispiel 1);
- die übertragene Beteiligung einer einbringenden natürlichen Person, unabhängig vom Beteiligungsausmaß (UmgrStR Rz 989).

126 Rechtsfolge des § 18 Abs 4 Z 1 ist, dass ein im Realisierungsfall entstehender Gewinn bis zum Unterschiedsbetrag zwischen den übernommenen Buchwerten und den höheren Teilwerten (bezogen auf den Ablauf des Einbringungsstichtages) der bisher nicht begünstigten Beteiligungsquoten von der Steuerneutralität nach § 10 Abs 3 KStG ausgenommen ist. Dieser steuerhängige Unterschiedsbetrag ist in Evidenz zu nehmen (UmgrStR Rz 988).

D. Erweiterung einer internationalen Schachtelbeteiligung

Eine **Erweiterung** einer internationalen Schachtelbeteiligung nach § 18 Abs 4 Z 1 liegt vor, wenn bei der übernehmenden Körperschaft bereits **vor der Einbringung eine internationale Schachtelbeteiligung** (auch vor Ablauf der Behaltefrist) **vorliegt**. Hinsichtlich der Rechtsfolgen ist zu unterscheiden, ob die bestehende Schachtelbeteiligung **zur Gänze steuerneutral** oder nur **zum Teil steuerneutral (und zum Teil steuerpflichtig)** ist. Ist die bestehende Schachtelbeteiligung hingegen zur Gänze steuerpflichtig, liegt kein Anwendungsfall des § 18 Abs 4 vor (im Falle einer Option zugunsten der Steuerwirksamkeit nach § 10 Abs 3 Z 1 KStG gilt diese nach § 10 Abs 3 Z 2 KStG auch für die Erweiterung einer bestehenden internationalen Schachtelbeteiligung durch zusätzliche Anschaffungen).

131

Ist die bestehende Schachtelbeteiligung **zur Gänze steuerneutral**, gelten im Grundsatz die selben Regelungen wie für das **Entstehen** einer internationalen Schachtelbeteiligung, dh die Ausnahme von der Steuerneutralität für „bisher nicht steuerbegünstigte Beteiligungsquoten" betrifft übertragene Beteiligungen von einbringenden juristischen Personen unter 10 % Beteiligungsausmaß und übertragene Beteiligungen von einbringenden natürlichen Personen, unabhängig vom Beteiligungsausmaß (UmgrStR Rz 991, erster Untergliederungspunkt samt Beispiel).

132

Ist die bestehende internationale Schachtelbeteiligung **zum Teil steuerneutral** und zum Teil steuerpflichtig, ist der Erhöhungsteil nach dem **prozentualen Verhältnis** der bisherigen Teile der Schachtelbeteiligung den beiden zuzurechnen. Insoweit die eingebrachte Beteiligung dem steuerneutralen Teil zuzurechnen ist, greift die Ausnahme von der Steuerneutralität für bisher nicht begünstigte Beteiligungsquoten (Beispiel: Die übernehmende A-GmbH hält eine internationale Schachtelbeteiligung iHv 60 %, wobei 40 % steuerneutral und 20 % steuerwirksam sind; die natürliche Person X bringt eine 15 %-Beteiligung an derselben Beteiligungsgesellschaft ein, davon sind 10 % dem steuerneutralen und 5 % dem steuerwirksamen Teil zuzurechnen, entsprechend dem Verhältnis der beiden Teile zueinander bei der übernehmenden Körperschaft; die auf die eingebrachte 10 %-Beteiligung entfallenden stillen Reserven bleiben nach § 18 Abs 4 Z 1 steuerhängig; vgl UmgrStR Rz 991, zweiter Untergliederungspunkt samt Beispiel).

133

E. Untergang einer internationalen Schachtelbeteiligung

Ein einbringungsbedingter **Untergang** einer internationalen Schachtelbeteiligung ist bei der übernehmenden Körperschaft nur in Fällen einer **Teileinbringung von Schachtelbeteiligungen des Einbringenden** denkbar. Als Anwendungsfälle kommen eine Betriebs- oder Teilbetriebseinbringung oder die Einbringung von Kapitalanteilen nach § 12 Abs 2 Z 3 in Frage, bei der ein Teil einer Schachtelbeteiligung in einem Ausmaß von **weniger als 10 % übertragen** wird (UmgrStR Rz 992). Die Regelung betrifft sohin ausschließlich übertragene (eingebrachte) und nicht bei der übernehmenden Körperschaft bereits bestehende Beteiligungen. Um eine Entsteuerung der bis zum Einbringungsstichtag entstandenen stillen Reserven sicherzustellen, sieht § 18 Abs 4 Z 2 vor, dass als Ausnahme zur Wertverknüpfung nach § 18 Abs 1 Z 1 (Fortführung der Wertansätze des Einbringenden) der **höhere Teilwert** zum Einbringungsstichtag als maßgebender Buchwert bei der übernehmenden Körperschaft anzusetzen ist (UmgrStR Rz 992). Lt FV ist die Begünstigungsvorschrift in gleicher Weise auch auf die einbringende Körperschaft anzuwenden, so-

136

fern bei dieser der verbleibende Teil der Schachtelbeteiligung unter 10 % absinkt (UmgrStR Rz 992; zustimmend *Sulz*, RWZ 2001, 253 mVa eine durch Analogie zu schließende planwidrige Gesetzeslücke; glA *Huber* in *W/Z/H/K*[5] §§ 14 Rz 20, 18 Rz 58; kritisch *Rabel* in *W/H/M*, HdU[1] § 14 Rz 42).

137 Ausgenommen von der steuerneutralen Aufwertung sind nach § 18 Abs 4 Z 2 die bis zum Einbringungsstichtag umgründungsbedingt entstandenen und von der Steuerneutralität nach § 18 Abs 4 Z 1 ausgenommenen Unterschiedsbeträge, sie kürzen den maßgeblichen „höheren Teilwert" zum Einbringungsstichtag (UmgrStR Rz 993). Der so ermittelte Buchwert iSd § 18 Abs 4 Z 2 ist nach § 43 Abs 2 UmgrStG in Evidenz zu nehmen (UmgrStR Rz 993). Gleichfalls nicht erfasst von der steuerneutralen Aufwertung sind lt Verwaltungspraxis internationale Schachtelbeteiligungen iSd § 10 Abs 4 KStG (UmgrStR Rz 994).

> **Stellungnahme.** Die Ausnahme von Schachtelbeteiligungen iSd § 10 Abs 4 KStG vom Anwendungsbereich des § 18 Abs 4 Z 2 KStG kann dem Gesetzeswortlaut des § 18 Abs 4 Z 2 zwar nicht entnommen werden, scheint jedoch auf Grundlage einer teleologischen bzw systematischen Auslegung vertretbar.

X. Grund und Boden des Altvermögens

140 IRd AbgÄG 2012 wurde in § 18 Abs 5 für Umgründungen ab Stichtag 1.4.2012 eine **spezielle Regelung für Grund und Boden des Altvermögens** („Altgrundstücke"), auf den am Einbringungsstichtag die pauschale Einkünfteermittlung des § 30 Abs 4 EStG gesamthaft anwendbar ist, eingeführt. Werden im Zuge einer Betriebs-, Teilbetriebs- oder Mitunternehmeranteilseinbringung solche Immobilien ins Betriebsvermögen einer Kapitalgesellschaft unter Fortführung der Buchwerte übertragen (dh keine Inanspruchnahme des Aufwertungswahlrechts nach § 16 Abs 6; dazu § 16 Rz 181 ff), soll die pauschale Einkünfteermittlung des § 30 Abs 4 EStG nur mehr für die bis zur Einbringung eingetretene Wertsteigerung maßgeblich sein, während Wertsteigerungen ab Einbringung nach den allgemeinen Gewinnermittlungsgrundsätzen besteuert werden (UmgrStR Rz 970a samt Beispielen). Die übernehmende Körperschaft hat dafür den Teilwert zum Einbringungsstichtag in Evidenz zu nehmen (*Titz/Wild/Schlager* in *W/H/M*, HdU[16] § 18 Rz 182). Im Gegensatz zur Aufwertungsoption gem § 16 Abs 6 unterbleibt eine Sofortbesteuerung der stillen Reserven anlässlich der Einbringung. Es kommt dadurch im Grundsatz zur Verdoppelung der buchmäßigen stillen Reserven (*Titz/Wild/Schlager* in *W/H/M*, HdU[16] § 18 Rz 162 ff). Durch die Einbringung verliert das Grundstück im Grunde seine Altvermögenseigenschaft.

> **Stellungnahme.** § 18 Abs 5 bewirkt daher, dass die Altvermögenseigenschaft bei betrieblichen Grundstücken durch die Einbringung verloren geht (abweichend von der grundsätzlich iRd Buchwerteinbringung nach § 18 Abs 1 Z 4 vorgesehenen ertragsteuerlichen Gesamtrechtsnachfolge; s Rz 45 u 140c). Dies überrascht insb vor dem Hintergrund, dass im EStG die Altvermögenseigenschaft betrieblicher Grundstücke zB auch durch einen Wechsel der Gewinnermittlungsart auf § 5 Abs 1 EStG nicht untergeht. Vor dem Hintergrund der umgrstrl Zielsetzung, dass Umgründungen eine Änderung des Rechtskleides ohne steuerliche Zusatzbelastung ermöglichen wollen (*Mayr* in *D/R* I[10] Tz 1107), erscheint diese Einschränkung steuerpolitisch fragwürdig.

Mit dem **2. AbgÄG 2014** (BGBl I 2014/105) wurde § 18 Abs 5 einer Neuformulierung unterzogen. Der bisherige Regelungsinhalt wurde in Z 1 zusammengezogen und in Z 2 eine Neuregelung aufgenommen. Gem Z 2 soll die Anwendung des § 30 Abs 4 EStG bei der übernehmenden Körperschaft im Fall der Veräußerung auch dann gewahrt bleiben, wenn beim Einbringenden am Einbringungsstichtag im Falle einer Veräußerung § 30 Abs 4 EStG **nur eingeschränkt anwendbar wäre**. Geht daher der Einbringung eine Einlage oder ein Wechsel der Gewinnermittlungsart vor dem 1.4.2012 voraus, kann § 30 Abs 4 EStG auf den Aufwertungsbetrag gem § 4 Abs 3a Z 3 lit c EStG bzw auf den Einlageteilwert gem § 4 Abs 3a Z 4 EStG bei der übernehmenden Körperschaft weiter angewendet werden (ErlRV 360 BlgNR 25. GP, 17; *Titz/Wild*, RdW 2014/800, 746 f). Lt *Titz/Wild/Schlager* ist der Anwendungsbereich von Z 2 weiter als von Z 1. Z 1 bezieht sich wörtlich ausschließlich auf Grund und Boden, wohingegen Z 2 keine entsprechende Einschränkung enthält. Demnach ist die Regelung auch auf nicht steuerverfangene Gebäude des Privatvermögens, die gem § 6 Z 5 lit c EStG zum Teilwert in das Betriebsvermögen eingelegt werden, anzuwenden, da eine auf den Einlageteilwert eingeschränkte Anwendbarkeit des § 30 Abs 4 EStG vorliegt (*Titz/Wild/Schlager* in *W/H/M*, HdU[16] § 18 Rz 173).

140a

§ 18 Abs 5 Z 1 sieht als **Tatbestandsvoraussetzung** vor, dass im Fall einer Veräußerung beim Rechtsvorgänger am Einbringungsstichtag § 30 Abs 4 EStG „auf den gesamten Grund und Boden" anwendbar wäre. Diese Formulierung bezieht sich auf das **jeweilige einzelne Wirtschaftsgut** „Grund und Boden", nicht aber auf den gesamten eingebrachten Grund und Bodens (*Hirschler/Reinold,* Der Wirtschaftstreuhänder 2013, 263 [266]); Miteigentumsanteile an Grundvermögen sind daher jeweils für sich gesondert zu betrachten (*Hirschler/Sulz*, RWZ 2014, 169 [171]). Lt Gesetzesmaterialien erfasst § 18 Abs 5 lediglich Grund und Boden, bei dem § 30 Abs 4 EStG auf „die gesamte bis dahin eingetretene Wertsteigerung" anwendbar wäre, nicht hingegen Fälle einer lediglich „partiellen" Anwendbarkeit des § 30 Abs 4 EStG zB auf Aufwertungsbeträge infolge eines Wechsels der Gewinnermittlungsart nach § 5 Abs 1 EStG (ErlRV 1960 BlgNR 24. GP, 31; zur partiellen Anwendbarkeit des § 30 Abs 4 EStG s § 16 Rz 184). Damit sind im Ergebnis ausschließlich Altgrundstücke iSd § 4 Abs 3a Z 3 lit a EStG (keine Steuerhängigkeit am 31.3.2012) erfasst. Vor diesem Hintergrund bestehen im Grunde zwei denkbare Anwendungsfälle des § 18 Abs 5 Z 1: (i) Einbringung von Altvermögen iSd § 4 Abs 3a Z 3 lit a EStG durch einen § 4 Abs 1-Gewinnermittler und (ii) Einbringung von Altvermögen iSd § 4 Abs 3a Z 3 lit a EStG durch einen § 5 Abs 1-Gewinnermittler, wobei der Wechsel auf die Gewinnermittlung nach § 5 Abs 1 EStG erst nach dem 31.3.2012 erfolgte (§ 30 Abs 4 EStG bleibt diesfalls auch für danach eintretende Wertsteigerungen iRd Gewinnermittlung nach § 5 Abs 1 EStG anwendbar und erfasst damit die gesamten, am Einbringungsstichtag bestehenden stillen Reserven iSd § 18 Abs 5 Z 1). Im Fall der Einbringung durch eine **Mitunternehmerschaft** ist § 18 Abs 5 Z 1 jedenfalls anwendbar, wenn alle Mitunternehmer für den übertragenen Grund und Boden § 30 Abs 4 EStG zur Gänze in Anspruch nehmen können; darüber hinaus wird vertreten, dass iSd Bilanzbündeltheorie auch jeder Mitunternehmer „als sein Bilanzbündel allein einbringend" gesehen werden könnte u folglich § 18 Abs 5 Z 1 anteilig in Betracht kommt, soweit (lediglich) einzelne Mitunternehmer unter § 30 Abs 4 EStG fallen (*Hirschler/Reinold,* Der Wirtschafts-

140b

treuhänder 2013, 263 [267]). Im Falle einer **Mitunternehmeranteilseinbringung** ist § 18 Abs 5 Z 1 anwendbar, sofern der jeweils einbringende Mitunternehmer die Voraussetzungen des § 30 Abs 4 EStG hinsichtlich seiner Quote am Grund und Boden der Mitunternehmerschaft erfüllt, unabhängig davon, ob auch die anderen Mitunternehmer § 30 Abs 4 EStG anwenden können (*Hirschler/Reinold*, Der Wirtschaftstreuhänder 2013, 263 [267]; idS auch *Reinold*, ÖStZ 2016/291, 204 [209 f]).

140c **Rechtsfolge** der Anwendung des § 18 Abs 5 Z 1 ist lt Gesetzesmaterialien eine „gespaltene Betrachtung" bei Veräußerung eines Altgrundstücks auf Ebene der übernehmenden Körperschaft (ErlRV 1960 BlgNR 24. GP, 31). Für die bis zum Einbringungsstichtag eingetretene Wertsteigerung steht die pauschale Einkünfteermittlung nach § 30 Abs 4 EStG zu, wobei an Stelle des Veräußerungserlöses der Teilwert zum Einbringungsstichtag tritt (§ 18 Abs 5 Z 1 TS 1; UmgrStR Rz 963). Die nach dem Einbringungsstichtag bei der übernehmenden Körperschaft eingetretenen Wertveränderungen werden dagegen nach den allgemeinen Gewinnermittlungsgrundsätzen besteuert, wobei der Teilwert zum Einbringungsstichtag „an die Stelle des Buchwerts [tritt]" (§ 18 Abs 5 Z 1 TS 2; die Maßgeblichkeit der allg Gewinnermittlungsgrundsätze lässt sich aus § 18 Abs 5 Z 1 TS 1 *e contrario* und den Gesetzesmaterialien ableiten). Lt Gesetzesmaterialien sind „allfällige zwischenzeitlich eingetretene Zu- oder Abschreibungen [...] nicht zu berücksichtigen" (ErlRV 1960 BlgNR 24. GP, 31). Diese Aussage bezieht sich wohl auf den oa Teilwert in seiner Funktion als „Trennlinie" zwischen der Besteuerung nach § 30 Abs 4 EStG einerseits und nach allgemeinen Grundsätzen andererseits; dh Wertminderungen nach dem Einbringungsstichtag kürzen nicht den nach § 30 Abs 4 EStG zu besteuernden Gewinn, womit sie zu einem iRd allgemeinen Gewinnermittlung zu berücksichtigenden (fiktiven) Verlust führen. Die Wertminderung kann sich zum einen durch Veräußerung realisieren (der Veräußerungserlös unterschreitet den Teilwert zum Einbringungsstichtag) und führt insoweit zu einem steuerwirksamen Veräußerungsverlust nach § 6 Z 2 lit d EStG iVm § 7 Abs 3 KStG (*Hirschler/Sulz*, RWZ 2014, 169 172]), darüber hinaus wird auch die Berücksichtigung rechnerischer Wertverluste als (außerbilanzielle) Teilwertabschreibung vertreten (*Hirschler/Sulz*, RWZ 2014, 169 [172] mVa die periodengerechte Gewinnermittlung). Für Zwecke des Inflationsabschlages ist auf den Einbringungsstichtag abzustellen (§ 18 Abs 5 Z 1 TS 2; mit StRefG 2015/2016 entfiel der Inflationsabschlag, letztmalige Anwendung auf Einbringungsstichtage bis zum 31.12.2015, 3. Teil Z 29). Die Anwendung des § 30 Abs 4 EStG auf die vor der Einbringung eingetretene Wertsteigerung ist als **Wahlrecht** ausgestaltet, die übernehmende Körperschaft kann daher auch den gesamten Veräußerungsgewinn der Regelbesteuerung unterwerfen (ErlRV 1960 BlgNR 24. GP, 31).

140d Zum Regelungsinhalt des **§ 18 Abs 5 Z 2** s Rz 140a. Nach der Rechtslage vor dem 2. AbgÄG 2014 finden sich keine ausdrücklichen Gesetzesregelungen oder Aussagen in den Gesetzesmaterialien zu den Fällen der **partiellen Anwendbarkeit** des § 30 Abs 4 EStG auf zum Einbringungsvermögen gehörigen Grund und Boden nach § 4 Abs 3a Z 3 lit c EStG (Wechsel der Gewinnermittlung nach § 5 Abs 1 EStG vor 1.4.2012) oder § 4 Abs 3a Z 4 EStG (Einlagen zum Teilwert vor 1.4.2012). In diesen Fällen werden die diesbezüglichen, gewinnermittlungsrechtlichen Positionen des Einbringenden (insb Anwendbarkeit des § 30 Abs 4 EStG) nach allgemeinen

Grundsätzen iRd Gesamtrechtsnachfolgefiktion nach § 18 Abs 1 Z 4 auf die übernehmende Körperschaft übergehen (s allg Rz 44 f, im Detail gleich nachstehend).

Stellungnahme. Die dem Einbringenden zustehenden Wahlrechte nach §§ 4 Abs 3a iVm 30 Abs 4 EStG gehen als vermögensbezogene, dem Bereich der Gewinnermittlung zuzuordnende Rechtspositionen des Einbringenden umfassend iRd Gesamtrechtsnachfolge nach § 18 Abs 1 Z 4 auf die übernehmende Körperschaft über (s Rz 45). Das dadurch entstehende Spannungsverhältnis zum Regelungsbereich des § 18 Abs 5 idF vor 2. AbgÄG 2014 ist nach der Lex-specialis-Regel zu lösen. § 18 Abs 5 idF vor 2. AbgÄG 2014 verdrängt als lex specialis innerhalb seines (engen) Anwendungsbereiches die allgemeinen Rechtsfolgen des § 18 Abs 1 Z 4, somit insb die Anwendbarkeit der §§ 4 Abs 3a iVm 30 Abs 4 EStG bei der übernehmenden Körperschaft. Sofern § 30 Abs 4 EStG am Einbringungsstichtag gesamthaft auf den eingebrachten Grund und Boden anwendbar wäre (nicht steuerhängige Altgrundstücke zum 31.3.2012), greift die „gespaltene Betrachtung" nach § 18 Abs 5 idF vor 2. AbgÄG 2014 mit der Konsequenz, dass § 30 Abs 4 EStG nur für die Wertsteigerung bis zum Einbringungsstichtag maßgebend ist und für Wertsteigerungen danach die allgemeinen Gewinnermittlungsgrundsätze gelten. Sofern § 30 Abs 4 EStG am Einbringungsstichtag nur teilweise anwendbar wäre (somit keine Anwendbarkeit des § 18 Abs 5 idF vor 2. AbgÄG 2014), geht diese partielle Begünstigung des Einbringenden iRd Gesamtrechtsnachfolgefiktion nach § 18 Abs 1 Z 4 (uneingeschränkt) auf die übernehmende Körperschaft über; die beim Einbringenden begünstigten Aufwertungsbeträge aus einem Wechsel der Gewinnermittlung nach § 5 Abs 1 EStG oder einer Einlage zum Teilwert in einen § 5 Abs 1 EStG-Betrieb sind auch bei der übernehmenden Körperschaft nach § 30 Abs 4 EStG zu besteuern (bestätigend *Mayr/Petrag/Titz*, RdW 2014, 45 uVa UmgrStR Rz 522; *Hirschler/Sulz*, RWZ 2014, 169 [170, 173]; aA *Walter*[11] Rz 516e). Dieses Ergebnis ist systematisch, insb kommt es durchgängig zu der lt Gesetzesmaterialien zu § 18 Abs 5 idF AbgÄG 2012 beabsichtigten „gespaltenen Betrachtung". Auch in den vorgenannten Fällen, wo es zu keiner Verdrängung der gewinnermittlungsrechtlichen Gesamtrechtsnachfolge durch § 18 Abs 5 idF vor 2. AbgÄG 2014 kommt, unterliegen Wertsteigerungen nicht bloß ab dem Einbringungsstichtag, sondern bereits ab dem vorgelagerten Zeitpunkt der Einlage bzw des Wechsels der Gewinnermittlung nach § 5 Abs 1 EStG durch den Einbringenden den allgemeinen Gewinnermittlungsgrundsätzen (bestätigend Gesetzesmaterialien zum 2. AbgÄG 2014, ErlRV 360 BlgNR 25. GP, 17, wonach die diesbezügliche Neuregelung in § 18 Abs 5 Z 2 idF 2. AbgÄG 2014 lediglich eine „gesetzliche Klarstellung" darstellt).

XI. Buchgewinne und Buchverluste
A. Allgemeines

§ 18 Abs 6 idF AbgÄG 2012 regelt die steuerliche Behandlung von einbringungsbedingt bei der übernehmenden Körperschaft entstehenden Buchgewinnen und Buchverlusten durch einen Verweis auf die Regelungen des § 3 Abs 2 und 3 für die übernehmende Körperschaft bei Verschmelzungen. § 3 Abs 2 ordnet generell die **Steuerneutralität** von Buchgewinnen und Buchverlusten an. § 3 Abs 3 sieht als **Ausnahme** dazu die Steuerwirksamkeit von Buchgewinnen oder -verlusten in Folge der **Vereinigung von Aktiven und Passiven (Confusio)** vor. Angesprochen sind die Buchgewinne und -verluste in der Steuerbilanz der übernehmenden Körper-

141

schaft; Abweichungen zwischen der Steuerbilanz und der Unternehmensbilanz der übernehmenden Körperschaft (zB in Folge der Neubewertung des eingebrachten Vermögens nach § 202 Abs 1 UGB) sind iRd Mehr-Weniger-Rechnung nach allgemeinem Bilanzsteuerrecht zu berichtigen (UmgrStR Rz 996).

B. Steuerneutrale Unterschiedsbeträge

143 Buchgewinne und Buchverluste entstehen bei der übernehmenden Körperschaft in Höhe des Differenzbetrages zwischen dem **Einbringungsvermögen** (steuerliches Einbringungskapital) und dem Betrag der (gewährten oder unterbleibenden) **Gegenleistung** (UmgrStR Rz 997). Diese Buchdifferenzen bleiben bei der steuerlichen Gewinnermittlung außerhalb des Anwendungsbereiches des § 3 Abs 3 außer Ansatz.

144 Ein Sonderfall eines Buchverlustes bei der übernehmenden Körperschaft ergibt sich im Falle der **Miteinbringung der Beteiligung an der übernehmenden Körperschaft**, zB bei einer Teilbetriebs- oder Betriebseinbringung durch Einzelunternehmer oder Mitunternehmerschaften. Die übertragene Beteiligung wird dadurch zum eigenen Anteil der übernehmenden Körperschaft, die anschließende Auskehrung dieser Anteile an den Einbringenden führt zu einem (steuerneutralen) Buchverlust iHd positiven Buchwertes bzw zu einem Buchgewinn in Höhe eines negativen Buchwertes der ausgekehrten Beteiligung (UmgrStR Rz 999 mit Beispiel). Eine von der übernehmenden Körperschaft ggf geleistete **Zuzahlung** an den Einbringenden nach § 19 Abs 2 Z 3 führt lt Verwaltungspraxis gleichfalls zu einem **steuerneutralen Aufwand** (Buchverlust) nach § 18 Abs 6 idF AbgÄG 2012 (UmgrStR Rz 1109).

145 Buchverluste oder -gewinne können nicht nur bei der übernehmenden, sondern auch bei der **übertragenden Körperschaft** entstehen, insb bei Einbringungen ohne Einlagevorgang bei der übernehmenden Körperschaft wie Up-stream-Einbringungen oder Side-stream-Einbringungen (Schwesterneinbringung) ohne Gewährung einer Gegenleistung. Auch diese Buchdifferenzen sind nach **§ 20 Abs 4 Z 2 letzter Satz und nach § 20 Abs 4 Z 3 letzter Satz steuerneutral** (UmgrStR Rz 998). Aus unternehmensrechtlicher Sicht ist in diesen Fällen auf den Tatbestand der verbotenen Einlagenrückgewähr und in diesem Zusammenhang ggf erforderliche gesellschaftsrechtliche Begleitmaßnahmen zu achten.

C. Steuerwirksame Unterschiedsbeträge (Confusio)

147 Aufgrund des Verweises auf § 3 Abs 3 sind Buchgewinne oder -verluste, die sich aus der **Vereinigung von Aktiva und Passiva (Confusio)** bei der übernehmenden Körperschaft ergeben, in dem dem Einbringungsstichtag folgenden Wirtschaftsjahr **steuerlich zu berücksichtigen** (UmgrStR Rz 1000 mit Beispiel).

148 Als weitere Sonderbestimmung ist auf die Übergangsregelung im dritten Teil Z 4 lit b zu verweisen, die eine Verpflichtung zur **Nachversteuerung von stillen Reserven nach § 12 EStG**, die auf die Beteiligung an der übernehmenden Körperschaft innerhalb der letzten fünf Jahre vor dem Einbringungsstichtag übertragen wurden, enthält, sofern durch die Einbringung die Möglichkeit einer Besteuerung verloren geht. Typischer Anwendungsfall ist die Betriebseinbringung durch einen Einzelunternehmer oder eine Mitunternehmerschaft, bei der die Beteiligung an der übernehmenden Körperschaft in einem ersten Schritt miteingebracht und von der

übernehmenden Körperschaft an den Einbringenden ausgekehrt wird. Durch den Übergang der Beteiligung vom Betriebsvermögen des Einbringenden in dessen Privatvermögen werden die übertragenen stillen Reserven der Besteuerung entzogen. Die Gewinnerhöhung erfolgt in dem auf den Einbringungsstichtag folgenden Wirtschaftsjahr (vgl *Huber* in *W/Z/H/K*[5] § 18 Rz 62 mit Verweis auf *Rabel* in *W/H/M*, HdU[1] § 18 Rz 82 ff).

XII. Einbringung: Einlagen und Innenfinanzierung gem § 4 Abs 12 EStG

A. Einlagen und Einlagenrückzahlung gem § 4 Abs 12 EStG

Zur **Begriffsdefinition** der Einlage und Einlagenrückzahlung iSd § 4 Abs 12 EStG s allg § 3 Rz 151 f. **Einlagen iSd § 4 Abs 12 EStG** sind demnach im Wesentlichen Mittel einer Körperschaft, die durch Anteilsinhaber aufgrund ihrer Gesellschafterstellung aufgebracht worden sind (Gesellschafter-Außenfinanzierung; Einlagenrückzahlungs- und Innenfinanzierungserlass; 27.9.2017, BMF-010203/0309-IV/6/2017, nachfolgend „BMF-Erlass ERZ", Pkt 1.2.1; mit diesem Erlass wurde der bisherige ERZ-Erlass Z 06 0257/1-IV/6/98 vom 31.3.1998 aufgehoben, *Huber*, SWK 1998, S 381). Die Auswirkungen von Umgründungen auf den Einlagenstand sind mangels UmgrStRl Sonderregelungen anhand des allg Einlagenbegriffes zu lösen (UmgrStR Rz 1255). Der **Sonderregelung in § 4 Abs 12 Z 2 Halbsatz 2 EStG**, wonach Beträge, „die in Folge einer Umgründung iSd UmgrStG die Eigenschaft einer Gewinnrücklage oder eines Bilanzgewinnes verloren haben", nicht zu den Einlagen iSd § 4 Abs 12 EStG gehören, kommt lt FV u hM bei Einbringungen **keine Bedeutung** zu (UmgrStR Rz 1258, wonach bei Einbringungen diese Beträge stets bei der einbringenden Körperschaft verbleiben und nicht über das Einbringungskapital zu einem Teil des Nennkapitals oder der Kapitalrücklagen der übernehmenden Körperschaft werden können; *Kirchmayr*, Beteiligungserträge 203 ff; *Wiesner* in HB Bilanzsteuerrecht 538). Auch den Bewertungsvorschriften für die Gegenleistungsanteile in § 20 wird in der Literatur keine normative Bedeutung für die Beurteilung der Einlagenstände beigemessen (*Kirchmayr*, Beteiligungserträge 222, 224).

Mit dem StRefG 2015/2016 kam es zu einer Neuausrichtung der steuerlichen Einlagenrückzahlung gem § 4 Abs 12 EStG. Insb wurde durch Anordnung einer Verwendungsreihenfolge ein „Primat der Gewinnausschüttung" vorgesehen, wonach Körperschaften grundsätzlich erst dann eine Einlagenrückzahlung vornehmen können, wenn keine Beträge aus der Innenfinanzierung mehr vorhanden sind. Außerdem wurde eine gesonderte Evidenzierung für *„umgründungsbedingte Differenzbeträge"* vorgesehen. Gewinne aus der unternehmensrechtlichen Aufwertung gem § 202 Abs 1 UGB, die aufgrund der steuerlichen Buchwertfortführung noch nicht versteuert sind, sollten nicht für eine Gewinnausschüttung mit steuerlicher Wirkung zur Verfügung stehen. Mit dem AbgÄG 2015 wurde hinsichtlich der Einlagendefinition und -evidenzierung in § 4 Abs 12 Z 1 bis 3 EStG wortwörtlich zur Fassung vor dem StRefG 2015/2016 zurückgekehrt. Das *„Primat der Gewinnausschüttung"* besteht nicht mehr, eine offene Ausschüttung setzt aber nunmehr nach § 4 Abs 12 Z 4 EStG eine positive Innenfinanzierung voraus. Gleichermaßen muss für die Behandlung einer unternehmensrechtlichen Gewinnausschüttung als steuerliche Einlagenrückzahlung das Einlagenkonto einen entsprechenden positiven Wert aufweisen (BMF-Erlass ERZ, Pkt 1.3.1.). Ein Wahlrecht zwischen offener

151

152

Ausschüttung und steuerlicher Einlagenrückzahlung besteht, wenn der Ausschüttungsbetrag durch den Stand der Einlagen und den Stand der Innenfinanzierung gedeckt ist (BMF-Erlass ERZ, Pkt 1.1.; *Bader*, SWK 2017, 718). Für die umgründungsbedingten Differenzbeträge wurde eine an die Ausschüttungssperre nach § 235 UGB anknüpfende Regelung getroffen (§ 4 Abs 12 Z 4 EStG). Demnach ist sowohl der Stand der Einlagen als auch der Stand der Innenfinanzierung zu evidenzieren. Weiters hat eine Unterteilung in disponibles sowie indisponibles Kapital in Form von Subkonten zu erfolgen. Das Evidenzkonto muss mindestens aus folgenden vier Evidenz-Subkonten bestehen (BMF-Erlass ERZ, Pkt 4.2. ff; *Bader*, SWK 2017, 720):

- **Indisponible Einlagen** (Nennkapital, gebundene Kapitalrücklagen)
- **Disponible Einlagen** (Verdeckte sowie mittelbare Einlagen, ungebundene Kapitalrücklagen)
- **Indisponible Innenfinanzierung** (gebundene Gewinnrücklagen)
- **Disponible Innenfinanzierung** (Jahresüberschuss, freie Gewinnrücklagen)

Bei Bedarf kann das Evidenzkonto um ein Surrogatkapital-Subkonto (Einlagen im Bereich des Partizipations- und Substanzgenussrechtskapitals) und ein Darlehenskapital-Subkonto (Verbindlichkeiten gegenüber Gesellschaftern) erweitert werden (*Wilplinger*, taxlex 2017, 353). Für kleine und mittelgroße GmbHs gibt es Erleichterungen hinsichtlich der Evidenzkontenführung (ausführlich mit Beispielen s BMF-Erlass ERZ Anhang I).

> **Stellungnahme.** § 4 Abs 12 EStG hat durch das StRefG 2015/2016 sowie das AbgÄG 2015 innerhalb kurzer Zeit wesentliche Änderungen erfahren. Das *„Primat der Gewinnausschüttung"*, eingeführt durch das StRefG 2015/2016, wurde dabei im Zuge des AbgÄG 2015 durch das grundsätzliche „Wahlrecht Gewinnausschüttung vs Einlagenrückzahlung" abgelöst. Mit dem StRefG 2015/2016 wurde die bisherige Technik, den Stand der Einlagen auf Subkonten zu evidenzieren, aufgegeben. Derzeit erscheint es fraglich, ob mit dem AbgÄG 2015 zu dieser Subkontentechnik wieder zurückgekehrt wurde. Mit dem AbgÄG 2015 wurde in Bezug auf die Einlagenevidenz der Gesetzesaufbau vor der Steuerreform 2015/2016 weitgehend wiederhergestellt. Nach den Erläuterungen zur Regierungsvorlage soll der Stand der Einlagen dabei nach den Vorschriften vor dem StRefG 2015/2016 ermittelt werden (ErlRV 896 BlgNR 25. GP, 3 zum AbgÄG 2015). In der Literatur lassen sich Meinungen und Aussagen in jede Richtung finden (für die bisherige Subkontentechnik eher *Brugger/Plott/Zöchling* in HB Einlagenrückzahlungen 51 ff; *Rzepa*, RdW 2016/40, 62 ff; gegen die bisherige Subkontentechnik eher *Lachmayer/Wild* in HB Einlagenrückzahlung 31 ff; *Stückler/Wytrzens*, ÖStZ 2016/245, 177 ff; für eine vereinfachte Untergliederung der Subkonten *Kofler/Marschner/Wurm*, SWK 2016, 1 ff; zur aktuellen unklaren Rechtslage *Marschner/Renner*, SWK 2016, 784 ff). Eine diesbezügliche klarstellende Regelung durch den Gesetzgeber wäre zu begrüßen.

153 Bei der Beurteilung der Auswirkungen von Umgründungen auf den Einlagenstand wird in der Literatur den UmgrStR Rz 1255 ff entsprechend folgende nachstehende Dreiteilung vorgenommen (*Huber*, SWK 1998, S 381 [385]; *Kirchmayr*, Beteiligungserträge 217 ff):

- **Umgründungen mit Einlagencharakter** (Gesellschafter-Außenfinanzierung): Grundsätzlich Erhöhung des Einlagenstandes bei der übernehmenden Körperschaft, betrifft Konzentrationseinbringungen und Konzerneinbringungen down stream; s Rz 156.
- **Umgründungen mit Einlagenumschichtungscharakter:** Umschichtung bestehender Einlagenstände, betrifft Side-stream-Einbringungen; s Rz 161.
- **Umgründungen mit (steuerneutralem) Einlagenrückzahlungscharakter:** Abstockung des Einlagenstandes der einbringenden Körperschaft, betrifft Upstream-Einbringungen; s Rz 166.

1. Konzentrations- und Down-stream-Einbringung

Bei Einbringungen mit Einlagencharakter (Konzentrationseinbringung und Konzerneinbringung down stream; im Detail *Huber*, SWK 1998, S 381 [386]) erhöht sich der Einlagenstand gem § 4 Abs 12 Z 1 EStG lt Rspr, FV und hM um den **steuerlich maßgebenden positiven Sacheinlagewert** (VwGH 1.9.2015, Ro 2014/15/0002, Anm *Marschner/Renner*, SWK 2016, 41 [49]; *Hirschler/Sulz/Oberkleiner*, BFGjournal 2014, 70; UmgrStR Rz 982, 1256, 1260; BMF-Erlass ERZ, Pkt 2.1.2; BMF 14.11.02 RdW 2002, 766; Jakom[10]/*Marschner* § 4 Rz 499, 520; *Huber*, SWK 1998, S 381 [387]; *Kauba*, SWK 2001, S 711; *Wolf*, SWK 2003, S 512; kritisch *Hügel* in H/M/H § 3 Rz 55; *Rabel* in W/H/M, HdU[1] § 18 Rz 40, wonach der Wortlaut des § 4 Abs 12 Z 1 EStG eine Anknüpfung an die handelsrechtlichen Eigenkapitalpositionen bzw Wertansätze gem § 202 UGB nahelegt). Der steuerlich maßgebende Sacheinlagewert entspricht im Anwendungsbereich des UmgrStG bei der Einbringung von Betriebsvermögen im Grundsatz (zu Ausnahmen s Rz 157) dem Einbringungskapital gem §§ 15 iVm 16 und bei der Einbringung von nicht betriebszugehörigen Kapitalanteilen dem nach § 17 maßgebenden Wert (UmgrStR Rz 1256; VwGH 1.9.2015, Ro 2014/15/0002, Anm *Marschner/Renner*, SWK 2016, 41 [49]; *Hirschler/Sulz/Oberkleiner*, BFGjournal 2014, 70; lt Literatur vermindert sich bei Kapitalanteilseinbringungen der nach § 17 maßgebende Wert um das allenfalls nach § 12 Abs 2 Z 3 mitübertragene Fremdkapital (*Rabel* in W/H/M, HdU[1] § 18 Rz 40; *Sulz*, FJ 1998, 52). Bei Vorliegen eines steuerlich **negativen Einbringungswertes** ergibt sich lt FV und hM **keine Veränderung des Einlagenstandes** bei der übernehmenden Körperschaft (auch nicht bei einer Sachgründung oder einer Kapitalerhöhung), weil mangels eines positiven Einbringungswertes eine Erhöhung des Einlagenstandes ausgeschlossen ist und andererseits eine Einlagenrückzahlung an den Einbringenden nicht vorliegt (UmgrStR Rz 1260; BMF 14.11.02 RdW 2002, 766; Jakom[10]/*Marschner* § 4 Rz 499, 520; *Kauba*, SWK 2001, S 711). Der **unternehmensrechtliche Sacheinlagewert** oder eine unternehmensrechtliche Neubewertung des Einbringungsvermögens bei der übernehmenden Körperschaft nach § 202 UGB sind lt Rspr, FV und hM unmaßgeblich (VwGH 1.9.2015, Ro 2014/15/0002, Anm *Marschner/Renner*, SWK 2016, 41 [49]; *Hirschler/Sulz/Oberkleiner*, BFGjournal 2014, 70; UmgrStR Rz 1259; *Huber*, SWK 1998, S 381 [387]; *Huber* in W/Z/H/K[5] § 18 Rz 64; für eine Anknüpfung an den unternehmensrechtlichen Sacheinlagewert *Hügel* in H/M/H § 18 Rz 45; *Rabel* in W/H/M, HdU[1] § 18 Rz 40 mwN).

156

Der nach den §§ 16 bzw 17 maßgebende steuerliche Sacheinlagewert ist lt FV in folgenden Fällen anzupassen:

157

- § 20 Abs 8 (Wechsel der Gewinnermittlungsart bei der übernehmenden Körperschaft): Der Beteiligungsansatz ist nach § 20 Abs 8 um den Übergangsgewinn bzw -verlust nach § 4 Abs 10 EStG, der sich aus dem Übergang der Gewinnermittlung auf § 5 Abs 1 EStG bei der übernehmenden Körperschaft ergibt, zu erhöhen oder zu vermindern (s Rz 56), im selben Ausmaß ist lt FV der Einlagenstand anzupassen (UmgrStR Rz 1265).
- § 20 Abs 2 Z 5 (Exporteinbringung nach **§ 16 Abs 1 S 2 idF vor AbgÄG 2015** mit Nichtfestsetzungskonzept): Kommt es bei Exporteinbringungen nach § 16 Abs 1 S 2 idF vor AbgÄG 2015 mit Stundungsantrag zu einer nachträglichen Steuerfestsetzung, ist nach § 20 Abs 2 Z 5 rückwirkend der Beteiligungsansatz zu erhöhen (s § 20 Rz 22). Lt FV sind korrespondierend das Einbringungskapital und der Einlagenstand zu korrigieren (BMF 3.10.2013, Sbg Steuerprotokoll 2013 [UmgrSt], Pkt 2.5, Lösung Variante 1).
Stellungnahme. Da die Bewertung des Einbringungsvermögens im Anwendungsbereich des § 16 Abs 1 S 2 idF vor AbgÄG 2015 mit dem gemeinen Wert nach §§ 20 KStG bzw 6 Z 14 lit b EStG unabhängig davon, ob in weiterer Folge die Nichtfestsetzung beantragt wird, erfolgt, sind auch das Einbringungsvermögen und der Einlagenstand bei der übernehmenden Körperschaft von Anbeginn mit dem gemeinen Wert anzusetzen (unabhängig von einem Stundungsantrag bzw einer späteren Steuerfestsetzung beim Einbringenden; im Detail s 5. Aufl, § 16 Rz 50 und 52, § 20 Rz 23). Im Falle des § 20 Abs 8 scheint die Erhöhung iSe „Feinjustierung" der steuerlich maßgebenden Einbringungswerte gleichfalls sachgerecht. Eine darüber hinausgehende Korrektur des Einlagenstandes zB in Aufwertungsfällen des § 20 Abs 2 Z 4 (Ausschüttungsfiktion, soweit durch Entnahmen nach § 16 Abs 5 Z 1 und 2 negative Einbringungswerte entstehen) scheint dagegen systematisch nicht gerechtfertigt, da es sich dabei um eine Aufwertung von ursprünglich negativen Einbringungswerten (auf maximal null) handelt, die für sich keine Erhöhung der Einlagenstände verursacht hätten (s Rz 156).

158 Findet anlässlich der Einbringung eine **Kapitalerhöhung** statt, so ist in diesem Ausmaß das **Nennkapital-Subkonto** zu erhöhen, in Höhe des **Restbetrages** das **Rücklagen-Subkonto**. Unterbleibt eine Kapitalerhöhung bei der übernehmenden Körperschaft, ist der Gesamtbetrag des steuerlichen Einbringungswertes in das Rücklagen-Subkonto einzustellen (UmgrStR Rz 1259, 1261 mit Beispiel; *Huber* in W/Z/H/K[5] § 18 Rz 64).

159 Bei **mittelbaren Down-stream-Einbringungen** durch die Großmuttergesellschaft in die Enkelgesellschaft kommt es bei der Zwischenkörperschaft und der übernehmenden Enkelgesellschaft zu einer Einlagenbestandserhöhung in Höhe des steuerlich maßgeblichen positiven Sacheinlagewertes; Gleiches gilt für weitere Zwischengesellschaften im Falle von Einbringungen durch in der Kaskade noch weiter entfernte Gesellschafter (*Wiesner* in HB Bilanzsteuerrecht 533, 538).

2. Side stream-Einbringung

161 Aufgrund der umgrstrl Behandlung von Side-stream-Einbringungen als **Direktübertragung des Einbringungsvermögens**, die nicht im Wege der Gesellschafter erfolgt, wird die Sphäre der Gesellschafter nicht berührt (keine Vermögensauskehr und -einlage in die übernehmende Körperschaft) und bleiben folglich lt FV und hM die **Einlagenstände** der einbringenden und übernehmenden Körperschaften **in Summe unverändert** (kein Gesellschafter-Außenfinanzierungsvorgang; UmgrStR Rz 1262; *Kirchmayr*, Beteiligungserträge 224; *Wiesner* in HB Bilanzsteuerrecht 538; *Huber*, SWK 1998, S 381 [387]; aA *Rabel* in *W/H/M*, HdU[1] § 14 Rz 44). Uneinigkeit besteht im Schrifttum, nach welchen **Maßstäben** die Neuverteilung des Einlagenstandes vorzunehmen ist. Lt **FV und Teilen der Literatur** ist aus § 20 Abs 4 Z 3, wonach auf Anteilsinhaberebene eine Ab- und Aufstockung des Beteiligungsansatzes an der einbringenden und an der übernehmenden Körperschaft nach Maßgabe des Verkehrswertes des verschobenen Vermögens erfolgt, „abzuleiten", dass auch der **Evidenzkontenstand der einbringenden Körperschaft** im **Verhältnis des Verkehrswertes** des eingebrachten Vermögens zum Gesamtwert vor der Einbringung **abzustocken** und **im selben Ausmaß** bei der **übernehmenden Körperschaft aufzustocken** ist (UmgrStR Rz 1262; *Schwarzinger/Wiesner* I/2[3] 1483; *dies* in GedS Quantschnigg 308; *Wiesner* in HB Bilanzsteuerrecht 538; *Matzka/Walter*, GeS 2003, 119; *Huber*, SWK 1998, S 381 [388]; *Huber* in *W/Z/H/K*[5] § 18 Rz 66). Die Abstockung bei der einbringenden Körperschaft ist in erster Linie bei dem Bilanzgewinn-Subkonto, ein übersteigender Betrag bei dem Rücklagen-Subkonto und der Restbetrag bei dem Nennkapital-Subkonto vorzunehmen. Die korrespondierende Aufstockung bei der übernehmenden Körperschaft hat im Falle der Bildung einer Kapitalrücklage bei dem Rücklagen-Subkonto, ein darüber hinausgehender Betrag bei dem Bilanzgewinn-Subkonto zu erfolgen (UmgrStR Rz 1263). Ohne Bedeutung für den Einlagenstand der übernehmenden Körperschaft ist dabei, welchen Charakter das Einlagen-Evidenzkonto der einbringenden Körperschaft aufweist oder ob das Einbringungskapital zum Teil aus Gewinnpositionen (Gewinnrücklagen, Bilanzgewinn) der einbringenden Körperschaft besteht (UmgrStR Rz 1258, wonach die Ausnahmebestimmung des § 4 Abs 12 Z 2 EStG bei Einbringungen keine Bedeutung hat). Lt **anderer Auffassung** ist bei der **einbringenden Gesellschaft** dagegen **im Einzelfall zu prüfen**, in welcher Form sich der Verlust aus dem einbringungsbedingten Vermögensabgang auf die in der Unternehmensbilanz ausgewiesenen Eigenkapitalpositionen auswirkt und welche Darstellung auf den entsprechenden Evidenzkonten gewählt wird. Wird etwa der Verlust in der Unternehmensbilanz ausschließlich mit Bilanzgewinnen oder Gewinnrücklagen verrechnet, liegt keine Einlagenrückzahlung iSd § 4 Abs 12 Z 3 EStG vor und hat eine Verminderung des Einlagenstandes zu unterbleiben; wird der Verlust aus dem Vermögensabgang hingegen zB durch Auflösung einer aus Gesellschafterzuschussen stammenden Kapitalrücklage kompensiert, vermindert sich der Einlagenstand im Ausmaß der zur Verlustabdeckung erfolgten Auflösung der Kapitalrücklage (vgl *Kirchmayr*, Beteiligungserträge 224 f; *Rabel* in *W/H/M*, HdU[1] § 14 Rz 44 mwN). Der VwGH hat in der Entscheidung vom 25.7.2013, 2012/15/0004, zumal den Einlagenumschichtungscharakter einer Side-stream-Einbringung bestätigt (Einlagenstände in Summe unverändert) und ist der Aufteilung der Einlagenstände nach Verkehrswertverhältnissen (iSv UmgrStR Rz 1262) gefolgt (vgl *Wiesner*, RdW 2013, 265; *Beiser*, RdW 2013, 627).

Auf **Anteilsinhaberebene** liegt schon begrifflich keine Einlagenrückgewähr vor, **162** weil infolge der UmgrStR bei Direktübertragung des Einbringungsvermögens keine Vermögensauskehr an den Anteilsinhaber angenommen wird (s Rz 161).

163 Bei der **übernehmenden Körperschaft** liegt lt FV und Literatur stets eine Einlage iSd § 4 Abs 12 EStG vor, auch wenn eine Anteilsgewährung wegen Identität der Beteiligungsverhältnisse an der einbringenden und an der übernehmenden Körperschaft nach § 19 Abs 5 Z 2 (Schwesterneinbringung) unterbleibt (UmgrStR Rz 1262; im Detail s Rz 161).

164 Gemäß der Auffassung, dass Side-stream-Einbringungen iRd UmgrStG als Direktübertragung des Einbringungsvermögens gelten (s Rz 161), wird auch bei **mittelbaren Beteiligungsidentität** die Sphäre der un- bzw mittelbaren Gesellschafter im einbringenden und im übernehmenden Beteiligungsast nicht berührt, sodass es bei den **Zwischengesellschaften** zu keiner Änderung der Einlagenevidenzkonten kommt. Zur Bewertung der Beteiligungsansätze im einbringenden und im übernehmenden Ast s § 20 Rz 45.

3. Up-stream-Einbringung

166 Up-stream-Einbringungen stellen Umgründungen mit Einlagenrückzahlungschrakter dar (*Huber*, SWK 1998, S 381 [386]). Lt **FV und Teilen der Literatur** ist der Evidenzkontenstand der **einbringenden Tochtergesellschaft** im **Verhältnis des Verkehrswertes** des eingebrachten Vermögens zum Gesamtvermögen vor der Einbringung mVa „die Analogie zur Up-stream-Verschmelzung" **abzustocken** (UmgrStR Rz 1264; *Schwarzinger/Wiesner* I/2³ 1479). Lt **anderer Auffassung** ist dagegen **im Einzelfall zu prüfen**, in welcher Form sich der Verlust aus dem einbringungsbedingten Vermögensabgang auf die in der Unternehmensbilanz ausgewiesenen Eigenkapitalpositionen auswirkt und welche Darstellung auf den entsprechenden Evidenzkonten gewählt wird. Wird der Verlust in der Unternehmensbilanz ausschließlich mit Bilanzgewinnen oder Gewinnrücklagen verrechnet, liegt keine Einlagenrückzahlung iSd § 4 Abs 12 Z 3 EStG vor und hat eine Verminderung des Einlagenstandes zu unterbleiben; wird der Verlust zB durch Auflösung einer aus Gesellschafterzuschüssen stammenden Kapitalrücklage kompensiert, vermindert sich der Einlagenstand im Ausmaß der zur Verlustabdeckung erfolgten Auflösung der Kapitalrücklage (*Rabel* in W/H/M, HdU¹ § 14 Rz 44 mwN; *Kirchmayr*, Beteiligungserträge 222; *Huber*, SWK 1998, S 381 [388]).

167 Eine Einlagenrückzahlung seitens der einbringenden (Tochter)Körperschaft ist bei der **übernehmenden Körperschaft** gem § 20 Abs 4 Z 2 (als lex specialis gegenüber § 4 Abs 12 EStG) **nicht steuerwirksam** (UmgrStR Rz 1264; *Rabel* in W/H/M, HdU¹ § 18 Rz 39).

168 Bei der **übernehmenden Körperschaft** kommt es im Falle einer Up-stream-Einbringung durch eine 100 %-Tochtergesellschaft idR (mangels Beteiligung der einbringenden an der übernehmenden Körperschaft) zu **keinem Einlagetatbestand** und damit zu keiner Änderung des Evidenzstandes (UmgrStR Rz 1264; *Kirchmayr*, Beteiligungsertrag 221; *Rabel* in W/H/M, HdU¹ § 18 Rz 39; *Huber* in W/Z/H/K⁵ § 18 Rz 67). Erfolgt die Up-stream-Einbringung nicht durch eine 100 %-Tochtergesellschaft, kann ein Einlagentatbestand erfüllt sein, sofern bereits eine wechselseitige Beteiligung besteht oder eine Anteilsgewährung durch die übernehmende Körperschaft an die einbringende Tochtergesellschaft selbst oder deren (Mit)Gesellschafter erfolgt. Mangels spezieller Regelungen scheint in diesem Fall in Analogie zu § 19 Abs 2 Z 4 eine Erhöhung des Einlagenstandes bei der übernehmenden Körperschaft um den steuerlich maßgeblichen Sacheinlagewert, aliquot gekürzt um die Beteiligungsquote der übernehmenden Körperschaft an der einbringenden Tochtergesellschaft, sachgerecht (Bsp: Up-stream-Einbringung durch eine 25%ige Beteiligungsgesellschaft, Einbringungskapital iHv 100 GE; Erhöhung des Einlagenstandes bei der übernehmenden Körperschaft um 75 GE). Dies lässt sich auch aus den UmgrStR Rz 1264, 2. Absatz, zur Up-stream-Einbringung durch Mitunternehmerschaften ableiten; eine Einlage iSd § 4 Abs 12 EStG scheidet bei der übernehmenden Körperschaft aus, „soweit" auf eine Gegenleistung gem § 19 Abs 2 Z 4 verzichtet wird, weil die übernehmende Körperschaft **Anteile an der einbringenden Mitunternehmerschaft aufgibt** (vgl *Rabel* in *W/H/M*, HdU[1] § 18 Rz 39; *Huber* in *W/Z/H/K*[5] § 18 Rz 67). Allg zur Anteilsgewährung bei Up-stream-Einbringungen s § 19 Rz 76.

Eine **mittelbare Up-stream-Einbringung** (zB Einbringung der Enkel-Gesellschaft **169** in die Großmutter-Gesellschaft) kann im Grundsatz aufgrund des Einlagenrückzahlungscharakters der Umgründung zu einer Abstockung des Einlagenstandes bei der/den Zwischenkörperschaft(en) führen. Steuersystematisch gelten mittelbare Einlagenrückzahlungen analog zu mittelbaren Einlagen als durch die Zwischenkörperschaften durchgeleitet (Einlagenrückzahlung als Umkehrung der Einlage, s BMF-Erlass ERZ, Pkt 1.2.1.; *Wiesner* in HB Bilanzsteuerrecht 533). Auf jeder Ebene der Kaskade ist daher wie im Falle einer unmittelbaren Up-stream-Einbringung vorzugehen (zu den unterschiedlichen Auffassungen lt FV und Lit s Rz 166).

B. Innenfinanzierung gem § 4 Abs 12 EStG

1. Allgemeines

Mit dem StRefG 2015/2016 und in weiterer Folge dem AbgÄG 2015 wurde im Zuge **170** der Neuausrichtung der steuerlichen Einlagenrückzahlung gem § 4 Abs 12 EStG die Bestimmung eingeführt, neben dem Einlagenstand gem § 4 Abs 12 Z 1 EStG auch den Stand der Innenfinanzierung gem § 4 Abs 12 Z 4 EStG zu erfassen und fortzuführen. Die Auswirkungen von Umgründungen nach dem UmgrStG auf den Stand der Innenfinanzierung wurden dabei vom Gesetzgeber im Verordnungsweg zu § 4 Abs 12 Z 4 EStG im Rahmen der **Innenfinanzierungsverordnung (IF-VO)** geregelt. Die Veröffentlichung der Innenfinanzierungsverordnung erfolgte im Bundesgesetzblatt (BGBl II 2016/90) mit 26.4.2016. Die Verordnung ist nach § 3 IF-VO erstmals für Umgründungen anzuwenden, die nach dem 31.5.2015 beschlossen werden. Für Zwecke der erstmaligen Ermittlung der Innenfinanzierung (mittels genauer Berechnung oder vereinfacht gem § 124b Z 279 lit a erster TS EStG) und deren Fortführung (§ 124b Z 279 lit c EStG) kann die Verordnung ebenfalls angewendet werden.

§ 1 IF-VO regelt die grundsätzlichen Auswirkungen von Umgründungen mit steu- **171** errechtlicher **Buchwertfortführung** auf die Innenfinanzierung. Die Grundsätze gem § 1 IF-VO gelten dabei unabhängig vom jeweiligen Umgründungsvorgang. Die Regelung des § 1 Abs 1 Z 1 IF-VO formuliert dabei den Grundsatz, dass die vorhandene Innenfinanzierung bei Umgründungen mit Buchwerten nach Maßgabe von § 2 IF-VO fortzuführen ist. Die Auswirkungen von Umgründungen auf den **unternehmensrechtlichen Jahresüberschuss/Jahresfehlbetrag sind nicht relevant** (UmgrStR Rz 379).

Nach § 1 Abs 1 Z 2 IF-VO wirken sich **steuerneutrale Buchgewinne und Buch-** **172** **verluste**, die iRv Umgründungen entstehen, nicht auf den Stand der Innenfinanzierung aus. Dieser Grundsatz gilt nach § 1 Abs 2 IF-VO auch für Wirtschaftsjahre, die dem Umgründungsstichtag folgen, wenn Buchverluste durch den Ansatz eines Umgründungsmehr- bzw Firmenwertes (§ 202 Abs 2 Z 2 und 3 UGB) oder den Ansatz des beizulegenden Wertes (§ 202 Abs 1 UGB) aus Umgründungen zunächst vermieden worden sind. Wertänderungen dieser Bilanzpositionen durch Abschreibungen, Zuschreibungen oder Buchwertabgänge, die sich in den folgenden Wirtschaftsjahren auf den unternehmensrechtlichen Jahresüberschuss/Jahresfehlbetrag auswirken, sind bei der Ermittlung der Innenfinanzierung auszuscheiden (UmgrStR Rz 379; *Rzepa/Titz/Wild* in HB Einlagenrückzahlung 126 f; *Schlager*, RWZ 2016/25, 113 [114]).

173 Nach § 1 Abs 1 Z 3 IF-VO sind durch Umgründungen entstandene **Confusiosachverhalte**, welche durch die Vereinigung von Aktiven und Passiven entstehen, für die Innenfinanzierung zu berücksichtigen. Confusiogewinne erhöhen bzw Confusioverluste vermindern dabei die Innenfinanzierung. Solche Confusioergebnisse sind im Jahr ihres Anfallens bei der Innenfinanzierung zu berücksichtigen, als idR auf das dem Umgründungsstichtag folgende Wirtschaftsjahr (UmgrStR Rz 379; *Rzepa/Titz/Wild* in HB Einlagenrückzahlung 128; *Schlager*, RWZ 2016/25, 113 [114]).

174 Den in der Innenfinanzierungsverordnung geregelten Grundsätzen liegt ein grundsätzlicher **Fortführungsgedanke** zu Grunde. Demnach soll ein bestehendes steuerliches Ausschüttungspotential in Form einer evidenzierten Innenfinanzierung nicht durch Umgründungsmaßnahmen und deren unternehmensrechtliche Behandlung entstehen oder untergehen (*Rzepa/Titz/Wild* in HB Einlagenrückzahlung 126; *Wurm*, SWK 2016, 681 [684] mwN).

175 Nach der derzeitigen Fassung der IF-VO ist dem reinen Wortlaut nach der Anwendungsbereich der VO zu § 4 Abs 12 Z 4 EStG und die darin geregelten Grundsätze gem § 1 Abs 1 Z 1 IF-VO auf Umgründungen mit steuerlicher **Buchwertfortführung eingeschränkt** (*Rzepa/Titz/Wild* in HB Einlagenrückzahlung 123; *Schlager*, RWZ 2016/25, 113 [114]; *Wurm*, SWK 2016, 681 [684]). Lt Literatur ist die Ausübung einzelner Bewertungswahlrechte des UmgrStG, wie bspw die Aufwertung von Grund und Boden nach § 16 Abs 6, für die Anwendbarkeit der IF-VO unschädlich, sofern dem Grunde nach eine Buchwertumgründung vorliegt (UmgrStR Rz 379; *Rzepa/Titz/Wild* in HB Einlagenrückzahlung 123; *Stanek/Stückler*, ÖStZ 2016/777, 569 [571 mwN]. Von der IF-VO nicht direkt angesprochen werden bspw Fälle grenzüberschreitender Umgründungen (*Schlager*, RWZ 2016/25, 113 [117]).

176 **Unternehmensrechtliche Aufwertungsgewinne**, die infolge von Umgründungen unter Ansatz des beizulegenden Zeitwertes entstehen, erhöhen gem § 4 Abs 12 Z 3 Satz 3 EStG erst in jenem Zeitpunkt und Ausmaß den Stand der Innenfinanzierung, in dem die Ausschüttungssperre gem § 235 UGB entfällt bspw im Veräußerungszeitpunkt (BMF-Erlass ERZ Pkt 3.4.3.; UmgrStR Rz 928; *Rzepa/Titz/Wild* in HB Einlagenrückzahlung 124; *Stanek/Stückler*, ÖStZ 2016/801, 589 [593 f]). Hingegen wird die **steuerliche Aufwertung** von umgründungsbedingt übernommenem Vermögen, wie bspw die Aufwertung von Grund und Boden nach § 16 Abs 6, und deren Auswirkungen auf den Innenfinanzierungssaldo von der IF-VO nicht explizit geregelt. Wenngleich durch die steuerliche Aufwertung der Innenfinanzierungsstand nicht unmittelbar berührt bzw erhöht wird (zum Fortführungsgedanken s Rz 174), kommt es dadurch mittelbar zu einer doppelten Erfassung derselben stillen Reserve als Einlage gem § 4 Abs 12 Z 1 EStG und als Innenfinanzierung gem § 4 Abs 12 Z 4

EStG (*Rzepa/Titz/Wild* in HB Einlagenrückzahlung 124; *Stanek/Stückler*, ÖStZ 2016/801, 589 [593 f]; Einbringungen mit Einlagencharakter sind in Fällen der Konzentrations- und Down-stream-Einbringungen gegeben, s Rz 156). Bei einer unternehmensrechtlichen Buchwertfortführung (mit steuerlicher Aufwertung) werden die stillen Reserven bei künftiger Realisierung im unternehmensrechtlichen Jahresabschluss ergebniswirksam und damit innenfinanzierungserhöhend erfasst. IZm der Inanspruchnahme der Aufwertungsoption nach § 16 Abs 6 hat lt FV in beiden Fällen (unternehmensrechtliche Aufwertung oder Buchwertfortführung) eine Erhöhung der Innenfinanzierung nicht zu erfolgen, wenn bereits der Einlagenstand in Höhe des Aufwertungsbetrages erhöht wurde (UmgrStR Rz 928).

§ 2 Abs 3–5 IF-VO beinhaltet Regelungen, wie die Fortführung der vorhandenen **177** Innenfinanzierung bei den einzelnen Einbringungsvarianten konkret vorgenommen werden soll. In der IF-VO nicht explizit geregelt sind Auswirkungen für sonstige an der Umgründung beteiligte Körperschaften, wie etwa Zwischengesellschaften bei mittelbaren Umgründungen bzw Gesellschafter, die nicht gleichzeitig übernehmende Körperschaft sind (*Wurm*, SWK 2016, 681 [684]). Lt FV richten sich § 2 Abs 3–5 IF-VO an die Innenfinanzierung der übernehmenden und der übertragenden Körperschaft, nicht hingegen an die Innenfinanzierung etwaiger Zwischenkörperschaften. Nach den allgemeinen Grundsätzen gem § 1 IF-VO ergeben sich für diese keine Auswirkungen (UmgrStR Rz 1266a).

2. Konzentrations- und Down-stream-Einbringung

Gem § 2 Abs 3 IF-VO wirken sich Konzentrations- und Down-stream-Einbringungen **178** **nicht auf den Stand der Innenfinanzierung der übernehmenden Körperschaft aus**. Die genannten Einbringungstypen sind steuerlich Einlagenvorgänge und erhöhen den Einlagenstand gem § 4 Abs 12 Z 1 EStG um den steuerlich maßgebenden positiven Sacheinlagewert (s Rz 156). Konzentrations- und Downstream-Einbringungen haben auch keine Auswirkungen auf die Innenfinanzierung einer einbringenden Körperschaft (UmgrStR Rz 1266a; *Rzepa/Titz/Wild* in HB Einlagenrückzahlung 134).

Die IF-VO enthält keine ausdrücklichen Aussagen zur Einbringung von Vermögen **179** mit negativem Buchwert. Lt FV und Literatur wird davon ausgegangen, dass der Stand der Innenfinanzierung durch eine solche Einbringung nicht berührt wird (UmgrStR Rz 1266b; *Rzepa/Titz/Wild* in HB Einlagenrückzahlung 137 mwN; *Schlager*, RWZ 2016/25, 113 [116]). Diese Meinung orientiert sich an der Auffassung, dass Einbringungen mit negativem Buchwert auch zu keinen Veränderungen des Einlagenstandes iSd § 4 Abs 12 Z 1 EStG führen (s Rz 156). Einschränkend führt § 2 Abs 3 letzter Satz IF-VO bei Einbringungen gem Art III durch natürliche Personen aus, dass Beträge, die gem § 18 Abs 2 Z 1 als ausgeschüttet gelten, die Innenfinanzierung in dem für die Ausschüttung maßgebenden Zeitpunkt verringern. Diese Beträge sind jener Teil des negativen Buchwertes von eingebrachtem Vermögen, die durch rückwirkende Entnahmen entstanden sind (UmgrStR Rz 1266b; zum Ausschüttungszeitpunkt s Rz 76).

3. Up-stream-Einbringung

Gem § 2 Abs 4 IF-VO wirken sich Up-stream-Einbringungen auf die Innenfinan- **180** zierung in der Form aus, dass die Innenfinanzierung der einbringenden Körperschaft in dem Ausmaß zu vermindern und im gleichen Ausmaß der Innenfinanzierung der übernehmenden Körperschaft zuzuschreiben ist, in dem sich der Verkehrswert der einbringenden Körperschaft durch die Einbringung vermindert (**Auf- und Abstockung nach Verkehrswertverhältnissen**). Die Innenfinanzierung bleibt insgesamt unverändert. Die Anwendung von § 2 Abs 4 IF-VO setzt voraus, dass die übernehmende Körperschaft alle Anteile an der einbringenden Körperschaft besitzt (UmgrStR Rz 1266a; *Rzepa/Titz/Wild* in HB Einlagenrückzahlung 134; *Wurm*, SWK 2016, 681 [688]).

181 Die IF-VO trifft, mit Ausnahme von § 2 Abs 1 IF-FO zur Verschmelzung, grundsätzlich keine expliziten Aussagen zur Behandlung von negativen Innenfinanzierungsständen. Der Wartungserlass 2016/2017 idF Begutachtungsentwurf zu den UmgrStR (Rz 1266a) formuliert, dass im Falle von negativen Innenfinanzierungsständen der Logik des § 20 Abs 4 entsprechend wie mit negativen Anschaffungskosten bzw Buchwerten umzugehen ist und verweist auf die UmgrStR Rz 1130. Die UmgrStR konkretisieren in Rz 1130 aber lediglich Fälle von Side-stream-Einbringungen. Die Auswirkungen einer Up-stream-Einbringung auf einen negativen Innenfinanzierungssaldo der übertragenden Körperschaften ist derzeit unklar. Sofern in diesem Zusammenhang den Gedanken der Anteilsbewertung iSd § 20 Abs 4 Z 2 bei einer Up-stream-Einbringung mit negativen Anschaffungskosten bzw Buchwerten gefolgt wird, hätte eine Up-stream-Einbringung auf einen negativen Innenfinanzierungssaldo bei der übertragenden Körperschaft keine Auswirkungen (zur Up-stream-Einbringung s § 20 Rz 39).

4. Side-stream-Einbringung

182 Gem § 2 Abs 5 IF-VO ist bei der Side-stream-Einbringung eine Aufteilung der Innenfinanzierung der einbringenden Körperschaft vorzunehmen. Die Innenfinanzierung ist in dem Ausmaß, in dem sich die Werte der Anteile durch die Einbringung verschieben, bei der einbringenden Körperschaft abzustocken und in diesem Ausmaß der Innenfinanzierung der übernehmenden Körperschaft zuzuschreiben. Der Maßstab für die Wertverschiebung entspricht dem **Verhältnis des Verkehrswertes** des eingebrachten Vermögens zum Verkehrswert der einbringenden Körperschaft vor Einbringung. Die Innenfinanzierung bleibt insgesamt unverändert. Die Anwendung von § 2 Abs 5 IF-VO setzt voraus, dass die Anteile an der einbringenden und der übernehmenden Körperschaft in einer Hand vereinigt sind. Davon sind lt Literatur nicht nur Fälle erfasst, in denen die Anteile der einbringenden und der übernehmenden Körperschaft in einer einzigen Hand vereinigt sind, sondern grundsätzlich auch Fälle, in denen mehrere Gesellschafter an der übertragenden und übernehmenden Körperschaft im gleichen Ausmaß beteiligt sind (UmgrStR Rz 1266a; *Stanek/Stückler*, ÖStZ 2016/777, 569 [578]; *Wurm*, SWK 2016, 681 [689 f]).

183 Die IF-VO enthält keine Ausführungen zu den Auswirkungen einer Side-stream-Einbringung auf einen vorhandenen negativen Innenfinanzierungssaldo bei der einbringenden und übernehmenden Körperschaft. Der Wartungserlass 2016/2017 idF Begutachtungsentwurf zu den UmgrStR (Rz 1266a) verweist idZ auf die Logik des § 20 Abs 4 und UmgrStR Rz 1130. Demnach ist ein negativer Innenfinanzierungssaldo bei der übertragenden Körperschaft im Ausmaß der Wertverlagerung zu Verkehrswerten aufzustocken, bei der übernehmenden Körperschaft kommt es zu einer korrespondieren Verringerung eines positiven bzw Erhöhung eines negativen Innenfinanzierungssaldos (zur Side-stream-Einbringung s § 20 Rz 44).

Die Gegenleistung

§ 19. (1) Die Einbringung muß ausschließlich gegen Gewährung von neuen Anteilen an der übernehmenden Körperschaft erfolgen.

(2) Die Gewährung von neuen Anteilen kann unterbleiben,

1. soweit die übernehmende Körperschaft den Einbringenden mit eigenen Anteilen abfindet,
2. soweit die Anteilsinhaber der übernehmenden Körperschaft den Einbringenden mit bestehenden Anteilen an dieser abfinden,
3. soweit die übernehmende Körperschaft zum Zweck der Rundung auf volle Beteiligungsprozentsätze bare Zuzahlungen leistet, sofern diese 10 % des Gesamtnennbetrages der neuen Anteile nicht übersteigen,
4. soweit die übernehmende Körperschaft Anteile an der einbringenden Mitunternehmerschaft aufgibt,
5. wenn der Einbringende unmittelbar oder mittelbar Alleingesellschafter der übernehmenden Körperschaft ist oder wenn die unmittelbaren oder mittelbaren Beteiligungsverhältnisse an der einbringenden und der übernehmenden Körperschaft übereinstimmen; im Falle der Einbringung eines Kapitalanteiles (§ 12 Abs. 2 Z 3) in eine ausländische übernehmende Körperschaft (§ 12 Abs. 3 Z 2) gilt dies nur, wenn die Einbringung ausschließlich bei inländischen Anteilen an der übernehmenden Körperschaft eine Zu- oder Abschreibung auslöst.

(3) Die in Abs. 1 und 2 genannten Anteile und Zuzahlungen müssen dem Einbringenden gewährt werden.

[idF BGBl 2005/161]

Rechtsentwicklung

BGBl 1991/699 (UmgrStG; RV 266 AB 354 BlgNR 18. GP) (Stammfassung); BGBl 1996/797 (AbgÄG 1996; RV 497 AB 552 BlgNR 20. GP) (Änderung und Ergänzung des § 19 Abs 2 Z 5, für Stichtage nach dem 31.12.1996); BGBl I 2005/161 (AbgÄG 2005; RV 1187 AB 1213 BlgNR 22. GP) (Neufassung des § 19 Abs 2 Z 5, für Umgründungen, bei denen die Beschlüsse oder Verträge nach dem 31.1.2006 bei dem zuständigen Firmenbuchgericht zur Eintragung angemeldet oder bei dem zuständigen Finanzamt gemeldet werden).

Übersicht

I.	Grundsatz der ausschließlichen Gewährung neuer Anteile	
	A. Überblick und Begriffsabgrenzung..................	1, 2
	B. Schädliche Gegenleistungen	6–11
	C. Unschädliche Gegenleistungen.....................	16–24
	D. Zeitliche Anforderungen, Modalität und umfängliche Festlegung der Gegenleistung...........................	26, 27
II.	Wertäquivalenz der Gegenleistung.........................	31, 32
III.	Direkte Anteilsgewährung an den Einbringenden	
	A. Bedeutung	36
	B. Gewährung an den Einbringenden	38–40
	C. Einbringender Einzelunternehmer	
	1. Teileinbringung...........................	41
	2. Gesamteinbringung........................	42, 43

D. Einbringende Mitunternehmerschaft
  1. Teileinbringung 46
  2. Gesamteinbringung (Wandlung in vermögens-
     verwaltende Personengesellschaft) 47
  3. Sonderfälle 48, 49
E. Einbringende Körperschaft 51
IV. Gewährung neuer (einbringungsgeborener) Anteile 53
V. Ausnahmen von der Gewährung neuer Anteile
A. Überblick 56
B. Abfindung mit eigenen Anteilen 58
C. Abfindung mit Anteilen der Gesellschafter der übernehmen-
   den Körperschaft 61–66
D. Bare Zuzahlungen 71–74
E. Aufgabe von Mitunternehmeranteilen an der einbringenden
   Mitunternehmerschaft 76–78
F. Alleingesellschafterstellung oder Identität der Beteiligungsverhältnisse
  1. Grundsatz 81–84
  2. Alleingesellschafterstellung 85–88
  3. Identität der Beteilgungsverhältnisse
     a) Begriff 89, 90
     b) Verbotene Einlagenrückgewähr 91–97
G. Einbringung von Kapitalanteilen in eine ausländische übernehmende Körperschaft
  1. Überblick 101
  2. Regelungszweck 102
  3. Anwendungsbereich 103
  4. Rechtsfolge 104

I. Grundsatz der ausschließlichen Gewährung neuer Anteile
A. Überblick und Begriffsabgrenzung

1 Die Einbringung von Vermögen in eine übernehmende Körperschaft stellt in der Regel eine Sacheinlage dar, die als entgeltlicher Vorgang eine Gegenleistung an den Einbringenden erfordert (UmgrStR Rz 1001). Nach § 19 Abs 1 gilt als Grundsatz, dass die Einbringung „ausschließlich gegen Gewährung von **neuen Anteilen an der übernehmenden Körperschaft**" erfolgen muss. Die Gewährung anderer Gegenleistungen oder ein Verzicht auf die Gewährung von neuen Anteilen ist nur iRd in § 19 Abs 2 auf gezählten Fälle zulässig. Aufgrund des Verweises in § 12 Abs 1 auf § 19 ist der gesamte Regelungsinhalt des § 19 als **Anwendungsvoraussetzung** des Art III zu sehen, bei deren Verletzung das allgemeine Steuerrecht und im Bereich der Ertragsbesteuerung § 6 Z 14 EStG zur Anwendung kommen (UmgrStR Rz 1001, 1003).

2 Das Gesetz enthält **keine Begriffsdefinition** der „neuen Anteile"; die Gesetzesmaterialien zur Stammfassung des UmgrStG führen dazu aus, dass der Anteilsbegriff „unter Umständen auch Surrogatkapital (Substanzgenussrechte und Partizipationskapital im Sinne des § 8 Abs 1 Z 3 KStG 1988) umfassen kann" (ErlRV 266 BlgNR

18. GP, zu § 19 Abs 1). FV und Literatur setzen den Anteilsbegriff iSd § 19 mit dem Begriff der Kapitalanteile iSd § 12 Abs 2 Z 3 gleich (UmgrStR Rz 1030 ff; *Hügel* in *H/M/H* § 19 Rz 17; *Rabel* in *W/H/M*, HdU¹ § 19 Rz 5; *Huber* in *W/Z/H/K*⁵ § 19 Rz 3; zur Begriffsabgrenzung s unten Rz 53).

B. Schädliche Gegenleistungen

Aufgrund des Ausschließlichkeitsgebots in § 19 Abs 1 und der abschließenden Aufzählung zulässiger Ausnahmen in § 19 Abs 2 ist grundsätzlich jegliche Gegenleistung der übernehmenden Körperschaft an den Einbringenden neben der Anteilsgewährung schädlich. Die UmgrStR verweisen exemplarisch auf die Entrichtung eines **Kaufpreises** für das eingebrachte Vermögen (UmgrStR Rz 1004) **6**

Die **Übernahme einer privaten Verbindlichkeit** des Einbringenden aus Anlass der Einbringung „kann" lt UmgrStR eine schädliche Gegenleistung darstellen, „wenn die Übernahme der Privatschuld nach dem **Willen der Vertragsparteien** eine **Gegenleistung für das eingebrachte Vermögen** darstellt" (UmgrStR Rz 1004). IdS bereits BMF 16.6.1998, ARD 4858 vom 21.8.1998, S 9, wonach anlässlich einer Einbringung mit übertragene Privatverbindlichkeiten als außerhalb des Art III übertragen gelten (keine Minderung des Einbringungskapitals) und damit keine schädliche Gegenleistung iSd § 19 darstellen. Zur Zulässigkeit der Trennung von Einbringungen in unter Art III und unter § 6 Z 14 lit b EStG fallende Sacheinlageteile (Teilanwendung des UmgrStG) vgl generell UmgrStR Rz 734; BMF 17.1.1994, SWK 1994, S 303; *Huber* in *W/H/M*, HdU⁸ § 32 Rz 70 f. Zu den Rechtsfolgen der Übernahme einer Privatverbindlichkeit für den Fall, das keine Anwendungsverletzung des Art III vorliegt, s § 16 Rz 125a, für Einbringungen außerhalb des Art III s § 12 Rz 25. **7**

Stellungnahme. Unklar bleibt, woraus sich der lt UmgrStR Rz 1004 steuerschädliche „Wille der Parteien", eine Gegenleistung gewähren zu wollen, ergeben kann. Das Vorliegen eines Irrtums hinsichtlich der Eigenschaft als private Verbindlichkeit sollte unbeachtlich bleiben, die wissentliche und/oder willentliche Mitübertragung einer Privatschuld demnach für sich gesehen unschädlich sein (idS UmgrStR Rz 904; aA *Ludwig*, RdW 1998, 373 [375] unter Hinweis, dass der Begriff „Gegenleistung" ein willentliches Verhalten impliziere). Entscheidend wird sein, ob nach dem Parteiwillen die Mitübertragung der Privatschuld als Schmälerung des Übertragungsgegenstandes zu sehen und somit auf die Leistung des Einbringenden zu beziehen ist (keine schädliche Gegenleistung, idS UmgrStR Rz 1008) oder das Einbringungsvermögen als unbelastet übertragen und die Übernahme der Privatschuld als eine, aus dem eigenen Vermögen der übernehmenden Körperschaft zu erbringende Gegenleistung zu sehen ist (idS auch unten Rz 8, 9 und 18; vgl a *Wild*, taxlex 2013, 417 [418], wonach der allg ertragstrl Gegenleistungsbegriff maßgeblich ist). Auf Grundlage der oa Aussagen der FV, wonach eine Privatschuld im Grundsatz als außerhalb des Einbringungsvorgangs nach Art III übertragen gilt, wird eine schädliche Gegenleistung im vorstehenden Sinn nur anzunehmen sein, wenn sich aus der vertraglichen Dokumentation der Einbringung ausdrücklich eine synallagmatische Verknüpfung zwischen der Übertragung des (unbelasteten) Einbringungsvermögens einerseits und der Übernahme der privaten Verbindlichkeit durch die übernehmende Körperschaft andererseits ableiten lässt; dies erscheint denkbar, wenn zB im Einbringungsvertrag die Übernahme der Privatschuld nicht iRd Definition des Übertragungsgegenstandes, sondern iRd Gegenleistung der übernehmenden Körperschaft geregelt wird (idS *Huber* in *W/Z/H/K*[5] § 19 Rz 6, wonach „nur in Ausnahmefällen" die Übernahme der Privatschuld als Gegenleistung für das eingebrachte Vermögen zu sehen ist; s auch unten Rz 8, 9 und 18).

8 Jedenfalls **unschädlich** bleibt lt FV und Rsp, wenn erst **nachträglich** die Eigenschaft einer übertragenen Schuld als **nicht betrieblich veranlasst** entdeckt wird (zB iRd abgabenbehördlichen Prüfungen) und entsprechende steuerliche Korrekturen vorgenommen werden (UmgrStR Rz 1005, 904; UFS 26.3.2013, RV/0076-I/06, Anm *Hirschler/Sulz/Oberkleiner*, UFSjournal 2013, 292, zur nachträglichen Berichtigung der Stichtags- und Einbringungsbilanz hinsichtlich privater Verbindlichkeiten; ebenso BFG 29.4.2014, RV/4100717/2008, Anm *Hirschler/Sulz/Oberkleiner*, BFGjournal 2014, 340; *Huber* in *W/Z/H/K*[5] § 19 Rz 6). Weiters stellt lt Verwaltungspraxis die Mitübertragung von **GSVG-Nachbemessungen**, die in der Einbringungsbilanz als Rückstellungen oder Verbindlichkeiten ausgewiesen werden, keine schädliche Gegenleistung iSd § 19 dar (UmgrStR Rz 1003).

9 Die Einräumung eines **Wohnrechts an einer Betriebsliegenschaft** (Privatnutzung unter 20 %) anlässlich der Vereinbarung einer rückwirkenden Betriebseinbringung wird in der Literatur als mögliche schädliche Gegenleistung iSd § 19 erachtet, sofern eine alternative Beurteilung als Entnahme nach § 16 Abs 5 Z 3 ausscheidet (*Wiesner/Schwarzinger*, UmS 156/05/06, SWK 2006, S 390; s § 16 Rz 148, zur Entnahmebesteuerung und Übertragung eines bereits bestehenden Wohnrechts zugunsten fremder Dritter). Im Übrigen gelten die Ausführungen zu Fruchtgenussbelastungen in Rz 10 analog.

10 Bei Einbringung eines mit einem **Fruchtgenussrecht belasteten Mitunternehmer- oder Kapitalanteils** stellt die Übernahme der Fruchtgenussbelastung durch die übernehmende Körperschaft lt UmgrStR (idF WE 2013) eine schädliche Gegenleistung iSd § 19 dar; dies gilt sowohl für den Vorbehalt eines FG zugunsten des Einbringenden anlässlich des Einbringungsvorganges als auch die Übernahme einer schon vorab bestehenden FG-Belastung zugunsten eines Dritten (UmgrStR Rz 705 zum MU-Anteil, Rz 726a zum Kapitalanteil; *Wild*, taxlex 2013, 417). Nach früherer Verwaltungspraxis (Einzelerledigungen) wurde lediglich ein **Fruchtgenussvorbehalt anlässlich einer rückwirkenden Einbringung** als schädliche Gegenleistung beurteilt, weil die Fruchtgenussbelastung zum Einbringungsstichtag noch nicht bestand (sohin den Einbringungsgegenstand nicht bereits zum maßgeblichen Einbringungsstichtag schmälerte); **unschädlich** war hingegen (i) die Übernahme einer zum Einbringungsstichtag bereits bestehenden FG-Belastung oder (ii) ein (iRd Einbringung vereinbarter) Fruchtgenussvorbehalt, wenn als Einbringungsstichtag der Tag des Vertragsabschlusses oder ein künftiger Zeitpunkt gewählt wird; die übernehmende Körperschaft hat in beiden Fällen nie über das Vollrecht verfügt und die Übernahme bzw Einräumung des Fruchtgenusses wurde folglich nicht als Gegenleistung der übernehmenden Körperschaft gesehen.

11 **Stellungnahme.** Die Belastung mit **Fruchtgenussrechten** ist grundsätzlich keine selbständige Verbindlichkeit (EStR Rz 114a, wonach bei entgeltlicher Übertragung eines Wirtschaftsgutes unter Vorbehalt des FG das um den Wert des FG verminderte Wirtschaftsgut übertragen wird, sog **Nettomethode**, und der Vorgang nicht in die Übertragung des unbelasteten Wirtschaftsgutes einerseits und die entgeltliche

Einräumung eines Nutzungsrechtes durch den neuen Eigentümer andererseits zerlegt werden kann; analog StiftR 2009 Rz 222 zur unentgeltlichen Übertragung; *Huber* in *W/H/M*[10] § 32 Rz 60). Auch allg gelten lt VwGH-Rspr und FV im Bereich der Ertragsteuern vorbehaltene Nutzungsrechte nicht als Teil der Gegenleistung, sondern wird nur der um den Nutzungswert reduzierte Gegenstand übertragen (anschaulich VwGH 31.3.2011, 2007/15/0158, wonach ein auf einem erworbenen Grundstück lastendes Wohnrecht nicht als Teil der Anschaffungskosten in Betracht kommt; gIA EStR Rz 774 und 6624 zu Wohn- und FG-Rechten iZm privaten Grundstücksveräußerungen; *Wild*, taxlex 2013, 417; allg *Prodinger*, SWK 2013, 594 [596 f]). Die Übernahme einer bereits zum Einbringungsstichtag am Einbringungsgegenstand bestehenden Belastung mit Fruchtgenussrechten ist daher **keine (schädliche) Gegenleistung** der übernehmenden Körperschaft, weil lediglich das um den Wert des Nutzungsrechts verringerte Wirtschaftsgut übertragen wird (idS VwGH 31.3.2011, 2007/15/0158; EStR Rz 114a, 774, 6624; StiftR 2009 Rz 222; *Wild*, taxlex 2013, 417; *Huber* in *W/H/M*[10] § 32 Rz 60). Gleiches gilt für einen anlässlich der Einbringung vereinbarten FG-Vorbehalt zugunsten des Einbringenden, wenn als Einbringungsstichtag der Tag des Vertragsabschlusses oder ein künftiger Zeitpunkt gewählt wird; die übernehmende Körperschaft hat diesfalls nie über das Vollrecht verfügt, die Einräumung des FG kann daher nicht als Gegenleistung der übernehmenden Körperschaft gesehen werden (*Wild*, taxlex 2013, 417). Analog wird eine Belastung mit **Pfandrechten** als bloßes „Werteelement" des Einbringungsgegenstandes gesehen, deren Übernahme keine gesonderte Gegenleistung der übernehmenden Körperschaft darstellt (*Wiesner/Schwarzinger*, UmS 3/2000, SWK 2000, S 650). Die Auffassung lt UmgrStR Rz 705 und 726a gerät zudem in Wertungswidersprüche zu den Aussagen der UmgrStR zur Unschädlichkeit der Übernahme privater Verbindlichkeiten des Einbringenden (s Rz 7) sowie zur generellen Unschädlichkeit der Überbindung außerbetrieblicher Versorgungsrenten auf die übernehmende Körperschaft (s Rz 20).

C. Unschädliche Gegenleistungen

Die Einräumung **gesellschaftsvertraglicher Sonderrechte** an der übernehmenden Körperschaft, wie zB besondere Mitgliedschaftsrechte, Ansprüche auf alineare Gewinnausschüttungen oder Vorzugsdividenden, ist unschädlich, weil es sich hierbei um den Kernbereich der nach § 19 Abs 1 zulässigen Gegenleistung, der Einräumung neuer Gesellschaftsanteile, handelt. Mit den Gesellschaftsanteilen verbundene Rechtspositionen sind wie neue Gesellschaftsanteile iSd § 19 Abs 1 zu behandeln (*Rabel* in *W/H/M*, HdU[1] § 19 Rz 19; *Huber* in *W/Z/H/K*[5] § 19 Rz 8). **16**

Lt FV sind auch **verdeckte Gewinnausschüttungen** der übernehmenden Körperschaft an den Einbringenden **unschädlich**, zB in Form fremdunüblich hoher Nutzungsentgelte für die Überlassung zurückbehaltener Wirtschaftsgüter an die übernehmende Körperschaft oder fremdunüblich geringer Nutzungsentgelte für die Überlassung mitübertragener Wirtschaftsgüter an den Einbringenden (UmgrStR Rz 1006; *Huber* in *W/Z/H/K*[5] § 19 Rz 6; *Rabel* in *W/H/M*, HdU[1] § 19 Rz 18). Lt Literaturmeinung scheidet im ersten Fall (fremdunüblich hohes Entgelt für zurückbehaltene Wirtschaftsgüter) eine schädliche Gegenleistung deshalb aus, weil mangels Mitübertragung dieser Wirtschaftsgüter kein Zusammenhang mit der Einbringung vorliegt, der zweite Fall (fremdunüblich geringes Entgelt für eingebrachte Wirtschaftsgüter) wird als kritisch beurteilt (*Rabel* in *W/H/M*, HdU[1] § 19 Rz 18). **17**

Stellungnahme. Maßgebend wird sein, ob im Sinne einer Gesamtplanbetrachtung die überhöhten Nutzungsentgelte für zurückbehaltene Wirtschaftsgüter schon anlässlich der Einbringung als verdecktes (Zusatz)Entgelt für das Einbringungsvermögen vereinbart wurden. Die Unschädlichkeit dieser Vorgänge wird daher anhand des allgemeinen Maßstabes des synallagmatischen Zusammenhanges zu prüfen sein.

18 Unschädlich sind **Maßnahmen nach § 16 Abs 5**, da diese eine Verminderung des Einbringungsvermögens bewirken, sich somit auf die vom Einbringenden zu erbringende Leistung und nicht auf eine Gegenleistung der übernehmenden Körperschaft iSd § 19 beziehen (UmgrStR Rz 1008; *Huber* in W/Z/H/K^5 § 16 Rz 97). Lt FV steht auch eine die zulässigen **Höchstgrenzen des § 16 Abs 5 Z 2** überschreitende **vorbehaltene Entnahme** der Anwendbarkeit des Art III nicht entgegen, sondern es kommt hinsichtlich des überschreitenden Betrages zu einer steuerlichen Korrektur des Einbringungsvermögens nach § 18 Abs 2 Z 2; eine Anwendungsvoraussetzung des Art III wird allerdings verletzt, wenn durch die überhöhte unbare Entnahme der Verkehrswert des Einbringungsvermögens negativ wird (UmgrStR Rz 1009). Unschädlich ist weiters die Übernahme der **Finanzierungsverbindlichkeit** des Einbringenden für **Entnahmen nach § 16 Abs 5 Z 1** (UmgrStR 903), darüber hinaus auch die Übernahme von Finanzierungsverbindlichkeiten für vor dem Einbringungsstichtag getätigte **kreditfinanzierte Entnahmen**, denen nach allgemeinem Einkommensteuerrecht die betriebliche Veranlassung abgesprochen wird (UmgrStR Rz 904, wonach auf Zins- und Tilgungszahlungen der übernehmenden Körperschaft § 18 Abs 2 Z 2 analog anzuwenden ist; dazu im Detail § 18 Rz 71 ff).

19 Maßnahmen zur Vermeidung einer unternehmensrechtlich verbotenen Einlagenrückgewähr: Lt UmgrStR Rz 1007 stellen „gesellschaftsrechtliche Maßnahmen zur Vermeidung einer unternehmensrechtlich verbotenen Einlagenrückgewähr (siehe Rz 1085) […] keine verbotenen Gegenleistungen dar und haben keinen Einfluss auf die Anwendung des Art III UmgrStG". Durch den Verweis aaO auf UmgrStR Rz 1085 umfasst die Aussage (neben der in UmgrStR Rz 1085 genannten nominellen bzw vereinfachten Kapitalherabsetzung und Sachausschüttung) insb „effektive Gesellschaftereinlagen" (UmgrStR Rz 1085). Betroffen sind davon insb Gesellschafterzuschüsse bei einer Up-stream- oder Side-stream-Einbringung (UmgrStR Rz 1084 f; *Wiesner/Schwarzinger*, UmS 191/20/21, SWK 2012, 938). Zur Begriffsabgrenzung der unschädlichen „Gesellschaftereinlage" verweist UmgrStR Rz 1085 auf § 6 Z 14 EStG, womit jeglicher Vermögenstransfer aus „gesellschaftlichem Anlass (societatis causa)" erfasst wird (offene oder verdeckte Einlage iSd § 8 Abs 1 KStG; EStR 2600 ff; KStR Rz 487 ff; *Ressler/Stürzlinger* in L/R/S/S^2 § 8 Rz 26; *Kirchmayr* in *Achatz/Kirchmayr* § 8 Rz 23; *Jakom*[10]/*Laudacher* § 6 Rz 209). Der Einlagevorgang ist dabei für sich alleine (getrennt von der Einbringung) zu beurteilen, andernfalls zB das Einlagen-Begriffsmerkmal der „objektiven Bereicherung" der Körperschaft (KStR Rz 487; *Ressler/Stürzlinger* in L/R/S/S^2 § 8 Rz 26; *Kirchmayr* in *Achatz/Kirchmayr* § 8 Rz 23) idR zu verneinen wäre, sofern die Einlage lediglich die einbringungsbedingte „Entreicherung" der einbringenden Körperschafft kompensiert (idS *Rabel* in W/H/M, HdU^1 § 19 Rz 20, wonach idZ ein Synallagma zwischen Einbringung und Zuschuss trotz rechtlichen Zusammenhangs kategorisch auszublenden ist; *Wiesner/Schwarzinger*, UmS 191/20/21, SWK 2012, 938, mVa das Vorliegen getrennter und sich ausgleichender „gesellschaftsrechtlicher Vereinbarungen" in Abgrenzung zu einer einheitlichen rechtsgeschäftlichen Vereinbarung; ferner *Hügel* in *H/M/H* § 19 Rz 16; *Huber* in *W/Z/H/K*[5] § 19 Rz 9). Unschädlich müssten daher auch kompensatorische Einlagevorgänge auf formal schuldrechtlicher Rechtsgrundlage (zB Verzicht auf bestehende Darlehensforderung des Einbringenden gegenüber der übernehmenden Körperschaft) sein, die für sich die Kriterien einer (verdeckten) Einlage iSd § 8 Abs 1 KStG erfüllen. S a Rz 91 ff.

Verpflichtungen des Einbringenden aus betrieblichen oder außerbetrieblichen Versorgungsrenten können lt Verwaltungspraxis entweder auf die übernehmende Körperschaft übertragen oder beim Einbringenden zurückbehalten werden (UmgrStR Rz 1010 f). Die Übertragung einer betrieblichen Versorgungsrente führt bei der übernehmenden Körperschaft als betrieblich veranlasste Verbindlichkeit zu laufenden Betriebsausgaben (keine Gegenleistung iSd § 19, UmgrStR Rz 1010). Die **Übernahme einer außerbetrieblichen Versorgungsrente** ist bei der übernehmenden Körperschaft wie die Übernahme einer nicht betrieblich veranlassten Verbindlichkeit zu beurteilen und „stellt daher für sich **keine schädliche Gegenleistung** dar" (UmgrStR Rz 1011), die Rentenzahlungen führen bei der übernehmenden Körperschaft zu Sonderausgaben. Beim Einbringenden kommt es lt Verwaltungspraxis allerdings zu einer Minderung der Anschaffungskosten der Gegenleistungsanteile in Höhe des Barwertes der außerbetrieblichen Versorgungsrente, weshalb die mit der Tilgung einer nicht betrieblich veranlassten Verbindlichkeit verbundenen Steuerfolgen beim Einbringenden (verdeckte Gewinnausschüttung oder Einlagenrückzahlung) unterbleiben (UmgrStR Rz 1011). Bei Zurückbehalten der Rentenverpflichtung führen die Rentenzahlungen bei einer betrieblichen Versorgungsrente zu nachträglichen Betriebsausgaben beim Einbringenden (*Huber* in *W/Z/H/K*[5] § 19 Rz 6), bei einer außerbetrieblichen Versorgungsrente liegen Sonderausgaben nach § 18 Abs 1 Z 1 EStG vor (EStR Rz 7027 ff). **20**

Die Belastung mit **Pfandrechten** wird als bloßes „Werteelement" des Einbringungsgegenstandes gesehen (*Wiesner/Schwarzinger*, UmS 3/2000, SWK 2000, S 650), womit deren Übernahme keine gesonderte Gegenleistung der übernehmenden Körperschaft darstellt. **21**

Unschädlich sind weiters **vorbehaltene Gewinnausschüttungen** bei Kapitalanteilseinbringungen (UmgrStR Rz 881 mVa die wirtschaftliche Vergleichbarkeit mit einer rückwirkenden Entnahme nach § 16 Abs 5). **22**

Lt FV kann im **Einbringungsvertrag** eine **nachträgliche Anpassung der Gegenleistung nach § 19** (zB Anteilsabtretungen im Gesellschafterkreis) zwecks Vermeidung einer Äquivalenzverletzung vorgesehen werden, wenn sich nachträglich (zB iRe Außenprüfung) herausstellt, dass der der Einbringung zugrunde gelegte Verkehrswert des Einbringungsvermögens nicht dem tatsächlichen Wert zum Zeitpunkt der Einbringung (Abschluss des Einbringungsvertrages) entspricht (UmgrStR Rz 1012). Enthält der Einbringungsvertrag hingegen eine Klausel, die vorsieht, dass von vornherein eine Anpassung der Gegenleistung bei Eintritt bestimmter Kriterien vereinbart wird, die an zukünftige, zum Zeitpunkt der Einbringung noch „unsichere" Entwicklungen anknüpfen (zB **Earn-Out-Klausel**), liegt lt FV eine die Anwendungsvoraussetzungen des Art III verletzende, nachträgliche Gegenleistung vor (UmgrStR Rz 1012 idF WE 2015, anwendbar auf Einbringungen mit Stichtagen nach dem 31.12.2014; zustimmend *Mayr/Schlager*, RWZ 2014, 166 [169]). Lt UmgrStR Rz 1012 idF WE 2013 lag in diesem Fall lediglich bei einer spä- **23** teren tatsächlichen Anteilsabtretung insoweit eine steuerpflichtige Veräußerung vor, jedoch stellte die Klausel oder Anteilsabtretung keine schädliche Gegenleistung iSd Art III dar. Als zutr Kritik an UmgrStR Rz 1012 idF WE 2015 s *Rabel* in GedS Helbich 247; ferner *Platzer/Leiter* in GedS Helbich 223 [234]; zudem steht UmgrStR Rz 1012 idF WE 2015 im Widerspruch zu UmgrStR Rz 1014, s dazu a Rz 27. Zur Äquivalenzverletzung s § 22 Rz 7.

24 Bei der Einbringung des wirtschaftlichen Eigentums an einem (Betriebs)Gebäude unter Zurückbehaltung des Grundstückes durch Abschluss eines Servitutsvertrages (s § 12 Rz 83) ist das (monatliche) **Servitutsentgelt** der übernehmenden Körperschaft keine schädliche Gegenleistung für die Einbringung des Betriebes (einschließlich des Gebäudes), sondern Entgelt für die Nutzung des Grundstücks (BFG 26.8.2014, RV/7101318/2012, dazu *Hirschler/Sulz/Oberkleiner*, BFGjournal 2014, 454).

D. Zeitliche Anforderungen, Modalität und umfängliche Festlegung der Gegenleistung

26 § 19 enthält keine Vorgaben, wann und in welcher Weise die Gegenleistung zu erbringen ist. Es ist daher Sache der Vertragsparteien, die Modalitäten der Anteilsgewährung festzulegen. Zulässig ist, die Gegenleistung in Tranchen zu gewähren oder eine gebündelte Kapitalerhöhung (Zusammenfassung mehrerer Einbringungen zum gleichen Stichtag) vorzunehmen (UmgrStR Rz 1037, 1038). Bei Abfindung mit bestehenden Anteilen der Gesellschafter der übernehmenden Körperschaft stellt die FV allerdings strenge Anforderungen in formaler u zeitlicher Hinsicht, s Rz 63.

27 Lt FV ist auch der Erwerb der Gegenleistungsanteile „unter einer Auflage" unschädlich (UmgrStR Rz 1014), dh die Gewährung von Anteilen kann unter Bedingungen erfolgen und muss nicht irreversibel sein. Mangels entgegenstehender Vorgaben in § 19 muss die Höhe der Gegenleistung daher nicht unveränderlich festgelegt werden u Anpassungen (zB Bedingungen oder Auflagen für zusätzliche Anteilsgewährungen oder -rückübertragungen) können von den Vertragsparteien grundsätzlich frei vereinbart werden. Der Anwendbarkeit des Art III würde lediglich die (bedingte) Vereinbarung einer dem Grunde nach nicht von § 19 erfassten Gegenleistung (auf schuldrechtlicher Grundlage) entgegenstehen (ausführlich *Rabel* in GedS Helbich 247; ferner *Platzer/Leiter* in GedS Helbich 223 [233, 237]).

II. Wertäquivalenz der Gegenleistung

31 § 19 Abs 1 verlangt keine „sachgerechte" Gegenleistung, fehlende Äquivalenz zwischen dem Einbringungsvermögen und der dafür gewährten Gegenleistung ist **keine Verletzung einer Anwendungsvoraussetzung** des Art III (ErlRV 266 BlgNR 18. GP, zu § 19 Abs 1; UmgrStR Rz 1012, 1033). Eine Anteilsgewährung im kleinstmöglichen gesetzlichen Ausmaß ist ausreichend (UmgrStR Rz 1034, vorletzter Absatz).

32 Die Gewährung einer inäquivalenten Gegenleistung kann jedoch **verkehr- und ertragsteuerliche Folgen** nach § 22 Abs 1 auslösen (s § 22 Rz 1 ff). Maßstab für die Wertäquivalenz zwischen Einbringungsvermögen und Gegenleistung ist das Verhältnis des Verkehrswertes des Einbringungsvermögens zum Verkehrswert der übernehmenden Körperschaft, bezogen auf den Tag des Abschlusses des Einbringungsvertrages, unabhängig von einer etwaigen Rückbeziehung der Einbringung auf einen zurückliegenden Stichtag (UmgrStR Rz 1035 f).

III. Direkte Anteilsgewährung an den Einbringenden
A. Bedeutung

Nach § 19 Abs 3 müssen die Gegenleistungsanteile und Zuzahlungen „dem Einbringenden gewährt werden". Wird die Gegenleistung einer anderen Person als dem Einbringenden gewährt, ist eine **Anwendungsvoraussetzung** des Art III verletzt (UmgrStR Rz 1016; glA *Rabel* in *W/H/M*, HdU[1] § 19 Rz 65; aA *Hügel* in *H/M/H* §§ 19/20 Rz 10). Unterbleibt eine Anteilsgewährung nach § 19 Abs 2 Z 5, ist § 19 Abs 3 nicht anwendbar (der Erwerb von „Zuschreibungsanteilen" nach § 20 Abs 4 Z 1 fällt nicht unter § 19 Abs 3; *Rabel* in *W/H/M*, HdU[1] § 19 Rz 67).

36

B. Gewährung an den Einbringenden

Zum Begriff des **Einbringenden** s allgemein § 12 Rz 221. Der maßgebende „Einbringende" und damit Gegenleistungsberechtigte nach § 19 Abs 3 ist der **wirtschaftliche Eigentümer des Einbringungsvermögens** (§ 24 BAO). Bei Auseinanderfallen von **wirtschaftlichem und zivilrechtlichem Eigentum** am Einbringungsvermögen kann die Mitwirkung des zivilrechtlichen Eigentümers erforderlich sein, um die Voraussetzung der „tatsächlichen Vermögensübertragung" nach § 12 Abs 1 S 1 auf die übernehmende Körperschaft zu erfüllen, der zivilrechtliche Eigentümer gilt aber (unbesehen etwaiger Mitwirkungserfordernisse) nicht als Einbringender bzw Gegenleistungsberechtigter nach § 19 Abs 3 (UmgrStR Rz 1018 zur Einbringung von im wirtschaftlichen Eigentum stehendem Sonderbetriebsvermögen: der zivilrechtliche Eigentümer ist Übertragender iSd Einbringungsvertrages, Einbringender und Gegenleistungsberechtigter nach Art III ist der wirtschaftliche Eigentümer). Zur Bestimmung des Einbringenden bzw Gegenleistungsberechtigten bei abweichender Zurechnung der Einkünfte aus dem Einbringungsvermögen und des wirtschaftlichen Eigentums am Einbringungsvermögen, bei Einbringungen durch Mitunternehmerschaften und bei der Einbringung von Mitunternehmeranteilen s § 12 Rz 226 ff.

38

Die Frage, ob eine Gewährung **an den Einbringenden** vorliegt, ist nach dem Maßstab des **wirtschaftlichen Eigentums an den gewährten Anteilen** zu beurteilen (UmgrStR Rz 1018). Entscheidend ist, dass dem Einbringenden das wirtschaftliche Eigentum an der Gegenleistung zukommt; die Anteilsgewährung an einen Treuhänder des Einbringenden ist daher unschädlich (UmgrStR Rz 1017; *Rabel* in *W/H/M*, HdU[1] § 19 Rz 66). Wird die Gegenleistung aus formal- oder gesellschaftsrechtlichen Gründen dem zivilrechtlichen Eigentümer des Einbringungsvermögens gewährt, ist die Zurechnung des wirtschaftlichen Eigentums an der Gegenleistung zum Einbringenden iSd § 19 Abs 3 sicherzustellen (idS UmgrStR Rz 708); umgekehrt ist auch bei formaler Vermögensübertragung durch den zivilrechtlichen Eigentümer eine direkte Anteilsgewährung an den wirtschaftlichen Eigentümer als Gegenleistungsberechtigten nach § 19 Abs 3 steuerlich unschädlich (UmgrStR Rz 1016 f; *Rabel* in *W/H/M*, HdU[1] § 14 Rz 5).

39

Dem steuerlichen Erfordernis der unmittelbaren Anteilsgewährung an den Einbringenden kann allerdings das gesellschaftsrechtliche **Verbot des Erwerbs eigener Anteile** (§ 65 AktG, § 81 GmbHG) entgegenstehen, worunter auch die Anteilsgewährung an eine (einbringende) Gesellschaft, an der die übernehmende Körperschaft beteiligt ist (Begründung sog wechselseitiger Beteiligungen; s allg

40

Bauer/Zehetner in *Straube*, GmbHG, § 81 Rz 20 ff), fallen kann. Betroffen sind davon insbesondere **Up-stream-Einbringungen durch Kapitalgesellschaften oder Mitunternehmerschaften**. Das Verbot des Erwerbes eigener Anteile greift im Grunde erst bei Überschreiten gewisser wechselseitiger Beteiligungsschwellen. Bei konzernmäßig nicht verflochtenen Gesellschaften sieht die hL im Grundsatz keine Notwendigkeit für Beschränkungen des gegenseitigen Anteilserwerbs; konzernmäßig unverbundene Gesellschaften dürfen demnach wechselseitige Beteiligungen erwerben, solange keine der Gesellschaften in Bezug auf die andere ein Mutter-Tochter-Verhältnis iSd § 228 Abs iVm § 244 UGB begründet (vgl *Bauer/Zehetner* in *Straube*, GmbHG, § 81 Rz 24 ff; aA *Koppensteiner/Rüffler*, GmbHG, § 81 Rz 16, wo eine wechselseitige Beteiligung generell [auch außerhalb des Konzerns] für unzulässig erachtet wird). Bei Bestehen eines konzernmäßigen Mutter-Tochter-Verhältnisses iSd § 228 Abs iVm § 244 UGB sieht das AktG in den §§ 65, 66 AktG Ausnahmen vor, die auf das GmbH-Recht analog anwendbar sind. Demnach ist eine wechselseitige Beteiligung zwischen Mutter- und Tochtergesellschaft soweit möglich, als die Muttergesellschaft dadurch nicht mehr als durchgerechnet 10 % der Anteile am eigenen Grundkapital hält. Im Einzelfall kann das Erwerbsverbot allerdings auch außerhalb eines Konzernverhältnisses anwendbar sein (iSe niedrigeren „Sittenwidrigkeitsgrenze"), wobei aber eine bis zu 25%ige wechselseitige Beteiligung jedenfalls unbedenklich sein soll (vgl *Bauer/Zehetner* in *Straube*, GmbHG, § 81 Rz 27). Alternativ zur Anteilsgewährung an die einbringende (Tochter)Gesellschaft käme – zwecks Vermeidung des Verbots des Erwerbs eigener Anteile – gesellschaftsrechtlich auch eine Anteilsgewährung an (etwaige) Mitgesellschafter der einbringenden Beteiligungsgesellschaft in Betracht. Entsprechend lässt die FV bei Up- stream-Einbringungen durch Mitunternehmerschaften die Gewährung von Anteilen auch an die (Mit)Gesellschafter der einbringenden Mitunternehmerschaft zu (UmgrStR Rz 1111; s § 19 Rz 77). Im Ergebnis enthält § 19 Abs 3 zwar keine explizite Ausnahme vom Erfordernis der unmittelbaren Anteilsgewährung an den Einbringenden, in Fällen eines gesellschaftsrechtlichen Verbots des Erwerbes eigener Anteile sollte allerdings eine Anteilsgewährung an andere Personen (insb Mitgesellschafter der einbringenden Beteiligungsgesellschaft) im Grundsatz den Anforderungen des § 19 Abs 3 genügen, insb weil das Steuerrecht keinen Verstoß gegen ein gesellschaftsrechtliches Verbot verlangen kann.

C. Einbringender Einzelunternehmer
1. Teileinbringung

41 Bringt ein Einzelunternehmer Vermögen aus seinem Einzelunternehmen ein, ohne dass sein Einzelunternehmen untergeht, sind als Gegenleistung gewährte Anteile lt FV steuerlich in einem ersten Schritt dem verbleibenden **Einzelunternehmen (Restbetrieb)** zuzurechnen (UmgrStR Rz 1019). Werden die Anteile in weiterer Folge nicht im Betriebsvermögen des Restbetriebes des Einbringenden ausgewiesen, ist zu prüfen, ob die einbringungsbezogenen Anteile notwendiges oder gewillkürtes Betriebsvermögen des Restbetriebes darstellen. Im Falle von notwendigem Betriebsvermögen kommt es – allein durch die fehlende Aufnahme in die Bücher – zu keiner steuerwirksamen Entnahme iSd § 6 Z 4 EStG; im Falle von gewillkürtem Betriebsvermögen verlieren die Anteile ohne Aufnahme in die Bücher

RV/1218-W/11 (dazu *Wurm*, GES 2014, 264; *Blasina*, BFGjournal 2014, 24), wonach eine formungültige und damit zivilrechtlich unwirksame Treuhandvereinbarung (fehlende Notariatsaktsform bei GmbH-Anteilen) für Zwecke des § 19 anzuerkennen ist, wenn sie tatsächlich durchgeführt wird.

Bringen die Anteilsinhaber der übernehmenden Körperschaft ihren Beteiligungs- **64** verhältnissen wertmäßig entsprechendes Vermögen ein und ändern sich somit die Beteiligungsverhältnisse nach der Einbringung nicht gegenüber jenen vor der Einbringung, kann durch **gegenseitige Abtretung von Gesellschaftsanteilen** die Ausnahmebestimmung des § 19 Abs 2 Z 2 zur Anwendung gebracht werden. Das Ausmaß der gegenseitigen Anteilsabtretungen kann beliebig gewählt werden, eine Abtretung auch nur **kleinster Nennkapitaleinheiten** ist ausreichend; das Unterbleiben von Abtretungen ist jedoch nicht zulässig (UmgrStR Rz 1046 mVa die Notariatsaktspflicht bei GmbH-Anteilsabtretungen; kritisch *Hirschler*, ÖStZ 2013, 354 [357] mwN, wonach eine tatsächliche Anteilsabtretung ua durch wechselseitige Aufrechnung der Abtretungsansprüche unterbleiben kann; glA *Wiesner/Schwarzinger* in FS Bertl 917 [931]; *dies* in GedS Helbich 265 [275]; zur Kritik an der Maßgeblichkeit zivilrechtlicher Formerfordernisse s Rz 63; allg *Huber* in W/Z/H/K^5 § 19 Rz 21). Lt FV kommt auch die Einbringung durch Mitunternehmerschaften bei Identität der Beteiligungsverhältnisse an der einbringenden Mitunternehmerschaft und der übernehmenden Körperschaft als Anwendungsfall des § 19 Abs 2 Z 2 in Frage (zB wechselseitige Abtretung kleinster Anteile an der übernehmenden Körperschaft; UmgrStR Rz 1072, 1124); zum Spannungsverhältnis dieser Auffassung zum Erfordernis der Gewährung der Gegenleistung an den Einbringenden nach § 19 Abs 3 (vorliegend an die einbringende Mitunternehmerschaft), die durch die wechselseitige Anteilsabtretung auf Gesellschafterebene unterbleibt, s oben Rz 49.

Ein in der **Praxis** bedeutsamer Anwendungsfall des § 19 Abs 2 Z 2 ist die Einbrin- **65** gung sämtlicher Mitunternehmeranteile in eine übernehmende Körperschaft (zumeist Komplementär-GmbH), an der die einbringenden Mitunternehmer (im gleichen Ausmaß) beteiligt sind, mit nachfolgender Anwachsung der Mitunternehmerschaft nach § 142 UGB (UmgrStR Rz 1047; zu den Folgen der **Anwachsung** bei der übernehmenden Körperschaft s § 18 Rz 61 ff).

Zu den ertragsteuerlichen Folgen einer Anteilsabtretung nach § 19 Abs 2 Z 2 bei **66** den **Altgesellschaftern** s § 20 Rz 17.

D. Bare Zuzahlungen

Nach § 19 Abs 2 Z 3 kann die übernehmende Körperschaft im Falle der **Gewäh- 71 rung neuer Anteile** auch bare Zuzahlungen an den Einbringenden als Gegenleistung für die Übernahme des Einbringungsvermögens gewähren. Die Einschränkung der Zulässigkeit barer Zuzahlungen auf Fälle der Gewährung neuer Anteile ergibt sich mittelbar aus der betragsmäßigen Beschränkung iHv 10 % des Gesamtnennbetrages der „neuen" Anteile (UmgrStR Rz 1052).

Zuzahlungen dürfen nach dem Gesetzeswortlaut nur zum **Zweck** der **„Rundung 72 auf volle Beteiligungsprozentsätze"** gewährt werden. Lt Verwaltungspraxis sind hiervon nicht bloß Abrundungsbeträge nach den Regeln der kaufmännischen Rundung erfasst (zB Abrundung von 18,4 % auf 18,0 % Beteiligungsquote), sondern generell die Abstockung auf den nächstliegenden ganzzahligen Beteiligungsprozentsatz (zB Abstockung von 18,9 % auf 18,0 % Beteiligungsquote; UmgrStR Rz 1053). Über den Gesetzeswortlaut hinaus dürfen lt Verwaltungspraxis Zuzahlungen innerhalb der gesetzlichen Grenzen auch zur Herstellung eines **"Spitzenausgleiches"** geleistet werden, so dass neben vollen Beteiligungsprozentsätzen auch eine **runde Nennkapitalgröße** bei der übernehmenden Körperschaft dargestellt werden kann (UmgrStR Rz 1054).

73 Lt Verwaltungspraxis stellen bare Zuzahlungen, die ohne Gewährung neuer Anteile oder in einem zu hohen Ausmaß erfolgen, einen Verstoß gegen die **Anwendungsvoraussetzungen** des Art III dar (UmgrStR Rz 1055). Bare Zuzahlungen, die zwar im Rahmen dieser Vorgaben, aber aus von § 19 Abs 2 Z 3 nicht gedeckten Zwecken erfolgen, werden nicht (ausdrücklich) als anwendungsschädlich für Art III erwähnt.

> **Stellungnahme.** In Zusammenschau mit UmgrStR Rz 1053 und 1054, worin die gesetzliche Zwecksetzung der baren Zuzahlungen (Rundung auf volle Beteiligungsprozentsätze) ausgeweitet wird auf die generelle Abstockung auf den nächstliegenden ganzzahligen Beteiligungsprozentsatz oder die Herstellung eines runden Nennkapitals bei der übernehmenden Körperschaft, dürfte die FV keinen zu strengen Maßstab an die Einhaltung der in § 19 Abs 2 Z 3 normierten Zwecksetzung barer Zuzahlungen anlegen.

74 Die Zuzahlungen führen beim **Einbringenden** zu einer **Verminderung der Anschaffungskosten** der Anteile an der übernehmenden Körperschaft nach § 20 Abs 2 (keine steuerpflichtigen Einnahmen, selbst bei negativen Anschaffungskosten oder Buchwerten), bei der **übernehmenden Körperschaft** sind die Zuzahlungen als gesellschaftsrechtlich veranlasster Teil der Gegenleistung **steuerneutral** zu behandeln nach § 18 Abs 5 UmgrStG (UmgrStR Rz 1056 f; s § 20 Rz 10).

E. Aufgabe von Mitunternehmeranteilen an der einbringenden Mitunternehmerschaft

76 Nach § 19 Abs 2 Z 4 kann die Gewährung neuer Anteile unterbleiben, soweit die übernehmende Körperschaft Anteile an der einbringenden Mitunternehmerschaft aufgibt. Angesprochen sind hier Fälle von **Up-stream-Einbringungen durch Mitunternehmerschaften** in an diesen als Gesellschafter beteiligte übernehmende Körperschaften. In diesem Zusammenhang ist grundlegend zu unterscheiden, (i) in welchem Ausmaß eine Kapitalerhöhung bei der übernehmenden Körperschaft zulässig ist und (ii) wem die Gegenleistungsanteile zu gewähren sind. § 19 Abs 2 Z 4 regelt nur das Ausmaß der Kapitalerhöhung bei der übernehmenden Körperschaft. Aufgrund des **Grundsatzes der realen Kapitalaufbringung** ist bei der übernehmenden Körperschaft darauf zu achten, dass die Kapitalerhöhung nicht den Körperschaft schon bisher gehörigen Anteil an der Mitunternehmerschaft erfasst, da die Kapitalerhöhung ansonsten zumindest teilweise aus Vermögen finanziert würde, an dem die Körperschaft schon vor der Einbringung gesamthänderisch beteiligt war (vgl *Bauer/Zehetner* in Straube, GmbHG, § 81 Rz 65). Das steuerrechtliche Wahlrecht auf Verzicht einer Kapitalerhöhung in § 19 Abs 2 Z 4 ist aus gesellschaftsrechtlicher Sicht somit zwingend anzuwenden (vgl auch *Wiesner/Schwarzinger*, UmS 205/20/21/13, SWK 2013, 934; *Rabel* in W/H/M, § 19 Rz 34). Lt OGH-Rsp ist folglich im Ausmaß der Beteiligung der übernehmenden Körper-

ihre Betriebsvermögenszugehörigkeit und folgt der Einbringung – mangels Zurechnung der Anteile zum Restbetrieb – eine **steuerwirksame Entnahme** nach § 6 Z 4 EStG, eine Verletzung des § 19 Abs 3 und damit einer Anwendungsvoraussetzung des Art III liegt nicht vor (UmgrStR Rz 1019, 1020; aA *Rabel* in *W/H/M*, HdU[1] § 19 Rz 68 f, wonach die Zurechnung der Gegenleistungsanteile zum Restbetrieb des Einbringenden gesetzlich nicht gedeckt ist und der Einbringende folglich die Gegenleistungsanteile, sofern sie nicht notwendiges Betriebsvermögen des Restbetriebes darstellen, ohne Entnahmebesteuerung unmittelbar dem Privatvermögen zuordnen kann analog einer Gesamtbetriebseinbringung, s dazu unten Rz 42).

Bei privat gehaltenen Anteilen an der übernehmenden Körperschaft kann ein Verzicht auf die Gewährung von Gegenleistungsanteilen nach Maßgabe des § 19 Abs 2 Z 5 erfolgen, eine Entnahmebesteuerung hinsichtlich (fiktiver) Gegenleistungsanteile findet nicht statt (UmgrStR Rz 1019).

2. Gesamteinbringung

Wird das **gesamte Einzelunternehmen** eingebracht, kommt die Gegenleistung **42** stets dem Einbringenden in das **Privatvermögen** zu. Bestand vor der Einbringung eine **Beteiligung an der übernehmenden Körperschaft** im notwendigen oder gewillkürten Betriebsvermögen des einzubringenden Einzelbetriebes, bestehen zwei Möglichkeiten: die Beteiligung wird gemeinsam mit dem Betrieb miteingebracht und analog zur Down-stream-Verschmelzung in das Privatvermögen des Einbringenden steuerneutral ausgekehrt (**keine Entnahmebesteuerung**; UmgrStR Rz 1022, 999). Die Beteiligung wird nicht gemeinsam mit dem Betrieb eingebracht, sondern rückwirkend gem § 16 Abs 5 Z 1 (Zugehörigkeit zum gewillkürten Betriebsvermögen) oder Z 3 (Zugehörigkeit zum notwendigen Betriebsvermögen) entnommen (**Entnahmebesteuerung** nach § 6 Z 4 EStG; UmgrStR Rz 1021).

Geht der Einbringende von der Zugehörigkeit der Beteiligung an der übernehmen- **43** den Körperschaft zum Privatvermögen aus und wird die Zugehörigkeit zum notwendigen Betriebsvermögen erst nachträglich iRe abgabenbehördlichen Überprüfung festgestellt, ist lt Verwaltungspraxis davon auszugehen, dass die Beteiligung als in die Körperschaft miteingebracht gilt (UmgrStR Rz 1022).

D. Einbringende Mitunternehmerschaft
1. Teileinbringung

Bei Einbringung von Vermögen iSd § 12 Abs 2 einer Mitunternehmerschaft **46** kommt die Gegenleistung lt Verwaltungspraxis „stets der einbringenden Mitunternehmerschaft zu" (UmgrStR Rz 1023). Besteht die Mitunternehmerschaft nach der Einbringung aufgrund des verbleibenden Vermögens fort, sind Gegenleistungsanteile dem **Betriebsvermögen** einbringungsveranlasst zuzurechnen. Unterbleibt ein Ausweis im Betriebsvermögen der Mitunternehmerschaft, ist von einer **steuerwirksamen Entnahme** nach § 6 Z 4 EStG auszugehen, sofern die Anteile nicht zum notwendigen Betriebsvermögen der Mitunternehmerschaft gehören. Eine **unmittelbare Zuwendung** von Gegenleistungsanteilen an die **Mitunternehmer** stellt lt Verwaltungspraxis keine Verletzung einer Anwendungsvoraussetzung des Art III dar, kann jedoch zu einer steuerwirksamen **Entnahmebesteuerung** führen (UmgrStR Rz 1023, 1024; lt ErlRV 266 BlgNR 18. GP, zu § 19 Abs 3, bezweckte die Einführung des § 19 Abs 3 bei einbringenden Mitunternehmerschaften die „Aufgabe der bisherigen Verwaltungspraxis, nach der die einbringungsgeborenen

Anteile auch unmittelbar den Mitunternehmern zukommen konnten"; aA *Rabel* in *W/H/M*, HdU[1] § 19 Rz 74, wonach die Mitunternehmer aufgrund der Individualzurechnung des Gesellschaftsvermögens nach § 24 Abs 1 lit e BAO als Einbringende anzusehen sind, die Gegenleistungsanteile folglich unmittelbar an die Mitunternehmer gewährt werden und, sofern sie nicht notwendiges Sonderbetriebsvermögen darstellen, ohne Entnahmebesteuerung dem Privatvermögen zugeordnet werden können).

2. Gesamteinbringung (Wandlung in vermögensverwaltende Personengesellschaft)

47 Verbleibt der Mitunternehmerschaft nach der Einbringung kein betriebliches Vermögen, wandelt sich die Mitunternehmerschaft rückwirkend mit Beginn des dem Einbringungsstichtag folgenden Tages in eine vermögensverwaltende Personengesellschaft. Auch in diesem Fall müssen die Gegenleistungsanteile grundsätzlich der einbringenden Personengesellschaft zukommen, eine zivilrechtlich verhältniswahrende Aufteilung der Anteile gilt als steuerneutrale Maßnahme und löst **keine Entnahme- oder Aufgabegewinnbesteuerung** aus (UmgrStR Rz 1025 zu einer im Einbringungsvertrag vereinbarten Anteilsdurchschleusung, UmgrStR Rz 1039 zur Anteilsauskehrung infolge der Löschung der einbringenden Personengesellschaft; kritisch zum Erfordernis der Gewährung der Gegenleistung in das Gesamthandvermögen der Personengesellschaft *Rabel* in *W/H/M*, HdU[1] § 19 Rz 78). Soll es bereits im Zuge der Einbringung zur Löschung der einbringenden Personengesellschaft kommen, kann sich die Kapitalerhöhung der übernehmenden Körperschaft auch direkt auf die Gesellschafter der Personengesellschaft beziehen (UmgrStR Rz 1039, Bsp).

3. Sonderfälle

48 Abweichend vom Grundsatz der Anteilsgewährung an die einbringende Mitunternehmerschaft können bei einer **Up-stream-Einbringung** durch eine Mitunternehmerschaft in eine an dieser beteiligte Kapitalgesellschaft die Gegenleistungsanteile an der übernehmenden Kapitalgesellschaft den (Mit)Gesellschaftern an der einbringenden Mitunternehmerschaft gewährt werden (s Rz 76 ff).

49 Des Weiteren wird in den UmgrStR zur Einbringung durch eine Mitunternehmerschaft bei **Beteiligungsidentität an der einbringenden Mitunternehmerschaft und an der übernehmenden Körperschaft** vertreten, dass die Gegenleistung auch durch **wechselseitige Anteilsabtretungen** im Verhältnis zwischen den Gesellschaftern der übernehmenden Körperschaft erfolgen kann, womit eine **Anteilsgewährung an die einbringende Mitunternehmerschaft** offensichtlich **entfallen kann** (UmgrStR Rz 1072 Bsp; abweichend ggf UmgrStR Rz 1025).

E. Einbringende Körperschaft

51 Einbringenden Körperschaften muss stets unmittelbar die Gegenleistung zukommen (BMF 8.10.2003, ecolex 2003, 60, zur Einbringung eines Forstbetriebes durch eine als Körperschaft des privaten Rechts organisierte Agrargemeinschaft, die Gegenleistung muss der Agrargemeinschaft und nicht ihren Mitgliedern zukommen). Wird die einbringende Körperschaft gleichzeitig mit der Einbringung aufgelöst, ist dies ein außerhalb des Art III liegender Liquidationsfall, bei dem es zur Erfassung der stillen Reserven nach § 20 KStG iRd Liquidationsbesteuerung bzw auf Anteilsinhaberebene nach §§ 4 oder 27 EStG kommt (UmgrStR Rz 1029).

IV. Gewährung neuer (einbringungsgeborener) Anteile

§ 19 Abs 1 legt den Grundsatz fest, dass als Gegenleistung für das Einbringungsvermögen „neue" Anteile an der übernehmenden Körperschaft zu gewähren sind (sog einbringungsgeborene Anteile). Zum Anteilsbegriff iSd § 19 s Rz 2. Lt FV gelten als neue Anteile sowohl Nominalanteile (Anteile am Nennkapital, also Aktien, GmbH-Geschäftsanteile und Genossenschaftsanteile), die durch eine Kapitalerhöhung oder eine Sachgründung neu entstanden sind, als auch Anteile, die steuerlich einem Kapitalanteil nach § 8 Abs 3 Z 1 KStG gleichgehalten werden (das sind Partizipationskapitalanteile iSd BWG und des VAG und Substanzgenussrechte; UmgrStR Rz 1030 ff). Eine Kapitalerhöhung kann grds im Weg einer reinen Sacheinlage, gemischten Bar- und Sacheinlage oder einer Bareinlage erfolgen. Erster Fall (reine Sacheinlage) fällt bei Vorliegen von begünstigtem Vermögen iSd § 12 Abs 2 zur Gänze unter Art III, im zweiten Fall (gemischte Bar- und Sacheinlage) kommt es zu einer sog Teilanwendung des UmgrStG (s § 12 Rz 23). In diesen Fällen reicht aus, dass die (durch die Kapitalerhöhung) neu ausgegebenen Anteile zumindest zum Teil durch die Sacheinlage (Vermögen iSd § 12 Abs 2) aufgebracht werden (s a *Hirschler/Sulz/Oberkleiner*, UFSjournal 2011, 451). Lt dt Rsp u Verwaltungspraxis zu § 20 UmwStG ist es auch unschädlich, wenn der neu ausgegebene Anteil ausschließlich durch die Bareinlage aufgebracht und die Sacheinlage als reines Aufgeld (Agio) neben der Bareinlage geleistet wird (BFH 7.4.2010, I R 55/09, BStBl II 1094; UmwStE 2011, Randnr 1.44 u 20.09; dazu *Hötzel/Kaeser* in FGS/BDI, UmwSt-Erlass 2011, 314).

53

V. Ausnahmen von der Gewährung neuer Anteile

A. Überblick

§ 19 Abs 2 enthält einen **taxativen Katalog von Ausnahmen** vom Grundsatz der Gewährung einbringungsgeborener Anteile nach § 19 Abs 1. Gemeinsam ist den Ausnahmefällen, dass eine gesellschaftsrechtliche Beziehung (Beteiligung) des Einbringenden zur übernehmenden Körperschaft entweder einbringungsveranlasst entsteht oder bereits vor der Einbringung vorliegt. Diese nach § 19 Abs 2 entstehenden oder bereits vorliegenden Fälle einer Beteiligung werden als „einbringungsbezogene" Anteile bezeichnet (UmgrStR Rz 1040). Die Ausnahmefälle des § 19 Abs 2 können auch kombiniert und/oder **gemeinsam mit einer Kapitalerhöhung** nach § 19 Abs 1 auftreten (UmgrStR Rz 1041).

56

B. Abfindung mit eigenen Anteilen

Nach § 19 Abs 2 Z 1 kann der Einbringende als Gegenleistung für das eingebrachte Vermögen mit eigenen Anteilen der übernehmenden Körperschaft abgefunden werden. Die Bestimmung ist grundsätzlich nur für übernehmende AG von Relevanz aufgrund der Zulässigkeit des Erwerbs eigener Anteile durch eine AG nach § 65 AktG; demgegenüber ist der Erwerb eigener Geschäftsanteile durch eine GmbH nach § 81 GmbHG verboten, ausgenommen im Exekutionsweg gegen den Inhaber eines Geschäftsanteils zur Hereinbringung eigener Forderungen der GmbH (UmgrStR Rz 1042).

58

C. Abfindung mit Anteilen der Gesellschafter der übernehmenden Körperschaft

Nach § 19 Abs 2 Z 2 kann der Einbringende von Gesellschaftern der übernehmenden Körperschaft mit bestehenden Anteilen an dieser abgefunden werden. Die

61

Ausnahmebestimmung eröffnet die Möglichkeit des einbringungsbedingten Zutritts neuer Gesellschafter ohne Durchführung einer Kapitalerhöhung und Ausgabe neuer Gesellschaftsanteile, setzt aber nicht voraus, dass der Einbringende an der übernehmenden Körperschaft noch nicht beteiligt ist. Auch bei bereits bestehender Beteiligung des Einbringenden muss zwecks Wahrung der Ausnahmeregelung nach § 19 Abs 2 Z 2 eine Anteilsübertragung an den Einbringenden erfolgen (UmgrStR Rz 1044), wodurch es zur Beteiligungsaufstockung des Einbringenden durch Anteilsabtretung der übrigen Gesellschafter kommen kann (*Huber* in W/Z/H/K[5] § 19 Rz 18, 20; *Wiesner/Schwarzinger*, UmS 186/6/12, SWK 2012, 331). Die Anteilsabtretungen müssen durch die **unmittelbaren Anteilsinhaber der übernehmenden Körperschaft** erfolgen; die Abfindung mit Anteilen an der Muttergesellschaft der übernehmenden Körperschaft oder einer anderen Gesellschaft verletzt mangels Zulässigkeit nach § 19 Abs 2 eine Anwendungsvoraussetzung des Art III und löst die Tauschbesteuerung nach § 6 Z 14 EStG zum Stichtag aus (UmgrStR Rz 1051; *Huber* in W/Z/H/K[5] § 19 Rz 23).

62 Die Anteilsabtretung muss nicht von allen Gesellschaftern der übernehmenden Körperschaft bzw nicht von allen gleichmäßig erfolgen (UmgrStR Rz 1050). Unterbleibt eine **gleichteilige Anteilsabtretung** der dem Umtauschverhältnis entsprechenden Quote durch alle Anteilsinhaber der übernehmenden Körperschaft, greift lt Verwaltungspraxis folgende Beurteilung: Eine Anwendungsvoraussetzung des Art III ist nicht verletzt, da § 19 Abs 2 Z 2 entsprochen wird. Erfolgt die Anteilsabtretung durch bloß einen oder einzelne Gesellschafter umtauschverhältnisgerecht in Bezug auf den Einbringenden, liegt für den Einbringenden keine Äquivalenzverletzung nach § 22 Abs 1 vor. Kommt es zwischen den Altgesellschaftern zu **keinem Ausgleich auf gesellschaftsrechtlicher Basis** (zB durch alineare Gewinnverteilungsabreden zugunsten des/der Abtretenden) liegt eine **Äquivalenzverletzung** zugunsten der begünstigten Altgesellschafter vor. Erfolgt ein **Ausgleich in „geldwerter Form"**, werden **Veräußerungs- bzw Erwerbstatbestände** von den empfangenden bzw zahlenden Altgesellschaftern realisiert (UmgrStR Rz 1050).

> **Stellungnahme.** Der in UmgrStR Rz 1050 verwendete Begriff „Ausgleich in geldwerter Form" ist unpräzise, auch gesellschaftsrechtliche Maßnahmen wie alineare Gewinnausschüttungen haben eine geldwerte Form. Als steuerunschädliche gesellschaftsrechtliche Ausgleichsmaßnahmen werden wohl sämtliche iRd Zusammenschlusses nach Art IV akzeptierte Ausgleichsmaßnahmen in Frage kommen (s § 24 Rz 131 ff).

63 Lt Verwaltungspraxis sind Anteilsabtretungen nach § 19 Abs 2 Z 2 bereits im **Einbringungsvertrag** „festzulegen", können jedoch auch auf Grundlage einer gesonderten Urkunde erfolgen. Die **Umsetzung** der Anteilsabtretungen hat grundsätzlich mit dem mit der Meldung beim Finanzamt der übernehmenden Körperschaft eintretenden **Vollzug der Einbringung** zu erfolgen, in Analogie zu § 38b Abs 2 können die Anteilsabtretungen auch noch innerhalb eines Monats nach dem Tag der Meldung vorgenommen werden. Andernfalls liegt die Verletzung einer Anwendungsvoraussetzung des Art III vor (UmgrStR Rz 1044), wobei auch ein **zivilrechtlicher Formmangel** (zB fehlende Notariatsaktsform bei GmbH-Anteilsabtretung) zu einer **Anwendungsverletzung** führt (UmgrStR Rz 1046 Bsp). Gegen die Beachtlichkeit zivilrechtlicher Formerfordernisse zutr UFS 12.12.2013,

schaft am Verkehrswert der einbringenden Mitunternehmerschaft eine Kapitalerhöhung bei der übernehmenden Körperschaft anlässlich der Einbringung verboten (*Huber* in *W/Z/H/K*[5] § 19 Rz 29 f mwN; *Wiesner/Schwarzinger*, UmS 205/20/21/13, SWK 2013, 934). Eine **Kapitalerhöhung** wäre somit lediglich im Ausmaß des **Verkehrswerts des Einbringungsvermögens abzüglich des Wertverlustes (Entwertung) der Beteiligung** der übernehmenden Körperschaft **an der einbringenden Mitunternehmerschaft** zulässig (UmgrStR Rz 1058). Daraus folgt, dass bei einer Einbringung in eine Komplementär-GmbH, die als reine Arbeitsgesellschafterin der KG fungiert und somit nicht am Vermögen der KG beteiligt ist, eine Kapitalerhöhung im vollen Ausmaß des Einbringungsvermögens zulässig ist (vgl *Straube*, GmbHG, § 81 Rz 65, *Umlauft*, NZ 2000, 65; idS auch *Wiesner/Schwarzinger*, UmS 205/20/21/13, SWK 2013, 934). Die in § 19 Abs 2 Z 4 angesprochene „Aufgabe" der Anteile der übernehmenden Körperschaft an der einbringenden Mitunternehmerschaft ist iSd oa OGH-Rsp folglich nicht als umfängliche Abstockung des Gesellschaftsanteiles (oder Ausscheiden aus der Personengesellschaft), sondern im Sinne einer **wertmäßigen Entwertung** der Anteile in Folge der Up-stream-Übertragung des Einbringungsvermögens zu verstehen; nur so deckt das steuerrechtliche Wahlrecht auf Verzicht der Kapitalerhöhung in § 19 Abs 2 Z 4 das gesellschaftsrechtliche Verbot einer Kapitalerhöhung ab (UmgrStR Rz 1058).

Hinsichtlich der Frage, an wen die gesellschaftsrechtlich zulässige Gegenleistung zu gewähren ist, kann laut FV in Abweichung zu § 19 Abs 3 die **Gegenleistung** nicht nur an die einbringende Mitunternehmerschaft (Personengesellschaft), sondern auch direkt an die **(Mit)Gesellschafter der einbringenden Mitunternehmerschaft** gewährt werden, sei es durch Ausgabe neuer Anteile nach Abs 1 oder Abtretung bestehender Anteile, ggf auch wechselseitig, nach Abs 2 Z 2 (UmgrStR Rz 1111; *Huber* in *W/Z/H/K*[5] § 19 Rz 29 f). Eine Gewährung von neuen Anteilen an die Mitunternehmerschaft könnte bei Überschreiten bestimmter (wechselseitiger) Beteiligungsschwellen zu einer – durch das Gesellschaftsrecht grundsätzlich untersagten – wechselseitigen Beteiligung führen (s im Detail § 19 Rz 40). **77**

Lt UmgrStR Rz 1059 ist auch die Einbringung sämtlicher Mitunternehmeranteile unter Anwachsung des Gesellschaftsvermögens nach § 142 UGB in eine Körperschaft, die am Vermögen der untergehenden Mitunternehmerschaft beteiligt ist, ein Anwendungsfall des § 19 Abs 2 Z 4. **78**

F. Alleingesellschafterstellung oder Identität der Beteiligungsverhältnisse

1. Grundsatz

Die Ausnahmebestimmung des § 19 Abs 2 Z 5 ermöglicht das **Unterbleiben der Gewährung neuer Anteile** an der übernehmenden Körperschaft, sofern eine Alleingesellschafterstellung des Einbringenden an der übernehmenden Körperschaft oder eine Übereinstimmung der Beteiligungsverhältnisse an der einbringenden und an der übernehmenden Körperschaft vorliegt. Der Tatbestand der **Alleingesellschafterstellung** betrifft **alle Einbringenden**, der Tatbestand der **Beteiligungsidentität** bezieht sich nur auf **einbringende Körperschaften** (vgl *Huber* in *W/Z/H/K*[5] § 19 Rz 31 ff). Unmittelbare Alleingesellschafterstellung oder unmittelbare Beteiligungsidentität zwischen einbringender und übernehmender Körperschaft sind nicht erforderlich, auch mittelbare Beteiligungen sind bei der Berechnung der Be- **81** teiligungsverhältnisse zu berücksichtigen (UmgrStR Rz 1066, wonach die Eigentums- bzw Beteiligungsidentität nicht bei der übernehmenden Körperschaft selbst, sondern auch oberhalb der übernehmenden Körperschaft bestehen kann). Als **Begründung** für den Verzicht auf Anteilsgewährung wird die Identität zwischen Vermögenszurechnung und Beteiligungssituation angeführt, infolgedessen zum einen **kein Interessengegensatz** zwischen dem Einbringenden und der übernehmenden Körperschaft besteht und zum anderen eine **Verschiebung stiller Reserven** im eingebrachten Vermögen im Zuge der Einbringung **unterbleibt** (UmgrStR Rz 1061).

81a Für die Beurteilung der Alleingesellschafterstellung oder der Beteiligungsidentität sind neben dem **Nominalkapital** auch **Surrogatkapital** iSd § 8 Abs 3 Z 1 KStG (UmgrStR Rz 1081) und **treuhändig gehaltene Anteile** (UmgrStR Rz 1071) einzubeziehen. Die FV hat bisher die Anwendbarkeit der Begünstigung nach § 19 Abs 2 Z 5 explizit nur für aufgedeckte Treuhandschaften bestätigt (UmgrStR Rz 1071; ebenso BMF 18.8.2000, RdW 2000, 771), lt zutreffender Lit sind sämtliche (offene und verdeckte) Treuhandanteile zu berücksichtigen (*Rabel* in *W/H/M*, HdU[1] § 19 Rz 47). In der UFS-Rsp wurde zum einen die strl Beachtlichkeit von aufgrund eines Formmangels zivilrechtlich unwirksamen Treuhandvereinbarungen (fehlende Notariatsaktform für GmbH-Anteile) nach Maßgabe von § 23 Abs 3 BAO für Zwecke des § 19 Abs 2 Z 5 bestätigt (UFS 12.12.2013, RV/1218-W/11, Beschwerde zu Zl 2014/13/0012; dazu *Wurm*, GES 2014, 264; *Blasina*, BFGjournal 2014, 24); der Entscheidung dürfte zudem eine verdeckte Treuhandschaft zugrunde gelegen haben (idS *Blasina*, BFGjournal 2014, 24 mVa „verdeckte Treuhand" in der Überschrift; offen *Wurm*, GES 2014, 264), womit die oa Literaturmeinung bestätigt wäre.

82 In **zeitlicher Hinsicht** muss die Alleingesellschafterstellung oder die Übereinstimmung der unmittelbaren oder mittelbaren Beteiligungsverhältnisse zum Zeitpunkt des **Abschlusses des Einbringungsvertrages** vorliegen, die Beteiligungsverhältnisse etwa am Einbringungsstichtag oder Änderungen der Beteiligungsverhältnisse im Zeitraum zwischen Einbringungsstichtag und Abschlusszeitpunkt des Vertrages sind für Zwecke des § 19 Abs 2 Z 5 unbeachtlich (UmgrStR Rz 1081a; *Rabel* in *W/H/M*, HdU[1] § 19 Rz 52 f; *Hügel* in *H/M/H* §§ 19/20 Rz 46 iVm 63; *Huber* in *W/Z/H/K*[5] § 19 Rz 35; *Wiesner/Schwarzinger*, UmS 176/26/11, SWK 2011, S 898 mVa UmgrStR Rz 808, wonach bei auch schuldrechtlicher Rückbeziehung der Einbringung auf einen Stichtag vor Anteilserwerb eine allfällige Ausschüttung der unternehmensbilanziell rückbezogenen Gewinne aus dem Einbringungsvermögen noch an den Altgesellschafter der übernehmenden Körperschaft unschädlich ist). Hinsichtlich des einzubringenden Vermögens ist allg zu beachten, dass es durch rückwirkende Änderungen nicht zu einem Verstoß gegen das Zurechnungserfordernis des § 13 Abs 2 kommt (*Rabel* in *W/H/M*, HdU[1] § 19 Rz 54).

83 Kein Anwendungsfall des § 19 Abs 2 Z 5 ist die **Einbringung durch Mitunternehmerschaften** bei **Identität der Beteiligungsverhältnisse an der einbringenden Mitunternehmerschaft und der übernehmenden Körperschaft** mangels Vorliegens weder der Alleingesellschafterstellung der einbringenden Mitunternehmerschaft noch einer einbringenden Körperschaft (UmgrStR Rz 1072; *Huber* in *W/Z/H/K*[5] § 19 Rz 39 f; s dazu Rz 49). Gleichfalls fällt die **Einbringung von Mitunternehmeranteilen** bei Beteiligungsidentität an der Mitunternehmerschaft und an der übernehmenden Körperschaft nicht unter § 19 Abs 2 Z 5, da hinsichtlich der eingebrachten Mitunternehmeranteile Alleineigentum besteht, nicht aber an der übernehmenden Körperschaft (UmgrStR Rz 1080a; glA st Rsp zur Rechtslage vor AbgÄG 2005 [s dazu gleich unten]: UFS 14.1.2013, RV/2064-W/06, dazu *Hirschler*, ÖStZ 2013, 354; UFS 22.9.2011, RV/2493-W/08, Anm *Hirschler*, UFSjournal 2011, 451; VwGH 22.4.2009, 2006/15/0296; BFG 21.6.2017, RV/7102876/2010; allg *Huber* in W/Z/H/K[5] § 19 Rz 40; *Wurm*, GES 2012, 107).

Anmerkung: Nach der Stammfassung des § 19 Abs 2 Z 5 (BGBl 1991/669) konnte die Anteilsgewährung unterbleiben, „wenn die unmittelbaren oder mittelbaren Eigentums- oder Beteiligungsverhältnisse am eingebrachten Vermögen der prozentuellen Beteiligung an der übernehmenden Körperschaft unmittelbar oder mittelbar entsprechen"; nach den Gesetzesmaterialien umfasste die Befreiungsbestimmung wegen Beteiligungsidentität neben identen Beteiligungsverhältnissen in einer einbringenden und der übernehmenden Körperschaft zusätzlich (i) **Einbringungen durch Mitunternehmerschaften**, wenn „die Mitunternehmerstellung aller an der einbringenden Mitunternehmerschaft Beteiligter den Beteiligungen an der übernehmenden Körperschaft entspricht" und (ii) die **Einbringung aller Kommanditanteile in die Komplementär-GmbH**, wenn die Kommanditisten im gleichen Ausmaß an der Komplementär-GmbH beteiligt sind (ErlRV 266 BlgNR 18. GP, 28). Mit AbgÄG 2005 (BGBl I 2005/161) wurde die Befreiungsbestimmung wegen Beteiligungsidentität auf einbringende Körperschaften eingeschränkt, lt Gesetzesmaterialien hatte sich die Ausnahmeregelung, „die vom Gleichstand der Beteiligung an der einbringenden Mitunternehmerschaft und der übernehmenden Kapitalgesellschaft ausgeht", als „in der Praxis [...] unzweckmäßig" erwiesen (ErlRV 1187 BlgNR 22. GP, 20). Hinzuweisen ist, dass der in den ErlRV 266 BlgNR 18. GP angesprochene Fall der **Mitunternehmeranteilseinbringung** (mit nachfolgender Anwachsung) auch vom Wortlaut des § 19 Abs 2 Z 5 idF vor AbgÄG 2005 nicht erfasst war und daher in der **UFS-Rsp kritisch** beurteilt wurde (UFS 22.9.2011, RV/2493-W/08, wonach den diesbezüglichen Ausführungen in den Gesetzesmaterialien „keine normative Kraft zukommt"; offen lassend noch VwGH 22.4.2009, 2006/15/0296).

Das Unterbleiben einer Anteilsgewährung, obwohl die Voraussetzungen nach § 19 Abs 2 Z 5 nicht vorliegen, stellt eine Verletzung der **Anwendungsvoraussetzungen** des Art III dar (UmgrStR Rz 1003; UFS 12.12.2013, RV/1218-W/11, Beschwerde zu Zl 2014/13/0012, Anm *Wurm*, GES 2014, 264; Anm *Blasina*, BFGjournal 2014, 24; *Rabel* in W/H/M, HdU[1] § 22 Rz 6; aA *Huber*, RdW 1992, 353 ff, und *Hügel* in H/M/H §§ 19/20 Rz 84, zu Fällen der fehlenden Beteiligungsidentität, wonach eine bloße Äquivalenzverletzung nach § 22 Abs 1 vorliegt, weil die Einbringung ohne Beteiligungsidentität mit einer Einbringung mit Beteiligungsidentität unter nachfolgender unentgeltlicher Anteilsübertragung zwischen den Gesellschaftern nach § 19 Abs 2 Z 2 vergleichbar sei).

84

2. Alleingesellschafterstellung

Alleingesellschafterstellung nach § 19 Abs 2 Z 5 erfordert eine **(mittelbare) 100%ige Beteiligung an der übernehmenden Körperschaft**, unter Berücksichtigung allfälligen Surrogatkapitals und von Treuhandanteilen (UmgrStR Rz 1067, 1071; s Rz 81a). Typische Anwendungsfälle sind Einbringungen durch natürliche Personen, Mitunternehmerschaften oder Körperschaften down-stream in 100%ige

85

Tochter-, Enkel- oder sonstige Untergesellschaften (UmgrStR Rz 1068). Die spiegelbildlichen Einbringungen up-stream in Mutter-, Großmutter- oder sonstige Oberkörperschaften, die un-/mittelbar zu 100 % an der einbringenden Körperschaft beteiligt sind, fallen dagegen unter den zweiten Tatbestand des § 19 Abs 2 Z 5 „Beteiligungsidentität" (UmgrStR Rz 1068; s Rz 89).

86 Bringt eine **Mitunternehmerschaft** den **gesamten Betrieb** in ihre 100%ige Tochtergesellschaft ein, bestehen folgende Möglichkeiten:

- Die 100%ige **Beteiligung an der Tochtergesellschaft** wird anlässlich der Einbringung **zurückbehalten**. Da die Mitunternehmereigenschaft der Personengesellschaft einbringungsbedingt untergeht, stellt das Zurückbehalten eine steuerpflichtige **Entnahme** nach § 16 Abs 5 Z 1 zum Einbringungsstichtag dar. Wird die vermögensverwaltende Personengesellschaft in weiterer Folge im Firmenbuch gelöscht, stellt der quotenmäßige Übergang der Beteiligung auf die Gesellschafter (Ersatz der wegfallenden Miteigentümerbeteiligung am Vermögen der Personengesellschaft durch unmittelbare quotenentsprechende Beteiligung an der übernehmenden Körperschaft) keinen steuerlichen Realisierungstatbestand mehr dar, die Übertragung hat auch keinen Einfluss auf die Anschaffungskosten der Beteiligung oder den Lauf der Spekulationsfrist nach § 30 EStG idF vor BudBG 2011 (UmgrStR Rz 1069).

87 - Wird die 100%ige **Beteiligung an der Tochtergesellschaft** anlässlich der Einbringung **miteingebracht**, führt die eine juristische Sekunde später stattfindende Auskehrung der Anteile an die einbringende Personengesellschaft (Anteilsdurchschleusung analog Down-stream-Verschmelzung) zu **keinem Entnahmetatbestand**. Auch eine allfällige Löschung der Personengesellschaft im Firmenbuch und quotenmäßige Übertragung der Anteile auf die Gesellschafter löst keine unmittelbaren steuerlichen Konsequenzen aus, die einbringungsbedingt entstehenden Anschaffungskosten der Anteile an der übernehmenden Körperschaft (anteiliger Buchwert des eingebrachten Betriebes) sind jedoch um den Buchwert der herausgegebenen Anteile zu kürzen (UmgrStR Rz 1069).

88 Die vorstehenden Grundsätze gelten auch für im Sonderbetriebsvermögen gehaltene Anteile an der übernehmenden Körperschaft (implizit UmgrStR Rz 1070). Sollte iRe abgabenbehördlichen Überprüfung nachträglich festgestellt werden, dass von Mitunternehmern gehaltene Beteiligungen an der übernehmenden Körperschaft zum notwendigen **Sonderbetriebsvermögen** gehört haben, gelten diese Beteiligungen als in die Körperschaft miteingebracht und durchgeschleust (UmgrStR Rz 1070).

3. Identität der Beteiligungsverhältnisse

a) Begriff

89 Voraussetzung für Beteiligungsidentität nach § 19 Abs 2 Z 5 ist, dass die Beteiligung jedes Anteilinhabers am **rechnerischen Wert der Gesamtanteile** sowohl der einbringenden als auch der übernehmenden Körperschaft ident ist. Für die Berechnung des jeweiligen Beteiligungsausmaßes sind neben dem Nominalkapital auch Surrogatkapital iSd § 8 Abs 3 Z 1 KStG und Treuhandanteile einzubeziehen (UmgrStR Rz 1081, 1071; s Rz 81a).

Die Beteiligungsstände müssen mathematisch nicht bis zur letzten Kommastelle ident sein. Rundungsdifferenzen sind unschädlich, solange nach einer Rundung die **beiden ersten Kommastellen** der Beteiligungsstände **ident** sind und die Übereinstimmung der Beteiligungsverhältnisse im **Einbringungsvertrag dokumentiert** wird (UmgrStR Rz 1083). 90

b) Verbotene Einlagenrückgewähr

Einbringungen zwischen Schwestergesellschaften (Side-stream-Einbringung) oder von der Tochtergesellschaft in die Mutter- oder Großmuttergesellschaft (Upstream- Einbringung) unter Verzicht auf Anteilsgewährung kann unternehmensrechtlich zu einer verbotenen Einlagenrückgewähr nach § 82 Abs 1 GmbHG oder § 52 AktG führen, da die einbringende Körperschaft keine Gegenleistung erhält und damit eine Gläubigerschädigung eintritt (UmgrStR Rz 1084). 91

Ein Verstoß gegen das Verbot der Einlagenrückgewähr kann durch folgende **kompensatorische Maßnahmen** vermieden werden: 92

- Kapitalherabsetzung bei der einbringenden Körperschaft;
- Gewinnausschüttung durch Sachauskehrung des eingebrachten Vermögens;
- Gesellschafterzuschuss an die einbringende Körperschaft.

Ob die kompensatorische Maßnahme (Kapitalherabsetzung, Gewinnausschüttung oder Gesellschafterzuschuss) in Höhe des **Buchwertes** oder des **Verkehrswertes** des eingebrachten Vermögens erfolgen muss, ist **strittig** (vgl *Huber* in W/Z/H/K^5 § 19 Rz 46 mwN; überzeugend *Mühlehner*, RdW 2004, 126, wonach grundsätzlich eine Kompensation zu Buchwerten ausreicht, da das Eigenkapital der einbringenden Körperschaft nur in Höhe des Buchwertes geändert wird). 93

Lt Verwaltungspraxis sind die kompensatorischen Maßnahmen der **Kapitalherabsetzung** oder der **Gewinnausschüttung (Sachausschüttung)** „steuerneutral, dh nicht als Einlagenrückzahlung nach § 4 Abs 12 EStG oder als eine kapitalertragsteuerpflichtige Gewinnausschüttung zu werten" (UmgrStR Rz 1085). 94

Ein als kompensatorische Maßnahme geleisteter **Gesellschafterzuschuss** stellt hingegen eine Einlage nach § 6 Z 14 EStG dar, die auch zu einem Zugang im Evidenzkonto (Rücklagen-Subkonto) führt (UmgrStR Rz 1085). 95

Das Fehlen der oben angeführten kompensatorischen Maßnahmen stellt laut Verwaltungspraxis **kein Anwendungshindernis** für Art III dar (UmgrStR Rz 1085). 96

Stellungnahme. Rechtsgeschäfte, die gegen das Verbot der Einlagenrückgewähr verstoßen, sind mit Nichtigkeit bedroht und stehen einer Eintragung im Firmenbuch entgegen (bzw führen zur Löschung bereits erfolgter Eintragungen). Die zivilrechtliche Nichtigkeit des Einbringungsvorganges bzw unterbleibende Eintragung oder Löschung im Firmenbuch wird in den UmgrStR selbst an einigen Stellen als Hindernis für das Vorliegen einer Einbringung nach Art III beurteilt. Zu den Folgen eines nichtigen Einbringungsvertrages s § 12 Rz 154 f, 177 f; zum Unterbleiben der Firmenbucheintragung s § 12 Rz 208 ff.

Zur Beurteilung der kompensatorischen Maßnahmen als **unschädliche Gegenleistung** iSd § 19 s Rz 19. 97

G. Einbringung von Kapitalanteilen in eine ausländische übernehmende Körperschaft

1. Überblick

101 § 19 Abs 2 Z 5 zweiter Halbsatz sieht eine **Ausnahme** von der Möglichkeit des Unterbleibens der Gewährung neuer Anteile bei Alleingesellschafterstellung oder Beteiligungsidentität für den Fall der Einbringung eines „Kapitalanteiles (§ 12 Abs 2 Z 3) in eine ausländische übernehmende Körperschaft" vor. In diesem Fall kann die Gewährung neuer Anteile nur unterbleiben, wenn als **zusätzliche Voraussetzung** „die Einbringung ausschließlich bei inländischen Anteilen an der übernehmenden Körperschaft eine Zu- oder Abschreibung auslöst". Bei dem eingebrachten Kapitalanteil muss es sich um einen bisher im Inland steuerhängigen Kapitalanteil handeln (UmgrStR Rz 1087; BMF 17.1.2000, ecolex 2000, 388; *Huber* in *W/Z/H/K*^{5} § 19 Rz 53 mwN). Unter „inländischen Anteilen" an der übernehmenden Körperschaft sind von Steuerinländern gehaltene und demnach dem Besteuerungsrecht Österreichs unterliegende (unmittelbar) Anteile an der übernehmenden ausländischen Körperschaft zu verstehen (UmgrStR Rz 1088; BMF 17.1.2000, ecolex 2000, 388; *Huber* in *W/Z/H/K*^{5} § 19 Rz 49).

2. Regelungszweck

102 Bei der Exporteinbringung von Kapitalanteilen kommt es im Regelfall (anders als bei der Exporteinbringung von Betrieben, Teilbetrieben und Mitunternehmeranteilen) **zur Einschränkung des österreichischen Besteuerungsrechts am Einbringungsvermögen** (UmgrStR Rz 1086 f). Wird auf die Gewährung von Gegenleistungsanteilen an den (idR inländischen) Einbringenden verzichtet, fällt auch die „zweite Sicherungsebene" (steuerhängige Speicherung der stillen Reserven der exportierten Kapitalanteile in der Gegenleistung auf Ebene des Einbringenden; s § 20 Rz 7 ff) weg. Sind an der ausländischen übernehmenden Körperschaft hingegen bereits vor der Einbringung ausschließlich **Steuerinländer** beteiligt, so führt ein **Verschieben stiller Reserven** von den **Kapitalanteilen an der einbringenden Körperschaft** zu den **Kapitalanteilen an der übernehmenden Körperschaft** (Bewertung nach § 20 Abs 4 Z 2; s Rz 31 ff) im Ergebnis zu **keiner Einschränkung des österreichischen Besteuerungsrechts** auf der zweiten Sicherungsebene. Sind hingegen auch Steuerausländer beteiligt, läuft insoweit die zweite Sicherungsebene leer, da die Anteile von Steuerausländern an der übernehmenden ausländischen Körperschaft nicht dem Besteuerungsrecht Österreichs unterliegen. In diesem Fall soll die zweite Sicherungsebene im klassischen Wege durch Anteilsgewährung an den (idR inländischen) Einbringenden hergestellt werden (ErlRV 947 BlgNR 18. GP, zu § 19 Abs 2; BMF 17.1.2000, ecolex 2000, 388; BMF 22.6.1998, ecolex 1998, 737; *Rabel* in *W/H/M*, HdU^1 § 19 Rz 57; *Huber* in *W/Z/H/K*^{5} § 19 Rz 50; *Hügel* in *H/M/H* §§ 19/20 Rz 85 ff). Lt neuer Verwaltungspraxis gilt die Gegenleistung auch bei einem Verzicht auf die Gewährung von Gegenleistungsanteilen als bewirkt und besteht in der Werterhöhung der Anteile an der übernehmenden Körperschaft (UmgrStR Rz 1086 u Rz 854b; s § 16 Rz 16).

3. Anwendungsbereich

103 Lt FV betrifft die Ausnahmeregelung des § 19 Abs 2 Z 5 zweiter Halbsatz Anteilseinbringungen in **ausländische Schwesterkörperschaften** (side-stream), **ausländische Oberkörperschaften** (up-stream) und **ausländische Unterkörperschaften**

(down-stream), darüber hinaus aber auch die Anteilseinbringung in eine inländische Unterkörperschaft bei Vorliegen einer **ausländischen Zwischenkörperschaft** (UmgrStR Rz 1089). Wenngleich auch in diesem Fall ein teilweiser Export von stillen Reserven erfolgen kann, wird die Ausdehnung des Anwendungsbereiches auf Einbringungen in inländische Unterkörperschaften in der Literatur als vom Gesetzeswortlaut nicht gedeckt kritisiert (*Huber* in W/Z/H/K^5 § 19 Rz 55 FN 41). Lt FV kann die Bestimmung allerdings aus „unionsrechtlichen Erwägungen" bei **Einbringungen durch Steuerinländer oder EU/EWR-Ansässige in eine ausländische EU/EWR-Körperschaft** generell **unangewendet bleiben** (UmgrStR Rz 1087); das Unterbleiben einer Anteilsgewährung stellt keine Anwendungsverletzung des Art III dar, eine etwaige Einschränkung des Besteuerungsrechts Österreichs infolge der Exporteinbringung ist nach den allg Regelungen (insb § 16 Abs 1 S 2) zu beurteilen (UmgrStR Rz 1087 mit Bsp).

4. Rechtsfolge

Sämtliche unmittelbare Gesellschafter der ausländischen übernehmenden Körperschaft müssen im Inland ansässig sein, damit die Anteilsgewährung nach § 19 Abs 2 Z 5 unterbleiben kann (UmgrStR Rz 1088, 1090 und 1089, dritter Unterpunkt, zur Schädlichkeit des Vorliegens einer ausländischen Zwischenkörperschaft). Andernfalls ist ein **Verzicht auf Anteilsgewährung nach § 19 Abs 2 Z 5 nicht zulässig**; unterbleibt die Anteilsgewährung dennoch, ist aufgrund des Verweises in § 12 Abs 1 auf § 19 eine Anwendungsvoraussetzung des Art III verletzt und liegt ein **steuerwirksamer Tausch** nach § 6 Z 14 EStG vor (UmgrStR Rz 1087). Die Ausnahmeregelung in § 19 Abs 2 Z 5 zweiter Halbsatz betrifft lediglich die Möglichkeit des Unterbleibens einer Anteilsgewährung nach § 19 Abs 2 Z 5. Wird der Einbringende mit zB eigenen Anteilen der übernehmenden Körperschaft abgefunden (§ 19 Abs 2 Z 1) oder erhält er Anteile von den Gesellschaftern der übernehmenden Körperschaft (§ 19 Abs 2 Z 2), hat das Zusatzerfordernis des § 19 Abs 2 Z 5 zweiter Halbsatz keine Bedeutung (*Huber* in W/Z/H/K^5 § 19 Rz 52 mwN).

104

Die Anteile an der übernehmenden Körperschaft

§ 20. (1) ^{1}Neue Anteile gelten mit dem Beginn des dem Einbringungsstichtag folgenden Tages als angeschafft. ^{2}Soweit eine Kapitalerhöhung nach § 19 nicht erfolgt, gilt die Gegenleistung mit Beginn des dem Einbringungsstichtag folgenden Tages als bewirkt.

(2) Für die Bewertung der Anteile und der sonstigen Gegenleistung im Sinne des Abs. 1 gilt Folgendes:

1. Im Falle der Gewährung von Anteilen im Sinne des § 19 Abs. 1 und Abs. 2 Z 1 und 2 gilt der nach den §§ 16 und 17 maßgebende Wert der Sacheinlage als deren Anschaffungskosten.
2. Kommt die Abfindung im Sinne des § 19 Abs. 2 Z 1 ausländischen Einbringenden zu, ist § 6 Z 6 des Einkommensteuergesetzes 1988 sinngemäß anzuwenden.
3. Zuzahlungen im Sinne des § 19 Abs. 2 Z 3 kürzen beim Empfänger die Anschaffungskosten oder Buchwerte.
4. Ausschüttungen im Sinne des § 18 Abs. 2 Z 1 erhöhen ab Eintritt der Fälligkeit die Anschaffungskosten oder Buchwerte.

5. Kommt es in Fällen des § 16 Abs. 1 oder Abs. 2 Z 1 in der Fassung des Bundesgesetzes vor BGBl. I Nr. 163/2015 zur Festsetzung der Steuerschuld, erhöhen sich rückwirkend mit Beginn des dem Einbringungsstichtag folgenden Tages die Anschaffungskosten oder Buchwerte entsprechend.

(3) ¹Im Falle des § 19 Abs. 2 Z 2 sind bei den abtretenden Gesellschaftern die Anschaffungskosten oder der Buchwert der bisherigen Anteile weiterhin maßgebend. ²Bei von den Beteiligungsverhältnissen abweichenden Wertverhältnissen ist § 6 Abs. 2 anzuwenden.

(4) Bei Vorliegen der Voraussetzung des § 19 Abs. 2 Z 5 gilt folgendes:

1. ¹Der nach den §§ 16 und 17 maßgebende Wert der Sacheinlage ist dem steuerlich maßgebenden Wert der bisherigen Anteile des Einbringenden an der übernehmenden Körperschaft zuzuschreiben oder von ihm abzuschreiben. ²Gehören die Anteile an der übernehmenden Körperschaft nicht zum Betriebsvermögen des Einbringenden, bleibt ein Buchgewinn oder Buchverlust bei der Gewinnermittlung außer Ansatz. ³Abs. 2 dritter und vierter Satz ist anzuwenden.

2. ¹Besitzt die übernehmende Körperschaft alle Anteile an der einbringenden Körperschaft, ist § 3 Abs. 2 mit der Maßgabe anzuwenden, daß bei der Ermittlung des Buchgewinnes oder Buchverlustes der steuerlich maßgebende Buchwert der Anteile an der übertragenden Körperschaft in dem Verhältnis zu vermindern ist, in dem sich der Wert der übertragenden Körperschaft durch die Einbringung vermindert hat. ²§ 3 Abs. 3 ist anzuwenden. ³Der bei der einbringenden Körperschaft entstehende Buchverlust oder Buchgewinn bleibt bei der Gewinnermittlung außer Ansatz.

3. ¹Unterbleibt die Gewährung von Anteilen, weil die Anteile an der einbringenden und der übernehmenden Körperschaft in einer Hand vereinigt sind, sind die steuerlich maßgebenden Anschaffungskosten oder Buchwerte der Anteile an der übertragenden Körperschaft in dem Ausmaß zu vermindern und im gleichen Ausmaß bei den Anteilen an der übernehmenden Körperschaft zuzuschreiben, in dem sich die Werte der Anteile durch die Einbringung verschieben. ²Der bei der einbringenden Körperschaft entstehende Buchgewinn oder Buchverlust bleibt bei der Gewinnermittlung außer Ansatz.

(5) *entfällt (BGBl I 2012/112)*

(6) Wird ein Kapitalanteil eingebracht, bei dem die Möglichkeit der Besteuerung der stillen Reserven nach den Regelungen des Einkommensteuergesetzes 1988 am Tag des Abschlusses des Einbringungsvertrages nicht gegeben ist, sind § 5 Abs. 1 und 2 sinngemäß anzuwenden.

(7) Für internationale Schachtelbeteiligungen im Sinne des § 10 Abs. 2 des Körperschaftsteuergesetzes 1988 gilt folgendes:

1. ¹Entsteht durch eine Einbringung eine internationale Schachtelbeteiligung oder wird ihr Ausmaß durch neue Anteile oder durch Zurechnung zur bestehenden Beteiligung verändert, ist hinsichtlich der bisher nicht steuerbegünstigten Beteiligungsquoten auf den Unterschiedsbetrag zwischen den Buchwerten und den höheren Teilwerten § 10 Abs. 3 erster Satz des Körper-

schaftsteuergesetzes 1988 nicht anzuwenden. ²Dies gilt nicht im Falle des Entstehens der Steuerschuld nach § 16 Abs. 1a oder § 16 Abs. 2 auf Grund der Einbringung von Kapitalanteilen im Sinne des § 12 Abs. 2 Z 3.

2. Geht durch eine Einbringung die Eigenschaft einer Beteiligung als internationale Schachtelbeteiligung unter, gilt, soweit für sie keine Option zugunsten der Steuerwirksamkeit erklärt worden ist, der höhere Teilwert zum Einbringungsstichtag, abzüglich auf Grund einer Umgründung nach diesem Bundesgesetz von § 10 Abs. 3 erster Satz des Körperschaftsteuergesetzes 1988 ausgenommener Beträge, als Buchwert.

(8) Kommt es auf Grund der Einbringung zum Wechsel der Gewinnermittlungsart, ist das sich nach den vorstehenden Absätzen ergebende Ausmaß der Anschaffungskosten oder des Buchwertes der Anteile um jene Beträge zu erhöhen oder zu vermindern, die sich auf Grund von Änderungen des Betriebsvermögens nach § 4 Abs. 10 des Einkommensteuergesetzes 1988 ergeben.

[idF BGBl I 2015/163]

Rechtsentwicklung

BGBl 1991/699 (UmgrStG; RV 266 AB 354 BlgNR 18. GP) (Stammfassung); BGBl 1993/818 (StRefG 1993; RV 1237 AB 1301 BlgNR 18. GP) (Neufassung des § 20 Abs 4 Z 3 und Neufassung des § 20 Abs 7, für Stichtage nach dem 30.12.1993); BGBl 1994/680 (AbgÄG 1994; RV 1624 AB 1826 BlgNR 18. GP) (Änderung des § 20 Abs 7); BGBl 1996/797 (AbgÄG 1996; RV 497 AB 552 BlgNR 20. GP) (Neufassung des § 20 Abs 7, für Stichtage nach dem 31.12.1996, Neufassung des § 20 Abs 4 Z 2); BGBl I 1998/9 (AbgÄG 1997; RV 933 AB 998 BlgNR 20. GP) (Neufassung des § 20 Abs 6); BGBl I 1999/28 (AbgÄG 1998; RV 1471 AB 1505 BlgNR 20. GP) (Neufassung des § 20 Abs 7 und Anfügung des § 20 Abs 8); BGBl I 2003/71 (BudBG 2003; RV 59 AB 111 BlgNR 22. GP) (Neufassung des § 20 Abs 2, für Stichtage nach dem 30.12.2002, Änderung des § 20 Abs 6 Z 2 und Änderung des § 20 Abs 7 Z 1); BGBl I 2003/124 (AbgÄG 2003; RV 238 AB 296 BlgNR 22. GP) (Anfügung des § 20 Abs 6 Z 2 S 2); BGBl I 2005/161 (AbgÄG 2005; RV 1187 AB 1213 BlgNR 22. GP) (Neufassung des § 20 Abs 2, Anfügung des § 20 Abs 4 Z 1 S 3, Anfügung des § 20 Abs 7 Z 1 S 2, für Umgründungen, bei denen die Beschlüsse oder Verträge nach dem 31.1.2006 bei dem zuständigen Firmenbuchgericht zur Eintragung angemeldet oder bei dem zuständigen Finanzamt gemeldet werden); BGBl I 2007/24 (BudBG 2007; RV 43 AB 67 BlgNR 23. GP) (Neufassung des § 20 Abs 2, für Stichtage nach dem 31.12.2006); BGBl I 2012/112 (AbgÄG 2012; RV 1960 AB 1977 BlgNR 24. GP) (Entfall des § 20 Abs 5 und Neufassung des § 20 Abs 6); BGBl I 163/2015 (AbgÄG 2015; RV 896 AB 907 BlgNR 25. GP) (Änderung des § 20 Abs 2 Z 5 und Abs 7 Z 1 zweiter Satz, erstmals auf Umgründungen anzuwenden, die nach dem 31.12.2015 beschlossen oder vertraglich unterfertigt werden).

Literatur 2017

Furherr, Upstream-Einbringung und negativer Buchwert der Beteiligung, RdW 2017/385, 530; *Hirschler/Sulz*, Upstream-Einbringung und negativer Buchwert der Beteiligung, BFGjournal 2017, 179; *Wiesner*, Neues zum Umgründungssteuerrecht, RWZ 2017/11, 38; *Zorn*, VwGH: Umwandlung auf die zwischengeschaltete KG, RdW 2017/106, 126.

§ 20

Furherr

Übersicht

I.	Überblick	1
II.	Anschaffungsfiktion und Zeitpunkt der Anschaffung der Gegenleistung	3–5
III.	Bewertung der Gegenleistung bei Anteilsgewährung	
	A. Allgemeines	7–13
	B. Anteilsgewährung durch die Gesellschafter der übernehmenden Körperschaft	16, 17
	C. Änderung der einbringungsveranlassten Anschaffungskosten oder Buchwerte	
	1. Entnahmen nach § 16 Abs 5 Z 1 und 2	21
	2. Exporteinbringungen idF vor AbgÄG 2015	22–29
IV.	Bewertung der Gegenleistung bei Unterbleiben einer Anteilsgewährung	31
	A. Alleingesellschafterstellung	
	1. Down-stream-Einbringung	33–36
	2. Up-stream-Einbringung	37–40
	B. Identität der Beteiligungsverhältnisse (Side-stream-Einbringung)	41–47
V.	Steuerhängigkeit von im Privatvermögen gehaltenen Anteilen an der übernehmenden Körperschaft	
	A. Zusammenspiel der Bestimmungen des § 20 Abs 5 und 6 idF vor und nach AbgÄG 2012 mit den Regelungen des EStG ...	51, 52
	B. Einbringungsbedingter Wegfall der Eigenschaft einer Beteiligung iSd § 31 EStG idF vor BudBG 2011 (§ 20 Abs 5 idF vor AbgÄG 2012)	54–58
	C. Besondere Steuerhängigkeit für Gegenleistungsanteile (§ 20 Abs 6 Z 1 idF vor AbgÄG 2012)	61–65
	D. Entstrickungsregelung bei Einbringung nicht steuerhängiger Zwerganteile (§ 20 Abs 6 Z 2 idF vor AbgÄG 2012)	68–75
	E. Fortsetzung des Bestandschutzes bei Einbringung von nicht steuerhängigen oder befristet steuerhängigen Altbestandsanteilen (§ 20 Abs 6 idF AbgÄG 2012)	76–80
VI.	Internationale Schachtelbeteiligung im Bereich der Gegenleistung	
	A. Überblick	81, 82
	B. Entstehen oder Veränderung einer internationalen Schachtelbeteiligung	
	1. Anwendungsbereich und Tatbestandsvoraussetzungen .	84–89
	2. Behaltefrist für entstehende oder veränderte Schachtelbeteiligungen	91, 92
	3. Einlagenrückzahlung	93
	4. Exporteinbringung von Kapitalanteilen nach § 16 Abs 1a	94, 94a
	C. Untergang einer internationalen Schachtelbeteiligung	96–99
VII.	Bewertung der Gegenleistung bei Wechsel der Gewinnermittlungsart	101–103

I. Überblick

§ 20 regelt die umgründungssteuerlichen Folgen in Bezug auf die **Anteile des Einbringenden an der übernehmenden Körperschaft**, die er als Gegenleistung erhält oder schon vor der Einbringung gehalten hat, als auch in Bezug auf die **Anteile der übrigen Gesellschafter an der übernehmenden Körperschaft** (*Rabel* in W/H/M, HdU[1] § 20 Rz 1). Zentrale Regelungsinhalte des § 20 sind die Festlegung eines **Anschaffungstatbestandes** hinsichtlich der Gegenleistung, des **Anschaffungszeitpunktes** sowie der **Bewertung** der Gegenleistung.

II. Anschaffungsfiktion und Zeitpunkt der Anschaffung der Gegenleistung

Nach § 20 Abs 1 S 1 gelten neue Anteile als mit dem Beginn des **dem Einbringungsstichtag folgenden Tages** als **angeschafft**. Es erfolgt damit eine nahtlose Anknüpfung an die Regelungen zum Einbringungsstichtag: Für Zwecke der Einkünfteermittlung beim Einbringenden ist der Abgang des Einbringungsvermögens mit Ablauf des Einbringungsstichtages (24:00 Uhr) anzunehmen (§ 14 Abs 2), der Zugang des Einbringungsvermögens bei der übernehmenden Körperschaft eine juristische Sekunde danach mit Beginn des dem Einbringungsstichtag folgenden Tages (0:00 Uhr; § 18 Abs 1 Z 5), zu diesem Zeitpunkt gelten auch die neuen Anteile als durch den Einbringenden angeschafft (§ 20 Abs 1 S 1). Die Anschaffungsfiktion ist auch für die Übergangsbestimmungen des § 124b Z 185 lit a EStG iRd Neuregelung der Kapitalbesteuerung idF BudBG 2011 maßgeblich (s 3. Teil Z 21 UmgrStG idF AbgÄG 2012, BGBl I 2012/112). Bei Umgründungen mit Stichtag 31.12.2010 oder später sind daher die Gegenleistungsanteile grundsätzlich als steuerhängiger Neubestand iSd §§ 27 Abs 3 iVm 124b Z 185 lit a EStG zu qualifizieren (arg Anschaffung nach 31.12.2010; ErlRV 1960 BlgNR 24. GP, 30), Ausnahmen bestehen nach §§ 20 Abs 6 iVm 5 Abs 2 idF AbgÄG 2012 bei der Einbringung von Kapitalanteilen, die zum sog nicht steuerhängigen oder bloß befristet steuerhängigen Altbestand nach § 124b Z 185 lit a EStG gehören (im Detail s Rz 76 ff).

Unterbleibt eine Kapitalerhöhung nach § 19 Abs 1, gilt eine Gegenleistung iSd § 19 Abs 2 mit Beginn des dem Einbringungsstichtag folgenden Tages als **„bewirkt"** (§ 20 Abs 1 S 2). Ungeachtet des unterschiedlichen Wortlautes in Satz 1 („angeschafft") und Satz 2 („bewirkt") wird Satz 2 eine **Anschaffungsfiktion** für die Gegenleistung nach § 19 Abs 2 beigemessen (UmgrStR Rz 1092); davon erfasst sind dem Einbringenden zukommende eigene Anteile der übernehmenden Körperschaft (§ 19 Abs 2 Z 1), bestehende Anteile der Gesellschafter der übernehmenden Körperschaft (§ 19 Abs 2 Z 2) und Werterhöhungen bestehender Kapitalanteile des Einbringenden (§ 19 Abs 2 Z 5). Ferner wird die Zeitpunktregelung in § 20 Abs 1 S 2 als maßgeblich auch für die Zurechnung der Zuzahlungen (§ 19 Abs 2 Z 3), die Aufgabe von Anteilen an einer einbringenden Mitunternehmerschaft (§ 19 Abs 2 Z 4) und von Minderungen bestehender Kapitalanteile an einer einbringenden Körperschaft (§ 19 Abs 2 Z 5) erachtet (UmgrStR Rz 1091 ff).

Damit beginnen sämtliche für die weitere steuerliche Behandlung der Gesellschaftsanteile relevanten **Fristen** mit dem Beginn des dem Einbringungsstichtag folgenden Tages. Eine exemplarische Auflistung steuerlich relevanter Tatbestände, die an diesen Zeitpunkt anknüpfen, enthält UmgrStR Rz 1092; hervorgehoben wird für den Fall des Entstehens einer internationalen Schachtelbeteiligung an der übernehmenden Körperschaft die Möglichkeit der **Option zugunsten der Steuerwirksamkeit nach § 10 Abs 3 Z 1 KStG** (Optionsmöglichkeit aufgrund der Anschaffungsfiktion; *Wiesner/Schwarzinger*, UmS 170/14/11, SWK 2011, S 621; dazu § 18 Rz 122); des Weiteren der Beginn der einjährigen **Spekulationsfrist nach § 30 Abs 1 Z 1 lit b EStG idF vor BudBG 2011** (für nähere Ausführungen vgl 1. Aufl § 20 Rz 5).

Stellungnahme. Die Reichweite der strl Rückwirkungsfiktion auf Gegenleistungsebene ist iE unklar. Fraglich ist etwa, ob die Veräußerung von Anteilen an der übernehmenden Körperschaft durch Altgesellschafter im Rückwirkungszeitraum (i) nach den Beteiligungsquoten vor Abschluss des Einbringungsvertrages (und damit vor einer etwaigen Verwässerung der Beteiligungsquoten) zu beurteilen ist oder (ii) die Beteiligungsquoten am (rückwirkenden) Einbringungsstichtag maßgeblich sind. Folgt man letzterer Auffassung, könnte etwa das Schachtelprivileg nach § 10 Abs 3 KStG „rückwirkend" wegfallen, wenn die Beteiligungsquote einbringungsbedingt zum Einbringungsstichtag (zB von 25 % auf 5 %) verwässert wird. Gegen eine derartige Reichweite der Rückwirkungsfiktion spricht zunächst, dass das UmgrStG keine Regelungen betr Altgesellschafter hat. Zudem tritt das UmgrStG lt Rsp zum allgemeinen Steuerrecht bloß hinzu und regelt nicht alles eigenständig. Soweit das UmgrStG Rückwirkungsfiktionen enthält, sind diese daher als Ausnahmebestimmungen eng auszulegen, da das allgemeine Ertragsteuerrecht rückwirkungsfeindlich ist (VwGH 20.1.2016, 2012/13/0013). Demnach sollte eine allfällige aus Sicht des Einbringenden „rückwirkende" Änderung der Beteiligungsverhältnisse an der übernehmenden Körperschaft iRd strl Beurteilung der Altgesellschafter unbeachtlich bleiben.

III. Bewertung der Gegenleistung bei Anteilsgewährung
A. Allgemeines

7 § 20 Abs 2 und 3 regeln die Bewertung der als Gegenleistung gewährten **neuen Anteile nach § 19 Abs 1** (sog einbringungsgeborene Anteile) und der als Gegenleistung gewährten **eigenen oder bestehenden Anteile** nach § 19 Abs 2 Z 1 oder 2 (sog einbringungsbezogene Anteile); für betriebsvermögenszugehörige Anteile besteht daher insoweit keine Maßgeblichkeit des unternehmensrechtlichen Bilanzansatzes (UmgrStR Rz 1093). Durch den Verweis in § 20 Abs 2 Z 1 auf den nach §§ 16 und 17 maßgebenden Wert werden die Anschaffungskosten der Gegenleistungsanteile durch das **Einbringungskapital iSd §§ 15 iVm 16** (bei betrieblichen Einbringungsvermögen) bzw durch die **Wertansätze nach § 17** (bei außerbetrieblichen Kapitalanteilen) fixiert.

8 Bei **betrieblichem Einbringungsvermögen iSd § 15** ist nach Maßgabe des § 16 grundsätzlich zwischen Buchwerteinbringungen und Aufwertungseinbringungen zu unterscheiden. Bei der **Buchwerteinbringung** erfolgt der Ansatz des Einbringungsvermögens in der Einbringungsbilanz zu den auf den Einbringungsstichtag bezogenen, nach den steuerrechtlichen Gewinnermittlungsvorschriften maßgebenden Buchwerten (§ 14 Abs 1 S 2). Diese Buchwerte sind von der übernehmenden Körperschaft zu übernehmen (§ 18 Abs 1 Z 1) und determinieren die Anschaffungskosten der einbringungsgeborenen oder -bezogenen Gegenleistungsanteile (UmgrStR Rz 1096; bei Einbringung teilwertberichtigter Kapitalanteile nach § 12 Abs 3 Z 3 KStG ist der um die volle Abschreibung geminderte Buchwert maßgebend, spätere Zuschreibungen bei der übernehmenden Körperschaft nach § 6 Z 13 EStG bleiben unbeachtlich, vgl *Wiesner/Schwarzinger*, UmS 181/32/11, SWK 2011, S 1023). Es kommt dadurch zu einer **Verdoppelung der Steuerhängigkeit der stillen Reserven** des Einbringungsvermögens: die stillen Reserven werden durch die Buchwertfortführung auf die übernehmende Körperschaft übertragen und durch die Anschaffungskostenverknüpfung in § 20 Abs 2 Z 1 zusätzlich in den Gegenleistungsanteilen an der übernehmenden Körperschaft gespeichert (UmgrStR Rz 1097). Weist das Einbringungsvermögen einen negativen buchmäßigen Wert aus (negatives Einbringungskapital), kann dies zu negativen Anschaffungskosten der Gegenleistungsanteile führen. Diese sind nach § 43 Abs 2 evident zu halten und künftigen Besteuerungs- bzw Realisierungstatbeständen zugrunde zu legen (UmgrStR Rz 1098). Ist bei einer Einbringung eines Mitunternehmeranteils das Kapitalkonto negativ, ergeben sich beim Einbringenden im Zuge der Buchwertfortführung (§ 20 Abs 2 Z 1) negative Anschaffungskosten an der übernehmenden Körperschaft. Wird diese Körperschaft idF liquidiert, stellt der Wegfall der Beteiligung im Ausmaß der negativen Anschaffungskosten eine steuerpflichtige realisierte Wertsteigerung iSd § 31 Abs 2 EStG idF vor BGBl I 2010/111 bzw § 27 Abs 6 EStG idF BGBl I 2010/111 dar (BFG 5.2.2015, RV/7100301/2013, Anm *Hirschler/Sulz/Oberkleiner*, BFGjournal 2015, 223). Bei der **Aufwertungseinbringung** erfolgt der Ansatz des Einbringungsvermögens nach Maßgabe des § 16 mit dem Fremdvergleichswert oder dem gemeinen Wert. Das sich daraus ergebende Einbringungskapital laut Einbringungsbilanz legt den Eingangswert bei der übernehmenden Körperschaft und die Anschaffungskosten der Gegenleistung beim Einbringenden fest. Soweit mit der Aufwertung die stillen Reserven besteuert werden, unterbleibt eine Übertragung bzw Verdoppelung dieser stillen Reserven im Zuge der Einbringung (UmgrStR Rz 1099). Bei Importeinbringungen nach § 18 Abs 1 Z 3 (s § 18 Rz 26 ff) wird aufgrund des reinen Wortlautes v § 20 Abs 2 Z 1 (arg nach „§§ 16 und 17 maßgebende Wert") und infolge des fehlenden Verweises auf § 18 keine korrespondierende Aufwertung auf Gegenleistungsebene möglich sein. Für eine Aufwertung sprechen aber insb systematische Erwägungen (s Rz 8a).

Bei **nicht steuerhängigem Auslandsvermögen iSd § 15** kann es im Falle einer **8a** Buchwerteinbringung nach § 16 Abs 1 oder Abs 2 Z 1 aufgrund des Verweises in § 20 Abs 2 Z 1 auf § 16 zur Verstrickung von bisher nicht steuerhängigen stillen Reserven in Form der Gegenleistungsanteile kommen (Beispiel: Einbringung eines ausländischen Betriebes durch einen Steuerinländer in eine in- oder ausländische Körperschaft zu Buchwerten nach § 16 Abs 1; Einbringung eines ausländischen Betriebes durch einen Steuerausländer ohne DBA-Schutz in eine inländische Körperschaft zu Buchwerten nach § 16 Abs 1; s §§ 15 Rz 7, 16 Rz 12). Lt Teilen des Schrifttums ist diese Verstrickung hinzunehmen (zB *Mayr*, RdW 2008, 618 [619]; *Wiesner/Schwarzinger*, UmS 180/32/11, SWK 2011, S 1023; *Titz/Wild/Schlager* in W/H/M, HdU[16] § 20 Rz 16, die eine symmetrische Aufwertung zwar für systemgerecht halten würden, diese aber mangels gesetzlicher Regelung ablehnen). Die UmgrStR führen allerdings an mehreren Stellen aus, dass derartige Verstrickungen entweder durch sinngemäße Anwendung von Aufwertungsvorschriften (§ 20 Abs 7 Z 2 bzw § 20 Abs 6 Z 2 S 2 idF vor AbgÄG 2012, s Rz 98) oder durch teleologische Reduktion von Verstrickungsregelungen (§ 20 Abs 7 Z 1, s Rz 88) zu vermeiden sind (anschaulich UmgrStR 1165: „Nicht steuerlich verstrickte Reserven sollten unabhängig davon, worauf das Fehlen der Steuerhängigkeit beruht, durch Einbringungen nicht zu steuerverstrickten stillen Reserven werden"; weiters UmgrStR Rz 858, 1155, 1166). Nach UmgrStR Rz 1166 ist etwa die (auf den Untergang einer internationalen Schachtelbeteiligung eines Mitgesellschafters an einer ausländischen übernehmenden Körperschaft zugeschnittene) Aufwertungsvorschrift nach § 20 Abs 7 Z 2 auch auf die Gegenleistungsanteile des Einbringenden im Falle der Einbringung einer steuerneutralen Schachtelbeteiligung in eine inländische Körperschaft anzuwenden (s Rz 98); daraus ist abzuleiten, dass nach den UmgrStR generell eine steuerneutrale Aufwertung der Gegenleistungsanteile bei Import bisher nicht steuerhängiger stiller Reserven durch analoge Anwendung des § 20 Abs 7 Z 2 zustehen müsste (dh Verdrängung der Verknüpfungsregelung in § 20 Abs 2 Z 1; s Rz 99).

8b Bei **Gesamtbetriebseinbringungen durch Mitunternehmerschaften** (unter Wandlung in eine vermögensverwaltende Personengesellschaft) besteht die Besonderheit, dass in der Einbringungsbilanz der Mitunternehmerschaft zwar ein einheitliches, aus der Gesamtsteuerbilanz der Mitunternehmerschaft abgeleitetes Einbringungskapital ausgewiesen wird, die Gegenleistung allerdings steuerlich den jeweiligen Personengesellschaftern zugerechnet wird (s §§ 15 Rz 6, 19 Rz 47). Die Bewertung der Gegenleistungsanteile erfolgt daher für jeden Mitunternehmer nach Maßgabe seines steuerlichen Kapitalkontos in der Mitunternehmerschaft. Dies ist kein Abgehen von der Bewertung der Gegenleistung mit dem Einbringungskapital nach § 15, sondern eine sachgerechte Aufteilung desselben auf die steuerlichen Zurechnungssubjekte der Gegenleistungsanteile.

> **Beispiel**
>
> Gesamtbetriebseinbringung durch die AB-OG, das steuerliche Kapitalkonto des A beträgt zum Einbringungsstichtag +100, jenes B –50; wenngleich das Einbringungskapital laut Einbringungsbilanz der Mitunternehmerschaft +50 ausweist, sind die Gegenleistungsanteile an der übernehmenden Körperschaft bei A mit +100 und bei B mit –50 anzusetzen).

9 Bei der Einbringung von **Kapitalanteilen nach § 17** gelten im Wesentlichen dieselben Grundsätze wie für Buchwert- und Aufwertungseinbringungen nach § 16. Nach § 17 Abs 1 gelten primär die Anschaffungskosten als Einbringungswert, über die Wertverknüpfung in § 20 werden die stillen Reserven in den Gegenleistungsanteilen gespeichert (**Verdoppelung der stillen Reserven**); im Fall der Aufwertung nach § 17 Abs 2 unterbleibt dagegen die Übertragung bzw Verdoppelung der stillen Reserven (UmgrStR Rz 1095). Zweifelsfragen ergeben sich bei der Einbeziehung von **anschaffungsbedingtem Fremdkapital** nach § 12 Abs 2 Z 3 S 2 oder 3. Durch die Einbeziehung wird das Fremdkapital Teil des Einbringungsvermögens, § 17 Abs 1 regelt jedoch ausschließlich den Wertansatz des Kapitalanteiles. Im Übrigen ist auch keine Einbringungsbilanz nach § 15 zu erstellen, in der das Fremdkapital anzusetzen und ein saldiertes Einbringungskapital zu ermitteln ist. Über die Wertverknüpfung in § 20 legen somit die Anschaffungskosten, der Fremdgleichswert oder der gemeine Wert der Kapitalanteile nach § 17 die Anschaffungskosten der Gegenleistungsanteile fest (keine Kürzung um das auf die übernehmende Körperschaft übertragene Fremdkapital), womit es im Ergebnis zu einer **Ent-**

steuerung von stillen Reserven auf Ebene der Gegenleistung iHd übertragenen **Fremdkapitals** kommt (Beispiel: Kapitalanteile mit Anschaffungskosten iHv 100 GE und einem gemeinen Wert iHv 200 GE werden gemeinsam mit einer Anschaffungsverbindlichkeit iHv 90 GE in eine neu gegründete GmbH zu Anschaffungskosten nach § 17 Abs 1 eingebracht; nach § 20 sind die Gegenleistungsanteile mit den Anschaffungskosten und damit 100 GE anzusetzen, bei Veräußerung der Gegenleistungsanteile um 110 GE [entspricht dem Netto-Verkehrswert der eingebrachten Vermögens] werden beim Einbringenden lediglich stille Reserven iHv 10 GE [anstatt 100 GE] realisiert). In der Literatur wird iRe teleologischen Auslegung eine Regelungslücke in § 20 für Fälle der Miteinbeziehung von anschaffungsbedingtem Fremdkapital bei Kapitalanteilseinbringungen nach § 17 gesehen, die systemkonform durch analoge Anwendung der Bewertungsvorschriften für betrieblich gehaltene Kapitalanteile nach §§ 15 iVm 16 zu schließen ist. Demnach ist eine Kürzung des Einbringungswertes nach § 17 um das mitübertragene Fremdkapital vorzunehmen; das saldierte „Einbringungskapital" legt sodann die Anschaffungskosten der gewährten Gegenleistung nach § 20 Abs 2 oder den Zuschreibungsbetrag bei Unterbleiben einer Anteilsgewährung nach § 20 Abs 4 Z 1 (erfasst Down-stream-Einbringungen iSd § 19 Abs 2 Z 5) fest (vgl *Hofbauer-Steffel/Stetsko*, taxlex 2008, 427; idS auch ErlRV 497 BlgNR 20. GP, 23, mVa einen „geringeren Nettosacheinlagewert" iZm dem Zuschreibungsbetrag; s § 12 Rz 141).

Nach § 20 Abs 2 Z 3 kürzen **Zuhlungen der übernehmenden Körperschaft** 10 (§ 19 Abs 2 Z 3) beim Einbringenden unabhängig von der Bewertung des eingebrachten Vermögens die Anschaffungskosten oder Buchwerte. Nach der Gesetzesvorschrift führen die Zuzahlungen zu **keinen steuerpflichtigen Einnahmen beim Einbringenden**, selbst wenn die Kürzung zu negativen Anschaffungskosten oder Buchwerten führt bzw diese erhöht (*Huber* in W/Z/H/K[5] § 20 Rz 12). Bei der **übernehmenden Körperschaft** haben die Zuzahlungen lt Verwaltungspraxis keinen Einfluss auf die Buchwerte des Einbringungsvermögens, sie bilden einen gesellschaftsrechtlich veranlassten Vorgang und damit nach § 18 Abs 6 **steuerneutralen Aufwand** dar (UmgrStR Rz 1109).

§ 20 Abs 2 Z 2 sieht eine gesonderte **Entstrickungsregelung für die Abfindung** 11 **mit eigenen Anteilen** der übernehmenden Körperschaft (§ 19 Abs 2 Z 1) an „ausländische Einbringende" vor, wonach „§ 6 Z 6 EStG sinngemäß anzuwenden ist". Zu dieser mit BudBG 2007 (BGBl I 2007/24) eingeführten Regelung führen die ErlRV (43 BlGNR 23. GP, zu § 20 Abs 2) aus, dass in dem Fall, dass „eine übernehmende inländische Aktiengesellschaft als Gegenleistung eigene Aktien ausgibt und diese Aktien ausländischen Einbringenden zukommen, das wegfallende Besteuerungsrecht der Republik Österreich durch eine sofortige oder gegebenenfalls aufgeschobene Grenzbesteuerung gewahrt werden [soll]. Da das Besteuerungsrecht hinsichtlich eines körperschaftsteuerhängigen Vermögensteiles der übernehmenden AG berührt ist, sollen die stillen Reserven bei der AG erfasst werden". Laut ErlRV normiert die Vorschrift im Kern einen **Besteuerungstatbestand für die übernehmende Körperschaft** und wäre daher systematisch § 18 (Rechtsfolgen für die übernehmende Körperschaft) zuzuordnen (idS *Titz/Wild/Schlager* in W/H/M, HdU[16] § 20 Rz 23). Fraglich ist, ob die stillen Reserven der ausgekehrten Abfindungsanteile ohne oder unter Berücksichtigung der (anteiligen) stillen Reserven des Einbringungsvermögens zu ermitteln sind (dh der Wert der Abfindungsanteile vor oder nach der Einbringung maßgebend ist).

Stellungnahme. Die Entstrickungsbesteuerung nach § 20 Abs 2 Z 2 kann nur dadurch gerechtfertigt werden, dass vor der Einbringung entstandene stille Reserven in eigenen Anteilen der übernehmenden Körperschaft infolge der Ausgabe der Anteile an den ausländischen Einbringenden aus der österreichischen Steuerhängigkeit ausscheiden, nicht jedoch durch den Umstand, dass die Anteile nach der Einbringung nicht der österreichischen Steuerhängigkeit unterliegen und dadurch insoweit die Verdoppelung der stillen Reserven des Einbringungsvermögens unterbleibt; diese Rechtsfolgen sind in § 16 Abs 2 abschließend geregelt. Die Entstrickungsbesteuerung nach § 20 Abs 2 Z 2 kann daher nur **vor der Einbringung entstandene stille Reserven** in den eigenen Anteilen der übernehmenden Körperschaft (ohne die stillen Reserven des Einbringungsvermögens) erfassen (idS *Titz/Wild/Schlager* in *W/H/M*, HdU[16] § 20 Rz 23).

12 Des Weiteren offen und soweit ersichtlich in den UmgrStR und der Literatur unreflektiert ist die Frage, ob die Vorschrift (§ 20 Abs 2 Z 2) aufgrund der Stellung in § 20 einen Einfluss auf die **Bewertung der Abfindungsanteile in den Händen des (ausländischen) Einbringenden** hat.

Stellungnahme. Für die Bewertung der Gegenleistungsanteile wird die Vorschrift trotz ihrer Stellung in § 20 keine Bedeutung haben; dafür sprechen die ausdrückliche Bewertungsregelung für eigene Anteile in § 20 Abs 2 Z 1 (Wertverknüpfung mit dem nach §§ 16 und 17 maßgebenden Wert) und systematische Überlegungen zur Wertverknüpfung, wonach nur im Einbringungsvermögen bzw beim Einbringenden aufgedeckte stille Reserven, nicht jedoch aufgedeckte stille Reserven bei der übernehmenden Körperschaft (s oben Rz 11), den Wertansatz der Gegenleistungsanteile beeinflussen.

13 In der **Unternehmensbilanz** stellt die Einbringung im Regelfall einen Tauschvorgang dar, bei dem mangels eigenständiger gesetzlicher Regelung nach herrschender Literaturauffassung für den Einbringenden im Ergebnis ein Wahlrecht besteht, die Gegenleistungsanteile mit ihrem Verkehrswert oder mit dem Buchwert des eingebrachten Vermögens anzusetzen (*Ludwig/Strimitzer* in *Hirschler*, Bilanzrecht § 202 Rz 40 mwN; *Urnik/Urtz* in *Straube*, UGB[4] § 202 Rz 31). Eine Bindung an die von der übernehmenden Körperschaft getroffene Wahl hinsichtlich der Bewertung des übernommenen Vermögens nach § 202 Abs 1 oder 2 UGB besteht nicht (*Ludwig/Strimitzer* in *Hirschler*, Bilanzrecht § 202 Rz 39, 41; *Urnik/Urtz* in *Straube*, UGB[4] § 202 Rz 31; *Huber* in *W/Z/H/K*[5] § 20 Rz 13; UmgrStR Rz 1100).

B. Anteilsgewährung durch die Gesellschafter der übernehmenden Körperschaft

16 Für den Fall der **Anteilsgewährung durch die Anteilsinhaber der übernehmenden Körperschaft** an den Einbringenden nach § 19 Abs 2 Z 2 sieht § 20 Abs 3 S 1 vor, dass bei den **abtretenden Gesellschaftern** die Anschaffungskosten oder der Buchwert der bisherigen Anteile weiterhin maßgebend sind; diese haben trotz erfolgter Anteilsabtretung die **Anschaffungskosten oder Buchwerte** der bisherigen Anteile **fortzuführen** (UmgrStR Rz 1104; *Rabel* in *W/H/M*, HdU[1] § 20 Rz 27;

Huber in *W/Z/H/K*[5] § 20 Rz 18; *Hügel* in *H/M/H* §§ 19/20 Rz 27). Das Ergebnis entspricht damit wirtschaftlich dem Fall einer Einbringung mit Kapitalerhöhung (Absinken der relativen Beteiligung der Altgesellschafter bei unverändertem steuerlichen Wert ihres Anteilsbesitzes; *Rabel* in *W/H/M*, HdU[1] § 20 Rz 27), eine Verschiebung stiller Reserven wird dadurch verhindert (*Hügel* in *H/M/H* §§ 19/20 Rz 29; *Walter*[11] Rz 448). Für den Fall einer **Wertverschiebung** anlässlich der Anteilsabtretung entweder im Verhältnis zwischen dem Einbringenden und den Altgesellschaftern oder auch zwischen den Altgesellschaftern untereinander enthält § 20 Abs 3 S 2 einen Verweis auf den Äquivalenzgrundsatz nach § 6 Abs 2. Bei einer **Verletzung des Äquivalenzgrundsatzes** kann es somit zu entsprechenden **Korrekturen** der Buchwerte oder Anschaffungskosten der bisherigen Anteile kommen; s § 22 Rz 9.

Bei den **Altgesellschaftern** führt die Anteilsabtretung nach § 19 Abs 2 Z 2 laut Literaturauffassung zu **keiner ertragsteuerlichen Realisierung** der stillen Reserven in den abgetretenen Anteilen (*Rabel* in *W/H/M*, HdU[1] § 20 Rz 28, wonach die in § 20 Abs 3 vorgesehene „Maßgeblichkeit der Anschaffungskosten oder des Buchwertes der bisherigen Anteile für die nach der Anteilsabtretung verbleibenden Anteile [...] die Annahme einer steuerwirksamen Realisierung ausschließt"; glA *Huber* in *W/Z/H/K*[5] § 20 Rz 18, ohne nähere Begründung). **17**

> **Stellungnahme.** Das UmgrStG enthält keine explizite Regelung, wonach bei Anteilsabtretungen nach § 19 Abs 2 Z 2 eine **Gewinnrealisierung bei den Altgesellschaftern** unterbleibt; die in § 20 Abs 3 S 1 festgesetzte Maßgeblichkeit der Anschaffungskosten bzw Buchwerte der bisherigen Anteile kann lediglich auf die Bewertung der verbleibenden Anteile der Altgesellschafter (und nicht auch auf die Bewertung der abgetretenen Anteile) bezogen werden, da anderenfalls nicht die gesamten bisherigen Anschaffungskosten auf die verbleibenden Anteile zu übertragen wären. Nach allgemeinem Steuerrecht könnte eine steuerlich relevante Gegenleistung für die Anteilsabtretung in der Wertsteigerung der verbleibenden Anteile der Altgesellschafter infolge der Einbringung gesehen werden (idS *Hügel* in *H/M/H* §§ 19/20 Rz 30 aus unternehmensbilanzieller Sicht). Das Unterbleiben einer realisierenden (Tausch-)Besteuerung der Altgesellschafter laut obiger Literaturauffassung wird sich daher nicht bereits auf allgemeines Steuerrecht, sondern lediglich auf eine teleologische Erweiterung bzw systematische Interpretation des § 20 Abs 3 stützen lassen.

C. Änderung der einbringungsveranlassten Anschaffungskosten oder Buchwerte

1. Entnahmen nach § 16 Abs 5 Z 1 und 2

Mit dem AbgÄG 2005 wurden tatsächliche und vorbehaltene Entnahmen nach § 16 Abs 5 Z 1 und 2 mit einer **Ausschüttungsfiktion** belegt, soweit sich infolge rückbezogener Maßnahmen nach § 16 Abs 5 ein negativer Buchwert des Einbringungsvermögens ergibt oder ein solcher erhöht (§ 18 Abs 2 Z 1). Der negative Buchwert des Einbringungsvermögens bildet sich im Buchwert bzw den Anschaffungskosten der Gegenleistungsanteile beim Einbringenden nach § 20 Abs 2 ab. Kommt es in weiterer Folge zu (fiktiven) Ausschüttungen iSd § 18 Abs 2 Z 1 (insb Tilgung vorbehaltener Entnahmen) und wird KESt-Pflicht ausgelöst, tritt nach § 20 Abs 2 Z 4 ab Eintritt der Fälligkeit der KESt eine **Erhöhung der Anschaffungs-** **21** kosten oder Buchwerte um die Ausschüttungsbeträge ein, um eine Doppelbesteuerung dieser Beträge (Kumulation von KESt-pflichtiger Ausschüttung und Veräußerungsgewinn bei Realisierung der Gegenleistungsanteile) zu vermeiden (UmgrStR Rz 1105a). Wenngleich die UmgrStR in Überschrift zur Rz 1105a auf eine „rückwirkende" Änderung der Buchwerte bzw Anschaffungskosten verweisen, wird aufgrund des eindeutigen Gesetzeswortlautes des § 20 Abs 2 Z 4 eine Erhöhung der Anschaffungskosten bzw Buchwerte nur **ex nunc** „ab Eintritt der Fälligkeit" der KESt nach Maßgabe des § 18 Abs 2 Z 1 in Frage kommen (idS *Huber* in *W/Z/H/K*[5] § 20 Rz 14).

2. Exporteinbringungen idF vor AbgÄG 2015

22 § 20 Abs 2 Z 5 sieht eine rückwirkende Erhöhung der Anschaffungskosten oder Buchwerte vor, wenn es „in Fällen des § 16 Abs. 1 oder Abs. 2 Z 1 zur Festsetzung der Steuerschuld" kommt. Da es nach der Entstrickungsbesteuerung idF AbgÄG 2015 – unabhängig von einer allfälligen Anwendung des Ratenzahlungskonzeptes – zu einer sofortigen Festsetzung der Steuer und damit zu einer Aufwertung des eingebrachten Vermögens und der Gegenleistungsanteile kommt, kann eine rückwirkende Anpassung gem § 20 Abs 2 Z 5 nur mehr auf Grund einer Festsetzung der Steuerschuld gem den Vorschriften idF vor AbgÄG 2015 (Nichtfestsetzungskonzept) erfolgen (ErlRV 896 BlgNR 25. GP, 13; *Hirschler/Knesl*, ÖStZ 2016/701, 499 [507]). Eine rückwirkende Erhöhung der Anschaffungskosten oder Buchwerte der Gegenleistung durch eine spätere Abgabenfestsetzung ist im Anwendungsbereich des AbgÄG 2015 ausgeschlossen und für die Anwendung des § 20 Abs 1 Z 5 bleibt kein Raum (UmgrStR Rz 1099; *Schlager/Titz*, RWZ 2015/87, 380). Zum Anwendungsbereich und den Rechtsfolgen idF vor AbgÄG 2015 s die Ausführungen an dieser Stelle in der 5. Aufl.

IV. Bewertung der Gegenleistung bei Unterbleiben einer Anteilsgewährung

31 § 20 Abs 4 Z 1 regelt die Ermittlung der Anschaffungskosten der Gesellschaftsanteile an der übernehmenden Körperschaft für den Fall, dass eine Gewährung von Gegenleistungsanteilen an den Einbringenden wegen Alleingesellschafterstellung oder identer Beteiligungsverhältnisse an der einbringenden und der übernehmenden Körperschaft nach § 19 Abs 2 Z 5 unterbleibt.

A. Alleingesellschafterstellung
1. Down-stream-Einbringung

33 Art III sieht als allgemeinen Grundsatz vor, dass sich die **Anschaffungskosten bzw der Buchwert** der Anteile des Einbringenden an der übernehmenden Körperschaft um den **nach §§ 16 und 17 maßgebenden Wert** des Einbringungsvermögens (Einbringungskapital) **ändert**. Ein positiver Einbringungswert wird den Anteilen an der übernehmenden Körperschaft zugeschrieben und erhöht den Buchwert bzw die Anschaffungskosten, ein negativer Einbringungswert wird von den Anteilen abgeschrieben und vermindert den Buchwert bzw Anschaffungskosten. Diese Verlagerung des Einbringungswertes in den steuerlich maßgebenden Wert der Anteile an der übernehmenden Körperschaft wird in § 20 Abs 4 Z 1 S 1 für den Fall des Unterbleibens der Gewährung einer Gegenleistung aufgrund der Alleingesellschafterstellung nach § 19 Abs 2 Z 5 verankert und trägt dem Prinzip der Verdoppelung der stillen Reserven Rechnung (s oben Rz 8 f; UmgrStR Rz 1113 ff). Zu Ermittlung des Zuschreibungs- bzw Abschreibungsbetrages bei Kapitalanteilseinbringungen unter Miteinbeziehung von anschaffungsbedingtem Fremdkapital s oben Rz 9.

Befinden sich die Anteile an der übernehmenden Körperschaft im **Betriebsvermögen** des Einbringenden, kommt es durch die Zu- oder Abschreibung des Einbringungswertes lediglich zu einer Vermögensumschichtung (**Aktivatausch**) und die Veränderung des Buchwertes der Gesellschaftsanteile führt zu keinem Buchgewinn oder Buchverlust. Befinden sich die Gesellschaftsanteile hingegen im **außerbetrieblichen Vermögen** des Einbringenden und erfolgt die Einbringung aus einem Betriebsvermögen, entsteht im verbleibenden Restbetrieb im Ausmaß des Einbringungskapitals ein **Buchverlust** (positives Einbringungsvermögen) oder **Buchgewinn** (negatives Einbringungsvermögen). Nach § 20 Abs 4 Z 1 S 2 ist ein derartiger Buchgewinn bzw -verlust im verbleibenden Restbetrieb **steuerneutral** (UmgrStR Rz 1115). Erfolgt hingegen eine Gesamteinbringung, kommt es aufgrund des Untergehens des Betriebes zu keinem Buchgewinn oder -verlust und § 20 Abs 4 Z 1 S 2 kommt daher nicht zur Anwendung, auch wenn die Gesellschaftsanteile an der übernehmenden Körperschaft im außerbetrieblichen Vermögen des Einbringenden gehalten werden (UmgrStR Rz 1116). **34**

Einbringungen durch **Körperschaften nach § 7 Abs 3 KStG** in eine übernehmende Tochtergesellschaft führen lt Verwaltungspraxis stets zu einer erfolgsneutralen Vermögensumschichtung, da die Gesellschaftsanteile an der übernehmenden Körperschaft „immer im Betriebsvermögen" gehalten werden (keine Anwendung des § 20 Abs 4 Z 1 S 2; UmgrStR Rz 1117; zur Kritik, dass Körperschaften nach § 7 Abs 3 KStG auch einen außerbetrieblichen Bereich haben können, s § 16 Rz 107). Gleiches gilt bei Einbringungen in Enkel- oder nachgeschaltete Beteiligungsgesellschaften; bei der einbringenden Obergesellschaft gilt der Einbringungswert dem Beteiligungswert an der unmittelbaren Tochtergesellschaft zuzuschreiben, die Zwischengesellschaften haben den Einbringungswert dem Beteiligungsansatz ihrer jeweiligen Untergesellschaft zuzuschreiben und in gleicher Höhe eine Kapitalrücklage einzustellen. Der damit verbundene Buchgewinn ist lt Verwaltungspraxis nach § 18 Abs 6 in Verbindung mit § 3 Abs 2 steuerneutral (UmgrStR Rz 1119). **35**

Durch die Verweise in § 20 Abs 4 Z 1 S 3 auf § 20 Abs 2 ist eine Erhöhung der Anschaffungskosten oder Buchwerte der Anteile an der übernehmenden Körperschaft auch in den Fällen vorgesehen, in denen es zu **Ausschüttungen nach § 18 Abs 2 Z 1** (§ 20 Abs 2 Z 4) oder zur **Festsetzung der Steuerschuld bei Exporteinbringung** idF vor AbgÄG 2015 (s 5. Aufl) (§ 20 Abs 2 Z 5) kommt. Die zu diesen Bereichen vorgesehenen Regelungen gelten vollumfänglich auch im Anwendungsbereich des § 20 Abs 4 Z 1 (somit ua Entfall der Ausschüttungsfiktion und der Aufstockung der Anschaffungskosten bzw des Buchwertes, wenn die Anteile an der übernehmenden Körperschaft vor Fälligkeit der KESt veräußert werden; *Huber* in W/Z/H/K[5] § 20 Rz 22 f). **36**

2. Up-stream-Einbringung

Die Folgen einer Tochter-Mutter-Einbringung (Up-stream-Einbringung) sind in § 20 Abs 4 Z 2 gesondert geregelt. Durch den Verweis auf § 3 Abs 2 und 3 kommen für die übernehmende Körperschaft grundsätzlich die Regelungen der Verschmelzung zur Anwendung, jedoch mit Modifikationen. Nach § 20 Abs 4 Z 2 sind „die **37** steuerlich maßgebenden Anschaffungskosten oder Buchwerte der Anteile an der übertragenden Körperschaft in dem Ausmaß zu vermindern, in dem sich der Wert der übertragenden Körperschaft durch die Einbringung vermindert hat"; maßgebend ist das **Verhältnis der Verkehrswerte** der übertragenden Körperschaft vor und nach der Einbringung (ErlRV 266 BlgNR 18. GP, 29, Beispiel Fall a; UmgrStR Rz 1121; *Rabel* in *W/H/M*, HdU[1] § 20 Rz 37; *Huber* in *W/Z/H/K*[5] § 20 Rz 26). Durch die verhältnismäßige Abstockung kann ein positiver Beteiligungswert daher auf maximal null abfallen (kein Entstehen negativer Buchwerte bzw Anschaffungskosten). Ein bloßes Abziehen des Buchwertes des Einbringungsvermögens vom Beteiligungswert könnte lt UmgrStR dem Grundsatz zuwiderlaufen, dass in den Anteilen an der übertragenden Körperschaft lediglich die stillen Reserven hinsichtlich des Restvermögens der einbringenden Tochtergesellschaft verhaftet bleiben sollen (UmgrStR Rz 1121). Der **Buchgewinn bzw -verlust der übernehmenden Obergesellschaft** ergibt sich in Höhe der Differenz zwischen der Buchwertminderung des Beteiligungsansatzes und dem Buchwert des eingebrachten Vermögens. Diese Buchdifferenz ist bei der übernehmenden Körperschaft aufgrund des Verweises auf § 3 Abs 2 **steuerneutral**, hingegen sind Buchgewinne oder -verluste aus dem Untergang von Forderungen und Verbindlichkeiten in Folge Vereinigung (Confusio) auch bei Einbringungen steuerwirksam aufgrund des Verweises auf § 3 Abs 3 (vgl UmgrStR Rz 1122).

38 Betragen die **Anschaffungskosten bzw Buchwerte** der Anteile an der übertragenden Körperschaft **null,** unterbleibt lt Gesetzesmaterialien eine Verminderung des Beteiligungswertes (ErlRV 266 BlgNR 18. GP, 29, Beispiel Fall b; UmgrStR Rz 1130, Beispiel 3; *Knapp/Six*, taxlex 2012, 102 [105]). Daraus lässt sich die Intention des Gesetzgebers ableiten, dass die stillen Reserven hinsichtlich des Restvermögens der übertragenden Körperschaft zwar grundsätzlich im vollen Ausmaß in den Anteilen verhaftet bleiben sollen (UmgrStR Rz 1121), der Gesetzgeber jedoch vereinfachend eine pauschale Vorgehensweise (Abstockung des Beteiligungsansatzes proportional zur Minderung des Verkehrswertes) genügen lässt und ab einem Beteiligungsansatz von null eine Verringerung der stillen Reserven in den Anteilen im vollen Ausmaß der Wertverlagerung hinzunehmen ist (*Furherr*, RdW 2017/385, 530).

39 Der Fall **negativer Anschaffungskosten bzw Buchwerte** der Anteile der übernehmenden Körperschaft an der übertragenden Körperschaft wird in den UmgrStR Rz 1130 lediglich iZm Schwestereinbringungen anhand von Beispielfällen behandelt. Aus den UmgrStR aaO könnte abgeleitet werden, dass – entgegen dem Gesetzeswortlaut des § 20 Abs 4 Z 2 – eine Erhöhung des Beteiligungsansatzes an der übertragenden Körperschaft im Ausmaß der Wertverlagerung vorzunehmen ist (Beispiel: Beteiligungsansatz der Muttergesellschaft M an der Tochtergesellschaft T iHv –100; Upstream-Einbringung von Vermögen iHv 50 % des Verkehrswertes der T in M; Aufstockung des Beteiligungsansatzes der M an T um 50 % von –100 auf –50). Dadurch würde es im Ergebnis nicht nur zu einer Verringerung der stillen Reserven in den Anteilen im vollem Ausmaß der Wertverlagerung, sondern darüber hinaus zu einer (steuerneutralen) Vernichtung der im negativen Beteiligungsansatz gespeicherten stillen Reserven kommen. Lt Literatur läuft dies dem im UmgrStG verankerten Grundsatz der Steuerneutralität bei gleichzeitiger Erhaltung der stillen Reserven (vgl *Hügel* in *H/M/H* Einl Rz 74; *Mayr* in *D/R* I[10] Tz 1112 f) zuwider, womit analog dem Fall eines Beteiligungsansatzes iHv null der (negative) Beteiligungsansatz unverändert fortzuführen ist (ausführlich *Furherr*, RdW 2017/385, 530; glA bereits BFG 26.5.2015, RV/5100968/2012, unveröffentlicht nach § 23 Abs 3 BFGG, zitiert in und aus verfahrensrechtlichen Gründen aufgehoben durch VwGH 20.12.2016, Ro 2015/15/0023; *Wiesner*, RWZ 2017/11, 38; *Zorn*, RdW 2017/106, 126; aA *Hirschler/Sulz*, BFGjournal 2017, 179, die die Upstream-Einbringung im Wege einer doppelten Analogie in eine Sidestream-Einbringung in eine fiktive Schwestergesellschaft mit anschließender Upstream-Verschmelzung auf die Muttergesellschaft lösen und daraus den Untergang allfälliger stiller Reserven ableiten).

Bei Einbringungen von **Enkelgesellschaften in Großmuttergesellschaften** oder sonstige Obergesellschaften gilt § 20 Abs 4 Z 2 für die übernehmende Obergesellschaft mit der Maßgabe, dass der Buchwert der Beteiligung an der **zwischengeschalteten Muttergesellschaft** entsprechend der Verminderung des Verkehrswertes dieser Beteiligung abzustocken ist; der Buchgewinn oder -verlust der übernehmenden Obergesellschaft ergibt sich damit in Höhe der Differenz zwischen der Buchwertminderung und dem Buchwert des eingebrachten Vermögens. Analog ist bei der Muttergesellschaft (und sonstigen Zwischengesellschaften) der Buchwert der Beteiligung an der jeweiligen Untergesellschaft entsprechend der Verminderung des Verkehrswertes dieser Beteiligung abzustocken, der Buchverlust ist in sinngemäßer Anwendung des § 20 Abs 4 Z 2 S 1 steuerneutral zu behandeln (UmgrStR Rz 1123). 40

B. Identität der Beteiligungsverhältnisse (Side-stream-Einbringung)

§ 20 Abs 4 Z 3 regelt die Bewertung der Anteile an der einbringenden und an der übernehmenden Körperschaft im Falle des Unterbleibens einer Gegenleistung aufgrund identer Beteiligungsverhältnisse an der einbringenden und der übernehmenden Körperschaft nach § 19 Abs 2 Z 5. Wenngleich der Wortlaut des § 20 Abs 4 Z 3 („Vereinigung der Anteile an der einbringenden und der übernehmenden Körperschaft in einer Hand") von jenem des § 19 Abs 2 Z 5 („Übereinstimmung der unmittelbaren oder mittelbaren Beteiligungsverhältnisse an der einbringenden und der übernehmenden Körperschaft") abweicht und enger gefasst ist, erfasst § 20 Abs 4 Z 3 lt Gesetzesmaterialien und FV sämtliche **Anwendungsfälle des § 19 Abs 2 Z 5 zweite Fallgruppe (Beteiligungsidentität)**; insb ist § 20 Abs 4 Z 3 entgegen dem engen Wortlaut auch bei einer Mehrheit von gemeinsamen Gesellschaftern (ausdrücklich ErlRV 266 BlgNR 18. GP, 30; UmgrStR Rz 1129, 1130) und bei einer bloß mittelbaren Übereinstimmung der Beteiligungsverhältnisse (UmgrStR Rz 1133) anwendbar. 41

Nach § 20 Abs 4 Z 3 S 1 sind die „Anschaffungskosten oder Buchwerte der Anteile an der übertragenden Körperschaft in dem Ausmaß zu vermindern und im gleichen Ausmaß bei den Anteilen an der übernehmenden Körperschaft zuzuschreiben, in dem sich die Werte der Anteile durch die Einbringung verschieben". In der Bilanz des/der **gemeinsamen Gesellschafter/-s** hat damit eine Abschreibung der (mittelbaren) Anteile an der einbringenden Körperschaft und eine spiegelbildliche Zuschreibung der (mittelbaren) Anteile an der übernehmenden Körperschaft zu erfolgen, so dass bei dem/den gemeinsamen Gesellschafter/-n weder ein Buchverlust noch ein Buchgewinn entstehen kann (**erfolgsneutrale Vermögensverschiebung**; UmgrStR Rz 1129). Maßstab für die Wertverschiebung ist das **Verhältnis** 42 des **Verkehrswertes** des eingebrachten Vermögens zum Verkehrswert der einbringenden Körperschaft vor der Einbringung; der Buchwert des Einbringungsvermögens ist für die Korrektur der Beteiligungsansätze bei den gemeinsamen Gesellschaftern irrelevant (UmgrStR Rz 1130).

43 Betragen die **Anschaffungskosten bzw Buchwerte** der Anteile an der übertragenden Körperschaft **null**, unterbleibt lt Gesetzesmaterialien eine Umschichtung, die Beteiligungsansätze an der übertragenden und der übernehmenden Körperschaft sind unverändert fortzuführen (ErlRV 266 BlgNR 18. GP, 30; UmgrStR Rz 1130 Beispiel 3; *Knapp/Six*, taxlex 2012, 102 [105]).

44 Im Fall **negativer Anschaffungskosten bzw Buchwerte** der Anteile an der übertragenden Körperschaft ist lt FV – entgegen dem Gesetzeswortlaut des § 20 Abs 4 Z 3 – eine Erhöhung des Beteiligungsansatzes an der übertragenden Körperschaft und eine korrespondierende Verringerung des Beteiligungsansatzes an der übernehmenden Gesellschaft im Ausmaß der Wertverlagerung vorzunehmen, dh der (wert)aliquote Anteil an den negativen Anschaffungskosten ist auf den Beteiligungsansatz an der übernehmenden Körperschaft zu übertragen (UmgrStR Rz 1130; *Knapp/Six*, taxlex 2012, 102 ff).

Beispiel (nach UmgrStR Rz 1130 Bsp 2)

Beteiligungsansatz der Muttergesellschaft M an der Tochtergesellschaft T1 iHv EUR –400 und an T2 iHv EUR 200; Side-stream-Einbringung durch T1 in T2 von Vermögen iHv 25 % des Verkehrswertes der T1; Erhöhung des Beteiligungsansatzes der M an T1 um 25 % von EUR –400 auf EUR –300 und korrespondierend Verringerung des Beteiligungsansatzes der M an T2 um EUR 100 von EUR 200 auf EUR 100.

Im Ergebnis kommt es somit nicht bloß zu einer Verringerung der stillen Reserven in den Anteilen an der übertragenden Körperschaft im vollem Ausmaß der Wertverlagerung, sondern darüber hinaus zu einer proportionalen Umschichtung der in Form des negativen Beteiligungsansatzes gespeicherten „stillen Reserven" auf die Anteile an der übernehmenden Körperschaft nach dem Verhältnis der Wertverschiebung, was der „pauschalierten" Betrachtung des Gesetzgebers entsprechen dürfte (idS ErlRV 266 BlgNR 18. GP, 30, wonach § 20 Abs 4 Z 3 allgemein eine „Umschichtung" im Ausmaß der Wertverlagerung von den Anteilen an der einbringenden auf die Anteile an der übernehmenden Körperschaft" bezweckt).

45 Liegt die **Identität der Beteiligungsverhältnisse** an der einbringenden und an der übernehmenden Körperschaft bloß **mittelbar** vor, sind lt FV die „Regelungen des § 20 Abs 4 Z 3 anwendbar", im Detail wird aber wie folgt differenziert (UmgrStR Rz 1133). Auf Ebene des/der obersten gemeinsamen Gesellschafter(s) hat eine erfolgsneutrale Ab- und Aufstockung der Beteiligungsansätze an den untergeordneten Zwischengesellschaften im einbringenden und im übernehmenden Ast im Verhältnis des Verkehrswerts des übertragenen Vermögens zum Verkehrswert der Beteiligung an der untergeordneten Zwischengesellschaft im einbringenden Ast zu erfolgen. Die an der einbringenden Körperschaft (mittelbar) beteiligten Zwischengesellschaften (einbringender Ast) haben den Beteiligungsansatz an der jeweiligen Untergesellschaft nach dem Verhältnis des Verkehrswertes des übertragenen Vermögens zum Verkehrswert der Beteiligung an der jeweiligen Untergesellschaft abzustocken, wobei der Buchverlust in der Zwischengesellschaft (analog dem Vorgehen in der Bilanz der gemeinsamen Gesellschafter) unter sinngemäßer Anwendung des § 20 Abs 4 Z 3 S 2 steuerneutral bleibt (UmgrStR Rz 1133). Im aufnehmenden Ast haben die Zwischengesellschaften den Beteiligungsansatz an der jeweiligen Untergesellschaft allerdings „jeweils um den Buchwert des eingebrachten Vermögens zu erhöhen" (UmgrStR Rz 1133 mit Bsp). Der Buchgewinn der Zwischengesellschaften ist lt FV nach § 18 Abs 6 in Verbindung mit § 3 Abs 2 steuerneutral (UmgrStR Rz 1133). Im Ergebnis werden damit auf den/die obersten gemeinsamen Gesellschafter die Bewertungsregeln nach § 20 Abs 4 Z 3 S 1, auf die Zwischengesellschaften im einbringenden Ast die Bewertungsregeln für Up-stream-Einbringungen (§ 20 Abs 4 Z 2) und auf die Zwischengesellschaften im aufnehmenden Ast die Bewertungsregeln für Down-stream-Einbringungen (§ 20 Abs 4 Z 1) angewendet.

Der bei der **einbringenden Körperschaft** entstehende **Buchverlust** (Abgang positiven Einbringungsvermögens) oder **Buchgewinn** (Abgang negativen Einbringungsvermögens) bleibt nach § 20 Abs 4 Z 3 S 2 bei der Gewinnermittlung **außer Ansatz** (UmgrStR Rz 1131). Spiegelbildlich ist nach § 18 Abs 6 bei der **übernehmenden Körperschaft** der entsprechende Buchgewinn (Zugang positiven Einbringungsvermögens) oder Buchverlust (Zugang negativen Einbringungsvermögens) gleichfalls **steuerneutral** (UmgrStR Rz 1132). 46

IZm Up-stream- und Side-stream-Einbringungen wird hinsichtlich der einbringenden Körperschaft und an dieser beteiligten Zwischengesellschaften auf das unternehmensrechtliche **Verbot der Einlagenrückgewähr** verwiesen, zur Vermeidung einer nichtigen Einbringung sind daher entsprechende kompensatorische Maßnahmen zu treffen (s § 19 Rz 91 ff; weiters UmgrStR Rz 1131, 1085). 47

V. Steuerhängigkeit von im Privatvermögen gehaltenen Anteilen an der übernehmenden Körperschaft

A. Zusammenspiel der Bestimmungen des § 20 Abs 5 und 6 idF vor und nach AbgÄG 2012 mit den Regelungen des EStG

Nach der **Rechtslage vor BudBG 2011** (BGBl I 2010/111) sind Gewinne aus der Veräußerung von im Privatvermögen gehaltenen Kapitalanteilen (insb Aktien und GmbH-Anteile) nur nach Maßgabe der §§ 30 und 31 EStG idF vor BudBG 2011 steuerpflichtig. Die Bestimmungen des § 20 Abs 5 und 6 idF vor AbgÄG 2012 sehen vor diesem Hintergrund spezielle Regelungen für die **(erweiterte) Steuerhängigkeit** bei einbringungsbedingt geänderter Beteiligungsqualität von im Privatvermögen gehaltenen Anteilen der **Altgesellschafter** der übernehmenden Körperschaft (**§ 20 Abs 5**) und für die Steuerhängigkeit von im Privatvermögen gehaltenen Gegenleistungsanteilen (auch Zuschreibungsanteile iSd § 20 Abs 4 Z 1 und Z 3) beim **Einbringenden (§ 20 Abs 6)** vor. 51

Nach den umfassenden Änderungen bei der Besteuerung von Kapitalvermögen mit dem **BudBG 2011** sind realisierte Wertsteigerungen bei Kapitalanteilen im Privatvermögen nach § 27 Abs 3 EStG grundsätzlich unabhängig von Behaltedauer und Beteiligungsausmaß steuerpflichtig (UmgrStR Rz 1091). Mit dem AbgÄG 2012 vollzieht der Gesetzgeber diese Änderung im UmgrStG nach (ErlRV 1960 BlgNR 24. GP, 29). Die damit verbundene Streichung des § 20 Abs 5 und Neufassung des § 20 Abs 6 werden nicht gesondert in Kraft bzw außer Kraft gesetzt, weil die Gewährung von Gegenleistungsanteilen bei Einbringungsstich- 52 tagen bereits ab 31.12.2010 aufgrund der Anschaffungsfiktion in § 20 Abs 1 grundsätzlich zu sog steuerhängigem Neubestand iSd §§ 27 Abs 3 iVm 124b Z 185 lit a EStG führt (arg Anschaffung nach 31.12.2010; 3. Teil Z 21 S 2 UmgrStG; ErlRV 1960 BlgNR 24. GP, 30; s Rz 3). Die Bestimmungen treten daher mit Ablauf des Tages der Kundmachung des AbgÄG 2012, folglich mit 15.12.2012, in bzw außer Kraft.

B. Einbringungsbedingter Wegfall der Eigenschaft einer Beteiligung iSd § 31 EStG idF vor BudBG 2011 (§ 20 Abs 5 idF vor AbgÄG 2012)

54 Sinkt iRe Einbringung das prozentuelle Beteiligungsausmaß der **Altgesellschafter** an der übernehmenden Körperschaft aufgrund der Gewährung neuer Anteile oder Abfindung mit eigenen Anteilen der Altgesellschafter auf **unter 1 % ab**, ist eine Steuerhängigkeit für diese Anteile gem § 31 Abs 1 EStG idF vor BudBG 2011 für weitere fünf Jahre vorgesehen. Nach § 20 Abs 5 idF vor AbgÄG 2012 verlängert sich die Steuerhängigkeit bei einbringungsbedingtem Absinken bis zum Ende des zehnten Jahres nach Ablauf des Einbringungsstichtags (UmgrStR Rz 1144). Die **zehnjährige Steuerhängigkeit** bezieht sich auf die Gesellschaftsanteile, weshalb die verlängerte Steuerhängigkeit auch Gesamtrechtsnachfolger und Einzelrechtsnachfolger treffen soll (*Huber* in *W/Z/H/K*[5] § 20 Rz 37; *Rabel* in *W/H/M, HdU*[1] § 20 Rz 50).

55 **Voraussetzung** für die Anwendung des § 20 Abs 5 ist, dass bereits im Zeitpunkt der Einbringung **Anteile iSd § 31 EStG** idF vor BudBG 2011 vorliegen (UmgrStR Rz 1145). Maßgeblicher Zeitpunkt ist der Zeitpunkt der **zivilrechtlichen Wirksamkeit** der Einbringung, daher im Allgemeinen der Zeitpunkt des Abschlusses des Einbringungsvertrags (UmgrStR Rz 1145; *Huber* in *W/Z/H/K*[5] § 20 Rz 48; *Rabel* in *W/H/M, HdU*[1] § 20 Rz 47). Im Rückwirkungszeitraum erworbene Anteile sind daher zu berücksichtigen (UmgrStR Rz 1145; *Huber* in *W/Z/H/K*[5] § 20 Rz 48). Nicht erfasst von § 20 Abs 5 idF vor AbgÄG 2012 sind allerdings Anteile mit einem Beteiligungsausmaß von unter 1 %, die aufgrund der Fünfjahresfrist des § 31 Abs 1 EStG idF vor BudBG 2011 noch steuerhängig sind (UmgrStR Rz 1145; *Huber* in *W/Z/H/K*[5] § 20 Rz 48; *Rabel* in *W/H/M, HdU*[1] § 20 Rz 47).

56 **Rechtsfolge** des § 20 Abs 5 idF vor AbgÄG 2012 ist, dass eine einbringungsbedingt unter 1 % abgesunkene Beteiligung innerhalb der **Zehnjahresfrist** als Beteiligung iSd § 31 Abs 1 EStG idF vor BudBG 2011 gilt und eine Veräußerung nach Maßgabe der einschlägigen Bestimmungen des EStG und bei Privatstiftungen des KStG steuerpflichtig ist (UmgrStR Rz 1146). Demnach löst eine Veräußerung innerhalb des Zehnjahreszeitraumes und außerhalb der Spekulationsfrist sowie bis zum 31.3.2012 Einkünfte nach § 31 EStG idF vor BudBG 2011 aus, die bei natürlichen Personen begünstigt nach § 37 Abs 4 Z 2 lit b EStG idF vor BudBG 2011 zu versteuern sind und bei Privatstiftungen nach § 13 Abs 3 Z 2 KStG vor BGBl I 2010/111 iVm § 22 Abs 3 KStG der Zwischenbesteuerung unterliegen (UmgrStR Rz 1146). Erfolgt die Veräußerung nach dem 31.3.2012 und innerhalb des Zehnjahreszeitraumes, führt dies bei natürlichen Personen zu Einkünften aus Kapitalvermögen gemäß § 27 Abs 3 EStG, die mit dem Sondersteuersatz des § 27a Abs 1 EStG zu versteuern sind und unterliegt diese bei Privatstiftungen der Zwischenbesteuerung nach § 13 Abs 3 Z 2 KStG idF BGBl I 2010/111 iVm § 22 Abs 3 KStG (UmgrStR Rz 1146). Da nach § 20 Abs 5 Satz 2 idF vor AbgÄG 2012 § 30 EStG idF vor BudBG

2011 unberührt bleibt, ist klargestellt, dass die Subsidiarität des § 31 EStG gegenüber § 30 EStG, jeweils idF vor BudBG 2011, auch bei Veräußerung von Beteiligungen, die einbringungsbedingt unter die 1 %-Grenze abgesunken sind, zu beachten ist (UmgrStR Rz 1146).

BudBG 2011: Nach § 124b Z 185 lit a erster TS EStG unterliegen Beteiligungen, die am 31.3.2012 die **Voraussetzungen des § 31 EStG** idF vor BudBG 2011 **erfüllen (Beteiligungsausmaß zumindest 1 %),** ab 31.3.2012 dem neuen System und sind daher unabhängig von Behaltedauer und Beteiligungsausmaß steuerpflichtig (sog Neubestand). Ein Absinken solcher Anteile unter 1 % infolge einer Einbringung, die nach dem 30.3.2012 wirksam wird, hindert daher die Steuerhängigkeit nicht (UmgrStR Rz 1144). Bei Beteiligungen iSd § 31 Abs 1 EStG idF vor BudBG 2011, die vor dem 1.1.2011 angeschafft wurden und bei denen das Beteiligungsausmaß am 31.3.2012 unter 1 % ist, erfolgt eine Besteuerung nach dem neuen System nur, wenn eine Veräußerung innerhalb der fünfjährigen Frist des § 31 Abs 1 EStG idF vor BudBG 2011 oder innerhalb einer durch das UmgrStG aufgrund einer vorangegangenen Umgründung verlängerten Frist erfolgt (sog befristet steuerhängiger Altbestand). 57

Folglich ist die Bestimmung des § 20 Abs 5 nur mehr für Einbringungen mit **zivilrechtlicher Wirksamkeit** vor Ablauf des **30.3.2012** von Relevanz (UmgrStR Rz 1144; *Mayr/Petrag/Titz,* RdW 2014, 103 [106]; aA offenbar *Walter*[10] Rz 471, der auf Einbringungen bis zum Stichtag 30.3.2012 abstellt), wenn die Altgesellschafter bereits vor dem 1.1.2011 an der übernehmenden Gesellschaft beteiligt waren und das Beteiligungsausmaß im Zuge der Einbringung auf unter 1 % sinkt. Eine Besteuerung allfälliger stiller Reserven erfolgt in diesen Fällen nur, wenn die Anteile innerhalb der zehnjährigen Frist veräußert werden. Bei **späteren Einbringungen** (zivilrechtliche Wirksamkeit ab 31.3.2012) oder wenn die Altgesellschafter ihre Beteiligung erst nach dem 31.12.2010 erworben haben, bleibt die Beteiligung der Altgesellschafter künftig zeitlich unbegrenzt steuerhängig, selbst wenn das Beteiligungsausmaß aufgrund der Einbringung auf unter 1 % fällt (UmgrStR Rz 1144; idS *Walter*[10] Rz 471). Mit AbgÄG 2012 entfällt die Bestimmung des § 20 Abs 5 (zum Inkrafttreten s Rz 52). 58

C. Besondere Steuerhängigkeit für Gegenleistungsanteile (§ 20 Abs 6 Z 1 idF vor AbgÄG 2012)

Nach der **Rechtslage vor BudBG 2011** sind einbringungsbedingt erworbene **Anteile unter 1 %** an der übernehmenden Körperschaft, die **im Privatvermögen** gehalten werden, grundsätzlich nur innerhalb der einjährigen Spekulationsfrist des § 30 EStG idF vor BudBG 2011 steuerhängig. Die Bestimmung des § 20 Abs 6 Z 1 idF vor AbgÄG 2012 soll die **Steuerhängigkeit** der stillen Reserven des Einbringungsvermögens in den Gegenleistungsanteilen beim **Einbringenden** sicherstellen durch Anordnung der zehnjährigen Steuerhängigkeit für die Gegenleistungsanteile unter Verweis auf § 20 Abs 5 idF vor AbgÄG 2012 (Prinzip der Verdoppelung der stillen Reserven; UmgrStR Rz 1137). Die Vorschrift ist durch die Steuerneutralität des Einbringungsvorgangs für den Einbringenden zu rechtfertigen (*Rabel* in W/H/M, HdU[1] § 20 Rz 55 f). Voraussetzung für die Anwendung des § 20 Abs 6 Z 1 idF vor AbgÄG 2012 ist daher, dass das Einbringungsvermögen steuerhängig ist (zur Einbringung nicht steuerhängiger Zweganteile nach § 20 Abs 6 Z 2 idF vor AbgÄG 2012 s Rz 68 ff). 61

62 § 20 Abs 6 Z 1 idF vor AbgÄG 2012 kommt für anlässlich einer Einbringung erworbene, grundsätzlich **nicht steuerhängige Anteile** zur Anwendung. Die Nichtsteuerhängigkeit setzt voraus, dass die Anteile einerseits nicht zum Betriebsvermögen gehören und auch nicht nach den Bestimmungen des EStG idF vor BudBG 2011 steuerhängig sind (daher Anteile unter 1 % und Veräußerung außerhalb der einjährigen Spekulationsfrist). § 20 Abs 6 Z 1 idF vor AbgÄG 2012 erfasst nach der Verwaltungspraxis auch jene Fälle, in denen das Beteiligungsausmaß innerhalb der 10-Jahresfrist auf unter 1 % absinkt oder in denen die 5-Jahresfrist des § 31 EStG idF vor BudBG 2011 oder bei vorangegangener Umgründung die 10-Jahresfrist innerhalb des 10-Jahres-Zeitraums ausläuft (UmgrStR Rz 1139; *Huber* in *W/Z/H/K*[5] § 20 Rz 44 ff; *Rabel* in *W/H/M*, HdU[1] § 20 Rz 57).

63 Die besondere Steuerhängigkeit gilt nach § 20 Abs 6 Z 1 S 2 idF vor AbgÄG 2012 auch für **Zuschreibungsanteile** iSd § 20 Abs 4 Z 1 und 3, sofern nicht bereits nach allgemeinem Steuerrecht eine Steuerhängigkeit besteht (*Rabel* in *W/H/M*, HdU[1] § 20 Rz 59; *Huber* in *W/Z/H/K*[5] § 20 Rz 43). Im Fall der Side-stream-Einbringung iSd § 20 Abs 4 Z 3 tritt die besondere Steuerhängigkeit für Zuschreibungsanteile nach § 20 Abs 6 Z 1 S 2 letzter Halbsatz idF vor AbgÄG 2012 nur ein, wenn die Möglichkeit der Besteuerung der stillen Reserven hinsichtlich der Anteile an der einbringenden Körperschaft gegeben war (*Rabel* in *W/H/M*, HdU[1] § 20 Rz 62). Die zehnjährige Steuerhängigkeit hat allerdings keine Bedeutung für die vor Einbringung bereits bestehenden Anteile (UmgrStR Rz 1140), sondern nur für die iRd Einbringung iSd § 20 Abs 4 erfolgte Zu- oder Abschreibung (insoweit steuerliche Fiktion der Anschaffung selbständiger Zuschreibungsanteile; *Rabel* in *W/H/M*, HdU[1] § 20 Rz 59; *Huber* in *W/Z/H/K*[5] § 20 Rz 43). Im Fall der Veräußerung hat daher eine Aufteilung des Veräußerungserlöses in eine steuerpflichtige und eine nicht steuerpflichtige Komponente sachgerecht nach dem Verhältnis der Verkehrswerte von Altanteilen und Einbringungsvermögen im Zeitpunkt der Einbringung zu erfolgen (mit Berechnungsbeispiel *Rabel* in *W/H/M*, HdU[1] § 20 Rz 60).

64 Als **Rechtsfolge** sieht § 20 Abs 6 Z 1 idF vor AbgÄG 2012 unter Verweis auf § 20 Abs 5 idF vor AbgÄG 2012 vor, dass solche Anteile (vgl Rz 61 f) **bis zum Ablauf des zehnten Jahres** nach Einbringungsstichtag als Anteile iSd § 31 EStG idF vor BudBG 2011 gelten und daher **steuerhängig** sind. Die Steuerhängigkeit soll analog zu § 20 Abs 5 idF vor AbgÄG 2012 bei unentgeltlicher Übertragung auch die Gesamt- und Einzelrechtsnachfolger treffen (UmgrStR Rz 1139; *Rabel* in *W/H/M*, HdU[1] § 20 Rz 58).

65 **BudBG 2011:** Dem neuen System der Besteuerung von Kapitalvermögen, wonach bei Kapitalanteilen im Privatvermögen unabhängig von Beteiligungshöhe und Behaltedauer Steuerpflicht besteht, unterliegen sämtliche Anteile, die nach dem 31.12.2010 entgeltlich erworben wurden (§ 124b Z 185 lit a zweiter TS EStG). Als Gegenleistung gewährte Anteile gelten nach § 20 Abs 1 als mit dem Beginn des dem Einbringungsstichtag folgenden Tages als angeschafft. Da die Anschaffungsfiktion auch für Zwecke der Übergangsbestimmung des § 124b Z 185 lit a zweiter TS EStG gilt (s oben Rz 3), ist **§ 20 Abs 6 Z 1 letztmalig für Einbringungen mit dem Stichtag 30.12.2010** relevant (*Walter*[10] Rz 473). Bis zu diesem Zeitpunkt (31.12.2010) einbringungsveranlasst erworbene Anteile sind daher nach § 20 Abs 6 Z 1 nur bei Verkauf innerhalb von zehn Jahren steuerpflichtig. Für **spätere Einbringungen**

(Stichtage ab 31.12.2010) hat § 20 Abs 6 Z 1 **keine Relevanz** mehr, da in diesen Fällen Gegenleistungsanteile nach dem neuen System besteuert werden und daher grundsätzlich zeitlich unbegrenzt steuerhängig sind (UmgrStR Rz 1135; *Mayr/Petrag/Titz*, RdW 2014, 103 [105]; *Walter*[10] Rz 473). Mit der Neufassung des § 20 Abs 6 iRd AbgÄG 2012 entfällt die Bestimmung des § 20 Abs 6 Z 1 aF (zur Neufassung s Rz 76 ff).

D. Entstrickungsregelung bei Einbringung nicht steuerhängiger Zwerganteile (§ 20 Abs 6 Z 2 idF vor AbgÄG 2012)

§ 20 Abs 6 Z 2 idF vor AbgÄG 2012 enthält eine **Sonderregelung für** die **Einbringung nicht** nach § 31 EStG idF vor BudBG 2011 **steuerhängiger Anteile** aus dem Privatvermögen. Die Regelung bewirkt, dass bisher in der Privatsphäre des Einbringenden nicht steuerhängige stille Reserven nicht in den Gegenleistungsanteilen verstrickt werden (*Rabel* in *W/H/M*, HdU[1] § 20 Rz 64). Im Ergebnis kommt es daher anders als in den Fällen der Steuerhängigkeit des Einbringungsvermögens nur zu einer einfachen Verstrickung der stillen Reserven bei der übernehmenden Körperschaft (*Rabel* in *W/H/M*, HdU[1] § 20 Rz 64; *Huber* in *W/Z/H/K*[5] § 20 Rz 53). 68

§ 20 Abs 6 Z 2 idF vor AbgÄG 2012 ist nur anwendbar, wenn der **eingebrachte Kapitalanteil** nicht zu einem Betriebsvermögen gehört und nicht nach § 31 EStG idF vor BudBG 2011 steuerhängig ist (§ 20 Abs 6 Z 2 S 1 idF vor AbgÄG 2012). Das bedeutet, dass die Beteiligungshöhe am Tag des Abschlusses des Einbringungsvertrags unter 1 % liegt und auch innerhalb der letzten fünf Jahre (bzw zehn Jahre bei vorangegangener Umgründung) zum Zeitpunkt des Abschluss des Einbringungsvertrags nicht zumindest 1 % betrug (*Rabel* in *W/H/M*, HdU[1] § 20 Rz 65). Eine Steuerhängigkeit nach § 30 EStG idF vor BudBG 2011 wegen nicht abgelaufener Spekulationsfrist schadet der Anwendung des § 20 Abs 6 Z 2 idF vor AbgÄG 2012 nicht (*Rabel* in *W/H/M*, HdU[1] § 20 Rz 66; *Huber* in *W/Z/H/K*[5] § 20 Rz 48). 69

Werden nach § 31 EStG idF vor BudBG 2011 nicht steuerhängige Anteile aus dem Privatvermögen eingebracht, ist als **Rechtsfolge des § 20 Abs 6 Z 2 S 1 idF vor AbgÄG 2012** für die gewährte Gegenleistung § 5 Abs 1 und 2 sinngemäß anzuwenden. Das bedeutet, dass die Einbringung **nicht als Tausch** zu werten ist und der steuerliche Wert der eingebrachten Anteile auf die Gegenleistungsanteile übertragen wird (§ 5 Abs 1, sog **„Identitätsfiktion"**; UmgrStR Rz 1152; *Hügel* in *H/M/H* §§ 19/20 Rz 128; *Rabel* in *W/H/M*, HdU[1] § 20 Rz 68; *Huber* in *W/Z/H/K*[5] § 20 Rz 47 f) und steuerlich relevante **Fristen weiter laufen** (§ 5 Abs 2, insb einjährige Spekulationsfrist nach § 30 EStG idF vor BudBG 2011; UmgrStR Rz 1152; *Hügel* in *H/M/H* §§ 19/20 Rz 131; *Rabel* in *W/H/M*, HdU[1] § 20 Rz 68). 70

Entsteht durch die Einbringung eines nicht steuerhängigen Kapitalanteils eine **Beteiligung iSd § 31 EStG** idF vor BudBG 2011, sieht **§ 20 Abs 6 Z 2 S 2 idF vor AbgÄG 2012** als alternative Rechtsfolge den Ansatz des höheren **gemeinen Werts** als Anschaffungskosten der Beteiligung vor. Damit werden vor der Einbringung entstandene, nicht steuerhängige stille Reserven in den eingebrachten Anteilen auch in der Zukunft nicht steuerhängig (UmgrStR Rz 1152a). Lt FV setzt die Anwendung des § 20 Abs 6 Z 2 idF vor AbgÄG 2012 voraus, dass vor der Einbringung auch an der übernehmenden Körperschaft keine Beteiligung iSd § 31 EStG idF vor BudBG 2011 bestand (UmgrStR Rz 1152a; aA *Huber* in *W/Z/H/K*[5] § 20 Rz 48, wonach laut Telos des § 20 Abs 6 Z 2 idF vor AbgÄG 2012 die einbringungs- 71 geborenen Anteile bzw Zuschreibungsanteile gem § 20 Abs 4 mit dem gemeinen Wert anzusetzen sind).

72 **BudBG 2011:** Dem neuen System der Besteuerung von Kapitalvermögen, wonach bei Kapitalanteilen im Privatvermögen unabhängig von Beteiligungshöhe und Behaltedauer Steuerpflicht besteht, unterliegen sämtliche Anteile, die nach dem 31.12.2010 entgeltlich erworben wurden (§ 124b Z 185 lit a zweiter TS EStG). § 20 Abs 6 Z 2 idF vor AbgÄG 2012 hat daher **keine Bedeutung für die Einbringung von nach dem 31.12.2010 erworbenen Zwerganteilen.**

73 Bedeutung hat § 20 Abs 6 Z 2 idF vor AbgÄG 2012 lt Schrifttum und FV aber für die Einbringung von **Zwerganteilen, die vor dem 1.1.2011** entgeltlich erworben wurden und daher dem „Bestandschutz" des § 124b Z 185 lit a zweiter TS EStG unterliegen (dazu *Wurm*, SWK 2011, S 678 ff; *Walter*[11] Rz 474 ff; BMF, KESt-Erlass, S 5 f):

- Werden solche Zwerganteile zu einem **Stichtag nach dem 30.12.2010** nach Art III eingebracht, stellt der Erwerb der Gegenleistungsanteile keinen Anschaffungsvorgang dar **(Identitätsfiktion)** und der **Bestandschutz setzt sich in den Gegenleistungsanteilen fort** (*Wurm*, SWK 2011, S 680; *Walter*[11] Rz 475; BMF, KESt-Erlass, S 6). Die Gegenleistungsanteile können daher (außerhalb der einjährigen Spekulationsfrist nach § 30 EStG idF vor BudBG 2011, für die Frist ist auf den Anschaffungszeitpunkt der eingebrachten Anteile abzustellen) steuerfrei veräußert werden (*Wurm*, SWK 2011, S 680).

74 - Entsteht im vorgenannten Fall durch die Einbringung eine **Beteiligung iSd § 31 EStG** idF vor BudBG 2011 (Beteiligungsausmaß zumindest 1 %) an der übernehmenden Körperschaft, geht zwar mangels Identitätsfiktion nach § 20 Abs 6 Z 2 S 1 idF vor AbgÄG 2012 der Bestandschutz unter (dh Steuerhängigkeit der Beteiligung nach neuer Rechtslage), nach § 20 Abs 6 Z 2 S 2 idF vor AbgÄG 2012 erfolgt jedoch eine Aufwertung der Anschaffungskosten auf den **höheren gemeinen Wert** der Anteile zum Einbringungsstichtag (UmgrStR Rz 1150a; *Wurm*, SWK 2011, S 680. Da eine Beteiligung iSd § 31 EStG idF vor BudBG 2011 letztmalig am 31.3.2012 entstehen kann (danach existiert § 31 EStG idF vor BudBG 2011 nicht mehr), ist die Bestimmung des **§ 20 Abs 6 Z 2 S 2 idF vor AbgÄG 2012** nur mehr **für Einbringungsstichtage bis 30.3.2012 von Relevanz** (UmgrStR Rz 1150a; so auch *Wurm*, SWK 2012, 1531 [1537], FN 48). Für Einbringungsstichtage nach dem 30.3.2012 kommt es unabhängig vom Beteiligungsausmaß der Gegenleistungsanteile stets zur Fortsetzung des Bestandschutzes (idS auch § 20 Abs 6 idF nach AbgÄG 2012; dazu unten Rz 76 ff).

75 Zusätzlich wird im Schrifttum eine analoge Anwendung des § 20 Abs 6 Z 2 idF vor AbgÄG 2012 für die Einbringung von **vor dem 1.1.2011 erworbenen Beteiligungen iSd § 31 EStG** idF vor BudBG 2011 in Erwägung gezogen, bei denen das Beteiligungsausmaß bis **zum 31.3.2012 auf unter 1 %** reduziert wurde, die innerhalb der nachlaufenden fünf- bzw zehnjährigen Steuerhängigkeit (nach Maßgabe der Rechtslage vor BudBG 2011) eingebracht werden (sog befristet steuerhängiger Altbestand) und die **Gegenleistungsanteile** lediglich eine Beteiligung von **unter 1 %** an der übernehmenden Körperschaft vermitteln (*Wurm*, SWK 2011, S 680): Diese Fälle betreffen **Einbringungsstichtage ab 31.12.2010 bis 31.3.2012** (Rechtslage vor AbgÄG 2012 analog zur Inkrafttretensbestimmung zu § 5 Abs 2 idF AbgÄG 2012; zur Rechtslage nach AbgÄG 2012 s Rz 76) und sind vom Wortlaut des § 20

Abs 6 Z 2 idF vor AbgÄG 2012 nicht erfasst (arg Steuerhängigkeit der eingebrachten Kapitalanteile nach § 31 EStG idF vor BudBG 2011), die Gegenleistungsanteile würden daher grundsätzlich dem neuen Besteuerungsregime unterliegen und zeitlich unbeschränkt steuerhängig werden. Nach *Wurm* könnte für solche Anteile eine analoge Anwendung des § 20 Abs 6 Z 2 S 1 idF vor AbgÄG 2012 („Identitätsfiktion") mit der Konsequenz einer möglichen steuerfreien Veräußerung nach Ablauf des Steuerhängigkeitszeitraumes lt Rechtslage vor BudBG 2011 geboten sein, da eine ewige Steuerverstrickung der Absicht des Gesetzgebers widerspräche (*Wurm*, SWK 2011, S 681). Das heißt, dass sich der Bestandschutz aufgrund der Identitätsfiktion in den Gegenleistungsanteilen fortsetzt und diese nach Ablauf der nachlaufenden fünf- bzw zehnjährigen Steuerhängigkeit steuerfrei veräußert werden können (*Wurm*, SWK 2011, S 681).

E. Fortsetzung des Bestandschutzes bei Einbringung von nicht steuerhängigen oder befristet steuerhängigen Altbestandsanteilen (§ 20 Abs 6 idF AbgÄG 2012)

IRd AbgÄG 2012 wurde § 5 Abs 2 wie folgt neu gefasst: „Für neue Anteile sind die Anschaffungszeitpunkte der alten Anteile maßgeblich". Dadurch soll im Falle eines verschmelzungsbedingten Anteilstausches der auf den Anschaffungszeitpunkt abstellende Bestandschutz für sog Altbestand iSd § 124b Z 185 lit a EStG auf die neuen Anteile übertragen werden (s § 5 Rz 106). § 20 Abs 6 idF AbgÄG 2012 regelt nunmehr ausschließlich den Fall der Einbringung eines Kapitalanteiles, „bei dem die Möglichkeit der Besteuerung der stillen Reserven nach den Regelungen des Einkommensteuergesetzes 1988 am Tag des Abschlusses des Einbringungsvertrags nicht gegeben ist" und sieht die sinngemäße Anwendung des § 5 Abs 1 und 2 vor. Lt Gesetzesmaterialien wird durch die Neufassung der bisherige Regelungsinhalt des § 20 Abs 6 Z 2 idF vor AbgÄG 2012 (Entstrickungsregelung für Einbringung nicht steuerhängiger Zwerganteile; s Rz 68 ff) „sprachlich an die neue Rechtslage angepasst" und soll sichergestellt werden, dass sich der Bestandschutz für nicht steuerhängige oder bloß befristet steuerhängige Kapitalanteile in den Gegenleistungsanteilen fortsetzt (ErlRV 1960 BlgNR 24. GP, 29). Die bisherige Steuerhängigkeitsregelung für außerbetrieblich gehaltene Gegenleistungsanteile unter 1 % Beteiligungsausmaß nach § 20 Abs 6 Z 1 idF vor AbgÄG 2012 (s Rz 61 ff) kann lt Gesetzesmaterialien aufgrund des neuen Kapitalbesteuerungsregimes nach BudBG 2011 entfallen (ErlRV 1960 BlgNR 24. GP, 29). Die 1 %-Beteiligungsgrenze hat allerdings auch nach BudBG 2011 noch Bedeutung iRd beschränkten Steuerpflicht (vgl § 98 Abs 1 Z 5 lit e EStG); zum Entfall der Steuerhängigkeitsregelung nach § 20 Abs 6 Z 1 idF vor AbgÄG 2012 s Rz 80. **76**

Nach dem Wortlaut kommt § 20 Abs 6 idF AbgÄG 2012 jedenfalls für die Einbringung von sog **nicht steuerhängigem Altbestand** zur Anwendung. Zum nicht steuerhängigen Altbestand gehören im Privatvermögen gehaltene Aktien und GmbH-Anteile, die (i) vor dem 1.1.2011 entgeltlich erworben wurden und (ii) bei denen am 31.3.2012 die Möglichkeit zur Besteuerung stiller Reserven nach § 31 EStG idF vor BudBG 2011 nicht gegeben war (Bestandschutz iSd § 124b Z 185 lit a EStG). Die Veräußerung solcher Anteile ist grundsätzlich steuerfrei. Wird nicht steuerhängiger Altbestand nach Art III eingebracht, setzt sich der Bestandschutz in den Gegenleistungsanteilen fort und die erworbenen Gegenleistungsanteile gelten **77** nach § 20 Abs 6 idF AbgÄG 2012 ebenfalls als nicht steuerhängiger Altbestand (ErlRV 1960 BlgNR 24. GP, 29; *Wurm*, SWK 2012, 1531 [1536]). Die Identitätsfiktion des § 20 Abs 6 idF AbgÄG 2012 soll unabhängig vom Beteiligungsausmaß der Gegenleistungsanteile zur Anwendung kommen (idS ErlRV 1960 BlgNR 24. GP, 29; *Wurm*, SWK 2012, 1531 [1537] mVa die Gesetzessystematik). Vor dem Hintergrund, dass eine Aufwertung auf den höheren gemeinen Wert bei Entstehen einer Beteiligung iSd § 31 EStG idF vor BudBG 2011 (§ 20 Abs 6 Z 2 S 2 idF vor AbgÄG 2012) nur mehr für Einbringungsstichtage bis 30.3.2012 von Relevanz ist (s Rz 74), sind daher die anlässlich von Einbringungen von nicht steuerhängigem Altbestand mit Stichtag 31.3.2012 oder später gewährten Gegenleistungsanteile – unabhängig vom Beteiligungsausmaß – ebenfalls nicht steuerhängiger Altbestand (UmgrStR Rz 1152; *Wurm*, SWK 2012, 1531 [1536]).

78 Ob sich der Bestandschutz bei Down-stream-Einbringung von nicht steuerhängigem Altbestand auch in **Zuschreibungsanteilen iSd § 20 Abs 4 Z 1** fortsetzt, geht aus §§ 20 Abs 6 iVm 5 Abs 2 idF AbgÄG 2012 bzw den Gesetzesmaterialien nicht ausdrücklich hervor. § 5 Abs 2 idF AbgÄG 2012 erfasst dem Wortlaut nach nur „neue Anteile". Allerdings sprach auch § 5 Abs 2 idF vor AbgÄG 2012 nur von „neuen Anteilen" und bezog sich lt FV auch auf Zuschreibungsanteile (UmgrStR Rz 285). Dies entspricht auch dem Regelungszweck lt Gesetzesmaterialien zum AbgÄG 2012 (generelle Fortsetzung des Bestandschutzes in den Gegenleistungsanteilen, s Rz 76), womit sich der Bestandschutz auch in Zuschreibungsanteilen iSd § 20 Abs 4 Z 1 fortsetzen dürfte. Da bei Unterbleiben einer Anteilsgewährung iSd § 19 Abs 2 Z 5 die bisherigen Anteile des Einbringenden an der übernehmenden Körperschaft in aller Regel steuerhängig sind, führt die Fortsetzung des Bestandschutzes in den Zuschreibungsanteilen dazu, dass es bei einer späteren Veräußerung zu unterschiedlichen Rechtsfolgen für die einzelnen Teile der Beteiligung kommt: Es hat daher eine Aufteilung des Veräußerungserlöses in eine steuerpflichtige und eine nicht steuerpflichtige Komponente sachgerecht nach dem Verhältnis der Verkehrswerte von Altanteilen und Einbringungsvermögen im Zeitpunkt der Einbringung zu erfolgen.

79 Nach der Verwaltungspraxis kommt § 20 Abs 6 idF AbgÄG 2012 auch für sog **befristet steuerhängigen Altbestand** zur Anwendung (UmgrStR Rz 1152; dazu *Wurm,* SWK 2012, 1531 [1538]). Zum befristet steuerhängigen Altbestand zählen Beteiligungen unter 1 %, die am 31.3.2012 die Voraussetzungen des § 31 EStG idF vor BudBG 2011 lediglich aufgrund der nachlaufenden Besteuerung innerhalb der Fünf- bzw umgründungsbedingt verlängerten Zehnjahresfrist erfüllen (dh die §-31-Beteiligung wurde (i) vor dem 1.1.2011 erworben und (ii) das Beteiligungsausmaß am 31.3.2012 betrug weniger als 1 %; Bestandschutz iSd § 124b Z 185 lit e EStG). Die Veräußerung solcher Anteile ist nur steuerpflichtig, wenn sie innerhalb der Fünfjahresfrist des § 31 EStG idF vor BudBG 2011 (oder einer umgründungsbedingt auf zehn Jahre verlängerten Frist) erfolgt. Nach Ablauf der Frist werden solche Anteile zu nicht steuerhängigem Altbestand. Vor Ablauf der Frist ist § 20 Abs 6 idF AbgÄG 2012 zwar dem Wortlaut nach auf diese Anteile nicht anwendbar, weil die Tatbestandsvoraussetzung, dass am Tag des Abschlusses des Einbringungsvertrags keine Möglichkeit der Besteuerung stiller Reserven gegeben ist, nicht erfüllt ist (*Wurm,* SWK 2012, 1531 [1538]). In den UmgrStR wird aber explizit bestätigt, dass § 20 Abs 6 idF AbgÄG 2012 auch für solche Anteile zur Anwendung kommen soll (UmgrStR Rz 1152). Die Rechtsfolge der Anwendbarkeit der §§ 20 Abs 6 iVm 5 Abs 2 idF AbgÄG 2012 ist die Fortsetzung des Fristenlaufes nach § 124b Z 185 lit a EStG in den Gegenleistungsanteilen und die Möglichkeit der steuerfreien Veräußerung der Gegenleistungsanteile (unabhängig von deren Höhe) nach Ablauf der jeweiligen Frist (dazu UmgrStR Rz 1152, Beispiel 2; *Mayr/Petrag/Titz*, RdW 2014, 103 [106]).

Für **beschränkt steuerpflichtige Einbringende** gelten die vorstehenden Ausführungen (Rz 76 ff) gleichermaßen, die §§ 20 Abs 6 und 5 Abs 1 und 2 unterscheiden nicht nach der Ansässigkeit des Einbringenden. Zweifelsfragen können sich bei der Einbringung von Altbestandsanteilen durch beschränkt Steuerpflichtige allerdings bereits nach allg Steuerrecht ergeben, insb weil die grundsätzliche Anwendbarkeit des Bestandschutzes nach § 124b Z 185 lit a EStG auf beschränkt Steuerpflichtige unklar ist (vgl *Wurm*, SWK 2012, 1531 [1534, FN 22]). Vorteile ergeben sich für beschränkt Steuerpflichtige durch den Entfall der bisherigen Steuerhängigkeitsregelung für privat gehaltene Gegenleistungsanteile nach § 20 Abs 6 Z 1 idF vor AbgÄG 2012 (< 1 % Beteiligungsausmaß; s Rz 61 ff), da die 1 %-Beteiligungsgrenze iRd beschränkten Steuerpflicht auch nach BudBG 2011 Bedeutung hat (§ 98 Abs 1 Z 5 lit e EStG erfasst lediglich Einkünfte aus der Veräußerung von Beteiligungen an inländischen Kapitalgesellschaften, sofern das Beteiligungsausmaß innerhalb der letzten fünf Kalenderjahre zumindest 1 % betrug). Nach Wegfall der besonderen Steuerhängigkeit nach § 20 Abs 6 Z 1 idF vor AbgÄG 2012 können beschränkt Steuerpflichtige Gegenleistungsanteile, die unter 1 % betragen, unmittelbar nach dem Einbringungsvorgang steuerfrei veräußern (Beispiel: Einbringung einer inländischen Betriebsstätte durch Steuerausländer in eine inländische Körperschaft unter Gewährung einer unter 1 %-Beteiligung). Nach den Gesetzesmaterialien wurde „aus Vereinfachungsgründen" auf eine spezielle Regelung für das Entstehen bzw den Wegfall einer Beteiligung iHv mindestens 1 % iRd beschränkten Steuerpflicht bewusst verzichtet, weil das Besteuerungsrecht Österreichs an diesen Anteilen „in der Regel ohnedies […] aufgrund eines Doppelbesteuerungsabkommens […] entzogen ist" (ErlRV 1960 BlgNR 24. GP, 29; *Schlager*, RWZ 2012, 193 [195]; *Wurm*, SWK 2012, 1531 [1534, FN 22]). **80**

VI. Internationale Schachtelbeteiligung im Bereich der Gegenleistung
A. Überblick

Die in **§ 20 Abs 7 Z 1** geregelten Tatbestände des einbringungsbedingten **Entstehens oder der Veränderung einer internationalen Schachtelbeteiligung** betreffen ausschließlich die der **einbringenden Körperschaft** zukommende Gegenleistung bzw bestehende Anteile des Einbringenden an der übernehmenden Körperschaft. In Höhe des steuerlich maßgeblichen Einbringungswertes erhöht sich beim Einbringenden der Buchwert der (entstehenden oder veränderten) internationalen Schachtelbeteiligung an der übernehmenden Körperschaft. Darüber hinausgehende stille Reserven, die entweder in bereits vor der Einbringung bestehenden Anteilen des Einbringenden an der übernehmenden Körperschaft oder im Einbringungsvermögen selbst enthalten sind, können nach § 20 Abs 7 Z 1 von der Steuer- **81** neutralität des § 10 Abs 3 KStG ausgenommen sein. Dagegen beziehen sich die Regelungen des **§ 20 Abs 7 Z 2** zu den Folgen des einbringungsbedingten **Untergehens einer internationalen Schachtelbeteiligung** ausschließlich auf Anteile der **Mitgesellschafter an der übernehmenden Körperschaft**.

82 Während somit § 20 Abs 7 Sondertatbestände zum Regime der internationalen Schachtelbeteiligung hinsichtlich der Anteile an der übernehmenden (ausländischen) Körperschaft auf Ebene des Einbringenden und der Mitgesellschafter vorsieht, betreffen die entsprechenden Sondertatbestände in § 18 Abs 4 eingebrachte oder bereits bestehende Auslandsbeteiligungen auf Ebene der übernehmenden Körperschaft (vgl UmgrStR Rz 1153 f).

B. Entstehen oder Veränderung einer internationalen Schachtelbeteiligung

1. Anwendungsbereich und Tatbestandsvoraussetzungen

84 Entsteht durch eine Einbringung eine internationale Schachtelbeteiligung nach § 10 Abs 2 KStG oder wird ihr Ausmaß durch neue Anteile oder durch Zurechnung zu einer bestehenden Beteiligung nach § 20 Abs 4 verändert, ist nach § 20 Abs 7 Z 1 „hinsichtlich der bisher nicht steuerbegünstigten Beteiligungsquoten auf den Unterschiedsbetrag zwischen den Buchwerten und den höheren Teilwerten" die Substanzgewinnbefreiung nach § 10 Abs 3 KStG nicht anwendbar. Erfasst sind damit Einbringungen durch **Körperschaften iSd § 7 Abs 3 KStG** und durch **Mitunternehmerschaften**, an denen unter § 7 Abs 3 KStG fallende Körperschaften beteiligt sind (UmgrStR Rz 1158), in **ausländische übernehmende Körperschaften** nach § 10 Abs 2 KStG.

85 Zum „**Entstehen**" einer internationalen Schachtelbeteiligung nach § 20 Abs 7 Z 1 kommt es, wenn der Einbringende an der übernehmenden Körperschaft **keine oder eine unter 10 % liegende Beteiligung** hält und die Beteiligungsquote einbringungsveranlasst durch die Gewährung von Anteilen (neue, eigene oder bestehende Anteile) auf mindestens 10 % ansteigt. Im Falle der Einbringung durch eine **Mitunternehmerschaft** ist auf die **durchgerechneten Beteiligungsquoten** der an der Mitunternehmerschaft beteiligten Körperschaften abzustellen (UmgrStR Rz 1159). Weitere Voraussetzung ist, dass die **Option zugunsten der Steuerwirksamkeit nach § 10 Abs 3 Z 1 KStG nicht ausgeübt** wird (*Wiesner/Schwarzinger*, UmS 170/14/11, SWK 2011, S 621; *Walter*[11] Rz 485; aA *Mayr* in D/R I[10] Tz 1196, wonach die Option zugunsten der Steuerwirksamkeit generell nicht möglich ist). Lt Gesetzesmaterialien zum BudBG 2003 (BGBl I 2003/71) und FV erstreckt sich allerdings im Falle der „umgründungsveranlassten Übertragung" einer optierten Schachtelbeteiligung auf einen ausländischen Rechtsträger die Option auch auf die erhaltene Gegenleistung (ErlRV 59 BlgNR 22. GP, 274 f; KStR Rz 1216; *Haslinger* in L/S/S § 10 Rz 107; *Kofler* in *Achatz/Kirchmayr* § 10 Tz 242; kritisch *Hirschler/Ludwig* in *Achatz ua*, IntUmgr 221 f); nach dieser Auffassung stellt die Export-Einbringung einer optierten Schachtelbeteiligung keinen Anwendungsfall des § 20 Abs 7 Z 1 dar und löst folglich auch keine Entstrickungsbesteuerung nach § 16 Abs 1a TS 2 aus (UmgrStR Rz 1163b; s im Detail Rz 94a).

Stellungnahme. Im Unterschied zum Entstehen einer Schachtelbeteiligung bei der übernehmenden Körperschaft nach § 18 Abs 4 Z 1, wo im Regelfall keine Optionsmöglichkeit bestehen wird aufgrund der Ausnahmeregelung für konzerninterne Erwerbe nach § 10 Abs 3 Z 4 KStG (Bindung an die Option bzw Nicht-Option des Rechtsvorgängers) oder aufgrund der Gesamtrechtsnachfolgefiktion nach § 18 Abs 1 Z 4 (s § 18 Rz 122), wird dem Einbringenden im Bereich der Gegenleistungsanteile die Optionsmöglichkeit nach § 10 Abs 3 Z 1 KStG im Regelfall (insb aufgrund der Anschaffungsfiktion nach § 20 Abs 1 S 1 und mangels Anwendbarkeit der beiden vorgenannten Beschränkungen) offenstehen.

Eine „**Veränderung**" einer internationalen Schachtelbeteiligung iSd § 20 Abs 7 Z 1 kommt zustande, wenn eine solche bereits **vor der Einbringung bestanden hat** und entweder die Beteiligungsquote durch die Gewährung von Anteilen (neue, eigene oder bestehende Anteile) erweitert wird oder die Beteiligungsquote mangels Gewährung einer Gegenleistung unverändert bleibt und es zu Zu- oder Abschreibungen von der bestehenden Beteiligung nach § 20 Abs 4 kommt. Durch den Begriff „Veränderung" soll zum Ausdruck gebracht werden, dass nicht nur Erweiterungen einer bestehenden Schachtelbeteiligung durch die Zuschreibung positiver Einbringungswerte (sog Zuschreibungsanteile), sondern auch Minderungen durch die Abschreibung negativer Einbringungswerte erfasst sind (UmgrStR Rz 1160). Eine Veränderung einer bestehenden Schachtelbeteiligung liegt auch bei einer erst „**werdenden**" Schachtelbeteiligung (mindestens 10 % Beteiligung vor Ablauf der Jahresfrist) vor (UmgrStR Rz 1164). **86**

Von zentraler Bedeutung ist das Tatbestandsmerkmal der „**bisher nicht steuerbegünstigten Beteiligungsquoten**", diese Wortfolge legt den Bereich jener stillen Reserven, die von der Steuerneutralität des § 10 Abs 3 KStG ausgenommen sind, fest. Im Falle des **Entstehens** einer Schachtelbeteiligung umfasst dieser Bereich lt FV die (in Österreich steuerhängigen) stillen Reserven sowohl in den **bisherigen Anteilen des Einbringenden** an der übernehmenden Körperschaft als auch im **Einbringungsvermögen** (UmgrStR Rz 1157, 1161 und 1164 f; glA *Huber* in W/Z/H/K[5] § 20 Rz 54 ff; für die Anwendbarkeit der Ausnahmeregelung lediglich auf die stillen Reserven des Einbringungsvermögens *Walter*[11] Rz 484; *Hügel* in H/M/H §§ 19/20 Rz 138; *Rabel* in W/H/M, HdU[1] § 20 Rz 87). In sämtlichen übrigen Fällen der **Veränderung** einer Schachtelbeteiligung umfasst diese Wortfolge lt FV die (in Österreich steuerhängigen) stillen Reserven im **Einbringungsvermögen**, unabhängig davon, ob es durch die Einbringung zu einer Veränderung (Erweiterung) der Beteiligungsquote des Einbringenden an der übernehmenden Körperschaft kommt oder die Beteiligungsquote unverändert bleibt (zB bei Unterbleiben einer Gegenleistung nach § 19 Abs 2 Z 5). Die FV begründet ihre Auffassung mit dem Grundsatz der Verdoppelung der stillen Reserven, wonach im Einbringungsvermögen angesammelte stille Reserven auch in den Anteilen an der übernehmenden Körperschaft steuerhängig bleiben (UmgrStR Rz 1157, 1161 und 1164 f; *Huber* in W/Z/H/K[5] § 20 Rz 54 ff; *Hügel* in H/M/H §§ 19/20 Rz 138; *Rabel* in W/H/M, HdU[1] § 20 Rz 87; *Walter*[11] Rz 484). Ausgenommen von der Steuerneutralität des § 10 Abs 3 KStG ist der Unterschiedsbetrag zwischen den Buchwerten und den höheren Teilwerten des eingebrachten Vermögens (somit zuzüglich eines etwaigen Firmenwertes) bezogen auf den Ablauf des Einbringungsstichtages; der Betrag ist in Evidenz zu nehmen (UmgrStR Rz 1161). **87**

Stellungnahme. Abweichend zu der im Schrifttum aaO vertretenen Einschränkung der Ausnahmeregelung in § 20 Abs 7 Z 1 auf die stillen Reserven im Einbringungsvermögen legt der Wortlaut des § 20 Abs 7 Z 1 S 1 vielmehr eine Einschränkung der Ausnahmeregelung auf stille Reserven in bisherigen (nicht begünstigten) Anteilen des Einbringenden an der übernehmenden Körperschaft nahe. Die Auffassung der FV, dass die in § 20 Abs 7 Z 1 S 1 normierte Ausnahme von der Steuerneutralität „hinsichtlich der bisher nicht steuerbegünstigten Beteiligungsquoten" des Einbringenden generell die steuerhängigen stillen Reserven im Einbringungsvermögen erfasst, lässt sich dem Gesetzeswortlaut des § 20 Abs 7 Z 1 S 1 („bisher nicht steuerbegünstigte Beteiligungsquoten") nicht entnehmen und wird allein aus der Genesis der Bestimmung verständlich. In der Stammfassung des UmgrStG (BGBl 1991/699) erfasste die Ausnahmeregelung in § 20 Abs 7 den „Betrag der im eingebrachten Vermögen enthaltenen steuerpflichtigen stillen Reserven einschließlich eines Firmenwertes". Dieser Wortlaut wurde iRd StRefG 1993 (BGBl 1993/818) mit den Sondertatbeständen zur internationalen Schachtelbeteiligung bei der übernehmenden Körperschaft in § 3 Abs 4 (bzw § 18 Abs 4 Z 1) gleichgezogen und § 20 Abs 7 wortident zu den vorgenannten Regelungen auf „bisher nicht steuerbegünstigte Beteiligungsquoten" bezogen. Die Gesetzesmaterialien führen dazu lediglich aus, dass die Neuformulierung des § 20 Abs 7 „auf die Zusammenfassung der Regelungen zur internationalen Schachtelbeteiligung in § 10 Abs 2 KStG Bezug nimmt" (ErlRV 1237 BlgNR 18. GP, zu § 20 Abs 4 und 7 UmgrStG). Zu beachten ist, dass die vorgenannten Normen im Ergebnis Sondertatbestände zur Schachtelbefreiung nach § 10 KStG enthielten, jedoch diametral unterschiedliche Zielsetzungen verfolgten: § 20 Abs 7 die systematische Verdoppelung der Steuerhängigkeit der stillen Reserven des übertragenen Vermögens, § 3 Abs 4 (bzw § 18 Abs 4 Z 1) dagegen die Aufrechterhaltung der bloß einfachen Steuerhängigkeit von bisher steuerpflichtigen Auslandsbeteiligungen bei der übernehmenden Körperschaft (ErlRV 266 BlgNR 18. GP, zu § 3 Abs 4). Die unterschiedlichen Zielsetzungen kamen im unterschiedlichen Wortlaut der Stammfassungen klar zum Ausdruck; ob durch die Anpassung des Tatbestandes in § 20 Abs 7 Z 1 dessen ursprünglicher Regelungsinhalt erhalten blieb, scheint jedoch zweifelhaft. **Gegen die Auffassung der FV** spricht, dass iRd Auslegung der in der Vorschrift zum Ausdruck kommende objektivierte Wille des Gesetzgebers, so wie er sich aus dem *Gesetzeswortlaut* und dem *Sinnzusammenhang* ergibt, maßgeblich ist; der Entstehungsgeschichte kommt nur insofern Bedeutung zu, als sie die Richtigkeit einer nach den vorstehenden Grundsätzen ermittelten Auslegung *bestätigt* oder *Zweifel behebt*, die auf dem angegebenen Weg allein nicht ausgeräumt werden können (*Häck*, IStR 2011, 71 [72], FN 10). Der eindeutige Wortlaut und Sinnzusammenhang des § 20 Abs 7 eröffnen damit keine Möglichkeit, der Entstehungsgeschichte im Auslegungswege zum Durchbruch zu verhelfen. Selbst die Gesetzesmaterialien zum StRefG 1993 enthalten keinen erkennbaren Hinweis, dass durch die Gesetzesänderung keine inhaltliche Änderung des § 20 Abs 7 beabsichtigt war, im Übrigen kann auch den subjektiven Vorstellungen der am Gesetzgebungsverfahren beteiligten Organe keine über den objektivierten Willen des Gesetzgebers (Wortlaut und Sinnzusammenhang) hinausgehende Bedeutung zukommen (*Häck*, aaO). Aus der Anpassung des Gesetzeswortlautes in § 20 Abs 7 an § 3 Abs 4 bzw 18 Abs 5 Z 1 ist daher auf eine inhaltliche Anpassung zu schließen, womit die Ausnahme von der Steuerneutralität in § 20 Abs 7 Z 1 lediglich die stillen Reserven in vor der Einbringung bestehenden, steuerpflichtigen Anteilen an der übernehmenden Körperschaft erfasst (idS ggf UmgrStR Rz 1161, wonach den §§ 20 Abs 7

Z 1 und 18 Abs 4 Z 1 eine „idente Regelungstechnik" innewohnt). Hinsichtlich der stillen Reserven des Einbringungsvermögens selbst liegen schlichtweg keine vom Gesetz geforderten „bisher nicht steuerbegünstigte Beteiligungsquoten" des Einbringenden vor. Der von der FV als Begründung ins Treffen geführte „Grundsatz der Verdoppelung der stillen Reserven" überzeugt nicht; er ist weder in Art III als Auslegungsmaxime determiniert noch gelangt er innerhalb des Art III durchgängig zur Anwendung (zB Unbeachtlichkeit der fehlenden Steuerhängigkeit der Gegenleistungsanteile nach § 16 Abs 2 Z 1), sodass er (für sich allein) auch nicht die extensive Auslegung des insoweit eindeutigen Wortlautes des § 20 Abs 7 Z 1 S 1 zu tragen vermag. **Für die Auffassung der FV** lässt sich ins Treffen führen, dass bei Einschränkung der Wortfolge „bisher nicht steuerbegünstigte Beteiligungsquoten" auf vor der Einbringung bestehende, steuerpflichtige Anteile des Einbringenden an der übernehmenden Körperschaft (i) der Anwendungsbereich des § 20 Abs 7 Z 1 auf Fälle des Entstehens einer internationalen Schachtelbeteiligung eingeschränkt ist (und die in § 20 Abs 7 Z 1 vorgesehene „Veränderung" – soweit ersichtlich – ohne Anwendungsbereich bliebe) und (ii) der in § 20 Abs 7 Z 1 S 2 vorgesehene Wegfall der Ausnahme von der Steuerneutralität für Export-Einbringungen von Kapitalanteilen nach § 16 Abs 1 S 4 sinnlos wäre.

Umgekehrt sollen lt FV bisher steuerlich **nicht verstrickte stille Reserven** des Einbringungsvermögens durch Einbringungen nicht zu steuerverstrickten stillen Reserven werden und ist daher die Ausnahme von der Steuerneutralität nach § 20 Abs 7 Z 1 S 1 auf diese Reserven (unabhängig davon, worauf das Fehlen der Steuerhängigkeit beruht) nicht anwendbar (UmgrStR Rz 858, 1155, 1157; *Huber* in W/Z/H/K⁵ § 20 Rz 54; *Huber*, SWI 2000, 125; *Damböck*, SWI 1999, 244). Exemplarisch wird auf die Einbringung eines **ausländischen Betriebes, Teilbetriebes oder Mitunternehmeranteiles** sowie auf die Einbringung einer steuerneutralen **internationalen Schachtelbeteiligung nach § 10 Abs 2 KStG** (unabhängig davon, ob die Jahresfrist des § 10 Abs 2 KStG am Einbringungsstichtag bereits erfüllt ist oder nicht; sog werdende Schachtelbeteiligung) verwiesen (UmgrStR Rz 1165). Die fehlende Steuerhängigkeit einer bloß werdenden Schachtelbeteiligung wird damit begründet, dass die Jahresfrist „aufgrund der steuerlichen Gesamtrechtsnachfolgefiktion bei der übernehmenden Gesellschaft" weiterläuft (UmgrStR Rz 1165).

88

Zur Einbringung von **nicht steuerverstrickten Einbringungsvermögen in inländische übernehmende Körperschaften** s Rz 98.

89

2. Behaltefrist für entstehende oder veränderte Schachtelbeteiligungen

Losgelöst von der Ausnahme der von § 20 Abs 7 Z 1 erfassten Beträge von der Steuerneutralität des § 10 Abs 3 KStG stellt sich die Frage, ab wann für die Gegenleistungsanteile grundsätzlich das Schachtelprivileg nach § 10 Abs 3 KStG zum Tragen kommt und damit insbesondere nach dem Einbringungsstichtag angewachsene stille Reserven unter die Steuerbefreiung nach § 10 Abs 3 KStG fallen.

91

Bei Entstehen einer **Schachtelbeteiligung** (erstmaliger Anstieg der Beteiligungsquote auf 10 %) beginnt die Jahresfrist mit dem **dem Einbringungsstichtag folgenden Tag** zu laufen. **Erhöht** sich einbringungsveranlasst die Beteiligungsquote einer bestehenden Schachtelbeteiligung durch **einbringungsgeborene oder -bezogene Anteile** (neue, eigene oder bestehende Anteile) so beginnt hinsichtlich dieser einbringungsgeborenen oder -bezogenen Anteile ein neuer und **gesonderter Fristenlauf** mit Beginn des dem Einbringungsstichtag folgenden Tages. Bleibt die

92

Beteiligungsquote des Einbringenden an der übernehmenden Körperschaft **unverändert** (quotengleiche Aufstockung bei Gewährung weiterer Anteile oder Unterbleiben einer Anteilsgewährung nach § 19 Abs 5 Z 5), wird keine neuerliche Besitzfrist in Gang gesetzt; bloße Zuschreibungsanteile teilen hinsichtlich der Behaltefrist des § 10 Abs 2 KStG das Schicksal der Altanteile (UmgrStR Rz 1163).

3. Einlagenrückzahlung

93 Einlagenrückzahlungen der ausländischen übernehmenden Körperschaft an den Einbringenden führen nach allgemeinen Grundsätzen zu einer Abstockung des Beteiligungsbuchwertes um den Betrag der Einlagenrückzahlung. Ist die Einlagenrückzahlung niedriger als der steuerliche Buchwert der internationalen Schachtelbeteiligung, kommt es zu keiner Nachbesteuerung der von der Steuerneutralität des § 10 Abs 3 KStG ausgenommenen Beträge. Übersteigt die Einlagenrückzahlung den steuerlichen Buchwert, liegt insoweit ein steuerpflichtiger Buchgewinn bis zum Ausmaß der von der Steuerneutralität des § 10 Abs 3 KStG nach § 20 Abs 7 Z 1 ausgenommenen stillen Reserven vor (UmgrStR Rz 1162).

4. Exporteinbringung von Kapitalanteilen nach § 16 Abs 1a

94 Erfasst sind hiervon die entstrickende Einbringung von bisher steuerhängigen Kapitalanteilen durch unbeschränkt steuerpflichtige Kapitalgesellschaften in eine ausländische EU-/EWR-Körperschaft, wodurch eine internationale Schachtelbeteiligung des Einbringenden an der übernehmenden Körperschaft entsteht oder verändert wird. Lt FV ist auch auf diesen Fall die Ausnahme der exportierten stillen Reserven von der Steuerneutralität des § 10 Abs 3 KStG in § 20 Abs 7 Z 1 anwendbar. Bei einer nachträglichen Besteuerung des Einbringenden aufgrund der Realisierung der exportierten stillen Reserven bei der übernehmenden Körperschaft wird die Ausnahme von der Schachtelwirkung zwecks Vermeidung einer Doppelbesteuerung durch § 20 Abs 7 Z 1 S 2 wiederum aufgehoben. Gleiches gilt für die Exporteinbringung eines in einer inländischen Betriebsstätte gehaltenen Kapitalanteiles durch eine der EU angehörige Körperschaft gem § 16 Abs 2 Z 1 (UmgrStR Rz 1163a mit Beispielen).

94a Wird eine internationale Schachtelbeteiligung eingebracht, ist § 20 Abs 7 Z 1 lt neuer Auffassung der FV generell nicht anwendbar, unabhängig davon, ob es sich um eine steuerneutrale oder um eine steuerwirksame Schachtelbeteiligung handelt. Dies, da (i) im Fall einer steuerneutralen Schachtelbeteiligung keine „bisher nicht steuerbegünstigten Beteiligungsquoten" vorliegen und (ii) im Fall einer optierten Schachtelbeteiligung auf Gegenleistungsebene die Option fortzuführen ist (s Rz 85) und diesfalls keine steuerneutrale Schachtelbeteiligung entsteht (UmgrStR Rz 1163b). Zur Veräußerung einer eingebrachten internationalen Schachtelbeteiligung durch eine ausländische übernehmende Körperschaft s § 16 Rz 61.

C. Untergang einer internationalen Schachtelbeteiligung

96 Die Regelung des § 20 Abs 7 Z 2 zu den Folgen des einbringungsbedingten Untergehens einer internationalen Schachtelbeteiligung an der übernehmenden Körperschaft bezieht sich ausschließlich auf die Anteile der **Altgesellschafter** an der übernehmenden Körperschaft; beim Einbringenden kann sich durch eine Einbringung die Beteiligungsquote nur erhöhen und nicht vermindern (UmgrStR Rz 1166). Eine Verminderung der Beteiligungsquote der Altgesellschafter kommt lt Verwaltungspraxis in Betracht, wenn dem Einbringenden im Zuge einer **Kapitalerhöhung** neue Anteile gewährt werden (UmgrStR Rz 1166). Zusätzlich wird auch die **Gewährung bestehender Anteile nach § 19 Abs 2 Z 2** einen Anwendungsfall des § 20 Abs 7 Z 2 darstellen können. Voraussetzung ist somit, dass der Altgesellschafter vor der Einbringung mindestens mit 10 % an der übernehmenden Körperschaft beteiligt ist und die Beteiligungsquote durch die Einbringung auf unter 10 % absinkt; weiters darf für die Schachtelbeteiligungen **keine Option zugunsten der Steuerwirksamkeit nach § 10 Abs 3 Z 1 KStG** erklärt worden sein (§ 20 Abs 7 Z 2 S 1). Zusätzlich muss lt FV für die betreffenden Anteile die **Jahresfrist** des § 10 Abs 2 KStG zum Einbringungsstichtag bereits **abgelaufen** sein (UmgrStR Rz 1166).

Stellungnahme. Das Erfordernis der bereits abgelaufenen Jahresfrist zum Einbringungsstichtag erscheint gerechtfertigt. Nach allgemeinem Steuerrecht führt das Absinken der Beteiligungsquote unter 10 % infolge einer Verwässerung durch Kapitalerhöhung zum Verlust des Schachtelprivilegs nach § 10 Abs 3 KStG (*Kofler* in *Achatz/Kirchmayr* § 10 Tz 222). Die umgründungssteuerlichen Begünstigungen, die im Kern von einer Gleichstellung einer werdenden mit einer bereits steuerneutralen Schachtelbeteiligung ausgehen, sind für iRd Einbringungsvermögens übertragene werdende Schachtelbeteiligungen vorgesehen (kein steuerschädliches „Entstehen" einer Schachtelbeteiligung bei der übernehmenden Körperschaft nach § 18 Abs 4 Z 1; keine „bisher nicht steuerbegünstigen Beteiligungsquoten" und damit keine Ausnahme von der Steuerneutralität im Bereich der Gegenleistung nach § 20 Abs 7 Z 1). Sie lassen sich mit dem Fortlaufen der Behaltefrist bei der übernehmenden Körperschaft iRd steuerlichen Gesamtrechtsnachfolgefiktion begründen, folglich kann keine schädliche Beendigung der Behaltefrist beim übertragenden Rechtsträger vorliegen (UmgrStR Rz 1165). Im Falle der Altgesellschafter tritt ein vergleichbarer Fortlauf des Beteiligungsengagements bei einem anderen Rechtsträger nicht ein.

§ 20 Abs 7 Z 2 sieht vor, dass bei einem einbringungsbedingten Untergang einer internationalen Schachtelbeteiligung der „höhere Teilwert zum Einbringungsstichtag als Buchwert gilt" (**steuerneutrale Aufwertung**). Die Regelung kommt somit nur zur Anwendung, wenn der Teilwert der Anteile der Altgesellschafter zum Einbringungsstichtag höher als der Buchwert ist. Von der Entsteuerung stiller Reserven durch die steuerneutrale Aufwertung **ausgenommen** sind nach § 20 Abs 7 Z 2 iRe **Vor-Einbringung** entstandene, von der Steuerneutralität nach § 20 Abs 7 Z 1 ausgenommene Unterschiedsbeträge (stille Reserven in „bisher nicht steuerbegünstigte Beteiligungsquoten" des Einbringenden); darüber hinaus lt Verwaltungspraxis allfällige nach § 26a Abs 16 KStG nicht nachversteuerte **Teilwertabschreibungen** iSd § 6 Z 2 lit a EStG. Der um diese ausgenommenen Beträge gekürzte höhere Teilwert gilt sodann als steuerlich maßgebender Buchwert nach § 20 Abs 7 Z 2 und ist in Evidenz zu halten (UmgrStR Rz 1168); stille Reserven der Beteiligung, die ab dem Einbringungsstichtag entstehen, sind steuerverstrickt (*Huber* in *W/Z/H/K*[5] § 20 Rz 64). 97

Abseits des gesetzlich auf die Altgesellschafter der übernehmenden Körperschaft zugeschnittenen Anwendungsbereiches des § 20 Abs 7 Z 2 ist die begünstigende Wirkung des § 20 Abs 7 Z 2 (steuerneutrale Aufwertung der Gegenleistungsanteile) lt FV auch auf den Einbringenden anwendbar in Fällen, in denen steuerneutrale in- 98 ternationale Schachtelbeteiligungen in eine **inländische übernehmende Körperschaft** (unabhängig von der Art der Gegenleistung) oder in eine **ausländische übernehmende Körperschaft, wobei die Gegenleistung nicht die Voraussetzungen des § 10 Abs 2 KStG erfüllt,** eingebracht werden (UmgrStR Rz 1166, 860 f 1. Gliederungspunkt; aA zur Inlandseinbringung *Wiesner/Schwarzinger*, UmS 180/32/11, SWK 2011, S 1023, wonach die Gegenleistung mit dem Buchwert nach § 20 Abs 2 Z 1 anzusetzen ist und eine Aufwertung nach § 20 Abs 7 Z 2 nicht in Betracht kommt).

99 **Stellungnahme.** UmgrStR Rz 1166 stützen sich offenkundig auf den in UmgrStR Rz 1165 festgehaltenen Grundsatz, wonach „nicht steuerlich verstrickte Reserven unabhängig davon, worauf das Fehlen der Steuerhängigkeit beruht, durch Einbringungen nicht zu steuerverstrickten stillen Reserven werden [sollen]". Konsequenterweise müsste § 20 Abs 7 Z 2 analoge Anwendung auf die Einbringung sämtlichen bisher nicht steuerhängigen Vermögens finden, insb auch auf die Einbringung von steuerbefreiten Auslandsvermögen durch Inländer wie zB die Einbringung ausländischer Mitunternehmeranteile durch Inländer in eine inländische oder ausländische GmbH. Vertreter der FV gehen in diesen Fällen von Import bisher nicht steuerhängiger stillen Reserven in die österreichische Steuerhängigkeit aus (durch Bewertung der Gegenleistungsanteile mit den Buchwerten des eingebrachten Vermögens; vgl *Mayr*, RdW 2008, 618 [619]), nach den UmgrStR Rz 1165, 1166 müsste dagegen eine steuerneutrale Aufwertung der Gegenleistungsanteile durch analoge Anwendung des § 20 Abs 7 Z 2 zustehen.

VII. Bewertung der Gegenleistung bei Wechsel der Gewinnermittlungsart

101 Nach § 20 Abs 8 sind die Anschaffungskosten bzw Buchwerte der Gegenleistungsanteile nach § 20 Abs 2 sowie die Zuschreibungs- oder Abschreibungsbeträge nach § 20 Abs 4 „um jene Beträge zu erhöhen oder zu vermindern, die sich auf Grund von Änderungen des Betriebsvermögens nach § 4 Abs 10 EStG ergeben".

102 § 20 Abs 8 bezieht sich auf den bei der **übernehmenden Körperschaft** allenfalls stattfindenden **Wechsel der Gewinnermittlungsart von § 4 Abs 1 EStG auf § 5 Abs 1 EStG**. Die Korrektur der Gegenleistung ist deshalb geboten, weil der Übergangsgewinn bzw Übergangsverlust der übernehmenden Körperschaft zuzurechnen ist und daher im Einbringungskapital laut Einbringungsbilanz (§§ 15 iVm 16) keinen Niederschlag findet (UmgrStR Rz 1266). Zu möglichen Ergebnisauswirkungen infolge eines Wechsels der Gewinnermittlungsart bei der übernehmenden Körperschaft s § 18 Rz 56; hervorzuheben ist, dass im Falle der Anwendbarkeit des § 18 Abs 5 Z 1 UmgrStG (Sonderregelung für Grund und Boden des sog Altvermögens, s § 18 Rz 140 ff) der (höhere) Teilwert des Grund und Bodens lediglich außerbücherlich bei der übernehmenden Körperschaft in Evidenz zu nehmen ist und daher zu keinem Übergangsergebnis iSd § 20 Abs 8 führt (UmgrStR Rz 1169).

103 Die Anschaffungskosten oder Buchwerte der einbringungsgeborenen oder -bezogenen Anteile des Einbringenden nach § 20 Abs 2 (neue, eigene oder bestehende Anteile) sowie die Zu- oder Abschreibungsbeträge bei Einbringungen ohne Anteilsgewährung nach § 20 Abs 4 sind um den aus dem Wechsel der Gewinnermittlungsart resultierenden **Übergangsgewinn** zu **erhöhen** bzw **Übergangsverlust** zu **vermindern** (UmgrStR Rz 1170; *Huber* in $W/Z/H/K^5$ § 20 Rz 69).

Verlustabzug

§ 21. [1]§ 18 Abs. 6 und 7 des Einkommensteuergesetzes 1988 und § 8 Abs. 4 Z 2 des Körperschaftsteuergesetzes 1988 sind nach Maßgabe der folgenden Bestimmungen anzuwenden:

1. [1]Verluste des Einbringenden, die bis zum Einbringungsstichtag entstanden und bis zum Veranlagungszeitraum, in den der Einbringungsstichtag fällt, nicht verrechnet sind, gelten im Rahmen einer Buchwerteinbringung (§ 16 Abs. 1) ab dem dem Einbringungsstichtag folgenden Veranlagungszeitraum der übernehmenden Körperschaft insoweit als abzugsfähige Verluste dieser Körperschaft, als sie dem übertragenen Vermögen im Sinne des § 12 Abs. 2 zugerechnet werden können. [2]Voraussetzung ist weiters, daß das übertragene Vermögen am Einbringungsstichtag tatsächlich vorhanden ist. [3]§ 4 Z 1 lit. c und d ist anzuwenden. [4]Im Falle der Einbringung durch eine Gesellschaft, bei der die Gesellschafter als Mitunternehmer anzusehen sind, gelten auch die Mitunternehmer als Einbringende.
2. Für eigene Verluste der übernehmenden Körperschaft ist § 4 Z 1 lit. b, c und d anzuwenden.
3. Die Bestimmung des § 4 Z 2 über den Mantelkauf ist zu beachten.

[2]Dies gilt auch für Verluste gemäß § 23a des Einkommensteuergesetzes 1988, wobei die übernehmende Körperschaft für diese § 23a des Einkommensteuergesetzes 1988 sinngemäß weiter anzuwenden hat.

[idF BGBl I 2015/163]

Rechtsentwicklung

BGBl 1991/699 (UmgrStG; RV 266 AB 354 BlgNR 18. GP) (Stammfassung); BGBl 1993/818 (StRefG 1993; RV 1237 AB 1301 BlgNR 18. GP) (Neufassung des § 21 einschließlich Überschrift, für Stichtage nach dem 30.12.1993); BGBl 1996/797 (AbgÄG 1996; RV 497 AB 552 BlgNR 20. GP) (Neufassung des § 21 Z 1 S 3, für Stichtage nach dem 31.12.1996); BGBl I 1999/28 (AbgÄG 1998; RV 1471 AB 1505 BlgNR 20. GP) (Neufassung des § 21 Z 1 S 1); BGBl I 2007/24 (BudBG 2007; RV 43 AB 67 BlgNR 23. GP) (Neufassung des § 21 Z 2); BGBl I 163/2015 (AbgÄG 2015; RV 896 AB 907 BlgNR 25. GP) (Anfügung des Schlussteils des § 21, erstmals auf Umgründungen anzuwenden, die nach dem 31.12.2015 beschlossen oder vertraglich unterfertigt werden).

Literatur 2017

Knesl/Knesl/Zwick, Kein Abstellen auf mittelbare Eigentümerverhältnisse beim Tatbestand des Mantelkaufs, BFGjournal 2018, 24; *Marschner,* Vorgruppen-Siebentel-Abschreibung beim Gruppenträger abzugsfähig, GES 2017, 273; *Marschner/Renner,* Körperschaft-/Umgründungssteuer-Update Dezember 2017: Aktuelles auf einen Blick, SWK 2017, 1444; *Pinetz/Schaffer,* Ausstehende Siebentelbeträge aus Teilwertabschreibungen vor Gruppeneintritt sind keine Vorgruppenverluste iSd § 9 Abs 6 Z 4 KStG, ecolex 2017/417, 1017; *Plott/Vaishor,* Nicht abgereifte Siebentelabschreibungen sind nicht auf Gruppenmitgliedsebene „eingesperrt", taxlex 2017, 234; *Wiesner,* Fortgesetzte Siebentel-Abschreibung in der Unternehmensgruppe, RWZ 2017/45, 211; *Zorn,* VwGH zu vor der Gruppenbildung vorgenommenen Teilwertabschreibungen auf Beteiligungen, RdW 2017/382, 523.

Übersicht

I. Verluste des Einbringenden
  A. Überblick 1–5
  B. Verluste iSd § 21 9–19
  C. Objektbezogener Verlustübergang 21–25
  D. Buchwertfortführung 31–34
  E. Vorhandensein des Vermögens 36, 37
  F. Vergleichbarkeit des Umfangs des vorhandenen Vermögens 41–45
II. Verluste der übernehmenden Körperschaft 51, 52
III. Vermeidung einer Doppelverlustverwertung (Verweis auf § 4 Z 1 lit d)
  A. Grundsatz 56, 57
  B. Anwendungsbereich 59, 60
  C. Rechtsfolge 62, 63
IV. Mantelkauftatbestand
  A. Anwendungsbereich 66–68
  B. Einheitsbetrachtung und Betriebs- oder Quellenbezug 71, 72
  C. Strukturänderungen 76–79
  D. Fallkonstellationen
    1. Übergehende Verluste einbringender natürlicher Personen oder Mitunternehmerschaften 81, 82
    2. Übergehende Verluste einbringender Körperschaften 83, 84
    3. Eigene Verluste der übernehmenden Körperschaft 86, 87
  E. Ausnahmetatbestände 91

I. Verluste des Einbringenden

A. Überblick

1 § 21 Z 1 bestimmt, dass „Verluste des Einbringenden" unter Vorliegen der übrigen Voraussetzungen (dazu im Folgenden) nach Einbringung als „abzugsfähige Verluste der übernehmenden Körperschaft" gelten. In Zusammenschau mit dem Einleitungssatz zu § 21 ist zu schließen, dass die Rechtsfolge („gelten als abzugsfähige Verluste der übernehmenden Körperschaft") die Eigenschaft der bezughabenden Verluste des Einbringenden als Verlustabzug (Sonderausgaben) der übernehmenden Körperschaft nach § 8 Abs 4 Z 2 KStG anordnet.

2 Wenngleich es sich beim Verlustabzug um ein **höchstpersönliches Recht** handelt, geht dieses anlässlich einer Einbringung nach Maßgabe des § 21 vom Einbringenden ganz oder teilweise auf die übernehmende Körperschaft über (vgl UmgrStR Rz 1171). Der Übergang der Verluste erfolgt **unabhängig von** der **Rechtsform des Einbringenden** (Einzelunternehmer, einzelner Mitunternehmer, Mitunternehmerschaft oder Körperschaft) und der sich aus der Rechtsform ergebenden Steuerart (Einkommen- oder Körperschaftsteuer; UmgrStR Rz 1174; *Huber* in *W/Z/H/K*[5] § 21 Rz 1). Zu beachten ist, dass der Übergang der Verluste im Einzelfall nachteilig sein kann, da der Abzug bei einer natürlichen Person zu einer bis zu 55%igen ESt-Ersparnis führen kann, während der Abzug bei der übernehmenden Körperschaft nur zu einer 25%igen KSt-Ersparnis führt (*Hügel* in *H/M/H* § 21 Rz 1).

Folgende **Voraussetzungen** müssen für den Übergang der Verluste erfüllt sein: 3
- Es müssen Verluste iSd § 21 vorliegen (vgl Rz 9 ff).
- Die Verluste müssen dem übertragenen Vermögen zuzurechnen sein (Objektbezug; vgl Rz 21 ff).
- Das einzubringende Vermögen muss zu Buchwerten angesetzt werden (vgl Rz 31 ff).
- Das übertragene Vermögen muss tatsächlich vorhanden sein (vgl Rz 36 f).
- Das verlusterzeugende Vermögen im Zeitpunkt der Einbringung muss mit jenem im Zeitpunkt der Verlustentstehung vergleichbar sein (vgl Rz 41 ff).

Bei **Erfüllung der Voraussetzungen** gehen die Verluste des Einbringenden auf die 4 übernehmende Körperschaft über. Der Einbringende hat kein Wahlrecht, die am Einbringungsstichtag bestehenden Verluste nicht auf die übernehmende Körperschaft zu übertragen (*Huber* in W/Z/H/K[5] § 21 Rz 2). Nach § 21 Z 1 S 1 kann die übernehmende Körperschaft die übergegangenen Verluste erstmals in dem Einbringungsstichtag folgenden Veranlagungszeitraum als Verlustvortrag (Sonderausgabe) abziehen. Die Eigenschaft übergehender Verluste als **Vorgruppenverluste** iSd § 9 Abs 6 Z 4 KStG ändert sich durch die Rechtsfolge des § 21 Abs 1 S 1 („gelten […] ab dem dem Einbringungsstichtag folgenden Veranlagungszeitraum als abzugsfähige Verluste der [übernehmenden] Körperschaft") allerdings nicht (VwGH 21.5.2014, 2010/13/0087; dazu *Wiesner*, RWZ 2014, 360; s a § 9 KStG Rz 531).

Werden die **Voraussetzungen** für den Übergang der Verluste **nicht erfüllt**, bleiben 5 die Verluste beim Einbringenden und können von diesem weiterhin nach allgemeinem Steuerrecht abgezogen werden (UmgrStR Rz 1178). In dieser Rechtsfolge liegt ein wesentlicher Unterschied zum Verlustübergangskonzept bei der Verschmelzung (§ 4), wonach nicht übergehende Verluste aufgrund des verschmelzungsbedingten Erlöschens der übertragenden Körperschaft zwangsläufig untergehen (*Hügel* in H/M/H § 21 Rz 20).

B. Verluste iSd § 21

§ 21 Z 1 S 1 erfasst „Verluste des Einbringenden", die bis zum Einbringungsstich- 9 tag „**entstanden**" und bis zum Veranlagungszeitraum, in den der Einbringungsstichtag fällt, „**nicht verrechnet sind**". Lt FV sind Verluste iSd § 21 Z 1 S 1 (i) Verlustabzüge iSd § 18 Abs 6 EStG und § 18 Abs 7 EStG idF StRefG 2015/2016 sowie bei einer einbringenden Körperschaft Verluste iSd § 8 Abs 4 Z 2 KStG (UmgrStR Rz 1177 erster Abs; zur Kritik am engen Begriffsverständnis s Rz 12) und (ii) offene Siebentelbeträge aus Teilwertabschreibungen und Veräußerungsverlusten von Kapitalanteilen nach § 12 Abs 3 Z 2 KStG (UmgrStR Rz 1177; s im Detail Rz 17). Laufende Verluste des mit dem Einbringungsstichtag endenden letzten (Rumpf)Wirtschaftsjahres sind iRd letzten Veranlagung des Einbringenden zu berücksichtigen; ein nach Veranlagung verbleibender Restverlust geht nach Maßgabe von § 21 auf die übernehmende Körperschaft über (UmgrStR Rz 1182; *Rabel* in W/H/M, HdU[1] § 21 Rz 12; *Schlager*, RWZ 2016/79, 347 [348]; s § 4 Rz 21); dies gilt auch für einen Übergangsverlust des Einbringenden infolge eines einbringungsbedingten Wechsels der Gewinnermittlungsart (VwGH 17.12.2014, 2012/13/0126; UFS 13.11.2012, RV/0147-W/08; *Hirschler/Sulz/Oberkleiner*, UFSjournal 2013, 71 [72]; *Hirschler/Sulz/Oberkleiner*, BFGjournal 2015, 144; *Marschner*, GES 2013, 104; *Simader*, ecolex 2013, 282). Im Fall des Übergangs zeitlich beschränkt vortragsfähiger Verluste

§ 21

iSd § 18 Abs 7 EStG idF vor StRefG 2015/2016 aus der Gewinnermittlung nach § 4 Abs 3 EStG bleibt die zeitliche Beschränkung auch auf Ebene der übernehmenden Körperschaft bestehen (UmgrStR Rz 1177).

10 Aus der Eingrenzung des Verlustbegriffes in § 21 Z 1 auf den Verlustabzug des Einbringenden nach §§ 18 Abs 6 und 7 EStG bzw 8 Abs 4 Z 2 KStG ergibt sich lt FV für grenzüberschreitende Einbringungen Folgendes:
- Bei inländischen Einbringenden sind sowohl inländische als auch ausländische Verluste vom Verlustübergang erfasst, unabhängig davon, ob in eine inländische oder ausländische Körperschaft, die die Verluste iRd beschränkten Steuerpflicht verwerten kann, eingebracht wird (UmgrStR Rz 193).

11 - Bei ausländischen Einbringenden sind nur inländische Verluste vom Verlustübergang erfasst (UmgrStR Rz 193). Dies gilt annahmegemäß sowohl für Einbringungen in inländische als auch in ausländische übernehmende Körperschaften und unabhängig davon, ob der Verlustabzug bereits nach nationalem Recht (§ 102 Abs 2 Z 2 EStG) oder auf Basis des Betriebsstättendiskriminierungsverbots nach dem Doppelbesteuerungsabkommen (Jakom[10]/*Marschner* § 102 Rz 15) zusteht. Hingegen sind lt FV ausländische Verluste ausländischer Einbringender nicht vom Verlustübergang erfasst, weil beim Einbringenden keine Verluste nach § 18 Abs 6 und 7 EStG oder § 8 Abs 4 Z 2 KStG vorliegen (UmgrStR Rz 1245i iVm Rz 194 und Rz 160a; kritisch *Waitz-Ramsauer* in HB KonzernStR 265 [580 f]). Unklar ist in diesem Zusammenhang die Aussage, dass nicht auf die inländische übernehmende Körperschaft übergehende Verluste „im Rahmen der ausländischen Betriebsstätte verwertet werden" können (UmgrStR Rz 160a).

12 **Stellungnahme.** Die Gleichsetzung von „Verlusten" in § 21 Z 1 S 1 mit inländischen Verlustvorträgen des Einbringenden ist unzutreffend. Die unterschiedliche Wortwahl im Tatbestand leg cit einerseits („Verluste des Einbringenden" ohne dem Erfordernis „abzugsfähig") und in der Rechtsfolge andererseits (gelten als „abzugsfähige Verluste") legt den Schluss nahe, dass es sich bei den Verlusten des Einbringenden nicht bereits um abzugsfähige Verlustvorträge handeln muss, zu welchen sie lt Rechtsfolge werden; idS ausdrücklich VwGH 14.10.2010, 2008/15/0212, wonach der Verlustbegriff des § 21 allgemein auf „steuerrechtlich entstandene" Verluste und „nicht nur auf Verluste, die bereits im Verlustvortrag der übertragenden Gesellschaft enthalten seien", abstellt und folglich auch offene Siebentelbeträge aus Teilwertabschreibungen und Veräußerungsverlusten von Kapitalanteilen nach § 12 Abs 3 Z 2 KStG unter § 21 zu subsumieren sind (idS a VwGH 31.5.2017, Ro 2015/13/0024, Tz 11; s a Rz 17). Bei offenen Siebentelbeträgen handelt es sich nach hM weder um Schwebeverluste (vgl KStR Rz 1179) noch um Verlustvorträge iSd § 18 Abs 6 EStG (s *Prodinger*, SWK 2013, 925 mwN).

13 Übertragbar sind nur Verluste, die vom Einbringenden bis zu dem Veranlagungszeitraum, in der den Einbringungsstichtag fällt, **noch nicht verrechnet** wurden (UmgrStR Rz 1182). Im Fall eines unterjährigen Einbringungsstichtags hat im Veranlagungszeitraum, in der den Einbringungsstichtag fällt, noch eine Verlustverrechnung mit positiven Einkünften des Einbringenden zu erfolgen (UmgrStR Rz 1182; *Hügel* in H/M/H § 21 Rz 2). Die Verrechnungspflicht bezieht sich daher auch auf nach dem Einbringungsstichtag bezogene Einkünfte (*Huber* in W/Z/H/K[5] § 21 Rz 3; *Rabel* in W/H/M, HdU[1] § 21 Rz 13). Ein danach verbleibender Verlust geht mit dem dem Einbringungsstichtag folgenden Veranlagungszeitraum auf die übernehmende Körperschaft über (UmgrStR Rz 1182 mit Bsp; zu noch nicht verrechneten Verlustbeständen vgl auch UmgrStR Rz 1180 und 1183, jeweils mit Bsp; BFG 18.10.2017, RV/6100893/2009, Rev eingebracht zu Ro 2017/15/0044, Anm *Marschner/Renner*, SWK 2017, 1444, wonach ein beim Einbringenden bis zum Einbringungsstichtag – zB 31.3.2008 – nicht verrechenbarer Verlust eines Rumpfgeschäftsjahres zB vom 1.1.2008 bis 31.3.2008 bei der übernehmenden Körperschaft mit Regelwirtschaftsjahr erst iRd Veranlagung 2009 berücksichtigt werden kann).

Laut FV können Verluste iZm außerbetrieblichem Vermögen „keine Rolle spielen", bei der Einbringung von Kapitalanteilen aus dem Privatvermögen kommt ein Verlustübergang nach § 21 daher nicht in Betracht (UmgrStR Rz 1173). Andererseits muss der Kapitalanteil bei Vorliegen betrieblicher Einkünfte nicht einem (Teil)Betrieb iSd § 12 Abs 2 Z 1 zuzuordnen sein, ein Verlustübergang nach § 21 kommt auch bei Kapitalanteilseinbringungen durch zB vermögensverwaltende §-7-Abs-3-KStG-Körperschaften in Betracht (UmgrStR Rz 1173). **14**

Bei Einbringung durch eine **Mitunternehmerschaft** gelten nach § 21 Z 1 S 4 für Zwecke des Verlustabzugs auch die Mitunternehmer als Einbringende. Folglich gehen die auf das eingebrachte Vermögen entfallenden Verluste der einzelnen Mitunternehmer auf die übernehmende Körperschaft über (*Huber* in *W/Z/H/K*[5] § 21 Rz 10; UmgrStR Rz 1175 mit folgendem Beispiel: Die AB-OG unterhält zwei Betriebe, in einem Betrieb wird im Jahr X1 ein steuerlicher Verlust iHv TEUR 1.000 erwirtschaftet, der den Gesellschaftern A und B je zur Hälfte zuzurechnen ist; A kann den gesamten Verlust im Jahr X1 im Rahmen seiner Einkommensermittlung verrechnen, bei B verbleibt nach Verrechnung ein Restbetrag von TEUR 100; mit 31.12.X2 bringt die AB-OG den verlustverursachenden Betrieb in eine Kapitalgesellschaft ein und behält den zweiten Betrieb; der vortragsfähige Verlustrestbetrag des B iHv TEUR 100 geht auf die übernehmende Kapitalgesellschaft über). **15**

Nicht von § 21 erfasst sind lt FV sog **Wartetasten- oder Schwebeverluste**, worunter die FV ua Verluste nach § 2 Abs 2a EStG und Übergangsverluste nach § 4 Abs 10 Z 1 EStG (UmgrStR Rz 1180) sowie – soweit noch vorhanden – IFB-Verluste (§ 10 Abs 8 EStG idF BGBl 1996/201) und Verluste iSd § 23a EStG 1972 (UmgrStR Rz 211) einordnet. Diese Verluste gehen im Wege der fiktiven Gesamtrechtsnachfolge des § 18 Abs 1 Z 4 bei Buchwerteinbringung objektbezogen auf die übernehmende Körperschaft über (UmgrStR Rz 1180). Die übrigen Voraussetzungen des § 21 Z 1 sind daher nicht zu beachten (*Huber* in *W/Z/H/K*[5] § 21 Rz 12 f). Erfolgt die Einbringung auf den Bilanzstichtag der übernehmenden Körperschaft, können diese Verluste bei der übernehmenden Körperschaft erstmals in dem auf den Einbringungsstichtag folgenden Wirtschaftsjahr berücksichtigt werden. Im Fall einer Einbringung auf einen vom Bilanzstichtag der übernehmenden Körperschaft abweichenden Stichtag können die Verluste – anders als beim Übergang des Verlustabzugs – bereits in jenem Wirtschaftsjahr berücksichtigt werden, in das der Einbringungsstichtag fällt (UmgrStR Rz 1180; *Schlager*, RWZ 2016/79, 347 [347 f]). **16**

Nach im älteren Schrifttum vertretener herrschender Auffassung (*Huber* in *W/Z/H/K*[5] § 21 Rz 8; *Rabel* in *W/H/M*, HdU[1] § 21 Rz 5 und 39; *Hügel* in *H/M/H* § 21 Rz 23) fallen zum Einbringungsstichtag noch nicht abgesetzte **Siebentelbeträge aus Teilwertabschreibungen und Veräußerungsverlusten** einer Beteiligung gemäß § 12 Abs 3 Z 2 KStG nicht unter § 21 (idS auch implizit UmgrStR Rz 1180 idF **17** vor WE 2013). Demnach gehen im Falle der Einbringung teilwertberichtigter Beteiligungen in ein inländisches Betriebsvermögen noch nicht abgesetzte Siebentelbeträge iRd Gesamtrechtsnachfolgefiktion nach § 18 Abs 1 Z 4 ab dem Einbringungsstichtag folgenden Wirtschaftsjahr auf die übernehmende Körperschaft über, im Falle einer Export-Einbringung ist die Siebentelabsetzung beim Einbringenden fortzuführen (UmgrStR Rz 1180, KStR Rz 1306). Dagegen gehen laut VwGH-Rsp offene Verlustsiebentel nur **nach Maßgabe des § 21** auf die übernehmende Gesellschaft über (VwGH 14.10.2010, 2008/15/0212, zu einer Spaltung; *Wiesner*, RWZ 2010, 361; *Walter*[11] Rz 523a; *Bergmann*, GES 2011, 88 ff; kritisch *Apfelthaler*, SWK 2011, S 518 ff; *Lang/Pinetz*, SWK 2015, 403). Dieser Auffassung hat sich die FV zunächst bei Verschmelzungen und Umwandlungen (UmgrStR Rz 211, 254 und 490; dazu § 4 Rz 10 f; § 10 Rz 2) und iRd WE 2013 auch bei Einbringungen angeschlossen (UmgrStR Rz 1177, 1180; *Mayr/Petrag/Titz*, RdW 2014, 103 [108]). Auch nach jüngster VwGH-Rsp sollten sich idZ keine Änderungen ergeben, da der VwGH zwar klarstellte, dass offene Verlustsiebentel keine Verluste iSd § 8 Abs 4 Z 2 KStG iVm § 18 Abs 6 EStG sind, das Erkenntnis aber nicht im Widerspruch zu VwGH 14.10.2010, 2008/15/0212, steht (VwGH 31.5.2017, Ro 2015/13/0024, Tz 11; Anm *Wiesner*, RWZ 2017/45, 211; Anm *Zorn*, RdW 2017/382, 523; Anm *Marschner/Renner*, SWK 2017, 1444; *Plott/Vaishor*, taxlex 2017, 234; *Pinetz/Schaffer*, ecolex 2017/417, 1017).

18 Mit **AbgÄG 2015** wurde in § 21 ein neuer, letzter Satz angefügt, wonach § 21 „auch für Verluste gemäß § 23a EStG 1988 [gilt], wobei die übernehmende Körperschaft für diese § 23a EStG 1988 sinngemäß weiter anzuwenden hat". Lt Gesetzesmaterialien soll dadurch „klargestellt" werden, dass „Verluste aus kapitalistischen Mitunternehmerschaftsbeteiligungen gem § 23a EStG nach Maßgabe des § 21 auf die übernehmende Körperschaft übertragen werden können" und die übernehmende Körperschaft „die Wartetastenregelung [gemäß] § 23a EStG beachten [muss], d.h. auch sie darf die übernommenen Verluste nur gegen Gewinne aus derselben Beteiligung ausgleichen" (ErlRV 896 BlgNR 25. GP, 23). Hintergrund der Regelung ist die mit StRefG 2015/2016 eingeführte Wartetastenregelung für Verluste kapitalistischer Mitunternehmer mit beschränkter Haftung (§ 23a EStG idF StRefG 2015/2016; anwendbar auf Verluste aus WJ, die nach dem 31.12.2015 beginnen, § 124b Z 290 EStG). Lt Gesetzesmaterialien ist die Regelung dem vormaligen § 23a EStG 1972 sowie § 15a dEStG nachgebildet und hat zur Zielsetzung, einen Verlustausgleich stärker an das Vorliegen einer echten unternehmerischen Betätigung oder an die Übernahme einer unbeschränkten Haftung zu knüpfen (ErlRV 684 BlgNR 25. GP, 2 und 16; *Bergmann*, GES 2015, 354). Als Rechtsfolge des § 23a EStG sind die Verluste iSd § 23a EStG weder ausgleichs- noch vortragsfähig (§ 23a Abs 1 EStG) und – explizit als „Wartetastenverluste" bezeichnet – insb mit künftigen Gewinnen aus derselben Beteiligung zu verrechnen (§ 23a Abs 4 EStG; *Bergmann*, GES 2015, 354; *Herzog/Lachmayer* in *Mayr/Lattner/Schlager*, StRef 2015/16, 63). § 21 letzter Satz idF AbgÄG 2015 normiert somit zweierlei: zum einen den Übergang der Wartetastenverluste iSd § 23a EStG nach Maßgabe von § 21 und zum anderen das Fortwirken der Ausgleichs- und Vortragsbeschränkung bei der übernehmenden Körperschaft (UmgrStR Rz 1177). Zu den Auswirkungen des § 23a EStG auf Umgründungen nach der Rechtslage vor § 21 letzter Satz idF AbgÄG 2015 s *Hübner-Schwarzinger/Schwarzinger/Wiesner*, SWK 2015, 1182; *Herzog/Lachmayer* in *Mayr/Lattner/Schlager*, StRef 2015/16, 63).

Stellungnahme. Die lt Gesetzesmaterialien lediglich „klarstellende" Wirkung des § 21 letzter Satz ist zu bezweifeln. Lt FV u Lit gehen allg **Wartetasten- oder Schwebeverluste** nicht nach Maßgabe des § 21, sondern allenfalls im Wege der fiktiven Gesamtrechtsnachfolge des § 18 Abs 1 Z 4 auf die übernehmende Körperschaft über (UmgrStR Rz 1180, Rz 211 zu Verlusten nach § 23a EStG 1972; s Rz 17). Die Sonderregelung des § 21 letzter Satz für (ausschließlich) Wartetastenverluste gem § 23a EStG dürfte diese Auffassung weiter stützen (*argumentum e contrario*). Ein Übergang der **Ausgleichs- und Vortragsbeschränkung** des § 23a EStG auf die übernehmende Körperschaft iRd fiktiven Gesamtrechtsnachfolge gem § 18 Abs 1 Z 4 wird in der zutreffenden Literatur aufgrund der Bezogenheit der Regelung auf natürliche Personen abgelehnt (*Hübner-Schwarzinger/Schwarzinger/Wiesner*, SWK 2015, 1184; ggf aA *Herzog/Lachmayer* in *Mayr/Lattner/Schlager*, StRef 2015/16, 63), § 21 letzter Satz kommt damit auch insoweit normative Bedeutung zu. 19

C. Objektbezogener Verlustübergang

Nur jene Verluste, die „dem übertragenen Vermögen iSd § 12 Abs 2 zugerechnet werden können", gehen anlässlich der Einbringung auf die übernehmende Körperschaft über (§ 21 Z 1 S 1). Die Verluste sind jenem Vermögen zuzurechnen, durch das sie **verursacht** wurden (UmgrStR Rz 1177). Sie sind daher auf ihren Verursachungszusammenhang zu den in § 12 genannten Vermögenstypen (**Betrieb, Teilbetrieb, Mitunternehmeranteil** oder **betriebsvermögenszugehöriger Kapitalanteil**) zu untersuchen (UmgrStR Rz 1173). Ihr Übergang ist an die Übertragung des entsprechenden Zuordnungsobjekts (Verlustentstehungsquelle) geknüpft (sog objektbezogener Verlustvortragsübergang; s § 4 Rz 47 ff). Die Typen des verlustverursachenden Vermögens (Verlustzuordnungsobjekte) sind auch für die Frage des **tatsächlichen Vorhandenseins** nach § 21 Z 1 S 2 (s Rz 36) und für die Frage der qualifizierten Umfangsminderung nach §§ 21 Z 1 S 3 iVm 4 Z 1 lit c (**Vergleichbarkeitsprüfung**, s Rz 41) maßgeblich (UmgrStR Rz 199; s § 4 Rz 50, 101). 21

Wird ein **(Teil)Betrieb** eingebracht, gehen grundsätzlich die gesamten (teil)betriebsbezogenen Verluste auf die übernehmende Körperschaft über. Der **Wegfall oder das Zurückbehalten einzelner Wirtschaftsgüter** vor der Einbringung ändert nichts am Übergang des gesamten (teil)betriebsbezogenen Verlusts, solange ein (Teil)Betrieb vorhanden ist und keine qualifizierte Umfangsverminderung (vgl Rz 41 ff) vorliegt (UmgrStR Rz 1191). Besteht ein übertragener Betrieb aus mehreren Teilbetrieben, ist lt FV allerdings auf (wegfallende) **Teilbetriebe als kleinste Einheit der Verlustzuordnung** abzustellen (UmgrStR Rz 1191); dies lässt sich nicht unmittelbar aus dem Wortlaut des § 21 Z 1 S 1 ableiten (arg „Vermögen iSd § 12 Abs 2"), dafür sprechen jedoch systematische und historische Argumente (vgl ErlRV 1471 BlgNR 20. GP, 21 f; *Peklar*, Verluste 71 ff, 83 FN 139 mwN; *Wiesner*, RWZ 1999, 2). Eine qualifizierte Umfangsverminderung, der Verkauf oder die Stilllegung einer (verlustverursachenden) Produktionseinheit oder Filiale ist demnach unschädlich, solange die Produktionseinheit bzw Filiale für sich nicht die Eigenschaft eines Teilbetriebs erfüllt (UmgrStR Rz 200 und 202). Lt älterer Auffassung der FV und Literatur war darüber hinaus **jedes Vermögen iSd § 12 Abs 2** (auch ein betriebszugehöriger Mitunternehmeranteil oder Kapitalanteil) als **Ver-** 22

lustzuordnungseinheit zu betrachten, bei Wegfall oder Zurückbehalten dieser Vermögensteile (zB nach § 16 Abs 5 Z 4) verbleiben die diesem Vermögen zuordenbaren Verluste beim Einbringenden (UmgrStR Rz 1191 idF vor WE 2013; *Wiesner/Mayr*, RdW 2007, 702). Die FV hat diese Auffassung iRd WE 2013 infolge abweichender VwGH-Rsp (VwGH 14.10.2010, 2008/15/0212) aufgegeben. Für den Übergang von Verlusten aus einem Mitunternehmeranteil iSd § 12 Abs 2 Z 2 oder Kapitalanteil iSd § 12 Abs 2 Z 3 iRe (Teil)Betriebseinbringung ist allein maßgeblich, ob die Beteiligung im Zeitpunkt der Verlustentstehung dem eingebrachten (Teil)Betrieb zugehörig war, die Beteiligung selbst muss nicht mehr vorhanden oder gemeinsam mit dem (Teil)Betrieb übertragen werden (UmgrStR Rz 1191 idF WE 2013). Umgekehrt gehen Verluste aus betriebszugehörigen Beteiligungen ohne Übertragung des entsprechenden (Teil)Betriebes nicht über, zB im Falle einer nachfolgenden Stilllegung des (Teil)Betriebes oder einer isolierten Einbringung des Kapitalanteiles oder Mitunternehmeranteiles (UmgrStR Rz 1191 idF WE 2013 mit Bsp). Maßgebendes Kriterium für die Beurteilung eines Mitunternehmeranteiles als „betriebszugehörig" oder alternativ „eigenständiger (Bilanzbündel)Betrieb" ist lt FV, ob dieser im Zeitpunkt der Verlustentstehung „aufgrund des wirtschaftlichen Zusammenhanges [...] als unselbständiger Vermögensteiles des Betriebes" zu qualifizieren ist (UmgrStR Rz 1191 idF WE 2013; weiters UmgrStR Rz 202, 205 idF WE 2013). IRd WE 2015 hat die FV die Unterscheidung zwischen betriebszugehörigen und nicht-betriebszugehörigen Mitunternehmeranteilen wieder aufgehoben. Lt UmgrStR Rz 1191 sind „Mitunternehmeranteile für die Frage der Verlustzurechnung für sich genommen stets als eigener Betrieb und damit als Bezugsobjekt für den Verlustübergang anzusehen", für den Verlustübergang sei es daher „unerheblich, ob der Mitunternehmeranteil zum Betriebsvermögen eines mitübertragenen Betriebs gehört". Seit WE 2015 wendet die FV damit auf betriebszugehörige Mitunternehmeranteile im Ergebnis dieselben Kriterien wie zuvor (WE 2013) auf nicht-betriebszugehörige Mitunternehmeranteile an (s Rz 23).

23 Bei der Einbringung eines nicht-/betriebszugehörigen **Mitunternehmeranteils** können grundsätzlich die bis zum Einbringungsstichtag auf den Mitunternehmeranteil entfallenden Verluste auf die übernehmende Körperschaft übergehen (UmgrStR Rz 1177, 3. Gliederungspunkt). **Verlustzurechnungsobjekt** ist nach VwGH-Rsp und FV der **Betrieb der Personengesellschaft** (UmgrStR 1177, 3. Gliederungspunkt; UmgrStR Rz 1190; s auch Rz 43 und § 4 Rz 56 f). Lt FV ist darüber hinaus auch die **Beteiligungsquote** in die Objektbezogenheit einzubeziehen, eine Quotenabstockung im Zeitraum zwischen Verlustentstehung und Einbringungsstichtag führt daher „im Sinne der Objektbezogenheit" jedenfalls zu einem aliquoten Ausschluss des Verlustüberganges (UmgrStR Rz 1190, Bsp; UmgrStR Rz 1177, 3. Gliederungspunkt; *Mayr/Petrag/Titz*, RdW 2014, 103 [109]). Erfolgt die Quotenabstockung aufgrund eines vor der Einbringung liegenden Zusammenschlusses gem Art IV UmgrStG, führt diese „Verwässerung" zu keinem aliquoten Ausschluss des Verlustüberganges (UmgrStR Rz 1177). Das Zurückbehalten von Sonderbetriebsvermögen beeinflusst den Verlustübergang nicht, sofern dem Sonderbetriebsvermögen nicht selbst Teilbetriebseigenschaft zukommt (idS UmgrStR Rz 1191; abweichend noch UmgrStR Rz 1717 zur Spaltung; s § 35 Rz 20).

24 Bei der Einbringung von **Kapitalanteilen** können Verluste aus Teilwertabschreibungen und (Teil)Veräußerungen nach § 12 Abs 3 Z 2 KStG, die bis zum Einbringungsstichtag entweder bereits steuerwirksam geworden sind oder in Form von noch nicht abgesetzten Siebentelbeträgen bestehen, übergehen (UmgrStR Rz 1177). Bei im Zeitpunkt der Verlustentstehung betriebszugehörigen Kapitalanteilen teilen die Verluste allerdings das Schicksal des entsprechenden (Teil)Betriebes (s Rz 22). Ein Verlustübergang iRe isolierten Kapitalanteilseinbringung wird daher idR nur bei Einbringung durch vermögensverwaltende §-7-Abs-3-KStG-Körperschaften in Betracht kommen (UmgrStR Rz 1173; s Rz 14).

Die Verluste sind den einzelnen Verlustquellen (§ 12 Abs 2-Vermögen) primär direkt zuzuordnen, eine Aliquotierung ist grundsätzlich nicht vorgesehen (UmgrStR Rz 197). Lediglich wenn eine eindeutige Zurechnung zu (vorhandenen und nicht mehr vorhandenen) Verlustquellen nicht möglich ist, ist eine sachgerechte Aliquotierung (im Regelfall durch Schätzung) vorzunehmen (UmgrStR Rz 1185; *Peklar*, Verluste 74, 201 ff; s § 4 Rz 84). Dies wird insb bei Vorliegen mehrerer Teilbetriebe (ohne separate Ergebnisermittlung) zutreffen (*Peklar*, Verluste 74). Als geeigneter Aufteilungsmaßstab wird in der Literatur überwiegend auf das Verhältnis der Teilwerte (s § 4 Rz 84 mwN), vereinzelt auf das Verhältnis der Buchwerte (kritisch *Bruckner* in *W/H/M*, HdU¹ § 40 Rz 40 FN 558) oder der Umsatzerlöse verwiesen (allg *Peklar*, Verluste 74, 202 mit weiteren Aufteilungsalternativen). Lt FV ist dabei auch von einer gleichmäßigen Verrechnung aller Teilverluste iRd Verlustausgleiches und -vortrages auszugehen (UmgrStR Rz 1184, wonach kein Wahlrecht des Einbringenden hinsichtlich einer früheren oder späteren Verrechnung von einzelnen Verlustkomponenten aus verschiedenen Einkunftsquellen besteht; aA *Hügel* in *H/M/H* § 21 Rz 10). Die Aufteilung des vortragsfähigen Verlusts ist lt FV in überprüfbarer Weise zu dokumentieren (UmgrStR Rz 1193). 25

D. Buchwertfortführung

Der Verlustübergang auf die übernehmende Körperschaft setzt zusätzlich voraus, dass das Vermögen „im Rahmen einer Buchwerteinbringung (§ 16 Abs 1)" übergeht (§ 21 Z 1 S 1). Lt FV ist daher im Falle einer Vollaufwertung ein Verlustübergang ausgeschlossen, im Falle einer Teilaufwertung bezieht sich der Verlustübergang „nur auf das zu Buchwerten eingebrachte Teilvermögen", wobei der Ausschluss des Verlustvortragsübergangs unabhängig davon gegeben ist, ob die Aufwertung zwingend nach § 16 Abs 2 Z 2, § 16 Abs 2 Z 1 iVm § 16 Abs 1 oder § 16 Abs 1 S 2 (Einschränkung des Besteuerungsrechtes der Republik Österreich) oder unter Inanspruchnahme der Option nach § 16 Abs 3 erfolgt (UmgrStR Rz 1176; zu den Aufwertungsfällen s § 16 Rz 6). Verluste, die sich auf das aufgewertete (nicht zu Buchwerten angesetzte) Vermögen beziehen, bleiben, soweit sie nicht mit dem Einbringungsgewinn zur Verrechnung gelangen, daher beim Einbringenden zurück (*Hügel* in *H/M/H* § 21 Rz 7). 31

Stellungnahme. Ein aufwertungsbedingter Ausschluss eines Verlustüberganges kann nur „insoweit" (im Sinne von „dann") in Betracht kommen, wenn das aufgewertete Vermögen für sich eine eigenständige Verlustzuordnungseinheit (insb Teilbetrieb) darstellt. Anderenfalls müsste die Aufwertung einzelner Vermögensteile insb in einem Größenschluss zur Unbeachtlichkeit des Wegfalls einzelner verlustverursachender Wirtschaftsgüter (s Rz 22) unbeachtlich bleiben und der Verlust gemeinsam mit der Verlustzuordnungseinheit, der das aufgewertete Vermögen angehört, übergehen. 32

33 IZm einer **teilweisen Einschränkung des Besteuerungsrechts gem § 16 Abs 1 S 4** (s § 16 Rz 45, 53) ist fraglich, ob die Verluste auf die übernehmende Körperschaft übergehen, da es beim Einbringenden grds nicht zur Buchwertfortführung nach § 16 Abs 1 kommt. Wenngleich der Gesetzeswortlaut des § 21 Z 1 auf die Buchwerteinbringung nach „§ 16 Abs 1" abstellt, sprechen systematische und teleologische Argumente für einen Verlustübergang auf die übernehmende Körperschaft. § 18 Abs 1 Z 1 S 2 normiert explizit den Ansatz der Buchwerte hins des eingebrachten Vermögens bei der übernehmenden Körperschaft. Diese Buchwerte sind wiederum nur jene nach § 16 Abs 1 S 1. § 18 Abs 1 Z 1 S 2 bewirkt damit sowohl die abgabenrechtliche Gesamtrechtsnachfolge als auch den Übergang sämtlicher stiller Reserven (s § 18 Rz 43a). Vor diesem Hintergrund erscheint es systematisch und teleologisch gerechtfertigt, den Verlustübergang nach § 21 zu gewähren (idS UmgrStR Rz 1136, mit expliziter Einschränkung der schädlichen Aufwertungsfälle idZ auf „§ 16 Abs 1 iVm § 16 Abs 1 Z 2" und nicht a S 4; bestätigt durch BMF-Einzelerledigung). Dies wird durch die VwGH-Rsp zum erbbedingten Übergang von Verlustvorträgen bestätigt (VwGH 25.4.2013, 2010/15/0131; VwGH 15.9.2016, Ra 2015/15/0003, Anm *Zorn*, RdW 11/2016, 770), wonach (i) alleinig die Übernahme des verlustverursachenden Vermögens zu Buchwerten entscheidend ist (s a BMF-Information v 19.12.2013, BMF-010203/0640-VI/6/2013, zum Übergang von Verlustvorträgen bei Tod des Steuerpflichtigen) und es (ii) keiner speziellen (konstitutiven) Anordnung (wie zB § 19 BAO) bedarf. Da die Übernahme der Buchwerte iRd teilweisen Einschränkung durch die übernehmende Körperschaft nach § 18 Abs 1 Z 1 S 2 explizit angeordnet wird, gehen somit auch die Verluste über.

34 Im generellen Ausschluss des Verlustübergangs auch bei **verpflichtender Aufwertung** nach § 16 Abs 2 Z 2 wird im Schrifttum eine **Diskriminierung von Einbringungen durch Nicht-EU-/EWR-Steuerausländer** gesehen, da in diesen Fällen Verlustabzüge, soweit diese nicht mit Aufwertungsgewinnen ausgeglichen werden können, von einer weiteren Verwertung ausgeschlossen sind, sofern der Einbringende nicht über weitere in Österreich steuerpflichtige Einkünfte verfügt (*Huber* in *W/Z/H/K*[5] § 21 Rz 22).

E. Vorhandensein des Vermögens

36 Nach § 21 Z 1 S 2 ist für den Übergang des Verlustabzugs weiter Voraussetzung, dass das verlusterzeugende Vermögen (Verlustzuordnungsobjekt) am Einbringungsstichtag **tatsächlich vorhanden** (real existent) ist (UmgrStR Rz 1186, 1190). Ein bloß buchmäßiges Vorhandensein des Vermögens ist nicht ausreichend und führt dazu, dass die vortragsfähigen Verluste beim Einbringenden verbleiben (UmgrStR Rz 1186). Für die Zurechnung des Vermögens bei unterjährigen Umgründungen mit Folgeumgründungen im Rückwirkungszeitraum s UmgStR Rz 215b mit Bsp.

37 Zusätzlich ist es bereits nach den **allgemeinen Anwendungsvoraussetzungen** des § 12 erforderlich, dass das eingebrachte Vermögen am Tag des Abschlusses des Einbringungsvertrages tatsächlich vorhanden ist und tatsächlich auf die übernehmende Körperschaft übertragen wird (UmgrStR Rz 1187 f).

F. Vergleichbarkeit des Umfangs des vorhandenen Vermögens

Schließlich ist es für den Übergang der Verlustvorträge Voraussetzung, dass eine **Vergleichbarkeit des Umfangs des verlusterzeugenden Vermögens** (Verlustzuordnungsobjekts) im Zeitpunkt des Einbringungsstichtages und im Zeitpunkt der Verlustentstehung besteht. Ist das verlusterzeugende Vermögen im Zeitpunkt des Einbringungsstichtags gegenüber dem Zeitpunkt der Verlustentstehung derart vermindert, dass nach dem Gesamtbild der wirtschaftlichen Verhältnisse eine Vergleichbarkeit nicht mehr gegeben ist (qualifizierte Umfangsverminderung), ist nach § 21 Z 1 S 3 iVm § 4 Z 1 lit c der von diesen Betrieben, Teilbetrieben oder Vermögensteilen verursachte Verlust von der Übertragung auf die übernehmende Körperschaft ausgeschlossen. **41**

Lt FV ist bei (Teil)Betriebseinbringungen eine **wirtschaftliche Vergleichbarkeit** dann nicht mehr gegeben, wenn die im Einzelfall maßgeblichen wirtschaftlichen Parameter (zB Umsatz, Beschäftigtenzahl, Anlagevermögen, Auftragsvolumen) des betroffenen Betriebs oder Teilbetriebs zum Zeitpunkt des Einbringungsstichtages im Vergleich zum Zeitpunkt der Verlustentstehung **auf 25 %** oder weniger abgesunken sind (UmgrStR Rz 1190; vgl dazu § 4 Rz 104 f). Die 75 %-Grenze wird in der Literatur zutr kritisiert (s § 4 Rz 105 mwN), die UFS-Rsp ist uneinheitlich. In der Entscheidung vom 18.12.2012 (RV/0188-G/11, Anm *Hirschler/Sulz/Oberkleiner*, UFSjournal 2013, 111) hat der UFS in einem obiter dictum das Vergleichbarkeitskriterium nach § 4 Z 1 lit c restriktiv iSd 75 %-Grenze ausgelegt (kritisch *Hirschler/Sulz/Oberkleiner*, UFSjournal 2013, 111 [114 f]). In der UFS-Entscheidung vom 24.6.2013 (RV/1067-L/06, Anm *Hirschler/Sulz/Oberkleiner*, UFSjournal 2013, 332) wurde die 75 %-Grenze der Kritik in der Literatur folgend verworfen; demnach geht die Vergleichbarkeit erst bei einer **Umfangsminderung von mehr als 90 %** verloren, weil die 75 %-Grenze zu Wertungswidersprüchen zu § 8 Abs 4 Z 2 KStG führe, der – denselben Zweck verfolgend – kumulativ zwei weitere Strukturänderungen verlange und folglich die Umfangsminderung nach § 4 Z 1 lit c wesentlich höher als 75 % sein müsse. **42**

Bei Einbringung eines **Mitunternehmeranteils** (s Rz 23) ist nach der Rsp des VwGH und FV für die Beurteilung der Vergleichbarkeit auf den Betrieb der Personengesellschaft abzustellen (UmgrStR Rz 1190 mit Bsp; VwGH 18.11.2009, 2006/13/0160; dazu *Wiesner*, RWZ 2010, 14 ff; *Lenneis*, UFSjournal 2010, 17 ff; weiters UmgrStR Rz 200; § 4 Rz 56 f). Allerdings ist lt FV iRd „Objektbezogenheit" auch auf das Beteiligungsausmaß an der Personengesellschaft abzustellen, wobei eine Beteiligungsaufstockung im Zeitraum zwischen Verlustentstehung und Einbringungsstichtag jedenfalls zu einem aliquoten Ausschluss des Verlustüberganges führt (UmgrStR Rz 1177, 3. Gliederungspunkt; UmgrStR Rz 1190; s Rz 23, weiters § 4 Rz 57; *Wiesner*, RWZ 2010, 16). Bei kapitalistischen Mitunternehmerschaftsbeteiligungen gem § 23a EStG idF StRefG 2015/2016 muss lt FV ebenfalls eine Vergleichbarkeit iSd § 21 iVm § 4 gegeben sein (UmgrStR Rz 1190; kritisch dazu Stellungnahme vom KWT 13.1.2017 zu UmgrStR). Liegen diese Voraussetzungen nicht vor, bleiben die Verluste beim Einbringenden zurück und können bei diesem lt FV mangels weiterer Einkünfte nicht ausgeglichen werden (UmgrStR Rz 1190). **43**

Bei der Einbringung eines **nicht-betriebszugehörigen Kapitalanteils** (s Rz 24) ist das Beteiligungsausmaß im Zeitpunkt der Verlustentstehung (insb Teilwertabschreibung) dem Beteiligungsausmaß zum Einbringungsstichtag gegenüberzustel- **44** len, wobei eine Beteiligungsabstockung auf Grund einer Kapitalerhöhung unter Ausschluss oder Verzicht auf das Bezugsrecht keine für die Vergleichbarkeitsprüfung maßgebliche Umfangsminderung darstellt; auch ein (erheblicher) Wertverlust ist kein Vergleichsfaktor (UmgrStR Rz 1190).

45 Ein **anteiliger Übergang des Verlustabzugs** im Verhältnis zum Anteil der Umfangverminderung des Vermögens ist nicht vorgesehen. Der Verlustabzug geht entweder zur Gänze auf die übernehmende Körperschaft über oder verbleibt zur Gänze beim Einbringenden (*Hügel* in *H/M/H* § 21 Rz 17; s § 4 Rz 110); zu Besonderheiten bei Einbringung eines nicht-betriebszugehörigen, abgestockten Mitunternehmeranteils s Rz 23, 43.

II. Verluste der übernehmenden Körperschaft

51 Eigene Verluste der übernehmenden Körperschaft bleiben nach der Einbringung gemäß § 21 Z 2 iVm § 4 Z 1 lit b und c nur dann abzugsfähig, wenn

- das verlusterzeugende Vermögen am Einbringungsstichtag tatsächlich vorhanden ist (vgl dazu ausführlich § 4 Rz 86 ff) und
- am Einbringungsstichtag noch umfänglich mit jenem im Zeitpunkt der Verlustentstehung vergleichbar ist (vgl dazu ausführlich § 4 Rz 101 ff).

52 Sind die beiden **Voraussetzungen** (vgl Rz 51) **nicht erfüllt**, sind die eigenen Verluste der übernehmenden Körperschaft letztmalig im Veranlagungszeitraum, in den der Einbringungsstichtag fällt, abzugsfähig (UmgrStR Rz 1195). Der verbleibende **Verlustvortrag** der übernehmenden Körperschaft **geht unter** (VwGH 26.6.2014, 2010/15/0140; dazu *Wiesner*, RWZ 2014, 360; BFG 12.1.2016, RV/5100963/2009, zu einer der Einbringung vorgelagerten Betriebseinstellung mit Aufbewahrung des Betriebsinventars; *Huber* in *W/Z/H/K*[5] § 21 Rz 35; kritisch *Rabel* in *W/H/M*, HdU[1] § 21 Rz 35).

III. Vermeidung einer Doppelverlustverwertung (Verweis auf § 4 Z 1 lit d)
A. Grundsatz

56 § 21 Z 1 S 3 und Z 2 verweisen auf die Anwendung des § 4 Z 1 lit d (vgl § 4 Rz 116 ff) auch in den Fällen der Einbringung. Damit soll eine doppelte Verwertung von Verlusten bei einem Steuerpflichtigen verhindert werden (UmgrStR Rz 1205). Der Verweis auch in § 21 Z 2 (vorher nur in § 21 Z 1) wurde mit dem BudBG 2007 (BGBl I 2007/24) aufgenommen und soll nur klarstellende Bedeutung haben (vgl ErlRV 43 BlgNR 23. GP, zu § 21 UmgrStG).

57 Hintergrund der Regelung ist, dass im Falle einer verlusterwirtschaftenden Kapitalgesellschaft Verluste infolge des Trennungsprinzips auf zwei Ebenen verwertet werden können: Einerseits auf Ebene der verlusterwirtschaftenden Gesellschaft durch einen Verlustabzug in den auf die Verlustentstehung folgenden Jahren und andererseits auf Ebene des Gesellschafters durch eine Teilwertabschreibung der Beteiligung. Werden iRe Einbringung die Ergebnisse der Unternehmen der Gesellschaft und des Gesellschafters zusammengeführt, fallen auch die beiden Verlustverwertungsebenen zusammen (idS UmgrStR Rz 1206). Die sich daraus ergebende „doppelte" Verlustverwertung desselben Verlusts beim selben Steuerpflichtigen soll durch § 21 Z 1 und Z 2 iVm § 4 Z 1 lit d vermieden werden.

B. Anwendungsbereich

§ 4 Z 1 lit d bezieht sich explizit nur auf verbundene Körperschaften. Die Bestimmung ist daher lt Literatur auch iRd Art III nur auf Einbringungen zwischen verbundenen Körperschaften anwendbar (*Rabel* in *W/H/M*, HdU[1] § 21 Rz 29; *Huber* in *W/Z/H/K*[5] § 21 Rz 38; zweifelnd hingegen *Hügel* in *H/M/H* § 21 Rz 18). Demgegenüber geht die FV von einem weiteren Anwendungsbereich aus und wendet die Bestimmung auch auf Einbringungen durch Nicht-Körperschaften an (UmgrStR Rz 1206 ff).

59

Stellungnahme. Die Erfassung der Einbringung durch Nicht-Körperschaften ist zwar vom Gesetzeswortlaut des § 4 Z 1 lit d nicht gedeckt, allerdings erfasst Art I bereits begrifflich nur Körperschaften, während Art III unabhängig von der Rechtsform des Einbringenden anwendbar ist. Eine „sinngemäße" Anwendung des § 4 Z 1 lit d auf zB Down-stream-Betriebseinbringungen durch Einzelunternehmer oder Mitunternehmerschaften unter Übergang der Verluste aus Teilwertabschreibungen auf die übernehmende Körperschaft erscheint daher unter dem Blickwinkel des Sinn und Zwecks der Bestimmung gerechtfertigt; generell zur Anwendbarkeit der Verlustkürzung nach § 4 Z 1 lit d bei Down-stream-Einbringungen s gleich unten Rz 60.

Eine Anwendung der Verlustkürzungsbestimmung des § 21 Z 1 und Z 2 iVm § 4 Z 1 lit d ist nach Auffassung der FV *vor allem* in Fällen einer Einbringung durch die (Tochter)Gesellschaft in die Muttergesellschaft oder das Unternehmen des Gesellschafters (Up-stream-Einbringung) denkbar (UmgrStR Rz 1208). Zusätzlich sind auch mittelbare Einbringungen der Enkelgesellschaft in die Großmuttergesellschaft erfasst (UmgrStR Rz 1208; vgl § 4 Rz 118). Lt Literatur ist die Anwendung der Verlustkürzungsbestimmung hingegen grundsätzlich *nur* in Fällen einer Up-stream-Einbringung möglich, da sie ein Zusammenfallen der vortragsfähigen (operativen) Verluste der Tochtergesellschaft mit der teilwertberichtigten Beteiligung erfordert (*Rabel* in *W/H/M*, HdU[1] § 21 Rz 29; *Huber* in *W/Z/H/K*[5] § 21 Rz 39). Eine Anwendung im Fall der Down-stream-Einbringung scheidet vor diesem Hintergrund regelmäßig aus, da die Beteiligung an der übernehmenden Tochterkörperschaft weiterbesteht und es zu keinem einbringungsbedingten Zusammenfallen dieser Beteiligung mit den Verlusten der Tochtergesellschaft kommt (*Rabel* in *W/H/M*, HdU[1] § 21 Rz 29; anderes würde nur gelten, wenn die einbringende Muttergesellschaft ihre Beteiligung an der Tochtergesellschaft miteinbringt, was die zivilrechtliche Zulässigkeit des Erwerbs eigener Anteile voraussetzt). Aus demselben Grund scheidet die Verlustkürzung nach § 4 Z 1 lit d auch bei Side-stream-Einbringungen aus (*Rabel* in *W/H/M*, HdU[1] § 21 Rz 29).

60

Stellungnahme. Unter der Prämisse, dass für eine schädliche Doppelverlustverwertung nach § 4 Z 1 lit d keine Zusammenführung der (verlusterzeugenden) Beteiligung der Muttergesellschaft mit dem Betrieb der Tochtergesellschaft erforderlich ist, sondern die Zusammenführung der Ergebnisse der beiden Unternehmen ausreicht (UmgrStR Rz 1206) und Verluste aus der Teilwertabschreibung betriebszugehöriger Beteiligungen dem Betrieb zuzuordnen sind und folglich iRe Betriebseinbringung auf die Tochtergesellschaft (auch bei Zurückbehaltung der Beteiligung) übergehen, erscheint eine Anwendung des § 21 Z 1 und 2 iVm § 4 Z 1 lit d auf Down-stream-Betriebseinbringungen durch Einzelunternehmer, Mitunternehmerschaften oder Körperschaften (auch ohne Mitübertragung der Beteiligung an der übernehmenden Körperschaft) sachgerecht.

C. Rechtsfolge

62 Die Rechtsfolge der Anwendung von § 21 Z 1 und Z 2 iVm § 4 Z 1 lit d besteht in der Verminderung der Verlustvorträge der Beteiligungsgesellschaft um auf Ebene des Gesellschafters vorgenommene Teilwertabschreibungen (UmgrStR Rz 1207). Bei Up-stream-Einbringung von Teilbetrieben, Mitunternehmeranteilen oder Kapitalanteilen kann nicht eine Kürzung der übergehenden Verlustabzugsbeträge um den gesamten Betrag der Teilwertabschreibung, sondern nur eine anteilige Kürzung erfolgen (*Huber* in W/Z/H/K[5] § 21 Rz 40).

63 Die Kürzung betrifft nur steuerwirksame Teilwertabschreibungen aus Wirtschaftsjahren, die nach dem 13. Dezember 1990 geendet haben (UmgrStR Rz 1209), wobei aufgrund der Verteilungsregelung nach § 12 Abs 3 Z 2 KStG noch nicht steuerwirksam gewordene Siebentelbeträge bereits zur Gänze in den Kürzungsbetrag einzubeziehen sind (UmgrStR Rz 1210; vgl dazu auch § 4 Rz 121). Im Falle der Up-stream-Einbringung erfolgt die Kürzung der übergehenden Verluste der einbringenden Körperschaft in dem auf den Einbringungsstichtag folgenden Veranlagungszeitraum (*Huber* in W/Z/H/K[5] § 21 Rz 42). Im Fall der Down-stream-Einbringung würde die Kürzung der Verluste der übernehmenden Körperschaft in dem Veranlagungszeitraum erfolgen, in den der Einbringungsstichtag fällt.

IV. Mantelkauftatbestand
A. Anwendungsbereich

66 § 21 Z 3 enthält den allgemeinen Verweis: „Die Bestimmung des § 4 Z 2 über den Mantelkauf ist zu beachten". Gem § 4 Z 2 liegt „ein Mantelkauf, der den Abzug von Verlusten ausschließt, auch dann nicht vor, wenn die wesentlichen Änderungen der Struktur zum Teil bei der übertragenden und zum anderen Teil bei der übernehmenden Körperschaft erfolgen". § 4 Z 2 knüpft an den körperschaftsteuerlichen Mantelkauftatbestand des § 8 Abs 4 Z 2 KStG an (UmgrStR Rz 1211; *Schwarzinger/Wiesner* I/2[3] 1453) und erweitert diesen im Anwendungsbereich des Art I durch eine kombinierte Betrachtung der übertragenden und der übernehmenden Körperschaft (s § 4 Rz 148). § 4 Z 2 wird schon im Anwendungsbereich des Art I als unklar kritisiert (*Bruckner* in W/H/M, HdU[1] § 4 Rz 10), durch den allgemein formulierten Verweis in § 21 Z 3 ist der Regelungsinhalt des § 4 Z 2 im Anwendungsbereich des Art III mit noch größeren Zweifeln behaftet (vgl *Massoner*, Mantelkauf 66; *Rabel* in W/H/M, HdU[1] § 21 Rz 37). Erschwerend kommt hinzu, dass die in den Gesetzesmaterialien zu Art III angeführten Beispiele in der Literatur einhellig als unrichtig kritisiert und auch von der FV nur modifiziert (der Kritik in der Literatur teilweise folgend) übernommen werden (ErlRV 266 BlgNR 18. GP, 31, Bsp 1 und 2; tw modifiziert in UmgrStR Rz 1212, Bsp 1 und 2; kritisch dazu *Peklar*, Verluste 221 f; *Massoner*, Mantelkauf 66 f; *Rabel* in W/H/M, HdU[1] § 21 Rz 37).

67 § 21 Z 3 ist jedenfalls nicht anwendbar, wenn ein abgeschlossener Mantelkauf nach § 8 Abs 4 Z 2 KStG bei einer einbringenden und/oder einer übernehmenden Kapitalgesellschaft bereits vor der Einbringung vorliegt; davon ist lt FV auszugehen, wenn die Strukturänderungen nach § 8 Abs 4 Z 2 KStG bereits „vor Beschlussfassung der Einbringungsmaßnahme […] stattgefunden haben" (UmgrStR Rz 1211), lt Literatur ist dagegen auf den Einbringungsstichtag abzustellen (*Schwarzinger/Wiesner* I/2[3] 1453). Darüber hinaus ist § 4 Z 2 lt Literatur nicht anwendbar, wenn alle Strukturänderungen ausschließlich bei einer (idR der übernehmenden) Gesellschaft verwirklicht werden, auch wenn die Änderungen zum Teil vor und zum Teil nach der Umgründung erfolgen (s § 4 Rz 151). Die Unterscheidung zwischen § 8 Abs 4 Z 2 KStG und § 21 Z 3 ist ua erheblich, da gem §§ 21 Z 3 iVm 4 Z 2 der Verbesserungs- und Rationalisierungstatbestand als weitere Ausnahmen – zusätzlich zum Sanierungstatbestand des § 8 Abs 4 Z 2 KStG – hinzutreten (s Rz 91).

§ 21 Z 3 regelt nicht den Übergang von Verlusten, sondern ausschließlich deren weitere Abzugsfähigkeit oder deren Untergang bei Verlust der wirtschaftlichen Identität einer Körperschaft (*Peklar*, Verluste 222; *Massoner*, Mantelkauf 67). IRd **Verlustregelungen des Art III** ist somit grundsätzlich zu unterscheiden zwischen (i) der Frage des objektbezogenen Überganges von Verlusten des Einbringenden auf die übernehmende Körperschaft nach § 21 Z 1 (s Rz 21), (ii) der Frage des Unterganges von eigenen Verlusten der übernehmenden Körperschaft nach § 21 Z 2 (s Rz 51) und (iii) der Frage des Untergangs von Verlusten nach dem erweiterten Mantelkauftatbestand des § 21 Z 3. Der erweiterte Mantelkauftatbestand gem §§ 21 Z 3 iVm 4 Z 2 ist lt FV für übergegangene Verluste des Einbringenden und eigene Verluste der übernehmenden Körperschaft jeweils gesondert zu prüfen und kann zum Untergang von zB in einem ersten Schritt nach § 21 Z 1 auf die übernehmende Körperschaft übergegangenen Verlusten des Einbringenden auf Ebene der übernehmenden Körperschaft führen (UmgrStR Rz 255, 1212; zur Kritik an der Anwendbarkeit des § 4 Z 2 auf eigene Verluste der übernehmenden Körperschaft s allg § 4 Rz 150).

B. Einheitsbetrachtung und Betriebs- oder Quellenbezug

Für die Beurteilung des Vorliegens eines Mantelkaufs nach § 21 Z 3 sind infolge des Verweises auf § 4 Z 2 der Einbringende und die übernehmende Körperschaft als Einheit zu betrachten (sog **Einheitsbetrachtung**). Der Verlustabzug ist folglich ausgeschlossen, wenn die Tatbestandsmerkmale des § 8 Abs 4 Z 2 KStG teilweise beim Einbringenden und teilweise bei der übernehmenden Körperschaft erfüllt sind (UmgrStR Rz 1211; UmgrStR Rz 1212 Bsp 2; *Huber* in W/Z/H/K[5] § 21 Rz 36).

Trotz der Einheitsbetrachtung ist nach herrschender Meinung die Erfüllung des Mantelkauftatbestandes nach einem **betriebs- oder quellenbezogenen Ansatz** zu beurteilen. Das iRd Umgründung übertragene Vermögen und das Vermögen der übernehmenden Körperschaft sind jeweils isoliert und unabhängig voneinander auf die Erfüllung des Mantelkauftatbestandes zu überprüfen; die wirtschaftliche Struktur der übernehmenden Körperschaft kann demnach nicht durch den bloß einbringungsbedingten Anstieg „wesentlich" iSd Mantelkauftatbestandes geändert werden (UmgrStR Rz 250; *Massoner*, Mantelkauf 56; *Schwarzinger/Wiesner* I/2[3] 1457; s auch § 4 Rz 150, 162 mwN). Die Einheitsbetrachtung erlaubt lediglich, dass die Mantelkauftatbestandsmerkmale in Bezug auf die jeweilige Verlustquelle bei unterschiedlichen Rechtsträgern (Einbringender oder übernehmende Körperschaft als jeweiliger Vermögenseigentümer) verwirklicht werden.

C. Strukturänderungen

Hinsichtlich des Tatbestandmerkmales **Änderung der Gesellschafterstruktur** ist im Ausgangspunkt der Regelungszweck des § 8 Abs 4 Z 2 KStG zu beachten, wonach der Mantelkauftatbestand den (rechtsgeschäftlichen) Erwerb von steuerlichen Verlusten verhindern soll (*Massoner*, Mantelkauf 12, 67; *Peklar*, Verluste 36;

Ressler/Stürzlinger in *L/S/S* § 8 Rz 242; *Kirchmayr* in *Achatz/Kirchmayr* § 8 Tz 540). Ein Gesellschafterwechsel ist daher nur dann von Relevanz, wenn er diesen inkriminierten Bezug zu übergehenden Verlusten des Einbringenden oder eigenen Verlusten der übernehmenden Körperschaft aufweist, dh den (mittelbaren) Erwerb der betreffenden Verlustquelle bewirkt (idS *Hügel* in *H/M/H* § 21 Rz 22; *Rabel* in *W/H/M*, HdU[1] § 21 Rz 37). Hinsichtlich der **Verluste des Einbringenden** trifft dies typischerweise auf **Up-stream-Einbringungen** (ggf unter Umgehungsgesichtspunkten auch Schwestern-Einbringungen) zu, bei denen ein vorbereitender Anteilserwerb an der einbringenden Verlustgesellschaft erfolgt und die restlichen Strukturänderungen nach Einbringung bei der übernehmenden Körperschaft verwirklicht werden (*Massoner*, Mantelkauf 67; *Schwarzinger/Wiesner* I/2[3] 1455 mVa UmgrStR Rz 244 ff zu Verschmelzungen; s dazu Rz 84 mit Bsp). Fraglich ist, ob auch bei **Down-stream-Einbringungen** in eine erworbene Tochtergesellschaft ein schädlicher Gesellschafterwechsel in Bezug auf übergehende Verluste der einbringenden Muttergesellschaft vorliegen kann aufgrund der Überführung dieser Verluste in die „erworbene" Tochtergesellschaft. Die FV dürfte dies bejahen (idS UmgrStR Rz 1212 Bsp 2), lt zutr hM ist dies allerdings zu verneinen (*Hügel* in *H/M/H* § 21 Rz 22; *Massoner*, Mantelkauf 67; *Peklar*, Verluste 222 f; ferner *Rabel* in *W/H/M*, HdU[1] § 21 Rz 37). Gegen die Anwendbarkeit des § 4 Z 2 auf übergehende Verluste des Einbringenden spricht an erster Stelle der Telos des § 8 Abs 4 Z 2 KStG (Unterbindung des rechtsgeschäftlichen Erwerbs von Verlusten), weil in Bezug auf die übergehenden Verluste des Einbringenden kein Erwerbsvorgang iSd § 8 Abs 4 Z 2 KStG vorliegt (idS *Hügel* in *H/M/H* § 21 Rz 22), im Übrigen auch der Wortlaut des § 4 Z 2, weil die Mantelkauftatbestände nicht zT beim Einbringenden und zT bei der übernehmenden Körperschaft, sondern ausschließlich bei der übernehmenden Körperschaft verwirklicht werden würden. Hinsichtlich eigener **Verluste der übernehmenden Körperschaft** s Rz 86. Die Frage, ob sich die wesentliche Änderung der Gesellschafterstruktur nur auf unmittelbare oder auch auf mittelbare Änderungen der Beteiligungsverhältnisse bezieht, wurde durch die jüngere Rsp des VwGH geklärt. Demnach ist die unmittelbare Beteiligungsstruktur als Entscheidungskriterium heranzuziehen, Änderungen der mittelbaren Beteiligungsverhältnisse sind unbeachtlich (VwGH 13.9.2017, Ro 2015/13/007; *Knesl/Knesl/Zwick*, BFGjournal 2018, 24).

77 Für die Beurteilung einer **organisatorischen Strukturänderung** ist zu prüfen, ob und inwieweit die vor der Einbringung für das übertragene Vermögen zuständige Geschäftsleitung in der übernehmenden Gesellschaft vertreten ist (s § 4 Rz 159 mwN; implizit *Schwarzinger/Wiesner* I/2[3] 1455, wonach zu prüfen ist, ob die Geschäftsleitung der übernehmenden Körperschaft nach der Einbringung durch den/die neuen Gesellschafter geändert wird; *Massoner*, Mantelkauf 67, wonach bei Up-stream-Einbringung eines verlustträchtigen Betriebes von einem Wechsel der organisatorischen Struktur idR auszugehen ist, wenn die übernehmende Gesellschaft ihre organisatorische Struktur unverändert beibehält).

78 Für die Beurteilung der Frage, ob eine Veränderung der **wirtschaftlichen Struktur** vorliegt, kann es nur auf Änderungen der wirtschaftlichen Struktur nach der Einbringung ankommen (idS UmgrStR Rz 249). Zudem ist eine Strukturänderung isoliert für die einzelnen verlustverursachenden Vermögensteile (eingebrachtes Vermögen und Vermögen der übernehmenden Körperschaft) vorzunehmen, die wirtschaftliche Struktur der übernehmenden Körperschaft kann demnach nicht durch den bloß einbringungsbedingten Anstieg „wesentlich" iSd Mantelkauftatbestandes geändert werden (betriebs- bzw quellenbezogene Betrachtung; s Rz 72). Kritisch wird daher UmgrStR Rz 1212 Bsp 1 (entnommen ErlRV 266 BlgNR 18. GP, 31) gesehen, wo eine wesentliche Änderung der wirtschaftlichen Struktur bei der übernehmenden Körperschaft offenbar allein durch die Zuführung des Einbringungsvermögens (Betriebseinbringung) für möglich erachtet wird (*Peklar*, Verluste 222; *Massoner*, Mantelkauf 66 f). Systemkonform sollte in diesem Beispiel das verlustverursachende Vermögen der aufnehmenden Gesellschaft für sich alleine betrachtet auf eine Änderung der wirtschaftlichen Struktur zu untersuchen sein (*Peklar*, Verluste 222; *Massoner*, Mantelkauf 66 f).

Unklar ist, ob für die Anwendbarkeit des § 21 Z 3 besondere Anforderungen an die **Person des Einbringenden** bestehen und § 21 Z 3 auch bei Einbringungen durch natürliche Personen oder Mitunternehmerschaften anwendbar sein kann. Lt Teilen der Literatur setzt § 21 Z 3 eine **Körperschaft** als Einbringende voraus (*Massoner*, Mantelkauf 66 mVa den Wortlaut des § 4 Z 2 und dass § 8 Abs 4 Z 2 KStG bei natürlichen Personen nicht verwirklicht sein kann); bei Einbringung von Verlustquellen durch eine natürliche Person oder eine Mitunternehmerschaft scheidet demnach die Anwendbarkeit des Mantelkauftatbestandes auf übergegangene Verluste bereits dem Grunde nach aus. Nach anderer Auffassung ist der Mantelkauftatbestand bei Einbringungen durch natürliche Personen oder Mitunternehmerschaften „auf die übernehmende Körperschaft" zu beziehen (*Schwarzinger/Wiesner* I/2³ 1453), die Reichweite dieser Auffassung bleibt allerdings unklar. Nach *Hügel* können Verluste einbringender natürlicher Personen selbst bei grundsätzlicher Anwendbarkeit des § 4 Z 2 nicht durch § 4 Z 2 gesperrt werden, weil hinsichtlich dieser Verlustquellen kein Gesellschafterwechsel nach § 8 Abs 4 Z 2 KStG vorliegen und ein etwaiger Gesellschafterwechsel bei der übernehmenden Körperschaft keinen Bezug zu diesen Verlustquellen aufweisen kann; im Übrigen wird auch die Möglichkeit einer organisatorischen Strukturänderung bezweifelt (*Hügel* in H/M/H § 21 Rz 22). Unklar idZ UmgrStR Rz 1212 Bsp 1, entnommen ErlRV 266 BglNR 18. GP, 31 (Einzelunternehmer erwirbt Anteile an einer verlustträchtigen GmbH, übernimmt die Geschäftsführerfunktion und bringt in der Folge seinen Betrieb in die Gesellschaft ein; Untergang der eigenen Verlustvorträge der übernehmenden Körperschaft mVa „§ 8 Abs 4 Z 2 KStG"); lt Literatur lässt sich dieses Bsp allerdings allein nach § 8 Abs 2 Z 4 KStG lösen, sodass daraus nicht zwingend die Anwendbarkeit des § 4 Z 2 abzuleiten ist (*Massoner*, Mantelkauf 66).

D. Fallkonstellationen

Die Ausführungen unter Rz 66 bis 79 lassen sich anhand der praxisrelevanten Fallgruppen wie folgt veranschaulichen.

1. Übergehende Verluste einbringender natürlicher Personen oder Mitunternehmerschaften

Verluste einbringender natürlicher Personen oder Mitunternehmerschaften können grundsätzlich nicht nach § 4 Z 2 untergehen, insb weil iSe quellenbezogenen Ansatzes das Mantelkauftatbestandsmerkmal eines Gesellschafterwechsels in Bezug auf diese Verlustquellen nicht erfüllt sein kann und auch die Möglichkeit einer organisatorischen Strukturänderung iSd § 8 Abs 4 Z 2 KStG in Bezug auf diese Verlustquellen zu bezweifeln ist (s Rz 79).

82 **Beispiel:** Eine natürliche Person mit verlustträchtigem Einzelunternehmen erwirbt eine profitable GmbH. Die natürliche Person bringt das Einzelunternehmen ein und der Verlustbetrieb wird in weiterer Folge eingestellt. Die Verluste gehen gem § 21 Z 1 auf die übernehmende Körperschaft über, der Verwertbarkeit steht § 21 Z 3 nicht entgegen. Selbst bei grundsätzlicher Anwendbarkeit des § 21 Z 3 (zur Kritik s Rz 79) ist iSe quellenbezogenen Betrachtung das Mantelkauftatbestandsmerkmal des Gesellschafterwechsels hinsichtlich des Einzelunternehmens nicht erfüllt. Die Nicht-Anwendbarkeit des Mantelkauftatbestandes ergibt sich auch aus teleologischen Gründen. Der Mantelkauftatbestand erfasst den (rechtsgeschäftlichen) Erwerb von steuerlichen Verlusten, nicht von Gewinnen (*Massoner*, Mantelkauf 12, 67; *Peklar*, Verluste 36; *Ressler/Stürzlinger* in *L/R/S/S*² § 8 Rz 242; *Kirchmayr* in *Achatz/Kirchmayr* § 8 Tz 540). Hätte der Einzelunternehmer die übernehmende Körperschaft schon längere Zeit gehalten, wäre die Einbringung und nachfolgende Einstellung des Verlustbetriebes bei der übernehmenden Körperschaft jedenfalls unschädlich. Der Mantelkauf nach § 21 Z 3 würde somit im vorliegenden Fall den Erwerb von Gewinnen pönalisieren, was nicht dem Telos der Norm entspricht. S auch Rz 76.

2. Übergehende Verluste einbringender Körperschaften

83 Verluste einer einbringenden Körperschaft können nur nach § 21 Z 3 untergehen, wenn die Anteile an der einbringenden Körperschaft entgeltlich übertragen wurden. Diese Fallgruppe erfasst den typischen gesetzlichen Anwendungsfall des Erwerbs einer verlustträchtigen Kapitalgesellschaft mit nachfolgender Up-stream-Einbringung des Verlustbetriebes (unter objektbezogenem Verlustübergang nach § 21 Z 1) und in der Folge Vornahme weiterer Strukturänderungen nach § 8 Abs 4 Z 2 KStG bei der übernehmenden Körperschaft (zB Einstellung des übertragenen Verlustbetriebes; vgl *Massoner*, Mantelkauf 67).

84 **Beispiel 1:** Erwerb von 100 % der Anteile an einer verlustträchtigen Kapitalgesellschaft, Up-stream-Einbringung des Verlustbetriebes in die Erwerber-Gesellschaft ohne Übernahme der bisherigen Geschäftsleitung und nachfolgende Einstellung des übertragenen Verlustbetriebes. Die Mantelkauftatbestände sind zum Teil bei der einbringenden Körperschaft (entgeltlicher Gesellschafterwechsel) und zum Teil bei der übernehmenden Körperschaft (Änderung der organisatorischen und wirtschaftlichen Struktur) erfüllt, womit es zum Untergang der nach § 21 Z 1 übergegangenen Verlustvorträge nach § 21 Z 3 kommt.

85 **Beispiel 2:** Erwerb von 100 % der Anteile an einer Kapitalgesellschaft, Downstream-Einbringung des Verlustbetriebes der Muttergesellschaft ohne Übernahme der bisherigen Geschäftsleitung und nachfolgende Einstellung des übertragenen Verlustbetriebes. Aufgrund der quellenbezogenen Betrachtung bleibt der Gesellschafterwechsel bei der übernehmenden Tochtergesellschaft unschädlich und die übergegangenen Verluste der Muttergesellschaft werden nicht von § 21 Z 3 erfasst (aA ggf UmgrStR Rz 1212 Bsp 2, s Rz 76); zu etwaigen Verlusten der Tochtergesellschaft (nunmehr übernehmende Körperschaft) siehe Rz 86 ff.

3. Eigene Verluste der übernehmenden Körperschaft

Aufgrund der quellenbezogenen Betrachtung des § 4 Z 2 müssten im Ergebnis sämtliche Mantelkauftatbestandsmerkmale bei der übernehmenden Körperschaft selbst erfüllt werden, womit § 4 Z 2 rein tatbestandlich nicht anwendbar ist (keine Verwirklichung der Strukturänderungen „zu einem Teil bei der übertragenden und zum anderen Teil bei der übernehmenden Körperschaft") und der Sachverhalt folglich ausschließlich nach § 8 Abs 4 Z 2 KStG zu beurteilen ist (s § 4 Rz 150 mwN; implizit *Huber* in *W/Z/H/K*[5] § 21 Rz 37; aA *Schwarzinger/Wiesner* I/2³ 1457). Der Anwendbarkeit des § 8 Abs 4 Z 2 KStG steht auch nicht entgegen, dass die Strukturänderungen allenfalls zT vor der Einbringung und zT nach der Einbringung verwirklicht werden. Sollte die Anwendbarkeit des § 4 Z 2 dennoch bejaht werden, würden sich daraus lediglich begünstigende „Schattenwirkungen" ergeben: (i) die quellenbezogene Beurteilung des § 4 Z 2 führt dazu, dass eine Änderung der wirtschaftlichen Struktur bei der übernehmenden Körperschaft isoliert für das originär eigene Vermögen (und nicht in Zusammenschau mit dem einbringungsbedingt erworbenem Vermögen) zu erfolgen hat; (ii) die zusätzlichen Ausnahmetatbestände des § 4 Z 2 (Verbesserungs- und Rationalisierungstatbestand) wären anwendbar (idS *Schwarzinger/Wiesner* I/2³ 1457).

86

Beispiel 1: Obiges Bsp Rz 84, die übernehmende Muttergesellschaft hat eigene Verlustvorträge. Diese Verlustvorträge sind von der Einbringung nicht tangiert, weil aufgrund der quellenbezogenen Betrachtung hinsichtlich der Muttergesellschaft zB kein Gesellschafterwechsel vorliegt. Die Lösung entspricht auch dem Telos des § 8 Abs 4 Z 2 KStG (Pönalisierung des Erwerbes von Verlusten), weil die eigenen Verluste der Muttergesellschaft nicht erworben wurden.

87

Beispiel 2: Erwerb von 100 % der Anteile an einer verlustträchtigen Kapitalgesellschaft, Down-stream-Betriebseinbringung durch die Erwerber-Gesellschaft in die Tochtergesellschaft. Ein Verlustuntergang bei der übernehmenden Tochtergesellschaft setzt infolge der quellenbezogenen Betrachtung voraus, dass alle Mantelkauftatbestandsmerkmale für sich bei der Tochtergesellschaft erfüllt werden, sodass der Verlustvortrag bereits unmittelbar nach § 8 Abs 4 Z 2 KStG untergehen würde. § 4 Z 2 wäre dem Gesetzeswortlaut nach mangels Verwirklichung der relevanten Strukturmerkmale auch bei einer anderen (der einbringenden) Körperschaft im Ergebnis nicht anwendbar. Wird die Anwendbarkeit des § 4 Z 2 bejaht, kommt begünstigend hinzu, dass bei der Beurteilung der wirtschaftlichen Strukturänderung bei der Tochtergesellschaft das einbringungsbedingt erworbene Vermögen auszublenden ist (s Rz 78) und zusätzliche Ausnahmetatbestände (s Rz 91) zu berücksichtigen sind.

88

E. Ausnahmetatbestände

Die Erfüllung des Mantelkauftatbestandes ist nach § 8 Abs 4 Z 2 KStG bei **Sanierung** der Gesellschaft mit dem Ziel der Erhaltung eines wesentlichen Teiles der betrieblichen Arbeitsplätze ausgeschlossen (s § 4 Rz 165 f). Im Fall von Einbringungen kann nach § 21 Z 3 iVm § 4 Z 2 ein Mantelkauf zusätzlich verwirklicht sein, wenn Änderungen zum Zwecke der **Verbesserung oder Rationalisierung** der betrieblichen Struktur im Unternehmenskonzept der übernehmenden Körperschaft erfolgen (UmgrStR Rz 1215 mVa Rz 251 f; s dazu § 4 Rz 167 ff).

91

Sonstige Rechtsfolgen der Einbringung

§ 22. (1) Weichen die Beteiligungsverhältnisse nach der Einbringung von den Wertverhältnissen ab, ist § 6 Abs. 2 mit der Maßgabe anzuwenden, dass der Unterschiedsbetrag mit Beginn des dem Einbringungsstichtag folgenden Tages als unentgeltlich zugewendet gilt.

(2) Entsteht auf Grund der Einbringung von Vermögen im Sinne des § 12 Abs. 2 durch einen Arbeitnehmer einer Körperschaft in diese als Gegenleistung eine wesentliche Beteiligung im Sinne des § 22 Z 2 des Einkommensteuergesetzes 1988, bleiben die Bezüge und Vorteile aus dem Dienstverhältnis abweichend von § 14 Abs. 2 bis zur Eintragung der Einbringung in das Firmenbuch, andernfalls bis zum Tag der Meldung im Sinne des § 13 Einkünfte aus nichtselbständiger Arbeit, soweit sie sich auf diese Zeit beziehen.

(3) Einbringungen nach § 12 gelten nicht als steuerbare Umsätze im Sinne des Umsatzsteuergesetzes 1994; die übernehmende Körperschaft tritt für den Bereich der Umsatzsteuer unmittelbar in die Rechtsstellung des Einbringenden ein.

(4) Einbringungen nach § 12 und dafür gewährte Gegenleistungen nach § 19 sind von den Kapitalverkehrsteuern und von den Gebühren nach § 33 TP 21 des Gebührengesetzes 1957 befreit, wenn das zu übertragende Vermögen am Tag des Abschlusses des Einbringungsvertrages länger als zwei Jahre als Vermögen des Einbringenden besteht.

(5) Werden auf Grund einer Einbringung nach § 12 Erwerbsvorgänge nach § 1 des Grunderwerbsteuergesetzes 1987 verwirklicht, so ist die Grunderwerbsteuer gemäß § 4 in Verbindung mit § 7 des Grunderwerbsteuergesetzes 1987 zu berechnen.

[idF BGBl I 2015/118]

Rechtsentwicklung

BGBl 1991/699 (UmgrStG; RV 266 AB 354 BlgNR 18. GP) (Stammfassung); BGBl 1996/797 (AbgÄG 1996; RV 497 AB 552 BlgNR 20. GP) (Änderung des § 22 Abs 2 und 3); BGBl I 2003/71 (BudBG 2003; RV 59 AB 111 BlgNR 22. GP) (Änderung der Bezeichnung des § 22 Abs 2, Abs 3 und Abs 4, Neufassung des § 22 Abs 1, Neufassung des § 22 Abs 2 für Stichtage nach dem 30.12.2002); BGBl I 118/2015 (StRefG 2015/2016; RV 684 AB 750 BlgNR 25. GP) (Änderung des § 22 Abs 5, erstmals auf Umgründungen mit einem Stichtag nach dem 31.12.2015 anzuwenden).

Literatur 2017

Lattner, Zweifelsfragen in der GrESt – Zweite Stellungnahme des BMF zu verschiedenen grunderwerbsteuerrelevanten Sachverhalten, SWK 2017, 1518.

Übersicht

I.	Äquivalenzverletzungen	
	A. Begriff..	1–7
	B. Rechtsfolgen...	9–13
II.	Einbringung durch Arbeitnehmer der übernehmenden Körperschaft...	16–18

III.	Umsatzsteuer	
	A. Einbringungen außerhalb des § 12	21, 22
	B. Einbringungen nach § 12	24–26
IV.	Kapitalverkehrsteuern und Gebühren	
	A. Umfang der Befreiung nach § 22 Abs 4	31–34
	B. Voraussetzungen für die Anwendung der Befreiung nach § 22 Abs 4	
	1. Überblick	41, 42
	2. Zweijahresfrist	43–47
	3. Umfang des begünstigten Vermögens	48–55
	C. Verhältnis zu sonstigen Befreiungsbestimmungen	70–72
V.	Grunderwerbsteuer	
	A. Einbringung außerhalb § 12	76–82
	B. Begünstigung bei Einbringung nach § 12	83–90

I. Äquivalenzverletzungen

A. Begriff

§ 22 Abs 1 ordnet an, dass bei einem Abweichen der „Beteiligungsverhältnisse nach **1** der Einbringung von den Wertverhältnissen" § 6 Abs 2 (verschmelzungsrechtlicher Äquivalenzverletzungstatbestand, s § 6 Rz [§ 11 ff]) mit der Maßgabe anzuwenden ist, dass „der Unterschiedsbetrag mit Beginn des dem Einbringungsstichtag folgenden Tages als unentgeltlich zugewendet gilt". Der Wortlaut des § 22 Abs 1 lässt zwar offen, welche Wertverhältnisse gemeint sind, aus dem Sinn und Zweck der Regelung lässt sich aber ableiten, dass es auf die **Wertverhältnisse vor der Einbringung** ankommen soll (*Rabel* in *W/H/M*, HdU[1] § 22 Rz 4). Im Ergebnis ist die Äquivalenz (Gleichwertigkeit) zwischen dem Wert des Einbringungsvermögens und dem Wert der erhaltenen Gegenleistung zu prüfen (*Rabel* in *W/H/M*, HdU[1] § 22 Rz 4).

Begrifflich setzt eine Äquivalenzverletzung nach § 22 Abs 1 eine Gegenleistung in **2** Form einer **Anteilsgewährung an den Einbringenden (neue, eigene oder bestehende Anteile)** voraus; bei Unterbleiben einer Anteilsgewährung infolge identischer Eigentums- oder Beteiligungsverhältnisse iSd § 19 Abs 2 Z 5 kann lt Verwaltungspraxis eine Äquivalenzverletzung nicht vorliegen (BMF 18.6.2001, ecolex 2001, 783 f, zit bei *Rabel* in *W/H/M*, HdU[1] § 22 Rz 6 FN 1154). Das Unterbleiben einer Anteilsgewährung, obwohl die Voraussetzungen des § 19 Abs 2 Z 5 nicht vorliegen, ist nicht nach dem Maßstab einer Äquivalenzverletzung nach § 22 Abs 1, sondern als Verletzung einer Anwendungsvoraussetzung des Art III zu beurteilen (UmgrStR Rz 1219; *Rabel* in *W/H/M*, HdU[1] § 22 Rz 6; s § 19 Rz 84; aA *Huber*, RdW 1992, 353 ff; *Hügel* in *H/M/H* §§ 19/20 Rz 84).

Für die Beurteilung, ob Gleichwertigkeit gegeben ist, sind die **Verkehrswerte** des **3** übertragenen Vermögens und der gewährten Gesellschafterrechte zum **Abschlusstag des Einbringungsvertrags** zu Grunde zu legen, unabhängig von einer etwaigen Rückbeziehung der Einbringung auf einen zurückliegenden Stichtag (UmgrStR Rz 1219, 1036; *Huber* in *W/Z/H/K*[5] § 22 Rz 4 f). Für die Bewertung des übertragenen Vermögens sind aus der Einbringung erwartete **Synergieeffekte** zu berücksichtigen (*Rabel* in *W/H/M*, HdU[1] § 22 Rz 10). Ebenso ist die erwartete **Steuerersparnis** aus nach § 21 übergehenden Verlustvorträgen (UmgrStR Rz 1181) oder aus der Aufwertung des Einbringungsvermögens (*Huber* in W/Z/H/K⁵ § 22 Rz 9 f) zu berücksichtigen. Bei Einbringung von **Mitunternehmeranteilen** kann sich eine Äquivalenzverletzung auch dadurch ergeben, dass die Mitunternehmer unterschiedlich hohe **variable Kapitalkonten** aufweisen, jedoch für das Beteiligungsverhältnis an der übernehmenden Körperschaft auf das Verhältnis der starren Kapitalkonten abgestellt wird (*Huber* in W/Z/H/K⁵ § 22 Rz 8).

4 Nach § 6 Abs 2 sind die Wertverhältnisse im Zweifel durch ein **Gutachten eines Sachverständigen** nachzuweisen (vgl § 6 Rz 19). Da sich die Bewertung in der Praxis oft schwierig darstellen wird und vor allem erhebliche Bewertungsspielräume bestehen können, soll eine Äquivalenzverletzung nur dann gegeben sein, wenn das **Missverhältnis** zwischen Leistung und Gegenleistung **signifikant** ist und dem Fremdvergleich nicht standhält (*Rabel* in W/H/M, HdU¹ § 22 Rz 12). Lt FV ist ein „offensichtliches oder deutliches Missverhältnis" bei einer Abweichung ab mindestens **20 bis 25 %** anzunehmen (UmgrStR Rz 313).

5 Ein bestehendes Missverhältnis und daher eine Äquivalenzverletzung kann durch einen **Wertausgleich** mithilfe **gesellschaftsrechtlicher Maßnahmen** (zB durch eine von der Stammbeteiligung abweichende Gewinnbeteiligung oder Liquidationsbeteiligung) vermieden werden (*Huber* in W/Z/H/K⁵ § 22 Rz 2). Ein nicht auf gesellschaftsrechtlicher Basis erfolgender Wertausgleich verstößt gegen das Erfordernis der Ausschließlichkeit der Gegenleistung in Form von Anteilen an der übernehmenden Körperschaft (§ 19) und führt zu einer gewinnrealisierenden Einbringung nach allgemeinem Ertragsteuerrecht (*Huber* in W/Z/H/K⁵ § 22 Rz 2).

6 Zur tatbestandlichen Voraussetzung eines **subjektiven Bereicherungswillen** s – im Ergebnis verneinend – § 6 Rz 15.

7 Zwecks Vermeidung einer Äquivalenzverletzung kann im **Einbringungsvertrag** eine **nachträgliche Anpassung der Gegenleistung** (zB Anteilsabtretungen im Gesellschafterkreis) vorgesehen werden, wenn sich nachträglich (zB iRe Außenprüfung) herausstellt, dass der der Einbringung zugrunde gelegte Verkehrswert des Einbringungsvermögens nicht dem tatsächlichen Wert zum Zeitpunkt der Einbringung (Abschluss des Einbringungsvertrages) entspricht (UmgrStR Rz 1012; s auch § 19 Rz 23 mit Ausführungen zu Klauseln, bei denen von vornherein die Anpassung der Gegenleistung nach Maßgabe zukünftiger Wertentwicklungen des Einbringungsvermögens vereinbart wird).

B. Rechtsfolgen

9 Das Vorliegen einer Äquivalenzverletzung stellt **keine Verletzung einer Anwendungsvoraussetzung** des Art III dar (UmgrStR Rz 1219). Art III ist auch anwendbar, wenn wissentlich eine nicht den Wertverhältnissen entsprechende Anteilsgewährung erfolgt (UmgrStR Rz 1219) oder bei schwerwiegenden Verstößen gegen das Äquivalenzprinzip (*Huber* in W/Z/H/K⁵ § 22 Rz 11).

10 Aufgrund des Verweises in § 22 Abs 1 treten bei Äquivalenzverletzungen die **Rechtsfolgen gemäß** § 6 Abs 2 (vgl dazu § 6 Rz 12 f) ein. Folglich wird in Höhe der Wertdifferenz eine **unentgeltliche Zuwendung** unterstellt, die nach § 22 Abs 1 mit Beginn des dem Einbringungsstichtag folgenden Tages als zugewendet gilt. Dies erfolgt iRe zweistufigen Korrektur: In einem ersten Schritt wird eine den tatsächlichen Werten entsprechende, wertäquivalente Zuordnung von Anteilsrechten unterstellt; auf diese kommt § 20 zur Anwendung. In einem zweiten Schritt werden bei den durch die Äquivalenzverletzung begünstigten Anteilsinhabern – nach allg Steuerrecht und außerhalb des UmgrStG – zusätzliche Anschaffungskosten iHd unentgeltlich zugewendeten Anteile angesetzt und in gleicher Höhe vermindern sich die Anschaffungskosten (Buchwerte) der Anteile jener Gesellschafter, die diese Vorteile unentgeltlich zugewendet haben (UmgrStR Rz 1219 iVm 308; *Rabel* in W/H/M, HdU^1 § 22 Rz 4 f; s § 6 Rz 22).

Beispiel 11

A hält 100 % der Anteile an der A-GmbH. Der Buchwert der Anteile beträgt 900 (entspricht dem Stammkapital der A-GmbH) und der Verkehrswert 3.000. B bringt seinen Betrieb (Buchwert 500, Verkehrswert 3.000) in die A-GmbH gegen Gewährung neuer Anteile im Nominale von 600 ein. Da der Wert der erhaltenen Gegenleistung vom Wert des eingebrachten Vermögens abweicht (40:60 anstelle 50:50), kommt es zu einer Äquivalenzverletzung zu Lasten des B und zur Unterstellung der Gewährung einer 50 %-Beteiligung an B mit nachfolgender Zuwendung einer 10 %-Beteiligung von B an A. Infolge der Zuwendungsfiktion sind die Anschaffungskosten der Anteile von B um ein Fünftel von 500 auf 400 abzustocken, bei A im selben absoluten Betrag von 900 auf 1.000 aufzustocken.

Lt FV kann eine unentgeltliche Zuwendung von einem fremden Dritten an eine 12 Körperschaft, die unter § 7 Abs 3 KStG fällt, auch eine **steuerpflichtige Betriebseinnahme** darstellen (UmgrStR Rz 1219 mVa Rz 306 und KStR Rz 490; BMF-010216/0071-VI/6/2010 v 22.10.2010, Sbg Steuerdialog 2010, Zweifelsfragen zur KSt und UmgrSt 9 f). Voraussetzung ist das Bestehen einer **subjektiven Bereicherungsabsicht**, die nicht bei jeder Abweichung des Preises vom objektiven Wert unterstellt werden kann, da auch die Preisfindung unter Fremden von verschiedenen Faktoren wie zB Verhandlungsgeschick und Verhandlungsmacht abhängt. Weicht die gewährte Gegenleistung allerdings um **mehr als 50 % vom tatsächlichen Wert des eingebrachten Vermögens** ab, kann „in der Regel schon aufgrund der objektiven Tatsachen von einer subjektiven Bereicherungsabsicht ausgegangen werden" (KStR Rz 460; UmgrStR Rz 306; BMF-010216/0071-VI/6/2010 v 22.10.2010, Sbg Steuerdialog 2010, Zweifelsfragen zur KSt und UmgrSt 9 f). S zu etwaigen weiteren Steuerfolgen im Detail § 6 Rz 23 f.

Liegt zusätzlich zur objektiven Bereicherung ein subjektiver Bereicherungswille 13 vor, löst die Anteilsschenkung auch eine **Schenkungsmeldeverpflichtung nach § 121a BAO** aus (UmgrStR Rz 1219); s im Detail § 6 Rz 25 ff. Nach Auffassung der FV hat die Meldung gemäß § 121a BAO parallel und zusätzlich zu ohnedies bestehenden Meldepflichten zB nach § 43 zu erfolgen (Erlass des BMF 17.12.2008, Anzeigepflicht nach § 121a BAO, BMF-010103/0219-VI/2008; kritisch dazu *Rief*, GeS 2008, 241 f; *Fraberger/Petritz*, JEV 2009, 53 f; *Korntner*, FJ 2009, 58 f).

II. Einbringung durch Arbeitnehmer der übernehmenden Körperschaft

§ 22 Abs 2 sieht für einbringungsbedingte Änderungen der einkommensteuerrecht- 16 lichen Einstufung von Dienstverhältnissen eine **Ausnahme von der Rückwirkungsfiktion** des § 14 Abs 2 vor. Führt eine Einbringung dazu, dass ein Arbeitnehmer der übernehmenden Körperschaft nach der Einbringung eine **wesentliche Beteiligung iSd § 22 Z 2 EStG** (Beteiligung größer 25 % am Grund- oder

Stammkapital) an der übernehmenden Körperschaft hält, sind seine Bezüge und Vorteile aus dem Dienstverhältnis aus einkommensteuerrechtlicher Sicht nicht mehr als Einkünfte aus nichtselbständiger Arbeit (§ 25 EStG), sondern als Einkünfte aus (sonstiger) selbständiger Arbeit (§ 22 Z 2 EStG) zu qualifizieren. Diese geänderte Qualifikation der Bezüge und Vorteile gilt nicht ab dem Einbringungsstichtag, sondern nach § 22 Abs 2 erst ab der Eintragung der Einbringung in das Firmenbuch oder – soweit eine Eintragung nicht zu erfolgen hat – ab dem Tag der Meldung beim für die übernehmende Körperschaft zuständigen Finanzamt (UmgrStR Rz 1218a).

17 Besteht das arbeitsrechtliche Dienstverhältnis weiter, ist eine bis zur Einbringung gebildete **Abfertigungsrückstellung** iSd § 14 EStG weiterzuführen und erst bei Beendigung des arbeitsrechtlichen Dienstverhältnisses aufzulösen (UmgrStR Rz 1218a). Eine anlässlich der Auflösung erfolgende Auszahlung der Abfertigung unterliegt beim Empfänger der Besteuerung gemäß § 67 Abs 3 EStG (UmgrStR Rz 1218a).

18 Geht die einkommensteuerrechtliche Beteiligungsqualität iSd § 22 Z 2 EStG bei einem **Gesellschafter-Geschäftsführer** aufgrund einer Einbringung durch andere verloren (Wechsel in die nicht wesentliche Beteiligung), gilt die geänderte Qualifikation lt FV mit Eintragung der einbringungsveranlassten Kapitalerhöhung in das Firmenbuch bzw in Fällen ohne Gewährung neuer Anteile (zB Anteilsabtretung nach § 19 Abs 2 Z 2) mit der Meldung der Einbringung bei dem für die übernehmende Körperschaft zuständigen Finanzamt (UmgrStR Rz 1218).

III. Umsatzsteuer
A. Einbringungen außerhalb des § 12

21 Nach **traditioneller Auffassung** bewirkt die Einbringung von Vermögen gegen die Gewährung von Gesellschaftsrechten außerhalb des Art III einen Leistungsaustausch (*Rabel* in W/H/M, HdU[1] § 22 Rz 14). Dies führt aus Sicht der übernehmenden Körperschaft zur Verwirklichung umsatzsteuerbarer, aber nach § 6 Abs 1 Z 8 lit g UStG befreiter Umsätze (*Ruppe/Achatz*, UStG[4] § 1 Rz 77). Auf Ebene des Gesellschafters liegen umsatzsteuerbare Leistungen nur vor, wenn dieser als Unternehmer im Rahmen seines Unternehmens eine Sacheinlage leistet. Geldeinlagen sind hingegen aus Sicht des Gesellschafters unabhängig von dessen Unternehmereigenschaft stets als nicht steuerbare Leistungen zu beurteilen (*Ruppe/Achatz*, UStG[4] § 1 Rz 77).

22 Diese **Auffassung** ist **vor dem Hintergrund der jüngeren Rechtsprechung des EuGH** nicht mehr haltbar (dazu *Ruppe/Achatz*, UStG[4] § 1 Rz 82/1 ff; *Wieland* in *Berger/Bürgler/Kanduth-Kristen/Wakounig* UStG-ON[2] § 1 Rz 147 ff). Nunmehr ist davon auszugehen, dass die übernehmende Körperschaft anlässlich der Einbringung von Vermögen gegen Gewährung von Gesellschaftsrechten keine umsatzsteuerbare Leistung erbringt (UStR Rz 36 f; *Ruppe/Achatz*, UStG[4] § 1 Rz 82/4; *Wieland* in *Berger/Bürgler/Kanduth-Kristen/Wakounig*, UStG-ON[2] § 1 Rz 150). Auf Ebene des Einbringenden liegen nach Auffassung der FV umsatzsteuerbare Leistungen unverändert nur dann vor, wenn dieser als Unternehmer im Rahmen seines Unternehmens eine Sacheinlage leistet (UStR Rz 37; *Wieland* in *Berger/Bürgler/Kanduth-Kristen/Wakounig*, UStG-ON[2] § 1 Rz 150; zweifelnd *Ruppe/Achatz*, UStG[4] § 1 Rz 82/4). Folglich wird durch die Einbringung eines Betriebs oder Teilbetriebs aus Sicht des Einbringenden idR ein umsatzsteuerbarer Vorgang verwirklicht, der als **Geschäftsveräußerung im Ganzen** nach § 4 Abs 7 UStG zu beurteilen ist (dazu zB *Ruppe/Achatz*, UStG[4] § 4 Rz 143 ff).

B. Einbringungen nach § 12

§ 22 Abs 3 bestimmt, dass es sich bei einer „Einbringung nach § 12" nicht um einen **umsatzsteuerbaren** (und allenfalls steuerbefreiten) Vorgang handelt. Da die Nichtsteuerbarkeit den gesamten – Leistung und Gegenleistung umfassenden – Einbringungsvorgang erfasst (§ 6 Rz 34), entfaltet § 22 Abs 3 sowohl gegenüber dem Einbringenden als auch gegenüber der übernehmenden Körperschaft Wirkung. Die Einbringung führt folglich nicht nach § 12 Abs 3 UStG zum Ausschluss des Vorsteuerabzugs wegen Ausführung steuerfreier Umsätze (*Huber* in *W/Z/H/K*[5] § 22 Rz 15), weshalb auch keine Berichtigung der Vorsteuer nach § 12 Abs 10 und 11 UStG in Betracht kommt (UmgrStR Rz 1222). 24

Nach § 22 Abs 3 erfolgt für Zwecke der Umsatzsteuer ein **Eintritt** der übernehmenden Körperschaft unmittelbar **in die Rechtsstellung des Einbringenden**. Das Vermögen geht daher unmittelbar (ohne Berührung der Privatsphäre des Unternehmers oder der Gesellschafter) auf die Kapitalgesellschaft über und löst keinen umsatzsteuerlich relevanten Vorgang (zB Entnahme nach § 3 Abs 2 UStG) aus (*Wieland* in *Berger/Bürgler/Kanduth-Kristen/Wakounig*, UStG-ON[2] § 1 Rz 195). Die übernehmende Körperschaft kann Vorsteuerbeträge aus Rechnungen des Einbringenden abziehen, soweit die in Rechnung gestellten Aufwendungen oder Wirtschaftsgüter das Einbringungsvermögen betreffen (*Hügel* in *H/M/H* § 22 Rz 5). Erfolgt hingegen auf Ebene der übernehmenden Körperschaft eine Verwendungsänderung, ist diese so zu beurteilen, als wäre sie beim Einbringenden eingetreten, weshalb eine Vorsteuerberichtigung iSd § 12 Abs 10 und 11 UStG ausgelöst werden kann (vgl *Rabel* in *W/H/M*, HdU[1] § 22 Rz 20). 25

Auch im Bereich der Umsatzsteuer gibt es **keine Rückwirkungsfiktion.** Der Wechsel der Zurechnung erfolgt daher grundsätzlich mit dem rechtswirksamen Übergang des Vermögens, somit der zivilrechtlichen Wirksamkeit der Einbringung (*Rabel* in *W/H/M*, HdU[1] § 22 Rz 21; *Wiesinger/Eipeldauer*, taxlex 2013, 283). Aus Praktikabilitätsüberlegungen kann der Übergang der umsatzsteuerlichen Zurechnung lt UStR mit dem der Anmeldung der Einbringung beim Firmenbuch oder der Meldung beim zuständigen Finanzamt folgenden Monatsersten angenommen werden (UStR Rz 56), lt UmgrStR ist auf diesen Stichtag (Monatsersten) abzustellen, sofern der Abgabenbehörde „kein anderer Stichtag des tatsächlichen Wechsels der Unternehmereigenschaft dargetan wird" (UmgrStR Rz 1221). S im Detail § 6 Rz 39; zu ustrl Praxisfragen iZm Umgründungen auch *Wiesinger/Eipeldauer*, taxlex 2013, 283. 26

IV. Kapitalverkehrsteuern und Gebühren
A. Umfang der Befreiung nach § 22 Abs 4

§ 22 Abs 4 sieht bei Einbringungen unter bestimmten Voraussetzungen eine **Befreiung** von den Kapitalverkehrsteuern und den Gebühren nach § 33 TP 21 GebG vor. 31

Die Befreiung von den **Kapitalverkehrsteuern** ist derzeit nicht relevant, da die Wertpapiersteuer (Teil II KVG) nicht mehr erhoben wird und die Börsenumsatzsteuer (Teil III KVG) ab 1.10.2000 sowie die Gesellschaftsteuer (Teil I KVG) mit Ablauf des 31.12.2015 außer Kraft getreten sind. 32

Die Befreiung von der **Gebührenpflicht** bezieht sich nur auf die Zessionsgebühr gem § 33 TP 21 GebG, die ausgelöst wird, wenn iRv Einbringungen Forderungen oder sonstige Rechte übertragen werden (*Huber* in *W/Z/H/K*[5] § 22 Rz 22). Die Ver- 33 wirklichung einer Zession iSd § 33 TP 21 GebG kann bei Nichtanwendbarkeit der Befreiungsbestimmung eine Gebühr iHv 0,8 % des Entgelts nach sich ziehen. Die Verwirklichung eines gebührenpflichtigen Tatbestands iSd § 33 TP 21 GebG ist bei Einbringungen in folgenden Fallkonstellationen denkbar:

- IRe Betriebs- oder Teilbetriebseinbringung werden **Forderungen oder sonstige Rechte** mitübertragen.
- Bei einer Mitunternehmeranteilseinbringung werden **variable Kapitalkonten** übertragen; die Übertragung der mit der Stellung eines Personengesellschafters verbundenen Rechte und Pflichten ist zwar nach § 33 TP 21 Abs 2 Z 6 GebG befreit, dies betrifft allerdings nicht die variablen Kapitalkonten (vgl *Arnold/Arnold*, Rechtsgebühren[9] § 33 TP 21 Rz 22a ff). Zudem ist auch die Übertragung einer Beteiligung als **atypisch stiller Gesellschafter** nach hA nicht von der Befreiung des § 33 TP 21 Abs 2 Z 6 GebG umfasst (*Arnold/Arnold*, Rechtsgebühren[9] § 33 TP 21 Rz 22a; zur Einbringung einer atypisch stillen Beteiligung s § 12 Rz 111 ff und UmgrStR Rz 1246 ff). S a Rz 70.
- Die Einbringung eines Kapitalanteils ist ebenfalls von der Befreiung des § 33 TP 21 Abs 2 Z 6 GebG erfasst und löst daher grundsätzlich keinen der Gebührenpflicht unterliegenden Zessionsvorgang (dazu auch Rz 70) aus; ein die Zessionsgebühr auslösender Tatbestand könnte erfüllt sein, wenn ein **Gesellschafterdarlehen**, das steuerlich als verdecktes Eigenkapital zu qualifizieren ist, aber zivilrechtlich eine Forderung gegenüber den Gesellschaftern darstellt, eingebracht wird.

34 Ob ein gebührenpflichtiger Tatbestand iSd § 33 TP 21 GebG auch erfüllt ist, wenn eine **Anteilsgewährung unterbleibt** und es zu einer bloßen Werterhöhung von (bestehenden) Anteilen kommt (§ 19 Abs 2 Z 5), hängt von der Interpretation des **Entgeltbegriffs iSd § 33 TP 21 GebG** ab. Im Falle eines engen Entgeltbegriffes in § 33 TP 21 GebG könnte aus der Rsp des OGH, wonach eine Einbringung ohne Anteilsgewährung als eine unentgeltliche Zuwendung zu betrachten ist (OGH 26.4.2001, 6 Ob 5/01 f), vom Unterbleiben einer Gebührenpflicht mangels Bemessungsgrundlage ausgegangen werden.

B. Voraussetzungen für die Anwendung der Befreiung nach § 22 Abs 4

1. Überblick

41 Die Befreiungen des § 22 Abs 4 sind auf „**Einbringungen nach § 12**" und **dafür gewährte Gegenleistungen iSd § 19** anwendbar. Bei Zweifel des Finanzamts für Gebühren und Verkehrssteuern hinsichtlich des Vorliegens der Anwendungsvoraussetzungen des Art III ist die Beurteilung der für die Ertragsbesteuerung zuständigen Finanzämter des Übertragenden und der übernehmenden Körperschaft maßgeblich (UmgrStR Rz 1223 u 1226 iVm 655).

42 Weiter setzen die Befreiungen des § 22 Abs 4 voraus, dass das zu übertragende Vermögen länger als **zwei Jahre** als Vermögen des Einbringenden besteht. Das Bestehen des Fristerfordernisses wurde historisch aus dem Blickwinkel der Gesellschaftsteuer damit begründet, dass damit verhindert werden soll, dass die aus Anlass der Gründung einer Kapitalgesellschaft anfallende Gesellschaftsteuer durch zwischengeschaltete Gründung eines Einzelunternehmens oder eine Personengesellschaft und anschließender Einbringung umgangen wird (vgl *Rabel* in *W/H/M*, HdU[1] § 22 Rz 38; *Hügel* in *H/M/H* § 22 Rz 18).

2. Zweijahresfrist

Nach § 22 Abs 4 hat das zu übertragende Vermögen am Tag des Abschlusses des Einbringungsvertrages **länger als zwei Jahre als Vermögen des Einbringenden** zu bestehen. Es kommt darauf an, dass es sich bereits seit zwei Jahren um ein Vermögen des Einbringenden handelt (in der Literatur und nachfolgend als „Besitzfrist" bezeichnet). Die Besitzfrist beginnt mit dem Tag des **Erwerbs des zivilrechtlichen Eigentums** zu laufen (ErlRV 266 BlgNR 18. GP, zu § 22 Abs 3, S 31; UmgrStR Rz 1228; VwGH 14.11.1996, 94/16/0157; *Huber* in W/Z/H/K[5] § 22 Rz 24; *Rabel* in W/H/M, HdU[1] § 22 Rz 39; *Walter*[11] Rz 544; aA *Hügel* in H/M/H § 22 Rz 18, wonach der Erwerb des wirtschaftlichen Eigentums maßgeblich sein soll). 43

Bei Erwerb des Vermögens im Wege einer (zivilrechtlichen) **Einzelrechtsnachfolge** (zB Kauf, Schenkung) beginnt der Lauf der Besitzfrist mit dem Zeitpunkt des zivilrechtlichen Erwerbs (zur Schenkung VwGH 27.9.2012, 2011/16/0220; VwGH 21.2.1996, 95/16/0161; BFG 16.4.2015, RV/7101032/2010; UmgrStR Rz 1232). Im Fall des Erwerbs im Zuge einer mit Einzelrechtsnachfolge verbundenen Umgründung (zB Einbringung oder Zusammenschluss) läuft die zweijährige Besitzfrist daher ebenfalls erst ab dem Zeitpunkt des zivilrechtlichen Erwerbs und nicht bereits ab dem für ertragsteuerliche Zwecke wirksamen, rückwirkend vereinbarten Umgründungsstichtag (*Rabel* in W/H/M, HdU[1] § 22 Rz 40). 44

Hingegen unterbricht eine Vermögensübertragung im Wege einer **zivilrechtlichen Gesamtrechtsnachfolge** (zB Erbfolge) den Lauf der Frist nicht (UmgrStR Rz 1228). Für die zweijährige Besitzfrist ist daher die Besitzzeit des Rechtsvorgängers miteinzubeziehen (*Rabel* in W/H/M, HdU[1] § 22 Rz 41). Folglich kommt es auch bei Erwerb des Vermögens durch Umgründungen, die eine zivilrechtliche Gesamtrechtsnachfolge nach sich ziehen (zB Verschmelzung, Umwandlung, Spaltung, Anwachsung), auf den Zeitpunkt des Erwerbs durch den Rechtsvorgänger an (vgl *Rabel* in W/H/M, HdU[1] § 22 Rz 41; *Hügel* in H/M/H § 22 Rz 20). 45

Abweichend von der **Maßgeblichkeit des zivilrechtlichen Eigentums** ist im Fall der Einbringung durch einen Treuhänder nach Auffassung der FV die **Zurechnung des Vermögens zum Treugeber** ausschlaggebend: Voraussetzung ist daher, dass das eingebrachte Vermögen am Tag des Abschlusses des Einbringungsvertrags dem Treugeber länger als zwei Jahre zuzurechnen ist (UmgrStR Rz 1233). Im Schrifttum wurde diese Auffassung jedenfalls für Zwecke der Kapitalverkehrsteuerbefreiung kritisiert und gefordert, im Sinne der für Kapitalverkehrsteuern primär maßgebenden Anknüpfung ans Zivilrecht auf die Erfüllung der Besitzfrist beim Treuhänder abzustellen (*Hügel* in H/M/H § 22 Rz 27; *Rabel* in W/H/M, HdU[1] § 22 Rz 39). Dieses Argument sollte auch für das GebG gelten, da die einzelnen Tatbestände des GebG an spezifische zivilrechtliche Gestaltungen anknüpfen (*Arnold/Arnold*, Rechtsgebühren[9], § 1 Rz 20). Die bisherige Bestätigung in den UmgrStR, wonach ein Wechsel des Treuhänders innerhalb der Zweijahresfrist für die Befreiung unschädlich ist (UmgrStR Rz 1233), wurde iRd WE-BegE 2016 gestrichen (UmgrStR Rz 1233). Damit lässt die FV offen, ob ein Wechsel des Treuhänders einen neuerlichen Fristenlauf des § 22 Abs 4 auslösen könnte. Jedenfalls unschädlich für den Fristenlauf ist lt FV (auch nach UmgrStR Rz 1233) eine (Rück)Übertragung des Vermögens vom Treuhänder auf den Treugeber (UmgrStR Rz 1233: *„Besteht vor oder am Tag des Einbringungsvertrages ein Treuhandverhältnis, ist Voraussetzung für die Anwendung der Befreiung des § 22 Abs 4, dass das einge-* 46 *brachte Vermögen* [...] *länger als zwei Jahre dem Treugeber (**bzw dem ehemaligen Treugeber**) zuzurechnen ist."*)

47 Bei **Einbringungen durch Personengesellschaften** ist das zivilrechtliche Eigentum der Personengesellschaft für den Fristenlauf maßgeblich (ErlRV 266 BlgNR 18. GP, zu § 22 Abs 3, S 31; UmgrStR Rz 1229; VwGH 14.11.1996, 94/16/0157; VwGH 27.9.2012, 2011/16/0220; *Huber* in *W/Z/H/K*[5] § 22 Rz 24; *Hügel* in *H/M/H* § 12 Rz 48, § 22 Rz 26; *Rabel* in *W/H/M*, HdU[1] § 22 Rz 48). Zivilrechtliches Eigentum können insb die rechtsfähigen Personengesellschaften des Handelsrechts (OG, KG) erwerben. Der VwGH hat darüber hinaus die (bloß teilrechtsfähige) GesbR als Einbringende iSd § 22 Abs 4 anerkannt und die Vermögenszurechnung darauf gestützt, dass das Vermögen der GesbR zivilrechtlich Sondervermögen darstellt, das nach § 1182 ABGB von den anderen (Privat)Vermögen der Gesellschafter zu trennen ist; der fehlenden zivilrechtlichen Rechts- und Parteifähigkeit der GesbR hat der VwGH keine Bedeutung beigemessen, sein Erkenntnis aber ausdrücklich auf die mitunternehmerische GesbR eingeschränkt (VwGH 14.11.1996, 94/16/0157, mVa ErlRV 266 BlgNR 18. GP, zu § 22 Abs 3); unklar bleibt damit, ob das Erkenntnis auf Einbringungen durch vermögensverwaltende GesbR anwendbar ist (s § 12 Rz 236). Als Folge der Maßgeblichkeit des zivilrechtlichen Eigentums der Personengesellschaft ist ein Gesellschafterwechsel für den Fristenlauf unerheblich (ErlRV 266 BlgNR 18. GP, zu § 22 Abs 3, S 31 und UmgrStR Rz 1229 f, jeweils zur „Personengesellschaft (Mitunternehmerschaft)"; darüber hinaus VwGH 14.11.1996, 94/16/0157, zur bloß teilrechtsfähigen GesbR, jedoch eingeschränkt auf Mitunternehmerschaften).

> **Stellungnahme.** Aufgrund der Maßgeblichkeit des zivilrechtlichen Eigentums ist ein Gesellschafterwechsel bei einer **rechtsfähigen Personengesellschaft** (insb OG, KG) für den Fristenlauf jedenfalls unschädlich, unabhängig ob die Gesellschaft mitunternehmerisch oder vermögensverwaltend tätig ist (idS *Rabel* in *W/H/M*, HdU[1] § 22 Rz 48). Anderes könnte bei rein zivilrechtlicher Betrachtung für die bloß teilrechtsfähige GesbR gelten; aufgrund der fehlenden zivilrechtlichen Gesamthandschaft (das Gesellschaftsvermögen steht im Miteigentum der Gesellschafter) könnte ein Gesellschafterwechsel insoweit einen neuen Fristenlauf auslösen. Der VwGH (aaO) hat die Unschädlichkeit zwar nur für die mitunternehmerische GesbR bestätigt, eine Unterscheidung zwischen einer mitunternehmerischen und einer vermögensverwaltenden GesbR iRd § 22 Abs 4 erscheint aber sachlich nicht gerechtfertigt. Gegen eine Unterscheidung spricht auch die im ertragsteuerlichen Bereich für betriebliche und außerbetriebliche GesbR gleichermaßen vertretene „Teilrechtsfähigkeit" iSe Einkünfte- und Vermögenszurechnungssubjektivität (s *Bergmann*, Einjährige Spekulationsfrist bei der Veräußerung von Anteilen an grundstücksverwaltenden Personengesellschaften?, GES 2012, 152 ff; zur Teilrechtsfähigkeit der betrieblichen GesbR *Bergmann* in *Bergmann/Ratka*, Handbuch Personengesellschaften Rz 12/80 ff; *derselbe*, Personengesellschaften im Ertragsteuerrecht 64 ff).

Fraglich bei Einbringungen durch Personengesellschaften ist, ob im zivilrechtlichen Eigentum der Gesellschafter stehendes und miteingebrachtes **Sonderbetriebsvermögen** der Befreiung nach § 22 Abs 4 zugänglich ist; bejahend UFS 9.9.2011, RV/0384-L/10, wonach auf die Dauer der steuerlichen Zurechnung des Sonderbetriebsvermögens zur Mitunternehmerschaft abzustellen ist; verneinend *Lehner/Lehner*, GeS 2011, 519, mVa das mangelnde zivilrechtliche Eigentum der Personengesellschaft.

Zu **Mitunternehmeranteilseinbringungen** s Rz 52, zur Einbringung von Sonderbetriebsvermögen iZm Mitunternehmeranteilseinbringungen s Rz 53.

3. Umfang des begünstigten Vermögens

Das Erfordernis der zweijährigen Besitzzeit in § 22 Abs 4 knüpft an „**das zu übertragende Vermögen**" an. Der Begriff des zu übertragenden Vermögens ist in § 22 Abs 4 nicht näher definiert. Lt Gesetzesmaterialien sind „Erweiterungen des Vermögens (zB Kauf von Anlagevermögen) innerhalb der Zweijahresfrist unbeachtlich, wenn die Zuerwerbe nicht die Eigenschaft von Teilbetrieben, Betrieben, Mitunternehmeranteilen jeglicher Art oder Kapitalanteilen von mehr als 25 % erreichen" (ErlRV 266 BlgNR 18. GP, zu § 22).

48

Den Gesetzesmaterialien (aaO) folgend geht die FV im Fall einer **Betriebseinbringung** davon aus, dass auf das Bestehen des Betriebs abzustellen ist (BMF 19.9.1996, ÖStZ 1997, 31). Im Fall eines Teilbetriebs kommt es auf den Zeitpunkt an, ab dem der Teilbetrieb organisatorisch existiert, auch wenn die dem Teilbetrieb zuzuordnenden Wirtschaftsgüter schon länger zum Vermögen des Einbringenden gehören (Bundessteuertagungsprotokoll 2007, BMF-010206/0167-VI/5/2009, Bsp 5.3). Der **Zuerwerb einzelner Wirtschaftsgüter** innerhalb der Zweijahresfrist ändert lt FV nichts an der grundsätzlichen Erfüllung der Zweijahresfrist, außer die dazuerworbenen Wirtschaftsgüter erfüllen für sich die Eigenschaft eines Vermögens iSd § 12 Abs 2; **Vermögen isd § 12 Abs 2** muss jeweils für sich die Zweijahresfrist erfüllen, auch wenn es einem Betrieb zugeordnet und iRe Betriebseinbringung übertragen wird (BMF 19.9.1996, ÖStZ 1997, 31). Lt hM lösen demgegenüber Zuerwerbe iSd § 12 Abs 2 (Betrieb, Teilbetrieb, Mitunternehmeranteil, Kapitalanteile) keine neue Frist aus, wenn es zur Vereinigung des Zuerwerbes mit dem bestehenden (Teil)Betrieb kommt bzw die zuerworbenen Wirtschaftsgüter dem bestehenden (Teil)Betrieb als (notwendiges oder gewillkürtes) Betriebsvermögen zuzuordnen sind (*Rabel* in W/H/M, HdU[1] § 22 Rz 44; *Hügel* in H/M/H § 22 Rz 23; *Huber* in W/Z/H/K[5] § 22 Rz 26).

49

Stellungnahme. § 12 Abs 1 S 1 umschreibt die Einbringung als Vorgang, bei dem „Vermögen (Abs 2) … übertragen wird". § 22 Abs 4 knüpft das Fristerfordernis an „das zu übertragende Vermögen", die Frist ist daher auf das jeweilige Einbringungsvermögen iSd § 12 Abs 2 zu beziehen. Bei einer Betriebseinbringung ist das zu übertragende Vermögen der (gesamthafte) Betrieb iSd § 12 Abs 2 Z 1, ein Herausschälen zB betriebszugehöriger Mitunternehmer- oder Kapitalanteile findet nicht statt. Folglich kann ein solches Herausschälen mangels gesetzlicher Deckung auch entgegen den Gesetzesmaterialien nicht iRd § 22 Abs 4 Platz greifen, der Literaturauffassung (aaO) ist zuzustimmen.

IZm Zuerwerben innerhalb von zwei Jahren vor Unterfertigung des Einbringungsvertrages stellt sich des Weiteren die Frage, ob auch Zuerwerbe nach dem Einbringungsstichtag, die nach § 16 Abs 5 auf den Einbringungsstichtag rückbezogen werden, der Befreiung nach § 22 Abs 4 zugänglich sind (zB rückbezogene Einlage einer Forderung ins Sonderbetriebsvermögen nach § 16 Abs 5 Z 1 iRe Mitunternehmeranteilseinbringung). Lt UmgrStR bestand im Falle einer einbringenden Kapitalgesellschaft iSd § 4 KVG offensichtlich generell keine Gesellschaftsteuerbefreiung für „**Einlagen nach § 16 Abs 5**" (UmgrStR Rz 1227). Eine nähere Begründung des Befreiungsausschlusses erfolgte nicht. Annahmegemäß wurde die Befreiung für nach dem Einbringungsstichtag vorgenommene, rückbezogene Änderungen des Einbringungsvermögens nach § 16 Abs 5 mangels Erfüllens der Zweijahresfrist

50

versagt. Laut Gesetzesmaterialien sind dagegen Erweiterungen des Einbringungsvermögens innerhalb der Zweijahresfrist grundsätzlich unschädlich mit exemplarischem Verweis auf den Kauf von Anlagevermögen (ErlRV 266 BlgNR 18. GP, zu § 22). Als unschädliche Vermögenserweiterung wird daher nicht nur ein Kauf, sondern in gleicher Weise eine Einlage in das Betriebsvermögen oder Widmung als gewillkürtes oder als Sonderbetriebsvermögen zu verstehen sein. Etwas anderes kann auch nicht für Einlagen gelten, die auf Basis von § 16 Abs 5 rückwirkend auf den Einbringungsstichtag vorgenommen werden. Bei der Möglichkeit, Einlagen rückwirkend zu tätigen, handelt es sich um einen gesetzlich eingeräumten Gestaltungsspielraum. Eine Einschränkung der Befreiung des § 22 Abs 4 im Falle der Ausübung dieses Gestaltungsspielraums ist dem Gesetz nicht zu entnehmen. Insb kann in der Ausübung dieses gesetzlich eingeräumten Gestaltungsspielraums auch kein Missbrauch gesehen werden (vgl dazu *Beiser*, ÖStZ 2010, 562 ff).

52 Bei **Einbringungen von Mitunternehmeranteilen** ist auf den Erwerbszeitpunkt des Mitunternehmeranteiles abzustellen (ErlRV 266 BlgNR 18. GP, 31; *Huber* in W/Z/H/K[5] § 22 Rz 25; UmgrStR Rz 1231 *e contrario*; *Lehner/Lehner*, GeS 2011, 519; idS auch VwGH 27.9.2012, 2011/16/0220, allerdings zu miteingebrachtem Sonderbetriebsvermögen; aA UFS 9.9.2011, RV/0384-L/10). Lt FV stellt der Zuerwerb von Mitunternehmeranteilen infolge des Ausscheidens eines Gesellschafters aus einer drei- oder mehrgliedrigen Personengesellschaft im Wege der beteiligungsproportionalen Anwachsung bei den verbleibenden Gesellschaftern (dh Unterbleiben einer [un]entgeltlichen Anteilsübertragung an einzelne Mitgesellschafter oder einen Dritten) keinen der Zweijahresfrist auslösenden Anteilserwerb bei den verbleibenden Gesellschaftern dar (UmgrStR Rz 1231; *Huber* in W/Z/H/K[5] § 22 Rz 25); *e contrario* löst damit lt FV ein sonstiger **(un)entgeltlicher Zuerwerb eines Mitunternehmeranteiles** (bei schon bestehender Beteiligung iS einer **Aufstockung des fixen Kapitalkontos**) die **Zweijahresfrist** anteilig für den **dazuerworbenen Anteil** aus (*Rabel* in W/H/M, HdU[1] § 22 Rz 46; aA *Hügel* in H/M/H § 22 Rz 23, wonach aufgrund der Vereinigung des dazuerworbenen mit dem bestehenden Mitunternehmeranteil für Ersteren keine gesonderte Frist in Gang gesetzt wird analog dem Zuerwerb von Betriebsvermögen). Bloße Kapitalzufuhren (Einlagen), die den quotenmäßigen Anteil nicht ändern (keine Änderung des fixen Kapitalkontos, sondern bloß des variablen Kapitalkontos) sind hingegen unschädlich für die Beurteilung der Zweijahresfrist (*Rabel* in W/H/M, HdU[1] § 22 Rz 46).

53 Bei der Einbringung eines Mitunternehmeranteils mit **Sonderbetriebsvermögen** ist fraglich, ob das Sonderbetriebsvermögen für sich die Zweijahresfrist erfüllen muss (entw als Sonderbetriebsvermögen des zu übertragenden Mitunternehmeranteiles oder zumindest als Vermögen des Einbringenden) oder die Zweijahresfrist nur hinsichtlich des Mitunternehmeranteils erfüllt sein muss.

Stellungnahme. Bei Mitunternehmeranteilseinbringungen umfasst der Einbringungsgegenstand neben dem fixen und dem variablen Kapital auch die Gesellschafterverrechnungskonten und das Sonderbetriebsvermögen (UmgrStR Rz 966), die Zuordnung von Sonderbetriebsvermögen führt dabei nicht zu einer Aufstockung des Mitunternehmeranteiles (iSe Veränderung des fixen Kapitalkontos, s oben Rz 52). Erfüllt das Sonderbetriebsvermögen für sich nicht die Eigenschaft von Vermögen iSd § 12 Abs 2, geht lt FV unter analoger Anwendung der Aussagen zur Betriebseinbringung (vgl Rz 49) das Sonderbetriebsvermögen im

Mitunternehmeranteil auf und ist die Zweijahresfrist ausschließlich auf den Mitunternehmeranteil zu beziehen; ist diese erfüllt, ist auch innerhalb der Zweijahresfrist erworbenes und/oder gewidmetes Sonderbetriebsvermögen nach § 22 Abs 4 begünstigt (dieser Auffassung steht auch das Bundessteuertagungsprotokoll 2006, BMF-010206/0050-VI/5/2008, Bsp 4.2, zur Befreiung eines die Zweijahresfrist nicht erfüllenden Mitunternehmeranteils inklusive Sonderbetriebsvermögen nach § 6 Abs 1 Z 3 KVG nicht entgegen). Anderes würde lt FV bei Sonderbetriebsvermögen, das für sich die Eigenschaft eines Vermögens iSd § 12 Abs 2 erfüllt, gelten (vgl Rz 49); mit der hM zur Betriebseinbringung ist dies abzulehnen und die Zweijahresfrist unabhängig von der Eigenschaft des Sonderbetriebsvermögens allein auf das jeweils nach § 12 Abs 2 maßgebende Einbringungsvermögen (bei einer Mitunternehmeranteilseinbringung sohin auf den Mitunternehmeranteil) zu beziehen (vgl Rz 49). Grundsätzlich aA UFS 9.9.2011, RV/0384-L/10, wonach bei Einbringung von Mitunternehmeranteilen samt Sonderbetriebsvermögen auf die Zurechnung des Sonderbetriebsvermögens zur Mitunternehmerschaft (beim Einbringenden oder einem Rechtsvorgänger) abzustellen ist (kritisch *Lehner/Lehner*, GeS 2011, 519); im fortgesetzten VwGH-Verfahren wurde diese Auffassung zwar abgelehnt (VwGH 27.9.2012, 2011/16/0220), die oa Kernfrage (Maßgeblichkeit der Behaltedauer des Mitunternehmeranteiles oder auch des Sonderbetriebsvermögens) konnte aber dahingestellt bleiben, da sowohl der Mitunternehmeranteil als auch das Sonderbetriebsvermögen vom Einbringenden innerhalb der Zweijahresfrist erworben wurden.

Bei der Einbringung von **Kapitalanteilen** ist lt FV die Befreiung für **quotenmäßige** **54** **Zuerwerbe** innerhalb der zweijährigen Frist **nicht anwendbar**, während die Befreiung für jene Kapitalanteile, die die Frist erfüllen, anwendbar bleibt (UmgrStR Rz 1234; *Rabel* in W/H/M, HdU[1] § 22 Rz 47). Kapitalzufuhren innerhalb der zweijährigen Frist (zB offene oder verdeckte Einlagen), die den quotenmäßigen Anteil am Nennkapital nicht ändern, sind lt Verwaltungspraxis unschädlich (UmgrStR Rz 1234; die von *Magreiter ua*, Sonderbilanzen[3] 345, vertretene gegenteilige Auffassung wurde im Zuge der UmgrStR-Bearbeitung aufgegeben). Wird der Kapitalanteil erst innerhalb der Zweijahresfrist auf das einbringungsfähige Ausmaß von 25 % aufgestockt, ist die Befreiung lt FV zur Gänze nicht anwendbar (UmgrStR Rz 1234).

Stellungnahme. Die Aussage der FV scheint nur für die Einbringung von qualifizierten Kapitalanteilen iSd § 12 Abs 2 Z 3 erster TS zutreffend. Wird hingegen ein Kapitalanteil iSd § 12 Abs 2 Z 3 zweiter TS eingebracht, der nicht zwingend 25 % betragen muss, ist die Befreiung auch schon vor Erreichen der Beteiligungshöhe von 25 % (bei Aufstockung innerhalb der Zweijahresfrist ggf auch anteilig) anzuwenden.

Laut *Hügel* ist hingegen auf die zivilrechtliche Vereinigung der erworbenen Anteile **55** mit den Altanteilen abzustellen, sodass es bei Zuerwerb von verbrieften Anteilen (insb Aktien) stets zu einem neuerlichen Fristenlauf kommt, während es bei unverbrieften Anteilen (zB GmbH-Anteile) zu einer Vereinigung des neu erworbenen mit dem bereits bestehenden Anteil und der Zuerwerb daher in den Genuss der Besitzfrist des Altanteiles kommt (*Hügel* in H/M/H § 22 Rz 25; aA BMF 6.7.1999, ecolex 1999, 654, zum Anteilstausch aufgrund einer Spaltung).

C. Verhältnis zu sonstigen Befreiungsbestimmungen

70 Neben der Befreiung nach § 22 Abs 4 können im Fall von Einbringungen auch Gebührenbefreiungen im GebG Anwendung finden (UmgrStR Rz 1224). Nach Auffassung der FV können insb folgende Befreiungstatbestände bei Einbringungen relevant sein (UmgrStR Rz 1225):

- § 33 TP 21 Abs 2 Z 6 GebG für die Abtretung von Anteilen an einer GmbH, Übertragungen von Aktien und Geschäftsanteilen an einer Erwerbs- und Wirtschaftsgenossenschaft und Übertragungen der mit der Stellung eines Gesellschafters einer Personengesellschaft verbundenen Rechte und Pflichten.
- § 15 Abs 3 GebG bei Identität des Rechtsvorganges für jene Rechtsgeschäfte, die unter das Erbschafts- und Schenkungssteuergesetz, Grunderwerbsteuergesetz, Kapitalverkehrsteuergesetz, Versicherungssteuergesetz oder Stiftungseingangssteuergesetz fallen. Voraussetzung für die Anwendbarkeit der Befreiungsbestimmung nach § 15 Abs 3 GebG ist, dass das Rechtsgeschäft den genannten Verkehrsteuergesetzen unterliegt bzw nach diesen steuerbar ist (GebR Rz 443; *Fellner*, Stempel- und Rechtsgebühren[20], § 15 Rz 66 mVa VwGH 16.9.1991, 90/15/0080). Nicht entscheidend ist, dass die Abgabe aufgrund einer Befreiungsbestimmung nicht anfällt oder der Gesetzgeber auf die Erhebung der Abgabe verzichtet (*Arnold/Arnold*, Rechtsgebühren[9], § 15 Rz 31 f). Durch die Aufhebung von Teil I KVG (Gesellschaftsteuer) fallen die davon erfassten Erwerbs- und Einlagevorgänge (§ 2 KVG) nicht mehr unter das KVG und sind daher auch nicht mehr von der Befreiungsbestimmung des § 15 Abs 3 GebG erfasst (idS *Arnold/Arnold*, Rechtsgebühren[9], § 15 Rz 21h, zur Aufhebung von § 1 Abs 1 Z 1 und 2 ErbStG wegen Verfassungswidrigkeit). Der Anwendungsbereich der Begünstigung von § 15 Abs 3 GebG für Einbringungsvorgänge wurde dadurch wesentlich eingeschränkt. Für die Befreiung von der Zessionsgebühr (§ 33 TP 21 GebG) iRd Einbringung von Forderungen und Rechten hat weiter die Begünstigung nach § 22 Abs 4 wesentlich an Bedeutung gewonnen.
- § 19 Abs 2 GebG für bestimmte Nebengeschäfte, sofern das Nebengeschäft in der Urkunde über das Hauptgeschäft beurkundet ist, diese zwischen denselben Vertragsteilen abgeschlossen ist und das Nebengeschäft zur Sicherung oder Erfüllung des Hauptgeschäfts erfolgt. Nebengeschäfte in der Form von Sicherungs- und Erfüllungsgeschäften zu Darlehens-, Kredit-, Haftungs- und Garantieverträgen sowie zu den iRd Factoringgeschäfts getroffenen Vereinbarungen sind seit Aufhebung der Gebühr für Darlehens- und Kreditverträge unabhängig von der Errichtung einer Urkunde für das Hauptgeschäft befreit (§ 19 Abs 2 GebG iVm § 20 Z 5 GebG idF BudBG 2011, BGBl I 2010/111).

71 Eine gesonderte Befreiung von Stempel- und Rechtsgeschäftsgebühren für **Vertragsübernahmen** anlässlich von Einbringungen ist in § 42 vorgesehen (s § 42 Rz 8 ff).

72 **Sonderregelungen für Gebietskörperschaften.** Einbringungen durch Gebietskörperschaften, die unter die steuerlichen Sonderregelungen für die **Ausgliederung von Aufgaben der Körperschaften öffentlichen Rechts** (Art 34 des BudBG 2001, BGBl I 2000/142) fallen, sind aufgrund § 1 Abs 1 dieser Vorschrift von der Gesellschaftsteuer und den Stempel- und Rechtsgebühren befreit (*Rabel* in *W/H/M*, HdU[1] § 22 Rz 32 und 52).

V. Grunderwerbsteuer
A. Einbringung außerhalb § 12

Die **Einbringung eines inländischen Grundstücks** in eine Körperschaft im Wege einer Sacheinlage unterliegt als Erwerbsvorgang iSd § 1 Abs 1 Z 1 GrEStG der GrESt. Die Bemessungsgrundlage für die GrESt ist nach § 4 Abs 1 GrEStG allg vom Wert der Gegenleistung, mindestens vom Grundstückswert zu berechnen (StRefG 2015/2016, ab 1.1.2016). Für die Festlegung der Ermittlung des Grundstückswertes wurde vom Gesetzgeber die Grundstückswertverordnung erlassen (BGBl II 2015/442, ausgegeben am 21.12.2015). 76

Durch das StRefG 2015/2016 wurde in § 7 Abs 1 Z 1 GrEStG eine Legaldefinition der Begriffe des entgeltlichen, teilentgeltlichen und unentgeltlichen Erwerbs eingeführt. Ein unentgeltlicher Erwerb liegt vor, wenn die Gegenleistung max 30 % des Grundstückswerts beträgt. Ein teilentgeltlicher Erwerb liegt vor, wenn die Gegenleistung zwischen 30 und 70 % des Grundstückswerts beträgt. Teilentgeltliche Erwerbe werden in einen entgeltlichen und einen unentgeltlichen Teil aufgeteilt. Um einen entgeltlichen Erwerb handelt es sich schließlich, wenn der Wert der Gegenleistung 70 % des Grundstückswerts übersteigt. Die entgeltlichen Erwerbe bzw entgeltlichen Teile von Erwerben unterliegen dem regulären Grunderwerbsteuersatz von 3,5 %. Für unentgeltliche Erwerbe bzw unentgeltliche Teile von Erwerben kommt der Stufentarif gem § 7 Abs 1 Z 2 lit a GrEStG zur Anwendung (*Fuhrmann/Kerbl/Deininger*, immolex 2015, 238). 77

Bei der Sacheinlage eines Grundstücks außerhalb von Umgründungen in eine Kapitalgesellschaft ist zu unterscheiden, ob die Einlage **mit oder ohne Kapitalerhöhung** vorgenommen wird. Erfolgt die Einlage eines Grundstücks mit Kapitalerhöhung, ist eine Gegenleistung in Form der Ausgabe von weiteren Kapitalanteilen gegeben. Die Grunderwerbsteuer errechnet sich nach § 4 Abs 1 iVm 5 GrEStG vom Wert der Gegenleistung in Höhe des Gegenwerts der ausgegebenen Anteile, mindestens jedoch vom Grundstückswert. Der Steuersatz beträgt nach § 7 Abs 1 Z 3 GrEStG 3,5 % (*Information BMF* 13.5.2016, BMF-010206/0058-VI/5/2016, Punkt 3.3.). Bei einer Einlage ohne Kapitalerhöhung liegt keine Gegenleistung vor. Die Grunderwerbsteuer bemisst sich nach § 4 Abs 1 vom Grundstückswert. Da bei einer Einlage ohne Anteilsgewährung ein unentgeltlicher Vorgang vorliegt, sollte nach Ansicht der FV der Stufentarif zur Anwendung kommen (*Information BMF* 13.5.2016, BMF-010206/0058-VI/5/2016, Punkt 3.3. mVa VwGH 24.2.2005, 2004/16/0200). 78

Zudem können sich grunderwerbsteuerliche Folgewirkungen bei der **Einbringung von Anteilen an grundstückshaltenden Gesellschaften** ergeben. Nach der Rechtslage vor StRefG 2015/2016 konnte eine Anteilsvereinigung iSd § 1 Abs 3 GrEStG durch Zwischenschaltung eines Zwerganteils vermieden werden. IdF StRefG 2015/2016 entsteht nunmehr die Grunderwerbsteuerpflicht gem § 1 Abs 3 GrEStG bereits bei Vereinigung bzw in weiterer Folge Übertragung von lediglich 95 % der Anteile. Außerdem wurde in § 1 Abs 2a GrEStG ein neuer Tatbestand für Anteilsübertragungen bei Personengesellschaften geschaffen (*Fuhrmann/Kerbl/Deininger*, immolex 2015, 238). 79

Die einbringungsbedingte Änderung der Beteiligungsquoten bei Mitgesellschaftern (zB Verwässerungen) kann zu grunderwerbsteuerpflichtigen Tatbeständen 80 iZm § 1 Abs 2a und 3 GrEStG führen. Ein grunderwerbsteuerpflichtiger Tatbestand entsteht, wenn ein Gesellschafter am 31.12.2015 über 95% der Anteile an einer grundstücksbesitzenden Gesellschaft hält und durch eine Einbringung das Beteiligungsausmaß verändert wird, aber nicht unter 95% sinkt, und der Tatbestand des § 1 Abs 3 idF StRefG 2015/2016 noch nicht erfüllt wurde. In diesem Fall wird die sog **Eintrittsbesteuerung** nach den Übergangsbestimmungen des § 18 Abs 2p GrEStG verwirklicht (*Information BMF* 13.5.2016, BMF-010206/0058-VI/5/2016, Punkt 1.3.3.). Die Bemessungsgrundlage für die GrESt ist nach § 4 Abs 1 GrEStG der Grundstückswert. Der Steuersatz beträgt nach § 7 Abs 1 Z 2 lit c GrEStG 0,5 %.

81 Eine Voraussetzung für die Verwirklichung eines grunderwerbsteuerpflichtigen Tatbestandes nach § 1 Abs 2a und 3 GrEStG ist, dass **zum Vermögen einer Personen- oder Kapitalgesellschaft ein inländisches Grundstück gehört**. Im Zuge des StRefG 2015/2016 ist in der Literatur vermehrt die Diskussion entstanden, in welchen Fällen ein Grundstück zum Vermögen einer Gesellschaft gehört. Das GrEStG selbst enthält keine Bestimmung darüber, nach welchen Kriterien die Zugehörigkeit eines Grundstücks zum Vermögen der Gesellschaft zu beurteilen ist (*Arnold* in *Arnold/Bodis*, GrEStG[14] [2016], § 1 Rz 384). Nach Ansicht der FV dürfte ein Grundstück aus grunderwerbsteuerlicher Sicht, unabhängig vom zivilrechtlichen Eigentum, nur demjenigen zuzurechnen sein, der einen grunderwerbsteuerpflichtigen Tatbestand bezogen auf dieses Grundstück nach § 1 Abs 1 oder 2 erfüllt hat (BMF-Info v 4.12.2017, BMF-010206/0094-IV/9/2017; idS *Lattner*, SWK 2017, 1524). Nach informeller u zwischenzeitig verworfener BMF-Ansicht waren zudem auch die Tatbestände nach Abs 2a (insoweit lex specialis zu Abs 3) u Abs 3 GrEStG einzubeziehen. Demzufolge waren einer Gesellschaft (Obergesellschaft), die den Tatbestand nach § 1 Abs 2a oder 3 GrESt hinsichtlich der Anteile an einer grundstücksbesitzenden Gesellschaft (Untergesellschaft) erfüllt, die Grundstücke der Untergesellschaft „zugehörig" iSd § 1 Abs 2a oder 3 GrEStG. Eine entsprechende Anteilsveränderung im Stand der Gesellschafter der Obergesellschaft hätte wiederum einen grunderwerbsteuerpflichtigen Tatbestand nach § 1 Abs 2a oder 3 GrEStG verwirklichen (*Entwurf Ergänzung der Information BMF* 13.5.2016, BMF-010206/0058-VI/5/2016, Punkt 1.3.; *Bodis/Varro*, RdW 2016/39, 55 [59]; kritisch *Jann/Ursprung-Steindl/Zehetmayer*, ÖStZ 2016/847, 623 [626]; *Pinetz/Zeiler*, SWK 2016, 1167 [1173 ff] insb zur offenen Reichweite der VwGH-Rsp zu § 1 GrEStG; *Lattner*, SWK 2017, 1524, für eine gesetzlichen Klarstellung plädierend, wonach Grundstücke nur dann zum Vermögen einer Gesellschaft gehören, wenn ein Tatbestand nach § 1 Abs 1 oder 2 GrEStG erfüllt wurde).

82 **Einbringungen durch Gebietskörperschaften**, die unter die steuerlichen Sonderregelungen für die Ausgliederung von Aufgaben der Körperschaften öffentlichen Rechts (Art 34 BudBG 2001, BGBl I 2000/142) fallen, sind aufgrund § 1 Abs 1 dieser Vorschrift von der Grunderwerbsteuer befreit (*Rabel* in *W/H/M*, HdU[1] § 22 Rz 65).

B. Begünstigung bei Einbringung nach § 12

83 Mit **StRefG 2015/2016** wurde § 22 Abs 5 dahingehend geändert, dass die Grunderwerbsteuer bei Erwerbsvorgängen nach § 1 GrEStG „auf Grund einer **Einbringung nach § 12** [...] gemäß § 4 in Verbindung mit § 7 GrEStG 1987 zu berechnen

[ist]". Lt Gesetzesmaterialien soll die Besteuerung von Grundstückserwerben im Zuge von Umgründungen isd UmgrStG künftig direkt im GrEStG geregelt werden, womit die bisherige Bemessungsgrundlagenregelung entfallen und durch Verweise auf das GrEStG ersetzt werden kann (ErlRV 684 BlgNR 25. GP, 36). Die Neuregelung gilt für Einbringungen mit einem Stichtag nach dem 31.12.2015 (3. Teil Z 29). Für Umgründungen mit einem Stichtag bis 31.12.2015 gilt daher, unabhängig von einer zivilrechtlichen Übertragung der Grundstücke erst im Jahr 2016, die alte Rechtslage (*Information BMF* 13.5.2016, BMF-010206/0058-VI/5/2016, Punkt 10.). Die Bemessungsgrundlage für die Grunderwerbsteuer ist für diese Tatbestände der durch § 22 Abs 5 idF vor StRefG 2015/2016 vorgegebene zweifache Einheitswert. Der anzuwendende Steuersatz des GrEStG wurde mit dem StRefG 2015/2016 bereits geändert und beträgt für diese Fälle nach § 7 Abs 1 Z 3 GrEStG 3,5 %. Die Anwendbarkeit des begünstigten Steuersatzes von 0,5 % für umgründungsbedingte Erwerbe nach § 7 Abs 1 Z 2 lit c GrEStG ist nicht zulässig, da der begünstigte Steuersatz voraussetzt, dass die Grunderwerbsteuer nicht vom Einheitswert berechnet wird (*Information BMF* 13.5.2016, BMF-010206/0058-VI/5/2016, Punkt 10.).

Gem § 4 Abs 1 GrEStG bemisst sich die GrESt „bei **Vorgängen nach dem Umgründungssteuergesetz** [...] immer vom Grundstückswert". Der anzuwendende Steuersatz beträgt 0,5 % (§ 7 Abs 1 Z 2 lit c GrEStG). Nur für land- und forstwirtschaftlich genutzte Grundstücke bildet der einfache Einheitswert gem § 4 Abs 2 Z 4 GrEStG die Bemessungsgrundlage, wobei gem § 7 Abs 1 Z 3 GrEStG ein Steuersatz von 3,5 % anzuwenden ist. **84**

Stellungnahme. Hinsichtlich des Anwendungsbereichs des § 4 Abs 1 iVm § 7 Abs 1 Z 2 lit c GrEStG ist fraglich, ob davon nur solche Einbringungen erfasst sind, die alle Anwendungsvoraussetzungen des Art III UmgrStG erfüllen oder die Bestimmung eine weite Auslegung (zB analog zu § 202 Abs 2 UGB) zulässt, wonach die Übertragung auf Basis einer gesellschaftsrechtlichen Grundlage ausreicht. Die FV dürfte eher ersterer Auffassung folgen (idS *Information BMF* 13.5.2016, BMF-010206/0058-VI/5/2016, Punkt 3.3, wo eine Sacheinlage eines Grundstückes in eine Kapitalgesellschaft gegen Kapitalerhöhung nicht als „Vorgang nach dem UmgrStG" beurteilt wurde). Andererseits wäre – entgegen bisheriger Rechtslage nach § 22 Abs 5 – eine Anteilsübertragung bzw -vereinigung nach § 1 Abs 2a und 3 GrEStG infolge einer zB Mitunternehmer- oder Kapitalanteilseinbringung sehr wohl ein „Vorgang nach dem UmgrStG", womit die Begünstigung nach § 4 iVm § 7 Abs 1 Z 2 lit c GrEStG auch für diese Tatbestände anwendbar ist. Hinsichtlich dieser Tatbestände macht es, soweit ersichtlich, allerdings keinen Unterschied, ob die Subsumtion als „Vorgang nach UmgrStG" oder unmittelbarer unter § 1 Abs 2a bzw 3 GrEStG erfolgt. Die Bemessungsgrundlage nach § 4 Abs 1 GrEStG ist jeweils der Grundstückswert, der Steuersatz nach § 7 Abs 1 Z 2 lit c GrEStG 0,5 %.

Wird ein **Mitunternehmeranteil** an einer grundbesitzenden Personengesellschaft in eine Kapitalgesellschaft eingebracht, kann zum einen eine Änderung des Gesellschafterbestands gem § 1 Abs 2a GrEStG bewirkt werden. Gleichzeitig kann auch der Tatbestand des § 1 Abs 3 GrEStG erfüllt sein, wenn mehr als 95 % aller Anteile an der Personengesellschaft in der Hand der übernehmenden Körperschaft vereinigt werden. Aus dem Wortlaut des § 1 Abs 3 GrEStG ergibt sich jedoch, dass § 1 Abs 2a GrEStG die lex specialis zu § 1 Abs 3 GrEStG ist (arg „*soweit eine Besteue-* **85** *rung nach Abs 2a nicht in Betracht kommt"*) und daher eine Kumulation beider Tatbestände unterbleibt (*Entwurf Ergänzung der Information BMF* 13.5.2016, BMF-010206/0058-VI/5/2016, Punkt 1.5.).

86 Bei Einbringung eines Mitunternehmeranteils, die zur Vereinigung aller Anteile der Personengesellschaft in einer Hand mit nachfolgender **Anwachsung gem § 142 UGB** führt, war mangels Fortbestehens der Personengesellschaft der Tatbestand des § 1 Abs 3 GrEStG nach bisheriger hA nicht erfüllt. Dies wirft die Frage auf, ob die Anwendbarkeit des § 1 Abs 2a GrEStG ebenso mangels Fortbestehens der Gesellschaft zu verneinen ist. § 1 Abs 2a GrEStG fordert dem Wortlaut nach eine „Änderung des Gesellschafterbestands". Bei der Anwachsung gem § 142 UGB kommt es jedoch zu einer Übernahme durch den letzten Gesellschafter und die Gesellschaft geht unter. Der Untergang der Gesellschaft spricht gegen eine Anwendbarkeit von § 1 Abs 2a GrEStG. Wie bereits nach der Rechtslage vor StRefG 2015/2016 kommt es daher aufgrund der Anwachsung nach § 142 UGB lediglich zur Grunderwerbsteuerpflicht nach § 1 Abs 1 Z 2 GrEStG (*Hirschler/Schimmer*, ÖStZ 2015, 690; *Bodis/Varro*, RdW 2016/39, 55 [57]). Bei der Anwachsung gem § 142 UGB iRe Umgründungsvorgangs errechnet sich die Grunderwerbsteuer nach § 4 Abs 1 iVm § 7 Abs 1 Z 2 lit c GrEStG vom Grundstückswert mit einem Steuersatz iHv 0,5 % (UmgrStR Rz 1241; *Information BMF* 13.5.2016, BMF-010206/0058-VI/5/2016, Punkt 1.1.3.; *Plott/Vaishor*, RdW 2016/335, 439 [443]). Bei Anwachsung iSd § 142 UGB außerhalb eines Umgründungsvorgangs enthält das GrEStG keine Sonderbestimmung. Die GrESt errechnet sich nach § 4 Abs 1 GrEStG vom Wert der Gegenleistung (mindestens vom Grundstückswert). Lt Rsp (zum GrEStG idF vor StRefG 2015/2016) ist als Bemessungsgrundlage der Wert der Gegenleistung (§ 4 Abs 1 GrEStG) als Summe aus der Abfindung an den ausscheidenden Gesellschafter, den übernommenen Gesellschaftsschulden und dem Wert des bisherigen Gesellschaftsanteils des übernehmenden Gesellschafters maßgebend (VwGH 29.1.2009, 2008/16/0126; 19.1.1994, 93/16/0139; UFS 23.2.2011, RV/0622-I/10; kritisch *Beiser*, SWK 2008, S 453). Der Steuersatz ist nach § 7 Abs 1 Z 3 GrEStG anzuwenden und beträgt 3,5 % (*Information BMF* 13.5.2016, BMF-010206/0058-VI/5/2016, Punkt 1.1.2.).

87 Soll anlässlich der Einbringung ein **betriebsvermögenszugehöriges Grundstück** zurückbehalten, das auf diesem Grundstück befindliche Gebäude hingegen in die Kapitalgesellschaft eingebracht werden, unterliegen das Rechtsgeschäft, das den Anspruch auf Einräumung des Baurechts (s § 12 Rz 83 ff und zu den Voraussetzungen UmgrStR Rz 694a) oder den Anspruch auf Einräumung eines Fruchtgenussrechts (s § 12 Rz 83 ff und zu den Voraussetzungen UmgrStR Rz 694b) begründet, sowie die Einbringung des Gebäudes der GrESt (UmgrStR Rz 1240; bestätigend BFG 7.1.2015, RV/5101242/2012 mVa den Erwerb der Verwertungsbefugnis am gesamten Grundstück gem § 1 Abs 2 GrEStG). Dies gilt analog bei Abschluss eines grundbücherlich eingetragenen Dienstbarkeitsvertrags (BFG 7.1.2015, RV/5101242/2012; *Huber* in W/Z/H/K[5] § 22 Rz 42; *Hirschler/Sulz/Oberkleiner*, BFGjournal 2014, 454).

88 Werden anlässlich der **Einbringung eines Betriebes einer Personengesellschaft** ein **Betriebsgrundstück** und eine Verbindlichkeit iSd § 16 Abs 5 Z 3 **zurückbehalten** und in das (zivilrechtliche) **Quotenmiteigentum der Gesellschafter** übertragen, liegt nach Auffassung der FV ein grunderwerbsteuerpflichtiger Erwerbsvorgang außerhalb des UmgrStG vor (UmgrStR Rz 1242). Stehen das Betriebsgrundstück und die Verbindlichkeit in einem „inneren Zusammenhang", bildet die Verbindlichkeit, mindestens aber der Grundstückwert, die Bemessungsgrundlage für die GrESt (UmgrStR Rz 1242). Werden gemeinsam mit der Verbindlichkeit etwaige Tilgungsträger (Besicherungen von Fremdwährungskrediten) zurückbehalten, kürzen diese im Ausmaß des Rückkaufwertes die übernommene Verbindlichkeit für Zwecke der grunderwerbsteuerlichen Gegenleistung (BFG 23.1.2017, RV/7102699/2009). Besteht zwischen Betriebsgrundstück und Verbindlichkeit kein innerer Zusammenhang, ist die Bemessungsgrundlage der Grundstückswert (UmgrStR Rz 1241).

89 Mangels Bedeutung der **Rückwirkungsfiktion** des § 13 Abs 1 für Zwecke der GrESt sind für die Ermittlung der Bemessungsgrundlage die Verhältnisse im Zeitpunkt der Verwirklichung des Erwerbsvorganges nach § 1 GrEStG (idR Abschluss des Einbringungsvertrags, UmgrStR Rz 1239) maßgebend. Durch das StRefG 2015/2016 wird daher ab 1.1.2016 regelmäßig als Bemessungsgrundlage der Grundstückswert im Zeitpunkt des Vertragsabschlusses heranzuziehen sein.

90 Die aus Anlass der Umgründung anfallende GrESt für die im eingebrachten Vermögen enthaltenen Grundstücke ist bei der übernehmenden Körperschaft als **Betriebsausgabe** sofort abzugsfähig (UmgrStR Rz 962; *Huber* in *W/Z/H/K*^{5} § 22 Rz 46); s im Detail § 18 Rz 22.

Artikel IV

Zusammenschluß

Anwendungsbereich

§ 23. (1) ¹Ein Zusammenschluss im Sinne dieses Bundesgesetzes liegt vor, wenn Vermögen (Abs. 2) ausschließlich gegen Gewährung von Gesellschafterrechten auf Grundlage eines schriftlichen Zusammenschlussvertrages (Gesellschaftsvertrages) und einer Zusammenschlussbilanz einer Personengesellschaft tatsächlich übertragen wird. ²Voraussetzung ist, dass das übertragene Vermögen am Zusammenschlussstichtag, jedenfalls aber am Tag des Abschlusses des Zusammenschlussvertrages, für sich allein einen positiven Verkehrswert besitzt. ³Der Übertragende hat im Zweifel die Höhe des positiven Verkehrswertes durch ein begründetes Gutachten eines Sachverständigen nachzuweisen.

(2) Zum Vermögen zählen nur Betriebe, Teilbetriebe und Mitunternehmeranteile im Sinne des § 12 Abs. 2.

(3) Personengesellschaften sind Gesellschaften, bei denen die Gesellschafter als Unternehmer (Mitunternehmer) anzusehen sind.

(4) Auf Zusammenschlüsse sind die §§ 24 bis 26 anzuwenden.

[idF BGBl I 2005/161]

Rechtsentwicklung

BGBl 1991/699 (UmgrStG; RV 266 AV 354 BlgNR 18. GP) (Stammfassung; ab 31.12.1991); BGBl 1993/818 (StRefG 1993; RV 1237 AB 1301 BlgNR 18. GP) (Änderung des § 23 Abs 1; ab 1.12.1993); BGBl 1996/797 (AbgÄG 1996; RV 497 AB 552 BlgNR 20. GP) (Änderung des § 23 Abs 1; ab 31.12.1996); BGBl I 2003/71 (BudBG 2003; RV 59 AB 111 BlgNR 22. GP) (Änderung des § 23 Abs 1; ab 21.8.2003); BGBl I 2005/161 (AbgÄG 2005; RV 1187 AB 1213 BlgNR 22. GP) (Änderung des § 23 Abs 1; ab 31.12.2005).

Literatur 2017

Bednar/Bergmann, Ertragsteuerliche Behandlung unentgeltlicher Vermögensübertragungen im Zusammenhang mit Personengesellschaften, GES 2017, 319 ff.

Übersicht

I.	Allgemeines	
	A. Regelungsgegenstand	1
	B. Begriffsbestimmung	2, 3
	C. Zusammenschlussformen	6–10
	D. Exkurs: Internationale Zusammenschlüsse	13–15
II.	Anwendungsvoraussetzungen	
	A. Zu übertragendes Vermögen	
	1. Begünstigtes Vermögen	21–23
	2. Nicht begünstigtes Vermögen	24–29
	B. Personengesellschaft/Mitunternehmerschaft	31–34

C. Gegenleistung
  1. Zulässige Gegenleistung 36–39
  2. Unterbleiben der Gewährung von Gesellschafter-
     rechten 40
  3. Unzulässige Gegenleistung 41
D. Zusammenschlussvertrag
  1. Form und Einordnung des Zusammenschluss-
     vertrages 46, 47
  2. Inhalt 48
E. Tatsächliche Übertragung
  1. Form der tatsächlichen Übertragung 51, 52
  2. Vermögenszurechnung 53–58
  3. Übertragung in Gesellschafts-/Sonderbetriebs-
     vermögen 59–61
F. Positiver Verkehrswert
  1. Erfordernis 66–70
  2. Zeitliche Aspekte 71–75
  3. Ermittlung 76–78
G. Schlussbilanz
  1. Bilanzerfordernis 81–92
  2. Wechsel der Gewinnermittlungsart 93–98
III. Rechtsfolgen
  A. Rechtsfolgen innerhalb des Anwendungsbereiches des Art IV
    1. Allgemeines 106–109
    2. Rechtsfolgen für Zusammenschlusspartner, die kein Ver-
       mögen iSd Abs 2 übertragen
       a) Bewertungsrechtliche Aspekte 110–113a
       b) Aspekte iZm der Rückwirkungsfiktion 114–116
  B. Rechtsfolgen außerhalb des Anwendungsbereiches des
     Art IV 121–124

I. Allgemeines

A. Regelungsgegenstand

Regelungsgegenstand des § 23 ist einerseits die Normierung der **Anwendungs-** **1**
voraussetzungen, die für einen Zusammenschluss erfüllt werden müssen, um von
Art IV erfasst zu sein. Andererseits ordnet die Bestimmung für vom Anwendungsbereich des Art IV erfasste Zusammenschlüsse rechtsfolgenseitig die Anwendung
der §§ **24 bis 26** an.

B. Begriffsbestimmung

Der „Zusammenschluss" im ertragsteuerrechtlichen Sinn ist weder im Zweiten **2**
Buch des UGB noch in einem gesellschaftsrechtlichen Sondergesetz (ähnlich dem
UmwG oder dem SpaltG) explizit geregelt (der Begriff „Zusammenschluss" findet
sich im UGB lediglich an einer Stelle und zwar in einem Klammerausdruck in der
Bestimmung zur Bewertung von Einlagen und sonstigen Zuwendungen anlässlich
von Umgründungen in § 202 Abs 2 UGB, s dazu ausführlich mwN *Hirschler/Six* in
HB Sonderbilanzen I 383 ff). Es gibt also – anders als bei der Verschmelzung, der

Umwandlung und der Spaltung – kein eigenständiges Rechtsinstitut im **Gesellschaftsrecht** (das Gleiche gilt für die Einbringung und die Realteilung, s § 12 Rz 36 ff und § 27 Rz 21 f), der Begriff „Zusammenschluss" als eine eigenständige Form einer **Umstrukturierung von Personengesellschaften** ist dem Gesellschaftsrecht fremd (zum Tatbestand des Zusammenschlusses aus unternehmensrechtlicher Sicht s unten Rz 10; vgl ausführlich mwN *Schummer* in *W/H/M*, HdU Art IV Unternehmensrecht Rz 7; *Reich-Rohrwig* in FS Hügel 307 ff).

3 Da somit auch eine eigenständige unternehmens- bzw gesellschaftsrechtliche Definition des Begriffs „Zusammenschluss" – wie sie für die Verschmelzung, die Umwandlung und die Spaltung existiert – fehlt, wird der Begriff des „Zusammenschlusses" für umgründungssteuerrechtliche Zwecke im UmgrStG selbst definiert. Gem § 23 liegt demnach ein Zusammenschluss iSd UmgrStG vor, wenn

- **begünstigtes Vermögen** (Betriebe, Teilbetriebe, Mitunternehmeranteile, s § 23 Rz 21 ff)
- ausschließlich gegen **Gewährung von Gesellschafterrechten** (s § 23 Rz 36 ff)
- auf Grundlage eines schriftlichen Zusammenschlussvertrages (s § 23 Rz 46 ff)
- und einer **Zusammenschlussbilanz** (s § 24 Rz 31 ff)
- einer übernehmenden **Personengesellschaft** (s § 23 Rz 31 ff)
- **tatsächlich** übertragen wird (s § 23 Rz 51 ff) und
- das Vermögen am Tag des Abschlusses des Zusammenschlussvertrages einen **positiven Verkehrswert** aufweist (s § 23 Rz 66 ff).

Sind diese Anwendungsvoraussetzungen kumuliert erfüllt, liegt ein Zusammenschluss iSd Art IV vor. Ist dies der Fall, sind gem § 23 Abs 4 die Bestimmungen der §§ 24–26 anzuwenden. Die Begünstigungen des UmgrStG – als lex specialis zu den entsprechenden Bestimmungen im übrigen Abgabenrecht – sind daher bei Erfüllung der Anwendungsvoraussetzungen **zwingend** anzuwenden. Ein Wahlrecht steht weder dem Übertragenden noch der übernehmenden Personengesellschaft zu (vgl UmgrStR Rz 1290; *Walter*[11], Rz 564).

C. Zusammenschlussformen

6 Mangels zivil- bzw gesellschaftsrechtlicher Regelung umfasst der Begriff des Zusammenschlusses in Art IV folgende **Rechtsvorgänge** (vgl auch UmgrStR Rz 1298 und die Darstellung bei *Djanani/Kapferer* in HBStL III[2] 186 ff und *Huber* in *W/Z/H/K*[5] § 3 Rz und 104 ff sowie die Aufzählung bei *Sulz* in *W/H/M*, HdU Einführung Rz 4 ff und bei *Walter*[11], Rz 557):

- **Errichtung** einer Personengesellschaft des UGB (OG, KG, atypische stille Gesellschaft) oder des ABGB (GesbR), welche ertragsteuerrechtlich als Mitunternehmerschaft zu qualifizieren ist.
- **Veränderung** einer bestehenden Personengesellschaft des UGB bzw des ABGB, welche als steuerliche Mitunternehmerschaft zu qualifizieren ist
  – in der Form, dass ein oder mehrere neue Gesellschaft(er) der Gesellschaft beitreten und sich die Gesellschaft vermögensmäßig verändert oder
  – in der Form, dass ein oder mehrere bestehende Gesellschaft(er) ihr Gesellschaftsrecht erweitern und sich die Gesellschaft vermögensmäßig verändert. Die Veränderung der bestehenden Gesellschaft erfolgt in diesen Fällen in zweierlei Hinsicht: Zunächst wird die Gesellschaft durch die Einlage wertmäßig angereichert, was auch im Falle der bloßen Arbeitsleistung eines Gesellschafters gilt

(so uA auch *Huber* in W/Z/H/K[5] § 23 Rz 84). Gleichzeitig ergibt sich eine Veränderung auf der Gesellschafterebene, in dem ein oder mehrere Gesellschafter hinzutreten oder ihre Gesellschaftsanteile verändern. Die letztgenannte Veränderung muss sich dabei – zumindest nach Ansicht des BMF – in einer veränderten Substanzbeteiligung und damit in einer **Veränderung der fixen Kapitalkonten** niederschlagen (vgl die Beispiele in UmgrStR Rz 1298), wobei es unerheblich ist, ob die Veränderung der Beteiligung nur eine Anreicherung des Gesellschaftsrechtes ohne quotale Veränderung darstellt (zB wenn alle Gesellschafter eine ihrem Beteiligungsverhältnis idente Einlage auf das fixe Kapitalkonto machen) oder ob die Veränderung zu einer Substanzbeteiligungsverschiebung unter den Gesellschaftern führt. Kein Zusammenschluss iSd Art IV liegt vor, wenn sich bei einer Personengesellschaft mit in Form von starren (fixen) Kapitalkonten fixierten Beteiligungsverhältnissen eine Vermögensübertragung lediglich einer **Veränderung der variablen Kapitalkonten** niederschlägt, da sich in diesem Fall an den Beteiligungsverhältnissen nichts verändert und damit keine Gesellschafterrechte als Gegenleistung für die Übertragung gewährt werden (UmgrStR Rz 1300 und 1377 iVm Rz 1379 idF WE 2014; *Djanani/Kapferer* in HBStL III[2] 197).

- Die **Zusammenführung** zweier bestehender Personengesellschaften („Verschmelzung") zur Aufnahme oder zur Neugründung.
- Die **Umgründung des Inhabers des Unternehmens**, wenn der atypisch still Beteiligte nach der Umgründung nicht mehr nur am bisherigen Vermögen des IdU beteiligt ist. Dies wäre zB bei Verschmelzung zweier Körperschaften nach Art I der Fall, wenn an einer der Körperschaften eine **atypisch stille Beteiligung** besteht, die ertragsteuerrechtlich eine Mitunternehmerschaft darstellt, diese nach der Verschmelzung aufgrund einer (impliziten) Fortsetzungsklausel weiterbesteht (da ansonsten bei Untergang des IdU eine Auflösung der stillen Gesellschaft ipso iure vorgesehen ist, vgl VwGH 19.9.1995, 95/14/0053) und sich die atypisch stille Mitunternehmerschaft nach der Verschmelzung auf das zivilrechtlich vereinigte Vermögen der übertragenden und der übernehmenden Körperschaft erstreckt (vgl UmgrStR Rz 1298; BMF 10.8.2000, RdW 2000, 712, ecolex 2000, 907; *Sulz* in W/H/M, HdU Einführung Rz 15).
- Die formwechselnde Umwandlung einer GesbR in eine OG/KG; die hL versteht auch darunter einen Zusammenschluss iSd Art IV (UmgrStR Rz 1299; *Sulz* in W/H/M, HdU Einführung Rz 13; *Schwarzinger/Wiesner* II[2] 1068 ff). Bei der „Umwandlung" einer GesbR in eine OG/KG findet eine tatsächliche **Vermögensübertragung** vom Miteigentum der Gesellschafter in das Gesamthandeigentum der OG/KG statt (die Strukturänderung besteht darin, dass zuvor eine nichtrechtsfähige GesbR vorlag, anschließend ein vollrechtsfähiger Rechtsträger; *Astl/Gutfleisch*, ecolex 2015, 568 f; zur neuen Rechtslage der GesbR s *Reich-Rohrwig* in FS Hügel 312 ff). Bei einer „Umwandlung" einer OG in eine KG bzw umgekehrt findet hingegen keine zivilrechtliche Vermögensübertragung statt, weshalb die formwechselnde Umwandlung einer OG in eine KG keinen Zusammenschluss iSd Art IV darstellen soll, da nach Ansicht des BMF hier keine „Strukturänderung" gegeben sei (UmgrStR Rz 1300). UE ist diese Differenzierung und damit die gesamte Systematisierung in den UmgrStR Rz 1298–1300 nicht durchgehend schlüssig, insb ist nicht klar, was hier unter einer „Strukturänderung" verstanden wird. Ein Abstellen auf die zivilrechtliche Vermögensübertragung findet uE im Anwendungsbereich des fiktionsgeprägten UmgrStG

nicht ausreichend Rechtfertigung. UE wäre eine solche bei jeder Änderung der Rechtsform und wohl auch bei jeder Änderung der Gesellschafterrechte einzelner Gesellschafter (Vermögensrechte, Mitwirkungs- und Kontrollrechte) bzw der diesen ertragsteuerrechtlich gleichgestellten hybriden Finanzierungsformen (Substanzgenussrecht, atypisch stille Gesellschaft) gegeben, was der weiten Auslegung des Begriffs Zusammenschluss entspräche. Das Abstellen auf jede Art von „Strukturänderung" ist allerdings im Gesetzeswortlaut nicht gedeckt; vielmehr stellt der Begriff Zusammenschluss auf eine tatsächliche Übertragung von Vermögen ab.

7 Die **Einlage von Sonderbetriebsvermögen in Gemeinschaftsvermögen** kann dann einen Anwendungsfall des Art IV darstellen, wenn es dadurch zu einer Erhöhung des fixen Kapitalkontos, dh zu einer Stärkung der Gesellschafterrechte kommt. Eine Vorsorgemaßnahme ist in diesen Fällen dann nicht erforderlich, wenn sich aus der Übertragung keine Verschiebung von stillen Reserven ergibt. Werden die formellen Erfordernisse (zB Bilanzerstellung) nicht erfüllt, kommt es jedoch auch mangels Anwendung des UmgrStG zu keiner Gewinnrealisierung, sondern zu einer Buchwertübertragung (in diesem Sinne *Sulz* in *W/H/M*, HdU[1] § 24 Rz 116; VwGH 19.5.2005, 2000/15/0179). Die Übertragung von Gemeinschaftsvermögen in das Sonderbetriebsvermögen stellt einen Entnahmetatbestand dar, der wiederum steuerneutral zu vollziehen ist, sofern es nicht zu einer endgültigen Verschiebung von Steuerlasten kommt (idS UmgrStR Rz 1445 und EStR Rz 5931 mit Verweis auf VwGH 19.5.2005, 2000/15/0179; kritisch *Mayr* in Doralt, EStG, § 6 Rz 354; *Bednar/Bergmann*, GES 2017, 319 ff). Eine Rückwirkung ist in diesem Fall allerdings nur iRd Art IV möglich.

9 Die folgenden Rechtsvorgänge werden **nicht vom Begriff des Zusammenschlusses in Art IV erfasst** (vgl UmgrStR Rz 1301; s auch *Djanani/Kapferer* in HBStL III[2] 189 sowie die Aufzählung bei *Sulz* in *W/H/M*, HdU Einführung Rz 16 ff):

- **Veränderung** einer bestehenden Personengesellschaft des UGB bzw des ABGB, welche als steuerliche Mitunternehmerschaft zu qualifizieren ist, in der Form, dass ein oder mehrere bestehende Gesellschaft(er) eine Vermögenseinlage leisten, ohne ihr Gesellschaftsrecht zu erweitern (zB durch Geld- oder Sacheinlage auf ihr variables Kapitalkonto). Dies ist nach hL immer dann der Fall, wenn bei einer Personengesellschaft mit in Form von starren (fixen) Kapitalkonten fixierten Beteiligungsverhältnissen eine Vermögensübertragung lediglich in das variable Kapitalkonten eingestellt wird, da sich in diesem Fall an den Beteiligungsverhältnissen nichts verändert und damit keine Gesellschafterrechte als Gegenleistung für die Übertragung gewährt werden (UmgrStR Rz 1377 iVm 1379; *Djanani/Kapferer* in HBStL III[2] 197; *Wiesner/Schwarzinger*, UmS 47/14/01, SWK 2001, 411). Eine Evidenzhaltung von stillen Reserven beim Übertragenden ist Voraussetzung dafür, dass eine Verschiebung von stillen Reserven unterbleibt (*Hübner-Schwarzinger*, SWK 2015, 80). Nach dem neuen Verständnis der UmgrStR soll die Übertragung von Vermögen auf ein variables Kapitalkonto als quotaler Tausch mit Realisierung im Ausmaß der Beteiligungsquote der anderen Gesellschafter qualifiziert werden (UmgrStR Rz 1379). Diese Ansicht steht im Widerspruch zum Grundsatz des Erfordernisses einer Gegenleistung für den Tausch und scheint vom fiskalistischen Gedanken getragen zu sein, dass zB die Übertragung von (steuerhängigem) Grund und Boden eine Erhöhung des variablen Kapitalkontos bedingt, was mittels Barentnahme rückgeführt werden könnte. Damit wäre ein „verschleierter Verkaufsakt" bewirkt. Diese einzelfallspezifische Gestaltungsmöglichkeit sollte aber uE keine Rechtfertigung für einen Systembruch darstellen (dazu *Hübner-Schwarzinger*, SWK 2015, 80). Das System könnte gewahrt bleiben, wenn für die Evidenznahme der stillen Reserven beim Übertragenden Vorsorge getroffen wird.

- **Einheitliche Bilanzierung** zweier nebeneinander personen- und beteiligungsgleich bestehender Personengesellschaften. Die einheitliche Bilanzierung stellt eine unrichtige Bilanzierung dar und wäre zu berichtigen. Kein Zusammenschluss ist anzunehmen, wenn kein Übertragungsakt von Vermögen erfolgt ist.
- **Zusammenführung zweier Einzelunternehmen** (zB durch Erwerb eines Einzelunternehmens durch einen bestehenden Einzelunternehmer mit nachfolgender Zusammenführung der beiden Unternehmen). Als Resultat ergibt sich keine Personengesellschaft, sondern es bleibt bei einem Einzelunternehmen, weshalb dieser Tatbestand nicht unter § 23 subsumiert werden kann. Dabei ist es unerheblich, ob der Unternehmenserwerb entgeltlich oder unentgeltlich erfolgt.
- **Quotenübertragung eines Einzelunternehmers** zur Begründung einer Personengesellschaft. Weder der Verkauf eines Teiles eines Einzelunternehmens (EStR Rz 5966) noch die unentgeltliche Übertragung eines Teiles eines Einzelunternehmens erfüllen die Begriffsmerkmale des Art IV.
- **Beitritt eines Arbeitsgesellschafters im Zuge einer errichtenden Umwandlung nach Art II** (zB Errichtung einer GmbH & Co KG durch Beitritt einer GmbH als Komplementär-Arbeitsgesellschafter zum Nachfolgeunternehmen iRe errichtenden Umwandlung gem § 5 UmwG iVm Art II UmgrStG). Da das UmwG ex lege die GmbH & Co KG-Struktur als Rechtsnachfolgeunternehmen kennt, stellt der Beitritt der GmbH keinen eigenen Umgründungsakt dar (UmgrStR Rz 420 und 1301).
- **Umgründung des Inhabers des Unternehmens**, wenn der atypisch still Beteiligte nach der Umgründung weiterhin nur am bisherigen Vermögen beteiligt ist. Beispiele hierfür sind die Umwandlung des IdU und die Verschmelzung des IdU, wenn sich die atypisch stille Beteiligung nach der Verschmelzung nur auf das Vermögen der übertragenden Körperschaft erstreckt. Es ist allerdings zu beachten, dass es in diesen Fällen eine Fortsetzungsklausel für die stille Gesellschaft geben muss, da ansonsten eine Auflösung der stillen Gesellschaft bei Untergang des IdU ipso iure vorgesehen ist (VwGH 19.9.1995, 95/14/0053; *Mühlehner* in *H/M/H* § 23 Rz 13; *Schwarzinger/Wiesner* I² 848).

Unternehmensrechtlich liegt bei einem Zusammenschluss nach Art IV idR eine der **10** folgenden Umstrukturierungsmaßnahmen vor (vgl *Schummer* in *W/H/M*, HdU Art IV Unternehmensrecht Rz 8; UmgrStR Rz 1287; *Reich-Rohrwig* in FS Hügel 307 ff):
– Die Gründung einer Personengesellschaft des Unternehmensrechts (OG, KG, EWIV, stille Gesellschaft) oder des bürgerlichen Rechts (GesbR);
– Die Erweiterung einer bestehenden Personengesellschaft;
– Die Erweiterung des Gesellschaftsrechts eines oder mehrerer Gesellschafter(s) einer Personengesellschaft.

Die Definition des Zusammenschlusses im UmgrStG ist für das Unternehmensrecht nicht maßgeblich (Eine *„Prüfung der Erfüllung der in § 23 Abs 1 UmgrStG geforderten – steuerrechtlichen – Voraussetzungen ist nicht Sache des Firmenbuchgerichts, sondern der Steuerbehörde"*; OLG Innsbruck 20.6.1996, 3 R 109/96w, NZ 1997, 191; vgl ausführlich mwN *Schummer* in *W/H/M*, HdU Art IV Unternehmensrecht Rz 3 ff). Die oben genannten unternehmensrechtlichen Umstrukturierungsmaßnahmen bei Personengesellschaften haben daher auch einen weiteren Anwendungsbereich als der Zusammenschluss iSd UmgrStG (so liegt zB nicht bei jeder Gründung einer Personengesellschaft ein Zusammenschluss iSd Art IV vor). Umgekehrt ist auch die Erfüllung der unternehmensrechtlichen Kriterien für die jeweilige Maßnahme für Zwecke des UmgrStG nur insofern relevant, als sie für das zivilrechtliche Wirksamwerden der Vermögensübertragung maßgeblich sind (**Maßgeblichkeit des Gesellschaftsrechts**, vgl UmgrStR Rz 1340). Daraus folgt uA, dass der Eintragung eines Zusammenschlusses im Firmenbuch möglicherweise keine für das Vorliegen der Anwendungsvoraussetzungen maßgebende Wirkung zukommt. Die Abgabenbehörde hat die Erfüllung der Anwendungsvoraussetzungen des Art IV daher auch in diesen Fällen eigenständig zu beurteilen (UmgrStR Rz 1291).

D. Exkurs: Internationale Zusammenschlüsse

13 § 23 Abs 1 enthält weder Beschränkungen hinsichtlich der ertragsteuerrechtlichen Ansässigkeit der Übertragenden noch hinsichtlich des Sitzes der übernehmenden Personengesellschaft und erfasst damit dem **Grundsatz der Internationalisierung** Rechnung tragend nicht nur reine Inlandszusammenschlüsse (Zusammenschlüsse, bei denen ausschließlich in Österreich unbeschränkt Steuerpflichtige Vermögen iSd § 23 Abs 2 auf eine Personengesellschaft iSd § 23 Abs 3 mit Sitz im Inland übertragen), sondern auch Zusammenschlüsse, an denen in Österreich nicht unbeschränkt Steuerpflichtige beteiligt sind, und Zusammenschlüsse, bei denen Vermögen iSd § 23 Abs 2 auf eine Personengesellschaft iSd § 23 Abs 3 übertragen wird, die ihren Sitz nicht in Österreich hat (vgl UmgrStR Rz 1288 und 1293 ff; *Walter*[11], Rz 559a ff und 581; weiterführend siehe zB *Hirschler/Six* in HBStL III[2] 307 ff). Art IV erfasst daher auch die folgenden Fälle:

- In Österreich unbeschränkt Steuerpflichtige schließen sich zu einer ausländischen Personengesellschaft zusammen.
- In Österreich beschränkt Steuerpflichtige schließen sich zu einer inländischen Personengesellschaft zusammen.
- In Österreich unbeschränkt Steuerpflichtige und in Österreich beschränkt Steuerpflichtige schließen sich zu einer ausländischen Personengesellschaft zusammen.
- In Österreich unbeschränkt Steuerpflichtige und in Österreich beschränkt Steuerpflichtige schließen sich zu einer inländischen Personengesellschaft zusammen.
- Ein in Österreich unbeschränkt Steuerpflichtiger tritt einer ausländischen Personengesellschaft bei.
- Ein in Österreich beschränkt Steuerpflichtiger tritt einer ausländischen Personengesellschaft bei.

14 Für eine ausländische übernehmende Personengesellschaft gelten dabei grundsätzlich die gleichen Voraussetzungen wie für eine inländische übernehmende Personengesellschaft. Sie muss daher einer inländischen Mitunternehmerschaft **vergleichbar** sein, wobei die Beurteilung der Vergleichbarkeit ausschließlich nach österreichischem innerstaatlichem Recht zu erfolgen hat. Nicht entscheidend ist die steuerliche Behandlung der Gesellschaft im ausländischen Staat (vgl UmgrStR Rz 1385; *Sulz* in *W/H/M*, HdU § 23 Rz 62; *Walter*[11], Rz 581; zur Frage der Bewer-

tung des Vermögens bei Übertragung auf eine ausländische Mitunternehmerschaft, insb zur sog Wegzugsbesteuerung s die Kommentierung zu § 24 Rz 96 ff).

§ 23 Abs 1 enthält des Weiteren keine Beschränkung hinsichtlich der **Belegenheit** 15
des übertragenen Vermögens gem § 23 Abs 2. Damit fällt auch die Übertragung
von ausländischen Betrieben, Teilbetrieben und Anteilen an ausländischen Mitunternehmerschaften auf in- oder ausländische Personengesellschaften iSd § 23
Abs 3 grundsätzlich in den Anwendungsbereich des Art IV und zwar unabhängig
davon, ob Österreich vor dem Zusammenschluss ein Besteuerungsrecht an diesem
Vermögen hat (zur Frage der Bewertung des ausländischen Vermögens, insb zur
sog Zuzugsbegünstigung, s die Kommentierung zu § 25 Rz 16 ff).

II. Anwendungsvoraussetzungen
A. Zu übertragendes Vermögen
1. Begünstigtes Vermögen

Ein Zusammenschluss nach Art IV setzt gem § 23 Abs 1 die Übertragung von Ver- 21
mögen auf eine Personengesellschaft voraus, wobei der Begriff **Vermögen** für Zwecke des Art IV in § 23 Abs 2 definiert wird und dem Wortlaut nach **nur** Betriebe,
Teilbetriebe und Mitunternehmeranteile umfasst. Für die Qualifikation als begünstigtes (Betriebs)Vermögen ist es unerheblich, ob es sich um Betriebe handelt,
die der Ausübung der Land- und Forstwirtschaft, einer selbständigen oder einer gewerblichen Tätigkeit dienen.

Zusammenschlüsse von Freiberuflern müssen nicht unbedingt nach dem jeweili- 22
gen **Berufs- oder Standesrecht** zulässig sein (UmgrStR Rz 1357; BMF 11.5.1998,
RdW 1998, 507; anders noch BMF 11.11.1992, SWK 1993 A 43; BMF 9.11.1992,
SWK 1992, A I 382). Hinsichtlich des umgründungssteuerrechtlichen Verständnisses bzw Umfangs der Begriffe Betrieb, Teilbetrieb und Mitunternehmeranteil sei
auf § 12 Abs 2 zur Einbringung gem Art III verwiesen (s dort ausführlich § 12
Rz 71 ff), die aufgrund des Verweises in § 23 Abs 2 auch für Zusammenschlüsse
gelten.

Im Rahmen von Ärzten stellt sich die Frage, ob der Kassenvertrag mit dem Patientenstock und/oder Firmenwert allgemein gleichzustellen ist. UE ist dies nicht der
Fall, da der Kassenvertrag nur einer konkreten Person zuerkannt wird und somit
auch nicht beliebig übertragbar ist. Er stellt einen wesentlichen Parameter bei der Bewertung des Patientenstocks dar, der Firmenwert setzt sich möglicherweise aus mehreren Faktoren (zB Standort) zusammen (dazu *Holzgruber/Hübner-Schwarzinger/
Minihold*[2] 146 und 161). Für (Haus)Apotheken ist die Vorfrage der zivilrechtlichen
und tatsächlichen Möglichkeit des Betriebes derselben entscheidend für die Einordnung der Vermögenszurechnung. Erfolgt die Führung der (Haus)Apotheke
durch die Personengesellschaft (Apotheken-OG, Apotheken-KG, Ärztegruppenpraxis-OG), wurde der Übertragungsakt vollzogen und es liegt Vermögen der Personengesellschaft vor. Wird die Hausapotheke künftig nicht von der Personengesellschaft betrieben, verbleibt sie im Sonderbetriebsvermögen des Arztes (siehe aA
Salzburger Steuerdialog 2014; anders ev die Konzession, die idR als Sonderbetriebsvermögen angesehen wird).

Ein **Liebhaberei- bzw Voluptuarbetrieb** dient nicht der Erzielung steuerpflichtiger 23
betrieblicher Einkünfte und stellt daher kein begünstigtes Vermögen iSd § 23 Abs 2

dar (vgl UmgrStR Rz 709 (zur Einbringung); *Schwarzinger/Sedlacek/Sulz/Wiesner* in FS KWT 399; kritisch *Hilber*, SWK 1998, S 515). Für die im Zuge der Liebhabereibeurteilung erforderliche Ermittlung des Totalgewinns endet der Betrachtungszeitraum nicht mit dem Zusammenschluss, wenn die Einkunftsquelle durch Zusammenschluss nach Art IV mit Buchwertfortführung auf die übernehmende Personengesellschaft übergeht und diese die Betätigung fortsetzt. Diese Auffassung wird durch das Erfordernis des Vorliegens eines positiven Verkehrswertes gedeckt (*Sulz* in *W/H/M*, HdU § 23 Rz 9; s auch BMF 12.4.1999, RdW 1999, 378 [zur Einbringung], BMF 25.7.1996, RdW 1996, 452; *Margreiter ua*, Sonderbilanzen[2] 210, mit Verweis auf VwGH 21.6.1977, 2981/76; *Huber* in *W/Z/H/K*[5] § 23 Rz 30).

2. Nicht begünstigtes Vermögen

24 Trotz des einschränkenden Wortlautes hinsichtlich des Vermögens („nur" in § 23 Abs 2) ist es herrschende Ansicht und Wille des Gesetzgebers (vgl ErlRV UmgrStG, 266 BlgNR 18. GP, 32), dass **zumindest durch einen Zusammenschlusspartner** ein **Vermögen iSd Abs 2** übertragen werden muss, nicht jedoch von allen zusammenschlussbeteiligten Personen. Diese Ansicht wird auch durch die FV getragen (explizit UmgrStR Rz 1286 und Rz 1370) und ergibt sich aus der in den UmgrStR Rz 1286 vertretenen personenbezogenen Begriffsbestimmung. Demnach ist ein Zusammenschluss die Vereinigung von zwei oder mehreren Personen zu einer Personengesellschaft, bei der Vermögen ausschließlich gegen Gewährung von Gesellschafterrechten auf die Personengesellschaft übertragen wird, wobei Voraussetzung die Übertragung von Vermögen zumindest durch einen Zusammenschlusspartner ist (ebenso *Huber* in *W/Z/H/K*[5] § 23 Rz 26; *Hübner-Schwarzinger*, Einführung 57; *Djanani/Kapferer* in HBStL III[2] 191; *Sulz* in *W/H/M*, HdU Art IV Einführung Rz 2).

25 Die ua seitens der FV vertretene weite Interpretation des Anwendungsbereiches des Art IV umfasst neben der **Errichtung einer Personengesellschaft** auch die **Veränderung einer bestehenden Personengesellschaft** durch Einlageleistungen der Gesellschafter in Form von Bargeld oder nicht unter Abs 2 fallende Sacheinlagen oder reine Arbeitsleistung, da in diesem Fall die bestehende Personengesellschaft in einer Art ertragsteuerlichen Fiktion die Übertragende des Vermögens iSd Abs 2 ist. Sie „überträgt" Vermögen iSd Abs 2 auf eine im ertragsteuerlichen Sinne neue Mitunternehmerschaft, sodass das Kriterium der Übertragung von begünstigtem Vermögen jedenfalls und unabhängig davon erfüllt ist, was ein etwaiger Zusammenschlussparter überträgt. Die bestehende Personengesellschaft ist damit Partner des Zusammenschlusses (so bereits ErlRV UmgrStG, 266 BlgNR 18. GP, 32, s auch UmgrStR Rz 1298, insb die Aufzählungspunkte 2 bis 6; ebenso *Mühlehner* in *H/M/H* § 23 Rz 12; *Sulz* in *W/H/M*, HdU Art IV Einführung Rz 4 ff).

> Aufgrund dieser Fiktion gilt für umgründungssteuerrechtliche Zwecke auch die veränderte Mitunternehmerschaft als Zusammenschlusspartner, obwohl aus zivilrechtlicher Sicht keine Vermögensübertragung durch diese Mitunternehmerschaft stattfindet und auch nicht die Mitunternehmerschaft, sondern deren Gesellschaft Vertragspartner des Zusammenschlussvertrags sind (so bereits ErlRV UmgrStG, 266 BlgNR 18. GP, 32; ebenso *Mühlehner* in *H/M/H* § 23 Rz 12).

Die **nicht Vermögen iSd § 23 Abs 2 übertragenden Zusammenschlusspartner** 26
können eine Bar- oder Sacheinlage oder bloß ihre Arbeitskraft als Einlage leisten
(ua *Djanani/Kapferer* in HBStL III² 186 ff). Für diese anderen Personen gilt die
Festsetzung der Grunderwerbsteuer mit dem begünstigten Tarif von 0,5 %, nicht
allerdings die Befreiung von den Gebühren (s § 26 Rz 15 ff), ebenso wenig die
Buchwertfortführung im Falle der Übertragung steuerhängiger Wirtschaftsgüter
(vgl UmgrStR Rz 1417; s unten Rz 30 und 110 ff). Fällt der Zusammenschluss unter
Art IV, nehmen die nicht begünstigtes Vermögen übertragenden Personen an der
Rückwirkungsfiktion teil (UmgrStR Rz 1454, s UmgrStR Rz 114 ff), was allerdings
für die Bewertung des zu übertragenden Vermögens wiederum nicht gilt (VwGH
20.1.2016, 2012/13/0013; dazu *Wiesner*, RZW 2016, 83 ff; *Renner*, SWK 2016, 565 ff;
s UmgrStR Rz 110 ff); fällt der Zusammenschluss nicht unter das UmgrStG, gilt die
Rückwirkungsfiktion für Personen, die mit einer Geldeinlage oder sonstigen Wirtschaftsgütern beitreten, nicht (UmgrStR Rz 1506; s unten Rz 114 ff). Kommt es zu
keiner Verschiebung von stillen Reserven bzw wird iRd Art IV dafür Sorge getragen, dass die stillen Reserven beim Übertragenden steuerverfangen bleiben, wäre
es allerdings angemessen und systematisch, die Realisierung und Besteuerung der
stillen Reserven aufzuschieben (*Djanani/Kapferer* in HBStL III² 192; *Hübner-Schwarzinger/Kanduth-Kristen*, Rechtsformgestaltung 158 und 325).

Im Gegensatz zu § 12 Abs 2 sind **Beteiligungen an Kapitalgesellschaften (Kapi-** 27
talanteile) in § 23 Abs 2 nicht als begünstigtes Vermögen genannt. IRd begünstigten Vermögens iSd § 23 Abs 2 ist eine steuerneutrale Übertragung von Kapitalanteilen auf eine Personengesellschaft im Wege eines Zusammenschlusses daher nur
insofern möglich, als diese einem übertragenen (Teil)Betrieb zuzurechnen sind
(zur isolierten Übertragung von Kapitalanteilen bzw sonstigen Wirtschaftsgütern
s unten Rz 110 ff). Kapitalanteile können auf eine übernehmende Personengesellschaft iRe Zusammenschlusses als „begünstigtes" Vermögen weiters auch dann
übertragen werden, wenn sie zum gewillkürten Betriebsvermögen des übertragenen (Teil)Betriebes oder Mitunternehmeranteiles gehören (*Walter*[11], Rz 569).
BMF 6.7.1999, ecolex 1999, 653, sieht dies auch dann als zulässig an, wenn einem
übertragenen Kleinstbetrieb Kapitalanteile zugeordnet werden, die gewillkürtes oder
neutrales Betriebsvermögen darstellen. Die Grenze hierfür besteht in einer missbräuchlichen Gestaltung iSd § 44. Die Zuordnung von Kapitalanteilen als gewillkürtes Betriebsvermögen ist nur bei Gewinnermittlung nach § 5 Abs 1 EStG möglich,
wenn diese Gewinnermittlungsart am Zusammenschlussstichtag bereits besteht (vgl
Sulz in W/H/M, HdU § 24 Rz 55). Ob Kapitalanteile an einer GmbH zum notwendigen Betriebsvermögen eines übertragenen (Teil)Betriebes oder Mitunternehmeranteiles gehören, hängt von der wirtschaftlichen Verflechtung zwischen den beiden
Betrieben ab (BMF 30.6.1998, ARD 4950, 10; UFS 13.8.2013, RV/0194/-F/10).

Aus einer **vermögensverwaltenden Personen- oder Kapitalgesellschaft** stam- 28
mendes Vermögen kann der Begünstigungen des Gesetzes nicht teilhaftig werden,
da vermögensverwaltende Gesellschaften ex definitione über keinen Betrieb verfügen. Ein bereits aufgegebener Betrieb erfüllt ebenso wenig die Anforderungen
des UmgrStG wie Liebhaberei- oder Hoheitsbetriebe einer Körperschaft (s § 2
Abs 5 KStG) des öffentlichen Rechts (*Djanani/Kapferer* in HBStL III² 192, s auch
UmgrStR Rz 710 und 1357; weiterführend *Christiner* in FS Bertl 549 ff). Es ist zu

beachten, dass die Beteiligung als atypisch stiller Gesellschafter nicht zwangsläufig einen Mitunternehmeranteil darstellt.

29 Nicht vom Begriff des begünstigten Vermögens umfasst sind somit folgende Arten von Vermögen:
- Anteile an Kapitalgesellschaften,
- Anteile an vermögensverwaltenden Personengesellschaften,
- sonstige Wirtschaftsgüter (liquide Mittel, Liegenschaften),
- bereits aufgegebene Betriebe oder Teilbetriebe bzw betriebliche Einheiten, bei denen der ursprüngliche (Teil)Betrieb durch Entnahme der wesentlichen Betriebsgrundlagen seines Charakters als betriebliche Einheit beraubt wurde,
- Liebhabereibetriebe,
- Hoheitsbetriebe einer Körperschaft des öffentlichen Rechts,
- sonstige Vermögenseinheiten, die der Erzielung von nicht betrieblichen Einkünften dienen.

Zur Bewertung von nicht begünstigtem Vermögen bestehen unterschiedliche Ansichten. Einerseits kann darin ein Einlagetatbestand unter Anwendung des § 6 Z 5 EStG gesehen werden. Diese Ansicht galt als herrschende bis zur Veröffentlichung des Salzburger Steuerdialogs 2014 und wurde von der Literatur generell vertreten (dazu bspw *Hübner-Schwarzinger/Six*, UmgrStG³, § 23 Rz 111). Eine neue Sichtweise erkennt die Einlage von nicht begünstigtem Vermögen, welches aus dem außerbetrieblichen Bereich kommt, als Tausch an und sieht § 6 Z 14 EStG anwendbar. Damit wird jedenfalls hinsichtlich der auf andere Zusammenschlusspartner übergehende Anteile an den stillen Reserven des eingelegten Wirtschaftsgutes eine Veräußerung unterstellt (s unter § 24 Rz 113 ff).

B. Personengesellschaft/Mitunternehmerschaft

31 § 23 Abs 1 nennt den Begriff der „**Personengesellschaft**". Dies ist erstaunlich, da ja aufgrund des Erfordernisses der Übertragung einer betrieblichen Einheit die entstehende Personenvereinigung jedenfalls betriebliche Einkünfte erzielen muss und somit ertragsteuerrechtlich als **Mitunternehmerschaft** zu bezeichnen ist (vgl EStR Rz 5802 sowie mwN Jakom[10]/*Vock* § 23 Rz 121 ff). Die Aufnahme des Begriffs Mitunternehmerschaft wäre abgrenzend zum umfassenderen Begriff der Personengesellschaft, der ja auch im vermögensverwaltenden außerbetrieblichen Bereich Geltung findet, eindeutiger. Somit ist festzuhalten, dass der Terminus Personengesellschaft im gegebenen Konnex weder dem unternehmensrechtlichen Begriff der Personengesellschaft entspricht, noch sämtliche Typen einer Personengesellschaft im Abgabenrecht umfasst, sondern nur auf Mitunternehmerschaften, das heißt betriebliche Einkünfte vermittelnde Personengesellschaften, abstellt (vgl *Sulz* in W/H/M, HdU § 23 Rz 58). Es muss sich bei der Personengesellschaft um eine steuerliche Mitunternehmerschaft, dh um eine betriebliche Einkünfte vermittelnde Personengesellschaft, handeln. Die Gründung bzw Erweiterung einer bestehenden, rein vermögensverwaltenden Personengesellschaft fällt damit nicht in den Anwendungsbereich des Art IV, stellt daher keinen Zusammenschluss im umgründungssteuerrechtlichen Sinn dar und sollte daher auch nicht so bezeichnet werden (UmgrStR Rz 1297).

32 Die Formulierung des Gesetzestextes ist insofern ungewöhnlich, als der Begriff der Personengesellschaft möglicherweise als Genetiv verstanden werden könnte. Dies

könnte bedeuten, dass es sich beim zu übertragenden Vermögen um Vermögen der Personengesellschaft handeln muss. Diese Interpretation ist nicht stimmig, da es sich ja beim Zusammenschluss um die Begründung einer Personengesellschaft handeln kann, die zu gründende Personengesellschaft somit noch nicht existiert und demnach auch noch nicht über Vermögen verfügt. Ebenso abzulehnen ist der Bezug zur Zusammenschlussbilanz. Vielmehr ist anzunehmen, dass hier die Dativkonstruktion („auf eine Personengesellschaft") zu verstehen ist.

Nicht von Bedeutung ist die **gesellschaftsrechtliche Form**, ob es sich um eine Innen- oder Außengesellschaft, um eine Personengesellschaft des Unternehmensrechts oder des allgemeinen bürgerlichen Rechts handelt. Deshalb ist vom Anwendungsbereich des Art IV eine atypisch stille Gesellschaft ebenso umfasst wie eine Gesellschaft nach bürgerlichem Recht (vgl *Sulz* in *W/H/M*, HdU § 23 Rz 58 f; *Walter*[11], Rz 580). Außerdem erfasst § 23 Abs 1 iVm Abs 3 dem Grundsatz der Internationalisierung entsprechend auch Personengesellschaften in anderen Rechtsordnungen (ausländische Personengesellschaften, s dazu oben Rz 13 ff). 33

Die Erl zu § 23 Abs 1 der RV zum UmgrStG (ErlRV 266 BlgNR 18. GP, 32) beziehen in den Anwendungsbereich sowohl die Gründung einer Personengesellschaft unter Vergesellschaftung eines Betriebes oder Teilbetriebes eines bisherigen Einzelunternehmers oder einer Körperschaft als auch die „Einbringung" iS der Übertragung eines Betriebes bzw Teilbetriebes in eine bestehende Mitunternehmerschaft, den Eintritt eines weiteren Gesellschafters unter Einbringung (Einlage) von Bar- oder Sacheinlagen sowie die Verschmelzung von Personengesellschaften ein. 34

C. Gegenleistung

1. Zulässige Gegenleistung

Eine Anwendungsvoraussetzung für den Zusammenschluss iSd Art IV ist die ausschließliche **Gewährung von Gesellschafterrechten** als Gegenleistung für die Übertragung von Vermögen. Gesellschafterrechte sind sowohl demjenigen zu gewähren, der begünstigtes Vermögen überträgt, als auch demjenigen, der sonstiges Vermögen überträgt. Der Begriff „Gesellschafterrecht" ist in Art IV selbst nicht definiert und daher – so zumindest die Ansicht des BMF, vgl UmgrStR Rz 1375) gemäß Einkommensteuerrecht auszulegen. Judikatur (VwGH 29.1.2009, 2008/16/0126), FV (UmgrStR Rz 1375) und die hL (vgl zB *Q/S* § 24 Tz 164 mwN; *Sulz* in *W/H/M*, HdU § 23 Rz 66; *Walter*[11], Rz 585) verstehen unter der Formulierung „Gewährung von Gesellschafterrechten" jede positive Veränderung der Rechtsstellung des Gesellschafters und damit nicht nur die Gewährung von neuen Gesellschafterrechten (zB bei Neugründung einer Personengesellschaft oder bei Beitritt eines neuen Gesellschafters zu einer Personengesellschaft), sondern auch die gesellschaftsvertraglich vereinbarte Erweiterung oder Änderung bestehender Gesellschafterrechte (zB bei Erhöhung der bedungenen Einlage durch einen Kommanditisten) bzw der diesen ertragsteuerrechtlich gleichgestellten hybriden Finanzierungsformen (Substanzgenussrecht, atypisch stille Gesellschaft, zur atypisch stillen Gesellschaft s UmgrStR Rz 1297; zur Gleichstellung bzw Abgrenzung von atypisch stiller Gesellschaft und Substanzgenussrecht s weiterführend *Six*, Hybride Finanzierung im internationalen Steuerrecht 28 ff). 36

37 Durch eine ausschließliche Gewährung von Vermögensrechten in Form einer Substanzbeteiligung wird diese Anwendungsvoraussetzung daher unstrittig erfüllt. Das Ausschließlichkeitserfordernis wird auch nicht dadurch verletzt, dass die Gegenleistung an den Übertragenden neben einer Substanzbeteiligung auch andere Gesellschafterrechte, wie bspw eine von der Substanzbeteiligung abweichende höhere Gewinnbeteiligung oder eine besondere Form eines Mitwirkungsrechtes (Stimm- bzw Kontrollrecht) umfasst (UmgrStR Rz 1377). Fraglich ist, ob dies auch bei ausschließlicher Gewährung von Gesellschafterrechten in Form von (erhöhten) Gewinnbeteiligungen, Ansprüchen aus dem Liquidationserlös und/oder Mitwirkungsrechten (Stimm- bzw Kontrollrechte) gilt. Für den Fall des Beitritts eines reinen Arbeitsgesellschafters wird dies seitens des BMF offenbar bejaht (vgl UmgrStR Rz 1298; glA *Huber* in W/Z/H/K[5]). Dies muss wohl auch für die ausschließliche Gewährung von Mitwirkungsrechten bzw die Erweiterung bestehender bzw die Gewährung besonderer zusätzlicher Mitwirkungsrechte gelten (glA *Djanani/Kapferer* in HBStL III[2] 197). Die notwendigen Voraussetzungen für die Anwendung des Art IV sind aus der Zusammenschau des Zusammenschlussvertrages und des Gesellschaftsvertrages zu beurteilen, beide Verträge sind daher als Einheit zu sehen. Die Gewährung einer prozentuellen Beteiligung am Vermögen einer Gesellschaft kann in der Gründungsphase durchaus einer Gewährung von Gesellschafterrechten gleichgesetzt werden. Enthält dementsprechend der Gesellschaftsvertrag explizite Bestimmungen über das Ausmaß der Beteiligung am Vermögen, ist diese Voraussetzung des UmgrStG erfüllt (siehe BFG 28.5.2015, RV/5100045/2012).

> Für die Berechnung des Umtauschverhältnisses und somit die Gewährung von Anteilen ist nicht der rückwirkende Zeitpunkt, sondern der Zeitpunkt der Leistung der Einlagen, somit idR der Vertragsunterfertigungstag maßgeblich (s dazu *Wiesner*, RZW 2016, 85).

38 Das Prinzip der Gewährung von Gesellschafterrechten ist auch dann gewahrt, wenn – aufgrund der bisherigen Gesellschafterstellung – ein Gesellschafter nur eine **Stärkung** seines bisherigen **Gesellschafterrechtes** ohne Änderung in der prozentuellen Quote erfährt. Dies ist immer dann der Fall, wenn Einlageleistungen von Mitunternehmern in die Mitunternehmerschaft im gleichen Verhältnis vorgenommen werden, so dass sich dadurch das quotale Verhältnis der Substanzbeteiligungen zueinander nicht verändert. Besonders deutlich wird dies am Beispiel einer GmbH & Co KG, bei der neben der Komplementär-GmbH als reiner Arbeitsgesellschafterin nur ein einziger Kommanditist beteiligt ist und dieser Kommanditist seine bedungene Einlage erhöht. Eine Stärkung ist nach Ansicht der FV allerdings nur in einer Erhöhung des fixen Kapitalkontos erkennbar. Eine Einlage eines Gesellschafters zur Erhöhung des variablen Kapitalkontos stellt keinen Zusammenschluss iSd Art IV dar (vgl UmgrStR Rz 1301, Rz 1377 sowie die Beispiele in Rz 1298).

39 Kommt es bei einer betriebsführenden Gesellschaft, an der eine **atypisch stille Beteiligung** besteht und somit im ertragsteuerlichen Sinne eine Mitunternehmerschaft gegeben ist, zu einer Umgründung, die die atypisch stille Gesellschaft mittelbar berührt, ist zu unterscheiden, ob es zu einer Erhöhung der Gesellschafterrechte kommt. Nur in diesem Fall liegt ein Anwendungsfall eines Zusammenschlusses gem Art IV vor; anderenfalls erfolgt keine Veränderung der bestehenden Mitunternehmerschaft (bei Fortführungsklausel; vgl VwGH 19.9.1995, 95/14/0053 sowie VwGH 28.11.2001, 97/13/0078) bzw gegebenenfalls eine Einlage in die Mitunternehmernschaft (*Sulz/Hirschler/Oberkleiner* in GedS Arnold 405; UmgrStR Rz 359 zur Verschmelzung).

Der durch den WE 2014 in die UmgrStR aufgenommene 1381a führt aus:

„Entsprechend dem für den Zusammenschluss geltenden Tauschgedanken muss auch im Geltungsbereich des Art IV die Gegenleistung dem (den) Übertragenden zukommen. Unterbleibt bei einem Zusammenschluss verbundener Mitunternehmerschaften in Form der Aufnahme der Mutterpersonengesellschaft (**downstream-Zusammenschluss**) oder Übertragung von (begünstigtem) Vermögen auf die 100%ige Tochterpersonengesellschaft die Gewährung von Gesellschaftsrechten im Wege des Einstellens auf starren Kapitalkonten, ist kein Anwendungsfall des Art IV gegeben. Mangels Verschiebung stiller Reserven auf andere kommt es dabei zu keiner Gewinnrealisierung. Unterbleibt im Falle der Übertragung von Vermögen auf eine Schwesterpersonengesellschaft (der/die Gesellschafter ist/sind im gleichen Ausmaß an beiden Gesellschaften beteiligt) die Gewährung von Gesellschafterrechten an die übertragende Personengesellschaft und werden also die starren (fixen) Kapitalkonten auch nicht teilweise berührt, ist ebenfalls kein Anwendungsfall des Art IV gegeben. Es bestehen aber keine Bedenken, von einer Gewinnrealisierung abzusehen, weil eine Verschiebung von stillen Reserven auf andere Personen nicht stattfindet (UmgrStR Rz 1381a)."

2. Unterbleiben der Gewährung von Gesellschafterrechten

Die Anwachsung gem § 142 UGB der Tochterpersonengesellschaft auf die 100%ige Mutterpersonengesellschaft als Folge des Ausscheidens der Komplementär-GmbH stellt keinen Zusammenschluss gem Art IV dar (siehe VwGH 29.1.2009, 2008/16/0126). Der Fall einer als „upstream-Zusammenschluss" bezeichneten Vermögensübertragung auf eine 100%ige Mutterpersonengesellschaft (mit allfälliger nachfolgender Löschung der Tochterpersonengesellschaft) ist wirtschaftlich vergleichbar und fällt – mangels Gewährung von Gesellschafterrechten – ebenfalls nicht unter Art IV. **40**

Dasselbe gilt für die Vermögensübertragung einer Tochterkapitalgesellschaft an ihre Mutterpersonengesellschaft. Die Gewährung von Gesellschafterrechten ist stets zwingende Anwendungsvoraussetzung von Art IV; dass eine solche in bestimmten Konstellationen aus gesellschaftsrechtlichen Gründen nicht möglich ist, ändert daran nichts.

Überträgt eine Personengesellschaft einen Teilbetrieb auf eine an ihr beteiligte Personengesellschaft ohne Gewährung von Gesellschafterrechten, liegt ebenfalls kein Anwendungsfall von Art IV vor. Allerdings können die Voraussetzungen von Art V erfüllt sein (UmgrStR Rz 1380).

3. Unzulässige Gegenleistung

Wird gegen den Grundsatz des Gegenleistungsprinzips dahingehend verstoßen, dass dem Übertragenden anstelle bzw neben Gesellschafterrechten an der übernehmenden Personengesellschaft **andere Gegenleistungen** wie etwa Bargeld oder andere Vermögenswerte gewährt werden, stellt dies eine Verletzung einer Anwendungsvoraussetzung des Art IV dar, Art IV ist somit zur Gänze nicht anwendbar (UmgrStR Rz 1381; *Sulz* in W/H/M, HdU § 23 Rz 66; zu den Konsequenzen s unten **41**

Rz 121 ff). Wird keine Gegenleistung gewählt, ist uE dem Ausschließlichkeitsgebot ebenso widersprochen (siehe UmgrStR Rz 1301 zur Einlage ins variable Kapitalkonto; dazu Rz 9).

Dabei ist zu hinterfragen, ob der **Gesamtvorgang** nicht in den Anwendungsbereich des Art IV fällt oder ob es zu einer **Zerlegung** des Vorganges in einen begünstigten und einen nicht begünstigten Teil kommt. Dies wird wohl in Abhängigkeit von der vertraglichen Gestaltung und vom Parteiwillen zu würdigen sein.

D. Zusammenschlussvertrag
1. Form und Einordnung des Zusammenschlussvertrages

46 Der Gesetzgeber fordert, dass der **Zusammenschlussvertrag schriftlich** abgefasst wird. Diese Forderung ist mit dem Budgetbegleitgesetz 2003 (BudBG 2003, BGBl I 2003/71) in den Gesetzestext aufgenommen worden und erweitert somit die Formvorschriften für Gesellschaftsverträge von Personengesellschaften, da diese ja nicht zwingend in schriftlicher Form abzufassen sind. Notariatsaktpflicht besteht nicht.

Bei der Änderung durch das BudBG 2003 handelt es sich den ErlRV 59 BlgNR 22. GP, 277, zu Folge lediglich um eine Klarstellung. Ein schriftlicher Vertrag gehörte demzufolge bereits zuvor zu den Anwendungsvoraussetzungen des Art IV. AA zur Rechtslage vor dem BudBG 2003 zB *Helbich/Wiesener*, Umgründungen[5] 188; *Wiesner/Schwarzinger*, ÖStZ Nr 20a/1996, 141; *Sulz* in *W/H/M*, HdU § 23 Rz 66.

47 Der Zusammenschlussvertrag stellt einen **Gesellschaftsvertrag** bzw eine Ergänzung des bestehenden Gesellschaftsvertrags der Personengesellschaft dar (vgl UmgrStR Rz 1302).

2. Inhalt

48 Als **Mindestinhalt** ist zu nennen:
- Die **Parteien des Vertrages**: Als Parteien sind sämtliche am Zusammenschluss teilnehmenden Personen zu nennen. Die übernehmende Personengesellschaft, sofern sie erst durch die Vermögensübertragung, das heißt durch den Zusammenschluss errichtet wird, stellt keine Partei dar.
Es ist fraglich, ob bei einer begünstigtes Vermögen übertragenden Personengesellschaft diese selbst oder (sämtliche) Gesellschafter Vertragsparteien sind. Für Letzteres würde die Einordnung des Zusammenschlussvertrages als Gesellschaftsvertrag sprechen; versteht sich der Zusammenschlussvertrag im Wesentlichen als steuerlicher Vertrag, reicht die Personengesellschaft als Vertragspartei. Eine Aufnahme sämtlicher Gesellschafter als dem Vertrag Beitretende ist uE empfehlenswert, aber nicht zwingend.
- Die **übernehmende Personengesellschaft**: Es ist eindeutig auszuführen, wohin die Vermögensübertragung erfolgen soll. Kommt es nur aus steuerlicher Sicht zu einer Vermögensübertragung in eine bereits bestehende Personengesellschaft, kann die Formulierung „auf die im abgabenrechtlichen Sinne neue … OG/KG" udgl herangezogen werden. Ist es ausschließlich die Personengesellschaft selbst, die begünstigtes Vermögen überträgt, stellt diese Personengesellschaft sowohl Partei des Zusammenschlussvertrages als auch übernehmende Gesellschaft (uU mit der oben gewählten Formulierung) dar, wobei ihr keine Parteienstellung im gesellschaftsrechtlichen Sinne zukommt.

- Die **Beschreibung des zu übertragenden Vermögens**: Dies wird idR durch einen Verweis auf die steuerrechtliche Schlussbilanz(en) gem § 23 Abs 2 iVm § 12 Abs 2 und die Zusammenschlussbilanz(en) gem § 24 Abs 1 Z 1 iVm § 15 (s unten, § 24 Rz 51) erfolgen, die nach hL einen Bestandteil des Zusammenschlussvertrages darstellen (das BMF spricht im Hinblick auf die Zusammenschlussbilanz von einem *wesentlichen Bestandteil des Zusammenschlussvertrages*, s UmgrStR Rz 1419). Die Darstellung des zu übertragenden Vermögens in Bilanzform kann gem § 24 Abs 1 Z 1 iVm § 15 unterbleiben, wenn die steuerlich maßgebenden Werte und das Zusammenschlusskapital im Zusammenschlussvertrag beschrieben werden (vgl UmgrStR Rz 1420 iVm Rz 1302). Nicht bilanzmäßig darstellbare Wirtschaftsgüter, die mitübertragen werden (zB abgeschriebene Wirtschaftsgüter, nicht aktivierte Mietrechte, Vollmachten, Marken, Patente) müssen grundsätzlich im Zusammenschlussvertrag umschrieben werden, eine gesonderte Beschreibung kann allerdings unterbleiben, wenn der gesamte Betrieb laut Vertrag „mit allen Aktiven und Passiven" übertragen wird (vgl UmgrStR Rz 1419).
- Der **Zusammenschlussstichtag**: Dieser muss de facto ein Tag in der Vergangenheit sein (s § 24 Rz 16); ein zukünftiger Tag scheidet aufgrund der bilanziellen Erfordernisse aus (Ausnahme: Arbeitsgesellschafterbeitritt mit Verzicht auf Anwendung des UmgrStG, udgl).
- Die **Methodik des Zusammenschlusses** (zB Verkehrswertzusammenschluss, Kapitalkontenzusammenschluss, s dazu § 24 Rz 151 ff).
- Die Beschreibung der zur Vermeidung einer endgültigen Verschiebung von Steuerlasten gewählten **Vorsorgemethode** gem § 24 Abs 2 (s dazu § 24 Rz 155 ff) bzw der Hinweis, dass es durch den Zusammenschluss zu keiner Verschiebung von Steuerlasten kommt und eine Vorsorgemaßnahme gem § 24 Abs 2 damit entbehrlich ist. (Aus vermögensrechtlicher Sicht ist eine Äquivalenzregelung erforderlich.)
- Die Form der **Gegenleistung** und Hinweis auf die Ausschließlichkeit der Gewährung von Gesellschafterrechten.
- UmgrStR Rz 1292 führt aus, dass der Eintritt der steuerlichen Wirkungen eines Zusammenschlusses bzw das Verhindern der negativen Wirkungen eines missglückten Zusammenschlusses nicht durch Steuerklauseln im Zusammenschlussvertrag von der Erfüllung sämtlicher Anwendungsvoraussetzungen des § 23 abhängig gemacht werden kann.

Für eine ausführliche Übersicht über mögliche bzw zweckdienliche Inhalte bzw Elemente eines Zusammenschlussvertrages s *Schwarzinger/Wiesner* II[2] 929 und *Sulz* in *W/H/M*, HdU § 23 Rz 51.

E. Tatsächliche Übertragung

1. Form der tatsächlichen Übertragung

Der Gesetzeswortlaut fordert die **tatsächliche Übertragung** des begünstigten Vermögens auf die Personengesellschaft. Das Übertragungsvermögen muss in der Zusammenschlussbilanz ausgewiesen werden, im Zeitpunkt der Unterfertigung des Zusammenschlussvertrages vorhanden sein und als solches auf die Mitunternehmerschaft real übergehen (UmgrStR Rz 1371).

Die Verwaltungspraxis fordert eine tatsächliche Übertragung auch hinsichtlich des nicht begünstigten Vermögens. Auch eine im Zusammenschlussvertrag vereinbarte Geld- oder Sacheinlage muss demnach bis zum letzten Tag der Neunmonatsfrist **der Höhe nach** feststehen und tatsächlich erbracht werden (vgl UmgrStR Rz 1373, im Wortlaut des § 23 ist diese Ansicht nicht gedeckt).

52 Die tatsächliche Übertragung von Eigentum ist im **Sachenrecht** durch entsprechende Formen und Handlungsweisen bezeichnet (bspw die Intabulation bei Grundstücken, vgl zB §§ 426 ff ABGB). Das **Abgabenrecht** (ebenso wie das Unternehmensrecht) kennt daneben die tatsächliche Übertragung durch Vermittlung der wirtschaftlichen Verfügungsmacht (wirtschaftliches Eigentum gem § 24 BAO, vgl zB EStR Rz 121 ff). Eine wirtschaftliche Zurverfügungstellung wird als *illatio quoad sortem* bezeichnet und erfolgt in Abgrenzung zu einer *illatio quoad usum*, welche eine reine Nutzungsüberlassung darstellt (siehe dazu ua *Harrer/Pira*, wbl 2007, 101 [106 f]). Zwingend erforderlich im Sinn einer Anwendungsvoraussetzung des Art IV ist nach hL nur die Übertragung des wirtschaftlichen Eigentums nach § 24 BAO. Mit anderen Worten liegt eine tatsächliche Übertragung des Vermögens im Sinne des § 23 Abs 1 bereits dann vor, wenn zumindest das wirtschaftliche Eigentum übertragen wird (vgl UmgrStR Rz 1372). Das zivilrechtliche Eigentum muss nicht – bzw kann bei reinen Innengesellschaften wie der atypisch stillen Gesellschaft gar nicht – übergehen (vgl *Sulz* in *W/H/M*, HdU § 23 Rz 23).

> Im Umkehrschluss bedeutet dies wohl, dass eine Übertragung des zivilrechtlichen Eigentums ohne gleichzeitige Übertragung des wirtschaftlichen Eigentums (wie zB beim Vorbehaltsfruchtgenuss) keine tatsächliche Vermögensübertragung iSd § 23 Abs 1 und damit eine Verletzung einer Anwendungsvoraussetzung des Art IV darstellt.
>
> Die Errichtung einer GmbH & Co KG aus einer bestehenden OG kann zivilrechtlich auf zwei Wegen vorgenommen werden:
> - es kommt zu einer tatsächlichen (auch zivilrechtlichen) Vermögensübertragung durch die OG auf einen neuen Rechtskörper (Einzelrechtsnachfolge);
> - es kommt zur formwechselnden Umwandlung der OG in eine KG unter Beitritt einer GmbH als neuen (Arbeits)Gesellschafter (mangels zivilrechtlicher Übertragung keine zivilrechtliche Rechtsnachfolge).
>
> Aus ertragsteuerlicher Sicht liegt in beiden Fällen die Fiktion der Vermögensübertragung vor.

2. Vermögenszurechnung

53 Aus § 24 Abs 1 Z 1 iVm § 13 Abs 2 S 2 ergibt sich uE eindeutig, dass der jeweilige Übertragende sowohl am Zusammenschlussstichtag als auch zum Zeitpunkt des Abschlusses des Zusammenschlussvertrags nach ertragsteuerrechtlichen Grundsätzen zumindest **wirtschaftlicher Eigentümer** des zu übertragenden Vermögens sein muss (Grundsatz der Stabilität der Vermögenszurechnung; vgl UmgrStR Rz 1344; *Djanani/Kapferer* in HBStL III[2] 193; *Sulz* in *W/H/M*, HdU § 23 Rz 22; *Walter*[11], Rz 600; s auch UFS 27.1.2012, RV/3543-W/08 und 7.2.2012, RV/2580-W/08 zum inhaltsgleichen Erfordernis der Zurechenbarkeit des Vermögens am Einbringungsstichtag), wobei nicht differenziert wird, ob es sich um begünstigtes oder nicht begünstigtes Vermögen handelt (UmgrStR Rz 1344; kritisch dazu *Walter*[11], Rz 600). Hinsichtlich liquider Mittel (Bargeld und geldähnliche Rechte) wird diese

Sichtweise nicht gefordert, da derartiges Vermögen idR nicht konkret identifizierbar ist (UmgrStR Rz 1344). Eine im Rückwirkungszeitraum begonnene Nutzung des Vermögens durch die übernehmende Personengesellschaft ist uE unschädlich (zB wenn im Falle einer Ärztegruppenpraxis mit dem auf den Zusammenschlussstichtag folgenden Tag die OG nach außen auftritt und ärztliche Leistung anbietet).

UE unstrittig ist, dass das wirtschaftliche Eigentum am Zusammenschlussstichtag auch durch eine fiktiv **rückwirkende Vermögensübertragung** aufgrund einer Vorumgründung nach den Grundsätzen des UmgrStG hergestellt werden kann. Das wirtschaftliche Eigentum wird in Folge sowohl fiktiv rückwirkend als auch tatsächlich auf die übernehmende Personengesellschaft übertragen (vgl *Sulz* in W/H/M, HdU § 23 Rz 22). Eine rückbezogene Übertragung von Vermögen im Wege eines Zusammenschlusses ist hingegen nicht möglich, wenn der Übertragende den Betrieb erst nach dem vereinbarten Stichtag entgeltlich oder als Schenkung oder Legat (Einzelrechtsnachfolgetatbestand) unentgeltlich erworben hat. 54

Eine Ausnahme von diesem Grundsatz besteht gem § 24 Abs 1 Z 1 iVm § 13 Abs 2 letzter Satz. Wird das zu übertragende Vermögen vom Übertragenden zwischen Zusammenschlussstichtag und Abschluss des Zusammenschlussvertrages im Erbwege erworben und erfolgt der Zusammenschluss zu Buchwerten, kann der Übertragende den Zusammenschluss auf einen Zusammenschlussstichtag rückbeziehen, an dem er über das zu übertragende Vermögen noch nicht verfügungsberechtigt war (vgl UmgrStR Rz 1345 mit Beispiel; *Djanani/Kapferer* in HBStL III[2] 193; *Sulz* in H/W/B, HdU § 23 Rz 28; *Walter*[11], Rz 601 f mit Beispiel). 55

Im Zusammenhang mit der tatsächlichen Vermögensübertragung stellt sich die Frage, ob der das Vermögen Übertragende am Zusammenschlussstichtag bereits **existent** sein muss. Aus der im UmgrStG für ertragsteuerliche Zwecke geltenden Rückwirkungsfiktion ist uE ableitbar, dass eine Person, die ausschließlich aufgrund einer ertragsteuerlich gültigen Rückwirkungsfiktion Existenz annimmt, Partner eines Zusammenschlusses gemäß Art IV sein kann. Ist daher zB eine Kapitalgesellschaft zum Umgründungsstichtag noch nicht gegründet, so wird die Anwendung des Art IV nicht dadurch ausgeschlossen, dass sie innerhalb des Rückwirkungszeitraumes gegründet wurde (zB Komplementär-GmbH) (*Djanani/Kapferer* in HBStL III[2] 201): 56

Beispiel

Ein Einzelunternehmer bringt seinen Betrieb zum 31.12.01 gem Art III in eine durch die Einbringung im Wege der Sachgründung errichtete GmbH ein. Aus ertragsteuerlicher Sicht hat die GmbH das Vermögen am 01.01.01 übernommen und könnte ab diesem Zeitpunkt Zusammenschlusspartner sein. Mit Hilfe eines Umgründungsplanes wäre dies sogar auf den 31.12.01 möglich (*Schwarzinger/Hübner-Schwarzinger* in FS Kofler 174).

Beim Zusammenschluss von freiberuflich Tätigen sind **standesrechtliche Vorschriften** zu beachten. Trotz eines eventuellen Verbotes des Zusammenschlusses aufgrund berufsrechtlicher Vorschriften können die begünstigenden steuerlichen Wirkungen des UmgrStG für dennoch effektuierte Zusammenschlüsse in Anspruch genommen werden (*Djanani/Kapferer* in HBStL III[2] 196; UmgrStR Rz 1297, 2. Aufzählungspunkt). 57

58 Zur möglichen Steuerung der tatsächlichen Vermögensübertragung empfiehlt es sich, eine sog **Fristverletzungsklausel** in den Zusammenschlussvertrag aufzunehmen. Nach dieser Klausel ist die tatsächliche Vermögensübertragung am Tag der fristgerechten Anmeldung beim Firmenbuchgericht bzw am Tag der fristgerechten Meldung bei der zuständigen Abgabenbehörde erfolgt. Bei Fristverletzung wird somit mangels Vermögensübertragung davon auszugehen sein, dass das zu übertragende Vermögen der Mitunternehmerschaft vom übertragenden Rechtsträger nur zur Nutzung überlassen, nicht jedoch in ihr tatsächliches Vermögen übertragen wurde (UmgrStR Rz 1343).

3. Übertragung in Gesellschafts-/Sonderbetriebsvermögen

59 Die tatsächliche Vermögensübertragung bedarf idR einer entsprechenden **Dokumentation**, die ua dann als Nachweis dienen kann, wenn es um die Abgrenzung zwischen tatsächlich übertragenem und zurückbehaltenem Vermögen geht. Da es aufgrund des gesetzlichen Erfordernisses zur tatsächlichen Übertragung auf die Personengesellschaft kommen muss, ist die Übertragung in das (Gesamthand-, Gemeinschafts-)Vermögen der Personengesellschaft gemeint. Steuerliches Betriebsvermögen eines Gesellschafters (Sonderbetriebsvermögen), welches zwar grundsätzlich von der Personengesellschaft genutzt und verwendet wird, stellt kein Gesellschaftsvermögen dar und somit liegt keine tatsächliche Übertragung vor, wenn Vermögen im Sonderbetriebsvermögen eines Gesellschafters geführt wird.

Wird der Betrieb oder Teilbetrieb einer Personengesellschaft auf eine andere Personengesellschaft übertragen, kann nur im Fall der Gesamtbetriebsübertragung **Sonderbetriebsvermögen** mitübertragen werden, da dieser Vorgang der Übertragung sämtlicher Mitunternehmeranteile gleichzustellen ist und sich außersteuerliche Gründe für die Betriebsübertragung aufgrund der gewünschten Einzelrechtsnachfolge ergeben können.

60 Wirtschaftsgüter, die nicht in die Mitunternehmerschaft direkt (in das Gesamthandvermögen bzw Gesellschaftsvermögen) übertragen, sondern in das **Sonderbetriebsvermögen** eines Gesellschafters überführt werden, gehören nicht zum Zusammenschlussvermögen. Kommt es nur zur Übertragung von Vermögensgegenständen in das Sonderbetriebsvermögen (Einlage in das Sonderbetriebsvermögen), liegt kein Anwendungsfall für Art IV vor (in diesem Sinne BMF 8.2.1996, ecolex 1996, 312). Dies ist in der Praxis uU im Falle der Übertragung von Freiberuflerpraxen unter „Zurückbehaltung" des Klienten-/Patientenstockes im Sonderbetriebsvermögen gegeben.

Zur Hausapotheke des Arztes s UmgrStR Rz 1358b; ebenso zur Zurückbehaltung eines Großauftrages s UmgrStR Rz 1358c.

61 Eine denkmögliche Erweiterung der Übertragung von Vermögen, welches dem Sonderbetriebsvermögen zugerechnet wird, wäre aufgrund einer **Nutzungsüberlassung** und Zurverfügungstellung von Vermögen an die Personengesellschaft, welche über bloße Nutzungsrechte hinausgeht und der Personengesellschaft wirtschaftliche Verfügungsmacht vermittelt. In diesem Falle läge uU wiederum eine tatsächliche Vermögensübertragung vor. Dagegen würde sich uE die Leistung eines Nutzungsentgeltes seitens der Personengesellschaft an den Gesellschafter darstellen.

Hinsichtlich der Einlage aus dem Sonderbetriebsvermögen eines Gesellschafters in das (Gemeinschafts)Vermögen der Personengesellschaft war bislang festzuhalten: Es liegt grundsätzlich ein Entnahme-/Einlagevorgang vor. **Achtung:** Damit kommt es gem § 6 Z 4 EStG zu einer Realisierung hinsichtlich steuerhängiger stiller Reserven im Falle der gedanklich eine Sekunde vor der Einlage stattfindenden Entnahme zum Teilwert, was zB beim Gebäude (nicht G+B) der Fall wäre. Kommt es allerdings zu keiner Verschiebung der stillen Reserven, wird eine Buchwertübertragung unterstellt (analoge Anwendung von UmgrStR Rz 1444 unter Heranziehung von VwGH 19.5.2005, 2000/15/0179; siehe auch Rz 5931 EStR).Die Aussage in Rz 1316 UmgrStR sieht nun Folgendes vor (gültig für Zusammenschlüsse ab 30.9.2014!): „Bei der Überführung von Wirtschaftsgütern des SBV in das gemeinschaftliche BV der Mitunternehmerschaft erfolgt eine quotale Tauschrealisierung hinsichtlich des Fremdanteils; der eigene Anteil stellt eine neutrale Überführung (Einlage) dar. Ändert sich durch diese Einlage aus dem SBV allerdings das Beteiligungsverhältnis bzw die Zuteilung der stillen Reserven, ist nur dann eine Buchwertfortführung möglich, wenn Vorsorge getroffen wird, dass es dabei zu keiner Steuerlastverschiebung kommt (Rz 1298 UmgrStR, siebenter Aufzählungspunkt) (dazu auch *Hübner-Schwarzinger*, SWK 2015, 341 f).

F. Positiver Verkehrswert
1. Erfordernis

Dem Wortlaut nach bezieht sich das Erfordernis eines positiven Verkehrswerts nur auf das übertragene Vermögen iSd § 23 Abs 2 (das **begünstigte Vermögen**, s oben Rz 21 ff). Auch das BMF geht offenbar davon aus, dass nur das übertragene Vermögen iSd § 23 Abs 2 einen positiven Verkehrswert aufweisen muss (UmgrStR, Rz 1347, Arg: *Das übertragene begünstigte Vermögen...*). Damit wäre es grundsätzlich zulässig, iRe Zusammenschlusses sonstiges Vermögen mit einem negativen Verkehrswert (zB eine Verbindlichkeit) zu übertragen (wobei jedenfalls eine Äquivalenzverletzung iSd § 26 Abs 1 iVm § 6 Abs 2 vorliegen wird; s dazu § 26 Rz 3 ff). **66**

Da für das Vorliegen eines positiven Verkehrswerts ausschließlich auf das übertragene Vermögen abgestellt wird, ist auch bei Übertragung eines Betriebes durch eine Mitunternehmerschaft nur auf den Verkehrswert des **Betriebes** abzustellen und nicht auf den Anteil des einzelnen Mitunternehmers. Wird also ein Betrieb mit einem positiven Verkehrswert durch eine Mitunternehmerschaft auf eine neue Mitunternehmerschaft übertragen, ist diese Anwendungsvoraussetzung auch dann erfüllt, wenn ein Mitunternehmeranteil an der übertragenden Mitunternehmerschaft für sich einen negativen Verkehrswert (= reale Überschuldung) aufweist. Werden hingegen Mitunternehmeranteile durch einzelne oder sämtliche Gesellschafter einer Mitunternehmerschaft auf eine neue Mitunternehmerschaft übertragen, muss jeder übertragene Mitunternehmeranteil für sich einen positiven Verkehrswert aufweisen bzw kommt Art IV nur für jene Mitunternehmer zur Anwendung, deren Mitunternehmeranteil einen positiven Verkehrswert aufweist (vgl *Djanani/Kapferer* in HBStL III[2] 195; UmgrStR Rz 1350 f). **67**

Liegt ein positiver Verkehrswert des übertragenen Vermögens nicht vor bzw kann ein solcher nicht nachgewiesen werden, stellt dies eine Verletzung einer **Anwendungsvoraussetzung** des Art IV dar. Art IV ist somit zur Gänze nicht anwendbar **68**

(UmgrStR Rz 1353 und 1381; *Sulz* in W/H/M, HdU § 23 Rz 66; zu den Konsequenzen s unten Rz 121 ff).

UmgrStR Rz 1353 führt explizit aus, dass, sofern ein positiver Verkehrswert nicht vorliegt, Art IV nicht angewandt werden kann. In einem solchen Fall sind die Gesamtreserven des zu übertragenden Vermögens zu realisieren und es kommt § 24 Abs 7 EStG zur Anwendung. Es bestehen allerdings keine Bedenken, von einer Gewinnrealisierung abzusehen, wenn Vorsorgemaßnahmen nicht zu treffen sind, weil eine Vermögensübertragung und damit ein Übergang von allfälligen Reserven auf andere Personen nicht stattfindet.

Beispiele: (1) Beitritt einer GmbH als reiner Arbeitsgesellschafter zu einer real überschuldeten KG, wobei der bisherige Komplementär ohne Veränderung der Beteiligung zum Kommanditisten wird. (2) Übertragung eines real überschuldeten Einzelunternehmens auf eine GmbH & Co KG, wobei der Einzelunternehmer einziger Kommanditist mit einer 100%igen Vermögensbeteiligung ist. (3) Zusammenschluss zweier Personengesellschaften, von denen eine real überschuldet ist, wenn Personen- und Beteiligungsidentität besteht.

UE ist diese begünstigende Richtlinienansicht aus dem Gesetzeswortlaut und der Intention des Gesetzgebers nicht ableitbar und auch nicht haltbar. Da aus steuerlicher Sicht jede beteiligte Person, die über begünstigtes Vermögen verfügt, sämtliche Anwendungsvoraussetzungen erfüllen muss, kommt es nicht darauf an, welche Gesellschaft übertragende oder übernehmende ist, zumal die umgründungssteuerrechtliche Fiktion, dass durch den Zusammenschluss stets eine im abgabenrechtlichen Sinne neue Mitunternehmerschaft entsteht, anzuwenden ist. Es stellt sich ferner die Frage, ob nicht auch in derartigen Fällen eine gesellschaftsrechtliche und zivilrechtliche Prüfung vorgenommen werden müsste.

69 Das Vorliegen eines positiven Buchwerts des übertragenen Vermögens ist keine Anwendungsvoraussetzung des Art IV, allerdings eine kaum widerlegbare Indizwirkung für das Vorliegen eines positiven Verkehrswertes. Eine bloß **buchmäßige Überschuldung** des übertragenen Vermögens am Zusammenschlussstichtag (negatives Zusammenschlusskapital) bzw am Tag des Abschlusses des Zusammenschlussvertrages ist somit kein Hindernis für die Anwendung des Umgründungssteuergesetzes (so bereits ErlRV 266 BlgNR 18. GP, 32 iVm 22; vgl UmgrStR Rz 1349).

70 Bei Beurteilung des positiven Verkehrswertes sind im **Sonderbetriebsvermögen** zurückbehaltene Vermögensgegenstände sowie vom Übertragenden vorbehaltene stille Reserven (s § 24 Rz 176 ff) nicht in die Bewertung einzubeziehen (*Djanani/Kapferer* in HBStL III[2] 195).

2. Zeitliche Aspekte

71 Dem Wortlaut des § 23 Abs 1 nach muss das übertragene Vermögen am Zusammenschlussstichtag, jedenfalls aber am Tag des Abschlusses des Zusammenschlussvertrages, für sich allein einen positiven Verkehrswert aufweisen. Dies ist insofern eine beachtliche Formulierung, als sich daraus erst auf den zweiten Blick erschließt, dass der Verkehrswert am **Zusammenschlussstichtag** eben nicht positiv sein muss. Anwendungsvoraussetzung des Art IV ist somit lediglich, dass das übertragende Vermögen am **Tag des Abschlusses des Zusammenschlussvertrages**

einen positiven Verkehrswert aufweist. Ist dies der Fall, kommt dem Umstand, dass der Verkehrswert am Zusammenschlussstichtag nicht positiv war, keine weitere Bedeutung zu. Mit anderen Worten: Der Verkehrswert *soll* offenbar bereits am Zusammenschlussstichtag, *muss* aber erst am Tag des Zusammenschlussvertrages positiv sein. Eine andere Interpretation lässt der Wortlaut uE nicht zu (so bereits ErlRV 266 BlgNR 18. GP, 32 iVm 22; eine Ansicht, die im Übrigen auch vom BMF geteilt wird, vgl insofern eindeutig UmgrStR Rz 1347 ff; glA *Djanani/Kapferer* in HBStL III[2] 193; *Sulz* in *W/H/M*, HdU § 23 Rz 78; zum Begriff des Verkehrswerts im Anwendungsbereich des UmgrStR siehe ausführlich *P. Schwarzinger*, Der positive Verkehrswert im Umgründungssteuerrecht).

72 Daraus ergibt sich, dass eine tatsächlich vorliegende reale Überschuldung (negativer Verkehrswert) am Zusammenschlussstichtag bis zum Tag des Abschlusses des Zusammenschlussvertrages beseitigt werden kann (vgl UmgrStR Rz 1352 ff). Dies kann zum einen durch eine nachgewiesene Erhöhung des **Ertragswerts** im Rückwirkungszeitraum aufgrund unternehmensinterner Faktoren oder Maßnahmen (etwa durch nachgewiesene Erzielung von Gewinnen im Rückwirkungszeitraum oder durch eine nachhaltige Verbesserung der Ertragslage und damit der prognostizierten Cash Flows) geschehen. Zum anderen kann der Verkehrswert durch **Maßnahmen** von Gesellschafterseite wie zB tatsächlich getätigte Einlagen und/oder das Zurückbehalten von Verbindlichkeiten im Rückwirkungszeitraum (s dazu ausführlich § 24 Rz 55 ff) erhöht und damit eine reale Überschuldung beseitigt werden (umgekehrt sind allerdings auch rückwirkende Maßnahmen nach § 24 Abs 1 Z 1 iVm § 16 Abs 5, die sich negativ auf den Verkehrswert auswirken, zu berücksichtigen; vgl *Sulz* in *W/H/M*, HdU § 23 Rz 80). Durch ein bloßes Einlageversprechen seitens des Übertragenden kann ein positiver Verkehrswert hingegen nicht geschaffen werden (so bereits ErlRV 266 BlgNR 18. GP, 32 iVm 22, glA UmgrStR Rz 1352; *Djanani/Kapferer* in HBStL III[2] 194).

73 Der positive Verkehrswert unterliegt der **Überprüfung durch die Abgabenbehörde** und ist gem § 23 Abs 1 letzter Satz im Zweifel vom Übertragenden durch ein begründetes **Gutachten** eines Sachverständigen nachzuweisen, wobei diese Nachweispflicht den Übertragenden trifft (vgl UmgrStR Rz 1348 iVm 674). Allerdings ist nach Ansicht des BMF (UmgrStR Rz 1347 iVm 674) vom Vorliegen eines positiven Verkehrswertes auszugehen (und damit der Nachweis durch ein Sachverständigengutachten durch den Übertragenden nicht erforderlich), wenn

- eine **formlose (Zwischen)Bilanz** (Status) zum Vertragsabschlusstag erstellt wurde, die für das einzubringende Vermögen ein positives Eigenkapital aufweist und
- **keine Gründe** vorliegen, die Anlass dazu geben, an positiven Zukunftserfolgen zu zweifeln.

In diesem Zusammenhang wären die Ausführungen der UmgrStR in der Rz 684 zu Art III zu beachten. Dort wird ausgeführt, dass, da am Tag des Abschlusses des Umgründungsvertrages idR kein Jahresabschluss erstellt wird, für die Ermittlung der Prognoserechnung bzw für die Substanzwertermittlung geeignete Hilfsmittel aufzustellen sind, die Doppel- bzw Nichtberücksichtigung verhindern und die Nachvollziehbarkeit erleichtern sollen. Es stellt sich die Frage, wie derartige Hilfsmittel auszusehen haben, warum eine Substanzwertermittlung genannt wird (anders Fachgutachten KFS/BW 1) bzw ob diese Anforderung letztlich auf eine Gutachtenserstellung auf den Vertragstag abstellt.

74 Besteht eine materielle Prüfungspflicht des **Firmenbuchgerichtes**, so stellt die Eintragung im Firmenbuch nach Ansicht des BMF lediglich ein Indiz für das Vorliegen eines positiven Verkehrswertes dar, es besteht also keine Bindung an die Rechtsauffassung des Firmenbuchgerichtes (vgl UmgrStR Rz 1347 iVm Rz 674; vgl dazu auch OLG Innsbruck 20.6.1996, 3 R 109/96w, NZ 1997, 191).

75 Ist nach diesen Grundsätzen der Nachweis durch ein Sachverständigengutachten erforderlich (etwa weil das Vermögen am Tag des Abschlusses des Zusammenschlussvertrages kein positives Eigenkapital aufweist), gilt der Nachweis nach Ansicht des BMF jedenfalls dann als erbracht, wenn das Verkehrswertgutachten den positiven Verkehrswert bestätigt und die Ermittlung des Verkehrswertes nach den folgenden Grundsätzen erfolgt ist (UmgrStR Rz 1354):

3. Ermittlung

76 Der Verkehrswert ist der nach den anerkannten betriebswirtschaftlichen und branchenspezifischen Grundsätzen der **Unternehmensbewertung** ermittelte Wert des übertragenen Vermögens. Der positive Verkehrswert muss für das zu übertragende Vermögen vor der Umgründung vorliegen und ist daher isoliert und unbeeinflusst von echten Synergieeffekten zu ermitteln (sog Stand-Alone-Betrachtung). Unechte Synergieeffekte – also Synergieeffekte, die sich ohne Berücksichtigung der Auswirkungen aus dem Bewertungsanlass realisieren lassen oder mit einer nahezu beliebigen Vielzahl von Partnern erzielt werden können (vgl UmgrStR Rz 686 mit Beispiel – sind hingegen zu berücksichtigen (UmgrStR Rz 1354).

77 Zur Ermittlung bzw zum Nachweis eines positiven Verkehrswerts s im Detail die Ausführungen zu § 12 Abs 1 (s § 12 Rz 186 ff), die entsprechend auch hier gelten (s auch UmgrStR Rz 680 ff sowie KFS BW1 idgF; weiterführend *Trentini* in FS Wiesner 457). Ergänzend sei lediglich darauf hingewiesen, dass bei einem Zusammenschluss nur die tatsächlich in das Gesellschaftsvermögen (gemeinschaftliches Betriebsvermögen) der übernehmenden Personengesellschaften übertragenen Wirtschaftsgüter in die Verkehrswertermittlung einbezogen werden dürfen. Wirtschaftsgüter, die in das Sonderbetriebsvermögen des übertragenden Mitunternehmers überführt werden (zB durch Zurückbehalten vom Anlagevermögen nach § 24 Abs 1 Z 1 iVm § 16 Abs 5 Z 3, s dazu unten § 24 Rz 68 ff), sind daher iRd Verkehrswertermittlung nicht zu berücksichtigen (UmgrStR Rz 1348). Ein am Zusammenschlussstichtag negativer Verkehrswert kann durch rückwirkende Maßnahmen, zB durch Einlagen zwischen Zusammenschlussstichtag und Zeitpunkt des Vertragsabschlusses, saniert werden. Einlageversprechen, das heißt „vorbehaltene Einlagen", sind mangels Bilanzierungsfähigkeit nicht möglich. Dies bedeutet im Umkehrschluss, dass ein positiver Verkehrswert zB auch durch eine fremdfinanzierte Einlage in den zu übertragenden (Teil)Betrieb im Rückwirkungszeitraum hergestellt werden kann, und zwar, indem die Finanzierungsverbindlichkeit anlässlich der Übertragung auf die übernehmende Personengesellschaft gem § 24 Abs 1 Z 1 iVm § 16 Abs 5 Z 3 im Sonderbetriebsvermögen zurückbehalten wird (vgl *W/S/S/S*, Rechtsanwälte 27; *Sulz* in *W/H/M*, HdU § 23 Rz 83).

78 Wurde zwar ein Sachverständigengutachten erstellt, entspricht dies allerdings nicht den oben erläuterten Grundsätzen (etwa weil der Verkehrswert nicht nach anerkannten betriebswirtschaftlichen bzw branchenspezifischen Grundsätzen der Unternehmensbewertung ermittelt wurde), ist dieser Umstand für sich allein noch kein Grund, von einem nicht nachgewiesenen positiven Verkehrswert auszugehen. Das betreffende Gutachten ist vielmehr durch die FV im Hinblick auf seine **Nachweiskraft** zu untersuchen. Ist diese gegeben, muss der positive Verkehrswert uE als nachgewiesen gelten. Weist das Gutachten Mängel auf, muss ein Mängelbehebungsauftrag ergehen. Erst wenn die Mängel trotz Aufforderung nicht behoben werden, ist das Gutachten als zum Nachweis eines positiven Verkehrswerts nicht geeignet abzulehnen, mit der Konsequenz, dass der positive Verkehrswert in diesem Fall als nicht nachgewiesen gilt (so bereits *Wiesner/Schwarzinger*, ÖStZ Nr 20a/1996; in diesem Sinn auch *Schwarzinger/Wiesner* I² 1118; *Sulz* in *W/H/M*, HdU § 23 Rz 89 und UmgrStR Rz 673; dazu allerdings einschränkend VwGH 18.12.2017, Ra 2015/15/0080). Nicht zu beanstanden sind allerdings Parameter des Gutachtens, die sich zwar im Nachhinein als nicht richtig herausstellen, im Zeitpunkt der Gutachtenserstellung allerdings plausibel waren.

G. Schlussbilanz
1. Bilanzerfordernis

§ 23 Abs 2 verweist hinsichtlich der zu übertragenden Vermögensteile (Betrieb, **81** Teilbetrieb, Mitunternehmeranteil) auf § 12 Abs 2. Daraus ergibt sich als Anwendungsvoraussetzung auch für Art IV, dass im Falle der Übertragung eines Betriebes **eine Bilanz des gesamten Betriebes** aufzustellen ist. Im Falle der Teilbetriebsübertragung ist ebenso eine Bilanz des gesamten Betriebes (und nicht etwa nur des zu übertragenden Teilbetriebes) erforderlich, wobei das Wirtschaftsjahr hinsichtlich der verbleibenden (Teil)Betriebe bzw Mitunternehmeranteile nicht unterbrochen wird (vgl *Sulz* in *W/H/M*, HdU § 23 Rz 39).

> Die Bedeutung der Schlussbilanz wird durch BFG 20.6.2016, RV/5100070/2012, dahingehend eingeschränkt, als eine Zusammenschlussbilanz vorgelegt wird und Gegenstand der Übertragung das gesamte Unternehmen sein soll. Es ist daraus abzuleiten, dass eine Stichtagsbilanz aufgestellt worden ist, da ja ansonsten eine Zusammenschlussbilanz nicht erstellt hätte werden können.

Bei ausländischen, beschränkt Steuerpflichtigen wird die Stichtagsbilanz nur die der beschränkten Steuerpflicht unterliegenden (inländischen) Betriebsteile umfassen; eine Bilanzerstellung auch für ausländische Betriebsteile könnte zwar aus einer grammatikalischen Auslegung des § 12 Abs 2 Z 1 abgeleitet werden, geht aber über die Zielsetzung der Vorschrift (Gewinnermittlung und Ergebnisabgrenzung für den Einbringenden; s Rz 102) hinaus, weil den ausländischen Betriebsteilen aus österreichischer ertragsteuerlicher Sicht keine Relevanz zukommt. Gleiches gilt für beschränkt steuerpflichtige Körperschaften, die mit §-7-Abs-3-KStG-Körperschaften vergleichbar sind: Zum einen schränkt § 21 Abs 1 Z 3 KStG die Anwendbarkeit des § 7 Abs 3 KStG (Gewerblichkeitsfiktion) auf inländische Vermögensteile ein (dh nur diese bilden das maßgebende einheitliche Gewinnermittlungsobjekt; *Kofler/Tumpel* in *Achatz/Kirchmayr* § 221 Tz 15, 29, 124; *Prillinger* in *L/S/S* § 21 Rz 69 f), zum anderen sind nach dem Gesetzeszweck (so wie bei ausländischen natürlichen Personen) lediglich die inländischen Betriebs- bzw Vermögensteile ertragsteuerlich von Relevanz (vgl § 12 Rz 103).

82 Im Falle der Übertragung eines Mitunternehmeranteiles ist die Erstellung einer **Bilanz der Mitunternehmerschaft**, an der der zu übertragende Mitunternehmeranteil besteht, erforderlich (§ 12 Abs 2 Z 2; vgl *Sulz* in *W/H/M*, HdU § 24 Rz 50 f; *Huber* in *W/Z/H/K*[5] § 23 Rz 31). Wird ein Mitunternehmeranteil iRe (Teil)Betriebes übertragen und erfolgt der Zusammenschlussstichtag nicht zum Regelbilanzstichtag der Mitunternehmerschaft, ist eine Bilanzerstellung der gesamten Mitunternehmerschaft, an der der Mitunternehmeranteil besteht, nicht erforderlich (BMF 27.12.1991, RdW 1992, 93; *Sulz* in *W/H/M*, HdU § 23 Rz 41; *Mühlehner* in *H/M/H* § 24 Rz 4).

83 Überträgt eine Kapitalgesellschaft einen Betrieb, ist stets eine Bilanz der gesamten **Kapitalgesellschaft** erforderlich, selbst dann, wenn nur einer von mehreren Betrieben der Kapitalgesellschaft übertragen werden soll. Nur für den zu übertragenden Betrieb stellt diese Bilanz eine Schlussbilanz dar und es endet die steuerliche Zurechnung des Vermögens und des Ergebnisses mit dem Zusammenschlussstichtag bei der übertragenden Kapitalgesellschaft (*Sulz* in *W/H/M*, HdU § 23 Rz 38).

84 Im Fall der Übertragung eines Betriebes wäre uE die Bezeichnung „**Schlussbilanz**" korrekt, da sie die Beendigung der steuerrechtlichen Existenz der zu übertragenden Einheit wiedergibt. Im Falle der Teilbetriebsübertragung ebenso wie im Fall der Mitunternehmeranteilsübertragung scheint die Bezeichnung „Schlussbilanz" uE nicht zutreffend, da für den restlichen Betrieb bzw Teilbetrieb, der nicht Gegenstand der Übertragung ist, bzw für die weiterhin bestehende Mitunternehmerschaft die steuerliche Existenz nicht beendet ist.

Erwähnt sei, dass bei Übertragung eines Betriebes ganz generell das Wirtschaftsjahr für das übertragene Vermögen mit dem Übertragungstag endet und daher zu diesem Stichtag schon nach den allgemeinen ertragsteuerrechtlichen Vorschriften ein Gewinn- bzw Verlust zu ermitteln ist, was die Erstellung einer Bilanz bedingt.

85 In Hinblick auf den weiten Zusammenschlussbegriff des Art IV ist die Verpflichtung zur Bilanzerstellung nicht nur dann gegeben, wenn ein Betrieb unmittelbar als Sacheinlage auf eine (neue) Personengesellschaft übertragen wird, sondern auch dann, wenn ein Betrieb einer bestehenden Personengesellschaft als auf eine neue Personengesellschaft übertragen gilt (UmgrStR Rz 1389, s dazu oben Rz 6). Die Bilanzierungspflicht ist also stets gegeben – und zwar unabhängig davon, ob nach Unternehmens- oder Steuerrecht **Buchführungspflicht** besteht, ob tatsächlich eine neue Personengesellschaft entsteht oder nur eine im abgabenrechtlichen Sinne fiktive neue Personengesellschaft durch den Zusammenschluss (zB durch den Beitritt eines weiteren Gesellschafters in eine bestehende Personengesellschaft) begründet wird.

86 Der über den Verweis in § 23 Abs 2 maßgebliche Wortlaut des § 12 Abs 2 sieht explizit vor, dass bei der Erstellung der erforderlichen steuerrechtlichen Schlussbilanzen die Grundsätze der Gewinnermittlungsart nach § 4 Abs 1 EStG einzuhalten sind (vgl UmgrStR Rz 1391). Im Falle der **Rechnungslegungspflicht** gemäß § 189 UGB und der damit verbundenen Gewinnermittlung und Bilanzierung nach § 5 Abs 1 EStG oder im Falle der antragsgemäßen freiwilligen Bilanzierung gemäß § 5 Abs 2 EStG ist die Bilanz nach Ansicht des BMF allerdings nach den zusätzlichen Regeln des § 5 Abs 1 EStG zu erstellen (UmgrStR Rz 1391; glA *Huber* in *W/Z/H/K*[5] § 23 Rz 32). Dies gilt nach UmgrStR Rz 1391 auch dann, wenn der Zusammenschluss nicht auf den unternehmensrechtlichen Bilanzstichtag bezogen wird und somit am Zusammenschlussstichtag keine unternehmensrechtliche Bilanz vorliegt. UmgrStR Rz 1359 führt aus, dass eine ordnungsgemäß aufgestellte UGB-Bilanz genügt, wenn allfällige Abweichungen zwischen den unternehmensrechtlichen und den steuerlichen Buchwerten aus einer Mehr-Weniger-Rechnung bzw aus dem Zusammenschlussvertrag hervorgehen. Erfolgt der Zusammenschluss nicht zum Regelbilanzstichtag, sind uE die Bilanzerstellungsregeln des § 5 Abs 1 EStG nicht anzuwenden. Es „genügt" eine Bilanz nach den Vorschriften des § 4 Abs 1 EStG. Das hat insb Auswirkungen auf den Ansatz bzw die Bewertung von Grund und Boden, Rückstellungen etc (aA allerdings zu Art III *Beiser*, ÖStZ 2012/570, 325 ff, der [nur] die Erstellung einer §-5-EStG-Bilanz als Einbringungsbilanz anerkennt).

In den UmgrStR wird der Begriff des **„Jahres- oder Zwischenabschlusses"** verwendet, obwohl der Gesetzestext in § 12 Abs 2 Z 2 (nur) von einer Bilanz gem § 4 Abs 1 EStG spricht. UE ist davon auszugehen, dass die UmgrStR den Begriff „Jahres- oder Zwischenabschlusses" iSd Nennung des Begriffes „Jahresabschluss" in § 4 Abs 2 EStG verwenden. Aus der Verwendung des Begriffs „Jahres- oder Zwischenabschlusses" ist uE jedenfalls nicht abzuleiten, dass der Begriff „Jahresabschluss" iSd UGB zu verstehen ist und in diesen Fällen nach Ansicht des BMF die Erstellung eines kompletten Jahresabschlusses (und damit uA auch einer Gewinn- und Verlustrechnung) erforderlich ist.

Die steuerrechtliche Bilanz gem § 23 Abs 2 iVm § 12 Abs 2 muss grundsätzlich zum Zusammenschlussstichtag erstellt sein. Wird zwar eine vollwertige steuerrechtliche Schlussbilanz erstellt, dies aber nicht zum Zusammenschlussstichtag, sondern zu einem **anderen Stichtag**, gilt die erforderliche Stichtagsbilanz als nicht erstellt und die Anwendbarkeit des UmgrStG und die damit verbundenen steuerlichen Begünstigungen werden versagt. Da der Wortlaut des Gesetzes zudem ausdrücklich eine vollwertige steuerrechtliche Schlussbilanz verlangt, sind grundsätzlich alle erforderlichen Maßnahmen für die Erstellung einer Regelbilanz (zB Bewertung, Abgrenzung) bezogen auf den Zusammenschlussstichtag vorzunehmen. Die Stichtagsbilanz dient der Gewinnermittlung und Ergebnisabgrenzung für den Übertragenden bis zum Zusammenschlussstichtag; im praktischen Regelfall wird sie gleichzeitig die Grundlage für die Aufstellung der (von der Stichtagsbilanz zu unterscheidenden) Zusammenschlussbilanz darstellen, womit ihr mittelbar auch Bedeutung für die Feststellung der steuerlichen Buchwerte zukommt (siehe zu Art III VwGH 26.2.2015, Ro 2014/15/0041). **87**

Auf Basis VwGH 29.1.2015, 2011/15/0169 bestehen nach Ansicht des BMF keine Bedenken, zur Vermeidung zusätzlicher Bilanzierungskosten eine Schlussbilanz zum 1.1. zugrunde zu legen, die mit den Ansätzen des Jahresabschlusses zum 31.12. übereinstimmt, wenn für den **„Rumpfgeschäftstag"** kein aktiver Geschäftsbetrieb *oder* aus anderen Gründen kein Erfordernis einer exakten Vermögensdarstellung und Ergebnisabgrenzung vorliegt (UmgrStR Rz 79 und Rz 766 idF WE 2015). **88**

Entsprechend der unternehmensrechtlichen Sichtweise (KFS/RL 25, Tz 22) soll diese Verwaltungsvereinfachung auch dann Platz greifen, wenn während des „Rumpfwirtschaftstages" zwar ein „aktiver Geschäftsbetrieb" vorliegt, dieser aber am „Rumpfwirtschaftstag" eine „nicht wesentliche" Geschäftstätigkeit entfaltet (dies abl für die Einbringung UFS 7.6.2011, RV/0166-G/07, dazu ausf *Hirschler*, ÖStZ 2012/569, 317 ff; UFSjournal 2011, 414 m Anm *Hirschler/Sulz/Oberkleiner/ Six*, nun erledigt durch VwGH 29.1.2015, 2011/15/0169). Unstimmigkeiten in der Stichtagsbilanz, wenn diese nämlich die Vortageswerte ausweisen, sind zu berichtigen. Das BMF folgt damit der unternehmensrechtlichen Sichtweise und gibt seine zwischenzeitlich vertretene strengere Auffassung, wonach – bei unternehmensrechtlicher Zulässigkeit – eine Gewinnermittlung für den „Rumpfwirtschaftstag" nur dann unterbleiben konnte, wenn (zB infolge eines Feiertages) *weder* ein aktiver Geschäftsbetrieb *noch* aus anderen Gründen ein Erfordernis einer exakten Vermögensdarstellung und Ergebnisabgrenzung vorlag, wieder auf (s UmgrStR Rz 79 zur Verschmelzung und Rz 766 zur Einbringung idF vor dem WE 2013; s a BMF 27.1.1992, ecolex 1992, 278 = RdW 1992, 128 = SWK 1992, A I 120; *Schneider*, SWK 1992, A I 263). Diese Sichtweise war vom BMF bereits speziell für (und eingeschränkt auf) den Übergang zum UmgrStG, das für Stichtage ab 1.1.1992 anwendbar wurde, auch in mehreren älteren Einzelerledigungen vertreten worden (s BMF 16.4.1992, SWK 1992, A I 159; BMF 23.4.1992, SWK 1992, A I 199; BMF 25.3.1994, RdW 1994, 161; dazu *Bruckner*, SWK 1992, A I 177; *Staringer*, Einlagen 172).

90 Nach Ansicht der FV ist die steuerrechtliche Schlussbilanz innerhalb der **Neunmonatsfrist** des § 24 Abs 1 Z 1 iVm § 13 Abs 1 zu erstellen und einer allfälligen **Meldung** gem § 13 beizulegen, andernfalls eine der Anwendungsvoraussetzungen des Art IV nicht erfüllt sei (vgl UmgrStR Rz 785 ff zur Einbringung, die gem Rz 1339a auch für den Zusammenschluss maßgeblich sein soll; s auch UFS 7.9.2011, RV/0166-G/07, der ebenfalls davon ausgeht, dass die steuerrechtliche Schlussbilanz innerhalb der Neunmonatsfrist erstellt werden muss). Fehlt bei einer innerhalb der Neunmonatsfrist erfolgten Meldung samt Umgründungsvertrag der Jahresabschluss bzw Zwischenabschluss oder die Umgründungsbilanz, hat die Abgabenbehörde den Übertragenden zur Vorlage der fehlenden Unterlagen aufzufordern. Kommt der Übertragende der Aufforderung innerhalb von zwei Wochen nach, ist der rückwirkende Stichtag anzuerkennen (in diesem Sinne UmgrStR Rz 791) (dazu auch *Rzepa/Wild*, RWZ 2015/66, 287 ff mit Verweis auf BFG 28.5.2015, RV/5100045/2012).

91 Von einer **fehlenden Bilanz** ist eine **fehlerhafte Bilanz** zu unterscheiden. Fehlerhafte Bilanzen können bzw müssen im Wege einer Bilanzberichtigung korrigiert werden. Eine nach objektiven Kriterien völlig unvollständige bzw fehlerhafte Bilanz kann im Extremfall als Nichtvorhandensein der Bilanz interpretiert werden, wodurch die Anwendungsvoraussetzung verletzt wird (in diesem Sinne *Sulz*, SWK 2001, S 793). Die Abgrenzung, ob lediglich eine fehlerhafte oder eben gar keine Bilanz iSd § 23 Abs 2 iVm § 12 Abs 2 erstellt wurde, kann daher im Einzelfall durchaus problematisch sein (auch hierzu siehe UFS 7.9.2011, RV/0166-G/07, und die Anmerkungen dazu bei *Hirschler/Oberkleiner/Six/Sulz*, UFSjournal 2011, 414, zur fehlerhaften Einbringungsbilanz auch VwGH 29.1.2015, 2011/15/0169).

92 Da die Bilanzerstellung (und der damit uU verbundene Wechsel der Gewinnermittlungsart von § 4 Abs 3 EStG auf § 4 Abs 1 EStG, s dazu Rz 93 ff) als Anwendungsvoraussetzung für einen Zusammenschluss gemäß Art IV gilt, können die Begünstigungen des UmgrStG dann nicht in Anspruch genommen werden, wenn diese Anwendungsvoraussetzung (bewusst) nicht erfüllt wird. Dies ist in der Praxis häufig dann der Fall, wenn ein bloßer **Arbeitsgesellschafter** einer bestehenden Personengesellschaft beitritt oder eine Personengesellschaft von einem Einzelunternehmer und einem Arbeitsgesellschafter gegründet wird. Die UmgrStR führen in Rz 1390 dazu aus, dass es in diesem Fall mangels einer Verschiebung von stillen Reserven bzw Steuerlasten nicht zu einer Gewinnverwirklichung iSd § 24 Abs 7 EStG kommt.

2. Wechsel der Gewinnermittlungsart

In Zusammenhang mit der Bilanzerstellung ist auch die Frage der Gewinnermittlungsart der übernehmenden Personengesellschaft zu untersuchen. Die Bilanzerstellung auf den Zusammenschlussstichtag bedingt, dass Steuerpflichtige, die ihren Gewinn bis zum Zusammenschlussstichtag nach § 4 Abs 3 EStG ermitteln, einen **Wechsel der Gewinnermittlungsart** vollziehen müssen. Die Bedeutung dieses Wechsels der Gewinnermittlungsart sowie der Bilanz hängt allerdings von der Gewinnermittlung der übernehmenden Personengesellschaft ab. Ermittelt die übernehmende Personengesellschaft den Gewinn im Wege des Betriebsvermögensvergleiches gemäß § 4 Abs 1 oder § 5 Abs 1 EStG, stellt der Wechsel der Gewinnermittlungsart einen nach § 4 Abs 10 EStG dar, der in seiner gesamten Steuerwirksamkeit zu erfassen ist (*Sulz* in *W/H/M*, HdU § 23 Rz 44 iVm 51 ff). Entsprechend der Rsp des VwGH (17.12.2014, 2012/13/0126) ist – entgegen der bisherigen Ansicht der UmgrStR – ein Übergangsverlust gem § 4 Abs 10 Z 1 EStG nicht zu siebenteln, sondern im letzten Gewinnermittlungszeitraum vor der Umgründung zu berücksichtigen (UmgrStR Rz 1399). Gleiches gilt im Übrigen für den sich anlässlich eines Wechsels der Gewinnermittlungsart ergebenden Übergangsgewinn. 93

Ermittelt die übernehmende Personengesellschaft – ebenso wie der übertragende Zusammenschlusspartner – den Gewinn gemäß § 4 Abs 3 EStG, ist grundsätzlich ebenso eine steuerrechtliche Schlussbilanz zu erstellen. Dieser kommt allerdings lediglich **Evidenzstatuscharakter** zu (vgl UmgrStR Rz 1398). Die Erstellung einer Bilanz nach § 4 Abs 1 EStG macht die körperliche Bestandsaufnahme, den Ansatz und die Bewertung aller Wirtschaftsgüter sowie im Fall der Vermögensübertragung durch eine Mitunternehmerschaft des auf die einzelnen Mitunternehmer entfallenden Eigenkapitals erforderlich (*Schwarzinger/Hübner-Schwarzinger* in FS Köglberger 444 f mwN). 94

Die UmgrStR sprechen in Rz 1399 von einem *„rechnerisch vorzunehmenden Übergang der Gewinnermittlung von § 4 Abs 3 nach § 4 Abs 1 EStG und zurück"*. Eine Steuerpflicht, wie sie § 4 Abs 10 EStG vorsieht, kann aus diesem doppelten Wechsel der Gewinnermittlungsart nach hL somit nicht entstehen (vgl *Sulz* in *W/H/M*, HdU § 23 Rz 44 iVm 45 mwN). Die Besonderheit dieses **doppelten Wechsels der Gewinnermittlungsart**, der kein echter Übergang der Gewinnermittlung gemäß § 4 Abs 10 EStG ist, wird uA aus dem Wortlaut des Gesetzes abgeleitet, wonach die Zusammenschlussbilanz (ebenso Teilungsbilanz zu Art V) lediglich zum Zwecke der Darstellung des Vermögens zu erstellen ist (in diesem Sinne auch *Q/S* § 24 Tz 173: „Die Bilanz hat in solchen Fällen nur den Charakter einer Momentaufnahme des übertragenen Vermögens zum Zwecke seiner exakten Erfassung"). Der UFS (20.11.2011, RV/0638-I/07) verneinte die Steuerwirksamkeit des doppelten Wechsels der Gewinnermittlungsart im Falle einer Realteilung (dazu *Sulz*, SWK 2011, 889); diese Ansicht wurde allerdings vom VwGH (25.7.2013, 2011/15/0046) nicht bestätigt. 95

Der VwGH führt in seiner Entscheidung Folgendes an:

Wird kein doppelter Wechsel der Gewinnermittlungsart vorgenommen und damit auch kein Übergangsgewinn bzw -verlust berechnet, kann dies zu einer Verschiebung von Steuerlasten zwischen den Rechtsnachfolgern führen. Dies wird am Beispiel einer Lieferforderung deutlich: Ermittelt die Mitunternehmerschaft ihren Gewinn durch Einnahmen-/Ausgaben-Rechnung, bleibt diese Forderung bis zum Zahlungseingang steuerneutral, der entsprechende Ertrag wurde aber bereits durch die Mitunternehmerschaft und damit anteilig durch alle Mitunternehmer erwirtschaftet. Wird diese Forderung nun im Zuge einer Realteilung auf einen Rechtsnachfolger übertragen, der seinen Gewinn ebenso durch Einnahmen-/Ausgaben-Rechnung ermittelt, führt der Zahlungseingang nur bei diesem Rechtsnachfolger zu einer steuerpflichtigen Betriebseinnahme. Noch nicht realisierte Erträge/Aufwendungen würden daher im Zuge einer Realteilung ohne rechnerischen Wechsel der Gewinnermittlungsart zu einer Verschiebung von Einkünften und somit von Steuerlasten zwischen den beteiligten Steuersubjekten führen. Zudem würde in diesem Fall dem Prinzip der Totalgewinngleichheit, wonach der akkumulierte Betriebsgewinn bei beiden Gewinnermittlungsarten (§ 4 Abs 1 EStG und § 4 Abs 3 EStG) trotz unterschiedlicher Periodenergebnisse (auch bezogen auf den einzelnen Rechtsnachfolger) ident sein muss, nicht entsprochen. Bei einer Realteilung mit fortgesetzter Einnahmen-/Ausgaben-Rechnung ist daher ein steuerwirksamer doppelter Wechsel der Gewinnermittlungsart vorzunehmen. Im Hinblick auf die konkreten Auswirkungen dieses doppelten Wechsels hält der VwGH fest, dass aufgrund der fortgesetzten Einnahmen-/Ausgaben-Rechnung nicht zwei tatsächliche Wechsel der Gewinnermittlungsart vorzunehmen sind, auf die § 4 Abs 10 EStG (und damit zB auch die Verteilung eines Übergangsverlusts auf sieben Jahre) anwendbar wäre. Es liegt nach Ansicht des VwGH vielmehr aus Sicht der Beteiligten ein rein rechnerischer doppelter Wechsel der Gewinnermittlung vor, der bewirkt, dass lediglich die saldierten Beträge aus diesen beiden Wechselvorgängen steuerlich zum Ansatz zu bringen sind. Da es sich dabei letztlich um eine Maßnahme zur Vermeidung einer Verschiebung von Steuerlasten handelt, erachtet der VwGH eine analoge Anwendung der Bestimmung des § 29 Abs 2 Z 2 UmgrStG, wonach eine Verschiebung von Steuerlasten bei einer Realteilung durch Ausgleichsposten in der Steuerbilanz zu korrigieren ist, für zulässig. Der Saldo der rechnerischen Wechsel ist dabei als Gewinn/Verlust bei den Rechtsnachfolgern (dh den aus der Realteilung hervorgegangenen Einzelunternehmern und bei der allenfalls bestehen bleibenden teilenden Mitunternehmerschaft) als Teil des aktiven oder passiven Ausgleichspostens anzusetzen und über 15 Jahre verteilt abzuschreiben bzw aufzulösen. Im Ergebnis bestätigt der VwGH damit zum Teil die Ansicht der FV, die diese Form der Berücksichtigung schon bisher für zulässig erachtete (UmgrStR Rz 1580).

Das beschriebene Erkenntnis des VwGH bezieht sich auf eine Realteilung einer Mitunternehmerschaft. Da sich das Problem der Verschiebung von Steuerlasten bei Zusammenschlüssen mit fortgesetzter Einnahmen-/Ausgaben-Rechnung gleichermaßen stellt, ist davon auszugehen, dass die Aussagen des VwGH auf diese Fälle sinngemäß Anwendung finden müssen. Folglich wäre der Saldo der rechnerischen Wechsel auch in diesen Fällen iRd Vorsorgemaßnahme nach § 24 Abs 2 UmgrStG zu berücksichtigen, wobei auch diese Variante schon bisher von der FV für zulässig erachtet wurde (UmgrStR Rz 1399) (dazu auch *Wiesner*, RWZ 2013/81, 313 ff). Diese Form der Vorabberücksichtigung erfolgt ausschließlich steuerlich und somit technisch im Rahmen der Mehr-/Wenigerrechnung. Soll auch vermögensrechtlich eine Berücksichtigung der übergangsgewinn(verlust)relevanten Positionen beim Übertragenden erfolgen, dann kann das durch Zurückbehaltung (im Sonderbetriebsvermögen) umgesetzt werden.

Es soll allerdings noch angemerkt werden, dass bei der Rechtsfragenwürdigung durch den VwGH aus unserer Sicht folgende Aspekte nicht berücksichtigt wurden: Sieht der Gesellschaftsvertrag Abweichungen zwischen Substanz- und Gewinnbeteiligung vor, so ist dieser Unterschiedlichkeit Berücksichtigung zu zollen. Die Frage, ob Forderungen und bereits vereinnahmte Entgelte (Geld) unterschiedlich bzw gleich behandelt werden dürfen, um dem Prinzip der Totalgewinngleichheit zu entsprechen, sollte nicht mit dem grundsätzlichen Thema der Verteilung von Forderungen nach Maßgabe des Gewinnverteilungsschlüssels bzw der Zuordnung zum jeweiligen Teilbetrieb verwechselt werden.

Da die Bilanzerstellung gemäß § 4 Abs 1 als Anwendungsvoraussetzung genannt ist, kann sich ein **zweifacher Wechsel der Gewinnermittlungsart** dann ergeben, wenn die übernehmende Personengesellschaft ihren Gewinn gemäß § 5 Abs 1 EStG ermittelt. Im Zuge des Zusammenschlusses kommen nur solche Positionen in Betracht und finden im Übergangsgewinn bzw Übergangsverlust beim Übertragenden Eingang, die aufgrund der Verpflichtung zur Erstellung einer Bilanz gemäß § 4 Abs 1 EStG anzusetzen sind. Ein so ermittelter Übergangsgewinn ist beim Übertragenden in dem Wirtschaftsjahr, in das der Zusammenschluss fällt, zu berücksichtigen. Ein Übergangsverlust ist, beginnend mit dem Gewinnermittlungszeitraum in den der Zusammenschlussstichtag fällt, gleichmäßig auf sieben Jahre zu verteilen (vgl UmgrStR Rz 1395 f; *Sulz* in *W/H/M*, HdU § 24 Rz 51 ff; s aber VwGH 25.7.2013, 2011/15/0046, der in dem uU vergleichbaren Fall eines Wechsels der Gewinnermittlungsart von § 4 Abs 3 nach § 4 Abs 1 EStG bei einer Einbringung nach Art III die Einbringung als Betriebsveräußerung eines Betriebes an eine Kapitalgesellschaft iSd § 4 Abs 10 Z 1 letzter Satz EStG qualifiziert, mit der Konsequenz, dass dem Einbringenden der volle Übergangsverlust im letzten Gewinnermittlungszeitraum zustehen muss). Der erneute Wechsel der Gewinnermittlungsart auf § 5 Abs 1 EStG vollzieht sich nicht mehr beim Übertragenden, sondern erst bei der übernehmenden Personengesellschaft und der entsprechende Übergangsgewinn fällt somit in das Wirtschaftsjahr, in das der auf den Zusammenschlussstichtag folgende Tag fällt. Ein Übergangsverlust wäre auf sieben Jahre zu verteilen und zwar beginnend mit dem Wirtschaftsjahr, in dem der auf den Zusammenschlussstichtag folgende Tag fällt.

96

Eine analoge Anwendung der Ansicht des VwGH 25.7.2013, 2011/15/0046 für den Zusammenschluss ist ambivalent zu betrachten. Es ist nicht klar, ob die Forderung des § 24 Abs 7 EStG hinsichtlich der Ermittlung eines Veräußerungsgewinnes im Falle der Nichtanwendung des Art IV UmgrStG auf einen Veräußerungsvorgang oder eben das Gegenteil, eben keinen Veräußerungsfall schließen lässt. Nach herrschender Lehre wird ein Zusammenschluss als Übertragungs- und damit Einlagevorgang in eine Personengesellschaft betrachtet. Ob sich die Ansicht als Veräußerung nun für die Konsequenz eines Wechsels der Gewinnermittlungsart argumentieren lässt, ist uE nicht eindeutig.

Die wohl relevanteste Auswirkung in der Praxis – zumindest bis Inkrafttreten des StabG 2012 – stellt die Bewertung von Grund und Boden dar. Eine Aufwertung von

Grund und Boden auf den höheren Teilwert gemäß § 4 Abs 10 Z 2 lit b EStG findet bei der übernehmenden Personengesellschaft statt und ist somit in der Bilanz des Übertragenden, welche nach den Gewinnermittlungsvorschriften des § 4 Abs 1 EStG zu erstellen ist, nicht anzusetzen (*Hübner-Schwarzinger/Kanduth-Kristen*, Rechtsformgestaltung 306). Ab 1.4.2012 wird Grund und Boden gem § 6 Z 5 EStG mit dem Buchwert (Anschaffungskosten) eingelegt.

97 Ermittelt der Übertragende seinen Gewinn gemäß § 4 Abs 1 oder § 5 Abs 1 EStG, die übernehmende Personengesellschaft jedoch nach § 4 Abs 3 EStG, findet der Wechsel auf die Gewinnermittlungsart nach § 4 Abs 3 EStG ebenfalls erst bei der übernehmenden Personengesellschaft und erst in dem Wirtschaftsjahr, in dem der auf den Zusammenschlussstichtag folgende Tag fällt, statt. Auch hier sind – insb bis Inkrafttreten des StabG 2012 – vor allem die Konsequenzen hinsichtlich der Bewertung von **Grund und Boden** relevant. Etwaige stille Reserven im Grund und Boden sind bei der übernehmenden Personengesellschaft in dem Wirtschaftsjahr, in das der auf den Zusammenschlussstichtag folgende Tag fällt, steuerwirksam aufzudecken oder gemäß § 4 Abs 10 Z 3 lit b EStG auf Antrag einer Rücklage zuzuführen, wodurch die Besteuerung der stillen Reserven aufgeschoben werden kann (vgl UmgrStR Rz 1402). Ab 1.4.2012 ergibt sich keine Bewertungsänderung hinsichtlich Grund und Boden durch einen Wechsel der Gewinnermittlungsart.

98 Im Zusammenhang mit der Position eines **Arbeitsgesellschafters** an einer Personengesellschaft stellt sich die Frage, ob ein Arbeitsgesellschafter auch am Übergangsergebnis, welches aufgrund der Bilanzerstellung anlässlich der Auflösung der Gesellschaft oder des Ausscheidens eines Gesellschafters ermittelt wird, teilnimmt. Vorab ist festzuhalten, dass der Austritt des Arbeitsgesellschafters, sofern es dabei nicht zu einer Auflösung der Personengesellschaft kommt, nicht zur Ermittlung eines Veräußerungsgewinnes gem § 24 EStG führt und sich damit auch kein Übergangsergebnis ergibt. Eine Teilhabe am Übergangsergebnis für den Arbeitsgesellschafter ist im Einzelfall nur dann einer sachgerechten Lösung zuzuführen, wenn das Eintrittsszenario mitberücksichtigt wird. Im Fall des Einstiegs eines Arbeitsgesellschafters in eine bestehende Mitunternehmerschaft mit fortgesetzter Einnahmen-Ausgaben-Rechnung kann man nur dann zu einer für alle Gesellschafter befriedigenden gesellschaftsvertraglichen Regelung kommen, wenn man sowohl das Übergangsergebnis bei Eintritt als auch das Übergangsergebnis bei Ausscheiden des Arbeitsgesellschafters berücksichtigt (*Hofmann*, SWK 2006, S 410 ff).

III. Rechtsfolgen
A. Rechtsfolgen innerhalb des Anwendungsbereiches des Art IV
1. Allgemeines

106 Auf Zusammenschlüsse, die die Anwendungsvoraussetzungen des § 23 Abs 1 erfüllen, sind gem § 23 Abs 4 die §§ 24 bis 26 anzuwenden. Die Anwendung der §§ 26 bis 28 ist bei Vorliegen sämtlicher Anwendungsvoraussetzungen **zwingend**, ein Anwendungswahlrecht besteht nicht (UmgrStR Rz 1289). Durch absichtliche Nichterfüllung einer oder mehrerer Anwendungsvoraussetzungen kann die Anwendung des Art IV jedoch gezielt vermieden werden.

Die steuerliche Konsequenz der Anwendung des Art IV liegt insb in der **Buchwertfortführung**, dh in der Vermeidung einer Gewinnrealisierung. Davon bestehen Ausnahmen im Zusammenhang mit internationalen Zusammenschlüssen, bei der es zu einem Verlust des Besteuerungsrechts der Republik Österreich kommt.

Begünstigungen iRd Art IV sind noch im Bereich des Umsatzsteuerrechts, der Kapitalverkehrsteuern, des Gebührenrechts sowie der Grunderwerbsteuer zu verzeichnen. **107**

Die Anwendung der Rückwirkung ist nicht universell auf die Anwendung des Art IV beschränkt, da auch iRd § 27 Abs 4 EStG eine Rückwirkungsfiktion genannt ist. **108**

Von der steuerlichen Konsequenz eines nicht unter Art IV fallenden Übertragungsaktes auf eine Personengesellschaft, die zu einer Veräußerungsgewinnermittlung gemäß § 24 Abs 7 EStG führt, zu unterscheiden ist die **Verletzung einer Vorsorge gem § 24 Abs 2**. In diesem Fall kommt es nämlich sehr wohl zu einer Anwendung des Art IV, allerdings bewertungstechnisch zu einer Zwangsaufwertung, das heißt es darf keine Buchwertfortführung vorgenommen werden (s § 24 Rz 96 ff). **109**

2. Rechtsfolgen für Zusammenschlusspartner, die kein Vermögen isd Abs 2 übertragen

a) Bewertungsrechtliche Aspekte

Es war hA, dass für Bewertung für aus dem Privatvermögen übertragenes nicht begünstigtes Vermögen generell der **Einlagetatbestand** des § 6 Z 5 EStG zum Tragen kommt (EStR Rz 2484 bis 2504). Das Vermögen ist grundsätzlich mit dem **Teilwert** anzusetzen (UmgrStR Rz 1417, Ausnahme möglicherweise: Grund und Boden; Neugebäude). Wurde die Anschaffung (Herstellung) des übertragenen privaten Wirtschaftsgutes fremdfinanziert, wird auch die offene Verbindlichkeit zum Betriebsvermögen (EStR Rz 1424). Das Wirtschaftsgut kann samt Verbindlichkeiten in das Gesellschaftsvermögen übertragen werden, wenn der Einlagewert insgesamt positiv ist. Geht nur das Wirtschaftsgut in das Gesellschaftsvermögen, dann wird die Verbindlichkeit zum negativen Sonderbetriebsvermögen (VwGH 12.9.1989, 88/14/0188). In Folge der Rückwirkung sind ab Beginn des dem Zusammenschlussstichtag folgenden Tages sämtliche mit dem Wirtschaftsgut zusammenhängenden Einnahmen und Ausgaben bzw Werbungskosten von der übernehmenden Personengesellschaft zu tragen, soweit nichts Abweichendes vereinbart ist (aA UFS 30.11.2011, RV/0733-W11; s Rz 26). **110**

Die Entwicklungen in der Finanzverwaltung zeigen, dass ein Interpretationswandel dahin gehend Platz gegriffen hat, als nunmehr für außerbetrieblich übertragenes Vermögen eine „gespaltene" Betrachtungsweise angewandt werden soll. Hinsichtlich der in weiterer Folge quotal am außerbetrieblich übertragenen Wirtschaftsgut teilhabenden Gesellschafter liegt ein Tauschakt gem § 6 Z 14 EStG (mit quotaler Realisierung) vor; nur im Rahmen der Eigenbeteiligungsquote ist von der Einlage gem § 6 Z 5 EStG auszugehen. Auswirkungen für die Praxis ergeben sich insb im Zusammenhang mit Liegenschaften und Wertpapieren (siehe dazu Salzburger Steuerdialog 2014, UmgrStR Rz 1417 idF WE 2014). **111**

- Insoweit die Übertragung zu einer Änderung der Zuordnung des übertragenen Vermögens zu den anderen Mitunternehmern führt, liegt ein Tauschvorgang vor. Die auf die anderen Mitunternehmer (bzw in deren Bilanzbündelbetrieb)

übergehende Vermögensquote ist daher nach den Tauschgrundsätzen in § 6 Z 14 lit a EStG zu bewerten, was im Ergebnis eine Realisation etwaiger stiller Reserven zur Folge hat.
- Insoweit die Übertragung zu keiner Änderung der Zuordnung des übertragenen Vermögens zu den anderen Mitunternehmen führt, liegt ein Einlagevorgang vor. Die bei dem übertragenden Mitunternehmer (bzw in dessen Bilanzbündelbetrieb) verbleibende Vermögensquote ist daher nach den Einlagegrundsätzen in § 6 Z 5 zu bewerten, was in manchen, nicht aber in allen Fällen, eine Realisation etwaiger stiller Reserven zur Folge hat.

Diese gespaltene Betrachtungsweise (Tausch und Einlage) soll von der Finanzverwaltung auf alle nach dem 30.9.2014 (an)gemeldete (siehe § 24 Rz 15 und Rz 21 ff) Zusammenschlüsse angewendet werden.

Werden Kapitalanteile oder sonstige Wirtschaftsgüter iRe Zusammenschlusses aus einem Betriebsvermögen auf die übernehmende Personengesellschaft übertragen, gilt dies nach hL als eine **Entnahme** iSd § 6 Z 4 EStG aus dem Betriebsvermögen **mit nachfolgender Einlage** gem § 6 Z 5 EStG in das Betriebsvermögen der übernehmenden Personengesellschaft (vgl UmgrStR Rz 1416; *Sulz* in *W/H/M*, HdU § 24 Rz 56; zum sog „engen Betriebsbegriff" siehe bereits *Q/S* § 4 Tz 5 iVm Tz 62 und 64 mwN sowie EStR Rz 436). Die Entnahme der Wirtschaftsgüter erfolgt zwingend zum **Teilwert**, es kommt beim Übertragenden also grundsätzlich zur steuerwirksamen Realisation der stillen Reserven in den übertragenen Wirtschaftsgütern.

112 Eine **Ausnahme** von diesem Grundsatz besteht in jenen Fällen, in denen es durch die Entnahme mit nachfolgender Einlage **keine Veränderung in der Zurechnung der stillen Reserven in den übertragenen Wirtschaftsgütern** eintritt (Übertragung bei 100%iger Mitunternehmerstellung). In diesen Fällen soll nach Ansicht des BMF kein steuerwirksamer Entnahme-Einlagen-Tatbestand vorliegen (vgl UmgrStR Rz 1416). Ob der ursprüngliche Betrieb durch Entnahme der wesentlichen Betriebsgrundlagen seines Charakters als betriebliche Einheit beraubt wurde, ist hier nicht entscheidend. UE wäre es ganz allgemein angemessen und systematisch, die Realisierung und Besteuerung der stillen Reserven auch bei nicht begünstigtem Vermögen aufzuschieben, wenn es zu keiner Verschiebung von stillen Reserven kommt bzw im Rahmen der Vorsorgemaßnahmen nach § 24 Abs 2 (s § 24 Rz 131 ff) dafür Sorge getragen, dass die stillen Reserven beim Übertragenden steuerverfangen bleiben (glA *Djanani/Kapferer* in HBStL III² 192; *Hübner-Schwarzinger/Kanduth-Kristen*, Rechtsformgestaltung 158 und 325; zur Anwendung der Vorsorgemaßnahmen des Art IV s *Christiner* in FS Bertl 549 ff). Dies kann allerdings nur vorbehaltlich den einer Wertverknüpfung in diesem Sinn uU zwingend entgegenstehenden ertragsteuerlichen Vorschriften des § 4 Abs 10 EStG über den Wechsel der Gewinnermittlungsart gelten (*Sulz* in *W/H/M*, HdU § 25 Rz 15; s auch Rz 93 ff).

113 Eine weitere **Ausnahme** vom Ansatz zu Teilwerten besteht gem § 25 Abs 1 Z 2 iVm der Regelung in § 6 Z 6 EStG, wenn es sich bei der Vermögensübertragung um eine **Rückübertragung** eines von der nunmehr übernehmenden Personengesellschaft nach § 6 Z 6 EStG oder durch eine Umgründung iSd UmgrStG zuvor in das Ausland übertragenen Vermögensteiles handelt und dabei die Steuerschuld nicht festgesetzt worden ist (zum **Nichtfestsetzungskonzept** iRd § 6 Z 6 lit b EStG s mwN Jakom[10]/ *Laudacher* § 6 Rz 154 ff; zum Nichtfestsetzungskonzept bei Umgründungen s § 16).

In diesem Fall sind die (fortgeschriebenen) Buchwerte vor der Auslandsüberführung maßgebend, bei späterer Gewinnverwirklichung sind allerdings nachweislich im Ausland entstandene stille Reserven auszuscheiden (UmgrStR Rz 1458b).

Abschließend geklärt scheint die Frage nach dem für die Bewertung nach § 6 Z 5 EStG **maßgeblichen Zeitpunkt**. In der Entscheidung vom 30.11.2011, RV/0733-W/11, verneinte der UFS mit Hinweis auf § 6 Z 5 EStG die Anwendung der Rückwirkungsfiktion für die Bewertung von iRe Zusammenschlusses nach Art IV übertragenen Privatvermögens (zur Anwendung der Rückwirkungsfiktion bei der Zurechnung von nicht begünstigtem Vermögen zur übernehmenden Mitunternehmerschaft s gleich unten, Rz 114 ff). Die Argumentationskette des UFS ist augenscheinlich fiskalpolitisch getrieben, da unter anderem die Verhinderung einer Verlustverlagerung vom außerbetrieblichen in den betrieblichen Bereich angeführt wird. *Daxkobler* (ÖStZ 2012, 246) führt uE schlüssig vor, dass im Falle einer rückwirkenden Zuordnung von nicht begünstigtem Vermögen zum Betriebsvermögen der übernehmenden Mitunternehmerschaft auch die (Einlage)Bewertung auf den Zusammenschlussstichtag rückbezogen werden muss. Im E vom 20.1.2016 (2012/13/0013) bestätigte der VwGH die Rechtsansicht der Behörde, wobei seitens der Literatur eingeräumt wird, dass die Argumentation der Behörde mitunter aufgrund der Betrachtung der Handlungsweise mit zulasten der Staatsfinanzen führenden unseriösen Ergebnissen als nicht rechtswidrig erkannt wurde (*Wiesner*, RWZ 2016, 85).

113a

Wurde die Anschaffung (Herstellung) des übertragenen Wirtschaftsgutes **fremdfinanziert**, gilt nach der Verwaltungspraxis (UmgStR Rz 1417) Folgendes: Das Wirtschaftsgut kann samt Verbindlichkeiten in das Gesellschaftsvermögen übertragen werden, wenn der Einlagewert insgesamt positiv ist. In diesem Fall wird auch die offene Verbindlichkeit zum Betriebsvermögen (EStR Rz 1424). Wird hingegen nur das Wirtschaftsgut übertragen, wird die Verbindlichkeit zum negativen Sonderbetriebsvermögen (VwGH 12.9.1989, 88/14/0188).

b) Aspekte iZm der Rückwirkungsfiktion

Hinsichtlich der ertragsteuerrechtlichen **Rückwirkungsfiktion** bei Zusammenschlüssen (s § 24 Rz 13 ff und § 25 Rz 26 ff) ist an dieser Stelle festzuhalten, dass diese iRd Art IV auch für den nur einzelne Wirtschaftsgüter übertragenden bzw eine Bareinlage leistenden Partner gilt (UmgrStR Rz 1417; anders wird das im Falle eines aus dem Anwendungsbereich des UmgrStG herausfallenden „Zusammenschlusses" gesehen; s dazu unten Rz 121 ff). Mit der Einlage sind auch die dem sonstigen Vermögen zuzuordnenden Erträge und Aufwendungen (zB Abschreibungen) ab Beginn des dem Zusammenschlussstichtag folgenden Tages der neuen Mitunternehmerschaft zuzurechnen soweit nicht anderes vereinbart ist (*Sulz* in W/H/M, HdU § 24 Rz 56 und § 25 Rz 14; aA UFS 30.11.2011, RV/0733-W11; s Rz 26).

114

Nach dem gemäß § 24 Abs 1 Z 1 maßgebenden § 13 Abs 2 muss das zu übertragende begünstigte wie nicht begünstigte Vermögen dem Übertragenden zum Zusammenschlussstichtag **zuzurechnen** sein (UmgrStR Rz 1344). Eine Ausnahme besteht nur dann, wenn der Vermögenserwerb im Rückwirkungszeitraum im Erbwege erfolgte und der Rechtsvorgänger am Zusammenschlussstichtag das Vermögen bereits innehatte. Grundsätzlich wird keine Differenzierung nach Art des nicht begünstigten Vermögens vorgenommen. Das BMF vertritt hinsichtlich von Bar-

115

geld allerdings die Ansicht, dass dieses am Zusammenschlussstichtag nicht zwingend vorhanden sein muss (UmgrStR Rz 1344).

116 Da eine Anwendungsvoraussetzung für Art IV hinsichtlich des begünstigten Vermögens die **tatsächliche Vermögensübertragung** ist, muss das in der Zusammenschlussbilanz ausgewiesene Übertragungsvermögen im Zeitpunkt des Zusammenschlussvertrages vorhanden sein und auf die Mitunternehmerschaft real übergehen. Gleiches gilt für das nicht begünstigte Vermögen eines Zusammenschlusspartners. Dies muss ebenso tatsächlich übertragen werden können. Es muss somit eine im Zusammenschlussvertrag vereinbarte Geld- oder Sacheinlage bis zum letzten Tag der Neunmonatsfrist tatsächlich erbracht werden. Stehen der geplanten rechtzeitigen Vermögensübertragung rechtliche bzw behördliche Hindernisse entgegen, liegt keine Verletzung der Anwendungsvoraussetzung des Art IV vor, wenn die tatsächliche Übertragung nach Vorliegen der rechtlichen Möglichkeit ungesäumt erfolgt (UmgrStR Rz 1373). Der konkrete Zeitpunkt der tatsächlichen Vermögensübertragung, sofern iRd Rückwirkungszeitraumes, ist unerheblich (idS UmgrStR Rz 802).

B. Rechtsfolgen außerhalb des Anwendungsbereiches des Art IV

121 Die Anwendung des UmgrStG stellt kein Wahlrecht dar, bei Vorliegen der Tatbestandsvoraussetzungen findet das UmgrStG grundsätzlich Anwendung (s insofern eindeutig § 23 Abs 4). Einzig durch Verletzung einer oder mehrerer Anwendungsvoraussetzung(en) ist von einer Anwendung des UmgrStG abzusehen. In diesem Fall sieht das allgemeine Ertragsteuerrecht in § 24 Abs 7 EStG die Ermittlung eines **Veräußerungsgewinnes** rückwirkend auf den geplanten Zusammenschlussstichtag vor. Es kommen die Bestimmungen des EStG zur Anwendung. Nicht begünstigtes Vermögen, welches iRe nicht unter Art IV fallenden Zusammenschlusses auf eine Personengesellschaft übertragen wird, nimmt an der Rückwirkungsfiktion nicht teil (§ 24 Abs 7 EStG; UmgrStR Rz 1506).

122 Wäre ein Vermögensübertragungsakt grundsätzlich als Zusammenschluss gem Art IV anzusehen, kommt es allerdings zu einer Verletzung einer oder mehrerer Anwendungsvoraussetzung(en), ist nach Ansicht von *Mühlehner* in H/M/H § 23 Rz 3 ff zu hinterfragen, ob ein **(Ersatz)Realisierungstatbestand**, zB eine Entnahme oder eine Betriebsaufgabe, vorliegt. Im Falle reiner Struktur- bzw Organisationsänderungen kann aus § 24 Abs 7 EStG eine Veräußerungsgewinnermittlung nicht abgeleitet werden, da das allgemeine Steuerrecht den Steuertatbestand der „Verschiebung von stillen Reserven" nicht kennt. Dies wäre etwa der Fall, wenn eine bloß formwechselnde Umwandlung einer GesbR in eine OG oder KG stattfindet (zu den zivilrechtlichen Konsequenzen OGH 14.10.1997, 1 Ob 2322/96v, wonach es zu keiner Aufhebung der Rechtskontinuität der Gesellschaft kommt). Anders wird das seitens der FV (BMF 11.11.1996 ÖStZ 1997 31) interpretiert, wonach jeder „verunglückte" Zusammenschluss als Veräußerungstatbestand zu würdigen sei (idS auch *Sulz* in W/H/M, HdU Einführung Rz 3). Jedoch ist auch hier zu vermerken, dass das Realisat nur die sich aufgrund der Vermögensübertragung ergebende Verschiebung von stillen Reserven einschließlich eines Firmenwertes umfassen kann. Kommt es zu keiner Verschiebung von stillen Reserven einschließlich eines Firmenwertes, liegt kein ertragsteuerlich beachtlicher Tatbestand vor (idS auch UmgrStR Rz 1298, 1353 sowie 1390 mit Verweis auf VwGH 19.5.2005, 2000/15/0179; glA *Walter*[11], Rz 562).

Die Argumente von *Mühlehner* in *H/M/H* § 23 Rz 3 ff finden beispielsweise im Rahmen der EStR Rz 5926 ff zu Übertragungsakten aus bzw in das Gesellschaftsvermögen einer Mitunternehmerschaft in Bezug auf das Sonderbetriebsvermögen Unterstützung. Auch hier kommt es nur zu einer Gewinnverwirklichung, wenn ein Entnahme- oder Aufgabetatbestand gegeben ist, dh die betriebliche Sphäre verlassen wird. Gleichermaßen judiziert VwGH 19.5.2005, 2000/15/0179, worin die quotenmäßige Beteiligung der stillen Reserven als Prüfmaßstab herangezogen wird.

IRe nicht unter Art IV fallenden Zusammenschlusses stellt sich somit die Frage, ob **123** die Ermittlung des Veräußerungsgewinnes gemäß § 24 Abs 7 EStG nur denjenigen trifft, von dem eine Anwendungsvoraussetzung nicht erfüllt wurde und es daher zu einer **quotalen Realisierung** der stillen Reserve kommt, oder ob sämtliche am Zusammenschluss teilnehmende Partner von der Veräußerungsgewinnermittlung betroffen sind. Systemgerecht kann die Veräußerungsgewinnermittlung nur bei demjenigen greifen, der die Anwendungsvoraussetzung nicht erfüllt hat (anders allerdings im Falle einer nicht unter Art V fallenden Entnahme eines Teilbetriebes aus einer Personengesellschaft lt Sbg Steuerdialog, Einkommensteuer, BMF 010203/0464 – VI /6/2011, 10 ff).

Die Frage, ob ein verunglückter Zusammenschluss zu einem Veräußerungsgewinn in Höhe der verschobenen („verkauften") stillen Reserven führt und damit quotal zu ermitteln ist, oder immer zu einer Versteuerung von 100 % der stillen Reserven führt, wird kontroversiell gesehen. UE kann es sich nur um die Besteuerung der verschobenen stillen Reserven handeln, da nur dieses dem Leistungsfähigkeitsprinzip entspricht. Die nicht verschobenen stillen Reserven bleiben ja bei ein und derselben Person steuerhängig und es käme bei einem verunglückten Zusammenschluss ansonsten zu einem anderen Ergebnis als bei einer Quotenveräußerung, was sachlich nicht gerechtfertigt wäre. Im Extremfall könnte das anhand der Gründung einer GmbH & Co KG durch Übertragung des Einzelunternehmens und Beitritt eines Arbeitsgesellschafters beleuchtet werden. Bei Verunglückung des Zusammenschlusses kommt es zu keiner Besteuerung von stillen Reserven, da diese beim ehemaligen Einzelunternehmer steuerhängig bleiben. Das spricht für die quotale Betrachtungsweise und widerspricht einer 100%igen Besteuerung. Dem widerspricht UmgrStR Rz 1507 dahingehend, als im Falle eines verunglückten Zusammenschlusses die Mitunternehmerschaft die Teilwerte anzusetzen hat. Bei einem Veräußerungsgewinn in Höhe der verschobenen stillen Reserven hätte die übernehmende Personengesellschaft hingegen die Buchwerte fortzuführen und der Mitunternehmer, der sich in die Quote „eingekauft" hat, hätte die aufgedeckten stillen Reserven über eine Ergänzungsbilanz weiterzuführen (für Veräußerungsgewinnbesteuerung BMF 11.11. 1996, ÖStZ 1997/31).

Bei der übernehmenden Mitunternehmerschaft ist im Falle einer Veräußerungs- **124** gewinnermittlung beim Betriebsvermögen Übertragenden von einem entgeltlichen Betriebs- oder Mitunternehmeranteilserwerb auszugehen. Sie hat in ihrer Eröffnungsbilanz die **Teilwerte** der übernommenen Wirtschaftsgüter (einschließlich Firmenwert) anzusetzen und von den Anschaffungskosten abnutzbarer Wirtschaftsgüter **Abschreibungen** nach den Grundsätzen der §§ 7 und 8 EStG vorzunehmen. Ein entgeltlicher Betriebs- oder Mitunternehmeranteilserwerb ist nicht anzunehmen, wenn die errichtende Personengesellschaft in besonders gelagerten Fällen steuerlich nicht anerkannt wird. In diesem Fall ist unverändert das Unternehmen des Übertragenden steuerlich zu erfassen (UmgrStR Rz 1507).

Übertragungsvorgang

§ 24. (1) Für den Übertragenden gilt Folgendes:
1. Hinsichtlich des Zusammenschlußstichtages, der Behandlung des Übertragenden und der zum Zwecke der Darstellung des Vermögens erstellten Zusammenschlußbilanz sind die §§ 13 bis 15 sowie § 16 Abs. 1 und 5 anzuwenden.
2. § 13 Abs. 1 ist mit der Maßgabe anzuwenden, daß sich die Firmenbuchzuständigkeit auf die Sachgründung einer einzutragenden Personengesellschaft und auf den Eintritt neuer Gesellschafter in eingetragene Personengesellschaften bezieht und die Meldung bei dem für die Feststellung der Einkünfte der Personengesellschaft zuständigen Finanzamt zu erfolgen hat.
3. Soweit im Rahmen des Zusammenschlusses das Besteuerungsrecht der Republik Österreich hinsichtlich des Vermögens eingeschränkt wird, sind die nach § 6 Z 6 lit. a des Einkommensteuergesetzes 1988 maßgebenden Werte anzusetzen, wobei § 6 Z 6 lit. c bis e des Einkommensteuergesetzes 1988 sinngemäß anzuwenden sind.
4. Für den Fall der Übertragung von ausländischen Betrieben, Teilbetrieben und Anteilen an ausländischen Mitunternehmerschaften in Personengesellschaften ist § 16 Abs. 3 mit der Maßgabe anzuwenden, dass an die Stelle des gemeinen Wertes die höheren Teilwerte einschließlich selbstgeschaffener unkörperlicher Wirtschaftsgüter treten.

(2) ¹Die Buchwertfortführung ist in Anwendung des § 16 Abs. 1 nur zulässig, wenn für die weitere Gewinnermittlung Vorsorge getroffen wird, daß es bei den am Zusammenschluß beteiligten Steuerpflichtigen durch den Vorgang der Übertragung zu keiner endgültigen Verschiebung der Steuerbelastung kommt. ²Ist nach den vorstehenden Satz keine Buchwertfortführung zulässig, ist der Teilwert der Wirtschaftsgüter einschließlich selbstgeschaffener unkörperlicher Wirtschaftsgüter anzusetzen.

(3) ¹Grund und Boden, auf den im Falle einer Veräußerung am Zusammenschlussstichtag § 30 Abs. 4 des Einkommensteuergesetzes 1988 ganz oder eingeschränkt anwendbar wäre, kann zur Gänze mit dem nach § 6 Z 14 des Einkommensteuergesetzes 1988 maßgebenden Werten angesetzt werden. ²Dies ist im Zusammenschlussvertrag festzuhalten. ³Dies gilt auch für nicht zum Betriebsvermögen gehörenden Grund und Boden.

[idF BGBl I 2015/163]

Rechtsentwicklung

BGBl 1991/699 (UmgrStG; RV 266 AV 354 BlgNR 18. GP) (Stammfassung; ab 31.12.1991); BGBl 1996/797 (AbgÄG 1996; RV 497 AB 552 BlgNR 20. GP) (Änderung des § 24 Abs 1; ab 31.12.1996); BGBl I 2003/71 (BudBG 2003; RV 59 AB 111 BlgNR 22. GP) (Änderung des § 24 Abs 1; ab 21.8.2003); BGBl I 2004/180 (AbgÄG 2004; RV

686 AB 734 BlgNR 22. GP) (Änderung des § 24 Abs 1; ab 31.12.2004); BGBl I 2007/24 (BudBG 2007; RV 43 AB 67 BlgNR 23. GP) (Änderung des § 24 Abs 1; ab 24.5.2007); BGBl I 2010/9 (Neuordnung der Zuständigkeitsregelungen in Abgabensachen; RV 477 AB 499 BlgNR 24. GP) (Änderung des § 24 Abs 1; ab 14.1.2010); BGBl I 2014/105 (2. AbgÄG 2014; RV 360 AB 432 BlgNR 25. GP); BGBl I 2015/163 (AbgÄG 2015; RV 896 AB 907 BlgNR 25. GP) (Änderung des § 24 Abs 3).

Übersicht

I. Allgemeines	
A. Regelungsgegenstand	
1. Inhalt	1–3
2. Adressat	4
II. Zeitliche und formelle Aspekte	
A. Zusammenschlussstichtag	11–17
B. Formelle Aspekte	
1. Zuständigkeit	21–23
2. Folgen der Fristverletzung	25, 26
III. Zusammenschlussbilanz	
A. Rechtsentwicklung	31, 32
B. Regelungszweck	36
C. Inhalt der Zusammenschlussbilanz	38, 39
D. Zusammenschlusskapital	41–45
E. Form	51, 52
F. Rückwirkende Korrekturen	
1. Allgemeines	55–58
2. Tatsächliche Geld- und/oder Sachentnahmen	59–63
3. Tatsächliche Geld- und/oder Sacheinlagen	64–67
4. Zurückbehalten von Wirtschaftsgütern des Anlagevermögens und von Verbindlichkeiten	68–78
5. Verschieben von Wirtschaftsgütern in den Restbetrieb oder aus dem Restbetrieb	79–82
6. Minderung oder Mehrung des zu übertragenden Vermögens einer Körperschaft durch Ausschüttungen, Einlagenrückzahlungen oder Gesellschaftereinlagen	83
IV. Bewertung des zu übertragenden Vermögens	91
A. Ansatz zu Buchwerten	92–94
B. Aufwertungszwang	
1. Bei Verlust des Besteuerungsrechts Österreichs an stillen Reserven (Wegzugsbesteuerung)	96–101
2. Aufwertungszwang bei Verschiebung stiller Reserven (Vorsorgeverletzung)	107–112
3. Tauschvorgang bei der Übertragung von außerbetrieblichem Vermögen	113, 114
C. Aufwertungswahlrecht	116–123
V. Vorsorge gegen eine endgültige Verschiebung der Steuerlasten (§ 24 Abs 2)	
A. Regelungsinhalt	131, 132
B. Rechtsfolge	136–139

C. Exkurs: Beitritt eines Arbeitsgesellschafters in eine ihren Gewinn mittels Einnahmen-Ausgaben-Rechnung ermittelnde Gesellschaft 141–146
D. Steuerrechtliche Zusammenschlusstechniken bzw Vorsorgemethoden
  1. Systematisierung 151–154
  2. Verkehrswertzusammenschluss 155–159
     a) Methode der Buchwertübernahme mit Quotenverschiebung 160, 161
     b) Methode der Verkehrswertübernahme mit Ergänzungsbilanzen 162
  3. Kapitalkontenzusammenschluss 163–167
     a) Gewinnvorab 168–172
     b) Liquidationsvorab 173–175
  4. Reserven- und/oder Firmenwertvorbehalt 176–181
  5. Lock-step
     a) Generelle Überlegungen zu Vorsorgemethoden im Allgemeinen und Earn-out-Klauseln im Speziellen... 181a, 181b
     b) „Lock-step traditionell" (Vorbehalt mit Gewinnvorab) 182–187
     c) Naked in/Naked out 187a
  6. Wechsel zwischen Zusammenschluss- und Vorsorgemethoden 188–191
  7. Weiterbehandlung von Vorsorgemethoden 192–194

I. Allgemeines
A. Regelungsgegenstand
1. Inhalt

1 Der gesamte § 24 ist mit **„Übertragungsvorgang"** überschrieben. Es werden somit im Rahmen dieser Bestimmung die Parameter festgelegt, die für einen Übertragungsakt gemäß Art IV erforderlich sind. Dennoch ist § 24 von § 23 insofern abzugrenzen, als es sich hier nicht um Anwendungsvoraussetzungen handelt, deren Verletzung eine Versagung der Begünstigungen des UmgrStG generell nach sich zieht. Die Konsequenz einer Missachtung einer oder mehrerer Bestimmungen des § 24 hat idR zur Folge, dass der Umgründungsvorgang zwar in den Anwendungsbereich des UmgrStG fällt, die verletzte Vorschrift jedoch nicht zur Anwendung gelangt bzw eine Buchwertfortführung versagt wird (zB bei Verletzung der Vorsorge gemäß § 24 Abs 2).

2 Die folgende Darstellung gibt einen Überblick, welche Themen über § 24, zum Teil mittels Verweis auf §§ 13 bis 16 Abs 1 und 5 des Art III, in den Anwendungsbereich des Art IV aufgenommen werden:

- Zusammenschlussstichtag iZm Zuständigkeit, Anmeldung bei Firmenbuch bzw Meldung beim Finanzamt (**zeitliche und formelle Aspekte**; § 24 Abs 1 Z 1 und 2);
- Darstellung des Vermögens in einer Umgründungsbilanz iSd § 15 (hier: **Zusammenschlussbilanz**) mit der Möglichkeit der **rückwirkenden Veränderung** durch Maßnahmen gemäß § 16 Abs 5 (§ 24 Abs 1 Z 1);

- **Bewertung** beim übertragenden Rechtsträger (§ 24 Abs 1 Z 1, Z 3 und Z 4 sowie Abs 2);
- **Vorsorge gegen Steuerlastverschiebung** (§ 24 Abs 2).

Keinem vorangehenden Übertragungsakt des UmgrStG (Art I bis III) vergleichbar **3** ist die Bestimmung des § 24 Abs 2, in der die sog „**Vorsorgemaßnahmen**" als Voraussetzung für die Buchwertfortführung (nicht aber als Anwendungsvoraussetzung des Art IV) normiert werden. In dieser Bestimmung kommt der Wille des Gesetzgebers zum Ausdruck, stille Reserven (inkl eines Firmenwertes) im Realisationsfall bei dem Steuerpflichtigen zu besteuern, der diese erwirtschaftet hat. Diesem Grundsatz entsprechend lässt der Gesetzgeber die Buchwertfortführung im Anwendungsbereich des Art IV nur dann zu, wenn es aufgrund des Zusammenschlusses nicht zu einer endgültigen Verschiebung von Steuerlasten bzw stillen Reserven kommt (s dazu ausführlich unten § 24 Rz 151 ff).

2. Adressat

§ 24 Abs 1 gilt für den „Übertragenden", ist allerdings insoweit enger zu fassen, als **4** nur der Zusammenschlusspartner gemeint ist, der Vermögen iSd § 23 Abs 2 überträgt (vgl *Sulz* in *W/H/M*, HdU § 24 Rz 3 f). Für den bzw die anderen Zusammenschlusspartner, die kein begünstigtes Vermögen übertragen, kommt es zu einer separaten Würdigung, was wiederum zum Teil vom begünstigtes Vermögen übertragenden Zusammenschlusspartner abhängen kann (zB Rückwirkung auf den Zusammenschlussstichtag oder nicht, vgl § 23 Rz 110 ff).

II. Zeitliche und formelle Aspekte
A. Zusammenschlussstichtag

Als **Zusammenschlussstichtag** gilt gem § 24 Abs 1 Z 1 iVm § 13 jener Tag, mit dessen **11** Ablauf das Vermögen mit ertragsteuerlicher Wirkung als auf die Mitunternehmerschaft übertragen gilt. Sämtliche das zu übertragende Vermögen betreffende Rechtsgeschäfte sind somit erst mit Beginn des dem Zusammenschlussstichtag folgenden Tages ertragsteuerlich der übernehmenden Mitunternehmerschaft zuzurechnen (vgl *Huber* in W/Z/H/K[5] § 24 Rz 1 f). Dies gilt nicht, soweit rückwirkende Korrekturen im Sinne des § 16 Abs 5 vorgenommen (s unten § 24 Rz 55 ff) oder einzelne Geschäftsvorfälle im Zusammenschlussvertrag ausdrücklich zurückbehalten werden (s UmgrStR Rz 1333 iVm 889).

Zusammenschlussstichtag kann grundsätzlich **jeder beliebige Tag** sein (so bereits **12** ErlRV UmgrStG, 266 BlgNR 18. GP, 32), wobei auch für ertragsteuerrechtliche Zwecke der im Zusammenschlussvertrag festgelegte Tag maßgebend ist (s dazu bereits oben § 23 Rz 48). Es besteht keine Bindung an den **Bilanzstichtag** des bzw eines Übertragenden bzw das Ende des Kalenderjahres bei Einnahmen-Ausgaben-Rechnern und es ist auch keine Zustimmung der Abgabenbehörde nach § 2 Abs 7 EStG bzw § 7 Abs 5 KStG erforderlich (vgl *Sulz* in *H/W/B*, HdU § 24 Rz 10). Der Zusammenschlussvertrag kann also den Vertragstag, unter gewissen Umständen einen bevorstehenden (s dazu unten Rz 16) oder einen vergangenen Tag als Zusammenschlussstichtag definieren (vgl UmgrStR Rz 1332).

Wird ein in der Vergangenheit liegender Tag als Zusammenschlussstichtag definiert, **13** so gilt auch in diesem Fall das Vermögen mit ertragsteuerlicher Wirkung als mit Ablauf dieses Tages als auf die übernehmende Mitunternehmerschaft übertragen (sog **Rückwirkungsfiktion**, s dazu bereits ausführlich § 23 Rz 114 ff; vgl *Djanani/ Kapferer* in HBStL III² 203). Die Rückwirkungsfiktion des UmgrStG gilt dabei ausschließlich für die ertragsteuerrechtliche **Vermögens- und Einkünftezurechnung**. Sie gilt nicht im Bereich der Umsatzsteuer und der Verkehrssteuern (s dazu § 26 Rz 9 und 15) und entfaltet idR keine zivil- oder berufsrechtliche Wirkung. Der festgelegte (rückwirkende) Zusammenschlussstichtag hat damit ausschließlich in ertragsteuerlicher Hinsicht Bedeutung.

14 Zivilrechtlich besteht keine Rückwirkungsfiktion; das übertragene Vermögen geht im Wege der **Einzelrechtsnachfolge** auf die übernehmende Personengesellschaft über. Der zivilrechtliche Vermögensübergang erfolgt daher meist abweichend vom Zusammenschlussstichtag mit oder nach Abschluss des Zusammenschlussvertrages (uU auch aufschiebend bedingt mit der Genehmigung des Kartellgerichts bzw der Eintragung des Zusammenschlusses im Firmenbuch; vgl *Sulz* in W/H/M, HdU § 24 Rz 6). Es ist allerdings möglich und in der Praxis üblich, den Zusammenschlussstichtag schuldrechtlich im Innenverhältnis als Verrechnungsstichtag zwischen den vertragsschließenden Parteien zu bestimmen, um einen Gleichklang zwischen Steuer- und Zivilrecht herbeizuführen. Im Außenverhältnis, also gegenüber Dritten, entfaltet diese schuldrechtliche Rückbeziehung auf den Zusammenschlussstichtag allerdings keine Wirkung (s zu diesem Problem mwN *Sulz* in W/H/M, HdU § 24 Rz 5 ff).

15 Aufgrund des Verweises in § 24 Abs 1 Z 1 auf § 13 Abs 1 sind rückwirkende Stichtage – dh Stichtage, die vor dem Abschluss des Zusammenschlussvertrages liegen – nur iRe Frist von neun Monaten zulässig. Der Fristenlauf wird mit dem gewählten Zusammenschlussstichtag in Gang gesetzt. Maßgeblich für das Ende dieser Neunmonatsfrist ist dabei die – zwingend erforderliche – **(An)Meldung des Zusammenschlusses** bei der nach § 24 Abs 1 Z 2 zuständigen Behörde. Der gewählte Zusammenschlussstichtag darf also längstens neun Monate vor dem Tag der Anmeldung zur Eintragung ins Firmenbuch bzw der Meldung an das zuständige Finanzamt zurückliegen bzw ist der Zusammenschluss innerhalb von neun Monaten nach dem Zusammenschlussstichtag anzumelden bzw zu melden (vgl UmgrStR Rz 1337).

16 Grundsätzlich können **Zusammenschlussverträge** nur **rückwirkend** abgeschlossen werden, da weder der Umfang noch die Wertansätze des zu übertragenden Vermögens im Vorhinein hinreichend genau festgestellt werden können und folglich die als Tatbestandsvoraussetzung normierte Zusammenschlussbilanz nicht erstellt werden kann (*Djanani/Kapferer* in HBStL III² 204). Wird daher der Tag des Abschlusses des Zusammenschlussvertrages oder ein Tag danach als Zusammenschlussstichtag festgelegt, so ist dies idR nur iRe Grundsatz(zusammenschluss)vertrages (Definition des/der Übertragenden, des abstrakten Zusammenschlussvermögens und der übernehmenden Personengesellschaft) möglich. Dieser vorläufige Vertrag (Vorvertrag) muss ergänzt und vervollständigt werden und ist in diesem Sinn ebenfalls ein rückwirkender, da die Endfassung einer abschließenden Willensübereinstimmung und damit der Unterfertigung bedarf. Es sind daher auch in diesem Fall innerhalb von neun Monaten ab dem Stichtag die Ergänzungen vorzunehmen (Bilanzerstellung, soweit nach § 23 Abs 2 iVm 12 Abs 2 erforderlich, Wertermittlung, Vorsorgemaßnahmen) und der zuständigen Behörde vorzulegen (vgl UmgrStR Rz 1333 iVm 736, s auch Rz 847 und *Sulz* in *W/H/M*, HdU § 24 Rz 11).

Aufgrund eines Zusammenschlusses können sich zusätzliche (**Rumpf**)**Wirtschaftsjahre** ergeben. Weicht der Zusammenschlussstichtag nämlich vom Regelbilanzstichtag des Übertragenden ab, ist das letzte Rumpfwirtschaftsjahr des Übertragenden, das mit dem Zusammenschlussstichtag endet, als Wirtschaftsjahr anzusehen. Stimmt der Zusammenschlussstichtag nicht mit dem Abschlussstichtag der bestehenden übernehmenden Personengesellschaft überein, zählt der Zeitraum zwischen Zusammenschlussstichtag und nächstem Abschlussstichtag der übernehmenden Personengesellschaft als weiteres Wirtschaftsjahr (UmgrStR Rz 1454a und 1404). Dies hat Auswirkungen auf **Behaltefristen** udgl. Kein Ende eines Wirtschaftsjahres ergibt sich hinsichtlich eines nicht zu übertragenden Betriebes des übertragenden Zusammenschlusspartners (im Falle einer Teilbetriebsübertragung oder der Übertragung eines von mehreren Betrieben). Der zum Stichtag für den zu übertragenden Betrieb bzw Teilbetrieb ermittelte Gewinn oder Verlust fließt in die laufende Gewinnermittlung des verbleibenden Betriebes des Übertragenden ein (UmgrStR Rz 1406). 17

B. Formelle Aspekte

1. Zuständigkeit

Firmenbuchzuständigkeit liegt bei Sachgründung einer einzutragenden Personengesellschaft (OG, KG, EWIV) und bei Eintritt neuer Gesellschafter in eingetragene Personengesellschaften vor. Zuständig ist das Firmenbuch am Sitz der Personengesellschaft (vgl UmgrStR Rz 1337). In allen anderen Fällen ist der Zusammenschluss durch die übernehmende Personengesellschaft dem nach § 52 BAO iVm § 13 ff AVOG für die Gewinnfeststellung der übernehmenden Mitunternehmerschaft zuständigen Finanzamt zu melden (**Finanzamtszuständigkeit**). Als für die Meldung zuständiges FA gilt in Fällen, in denen eine Kapitalgesellschaft als Inhaber des Unternehmens einer atypisch stillen Mitunternehmerschaft auftritt, das für die Kapitalgesellschaft nach AVOG zuständige Finanzamt (vgl UmgrStR Rz 1338). 21

Bei Zuständigkeit des Firmenbuchgerichts ist für die Bestimmung des Ablaufs der Frist nach hL § 902 Abs 2 ABGB maßgeblich. Es handelt sich somit um eine **materiellrechtliche Frist**; die Anmeldung zum Firmenbuch muss spätestens am letzten Tag der Frist beim zuständigen Firmenbuch eingelangt sein. Dagegen ist bei Finanzamtszuständigkeit die **abgabenrechtliche Fristenberechnung** nach § 108 Abs 4 BAO maßgeblich; die Tage des Postenlaufs werden in die Neunmonatsfrist nicht eingerechnet. Zur Wahrung der Frist genügt daher die Postaufgabe innerhalb von neun Monaten. Im Falle der Finanzamtszuständigkeit kann – in Analogie zu § 13 – ein Ersatzstichtag geltend gemacht werden (vgl UmgrStR Rz 1336 ff, siehe dazu gleich Rz 25 ff; *Korntner*, FJ 2014, 5). 22

Neben der Meldung beim Finanzamt bzw der Anmeldung beim Firmenbuchgericht haben alle am Zusammenschluss beteiligten Parteien den Zusammenschluss gem § 43 innerhalb der Neunmonatsfrist unter Nachweis der Rechtsgrundlage (hier: Zusammenschlussvertrag) dem Betriebsfinanzamt oder dem für die Erhebung der Abgaben vom Einkommen und Vermögen zuständigen Finanzamt unter der entsprechenden Steuernummer **anzuzeigen** (vgl § 43 Rz 2 f). Zusätzlich 23 empfiehlt sich eine Anzeige beim Finanzamt für Gebühren, Verkehrsteuern und Glücksspiel (FA 10) mit Verweis auf die in Anspruch genommenen Begünstigungen des § 26.

24 Fehlt es bei der Übertragung von Vermögen im Wege eines Zusammenschlusses auf eine **ausländische übernehmende Personengesellschaft** an einem zuständigen inländischen Firmenbuchgericht bzw Finanzamt, ist auf Grund der Maßgeblichkeit des § 13 Abs 1 die Meldung des Zusammenschlusses bei dem für den Übertragenden zuständigen inländischen Finanzamt vorzunehmen. Ist bei einem Zusammenschluss im Ausland nur inländisches Vermögen oder ein inländischer Mitunternehmer betroffen, ist die Meldung bei dem für das übertragene Vermögen oder den Mitunternehmer zuständigen FA zu erstatten (UmgrStR Rz 1339).

Findet ein als **Zusammenschluss** zu würdigender Übertragungsakt ausschließlich **außerhalb Österreichs** statt, hat dieser allerdings eine Verschiebung von österreichischen stillen Reserven zur Folge, stellt sich die Frage, ob in diesem Falle eine (An)Meldung des ausländischen Zusammenschlussaktes unter Vorliegen der ausländischen Dokumentarverpflichtungen ausreicht, oder ob für die Anwendung des Art IV in Österreich sämtliche bilanzielle Erfordernisse das österreichische Vermögen betreffend einzuhalten sind (Beispiel: Doppelstöckige Personengesellschaft Österreich – Deutschland mit Verschiebung der Beteiligungsverhältnisse an der deutschen Mutterpersonengesellschaft. Es kommt damit mittelbar zu einer Verschiebung der stillen Reserven bei der österreichischen Personengesellschaft.). UE scheint es überzogen, in derartigen Fällen die Anwendung der Begünstigungen des UmgrStG an sämtliche formalrechtliche, insb bilanzielle Erfordernisse zu knüpfen. Die rechtzeitige Meldung bei der österreichischen zuständigen Behörde unter Nachweis einer entsprechenden Vorsorgemaßnahme iSd § 24 Abs 2 sollte dem gesetzlichen Erfordernis für eine Buchwertfortführung Genüge tun.

2. Folgen der Fristverletzung

25 Zu den Folgen einer Verletzung der Neunmonatsfrist durch verspätete (An)Meldung und der Sanierungsmöglichkeit durch Beziehen des Zusammenschlusses auf den Tag des Abschlusses des Zusammenschlussvertrages (**Ersatzstichtagsregelung**) s die Ausführungen zur Einbringung § 13 Rz 41 ff die aufgrund des Verweises auf § 13 in § 24 Abs 1 Z 1 und 2 entsprechend auch für den Zusammenschluss gelten (vgl auch UmgrStR Rz 1340 ff sowie *Djanani/Kapferer* in HBStL III² 204 f; *Sulz* in *W/H/M*, HdU § 24 Rz 29 ff; *Huber* in *W/Z/H/K*⁵ § 24 Rz 27 ff).

26 Die zwingende Gewinnverwirklichung aufgrund einer nicht sanierbaren oder nicht sanierten Fristverletzung kann gem Rz 1343 der UmgrStR auch bei einem Zusammenschluss durch eine **fristenbezogene Vertragsklausel** vermieden werden, nach der die tatsächliche Vermögensübertragung am Tag der fristgerechten Anmeldung beim Firmenbuchgericht bzw am Tag der fristgerechten Meldung bei der zuständigen Abgabenbehörde erfolgen soll. Sieht der Zusammenschlussvertrag eine derartige Klausel vor, kann ein noch nicht vollzogener Zusammenschluss bei Fristverletzung daher nicht wirksam werden bzw ist davon auszugehen, dass das schon genutzte zu übertragende Vermögen der Mitunternehmerschaft nur zur Nutzung überlassen wurde und es daher nicht zu einer Vermögensübertragung gekommen ist (vgl *Djanani/Kapferer* in HBStL III² 205 f; *Sulz* in *W/H/M*, HdU § 24 Rz 32; *Huber* in *W/Z/H/K*⁵ § 24 Rz 35).

Bei Umgründungen mit Firmenbuchzuständigkeit wird die Fristenwahrungsklausel mitunter als aufschiebende Bedingung für die Vermögensübertragung angesehen und die Eintragung der Umgründung verweigert.

III. Zusammenschlussbilanz
A. Rechtsentwicklung

Mit dem AbgÄG 2005, BGBl I 2005/161, wurde das Erfordernis der Erstellung einer **Zusammenschlusssbilanz** (nach Maßgabe des § 24 Abs 1 Z 1 iVm § 15) in die Definition des Zusammenschlusses in § 23 Abs 1 und damit in den Katalog der Anwendungsvoraussetzungen des Art IV aufgenommen (in den ErlRV 1187 BlgNR 22. GP, 21 iVm 15, wurde dies damit begründet, dass es für die Verknüpfung des zu übertragenden und von der übernehmenden Mitunternehmerschaft anzusetzenden Vermögens von entscheidender Bedeutung ist, wie das einzubringende Vermögen definiert und bewertet ist). Die Erstellung einer Zusammenschlussbilanz stellt gem § 23 Abs 1 somit eine Anwendungsvoraussetzung für einen steuerneutralen Zusammenschluss gemäß Art IV dar (s § 23 Rz 3).

31

UmgrStR Rz 1424 sprechen von einer **unternehmensrechtlichen Zusammenschlussbilanz**, deren Richtigkeit der Firmenbuchrichter zu überprüfen hat. Aus den entsprechenden Bestimmungen im UGB (vgl *Schummer* in *W/H/M*, HdU Zusammenschluss – Unternehmensrecht Rz 17 ff) lässt sich uE kein Erfordernis der Vorlage einer unternehmensrechtlichen Schlussbilanz auf den Zusammenschlussstichtag beim Firmenbuchgericht ableiten (glA *Hirschler/Sulz* in HB Sonderbilanzen I, 474). Zudem ist eine unternehmensrechtliche Zusammenschlussbilanz wohl nur im Falle einer Firmenbuchzuständigkeit und im Falle eines Erfordernisses einer Rechnungslegungspflicht des Übertragenden nach UGB denkbar; das Fehlen einer solchen ist allerdings uE sanktionslos.

32

B. Regelungszweck
Zweck der Zusammenschlussbilanz ist gem UmgrStR Rz 1421:

36

- *die Darstellung des zu übertragenden Vermögens zu* **Steuerwerten** *gemäß § 16 UmgrStG;*
- *bei einer* **Gesamtbetriebsübertragung** *die Darstellung des Betriebsvermögens zu den steuerlich maßgebenden Buchwerten;*
- *bei einer* **Teilbetriebsübertragung** *die Darstellung des aus der Gesamtsteuerbilanz abgeleiteten zu übertragenden Teilbetriebsvermögens zu den steuerlich maßgebenden Buchwerten. Dabei hat die Zuordnung der Aktiva und Passiva nach den Grundsätzen des notwendigen Betriebsvermögens zu erfolgen. Neutrales Betriebsvermögen kann dispositiv dem zu übertragenden Teilbetrieb oder dem Restbetrieb zugeordnet werden (kein Fall der rückwirkenden Korrektur im Sinne des § 16 Abs 5);*
- *bei einer* **Mitunternehmeranteilsübertragung** *die Darstellung des aus der Gesamtsteuerbilanz der Mitunternehmerschaft abgeleiteten zu übertragenden Anteils laut den Kapitalkonten. Bei der Übertragung eines Teiles des Mitunternehmeranteiles ist davon auszugehen, dass der zu übertragenden Quote alle Teile des Mitunternehmeranteils quotal zuzuordnen sind [...];*
- *die Darstellung der Steuerwerte im Falle der* **Aufwertung** *gemäß § 16 Abs 3;*
- *die Darstellung der* **rückwirkenden Veränderungen** *des zu Steuerwerten dargestellten Vermögens gemäß § 16 Abs 5;*

- die *Darstellung des* **Zusammenschlusskapitals** *als fixes Kapitalkonto oder als Erfassung des sich aus der Vermögensdarstellung und den rückwirkenden Veränderungen ergebenden Saldos.*

C. Inhalt der Zusammenschlussbilanz

38 Die Zusammenschlussbilanz muss grundsätzlich das **gesamte** zu übertragende **Vermögen** beinhalten; wird im Zuge einer Mitunternehmeranteilsübertragung Sonderbetriebsvermögen mitübertragen, ist dieses somit in die Zusammenschlussbilanz aufzunehmen. Gleiches gilt sinngemäß für steuerliche Ergänzungsbilanzen (vgl UmgrStR Rz 1422 f).

Sollte sich am Sonderbetriebsvermögen keine Änderung ergeben, kann dies im Vertrag vermerkt werden und die gesonderte bilanzielle Darstellung desselben uE unterbleiben.

39 Ist Gegenstand der Übertragung ein Betrieb bzw ein gesamtes Unternehmen (Einzelunternehmen), dann ist sämtliches zu übertragendes Vermögen in die Zusammenschlussbilanz aufzunehmen. Zurückzubehaltendes und in das abgabenrechtliche **Sonderbetriebsvermögen** zu überführendes Vermögen wird in der Zusammenschlussbilanz nicht dargestellt, sondern findet erst in einer mit dem Zusammenschlussstichtag folgenden Stichtag zu datierenden SBV-Eröffnungsbilanz Eingang. Wird das gesamte Vermögen einer Mitunternehmerschaft übertragen und ändert sich am Sonderbetriebsvermögen der Gesellschafter nichts, dann kann die Zusammenschlussbilanz uE nur das **Gesellschaftsvermögen** umfassen. Ein Hinweis auf den unveränderten Weiterbestand des SBV im Zusammenschlussvertrag ist zu empfehlen. Alternativ kann in der Zusammenschlussbilanz, welche das gesamte Mitunternehmerschaftsvermögen darstellt, auch das SBV-Vermögen aufgenommen werden. Hinsichtlich der Übertragung von Mitunternehmeranteilen ist die Einbeziehung des zu übertragenden SBV uE zwingend bzw der Nichtansatz des SBV eine gesetzesentsprechende **Dokumentation** der Zurückbehaltung.

D. Zusammenschlusskapital

41 Wesentliche Bedeutung kommt dem Ausweis des **Zusammenschlusskapitals** iRd Zusammenschlussbilanz zu. Grundsätzlich wird der gesamte Nettovermögenssaldo, der in der Zusammenschlussbilanz ausgewiesen wird, auf die übernehmende Personengesellschaft übertragen (= steuerrechtliches Eigenkapital nach rückwirkenden Maßnahmen gem § 24 Abs 1 Z 1 iVm § 16 Abs 5). Das Zusammenschlusskapital selbst kann dabei aber frei gewählt werden und muss daher nicht zwingend dem steuerrechtlichen Eigenkapital nach rückwirkenden Maßnahmen gem § 24 Abs 1 Z 1 iVm § 16 Abs 5 entsprechen. Grundsätzlich soll das Zusammenschlusskapital in relativen Maßstäben das Substanzbeteiligungsverhältnis der einzelnen Gesellschafter an der übernehmenden Personengesellschaft wiedergeben, was für die Definition des fixen Kapitalkontos als Zusammenschlusskapital spricht („auf Basis von fixen Kapitalkonten") (UmgrStR Rz 1316).

42 Das Zusammenschlusskapital stellt daher idR auch den **Maßstab für die Beteiligungsquote** an der übernehmenden Personengesellschaft dar und sollte somit dem fixen Kapitalkonto des Übertragenden in der (fiktiven) Eröffnungsbilanz der übernehmenden Personengesellschaft entsprechen. Auf Basis des frei wählbaren Zusammenschlusskapitals kann damit das Kapitalkonto des Übertragenden beliebig definiert werden. Der verbleibende Saldo in der Zusammenschlussbilanz (= die Differenz zwischen Zusammenschlusskapital und steuerrechtlichem Eigenkapital nach rückwirkenden Maßnahmen gem § 24 Abs 1 Z 1 iVm § 16 Abs 5) wird als variables Kapitalkonto bezeichnet.

Die Aufgliederung der Kapitalkonten findet allerdings idR erst in der **Eröffnungsbilanz** der übernehmenden Mitunternehmerschaft statt. Gleiches gilt für eine zusammenschlussbedingte Umgliederung von Gemeinschaftsvermögen in das Sonderbetriebsvermögen eines oder mehrerer Gesellschafter, was eine Abschreibung vom variablen Kapitalkonto nach sich zieht. Ergänzungskapital, welches anlässlich des entgeltlichen Erwerbs eines Mitunternehmeranteiles entstanden ist, bleibt idR unberührt bestehen (zu Ergänzungskapital anlässlich eines Vorzusammenschlusses s § 24 Rz 192 ff; idZ UFS 23.9.2013, RV/1474-W-12). 43

Die übernehmende Personengesellschaft hat in ihrer (fiktiven) Eröffnungsbilanz die Kapitalbestandteile aus der Zusammenschlussbilanz zu übernehmen, wobei sich das Substanzbeteiligungsverhältnis der Gesellschafter zueinander aus den fixen Kapitalkonten ergibt; die Einlageleistungen als Ganzes hingegen aus den Gesamtkapitalkonten für die einzelnen Gesellschafter abzuleiten sind. Die sich aus der Zusammenschlussbilanz ergebende Eröffnungsbilanz ist eine steuerliche Eröffnungsbilanz, die uU von der unternehmensrechtlichen Eröffnungsbilanz der Personengesellschaft abweichen kann. Durch die Bezugnahme auf starre Kapitalkonten kommt es für gewöhnlich zu einer mit der gesellschaftsvertraglichen Vereinbarung übereinstimmenden Übernahme der Buchwerte und damit gleichzeitig zu einem diesen Verhältnissen entsprechenden Ausweis der Beteiligungen auf den Kapitalkonten der Zusammenschlusspartner (UmgrStR Rz 1316).

Im Falle der Übertragung von begünstigtem Vermögen durch eine Mitunternehmerschaft (Veränderung einer bestehenden Personengesellschaft, vgl § 23 Rz 6) stellt das Kapitalkonto des einzelnen Mitunternehmers den Nettovermögenswert des zu übertragenden Vermögens zu Buchwerten dar. Die Summe der Kapitalkonten ergibt das Zusammenschlusskapital der übertragenden Mitunternehmerschaft. Weichen vor dem Zusammenschluss die Verhältnisse der Kapitalkonten der einzelnen Mitunternehmer zueinander von den Wertverhältnissen ab, kann eine Anpassung mittels des sog **„Kapitalkontenclearings"** erfolgen (*Hübner-Schwarzinger/Wiesner*, Lexikon 151). Dabei werden die Kapitalkonten vor dem Zusammenschlussstichtag durch reine Umbuchung in der Gesellschaft den Beteiligungsverhältnissen angepasst und der Ausgleich wird zwischen den Gesellschaftern außerhalb der betrieblichen Sphäre durch Barzahlung oder gegebenenfalls Darlehensgewährung (möglicherweise auch aus dem Sonderbetriebsvermögen) durchgeführt. Es kommt damit zu einer Einlage- bzw Entnahmefiktion für die einzelnen Gesellschafter; die Summe der Kapitalkonten bleibt vor und nach dem Zusammenschluss gleich. Das Kapitalkontenclearing stellt – wie jede Entnahme bzw Einlage von Barvermögen – eine steuerneutrale Maßnahme dar (*Sulz* in *W/H/M*, HdU IV, § 23 Rz 46; zu Art IV und V in UmgrStR Einleitung bzw Rz 1625; s auch § 29 Rz 97 mwN). 44

Das Kapitalkontenclearing steht uE möglicherweise im Widerspruch zur gesetzlichen Forderung, dass es zwischen den Gesellschaftern zu keiner Verschiebung von Steuerlasten, dh stillen Reserven, kommt, da ja durch die Einlage-Entnahme- 45 fiktion die individuelle Betrachtungsweise zugunsten einer Gesamtbetrachtung aufgegeben wird. Mittels einer entsprechenden Evidenzhaltung etwaiger individuell zuzuordnender stiller Reserven in Analogie zur Vorsorgetechnik des Vorbehalts von stillen Reserven bzw des Firmenwertes bzw des Aufbaus des Zusammenschlusses und Ermittlung der stillen Reserven auf Basis eines fixen Kapitalkontos sollte dieser Widerspruch allerdings beseitigt werden können.

E. Form

51 Die Bezeichnung der Zusammenschlussbilanz als „Bilanz" deutet auf die übliche **Bilanzform** (T-Konten oder Staffelform) hin. Gem § 24 Abs 1 iVm § 15 kann die Darstellung in Bilanzform allerdings unterbleiben, wenn die steuerlich maßgebenden Daten und Umstände im Zusammenschlussvertrag selbst dargestellt werden (vgl UmgrStR Rz 1419). Erfolgt weder die Aufstellung einer Zusammenschlussbilanz noch eine dem § 15 entsprechende Beschreibung der steuerlich relevanten Daten und Umstände, liegt die Verletzung einer Anwendungsvoraussetzung des Art IV vor (UmgrStR Rz 1420). Wird eine Zusammenschlussbilanz erstellt, so ist diese nach Ansicht des BMF zudem *ein wesentlicher Bestandteil des Zusammenschlussvertrages* (s dazu bereits oben § 23 Rz 48).

Ob die Bilanzdarstellungsform zwingend einzuhalten ist oder nicht, ist nicht eindeutig geregelt und die Praxis begegnet der Formerfüllung unterschiedlich. Vor dem Inkrafttreten des AbgÄG 2005, BGBl I 2005/161, war die Erstellung einer eigenen steuerrechtlichen Zusammenschlussbilanz dann nicht erforderlich, wenn die Abweichungen in beschreibender Form im Vertrag dargestellt wurden und somit ein **steuerliches Zusammenschlusskapital ableitbar** war. Seit der Gesetzesnovellierung im Jahr 2005 ist die Erstellung einer eigenständigen Zusammenschlussbilanz in einer üblichen Bilanzform (zB T-Kontenform) uE erforderlich (anders und daher vermutlich noch zur Rechtslage vor dem AbgÄG 2005 UmgrStR Rz 1419). Zulässig ist es uE, die Darstellung der steuerrechtlichen Werte, und damit die Zusammenschlussbilanz, in Form von Doppelspalten in die steuerrechtliche Stichtagsbilanz gem § 23 Abs 2 iVm § 12 Abs 2 zu integrieren. Nicht bilanziell darstellbares Vermögen (zB originäre Mietrechte, Klientenstock, Patentrechte) muss jedenfalls im Zusammenschlussvertrag beschrieben werden (UmgrStR Rz 1419; glA sinngemäß *Schwarzinger/Hübner-Schwarzinger* in FS Köglberger 451; dazu analog UmgrStR Rz 667 idF WE 2013). Zur Bedeutung der Zusammenschlussbilanz auch BFG 20.6.2016, RV/5100070/2012, wonach diese sogar die Stichtagsbilanz „ersetzen" kann.

52 **Fehlerhafte Zusammenschlussbilanzen** (etwa bei Erfassung einer rückbezogenen Entnahme in unrichtiger Höhe) sind zu berichtigen, wobei die Vereinbarungen im Zusammenschlussvertrag bilanziell umzusetzen, und falls dies nicht erfolgt ist, im Nachhinein zu korrigieren wären (UmgrStR Rz 1424).

F. Rückwirkende Korrekturen
1. Allgemeines

55 § 24 Abs 1 Z 1 verweist explizit auf § 16 Abs 1 und 5. § 16 Abs 5 sieht bei Einbringungen im Anwendungsbereich des Art III für den Einbringenden die Möglichkeit vor, das zu übertragende Vermögen durch in **§ 16 Abs 5** taxativ aufgezählte Maßnahmen im Rückwirkungszeitraum (der Zeitraum zwischen dem Einbringungs-

stichtag und dem Tag des Abschlusses des Einbringungsvertrags) mit fiktiver Wirkung auf den Einbringungsstichtag zu gestalten und normiert damit Ausnahmen von der Rückwirkungsfiktion (s zur Einbringung ausführlich § 16 Rz 91). Über den Verweis in § 24 Abs 1 Z 1 gelten diese Ausnahmen auch für Zusammenschlüsse nach Art IV. Auch hier sind die in § 16 Abs 5 genannten rückwirkenden Maßnahmen zulässig. Der Übertragende iSd § 24 hat damit ebenso wie der Einbringende die Möglichkeit, das zu übertragende Vermögen iSd § 23 Abs 2 iVm § 12 Abs 2 im Rückwirkungszeitraum betraglich zu verändern.

IRe Zusammenschlusses nach Art IV stehen nachstehende im Rückwirkungszeitraum tatsächlich durchzuführende **Maßnahmen** hinsichtlich des zu übertragenden begünstigten Vermögens zur Verfügung: 56

1. Tatsächliche Geld- und/oder Sachentnahmen
2. Tatsächliche Geld- und/oder Sacheinlagen
3. Zurückbehaltung von Wirtschaftsgütern des Anlagevermögens und von Verbindlichkeiten
4. Verschiebung von Wirtschaftsgütern in den Restbetrieb oder aus dem Restbetrieb
5. Minderung oder Mehrung des zu übertragenden Vermögens einer Körperschaft durch Ausschüttungen, Einlagenrückzahlungen oder Gesellschaftereinlagen

Grundsätzlich können auch bei einem Zusammenschluss **vorbehaltene Entnahmen** vertraglich vereinbart werden und sind in diesem Fall auch bilanzwirksam (vgl *Sulz* in *W/H/M*, HdU § 24 Rz 84 mwN). Ein derartiger Passivposten kann in der Praxis zB zur Anpassung der Vermögenswerte an die gewünschten Beteiligungsverhältnisse genutzt werden. Eine verbotene Gegenleistung ist darin nach hL nicht zu erkennen (*Sulz* in *W/H/M*, HdU § 24 Rz 82; glA UmgrStR idF BMF 22.12.2014, BMF-010200/0026-VI/1/2014 (aA RegE); *Huber* in *W/Z/K/K*[5] § 24 Rz 153. Eine derartige „vorbehaltene Entnahme" stellt eine künftige Entnahmeberechtigung bzw -verpflichtung des Übertragenden dar. In der Zusammenschlussbilanz ist sie nicht als Maßnahme gem § 16 Abs 5 auszuweisen und mindert daher das Zusammenschlusskapital nicht. Allenfalls wäre die Entnahmeberechtigung(-verpflichtung) im Zusammenschlussvertrag zu regeln. Ein Ausweis als Verbindlichkeit bei der übernehmenden Mitunternehmerschaft ist gem UmgrStR Rz 1440 nicht vorgesehen (zur grundsätzlichen Denkbarkeit von vorbehaltenen Entnahmen auch UFS 24.9.2012, RV/0310-W/08). 57

Zu beachten ist, dass durch die rückwirkenden Maßnahmen der Buch- und der Verkehrswert des zu übertragenden Vermögens verändert werden. Vor dem Hintergrund der Anwendungsvoraussetzungen des Art IV (Übertragung des begünstigten Vermögens mit einem positiven Verkehrswert; s oben § 23 Rz 66 ff) ist darauf zu achten, dass durch die gesetzten rückwirkenden Maßnahmen die Eigenschaft des übertragenen Vermögens als (Teil-)Betrieb bzw Mitunternehmeranteil nicht verloren geht und auch der positive Verkehrswert bestehen bleibt (UmgrStR Rz 1433). Umgekehrt ist es möglich und zulässig, einen **positiven Verkehrswert** erst durch rückwirkende Maßnahmen herzustellen (UmgrStR Rz 1434). Aus Gründen der Verwaltungsvereinfachung bestehen dabei keine Bedenken, wenn nach Feststellung des Verkehrswertes den rückwirkenden Korrekturen durch line- 58 are Absenkung oder Erhöhung von Buch- und Verkehrswert Rechnung getragen wird (UmgrStR Rz 1433).

2. Tatsächliche Geld- und/oder Sachentnahmen

59 **Tatsächlich** im Rückwirkungszeitraum getätigte **Entnahmen** von Geld oder sonstigen Wirtschaftsgütern können durch den Ansatz einer Passivpost in der Zusammenschlussbilanz auf den Zusammenschlussstichtag rückbezogen werden. Das Zusammenschlusskapital vermindert sich daher um den Buchwert dieser Entnahmen. Vereinfachend kann auch der Verkehrswert des übertragenen Vermögens linear um den Verkehrswert der Entnahmen gekürzt werden. Durch rückbezogene Entnahmen können daher das übertragene Eigenkapital beeinflusst und damit die Kapitalkonten bei der übernehmenden Personengesellschaft an die gewünschten Beteiligungsverhältnisse angepasst werden.

60 Die rückzubeziehenden Entnahmen müssen zwischen dem Zusammenschlussstichtag und dem Tag der Unterfertigung des Zusammenschlussvertrages tatsächlich getätigt werden, dh der Zahlungsfluss muss dokumentiert und nachgewiesen werden können.

61 Das Ausmaß der Entnahmen ist insofern begrenzt, als unter Berücksichtigung der getätigten Entnahmen und der übrigen rückwirkenden Maßnahmen nach § 24 Abs 1 Z 1 iVm § 16 Abs 5 ein positiver Verkehrswert verbleibt. Wird die Entnahme durch Kreditaufnahme nach dem Zusammenschlussstichtag finanziert, ändert dies nichts an der den Buch- bzw Verkehrswert senkenden Wirkung. Auch liegt in der Übernahme der Verbindlichkeit durch die übernehmende Mitunternehmerschaft keine dem § 23 Abs 1 widersprechende Gegenleistung. Allerdings fällt die Kreditaufnahme nicht unter die mit § 16 Abs 5 Z 1 verbundene Ausnahme von der Rückwirkungsfiktion und wird damit von der Rückwirkungsfiktion gemäß § 25 Abs 1 iVm § 18 Abs 2 erfasst. Die Kreditaufnahme gilt also als von der übernehmenden Mitunternehmerschaft getätigt. Etwaige Zinsen stellen nach Ansicht der FV (UmgrStR Rz 1438; ebenso UFS 24.9.2012, RV/0310-W/08; dazu *Hirschler/Sulz/Oberkleiner*, UFSjournal 2012, 414) keine Betriebsausgaben dar (anders *Sulz* in *W/H/M*, HdU § 24 Rz 81 mit Verweis auf *H/M/H*, § 16 Rz 128 und 133; *Schwarzinger/Wiesner*, ÖStZ 1995, 345; BMF 22.8.1997, RdW 1997, 767; *Staringer*, ÖStZ 1997, 199 ff).

62 Als **Sachentnahmen** gemäß § 16 Abs 5 Z 1 kommen vor allem geldnahe Wirtschaftsgüter in Frage, da die „Entnahme" von Anlagevermögen und Fremdkapital von § 16 Abs 5 Z 3 und 4 erfasst ist. In aller Regel werden darunter **Forderungen** und **noch nicht abrechenbare Leistungen** iRd Vorratsvermögens verstanden. Eine Entnahme von Forderungen und Vorräten führt grundsätzlich zur Übernahme derselben in das abgabenrechtliche Sonderbetriebsvermögen des Übertragenden. Die zurückbehaltenen Wirtschaftsgüter sind in die dem Zusammenschluss zugrunde legenden Schlussbilanz aufzunehmen und finden somit gegebenenfalls im Wechsel der Gewinnermittlungsart Niederschlag: Als Sonderbetriebsvermögen werden sie im Falle eines doppelten Wechsels der Gewinnermittlungsart mit anderem Vorzeichen wiederum berücksichtigt, wonach aus unserer Sicht in diesem Fall nichts gegen eine Unterlassung der Doppelberücksichtigung spricht. In der Praxis werden die zurückbehaltenen Forderungen – insb bei EAR – iRd Gewinnverteilung dem Altgesellschafter zugewiesen.

Im Fall einer nachträglich erforderlichen Korrektur der tatsächlichen rückbezogenen Entnahmen ist diese über die **variablen Kapitalkonten** zu führen (Gleiches gilt uE für eine allfällige „vorbehaltene Entnahme, s dazu bereits oben Rz 57), was bei einem Zusammenschlusses auf Basis von fixen Kapitalkonten keine Auswirkung auf die Erfüllung der Anwendungsvoraussetzungen des Art IV haben sollte. Eine Verpflichtung zur Korrektur der gem § 24 Abs 2 getroffenen Maßnahmen zur Vermeidung einer Steuerlastverschiebung könnte sich hingegen dann ergeben, wenn die stillen Reserven auf Basis des Gesamteigenkapitalkontenstandes ermittelt wurden. 63

3. Tatsächliche Geld- und/oder Sacheinlagen

Soll eine **tatsächliche Einlage** von liquiden Mitteln oder sonstigen Wirtschaftsgütern auf den Zusammenschlussstichtag rückbezogen werden, so ist diese als Aktivpost auszuweisen und erhöht somit das Zusammenschlusskapital. Dieser Aktivpost kommt der Charakter einer fiktiven, bereits zum Zusammenschlussstichtag bestehenden Forderung gegen den Übertragenden zu, die durch die Leistung der Einlage bis zum Vertragstag kompensiert wird. 64

Als **Sacheinlagen** im Sinn des § 24 Abs 1 Z 1 iVm § 16 Abs 5 Z 1 kommen sämtliche und somit auch nicht begünstigte Vermögensgegenstände (Wertpapiere, Kapitalbeteiligungen udgl) in Frage. Nicht unmittelbar dem Betriebszweck dienende Sacheinlagen sind allerdings nur dann möglich, wenn die übernehmende Personengesellschaft ihren Gewinn gemäß § 5 EStG ermittelt und diese Einlagen als gewillkürtes Betriebsvermögen geführt werden können. Ganz generell und damit auch im Anwendungsbereich des § 24 Abs 1 Z 1 iVm § 16 Abs 5 Z 1 nicht einlagefähig sind Wirtschaftsgüter, die zum notwendigen Privatvermögen des Übertragenden gehören (vgl UmgrStR Rz 894 zur Einbringung). 65

Auch bei Einlagen ist die tatsächliche Leistung im Rückwirkungszeitraum erforderlich. Bloße Einlagenversprechen unter Ansatz einer Forderung gegenüber dem Übertragenden sind nicht geeignet, das Übertragungsvermögen zu verändern (UmgrStR Rz 1435). Dem Wortlaut des § 16 Abs 5 Z 1 nach nicht erforderlich ist, dass die rückbezogen eingelegten Wirtschaftsgüter am Zusammenschlussstichtag bereits zum Vermögen des Übertragenden gehört haben. Ebenso wenig wird die (körperliche) Existenz der rückbezogen eingelegten Wirtschaftsgüter zum Zusammenschlussstichtag verlangt (glA UmgrStR Rz 895). 66

Eine Begrenzung des Umfanges rückbezogener Einlagen besteht grundsätzlich nicht (nach den UmgrStR Rz 896 zur Einbringung). Daher können Sacheinlagen, die die Eigenschaft von gewillkürtem Betriebsvermögen aufweisen, auch in einen einzubringenden **Kleinbetrieb**, dessen Gewinn nach § 5 EStG ermittelt wird, in erheblichem Umfang geleistet werden. 67

Für Sacheinlagen sollten die Aussagen zur Einlage von Vermögensgegenständen ins variable Kapitalkonto Berücksichtigung finden (§ 23 Rz 6).

4. Zurückbehalten von Wirtschaftsgütern des Anlagevermögens und von Verbindlichkeiten

Gem § 24 Abs 1 Z 1 iVm § 16 Abs 5 Z 3 ist auch iRe Zusammenschlusses nach Art IV das Zurückbehalten von Anlagevermögen möglich (s dazu ausführlich § 16 Rz 131 ff zu Art III). Anders als iRd Art III kommt es hier allerdings idR nicht zu einer Entnahme ins Privatvermögen, sondern zu einer Überführung des zurückbehaltenen Vermögens in das abgabenrechtliche **Sonderbetriebsvermögen** des 68

Übertragenden. Die Übertragung in das Sonderbetriebsvermögen führt zur Einräumung eines Nutzungsrechts für die übernehmende Personengesellschaft. Für dieses Nutzungsrecht muss weder Schriftlichkeit noch Entgeltlichkeit vereinbart werden. Ein (angemessenes) Nutzungsentgelt kann über die Gewinnverteilung abgeleitet werden.

69 Es gilt, dass das übertragene Vermögen auch nach bzw trotz Zurückbehaltung (Teil)Betriebseigenschaft aufweisen muss. Eine Zurückbehaltung der (einzigen) wesentlichen Betriebsgrundlage über § 16 Abs 5 Z 3 ist daher kritisch zu hinterfragen. Wird beispielsweise nach einem „Zusammenschluss" der Klientenstock oder Patientenstock eines Freiberuflers im abgabenrechtlichen Sonderbetriebsvermögen geführt, so gilt dies in aller Regel nicht als Übertragung der wesentlichen Betriebsgrundlage und des Betriebes auf die Personengesellschaft, weshalb kein Anwendungsfall des Art IV vorliegt. Anders wäre dies uU zu sehen, wenn nur eine von mehreren wesentlichen Betriebsgrundlagen, zB Apparaturen und wesentliche Einrichtungsgegenstände (Röntgenapparate, Ultraschallgerät udgl für Radiologen; Grundfläche mit Obst- und Holzkulturen für Land- und Forstbetriebe), im SBV zurückbehalten wird. Die Hausapotheke eines Arztes stellt idR keinen Teilbetrieb dar. Mangels wesentlicher Betriebsgrundlage muss sie (zB im Falle der Begründung einer Gruppenpraxis) nicht zwingend auf die Personengesellschaft übertragen werden, sondern kann ins abgabenrechtliche Sonderbetriebsvermögen überführt (zurückbehalten) werden (UmgrStR Rz 1358 b). (Zur sinngemäßen Anwendung bei Vorliegen eines Großauftrages und der Abgrenzung zur Entnahme siehe UmgrStR Rz 1358 c).

70 Die Zurückbehaltung von Wirtschaftsgütern in das Sonderbetriebsvermögen ist grundsätzlich dann zu **Buchwerten** vorzunehmen, wenn die stillen Reserven bei den Personen verbleiben, die vor dem Zusammenschluss über sie verfügt haben (VwGH 19.5.2005, 2000/15/0179). Eine Vorsteuerkorrektur ist im Falle einer entgeltlichen Nutzungsüberlassung von Grund und Boden nicht vorzunehmen. Die Entgelte für die Nutzungsüberlassung sind Sonderbetriebseinnahmen und werden iRd einheitlichen und gesonderten Gewinnfeststellung berücksichtigt. Eine unentgeltliche Zurverfügungstellung könnte hingegen eine Vorsteuerkorrektur gemäß § 12 Abs 10 UStG auslösen (UmgrStR Rz 1444).

71 Wird bislang gewillkürtes Betriebsvermögen gemäß der Zurückbehaltetechnik des § 16 Abs 5 Z 3 nicht auf die Personengesellschaft überführt, kommt es hinsichtlich dieses Vermögens zu einer **Entnahme** ins **Privatvermögen** mit den entsprechenden ertragsteuerlichen Konsequenzen. Bei der Zurückbehaltung von Wertpapieren, die unter Bedachtnahme der Bestimmungen des FBiG erworben wurden, handelt es sich um Sonderbetriebsvermögen, das als notwendig betrachtet wird.

72 Nach den UmgrStR Rz 1445 kann die Überführung von Wirtschaftsgütern aus dem Gesellschafts- bzw Gemeinschaftsvermögen einer Mitunternehmerschaft (zB Betriebsliegenschaft) in individuelles Quoteneigentum der Mitunternehmer eine Entnahme mit nachfolgender Einlage in das Sonderbetriebsvermögen darstellen. Die UmgrStR führen dazu in Rz 1445 folgende Beispiele an.

Beispiel 1 (entnommen aus UmgrStR Rz 1445)

In eine unternehmensrechtliche Personengesellschaft (zB KG) tritt ein neuer Gesellschafter (zB Kommanditist) ein. Die bisher im Gesamthandvermögen der Gesellschaft stehende Liegenschaft wird in das Sonderbetriebsvermögen (individuelles Quoteneigentum) der bisherigen Gesellschafter überführt und der Gesellschaft zur Nutzung überlassen. Das rückwirkende Überführen ist eine Entnahme aus dem Gesamthandeigentum mit anschließender Einlage ins Sonderbetriebsvermögen. Dies gilt nicht, wenn die Beteiligungsquoten an der Mitunternehmerschaft mit den nachfolgenden Miteigentumsquoten übereinstimmen (VwGH 19.5.2005, 2000/15/0179); zu beachten wird dabei sein, dass die steuerlichen Beteiligungsquoten mit den nachfolgenden Miteigentumsquoten übereinstimmen. Andernfalls sind die stillen Reserven des Grund und Bodens zu versteuern, hinsichtlich des Gebäudes erfolgt eine vereinfachte Teilwertermittlung (EStR Rz 5931); eine allenfalls auf die Anschaffungs- oder Herstellungskosten übertragene Rücklage gemäß § 12 EStG ist steuerpflichtig aufzulösen. Die Überführung ins individuelle Quotenvermögen kann dann steuerneutral erfolgen, wenn der Mitunternehmeranteil zum Betriebsvermögen des Mitunternehmers gehört oder quotenwahrend erfolgt. Umsatzsteuerlich kann eine Lieferung der Liegenschaft von der Gesellschaft an die (neue) Miteigentümergemeinschaft angenommen werden. Es kann daher bei Option zur Steuerpflicht eine Vorsteuerberichtigung gemäß § 12 Abs 10 UStG vermieden werden, falls eine anschließende entgeltliche Überlassung durch die Miteigentümergemeinschaft erfolgt.

Beispiel 2 (entnommen aus UmgrStR Rz 1445)

Zu einer GesbR tritt ein weiterer Gesellschafter hinzu. Eine Liegenschaft wird vom Gesellschaftsvermögen der (alten) GesbR ins Sonderbetriebsvermögen (individuelles Quoteneigentum) der bisherigen Gesellschafter überführt und der erweiterten (neuen) GesbR zur Nutzung überlassen. Es liegt ein Entnahme-Einlagetatbestand vor, es sei denn, es liegt die im Vorpunkt erwähnte Übereinstimmung der Beteiligungsverhältnisse mit den nachfolgenden Miteigentumsverhältnissen vor. Obwohl die GesbR kein zivilrechtliches Gesamthandeigentum haben kann (wie eine OG/KG), besitzt sie aus ertragsteuerlicher Sicht ein diesem gleichwertiges gemeinschaftliches Betriebsvermögen (Gesellschafts-, Gemeinschaftsvermögen). Hinsichtlich des Gebäudes erfolgt eine vereinfachte Teilwertermittlung (EStR Rz 5931); eine allenfalls auf Anschaffungs- oder Herstellungskosten übertragene Rücklage gemäß § 12 EStG ist steuerpflichtig aufzulösen. Die auf Grund und Boden entfallenden stillen Reserven sind jedoch nicht zu versteuern, da die GesbR ihren Gewinn nicht nach § 5 Abs 1 EStG ermittelt.

Mit AbgÄG 2005 (BGBl I 2005/161) ist in § 16 Abs 5 Z 3 und 4 ein sog **Finanzierungszusammenhang** aufgenommen worden. Das bedeutet, dass im Falle des Zurückbehaltens von Anlagevermögen das mit dem Anlagevermögen unmittelbar zusammenhängende Fremdkapital ebenso zurückbehalten werden muss. Damit soll eine Zerlegung unmittelbar wirtschaftlich zusammenhängender Aktiv- und Passivposten ausgeschlossen werden, was dem einkommensteuerlichen Grundsatz des Zusammenhangs von Aktivum und damit verbundenem Passivum entspricht (vgl ErlRV AbgÄG 2005, 1187 BlgNR 22. GP, 18). **73**

Die Voraussetzung eines „**unmittelbaren Zusammenhangs**" zwischen Aktivum und Passivum ist dabei laut BMF auch iSd Praktikabilität der Bestimmung nicht zu streng auszulegen und nur auf eindeutig gegebene Sachverhalte zu beziehen (s dazu weiterführend UmgrStR Rz 926a sowie § 16 Rz 61 ff). Ein unmittelbarer Zusammenhang ist gem § 24 Abs 1 Z 1 iVm 16 Abs 5 Z 3 zweiter Satz jedenfalls dann nicht mehr gegeben, wenn die Wirtschaftsgüter am Zusammenschlussstichtag bereits länger als sieben Wirtschaftsjahre durchgehend dem Anlagevermögen zuzurechnen waren.

Sollten Wirtschaftsgüter des Anlagevermögens entgegen dieser Bestimmung von dem mit ihnen unmittelbar zusammenhängenden Fremdkapital dennoch getrennt werden, führt dies nicht zur Nichtanwendbarkeit des Art IV, da es sich hier nicht um eine Anwendungsvoraussetzung des Art IV, sondern um eine **Ordnungsvorschrift** handelt (UmgrStR Rz 1447b).

74 Wird Anlagevermögen zurückbehalten und das damit in unmittelbarem Zusammenhang stehende **Fremdkapital** (idR der Kredit aus der Anschaffung des zurückbehaltenen Anlagevermögens) auf die übernehmende Mitunternehmerschaft übertragen, ist dieses Fremdkapital bei der übernehmenden Mitunternehmerschaft nicht als negatives gemeinschaftliches Betriebsvermögen zu werten, sodass etwaige Aufwandsinsen bei der einheitlichen Gewinnermittlung nicht abzugsfähig sind. Nach Ansicht des BMF behalten die Kredite allerdings in einem etwaigen verbleibenden Restbetrieb oder im Sonderbetriebsvermögen des Übertragenden ihre Betriebsvermögenseigenschaft und können damit als als persönliche Sonderbetriebsausgaben abgezogen werden (UmgrStR Rz 1447b).

75 Wird umgekehrt Anlagevermögen auf die übernehmende Personengesellschaft übertragen und das damit in unmittelbarem Zusammenhang stehende Fremdkapital zurückbehalten, gilt dieses nach Ansicht des BMF vorerst als mitübertragen und in der Folge als vom Übertragenden im Wege einer Einlage abgedeckt und somit in das **Sonderbetriebsvermögen** übernommen, sodass die Aufwandszinsen auch hier als Sonderbetriebsausgaben abzugsfähig sind (UmgrStR Rz 1447b).

76 Neben dem Zurückbehalten von Anlagevermögen (und damit in Zusammenhang stehendem Fremdkapital) erlaubt § 24 Abs 1 Z 1 iVm § 16 Abs 5 Z 3 ganz generell auch das Zurückbehalten von Verbindlichkeiten, unabhängig davon, ob diese in einem unmittelbaren Zusammenhang mit übertragenem Anlagevermögen stehen oder nicht. Das **Zurückbehalten von Verbindlichkeiten** und der damit verbundene Übergang in das Privatvermögen oder außerbetriebliche Vermögen des Einbringenden gilt auch in diesem Fall als Einlage und erhöht damit den Buchwert und den Verkehrswert (UmgrStR Rz 924 zur Einbringung). Das Zurückbehalten von Verbindlichkeiten, die keinem konkreten Anlagevermögen zugehörig sind, kann daher uA zur Gestaltung des positiven Verkehrswertes des zu übertragenden Vermögens dienen. Der Ansatz im Sonderbetriebsvermögen des Gesellschafters führt zu Sonderbetriebsausgaben iRd Aufwandszinsen. Wird eine Betriebsschuld im Zusammenschluss nicht berücksichtigt und zurückbehalten, so ist eine Löschung gemäß § 235 BAO auch nur dem zurückbehaltenen Mitunternehmer zuzurechnen (*Sulz* in W/H/M, HdU § 24 Rz 104 mit Verweis auf BMF 30.9.1992, SWK 1992, A I 346).

77 Eine Zurückbehaltung von Wirtschaftsgütern, die zur Inanspruchnahme des **Freibetrages für investierte Gewinne** gemäß § 10 EStG erworben wurden, und eine Überführung derselben in das Sonderbetriebsvermögen führt ertragsteuerlich zu keiner Beeinträchtigung der Behaltefrist. Das Wirtschaftsgut verliert die Eigenschaft von Betriebsvermögen nicht. Gleiches sollte hinsichtlich der Übertragung des Wirtschaftsgutes in das Gemeinschaftsvermögen der übernehmenden Personengesellschaft gelten, allerdings möglicherweise mit der Einschränkung, dass das

Wirtschaftsgut steuerlich wiederum nur dem erwerbenden Steuerpflichtigen zuzurechnen ist (zB Einzelunternehmen wird durch Zutritt von Arbeitsgesellschaftern in eine Personengesellschaft überführt; der Einzelunternehmer bleibt 100%iger substanzbeteiligter Mitunternehmer). Zum Gewinnfreibetrag bei Personengesellschaften *Steirer/Schroeder*, SWK 2011, 903).

Das BMF zählt in EStR Rz 6194 die Übertragung von Kapitalanlagen im Fall eines Zusammenschlusses gem Art IV (zB ein Einzelunternehmer schließt sich mit einem weiteren Gesellschafter zu einer Kommanditgesellschaft zusammen) als einen Fall auf, der weder einen Übertrag auf eigenes Depot noch eine unentgeltliche Übertragung darstellt. Bei Depotübertrag iRe Zusammenschlusses ist daher jedenfalls KESt für den Depotübertrag abzuziehen. Eine Korrektur kann gem EStR Rz 6194 über die Veranlagung erfolgen; dies liegt daran, dass Art IV für die Übertragung von Betrieben oder Mitunternehmeranteilen die Buchwertfortführung und damit keine Realisierung von stillen Reserven vorsieht. Das UmgrStG geht als lex specialis insoweit der fiktiven Realisierung gem § 27 Abs 6 Z 1 lit a EStG vor.

Zur **begünstigten Besteuerung für nicht entnommene Gewinne** wird auf EStR Rz 3860a ff verwiesen. Bei einem Zusammenschluss iSd UmgrStG mit Buchwertfortführung ist für Zwecke einer allfälligen Nachversteuerung auf die Gewinne, Entnahmen und Einlagen in der Folgeära der Mitunternehmerstellung abzustellen (EStR Rz 3860o). Für Mitunternehmerschaften ist beachtlich, dass nur die einzelnen Mitunternehmer (natürliche Personen) die Begünstigung in Anspruch nehmen können. Kommt es zu einer Veränderung der Substanzbeteiligungsquote ändert dies grundsätzlich nichts an der Höhe des Eigenkapitalstandes; eine derartige Veränderung ist somit für den Nachversteuerungstatbestand unbeachtlich. **78**

5. Verschieben von Wirtschaftsgütern in den Restbetrieb oder aus dem Restbetrieb

§ 24 Abs 1 Z 1 eröffnet iVm 16 Abs 5 Z 4 auch iRe Zusammenschlusses grundsätzlich die Möglichkeit, aktive und passive Wirtschaftsgüter zwischen Teilbetrieben zu **verschieben** und zwar sowohl im Wege des Zurückbehaltens von Wirtschaftsgütern des zu übertragenden (Teil)Betriebes als auch im Wege des Mitübertragens von Wirtschaftsgütern des verbleibenden Teilbetriebes. Dies gilt auch für das Zurückbehalten von Sonderbetriebsvermögen bei der Übertragung eines Mitunternehmeranteils, wenn dieser im Betriebsvermögen gehalten wird (vgl UmgrStR Rz 926). **79**

Auch hier ist eine **Vorsorge** zu treffen, dass es hinsichtlich der Übertragung von Sonderbetriebsvermögensteilen nicht zu einer Verschiebung von Steuerlasten kommt (*Hübner-Schwarzinger/Kanduth-Kristen*, Rechtsformgestaltung, 158 und 325; in diesem Sinne auch UmgrStR Rz 1416; ebenso UmgrStR Rz 1422, wonach ein steuerwirksamer Entnahme-Einlagetatbestand nicht gegeben ist, wenn es zu keiner Verschiebung von stillen Reserven kommt).

Bei übertragenden Körperschaften ist ein Verschieben von Wirtschaftsgütern zwischen dem zu übertragenden Betrieb und dem Rest(betriebs)vermögen gem § 16 Abs 5 Z 4 dritter Satz auch dann möglich, wenn Letzteres eben keinen (Teil)Betrieb im ertragsteuerrechtlichen Sinn darstellt (vgl UmgrStR Rz 926). **80**

Verschiebungen von Wirtschaftsgütern zwischen separaten Betrieben eines Einzelunternehmers sind nach Ansicht der FV steuerlich neutral (sinngemäße Anwen- **81** dung von VwGH 19.5.2005, 2000/15/0179 in EStR Rz 5931 ff; aA *Mayr* in *Doralt* § 6 Rz 354). § 24 Abs 1 Z 1 eröffnet iVm 16 Abs 5 Z 4 auch iRe Zusammenschlusses grundsätzlich die Möglichkeit, aktive und passive Wirtschaftsgüter zwischen Teilbetrieben zu verschieben, und zwar sowohl im Wege des Zurückbehaltens von Wirtschaftsgütern des zu übertragenden (Teil)Betriebes als auch im Wege des Mitübertragens von Wirtschaftsgütern des verbleibenden Teilbetriebes. Dies gilt auch für das Zurückbehalten von Sonderbetriebsvermögen bei der Übertragung eines Mitunternehmeranteils, wenn dieser im Betriebsvermögen gehalten wird (vgl UmgrStR Rz 926).

82 Auch für die Verschiebetechnik des § 24 Abs 1 Z 1 iVm § 16 Abs 5 Z 4 gilt, dass Wirtschaftsgüter nur zusammen mit unmittelbar verbundenem Fremdkapital zwischen den beiden Teilbetrieben verschoben werden können. Die Ausführungen zum **Finanzierungszusammenhang** beim Zurückbehalten von Anlagevermögen gem § 24 Abs 1 Z 1 iVm § 16 Abs 5 Z 3 gelten daher analog auch hier (s oben Rz 73).

6. Minderung oder Mehrung des zu übertragenden Vermögens einer Körperschaft durch Ausschüttungen, Einlagenrückzahlungen oder Gesellschaftereinlagen

83 Übertragende **Körperschaften** haben neben der Möglichkeit des Verschiebens von Wirtschaftsgütern (UmgrStR Rz 1446 f) gem § 24 Abs 1 Z 1 iVm § 16 Abs 5 Z 5 die Möglichkeit, die im Zeitraum zwischen Zusammenschlussstichtag und Abschluss des Zusammenschlussvertrages beschlossenen (nicht verdeckten) **Gewinnausschüttungen** und **Einlagenrückzahlungen** im Sinne des § 4 Abs 12 EStG oder die von den Gesellschaftern getätigten **Einlagen** in die übertragende Körperschaft dem zu übertragenden Vermögen der Körperschaft zuzurechnen (s dazu weiterführend § 16 Rz 176 ff zur Einbringung sowie UmgrStR Rz 1448 iVm Rz 927 f).

IV. Bewertung des zu übertragenden Vermögens

91 Es ist voranzustellen, dass die Bewertung in der der Umgründung gem § 23 Abs 2 iVm § 12 Abs 2 zugrunde liegenden steuerrechtlichen Schlussbilanz (s § 23 Rz 81 ff) für die Bewertung in der Zusammenschlussbilanz gem § 24 Abs 1 Z 1 **maßgeblich** ist. Die Bewertung in der Zusammenschlussbilanz ist gem § 25 Abs 1 Z 1 wiederum für die Bewertung bei der übernehmenden Personengesellschaft maßgeblich (s § 25 Rz 3 ff). Davon ausgenommen sind etwaige Wertansatzänderungen durch einen Wechsel der Gewinnermittlungsart (s § 23 Rz 93 ff).

A. Ansatz zu Buchwerten

92 Nach den Bestimmungen des allgemeinen Ertragsteuerrechts liegt bei einem Zusammenschluss hinsichtlich der Übertragung von begünstigtem Vermögen ein **Einlagevorgang** vor (der Übertragende legt Vermögen iSd § 23 Abs 2 gegen Gesellschafterrechte an einer Mitunternehmerschaft in die Mitunternehmerschaft ein). Kommt das UmgrStG nicht zur Anwendung, sieht § 24 Abs 7 EStG die Ermittlung eines Veräußerungsgewinnes vor (EStR Rz 5718).

93 Wie im übrigen Anwendungsbereich des UmgrStG gilt auch für den Zusammenschluss nach Art IV für die Bewertung des übertragenen, begünstigten Vermögens beim übertragenden Rechtsträger gem § 24 Abs 1 Z 1 iVm § 16 Abs 1 der Grundsatz der **zwingenden Buchwertübertragung** (zur Bewertung von im Zuge eines Zusammenschlusses übertragenem sonstigen Vermögen s § 23 Rz 110 f). Da bei

einem Zusammenschluss nach Art IV – also bei Erfüllung aller Anwendungsvoraussetzungen des § 23 – die §§ 24 bis 26 zwingend anzuwenden sind, wird die nach den Bestimmungen des allgemeinen Ertragsteuerrechts anlässlich der Vermögensübertragung auf einen anderen Rechtsträger vorgesehene steuerwirksame Aufwertung des übertragenen Vermögens im Anwendungsbereich des Art IV unterdrückt.

Das Vermögen von im Zuge eines Zusammenschlusses übertragenen (inländischen wie auch ausländischen) Betrieben, Teilbetrieben oder Mitunternehmeranteilen isd § 23 Abs 2 iVm § 12 Abs 2 ist daher gem § 24 Abs 1 iVm § 16 Abs 1 grundsätzlich zwingend mit den **steuerrechtlichen Buchwerten** aus der dem Zusammenschluss zugrunde gelegten **steuerrechtlichen Schlussbilanz** gem § 23 Abs 2 iVm § 12 Abs 2 (zur verpflichtenden Aufstellung einer steuerrechtlichen Schlussbilanz auf den Zusammenschlussstichtag s § 23 Rz 81 ff) anzusetzen. Dabei sind die steuerrechtlichen Buchwerte des Übertragenden sowohl in die Zusammenschlussbilanz (s oben Rz 38 ff) (Buchwertübertragung) als auch in die (fiktive) Eröffnungsbilanz der übernehmenden Mitunternehmerschaft (**Buchwertfortführung**) einzustellen. Weder der Übertragende noch der Übernehmende hat somit ein Wahlrecht, ob er das zu übertragende Vermögen zu Buchwerten, Teilwerten oder gemeinen Werten ansetzt (UmgrStR, Rz 1418; *Sulz* in *W/H/M*, HdU § 24 Rz 114; so auch bereits ErlRV UmgrStG, 266 BlgNR 18. GP, 32). Damit kommt eine (zwingende oder optionale) Aufwertung nur für die im Folgenden erläuterten, ausdrücklich in § 24 vorgesehenen Fälle in Betracht. 94

B. Aufwertungszwang

1. Bei Verlust des Besteuerungsrechts Österreichs an stillen Reserven (Wegzugsbesteuerung)

Durch das **AbgÄG 2015** (BGBl I 2015/163) wurde im gesamten Ertragsteuerrecht ein „**zweigleisiges System**" für die **Wegzugsbesteuerung** eingeführt (s ErlRV 896 BlgNR 25. GP, 4 ff; *Schlager/Titz*, RWZ 2015/87, 376 ff): 96

- Im **betrieblichen Bereich** (§ 6 Z 6 lit a und b EStG) und auch im **UmgrStG** (zB § 24 Abs 1 Z 3) wurde das bisherige Nichtfestsetzungskonzept durch ein **Ratenzahlungskonzept** im Verhältnis zu EU-Staaten und EWR-Staaten mit umfassender Amts- und Vollstreckungshilfe ersetzt (§ 6 Z 6 lit c EStG); es sieht eine **antragsgebundene, gleichmäßige Verteilung der Abgabenschuld** über einen Zeitraum von sieben Jahren (Wirtschaftsgüter des Anlagevermögens) bzw zwei Jahren (Wirtschaftsgüter des Umlaufvermögens; s bereits bisher EStR Rz 2517j) vor (§ 6 Z 6 lit d und e EStG). Umgekehrt konnte daher auch die durch das AbgSiG 2007 (BGBl I 2007/99) eingeführte Ausnahme vom Nichtfestsetzungskonzept für **nicht entgeltlich erworbene unkörperliche Wirtschaftsgüter** des Anlagevermögens ersatzlos entfallen (dazu 4. Aufl § 1 Rz 163; s a *Schlager/Titz*, RWZ 2015/87, 377).

- Im **außerbetrieblichen Bereich** (§ 27 Abs 6 lit a bis c EStG) wurde das bisherige **Nichtfestsetzungskonzept** (nur mehr) für den tatsächlichen (physischen) Wegzug einer natürlichen Person sowie die unentgeltliche Übertragung an eine andere natürliche Person beibehalten (s aber zur Anpassung bei Eintritt der absoluten Verjährung § 209 Abs 3 BAO idF AbgÄG 2015 u zB *Schlager/Titz*, RWZ 2015/87, 378), während in allen **anderen Wegzugs- bzw Entstrickungsfällen** („**Umständen**") aber die sinngemäße Anwendung des Ratenzahlungskonzepts des

§ 6 Z 6 EStG greift (insbesondere also im Privatstiftungsbereich; § 27 Abs 6 Z 1 lit d EStG).

97 Der Gesetzgeber hat damit auf die Empfehlungen der **Steuerreformkommission 2014** (Bericht der Steuerreform-Kommission 2014 [Dezember 2014] 139 ff) reagiert und gleichzeitig der jüngeren Judikatur des EuGH in den Rs **National Grid Indus** (EuGH 29.11.2011, C-371/10, EU:C:2011:785), **Kommission/Portugal** (EuGH 6.9.2012, C-38/10, EU:C:2012:521), **DMC Beteiligungsgesellschaft mbH** (EuGH 23.1.2014, C-164/12, EU:C:2014:20) und **Verder LabTec** (EuGH 21.5.2015, C-657/13, EU:C:2015:331) Rechnung getragen (zur Rechtsentwicklung s ausführlich § 1 Rz 141 ff mwN sowie die Kommentierung in der Vorauflage).

98 Das AbgÄG 2015 greift dieses neue System der Wegzugsbesteuerung und damit insbesondere auch das **Ratenzahlungskonzept auch für Zusammenschlüsse** auf: § 24 Abs 1 Z 3 regelt nunmehr eigenständig, dass im Falle einer Einschränkung des Besteuerungsrechts der Republik Österreich hinsichtlich des Vermögens die sich nach § 6 Z 6 EStG maßgebenden Werte (dh die **Fremdvergleichswerte**) anzusetzen sind und verweist aber für die weiteren Details auf die sinngemäße Anwendung des § 6 Z 6 lit d bis e EStG idF AbgÄG 2015 (s ErlRV 896 BlgNR 25. GP, 11; *Schlager/Titz*, RWZ 2015/87, 378 f). Das in § 27 Abs 6 EStG idF AbgÄG 2015 weiterbestehende Nichtfestsetzungskonzept hat somit für Zusammenschlüsse keinen Anwendungsbereich mehr (zur Rechtslage vor dem AbgÄG 2015 s die Kommentierung in der Vorauflage).

99 Im Zuge der Änderung durch das AbgÄG ist außerdem die Einschränkung auf Zusammenschlüsse zu einer ausländischen Personengesellschaft entfallen (s dazu die Kommentierung in der Vorauflage), so dass nunmehr auch Zusammenschlüsse zu einer inländischen Personengesellschaft und damit letztlich alle Fälle von internationalen Zusammenschlüssen (s § 23 Rz 13ff) in den Anwendungsbereich fallen. Entscheidend für die Anwendung der Wegzugsbesteuerung ist damit lediglich, ob es durch den jeweiligen Zusammenschluss zu einer **Einschränkung des Besteuerungsrechts am Vermögen** kommt (vgl den insofern eindeutigen Wortlaut des Gesetzes), wobei sich die Bestimmung schon aufgrund der Stellung im Gesetz (§ 24 Abs 1: *Für den Übertragenden gilt Folgendes:...*) nur auf das übertragene (begünstigte) Vermögen iSd § 23 Abs 2 und somit auf übertragene Betriebe, Teilbetriebe und Mitunternehmeranteile beziehen kann (für sonstiges im Zuge eines Zusammenschlusses übertragenes Vermögen stellt sich die Frage mangels steuerneutraler Übertragung nicht).

100 Wird das Besteuerungsrecht der Republik Österreich am übertragenen Vermögen iSd § 23 Abs 2 UmgrStG durch den Zusammenschluss eingeschränkt, ist das Vermögen in der Zusammenschlussbilanz mit den Fremdvergleichswerten gem § 6 Z 6 lit a EStG anzusetzen (UmgrStR Rz 1448a). Es kommt damit beim Übertragenden zu einer steuerbaren **Realisation der stillen Reserven** im übertragenen Vermögen nach den Bestimmungen des allgemeinen Ertragsteuerrechts (§ 24 iVm § 37 EStG) am Zusammenschlussstichtag, wobei bei Einschränkung des Besteuerungsrechts im Verhältnis zu EU-Staaten und EWR-Staaten mit umfassender Amts- und Vollstreckungshilfe ein **Antrag auf Ratenzahlung** gestellt werden kann (§ 6 Z 6 lit c EStG; s UmgrStR Rz 1448a). Der Antrag ist in der Steuererklärung für das Veranlagungsjahr, in das der Zusammenschlussstichtag fällt, zu stellen (s dazu und weiterführend zum antragsgebundenen Ratenzahlungskonzept § 1 Rz 161 ff).

Da die österreichischen Doppelbesteuerungsabkommen für Betriebsvermögen in Anwendung des **Territorialitätsprinzips** das Besteuerungsrecht regelmäßig dem Quellenstaat einräumen (vgl zB Art 13 Abs 2 OECD-MA, Art 13 Abs 3 DBA-Deutschland, Art 13 Abs 3 DBA-USA, Art 13 Abs 2 DBA-Italien), wird es in der Praxis durch einen Zusammenschluss wohl nur in Ausnahmefällen zu einer Einschränkung des Besteuerungsrechts der Republik Österreich am übertragenen Vermögen kommen (vgl *Hirschler/Six* in HBStL III² 332; *Sulz* in W/H/M, HdU § 24 Rz 124).

Die Änderungen in § 24 Abs 1 Z 3 durch das AbgÄG 2015 und damit das Ratenzahlungskonzept sind erstmals auf Zusammenschlüsse anzuwenden, die nach dem 31.12.2015 beschlossen oder vertraglich unterfertigt wurden (3. Teil Z 30). **101**

Allerdings hat das AbgÄG 2015 auch **Auswirkungen auf davor beschlossene Umgründungen**: Wurde nämlich in der Vergangenheit nach den Bestimmungen des UmgrStG eine Entstrickungssteuer nach dem Nichtfestsetzungskonzept auf Antrag nicht festgesetzt, „verjährt das Recht auf Festsetzung der genannten Abgaben insoweit jedoch **spätestens zehn Jahre nach Ablauf des Jahres, in dem das rückwirkende Ereignis eingetreten ist**" (§ 209 Abs 5 BAO idF AbgÄG 2015; s a *Walter*[11] Rz 50d). Diese Perpetuierung der nach dem bisherigen Nichtfestsetzungskonzept nicht festgesetzten Einkommen- bzw Körperschaftsteuer trat am 1.1.2016 für Umgründungen in Kraft, für die die nichtfestgesetzte **Steuerschuld nach dem 31.12.2005 entstanden ist** (§ 323 Abs 46 BAO idFd AbgÄG 2015). Das AbgÄG 2015 beseitigte daher die bisherige Verjährungslage, wonach die **absolute Verjährungsfrist von zehn Jahren gem § 209 Abs 3 BAO** ab dem Ende des Kalenderjahres, in das der Verschmelzungsstichtag fällt, lief (s 4. Aufl Rz 182 mwN) und daher bei einem nach Ablauf der absoluten Verjährungsfrist gesetzten Realisationstatbestand die Erfassung als rückwirkendes Ereignis iSd § 295a BAO nicht mehr in Betracht kam, also die stillen Reserven endgültig steuerneutral aus der österreichischen Besteuerungshoheit ausschieden. Aufgrund der **Inkrafttretensbestimmung des § 323 Abs 46 BAO idFd AbgÄG 2015**, die auf ein Entstehen der Einkommen- oder Körperschaftssteuerschuld nach dem 31.12.2005 abstellt, wirkt diese Änderung der absoluten Verjährung **gleichsam „rückwirkend"**: Einbezogen werden durch das Abstellen auf Ende 2005 all jene Fälle, bei denen die absolute Verjährung noch nicht abgelaufen ist, wodurch – umgekehrt formuliert – all diese Fälle weiterhin „steuerverfangen" bleiben und zB bei Realisierung zur Steuerpflicht führen (s ErlRV 896 BlgNR 25. GP, 16; *Schlager/Titz*, RWZ 2015/87, 378 f). Obwohl es sich hier wohl um eine (unechte) Rückwirkung handelt (kritisch daher KWT, 27/SN-159/ME XXV. GP, 18 f), ist es zweifelhaft, ob darin im Lichte der großzügigen Rechtsprechung des VfGH auch ein Verstoß gegen den verfassungsrechtlichen Vertrauensschutz zu sehen ist (s zB VfGH 25.9.2015, G 111/2015).

2. Aufwertungszwang bei Verschiebung stiller Reserven (Vorsorgeverletzung)

Gemäß § 24 Abs 2 ist die Buchwertfortführung nach § 24 Abs 1 Z 1 iVm § 16 Abs 2 nur zulässig, wenn es durch den Zusammenschluss zu keiner endgültigen Verschiebung von Steuerlasten zwischen den am Zusammenschluss beteiligten Steuerpflichtigen kommt. **107**

Werden durch den Zusammenschluss **Steuerlasten endgültig verschoben**, sieht § 24 Abs 2 vor, dass die übertragenen Wirtschaftsgüter in der Zusammenschlussbilanz nicht mit den Buchwerten, sondern mit den **Teilwerten** unter Berücksichtigung selbst geschaffener unkörperlicher Wirtschaftsgüter und eines selbst geschaffenen Firmenwertes anzusetzen sind. Eine derartige endgültige Verschiebung von Steuerbelastungen liegt vor, wenn stille Reserven in einer vom Beteiligungsverhältnis abweichenden Relation übertragen werden und keine Vorsorge getroffen wird, diese Steuerlastverschiebung zu vermeiden (zu den verschiedenen Methoden zur Vermeidung einer Steuerlastverschiebung s ausführlich unten Rz 131 ff).

108 Wird trotz Vorliegens einer Verschiebung von Steuerlasten keine **Vorsorgemaßnahme** iSd § 24 Abs 2 gesetzt, wird nicht die Anwendbarkeit von Art IV versagt (so bereits ErlRV UmgrStG, 266 BlgNR 18. GP, 33), sondern es ist lediglich das übertragene Vermögen steuerwirksam auszuwerten, wodurch es beim Übertragenden zu einer zwingenden Realisation der stillen Reserven einschließlich des Firmenwerts kommt. Für diesen Gewinn können bei Zutreffen der Voraussetzungen die Begünstigungen des § 24 EStG und § 37 EStG Anwendung finden. Alle sonstigen Begünstigungen des UmgrStG (Umsatzsteuer, Gebühren und Verkehrsteuern) bleiben anwendbar (vgl UmgrStR Rz 1305 iVm 1429; *Sulz* in *W/H/M*, HdU § 23 Rz 135; *Huber* in *W/Z/H/K*[5] § 24 Rz 95).

109 Wird eine entsprechende Vorsorgemaßnahme gesetzt, muss diese erkennbar vom **Bestreben** getragen sein, die Verschiebung stiller Reserven zu vermeiden. Bloße Ungenauigkeiten in der Schätzung der stillen Reserven führen nicht zum Versagen der Buchwertfortführung, sondern lediglich zu einer entsprechenden Berichtigung. Ein **Verzicht** auf eine erforderliche oder eine bewusst fehlerhaft gestaltete Vorsorge kann unter § 44 fallen und zur Versagung der mit der Veräußerungsgewinnbesteuerung verbundenen Begünstigungen führen (UmgrStR Rz 1430; vgl dazu KStR Rz 797).

110 Wird mangels Vorliegens stiller Reserven einvernehmlich auf eine Vorsorgemaßnahme verzichtet und stellt sich später (etwa iRe **Betriebsprüfung**) heraus, dass stille Reserven vorlagen und diese verschoben wurden, kann nach hL eine Vorsorgemaßnahme nachgeholt werden (vgl UmgrStR Rz 1503 und *Huber* in *W/Z/H/K*[5] § 24 Rz 85). Vor diesem Hintergrund kann es ratsam sein, eine sog **„Nullvorsorgeklausel"** für den Fall, dass nach parteieneinvernehmlicher und ordnungsgemäßer Einschätzung zum Zusammenschlussstichtag bzw Tag der Unterfertigung des Vertrages zwar keine stillen Reserven vorliegen, man ein eventuelles Risiko einer nachträglichen Anpassung allerdings ausschließen möchte, aufzunehmen. Als Nullvorsorgeregelung kann zB ein Gewinnvorab oder Liquidationsvorab (beides mit Ersatzausgleichsregelung) vereinbart werden.

111 Kein Erfordernis einer Vorsorgemaßnahme zur Vermeidung einer Steuerlastverschiebung besteht im Falle des Zusammenschlusses mit einem **Arbeitsgesellschafter**, der am Vermögen nicht beteiligt wird, oder bei Zusammenschluss von zwei Mitunternehmerschaften, an denen die gleichen Beteiligungsverhältnisse bestehen oder bei dem Beteiligungsverhältnis entsprechenden Einzahlungen der Gesellschafter bei einer bestehenden Mitunternehmerschaft (vgl zB *Huber* in *W/Z/H/K*[5] § 24 Rz 98). In diesen Fällen kommt es somit auch ohne Vorsorgemaßnahme zur zwingenden Buchwertfortführung, sofern es sich um einen nationalen Zusammenschluss handelt (*Sulz* in *W/H/M*, HdU § 23 Rz 135).

Von der Verschiebung stiller Reserven und einer Vorsorgeregelung abzugrenzen **112** sind Fragen der **Ergebnisverteilung**, insb zB Verlustzuweisungen, die nicht als Vorsorgemaßnahme anzuerkennen sind. Es empfiehlt sich, im Zusammenschlussvertrag ausschließlich über Substanzbeteiligungsverhältnisse und Vorsorgemethoden hinsichtlich des Vermeidens der Verschiebung stiller Reserven abzusprechen und **Gewinn- bzw Verlustverteilungsfragen im Gesellschaftsvertrag** zu regeln. Unangemessenheiten bei Ergebnisverteilungen können nicht zwangsläufig in eine Vorsorgeverletzung umgedeutet werden (Sbg Steuerdialog 2011, Einkommensteuer, BMF 010203/0464 – VI/6/2011, 13 f; in diesem Lichte ist uE auch Sbg Steuerdialog 2012, Umgründung, BMF 010203/0444-VI/6/2012, Fall 5, zu verstehen).

3. Tauschvorgang bei der Übertragung von außerbetrieblichem Vermögen

Soweit außerbetriebliches Vermögen übertragen wird, liegen Einlagen iSd § 6 Z 5 **113** EStG vor, soweit der Übertragende nach dem Zusammenschluss weiterhin am übertragenen Vermögen beteiligt ist. Soweit das übertragende Vermögen auf die Zusammenschlusspartner übergeht, liegt ein Tausch vor, der nach Maßgabe der §§ 27, 30 und 31 EStG zu beurteilen ist (siehe Rz 1417). Auch bei der Überführung von Wirtschaftsgütern des Sonderbetriebsvermögens in das gemeinschaftliche Betriebsvermögen der Mitunternehmerschaft erfolgt eine quotale Tauschrealisierung hinsichtlich des Fremdanteils und stellt der eigene quotale Anteil eine steuerneutrale Überführung dar, soweit es insgesamt zu einer Verschiebung stiller Reserven zwischen den Gesellschaftern kommt; hinsichtlich der Eigenquote ist bei Vorhandensein stiller Reserven eine Vorsorge gegen die endgültige Verschiebung der Steuerbelastung zu treffen. Diese Betrachtungsweise ist erstmals für nach dem 30.9.2014 (an)gemeldete Zusammenschlüsse gem Art IV anzuwenden (UmgrStR Rz 1316).

Zur Frage des Zeitpunktes der Bewertung von außerbetrieblichem Vermögen gibt **114** VwGH 20.1.2016, 2012/13/0013 der Vorbehörde Recht und spricht sich gegen eine Maßgeblichkeit des rückwirkenden Zusammenstichtages für die Bewertung von außerbetrieblich eingelegtem Vermögen aus. Demnach ist der maßgebliche Bewertungszeitpunkt der Tag der Vertragsunterfertigung (siehe dazu auch *Wiesner*, RZW 2016, 83 ff; *Renner*, SWK 2016, 565 ff).

C. Aufwertungswahlrecht

Überträgt ein in Österreich unbeschränkt Steuerpflichtiger ausländisches Vermögen **116** iSd § 23 Abs 2 (ausländische Betriebe, Teilbetriebe und Anteile an ausländischen Mitunternehmerschaften) im Wege eines Zusammenschlusses auf eine in- oder ausländische Personengesellschaft, kommt über den Verweis in § 24 Abs 1 Z 4 hinsichtlich des übertragenen **Auslandsvermögens** das **Aufwertungswahlrecht** in § 16 Abs 3 zur Anwendung (s dazu ausführlich § 16 Rz 32). Sofern in diesen Fällen also

- der Zusammenschluss im Ausland zur Gewinnverwirklichung führt und
- mit dem in Betracht kommenden Staat ein DBA besteht, das dafür die Anrechnungsmethode vorsieht oder eine vergleichbare innerstaatliche Maßnahme zur Vermeidung der Doppelbesteuerung getroffen wurde,

hat der Übertragende ein Wahlrecht, das zu übertragende Vermögen in der Zusammenschlussbilanz abweichend von § 24 Abs 1 Z 1 iVm § 16 Abs 1 nicht mit den Buchwerten, sondern mit den höheren **Teilwerten** (s dazu gleich § 16 Rz 32) anzusetzen. Die Aufwertung auf die höheren Teilwerte erfolgt in diesem Fall steuerwirksam. Mit anderen Worten: Der Übertragende realisiert freiwillig die stillen Reserven einschließlich eines etwaigen Geschäfts-, Firmen- oder Mandantenwertes (anders bei der Zuzugsbegünstigung in § 25 Abs 1 Z 2, s dazu § 25 Rz 16).

117 Nicht abschließend geklärt scheint, wie das Aufwertungswahlrecht in jenen Fällen anzuwenden ist, in denen Übertragender eine in- oder ausländische Mitunternehmerschaft ist. Dem Wortlaut nach müssten die Gesellschafter dieser übertragenden Mitunternehmerschaft das Wahlrecht einheitlich ausüben (in diesem Sinn auch *Sulz* in *W/H/M*, HdU § 24 Rz 124), was insb dann schwierig sein dürfte und uU sogar zu dem dem Telos der Bestimmung (s unten Rz 119) entgegenlaufenden Ergebnis führen kann, wenn an der übertragenden Mitunternehmerschaft in verschiedenen Staaten steuerlich ansässige Gesellschafter beteiligt sind und somit verschiedene Doppelbesteuerungsabkommen zur Anwendung kommen.

118 Realisationszeitpunkt ist auch hier der **Zusammenschlussstichtag** (vgl oben Rz 104). Der Übertragende hat daher in dem Jahr, in das der Zusammenschlussstichtag fällt, einen fiktiven Veräußerungsgewinn iSd § 24 Abs 7 EStG zu versteuern, wobei uE die Bestimmungen des allgemeinen Ertragsteuerrechts – insb der Freibetrag gem § 24 Abs 4 EStG und die Progressionsermäßigungen in § 37 EStG – anzuwenden sind (in diesem Sinn auch EStR Rz 5718; Jakom[10]/*Kanduth-Kristen* § 24 Rz 141 f). Mangels Geltung der Tauschgrundsätze sind hier – anders als im Anwendungsbereich des § 16 Abs 3 (vgl § 16 Rz 32) – für die Ermittlung des **Aufwertungsgewinns** den Buchwerten die höheren Teilwerte (und nicht wie bei der Einbringung die gemeinen Werte) gegenüberzustellen (explizit im Gesetz klargestellt durch das BudBG 2003, BGBl I 2003/71, vgl die ErlRV 59 BlgNR 22. GP, 278).

119 Der Sinn und Zweck dieser Bestimmung besteht einzig und allein darin, eine **faktische Doppelbesteuerung** stiller Reserven zu **verhindern**, die aus einer Wechselwirkung zwischen der Mechanik der Anrechnungsmethode in der üblicherweise in den Doppelbesteuerungsabkommen verankerten Form (Ordinary Credit, dh Anrechnungshöchstbetrag, kein Anrechnungsvortrag) und einer zeitlichen Verwerfung des Realisationszeitpunktes aufgrund einer unterschiedlichen Behandlung des Zusammenschlusses in den beteiligten Staaten entstehen würde.

120 Blendet man das Wahlrecht in § 24 Abs 1 Z 4 aus, sieht das UmgrStG nämlich auch für die Übertragung von ausländischem Vermögen iSd § 24 Abs 2 grundsätzlich zwingend die Buchwertfortführung vor (s dazu oben Rz 92 ff). In der Zusammenschlussbilanz sind also die Buchwerte anzusetzen, in dem Jahr, in das der Zusammenschlussstichtag fällt, kommt es folglich zu keiner Realisation stiller Reserven, diese bleiben allerdings einschließlich des Firmenwerts in Österreich steuerhängig. Führt nun diese – aus österreichischer Sicht – zusammenschlussbedingte Vermögensübertragung im Ausland zu einer steuerwirksamen Realisation der stillen Reserven zum Zusammenschlussstichtag, geht die zur Vermeidung einer juristischen Doppelbesteuerung im Doppelbesteuerungsabkommen vorgesehene **Anrechnungsmethode** insofern **ins Leere**, als in diesem Fall in Österreich durch die zwingende Anwendung des Art IV keine Steuer entsteht, auf die angerechnet werden könnte. Die stillen Reserven werden also zunächst nur im Ausland besteuert, bleiben in Österreich aber qua Buchwertfortführung steuerhängig. Bei späterer tatsächlicher Veräußerung (oder sonstiger Realisation) entweder des übertragenen Vermögens durch die übernehmende Mitunternehmerschaft oder der als Gegenleistung erhaltenen Mitunternehmeranteile (s § 23 Rz 36 ff) werden diese stillen Reserven nun in Österreich steuerwirksam realisiert. Im Ausland führt dieser Realisationsvorgang allerdings (hinsichtlich der am Zusammenschlussstichtag bestehenden stillen Reserven) zu keiner Steuerbelastung, da die stillen Reserven bereits in dem Jahr in das der Zusammenschlussstichtag fiel, realisiert wurden. Es entsteht daher im Jahr der tatsächlichen Realisation im Ausland keine in Österreich anrechenbare Steuer. Mangels Anrechnungsvortrag kann aber auch die im Ausland anlässlich des Zusammenschlusses entstandene Steuer nicht angerechnet werden. Im Ergebnis würden die stillen Reserven inkl Geschäfts-, Firmen- oder Mandantenwert im übertragenen Vermögen damit also doppelt besteuert.

Dem wirkt das **Wahlrecht** in § 24 Abs 1 Z 4 entgegen, da es dem Übertragenden dadurch freisteht, den Realisationszeitpunkt in Österreich quasi auf den Zusammenschlussstichtag vorzuverlegen, wodurch in dem Jahr, in dem der Zusammenschluss im Ausland zu einer steuerwirksamen Realisation führt, in Österreich eine Steuer entsteht, auf die angerechnet werden kann. Die stillen Reserven werden damit in beiden Staaten realisiert und einmal – mit dem höheren der beiden Tarife (aufgrund des idR in den DBA verankerten Anrechnungshöchstbetrages) – versteuert. **121**

Ob das Wahlrecht im Einzelfall tatsächlich ausgeübt wird bzw werden soll, ist eine Frage der **Steuerplanung**, die in Abhängigkeit vom geplanten tatsächlichen Veräußerungszeitpunkt, der prognostizierten Wertentwicklung bis dahin und nicht zuletzt vom Steuerniveau im Ausland beantwortet werden muss (insb der letzte Punkt verdient Beachtung, da bei Ausübung des Wahlrechts das ausländische Steuerniveau über die Anrechnungsmethode auf den österreichischen Tarif hochgeschleust wird). **122**

Erwähnt sei, dass das Wahlrecht in der in § 24 Abs 1 Z 4 iVm § 16 Abs 3 verankerten Form nur dann geeignet ist, eine Doppelbesteuerung in der oben skizzierten Form zu vermeiden, wenn die steuerwirksame **Gewinnverwirklichung** im Ausland auch **tatsächlich** zum Zusammenschlussstichtag bzw präziser in dem Jahr, in das der Zusammenschlussstichtag fällt, **eintritt**. Die Bestimmung setzt daher mit anderen Worten eine Rückwirkungsfiktion auch im Ausland voraus. Würde im Ausland für die Gewinnverwirklichung anlässlich eines Zusammenschlusses im Sinn des Art IV nämlich bspw auf den Tag des Abschlusses des Zusammenschlussvertrages (Gesellschaftsvertrages) im Jahr X1 abgestellt (was durchaus nicht unwahrscheinlich erscheint) und wird der Zusammenschluss in Österreich in Anwendung des § 24 Abs 1 Z 1 iVm § 13 für ertragsteuerrechtliche Zwecke auf den 31.12.X0 rückbezogen, führt die Ausübung des Aufwertungswahlrechts in Österreich zu einer steuerwirksamen Gewinnverwirklichung zum Zusammenschlussstichtag, während es im Ausland aber erst im darauf folgenden Jahr zur steuerwirksamen Gewinnverwirklichung kommt. Der oben skizzierte Effekt der zeitlichen Verwerfung tritt hier also auch bei Ausübung des Wahlrechts – und zwar gleichsam mit umgekehrten Vorzeichen – auf. Auf die im Jahr X0 durch die Ausübung des Wahlrechts entstehende Steuer gibt es keine ausländische anrechenbare Steuer, während es im Jahr zwei keine österreichische Steuer gibt, auf die angerechnet werden könnte. Tatsächlich und wohl auch einfacher gelöst werden könnte dieses Problem wohl durch einen – unilateralen – Anrechnungsvortrag in Österreich bzw würde ein solcher Anrechnungsvortrag die Aufwertungswahlrechte im UmgrStG in den §§ 2 Abs 2 Z 2, 8 Abs 2 Z 2, 16 Abs 3 Z 2, 24 Abs 1 Z 4, 29 Abs 1 Z 4, 33 Abs 2 und § 38a iVm 16 Abs 3 obsolet machen. **123**

V. Vorsorge gegen eine endgültige Verschiebung der Steuerlasten (§ 24 Abs 2)

A. Regelungsinhalt

131 § 24 Abs 2 sieht vor, dass die Buchwertfortführung in Anwendung des § 16 Abs 1 nur zulässig ist, wenn für die weitere Gewinnermittlung Vorsorge getroffen wird, dass es bei den am Zusammenschluss beteiligten Steuerpflichtigen durch den Vorgang der Übertragung zu **keiner endgültigen Verschiebung der Steuerlasten** kommt. Ist keine oder keine ausreichende Vorsorge getroffen, dass es bei den am Zusammenschluss beteiligten Steuerpflichtigen durch den Vorgang der Übertragung zu keiner endgültigen Verschiebung der Steuerbelastung kommt, ist der Teilwert der Wirtschaftsgüter einschließlich selbstgeschaffener unkörperlicher Wirtschaftsgüter anzusetzen.

§ 24 Abs 2 sieht weiters vor, dass die Vorsorge gegen eine Verschiebung von Steuerlasten hinsichtlich der weiteren Gewinnermittlung zu treffen ist. Es ist für das Kriterium „**der weiteren Gewinnermittlung**" erforderlich, dass eine Methode gefunden wird, die nicht als entgeltlich zu werten ist. Dies kann zB im Wege der Speicherung der Gesamtreserven oder im Wege eines gewinnabhängigen Ausgleichs erfolgen (UmgrStR 1304). Die Vorsorge gegen eine Verschiebung von Steuerlasten kann sich daher nur auf steuerhängige stille Reserven einschließlich eines allfälligen Firmenwertes beziehen. Nicht steuerhängige stille Reserven sind nicht Gegenstand einer Vorsorge iSd § 24 Abs 2.

132 Eine **Vorsorgemaßnahme** ist dann als **geeignet** anzusehen, wenn die Steuerlastverhältnisse vor und nach dem Zusammenschluss ident sind. Von der Vorsorgemaßnahme betroffen sind nur **persönliche Steuerlasten** (Ertragsteuern), wobei die tarifliche Belastung grundsätzlich unerheblich ist (dazu *Hofmann*, SWK 2012, 811). (Rechnung getragen wird allerdings dem pauschalen Steuersatz iZm Grundstücks- und Wertpapierverkäufen aufgrund der Zulässigkeit unterschiedlicher Vorsorgemethoden; siehe UmgrStR Rz 1316 ff idF WE 2014.) Ebenso nicht betroffen sind Verkehrsteuern und Gebühren. Ferner bezieht sich das Vorsorgeerfordernis auf die im Unternehmen befindlichen Gesamtreserven.

Die Gesamtreserven beinhalten **stille Reserven** einschließlich eines **Firmenwertes** abzüglich **stiller Lasten**. Der Anteil an stillen Reserven wird nach der Beteiligung an der Unternehmenssubstanz, das heißt am Vermögen des Unternehmens, auf die Gesellschafter verteilt (*Hübner-Schwarzinger/Kanduth-Kristen*, Rechtsformgestaltung 224). Konsequenterweise ist es nicht möglich, dass ein nicht an der Unternehmenssubstanz beteiligter Gesellschafter (Arbeitsgesellschafter) an stillen Reserven einschließlich eines Firmenwertes partizipiert.

B. Rechtsfolge

136 Die **Buchwertfortführung** des Art IV ist an die Einrichtung einer geeigneten Vorsorgemethode gebunden. Andere Begünstigungen des Art IV stehen in keinem Konnex zur Forderung des § 24 Abs 2 nach einer geeigneten Vorsorgemethode.

Wird gegen eine endgültige Steuerlastverschiebung nicht vorgesorgt, bleibt Art IV trotzdem anwendbar. Es sind dann für die übertragenen Wirtschaftsgüter die Teilwerte anzusetzen. Dies bedeutet eine vollständige **Gewinnrealisierung** innerhalb des Anwendungsbereiches des Art IV. Die anderen Bestimmungen des Art IV – wie

Rückwirkung, Begünstigungen bei Gebühren und Verkehrssteuern udgl – bleiben anwendbar (UmgrStR Rz 1305).

Ergeben sich aufgrund der **Identität zwischen Buch- und Verkehrswerten** keine stillen Reserven, ist eine Vorsorge grundsätzlich nicht erforderlich. Eine nachträgliche Änderung von Buch- bzw Verkehrswerten, bei denen sich im Nachhinein die Existenz von stillen Reserven herausstellt, gilt als fehlende Vorsorgemethode und stellt damit grundsätzlich eine Verletzung des § 24 Abs 2 und eine Verwirkung der Buchwertfortführung dar. UmgrStR Rz 1505 führt allerdings aus, dass formelle Anwendungsfehler bei einem Zusammenschluss dahingehend zu würdigen sind, ob ein erkennbares Bemühen um eine richtige Durchführung des Zusammenschlusses vorliegt. Sind die Änderungen von Buch- bzw Verkehrswerten somit nicht augenscheinlich und offensichtlich gewesen, muss auch eine nachträglich geschlossene Vorsorgevereinbarung die Möglichkeit auf einen Buchwertzusammenschluss zulassen. Alternativ wäre eine sog **„Nullvorsorgeregelung"** in den Vertrag aufzunehmen, die auf die Möglichkeit der Abänderung der Buch- bzw Verkehrswerte Bedacht nimmt (zur Thematik der rechnerischen und tatsächlichen stillen Reserven s Rz 152a). **137**

Ob der Buchwert nur als das fixe Kapitalkonto oder inklusive des variablen Kapitalkontos verstanden wird und auf welcher Basis die stillen Reserven ermittelt werden, ist eine Frage der Parteienvereinbarung, insb hinsichtlich der Vereinbarung zur Entnehmbarkeit bzw Einbezahlung von variablen Kapitalkonten.

Die Möglichkeit, die Buch- bzw Verkehrswerte der zusammenzuschließenden Vermögen im Rückwirkungszeitraum abzuändern, steht im Wege rückwirkender Maßnahmen zur Verfügung. Die rückwirkenden Maßnahmen sind hinsichtlich der Ermittlung des Vorsorgeerfordernisses zur Vermeidung der Steuerbelastung zu berücksichtigen. **138**

Durch die Forderung des Gesetzgebers nach Vermeidung einer Verschiebung der Steuerbelastung kann als Berechnungsgrundlage nur ein steuerlich maßgebender Buchwert herangezogen werden. Davon unabhängig sind mögliche betriebswirtschaftliche, zivilrechtliche bzw unternehmensrechtliche Parameter und sich daraus ableitende **Ausgleichserfordernisse** durch den Zusammenschluss zu berücksichtigen, wodurch sich möglicherweise betragsmäßige Unterschiedlichkeiten zwischen der steuerlichen Vorsorgemethode und der **betriebswirtschaftlich-zivilrechtlichen Ausgleichsmaßnahme** ergeben können. Aus zivilrechtlicher Sicht müssen in derartigen Ausgleichsmaßnahmen bspw latente Steuern, Entnahmeberechtigungen udgl Berücksichtigung finden. **139**

Eine allfällige unternehmensrechtliche Vorsorge ist unerheblich, solange für steuerliche Zwecke ausreichend Vorsorge getroffen und damit dem Erfordernis von § 24 Abs 2 entsprochen wird. Weichen die im Zusammenschlussvertrag oder in der Zusammenschlussbilanz dargestellten unternehmensrechtlichen Buchwerte von den steuerlichen Buchwerten ab und ergeben sich daraus Unterschiede zwischen unternehmensrechtlichem und steuerlichem Gewinnvorab, sind diese Unterschiede im Zusammenschlussvertrag zu dokumentieren. Im Zusammenschlussvertrag ist vorzusehen, dass diese Unterschiede iRd laufenden steuerlichen Gewinnzurechnung zu berücksichtigen sind. Entsprechendes gilt für den Liquidationsvorab (UmgrStR Rz 1319). Die Korrektur erfolgt über die steuerliche Mehr-Weniger-Rechnung (*Hübner-Schwarzinger*, SWK 2015, 80 ff).

Beispiel

		a)	b)
Buchwert Einzelunternehmen A	url	50	50
	strl	60	40
Verkehrswert Einzelunternehmen A		100	100
stille Reserve	url	50	50
stille Reserve	strl	40	60

Ausgleich durch gesellschaftsrechtliche Maßnahme (zB Gewinnvorab), bis url 50 erreicht ist.

Für steuerliche Zwecke sind
a) davon 10 als MWR – für A zu erfassen.
b) weitere 10 als MWR + für A zu erfassen, dh ein weiterer Gewinnvorab steuerlich zu vollziehen.

C. Exkurs: Beitritt eines Arbeitsgesellschafters in eine ihren Gewinn mittels Einnahmen-Ausgaben-Rechnung ermittelnde Gesellschaft

141 Es könnte sich die Frage stellen, ob aufgrund der Tatsache, dass ein eintretender Arbeitsgesellschafter an Gewinnen aus Leistungen, die in Vorjahren erarbeitet bzw angearbeitet wurden und die nach seinem Eintritt in die Gesellschaft vereinnahmt werden, teilnimmt, eine **Verschiebung von stillen Reserven** gegeben ist. Dies möglicherweise dadurch, dass ja in unfertigen Leistungen (noch nicht abrechenbaren Leistungen), bewertet zu Herstellungskosten, eine sich in der Bilanz nicht niederschlagende stille Reserve, nämlich der Gewinnaufschlag, steckt. Dass es auch hier zu keiner Verschiebung von stillen Reserven bzw Steuerlasten kommt, soll anhand der nachfolgenden Ausführungen dargestellt werden.

142 Da der Arbeitsgesellschafter am Jahresgewinn ab seinem Eintritt beteiligt ist, ist darin idR auch ein Teil der Gewinnanteile aus dem Vorjahr enthalten. Für die Gewinnverteilung sind grundsätzlich die Vereinbarungen der Gesellschafter, insb jene des Gesellschaftsvertrages maßgebend (EStR Rz 5883 mit Verweis auf VwGH 29.5.1990, 90/14/0002; VwGH 7.2.1989, 86/14/0121; VwGH 20.1.1987, 86/14/0093; VwGH 9.11.1982, 82/14/0083; VwGH 6.5.1980, 1345/79). Die Gewinnverteilung einer Personengesellschaft muss – um steuerlich anerkannt zu werden – angemessen sein. Es ist eine getroffene unternehmensrechtliche Gewinnverteilung grundsätzlich für steuerliche Belange anzuerkennen, wenn sie dem unterschiedlichen Kapital-, Arbeits- und dem etwaigen Haftungsrisiko der Gesellschafter Rechnung trägt. Steht die **Gewinnverteilungsvereinbarung** in einem offenbaren Missverhältnis zu der Beteiligung und der Mitarbeit der einzelnen Gesellschafter, ist sie steuerlich zu korrigieren. Dies erscheint bei Fremden aufgrund der Tatsache, dass sich Fremde nichts zu schenken pflegen, nur in Ausnahmefällen anwendbar zu sein.

Umgekehrt ist die Erstellung einer Bilanz (und der damit uU verbundene Wechsel der Gewinnermittlungsart von § 4 Abs 3 EStG auf § 4 Abs 1 EStG, s dazu § 23 Rz 93 ff) auch im Falle eines Anteilsverkaufes gem § 24 Abs 2 EStG zwingend vorgesehen. **143**

Im Falle des Zutritts eines Arbeitsgesellschafters besteht allerdings – mangels Veräußerung eines Gesellschaftsanteiles der Personengesellschafter – **keine Notwendigkeit zur Erstellung einer Bilanz** bzw der Ermittlung der unfertigen Leistungen zum Zeitpunkt des Eintritts des Arbeitsgesellschafters. Der Eintritt in einen Gewinnanspruch ab einem festgelegten Zeitpunkt bedarf somit iRe Einnahmen-Ausgaben-Rechnung keiner Periodisierung. Es ist zB auch systemimmanent, dass der Arbeitsgesellschafter im Falle seines Austritts an einem etwaigen Übergangsergebnis ebenso nicht teilnimmt. Dazu führt UmgrStR Rz 1304 noch aus, dass eine Steuerlastverschiebung sich nur auf jene stille Reserven bezieht, die iRd jeweiligen Gewinnermittlungsart steuerhängig sind. Ein Arbeitsgesellschafter hat ex definitione **keinen Anspruch auf stille Reserven** einschließlich eines **Firmenwertes**. „Erfolgt der Zusammenschluss mit einem Arbeitsgesellschafter … stellen sich die Fragen der endgültigen Verschiebung der Steuerbelastung naturgemäß nicht." (*Wiesner/Schwarzinger/Sedlacek/Sulz*, aaO) Daher können ihm kraft seines Beitritts auch keine stillen Reserven vermittelt und diese somit nicht verschoben werden. **144**

Der Arbeitsgesellschafter hat idR keinen Anspruch an unfertigen Leistungen, immer nur einen Anspruch am **laufenden** durch Einnahmen-Ausgaben-Rechnung ermittelten **Gewinn** (*Hofmann*, SWK 2006, S 410 ff; *Hübner-Schwarzinger/Pernt*, SWK 2005, S 885 ff). Besonders deutlich zeigt sich dies, wenn man verprobend unterstellt, dass die Personengesellschaft eine juristische Sekunde nach dem Zusammenschluss (1.1.2011, 0.00 Uhr) verkauft werden würde. Käme es nämlich durch den Zusammenschluss mit einem Arbeitsgesellschafter zu einer Verschiebung stiller Reserven, so müsste sich diese Verschiebung bereits in diesem Zeitpunkt auswirken. Da der Arbeitsgesellschafter gesellschaftsrechtlich aber nur am laufenden Gewinn – ermittelt durch Einnahmen-Ausgaben-Rechnung – und nicht am Übergangsgewinn (von Einnahmen-Ausgaben-Rechnung auf Bilanz) oder an den stillen Reserven in den unfertigen Leistungen beteiligt ist, hat er zu diesem, aber auch jedem späteren Zeitpunkt keinerlei Anspruch auf die stillen Reserven. Der zivilrechtliche Anspruch des Arbeitsgesellschafters auf seinen Gewinnanteil entsteht erst durch seine laufende Arbeitsleistung und wird laut Vertrag mittels Einnahmen-Ausgaben-Rechnung errechnet. Die stillen Reserven in den unfertigen Leistungen bestehen steuerlich bis zum Zeitpunkt der Fertigstellung und wandeln sich danach in Forderungen aus Leistungen (Rechnungslegung). Die laufende Gewinnrealisierung in der Einnahmen-Ausgaben-Rechnung erfolgt – anders als bei der doppelten Buchhaltung – erst bei **Zufluss** dieser Forderungen und führt auch erst in diesem Zeitpunkt mit allen anderen Geldflüssen (zB Personal- und Sachaufwand) zu dem anteiligen Gewinnanspruch des Arbeitsgesellschafters. Der Anspruch des Arbeitsgesellschafters ergibt sich somit immer aus dem Gesellschaftsvertrag. Soweit vertraglich nicht – völlig untypisch – vereinbart wird, dass der Arbeitsgesellschafter Anspruch auf den Verkehrswert der unfertigen Leistungen im Zeitpunkt seines **Ausscheidens** hat, kann es durch den Beitritt eines Arbeitsgesellschafters zu keiner Verschiebung von stillen Reserven kommen.

Bei in Vorjahren angearbeiteten Leistungen liegt ertragsteuerlich noch kein Gewinn vor; es ist erst bei der Vereinnahmung iRd Einnahmen-Ausgaben-Rechnung **145** von einem Gewinn zu sprechen (idS UFS 20. 1. 2011, RV/0638-I/07). Die Verteilung eines im Zuge der Vereinnahmung entstehenden Gewinnes, der möglicherweise aus einer Leistungserbringung in einer Vorperiode stammt, ist stets eine Frage der **Gewinnverteilung**. Bei einem Zusammenschluss mit einem reinen Arbeitsgesellschafter erübrigt sich die Vorsorge gegen eine Steuerlastverschiebung, da dieser nur am laufenden Gewinn und nicht auch an der Substanz beteiligt ist. Werden diesem Arbeitsgesellschafter bei der Gewinnverteilung auch Substanzgewinne (möglicherweise aus einem Wechsel der Gewinnermittlungsart) zugerechnet, ist dies zwar im Zusammenhang mit § 24 Abs 2 unschädlich, es müsste sich daraus jedoch eine Überprüfung iRd Angemessenheit der Gewinnverteilung im einheitlichen und gesonderten Feststellungsverfahren ergeben. VwGH 18.2.1999, 97/15/0023, führt – im Zusammenhang mit der unterjährigen Begründung einer atypisch stillen Gesellschaft – aus, dass einer Person, die zu einem bestimmten Zeitpunkt die Stellung eines Mitunternehmers erhält, erst die ab diesem Zeitpunkt verwirklichten Geschäftsfälle als Einzelbestandteile des Gewinnes anteilig zugerechnet werden. Der VwGH behandelt diese Problemstellung ebenso als eine Frage der Gewinnverteilung und nicht als eine Frage der Verschiebung von stillen Reserven.

146 Anzumerken sei an dieser Stelle, dass die von *Sulz* (SWK 2011, S 889 ff) geschaffene Bezeichnung der „**zu- bzw abflussbedingten stillen Reserven**" keine stillen Reserven iS einer Differenz zwischen Verkehrs- und Buchwert darstellen und uE die Bezeichnung irreführend ist. Derartige bei Einnahmen-Ausgaben-Rechnern in unterschiedlichen Perioden der Besteuerung zu unterziehende Positionen wären iRd Verkehrswertermittlung als Steuerlatenzen zu berücksichtigen.

D. Steuerrechtliche Zusammenschlusstechniken bzw Vorsorgemethoden
1. Systematisierung

151 Der vom Gesetzgeber gestellten Forderung, dass es aufgrund des Zusammenschlusses bei den an Zusammenschluss beteiligten Steuerpflichtigen durch den Vorgang der Übertragung zu keiner endgültigen Verschiebung der Steuerbelastung kommt, wird durch sog „**Vorsorgemaßnahmen**", die einer **Zusammenschlussmethode** beigestellt sind, Rechnung getragen. Die UmgrStR fordern in Rz 1306 von der zivil- und unternehmensrechtlichen Zusammenschlussvereinbarung, dass die Fortführung der Buchwerte garantiert, der Maßgeblichkeit des Mitunternehmeranteilsbegriffes Rechnung getragen und die Verschiebung der persönlich bestehenden Steuerlasten vermieden wird.

152 Vermögensrechtlich ist uE zwischen drei verschiedenen Herangehensweisen an die Frage der Abgeltung der verschobenen stillen Reserven zu unterscheiden, wobei das Risiko der wirtschaftlichen Realisierung der stillen Reserven für die Zusammenschlusspartner bei den verschiedenen Methoden unterschiedlich verteilt ist:
1. Methoden, bei denen die **stillen Reserven zum Zusammenschlussstichtag** genau **berechnet** und dieser Betrag unabhängig von zukünftigen Gewinnen vermögensrechtlich **abgegolten** wird. Das heißt, jener Zusammenschlusspartner, der keine oder weniger stille Reserven überträgt, „kauft" sich zu einem am Stichtag feststehenden Betrag in die stillen Reserven des anderen ein. Dies ist sowohl beim Verkehrswertzusammenschluss mit Quotenverschiebung bzw Aufwer-

tung als auch beim Kapitalkontenzusammenschluss iVm Gewinn- und/oder Liquidationsvorab und Ersatzausgleichregelung der Fall.

2. Methoden, bei denen die **stille Reserve** grundsätzlich am **Zusammenschlussstichtag ermittelt** wird und somit feststeht, es allerdings mangels Übertragung der stillen Reserve zu **keiner Abgeltung** durch einen Zusammenschlusspartner kommt (Vorbehalt von stillen Reserven und/oder Firmenwert).

3. Methoden, bei denen sich die endgültige **Höhe** der abgegoltenen **stillen Reserven** („Kaufpreis") erst aus den höheren oder niedrigeren **Gewinnen der nächsten Jahre** ergibt und damit erst am Ende des Vereinbarungszeitraumes feststeht (Lock-step-Verfahren „altes Regime").

Aufgrund der grundlegenden Neukonzeption der Immobilienbesteuerung durch das 1. StabG 2011 (BGBl I 2012/22) und das AbgÄG 2012 (BGBl I 2012/112) ergeben sich mitunter Differenzen zwischen den sich buchmäßig darstellenden stillen Reserven und den möglicherweise tatsächlich zur Versteuerung gelangenden Steuerlasten. Dies betrifft insb Liegenschaften des „Altvermögens". Der vom Gesetzgeber aufgetragenen Forderung der Vermeidung einer Verschiebung von Steuerlasten kann nur durch Berücksichtigung der tatsächlichen (und nicht der buchmäßigen) stillen Reserven Rechnung getragen werden. Schwächen, die unter Umständen sogar in einer Nichterfüllung des gesetzlichen Auftrages münden könnten, liegen in der statischen Sichtweise eines „Veräußerungserlöses", der nur als gemeiner Wert zum Zusammenschlussstichtag ermittelt werden kann, der allerdings nicht dem tatsächlichen Veräußerungserlös entsprechen muss. Dem ist entgegenzuhalten, dass bei Wertveränderungen ab dem Stichtag sämtliche Zusammenschlusspartner teilhaben (*Hofmann*, SWK 2012, 810 ff; *Wiesner/Schwarzinger*, SWK 2012, 1147 f). Der Pauschalbesteuerung wird seit dem WE 2014 der UmgrStR durch die Ausklammerung der Gewinnvorabmethode hinsichtlich der Berücksichtigung von stillen Reserven im Liegenschaftsvermögen (und bei Wertpapieren) Rechnung getragen. **152a**

Die sich an der den ErlRV UmgrStG (266 BlgNR 18. GP, 32 ff) entnommenen beispielhaften Aufzählung von möglichen Vorsorgemethoden angelehnte Systematisierung der Vorsorgemaßnahmen in UmgrStR Rz 1303 unterscheidet zwischen den folgenden Grundtypen von Zusammenschlussformen: **153**

Verkehrswertzusammenschluss: Das vertragliche Abstellen auf die Verkehrswerte des jeweils zu übertragenden Vermögens iVm der Abstimmung der den Kapitalkonten nicht entsprechenden Verkehrswertverhältnisse und dem Erstellen von Ergänzungsbilanzen für die einzelnen Mitunternehmer.

Kapitalkontenzusammenschluss: Das vertragliche Abstellen auf den Buchwert des zu übertragenden Vermögens und im Falle der fehlenden Übereinstimmung der Beteiligungsverhältnisse mit den Verkehrswerten iVm der Vereinbarung einer gewinnabhängigen Ergebnisverteilungsvereinbarung.

Die UmgrStR führen dazu in Rz 1303 aus, dass eine zulässige **Maßnahme** nach dem Vollzug des Zusammenschlusses **nicht** mehr **geändert** werden kann. § 24 Abs 2 stellt hingegen einzig auf die Vermeidung einer endgültigen Verschiebung von Steuerlasten für die am Zusammenschluss beteiligten Steuerpflichtigen ab. Sollte eine andere als die den Richtlinien oder dem Schrifttum angeführten Methoden ebenso dem gesetzlichen Erfordernis entsprechen, kann uE auf Basis des § 24 Abs 2 keine Versagung der Buchwertfortführung erfolgen (auch die ErlRV UmgrStG, 266 BlgNR 18. GP, 32 ff, sehen keine derartige Einschränkung vor, sondern zählen die **154** genannten Methoden lediglich beispielhaft auf, arg: „*Maßnahme der Gewinnermittlung im Sinne des § 24 Abs 2 sind insbesondere [...]*"). Die Beweisführung, dass die gewählte Maßnahme tatsächlich eine endgültige Verschiebung von Steuerlasten verhindert, ist dabei uE zahlenmäßig und rechnerisch vorzunehmen. Weiters ist uE dem Willen des Gesetzgebers nicht zu unterstellen, dass Änderungen in der Vorsorgemethodik untersagt sind, sofern im Gesamtergebnis dem gesetzlichen Erfordernis entsprochen wird. Aus diesem Grund sind uE auch nachträgliche Änderungen in den Methoden möglich und zulässig. Auch hier ist wiederum eine rechnerische Überprüfung geboten.

Zulässig und empfehlenswert ist eine Vertragsklausel, die eine Adaptierung der Vorsorgen gegen eine Steuerlastverschiebung im Rahmen der gewählten Zusammenschlussmethode vorsieht, soweit abgabenbehördliche Feststellungen zu Änderungen der Buchwerte/Verkehrswerte führen. Fehlt eine Vertragsklausel, ist die Behörde nicht berechtigt, die begehrten Anpassungen von vornherein abzulehnen.

2. Verkehrswertzusammenschluss

155 Beim Verkehrswertzusammenschluss wird das **Beteiligungsverhältnis** in der übernehmenden Personengesellschaft entsprechend den **Verkehrswerten** der übertragenen Vermögen festgelegt. Daraus ergeben sich zwei Anforderungen (UmgrStR Rz 1311):

1. Einerseits sollen die nach dem Umtauschverhältnis festgelegten Beteiligungen in den steuerlichen **Kapitalkonten** der Zusammenschlusspartner zum Ausdruck kommen und
2. andererseits sollen ertragsteuerlich die bis zum Zusammenschlussstichtag angesammelten **Gesamtreserven** bei jenen Mitunternehmern verbleiben (gespeichert werden), die sie erwirtschaftet haben.

Das Herstellen der Übereinstimmung zwischen gesellschaftsvertraglicher Beteiligung und dem Ausweis der Beteiligungsverhältnisse auf den Kapitalkonten der Personengesellschafter sowie die Vorsorge gegen die Steuerlastverschiebung kann dabei insb auf folgende Arten geschehen (UmgrStR Rz 1312):

- **Buchwertübernahme mit Quotenverschiebung der Kapitalkonten** und Rückkorrektur in **Ergänzungsbilanzen** (UmgrStR Rz 1314 ff);
- **Verkehrswertübernahme** und Rückkorrektur in **Ergänzungsbilanzen** (UmgrStR Rz 1315).

156 Die die steuerliche Buchwertfortführung sichernden Ergänzungsbilanzen müssen nach Ansicht des BMF mit der ersten jährlichen Erklärung über die einheitliche Gewinnfeststellung, spätestens aber über Aufforderung der Abgabenbehörde vorgelegt werden. Sie sind aber jedenfalls nur dann als rechtzeitig vorgelegt anzusehen, wenn sich nicht bereits eine Veränderung der Ergänzungsbilanz durch Realisierung oder laufende Auflösung ergeben hat (UmgrStR Rz 1313).

157 Die Ansicht der FV, ein Verkehrswertzusammenschluss wäre bei nicht bilanzierenden Unternehmen nicht möglich, da diese mangels **Bilanzierung** auch nicht zur Führung von Ergänzungsbilanzen berechtigt sein sollen (ua *Wiesner/Schwarzinger*, UmS 172/17/18/11, SWK 2011, S 70), wurde durch den WE 2014 abgeändert und durch BFG 2.1.2016, RV/7103161/2013 (s dazu auch *Hirschler/Sulz/Oberkleiner*, BFGjournal 2016, 175 f) bestätigt. Damit wurde der in der Literatur geforderten

Vorgehensweise gefolgt. Zu den zu führenden „**Ergänzungsrechnungen**", welche den Ergänzungsbilanzen entsprechen, wird wie folgt ausgeführt (UmgrStR Rz 1312a): Soll die übernehmende Mitunternehmerschaft ihren Gewinn weiterhin nach § 4 Abs 3 EStG ermitteln, ist auch ein Verkehrswertzusammenschluss möglich. Als Vorsorge gegen eine endgültige Steuerlastverschiebung sind Ergänzungsrechnungen (siehe dazu auch EStR Rz 6002) zu führen.

Folgendes ist dabei zu beachten:
- Die Ergänzungsrechnung muss den Grundsätzen einer Ergänzungsbilanz entsprechen und die stillen Reserven auf die WG des betrieblichen AV aufteilen.
- Die Kapitalkonten müssen für den Fall der späteren Auseinandersetzung nach den Grundsätzen eines ordnungsgemäßen Rechnungswesens geführt werden.
- Stille Reserven im Umlaufvermögen sind im ersten Kalenderjahr der Mitunternehmerschaft nach dem Zusammenschluss steuerwirksam aufzulösen, um eine objektiv richtige Gewinnzurechnung zu gewährleisten.

Eine **Kombination der Vorsorgetechniken** durch Zusammenschluss und nachfolgender Realteilung ist uE aus dem Gesetzeswortlaut nicht abzuleiten, da sowohl gemäß § 24 Abs 2 als auch gemäß § 29 Abs 1 Z 2 die Vorsorgemaßnahme jeweils individuell für den einzelnen Umgründungsakt und für die am einzelnen Umgründungsakt beteiligten Steuerpflichtigen zu treffen sind. Eine separate Betrachtung findet im Gesetzestext uE eher Deckung als die in der UmgrStR Rz 1313a, vorletzter Aufzählungspunkt vorgesehene Zusammenfassung. **159**

a) Methode der Buchwertübernahme mit Quotenverschiebung

Die Methode der **Buchwertübernahme mit Quotenverschiebung** der Kapitalkonten und **Ergänzungsbilanzen** sieht vor, dass iRd steuerlichen Eröffnungsbilanz der aus dem Zusammenschluss hervorgehenden Mitunternehmerschaft die Darstellung der Eigenkapitalien im Verhältnis der Verkehrswerte nach Maßgabe der zu übertragenden Buchwerte zu erfolgen hat. Diese sich daraus ergebenden (zufälligen) Eigenkapitalstände können auch als starre Kapitalkonten geführt werden (siehe dazu Beispiel in UmgrStR Rz 1314) und sind über Ergänzungsbilanzen rückzukorrigieren. Die Auflösung der Ergänzungsbilanzen erfolgt in diesem Fall nicht über die laufende Gewinnermittlung, sondern erst im Falle der konkreten Realisation der in der Personengesellschaft gespeicherten Reserven („eingefrorene Ergänzungsbilanzen"). **160**

Die Korrektur in den Ergänzungsbilanzen bezieht sich in diesem Fall also auf konkret einzelnen **Wirtschaftsgütern** (inkl dem ertragsteuerrechtlich als Wirtschaftsgut geltenden **Firmenwert**) zuzurechnende stille Reserven. Es kommt daher erst anlässlich der Veräußerung oder des sonstigen gewinnrealisierenden Ausscheidens des jeweiligen Wirtschaftsgutes zu einer ebenfalls **gewinnrealisierenden Auflösung** der Korrekturposten in den Ergänzungsbilanzen. Eine laufende Abschreibung/Auflösung der in die Ergänzungsbilanzen eingestellten Korrekturposten hat daher in diesem Fall zu unterbleiben (vgl UmgrStR Rz 1314). Das bedeutet, dass die Ergänzungsbilanzen als „**Merkposten**" zu qualifizieren und jedem Gesellschafter individuell zuzuordnen sind. Das hat zur Folge, dass eine Auflösung bzw Abschreibung auf Gesellschafterebene nicht parallel, sondern individuell zu erfolgen hat und somit die Ergänzungsbilanz an den jeweiligen Mitunternehmeranteil geknüpft und nicht die Summe der Ergänzungsbilanzen als Gesamtes zu betrachten sind. Damit ist jedes Mitunternehmeranteilsschicksal (Verkauf, Einbringung etc) indi- **161** viduell beim jeweiligen Mitunternehmer unter Berücksichtigung seiner ihm zugehörigen Eigenkapitalbestandteile zu würdigen (idS zutreffend und die Systematik verdeutlichend UFS 23.9.2013, RV/1474-W/12).

Werden bei einem Verkehrswertzusammenschluss mit einem nach 31.3.2012 liegenden Stichtag als Teil eines begünstigten Vermögens (§ 23 Abs 2) betriebliche Grundstücke mitübertragen, muss sich die Vorsorgemaßnahme auch auf die stillen Reserven des mitübertragenen Grundstücks beziehen (UmgrStR Rz 1314a). Die stillen Reserven einschließlich jener des Geschäfts- und Firmenwertes sind den betrieblichen Wirtschaftsgütern zuzuordnen. Ungeachtet der Möglichkeit, für am 31.3.2012 nicht steuerverfangenen Grund und Boden die stillen Reserven gem § 30 Abs 4 EStG pauschal zu ermitteln, müssen für Zwecke der Vorsorgemaßnahmen die tatsächlichen stillen Reserven (Verkehrswert abzüglich Buchwert) ermittelt werden. Für den (die) Zusammenschluss-Partner, der (die) zusammenschlussbedingt anteiliges Eigentum am Grundstück erwirbt (erwerben), stellt dieses Neuvermögen iSd § 30 Abs 3 EStG dar.

Im Fall der Realisierung von stillen Reserven eines Grundstücks ist nach dem Zusammenschlussstichtag wie folgt zu unterscheiden: Zusammenschlüsse mit einem Stichtag bis zum 31.3.2012: Wurde anlässlich eines Zusammenschlusses mit einem Stichtag bis zum 31.3.2012 auch ein betriebliches Grundstück mitübertragen und für Grund und Boden mangels Steuerhängigkeit der stillen Reserven keine Vorsorge getroffen (Altvermögen, siehe Rz 1304), ist wie folgt vorzugehen:

- Erfolgt bei einer Veräußerung des Grundstücks/Veräußerung oder Beendigung der Personengesellschaft/Veräußerung des Mitunternehmeranteils nach dem 31.3.2012 die Ermittlung der Einkünfte gem § 30 Abs 4 EStG pauschal, bestehen keine Bedenken, die sich daraus ergebenden stillen Reserven (bzw Einkünfte) des Grund und Bodens im Verhältnis der Substanzbeteiligung der Zusammenschluss-Partner aufzuteilen; die Einkünfte unterliegen dem besonderen Steuersatz (§ 30a EStG).
- Erfolgt hingegen bei einer Veräußerung des Grundstücks/Veräußerung oder Beendigung der Personengesellschaft/Veräußerung des Mitunternehmeranteils nach dem 31.3.2012 die Ermittlung der Einkünfte gem § 30 Abs 3 EStG, sind die Einkünfte aus der betrieblichen Grundstücksveräußerung für jeden Mitunternehmer individuell zu ermitteln, wobei die zum Zusammenschlussstichtag auf den Grund und Boden entfallenden stillen Reserven nachzuweisen und zur Gänze dem übertragenden Gesellschafter zuzurechnen sind.

Bei Zusammenschlüssen mit einem Stichtag ab dem 1.4.2012 ist die Zuordnung der stillen Reserven entsprechend den Grundsätzen des § 24 Abs 2 durch die gewählte Vorsorgemethode sichergestellt. Es ist daher im Zeitpunkt der Reservenrealisierung eine Gegenrechnung mit den entsprechenden Ergänzungsbilanzansätzen erforderlich. Die Einkünfte aus der betrieblichen Grundstücksveräußerung sind für jeden Mitunternehmer individuell zu ermitteln und unterliegen dem besonderen Steuersatz (§ 30a EStG). Im Übrigen siehe dazu UmgrStR Rz 1313a.

b) Methode der Verkehrswertübernahme mit Ergänzungsbilanzen

162 Die Methode der **Verkehrswertübernahme mit Ergänzungsbilanzen** sieht eine Aufwertung des gesamten übertragenen Vermögens in der steuerlichen Eröffnungsbilanz der übernehmenden Mitunternehmerschaft und damit Abbildung

der übertragenen Verkehrswerte in den Eigenkapitalien der Gesellschafter vor, wobei diese rein ertragsteuerrechtliche Aufwertung unabhängig von der Ausübung des **unternehmensrechtlichen Wahlrechts** zwischen Buchwertfortführung und Neubewertung iSd § 202 UGB erfolgen kann. Die Aufwertung ist bei jedem Mitunternehmer iRe Ergänzungsbilanz auf den jeweils übertragenen Buchwert rückzukorrigieren. Aufgrund der Aufwertung in der steuerrechtlichen Hauptbilanz kommt es hier, anders als bei der Quotenverschiebetechnik, iRd laufenden Gewinnvermittlung zu steuerwirksamen Veränderungen der Aufwertungsbeträge (idR über die AfA bzw über TWA), die über die Auflösung der Korrekturposten in den Ergänzungsbilanzen rückzukorrigieren sind (UmgrStR Rz 1315). In Summe kann sich damit eine Partizipation am Abschreibungspotenzial eines aufgewerteten Wirtschaftsgutes auch für jene Mitunternehmer ergeben, die das aufgewertete Wirtschaftsgut nicht übertragen haben, während jener Mitunternehmer, der für das abzuschreibende Wirtschaftsgut im Übertragungswege verantwortlich war, an der ertragsmäßigen Zuweisung nur quotal teilnimmt. Gegen eine Verschiebung von Steuerlasten bei dieser Methode spricht die Verkaufsverprobung in der fiktiven „nächsten Sekunde", wonach dem Veräußerungserlös die entsprechenden Eigenkapitalien zuzüglich der Ergänzungskapitalien gegenübergestellt werden (s *Hübner-Schwarzinger*, RWZ 6/2014, 42).

Für stille Reserven in Alt-Grund-und-Boden stellt sich die Frage, ob die Methodik der Verkehrswertübernahme mit Ergänzungsbilanzen als eine dem gesetzlichen Auftrag entsprechende Vorsorgemethode herangezogen werden darf. *Hofmann* (RdW 2015, 255 ff) führt dazu aus, dass es bei dieser Methode zu keiner Möglichkeit der konkreten Zuordnung der stillen Reserven und Besteuerung derselben mit dem begünstigten Steuersatz kommen kann, weshalb diese Methode zwar grundsätzlich eine Möglichkeit der Vermeidung der Verschiebung der Steuerlasten darstellt, die Gleichmäßigkeit der Besteuerung in Hinblick auf die Berücksichtigung unterschiedlicher Steuertarife allerdings nicht berücksichtigt.

3. Kapitalkontenzusammenschluss

Die UmgrStR führen in Rz 1316 zum **Kapitalkontenzusammenschluss** wie folgt aus: **163**

> *„Beim Kapitalkontenzusammenschluss sind zwar wie beim Verkehrswertzusammenschluss die Verkehrswerte des jeweils übertragenen Vermögens die Basis für den Zusammenschluss, in der Vertragsgestaltung kommt es aber zu einer Zweiteilung:*
>
> - *Zunächst werden die Beteiligungsverhältnisse der Mitunternehmer abweichend von den Verkehrswerten des jeweils auf die Personengesellschaft übertragenen Vermögens vertraglich im Standardfall nach dem Verhältnis der steuerlich maßgebenden Buchwerte der übertragenen Betriebe, Teilbetriebe oder Mitunternehmeranteile festgelegt (zum Zusammenschluss auf Basis fixer Kapitalkonten siehe Rz 1309 ff). Abweichungen von dieser Standardsituation sind durch die Methode des Zusammenschlusses auf Basis fixer (starrer) Kapitalkonten möglich (siehe Rz 1309 ff). Insofern kommt es durch die Buchwertfortführung zu einer mit der gesellschaftsvertraglichen Vereinbarung übereinstimmenden Übernahme der Buchwerte und damit gleichzeitig zu einem diesen Verhältnissen entsprechenden Ausweis der Beteiligungen auf den Kapitalkonten der Zusammenschlusspartner. Eine Kapitalkontenverschiebung erübrigt sich daher.*

- Im zweiten Schritt wird entsprechend den Verkehrswerten des jeweils übertragenen Vermögens ein Ausgleich zwischen den vereinbarten und den den Realwerten entsprechenden Beteiligungen durch eine gesellschaftsrechtliche Vereinbarung getroffen, die gleichzeitig der drohenden Steuerlastverschiebung entgegenwirkt."

Beispiel (entnommen aus UmgrStR Rz 1316)
Der Einzelunternehmer A schließt sich mit B zu einer GesbR zusammen. A überträgt seinen Betrieb, welcher einen steuerlich maßgebenden Buchwert von 500 und einen Verkehrswert von 1000 hat. B leistet eine Geldeinlage. Da das vereinbarte Beteiligungsverhältnis in der GesbR 50:50 betragen soll, leistet B eine Bareinlage von 500. A überträgt Gesamtreserven in Höhe von 500, B überträgt keine stillen Reserven. Würde die Personengesellschaft unmittelbar nach Zusammenschluss liquidiert, entfielen auf jeden der beiden Mitunternehmer entsprechend ihrem Beteiligungsverhältnis 250 der im Betrieb enthaltenen Gesamtreserven. Da diese aber ausschließlich von A erwirtschaftet worden waren, würde dies ohne Vorsorge eine Verschiebung von Reserven und Steuerlasten von A auf B bewirken.

164 Die Voraussetzungen für einen Kapitalkontenzusammenschluss sind daher (UmgrStR Rz 1317)
1. die Feststellung des (jeweiligen) **Verkehrswertes** und
2. das (jeweilige) **Vorliegen eines steuerlichen positiven Buchwertes** bzw der Bezug auf ein **starres Kapitalkonto**.

165 Zur Vermeidung einer Verschiebung von Steuerlasten iSd § 24 Abs 2 führen die UmgrStR in Rz 1318 folgende Maßnahmen an:
- Gewinnvorab in Verbindung mit einem Ersatzausgleich
- Liquidationsvorab in Verbindung mit einem Ersatzausgleich
- Gewinn- und Liquidationsvorab in Verbindung mit einem Ersatzausgleich
- Reservenvorbehalt in Verbindung mit einem Ersatzausgleich

166 Festzuhalten ist, dass es sich hier nicht um eine taxative Aufzählung, sondern vielmehr um **Vorschläge** seitens der FV handelt (wobei die Methoden „Gewinnvorab" und „Liquidationsvorab" bereits in den ErlRV UmgrStG, 266 BlgNR 18. GP, 32 ff, lediglich beispielhaft angeführt wurden [arg: *„Maßnahmen der Gewinnermittlung im Sinne des § 24 Abs. 2 sind insbesondere […]"*]). Es ist uE daher auch eine Kombination verschiedener Maßnahmen möglich, wie zum Beispiel die als „Lock-step-Modell" anerkannte Kombination aus Gewinnvorab und Reservenvorbehalt (s dazu unten Rz 181 ff), sofern dem gesetzlichen Auftrag hinsichtlich der Vermeidung der Steuerlastverschiebung Genüge getan wird.

167 Auch für **Gewinn- oder/und Liquidationsvorabvereinbarungen** sehen die UmgrStR in Rz 1318a Vorschläge für Entwicklungsszenarien vor. Hier ist wiederum hervorzuheben, dass nach der in den Richtlinien vertretenen Ansicht bei einem Folgezusammenschluss neben einer bestehenden Vorsorge eine weitere Vorsorge zu treffen ist. Dabei können bestehende Vorabvereinbarungen angepasst und somit in weiterer Folge auch abgeändert werden. Es ist aber auch zulässig, den **Folgezusammenschluss** nach einer anderen Zusammenschlussmethode durchzuführen, so dass die iRd ersten Zusammenschlusses getroffene Vorsorge unverändert neben jener des Folgezusammenschlusses fortgesetzt werden kann. Auch hier sei darauf hingewiesen, dass dem Wortlaut und dem Telos des § 24 Abs 2 uE in jedem Fall und unabhängig von der gewählten bzw den gewählten Vorsorgemethoden Rechnung getragen wird, wenn es nachweisbar zu keiner endgültigen Verschiebung von Steuerlasten kommt, wobei die Beweisführung im Zweifel rechnerisch vorzunehmen ist.

a) Gewinnvorab

Die UmgrStR sehen in Rz 1319 ff vor, dass durch die Vereinbarung über einen **Gewinnvorab** demjenigen, dessen Gesamtreserven ansonsten verkürzt würden, aus den Gewinnen der Personengesellschaft solange mehr zugewiesen wird, bis diese Verkürzung abgegolten ist. Diese Vorabgewinnzuweisung geht zu Lasten desjenigen, der sonst nicht selbst erwirtschaftete Gesamtreserven versteuern müsste. Der Gewinnvorab ist in Höhe jenes Betrages zu vereinbaren, der sich aus der Differenz zwischen dem steuerlich maßgebenden Buchwert und dem Verkehrswert des übertragenen Vermögens (also unter Einschluss sämtlicher Reserven einschließlich eines Geschäfts- oder Firmenwertes) multipliziert mit dem Beteiligungsprozentsatz, den der (die) Zusammenschlusspartner erworben (hat) haben, ergibt. Der Gewinnvorab ist im Zeitpunkt der Zusammenschlussvereinbarung vertraglich zu **fixieren** und mit diesem Betrag begrenzt. Die Gewinnvorabvereinbarung muss nach Ansicht der FV **gewinnabhängig** formuliert sein, das heißt, sie ist in einem Prozentsatz oder in einem festen, aber mit einem gewinnbegrenzten Betrag zu vereinbaren. Fixe bzw umsatzabhängige Beträge ohne Gewinnbegrenzung oder die ausdrückliche Vereinbarung eines **Verlustvorabs** begründen keine steuerneutrale Vorsorge und werden somit als Fehlen einer geeigneten Vorsorgemaßnahme mit der Folge der Zwangsaufwertung geahndet (UmgrStR Rz 1320). Diese Ansicht ist uE weder gesetzeskonform noch angemessen, sofern es im Ergebnis zu keiner Verschiebung von stillen Reserven kommt. **168**

Insoweit iRe Kapitalkonten-Zusammenschlusses Grundstücke und/oder Kapitalvermögen, auf die der begünstigte Steuersatz gemäß § 27a oder § 30a EStG anwendbar ist, mit einem begünstigten Vermögen auf die übernehmende Personengesellschaft mitübertragen werden, ist für diese Wirtschaftsgüter zur Wahrung der Anwendbarkeit des Sondersteuersatzes als Vorsorgemaßnahme nur ein wirtschaftsgutbezogener Liquidationsvorab oder ein Reservenvorbehalt, nicht jedenfalls ein Gewinnvorab zulässig. Es bestehen keine Bedenken, wenn verschiedene Vorbehaltsmaßnahmen miteinander kombiniert werden, zB wirtschaftsgutbezogener Liquidationsvorab für das mitübertragene Grundstück und Gewinnvorab für den restlichen Betrieb (Teilbetrieb, Mitunternehmeranteil) (dazu auch *Hofmann*, RdW 2015, 255 ff). **169**

Wird ein genereller Gewinnvorab ohne Berücksichtigung von Wirtschaftsgütern mit begünstigter Besteuerung vereinbart, ist dieser Gewinnvorab dem Normaltarif zu unterwerfen; ein Herausrechnen ist unzulässig. Es bestehen keine Bedenken, wenn bereits bestehende (Gewinn-, Liquidations)Vorabvereinbarungen an obige Aussagen angepasst werden (UmgrStR Rz 1320).

> UE ist zwischen dem Begriff des **Gewinnvorabs** und dem Begriff des **Vorweggewinns** zu unterscheiden. Der Vorweggewinn stellt eine Leistungsvergütung dar, ua möglicherweise für die Betandsüberlassung udgl. Der Gewinnvorab ist der Abgeltungsbetrag für die stillen Reserven und stellt somit den Gewinnverzicht des

Eintretenden dar. Ob der Gewinnvorab nach Teilung des Gewinnes auf die Gesellschafter geleistet wird oder aus dem Gesamtgewinn an den Vorabberechtigten bezahlt und der restliche Gewinn verteilt wird, ist eine Frage der gesellschaftsrechtlichen Vereinbarung (siehe dazu UmgrStR Rz 1321).

170 Wenn die Gewinnvorabvereinbarung den Erfordernissen des Art IV entspricht, in der Durchführung dieser Vereinbarung aber zB ein Verlustvorab zugewiesen wurde, liegt nach Ansicht der FV ein bloßer **Vollzugsfehler**, der nicht zur Aufwertung des Übertragungsvermögens führt, vor (UmgrStR Rz 1322).

Von der Zuweisung eines Gewinnvorabs bzw Verlustvorabs iRd laufenden Gewinnverteilung ist der Vollzug der Zusammenschlussvereinbarung hinsichtlich der Vermeidung der endgültigen Verschiebung von Steuerlasten zu unterscheiden. Während selbstverständlich iRd laufenden Gewinnverteilung auch ein Verlust zugewiesen werden kann, ändert das nichts an der Gültigkeit der Vorsorgemethode. Es empfiehlt sich, sowohl im Zusammenschlussvertrag als auch im Gesellschaftsvertrag und insb in der Dokumentation der Gewinnverteilung eine klare Aufteilung der zugewiesenen Ergebnisbestandteile vorzunehmen, um allfällige Vermischungen bzw Missinterpretationen zu vermeiden.

171 Grundsätzlich muss jede Vorsorgemaßnahme gegen eine Steuerlastverschiebung iSd § 24 Abs 2 endgültigen Charakter haben. Im Fall der Vereinbarung eines Gewinnvorabs bedeutet das, dass diese stets mit einer sog **Ersatzausgleichsregelung**/Schlussausgleichsregelung verbunden werden muss, die bei Nichterfüllung des betraglich fixierten Betrages mangels laufender Gewinne bzw anderer betrieblicher Gründe zur Anwendung kommt, so dass der Zahlungsverpflichtete den Ersatzausgleich, das ist der noch ausstehende Differenzbetrag, zu begleichen hat (vgl UmgrStR Rz 1323). Dieser Ersatzausgleich tritt auch dann zu erfüllen, wenn es bei Beendigung der Mitunternehmerschaft keinen zurechenbaren Gewinn gibt (UmgrStR Rz 1323).

Scheidet der Vorabberechtigte entgeltlich aus der weiter bestehenden Personengesellschaft aus und reicht der laufende Gewinnanteil des/der Verpflichteten für die Befriedigung des Vorab nicht aus, hat der Verpflichtete den **Ersatzausgleich** sofort oder im Wege einer Stundungs- oder Ratenvereinbarung zu erfüllen. Die Forderung aus dem Ersatzausgleich ist iRd Veräußerungsgewinnermittlung mit zu berücksichtigen.

Scheidet der Vorabverpflichtete entgeltlich aus der weiter bestehenden Personengesellschaft aus und reicht sein Abschichtungserlös zur Erfüllung des offenen Vorabs nicht aus, hat der Verpflichtete den Ersatzausgleich aus seinem (Privat)Vermögen zu befriedigen. Neben der Soforttilgung ist auch eine Stundungs- oder Ratenvereinbarung möglich. Der Verpflichtete kann auch den offenen Ersatzausgleich mit Zustimmung des Berechtigten auf den Erwerber des Mitunternehmeranteiles ganz oder teilweise überbinden. Siehe dazu weiters UmgrStR Rz 1323.

172 Sollte sich eine Zahlungsunfähigkeit beim Anspruchsverpflichteten aus privaten Gründen ergeben, kommen die dafür vorgesehenen Maßnahmen zur Anwendung (Forderungsverzicht, Schuldnachlass udgl). Eine **Korrektur** des vereinbarten Betrages ist wohl dann möglich, wenn die ursprüngliche Berechnungsmethodik auf unrichtigen Grundlagen beruhte. In diesem Fall kommt es allerdings zu einer Ex-tunc-Korrektur und der gesamte Zusammenschluss wäre neu aufzurollen.

b) Liquidationsvorab

Die UmgrStR sehen in Rz 1324 vor, dass bei einem **Liquidationsvorab** die Abgeltung der vorläufig verschobenen Gesamtreserven für den Zeitpunkt der Beendigung der Mitunternehmerschaft bzw des Ausscheidens des Mitunternehmers vereinbart wird. Bei Veräußerung bzw Liquidation des mitunternehmerischen Betriebes wird dem Berechtigten dabei ein die Verschiebung der stillen Reserven einschließlich eines etwaigen Firmenwertes ausgleichender Betrag in Form eines im Zusammenschlussvertrag festgelegten Abgeltungsbetrages aus dem Veräußerungsgewinn zu Lasten des Verpflichteten zugewiesen. Wie der Gewinnvorab ist auch der Liquidationsvorab betraglich in Höhe jenes Betrages zu vereinbaren, der sich aus der Differenz zwischen dem steuerlich maßgebenden Buchwert und dem Verkehrswert des übertragenen Vermögens (also unter Einschluss sämtlicher Reserven einschließlich eines Geschäfts- oder Firmenwertes) multipliziert mit dem Beteiligungsprozentsatz, den der (die) Zusammenschlusspartner erworben (hat) haben, ergibt. 173

Nach Ansicht der FV (UmgrStR Rz 1325) kann ein Liquidationsvorab **wirtschaftsgutbezogen** und/oder kombiniert mit einem **unternehmensbezogenen** Vorab vereinbart werden. Der Liquidationsvorab ist dabei konkret zu definieren und, im Falle eines wirtschaftsgutbezogenen Liquidationsvorabs auf das Schicksal des Wirtschaftsgutes abzustellen. Beim unternehmensbezogenen Vorab ist die Veränderung während der Unternehmenslaufzeit nicht zu berücksichtigen und dieser am Ende des mitunternehmerischen Engagements, im Zeitpunkt der Veräußerung des Mitunternehmeranteiles bzw der Liquidation der Mitunternehmerschaft oder des Ausscheidens des Mitunternehmers aus einem anderen Grund, abzugelten. 174

Eine **Ersatzausgleichsregelung** ist auch im Falle des Liquidationsvorabs erforderlich, um dem Erfordernis der Endgültigkeit der Verschiebung von Steuerlasten gerecht zu werden. 175

Die Art der Besteuerung des Gewinn- bzw Liquidationsvorab hängt von der jeweiligen Situation ab (UmgrStR Rz 1326 a):

- Die Erfüllung des Gewinnvorabs im laufenden Betrieb ist Teil der laufenden Gewinnermittlung und stets mit dem Normalsteuersatz zu erfassen.
- Die Erfüllung des wirtschaftsgutbezogenen Liquidationsvorabs ist ebenfalls Teil der laufenden Gewinnermittlung. Unterliegt das dem Liquidationsvorab zugrunde liegende Wirtschaftsgut dem besonderen Steuersatz, ist dieser auch auf den entsprechenden Liquidationsvorab anzuwenden. Liegen dem Liquidationsvorab andere Wirtschaftsgüter zugrunde, kommt der Normalsteuersatz zur Anwendung.
- Die Erfüllung des unternehmensbezogenen Liquidationsvorabs und eines den Gewinnvorab erfüllenden Ersatzausgleichs sind Teil des Veräußerungs- bzw Aufgabegewinnes und daher nach den §§ 24 und 37 EStG zu behandeln. Zur steuerlichen Behandlung von Grundstücken oder Kapitalvermögen iSd § 27 Abs 3 EStG iRv Veräußerungsgewinnen iSd § 24 EStG siehe EStR Rz 5659 ff. Für den den Liquidationsvorab bzw den Ersatzausgleich Entrichtenden liegt uE – in Analogie zum Gewinnvorab – eine sofortige Betriebsausgabe vor.

4. Reserven- und/oder Firmenwertvorbehalt

176 Eine andere Form der Risikotragung und damit eine Sonderform des Kapitalkontenzusammenschlusses stellt die Vereinbarung eines **Vorbehalts** der stillen Reserven inkl des Firmenwertes dar. In diesem Fall behält sich derjenige, der Vermögen mit stillen Reserven und/oder einem Firmenwert überträgt, die zum Zusammenschlussstichtag bestehenden Reserven und/oder den Firmenwert vor, das heißt, er überträgt – in der steuerlichen Fiktion – nur den reinen Buchwert des Vermögens auf die Mitunternehmerschaft (vgl UmgrStR Rz 1327), weshalb es mangels Übertragung zu keiner Verschiebung von stillen Reserven kommen kann. Unternehmensrechtlich geht der Betrieb samt allen stillen Reserven einschließlich jenen des Firmenwertes auf die Personengesellschaft über. Abgabenrechtlich behält sich bei dieser Vorsorgemethode im Standardfall derjenige, der Vermögen mit stillen Reserven und/oder einem Firmenwert überträgt, die zum Zusammenschlussstichtag bestehenden Reserven bzw den Firmenwert vor, dh er überträgt in steuerlicher Betrachtungsweise nur den Buchwert des Vermögens auf die Mitunternehmerschaft. An den stillen Reserven und dem Firmenwert, die ab diesem Stichtag in der Personengesellschaft entstehen, sind die Gesellschafter ihrem Anteil entsprechend beteiligt.

Wird der Vorbehalt an den stillen Reserven einschließlich Firmenwert vertraglich auf **Teile des Vermögens** beschränkt, ist für das restliche Vermögen eine Vorsorgemaßnahme gegen eine endgültige Steuerlastverschiebung zu treffen (s UmgrStR Rz 1327). Im Gegensatz zum Kapitalkontenzusammenschluss mit Gewinn- oder Liquidationsvorab, bei dem der zum Gewinnverzicht verpflichtete Partner auf Grund der Ersatzausgleichsverpflichtung das Risiko hinsichtlich allfälliger untergehender stiller Reserven trägt, liegt das Risiko des anteiligen oder vollständigen Wegfalls der vorbehaltenen stillen Reserven bei dem Vorbehalt aussprechenden Partner.

Nach der jüngeren Verwaltungspraxis ist ein Vorbehalt von stillen Reserven und/oder eines Firmenwertes nur dann zulässig, wenn der (Gesamt)Buchwert des übertragenen Vermögens positiv ist (vgl UmgrStR Rz 1328 mit Beispiel).

177 Die übrigen Übertragenden nehmen erst an **nach dem Zusammenschlussstichtag entstehenden stillen Reserven** bzw eines Firmenwertes teil.

178 Zivilrechtlich und wirtschaftlich überträgt der betriebsübertragende Zusammenschlusspartner selbstverständlich das gesamte Vermögen einschließlich des Klientenstocks, Patientenstocks, Kundenstocks etc, das heißt einschließlich des Firmenwertes, auf die übernehmende Personengesellschaft; zurückbehalten wird lediglich die steuerliche **Bemessungsgrundlage** und quasi die Übernahme des Risikos, im Falle einer Veräußerung seines Mitunternehmeranteiles bzw eines Ausscheidens aus einem anderen Grund für die Besteuerung der vorbehaltenen Bemessungsgrundlage nach Maßgabe ihrer Realisierung verantwortlich zu sein (zur Kritik s *Hübner-Schwarzinger* in SWK 2015, 80 f).

> **Beispiel zur Illustration**
>
> A überträgt (neben Betrieb ohne stille Reserven) eine betriebliche Liegenschaft mit Buchwert 100 und Verkehrswert 1000 (stille Reserven: 900); Beteiligung an Personengesellschaft: 50 %.

A überträgt somit *körperlich* und *rechtlich* den Betrieb samt der Liegenschaft auf die Personengesellschaft; er behält sich „nur" einen vermögensrechtlichen Anspruch und eine Steuerbemessungsgrundlage vor.

Konsequenzen bei Verkauf der Liegenschaft um

a) 1.500
b) 800

Lösung:

a) A besteuert: 900 + 250 (50 % der neuen stillen Reserven); er erhält vom Veräußerungserlös 1.250 (1.000 + 250); B besteuert und erhält 250.

b) A besteuert: 700; er erhält den gesamten Veräußerungserlös von 800; B besteuert und erhält 0.

Es ist daher auch hier erforderlich, die vorbehaltene stille Reserve bzw den Firmenwert im Zeitpunkt des Zusammenschlusses zu **quantifizieren**, um zu einem späteren Zeitpunkt nachvollziehen zu können, in welcher Weise Vorsorge getroffen werden muss, damit es nicht zu einer endgültigen Verschiebung von Steuerlasten kommt. Der Betrag der vorbehaltenen stillen Reserven bzw des Firmenwertes ist daher im Zeitpunkt des Zusammenschlusses zu ermitteln und in den Zusammenschlussvertrag aufzunehmen. In Folge ist bei jeder (Teil)Realisierung iRd Gewinnaufteilung die Aufteilung des Restbestandes der vorbehaltenen Gesamtreserven und der gemeinsam erwirtschafteten Reserven durchzuführen. Spätestens im Zeitpunkt des Ausscheidens eines Mitunternehmers oder bei Beendigung der Mitunternehmerschaft ist zu prüfen, wie hoch der vorbehaltene Firmenwert bzw die stillen Reserven noch sind und ist dieser verbleibende Teil zu versteuern (vgl UmgrStR Rz 1329). **179**

Der Vorbehaltszusammenschluss bewirkt, dass die Besteuerungsbasis „stille Reserven" einschließlich der Bemessungsgrundlage „Firmenwert" nicht auf die Mitunternehmerschaft übertragen werden, da sie ja nach wie vor dem Zusammenschlusspartner zugerechnet werden. Anders als bei sämtlichen vorgenannten Methoden, die eine Überbindung von stillen Reserven auf die Mitunternehmerschaft und somit die Aufteilung der künftigen Besteuerung der stillen Reserven auf die Gesellschafter der Mitunternehmerschaft vorsehen, und diese Aufteilung im Wege einer entsprechenden Vorsorgemaßnahme ausgleichen, hat der Vorbehalt der stillen Reserven keine Übertragung derselben auf die Mitunternehmerschaft zur Folge. Das **Risiko** hinsichtlich des Fortbestehens oder Nichtfortbestehens der Gesamtreserven verbleibt somit beim Übertragenden, sodass mangels eines Übergangs von Steuerlasten durch die Mitunternehmerschaft kein Vorsorgeerfordernis besteht. Die Beteiligung des Zusammenschlusspartners bemisst sich diesfalls steuerlich und wirtschaftlich am Buchwert des übertragenen Vermögens (*Djanani/Kapferer* in HBStL III[2] 208 f). Im Falle der Realisierung der stillen Reserve unter der Voraussetzung des § 37 Abs 5 EStG ist eine Besteuerung mit dem halben Durchschnittssteuersatz gegeben. **180**

Eine Weiterentwicklung des Vorbehaltszusammenschlusses stellt die in der hL bislang als Lock-step-Modell verstandene Vereinbarung, wonach mittels eines Gewinnverzichts die vorbehaltene stille Reserve abgegolten wird und auf den Neueintretenden übergeht (siehe lock-step „traditionell; Rz 182 ff). **181**

5. Lock-step
a) Generelle Überlegungen zu Vorsorgemethoden im Allgemeinen und Earn-out-Klauseln im Speziellen

181a Die in den UmgrStR erfolgte Unterscheidung in Kapitalkonten- und Verkehrswertzusammenschluss gibt eine für die Praxis hilfreiche Systematisierung wieder. Selbstverständlich sind jedoch andere Methoden (sofern sie der im Gesetzestext aufgenommenen gesetzlichen Forderung, dass es nicht zu einer endgültigen Verschiebung von Steuerlasten kommen darf, entsprechen) als zulässig anzuerkennen. Es sind somit Kombinationen aus Kapitalkonten- und Verkehrswertzusammenschlüssen denkbar. Eine andere, nicht konkret einer der genannten Zusammenschlussformen einordenbare Technik, die dem gesetzlichen Erfordernis Genüge leistet, muss dennoch als zulässig angesehen werden (zB die von *Mühlehner* in *H/M/H* § 24 Rz 76 ff genannte Entnahmegewinnbesteuerung als Vorsorgemaßnahme iSd § 24 Abs 2). Ebenso ist auf bei *Platzer*, Sonderbilanzen (1979) angeführte Techniken hinzuweisen. Als wesentliches Kriterium kann VwGH 19.9.2005, 2000/15/0179, herangezogen werden, wonach jede quotale Verschiebung, die nicht zu einer Veränderung der Zurechnung der stillen Reserven führt, als steuerneutral anzuerkennen ist.

181b Aus der vom Gesetzgeber im Zusammenhang mit der Buchwertfortführung aufgestellten Forderung, dass Vorsorge dafür zu tragen ist, dass es nicht zu einer endgültigen Verschiebung von Steuerlasten zu kommen hat, bildeten sich in Literatur, Verwaltungsansicht und Beratungspraxis diverse Interpretationen heraus. Insb aufgrund der Einzementierung von Vorsorgemethoden, die – sofern sie in ihren Ausprägungen den Vorgaben der UmgrStR entsprechen – als zulässig erklärt werden, droht der Verlust nach der Suche der eigentlichen ratio legis. Diese lautet: Derjenige, der stille Reserven erwirtschaftet hat, soll sie einer Besteuerung – und zwar (nach Möglichkeit) nach dem ihm zukommenden Steuerregime – unterziehen.

Die Begünstigung des UmgrStG iRd Art IV ist darin zu sehen, dass für den Umgründungsakt als entgeltlichen Vermögensübergang die Besteuerung der stillen Reserven auf den Zeitpunkt hinausgeschoben wird, zu dem der die stillen Reserven Übertragende eine entsprechende Abgeltung dafür erhält.

Im idealtypischen Fall gibt es einen Zusammenschlusspartner A, der begünstigtes Vermögen mit stillen Reserven (zB Betrieb) überträgt und einen anderen Zusammenschlusspartner B, der kein begünstigtes Vermögen, sondern Geld einlegt. Sieht man den Eintritt eines Partners B unter adäquater Geldleistung als Kapitalerhöhungsszenario an, nämlich unter Leistung von Vermögenseinlagen in eine Gesellschaft, dann müsste – entsprechend zur Kapitalerhöhung bei der Kapitalgesellschaft – eine Realisierung hinausgeschoben werden. Wird die (Geld)Einlageleistung (in wirtschaftlicher Betrachtung) als Abgeltung von stillen Reserven angesehen, dann ist eine Hinausschiebung des Besteuerungszeitpunktes wohl nicht gerechtfertigt. Ein Indiz wäre die sofortige Entnahme der Barmittel des B durch A. Erfolgt die Einlageleistung des B nicht wertäquivalent, sondern kommt es vielmehr zu einem Versprechen auf Abgeltung der stillen Reserven aus Gewinnverzichten (Gewinnvorab, Liquidationsvorab), ist dem Gesetzgeber nach dem derzeitigen Verständnis unterstellt, dass er diesen Einkauf in stille Reserven – anders als einen klassischen Ratenkauf – nach Gewinnzuteilungsprinzip bzw Zuflussprinzip besteuert wissen will.

Letztlich kann die Verprobung, ob dem gesetzlichen Vorsorgeerfordernis entsprochen wurde oder nicht, uE nur a) quantitativ und b) retrograd erfolgen. Das spricht zwar für die Behauptung, die stille Reserve müsse betraglich zum Zusammenschlussstichtag ermittelt werden, kann allerdings nur als administrative Forderung gewertet werden, da ja zum einen auch eine Bewertung im Nachhinein möglich ist und zum anderen – insb unter fremden Dritten – jedenfalls Angemessenheit zu unterstellen ist.

Bleibt man iRd Fremdüblichkeit, so ist nichts mehr fremdüblich als Anpassungsklauseln, die auf zukünftigen, zum heutigen Stichtag unterschiedlich eingeschätzten Ereignissen beruhen. Derartige Earn-out-Klauseln sind bei Kauftransaktionen state of the art, dh gängige Praxis; iRv Umgründungsvorgängen, dazu Aussagen zu Art III, werden sie als „Buchwertfortführungs-Killer" angesehen (siehe UmgrStR Rz 1012). Dabei geht es allerdings um eine nachträgliche Änderung der Beteiligungsverhältnisse an der übernehmenden Gesellschaft, dh also eine nachträgliche Änderung der Gegenleistung.

Gerade was den Art IV betrifft, ist dem Gesetzgeber die Parallele des Zusammenschlusses zum Verkaufsakt bewusst bzw sogar gewollt, dass der Zusammenschluss als eine Alternative zur Veräußerungsgewinnermittlung des § 24 EStG anzusehen ist (s dazu die Konsequenzen eines verunglückten Zusammenschlusses als Veräußerungsgewinnermittlungstatbestand gem § 24 Abs 7 EStG). Dafür spricht ua die Aufnahme der Forderung des § 24 Abs 2 UmgrStG hinsichtlich des Vorsorgeerfordernisses gegen eine Verschiebung der Steuerlasten. Demnach ist dem Gesetzgeber wohl wiederum nicht zu unterstellen, dass Methoden auszuschließen sind, die fremdüblich und damit wertentsprechend sind, wie etwa der Einstieg in eine stille Reserve mittels eines Gewinnverzichtssystems, welches auf Basis aktueller Ergebnisse zu quantifizieren ist. Ein derartiges System stellt das „traditionelle" Lock-step-Modell dar, welches uE der gesetzlichen Forderung am besten nachkommt: es ermittelt die stille Reserve durch die Abgeltung derselben; damit wird auch der herrschenden Bewertungslehre, wonach ein Ertragswert auf zukunftsorientierten Daten basiert, entsprochen.

Zusammenfassend ist uE festzuhalten:

- Der Zusammenschluss ist als entgeltlicher Vorgang konzipiert; der Gesetzgeber erkennt darin einen Verkaufsakt; die Anwendung des Art IV ist unter Vorliegen der Anwendungsvoraussetzungen zwingendes Recht für Kaufaktionen bei Personengesellschaften. Es wird im UmgrStG – anders als § 24 EStG – die Besteuerung der stillen Reserve auf den Zuflusszeitpunkt hinausgeschoben.
- Die Sicherstellung der Besteuerung der stillen Reserven beim wirtschaftlich Verantwortlichen muss gewahrt sein. Eine Verprobung kann nur quantitativ und letztlich retrograd erfolgen.
- Ein Zusammenschluss mit laufender Abgeltung der stillen Reserve („lock-step traditionell") ist üblichen Kauftransaktionen nachempfunden; er spiegelt Fremdüblichkeit und Angemessenheit wider. Es geht dabei um eine eventuelle Nachbesserung/Anpassung der Abgeltung für die stillen Reserven, nicht des Beteiligungsverhältnisses.
- Aufgrund der retrograden Verprobung der stillen Reserven und der zivilrechtlichen Vereinbarung zwischen Fremden Dritten auf eine betraglich noch un-

gewisse, idR persönlich antizipierte Größe, ist eine betragliche Definition bzw Nennung der stillen Reserven bei Lock-step-Modellen uE nicht sinnvoll.

b) „Lock-step traditionell" (Vorbehalt mit Gewinnvorab)

182 Vornehmlich in freiberuflichen Unternehmen finden sich Einstiegsszenarien, die auf einem Gewinnverzicht des Eintretenden beruhen und damit einen Substanzanteil abgelten. Im Unterschied zur klassischen Gewinnvorabvereinbarung wird dabei der Verkehrswert des Substanzanteiles nicht bestimmt, sondern über ein vorab vereinbartes Punktesystem und eine definierte Laufzeit „erarbeitet". Der eintretende Juniorpartner erwirbt dabei vom Eintritt an einen fix (prozentmäßig oder nach Köpfen) vereinbarten Vermögensanteil an der Gemeinschaft und verzichtet in der Folge auf einen Teil des ihm aufgrund der Vermögensbeteiligung zustehenden Gewinnanteils. Dieser Verzicht bewirkt, dass sich der Juniorpartner mit dem jährlichen Gewinnverzicht in die vorläufig vorbehaltenen stillen Reserven (einschließlich eines allfälligen Firmenwertes des die betriebliche Einheit übertragenen Partners) dadurch einkauft, dass Letztere **stufenweise** ihren Vorbehalt aufgeben, wobei sich der Rhythmus aus dem jeweils kanzleiintern festgelegten **(Punkte)System** ergibt. Ob auch bei diesem Modell die vorbehaltene stille Reserve betraglich definiert werden muss, ist in der Literatur umstritten.

183 Diese Vorgangsweise wird in der österreichischen Zusammenschlusspraxis und -literatur als „Lock-step-Modell" bezeichnet und als Kombination aus Reservenvorbehalt und Gewinnvorabmodell angesehen (*W/S/S/S*, Rechtsanwälte 67; *Hübner-Schwarzinger/Six*, UmgrstG$^{1-3}$, § 24 Rz 181 ff). Die UmgrStR sahen in Rz 1330 vor WE 2014 vor, dass die vertragsgemäße **sukzessive Aufgabe des Vorbehalts** gegen eine **angemessene** höhere **Gewinnverteilung** des Altgesellschafters (vermögensbeteiligten Gesellschafters) keinen Einfluss auf den Vorbehaltszusammenschluss hat. In Rz 1330 idF WE 2014 wurde der ursprüngliche Text gestrichen und eine neue Fassung in die Richtlinien eingearbeitet. Dabei wird auf den Vorbehaltszusammenschluss verwiesen und ausgeführt, dass bei einer *späteren* gänzlichen oder teilweisen Aufgabe des Vorbehalts ein Veräußerungstatbestand abzuleiten ist. Dies sei unabhängig davon, ob die Abgeltung der stillen Reserven zu diesem späteren Zeitpunkt mittels (Einmal-)Zahlung oder durch Gewinnverzicht erfolgt. Ein angeschlossenes Beispiel verdeutlicht die Ansicht der Verwaltungsansicht. Offen bleibt uE, ob diese Ableitung der steuerlichen Realisierung sich darauf beschränkt, dass die Abgeltung der stillen Reserven zu einem späteren Zeitpunkt erst vereinbart wird (idS *Hirschler/Sulz/Knesl*, § 24 Rz 192 ff) oder ob sich auch bei sofortigem Beginn der Abgeltung, nämlich wie in den herkömmlichen Lock-step-Vereinbarungen üblich, ein Steuertatbestand anknüpft, was der üblichen Praxis grob widersprechen würde (vgl *Hübner-Schwarzinger*, SWK 2015, 80 ff).

184 Die Funktionsweise dieses „Lock-step-Modells" klassisch stellt sich idR wie folgt dar: Wird der Juniorpartner von einer bereits bestehenden Sozietät aufgenommen, bei der sich die Vermögensbeteiligung der Partner ausschließlich an den bestehenden festen Kapitalkonten orientiert und die variablen Kapitalkonten auf das Vermögensbeteiligungsverhältnis keinen Einfluss haben, ist im Erfordernis der tatsächlichen Erbringung der **Einlage** ausreichend Rechnung getragen, wenn der Juniorpartner den seiner Vermögensbeteiligung entsprechenden Anteil an den festen Kapitalkonten tatsächlich leistet. Mit Leistung seiner Einlage ist der Juniorpartner dementsprechend am Buchwert des Vermögens der neuen Sozietät beteiligt – und zwar rückwirkend auf den Zusammenschlussstichtag –, nicht aber an den stillen Reserven einschließlich eines allfälligen Firmenwertes. Diese behält (behalten) sich der (die) bisher vermögensbeteiligte(n) Partner vorläufig zurück.

Da der Juniorpartner von Beginn an mit dem fixen **Zielbeteiligungsprozentsatz** an den Buchwerten der neuen Sozietät beteiligt wird, liegt bereits und nur zu diesem Zeitpunkt ein unter Art IV fallender Zusammenschluss vor, zu dem der Juniorpartner erstmals vermögensbeteiligt wird. Die weiteren Maßnahmen stellen einen – dem abgeschlossenen Zusammenschluss folgenden – Vorgang dar, der die Anwendung des Art IV nicht mehr beeinflussen kann.

Da sich bei dieser Methode der (die) „Altpartner" die stillen Reserven einschließlich eines allfälligen Firmenwertes vorläufig zurückbehält/-behalten und damit insoweit eine Steuerlastverschiebung auf den Juniorpartner nicht eintreten kann, ist es – wie bereits ausgeführt – nicht erforderlich und uU nicht möglich, die Verkehrswerte sowie die stillen Reserven einschließlich eines allfälligen Firmenwertes betragsmäßig zu ermitteln. Der über die Jahre aufsummierte Gewinnverzicht determiniert somit die betragliche Höhe der stillen Reserven/des Firmenwertes.

Wird der Betrieb der Sozietät **liquidiert** bzw veräußert oder scheidet der Juniorpartner vor dem Zeitpunkt wieder aus, zu dem er auch an den stillen Reserven einschließlich eines allfälligen Firmenwertes dem fix vereinbarten Vermögensbeteiligungsprozentsatz entsprechend voll beteiligt ist, kann er – abgesehen von abweichenden Vereinbarungen (zB bei Austritt zur Unzeit) – nur jenen Anteil an den von den „Altgesellschaftern" vorbehaltenen stillen Reserven einschließlich eines allfälligen Firmenwertes beanspruchen, den er aufgrund des Gewinnverzichtes bereits „erworben" hat. Den „Altpartnern" steht hingegen nur noch jener Teil zu, den sie zu diesem Zeitpunkt über Gewinnzuweisungen noch nicht abgegeben haben, dh der ihnen noch vorbehalten ist. **185**

Die sachgerechte Einrichtung des Punktesystems und die damit verbundene Höhe des Gewinnverzichts als Gegenleistung für den Erwerb der von den „Altpartnern" aufgegebenen stillen Reserven einschließlich eines allfälligen Firmenwertes ist eine Frage der **Wertäquivalenz** und in weiterer Folge des Schenkungs(steuer)rechts und löst keine nachträgliche Änderung der gesellschaftsrechtlichen Gewinnverteilung aus. Diese Frage wird sich insb im Angehörigenbereich stellen. **186**

Soll – anders als beim vorstehend dargestellten alternativen Zusammenschlussmodell mit einer von Beginn an fix vereinbarter Substanzbeteiligung (lock-step) – der Juniorpartner sukzessive in die Vermögensbeteiligung hineinwachsen, indem er mit dem jedes Jahr zu leistenden Gewinnvorab einen weiteren Anteil an der Substanz der Sozietät (am Buchwert und den stillen Reserven einschließlich eines allfälligen Firmenwertes) erwirbt, kommt es jedes Jahr zu einem **neuen Kapitalkonten(Buchwert)Zusammenschluss** gemäß Art IV. Diesfalls müssen die Anwendungsvoraussetzungen (Ermittlung des Verkehrswertes, Erstellen der entsprechenden Bilanzen und des Zusammenschlussvertrages, Vorsorge zur Vermeidung der endgültigen Steuerlastverschiebung etc) jedes Jahr wieder beachtet und eingehalten werden (*W/S/S/S*, 68 f). **187**

c) Naked in/Naked out

In den UmgrStR Rz 1330 a idF WE 2014 lässt das BMF eine neue Verständnisweise zum lock-step erkennen und führt wie folgt aus: **187a**

„Eine Variante des Vorbehaltszusammenschlusses (siehe UmgrStR Rz 1327 ff) ist dergestalt möglich, dass weder bei Eintritt noch bei Austritt in/aus der Gesellschaft stille Reserven einschließlich jene des Firmenwertes ermittelt und abgegolten werden, indem der jeweilige Partner bei Eintritt/Zusammenschluss nach Art IV innerhalb von neun Monaten nach dem Zusammenschlussstichtag entweder

- *das buchmäßige Eigenkapital oder*
- *nur das feste Kapitalkonto (sog naked in/naked out)*

entsprechend der vereinbarten Substanzbeteiligungsquote aufbringt und bei Austritt – abgesehen von seinen noch nicht ausbezahlten Gewinnanteilen – nur Anspruch auf Abgeltung seines ursprünglich aufgebrachten Kapitals hat."

Auch bei dieser Variante erwirbt der Neueintretende eine Quote an der Vermögenssubstanz (s das dazu gebrachte Beispiel in UmgrStR Rz 1330a), die allerdings beim Austritt keiner Abgeltung zugeführt wird, was auf die gesellschaftsvertragliche Vereinbarung der Gesellschafter untereinander zurückzuführen ist. Im Falle einer sonstigen Auflösung der Gesellschaft (zB durch Liquidation oder Verschmelzung) kommt die Substanzbeteiligung sehr wohl zum Ausdruck. Auch hier leistet der Eintretende bloß eine (Geld)Leistung im Ausmaß seines künftigen fixen Kapitalkontos ihren Niederschlag findet. Der Naked-in-naked-out-Gedanke ist dem Statut einer Genossenschaft nachgebildet, weshalb die Bezeichnung („Genossenschaftsmodell") in Fachkreisen aufgegriffen wurde (*Hübner-Schwarzinger*, SWK 2015, 80 ff).

UmgrStR Rz 1330a führt dazu aus: es bestehen keine Bedenken, wenn in solchen Fällen im jeweiligen Zusammenschlussvertrag vereinbart wird, dass der eintretende Partner bei feststehender Substanzbeteiligungshöhe erst sukzessive am Ergebnis beteiligt wird und mit Erreichung der vollen Ergebnisbeteiligung der Vorbehalt erlischt.

Damit wird uE zum Ausdruck gebracht, dass die alineare Gewinnverteilung – idR zu Lasten des Neueintretenden – ua auch als Abgeltung für etwaige im Falle der sonstigen Auflösung der Gesellschaft (zB durch „Fusion" möglich) auf ihn fallende stille Reserven verstanden werden kann.

6. Wechsel zwischen Zusammenschluss- und Vorsorgemethoden

188 Grundsätzlich stellt sich die Frage, ob es möglich ist, bei nacheinander folgenden Zusammenschlüssen die Methoden beliebig zu wählen bzw von einer einmal gewählten Zusammenschluss- bzw Vorsorgemethode beim **Folgezusammenschluss** abzugehen.

UmgrStR Rz 1318a, 5. bullet point führt dazu aus:

„Kommt es nach dem Zusammenschluss zu einem weiteren Zusammenschluss, ist neben der bestehenden Vorsorge eine weitere Vorsorge betreffend den nunmehr Übertragenden zu treffen. Die schon bestehenden Vorabvereinbarungen können an die Veränderungen angepasst werden. Der Folgezusammenschluss kann auch nach einer anderen Zusammenschlussmethode durchgeführt werden, sodass in diesem Fall die Vorsorge im Rahmen des Vorzusammenschlusses unverändert neben jener des Folgezusammenschlusses fortgesetzt werden kann."

Es gibt aus erster Sicht somit weder eine **Einschränkung** hinsichtlich einer neuen Zusammenschlussmethode (Kapitalkonten- versus Verkehrswertzusammenschluss). *(Der Folgezusammenschluss kann auch nach einer anderen Zusammen-*

schlussmethode durchgeführt werden ...) Weiters ist eine Vorsorgemethodenwahl bei jedem Zusammenschluss aufs Neue zu treffen. UE nach geht der Richtlinienverfasser zwar davon aus, dass beim Folgezusammenschluss wohl eher die gleiche Vorsorgemethode gewählt und die bestehende Vorsorge daher angepasst wird. Es ist allerdings aus dem 3. Satz abzuleiten, dass beim Folgezusammenschluss auch eine **andere Vorsorgemethode** gewählt werden und die bestehende Vorsorgemethode unverändert daneben bestehen bleiben kann. Auch die Rz 1313a, 6. bullet point bestätigt diese Interpretation der Richtlinien:

> *„Kommt es nach dem Zusammenschluss zu einem weiteren Zusammenschluss, ist neben der bestehenden Vorsorge eine weitere Vorsorge betreffend den nunmehr Übertragenden zu treffen. Die schon bestehenden Ergänzungsbilanzen können an die Veränderungen angepasst werden."*

Wir sind daher der Meinung, dass eine betragliche Veränderung der ursprünglichen Vorsorgemethode bei einem Folgezusammenschluss mit gleicher Methode (Gewinnvorab und Gewinnvorab) jedenfalls zulässig ist und ein Folgezusammenschluss mit einer anderen Vorsorgemethode ebenso möglich ist wenn die ursprüngliche Vorsorgemethode unverändert bleibt. Eine Einarbeitung einer ursprünglich gewählten Vorsorgemethodik (zB Gewinnvorab) in eine andere Methodik iRe Folgezusammenschlusses (zB Ergänzungsbilanzen) sollte unproblematisch sein, sofern auf die gesetzliche Forderung, dass es nicht zu einer endgültigen Verschiebung von Steuerlasten kommt, abgestellt wird. In diesem Zusammenhang wäre auch die Weiterbehandlung von Vorsorgemethoden zu beachten (s unten Rz 192 ff). **189**

Mögliche Einschränkungen hinsichtlich eines beliebigen Wechsels der Methodik bestehen uE hinsichtlich der oben dargestellten **vermögensrechtlichen Unterschiedlichkeiten** bei den Vorsorgemethoden. Konkret stellt sich uE die Frage, ob ein Liquidationsvorab, welcher aus Sicht der Zusammenschlussmethodik einen fixen Kaufpreis der seinerzeitigen stillen Reserven abgelten soll, ohne weiteres in ein Lock-step-Verfahren (lock-step traditionell) transferiert werden kann. Die Abgeltung der seinerzeitigen stillen Reserven ist im Lock-step-Verfahren, wie oben dargestellt, anders als beim Liquidationsvorab nicht mehr gesichert. Hingegen erscheint eine Transferierung des Liquidationsvorabs in einen Gewinnvorab oder auch in eine Quotenverschiebung mit Ergänzungsbilanzen aus diesem Blickwinkel möglich zu sein, da die Besteuerung der seinerzeitigen stillen Reserven aufgrund der gleichen Methodik dadurch gesichert bliebe. Dem könnte man natürlich argumentativ entgegenhalten, dass die FV das Lock-step-Verfahren zur Abgeltung von stillen Reserven anerkennt und es somit offensichtlich nicht darauf ankommt, woher diese stillen Reserven (aus einem offenen Vorab oder aus der „normalen" Geschäftstätigkeit) stammen, da es ja sonst stille Reserven unterschiedlicher Qualität gäbe. Dies würde für den gegebenen Fall bedeuten, dass der Liquidationsvorab bestehen bleibt und beim lock-step nicht berücksichtigt wird. **190**

Eine **Kombination** von Methoden muss dann zulässig sein, wenn dem gesetzlichen Erfordernis des § 24 Abs 2 Rechnung getragen wird (keine Kombination zwischen Vorbehaltszusammenschluss und Gewinnvorab ist allerdings offensichtlich nach UFS 8.1.2009, RV/2898-W06, möglich, wobei uE die Gewinnvorabvereinbarung hier wohl eher Ausprägung einer – möglicherweise unangemessenen – laufenden Ergebnisverteilung war), was letztlich stets als ultima ratio zu betrachten ist. **191**

7. Weiterbehandlung von Vorsorgemethoden

192 Durch den WE 2006/2007 (Erlass des BMF, BMF-010201/0013-VI/6/2007 vom 22.8.2007) wurden in die UmgrStR die Rz 1313a und Rz 1318a aufgenommen, die die Behandlung von Vorsorgemethoden im Falle einer **Veränderung der Personengesellschaft bzw auf Gesellschafterebene** regeln. Diese Erläuterungen sind vor dem Hintergrund des Willens des Gesetzgebers, dass darauf Bedacht zu nehmen ist, dass es nicht zu einer *endgültigen* Verschiebung von Steuerlasten kommt, zu sehen und nennen unterschiedliche Möglichkeiten, Vorsorgemethoden zu behandeln. Es kann dabei ein weiteres Hinausschieben der Abgeltung (zB des Ersatzausgleiches) in Anspruch genommen werden, welches insb dann zu rechtfertigen ist, wenn sich anlässlich der Veränderung der Personengesellschaft kein Realisationstatbestand ergibt, sondern Umstrukturierungen durch Buchwertfortführung erfolgen.

193 Zum **Verkehrswertzusammenschluss** wird in Rz 1313a UmgrStR zum weiteren Schicksal der Vorsorgemaßnahmen Folgendes ausgeführt:

Für das weitere Schicksal der Vorsorgemaßnahmen gilt Folgendes:
- Wird die Personengesellschaft später veräußert oder aufgegeben oder scheidet ein Gesellschafter im Wege der Anteilsveräußerung oder Abschichtung aus, werden im Rahmen der Veräußerungsgewinnermittlung die Ergänzungsbilanzen der veräußernden Mitunternehmer aufgelöst und gemäß § 24 EStG 1988 in Verbindung mit § 37 EStG 1988 berücksichtigt.
- Im Falle einer unentgeltlichen Übertragung gehen die steuerlichen Verhältnisse auf den Rechtsnachfolger über.
- Wechselt eine Personengesellschaft, deren Gesellschafter die Vorsorge gegen eine Steuerlastverschiebung in Form von Ergänzungsbilanzen getroffen haben, zu einem späteren Zeitpunkt zur Gewinnermittlung gem § 4 Abs 3 EStG 1988, sind die Ergänzungsbilanzen in Form von Ergänzungsrechnungen weiterzuführen. In den Ergänzungsbilanzen abgebildete stille Reserven im Umlaufvermögen sind zum Zeitpunkt des Wechsels der Gewinnermittlungsart ertragswirksam aufzulösen.
- Im Falle der Einbringung des Betriebes der Personengesellschaft gemäß Art III UmgrStG ergeben sich die Buchwerte des einzubringenden Vermögens nach Zusammenfassung der Schlussbilanzansätze mit den Ansätzen der Ergänzungsbilanzen und prägen die Verkehrswerte der Mitunternehmeranteile das Umtauschverhältnis. Davon abweichend festgelegte Beteiligungsverhältnisse sind kein Hindernis für die Geltung des Art III UmgrStG, eine drohende Äquivalenzverletzung kann durch eine alineare Ausschüttungsvereinbarung vermieden werden.
- Im Falle der Einbringung eines Mitunternehmeranteils nach Art III UmgrStG tritt die übernehmende Körperschaft in die Rechtsstellung des Einbringenden ein, sodass sich an der Vorsorgetechnik nichts ändert.
- Im Falle der Einbringung aller Mitunternehmeranteile nach Art III UmgrStG zum gleichen Stichtag in dieselbe übernehmende Körperschaft gelten die oben genannten Grundsätze für die Betriebseinbringung.
- Kommt es nach dem Zusammenschluss zu einem weiteren Zusammenschluss, ist neben der bestehenden Vorsorge eine weitere Vorsorge betreffend den nunmehr Übertragenden zu treffen. Die schon bestehenden Ergänzungsbilanzen/ **Ergänzungsrechnungen** können an die Veränderungen angepasst werden.

- Kommt es nach dem Zusammenschluss zu einer Realteilung der Personengesellschaft, sind – sofern es nicht zu einer steuerwirksamen Bereinigung der Ergänzungsbilanzen/**Ergänzungsrechnungen** kommt – die offenen Positionen in die realteilungsbedingte Vorsorgetechnik der Ausgleichsposten zu überführen.

Zum **Kapitalkontenzusammenschluss** wird in UmgrStR Rz 1318a hinsichtlich **194** des weiteren Schicksals der Gewinn- und/oder Liquidationsvorabvereinbarungen Folgendes ausgeführt:

> Für das weitere Schicksal der Gewinn- oder/und Liquidationsvorabvereinbarungen gilt Folgendes:
> - Wird die Personengesellschaft später **beendet (Veräußerung oder Aufgabe)** oder scheidet ein Gesellschafter im Wege der Anteilsveräußerung oder Abschichtung aus, ist ein offener Vorab durch eine entsprechende Zuordnung des Veräußerungs- oder Aufgabegewinnes gemäß § 24 EStG 1988 in Verbindung mit § 37 EStG 1988 zu befriedigen, anderenfalls der Ersatzausgleich zu erfüllen. Da nach § 24 Abs 2 UmgrStG nur vorausgesetzt wird, dass im Rahmen des Zusammenschlusses eine Vorsorge gegen eine endgültige Steuerlastverschiebung getroffen wird, ist es im Rahmen der späteren Auseinandersetzung eine Frage der Vereinbarung, in welcher Weise der offene Vorab sofort oder auf Grund rechtsgeschäftlicher Regelungen später befriedigt wird.
> - Scheidet der Vorabberechtigte entgeltlich aus der weiter bestehenden Personengesellschaft aus und reicht der laufende Gewinnanteil des/der Verpflichteten für die Befriedigung des Vorabs nicht aus, hat der Verpflichtete den Ersatzausgleich sofort oder im Wege einer Stundungs- oder Ratenvereinbarung zu erfüllen. Die Forderung aus dem Ersatzausgleich ist iRd Veräußerungsgewinnermittlung mit zu berücksichtigen.
> - Scheidet der Vorabverpflichtete entgeltlich aus der weiter bestehenden Personengesellschaft aus und reicht sein Abschichtungserlös zur Erfüllung des offenen Vorabs nicht aus, hat der Verpflichtete den Ersatzausgleich aus seinem (Privat)Vermögen zu befriedigen. Neben der Soforttilgung ist auch eine Stundungs- oder Ratenvereinbarung möglich. Der Verpflichtete kann auch den offenen Ersatzausgleich mit Zustimmung des Berechtigten auf den Erwerber des Mitunternehmeranteiles ganz oder teilweise überbinden. Siehe dazu weiters Rz 1323.
> - Im Falle einer unentgeltlichen Übertragung gehen die steuerlichen Verhältnisse auf den Rechtsnachfolger über.
> - Im Falle der Einbringung des Betriebes der Personengesellschaft gemäß Art III UmgrStG besteht zur Bereinigung offener Vorabpositionen die Möglichkeit
>   - der Erfüllung der Ersatzausgleichsregelung,
>   - der Berücksichtigung beim Umtauschverhältnis oder
>   - der Vereinbarung einer den offenen Vorab deckenden alinearen Ausschüttung.
> - Die Einbringung eines Mitunternehmeranteils oder aller Mitunternehmeranteile nach Art III UmgrStG führt zu den gleichen Regelungsmöglichkeiten wie bei der Betriebseinbringung.
> - Kommt es nach dem Zusammenschluss zu einem weiteren Zusammenschluss, ist neben der bestehenden Vorsorge eine weitere Vorsorge betreffend den nunmehr Übertragenden bezogen auf das nunmehrige Übertragungsvermögen zu

treffen. Die schon bestehenden Vorabvereinbarungen können an die Veränderungen angepasst werden. Der Folgezusammenschluss kann auch nach einer anderen Zusammenschlussmethode durchgeführt werden, sodass in diesem Fall die Vorsorge im Rahmen des Vorzusammenschlusses unverändert neben jener des Folgezusammenschlusses fortgesetzt werden kann. Eine Anpassung der Methode der schon bestehenden Vorabvereinbarungen an jene des Folgezusammenschlusses ist hingegen nicht möglich (siehe Rz 1306).

- Kommt es nach dem Zusammenschluss zu einer Realteilung der Personengesellschaft, sind offene Vorabpositionen entweder zu befriedigen oder durch Aufnahme in die Ausgleichsposten gemäß § 29 Abs 1 Z 2 UmgrStG zu berücksichtigen.
- Sollte eine Notwendigkeit bestehen, die Vorsorgemethode an sich ergebende neue Gegebenheiten anzupassen, sieht UmgrStR Rz 1292 vor, dass eine Vertragsklausel, die eine Adaptierung der Vorsorgen gegen eine Steuerlastverschiebung im Rahmen der gewählten Zusammenschlussmethode vorsieht, soweit abgabenbehördliche Feststellungen zu Änderungen der Buch- und Verkehrswerte führen und eine auf die Fristenwahrung bezogene Vertragsklausel (s UmgrStR Rz 1343), eine Fortsetzungsklausel (siehe UmgrStR Rz 1498) sowie eine aufschiebende Bedingung, deren Eintritt von der Zustimmung Dritter (zB Grundverkehrsbehörde) abhängig ist, steuerliche Beachtung zu erfahren hat. Fehlt eine derartige Vertragsklausel, ist die Abgabenbehörde nicht berechtigt, die begehrten Anpassungen von vornherein abzulehnen.

Die übernehmende Personengesellschaft

§ 25. (1) Für die übernehmende Personengesellschaft gilt Folgendes:
1. Sie hat das übernommene Vermögen mit jenen Werten anzusetzen, die sich beim Übertragenden unter Anwendung des § 16 bei Beachtung des § 24 Abs. 2 ergeben.
2. Soweit das Besteuerungsrecht der Republik Österreich hinsichtlich übernommener Vermögensteile entsteht, gilt Folgendes:
   – Sie sind mit dem höheren Teilwert anzusetzen.
   – [1]Werden Vermögensteile übernommen, für die die Abgabenschuld nicht festgesetzt worden ist, sind die ursprünglichen Anschaffungskosten oder fortgeschriebenen Buchwerte, höchstens aber die gemeinen Werte anzusetzen. [2]Die spätere Veräußerung oder das sonstige Ausscheiden gilt nicht als rückwirkendes Ereignis im Sinn des § 295a der Bundesabgabenordnung. [3]Weist die übernehmende Personengesellschaft nach, dass Wertsteigerungen im übrigen EU/EWR-Raum eingetreten sind, sind diese vom Veräußerungserlös abzuziehen.
3. Sie ist im Rahmen einer Buchwertübertragung für Zwecke der Gewinnermittlung so zu behandeln, als ob sie Gesamtrechtsnachfolger wäre.

(2) § 14 Abs. 2 gilt für die übernehmende Personengesellschaft mit Beginn des dem Zusammenschlussstichtag folgenden Tages, soweit in § 16 Abs. 5 und § 26 Abs. 2 keine Ausnahmen vorgesehen sind.

(3) Für internationale Schachtelbeteiligungen im Sinne des § 10 Abs. 2 des Körperschaftsteuergesetzes 1988 gilt Folgendes:

1. Entsteht durch den Zusammenschluss eine internationale Schachtelbeteiligung oder wird ihr Ausmaß erweitert, ist hinsichtlich der bisher nicht steuerbegünstigten Beteiligungsquoten auf den Unterschiedsbetrag zwischen den Buchwerten und den höheren Teilwerten § 10 Abs. 3 erster Satz des Körperschaftsteuergesetzes 1988 nicht anzuwenden.
2. Geht durch den Zusammenschluss die Eigenschaft einer Beteiligung als internationale Schachtelbeteiligung unter, gilt, soweit für sie keine Option zugunsten der Steuerwirksamkeit erklärt worden ist, der höhere Teilwert zum Zusammenschlussstichtag, abzüglich auf Grund einer Umgründung nach diesem Bundesgesetz von § 10 Abs. 3 erster Satz des Körperschaftsteuergesetzes 1988 ausgenommener Beträge, als Buchwert.

(4) § 9 Abs. 9 ist sinngemäß anzuwenden.

(5) ¹Für zum Buchwert übernommene Grundstücke im Sinne des § 30 Abs. 1 des Einkommensteuergesetzes 1988 gilt Folgendes:

1. ¹Der Teilwert von Grund und Boden ist in Evidenz zu nehmen, wenn im Falle einer Veräußerung am Zusammenschlussstichtag § 30 Abs. 4 des Einkommensteuergesetzes 1988 beim Übertragenden auf den gesamten Grund und Boden anwendbar wäre. ²Bei späterer Veräußerung des Grund und Bodens ist wie folgt vorzugehen:
   – Für Wertveränderungen bis zum Zusammenschlussstichtag kann § 30 Abs. 4 des Einkommensteuergesetzes 1988 beim Übertragenden angewendet werden, wobei an Stelle des Veräußerungserlöses der in Evidenz genommene Teilwert tritt.
   – ¹Für Wertveränderungen nach dem Zusammenschlussstichtag kann § 30 Abs. 4 des Einkommensteuergesetzes 1988 beim Übertragenden insoweit angewendet werden, als diesem der Grund und Boden weiterhin zuzurechnen ist. ²Darüber hinaus ist § 30 Abs. 4 des Einkommensteuergesetzes 1988 nicht anwendbar.
2. § 30 Abs. 4 des Einkommensteuergesetzes 1988 kann insoweit beim Übertragenden angewendet werden, als bei diesem im Falle einer Veräußerung am Zusammenschlussstichtag § 30 Abs. 4 des Einkommensteuergesetzes 1988 aufgrund eines Wechsels der Gewinnermittlungsart oder einer Einlage (§ 4 Abs. 3a Z 3 lit. c oder Z 4 des Einkommensteuergesetzes 1988) nur eingeschränkt anwendbar wäre.

²Dies gilt sinngemäß für nicht zum Betriebsvermögen gehörende Grundstücke, soweit auf diese § 6 Z 5 des Einkommensteuergesetzes 1988 angewendet wird.

[idF BGBl I 2015/163]

Rechtsentwicklung

BGBl 1991/699 (UmgrStG; RV 266 AV 354 BlgNR 18. GP) (Stammfassung; ab 31.12.1991); BGBl 1993/818 (StRefG 1993; RV 1237 AB 1301 BlgNR 18. GP) (Änderung des § 25 Abs 1; ab 1.12.1993); BGBl 1996/797 (AbgÄG 1996; RV 497 AB 552 BlgNR 20. GP) (Einfügung des § 25 Abs 3; ab 31.12.1996); BGBl I 2003/71 (BudBG 2003; RV 59 AB 111 BlgNR 22. GP) (Änderung des § 25 Abs 2; ab 21.8.2003); BGBl I 2003/124 (AbgÄG 2003; RV 238 AB 296 BlgNR 22. GP) (Änderung des § 25 Abs 3; ab 20.12.2003); BGBl I 2004/180 (AbgÄG 2004; RV 686 AB 734 BlgNR 22. GP) (Änderung des § 25 Abs 1; Einfügung des § 25 Abs 4; ab 31.12.2004); BGBl I 2005/161 (AbgÄG 2005; RV 1187 AB 1213

BlgNR 22. GP) (Änderung des § 25 Abs 1 und 3; ab 31.12.2005); BGBl I 2007/24 (BudBG 2007; RV 43 AB 67 BlgNR 23. GP) (Änderung des § 25 Abs 3; ab 24.5.2007); BGBl I 2014/105 (2. AbgÄG 2014; RV 360 AB 432 BlgNR 25. GP); BGBl I 2015/163 (AbgÄG 2015; RV 896 AB 907 BlgNR 25. GP).

Übersicht

I.	Regelungsgegenstand	1
II.	Wertverknüpfung/Ertragsteuerliche Gesamtrechtsnachfolge (§ 25 Abs 1 Z 1 und 3)	
	A. Wertverknüpfung	3–5
	B. Ertragsteuerliche Gesamtrechtsnachfolge	7–11
III.	Zuzugsbegünstigung (§ 25 Abs 1 Z 2)	16–21
IV.	Rückwirkungsfiktion (§ 25 Abs 2)	
	A. Geltung der Rückwirkungsfiktion	26–29
	B. Nichtanwendung der Rückwirkungsfiktion	31–33
V.	Rechtsfolgen für internationale Schachtelbeteiligungen (§ 25 Abs 3)	
	A. Regelungsinhalt	36–38
	B. Entstehen/Erweitern einer internationalen Schachtelbeteiligung	41–44
	C. Untergehen einer internationalen Schachtelbeteiligung	46–49
VI.	Rechtsfolgen für den Kapitalertragsteuerabzug	56
	A. Wegfall einer Befreiung vom Kapitalertragsteuerabzug nach § 94 Z 2 EStG (KESt-Schachtel)	57–62
	B. Wegfall einer Befreiung vom Kapitalertragsteuerabzug nach § 94 Z 5 EStG (Befreiungserklärung)	66–68
VII.	Grund und Boden des Altvermögens	69–73

I. Regelungsgegenstand

1 Adressat des § 25 ist die **übernehmende Personengesellschaft**. In § 25 Abs 1 finden sich Bestimmungen zur **Bewertung des übernommenen Vermögens** und zur **steuerrechtlichen Gewinnermittlung**. Dabei wird in Z 1 (durch Verweis auf § 16) der Grundsatz der **Buchwertfortführung** für die übernehmende Personengesellschaft normiert (zur entsprechenden Regelung für die übertragenden Rechtsträger in § 24 Abs 1 Z 1 s § 24 Rz 92 ff), wobei auf das Vorsorgeerfordernis des § 24 Abs 2 Rücksicht zu nehmen ist. In Z 2 wird als Ausnahme von diesem Grundsatz eine zwingende Aufwertung bei Entstehen eines Besteuerungsrechts der Republik Österreich (sog **Zuzugsbegünstigung**) normiert. Z 3 regelt schließlich die ertragsteuerliche **Gesamtrechtsnachfolge** bei Buchwertfortführung. Die Bestimmung des § 25 Abs 2 normiert (durch Verweis auf § 14 Abs 2) für die übernehmende Personengesellschaft die rückwirkende Vermögensübernahme für ertragsteuerrechtliche Zwecke (**Rückwirkungsfiktion**). § 25 Abs 3 enthält Regelungen zu Entstehen, Erweiterung und Wegfallen einer **internationalen Schachtelbeteiligung**. § 25 Abs 4 normiert eine sinngemäße Anwendung **des § 9 Abs 9, worin bestimmte Konsequenzen im Bereich der Kapitalertragsteuer** geregelt sind.

Gesamthaft ist zu sagen, dass § 25 durchgehend Regelungen enthält, die inhaltlich (und zum Teil nahezu wortgleich) zwar auch in den anderen Art des UmgrStG finden, im Anwendungsbereich des Art IV aber unter dem Blickwinkel der ertragsteuerlichen Transparenz der Personengesellschaft, des damit verbundenen Durchgriffsprinzips und der sich daraus ergebenden steuerrechtlichen Konsequenzen beim Gesellschafter zu würdigen sind.

II. Wertverknüpfung/Ertragsteuerliche Gesamtrechtsnachfolge (§ 25 Abs 1 Z 1 und 3)

A. Wertverknüpfung

Die übernehmende Personengesellschaft übernimmt das Vermögen gem § 25 Abs 1 Z 1 mit jenen Werten, die sich unter Anwendung des § 16 bei Beachtung des § 24 Abs 2 für den Übertragenden ergeben (Grundsatz der **Wertverküpfung**; so bereits ErlRV UmgrStG, 266 BlgNR 18. GP, 34 iVm 26). Das bedeutet idR **Buchwertfortführung**, wenn die Voraussetzungen hierfür beim Rechtsvorgänger gegeben sind, bzw Ansatz der Teilwerte, wenn die Buchwertfortführung nach § 24 Abs 2 unzulässig ist (s § 24 Rz 107 ff und Rz 136 ff). 3

Dies ist insoweit schlüssig, als der dem UmgrStG innewohnende Grundgedanke einerseits durch die grundsätzliche Steuerhängigkeit der stillen Reserven (aufgrund der Buchwertfortführung), andererseits aufgrund des Vorsorgeerfordernisses, dass es nicht nur gesamthaft betrachtet, sondern auch zwischen den einzelnen Gesellschaftern zu keiner Verschiebung von stillen Reserven kommen darf, umgesetzt wird. 4

Die Verweistechnik in § 25 Abs 1 Z 1 erscheint uE zumindest umständlich. Aus systematischen Gründen wäre uE ein Verweis auf „die sich beim Übertragenden nach § 24 ergebenden Werte" oder noch besser auf die „Werte laut Zusammenschlussbilanz des Übertragenden" besser geeignet (in diesem Sinn wohl auch *Sulz* in *W/H/M*, HdU § 25 Rz 12). 5

B. Ertragsteuerliche Gesamtrechtsnachfolge

In systematischem Zusammenhang mit der Wertverknüpfung normiert § 25 Abs 1 Z 3 auch für den Zusammenschluss unter **Buchwertfortführung** (zur Einbringung s § 18 Abs 1 Z 4; zur Realteilung s § 30 Abs 1 Z 3) die sog **„fiktive steuerrechtliche Gesamtrechtsnachfolge"** (s UmgrStR Rz 1452). 7

Der Begriff „fiktive steuerrechtliche Gesamtrechtsnachfolge" ist dabei insofern irreführend, als es sich hier tatsächlich nur um eine fiktive Gesamtrechtsnachfolge im Bereich der ertragsteuerrechtlichen Gewinnermittlung handelt. Die übernehmende Personengesellschaft tritt iRd Buchwertübertragung in die gewinnermittlungsrechtlichen Rechte und Pflichten des Übertragenden ein; das übertragene Vermögen wird also iRd Buchwertfortführung für Zwecke der **ertragsteuerrechtlichen** Gewinnermittlung so behandelt, als hätte es keinen Rechtsträgerwechsel gegeben. Nach den ErlRV UmgrStG (266 BlgNR 18. GP, 34 iVm, 26) hat die übernehmende Personengesellschaft uA *die Abschreibungsgrundsätze fortzuführen, steuerfrei gebildete Rücklagen fortzuführen bzw offene Verwendungsfristen hinsichtlich solcher Rücklagen zu beachten, offene Behaltefristen zu wahren, übergehende Schwebeverluste in Evidenz zu halten, den Abbau des Unterdeckungsbetrages bei Pensionsrückstellungen fortzuführen [...] usw.* Die übernehmende Personengesellschaft hat daher insb die steuerrechtliche Bewertung des Vermögens und der Schulden beim Übertragenden zu übernehmen und fortzuführen (s dazu im Detail

§ 18 Rz 4 zur inhaltsgleichen Bestimmung des § 18 Abs 1 Z 4 in Art III). Zur Behandlung von Begünstigungen (zB § 11a EStG) s *Huber* in *W/Z/H/K*[5] § 25 Rz 32.

8 Im Bereich des **Anlagevermögens** gilt dies uA für die historischen steuerrechtlichen Anschaffungs- und Herstellungskosten, die steuerrechtlichen Nutzungsdauern nach § 7 und 8 EStG, die Zehnjahresverteilung von Instandsetzungsaufwendungen nach § 4 Abs 7 EStG und für nach § 12 EStG übertragene stille Reserven. Für nach § 12 EStG beim Übertragenden gebildete Übertragungsrücklagen laufen die offenen Verwendungsfristen gemäß § 12 Abs 9 EStG weiter (vgl UmgrStR Rz 1453). Daneben gilt nach Rz 1453a der UmgrStR Folgendes: *Im Fall der Übertragung von Teilbetrieben kann der Übertragende die Übertragungsrücklage frei zuordnen, dh sie aufteilen oder zur Gänze dem Teilbetrieb oder dem Restbetrieb zurechnen. Ist an der übernehmenden Personengesellschaft eine Körperschaft substanzbeteiligt, die von den Regelungen des § 12 EStG ausgeschlossen ist, ist beim Übertragenden eine Nachversteuerung zum Zusammenschlussstichtag insoweit nicht vorzunehmen, als die Rücklage weiterhin natürlichen Personen zuzurechnen ist (EStR Rz 3892d). Daraus ergibt sich, dass eine Nachversteuerung zur Gänze unterbleiben kann, wenn sich der übertragende Einzelunternehmer im Zusammenschlussvertrag die Übertragungsrücklage ungeachtet der quotalen Beteiligung an der übernehmenden Personengesellschaft vorbehält oder die Rücklage in das Sonderbetriebsvermögen übernimmt.*

Im Bereich des **Fremdkapitals** gilt dies insb für die Fortführung der Sozialkapitalrückstellungen nach § 14 EStG (vgl UmgrStR Rz 1453 iVm EStR Rz 3330 ff).

Zudem laufen etwaige ertragsteuerrechtliche **Behaltefristen** wie bspw die Siebenjahresfristen nach § 37 Abs 2 und Abs 5 EStG und nach § 12 Abs 3 Z 1 EStG bei der übernehmenden Mitunternehmerschaft weiter (für weitere Beispiele siehe UmgrStR Rz 1452 ff sowie weiterführend mit Beispielen *Sulz* in *W/H/M*, HdU § 25 Rz 16 ff).

Überträgt eine Kapitalgesellschaft eine teilwertabgeschriebene Beteiligung auf eine Personengesellschaft, stellt sich die Frage, ob die offenen Siebentelabschreibungen in weiterer Folge auf Ebene der Personengesellschaft fortzuführen sind. Dies könnte für die der Kapitalgesellschaft zuzuweisende Tangente gelten; für die einer natürlichen Person zuzuweisenden Ergebnistangente sollte eine Sofortabsetzung – in Analogie zur Rz 490 zu Art II vorgenommen werden können (andere Interpretation möglicherweise durch VwGH 14.10.2010 2008/15/0212, wonach die Siebentel bei der übertragenden Körperschaft verbleiben).

9 Über die ertragsteuerrechtliche Gewinnermittlung hinaus entfaltet § 25 Abs 1 Z 3 keine Wirkung und normiert somit genau genommen keine allgemein steuerrechtliche Gesamtrechtsnachfolgefiktion. Insb ist **§ 19 BAO** nicht anwendbar. Abgesehen von der hier normierten Gesamtrechtsnachfolge für die ertragsteuerrechtliche Gewinnermittlung folgt das Abgabenrecht grundsätzlich der zivilrechtlichen Einzelrechtsnachfolge (zu den Ausnahmen bzw Vereinfachungen im Bereich des Lohnsteuerabzugs und der Umsatzsteuer s unten § 26 Rz 13 und 9 ff). *Sulz* (in *W/H/M*, HdU § 25 Rz 16) spricht daher zu Recht von einer „gewinnermittlungsrechtlichen Gesamtrechtsnachfolge".

10 Die gewinnermittlungsrechtliche Gesamtrechtsnachfolge ist systematisch mit dem Konzept der ertragsteuerrechtlichen Buchwertfortführung verknüpft und stellt daher genau wie diese **kein Wahlrecht** dar. Erfolgt ein Zusammenschluss unter Buchwertfortführung, tritt zwingend auch die gewinnermittlungsrechtliche Gesamtrechtsnachfolge ein.

Wird das zu übertragende Vermögen in der Zusammenschlussbilanz zwingend (iRd Wegzugsbesteuerung nach § 24 Abs 1 Z 3, s § 24 Rz 96 ff, oder mangels ausreichender Vorsorgemaßnahme nach § 24 Abs 2, s § 24 Rz 107 ff) oder freiwillig (in Anwendung des Aufwertungswahlrechts in § 24 Abs 1 Z 4, s § 24 Rz 116 ff) zu **Teilwerten** angesetzt, tritt keine gewinnermittlungsrechtliche Gesamtrechtsnachfolge ein und das übernommene Vermögen gilt aus Sicht der übernehmenden Personengesellschaft auch für Zwecke der ertragsteuerrechtlichen Gewinnermittlung als angeschafft. Im Fall der teilweisen Aufwertung des übertragenen Vermögens bei der übernehmenden Personengesellschaft iRd Zuzugsbegünstigung nach § 25 Abs 1 Z 2 (s dazu gleich unten Rz 16 ff) gilt die gewinnermittlungsrechtliche Gesamtrechtsnachfolge nur für jenes Vermögen, welches in Buchwertfortführung übernommen wird (vgl *Sulz* in *W/H/M*, HdU § 25 Rz 17).

§ 25 umfasst durch den generellen Verweis auf § 16 auch die Neubestimmung des § 16 Abs 6. Als Konsequenz ergibt sich eine mögliche Sofortbesteuerung von sog „Liegenschafts-Altvermögen" im Zuge einer umgründungsbedingten Übertragung unter Anwendung des § 30 Abs 4 EStG. Damit entfällt eine allfällige Aufnahme dieser tatsächlichen stillen Reserven iRd Vorsorge gegen eine endgültige Verschiebung von Steuerlasten. Aufgrund der Aufwertung kommt es zum Ansatz des Teilwertes in der Zusammenschlussbilanz und dieser Wert ist für die übernehmende Personengesellschaft maßgeblich. Anzumerken ist, dass durch die Inanspruchnahme des § 16 Abs 6 mit Besteuerung der am Zusammenschlussstichtag vorhandenen stillen Reserven gem § 30 Abs 4 EStG eine künftige Anwendung des § 30 Abs 4 EStG ausgeschlossen ist (s dazu Rz 69 ff)

Die ertragsteuerliche Gesamtrechtsnachfolge kann durch die Notwendigkeit von möglichen Änderungen iZm dem **Wechsel der Gewinnermittlungsart** durchbrochen sein. Wird beispielsweise ein Einzelunternehmen, welches bislang seinen Gewinn nach § 4 Abs 3 EStG ermittelt hat, auf eine künftig ihrem Gewinn gemäß § 5 EStG ermittelnde Personengesellschaft übertragen, kommt es bei der übernehmenden Personengesellschaft möglicherweise zu Neuansätzen hinsichtlich Gebäuden, Rückstellungen udgl. **11**

III. Zuzugsbegünstigung (§ 25 Abs 1 Z 2)

§ 25 Abs 1 Z 2 normiert für den Zusammenschluss die auch im übrigen UmgrStG (vgl § 3 Abs 1 Z 2, § 9 Abs 1 Z 3, § 18 Abs 1 Z 3, § 30 Abs 1 Z 2) sowie im allgemeinen Ertragsteuerrecht (vgl § 6 Z 6 lit f–h und § 27 Abs 6 Z 1 lit e EStG) verankerte sog **Zuzugsbegünstigung**. Diese bildet gemeinsam mit der Wegzugsbesteuerung ein systematisches Paar, mit dem der Grundsatz verwirklicht wird, dass innerhalb der österreichischen Besteuerungshoheit erwirtschaftete Wertsteigerungen, also Wertsteigerungen in einem Zeitraum, in dem Österreich nach nationalem und internationalem Steuerrecht (insb aufgrund des anwendbaren DBA) ein Besteuerungsrecht an den stillen Reserven/am Firmenwert hat, besteuert werden sollen. Verliert die Republik Österreich ihr Besteuerungsrecht an derartigen Wertsteige- **16** rungen (zB durch Überführung von Wirtschaftsgütern ins Ausland oder durch grundsätzlich steuerneutrale Umgründungen), kommt es zur sog Wegzugsbesteuerung, dh die innerhalb der österreichischen Besteuerungshoheit erwirtschafteten Wertsteigerungen sind zu versteuern (zur Wegzugsbesteuerung beim Zusammenschluss s § 24 Rz 96 ff).

17 Gewinnt die Republik Österreich umgekehrt ein Besteuerungsrecht an derartigen **Wertsteigerungen** (wieder zB durch Überführung von Wirtschaftsgütern ins Inland oder durch grundsätzlich steuerneutrale Umgründungen), würde dies bei tatsächlicher Realisation innerhalb der Besteuerungshoheit Österreichs zu einer Versteuerung nicht innerhalb der österreichischen Besteuerungshoheit erwirtschafteter Wertsteigerungen führen. Um dies zu verhindern, sieht das österreichische Ertragsteuerrecht durchgehend korrespondierend zur Wegzugsbesteuerung sog Zuzugsbegünstigungen vor, die einen **Import stiller Reserven** in die österreichische Besteuerungshoheit verhindern und damit systemkonform eine ausschließliche Besteuerung von in Österreich erwirtschafteten Wertsteigerungen sicherstellen sollen. Technisch geschieht dies durch einen zwingenden steuerneutralen Ansatz des betroffenen Vermögens mit dem Wert im Zeitpunkt des Zuzugs, wodurch nur die nach dem Zuzug innerhalb der österreichischen Besteuerungshoheit erwirtschafteten Wertsteigerungen der Besteuerung in Österreich unterliegen. Im Ergebnis sieht das österreichische Außensteuerrecht somit durchgehend einen bidirektionalen Grenzausgleich vor.

18 Entsteht ein Besteuerungsrecht der Republik Österreich durch einen Zusammenschluss gem Art IV, so sind die entsprechenden Vermögensteile grundsätzlich – abweichend vom Grundsatz der Buchwertfortführung – zwingend mit dem **Teilwert** anzusetzen. Es handelt sich hier um eine **steuerneutrale Neubewertung** des Vermögens für Zwecke der österreichischen Gewinnermittlung, die aufgedeckten stillen Reserven sind daher nicht zu versteuern (UmgrStR Rz 1458a; *Walter*[11] Rz 632a).

> Angemerkt sei, dass das BMF den Anwendungsbereich dieser Bestimmung offenbar auf sog **Import-Zusammenschlüsse** beschränkt wissen will, wobei ein Import-Zusammenschluss nach der Diktion des BMF dann vorliegen soll, wenn ausländisches Vermögen auf eine inländische Personengesellschaft gegen Gewährung von Gesellschafterrechten übertragen wird (vgl UmgrStR Rz 1458a). Unabhängig davon, dass es durch einen Zusammenschluss nur in Ausnahmefällen überhaupt zu einer Veränderung bzw Verschiebung von Besteuerungsrechten kommen wird, ist dem Wortlaut des § 25 Abs 1 Z 2 eine derartige Einschränkung nicht zu entnehmen. Die Zuzugsbegünstigung sollte uE daher zB auch bei einem Zusammenschluss, bei dem ausländisches Vermögen auf eine ausländische Personengesellschaft übertragen wird, anwendbar sein, wenn dadurch ein Besteuerungsrecht der Republik Österreich entsteht.

19 Da die Abgabenschuld bei Einschränkung des Besteuerungsrechtes der Republik Österreich seit dem **AbgÄG 2015** (BGBl I 2015/163; für nach dem 31.12.2015 vertraglich unterfertigte Zusammenschlüsse, s 3. Teil Z 30) bereits sofort festgesetzt und allenfalls in Raten entrichtet wird (**Ratenzahlungskonzept**; s § 24 Rz 96 ff sowie ausführlich und weiterführend § 1 Rz 141 ff), also bereits im Zeitpunkt der Entstrickung eine klare Trennlinie zwischen österreichischer und ausländischer Steuerhoheit gezogen wird, ist bei einem späteren zusammenschlussbedingten **Re-Import**

das Vermögen grundsätzlich **mit dem Teilwert** anzusetzen („Step-up"; *Schlager/ Titz*, RWZ 2015/87, 377 u 379; UmgrStR Rz 1458a); die Ratenzahlung sowie die Gründe für deren vorzeitige Fälligstellung bleiben davon unberührt (ErlRV 896 BlgNR 25. GP, 11; *Schlager/Titz*, RWZ 2015/87, 377).

Eine steuerneutrale Neubewertung ist allerdings konsequenterweise dann nicht zulässig, wenn Vermögensteile im Wege eines Zusammenschlusses übernommen werden, für die die Steuerschuld „nicht festgesetzt worden ist," dh für die im Rahmen eines dem Zusammenschluss zeitlich vorgelagerten Wegzugs zur Nichtfestsetzung der Steuerschuld optiert wurde (**Nichtfestsetzungskonzept**). Diese Vermögensteile sind auch bei zusammenschlussbedingtem **Re-Import** jedoch weiterhin **mit den ursprünglichen Anschaffungskosten bzw den fortgeschriebenen Buchwerten**, allerdings seit dem AbgÄG 2015 (BGBl I 2015/163; für nach dem 31.12.2015 vertraglich unterfertigte Zusammenschlüsse, s 3. Teil Z 30; s a ErlRV 896 BlgNR 25. GP, 12) **höchstens mit den gemeinen Werten** anzusetzen. § 25 Abs 1 Z 2 TS 2 regelt also – wie schon bisher – die sog „**Rückkehrproblematik**" (s a ErlRV 896 BlgNR 25. GP, 11 f; UmgrStR Rz 1458b): Die Neubewertung hat zu unterbleiben, wenn das nunmehr übernommene Vermögen zuvor aus dem österreichischen Besteuerungsrecht ausgeschieden ist und die **Abgabenschuld** nach den bisherigen einkommen- oder umgründungssteuerlichen Regelungen (zB § 1 Abs 2 S 2 UmgrStG oder § 6 Z 6 EStG, jeweils idF vor dem AbgÄG 2015) **nicht festgesetzt** wurde (s zum früheren Nichtfestsetzungskonzept § 24 Rz 96 ff u § 1 Rz 143 ff u ausf 4. Aufl § 24 Rz 96 ff; § 1 Rz 141 ff). **20**

In diesen „Rückkehrfällen" kommt es somit **zu keiner Neubewertung** des Vermögens mit den Teilwerten nach § 25 Abs 1 Z 2 TS 1. Vielmehr sind die Anschaffungskosten bzw die fortgeschriebenen Buchwerte vor der Umgründung oder Verlegung (seit dem AbgÄG 2015, BGBl I 2015/163, aber höchstens die gemeinen Werte) anzusetzen, wodurch grundsätzlich steuerlich eine Situation hergestellt wird, als ob kein Wegzug erfolgt wäre. Konsequenterweise gilt umgekehrt die spätere Veräußerung oder das sonstige Ausscheiden des „zurückgekehrten" Vermögens gem § 25 Abs 1 Z 2 TS 2 S 2 nicht als rückwirkendes Ereignis iSd § 295a BAO, sondern ist im Zeitpunkt der Realisierung als **laufender Geschäftsfall** zu erfassen, der nach den allgemeinen ertragsteuerrechtlichen Grundsätzen zu würdigen ist. Zudem sind **nachweislich eingetretene Wertsteigerungen** im EU- bzw EWR-Raum vom Veräußerungserlös abzuziehen (s ausf § 3 Rz 63). Der Ansatz der (fortgeschriebenen) Buchwerte nach § 25 Abs 1 Z 2 TS 2 greift unabhängig davon, ob eine Nachversteuerung wegen **Ablaufs der zehnjährigen Verjährungsfrist** (§ 295a iVm § 209 Abs 3 BAO; s § 1 Rz 182) überhaupt noch möglich wäre (*Achatz/Kofler* in *Achatz ua*, IntUmgr 56; *Huber*, ÖStZ 2006/261, 142 m FN 21). **21**

IV. Rückwirkungsfiktion (§ 25 Abs 2)
A. Geltung der Rückwirkungsfiktion

Mit § 25 Abs 2 ist die Geltung der **ertragsteuerrechtlichen Rückwirkungsfiktion** für die übernehmende Personengesellschaft im Anwendungsbereich des Art IV normiert. Die entsprechende Regelung für die übertragenden Rechtsträger findet sich in § 24 Abs 1 Z 1, der auf § 14 Abs 2 zur Einbringung verweist, wodurch wiederum für den Einbringenden eine Vermögensübertragung mit Ablauf des Ein- **26** bringungsstichtags fingiert wird. Gleiches gilt damit auch bei Zusammenschlüssen im Anwendungsbereich des Art IV. Auch hier wird also aus Sicht des Übertragenden eine Vermögensübertragung mit Ablauf des Zusammenschlussstichtags unterstellt. Systematisch geschlossen wird dieses Konzept der Rückwirkungsfiktion in Art IV durch die Bestimmung des § 25 Abs 2, der (wieder über einen Verweis auf § 14 Abs 2) für die übernehmende Personengesellschaft eine Vermögensübernahme mit dem Beginn des auf den Zusammenschlussstichtags folgenden Tages vorsieht. Das im Wege des Zusammenschlusses übertragene Vermögen ist der übernehmenden Personengesellschaft für ertragsteuerrechtliche Zwecke daher mit Beginn des dem Zusammenschlussstichtags folgenden Tages zuzurechnen (vgl UmgrStR Rz 1454 ff). § 25 Abs 2 entspricht damit inhaltlich (und nahezu wörtlich) der Regelung des § 18 Abs 1 Z 5 zur Einbringung (vgl § 18 Rz 51).

27 Der Wortlaut des § 25 Abs 2 differenziert nicht zwischen der Übertragung von begünstigtem Vermögen iSd § 23 Abs 2 und der Übertragung von sonstigem Vermögen. Für den begünstigtes Vermögen übertragenden Zusammenschlusspartner gilt die Rückwirkungsfiktion jedenfalls, dh seine Einkünfte sind mit dem auf den Zusammenschlussstichtag folgenden Tag als Einkünfte aus der durch den Zusammenschluss entstandenen bzw veränderten Mitunternehmerschaft zu qualifizieren. Nach hL (vgl zB UmgrStR Rz 1370; *Sulz* in *W/H/M*, HdU § 25 Rz 53; *Huber* in *W/Z/H/K*[5] § 24 Rz 22 mwN; zu UFS 30.11.2011, RV/0733-W/11). Dies gilt auch für den nicht begünstigtes Vermögen übertragenden **Zusammenschlusspartner** und somit hat auch dieser mit dem auf den Zusammenschlussstichtag folgenden Tag Einkünfte aus der durch den Zusammenschluss entstandenen bzw veränderten Mitunternehmerschaft (s dazu bereits § 23 Rz 114 ff). Die Grenzen der Rückwirkungsfiktion sind allerdings zB in Hinblick auf die Bewertung von nicht begünstigtem Vermögen gesetzt (VwGH 20.1.2016, 2011/13/0013; s dazu *Wiesner*, RWZ 2016, 83 ff; *Renner*, SWK 2016, 565 ff); da die Bewertung des UmgrStG nur für das im UmgrStG begünstigte Vermögen Geltung findet, ist das nicht begünstigte Vermögen mit dem Tag der Einlage, das ist der Vertragsabschlusstag, zu bewerten. Ob diese Interpretation mitunter aus der Absicht, die im gegebenen Fall seitens der Steuerpflichtigen erwünschten Steuerfolgen hintanzuhalten, herrührt, bleibt offen.

28 Bei **Errichtung** einer Mitunternehmerschaft durch einen Zusammenschluss nach Art IV (vgl § 23 Rz 6) beginnt aufgrund der Rückwirkungsfiktion für Zwecke der ertragsteuerrechtlichen Gewinnermittlung das erste Wirtschaftsjahr dieser neuen Mitunternehmerschaft mit Beginn des dem Zusammenschlussstichtag folgenden Tages. Bei einer **Veränderung** einer bestehenden Mitunternehmerschaft durch einen Zusammenschluss nach Art IV (vgl § 23 Rz 6) beginnt für diese hingegen nur dann mit dem dem Zusammenschlussstichtag folgenden Tag ein neues Wirtschaftsjahr, wenn sich bei den bisherigen Mitunternehmern die (Substanz)Beteiligungsquoten ändern (vgl UmgrStR 2002, Rz 1454a; *Sulz* in *W/H/M*, HdU § 25 Rz 54). Bei einem unterjährigen Zusammenschlussstichtag ergeben sich für die übertragende/übernehmende Mitunternehmerschaft daraus für Zwecke der ertragsteuerrechtlichen Gewinnermittlung zwei Rumpfwirtschaftsjahre und damit auch zwei Feststellungsverfahren iSd § 188 BAO (in diesem Sinn wohl auch *Schwarzinger/Wiesner* II[2] 1009). Kommt es hingegen zu keiner Änderung der (Substanz)Beteiligungsquoten (zB bei einem Beitritt eines reinen Arbeitsgesellschafters, bei Erhöhung des fixen Kapitalkontos durch alle Mitunternehmer im Verhältnis ihrer Beteiligungen oder bei einer Erhöhung des fixen Kapitalkontos durch einen zu 100 % substanzbeteiligten Kommanditisten), beginnt nach Ansicht des BMF hingegen kein neues Wirtschaftsjahr (vgl UmgrStR Rlz 1454a).

Aufgrund des der Mitunternehmerschaft inhärenten Transparenzprinzips gelten die bei der übernehmenden Personengesellschaft anzuwendenden Bestimmungen in gleicher – spiegelbildlicher – Weise für die Mitunternehmer. Liegt eine doppel- oder mehrstöckige Personengesellschaft vor, sind grundsätzlich die an der obersten Personengesellschaft beteiligten Gesellschafter als Mitunternehmer jeder der darunterliegenden Personengesellschaften anzusehen (quasi Parallelgesellschaften). So ist jede Veränderung in jeder Personengesellschaft auch auf der Ebene der **„Letztgesellschafter"** zu würdigen. **29**

B. Nichtanwendung der Rückwirkungsfiktion

Nicht anzuwenden ist die Rückwirkungsfiktion für die Einkunftsermittlung von vor dem Zusammenschluss beim Rechtsvorgänger der Mitunternehmerschaft nicht selbständig beschäftigten **Arbeitnehmern**. Ein solcher erzielt nämlich aufgrund der Bestimmung des § 26 Abs 6 bis zum Tag der Eintragung des Zusammenschlusses im Firmenbuch bzw der Meldung des Zusammenschlusses bei der zuständigen Abgabenbehörde Einkünfte aus nichtselbständiger Arbeit und erst danach als Mitunternehmer. Gleiches gilt für die lohnzugehörigen Abgaben, für die die Rückwirkungsfiktion nicht greift (s unten § 26 Rz 13). **31**

Tritt eine Person als Arbeitsgesellschafter oder substanzbeteiligter **Mitunternehmer** einer Personengesellschaft (oder einem Einzelunternehmen) bei, bei der diese Person vorher Einkünfte aus nichtselbständiger Arbeit bezog, gilt für ihre Einkünfte als Mitunternehmer keine Rückwirkungsfiktion; lag vor dem Zusammenschluss ein Arbeitsverhältnis nicht vor, gilt die Rückwirkungsfiktion. UE ist die hier vorgenommene Differenzierung nicht sachgerecht. **32**

Die Durchbrechung der Rückwirkungsfiktion durch § 16 Abs 5 bezieht sich auf die **rückwirkenden Maßnahmen**, welche in Art III dargestellt sind, und die – trotz tatsächlicher Vornahme im Rückwirkungszeitraum, dh nach dem Zusammenschlussstichtag und dem Tag der Unterfertigung des Zusammenschlussvertrages – auf den Zusammenschlussstichtag als bewirkt gelten. Dazu ist zu sagen, dass § 16 Abs 5 Z 2 nach hL im Geltungsbereich des Art IV keine ertragsteuerliche Auswirkung hat. Eine rückwirkende Maßnahme kann allerdings nur durch ordnungsmäßige und formkorrekte Umsetzung Geltung erlangen (s oben § 24 Rz 55 ff). **33**

VwGH 20.1.2016, 2012/13/0013 führt zur Rückwirkungsfiktion aus, dass diese aufgrund des sondergesetzlichen Charakters des UmgrStG für nicht begünstigte Vermögen keine Anwendung entfalte. Eine Anordnung für den für die Bewertung von nicht begünstigten Vermögensteilen maßgeblichen § 6 Z 5 EStG hinsichtlich des Zeitpunktes ist nicht gegeben. Damit durchbricht uE der VwGH das bisherige Interpretationsverständnis der Rückwirkungsfiktion, welche zB bei der Übertragung von Liegenschaften als nicht begünstigtes Vermögen den entsprechenden Wert des Zusammenschlussstichtages für maßgeblich hält (idS auch § 25 Abs 5 Z 1, wo von Wertveränderungen bis zum Zusammenschlussstichtag gesprochen wird) (zur Diskussion s *Wiesner*, RWZ 2016, 83 ff; *Renner*, SWK 2016, 565 ff). **34**

V. Rechtsfolgen für internationale Schachtelbeteiligungen (§ 25 Abs 3)

A. Regelungsinhalt

36 § 25 Abs 3 enthält die Rechtsfolgen für zusammenschlussbedingte Veränderungen von **internationalen Schachtelbeteiligungen iSd § 10 Abs 2 KStG** (zum Begriff s mwN *Fürnsinn/Massoner* in *L/R/S/S²* § 10 Rz 90 ff).

Die Bestimmung ist von dem dem Umgründungssteuerrecht inhärenten Grundprinzip getragen, wonach stille Reserven, die in einem Zeitraum erwirtschaftet wurden, in dem Wertsteigerungen grundsätzlich steuerhängig waren, aufgrund des (imparitätischen) Realisationsprinzips aber noch zu keinen steuerpflichtigen Einkünften geführt haben, nicht in Folge einer Umgründung nicht steuerbar und damit de facto entsteuert werden sollen. Umgekehrt sollen – dem gleichen Prinzip zufolge – stille Reserven, die in einem Zeitraum erwirtschaftet wurden, in dem Wertsteigerungen nicht steuerbar oder steuerpflichtig waren, nicht in Folge einer Umgründung steuerpflichtig werden.

37 Im Anwendungsbereich des § 10 Abs 2 iVm Abs 3 KStG können derartige Effekte durch eine umgründungsbedingte **Veränderung der Beteiligungsquote** (Erhöhung oder Verminderung) einer Auslandsbeteiligung iSd § 10 Abs 2 KStG (s dazu mwN *Fürnsinn/Massoner* in *L/R/S/S²* § 10 Rz 107 ff) im Hinblick auf die für die Steuerbefreiung von Substanzgewinnen bei Auslandsbeteiligungen gem § 10 Abs 3 KStG erforderliche Mindestbeteiligungsquote von 10 % auftreten (s dazu mwN *Fürnsinn/Massoner* in *L/R/S/S²* § 10 Rz 87 ff). Ohne entsprechende Regelungen im UmgrStG würden aufgrund einer Beteiligungsquote von weniger als 10 % vor dem Stichtag steuerhängige stille Reserven in Auslandbeteiligungen bei umgründungsbedingter Erhöhung der Beteiligungsquote durch *(a)* Vereinigung mit einer zweiten Beteiligung unter 10 % (Entstehen einer internationalen Schachtelbeteiligung) oder durch *(b)* Vereinigung mit einer zweiten Beteiligung über 10 %, dh mit einer bestehenden internationalen Schachtelbeteiligung (Erweiterung einer internationalen Schachtelbeteiligung) durch die Umgründung **entsteuert**. Umgekehrt würden aufgrund einer Beteiligungsquote von mehr als 10 % vor dem Stichtag steuerfreie stille Reserven bei umgründungsbedingter Verminderung der Beteiligungsquote unter 10 % (zB durch Verwässerung auf Ebene der Altgesellschafter bei einer Auslandskonzentrationsverschmelzung) **steuerpflichtig**.

38 Da sich dieses Problem unabhängig vom Umgründungstyp ganz generell sowohl bei übernehmenden Körperschaften (Verschmelzung, Einbringung, Spaltung) und bei Auslandsumgründungen auch auf Gesellschafterebene (Verschmelzung, Einbringung, Spaltung) stellt, sieht das UmgrStG für alle diese Fälle einander entsprechende und im Wesentlichen gleich lautende Bestimmungen vor (§ 3 Abs 4, s dazu § 36 Rz 116 ff; § 5 Abs 7, s dazu § 34 Rz 31 ff, § 9 Abs 4, s dazu § 20 Rz 25 ff; § 18 Abs 4, s dazu § 9 Rz 156 ff, § 20 Abs 7, s dazu § 5 Rz 122 ff; § 34 Abs 3, s dazu § 3 Rz 112 ff und § 36 Abs 5, s dazu § 18 Rz 42 ff).

B. Entstehen/Erweitern einer internationalen Schachtelbeteiligung

41 Bei einem Zusammenschluss nach Art IV kann es zu einem derartigen **Erweitern/Entstehen** bzw einem **Untergang** einer internationalen Schachtelbeteiligung iSd

§ 10 Abs 2 KStG kommen, und zwar immer dann, wenn an dem Zusammenschluss inländische Körperschaften als Mitunternehmer beteiligt sind und sich im übertragenen Betriebsvermögen (Betrieb, Teilbetrieb, Mitunternehmeranteil) Auslandsbeteiligungen iSd § 10 Abs 2 KStG befinden.

Mit dem BudBG 2003, BGBl I 2003/71, wurde für internationale Schachtelbeteiligungen das Erfordernis einer unmittelbaren Beteiligung aufgegeben (gleichzeitig wurden die Mindestbeteiligungshöhe auf 10 % und die Mindestbeteiligungsdauer auf ein Jahr reduziert). Für die Berechnung der Mindestbeteiligungsquote für eine internationale Schachtelbeteiligung iSd § 10 Abs 2 KStG ist seither bei Vorliegen einer mittelbaren Beteiligung über eine Personengesellschaft eine Durchrechnung anzustellen (vgl KStR Rz 1207 [ex-Rz 557]). Mit anderen Worten kann daher seither auch die mittelbare Beteiligung durch **Zwischenschaltung** einer in- oder ausländischen Personengesellschaft eine internationale Schachtelbeteiligung vermitteln. Infolgedessen kann seither auch durch einen Zusammenschluss eine internationale Schachtelbeteiligung entstehen bzw kann eine solche erweitert werden (vgl UmgrStR Rz 1461a). **42**

Beispiel

Der Einzelunternehmer A und die X-GmbH schließen sich in Anwendung des Art IV zur X-GmbH & Co KG zusammen, so dass die X-GmbH zu 10 % als Komplementär und A zu 90 % als Kommanditist beteiligt sind. A überträgt seinen Betrieb, zu dem auch die 100%ige Beteiligung an der deutschen D-GmbH gehört. Durch den Zusammenschluss entsteht bei der X-GmbH eine (mittelbare) steuerneutrale internationale Schachtelbeteiligung von 10 %.

Diese Änderungen in § 10 KStG machten eine Novellierung des § 25 Abs 3 erforderlich, der bis zu diesem Zeitpunkt nur die Rechtsfolgen eines zusammenschlussbedingten Wegfalls einer internationalen Schachtelbeteiligung iSd § 10 Abs 2 KStG normierte (das Gleiche galt für § 30 Abs 3, s dazu § 30 Rz 51 ff). Mit dem AbgÄG 2003, BGBl I 2003/124, wurde daher eine der oben erläuterten umgründungssteuerrechtlichen Systematik entsprechende Regelung für den Fall des Entstehens der Voraussetzungen für die internationale Schachtelbeteiligung bzw deren Erweiterung durch Zusammenschluss in Z 1 eingefügt und die bestehende Regelung für den Wegfall der Voraussetzungen durch Zusammenschluss in eine eigene Z 2 verschoben. **43**

Durch § 25 Abs 3 Z 1 wird systemkonform (und entsprechend den oben zitierten Bestimmungen) die in § 10 Abs 3 erster Satz KStG normierte steuerrechtliche Neutralisation von Wertänderungen einer internationalen Schachtelbeteiligung für die Fälle des **zusammenschlussbedingten Entstehens oder Erweiterns** einer internationalen Schachtelbeteiligung außer Kraft gesetzt. Dadurch soll ein umgründungsbedingtes Hineinwachsen in die Steuerbefreiung des § 10 Abs 3 KStG verhindert werden (vgl die ErlRV zum AbgÄG 2003, 238 BlgNR 22. GP, 6). Dies bedeutet aber nicht, dass die neu entstandene oder erweiterte internationale Schachtelbeteiligung gänzlich von der Begünstigung des § 10 Abs 3 KStG ausgeschlossen ist. Die Beteiligung gilt vielmehr pro futuro als steuerfreie internationale Schachtelbeteiligung. § 10 Abs 3 erster Satz KStG ist lediglich auf den Unterschiedsbetrag zwischen den Buchwerten und den höheren Teilwerten – also den stillen Reserven – in den vor **44** dem Zusammenschluss nicht steuerfreien Beteiligungsquoten nicht anzuwenden. Nur diese stillen Reserven bleiben also steuerhängig, nach dem Zusammenschluss erwirtschaftete stille Reserven werden hingegen von § 10 Abs 3 erster Satz KStG erfasst und sind damit im Realisationsfall steuerfrei.

Stichtag für die Ermittlung der von der Steuerneutralität ausgenommenen stillen Reserven ist dabei wohl der **Zusammenschlussstichtag**. Dies ergibt sich zwar nicht explizit dem Wortlaut der Bestimmung, lässt sich aber daraus ableiten, dass in § 25 Abs 3 Z 2 für die Ermittlung des Aufwertungsbetrages (s dazu gleich Rz 48) auf den Zusammenschlussstichtag abgestellt wird, und deckt sich mit der Ansicht des BMF (UmgrStR Rz 1461b) und der hL (vgl zB *Hirschler/Six* in HBStL III[2] 316). Für Beteiligungsquoten, die in den Anwendungsbereich des § 25 Abs 3 Z 1 fallen, ist daher eine Bewertung auf den Zusammenschlussstichtag erforderlich. Der nach dieser Bestimmung am Zusammenschlussstichtag steuerhängige Unterschiedsbetrag ist in Evidenz zu nehmen (UmgrStR Rz 1461b).

Fortsetzung Beispiel

Der Buchwert der Beteiligung an der D-GmbH sei 100, der Verkehrswert 1.000. Um die am Zusammenschlussstichtag steuerhängigen stillen Reserven in der nach dem Zusammenschlussstichtag der X-GmbH zuzurechnenden steuerneutralen Quote iHv 10 % weiter steuerhängig zu halten, wird nach § 25 Abs 3 Z 1 ein Betrag von 90 (anteiliger Verkehrswert 100 – anteiliger Buchwert 10) von der Steuerneutralität nach § 10 Abs 3 KStG ausgenommen.

C. Untergehen einer internationalen Schachtelbeteiligung

46 Bereits seit dem AbgÄG 1996, BGBl 1996/797, enthält § 25 Abs 3 eine Regelung betreffend den **Wegfall** einer internationalen Schachtelbeteiligung iSd § 10 Abs 2 KStG durch einen Zusammenschluss, die durch das AbgÄG 2003, BGBl I 2003/124, inhaltsgleich in § 25 Abs 3 Z 2 verschoben wurde. Ursprünglich war von dieser Bestimmung jede zusammenschlussbedingte Übertragung einer internationalen Schachtelbeteiligung auf eine Personengesellschaft erfasst, da durch die Übertragung auf eine Personengesellschaft die gem § 10 Abs 2 Z 1 KStG idF vor BudBG 2003 für die Anwendbarkeit der Steuerbefreiung erforderliche Unmittelbarkeit verloren ging. Seit der Ausdehnung des Anwendungsbereichs der Steuerbefreiung in § 10 Abs 3 KStG durch das BudBG auf mittelbar über Personengesellschaften gehaltene Auslandsbeteiligungen (s dazu bereits oben Rz 42) führt nicht mehr jede Übertragung einer bestehenden internationalen Schachtelbeteiligung zwingend zu deren Untergang. So lange durchgerechnet eine (mittelbare) Beteiligung von mindestens 10 % bestehen bleibt, besteht auch die internationale Schachtelbeteiligung weiter und § 25 Abs 3 Z 2 ist nicht anwendbar.

47 Zu einem **Wegfallen** einer internationalen Schachtelbeteiligung kommt es damit seit Inkrafttreten des BudBG 2003 nur mehr dann, wenn die Beteiligungsquote durch den Zusammenschluss auf unter 10 % verwässert wird. Der Anwendungsbereich des § 25 Abs 3 idF vor AbgÄG 2003 hat sich damit durch das BudBG 2003 insofern vermindert. Gleichzeitig wurde der Anwendungsbereich allerdings auf jene Fälle erweitert, bei denen durch eine zusammenschlussbedingte Erweiterung einer bestehenden Mitunternehmerschaft eine bestehende (mittelbare) internationale Schachtelbeteiligung verwässert wird, ein Problem das sich vor BudBG 2003 so nicht stellte.

Beispiel

An der X-GmbH & Co KG sind die X-GmbH zu 10 % und die natürliche Person A als Kommanditist zu 90 % beteiligt. Zum Betriebsvermögen der X-GmbH & Co KG gehört eine 100%ige Beteiligung an der deutschen D-GmbH. Die mittelbar auf die X-GmbH entfallende Quote von 10 % stellt bei dieser also eine internationale Schachtelbeteiligung dar. Im Wege eines Zusammenschlusses nach Art IV überträgt nun B sein Einzelunternehmen auf die X-GmbH & Co KG und erhält dafür Anteile im Ausmaß von 20 %, wodurch es zu einer Verwässerung der Beteiligungsquote der X-GmbH an der X-GmbH & Co KG und damit auch an der D-GmbH auf 5 % kommt. Die internationale Schachtelbeteiligung fällt daher in Folge des Zusammenschlusses weg.

Im Falle des **Untergehens** einer internationalen Schachtelbeteiligung hat daher gem § 25 Abs 3 Z 2 bei der übernehmenden Personengesellschaft eine steuerneutrale Aufwertung auf den höheren **Teilwert** zum Zusammenschlussstichtag zu erfolgen. Der steuerneutrale Ansatz des höheren Teilwertes ist dabei um jene Beträge zu kürzen, die durch **Vorumgründungen** auf Grund des Entstehens oder der Erweiterung der internationalen Schachtelbeteiligung (nach den Bestimmungen von § 5 Abs 7, § 9 Abs 4, § 18 Abs 4, § 20 Abs 7, § 30 Abs 3, § 34 Abs 3 und § 36 Abs 5) von den Wirkungen der Steuerneutralität ausgenommen waren. Der sich nach der Kürzung ergebende Betrag gilt nach Ansicht des BMF (nur) für die an der übernehmenden Mitunternehmerschaft beteiligte Körperschaft als steuerlich maßgebender Buchwert und ist in Evidenz zu nehmen (vgl UmgrStR Rz 1463). Daraus folgt, dass für die übrigen am Zusammenschluss beteiligten Mitunternehmer nach Ansicht des BMF der anteilige Buchwert aus der Zusammenschlussbilanz maßgeblich ist.

48

Beispiel

Die inländische A-GmbH bringt 01 einen inländischen Teilbetrieb (Buchwert 300.000, Verkehrswert 400.000) nach Art III in die ausländische B-GmbH ein und erhält einen Anteil von 16 % an dieser (Anschaffungskosten 300.000). Nach Ablauf eines Jahres ist eine steuerneutrale internationale Schachtelbeteiligung gegeben, ausgenommen von den Wirkungen ist die am Einbringungsstichtag vorhandene steuerhängige stille Reserve des eingebrachten Betriebes (100.000). 02 überträgt die A-GmbH den verbleibenden Teilbetrieb inkl der Beteiligung an der ausländischen B-GmbH im Wege eines Zusammenschlusses auf eine inländische GmbH & Co KG. Am Zusammenschluss nimmt neben der A-GmbH noch die natürliche Person X Teil, die ihren Betrieb überträgt.

Nach dem Zusammenschluss ist die A-GmbH an der GmbH & Co KG zu 50 % und damit durchgerechnet an der B-GmbH mittelbar zu 8 % beteiligt. Der Teilwert der Beteiligung an der B-GmbH zum Zusammenschlussstichtag beträgt 480.000, die Anschaffungskosten betragen nach wie vor 300.000. Als Buchwert der Beteiligung an der B-GmbH ist aus Sicht der A-GmbH steuerneutral auf den anteiligen Teilwert (480.000 × 0,5 = 240.000) abzüglich dem anteiligen aufgrund der vorangegangenen Einbringung steuerhängigen Unterschiedsbetrag (100.000 × 0,5 = 50.000) aufzuwerten. Im Falle der Veräußerung der Anteile an der B-GmbH durch die GmbH & Co KG um 640.000 ergibt sich aus Sicht der A-GmbH somit ein steuerpflichtiger Veräußerungsgewinn von 130.000 (anteiliger Veräußerungserlös 320.000 – Buchwert 190.000 = Veräußerungsgewinn 130.000). Für die natürliche Person X ergibt sich hingegen ein steuerpflichtiger Veräußerungsgewinn iHv (anteiliger Veräußerungserlös 320.000 – anteiliger Buchwert 150.000) = 170.000.

49 Es sei darauf hingewiesen, dass sich in § 24 keine dem § 25 Abs 3 entsprechende Bestimmung für den Fall des Untergangs einer internationalen Schachtelbeteiligung beim Übertragenden findet (etwa durch Abstockung auf ein Beteiligungsausmaß unter 10 % durch [Mit]Übertragung nur eines Teils einer internationalen Schachtelbeteiligung bzw durch Zurückbehalten eines Teils einer internationalen Schachtelbeteiligung nach § 24 Abs 1 Z 1 iVm § 16 Abs 5 Z 4). Dies führt dazu, dass in diesen Fällen bis zum Zusammenschlussstichtag beim **Übertragenden** steuerfreie stille Reserven in einer bestehenden internationalen Schachtelbeteiligung nach dem Stichtag sofort steuerhängig werden. *Sulz* (RWZ 2001, 79 und *W/H/M*, HdU § 25 Rz 61 f) ist zuzustimmen, dass dies in klarem Widerspruch zum oben erläuterten Grundgedanken der für internationale Schachtelbeteiligungen geltenden Sonderregelung des UmgrStG steht, nachdem es durch eine Umgründung weder zu einer Steuerverstrickung noch zu einer Steuerentstrickung kommen soll. Es scheint sich hier also um eine planwidrige **Lücke** bzw Lücken zu handeln, welche mittels Analogie zu begegnen ist (s *Sulz*, RWZ 2001, 79, mit einem Vorschlag zur Sanierung der entsprechenden Bestimmungen).

> Das Problem stellt sich auch bei der Einbringung nach Art III und bei der Spaltung nach Art VI, wo ebenfalls eine entsprechende Bestimmung fehlt.

VI. Rechtsfolgen für den Kapitalertragsteuerabzug

56 Wie bei der Umwandlung (s dazu bereits § 9) kann bzw konnte es auch durch einen Zusammenschluss nach Art IV zu einem Wegfallen von Begünstigungen im Bereich des **Kapitalertragsteuerabzugs** nach § 93 ff EStG kommen. Der mit dem AbgÄG 2004, BGBl I 2004/180, eingeführte § 25 Abs 4 verweist in diesem Zusammenhang auf § 9 Abs 9. Die dort normierten Regelungen sind demnach sinngemäß auch bei einem Zusammenschluss anzuwenden.

A. Wegfall einer Befreiung vom Kapitalertragsteuerabzug nach § 94 Z 2 EStG (KESt-Schachtel)

57 § 94 Z 2 EStG normiert eine **Befreiung** von der Verpflichtung zum **Abzug von Kapitalertragsteuer** von Gewinnanteilen und sonstigen Bezügen aus Aktien, Anteilen an Gesellschaften mit beschränkter Haftung oder Erwerbs- und Wirtschaftsgenossenschaften, wenn diese Körperschaften iSd § 1 Abs 2 KStG 1988 zufließen (sog KESt-Schachtelbefreiung, vgl mwN *Jakom*[10]/*Marschner* § 94 Rz 9 ff).

58 Gem § 94 Z 2 EStG idF vor dem BudBG 2011, BGBl I 2010/111, war diese Befreiung an das Vorliegen einer unmittelbaren Beteiligung von mindestens 25 % geknüpft (**Mindestbeteiligungshöhe**). Eine Voraussetzung hinsichtlich der Dauer der Beteiligung bestand nicht. Übertrug daher eine Körperschaft iSd § 1 Abs 2 KStG einen (Teil)Betrieb im Wege eines Zusammenschlusses nach Art IV auf eine Personengesellschaft iSd § 23 Abs 3 und gehörte zum übertragenen Betriebsvermögen eine Beteiligung iSd § 94 Z 2 (Beteiligungsquote ≥ 25 %), fiel zusammenschlussbedingt jedenfalls eine der Anwendungsvoraussetzungen, nämlich die Unmittelbarkeit der Beteiligung, weg.

59 Mit dem BudBG 2011, BGBl I 2010/111, wurden die Voraussetzungen KESt-Befreiung in § 94 Z 2 EStG an die Voraussetzungen des bisherigen § 94a EStG (**internationale KESt-Schachtel**, Umsetzung der Mutter-Tochter-Richtlinie [90/435/EWG] in nationales Recht, vgl dazu mwN Jakom[10]/*Marschner* § 94 Rz 7 ff) angeglichen (s ErlRV zu BudBG 2011, 981 BlgNR 24. GP, 128, vgl mwN Jakom[10]/*Marschner* § 94 Rz 9 ff), dh die Befreiung steht nun schon ab einem Beteiligungsausmaß von 10 % und auch bei mittelbaren Beteiligungen (dh Beteiligungen über eine Personengesellschaft) zu (Mindestbeteiligungsquote). Eine Voraussetzung hinsichtlich der Dauer der Beteiligung besteht nach wie vor nicht. Die Neuregelung tritt mit 1.4.2012 in Kraft (vgl § 124b Z 185 idF AbgÄG 2011, BGBl I 2011/76).

Überträgt daher eine Körperschaft iSd § 1 Abs 2 KStG nach dem 1.4.2012 einen (Teil)Betrieb im Wege eines Zusammenschlusses nach Art IV auf eine Personengesellschaft iSd § 23 Abs 3 und gehörte zum übertragenen Betriebsvermögen eine Beteiligung iSd § 94 Z 2 idF BudBG 2011 (Beteiligungsquote ≥ 10 %, Beteiligungsdauer ≥ 1 Jahr), fallen die Anwendungsvoraussetzungen des § 94 Z 2 idF BudBG 2011 aus Sicht der übertragenden Körperschaft nicht mehr zwingend (zur Gänze) weg, da nun auch eine mittelbare Beteiligung von mehr als 10 % in den Anwendungsbereich des § 94 Z 2 idF BudBG 2011 fällt. Sofern die übertragende Körperschaft daher nach dem Zusammenschluss durchgerechnet immer noch zu mehr als 10 % an der ausschüttenden Gesellschaft beteiligt ist, ändert sich nichts an der Befreiung vom KESt-Abzug gem § 94 Z 2 EStG idF BudBG 2011. Sinkt die Beteiligungsquote auf (mittelbar) unter 10 % ab, fällt die Befreiung weg. Hinsichtlich der nach dem Zusammenschluss den übrigen Gesellschaftern der übernehmenden Personengesellschaft zuzurechnenden Beteiligungsquoten fällt die Befreiung hingegen weg (für natürliche Personen, Privatstiftungen etc, weil sie nicht in den Anwendungsbereich der Befreiung fallen) bzw entsteht neu (für Körperschaften iSd § 1 Abs 2 KStG). **60**

Aufgrund der Rückwirkungsfiktion gem § 24 Abs 1 Z 1 und § 25 Abs 2 iVm § 14 Abs 2 würde dieser Effekt mit dem Beginn des auf den **Zusammenschlussstichtag** folgenden Tages eintreten, die Befreiung vom KESt-Abzug würde also rückwirkend wegfallen (vgl UmgrStR Rz 565a). Da dies bei im Rückwirkungszeitraum zugeflossenen Gewinnanteilen iSd § 94 Z 2 EStG für den gem § 95 Abs 2 EStG Abzugspflichtigen zu einem unlösbaren Problem führt, normiert § 25 Abs 4 iVm § 9 Abs 9 für den Fall des zusammenschlussbedingten Wegfallens der Voraussetzungen der KESt-Befreiung, dass die Kapitalerträge iSd § 94 Z 2 EStG als mit dem Tag der Anmeldung des Zusammenschlusses zur Eintragung in das **Firmenbuch** als zugeflossen gelten. Für Zusammenschlüsse ohne Firmenbuchzuständigkeit wird in sinngemäßer Anwendung des § 9 Abs 9 der Tag der Meldung beim zuständigen **Finanzamt** gem § 24 Abs 1 Z 2 iVm 13 maßgeblich sein. **61**

In sinngemäßer Anwendung der für die Umwandlung geltenden Regelungen hat die übertragende Körperschaft in diesem Fall die bisher – rückwirkend zu Unrecht – nicht einbehaltene **KESt** innerhalb einer Woche nach dem Tag der Anmeldung des Zusammenschlusses zur Eintragung in das Firmenbuch (bzw dem Tag der Meldung gem § 24 Abs 1 Z 2 iVm 13) unter Hinweis auf die zusammenschlussbedingte Korrektur an das für sie zuständige Betriebsfinanzamt **abzuführen** und die ausschüttende(n) Gesellschaft(en) vom Gesellschafterwechsel zu verständigen (vgl UmgrStR Rz 1464a iVm Rz 565b). **62**

B. Wegfall einer Befreiung vom Kapitalertragsteuerabzug nach § 94 Z 5 EStG (Befreiungserklärung)

66 Für Einkünfte iSd § 27 Abs 2 Z 2, Abs 3 und 4 EStG (uA Bankzinsen und Erträge aus Forderungswertpapieren, vgl Jakom[10]/*Marschner* § 94 Rz 51) normiert § 94 Z 5 EStG eine **Befreiung** von der Verpflichtung zum **Kapitalertragsteuerabzug**. Voraussetzungen für die Befreiung sind ua, dass es sich bei dem Empfänger der Kapitalerträge um keine natürliche Person handelt (§ 94 Z 5 lit a EStG idF BudBG 2011, BGBl I 2011/111) und dass gegenüber dem Abzugsverpflichteten (und dem zuständigen Finanzamt) eine Befreiungserklärung abgegeben wurde (§ 94 Z 5 lit b und c EStG idF BudBG 2011, BGBl I 2011/111) (zu den Anwendungsvoraussetzungen s im Detail Jakom[10]/*Marschner* § 94 Rz 51 ff).

67 Bei einer Mitunternehmerschaft ist eine **Befreiungserklärung** nach Ansicht des BMF nur zulässig, wenn an dieser ausschließlich Körperschaften beteiligt sind (vgl EStR Rz 7732). Ist daher an einem Zusammenschluss eine Körperschaft beteiligt, die eine Befreiungserklärung abgegeben hat und sind an der übernehmenden Personengesellschaft nicht ausschließlich Körperschaften beteiligt, fällt – der Ansicht des BMF zufolge – zusammenschlussbedingt eine der Anwendungsvoraussetzungen für die Befreiung vom KESt-Abzug gem § 94 Z 5 EStG mit der Konsequenz weg, dass die abgegebene Befreiungserklärung (rückwirkend ab dem auf den Zusammenschlussstichtag folgenden Tag) nicht mehr wirksam sein kann.

Von der übertragenden Körperschaft ist daher gemäß § 25 Abs 4 iVm 9 Abs 9 innerhalb einer Woche nach dem Tag der Anmeldung des Zusammenschlusses zur Eintragung in das Firmenbuch (für Zusammenschlüsse ohne Firmenbuchzuständigkeit wird in sinngemäßer Anwendung des § 9 Abs 9 der Tag der Meldung beim zuständigen Finanzamt gem § 24 Abs 1 Z 2 iVm 13 maßgeblich sein) gegenüber dem(n) betroffenen Kreditinstitut(en) bzw dem oder den zuständigen Finanzämtern eine Widerrufserklärung abzugeben, die auf dem Zusammenschlussstichtag folgenden Tag zu beziehen ist.

68 Ist im Zeitpunkt des Widerrufs der Befreiungserklärung die **Zinsfälligkeit** noch nicht eingetreten, hat das **Kreditinstitut** anlässlich der Abrechnung die KESt einzubehalten und abzuführen; ist die Zinsfälligkeit bereits eingetreten, trifft das Kreditinstitut infolge der auf die übertragende Körperschaft übergegangenen Abfuhrpflichtung keine Verpflichtung. In diesem Fall hat die übertragende Körperschaft gemäß § 25 Abs 4 iVm 9 Abs 9 die bisher nicht einbehaltene KESt innerhalb einer Woche nach dem Tag der Anmeldung des Zusammenschlusses zur Eintragung in das Firmenbuch (bzw dem Tag der Meldung gem § 13 beim zuständigen Finanzamt) unter Hinweis auf die zusammenschlussbedingte Korrektur an das für sie zuständige Betriebsfinanzamt abzuführen (vgl UmgrStR Rz 1464a iVm Rz 565b).

Beispiel

Eine GmbH überträgt ihren Betrieb im Wege eines Zusammenschlusses *a)* zum 31.12.01, *b)* zum 30.4.01 auf eine Mitunternehmerschaft an der auch natürliche Personen beteiligt sind. Die Anmeldung des Zusammenschlusses erfolgt *a)* am 28.9.01, *b)* am 29.1.02. Im Zeitpunkt des Widerrufs der Befreiungserklärung läuft im Falle a) die Zinsperiode bzw ist im Falle b) mit 31.12.01 abgelaufen. Im Falle a) hat das Kreditinstitut die Abfuhrpflicht wahrzunehmen, im Falle b) hat die übertragende GmbH die KESt innerhalb einer Woche nach dem 29.1.02 abzuführen.

VII. Grund und Boden des Altvermögens

Mit dem 2. AbgÄG 2014 (BGBl I 2014/105) wurden in § 24 Abs 3 und § 25 Abs 5 **69** neue Regelungen für die ertragsteuerrechtliche Behandlung von Grund und Boden des Altvermögens iSd § 30 Abs 4 EStG, der im Zuge eines Zusammenschlusses gem Art IV auf die übernehmende Mitunternehmerschaft übertragen wird, verankert. Diese Regelungen orientieren sich an den mit dem AbgÄG 2012 (BGBl I 2012/112) eingeführten Regelungen für die ertragsteuerrechtliche Behandlung von Grund und Boden des Altvermögens, der im Zuge einer Einbringung gem Art III ins Betriebsvermögen einer Kapitalgesellschaft übertragen wird (§ 16 Abs 6 und § 18 Abs 5, siehe dazu ausführlich § 16 Rz 181 ff und § 18 Rz 140 ff). Wie bei Einbringungen besteht damit nun auch bei Zusammenschlüssen ein **Wahlrecht** zwischen einer sofortigen ertragsteuerwirksamen **Neubewertung** des zu übertragenden Grund und Bodens zum Zusammenschlussstichtag (§ 24 Abs 3, siehe dazu § 24 Rz 99 ff) und einer ertragsteuerneutralen Übertragung im Wege der **Buchwertfortführung** unter Wahrung der begünstigten Besteuerung für Altvermögen (pauschale Ermittlung der Anschaffungskosten mit 40 % bzw 86 % des Veräußerungserlöses, § 30 Abs 4 EStG). Zu den Vorsorgemethoden s § 24 Rz 155 ff und Rz 163 ff.

Beide Neuregelungen sind **erstmals** auf Zusammenschlüsse **anzuwenden**, die nach dem 26.12.2014 (Tag der Kundmachung des 2. AbgÄG 2014 im BGBl I 2014/105) beschlossen oder vertraglich unterfertigt werden (Teil 3 Z 27 lit a UmgrStG).

Wird im Zuge eines Zusammenschlusses Grund und Boden auf die übernehmende **70** Personengesellschaft übertragen, bei dessen Veräußerung am Zusammenschlussstichtag beim Übertragenden **§ 30 Abs 4 EStG zur Gänze anwendbar** wäre (Übertragung von Altgrundstücken, siehe § 24 Rz 201), und wird von dem Aufwertungswahlrecht in § 24 Abs 3 nicht Gebrauch gemacht (siehe dazu § 23 Rz 99 ff), sondern (auch) der Grund und Boden des Altvermögens in der Zusammenschlussbilanz mit dem Buchwert angesetzt, gilt Folgendes (§ 25 Abs 5 Z 1):

- Für den Mitunternehmer, der den Grund und Boden übertragen hat, gilt dieser auch nach dem Zusammenschluss als Altvermögen. Bei späterer Veräußerung des übertragenen Grund und Bodens durch die übernehmende Personengesellschaft ist daher aus Sicht des Übertragenden § 30 Abs 4 EStG weiterhin anzuwenden. Dies gilt sowohl hinsichtlich der zur Gänze dem Übertragenden zuzurechnenden Wertsteigerungen bis zum Zusammenschlussstichtag (§ 25 Abs 5 Z 1 erster Teilstrich, zu den dafür erforderlichen Vorsorgemaßnahmen iSd § 24 Abs 2 siehe § 24 Rz 131 ff) als auch hinsichtlich etwaiger zwischen dem Zusammenschlussstichtag und dem Zeitpunkt der Veräußerung eingetretener Wertsteigerungen im Ausmaß der Beteiligungsquote des Übertragenden (§ 25 Abs 5 Z 1 zweiter Teilstrich; s *Huber* in W/Z/H/K[5] § 25 Rz 45).
- Für den/die anderen Mitunternehmer stellt der übertragene Grund und Boden nach dem Zusammenschluss hingegen Neuvermögen dar. Im Ausmaß der Beteiligungsquote dieses Mitunternehmers/dieser Mitunternehmer nach dem Zusammenschluss ist bei Veräußerung des Grund und Bodens § 30 Abs 4 EStG auf die zwischen dem Zusammenschlussstichtag und dem Zeitpunkt der Veräußerung eingetretene Wertsteigerungen daher nicht anwendbar.

Zum Zweck der späteren Differenzierung zwischen der bis zum Zusammenschlussstichtag eingetretenen und dem Übertragenden zur Gänze zuzurechnenden Wertsteigerung und der nach dem Zusammenschlussstichtag und den Mitunternehmern im Ausmaß ihrer Beteiligungsquote zuzurechnenden Wertsteigerung ist der **Teilwert** des übertragenen Grund und Bodens am Zusammenschlussstichtag in **Evidenz** zu nehmen. Im Veräußerungsfall sind die nach dem Zusammenschlussstichtag entstandenen stillen Reserven (= Veräußerungserlös – Teilwert) entsprechend dem Beteiligungsverhältnis aufzuteilen, wobei die dem Übertragenden zuzurechnende Quote bei diesem gem § 30 Abs 4 EStG (= anteilige stille Reserven * 0,14 * 25 %; * 30 % ab 2016) und die dem/den übrigen Mitunternehmer(n) zuzurechnende Quote bei diesem/-n nach den allgemeinen Gewinnermittlungsgrundsätzen (anteilige stille Reserven * 25 %; * 30 % ab 2016) zu versteuern ist. Die bis zum Zusammenschlussstichtag entstandenen stillen Reserven sind zur Gänze dem Übertragenden zuzurechnen und gem § 30 Abs 4 EStG zu ermitteln, wobei als Veräußerungserlös der in Evidenz genommene Teilwert gilt (= Teilwert * 0,14).

Beispiel 1 (entnommen UmgrStR Rz 1457a)

Der Einzelunternehmer A ermittelt seinen Gewinn nach § 4 Abs 1 EStG. A und die natürliche Person B schließen sich zu einem nach dem 31.3.2012 liegenden Stichtag zur A&B-OG zusammen. Dabei überträgt A sein Einzelunternehmen samt betrieblichem Grund und Boden („Altvermögen", Buchwert: 200; gemeiner Wert sowie Teilwert zum Zusammenschlussstichtag: 1.200). B leistet eine Bareinlage. Das geplante Beteiligungsverhältnis nach dem Zusammenschluss von A beträgt 70 %, das von B 30 %.

Der Grund und Boden wird zum Buchwert übernommen. Da bei dem den Grund und Boden Übertragenden A § 30 Abs 4 EStG im Falle einer Veräußerung zum Zusammenschlussstichtag gesamthaft anwendbar wäre, kann die gespaltene Betrachtungsweise des § 25 Abs 5 UmgrStG angewendet werden. Der Teilwert des Grund und Bodens zum Zusammenschlussstichtag (1.200) ist daher in Evidenz zu nehmen. Kommt es nach dem Zusammenschluss zu einer Veräußerung des Grund und Bodens um 2.000, gilt Folgendes:

- *A kann die Wertsteigerungen bis zum Zusammenschlussstichtag gem § 30 Abs 4 EStG pauschal ermitteln, wobei als Veräußerungserlös der in Evidenz genommene Teilwert gilt. Die zu versteuernden stillen Reserven betragen somit 168 (1.200*0,14).*
- *A kann die Wertsteigerungen ab dem Zusammenschlussstichtag insoweit weiterhin gem § 30 Abs 4 EStG pauschal ermitteln, als ihm der Grund und Boden nach dem Zusammenschluss noch zuzurechnen ist (Beteiligungsquote von 70 %). Die zu versteuernden stillen Reserven betragen somit 78,4 [(Veräußerungserlös 2.000 minus Teilwert im Zeitpunkt des Zusammenschlusses 1.200)*0,7*0,14].*
- *B muss die Wertsteigerungen ab dem Zusammenschlussstichtag – hinsichtlich seiner Beteiligungsquote von 30 % – nach allgemeinen Gewinnermittlungsgrundsätzen ermitteln. Die zu versteuernden stillen Reserven betragen somit 240 [(Veräußerungserlös 2.000 minus Teilwert im Zeitpunkt des Zusammenschlusses 1.200)*0,3].*

Der Sondersteuersatz gem § 30a Abs 1 iVm § 30a Abs 3 EStG kann von A und B auf die von ihnen zu versteuernden stillen Reserven angewendet werden. Zu den Vorsorgemethoden s UmgrStR Rz 1314a.

Alternativ zur gespaltenen Betrachtungsweise kann die Aufwertungsoption gem § 24 Abs 3 in Anspruch genommen werden (siehe dazu UmgrStR Rz 1425a).
- Werden im Zuge eines Zusammenschlusses mit einem Stichtag ab 1.4.2012 Grundstücke zum Buchwert übernommen und ging diesem Zusammenschluss ein Wechsel der Gewinnermittlung auf § 5 Abs 1 EStG oder eine Einlage aus dem Privatvermögen voraus (Wechsel oder Einlage vor dem 1.4.2012), ist beim Übertragenden § 30 Abs 4 EStG auf Grundstücke am Zusammenschlussstichtag nur eingeschränkt anwendbar (gem § 4 Abs 3a Z 3 lit c EStG auf den Aufwertungsteilwert bzw gem Z 4 auf den Einlageteilwert). Im Falle einer späteren Veräußerung kann § 30 Abs 4 EStG vom Übertragenden insoweit – somit auf den Aufwertungsteilwert bzw Einlageteilwert – weiter angewendet werden (§ 25 Abs 5 Z 2 idF 2. AbgÄG 2014).

Hier wird ein grundsätzlicher konzeptioneller Unterschied zu den korrespondierenden Bestimmungen für Einbringungen nach Art III deutlich: Während bei der Einbringung von Grund und Boden des Altvermögens zu Buchwerten der übertragene Grund und Boden bei der übernehmenden Körperschaft jedenfalls zur Gänze Neuvermögen darstellt und § 30 Abs 4 EStG daher nur hinsichtlich der bis zum Einbringungsstichtag entstandenen stillen Reserven anwendbar bleibt (§ 18 Abs 5, zur uE zutreffenden Kritik an dieser Regelung siehe § 18 Rz 140), ändert sich bei einem Zusammenschluss nach Art IV aus Sicht des Übertragenden nichts an der Qualifikation des übertragenen Grund und Bodens als Altvermögen, sodass § 30 Abs 4 EStG aus Sicht des Übertragenden auch auf nach dem Zusammenschlussstichtag entstandene stille Reserven anwendbar ist. **71**

Wird im Zuge eines Zusammenschlusses Grund und Boden auf die übernehmende Personengesellschaft übertragen, bei dessen Veräußerung am Zusammenschlussstichtag beim Übertragenden nach einem Wechsel der Gewinnermittlungsart (§ 4 Abs 3a Z 3 lit c EStG) oder einer Einlage (§ 4 Abs 3a Z 3 Z 4 EStG) **§ 30 Abs 4 EStG eingeschränkt anwendbar** wäre (vgl § 24 Rz 200), gilt Folgendes (§ 25 Abs 5 Z 1): Wird von dem Aufwertungswahlrecht nach § 24 Abs 3 nicht Gebrauch gemacht, sondern (auch) der zum Teil gem § 30 Abs 4 EStG begünstigte Grund und Boden in der Zusammenschlussbilanz mit dem Buchwert angesetzt, bleiben am Zusammenschlussstichtag steuerhängige Aufwertungsbeträge aus einem Wechsel der Gewinnermittlungsart (§ 4 Abs 3a Z 3 lit c EStG) und steuerhängige Unterschiedsbeträge aus einer Einlage zum Teilwert (§ 4 Abs 3a Z 4 EStG) weiterhin bei dem den Grund und Boden Übertragenden steuerhängig. § 30 Abs 4 EStG kann auf diese Beträge nach dem Zusammenschluss insoweit angewendet werden, als er auch am Zusammenschlussstichtag anzuwenden gewesen wäre. Wird der betreffende Grund und Boden nach dem Zusammenschluss durch die übernehmende Personengesellschaft veräußert, hat daher der Übertragende die Wertsteigerungen bis zum seinerzeitigen Wechsel der Gewinnermittlungsart bzw bis zur Einlage zu versteuern. Die stillen Reserven sind gegebenenfalls nach § 30 Abs 4 EStG zu ermitteln (dh 14 % des Teilwerts im Zeitpunkt des Wechsels der Gewinnermittlungsart bzw der Einlage). **72**

Dieses Prinzip gilt nicht nur bei Zusammenschlussstichtagen nach dem 31.3.2012 mit zeitlich vorgelagerten Wechseln der Gewinnermittlungsart bzw Einlagen, sondern auch dann, wenn unmittelbar aufgrund eines Zusammenschlusses auf einen

Stichtag vor dem 31.3.2012 ein Wechsel zur Gewinnermittlung nach § 5 Abs 1 EStG erforderlich war (siehe dazu im Detail § 23 Rz 93 ff) und im Zuge dessen bis zum Zusammenschlussstichtag nicht steuerhängiger Grund und Boden mit dem Teilwert angesetzt wurde. Auch in diesen Fällen können die bis zum Wechsel der Gewinnermittlung entstandenen stillen Reserven bei Realisation durch die übernehmende Personengesellschaft nach § 30 Abs 4 EStG ermittelt werden (vgl UmgrStR Rz 1397).

Die im Zeitraum zwischen dem Wechsel der Gewinnermittlungsart bzw der Einlage und dem Zusammenschlussstichtag erwirtschafteten stillen Reserven unterliegen beim Übertragenden hingegen in allen Fällen den allgemeinen Gewinnermittlungsgrundsätzen für Grund und Boden im Betriebsvermögen.

Beispiel 2 (entnommen aus UmgrStR Rz 1457a)

Der Einzelunternehmer A ermittelt seinen Gewinn nach § 5 Abs 1 EStG. A und die natürliche Person B schließen sich zu einem nach dem 31.3.2012 liegenden Stichtag zur A&B-OG zusammen. Dabei überträgt A sein Einzelunternehmen samt betrieblichem Grund und Boden (ursprüngliche Anschaffungskosten: 100; gemeiner Wert sowie Teilwert zum Zusammenschlussstichtag: 1.500); B leistet eine Bareinlage. A führte in seinem Einzelunternehmen in der Vergangenheit einen Wechsel der Gewinnermittlung durch; der Teilwert von Grund und Boden im Zeitpunkt des Wechsels der Gewinnermittlung betrug 1.000. Das geplante Beteiligungsverhältnis von A und B nach dem Zusammenschluss beträgt jeweils 50 %. Da § 30 Abs 4 EStG am Zusammenschlussstichtag gem § 4 Abs 3a Z 3 lit c EStG nur eingeschränkt anwendbar war, kann die pauschale Gewinnermittlung weiter angewendet werden, wobei der Aufwertungsteilwert an die Stelle des Veräußerungserlöses tritt.

Kommt es später zu einer Veräußerung des Grund und Bodens um 2.200, gilt Folgendes:

- *A kann die Wertsteigerungen bis zum Wechsel der Gewinnermittlungsart gem § 30 Abs 4 EStG ermitteln; die Regelung des § 4 Abs 3a Z 3 lit c EStG ist auch nach dem Zusammenschluss weiterhin anzuwenden. Die zu versteuernden stillen Reserven betragen somit in diesem Fall 140 (1.000*0,14).*
- *A hat die Wertsteigerungen, die ab dem Wechsel der Gewinnermittlungsart bis zum Zusammenschlussstichtag eingetreten sind, nach allgemeinen Gewinnermittlungsgrundsätzen zu ermitteln. Die zu versteuernden stillen Reserven betragen somit 500 (Teilwert im Zeitpunkt des Zusammenschlusses 1.500 minus Aufwertungsteilwert 1.000).*
- *A und B haben die Wertsteigerungen nach dem Zusammenschlussstichtag – ihren Beteiligungsquoten entsprechend – ebenfalls nach allgemeinen Gewinnermittlungsgrundsätzen zu ermitteln. Die zu versteuernden stillen Reserven betragen somit 700 (Veräußerungserlös 2.200 minus Teilwert zum Zusammenschlussstichtag 1.500; somit für A und B jeweils 350).*

Der Sondersteuersatz gem § 30a Abs 1 iVm § 30a Abs 3 EStG kann von A und B auf die von ihnen zu versteuernden stillen Reserven angewendet werden.

Alternativ kann die Aufwertungsoption gem § 24 Abs 3 in Anspruch genommen werden (s dazu UmgrStR Rz 1425a); dabei kann für die bis zum Wechsel der Gewinnermittlung angefallenen Wertsteigerungen § 30 Abs 4 EStG angewendet werden.

Werden im Rahmen eines Zusammenschlusses außerhalb eines begünstigten Vermögens Grundstücke des Privatvermögens zu Buchwerten übertragen (zur Ausübung der Aufwertungsoption s UmgrStR Rz 1425a) und wäre § 30 Abs 4 EStG am Zusammenschlussstichtag gesamthaft oder eingeschränkt beim Übertragenden anwendbar, kommt § 25 Abs 5 sinngemäß zur Anwendung, soweit keine Änderung der Zurechnung erfolgt (s UmgrStR Rz 1417).

Die Regelungen des § 25 Abs 5 gelten nicht nur für die Übertragung von Grund und Boden als Teil des begünstigten Vermögens iSd § 23 Abs 2 (zB Grund und Boden als Teil des Betriebsvermögens eines übertragenen Betriebs bzw Teilbetriebs, zur Definition des begünstigen Vermögens siehe § 23 Rz 21 ff), sondern aufgrund der expliziten Regelung in § 25 Abs 5 letzter Satz auch für die Übertragung von Grund und Boden als nicht begünstigtes Vermögen (zB Grund und Boden der aus dem Privatvermögen einer natürlichen Person übertragen wird), in letzterem Fall allerdings nur insoweit, als durch die Übertragung keine Änderung der Zurechnung erfolgt und die Übertragung damit als Einlage iSd § 6 Z 5 EStG gilt (zu den Rechtsfolgen einer Übertragung von Grundstücken als nicht begünstigtes Vermögen siehe § 23 Rz 110 ff). 73

Sonstige Rechtsfolgen des Zusammenschlusses
§ 26. (1) Es sind anzuwenden:
1. **§ 6 Abs. 2 hinsichtlich einer im Zuge der Übertragung auftretenden Verschiebung der Beteiligungsverhältnisse mit der Maßgabe, dass der Unterschiedsbetrag mit Beginn des dem Zusammenschlussstichtag folgenden Tages als unentgeltlich zugewendet gilt.**
2. **§ 22 Abs. 3 hinsichtlich der Umsatzsteuer.**

(2) Nimmt ein Arbeitnehmer des zu übertragenden Betriebes am Zusammenschluß teil, bleiben die Bezüge und Vorteile aus diesem Dienstverhältnis abweichend von § 14 Abs. 2 bis zur Eintragung des Zusammenschlusses in das Firmenbuch, andernfalls bis zum Tag der Meldung im Sinne des § 24 Abs. 1 Einkünfte aus nichtselbständiger Arbeit, soweit sie sich auf diese Zeit beziehen.

(3) Zusammenschlüsse nach § 23 sind hinsichtlich des übertragenen Vermögens (§ 23 Abs. 2) von den Kapitalverkehrsteuern und von den Gebühren nach § 33 TP 21 des Gebührengesetzes 1957 befreit, wenn das zu übertragende Vermögen am Tag des Abschlusses des Zusammenschlußvertrages länger als zwei Jahre als Vermögen des Übertragenden besteht.

(4) Werden auf Grund eines Zusammenschlusses nach § 23 Erwerbsvorgänge nach § 1 des Grunderwerbsteuergesetzes 1987 verwirklicht, so ist die Grunderwerbsteuer gemäß § 4 in Verbindung mit § 7 des Grunderwerbsteuergesetzes 1987 zu berechnen.

[idF BGBl I 2015/118]

Rechtsentwicklung

BGBl 1991/699 (UmgrStG; RV 266 AV 354 BlgNR 18. GP) (Stammfassung; ab 31.12.1991); BGBl 1993/818 (StRefG 1993; RV 1237 AB 1301 BlgNR 18. GP) (Änderung des § 26 Abs 1; Einfügung des neuen § 26 Abs 2; ab 1.12.1993); BGBl 1996/797 (AbgÄG 1996; RV 497 AB 552 BlgNR 20. GP) (Änderung des § 26 Abs 3; ab 31.12.1996); BGBl I 2003/71 (BudBG 2003; RV 59 AB 111 BlgNR 22. GP) (Änderung des § 26 Abs 1; ab 21.8.2003); BGBl I 2004/180 (AbgÄG 2004; RV 686 AB 734 BlgNR 22. GP) (Änderung des § 6 Abs 1; ab 31.12.2004).

Literatur 2017

Gaedke/Huber-Wurzinger, Nochmals: Die Überlassung einer Patientenkartei an den Ordinationsnachfolger – Der Arzt und die (neue) Kleinunternehmerregelung, SWK 2017, 1390; *Holzinger/Hübner-Schwazinger/Minihold*, Die Ärzte-Gruppenpraxis, 2. Auflage (2018).

Übersicht

I.	Allgemeines	1
II.	Äquivalenzverletzung (Abs 1 Z 1)	3–8
III.	Umsatzsteuer (Abs 1 Z 2)	9–12
IV.	Arbeitsverhältnisse (Abs 2)	13
V.	Gesellschaftsteuer/Rechtsgeschäftsgebühr (Abs 3)	
	A. Für Zusammenschlüsse bis 31.12.2015	15–19
	B. Gesellschaftsteuer ab 1.1.2016	20
VI.	Grunderwerbsteuer (Abs 4)	21–26
	A. Für Zusammenschlüsse bis Umgründungsstichtag 31.12.2015	27

I. Allgemeines

1 § 26 enthält eine Reihe von **Begünstigungen**, die bei Zusammenschlüssen, die die Anwendungsvoraussetzungen des Art IV erfüllen, zur Anwendung kommen können. Die Begünstigungen sind ertragsteuerlicher, umsatzsteuerlicher, kapitalverkehrsteuerlicher und gebührenrechtlicher sowie grunderwerbsteuerlicher Natur.

II. Äquivalenzverletzung (Abs 1 Z 1)

3 Es ist davon auszugehen, dass Umgründungen, so auch Zusammenschlüsse, idR **wertäquivalent** vollzogen werden. Insbesondere zwischen **Fremden** wird die Wertäquivalenz der vertraglichen Vereinbarungen daher nicht zu hinterfragen sein (vgl *Huber* in W/Z/H/K[5] § 26 Rz 4; *Mühlehner* in H/M/H § 26 Rz 2). Entspricht die an der übernehmenden Personengesellschaft vermittelte Beteiligungsquote dennoch wertmäßig nicht dem übertragenen Vermögen, spricht man von einer Äquivalenzverletzung (*Mühlehner* in H/M/H § 26 Rz 1). In diesem Fall kommen gem § 26 Abs 1 Z 1 die Grundsätze des § 6 Abs 2 sinngem zur Anwendung (vgl § 6 Rz 11 ff).

4 Auch bei Zusammenschlüssen nach Art IV sind daher die fiktiven Beteiligungsquoten zu ermitteln, die sich bei wertäquivalenter Zuteilung der Gegenleistungsanteile ergeben hätten. In Höhe der Differenz zwischen diesen und den tatsächlich vertraglich vereinbarten Beteiligungsquoten wird für steuerrechtliche Zwecke eine unentgeltliche Anteilszuwendung zwischen den Zusammenschlusspartnern unterstellt. Mit anderen Worten wird ein zunächst wertäquivalenter Zusammenschluss mit anschließender Schenkung von Gesellschaftsanteilen fingiert, wobei auf den Zusammenschluss alle Bestimmungen des Art IV in vollem Umfang (Steuerneutralität, Rückwirkungsfiktion, Vorsorgemaßnahmen etc), auf die Schenkung hingegen die Bestimmungen des allgemeinen Abgabenrechts zur Anwendung kommen. Beim Zuwendenden ist daher der steuerrechtliche Buchwert seines anlässlich des (fiktiv) wertäquivalenten Zusammenschlusses erhaltenen Mitunternehmeranteils im Ausmaß der (fiktiven) Schenkung zu reduzieren. Beim Begünstigten ist der steuerrechtliche Buchwert entsprechend zu erhöhen (vgl *Walter*[11],

Rz 664). Darüber hinaus wird uU eine **Meldepflicht nach § 121a BAO bzw Stiftungseingangssteuer nach § 1 Abs 1 StiftEG** ausgelöst (vgl § 6 Rz 25 ff u Rz 28; zu den ertrag- und schenkungsteuerrechtlichen Konsequenzen s auch § 6 Rz 11 ff).

Die Ermittlung einer Äquivalenzverletzung geht also idR mit der Verkehrswertermittlung einher (s § 23 Rz 66 ff zu positivem Verkehrswert; zur sachgerechten Ermittlung und Dokumentation der Verkehrswerte abhängig von der gewählten Vorsorgemethode s weiterführend *Sulz* in *W/H/M*, HdU § 26 Rz 8 ff). Die Berücksichtigung von **Steuerlatenzen** hat iRd Verkehrswertermittlung zu erfolgen und kann bei Nichtbeachtung eine Äquivalenzverletzung nach sich ziehen.

Eine Äquivalenzverletzung stellt hingegen keine Verletzung der Anwendungsvoraussetzungen des § 23 und damit ein Anwendungshindernis des Art IV dar. Im Anwendungsbereich des Art IV ist es außerdem möglich, eine Äquivalenzverletzung auf gesellschaftsrechtlicher Basis (zB durch eine von der nicht äquivalenten Vermögensbeteiligung abweichende Gewinnbeteiligung oder Liquidationsgewinnbeteiligung) auszugleichen (vgl UmgrStR Rz 1472 iVm Rz 307). Erfolgt der Ausgleich einer Äquivalenzverletzung hingegen nicht auf gesellschaftsrechtlicher Grundlage (zB durch eine Ausgleichszahlung auf Gesellschafterebene), ist eine Anwendungsvoraussetzung des Art IV („ausschließlich gegen Gewährung von Gesellschafterrechten", vgl § 23 Rz 41 ff) verletzt und der Zusammenschluss fällt nicht in den Anwendungsbereich des Art IV (*Huber* in *W/Z/H/K*[5] § 26 Rz 2; zu den Rechtsfolgen s § 23 Rz 121 ff).

Mit den Fragen der Wertäquivalenz in Zusammenhang steht das Fallbeispiel 5 des Sbg Steuerdialogs 2012, Umgründungen, BMF 010203/0444-VI/6/2012, wonach die FV zur Aussage gelangt, dass auch im Falle von Schenkungen zwischen fremden Dritten eine Maßgeblichkeit der zivilrechtlichen Vereinbarung grundsätzlich gegeben ist. Es obliegt der Behörde iRd freien Beweiswürdigung zu erforschen, ob ein – zwischen Nichtangehörigen wenig üblicher – Schenkungsakt dem wirtschaftlichen Gehalt entspricht oder nicht. „Dabei wird bei der Frage, ob Entgeltlichkeit oder Unentgeltlichkeit der Anteilsabtretung vorliegt, auch besonderes Augenmerk auf die gesellschaftsvertragliche Vereinbarungen, insbesondere auf die Gewinnverteilung zu legen sein. Für die Gewinnverteilung sind grundsätzlich die Vereinbarungen der Gesellschafter, insbesondere jene des Gesellschaftsvertrages maßgebend. Dabei ist eine getroffene unternehmensrechtliche Gewinnverteilung grundsätzlich für steuerliche Belange anzuerkennen, wenn sie dem unterschiedlichen Kapital-, Arbeits- und dem etwaigen Haftungsrisiko der Gesellschafter Rechnung trägt oder Gegenstand der Vorsorge gegen eine Steuerlastverschiebung bei einem Zusammenschluss ist. Steht die Gewinnverteilungsvereinbarung in einem offenbaren Missverhältnis zu der Beteiligung und der Mitarbeit der einzelnen Gesellschafter, ist sie steuerlich zu korrigieren. Sollte diese Gewinnverteilung daher nicht den Gesellschafterbeiträgen (insbesondere Kapital, Arbeitskraft und Risiko) angemessen vereinbart sein und ohne nachvollziehbare Begründung zu Ungunsten des ‚Geschenknehmers' vorgenommen werden, so wird in dieser alinearen Ergebnisteilung ein Entgelt für den Anteilserwerb zu sehen sein." Dem ist anzufügen, dass wirtschaftliche Gegebenheiten, Marktpositionen, individuelle Unternehmenssituationen udgl jedenfalls zu würdigen sind und der Wille der Parteien keinem Üblichkeitsdogma untergeordnet werden darf (idZ *Hübner-Schwarzinger* in FS Bertl, 735 ff).

6 Dem Wortlaut nach erfolgt bei einem äquivalenzverletzenden Zusammenschluss nicht nur der fiktiv wertäquivalente Zusammenschluss, sondern auch die fiktive Anteilszuwendung rückwirkend. Die Anteile gelten als „mit Beginn des dem Tag des Zusammenschlussstichtag folgenden Tages als unentgeltlich zugewendet (vgl UmgrStR Rz 1472).

> Dies gilt allerdings nur dann, wenn alle Anwendungsvoraussetzungen des § 23 erfüllt sind und somit ein Zusammenschluss nach Art IV vorliegt (dies ergibt sich schon daraus, dass § 26 gem § 23 Abs 4 nur in diesem Fall anwendbar ist). Kein Zusammenschluss nach Art IV, sondern eine (nicht rückwirkende) Schenkung liegt zB vor, wenn bei einem Zusammenschluss ein Arbeitsgesellschafter einer bestehenden bzw dadurch neu errichteten Mitunternehmerschaft beitritt (vgl § 23 Rz 6) und diesem in Folge von dem/den anderen Gesellschafter(n) ein Teil ihres Mitunternehmeranteils unentgeltlich abgetreten wird (vgl UmgrStR Rz 1368 iVm 1473).

7 Die KStR treffen in Rz 797 die folgenden Aussagen zur Äquivalenzverletzung bei Zusammenschlüssen, an denen eine Kapitalgesellschaft beteiligt ist.

Im Falle eines Zusammenschlusses nach Art IV dahingehend, dass eine GmbH ihren Betrieb auf eine mit ihren Gesellschaftern gegründete KG überträgt, ist Folgendes zu unterscheiden:

- Kommt bei einem Verkehrswertzusammenschluss den Mitunternehmern nicht eine den Verkehrswerten der Einlagen entsprechende Beteiligung zu, liegt ohne Beeinträchtigung der Geltung des UmgrStG eine Äquivalenzverletzung vor. Ein die Gesellschafter und Kommanditisten begünstigendes Beteiligungsverhältnis ist nach § 26 Abs 1 Z 1 zunächst als Zusammenschluss zu äquivalenten Verhältnissen zu würdigen. Die nachfolgende im Allgemeinen als unentgeltliche Zuwendung zu würdigende zweite Stufe ist diesfalls als verdeckte Ausschüttung der GmbH zugunsten ihrer Gesellschafter zu behandeln und löst in Höhe der abgetretenen Mitunternehmeranteile Gewinnverwirklichung und bei der Gesellschaftern Steuerpflicht aus.
- Wird bei einem Kapitalkontenzusammenschluss ein die Gesellschafter und Kommanditisten begünstigender Gewinnvorab vereinbart, liegt eine Verletzung der Vorsorgeverpflichtung iSd § 24 Abs 2 vor, sodass bei der GmbH die volle Gewinnverwirklichung hinsichtlich der auf die KG übertragenen stillen Reserven einschließlich eines allfälligen Firmenwertes die Folge ist. Für die begünstigten Gesellschafter ergibt sich in Höhe des unangemessen hohen Vorab eine Steuerpflicht aus dem Titel der verdeckten Ausschüttung.
- Bei einem Vorbehaltszusammenschluss kann sich eine verdeckte Ausschüttung erst anlässlich der Auseinandersetzung ergeben, wenn der GmbH ein restlicher Anteil eines im Laufe der Mitunternehmerschaft nicht untergegangenen Bestandes an zum Zusammenschlussstichtag vorbehaltenen stillen Reserven einschließlich eines Firmenwertes nicht vorweg abgegolten wird.

8 Soll anlässlich des Beitritts eines neuen Gesellschafters in eine Personengesellschaft nur ein bestehender Partner in seiner Beteiligungsquote herabsinken, stellt das idR eine Äquivalenzverletzung hinsichtlich der anderen Gesellschafter dar. Kommt es nicht zu einer Abgeltung, sondern wird die Äquivalenzverletzung als unentgeltliche Zuwendung angenommen, liegt eine Schenkung vor und der Gesamtvorgang kann als Zusammenschluss mit Buchwertfortführung durchgeführt werden.

Kommt es allerdings zu einer Abgeltung, liegt eine verbotene Gegenleistung vor und ein allfälliger Zusammenschluss wäre nicht im Anwendungsbereich des UmgrStG. Als Alternative sehen UmgrStR Rz 1377a idF WE-GebE 2016 die vertragliche Möglichkeit einer Vereinbarung vor, dass ausschließlich eine Beteiligung am Mitunternehmeranteil jenes Gesellschafters erfolgen soll, dessen Beteiligungsquote absinkt. Dies würde idR einer Unterbeteiligung entsprechen.

III. Umsatzsteuer (Abs 1 Z 2)

Der Zusammenschluss stellt keinen umsatzsteuerbaren Vorgang dar, es fällt daher keine Umsatzsteuer an. **Vorsteuerberichtigungen** können unterbleiben (UmgrStR Rz 1477; *Sulz* in *W/H/M, HdU* § 26 Rz 31). Dies gilt jedoch nur für begünstigtes Vermögen im Sinne des § 23 Abs 2. Wird sonstiges Vermögen im Zuge des Zusammenschlusses übertragen, unterliegt dieser Übertragungsvorgang der Umsatzsteuer (dazu *Hammerl* in HB Sonderbilanzen II 207; *Huber* in $W/Z/H/K^5$ § 26 Rz 10). **9**

Für Zwecke der Umsatzsteuer gibt es **keine Rückwirkung** (*Huber* in $W/Z/H/K^5$ § 26 Rz 16; *Sulz* in *W/H/M, HdU* § 26 Rz 35; *Mühlehner* in *H/M/H* § 26 Rz 8). Nach UmgrStR Rz 1474 kann der Stichtag für den Übergang der umsatzsteuerlichen Zurechnung auch an dem der dem Tag der Anmeldung des Zusammenschlussvertrages zur Eintragung in das Firmenbuch bzw der Meldung am zuständigen Finanzamt folgenden Monatsersten angenommen werden, es sei denn, der Behörde wird ein entsprechender anderer Stichtag für den unternehmerischen Wechsel kundgetan (ebenso UStR Rz 56; *Sulz* in *W/H/M, HdU* § 26 Rz 35; *Mühlehner* in *H/M/H* § 26 Rz 8). **10**

Bei der zusammenschlussbedingten Zurückbehaltung von Wirtschaftsgütern im **Sonderbetriebsvermögen** des Übertragenden ist darauf zu achten, dass die Voraussetzungen für den Vorsteuerabzug erhalten bleiben. Sollten die Rechtsfolgen des umsatzsteuerlichen Eigenverbrauchs vermieden werden, muss in Bezug auf das Sonderbetriebsvermögen eine umsatzsteuerliche relevante Leistungsbeziehung eingegangen werden (*Djanani/Kapferer* in HBStL III² 216 f; *Huber* in $W/Z/H/K^5$ § 26 Rz 17; *Sulz* in *W/H/M, HdU* § 26 Rz 33). **11**

Eine für die Praxis wichtige Aussage stellt die umsatzsteuerliche Frage bei der Begründung von Gruppenpraxen dar. Wird nämlich eine Gruppenpraxis durch einen Verkaufsakt (asset deal) gegründet, greift nach BFG-Rechtsprechung die unechte Befreiung gem § 6 Abs 1 Z 19 UStG nicht. Es wäre aber zu beachten, dass eine Steuerpflicht durch Anwendung der Kleinunternehmerregelung möglicherweise vermieden werden kann (*Gadke/Huber-Wurzinger*, SWK 2017, 1390 ff). **12**

IV. Arbeitsverhältnisse (Abs 2)

Stimmig zu den anderen Artikeln des UmgrStG tritt die übernehmende Mitunternehmerschaft als Gesamtrechtsnachfolgerin in die **Lohnsteuerpflichten** des übertragenden Rechtsträgers zum Zeitpunkt der Eintragung in das Firmenbuch bzw mit der Meldung beim zuständigen Finanzamt, das heißt nicht rückwirkend, ein (*Huber* in $W/Z/H/K^5$ § 26 Rz 19; *Sulz* in *W/H/M, HdU* § 26 Rz 45 f; *Mühlehner* in *H/M/H* § 26 Rz 10). Als Besonderheit iRd Zusammenschlusses ist zu vermerken, dass im Falle des Wechsels eines bisherigen Arbeitnehmers in die Rechtsstellung eines Mitunternehmers beim übernehmenden Rechtsträger der Wechsel der Einkunftsart erst zum Zeitpunkt der Eintragung in das Firmenbuch bzw mit der Meldung am zuständigen Finanzamt, somit auch nicht rückwirkend, erfolgt. Es kann **13** somit in der Praxis zu der Situation kommen, dass im Rückwirkungszeitraum der ertragsteuerlich bereits als Mitunternehmer geltende ehemalige Arbeitnehmer noch lohnsteuerpflichtige Einkünfte hat; die Gewinnverteilung jedoch bereits betriebliche Einkünfte vermittelt (vgl *Sulz* in *W/H/M*, HdU § 26 Rz 50).

V. Gesellschaftsteuer/Rechtsgeschäftsgebühr (Abs 3)
A. Für Zusammenschlüsse bis 31.12.2015

15 Hinsichtlich der dem UmgrStG inhärenten Begünstigung bei Kapitalverkehrsteuer und Zessionsgebühr gemäß § 33 TB 21 GebG ist auf die **Zweijahres-Besitzfrist** zu verweisen. Die Befreiung setzt nämlich voraus, dass das zu übertragende Vermögen zum Kreis des begünstigten Vermögens zählt und dass es am Tag des Abschlusses des Zusammenschlussvertrages länger als zwei Jahre zum Vermögen des Übertragenden gehört hat (vgl *Huber* in *W/Z/H/K*^{5} § 26 Rz 29; *Sulz* in *W/H/M*, HdU § 26 Rz 72; *Mühlehner* in *H/M/H* § 26 Rz 12).

16 Bei einer übertragenden Mitunternehmerschaft ist ein **Gesellschafterwechsel** innerhalb der Zweijahresfrist nicht befreiungsschädlich (UmgrStR Rz 1229; *Djanani/Kapferer* in HBStL III^2 217; *Huber* in *W/Z/H/K*^{5} § 26 Rz 30). Hinzuweisen ist darauf, dass für nicht begünstigtes Vermögen die Gebühren- und Kapitalverkehrsteuerbefreiung nicht greift (vgl *Huber* in *W/Z/H/K*^{5} § 26 Rz 37; *Sulz* in *W/H/M*, HdU § 26 Rz 75).

17 Eine Geldeinlage in eine Kapitalgesellschaft zur Begründung einer **atypisch stillen Gesellschaft** unterliegt der Gesellschaftsteuer, weil nicht Vermögen iSd § 23 Abs 2 übertragen, sondern nur eine Geldeinlage an eine Kapitalgesellschaft geleistet wurde und diese Einlage gem § 178 Abs 1 UGB in das Vermögen der Kapitalgesellschaft übergeht (UmgrStR Rz 1484; *Huber* in *W/Z/H/K*^{5} § 26 Rz 41; *Sulz* in *W/H/M*, HdU § 26 Rz 75).

18 Im Falle eines Beitrittes einer Kapitalgesellschaft als **Komplementärin** zu einer reinen Kommanditgesellschaft oder einem Einzelunternehmer, womit iSd KVG die Gesellschafter Gesellschaftsrechte an einer „neuen" Kapitalgesellschaft erwerben und iSd UmgrStG ein Zusammenschluss zu einer Mitunternehmerschaft vorliegt, ist die Übertragung von Mitunternehmeranteilen und somit die Anwendbarkeit des § 26 Abs 3 zu bejahen, weil die bisher als Mitunternehmer an der ursprünglichen reinen Personengesellschaft beteiligten Kommanditisten dadurch Gesellschaftsrechte an der „neuen" Kapitalgesellschaft gegen Übertragung der bisherigen Mitunternehmeranteile an der reinen Personengesellschaft auf die „neue" Kapitalgesellschaft erlangen (UmgrStR Rz 1486 mVa VwGH 16.12.1999, 99/16/0205; *Huber* in *W/Z/H/K*^{5} § 26 Rz 39).

19 Im Hinblick auf **Mehrfachumgründungen** ist für Zwecke der Gesellschaftsteuer auf die zivilrechtlichen Einzelschritte abzustellen und jeder Vorgang separat unter Hinterfragung der Zweijahresfrist bzw der Anwendung des § 6 Abs 1 Z 3 KVG zu würdigen (in diesem Sinn auch *Huber* in *W/Z/H/K*^{5} § 26 Rz 36).

B. Gesellschaftsteuer ab 1.1.2016

20 Die Befreiungsbestimmung zur GesSt ist seit 1.1.2016 obsolet, da durch das **AbgÄG 2014** (BGBl I 2014/13) die **Gesellschaftsteuer ab 2016 abgeschafft** wurde: „Mit Ablauf des 31. Dezember 2015 tritt Teil I (Gesellschaftsteuer) außer Kraft. Diese

Vorschriften sind letztmalig auf Rechtsvorgänge anzuwenden, bei denen die **Steuerschuld vor dem 1. Jänner 2016 entsteht**" (§ 38 Abs 3e KVG; ausf *Tausch*, GES 2014, 396 ff). Da im KVG keine spezielle Bestimmung hinsichtlich des Entstehens der Steuerschuld enthalten ist, gilt die Bestimmung des § 4 Abs 1 BAO: Maßgeblich ist jener Zeitpunkt, in dem der **Tatbestand, der im Gesetz als steuerpflichtig beschrieben wird, zur Gänze verwirklicht ist** (UFS 26.3.2009, RV/0497-S/08), was bei steuerbaren Zusammenschlüssen idR der Zeitpunkt der **Vertragsunterfertigung** ist.

VI. Grunderwerbsteuer (Abs 4)

§ 24 Abs 4 sieht für Erwerbsvorgänge nach § 1 GrEStG vor, dass GrESt gem § 4 iVm § 7 GrEStG, somit ausschließlich nach den Vorschriften des GrEStG, zu berechnen ist, wenn diese Erwerbsvorgänge auf Grund eines Zusammenschlusses nach § 23 UmgrStG verwirklicht werden. Die GrESt ist daher bei nicht land- und forstwirtschaftlichen Grundstücken in Höhe von 0,5 % vom Grundstückswert, bei land- und forstwirtschaftlichen Grundstücken in Höhe von 2 % vom einfachen Einheitswert zu berechnen. Dies gilt unabhängig davon, ob eine Gegenleistung erfolgt oder nicht.   **21**

Die Begünstigung des § 26 Abs 4 ist auch anzuwenden, wenn infolge eines Zusammenschlusses nach Art IV eine **Anwachsung nach § 142 UGB** eintritt und dadurch der Tatbestand des § 1 Abs 1 Z 2 GrEStG verwirklicht wird (vgl *Fellner*, GrEStG, Band II, § 1 Rz 229), wobei der Zeitpunkt die zivilrechtliche Vermögensübertragung darstellt. Die Grunderwerbsteuer ist daher auch in diesen Fällen mit 0,5 % vom Grundstückswert zu berechnen (UmgrStR Rz 1491).   **22**

Bei einer **formwechselnden Umwandlung** einer Personengesellschaft des Unternehmensrechts in eine GesbR geht das bisher im Gesamthandvermögen der Gesellschafter stehende Vermögen der Personengesellschaft zivilrechtlich durch den Rechtsformwechsel automatisch in das bloß obligatorisch gebundene Miteigentum der Gesellschafter über. Die Gesellschafter werden somit durch die Umwandlung auch zu Miteigentümern der Grundstücke der umgewandelten Personengesellschaft (*Fellner*, GrEStG, § 1 Rz 229b; vgl VwGH 18.11.1993, 92/16/0179-0185, ecolex 1994, 501 mit Kommentar von *Rief*, zum Fall einer Umwandlung einer KG in eine GesbR). Im umgekehrten Fall einer Umwandlung einer GesbR in eine Personengesellschaft geht demnach das zunächst im Miteigentum stehende Vermögen in das Gesamthandvermögen über. Die OG/KG wird damit zur zivilrechtlichen Eigentümerin der (mit)übertragenen Grundstücke. In beiden Fälle wird der Tatbestand des § 1 Abs 1 Z 2 GrEStG verwirklicht (vgl *Arnold/Arnold*, GrEStG, § 1 Rz 77; *Fellner*, GrEStG, § 1 Rz 214 und 229b). Da zumindest die Umwandlung einer GesbR in eine Personengesellschaft des Unternehmensrechts nach hL einen Zusammenschluss nach § 23 darstellt (s § 23 Rz 6 mwN), muss die Begünstigung des § 26 Abs 4 (bei Erfüllung der Anwendungsvoraussetzungen des § 23 Rz 21 ff) zur Anwendung kommen und ist die Grunderwerbsteuer daher mit 0,5 % vom Grundstückswert zu bemessen (glA *Huber* in W/Z/H/K[5] § 26 Rz 53; *Mühlehner* in H/M/H § 26 Rz 31). Gleichermaßen müsste auch der umgekehrte Fall einer Umwandlung einer OG/KG in eine GesbR grundsätzlich einen Zusammenschluss nach Art IV darstellen und damit die Grunderwerbsteuer auch in diesem Fall mit 0,5 % vom Grundstückswert zu bemessen sein (glA wohl *Huber* in W/Z/H/K[5] § 26 Rz 53).   **23**

24 Wird im Zuge eines Zusammenschlusses ein Grundstück in Anwendung des § 16 Abs 5 Z 3 **zurückbehalten** und dadurch ein grunderwerbsteuerpflichtiger Vorgang verwirklicht (zB durch Übertragung eines Grundstücks aus dem Gesamthandvermögen in das Miteigentum der Gesellschafter und damit in das abgabenrechtliche Sonderbetriebsvermögen; s § 24 Rz 72 mit Beispielen), ist § 26 Abs 4 uE ebenfalls anwendbar und die Grunderwerbsteuer damit mit 0,5 % vom Grundstückswert zu bemessen (in diesem Sinn wohl auch *Huber* in *W/Z/H/K*[5] § 26 Rz 54).

25 Erwerbsvorgänge nach § 1 Abs 3 GrEStG (**Vereinigung aller Anteile in einer Hand** bzw **Übertragung aller Anteile**) sind grundsätzlich nicht von § 26 erfasst. Die zusammenschlussbedingte Übertragung aller Anteile an eine Gesellschaft, zu deren Vermögen ein inländisches Grundstück gehört, auf eine übernehmende Personengesellschaft durch einen (Übertragung aller Anteile) oder mehrere Zusammenschlusspartner (Vereinigung aller Anteile) ist daher nicht durch das UmgrStG begünstigt. Die GrESt ist in diesen Fällen allerdings aufgrund der Nennung des Anteilsvereinigungstatbestandes in § 7 Abs 1 Z 2c GrEStG ebenso mit 0,5 % vom Grundstückswert zu bemessen. Zur **Einmalerhebung bei Mehrfachumgründungen** auf den gleichen Stichtag s § 6 Rz 83 f; zur **Rückgängigmachung gem § 17 GrEStG** s § 6 Rz 85 f.

Gehört zum Vermögen einer Personengesellschaft ein inländisches Grundstück, unterliegt der Steuer eine Änderung des Gesellschafterbestandes dergestalt, dass innerhalb von fünf Jahren mindestens 95 % der Anteile am Gesellschaftsvermögen auf neue Gesellschafter übergehen. Treuhändig gehaltene Gesellschaftsanteile sind dem Treugeber zuzurechnen. Derartige Veränderungen im Gesellschafterstand einer Personengesellschaft können sich auch durch einen Zusammenschluss ergeben; die GrESt bemisst sich mit 0,5 % vom Grundstückswert der sich in der Personengesellschaft befindlichen Grundstücke.

> Durch einen zusammenschlussbedingten Erwerb eines Mitunternehmeranteils mit einer Substanzbeteiligung von 100 % an einer Mitunternehmerschaft, in deren Vermögen sich Grundstücke iSd GrEStG befinden (zB Zusammenschluss zu einer GmbH & Co KG durch Beitritt einer GmbH als reiner Arbeitsgesellschafterin mit Grundstücken im übertragenen Betriebsvermögen), wird kein Tatbestand des GrEStG verwirklicht (vgl *Sulz* in *W/H/M*, HdU § 26 Rz 87 mwN).

A. Für Zusammenschlüsse bis Umgründungsstichtag 31.12.2015

28 § 26 Abs 4 idF vor StRefG 2015/2016 enthielt eine Begünstigung für die Tatbestände des § 1 Abs 1 oder 2 GrEStG. Wurden derartige Erwerbsvorgänge „auf Grund eines Zusammenschlusses nach § 23" verwirklicht, so war die Grunderwerbsteuer vom **zweifachen Einheitswert zu bemessen**. Nach UmgrStR Rz 1491 war diese Begünstigung bei jeder von § 1 Abs 1 oder 2 GrEStG idF vor StRefG 2015/2016 erfassten Übertragung von Grundstücken anzuwenden und zwar unabhängig davon, ob es sich bei dem jeweiligen Grundstück um einen Teil des begünstigten Vermögens iSd § 23 Abs 2 handelt (vgl *Huber* in *W/Z/H/K*[5] § 26 Rz 49; *Sulz* in *W/H/M*, HdU § 26 Rz 78).

Artikel V

Realteilung

Anwendungsbereich

§ 27. (1) ¹Eine Realteilung im Sinne dieses Bundesgesetzes liegt vor, wenn Vermögen (Abs. 2 oder 3) von Personengesellschaften auf Grundlage eines schriftlichen Teilungsvertrages (Gesellschaftsvertrages) und einer Teilungsbilanz zum Ausgleich untergehender Gesellschafterrechte ohne oder ohne wesentliche Ausgleichszahlung (§ 29 Abs. 2) tatsächlich auf Nachfolgeunternehmer übertragen wird, denen das Vermögen zur Gänze oder teilweise zuzurechnen war. ²Voraussetzung ist, dass das übertragene Vermögen am Teilungsstichtag, jedenfalls aber am Tag des Abschlusses des Teilungsvertrages, für sich allein einen positiven Verkehrswert besitzt. ³Die Personengesellschaft hat im Zweifel die Höhe des positiven Verkehrswertes durch ein begründetes Gutachten eines Sachverständigen nachzuweisen. ⁴Besteht die Personengesellschaft weiter, muss ihr aus der Realteilung Vermögen (Abs. 2 oder 3) verbleiben.

(2) Zum Vermögen zählen nur Betriebe, Teilbetriebe und Mitunternehmeranteile im Sinne des § 12 Abs. 2.

(3) Abweichend von Abs. 2 gilt folgendes:

1. Liegen bei einem Forstbetrieb keine Teilbetriebe im Sinne des § 12 Abs. 2 Z 1 vor, gilt als Teilbetrieb die Übertragung von Flächen, für die ein gesetzlicher Realteilungsanspruch besteht und die vom Nachfolgeunternehmer für sich als Forstbetrieb geführt werden können.
2. Liegen bei einem Betrieb, dessen wesentliche Grundlage der Klienten- oder Kundenstock ist, keine Teilbetriebe im Sinne des § 12 Abs. 2 Z 1 vor, gilt als Teilbetrieb die Übertragung jenes Teiles des Klienten- oder Kundenstocks, der vom Nachfolgeunternehmer bereits vor der Realteilung dauerhaft betreut worden ist und für sich als Betrieb geführt werden kann.

(4) Personengesellschaften sind solche, bei denen die Gesellschafter als Unternehmer (Mitunternehmer) anzusehen sind.

(5) Auf Realteilungen sind die §§ 28 bis 31 anzuwenden.

[idF BGBl I 2010/34]

Rechtsentwicklung

BGBl 1991/699 (UmgrStG; RV 266 AB 354 BlgNR 18. GP) (Stammfassung); BGBl 1993/818 (StRefG 1993; RV 1237 AB 1301 BlgNR 18. GP) (Neufassung des Abs 1); BGBl 1996/797 (AbgÄG 1996; RV 497 AB 552 BlgNR 20. GP) (Entfall von S 2 des Abs 1, Neunummerierung der Abs 3 und 4 in Abs 4 und 5 sowie Einfügung eines neuen Abs 3); BGBl I 2003/71 (BudBG 2003; RV 59 AB 111 BlgNR 22. GP) (Neufassung des Abs 1 S 1); BGBl I 2005/161 (AbgÄG 2005; RV 1187 AB 1213 BlgNR 22. GP) (Neufassung des Abs 1); BGBl I 2010/34 (AbgÄG 2010; RV 662 AB 741 BlgNR 24. GP) (Anpassung des Abs 1 S 4).

Literatur 2017

Hirschler/Geweßler, Realteilung (Art V UmgrStG), in *Tumpel/Aigner* (Hrsg), Gründung, Umgründung und Beendigung von Unternehmen, Handbuch der österreichischen Steuerlehre, Band III³ (2017) 292; *Reinold*, Immobilienertragsteuer und Umgründungen (2017); *Walter*, Umgründungssteuerrecht 2017¹² (2018).

Übersicht

I. Allgemeines
   A. Regelungsgegenstand 1
   B. Begriffsbestimmung 2, 3
   C. Realteilungstypen
      1. Überblick 4
      2. Schicksal der Personengesellschaft
         a) Auf- und Abteilungen 5, 6
         b) Anteilstausch 7
         c) Betriebstausch 8
      3. Beteiligungsverhältnisse 9–11
      4. Wertäquivalenz 12
      5. Inlands- und Auslandsbezug 13, 14
      6. Buchwertfortführung 15
   D. Gesellschaftsrechtliche Grundlagen 21, 22

II. Anwendungsvoraussetzungen (Abs 1 bis 4)
   A. Überblick 26
   B. Begünstigtes Vermögen (Abs 2 und 3)
      1. Betriebe, Teilbetriebe und Mitunternehmeranteile (Abs 2) 27–33
      2. Teilbetriebsfiktionen (Abs 3)
         a) Überblick 34–36
         b) Forstbetriebe (Abs 3 Z 1) 37–43
         c) Dienstleistungsbetriebe (Abs 3 Z 2) 44–51
      3. Sonderbetriebsvermögen 52–56
      4. Exkurs: Gesetzliche Unvereinbarkeitsvorschriften 57, 58
   C. Positiver Verkehrswert (Abs 1 S 2 und 3)
      1. Erfordernis (Abs 1 S 2) 66–70
      2. Ermittlung 71–74
      3. Zeitliche Aspekte (Abs 1 S 2) 75–77
      4. Nachweis (Abs 1 S 3) 78–83
   D. Steuerbilanz
      1. Erfordernis 86–91
      2. Wechsel der Gewinnermittlungsart 92
         a) Überblick
         b) Einfacher Wechsel
            aa) Auf Ebene der übertragenden Personengesellschaft 93–95
            bb) Auf Ebene des Nachfolgeunternehmers 97–99
         c) Doppelter Wechsel 100, 101
         d) Rechnerisch doppelter Wechsel bei fortgesetzter Einnahmen-Ausgaben-Rechnung 102–110
   E. Personengesellschaft (Abs 4)
      1. Erfordernis von Mitunternehmerschaft 116–118
      2. Mitunternehmerbegriff
         a) Wesensmerkmale 119

	b) Unternehmerinitiative	120, 121
	c) Unternehmerrisiko	122, 123
	d) Verhältnis zwischen Unternehmerinitiative und Unternehmerrisiko	124
	3. Erfasste Personengesellschaftsformen	
	a) Inländische Personengesellschaften	125
	b) Ausländische Personengesellschaften	126
F.	Teilungsvertrag (Abs 1 S 1)	
	1. Erfordernis	131
	2. Wesen und Inhalt	
	a) Wesen	132
	b) Inhalt	
	aa) Wesentliche Vertragselemente	133–135
	bb) Spezialklauseln	136, 137
	3. Nichtigkeit	138, 139
	4. Zeitliche Aspekte	140, 141
G.	Teilungsbilanz (Abs 1 S 1)	146, 147
H.	Gegenleistung (Abs 1 S 1)	
	1. Überblick	151
	2. Aufgabe von Gesellschafterrechten	
	a) Gesellschafterrechte	152
	b) Aufgabe	153
	3. Ausgleichszahlungen	154
I.	Tatsächliche Vermögensübertragung (Abs 1 S 1)	
	1. Erfordernis	156, 157
	2. Nachweis	158, 159
J.	Übernehmender Nachfolgeunternehmer (Abs 1 S 1)	
	1. Rechtsform	161
	2. Vermögenszurechnung	
	a) Gänzliche oder teilweise Zurechnung	162, 163
	b) Natürliche und juristische Personen	164
	c) Personengesellschaften	165, 166
	d) Arbeitsgesellschafter	167
	e) Zeitliche Aspekte	168, 169
K.	Begünstigtes Restvermögen bei Abteilungen (Abs 1 S 4)	171–173
III.	Rechtsfolgen (Abs 5)	
A.	Innerhalb des Anwendungsbereichs des Art V	176–180
B.	Außerhalb des Anwendungsbereichs des Art V	
	1. Allgemeines	181, 183
	2. Realisationstatbestand und -umfang	
	a) Aufteilung	184–186
	b) Abteilung	187–195
	3. Bemessungsgrundlage	196–203
	4. Realisationszeitpunkt	204–206
	5. Sonstige Rechtsfolgen	208–213

I. Allgemeines

A. Regelungsgegenstand

1 Regelungsgegenstand des § 27 ist einerseits die Normierung der Anwendungsvoraussetzungen, die Realteilungen (zum Begriff s Rz 2) erfüllen müssen, um von Art V erfasst zu sein (Abs 1 bis 4; s Rz 26 ff). Andererseits ordnet die Bestimmung für vom Anwendungsbereich des Art V erfasste Realteilungen rechtsfolgenseitig die Anwendung der §§ 28 bis 31 an (Abs 5; s Rz 176 ff).

B. Begriffsbestimmung

2 Unter einer Realteilung iSd Art V wird die auf Grundlage eines schriftlichen Teilungsvertrags und einer Teilungsbilanz erfolgende Übertragung von qualifiziertem Vermögen einer Personengesellschaft auf ihre Gesellschafter verstanden, wenn die Gesellschafter als Gegenleistung die Gesellschafterrechte an der übertragenden Personengesellschaft (teilweise) aufgeben und darüber hinaus keine bzw der Höhe nach begrenzte Ausgleichszahlungen leisten (§ 27 Abs 1; s im Detail Rz 26 ff).

3 Im Bereich von Personengesellschaften ist die Realteilung als **Dekonzentrationsvorgang** (*Znidaric*, ÖStZ 1991, 324) der dem Zusammenschluss (Art IV) entgegengesetzte Umgründungsvorgang, dem im Bereich von Kapitalgesellschaften die Spaltung (Art VI) entspricht (*Huber* in *W/Z/H/K*[5] § 27 Rz 1; *Tröszter/Joklik-Fürst*, FJ 2008, 338; *Schneider*, SWK 1992, A I 347; *Grünwald* in *W/H/M*, HdU[7] Realteilung – Unternehmensrecht Rz 6 f).

C. Realteilungstypen

1. Überblick

4 Je nach Anknüpfungsmerkmal wird zwischen folgenden Realteilungstypen differenziert:
- Auf- und Abteilungen (s Rz 5 ff);
- verhältniswahrende und nichtverhältniswahrende (entflechtende) Realteilungen (s Rz 9 ff);
- äquivalenzwahrende und äquivalenzverletzende Realteilungen (s Rz 12);
- inländische, ausländische, Import- und Export-Realteilungen (s Rz 13 f);
- Buchwertteilungen und verunglückte Realteilungen (s Rz 15).

2. Schicksal der Personengesellschaft

a) Auf- und Abteilungen

5 Nach dem weiteren **Schicksal der übertragenden Personengesellschaft** ist zwischen Auf- und Abteilungen zu unterscheiden: Bei einer **Aufteilung** wird das gesamte Vermögen einer Personengesellschaft auf ihre Gesellschafter übertragen und die Personengesellschaft anschließend aufgelöst. Bei einer **Abteilung** wird nur ein Teil des Vermögens einer Personengesellschaft übertragen, wobei die übertragende Personengesellschaft (mit zumindest zwei verbleibenden Gesellschaftern) fortbestehen bleibt (UmgrStR Rz 1517; *Walter*[11] Rz 682 f; *Huber* in *W/Z/H/K*[5] § 27 Rz 6; *Mühlehner* in *H/M/H* § 27 Rz 11 f, 14 f, 17; *Steinmaurer* in *W/H/M*, HdU[7] Einf Art V Rz 4, § 27 Rz 7 f; *Hammerl* in HB Sonderbilanzen II 209; *Korntner*, FJ 2014, 197). Während im Zuge einer Aufteilung notwendigerweise alle Gesellschafter aus der Personengesellschaft ausscheiden, kann es bei einer Abteilung entweder zu einer Verminderung des Gesellschafterbestands (gänzliches Ausscheiden eines oder mehrerer, nicht aber aller Gesellschafter) oder zu einer Reduzierung des Anteils eines, mehrerer oder aller Gesellschafter (bei gleichbleibendem Gesellschafterbestand) sowie zu einer Kombination beider Varianten kommen.

Mitunter wird die Aufteilung auch als „**Liquidationsteilung**" und die Abteilung auch als „**Übertragungsteilung**" bezeichnet (UmgrStR Rz 1517; *Schwarzinger/Wiesner* II[2] 1127; *Steinmaurer* in *W/H/M*, HdU[7] Einf Art V Rz 4; *Reinweber ua*, UmgrStR[4] 221 f; *Hirschler*, SWK 2003, S 426; *Bartl*, FJ 2004, 14; *Korntner*, FJ 2010, 183 f; *Haselsteiner/ Ludwig* in *Bergmann/Ratka*, HB-PG[2] Rz 15/106), doch sind beide Bezeichnungen irreführend und daher zu vermeiden: Die Umschreibung der Aufteilung als Liquidationsteilung ist deshalb unzutreffend, weil es gerade begriffsimmanentes Wesensmerkmal jeder Realteilung ist, dass es bei Auflösung der Personengesellschaft oder Ausscheiden eines Gesellschafters zu keiner Liquidation („Versilberung") des Gesellschaftsvermögens mit nachfolgender Verteilung des Liquidationserlöses auf die Gesellschafter kommt (diesfalls läge eine „Ziviltteilung" vor; *Grünwald* in *W/H/M*, HdU[7] Realteilung – Unternehmensrecht Rz 2 f), sondern das Vermögen der Personengesellschaft real (dh ohne Liquidation) auf die Gesellschafter übergeht (s Rz 21). Die Umschreibung der Abteilung als Übertragungsteilung erscheint unglücklich, weil sie begrifflich keine Abgrenzung gegenüber der Aufteilung zu schaffen vermag, bei der es ebenfalls zu einer teilungsbedingten Übertragung von Vermögen kommt. **6**

b) Anteilstausch

Neben Auf- und Abteilung wird als dritte, ebenfalls an das Schicksal der übertragenden Personengesellschaft anknüpfende Kategorie regelmäßig, aber unzutreffenderweise die gegenläufige Änderung von Beteiligungsverhältnissen an mehreren Personengesellschaften mit Gesellschafteridentität (**„Anteilstausch"**) genannt (*Huber* in *W/Z/H/K*[5] § 27 Rz 6; *Mühlehner* in *H/M/H* § 27 Rz 13, 16; *Steinmaurer* in *W/H/M*, HdU[7] Einf Art V Rz 4, § 27 Rz 12 f; *ders*, ÖStZ 2008, 400; *Trößter/ Joklik-Fürst*, FJ 2008, 339 f; *Korntner*, FJ 2010, 183 f; UmgrStR Rz 1517). Ein solcher Anteilstausch liegt etwa dann vor, wenn bei zwei jeweils zur Hälfte an zwei Personengesellschaften beteiligten Gesellschaftern das Vermögen der einen Personengesellschaft zur Gänze dem einen Gesellschafter und das Vermögen der anderen Personengesellschaft zur Gänze dem zweiten Gesellschafter übertragen wird. Tatsächlich handelt es sich dabei aber um keinen dritten, an das Schicksal der übertragenden Personengesellschaft anknüpfenden Realteilungstyp, sondern vielmehr um einen vorgelagerten Zusammenschluss mehrerer Personengesellschaften (Art IV) zu einer einheitlichen Personengesellschaft mit anschließend (zum selben Umgründungsstichtag) erfolgender Aufteilung. Zwar ist den Materialien zum UmgrStG (BGBl 1991/699) zu entnehmen, dass auch der historische Gesetzgeber die Ansicht vertrat, dass ein Anteilstausch unter bloßer Anwendung von Art V steuerneutral vollzogen werden könne (ErlRV 266 BlgNR 18. GP, 34), doch hat diese Auffassung im Gesetzestext keine Deckung gefunden. Denn die Anwendung von Art V erfordert, dass jedem (zumindest teilweise) aus einer Personengesellschaft ausscheidenden Gesellschafter von dieser Personengesellschaft qualifiziertes Vermögen übertragen wird (s Rz 30). Im Schrifttum und von der FV wird zwar die Notwendigkeit eines vorangehenden Zusammenschlusses grundsätzlich eingeräumt, doch sei dieser bloß „gedanklich" bzw „fiktiv" zu vollziehen (*Schwarzinger/ Wiesner* II[2] 1216 ff; *Hammerl* in HB Sonderbilanzen II 210 f; *Steinmaurer* in *W/H/M*, HdU[7] § 27 Rz 13; *Walter*[11] Rz 725; *Korntner*, FJ 2010, 146; UmgrStR Rz 1523). Dass aber ein bloß gedanklich vollzogener Zusammenschluss nicht möglich ist, ergibt **7** sich mE nicht zuletzt aus dem Umstand, dass es ertragsteuerlich auch bei mehreren Personengesellschaften mit Gesellschafteridentität **keine Unternehmenseinheit** gibt (VwGH 25.10.2001, 98/15/0190; EStR Rz 5834; Jakom[10]/*Vock* § 23 Rz 121; *Kauba* in *D/K/M/Z*, EStG[10] § 23 Tz 277; *Peth/Wanke/Wiesner* in *W/G/W*, EStG[11] § 23 Anm 150; *Margreiter*, FJ 1993, 59; *Bergmann* in *Bergmann/Ratka*, HB-PG[2] Rz 13/78). Bei unmittelbarer Anwendung von Art V ohne vorangehendem Zusammenschluss lägen daher mehrere Personengesellschaften und ebenso viele Realteilungen vor, bei denen im Falle einer gänzlichen Übertragung eines Gesellschaftsbetriebs auf nur einen Gesellschafter jeweils das Erfordernis der Übertragung von begünstigtem Vermögen auf alle beteiligten Gesellschafter nicht erfüllt wäre, sodass die Realteilungen nicht Art V unterlägen, sondern zur Gewinnrealisierung führen würden (s dazu Rz 181 ff). In jenen Anteilstauschfällen, in denen die Gesellschafter die Gesellschaftsbetriebe nicht jeweils zur Gänze als Einzelunternehmer übernehmen, sondern die Personengesellschaften mit gegenläufig geänderten Beteiligungsverhältnissen fortgeführt werden, würde die unmittelbare Anwendung von Art V ohne vorangegangenem, tatsächlich vollzogenem Zusammenschluss an der Voraussetzung scheitern, dass überhaupt Vermögen von den Personengesellschaften übertragen wird (s dazu Rz 156 ff) und als Gegenleistung dafür Gesellschafterrechte untergehen (s dazu Rz 151 ff). Denn die Anwendung von Art V erfordert den Vollzug eines Übertragungsvorgangs zwischen Personengesellschafts- und Gesellschaftersphäre. Eine bloße Übertragung von Personengesellschaftsanteilen auf Gesellschafterebene ist hingegen nicht vom Tatbestand des § 27 erfasst. Ein Anteilstausch in Gestalt eines tatsächlichen Zusammenschlusses mit anschließender (wenn auch zum selben Stichtag erfolgenden) Realteilung (Mehrfachzug; § 39) zieht die Konsequenz nach sich, dass bei der Realteilung die Fristen des § 31 Abs 2 und 3 nicht erfüllt und deshalb die gebühren- und verkehrsteuerrechtlichen Begünstigungen unanwendbar sind. Dieser nachteilige Umstand dürfte auch Hintergrund des von der hA vertretenen Ansatzes sein, sich des Kunstgriffs eines bloß gedanklichen und nicht tatsächlichen Zusammenschlusses zu bedienen (*Steinmaurer* in *W/H/M*, HdU[7] § 27 Rz 13).

c) **Betriebstausch**

8 Ein dem Anteilstausch ähnlicher Vorgang ist der Tausch ganzer Betriebe zwischen zwei Einzelunternehmern (**„Betriebstausch"**). Auch dieser würde zunächst einen tatsächlichen Zusammenschluss der beiden Einzelbetriebe zu einer Personengesellschaft erfordern, die anschließend realzuteilen wäre, doch wird diesfalls regelmäßig eine missbräuchliche Umgründung (§ 44) vorliegen (UmgrStR Rz 1517; *Hammerl* in HB Sonderbilanzen II 210 f; *Ludwig/Hirschler*, Bilanzierung[2] Rz 300; ErlRV 266 BlgNR 18. GP, 35).

3. Beteiligungsverhältnisse

9 In Anknüpfung an die **Beteiligungsverhältnisse** an der übertragenden Personengesellschaft einerseits und am übertragenen Vermögen nach der Realteilung andererseits wird zwischen verhältniswahrenden und nichtverhältniswahrenden Realteilungen differenziert: Von einer **verhältniswahrenden** Realteilung spricht man dann, wenn die Gesellschafter der übertragenden Personengesellschaft am auf- bzw abgeteilten Vermögen im selben Verhältnis zueinander beteiligt sind wie vor der Realteilung an der übertragenden Personengesellschaft. Andernfalls liegt eine

nichtverhältniswahrende bzw **entflechtende** Realteilung vor (UmgrStR Rz 1521 ff; *Huber* in W/Z/H/K[5] § 27 Rz 6; *Walter*[11] Rz 683a; *Steinmaurer* in W/H/M, HdU[7] Einf Art V Rz 4; *Hammerl* in HB Sonderbilanzen II 210; *Tröszter/Joklik-Fürst*, FJ 2008, 339 f).

Maßgeblich sind nicht die Wertverhältnisse der erhaltenen Vermögensmassen zueinander (hierbei handelt es sich um eine Frage von Äquivalenzverletzungen iSd § 31; s § 31 Rz 3), sondern die ideellen Beteiligungsquoten: Eine Realteilung einer Personengesellschaft mit einem aus zwei gleichwertigen Teilbetrieben bestehenden Gesellschaftsvermögen und zwei je zur Hälfte beteiligten Gesellschaftern dergestalt, dass jedem Gesellschafter einer der beiden gleichwertigen Teilbetriebe in sein Alleineigentum übertragen wird, ist nichtverhältniswahrend. Eine solche, bei der die beiden Teilbetriebe der Personengesellschaft jeweils in das gemeinsame Miteigentum der Gesellschafter zu gleichen Teilen übertragen werden (diesfalls liegen nach der Realteilung zwei Mitunternehmerschaften vor), hingegen schon. 10

In der Praxis sind nichtverhältniswahrende (entflechtende) Realteilungen der Regelfall (*Hammerl* in HB Sonderbilanzen II 210). 11

4. Wertäquivalenz

In Anknüpfung an die **Wertäquivalenz** wird zwischen äquivalenzwahrenden und äquivalenzverletzenden Realteilungen differenziert: Bei einer **äquivalenzwahrenden** Realteilung entspricht der Wert des teilungsbedingt erhaltenen Vermögens (zu- bzw abzüglich allfälliger Ausgleichszahlungen) dem Wert der dafür als Gegenleistung aufgegebenen Gesellschafterrechte. Eine äquivalenzverletzende Realteilung liegt hingegen dann vor, wenn es realteilungsbedingt zu einer Verschiebung im Verhältnis der zuzurechnenden Werte kommt, indem das übertragene Vermögen (zu- bzw abzüglich allfälliger Ausgleichszahlungen) nicht dem Wert der dafür aufgegebenen Gesellschafterrechte entspricht (s § 31 Rz 3 ff). 12

5. Inlands- und Auslandsbezug

Nach dem **Inlands-** bzw **Auslandsbezug** wird zwischen inländischen, ausländischen und grenzüberschreitenden Realteilungen differenziert: Eine **inländische** Realteilung liegt vor, wenn inländisches Vermögen einer inländischen Personengesellschaft auf im Inland unbeschränkt steuerpflichtige Gesellschafter übertragen wird und die Übertragung ausschließlich inländischem Steuerrecht unterliegt. Eine **ausländische** Realteilung liegt umgekehrt vor, wenn Vermögen einer ausländischen Personengesellschaft auf ausländische (im Inland nicht unbeschränkt steuerpflichtige) Gesellschafter übertragen wird und der Übertragungsvorgang ausländischem Steuerrecht unterliegt. Sofern dabei auch ein Inlandsbezug gegeben ist, indem ein ausländischer Gesellschafter mit inländischem Vermögen der ausländischen Personengesellschaft abgefunden wird, kann dabei auch Art V zur Anwendung kommen. Bei einer **grenzüberschreitenden** Realteilung wird entweder Vermögen einer ausländischen Personengesellschaft auf inländische Gesellschafter (**„Import-Realteilung"**) oder umgekehrt Vermögen einer inländischen Personengesellschaft auf ausländische Gesellschafter (**„Export-Realteilung"**) übertragen (UmgrStR Rz 1518 ff; *Walter*[11] Rz 686a ff; *Steinmaurer* in W/H/M, HdU[7] Einf Art V Rz 4, § 27 Rz 15; *Huber* in W/Z/H/K[5] § 27 Rz 6; *Mühlehner* in H/M/H § 27 Rz 41; *Reinweber ua*, UmgrStR[4] 225; *Tröszter/Joklik-Fürst*, FJ 2008, 339 f). 13

14 Die Kategorisierung einer Realteilung nach dem In- bzw Auslandsbezug kann je nach Nachfolgeunternehmer variieren: Mit einer inländischen Realteilung betreffend die Übertragung von Vermögen einer inländischen Personengesellschaft auf einen inländischen Nachfolgeunternehmer kann hinsichtlich einer gleichzeitig erfolgenden Vermögensübertragung derselben inländischen Personengesellschaft auf einen ausländischen Nachfolgeunternehmer eine Export-Realteilung verbunden sein. Gleiches gilt im Verhältnis von Auslands- und Import-Realteilungen.

6. Buchwertfortführung

15 Je nachdem, ob eine Realteilung ertragsteuerlich zur Buchwertfortführung oder nach allgemeinen Grundsätzen zu einer Gewinnrealisierung führt, wird zwischen Buchwertteilungen und verunglückten (missglückten) Realteilungen differenziert: Zu einer steuerneutralen **Buchwertteilung** kommt es idR dann, wenn infolge der Erfüllung sämtlicher Anwendungsvoraussetzungen des § 27 Abs 1 (s Rz 26 ff) gem § 27 Abs 5 die §§ 28 bis 31 anzuwenden sind (s Rz 176 ff). Hinsichtlich **verunglückter Realteilungen** ist zwischen solchen innerhalb und solchen außerhalb des Anwendungsbereichs des Art V zu unterscheiden (*Bergmann*, GES 2012, 97 ff):

- Innerhalb des Anwendungsbereichs des Art V kann es trotz Erfüllung sämtlicher Anwendungsvoraussetzungen des § 27 Abs 1 dann zu einem ertragsteuerlichen „Verunglücken" kommen (s Rz 177), wenn mangels korrektem Einstellen von Ausgleichsposten zur Vermeidung endgültiger Verschiebungen der Steuerbelastung gem § 29 Abs 1 Z 2 iVm § 24 Abs 2 S 2 sämtliche Wirtschaftsgüter einschließlich selbstgeschaffener unkörperlicher Wirtschaftsgüter mit dem Teilwert anzusetzen sind und deshalb iVm § 24 Abs 7 S 1 EStG eine vollumfängliche Gewinnrealisierung eintritt (s § 29 Rz 21 ff) bzw wenn bei der Übertragung ausländischer Betriebe, Teilbetriebe und Mitunternehmeranteile ein nach § 29 Abs 1 Z 4 iVm § 16 Abs 3 gegebenenfalls zustehendes Aufwertungswahlrecht ausgeübt wird und insoweit die höheren Teilwerte mit der Folge einer partiellen Gewinnrealisierung anzusetzen sind (s § 29 Rz 71 ff).
- Eine verunglückte Realteilung außerhalb des Anwendungsbereichs des Art V liegt hingegen dann vor, wenn bei einer Realteilung die Anwendungsvoraussetzungen des § 27 Abs 1 auch nur teilweise nicht erfüllt werden und folglich e contrario § 27 Abs 5 die §§ 28 bis 31 insgesamt nicht anzuwenden sind (s Rz 181 ff).

16 Zu partiellen Ausnahmen vom Grundsatz der Buchwertfortführung kommt es bei den Nachfolgeunternehmern innerhalb des Anwendungsbereichs des Art V weiters dann, wenn bei Import-Realteilungen hinsichtlich übernommener Vermögensteile ein Besteuerungsrecht der Republik Österreich entsteht und insofern nach § 30 Abs 1 Z 2 die höheren Teilwerte anzusetzen sind (s § 30 Rz 11 ff), sowie dann, wenn eine Auslandsbeteiligung realteilungsbedingt die Eigenschaft als internationale Schachtelbeteiligung verliert und insoweit nach § 30 Abs 3 Z 2 der höhere Teilwert zum Teilungsstichtag als Buchwert gilt (s § 30 Rz 71 ff). Anders als die in § 29 verankerten Ausnahmen vom Grundsatz der Buchwertfortführung (s Rz 177) ziehen jene § 30 aber keine steuerpflichtige Gewinnrealisierung nach sich, sondern sollen vielmehr verhindern, dass zuvor nicht steuerhängige stille Reserven nach der Realteilung steuerhängig werden (s § 30 Rz 12 u 73). Eine verunglückte Realteilung liegt daher in solchen Fällen nicht vor.

D. Gesellschaftsrechtliche Grundlagen

Der Begriff der Realteilung ist unternehmens- bzw gesellschaftsrechtlich **nicht** 21 **definiert**, doch wird darunter allgemein eine nach der Auflösung einer Personengesellschaft bzw nach dem Ausscheiden eines Gesellschafters aus einer solchen erfolgende **besondere Form der Auseinandersetzung** unter den Gesellschaftern verstanden (*Grünwald* in *W/H/M*, HdU[7] Realteilung – Unternehmensrecht Rz 1; *Aigner/Züger* in *Achatz ua*, IntUmgr 155; *Rüffler* in FS Hügel 323). Während der Auflösung von Personengesellschaftsverhältnissen typischerweise die Liquidation des Gesellschaftsvermögens („Versilberung") und die Verteilung eines allfälligen Liquidationserlöses auf die Gesellschafter folgt („Ziviltteilung"; zB § 145 Abs 1 UGB), kommt es bei einer Realteilung („Naturalteilung") demgegenüber zu einer Übernahme von Vermögensgegenständen der Personengesellschaft durch ihre Gesellschafter in Anrechnung auf deren Auseinandersetzungsansprüche (*Grünwald* in *W/H/M*, HdU[7] Realteilung – Unternehmensrecht Rz 2 f; *Aigner/Züger* in *Achatz ua*, IntUmgr 155; *Korntner*, FJ 2010, 142; VwGH 27.5.1999, 98/16/0304).

Zivil- bzw unternehmensrechtlich erfolgen Realteilungen (wie Einbringungen iSd Art 22 III und Zusammenschlüsse iSd Art IV) in Form der **Einzelrechtsnachfolge** (*Grünwald* in *W/H/M*, HdU[7] Realteilung – Unternehmensrecht Rz 72; *Krickl/Jerabek/Rittsteuer* in *Althuber/Vondrak*, Steuerrecht Rz 2/219; *Ludwig/Hirschler*, Bilanzierung[2] Rz 291; *Schwarzinger/Wiesner* II[2] 1129; *Walter*[11] Rz 685; *Mühlehner* in *H/M/H* § 27 Rz 23; *Huber* in *W/Z/H/K*[5] § 27 Rz 5; *Igerz*, SWK 1995, A 667; *Huber*, FJ 1992, 185; *Aigner/Züger* in *Achatz ua*, IntUmgr 155). Verbindlichkeiten und Vertragsverhältnisse gehen daher grundsätzlich nur mit Zustimmung der Gläubiger bzw Vertragspartner auf die Nachfolgeunternehmer über, sofern gesetzliche Sonderregelungen (wie etwa die §§ 38 f UGB oder § 3 AVRAG) im Einzelfall nicht einen erleichterten Übergang vorsehen (*Grünwald* in *W/H/M*, HdU[7] Realteilung – Unternehmensrecht Rz 72; *Walter*[11] Rz 685 f). Zu einer realteilungsbedingten Gesamtrechtsnachfolge kann es aber ausnahmsweise dann kommen, wenn infolge des Ausscheidens des vorletzten Gesellschafters das verbleibende Vermögen dem letzten, fortan als Einzelunternehmer agierenden Gesellschafter gem § 142 UGB anwächst (*Mühlehner* in *H/M/H* § 27 Rz 24; *Huber* in *W/Z/H/K*[5] § 27 Rz 6; *Aigner/Züger* in *Achatz ua*, IntUmgr 155).

II. Anwendungsvoraussetzungen (Abs 1 bis 4)
A. Überblick

Eine vom Anwendungsbereich des Art V erfasste Realteilung liegt nur dann vor, wenn 26
- begünstigtes **Vermögen** (s Rz 27 ff)
- mit einem **positiven Verkehrswert** (s Rz 66 ff)
- bei Vorliegen einer **Steuerbilanz** zum Teilungsstichtag (s Rz 86 ff)
- von einer **Personengesellschaft** (s Rz 116 ff)
- auf Grundlage eines schriftlichen **Teilungsvertrags** (s Rz 131 ff) und
- einer **Teilungsbilanz** (s Rz 146 f)
- zum **Ausgleich untergehender Gesellschafterrechte** (s Rz 151 ff)
- **ohne** oder **ohne wesentliche Ausgleichszahlungen** (s Rz 154)
- **tatsächlich auf Nachfolgeunternehmer übertragen** wird (s Rz 156 ff),
- denen das Vermögen vor dem Teilungsvorgang **zur Gänze** oder **teilweise zuzurechnen** war (s Rz 162 ff) und,
- sofern es sich bei der Realteilung um eine Abteilung handelt, auch der fortbestehenden Personengesellschaft begünstigtes Vermögen verbleibt (s Rz 171 ff).

B. Begünstigtes Vermögen (Abs 2 und 3)
1. Betriebe, Teilbetriebe und Mitunternehmeranteile (Abs 2)

27 Gem § 27 Abs 2 zählen zum Kreis des von Art V begünstigten (qualifizierten) Vermögens nur (in- oder ausländische; UmgrStR Rz 1514 u 1548 f; *Staringer* in *W/H/M*, HdU[1] Q2 Rz 79; *Aigner/Züger* in *Achatz ua*, IntUmgr 159 f; *Lechner*, SWI 1992, 179; *Huber*, ÖStZ, 2006, 231)

- **Betriebe**,
- **Teilbetriebe** und
- **Mitunternehmeranteile**

iSd § 12 Abs 2. Zu den an allgemeines Ertragsteuerrecht anknüpfenden Begriffen s ausf § 12 Rz 73 ff u Rz 111 ff.

28 Anders als bei Einbringungen nach Art III sind **Kapitalanteile** (s § 12 Rz 130 ff) für sich (sofern sie nicht Bestandteil eines Betriebs bzw Teilbetriebs sind) nicht begünstigt (*Mühlehner* in *H/M/H* § 27 Rz 25 u § 30 Rz 20; *Hammerl* in HB Sonderbilanzen II 214; *Walter*[11] Rz 702; *Huber* in *W/Z/H/K*[5] § 27 Rz 27; *Hirschler/Geweßler* in HBStL III[3] 303).

29 Das zu übertragende Objekt muss sowohl zum Teilungsstichtag als auch im Zeitpunkt des Vertragsabschlusses einen Betrieb, Teilbetrieb oder Mitunternehmeranteil darstellen (s § 12 Rz 86 f u 115; UmgrStR Rz 1549; *Hammerl* in HB Sonderbilanzen II 214; *Huber* in *W/Z/H/K*[5] § 27 Rz 33). Die Übertragung einzelner Wirtschaftsgüter fällt selbst dann nicht unter Art V, wenn sie für den Nachfolgeunternehmer ausreichen würden, um einen Betrieb zu führen (*Huber* in *W/Z/H/K*[5] § 27 Rz 33; ErlRV 266 BlgNR 18. GP, 35). Das Aufgehen übertragenen qualifizierten Vermögens in einem beim Nachfolgeunternehmer bereits bestehenden Betrieb ist aber unschädlich (UmgrStR Rz 1512).

30 Art V kommt grundsätzlich nur dann zur Anwendung, wenn (UmgrStR Rz 1517; *Hammerl* in HB Sonderbilanzen II 215; *Haselsteiner/Ludwig* in *Bergmann/Ratka*, HB-PG[2] Rz 15/120; *Mayr* in *D/R* I[11] Tz 1220; *Krickl/Jerabek/Rittsteuer* in *Althuber/Vondrak*, Steuerrecht Rz 2/223; *Schneider*, SWK 1992, A I 348; *Huber*, FJ 1992, 185; *Korntner*, FJ 2010, 144 u 183)

- bei Aufteilungen sämtlichen Gesellschaftern qualifiziertes Vermögen übertragen wird, bzw
- bei Abteilungen auf alle (zumindest teilweise) ausscheidenden Gesellschafter qualifiziertes Vermögen übertragen wird und auch der fortbestehenden Personengesellschaft qualifiziertes Restvermögen verbleibt (s Rz 171).

Nicht erforderlich (und iRd Art V auch nicht zulässig) ist die Übertragung von qualifiziertem Vermögen lediglich hinsichtlich ausscheidender reiner **Arbeitsgesellschafter**, denen vor der Realteilung kein Vermögen zuzurechnen war (UmgrStR Rz 1517a; *Mühlehner*, RdW 2009, 379; aA *Wiesner/Schwarzinger*, UmS 187/8/12, SWK 2012, 438; zum Erfordernis der Vermögenszurechnung s Rz 162 ff).

31 Aufgrund des Erfordernisses der Übertragung von begünstigtem Vermögen auf jeden (zumindest teilweise) ausscheidenden vermögensbeteiligten Gesellschafter bzw der Notwendigkeit des Verbleibs von qualifiziertem Restvermögen bei einer im Abteilungsfalle fortbestehenden Personengesellschaft (s Rz 171) ist eine Realteilung iSd Art V idR nur dann möglich, wenn die übertragende Personengesellschaft über mindestens zwei qualifizierte Vermögenseinheiten verfügt (*Hübner-Schwarzinger*, Einführung 71). Eine Ausnahme davon besteht

- bei Realteilungen von Personengesellschaften mit nur einem vermögensbeteiligten Gesellschafter (insb GmbH & Co KG mit nur einem vermögensbeteiligten Kommanditisten und einer Komplementär-GmbH als Arbeitsgesellschafter). Diesfalls wird zwar kein Vermögen im zivilrechtlichen Sinne real geteilt, nichtsdestotrotz kann es aber bei Erfüllung aller sonstigen Anwendungsvoraussetzungen zu einer vom Tatbestand des § 27 Abs 1 erfassten Vermögensübertragung von der Personengesellschaft auf den Gesellschafter kommen. Mangels Übertragung auf Grundlage eines schriftlichen Teilungsvertrags (s Rz 131 ff) dürfte Art V jedoch insb dann unanwendbar sein, wenn die Vermögensübertragung infolge einer einseitigen Kündigung des Arbeitsgesellschafters ex lege durch Anwachsung iSd § 142 UGB erfolgt (*Wiesner*, RWZ 2009, 178; im Ergebnis a *Wiesner/Schwarzinger*, UmS 187/8/12, SWK 2012, 438). Diesfalls soll aber bereits nach allgemeinem Ertragsteuerrecht keine Gewinnrealisierung eintreten (*Wiesner/Schwarzinger*, UmS 135/33/02, SWK 2002, S 824), sodass sich die Auswirkungen der Nichtanwendbarkeit des Art V im Wesentlichen auf die Unmöglichkeit der ertragsteuerlichen Rückbeziehung (s § 28 Rz 11 ff) und die Unanwendbarkeit der umsatzsteuerlichen, kapitalverkehrsteuerlichen, gebührenrechtlichen sowie grunderwerbsteuerlichen Begünstigungen des § 31 beschränken (s Rz 31 ff).
- bei Realteilungen infolge gesetzlicher Unvereinbarkeitsvorschriften (s Rz 57 f).

Keine Ausnahmen von diesem Grundsatz stellen hingegen die Anwendungsfälle des § 27 Abs 3 dar, bei denen das Vorliegen mehrerer qualifizierter Vermögenseinheiten gesetzlich fingiert wird (s Rz 34 ff).

Aus § 27 Abs 2, wonach zum von Art V begünstigten Vermögen nur Betriebe, Teilbetriebe und Mitunternehmeranteile zählen, und dem Umstand, dass aufgrund der in den §§ 2 Abs 4 S 3, 21 Abs 2 Z 2 letzter S und 22 Z 3 TS 1 EStG verankerten **Abfärbetheorie** bereits die geringste von einer Personengesellschaft ausgeübte betriebliche Tätigkeit (dazu zählt im Falle von doppelstöckigen Personengesellschaften auch das bloße Halten von Mitunternehmeranteilen; EStR Rz 5831a; *Bergmann*, SWK 2008, S 731 f; *Q/S* § 23 Tz 20) dazu führt, dass die Personengesellschaft insgesamt als betriebliche Mitunternehmerschaft einzustufen ist (ausf *Bergmann*, ÖStZ 2008, 360 f; *ders*, GES 2011, 86 f; *ders* in *Bergmann/Ratka*, HB-PG[2] Rz 13/70 ff; zum Mitunternehmerbegriff s Rz 119 ff), ergibt sich, dass Art V nur Mitunternehmerschaften erfasst und vermögensverwaltende Personengesellschaften von vornherein vom Anwendungsbereich des Art V ausgeschlossen sind (*Huber* in *W/Z/H/K*[5] § 27 Rz 35). § 27 Abs 4 ist insofern nur deklarative Bedeutung beizumessen (s Rz 117; *Bergmann*, GES 2012, 190). **32**

Nach hA ergäbe sich aus der Abfärbetheorie, dass Personengesellschaften – im Gegensatz zu natürlichen Personen – nur über einen einzigen allumfassenden Betrieb verfügen können (*Aman*, SWK 1996, A 277; *Margreiter*, FJ 1993, 59; *Q/S* § 23 Tz 21; *Peth/Wanke/Wiesner* in *W/G/W*, EStG[11] § 23 Anm 148; *Zorn* in *Bertl/Mandl/* **33**

Mandl/Ruppe, Die Personengesellschaft in Handels- und Steuerrecht, 21; krit *Kauba* in *D/K/M/Z*, EStG[10] § 23 Tz 205; *Jakom*[10]/*Vock* § 23 Rz 126). Tatsächlich kann aber weder § 2 Abs 4 S 3 EStG noch § 21 Abs 2 Z 2 S 2 EStG und § 22 Z 3 S 2 EStG eine derartige Beschränkung auf nur einen Betrieb entnommen werden (*Bergmann*, ÖStZ 2008, 360 f; *ders*, GES 2011, 86 f; *ders* in *Bergmann/Ratka*, HB PG[2] Rz 13/73 ff; zustimmend *Jakom*[10]/*Vock* § 23 Rz 126). Diesen Eindruck bestätigt auch § 27 Abs 2, nach dem auch ganze „Betriebe" zum nach Art V begünstigten Vermögen zählen. Andernfalls würden Realteilungen, bei denen einem der beteiligten Gesellschafter der diesfalls zwingend einzige und folglich allumfassende Betrieb übertragen wird, regelmäßig (zur Ausnahme bei Personengesellschaften mit nur einem vermögensbeteiligten Gesellschafter s Rz 31) misslingen und zu einer Gewinnrealisierung führen (s Rz 181 ff), weil die Anwendung von Art V erfordert, dass jedem ausscheidenden Gesellschafter begünstigtes Vermögen übertragen wird (Rz 30) und im Abteilungsfalle auch der fortbestehenden Personengesellschaft begünstigtes Vermögen verbleibt (s Rz 171; ebenfalls von der Möglichkeit mehrerer Betriebe von Mitunternehmerschaften ausgehend UmgrStR Rz 1552 u 1575; *Wiesner/Schwarzinger*, UmS 44/13/01, SWK 2001, S 399; *Wiesner*, SWK 1992, A I 145; *Schwarzinger/Wiesner* II[2] 1152 ff). Personengesellschaften können daher nach der Abfärbetheorie zwar nur Einkünfte aus einer betrieblichen Einkunftsart erzielen. Dabei können sie aber richtigerweise gleichzeitig über mehrere Betriebe dieser Einkunftsart verfügen (ausf *Bergmann*, ÖStZ 2008, 360 f; *ders*, GES 2011, 86 f; *ders* in *Bergmann/Ratka*, HB PG[2] Rz 13/70 ff).

2. Teilbetriebsfiktionen (Abs 3)
a) Überblick

34 § 27 Abs 3 sieht seit dem AbgÄG 1996 (BGBl 1996/797) hinsichtlich der Realteilung von Forstbetrieben (s Rz 37 ff) und Betrieben, deren wesentliche Grundlage der Klienten- oder Kundenstock ist (s Rz 44 ff), Ausnahmen vor, in welchen ein (nach allgemeinen ertragsteuerlichen Grundsätzen beurteiltes) tatsächliches Vorliegen mehrerer Teilbetriebe – abweichend von § 27 Abs 2 – nicht erforderlich ist, sondern Teilbetriebe fingiert werden können (**Teilbetriebsfiktionen**).

35 Eine ausdehnende Interpretation der Teilbetriebsfiktionen auf andere Unternehmensbereiche ist nicht möglich (ErlRV 497 BlgNR 20. GP, 29; *Mühlehner* in *H/M/H* § 27 Rz 29). Die Frage der Möglichkeit einer sinngemäßen Anwendung des § 27 Abs 3 bei anderen Umgründungsvorgängen (dies verneinend ErlRV 497 BlgNR 20. GP, 29; *Mühlehner* in *H/M/H* § 27 Rz 29; *Hammerl* in HB Sonderbilanzen II 214; *Wiesner/Schwarzinger*, UmS 87/35/36/01, SWK 2001, S 859; hingegen aufgrund verfassungsrechtlicher Bedenken bejahend *Kohlbacher/Walter*, GeS 2003, 73 ff) hat infolge der zwischenzeitlichen Einführung einer inhaltlich übereinstimmenden Ausnahmeregelung für Spaltungen (Art VI) in § 32 Abs 3 mit dem BudBG 2003 (BGBl I 2003/71) an Bedeutung verloren (s § 32 Rz 63 ff).

36 Unmittelbar nach erfolgter Realteilung nimmt ein fiktiver Teilbetrieb beim Nachfolgeunternehmer die Eigenschaft eines gewöhnlichen Betriebs an und ist daher auch ohne gesetzlicher Betriebs- bzw Teilbetriebsfiktion einbringungs- bzw zusammenschlussfähig (UmgrStR Rz 1621c; *Wiesner/Schwarzinger*, UmS 47/14/01, SWK 2000, S 411).

b) Forstbetriebe (Abs 3 Z 1)

Hintergrund der Einführung der Teilbetriebsfiktion des § 27 Abs 3 Z 1 waren im Bereich der Forstwirtschaft auftretende Schwierigkeiten dergestalt, dass erhebliche stille Reserven enthaltende Forstflächen zwar zivilrechtlich teilbar sind und auch getrennt bewirtschaftet werden können, diese aber typischerweise keine Teilbetriebseigenschaft aufweisen (ausf *Wolff-Plottegg/Lennkh*, ÖStZ 1992, 227 ff) und folglich Realteilungen von Forstbetrieben mangels Übertragung von qualifiziertem Vermögen iSd § 27 Abs 2 auf jeden Beteiligten (s Rz 30) bzw im Abteilungsfalle der Verbleib von solchem auch bei der fortbestehenden Personengesellschaft (s Rz 171) aus ertragsteuerlicher Sicht mangels Anwendbarkeit des Art V regelmäßig zur Gewinnrealisierung führten (ErlRV 497 BlgNR 20. GP, 29). Verschärfend trat der Umstand hinzu, dass die zur Begleichung der infolge einer Gewinnrealisierung anfallenden Steuerschuld erforderlichen liquiden Geldmittel häufig nicht vorhanden waren und einem „Flüssigmachen" durch großflächige Schlägerungen idR forstgesetzliche Bestimmungen entgegenstehen (*Steinmaurer* in *W/H/M*, HdU[7] § 27 Rz 34). 37

Nach der Teilbetriebsfiktion des § 27 Abs 3 Z 1 gilt im Falle eines nicht in Teilbetriebe iSd § 12 Abs 2 Z 1 untergliederten Forstbetriebs „als Teilbetrieb die Übertragung von Flächen, für die ein gesetzlicher Realteilungsanspruch besteht und die vom Nachfolgeunternehmer für sich als Forstbetrieb geführt werden können". Die Teilbetriebsfiktion ermöglicht somit eine Aufteilung von Flächen eines dem Grunde nach ertragsteuerlich unteilbaren Forstbetriebs unter folgenden **Voraussetzungen**: 38

- Für die zu teilenden Flächen muss ein **„gesetzlicher Realteilungsanspruch"** bestehen und
- die Flächen müssen **„für sich"**, dh unabhängig eines allenfalls beim Nachfolgeunternehmer bereits bestehenden Forstbetriebs (*Steinmaurer* in *W/H/M*, HdU[7] § 27 Rz 53; *Huber* in *W/Z/H/K*[5] § 27 Rz 44; UmgrStR Rz 1551) als solcher geführt werden können.

Maßgebliche Bestimmung zur Beurteilung des Vorliegens dieser Voraussetzungen ist **§ 15 ForstG 1975** (ErlRV 497 BlgNR 20. GP, 29; UmgrStR Rz 1551; *Hirschler/Geweßler* in HBStL III[3] 303; *Steinmaurer* in *W/H/M*, HdU[7] § 27 Rz 53; *Korntner*, FJ 2014, 202). Eine gesonderte Lebensfähigkeit ist demnach dann gegeben, wenn durch die Teilung keine „Grundstücke entstehen, auf denen die Waldfläche das für die Walderhaltung und eine zweckmäßige Waldbewirtschaftung erforderliche Mindestausmaß unterschreitet" (§ 15 Abs 1 ForstG 1975). Das Vorliegen eines gesetzlichen Teilungsanspruchs ist an das Bestehen einer gesonderten Lebensfähigkeit der geteilten Flächen gekoppelt und besteht immer dann, wenn eine solche gegeben ist (§ 15 Abs 1 ForstG 1975). Die in § 15 Abs 2 bis 4 ForstG 1975 geregelten Ausnahmen, in denen eine Teilung auch dann zulässig sein kann, wenn keine gesonderte Lebensfähigkeit der geteilten Flächen gegeben ist, sind für Zwecke des § 27 Abs 3 Z 1 nicht maßgeblich, weil letztere Bestimmung das kumulative Vorliegen eines gesetzlichen Realteilungsanspruchs und einer gesonderten Lebensfähigkeit erfordert.

§ 27 Abs 3 Z 1 kommt nach dem eindeutigen Gesetzeswortlaut nur dann zur Anwendung, wenn ein Forstbetrieb **nicht ohnehin in Teilbetriebe iSd § 12 Abs 2 Z 1 untergliedert** ist. Ist Letzteres der Fall, hat eine Realteilung anhand der tatsächlichen Teilbetriebe zu erfolgen. Eine Teilung nach fiktiven (iRd § 15 ForstG 1975 willkürlich angenommenen) Teilbetrieben iSd § 27 Abs 3 Z 1 ist diesfalls unzulässig. 39

40 Das Vorliegen eines Forstbetriebs ist nach **ertragsteuerlichen Grundsätzen** zu beurteilen (UmgrStR Rz 1554). Danach ist unter Forstwirtschaft die planmäßige Nutzung der natürlichen Kräfte des Waldbodens zur Gewinnung und Verwertung von Holz und anderen Walderzeugnissen (wie zB Beeren, Harz, Laub, Moos, Nadeln, Pilzen, Reisig oder Zapfen) zu verstehen (*Doralt* in *D/K/M/Z*, EStG[9] § 21 Tz 15; Jakom[10]/*Vock* § 21 Rz 28; BFH 18.3.1976, IV R 52/72, BStBl 1976 II 482). Für die Zuordnung von Grundflächen zum Forstbetrieb ist der forstrechtliche Begriff „Wald" iSd §§ 1 bis 4 ForstG 1975 maßgeblich (UmgrStR Rz 1554; *Steinmaurer* in *W/H/M*, HdU[7] § 27 Rz 43, 47), der neben voll bestockten Waldflächen und Nutzungsflächen, die vorübergehend nicht oder nicht voll bestockt sind (wie etwa Aufforstungen oder Schläge), auch Kampfzonen, Räumden und jene Flächen umfasst, die zwar dauernd unbestockt sind, aber in direktem räumlichen und wirtschaftlichen Zusammenhang mit der Waldbewirtschaftung stehen (wie etwa Bringungsanlagen, Holzlagerplätze oder Waldschneisen). Zum Forstbetrieb zählen weiters (UmgrStR Rz 1555; *Steinmaurer* in *W/H/M*, HdU[7] § 27 Rz 40 ff; *Hirschler/Geweßler* in HBStL III[3] 303):

- ertragsteuerlich als forstwirtschaftliche Nebenbetriebe anzusehende Tätigkeiten wie Sägen, Schottergruben und Forstgärten;
- Jagd und Fischerei auf dem Forstbetrieb zugehörigen Flächen und Gewässern (ausgenommen Teichwirtschaft und Fischzucht), unabhängig davon, ob sie selbst betrieben werden oder verpachtet sind;
- Flächen, auf denen sich Betriebsgebäude des Forstbetriebs oder eines forstlichen Nebenbetriebs befinden.

Nicht zum Forstbetrieb gehören hingegen (UmgrStR Rz 1556; *Steinmaurer* in *W/H/M*, HdU[7] § 27 Rz 44):

- landwirtschaftlich genutzte Flächen, die nicht unter den Waldbegriff fallen (wie etwa Christbaumzucht, Almen, Schipisten, Wildgatter zur Wildfleischproduktion), es sei denn, sie werden iRe Forstbetriebs betrieben (zB Forstgärten);
- Grundflächen, die direkt weder einer forstwirtschaftlichen noch einer landwirtschaftlichen Nutzung unterliegen (etwa Ödland), es sei denn, die außerforstwirtschaftliche Nutzung zieht keine wesentliche Änderung der forstlichen Nutzung nach sich (zB Langlaufloipen).

41 Die Teilbetriebsfiktion kann grundsätzlich sowohl bei Personengesellschaften zur Anwendung kommen, die nur über einen Forstbetrieb verfügen, als auch bei solchen, die neben dem Forstbetrieb einen weiteren Betrieb unterhalten, wobei sich die Teilbetriebsfiktion stets nur auf den Forstbetrieb selbst erstreckt (UmgrStR Rz 1552; *Huber* in *W/Z/H/K*[5] § 27 Rz 44; *Steinmaurer* in *W/H/M*, HdU[7] § 27 Rz 36). Wird ungeachtet dessen auch ein neben dem Forstbetrieb bestehender unteilbarer landwirtschaftlicher Betrieb nach Flächen geteilt, kommt es insgesamt zu einer Gewinnrealisierung (UmgrStR Rz 1553; *Huber* in *W/Z/H/K*[5] § 27 Rz 44; s dazu Rz 181 ff). Zur Vermeidung einer Gewinnrealisierung in vollem Umfang kann jedoch der Realteilung des Forstbetriebs eine verhältniswahrenden Abteilung des landwirtschaftlichen Betriebs auf eine Schwester-Personengesellschaft vorgelagert werden (UmgrStR Rz 1553; *Huber* in *W/Z/H/K*[5] § 27 Rz 44). Zwar könnte eine vollumfängliche Gewinnrealisierung auch durch eine vorgelagerte verhältniswahrende Abteilung des Forstbetriebs vermieden werden, doch wären diesfalls bei der nachgelagerten Aufteilung der forstbetrieblichen Nachfolge-Personengesellschaft die Fristen des § 31

Abs 2 und 3 nicht erfüllt und deshalb die gebühren- und verkehrsteuerrechtlichen Begünstigungen unanwendbar.

Sofern ein allfällig neben einem Forstbetrieb bestehender weiterer Betrieb nicht ebenfalls zu Einkünften aus Land- und Forstwirtschaft iSd § 21 EStG führt, kommt es nach § 21 Abs 2 Z 2 S 2 iVm § 2 Abs 4 S 3 EStG zur Umqualifikation der forstbetrieblichen Einkünfte zu solchen aus Gewerbebetrieb (**Abfärbetheorie**; ausf *Bergmann*, ÖStZ 2008, 360 f; *ders*, GES 2011, 86 f; *ders* in *Bergmann/Ratka*, HB PG² Rz 13/70 ff). Fraglich ist, ob die Teilbetriebsfiktion des § 27 Abs 3 Z 1 ungeachtet dessen angewendet werden kann. Vor dem Hintergrund, dass mit der Bestimmung dem speziell im Bereich der Forstwirtschaft vorzufindenden Problem Abhilfe geschaffen werden sollte, dass erhebliche stille Reserven enthaltende Forstflächen zwar zivilrechtlich teilbar sind, diese aber nach der restriktiven Rechtsprechung regelmäßig keine steuerliche Teilbetriebseigenschaft aufweisen (ErlRV 497 BlgNR 20. GP, 29), erschließt sich, dass der Gesetzgeber mit der Teilbetriebsfiktion des § 27 Abs 3 Z 1 nicht eine bestimmte steuerliche Betriebs- bzw Einkunftsart begünstigen, sondern einem branchenspezifischen Problem des Auseinanderklaffens der zivil- und steuerrechtlichen Teilungsfähigkeit Abhilfe schaffen wollte. Da dieses Problem gleichermaßen dann besteht, wenn es aus ertragsteuerlicher Sicht aufgrund von § 21 Abs 2 Z 2 S 2 iVm § 2 Abs 4 S 3 EStG zu einer Umqualifikation des Forstbetriebs zu einem Gewerbebetrieb kommt, dürfte sich in teleologischer Auslegung des § 27 Abs 3 Z 1 ergeben, dass die Teilbetriebsfiktion auch solche Betriebe erfasst, die zwar steuerlich infolge des Abfärbegrundsatzes einen Gewerbebetrieb darstellen, aber bei isolierter Betrachtung als steuerlicher Forstbetrieb zu charakterisieren wären (ebenso im Ergebnis UmgrStR Rz 1552; *Steinmaurer* in W/H/M, HdU⁷ § 27 Rz 36).

In der Praxis stellen ausschließliche Forstbetriebe völlig ohne landwirtschaftlich genutzter Flächen eine Ausnahme dar (UmgrStR Rz 1558). Nach Ansicht der FV sollen aber keine Bedenken bestehen, trotz im Betrieb vorhandener, nicht unter den Waldbegriff fallender landwirtschaftlich genutzter oder ungenutzter Flächen einen einheitlichen Forstbetrieb anzunehmen, wenn kumulativ folgende Kriterien vorliegen (UmgrStR Rz 1558; „**Bagatell-Regelung**"):

- Die Flächen stehen in unmittelbarem räumlichen Zusammenhang mit den Waldflächen,
- die Personengesellschaft unterhält am Tag des Abschlusses des Teilungsvertrags keinen eigenen aktiv betriebenen oder verpachteten landwirtschaftlichen Hauptbetrieb (eine der Realteilung vorgelagerte verhältniswahrende Abteilung eines landwirtschaftlichen Betriebs auf eine Schwester-Personengesellschaft ist nicht schädlich),
- die landwirtschaftlich genutzten Flächen umfassen nicht mehr als 20 % der Gesamtgrundfläche, wobei die nicht zum Forstbetrieb zählenden Flächen (ausgenommen Ödland) mitzuberücksichtigen und Almflächen nur mit 50 % ihrer Fläche anzusetzen sind und
- der Einheitswert der landwirtschaftlich genutzten Flächen übersteigt einen Betrag von 15.000 € nicht. Diese Einheitswertgrenze ist jedoch unbeachtlich, wenn die landwirtschaftlich genutzten Flächen höchstens 5 % der Gesamtgrundflächen des Betriebs betragen.

Liegen diese Kriterien nicht vor, ist hinsichtlich der genannten Flächen von einem eigenständigen, nicht unter die Teilbetriebsfiktion des § 27 Abs 3 Z 1 fallenden landwirtschaftlichen Betrieb auszugehen (UmgrStR Rz 1558).

c) Dienstleistungsbetriebe (Abs 3 Z 2)

44 Nach der Teilbetriebsfiktion des § 27 Abs 3 Z 2 gilt im Falle eines nicht in Teilbetriebe iSd § 12 Abs 2 Z 1 untergliederten Betriebs, dessen wesentliche Grundlage der Klienten- oder Kundenstock ist („Dienstleistungsbetrieb"; UmgrStR Rz 1559), „als Teilbetrieb die Übertragung jenes Teiles des Klienten- oder Kundenstocks, der vom Nachfolgeunternehmer bereits vor der Realteilung dauerhaft betreut worden ist und für sich als Betrieb geführt werden kann".

45 § 27 Abs 3 Z 2 ermöglicht kunden- bzw mandantenorientierten Berufsgruppen im **freiberuflichen Bereich** (insb Rechtsanwälten und Wirtschaftstreuhändern, aber auch Ärzten, Notaren ua) sowie im **gewerblichen Bereich** (insb Maklern) eine Realteilung unter Anwendung von Art V, obwohl Betriebe dieser Berufsgruppen typischerweise nicht in Teilbetriebe untergliedert sind (*Wolf*, RdW 2004, 58). Die Bestimmung vermeidet somit gewissermaßen, dass solche Berufsgruppen von vornherein vom Anwendungsbereich des Art V ausgeschlossen sind (UmgrStR Rz 1559; *Tröszter/Joklik-Fürst*, FJ 2008, 342).

46 Der Anwendungsbereich des § 27 Abs 3 Z 2 ist auf solche Betriebe beschränkt, bei denen der Kunden- bzw Klientenstock die **wesentliche Betriebsgrundlage** darstellt (UmgrStR Rz 1559; *Mayr* in D/R I[11] Tz 1224 FN 250; W/S/S/S, Rechtsanwälte 95; *Tröszter/Joklik-Fürst*, FJ 2008, 342). Zur Beurteilung dieser Frage kann hilfsweise die Betriebsaufgabenjudikatur zu § 24 EStG herangezogen werden (UmgrStR Rz 1559; W/S/S/S, Rechtsanwälte 95; *Tröszter/Joklik-Fürst*, FJ 2008, 342; zu Judikaturnachweisen s EStR Rz 5514; *Doralt* in D/K/M/Z, EStG[10] § 24 Tz 37 ff). Sofern dies der Fall ist, gilt ein übertragener Teil des Kunden- bzw Klientenstocks dann als fiktiver Teilbetrieb, wenn dieser

- „vom Nachfolgeunternehmer bereits **vor der Realteilung dauerhaft betreut** worden ist" und
- „**für sich**", dh unabhängig eines allenfalls beim Nachfolgeunternehmer bereits bestehenden Betriebs, als eigenständiger Betrieb geführt werden kann.

47 Ab welcher Zeitspanne eine erforderliche **dauerhafte Betreuung** vorliegt, lässt das Gesetz offen. Nach Ansicht der FV bestehen aber keine Bedenken, eine Betreuung von mindestens einem Jahr als dauerhaft anzusehen (UmgrStR Rz 1560; zweifelnd W/S/S/S, Rechtsanwälte 95). Dabei sind sowohl selbständige als auch unselbständige Tätigkeiten bis zum Abschluss des Teilungsvertrags zu berücksichtigen (UmgrStR Rz 1560; *Hammerl* in HB Sonderbilanzen II 214 f). Ausschlaggebend ist, dass der Kunde bzw Klient vom Nachfolgeunternehmer eigenverantwortlich betreut wurde; eine bloß untergeordnete Mitbetreuung ist nicht ausreichend (UmgrStR Rz 1560; W/S/S/S, Rechtsanwälte 95; *Tröszter/Joklik-Fürst*, FJ 2008, 342; *Hammerl* in HB Sonderbilanzen II 214 f). Unmaßgeblich ist, ob die dauerhafte Betreuung ausschließlich iRd realteilungsbedingt beendigten Personengesellschaftsverhältnisses stattgefunden hat, sodass eine erforderliche dauerhafte Betreuung auch dann vorliegt, wenn zwei Einzelunternehmen erst kurz vor der Realteilung zu einer Personengesellschaft zusammengeschlossen wurden.

48 Bei Freiberufler-Sozietäten liegt in Folge von Spezialisierungen der Partner und der damit einhergehenden Betreuung der Mandanten nur in diesem Spezialgebiet häufig das Problem vor, dass eine für die Annahme eines Teilbetriebs erforderliche dauerhafte Betreuung partnerbezogen nicht gegeben ist und deshalb die Teilbetriebsfiktion nicht zur Anwendung kommen kann (UmgrStR Rz 1560; *Tröszter/ Joklik-Fürst*, FJ 2008, 342).

Das Erfordernis der **Fortführbarkeit** des übernommenen Kunden- bzw Klienten- 49
stocks als eigenständiger Betrieb bedingt, dass die Kunden bzw Klienten nach der Realteilung weiterhin aktiv betreut werden können bzw mit diesen zukünftige Betriebseinnahmen verbunden sein werden (UmgrStR Rz 1561; *W/S/S/S*, Rechtsanwälte 96; *Tröszter/Joklik-Fürst*, FJ 2008, 342 f). Die bloße Übernahme ehemaliger Kunden bzw Klienten mit offenen Honorarnoten genügt dafür nicht (UmgrStR Rz 1561; *W/S/S/S*, Rechtsanwälte 96; *Tröszter/Joklik-Fürst*, FJ 2008, 343).

Die Teilbetriebsfiktion kann nach dem eindeutigen Wortlaut des § 27 Abs 3 50
Z 2 nur dann zur Anwendung kommen, wenn der zu teilende Betrieb **nicht ohnehin in Teilbetriebe iSd § 12 Abs 2 Z 1 untergliedert** ist (*Steinmaurer* in *W/H/M*, HdU[7] § 27 Rz 61). Ist Letzteres der Fall, hat eine Realteilung anhand der tatsächlichen Teilbetriebe zu erfolgen. Eine Teilung nach fiktiven Teilbetrieben iSd § 27 Abs 3 Z 2 ist diesfalls unzulässig.

§ 27 Abs 3 Z 2 fingiert freiberufliche oder gewerbliche Teilbetriebe grundsätzlich 51
in jenem Umfang, in denen ausscheidende Mitunternehmer Kunden bzw Mandanten bereits vor der Realteilung dauerhaft betreut haben (UmgrStR Rz 1559; *W/S/S/S*, Rechtsanwälte 95). Sofern die Voraussetzungen für die Annahme eines fiktiven Teilbetriebs vorliegen, ist aber auch die Zuordnung weiterer, vom Nachfolgeunternehmer bisher nicht dauerhaft betreuter Kunden bzw Klienten (insb solcher, die von niemandem dauerhaft betreut wurden) der Anwendung des Art V in analoger Anwendung der Verschiebetechnik des § 29 Abs 1 Z 1 iVm § 16 Abs 5 Z 4 (s § 29 Rz 10) nicht schädlich, wenn es dadurch zu keiner wesentlichen Änderung des Charakters des übertragenen Kunden- bzw Klientenstocks kommt (UmgrStR Rz 1560; *Tröszter/Joklik-Fürst*, FJ 2008, 342; *W/S/S/S*, Rechtsanwälte 95).

3. Sonderbetriebsvermögen

Die Begünstigungen des Art V können sich auch auf allfälliges, im Bereich von Per- 52
sonengesellschaften mögliches **Sonderbetriebsvermögen** erstrecken (zur Begründung s Rz 163). Zum Sonderbetriebsvermögen zählen aktive und passive Wirtschaftsgüter, die nicht dem Gesellschaftsvermögen angehören, sondern im Allein- oder Miteigentum eines Gesellschafters stehen und dazu bestimmt sind, dem Betrieb der Personengesellschaft (entgeltlich oder unentgeltlich) zu dienen (*Bergmann* in *Bergmann/Ratka*, HB PG[2] Rz 13/105 ff mwN). Nach überwiegender Auffassung ist auch Sonderbetriebsvermögen der Sphäre des steuerlichen Betriebsvermögens der Personengesellschaft zuzuordnen (VwGH 19.5.2005, 2000/15/0179; VwGH 25.9.2001, 96/14/0109; VwGH 10.3.1982, 82/13/0008; VwGH 6.5.1975, 1703/74; *Peth/Wanke/Wiesner* in *W/G/W*, EStG[11] § 23 Anm 237; *Jakom*[10]/*Vock* § 23 Rz 179; *Bertl* in *Bertl/Mandl/Mandl/Ruppe*, Praxisfragen der Bilanzierung 144 f; aA *Kauba* in *D/K/M/Z*, EStG[10] § 23 Tz 254; *Stoll*, Ertragsbesteuerung der Personengesellschaften 138) und kann deshalb entweder einem übertragenen Betrieb bzw Teilbetrieb der Personengesellschaft zuzuordnen sein oder für sich einen eigenständigen Teilbetrieb der Personengesellschaft darstellen (zur Möglichkeit eigenständiger Teilbetriebseigenschaft etwa *Doralt* in *D/K/M/Z*, EStG[10] § 24 Tz 106).

Hinsichtlich des Sonderbetriebsvermögens hat eine Gewinnrealisierung immer 53
dann zu unterbleiben, wenn durch die Realteilung **keine Änderung der persön-**

lichen Zurechnung eintritt (UmgrStR Rz 1576a; *Huber* in *W/Z/H/K*[5] § 29 Rz 33; *Hübner-Schwarzinger*, SWK 2016, 472). Eine solche tritt dann nicht ein,

- wenn das Sonderbetriebsvermögen der Sphäre jenes Betriebs bzw Teilbetriebs zuzuordnen ist, der dem Eigentümer des Sonderbetriebsvermögens im Zuge der Realteilung als Nachfolgeunternehmer übertragen wird (das bisherige Sonderbetriebsvermögen wird dann zum Bestandteil des normalen Betriebsvermögens des Nachfolgunternehmers; UmgrStR Rz 1576a; *Mühlehner* in *H/M/H* § 29 Rz 20; *Huber* in *W/Z/H/K*[5] § 29 Rz 36; *W/S/S/S*, Rechtsanwälte 101 u 115 f),
- wenn das Sonderbetriebsvermögen im Abteilungsfalle der Sphäre des der übertragenen Personengesellschaft verbleibenden Restvermögens zuzuordnen ist und der Eigentümer des Sonderbetriebsvermögens nicht gänzlich, sondern allenfalls nur teilweise aus der Personengesellschaft ausscheidet (das Sonderbetriebsvermögen besteht diesfalls als solches bei der Personengesellschaft fort; *Mühlehner* in *H/M/H* § 29 Rz 22; *Huber* in *W/Z/H/K*[5] § 29 Rz 28),
- wenn das Sonderbetriebsvermögen als solches bei einer übernehmenden Nachfolge-Personengesellschaft, an der der Eigentümer des Sonderbetriebsvermögens beteiligt ist, fortgeführt wird (UmgrStR Rz 1576a; *Huber* in *W/Z/H/K*[5] § 29 Rz 37; aA *Mühlehner* in *H/M/H* § 29 Rz 23),
- wenn das Sonderbetriebsvermögen eine eigenständige Teilbetriebseigenschaft aufweist und bei dessen Eigentümer nach der Realteilung als Betrieb bzw Teilbetrieb fortgeführt wird.

54 Zu einer teilungsbedingten Änderung der persönlichen Zurechnung kommt es hinsichtlich des Sonderbetriebsvermögens hingegen dann,

- wenn Wirtschaftsgüter des Sonderbetriebsvermögens auf einen anderen Nachfolgeunternehmer übertragen werden (*Huber* in *W/Z/H/K*[5] § 29 Rz 39). Dies gilt mangels Zurechnung vor der Realteilung (s Rz 162 f) selbst dann, wenn das auf einen anderen Nachfolgeunternehmer übertragene Sonderbetriebsvermögen eigenständige Teilbetriebseigenschaft aufweist (aA *Huber* in *W/Z/H/K*[5] § 29 Rz 33),
- wenn das Sonderbetriebsvermögen einem auf einen anderen Nachfolgeunternehmer übertragenen Betrieb oder Teilbetrieb (*Mühlehner* in *H/M/H* § 29 Rz 21) bzw im Falle des abteilungsbedingt gänzlichen Ausscheidens des Eigentümers des Sonderbetriebsvermögens einem bei der fortbestehenden Personengesellschaft verbleibenden Betrieb dient (*Huber* in *W/Z/H/K*[5] § 29 Rz 40; *Mühlehner* in *H/M/H* § 29 Rz 21; *W/S/S/S*, Rechtsanwälte 101 f).

Das Sonderbetriebsvermögen gilt diesfalls teilungsbedingt als in das Privatvermögen entnommen (*Huber* in *W/Z/H/K*[5] § 29 Rz 42; *Mühlehner* in *H/M/H* § 29 Rz 21). Die entnahmebedingte Realisierung der im Sonderbetriebsvermögen schlummernden stillen Reserven ist der grundsätzlichen Anwendbarkeit von Art V auf die Realteilung unschädlich. Die Entnahme ist (analog zu § 24 Abs 3 EStG) mit dem gemeinen Wert zu bewerten (*Bergmann* in *Bergmann/Ratka*, HB PG[2] Rz 14/29 mwN). Ein allfälliger Entnahmegewinn ist dem Eigentümer des vormaligen Sonderbetriebsvermögens alleine zuzurechnen.

55 Trotz einer teilungsbedingten Änderung der persönlichen Zurechnung hat eine Gewinnrealisierung hinsichtlich im Sonderbetriebsvermögen enthaltener stiller Reserven dann ausnahmsweise zu unterbleiben, wenn Sonderbetriebsvermögen vor der Realteilung im **Miteigentum mehrerer Gesellschafter** steht und im Zuge der Realteilung in das Alleineigentum eines der Miteigentümer übertragen wird bzw sich unter den Miteigentümern die Miteigentumsquoten anderweitig ändern.

Da Sonderbetriebsvermögen nicht sämtlichen Gesellschaftern im Verhältnis der Gesellschaftsbeteiligungsquoten zuzurechnen ist (Rz 52), ist es nicht Bestandteil der Teilungsmasse und daher bei der Vermögensaufteilung unter den Gesellschaftern nicht zu berücksichtigen (*Beiser*, ÖStZ 1992, 268; *Mühlehner* in H/M/H § 27 Rz 46 u § 29 Rz 19). Es hat daher auch bei Ermittlung des positiven Verkehrswerts (Rz 69) und bei der Berechnung der Bemessungsgrundlage der Drittelgrenze von Ausgleichszahlungen (§ 29 Rz 95) außer Acht zu bleiben. 56

4. Exkurs: Gesetzliche Unvereinbarkeitsvorschriften

Nach der iRd Schluss- und Übergangsbestimmungen des UmgrStG angesiedelten Bestimmung des **Teil 3 Z 10** ist Art V bei nach dem 31.12.2004 geschlossenen Teilungsverträgen auch dann anzuwenden, wenn zwar kein Teilbetrieb iSd § 12 Abs 2 Z 2 vorliegt, die Übertragung aber im Zusammenhang mit gesetzlichen Unvereinbarkeitsvorschriften erfolgt (zB Wirtschaftsprüfung und Steuerberatung; *Mayr* in D/R I[11] Tz 1224; *Walter*[11] Rz 705a). Dadurch wird eine steuerneutrale Entflechtung in jenen Fällen ermöglicht, in denen gesetzliche Vorschriften die gemeinsame Ausübung bestimmter Tätigkeiten verbieten, es dabei jedoch am Anwendungserfordernis einer Untergliederung in mehrere Betriebe bzw Teilbetriebe mangelt (*Walter*[11] Rz 705a). 57

Anders als die Teilbetriebsfiktionen des § 27 Abs 3 (s Rz 34 ff) fingiert Teil 3 Z 10 nicht das Vorliegen von Teilbetrieben, sondern statuiert eine Bereichsausnahme des Erfordernisses der Übertragung begünstigten Vermögens auf jeden Beteiligten. 58

C. Positiver Verkehrswert (Abs 1 S 2 und 3)
1. Erfordernis (Abs 1 S 2)

Gem § 27 Abs 1 S 2 setzt die Anwendbarkeit des Art V (seit dem StRefG 1993, BGBl 1993/818) voraus, „dass das übertragene Vermögen am Teilungsstichtag, jedenfalls aber am Tag des Abschlusses des Teilungsvertrages, für sich allein einen positiven Verkehrswert besitzt". Positiv ist der Verkehrswert dann, wenn er **mehr als null** beträgt (BFG 18.9.2015, RV/2100285/2012; UmgrStR Rz 1546; *Schwarzinger/Wiesner* II[2] 1129; *Korntner*, FJ 2010, 146). 66

Das Erfordernis eines positiven Verkehrswerts bezieht sich auf das **übertragene Vermögen**. Bei einer Aufteilung muss daher das gesamte Vermögen der realgeteilten Personengesellschaft einen positiven Verkehrswert aufweisen (*Steinmaurer* in W/H/M, HdU[7] § 27 Rz 23; *Huber* in W/Z/H/K[5] § 27 Rz 62; UmgrStR Rz 1546). Im Falle einer Abteilung muss hingegen nur hinsichtlich des abgeteilten Vermögens ein positiver Verkehrswert vorliegen (*Steinmaurer* in W/H/M, HdU[7] § 27 Rz 23; *Huber* in W/Z/H/K[5] § 27 Rz 62; *Schwarzinger/Wiesner* II[2] 1129; UmgrStR Rz 1546). Ein allfälliger negativer Verkehrswert (reale Überschuldung) des im Abteilungsfalle bei der übertragenden Personengesellschaft verbleibenden Restvermögens steht daher der Anwendung des Art V nicht entgegen (*Schwarzinger*, RWZ 1995, 392; *Schwarzinger/Wiesner* II[2] 1129; *Mühlehner* in H/M/H § 27 Rz 35; *Hirschler/ Geweßler* in HBStL III[3] 308; *Steinmaurer* in W/H/M, HdU[7] § 27 Rz 23; *Huber* in 67

W/Z/H/K[5] § 27 Rz 23, 63; *Reinweber ua*, UmgrStR[4] 227; *Walter*[11] Rz 716; *Korntner*, FJ 2010, 145; aA *Hammerl* in HB Sonderbilanzen II 216).

68 Das Erfordernis eines positiven Verkehrswerts bezieht sich mE auf das übertragene Vermögen in seiner Gesamtheit. Nicht erforderlich dürfte deshalb sein, dass auch jedem Gesellschafter für sich isoliert betrachtet Vermögen mit einem positiven Verkehrswert übertragen wird (ebenso *Steinmaurer*, ÖStZ 2008, 403; *Huber* in W/Z/H/K[5] § 27 Rz 62). Nach gegenteiliger hA soll die Feststellung des positiven Verkehrswerts hingegen gesellschafterbezogen erfolgen: Eine Realteilung würde demnach nur dann Art V unterliegen, wenn jedem Gesellschafter für sich Vermögen mit einem positiven Verkehrswert übertragen wird (*Haselsteiner/Ludwig* in *Bergmann/Ratka*, HB-PG[2] Rz 15/121; *Hammerl* in HB Sonderbilanzen II 216; *Hirschler/Geweßler* in HBStL III[3] 307; *Steinmaurer* in W/H/M, HdU[7] § 27 Rz 24; *Walter*[11] Rz 715 f; *Schwarzinger*, RWZ 1995, 392; *Tröszter/Joklik-Fürst*, FJ 2008, 343; *Korntner*, FJ 2010, 145). Dem ist grammatikalisch entgegenzuhalten, dass auch der Gesetzeswortlaut in Singularform stets nur auf den positiven „Verkehrswert" und nicht in Pluralform auf die positiven „Verkehrswerte" des übertragenden Vermögens abstellt.

69 Hinsichtlich allfälligem **Sonderbetriebsvermögen** ist das Vorliegen eines positiven Verkehrswerts nicht erforderlich (UmgrStR Rz 1546; *Mühlehner* in H/M/H § 27 Rz 34; *Huber* in W/Z/H/K[5] § 27 Rz 65; W/S/S/S, Rechtsanwälte 97; *Reinold*, Immobilienertragsteuer und Umgründungen 458).

70 Ein allfällig **negativer Buchwert** des übertragenen Vermögens steht der Anwendung des Art V bei Vorliegen eines positiven Verkehrswerts nicht entgegen (*Huber* in W/Z/H/K[5] § 27 Rz 61; *Hammerl* in HB Sonderbilanzen II 216; *Haselsteiner/Ludwig* in *Bergmann/Ratka*, HB-PG[2] Rz 15/125; UmgrStR Rz 1547).

2. Ermittlung

71 Das UmgrStG enthält **keine Definition** des Begriffs Verkehrswert. Gemeint sein dürfte der im gewöhnlichen Geschäftsverkehr nach der Beschaffenheit der Sache bei einer Veräußerung unter Fremden erzielbare Preis (**Fremdvergleichswert**; UmgrStR Rz 680; *Huber* in W/Z/H/K[5] § 27 Rz 72; *Steinmaurer* in W/H/M, HdU[7] § 27 Rz 24; *ders*, ÖStZ 2008, 403). Der Verkehrswert beinhaltet somit auch stille Lasten und Reserven sowie den Firmenwert (UmgrStR Rz 680; *Steinmaurer* in W/H/M, HdU[7] § 27 Rz 24) und dürfte im Regelfall dem steuerlichen Begriff des gemeinen Werts iSd § 10 BewG entsprechen. Letzteres ist aber insb dann und insoweit nicht der Fall, als das Vermögen mit Verfügungsbeschränkungen belastet ist, die in der Person des Steuerpflichtigen oder eines Rechtsvorgängers begründet sind, weil solche bei Ermittlung des gemeinen Werts gem § 10 Abs 3 BewG nicht wertmindernd zu berücksichtigen sind. Mit dem unternehmensrechtlichen Begriff des beizulegenden Werts (§ 189a Z 3 UGB) – der seinerseits im Wesentlichen dem steuerlichen Teilwert entspricht (*Ludwig/Strimitzer* in *Hirschler*, Bilanzrecht § 202 Rz 12; AFRAC, RWZ 2009, 16) – stimmt der Verkehrswert nicht überein (aA *Huber* in W/Z/H/K[5] § 27 Rz 72; BMF 26.3.1998, RdW 1998, 313), weil der beizulegende Wert auch betriebsbezogene Einflüsse berücksichtigt (*Ludwig/Strimitzer* in *Hirschler*, Bilanzrecht § 202 Rz 12).

Die Ermittlung des Verkehrswerts hat nach anerkannten betriebswirtschaftlichen **Methoden der Unternehmensbewertung** zu erfolgen (UmgrStR Rz 680; *Huber* in *W/Z/H/K*⁵ § 27 Rz 72). Die Bewertung ist dabei grundsätzlich an keine bestimmte Form gebunden (UmgrStR Rz 683). Im Zweifelsfalle erforderliche Gutachten zum Nachweis des Verkehrswerts (s Rz 78 ff) müssen nach der Verwaltungspraxis aber den Mindesterfordernissen genügen, die im **Fachgutachten KFS/BW1** (Fachgutachten des Fachsenats für Betriebswirtschaft und Organisation des Instituts für Betriebswirtschaft, Steuerrecht und Organisation der Kammer der Wirtschaftstreuhänder zur Unternehmensbewertung vom 26.3.2014) statuiert werden (UmgrStR Rz 683). Die dabei einzuhaltenden Grundsätze dienen dazu, eine objektivierte, jederzeit nachvollziehbare, ausreichend dokumentierte und in sich methodisch schlüssige Wertfindung zu garantieren (UmgrStR Rz 682). Zur Ermittlung des positiven Verkehrswerts kommen grundsätzlich nur das Ertragswertverfahren oder das DCF-Verfahren in Frage, während das Substanzwertverfahren zum Nachweis eines positiven Verkehrswertes grundsätzlich nicht geeignet ist (BFG 18.9.2015, RV/2100285/2012).

Die Ermittlung des Verkehrswerts hat iS einer **Stand-alone-Bewertung** isoliert für das übertragene Vermögen „für sich allein" zu erfolgen (klargestellt durch das AbgÄG 2005, BGBl I 2005/161). Allfällige bei den Nachfolgeunternehmern eintretende echte Synergieeffekte und Effekte aus der Confusio von Aktiv- und Passivpositionen (s § 30 Rz 89) sind daher nicht zu berücksichtigen (UmgrStR Rz 1547; *Huber* in *W/Z/H/K*⁵ § 27 Rz 74; *Hammerl* in HB Sonderbilanzen II 215; *Steinmaurer* in *W/H/M*, HdU⁷ § 27 Rz 25; *Walter*¹¹ Rz 717; ErlRV 1187 BlgNR 22. GP, 15 f). Von echten Synergieeffekten sind unechte Synergieeffekte zu unterscheiden, die sich ohne Berücksichtigung der Auswirkungen aus dem Bewertungsanlass realisieren lassen oder mit einer nahezu beliebigen Vielzahl von Partnern erzielt werden können. Letztere sind bei der Ermittlung des Verkehrswerts zu beachten (UmgrStR Rz 686).

Bei Feststellung des Verkehrswerts sind nur tatsächlich übertragene, nicht aber auch zurückbehaltene Wirtschaftsgüter zu berücksichtigen (*Huber* in *W/Z/H/K*⁵ § 27 Rz 64; *Hammerl* in HB Sonderbilanzen II 215). Sofern einem Nachfolgeunternehmer jedoch im Zuge der Realteilung ein Nutzungsrecht an einem zurückbehaltenen Wirtschaftsgut eingeräumt wird, ist das Nutzungsrecht zu bewerten und bei Ermittlung des Verkehrswerts des übertragenen Vermögens zu berücksichtigen (*Huber* in *W/Z/H/K*⁵ § 27 Rz 64).

3. Zeitliche Aspekte (Abs 1 S 2)

Gem § 27 Abs 1 S 2 muss der positive Verkehrswert „am Teilungsstichtag, jedenfalls aber am Tag des Abschlusses des Teilungsvertrages" vorliegen. Maßgeblicher Zeitpunkt für das Erfordernis des Vorliegens eines positiven Verkehrswerts und dessen Ermittlung ist daher der **Tag des Abschlusses des Teilungsvertrags**. Das Vorliegen eines positiven Verkehrswerts am Teilungsstichtag ist hingegen nicht erforderlich (arg „jedenfalls aber am Tag des Abschlusses des Teilungsvertrages"; *Huber* in *W/Z/H/K*⁵ § 27 Rz 66 f, 73; *Bergmann*, GES 2012, 190). Ein am Teilungsstichtag positiver, jedoch bei Abschluss des Teilungsvertrags negativer Verkehrswert genügt zur Anwendung von Art V nicht (*Wiesner/Mayr*, RdW 2006, 365; *Huber* in *W/Z/H/K*⁵ § 27 Rz 67; *Bergmann*, GES 2012, 190; differenzierend

Hirschler/Geweßler in HBStL III³ 307, nach denen Art V immer dann anwendbar sei, wenn am späteren der beiden Zeitpunkte ein positiver Verkehrswert vorliegt).

76 Im Falle eines negativen Verkehrswerts besteht im Zeitraum zwischen dem Teilungsstichtag und dem Tag des Abschlusses des Teilungsvertrags die Möglichkeit, durch auf den Teilungsstichtag rückbezogene Maßnahmen iSd § 29 Abs 1 Z 1 iVm § 16 Abs 5 (s § 16 Rz 91 ff u § 29 Rz 6 ff) einen positiven Verkehrswert herzustellen (UmgrStR Rz 1547; *Haselsteiner/Ludwig* in Bergmann/Ratka, HB-PG² Rz 15/ 123 u 15/171; *Walter*¹¹ Rz 720; *Huber* in *W/Z/H/K*⁵ § 27 Rz 66; *Hammerl* in HB Sonderbilanzen II 216; *Reinweber ua*, UmgrStR⁴ 227; *W/S/S/S*, Rechtsanwälte 97; *Korntner*, FJ 2010, 145; *Trösztter/Joklik-Fürst*, FJ 2008, 343). Aus Gründen der Verwaltungsvereinfachung lässt die Verwaltungspraxis dabei eine lineare Betrachtung zu (UmgrStR Rz 876). Ein positiver Verkehrswert kann daher dann unterstellt werden, wenn der Wert einer rückbezogenen Einlage (§ 29 Abs 1 Z 1 iVm § 16 Abs 5 Z 1) den negativen Betrag des Verkehrswerts vor der rückbezogenen Maßnahme übersteigt (*Huber* in *W/Z/H/K*⁵ § 27 Rz 68) oder im Abteilungsfalle in einem die Höhe des negativen Verkehrswerts des übertragenen Vermögens übersteigenden Ausmaß Verbindlichkeiten (sofern diese nicht ohnehin zuordnungsindifferent sind; s § 29 Rz 102) in das bei der fortbestehenden Personengesellschaft verbleibende Restvermögen verschoben werden (§ 29 Abs 1 Z 1 iVm § 16 Abs 5 Z 4).

77 Ein am Tag des Abschlusses des Teilungsvertrags gegenüber dem Teilungsstichtag positiver Verkehrswert kann sich auch durch die nachgewiesene Erzielung von Gewinnen (Nachweis durch Zwischenbilanz oder Status) bzw durch eine nachhaltige Besserung der Ertragslage (etwa in Folge einer Sanierung; Nachweis durch Unternehmensbewertungsgutachten) im Rückwirkungszeitraum ergeben (UmgrStR Rz 1352 u 1547; *Huber* in *W/Z/H/K*⁵ § 27 Rz 70; *Hammerl* in HB Sonderbilanzen II 216; *Walter*¹¹ Rz 719; *W/S/S/S*, Rechtsanwälte 97; *Trösztter/Joklik-Fürst*, FJ 2008, 343; *Korntner*, FJ 2010, 145; *Haselsteiner/Ludwig* in Bergmann/Ratka, HB-PG² Rz 15/123). Durch eine bloße Zusage, die reale Überschuldung durch eine spätere Zuführung von Aktiven zu beseitigen (Einlageversprechen), kann hingegen kein positiver Verkehrswert zum Abschlusstag des Teilungsvertrags bewirkt werden (UmgrStR Rz 1352; *Hirschler/Geweßler* in HBStL III³ 307; *Huber* in *W/Z/H/K*⁵ § 27 Rz 70).

4. Nachweis (Abs 1 S 3)

78 Das Vorliegen eines positiven Verkehrswerts unterliegt der Überprüfung durch die Abgabenbehörde. Sofern diese Zweifel betreffend das Bestehen eines positiven Verkehrswerts hegt, hat die übertragende Personengesellschaft diesen gem § 27 Abs 1 S 3 durch ein begründetes **Gutachten** eines Sachverständigen nachzuweisen. Auch durch Sachverständige erstellte Verkehrswertgutachten unterliegen der Beweiswürdigung durch die Abgabenbehörde (UmgrStR Rz 1547; *Huber* in *W/Z/H/K*⁵ § 27 Rz 75; ErlRV 1237 BlgNR 18. GP, 69).

79 Gutachten zum Nachweis des Verkehrswerts müssen nach der Verwaltungspraxis den Mindesterfordernissen genügen, die im **Fachgutachten KFS/BW1** (Fachgutachten des Fachsenats für Betriebswirtschaft und Organisation des Instituts für Betriebswirtschaft, Steuerrecht und Organisation der Kammer der Wirtschaftstreuhänder zur Unternehmensbewertung vom 27.2.2006) aufgestellt wurden (UmgrStR Rz 683).

Nach der Verwaltungspraxis ist ein gutachterlicher Nachweis eines positiven Verkehrswerts dann **nicht erforderlich** (UmgrStR Rz 674), **80**
- wenn zum Abschlusstag des Teilungsvertrags eine formlose Zwischenbilanz (bzw ein Status) erstellt wurde, aus der hervorgeht, dass ein positives Teilungskapital (zum Begriff s § 28 Rz 70) gegeben ist, oder
- keine Gründe vorliegen, die Anlass dazu geben, an positiven Zukunftserfolgen zu zweifeln.

Umgekehrt wird die Vorlage eines Verkehrswertgutachtens dann **jedenfalls als erforderlich** erachtet (UmgrStR Rz 676),
- wenn eine buchmäßige Überschuldung oder negative Erfolgszahlen aus der Vergangenheit vorliegen,
- wenn in der Vergangenheit Abschreibungen von noch im Betrieb befindlichen Wirtschaftsgütern des Anlagevermögens mit dem Argument eines geringen oder gar negativen Ertragswerts vorgenommen wurden, sofern den betroffenen Wirtschaftsgütern im Teilungsvermögen eine gewisse Bedeutung zukommt, oder
- wenn das Vorhandensein des positiven Verkehrswerts dadurch erklärt wird, dass stille Reserven in Wirtschaftsgütern des abnutzbaren Anlagevermögens vorhanden sind und diese durch Neubewertungen dargestellt werden, die auf einer Nutzungsdauer basieren, die von der bisherigen betriebsgewöhnlichen Nutzungsdauer erheblich abweicht.

Nach § 27 Abs 1 S 3 muss ein Zweifelsfall zu erbringendes Verkehrswertgutachten über den Nachweis der Tatsache des bloßen Bestehens eines positiven Verkehrswerts hinaus auch den Nachweis über dessen konkrete **„Höhe"** liefern (ErlRV 1187 BlgNR 22. GP, 16). **81**

Das bei Zweifel der Abgabenbehörde zu erbringende Gutachten über das Vorliegen eines positiven Verkehrswerts muss **begründet** sein. Das Begründungserfordernis wurde mit dem AbgÄG 2005 (BGBl I 2005/161) eingeführt, weil die Verkehrswertgutachten nach vormaliger „Praxis nicht immer nachvollziehbar aufbereitet" waren (ErlRV 1187 BlgNR 22. GP, 16). Als begründet gilt ein Gutachten dann, „wenn in ihm die verwendeten (Plan)Größen und Faktoren schlüssig dargestellt sind und die Höhe des ermittelten Unternehmenswerts auf nachvollziehbare Art abgeleitet werden kann" (ErlRV 1187 BlgNR 22. GP, 16; *Huber* in *W/Z/H/K*[5] § 27 Rz 75). **82**

Als **Sachverständiger** kommt auch ein steuerlicher Vertreter der beteiligten Personen in Betracht, wobei jedoch auch dieser als neutraler Gutachter (iSd KFS/BW 1 Rz 21) tätig werden muss (UmgrStR Rz 685; *Huber* in *W/Z/H/K*[5] § 27 Rz 75; *Hirschler/Geweßler* in HBStL III[3] 307; *Schwarzinger*, SWK 1995, A 605; *Steinmaurer*, ÖStZ 2008, 403; ErlRV 1237 BlgNR 18. GP, 69). Subjektive Entscheidungselemente dürfen daher bei der Erstellung und Begründung des Verkehrswertgutachtens nicht miteinbezogen werden (UmgrStR Rz 685; *Huber* in *W/Z/H/K*[5] § 27 Rz 75). **83**

D. Steuerbilanz
1. Erfordernis

Aus § 27 Abs 2 iVm § 12 Abs 2 Z 1 ergibt sich das Erfordernis, dass sowohl bei der Übertragung eines **Betriebs** als auch jener eines **Teilbetriebs** zum **Teilungsstichtag** (s § 28 Rz 3) jeweils „für den **gesamten** Betrieb" eine Steuerbilanz vorliegen muss (s § 12 Rz 102 ff). Die UmgrStR (Rz 1576 u 1592) fordern demgegenüber das „Aufstellen eines Jahres- oder Zwischenabschlusses". Die Erstellung eines umfas- **86** senden Abschlusses (einschließlich einer Gewinn- und Verlustrechnung) kann jedoch aufgrund des eindeutigen Wortlauts des § 12 Abs 2 (arg „Bilanz") nicht erforderlich sein (s a § 23 Rz 86). Eine ordnungsgemäß erstellte UGB-Bilanz soll dann genügen, wenn allfällige Abweichungen zwischen unternehmensrechtlichen und steuerrechtlichen Buchwerten aus einer dem Finanzamt vorgelegten Mehr-Weniger-Rechnung bzw dem Teilungsvertrag hervorgehen (UmgrStR Rz 1576). Sofern eine Personengesellschaft mehrere steuerliche Betriebe führt (zur Frage der Möglichkeit mehrerer Betriebe s Rz 33), müssen solche Bilanzen für alle betroffenen (nicht aber auch für im Abteilungsfalle gänzlich unberührte) Betriebe vorliegen. Im Falle der Übertragung eines **Mitunternehmeranteils** erfordert § 27 Abs 2 iVm § 12 Abs 2 Z 2, dass zum Teilungsstichtag eine Steuerbilanz „der Mitunternehmerschaft vorliegt, an der die Beteiligung besteht". Soll ein Mitunternehmeranteil zu einem Teilungsstichtag übertragen werden, der vom Regelbilanzstichtag jener Mitunternehmerschaft abweicht, an der der Mitunternehmeranteil besteht, muss für diese Mitunternehmerschaft eine Steuerbilanz auf den Teilungsstichtag erstellt werden (s § 12 Rz 128; *Huber* in *W/Z/H/K*[5] § 27 Rz 49). Sofern ein Mitunternehmeranteil Bestandteil eines übertragenen Betriebs oder Teilbetriebs ist, ist eine Steuerbilanz des gesamten Betriebs iSd § 12 Abs 2 Z 1 ausreichend; eine zusätzliche Bilanz jener Mitunternehmerschaft, an der der zu übertragene Mitunternehmeranteil besteht, ist diesfalls nicht erforderlich (s § 12 Rz 128; UmgrStR Rz 1593; *Huber* in *W/Z/H/K*[5] § 27 Rz 49, § 28 Rz 45; *Schwarzinger/Wiesner* II[2] 918).

87 Wird als Teilungsstichtag ein vom Regelbilanzstichtag abweichender Tag festgelegt, bedarf der sich hieraus ergebende Wechsel des Bilanzstichtags keiner Zustimmung des Finanzamts iSd § 2 Abs 7 EStG, weil sich dieser aus der Wahl des Teilungsstichtags ergibt (*Huber* in *W/Z/H/K*[5] § 28 Rz 38; *Hammerl* in HB Sonderbilanzen II 220 FN 425; *Schwarzinger/Wiesner* II[2] 1128; *W/S/S/S*, Rechtsanwälte 101; *Reinweber ua*, UmgrStR[4] 229; *Q/S* § 24 Tz 19; *Igerz*, SWK 1995, A 666).

88 Fehler in der Steuerbilanz zum Teilungsstichtag führen nicht per se zur Nichterfüllung einer zwingenden Anwendungsvoraussetzung, sondern ist vielmehr eine entsprechende **Bilanzberichtigung** iSd § 4 Abs 2 EStG vorzunehmen, sofern die Steuerbilanz nicht derart mangelhaft ist, dass sie nicht als Bilanz iSd § 4 EStG angesehen werden kann (VwGH 29.1.2015, 2011/15/0169; dazu *Wurm*, GES 2015, 243 ff). Wird einer Realteilung eine Steuerbilanz zum Teilungsstichtag eine solche **zum Vortag** (etwa zum 31.12. statt dem 1.1.) zugrunde gelegt, so sollen nach Ansicht der FV (zur Vermeidung zusätzlicher Bilanzierungskosten) keine Bedenken bestehen, bei **Fehlen eines aktiven Geschäftsbetriebs** bzw bei Fehlen des Erfordernisses einer exakten Vermögensdarstellung und Ergebnisabgrenzung aus anderen Gründen der Realteilung eine Steuerbilanz zum Teilungsstichtag zugrunde zu legen, deren Werte mit den Ansätzen der Bilanz zum Vortag übereinstimmen (UmgrStR Rz 766 zur Einbringung; *Huber* in *W/Z/H/K*[5] § 28 Rz 7; dazu *Hirschler*, ÖStZ 2012, 317 ff; *Hirschler/Sulz/Oberkleiner/Six*, UFSjournal 2011, 414). Für den Rumpfwirtschaftstag soll eine Gewinnermittlung nicht erforderlich sein (UmgrStR Rz 766; *Huber* in *W/Z/H/K*[5] § 28 Rz 7). Aber auch bei Fehlen der Voraussetzung des Erstellens einer Steuerbilanz auf den Folgetag mit den der Bilanz des Vortags entsprechenden Werten sollen keine Bedenken bestehen, dass im späteren abgabenbehördlichen Überprüfung die Anwendungsvoraussetzungen als erfüllt anzusehen (UmgrStR Rz 766). Auch nach der Auffassung des VwGH soll eine aus der Bilanz zum Vortag abgeleitete Steuerbilanz zum Teilungsstichtag den Mindestanforderungen des § 4 EStG insoweit entsprechen, als sie auf den Teilungsstichtag bezogene steuerliche Werte enthält und die Vermögenslage zu diesem Stichtag darstellt, auch wenn einzelne nicht wesentliche Veränderungen des Vermögens am Stichtag selbst nicht berücksichtigt wurden (zur Einbringung VwGH 29.1.2015, 2011/15/0169; dazu *Wurm*, GES 2015, 243 ff).

Eine Steuerbilanz muss aber nicht notwendigerweise formal als solche gekennzeichnet sein, sondern genügt jede Vermögensübersicht, die inhaltlich den Anforderungen einer auf den Teilungsstichtag bezogenen Bilanz iSd § 4 EStG entspricht, weswegen dem Erfordernis einer Steuerbilanz bei teilungsbedingter Übertragung des gesamten Betriebes grundsätzlich auch mit fristgerechter Vorlage einer – erforderlichenfalls gem § 4 Abs 2 EStG (insb um vorgenommene rückwirkende Maßnahmen iSd § 16 Abs 5) berichtigten – Teilungsbilanz zum Teilungsstichtag (s zu dieser § 28 Rz 56 ff) entsprochen werden kann (zur Einbringung VwGH 26.2.2015, 2014/15/0041; dazu *Kofler*, GES 2015, 246 ff; *Mechtler*, ecolex 2015, 505 ff). **88a**

Ausweislich § 12 Abs 2 müssen zum Teilungsstichtag aufzustellende Steuerbilanzen den Grundsätzen des **§ 4 Abs 1 EStG** entsprechen. Abweichend davon wird vertreten, dass Steuerbilanzen den Grundsätzen des **§ 5 EStG** zu entsprechen haben, wenn die übertragende Personengesellschaft rechnungslegungspflichtiger Gewerbetreibender ist (UmgrStR Rz 1576; *Huber* in W/Z/H/K[5] § 27 Rz 31; *Walter*[11] Rz 754; *Reinweber ua*, UmgrStR[4] 229). Da das Bilanzerfordernis unabhängig davon besteht, ob die übertragende Personengesellschaft unternehmensrechtlich rechnungslegungspflichtig bzw steuerrechtlich buchführungspflichtig ist (*Huber* in W/Z/H/K[5] § 27 Rz 31), muss eine (den Grundsätzen des § 4 Abs 1 EStG entsprechende) Steuerbilanz selbst dann erstellt werden, wenn die übertragende Personengesellschaft ihren Gewinn bisher nach § 4 Abs 3 EStG ermittelt hat (VwGH 25.7.2013, 2011/15/0046; UmgrStR Rz 1579; *Hammerl* in HB Sonderbilanzen II 220). **89**

Zum Teilungsstichtag nach § 12 Abs 2 iVm § 27 Abs 2 erforderliche Steuerbilanzen dienen der **Gewinnermittlung** und **korrekten Gewinnzurechnung** bei den Beteiligten. **90**

Von den Steuerbilanzen iSd § 12 Abs 2 sind ebenfalls zum **Teilungsstichtag** zu erstellende Teilungsbilanzen zu unterscheiden (s zu diesen § 28 Rz 56 ff). **91**

2. Wechsel der Gewinnermittlungsart
a) Überblick **92**

Im Zuge von Realteilungen können Wechsel der Gewinnermittlungsart sowohl auf Ebene der übertragenden Personengesellschaft als auch auf Ebene der jeweiligen Nachfolgeunternehmer stattfinden. Während allfällige Wechsel der Gewinnermittlungsart auf Ebene der Personengesellschaft durch das Bilanzerfordernis des § 12 Abs 2 iVm § 27 Abs 2 bedingt sind und zum Teilungsstichtag erfolgen, können solche auf Ebene der jeweiligen Nachfolgeunternehmer an dem dem Teilungsstichtag folgenden Tag durch den gegenüber der übertragenden Personengesellschaft stattfindenden Entfall oder das Entstehen von Rechnungslegungs- bzw Buchführungspflicht, durch das Einstellen oder den Beginn freiwilliger Buchführung oder durch einen (insb infolge eines Entfalls der Abfärbewirkung eintretenden; s Rz 32) Wechsel der Einkunftsart erforderlich sein. Im Folgenden wird die Problematik realteilungsbedingter Wechsel der Gewinnermittlungsart gesamthaft (dh über die durch das Bilanzerfordernis des § 12 Abs 2 iVm § 27 Abs 2 bedingten Wechsel hinaus) dargestellt.

b) Einfacher Wechsel
aa) Auf Ebene der übertragenden Personengesellschaft

93 Ein einfacher, noch bei der übertragenden Personengesellschaft vorzunehmender Wechsel der Gewinnermittlung findet dann statt, wenn die Gewinnermittlung des übertragenden Betriebs oder Teilbetriebs bisher nach § 4 Abs 3 EStG erfolgt und zum Teilungsstichtag aufgrund des Erfordernisses der Aufstellung einer Steuerbilanz (§ 12 Abs 2 iVm § 27 Abs 2) ein Wechsel zur Gewinnermittlung nach § 4 Abs 1 EStG vorzunehmen ist und sodann die Nachfolgeunternehmer bzw im Abteilungsfalle die fortbestehende Personengesellschaft die Gewinnermittlung nach § 4 Abs 1 EStG beibehalten (*Huber* in W/Z/H/K^5 § 28 Rz 40 u § 30 Rz 3). Zum Fall, dass die Nachfolgeunternehmer bzw eine allenfalls fortbestehende Personengesellschaft den Gewinn auch nach der Realteilung wieder gem § 4 Abs 3 EStG ermitteln (fortgesetzte Einnahmen-Ausgaben-Rechnung), s Rz 102 ff.

94 Da der Wechsel der Gewinnermittlungsart am Teilungsstichtag noch bei der übertragenden Personengesellschaft stattfindet, ist das Übergangsergebnis allen Gesellschaftern anteilig zuzurechnen. Ein Übergangsgewinn ist in jenem Wirtschaftsjahr, in das der Teilungsstichtag fällt, zu versteuern (UmgrStR Rz 1582; *Hammerl* in HB Sonderbilanzen II 220; *Huber* in W/Z/H/K^5 § 28 Rz 41; *W/S/S/S*, Rechtsanwälte 110; *Walter*^{11} Rz 764). Gleiches dürfte nunmehr (entgegen der vormals hA: *Hammerl* in HB Sonderbilanzen II 220; *W/S/S/S*, Rechtsanwälte 110) auch für auf Ebene der übertragenden Personengesellschaft eintretende Übergangsverluste gelten (UmgrStR Rz 1582; *Huber* in W/Z/H/K^5 § 28 Rz 41; *Walter*^{11} Rz 764; zur Einbringung VwGH 17.12.2014, 2012/13/0126; *Heidenbauer*, ecolex 2015, 332 f), zumal eine Verteilung iSd § 4 Abs 10 Z 1 S 3 EStG von Übergangsverlusten auf sieben Gewinnermittlungszeiträume deshalb nicht stattzufinden hat, weil es sich bei Realteilungen um Veräußerungsvorgänge handelt und (restliche) Übergangsverluste bei Veräußerungsvorgängen gem § 4 Abs 10 Z 1 S 4 EStG zur Gänze beim Gewinn des letzten Gewinnermittlungszeitraumes zu berücksichtigen sind (zur Einbringung VwGH 17.12.2014, 2012/13/0126; *Heidenbauer*, ecolex 2015, 332 f; krit *Wiesner*, RWZ 2015, 82).

95 **Verfahrensrechtlich** sind Übergangsgewinne bzw -verluste für alle Beteiligten noch im (im Aufteilungsfalle letzten) gesonderten Feststellungsverfahren (§ 188 BAO; dazu *Bergmann/Ehrke-Rabel* in *Bergmann/Ratka*, HB-PG Rz 21/1 ff) der übertragenden Personengesellschaft zu berücksichtigen.

96 Nach Maßgabe der Voraussetzungen des § 37 Abs 5 EStG kann ein Übergangsgewinn ausnahmsweise dem günstigen halben Durchschnittsteuersatz unterliegen (UmgrStR Rz 1582; *Huber* in W/Z/H/K^5 § 28 Rz 41; *Steinmaurer* in W/H/M, HdU^7 § 28 Rz 30; *W/S/S/S*, Rechtsanwälte 111).

bb) Auf Ebene des Nachfolgeunternehmers

97 Ein einfacher Wechsel der Gewinnermittlungsart auf Ebene des Nachfolgeunternehmers an dem dem Teilungsstichtag folgenden Tag findet dann statt,

- wenn ein Betrieb oder Teilbetrieb mit Gewinnermittlung nach § 4 Abs 1 EStG auf einen Nachfolgeunternehmer übertragen wird, der den Gewinn nach § 5 EStG ermittelt (*Huber* in *W/Z/H/K*[5] § 28 Rz 40 u § 30 Rz 3),
- wenn ein Betrieb oder Teilbetrieb mit Gewinnermittlung nach § 5 EStG auf einen Nachfolgeunternehmer übertragen wird, der den Gewinn nach § 4 Abs 1 EStG ermittelt, oder
- wenn ein Betrieb oder Teilbetrieb mit Gewinnermittlung nach § 4 Abs 1 oder § 5 EStG auf einen Nachfolgeunternehmer übertragen wird, der den Gewinn nach § 4 Abs 3 EStG ermittelt (*Huber* in *W/Z/H/K*[5] § 28 Rz 40 u § 30 Rz 3).

98 Da der Wechsel der Gewinnermittlungsart auf Ebene des Nachfolgeunternehmers erfolgt, ist diesem das Übergangsergebnis alleine zuzurechnen. Zumal der Wechsel erst an dem dem Teilungsstichtag folgenden Tag stattfindet und das Wirtschaftsjahr hinsichtlich des übertragenen Vermögens mit dem Teilungsstichtag endet (§ 28 S 1 iVm § 14 Abs 1 S 1), ist ein Übergangsgewinn erst in jenem Wirtschaftsjahr zu erfassen, das dem Teilungsstichtag folgt (UmgrStR Rz 1583; *Huber* in *W/Z/H/K*[5] § 30 Rz 5; *Walter*[11] Rz 766). Ein Übergangsverlust ist (anders als ein auf Ebene der übertragenden Personengesellschaft eintretender Übergangsverlust) gem § 4 Abs 10 Z 1 S 3 EStG in den dem Teilungsstichtag folgenden sieben Wirtschaftsjahren geltend zu machen (UmgrStR Rz 1583; offenbar aA *Huber* in *W/Z/H/K*[5] § 30 Rz 5; *Walter*[11] Rz 766), weil ein auf Ebene des Nachfolgeunternehmers eintretender Übergangsverlust nicht veräußerungsbedingt ist.

99 **Verfahrensrechtlich** ist ein Übergangsgewinn bzw sind sämtliche Siebentel eines Übergangsverlusts erst iRd individuellen ESt- oder KSt-Veranlagungsverfahrens des betreffenden Nachfolgeunternehmers zu berücksichtigen bzw, sofern dieser wiederum eine Personengesellschaft ist, in deren gesonderten Feststellungsverfahren (§ 188 BAO).

c) Doppelter Wechsel

100 Ein doppelter Wechsel der Gewinnermittlungsart ist vorzunehmen, wenn ein Betrieb oder Teilbetrieb mit Gewinnermittlung nach § 4 Abs 3 EStG auf einen Nachfolgeunternehmer übertragen wird, der den Gewinn nach § 5 EStG ermittelt (*Huber* in *W/Z/H/K*[5] § 28 Rz 40 u § 30 Rz 3):

- Zunächst ist die Gewinnermittlungsart am Teilungsstichtag auf Ebene der übertragenden Personengesellschaft im Zuge des Aufstellens der Steuerbilanz (§ 12 Abs 2 iVm § 27 Abs 2) von § 4 Abs 3 auf § 4 Abs 1 EStG zu wechseln und
- sodann an dem dem Teilungsstichtag folgenden Tag auf Ebene des betreffenden Nachfolgenehmers von § 4 Abs 1 auf § 5 EStG.

101 Zur zeitlichen und verfahrensrechtlichen Berücksichtigung eines sich im Zuge des ersten Wechsels ergebenden, sämtlichen Gesellschaftern anteilig zuzurechnenden Übergangsergebnisses s Rz 94 f. Zur zeitlichen und verfahrensrechtlichen Berücksichtigung eines beim zweiten Wechsel eintretenden, lediglich dem betreffenden Nachfolgeunternehmer zuzurechnenden Übergangsergebnisses s Rz 98 f.

d) Rechnerisch doppelter Wechsel bei fortgesetzter Einnahmen-Ausgaben-Rechnung

102 Kein Wechsel der Gewinnermittlungsart tritt gesamthaft betrachtet dann ein, wenn der Gewinn eines Betriebs bzw Teilbetriebs sowohl vor der Realteilung als auch danach nach den Grundsätzen des § 4 Abs 3 EStG ermittelt wird (VwGH 25.7.2013, 2011/15/0046). Eine gem § 12 Abs 2 iVm § 27 Abs 2 aufzustellende Steuerbilanz hat diesfalls bloßen **Statuscharakter** (Charakter einer Momentaufnahme bzw Evidenzstatus; VwGH 25.7.2013, 2011/15/0046; UmgrStR Rz 1579; *Hammerl* in HB Sonderbilanzen II 220; *Steinmaurer* in *W/H/M*, HdU[7] § 28 Rz 6; *Huber* in *W/Z/H/K*[5] § 27 Rz 32 u § 30 Rz 6; *W/S/S/S*, Rechtsanwälte 108; *Sulz/Oberkleiner*, SWK 2011, S 899 f).

103 Trotz fortgesetzter Einnahmen-Ausgaben-Rechnung muss rechnerisch ein doppelter Gewinnermittlungsartwechsel von § 4 Abs 3 EStG auf § 4 Abs 1 EStG und wieder zurück auf § 4 Abs 3 EStG vollzogen werden (VwGH 25.7.2013, 2011/15/0046; UmgrStR Rz 1580; *Huber* in *W/Z/H/K*[5] § 30 Rz 6; *Hammerl* in HB Sonderbilanzen II 220; *Sulz/Oberkleiner*, SWK 2011, S 899 f; *Bergmann*, GES 2013, 525; aA UFS 20.1.2011, RV/0638-I/07). Die Vornahme eines solchen rechnerisch doppelten Wechsels der Gewinnermittlungsart ist notwendig, um bei den Beteiligten eine (amtswegig zu beachtende) **objektiv richtige Gewinnermittlung und -zurechnung** zu gewährleisten (VwGH 25.7.2013, 2011/15/0046; UmgrStR Rz 1580; *Margreiter ua*, Sonderbilanzen[3] 218 f; *Walter*[11] Rz 764; *W/S/S/S*, Rechtsanwälte 108; *Bergmann*, GES 2013, 525; *Tröszter/Joklik-Fürst*, FJ 2008, 428; ausf *Sulz/Oberkleiner*, SWK 2011, S 900 ff). Das Erfordernis eines rechnerisch doppelten Wechsels ist deshalb Ausfluss der Grundsätze des § 4 EStG (*Sulz/Oberkleiner*, SWK 2011, S 901). Es handelt sich dabei weder um ein Problem der Steuerlastverschiebung iSd § 29 Abs 1 Z 2 u 2a (s § 29 Rz 21 ff), weil sich die nach diesen Bestimmungen zu bildenden Ausgleichsposten nur auf die stillen Reserven und den Firmenwert beziehen, noch um eine Frage von Äquivalenzverletzungen iSd § 31 Abs 1 Z 1 (s § 31 Rz 3 ff), welche eine den übertragenen Werten nicht entsprechende Gegenleistung betreffen (UmgrStR Rz 1580; *Sulz/Oberkleiner*, SWK 2011, S 900; *Margreiter ua*, Sonderbilanzen[3] 219).

104 Die sich aus den Wirkungen eines rechnerischen Wechsels und Rückwechsels ergebenden Differenzbeträge können bei den Nachfolgeunternehmern bzw im Abteilungsfalle (auch) bei der fortbestehenden Personengesellschaft entweder

- im ersten Wirtschaftsjahr als **Korrekturposten zum steuerlichen Ergebnis** (Zuschlag zum Gewinn oder Verlust) berücksichtigt werden (UmgrStR Rz 1580 u 1582; *Wiesner*, RWZ 2013, 315; *Sulz/Oberkleiner*, SWK 2011, S 900; *Sulz/Reisch*, SWK 2003, S 371 f; *Pilgermair*, RdW 2015, 534; *Hammerl* in HB Sonderbilanzen II 220; *Huber* in *W/Z/H/K*[5] § 30 Rz 6 f) oder
- bei den **Ausgleichsposten** zur Vermeidung endgültiger Steuerlastenverschiebungen (s dazu § 29 Rz 21 ff) mitberücksichtigt werden (VwGH 25.7.2013, 2011/15/0046; UmgrStR Rz 1580 u 1582; *Sulz/Oberkleiner*, SWK 2011, S 900; *Sulz/Reisch*, SWK 2003, S 371 f; *Wiesner*, RWZ 2013, 315; *Bergmann*, GES 2013, 525; *Pilgermair*, RdW 2015, 534; *Hammerl* in HB Sonderbilanzen II 220; *Huber* in *W/Z/H/K*[5] § 30 Rz 6 f).

105 Die **Wahl** zwischen diesen beiden Methoden steht im freien Ermessen der Nachfolgeunternehmer, doch müssen alle Betroffenen dieselbe Methode anwenden (UmgrStR Rz 1580; *Sulz/Oberkleiner*, SWK 2011, S 900; *Hammerl* in HB Sonderbilanzen II 220; *Huber* in *W/Z/H/K*[5] § 30 Rz 7). Eine Berücksichtigung des rechnerischen Ergebnisses wird idR dann iRd Ausgleichsposten erfolgen, wenn sich dies aufgrund deren auf 15 Wirtschaftsjahre verteilte Absetzung bzw Auflösung (§ 29

Abs 1 Z 2 S 2; s § 29 Rz 33) als vorteilhaft erweist (*Sulz/Reisch*, SWK 2003, S 372). Als dritte Variante dürfte in der Praxis auch die Möglichkeit bestehen, jene Vermögensteile, die zum Übergangsergebnis iSd § 4 Abs 10 EStG führen würden (etwa Forderungen aus Lieferungen und Leistungen), soweit zulässig, dergestalt aufzuteilen, dass sich aus dem rechnerischen doppelten Wechsel keine Differenz ergibt (*W/S/S/S, Rechtsanwälte* 109; *Sulz/Oberkleiner*, SWK 2011, S 900).

Zur Vermeidung von Zweifeln ist die gewählte Methode gegenüber der Abgabenbehörde in geeigneter Weise zu dokumentieren (UmgrStR Rz 1581). Sofern das rechnerische Ergebnis iRd Ausgleichspostens berücksichtigt wird, ist der Ausweis einer (auch Beträge iSd § 29 Abs 1 Z 2 enthaltenden) Gesamtsumme unproblematisch, wenn die Bemessungsgrundlagen getrennt dargestellt werden (UmgrStR Rz 1581). **106**

Im Falle eines rechnerisch doppelten Wechsels der Gewinnermittlungsart ist ein sich zunächst auf Ebene der übertragenden Personengesellschaft ergebender Übergangsgewinn bzw -verlust bei allen Gesellschaftern im Verhältnis der Gewinnbeteiligungen in Evidenz zu nehmen. Nach der Realteilung kommt es bei den rückwechselnden Nachfolgeunternehmern bzw im Abteilungsfalle (auch) bei der fortbestehenden und die Gewinnermittlung nach § 4 Abs 3 EStG beibehaltenden Personengesellschaft aufgrund des Rückwechsels nach Maßgabe des Vermögens laut Teilungsbilanz umgekehrt zu einem rechnerischen Übergangsverlust bzw -gewinn (UmgrStR Rz 1581). Mangels tatsächlichem (sondern bloß rechnerisch vollzogenen) Gewinnermittlungsartwechsel kommt hinsichtlich des aus Hin- und Rückwechsel resultierenden Gesamtergebnisses die Bestimmung des § 4 Abs 10 Z 1 EStG nicht zur Anwendung, weswegen ein allfällig auf Ebene der übernehmenden Nachfolgeunternehmer eintretender Übergangsverlust **nicht auf sieben Gewinnermittlungszeiträume zu verteilen** ist (VwGH 25.7.2013, 2011/15/0046; UmgrStR Rz 1581; *Wiesner*, RWZ 2013, 315; *Bergmann*, GES 2013, 525). **107**

Da nach der Verwaltungspraxis das gesamte Ergebnis eines rechnerischen doppelten Wechsels der Gewinnermittlungsart erst in dem dem Teilungsstichtag folgenden Wirtschaftsjahr geltend zu machen ist, hat dessen Berücksichtigung **verfahrensrechtlich** hinsichtlich teilungsbedingt (gänzlich) ausscheidender Nachfolgeunternehmer iRd individuellen ESt- oder KSt-Veranlagungsverfahren zu erfolgen bzw, sofern als Nachfolgeunternehmer wiederum eine Personengesellschaft auftritt, in deren gesondertem Feststellungsverfahren nach § 188 BAO (aA UFS 2.11.2006, RV/0763-L/02, wonach bei einer Aufteilung das Ergebnis eines rechnerisch doppelten Wechsels im Zuge des letzten gesonderten Feststellungsverfahrens der übertragenden Personengesellschaft zu berücksichtigen sei; zutr krit *Hirschler/Sulz/Oberkleiner*, UFSaktuell 2008, 187 f). Gesellschafter einer im Abteilungsfalle fortbestehenden und die Gewinnermittlung nach § 4 Abs 3 EStG fortsetzenden Personengesellschaft haben das Ergebnis des rechnerisch doppelten Wechsels hingegen im gesonderten Feststellungsverfahren (§ 188 BAO) für das dem Teilungsstichtag folgende Wirtschaftsjahr zu berücksichtigen. **108**

Bei verhältniswahrenden Realteilungen (s Rz 9 ff) führt ein rechnerisch doppelter Wechsel der Gewinnermittlungsart stets zu einem ausgeglichenen Ergebnis von null. **109**

Wird ein rechnerisch doppelter Wechsel der Gewinnermittlungsart nicht vollzogen, so hat die Abgabenbehörde das steuerliche Ergebnis des ersten Wirtschaftsjahres nach dem Teilungsstichtag **amtswegig zu berichtigen** (UmgrStR Rz 1581; *Huber* in W/Z/H/K[5] § 30 Rz 8). Zu einem „Verunglücken" der Realteilung (s Rz 181 ff) kommt es diesfalls nicht. **110**

E. Personengesellschaft (Abs 4)
1. Erfordernis von Mitunternehmerschaft

116 Nach § 27 Abs 1 kommt Art V nur dann zur Anwendung, wenn qualifiziertes Vermögen von „Personengesellschaften" übertragen wird. Gem § 27 Abs 4 kommen als übertragende Personengesellschaften nur solche in Betracht, „bei denen die Gesellschafter als Unternehmer (Mitunternehmer) anzusehen sind". Mitunternehmerschaft gibt es nur im Bereich der **betrieblichen Einkunftsarten** (§ 21 Abs 2 Z 2, § 22 Z 3 und § 23 Z 2 EStG). Zu außerbetrieblichen Einkünften führende vermögensverwaltende Personengesellschaften fallen daher von vornherein nicht in den Anwendungsbereich des Art V.

117 Da sich der Ausschluss vermögensverwaltender Personengesellschaften vom Anwendungsbereich des Art V bereits aus § 27 Abs 2, wonach zum begünstigten Vermögen „nur Betriebe, Teilbetriebe und Mitunternehmeranteile" zählen (s Rz 32 ff), und dem Umstand ergibt, dass nach dem Abfärbegrundsatz der §§ 2 Abs 4 S 3, 21 Abs 2 Z S 2 und 22 Z 3 S 2 EStG bereits die geringste von einer Personengesellschaft ausgeübte betriebliche Tätigkeit (wozu im Falle von doppelstöckigen Personengesellschaften auch das bloße Halten von Mitunternehmeranteilen zählt; EStR 5831a; *Bergmann*, SWK 2008, S 731 f; *Q/S* § 23 Tz 20) dazu führt, dass die Personengesellschaft insgesamt als betriebliche Mitunternehmerschaft einzustufen ist (ausf *Bergmann* in *Bergmann/Ratka*, HB-PG² Rz 13/70 ff), ist der Bestimmung des § 27 Abs 4 **keine konstitutive Bedeutung** beizumessen (s Rz 32; *Bergmann*, GES 2012, 191).

118 Aufgrund des Erfordernisses des Vorliegens einer Mitunternehmerschaft ist der Personengesellschaftsbegriff des Art V ein engerer als jener des Zivil- bzw Unternehmensrechts. Zwar gibt es auch Mitunternehmerschaften, die umgekehrt zivil- bzw unternehmensrechtlich nicht als Personengesellschaften einzustufen sind. Art V erfasst aber nur die **Schnittmenge** jener Rechtsgebilde, die sowohl **zivil- bzw unternehmensrechtlich dem Kreis der Personengesellschaften** als auch **ertragsteuerrechtlich jenem der Mitunternehmerschaften** angehören (aA *Huber* in W/Z/H/K⁵ § 27 Rz 58; *Sulz* in W/H/M, HdU¹ § 23 Rz 58, nach denen als Übertragende sämtliche Mitunternehmerschaften in Betracht kommen sollen; weiters ErlRV 266 BlgNR 18. GP, 32, wonach § 27 Abs 4 den Begriff der Personengesellschaft mit jenem der Mitunternehmerschaft gleichsetze; ebenso aA zu Art IV VwGH 29.1.2009, 2008/16/0126, wonach sich der Zusammenschlussbegriff „auf Mitunternehmerschaften und damit auf einen wesentlich weiteren Kreis von Gesellschaften als Personengesellschaften im Sinn des Gesellschaftsrechts" bezieht). Das ergibt sich im Umkehrschluss aus § 27 Abs 1 S 4, wonach einer im Abteilungsfalle fortbestehenden Personengesellschaft zur Anwendbarkeit von Art V begünstigtes Restvermögen verbleiben muss (s Rz 171), zumal es bei einem mit dem Mitunternehmerbegriff übereinstimmenden Personengesellschaftsverständnis gar nicht denkmöglich wäre, dass eine Personengesellschaft fortbesteht, ohne dass ihr begünstigtes Restvermögen iSd § 27 Abs 2 verbleibt. Bestätigt wird dieser Eindruck durch den Umstand, dass es sich beim Teilungsvertrag ausweislich des Wortlauts des § 27 Abs 1 S 1 um einen „Gesellschaftsvertrag" handelt. Die Beschränkung des Anwendungsbereichs des Art V auf Mitunternehmerschaften, die zivil- bzw unternehmensrechtlich dem Kreise der Personengesellschaften zuzurechnen sind, dürfte freilich insofern von bloß untergeordneter praktischer Bedeutung sein, als bei den meisten Mitunternehmerschaften (unter der Voraussetzung des Vorhandenseins eines gemeinsamen Zwecks) zumindest konkludent auch eine GesbR vorliegen wird. Mangels vergleichbarer Einschränkung in § 27 Abs 2 zählen zum Kreis des qualifizierten Vermögens auch Mitunternehmeranteile an Mitunternehmerschaften, die ihrerseits zivil- bzw unternehmensrechtlich nicht als Personengesellschaften einzustufen sind. Das Aufwertungswahlrecht des § 29 Abs 1 Z 4 erfasst hingegen wiederum nur „Anteile an ausländischen Mitunternehmerschaften **in Personengesellschaften**" (s § 29 Rz 74).

2. Mitunternehmerbegriff
a) Wesensmerkmale

Der Begriff des Mitunternehmers ist ein besonderer **steuerrechtlicher Begriff**, der nicht gesetzlich definiert ist. § 23 Z 2 EStG führt lediglich beispielhaft die OG und KG als Mitunternehmerschaften an. Die Rechtsstellung eines Mitunternehmers muss deshalb durch Merkmale gekennzeichnet sein, die für Gesellschafter einer OG und KG typisch sind (*Kauba* in *D/K/M/Z*, EStG[10] § 23 Tz 214; *Bergmann*, GesRZ 2009, 24), wofür nach stRsp erforderlich ist, dass die beteiligten Personen **Unternehmerinitiative** (s Rz 120 f) ausüben können und **Unternehmerrisiko** (s Rz 122 f) tragen (zB VwGH 27.2.2008, 2005/13/0050). **119**

b) Unternehmerinitiative

Unternehmerinitiative entfaltet, wer auf das betriebliche Geschehen Einfluss nehmen kann, wer also die Möglichkeit hat, an unternehmerischen Entscheidungen teilzunehmen (VwGH 27.2.2008, 2005/13/0050; VwGH 19.10.2006, 2002/14/0108). **120**

Kein Zweifel am Vorliegen von Unternehmerinitiative besteht bei Gesellschaftern mit **Geschäftsführungsbefugnis** (*Haep* in *H/H/R*, EStG[235] § 15 Anm 310). Für ein Mindestmaß an Unternehmerinitiative genügt aber bereits ein **Stimmrecht bei Grundlagenbeschlüssen** der Personengesellschaft (etwa bei Änderungen des Gesellschaftsvertrags oder Ausschluss eines Gesellschafters; VwGH 29.6.1995, 94/15/0103; VwGH 2.4.1982, 82/13/0079 f). Bloße **Kontrollrechte** können keine Unternehmerinitiative begründen (BFH 11.10.1988, VIII R 328/83, BStBl 1989 II 762; *Q/S* § 23 Tz 25; aA Stoll, BAO 1989). Ein tatsächlicher Einfluss auf die unternehmerischen Entscheidungen ist nicht erforderlich. Selbst ein Gesellschafter mit ganz geringer Beteiligung kann daher als Mitunternehmer einzustufen sein (*Hofstätter/Büsser* in *H/R*, EStG[19] § 23 Rz 23). Es ist nicht notwendig, dass ein Gesellschafter die ihm zustehenden Rechte auch tatsächlich wahrnimmt. Es genügt vielmehr die Möglichkeit dazu (VwGH 23.2.1994, 93/15/0164). **121**

c) Unternehmerrisiko

Unter dem Unternehmerrisiko wird eine gesellschaftsrechtliche oder wirtschaftlich vergleichbare Teilnahme am Erfolg oder Misserfolg eines Unternehmens verstanden (VwGH 27.2.2008, 2005/13/0050; VwGH 19.10.2006, 2002/14/0108). **122**

Wesentlicher Aspekt des Unternehmerrisikos ist die **Beteiligung an Gewinn und Verlust** (VwGH 19.10.2006, 2002/14/0108; VwGH 21.4.2005, 2000/15/0058), wobei eine Gewinnbeteiligung grundsätzlich Voraussetzung für die Annahme von Unternehmerrisiko ist (BFH 28.10.1999, VIII R 66-70/97, BStBl 2000 II 183; *Haep* in *H/H/R*, EStG[235] § 15 Anm 322). Bei persönlich unbeschränkter Haftung soll jedoch ausnahmsweise bereits eine feste Tätigkeitsvergütung genügen (VwGH 18.3.1975, 1301/74). Das Fehlen einer Verlustbeteiligung steht hingegen dem Be- **123** stehen von hinreichendem Unternehmerrisiko nicht entgegen (BFH 16.12.1997, VIII R 32/90, BStBl 1998 II 480; *Vergeiner*, Unterbeteiligung 104). Eine reine Umsatzbeteiligung genügt grundsätzlich nicht (EStR Rz 5821). Ist allerdings neben einer Beteiligung am Umsatz auch eine Beteiligung an bestimmten Kosten vereinbart, kann im Ergebnis eine Gewinnbeteiligung vorliegen (VwGH 27.1.1971, 0104/69). Erhält jemand nur eine fixe (vom Gewinn unabhängige) Verzinsung seiner Einlage, die der üblichen Darlehensverzinsung entspricht, ist er wirtschaftlich betrachtet Darlehensgeber und nicht Mitunternehmer. Das bloße Risiko, die Einlage zu verlieren, entspricht dem Risiko der Zahlungsunfähigkeit des Darlehensnehmers (BFH 28.10.1999, VIII R 66-70/97, BStBl 2000 II 183). Für die Annahme von Unternehmerrisiko verlangt der VwGH darüber hinaus grundsätzlich zwingend eine **Beteiligung an den stillen Reserven und am Firmenwert** bei Auflösung der Gesellschaft sowie für den Fall des unfreiwilligen Ausscheidens des Gesellschafters (VwGH 27.2.2008, 2005/13/0050; VwGH 21.4.2005, 2000/15/0058; krit *Beiser*, SWK 2009, S 784; *Bergmann*, RdW 2008, 168 f; *Schimetschek*, FJ 1982, 127; *Vergeiner*, Unterbeteiligung 102), außer das vorzeitige Ausscheiden beruht auf einem vom Gesellschafter zu vertretenden wichtigen Grund (VwGH 17.5.1989, 85/13/0176; VwGH 29.4.1981, 3122/78). Hingegen wird die Beteiligung für den Fall der Selbstkündigung nicht zwingend vorausgesetzt (VwGH 23.2.1994, 93/15/0163; VwGH 7.6.1983, 82/14/0213, 230 f). Die grundsätzlich zwingende Beteiligung darf durch vertraglich vereinbarte Ausnahmetatbestände nicht derart eingeschränkt werden, dass sie in der Regel nicht zum Tragen kommt (VwGH 17.5.1989, 85/13/0176). Es genügt aber, dass ein Gesellschafter nur an den seit Beginn seiner Beteiligung entstandenen stillen Reserven beteiligt ist (*Q/S* § 23 Tz 19; *Hofstätter/Büsser* in *H/R*, EStG[19] § 23 Rz 23). Auch eine limitierte Beteiligung mit einer Bandbreite von mindestens 90 % und höchstens 150 % der Einlage ist ausreichend (VwGH 23.2.1994, 93/15/0163). Lediglich in Einzelfällen wurde vom VwGH auch ohne Beteiligung an stillen Reserven und Firmenwert Unternehmerrisiko angenommen (VwGH 18.3.1975, 1301/74; VwGH 11.6.1974, 0769/72; VwGH 17.6.1966, 1131/65). Insb die Mitunternehmerstellung der Komplementär-GmbH einer GmbH & Co KG wird gemeinhin auch ohne Beteiligung an stillen Reserven und Firmenwert bejaht (EStR Rz 5811; *Peth/Wanke/Wiesner* in *W/G/W*, EStG[11] § 23 Anm 106; *Beiser*, SWK 2009, S 783; *Jakom*[10]/*Vock* § 23 Rz 143; *H. Torggler* in *Kastner/Stoll*, Die GmbH & Co KG[2] 373 ff). Ein weiterer Aspekt des Unternehmerrisikos besteht in der beschränkten oder unbeschränkten **Haftung** eines Gesellschafters für Gesellschaftsverbindlichkeiten (VwGH 21.4.2005, 2000/15/0058; VwGH 30.10.2003, 99/15/0156). Schließlich ist auch das Einbringen einer Konzession, Gewerbeberechtigung oÄ in eine Personengesellschaft ein Risiko, das in Kumulation mit anderen Gegebenheiten Unternehmerrisiko begründen kann. Der Einbringende trägt die Gefahr eines Verlusts seiner Konzession bzw Gewerbeberechtigung alleine, wobei ihm dieses Risiko auch durch interne Abmachungen nicht abgenommen werden kann (VwGH 17.6.1966, 1131/65; VwGH 18.3.1975, 1301/74; VwGH 11.6.1974, 0769/72).

d) Verhältnis zwischen Unternehmerinitiative und Unternehmerrisiko

124 Von der Frage, ab welchem Mindestmaß an Teilhabe an unternehmerischen Entscheidungen Unternehmerinitiative vorliegt (s Rz 121), ist die Frage, ob Unternehmerinitiative überhaupt erforderlich ist, zu unterscheiden: Der VwGH verlangt für die Annahme von Mitunternehmerschaft grundsätzlich das kumulative Vorliegen von Unternehmerinitiative und Unternehmerrisiko (VwGH 27.2.2008, 2005/13/0050;

ebenso BFH 25.6.1984, GrS 4/82, BStBl 1984 II 751; *Q/S* § 23 Tz 19; *Bergmann*, GesRZ 2009, 30). Trotz fehlender Unternehmerinitiative hat er allerdings ausnahmsweise die Mitunternehmerstellung eines atypisch stillen Gesellschafters ausdrücklich bejaht (VwGH 23.2.1994, 93/15/0163). Nach gegenteiliger Auffassung von *Stoll* soll hingegen auch bei Fehlen jeglicher Unternehmerinitiative das Vorliegen von Mitunternehmerschaft möglich sein. Das Kriterium der Unternehmerinitiative erscheine für die Beurteilung der Mitunternehmerschaft völlig in den Hintergrund (praktisch auf die Stufe der Bedeutungslosigkeit) verwiesen (*Stoll*, Publikums-(Abschreibungs-)Gesellschaften 54, 67; *ders*, BAO 1988; zustimmend *Kauba* in *D/K/M/Z*, EStG[10] § 23 Tz 219). Letztlich soll die Mitunternehmerstellung eines Gesellschafters nach der Gesamtsituation zu beurteilen sein. Unternehmerinitiative und Unternehmerrisiko seien dabei gegenseitig teilweise kompensierbar (EStR Rz 5806; *Peth/Wanke/Wiesner* in *W/G/W*, EStG[11] § 23 Anm 98; aA *Bergmann*, GesRZ 2009, 30; *ders* in *Bergmann/Ratka*, HB-PG[2] Rz 13/46). Je stärker das Unternehmerrisiko ist, umso schwächer soll die Unternehmerinitiative sein dürfen und (allerdings mit Einschränkungen) auch umgekehrt (BFH 8.4.2008, VIII R 73/05, BStBl 2008 II 681; *Haep* in *H/H/R*, EStG[235] § 15 Anm 304; aA *Bergmann*, GesRZ 2009, 30; *ders* in *Bergmann/Ratka*, HB-PG[2] Rz 13/46). Entscheidende Bedeutung sei dabei dem Unternehmerrisiko beizumessen (VwGH 24.11.2004, 2000/13/0107).

3. Erfasste Personengesellschaftsformen

a) Inländische Personengesellschaften

Als Mitunternehmerschaften kommen grundsätzlich sämtliche österreichische **125** Personengesellschaftsformen (einschließlich reiner Innengesellschaften; VwGH 19.10.2006, 2002/14/0108; VwGH 21.4.2005, 2000/15/0058) in Betracht. Nach Art V realteilungsfähig sein können daher (UmgrStR Rz 1511; *Korntner*, FJ 2014, 196 f; *Ludwig/Hirschler*, Bilanzierung[2] Rz 289)

- **Offene Gesellschaften** (OG; §§ 105 ff UGB),
- **Kommanditgesellschaften** (KG; §§ 161 ff UGB),
- **Europäische wirtschaftliche Interessenvereinigungen** (EWIV; EWIV-VO EWG 2137/85 u EWIV-AusführungsG, BGBl 1995/521 idF BGBl I 2005/120),
- **Gesellschaften bürgerlichen Rechts** (GesbR; §§ 1175 ff ABGB) und
- **atypisch stille Gesellschaften** (§§ 179 ff UGB)

einschließlich deren **besonderen Ausgestaltungsformen** wie „verdeckte Kapitalgesellschaften" (insb GmbH & Co KG), Publikumsgesellschaften oder Unterbeteiligungen (zu diesen ausf *Bergmann* in *Bergmann/Ratka*, HB-PG[2] Rz 13/246 ff). Nicht als Mitunternehmerschaften einzustufen sind hingegen **echte stille Gesellschaften**, die gem § 27 Abs 2 Z 4 EStG zu außerbetrieblichen Einkünften aus Kapitalvermögen führen (ausf *Bergmann* in *Bergmann/Ratka*, HB-PG[2] Rz 13/228 ff).

b) Ausländische Personengesellschaften

Im Fall der Realteilung einer ausländischen Gesellschaftsform (s Rz 13) ist zur Anwendung des Art V eine Vergleichbarkeit (**Typenvergleich**) sowohl mit einer inländischen Mitunternehmerschaft (*Aigner/Züger* in *Achatz ua*, IntUmgr 158 f; *Huber* in *W/Z/H/K*[5] § 27 Rz 59; *Staringer* in *W/H/M*, HdU[1] Q2 Rz 78; *Helbich/Wiesner*, Umgründungen[5] 189; *Mühlehner* in *H/H/H* § 27 Rz 41; *Sulz* in *W/H/M*, HdU[1] § 23 Rz 62) als auch (aufgrund der Einschränkung des Anwendungsbereichs auf die Schnittmenge jener Mitunternehmerschaften, die zivil- bzw unternehmensrecht- **126** lich dem Kreis der Personengesellschaften zuzurechnen sind; s Rz 118) zivil- bzw unternehmensrechtlich mit einer inländischen Personengesellschaft erforderlich. Die steuerliche Behandlung im Ansässigkeitsstaat ist ohne Bedeutung (*Sulz* in *W/H/M*, HdU[1] § 23 Rz 62; *Aigner/Züger* in *Achatz ua*, IntUmgr 159).

F. Teilungsvertrag (Abs 1 S 1)
1. Erfordernis

131 Gem § 27 Abs 1 S 1 setzt die Anwendbarkeit des Art V voraus, dass die Realteilung „auf Grundlage eines schriftlichen Teilungsvertrages (Gesellschaftsvertrages)" erfolgt. Die **Schriftform** ist erst seit dem BudBG 2003 (BGBl I 2003/71) zwingend erforderlich. Wenn dem Betriebsvermögen eines übertragenen Betriebs oder Teilbetriebs auch GmbH-Anteile angehören, bedarf der Teilungsvertrag darüber hinaus der Form eines Notariatsakts (§ 76 Abs 2 GmbHG), sofern betreffend die GmbH-Anteile nicht ein gesonderter Abtretungsvertrag in Notariatsaktform errichtet wird (*Huber* in *W/Z/H/K*[5] § 27 Rz 54; *Haselsteiner/Ludwig* in *Bergmann/Ratka*, HB-PG[2] Rz 15/130).

2. Wesen und Inhalt
a) Wesen

132 Ein Teilungsvertrag ist ein zwischen den Gesellschaftern der übertragenden Personengesellschaft geschlossener (Nachtrag zum; *Huber* in *W/Z/H/K*[5] § 27 Rz 53) **Gesellschaftsvertrag** (aA *Huber*, FJ 1992, 185, nach dem der Teilungsvertrag zwischen der übertragenden Personengesellschaft und den Gesellschaftern zu schließen sei). Sofern der bisherige Gesellschaftsvertrag keine abweichenden **Zustimmungserfordernisse** festlegt, ist dabei **Einstimmigkeit** der Gesellschafter erforderlich (§ 119 Abs 1 UGB zur OG; § 161 Abs 2 iVm § 119 Abs 1 UGB zur KG; § 1192 Abs 1 ABGB zur GesbR; Art 17 Abs 2 EWIV-VO zur EWIV; ebenso *Hirschler/ Gewessler* in HBStL III[3] 302 u 306; *Schwarzinger*, SWK 1995, A 605; *Korntner*, FJ 2010, 185). Eine **Bezeichnung** als „Teilungsvertrag" oder „Gesellschaftsvertrag" ist nicht erforderlich, doch muss aus dem Vertrag erkennbar sein, dass es sich um einen gesellschaftsrechtlichen Vorgang handelt (UmgrStR Rz 1526; *Hammerl* in HB Sonderbilanzen II 213; *Krickl/Jerabek/Rittsteuer* in *Althuber/Vondrak*, Steuerrecht Rz 2/225).

b) Inhalt
aa) Wesentliche Vertragselemente

133 Der Teilungsvertrag muss alle für die Realteilung **wesentlichen Regelungen** enthalten. Dazu zählen insb (UmgrStR Rz 1527; *Hammerl* in HB Sonderbilanzen II 213; *Haselsteiner/Ludwig* in *Bergmann/Ratka*, HB-PG[2] Rz 15/129; *Huber* in *W/Z/ H/K*[5] § 27 Rz 53; *Reinweber ua*, UmgrStR[4] 229; *Hirschler/Gewessler* in HBStL III[3] 306; *Steinmaurer*, ÖStZ 2008, 401; *Bartl*, FJ 2004, 15; *Korntner*, FJ 2010, 143 f; *ders*, FJ 2014, 198; ausf zu möglichen Vertragselementen *Schwarzinger/Wiesner* II[2] 1139; *W/S/S/S*, Rechtsanwälte 98 f; *Krickl/Jerabek/Rittsteuer* in *Althuber/Vondrak*, Steuerrecht Rz 2/225; *Korntner*, FJ 2010, 185)

- die Nennung der **Teilungspartner**,
- der Festlegung eines **Teilungsstichtags** (sofern dieser vom Abschlusstag des Teilungsvertrags abweichen soll; zur Möglichkeit s § 28 Rz 11 ff),

- die Definition des auf die Teilungspartner jeweils zu **übertragenden Vermögens** und
- die Definition **Gegenleistungen** der übernehmenden Gesellschafter.

Fehlt bei einem alle sonstigen inhaltlichen Voraussetzungen erfüllenden Teilungsvertrag nur die **Angabe eines Teilungsstichtags**, so gilt mit der Bezugnahme auf eine Bilanz auch dieser mit dem Bilanzstichtag als definiert (UmgrStR Rz 764). **134**

Zur **Definition des übertragenen Vermögens** verweisen Teilungsverträge in der Praxis häufig auf die Teilungsbilanz (*Steinmaurer*, ÖStZ 2008, 401; *Huber* in *W/Z/H/K*[5] § 27 Rz 55). Zumal sich die Aufteilungsverhältnisse an den Verkehrswerten der übertragenen Vermögensgegenstände orientieren, die Teilungsbilanz diese jedoch nur mit den Buchwerten ausweist, erscheint eine nähere Umschreibung im Teilungsvertrag selbst jedoch sinnvoll und regelmäßig auch erforderlich (*Hirschler/Geweßler* in HBStL III[3] 306 f). In der Teilungsbilanz nicht darstellbare Wirtschaftsgüter (wie etwa unkörperliche Wirtschaftsgüter des Anlagevermögens oder geringwertige Wirtschaftsgüter) sind entweder im Teilungsvertrag zu umschreiben (UmgrStR Rz 1599 f; *Huber* in *W/Z/H/K*[5] § 27 Rz 55, § 28 Rz 50; *Steinmaurer*, ÖStZ 2008, 401) oder gehen im Zuge der Realteilung aufgrund ihrer Zugehörigkeit zu einem übertragenen Betrieb oder Teilbetrieb über, sofern im Teilungsvertrag die Übertragung aller Aktiven und Passiven vereinbart wird (*Huber* in *W/Z/H/K*[5] § 27 Rz 55; *Steinmaurer*, ÖStZ 2008, 401; s § 28 Rz 68). Vertraglich nicht unmittelbar disponiert werden kann über einen allfälligen Firmenwert. Ein solcher geht zwingend (zur Gänze oder anteilig) mit jenen Betriebseinheiten über, denen er zuzuordnen ist. Im Falle einer Abteilung verbleibt er gegebenenfalls (zur Gänze oder anteilig) bei der übertragenden Personengesellschaft. **135**

bb) Spezialklauseln

Klauseln in Teilungsverträgen, die den Eintritt der Wirkungen der Realteilung von **außersteuerlichen Bedingungen** abhängig machen (etwa aufschiebende Bedingungen betreffend erforderliche behördliche Genehmigungen), sind steuerlich wirksam (UmgrStR Rz 1516; *Huber* in *W/Z/H/K*[5] § 27 Rz 57; *Tröszter/Joklik-Fürst*, FJ 2008, 343; *Korntner*, FJ 2014, 198). Ebenso zulässig sind Klauseln, wonach sich die **Ausgleichszahlungen (im Rahmen der Drittelbegrenzung)** und **Ausgleichsposten** an im Zuge von Feststellungen durch die Abgabenbehörde geänderte Buch- oder Verkehrswerte anpassen sollen (UmgrStR Rz 1516; *Huber* in *W/Z/H/K*[5] § 27 Rz 57; *Korntner*, FJ 2010, 186 f). Das Fehlen einer solchen Klausel berechtigt die Abgabenbehörde allerdings nicht, begehrte Anpassungen von vornherein abzulehnen (UmgrStR Rz 1516). Zulässig sind weiters Klauseln zur **Fristenwahrung**, wonach die tatsächliche Vermögensübertragung am Tag der fristgerechten Anmeldung beim Firmenbuchgericht bzw am Tag der fristgerechten Meldung bei der zuständigen Abgabenbehörde erfolgen soll (UmgrStR Rz 1516 u 1543; *Huber* in *W/Z/H/K*[5] § 27 Rz 57; *Bartl*, FJ 2004, 16; *Tröszter/Joklik-Fürst*, FJ 2008, 401; *Korntner*, FJ 2010, 187). Im Falle einer Fristverletzung kann eine noch nicht vollzogene Realteilung diesfalls nicht wirksam werden bzw ist davon auszugehen, dass das zu übertragende Vermögen der Personengesellschaft den Gesellschaftern nur zur Nutzung überlassen wurde, sodass eine Vermögensübertragung nicht Platz greifen konnte (UmgrStR Rz 1543; *Bartl*, FJ 2004, 16; *Korntner*, FJ 2010, 187). **136**

137 In Teilungsverträgen enthaltene **Steuerklauseln**, wonach es nur dann zur Realteilung der Personengesellschaft kommen soll, wenn sämtliche Anwendungsvoraussetzungen des Art V erfüllt werden, sollen hingegen nach der Verwaltungspraxis unwirksam sein (UmgrStR Rz 1516; ebenso *Huber* in *W/Z/H/K*[5] § 27 Rz 57; *Korntner*, FJ 2010, 186), weswegen es bei Nichterfüllung einer Anwendungsvoraussetzung trotz Vorhandenseins einer solchen Klausel zur Gewinnrealisierung käme (s Rz 181 ff). Zur Gewinnrealisierung kann es aber richtigerweise nur dann kommen, wenn das (wirtschaftliche) Eigentum an dem zu übertragenden Vermögen übergeht. Zwar ist dies bei Vorhandensein einer Steuerklausel grundsätzlich auch dann denkbar, wenn nicht alle Anwendungsvoraussetzungen des Art V erfüllt sind, doch wird einer allfälligen Steuerklausel eine Indizwirkung dahingehend beizumessen sein, dass eine Übertragung des (wirtschaftlichen) Eigentums aufgrund der Nichterfüllung einer Anwendungsvoraussetzung nicht intendiert und folglich typischerweise auch faktisch (in wirtschaftlicher Betrachtungsweise) nicht vonstatten gegangen ist.

3. Nichtigkeit

138 Sofern ein Teilungsvertrag zivilrechtliche Mängel aufweist, ist mE danach zu differenzieren, ob diese zu dessen bloßer Anfechtbarkeit (relative Nichtigkeit) führen oder ob der Teilungsvertrag aufgrund der Schwere der Mängel von vornherein als nicht existent zu betrachten ist (absolute Nichtigkeit):

- Bei **relativer Nichtigkeit** dürfte Art V dann und solange anwendbar sein, als es nicht zu einer erfolgreichen Anfechtung mit der Folge kommt, dass der Teilungsvertrag rückwirkend (ex tunc) wegfällt;
- im Falle von **absoluter Nichtigkeit** dürfte die Anwendung von Art V keinesfalls in Betracht kommen, weil das Vorliegen eines Teilungsvertrags zwingende Voraussetzung ist.

139 Sofern bei absoluter Nichtigkeit von vornherein bzw bei relativer Nichtigkeit infolge einer erfolgreichen Anfechtung rückwirkend kein Teilungsvertrag vorliegt, ist fraglich, ob der beabsichtigte Realteilungsvorgang steuerlich ebenso als nicht stattgefunden oder vielmehr als „verunglückte" Realteilung mit Gewinnrealisierung (s Rz 181 ff) zu charakterisieren ist. Maßgeblich wird dabei sein, ob es (ungeachtet des zivilrechtlichen Mangels) zur Übertragung von (wirtschaftlichem) Eigentum an den betroffenen Vermögensgegenständen gekommen ist oder nicht. Zwar ist dies (wie allgemein im Ertragsteuerrecht üblich) in wirtschaftlicher Betrachtungsweise zu beurteilen, doch dürfte deren Ergebnis regelmäßig mit der zivilrechtlichen Beurteilung übereinstimmen. Wenn daher der zivilrechtliche Teilungsvertrag nichtig und somit nicht existent ist, dürfte es typischerweise auch zur keiner ertragsteuerlich relevanten Übertragung des wirtschaftlichen Eigentums gekommen sein (im Ergebnis ähnlich *Kohlbacher/Walter* in FS Pircher 152 ff). Nach aA (*Hammerl* in HB Sonderbilanzen II 213; *Walter*[11] Rz 700; *Korntner*, FJ 2014, 203) sei in diesem Zusammenhang hingegen zwischen Fällen der Zuständigkeit des Firmenbuchgerichts und jenen der Finanzamtszuständigkeit zu differenzieren:

- Wenn die Realteilung bei Zuständigkeit des **Firmenbuchgerichts** (s § 28 Rz 25 ff) wieder aus dem Firmenbuch ausgetragen wird, so soll sie auch steuerlich nicht zustande gekommen sein. Das übertragene Vermögen sei weiterhin der Personengesellschaft zuzurechnen. Es komme daher zu keiner Gewinnrealisierung („Maßgeblichkeit des Unternehmensrechts").

- Bei **Finanzamtszuständigkeit** (s § 28 Rz 26 ff) soll die Realteilung steuerlich hingegen wirksam bleiben und dabei (trotz Nichterfüllung der ausdrücklichen Voraussetzung des Vorliegens eines Teilungsvertrags) die Begünstigungen des Art V anwendbar sein (krit *Kohlbacher/Walter* in FS Pircher 152 ff, nach denen es bei Finanzamtszuständigkeit gleichermaßen wie bei Firmenbuchzuständigkeit im Falle einer zivilrechtlichen Nichtigkeit zu keiner Gewinnrealisierung kommen soll und das Vermögen weiterhin der Personengesellschaft zuzuordnen sei).

4. Zeitliche Aspekte

Der Tag des Abschlusses des Teilungsvertrags ist der für das Erfordernis des Vorliegens eines **positiven Verkehrswerts** des übertragenen Vermögens maßgebliche Stichtag (s Rz 26 ff). **140**

Für den Lauf der neunmonatigen **Rückwirkungsfrist** ist der Zeitpunkt des Abschlusses des Teilungsvertrags hingegen nicht von Bedeutung, weil dieser an die Anmeldung zur Eintragung in das Firmenbuch bzw der Meldung an das zuständige Finanzamt anknüpft (s § 28 Rz 26; *Huber* in W/Z/H/K^5 § 27 Rz 56). **141**

G. Teilungsbilanz (Abs 1 S 1)

Gem § 27 Abs 1 S 1 ist Art V nur dann anzuwenden, wenn eine Realteilung auf Grundlage einer Teilungsbilanz erfolgt. Das Erfordernis des Erstellens einer Teilungsbilanz wurde erst mit dem AbgÄG 2005 (BGBl I 2005/161) in die Anwendungsvoraussetzungen des § 27 Abs 1 miteinbezogen. **146**

Den näheren Inhalt der Teilungsbilanz regelt § 28 iVm § 15 (s § 28 Rz 56 ff). § 29 enthält besondere Vorschriften für die Bewertung des Teilungsvermögens in der Teilungsbilanz (s § 29 Rz 3 ff). **147**

H. Gegenleistung (Abs 1 S 1)
1. Überblick

Die Anwendung des Art V setzt voraus, dass die Übertragung von qualifiziertem Vermögen „zum Ausgleich untergehender Gesellschafterrechte ohne oder ohne wesentliche Ausgleichszahlung" erfolgt. **Andere Gegenleistungen** als die Aufgabe von Gesellschafterrechten an der übertragenden Personengesellschaft und der Höhe nach begrenzte Ausgleichszahlungen sind **unzulässig** (UmgrStR Rz 1565; *Huber* in W/Z/H/K^5 § 27 Rz 24; W/S/S/S, Rechtsanwälte 116). **151**

2. Aufgabe von Gesellschafterrechten
a) Gesellschafterrechte

Der Begriff „Gesellschafterrecht" iSd § 27 Abs 1 S 1 umschreibt Anteile an Rechtsgebilden, die sowohl unternehmensrechtlich dem Kreis der Personengesellschaften als auch ertragsteuerrechtlich jenem der Mitunternehmerschaften zuzuordnen sind (s Rz 118). Der Begriff stimmt insofern nicht zwingend mit dem weiteren Begriff „Mitunternehmeranteil" (zu diesem *Bergmann* in *Bergmann/Ratka*, HB-PG^2 Rz 14/5 f) überein (aA *Mühlehner* in H/M/H § 27 Rz 45). **152**

b) Aufgabe

Bei **Aufteilungen** (s Rz 5) ergibt sich die Aufgabe von Gesellschafterrechten an der übertragenden Personengesellschaft durch deren Gesellschafter zwangsläufig aus dem Umstand, dass die Personengesellschaft erlischt (*Huber* in W/Z/H/K^5 § 27 **153**

Rz 24). Bei **Abteilungen** müssen die übernehmenden Nachfolgeunternehmer entweder gänzlich oder zumindest teilweise aus der übertragenden Personengesellschaft ausscheiden (s Rz 5). Ein teilweises Ausscheiden erfolgt durch Verminderung der Beteiligung des betroffenen Gesellschafters an der Personengesellschaft (*Huber* in *W/Z/H/K*[5] § 27 Rz 24). Im Falle von verhältniswahrenden (s Rz 9) Abteilungen bleiben zwar die prozentuellen Beteiligungsverhältnisse der Gesellschafter an der übertragenden Personengesellschaft unverändert, doch erfolgt der Untergang von Gesellschafterrechten dergestalt, dass es durch den teilungsbedingten Vermögensabgang zu einer Wertminderung der Gesellschaftsbeteiligungen kommt (BMF 29.3.1995, SWK 1995, A 438; *Huber* in *W/Z/H/K*[5] § 27 Rz 24).

3. Ausgleichszahlungen

154 Gem § 27 Abs 1 S 1 muss eine Realteilung „ohne oder ohne wesentliche Ausgleichszahlung[en]" erfolgen. Die Wesentlichkeitsgrenze ist in § 29 Abs 2 geregelt. Demnach dürfen allfällige Ausgleichszahlungen ein Drittel des Werts des empfangenen Vermögens des Zahlungsempfängers nicht übersteigen. Ausf dazu s § 29 Rz 86 ff.

I. Tatsächliche Vermögensübertragung (Abs 1 S 1)
1. Erfordernis

156 Gem § 27 Abs 1 muss das Vermögen „tatsächlich auf die Nachfolgeunternehmer übertragen" werden. Eine bloß buchmäßige Übertragung ist daher unzureichend (*Schwarzinger*, SWK 1995, A 603; *W/S/S/S*, Rechtsanwälte 117). Maßgeblich ist die tatsächliche (reale) Übertragung des **wirtschaftlichen Eigentums** (UmgrStR Rz 1372; *Huber* in *W/Z/H/K*[5] § 27 Rz 20; *Walter*[11] Rz 746). Die Übertragung auch des zivilrechtlichen Eigentums ist nicht zwingend erforderlich (UmgrStR Rz 1372; *Huber* in *W/Z/H/K*[5] § 27 Rz 20; *Walter*[11] Rz 746). Stehen einer geplanten tatsächlichen Vermögensübertragung rechtliche bzw behördliche Hindernisse entgegen, liegt keine Verletzung einer Anwendungsvoraussetzung des Art V vor, wenn diese nach Wegfall der Hindernisse ohne Aufschub erfolgt (UmgrStR Rz 1563).

157 Aus dem Erfordernis der tatsächlichen Vermögensübertragung wird abgeleitet, dass das übertragene Vermögen nicht nur am Teilungsstichtag (§ 28 iVm § 13 Abs 2 S 1), sondern auch am Tag des Abschlusses des Teilungsvertrags bei der übertragenen Personengesellschaft vorhanden sein muss (UmgrStR Rz 1563; *Walter*[11] Rz 722 u 746; *Huber* in *W/Z/H/K*[5] § 27 Rz 19; *W/S/S/S*, Rechtsanwälte 117). Die zwischen einem rückbezogenen Teilungsstichtag und dem Zeitpunkt des Abschlusses des Teilungsvertrags erfolgende Übertragung eines grundsätzlich iSd § 27 Abs 2 qualifizierten Vermögensgegenstands fällt daher nicht unter Art V (*Huber* in *W/Z/H/K*[5] § 27 Rz 19; unzutreffend UmgrStR Rz 1563, wonach die „Veräußerung der Teilungsmasse nach dem Tag des Abschlusses des Teilungsvertrags (Risikoübergang) [...] bereits als Verfügung des Übernehmers anzusehen" ist und offenbar der Anwendung von Art V unschädlich sein soll; ebenso *Haselsteiner/Ludwig* in *Bergmann/Ratka*, HB-PG[2] Rz 15/115). Die Veräußerung einzelner Wirtschaftsgüter in diesem Zeitraum ist jedoch dann nicht schädlich, wenn der Betrieb bzw Teilbetrieb als solcher erhalten bleibt (UmgrStR Rz 1563; *Haselsteiner/Ludwig* in *Bergmann/Ratka*, HB-PG[2] Rz 15/115), wobei die erzielten Erträge bereits demjenigen Nachfolgeunternehmer zuzurechnen sind, der die betroffene Betriebseinheit übernimmt (UmgrStR Rz 1585).

2. Nachweis

Das Erfüllungsgeschäft zum tatsächlichen Vermögensübergang auf die Nach- **158** folgeunternehmer muss erforderlichenfalls **nachgewiesen** werden, wobei der Nachweis durch die üblichen Publizitätsakte, wie etwa der körperlichen Übergabe, der Übertragung der Betriebsführungsgewalt oder der Eintragung in öffentliche Register, erfolgt (UmgrStR Rz 1371; *Huber* in W/Z/H/K[5] § 27 Rz 20; *Steinmaurer*, ÖStZ 2008, 403).

Im Zuge des StRefG 1993 (BGBl 1993/818) wurde § 27 Abs 1 zwischenzeitlich da- **159** hingehend erweitert, dass soweit „eine Eintragung in das Firmenbuch vorgesehen ist, [...] nur diese als Nachweis der tatsächlichen Übertragung" gilt. Damit sollte der Firmenbuchgesetznovelle des GesRÄG 1993 (BGBl 458/1993), wonach jede Betriebs- oder Teilbetriebsübertragung auf eine andere Person einen protokollierungspflichtigen Vorgang darstellt, dergestalt Rechnung getragen werden, dass gesetzlich eine Maßgeblichkeit der Firmenbucheintragung für den Nachweis einer tatsächlichen Vermögensübertragung verankert wurde (ErlRV 1237 BlgNR 18. GP, 69 f; dazu *Schwarzinger*, RWZ 1995, 391; *Fellner*, ecolex 1996, 454 ff). Bereits mit dem AbgÄG 1996 (BGBl 1996/797) wurde die Maßgeblichkeit der Firmenbucheintragung für den Nachweis der tatsächlichen Vermögensübertragung jedoch wieder aufgehoben, weil „der firmenbuchrechtliche (Teil)Betriebsbegriff nicht unbedingt mit dem abgabenrechtlichen übereinstimmen" muss (aA *Hofians/Schuch/Toifl*, SWK 1996, A 435 ff) und die „Ausgestaltung als Anwendungsvoraussetzung [...] Anwendungshindernisse auslösen konnte" (ErlRV 497 BlgNR 18. GP, 28; dazu *Fellner*, ecolex 1997, 354 ff).

J. Übernehmender Nachfolgeunternehmer (Abs 1 S 1)

1. Rechtsform

Als Nachfolgeunternehmer kommen in- und ausländische (UmgrStR Rz 1513; **161** *Walter*[11] Rz 726; *Hirschler/Geweßler* in HBStL III[3] 304; *Ludwig/Hirschler*, Bilanzierung[2] Rz 290; *Krickl/Jerabek/Rittsteuer* in *Althuber/Vondrak*, Steuerrecht Rz 2/227) **natürliche** und **juristische Personen** (UmgrStR Rz 1513; *Huber* in W/Z/H/K[5] § 27 Rz 15; *Walter*[11] Rz 726; *Hirschler/Geweßler* in HBStL III[3] 304; *Hammerl* in HB Sonderbilanzen II 217; *Ludwig/Hirschler*, Bilanzierung[2] Rz 290; *Krickl/Jerabek/Rittsteuer* in *Althuber/Vondrak*, Steuerrecht Rz 2/227) sowie **Personengesellschaften** in Betracht (UmgrStR Rz 1513; *Hirschler/Geweßler* in HBStL III[3] 304; *Huber* in W/Z/H/K[5] § 27 Rz 15; *Ludwig/Hirschler*, Bilanzierung[2] Rz 290).

2. Vermögenszurechnung

a) Gänzliche oder teilweise Zurechnung

Gem § 27 Abs 1 S 1 muss zur Anwendbarkeit des Art V qualifiziertes Vermögen **162** auf Nachfolgeunternehmer übertragen werden, „denen das Vermögen zur Gänze oder teilweise zuzurechnen war". Das Erfordernis der Vermögenszurechnung ist hinsichtlich solcher Gesellschafter einer übertragenden Personengesellschaft erfüllt, denen vor der Realteilung ein **Mitunternehmeranteil** (zum Begriff *Bergmann* in *Bergmann/Ratka*, HB-PG[2] Rz 14/5 f) an dieser steuerlich zuzurechnen war.

Mitunternehmeranteile vermitteln ihren Inhabern in Höhe der jeweiligen Sub- **163** stanzbeteiligung quotenmäßiges Miteigentum am Betriebsvermögen jener Personengesellschaft, an der die Beteiligung besteht. Art V ist aber nicht nur hinsichtlich solcher Nachfolgeunternehmer anzuwenden, denen das über einen Mitunternehmeranteil vermittelte Vermögen einer Personengesellschaft „**teilweise**" (quotenmäßig) zuzurechnen war, sondern nach dem ausdrücklichen Wortlaut des § 27 Abs 1 S 1 auch auf solche, denen das Vermögen vor der Realteilung „**zur Gänze**" zuzurechnen war. Ein solche gänzliche (dh alleinige) Zurechnung von Vermögen an einen Gesellschafter und späteren Nachfolgeunternehmer ist in Hinblick auf den Umstand, dass im Bereich der Personengesellschaften Einmanngesellschaften unzulässig sind, vor der Realteilung idR (vom Sonderfall einer Personengesellschaft mit nur einem vermögensbeteiligten Gesellschafter abgesehen; s Rz 31) nur hinsichtlich des **Sonderbetriebsvermögens** (zum Begriff s Rz 52) möglich. Die Begünstigungen des Art V können sich daher auch auf allfälliges Sonderbetriebsvermögen erstrecken (s ausf Rz 52 ff).

b) Natürliche und juristische Personen

164 Das Erfordernis der Vermögenszurechnung ist hinsichtlich jener natürlichen und juristischen Personen erfüllt, denen als **Mitunternehmer mit Vermögensbeteiligung** (zur Beteiligung an stillen Reserven und Firmenwert s Rz 123) vor der Realteilung ein Mitunternehmeranteil an der übertragenden Personengesellschaft steuerlich zuzurechnen war.

c) Personengesellschaften

165 Als an Mitunternehmerschaften beteiligte Mitunternehmer kommen nur natürliche und juristische Personen in Betracht, also Personen, denen Gewinnanteile zur steuerlichen Erfassung unmittelbar zugerechnet werden können. Personengesellschaften selbst können hingegen aufgrund des ertragsteuerlichen Durchgriffs- bzw Transparenzprinzips nicht Mitunternehmer einer anderen Personengesellschaft sein (VwGH 17.6.1992, 87/13/0157). Im Falle von **doppelstöckigen Personengesellschaften** sind daher die Gesellschafter der beteiligten Obergesellschaft gleichzeitig Mitunternehmer der Untergesellschaft (VwGH 17.6.1992, 87/13/0157). Ungeachtet dessen ist bei doppelstöckigen Personengesellschaften der die erforderliche Vermögenszurechnung vermittelnde Mitunternehmeranteil an der Untergesellschaft der Obergesellschaft selbst und nicht den hinter dieser stehenden Mitunternehmern zuzurechnen (insofern zu eng UmgrStR Rz 1569). Das ergibt sich nicht zuletzt aus § 27 Abs 2, wonach auch von einer Personengesellschaft gehaltene Mitunternehmeranteile zum Kreis des begünstigen Vermögens zählen. In Hinblick auf die gem § 28 S 1 auch bei Realteilungen sinngemäß anzuwendende Bestimmung des § 13 Abs 2 S 2, wonach im „Falle der Einbringung durch eine Gesellschaft, bei der die Gesellschafter als Mitunternehmer anzusehen sind, […] für die Frage der Zurechnung auch die Mitunternehmer als Einbringende" gelten, ist bei doppelstöckigen Personengesellschaften die Voraussetzung der Vermögenszurechnung immer dann erfüllt, wenn bei einer Realteilung der Untergesellschaft

- die den Mitunternehmeranteil unmittelbar haltende Obergesellschaft selbst oder alternativ
- die als Mitunternehmer einzustufenden Gesellschafter der Obergesellschaft

als Nachfolgeunternehmer fungieren.

166 Als Nachfolgeunternehmer können weiters solche (typischerweise erst anlässlich einer Realteilung errichteten) Personengesellschaften fungieren, die zwar ihrerseits vor der Realteilung nicht an der übertragenden Personengesellschaft beteiligt waren, an der aber ausschließlich Gesellschafter beteiligt sind, die sich als Nachfolgeunternehmer der übertragenden Personengesellschaft eignen würden. Dies ist insb bei verhältniswahrenden Realteilungen der Fall (s Rz 9 f).

d) Arbeitsgesellschafter

Reine Arbeitsgesellschafter ohne Vermögensbeteiligung kommen mangels Vermögenszurechnung (ungeachtet ihrer allfälligen Mitunternehmerstellung; dazu *Bergmann*, RdW 2008, 168 f) nicht als von Art V erfasste Nachfolgeunternehmer in Betracht (*Wiesner/Schwarzinger*, UmS 103/10/02, SWK 2002, S 315; *Egger*, ecolex 2001, 821; *Hammerl* in HB Sonderbilanzen II 217; *Huber* in W/Z/H/K[5] § 27 Rz 16; *Reinold*, Immobilienertragsteuer und Umgründungen 458 u 507 f). Allfällige Abfindungen sind bei Arbeitsgesellschaftern jedoch nicht als Veräußerungsgewinn iSd § 24 EStG, sondern als nachträgliches Arbeitsentgelt und somit als Bestandteil des laufenden Gewinns einzustufen (EStR Rz 5969; *Doralt* in D/K/M/Z, EStG[10] § 24 Tz 82; *Peth/Wanke/Wiesner* in W/G/W, EStG[11] § 23 Anm 288). **167**

e) Zeitliche Aspekte

Das Erfordernis der Vermögenszurechnung muss bei den Nachfolgeunternehmern sowohl zum Teilungsstichtag als auch im Zeitpunkt des Abschlusses des Teilungsvertrags bzw bei Übergang eines Mitunternehmeranteils im Erbwege zumindest zum Zeitpunkt des Abschlusses des Teilungsvertrags (§ 28 S 1 iVm § 13 Abs 2 S 4; s § 13 Rz 53) erfüllt sein (UmgrStR Rz 1544; *Huber* in W/Z/H/K[5] § 27 Rz 60; *Mühlehner* in H/M/H § 27 Rz 41, § 28 Rz 3 u 25 f; *Haselsteiner/Ludwig* in *Bergmann/Ratka*, HB-PG[2] Rz 15/156 f; *Hirschler/Geweßler* in HBStL III[3] 304; W/S/S/S, Rechtsanwälte 100; *Huber*, FJ 1992, 186; *Bartl*, FJ 2004, 16; *Korntner*, FJ 2010, 146; zu Mehrfachzügen s § 39 Rz 2 ff). **168**

Sofern das Erfordernis der Vermögenszurechnung am festgelegten Teilungsstichtag nicht erfüllt ist, gilt gem § 13 Abs 2 S 3 iVm § 28 S 1 der Tag des Abschlusses des Teilungsvertrags als **Ersatzstichtag**, wenn dies innerhalb einer Frist von neun Monaten nach Ablauf des Teilungsstichtags (§ 108 BAO; zum Fristenlauf s § 28 Rz 15 f) dem für die gesonderte Feststellung der Einkünfte (§ 188 BAO) der zu teilenden Personengesellschaft zuständigen Finanzamt (s § 28 Rz 29) gemeldet wird und die Anwendungsvoraussetzungen des Art V bezogen auf den Ersatzstichtag vorliegen (UmgrStR 1544 u 1573). Für die Erfüllung der Anwendungsvoraussetzungen müssen daher auf den Ersatzstichtag insb eine neue Steuerbilanz und eine neue Teilungsbilanz erstellt werden sowie ein positiver Verkehrswert vorliegen. Wird von dieser Sanierungsmöglichkeit Gebrauch gemacht, unterliegt die Realteilung zum Ersatzstichtag den Begünstigungen des Art V. Es wird diesfalls nur die Möglichkeit einer rückwirkenden Umgründung auf den ursprünglich festgelegten Teilungsstichtag verwirkt. Nimmt die Personengesellschaft die Sanierungsmöglichkeit hingegen nicht wahr, kommt es mangels Erfüllung sämtlicher Anwendungsvoraussetzungen des § 27 zum ursprünglich gewählten Teilungsstichtag (s § 28 Rz 48) zu einer Gewinnrealisierung (s Rz 181 ff). **169**

K. Begünstigtes Restvermögen bei Abteilungen (Abs 1 S 4)

Gem § 27 Abs 1 S 4 muss einer übertragenden Personengesellschaft, die über den Teilungsstichtag hinaus fortbesteht (Abteilung; s Rz 5), nach der Realteilung begünstigtes Restvermögen iSd § 27 Abs 2 oder Abs 3 (s Rz 27 ff) verbleiben. Eine bloß vermögensverwaltende Tätigkeit einer fortbestehenden Personengesellschaft **171** steht daher der Anwendung von Art V entgegen (*Q/S* § 24 Tz 181; *Mühlehner* in *H/M/H* § 27 Rz 38; ErlRV 266 BlgNR 18. GP, 35).

172 Das im Abteilungsfalle verbleibende Restvermögen muss jedoch – anders als das auf die Nachfolgeunternehmer übertragende Vermögen – **keinen positiven Verkehrswert** aufweisen (s Rz 67). Sofern einer abteilenden Personengesellschaft kein begünstigtes Vermögen verbleibt, kommt es insgesamt (dh sowohl hinsichtlich des Restvermögens als auch hinsichtlich des an die Nachfolgeunternehmer übertragenen Vermögens) zu einer Gewinnrealisierung (*Huber* in *W/Z/H/K*[5] § 27 Rz 23; *Hirschler/Geweßler* in HBStL III[3] 308 f; s Rz 181 ff).

173 Bei fortbestehenden Personengesellschaften ohne qualifiziertem Restvermögen sollte eine Anwendung des Art V jedoch dann möglich sein, wenn die Personengesellschaft als völlig „leere Hülse" ohne außerbetrieblichen Rechtvermögen zurückbleibt (*Q/S* § 24 Tz 181), weil diesfalls aus ertragsteuerlicher Sicht keine Personengesellschaft mehr vorliegt.

III. Rechtsfolgen (Abs 5)
A. Innerhalb des Anwendungsbereichs des Art V

176 Auf Realteilungen, die die Anwendungsvoraussetzungen des § 27 Abs 1 erfüllen (s Rz 26 ff), sind gem § 27 Abs 5 die §§ 28 bis 31 anzuwenden. Die Anwendung der §§ 28 bis 31 ist bei Vorliegen sämtlicher Anwendungsvoraussetzungen **zwingend**, ein Anwendungswahlrecht besteht nicht (UmgrStR Rz 1515; *Hammerl* in HB Sonderbilanzen II 213; *Walter*[11] Rz 697; *Steinmaurer* in *W/H/M*, HdU[7] § 27 Rz 66; *Birnbauer*, GES 2014, 80). Durch absichtliche Nichterfüllung einzelner Anwendungsvoraussetzungen kann die Anwendung des Art V jedoch gezielt vermieden werden (*Steinmaurer* in *W/H/M*, HdU[7] § 27 Rz 66; *Bergmann*, GES 2012, 98; s Rz 183).

177 Innerhalb des Anwendungsbereichs des Art V haben Nachfolgeunternehmer idR die Buchwerte der übertragenden Personengesellschaft fortzuführen, womit iVm § 24 Abs 7 S 1 EStG eine Gewinnrealisierung vermieden wird („Buchwertteilung"; s Rz 15). Zu einer **Gesamtausnahme** von der grundsätzlich zwingenden Buchwertfortführung mit der Folge einer vollumfänglichen Gewinnrealisierung kommt es innerhalb des Anwendungsbereichs des Art V jedoch dann, wenn mangels korrektem Einstellen von Ausgleichsposten zur Vermeidung endgültiger Verschiebungen der Steuerbelastung gem § 29 Abs 1 Z 2 u 2a iVm § 24 Abs 2 S 2 sämtliche Wirtschaftsgüter einschließlich selbstgeschaffener unkörperlicher Wirtschaftsgüter mit dem Teilwert anzusetzen sind (s § 29 Rz 21 ff). **Teilausnahmen** von der Buchwertfortführung mit der Folge einer partiellen Gewinnrealisierung bestehen bei der Übertragung von Vermögen auf ausländische Nachfolgeunternehmer, wenn und soweit das Besteuerungsrecht der Republik Österreich eingeschränkt wird (s § 29 Rz 56 ff), und bei der Übertragung ausländischer Betriebe, Teilbetriebe und Mitunternehmeranteile, wenn ein nach § 29 Abs 1 Z 4 iVm § 16 Abs 3 gegebenenfalls zustehendes Aufwertungswahlrecht ausgeübt wird und insoweit die höheren Teilwerte anzusetzen sind (s § 29 Rz 71 ff). Aufgrund der eintretenden Gewinnrealisierung spricht man in derartigen Fällen von innerhalb des Anwendungsbereich des Art V „verunglückten" Realteilungen (*Bergmann*, GES 2012, 103 ff; *ders*, GES 2012, 192; s Rz 15).

Zu partiellen Ausnahmen vom Grundsatz der Buchwertfortführung kommt es bei **178** den Nachfolgeunternehmern weiters dann, wenn bei Import-Realteilungen hinsichtlich übernommener Vermögensteile ein Besteuerungsrecht der Republik Österreich entsteht und insofern nach § 30 Abs 1 Z 2 die höheren Teilwerte anzusetzen sind (s § 30 Rz 11 ff), sowie dann, wenn eine Auslandsbeteiligung realteilungsbedingt die Eigenschaft als internationale Schachtelbeteiligung verliert und insoweit nach § 30 Abs 3 Z 2 der höhere Teilwert zum Teilungsstichtag als Buchwert gilt (s § 30 Rz 71 ff). Anders als die in § 29 verankerten Ausnahmen vom Grundsatz der Buchwertfortführung (s Rz 177) ziehen jene des § 30 aber keine steuerpflichtige Gewinnrealisierung nach sich, sondern sollen vielmehr verhindern, dass zuvor nicht steuerhängige stille Reserven nach der Realteilung steuerhängig werden (s § 30 Rz 12 u 73). Eine verunglückte Realteilung liegt daher in solchen Fällen nicht vor (s Rz 16).

§ 31 normiert über die grundsätzliche Ertragsteuerneutralität hinaus umsatzsteu- **179** erliche (s § 31 Rz 31 ff), kapitalverkehrsteuerliche und gebührenrechtliche (s § 31 Rz 38 ff) sowie grunderwerbsteuerliche Begünstigungen (s § 31 Rz 56 ff), die bei Realteilungen iSd Art V zur Anwendung kommen können.

Die Anwendbarkeit der §§ 28 bis 31 hat grundsätzlich nur für das Steuerrecht, **180** nicht aber für die Beurteilung des Realteilungsvorgangs nach Unternehmensrecht Bedeutung (OGH 26.4.2001, 6 Ob 4/01h; *Birnbauer*, GES 2014, 80). Bei Zuständigkeit des Firmenbuchgerichts (s § 28 Rz 26 ff) hat dieses zu prüfen, ob die Realteilung gegen zwingende unternehmensrechtliche Grundsätze verstößt (insb im Hinblick auf Gläubigerschutzaspekte; OGH 26.4.2001, 6 Ob 4/01h; *Birnbauer*, GES 2014, 80). Eine Prüfpflicht des Firmenbuchgerichts in steuerrechtlicher Hinsicht besteht nicht (OGH 26.4.2001, 6 Ob 4/01h; *Birnbauer*, GES 2014, 80).

B. Außerhalb des Anwendungsbereichs des Art V
1. Allgemeines

Auf Realteilungen, die die Anwendungsvoraussetzungen des § 27 Abs 1 (s Rz 26 ff) **181** auch nur teilweise nicht erfüllen, sind die §§ 28 bis 31 e contrario § 27 Abs 5 **insgesamt** nicht anzuwenden, sodass es anstatt der vom UmgrStG grundsätzlich vorgesehenen Buchwertfortführung nach allgemeinen ertragsteuerlichen Grundsätzen zu einer Gewinnrealisierung kommt (§ 24 Abs 7 S 1 EStG; UmgrStR Rz 1641; s Rz 184 ff). Nicht anzuwenden sind zudem die sonstigen steuerlichen Begünstigungen des § 31 (s Rz 208 ff). Man spricht diesfalls von **„verunglückten"** Realteilungen außerhalb des Anwendungsbereichs des Art V (*Bergmann*, GES 2012, 97 ff; *Steinmaurer* in W/H/M, HdU[7] § 27 Rz 69; s Rz 15).

Im Einzelfall kann sich das „Verunglücken" einer Realteilung mit der ertragsteu- **183** erlichen Rechtsfolge einer Gewinnrealisierung für die Nachfolgeunternehmer als **attraktiv** erweisen (*Hirschler/Gewessler* in HBStL III[3] 330; *Reinold*, Immobilienertragsteuer und Umgründungen 454 f): Soweit die realisierten stillen Reserven in ausgleichsfähigen Verlusten bzw Verlustvorträgen Deckung finden, kommt es zu keiner Steuerbelastung. Aufgrund der Aufwertung steht den Nachfolgeunternehmern in den Folgejahren aber ein höheres Abschreibungspotential zur Verfügung. Die **§§ 24 und 37 EStG** sehen zudem eine Reihe von Begünstigungen vor (ausf

Bergmann in *Bergmann/Ratka*, HB-PG[2] Rz 14/37 ff), die auch bei im Zuge von verunglückten Realteilungen realisierten Veräußerungsgewinnen uneingeschränkt zur Anwendung kommen können (*Q/S* § 24 Tz 187; *Bergmann*, GES 2012, 98). Obgleich für Art V kein Anwendungswahlrecht existiert, kann dessen Nichtanwendbarkeit und deren Rechtsfolgen durch absichtliche Nichterfüllung einer Anwendungsvoraussetzung gezielt herbeigeführt werden (*Steinmaurer* in *W/H/M*, HdU[7] § 27 Rz 66). So könnte etwa das Aufstellen einer Teilungsbilanz unterlassen, der Teilungsvertrag nicht in Schriftform geschlossen oder das real zu teilende Vermögen von der Personengesellschaft an die Nachfolgeunternehmer verkauft und der erzielte Veräußerungserlös anschließend unter den Gesellschaftern (iS einer „Zivilteilung"; s Rz 21) verteilt werden (*Bergmann*, GES 2012, 98; *Huber* in *W/Z/H/K*[5] § 29 Rz 4). Ein De-facto-Wahlrecht zur Gewinnrealisierung besteht aber auch innerhalb des Anwendungsbereichs des Art V, welches durch das Unterlassen bzw nicht korrekte Einstellen von Ausgleichsposten (§ 29 Abs 1 Z 2) in Anspruch genommen werden kann (*Hirschler/Geweßler* in HBStL III[3] 330; *Bergmann*, GES 2012, 104), wobei diesfalls – anders als bei verunglückten Realteilungen außerhalb des Anwendungsbereichs des Art V – die umsatzsteuerlichen, kapitalverkehrsteuerlichen, gebührenrechtlichen und grunderwerbsteuerlichen Begünstigungen des § 31 zur Anwendung kommen (s § 29 Rz 44).

2. Realisationstatbestand und -umfang
a) Aufteilung

184 Im Falle einer Aufteilung wird das **gesamte Gesellschaftsvermögen** auf die Gesellschafter übertragen (s Rz 5). Dabei kommt es zu Aufdeckung sämtlicher im Gesellschaftsvermögen schlummernden stillen Reserven (*Hammerl* in HB Sonderbilanzen II 211; *Huber* in *W/Z/H/K*[5] § 27 Rz 12).

185 Je nachdem, ob den Gesellschaftern für sich „lebensfähige" Betriebs- bzw Teilbetriebseinheiten oder Mitunternehmeranteile an anderen Personengesellschaften übertragen werden, oder ob die Betriebe bzw Teilbetriebe der Personengesellschaft im Zuge der Realteilung zerschlagen werden, fällt der Vorgang auf Ebene der Personengesellschaft unter die Tatbestände der Betriebsveräußerung iSd § 24 Abs 1 Z 1 TS 1 EStG, der Teilbetriebsveräußerung iSd § 24 Abs 1 Z 1 TS 2 EStG bzw der Mitunternehmeranteilsveräußerung iSd § 24 Abs 1 Z 1 TS 3 EStG oder unter jenen der Betriebs- bzw Teilbetriebsaufgabe iSd § 24 Abs 1 Z 2 EStG (die isolierte Aufgabe eines Mitunternehmeranteils ist nicht denkmöglich; s *Bergmann* in *Bergmann/Ratka*, HB-PG[2] Rz 14/4 mwN). Nicht einschlägig ist der Tatbestand der Mitunternehmeranteilsveräußerung (§ 24 Abs 1 Z 1 TS 3 EStG) auf Ebene der Gesellschafter der übertragenden Personengesellschaft, weil dieser die Übertragung von Anteilsrechten an einer fortbestehenden Mitunternehmerschaft voraussetzt (*Bergmann*, GES 2012, 98).

186 Ein allfällig erzielter **Veräußerungsgewinn** ist den Gesellschaftern anteilig im Verhältnis ihrer vormaligen Gesellschaftsbeteiligungen zuzurechnen. Die Differenzierung danach, ob der Veräußerungsgewinn iRe Betriebs-, Teilbetriebs- bzw Mitunternehmeranteilsveräußerung oder einer Betriebs- bzw Teilbetriebsaufgabe realisiert wurde, kann dabei insofern von Bedeutung sein, als etwa die Begünstigung der Hauptwohnsitzbefreiung (§ 24 Abs 6 EStG) nur im Falle der Aufgabe des gesamten Betriebs in Betracht kommt (*Bergmann* in *Bergmann/Ratka*, HB-PG[2] Rz 14/44 f).

b) Abteilung

Bei einer Abteilung bleibt die Personengesellschaft in verkleinerter Form weiter bestehen. Es wird nur ein **Teil des Gesellschaftsvermögens** auf einen (oder gegebenenfalls mehrere) Gesellschafter übertragen (s Rz 5). Hinsichtlich des Gewinnrealisationstatbestands ist mE zwischen dem ausscheidenden Gesellschafter einerseits und der fortbestehenden Personengesellschaft andererseits zu unterscheiden (*Bergmann*, GES 2012, 99 f): **187**

Bei dem **ausscheidenden Gesellschafter** liegt eine Mitunternehmeranteilsveräußerung isd § 24 Abs 1 Z 1 TS 3 EStG vor (UmgrStR Rz 1641). Das gilt auch dann, wenn der Gesellschafter nur teilweise aus der Personengesellschaft ausscheidet, zumal auch eine teilweise Veräußerung eines Mitunternehmeranteils eine Mitunternehmeranteilsveräußerung isd § 24 Abs 1 Z 1 TS 3 EStG darstellt (VwGH 8.3.1994, 91/14/0173). **188**

Bei **der abteilenden Personengesellschaft** ist hinsichtlich des Gewinnrealisationstatbestands danach zu differenzieren, welche **Vermögenseigenschaft** das dem ausscheidenden Gesellschafter als Abfindung übertragene Vermögen aufweist: **189**

- Wird der ausscheidende Gesellschafter mit einem Betrieb, Teilbetrieb oder Mitunternehmeranteil abgefunden, so wird auf Ebene der übertragenden Personengesellschaft ein **Veräußerungsgewinn** realisiert (*Hammerl* in HB Sonderbilanzen II 211 f; *Steinmaurer* in W/H/M, HdU[7] § 27 Rz 69; *Walter*[11] Rz 693), der je nach konkreter Vermögenseigenschaft unter § 24 Abs 1 Z 1 TS 1, 2 oder 3 EStG fällt. Die Gewinnrealisierung erstreckt sich nur auf die im hingegebenen Abfindungsvermögen enthaltenen stillen Reserven (*Bergmann*, GES 2012, 99; *Reinold*, Immobilienertragsteuer und Umgründungen 455; idS wohl a UmgrStR Rz 1641). Nach aA (*Hammerl* in HB Sonderbilanzen II 211 f; *Steinmaurer* in W/H/M, HdU[7] § 27 Rz 69; *Walter*[11] Rz 693) soll der Veräußerungsgewinn hingegen (wie bei einer verunglückten Aufteilung) „sämtliche" im Betriebsvermögen enthaltenen stillen Reserven erfassen, doch kann dies nicht überzeugen, weil hinsichtlich der mittelbar auf die verbleibenden Gesellschafter entfallenden stillen Reserven des bei der fortbestehenden Personengesellschaft verbleibenden Restvermögens keine zu einer Realisierung führende Zurechnungsänderung eintritt bzw, soweit stille Reserven des Restvermögen vor der Abteilung mittelbar auf einen ausscheidenden Gesellschafter entfallen sind, diese bei diesem bereits als Bestandteil des im Zuge der Mitunternehmeranteilsveräußerung erzielten Veräußerungsgewinns erfasst werden (*Bergmann*, GES 2012, 99). **190**

- Wird der ausscheidende Gesellschafter hingegen mit stille Reserven enthaltenden Sachwerten abgefunden, die für sich keine eigenständige Betriebs- oder Teilbetriebsvermögens- bzw Mitunternehmeranteilseigenschaft aufweisen, so erzielen die verbleibenden Gesellschafter keinen Veräußerungsgewinn, sondern einen **laufenden Gewinn** isd §§ 21 Abs 2 Z 2, 22 Z 3 und 23 Z 2 EStG (EStR Rz 5975; *Hammerl* in HB Sonderbilanzen II 212; *Walter*[11] Rz 695). Die Begünstigungen der §§ 24 und 37 EStG kommen diesfalls nicht zur Anwendung. Anderes könnte ausnahmsweise dann gelten, wenn die hingegebenen Sachwerte wesentliche Betriebs- bzw Teilbetriebsgrundlagen darstellen und es durch die Abfindungsleistung zu einer Betriebs- bzw Teilbetriebsaufgabe isd § 24 Abs 1 Z 2 EStG kommt. Je nachdem, ob der Personengesellschaft diesfalls **191** eine fortbestehende betriebliche Einheit verbleibt, die aufgrund der Abfärbetheorie bewirkt, dass das nicht abgeteilte Vermögen der Personengesellschaft einheitlich als Betriebsvermögen zu qualifizieren ist (§ 2 Abs 4 S 3, § 21 Abs 2 Z 2 S 2 und § 22 Z 3 S 2 EStG; ausf *Bergmann*, ÖStZ 2008, 360 f; *ders*, GES 2011, 86 f; *ders* in *Bergmann/Ratka*, HB-PG² Rz 13/70 ff), erstreckt sich die Gewinnrealisierung nur auf die als Abfindung hingegebenen Vermögensgegenstände oder auch auf das bei der Personengesellschaft verbleibende Vermögen (*Bergmann*, GES 2012, 99).

192 • Wird der ausscheidende Gesellschafter nur mit Bargeld oder anderen, keine stillen Reserven enthaltenden Vermögensgegenständen abgefunden, so erzielen die verbleibenden Gesellschafter **weder einen Veräußerungsgewinn noch einen laufenden Gewinn** (BMF 9.1.1998, ÖStZ 1998, 123; *Hammerl* in HB Sonderbilanzen II 212; *Walter*[11] Rz 694; *Huber* in W/Z/H/K⁵ § 27 Rz 13).

193 Ein auf Ebene der fortbestehenden Personengesellschaft erzielter Veräußerungsgewinn bzw laufender Gewinn ist den verbleibenden Gesellschaftern nach Maßgabe ihrer Beteiligungsquoten vor der Abteilung zuzurechnen. Die verbleibende, auf den ausgeschiedenen Gesellschafter entfallende Restquote ist bei diesem bereits als Bestandteils des bei der Mitunternehmeranteilsveräußerung erzielten Veräußerungsgewinns erfasst (*Bergmann*, GES 2012, 100). Ein bei einer Abteilung nicht gänzlich ausgeschiedener, sondern nur in seiner Beteiligungsquote reduzierter Gesellschafter nimmt an einem bei der Veräußerung des Abfindungsvermögens durch die Personengesellschaft realisierten Gewinn in Höhe seiner neuen Beteiligungsquote teil (*Bergmann*, GES 2012, 100).

194 Die bei einer Abteilung bei dem ausscheidenden Gesellschafter im Zuge der Mitunternehmeranteilsveräußerung realisierten stillen Reserven sind bei der fortbestehenden Personengesellschaft insoweit zu aktivieren, als sie anteilig auf das bei der fortbestehenden Personengesellschaft verbleibende Restvermögen entfallen (*Bergmann*, GES 2012, 100). Der zu aktivierende Betrag ist dabei anteilig den Buchwerten jener Wirtschaftsgüter des Restvermögens zuzurechnen, denen die stillen Reserven innewohnen (*Doralt* in *D/K/M/Z*, EStG[10] § 24 Tz 86; *Q/S* § 24 Tz 91.2; *Bergmann*, GES 2012, 100). Ein allenfalls verbleibender Restbetrag ist bei der übertragenden Personengesellschaft als Firmenwert auszuweisen (*Doralt* in *D/K/M/Z*, EStG[10] § 24 Tz 86; *Q/S* § 24 Tz 91.2; *Bergmann*, GES 2012, 100).

195 **Beispiel**

Die Bilanz der X-OG mit den Gesellschaftern A, B und C stellt sich wie folgt dar:

	Buchwert	Stille Reserven		
Teilbetrieb 1	100	300	Kapital A	60
Teilbetrieb 2	200	400	Kapital B	60
			Kapital C	180
			Verbindlichkeiten	0
Gesamt	300	700		300

Die Gesellschafter A und B sind zu jeweils 20 %, der Gesellschafter C zu 60 % an der X-OG beteiligt. Auf A und B entfallen daher jeweils eine Gesellschaftsbeteiligung mit einem Buchwert von 60 und stillen Reserven iHv 140. Auf C entfällt eine

Gesellschaftsbeteiligung mit einem Buchwert von 180 und stillen Reserven iHv 420. Im Zuge einer Abteilung soll C gegen Abfindung mit dem Teilbetrieb 2 zur Gänze aus der X-OG ausscheiden.

C erzielt durch das Ausscheiden aus der X-OG einen Veräußerungsgewinn iHv 420, der unter den Tatbestand der Mitunternehmeranteilsveräußerung gem § 24 Abs 1 Z 1 TS 3 EStG fällt. Auf Ebene der abteilenden X-OG kommt es zu einer unter den Tatbestand des § 24 Abs 1 Z 1 TS 2 EStG fallenden Teilbetriebsveräußerung, wobei der erzielte Veräußerungsgewinn iHv 400 A und B zu jeweils 20 % (= 80) zuzurechnen ist. Die auf C entfallenden 60 % (= 240) sind bei diesem bereits Bestandteil des durch die Mitunternehmeranteilsveräußerung erzielten Veräußerungsgewinns.

Die im Zuge der Abteilung bei C realisierten stillen Reserven sind bei der fortbestehenden X-OG insoweit zu aktivieren, als sie anteilig auf den bei der X-OG fortbestehenden Teilbetrieb 1 entfallen. Der zu aktivierende Betrag iHv 180 (= Gesamtveräußerungsgewinn von C iHv 420 abzüglich des davon auf den Teilbetrieb 2 entfallenden Anteils iHv 240) ist dabei anteilig den Buchwerten jener Wirtschaftsgüter des Teilbetriebs 1 zuzurechnen, denen die stillen Reserven innewohnen. Ein allenfalls verbleibender Restbetrag ist bei der X-OG als Firmenwert auszuweisen.

3. Bemessungsgrundlage

196 Die im Zuge von verunglückten Realteilungen erfolgende Übertragung von Gesellschaftsvermögen durch die Personengesellschaft einerseits gegen die Gegenleistung der Aufgabe von Gesellschafterrechten an der übertragenden Personengesellschaft durch einen oder mehrere Gesellschafter andererseits wird gemeinhin als **Tausch** (UFS 25.1.2008, RV/2080-W/07; BMF 9.1.1998, ÖStZ 1998, 123; *Huber* in W/Z/H/K^5 § 27 Rz 7; *Hammerl* in HB Sonderbilanzen II 211; *Steinmaurer* in W/H/M, HdU^7 Einf Art V Rz 2; *ders*, ÖStZ 2008, 399; Q/S § 24 Tz 187; W/S/S/S, Rechtsanwälte 89; *Sulz/Oberkleiner*, SWK 2011, S 907 f) bzw **tauschähnlicher/ -artiger Vorgang** (UmgrStR Rz 1564; *Wiesner/Helbich*, RdW 1992, 58; *Steinmaurer* in W/H/M, HdU^7 Einf Art V Rz 3 u 6; *Mühlehner*, RdW 2009, 379; ErlRV 266 BlgNR 18. GP, 36) charakterisiert.

197 Ungeachtet der grundsätzlichen Charakterisierung von Realteilungsvorgängen als Tausch bzw tauschähnlichen/-artigen Vorgang (s Rz 196), soll sich die Bemessungsgrundlage des Veräußerungsgewinns (bzw gegebenenfalls eines laufenden Gewinns; s Rz 191) nach weit verbreiteter Auffassung (BMF 9.1.1998, ÖStZ 1998, 123; *Hirschler/Geweßler* in HBStL III^3 330; *Hammerl* in HB Sonderbilanzen II 211; *Gassner*, GesRZ 1992, 97; aA *Beiser*, ÖStZ 1992, 267; UmgrStR Rz 1641; BMF 10.6.1990, RdW 1990, 331) aus der Differenz zwischen dem **Teilwert** und dem Buchwert des hingegebenen Wirtschaftsguts ermitteln. Das ist insofern bemerkenswert, als das Ansetzen des Teilwerts nicht den Eindruck einer Maßgeblichkeit von Tauschgrundsätzen (§ 6 Z 14 lit a EStG), sondern den einer Bewertung nach Entnahmegrundsätzen (§ 6 Z 4 EStG) erweckt (*Bergmann*, GES 2012, 101; *ders*, GES 2012, 192).

198 Tatsächlich dürfte die Frage, ob bei verunglückten Realteilungsvorgängen Entnahme- oder Tauschgrundsätze maßgeblich sind, entscheidend von der Vorfrage abhängen, welches theoretische Erklärungsmodell der ertragsteuerlichen Gewinnermittlung von Personengesellschaften zugrunde zu legen ist (*Bergmann*, GES 2012, 101 f; *ders*, GES 2012, 192 ff):

199 • Nach der mittlerweile in ihrer Reinform nicht mehr vertretenen „**Bilanzbündeltheorie**" sind Betriebe von Personengesellschaften ertragsteuerrechtlich anteilig unmittelbar den Gesellschaftern zuzurechnen. Die Beteiligung eines Gesellschafters an einer Personengesellschaft sei deshalb dessen selbständiger Teilbetrieb. Die Personengesellschaft sei die Zusammenfassung dieser gedanklich selbständigen Teilbetriebe der Gesellschafter (ausf zur Bilanzbündeltheorie *Bergmann* in *Bergmann/Ratka*, HB-PG[2] Rz 13/48 ff mwN). Verunglückte Realteilungen müssten nach dieser Theorie wohl gespalten beurteilt werden: Hinsichtlich des gedanklich auf den ausscheidenden Gesellschafter selbst entfallenden Teilbetriebs würde eine Entnahme vorliegen (§ 6 Z 4 EStG), während hinsichtlich der auf die anderen Gesellschafter entfallenden Teilbetriebe ein Tauschvorgang vorliegen dürfte (§ 6 Z 14 lit a EStG).

200 • Nach der vom VwGH iZm Leistungsbeziehungen zwischen Personengesellschaften und ihren Gesellschaftern trotz seines terminologischen Festhaltens an der Bilanzbündeltheorie (zB VwGH 25.2.2009, 2006/13/0128) ergebnisbezogen in ständiger Rsp judizierten (VwGH 19.3.2002, 99/14/0134; VwGH 25.10.2001, 98/15/0190; VwGH 21.2.2001, 95/14/0007; VwGH 14.12.2000, 95/15/0100; VwGH 30.5.1995, 92/13/0018) und inhaltlich auch von der FV vertretenen (EStR Rz 5860 ff u 5926 ff; hingegen bilanzbündeltheoretisch und in Widerspruch zum VwGH EStR Rz 5927) „**Theorie der Alleininhaberschaft**" wird eine Aufsplittung von Leistungsbeziehungen iSd Bilanzbündeltheorie in Entnahmen und Einlagen einerseits und Fremdgeschäfte andererseits vermieden, indem der jeweils von der Leistungsbeziehung betroffene Gesellschafter gedanklich als Alleininhaber des gesamten Gesellschaftsbetriebs betrachtet wird (ausf zur Theorie der Alleininhaberschaft *Bergmann* in *Bergmann/Ratka*, HB-PG[2] Rz 13/52 ff mwN). Als Konsequenz dieser gedanklichen Alleinzurechnung dürfte eine verunglückte Realteilung nach dieser Theorie zur Gänze als Entnahmevorgang einzustufen sein (§ 6 Z 4 EStG), zumal ein Tauschvorgang eines Gesellschafters mit einem ihm selbst zuzurechnenden Betrieb nicht möglich erscheint.

201 • Nach der im Schrifttum herrschenden (*Quantschnigg* in FS Stoll 106; *Q/S* § 23 Tz 18.3, 40.2.2 u 41 f; *Kauba* in *D/K/M/Z*, EStG[10] § 23 Tz 209 u 212; *Jakom*[10]/ *Vock* § 23 Rz 138; *Peth/Wanke/Wiesner* in *W/G/W*, EStG[12] Anm 88) „**Theorie der einheitlichen Gewinnermittlung**" sind Personengesellschaften selbständige Inhaber des Personengesellschaftsbetriebs und deshalb einheitliche Gewinnermittlungssubjekte (*Bergmann* in *Bergmann/Ratka*, HB-PG[2] Rz 13/54 ff mwN). Da es sich demnach bei Personengesellschaftsbetrieben aus Gesellschafterperspektive um Fremdbetriebe handelt, dürfte eine verunglückte Realteilung nach dieser Theorie nicht als Entnahmevorgang, sondern als Tausch einzustufen sein (§ 6 Z 14 lit a EStG). Für die Maßgeblichkeit der Theorie der einheitlichen Gewinnermittlung können insb die Wortlaute der §§ 21 Abs 2 Z 2, 22 Z 3 und 23 Z 2 EStG ins Treffen geführt werden: Da diese Bestimmungen von „Gewinnanteile[n]" sprechen, dürfte das EStG von einer eigenständigen und einheitlichen Gewinnermittlung auf Ebene der Personengesellschaft ausgehen. Nur der einheitlich ermittelte Gewinn kann den einzelnen Gesellschaftern in seine Gewinnanteile zerlegt zugewiesen werden (*Zorn*, Geschäftsführung 160; *Q/S* § 23 Tz 18.3; krit *Stoll*, Ertragsbesteuerung der Personengesellschaften 28 ff). Dass das EStG grundsätzlich nicht von einer anteiligen oder alleinigen Betriebszurechnung an die Gesellschafter ausgeht, belegt auch § 2 Abs 4 S 4 EStG, wonach „Betriebsstätten von nach bürgerlichem Recht nicht rechtsfähigen Personenvereinigungen [...] anteilig als Betriebsstätten der Mitglieder [gelten], wenn sich ihr alleiniger Zweck auf die Erfüllung eines einzigen Werkvertrages oder Werklieferungsvertrages beschränkt und der mit dem Auftraggeber bei Auftragsvergabe vereinbarte Auftragswert 700.000 € (ohne Umsatzsteuer) nicht übersteigt". Im Umkehrschluss ergibt sich aus dieser Bestimmung nämlich, dass der Betrieb ertragsteuerlich immer dann zur Gänze der „nach bürgerlichem Recht nicht rechtsfähigen Personenvereinigung" selbst zuzurechnen ist, wenn eine Zweckbeschränkung auf die Erfüllung eines einzigen Werk(lieferungs)vertrags nicht vorliegt oder der Nettoauftragswert 700.000 € übersteigt (*Bergmann* in *Bergmann/Ratka*, HB-PG² Rz 13/63). Auch der VwGH hat Mitunternehmerschaften zwischenzeitlich wiederholt als „Gewinnermittlungssubjekt" bezeichnet (VwGH 27.1.2011, 2008/15/0218; VwGH 25.6.2008, 2006/15/0218; VwGH 21.9.2006, 2006/15/0236), was auf eine Abkehr vom bisher in höchstgerichtlicher Rsp vertretenen Erklärungskonzept hindeuten könnte (*Doralt*, RdW 2011, 552 f).

202 Folgt man der mE überzeugenden Theorie der einheitlichen Gewinnermittlung, dürften verunglückte Realteilungen ertragsteuerlich als Tausch zu charakterisieren sein und sich die Bemessungsgrundlage des Veräußerungsgewinns (bzw gegebenenfalls eines laufenden Gewinns) aus der Differenz zwischen dem **gemeinen Wert** und dem Buchwert des hingegebenen Vermögens ermitteln (*Bergmann*, GES 2012, 102; *ders*, GES 2012, 194; ebenso bereits *Beiser*, ÖStZ 1992, 267: „Ohne Art V UmgrStG käme der Tauschgrundsatz [§ 6 Z 14 lit a EStG 1988] zur Anwendung"; aA UmgrStR Rz 1641: gemeiner Wert des Abfindungsvermögens). Bei Aufteilungen gilt dies hinsichtlich des Veräußerungsgewinns auf Ebene der Personengesellschaft, bei Abteilungen sowohl hinsichtlich der Gewinnrealisierung im Zusammenhang mit dem hingegebenen Abfindungsvermögen auf Ebene der Personengesellschaft als auch betreffend den aus der Mitunternehmeranteilsveräußerung realisierten Veräußerungsgewinn auf Ebene des (zumindest teilweise) ausscheidenden Gesellschafters. Gegen eine Entnahmebewertung und für die Annahme eines nach Tauschgrundsätzen zu beurteilenden Vorgangs scheint auch der Umstand zu sprechen, dass es sich bei einer Realteilung um keinen einseitigen Akt handelt, sondern um einen entgeltlichen zweiseitigen Vorgang, bei dem eine Personengesellschaft Vermögen als Abfindung für die im Gegenzug aufgegebenen Gesellschafterrechte überträgt (*Bergmann*, GES 2012, 102; zum umgekehrten Fall *Eckstein* in *H/H/R*, EStG²²⁹ § 6 Anm 1213a, wonach der Einlagecharakter im Falle der Gewährung von Gesellschafterrechten an einer Personengesellschaft als Gegenleistung zu verneinen und von einem tauschähnlichen Vorgang auszugehen sei).

203 Die Tauschgrundsätze können für die Ermittlung der Bemessungsgrundlage freilich nur dann maßgeblich sein, wenn die Abfindung eines ausscheidenden Gesellschafters nicht in Form von Bargeld erfolgt (im Falle einer Abfindung gegen Bargeld würde dieses den Veräußerungserlös darstellen; UmgrStR Rz 1641). Im Falle einer aus Bargeld und Sachwerten bestehenden gemischten Abfindung liegt ein Tausch mit zusätzlicher Barzahlung vor, die dem gemeinen Wert der hingegebenen Sachwerte hinzuzurechnen (bzw beim Tauschpartner abzuziehen) ist (EStR Rz 2592; Jakom¹⁰/*Laudacher* § 6 Rz 208; *Mayr* in *D/K/M/Z*, EStG¹³ § 6 Tz 56).

4. Realisationszeitpunkt

204 Betreffend den Zeitpunkt der Gewinnrealisierung ist bei verunglückten Realteilungen danach zu differenzieren, ob es sich bei dem übertragenen Vermögen um einen Betrieb, Teilbetrieb bzw Mitunternehmeranteil handelt oder ob sonstiges Vermögen übertragen wurde:

205 • Sofern ein Betrieb, Teilbetrieb (nicht aber auch ein fiktiver Teilbetrieb iSd § 27 Abs 3) oder Mitunternehmeranteil übertragen wird, erfolgt die Veräußerungsgewinnbesteuerung gem § 24 Abs 7 S 2 EStG auf einen gegebenenfalls um bis zu neun Monate rückbezogenen (s § 28 Rz 14 ff) Teilungsstichtag, wenn die Realteilung rechtzeitig iSd § 28 S 1 iVm § 13 Abs 1 bei der zuständigen Behörde (Firmenbuchgericht oder Finanzamt; s § 28 Rz 26 ff) gemeldet wird (UmgrStR Rz 1640; *Hammerl* in HB Sonderbilanzen II 212; *Hirschler/Geweßler* in HBStL III³ 330; *Bergmann*, GES 2012, 102; *Reinold*, Immobilienertragsteuer und Umgründungen 454). Bei nicht rechtzeitiger Meldung erfolgt die Gewinnrealisierung mit dem Tag des Abschlusses des Teilungsvertrags (§ 24 Abs 7 S 2 EStG iVm § 28 S 1 u § 13 Abs 1; UmgrStR Rz 1640; *Hammerl* in HB Sonderbilanzen II 212; *Bergmann*, GES 2012, 102 f).

206 • Soweit die Abfindung eines Gesellschafters durch sonstiges Vermögen erfolgt, tritt die Gewinnrealisierung am Tag des Abschlusses des Teilungsvertrags ein (UmgrStR Rz 1642; *Hammerl* in HB Sonderbilanzen II 213; *Hirschler/Geweßler* in HBStL III³ 330; *Bergmann*, GES 2012, 103).

207 Sowohl bei der teilungsbedingten Übertragung von Betrieben, Teilbetrieben oder Mitunternehmeranteilen als auch bei der Übertragung von nicht qualifiziertem Vermögen tritt die Gewinnrealisierung jedoch dann erst zu einem späteren, nach Abschluss des Teilungsvertrags liegenden Zeitpunkt ein, wenn ein solcher teilungsvertraglich als Übertragungszeitpunkt vereinbart wird und auch die tatsächliche Übertragung des wirtschaftlichen Eigentums erst zu diesem späteren Zeitpunkt erfolgt (*Bergmann*, GES 2012, 103).

5. Sonstige Rechtsfolgen

208 Von der ertragsteuerlichen Gewinnrealisierung abgesehen kommen bei verunglückten Realteilungen außerhalb des Anwendungsbereichs des Art V auch die Begünstigungen des § 31 nicht zur Anwendung, was im Einzelnen folgende Konsequenzen nach sich zieht:

209 Bei Vorliegen einer **Äquivalenzverletzung** (s § 31 Rz 3) ist danach zu differenzieren, ob diese auf privaten oder betrieblichen Gründen beruht: Im Falle privater Motive liegt auch nach allgemeinem Ertragsteuerrecht eine unentgeltliche Zuwendung des verkürzten an den übervorteilten Nachfolgeunternehmer vor, die gem § 6 Z 9 lit a EStG dazu führt, dass Letzterer die Buchwerte fortzuführen hat (§ 31 Abs 1 Z 1 hat insofern nur deklarativen Charakter; s § 31 Rz 18). Beruht eine im Zuge einer verunglückten Realteilung eintretende Äquivalenzverletzung hingegen auf betrieblichen Gründen (etwa um einen „lästigen" Gesellschafter zum Ausscheiden zu bewegen), so stellt der Unterschiedsbetrag (mangels Anwendbarkeit des insofern konstitutiven § 31 Abs 1 Z 1; s § 31 Rz 18) beim Empfänger einen steuerpflichtigen Ertrag und auf Seite des Leistenden einen gewinnmindernden Aufwand dar.

210 Während Realteilungen außerhalb des Anwendungsbereichs des Art V nach traditioneller Auffassung einen steuerbaren Vorgang iSd **UStG** darstellen, bei dem

dem fortführenden Nachfolgeunternehmer ein Vorsteuerabzug zusteht (*Ruppe/Achatz*, UStG[4] § 1 Tz 89), ist aus der Rsp des EuGH abzuleiten, dass auch bei verunglückten Realteilungen kein umsatzsteuerbarer Vorgang vorliegt (EuGH 26.6.2003, C-442/01, *KapHag*, Slg 2003, I-6851; *Ruppe/Achatz*, UStG[4] § 1 Tz 89; *Toifl* in *Bergmann/Ratka*, HB-PG[2] Rz 18/51) und deshalb die Nichtanwendbarkeit des § 31 Abs 1 Z 2 zu keiner abweichenden umsatzsteuerlichen Behandlung führt.

Infolge der Nichtanwendbarkeit der Befreiungsbestimmung des § 31 Abs 2 fällt bei verunglückten Realteilungen, bei denen die Nachfolgeunternehmer übertragenes Vermögen gemeinsam in einer Kapitalgesellschaft & Co KG als Nachfolgemitunternehmerschaft fortführen, gem § 2 Z 1 iVm § 4 Abs 1 Z 1 KVG **Gesellschaftsteuer** an. Sofern teilungsbedingt Forderungen oder stille Beteiligungen übertragen werden, ist mangels Befreiung durch § 31 Abs 2 eine **Zessionsgebühr** nach § 33 TP 21 GebG zu entrichten. **211**

Sofern im Zuge verunglückter Realteilungen Grundstücke übertragen werden, bemisst sich die **GrESt** mangels Anwendbarkeit der Begünstigung des § 31 Abs 3 vom Wert der Gegenleistung (§ 4 Abs 1 GrEStG). Der Wert der Gegenleistung ist der anteilig auf das betreffende Grundstück entfallende gemeine Wert der aufgegebenen Gesellschafterrechte. Bei äquivalenzwahrenden Realteilungen entspricht der anteilig auf das betreffende Grundstück entfallende gemeine Wert der aufgegebenen Gesellschafterrechte dem Teilwert des Grundstücks. Der Teilwert ist jener Betrag, den der Erwerber des übertragenen Betriebsvermögens iRd Gesamtkaufpreises für ein einzelnes Wirtschaftsgut ansetzen würde (§ 6 Z 1 EStG). Bei Vorliegen einer Äquivalenzverletzung (s 31 Rz 3 ff) muss zur Ermittlung des anteilig dem betreffenden Grundstück gegenüberstehenden gemeinen Werts der aufgegebenen Gesellschafterrechte zunächst festgestellt werden, wie viel Prozent des gemeinen Werts des übertragenen Vermögens auf das mit dem Teilwert bewertete Grundstück entfallen. Die GrESt-Bemessungsgrundlage ergibt sich sodann aus dem gemeinen Wert der teilungsbedingt aufgegebenen Gesellschafterrechte multipliziert mit dem ermittelten Prozentsatz. **212**

Auch bei verunglückten Realteilungen ist jedoch als ermäßigte Bemessungsgrundlage der 1,1%igen **Grundbucheintragungsgebühr** der dreifache Einheitswert (maximal jedoch 30 % des Verkehrswerts) des Grundstücks heranzuziehen, zumal § 26a Abs 1 Z 2 GGG nicht zwischen Realteilungen iSd Art V und sonstigen Realteilungen differenziert (*Beiser*, SWK 2013, 1238 ff). Die Ermäßigung der Bemessungsgrundlage kommt (bei sonstiger Verwirkung) allerdings nur dann zur Anwendung, wenn sie bei der Eingabe unter Hinweis auf die gesetzliche Grundlage in Anspruch genommen wird (§ 26a Abs 2 GGG; *Beiser*, SWK 2013, 1239 f; § 31 Rz 69). **213**

Teilungsvorgang

§ 28. [1]Hinsichtlich des Teilungsstichtages, der Behandlung der zu teilenden Personengesellschaft und der zum Zweck der Darstellung des Vermögens erstellten Teilungsbilanz sind die §§ 13 bis 15 anzuwenden. [2]§ 13 Abs. 1 ist mit der Maßgabe anzuwenden, daß sich die Firmenbuchzuständigkeit auf die teilungsbedingte Löschung einer eingetragenen Personengesellschaft und das teilungs-

bedingte Ausscheiden eines Gesellschafters aus einer solchen bezieht und die Meldung bei dem für die Feststellung der Einkünfte der zu teilenden Personengesellschaft zuständigen Finanzamt zu erfolgen hat.
[idF BGBl I 2010/9]

Rechtsentwicklung

BGBl 1991/699 (UmgrStG; RV 266 AB 354 BlgNR 18. GP) (Stammfassung); BGBl 1995/21 (RV 26 AB 53 BlgNR 19. GP) (Zitatänderung); BGBl 1996/797 (AbgÄG 1996; RV 497 AB 552 BlgNR 20. GP) (Neufassung des S 2); BGBl I 2010/9 (RV 477 AB 499; BlgNR 24. GP) (Anpassung des S 2).

Literatur 2017

Hirschler/Geweßler, Realteilung (Art V UmgrStG), in *Tumpel/Aigner* (Hrsg), Gründung, Umgründung und Beendigung von Unternehmen, Handbuch der österreichischen Steuerlehre, Band III^3 (2017) 292; *Reinold*, Immobilienertragsteuer und Umgründungen (2017); *Walter*, Umgründungssteuerrecht 2017^{12} (2018).

Übersicht

I.	Allgemeines	1
II.	Teilungsstichtag	
	A. Bedeutung und Wirkung	2–6
	B. Wahl	
	1. Grundsätzliches	11–13
	2. Beschränkungen	
	a) Rückwirkungsfrist	14–16
	b) Erfordernis der Vermögenszurechnung	17–20
	C. (An)Meldung bei zuständiger Behörde	
	1. Zuständige Behörde	26–29
	2. Anmeldung und Meldung	
	a) Anmeldung beim Firmenbuchgericht	30, 31
	b) Meldung beim Finanzamt	32–34
	3. Eintritt der Wirkung	
	a) Zuständigkeit des Firmenbuchgerichts	35, 36
	b) Zuständigkeit des Finanzamts	37
	D. Fristverletzung	
	1. Zuständigkeit des Firmenbuchgerichts	41, 41a
	2. Zuständigkeit des Finanzamts	42
	3. Ersatzstichtag	43–48
III.	Behandlung der teilenden Personengesellschaft	51–53
IV.	Teilungsbilanz	
	A. Erfordernis und Zweck	56–61
	B. Inhalt	66–70
	C. Vorlage	76–78

I. Allgemeines

Gegenstand des mit „Teilungsvorgang" betitelten § 28 ist die Normierung von Regelungen über den Teilungsstichtag (s Rz 2 ff), die Behandlung der teilenden Personengesellschaft (s Rz 51 ff) sowie die zum Zweck der Darstellung des Teilungsvermögens aufzustellende Teilungsbilanz (s Rz 56 ff). Regelungstechnisch erfolgt dies durch Verweis auf die korrespondierenden Bestimmungen der §§ 13 bis 15 in Art III (Einbringung), wobei § 28 S 2 hinsichtlich der Anwendung von § 13 Abs 1 realteilungsspezifische Modifikationen vorsieht.

II. Teilungsstichtag
A. Bedeutung und Wirkung

Der Teilungsstichtag ist jener Tag, zu dem das Vermögen mit steuerlicher Wirkung auf die Nachfolgeunternehmer übergeht (§ 28 S 1 iVm § 13 Abs 1 S 1). Gemeint ist der Tag des Übergangs der **ertragsteuerlichen Vermögens- und Einkünftezurechnung** (*Hammerl* in HB Sonderbilanzen II 219; *Huber* in *W/Z/H/K*[5] § 28 Rz 1; s § 30 Rz 46 f). Im Falle der Rückbeziehung des Teilungsstichtags (zur Möglichkeit s Rz 11 ff) sind daher von der übertragenden Personengesellschaft zwischen dem Teilungsstichtag und dem Tag des Abschlusses des Teilungsvertrags hinsichtlich des übertragenen Vermögens eingegangene Rechtsgeschäfte ertragsteuerlich bereits den Nachfolgeunternehmern zuzurechnen (*Huber* in *W/Z/H/K*[5] § 28 Rz 2; s § 30 Rz 46 f).

Der Teilungsstichtag ist auch der für die Aufstellung der **Teilungsbilanz** (§ 28 S 1 iVm § 15 S 1; *Huber* in *W/Z/H/K*[5] § 28 Rz 1; s Rz 56 ff) und der **Steuerbilanz** (§ 27 Abs 2 iVm § 12 Abs 2; *Mühlehner* in *H/M/H* § 28 Rz 4; s § 27 Rz 86 ff) maßgebliche Bilanzstichtag. Von der Ausnahme des Erwerbs eines Mitunternehmeranteils im Erbwege abgesehen (§ 28 S 1 iVm § 13 Abs 2 S 4; s Rz 20), muss den Nachfolgeunternehmern das übertragene Vermögen bereits zum Teilungsstichtag **zuzurechnen** sein (s Rz 17 ff u § 27 Rz 156 ff; zu Mehrfachzügen s § 39 Rz 2 ff). Nicht maßgeblich ist der Teilungsstichtag hingegen für die Anwendungsvoraussetzung des auf den Abschlusstag des Teilungsvertrags bezogenen Erfordernisses eines **positiven Verkehrswerts** des übertragenen Vermögens (s § 27 Rz 75).

Hinsichtlich der **USt, Gebühren** und **Verkehrsteuern** entfaltet der Teilungsstichtag keine Wirkung (*Staringer* in *Bertl ua*, Sonderbilanzen 226; s § 31 Rz 34, 47 u 63). Keine Bedeutung hat der Teilungsstichtag auch hinsichtlich der für einen übertragenen Betrieb bzw Teilbetrieb bestehenden **Rechnungslegungs-** bzw **Buchführungs-** oder sonstigen **Aufzeichnungspflichten** (zB nach den §§ 189 ff UGB, den §§ 124 ff BAO oder nach § 18 UStG). Diesen Verpflichtungen hat bis zum Tag der Anmeldung bzw Meldung der Realteilung bei der zuständigen Behörde (s Rz 26 ff) die übertragende Personengesellschaft nachzukommen. Erst ab diesem Zeitpunkt sind die Bücher und Aufzeichnungen von den Nachfolgeunternehmern zu führen (UmgrStR Rz 770; *Huber* in *W/Z/H/K*[5] § 28 Rz 20). Der Teilungsstichtag beeinflusst weiters auch nicht den **zivilrechtlichen Vermögensübergang** (*Steinmaurer* in *W/H/M*, HdU[7] § 28 Rz 5; *Huber* in *W/Z/H/K*[5] § 28 Rz 19; *W/S/S/S*, Rechtsanwälte 104; *Huber*, FJ 1992, 186). Dieser findet idR im Zeitpunkt des Abschlusses des Teilungsvertrags statt, wenn nicht ein zeitlich nach diesem liegender Tag festgelegt wird (*Huber* in *W/Z/H/K*[5] § 28 Rz 19). Sofern eine auf den Teilungsstichtag bezogene schuldrechtliche Rückbeziehung vereinbart wird, entfaltet diese lediglich als Verrechnungsstichtag zwischen der übertragenden Personengesellschaft und den Nachfolgeunternehmern zivilrechtliche Wirkung, nicht aber auch für den Vermögensübergang im Außenverhältnis gegenüber Dritten (*Huber*, FJ 1992, 186; *Huber* in *W/Z/H/K*[5] § 28 Rz 19; *Steinmaurer* in *W/H/M*, HdU[7] § 28 Rz 5; *Ludwig/ Hirschler*, Bilanzierung[2] Rz 304).

5 Mit dem Teilungsstichtag **endet** für übertragene Betriebe oder Teilbetriebe das **Wirtschaftsjahr** (§ 28 S 1 iVm § 14 Abs 1 S 1; UmgrStR Rz 1536; *Hirschler/Geweßler* in HBStL III[3] 310). Ein dadurch bewirkter Wechsel des Bilanzstichtags bedarf keiner Zustimmung des Finanzamts iSd § 2 Abs 7 EStG (UmgrStR Rz 1536; *Steinmaurer* in *W/H/M*, HdU[7] § 28 Rz 3; *Hirschler/Geweßler* in HBStL III[3] 310; *Sulz*, FJ 1995, 95 ff). Wird ein Mitunternehmeranteil teilungsbedingt übertragen, endet das Wirtschaftsjahr hinsichtlich des übertragenen Mitunternehmeranteils nur dann mit dem Teilungsstichtag, wenn die Realteilung zum Regelbilanzstichtag der dem Mitunternehmeranteil zugrunde liegenden Personengesellschaft erfolgt (*Walter*[11] Rz 382).

6 Hinsichtlich des im Abteilungsfalle bei der übertragenden Personengesellschaft verbleibenden Restvermögens endet das Wirtschaftsjahr mit dem Teilungsstichtag nicht (*Huber* in *W/Z/H/K*[5] § 28 Rz 43; *Steinmaurer* in *W/H/M*, HdU[7] § 28 Rz 6; *Huber*, FJ 1992, 186; *Hirschler/Geweßler* in HBStL III[3] 310). Anderes gilt freilich dann, wenn die Realteilung zum Regelbilanzstichtag erfolgt (*Walter*[11] Rz 382). Sofern eine bei einer Abteilung fortbestehende Personengesellschaft den Regelbilanzstichtag umstellen möchte, bedarf dies einer vorherigen Zustimmung des Finanzamts gem § 2 Abs 7 EStG, wobei die dafür erforderlichen gewichtigen betrieblichen Gründe idR bereits in der Realteilung selbst liegen dürften (*Steinmaurer* in *W/H/M*, HdU[7] § 28 Rz 3).

B. Wahl

1. Grundsätzliches

11 Der Teilungsstichtag ist grundsätzlich **frei wählbar** (*Staringer* in *Bertl ua*, Sonderbilanzen 214 FN 19; *Mayr* in *D/R* I[11] Tz 1228; *Schwarzinger/Wiesner* II[2] 1128; *W/S/S/S*, Rechtsanwälte 101; *Huber*, FJ 1992, 186; ErlRV 266 BlgNR 18. GP, 36). In der Praxis wird als Teilungsstichtag idR ein **vor dem Abschlusstag des Teilungsvertrags liegender Tag** gewählt (häufig der letzte Regelbilanzstichtag; *Staringer* in *Bertl ua*, Sonderbilanzen 217; *Huber* in *W/Z/H/K*[5] § 28 Rz 4; *Haselsteiner/Ludwig* in *Bergmann/Ratka*, HB-PG[2] Rz 15/146), doch kann im Teilungsvertrag auch der **Abschlusstag des Teilungsvertrags** oder ein **zeitlich bevorstehender Tag** als Teilungsstichtag festgelegt werden (UmgrStR Rz 1537; *Staringer* in *Bertl ua*, Sonderbilanzen 217; *Hammerl* in HB Sonderbilanzen II 219; *Huber* in *W/Z/H/K*[5] § 28 Rz 4). Die Wahl des Teilungsstichtags hat für alle an der Realteilung beteiligten Personen zwingend einheitlich zu erfolgen (*Huber* in *W/Z/H/K*[5] § 28 Rz 18).

12 Zumal mit der von Betrieben mit Gewinnermittlung nach § 4 Abs 1 EStG oder § 5 EStG ohnedies zum Ende des Wirtschaftsjahrs aufzustellenden Bilanz dem Bilanzerfordernis des § 12 Abs 2 iVm § 27 Abs 2 (s § 27 Rz 86 ff) entsprochen wird, ist eine Festlegung des Regelbilanzstichtags als Teilungsstichtag zur Vermeidung einer gesonderten Bilanzaufstellung (Zwischenbilanz) mit den damit verbundenen zusätzlichen Bilanzierungskosten sinnvoll (*Schwarzinger/Wiesner* II[2] 1136; *Korntner*, FJ 2010, 145).

Fehlt bei einem alle sonstigen inhaltlichen Voraussetzungen (s § 27 Rz 133) erfüllenden Teilungsvertrag nur die Angabe eines Teilungsstichtags, so gilt dieser mit der Bezugnahme auf eine Bilanz mit dem Bilanzstichtag als definiert (UmgrStR Rz 764). **13**

2. Beschränkungen
a) Rückwirkungsfrist
Ein zeitlich auf einen Tag vor dem Abschlusstag des Teilungsvertrags **rückbezogener Teilungsstichtag** ist nur dann anzuerkennen, wenn die Realteilung innerhalb einer Frist von **neun Monaten** nach Ablauf des Teilungsstichtags bei der zuständigen Behörde angemeldet bzw gemeldet wird (§ 28 S 1 iVm § 13 Abs 1; zur Behördenzuständigkeit s Rz 26 ff). Die Rückwirkungsfrist beginnt mit dem rückbezogenen Teilungsstichtag zu laufen (*Staringer* in *Bertl ua*, Sonderbilanzen 218). Die Frist endet mit Ablauf jenes Tages des Endmonats, auf den der Teilungsstichtag im Beginnmonat fällt (zB von 15.1. bis 15.10.). Sofern dieser Tag im Endmonat nicht existiert, gilt als Fristende der letzte Tag des Endmonats (zB 31.12. bis 30.9.; § 108 Abs 2 S 2 BAO; s § 13 Rz 22). **14**

Die Neunmonatsfrist des § 28 S 1 iVm § 13 Abs 1 ist eine **verfahrensrechtliche Frist** iSd § 108 BAO, weswegen die **Tage des Postenlaufs** nicht in die Frist einzurechnen sind (§ 108 Abs 4 BAO). Die Frist ist daher auch bei Absendung am letzten Tag der Frist gewahrt (*Staringer* in *Bertl ua*, Sonderbilanzen 219; *Walter*[11] Rz 736; *Korntner*, FJ 2010, 144). **15**

Im Falle der teilungsvertraglichen Festlegung eines mit dem Abschlusstag des Teilungsvertrags übereinstimmenden oder zukunftsbezogenen Teilungsstichtags können im Teilungsvertrag zunächst idR nur einzelne grundlegende Parameter (Teilungsstichtag, abstrakte Definition der Teilungsmasse, Bestimmung der ausscheidenden Gesellschafter) iS eines Grundsatzvertrags festgelegt werden (UmgrStR Rz 1537; *Tröszter/Joklik-Fürst*, FJ 2008, 400). Dieser vorläufige Teilungsvertrag muss sodann nach dem Teilungsstichtag und der Erstellung der auf diesen bezogenen Steuerbilanz und Teilungsbilanz ergänzt und vervollständigt werden (UmgrStR Rz 1537; *Huber* in W/Z/H/K[5] § 28 Rz 5; *Tröszter/Joklik-Fürst*, FJ 2008, 400). Zumal auch die Endfassung des Teilungsvertrags einer abschließenden Willensübereinstimmung und Unterfertigung bedarf, liegt strenggenommen auch in derartigen Fällen ein rückwirkender Teilungsstichtag vor, weswegen die Ergänzungen innerhalb von neun Monaten ab dem festgelegten Stichtag vorzunehmen und der zuständigen Behörde (s Rz 26 ff) vorzulegen sind (UmgrStR Rz 1537; *Huber* in W/Z/H/K[5] § 28 Rz 5; *Tröszter/Joklik-Fürst*, FJ 2008, 400). **16**

b) Erfordernis der Vermögenszurechnung
Von der zeitlich auf neun Monate begrenzten Rückbeziehungsmöglichkeit abgesehen, ist die Wahl des Teilungsstichtags auch insofern beschränkt, als gem § 28 S 1 iVm § 13 Abs 2 S 1 als solcher nur ein Tag gewählt werden kann, zu dem das zu teilende Vermögen den Nachfolgeunternehmern bereits zuzurechnen war (s § 27 Rz 162 ff). **17**

Sofern als Teilungsstichtag ein Tag festgelegt wird, zu dem einem der Nachfolgeunternehmer das Vermögen noch nicht zuzurechnen gewesen ist, gilt gem § 28 S 1 iVm § 13 Abs 2 S 3 der Tag des Abschlusses des Teilungsvertrags als **Ersatzstich-** **18** tag, wenn dies innerhalb einer Frist von neun Monaten nach Ablauf des Ersatzstichtags dem zuständigen Finanzamt (s Rz 19) gemeldet wird und bezogen auf den Ersatzstichtag sämtliche Anwendungsvoraussetzungen des Art V (s § 27 Rz 26 ff) erfüllt sind (UmgrStR Rz 1544 u 1573; s § 27 Rz 169). Wird von dieser Sanierungsmöglichkeit Gebrauch gemacht, unterliegt die Realteilung zum Ersatzstichtag den Begünstigungen des Art V. Es wird diesfalls nur die Möglichkeit einer rückwirkenden Umgründung auf den ursprünglich festgelegten Teilungsstichtag verwirkt. Nimmt die Personengesellschaft die Sanierungsmöglichkeit hingegen nicht wahr bzw ist das Erfordernis der Vermögenszurechnung bei einem Nachfolgeunternehmer auch zum Ersatzstichtag nicht gegeben, hat dies zum ursprünglich gewählten Teilungsstichtag (s Rz 47) insgesamt ein „Verunglücken" der Realteilung mit Gewinnrealisierung zur Folge (s § 27 Rz 181 ff).

19 Obgleich sich die bei Anwendung des § 13 für Realteilungszwecke gem § 28 S 2 zu berücksichtigenden Modifikationen nur auf die Zuständigkeitsregeln des § 13 Abs 1 beziehen, muss auch die gem § 13 Abs 2 S 3 iVm § 28 zur ersatzstichtagsbezogenen Sanierung erforderliche Meldung bei jenem **Finanzamt** erfolgen, das für die gesonderte Feststellung der Einkünfte der teilenden Personengesellschaft zuständig ist (*Bergmann*, GES 2012, 191 f; s Rz 29).

20 Nicht erforderlich ist eine Vermögenszurechnung zum Teilungsstichtag ausnahmsweise dann, wenn das Vermögen im **Erbwege** erworben wurde und die Realteilung zu Buchwerten erfolgt (§ 28 iVm § 13 Abs 2 S 4; s § 13 Rz 53).

C. (An)Meldung bei zuständiger Behörde
1. Zuständige Behörde

26 Zuständige Behörde ist gem § 28 S 2 iVm § 13 Abs 1
- im Falle der teilungsbedingten Löschung einer eingetragenen Personengesellschaft (OG, KG oder EWIV) oder dem teilungsbedingten Ausscheiden eines Gesellschafters aus einer solchen das zuständige **Firmenbuchgericht**,
- in allen anderen Fällen das für die gesonderte Feststellung der Einkünfte (§ 188 BAO) der teilenden Personengesellschaft zuständige **Finanzamt**.

27 Sofern ein Gesellschafter bei einer Abteilung nicht gänzlich aus einer eingetragenen Personengesellschaft ausscheidet, sondern an dieser mit geringerer Vermögens- und Erfolgsbeteiligungsquote weiter beteiligt bleibt, ist zuständige Behörde das für die gesonderte Feststellung der Einkünfte der teilenden Personengesellschaft zuständige Finanzamt (UmgrStR Rz 1539; *Hammerl* in HB Sonderbilanzen II 219; *Walter*[11] Rz 738; *Huber* in W/Z/H/K[5] § 28 Rz 11; *Trösgter/Joklik-Fürst*, FJ 2008, 401). Daran ändert auch der (umgründungssteuerrechtlich unbedeutende) Umstand nichts, dass gem § 3 Abs 1 Z 15 FBG alle Vorgänge, durch die ein Betrieb oder Teilbetrieb übertragen wird, im Firmenbuch einzutragen sind (UmgrStR Rz 1538; *Hirschler/Gewessler* in HBStL III[3] 310; *Huber* in W/Z/H/K[5] § 28 Rz 13; *Schwarzinger/Wiesner*, II[2] 1131).

28 Für die Führung des Firmenbuchs sachlich zuständig sind die Landesgerichte bzw in Wien das Handelsgericht (§ 120 Abs 1 Z 1 JN; *Fucik* in *Fasching*, JN § 120 Rz 1). Örtlich zuständig ist jenes Firmenbuchgericht, in dessen Sprengel die übertragene Personengesellschaft ihre Hauptniederlassung oder Sitz hat (§ 120 Abs 2 JN). Bei ausländischen Personengesellschaften ohne Hauptniederlassung oder Sitz im Inland richtet sich die örtliche Zuständigkeit nach dem Ort einer allfälligen inländischen Zweigniederlassung, bei mehreren inländischen Zweigniederlassungen nach dem Ort der frühesten inländischen Zweigniederlassung (§ 120 Abs 3 JN). Mangelt es im Falle der Realteilung einer ausländischen Personengesellschaft ohne inländischer Zweigniederlassung an einem inländisch zuständigen Firmenbuchgericht, so ist die Realteilung bei dem für den inländischen Nachfolgeunternehmer zuständigen Finanzamt zu melden (UmgrStR Rz 1539a; *Huber* in $W/Z/H/K^5$ § 28 Rz 12; *Aigner/Züger* in *Achatz ua*, IntUmgr 161). Liegt ein inländischer Nachfolgeunternehmer nicht vor, so ist die Realteilung dem für das übertragene Vermögen zuständigen Finanzamt zu melden (UmgrStR Rz 1539a; *Huber* in $W/Z/H/K^5$ § 28 Rz 12).

Für die gesonderte Feststellung der Einkünfte (§ 188 BAO) sachlich zuständig sind die Finanzämter mit allgemeinem Aufgabenbereich (§ 13 Abs 1 Z 1 AVOG 2010). Örtlich zuständig ist das Betriebsfinanzamt (§ 21 Abs 2 Z 4 AVOG 2010). Das Betriebsfinanzamt ist jenes Finanzamt, in dessen Bereich die Personengesellschaft ihren Ort der Geschäftsleitung (§ 27 Abs 2 BAO) hat (§ 21 Abs 1 AVOG 2010; *Bergmann/Ehrke-Rabel* in *Bergmann/Ratka*, HB-PG² Rz 21/41). Mangelt es im Falle der Realteilung einer ausländischen Personengesellschaft an einem inländisch zuständigen Finanzamt, so hat die Meldung bei dem für den inländischen Nachfolgeunternehmer zuständigen Finanzamt zu erfolgen (UmgrStR Rz 1539a; *Huber* in $W/Z/H/K^5$ § 28 Rz 12). Liegt ein inländischer Nachfolgeunternehmer nicht vor, so ist die Realteilung dem für das übertragene Vermögen zuständigen Finanzamt zu melden (UmgrStR Rz 1539a; *Huber* in $W/Z/H/K^5$ § 28 Rz 12; *Tröszter/Joklik-Fürst*, FJ 2008, 401). **29**

2. Anmeldung und Meldung

a) Anmeldung beim Firmenbuchgericht

Eine Anmeldung beim Firmenbuchgericht muss vollständig erfolgen, klar abgefasst sein und jeden Zweifel ausschließen (UmgrStR Rz 1538). Der Anmeldung sollten deshalb der Teilungsvertrag und vorhandenenfalls eine (nicht zwingend erforderliche und gesetzlich nicht vorgesehene; s Rz 61) unternehmensrechtliche Teilungsbilanz angeschlossen sein (UmgrStR Rz 778; *Huber* in $W/Z/H/K^5$ § 28 Rz 13). **30**

Sowohl die aufteilungsbedingte Auflösung einer eingetragenen Personengesellschaft als auch das abteilungsbedingte Ausscheiden eines Gesellschafters aus einer solchen sind von **sämtlichen Gesellschaftern** zur Eintragung in das Firmenbuch anzumelden (§ 143 Abs 1 u 2 UGB). **31**

b) Meldung beim Finanzamt

Eine Meldung beim Finanzamt muss vollständig sein und jeden Zweifel ausschließen, um die Eigenschaft einer die Steuerwirksamkeit einer Realteilung auslösenden Handlung zu besitzen (UmgrStR Rz 1540). Die Meldung hat aus dem Teilungsvertrag, einer stichtagsbezogenen Steuerbilanz und einer steuerlichen Teilungsbilanz zu bestehen (UmgrStR Rz 786 u 1540; *Huber* in $W/Z/H/K^5$ § 28 Rz 13; *Haselsteiner/Ludwig* in *Bergmann/Ratka*, HB-PG² Rz 15/148). Bloße Hinweise in einer Abgabenerklärung, dass qualifiziertes Vermögen (s § 27 Rz 27 ff) übertragen wurde, können die Meldung einer Realteilung beim Finanzamt nicht ersetzen (UmgrStR Rz 790; *Huber* in $W/Z/H/K^5$ § 28 Rz 16). **32**

33 Nach der Verwaltungspraxis kann eine die **inhaltlichen Mindestvoraussetzungen nicht erfüllende Meldung** die Rückwirkungsfiktion nicht auslösen (UmgrStR Rz 791; krit *Huber* in *W/Z/H/K*^{5} § 28 Rz 17). Fehlt bei einer innerhalb der Neunmonatsfrist erfolgten Meldung samt Teilungsvertrag etwa die Steuer- oder Teilungsbilanz, so hat die Abgabenbehörde die übertragende Personengesellschaft zur Vorlage der fehlenden Unterlagen aufzufordern. Kommt Letztere der Aufforderung innerhalb einer **Mängelbehebungsfrist** von **zwei Wochen** nach, wird der rückwirkende Stichtag anerkannt (UmgrStR Rz 791 u 1599). Sofern dies nicht der Fall ist, sei hingegen von einer verspäteten Meldung am Tag des tatsächlichen Einlangens der fehlenden Unterlagen auszugehen (UmgrStR Rz 791).

34 Die Meldung einer Realteilung beim Finanzamt hat durch die zur Führung der Geschäfte bestellten Person bzw wenn dazu mehrere Personen in Betracht kommen, durch die der Abgabenbehörde als Vertretungsbefugten namhaft gemachte Person zu erfolgen (§ 81 Abs 1 und 2 BAO).

3. Eintritt der Wirkung
a) Zuständigkeit des Firmenbuchgerichts

35 Im Falle der Zuständigkeit des Firmenbuchgerichts (s Rz 26) tritt die Wirksamkeit der Realteilung mit Eintragung der Löschung der Personengesellschaft bzw des Ausscheidens eines Gesellschafters ein (*Huber* in *W/Z/H/K*^{5} § 28 Rz 15).

36 Einer allfälligen Firmenbucheintragung kommt jedoch für steuerliche Zwecke insofern keine maßgebende Wirkung zu, als die Abgabenbehörde das Vorliegen der Anwendungsvoraussetzungen des Art V auch diesfalls eigenständig zu beurteilen hat (UmgrStR Rz 1510).

b) Zuständigkeit des Finanzamts

37 Bei Zuständigkeit des Finanzamts (s Rz 26 f) ist die Wirksamkeit bereits mit Einlangen der vollständigen Meldung einer Realteilung gegeben; eine mit Konstitutivwirkung verbundene Bestätigung oder Zurückweisung erfolgt nicht (UmgrStR Rz 1539b; *Huber* in *W/Z/H/K*^{5} § 28 Rz 15). Der Meldung kommt damit eine über eine bloße Formvorschrift hinausgehende Bedeutung zu (UmgrStR Rz 1539b). Ein Zurückziehen einer bereits erfolgten Meldung durch die teilende Personengesellschaft hebt daher nach der Verwaltungspraxis die Wirkungen einer Realteilung nicht auf (UmgrStR Rz 1539b; *Huber* in *W/Z/H/K*^{5} § 28 Rz 15).

D. Fristverletzung
1. Zuständigkeit des Firmenbuchgerichts

41 Weist das Firmenbuchgericht eine abgabenrechtlich nicht rechtzeitig angemeldete Realteilung nicht zurück, so kommt die Ersatzstichtagsregelung zur Anwendung (UmgrStR Rz 1537 u 1541; *Walter*[11] Rz 741 f).

41a Weist das Firmenbuchgericht demgegenüber eine abgabenrechtlich rechtzeitig angemeldete Realteilung zurück, so kommt diese auch abgabenrechtlich nicht zustande (UmgrStR Rz 1537a u 1541). Das Vermögen ist daher weiterhin der Personengesellschaft zuzurechnen, eine Gewinnrealisierung tritt nicht ein. Eine Sanierungsmöglichkeit besteht diesfalls nicht (UmgrStR Rz 1541; *Walter*[11] Rz 740).

2. Zuständigkeit des Finanzamts

42 Erfolgt eine Meldung beim zuständigen Finanzamt nach Ablauf der Frist des § 13 Abs 1 iVm § 28 S 1, kann die Realteilung steuerlich auf den Ersatzstichtag (s Rz 43 ff) wirksam zustande kommen (UmgrStR Rz 1542; *Walter*[11] Rz 744; *Huber* in W/Z/H/K[5] § 28 Rz 23).

3. Ersatzstichtag

43 Gem § 28 S 1 iVm § 13 Abs 1 S 4 gilt im Falle einer Fristverletzung als Ersatzstichtag der **Tag des Abschlusses des Teilungsvertrags**, wenn dies innerhalb einer Frist von neun Monaten nach Ablauf des Ersatzstichtags (§ 108 BAO) dem für die Feststellung der Einkünfte der zu teilenden Personengesellschaft zuständigen Finanzamt gemeldet wird und bezogen auf den Ersatzstichtag die Anwendungsvoraussetzungen des Art V (s § 27 Rz 26 ff) erfüllt sind (dies erfordert insb das Vorliegen einer Steuerbilanz und einer Teilungsbilanz zum Ersatzstichtag).

44 Die Meldung zur Sanierung bei einer Fristverletzung hat auch dann bei dem für die Feststellung der Einkünfte der zu teilenden Personengesellschaft zuständigen Finanzamt zu erfolgen, wenn für den ursprünglich festgelegten Teilungsstichtag die Anmeldung beim Firmenbuchgericht fristbestimmend war (*Huber* in W/Z/H/K[5] § 28 Rz 27).

45 Macht die übertragende Personengesellschaft von der Sanierungsmöglichkeit des § 28 S 1 iVm § 13 Abs 1 S 4 Gebrauch, so unterliegt die Realteilung zum Ersatzstichtag den Begünstigungen des Art V (UmgrStR Rz 1541; *Huber* in W/Z/H/K[5] § 28 Rz 25 f; *Walter*[11] Rz 741 u 744; W/S/S/S, Rechtsanwälte 104; *Tröszter/Joklik-Fürst*, FJ 2008, 401). Es wird diesfalls nur die Möglichkeit einer rückwirkenden Umgründung auf den ursprünglich festgelegten Teilungsstichtag verwirkt (UmgrStR Rz 1541; *Tröszter/Joklik-Fürst*, FJ 2008, 401).

46 Zwischen dem ursprünglich festgelegten (außerhalb der Neunmonatsfrist gelegenen) Teilungsstichtag und dem Ersatzstichtag ist das zu übertragende Vermögen weiterhin der Personengesellschaft zuzurechnen (*Huber* in W/Z/H/K[5] § 28 Rz 27). Adaptierungen des ursprünglich abgeschlossenen Teilungsvertrags lässt die Verwaltungspraxis dabei insoweit zu, als dies durch die zum Ersatzstichtag geänderten Wertverhältnisse erforderlich ist (UmgrStR Rz 798).

47 Nimmt die Personengesellschaft die Sanierungsmöglichkeit nicht wahr, kommt es mangels Erfüllung sämtlicher Anwendungsvoraussetzungen des Art V zum ursprünglich gewählten Teilungsstichtag zu einer Gewinnrealisierung (UmgrStR Rz 1541; *Walter*[12] Rz 741 u 744; *Huber* in W/Z/H/K[5] § 28 Rz 25; W/S/S/S, Rechtsanwälte 104; *Reinweber ua*, UmgrStR[4] 230; *Haselsteiner/Ludwig* in Bergmann/Ratka, HB-PG[2] Rz 15/154; *Tröszter/Joklik-Fürst*, FJ 2008, 401; s § 27 Rz 181 ff).

48 Eine im Falle der Nichtwahrnehmung der ersatzstichtagsbezogenen Sanierungsmöglichkeit grundsätzlich zum ursprünglich festgelegten Teilungsstichtag eintretende Gewinnrealisierung kann durch eine teilungsvertragliche **Fristklausel** vermieden werden, wonach die tatsächliche Vermögensübertragung am Tag der fristgerechten Anmeldung beim Firmenbuchgericht bzw am Tag der fristgerechten Meldung bei der zuständigen Abgabenbehörde erfolgen soll (UmgrStR Rz 1543;

Huber in W/Z/H/K[5] § 28 Rz 30). Bei Fristverletzung kann eine noch nicht vollzogene Realteilung daher nicht wirksam werden bzw ist davon auszugehen, dass das umzugründende Vermögen der Personengesellschaft den Rechtsnachfolgern bloß zur Nutzung überlassen wurde, sodass eine Vermögensübertragung nicht Platz greifen konnte (UmgrStR Rz 1543; *Huber* in W/Z/H/K[5] § 28 Rz 30; s § 27 Rz 136).

III. Behandlung der teilenden Personengesellschaft

51 Aus § 27 Abs 2 iVm § 12 Abs 2 Z 1 ergibt sich, dass die realteilende Personengesellschaft bei teilungsbedingter Übertragung eines Betriebs oder Teilbetriebs zum Teilungsstichtag „für den gesamten Betrieb" eine Steuerbilanz erstellen muss (s § 27 Rz 86). Im Falle der Übertragung eines Mitunternehmeranteils erfordert § 27 Abs 2 iVm § 12 Abs 2 Z 2, dass zum Teilungsstichtag eine Steuerbilanz „der Mitunternehmerschaft vorliegt, an der die Beteiligung besteht" (s § 27 Rz 86).

52 Gem § 28 S 1 iVm § 14 Abs 1 S 2 ist das Betriebsvermögen im Zuge der Bilanzerstellung „mit dem Wert anzusetzen, der sich nach den steuerrechtlichen Vorschriften über die Gewinnermittlung ergibt". Mit dieser Formulierung werden die Regeln über die laufende Gewinnermittlung angesprochen (*Walter*[11] Rz 753). Eine darüber hinausgehende Aufdeckung stiller Reserven hat zu unterbleiben (*Walter*[11] Rz 753).

53 Die Gewinnermittlung der übertragenden Personengesellschaft hat hinsichtlich des übertragenen Vermögens so zu erfolgen, als ob der Vermögensübergang mit Ablauf des Teilungsstichtags erfolgt wäre (§ 28 S 1 iVm § 14 Abs 2). Bis zum Ablauf des Teilungsstichtags bleibt daher die Besteuerungsgrundlage der übertragenden Personengesellschaft unbeeinflusst (*Huber* in W/Z/H/K[5] § 28 Rz 37).

IV. Teilungsbilanz
A. Erfordernis und Zweck

56 Gem § 28 S 1 iVm § 15 S 1 ist für Realteilungen zum Teilungsstichtag als Sonderbilanz eine Teilungsbilanz aufzustellen, in der das Teilungsvermögen und das sich daraus ergebende steuerliche Teilungskapital darzustellen sind. Durch die Darstellung des Teilungsvermögens dient die Teilungsbilanz gleichzeitig (UmgrStR Rz 1600; *Schwarzinger/Wiesner* II[2] 1131; *Steinmaurer*, ÖStZ 2008, 401; *Haselsteiner/Ludwig* in *Bergmann/Ratka*, HB-PG[2] Rz 15/134; *Reinold*, Immobilienertragsteuer und Umgründungen 456)

- der **Darstellung rückwirkender Maßnahmen** zur Gestaltung des Teilungsvermögens gem § 29 Abs 1 Z 1 iVm § 16 Abs 5 (s dazu § 29 Rz 6 ff) und
- der **Dokumentation steuerwirksamer Aufwertungen** gem § 29 Abs 1 Z 2 (s dazu § 29 Rz 38) bzw gem § 29 Abs 1 Z 4 iVm § 16 Abs 3 (s dazu § 29 Rz 71 ff).

57 Durch die teilungsbilanzielle Darstellung des übertragenen Vermögens sollen auch spätere Auseinandersetzungen zwischen den realteilenden Gesellschaftern über die Zugehörigkeit von Wirtschaftsgütern vermieden werden (*Steinmaurer* in W/H/M, HdU[7] § 28 Rz 14).

58 Das Erfordernis des Erstellens einer Teilungsbilanz wurde erst mit dem AbgÄG 2005 (BGBl I 2005/161) in die Anwendungsvoraussetzungen des § 27 Abs 1 miteinbezogen. Zuvor war die Aufstellung einer solchen für die Anwendung von Art V nicht zwingend erforderlich.

Die Erstellung einer Teilungsbilanz ist auch dann erforderlich, wenn sowohl die 59
übertragende Personengesellschaft als auch die Nachfolgeunternehmer ihren Gewinn nach § 4 Abs 3 EStG ermitteln (*Huber* in W/Z/H/K[5] § 28 Rz 55).

Ausnahmsweise unterbleiben kann die Erstellung einer Teilungsbilanz gem § 28 60
S 1 iVm § 15 S 3 dann, wenn die steuerlich maßgebenden Werte und das Teilungskapital **im Teilungsvertrag beschrieben** werden (UmgrStR Rz 1599; *Huber* in W/Z/H/K[5] § 28 Rz 47; *Korntner*, FJ 2014, 199; *Haselsteiner/Ludwig* in *Bergmann/Ratka*, HB-PG[2] Rz 15/135). Die Definition im Teilungsvertrag muss zu einer solchen in einer Teilungsbilanz **inhaltlich gleichwertig** sein (*Huber* in W/Z/H/K[5] § 28 Rz 47). Abgesehen davon soll die Bilanzform auch dann nicht zwingend erforderlich sein, wenn die Abweichungen in beschreibender Form in einer dem Finanzamt vorgelegten Mehr-Weniger-Rechnung dargestellt werden (UmgrStR Rz 1599).

Neben der nach § 28 S 1 iVm § 15 S 1 zu erstellenden steuerlichen Teilungsbilanz 61
kann bei der Realteilung eingetragener Personengesellschaften auch die (gesetzlich nicht vorgesehene; *Steinmaurer* in W/H/M, HdU[7] § 28 Rz 16; *Korntner*, FJ 2010, 185) Erstellung einer **unternehmensrechtlichen Teilungsbilanz** sinnvoll sein, wenn die Bewertungen in der Steuerbilanz von den Ansätzen der UGB-Bilanz abweichen (UmgrStR Rz 1600; *Huber* in W/Z/H/K[5] § 28 Rz 57). Nach Auffassung der FV sind Abweichungen möglichst in einer Teilungsbilanz in **Doppelspaltenform** darzustellen (UmgrStR Rz 1600). Alternativ können diese auch im Teilungsvertrag beschrieben werden (*Huber* in W/Z/H/K[5] § 28 Rz 57).

B. Inhalt

Grundlage der Teilungsbilanz ist die zum Teilungsstichtag zu erstellende Steuer- 66
bilanz (UmgrStR Rz 1600; *Steinmaurer*, ÖStZ 2008, 401; *Huber* in W/Z/H/K[5] § 28 Rz 50). Von der Steuerbilanz unterscheidet sich die Teilungsbilanz insb durch (*Walter*[11] Rz 754; *Huber* in W/Z/H/K[5] § 28 Rz 50)

- die Darstellung rückbezogener Vermögensänderungen iSd § 29 Abs 1 Z 1 iVm § 16 Abs 5 (s § 29 Rz 6 ff) und
- bestehende Aufwertungszwänge (s § 29 Rz 38) bzw die Ausübung von Aufwertungswahlrechten (s § 29 Rz 71 ff) sowie
- den Umstand, dass sich die Teilungsbilanz nur auf das übertragene Vermögen bezieht (und somit im Falle einer Abteilung, anders als in der Steuerbilanz, nicht das gesamte Vermögen der übertragenden Personengesellschaft erfasst wird).

Die aufgrund des Verweises des § 28 S 1 für Realteilungen maßgebliche Bestim- 67
mung des § 15 verweist hinsichtlich der Bewertung des Betriebsvermögens ihrerseits auf § 16, doch sieht § 29 für Realteilungen besondere **teilungsbilanzielle Bewertungsregeln** vor (s ausf § 29 Rz 3 ff).

Nach § 4 Abs 1 EStG nicht aktivierbare unkörperliche oder bereits zur Gänze ab- 68
geschriebene Wirtschaftsgüter können in der Teilungsbilanz nicht dargestellt werden (*Huber* in W/Z/H/K[5] § 28 Rz 50). Diese sind entweder im Teilungsvertrag zu umschreiben (UmgrStR Rz 1599 f; *Huber* in W/Z/H/K[5] § 27 Rz 55, § 28 Rz 50; *Steinmaurer*, ÖStZ 2008, 401) oder gehen im Zuge der Realteilung aufgrund ihrer Zugehörigkeit zu einem übertragenen Betrieb oder Teilbetrieb über, sofern im Teilungsvertrag die Übertragung aller Aktiven und Passiven vereinbart wird (*Huber* in W/Z/H/K[5] § 27 Rz 55; *Steinmaurer*, ÖStZ 2008, 401; s § 27 Rz 135).

69 Sofern realteilungsbedingt auch **Sonderbetriebsvermögen** übertragen wird, ist dieses entweder in der Teilungsbilanz (*Steinmaurer* in *W/H/M*, HdU[7] § 28 Rz 26; *Huber* in *W/Z/H/K*[5] § 28 Rz 56) oder alternativ in einer Ergänzungsteilungsbilanz darzustellen (*Huber* in *W/Z/H/K*[5] § 28 Rz 56).

70 Das in der Teilungsbilanz auszuweisende **Teilungskapital** stellt die Saldogröße aus den übertragenen Aktiva und Passiva dar (UmgrStR Rz 1600; *Mayr* in *D/R* I[10] Tz 1227; *Steinmaurer*, ÖStZ 2008, 401; *Korntner*, FJ 2010, 145; *Walter*[11] Rz 755; *Huber* in *W/Z/H/K*[5] § 28 Rz 53; *Hübner-Schwarzinger*, Einführung 73).

71 Der Inhalt **unrichtiger Teilungsbilanzen** ist berichtigungsfähig, wenn nachgewiesen werden kann, dass die erstellte Teilungsbilanz nicht mit dem Inhalt des Teilungsvertrags übereinstimmt (*Huber* in *W/Z/H/K*[5] § 28 Rz 59). Dies kann etwa dann der Fall sein, wenn in der Teilungsbilanz (*Huber* in *W/Z/H/K*[5] § 28 Rz 59)

- rückbezogene Vermögensänderungen nicht oder in unrichtiger Höhe erfasst wurden,
- Wirtschaftsgüter dargestellt wurden, die nach dem Teilungsvertrag nicht mitübertragen werden sollten, oder
- Wirtschaftsgüter nicht aufscheinen, obwohl deren Übertragung nach den Teilungsvertrag beabsichtigt war und auch eine tatsächliche Übertragung auf die Nachfolgeunternehmer erfolgt ist.

C. Vorlage

76 Gem § 28 S 1 iVm § 15 S 2 ist die steuerliche Teilungsbilanz den für die übernehmenden **Nachfolgeunternehmer** zuständigen Finanzämtern vorzulegen. Aufgrund des „steuerlichen Geheimnisschutzes" (ErlRV 1187 BlgNR 22. GP, 16) hat die Vorlage selbst dann beim Finanzamt zu erfolgen, wenn die Realteilung beim Firmenbuchgericht anzumelden ist (*Huber* in *W/Z/H/K*[5] § 28 Rz 48).

77 Bei Finanzamtszuständigkeit ist die Vorlage der Teilungsbilanz bereits Bestandteil der Meldung bei dem für die Feststellung der Einkünfte der Personengesellschaft zuständigen Finanzamt (s Rz 29; *Huber* in *W/Z/H/K*[5] § 28 Rz 48). Eine gesonderte Vorlage bei den für die übernehmenden Nachfolgeunternehmer zuständigen Finanzämtern ist daher nur dann und soweit erforderlich, als diese andere Finanzämter sind als jenes, das für die Feststellung der Einkünfte der übertragenden Personengesellschaft zuständig ist.

78 Da das UmgrStG für die Vorlagepflicht **keine Fristenregelung** enthält, ist unklar, bis zu welchem Zeitpunkt dieser nachzukommen ist (s § 15 Rz 26). Nach Ansicht der FV muss innerhalb von neun Monaten ab dem Umgründungsstichtag eine Anzeige beim zuständigen Finanzamt erfolgen (UmgrStR Rz 1538). Wird bei Firmenbuchzuständigkeit die Teilungsbilanz nicht innerhalb von neun Monaten vorgelegt, sind die Anwendungsvoraussetzungen des Art V dennoch erfüllt, wenn die steuerliche Teilungsbilanz tatsächlich fristgerecht erstellt wurde (UmgrStR Rz 1599).

79 Durch die Vorlageverpflichtung beim Finanzamt auch im Falle grundsätzlicher Firmenbuchgerichtszuständigkeit bleibt für eine **Meldepflicht nach § 43** kein Raum (s a § 43 Rz 2; aA UmgrStR Rz 1538 u 1599).

Bewertung des Betriebsvermögens in der Teilungsbilanz

§ 29. (1) Für der Bewertung des Betriebsvermögens in der Teilungsbilanz gilt Folgendes:
1. Es sind § 14 Abs. 1 und § 16 Abs. 5 anzuwenden.
2. ¹Die Teilung zu Buchwerten (Buchwertteilung) ist nur zulässig, wenn für die weitere Gewinnermittlung Vorsorge getroffen wird, daß es bei den an der Teilung beteiligten Steuerpflichtigen durch den Vorgang der Teilung zu keiner endgültigen Verschiebung der Steuerbelastung kommt. ²Die dafür bei den Nachfolgeunternehmern eingestellten Ausgleichsposten sind ab dem dem Teilungsstichtag folgenden Wirtschaftsjahr gleichmäßig verteilt auf fünfzehn Wirtschaftsjahre abzusetzen oder aufzulösen. ³§ 24 Abs. 2 letzter Satz ist anzuwenden.
2a. ¹Für Wirtschaftsgüter, auf deren Erträge bzw. Wertsteigerungen ein besonderer Steuersatz gemäß § 27a Abs. 1 oder der besondere Steuersatz gemäß § 30a Abs. 1 des Einkommensteuergesetzes 1988 anwendbar ist, sind gesonderte Ausgleichsposten im Sinne der Z 2 zu bilden. ²Diese sind zum jeweiligen besonderen Steuersatz gemäß § 27a Abs. 1 oder § 30a Abs. 1 des Einkommensteuergesetzes 1988 aufzulösen oder jeweils unter sinngemäßer Anwendung von § 6 Z 2 lit. c oder d des Einkommensteuergesetzes 1988 abzusetzen. ³Abweichend davon kann, wenn am Teilungsstichtag § 30 Abs. 4 des Einkommensteuergesetzes 1988 ganz oder eingeschränkt anwendbar wäre, Grund und Boden zur Gänze mit den nach § 6 Z 14 des Einkommensteuergesetzes 1988 maßgebenden Werten angesetzt werden. ⁴Dies ist im Teilungsvertrag festzuhalten.
3. Soweit im Rahmen der Realteilung auf einen ausländischen Nachfolgeunternehmer das Besteuerungsrecht der Republik Österreich hinsichtlich des Vermögens eingeschränkt wird, sind die nach § 6 Z 6 lit. a des Einkommensteuergesetzes 1988 maßgebenden Werte anzusetzen, wobei § 6 Z 6 lit. c bis e des Einkommensteuergesetzes 1988 sinngemäß anzuwenden sind.
4. Für den Fall der Übertragung von ausländischen Betrieben, Teilbetrieben und Anteilen an ausländischen Mitunternehmerschaften in Personengesellschaften ist § 16 Abs. 3 mit der Maßgabe anzuwenden, dass an die Stelle des gemeinen Wertes die höheren Teilwerte einschließlich selbstgeschaffener unkörperlicher Wirtschaftsgüter treten.

(2) Sind im Hinblick auf die Wertverhältnisse des übertragenen Vermögens Ausgleichszahlungen erforderlich, dürfen sie ein Drittel des Wertes des empfangenen Vermögens des Zahlungsempfängers nicht übersteigen.

[idF BGBl I 2015/163]

Rechtsentwicklung

BGBl 1991/699 (UmgrStG; RV 266 AB 354 BlgNR 18. GP) (Stammfassung); BGBl 1993/818 (StRefG 1993; RV 1237 AB 1301 BlgNR 18. GP) (Neufassung des Abs 2); BGBl I 1998/9 (AbgÄG 1997; RV 933 AB 998 BlgNR 20. GP) (Erweiterung des Abs 1); BGBl I 71/2003 (BudBG 2003; RV 59 AB 111 BlgNR 22. GP) (Neufassung des Abs 1 S 2); BGBl I 2004/180 (AbgÄG 2004; RV 686 AB 734 BlgNR 22. GP) (Neufassung des Abs 1); BGBl

I 2007/24 (BudBG 2007; RV 43 AB 67 BlgNR 23. GP) (Neufassung des Abs 1 Z 3); BGBl I 2014/105 (2. AbgÄG 2014; RV 360 AB 432 BlgNR 25. GP) (Einfügung einer Z 2a); BGBl I 2015/118 (StRefG 2015/2016; RV 684 und Zu 684 AB 750 BlgNR 25. GP) (Neufassung von Abs 1 Z 2a S 1 und 2); BGBl I 2015/163 (AbgÄG 2015; RV 896 AB 907 BlgNR 25. GP) (Neufassung von Abs 1 Z 3).

Literatur 2017

Hirschler/Geweßler, Realteilung (Art V UmgrStG), in *Tumpel/Aigner* (Hrsg), Gründung, Umgründung und Beendigung von Unternehmen, Handbuch der österreichischen Steuerlehre, Band III[3] (2017) 292; *Reinold*, Immobilienertragsteuer und Umgründungen (2017); *Reinold*, Sonderausgleichsposten für Grundstücke bei Realteilungen gemäß Art V UmgrStG, SWK 2017, 810; *Walter*, Umgründungssteuerrecht 2017[12] (2018).

Übersicht

I.	Allgemeines	1, 2
II.	Bewertung (Abs 1)	
	A. Buchwertteilung (Abs 1 Z 1)	3, 4
	B. Rückbezogene Vermögensänderungen (Abs 1 Z 1)	
	1. Grundsätzliches	6–8
	2. Techniken	
	a) Entnahmen und Einlagen	9, 10
	b) Verschiebung von Wirtschaftsgütern	11, 12
	c) Unanwendbare Techniken	13–15
	d) Keine einschlägige Technik	15a
	3. Grenzen	16
	C. Ausgleichsposten (Abs 1 Z 2 und 2a)	
	1. Erfordernis	21–23a
	2. Ermittlung	24–28
	3. Ausweis	29–32
	4. Behandlung in Folgejahren	33–37
	5. Rechtsfolgen bei mangelhafter Vorsorge	38–47
	6. Verhältnis zu Ausgleichszahlungen	48
	7. Ausgleichsposten bei Äquivalenzverletzungen	49–53
	D. Aufrechterhaltung der Steuerverstrickung (Abs 1 Z 3)	
	1. Verstrickungserfordernis	
	a) Grundsätzliches	56, 59
	b) Einschränkung des inländischen Besteuerungsrechts	60–65
	2. Gewinnrealisierung und Ratenzahlung	66, 67
	E. Aufwertungswahlrecht bei Übertragung von ausländischem Vermögen (Abs 1 Z 4)	
	1. Überblick	71, 72
	2. Voraussetzungen	
	a) Ausländisches Vermögen	73, 74
	b) Gewinnverwirklichung	76

	c) DBA mit Anrechnungsmethode oder vergleichbare innerstaatliche Maßnahmen	77
	d) Ansässigkeit der übertragenden Personengesellschaft	78, 79
3.	Ansatz der Teilwerte	80, 81
4.	Unterschiedliche Ausübung	
	a) Gesellschafterbezogen	82
	b) Vermögensbezogen	83
III. Ausgleichszahlungen (Abs 2)		
A. Wesen und Zweck		86–90
B. Drittelgrenze		91–95
C. Form		
1. Offene Ausgleichszahlungen		96, 97
2. Verdeckte Ausgleichszahlungen		
	a) Begriff und Wesen	98
	b) Betroffene Vermögensänderungen	99–101
	c) Zuordnung indifferenter Wirtschaftsgüter und Verbindlichkeiten	102, 103
D. Rechtsfolgen		
1. Innerhalb der Drittelgrenze		106, 107
2. Außerhalb der Drittelgrenze		108
3. Unterlassen von Ausgleichszahlungen trotz des Erfordernisses nach Wertverhältnissen		109, 110
4. Leisten von Zahlungen trotz des Nichterfordernisses nach Wertverhältnissen		111

I. Allgemeines

Gegenstand des § 29 Abs 1 ist die Normierung spezieller **Bewertungsregeln** für die Darstellung des Teilungsvermögens in der Teilungsbilanz (Rz 3 ff). Regelungstechnisch erfolgt dies weitgehend durch um realteilungsspezifische Besonderheiten ergänzte Verweise auf korrespondierende Bestimmungen der Art I (§ 29 Abs 1 Z 3), Art III (§ 29 Abs 1 Z 1 und 4) und Art IV (§ 29 Abs 1 Z 2). **1**

§ 29 Abs 2 enthält nähere Regelungen hinsichtlich der Anwendung des Art V unter bestimmten Voraussetzungen unschädlicher Ausgleichszahlungen (Rz 86 ff). Zumal Abs 2 die Anwendungsvoraussetzungen des Art V ergänzt und entgegen der „Bewertung des Betriebsvermögens in der Teilungsbilanz" lautenden Überschrift des § 29 die teilungsbilanzielle Bewertung nicht tangiert, erscheint die Normierung in § 29 statt in § 27 systematisch missglückt (*Bergmann*, GES 2012, 197). **2**

II. Bewertung (Abs 1)

A. Buchwertteilung (Abs 1 Z 1)

Gem § 29 Abs 1 Z 1 kommt bei der Bewertung des Betriebsvermögens in der Teilungsbilanz § 14 Abs 1 zur Anwendung. Nach § 14 Abs 1 S 2 ist das Betriebsvermögen mit dem Wert anzusetzen, der sich nach den steuerlichen Vorschriften über die Gewinnermittlung ergibt. Das sind die in der zum Teilungsstichtag zu erstellenden Steuerbilanz (s § 27 Rz 86 ff) ausgewiesenen Buchwerte (**Grundsatz der Buchwertteilung**; *Huber* in W/Z/H/K[5] § 29 Rz 1; UmgrStR Rz 1601). **3**

4 Das Prinzip der Buchwertübertragung kommt bei unter Art V fallenden Realteilungen grundsätzlich **zwingend** zur Anwendung (kein Wahlrecht; UmgrStR Rz 1601; *Huber* in *W/Z/H/K*[5] § 29 Rz 3; *Mayr* in *D/R* I[11] Tz 1229). Eine (im Einzelfall steuerlich attraktive; s § 27 Rz 183) Gewinnrealisierung kann aber innerhalb des Art V durch das Unterlassen des (korrekten) Einstellens erforderlicher Ausgleichsposten bewirkt werden (s Rz 21 ff). Weiters kann durch gezielte Nichterfüllung erforderlicher Anwendungsvoraussetzungen (s § 27 Rz 26 ff) die Anwendung des Art V überhaupt vermieden werden (*Steinmaurer* in *W/H/M*, HdU[7] § 27 Rz 66), sodass nach allgemeinen ertragsteuerlichen Grundsätzen eine Gewinnrealisierung eintritt (s § 27 Rz 181 ff).

B. Rückbezogene Vermögensänderungen (Abs 1 Z 1)

1. Grundsätzliches

6 Gem § 29 Abs 1 Z 1 kommt § 16 Abs 5 auch bei Realteilungen zur Anwendung. Demnach können nach dem Teilungsstichtag (s § 28 Rz 2 ff) erfolgte Änderungen des real zu teilenden Vermögens durch unterschiedliche Techniken (s Rz 9 ff) zeitlich auf den Teilungsstichtag rückbezogen werden.

7 Rückbezogene Vermögensänderungen sind durch entsprechende **Bilanzierung in der Teilungsbilanz** vorzunehmen (*Huber* in *W/Z/H/K*[5] § 29 Rz 45). Im Falle **unrichtiger teilungsbilanzieller Darstellung** sind Abweichungen von dieser nur möglich, wenn der Nachweis erbracht werden kann, dass nach dem Teilungsvertrag eine andere Vorgehensweise festgelegt wurde (*Huber* in *W/Z/H/K*[5] § 29 Rz 45; s § 28 Rz 71).

8 Rückbezogene Maßnahmen können sowohl den Buch- als auch den Verkehrswert des Teilungsvermögens beeinflussen (UmgrStR 1433; *Huber* in *W/Z/H/K*[5] § 29 Rz 46). Nach der Verwaltungspraxis ist es aus Vereinfachungsgründen zulässig, einen bereits ermittelten Verkehrswert infolge rückbezogener Vermögensänderungen **linear** mit dem Buchwert abzusenken bzw zu erhöhen (UmgrStR Rz 876 u 1433; *Huber* in *W/Z/H/K*[5] § 29 Rz 46).

2. Techniken
a) Entnahmen und Einlagen

9 Nach **§ 16 Abs 5 Z 1** iVm § 29 Abs 1 Z 1 können Entnahmen und Einlagen, die in der Zeit zwischen dem Teilungsstichtag und dem Tag des Abschlusses des Teilungsvertrags getätigt werden, auf den Teilungsstichtag zurückbezogen werden, wenn sie in der Teilungsbilanz durch den Ansatz einer Passivpost für Entnahmen oder einer Aktivpost für Einlagen berücksichtigt werden (UmgrStR Rz 1607 ff; s ausf § 16 Rz 111 ff).

10 #### b) Verschiebung von Wirtschaftsgütern

§ 16 Abs 5 Z 4 ermöglicht iVm § 29 Abs 1 Z 1 das Verschieben von Wirtschaftsgütern und mit diesen unmittelbar zusammenhängendem Fremdkapital zwischen mehreren Teilbetrieben, wobei diese Vorgänge durch die Nichtaufnahme bzw Einbeziehung in die Teilungsbilanz als mit Ablauf des Teilungsstichtags getätigt gelten (s ausf § 16 Rz 161 ff).

11 Sofern eine Personengesellschaft mehrere voneinander unabhängige Betriebe führt (zur Möglichkeit s § 27 Rz 33), ist ein Verschieben von Wirtschaftsgütern zwischen diesen Betrieben mE nicht möglich (aA möglicherweise *Huber* in *W/Z/H/K*[5] § 29 Rz 56). Bei einer teilungsbedingten quotenmäßigen Aufsplittung eines im Vermögen der übertragenden Personengesellschaft stehenden Mitunternehmeranteils (auch ein quotenmäßiger Anteil eines Mitunternehmeranteils stellt für sich einen Mitunternehmeranteil und daher begünstigtes Vermögen isD § 27 Abs 3 iVm § 12 Abs 2 dar; kann die Technik des § 16 Abs 5 Z 4 eingesetzt werden, um zwischen den variablen Kapitalkonten der teilungsbedingt aufgesplitteten Mitunternehmeranteile Verschiebungen vorzunehmen (s a § 16 Rz 164).

Eine Unterart der Verschiebetechnik soll nach der Verwaltungspraxis das Aufdecken interner Leistungsbeziehungen zwischen zu trennenden Teilungsmassen darstellen, bei der die offene Verrechnungspost zum Teilungsstichtag in der Teilungsbilanz beim „Gläubiger(teil)betrieb" als technische Forderung und beim „Schuldner(teil)betrieb" als technische Verbindlichkeit eingestellt wird (UmgrStR Rz 1618; ebenso *W/S/S/S*, Rechtsanwälte 115; *Haselsteiner/Ludwig* in *Bergmann/Ratka*, HB-PG² Rz 15/181).   12

c) **Unanwendbare Techniken**

Vorbehaltene (unbare) Entnahmen isD § **16 Abs 5 Z 2** (s § 16 Rz 131 ff) sind bei Realteilungen nicht möglich (aA *Mühlehner* in *H/M/H* § 29 Rz 32), weil zwischen einer als Mitunternehmerschaft zu qualifizierenden Personengesellschaft und ihren Gesellschaftern infolge § 23 Z 2 EStG ertragsteuerlich keine Verbindlichkeiten bestehen können (ähnlich *Huber* in *W/Z/H/K*⁵ § 29 Rz 52; *Hammerl* in HB Sonderbilanzen II 217; *Tröszter/Joklik-Fürst*, FJ 2008, 426; *Korntner*, FJ 2010, 147; *Haselsteiner/Ludwig* in *Bergmann/Ratka*, HB-PG² Rz 15/174; UmgrStR Rz 1605 u 1615).   13

Die in § **16 Abs 5 3** vorgesehene Möglichkeit der **Zurückbehaltung von Wirtschaftsgütern** des Anlagevermögens einschließlich des mit diesen unmittelbar zusammenhängenden Fremdkapitals und vorhandenen Verbindlichkeiten (s § 16 Rz 146 ff) setzt voraus, dass das zurückbehaltene Wirtschaftsgut beim Zurückbehaltenden künftig keinem Betriebsvermögen zuzurechnen ist, andernfalls eine Verschiebung von Wirtschaftsgütern isD § 16 Abs 5 Z 4 (s Rz 10) vorliegen würde (*Walter*¹¹ Rz 424a). Da einer im Abteilungsfalle fortbestehenden Personengesellschaft gem § 27 Abs 1 S 4 Betriebsvermögen verbleiben muss und dieses aufgrund der Abfärbetheorie (s § 27 Rz 32) dazu führt, dass das gesamte Gesellschaftsvermögen als Betriebsvermögen zu qualifizieren ist, kann die Zurückbehaltungsmöglichkeit des § 16 Abs 5 Z 3 bei Realteilungen nicht zur Anwendung kommen (aA UmgrStR Rz 1605 u 1616 mit näheren Erläuterungen).   14

Auch die auf übertragende Körperschaften zugeschnittene Bestimmung des **§ 16 Abs 5 Z 5** betreffend die **Rückbeziehung von Gewinnausschüttungen, Einlagen** isD § **8 Abs 1 KStG** und **Einlagenrückzahlungen** isD § **4 Abs 12 EStG** ist bei Realteilungen von Personengesellschaften bedeutungslos (UmgrStR Rz 1605; aA *Mühlehner* in *H/M/H* § 29 Rz 34).   15

d) **Keine einschlägige Technik**

Nicht unter den Begriff der rückwirkenden Korrekturen isD § 16 Abs 5 fällt die Disposition der übertragenden Personengesellschaft, einzelne einen zu übertragenden Betrieb bzw Teilbetrieb betreffende und nach dem geplanten Teilungsstichtag getätigte Rechtsgeschäfte nicht dem übernehmenden Nachfolgeunternehmer zurechnen zu wollen. Voraussetzung für eine steuerneutrale Disposition ist, dass das betreffende Rechtsgeschäft im Teilungsvertrag von der Zurechnung zum übernehmenden Nachfolgeunternehmer ausgenommen wird. Dies ist auch für   15a einzelne Kundenbeziehungen möglich, soweit die (Teil)Betriebseigenschaft des übertragenen Vermögens nicht verloren geht (UmgrStR Rz 1575 iVm Rz 889).

3. Grenzen

16 Zumal die Anwendungsvoraussetzungen des Art V (s § 27 Rz 26 ff) auch im Falle rückbezogener Vermögensänderungen gewahrt bleiben müssen (§ 29 Abs 1 Z 1 iVm § 16 Abs 5 S 1), ist die Vornahme rückbezogener Entnahmen und Verschiebungen umfänglich dahingehend **beschränkt**, dass die verbleibende Vermögenseinheit die Eigenschaft als **begünstigtes Vermögen** (Betrieb, Teilbetrieb oder Mitunternehmeranteil; s § 27 Rz 27 ff) beibehalten muss (*Mühlehner* in *H/M/H* § 29 Rz 31; *W/S/S/S*, Rechtsanwälte 115; *Huber* in *W/Z/H/K*^{5} § 29 Rz 46, 57) und das übertragene Vermögen einen **positiven Verkehrswert** (s § 27 Rz 66 ff) aufzuweisen hat (UmgrStR Rz 1611 u 1614; *Mühlehner* in *H/M/H* § 29 Rz 31; *Huber* in *W/Z/H/K*^{5} § 29 Rz 46, 57; *Haselsteiner/Ludwig* in *Bergmann/Ratka*, HB-PG^2 Rz 15/177; *W/S/S/S*, Rechtsanwälte 115; *Korntner*, FJ 2010, 147). Bei rückbezogenen Einlagen oder der verschiebungsbedingten Zuführung von Wirtschaftsgütern ist dies hingegen unproblematisch (*Huber* in *W/Z/H/K*^{5} § 29 Rz 57). Vielmehr wird ein erforderlicher positiver Verkehrswert häufig erst durch rückbezogene Einlagen oder die Verschiebung von Wirtschaftsgütern in das Übertragungsvermögen hergestellt (s § 27 Rz 76).

17 Bei Adaptierung des zu teilenden Vermögens durch rückbezogene Maßnahmen iSd § 16 Abs 5 ist weiters beachten, dass diese als **verdeckte Ausgleichszahlungen** (verdeckter Spitzenausgleich) gewertet werden können und diesfalls der Anwendbarkeit des Art V nur dann unschädlich sind, wenn sie (zuzüglich offener Ausgleichzahlungen) ein Drittel des Werts des empfangenen Vermögens des Zahlungsempfängers nicht übersteigen (s Rz 98).

C. Ausgleichsposten (Abs 1 Z 2 und 2a)
1. Erfordernis

21 Gem § 29 Abs 1 Z 2 S 1 ist eine Realteilung zu Buchwerten nur dann zulässig, wenn für die weitere Gewinnermittlung Vorsorge getroffen wird, dass es bei den an der Teilung beteiligten Steuerpflichtigen durch den Teilungsvorgang zu keiner endgültigen Verschiebung der Steuerbelastung kommt. Aus § 29 Abs 1 Z 2 S 2 ergibt sich, dass die Vermeidung einer teilungsbedingten endgültigen Verschiebung der Steuerbelastung durch Einstellung von **Ausgleichsposten** zu erfolgen hat. **Andere Vorsorgeformen** gegen endgültige Verschiebungen der Steuerbelastung sind **unzulässig** (UmgrStR Rz 1532; *Ludwig* in GedS Arnold^2 435; *Wiesner/Schwarzinger*, UmS 62/22/01, SWK 2001, S 565; *Sulz/Reisch*, SWK 2003, S 368; *Korntner*, FJ 2010, 149; *W/S/S/S*, Rechtsanwälte 123; *Margreiter ua*, Sonderbilanzen^3 222; *Hammerl* in HB Sonderbilanzen II 221; *Huber* in *W/Z/H/K*^{5} § 29 Rz 18; *Steinmaurer* in *W/H/M*, HdU^7 § 29 Rz 16; *Q/S* § 24 Tz 188 f; anders hingegen bei Zusammenschlüssen nach Art IV, s § 24 Rz 131). Daher entspricht eine Vorsorge in Gestalt der Vereinbarung von Zahlungen zum Ausgleich von Mehr- bzw Minderbelastungen an ESt oder KSt ebenso wenig den Vorgaben des § 29 Abs 1 Z 2 (*Margreiter ua*, Sonderbilanzen^3 221; *Tröszter/Joklik-Fürst*, FJ 2008, 399; *Steinmaurer* in *W/H/M*, HdU^7 § 29 Rz 16; *Q/S* § 24 Tz 188; UmgrStR Rz 1535; ErlRV 266 BlgNR 18. GP, 36), wie die Methode eines wirtschaftsguts- oder betriebsbezogenen Liquidationsvorabs (*Wiesner/Schwarzinger*, UmS 62/22/01, SWK 2001, S 565). Eine hinreichende Vorsorge soll nur dann vorliegen, wenn sich sämtliche Mitunternehmer im Teilungsvertrag ausdrücklich zur Vorsorge gegen eine endgültige Steuerlastverschiebung verpflichten (UmgrStR Rz 1603a; *Titz/Wild*, RWZ 2016, 41). Wenn auch nur ein Mitunternehmer diese Voraussetzung nicht erfüllt, soll für alle Mitunternehmer eine Vorsorgeverletzung vorliegen (UmgrStR Rz 1603a; *Titz/Wild*, RWZ 2016, 41; krit *Hübner-Schwarzinger*, SWK 2016, 475).

Realteilungsbedingte Verschiebungen der Steuerbelastung könnten bei mangelhafter Vorsorge eintreten, weil die Nachfolgeunternehmer ihre Beziehung zu den den anderen Nachfolgeunternehmern übertragenen bzw im Abteilungsfalle der fortbestehenden Personengesellschaft verbleibenden stillen Reserven aufgeben und die in der ihnen zugeteilten Teilungsmasse enthaltenen stillen Reserven erhalten (UmgrStR Rz 1603a). Da sich Ausgleichsposten somit auf jenes Vermögen beziehen, an dem Nachfolgeunternehmer nicht mehr beteiligt sind, sind sie – anders als etwa ein unternehmensrechtlicher Umgründungsmehrwert iSd § 202 Abs 2 UGB (*Hirschler/Gewessler* in HBStL III³ 313) – nicht einzelnen übernommenen Wirtschaftsgütern anteilig zuzurechnen (*Hirschler/Gewessler* in HBStL III³ 313). 22

Zumal eine Verschiebung der Steuerbelastung unter den Nachfolgeunternehmern im Falle einer verhältniswahrenden Realteilung nicht eintreten kann, ist § 29 Abs 1 Z 2 nur bei **nichtverhältniswahrenden Realteilungen** (s § 27 Rz 9) beachtlich. 23

Im Falle der Realteilung von Personengesellschaften, für die vereinbart ist, dass sowohl bei Eintritt als auch bei Austritt der Gesellschafter weder stille Reserven noch ein Firmen- bzw Praxiswert abgegolten werden (s dazu UmgrStR Rz 1330a), kann es bei den Nachfolgeunternehmern nicht zur Bildung von Ausgleichsposten kommen (UmgrStR Rz 1532). Dies ist mangels Beteiligung an bzw Übertragung von stillen Reserven an den ausscheidenden Gesellschafter konsequent (*Titz/Wild*, RWZ 2016, 41). Sofern davon abweichend jedoch trotz Vorliegens einer solchen Vereinbarung iRe vorangehenden Zusammenschlusses bei einer späteren Realteilung stille Reserven übertragen werden, ist deren Versteuerung mittels Ausgleichsposten zur Gänze bei dem den Vorbehalt aussprechenden Nachfolgeunternehmer sicherzustellen, zumal es andernfalls zu einer unzulässigen Steuerlastverschiebung käme (*Titz/Wild*, RWZ 2016, 41). 23a

2. Ermittlung

Zur Ermittlung der Höhe erforderlicher Ausgleichsposten ist der Betrag der einem Nachfolgeunternehmer als Gesellschafter anteilig im Vermögen der übertragenen Personengesellschaft zuzurechnenden stillen Reserven dem Betrag der im konkret übertragenen Vermögen enthaltenen stillen Reserven gegenüberzustellen (*Huber* in W/Z/H/K⁵ § 29 Rz 16), wobei nur **steuerhängige** stille Reserven einschließlich eines allfälligen **Firmenwerts** (*Hirschler/Gewessler* in HBStL III³ 312; *Huber* in W/Z/H/K⁵ § 29 Rz 16), nicht aber auch nichtsteuerhängige stille Reserven zu berücksichtigen sind (UmgrStR Rz 1532; *Hofmann*, SWK 2012, 813 f; *Sulz/Reisch*, SWK 2003, S 371; *Margreiter ua*, Sonderbilanzen³ 222; *Walter*¹¹ Rz 776a; *Hammerl* in HB Sonderbilanzen II 221; *Huber* in W/Z/H/K⁵ § 29 Rz 16; *Steinmaurer* in W/H/M, HdU⁷ § 29 Rz 22). Wenn der Betrag der stillen Reserven im übertragenen Vermögen den dem Nachfolgeunternehmer als Gesellschafter anteilig zuzurechnenden Betrag der stillen Reserven der übertragenen Personengesellschaft übersteigt, hat der Nachfolgeunternehmer zur Vermeidung einer Erhöhung seiner Steuerbelastung einen **aktiven Ausgleichsposten** einzustellen. Sofern hingegen 24 der Betrag der auf einen Nachfolgeunternehmer übertragenen stillen Reserven niedriger ist als jener Anteil, der dem Nachfolgeunternehmer als Gesellschafter der übertragenden Personengesellschaft an deren stillen Reserven zuzurechnen war, ist zur Vermeidung einer Verringerung der Steuerbelastung ein **passiver Ausgleichsposten** zu bilden (*Walter*[11] Rz 781 f; *Haselsteiner/Ludwig* in Bergmann/Ratka, HB-PG[2] Rz 15/195; *Huber* in W/Z/H/K[5] § 29 Rz 17; *Hammerl* in HB Sonderbilanzen II 222; *Mayr* in D/R I[11] Tz 1230; *Herzog*, ÖStZ 1989, 145; *Bartl*, FJ 2004, 18; *Korntner*, FJ 2014, 201; *Steinmaurer*, ÖStZ 2008, 404; UmgrStR Rz 1533).

24a Für Wirtschaftsgüter, auf deren Erträge bzw Wertsteigerungen ein **besonderer Steuersatz** gem § 27a Abs 1 EStG (25 % bzw 27,5 %) oder § 30a Abs 1 EStG (30 %) anwendbar ist, sind gem § 29 Abs 1 Z 2a S 1 **gesonderte Ausgleichsposten** (und zwar jeweils für jeden besonderen Steuersatz; UmgrStR Rz 1532a; ErlRV 684 BlgNR 25. GP, 28) zu bilden, um Vermengungen von Wirtschaftsgütern zu vermeiden, die unterschiedlichen Steuersätzen unterliegen (ErlRV 684 BlgNR 25. GP, 3 u 28; *Reinold*, SWK 2017, 810; *ders*, Immobilienertragsteuer und Umgründungen 474). Alternativ zur Vorsorge über einen gesonderten Ausgleichsposten kann Grund und Boden (offenbar nicht auch Gebäude und grundstücksgleiche Rechte; *Reinold*, Immobilienertragsteuer und Umgründungen 496) aus Vereinfachungsgründen (ErlRV 360 BlgNR 25. GP, 19; *Titz/Wild*, RdW 2014, 750) gem § 29 Abs 1 Z 2a S 3 dann zur Gänze mit den nach § 6 Z 14 EStG maßgebenden Werten angesetzt werden, wenn § 30 Abs 4 EStG am Teilungsstichtag ganz oder eingeschränkt anwendbar wäre, womit es zu einer Sofortrealisierung der diesbezüglichen stillen Reserven kommt (**Sofortrealisierungswahlrecht** bzw Aufwertungsoption; UmgrStR Rz 1532a u 1601a; ErlRV 360 BlgNR 25. GP, 19; *Titz/Wild*, RdW 2014, 750; *Huber* in W/Z/H/K[5] § 29 Rz 28; ausf *Reinold*, Immobilienertragsteuer und Umgründungen 496 ff). Dies muss gem § 29 Abs 1 Z 2a S 4 im Teilungsvertrag festgehalten werden, wobei es sich um eine bloße Ordnungsvorschrift handeln dürfte (UmgrStR Rz 1601a). Das Sofortrealisierungswahlrecht kann grundstücksbezogen ausgeübt werden (UmgrStR Rz 1601a; *Hirschler*, ÖStZ 2014, 563; *Huber* in W/Z/H/K[5] § 29 Rz 28). Nicht wahrgenommen werden kann das Sofortrealisierungswahlrecht jedoch bei Abteilungen hinsichtlich im Restbetrieb verbleibenden Grund und Bodens, weil es insofern an einer erforderlichen Teilungsbilanz fehlt, in welcher eine Aufwertung zum gemeinen Wert dargestellt werden könnte (*Reinold*, Immobilienertragsteuer und Umgründungen 500 f). Unklar ist, ob das Aufwertungswahlrecht nur gesamthaft oder auch gesellschafterbezogen ausgeübt werden kann (dazu ausf *Reinold*, Immobilienertragsteuer und Umgründungen 501 ff). Wird das Sofortrealisierungswahlrecht nicht in Anspruch genommen, kann der Umstand, dass sich im Teilungsvermögen Grundstücke befinden, hinsichtlich derer § 30 Abs 4 EStG zur Anwendung kommen würde, gem § 30 Abs 4 S 1 bei der Bildung der Ausgleichsposten iSd § 29 Abs 1 Z 2a einheitlich berücksichtigt werden (ErlRV 360 BlgNR 25. GP, 19; *Reinold*, SWK 2017, 812). Einheitlich bedeutet, dass aktive und passive Ausgleichsposten iSd § 29 Abs 1 Z 2a in selber Höhe zu bilden sind (*Reinold*, SWK 2017, 812; *ders*, Immobilienertragsteuer und Umgründungen 482; *Huber* in W/Z/H/K[5] § 29 Rz 29). Die in gesonderten Ausgleichsposten zu berücksichtigenden stillen Reserven können diesfalls in den Fällen des § 30 Abs 4 Z 2 EStG pauschal mit 14 % des Teilwerts am Teilungsstichtag (ErlRV 360 BlgNR 25. GP, 19) bzw in Umwidmungsfällen iSd § 30 Abs 4 Z 1 EStG pauschal mit 60 % des Teilwerts am Teilungsstichtag angesetzt werden (s a § 30 Rz 77).

Anlässlich eines vorangegangenen Zusammenschlusses eingegangene und im Zeitpunkt einer Realteilung noch offene Vorabverpflichtungen und -verbindlichkeiten sind bei der Bildung von Ausgleichsposten zu berücksichtigen (*Wiesner/ Schwarzinger*, UmS 122/23/24/02, SWK 2002, S 637). 25

Sich bei den Nachfolgeunternehmern einstellende **Tarifwirkungen** sind bei der Ermittlung der Höhe erforderlicher Ausgleichsposten unerheblich (*W/S/S/S*, Rechtsanwälte 123; zweifelnd *Hofmann*, SWK 2012, 814). 26

Die Saldierung sämtlicher bei den Nachfolgeunternehmern (und im Falle einer Abteilung auch bei der fortbestehenden Personengesellschaft) eingestellten aktiven und passiven Ausgleichsposten muss einen rechnerischen Betrag von null ergeben (*Reinold*, Immobilienertragsteuer und Umgründungen 460). 27

Sofern Realteilungen äquivalenzwahrend erfolgen (was idR zu vermuten ist; s § 31 Rz 6), soll nach im Schrifttum vertretener Auffassung eine Feststellung des konkreten Verkehrswerts des Gesamtvermögens der übertragenden Personengesellschaft sowie der Verkehrswerte der jeweils auf die einzelnen Gesellschafter übertragenen Vermögen zur Ermittlung der vor der Realteilung anteilig und nach der Realteilung konkret auf die einzelnen Nachfolgeunternehmer entfallenden stillen Reserven sowie der im Verschiebungsfalle zu bildenden Ausgleichsposten nicht erforderlich sein (*Sulz/Reisch*, SWK 2003, S 368; aA UmgrStR Rz 1564; BMF 21.2.2002, RdW 2002, 254), sondern die Ausgleichsposten **vereinfacht ermittelt** werden können, indem das auf die jeweilige Gesellschafter in der zum Teilungsstichtag aufzustellenden Steuerbilanz der übertragenden Personengesellschaft (s § 27 Rz 86 ff) entfallende steuerliche Eigenkapital in ihren als Nachfolgeunternehmer für das übernommene Vermögen samt Ausgleichszahlungen (s Rz 86 ff) zu erstellenden Eröffnungsbilanzen als Eigenkapital angesetzt werden und in den Eröffnungsbilanzen offen bleibende Differenzbeträge als Ausgleichsposten ausgewiesen werden (ausf *Sulz/Reisch*, SWK 2003, S 368 ff). Ob diese Auffassung im Hinblick auf den Umstand aufrechterhalten werden kann, dass nunmehr je nach einschlägigem Steuersatz (allgemeiner Steuertarif bzw besondere Steuersätze der §§ 27a Abs 1 oder 30a Abs 1 EStG) gesonderte Ausgleichsposten einzustellen sind und zum Zwecke deren korrekter Ermittlung nicht nur die Feststellung von Gesamtverkehrswerten, sondern auch von Verkehrswerten der jeweiligen Wirtschaftsgüter erforderlich sein wird, erscheint fraglich. Zur Berechnung der Ausgleichsposten bei äquivalenzverletzenden Realteilungen s Rz 49 ff. 28

3. Ausweis

Ausgleichsposten sind in die **Steuerbilanzen (Eröffnungsbilanzen) der Nachfolgeunternehmer** einzustellen (*Walter*[11] Rz 779; *Hammerl* in HB Sonderbilanzen II 221; *Huber* in W/Z/H/K[5] § 29 Rz 15; *Korntner*, FJ 2010, 149), bei Abteilungen darüber hinaus auch in die Steuerbilanz der fortbestehenden Personengesellschaft (*Walter*[11] Rz 779, 783; *Huber* in W/Z/H/K[5] § 29 Rz 15; *Hammerl* in HB Sonderbilanzen II 222; *Korntner*, FJ 2010, 149; *Reinold*, Immobilienertragsteuer und Umgründungen 460). Sofern der Gewinn nach der Realteilung gem § 4 Abs 3 EStG ermittelt wird, sind die Ausgleichsbeträge in Evidenz zu nehmen (*W/S/S/S*, Rechtsanwälte 124; *Schwarzinger/Wiesner*, II[2] 1241; *Hammerl* in HB Sonderbilanzen II 221). 29

30 Bei Ausgleichsposten handelt es sich um ausschließlich ertragsteuerlich wirksame **Korrektur-** bzw **Sonderposten** (*Huber*, FJ 1992, 186; *Huber* in *W/Z/H/K*[5] § 29 Rz 21; *W/S/S/S, Rechtsanwälte* 125), die keine Wirtschaftsgüter, sondern lediglich **Bilanzierungshilfen** darstellen (UmgrStR Rz 1532; *Sulz/Reisch*, SWK 2003, S 374; *Korntner*, FJ 2010, 149; *Hammerl* in HB Sonderbilanzen II 222; *Hirschler/Gweßler* in HBStL III[3] 312; *W/S/S/S, Rechtsanwälte* 125; *Steinmaurer* in *W/H/M*, HdU[7] § 29 Rz 17; *Haselsteiner/Ludwig* in *Bergmann/Ratka*, HB-PG[2] Rz 15/194; *Reinold*, Immobilienertragsteuer und Umgründungen 460) und nicht dem steuerlichen Eigenkapital zuzurechnen sind (*Sulz/Reisch*, SWK 2003, S 374; *Reinold*, Immobilienertragsteuer und Umgründungen 460).

31 **Aktive Ausgleichsposten** sind bei denjenigen Nachfolgeunternehmern einzustellen, bei denen der Betrag der stillen Reserven im übertragenen Vermögen den ihnen als Gesellschafter anteilig im Vermögen der übertragenen Personengesellschaft zuzurechnenden Betrag der stillen Reserven übersteigt. **Passive Ausgleichsposten** haben umgekehrt diejenigen Nachfolgeunternehmer zu bilden, bei denen die übertragenen stillen Reserven betragsmäßig niedriger sind als jener Anteil, der ihnen als Gesellschafter der übertragenden Personengesellschaft an deren stillen Reserven zuzurechnen war (s Rz 24 mwN). Aufgrund des grundsätzlichen Erfordernisses der Bildung jeweils gesonderter Ausgleichsposten hinsichtlich solcher Wirtschaftsgüter, auf deren Erträge bzw Wertsteigerungen einer der besonderen Steuersätze gem § 27a Abs 1 EStG (25 % bzw 27,5 %) oder § 30a Abs 1 EStG (30 %) anzuwenden sind (§ 29 Abs 1 Z 2a), kann es bei Nachfolgeunternehmern zur gleichzeitigen Bildung aktiver und passiver Ausgleichsposten kommen (*Reinold*, Immobilienertragsteuer und Umgründungen 474; *ders*, SWK 2017, 810 f).

32 Nach § 29 Abs 1 Z 2 und 2a gesondert gebildete Ausgleichsposten sind ihrerseits nicht in unterschiedliche Bestandteile zu untergliedern, sondern einheitlich zu behandeln (*Mühlehner* in *H/M/H* § 29 Rz 18; *Huber* in *W/Z/H/K*[5] § 29 Rz 18; *Hammerl* in HB Sonderbilanzen II 222; *Sulz/Reisch*, SWK 2003, S 374). Ein Einfrieren des auf einen originären Firmenwert entfallenden Anteils ist daher unzulässig (*Hirschler/Geweßler* in HBStL III[3] 314; *Huber* in *W/Z/H/K*[5] § 29 Rz 18; *Hammerl* in HB Sonderbilanzen II 222; aA *Q/S* § 24 Tz 190).

4. Behandlung in Folgejahren

33 Gem § 29 Abs 1 Z 2 S 2 sind die bei den Nachfolgeunternehmern eingestellten Ausgleichsposten ab dem dem Teilungsstichtag folgenden Wirtschaftsjahr gleichmäßig (zu je einem Fünfzehntel) verteilt auf **15 Wirtschaftsjahre** aufwandswirksam abzusetzen (aktive Ausgleichsposten) bzw ertragswirksam aufzulösen (passive Ausgleichsposten). Das Gesetz trägt damit dem Umstand Rechnung, dass sich die Ausgleichsposten abstrakt auf stille Reserven solcher Vermögensteile beziehen, an denen der Nachfolgeunternehmer nicht mehr beteiligt ist (*Q/S* § 24 Tz 190) und über deren tatsächliche Realisierung er idR auch keine Kenntnis erlangt (*Ludwig* in GedS Arnold[2] 438 f). Eine freiwillige frühere Auflösung von Ausgleichsposten ist nicht möglich (*Reinold*, Immobilienertragsteuer und Umgründungen 461 u 474). Ausgleichsposten, die jeweils gesondert für jene Wirtschaftsgüter gebildet wurden, auf deren Erträge bzw Wertsteigerungen einer der besonderen Steuersätze gem § 27a Abs 1 oder § 30a Abs 1 EStG zur Anwendung kommt, sind gem § 29 Abs 1 Z 2a S 2 zu diesen jeweiligen besonderen Steuersätzen (das sind jene, die zum

Zeitpunkt der Bildung des Ausgleichspostens maßgeblich waren; UmgrStR Rz 1532a) aufzulösen (passive Ausgleichsposten) oder jeweils unter sinngemäßer Anwendung von § 6 Z 2 lit c und d EStG abzusetzen (aktive Ausgleichsposten). Aufgrund der sinngemäßen Anwendung von § 6 Z 2 lit c und d EStG sind die Fünfzehntellabsatzbeträge für aktive Ausgleichsposten iSd § 29 Abs 1 Z 2a jeweils vorrangig mit speziellen sondersteuersatzbegünstigten positiven Einkünften (nämlich Einkünften aus realisierten Wertsteigerungen von Wirtschaftsgütern und Derivaten iSd § 27 Abs 3 und 4 EStG sowie mit Zuschreibungen derartiger Wirtschaftsgüter bzw Einkünften aus der Veräußerung oder Zuschreibung von Grundstücken iSd § 30 Abs 1 EStG) desselben Betriebes zu verrechnen und darf ein dabei verbleibender negativer Überhang nur zu 55 % bzw 60 % mit anderen positiven Einkünften ausgeglichen werden (ErlRV 360 BlgNR 25. GP, 19; *Titz/Wild*, RdW 2014, 750; *Walter*[11] Rz 786a; *Reinold*, SWK 2017, 812; *ders*, Immobilienertragsteuer und Umgründungen 474 f). Sofern als Nachfolgeunternehmer jedoch eine Körperschaft iSd § 7 Abs 3 KStG fungiert, dürfte § 29 Abs 1 Z 2a S 2 teleologisch zu reduzieren sein und die Auflösung passiver Sonderausgleichsposten insoweit zum KSt-Tarif (25 %) zu erfolgen haben bzw umgekehrt ein aktiver Sonderausgleichsposten insoweit „normal" unter Ausblendung von § 6 Z 2 lit c u d EStG aufzulösen sein, weil die im EStG verankerten besonderen Verlustverwertungsregelungen für unter § 7 Abs 3 KStG fallende Körperschaften nicht zur Anwendung kommen (*Reinold*, Immobilienertragsteuer und Umgründungen 507 ff).

Durch die pauschale Absetzung bzw Auflösung über 15 Wirtschaftsjahre wird die (idR völlig abweichende) tatsächliche Vermögensentwicklung nicht berücksichtigt (*Hirschler/Geweßler* in HBStL III[3] 313). Eine damit de facto bewirkte temporäre Verschiebung der Steuerbelastung ist jedoch unproblematisch, zumal sie nicht „endgültig" ist (*Hirschler/Geweßler* in HBStL III[3] 313). Die zwingende Absetzung bzw Auflösung führt letztlich auch dazu, dass bei Ausgleichsposten im Falle von Art V fallenden Realteilungen im Falle des Erfordernisses von Ausgleichsposten eine Buchwertfortführung im strengen Sinn nicht gewährleistet ist (*Ludwig* in GedS Arnold[2] 438; *Ludwig/Hirschler*, Bilanzierung[2] Rz 318; *Reinold*, Immobilienertragsteuer und Umgründungen 461). 34

Im Falle der späteren **Veräußerung** oder **Aufgabe** eines übernommenen Betriebs, Teilbetriebs oder Mitunternehmeranteils sind noch nicht abgeschriebene aktive Ausgleichsposten sofort zulasten des Veräußerungsgewinns gewinnmindernd abzuschreiben bzw noch nicht aufgelöste passive Ausgleichsposten sofort zugunsten des Veräußerungsgewinns gewinnerhöhend aufzulösen (*Ludwig* in GedS Arnold[2] 435; *Margreiter ua*, Sonderbilanzen[3] 222; *Q/S* § 24 Tz 190; *Mühlehner* in *H/M/H* § 29 Rz 15, 18; *Hirschler/Geweßler* in HBStL III[3] 314; *Walter*[11] Rz 784; *Steinmaurer* in *W/H/M*, HdU[7] § 29 Rz 20, 23; *Huber* in *W/Z/H/K*[5] § 29 Rz 21; *Hammerl* in HB Sonderbilanzen II 222; *W/S/S/S*, Rechtsanwälte 125; *Sulz/Reisch*, SWK 2003, S 374; ErlRV 266 BlgNR 18. GP, 37). Wird nur ein Teilbetrieb eines übernommenen Gesamtbetriebs veräußert oder aufgegeben, so sind noch vorhandene Ausgleichsposten anteilig (im Verhältnis der realisierten stillen Reserven zu den verbleibenden stillen Reserven) sofort abzuschreiben bzw aufzulösen (*Sulz/Reisch*, SWK 2003, S 374). Gleiches gilt für die teilweise Veräußerung eines realteilungsbedingt übernommenen Mitunternehmeranteils (*Sulz/Reisch*, SWK 2003, S 374). Zur grund- 35 stücksveräußerungsbedingten Behandlung von Ausgleichsposten, denen Grundstücke iSd § 30 Abs 1 EStG zugrunde liegen, hinsichtlich derer am Teilungsstichtag § 30 Abs 4 EStG anwendbar gewesen wäre, s § 30 Rz 78.

36 Bei späterer **Übertragung mit Buchwertfortführung** (unentgeltliche Übertragung oder unter das UmgrStG fallende Umgründung) eines realteilungsbedingt übernommenen Vermögens sind noch vorhandene Ausgleichsposten von Nachfolgeunternehmer zu übernehmen und weiterzuführen (*Steinmaurer* in *W/H/M*, HdU[7] § 29 Rz 20, 23; *Ludwig* in GedS Arnold[2] 435; *Margreiter ua*, Sonderbilanzen[3] 222; *Q/S* § 24 Tz 190; *Hirschler/Gewessler* in HBStL III[3] 314; *Mühlehner* in *H/M/H* § 29 Rz 18; *Huber* in *W/Z/H/K*[5] § 29 Rz 21; *W/S/S/S*, Rechtsanwälte 125; *Sulz/Reisch*, SWK 2003, S 374; ErlRV 266 BlgNR 18. GP, 37).

37 Scheiden **einzelne Wirtschaftsgüter** aus dem übernommenen Betriebsvermögen aus, dürfen Ausgleichsposten nicht anteilig aufgelöst bzw abgeschrieben werden (*Steinmaurer* in *W/H/M*, HdU[7] § 29 Rz 17). Nichts anderes dürfte auch für das Ausscheiden solcher Wirtschaftsgüter gelten, für die ein Sonderausgleichsposten iSd § 29 Abs 1 Z 2a gebildet wurde (dazu ausf in Bezug auf Grundstücke *Reinold*, Immobilienertragsteuer und Umgründungen 477 ff).

5. Rechtsfolgen bei mangelhafter Vorsorge

38 Sofern mangels (korrekter) Einstellung von Ausgleichsposten eine endgültige Verschiebung der Steuerbelastung eintreten würde, sind als **Rechtsfolge** gem § 29 Abs 1 Z 2 S 3 iVm § 24 Abs 2 S 2 anstatt einer Buchwertfortführung sämtliche übertragenen Wirtschaftsgüter einschließlich selbstgeschaffener unkörperlicher Wirtschaftsgüter mit dem **Teilwert** anzusetzen. Eine bloß anteilige Versteuerung jenes Betrags, um den eine Verschiebung eintreten würde, ist unzulässig (*Hammerl* in HB Sonderbilanzen II 222; *Steinmaurer* in *W/H/M*, HdU[7] § 29 Rz 11; *Huber* in *W/Z/H/K*[5] § 29 Rz 22; UmgrStR Rz 1603a; ErlRV 266 BlgNR 18. GP, 36; aA *Mühlehner* in *H/M/H* § 29 Rz 10).

39 Der Ansatz der Teilwerte führt dazu, dass realteilungsbedingt ein Veräußerungsgewinn realisiert wird, weil ein solcher gem § 24 Abs 7 S 1 EStG nur dann nicht zu ermitteln ist, soweit das UmgrStG eine Buchwertfortführung vorsieht. Bei einer **Aufteilung** führt der Ansatz der Teilwerte auf Ebene der Personengesellschaft zu einer unter die Tatbestände des § 24 Abs 1 Z 1 TS 1 bis 3 EStG fallenden Betriebsveräußerung, Teilbetriebsveräußerung oder Mitunternehmeranteilsveräußerung, wobei ein allfällig erzielter Veräußerungsgewinn den Gesellschaftern anteilig im Verhältnis ihrer vormaligen Gesellschaftsbeteiligungen zuzurechnen ist (*Bergmann*, GES 2012, 104). Im Falle einer **Abteilung** ist zwischen dem (zumindest teilweise) ausscheidenden Gesellschafter und der fortbestehenden Personengesellschaft zu differenzieren: Bei einem abteilungsbedingt ausscheidenden Gesellschafter liegt eine Mitunternehmeranteilsveräußerung iSd § 24 Abs 1 Z 1 TS 3 EStG vor. Auf Ebene der abteilenden Personengesellschaft wird ein Veräußerungsgewinn realisiert, der je nach konkreter Vermögenseigenschaft unter § 24 Abs 1 TS 1, 2 oder 3 EStG fällt (*Bergmann*, GES 2012, 104). Die Veräußerungsgewinnbesteuerung des § 24 Abs 1 Z 1 EStG erstreckt sich bei Abteilungen nur auf die im übertragenen Abfindungsvermögen enthaltenen stillen Reserven, zumal hinsichtlich der mittelbar auf die verbleibenden Gesellschafter entfallenden stillen Reserven des bei der fortbestehenden Personengesellschaft verbleibenden Restvermögens keine zu einer Realisierung führende Zurechnungsänderung eintritt bzw, soweit stille Reserven des Restvermögens vor der Abteilung mittelbar auf einen ausscheidenden Gesellschafter entfallen, bei diesem bereits als Bestandteil des im Zuge der Mitunternehmeranteilsveräußerung erzielten Veräußerungsgewinns erfasst sind (*Bergmann*, GES 2012, 104). Zur Verteilung des Veräußerungsgewinns unter den verbleibenden Gesellschaftern bzw der Aktivierung der im Zuge der Mitunternehmeranteilsveräußerung des ausscheidenden Gesellschafters bei diesem realisierten, auf das bei der fortbestehenden Personengesellschaft verbleibenden Restvermögen entfallenden stillen Reserven s § 27 Rz 193 ff. Durch die aufwertungsbedingte Realisierung eines Veräußerungsgewinns ist sichergestellt, dass zwischen den Gesellschaftern trotz mangelhafter Vorsorge keine Verschiebung der Steuerbelastung eintritt.

Da sich eine abteilungsbedingte Veräußerungsgewinnbesteuerung nach § 24 EStG **40** nur auf das als Abfindung hingegebene Vermögen erstreckt, nicht aber auch auf das bei der abteilenden Personengesellschaft verbleibende Restvermögen (s Rz 39), muss aus teleologischen Gründen auch der Teilwertansatz nach § 29 Abs 1 Z 2 S 3 iVm § 24 Abs 2 S 2 **auf das übertragene Vermögen beschränkt** sein (*Bergmann*, GES 2012, 194 f). Eine andernfalls vorzunehmende vollumfängliche Aufwertung (die sich auch auf das nicht übertragene Restvermögen erstrecken würde), würde bei der fortbestehenden Personengesellschaft nämlich zu einem laufenden Gewinn führen (*Bergmann*, GES 2012, 195). Die ertragsteuerliche Gewinnrealisierung von innerhalb des Anwendungsbereichs des Art V infolge mangelhafter Vorsorge gem § 29 Abs 1 Z 2 verunglückten Abteilungen wäre dann von größerer Reichweite als die Gewinnrealisierung bei Abteilungen außerhalb des Anwendungsbereichs des Art V (*Bergmann*, GES 2012, 195; s dazu § 27 Rz 190). Das dürfte über den Zweck des § 29 Abs 1 Z 2 hinausgehen (*Bergmann*, GES 2012, 195).

Hinsichtlich eines allfälligen Veräußerungsgewinns können die Begünstigungen **41** der §§ 24 und 37 EStG zur Anwendung kommen (UmgrStR Rz 1603a; *Margreiter ua*, Sonderbilanzen[3] 223; *Steinmaurer* in *W/H/M*, HdU[7] § 29 Rz 11; ErlRV 266 BlgNR 18. GP, 36).

> Zumal sich die Bemessungsgrundlage eines Veräußerungsgewinns bei verun- **42** glückten Realteilungen außerhalb des Anwendungsbereichs des Art V aus der Differenz aus dem gemeinen Wert und dem Buchwert ermitteln dürfte (s ausf § 27 Rz 196 ff), stellt die Maßgeblichkeit des Teilwerts im Falle einer mangelhaften Vorsorge zur Vermeidung endgültiger Verschiebungen der Steuerbelastung (§ 29 Abs 1 Z 3 S 3 iVm § 24 Abs 2 S 2) eine Abweichung von allgemeinen ertragsteuerlichen Grundsätzen dar (*Bergmann*, GES 2012, 105; *ders*, GES 2012, 194; aA UmgrStR Rz 1603a, wonach bei nicht korrektem Einstellen von Ausgleichsposten „jenes Ergebnis die Folge [ist], das bei Fehlen der Anwendungsvoraussetzungen im Sinne des § 27 UmgrStG und damit außerhalb des Art V UmgrStG erzielt wird").

> Die Verpflichtung zum Ansatz des Teilwerts bei mangelnder Vorsorge gegen eine **43** endgültige Steuerlastverschiebung soll sich auch auf allfälliges **Sonderbetriebsvermögen** beziehen (UmgrStR Rz 1603a; *Huber* in *W/Z/H/K*[5] § 29 Rz 22).

> Da die korrekte Einstellung von Ausgleichsposten **keine Anwendungsvorausset- 44 zung des Art V** als solchen ist, sondern lediglich eine Voraussetzung für die ertragsteuerliche Buchwertfortführung innerhalb von Art V (UmgrStR Rz 1535,

1603a u 1643; *Haselsteiner/Ludwig* in *Bergmann/Ratka*, HB-PG² Rz 15/164; *Huber* in *W/Z/H/K*⁵ § 29 Rz 23; *Schwarzinger/Wiesner* II² 1139; *W/S/S/S*, Rechtsanwälte 123; *Hammerl* in HB Sonderbilanzen II 222; *Walter*¹¹ Rz 757), steht eine mangelhafte Vorsorge zur Verhinderung der Verschiebung endgültiger Steuerbelastungen. der Anwendbarkeit der sonstigen realteilungsbedingten Begünstigungen nach § 31 nicht entgegen (UmgrStR Rz 1643; *Margreiter ua*, Sonderbilanzen³ 223; *Tröszter/Joklik-Fürst*, FJ 2008, 399; *Haselsteiner/Ludwig* in *Bergmann/Ratka*, HB-PG² Rz 15/164; *W/S/S/S*, Rechtsanwälte 89; *Bergmann*, GES 2012, 105; ErlRV 933 BlgNR 20. GP, 13 f).

45 Stellt sich erst nachträglich (etwa im Zuge einer **Außenprüfung**) heraus, dass die ursprünglich angenommene Höhe der steuerhängigen stillen Reserven einschließlich eines Firmenwerts unzutreffend ist, kann eine Korrektur der Vorsorge zur Vermeidung endgültiger Steuerlastverschiebungen dann ohne Beeinflussung der Steuerneutralität der Realteilung vorgenommen werden, wenn sich aus dem Teilungsvertrag ergibt, dass das Nichteinstellen von Ausgleichsposten bzw die Einstellung in sich nachträglich als falsch erwiesener Höhe auf den ursprünglich angenommenen Verkehrs- bzw Buchwerten beruhte (UmgrStR Rz 1535; *W/S/S/S*, Rechtsanwälte 123; *Huber* in *W/Z/H/K*⁵ § 29 Rz 19; *Wiesner/Schwarzinger*, UmS 148/06/03, SWK 2003, S 231; *Haselsteiner/Ludwig* in *Bergmann/Ratka*, HB-PG² Rz 15/196).

46 Nach der Verwaltungspraxis ist ein Ansetzen der Teilwerte und eine damit verbundene Gewinnrealisierung dann nicht erforderlich, wenn sich die Nachfolgeunternehmer sowie auch eine allenfalls fortbestehende Personengesellschaft im Teilungsvertrag ausdrücklich verpflichten, durch Ausgleichsposten gegen eine endgültige Steuerlastverschiebung vorzusorgen, später aber ein, mehrere oder alle Teilungspartner den vereinbarungsgemäßen Ansatz von Ausgleichsposten unterlassen (UmgrStR Rz 1604; *Titz/Wild*, RWZ 2016, 41 f; *W/S/S/S*, Rechtsanwälte 123; *Huber* in *W/Z/H/K*⁵ § 29 Rz 24; *Hammerl* in HB Sonderbilanzen II 222). Da diesfalls ein bloßer Vollzugsfehler vorliegt, hat die Abgabenbehörde die Vorsorge infolge vertraglicher Verpflichtung amtswegig vorzunehmen (UmgrStR Rz 1604; *Huber* in *W/Z/H/K*⁵ § 29 Rz 24; *Hammerl* in HB Sonderbilanzen II 222). Allenfalls können damit für den betreffenden Teilungspartner auch finanzstrafrechtliche Konsequenzen verbunden sein (*Titz/Wild*, RWZ 2016, 42 FN 34).

47 Durch die Möglichkeit des gezielten Nichteinstellens erforderlicher Ausgleichsposten bzw deren Einstellen in falscher Höhe besteht innerhalb des Anwendungsbereichs des Art V ein **De-facto-Wahlrecht** zwischen Buchwertfortführung oder Teilwertaufwertung mit Gewinnrealisierung (*W/S/S/S*, Rechtsanwälte 89; *Bergmann*, GES 2012, 104).

6. Verhältnis zu Ausgleichszahlungen

48 Von Ausgleichszahlungen iSd § 29 Abs 2 (s Rz 86 ff) unterscheiden sich Ausgleichsposten dahingehend, dass sie nicht den Vermögensausgleich der Nachfolgeunternehmer untereinander bzw im Abteilungsfalle auch mit der fortbestehenden Personengesellschaft zur Herstellung einer Wertäquivalenz betreffen, sondern ausschließlich der Zuordnung stiller Reserven einschließlich eines Firmenwerts für Zwecke einer richtigen Ertragsbesteuerung dienen (*Hammerl* in HB Sonderbilanzen II 219, 222; *Steinmaurer* in *W/H/M*, HdU⁷ § 29 Rz 8 ff; *Mühlehner* in *H/M/H*

§ 29 Rz 16; *Huber* in W/Z/H/K[5] § 29 Rz 20). Aufgrund dieses unterschiedlichen Charakters kommt eine Saldierung einer Forderung auf Ausgleichszahlung mit einem passiven Ausgleichsposten oder umgekehrt einer Ausgleichsverbindlichkeit mit einem aktiven Ausgleichsposten nicht in Betracht (*Mühlehner* in H/M/H § 29 Rz 16; *Margreiter ua*, Sonderbilanzen[3] 222; *Hübner-Schwarzinger/Wiesner*, Lexikon 42). Passive Ausgleichsposten können auch solche Nachfolgeunternehmer belasten, die Empfänger einer Ausgleichszahlung sind bzw umgekehrt aktive Ausgleichsposten von Nachfolgeunternehmern einzustellen sein, die eine Ausgleichszahlung geleistet haben (UmgrStR Rz 1532; Q/S § 24 Tz 189).

7. Ausgleichsposten bei Äquivalenzverletzungen

Als aufwendig erweist sich die korrekte Ermittlung der Höhe erforderlicher Ausgleichsposten dann, wenn mit einer Realteilung eine **Äquivalenzverletzung** (s § 31 Rz 3 ff) einhergeht. Äquivalenzverletzungen lassen sich gedanklich in zwei Schritte zerlegen (s § 31 Rz 4 mwN): 49

- In einem ersten Schritt ist die betreffende Realteilung zunächst äquivalenzwahrend durchzuführen. Der teilungsbedingt verkürzte Gesellschafter bleibt dabei fiktiv am restlichen Teilungsvermögen quotenmäßig beteiligt.
- In einem zweiten Schritt wird sodann die fiktive Vermögensquote den tatsächlichen Verhältnissen entsprechend unentgeltlich zugewendet.

Diesem Charakter von Äquivalenzverletzungen Rechnung tragend, ermitteln sich Ausgleichsposten bei äquivalenzverletzenden Realteilungen wie folgt (*Bergmann*, SWK 2012, 493 ff):

- In einem ersten Schritt sind die Ausgleichsposten zunächst gedanklich nach äquivalenzwahrenden Verhältnissen zu ermitteln.
- In einem zweiten Schritt sind die solcherart ermittelten Ausgleichsposten bei den verkürzten Nachfolgeunternehmern nach dem Verhältnis der stillen Reserven des realteilungsbedingt tatsächlich erhaltenen Vermögens und jenen, die auf die fiktiv erhaltene Vermögensquote am restlichen Teilungsvermögen entfallen, aufzuteilen.
- In einem dritten Schritt gehen mit den unentgeltlichen Zuwendungen der fiktiven Vermögensquoten (die als Quoten an einem Betrieb bzw Teilbetrieb als Mitunternehmeranteile zu charakterisieren sind) auch die auf diese entfallenden Ausgleichsposten auf die äquivalenzverletzungsbedingt bereicherten Nachfolgeunternehmer über (s Rz 36).

Eine unmittelbar von den nach äquivalenzverletzten Verhältnissen erhaltenen stillen Reserven ausgehende Ermittlung der Ausgleichsposten würde zu kurz greifen und dem Charakter von Äquivalenzverletzungen nicht Rechnung tragen. 50

Beispiel 1 51

Die Bilanz der zwischen den Gesellschaftern A, B und C aufzuteilenden X-OG stellt sich wie folgt dar (wobei keine Wirtschaftsgüter involviert sind, auf deren Erträge bzw Wertsteigerungen ein besonderer Steuersatz gem § 27a Abs 1 oder § 30a Abs 1 EStG anwendbar wäre):

	Buchwert	Gemeiner Wert	Stille Reserven		
Teilbetrieb 1	100	200	100	Kapital A	100
Teilbetrieb 2	100	300	200	Kapital B	100
Teilbetrieb 3	100	400	300	Kapital C	100
				Verbindlichkeiten	0
Gesamt	300	900	600		300

Die Gesellschafter A, B und C sind an der X-OG zu je 1/3 beteiligt, sodass auf sie jeweils eine Gesellschaftsbeteiligung mit einem Buchwert von 100, einem gemeinen Wert von 300 und stillen Reserven iHv 200 entfällt. Im Zuge der Aufteilung soll der Teilbetrieb 1 auf A, der Teilbetrieb 2 auf B und der Teilbetrieb 3 auf C übertragen werden. Da unter den Gesellschaftern keine Ausgleichszahlungen geleistet werden, kommt es zwischen A und C zu einer Äquivalenzverletzung. Hinsichtlich B tritt hingegen keine Äquivalenzverletzung ein, weil der gemeine Wert des auf ihn übertragenen Teilbetriebs 2 dem gemeinen Wert seiner aufgegebenen Beteiligung an der X-OG entspricht.

Schritt 1: Bei gedanklicher Vornahme einer äquivalenzwahrenden Realteilung ergibt sich folgendes Bild:

		Buchwert	Gemeiner Wert	Stille Reserven	Aktiver Ausgleichsposten	Passiver Ausgleichsposten
A	Teilbetrieb 1	100	200	100		
	Quote-Teilbetrieb 3	25	100	75		
	Gesamt	125	300	175	–	25
B	Teilbetrieb 2	100	300	200	–	–
C	Quote-Teilbetrieb 3	75	300	225	25	–

Schritt 2: Der gedankliche auf den durch die Äquivalenzverletzung verkürzten Nachfolgeunternehmer A entfallende passive Ausgleichsposten iHv 25 gliedert sich im Verhältnis 100:75 auf den Teilbetrieb 1 (14,3) und die fiktive Quote am Teilbetrieb 3 (10,7) auf (14,3+10,7=25).

Schritt 3: Mit der unentgeltlichen Zuwendung der fiktiven Quote am Teilbetrieb 3 von A an C geht auch der auf diese Quote entfallende passive Ausgleichsposten iHv 10,7 auf C über und kürzt dessen in Schritt 1 ermittelten aktiven Ausgleichsposten iHv 25 auf 14,3. Bei A verbleibt nach dem Abgang des auf die unentgeltlich übertragene fiktive Quote am Teilbetrieb 3 der auf den Teilbetrieb 1 entfallende passive Ausgleichsposten iHv 14,3, sodass sich folgendes Bild ergibt:

		Buchwert	Gemeiner Wert	Stille Reserven	Aktiver Ausgleichsposten	Passiver Ausgleichsposten
A	Teilbetrieb 1	100	200	100	–	14,3
B	Teilbetrieb 2	100	300	200	–	–
C	Teilbetrieb 3	100	400	300	14,3	–

Ein völlig anderes, jedoch dem Charakter der Äquivalenzverletzung nicht Rechnung tragendes und daher unzutreffendes Ergebnis würde sich hingegen ergeben, wenn die Ausgleichsposten unmittelbar anhand der durch die Äquivalenzverletzung bewirkten Verhältnisse ermittelt würden:

		Buchwert	Gemeiner Wert	Stille Reserven	Aktiver Ausgleichsposten	Passiver Ausgleichsposten
A	Teilbetrieb 1	100	200	100	–	100
B	Teilbetrieb 2	100	300	200	–	–
C	Teilbetrieb 3	100	400	300	100	–

Beispiel 2

Die Bilanz der zwischen den Gesellschaftern A, B, C und D aufzuteilenden Y-OG stellt sich wie folgt dar (wobei keine Wirtschaftsgüter involviert sind, auf deren Erträge bzw Wertsteigerungen ein besonderer Steuersatz gem § 27a Abs 1 oder § 30a Abs 1 EStG anwendbar wäre):

	Buchwert	Gemeiner Wert	Stille Reserven		
Teilbetrieb 1	20	200	180	Kapital A	300
Teilbetrieb 2	150	400	250	Kapital B	300
Teilbetrieb 3	430	1.200	770	Kapital C	300
Teilbetrieb 4	600	800	200	Kapital D	300
				Verbindlichkeiten	0
Gesamt	1.200	2.600	1.400		1.200

Die Gesellschafter A, B, C und D sind an der X-OG zu je 1/4 beteiligt, sodass auf sie jeweils eine Gesellschaftsbeteiligung mit einem Buchwert von 300, einem gemeinen Wert von 650 und stillen Reserven iHv 350 entfällt. Im Zuge der Aufteilung soll der Teilbetrieb 1 auf A, der Teilbetrieb 2 auf B, der Teilbetrieb 3 auf C und der Teilbetrieb 4 auf D übertragen werden. Da die Gesellschaftern untereinander keine Ausgleichszahlungen leisten, werden A und B durch Äquivalenzverletzungen gegenüber ihrer vormaligen Gesellschaftsbeteiligung verkürzt, während C und D äquivalenzverletzungsbedingt bereichert werden.

Schritt 1: Bei gedanklicher Vornahme einer äquivalenzwahrenden Realteilung ergibt sich folgendes Bild:

		Buchwert	Gemeiner Wert	Stille Reserven	Aktiver Ausgleichsposten	Passiver Ausgleichsposten
A	Teilbetrieb 1	20	200	180		
	Quote-Teilbetrieb 3	126,7	353,6	226,9		
	Quote-Teilbetrieb 4	72,3	96,4	24,1		
	Gesamt	219	650	431	81	–
B	Teilbetrieb 2	150	400	250		
	Quote-Teilbetrieb 3	70,4	196,4	126		
	Quote-Teilbetrieb 4	40,2	53,6	13,4		
	Gesamt	260,6	650	389,4	39,4	–
C	Quote-Teilbetrieb 3	232,9	650	417,1	67,1	–
D	Quote-Teilbetrieb 4	487,5	650	162	–	187,5

Schritt 2: Der gedankliche auf den durch die Äquivalenzverletzung verkürzten Nachfolgeunternehmer A entfallende aktive Ausgleichsposten iHv 81 gliedert sich im Verhältnis 180:226,9:24,1 auf den Teilbetrieb 1 (33,8), die fiktive Quote am Teilbetrieb 3 (42,7) und die fiktive Quote am Teilbetrieb 4 (4,5) auf (33,8+42,7+4,5=81). Der gedankliche auf den ebenfalls verkürzten Nachfolgeunternehmer B entfallende aktive Ausgleichsposten iHv 39,4 gliedert sich im Verhältnis 250:126:13,4 auf den Teilbetrieb 2 (25,3), die fiktive Quote am Teilbetrieb 3 (12,7) und die fiktive Quote am Teilbetrieb 4 (1,4) auf (25,3+12,7+1,4=39,4).

Schritt 3: Mit den unentgeltlichen Zuwendungen der fiktiven Quoten am Teilbetrieb 3 von A und B an C sowie den unentgeltlichen Zuwendungen der fiktiven Quoten am Teilbetrieb 4 von A und B an D gehen auch die auf diese Quoten entfallenden aktiven Ausgleichsposten auf C bzw D über, sodass sich folgendes Bild ergibt:

		Buchwert	Gemeiner Wert	Stille Reserven	Aktiver Ausgleichsposten	Passiver Ausgleichsposten
A	Teilbetrieb 1	20	200	180	33,8	
B	Teilbetrieb 2	150	400	250	25,3	
C	Teilbetrieb 3	430	1.200	770	122,5	
D	Teilbetrieb 4	600	800	200		181,6

53 Nach nicht unmissverständlicher, aber offenbar anderer Auffassung der FV müsse bei äquivalenzverletzenden Realteilungen hingegen Vorsorge getroffen werden, „dass es hinsichtlich der nicht unentgeltlich übertragenen Quoten zu keiner endgültigen Verschiebung der stillen Reserven kommt" (UmgrStR Rz 1629).

D. Aufrechterhaltung der Steuerverstrickung (Abs 1 Z 3)
1. Verstrickungserfordernis
a) Grundsätzliches

56 Gem § 29 Abs 1 Z 3 sind die nach § 6 Z 6 lit a EStG maßgebenden Werte anzusetzen (wobei § 6 Z 6 lit c bis e EStG sinngemäß anzuwenden sind), „[s]oweit im Rahmen der Realteilung auf einen ausländischen Nachfolgeunternehmer das **Besteuerungsrecht der Republik Österreich hinsichtlich des Vermögens eingeschränkt wird**". Anders als nach der Rechtslage vor dem AbgÄG 2015, nach der in Fällen einer Einschränkung des österreichischen Besteuerungsrechts aufgrund realteilungsbedingter Vermögensübertragungen auf ausländische Nachfolgeunternehmer § 1 Abs 2 sinngemäß anzuwenden war und es in Folge dessen zu einer partiellen Nichtanwendbarkeit von Art V kam, liegt nunmehr auch in Anwendungsfällen des § 29 Abs 1 Z 3 vollumfänglich eine Realteilung iSd § 27 Abs 1 vor, sodass iVm § 27 Abs 5 die sonstigen in den §§ 28 bis 31 angeordneten Rechtsfolgen des Art V auch im Zusammenhang mit jenem Vermögen anwendbar sind, hinsichtlich dessen das österreichische Besteuerungsrecht eingeschränkt wird.

59 **Hintergrund** des Erfordernisses der Aufrechterhaltung der Steuerverstrickung bei realteilungsbedingten Vermögensübertragungen auf ausländische Nachfolgeunternehmer ist der Umstand, dass die durch die Buchwertfortführung (s § 30 Rz 2 ff) gewährleistete Steuerneutralität den Aufschub der Besteuerung stiller Reserven und eines allfälligen Firmenwerts nur bis zur Realisierung bewirken soll. Eine Besteuerung zu einem späteren Realisationszeitpunkt ist aber nur insoweit möglich, als das inländische Besteuerungsrecht bei einer realteilungsbedingten Vermögensübertragung auf einen ausländischen Nachfolgeunternehmer nicht eingeschränkt wird. Entscheidend ist iS eines „Vorher-Nachher-Vergleichs", ob es hinsichtlich des auf einen ausländischen Nachfolgeunternehmer übertragenen Vermögens realteilungsbedingt zu einer Einschränkung des Rechts zur Besteuerung von Veräußerungsgewinnen kommt. Wird das österreichische Besteuerungsrecht nicht eingeschränkt, bewirkt die diesfalls (bei Erfüllung der sonstigen Anwendungsvoraussetzungen des § 27 Abs 1; s zu diesen § 27 Rz 26 ff) zwingende Buchwertfortführung bei den Nachfolgeunternehmern (§ 30 Abs 1 Z 1), dass der Betrag des verstrickten Vermögens unverändert bleibt.

b) Einschränkung des inländischen Besteuerungsrechts

Die Einschränkung des Besteuerungsrechts muss **unmittelbar durch die Realteilung bewirkt** werden (arg „im Rahmen der Realteilung [...] eingeschränkt wird"), wobei es seit dem BudBG 2007 (BGBl I 2007/24) auf eine tatsächliche Überführung des Vermögens – anders als noch nach § 29 Abs 1 Z 3 idF AbgÄG 2004 (BGBl I 2004/180) – nicht ankommt (zur tatsächlichen Überführung s a Rz 65). 60

Die von § 29 Abs 1 Z 3 erfasste Einschränkung des Besteuerungsrechts hinsichtlich des **„Vermögens"** bezieht sich mE auf die **stillen Reserven** einschließlich eines allfälligen **Firmenwerts** (offenbar nur auf die stillen Reserven abstellend hingegen *Huber* in W/Z/H/K⁵ § 29 Rz 11 f). 61

Nicht eingeschränkt wird das Besteuerungsrecht der Republik Österreich etwa dann, wenn ein solches (zB aufgrund von DBA) bereits vor der Realteilung nicht gegeben war (*Aigner/Züger* in *Achatz ua*, IntUmgr 164). Keine Einschränkung liegt auch dann vor, wenn die Geltendmachung eines dem Grunde nach fortbestehenden Besteuerungsrechts der Höhe nach durch ein DBA eingeschränkt wird. 62

Zu einer realteilungsbedingten **Einschränkung des Besteuerungsrechts der Republik** kommt es idR nur dann, wenn **ausländisches Vermögen** einer übertragenden **ausländischen Personengesellschaft**, das (trotz oder mangels eines DBA bzw einer unilateralen Maßnahme zur Vermeidung von Doppelbesteuerung) hinsichtlich allfälliger im Inland unbeschränkt steuerpflichtiger Mitunternehmer nach dem Welteinkommensprinzip (§ 1 Abs 2 EStG bzw § 1 Abs 2 KStG) in Österreich anteilig steuerverstrickt war, teilungsbedingt auf einen **ausländischen Nachfolgeunternehmer** übertragen wird und diesem fortan alleine zuzurechnen ist. 63

Mit einer von § 29 Abs 1 Z 3 erfassten Steuerentstrickung bezüglich der einem ausländischen Nachfolgeunternehmer realteilungsbedingt übertragener Vermögensteile geht hinsichtlich des auf inländische Nachfolgeunternehmer übertragenen oder im Abteilungsfalle bei der fortbestehenden Personengesellschaft verbleibenden Vermögens aufgrund des diesbezüglichen Entfalls einer anteiligen Vermögenszurechnung auch an den ausländischen Nachfolgeunternehmer **umgekehrt eine Erweiterung eines Besteuerungsrechts** der Republik Österreich und ein „Step-Up" iSd § 30 Abs 1 Z 2 einher (s § 30 Rz 17). 64

Keine dem Regime von § 29 Abs 1 Z 3 unterliegende Einschränkung des österreichischen Besteuerungsrechts liegt vor, wenn bei **Export-Realteilungen** (s § 27 Rz 13) oder bei **Auslandsrealteilungen** (s § 27 Rz 13) inländisches (aufgrund beschränkter Steuerpflicht ausländischer Mitunternehmer nach § 98 EStG oder § 21 KStG bzw unbeschränkter Steuerpflicht inländischer Mitunternehmer) steuerver- 65 stricktes Vermögen einer (in- oder ausländischen) Personengesellschaft auf einen ausländischen Nachfolgeunternehmer übertragen wird und beim ausländischen Nachfolgeunternehmer anlässlich der Realteilung aus dem Kreis des einer inländischen Betriebstätte zuzuordnenden Betriebsvermögens ausscheidet und deshalb – bei Vorliegen eines dem OECD-MA nachgebildeten DBA – nur im Ansässigkeitsstaat des Nachfolgeunternehmers besteuert werden darf (so aber *Huber* in *W/Z/H/K*[5] § 29 Rz 11; ebenso wohl UmgrStR Rz 1603). Derartige Konstellationen sind **mangels unmittelbarer** realteilungsbedingter Einschränkung des Besteuerungsrechts nicht von § 29 Abs 1 Z 3, sondern gegebenenfalls bei Überführung von Wirtschaftsgütern in das Ausland unmittelbar von **§ 6 Z 6 EStG** erfasst. Im Regelfall besteht aber ein übertragener Betrieb, Teilbetrieb oder Mitunternehmeranteil beim ausländischen Nachfolgeunternehmer ohnehin als inländische Betriebstätte fort (*Huber* in *W/Z/H/K*[5] § 29 Rz 11).

2. Gewinnrealisierung und Ratenzahlung

66 Soweit es ausnahmsweise zu einer Einschränkung des österreichischen Besteuerungsrechts kommt, sind hinsichtlich des davon betroffenen Vermögens die nach § 6 Z 6 lit a EStG maßgebenden Werte (Fremdvergleichswerte) anzusetzen, womit es innerhalb des Anwendungsbereichs des Art V zu einer **partiellen Gewinnrealisierung** kommt (§ 24 Abs 7 EStG). Dabei sind § 6 Z 6 lit c bis e EStG sinngemäß anzuwenden. Daraus ergibt sich, dass die durch die partielle Gewinnrealisierung entstandene Abgabenschuld auf (in der Steuererklärung zu stellenden) Antrag dann in **Raten** entrichtet werden kann, wenn der übernehmende Nachfolgeunternehmer in einem **EU-Mitgliedstaat** bzw einem **EWR-Staat mit umfassender Amts- und Vollstreckungshilfe** (derzeit nur Norwegen und Liechtenstein) ansässig ist (**Ratenzahlungskonzept**; § 6 Z 6 lit c EStG iVm § 29 Abs 1 Z 3; UmgrStR Rz 1603). Sofern der Nachfolgeunternehmer eine Kapitalgesellschaft ist, muss auch der Ort der Geschäftsleitung in einem solchen Staat liegen. Für Wirtschaftsgüter des Anlagevermögens sind die Raten dabei gleichmäßig über einen Zeitraum von sieben Jahren zu entrichten, wobei die erste Rate mit Ablauf eines Monats nach Bekanntgabe des Abgabenbescheides und die weiteren Raten jeweils am 30.9. der Folgejahre fällig werden (§ 6 Z 6 lit d S 1 EStG iVm § 29 Abs 1 Z 3). Davon abweichend kommt es hinsichtlich offener Raten insoweit zu einer vorzeitigen Fälligstellung, als die vom Nachfolgeunternehmer übernommenen Wirtschaftsgüter, Betriebe oder Betriebsstätten veräußert werden, auf sonstige Art ausscheiden oder in einen Staat überführt oder verlegt werden, bei dem es sich nicht um einen EU-Mitgliedstaat bzw EWR-Staat mit umfassender Amts- und Vollstreckungshilfe handelt (§ 6 Z 6 lit d S 2 EStG iVm § 29 Abs 1 Z 3). Der Eintritt solcher Umstände ist dem zuständigen FA binnen drei Monaten ab Eintritt anzuzeigen (§ 6 Z 6 lit d S 3 EStG iVm § 29 Abs 1 Z 3). Sind von einer solchen späteren Veräußerung, Überführung oder einem sonstigen Ausscheiden nicht sämtliche Wirtschaftsgüter betroffen, kommt es nur partiell zu einer vorzeitigen Fälligstellung (ErlRV 896 BlgNR 25. GP, 4). Für Wirtschaftsgüter des Umlaufvermögens sind die Raten demgegenüber gleichmäßig über einen Zeitraum von zwei Jahren zu entrichten, wobei die erste Rate mit Ablauf eines Monats nach Bekanntgabe des Abgabenbescheides und die zweite Rate am 30.9. des Folgejahres fällig wird (§ 6 Z 6 lit e EStG iVm § 29 Abs 1 Z 3). Eine vorzeitige Fälligstellung für den Fall einer späteren Veräußerung, Überführung oder einem sonstigen Ausscheiden ist hinsichtlich Wirtschaftsgütern des Umlaufvermögens nicht vorgesehen (ErlRV 896 BlgNR 25. GP, 5).

Zumal hinsichtlich ausländischer Personengesellschaften idR **kein gesondertes Feststellungsverfahren** durchzuführen ist (*Bergmann/Ehrke-Rabel* in *Bergmann/ Ratka*, HB-PG² Rz 21/35) bzw selbst in Fällen, in denen ein solches in Hinblick auf eine inländische Betriebsstätte erforderlich ist (§ 188 Abs 4 lit b BAO), sich dieses nach hA nur auf die Feststellung der auf die inländische Betriebstätte entfallenden und daher von der Steuerentstrickung nicht betroffenen Einkünfte erstreckt (*Sutter* in *Ellinger ua*, BAO⁶ § 188 Anm 32; *Bergmann/Ehrke-Rabel* in *Bergmann/ Ratka*, HB-PG² Rz 21/35), ist der **Antrag auf Ratenzahlung** im individuellen ESt- bzw KSt-Veranlagungsverfahren der **inländischen** Nachfolgeunternehmer bzw (im Falle der Abteilung auf einen ausländischen Nachfolgeunternehmer) der verbleibenden **inländischen** Gesellschafter zu stellen (*Stanek/Gurtner*, ÖStZ 2016, 292). 67

E. Aufwertungswahlrecht bei Übertragung von ausländischem Vermögen (Abs 1 Z 4)

1. Überblick

Nach § 29 Abs 1 Z 4 ist „für den Fall der Übertragung von ausländischen Betrieben, Teilbetrieben und Anteilen an ausländischen Mitunternehmerschaften in Personengesellschaften [...] § 16 Abs. 3 mit der Maßgabe anzuwenden, dass an die Stelle des gemeinen Wertes die höheren Teilwerte einschließlich selbstgeschaffener unkörperlicher Wirtschaftsgüter treten". Demnach steht bei der Übertragung von **ausländischen** Betrieben, Teilbetrieben und Mitunternehmeranteilen dann ausnahmsweise ein **Wahlrecht zur Bewertung mit den höheren Teilwerten** einschließlich selbstgeschaffener unkörperlicher Wirtschaftsgüter (insb Firmenwert) zu, wenn 71

- die teilungsbedingte Vermögensübertragung im Ausland zu einer **Gewinnverwirklichung** führt und
- mit dem betreffenden ausländischen Staat ein **DBA mit Anrechnungsmethode** besteht oder eine vergleichbare innerstaatliche Maßnahme zur Vermeidung der Doppelbesteuerung getroffen wurde.

Durch die Einräumung des Bewertungswahlrechts soll vermieden werden, dass es infolge inländischer Buchwertfortführung (§ 29 Abs 1 Z 1 iVm § 14 Abs 1; s Rz 3) und ausländischer Gewinnverwirklichung zu einer **zeitversetzten Doppelbesteuerung** kommt, wenn im Falle einer späteren Realisierung im Inland die Anrechnung einer im Ausland entrichteten Steuer mangels erforderlicher Periodengleichheit ins Leere ginge (*Huber*, FJ 1992, 186; *Gassner*, GesRZ 1992, 96; *Huber* in *W/Z/H/K*⁵ § 29 Rz 9; *Steinmaurer* in *W/H/M*, HdU⁷ § 30 Rz 7; *Haselsteiner/Ludwig* in *Bergmann/Ratka*, HB-PG² Rz 15/165; s a § 2 Rz 29 mwN). 72

2. Voraussetzungen

a) Ausländisches Vermögen

Das Aufwertungswahlrecht kommt nur hinsichtlich der Übertragung von „ausländischen Betrieben, Teilbetrieben und Anteilen an ausländischen Mitunternehmerschaften in Personengesellschaften" in Betracht. Die Qualifikation als Betrieb, Teil- 73 betrieb oder Mitunternehmeranteil richtet sich nach den Grundsätzen österreichischen Ertragsteuerrechts (s zu den Begriffen § 12 Rz 73 ff u Rz 111 ff), die steuerliche Einordnung im Ausland ist ohne Bedeutung.

74 Ausländische **Mitunternehmeranteile** sind vom Aufwertungswahlrecht nur dann erfasst, wenn die Mitunternehmerbeteiligung an einem Rechtsgebilde besteht, das zivil- bzw unternehmensrechtlich dem Kreis der Personengesellschaften zuzurechnen ist (arg „Übertragung von [...] Anteilen an ausländischen Mitunternehmerschaften **in Personengesellschaften**"; *Bergmann*, GES 2012, 196), wobei die Vergleichbarkeit mit einer inländischen Personengesellschaft maßgeblich ist (Typenvergleich; *Bergmann*, GES 2012, 196). Die zivil- bzw unternehmensrechtliche Charakterisierung im Ansässigkeitsstaat ist ohne Bedeutung. Das Mitunternehmeranteilsbegriffsverständnis der Aufwertungsoption des § 29 Abs 1 Z 4 ist somit enger als jenes des § 27 Abs 2 iVm § 12 Abs 2, dem eine Einschränkung auf Mitunternehmeranteile an zivil- bzw gesellschaftsrechtlichen Personengesellschaften fremd ist. Die Einschränkung des Aufwertungswahlrechts auf ausländische Mitunternehmeranteile an zivil- bzw unternehmensrechtlichen Personengesellschaften dürfte freilich insofern von bloß untergeordneter praktischer Bedeutung sein, als bei den meisten ausländischen Mitunternehmerschaften (unter der Voraussetzung des Vorhandenseins eines gemeinsamen Zwecks) zumindest ein einer (auch konkludent begründbaren) inländischen GesbR vergleichbares Rechtsgebilde vorliegen wird.

75 Obgleich § 29 Abs 1 Z 4 das Aufwertungswahlrecht ausdrücklich auf **ausländisches Vermögen** beschränkt, wird im Schrifttum mitunter eine analoge Anwendung des § 29 Abs 1 Z 4 auch auf die Übertragung von **inländischem Vermögen** auf ausländische Nachfolgeunternehmer vertreten, zumal sich diesfalls dieselbe Doppelbesteuerungsproblematik (s Rz 72) stellen kann, wenn die Realteilung im Ausland zu einer Gewinnrealisierung führt und ein DBA mit Anrechnungsmethode besteht, im Ausland aber mangels inländischer Gewinnrealisierung keine Steuer angerechnet werden kann (*Staringer* in W/H/M, HdU[1] Q2 Rz 77 u 82; offenlassend *Aigner/Züger* in Achatz ua, IntUmgr 165).

b) Gewinnverwirklichung

76 Eine für das Aufwertungswahlrecht des § 29 Abs 1 Z 4 qualifizierende steuerliche (*Lechner*, ecolex 1992, 357 FN 18) Gewinnverwirklichung im Ausland liegt jedenfalls vor, wenn der ausländische Staat den Realteilungsakt zwingend als Besteuerungsanknüpfung heranzieht, weiters aber wohl auch dann, wenn es im Ausland infolge der Ausübung eines nach ausländischem Steuerrecht zustehenden Wahlrechts zur Gewinnverwirklichung kommt oder eine Gewinnverwirklichung zwar eintritt, aber eine Steuerbefreiung vorliegt (*Staringer*, Einlagen 189 f; s § 2 Rz 31 mwN). Jedenfalls unmaßgeblich ist, ob die Gewinnverwirklichung im Ausland aufgrund von Verlusten oder Verlustvorträgen keine Steuerbelastung nach sich zieht (*Staringer*, Einlagen 190) oder ob eine ausländische Besteuerung der Gewinnverwirklichung periodengleich erfolgt (s § 2 Rz 31 mwN).

c) DBA mit Anrechnungsmethode oder vergleichbare innerstaatliche Maßnahmen

77 Ein mit dem ausländischen Staat bestehendes DBA mit Anrechnungsmethode muss sachlich und persönlich anwendbar sein (arg § 16 Abs 3: „dafür"; *Lechner*,

ecolex 1992, 357 FN 19; *Staringer*, Einlagen 187; s a § 2 Rz 32 mwN). Vergleichbare innerstaatliche (unilaterale) Maßnahmen zur Vermeidung der Doppelbesteuerung beruhen nach österreichischem Steuerrecht auf § 48 BAO bzw der darauf basierenden DoppelbesteuerungsVO (BGBl II 2002/474). Im Falle eines DBA mit Befreiungsmethode oder einer gleichwertigen unilateralen Maßnahme kommt das Aufwertungswahlrecht nicht zur Anwendung, zumal eine Doppelbesteuerung nicht eintreten kann (s § 2 Rz 32 mwN).

d) Ansässigkeit der übertragenden Personengesellschaft

Das Aufwertungswahlrecht ist auf Realteilungen inländischer Personengesellschaften und ausländischer Personengesellschaften, die in der EU oder einem EWR-Mitgliedstaat, mit dem eine umfassende Amts- und Vollstreckungshilfe besteht (derzeit nur Norwegen und Liechtenstein), ansässig sind, beschränkt (§ 16 Abs 3 Z 1 u 2 iVm § 29 Abs 1 Z 4). **78**

Da die Bewertungsvorschriften des Art V anders als jene des Art III grundsätzlich nicht danach differenzieren, wo die übertragende Personengesellschaft ansässig ist, wird im Schrifttum vertreten, dass der Verweis auf § 16 Abs 3 einschränkend zu interpretieren und das Bewertungswahlrecht bei allen ausländischen Personengesellschaften anzuwenden sei (*Staringer* in *W/H/M*, HdU[1] Q2 Rz 82; *Aigner/Züger* in *Achatz ua*, IntUmgr 165). **79**

3. Ansatz der Teilwerte

Wird vom Aufwertungswahlrecht Gebrauch gemacht, sind hinsichtlich des betroffenen Auslandsvermögens statt den Buchwerten die **höheren Teilwerte** einschließlich selbstgeschaffener unkörperlicher Wirtschaftsgüter anzusetzen (§ 29 Abs 1 Z 4). Erfasst sind nur positive stille Reserven (arg „höhere" Teilwerte). Der Ansatz von Zwischenwerten ist unzulässig (*Gassner*, GesRZ 1992, 96; s a § 2 Rz 35 u § 16 Rz 36). **80**

Ein erzielter Aufwertungsgewinn unterliegt als Veräußerungsgewinn iSd § 24 Abs 1 Z 1 EStG der inländischen Besteuerung (s § 16 Rz 36 mwN), wobei eine durch die Gewinnverwirklichung im Ausland angefallene ausländische Steuer auf die inländische Steuerschuld anzurechnen ist. **81**

4. Unterschiedliche Ausübung

a) Gesellschafterbezogen

Aufwertungswahlrechte müssen von der übertragenden Personengesellschaft einheitlich ausgeübt werden, eine Differenzierung nach Gesellschaftern ist unzulässig. **82**

b) Vermögensbezogen

Sind die Voraussetzungen für das Aufwertungswahlrecht nach § 29 Abs 1 Z 4 hinsichtlich Vermögen in unterschiedlichen Auslandsstaaten erfüllt, ist eine gesonderte Ausübung je nach Staat zulässig (*Lechner*, ecolex 1992, 358; *Mayr/Wiesner* in *Bertl ua*, Sonderbilanzen 154; § 2 Rz 35), weiters wohl auch hinsichtlich zwei (voneinander unabhängigen) Betriebsstätten in ein und demselben Auslandsstaat (*Mayr/Wiesner* in *Bertl ua*, Sonderbilanzen 154), nicht aber hinsichtlich einzelner Wirtschaftsgüter in einem Staat (*Lechner*, ecolex 1992, 358 FN 26; § 2 Rz 35). **83**

III. Ausgleichszahlungen (Abs 2)
A. Wesen und Zweck

86 Gem § 27 Abs 1 S 1 liegt eine dem Art VI unterliegende Realteilung nur dann vor, wenn die Vermögenübertragung auf die Nachfolgeunternehmer zum Ausgleich untergehender Gesellschafterrechte „**ohne oder ohne wesentliche Ausgleichszahlung (§ 29 Abs. 2)**" erfolgt (s § 27 Rz 154).

87 Unter den Nachfolgeunternehmern geleistete Ausgleichszahlungen (auch „**Spitzenausgleich**" genannt; *Margreiter ua*, Sonderbilanzen³ 220; *Igerz*, SWK 1995, A 665 f; *Q/S* § 24 Tz 183) dienen dem **Ausgleich von Wertdifferenzen** zwischen dem auf einen Nachfolgeunternehmer übertragenen Vermögen und der dafür als Gegenleistung aufgegebenen Gesellschaftsbeteiligung an der übertragenden Personengesellschaft (*Huber* in *W/Z/H/K*⁵ § 29 Rz 62; *Steinmaurer* in *W/H/M*, HdU⁷ § 29 Rz 24). Durch den mittels Ausgleichszahlungen bewirkten Wertausgleich sollen Teilungsungerechtigkeiten vermieden werden (*Beiser*, ÖStZ 1992, 267; *Steinmaurer* in *W/H/M*, HdU⁷ § 29 Rz 31; *Mühlehner* in *H/M/H* § 29 Rz 36).

88 Ausgleichszahlungen sind **nicht schon Bestandteil des aufzuteilenden Gesellschaftsvermögens**, sondern werden erst teilungsbedingt unter den bisherigen Gesellschaftern gegeneinander begründet (*Beiser*, ÖStZ 1992, 267; *Steinmaurer* in *W/H/M*, HdU⁷ § 29 Rz 31). **Geleistet** werden sie von jenen Nachfolgeunternehmern, auf die teilungsbedingt Vermögen übertragen wird, dessen Wert den Wert der dafür aufgegebenen Beteiligung an der übertragenen Personengesellschaft übersteigt. **Empfänger** sind umgekehrt diejenigen Nachfolgeunternehmer, deren übertragenes Vermögen einen niedrigeren Wert aufweist als der Wert der teilungsbedingt aufgegebenen Gesellschaftsbeteiligung (*Steinmaurer*, ÖStZ 2008, 402; *Huber* in *W/Z/H/K*⁵ § 29 Rz 62).

89 Bei **Abteilungen** können Ausgleichszahlungen auch an die übertragende Personengesellschaft bzw von dieser geleistet werden (*Huber* in *W/Z/H/K*⁵ § 29 Rz 62). Zumal bei verhältniswahrenden Realteilungen keine Änderungen der Beteiligungs- und Wertverhältnisse eintreten, können Ausgleichszahlungen immer nur im Rahmen **nichtverhältniswahrender Realteilungen** (s § 27 Rz 9) erforderlich sein (*Hübner-Schwarzinger/Wiesner*, Lexikon 41).

90 Zur Abgrenzung von **Ausgleichsposten** iSd § 29 Abs 1 Z 2 s Rz 48.

B. Drittelgrenze

91 Nicht wesentlich iSd § 27 Abs 1 S 1 sind Ausgleichszahlungen gem § 29 Abs 2 dann, wenn sie „**ein Drittel des Wertes des empfangenen Vermögens des Zahlungsempfängers nicht übersteigen**". Die gesamte von einem Nachfolgeunternehmer für die Aufgabe seiner Beteiligung an der übertragenen Personengesellschaft erhaltene Gegenleistung darf somit zu höchstens 1/4 aus Ausgleichszahlungen bestehen (*Huber* in *W/Z/H/K*⁵ § 29 Rz 64).

92 **Hintergrund** der Drittelbegrenzung ist, dass die Leistung von Ausgleichszahlungen einen Mischvorgang zwischen Realteilung und Betriebs- bzw Mitunternehmeranteilsveräußerung darstellt und nur bei deutlichem Überwiegen des Realteilungselements der Gesamtvorgang als einheitliche Realteilung eingestuft werden kann (*Q/S* § 24 Tz 183; *Hirschler/Geweßler* in HBStL III³ 318).

Nach hA ist bei Ermittlung der Drittelgrenze der **Verkehrswert** des übertragenen 93
Vermögens maßgeblich (UmgrStR Rz 1528 u 1530; *Wiesner/Schwarzinger*,
UmS 102/10/02, SWK 2002, S 315; *Hammerl* in HB Sonderbilanzen II 218 f; *Mühlehner* in *H/M/H* § 29 Rz 37; *Huber* in *W/Z/H/K*[5] § 29 Rz 62). Ungeachtet des Umstands, dass sich die Höhe von Ausgleichszahlungen in der Praxis regelmäßig nach
den Verkehrswerten des übertragenen Vermögens und der aufgegebenen Gesellschaftsbeteiligung bemisst, dürfte mE zur Ermittlung der Drittelgrenze (mangels
besonderer gesetzlicher Anordnung einer Verkehrswertbewertung) der **gemeine
Wert** des vom Zahlungsempfänger erhaltenen Vermögens heranzuziehen sein (§ 1
Abs 1 iVm § 10 Abs 1 BewG). Zwar stimmen gemeiner Wert und Verkehrswert regelmäßig überein. Zu Abweichungen kann es aber insb dann und insoweit kommen, als das zu bewertende Vermögen mit Verfügungsbeschränkungen belastet ist,
die in der Person des Steuerpflichtigen oder eines Rechtsvorgängers begründet
sind, weil solche bei Ermittlung des gemeinen Werts gem § 10 Abs 3 BewG nicht
wertmindert zu berücksichtigen sind. Nach den ErlRV zum UmgrStG (BGBl 1991/699)
soll der Teilwert maßgeblich sein (ErlRV 266 BlgNR 18. GP, 35; ebenso *Hirschler/
Geweßler* in HBStL III[3] 318), doch hat dies im Gesetz keinen Niederschlag gefunden.

In der Praxis sind Ausgleichszahlungen meist weit von der Drittelgrenze entfernt, 94
sodass sich eine Wertermittlung idR erübrigt (so *Sulz/Reisch*, SWK 2003, S 371).

Allfälliges ohnehin im Eigentum eines Gesellschafters stehendes **Sonderbetriebs-** 95
vermögen ist bei Ermittlung des Werts des empfangenen Vermögens nicht zu berücksichtigen (UmgrStR Rz 1530 u 1546; *Reinold*, Immobilienertragsteuer und
Umgründungen 459).

C. Form
1. Offene Ausgleichszahlungen
Offene Ausgleichszahlungen erfolgen idR durch Leistung von Geldzahlungen, ge- 96
gebenenfalls auch durch Übertragung von Sachwerten (UmgrStR Rz 1587) bzw
Einräumung entsprechender Forderungen.

Bei der buchmäßigen Anpassung der (variablen) Kapitalkonten der Gesellschafter 97
an die Beteiligungsverhältnisse (starre Kapitalkonten) zum Teilungsstichtag (**Kapitalkonten-Clearing**) liegt dann keine Ausgleichszahlung vor, wenn dies auch
ausdrücklich im Teilungsvertrag festgehalten wird (UmgrStR Rz 1531 u 1625; s a
Hübner-Schwarzinger/Wiesner, Lexikon 151; *Walter*[11] Rz 730b; *Hammerl* in HB
Sonderbilanzen II 219; *Reinweber ua*, UmgrStR[4] 228; *Steinmaurer* in *W/H/M*,
HdU[7] § 29 Rz 25; *Huber* in *W/Z/H/K*[5] § 29 Rz 63; *Bartl*, FJ 2004, 15 f; *Titz/Wild*,
RWZ 2016, 41).

2. Verdeckte Ausgleichszahlungen
a) Begriff und Wesen
Ausgleichszahlungen stehen nach der Gesetzeslogik außerhalb des Teilungs- 98
vorgangs (*Beiser*, ÖStZ 1992, 265; *Mühlehner* in *H/M/H* § 29 Rz 36; *Steinmaurer* in
W/H/M, HdU[7] § 29 Rz 31). Die Aufteilung und gegebenenfalls Neuordnung der
Aktiva und Passiva des realteilungsbedingt zu übertragenden Gesellschaftsvermögens ist daher ein der Frage der Ausgleichszahlungen vorgelagerter Schritt (*Steinmaurer* in *W/H/M*, HdU[7] § 29 Rz 31; *Mühlehner* in *H/M/H* § 29 Rz 36). Änderun-

gen des Teilungsvermögens, die in einem **zeitlichen Nahverhältnis zum Teilungsstichtag** erfolgen (s Rz 100) und dieselbe Wirkung wie offene Ausgleichszahlungen aufweisen, können aber verdeckte Ausgleichszahlungen darstellen („**verdeckter Spitzenausgleich**"; *Schwarzinger/Wiesner* II² 1131; *Margreiter ua*, Sonderbilanzen³ 221; *Huber* in *W/Z/H/K*⁵ § 29 Rz 67 ff; *Mühlehner* in *H/M/H* § 29 Rz 36; *W/S/S/S*, Rechtsanwälte 120 f; *Hirschler/Geweßler* in HBStL III³ 322 f; ErlRV 266 BlgNR 18. GP, 35) und als solche nur zulässig sein, wenn zuzüglich offener Ausgleichszahlungen die Drittelgrenze des § 29 Abs 2 nicht überschritten wird (UmgrStR Rz 1609; *Hammerl* in HB Sonderbilanzen II 218).

b) Betroffene Vermögensänderungen

99 Die Abgrenzung zulässiger Änderungen des Teilungsvermögens von gegebenenfalls unzulässigen Ausgleichszahlungen erweist sich mitunter als schwierig. Nach der Verwaltungspraxis kann insb dann ein verdeckter Spitzenausgleich mit Ausgleichszahlungscharakter anzunehmen sein, wenn

- **Einlagen** kurz vor dem Teilungsstichtag getätigt oder nach dem Teilungsstichtag auf diesen nach § 16 Abs 5 Z 1 iVm § 29 Abs 1 Z 1 rückbezogen werden (s Rz 9) und der Einlagebetrag auf einen Nachfolgeunternehmer „durchgeschleust" wird (UmgrStR Rz 1531 u 1609 f).
- **Entnahmen** zwischen dem Teilungsstichtag und dem Vertragsabschluss getätigt werden, soweit sie nicht durch tatsächliche Einlagen im gleichen Zeitraum wieder ausgeglichen und in Hinblick auf die ab dem Teilungsstichtag eintretende ertragsteuerliche Fremdbeziehung nicht rückbezogen werden (UmgrStR Rz 1613).
- mittels **Verschiebetechnik** nach § 16 Abs 5 Z 4 iVm § 29 Z 1 (s Rz 10) objektiv dem einen oder anderen Teilbetrieb zurechenbare Aktiva bzw Passiva zum jeweils anderen verschoben werden und mit Aktiva unmittelbar verbundene Verbindlichkeiten iRd Verschiebens ausschließlich zur Anpassung der Teilungsmassen getrennt werden (UmgrStR Rz 1617). Gleiches gilt, wenn ein vor dem Teilungsstichtag von der übertragenden Personengesellschaft aufgenommener Bankkredit nur dazu bestimmt ist, mittels der Verschiebetechnik einen Teilungspartner liquide Mittel und dem anderen die Kreditverbindlichkeit zuzurechnen (UmgrStR Rz 1612).
- **variable Kapitalkonten** umgebucht werden, sofern es sich dabei nicht um ein Kapitalkonten-Clearing handelt, das ausdrücklich im Teilungsvertrag festgehalten wird (s Rz 97; UmgrStR Rz 1531).

100 Bei vor dem Teilungsstichtag vorgenommenen Vermögensänderungen (insb Entnahmen und Einlagen) dürfte ein auf eine verdeckte Ausgleichszahlung hindeutendes **zeitliches Naheverhältnis** bei Maßnahmen innerhalb von sechs Monaten angenommen werden (UmgrStR Rz 1609; ErlRV 266 BlgNR 18. GP, 35). Bei rückbezogenen Vermögensänderungen dürfte die Neunmonatsfrist des § 28 iVm § 13 Abs 1 maßgeblich sein.

101 ME ist zur Feststellung, ob eine verdeckte Ausgleichszahlung vorliegt, der **tatsächliche wirtschaftliche Gehalt** einer in Frage stehenden Vermögensänderung maßgeblich. Besteht dieser darin, mittelbar einen Ausgleich der Wertverhältnisse des übertragenen Vermögens herzustellen, so liegt eine verdeckte Ausgleichszahlung vor und ist die Drittelgrenze des § 29 Abs 2 zu beachten. Dient eine von einem Gesellschafter geleistete Einlage hingegen etwa der Reduktion des Fremdmittelbedarfs, erscheint das Vorliegen eines verdeckten Spitzenausgleichs fraglich (*Hirschler/Geweßler* in HBStL III[3] 323). Keinesfalls vorliegen können verdeckte Ausgleichszahlungen dann, wenn (gegebenenfalls rückbezogene) Veränderungen des Teilungsvermögens auf Rechnung aller Gesellschafter im Verhältnis der Beteiligungsquoten an der übertragenen Personengesellschaft vorgenommen werden. Gleiches muss dann gelten, wenn Einlagen bzw Entnahmen zwar nicht beteiligungsproportional vollzogen werden, sich dafür gleichzeitig aber die Beteiligungsverhältnisse an der übertragenden Personengesellschaft entsprechend ändern (diesfalls liegt unter den Gesellschaftern eine der Realteilung vorgelagerte Mitunternehmeranteilsveräußerung vor). Eine verdeckte Ausgleichszahlung dürfte hingegen dann anzunehmen sein, wenn in einem zeitlichen Naheverhältnis zur Realteilung vorgenommene Änderungen des Teilungsvermögens nicht beteiligungsproportional durchgeführt werden und eine entsprechende Anpassung der Beteiligungsverhältnisse unterbleibt (das ist insb bei Verschiebungen einzelner konkret zuzuordnender Wirtschaftsgüter und Verbindlichkeiten gem § 16 Abs 5 Z 4 iVm § 29 Abs 1 Z 1 vom einen in den anderen Teilbetrieb der Fall). In Hinblick auf die ausdrückliche Zulässigkeit rückbezogener Maßnahmen wird aber **im Zweifel** davon auszugehen sein, dass durch die Vornahme solcher keine verdeckte Ausgleichszahlung bewirkt wird.

c) Zuordnung indifferenter Wirtschaftsgüter und Verbindlichkeiten

Keine verdeckte Ausgleichszahlung und somit eine bedeutsame **Gestaltungsmöglichkeit** kann die Zuordnung indifferenter, keinem Betrieb bzw Teilbetrieb zwingend zuzuordnender Wirtschaftsgüter zwischen den einzelnen Teilungsvermögensmassen darstellen (UmgrStR Rz 1528 u 1617; *Steinmaurer* in *W/H/M*, HdU[7] § 29 Rz 25; *Hirschler/Geweßler* in HBStL III[3] 320 f; *Huber* in *W/Z/H/K*[5] § 29 Rz 69; *W/S/S/S*, Rechtsanwälte 115). Davon betroffen sind regelmäßig keinem bestimmten Teilbetrieb zwingend zurechenbare **liquide Mittel** (etwa Guthaben bei Kreditinstituten) oder **gewillkürtes Betriebsvermögen** (insb Wertpapiere; *Hirschler/Geweßler* in HBStL III[3] 321; *Steinmaurer* in *W/H/M*, HdU[7] § 29 Rz 28; *Huber*, FJ 1992, 203). Ebenso keine verdeckte Ausgleichszahlung kann nach hA durch die Zuordnung neutraler Verbindlichkeiten (zB Finanzierungsverbindlichkeiten, Kontokorrentkonto, Passiva aufgegebener Betriebe) bewirkt werden (*Beiser*, ÖStZ 1991, 320 ff; *ders*, ÖStZ 1992, 265 ff; *Steinmaurer* in *W/H/M*, HdU[7] § 29 Rz 29 f, 33; *Hirschler/Geweßler* in HBStL III[3] 321; *Huber* in *W/Z/H/K*[5] § 29 Rz 69; *Q/S* § 24 Tz 183). Eine neutrale Verbindlichkeit soll dann vorliegen, wenn keine bilanzielle Verknüpfung zwischen der Verbindlichkeit und einem finanzierten Wirtschaftsgut oder Aufwand besteht (*Beiser*, ÖStZ 1992, 266; *Steinmaurer* in *W/H/M*, HdU[7] § 29 Rz 30). Eine konkret zuordenbare Verbindlichkeit liegt demgegenüber vor, wenn eine Leistungsverpflichtung besteht, die von einem bestimmten Teilbetrieb zu erfüllen ist (etwa Lieferverbindlichkeiten oder Gewährleistungsverbindlichkeiten für bereits gelieferte Waren) sowie bei Abfertigungs- und Pensionsrückstellungen für die einem Teilbetrieb zuzuordnenden Mitarbeiter (*Hirschler/Geweßler* in HBStL III[3] 321). Die FV vertritt iZm der Zuordnung von Verbindlichkeiten seit dem UmgrStR-WE 2015 einen strengeren Ansatz: Sofern Passiva ausnahmsweise nicht ohnehin bestimmten Aktiva zuzuordnen sind, sollen diese „den Teilungsmassen sachgerecht zuzuordnen" sein, und soll dann, wenn einer Teilungsmasse

102

durch Zuordnung neutraler Verbindlichkeiten bzw durch rückwirkende Korrekturen gem § 29 Abs 1 Z 1 iVm § 16 Abs 5 Z 4 wesentlich mehr Passiva zugeordnet werden, als es dem Verhältnis der Verkehrswerte der Teilungsmassen vor Abzug der Schulden entspricht, ein verdeckter Spitzenausgleich (s Rz 98 ff) vorliegen können (UmgrStR Rz 1575 u 1587).

103 Der Umstand der freien Aufteilbarkeit zuordnungsindifferenter Wirtschaftsgüter und Verbindlichkeiten führt zu einer wesentlichen Erweiterung des Anwendungsbereichs steuerneutraler Realteilungen (*Beiser*, ÖStZ 1992, 269; *Steinmaurer* in W/H/M, HdU[7] § 29 Rz 33). Ausgleichszahlungen nach § 29 Abs 2 sind bei Vorhandensein indifferenter Wirtschaftsgüter und Verbindlichkeiten nur insoweit erforderlich, wenn nicht bereits durch die Zuordnung Ersterer ein vollständiger Wertausgleich hergestellt werden kann (*Hirschler/Geweßler* in HBStL III[3] 320 f).

D. Rechtsfolgen
1. Innerhalb der Drittelgrenze

106 Bis zur Drittelgrenze des § 29 Abs 2 sind Ausgleichszahlungen ertragsteuerlich zur Gänze **erfolgsneutral** (*Steinmaurer* in W/H/M, HdU[7] § 29 Rz 24; *Hirschler/Geweßler* in HBStL III[3] 323; *Huber* in W/Z/H/K[5] § 29 Rz 66; *Schneider*, SWK 1992, A I 349; *Mayr* in D/R I[11] Tz 1226; ErlRV 266 BlgNR 18. GP, 35). Geleistete Ausgleichszahlungen wirken sich daher nicht steuermindernd aus als Betriebsausgaben; empfangene Ausgleichszahlungen stellen umgekehrt keine gewinnerhöhenden Betriebseinnahmen dar (UmgrStR Rz 1528; *Mayr* in D/R I[11] Tz 1226; W/S/S/S, Rechtsanwälte 119; *Walter*[11] Rz 730b; *Reinweber* ua, UmgrStR[4] 228; *Hammerl* in HB Sonderbilanzen II 219; *Huber* in W/Z/H/K[5] § 29 Rz 65; *Schneider*, SWK 1992, A I 349; ErlRV 266 BlgNR 18. GP, 35).

107 In den **Eröffnungsbilanzen** der Nachfolgeunternehmer sind Ausgleichszahlungen als Forderungen bzw Verbindlichkeiten zu erfassen (*Hirschler/Geweßler* in HBStL III[3] 323; *Walter*[11] Rz 730b; *Hammerl* in HB Sonderbilanzen II 219; *Reinold*, Immobilienertragsteuer und Umgründungen 459).

2. Außerhalb der Drittelgrenze

108 Sofern Ausgleichszahlungen bei auch nur einem Nachfolgeunternehmer betragsmäßig die Drittelgrenze des empfangenen Vermögens **überschreiten**, unterliegt die Realteilung insgesamt nicht dem Art V, sondern führt in vollem Umfang zur Gewinnrealisierung (UmgrStR Rz 1529 f, 1613; W/S/S/S, Rechtsanwälte 119; *Huber* in W/Z/H/K[5] § 29 Rz 65; *Hammerl* in HB Sonderbilanzen II 218; *Hirschler/Geweßler* in HBStL III[3] 318 f; ErlRV 266 BlgNR 18. GP, 35; s § 27 Rz 181 ff).

3. Unterlassen von Ausgleichszahlungen trotz des Erfordernisses nach Wertverhältnissen

109 Sofern trotz bestehender Wertdifferenzen keine oder keine die Wertdifferenzen abdeckenden Ausgleichszahlungen geleistet werden, ist dies der Anwendung von Art V unschädlich (UmgrStR Rz 1529; *Hirschler/Geweßler* in HBStL III[3] 318; *Mühlehner* in H/M/H § 29 Rz 37; *Huber* in W/Z/H/K[5] § 29 Rz 71). Diesfalls liegt nach Maßgabe des § 31 Abs 1 Z 1 eine ertragsteuerneutrale **Äquivalenzverletzung** vor (s § 31 Rz 3 ff). Gleiches gilt, wenn sich nachträglich herausstellt, dass eine Wertdifferenz ursprünglich in zu geringer Höhe angenommen wurde und eine Anpassung der Ausgleichszahlungen unterbleibt (*Mühlehner* in H/M/H § 29 Rz 37; zum Anpassungserfordernis bei zu hoch angenommenen Wertdifferenzen s Rz 111). Führen sich nachträglich herausstellende geänderte Wertverhältnisse jedoch dazu, dass eine ursprünglich vereinbarte Ausgleichszahlung die Drittelgrenze des § 29 Abs 2 überschreitet, würde eine Nichtanpassung von deren Höhe im vollen Umfang eine Nichtanwendbarkeit des Art V nach sich ziehen. Eine teilungsvertragliche Vereinbarung einer **Steuerklausel** zur Anpassung von Ausgleichszahlungen an nachträglich geänderte Wertverhältnisse ist daher empfehlenswert (*Hirschler/ Geweßler* in HBStL III[3] 319) und wird von der FV anerkannt (UmgrStR Rz 1527).

In Hinblick auf den Umstand, dass es grundsätzlich nicht nur einen richtigen Unternehmenswert gibt, wird mitunter gefordert, dass eine iRe Außenprüfung infolge einer Änderung der Werte einzelner Vermögensteile festgestellte Überschreitung der Drittelgrenze unbeachtlich sein soll, wenn das Gesamtbestreben der Gesellschafter auf eine steuerneutrale Realteilung gerichtet war (*Hirschler/Geweßler* in HBStL III[3] 319). Zumal die Intention einer steuerneutralen Realteilung der Regelfall ist und eine nachträgliche Anpassung der Ausgleichszahlungen an die geänderten Wertverhältnisse zulässig ist, kann dies nicht überzeugen. **110**

4. Leisten von Zahlungen trotz des Nichterfordernisses nach Wertverhältnissen

Die Rechtsfolgen von Zahlungen, die in Hinblick auf die Wertverhältnisse des übertragenen Vermögens **nicht „erforderlich"** sind, sind unklar: Bei strenger Gesetzesauslegung erscheint es denkbar, dass trotz eines mangelnden Erfordernisses geleistete Zahlungen der Anwendung des Art V selbst dann schädlich sind, wenn die Drittelgrenze des § 29 Abs 2 nicht überschritten wird, zumal mangels Notwendigkeit zum Ausgleich bestehende Wertdifferenzen bereits begrifflich keine „Ausgleichs"-Zahlung vorliegen kann, nur solche aber nach hA neben der Gegenleistung der Aufgabe der Gesellschafterrechte der Anwendbarkeit des Art V unschädlich sind (s § 27 Rz 151; *Bergmann*, GES 2012, 197). Gleiches müsste dann auch für den Fall gelten, dass Ausgleichszahlungen zwar grundsätzlich erforderlich sind, nicht aber in der geleisteten, über das erforderliche Ausmaß hinausgehenden Höhe (*Bergmann*, GES 2012, 197). Sofern sich erst nachträglich herausstellt, dass eine geleistete Zahlung (teilweise) nicht erforderlich gewesen ist, könnte auch eine unterlassene Anpassung bzw Rückabwicklung rückwirkend die Nichtanwendbarkeit des Art V nach sich ziehen (*Bergmann*, GES 2012, 197). Praktisch kann hingegen häufig das Bedürfnis bestehen, eine nach Wertverhältnissen nicht erforderliche Zahlung zu leisten, um einen die Realteilung blockierenden Gesellschafter zur Zustimmung zu bewegen. Solche Zahlungen sind zwar im Einzelfall „erforderlich", nicht aber „im Hinblick auf die Wertverhältnisse des übertragenen Vermögens" (*Bergmann*, GES 2012, 197). **111**

Der Nachfolgeunternehmer
§ 30. (1) Für den Nachfolgeunternehmer gilt Folgendes:
1. Er hat das übertragene Vermögen mit jenen Werten anzusetzen, die sich bei der geteilten Personengesellschaft bei Anwendung des § 16 unter Beachtung des § 29 ergeben haben.

2. Soweit das Besteuerungsrecht der Republik Österreich hinsichtlich übernommener Vermögensteile entsteht, gilt Folgendes:
   – Sie sind mit dem höheren Teilwert anzusetzen.
   – ¹Werden Vermögensteile übernommen, für die bei dem übernehmenden Nachfolgeunternehmer die Abgabenschuld nicht festgesetzt worden ist oder gemäß § 16 Abs. 1a nicht entstanden ist, sind beim übernehmenden Nachfolgeunternehmer die fortgeschriebenen Buchwerte oder die ursprünglichen Anschaffungskosten, höchstens aber die gemeinen Werte anzusetzen. ²Die spätere Veräußerung oder das sonstige Ausscheiden gilt nicht als rückwirkendes Ereignis im Sinn des § 295a der Bundesabgabenordnung. Weist der übernehmende Nachfolgeunternehmer nach, dass Wertsteigerungen im übrigen EU/EWR-Raum eingetreten sind, sind diese vom Veräußerungserlös abzuziehen.
3. Er ist im Rahmen einer Buchwertteilung für Zwecke der Gewinnermittlung so zu behandeln, als ob er Gesamtrechtsnachfolger wäre.

(2) § 14 Abs. 2 gilt für den Nachfolgeunternehmer mit Beginn des dem Teilungsstichtag folgenden Tages, soweit in § 16 Abs. 5 keine Ausnahmen vorgesehen sind.

(3) Für internationale Schachtelbeteiligungen im Sinne des § 10 Abs. 2 des Körperschaftsteuergesetzes 1988 gilt Folgendes:
1. Entsteht durch die Realteilung eine internationale Schachtelbeteiligung oder wird ihr Ausmaß erweitert, ist hinsichtlich der bisher nicht steuerbegünstigten Beteiligungsquoten auf den Unterschiedsbetrag zwischen den Buchwerten und den höheren Teilwerten § 10 Abs. 3 erster Satz des Körperschaftsteuergesetzes 1988 nicht anzuwenden.
2. Geht durch die Realteilung die Eigenschaft einer Beteiligung als internationale Schachtelbeteiligung unter, gilt, soweit für sie keine Option zugunsten der Steuerwirksamkeit erklärt worden ist, der höhere Teilwert zum Teilungsstichtag, abzüglich auf Grund einer Umgründung nach diesem Bundesgesetz oder § 10 Abs. 3 erster Satz des Körperschaftsteuergesetzes 1988 ausgenommener Beträge, als Buchwert.

(4) ¹Soweit im Fall der Veräußerung eines Grundstücks im Sinne des § 30 Abs. 1 des Einkommensteuergesetzes 1988 am Teilungsstichtag § 30 Abs. 4 des Einkommensteuergesetzes 1988 anwendbar wäre, kann dies bei der Bildung der Ausgleichsposten (§ 29 Abs. 1 Z 2a) einheitlich berücksichtigt werden. ²Bei späterer Veräußerung des Grundstücks ist wie folgt vorzugehen:
– Für Wertveränderungen bis zum Teilungsstichtag ist § 30 Abs. 4 des Einkommensteuergesetzes 1988 anzuwenden, soweit dies bei der Bildung der Ausgleichsposten berücksichtigt wurde.
– ¹Für Wertveränderungen nach dem Teilungsstichtag kann § 30 Abs. 4 des Einkommensteuergesetzes 1988 bei dem das Grundstück übernehmenden Nachfolgeunternehmer insoweit weiter angewendet werden, als ihm das Grundstück schon vor dem Teilungsstichtag zuzurechnen war; bei der Übertragung einer Mehrzahl von Grundstücken ist dabei eine verkehrswertmäßige Betrachtung anzuwenden. ²Darüber hinaus ist § 30 Abs. 4 des Einkommensteuergesetzes 1988 nicht anwendbar.

[idF BGBl I 2015/163]

Rechtsentwicklung

BGBl 1991/699 (UmgrStG; RV 266 AB 354 BlgNR 18. GP) (Stammfassung); BGBl 1993/818 (StRefG 1993; RV 1237 AB 1301 BlgNR 18. GP) (Neufassung der Abs 1 und Abs 3); BGBl 1994/680 (AbgÄG 1994; RV 1624 AB 1826 BlgNR 18. GP) (Verweisberichtigung in Abs 3); BGBl 1996/797 (AbgÄG 1996; RV 497 AB 552 BlgNR 20. GP) (Neufassung des Abs 3); BGBl I 2003/71 (BudBG 2003; RV 59 AB 111 BlgNR 22. GP) (Neufassung des Abs 2 und Änderung des Abs 3); BGBl I 2003/124 (AbgÄG 2003; RV 238 AB 296 BlgNR 22. GP) (Neufassung des Abs 3); BGBl I 2004/180 (AbgÄG 2004; RV 686 AB 734 BlgNR 22. GP) (Neufassung des Abs 1); BGBl I 2005/161 (AbgÄG 2005; RV 1187 AB 1213 BlgNR 22. GP) (Neufassung des Abs 1 Z 2 und Abs 3 Z 2); BGBl I 2007/24 (BudBG 2007; RV 43 AB 67 BlgNR 23. GP) (Änderung des Abs 3 Z 2); BGBl I 2012/112 (AbgÄG 2012; RV 1960 AB 1977 BlgNR 24. GP); BGBl I 2014/105 (2. AbgÄG 2014; RV 360 AB 432 BlgNR 25. GP) (Anfügung eines Abs 4); BGBl I 2015/118 (StRefG 2015/2016; RV 684 und Zu 684 AB 750 BlgNR 25. GP) (Entfall von Abs 4 TS 2 S 3); BGBl I 2015/163 (AbgÄG 2015; RV 896 AB 907 BlgNR 25. GP) (Neufassung von Abs 1 Z 2 TS 2 S 1).

Literatur 2017

Hirschler/Geweßler, Realteilung (Art V UmgrStG), in *Tumpel/Aigner* (Hrsg), Gründung, Umgründung und Beendigung von Unternehmen, Handbuch der österreichischen Steuerlehre, Band III^3 (2017) 292; *Reinold*, Immobilienertragsteuer und Umgründungen (2017); *Reinold*, Sonderausgleichsposten für Grundstücke bei Realteilungen gemäß Art V UmgrStG, SWK 2017, 810; *Walter*, Umgründungssteuerrecht 2017^{12} (2018).

Übersicht

I.	Allgemeines	1
II.	Buchwertfortführung (Abs 1 Z 1)	
	A. Erfordernis	2, 3
	B. Zweck	4
	C. Ausnahmen	6–8
III.	Realteilungsbedingte Steuerverstrickung (Abs 1 Z 2)	
	A. Teilwertansatz	
	1. Grundsätzliches	11–13
	2. Entstehen eines inländischen Besteuerungsrechts	14–17
	3. Reichweite des „Step-Up"	18
	B. Fortsetzungswertansatz bei Rückübertragung	
	1. Grundsätzliches	21–23a
	2. Identität von „Exporteur" und übernehmendem Nachfolgeunternehmen	24–26
	3. Ansatz der fortgeschriebenen Buchwerte oder ursprünglichen Anschaffungskosten, höchstens aber der gemeinen Werte	27–29
	4. Steuerliche Erfassung von Veräußerung oder sonstigem Ausscheiden	30
IV.	Ertragsteuerliche Rechtsnachfolge (Abs 1 Z 3)	
	A. Grundsatz	36, 37
	B. Rechtsfolgen	38, 39

  C. Ausnahmen 40
  D. Exkurs: § 19 BAO 41
 V. Übergangszeitpunkt der Einkünfte- und Vermögenszurechnung (Abs 2) 46, 47
 VI. Internationale Schachtelbeteiligung (Abs 3)
  A. Grundsätzliches 51–54
  B. Entstehung und Erweiterung (Abs 3 Z 1)
   1. Entstehungstatbestand 56–58
   2. Erweiterungstatbestand 59
   3. Rechtsfolgen 60–65
  C. Untergang (Abs 3 Z 2)
   1. Tatbestand 71, 72
   2. Rechtsfolgen 73–76
 VII. Ausgleichsposten und Veräußerungen iZm Grundstücken iSd § 30 Abs 4 EStG (Abs 4) 77–79
 VIII. Sonstiges
  A. Buchgewinne und -verluste 81
  B. Leistungsbeziehungen 82–89
  C. Verlustabzug 91, 92
  D. Wechsel der Gewinnermittlungsart 93

I. Allgemeines

1 Gegenstand des mit „Der Nachfolgeunternehmer" überschriebenen § 30 ist
- die regelungstechnisch durch Verweis auf die korrespondierende Bestimmung des Art III erfolgende Normierung der von den Nachfolgeunternehmern grundsätzlich zwingend vorzunehmenden Buchwertfortführung (Abs 1 Z 1; Rz 2 ff),
- die Anordnung der von der Buchwertfortführung abweichenden Aufwertung auf den höheren Teilwert in Fällen realteilungsbedingt entstehender Steuerverstrickung (Abs 1 Z 2; Rz 11 ff),
- die Normierung einer ertragsteuerlichen Rechtsnachfolge (Abs 1 Z 3; Rz 36 ff),
- die Regelung des Übergangszeitpunkts der Einkünfte- und Vermögenszurechnung (Abs 2; Rz 46 f),
- die Anordnung von vom grundsätzlichen Gebot der Buchwertfortführung abweichenden Bewertungsregelungen iZm dem realteilungsbedingten Entstehen bzw der Erweiterung (Abs 3 Z 1) und dem Untergang (Abs 3 Z 2) internationaler Schachtelbeteiligungen (Rz 51 ff) sowie
- die Normierung von Sonderregelungen betreffend Ausgleichsposten und Veräußerungen iZm Altvermögensgrundstücken iSd § 30 Abs 4 EStG (Abs 4; Rz 77 ff).

II. Buchwertfortführung (Abs 1 Z 1)
A. Erfordernis

2 Gem § 30 Abs 1 Z 1 haben die Nachfolgeunternehmer steuerbilanziell „das übertragene Vermögen mit jenen Werten anzusetzen, die sich bei der geteilten Personengesellschaft bei Anwendung des § 16 unter Beachtung des § 29 ergeben haben"

(**Grundsatz der Wertverknüpfung**). Demnach haben Nachfolgeunternehmer im Regelfall (zu den Ausnahmen s Rz 6 ff) die bei der realteilenden Personengesellschaft in der Teilungsbilanz angesetzten **Buchwerte** des übertragenen Vermögens **zwingend** fortzuführen (*Walter*[11] Rz 769; *Hammerl* in HB Sonderbilanzen II 220; *Mühlehner* in *H/M/H* § 30 Rz 1; *Huber* in *W/Z/H/K*[5] § 30 Rz 1; *Haunold*, ecolex 1996, 212). Ein Aufwertungswahlrecht besteht – trotz dahingehender Bestrebungen der KWT im Begutachtungsverfahren zum UmgrStG (*Köglberger*, WT 6/1991, 10 f; *Helbich*, SWK 1991, A I 369) – nicht (*Steinmaurer* in *W/H/M*, HdU[7] § 30 Rz 6; *ders*, ÖStZ 2008, 400; *Walter*[11] Rz 769; zu den Gründen *Wiesner*, SWK 1991, A I 248).

Die steuerliche Buchwertfortführung kommt unabhängig davon zur Anwendung, ob in der UGB-Bilanz vom Wahlrecht der Bewertung mit dem beizulegenden Wert nach § 202 Abs 1 UGB Gebrauch gemacht wird (UmgrStR Rz 1598; *Steinmaurer* in *W/H/M*, HdU[7] § 30 Rz 16; ErlRV 266 BlgNR 18. GP, 26). 3

B. Zweck

Durch den Grundsatz der Buchwertfortführung wird sichergestellt, dass die bei der übertragenden Personengesellschaft steuerhängigen stillen Reserven einschließlich eines allfälligen Firmenwerts auch bei den die übertragenen Betriebseinheiten fortführenden Nachfolgeunternehmern steuerhängig bleiben. Die Steuerneutralität von Realteilungen im Anwendungsbereich des Art V führt daher zu keinem endgültigen Besteuerungsverzicht, sondern lediglich zu einem **Besteuerungsaufschub**. 4

C. Ausnahmen

In Übereinstimmung mit der teilungsbilanziellen Bewertung nicht zur Anwendung kommt die Buchwerfortführung ausnahmsweise dann (*Huber* in *W/Z/H/K*[5] § 30 Rz 1; *Mühlehner* in *H/M/H* § 30 Rz 2 f; *Steinmaurer* in *W/H/M*, HdU[7] § 30 Rz 4 u 7; *Hirschler/Geweßler* in HBStL III[3] 323 f), 6

- wenn mangels korrektem Einstellen von Ausgleichsposten zur Vermeidung endgültiger Verschiebungen der Steuerbelastung gem § 29 Abs 1 Z 2 iVm § 24 Abs 2 S 2 sämtliche Wirtschaftsgüter einschließlich selbstgeschaffener unkörperlicher Wirtschaftsgüter mit dem Teilwert anzusetzen sind (s § 29 Rz 38),
- wenn bei der Übertragung ausländischer Betriebe, Teilbetriebe und Mitunternehmeranteile an Personengesellschaften ein nach § 29 Abs 1 Z 4 iVm § 16 Abs 3 gegebenenfalls zustehendes Aufwertungswahlrecht ausgeübt wird und insoweit die Teilwerte anzusetzen sind (s § 29 Rz 71 ff).

In der Ursprungsfassung des UmgrStG (BGBl 1991/699) verwies § 30 aufgrund eines Redaktionsversehens noch auf § 14 Abs 1. Dies hätte dazu Anlass geben können, unabhängig von der Bewertung in der Teilungsbilanz jedenfalls die Buchwerte fortzuführen. Mit dem StRefG 1993 (BGBl 1993/818) wurde der Verweis auf einen solchen auf § 16 berichtigt (ErlRV 1237 BlgNR 18. GP, 72). 7

Nicht fortzuführen sind die Buchwerte in Abweichung von der teilungsbilanziellen Bewertung weiters dann, 8

- wenn bei Import-Realteilungen hinsichtlich übernommener Vermögensteile ein Besteuerungsrecht der Republik Österreich entsteht und insofern nach § 30 Abs 1 Z 2 die höheren Teilwerte anzusetzen sind (s Rz 11 ff),

- wenn eine Auslandsbeteiligung realteilungsbedingt die Eigenschaft als internationale Schachtelbeteiligung verliert und insoweit nach § 30 Abs 3 Z 2 der höhere Teilwert zum Teilungsstichtag (abzüglich aufgrund einer Umgründung nach dem UmgrStG von der Steuerneutralität des § 10 Abs 3 S 1 KStG ausgenommener Beträge) als Buchwert gilt (s Rz 71 ff).

III. Realteilungsbedingte Steuerverstrickung (Abs 1 Z 2)
A. Teilwertansatz
1. Grundsätzliches

11 Soweit hinsichtlich übernommener Vermögensteile realteilungsbedingt ein Besteuerungsrecht der Republik Österreich entsteht, sind gem § 30 Abs 1 Z 2 TS 1 hinsichtlich dieser Vermögensteile zwingend (zur Ausnahme des Fortführungswertansatzes bei „Re-Import"-Fällen s Rz 21 ff) die höheren Teilwerte anzusetzen. Ein zuvor nicht bestehendes Besteuerungsrecht der Republik Österreich entsteht dann, wenn Vermögensteile **in die inländische Steuerhängigkeit „hineinwachsen"**. Auf ein tatsächliches (physisches) „Importieren" der Vermögensteile kommt es nicht an (s § 3 Rz 54). Sollten Vermögensteile nach dem Teilungsvertrag vom Ausland in das Inland verlagert werden, würde vielmehr ein unter § 6 Z 6 EStG fallender Transfer vorliegen (zur Verschmelzung UmgrStR Rz 160b; s a § 3 Rz 54).

12 Mit der **steuerneutralen** Neubewertung wird erreicht, dass im Ausland entstandene stille Reserven für den Fall einer späteren Realisierung im Inland von der Besteuerung ausgenommen sind (UmgrStR Rz 1622a; *Steinmaurer* in *W/H/M*, HdU[7] § 30 Rz 8; *Walter*[11] Rz 771a).

13 Die Rechtsfolge der steuerneutralen Neubewertung mit den höheren Teilwerten tritt **unabhängig** davon ein, ob die stillen Reserven nach **ausländischem Steuerrecht** einer Entstrickungsbesteuerung unterliegen (UmgrStR Rz 1622a; *Steinmaurer* in *W/H/M*, HdU[7] § 30 Rz 8; ErlRV 686 BlgNR 22. GP, 21). Im Gegensatz dazu kommt das Aufwertungswahlrecht des § 29 Abs 1 Z 4 iVm § 16 Abs 3 nur dann zur Anwendung, wenn die teilungsbedingte Vermögensübertragung im Ausland zu einer Gewinnverwirklichung führt (s § 29 Rz 76).

2. Entstehen eines inländischen Besteuerungsrechts

14 Ein zuvor nicht bestehendes Besteuerungsrecht der Republik Österreich kann realteilungsbedingt idR nur bei **Import-Realteilungen** (UmgrStR Rz 1622a; s zum Begriff § 27 Rz 13) entstehen, wenn ausländisches Vermögen oder keiner inländischen Betriebsstätte zuzurechnendes inländisches Vermögen (mit dem AbgÄG 2005, BGBl I 2005/161, ist die ursprüngliche Einschränkung der mit dem AbgÄG 2004, BGBl I 2004/180, eingeführten Bestimmung auf „ausländische" Vermögensteile entfallen) einer ausländischen Personengesellschaft auf einen inländischen Nachfolgeunternehmer übertragen wird (*Bergmann*, GES 2012, 198). Ein neues österreichisches Besteuerungsrecht entsteht dabei insofern, als übertragene Vermögensteile vor der Realteilung anteilig auch ausländischen Gesellschaftern zuzurechnen waren und insoweit keine inländische Steuerhängigkeit bestand (*Bergmann*, GES 2012, 198). Die Entstehung eines inländischen Besteuerungsrechts setzt voraus, dass das übertragende Vermögen nicht durch ein DBA mit Befreiungsmethode bzw mangels Existenz eines DBA auch nicht innerstaatlich (unilateral) durch gänzlich befreiende Maßnahmen von der Besteuerung abgeschirmt wird (UmgrStR Rz 1622a; *Steinmaurer* in *W/H/M*, HdU[7] § 30 Rz 8; *Bergmann*, GES 2012, 198).

Nach **unzutreffender Verwaltungspraxis** seien im Falle des Verbleibens von übertragenem Auslandsvermögen im Ausland – sofern nicht ein nach § 29 Abs 1 Z 4 gegebenenfalls bestehendes Aufwertungswahlrecht auf den höheren Teilwert ausgeübt wird (s § 29 Rz 71 ff) – zwingend die Buchwerte fortzuführen (UmgrStR Rz 1622a). Tatsächlich stellen derartige Szenarien aber den Hauptanwendungsfall des § 30 Abs 1 Z 2 dar, zumal die im Gegenschluss implizierte Konstellation, dass übertragenes Auslandsvermögen im Zuge einer Import-Realteilung auf einen inländischen Nachfolgeunternehmer ins Inland physisch verlagert wird, nicht von § 30 Abs 1 Z 2, sondern von § 6 Z 6 EStG erfasst wird (idS zur Verschmelzung UmgrStR Rz 160b; s a § 3 Rz 54). 15

Nicht erweitern kann sich ein Besteuerungsrecht der Republik Österreich dann, wenn die übertragende ausländische Personengesellschaft ausschließlich über inländische Gesellschafter verfügt. 16

Mit einem realteilungsbedingten Entstehen eines inländischen Besteuerungsrechts in Bezug auf einem inländischen Nachfolgeunternehmer übertragene Vermögensteile geht hinsichtlich des auf ausländische Nachfolgeunternehmer übertragenen oder im Abteilungsfalle bei der fortbestehenden Personengesellschaft verbleibenden Vermögens (diesfalls aufgrund des gänzlichen bzw zumindest teilweisen Ausscheidens des inländischen Nachfolgeunternehmers aus der übertragenen Personengesellschaft) umgekehrt eine dem Regime des § 29 Abs 1 Z 3 unterliegende Steuerentstrickung einher (s § 29 Rz 64). 17

3. Reichweite des „Step-Up"

„Soweit" realteilungsbedingt ein Besteuerungsrecht der Republik Österreich hinsichtlich „übernommener Vermögensteile" entsteht, sind diese „mit dem höheren Teilwert" anzusetzen („Step-Up"). Die Reichweite dieser Neubewertung ist nicht unmissverständlich: Während das Wort „Soweit" und das Telos der Bestimmung implizieren zu scheinen, dass ein Step-Up nur insoweit zu vollziehen ist, als ein inländisches Besteuerungsrecht vor der Realteilung hinsichtlich inländischer Gesellschafter der übertragenden Personengesellschaft nicht ohnehin bereits anteilig bestand, bedingt die gesetzlich angeordnete Neubewertung der „übernommene[n] Vermögensteile" mit deren „höheren Teilwert" mE einen vollen Step-Up (*Bergmann*, GES 2012, 198). Die Neubewertung betrifft somit das gesamte (steuerlich, nicht aber auch physisch; s Rz 11) „hereingewachsene" Vermögen; ein Ansatz von Zwischenwerten ist unzulässig (s a *Gassner*, GesRZ 1992, 96; § 3 Rz 52). Damit kommt es auch insoweit zu einer steuerneutralen Aufwertung, als ein österreichisches Besteuerungsrecht vor der Realteilung anteilig bereits bestand (*Bergmann*, GES 2012, 198). 18

B. Fortsetzungswertansatz bei Rückübertragung

1. Grundsätzliches

Eine Neubewertung mit dem höheren Teilwert anlässlich des Entstehens eines Besteuerungsrechts der Republik Österreich hat gem § 30 Abs 1 Z 2 TS 2 S 1 dann nicht zu erfolgen, wenn es sich um eine **Rückübertragung („Re-Import")** eines vom nunmehr übernehmenden Nachfolgeunternehmer zu einem früheren Zeit- 21 punkt in das Ausland übertragenen Vermögensteils handelt und die ursprüngliche Übertragung in das Ausland unter **Nichtfestsetzung der Abgabenschuld** erfolgt ist oder die **Abgabenschuld gem § 16 Abs 1a nicht entstanden** ist.

22 Zu einer Nichtfestsetzung der Abgabenschuld bei der ursprünglichen Übertragung in das Ausland kann es seit dem AbgÄG 2015 (BGBl I 2015/163) nur noch in Fällen des § 27 Abs 6 Z 1 lit a EStG kommen. Ebenso einschlägig im Zusammenhang mit § 30 Abs 1 Z 2 TS 2 S 1 sind aber jene Fälle, bei denen die Abgabenschuld bei der ursprünglichen Übertragung in das Ausland aufgrund zwischenzeitlich außer Kraft befindlicher gesetzlicher Bestimmungen nicht festgesetzt wurde (ErlRV 896 BlgNR 25. GP, 12). Zu einer solchen Nichtfestsetzung konnte es vor dem AbgÄG 2015 etwa auch bei Umgründungen iSd UmgrStG oder Fällen des § 6 Z 6 EStG aF bzw § 27 Abs 6 Z 1 lit b EStG aF kommen, vor dem BudBG 2011 (BGBl I 2010/111) zudem auch in Fällen des § 31 Abs 2 Z 2 EStG aF (vgl a Teil 3 Z 22).

23 Der für solche Fälle durch § 30 Abs 1 Z 2 TS 2 angeordnete Ansatz der fortgeschriebenen Buchwerte bzw der ursprünglichen Anschaffungskosten, höchstens aber der gemeinen Werte greift unabhängig davon, ob eine Nachversteuerung wegen Ablaufs der zehnjährigen Verjährungsfrist (§ 209 Abs 3 BAO) überhaupt noch möglich wäre (wohl ebenso *Walter*[11] Rz 771c).

23a Von § 30 Abs 1 Z 2 TS 2 **nicht betroffen** sind jene Re-Import-Fälle, bei denen die frühere Übertragung des betreffenden Vermögensteils in das Ausland nicht unter Nichtfestsetzung der Abgabenschuld erfolgt bzw die Abgabenschuld nicht gem § 16 Abs 1a nicht entstanden ist (ErlRV 896 BlgNR 25. GP, 11 f). Da die Abgabenschuld seit dem AbgÄG 2015 bei Einschränkung des österreichischen Besteuerungsrechts idR sofort festgesetzt und allenfalls in Raten zu entrichten ist, muss das Vermögen bei einem späteren realteilungsbedingten Re-Import vielmehr gem § 30 Abs 1 Z 2 TS 1 mit dem Teilwert angesetzt werden („Step-up"), wobei allfällig noch offene Ratenzahlungen sowie die Gründe für deren vorzeitige Fälligstellung davon unberührt bleiben (ErlRV 896 BlgNR 25. GP, 12; UmgrStR Rz 1622a).

2. Identität von „Exporteur" und übernehmendem Nachfolgeunternehmer

24 Seit dem AbgÄG 2005 (BGBl I 2005/161) liegt ein von § 30 Abs 1 Z 2 TS 2 erfasster Re-Import nur dann vor, wenn das rückübertragene Vermögen vom nunmehr übernehmenden Nachfolgeunternehmer und nicht von einem anderen Abgabepflichtigen in das Ausland exportiert wurde (arg „bei dem übernehmenden Nachfolgeunternehmer"; ErlRV 1187 BlgNR 22. GP, 15).

25 § 30 Abs 1 Z 2 TS 2 findet auch dann Anwendung, wenn der übernehmende Nachfolgeunternehmer **Rechtsnachfolger** des seinerzeit das Vermögen exportierenden Abgabepflichtigen ist (ErlRV 1187 BlgNR 22. GP, 15).

26 Bei **mangelnder Identität** von „Exporteur" und übernehmendem Nachfolgeunternehmer hat der übernehmende Nachfolgeunternehmer nach § 30 Abs 1 Z 2 TS 1 den höheren Teilwert anzusetzen (Rz 11 ff) und folglich im Falle einer Gewinnrealisierung nur die bei ihm nach dem Import angesammelten stillen Reserven zu besteuern. Ein vom exportierenden Abgabepflichtigen beantragter Besteuerungsaufschub bleibt auch nach dem Import bis zur tatsächlichen Veräußerung oder

sonstigen Aufgabe durch den übernehmenden Nachfolgeunternehmer aufrecht (ErlRV 1187 BlgNR 22. GP, 15).

3. Ansatz der fortgeschriebenen Buchwerte oder ursprünglichen Anschaffungskosten, höchstens aber der gemeinen Werte

Statt einem Ansatz der Teilwerte nach § 30 Abs 1 Z 2 TS 1 sind in Re-Import-Fällen gem § 30 Abs 1 Z 2 TS 2 S 1 die fortgeschriebenen Buchwerte bzw die ursprünglichen Anschaffungskosten des „Exporteurs" vor der Übertragung in das Ausland, höchstens aber die gemeinen Werte anzusetzen: 27

- Die **fortgeschriebenen Buchwerte** sind grundsätzlich maßgeblich, wenn die Steuerschuld vor dem AbgÄG 2015 infolge einer Umgründung isd UmgrStG oder § 6 Z 6 EStG aF nicht festgesetzt wurde.
- Die **Anschaffungskosten** sind grundsätzlich anzusetzen, wenn die Nichtfestsetzung der Steuerschuld auf § 27 Abs 6 Z 1 lit a EStG beruht bzw vor dem AbgÄG 2015 aufgrund von § 27 Abs 6 Z 1 lit b EStG aF oder vor dem BudBG 2011 aufgrund von § 31 Abs 2 Z 2 EStG aF erfolgte.

Mit dem Ansatz der fortgeschriebenen Buchwerte bzw Anschaffungskosten wird – abgesehen von zwischenzeitlichen Wertsteigerungen (s Rz 29) – die Besteuerungsfolge so gezogen, als wäre kein Export erfolgt. Die in § 30 Abs 1 Z 2 TS 1 seit dem AbgÄG 2015 vorgesehene (der Regelung des § 27 Abs 6 Z 1 lit e EStG entsprechende) Deckelung (Bewertungshöchstgrenze; UmgrStR 1622b) mit den gemeinen Werten als höchstanzusetzendem Betrag soll sicherstellen, dass im Ausland eingetretene Wertminderungen durch den Ansatz höherer fortgeschriebener Buchwerte bzw ursprünglich höherer Anschaffungskosten nicht ein weiteres Mal steuerlich berücksichtigt werden können (ErlRV 896 BlgNR 25. GP, 12).

Mit dem durch das AbgÄG 2005 (BGBl I 2005/161) eingeführten Erfordernis des Ansatzes der **„fortgeschriebenen"** Buchwerte sollen **Mehrfachabschreibungen** im Aus- und Inland vermieden werden. Der Wegzugsbuchwert ist daher im Zeitraum zwischen Export und Re-Import um eine fiktive AfA und fiktive Teilwertabschreibungen für im Ausland eingetretene Wertminderungen zu kürzen bzw um fiktive Teilwertzuschreibungen zu erhöhen, wobei weder fiktive AfA noch fiktive Teilwertabschreibungen oder -zuschreibungen im Inland gewinnwirksam sind.   28

Vom übernehmenden Nachfolgeunternehmer **nachgewiesene Wertsteigerungen**, die zwischen Export und Re-Import im übrigen EU/EWR-Raum eingetreten sind, sind in Rückkehrfällen gem § 30 Abs 1 Z 2 TS 2 S 3 vom Veräußerungserlös abzuziehen.   29

4. Steuerliche Erfassung von Veräußerung oder sonstigem Ausscheiden

§ 30 Abs 1 Z 2 TS 2 S 2 ordnet hinsichtlich der ursprünglichen Nichtfestsetzung der Steuerschuld an, dass eine spätere Veräußerung oder ein sonstiges Ausscheiden konsequenterweise nicht als rückwirkendes Ereignis iSd § 295a BAO gilt, zumal nach dem Re-Import definitionsgemäß ein Besteuerungsrecht der Republik Österreich besteht.   30

IV. Ertragsteuerliche Rechtsnachfolge (Abs 1 Z 3)
A. Grundsatz

Gem § 30 Abs 1 Z 3 ist ein Nachfolgeunternehmer „im Rahmen einer Buchwertteilung für Zwecke der Gewinnermittlung so zu behandeln, als ob er Gesamtrechts-   36 nachfolger wäre". Die Rechtsnachfolge bezieht sich nur auf das **Ertragsteuerrecht** (arg „für Zwecke der Gewinnermittlung"; UmgrStR Rz 1619) und gilt nur „im Rahmen einer **Buchwertteilung**" (UmgrStR Rz 1619; *Huber* in *W/Z/H/K*[5] § 30 Rz 14; *Hirschler/Gweßler* in HBStL III[3] 324; *Hammerl* in HB Sonderbilanzen II 220; *Haselsteiner/Ludwig* in *Bergmann/Ratka*, HB-PG[2] Rz 15/185). Aufgrund der Einschränkung der Rechtsnachfolge für Zwecke der ertragsteuerlichen Gewinnermittlung liegt **keine Gesamtrechtsnachfolge** vor (auch nach dem Gesetzeswortlaut soll der Nachfolgeunternehmer ertragsteuerlich nur so behandelt werden, „als ob er Gesamtrechtsnachfolger wäre").

37 Da die ertragsteuerliche Rechtsnachfolge Ausfluss der in § 30 Abs 1 Z 1 angeordneten ertragsteuerlichen Buchwertfortführung ist (*Gassner*, GesRZ 1992, 93; *Huber* in *W/Z/H/K*[5] § 30 Rz 14) und sich bereits aus dieser ergibt, kann der ausdrücklichen Normierung einer solchen durch § 30 Abs 1 Z 3 **keine konstitutive Bedeutung** beizumessen sein (*Gassner*, GesRZ 1992, 93; *Steinmaurer* in *W/H/M*, HdU[7] § 30 Rz 16; es liegt daher auch **keine Fiktion** vor; so aber *Huber* in *W/Z/H/K*[5] § 30 Rz 14; *Hirschler/Gweßler* in HBStL III[3] 324; ErlRV 266 BlgNR 18. GP, 37).

B. Rechtsfolgen

38 Infolge der ertragsteuerlichen Rechtsnachfolge haben Nachfolgeunternehmer die von der übertragenden Personengesellschaft gewählten Abschreibungsgrundsätze beizubehalten, offene Abschreibungen, ertragsteuerliche Fristen und steuerlich wirksame Rückstellungen weiterzuführen und offene Wartetastenverluste zu übernehmen (UmgrStR Rz 1585 u 1621; *Huber* in *W/Z/H/K*[5] § 30 Rz 15 ff; *Hammerl* in HB Sonderbilanzen II 220; *Hirschler/Gweßler* in HBStL III[3] 324; *Steinmaurer* in *W/H/M*, HdU[7] § 30 Rz 17; *Mühlehner* in *H/M/H* § 30 Rz 14; *Haselsteiner/Ludwig* in *Bergmann/Ratka*, HB-PG[2] Rz 15/185; *Walter*[11] Rz 770; *Korntner*, FJ 2010, 148; ErlRV 266 BlgNR 18. GP, 26 f).

39 Da die aus einem übertragenen Betrieb, Teilbetrieb oder Mitunternehmeranteil erzielten Einkünfte bis Ablauf des Teilungsstichtags (s Rz 46 f) noch anteilig den Gesellschaftern nach Beteiligungsverhältnissen an der übertragenen Personengesellschaft zuzurechnen sind und erst ab dem Teilungsstichtag alleine dem übernehmenden Nachfolgeunternehmer, ist die **AfA** im Falle eines vom Regelbilanzstichtag abweichenden Teilungsstichtags **pro rata temporis** aliquot bei der Gewinnermittlung der Personengesellschaft und jener des übernehmenden Nachfolgeunternehmers zu berücksichtigen (UmgrStR Rz 1585 u 1621; EStR Rz 3132; *Huber* in *W/Z/H/K*[5] § 30 Rz 16; *Steinmaurer* in *W/H/M*, HdU[7] § 30 Rz 17), wobei insgesamt nicht mehr als eine Ganzjahres-AfA geltend gemacht werden kann (zur Einbringung VwGH 28.1.2015, Ra 2014/13/0025).

C. Ausnahmen

40 Mangels Buchwertteilung in vollem Umfang nicht zur Anwendung kommt die Rechtsnachfolge dann, wenn in Folge eines nicht korrekten Einstellens von Ausgleichsposten zur Vermeidung endgültiger Verschiebungen der Steuerbelastung gem § 29 Abs 1 Z 2 iVm § 24 Abs 2 S 2 sämtliche Wirtschaftsgüter einschließlich selbstgeschaffener unkörperlicher Wirtschaftsgüter mit dem Teilwert anzusetzen sind (*Hammerl* in HB Sonderbilanzen II 220 f; *Huber* in *W/Z/H/K*[5] § 30 Rz 14;

s dazu § 29 Rz 38). Partiell nicht zur Anwendung kommt die Gesamtrechtsnachfolgefiktion dann, wenn

- bei der Übertragung ausländischer Betriebe, Teilbetriebe und Mitunternehmeranteile ein nach § 29 Abs 1 Z 4 gegebenenfalls zustehendes Aufwertungswahlrecht ausgeübt wird und insoweit die Teilwerte anzusetzen sind (*Hammerl* in HB Sonderbilanzen II 220; *Huber* in W/Z/H/K[5] § 30 Rz 14; s dazu § 29 Rz 71 ff),
- bei Import-Realteilungen hinsichtlich übernommener Vermögensteile ein Besteuerungsrecht der Republik Österreich entsteht und insofern nach § 30 Abs 1 Z 2 die höheren Teilwerte anzusetzen sind (s Rz 11 ff),
- eine Auslandsbeteiligung realteilungsbedingt die Eigenschaft als internationale Schachtelbeteiligung verliert und insoweit nach § 30 Abs 3 Z 2 der höhere Teilwert zum Teilungsstichtag (abzüglich aufgrund einer Umgründung nach UmgrStG von der Steuerneutralität des § 10 Abs 3 S 1 KStG ausgenommener Beträge) als Buchwert gilt (s Rz 71 ff).

D. Exkurs: § 19 BAO

Mangels über die ertragsteuerliche Rechtsnachfolge hinausgehender Gesamtrechtsnachfolge (s Rz 36) kommt **§ 19 Abs 1 BAO** bei Realteilungen nicht zur Anwendung (*Steinmaurer* in W/H/M, HdU[7] § 30 Rz 13; *Huber* in W/Z/H/K[5] § 30 Rz 19). Sofern eine Personengesellschaft aber aufteilungsbedingt (zivil- bzw unternehmensrechtlich; *Ritz*, BAO[5] § 19 Rz 14) beendigt wird, ist **§ 19 Abs 2 BAO** anzuwenden, wonach mit der Beendigung einer Personenvereinigung ohne eigene Rechtspersönlichkeit deren sich aus Abgabenvorschriften ergebende Rechte und Pflichten – über die ertragsteuerliche Rechtsfolge hinaus – auf die zuletzt beteiligten Gesellschafter übergehen. Nachfolgeunternehmer einer aufgeteilten Personengesellschaft haften daher auch für Abgabenschulden der beendigten Personengesellschaft (aA *Huber* in W/Z/H/K[5] § 30 Rz 19), wobei gem § 19 Abs 2 S 2 BAO hinsichtlich Art und Umfang der Inanspruchnahme der ehemaligen Gesellschafter (beschränkte oder unbeschränkte Haftung) keine Änderung eintritt. Zumal infolge der ertragsteuerlichen Transparenz von Personengesellschaften (*Bergmann* in Bergmann/Ratka, HB-PG[2] Rz 13/1) ohnedies deren Gesellschafter als Ertragsteuersubjekte Schuldner der ESt bzw KSt sind, ist die Bestimmung nur hinsichtlich solcher Abgaben relevant, bei denen auch Personengesellschaften als Steuersubjekte in Betracht kommen. Von der nur bei Aufteilung zur Anwendung kommenden Bestimmung des § 19 Abs 2 BAO abgesehen kann sich sowohl bei Auf- als auch Abteilungen eine Haftung aus § 14 BAO sowie nach Zivil- und Unternehmensrecht (§ 1409 ABGB bzw § 25 und § 160 UGB) ergeben (*Huber* in W/Z/H/K[5] § 30 Rz 19).

41

V. Übergangszeitpunkt der Einkünfte- und Vermögenszurechnung (Abs 2)

Gem § 30 Abs 2 gilt § 14 Abs 2 „für den Nachfolgeunternehmer mit Beginn des dem Teilungsstichtag folgenden Tages, soweit in § 16 Abs 5 keine Ausnahmen vorgesehen sind". Demnach sind die Einkünfte des Nachfolgeunternehmers hinsichtlich des übertragenen Vermögens so zu ermitteln, als ob der Vermögensübergang mit Ablauf des Teilungsstichtages erfolgt wäre (ErlRV 266 BlgNR 18. GP, 26). Im Falle eines rückbezogenen Teilungsstichtags (s § 28 Rz 11 ff) führt dies zu einer **Rückwirkungsfiktion** (UmgrStR Rz 1621a; *Walter*[11] Rz 767; *Korntner*, FJ 2010, 186).

46

47 § 30 Abs 2 soll den nahtlosen Übergang der Einkünfte- und Vermögenszurechnung von der übertragenden Personengesellschaft auf den übernehmenden Nachfolgeunternehmer mit Ablauf des Teilungsstichtags sichern (*Mühlehner* in *H/M/H* § 30 Rz 19). Für die übertragende Personengesellschaft endet hinsichtlich des übertragenen Vermögens mit Ablauf des Teilungsstichtags (24:00 Uhr) das Wirtschaftsjahr (*Mühlehner* in *H/M/H* § 30 Rz 19; s § 28 Rz 5). Mit Beginn des Folgetags (0:00 Uhr) erwirbt der Nachfolgeunternehmer das übertragende Vermögen und sind diesem folglich ab diesem Zeitpunkt auch die daraus erzielten Einkünfte zuzurechnen (UmgrStR Rz 1621a; *Mühlehner* in *H/M/H* § 30 Rz 19; *Hirschler/Geweßler* in HBStL III[3] 325). Insoweit Einkünfte vor der Realteilung anderen Gesellschaftern anteilig zuzurechnen gewesen sind, bewirkt § 30 Abs 2 im Falle eines rückbezogenen Teilungsstichtags einen **steuersubjektbezogenen Einkommenstransfer** (*Staringer* in *Bertl ua*, Sonderbilanzen 222), woraus sich ein nicht unbeachtliches Gestaltungspotenzial ergeben kann (*Staringer* in *Bertl ua*, Sonderbilanzen 222).

VI. Internationale Schachtelbeteiligung (Abs 3)
A. Grundsätzliches

51 Seit dem Entfall des Erfordernisses der Unmittelbarkeit der Beteiligung in § 10 Abs 2 KStG durch das BudBG 2003 (BGBl I 2003/71) können internationale Schachtelbeteiligungen auch **mittelbar über (in- oder ausländische) Personengesellschaften** bestehen (KStR Rz 1209; UmgrStR Rz 1627b; *Aigner/Kofler*, ecolex 2003, 487; *Kofler* in *Achatz/Kirchmayr* § 10 Tz 193; *Vock* in *Q/R/S/S/V*[15] § 10 Tz 191; *Haslinger* in *L/S/S* § 10 Rz 84; ErlRV 59 BlgNR 22. GP, 274), wobei es – anders als nach dem Gruppenbesteuerungsregime des § 9 KStG (dazu *Urtz* in *Achatz/Kirchmayr* § 9 Tz 161 ff) – auf eine Beherrschung der zwischengeschalteten Personengesellschaft nicht ankommt (*Kofler* in *Achatz/Kirchmayr* § 10 Tz 210). Bei Vorliegen einer mittelbaren Beteiligung über eine Personengesellschaft ist zur Ermittlung der Beteiligungsquote eine **multiplikative Durchrechnung** anzustellen (*Kristen/Passeyrer*, SWI 2003, 229; *Kofler* in *Achatz/Kirchmayr* § 10 Tz 194 u 210; *Haslinger* in *L/S/S* § 10 Rz 88). Liegt teilweise eine unmittelbare und teilweise eine mittelbare Beteiligung vor, ist die unmittelbare Beteiligung mit der durchgerechneten mittelbaren Beteiligung zur Ermittlung des Beteiligungsausmaßes **zusammenzurechnen** (*Wakounig/Stipsits/Baumann*, taxlex 2006, 637 f; *Kofler* in *Achatz/Kirchmayr* § 10 Tz 194 u 210; *Haslinger* in *L/S/S* § 10 Rz 88; KStR Rz 1207 [ex-Rz 555]).

52 Nach **§ 10 Abs 3 S 1 KStG** bleiben Veräußerungsgewinne und -verluste sowie sonstige Wertveränderungen aus einer internationalen Schachtelbeteiligung iSd § 10 Abs 2 KStG steuerlich – mit Ausnahme tatsächlicher und endgültiger Vermögensverluste (Liquidation oder Insolvenz) – grundsätzlich außer Ansatz, sofern keine Option zur Steuerwirksamkeit der Beteiligung vorgenommen wurde oder ein Fall des Methodenwechsels nach § 10 Abs 4 iVm Abs 6 KStG vorliegt (*Kofler* in *Achatz/Kirchmayr* § 10 Tz 258 ff).

53 Gem § 30 Abs 3 gilt hinsichtlich internationaler Schachtelbeteiligungen iSd § 10 Abs 2 KStG iZm Realteilungen iSd Art V Folgendes:
- **Entsteht** durch die Realteilung eine internationale Schachtelbeteiligung oder wird **ihr Ausmaß erweitert**, ist hinsichtlich der bisher nicht steuerbegünstigten

Beteiligungsquoten auf den Unterschiedsbetrag zwischen den Buchwerten und den höheren Teilwerten § 10 Abs 3 S 1 KStG nicht anzuwenden (§ 30 Abs 3 Z 1; s Rz 56 ff).
- Geht durch die Realteilung die Eigenschaft einer Beteiligung als internationale Schachtelbeteiligung **unter**, gilt der höhere Teilwert zum Teilungsstichtag, abzüglich aufgrund einer Umgründung nach dem UmgrStG von § 10 Abs 3 S 1 KStG ausgenommener Beträge, als Buchwert, soweit für sie keine Option zugunsten der Steuerwirksamkeit erklärt worden ist (§ 30 Abs 3 Z 2; s Rz 71 ff).

Die Regelung des § 30 Abs 3 kann nur dann zur Anwendung kommen, wenn die übertragende Personengesellschaft vor der Realteilung eine Beteiligung an einer ausländischen Körperschaft iSd § 10 Abs 2 Z 1 oder 2 KStG hält und zumindest einer der an ihr beteiligten Gesellschafter eine unter § 7 Abs 3 KStG fallende Körperschaft oder sonstige unbeschränkt steuerpflichtige, einer inländischen unter § 7 Abs 3 KStG fallenden Körperschaft vergleichbare Körperschaft ist.

B. Entstehung und Erweiterung (Abs 3 Z 1)
1. Entstehungstatbestand

Realteilungsbedingt neu entstehen kann eine internationale Schachtelbeteiligung dann, wenn eine Körperschaft als Gesellschafter der übertragenden Personengesellschaft vor der Realteilung mittelbar und durchgerechnet über diese Personengesellschaft zusammen mit allenfalls unmittelbar (oder mittelbar über andere Rechtsträger) gehaltenen Anteilen in einem Ausmaß von **weniger als 10 %** an einer ausländischen Körperschaft beteiligt ist („Minderheitsbeteiligung"; s § 3 Rz 114) und sich das Beteiligungsausmaß der Körperschaft an der ausländischen Körperschaft durch die Realteilung auf **mindestens 10 %** erhöht.

Eine **Erhöhung** kann insb durch eine auf- oder abteilungsbedingte Übertragung des die Auslandsbeteiligung enthaltenden Betriebs oder Teilbetriebs bzw im Falle einer mittelbaren Beteiligung über eine mehrstöckige Personengesellschaft, durch Übertragung des die Auslandsbeteiligung vermittelnden Mitunternehmeranteils auf die Körperschaft als Nachfolgeunternehmer erfolgen (eine bloße Übertragung des isolierten Anteils an der ausländischen Körperschaft wäre von Art V nicht erfasst; s § 27 Rz 28). Weiters findet eine mittelbare Erhöhung des Beteiligungsausmaßes an der ausländischen Körperschaft dann statt, wenn ein anderer Gesellschafter abteilungsbedingt aus der die Beteiligung an der ausländischen Körperschaft vermittelnden Personengesellschaft ausscheidet und sich insoweit die durchgerechnete Beteiligungsquote der verbleibenden Gesellschafter erhöht.

Nicht erforderlich für das realteilungsbedingte Entstehen einer internationalen Schachtelbeteiligung ist, dass die an der übertragenden Personengesellschaft beteiligte Körperschaft vor der Realteilung – von ihrer über die teilende Personengesellschaft vermittelten Beteiligung abgesehen – an der ausländischen Körperschaft (unmittelbar oder mittelbar über dritte Rechtsträger) beteiligt ist.

2. Erweiterungstatbestand

In ihrem Ausmaß erweitert wird eine internationale Schachtelbeteiligung, wenn eine Körperschaft als Gesellschafter der übertragenden Personengesellschaft bereits vor der Realteilung mittelbar und durchgerechnet über diese Personengesellschaft zuzüglich allfälliger unmittelbar (oder mittelbar über andere Rechtsträger) gehaltener Anteile in einem Ausmaß von **mindestens 10 %** an einer ausländischen Körperschaft beteiligt ist und sich ihr Beteiligungsausmaß an der ausländischen Körperschaft realteilungsbedingt erhöht (UmgrStR Rz 1627a; zu den zu einer Erhöhung führenden Realteilungsvarianten s Rz 57).

3. Rechtsfolgen

60 Entsteht durch die Realteilung eine internationale Schachtelbeteiligung iSd § 10 Abs 2 KStG oder wird das Ausmaß einer solchen erweitert, ordnet § 30 Abs 3 Z 1 als Rechtsfolge an, dass „**hinsichtlich der bisher nicht steuerbegünstigten Beteiligungsquoten**" die Veräußerungsgewinnbefreiung des § 10 Abs 3 S 1 KStG „**auf den Unterschiedsbetrag zwischen den Buchwerten und den höheren Teilwerten**" nicht anzuwenden ist (UmgrStR Rz 1627). § 30 Abs 3 Z 1 bewirkt somit, dass die vor Entstehung bzw Erweiterung einer internationalen Schachtelbeteiligung steuerverstrickten stillen Reserven steuerpflichtig bleiben (UmgrStR Rz 1627a; *Steinmaurer* in W/H/M, HdU[7] § 30 Rz 20; *Walter*[11] Rz 773; *Korntner*, FJ 2010, 149), wobei eine Verminderung stiller Reserven nach dem Teilungsstichtag auch zu einer Verminderung des steuerpflichtigen Unterschiedsbetrags führt, sodass bei tatsächlicher Realisierung maximal nur die zu diesem Zeitpunkt realisierten stillen Reserven steuerpflichtig sind (s § 3 Rz 114 mwN). Die Steuerneutralität des § 10 Abs 3 S 1 KStG erfasst demnach nur jene stillen Reserven, die schon vor der Realteilung nach § 10 Abs 3 S 1 KStG nicht steuerhängig waren bzw jene, die erst nach der Realteilung entstanden sind (UmgrStR Rz 1627a).

61 Die Feststellung und Ermittlung eines Unterschiedsbetrags hat zum Teilungsstichtag zu erfolgen (UmgrStR Rz 183). Ein ermittelter Unterschiedsbetrag ist in Evidenz zu nehmen (UmgrStR Rz 183; s § 3 Rz 118). Nach dem Teilungsstichtag angesammelte stille Reserven sind von der Steuerverstrickung nicht betroffen (§ 3 Rz 118 mwN).

62 Zumal § 10 Abs 3 S 1 KStG nur „hinsichtlich der **bisher nicht steuerbegünstigten Beteiligungsquoten**" nicht anzuwenden ist bzw umgekehrt die Steuerneutralität des § 10 Abs 3 S 1 KStG hinsichtlich all derjenigen „Altreserven" zur Anwendung kommen soll, die schon vor der Realteilung nach § 10 Abs 3 S 1 KStG nicht steuerhängig waren, liegt eine von den Rechtsfolgen des § 30 Abs 3 Z 1 erfasste realteilungsbedingte Entstehung oder Erweiterung einer internationalen Schachtelbeteiligung betragsmäßig nur insoweit vor, als jene anteilige Beteiligungsquote, die bis zur Realteilung mittelbar anderen Gesellschaftern der übertragenden Personengesellschaft zuzurechnen gewesen ist, bei diesen nicht Bestandteil einer steuerneutralen internationalen Schachtelbeteiligung war.

63 Sofern umgründungsbedingt eine internationale Schachtelbeteiligung **entsteht**, ist diese nach der Verwaltungspraxis – von den steuerverstrickten „Altreserven" abgesehen – zwingend als **steuerneutral** zu behandeln, weil mangels Anschaffung eine Optionsmöglichkeit zugunsten einer Steuerwirksamkeit iSd § 10 Abs 3 KStG nicht bestehe (UmgrStR Rz 1627; *Walter*[11] Rz 773; *Korntner*, FJ 2010, 149; zutreffend krit aufgrund des Umstands, dass eine Realteilung einen Tauschvorgang darstellt *Huber* in W/Z/H/K[5] § 30 Rz 26 FN 22). Die nur hinsichtlich nach der Realteilung entstehender stiller Reserven maßgebliche **einjährige Mindesthaltefrist des § 10 Abs 2 KStG** beginnt mit dem auf den Teilungsstichtag folgenden Tag (UmgrStR Rz 1627; *Korntner*, FJ 2010, 149). Wird eine internationale Schachtelbeteiligung teilungsbedingt in ihrem Ausmaß **erweitert**, ist ein hinsichtlich der bisherigen Beteiligungsquote allenfalls noch nicht vollendeter Fristenlauf fortzusetzen, während für die hinzukommende Beteiligungsquote der Fristenlauf – hinsichtlich der nach dem Teilungsstichtag neu anwachsenden stillen Reserven – mit dem dem Teilungsstichtag folgenden Tag zu laufen beginnt (UmgrStR Rz 1627a; dies steht in einem Spannungsverhältnis zur Verwaltungspraxis bei der verschmelzungsbedingten Erweiterung einer internationalen Schachtelbeteiligung, bei der die hinzukommende Beteiligungsquote nach UmgrStR Rz 180 ohne Beginn eines gesonderten Fristenlaufs in die Schachtelwirkung miteinzubeziehen sei; s a § 3 Rz 124 mwN). Insoweit eine internationale Schachtelbeteiligung mittelbar über eine Personengesellschaft besteht bzw realteilungsbedingt durch eine solche erweitert wird, sind Veräußerungsgewinne aus internationalen Schachtelbeteiligungen mangels anschaffungsbedingter Optionsmöglichkeit der beteiligten Körperschaft zwingend steuerneutral (UmgrStR Rz 1627a).

Die Rechtsfolgen des § 30 Abs 3 Z 1 kommen nur zur Anwendung, wenn der Teilwert der bisher nicht nach § 10 Abs 3 S 1 KStG begünstigten Beteiligungsquote höher ist als deren Buchwert. Es sind daher nur **positive stille Reserven** erfasst, nicht aber auch ein latenter Veräußerungsverlust in Höhe der Differenz zwischen einem höheren Buchwert zu einem niedrigeren Teilwert (arg „Unterschiedsbetrag zwischen den Buchwerten und den höheren Teilwerten"; s a § 3 Rz 115 u § 5 Rz 153). **64**

Sofern eine Körperschaft einerseits mittelbar über eine realteilende Personengesellschaft und andererseits unmittelbar (oder wiederum mittelbar über einen dritten Rechtsträger) an ein und derselben ausländischen Körperschaft zu insgesamt weniger als 10 % beteiligt ist und hinsichtlich der einen Beteiligungsquote der Buchwert niedriger ist als der Teilwert, hinsichtlich der anderen der Buchwert jedoch den Teilwert überstreitet, so dürften, wenn infolge der Realteilung eine internationale Schachtelbeteiligung entsteht, die Beteiligungsquoten nach der Verwaltungspraxis auch nach der Realteilung getrennt zu führen und die unterschiedlichen Werte **getrennt in Evidenz zu halten** sein, um eine Saldierung von stillen Reserven und stillen Lasten zu verhindern und im Realisationsfalle bei jener Beteiligungsquote, deren Teilwert den Buchwert übersteigt, eine Nachversteuerung vornehmen zu können (zu Verschmelzungen UmgrStR Rz 176; s a § 3 Rz 116). **65**

C. Untergang (Abs 3 Z 2)

1. Tatbestand

Realteilungsbedingt untergehen kann eine internationale Schachtelbeteiligung dann, wenn eine Körperschaft als Gesellschafter der übertragenden Personengesellschaft vor der Realteilung mittelbar und durchgerechnet über diese Personengesellschaft zuzüglich allfälliger unmittelbar (oder mittelbar über andere Rechtsträger) gehaltener Anteil in einem Ausmaß von **mindestens 10 %** an einer ausländischen Körperschaft beteiligt ist und sich das Beteiligungsausmaß der Körperschaft an der ausländischen Körperschaft durch die Realteilung auf **weniger als 10 %** reduziert (UmgrStR Rz 1627b; Huber in W/Z/H/K[5] § 30 Rz 27). **71**

Eine **Reduktion** kann insb durch eine auf- oder abteilungsbedingte Übertragung des die Auslandsbeteiligung enthaltenden Betriebs oder Teilbetriebs bzw im Falle einer mittelbaren Beteiligung über eine mehrstöckige Personengesellschaft durch Übertragung des die Auslandsbeteiligung vermittelnden Mitunternehmeranteils auf einen anderen Gesellschafter der übertragenden Personengesellschaft als **72**

Nachfolgeunternehmer eintreten. Weiters reduziert sich das Beteiligungsausmaß einer (auch) mittelbar über eine Personengesellschaft an einer ausländischen Körperschaft beteiligten Körperschaft dann, wenn die beteiligte Körperschaft abteilungsbedingt aus der die Auslandsbeteiligung vermittelnden Personengesellschaft ausscheidet und die Auslandsbeteiligung bei der fortbestehenden Personengesellschaft verbleibt.

2. Rechtsfolgen

73 Um eine Steuerverstrickung von bisher nach § 10 Abs 3 S 1 KStG steuerneutralen stillen Reserven zu verhindern (*Walter*[11] Rz 774b; *Huber* in *W/Z/H/K*[5] § 30 Rz 28; *Korntner*, FJ 2010, 149), ist bei realteilungsbedingtem Untergang einer internationalen Schachtelbeteiligung gemäß § 30 Abs 3 Z 2 – abweichend vom Grundsatz der Buchwertfortführung nach § 30 Abs 1 Z 1 – **„der höhere Teilwert"** zum Teilungsstichtag „als Buchwert" anzusetzen. Dies gilt nach § 30 Abs 3 Z 2 jedoch nur insoweit, als für die internationale Schachtelbeteiligung nicht nach § 10 Abs 3 Z 1 KStG zugunsten der Steuerwirksamkeit optiert worden ist.

74 Die Aufwertung des § 30 Abs 3 Z 2 bezieht sich nur auf **positive stille Reserven** (arg „der höhere Teilwert"). Sofern der Teilwert einer realteilungsbedingt untergehenden internationalen Schachtelbeteiligung unter dem Buchwert liegt, ist der Buchwert nach § 30 Abs 1 Z 1 fortzuführen (s a § 5 Rz 169).

75 Ein höherer Teilwert ist gem § 30 Abs 3 Z 2 um bis zum Teilungsstichtag **aufgrund einer Umgründung** iSd UmgrStG von § 10 Abs 3 S 1 KStG ausgenommene Beträge **zu kürzen**. Eine umgründungsbedingte Ausnahme von der Steuerneutralität nach § 10 Abs 3 S 1 KStG kann aus § 3 Abs 4, § 5 Abs 7 Z 1, § 9 Abs 4 Z 1, § 18 Abs 4 Z 1, § 20 Abs 7 Z 1, § 25 Abs 3 Z 1, § 30 Abs 3 Z 1, § 34 Abs 3 Z 1, § 36 Abs 5 Z 1 oder § 38d Abs 4 Z 1 resultieren.

76 Eine steuerneutrale Aufwertung iSd § 30 Abs 3 Z 2 dürfte dann nicht Platz greifen können, wenn eine Auslandsbeteiligung vor der Realteilung zwar formal eine internationale Schachtelbeteiligung war, aber aufgrund des § 10 Abs 4 KStG die Wirkungen des § 10 Abs 3 S 1 KStG nicht tatsächlich vermittelt (*Kofler* in *Achatz/Kirchmayr* § 10 Tz 254 mwN).

VII. Ausgleichsposten und Veräußerungen iZm Grundstücken iSd § 30 Abs 4 EStG (Abs 4)

77 Wird das Sofortrealisierungswahlrecht des § 29 Abs 1 Z 2a S 3 hinsichtlich solcher im Teilungsvermögen befindlicher Grundstücke nicht in Anspruch genommen, bei denen § 30 Abs 4 EStG zur Anwendung kommen würde, kann dies gem § 30 Abs 4 S 1 bei der Bildung der Ausgleichsposten iSd § 29 Abs 1 Z 2a einheitlich berücksichtigt werden (s § 29 Rz 24).

78 Sofern der Umstand, dass sich im Teilungsvermögen Grundstücke befinden, hinsichtlich derer § 30 Abs 4 EStG zur Anwendung kommen würde, bei ab dem 30.12.2014 beschlossenen und vertraglich unterfertigten Realteilungen im Rahmen der Bildung der Ausgleichsposten berücksichtigt wurde, ist im Falle einer späteren Veräußerung der betreffenden Grundstücke gem § 30 Abs 4 S 2 wie folgt vorzugehen (s a UmgrStR Rz 1533d; ausf *Reinold*, Immobilienertragsteuer und Umgründungen 483 ff; *ders*, SWK 2017, 813; für Realteilungen mit einem Stichtag bis zum 31.3.2012 s UmgrStR Rz 1533b; *Reinold*, Immobilienertragsteuer und Umgründungen 465 ff; für Realteilungen mit einem Stichtag ab 1.4.2012 und einer vertraglichen Unterfertigung bis 29.12.2014 s UmgrStR Rz 1533c u 1533d; *Reinold*, Immobilienertragsteuer und Umgründungen 472 ff):

- Für Wertveränderungen bis zum Teilungsstichtag ist § 30 Abs 4 EStG (aufgrund des Gesetzeswortlauts verpflichtend; *Reinold*, Immobilienertragsteuer und Umgründungen 483; *ders*, SWK 2017, 813) anzuwenden.
- Für Wertveränderungen nach dem Teilungsstichtag kann § 30 Abs 4 EStG bei dem das Grundstück übernehmenden Nachfolgeunternehmer lediglich insoweit weiter angewendet werden, als ihm das Grundstück schon vor dem Teilungsstichtag zuzurechnen war. Bei der Übertragung einer Mehrzahl von Grundstücken ist dabei eine verkehrswertmäßige Betrachtung anzuwenden (s dazu UmgrStR Rz 1533e). Darüber hinaus ist § 30 Abs 4 EStG nicht anwendbar.

Soweit § 30 Abs 4 EStG bei der Berechnung der Ausgleichsposten nicht berücksichtigt wurde, kann die Bestimmung auch iRd späteren tatsächlichen Veräußerung des Grundstücks durch die übernehmenden Nachfolgerunternehmer nicht mehr angewendet werden (ErlRV 360 BlgNR 25. GP, 20; *Reinold*, Immobilienertragsteuer und Umgründungen 483). Gleiches gilt bei Ausübung des Sofortrealisierungswahlrechts des § 29 Abs 1 Z 2a S 3 für sämtliche künftige Wertsteigerungen des aufgewerteten Grundstücks nach dem Teilungsstichtag (UmgrStR Rz 1601a; *Reinold*, Immobilienertragsteuer und Umgründungen 501).

VIII. Sonstiges
A. Buchgewinne und -verluste

Aufgrund der steuerlich gültigen **Spiegelbildtheorie** (zum Begriff *Mayr* in D/K/M/Z, EStG[15] § 6 Tz 198) können sich bei Realteilungen keine steuerlichen Buchgewinne bzw -verluste ergeben (*Wiesner*, SWK 1992, A I 146; *Mühlehner* in H/M/H § 30 Rz 4; *Huber* in W/Z/H/K[5] § 30 Rz 10; *Walter*[11] Rz 771; *Bartl*, FJ 2004, 18). Auch allfällige Unterschiedsbeträge in der UGB-Bilanz sind steuerneutral (*Huber* in W/Z/H/K[5] § 30 Rz 10; *Mühlehner* in H/M/H § 30 Rz 4).

B. Leistungsbeziehungen

Art V enthält keine Sonderregelung betreffend die Behandlung von Leistungsbeziehungen zwischen einer realteilenden Personengesellschaft und ihren Gesellschaftern bzw Nachfolgeunternehmern, sodass sich diese nach allgemeinen ertragsteuerlichen Grundsätzen richtet. Vor der Realteilung sind iZm Leistungsbeziehungen zwischen Personengesellschaften und ihren Gesellschaftern die Regelungen der § 21 Abs 2 Z 2, § 22 Z 3 und § 23 Z 2 EStG zu beachten, die die ertragsteuerliche Anerkennung solcher sozietärer Leistungsbeziehungen einschränken (s Rz 84 f).

Mögliche Leistungsbeziehungen zwischen Gesellschafter und Personengesellschaft sind insb jene iSd § 21 Abs 2 Z 2, § 22 Z 3 und § 23 Z 2 EStG (Vergütungen der Personengesellschaft an den Gesellschafter für seine Tätigkeit im Dienste der Personengesellschaft, für die Hingabe von Darlehen oder für die Überlassung von Wirtschaftsgütern), deren Umkehrtatbestände (Vergütungen für Leistungen der Personengesellschaft an den Gesellschafter) sowie Vermögensübertragungen (Anschaffungs- und Veräußerungsvorgänge).

§ 30

84 Nach der vom **VwGH** (trotz seines terminologischen Festhaltens an der „Bilanzbündeltheorie"; zB VwGH 25.2.2009, 2006/13/0128; zu dieser Theorie *Bergmann* in *Bergmann/Ratka*, HB-PG[2] Rz 13/48 ff mwN) in stRsp judizierten (VwGH 19.3.2002, 99/14/0134; VwGH 25.10.2001, 98/15/0190; VwGH 21.2.2001, 95/14/0007; VwGH 14.12.2000, 95/15/0100; VwGH 30.5.1995, 92/13/0018) und auch von der **FV** vertretenen (EStR Rz 5860 ff u Rz 5926 ff; hingegen bilanzbündeltheoretisch und in Widerspruch zum VwGH EStR Rz 5927) „**Theorie der Alleininhaberschaft**" ist bei Leistungsbeziehungen zwischen einer Personengesellschaft und einem ihrer Gesellschafter danach zu differenzieren, ob die Leistungsbeziehung mit der Privatsphäre des Gesellschafters oder zwischenbetrieblich zu einem eigenständigen Gesellschafterbetrieb abgewickelt wird (*Bergmann* in *Bergmann/Ratka*, HB-PG[2] Rz 13/52, 13/124, 13/129 u 13/133 mwN):

- Leistungsbeziehungen zwischen dem Betrieb der Personengesellschaft und der Privatsphäre des Gesellschafters sind nicht anzuerkennen, wobei ein bei Leistungsbeziehungen iSd § 21 Abs 2 Z 2, § 22 Z 3 und § 23 Z 2 EStG von der Personengesellschaft geleistetes Entgelt als „Gewinnvorab" den Gewinnanteil des Gesellschafters aus der Personengesellschaft erhöht bzw bei allen sonstigen Leistungsbeziehungsarten Entnahmen oder Einlagen vorliegen.
- Zwischenbetriebliche Leistungsbeziehungen zwischen dem Betrieb der Personengesellschaft und einem eigenständigen Gesellschafterbetrieb sind hingegen anzuerkennen, sofern diese fremdüblich abgewickelt werden.

85 Nach der **im Schrifttum herrschenden** (*Quantschnigg* in FS Stoll 106; *Q/S* § 23 Tz 18.3, 40.2.2 u 41 f; *Kauba* in *D/K/M/Z*, EStG[10] § 23 Tz 209 u 212; *Jakom*[10]/*Vock* § 23 Rz 138; *Peth/Wanke/Wiesner* in *W/G/W*, EStG[12] Anm 88) „**Theorie der einheitlichen Gewinnermittlung**" gilt hingegen Folgendes (*Bergmann* in *Bergmann/Ratka*, HB-PG[2] Rz 13/55, 13/125, 13/130 u 13/135 mwN):

- Fremdüblich abgewickelte Leistungsbeziehungen zwischen einer Personengesellschaft und einem ihrer Gesellschafter sind unabhängig davon anzuerkennen, ob sie mit der Privatsphäre des Gesellschafters oder einem eigenständigen Gesellschafterbetrieb abgewickelt werden.
- Nicht anzuerkennen sind lediglich die ausdrücklich in § 21 Abs 2 Z 2, § 22 Z 3 und § 23 Z 2 EStG angeführten Leistungsbeziehungsarten (Vergütungen der Personengesellschaft an den Gesellschafter für seine Tätigkeit im Dienste der Personengesellschaft, für die Hingabe von Darlehen oder für die Überlassung von Wirtschaftsgütern).
- Selbst Leistungsbeziehungen iSd § 21 Abs 2 Z 2, § 22 Z 3 und § 23 Z 2 EStG sind aber dann ausnahmsweise anzuerkennen, wenn sie fremdüblich zwischen dem Betrieb der Personengesellschaft und einem eigenständigen Gesellschafterbetrieb derselben Einkunftsart abgewickelt werden.

86 Im Falle eines rückbezogenen Teilungsstichtags (s § 28 Rz 11 ff) treten auch realteilungsbedingte Änderungen in der Beurteilung von Leistungsbeziehungen rückwirkend mit Beginn des dem Teilungsstichtag folgenden Tags ein (UmgrStR Rz 1626; *Schwarzinger/Wiesner*, Leitfaden II[2] 1181 ff; *Huber* in *W/Z/H/K*[5] § 30 Rz 22; *Reinold*, Immobilienertragsteuer und Umgründungen 509).

87 Geht eine Personengesellschaft aufteilungsbedingt unter, ist hinsichtlich der weiteren Behandlung von Leistungsbeziehungen eines Nachfolgeunternehmers danach zu differenzieren, ob die Leistungsbeziehung vor der Realteilung zu dem dem Nachfolgeunternehmer selbst oder einem anderen Teilungspartner übertragenen

Betrieb bzw Teilbetrieb bestand (*Mühlehner* in *H/M/H* § 30 Rz 9): Bezieht sich die Leistungsbeziehung eines Nachfolgeunternehmers auf das von diesem selbst übernommene Vermögen, fällt sie (aufgrund eines Zusammenfallens von Gläubiger- und Schuldnerstellung) mit Ablauf des Teilungsstichtags (s Rz 86) weg (*Mühlehner* in *H/M/H* § 30 Rz 9; *Reinold*, Immobilienertragsteuer und Umgründungen 509 f). Betrifft die Leistungsbeziehung hingegen einen von einem anderen Nachfolgeunternehmer übernommenen Betrieb bzw Teilbetrieb, ist sie als eine solche unter nunmehr Fremden anzuerkennen (*Mühlehner* in *H/M/H* § 30 Rz 9; *Reinold*, Immobilienertragsteuer und Umgründungen 510), wobei eine teilungsbedingte Änderung der ertragsteuerlichen Beurteilung insoweit eintritt, als die Leistungsbeziehung vor der Realteilung nicht anzuerkennen war (s Rz 84 f; *Mühlehner* in *H/M/H* § 30 Rz 9; *Reinold*, Immobilienertragsteuer und Umgründungen 510).

Sofern eine Personengesellschaft abteilungsbedingt fortbesteht, ist hinsichtlich der weiteren Behandlung von Leistungsbeziehungen zu den Gesellschaftern bzw Nachfolgeunternehmern danach zu differenzieren, ob die Leistungsbeziehung zu einem übertragenen oder einem bei der abteilenden Personengesellschaft verbleibenden Betrieb oder Teilbetrieb besteht: Besteht die Leistungsbeziehung zu einem übertragenen Betrieb oder Teilbetrieb, gilt das unter Rz 87 Gesagte. Sofern sich die Leistungsbeziehung hingegen auf einen bei der abteilenden Personengesellschaft verbleibenden Betrieb oder Teilbetrieb bezieht, ist weiters danach zu differenzieren, ob der sich in einer Leistungsbeziehung zu dieser befindliche Gesellschafter abteilungsbedingt gänzlich aus der übertragenden Personengesellschaft ausscheidet oder weiterhin (wenn auch möglicherweise in geringerem Ausmaß) an dieser beteiligt bleibt: Bei gänzlichem Ausscheiden ist die Leistungsbeziehung ab dem Teilungsstichtag folgenden Tag (s Rz 86) als eine solche unter Fremden anzuerkennen (UmgrStR Rz 1626; *Mühlehner* in *H/M/H* § 30 Rz 11; *Reinold*, Immobilienertragsteuer und Umgründungen 510), sodass es im Falle einer vormaligen Nichtanerkennung (s Rz 84 f) zu einer Änderung der ertragsteuerlichen Beurteilung kommt. Bei weiterem Verbleib als Gesellschafter ändert sich an der Beurteilung der Leistungsbeziehung realteilungsbedingt nichts (UmgrStR Rz 1626; *Mühlehner* in *H/M/H* § 30 Rz 10; *Reinold*, Immobilienertragsteuer und Umgründungen 510). **88**

Sofern bei realteilungsbedingtem Zusammenfall von Gläubiger- und Schuldnerstellung Forderungen und Verbindlichkeiten vor der Realteilung steuerlich anerkannter (s Rz 84 f) Leistungsbeziehungen zusammenfallen (**Confusio**) und deshalb erlöschen (§ 1445 ABGB), kann ein trotz Anwendung des Art V nach allgemeinen ertragsteuerlichen Grundsätzen steuerwirksamer Gewinn dann eintreten, wenn eine Verbindlichkeit mit einer niedriger bewerteten Forderung zusammenfällt (UmgrStR Rz 1626; *Mühlehner* in *H/M/H* § 30 Rz 6 f; *Walter*[11] Rz 771; *Steinmaurer* in *W/H/M*, HdU[7] § 30 Rz 9; *Wiesner*, SWK 1992, A I 146). **89**

C. Verlustabzug

Da Personengesellschaften selbst keine Ertragsteuersubjekte sind (*Bergmann* in *Bergmann/Ratka* HB-PG[2] Rz 13/1), sind allfällige Verluste unmittelbar den Gesellschaftern zuzurechnen und steht auch der **Verlustabzug** nach § 18 Abs 6 und Abs 7 EStG unmittelbar den Gesellschaftern zu. Die realteilungsbedingte Übertragung der die Verluste generierenden Betriebseinheiten lässt die steuersubjektbezogene Berechtigung zum Verlustabzug unberührt (*Walter*[11] Rz 775; *Mühlehner* **91** in *H/M/H* § 30 Rz 15; *Huber* in *W/Z/H/K*[5] § 30 Rz 21; *Haselsteiner/Ludwig* in *Bergmann/Ratka*, HB-PG[2] Rz 15/191; *Steinmaurer* in *W/H/M*, HdU[7] § 30 Rz 18; *Hammerl* in HB Sonderbilanzen II 221; *Mayr* in *D/R* I[11] Tz 1231; *W/S/S/S*, Rechtsanwälte 91; *Korntner*, FJ 2010, 149), zumal sich die ertragsteuerliche Rechtsnachfolge des § 30 Abs 1 Z 3 nur auf die „Gewinnermittlung" bezieht (s Rz 36), der Verlustabzug aber als Sonderausgabe außerhalb der Gewinnermittlung iRd Einkommensermittlung erfolgt und eine den §§ 4, 10, 21 und 35 entsprechende Regelung für Realteilungen nicht existiert.

92 **Wartetastenverluste** (etwa nach § 2 Abs 2a EStG, § 23a EStG, § 27 Abs 8 Z 2 EStG oder § 26a Abs 6 KStG) sind betriebsbezogen und können realteilungsbedingt gänzlich auf einen Nachfolgeunternehmer übergehen (UmgrStR Rz 1621; *Mühlehner* in *H/M/H* § 30 Rz 16; *Q/S* § 24 Tz 190; ErlRV 266 BlgNR 18. GP, 26; aA *Huber* in *W/Z/H/K*[5] § 30 Rz 20; *W/S/S/S*, Rechtsanwälte 90 f).

D. Wechsel der Gewinnermittlungsart

93 Zu möglichen Wechseln der Gewinnermittlungsart auf Ebene des übernehmenden Nachfolgeunternehmers s § 27 Rz 97 ff.

Sonstige Rechtsfolgen der Realteilung
§ 31. (1) Es sind anzuwenden:
1. **§ 6 Abs. 2 hinsichtlich einer im Zuge der Teilung auftretenden Verschiebung im Verhältnis der zuzurechnenden Werte mit der Maßgabe, dass der Unterschiedsbetrag mit Beginn des dem Teilungsstichtag folgenden Tages als unentgeltlich zugewendet gilt.**
2. **§ 22 Abs. 3 hinsichtlich der Umsatzsteuer.**

(2) Realteilungen nach § 27 sind von den Kapitalverkehrsteuern und von den Gebühren nach § 33 TP 21 des Gebührengesetzes 1957 befreit, wenn das zu teilende Vermögen am Tag des Abschlusses des Teilungsvertrages länger als zwei Jahre als Vermögen der zu teilenden Personengesellschaft besteht.

(3) Werden auf Grund einer Realteilung nach § 27 Erwerbsvorgänge nach § 1 des Grunderwerbsteuergesetzes 1987 verwirklicht, so ist die Grunderwerbsteuer gemäß § 4 in Verbindung mit § 7 des Grunderwerbsteuergesetzes 1987 zu berechnen, sofern diese Grundstücke nicht innerhalb der letzten drei Jahre Gegenstand eines nach diesem Bundesgesetz begünstigten Erwerbsvorganges waren.

[idF BGBl I 2015/118]

Rechtsentwicklung

BGBl 1991/699 (UmgrStG; RV 266 AB 354 BlgNR 18. GP) (Stammfassung); BGBl 1993/818 (StRefG 1993; RV 1237 AB 1301 BlgNR 18. GP) (Entfall der Z 2 des Abs 1 und Neunummerierung der Z 3 auf Z 2); BGBl 1996/797 (AbgÄG 1996; RV 497 AB 552 BlgNR 20. GP) (Anpassung des Abs 2); BGBl I 2003/71 (BudBG 2003; RV 59 AB 111 BlgNR 22. GP) (Neufassung von Abs 1 Z 1); BGBl I 2004/180 (AbgÄG 2004; RV 686 AB 734 BlgNR 22. GP) (Verweisanpassung in Abs 1 Z 2); BGBl I 2015/118 (StRefG 2015/2016; RV 684 und Zu 684 AB 750 BlgNR 25. GP) (Neufassung von Abs 3).

§ 31

Literatur 2017

Hirschler/Geweßler, Realteilung (Art V UmgrStG), in *Tumpel/Aigner* (Hrsg), Gründung, Umgründung und Beendigung von Unternehmen, Handbuch der österreichischen Steuerlehre, Band III³ (2017) 292; *Walter*, Umgründungssteuerrecht 2017¹² (2018).

Übersicht

I. Allgemeines	1, 2
II. Äquivalenzverletzung (Abs 1 Z 1)	
A. Grundsätzliches	3–5
B. Bewertung	
1. Bewertungsmaßstab	11
2. Bewertungszeitpunkt	12
C. Rechtsfolgen	
1. Unentgeltliche Zuwendung	16–21
2. Anzeigepflicht nach § 121a BAO	22, 23
3. Stiftungseingangssteuerpflicht nach dem StiftEG	24, 25
D. Signifikanz	26
E. Sachverständigengutachten	27
III. Umsatzsteuer (Abs 1 Z 2)	
A. Nichtsteuerbarkeit	31, 32
B. Umsatzsteuerliche Rechtsnachfolge	33–36
C. Exkurs: Vorsteuerabzug für Umgründungskosten	37
IV. Kapitalverkehrsteuern und Gebühren (Abs 2)	
A. Überblick	38
B. Gesellschaftsteuer	39
C. Gebühren	41, 42
D. Zeitliche Aspekte	43–49
V. Grunderwerbsteuer (Abs 3)	
A. Begünstigungstatbestand	56–59
B. Rechtsfolgen	61–64
C. Sonstiges	66–70

I. Allgemeines

§ 31 enthält mehrere Begünstigungen und Sonderregelungen, die bei Realteilungen, die die Anwendungsvoraussetzungen des Art V (s § 27 Rz 26 ff) erfüllen, zur Anwendung kommen können. Diese sind ertragsteuerlicher (s Rz 3 ff), umsatzsteuerlicher (s Rz 31 ff), kapitalverkehrsteuerlicher und gebührenrechtlicher (s Rz 38 ff) sowie grunderwerbsteuerlicher Natur (s Rz 56 ff). **1**

In der Ursprungsfassung des UmgrStG (BGBl 1991/699) enthielt § 31 noch eine Regelung betreffend den Übergang eines allfälligen Gewerbefehlbetrags, doch wurde diese mit dem StRefG 1993 (BGBl 1993/818) gestrichen, womit dem zeitgleichen Wegfall der Gewerbesteuer Rechnung getragen wurde (ErlRV 1237 BlgNR 18. GP, 72). **2**

II. Äquivalenzverletzung (Abs 1 Z 1)
A. Grundsätzliches

3 Gem § 31 Abs 1 Z 1 ist „§ 6 Abs. 2 hinsichtlich einer im Zuge der Teilung auftretenden Verschiebung im Verhältnis der zuzurechnenden Werte mit der Maßgabe [anzuwenden], dass der Unterschiedsbetrag mit Beginn des dem Teilungsstichtag folgenden Tages als unentgeltlich zugewendet gilt". Eine „Verschiebung im Verhältnis der zuzurechnenden Werte" liegt immer dann vor, wenn der Wert (s Rz 11) des teilungsbedingt erhaltenen Vermögens nicht dem Wert der dafür aufgegebenen Gesellschafterrechte entspricht. Sofern diesfalls „der Wertausgleich nicht auf andere Weise erfolgt" (§ 31 Abs 1 Z 1 iVm § 6 Abs 2 S 1), liegt eine **„Äquivalenzverletzung"** vor (*Hammerl* in HB Sonderbilanzen II 225; ErlRV 266 BlgNR 18. GP, 19).

4 Äquivalenzverletzungen lassen sich gedanklich in **zwei Schritte** zerlegen (*Walter*[11] Rz 787 ff; *Hammerl* in HB Sonderbilanzen II 225; *Hübner-Schwarzinger/Wiesner*, Lexikon 34; *Bartl*, FJ 2004, 18 f):

- In einem ersten Schritt ist die betreffende Realteilung zunächst äquivalenzwahrend durchzuführen. Der teilungsbedingt verkürzte Gesellschafter bleibt dabei fiktiv am restlichen Teilungsvermögen quotenmäßig beteiligt.
- In einem zweiten Schritt wird sodann die fiktive Vermögensquote den tatsächlichen Verhältnissen entsprechend unentgeltlich zugewendet.

5 Als zulässiger (der Anwendbarkeit des Art V unschädlicher) **„Wertausgleich [...] auf andere Weise"** kommen grundsätzlich nur Ausgleichszahlungen iSd § 29 Abs 2 (s § 29 Rz 86 ff) in Betracht (nach UmgrStR Rz 1629 ist der in Betracht kommende Wertausgleich „in der Regel" die Ausgleichszahlung). Im Schrifttum wird darüber hinaus vertreten, dass ein Wertausgleich auch „auf gesellschaftsrechtlicher Ebene" erfolgen könne (*Huber* in *W/Z/H/K*[5] § 31 Rz 1), indem etwa im Falle der Fortführung von teilungsbedingt übertragenem Vermögen in einer neuen Personengesellschaft (Nachfolgemitunternehmerschaft) eine vom Kapitalanteil abweichende alineare Gewinnbeteiligung zu Gunsten des verkürzten Nachfolgeunternehmers vereinbart wird, die der Höhe nach mit dem zur Erreichung einer Äquivalenz erforderlichen Betrag beschränkt ist (*Hirschler/Geweßler* in HBStL III[3] 326; *Steinmaurer* in *W/H/M*, HdU[7] § 31 Rz 3). Freilich wird aber in Fällen der Fortführung des übertragenen Vermögens in einer Nachfolgepersonengesellschaft häufig eine verhältniswahrende Realteilung vorliegen (s § 27 Rz 9 ff), bei der eine Äquivalenzverletzung von vornherein ausgeschlossen ist.

6 Da Realteilungen meist nicht „in Frieden" erfolgen und sich einander Fremde idR nichts zu schenken pflegen, kann im Zweifel davon ausgegangen werden, dass die Wertverhältnisse „am Markt verprobt" sind und folglich eine Äquivalenzverletzung nicht vorliegt (*Sulz/Reisch*, SWK 2003, S 368 f; BMF 21.2.2002, RdW 2002, 254).

B. Bewertung
1. Bewertungsmaßstab

11 Zur Feststellung, ob eine Äquivalenzverletzung vorliegt, sind die aufgegebenen Gesellschafterrechte und das übertragene Vermögen sowie gegebenenfalls zu berücksichtigende Maßnahmen zum Wertausgleich nach hA mit dem **Verkehrswert** zu bewerten (UmgrStR Rz 308; *Huber* in *W/Z/H/K*[5] § 31 Rz 3; *Hirschler/Geweßler* in

HBStL III³ 326; *Hammerl* in HB Sonderbilanzen II 224 f; *Haselsteiner/Ludwig* in *Bergmann/Ratka*, HB-PG² Rz 15/197; *Bruckner* in *W/H/M*, HdU⁷ § 6 Rz 19). Mangels gesetzlicher Anordnung einer Verkehrswertbewertung dürften mE jedoch zur Feststellung des Vorliegens einer Äquivalenzverletzung aus steuerlicher Sicht die **gemeinen Werte** der aufgegebenen Gesellschafterrechte und des übertragenen Vermögens maßgeblich sein (§ 1 Abs 1 iVm § 10 Abs 1 BewG; *Hügel*, Verschmelzungen § 6 Rz 10). Zwar stimmt der gemeine Wert mit dem Verkehrswert regelmäßig überein. Zu Abweichungen kann es aber insb dann und insoweit kommen, als das zu bewertende Vermögen mit Verfügungsbeschränkungen belastet ist, die in der Person des Steuerpflichtigen oder eines Rechtsvorgängers begründet sind, weil solche bei Ermittlung des gemeinen Werts gem § 10 Abs 3 BewG nicht wertmindernd zu berücksichtigen sind.

2. Bewertungszeitpunkt

Maßgeblicher Bewertungszeitpunkt ist der **Abschlusstag des Teilungsvertrags**, 12
sodass im Falle eines rückbezogenen Teilungsstichtags im Rückbeziehungszeitraum eintretende Vermögensänderungen und Änderungen der Ertragssituation zu berücksichtigen sind (UmgrStR Rz 308; *Huber* in *W/Z/H/K*⁵ § 31 Rz 4; *Hammerl* in HB Sonderbilanzen II 225).

C. Rechtsfolgen
1. Unentgeltliche Zuwendung

Das Vorliegen einer Äquivalenzverletzung steht der Anwendbarkeit von Art V 16
nicht entgegen (UmgrStR Rz 1629; *Walter*¹¹ Rz 787; *Hammerl* in HB Sonderbilanzen II 225; *Huber* in *W/Z/H/K*⁵ § 31 Rz 6; *Mühlehner* in *H/M/H* § 31 Rz 3; s a § 29 Rz 109), sondern zieht gem § 31 Abs 1 Z 1 als Rechtsfolge nach sich, dass der Unterschiedsbetrag mit Beginn des Teilungsstichtag folgenden Tags als **unentgeltlich zugewendet** gilt. Beim übernehmenden Nachfolgeunternehmer kommt es infolge der unentgeltlichen Zuwendung gem § 6 Z 9 lit a EStG zur Buchwertfortführung (*Huber* in *W/Z/H/K*⁵ § 31 Rz 7; *Mühlehner* in *H/M/H* § 31 Rz 3).

Nach zT vertretener Auffassung soll hinsichtlich der ertragsteuerlichen Rechtsfol- 17
gen einer Äquivalenzverletzung danach differenziert werden, ob diese auf privaten oder betrieblichen Gründen beruht (*Hirschler/Gewessler* in HBStL III³ 326; *Steinmaurer* in *W/H/M*, HdU⁷ § 31 Rz 4; *Q/S* § 24 Tz 195): Während bei aus privaten Gründen erfolgenden Äquivalenzverletzungen eine unentgeltliche Zuwendung iSd § 31 Abs 1 Z 1 vorläge, sollen Zuwendung aus betrieblichen Gründen (etwa um einen „lästigen" Gesellschafter zum Ausscheiden zu bewegen) beim Empfänger einen steuerpflichtigen Ertrag und auf Seite des Leistenden einen gewinnmindernden Aufwand darstellen. Da § 31 Abs 1 Z 1 jedoch die Unentgeltlichkeit derartiger Zuwendungen unabhängig ihrer privaten oder betrieblichen Motivation fingiert und unentgeltliche Übertragungen von Betrieben, Teilbetrieben oder Mitunternehmeranteilen gem § 6 Z 9 lit a EStG bei Nachfolgeunternehmern zur Buchwertfortführung führen, ist diese Differenzierung mE nicht geboten.

Sofern eine Äquivalenzverletzung aufgrund privater Motive bereits nach allgemei- 18
nem Ertragsteuerrecht als unentgeltliche Zuwendung einzustufen ist (*Bergmann* in *Bergmann/Ratka*, HB-PG² Rz 14/15 mwN), kann der Rechtsfolgenanordnung des § 31 Abs 1 Z 1 bloß deklarative Bedeutung beigemessen werden. Zu einer Fiktion konstitutiven Charakters führt die Anordnung der Unentgeltlichkeit von durch

§ 31

19 Äquivalenzverletzungen verursachten Zuwendungen hingegen bei Vorliegen betrieblicher Gründe, weil diesfalls nach allgemeinem Ertragsteuerrecht von einer Entgeltlichkeit der Zuwendung auszugehen wäre (*Bergmann* in *Bergmann/Ratka*, HB-PG², Rz 14/15 mwN).

19 Da § 31 Abs 1 Z 1 die Unentgeltlichkeit von äquivalenzverletzungsbedingten Zuwendungen unabhängig von der Rechtsform des bereicherten Nachfolgeunternehmers normiert, liegt eine solche auch dann vor, wenn dieser eine Kapitalgesellschaft ist (insofern zu pauschal KStR Rz 490, wonach eine Betriebseinnahme dann vorliege, wenn eine Zuwendung in Bereicherungsabsicht erfolgt).

20 Zumal der Unterschiedsbetrag mit „Beginn des dem Teilungsstichtag folgenden Tages" zugewendet gilt (§ 31 Abs 1 Z 1), kommt es im Falle eines rückbezogenen Teilungsstichtags zu einer **Rückwirkungsfiktion**.

21 Zu den Rechtsfolgen von Äquivalenzverletzungen bei „verunglückten" Realteilungen außerhalb des Anwendungsbereichs des Art V s § 27 Rz 209.

2. Anzeigepflicht nach § 121a BAO

22 Durch Äquivalenzverletzungen verursachte unentgeltliche Zuwendungen können bei Vorliegen von Bereicherungsabsicht (BMF AÖF 2009/37; *Ritz*, BAO⁵ § 121a Rz 2 ff; *Hügel*, Verschmelzungen § 6 Rz 6) im Zeitpunkt des Abschlusses des Teilungsvertrags (s § 6 Rz 25) nach Maßgabe des **§ 121a BAO** einem Finanzamt mit allgemeinem Aufgabenkreis zu melden sein (*Hammerl* in HB Sonderbilanzen II 225; *Hirschler/Geweßler* in HBStL III³ 326). Die Meldepflicht nach § 121a BAO wird durch Meldung der Realteilung beim dafür zuständigen Finanzamt bzw im Falle der Firmenbuchgerichtszuständigkeit (s § 28 Rz 26) durch die Vorlagepflicht der Teilungsbilanz bei den für die Nachfolgeunternehmer zuständigen Finanzämtern (s § 28 Rz 76 ff) nicht verdrängt (s a § 6 Rz 26 mwN; aA *Hirschler/Geweßler* in HBStL III³ 326). Die Anzeige hat gesondert **binnen drei Monaten ab dem tatsächlichen Erwerb** zu erfolgen (UmgrStR Rz 317; s a § 6 Rz 27) und ist gem § 121a Abs 5 BAO grundsätzlich auf elektronischem Wege zu übermitteln (vgl zu Form und Inhalt BMF AÖF 2009/37). Die vorsätzliche Unterlassung einer nach § 121a BAO gebotenen Meldung stellt eine Finanzordnungswidrigkeit iSd § 49a FinStrG dar (UmgrStR Rz 317; *Ritz*, BAO⁵ § 121a Rz 61; *Hügel*, Verschmelzungen § 6 Rz 19).

23 Bis zur mit 31.7.2008 erfolgten Aufhebung von § 1 Abs 1 Z 2 ErbStG (VfGH 15.6.2007, G 23/07) konnten Äquivalenzverletzungen bei Vorliegen von Bereicherungsabsicht **Schenkungssteuerpflicht** auslösen (UmgrStR Rz 311 ff; *Mühlehner* in *H/M/H* § 31 Rz 1; *Huber* in *W/Z/H/K*⁵ § 31 Rz 2; *Steinmaurer* in *W/H/M*, HdU⁷ § 31 Rz 3; *Hammerl* in HB Sonderbilanzen II 225; *Walter*¹¹ Rz 787).

3. Stiftungseingangssteuerpflicht nach dem StiftEG

24 Sofern eine Privatstiftung oder eine mit einer solchen vergleichbare Vermögensmasse als Gesellschafter an einer teilenden Personengesellschaft beteiligt ist (gem § 1 Abs 2 Z 3 PSG ist für Privatstiftungen eine Beteiligung als unbeschränkt haftender Gesellschafter einer eingetragenen Personengesellschaft unzulässig), können Äquivalenzverletzungen zugunsten der Privatstiftung oder der mit einer solchen vergleichbaren Vermögensmasse **Stiftungseingangssteuerpflicht** auslösen

(UmgrStR Rz 317a). Fällt eine Äquivalenzverletzung unter das StiftEG, entfällt die Schenkungsmeldepflicht (§ 121a Abs 2 lit d BAO).

Dem StiftEG unterliegen nach hA nur solche unentgeltlichen Zuwendungen, die seitens des Zuwenders mit Bereicherungswillen erfolgen (*Arnold/Stangl/Tanzer*, Privatstiftungs-Steuerrecht[2] Rz II/128h; *Varro*, Stiftungseingangssteuer 39 mwN). Sofern der Zuwendende in keinem Naheverhältnis zur die unentgeltliche Zuwendung empfangenden Privatstiftung oder vergleichbaren Vermögensmasse steht (ein solches wäre etwa gegeben, wenn der Zuwendende oder ihm nahe stehende Personen bzw eine andere Konzerngesellschaft Begünstigte der Privatstiftung sind), kann jedoch ein Bereicherungswille nicht unterstellt werden (ähnlich noch zur Schenkungssteuer *Mühlehner* in *H/M/H* § 31 Rz 1; *Huber* in *W/Z/H/K*[5] § 31 Rz 2).

25

D. Signifikanz

Ausweislich der Materialien zu § 6 Abs 2 soll es nur im Falle signifikanter (weder einem Fremdvergleich standhaltender noch auf Schwierigkeiten bei der Unternehmensbewertung zurückzuführender) Äquivalenzverletzungen zur Rechtsfolge einer unentgeltlichen Zuwendung kommen (ErlRV 266 BlgNR 18. GP, 19). Hintergrund dieser auch im Schrifttum (*Steinmaurer* in *W/H/M*, HdU[7] § 31 Rz 3; *Hirschler/Gweßler* in HBStL III[3] 326) erhobenen Forderung dürfte iZm Realteilungen der Umstand gewesen sein, dass durch Äquivalenzverletzungen bedingte Zuwendungen bis 31.7.2008 Schenkungssteuerpflicht auslösen konnten (s Rz 23; nach den ErlRV 266 BlgNR 18. GP, 19, sollte damit hingegen den im Schrifttum „geäußerten Bedenken […] und der Erfahrungstatsache Rechnung getragen werden, daß sich Gutachter in der Regel außer Stande sehen, das […] Vermögen nach betriebswirtschaftlichen Grundsätzen objektiv richtig zu bewerten"). Da Äquivalenzverletzungen nunmehr jedoch vorrangig Rechtsfolgen ertragsteuerlicher Natur nach sich ziehen, ist dem Bedürfnis von deren Beschränkung auf signifikante Äquivalenzverletzungen weitgehend die Grundlage entzogen worden. Denn ertragsteuerlich gilt der Unterschiedsbetrag mit der Konsequenz als unentgeltlich zugewendet, dass der übernehmende Nachfolgeunternehmer wie auch hinsichtlich des nicht von der Äquivalenzverletzung erfassten Vermögens die Buchwerte fortzuführen hat (s Rz 16). Ein Bedürfnis der Beschränkung der Rechtsfolgen auf signifikante Äquivalenzverletzungen kann jedoch in jenen Ausnahmefällen bestehen, in denen Stiftungseingangssteuerpflicht ausgelöst würde (s Rz 24 f). Diesfalls ist anzunehmen, dass die von der FV betreffend die mittlerweile aufgehobene Schenkungsteuer statuierten Billigkeitsgrenzen auch hinsichtlich der Stiftungseingangssteuer zur Anwendung kommen, sodass diese nur im Falle einer zu einem „offensichtliche[n] oder deutliche[n] Missverhältnis" führenden Äquivalenzverletzung erhoben wird (UmgrStR Rz 313). Ein derartiges Missverhältnis sei dann anzunehmen, „wenn die tatsächliche Gegenleistung die sonst übliche angemessene Gegenleistung um ca. 20 bis 25 % unterschreitet. Je höher der Differenzbetrag in absoluten Zahlen ist, umso geringer darf der Prozentsatz der Abweichung sein" (UmgrStR Rz 313).

26

E. Sachverständigengutachten

Gem § 31 Abs 1 Z 1 iVm § 6 Abs 2 S 2 sind die Wertverhältnisse „im Zweifel durch das **Gutachten eines Sachverständigen** nachzuweisen". Da es sich seit dem StRefG 1993 (BGBl 1993/818) um keinen „unabhängigen" Sachverständigen handeln muss, kommt als solcher etwa auch der die Umgründung betreuende Wirtschafts-

27

treuhänder der realteilenden Personengesellschaft in Betracht (*Steinmaurer* in *W/H/M*, HdU[7] § 31 Rz 4; *Hirschler/Geweßler* in HBStL III[3] 327; *Hügel*, Verschmelzungen § 6 Rz 12). Nicht zwingend erforderlich (wenngleich aber ratsam) ist, dass ein im Zweifel einzuholendes Gutachten bereits im Zeitpunkt des Abschlusses des Teilungsvertrags vorliegt, sodass ein Gutachten gegebenenfalls auch erst während einer Außenprüfung nachgebracht werden kann (*Hügel*, Verschmelzungen § 6 Rz 13; *Bruckner* in *W/H/M*, HdU[7] § 6 Rz 20).

III. Umsatzsteuer (Abs 1 Z 2)
A. Nichtsteuerbarkeit

31 Gem § 31 Abs 1 Z 2 ist „§ 22 Abs. 3 hinsichtlich der Umsatzsteuer" anzuwenden. Realteilungen iSd Art V gelten daher „nicht als steuerbare Umsätze" iSd UStG (§ 31 Abs 1 Z 2 iVm § 22 Abs 3). Teilungsbedingte Vermögensübertragungen können daher weder Umsatzsteuerpflicht auslösen noch das Erfordernis einer Vorsteuerberichtigung gem § 12 Abs 10 ff UStG nach sich ziehen (VwGH 5.7.1994, 94/14/0021; *Schwarzinger/Wiesner* II[2] 1134; *Haselsteiner/Ludwig* in *Bergmann/Ratka*, HB-PG[2] Rz 15/201; *Toifl* in *Bergmann/Ratka*, HB-PG[2] Rz 18/51; *Huber* in *W/Z/H/K*[5] § 31 Rz 8; *W/S/S/S*, Rechtsanwälte 125; *Reinweber ua*, UmgrStR[4] 233; *Mühlehner* in *H/M/H* § 31 Rz 4; UmgrStR Rz 1630).

32 Zu den umsatzsteuerlichen Rechtsfolgen „verunglückter" Realteilungen außerhalb des Anwendungsbereichs des Art V s § 27 Rz 210.

B. Umsatzsteuerliche Rechtsnachfolge

33 Die Nachfolgeunternehmer treten „für den Bereich der Umsatzsteuer unmittelbar in die Rechtsstellung" der übertragenden Personengesellschaft ein (§ 31 Abs 1 Z 2 iVm § 22 Abs 3). Durch den unmittelbaren Eintritt soll ein „umsatzsteuerliches Vakuum vor allem im Bereich des Eigenverbrauches" verhindert werden (ErlRV 266 BlgNR 18. GP, 19; *Ruppe/Achatz*, UStG[4] § 2 Tz 157). Die Rechtsnachfolge führt hinsichtlich des übernommenen Vermögens zum Übergang der beim Rechtsvorgänger entstandenen Umsatzsteuerschulden bzw -guthaben, zum Übergang der Berücksichtigung von Änderungen der Bemessungsgrundlage nach § 16 UStG, zum Weiterlaufen allfälliger Fristen sowie zum Übergang des Anspruchs des Leistungsempfängers auf Rechnungsausstellung (s § 6 Rz 37 mwN).

34 Das UmgrStG sieht **keine rückwirkende** umsatzsteuerliche Rechtsnachfolge auf einen gegebenenfalls vor dem Abschlusstag des Teilungsvertrags liegenden Teilungsstichtag vor (UmgrStR Rz 1631; UStR Rz 55; *Ruppe/Achatz*, UStG[4] § 2 Tz 156; *Windsteig* in *Melhardt/Tumpel*, UStG[2] § 1 Rz 196; *Walter*[11] Rz 794; *Mühlehner* in *H/M/H* § 31 Rz 5; *Steinmaurer* in *W/H/M*, HdU[7] § 31 Rz 5; *Hirschler/Geweßler* in HBStL III[3] 327; *Huber* in *W/Z/H/K*[5] § 31 Rz 11; *W/S/S/S*, Rechtsanwälte 125; *Schwarzinger/Wiesner* II[2] 1134; *Haselsteiner/Ludwig* in *Bergmann/Ratka*, HB-PG[2] Rz 15/202). Die Zugehörigkeit von Umsätzen zum Unternehmen der übertragenden Personengesellschaft endet demnach grundsätzlich mit der tatsächlichen Übertragung des diesen zugrunde liegenden Vermögens (*Mühlehner* in *H/M/H* § 31 Rz 5). Nach der Verwaltungspraxis kann der Übergang der umsatzsteuerlichen Zurechnung aber aus Vereinfachungsgründen mit dem der Anmeldung zur Eintragung im Firmenbuch bzw (soweit unternehmensrechtlich keine Eintragung im Firmenbuch vorgesehen ist) mit dem der Meldung beim zuständigen Finanzamt folgenden Monatsersten angenommen werden (sofern der zuständigen Abgabenbehörde kein anderer Stichtag des tatsächlichen Wechsels der Unternehmereigenschaft dargetan wird), sodass die Umsätze bzw Vorsteuerbeträge dem Nachfolgeunternehmer erst ab diesem Zeitpunkt zuzurechnen sind (UmgrStR Rz 1631; UStR Rz 56; zum Hintergrund s § 6 Rz 39).

Mangels Rückwirkung hat die übertragende Personengesellschaft für den Zeitraum zwischen einem rückbezogenen Teilungsstichtag und dem Ende der Unternehmerfunktion noch USt-Voranmeldungen zu erstellen und eine gesonderte USt-Erklärung abzugeben (*Ruppe/Achatz*, UStG[4] § 2 Tz 156; s § 6 Rz 40). 35

Die Nachfolgeunternehmer sind hinsichtlich der Wahl eines abweichenden umsatzsteuerlichen Wirtschaftsjahrs nicht an den Stichtag der übertragenden Personengesellschaft gebunden (*Huber* in W/Z/H/K[5] § 31 Rz 11; *Sulz* in W/H/M, HdU[1] § 26 Rz 41). 36

C. Exkurs: Vorsteuerabzug für Umgründungskosten

Die USt für Dienstleistungen, die eine übertragende Personengesellschaft für die Durchführung der Realteilung in Anspruch nimmt (etwa Beratungsleistungen und Notarkosten), ist insoweit (gegebenenfalls auch nur anteilig) als Vorsteuer abzugsfähig, als auch für die Umsätze der übertragenden Personengesellschaft das Recht auf Vorsteuerabzug besteht (EuGH 22.2.2001, C-408/98, *Abbey National*, Slg 2001 I-1361; UmgrStR Rz 1631; *Haselsteiner/Ludwig* in Bergmann/Ratka, HB-PG[2] Rz 15/202; *Toifl* in Bergmann/Ratka, HB-PG[2] Rz 18/53; *Ruppe/Achatz*, UStG[4] § 2 Tz 157). 37

IV. Kapitalverkehrsteuern und Gebühren (Abs 2)
A. Überblick

Gem § 31 Abs 2 sind Realteilungen iSd Art V „von den Kapitalverkehrsteuern und von den Gebühren nach § 33 TP 21 des Gebührengesetzes 1957 befreit, wenn das zu teilende Vermögen am Tag des Abschlusses des Teilungsvertrages länger als zwei Jahre als Vermögen der zu teilenden Personengesellschaft besteht". 38

B. Gesellschaftsteuer

Von der Kapitalverkehrsteuerbefreiung können nur solche Realteilungsfälle betroffen sein, bei denen mehrere Nachfolgeunternehmer übertragenes Vermögen gemeinsam in einer **Kapitalgesellschaft & Co KG** als Nachfolgemitunternehmerschaft fortführen, bei deren Neugründung gem § 2 Z 1 iVm § 4 Abs 1 Z 1 KVG **Gesellschaftsteuer** anfallen würde (*Knörzer/Althuber*, GesSt[2] § 6 Rz 98; *Mühlehner* in H/M/H § 31 Rz 10; *Huber* in W/Z/H/K[5] § 31 Rz 15). Die Befreiungsbestimmung des § 31 Abs 2 dürfte jedoch nur dann zum Zug kommen, wenn die als Komplementärin fungierende Kapitalgesellschaft bereits vor der Realteilung an der teilenden Personengesellschaft vermögensbeteiligt war (BMF 27.4.1993, RdW 1993, 231). Aufgrund des Außerkrafttretens der Gesellschaftsteuer mit 31.12.2015 (§ 38 Abs 3e KVG) hat die Befreiungsbestimmung zwischenzeitlich ihre Bedeutung verloren (UmgrStR Rz 1633). 39

C. Gebühren

Die **Befreiung der Zessionsgebühr** nach § 33 TP 21 GebG betrifft realteilungsbedingte Übertragungen von Forderungen und stillen Beteiligungen (*Huber* in W/Z/H/K[5] § 31 Rz 17; *Mühlehner* in H/M/H § 31 Rz 12; *Hirschler/Geweßler* in HBStL III[3] 328). 41

42 Ursprünglich erfasste die Befreiungsbestimmung des § 31 Abs 2 auch Gebühren nach § 33 TP 15 (Verträge über die Errichtung von Erwerbs- und Wirtschaftsgenossenschaften) und TP 16 GebG (Gesellschaftsverträge). Mit Streichung dieser Befreiungen im Zuge des AbgÄG 1996 (BGBl 1996/797) wurde der Aufhebung von § 33 TP 15 und 16 GebG durch Art IV Z 2 des BG BGBl 1994/629 Rechnung getragen.

D. Zeitliche Aspekte

43 Die Befreiungen des § 31 Abs 2 kommen nur dann zur Anwendung, wenn das zu teilende Vermögen am Tag des Abschlusses des Teilungsvertrags **länger als zwei Jahre als Vermögen der übertragenden Personengesellschaft besteht**. Erwerbe unter Gesamtrechtsnachfolge unterbrechen den Fristenlauf nicht (UmgrStR Rz 1228 u 1632; BMF 3.7.1996, SWI 1996, 363; *Huber* in *W/Z/H/K*^{5} § 31 Rz 19; aA ErlRV 226 BlgNR 18. GP, 31). Bei Einzelrechtsnachfolgeerwerben beginnt die Frist hingegen im Zeitpunkt des zivilrechtlichen Erwerbs durch die realteilende Personengesellschaft zu laufen (UmgrStR Rz 1228 u 1235; *Mühlehner* in *H/M/H* § 31 Rz 9; *Huber* in *W/Z/H/K*^{5} § 31 Rz 19; ErlRV 226 BlgNR 18. GP, 31).

44 Die Zweijahresfrist bezieht sich auf das Bestehen des Vermögens als Betrieb, Teilbetrieb oder Mitunternehmeranteil iSd § 27 Abs 2 (ErlRV 226 BlgNR 18. GP, 31). Vermögenserweiterungen innerhalb der Zweijahresfrist, die die Eigenschaft des Vermögens als Betrieb oder Teilbetrieb nicht berühren (wie etwa der Kauf einzelner Gegenstände), sind für den Fristenlauf unschädlich (*Hirschler/Geweßler* in HBStL III^3 327; *Huber* in *W/Z/H/K*^{5} § 31 Rz 20; ErlRV 226 BlgNR 18. GP, 31). Sofern jedoch innerhalb der Zweijahresfrist erfolgte Zuerwerbe selbst Betriebs-, Teilbetriebs- oder Mitunternehmeranteilseigenschaft aufweisen, sind sie von den Befreiungen des § 31 Abs 2 nicht erfasst (*Huber* in *W/Z/H/K*^{5} § 31 Rz 20; ErlRV 226 BlgNR 18. GP, 31). Wenn ein bereits seit zwei Jahren bei der teilenden Personengesellschaft bestehender Betrieb erst innerhalb der Zweijahresfrist in Teilbetriebe untergliedert wird, ist das Fristerfordernis auch hinsichtlich der (strenggenommen noch nicht mehr als zwei Jahre existierenden) Teilbetriebe erfüllt (*Steinmaurer* in *W/H/M*, HdU^7 § 31 Rz 11).

45 Da auch ein Bruchteil eines Mitunternehmeranteils für sich als Mitunternehmeranteil gilt (VwGH 8.3.1994, 91/14/0173; *Bergmann* in *Bergmann/Ratka*, HB-PG^2 Rz 14/8), führt eine innerhalb von zwei Jahren vor der Realteilung erfolgte Aufstockung der Beteiligungsquote durch Hinzuerwerb eines Mitunternehmeranteils an derselben Personengesellschaft dazu, dass hinsichtlich des Erhöhungsbetrags das Fristerfordernis des § 31 Abs 2 nicht erfüllt ist (*Huber* in *W/Z/H/K*^{5} § 31 Rz 21; *Mühlehner* in *H/M/H* § 31 Rz 9). Sofern teilungsbedingt der gesamte Mitunternehmeranteil übertragen wird, sind daher die Begünstigungen des § 31 Abs 2 nur anteilig zu gewähren. Unklar ist hingegen, wie im Falle einer Abteilung vorzugehen ist, bei der ein innerhalb der Zweijahresfrist quotenmäßig erhöhter Mitunternehmeranteil nur zum Teil auf Nachfolgeunternehmer übertragen wird und teils bei der fortbestehenden Personengesellschaft verbleibt. Nach Ansicht der FV dürfte auch diesfalls eine Aliquotierung vorzunehmen sein (EStR Rz 7376 zur Siebenjahresfrist des § 37 Abs 2 und 5 EStG bei der sukzessiven Mitunternehmeranteilsveräußerung), doch müsste es richtigerweise in der Dispositionsbefugnis der abteilenden Personengesellschaft liegen, ob sie die außer- oder innerhalb der Zweijahresfrist erworbenen Bruchteile des Mitunternehmeranteils überträgt bzw zurückbehält, sodass im Zweifel die Begünstigungen des § 31 Abs 2 mE nur dann und insoweit nicht anzuwenden sind, als die teilungsbedingt übertragenen Bruchteile des Mitunternehmeranteils die mehr als zwei Jahre vor der Realteilung von der übertragenden Personengesellschaft gehaltene Beteiligungsquote übersteigt (ähnlich *Huber* in *W/Z/H/K*^{5} § 31 Rz 21; zur Siebenjahresfrist des § 37 Abs 2 und 5 EStG *Beiser*, RdW 1991, 158; *Bergmann* in *Bergmann/Ratka*, HB-PG^2 Rz 14/51 ff).

Gesellschafterwechsel bei der übertragenden Personengesellschaft selbst sind dem Fristenlauf unschädlich (VwGH 14.11.1996, 94/16/0157; *Hirschler/Geweßler* in HBStL III^3 327; *Huber* in *W/Z/H/K*^{5} § 31 Rz 19; *Steinmaurer* in *W/H/M*, HdU^7 § 31 Rz 11; *Mühlehner* in *H/M/H* § 31 Rz 9; UmgrStR Rz 1229; ErlRV 226 BlgNR 18. GP, 31). **46**

Da hinsichtlich der Kapitalverkehrsteuern und Gebühren **keine Rückwirkungsfiktion** vorgesehen ist, sind für deren Bemessung die Verhältnisse an einem allenfalls rückbezogenen Teilungsstichtag ohne Bedeutung (*Steinmaurer* in *W/H/M*, HdU^7 § 31 Rz 11 f; *Huber* in *W/Z/H/K*^{5} § 31 Rz 14). **47**

Bei **Mehrfachzügen** (insb bei Verbindung einer Realteilung mit einem Zusammenschluss) ist die Zweijahresfrist nur bei der ersten Umgründung erfüllt (*Hirschler/Geweßler* in HBStL III^3 327 f; *Steinmaurer* in *W/H/M*, HdU^7 § 31 Rz 11). § 39 gilt nur für den Bereich der Ertragsteuern (*Steinmaurer* in *W/H/M*, HdU^7 § 31 Rz 11; s § 39 Rz 23). **48**

Innerhalb der Zweijahresfrist kann hinsichtlich der Gesellschaftsteuer auch die Befreiungsbestimmung des § 6 KVG greifen (*Walter*^{11} Rz 796). Bei teilungsbedingten Vertragsübernahmen kommt hinsichtlich allfälliger Stempel- und Rechtsgebühren die Befreiungsbestimmung des § 42 zur Anwendung (s § 42 Rz 6 ff). **49**

V. Grunderwerbsteuer (Abs 3)
A. Begünstigungstatbestand

Werden aufgrund einer Realteilung iSd Art V Erwerbsvorgänge nach § 1 GrEStG verwirklicht, so ist nach § 31 Abs 3 die GrESt gem § 4 iVm § 7 GrEStG zu berechnen, „sofern diese Grundstücke nicht innerhalb der letzten drei Jahre Gegenstand eines nach diesem Bundesgesetz begünstigten Erwerbsvorganges waren". Mit der Wendung „nach diesem Bundesgesetz" ist das UmgrStG gemeint (*Mühlehner* in *H/M/H* § 31 Rz 17; *Huber* in *W/Z/H/K*^{5} § 31 Rz 24). **56**

Der Einschränkung „sofern diese Grundstücke nicht innerhalb der letzten drei Jahre Gegenstand eines nach diesem Bundesgesetz begünstigten Erwerbsvorganges waren" müsste seit dem StRefG 2015/2016 in teleologischer Reduktion bedeutungslos sein, zumal diese mit den §§ 4 Abs 1 S 2 und 7 Abs 1 Z 2 lit b GrEStG in Widerspruch steht (*Bergmann*, SWK 2016, 13 ff; aA jedoch UmgrStR Rz 1634; *Bodis*, SWK 2016, 17). Entgegen der Auffassung der Finanzverwaltung dürfte sich § 31 Abs 3 daher auf die Aussage beschränken, dass sich die GrESt bei aufgrund von Realteilungen verwirklichten Erwerbsvorgängen iSd § 1 GrEStG gem § 4 iVm § 7 GrEStG berechnet (aA UmgrStR Rz 1634; *Bodis*, SWK 2016, 17). Eine diesbezügliche Klarstellung durch den Gesetzgeber wäre im Interesse der Rechtssicherheit wünschenswert (*Petritz-Klar/Petritz*, taxlex 2016, 176). **57**

58 Da sich die GrESt ohnehin bei sämtlichen, sowohl im Rahmen von Umgründungen als auch außerhalb von solchen verwirklichten Erwerbsvorgängen iSd § 1 GrEStG gem § 4 iVm § 7 GrEStG berechnet, dürfte dem in § 31 Abs 3 enthaltenen Verweis auf § 4 iVm § 7 GrEStG kein besonderer Erklärungswert zukommen, sodass dieser de lege ferenda gänzlich entfallen könnte (*Bergmann*, SWK 2016, 17; offenbar aA UmgrStR Rz 1634).

59 Anders als nach der Befreiungsbestimmung des § 31 Abs 2 ist nach § 31 Abs 3 eine **Mindestzugehörigkeitsdauer** des übertragenen Grundstückes zum Vermögen der teilenden Personengesellschaft **nicht erforderlich** (*Mühlehner* in *H/M/H* § 31 Rz 13; *Huber* in *W/Z/H/K*[5] § 31 Rz 25).

B. Rechtsfolgen

61 Gem § 4 Abs 1 S 1 GrEStG ist die GrESt grundsätzlich vom Wert der Gegenleistung, mindestens aber vom Grundstückswert zu berechnen. Abweichend davon ist die GrESt bei Vorgängen nach dem UmgrStG gem § 4 Abs 1 S 2 GrEStG immer vom Grundstückswert zu berechnen. Der Grundstückswert ist gem § 4 Abs 1 S 3 GrEStG iVm der Grundstückswertverordnung 2016 (BGBl II 2015/442) entweder

- als Summe des hochgerechneten (anteiligen) dreifachen Bodenwertes gem § 53 Abs 2 BewG und des (anteiligen) Wertes des Gebäudes oder
- in Höhe eines von einem geeigneten Immobilienpreisspiegel abgeleiteten Wertes

zu berechnen. Weist ein Steuerschuldner nach, dass der gemeine Wert des Grundstückes im Zeitpunkt des Entstehens der Steuerschuld geringer ist als der nach der Grundstückswertverordnung 2016 ermittelte Grundstückswert, gilt der geringere gemeine Wert als Grundstückswert (§ 4 Abs 1 S 5 GrEStG). Erfolgt dieser Nachweis durch Vorlage eines Schätzungsgutachtens, das von einem allgemein beeideten und gerichtlich zertifizierten Immobiliensachverständigen erstellt wurde, hat der von diesem festgestellte Wert die Vermutung der Richtigkeit für sich (Beweislastumkehr; § 4 Abs 1 S 6 GrEStG).

62 Abweichend vom beschriebenen Regime des § 4 Abs 1 GrEStG ist die GrESt gem § 4 Abs 2 Z 4 GrEStG bei umgründungsbedingten Erwerben land- und forstwirtschaftlicher Grundstücke vom einfachen Einheitswert zu berechnen.

63 Gem § 7 Abs 1 Z 2 lit c GrEStG beträgt der GrESt-Tarif bei Vorgängen nach dem UmgrStG grundsätzlich 0,5 %. Sofern sich die GrESt bei umgründungsbedingten Erwerben von land- und forstwirtschaftlichen Grundstücken jedoch vom Einheitswert berechnet (§ 4 Abs 2 Z 4 GrEStG), beträgt der GrESt-Tarif gem § 7 Abs 1 Z 3 GrEStG 3,5 % (ErlRV 684 BlgNR 25 GP, 40; *Bodis/Fiala/Lattner/Ofner* in *Mayr/Lattner/Schlager*, StRef 2015/16, 100; *Schimmer/Stückler*, ÖStZ 2015, 461).

63a Nach mE **unzutreffender Verwaltungspraxis** soll sich die GrESt dann nicht gem § 4 Abs 1 S 2 GrEStG iVm § 7 Abs 1 Z 2 lit c GrEStG (0,5 % vom Grundstückswert) berechnen, „sondern nach den allgemeinen Bestimmungen über die Bemessungsgrundlage und den Tarif", wenn die teilungsbedingt erworbenen Grundstücke bereits innerhalb der letzten 3 Jahre Gegenstand eines nach dem UmgrStG begünstigten Erwerbsvorganges waren (UmgrStR Rz 1634). Dies sei bei Heranziehung folgender Bemessungsgrundlagen bzw Steuersätze innerhalb der letzten 3 Jahre der Fall (UmgrStR Rz 1634):

- Der zweifache Einheitswert als Bemessungsgrundlage (§§ 6 Abs 6, 11 Abs 5, 22 Abs 5, 26 Abs 4, 31 Abs 3 oder 38 Abs 6 UmgrStG idF vor dem StRefG 2015/2016) bei Umgründungen mit einem Stichtag vor dem 1.1.2016;
- der Grundstückswert als Bemessungsgrundlage (§ 4 Abs 1 S 2 GrEStG) und der Steuersatz von 0,5 % (§ 7 Abs 1 Z 2 lit c GrEStG) bei Umgründungen mit einem Stichtag nach dem 31.12.2015 bei nicht land- und forstwirtschaftlichen Grundstücken;
- der Einheitswert als Bemessungsgrundlage (§ 4 Abs 2 Z 4 GrEStG) und der Steuersatz von 3,5 % (§ 7 Abs 1 Z 3 GrEStG) bei land- und forstwirtschaftlichen Grundstücken.

Als Bemessungsgrundlage sei in diesen Fällen bei nicht land- und forstwirtschaftlichen Grundstücken der Wert der Gegenleistung, mindestens aber der Grundstückswert der erworbenen Grundstücke, bei land- und forstwirtschaftlichen Grundstücken der gemeine Wert heranzuziehen (UmgrStR Rz 1634). Welcher Steuersatz anzuwenden ist, hänge davon ab, ob der Erwerbsvorgang als unentgeltlich, teilentgeltlich oder entgeltlich einzustufen ist: Für die unentgeltlichen Teile komme der Stufentarif gem § 7 Abs 1 Z 2 lit a GrEStG zur Anwendung, während für die entgeltlichen Teile der Steuersatz gem § 7 Abs 1 Z 3 GrEStG 3,5 % beträgt (UmgrStR Rz 1634).

Für die Ermittlung der GrESt sind die Wertverhältnisse zum **Zeitpunkt der Verschaffung der Verfügungsmacht** über das Grundstück maßgeblich, somit idR der Abschlusszeitpunkt des Teilungsvertrags (*Huber* in *W/Z/H/K*[5] § 31 Rz 26; *Steinmaurer* in *W/H/M*, HdU[7] § 31 Rz 14 f). Eine Rückwirkungsfiktion auf einen allfällig vor dem Tag des Abschlusses des Teilungsvertrags liegenden Teilungsstichtag existiert nicht (*Steinmaurer* in *W/H/M*, HdU[7] § 31 Rz 14; *Huber* in *W/Z/H/K*[5] § 31 Rz 26). Bei Anwendbarkeit der GrESt-Begünstigung ist dies freilich infolge der starren Einheitswerte bedeutungslos.

C. Sonstiges

Zumal die Übertragung von **Sonderbetriebsvermögen** nur dann unter Art V fällt, wenn das übertragende Sonderbetriebsvermögen dem übernehmenden Nachfolgeunternehmer bereits vor der Realteilung zuzurechnen war (s § 27 Rz 53 ff), kommt die GrESt-Begünstigung des § 31 Abs 3 nicht zur Anwendung, wenn ein im Sonderbetriebsvermögen eines Gesellschafters gehaltenes Grundstück teilungsbedingt auf einen anderen Gesellschafter als Nachfolgeunternehmer übertragen wird (aA BMF 22.8.1997, RdW 1997, 703; *Steinmaurer* in *W/H/M*, HdU[7] § 31 Rz 13; *Huber* in *W/Z/H/K*[5] § 31 Rz 27).

Wird bei einer Realteilung einer GesbR ein Grundstück bzw mehrere zu einer wirtschaftlichen Einheit gehörende Grundstücke **geteilt**, kann auch die Befreiungsbestimmung des § 3 Abs 2 GrEStG zur Anwendung kommen (*Mühlehner* in *H/M/H* § 31 Rz 16), weil mangels Rechtsfähigkeit der GesbR das Gesellschaftsvermögen einschließlich des Grundstücks im unmittelbaren Eigentum der Gesellschafter steht (nach UmgrStR Rz 1634 und *Huber* in *W/Z/H/K*[5] § 31 Rz 31 dürfte § 3 Abs 2 GrEStG hinsichtlich aller Personengesellschaftstypen anzuwenden sein).

Als ermäßigte Bemessungsgrundlage der 1,1%igen **Grundbucheintragungsgebühr** ist bei Realteilungen der dreifache Einheitswert (maximal jedoch 30 % des Verkehrswerts) des Grundstücks heranzuziehen (§ 26a Abs 1 Z 2 GGG), wobei die

Ermäßigung der Bemessungsgrundlage (bei sonstiger Verwirkung) nur dann zur Anwendung kommt, wenn sie bei der Eingabe unter Hinweis auf die gesetzliche Grundlage in Anspruch genommen wird (§ 26a Abs 2 GGG; *Beiser*, SWK 2013, 1239 f). Mangels entsprechender Einschränkung kann die ermäßigte Bemessungsgrundlage bei Mehrfachumgründungen mehrmals in Anspruch genommen werden (*Beiser*, SWK 2013, 1240).

Artikel VI

Spaltung

Anwendungsbereich

§ 32. (1) Spaltungen im Sinne dieses Bundesgesetzes sind

1. Auf- und Abspaltungen zur Neugründung oder zur Aufnahme auf Grund des Bundesgesetzes über die Spaltung von Kapitalgesellschaften, BGBl Nr. 304/1996, und
2. Spaltungen ausländischer Körperschaften im Ausland auf Grund vergleichbarer Vorschriften,

wenn nur Vermögen im Sinne der Abs. 2 und/oder 3 auf die neuen oder übernehmenden Körperschaften tatsächlich übertragen wird und soweit das Besteuerungsrecht der Republik Österreich hinsichtlich der stillen Reserven einschließlich eines allfälligen Firmenwertes beim Rechtsnachfolger nicht eingeschränkt wird.

(2) Zum Vermögen zählen Betriebe, Teilbetriebe, Mitunternehmeranteile und Kapitalanteile im Sinne des § 12 Abs 2.

(3) Abweichend von Abs. 2 gilt Folgendes:

1. Liegen bei einem Forstbetrieb keine Teilbetriebe im Sinne des § 12 Abs. 2 Z 1 vor, gilt als Teilbetrieb die Übertragung von Flächen, für die ein gesetzlicher Rechtsanspruch besteht und die von der neuen oder übernehmenden Körperschaft für sich als Forstbetrieb geführt werden können.
2. Liegen bei einem Betrieb, dessen wesentliche Grundlage der Klienten- oder Kundenstock ist, keine Teilbetriebe im Sinne des § 12. Abs. 2 Z 1 vor, gilt bei einer nicht verhältniswahrenden Auf- oder Abspaltung als Teilbetrieb die Übertragung jenes Teiles des Klienten- oder Kundenstocks, der in der spaltenden Körperschaft bereits vor der Spaltung von einem Anteilsinhaber dauerhaft betreut worden ist und in der neuen oder übernehmenden Körperschaft für sich als Betrieb geführt werden kann.

(4) Auf Spaltungen im Sinne des Abs. 1 sind die §§ 33 bis 38 anzuwenden.

[idF BGBl I 2003/71]

Rechtsentwicklung

BGBl 1991/699 (UmgrStG; RV 266 AB 354 BlgNR 18. GP) (Stammfassung – Regelung zur Steuerspaltung); BGBl 1993/818 (StRefG 1993; RV 1237 AB 1301 BlgNR 18. GP) (Regelung zur Steuerspaltung); BGBl 1994/681 (EU-AnpG; RV 1701 AB 1816 BlgNR 18. GP) (Änderung des § 32 Abs 4 für Umgründungen, bei denen die zugrunde liegenden Beschlüsse oder Verträge nach dem 1.1.1995 zustande gekommen sind; s auch BGBl 1995/50); BGBl 1996/797 (AbgÄG 1996; RV 497 AB 552 BlgNR 20. GP) (grundlegende Novelle des Art VI); BGBl I 2000/142 (BudBG 2001; RV 311 AB 369) (Ergänzung des § 32 Abs 1 Z 2 ab 30.12.2000); BGBl I 2003/71 (BudBG 2003; RV 59 AB 111 BlgNR 22. GP) (Einfügung von § 32 Abs 3 ab 21.8.2003).

Übersicht

I.	Anwendungsbereich		
	A. Spaltungsbegriff		
		1. Allgemeines	
			a) Begriffsbestimmung.. 1, 2
			b) Handelsspaltung.. 3
			c) Steuerspaltung... 4
		2. EU-Recht... 5, 6
		3. Zwingende Anwendbarkeit 7
		4. Spaltungsrelevante Besteuerungsebenen und Regelungsstruktur des Art VI... 8
	B. Kategorisierung		
		1. Rechtliche Kategorisierung.. 10
			a) Auf- und Abspaltung... 11, 12
			b) Spaltung zur Neugründung und Spaltung zur Aufnahme.. 13, 14
			c) Verhältniswahrende und nicht verhältniswahrende Spaltung.. 15, 16
		2. Internationale Kategorisierung	
			a) Inlandsspaltung... 17
			b) Auslandsspaltung... 18
			c) Grenzüberschreitende Spaltung 19
		3. Wirtschaftliche Kategorisierung	
			a) Konzentrationsspaltung.. 20
			b) Konzernspaltung... 21–24
II.	Anwendungsvoraussetzung (Abs 1)		
	A. Allgemeines... 30, 31
	B. Maßgeblichkeit des Gesellschaftsrechts		
		1. Allgemeines... 32
		2. Bindung der Abgabenbehörde... 33
		3. Nachträgliche Nichtigkeit 34
III.	Inlandsspaltung (Abs 1 Z 1)		
	A. Allgemeines... 40
	B. Spaltungssubjekte... 41, 42
	C. Anteilsinhaber... 43
IV.	Auslandsspaltung (Abs 1 Z 2)		
	A. Allgemeines... 45–47
	B. Anwendungsvoraussetzung		
		1. Spaltung ausländischer Körperschaften im Ausland........ 48
		2. Vergleichbarkeit mit dem SpaltG 49
		3. Vergleichbarkeit mit inländischer Körperschaft 50
		4. Übertragung von qualifiziertem Vermögen....................... 51
V.	Grenzüberschreitende Spaltung inländischer Körperschaften (Abs 1 Z 1)		
	A. Begriff... 55
	B. Gesellschaftsrechtliche Zulässigkeit.. 56
	C. Steuerrechtliche Qualifizierung... 57

VI. Übertragung von qualifiziertem Vermögen (Abs 1 bis 3)
   A. Allgemeines 60, 61
      1. Vermögen gem § 32 Abs 2 62
      2. Fiktive Teilbetriebe gem § 32 Abs 3 63
         a) Forstbetrieb 64
         b) Klienten- oder Kundenstock 65
      3. Gesetzliche Unvereinbarkeitsvorschriften 66
   B. Ausschließlichkeit 70–73
   C. Tatsächliche Übertragung 74
VII. Aufrechterhaltung der Steuerverstrickung (Abs 1) 80
   A. Inlandsspaltung 81
   B. Auslandsspaltung 82
   C. Grenzüberschreitende Spaltung 83, 84
VIII. Missglückte Spaltung
   A. Gründe für die Nicht- und Teilanwendbarkeit des Art VI 85
   B. Rechtsfolgen bei Nichtanwendbarkeit
      1. Allgemeines 86
      2. Gesellschaftsteuer 87
      3. Grunderwerbsteuer 88
      4. Umsatzsteuer 89
      5. Ertragsteuer
         a) Abspaltung 90–93
         b) Aufspaltung 94–96

I. Anwendungsbereich

A. Spaltungsbegriff

1. Allgemeines

a) Begriffsbestimmung

Art VI regelt die **steuerneutrale Spaltung** von **Vermögensteilen** einer Körperschaft. Die Spaltung stellt einen Gegenpart zur Verschmelzung dar und wird auch **Realteilung von Körperschaften** genannt (*Zöchling/Andreaus* in W/Z/H/K[5] § 32 Rz 1; *Kalss*[2] Vor § 1 SpaltG Rz 1; UmgrStR Rz 1644; *Wiesner/Mayr*, RdW 2007, 699; *Schlager* in HB Sonderbilanzen 227). Unter Spaltung wird konkret die **Übertragung von Vermögen** von einer Körperschaft an eine oder mehrere andere Körperschaft(en) unter partieller Gesamtrechtsnachfolge verstanden. Die Anteile an der übernehmenden Körperschaft sind grundsätzlich an die **Anteilsinhaber der übertragenden Körperschaft zu gewähren** (*Kalss*[2] Vor § 1 SpaltG Rz 1; *Schlager* in HB Sonderbilanzen 227). Dies unterscheidet die Spaltung von der Einbringung, da im Falle der Einbringung die Anteile grundsätzlich an den Übertragenden zu gewähren sind (*Huber* in W/H/M VI Einführung Rz 1).

Art VI regelt zum einen die **Spaltung nach dem SpaltG** bzw **die Spaltung auf Grund vergleichbarem ausländischen Gesellschaftsrecht** (§§ 32 bis 38), auch „**Handelsspaltung**" genannt, und zum anderen die **Steuerspaltung** (§§ 38a bis 38 f).

Die Trennung ist **historisch** bedingt, da das Spaltungsgesetz (SpaltG, BGBl 1993/458) erst nach dem Ergehen des UmgrStG (BGBl 1991/699) erlassen wurde. Somit entstand mit BGBl 1991/699 die Steuerspaltung, die über den Anwendungsbereich des

SpaltG hinausgeht (UmgrStR Rz 1644). Mit BGBl 1993/818 wurde die gesellschaftsrechtliche Maßgeblichkeit (Handelsspaltung) im UmgrStG mitaufgenommen. Zum anderen sollte aber die weitergehende Steuerspaltung für jene Fälle aufrechterhalten werden, in denen die gesellschaftsrechtliche Figur nicht zur Anwendung kommt (*Schlager* in HB Sonderbilanzen 227). Im Zuge der Einführung eines neuen SpaltG mit Art XIII des EU-GesRÄG 1996 (BGBl 1996/304) kam es zur bis heute bestehenden Zweiteilung der Handels- und Steuerspaltung (*Schlager* in HB Sonderbilanzen 227).

b) Handelsspaltung

3 Unter der sog Handelsspaltung werden Spaltungen inländischer Körperschaften nach dem **SpaltG** und **Spaltungen ausländischer Körperschaften nach ausländischem, dem österr SpaltG vergleichbaren Gesellschaftsrecht** verstanden.

Gem SpaltG handelt es sich um die **Übertragung von Vermögen** von einer Kapitalgesellschaft auf eine oder mehrere neue oder übernehmende Kapitalgesellschaft(en) im Wege der **Gesamtrechtsnachfolge** gegen **Gewährung von Anteilen** der neuen oder übernehmenden Kapitalgesellschaft(en) an die Anteilsinhaber der übertragenden Gesellschaft (§ 1 SpaltG). Die **Anteilsgewährung** ist **kein unabdingbares Merkmal** der Spaltung (§ 17 SpaltG iVm § 224 AktG; *Kalss*[2] Vor § 1 SpaltG Rz 1).

Die Handelsspaltung ist hinsichtlich österreichischer Körperschaften **abschließend im SpaltG** (Bundesgesetz über die Spaltung von Kapitalgesellschaften idF **BGBl I 2011/53**) geregelt. Das SpaltG unterscheidet zwischen Spaltung zur Neugründung und Spaltung zur Aufnahme, Auf- und Abspaltung sowie verhältniswahrender und nicht verhältniswahrender Spaltung (Rz 11 ff).

Eines der wichtigsten Unterscheidungsmerkmale der Handelsspaltung zur Steuerspaltung ist die **partielle Gesamtrechtsnachfolge**, die bei der Übertragung des Vermögens bei der Handelsspaltung gegeben ist (§ 14 Abs 2 SpaltG). Die partielle Gesamtrechtsnachfolge richtet sich nach der Vermögenszuordnung im Spaltungsplan (*Huber* in W/H/M VI § 32 Rz 81). Siehe ausführlich zu anderen Unterscheidungsmerkmalen *Huber* in W/H/M VI § 32 Rz 80 ff.

c) Steuerspaltung

4 Darunter wird die Vermögensübertragung von einer spaltenden Körperschaft auf eine oder mehrere übernehmende Körperschaft(en) auf der Grundlage eines Spaltungsvertrages verstanden (*Kalss*[2] Vor § 1 SpaltG Rz 4). Die **Steuerspaltung** basiert – wie die Einbringung – auf Grundlage des **allgemeinen Gesellschaftsrechts**. Dadurch, dass eine Spaltung von **Genossenschaften und Versicherungsvereinen auf Gegenseitigkeit** gem SpaltG nicht möglich ist, können diese nur mittels einer Steuerspaltung geteilt werden. Die Steuerspaltung ist grundsätzlich auch bei **grenzüberschreitenden Spaltungen** anwendbar (*Huber* in W/H/M VI § 32 Rz 80). Sie kann auch bei jedweder inländischen Spaltung angewendet werden.

Die Steuerspaltung ist de facto ein „Auslaufmodell" (§ 38 a Rz 3). Nach derzeitiger Rechtslage ist die Steuerspaltung für Spaltungsstichtage bis einschließlich 31.12.2017 möglich (3. Teil Z 6 lit h idF AbgÄG 2012).

2. EU-Recht

Primärrechtlich ist sowohl die **Niederlassungsfreiheit** (Art 49 AEUV) als auch die **Kapitalverkehrsfreiheit** (Art 63 AEUV) relevant. Entsprechend der EuGH-Rsp ist die **sofortige Entstrickungsbesteuerung ohne Gewährung eines Steueraufschubs** nicht zulässig (*Huber* in W/H/M VI Einführung Rz 11; *Kofler/Schindler*, taxlex 2005, 500; *Urtz* in *Achatz ua*, IntUmgr 180 ff mit Verweis auf die Rechtsprechung EuGH 11.3.2004, C-9/02, **Hughes de Lasteyrie du Saillant**; EuGH 21.11.2002, C-436/00, **X und Y** sowie weiteren Verweisen). Ausführlich § 1 Rz 143.

Sekundärrechtlich ist die **Fusionsrichtlinie** (FRL; Richtlinie 2009/133/EG des Rates vom 19.10.2009 über das gemeinsame Steuersystem für Fusionen, Spaltungen, Abspaltungen, die Einbringung von Unternehmensteilen und den Austausch von Anteilen, die Gesellschaften verschiedener Mitgliedstaaten betreffen, sowie für die Verlegung des Sitzes einer Europäischen Gesellschaft oder einer Europäischen Genossenschaft von einem Mitgliedstaat in einen anderen Mitgliedstaat, ABl L 310/34 ff vom 25.11.2009, zuletzt geändert durch RL 2013/13/EU des Rates vom 13.5.2013 ABl L 141/30 ff, vom 28.5.2013) relevant. Von den Regelungen der FRL sind umfasst:

- **Aufspaltungen**, durch die eine Körperschaft zum Zeitpunkt ihrer **Auflösung ohne Abwicklung ihr gesamtes Aktiv- oder Passivvermögen** auf **zwei oder mehrere bereits bestehende oder neu gegründete Körperschaften** gegen Gewährung von Anteilen am Gesellschaftskapital und gegebenenfalls barer Zuzahlungen (bis 10 % des Nennwerts oder – bei Fehlen eines solchen – des rechnerischen Werts der gewährten Anteile) an die Anteilsinhaber der übertragenden Körperschaft überträgt (Art 2 lit b FRL; *Blumers*, BB 2005, 972; *Furherr/Huber*, IntUmgr 54).

  Die Aufspaltung setzt – anders als im öUmgrStG – keine Übertragung von qualifiziertem Vermögen in Form von (Teil)Betrieben, MU-Anteilen oder Kapitalanteilen voraus, wobei jedoch für die Steuerneutralität Voraussetzung ist, dass ein Betriebsstättenvermögen vorliegt (*Furherr/Huber*, IntUmgr 54).

- **Abspaltungen**, durch die eine Körperschaft, ohne sich aufzulösen, **einen oder mehrere Teilbetrieb(e)** auf **eine oder mehrere bereits bestehende oder neu gegründete Körperschaft(en)** gegen Gewährung von Anteilen am Gesellschaftskapital und gegebenenfalls barer Zuzahlungen (bis 10 % des Nennwerts oder – bei Fehlen eines solchen – des rechnerischen Werts der gewährten Anteile) an die Anteilsinhaber der übertragenden Körperschaft überträgt, wobei **mindestens ein Teilbetrieb bei der übertragenden Körperschaft verbleibt** (Art 2 lit c FRL; s dazu ausführlich *Huber* in W/H/M VI Einführung Rz 8; *Blumers*, BB 2005, 972; *Furherr/Huber*, IntUmgr 55; *Kofler/Schindler*, taxlex 2005, 499).

Mit der Voraussetzung, dass bei der Abspaltung mindestens ein Teilbetrieb bei der übertragenden Körperschaft verbleiben muss („doppelte Teilbetriebsvoraussetzung"), erfährt die Steuerneutralität der Abspaltung eine **wesentliche Einschränkung** (*Blumers*, BB 2005, 972).

Der Teilbetriebsbegriff der FRL ist weiter als der gem öUmgrStG (*Furherr/Huber*, IntUmgr 55 f mit weiteren Verweisen); s dort auch die Behandlung der Frage, ob transparente Personengesellschaftsanteile einen Teilbetrieb darstellen können; *Furherr*, § 12 Rz 88).

Bei Spaltungen iSd FRL kommt es nur dann zu einem **Steueraufschub**, wenn es sich um einen Umgründungsvorgang zwischen Gesellschaften handelt, die beide **jeweils in einem anderen Mitgliedstaat der EU steuerlich ansässig sind**, diese Gesellschaften jeweils eine im Anhang zur FRL aufgezählte Gesellschaftsform darstellen und wenn sich im Staat der übertragenden Körperschaft eine Betriebsstätte befindet und das übertragene **Vermögen dieser Betriebsstätte zuzurechnen** ist (Art 4 FRL; s dazu ausführlich *Urtz* in *Achatz ua*, IntUmgr 183 sowie *Huber* in *W/H/M* VI Einführung Rz 8; *Furherr/Huber*, IntUmgr 57; *Rogall*, RIW 2004, 271 ff).

Laut *Furherr/Huber* reicht es aus, wenn die **übernehmende Körperschaft** bereits vor der Spaltung über eine **Betriebsstätte verfügt** und das übertragene Vermögen dieser künftig zuzurechnen ist (*Furherr/Huber*, IntUmgr 54). Laut *Kofler/Schindler* kommt der Steueraufschub in allen beteiligten Staaten nach Art 10 FRL auch dann zur Anwendung, wenn die Betriebsstätte im Staat der übernehmenden Körperschaft oder in einem dritten Mitgliedstaat gelegen ist (*Kofler/Schindler,* taxlex 2005, 499 f).

Die FRL ist in Bezug auf die Ab- und Aufspaltung im öUmgrStG ausreichend umgesetzt (*Kofler/Schindler*, taxlex 2005, 500).

Zur **gesellschaftsrechtlichen** Grundlage und Zulässigkeit einer grenzüberschreitenden Import- oder Export-Spaltung s Rz 56.

Die grenzüberschreitende Import- bzw Export-Spaltung hat aufgrund des Zweifels an der gesellschaftsrechtlichen Zulässigkeit keine praktische Bedeutung (Rz 56).

3. Zwingende Anwendbarkeit

7 Art VI ist bei Vorliegen der Voraussetzungen **zwingend** anzuwenden. Ein Wahlrecht zwischen der Anwendung des UmgrStG und des allgemeinen Steuerrechts ist ausgeschlossen (*Hristov* in *L/R/S/S*[2] § 20 Rz 22 mit Verweis auf VwGH 21.9.1993, 91/14/0136; kritisch *Gassner*, GesRZ 1992, 94; *Staringer* in GedS Gassner 444). Es handelt sich um eine **lex specialis** zum allgemeinen Steuerrecht.

4. Spaltungsrelevante Besteuerungsebenen und Regelungsstruktur des Art VI

8 Liegt eine Spaltung iSd § 32 Abs 1 vor, kommen die §§ 33 bis 38 zur Anwendung (§ 32 Abs 4). Diese regeln die Steuerrechtsfolgen für die **übertragende Körperschaft** (§ 33), die **übernehmende Körperschaft** (§ 34) sowie für die **Anteilsinhaber** (§§ 36 und 37). Zudem bestehen Bestimmungen für den **Übergang des Verlustvortrags** (§ 35). Die **sonstigen Rechtsfolgen** sind in § 38 zu finden. Die **Steuerspaltung** ist in den §§ 38a bis 38 f geregelt.

B. Kategorisierung
1. Rechtliche Kategorisierung

10 Das Gesellschaftsrecht unterscheidet zwischen Auf- und Abspaltung, Spaltung zur Neugründung und Spaltung zur Aufnahme sowie verhältniswahrender und nicht verhältniswahrender Spaltung.

a) Auf- und Abspaltung

11 Unter **Aufspaltung** wird die **Übertragung aller Vermögensteile** auf zwei oder mehrere Kapitalgesellschaften unter **Beendigung ohne Abwicklung der übertragenden Gesellschaft** verstanden (§ 1 Abs 2 Z 1 SpaltG). Mit Eintragung der Spaltung **erlischt die übertragende Gesellschaft**. Das Vermögen einer Gesellschaft wird auf mindestens zwei Gesellschaften übertragen. Würde das gesamte Vermögen auf nur eine andere Gesellschaft übertragen, läge eine Verschmelzung mit der zwingenden Beendigung der übertragenden Gesellschaft vor (*Kalss*[2] § 1 SpaltG Rz 8).

Unter **Abspaltung** wird die **Übertragung eines oder mehrerer Vermögensteile(s)** auf eine oder mehrere Kapitalgesellschaft(en) unter **Fortbestand der übertragenden Gesellschaft** verstanden (§ 1 Abs 2 Z 2 SpaltG). Bei der Abspaltung besteht die übertragende Gesellschaft fort ("Rumpfgesellschaft", "Restgesellschaft" laut *Kalss*[2] § 1 SpaltG Rz 12). 12

b) Spaltung zur Neugründung und Spaltung zur Aufnahme

Unter **Spaltung zur Neugründung** wird die **Übertragung eines oder mehrerer Vermögensteile(s)** auf eine oder mehrere **neu gegründete Kapitalgesellschaft(en)** verstanden (§§ 2 bis 16 SpaltG). Die neue Gesellschaft kann, muss aber nicht die gleiche Rechtsform haben (*Kalss*[2] § 1 SpaltG Rz 14). 13

Unter **Spaltung zur Aufnahme** wird die **Übertragung eines oder mehrerer Vermögensteile(s)** auf eine oder mehrere bereits **bestehende Kapitalgesellschaft(en)** verstanden (§ 17 SpaltG). Die bereits bestehende Gesellschaft kann, muss aber nicht an der spaltenden Gesellschaft beteiligt sein. Zudem kann sie gleicher oder anderer Rechtsform sein (*Kalss*[2] § 1 SpaltG Rz 15). Dadurch, dass die Spaltung zur Aufnahme eine **Teilverschmelzung** darstellt, sieht das SpaltG die „sinngemäße" Anwendung des Verschmelzungsrechts für die übernehmende Gesellschaft vor (§ 17 Z 5 SpaltG mVa §§ 223 ff AktG und §§ 96 GmbHG; sinngemäße Anwendung auch für die übertragende Gesellschaft – *Kalss*[2] § 1 SpaltG Rz 16). Bei der Spaltung zur Aufnahme kann es zur Anteilsgewährung kommen, auf eine Anteilsgewährung verzichtet oder eine Anteilsgewährung ausgeschlossen werden (UmgrStR Rz 1651). 14

c) Verhältniswahrende und nicht verhältniswahrende Spaltung

Eine **verhältniswahrende Spaltung** liegt vor, wenn die Gesellschafter der übertragenden Gesellschaft **im gleichen Verhältnis** an der oder den übernehmenden Gesellschaft(en) beteiligt werden, als sie es bisher bei der übertragenden Gesellschaft waren. Der Wert der Anteile an den einzelnen beteiligten Gesellschaften kann durch die Vermögensübertragung erleichtert (verdünnt) werden (*Kalss*[2] § 1 SpaltG Rz 18). 15

Eine **nicht verhältniswahrende Spaltung** liegt vor, wenn die Gesellschafter der übertragenden Gesellschaft **nicht im gleichen Verhältnis** an der oder den übernehmenden Gesellschaft(en) beteiligt werden, als sie es bisher bei der übertragenden Gesellschaft waren. Dadurch ist es möglich, dass die Gesellschafterstruktur vollkommen entflochten wird (*Kalss*[2] § 1 SpaltG Rz 18). Für die nicht verhältniswahrende Spaltung sieht § 8 SpaltG ein **Zustimmungserfordernis von 90 %** des Nennkapitals und in bestimmten Fällen Einstimmigkeit vor. Zudem gewährt § 9 Abs 1 SpaltG der Spaltung widersprechenden Gesellschaftern ein Recht auf angemessene **Barabfindung**, es sei denn, sie sind an allen beteiligten Gesellschaften im gleichen Verhältnis wie an der übertragenden Gesellschaft beteiligt (UmgrStR Rz 1652). 16

Bei der Beurteilung, ob eine verhältniswahrende oder nicht verhältniswahrende Spaltung vorliegt, kommt es ausschließlich auf die durch das **Nennkapital vermittelte Beteiligungsquote** an. Etwaige Vorzugsrechte an der übertragenden Gesellschaft, die einem Gesellschafter eine erhöhte Vermögensbeteiligung (zB durch Aktiengattung oder Ausgestaltung des Geschäftsanteils) oder eine erhöhte Mitsprache vermitteln, bleiben außer Betracht (*Kalss*[2] § 1 SpaltG Rz 22 f).

2. Internationale Kategorisierung
a) Inlandsspaltung

17 Als **Inlandsspaltung** wird die Übertragung von Vermögen von einer inländischen Körperschaft auf eine oder mehrere inländische Körperschaft(en) verstanden. Eine inländische Körperschaft liegt dann vor, wenn die Körperschaft gem den Anknüpfungspunkten des internationalen Privatrechts dem **österreichischen Gesellschaftsrecht** unterliegt. Dies ist dann der Fall, wenn die Körperschaft ihren **Sitz der Hauptverwaltung iSd § 10 IPRG in Österreich hat** und daher in Österreich ansässig ist (*Urtz* in *Achatz ua*, IntUmgr 173 f). Eine **Inlandsspaltung mit Auslandsbezug** liegt vor, wenn über ausländische Anteilsinhaber oder ausländisches Vermögen ein Auslandsbezug hergestellt wird. Eine **Inlandsspaltung gem SpaltG** unterliegt **Art VI** (§ 32 Abs 1 Z 1).

b) Auslandsspaltung

18 Als **Auslandsspaltung** wird die Übertragung von Vermögen von einer ausländischen Körperschaft auf eine oder mehrere ausländische Körperschaft(en) verstanden. Inlandsbezug kann dahingehend gegeben sein, indem inländische Anteilsinhaber an der übertragenden und/oder übernehmenden Körperschaft beteiligt sind, und/oder inländisches Vermögen (zB inländische Liegenschaften, inländische Betriebsstätte) betroffen ist (**Auslandsspaltung mit Inlandsbezug**). Sofern die Auslandsspaltung entsprechend dem **SpaltG vergleichbaren Vorschriften** erfolgt, ist **Art VI** anwendbar (§ 32 Abs 1 Z 2).

c) Grenzüberschreitende Spaltung

19 Als **grenzüberschreitende Spaltung** wird die Übertragung von Vermögen von einer ausländischen Körperschaft auf eine oder mehrere inländische Körperschaft(en) (**Import-Spaltung**) oder von einer inländischen Körperschaft auf eine oder mehrere ausländische Körperschaft(en) (**Export-Spaltung**) verstanden. Zur gesellschaftsrechtlichen Zulässigkeit s Rz 56. Aufgrund der Maßgeblichkeit des Gesellschaftsrechts ist **bei einer Eintragung der grenzüberschreitenden Spaltung ins Firmenbuch** eine Umgründung iSd **Art VI** gegeben. Laut *Wiesner/Mayr* ist es denkbar, die **Regelungen des Art I** zum Besteuerungsaufschub im Falle der Beschränkung des Besteuerungsrechts Österreichs (Export-Spaltung) und zur Neubewertung im Falle des Entstehens des Besteuerungsrechts Österreichs (Import-Spaltung) **analog** anzuwenden (*Wiesner/Mayr,* RdW 2007, 700; so auch *Huber* in *W/H/M* VI Einführung Rz 13; *Huber*, ÖStZ 2006, 214, s Rz 56). Die UmgrStR halten dazu fest, dass grenzüberschreitende Spaltungen mangels unternehmensrechtlicher Zulässigkeit nicht vom Anwendungsbereich des § 32 erfasst sind (UmgrStR Rz 1645).

3. Wirtschaftliche Kategorisierung
a) Konzentrationsspaltung

20 Bei der Konzentrationsspaltung sind die beteiligten Körperschaften **anteilsmäßig nicht miteinander** verbunden. Dadurch wird eine **rechtliche, wirtschaftliche und organisatorische Unternehmenskonzentration** bewirkt.

Grundsätzlich hat die **übernehmende Körperschaft** den Gesellschaftern der übertragenden Körperschaft **neue Anteile zu gewähren**. Gem § 224 Abs 2 Z 2 AktG darf die übernehmende Körperschaft von der Gewährung von Anteilen absehen, soweit die Gesellschafter der übertragenden Körperschaft auf die Gewährung von Anteilen verzichten (zB wenn sie mit eigenen Anteilen der Gesellschafter der übernehmenden Körperschaft abgefunden werden).

b) Konzernspaltung

Bei der Konzernspaltung sind die beteiligten Körperschaften bereits vor der Spaltung **anteilsmäßig miteinander** verbunden. Je nach **Spaltungsrichtung** sind folgende Fälle zu unterscheiden: 21

- **Up-stream-Spaltung.** Bei der **Up-stream-Spaltung** überträgt die **Tochtergesellschaft Vermögen auf die Muttergesellschaft.** Gem § 224 Abs 1 AktG hat eine **Anteilsgewährung** an die Gesellschafter der übertragenden Körperschaft **zu unterbleiben**, soweit die übernehmende Körperschaft Anteile an der übertragenden Körperschaft besitzt (sofern eine 100%ige Tochtergesellschaft auf ihre Muttergesellschaft abspaltet, hat eine Anteilsgewährung zu unterbleiben). Sinngemäß ist bei einer Ab- oder Aufspaltung auf eine **Großmuttergesellschaft** die Anteilsgewährung an die Muttergesellschaft ausgeschlossen, um spaltungsbedingte wechselseitige Beteiligungen zu vermeiden (*Huber* in *W/H/M* VI § 32 Rz 17 mit Verweis auf *Nowotny*, RdW 1998, 445). Acht zu geben ist auf eine Einlagenrückgewähr auf Ebene der Muttergesellschaft (Zwischengesellschaft). 22
- **Down-stream-Spaltung.** Bei der **Down-stream-Spaltung** überträgt die **Muttergesellschaft Vermögen auf die Tochtergesellschaft.** 23
Es ist möglich, die **Beteiligung an der Tochtergesellschaft in die Tochtergesellschaft als übernehmende Körperschaft (mit)abzuspalten** (*Kaufmann*, ÖStZ 2009, 202; *Ludwig/Walter*, RdW 2002, 380 ff). Die übernehmende Tochtergesellschaft erwirbt diese „eigenen" Anteile für eine logische Sekunde und **hat die Anteile zwingend** an die **Gesellschafter der übertragenden Muttergesellschaft auszukehren** (§ 224 Abs 3 AktG). Aus gesellschaftsrechtlicher Sicht ist es problematisch, wenn ausschließlich die Anteile an der Tochtergesellschaft in diese abgespalten werden (und kein sonstiges Vermögen). Da die übernehmende Tochtergesellschaft zwingend gem § 15 SpaltG für die Verbindlichkeiten der Muttergesellschaft mit der Höhe des übertragenen Nettoaktivvermögens (Verkehrswert der Beteiligung an der Tochtergesellschaft) haftet, ohne dafür eine Leistung zu erhalten (da die Anteile in der nächsten logischen Sekunde ausgekehrt werden müssen), stellt sich die Thematik der **Einlagenrückzahlung** auf Ebene der übernehmenden Tochtergesellschaft (vgl dazu ausführlich mit Lösungsvorschlägen *Kaufmann*, ÖStZ 2009, 202 f; *Ludwig/Walter*, RdW 2002, 380 ff). Aus steuerrechtlicher Sicht beschreiben die EB zu § 36 Abs 3 idF AbgSiG 2007 diese Spaltungsform ausdrücklich als **Anwendungsfall des § 36 Abs 3** (*Huber* in *W/H/M* VI § 32 Rz 28), sodass diese Form der Spaltung unter Art VI zu subsumieren ist.
Zur Anteilsgewährung an die Gesellschafter der übertragenden Körperschaft ist anzuführen, dass eine solche bei der Übertragung der Anteile der Tochtergesellschaft in diese zu unterbleiben hat, da **zwingend diese Anteile an die Gesellschafter der übertragenden Körperschaft auszukehren** sind (§ 224 Abs 3 AktG). Sofern anderes Vermögen auf die übernehmende Körperschaft übertragen wird, kann die Gewährung neuer Anteile an die Gesellschafter der übertragenden Körperschaft wahlweise erfolgen oder unterbleiben (*Korntner*, FJ 2009, 216; *Walter*[11] Rz 822).

Bei einer Auf- oder Abspaltung von einer **Großmuttergesellschaft** auf eine Enkelgesellschaft mit Übertragung der Anteile an der Muttergesellschaft sind die Anteile an der Muttergesellschaft **direkt an die Gesellschafter der Großmuttergesellschaft** auszukehren, um eine Beteiligung der Enkel- an der Muttergesellschaft zu vermeiden (*Huber* in *W/H/M* VI § 32 Rz 23).

24 • **Side-stream-Spaltung.** Bei der **Side-stream-Spaltung** überträgt eine **Gesellschaft Vermögen auf eine oder mehrere andere Gesellschaft(en)**, wobei an den beteiligten Gesellschaften **dieselben Personen unmittelbar oder mittelbar beteiligt** sind. Es kann sich um eine direkte Schwesternspaltung oder um eine Spaltung von Gesellschaften verschiedener Konzernäste auf unterschiedlichen Ebenen handeln.

Die übernehmende Körperschaft darf gem **§ 224 Abs 2 Z 1 AktG** von der Gewährung von Anteilen an die Gesellschafter der übertragenden Körperschaft absehen, wenn die Gesellschafter sowohl an der übernehmenden als auch an der übertragenden Körperschaft im gleichen Verhältnis un- oder mittelbar beteiligt sind, es sei denn, dass dies dem **Verbot der Rückgewähr der Einlagen** oder der **Befreiung von Einlagenverpflichtungen** widerspricht (*Huber* in *W/H/M* VI § 32 Rz 30). Zudem dürfen die Gesellschafter der übertragenden Körperschaft gem § 224 Abs 2 Z 2 AktG auf die Gewährung von Anteilen durch die übernehmende Körperschaft aus anderen Motiven verzichten, wobei in der Praxis der Anteilsverzicht gegen Abfindung durch die Anteilsinhaber der übernehmenden Körperschaft mit bestehenden Anteilen an dieser am häufigsten vorzufinden ist.

II. Anwendungsvoraussetzung (Abs 1)
A. Allgemeines

30 Bei folgenden **Spaltungsarten** ist die Anwendbarkeit der §§ 33 bis 38 gegeben (§ 32 Abs 1):

- **Spaltung gem SpaltG**, sog „**Handelsspaltung**" (§ 32 Abs 1 Z 1 – Rz 40 ff)
- **Spaltung ausländischer Körperschaften** im Ausland aufgrund dem **SpaltG vergleichbarer Vorschriften** (§ 32 Abs 1 Z 2 – Rz 45 ff).

Bei **beiden Spaltungsarten** ist **Voraussetzung**, dass

- **ausschließlich qualifiziertes Vermögen** gem § 32 Abs 2 (Betrieb, Teilbetrieb, Mitunternehmeranteil, wesentliche Kapitalbeteiligung) und/oder Abs 3 (fiktive Forst- oder Kundenstockteilbetriebe) **tatsächlich übertragen** wird (Rz 60 ff) **und**
- das **Besteuerungsrecht der Republik Österreich** hinsichtlich der stillen Reserven einschließlich eines allfälligen Firmenwerts des übertragenen Vermögens beim Rechtsnachfolger **nicht eingeschränkt** wird (Rz 80 ff).

Es darf **kein Missbrauch** gem § 44 vorliegen (§ 44 Rz 6 ff).

> Das Vorliegen eines **positiven Verkehrswerts** des übertragenen Vermögens ist **keine steuerrechtliche Anwendungsvoraussetzung** (*Zöchling/Andreaus* in *W/Z/H/K*[5] § 32 Rz 26; *Huber* in *W/H/M* VI § 32 Rz 55 mit Verweis auf *Wiesner*, RdW 1997, 693; *Schlager* in HB Sonderbilanzen 230; aA *Schwarzinger/Wiesner* II[2] 1282).

Sofern die Voraussetzungen vorliegen, sind §§ 33 bis 38 **zwingend** anzuwenden (*Zöchling/Andreaus* in *W/Z/H/K*[5] § 32 Rz 5).

Bestehen bei den **Abgabenbehörden der Anteilsinhaber** der spaltenden Körperschaften oder bei den für die Verkehrsteuern zuständigen Abgabenbehörden **Zweifel** über das Vorliegen der Voraussetzungen, so haben sich diese im Interesse einer einheitlichen Beurteilung der Umgründung mit den für die Ertragsbesteuerung der **spaltenden Körperschaft und der übernehmenden Körperschaft(en) zuständigen Abgabebehörden** abzustimmen (UmgrStR Rz 1657).

31

B. Maßgeblichkeit des Gesellschaftsrechts

1. Allgemeines

§ 32 Abs 1 knüpft hinsichtlich des Spaltungsbegriffs an **gesellschaftsrechtliche Spaltungsformen** an. Damit ist die **Maßgeblichkeit des Gesellschaftsrechts** normiert.

32

Art I (Verschmelzung) und Art II (Umwandlung) sehen ebenso die Maßgeblichkeit des Gesellschaftsrechts vor, während Art III (Einbringung), Art IV (Zusammenschluss) und Art V (Realteilung) keine gesellschaftsrechtliche Maßgeblichkeit kennen.

Aufgrund der Anknüpfung an das SpaltG in § 32 Abs 1 Z 1 ist die Frage, ob eine Spaltung iSd Art VI vorliegt, eine **gesellschaftsrechtliche Vorfrage**, die vom zuständigen Firmenbuchgericht zu lösen ist (*Schlager* in HB Sonderbilanzen 228).

Vom Grundsatz der gesellschaftsrechtlichen Maßgeblichkeit ist die **Bewertung des zu übertragenen Vermögens** bzw der erhaltenen Anteile nicht umfasst. Die steuerrechtliche Bewertung ist abschließend im UmgrStG geregelt. § 202 UGB ist davon unabhängig anzuwenden (§ 1 Rz 19).

2. Bindung der Abgabenbehörde

Dementsprechend bewirkt die Maßgeblichkeit des Gesellschaftsrechts die **Bindung der Abgabenbehörde** an die Eintragung der Spaltung im Firmenbuch. Wird die Spaltung ins Firmenbuch eingetragen, ist dies auch für steuerliche Zwecke maßgeblich. Die **Richtigkeit der Anwendung des SpaltG ist dabei irrelevant** (*Huber* in W/H/M VI § 32 Rz 3). Dies gilt auch, wenn trotz verspäteter Anmeldung (nicht binnen neun Monaten nach dem Datum der Schlussbilanz) die Eintragung der Spaltung ins Firmenbuch erfolgt (UmgrStR Rz 1658). Als Zeitpunkt des Vermögensübergangs gilt der vertraglich vereinbarte Spaltungsstichtag. Die Verletzung der Anzeigepflicht gem § 42 Abs 1 UmgrStG (Anzeige an das zuständige Finanzamt binnen neun Monaten ab dem Umgründungsstichtag) stellt keine Verletzung einer Anwendungsvoraussetzung, sondern eine Finanzordnungswidrigkeit gem § 51 Abs 1 lit a FinStrG dar (UmgrStR Rz 1654a).

33

Sollte eine **grenzüberschreitende Spaltung ins Firmenbuch eingetragen** werden, ist im Hinblick auf die Maßgeblichkeit des Gesellschaftsrechts von einer Umgründung iSd Art VI auszugehen (*Wiesner/Mayr*, RdW 2007, 700; *Schlager* in HB Sonderbilanzen 227).

Die Regelungen des Art I zum Besteuerungsaufschub im Falle der Beschränkung des Besteuerungsrechts Österreichs und zur Neubewertung im Falle des Entstehens des Besteuerungsrechts Österreichs sind analog anzuwenden (*Wiesner/Mayr*, RdW 2007, 700; so auch *Huber*, ÖStZ 2006, 214).

Wird die Spaltung zu **keinem Zeitpunkt ins Firmenbuch eingetragen** (Zurück- oder Abweisung), kommt die Spaltung weder gesellschafts- noch steuerrechtlich zustande (UmgrStR Rz 1654a und Rz 1658). Das übertragene Vermögen wird auch steuerrechtlich weiterhin der spaltenden Körperschaft zugerechnet. Wurde das Vermögen bereits faktisch übertragen, liegt eine Nutzungsüberlassung vor (UmgrStR Rz 1658).

3. Nachträgliche Nichtigkeit

34 Bei **nachträglicher Nichtigkeit der Eintragung der Spaltung** ins Firmenbuch hat eine Vermögensübertragung auch steuerrechtlich nicht stattgefunden (Wirkung **ex tunc** – UmgrStR Rz 1655). Die Wirkungen des Art VI gehen **ex tunc verloren** (*Korntner*, FJ 2009, 217).

> Das **„übertragene" Vermögen** wird nach wie vor der **spaltenden Körperschaft zugerechnet** (*Huber* in *W/H/M* VI § 32 Rz 4). Sofern eine Trennung bei der Einkommensermittlung der übernehmenden Körperschaft zwischen den Einkünften aus dem eigenen und übernommenen Vermögen aus dem Rechenwerk nicht ableitbar ist, sind deren Besteuerungsgrundlagen im Schätzungswege zu ermitteln (UmgrStR Rz 1654b).

III. Inlandsspaltung (Abs 1 Z 1)

A. Allgemeines

40 Unter § 32 Abs 1 Z 1 fallen Spaltungen, die gem dem Bundesgesetz über die Spaltung von Kapitalgesellschaften, BGBl 1996/304 idF BGBl I 2015/112 (**SpaltG**) durchgeführt werden. Als Inlandsspaltung wird die Übertragung von einer **inländischen Körperschaft auf eine oder mehrere inländische Körperschaft(en)** verstanden. Art VI kommt unabhängig davon zur Anwendung, ob in- oder ausländisches Vermögen übertragen wird oder ob in- oder ausländische Anteilsinhaber betroffen sind (**Inlandsspaltung mit Auslandsbezug**).

> Ob das inländische Spaltungsrecht zur Anwendung gelangt, ist nach dem **Personal- bzw Gesellschaftsstatut der beteiligten Körperschaften** zu beurteilen. Nach § 10 IPRG unterliegt eine Körperschaft dem Gesellschaftsrecht desjenigen Staates, in dem sie den **Sitz der Hauptverwaltung** hat (*Urtz* in *Achatz ua*, IntUmgr 173 f). Siehe ausführlich § 1 Rz 42.

Das SpaltG kennt die **Auf- und Abspaltung**, die **Spaltung zur Aufnahme und zur Neugründung** sowie die **verhältniswahrende und nicht verhältniswahrende Spaltung**. Es besteht die **Kombinationsmöglichkeit** der gleichzeitigen Übertragung des Vermögens teilweise auf bereits bestehende und teilweise auf neu zu errichtende Gesellschaften (*Kalss*² § 1 SpaltG Rz 31).

> Eine der wesentlichsten Eigenschaften der Spaltung gem SpaltG ist die zivilrechtliche **Gesamtrechtsnachfolge**. Gem § 14 Abs 2 SpaltG gehen die Vermögensteile der übertragenden Gesellschaft entsprechend der im Spaltungsplan bzw im Spaltungs- und Übernahmsvertrag **vorgesehenen Zuordnung** mit der Eintragung der Spaltung jeweils im Wege der Gesamtrechtsnachfolge auf die neue oder übernehmende Gesellschaft über (s dazu ausführlich *Kalss*² § 1 SpaltG Rz 7 ff). Da sich die Gesamtrechtsnachfolge nur auf das übertragene Vermögen bezieht, wird diese als **partielle Gesamtrechtsnachfolge** bezeichnet.

B. Spaltungssubjekte

Die Spaltung kann nur von einer **Kapitalgesellschaft** (GmbH, AG oder SE) auf **41**
eine oder mehrere Kapitalgesellschaft(en) vorgenommen werden. Eine **rechtsformübergreifende Spaltung** (AG [SE] auf GmbH oder GmbH auf AG [SE]) ist möglich (*Kalss*² § 1 SpaltG Rz 34 f), wobei den widersprechenden Anteilsinhabern ein Austrittsrecht (durch Annahme eines Barabfindungsangebots) gewährt wird (§ 11 SpaltG).

Das SpaltG gilt **nicht für Genossenschaften, Versicherungsvereine auf Gegenseitigkeit, Personengesellschaften** (einschließlich GmbH & Co KG) und andere Rechtsträger, die keine Kapitalgesellschaften darstellen (*Kalss*² § 1 SpaltG Rz 34).

Zur Frage, ob das SpaltG auch unter Einbeziehung **ausländischer Kapitalgesellschaften (grenzüberschreitende Spaltung)** zur Anwendung gelangt (grenzüberschreitende Spaltung) s Rz 56.

Die Spaltung von einer **ausländischen Kapitalgesellschaft** auf eine andere **ausländische Kapitalgesellschaft** unterliegt nicht dem SpaltG (auch nicht, wenn eine inländische Zweigniederlassung betroffen ist – *Kalss*² § 1 SpaltG Rz 36). Die Anwendbarkeit von Art VI ist gegeben, wenn die Spaltung im Ausland aufgrund dem SpaltG vergleichbarer ausländischer Vorschriften erfolgt (§ 32 Abs 1 Z 2). Zudem kann eine Steuerspaltung gem § 38a Abs 4 vorgenommen werden (*Huber* in W/H/M VI § 32 Rz 5).

Bei der **Spaltung zur Aufnahme** muss die **übernehmende Gesellschaft am Spal-** **42**
tungsstichtag nicht bestehen (laut *Fantur* ist es möglich, dass eine Abspaltung auf eine übernehmende Gesellschaft erfolgt, die zum Zeitpunkt der Spaltung bereits gegründet, aber noch nicht im Firmenbuch registriert ist – *Fantur*, GeS 2003, 55 ff; so auch *Kalss* zur Verschmelzung, *Kalss*² § 219 AktG Rz 15; aA RWP 2012, 119). Dies gilt aufgrund der Maßgeblichkeit des Gesellschaftsrechts auch für das Steuerrecht (zur Rechtsprechung des VwGH, dass bei einer Einbringung die übernehmende Körperschaft am Einbringungsstichtag nicht bestehen oder errichtet sein muss s VwGH 18.10.2012, 2012/15/0114, *Furherr*, GES 2013, 36; s § 12 Rz 170). Die übertragende Gesellschaft muss am **Spaltungsstichtag bereits bestehen** (aufgrund des Erfordernisses einer Schlussbilanz und des Zurechnungserfordernisses am Spaltungsstichtag).

Laut *Adensamer* muss die **übertragende Körperschaft am Spaltungsstichtag noch nicht existieren**, wenn ihr das Vermögen durch eine Vorumgründung zur Neugründung rückwirkend übertragen worden ist (zB durch Ab- oder Aufspaltung oder Verschmelzung zur Neugründung mit anschließender Folgeab- oder aufspaltung zum gleichen Stichtag – *Adensamer*, GeS 2009, 328 ff).

C. Anteilsinhaber

An die Anteilsinhaber sind keine **Formalvoraussetzungen** geknüpft. Anteilsinha- **43**
ber können natürliche Personen oder Körperschaften, In- oder Ausländer sein (*Huber* in W/H/M VI § 32 Rz 7). Eine **Beteiligung zum Spaltungsstichtag** ist nicht erforderlich. Bei Veräußerung der Beteiligung an der übertragenden Gesellschaft zwischen Spaltungsstichtag und Spaltungsbeschluss werden die „alten" Anteile übertragen (*Huber* in W/H/M VI § 32 Rz 7).

Ein **Steuerhängigkeitserfordernis** der Anteilsinhaber ist in Art VI nicht vorgesehen (*Huber* in W/H/M VI § 32 Rz 7). Die **Steuerhängigkeitsklausel** des § 32 Abs 1 bezieht sich ausschließlich auf das **Vermögen der übertragenden Körperschaft**. Zu beachten sind die Bestimmungen von § 36 Abs 3 Z 1 und 2, wonach die Anteilsauskehrung sowie die Ausgabe von eigenen Anteilen an ausländische Anteilsinhaber eine Steuerbelastung nach sich ziehen kann.

IV. Auslandsspaltung (Abs 1 Z 2)

A. Allgemeines

45 Bei einer **Spaltung ausländischer Körperschaften im Ausland** ist Art VI anzuwenden, sofern

- die **Spaltung aufgrund dem österreichischen SpaltG** vergleichbarer Vorschriften erfolgt (Rz 49),
- die **ausländische Körperschaft einer inländischen Kapitalgesellschaft vergleichbar** ist (Rz 50),
- **qualifiziertes Vermögen iSd § 32 Abs 2 oder 3 übertragen** wird (Rz 51) und
- **Österreichs Besteuerungsrecht** an den stillen Reserven einschließlich eines allfälligen Firmenwertes im übertragenen Vermögen beim Rechtsnachfolger **nicht eingeschränkt** wird (Rz 80 ff).

Zur Rechtslage vor BGBl I 2003/71: Lt *Hirschler* kommt es nach dem Wortlaut des Gesetzes bei der Auslandsspaltung nicht darauf an, ob die Möglichkeit der Besteuerung der stillen Reserven beim Rechtsnachfolger eingeschränkt wird oder nicht (*Hirschler* in H/M/H § 32 Rz 9).

46 Für folgende **Fallkonstellationen** ist die **Anwendbarkeit von Art VI UmgrStG** relevant:

- **Inländische Anteilsinhaber** der übertragenden oder übernehmenden Körperschaft (EAS 2677 vom 16.1.2006, SWI 2006, 155; BMF 2.2.2001, RdW 2001, 255).
- Übertragung von **inländischem Vermögen** (BMF 31.8.2001, ARD 2001 5257/21/2001).

Zur Frage der **grenzüberschreitenden Spaltung** und deren Subsumtion unter den Tatbestand des § 32 Abs 1 Z 2 s Rz 57.

47 Die **Meldung der Auslandsspaltung**, bei der inländisches Vermögen betroffen ist, hat binnen neun Monaten ab Spaltungsstichtag an das für die übertragende Körperschaft zuständige österreichische Finanzamt zu erfolgen (UmgrStR Rz 1658).

Die UmgrStR sehen vor, dass bei Spaltungen im Ausland, bei denen inländisches Vermögen betroffen ist, das Erfüllen der Nachweispflicht im Wege einer Anmeldung bei einem ausländischen Registergericht oder Finanzamt nicht zielführend ist (UmgrStR Rz 1658). In diesen Fällen wird die **Rückwirkungsfiktion** nur durch eine **fristgerechte Meldung bei dem für die übertragende Körperschaft zuständigen Finanzamt** ausgelöst. Als fristgerecht wird eine Meldung innerhalb der Neunmonatsfrist ab dem Spaltungsstichtag angesehen. Dies ist mE nicht richtig. Für Auslandsspaltungen gilt wie für Inlandsspaltungen die gesellschaftsrechtliche Maßgeblichkeit gem § 32 Abs 1. Da die Bestimmung über die Rückwirkung ausschließlich auf den Spaltungsstichtag abstellt, kommt es nicht darauf an, ob die Spaltung in Österreich beim Finanzamt der übertragenden Körperschaft angezeigt wurde oder nicht.

B. Anwendungsvoraussetzung
1. Spaltung ausländischer Körperschaften im Ausland
Sofern die Körperschaft nach ihrem Personalstatut dem **ausländischen Gesell-** 48
schaftsrecht unterliegt, ist die Auslandseigenschaft gegeben (*Urtz* in *Achatz ua*,
IntUmgr 189; laut *Hirschler* ist es nicht von Bedeutung, ob die Geschäftsleitung im
Ausland liegt – *Hirschler* in *H/M/H* § 32 Rz 9). Eine Einschränkung auf EU-Körperschaften ist nicht gegeben. **Grenzüberschreitende Auslandsspaltungen** fallen mE
unter § 32 Abs 1 Z 2.

2. Vergleichbarkeit mit dem SpaltG
Vergleichbare Vorschriften des SpaltG liegen vor, wenn die Vergleichbarkeit in der 49
systematischen Ausrichtung gegeben ist (UmgrStR Rz 1653: Vermögensübertragung auf andere Körperschaften gegen Gewährung von Anteilen an bisherige Anteilsinhaber – *Hirschler* in *H/M/H* § 32 Rz 9). Daraus kann geschlossen werden,
dass nur eine **Vergleichbarkeit in Grundzügen** vorhanden sein muss (*Zöchling/
Andreaus* in *W/Z/H/K*^{5} § 32 Rz 30). Vergleichbar sind auf jeden Fall jene ausländischen Rechtsgrundlagen, die auf der Umsetzung der **EG-Spaltungsrichtlinie** beruhen (UmgrStR Rz 1643; das heißt mE nicht, dass zwingend die Spaltungsrichtlinie als Vergleichsmaßstab zu dienen hat – so auch *Urtz* in *Achatz ua*, IntUmgr
189); zum Vergleich des ungarischen Spaltungsrechts s BMF 31.8.2001, RdW 2001,
776 od ARD 2001 5257/21/2001. Laut UmgrStR ist auf die konkrete Ausgestaltung
der Spaltung Bedacht zu nehmen. Sieht das ausländische Recht mehrere Gestaltungsmöglichkeiten vor, ist eine Vergleichbarkeit dann gegeben, wenn die konkrete Ausgestaltung der Spaltung dem österreichischen Spaltungsrecht unterliegt
(UmgrStR Rz 1653).

> Ob die Vermögensübertragung als **Gesamt- oder Einzelrechtsnachfolge** konzipiert ist, ist nach *Zöchling* für die Vergleichbarkeit des ausländischen Rechtsvorganges mit einer Spaltung gem SpaltG **nicht entscheidend** (*Zöchling/Andreaus* in
> *W/Z/H/K*^{5} § 32 Rz 30; so auch *Urtz* in *Achatz ua*, IntUmgr 189). Nicht entscheidend dürfte mE auch sein, ob die Anteilsgewährung an die Anteilsinhaber der
> übertragenden Körperschaft ex lege erfolgt.

Die Vergleichbarkeit des Spaltungsrechts ist von der **zuständigen Abgabenbehörde
zu überprüfen**.

3. Vergleichbarkeit mit inländischer Körperschaft
Die ausländische Körperschaft muss einer **inländischen Kapitalgesellschaft ver-** 50
gleichbar sein (UmgrStR Rz 1653). Vergleichbar ist sie, wenn sie aus der Sicht des
österreichischen Gesellschaftsrechts folgende Wesensmerkmale einer inländischen Kapitalgesellschaft aufweist (UmgrStR Rz 1654 mit Verweis auf Rz 38 und
KStR Rz 134):
- Eigene Rechtspersönlichkeit
- Starres, ergebnisunabhängiges Gesellschaftskapital
- Beteiligung anderer Personen am Gesellschaftskapital
- Haftungsbeschränkung
- Möglichkeit für eine Drittorganschaft

Die Beurteilung hat ausschließlich nach **österreichischen Rechtsnormen zu erfolgen** und ist **von der zuständigen Abgabenbehörde zu überprüfen** (UmgrStR Rz 39).

4. Übertragung von qualifiziertem Vermögen

51 Lt § 32 Abs 1 ist Voraussetzung, dass ein **qualifiziertes Vermögen iSd § 32 Abs 2 oder 3** übertragen wird (so auch *Hirschler* in *H/M/H* § 32 Rz 9).

Hirschler schlägt in jenen Fällen vor, bei denen nach ausländischem Steuerrecht auch die Übertragung von sonstigem Vermögen zulässig ist, dass die **Gewinnrealisierung aus dem sonstigen Vermögen genügen** sollte, während das Vermögen iSd **§ 32 Abs 2 und 3 steuerneutral** übertragen werden könnte. Siehe zum qualifizierten Vermögen Rz 60 ff.

V. Grenzüberschreitende Spaltung inländischer Körperschaften (Abs 1 Z 1)

A. Begriff

55 Eine **grenzüberschreitende Spaltung** liegt vor, wenn eine **inländische Körperschaft Vermögen auf eine oder mehrere ausländische Körperschaft(en)** überträgt (**Export-Spaltung**) oder wenn eine ausländische Körperschaft Vermögen auf eine oder mehrere inländische Körperschaft(en) überträgt (**Import-Spaltung**). Auch in diesem Fall kommt es auf das **Personalstatut der jeweiligen Körperschaft** an (Rz 17).

B. Gesellschaftsrechtliche Zulässigkeit

56 Fraglich ist, ob das SpaltG auch für die **grenzüberschreitende Spaltung** Anwendung findet.

Laut UmgrStR behandelt das SpaltG ausschließlich die Spaltung von inländischen Kapitalgesellschaften (UmgrStR Rz 1646). Es besteht **keine ausdrückliche Regelung für ausländische Gesellschaften**.

Aus der mangelnden Regelung des Gesetzes kann **kein absolutes Verbot für eine grenzüberschreitende Spaltung** abgeleitet werden (*Kalss*[2] § 1 SpaltG Rz 36 mit umfassenden Verweisen; *Urtz* in *Achatz ua*, IntUmgr 178; *Huber* in *W/H/M* VI Einführung Rz 5; *Fida* in *W/H/M* Q1 Rz 75; *Zöchling/Andreaus* in *W/Z/H/K*[5] § 32 Rz 32 mit Verweis auf OGH 10.4.2014, 6 Ob 224/13d; anders *Staringer* in *W/H/M* Q2 Rz 83, unter Berufung auf die Gesetzesmaterialien [ErlRV 1016 BlgNR 18. GP, 3 f]). Laut *Kalss* ist im Sinne der Niederlassungsfreiheit gem Art 49 AEUV (ex-Art 43 EGV) sowie der dazu ergangenen EuGH-Entscheidung *SEVIC* (EuGH 13.12.2005, C-411/03) die **Hereinspaltung von einer ausländischen Kapitalgesellschaft (Import-Spaltung)** zuzulassen, sofern diese ihren Sitz innerhalb der EU oder des EWR hat (so auch *Fida* in *W/H/M* Q1 Rz 71 mit weiteren Verweisen; laut *Mader* wird die Zulässigkeit der grenzüberschreitenden Spaltung derzeit noch diskutiert – *Mader*, RWZ 2011, 101, mit weiteren die Anwendung der SEVIC-Entscheidung bejahenden Verweisen). Zudem ist laut *Kalss* auch die **Hinausspaltung österreichischer Kapitalgesellschaften (Export-Spaltung)** auf übernehmende oder neu zu gründende Gesellschaften in einem EU- oder EWR-Mitgliedstaat gestattet (so auch *Fida* in *W/H/M* Q1 Rz 72; aA *Korntner*, FJ 2009, 265). *Kalss* fügt jedoch treffend hinzu, dass aufgrund der Unsicherheit der konkret anzuwendenden Regelungen eine Spaltung über die Grenze nicht zu empfehlen ist; vielmehr wird es sinnvoller sein, zunächst im innerstaatlichen Bereich die Spaltung vorzunehmen, ehe in einem zweiten

Schritt der abgespaltene Teil über die Grenze verschmolzen wird (*Kalss*[2] § 1 SpaltG Rz 36; *Fida* in W/H/M Q1 Rz 75). Laut *Fida* sind auch grenzüberschreitende Spaltungen unter Beteiligung von Gesellschaften aus **Drittstaaten** denkbar. Da jedoch die innerstaatlichen Vorschriften über Spaltungen nicht harmonisiert sind, sind die sich in der Praxis stellenden Probleme noch größer als bei Spaltungen innerhalb der EU bzw des EWR (*Fida* in W/H/M Q1 Rz 76).

> Die **Spaltungsrichtlinie** (6. Richtlinie des Rates vom 17.12.1982 betreffend die Spaltung von Aktiengesellschaften, 82/891/EWG ABl L 1982/378, 47 ff vom 31.12.1982, zuletzt geändert durch RL 2014/59/EU des Europäischen Parlamentes und des Rates vom 15.5.2014, ABl L 173/190 ff vom 12.6.2014) ist auf **grenzüberschreitende Sachverhalte nicht anzuwenden** (*Urtz* in *Achatz ua*, IntUmgr 176; *Fida* in W/H/M Q1 Rz 75). Zudem regelt die Richtlinie nur die Spaltung von Aktiengesellschaften (*Kalss*[2] Vor § 1 SpaltG Rz 9). Generell zur Möglichkeit der grenzüberschreitenden Spaltung iZm österreichischem Gesellschaftsrecht s *Nowotny*, ÖStZ 2004, 388 f.

Jedenfalls zulässig ist eine **grenzüberschreitende Spaltung gem SpaltG**, wenn eine beteiligte Körperschaft zwar ihren Sitz, **nicht jedoch den Ort der Geschäftsleitung im Inland** hat (da das SpaltG lediglich den Sitz im Inland verlangt; *Zöchling/Andreaus* in W/Z/H/K[5] § 32 Rz 32; *Hirschler* in H/M/H § 32 Rz 8).

C. Steuerrechtliche Qualifizierung

Steuerrechtlich ist aufgrund der gesellschaftsrechtlichen Maßgeblichkeit bei einer Eintragung einer grenzüberschreitenden Spaltung im Firmenbuch eine **Umgründung iSd Art VI** gegeben (*Wiesner/Mayr*, RdW 2007, 700; *Schlager* in HB Sonderbilanzen 228). Wie bei der Inlands- und Auslandsspaltung ist **Voraussetzung**, dass qualifiziertes **Vermögen iSd § 32 Abs 2 und 3** übertragen wird und das **Besteuerungsrecht Österreichs** hinsichtlich der stillen Reserven einschließlich eines allfälligen Firmenwerts des übertragenen Vermögens beim Rechtsnachfolger **nicht eingeschränkt** wird (§ 32 Abs 1).

57

Laut *Wiesner/Mayr* ist es denkbar, die **Regelungen des Art I** zum Besteuerungsaufschub im Falle der Beschränkung des Besteuerungsrechts Österreichs und zur Neubewertung im Falle des Entstehens des Besteuerungsrechts Österreichs **analog** anzuwenden (*Wiesner/Mayr*, RdW 2007, 700; so auch *Huber* in W/H/M VI Einführung Rz 13; *Huber*, ÖStZ 2006, 214).

> *Huber* geht davon aus, dass die Übertragung von Vermögen von einer ausländischen Körperschaft auf eine inländische Körperschaft **(Import-Spaltung)** unter § 32 Abs 1 Z 2 zu subsumieren ist (*Huber* in W/H/M VI § 32 Rz 104). Aufgrund des eindeutigen Wortlauts von § 32 Abs 1 Z 2 „Spaltungen ausländischer Körperschaften im Ausland" ist es mE nicht geboten, dass die Import-Spaltung unter § 32 Abs 1 Z 2 fällt. Vielmehr ist bei Eintragung der Spaltung ins Firmenbuch der inländischen Körperschaft das österreichische SpaltG maßgeblich, sodass eine **Spaltung gem § 32 Abs 1 Z 1** vorliegt (teleologische Reduktion des Tatbestands des § 32 Abs 1 Z 1, dass nicht die gänzliche Anwendung des SpaltG, sondern nur die grundsätzliche gesellschaftsrechtliche Zulässigkeit der Spaltung in Österreich verlangt wird – s *Urtz* in *Achatz ua*, IntUmgr 190; in diesem Sinne auch *Wiesner/Mayr*,

RdW 2007, 700). Dasselbe gilt mE auch für die **Export-Spaltung**. Sobald eine solche im österreichischen Firmenbuch eingetragen wird, ist **Art VI** anwendbar (dementsprechend **analoge Anwendbarkeit von § 32 Abs 1 Z 1** – zudem für eine analoge Anwendbarkeit von § 32 Abs 2 Z 2 *Urtz* in *Achatz ua*, IntUmgr 190; für eine eigenständige Regelung *Hirschler/Sulz/Zöchling* in GedS Helbich 183). Gem UmgrStR sind bei unternehmensrechtlicher Zulässigkeit die §§ 32 ff anzuwenden (UmgrStR Rz 1645).

VI. Übertragung von qualifiziertem Vermögen (Abs 1 bis 3)
A. Allgemeines

60 Gem § 32 Abs 1 darf nur Vermögen iSd Abs 2 und/oder Abs 3 auf die neuen oder übernehmenden Körperschaften tatsächlich übertragen werden. Für eine steuerneutrale Spaltung iSd Art VI muss somit Folgendes gegeben sein:
- **qualifiziertes Vermögen gem § 32 Abs 2 und/oder 3** (Rz 61 ff),
- **Ausschließlichkeit der Übertragung** (Rz 70 ff),
- **tatsächliche Übertragung** (Rz 74).

61 Gem § 32 Abs 1 darf nur Vermögen iSd Abs 2 (Vermögen iSd § 12 Abs 2) und/oder Abs 3 (fiktive Teilbetriebe) übertragen werden. **Zudem muss gem 3. Teil Z 10 kein Teilbetrieb** iSd § 12 Abs 2 Z 1 vorliegen, wenn Vermögensteile iZm **gesetzlichen Unvereinbarkeitsvorschriften** übertragen werden.

1. Vermögen gem § 32 Abs 2

62 Gem § 32 Abs 2 zählen zum spaltungsfähigen Vermögen:
- **Betriebe** (§ 12 Abs 2 Z 1),
- **Teilbetriebe** (§ 12 Abs 2 Z 1),
- **Mitunternehmeranteile** (§ 12 Abs 2 Z 2) und
- **Kapitalanteile** (§ 12 Abs 2 Z 3).

§ 32 verweist auf die Begriffsbestimmung des § 12 Abs 2. Dementsprechend wird auf § 12 Rz 71 ff verwiesen. Siehe zur Ausschließlichkeit Rz 70 und zur Verschiebung von Wirtschaftsgütern § 33 Rz 31.

> Bei der Spaltung von Kapitalanteilen ist die mit dem AbgÄG 2012 erfolgte Ergänzung von § 12 Abs 2 Z 3 zu beachten (BGBl I 2012/112): **Verbindlichkeiten in unmittelbarem Zusammenhang mit Einlagen** in das begünstigte Vermögen sind mit dem Kapitalanteil mitzuübertragen (s dazu allgemein *Gatterer*, taxlex 2012, 503 f; *Mayr*, RdW 2012, 696 f; *Schlager*, RWZ 2012, 194; *Zeitlinger*, taxlex 2012, 302, UmgrStR Rz 1665). Dies gilt für Einlagen, die innerhalb von 2 Jahren vor dem Spaltungsstichtag erfolgt sind. Betroffen sind beim fremdfinanzierten Anteilserwerb auch durch Zuschusszusagen entstandene Verbindlichkeiten (RV 1960 BlgNR 24. GP, 37). Sollte entgegen § 12 Abs 2 Z 3 die entsprechende Verbindlichkeit nicht mitübertragen werden, ist lt *Mayr* eine Anwendungsvoraussetzung von Art VI verletzt, da kein spaltungsfähiger Kapitalanteil vorliegen würde (vgl *Mayr*, RdW 2012, 697). S ausführlich § 12 Rz 145 ff.
>
> Anzuwenden ist § 12 Abs 2 Z 3 idF AbgÄG 2012 auf Spaltungen, deren Beschluss oder Verträge nach dem 31.12.2012 beim zuständigen Firmenbuchgericht zur Eintragung angemeldet werden (3. Teil Z 24). Gemeint ist bei der Spaltung zur Neugründung die Anmeldung der Spaltung gem § 12 SpaltG und bei der Spaltung zur Aufnahme die Anmeldung der Spaltung gem § 17 Z 6 SpaltG. Zu beachten ist in diesem Zusammenhang, dass bei einer Mitübertragung von Verbindlichkeiten, die

nicht im Zusammenhang mit der Anschaffung oder mit Einlagen stehen, überhaupt kein begünstigtes Vermögen übertragen wird (vgl *Huber* in *W/H/M*, § 32 Rz 51).

2. Fiktive Teilbetriebe gem § 32 Abs 3

Als „fiktiver Teilbetrieb" gilt 63

- die **Übertragung von bestimmten Flächen**, für die ein gesetzlicher Realteilungsanspruch besteht und die von der neuen oder übernehmenden Körperschaft für sich als **Forstbetrieb** geführt werden können (§ 32 Abs 3 Z 1) und
- die **Übertragung jenes Teiles des Klienten- und Kundenstocks im Wege einer nicht verhältniswahrenden Auf- oder Abspaltung**, der in der spaltenden Körperschaft bereits vor der Spaltung von einem Anteilsinhaber dauerhaft betreut worden ist und in der neuen oder übernehmenden Körperschaft für sich als Betrieb geführt werden kann (§ 32 Abs 3 Z 2).

Diese Ausnahmebestimmung hinsichtlich „fiktiver Teilbetriebe" ist auch bei der **Realteilung in § 27 Abs 3** zu finden (§ 27 Rz 34 ff). Während die Realteilung die Teilbetriebsfiktionen bereits seit BGBl 1996/797 kennt, wurde der Tatbestand für die Spaltung erst mit BGBl I 2003/71 für Spaltungen mit einem Stichtag nach dem 30.12.2002 aufgenommen (RV 59 BlgNR 22. GP, 278). Bereits vor diesem Stichtag ging die Lehre von einer **analogen Anwendung** aus (*Korntner*, FJ 2009, 217; *Kohlbacher/Walter*, GeS 2003, 73, mit der Argumentation der verfassungskonformen Interpretation von § 32 Abs 1). Die kunden(klienten)bezogene Ab- oder Aufspaltung eines Betriebes dient insb zur Trennung von Freiberuflern (zB Rechtsanwälten, Wirtschaftstreuhändern, Ärzten, Notaren) und Gewerbetreibenden (zB Maklern), die in der Rechtsform einer Kapitalgesellschaft auftreten.

a) Forstbetrieb

Als **Teilbetrieb** gilt gem § 32 Abs 3 Z 1 die **Übertragung von Flächen**, für die ein 64 **gesetzlicher Realteilungsanspruch** besteht und die von der neuen oder übernehmenden Körperschaft **für sich als Forstbetrieb geführt** werden können (UmgrStR Rz 1663a mit Verweis auf Rz 1551 ff).

Die Teilbetriebsfiktion gilt auch für Forstflächen als Teil eines land- und forstwirtschaftlichen Betriebs, **nicht** jedoch für **landwirtschaftliche Flächen** (*Huber* in *W/Z/H/K*[5] § 27 Rz 44; UmgrStR Rz 1552). Sollte es landwirtschaftlich genutzte oder ungenutzte Flächen geben, die zwar nicht unter den Waldbegriff fallen, aber in unmittelbarem räumlichen Zusammenhang mit den Waldflächen stehen, sehen die UmgrStR eine **Bagatellregelung** unter bestimmten Kriterien vor, sodass die Teilbetriebsfiktion zur Anwendung gelangen kann (*Huber* in *W/Z/H/K*[5] § 27 Rz 44 mit Verweis auf UmgrStR Rz 1558).

Falls bei Vorliegen von **landwirtschaftlichen Flächen** die Bagatellregelung nicht greift, ist bei einer Ab- oder Aufspaltung dieser Flächen **Art VI nicht anwendbar**. Bei einer **Ab- oder Aufspaltung mit Forstflächen**, für die für sich die Teilbetriebsfiktion anwendbar wäre, wird die gesamte Ab- oder Aufspaltung „verschmutzt" und **Art VI ist insgesamt nicht anwendbar** (s zur Realteilung UmgrStR Rz 1553). Weiterführend s § 27 Rz 37 ff.

b) Klienten- oder Kundenstock

Folgende Voraussetzungen müssen gem § 32 Abs 3 Z 2 für einen übertragungs- 65 fähigen Klienten- oder Kundenstock vorliegen (**kumulativ**):

- die übertragende Körperschaft muss über einen Betrieb verfügen, dessen wesentliche Grundlage der Klienten- oder Kundenstock ist,
- es muss eine **nicht verhältniswahrende Auf- oder Abspaltung** stattfinden,
- es darf nur jener Teil des Klienten- oder Kundenstocks übertragen werden, der in der spaltenden Körperschaft bereits vor der Spaltung von einem **Anteilsinhaber dauerhaft betreut** worden ist,
- der zu übertragende Klienten- oder Kundenstock muss in der neuen oder übernehmenden Körperschaft **für sich als Betrieb** geführt werden können.

Unter **dauerhafter Betreuung** wird von der FV eine Betreuung von **mindestens einem Jahr** angesehen, unabhängig davon ob unselbständig oder selbständig (UmgrStR Rz 1560). Ist die Tatbestandsvoraussetzung der dauerhaften Betreuung erfüllt, ist die Mitübertragung weiterer Mandanten der übertragenden Körperschaft als unschädlich anzusehen, sofern dies nicht von wesentlicher Bedeutung ist (*Huber* in W/Z/H/K[5] § 27 Rz 44; UmgrStR Rz 1560).

Für sich als Betrieb führen bedeutet, dass mit den übernommenen Mandanten spätere Betriebseinnahmen verbunden sind und die übernommenen Mandanten noch aktiv betreut werden (UmgrStR Rz 1561).

Weiterführend s § 27 Rz 44 ff.

3. Gesetzliche Unvereinbarkeitsvorschriften

66 Es muss kein Teilbetrieb iSd § 12 Abs 2 Z 1 vorliegen, wenn Vermögensteile iZm **gesetzlichen Unvereinbarkeitsvorschriften** übertragen werden (3. Teil Z 10; *Zöchling/Andreaus* in W/Z/H/K[5] § 32 Rz 22). Dies gilt für nach dem 31.12.2004 beschlossene oder vertraglich unterfertigte Spaltungen. Anlass für die gesetzliche Regelung war das GesRÄG 2005 (BGBl I 2005/59) betreffend die **Unvereinbarkeit von Steuerberatung und Wirtschaftsprüfung** (*Huber* in W/H/M VI § 32 Rz 55).

B. Ausschließlichkeit

70 Es kann gem § 32 Abs 1 **nur** Vermögen iSd Abs 2 oder Abs 3 abgespalten werden (sog **qualifiziertes Vermögen**). Damit wird eine gemeinsame Übertragung von qualifiziertem und nicht qualifiziertem Vermögen nach Ansicht des BMF ausgeschlossen (*Huber* in W/H/M VI § 32 Rz 70; UmgrStR Rz 1656). Die **Einbringung** sieht eine **entsprechende Ausschließlichkeit nicht** vor (§ 12 Rz 217). Die Mitübertragung von **nicht qualifiziertem Vermögen** (zB Mitübertragung eines Grundstücks bei Abspaltung eines Kapitalanteils) „**verschmutzt**" die gesamte Spaltung (UmgrStR Rz 1656). In der Folge fällt die Spaltung **nicht unter Art VI** (zu den Auswirkungen s Rz 85 ff).

71 Nach Auffassung des BMF kann die **Übertragung des qualifizierten Vermögens als Steuerspaltung unter Art III** fallen, sofern die übrigen Voraussetzungen (insb § 19) erfüllt sind (Steuerneutralität auf Gesellschaftsebene); ein spaltungsbedingter Anteilstausch wäre danach steuerpflichtig (*Zöchling/Andreaus* in W/Z/H/K[5] § 32 Rz 18 mit Verweis auf BMF 17.1.1994, SWK 1994, A 303; *Huber* in W/H/M VI § 32 Rz 70).

Kritisch zur geforderten Ausschließlichkeit *Huber* in W/H/M VI § 32 Rz 70 ff.

Die **Mitübertragung von nicht qualifiziertem Vermögen** ist nur dann **nicht schädlich**, sofern es zumindest als **gewillkürtes Betriebsvermögen** dem qualifizierten Vermögen zugeordnet werden kann (bei Übertragung von [Teil]Betrieben bzw MU-Anteilen – UmgrStR Rz 1656; *Wiesner/Mayr*, RdW 2007, 699; *Mayr* in *D/R* I¹⁰ Tz 1239).

Hinsichtlich **Spaltungsarten** ist zu unterscheiden:

- **Abspaltung:** es darf nur **qualifiziertes Vermögen** übertragen werden. Falls bei der **spaltenden Körperschaft nicht qualifiziertes Vermögen zurückbleibt**, ist dies **unschädlich** (zB Übertragung des Betriebes und Zurückbehaltung einer Liegenschaft). Sofern **nicht qualifiziertes Vermögen mitübertragen** wird, kommt es auf Ebene der spaltenden Körperschaft zur Aufdeckung der stillen Reserven im gesamten übertragenen Vermögen und auf Ebene der Gesellschafter zur Aufdeckung der stillen Reserven in den Anteilen an der spaltenden Körperschaft. Wird bei der **Abspaltung auf zwei oder mehrere Körperschaften** auf eine qualifiziertes Vermögen und auf eine nicht qualifiziertes Vermögen übertragen, ist Art VI nur hinsichtlich der **Abspaltung des nicht qualifizierten Vermögens ausgeschlossen** (UmgrStR Rz 1656 und zwar auch dann, wenn den Abspaltungen ein einziger Spaltungsplan bzw Spaltungs- und Übernahmevertrag zugrunde liegt; *Wiesner/Mayr*, RdW 2007, 699; *Schlager* in HB Steuerbilanzen 229 – im Unterschied zur Aufspaltung). Dies gilt auch dann, wenn die zwei oder mehreren Abspaltungen in einem einzigen Spaltungsplan bzw Spaltungs- und Übernahmevertrag zusammengefasst sind (*Wiesner/Schwarzinger*, UmS 45/13/01, SWK 2001, S 399). 72

- **Aufspaltung:** es darf nur **qualifiziertes Vermögen** übertragen werden. Dadurch, dass die Aufspaltung stets einen **einheitlichen Vorgang** darstellt, schließt die Übertragung von qualifiziertem Vermögen in eine neue oder übernehmende Körperschaft und nicht qualifiziertem Vermögen in eine andere neue oder übernehmende Körperschaft die Anwendung des **Art VI zur Gänze aus** (*Wiesner/Mayr*, RdW 2007, 699 f; UmgrStR Rz 1656; *Schlager* in HB Sonderbilanzen 229). Zur **Gänze schädlich** ist somit die Übertragung des Betriebes in die eine und die Übertragung der Liegenschaft in die andere Körperschaft – s dazu ausführlich *Huber* in *W/H/M* VI § 32 Rz 56 ff. Die Aufspaltung einer **vermögensverwaltenden Körperschaft** ist nur dann steuerneutral möglich, wenn nur Kapitalanteile iSd § 12 Abs 2 Z 3 oder daneben auch Mitunternehmeranteile iSd § 12 Abs 2 Z 2 übertragen werden. Sollte daher eine **aufspaltende Holdinggesellschaft** neben Kapitalanteilen auch liquide Mittel, Forderungen oder allgemeine (nicht mit dem Beteiligungserwerb zusammenhängende) Verbindlichkeiten ausweisen, kann die Spaltung **nicht unter Art VI fallen** (*Wiesner/Mayr*, RdW 2007, 700; *Schlager* in HB Sonderbilanzen 229). 73

Kommt **Art VI nicht zur Anwendung**, kommt es auf Ebene der spaltenden Körperschaft zur Aufdeckung der stillen Reserven im übertragenen Vermögen (und zwar auch hinsichtlich des für sich qualifizierten Vermögens) und auf Ebene der Gesellschafter zur Aufdeckung der stillen Reserven in den Anteilen an der spaltenden Körperschaft.

C. Tatsächliche Übertragung

Das Vermögen muss gem § 32 Abs 1 **tatsächlich** übertragen werden. 74

> Das Wort „tatsächlich" wurde mit BudBG 2003 (BGBl I 2003/71) eingefügt. Lt RV soll eine den Art III bis V entsprechende Vorgangsweise betreffend das Erfordernis der tatsächlichen Übertragung des qualifizierten Vermögens dahingehend sicherstellen, dass das qualifizierte Vermögen am Umgründungsstichtag und (zumindest

auch) am Beschlusstag tatsächlich vorhanden sein muss (RV 59 BlgNR 22. GP, 278). Hinsichtlich des Erfordernisses der **Zurechenbarkeit des Vermögens am Spaltungsstichtag** besteht im Gegensatz zur Einbringung keine ausdrückliche gesetzliche Regelung (gem § 13 Abs 2 kann Einbringungsstichtag nur ein Tag sein, zu dem das einzubringende Vermögen dem Einbringenden zuzurechnen war – Art VI verweist nicht auf § 13 Abs 2).

Die übertragende Körperschaft muss laut BMF und hL über das zu übertragende Vermögen sowohl am **Spaltungsstichtag als auch am Tag der Eintragung des Spaltungsbeschlusses ins Firmenbuch** verfügen (zB soll der zu übertragende 50 %-Kapitalanteil zum 31.12.2014 abgespalten werden, muss die übertragende Körperschaft sowohl am 31.12.2014 als auch am Tag der Eintragung der Spaltung ins Firmenbuch wirtschaftlicher Eigentümer des Anteils sein; *Wiesner/Mayr*, RdW 2007, 699; *Huber* in *W/H/M* VI § 32 Rz 55a mit weiteren Verweisen. Laut UmgrStR Rz 1655 muss das spaltungsfähige Vermögen vom Spaltungsstichtag bis zum Tag der Eintragung des Spaltungsbeschlusses **durchgehend vorhanden** sein, wobei diese Auslegung mE nicht vom Gesetz gedeckt ist, da § 32 Abs 1 nur die tatsächliche Übertragung analog zur Einbringung fordert (zur Einbringung s *Furherr* § 12 Rz 175 ff).

> Bei einer **Vorübertragung mittels Umgründung** ist zu beachten, dass die spaltende Körperschaft über das übertragene Vermögen erst mit Beginn des dem Umgründungsstichtag folgenden Tages verfügen kann (wird zB ein Betrieb mittels Verschmelzung zum 31.12.2013 auf die abzuspaltende Körperschaft übertragen, kann sie diesen Betrieb frühestens mit Spaltungsstichtag 1.1.2014 übertragen). Dies gilt nicht, wenn ein **Umgründungsplan gem § 39** erstellt wird. In diesem Fall kann das zu übertragende Vermögen zum Umgründungsstichtag weiterübertragen werden (UmgrStR Rz 1656; *Wiesner/Mayr*, RdW 2007, 699). Zu Mehrfachumgründungen s § 39.

Eine **Treuhandschaft schadet nicht**. Das Treugut wird dem **Treugeber** zugerechnet.

VII. Aufrechterhaltung der Steuerverstrickung (Abs 1)

80 Bisher **steuerhängige stille Reserven einschließlich eines allfälligen Firmenwerts im übertragenen Vermögen** müssen gem § 32 Abs 1 bei der übernehmenden Körperschaft **steuerhängig** bleiben. Dh das Besteuerungsrecht Österreichs darf aufgrund der Spaltung nicht eingeschränkt werden. Eine **Steuerhängigkeit auf Ebene der Anteilsinhaber ist nicht gefordert** (*Huber* in *W/H/M* VI § 32 Rz 73). Da die Bestimmung in § 32 Abs 1 wortident mit derjenigen der Verschmelzung in § 1 Abs 2 ist, wird auf die Ausführungen zur Verschmelzung verwiesen (ausführlich § 1 Rz 81 ff).

Sofern bereits bei der übertragenden Körperschaft **keine Steuerhängigkeit** besteht (zB internationale Schachtelbeteiligung, bei der nicht zur Steuerpflicht optiert wurde), wird eine solche nicht erst durch die Spaltung eingeschränkt, sodass **kein Ausschlussgrund** vorliegt (so auch *Huber* in *W/H/M* VI § 32 Rz 73).

A. Inlandsspaltung

81 Bei einer Inlandsspaltung kommt es zur **Steuerentstrickung**, wenn Vermögen von einer **steuerpflichtigen** auf eine **steuerbefreite** Körperschaft übertragen wird (§ 1 Rz 102).

B. Auslandsspaltung

Eine Einschränkung des Besteuerungsrechts Österreichs ist auch bei einer Auslandsspaltung mit Inlandsvermögen denkbar, wenn das nach der Spaltung anzuwendende **DBA mit dem Ansässigkeitsstaat der Nachfolgekörperschaft anderes vorsieht** als das zuvor anwendbare DBA mit dem Ansässigkeitsstaat der übertragenden Körperschaft (laut *Staringer* ist Österreich in diesem Fall gem Art 10 Abs 1 letzter Satz FRL zur steuerneutralen Behandlung der Übertragung von Betriebsstättenvermögen verpflichtet – *Staringer* in *W/H/M* Q2 Rz 88 und Rz 91; s dazu ausführlich § 1 Rz 106 ff).   82

C. Grenzüberschreitende Spaltung

Bei der **Import-Spaltung** kommt es regelmäßig nicht zur Einschränkung, sondern zum „Erwerb" von Vermögen (§ 1 Rz 118), sodass eine Steuerentstrickung nicht in Betracht kommt. Zur **Steuerentstrickung** kann es bei der **Export-Spaltung** kommen, bei der Vermögen von einer inländischen übertragenden Körperschaft auf eine ausländische übernehmende Körperschaft übergeht. Das **Besteuerungsrecht bei einer Export-Spaltung** geht dann **nicht verloren**, wenn es sich bei dem der österreichischen Besteuerung unterliegenden Vermögen um **Vermögen einer Betriebsstätte** handelt, da dieses Vermögen auch nach der im Zuge der Spaltung vorgenommenen Übertragung besteuert werden darf (sofern ein DBA der Besteuerung nicht entgegensteht – *Urtz* in *Achatz ua*, IntUmgr 191). Eine Steuerentstrickung ist denkbar, wenn bei einer grenzüberschreitenden Export-Spaltung nicht im Inland betriebsstättenzugehöriges Vermögen steuerentstrickt wird (*Staringer* in *W/H/M* Q2 Rz 89; ausführlich § 1 Rz 79 ff).   83

Folge der Beschränkung des Besteuerungsrechts Österreichs ist die **Nichtanwendbarkeit von Art VI**, sodass es zur Besteuerung auf Gesellschafts- und Gesellschafterebene kommt (Rz 85 ff). Der **partielle spaltungsbedingte Entfall der Steuerhängigkeit der stillen Reserven** führt analog zur Verschmelzung nur zu einer **partiellen Nichtanwendbarkeit** der §§ 33 bis 38 (§ 1 Rz 85).

Eine **Ratenzahlung** bei Verlust des Besteuerungsrechts Österreichs bei Übertragung des Vermögens auf eine EU- oder norwegische Körperschaft analog zur Verschmelzung ist in Art VI **gesetzlich nicht vorgesehen**. Dies mit der Begründung, dass eine grenzüberschreitende Spaltung österreichischer Körperschaften auf eine ausländische übernehmende Körperschaft gesellschaftsrechtlich (noch) nicht möglich ist (*Zöchling/Andreaus* in *W/Z/H/K*[5] § 32 Rz 32; *Furherr/Huber*, IntUmgr 100; *Huber* in *W/H/M* VI § 32 Rz 73). Daraus ergibt sich, dass für den Fall einer doch möglichen gesellschaftsrechtlichen Durchführung grenzüberschreitender Spaltungen Art VI eine **ungewollte Lücke** aufweist. Zudem stellt sich vor dem Hintergrund des Urteils in der Rs **Hughes de Lasteyrie du Saillant** (EuGH 11.3.2004, C-9/02, Slg 2004, I-2409) die Frage der gemeinschaftsrechtlichen Zulässigkeit einer sofortigen Entstrickungsbesteuerung im Falle des Verlustes des österreichischen Besteuerungsrechts an stillen Reserven (*Kofler/Schindler*, taxlex 2005, 500). Dementsprechend sind die **Entstrickungs- und Verstrickungsregeln des Art I** (§ 1 Abs 2, § 3 Abs 1 Z 2) **analog anwendbar** (*Huber* in *W/H/M* VI Einführung Rz 13 sowie VI § 32 Rz 73; *Kofler/Schindler*, taxlex 2005, 500; *Wiesner/Mayr*, RdW 2007, 700; *Urtz* in *Achatz ua*, IntUmgr 197; *Furherr/Huber*, IntUmgr 100; *Schlager* in HB Sonderbilanzen 230). S zum Steueraufschub ausführlich § 1 Rz 141 ff.   84

Bei einer entstrickenden **Export-Spaltung von Kapitalanteilen ist mE § 16 Abs 1 S 3** (aufgeschobene Entstrickungsbesteuerung) analog anwendbar (*Furherr/ Huber*, IntUmgr 101 mit weiteren Verweisen; aA *Huber* in W/H/M § 32 Rz 73). S § 16 Rz 56 ff.

VIII. Missglückte Spaltung
A. Gründe für die Nicht- und Teilanwendbarkeit des Art VI

85 Eine **zur Gänze** nicht unter Art VI fallende Spaltung liegt vor, wenn
- die **Eintragung der Spaltung ins Firmenbuch** erfolgt (UmgrStR Rz 1802) und
- **kein qualifiziertes oder nicht ausschließlich qualifiziertes Vermögen** übertragen wird (§ 32 Abs 2 und 3) und/oder
- das **Besteuerungsrecht Österreichs** hinsichtlich der stillen Reserven einschließlich eines allfälligen Firmenwertes im übertragenen Vermögen beim Rechtsnachfolger **eingeschränkt** wird (§ 32 Abs 1) und/oder
- ein **Missbrauch** vorliegt (§ 44).

Wenn bei einer **Abspaltung auf mehrere Körperschaften** nicht auf jede übernehmende oder neue Körperschaft qualifiziertes Vermögen übertragen wird, ist Art VI nur für diesen Spaltungsvorgang nicht anwendbar. Eine **Teilanwendung von Art VI** ist auch dann gegeben, wenn das **Besteuerungsrecht Österreichs** hinsichtlich der stillen Reserven einschließlich eines allfälligen Firmenwertes im übertragenen Vermögen beim Rechtsnachfolger nur **zum Teil eingeschränkt** wird (Rz 83).

Sofern die Spaltung **nicht ins Firmenbuch** eingetragen wird, ist die Spaltung **weder gesellschafts- noch steuerrechtlich zustande** gekommen (*Huber* in W/H/M VI § 32 Rz 76). Dies führt zu **keinen steuerlichen Konsequenzen**.

B. Rechtsfolgen bei Nichtanwendbarkeit
1. Allgemeines

86 Bei einer **missglückten Spaltung** kommen die Steuerbegünstigungen des **Art VI nicht zur Anwendung**, sodass sich negative Folgen hinsichtlich Ertragsteuer, Gesellschaftsteuer, Umsatzsteuer und Grunderwerbsteuer ergeben können. Bei einer **nur teilweisen Nichtanwendung von Art VI** kommen die allgemeinen Steuerfolgen nur hinsichtlich der betroffenen Vermögensteile zur Anwendung (Gewinnverwirklichung auf Ebene der übertragenden Körperschaft und auf Ebene der Anteilsinhaber entsprechend den Verkehrswertverhältnissen – UmgrStR Rz 1810; *Zöchling/Andreaus* in W/Z/H/K[5] § 32 Rz 4).

2. Gesellschaftsteuer

87 **Gesellschaftsteuer** fällt an, sofern das Vermögen in eine unmittelbare Tochtergesellschaft oder in eine Schwestergesellschaft übertragen wird. Es ist Gesellschaftsteuer iHv 1 % des **Verkehrswerts des übertragenen Vermögens** zu entrichten. **Keine Gesellschaftsteuer** fällt bei einer Up-stream-Spaltung, bei einer mittelbaren Down-stream-Spaltung (zB die Großmuttergesellschaft spaltet Vermögen in eine Enkelgesellschaft) oder bei einer Tanten- bzw Nichtenspaltung an. Zudem fällt **keine Gesellschaftsteuer** an, wenn die Voraussetzungen gem **§ 6 Abs 1 Z 3 KVG** vorliegen (Übertragung des gesamten Vermögens oder eines [Teil]Betriebs).

Ab dem 1.1.2016 fällt keine Gesellschaftsteuer an (Aufhebung Teil I KVG).

3. Grunderwerbsteuer

Werden Grundstücke bzw grundstücksgleiche Rechte übertragen, kommt es zum **88** Anfall von **Grunderwerbsteuer in Höhe von 3,5 % des Verkehrswertes** (plus 1,1 % Grundbucheintragungsgebühr). Werden alle Anteile an einer grundstücksbesitzenden Körperschaft übertragen oder vereinigen sie sich aufgrund der Spaltung in der Hand der übernehmenden Körperschaft (**Anteilsvereinigung**), kommt es zum Grunderwerbsteueranfall in Höhe von **3,5 % des dreifachen Einheitswertes**.

4. Umsatzsteuer

Die spaltungsbedingte Vermögensübertragung führt zu einer **umsatzsteuerpflich- 89 tigen Leistung**, soweit das übertragene Vermögen nicht aus Geld oder aus Vermögen besteht, dessen Übertragung gem § 6 UStG nicht umsatzsteuerpflichtig ist (*Hirschler*, SWK 2003, 765). *Ruppe* sieht **keinen Leistungsaustausch**, da der Vermögensübergang und der Anspruch auf Gewährung von Anteilsrechten auf Grund von Gesellschafterbeschlüssen und ex lege gegeben ist (*Ruppe* § 1 Tz 95). Der **Anteilstausch auf Gesellschafterebene** ist bereits aufgrund § 6 Abs 1 Z 8 lit g UStG unecht **steuerbefreit** (*Ruppe* § 1 Tz 98).

5. Ertragsteuer

Hinsichtlich der ertragsteuerlichen Konsequenzen ist zwischen **Ab- und Aufspaltung** zu unterscheiden.

a) Abspaltung

Die ertragsteuerlichen Konsequenzen in Bezug auf die **übertragende und über- 90 nehmende** Körperschaft sind in **§ 20 KStG** geregelt. § 20 KStG kommt lediglich für **unbeschränkt steuerpflichtige Körperschaften** gem § 1 Abs 2 KStG zur Anwendung (keine Anwendung für körperschaftsteuerbefreite Körperschaften oder beschränkt steuerpflichtige Körperschaften).

> Zur Besteuerung von beschränkt steuerpflichtigen Körperschaften s ausführlich *Hristov* in *Bertl ua*, Sonderbilanzen 193 f.

Auf Ebene der **übertragenden Körperschaft** kommt es hinsichtlich des übertragenen **91** Vermögens zur **Gewinnrealisierung gem § 20 Abs 1 Z 2 KStG iVm § 6 Z 14 EStG**. Das bei der übertragenden Körperschaft verbleibende Vermögen unterliegt keiner Besteuerung. Als Veräußerungsgewinn ist gem § 20 Abs 2 Z 2 KStG der **gemeine Wert der Gegenleistung** nach dem **Stand zum Spaltungsstichtag** anzusetzen.

> Laut *Hirschler* wird sich betragsmäßig durch die Orientierung am Wert der Gegenleistung im Unterschied zum gemeinen Wert der hingegebenen Sache nach § 6 Z 14 EStG meist keine Änderung ergeben, da der Wert der Gegenleistung einerseits wieder durch den Wert des übertragenen Vermögens geprägt wird, wobei aus Sicht des Übernehmers der Teilwert von Bedeutung ist (*Hirschler*, SWK 2003, 763). Sofern eine Gegenleistung in Form von **Gesellschafts- oder anderen Mitgliedschaftsrechten nicht gewährt** wird, ist gem § 20 Abs 2 letzter Satz KStG der **Teilwert der Wirtschaftsgüter** einschließlich selbstgeschaffener unkörperlicher Wirtschaftsgüter anzusetzen.

Die **übernehmende Körperschaft** hat gem § 20 Abs 3 KStG das übertragene Ver- **92** mögen mit dem von der **übertragenden Körperschaft festgesetzten Wert** zu übernehmen (entweder gemeiner Wert der Gegenleistung oder Teilwert der Wirtschaftsgüter). Die Zurechnung hat ab dem **Beginn des dem Übertragungsstichtag folgenden Tages** zu erfolgen. Es ist keine dem UmgrStG entsprechende Rechtsnachfolge gegeben (zB ist die Nutzungsdauer neu festzulegen; *Sulz*, RWZ 2001/12, 34; *Hirschler*, SWK 2003, 765).

Fraglich ist, ob die **Rückwirkung zum Spaltungsstichtag** auch dann gegeben ist, wenn kein qualifiziertes Vermögen iSd § 32 Abs 2 bzw Abs 3 auf die übernehmende Körperschaft übertragen wird.

> § 6 Z 14 lit b EStG sieht bei der Einlage oder Einbringung von Vermögen vor, dass die Rückwirkung zum Einbringungsstichtag nur bei der Einbringung von (Teil)Betrieben, Mitunternehmer- und Kapitalanteilen iSd § 12 Abs 2 stattfindet. Sofern **kein Vermögen iSd § 12 Abs 2** vorliegt, handelt es sich um eine bloße Einlage nach § 6 Z 14 lit b EStG, für die eine **rückwirkende Gewinnverwirklichung nicht vorgesehen** ist (KStR Rz 1468; vgl *Hristov* in *L/R/S/S*² § 20 Rz 44). Laut den KStR und UmgrStR gilt dies **auch für den Fall der Abspaltung** (KStR Rz 1468; UmgrStR Rz 1808 – vor dem WE 2008 (AÖF 2008/243) war die Rückwirkung auch beim nicht qualifizierten Vermögen gegeben). So auch BFG 24.10.2017, RV/5100233/2013. Anders *Hristov*, wonach auch bei der Übertragung von **nicht qualifiziertem Vermögen** die **Rückwirkung auf den Spaltungsstichtag** zu erfolgen hat, da es sich bei der Abspaltung um einen gesellschaftsrechtlichen Umgründungstyp handelt, der in seiner Gesamtheit von § 20 Abs 1 Z 2 KStG erfasst ist (*Hristov* in *L/R/S/S*² § 20 Rz 46).

93 Auf Ebene der **Anteilsinhaber** kommt das **allgemeine Ertragsteuerrecht** zur Anwendung. § 20 KStG ist nicht anwendbar, da diese Bestimmung nur die ertragsteuerlichen Folgen auf Ebene der übertragenden und übernehmenden Körperschaft regelt (*Hristov* in *L/R/S/S*² § 20 Rz 11). Bei der **Down-stream-Abspaltung** ist hM, dass auf Ebene der übertragenden Körperschaft eine Veräußerung des übertragenen Vermögens und eine Anschaffung der dafür erhaltenen Anteile vorliegt (*Kirchmayr*, Beteiligungserträge 194). Auf Ebene der Gesellschafter der übertragenden Körperschaft ergeben sich bei einer Down-stream-Abspaltung keine steuerlichen Konsequenzen (*Kirchmayr*, Beteiligungserträge 194). Verschiedene Auffassungen bestehen in Bezug auf die **Abspaltung zur Aufnahme und Neugründung** gegen Gewährung von Gesellschaftsrechten sowie auf **Side-stream**- und **Up-stream-Abspaltungen**. Diese Form der Abspaltung bedingt eine Wertminderung der Anteile an der übertragenden Körperschaft und gleichzeitig eine Werterhöhung der Anteile an der übernehmenden Körperschaft. Strittig ist, ob in diesen Fällen ein **Tausch der Anteile an der übertragenden Körperschaft** gegen Anteile an der übernehmenden Körperschaft oder eine **Gewinnausschüttung bzw Einlagenrückzahlung** durch die übertragende Körperschaft an ihre Anteilsinhaber mit nachfolgender Einlage nach § 4 Abs 12 EStG in die übernehmende Körperschaft vorliegt (*Hristov* in *L/R/S/S*² § 20 Rz 18; *Kirchmayr*, Beteiligungserträge 195 ff).

> Laut BMF ist ein **Tausch** anzunehmen (UmgrStR Rz 1809): „Der Unterschiedsbetrag zwischen den Anschaffungskosten bzw dem Buchwert und dem gemeinen Wert der spaltungsbedingt abgestockten Anteile an der übertragenden Körperschaft ist der Besteuerung zu unterwerfen."

Dies entspricht der hM, wonach grundsätzlich von einem **tausch- bzw veräußerungsähnlichen Erlös** und nicht von einer Dividende auszugehen ist (*Hristov* in *L/R/S/S*[2] § 20 Rz 20; *Huber* in *W/H/M* VI § 32 Rz 77; *Hirschler*, SWK 2003, 765; *Wiesner/Sulz*, RZW 2001, 34 f; *Walter*, RdW 2000, 252; *Walter*[11] Rz 835; *Zöchling/Andreaus* in *W/Z/H/K*[5] § 32 Rz 8; *Furherr/Huber*, IntUmgr 98).

Eine **alte BMF-Auffassung** geht von einer **Gewinnausschüttung** aus (BMF 16.12.1998 zitiert nach *Wiesner/Sulz*, RWZ 2001, 34 f). Auch ältere Literaturquellen gehen von einer verdeckten Gewinnausschüttung/Einlagenrückzahlung aus (*Wiesner*, ecolex 1993, 554; *Kirchmayr/Schragl*, ecolex 1998, 246). Einzig *Kirchmayr* vertritt in der neueren Literatur diese Auffassung. Dies mit der Begründung, dass diese Qualifikation im Grundsatz auch der steuerlichen Beurteilung der Umgründungen nach § 20 Abs 1 Z 1 KStG entspricht, die ebenfalls von einer „spiegelbildlichen" Realisation von übertragender Körperschaft und Gesellschafter unter Anwendung der Grundsätze über Vermögensauskehr und (allfälliger) Wiedereinlage ausgehen (*Kirchmayr*, Beteiligungserträge 199 f mit genauer Analyse der anderen Literaturstimmen).

Bei der **verhältniswahrenden Spaltung** findet der **Tausch im Umfang der untergehenden bzw wertabgestockten Anteile** statt. Bei einer **nichtverhältniswahrenden Spaltung** knüpft sich gedanklich ein weiterer Anteilstausch an (*Huber* in *W/H/M* VI § 32 Rz 77 mit Verweis auf *Hirschler*, SWK 2003, 470). Die **Bewertung** hat zum **Tag des Spaltungsbeschlusses** zu erfolgen.

b) Aufspaltung

Auf Ebene der **übertragenden Körperschaft** kommt es zur **Liquidationsbesteuerung gem § 20 Abs 1 Z 1 iVm § 19 KStG** (UmgrStR Rz 1804). Dies bedeutet die Aufdeckung aller stillen Reserven samt Firmenwert des Vermögens der übertragenden Körperschaft. Die **Bewertung** ist zum **Spaltungsstichtag** vorzunehmen. Damit kann ein **Liquidationszeitraum nicht** entstehen. S zur **Ermittlung des Umgründungsgewinnes** ausführlich § 2 Rz 14 ff.

94

Hinsichtlich der **Bewertung ist zu unterscheiden**: Wird im Zuge der Spaltung eine **Gegenleistung** gewährt, ist als Wert des übertragenen Vermögens der Wert der für die Vermögensübertragung gewährten Gegenleistung (Gesellschaftsrechte zuzüglich etwaiger barer Zuzahlungen) anzusetzen (vgl *Hristov* in *Bertl ua*, Sonderbilanzen 199). Als Wert wird der **Verkehrswert** verstanden (KStR Rz 1464; *Hirschler* in FS Werilly 157). Sofern **keine Gegenleistung** gewährt wird, ist der **Teilwert der übertragenen Wirtschaftsgüter** einschließlich selbstgeschaffener unkörperlicher Wirtschaftsgüter (nicht bilanziertes immaterielles Anlagevermögen, Firmenwert) als Wert des übertragenen Vermögens anzusetzen. Ein solches **Unterlassen der Gewährung einer Gegenleistung** ist denkbar bei Bestehen einer **(un)mittelbaren Beteiligungsidentität** (Side-stream-Aufspaltung), bei einer **Down-stream-Aufspaltung** (*Hirschler* in *Bertl ua*, Gründung 156 f) bzw bei Besitz der Anteile an der übertragenden Körperschaft (**Up-stream-Aufspaltung** – *Hirschler* in FS Werilly 158; *Hristov* in *Bertl ua*, Sonderbilanzen 199; die UmgrStR in Rz 391 gehen bei einer Up-stream-Verschmelzung von einer Gegenleistung aus – die Gegenleistung kann auch in der Aufgabe der Anteile an der übertragenen Gesellschaft bestehen; so auch *Hirschler* in *Bertl ua*, Gründung, 156 f).

Nach hA gehen die **Verlustvorträge** der übertragenden Körperschaft nicht auf die übernehmende Körperschaft über (KStR Rz 992; aA *Hügel* in *H/M/H* § 4 Rz 15).

Laut *Hristov* dürfen die Verluste bei der übertragenden Körperschaft jedoch unter Anwendbarkeit des § 2 Abs 2b Z 3 5. TS EStG (keine Beschränkung der Verlustverrechnung) im Zuge der letztmaligen Gewinnermittlung verwertet werden (*Hristov* in *Bertl ua*, Sonderbilanzen 197). Dies begründet er damit, dass § 2 Abs 2b Z 3 5. TS EStG zwar nur von „Liquidationsgewinn" iSv § 19 KStG spricht, steuerpflichtige Umgründungsgewinne jedoch darunter genauso zu verstehen sind.

95 Bei der **übernehmenden Körperschaft** sind gem § 20 Abs 3 KStG die für das **übertragende Vermögen maßgebenden Werte** (entweder Wert der Gegenleistung oder Teilwert der übertragenen Wirtschaftsgüter) anzusetzen. Die Einkünfte sind der übernehmenden Körperschaft ab dem **Beginn des Tages zuzurechnen, der dem Spaltungsstichtag** folgt. Die übernehmende Körperschaft ist nicht an die Bewertungs- und Abschreibungsmethoden der übertragenden Körperschaft gebunden (UmgrStR Rz 1805).

Analog zur Abspaltung kommt auf Ebene der **Anteilsinhaber** das allgemeine **Ertragsteuerrecht** zur Anwendung (§ 20 KStG findet keine Anwendung). Zur Besteuerung wird grundsätzlich auf die Abspaltung verwiesen. Bei der **Aufspaltung ist strittig**, ob es sich um einen **Tausch** von Anteilen an der übertragenden Körperschaft gegen Anteile an der übernehmenden Körperschaft (*Bruckner* in *W/H/M* § 1 Rz 43 ff; *Hirschler* in *Bertl ua*, Gründung 163; *Hirschler* in FS Werilly 160; *Hügel* in *H/M/H* § 5 Rz 38 ff; *Furherr/Huber*, IntUmgr 98) oder um einen **Untergang des Anteils an der übertragenden Körperschaft** auf Grund der Auflösung (Liquidation) iSv § 31 Abs 2 Z 1 EStG idF vor BudBG 2011 verbunden mit anteiliger Sachauskehr des **Abwicklungs-Endvermögens** an die Anteilsinhaber und anschließender Einlage iSv § 4 Abs 12 EStG des anteiligen ausgekehrten Abwicklungs-Endvermögens in die übernehmende Körperschaft handelt (vgl *Hristov* in *L/R/S/S*² § 20 Rz 17; *Kirchmayr*, Beteiligungserträge 193; *Wiesner*, ecolex 1993, 554; *Wiesner* in FS Vodrazka 230; *Hristov* in *Bertl ua*, Sonderbilanzen 204; *Huber* in *W/H/M* VI § 32 Rz 77; *Zöchling/Andreaus* in *W/Z/H/K*⁵ § 32 Rz 7; UmgrStR Rz 1806 mit Verweis auf KStR Rz 1450 ff sowie EStR Rz 6172, wobei UmgrStR Rz 1806 zweideutig ist: einerseits wird auf § 31 Abs 2 Z 1 EStG idF vor BudBG 2011 verwiesen und andererseits führen die UmgrStR aus, dass Steuerpflicht in Höhe der Differenz zwischen dem gemeinen Wert der untergehenden Anteile und deren Anschaffungskosten/Buchwert besteht).

> Die Unterscheidung ist wichtig, sofern ein unter 1 %-Anteil nach der **Einjahresfrist** betroffen ist (nicht steuerpflichtiger Anteil vor BudBG 2011). Eine Liquidationsbesteuerung würde nämlich bei im Privatvermögen gehaltenen Anteilen unabhängig vom Beteiligungsausmaß die Einkommensbesteuerung des Liquidationsüberschusses gem § 31 Abs 2 Z 1 EStG idF vor BudBG 2011 auslösen (*Zöchling/Andreaus* in *W/Z/H/K*⁵ § 32 Rz 7). Nach der **neuen Rechtslage gem § 27** (idF BudBG 2011, BGBl I 2010/111) soll diese **Unterscheidung nicht mehr relevant** sein. S § 5 Rz 40 ff.

96 Die Anschaffungskosten der gewährten Anteile an der übernehmenden Körperschaft ergeben sich aus der Aufteilung des Wertes der untergegangenen Anteile auf die neuen Anteile nach dem Verkehrswertverhältnis der Spaltungsmassen. Es sind die **Wertverhältnisse zum Spaltungsbeschlusstag** maßgeblich (UmgrStR Rz 1806). Sofern eine nicht verhältniswahrende Aufspaltung vorliegt, ist zusätzlich

am Spaltungsbeschlusstag von einem Anteilstausch auszugehen, auf den die Tauschgrundsätze des § 6 Z 14 EStG anzuwenden sind (gemeiner Wert der hingegebenen Anteile).

Spaltende Körperschaft

§ 33. (1) Bei der Ermittlung des Gewinnes für das hinsichtlich des zu übertragenden Vermögens mit dem Spaltungsstichtag endende Wirtschaftsjahr ist das Betriebsvermögen mit dem Wert anzusetzen, der sich nach den steuerrechtlichen Vorschriften über die Gewinnermittlung ergibt.

(2) Abweichend von Abs. 1 kann ausländisches Vermögen (§ 16 Abs. 3 Z 3) mit dem sich aus § 20 des Körperschaftsteuergesetzes 1988 ergebenden Wert angesetzt werden, wenn die Spaltung im Ausland zur Gewinnverwirklichung führt und mit dem in Betracht kommenden ausländischen Staat ein Doppelbesteuerungsabkommen besteht, das dafür die Anrechnungsmethode vorsieht, oder eine vergleichbare innerstaatliche Methode zur Vermeidung der Doppelbesteuerung getroffen wurde.

(3) Das Einkommen (der Gewinn) der spaltenden Körperschaft ist so zu ermitteln, als ob der Vermögensübergang mit Ablauf des Spaltungsstichtages erfolgt wäre.

(4) [1]Bei Aufspaltungen gilt Abs. 3 nicht für Gewinnausschüttungen der spaltenden Körperschaft auf Grund von Beschlüssen nach dem Spaltungsstichtag, sowie für

– die Einlagenrückzahlung im Sinne des § 4 Abs. 12 des Einkommensteuergesetzes 1988 durch die spaltende Körperschaft und
– Einlagen im Sinne des § 8 Abs. 1 des Körperschaftsteuergesetzes 1988 in die spaltende Körperschaft

in der Zeit zwischen dem Spaltungsstichtag und dem Tag des Spaltungsbeschlusses. [2]Weiters kann § 16 Abs. 5 Z 4 sinngemäß angewendet werden.

(5) Bei Abspaltungen kann abweichend von Abs. 3 auf das zu übertragende Vermögen § 16 Abs. 5 Z 4 und 5 angewendet werden.

(6) [1]Spaltungsstichtag ist der Tag, zu dem die Schlussbilanz aufgestellt ist, die der Spaltung zugrunde gelegt ist. [2]Die spaltende Körperschaft hat zum Spaltungsstichtag weiters aufzustellen

– eine Übertragungsbilanz, in der das auf die neuen oder übernehmenden Körperschaften jeweils zu übertragende Vermögen mit den nach Abs. 1 und 2 steuerlich maßgebenden Buchwerten bzw Werten und dem sich jeweils daraus ergebenden Übertragungskapital unter Berücksichtigung nachträglicher Veränderungen im Sinne der Abs. 4 und 5 darzustellen ist und
– im Falle der Abspaltung auch eine Restbilanz zur Darstellung der steuerlich maßgebenden Buchwerte des nach der Spaltung verbleibenden Vermögens.

(7) Bei einer Abspaltung bleiben Buchverluste oder Buchgewinne bei der Gewinnermittlung außer Ansatz. § 20 Abs. 4 Z 1 ist anzuwenden.

[idF BGBl I 2005/161]

§ 33

Rechtsentwicklung
BGBl 1991/699 (UmgrStG; RV 266 AB 354 BlgNR 18. GP) (Stammfassung – Regelung zur Steuerspaltung); BGBl 1993/818 (StRefG 1993; RV 1237 AB 1301 BlgNR 18. GP) (Regelung zur Steuerspaltung); BGBl 1996/797 (AbgÄG 1996; RV 497 AB 552 BlgNR 20. GP) (grundlegende Novelle des Art VI); BGBl I 1998/9 (AbgÄG 1997; RV 933 AB 998 BlgNR 20. GP) (Aufnahme der Anwendbarkeit des § 16 Abs 5 Z 4 bei der Aufspaltung); BGBl I 2005/161 (AbgÄG 2005; RV 1187 AB 1213 BlgNR 22. GP) (Streichung der Anwendbarkeit von § 16 Abs 5 Z 2 bei der Abspaltung).

Übersicht

I.	Vorbemerkung	1, 2
II.	Keine Aufdeckung stiller Reserven (Abs 1)	
	A. Buchwertfortführung	3, 4
	B. Gewinnermittlungszeitraum	5
III.	Aufwertungsmöglichkeit (Abs 2)	
	A. Allgemeines	10, 12
	B. Anwendungsvoraussetzungen	13–16
	C. Bewertung	17
IV.	Steuerliche Rückwirkung (Abs 3)	20, 21
V.	Ausnahmen von der Rückwirkung (Abs 4 und 5)	
	A. Aufspaltung	
	1. Allgemeines	25
	2. Offene Gewinnausschüttungen, Einlagenrückzahlungen, Einlagen	27–30
	3. Verschiebung von Wirtschaftsgütern	
	a) (Teil)Betriebe	31–34
	b) Mitunternehmeranteile	35
	c) Kapitalanteile	36
	d) Sonstiges	37–39
	B. Abspaltung	40
VI.	Spaltungsstichtag (Abs 6)	45, 46
VII.	Steuerrechtliche Bilanzen (Abs 6)	
	A. Schlussbilanz	
	1. Unternehmensrechtliche Schlussbilanz	50
	2. Steuerrechtliche Schlussbilanz	51
	B. Übertragungsbilanz	
	1. Steuerrechtliche Übertragungsbilanz	52
	2. Darstellung	53
	C. Restvermögensbilanz	
	1. Gesellschaftsrechtliche Spaltungsbilanz	54
	2. Steuerrechtliche Restvermögensbilanz	55
VIII.	Steuerneutrale Buchgewinne und -verluste (Abs 7)	
	A. Buchgewinne und -verluste	60
	B. Down-stream-Abspaltung	61

IX. Einlagenevidenzkonto und Innenstandfinanzierung
  A. Allgemeines 70
  B. Aufspaltung zur Neugründung 71
  C. Aufspaltung zur Aufnahme
     1. Konzentrations- und Side-stream-Aufspaltung 72
     2. Up-stream- und Down-stream-Aufspaltung 73
  D. Abspaltung zur Neugründung 74, 75
  E. Abspaltung zur Aufnahme
     1. Konzentrations- und Side-stream-Abspaltung 76
     2. Up-stream-Abspaltung 77
     3. Down-stream-Abspaltung 78

I. Vorbemerkung

§ 33 regelt die steuerlichen Besonderheiten, die auf Ebene der **übertragenden Körperschaft** zu beachten sind. Im Gegenzug zur Einbringung erscheinen die Bewertungsvorschriften relativ einfach, da zum einen nicht zwischen Betriebsvermögen und Privatvermögen zu unterscheiden ist und zum anderen davon ausgegangen wird, dass **grenzüberschreitende Spaltungen** gesellschaftsrechtlich nicht möglich sind. **1**

> Zur **Möglichkeit der grenzüberschreitenden Spaltung** s § 32 Rz 56. Eine Ver- und Entstrickungsregel ist idZ in den §§ 32 bis 38 nicht vorgesehen. Im Fall einer **grenzüberschreitenden Import-Spaltung** ist in Analogie zu § 3 Abs 1 Z 2 der **gemeine Wert** bzw im Fall einer **Export-Spaltung** der **aufgeschobene Entstrickungswert** anzusetzen (*Huber*, ÖStZ 2006, 214; *Urtz* in *Achatz ua*, IntUmgr 190 ff).

Im Grundsatz wird durch § 33 die Aufdeckung der **stillen Reserven im Vermögen der übertragenden Körperschaft** vermieden (Abs 1) und eine **ertragsteuerliche Rückwirkung** der Übertragung des Vermögens ermöglicht (Abs 3). Buchverluste und -gewinne bleiben außer Ansatz (§ 33 Abs 7). § 33 Abs 2 sieht die Möglichkeit der **Aufwertung des übertragenen ausländischen Vermögens** vor. § 33 Abs 4 und Abs 5 regeln die **Ausnahmen von der steuerlichen Rückwirkung**. Die Definition des **Spaltungsstichtages** sowie die Aufzählung der notwendigen **steuerrechtlichen Bilanzen** sind in § 33 Abs 6 zu finden. **2**

II. Keine Aufdeckung stiller Reserven (Abs 1)

A. Buchwertfortführung

Hinsichtlich des zu **übertragenden Vermögens** sind bei der **übertragenden Körperschaft** zum Spaltungsstichtag **zwingend die steuerrechtlichen Buchwerte** anzusetzen (**Buchwertfortführung** – § 33 Abs 1). Eine **Aufdeckung stiller Reserven** und somit eine Besteuerung auf Ebene der übertragenden Körperschaft findet grundsätzlich **nicht statt** (ausgenommen Aufwertung bei ausländischem Vermögen – Rz 10 ff). Durch die zwingende steuerrechtliche Fortführung der Buchwerte bei der übernehmenden Körperschaft wird die Steuerverstrickung der stillen Reserven und des Firmenwerts sichergestellt (**Buchwertverknüpfung** gem § 34 Abs 1). Aufgrund des identen Wortlauts zur Buchwertfortführung in § 2 Abs 1 s § 2 Rz 1 ff. **3**

4 Der **steuerrechtliche Buchwert** („der Wert, der sich nach den steuerrechtlichen Vorschriften über die Gewinnermittlung ergibt") ist in der **steuerrechtlichen Schlussbilanz** zum Spaltungsstichtag zu dokumentieren (§ 33 Abs 6). In dieser sind die Aktiva und Passiva nach allgemeinen steuerlichen Gewinnermittlungsvorschriften zu bewerten. Die **Aktivierung von nicht entgeltlich erworbenen unkörperlichen Vermögensgegenständen** des Anlagevermögens sowie eines **originären Firmenwertes ist nicht zulässig** (UmgrStR Rz 1661). Die **AfA** ist bei einem vom Wirtschaftsjahr der übertragenden Körperschaft abweichenden Spaltungsstichtag nach den Regeln der Halb- und Ganzjahres-AfA zu berechnen. Eine Aliquotierung gem EStR Rz 3132 ist ebenso möglich (UmgrStR Rz 1661). Aufgrund der Buchwertfortführung darf die Abschreibung über einen Zeitraum von insgesamt 12 Monaten (bei spaltender und übernehmender Körperschaft) den Betrag einer Ganzjahres-AfA nicht übersteigen (*Hirschler* in *H/M/H* § 33 Rz 3; *Huber* in *W/H/M* VI § 33 Rz 4 mit Verweis auf *Q/S* § 7 Tz 50; *Sulz*, FJ 1995, 98 f).

B. Gewinnermittlungszeitraum

5 Der letzte **Gewinnermittlungszeitraum** des übertragenen Vermögens **endet für die übertragende Körperschaft mit Ablauf des Spaltungsstichtages** (§ 33 Abs 1). Dementsprechend endet das **Wirtschaftsjahr** für das übertragene Vermögen mit dem Spaltungsstichtag. Das heißt, dass zB letztmalig die AfA für übertragene Wirtschaftsgüter oder eine Teilwertabschreibung für übertragene Kapitalanteile (bzw Siebentel gem § 12 Abs 2 Z 3 KStG) geltend gemacht werden kann.

Die übertragende Körperschaft hat den bis zum **Spaltungsstichtag erzielten Gewinn** aus dem übertragenen Vermögen stets in dem Kalenderjahr zu versteuern, in dem der **Spaltungsstichtag liegt** (auch bei abweichendem Wirtschaftsjahr – *Huber* in *W/H/M* VI § 33 Rz 6).

Laut VwGH beginnt korrespondierend dazu für das **übertragene Vermögen bereits mit dem Ablauf des Spaltungsstichtages ein neues Wirtschaftsjahr** (UmgrStR Rz 1660). Bei unterjährigem Spaltungsstichtag treffen somit zwei spaltungsbedingte Rumpfwirtschaftsjahre aufeinander, die nicht als einheitliches Wirtschaftsjahr anzusehen sind (*Huber* in *W/H/M* VI § 33 Rz 3 mit Verweis auf VwGH 26.7.2007, 2006/15/262).

III. Aufwertungsmöglichkeit (Abs 2)
A. Allgemeines

10 In § 33 Abs 2 wird der Grundsatz der Buchwertfortführung durchbrochen, indem der Steuerpflichtige die **Wahl zur Aufwertung** des **ausländischen Vermögens** hat. Es handelt sich um ein **Wahlrecht (kein zwingendes Recht)**, das auch im Falle einer zwingenden Gewinnverwirklichung im Ausland besteht (*Schlager* in HB Sonderbilanzen 231). In etwa gleiche Regelungen sind für die Verschmelzung, Umwandlung und Einbringung zu finden. Dementsprechend wird auf die Ausführungen zu § 2 Rz 26 ff verwiesen.

> Der Grund dieser Regelung besteht darin, dass ein Nachteil bei **Spaltungen mit Auslandsbezug** aufgrund **verschiedener Steuerzeitpunkte** entstehen kann **(Doppelbesteuerung)**. Sollte es durch die Spaltung im Ausland zur Gewinnrealisierung kommen, können beim übertragenen ausländischen Vermögen die stillen Reserven aufgedeckt werden. Es kommt im Falle einer Anrechnungsmethode gem

DBA zur Besteuerung in Österreich. Dadurch wird im Inland die Anrechnung der ausländischen Steuer auf die österreichische KSt ermöglicht. Die **MindestKSt bietet keine Anrechnungsmöglichkeit** (UmgrStR Rz 1670).

Das Gesetz sieht bei der **Auslandsspaltung keine Aufwertungsoption für inländisches Vermögen** vor, sofern es im Ausland zur Gewinnverwirklichung kommt und mit diesem Ausland ein DBA mit Anrechnungsmethode abgeschlossen oder eine vergleichbare innerstaatliche Maßnahme zur Vermeidung der Doppelbesteuerung getroffen wurde. Eine solche Regelung ist für die Verschmelzung in § 2 Abs 2 Z 2 zu finden. *Hirschler* ist für eine **analoge Anwendung der Bestimmung des § 2 Abs 2 Z 2**, da es sich bei der Nichtregelung des Inlandsvermögens bei Auslandsspaltungen um ein Versehen des Gesetzgebers handeln sollte, da die Auslandsspaltung im Entwurf der Neuregelung des Art VI noch gar nicht vorgesehen war (vgl *Hirschler* in W/H/M § 33 Rz 7; so auch *Huber* in H/W/B VI § 33 Rz 12). Eine **analoge Anwendung** soll allerdings nur für **inländisches Vermögen** iSd § 12 Abs 2 gelten. **11**

Die **Aufwertungsoption** kann nur von der **übertragenden Körperschaft** ausgeübt werden. Sie kann für **Vermögen in verschiedenen Staaten** jeweils **gesondert in Anspruch** genommen werden (UmgrStR Rz 1670; *Schlager* in HB Sonderbilanzen 231). **12**

Anteilsinhaber der spaltenden Körperschaft und/oder der **übernehmenden Körperschaft** werden durch die Aufwertung von ausländischem Vermögen **nicht betroffen**, da § 33 Abs 2 sich nur auf die übertragende Körperschaft bezieht (*Huber* in W/H/M VI § 33 Rz 11 mit Verweis auf *Hirschler* in FS Werilly 160; *Wiesner*, RWZ 1999, 1).

Durch die Aufwertung ist **kein Anwendungsausschluss von Art VI** gegeben (*Huber* in W/H/M VI § 33 Rz 11).

B. Anwendungsvoraussetzungen

Folgende Voraussetzungen müssen **kumulativ** für eine Aufwertung vorliegen (*Schlager* in HB Sonderbilanzen 231): **13**

- **Übertragung von ausländischem Vermögen gem § 16 Abs 3 Z 3** (§ 16 Rz 39). **14**

Unter **ausländischem Vermögen gem § 16 Abs 3 Z 3** werden ausländische (Teil)Betriebe, ausländische Mitunternehmeranteile und Kapitalanteile gem § 12 Abs 2 Z 3 an ausländischen Körperschaften, die mit einer inländischen Kapitalgesellschaft oder Erwerbs- und Wirtschaftsgenossenschaft vergleichbar sind, verstanden. Laut UmgrStR muss es sich bei den ausländischen (Teil)Betrieben analog zum Inlandsvermögen um ein **qualifiziertes Vermögen** iSd § 12 handeln (so auch *Hirschler* in H/M/H § 33 Rz 5; *Schlager* in HB Sonderbilanzen 231; aA *Staringer*, wonach in Analogie zu § 2 Abs 2 Z 1 eine Erweiterung des Aufwertungswahlrechts auf sonstige ausländische Vermögensteile vertreten werden kann, da ansonsten eine unsachliche Differenzierung zum Aufwertungswahlrecht für Inlandsverschmelzungen gegeben wäre – *Staringer* in W/H/M Q2 Rz 94 mit Verweis auf *Zöchling*, SWI 1994, 311).

Der Aufwertungsoption **nicht zugänglich** sind **einzelne im Ausland gelegene Wirtschaftsgüter** inländischer Betriebe oder Teilbetriebe (UmgrStR Rz 1669; aA *Walter*[11] Rz 855 wonach sehr wohl ausländisches Vermögen, das für sich allein kein qualifiziertes Vermögen gem § 16 Abs 3 Z 3 darstellt, aufgewertet werden darf).

15 • **Gewinnverwirklichung im Ausland** (entweder zwingend oder aufgrund eines Wahlrechts; laut UmgrStR Rz 1668 nur bei einer tatsächlichen steuerpflichtigen Gewinnverwirklichung) (§ 2 Rz 31).

16 • Vorliegen eines **DBA** mit einem ausländischen Staat, das die **Anrechnungsmethode** vorsieht (kein Wahlrecht bei der Befreiungsmethode) oder Vorliegen einer **vergleichbaren innerstaatlichen Maßnahme** zur Vermeidung der Doppelbesteuerung (zB § 48 BAO) (§ 2 Rz 32).

C. Bewertung

17 Die Bewertung hat gem § **20 KStG** zu erfolgen, dh entweder ist § 19 KStG bei Aufspaltungen oder § 6 Z 14 EStG bei Abspaltungen anzuwenden.

Bei der **Aufspaltung** ist gem § 20 Abs 1 KStG bei einer **Gegenleistungsgewährung** (Anteile an der übernehmenden Körperschaft und sonstige Zuzahlungen) der **gemeine Wert der Gegenleistung** zum Spaltungsstichtag maßgebend. Sofern **keine Gegenleistung** erfolgt, ist der **Teilwert der Wirtschaftsgüter** anzusetzen. Dieser Wert ist den Buchwerten der einzelnen übertragenen Wirtschaftsgüter gegenüberzustellen. Dies ergibt den **Aufwertungsgewinn**.

Bei der **Abspaltung** ist gem § 20 Abs 2 KStG bei einer **Gegenleistungsgewährung** der gemeine Wert der Gegenleistung zum Spaltungsstichtag maßgebend. Sofern keine Gegenleistung erfolgt, ist wie bei der Aufspaltung der **Teilwert der Wirtschaftsgüter** anzusetzen.

IV. Steuerliche Rückwirkung (Abs 3)

20 Ertragsteuerlich (wie auch schuldrechtlich) ist das Einkommen der übertragenden Körperschaft so zu ermitteln, wie wenn der **Vermögensübergang mit Ablauf des Spaltungsstichtages** erfolgt wäre (§ 33 Abs 3). Korrespondierend dazu bestimmt § 34 Abs 1 für die **übernehmende Körperschaft**, dass das Vermögen mit **Beginn des auf den Spaltungsstichtag folgenden Tages** zu übernehmen ist.

Sämtliche Rechtshandlungen hinsichtlich des übertragenen Vermögens, die **ab dem Spaltungsstichtag** erfolgen, werden bereits der **übernehmenden Körperschaft zugerechnet**. Ausgenommen von der Rückwirkungsfiktion sind ausschließlich die in § 33 Abs 4 und 5 angeführten Korrekturen des übertragenen Vermögens.

Rechtsgeschäfte, die das übertragene Vermögen betreffen und zwischen der übertragenden und übernehmenden Körperschaft im Zeitraum zwischen dem Spaltungsstichtag und dem Tag der Firmenbucheintragung stattfinden, sind **steuerlich nicht anzuerkennen** (UmgrStR Rz 1659; *Schlager* in HB Sonderbilanzen 232).

Die **Rückwirkungsfiktion gilt nicht für Gebühren, Umsatzsteuer und Verkehrsteuern.**

21 Rz 1658 der UmgrStR sieht vor, dass bei **Spaltungen im Ausland,** bei denen **inländisches Vermögen** betroffen ist, das Erfüllen der Nachweispflicht im Wege einer Anmeldung bei einem ausländischen Registergericht oder Finanzamt nicht zielführend ist. In diesen Fällen wird die **Rückwirkungsfiktion** durch eine **fristgerechte Meldung bei dem für die übertragende Körperschaft zuständigen Finanzamt** ausgelöst. Als fristgerecht wird eine Meldung innerhalb der Neunmonatsfrist angesehen. Dies ist mE nicht richtig. Für Auslandsspaltungen gilt wie für Inlandsspaltungen die **gesellschaftsrechtliche Maßgeblichkeit** gem § 32 Abs 1.

Da auch die Bestimmung über die Rückwirkung ausschließlich auf den Spaltungsstichtag abstellt, kommt es nicht darauf an, ob nun die Spaltung in Österreich beim Finanzamt der übertragenden Körperschaft angezeigt wurde oder nicht (§ 32 Rz 47).

V. Ausnahmen von der Rückwirkung (Abs 4 und 5)
A. Aufspaltung
1. Allgemeines

Die **Ausnahmen von der Rückwirkung** sind abschließend in § 33 Abs 4 geregelt. Neben den rückwirkenden Korrekturen der **Gewinnausschüttung, Einlagenrückzahlung sowie Einlagenleistung** wird in § 33 Abs 4 auf die **Verschiebemöglichkeit von § 16 Abs 5 Z 4** (Verschiebung von Wirtschaftsgütern) verwiesen. Dadurch ist die Möglichkeit gegeben, das zu übertragende Vermögen durch gesellschaftsrechtliche Maßnahmen zwischen dem Spaltungsstichtag und dem Tag des Spaltungsbeschlusses zu verändern (*Hübner-Schwarzinger*, SWK 2004, 1230 – allgemein zu den rückwirkenden Korrekturen gem § 16 Abs 5).   25

Die sonstigen rückwirkenden Korrekturen gem **§ 16 Abs 5 Z 1 bis 3** (bare Entnahmen und Einlagen, vorbehaltene Entnahmen sowie Zurückbehaltung von Wirtschaftsgütern) sind **nicht möglich**. Laut *Wiesner/Mayr* sind § 16 Abs 5 Z 1 bis 3 grundsätzlich auf Personen bezogen, die neben der Betriebssphäre auch eine außerbetriebliche Sphäre haben. Auch wenn bei Kapitalgesellschaften vereinzelt Voluptuarbetriebe oder Immobilien dem außerbetrieblichen Vermögen zuzuordnen sind, ändert dies nichts daran. § 16 Abs 5 Z 1 bis 3 sind nicht anwendbar (*Wiesner/Mayr*, RdW 2007, 700).

Barentnahmen und -einlagen **zwischen Betrieben** im Rückwirkungszeitraum sind auch ohne Verweis auf § 16 Abs 5 Z 1 **zulässig**, da es sich dabei um die Verschiebung von Geldvermögen gem **§ 16 Abs 5 Z 4** handelt (*Huber* in W/H/M VI § 33 Rz 29). Laut *Wiesner/Mayr* ist die **Entnahme und Einlage** (Belastung und Aktivierung des variablen Kapitalkontos) in **Mitunternehmerschaften** ungeachtet des Fehlens eines Hinweises in § 33 Abs 4 und Abs 5 als Anwendungsfall des **§ 16 Abs 5 Z 1** zu werten. Dies ist **anzuerkennen** (*Wiesner/Mayr*, RdW 2007, 700 f).

Vorbehaltene (unbare) Entnahmen gem § 16 Abs 5 Z 2 sind nicht möglich (UmgrStR Rz 1672; ausführlich *Huber* in W/H/M VI § 33 Rz 33 ff). Bis zum **AbgÄG 2005** war diese Möglichkeit für Abspaltungen gem § 33 Abs 5 gegeben. Für Abspaltungen, die nach dem 31. Jänner 2006 zur Eintragung ins Firmenbuch angemeldet wurden, ist § 16 Abs 5 Z 2 nicht mehr anwendbar (3. Teil Z 11; *Wiesner/ Schwarzinger*, UmS 165/06/06, SWK 2006, 736). Laut herrschender Lehre war die Anwendung des § 16 Abs 5 Z 2 trotz mangelnder ausdrücklicher Regelung in § 33 Abs 4 auch für die **Aufspaltung** anwendbar (*Hirschler* in H/M/H § 33 Rz 10; *Huber* in W/H/M VI § 33 Rz 29). Wird trotz der Unzulässigkeit der Bildung vorbehaltener Entnahmen eine entsprechende Passivpost in der **Übertragungsbilanz** dargestellt, ist die **Anwendbarkeit von Art VI nicht gefährdet**. Der Buchwert des abzuspaltenden Vermögens erhöht sich steuerlich um die nicht anerkannte Passivpost, die Forderung der übertragenden Körperschaft ist kein steuerwirksames Wirtschaftsgut (grundsätzlich stellen die Zinsen verdeckte Gewinnausschüttungen und die Tilgungen Einlagenrückzahlungen dar – außer bei der Up-stream-Spaltung –, s dazu ausführlich *Wiesner/Mayr*, RdW 2007, 701 f; lt UmS 165/06/06 stellen die Aufwandzinsen und Tilgungen bei der übernehmenden Körperschaft eine ver-   26 deckte Gewinnausschüttung dar; bei der übertragenden Körperschaft bei unmittelbarer Beteiligung (Schwesternspaltung) steuerfreie Beteiligungserträge gem § 10 Abs 1 KStG bzw bei mittelbarer Beteiligung steuerneutrale Einlagen gem § 8 Abs 1 KStG; *Wiesner/Schwarzinger*, SWK 2006, 736). *Wolf* zweifelt aufgrund der unternehmensrechtlichen Maßgeblichkeit das Passivierungsverbot an (*Wolf*, SWK 2006, 438 f – eine vorbehaltene Entnahme bei der Abspaltung ist wohl dann unternehmensrechtlich zulässig, wenn keine verbotene Einlagenrückgewähr vorliegt – mit Verweis auf *Göschl/Vanas* in *Bergmann* [Hrsg], Praxisfragen 119 ff).

2. Offene Gewinnausschüttungen, Einlagenrückzahlungen, Einlagen

27 Folgende Handlungen der übertragenden Körperschaft nach dem Spaltungsstichtag **sind auf das spaltende Vermögen zu beziehen**:

- **Offene Gewinnausschüttungen** der übertragenden Körperschaft aufgrund von Beschlüssen nach dem Spaltungsstichtag.
- **Einlagenrückzahlungen** iSd § 4 Abs 12 EStG der übertragenden Körperschaft zwischen Spaltungsstichtag und dem Tag des Spaltungsbeschlusses.
- **Einlagen** iSd § 8 Abs 1 KStG in die übertragende Körperschaft zwischen Spaltungsstichtag und dem Tag des Spaltungsbeschlusses.
Unter Einlage iSd § 8 Abs 1 KStG fallen **offene und verdeckte Einlagen** (*Huber* in *W/H/M* VI § 33 Rz 27). Es genügt, wenn ein unwiderrufliches, klagbares und mit Fälligkeitszeitpunkt ausgestattetes Einlageversprechen vorhanden ist (*Huber* in *W/H/M* VI § 33 Rz 27 mit Verweis auf BMF 21.8.1997, SWK 1997, S 663; alte Rechtsansicht war, dass die Einlage bis zum Spaltungsbeschluss tatsächlich geleistet sein muss – BMF vom 29.7.1994, SWK 1994, A 715).

Dadurch, dass iRe **Aufspaltung die übertragende Körperschaft** mit Ablauf des Spaltungsstichtags ertragsteuerlich erlischt, **müssen** diese Vorgänge den übernehmenden Körperschaften zugerechnet werden. Dies erfolgt mit der Aufnahme in die **Übertragungsbilanz** der jeweiligen übernehmenden Körperschaft. Dementsprechend kommt es zu einer rückwirkenden Korrektur des übertragenen Vermögens.

28 **Gewinnausschüttungen und Einlagenrückzahlungen** sind mit einer **Passivpost** in der Übertragungsbilanz abzubilden (Verminderung des Übertragungskapitals). **Einlagen** sind mit einer **Aktivpost** (Forderung) in der Übertragungsbilanz auszuweisen (Erhöhung des Übertragungskapitals). Eine Einlage in die übertragende Körperschaft im Rückwirkungszeitraum erhöht das Einlagenevidenzkonto der übertragenden Körperschaft (UmgrStR Rz 1672). Eine Einlagenrückzahlung durch die übertragende Körperschaft im Rückwirkungszeitraum vermindert das Einlagenevidenzkonto der übertragenden Körperschaft (UmgrStR Rz 1672). Beide Vorgänge sind gem § 4 Abs 12 Z 3 EStG zu berücksichtigen.

29 § 33 Abs 4 dient ausschließlich der **Gestaltung des Übertragungsvermögens**, um gewünschte Wertverhältnisse oder erforderliche Verkehrswerte herbeizuführen. Diese Vorgänge sind immer den zum Zeitpunkt des **Ausschüttungs- bzw Rückzahlungsbeschlusses tatsächlich beteiligten Gesellschaftern** zuzurechnen (UmgrStR Rz 1672).

30 **Verdeckte Gewinnausschüttungen** sind von der **Rückwirkungsfiktion erfasst** (da der Gesetzeswortlaut nur Gewinnausschüttungen aufgrund von Beschlüssen beinhaltet; so auch *Huber* in W/H/M VI § 33 Rz 25; UmgrStR Rz 1672). Sie sind somit bei jener übernehmenden Körperschaft zu erfassen, welcher das von der verdeckten Ausschüttung betroffene Vermögen übertragen wurde. Auf **Gesellschafterebene** sind verdeckte Ausschüttungen jedenfalls den Gesellschaftern zuzurechnen, denen die Ausschüttung tatsächlich zugeflossen ist (UmgrStR Rz 1672).

3. Verschiebung von Wirtschaftsgütern

a) (Teil)Betriebe

Eine rückwirkende **Verschiebung von Wirtschaftsgütern** gem § 16 Abs 5 Z 4 ist möglich (§ 32 Abs 4). Einzelne Wirtschaftsgüter (aktive und passive – auch Verbindlichkeiten; UmgrStR Rz 1673 und 926) können zwischen den einzelnen zu übertragenden **(Teil)Betrieben** steuerneutral verschoben werden. Dabei können dem einen (Teil)Betrieb objektiv zugehörige Wirtschaftsgüter dem anderen (Teil)Betrieb zugeordnet und mit diesem übertragen werden (UmgrStR Rz 1673) (§ 16 Rz 161 ff). **31**

Folgende Schranken sind zu beachten:

- **Übergang eines (Teil)Betriebes.** Es muss nach wie vor ein qualifiziertes Vermögen iSd § 12 Abs 2 übertragen werden (§ 16 Abs 5; BMF 28.1.2002, ecolex 2002, 386 mit Verweis auf VwGH 22.2.1977, 319/74, 2352/75). Möglich ist auch das Verschieben von **notwendigem Betriebsvermögen** (*Huber* in W/H/M VI § 33 Rz 31 mit Verweis auf BMF 9.6.1997, SWK 1997, 610). Es muss stets die (Teil)Betriebseigenschaft gewahrt bleiben (zB ohne Betriebsgrundstück ist ein [Teil]Betrieb nicht selbständig lebensfähig). Dementsprechend ist im **Spaltungsplan bzw Spaltungs- und Übernahmevertrag Vorsorge** zu treffen (zB Vermietung des Betriebsgrundstücks; BMF 30.8.2001, ecolex 2002, 47). **32**
  Benötigt zB eine Körperschaft das verschobene Wirtschaftsgut von der anderen Körperschaft, ist eine **rückwirkende Entgeltvereinbarung** zwischen diesen Körperschaften nur dann möglich, wenn diese Vereinbarung spätestens am **Tag des Abschlusses des Spaltungsplans bzw des Spaltungs- und Übernahmevertrages** abgeschlossen wird (UmgrStR Rz 1675).
  Bei der Verschiebung **aller wesentlichen Betriebsgrundlagen** liegt eine **Betriebszerschlagung** vor, die nicht mehr mit einer Nutzungsüberlassung saniert werden kann (BMF 29.4.1992, SWK 1992 A I 199).
- **Gewillkürtes oder neutrales Wirtschaftsgut.** Die mitübertragenen Wirtschaftsgüter müssen zumindest ein **gewillkürtes oder neutrales Betriebsvermögen** für die übernehmende Körperschaft darstellen (BMF 6.7.1999, ecolex 1999, 653). Wenn bei der Zuordnung der Wirtschaftsgüter Aktiva **nicht eindeutig zuzuordnen** sind, handelt es sich um neutrale Vermögensteile (zB unbebautes Grundstück, liquide Mittel). Diese können bereits vor der Vornahme der rückwirkenden Korrekturen einer der Vermögensmassen zugeordnet werden (*Wiesner/Mayr*, RdW 2007, 700; UmgrStR Rz 1663; *Hübner-Schwarzinger*, SWK 2004, 1232 – die Zuordnung von neutralem Vermögen zu den verschiedenen [Teil]Betrieben stellt keine Verschiebetechnik dar). **33**
- **Passiva** sind grundsätzlich der damit im Zusammenhang stehenden Aktiva zuzuordnen (Rz 34). Kann eine Zuordnung ausnahmsweise nicht erfolgen (zB Finanzamtsverbindlichkeit, Kontokorrentkonto, Passiva aufgegebener Betriebe), ist die Passiva („Restgröße") den Teilungsmassen sachgerecht zuzuordnen (UmgrStR

Rz 1663). Bei einer solchen Zuordnung handelt es sich nicht um eine rückwirkende Korrektur gem § 33 Abs 5 iVm § 16 Abs 5 (zum Missbrauch siehe unten). Es darf **kein Missbrauch gem § 44** vorliegen. Lt UmgrStR ist ein Missbrauchsverdacht umso größer, je höher das Missverhältnis zwischen dem Wert des zu übertragenden (Teil)Betriebes und dem darüber hinausgehenden Wert des beigefügten gewillkürten bzw neutralen Vermögens ist (UmgrStR Rz 1674 mit Beispiel). Ein Missbrauch liegt laut FV auch dann vor, wenn durch Zuordnung „neutraler" Passiva („Restgröße") bzw durch rückwirkende Korrekturen gem § 16 Abs 5 wesentlich mehr Passiva zugeordnet werden, als dem Verhältnis der Verkehrswerte der Teilungsmassen vor Abzug der Schulden entspricht und die Spaltung der Vorbereitung einer Veräußerung, Einlösung, Abschichtung oder sonstigen Realisierung der Anteile dient. Vom Vorliegen eines Missbrauchs ist nicht auszugehen, wenn alle Teilungsmassen für sich ein positives steuerliches Eigenkapital aufweisen, die Zuordnung der „Restgröße" im Verhältnis der Buchwerte der Aktivseite der Teilungsmassen erfolgt oder nur unwesentlich vom Verkehrswertverhältnis vor Abzug der Schulden abweicht (UmgrStR Rz 1663).

Ein **positiver Verkehrswert** des übertragenen Vermögens ist **keine steuerrechtliche Voraussetzung** (*Wiesner/Mayr* führen bei der Verschiebetechnik an, dass ein positiver Verkehrswert vorhanden sein muss, *Wiesner/Mayr*, RdW 2007, 700).

34 • **Verschiebung von Aktiva und unmittelbar zusammenhängender Passiva (Verbot der Trennung).**
Die Voraussetzung des unmittelbaren Zusammenhangs wurde mit **AbgÄG 2005** eingeführt; anwendbar für Umgründungen, bei denen die Beschlüsse oder Verträge nach dem 31.12.2006 bei dem zuständigen Firmenbuchgericht angemeldet werden.

• Ein **unmittelbarer Zusammenhang ist nicht mehr** gegeben, wenn die Wirtschaftsgüter am Spaltungsstichtag bereits **länger als sieben Wirtschaftsjahre** durchgehend dem Betrieb zuzuordnen waren (§ 16 Abs 5 Z 4; laut UmgrStR Rz 1673 ist der unmittelbare Zusammenhang nicht mehr gegeben, wenn der Anschaffungszeitpunkt der fremdfinanzierten Wirtschaftsgüter am Spaltungsstichtag bereits länger als sieben Jahre zurückgelegen ist). Dasselbe gilt für Passiva. Ein **Verschieben von Passiva** ist nur möglich, wenn es sich um einen **neutralen Vermögensteil** handelt oder wenn unter **Beachtung der Siebenjahresfrist kein Zusammenhang mit einer Aktiva** gegeben ist (es ist nicht zulässig, Verbindlichkeiten ohne die zusammenhängende Aktiva zu verschieben; s zum fremdfinanzierten betriebszugehörigen Kapitalanteil und Vorliegen einer § 16- Abs 5-Z 4-Maßnahme BFG 21.12.2015, RV/7102158/2013; *Blasina*, BFGjournal 2016, 70; *Rzepa/Wild*, RWZ 2016, 184; *Stieglitz/Volpini de Maestri/Pfleger*, SWK 2016, 381).

Im Gegenzug zur ausdrücklichen Ermächtigung in § 16 Abs 5 Z 3, die für die Spaltung nicht anwendbar ist – s *Huber* in W/H/M VI § 33 Rz 32b; lt *Rabel* ist eine ausdrückliche Ermächtigung für das Verschieben von Verbindlichkeiten in Z 4 nicht notwendig, da sich die Z 4 generell auf alle „Wirtschaftsgüter" und somit auch auf Verbindlichkeiten erstreckt – *Rabel*, ÖStZ 2008, 118.

Der unmittelbare Zusammenhang zwischen Aktivum und Passivum ist **nicht zu streng auszulegen** und – auch innerhalb der Siebenjahresfrist – nur auf eindeutig gegebene Sachverhalte zu beziehen (*Wiesner/Mayr*, RdW 2007, 631; *Wolf*, SWK 2006, S 355). Damit soll etwa verhindert werden, dass kurz vor dem Spaltungsstichtag ein Kredit aufgenommen und die Verbindlichkeit mit dem qualifizierten Vermögen übertragen wird, während die Barmittel zurückbehalten werden (*Wiesner/*

Mayr, RdW 2007, 631). Es muss ein **eindeutiger Veranlassungszusammenhang** gegeben sein (Aufnahme eines Kredits zur Anschaffung eines Wirtschaftsgutes). Ein **Kontokorrentkredit**, der in der Folge der Finanzierung eines Aktivums **mehrfach umgeschichtet** wird, weist **keinen eindeutigen unmittelbaren Zusammenhang** auf (UmgrStR Rz 926a; siehe jedoch zur Grenze der Verschiebung von „neutraler" Passiva Rz 33). Ein bloßer „**Besicherungszusammenhang**" zwischen Aktivum und Passivum (zB Verpfändung einer eigenfinanziert angeschafften Liegenschaft zur Besicherung eines Betriebsmittelkredits) ist als **unbeachtlich** einzustufen (*Rabel*, ÖStZ 2008, 118). Fraglich ist, ob der **Finanzierungszusammenhang** auch für die Übertragung **kreditfinanzierter (Teil)Betriebe und Mitunternehmeranteile** gilt. Lt UmgrStR Rz 926d gilt dies auch für eine solche Übertragung (so auch *Wiesner/Mayr*, RdW 2007, 632, RdW 2006, 371 – dies soll sich insb aus einem Größenschluss ergeben). Dagegen die herrschende Literatur (*Huber* in W/H/M VI § 33 Rz 32a; *Rabel*, ÖStZ 2008, 118 mit Verweis auf *Wiesner/Schwarzinger*, UmS 153/03/06, SWK 2006, S 234; *Huber* in W/Z/H/K⁵ § 16 Rz 116).

- Sollten entgegen § 16 Abs 5 Z 4 Wirtschaftsgüter und mit ihnen unmittelbar zusammenhängendes Fremdkapital getrennt werden, führt dies **nicht zur Verletzung einer Anwendungsvoraussetzung des Art VI**, sondern zu einer **Ergebniskorrektur** (*Wiesner/Mayr*, RdW 2007, 632). Bei derjenigen Körperschaft, die die Verbindlichkeit (ohne dazugehörigem Aktivvermögen) zugewiesen bekommt, stellt die **Tilgung der Verbindlichkeit samt Zinszahlung eine verdeckte Gewinnausschüttung** (oder Einlagenrückzahlung) an die Anteilsinhaber dar. In derjenigen Körperschaft, die das Aktivvermögen zugewiesen bekommt, stellt dies eine Einlage der Anteilsinhaber mit steuerlichem Zinsabzug in der Körperschaft dar (*Huber* in W/H/M VI § 33 Rz 32c mit Verweis auf Rz 926c UmgrStR; *Rabel*, ÖStZ 2008, 118 f; *Wiesner/Mayr*, RdW 2007, 632). S § 16 Rz 166 ff.

b) Mitunternehmeranteile

Bei zu übertragenden **Mitunternehmeranteilen** ist lt UmgrStR ein Verschieben nur hinsichtlich der **variablen Kapitalkonten (Verrechnungskonten) und des Sonderbetriebsvermögens** möglich (UmgrStR Rz 1676; idS auch *Wiesner/Mayr*, RdW 2007, 701; *Schlager* in HB Sonderbilanzen 235; zur rückwirkenden Maßnahme bei Übertragung eines Teiles des Mitunternehmeranteils *Hübner-Schwarzinger* in FS Wiesner 168 ff). Lt *Huber* ist auch ein **Zurückbehalten von unmittelbar im Betriebsvermögen der Mitunternehmerschaft befindlichen Wirtschaftsgütern** möglich, da Sonderbetriebsvermögen und Betriebsvermögen ein **einheitliches Betriebsvermögen** der Mitunternehmerschaft darstellen (*Huber* in W/H/M VI § 33 Rz 31 mit Verweis auf VwGH 19.5.2005, 2000/15/179, Anm *Huber*, GeS 2005, 394; *Huber* in Bertl ua, Gründung 155). **Tatsächlich getätigte Entnahmen** (Belastung des variablen Kapitalkontos) und **Einlagen** (Aktivierung im variablen Kapitalkonto) **nach dem Spaltungsstichtag** sind als Maßnahme gem **§ 16 Abs 5 Z 1** anzuerkennen (*Wiesner/Mayr*, RdW 2007, 701; *Schlager* in HB Sonderbilanzen 234; UmgrStR Rz 1676). S § 16 Rz 164. 35

c) Kapitalanteile

Mit AbgÄG 2012 ist bei **Kapitalanteilen** zu beachten, dass **Verbindlichkeiten in unmittelbarem Zusammenhang mit Einlagen** in das begünstigte Vermögen mitzuübertragen sind (s § 32 Rz 62). Lt *Mayr* ist bei Nichtmitübertragung eine An- 36 wendungsvoraussetzung von Art VI verletzt (*Mayr*, RdW 2012, 697; UmgrStR Rz 1676).

Zudem **kann** das **nachweisbar zur Anschaffung dieses Anteils aufgenommene Fremdkapital** mitübertragen bzw zurückbehalten werden (UmgrStR Rz 1676), wobei auch nur **ein Teil** mitübertragen bzw zurückbehalten werden kann. **Gewinnausschüttungen aus übertragenen Kapitalanteilen** im Rückwirkungszeitraum sind steuerlich bereits der **übernehmenden Körperschaft zuzurechnen** (*Huber* in W/H/M VI § 33 Rz 34 mit Verweis auf BMF 22.8.1997, RdW 1997, 768). **Gesellschaftereinlagen** im Rückwirkungszeitraum in eine Gesellschaft, deren Kapitalanteile übertragen werden, sind dagegen der übertragenden Körperschaft zuzurechnen, wenn die Einlage aus bei ihr (spaltungsbedingt) verbliebenem Vermögen geleistet wurde (*Huber* in W/H/M VI § 33 Rz 34). Sollte bei einer Gesellschaft, deren Kapitalanteile übertragen werden sollen, im Rückwirkungszeitraum eine **Kapitalerhöhung** stattfinden, so können diese Anteile mangels Vorhandenseins zum Spaltungsstichtag **nicht mitübertragen** werden. Vorsicht ist bei Kapitalerhöhungen geboten, sofern eine **Verwässerung** hinsichtlich der abzuspaltenden Kapitalanteile erfolgt; dies kann dazu führen, dass die abgespaltenen Anteile bis zum Spaltungsbeschluss unter die Grenze von 25 % sinken und damit eine **Anwendungsvoraussetzung von Art VI verletzt** wird (*Huber* in W/H/M VI § 33 Rz 34).

Sofern hinsichtlich der abzuspaltenden Kapitalanteile durch die übertragende Körperschaft **Dividenden vorbehalten** werden, wäre bei analoger Anwendung der Aussage in den UmgrStR Rz 881 (zur Einbringung) ein fragwürdiges Ergebnis gegeben (Zerlegung der Ausschüttung bei einer Einbringung in fiktive Teilschritte: Ausschüttung als steuerfreier Beteiligungsertrag gem § 10 KStG an die übernehmende Körperschaft und Auszahlung an den Einbringenden, die bei einbringenden Körperschaften wiederum als steuerfreier Beteiligungsertrag gem § 10 KStG zu behandeln ist und bei einbringenden natürlichen Personen als KESt-pflichtige Ausschüttung zu sehen ist). *Balber-Peklar* vertritt die Auffassung, dass aus systematischer Sicht die vorbehaltene Dividende unmittelbar der übertragenden Körperschaft zuzurechnen ist (s ausführlich *Balber-Peklar*, taxlex 2012, 407). Die Änderung der Meinung der Finanz zum Dividendenvorbehalt ändert an dieser Einschätzung mE nichts (KStR Rz 1168 neu).

d) Sonstiges

37 Wirtschaftsgüter, die **nach dem Spaltungsstichtag erworben** wurden, können durch die Beschreibung im Spaltungsplan bzw Spaltungs- und Übernahmevertrag verschoben werden (*Huber* in W/H/M VI § 33 Rz 31 mit Verweis auf *Wiesner/Schwarzinger*, UmS 27/2/01, SWK 2001, 47). *Wiesner/Mayr* sehen die Verschiebung von Wirtschaftsgütern, die nach dem Spaltungsstichtag erworben wurden, als zulässigen **Anwendungsfall von § 16 Abs 5 Z 1** (*Wiesner/Mayr*, RdW 2007, 628).

38 Das Verschieben der Wirtschaftsgüter geschieht durch **Aufnahme bzw Nichtaufnahme des Wirtschaftsgutes** in die **Übertragungsbilanz**. Das Verschieben von Aktiva führt zur Erhöhung des Übertragungskapitals der übernehmenden Körperschaft und Verminderung des Übertragungskapitals der anderen. Das Verschieben von Passiva führt zur Verminderung des Übertragungskapitals der übernehmenden Körperschaft und zur Erhöhung des Übertragungskapitals der anderen.

Offene Posten aus der **innerbetrieblichen Leistungs- und Lieferbeziehung zwi-** 39
schen den Teilungsmassen können aufgedeckt werden und als **Forderung bzw**
Verbindlichkeit in den Übertragungsbilanzen dargestellt werden. Voraussetzung ist, dass das Bestehen innerbetrieblicher Verrechnung nachgewiesen wird
(UmgrStR Rz 1677; *Wiesner/Mayr*, RdW 2007, 701).

B. Abspaltung

Die rückwirkenden Korrekturen sind **abschließend in § 33 Abs 5** geregelt. Es sind 40
einerseits die **Verschiebung von Wirtschaftsgütern** und andererseits **Gewinnausschüttungen, Einlagen und Einlagenrückzahlungen** möglich, die in der Zeit
zwischen Spaltungsstichtag und Spaltungsbeschluss getätigt werden und auf das
übertragene Vermögen bezogen werden.

Nach dem Spaltungsstichtag erfolgte **Gewinnausschüttungen, Einlagen und Einlagenrückzahlungen** der übertragenden Körperschaft werden grundsätzlich der
übertragenden Körperschaft zugerechnet (BMF 4.10.2002, ecolex 2003, 61). Es ist
jedoch möglich, diese Vorgänge dem abzuspaltenden Vermögen zuzurechnen, indem dies in der **Übertragungsbilanz** abgebildet wird: **Gewinnausschüttungen**
und Einlagenrückzahlungen mit einer **Passivpost, Einlagen** mit einer **Aktivpost**.
Dadurch kann der Wert des zu übertragenden Vermögens gemindert oder erhöht
werden. Somit ist eine rückwirkende Vermögensänderung möglich (*Hirschler* in
H/M/H § 33 Rz 10). Wie bei der Aufspaltung ist dies nur eine **vermögensgestaltende Wirkung**. Einlagen und Einlagenrückzahlungen sind gem § 4 Abs 12 Z 3
EStG im Einlagenevidenzkonto der übertragenden Körperschaft zu berücksichtigen
(UmgrStR Rz 1672). Offene Ausschüttungen, Einlagenrückzahlungen und Einlagen sind immer den zum Zeitpunkt des Ausschüttungs- bzw Rückzahlungsbeschlusses **tatsächlich beteiligten Gesellschaftern zuzurechnen** (UmgrStR
Rz 1679).

Änderungen der steuerlichen Anschaffungskosten bzw Buchwerte an der übertragenden Körperschaft (bei Einlagen bzw Einlagenrückzahlungen) sind bei einer
Rückbeziehung gem § 33 Abs 5 bereits **rückwirkend auf den Spaltungsstichtag**
vorzunehmen (*Huber* in *W/H/M* VI § 33 Rz 30).

Sollten **Wirtschaftsgüter gem § 16 Abs 5 Z 4 verschoben** werden, muss in der
übertragenden Körperschaft kein Vermögen iSd § 12 Abs 2 verbleiben
(UmgrStR Rz 1678). Die Zuordnung erfolgt durch Nichtaufnahme bzw Aufnahme
des Wirtschaftsgutes in die Übertragungsbilanz (§ 33 Abs 6 erster TS). Es gelten die
Ausführungen zur Aufspaltung analog (Rz 31 ff).

Vorbehaltene Entnahmen iSd § 16 Abs 5 Z 2 sind nicht möglich (s dazu ausführlich *Huber* in *W/H/M* VI § 33 Rz 33 ff; UmgrStR Rz 1680 – wird dennoch eine Passivpost für vorbehaltene Entnahmen gebildet, führt eine Verzinsung und Tilgung
bei der übernehmenden Körperschaft zu einer verdeckten Ausschüttung, die bei
der die Gläubigerstellung innehabenden spaltenden Körperschaft unter § 10 Abs 1
KStG fällt).

Mit dem AbgÄG 2005 ist eine vorbehaltene Entnahme für Spaltungen ab dem
1. Jänner 2007 nicht mehr möglich (3. Teil Z 11).

VI. Spaltungsstichtag (Abs 6)

45 **Spaltungsstichtag** ist gem § 33 SpaltG der Tag, zu dem die der Spaltung zugrunde gelegte **Schlussbilanz der übertragenden Körperschaft** aufgestellt ist (§ 33 Abs 6). Aufgrund der **gesellschaftsrechtlichen Maßgeblichkeit** ist der im Spaltungsplan (bei der Spaltung zur Neugründung) bzw Spaltungs- und Übernahmevertrag (bei der Spaltung zur Aufnahme) festgelegte Spaltungsstichtag auch **steuerrechtlich maßgeblich** (UmgrStR Rz 1658: Spaltungsstichtag ist jener Tag, der im Spaltungsplan oder im Spaltungs- und Übernahmsvertrag als jener Tag festgelegt ist, an dem die Handlungen der übertragenden Gesellschaft als für Rechnung der neuen Gesellschaften vorgenommen gelten). **Gesellschafts- und steuerrechtlicher Spaltungsstichtag sind ident** (§ 2 Rz 44). Der Spaltungsstichtag kann gem § 2 Abs 2 SpaltG höchstens neun Monate vor der Anmeldung der Spaltung zum Firmenbuch liegen.

Der Spaltungsstichtag muss **nicht mit dem Regelbilanzstichtag** ident sein. Es kann jeder beliebige Tag gewählt werden, zu dem eine Schlussbilanz der übertragenden Körperschaft aufgestellt wird. Diesbezüglich liegt **kein zustimmungsbedürftiger Wechsel des Bilanzstichtages** iSd § 2 Abs 7 EStG bzw § 7 Abs 5 KStG vor (UmgrStR Rz 1658). S § 2 Rz 45.

46 Mit dem Spaltungsstichtag wird hinsichtlich des abzuspaltenden Vermögens das **Wirtschaftsjahr beendet**. Anschließend beginnt für das abgespaltene Vermögen bei der Nachfolgekörperschaft ein neues Wirtschaftsjahr. Das mit dem Spaltungsstichtag endende und zeitgleich beginnende Wirtschaftsjahr sind **nicht als einheitliches Wirtschaftsjahr** anzusehen (VwGH 26.7.2007, 2006/15/0262; der Fall betrifft den Vergleichszeitraum für die Investitionszuwachsprämie – s dazu auch *Demal*, SWK 2008, S 362, 480).

VII. Steuerrechtliche Bilanzen (Abs 6)
A. Schlussbilanz
1. Unternehmensrechtliche Schlussbilanz

50 Gem § 2 Abs 2 SpaltG hat die **spaltende Körperschaft zum Spaltungsstichtag eine Schlussbilanz** aufzustellen, wobei für die Erstellung und Prüfung die **Bestimmungen über den Jahresabschluss** sinngemäß gelten; eine Veröffentlichung der Schlussbilanz ist nicht erforderlich (§ 2 Abs 2 SpaltG). Zudem ist die Darstellung einer Gewinn- und Verlustrechnung sowie eines Lageberichts nicht notwendig (*Grünwald* in *W/H/M* VI Rz 64). Die Schlussbilanz muss auf einen **höchstens neun Monate vor der Spaltung liegenden Stichtag** aufgestellt werden (§ 2 Abs 2 SpaltG). Sowohl bei der Auf- als auch bei der Abspaltung dient die Schlussbilanz dazu, den Vermögensbestand der übertragenden Körperschaft vor Durchführung der Spaltung zu dokumentieren (*Grünwald* in *W/H/M* VI Rz 64). S § 2 Rz 48.

2. Steuerrechtliche Schlussbilanz

51 § 33 Abs 6 normiert, dass der **Spaltungsstichtag der Tag** ist, zu dem die **Schlussbilanz aufgestellt** ist, die der Spaltung zugrunde gelegt ist. Das **Steuerrecht knüpft damit an das Gesellschaftsrecht** an. Aufgrund des Wortlauts des § 33 Abs 6 bedarf es **einer eigenen steuerlichen Schlussbilanz** (*Hirschler* in *H/M/H* § 33 Rz 12). Die Schlussbilanz dient aus steuerrechtlicher Sicht vielmehr als **Grundlage für die Ermittlung des steuerlichen Gewinns** des übertragenen Vermögens. Es sollte aus Gründen der Nachvollziehbarkeit eine eigene steuerliche Schlussbilanz aufgestellt werden, damit die Werte der Übertragungsbilanz abgeleitet werden können (*Hirschler* in *H/M/H* § 33 Rz 12). In der Praxis wird idR eine um eine **Mehr-Weniger-Rechnung ergänzte unternehmensrechtliche Schlussbilanz** erstellt (§ 2 Rz 51).

B. Übertragungsbilanz

1. Steuerrechtliche Übertragungsbilanz

Gesellschaftsrechtlich ist **keine Übertragungsbilanz** gefordert. Steuerrechtlich muss gem § 33 Abs 6 1 TS eine **Übertragungsbilanz** erstellt werden, in der das auf die neuen oder übernehmenden Körperschaften jeweils zu **übertragene Vermögen** und das sich daraus ergebende **Übertragungskapital** darzustellen ist. Maßgeblich hierfür ist die im **Spaltungsplan bzw im Spaltungs- und Übernahmevertrag vorgenommene Vermögenszuteilung** (UmgrStR Rz 1666). 52

Sofern keine Übertragungsbilanz erstellt wird, ist **keine Anwendungsvoraussetzung von Art VI** verletzt *(Schlager* in HB Sonderbilanzen 233; UmgrStR Rz 1662a).

2. Darstellung

In der **Übertragungsbilanz** wird das zu übertragende Vermögen entweder mit dem **steuerlichen Buchwert** entsprechend der Schlussbilanz oder mit dem **aufgewerteten Wert** aufgrund der Inanspruchnahme der Aufwertungsoption von ausländischem Vermögen gem § 33 Abs 2 angesetzt. Zudem sind die **rückwirkenden Korrekturen gem § 33 Abs 4 und 5** in der Übertragungsbilanz erkennbar zu machen. Diese steuerlich maßgebenden Ansätze sind in der Folge für die **neuen oder übernehmenden Körperschaften bindend** (UmgrStR Rz 1662a und Rz 1666). Unabhängig davon, ob eine Übertragungsbilanz erstellt wird oder nicht, ist die übernehmende Körperschaft gem § 34 Abs 1 verpflichtet, die **steuerlich maßgebenden Buchwerte** der übertragenden Körperschaft zu übernehmen (ausgenommen Aufwertung von ausländischem Vermögen gem § 33 Abs 2). 53

Die **Differenz zwischen Aktiva und Passiva** wird als **Übertragungskapital** bezeichnet.

Die Darstellungsform ist nicht zwingend vorgegeben. Entweder es erfolgt die Aufstellung des übertragenen Vermögens in **Kontenform** oder es erfolgt im Spaltungsplan bzw Spaltungs- und Übernahmevertrag eine **verbale Beschreibung der zu übertragenden Aktiva und Passiva plus Übertragungskapital**. Bei der verbalen Beschreibung müssen die steuerlich maßgeblichen Werte angeführt werden.

Bei mehreren neuen oder übernehmenden Körperschaften ist für **jede Körperschaft** eine **eigene Übertragungsbilanz** zu erstellen.

C. Restvermögensbilanz

1. Gesellschaftsrechtliche Spaltungsbilanz

Gesellschaftsrechtlich hat die übertragende Körperschaft gem § 2 Abs 1 Z 12 SpaltG eine **Spaltungsbilanz** aufstellen. Dies gilt nur bei einer **Abspaltung** und nicht bei einer Aufspaltung. In der Spaltungsbilanz ist ersichtlich, welches Vermögen bei der übertragenden Körperschaft verbleibt. Die Spaltungsbilanz stellt somit die „Eröffnungsbilanz" der fortbestehenden übertragenden Körperschaft dar (*Grünwald* in *W/H/M* VI Rz 66). 54

2. Steuerrechtliche Restvermögensbilanz

55 Steuerrechtlich hat die übertragende Körperschaft gem § 33 Abs 6 2 TS zum **Spaltungsstichtag** eine **Restvermögensbilanz** aufzustellen, in der die steuerlich maßgebenden Buchwerte des nach der Spaltung bei der übertragenden Körperschaft verbleibenden Vermögens darzustellen sind. Das Erfordernis des Aufstellens einer Restvermögensbilanz ist eine steuerliche Ordnungsvorschrift und gehört nicht zu den Anwendungsvoraussetzungen des Art VI (UmgrStR Rz 1683). Es müssen in der **Spaltungs-** als auch in der **Restvermögensbilanz die unternehmens- bzw steuerrechtlichen Werte der Schlussbilanz** übernommen werden (*Ludwig/Hirschler*, Bilanzierung[2] 140). Eine **Neubewertung** ist sowohl **unternehmens- als auch steuerrechtlich unzulässig** (UmgrStR Rz 1683).

VIII. Steuerneutrale Buchgewinne und -verluste (Abs 7)
A. Buchgewinne und -verluste

60 Bei einer Abspaltung bleiben **Buchgewinne und -verluste** bei der Gewinnermittlung der übertragenden Körperschaft außer Ansatz (§ 33 Abs 7). Buchgewinne und -verluste gibt es nur bei der **Abspaltung**, da bei der Aufspaltung die übertragende Körperschaft ex lege untergeht.

Ein **Buchverlust** entsteht, wenn Vermögen mit **positivem Buchwert** an eine neue oder übernehmende Körperschaft übertragen und die Gegenleistung (Anteile an der neuen oder übernehmenden Körperschaft) an die Anteilsinhaber der übertragenden Körperschaft gewährt wird. Ein **Buchgewinn** entsteht, wenn Vermögen mit **negativem Buchwert** an eine neue oder übernehmende Körperschaft übertragen wird. Beide – **Buchverlust und -gewinn** – sind **steuerneutral**.

B. Down-stream-Abspaltung

61 Bei einer **Down-stream-Abspaltung** ohne Anteilsgewähr an die Gesellschafter der spaltenden Körperschaft verweist § 33 Abs 7 auf **§ 20 Abs 4 Z 1** (s § 20 Rz 33 ff). Der Verweis auf § 20 Abs 4 Z 1 betrifft **ausschließlich** die **Down-stream-Abspaltung ohne Anteilsgewährung** an die Gesellschafter der übertragenden Körperschaft (dh Abspaltung der Muttergesellschaft auf die Tochtergesellschaft ohne Kapitalerhöhung). In diesem Fall ist der **Buchwert des übertragenen Vermögens** (bzw Wert nach Aufwertungsoption) den **Anteilen an der Tochtergesellschaft zuzuschreiben** (bei positivem Übertragungskapital) bzw abzuschreiben (bei negativem Übertragungskapital). Der Buchwertabgang des abgespaltenen Vermögens bei der Muttergesellschaft führt somit in **gleicher Höhe zu einer Veränderung des Beteiligungsbuchwertes der Tochtergesellschaft** (*Hirschler* in H/M/H § 33 Rz 13 mit Verweis auf *Hügel*, Umgründungsbilanzen Rz 6.57). Dementsprechend entsteht **kein Buchgewinn bzw -verlust** (UmgrStR Rz 1685, 1698).

> Bei einer **Großmutterabspaltung** (Abspaltung der Großmuttergesellschaft auf die Enkelgesellschaft ohne Kapitalerhöhung) kommt es zu einer **Durchbuchung des übertragenen Vermögens**. Die Großmutter bucht den Buchwert des übertragenen Vermögens auf die Beteiligung an der Tochtergesellschaft. Diese bucht den Buchwert des übertragenen Vermögens wiederum auf die Beteiligung ihrer Tochtergesellschaft (Enkelgesellschaft). Die **Gegenbuchung** erfolgt in die **Rücklage** (UmgrStR Rz 1685).

IX. Einlagenevidenzkonto und Innenstandfinanzierung
A. Allgemeines

Zur **Einlage und Einlagenrückzahlung** allgemein s § 3 Rz 131 f (ausführlich **70** Jakom[10]/*Marschner* § 4 Rz 471 ff). Im **Einlagenevidenzkonto** werden die **rückzahlbaren Einlagen** gespeichert (Jakom[8]/*Marschner* § 4 Rz 506). Bei § 4 Abs 12 EStG handelt es sich um eine rein steuerliche Vorschrift (VwGH 1.9.2015, Ro 2014/15/0002; *Wiesner*, Grenzen der Einlagenrückzahlung). Die Vorlage des Einlagenevidenzkontos ist **keine materiellrechtliche Voraussetzung** für das Vorliegen einer steuerneutralen Einlagenrückzahlung (UFS 29.5.2012, RV/2587-W/08; *Hirschler/Sulz/Oberkleiner*, UFSjournal 2012, 338; *Marschner*, GES 2012, 522; *Schaffer*, ecolex 2012, 824). Durch die Neuregelung des § 4 Abs 12 EStG durch BGBl I 2015/163 (AbgÄG 2015) ist es aufgrund der Voraussetzung einer positiven Innenfinanzierung für eine Ausschüttung zudem notwendig, den **Stand der Innenfinanzierung** zu dokumentieren (*Zöchling/Walter/Strimitzer*, SWK 2015, 1591; *Kofler/Marschner/Wurm*, SWK 2015, 1584).

Eine Evidenzierung von umgründungsbedingten Differenzbeträgen im Falle einer unternehmensrechtlichen Neubewertung ist nicht erforderlich, da Neubewertungsumgründungen einer unternehmensrechtlichen Ausschüttungssperre gem § 235 UGB idF AbgÄG 2015 unterliegen (*Kofler/Marschner/Wurm*, SWK 2015, 1584; für nach dem 31.5.2015 beschlossene Umgründungsvorgänge mit Ausschüttungsbeschlüssen nach dem 31.12.2015 *Schlager/Titz*, RWZ 2015, 375; zur Ausschüttungssperre *Bergmann*, ecolex 2016, 313).

Bei der **Spaltung** kann es zu einer **Umschichtung des Standes des Einlagenevidenzkontos** zwischen spaltender und übernehmender Körperschaft (**Einlagenumschichtung**), zu einer **gänzlichen Abstockung** des Einlagenevidenzkontos (**Einlagenrückzahlung**) oder zu einer **Einlage** (Erhöhung des Einlagenevidenzkontos) kommen (UmgrStR Rz 1794; *Huber* in W/H/M VI § 32 Rz 100). Auch der Stand der Innenfinanzierung der übertragenden und der übernehmenden Körperschaft ist im Falle einer Spaltung betroffen, wobei es diesbezüglich unterschiedliche Auslegungsvarianten gibt (*Zöchling/Walter/Strimitzer*, SWK 2015, 1593 f). Das **UmgrStG** selbst enthält **keine spezifischen Regelungen** betreffend das Schicksal der Einlagenevidenzkonten und den Stand der Innenfinanzierung (*König*, GeS 2011, 509; *Kofler/Marschner/Wurm*, SWK 2015, 1588). Entsprechend § 4 Abs 12 Z 4 EStG wurde am 26.4.2016 die Innenfinanzierungsverordnung (IF-VO) kundgemacht (BGBl II 2016/90) (generell zur Auswirkung von Umgründungen aufgrund der IF-VO *Schlager*, RWZ 2016, 113; *Stanek/Stückler*, ÖStZ 2016, 569; *Stanek/Stückler*, ÖStZ 2016, 589; *Wurm*, SWK 2016, 681; *Wurm*, SWK 2016, 742).

Gemäß § 4 Abs 12 Z 3 EStG sind die bei einer **Aufspaltung im Rückwirkungszeitraum** getätigten Einlagen in die übertragende Körperschaft und Einlagenrückzahlungen durch die übertragende Körperschaft bereits zum **Spaltungsstichtag im Einlagenevidenzkonto der übertragenden Körperschaft** darzustellen.

Hinsichtlich der **Spaltungsarten** ist zwischen **Aufspaltung zur Neugründung, Aufspaltung zur Aufnahme, Abspaltung zur Neugründung** und **Abspaltung zur Aufnahme** zu unterscheiden.

B. Aufspaltung zur Neugründung

71 Es ist der **Einlagenevidenzkontenstand** der übertragenden Körperschaft im Verhältnis der **Verkehrswerte der übertragenen Vermögensteile** zu zerlegen und der entsprechende Teil im Einlagenevidenzkonto (primär Nennkapital-Subkonto) der jeweiligen neuen Körperschaft anzusetzen (UmgrStR Rz 1795).

In der Literatur wird auch eine „Verschiebung nach der konkreten unternehmensrechtlichen Eigenkapitalverwendung" vertreten (*Zöchling* in Bruckner/Heidinger, Steuern in Österreich 503; *Kirchmayr/Schragl*, ecolex 1998, 246; *Hirschler* in H/M/H § 34 Rz 14, wobei *Hirschler* ausführt, dass sich das Einlagenevidenzkonto der neugegründeten Körperschaft in Höhe des Buchwerts der steuerlichen Einlage erhöht; er verweist jedoch auch auf die BMF-Meinung und stellt dies als Variante dar). *König* vertritt bei Nichtvorliegen eines unmittelbaren Zusammenhangs zwischen Einlage (Finanzierung) und Wirtschaftsgut die Auffassung, dass die Aufteilung des Einlagenevidenzkontos im Verhältnis der Buchwerte zu erfolgen hat (*König*, GeS 2011, 510).

Gemäß § 2 Abs 7 IF-VO ist der **Innenfinanzierungsstand der übertragenden** und somit untergehenden Körperschaft entsprechend dem **Verkehrswertverhältnis des übertragenen Vermögens** aufzuteilen und dem Innenfinanzierungsstand der jeweiligen übernehmenden Körperschaft zuzurechnen (*Wurm*, SWK 2016, 690).

C. Aufspaltung zur Aufnahme

1. Konzentrations- und Side-stream-Aufspaltung

72 Bei der **Konzentrationsaufspaltung** in Verbindung mit einer Anteilsgewährung an die Anteilsinhaber der spaltenden Körperschaft oder **Side-stream-Aufspaltung** unter Verzicht auf eine Anteilsgewährung iSd § 224 Abs 1 AktG erfolgt die Aufteilung des **Einlagenevidenzkontos der übertragenden Körperschaft in zwei Schritten**: in einem ersten Schritt erfolgt **fiktiv eine Aufspaltung zur Neugründung** (s Rz 71). In einem zweiten Schritt erfolgt fiktiv die **Verschmelzung der neu gegründeten Zwischenkörperschaft** auf die übernehmende Körperschaft (s § 3 Rz 136 f).

Analog zur Aufspaltung zur Neugründung ist gemäß § 2 Abs 7 IF-VO der **Innenfinanzierungsstand der übertragenden** und somit untergehenden Körperschaft entsprechend dem **Verkehrswertverhältnis des übertragenen Vermögens** aufzuteilen und dem Innenfinanzierungsstand der jeweiligen übernehmenden Körperschaft zuzurechnen (*Wurm*, SWK 2016, 690; UmgrStR Rz 1800a).

2. Up-stream- und Down-stream-Aufspaltung

73 Bei der **Up-stream- und Down-stream-Aufspaltung** geht das **Einlagenevidenzkonto** der übertragenden (up-stream) oder übernehmenden (down-stream) **Tochterkörperschaft ersatzlos unter** (UmgrStR Rz 1796; *Schlager* in HB Sonderbilanzen 258; aA *Huber*, wonach bei der übernehmenden Körperschaft keine Änderung des Einlagenevidenzkontos stattfindet und bei der spaltenden Körperschaft das Einlagenevidenzkonto untergeht – *Huber* in W/H/M VI § 32 Rz 100). Diese Fälle sind mit der Verschmelzung vergleichbar, sodass auf § 3 Rz 138 f verwiesen werden kann. Dieser Grundsatz gilt auch bei einer Aufspaltung auf mittelbar verbundene Körperschaften (UmgrStR Rz 1796).

Bei einer **kombinierten Aufspaltung** zur Aufnahme auf teils fremde und teils verbundene Körperschaften sind die oben genannten Grundsätze nach den Beteiligungsverhältnissen entsprechend anzuwenden (UmgrStR Rz 1796; *Schlager* in HB Sonderbilanzen 258).

Auch hier gilt der Grundsatz des § 2 Abs 7 IF-VO, wonach der **Innenfinanzierungsstand der übertragenden** und somit untergehenden Körperschaft entsprechend dem **Verkehrswertverhältnis des übertragenen Vermögens** aufzuteilen und dem Innenfinanzierungsstand der jeweiligen übernehmenden Körperschaft zuzurechnen ist (*Wurm*, SWK 2016, 690; UmgrStR Rz 1800a). Analog zur Verschmelzung ist der negative Innenfinanzierungsstand insoweit zu erhöhen, als die **beteiligte Körperschaft auf die Beteiligung an der Beteiligungskörperschaft unternehmensrechtlich eine innenfinanzierungswirksame Abschreibung** vorgenommen hat (Vermeidung eines Kaskadeneffekts; *Wurm*, SWK 2016, 685; UmgrStR Rz 1800a mit Verweis auf UmgrStR Rz 380).

D. Abspaltung zur Neugründung

Der **Einlagenevidenzkontenstand der spaltenden Körperschaft** ist im **Verhältnis** 74 **der Verkehrswerte** des **übertragenen Vermögens** zum **Verkehrswert der spaltenden Körperschaft vor der Spaltung abzustocken** und bei der/den neuen Körperschaft(en) um den entsprechenden Betrag zu erhöhen (UmgrStR Rz 1797; *Schlager* in HB Sonderbilanzen 258; *Huber* in W/H/M VI § 32 Rz 100).

In der Literatur wird auch eine „Verschiebung nach der konkreten unternehmensrechtlichen Eigenkapitalverwendung" vertreten (*Zöchling* in *Bruckner/Heidinger*, Steuern in Österreich 503; *Kirchmayr/Schragl*, ecolex 1998, 246; *Hirschler* in *H/M/H* § 34 Rz 15). *Hirschler* führt aus, dass die Auffassung vertreten wird, dass **keine zwingende Verbindung** zwischen der **Einlagenevidenzkontenerhöhung bei der übernehmenden Körperschaft** und dem **Schicksal des Einlagenevidenzkontos bei der spaltenden Körperschaft** besteht. Es ist vielmehr zu prüfen, ob durch die Abspaltung auch tatsächlich eine Einlagenrückzahlung erfolgt ist, was bei Durchführung einer Kapitalherabsetzung oder Auflösung von Kapitalrücklagen zum Ausgleich des spaltungsbedingten Buchverlustes bejaht werden kann. Sollte allerdings der Verlustausgleich durch **Auflösung von Gewinnrücklagen und Bilanzgewinn**, dh mittels Sachdividende erfolgt sein, so ist **mangels Einlagenrückzahlung auch keine Herabsetzung des Einlagenevidenzkontos** möglich.

Kommt es bei der **spaltenden Körperschaft** zwecks Wahrung des Summengrund- 75 satzes zu einer **Kapitalherabsetzung**, ist in erster Linie das **Nennkapital-Subkonto** entsprechend zu vermindern; kommt es zu **keiner Kapitalherabsetzung**, ist in erster Linie das **Rücklagen-Subkonto** zu vermindern (UmgrStR Rz 1798). Sofern bei der **übernehmenden Körperschaft** eine **Kapitalerhöhung** durchgeführt wird, ist – wie bei der Aufspaltung zur Neugründung – bei dieser primär das **Nennkapital-Subkonto** aufzustocken, der hinausgehende Einlagenstand ist auf dem Kapitalrücklagen-Subkonto einzustellen (*Schlager* in HB Sonderbilanzen 258). S § 3 Rz 137. Die Auswirkungen des **Innenfinanzierungsstandes** sind in § 2 Abs 6 IF-VO geregelt. Bei der Sidestream- und Upstream-Abspaltung ist die Innenfinanzierung der spaltenden Körperschaft in dem Ausmaß zu vermindern und im gleichen Ausmaß der Innenfinanzierung der übernehmenden Körperschaft zuzuschreiben, in dem sich der Wert der spaltenden Körperschaft durch die Spaltung vermindert hat

(Aufteilung im Verkehrswertverhältnis – UmgrStR Rz 1800). Sofern bei einer **Downstream-Abspaltung** auf die **Anteilsgewährung** an die Gesellschafter der spaltenden Gesellschaft **verzichtet** wird, ist gem § 2 Abs 6 Satz 2 IF-VO § 2 Abs 3 IF-VO analog anzuwenden. Diese Art der Abspaltung hat **keine Auswirkung auf die Innenfinanzierung** der spaltenden und der übernehmenden Körperschaft (*Wurm*, SWK 2016, 690; UmgrStR Rz 1800 mit Verweis auf UmgrStR Rz 1266a). Sofern den Gesellschaftern der spaltenden Körperschaft Anteile gewährt werden, hat eine Aufteilung der Innenfinanzierung der spaltenden Körperschaft im Verkehrswertverhältnis zu erfolgen (UmgrStR Rz 1800).

E. Abspaltung zur Aufnahme
1. Konzentrations- und Side-stream-Abspaltung

76 Bei der **Konzentrationsabspaltung** in Verbindung mit einer Anteilsgewährung an die Anteilsinhaber der spaltenden Körperschaft oder **Side-stream-Abspaltung** unter Verzicht auf eine Anteilsgewährung gem § 224 Abs 2 Z 1 AktG erfolgt die Aufteilung des Einlagenevidenzkontos wie bei der Aufspaltung zur Aufnahme in **zwei Schritten**: in einem ersten Schritt erfolgt **fiktiv eine Abspaltung zur Neugründung** (s Rz 71). In einem zweiten Schritt erfolgt **fiktiv die Verschmelzung der neu gegründeten Zwischenkörperschaft** auf die übernehmende Körperschaft (UmgrStR Rz 1799; s § 3 Rz 136 f).

Hinsichtlich **Innenstandfinanzierung** gelten die unter Rz 75 genannten Grundsätze.

2. Up-stream-Abspaltung

77 Bei der **Up-stream-Abspaltung** ist analog zur Up-stream-Einbringung der **Einlagenevidenzkontenstand der übertragenden Körperschaft** im Verhältnis des Verkehrswertes des abgespaltenen Vermögens zum Gesamtvermögen vor Abspaltung abzustocken (UmgrStR Rz 1799). Bei der **übernehmenden Muttergesellschaft** kommt es zu **keiner Änderung des Einlagenevidenzkontenstandes** (UmgrStR Rz 1799; *Huber* in W/H/M VI § 32 Rz 100). S § 3 Rz 138 f.

Hinsichtlich **Innenstandfinanzierung** kommt es zu einer Abstockung der Innenfinanzierung der spaltenden Körperschaft und einer Aufstockung der Innenfinanzierung der spaltenden Körperschaft in dem Ausmaß, in dem sich der Wert der spaltenden Körperschaft durch die Abspaltung vermindert hat (UmgrStR Rz 1800).

3. Down-stream-Abspaltung

78 Bei der **Down-stream-Abspaltung** ist zu unterscheiden:

Erfolgt **keine Anteilsgewährung** an die Anteilsinhaber der übertragenden Körperschaft, ist analog zur Down-stream-Einbringung der Einlagenevidenzkontenstand der übernehmenden Tochterkörperschaft in Höhe des steuerlich maßgeblichen positiven Buchwertes zu erhöhen (UmgrStR Rz 1799); s § 3 Rz 138. Bei der **übertragenden Körperschaft** erfolgt **keine Änderung des Einlagenevidenzkontos** (*Huber* in W/H/M VI § 32 Rz 100).

Bei **Anteilsgewährung** an die Anteilsinhaber der übertragenden Körperschaft ist das Einlagenevidenzkonto der übertragenden Mutterkörperschaft im **Verhältnis des Verkehrswertes** des übertragenen Vermögens zum Gesamtvermögen vor Abspaltung **abzustocken** und das Einlagenevidenzkonto der Tochterkörperschaft im selben Ausmaß zu erhöhen (UmgrStR Rz 1799; *Schlager* in HB Sonderbilanzen 259; *Huber* in W/H/M VI § 32 Rz 100).

Hinsichtlich **Innenstandfinanzierung** gelten die unter Rz 75 genannten Grundsätze.

In der Literatur wird auch eine „Verschiebung nach der konkreten unternehmensrechtlichen Eigenkapitalverwendung" vertreten (*Zöchling* in *Bruckner/Heidinger*, Steuern in Österreich 503; *Kirchmayr/Schragl*, ecolex 1998, 246; *Hirschler* in *H/M/H* § 34 Rz 14, wobei *Hirschler* ausführt, dass es wie bei der Verschmelzung auch denkbar ist, dass das Einlagenevidenzkonto der spaltenden Körperschaft von den Nachfolgekörperschaften fortgeführt wird).

Bei einer **kombinierten Abspaltung** zur Aufnahme auf teils fremde und teils verbundene Körperschaften sind die oben genannten Grundsätze entsprechend den Beteiligungsverhältnissen anzuwenden (UmgrStR Rz 1799; *Schlager* in HB Sonderbilanzen 259).

Neue oder übernehmende Körperschaften

§ 34. (1) [1]Die neue oder übernehmende Körperschaft hat die zum Spaltungsstichtag steuerlich maßgebenden Buchwerte im Sinne des § 33 fortzuführen. [2]§ 33 Abs. 3 gilt für die neue oder übernehmende Körperschaft mit dem Beginn des auf den Spaltungsstichtag folgenden Tages. [3]§ 18 Abs. 3 ist anzuwenden.

(2) Für übernehmende Körperschaften gilt folgendes:
1. Buchgewinne und Buchverluste bleiben bei der Gewinnermittlung außer Ansatz.
2. Besitzt die übernehmende Körperschaft Anteile an der abspaltenden Körperschaft, ist Z 1 mit der Maßgabe anzuwenden, daß bei der Ermittlung des Buchgewinnes oder Buchverlustes der steuerlich maßgebende Buchwert der Anteile an der abspaltenden Körperschaft in dem Verhältnis zu vermindern ist, in dem sich der Wert der abspaltenden Körperschaft durch die Abspaltung vermindert hat.
3. Unabhängig vom Vorliegen eines Buchgewinnes oder -verlustes sind Veränderungen des Betriebsvermögens, die aus der Vereinigung von Aktiven und Passiven (Confusio) stammen, in dem dem Spaltungsstichtag folgenden Wirtschaftsjahr zu berücksichtigen.

(3) Für internationale Schachtelbeteiligungen im Sinne des § 10 Abs. 2 des Körperschaftsteuergesetzes 1988 gilt folgendes:
1. Entsteht durch die Spaltung bei der übernehmenden Körperschaft eine internationale Schachtelbeteiligung oder wird ihr Ausmaß erweitert, ist hinsichtlich der bisher nicht steuerbegünstigten Beteiligungsquoten auf den Unterschiedsbetrag zwischen den Buchwerten und den höheren Teilwerten § 10 Abs. 3 erster Satz des Körperschaftsteuergesetzes 1988 nicht anzuwenden.
2. Geht durch die Spaltung die Eigenschaft einer Beteiligung als internationale Schachtelbeteiligung unter, gilt, soweit für sie keine Option zugunsten der Steuerwirksamkeit erklärt worden ist, der höhere Teilwert zum Spaltungsstichtag, abzüglich vorgenommener oder als nach diesem Bundesgesetz vorgenommen geltender Teilwertabschreibungen im Sinne des § 6 Z 2 lit. a des Einkommensteuergesetzes 1988, als Buchwert.

[idF BGBl I 2005/161]

§ 34

Rechtsentwicklung

BGBl 1991/699 (UmgrStG; RV 266 AB 354 BlgNR 18. GP) (Stammfassung – Regelung zur Steuerspaltung); BGBl 1993/818 (StRefG 1993; RV 1237 AB 1301 BlgNR 18. GP) (Regelung zur Steuerspaltung); BGBl 1996/797 (AbgÄG 1996; RV 497 AB 552 BlgNR 20. GP) (grundlegende Novelle des Art VI); BGBl I 2003/71 (BudBG 2003; RV 59 AB 111 BlgNR 22. GP) (Änderung zur internationalen Schachtelbeteiligung); BGBl I 2005/161 (AbgÄG 2005; RV 1187 AB 1213 BlgNR 22. GP) (Änderung zur internationalen Schachtelbeteiligung).

Übersicht

I.	Vorbemerkung	1
II.	Wertansatz des zu übernehmenden Vermögens (Abs 1)	
	A. Buchwertfortführung	2
	B. Aufwertung des übernehmenden Vermögens	3, 4
	C. Unternehmensrechtliche Bewertung	5, 6
III.	Steuerrechtliche Gesamtrechtsnachfolge	
	A. Gesamtrechtsnachfolge gem § 19 Abs 1 BAO	10
	B. Partielle Gesamtrechtsnachfolge	11
	C. Bescheide bei Gesamtrechtsnachfolge	12
	D. Haftung gem § 15 SpaltG	13
IV.	Rückwirkung/Gewinnermittlungszeitraum (Abs 1)	
	A. Zeitpunkt der steuerlichen Vermögensübernahme	15
	B. Rechtsgeschäfte zwischen der spaltenden und übernehmenden Körperschaft bzw zwischen den übernehmenden Körperschaften	16–18
V.	Buchgewinne und -verluste (Abs 2)	
	A. Steuerneutraler Buchgewinn und -verlust	
	1. Steuerneutralität	20
	2. Up-stream-Abspaltung	21
	3. Up-stream-Aufspaltung	22
	4. Side-stream-Ab- und Aufspaltung	23
	5. Down-stream-Ab- und Aufspaltung	24, 25
	B. Steuerwirksame Confusiogewinne und -verluste	
	1. Ausnahme von der Steuerneutralität	26–28
	2. Zeitliche Erfassung	29
VI.	Internationale Schachtelbeteiligung (Abs 3)	
	A. Allgemeines	30, 31
	B. Entstehen und Erweiterung einer internationalen Schachtelbeteiligung	
	1. Allgemeines	
	a) Ausnahme von der Veräußerungsgewinnbefreiung	32
	b) Teilwertabschreibung	33
	c) „Latenter Veräußerungsverlust"	34
	d) Bewertung	35
	2. Entstehen einer internationalen Schachtelbeteiligung	36

3. Erweiterung einer internationalen Schachtelbeteiligung
   a) Anwendungsbereich 37
   b) Option auf Steuerpflicht 38
   c) Vereinigung zweier internationaler Schachtelbeteiligungen 39
C. Untergang einer internationalen Schachtelbeteiligung
   1. Anwendungsbereich 40
   2. Berechnung 41

I. Vorbemerkung

§ 34 regelt ausschließlich die ertragsteuerlichen Wirkungen der **übernehmenden Körperschaft** und korrespondiert mit § 33 (Gewinnermittlungszeitraum, Wertansatz des zu übernehmenden Vermögens). **1**

Mit der **Buchwertübernahme** ist die **Steuerhängigkeit der stillen Reserven im übertragenen Vermögen** gesichert (§ 34 Abs 1). Die Gewinnermittlung und der Vermögensübergang erfolgen steuerrechtlich mit Beginn des auf den Spaltungsstichtag folgenden Tages (§ 34 Abs 1). Wie bei der übertragenden Körperschaft sind Buchgewinne und -verluste grundsätzlich steuerneutral (§ 34 Abs 2).

Für die Behandlung **internationaler Schachtelbeteiligungen** ist § 34 Abs 3 zu beachten.

II. Wertansatz des zu übernehmenden Vermögens (Abs 1)

A. Buchwertfortführung

Die übernehmende Körperschaft hat die zum Spaltungsstichtag steuerlich maßgeblichen **Buchwerte** der übertragenden Körperschaft im Sinne des § 33 fortzuführen (§ 34 Abs 1 – **Buchwertfortführung**). Dh die übernehmende Körperschaft hat die steuerlichen Buchwerte des übertragenen Vermögens gem **Übertragungsbilanz** zu übernehmen. Dadurch sind die **stillen Reserven** im übertragenen Vermögen nach wie vor steuerhängig. **2**

B. Aufwertung des übernehmenden Vermögens

Sofern die übertragende Körperschaft von der Ausnahmebestimmung des § 33 Abs 2 Gebrauch gemacht hat (**Aufwertung von ausländischem Vermögen** bei Gewinnverwirklichung im Ausland unter DBA mit Anrechnungsmethode oder vergleichbarer innerstaatlicher Maßnahme zur Vermeidung der Doppelbesteuerung), hat die übernehmende Körperschaft den in der **Übertragungsbilanz** ausgewiesenen **Wert des ausländischen Vermögens** zu übernehmen. **3**

§ 34 Abs 1 verweist **nicht auf die Steuerverstrickungsregel** des § 18 Abs 1 oder § 3 Abs 1 (*Huber* in W/H/M VI § 34 Rz 6). Dementsprechend ist eine gesetzliche Aufwertung für erstmals in die österreichische Steuerhängigkeit eintretendes Vermögen bei der Spaltung nicht vorgesehen. Dies liegt jedoch ausschließlich daran, dass der Steuergesetzgeber die grenzüberschreitende Spaltung gesellschaftsrechtlich nicht für möglich hält (*Huber* in W/H/M VI § 34 Rz 6). Sofern nun bei der übernehmenden Körperschaft hinsichtlich des übernommenen ausländischen Vermögens erstmals ein **österreichisches Besteuerungsrecht** entsteht, ist die **Verstri- 4** ckungsregel gem § 3 Abs 1 Z 2 bzw § 18 Abs 1 Z 3 analog anzuwenden (Step-up) und das Vermögen mit dem **gemeinen Wert** oder ausnahmsweise mit dem Fortführungswert nach einer vorausgegangenen aufgeschobenen Entstrickungsbesteuerung anzusetzen (*Huber* in W/H/M VI § 33 Rz 13; § 34 Rz 6; *Huber*, ÖStZ 2006, 214; *Urtz* in *Achatz ua*, IntUmgr 190; *Wiesner/Mayr*, RdW 2007, 700; *Furherr/Huber*, IntUmgr 102). S zu § 3 Abs 1 Z 2 ausführlich § 3 Rz 39; zu § 18 Abs 1 Z 3 ausführlich § 18 Rz 51 ff.

C. Unternehmensrechtliche Bewertung

5 Das UmgrStG ordnet zwingend die steuerrechtliche Buchwertfortführung an, sodass die **unternehmensrechtliche Bewertung für steuerliche Zwecke nicht maßgeblich** ist (UmgrStR Rz 1689). Soweit die unternehmensrechtlichen Wertansätze von den fortzuführenden steuerlichen Buchwerten abweichen, sind die Unterschiede in der jährlichen Mehr-Weniger-Rechnung außerbilanzmäßig zu erfassen, sofern nicht eine eigene Steuerbilanz aufgestellt wird (UmgrStR Rz 1689; *Schlager* in HB Sonderbilanzen 238).

6 Sofern **teilwertberichtigte Beteiligungen übertragen** werden, deren Siebentel noch nicht alle geltend gemacht wurden, ist die außerbilanzmäßige Absetzung ab dem Spaltungsstichtag folgenden Wirtschaftsjahr fortzusetzen (UmgrStR Rz 1692). Zur **Zuschreibungspflicht** (falls es nach der Spaltung zur Werterhöhung kommt) hat der VwGH wie folgt judiziert: Unabhängig, ob unternehmensrechtlich der beizulegende Wert gem § 202 Abs 1 UGB oder der Buchwert gem § 202 Abs 2 Z 1 UGB von der übernehmenden Körperschaft angesetzt wird, übernimmt der **beizulegende Wert gem § 202 Abs 1 UGB die Funktion der Anschaffungskosten als Obergrenze für die Zuschreibung gem § 208 Abs 1 UGB** im Jahresabschluss und damit auch für die steuerliche Gewinnermittlung gem § 6 Z 13 EStG (VwGH 22.5.2014, 2010/15/0127; *Marchgraber*, RWZ 2014, 166; *Wurm*, SWK 2014, 1024; *Wurm*, GES 2014, 530). Der VwGH begründet dies damit, dass § 208 UGB – dem Grundsatz des true and fair view verpflichtet – das Ziel verfolgt, Vermögensgegenstände mit realistischen Werten auszuweisen. Es erfolgt kein Übergang der historischen Anschaffungskosten der übertragenden Körperschaft auf die übernehmende Körperschaft. Bislang – bis vor dem VwGH-Erkenntnis – war im Fall der **unternehmensrechtlichen Buchwertfortführung gem § 202 Abs 2 Z 1 UGB** str, ob eine Zuschreibung mit den Anschaffungskosten des Rechtsvorgängers (so zB *Hügel*, Umgründungsbilanzen Rz 1.35; *Vanas*, ecolex 1997, 49; *Hirschler/Six* in HB Sonderbilanzen I 384 f), mit dem fortzuführenden Buchwert am Spaltungsstichtag (so zB *Waitz-Ramsauer/Wurm*, taxlex 2009, 523) oder mit dem beizulegenden Wert am Spaltungsstichtag (so *Tumpel*, RdW 2007/776, 764) begrenzt ist. Die Zuschreibung ist hinsichtlich der bisher steuerwirksam abgeschriebenen Siebentel steuerwirksam, im Übrigen steuerneutral (EStR Rz 2585; *Wiesner/Schwarzinger*, UmS 181/32/11, SWK 2011, 1023). S § 3 Rz 23.

III. Steuerrechtliche Gesamtrechtsnachfolge
A. Gesamtrechtsnachfolge gem § 19 Abs 1 BAO

10 Nicht nur die Buchwerte sind von der übertragenden Körperschaft zu übernehmen, sondern aufgrund der **steuerrechtlichen Gesamtrechtsnachfolge** auch die

Bewertungsmethoden und Fristenläufe (AfA, Behaltefristen etc; *Hirschler* in *H/M/H* § 34 Rz 1; ausführlich zu den Auswirkungen der steuerlichen Gesamtrechtsnachfolge s § 3 Rz 13 ff). Bei der AfA ist zu beachten, dass in Summe bei übertragender und übernehmender Körperschaft innerhalb eines Zeitraumes von zwölf Monaten nur eine Ganzjahres-AfA zusteht (UmgrStR Rz 1692; VwGH 28.1.2015, Ra 2014/13/0025; *Wiesner*, RWZ 2015, 80; ausführlich § 3 Rz 17 f). Zur gesellschaftsrechtlichen Gesamtrechtsnachfolge s § 3 Rz 2 ff.

Die **steuerrechtliche Gesamtrechtsnachfolge** ergibt sich aus **§ 19 BAO**. § 19 Abs 1 BAO normiert, dass bei Gesamtrechtsnachfolge die sich aus Abgabenvorschriften ergebenden Rechte und Pflichten des Rechtsvorgängers auf den Rechtsnachfolger übergehen. Für den Umfang der Inanspruchnahme des Rechtsnachfolgers gelten die **Bestimmungen des bürgerlichen Rechts** (*Varga/Wolf*, ÖStZ 2003, 352).

Mit der **Eintragung der Spaltung im Firmenbuch** kommt es zum Übergang sämtlicher abgabenrechtlich relevanter Rechte und Pflichten auf die übernehmende Körperschaft (*Althuber* in HB Konzernhaftung 62). Damit tritt die übernehmende Körperschaft in **materiell- und verfahrensrechtlicher** Hinsicht bezüglich aller Rechte und Pflichten in die **gesamte Rechtsstellung des Rechtsvorgängers** (*Ritz*, BAO[4] § 19 Rz 4; ausführlich zu § 19 BAO s *Hohenwarter-Mayr* in *Holoubek/Lang*, BAO 363 ff sowie § 3 Rz 6 ff und zu den einzelnen Konsequenzen § 3 Rz 13 ff).

B. Partielle Gesamtrechtsnachfolge

Da nicht das gesamte Vermögen auf einen Rechtsträger übertragen wird (was sowohl bei der Ab- als auch Aufspaltung der Fall ist), kommt es zur **partiellen Gesamtrechtsnachfolge**. Abgabenansprüche und Zahlungsansprüche sind – entsprechend ihrer Zuordnung zum betreffenden Vermögensteil – aufzuteilen (dem jeweiligen Gesamtrechtsnachfolger zuzuordnen). Maßgebend ist dabei die im **Spaltungsplan bzw Spaltungs- und Übernahmevertrag** vorgenommene Zuordnung (*Ritz*, BAO[4] § 19 Rz 18 mit Verweis auf OGH 4.11.1999, 2 Ob 237/99p, GesRZ 2000, 38). Dh im Spaltungsplan bzw Spaltungs- und Übernahmevertrag muss die Zuordnung der Abgabenschulden nicht zwingend zum betreffenden Vermögensteil erfolgen (*Huber* in *W/H/M* VI § 32 Rz 81; *Varga/Wolf*, ÖStZ 2003, 349; *Althuber* in HB Konzernhaftung 63).

Dies gilt auch für die **Mindest-KSt**. Bei der **Aufspaltung geht die Mindest-KSt auf die neuen oder übernehmenden Körperschaften** über (*Brandstätter/Puchner*, SWK 2007, S 883, mit Verweis auf UFS 17.9.2007, RV/0744-W/07, wonach bis zum Spaltungsstichtag von der übertragenden Körperschaft angesammelte und noch nicht verrechnete Mindest-KSt von der übernehmenden Körperschaft auf die eigene Körperschaftsteuerschuld erstmals im Veranlagungszeitraum, in dem der Spaltungsstichtag liegt, geltend gemacht werden kann). Bei der **Abspaltung verbleibt die Mindest-KSt** grundsätzlich bei der spaltenden Körperschaft, außer es wurde im Spaltungsplan bzw Spaltungs- und Übernahmevertrag eine abweichende Regelung getroffen (*Althuber* in HB Konzernhaftung 72).

C. Bescheide bei Gesamtrechtsnachfolge

Ab **Wirksamkeit der Gesamtrechtsnachfolge** (dh mit Eintragung der Spaltung im Firmenbuch) haben **Abgabenfestsetzungen**, die das übertragene Vermögen betreffen, nur mehr gegenüber dem jeweiligen Gesamtrechtsnachfolger zu erfolgen

(*Ritz*, BAO⁵ § 19 Rz 18; *Hirschler/Sulz/Oberkleiner*, BFGjournal 2014, 189; aA UmgrStR Rz 1687a, wonach bei der Abspaltung nur bei späterer Feststellung iRv Außenprüfungen die abgeänderten Bescheide der jeweiligen Gesellschaft, die von der Änderung betroffen ist, zuzustellen sind). Erfolgt die Bescheidzustellung irrtümlich an den Rechtsvorgänger, entfaltet der Bescheid **keinerlei Rechtswirkungen** (*Althuber* in HB Konzernhaftung 76). Es liegt ein Nichtbescheid ohne normative Kraft vor. Bei einer etwaigen Berufung gegen diesen Bescheid hat die Abgabenbehörde die Berufung gem § 273a BAO durch Bescheid zurückzuweisen, da diese aufgrund mangelnder Bescheidqualität unzulässig ist (UFS 14.3.2013, RV/0330-G/10). Bescheide, die dem Rechtsvorgänger **vor der Eintragung der Spaltung im Firmenbuch** ergangen sind, wirken auch **gegen den Rechtsnachfolger** (s § 3 Rz 8 f).

D. Haftung gem § 15 SpaltG

13 Eine **gesamtschuldnerische Haftung** besteht gem § 15 Abs 1 SpaltG für die an der Spaltung beteiligten Gesellschaften. Die Haftung ist mit dem **übertragenen Nettoaktivvermögen** begrenzt.

> Bei der **Down-stream-Abspaltung mit Anteilsdurchschleusung** erhöht sich die Spaltungshaftung der übernehmenden Tochtergesellschaft um den Wert der auf sie abgespaltenen Anteile, auch wenn diese Anteile gem § 224 Abs 3 AktG zwingend auszukehren sind – *Huber* in W/H/M VI § 32 Rz 96 mit Verweis auf *Ludwig/Walter*, RdW 2002, 380; zur Einlagenrückgewährthematik bei der Anteilsdurchschleusung siehe *Kaufmann*, ÖStZ 2009, 202 f.

Die **Haftung besteht auch gegenüber den Abgabenbehörden** und ist im **Zivilrechtsweg** (nicht mit Haftungsbescheid) geltend zu machen (*Ritz*, BAO⁴ § 19 Rz 19; *Althuber* in HB Konzernhaftung 64 mit Verweis auf VwGH 16.2.1988, 87/14/0059; *Huber* in W/H/M VI § 32 Rz 96 mit Verweis auf VwGH 4.6.2008, 2005/13/135). **Keine Haftung** besteht, sofern den Gläubigern gem § 15 Abs 2 SpaltG **Sicherheit** geleistet wurde. Zu weiteren Haftungsbestimmungen im Zivilrecht s uA *Hofbauer*, taxlex 2006, 485 ff.

IV. Rückwirkung/Gewinnermittlungszeitraum (Abs 1)
A. Zeitpunkt der steuerlichen Vermögensübernahme

15 Korrespondierend zu § 33 Abs 3 bestimmt § 34 Abs 1, dass der Gewinn der übernehmenden Körperschaft so zu ermitteln ist, als ob der Vermögensübergang mit dem Beginn des auf den Spaltungsstichtag folgenden Tages erfolgt wäre (**Rückwirkung**). Dh die Vermögensübertragung erfolgt **rückwirkend** auf den dem **Spaltungsstichtag folgenden Tag**. Bei der **Spaltung zur Neugründung** ist die übernehmende Körperschaft ab diesem Zeitpunkt als Steuersubjekt anzuerkennen (UmgrStR Rz 1688; die Mindestkörperschaftsteuerpflicht beginnt mit dem auf den rückbezogenen Stichtag folgenden Tag zu laufen – s § 3 Rz 82). Dies gilt auch, wenn die **übernehmende Körperschaft bei der Spaltung zur Aufnahme erst nach dem Spaltungsstichtag gegründet** worden ist (*Schlager* in HB Sonderbilanzen 238; UmgrStR Rz 1687 ff). Für das **übertragene Vermögen** beginnt bereits mit dem Spaltungsstichtag ein **neues Wirtschaftsjahr** (*Huber* in W/H/M VI § 34 Rz 3 mit Verweis auf VwGH 26.7.2007, 2006/15/262).

B. Rechtsgeschäfte zwischen der spaltenden und übernehmenden Körperschaft bzw zwischen den übernehmenden Körperschaften

§ 34 Abs 1 verweist auf das **Rückwirkungsverbot gem § 18 Abs 3**. Gem § 18 Abs 3 **16** sind Rechtsbeziehungen zwischen der spaltenden und der übernehmenden Körperschaft im Zusammenhang mit der **Beschäftigung, der Kreditgewährung und der Nutzungsüberlassung**, soweit sie sich auf das übertragene Vermögen beziehen, ab Vertragsabschluss, frühestens jedoch für Zeiträume steuerwirksam, die **nach dem Abschluss des Spaltungsplans bzw Spaltungs- und Übernahmevertrages** beginnen; vorausgesetzt, die Vereinbarung wird am **Tag des Spaltungsbeschlusses** bzw am Tag der **Unterzeichnung des Spaltungs- und Übernahmevertrages getroffen** (UmgrStR Rz 1691 iVm 973 ff; *Schlager* in HB Sonderbilanzen 238). Dh eine **steuerliche Rückwirkung der Rechtsbeziehung ist grundsätzlich nicht möglich**. S ausführlich § 18 Rz 101 ff.

Ob das **Rückwirkungsverbot gem § 18 Abs 3 überhaupt erforderlich ist**, s § 18 Rz 105 (gem allgemeinem Grundsatz sind **rückwirkende Vereinbarungen generell steuerlich unbeachtlich**; dafür bedarf es keiner Sonderbestimmung – s *Rabel* in *W/H/M* III § 18 Rz 49).

Hirschler stellt auch bei der Spaltung die Sinnhaftigkeit des Verweises auf § 18 Abs 3 in Frage. **Unternehmensrechtlich** ist auf jeden Fall eine rückwirkende Ergebniszurechnung zu machen (aufgrund der schuldrechtlich rückwirkenden Vermögenszurechnung – *Hirschler* in *H/M/H* § 34 Rz 3).

Eine **Rückwirkungsmöglichkeit** ist im letzten Satz von § 18 Abs 3 vorgesehen: für **17 Entgelte**, die sich auf eine **Rechtsbeziehung aufgrund einer Maßnahme nach § 16 Abs 5 Z 4 beziehen** (zB Miete für eine zurückbehaltene Betriebsliegenschaft), wenn die **Entgeltvereinbarung am Tage des Abschlusses des Spaltungsplans bzw Spaltungs- und Übernahmevertrages** getroffen wird. Dh ein solches Rechtsgeschäft kann steuerlich rückwirkend zu dem dem Spaltungsstichtag folgenden Tag abgeschlossen werden. Es besteht ein **Wahlrecht**, das grundsätzlich für jedes Wirtschaftsgut gesondert ausgeübt werden kann (*Hirschler* in *H/M/H* § 34 Rz 3). Andere Leistungen (zB Personaldienstleistungen) können – zur sachgerechten Aufwandszuordnung – auch für den Rückwirkungszeitraum verrechnet werden, jedoch nur mit den angefallenen Kosten (*Huber* in *W/H/M* VI § 34 Rz 4; *Wiesner/Schwarzinger*, UmS 131/30/02, SWK 2002 S 782; UFS 19.3.2009, RV/0545-G/06; UFS 14.11.2007, RV/0188-G/06; UFS 11.1.2007, RV/0618-G/02). S ausführlich § 18 Rz 106.

Die Bestimmung gilt nicht nur für Abspaltungen, sondern auch für **Aufspaltungen 18** (*Huber* in *W/H/M* VI § 34 Rz 5 mit Verweis auf BMF 16.6.1998, ecolex 1998, 738).

Eine Rückwirkung ist auch bei der **Spaltung zur Neugründung** möglich, da mit Abschluss des Spaltungsplans die Nachfolgegesellschaft gegründet und damit handlungsfähig ist (*Hirschler* in *H/M/H* § 34 Rz 3).

V. Buchgewinne und -verluste (Abs 2)
A. Steuerneutraler Buchgewinn und -verlust
1. Steuerneutralität

Buchgewinne und -verluste sind bei der Gewinnermittlung der übernehmenden **20** Körperschaft **steuerneutral** (§ 34 Abs 2 Z 1). Unter Buchgewinn und -verlust sind die **rechnerischen Differenzbeträge** zu verstehen, die sich infolge der Spaltung in der Bilanz der übernehmenden Körperschaft ergeben. S ausführlich § 3 Rz 86 ff.

Buchgewinn entsteht, wenn der Buchwert des erhaltenen Vermögens größer ist, als die dafür gewährte Gegenleistung.

Buchverlust entsteht, wenn der Buchwert des erhaltenen Vermögens kleiner ist, als die dafür gewährte Gegenleistung. Eventuelle **Zuzahlungen** durch die übernehmende Körperschaft gem § 2 Abs 1 Z 3 SpaltG (max 10 % der gewährten Anteilsnominale) stellen einen **steuerneutralen Aufwand bzw Buchverlust** dar (*Huber* in W/H/M VI § 36 Rz 13).

2. Up-stream-Abspaltung

21 Für die **Up-stream-Abspaltung** enthält § 34 Abs 2 Z 2 eine **Buchwertabstockungsregelung** zur Ermittlung des Buchgewinnes oder -verlustes. Der Buchgewinn bzw -verlust ergibt sich aus der **Differenz zwischen dem Buchwert des übernommenen Vermögens** und dem **Abstockungsbetrag der Beteiligung an der übertragenden Körperschaft**.

Dies ist die Konsequenz daraus, dass bei der Spaltung von Vermögen der Tochtergesellschaft auf die Muttergesellschaft stets ein **Wertverlust der Tochtergesellschaft** einhergeht. Dementsprechend ist im Zuge der Spaltung der Beteiligungsansatz der Tochtergesellschaft zu vermindern. Und zwar in dem Ausmaß, in dem sich der **Verkehrswert** der abspaltenden Körperschaft vermindert hat (*Schlager* in HB Sonderbilanzen 237; *Huber* in W/H/M VI § 34 Rz 13).

Der **Unterschiedsbetrag** zwischen dem Vermögenszugang und der Wertminderung ist als steuerneutraler Buchgewinn oder -verlust zu behandeln (UmgrStR Rz 1696 und 1686).

3. Up-stream-Aufspaltung

22 Bei der **Up-stream-Aufspaltung** gehen die **steuerlichen Beteiligungsansätze** der Tochtergesellschaft bei der Muttergesellschaft **ersatzlos** unter (*Huber* in W/H/M VI § 34 Rz 8). Zur Verschmelzung s § 3 Rz 92. Damit können hohe Anschaffungskosten und somit Teilwertabschreibungspotenzial vernichtet werden.

Etwaige **frühere Teilwertabschreibungen sind nicht nachzuversteuern** (*Huber* in W/H/M VI § 34 Rz 11). Eine **mittelbare Nachversteuerung** des teilwertabgeschriebenen Betrages hat zu erfolgen, wenn die Tochtergesellschaft am Spaltungsstichtag über **vortragsfähige Verluste** verfügt. Diese sind gem § 35 iVm § 4 Z 1 lit d um die Teilwertabschreibungen der Muttergesellschaft zu reduzieren (*Huber* in W/H/M VI § 34 Rz 11). Dasselbe gilt bei der **Up-stream-Abspaltung** in Relation des abgespaltenen Vermögens zum in der Tochtergesellschaft nach der Spaltung verbleibenden Vermögen.

4. Side-stream-Ab- und Aufspaltung

23 Keine Spezialregelung gibt es für **Side-stream-** und **Down-stream-Ab- und Aufspaltungen**. Bei der **Side-stream-Spaltung** kommt mangels Vorliegens einer Beteiligung der spaltenden an der übernehmenden Körperschaft § 34 Abs 2 Z 2 nicht zur Anwendung. Die **übernehmende Körperschaft** hat den Buchgewinn oder -verlust **steuerneutral** zu behandeln (UmgrStR Rz 1697). Dieser Buchgewinn

bzw -verlust ergibt sich aus dem Buchwert des übertragenen Vermögens (*Schlager* in HB Sonderbilanzen 239).

5. Down-stream-Ab- und Aufspaltung

Soll bei der **Down-stream-Abspaltung** ausschließlich die **Beteiligung an der übernehmenden Körperschaft** in die **übernehmende Körperschaft** abgespalten werden, sind spaltungsrechtlich zwingend die erworbenen eigenen Anteile als Abfindung an die Gesellschafter der Muttergesellschaft auszukehren. Dadurch findet bei der übernehmenden Körperschaft in diesem Fall faktisch und buchmäßig **kein Vermögenszugang** statt (UmgrStR Rz 1698). Der **Beteiligungsansatz an der übernehmenden Tochtergesellschaft geht ersatzlos unter.** Wird neben der Beteiligung an der übernehmenden Tochtergesellschaft sonstiges Vermögen mitabgespalten, liegt ein **Buchgewinn bzw -verlust in Höhe des Buchwerts des sonstigen übertragenen Vermögens** (exklusive den Anteilen an der übernehmenden Tochtergesellschaft) vor, der gem § 34 Abs 2 Z 1 steuerneutral ist (*Schlager* in HB Sonderbilanzen 240). Die Down-stream-Abspaltung mit Anteilsauskehrung ist laut UmgrStR für steuerliche Zwecke gedanklich in zwei fiktive Schritte zu zerlegen: in eine Abspaltung zur Neugründung und eine darauf folgende Down-stream-Verschmelzung (UmgrStR Rz 1698, 1747). 24

Dasselbe gilt bei **Down-stream-Aufspaltungen**. Auch in diesem Fall gehen die **steuerlichen Beteiligungsansätze an der Tochtergesellschaft** bei der Muttergesellschaft **ersatzlos unter**, da diese nicht auf die Anteilsinhaber der Muttergesellschaft übergehen (*Huber* in W/H/M VI § 34 Rz 8). S zur Verschmelzung § 3 Rz 93. 25

B. Steuerwirksame Confusiogewinne und -verluste
1. Ausnahme von der Steuerneutralität

Unabhängig vom Vorliegen eines Buchgewinnes oder -verlustes sind Veränderungen des Betriebsvermögens, die aus der **Vereinigung von Aktiven und Passiven (Confusio)** stammen, in dem dem Spaltungsstichtag folgenden Wirtschaftsjahr zu **berücksichtigen** (§ 34 Abs 2 Z 3). § 34 Abs 2 Z 3 ist wortgleich mit § 3 Abs 3. Dementsprechend s generell zur Verschmelzung § 3 Rz 95 ff. Confusio ist nur bei der **Spaltung zur Aufnahme** möglich (*Hirschler* in H/M/H § 34 Rz 7). 26

Confusiogewinne und -verluste können aus dem Zusammenfallen von **Forderung und Verbindlichkeit** oder von **Rechten und Verpflichtungen** in einer Körperschaft entstehen. S zu den Fällen, bei denen es zu steuerwirksamen Unterschiedsbeträgen kommen kann, § 3 Rz 97 ff. 27

> Bei einem **Wegfall des Fruchtgenussrechtes** aufgrund der Aufspaltung des Fruchtgenussberechtigten ua auf jene Körperschaft, an deren Anteilen das Fruchtgenussrecht besteht, ist kein Confusiotatbestand gegeben (VwGH 28.6.2012, 2008/15/0228; *Kofler*, GES 2012, 520 ff; *Wiesner*, RWZ 2012, 249 ff). S § 3 Rz 103.

Confusiogewinne bzw -verluste sind nicht von der Steuerneutralität erfasst. Sämtliche Confusio-Einzeltatbestände sind zusammenzufassen und ergeben bei der übernehmenden Körperschaft einen **steuerwirksamen Gesamtgewinn oder -verlust**; die Steuerwirksamkeit hängt nicht davon ab, ob sich aus der Spaltung insgesamt ein Buchgewinn oder -verlust ergibt (*Schlager* in HB Sonderbilanzen 240). 28

2. Zeitliche Erfassung

29 Confusiogewinne und -verluste sind gem § 34 Abs 2 Z 3 in dem **Wirtschaftsjahr steuerlich zu berücksichtigen, das dem Spaltungsstichtag folgt** (UmgrStR Rz 1699). Sollte der Spaltungsstichtag nicht dem Regelbilanzstichtag der übernehmenden Körperschaft entsprechen, erfolgt die Berücksichtigung in jenem Wirtschaftsjahr, das nach dem Spaltungsstichtag beginnt (UmgrStR Rz 1699; *Hirschler* in *H/M/H* § 34 Rz 7; so auch bei der Verschmelzung, s § 3 Rz 104).

VI. Internationale Schachtelbeteiligung (Abs 3)
A. Allgemeines

30 Gem § 10 Abs 3 KStG bleiben **Veräußerungsgewinne, Veräußerungsverluste und sonstige Wertänderungen** aus einer **internationalen Schachtelbeteiligung** iSd § 10 Abs 2 KStG – mit Ausnahme endgültiger Vermögensverluste (Liquidation oder Insolvenz) **außer Ansatz**, sofern keine **Option zur Steuerwirksamkeit** der Beteiligung vorgenommen wurde oder ein Fall des **Methodenwechsels** nach § 10 Abs 4 oder Abs 6 KStG vorliegt (§ 3 Rz 111). Eine **internationale Schachtelbeteiligung** gem § 10 Abs 3 KStG liegt vor, sofern Kapitalanteile an ausländischen Körperschaften, die einer inländischen Körperschaft vergleichbar sind, oder an anderen ausländischen Körperschaften gem RL 2011/96/EU während eines ununterbrochenen Zeitraums von **mindestens einem Jahr** zu **einem Zehntel oder mehr** gehalten werden. Allgemein zur internationalen Schachtelbeteiligung s *Fürnsinn/Massoner* in *L/R/S/S*[2] § 10 Rz 57 ff; *Kofler* in *Achatz/Kirchmayr* § 10 Rz 167 ff.

31 § 34 Abs 3 Z 1 sichert das **Besteuerungsrecht** in dem Fall, in dem eine vor der Spaltung steuerpflichtige Auslandsbeteiligung zu einer steuerfreien internationalen Schachtelbeteiligung wird (entweder durch **Entstehen oder Erweiterung**). § 34 Abs 3 Z 2 hingegen sieht bei einem **Untergang einer internationalen Schachtelbeteiligung** vor, dass der **höhere Teilwert** zum Spaltungsstichtag angesetzt werden kann. Somit unterliegen die stillen Reserven bis zum Spaltungsstichtag keiner Besteuerung.

Sollte die **Behaltefrist von einem Jahr** im Zeitpunkt der Spaltung noch nicht abgelaufen sein, läuft die Behaltefrist nach der Umgründung unverändert weiter (UmgrStR Rz 186; *Zöchling* in FS Wiesner 477). S § 3 Rz 117.

B. Entstehen und Erweiterung einer internationalen Schachtelbeteiligung
1. Allgemeines
a) Ausnahme von der Veräußerungsgewinnbefreiung

32 Entsteht durch die Spaltung bei der übernehmenden Körperschaft eine **internationale Schachtelbeteiligung** oder wird ihr Ausmaß erweitert, ist hinsichtlich der bisher nicht steuerbegünstigten Beteiligungsquoten auf den **Unterschiedsbetrag zwischen den Buchwerten und den höheren Teilwerten § 10 Abs 3 erster Satz KStG nicht anzuwenden** (§ 34 Abs 3 Z 1). Die stillen Reserven zum Spaltungsstichtag sind von der Substanzgewinnbefreiung gem § 10 Abs 3 KStG ausgenommen. Dies kann nur bei einer **Ab- oder Aufspaltung zur Aufnahme** vorkommen.

b) Teilwertabschreibung

33 Sofern vor der Spaltung auf die zu übertragende Auslandsbeteiligung eine **Teilwertabschreibung** iSd § 12 Abs 3 Z 2 KStG vorgenommen wurde, ist der **Buchwert**

von der übernehmenden Körperschaft ohne Rücksicht darauf anzusetzen, ob die Siebentelabsetzungen schon erfolgt sind (UmgrStR Rz 177). Der Unterschiedsbetrag zwischen Buchwert und höherem Teilwert ist von der Schachtelbefreiung ausgenommen. Noch nicht abgesetzte Siebentel gehen auf die übernehmende Körperschaft über (UmgrStR Rz 177).

c) „Latenter Veräußerungsverlust"

Ist der **Teilwert der Minderheitsbeteiligung niedriger als der Buchwert**, kommt § 34 Abs 3 Z 1 nicht zur Anwendung (UmgrStR Rz 176). Ist bei einer Minderheitsbeteiligung einer Beteiligungskörperschaft der Teilwert niedriger als der Buchwert und bei einer Minderheitsbeteiligung derselben Beteiligungskörperschaft der Teilwert höher als der Buchwert, sind die stillen Reserven bei der Minderheitsbeteiligung **evident zu halten, deren Teilwert höher ist als der Buchwert(Identitätsverfahren)**. Eine Saldierung der stillen Reserven und der stillen Lasten soll nicht erfolgen. Dies erfordert entweder die Beteiligungsquoten buchhalterisch getrennt zu führen oder die getrennten Werte in sonstiger Weise in **Evidenz** zu nehmen, um im Falle von Teilverkäufen eine exakte Zuordnung des von der Schachtelbefreiung ausgenommenen Betrages zu gewährleisten (UmgrStR Rz 176). S zur anderen Ansicht § 3 Rz 115 f.

34

d) Bewertung

Die Bewertung der stillen Reserven (Unterschiedsbetrag zwischen dem höheren Teilwert und dem Buchwert) ist zum **Spaltungsstichtag** vorzunehmen (*Hirschler* in *H/M/H* § 34 Rz 12; *Huber* in *W/H/M* VI § 34 Rz 16). Diese stillen Reserven sind bei einer späteren Veräußerung zu besteuern, sofern der Verkaufspreis dem Wert zum Spaltungsstichtag entspricht. Die Steuerneutralität ist im Ergebnis nur für die nach der Spaltung **neu entstehenden stillen Reserven** gegeben. S § 3 Rz 118.

35

2. Entstehen einer internationalen Schachtelbeteiligung

Eine internationale Schachtelbeteiligung kann nur dann **entstehen, wenn weder die übertragende noch die übernehmende Körperschaft** vor der Spaltung zu **mindestens 10 %** an der zu übertragenden ausländischen Tochtergesellschaft beteiligt sind.

36

Laut UmgrStR kommt es bei der übernehmenden Körperschaft **mangels Anschaffungstatbestand** (keine Optionsmöglichkeit gem § 10 Abs 3 KStG) zwingend zur **Steuerneutralität** der internationalen Schachtelbeteiligung (UmgrStR Rz 172 und 180). Dies ist in der Literatur umstritten. *Puchner/Puchner* gehen davon aus, dass bei einer Umgründung unter Buchwertfortführung kein einer Anschaffung vergleichbarer Tatbestand gegeben ist, sodass eine Optionsmöglichkeit gem § 10 Abs 3 Z 1 KStG nicht besteht; aus teleologischer Sicht sollte jedoch zumindest **einmal bei erstmaligem Entstehen einer internationalen Schachtelbeteiligung die Ausübung der Option möglich** sein (*Puchner/Puchner*, taxlex 2008, 147; bei einer **Aufwertungsumgründung** ist ein **Anschaffungstatbestand** gegeben). Lt *Rabel* stellt die Einbringung (gilt mE analog für die Spaltung) dem Grunde nach einen **Tauschvorgang und damit einen Anschaffungstatbestand** dar, wenngleich die Steuerwirkungen des Tauschgrundsatzes in Form der Aufdeckung stiller Reserven im Anwendungsbereich des UmgrStG weitgehend aufgehoben werden (*Rabel*, ÖStZ 2008, 120). S ausführlich § 3 Rz 121.

Die **Jahresfrist** beginnt mit dem **dem Spaltungsstichtag folgenden Tag** zu laufen (UmgrStR Rz 180). S § 3 Rz 121.

3. Erweiterung einer internationalen Schachtelbeteiligung
a) Anwendungsbereich

37 Eine internationale Schachtelbeteiligung kann nur dann **erweitert** werden, wenn **entweder die übertragende oder die übernehmende Körperschaft** bereits **vor der Spaltung zu mindestens 10 %** an der zu übertragenden ausländischen Tochtergesellschaft beteiligt ist. Auf die **Dauer des Haltens** kommt es **nicht** an.

Die **Besitzfristen** sind von der übernehmenden Körperschaft fortzuführen (UmgrStR Rz 180). Für die **Minderheitsbeteiligungen beginnt keine neue Jahresfrist** zu laufen (diese teilen das Schicksal der internationalen Schachtelbeteiligung).

b) Option auf Steuerpflicht

38 Sofern hinsichtlich der internationalen Schachtelbeteiligung auf **Steuerpflicht optiert** wurde, geht § 34 Abs 3 Z 1 ins Leere, da die Auslandsbeteiligung auf jeden Fall steuerpflichtig ist. Vereint sich diese **steuerwirksame internationale Schachtelbeteiligung** mit einer Minderheitsbeteiligung, kommt es **insgesamt zur Steuerwirksamkeit** der vereinigten Beteiligung (UmgrStR Rz 180; kritisch dazu *Waitz-Ramsauer*, taxlex 2007, 536).

c) Vereinigung zweier internationaler Schachtelbeteiligungen

39 Werden durch die Spaltung **zwei internationale Schachtelbeteiligungen** vereint, ist dies **kein Anwendungsfall von § 34 Abs 3 Z 1**. Sofern die beiden Schachtelbeteiligungen unterschiedliche Besitzzeiten aufweisen, richtet sich das Erreichen der Jahresfrist nach der **länger bestehenden Beteiligung** (UmgrStR Rz 181).

Sofern eine **steuerpflichtige internationale Schachtelbeteiligung** mit einer **steuerneutralen internationalen Schachtelbeteiligung** zusammentrifft, wird deren Eigenschaft durch die Spaltung nicht verändert (dh die übernehmende Körperschaft hält in der Folge an derselben ausländischen Tochtergesellschaft eine steuerpflichtige und steuerneutrale Beteiligung). Bei einem nachfolgenden Erwerb von Anteilen an derselben ausländischen Tochtergesellschaft ist der Beteiligungszugang im Verhältnis des steuerneutralen zum steuerwirksamen Teils der bestehenden Beteiligung zuzuordnen (UmgrStR Rz 178).

> In der Literatur ist die Meinung der FV strittig. Gem § 10 Abs 3 Z 4 KStG besteht eine Bindung an eine ausgeübte Option des Rechtsvorgängers nur dann, wenn eine **bestehende internationale Schachtelbeteiligung** iRe **Umgründung iSd UmgrStG** an eine unmittelbar oder mittelbar konzernzugehörige Körperschaft übertragen wird. Dies lässt den Schluss zu, dass **außerhalb von Konzernumgründungen** für umgründungsbedingt neu erworbene Schachtelbeteiligungen eine **selbständige Option gem § 10 Abs 3 Z 1 KStG** möglich ist und der in § 10 Abs 3 Z 1 KStG verwendete Begriff „Anschaffung" auch umgründungssteuerliche Erwerbe in Buchwertfortführung erfasst (*Huber* in W/H/M VI § 34 Rz 18; *Rabel*, ÖStZ 2008, 120). *Puchner/Puchner* sind der Ansicht, dass bei einer Buchwertumgründung keine Anschaffung iSd § 10 Abs 3 Z 1 KStG vorliegt und daher stets eine steuerneutrale Schachtelbeteiligung entsteht (so auch *Furherr*, SWI 2006, 492 ff), wobei diese jedoch eingestehen, dass aus teleologischer Sicht wohl davon auszugehen ist, dass

vom Anschaffungstatbestand iSd § 10 Abs 3 Z 1 KStG sämtliche **konzernfremde Entstehungsmöglichkeiten** (Konzentrationsumgründungen) internationaler Schachtelbeteiligungen **umfasst** sind (*Puchner/Puchner*, taxlex 2008, 146 f).

Waitz-Ramsauer führt aus, dass die Regelung des § 10 Abs 3 Z 4 KStG keinen Sinn machen würde, wenn der Gesetzgeber vor Augen gehabt hätte, dass die Wahlmöglichkeit iRv Umgründungen nicht gelten soll (*Waitz-Ramsauer*, taxlex 2007, 491, sowie taxlex 2007, 536; aA *Furherr*, SWI 2006, 495).

C. Untergang einer internationalen Schachtelbeteiligung

1. Anwendungsbereich

Geht bei einer an der Spaltung beteiligten Körperschaft die **Eigenschaft einer Beteiligung als internationale Schachtelbeteiligung gem § 10 Abs 2 KStG unter**, gilt, soweit für sie **keine Option zugunsten der Steuerwirksamkeit** erklärt worden ist, der **höhere Teilwert zum Spaltungsstichtag**, abzüglich vorgenommener oder als nach UmgrStG vorgenommen geltender Teilwertabschreibungen iSd § 6 Z 2 lit a EStG, als Buchwert (§ 34 Abs 3 Z 2). Dadurch kommt es zu einer **Entsteuerung der stillen Reserven** zum Spaltungsstichtag. 40

Dies ist sowohl bei einer **Auf- als auch bei einer Abspaltung** möglich. § 34 Abs 3 Z 2 gilt nicht nur für die **übernehmende**, sondern auch für die **abspaltende Körperschaft** (UmgrStR Rz 1701; *Huber* in W/H/M VI § 34 Rz 19; *Hirschler/Ludwig* in *Achatz ua*, IntUmgr 207).

Sollte der **Teilwert unter dem Buchwert** liegen, bleibt es bei der **Buchwertfortführung** gem § 34 Abs 1. S § 5 Rz 169.

2. Berechnung

Die Bewertung des höheren Teilwerts ist zum **Spaltungsstichtag** vorzunehmen. 41

Vom Teilwert sind gem § 34 Abs 3 Z 2 folgende **Beträge abzuziehen** (*Huber* in W/H/M VI § 34 Rz 19):

- tatsächlich vorgenommene **steuerwirksame Teilwertabschreibungen** (somit Teilwertabschreibungen iSd § 10 Abs 2 KStG aF – *Hirschler/Ludwig* in *Achatz ua*, IntUmgr 222; lt diesen ist die Kürzung des Teilwerts nur dann gerechtfertigt, wenn innerhalb des siebenjährigen Nachversteuerungszeitraums ein Wegfall einer internationalen Schachtelbeteiligung eintritt),
- vorgenommene fiktive Teilwertabschreibungen iSd UmgrStG vor dem BudBG 2003 (BGBl I 2003/71).

Trotz des **Fehlens einer gesetzlichen Regelung** hinsichtlich der Rechtsfolgen der **Nichtanwendbarkeit des § 10 Abs 3 erster Satz KStG nF bei Umgründungen iSd UmgrStG** sind mittels teleologischer Interpretation die evident gehaltenen steuerhängigen stillen Reserven, die aus einer Entstehung oder Erweiterung einer internationalen Schachtelbeteiligung gem UmgrStG resultieren, in **Abzug** zu bringen (*Hirschler/Ludwig* in *Achatz ua*, IntUmgr 223).

Bei den anderen Umgründungsarten (Verschmelzung, Umwandlung, Einbringung, Zusammenschluss) ist ein ausdrücklicher Verweis auf die aufgrund einer Umgründung gem UmgrStG von § 10 Abs 3 erster Satz KStG ausgenommenen Beträge vorhanden. Bei der Spaltung fehlt ein solcher.

Die Aufteilung der ausgenommenen Beträge auf die Nachfolgegesellschaften hat im Verhältnis der **Verkehrswerte der Beteiligungsteile** zu erfolgen (*Hirschler* in *H/M/H* § 34 Rz 13; *Huber* in *W/H/M* VI § 34 Rz 19).

Der um die ausgenommenen Beträge höhere Teilwert gilt als **steuerlich maßgebender Buchwert** und ist in **Evidenz** zu halten (UmgrStR Rz 1701).

Verlustabzug

§ 35. § 8 Abs. 4 Z 2 des Körperschaftsteuergesetzes 1988 ist nach Maßgabe des § 21 anzuwenden.

[idF BGBl I 2003/71]

Rechtsentwicklung

BGBl 1991/699 (UmgrStG; RV 266 AB 354 BlgNR 18. GP) (Stammfassung – Regelung zur Steuerspaltung); BGBl 1993/818 (StRefG 1993; RV 1237 AB 1301 BlgNR 18. GP) (Regelung zur Steuerspaltung); BGBl 1996/797 (AbgÄG 1996; RV 497 AB 552 BlgNR 20. GP) (grundlegende Novelle des Art VI – Verweis auf § 4); BGBl I 2003/71 (BudBG 2003; RV 59 AB 111 BlgNR 22. GP) (Änderung des Verweises auf § 21).

Übersicht

I. Allgemeines	
A. Anwendungsbereich	
1. Verweis auf § 21	1, 2
2. Regelungsbereich	3
B. Verlustdefinition	
1. Verlustvorträge iSd § 18 Abs 6 EStG	4
2. Teilwertabschreibungs- und Veräußerungsverlustsiebentel	5
3. Schwebeverluste	6
II. Verluste der übertragenden Körperschaft (§ 35 iVm § 21 Z 1 iVm § 4 Z 1 lit c und d)	
A. Allgemeines	10
B. Voraussetzungen des Übergangs der Verlustvorträge	11, 12
1. Buchwertfortführung	13
2. Verrechnung der Verluste im Veranlagungszeitraum	14, 15
3. Tatsächliches Vorhandensein und tatsächliche Übertragung des zu spaltenden Vermögens	16
4. Objektbezogenheit der Verlustvorträge	
a) Allgemeines	17, 18
b) Verlustverursachendes Vermögen gem § 12 Abs 2	21
c) Verschiebung von Wirtschaftsgütern	22
d) Besonderheiten der Gruppe	23–25
5. Vergleichbarkeit des Vermögens	26
III. Verluste der übernehmenden Körperschaft (§ 35 iVm § 21 Z 2 iVm § 4 Z 1 lit b, c und d)	
A. Allgemeines	30
B. Zuordnungseinheit	31

C.	Verbot der doppelten Verlustverwertung	32
D.	Mantelkauftatbestand	33
IV.	Teilwertabschreibung an der Beteiligung der übertragenden und/oder übernehmenden Körperschaft (§ 35 iVm § 21 Z 1 und Z 2 iVm § 4 Z 1 lit d)	
	A. Allgemeines	35
	B. Voraussetzung	36, 37
	C. Anwendungsbereich	
	D. Zeitpunkt der Kürzung der Verlustvorträge	38
	E. Offene Siebentel gem § 12 Abs 3 Z 2 KStG	39
V.	Mantelkauf (§ 35 iVm § 21 Z 3)	
	A. Anwendungsbereich	45
	B. Voraussetzungen	46–47
	C. Ausnahmen	48

I. Allgemeines
A. Anwendungsbereich
1. Verweis auf § 21

Aufgrund dessen, dass es sich bei vortragsfähigen Verlusten um ein **höchstpersön-** **1** **liches Recht** handelt, die auch nicht aufgrund einer steuerrechtlichen Gesamtrechtsnachfolge übergehen, bedarf es im UmgrStG einer **gesonderten Regelung**, um den **Übergang des Verlustabzuges vom übertragenden auf den übernehmenden Rechtsträger** sicherzustellen (KStR Rz 992; s zu aA § 4 Rz 3).

§ 35 regelt hierfür die Behandlung von **vortragsfähigen Verlusten** bei der **spaltenden und übernehmenden Körperschaft**. Verluste auf **Anteilsinhaberebene** werden durch § **35 nicht berührt**.

> Die Anteilsinhaber haben die Verlustvorträge iZm den durch die Spaltung wegfallenden Anteilen sowie die offenen Verlustsiebentel den dafür gewährten Anteilen entsprechend der Verschiebung der Beteiligungsbuchwerte gem § 36 Abs 2 und 3 bzw § 37 Abs 3 zuzuordnen (*Huber* in *W/H/M* VI § 35 Rz 20).

§ 35 verweist hinsichtlich der Anwendung von **§ 8 Abs 4 Z 2 KStG auf § 21**, sodass **2** die Bestimmungen zur **Einbringung** uneingeschränkt für die Spaltung gelten (s ausführlich § 21). § 21 verweist wiederum auf § 4 Z 1 b, c, d und Z 2, sodass die Ausführungen zur Verschmelzung auch für die Spaltung gelten (s ausführlich § 4).

> Bis zum BudBG 2003 (BGBl I 2003/71) erfolgte in § 35 ein Verweis auf § 4 (**Bestimmungen zur Verschmelzung**). Dadurch, dass die Beurteilung des Verlustvortragsüberganges nach den einbringungsbezogenen Regelungen gewünscht war (aufgrund des mit Einbringungen gemeinsamen Erfordernisses von begünstigtem Übertragungsvermögen), erfolgte mit BudBG 2003 der Verweis auf § 21 (*Huber* in *W/H/M* VI § 35 Rz 2; ErlRV 59 BlgNR 22. GP, 278: Mit dem Verweis auf § 21 soll entsprechend der schon mit der Neufassung des § 32 verbundenen objektbezogenen Betrachtung der Spaltungsmassen die Beurteilung des Verlustvortragsüberganges nach den einbringungsbezogenen Regelungen erfolgen).

2. Regelungsbereich

3 Es gilt der Grundsatz, dass **Verluste auf die übernehmende Körperschaft übergehen**, sofern diese dem übertragenen Vermögen zugerechnet werden können (**objektbezogener Verlustvortragsübergang**) und das verlustverursachende Vermögen **wirtschaftlich mit jenem zum Zeitpunkt der Verlustentstehung vergleichbar** ist (§ 35 iVm § 21 Z 1 iVm § 4 Z 1 lit c und d). Nicht auf die übernehmende Körperschaft übergehende Verluste verbleiben im Falle der Abspaltung bei der spaltenden Körperschaft. Bei der **Aufspaltung** gehen diese **Verluste unter**.

Sofern die übernehmende Körperschaft über Verlustvorträge verfügt, ist zu prüfen, ob das **verlustverursachende Vermögen zum Spaltungsstichtag nach wie vor vorhanden** ist. Ist dies nicht der Fall, gehen die Verluste unter (§ 35 iVm § 21 Z 2 iVm § 4 Z 1 lit b, c und d).

Die **Mantelkaufbestimmungen** der § 4 Z 2 iVm § 8 Abs 4 Z 2 KStG sind zu berücksichtigen (§ 35 iVm § 21 Z 3 iVm § 4 Z 2). Bei etwaigen **Teilwertabschreibungen** von Beteiligungen an der spaltenden oder übernehmenden Körperschaft ist das **Doppelverlustverwertungsverbot** zu berücksichtigen (§ 4 Z 1 lit c für die übertragende und übernehmende Körperschaft anwendbar).

§ 35 ist **zwingendes Recht**. Es besteht **kein Wahlrecht** für die spaltende oder übernehmende Körperschaft (UmgrStR Rz 1714).

B. Verlustdefinition
1. Verlustvorträge iSd § 18 Abs 6 EStG

4 § 35 regelt aufgrund des Verweises auf § 8 Abs 4 Z 2 KStG ausschließlich das Schicksal der **Verlustvorträge** iSd § 18 Abs 6 und Abs 7 EStG. Dazu gehören auch vortragsfähige Verluste aus den Jahren 1989 und 1990, die der Fünftelregelung gem § 117 Z 1 EStG 1988 unterliegen (*Zöchling* in W/Z/H/K[5] § 35 Rz 1 mit Verweis auf BMF 23.3.2000, ecolex 2000, 454). Zudem sind auch Verlustvorträge aus der Körperschaft als Gruppenträger zugerechneten Verlusten, aus ausländischen Betriebsstättenverlusten iSd § 2 Abs 8 EStG als auch aus Verlusten ausländischer Gruppenmitglieder iSd § 9 Abs 6 Z 6 KStG darunter zu verstehen (§ 4 Rz 6 ff; UmgrStR Rz 1702). Nicht darunter fallen Schwebeverluste (zB solche nach § 26a Abs 6 KStG, § 2Abs 2a EStG, § 7 Abs 2 KStG, § 10 Abs 8 EStG idF BGBl 1996/201, § 23a EStG 1972; s UmgrStR Rz 211, 1710).

Dadurch, dass bei der Spaltung ausschließlich Körperschaften betroffen sind, ist § 18 Abs 7 EStG (betrifft Einnahmen-Ausgaben-Rechner gem § 4 Abs 3 EStG) nicht relevant. Gem § 18 Abs 6 sind Verluste, die in einem vorangegangen Jahr entstanden sind, als Sonderausgaben abzuziehen, wenn die Verluste durch **ordnungsgemäße Buchführung** ermittelt worden sind und soweit die Verluste **nicht bereits bei der Veranlagung für die vorangegangenen Kalenderjahre berücksichtigt** wurden (Fassung BudBG 2011, BGBl I 2010/111 ab 1.1.2011). Zum Verlustvortragsbegriff gem § 18 Abs 6 EStG s ausführlich *Jakom*[10]/*Vock* § 18 Rz 169 ff.

2. Teilwertabschreibungs- und Veräußerungsverlustsiebentel

5 Teilwertabschreibungs- und Veräußerungsverlustsiebentel gem § 12 Abs 3 Z 2 KStG werden lt VwGH **nicht als Schwebeverluste** gesehen und unterliegen aufgrund der Anknüpfung an den Verlustentstehungszeitpunkt der **Bestimmung des**

§ 35 (VwGH 14.10.2010, 2008/15/0212; s dazu *Bergmann*, GeS 2011, 88 f; *Apfelthaler*, SWK 2011, 5512; *Huber* in *W/H/M* VI § 35 Rz 11a sowie *Wiesner*, RWZ 2010, 362; UmgrStR Rz 1692, 1702; s zur Nichtanwendung der Mantelkaufbestimmung für noch offene Siebentel *Prodinger*, SWK 2013, 925; *Lang/Pinetz*, SWK 2015, 403). S ausführlich § 4 Rz 9 ff.

Die **höchstgerichtliche Entscheidung entspricht nicht der langjährigen Literaturmeinung**, die die Teilwertabschreibungs- und Veräußerungsverlustsiebentel bislang den Schwebeverlusten gleichstellt hat (vgl ua *Zöchling* in *W/Z/H/K*[5] § 35 Rz 3; *Blasina*, SWK 2007, S 455, 613; *Bruckner/Kolienz*, ÖStZ 2007, 474 f; *Seiser*, SWK 2006, 405 ff; *Bruckner*, ÖStZ 2004, 362). Nach dem **VwGH-Erkenntnis** gehen die noch **offenen Siebentel nicht mit über**, sofern die verkaufte oder sonst abgegangene Beteiligung nicht dem übertragenen (Teil)Betrieb zuzuordnen ist. Bei einer Aufspaltung bedeutet dies den **Untergang der noch offenen Siebentel** (UmgrStR Rz 211 für Beschlüsse ab 1.11.2011). **Nachteilig** ist dies insb dann, wenn der gesamte Veräußerungsverlust der Beteiligung im Jahresgewinn der übertragenden Körperschaft Deckung gefunden hätte, die Beteiligung nicht dem übertragenen (Teil)Betrieb zuzuordnen ist und eine Aufspaltung der übertragenden Körperschaft erfolgt. In diesem Fall gehen die noch **offenen Siebentel steuerlich verloren** (so auch *Wiesner*, RWZ 2010, 362).

3. Schwebeverluste

Steuerliche Schwebeverluste (§ 2 Abs 2 lit a EStG, § 4 Abs 10 Z 1 EStG, § 10 Abs 8 **6** EStG, § 23a EStG 1972) bleiben von **§ 35 unberührt**. Für sie gilt die allgemeine Regelung des § 34. Auf Grund der **(partiellen) Gesamtrechtsnachfolge gem § 19 Abs 1 BAO** in Verbindung mit der Buchwertfortführung und des Zusammenhangs mit dem übertragenen Vermögen gehen diese auf die neue oder übernehmende Körperschaft über (UmgrStR Rz 1710). Mangels Anwendung der §§ 21 und 4 können die Schwebeverluste bereits von der übernehmenden Körperschaft mit **Wirksamwerden der Spaltung verrechnet** werden (dh nicht erst mit dem dem Spaltungsstichtag folgenden Veranlagungszeitraum – *Huber* in *W/H/M* VI § 35 Rz 12; UmgrStR Rz 212). S ausführlich § 4 Rz 12 ff.

II. Verluste der übertragenden Körperschaft (§ 35 iVm § 21 Z 1 iVm § 4 Z 1 lit c und d)

A. Allgemeines

Gem § 35 iVm § 21 Z 1 gelten **Verluste der übertragenden Körperschaft**, die bis **10** zum **Spaltungsstichtag entstanden** und bis zum Veranlagungszeitraum, in den der Spaltungsstichtag fällt, **nicht verrechnet** sind, iRd **Buchwertfortführung** ab dem dem Spaltungsstichtag folgenden **Veranlagungszeitraum der übernehmenden Körperschaft** als abzugsfähige Verluste dieser Körperschaft, als sie dem **übertragenen Vermögen iSd § 12 Abs 2** zugerechnet werden können. Voraussetzung ist weiters, dass das **übertragene Vermögen am Spaltungsstichtag** tatsächlich vorhanden und entsprechend § 4 Z 1 lit c **vergleichbar** ist. Eine Kürzung der Verlustvorträge findet statt, sofern das übertragene Vermögen mit einer **teilwertabgeschriebenen Beteiligung** zusammenfällt (bei Down- oder Up-stream-Spaltung).

Zum Verlustvortragsübergang bei einer **Auslandsspaltung** s analog § 4 Rz 29, bei einer **Import-Spaltung** s analog § 4 Rz 30 ff und bei einer **Export-Spaltung** s analog

§ 4 Rz 34 ff. **Auslandsbetriebsstättenverluste** sind gem § 2 Abs 8 EStG der entsprechenden Auslandsbetriebsstätte zuzurechnen und gehen bei Übertragung dieser Betriebsstätte auf die übernehmende Körperschaft über (bei Erfüllung der Voraussetzungen). Eine spaltungsbedingte Nachversteuerung erfolgt nicht (*Huber* in W/H/M VI § 35 Rz 12 mit Verweis auf EStR Rz 207 sowie *Wiesner/Mayr*, RdW 2007, 436).

B. Voraussetzungen des Übergangs der Verlustvorträge

11 Zusammengefasst gehen bis zum Spaltungsstichtag entstandene Verlustvorträge der übertragenden Körperschaft unter folgenden **kumulativen Voraussetzungen** auf die übernehmende Körperschaft über:

- **Buchwertfortführung**
- **keine Verrechnung der Verluste im Veranlagungszeitraum**, in den der Spaltungsstichtag fällt
- **tatsächliches Vorhandensein** des übertragenen Vermögens zum Spaltungsstichtag
- **tatsächliche Übertragung** des zu spaltenden Vermögens
- **„Objektbezogenheit"** der Verlustvorträge
- **vergleichbares Vermögen**
- **kein Zusammenfallen** von teilwertabgeschriebener Beteiligung und übertragenem verlustverursachenden Vermögen (s Rz 35 ff)
- **Nichtvorliegen eines Mantelkaufes** (s Rz 45 ff)

12 Diejenigen Verluste, die die Voraussetzungen nicht erfüllen, verbleiben bei der **Abspaltung bei der übertragenden Körperschaft** (unabhängig davon, ob das verlustverursachende Vermögen noch vorhanden ist oder nicht – UmgrStR Rz 1713; ausführlich zur Systemkonsequenz *Wiesner/Mayr*, RdW 2007, 703; *Winter/Kern/Hlawenka/Türk-Walter*, RWP 2015, 68). Bei der **Aufspaltung gehen diese Verlustvorträge unter** (UmgrStR Rz 1711).

1. Buchwertfortführung

13 Das verlustverursachende Vermögen muss zu **Buchwerten** übertragen werden. Sobald das übertragene Vermögen gem § 33 Abs 2 **aufgewertet** wird, können **keine Verluste** übergehen. Eine Aufwertung des Auslandsvermögens gem § 33 Abs 2 hindert nicht den Übergang der aus dem Inlandsvermögen stammenden Verluste (s § 4 Rz 22). Die Voraussetzung der **Buchwertfortführung** gilt **nicht für die Verluste der übernehmenden Körperschaft** (s § 4 Rz 23).

2. Verrechnung der Verluste im Veranlagungszeitraum

14 Es können nur diejenigen Verlustvorträge auf die übernehmende Körperschaft übergehen, die die **übertragende Körperschaft im Veranlagungszeitraum**, in den der Spaltungsstichtag fällt, **nicht verrechnen konnte.**

Dies kann relevant sein, wenn ein vom Bilanzstichtag **abweichender Spaltungsstichtag** gewählt wird. S UmgrStR zur vorrangigen Verwertung der Verluste der übertragenden Körperschaft bei abweichendem Spaltungsstichtag (UmgrStR Rz 1708; so auch *Hirschler* in H/M/H § 35 Rz 1; *Wiesner/Mayr*, RdW 2007, 702; *Schlager*, RWZ 2016, 347).

Laufende Verluste des mit dem Spaltungsstichtag für das übertragene Vermögen endenden letzten (Rumpf)Wirtschaftsjahres sind iRd Veranlagung der übertragenden Körperschaft zu berücksichtigen (zum innerbetrieblichen Verlustausgleich vor Abspaltung von Teilbetrieben). Ein nach Veranlagung **verbleibender Restverlust** geht nach Maßgabe des § 35 auf die **übernehmende Körperschaft über** (s § 4 Rz 21; BMF 27.1.2016, RV/5101064/2013; *Hirschler/Sulz/Oberkleiner*, BFGjournal 2016, 200; *Huber/Pichler*, taxlex-SRa 2016/65; *Laudacher*, ecolex 2016, 344).

Die übernehmende Körperschaft kann die Verlustvorträge ab dem **dem Spal-** **15** **tungsstichtag folgenden Veranlagungszeitraum** verwerten (§ 35 iVm § 21 Z 1). Als „Veranlagungszeitraum" wird unabhängig vom Wirtschaftsjahr der übertragenden oder übernehmenden Körperschaft stets das **Kalenderjahr** verstanden (s dazu ausführlich § 4 Rz 24 ff; UFS 4.6.2013, RV/0091-W/07; s dazu *Kofler*, GES 2013, 421).

3. Tatsächliches Vorhandensein und tatsächliche Übertragung des zu spaltenden Vermögens

Das Vermögen muss am **Spaltungsstichtag bei der übertragenden Körperschaft** **16** **real existent** sein. Ein bloß buchmäßiges Vorhandensein reicht nicht aus (UmgrStR Rz 1186). S ausführlich § 21 Rz 36 f.

Zudem muss das verlustverursachende Vermögen **tatsächlich auf die übernehmende Körperschaft übertragen** werden (UmgrStR Rz 1705). Weist das abzuspaltende Vermögen im Zeitpunkt der Vermögensübertragung nicht mehr die Eigenschaft eines (Teil)Betriebes auf oder wird es in der Zeit zwischen Spaltungsstichtag und dem Tag des Abschlusses des Spaltungsplans oder Spaltungs- und Übernahmevertrages auf einen anderen übertragen, ist eine **Anwendungsvoraussetzung von Art VI nicht** mehr gegeben. Ein etwaiger **Verlustvortrag**, der sich auf dieses abzuspaltende Vermögen bezieht, kann **nicht übergehen** (UmgrStR Rz 1705).

4. Objektbezogenheit der Verlustvorträge

a) Allgemeines

Die Verluste müssen dem übertragenen Vermögen iSd § 12 Abs 2 **zugerechnet** **17** werden können. Aufgrund der Zurechnung der Verlustvorträge zum übertragenen Vermögen iSd § 12 Abs 2 muss die sog **„Objektbezogenheit" der Verlustvorträge** vorliegen. Zur Objektbezogenheit s § 4 Rz 46 ff und § 21 Rz 8 ff.

b) Verlustverursachendes Vermögen gem § 12 Abs 2   18

Die Zuordnung der Verlustvorträge hat grundsätzlich auf alle übertragenen oder zurückbehaltenen **Betriebe, Teilbetriebe, Mitunternehmeranteile oder wesentlichen Kapitalanteile** (ausschließlich qualifiziertes Vermögen iSd § 12 Abs 2) zu erfolgen. Geht jedoch ein Teilbetrieb über bzw bleibt er zurück, ist der Teilbetrieb die kleinste Einheit für die Objektbetrachtung (UmgrStR Rz 1711).

Bei Kapitalanteilen und Mitunternehmeranteilen ist zu unterscheiden: Sofern die **qualifizierten Kapitalanteile bzw Mitunternehmeranteile Betriebsvermögen des (Teil)Betriebs** darstellen, teilen sie das Schicksal des (Teil)Betriebs, wenn sie nicht betriebszugehörig sind, dann gelten diese als selbständige Verlustzurechnungsobjekte (UmgrStR Rz 1712). Wird somit ein (Teil)Betrieb abgespalten und sind noch Verluste von einem bereits veräußerten (teil)betriebszugehörigen Mitunternehmeranteil oder Kapitalanteil vorhanden, gehen diese Verluste auf die neue bzw übernehmende Körperschaft über (VwGH 14.10.2010, 2008/15/0212; § 21 Rz 22 ff). Dieselbe Systematik muss mE dann gelten, wenn die betriebszugehörigen Kapitalanteile bzw Mitunternehmeranteile gesondert übertragen werden und der (Teil)Betrieb zurückbehalten wird. In diesem Fall gehen die Verlustvorträge aus den Kapitalanteilen bzw Mitunternehmeranteilen nicht auf die übernehmende Körperschaft mit über (UmgrStR Rz 1191 für die Einbringung; § 21 Rz 22; *Huber* vertritt die Meinung, dass bei Wegfall des [Teil]Betriebs die Kapitalanteile und Mitunternehmeranteile aufgrund des ausdrücklichen Verweises auf § 12 Abs 2 für sich wieder zu eigenen Verlustzurechnungseinheiten werden – *Huber* in W/H/M, § 35 Rz 6).

Ganz **anders die UmgrStR für die Spaltung in Rz 1711 und 1711a.** Bei Kapitalanteilen geht die FV grundsätzlich davon aus, dass betriebszugehörige Kapitalanteile dem Schicksal des (Teil)Betriebes folgen (dh bei Übertragung des (Teil)Betriebes gehen die Verlustvorträge des betriebszugehörigen Kapitalanteils auch dann über, wenn der Kapitalanteil zum Zeitpunkt des Spaltungsstichtages nicht mehr vorhanden ist). Sofern jedoch der (qualifizierte) **Kapitalanteil** für sich **gesondert übertragen wird oder zurückbleibt**, dann ist dieser für sich **Verlustzurechnungsobjekt** (dh auch wenn der [Teil]Betrieb zurückbleibt, gehen Verlustvorträge des betriebszugehörigen übertragenden Kapitalanteils mit über; UmgrStR Rz 1711, 1716). Dies widerspricht zum einen den Ausführungen zu Art III (UmgrStR Rz 1191) und zum anderen der VwGH-Entscheidung. Bei **Mitunternehmeranteilen** geht die FV davon aus, dass diese immer für sich Verlustzurechnungsobjekte sind, unabhängig davon, ob die Mitunternehmeranteile betriebszugehörig sind oder nicht. Auch dies widerspricht den Ausführungen zu Art III (UmgrStR Rz 1711a, 1717; im Widerspruch zu UmgrStR Rz 1191 und der VwGH-Entscheidung).

Sollte eine **Verschiebung von Wirtschaftsgütern zwischen zwei (Teil)Betrieben** iSd § 33 Abs 4 stattfinden, wird der auf den verschobenen Vermögensteil bezogene Verlustvortrag nur dann mit diesem mitübertragen bzw bleibt zurück, wenn es sich beim verschobenen Vermögensteil isoliert betrachtet um begünstigtes Vermögen iSd § 12 Abs 2 Z 2 und 3 handelt (UmgrStR Rz 1711 b mit einem Beispiel – zur Kritik siehe oben).

19 Verlustvorträge sind nicht betriebszugehörigen **Kapitalanteilen** nicht nur dann zuzurechnen, wenn es sich um solche iSd § 12 Abs 2 Z 3 erster TS (**mindestens 25 % des Nennkapitals**) handelt, sondern auch wenn es sich um solche iSd § 12 Abs 2 Z 3 zweiter TS (**unter 25 %, aber Verschaffung oder Erhöhung der Stimmrechtsmehrheit**) handelt (UmgrStR Rz 1718). Sollte nur ein **Teil eines Kapitalanteiles** übertragen werden, geht der gesamte objektiv zurechenbare Verlustvortrag auf die übernehmende Körperschaft über, sofern nicht der zurückbehaltene Teil des Kapitalanteiles mindestens 25 % des Nennkapitals beträgt und somit für sich ein qualifiziertes Vermögen darstellt (UmgrStR Rz 1718). S jedoch Entscheidung VwGH 14.10.2010, 2008/15/0020 Rz 18.

20 Bei Mitunternehmeranteilen ist entsprechend UmgrStR Rz 200 auf den **Betrieb der Mitunternehmerschaft** und auf das Ausmaß des Mitunternehmeranteils abzustellen (so auch VwGH 18.11.2009, 2006/13/0160; UmgrStR Rz 1711a). S § 4 Rz 57. Das Zurückbehalten von Sonderbetriebsvermögen, das für sich kein qualifiziertes Vermögen iSd § 12 Abs 2 darstellt, ändert nichts an der Zuordnung der Verlustvorträge zum Mitunternehmeranteil (diese Klarstellung wurde mit WE 2014 aus den UmgrStR gestrichen).

21 Auch wenn § 12 Abs 2, auf den § 21 Z 1 verweist, **nicht die fiktiven Teilbetriebe gem § 32 Abs 3 (Forst- und Kundenstockteilbetriebe)** beinhaltet, sind auch diese **Zurechnungseinheiten für die Verlustvorträge** der spaltenden Körperschaft

(*Huber* in *W/H/M* VI § 35 Rz 6; UmgrStR Rz 1706). Eine weitere Verlustzurechnungseinheit sind die gem § 98 Abs 1 Z 3 EStG als Betrieb anzusehenden **"mehreren inländischen Grundstücke"** einer ausländischen spaltenden Körperschaft (*Huber* in *W/H/M* VI § 35 Rz 6 mit Verweis auf UmgrStR Rz 195).

c) Verschiebung von Wirtschaftsgütern

Wird im Zuge der Aufspaltung je ein (Teil)Betrieb übertragen und kommt es zur **Verschiebung von Wirtschaftsgütern iSd § 33 Abs 4 UmgrStG**, kommt eine auf den verschobenen Vermögensteil bezogene Verlustvortragsverschiebung nur dann in Betracht, wenn es sich dabei isoliert betrachtet um ein qualifiziertes Vermögen iSd § 12 Abs 2 Z 2 und 3 handelt (*Wiesner/Mayr*, RdW 2007, 702). Sollte bei einem **Mitunternehmeranteil Sonderbetriebsvermögen verschoben** werden, das für sich kein qualifiziertes Vermögen iSd § 12 Abs 2 darstellt, ändert dies nichts an der Zuordnung der Verlustvorträge zum Mitunternehmeranteil (UmgrStR Rz 1717).

d) Besonderheiten der Gruppe

Sofern die übertragende Körperschaft **Gruppenmitglied** ist, können ausschließlich **Vor- und Außergruppenverlustvorträge** auf die übernehmende Körperschaft übergehen (*Huber* in *W/H/M* VI § 35 Rz 6). Eine **Ausnahme** ist dann gegeben, wenn aufgrund der Spaltung die qualifizierte Beteiligung am übertragenden Gruppenmitglied binnen der Dreijahresfrist untergeht (aufgrund einer nicht verhältniswahrenden Spaltung) und die **Unternehmensgruppe "gesprengt"** wird. In diesem Fall verfügt das – ehemalige – Gruppenmitglied über Verlustvorträge.

In diesem Zusammenhang (Umgründung unter Beteiligung von Gruppenmitgliedern) sind die Aussagen in den UmgrStR zur Verschmelzung zu berücksichtigen (UmgrStR Rz 351e): Demnach kommt § 4 für Verluste der Gruppenmitglieder, die im Verlustvortrag des Gruppenträgers Eingang gefunden haben und zum Verschmelzungsstichtag noch nicht verrechnet worden sind, zur Anwendung. Sofern das verlustverursachende (Teil)Betrieb bzw der nicht einem Betrieb zurechenbare Vermögensteil in der Unternehmensgruppe nicht mehr vorhanden ist, gehen die entsprechenden **Verlustvorträge auf Ebene des Gruppenträgers** unter. Dies würde analog zur Spaltung heißen, dass bei einer **Aufspaltung eines Gruppenmitglieds Verlustvorträge**, die vom aufzuspaltenden Gruppenmitglied stammen, auf **Ebene des Gruppenträgers dann untergehen**, wenn das **verlustverursachende Vermögen** (Teilbetrieb, Betrieb, Mitunternehmeranteil, qualifizierter Kapitalanteil) **nicht mehr in der Unternehmensgruppe** vorhanden ist (aA ua *Frei*, ecolex 2006, 1 ff). S ausführlich § 9 KStG Rz 626 ff.

Sofern die übertragende Körperschaft **Gruppenträger** ist, sind die zum Spaltungsstichtag vorhandenen Verlustvorträge auf das verlustverursachende Vermögen aufzuteilen. Unter anderem war Rechtsmeinung diejenige, dass unter verlustursachendem Vermögen die unmittelbaren und mittelbaren Anteile an den Gruppenmitgliedern verstanden werden (*Huber* in *W/H/M* VI § 35 Rz 6 mit Verweis auf UmgrStR Rz 354d; *Damböck*, ecolex 2007, 160; *Frei*, ecolex 2006, 3; *Frei*, ecolex 2008, 170, wonach das Abstellen auf eine mittelbare Beteiligung nicht mit dem Gesetzeswortlaut in Einklang gebracht werden kann). *Mayr* hat jedoch bereits in der Literatur vertreten, dass vielmehr auf den originär verlustverursachenden Betrieb bzw Teilbetrieb durchzugreifen sei (*Mayr*, RdW 2010, 536). Dies hat Niederschlag in den UmgrStR für die Verschmelzung gefunden (UmgrStR-WE 2011): Für diejenigen Verlustvorträge, die von den Gruppenmitgliedern stammen, ist **verlustverursachendes Vermögen der (Teil)Betrieb, Mitunternehmeranteil bzw qualifizierte Kapitalanteil** des jeweiligen Gruppenmitglieds (UmgrStR Rz 352). S ausführlich § 9 KStG Rz 605 ff.

Spaltet der **Gruppenträger Vermögen auf ein Gruppenmitglied** ab und gehen Verlustvorträge über, die **während aufrechter Gruppe** entstanden sind, sind diese beim übernehmenden Gruppenmitglied im auf den Spaltungsstichtag folgenden Veranlagungszeitraum als **Jahresverlust** zu erfassen und gehen damit wieder zurück an den abspaltenden Gruppenträger (sofern nicht Verrechnung mit Gewinn – *Kolienz/Bruckner*, ÖStZ 2007, 504). S § 9 KStG Rz 536. Sofern Vorgruppenverlustvorträge vom Gruppenträger auf das Gruppenmitglied übertragen werden, können diese Verluste nur bis zur Höhe des steuerlichen Gewinnes des übernehmenden Gruppenmitgliedes – jedoch zu 100 % – verrechnet werden (VwGH 21.5.2014, 2010/13/0087 zu vororganschaftlichen Verlusten).

25 Zu einer Nachversteuerung der **Auslandsgruppenverluste** gem § 9 Abs 6 Z 6 KStG kommt es, wenn die Beteiligung am ausländischen Gruppenmitglied **spaltungsbedingt vermindert** (aliquote Nachversteuerung bzw Nachversteuerung zur Gänze, wenn Beteiligung nach der Spaltung unter 51 %) oder das **verlustverursachende Vermögen** des ausländischen Gruppenmitglieds abgespalten wird. Eine Verminderung der Beteiligungsquote ist dann nicht schädlich, wenn es sich um eine spaltungsbedingte **Beteiligungsverwässerung** handelt und die finanzielle Verbindung nach wie vor über 50 % beträgt. Auch bei einer Beteiligungsverwässerung kann nach der Spaltung nur mehr derjenige Verlust nach Österreich geholt werden, der der neuen Beteiligungsquote entspricht (*Huber* in *W/H/M* VI § 35 Rz 12 mit Verweis auf UmgrStR Rz 1245i). Sofern die Anteile am ausländischen Gruppenmitglied spaltungsbedingt übertragen werden, gehen die Auslandsgruppenverluste auf die übernehmende Körperschaft über, wenn die Zugehörigkeit zur bisherigen Gruppe aufrecht bleibt. Sobald die **ausländische Körperschaft aus der Gruppe ausscheidet**, kommt es zur **Nachversteuerung der Auslandsgruppenverluste** (*Huber* in *W/H/M* VI § 35 Rz 13 mit Verweis auf KStR Rz 1088 und UmgrStR Rz 354; *Kolienz/Bruckner*, ÖStZ 2007, 504).

5. Vergleichbarkeit des Vermögens

26 Der **Umfang des übertragenen Vermögens** zum Spaltungsstichtag darf gegenüber jenem im Verlustentstehungszeitraum **nicht derart vermindert** sein, dass eine Vergleichbarkeit nach dem Gesamtbild der wirtschaftlichen Verhältnisse nicht mehr gegeben ist (§ 35 iVm § 21 Z 1 iVm § 4 Z 1 lit c – Kriterium der **„qualifizierten Umfangsminderung"**; siehe zur Nichtvergleichbarkeit eines bereits eingestellten Teilbetriebes VwGH 26.6.2014, 2010/15/0140). S ausführlich § 4 Rz 101 ff.

Keine Vergleichbarkeit besteht bei einem **Absinken der quantitativen betriebswirtschaftlichen Kriterien um mehr als 75 %** (UmgrStR Rz 222). Als mögliche betriebswirtschaftliche Kriterien für die Beurteilung der qualifizierten Umfangsminderung bei betrieblichen Einheiten kommen Umsatz, Auftrags- oder Produktionsvolumen, Anlagevermögen bzw Anlagenintensität, Umlaufvermögen, Bilanzsumme und Beschäftigtenzahl in Frage (UmgrStR Rz 220; *Bruckner/Kolienz*, ÖStZ 2007, 477; UFS 12.3.2013, RV/2552-W/11; s ausführlich § 4 Rz 103 ff).

Bei einer **Kapitalbeteiligung** ist hinsichtlich der Vergleichbarkeit auf die **Beteiligungshöhe** abzustellen (ein erheblicher Wertverlust oder ein Absinken der Beteiligung aufgrund einer bei der Beteiligungskörperschaft erfolgten Kapitalerhöhung ist nicht relevant – UmgrStR Rz 221; *Bruckner/Kolienz*, ÖStZ 2007, 477; § 4 Rz 108).

III. Verluste der übernehmenden Körperschaft (§ 35 iVm § 21 Z 2 iVm § 4 Z 1 lit b, c und d)

A. Allgemeines

§ 35 iVm § 21 sieht vor, dass die Verschmelzungsregeln gem § 4 Z 1 lit b, c und d 30 anzuwenden sind (nach allgemeinem Steuerrecht würden die Verluste bei der übernehmenden Körperschaft keine Änderung erfahren – s § 4 Rz 31). Dementsprechend gehen Verlustvorträge der übernehmenden Körperschaft zum **Spaltungsstichtag dann nicht unter, wenn die Betriebe, Teilbetriebe oder nicht einem Betrieb zurechenbaren Vermögensteile der übernehmenden Körperschaft, die die Verluste verursacht haben, am Spaltungsstichtag tatsächlich vorhanden** sind.

Die UmgrStR sagen aus, dass das Vermögen auch am Beschlusstag tatsächlich vorhanden sein muss (UmgrStR Rz 1719). Dies stimmt nicht mit dem Gesetzeswortlaut des § Z 1 lit b überein, der ausdrücklich den Verschmelzungsstichtag nennt.

Voraussetzung – analog zur übertragenden Körperschaft – ist eine „**Objektverknüpfung**". Eine **qualifizierte Umfangsminderung** ist schädlich (UFS 12.3.2013, RV/2552-W/11). Keine Voraussetzung ist die Buchwertfortführung (s § 4 Rz 31). Zum Untergang der Verluste der übernehmenden Körperschaft s allgemein § 4 Rz 31 ff.

Zu beachten sind die Zuordnungsregelungen iRd Gruppenbesteuerung („gruppenbezogene" Betrachtungsweise). S § 9 KStG Rz 550 ff.

Sind die Voraussetzungen nicht erfüllt, stehen die Verlustvorträge der übernehmenden Körperschaft ab dem **Veranlagungszeitraum nicht mehr zur Verfügung**, in den der **Spaltungsstichtag fällt** (*Huber* in *W/H/M* VI § 35 Rz 16).

B. Zuordnungseinheit

Zu beachten ist, dass die **Zuordnungsdefinition hinsichtlich der Verluste der** 31 **übernehmenden Körperschaft eine andere** ist als diejenige, die bei der spaltenden Körperschaft angewendet wird (Rz 30).

C. Verbot der doppelten Verlustverwertung

Analog zur spaltenden Köperschaft ist das **Verbot der doppelten Verlustverwer-** 32 **tung** bei einer vorhergehenden Teilwertabschreibung der Beteiligung an der übernehmenden Körperschaft gem § 35 iVm § 21 Z 2 iVm § 4 Z 1 lit d zu berücksichtigen. Anwendung findet dies ausschließlich bei einer **Down-stream-Ab- oder -Aufspaltung mit Anteilsdurchschleusung** (s Rz 35 ff). S ausführlich § 4 Rz 118 ff.

Erst mit dem BudBG 2007 (BGBl I 2007/24) verweist hinsichtlich der Verlustvorträge der übernehmenden Körperschaft § 21 explizit auf § 4 Z 1 lit d. UmgrStR

Rz 1720 idF AÖF 2004/116 sind stets von einer Anwendbarkeit des § 4 Z 1 lit d auf Verluste der übernehmenden Körperschaft ausgegangen (*Huber* in *W/H/M* VI § 35 Rz 16).

D. Mantelkauftatbestand

33 Der Mantelkauftatbestand des § 4 Z 2 ist hinsichtlich eigener Verlustvorträge der übernehmenden Körperschaft für Spaltungen ab dem 21.8.2003 **nicht mehr relevant** (kein Verweis von § 35 iVm § 21 Z 2 – s *Huber* in *W/H/M* VI § 35 Rz 15; zudem zum Mantelkauf bei der übernehmenden Körperschaft *Waitz-Ramsauer* in GedS Helbich 331 ff).

IV. Teilwertabschreibung an der Beteiligung der übertragenden und/oder übernehmenden Körperschaft (§ 35 iVm § 21 Z 1 und Z 2 iVm § 4 Z 1 lit d)

A. Allgemeines

35 Das **Doppelverlustverwertungsverbot** gem § 35 iVm § 21 Z 1 und 2 iVm § 4 Z 1 lit d ist bei **Auf- und Abspaltungen** anzuwenden.

Mit dem **Doppelverlustverwertungsverbot** soll sichergestellt werden, dass Verluste in Fällen des Zusammenfallens von verlustverursachendem Vermögen einer (un)mittelbaren Tochtergesellschaft und einer teilwertabgeschriebenen (un)mittelbaren Beteiligung an dieser nicht doppelt verwertet werden können (UmgrStR Rz 1720). Im Ergebnis soll lediglich der **höhere dieser beiden Beträge**, nicht aber die Summe, zum Abzug zugelassen werden (§ 4 Rz 116).

B. Voraussetzung

36 **Voraussetzung** der Kürzung der Verlustvorträge ist, dass an der Spaltung zwei Körperschaften beteiligt sind, die durch eine **vertikale Beteiligungsstruktur** verbunden sind (*Hirschler* in *H/M/H* § 35 Rz 2) und dass die **Teilwertabschreibung steuerwirksam** war (*Hirschler* in *H/M/H* § 35 Rz 2, eine ausschüttungsbedingte Teilwertabschreibung iSd § 12 Abs 3 Z 1 KStG beeinflusst die Höhe des übergehenden Verlustes nicht). S § 4 Rz 118.

Auch mittelbare Beteiligungsverhältnisse sind seit 21.8.2003 – BGBl I 2003/71 – schädlich; s *Huber* in *W/H/M* VI § 35 Rz 9; zur Rechtsmeinung vor BGBl I 2003/71 s *Hirschler* in *H/M/H* § 35 Rz 2. S ausführlich § 4 Rz 118.

37 C. Anwendungsbereich

Von § 35 iVm § 21 Z 1 und 2 iVm § 4 Z 1 lit d sind folgende Fälle betroffen:
- Up-stream-Aufspaltung
- Up-stream-Abspaltung

Bei der **Up-stream-Abspaltung** ist **Voraussetzung**, dass das **verlustverursachende Vermögen auf die übernehmende Körperschaft** übergeht (*Schlager* in HB Sonderbilanzen 243). Sollte die übertragende Körperschaft im Zuge der Up-stream-Abspaltung das verlustverursachende Vermögen zurückbehalten und **nicht verlustverursachendes Vermögen auf die Muttergesellschaft** übertragen, so kommt es lt *Hirschler* bei der Muttergesellschaft mangels Übergangs von verlustverursachendem Vermögen zu **keiner Einschränkung des Verlustabzugs** (*Hirschler* in H/M/H § 35 Rz 2).

Sollte nur **teilweise verlustverursachendes Vermögen** übertragen werden, erfolgt die **Kürzung des übertragenen Verlustvortrages nur teilweise** (jener Betrag der Teilwertabschreibung wird vom übergehenden Verlustvortrag abgezogen, der prozentuell dem Verhältnis des übergehenden verlustverursachenden Vermögens zum gesamten Verlust, der die Teilwertabschreibung begründet hat, entspricht – *Hirschler* in H/M/H § 35 Rz 2).

- **Down-stream-Aufspaltung**
- **Down-stream-Abspaltung**, sofern die **Beteiligung an der übernehmenden Körperschaft mitabgespalten** wird (UmgrStR Rz 1721)

Bei einer **Down-stream-Abspaltung**, bei der **nicht die teilwertberichtigte Beteiligung** übertragen wird, kommt es **nicht zur Anwendung von § 2 Z 1 lit d** (UmgrStR Rz 1721). Wird nur ein Teil der Anteile an der übernehmenden Tochterkörperschaft übertragen, sind die Verluste entsprechend dem **Ausmaß der Beteiligungsübertragung zu kürzen** (UmgrStR Rz 1722).

D. Zeitpunkt der Kürzung der Verlustvorträge

Die Kürzung der Verlustvorträge hat im Fall der **Up-stream-Spaltung** in dem dem **Spaltungsstichtag folgenden Veranlagungszeitraum** zu erfolgen (*Schlager* in HB Sonderbilanzen 243). Im Fall der **Down-stream-Spaltung** hat die Kürzung der Verlustvorträge in dem Veranlagungszeitraum zu erfolgen, in den der **Spaltungsstichtag** fällt (UmgrStR Rz 1722). S ausführlich § 4 Rz 124. 38

E. Offene Siebentel gem § 12 Abs 3 Z 2 KStG

Noch nicht verwertete offene Teilwertabschreibungssiebentel dürfen in Höhe des Unterschieds zwischen Kürzungsbetrag, um den die Verlustvorträge gekürzt werden, und den bereits geltend gemachten Teilen der Teilwertabschreibung zusätzlich abgesetzt werden – **Zusatzabschreibung** (*Huber* in W/H/M VI § 35 Rz 9 mit Verweis auf UmgrStR Rz 1723 mit detailliertem Beispiel). Sofern die Verlustkürzungsbestimmung nur teilweise anzuwenden ist, kommt es nur zur **teilweisen Anwendung der Zusatzabschreibung** der noch offenen Teilwertabschreibungssiebentel (UmgrStR Rz 1723). Die restliche Teilwertabschreibung gem § 12 Abs 3 Z 2 KStG ist im gekürzten Ausmaß auf den ungekürzten Verteilungszeitraum abzusetzen (*Schlager* in HB Sonderbilanzen 244). S ausführlich zur Behandlung offener Teilwertabschreibungssiebentel § 4 Rz 125 ff. 39

V. Mantelkauf (§ 35 iVm § 21 Z 3)

A. Anwendungsbereich

Der Mantelkauf gem § 8 Abs 4 Z 2 KStG ist hinsichtlich der von der **spaltenden Körperschaft zu übertragenden Verlustvorträgen** relevant. Allgemein zu § 8 Abs 4 Z 2 KStG s § 4 Rz 141 ff. Lt den UmgrStR ist die Regelung über den Mantelkauf nur bei der **Spaltung zur Aufnahme** und **nicht bei der Spaltung zur Neugründung** anzuwenden (UmgrStR Rz 1724 und Rz 1725, da eine Änderung der Gesellschafterstruktur nicht bei einer Spaltung zur Neugründung vorliegen kann). 45

Der **Mantelkauftatbestand des § 4 Z 2 ist hinsichtlich eigener Verlustvorträge der übernehmenden Körperschaft** für Spaltungen ab dem 21.8.2003 **nicht mehr relevant** (kein Verweis von § 35 iVm § 21 Z 2 – s *Huber* in *W/H/M* VI § 35 Rz 15).

B. Voraussetzungen

46 Gem § 35 iVm § 21 Z 3 iVm § 4 Z 2 sind die Voraussetzungen, die zum Mantelkauf gem § 8 Abs 4 Z 2 KStG führen, sowohl bei der spaltenden als auch bei der übernehmenden Körperschaft zu berücksichtigen („**Einheitsbetrachtung**"). S § 4 Rz 148.

Ein Mantelkauf liegt grundsätzlich dann vor, wenn eine **wesentliche Änderung der Gesellschafterstruktur auf entgeltlicher Grundlage**, eine **wesentliche Änderung der Organisationsstruktur** (Geschäftsführung) und eine **wesentliche Änderung der wirtschaftlichen Struktur** vorliegt. Die **Wesentlichkeit wird mit 75 %** angenommen. Zur Strukturänderung im Detail s § 4 Rz 152 ff.

> Das BMF sieht in den spaltungsbedingten Anteilserwerben einen Beteiligungszugang auf entgeltlicher Grundlage (*Huber* in *W/H/M* VI § 35 Rz 8 mit Verweis auf BMF 17.5.2004, ecolex 2004, 898; KStR Rz 997). Bei **Spaltungen ohne Anteilsgewährung** (Konzernspaltungen) liegt **keine entgeltliche Grundlage** vor (*Huber* in *W/H/M* VI § 35 Rz 8 mit Verweis auf *Schrottmeyer*, ecolex 2004, 899; UmgrStR Rz 246). So auch zur Verschmelzung § 4 Rz 156 ff.

47 Es reicht, wenn ein Teil der Strukturänderung bereits auf **Seite der übertragenden Körperschaft** erfolgt, während **der andere Teil** der Strukturänderung erst auf **Seite der übernehmenden Körperschaft** erfolgt.

> *Hirschler* weist darauf hin, dass es lt BMF ausreicht, wenn vor der Spaltung die übertragende Körperschaft alle Anteile an einer Gesellschaft erwirbt, auf diese Gesellschaft Vermögen überträgt, das in weiterer Folge veräußert bzw zu wesentlichen Teilen zerschlagen wird (*Hirschler* in *H/M/H* § 35 Rz 4 mit Verweis auf ErlRV zu § 4 Z 2, RdW 1992, 39).

C. Ausnahmen

48 Sofern die **Sanierungsklausel des § 8 Abs 4 Z 2 S 3 KStG** oder die **Rationalisierungs- bzw Synergieklausel des § 4 Z 2 S 2** zur Anwendung kommt, ist ein **Mantelkauf nicht gegeben**. S ausführlich § 4 Rz 163 ff.

Behandlung der Anteilsinhaber bei einer verhältniswahrenden Spaltung

§ 36. (1) ¹Bei den Anteilsinhabern der spaltenden Körperschaft und im Falle der Spaltung zur Aufnahme auch bei den Anteilsinhabern übernehmender Körperschaften gilt der dem Spaltungsplan oder Spaltungs- und Übernahmevertrag entsprechende Austausch von Anteilen nicht als Tausch. ²Die Anteile an den neuen oder übernehmenden Körperschaften gelten mit Beginn des dem Spaltungsstichtag folgenden Tages als erworben. ³Für neue Anteile sind die Anschaffungszeitpunkte der alten Anteile maßgeblich.

(2) Für Spaltungen zur Neugründung gilt folgendes:

1. Bei einer Aufspaltung haben die Anteilsinhaber die Buchwerte oder die Anschaffungskosten der Anteile an der spaltenden Körperschaft, abzüglich er-

haltener Zuzahlungen der beteiligten Körperschaft (§ 2 Abs. 1 Z 3 SpaltG) fortzuführen und den gewährten Anteilen entsprechend den Wertverhältnissen zuzuordnen.
2. Bei einer Abspaltung ist für die Bewertung der Anteile an der spaltenden und den neuen Körperschaften § 20 Abs. 4 Z 3 anzuwenden.

(3) Abweichend von Abs. 1 gilt Folgendes:
1. ¹Soweit das Besteuerungsrecht der Republik Österreich hinsichtlich der Anteile der übertragenden Körperschaft an der übernehmenden Körperschaft eingeschränkt wird, sind diese bei der übernehmenden Körperschaft mit den nach § 6 Z 6 lit. a des Einkommensteuergesetzes 1988 maßgebenden Werte anzusetzen, wobei § 6 Z 6 lit. c bis e des Einkommensteuergesetzes 1988 sinngemäß anzuwenden sind.
2. Werden ausländischen Anteilsinhabern eigene Anteile der übernehmenden Körperschaft gewährt, sind diese mit den nach § 6 Z 6 lit. a des Einkommensteuergesetzes 1988 maßgebenden Werte anzusetzen, wobei § 6 Z 6 lit. c bis e des Einkommensteuergesetzes 1988 sinngemäß anzuwenden sind.

(4) Bei Auf- und Abspaltungen zur Aufnahme gilt, soweit auf Anteilsinhaber nicht § 33 Abs. 7 und § 34 Abs. 2 anzuwenden ist, die spaltungs- und übernahmsvertragsmäßige Anteilsaufteilung zunächst als Austausch von Anteilen auf Grund einer Auf- oder Abspaltung zur Neugründung, auf den Abs. 2 anzuwenden ist, und nachfolgend als Austausch von Anteilen auf Grund einer Verschmelzung, auf den § 5 anzuwenden ist.

(5) Für internationale Schachtelbeteiligungen im Sinne des § 10 Abs. 2 des Körperschaftsteuergesetzes 1988 gilt folgendes:
1. Entsteht durch die Spaltung im Sinne des § 32 Abs. 1 Z 2 bei einer Körperschaft als Anteilsinhaber eine internationale Schachtelbeteiligung oder wird ihr Ausmaß durch neue Anteile oder durch Zurechnung zur bestehenden Beteiligung verändert, ist hinsichtlich der bisher nicht steuerbegünstigten Beteiligungsquoten auf den Unterschiedsbetrag zwischen den Buchwerten und den höheren Teilwerten § 10 Abs. 3 erster Satz des Körperschaftsteuergesetzes 1988 nicht anzuwenden.
2. Geht durch die Spaltung die Eigenschaft einer Beteiligung als internationale Schachtelbeteiligung unter, gilt der höhere Teilwert zum Spaltungsstichtag, abzüglich auf Grund einer Umgründung nach diesem Bundesgesetz von § 10 Abs. 3 erster Satz des Körperschaftsteuergesetzes 1988 ausgenommener Beträge, als Buchwert.

[idF BGBl I 2015/163]

Rechtsentwicklung

BGBl 1991/699 (UmgrStG; RV 266 AB 354 BlgNR 18. GP) (Stammfassung – Regelung zur Steuerspaltung); BGBl 1993/818 (StRefG 1993; RV 1237 AB 1301 BlgNR 18. GP) (Regelung zur Steuerspaltung); BGBl 1996/797 (AbgÄG 1996; RV 497 AB 552 BlgNR 20. GP) (grundlegende Novelle des Art VI); BGBl I 2003/71 (BudBG 2003; RV 59 AB 111 BlgNR 22. GP); BGBl I 2007/24 (BudBG 2007; RV 43 AB 67 BlgNR 23. GP) (Änderung des § 36 Abs 1 – Rückwirkung auf Anteilsinhaberebene für Stichtage nach dem 31.12.2006); BGBl I 2007/99 (AbgSiG 2007; RV 270 AB 391 BlgNR 22. GP) (neuer § 36 Abs 3 für Spaltungen, die nach dem 31.12.2007 beschlossen wurden); BGBl I 2012/112 (AbgÄG 2012; RV 1960 AB 1977 BlgNR 24. GP) (Klarstellung hinsichtlich neuer Kapitalbesteuerung); BGBl I 2014/105 (2. AbgÄG 2014; RV 360 AB 432 BlgNR 25. GP) (Klarstellung „eigener Arnteile"); BGBl I 2015/163 (AbGÄG 2015; RV 896 AB 907 BlgNR 25. GP) (Änderung Wegzugsbesteuerung).

Übersicht

I. Allgemeines
   A. Anwendungsbereich
      1. Regelungsinhalt 1
      2. Abgrenzung § 36 zu § 37 2–4
      3. Verstrickung 5
   B. Ausnahmen 6
II. Nichtvorliegen eines Tausches (Abs 1)
   A. Steuerneutralität
      1. Anwendungsbereich 10
      2. Anteile 11
      3. Anteilsinhaber 12
      4. Voraussetzung der Steuerneutralität 13–15
   B. Rückwirkung 17, 18
   C. Eintritt in Fristenlauf 19–24
III. Ausnahmen von der Steuerneutralität (Abs 3)
   A. Allgemeines
      1. Ausnahmen vom steuerneutralen Tausch 25, 26
      2. Wirksamkeit 27
   B. Down-stream-Spaltung mit Anteilsauskehrung an nicht im Inland steuerpflichtige Anteilsinhaber (Abs 3 Z 1)
      1. Anwendungsbereich 28
      2. Rechtsfolge 29, 30
      3. Kritik 31
   C. Ausgabe von eigenen Anteilen der übernehmenden Körperschaft an ausländische Anteilsinhaber (Abs 3 Z 2) 35
      1. Anwendungsbereich 36, 37
      2. Wegzugsbesteuerung 38, 39
IV. Spaltung zur Neugründung (Abs 2)
   A. Aufspaltung zur Neugründung (Abs 2 Z 1)
      1. Regelungsinhalt 45
      2. Zuordnung der Anschaffungskosten bzw Buchwerte 46–48
   B. Abspaltung zur Neugründung (Abs 2 Z 1)
      1. Regelungsinhalt 50
      2. Bewertung 51
V. Spaltung zur Aufnahme (Abs 4)
   A. Allgemeines 55

		B. Zweistufigkeitsfiktion	
		1. Zweistufigkeit	56–59
		2. Ausnahme	60
	C.	Besonderheiten im Zusammenhang mit Konzernumgründungen	
		1. Down-stream-Aufspaltung	
		a) Definition	65
		b) Aufspaltung auf eine unmittelbare Tochtergesellschaft	66
		c) Aufspaltung auf eine mittelbare Tochtergesellschaft	67–70
		2. Down-stream-Abspaltung	
		a) Definition	71, 72
		b) Down-stream-Abspaltung mit Anteilsgewährung	73
		c) Down-stream-Abspaltung ohne Anteilsgewährung	74
		3. Up-stream-Auf- und -Abspaltung	
		a) Definition	75
		b) Unmittelbare Beteiligungsverhältnisse	76
		c) Mittelbare Beteiligungsverhältnisse	77
		4. Side-stream-Auf- und -Abspaltung	
		a) Definition	78
		b) Unmittelbare Side-stream-Auf- und -Abspaltung	79–81
		c) Mittelbare Side-stream-Auf- und -Abspaltung	82–84
	D.	Änderung der Qualifikation einer Beteiligung iSd § 31 EStG idF vor BudBG 2011	90
VI.	Zuzahlungen (Abs 2)		110
	A.	Regelungsinhalt	111
	B.	Behandlung beim empfangenden Anteilsinhaber	112
	C.	Behandlung bei der leistenden Körperschaft	113
VII.	Internationale Schachtelbeteiligung (Abs 5)		
	A.	Allgemeines	
		1. Internationale Schachtelbeteiligung	115
		2. Regelung	116
		3. Anwendungsbereich	117, 118
	B.	Entstehen oder Erweiterung einer internationalen Schachtelbeteiligung	
		1. Regelung	119, 120
		2. Fallgruppen	
		3. Rechtsfolge	121
		4. Zeitliche Aspekte	122, 123
	C.	Untergang einer internationalen Schachtelbeteiligung	
		1. Regelung	124
		2. Höherer Teilwert	125
		3. Zeitliche Aspekte	126
		4. Ausnahmen	127

I. Allgemeines
A. Anwendungsbereich
1. Regelungsinhalt

1 §§ 36 und 37 regeln die **steuerliche Behandlung der Anteilsinhaber** (der übertragenden und übernehmenden Körperschaft) bei einer Ab- und Aufspaltung. Sie sehen die grundsätzliche **Steuerneutralität** des **Austausches von Anteilen** vor (**§ 36 Abs 1 und § 37 Abs 2**). Besondere Regelungen bestehen für **Zuzahlungen** (**§ 36 Abs 2 und § 37 Abs 4**), Veränderungen bei internationalen Schachtelbeteiligungen (**§ 36 Abs–5**) sowie für die **Ausgabe eigener Aktien der übernehmenden Körperschaft an ausländische Anteilsinhaber** und für **Down-stream-Spaltungen mit nicht im Inland steuerpflichtigen Anteilsinhabern (§ 36 Abs 3)**.

2. Abgrenzung § 36 zu § 37

2 § 36 ist bei einer **verhältniswahrenden** und § 37 bei einer **nicht verhältniswahrenden** Spaltung relevant:

3 • **Verhältniswahrende Spaltung.** Eine **verhältniswahrende Spaltung** liegt vor, wenn die Anteilsinhaber der spaltenden Körperschaft nach der Spaltung an der(n) Nachfolgekörperschaft(en) im **gleichen Verhältnis zueinander** beteiligt sind wie vor der Spaltung (UmgrStR Rz 1728). Auf die **absolute Identität der Beteiligungsquoten** vor und nach der Spaltung kommt es hingegen **nicht** an, sodass auch bei der Spaltung zur Aufnahme durch eine Körperschaft, an der die Gesellschafter der spaltenden Körperschaft nicht oder nicht im gleichen Verhältnis wie an der spaltenden Körperschaft beteiligt sind, eine verhältniswahrende Spaltung möglich ist (*Hirschler* in *H/M/H* § 36 Rz 2; *Huber* in *W/H/M* VI § 36 Rz 4 mit Verweis auf ErlRV zu § 36, ÖStZ 1996, 537).
Lt *Hirschler* ist fraglich, ob für die Beurteilung des Vorliegens einer verhältniswahrenden Spaltung neben bzw anstelle der bloß quantitativen Betrachtung der Beteiligungsquote auch **qualitative Merkmale** wie zB Stimmrechtsbindungen, Sperrminoritäten uÄ zu berücksichtigen sind (vgl *Hirschler* in *H/M/H* § 36 Rz 2, § 37 Rz 1; *Huber* in *W/H/M* VI § 36 Rz 4 mit Verweis auf *Sulz*, ÖStZ 1997, 372 FN 7). *Hirschler* erblickt den Tausch im Verzicht bzw Erhalt von Sonderrechten (*Hirschler* in *H/M/H* § 37 Rz 1).

4 • **Nicht verhältniswahrende Spaltung.** Eine **nicht verhältniswahrende Spaltung** liegt vor, wenn die Anteile an der(n) neuen oder übernehmenden Körperschaft(en) den Anteilsinhabern der spaltenden Körperschaft nicht in dem Verhältnis zugeteilt werden, das ihrer Beteiligung vor der Spaltung entspricht (UmgrStR Rz 1729). Dies kann so weit führen, dass es zu einer **Entflechtung der Gesellschafterstruktur** kommt.

3. Verstrickung

5 Eine **Verstrickungsregelung**, sofern infolge einer Spaltung Anteilsinhaber mit den Gegenleistungsanteilen erstmalig in die **österreichische Steuerpflicht** eintreten (Import-Spaltung zur Neugründung oder Aufnahme mit Anteilsgewährung an Gesellschafter aus Nicht-DBA-Ländern) ist in § 36 nicht ausdrücklich vorgesehen. Lt *Furherr/Huber* ist über den **Verweis auf § 5 die Aufwertungsregel des § 5 Abs 4** (Step-up auf den gemeinen Wert) sinngemäß anzuwenden (*Furherr/Huber*, IntUmgr 104).

B. Ausnahmen

Nicht zur Anwendung gelangen die §§ 36 und 37, sofern die Anteilsinhaber keine 6
Anteile an der(n) neuen oder übernehmenden Körperschaft(en) bekommen:

- **Down-stream-Abspaltung zur Aufnahme** (Spaltung von Vermögen der Muttergesellschaft in die Tochtergesellschaft) mit Verzicht der Gesellschafter der Muttergesellschaft auf Anteilsgewähr. **§§ 33 Abs 7 und 34 Abs 2** kommen zur Anwendung. Bei einer Mitabspaltung der Anteile an der Tochtergesellschaft kommt es zur Anteilsdurchschleusung dieser Anteile an die Gesellschafter der spaltenden Muttergesellschaft.
- **Up-stream-Ab- oder -Aufspaltung zur Aufnahme** (Spaltung von Vermögen der Tochtergesellschaft in die Muttergesellschaft). Gem § 224 Abs 1 AktG iVm § 17 SpaltG hat eine Anteilsgewährung an die Gesellschafter der übernehmenden Körperschaft zu unterbleiben (UmgrStR Rz 1729). **§§ 33 Abs 7 und 34 Abs 2** kommen zur Anwendung.

II. Nichtvorliegen eines Tausches (Abs 1)

A. Steuerneutralität

1. Anwendungsbereich

Gem § 36 Abs 1 gilt bei den **Anteilsinhabern der spaltenden Körperschaft** und im 10
Falle der **Spaltung zur Aufnahme auch bei den Anteilsinhabern der übernehmenden Körperschaft** der dem Spaltungsplan oder Spaltungs- und Übernahmevertrag entsprechende Austausch von Anteilen **nicht als Tausch**. Dh die Anteilsübertragung gilt **nicht als Anschaffung und Veräußerung**, sodass es **nicht zu einer Realisierung der stillen Reserven** in ihren Anteilen kommt. Die Anteilsübertragung ist vielmehr eine **gesellschaftsrechtlich veranlasste Begleiterscheinung** der Spaltung (*Hirschler* in *H/M/H* § 36 Rz 28).

2. Anteile

Als **Anteile** werden sowohl **Aktien, GmbH-Anteile** als auch **Surrogatkapital** verstanden (UmgrStR Rz 1730). S § 5 Rz 21. 11

> Gesellschaftsrechtlich ist die Abfindung mit **Surrogatkapital** (zB Genusskapital) gem § 220 AktG nur als „bare Zuzahlung" bis **10 % der gewährten Anteile** zulässig und bedarf grundsätzlich der Zustimmung aller Anteilsinhaber (*Kalss*[2] § 1 SpaltG Rz 9).

3. Anteilsinhaber

Der Begriff **Anteilsinhaber** ist ein weit gefasster und umfasst **jede unbeschränkt** 12
oder beschränkt steuerpflichtige natürliche oder juristische Person (UmgrStR Rz 1730; auch für nicht unter DBA-Schutz stehende ausländische Anteilsinhaber – s *Zöchling/Andreaus* in *W/Z/H/K*[5] § 36 Rz 3 mit Verweis auf BMF 18.3.1994, SWK 1994, A I 373, BMF 15.4.1994, ecolex 1994, 506). Auch die **Anteilsinhaber der übernehmenden Körperschaft** sind davon umfasst. Die Anteile der Anteilsinhaber der übernehmenden Körperschaft sind mit den bisherigen Anschaffungskosten bzw Buchwerten zu bewerten (*Hirschler* in *H/M/H* § 36 Rz 27).

4. Voraussetzung der Steuerneutralität

Voraussetzung der Steuerneutralität ist, dass ausschließlich **Anteile gem Spal-** 13
tungsplan bzw Spaltungs- und Übernahmevertrag tatsächlich getauscht werden

(ausgenommen Zuzahlungen gem § 36 Abs 2 Z 1 – s Rz 110 ff). Ein **nicht dem Spaltungsplan bzw Spaltungs- und Übernahmevertrag** entsprechender Anteilstausch führt zur **Unanwendbarkeit der §§ 36 und 37** und zur grundsätzlichen **Steuerpflicht des Anteilstausches** (s § 32 Rz 86 ff), **nicht jedoch zur Unanwendbarkeit des gesamten Art VI**, sodass die Bestimmungen auf Ebene der spaltenden und übernehmenden Körperschaft zur Anwendung gelangen (UmgrStR Rz 1730).

14 Es stellt sich die Frage, ob ein im Spaltungsplan bzw Spaltungs- und Übernahmevertrag vorgesehener Anteilstausch mit **Anteilen an anderen Körperschaften** (zB Muttergesellschaft der übernehmenden Körperschaft) und nicht (nur) mit Anteilen an der übernehmenden Körperschaft schädlich ist und zur **Unanwendbarkeit von §§ 36 bzw 37** führt (s dazu auch *Huber* in W/H/M VI § 36 Rz 8).

15 Bei der **Spaltung zur Neugründung** stellt sich die Frage nicht, da bereits gesellschaftsrechtlich die Anteilsgewährung an der neu gegründeten Körperschaft ein notwendiges Merkmal ist. Ein **Unterbleiben der Anteilsgewährung ist unzulässig** (*Kalss*[2] § 1 SpaltG Rz 9).

16 Bei der **Spaltung zur Aufnahme** gelten gem § 17 Abs 5 SpaltG die Verschmelzungsvorschriften sinngemäß. Gem § 224 Abs 2 Z 2 AktG können die Anteilsinhaber der übertragenden Körperschaft auf Anteile an der übernehmenden Körperschaft verzichten. Den verzichtenden Anteilsinhabern können zB Aktien einer Konzerngesellschaft (zB Muttergesellschaft der übernehmenden Körperschaft) gewährt werden (*Kalss*[2] § 1 SpaltG Rz 10). Die herrschende Literatur vertritt die Auffassung, dass bei der **Verschmelzung** eine Abfindung mit Anteilen an einer anderen als der übernehmenden Körperschaft einen **steuerneutralen Anteilstausch** darstellt (*Zöchling/Tüchler* in W/Z/H/K[5] § 5 Rz 15; *Wiesner/Schwarzinger*, UmS 12/30/00, SWK 2000, S 728; § 5 Rz 23). Entgegen § 5 bezieht sich § 36 Abs 1 hinsichtlich des steuerneutralen Anteilsaustausches ausdrücklich auf die Anteilsinhaber der spaltenden Körperschaft und im Falle der Spaltung zur Aufnahme auf die Anteilsinhaber der übernehmenden Körperschaft. Dies geht auch aus den historischen Materialien hervor (*Huber* in W/H/M VI § 36 Rz 8 mit Verweis auf ErlRV 266 zu §§ 35 und 36 UmgrStG in der Stammfassung sowie ErlRV 1237 zu §§ 36 und 37 UmgrStG idF StRefG 1993). *Huber* vertritt grundsätzlich die Auffassung, dass ein steuerneutraler Anteilstausch nur an solchen der spaltenden und übernehmenden Körperschaft erfolgen kann; wobei er eine **Sonderbeurteilung** vornimmt, sofern Anteile an Körperschaften, die an der übernehmenden Körperschaft (un)mittelbar beteiligt sind (zB Muttergesellschaft der übernehmenden Körperschaft), ausgegeben werden. **Analog zur Verschmelzung sieht er diesen Anteilstausch als steuerneutral** (*Huber* in W/H/M VI § 36 Rz 8).

B. Rückwirkung

17 Die Anteile an den neuen oder übernehmenden Körperschaften gelten mit Beginn des dem **Spaltungsstichtag folgenden Tages als erworben (steuerliche Rückwirkung)**. Das heißt korrespondierend, dass die Anteile an der spaltenden Körperschaft bei einer Aufspaltung rückwirkend zur Gänze aufgegeben werden und bei einer Abspaltung eine rückwirkende (Wert)Minderung vorliegt.

Die **Rückwirkung** gilt auch dann, wenn die **Anteile an der übertragenden Körperschaft erst nach dem Spaltungsstichtag erworben** worden sind (*Huber* in W/H/M VI § 36 Rz 11). Die Rückwirkungsfiktion hat keine Auswirkung auf Anteilsinhaber der übertragenden Körperschaft, die ihre Anteile **vor dem Spaltungsbeschluss** übertragen; für sie kommt das **allgemeine Ertragsteuerrecht** zur Anwendung (*Wiesner/Mayr*, RdW 2007, 437).

Mit **BudBG 2007** (BGBl I 2007/24) wurde der **rückwirkende Anteilserwerb** sowohl für die Verschmelzung (Art I) als auch für die Spaltung (Art VI) normiert. Dies gilt für Spaltungen, denen ein **Stichtag nach dem 31.12.2006** zugrunde liegt (bei Spaltungen mit einschließlich Stichtag 31.12.2006 erfolgt der Anteilserwerb mit dem Tag der Eintragung der Spaltung ins Firmenbuch). Durch die Neuregelung ist es möglich, die übernehmende Körperschaft **rückwirkend in eine Unternehmensgruppe** aufzunehmen (Achtung: bei Regelwirtschaftsjahren ist eine Spaltung zum 1.1. für eine Einbeziehung in die Unternehmensgruppe um einen Tag zu spät – s *Wiesner/Mayr*, RdW 2007, 704; zur Rechtslage vor BudBG 2007 s ua *Hirschler*, taxlex 2005, 510 ff). **18**

Vor dem BudBG 2007 wurde eine **Rückwirkungsfiktion nur bei Down-stream-Spaltungen** für die an die Anteilsinhaber „durchgeschleusten" Anteile **anerkannt** (*Huber* in W/H/M VI § 36 Rz 11 mit Verweis auf BMF 11.1.1999, ARD 5005/14/99).

C. Eintritt in Fristenlauf

Aufgrund dessen, dass der dem Spaltungsplan bzw Spaltungs- und Übernahmevertrag entsprechende Anteilstausch **nicht als Tausch** gilt, gelten die aufgrund der Spaltung **erworbenen Anteile nicht als angeschafft** (UmgrStR Rz 1733). **19**

Gem § 36 Abs 1 letzter Satz sind für die **neuen Anteile die Anschaffungszeitpunkte der alten Anteile** maßgeblich. Die Neufassung erfolgte mit AbgÄG 2012 (BGBl I 2012/112) und tritt anstelle des folgenden Wortlauts: *„Neue Anteile treten für Zwecke der Anwendung der Fristen der §§ 30 und 31 des Einkommensteuergesetzes 1988 an die Stelle der alten Anteile"*. Die Neuregelung ist erstmals auf Spaltungen anzuwenden, denen ein **Stichtag nach dem 31.3.2012** zu Grunde liegt (3. Teil Z 21). Siehe für Spaltungen mit einem **Stichtag bis zum 31.3.2012** 1. Aufl, wobei dieselben untenstehenden Prinzipien gelten (s KESt-Erlass, GZ BMF-010203/0107-VI/6/2012, Kap 1.1.1.3).

Bereits im KESt-Erlass war zur Rechtslage vor AbgÄG 2012 vorgesehen, dass die im Zuge der Umgründung erworbenen Anteile den Status der übertragenen bzw untergegangenen Anteile fortführen. Diese Sichtweise soll mit dem AbgÄG 2012 ausdrücklich im UmgrStG verankert werden (*Schlager*, RWZ 2012, 194). Keine eigene Regelung wurde für beschränkt Steuerpflichtige vorgesehen. § 98 Abs 1 Z 5 lit e EStG sieht die Steuerpflicht für Veräußerungsgewinne an Kapitalgesellschaften mit Sitz oder Geschäftsleitung im Inland vor, sofern der Steuerpflichtige innerhalb der letzten fünf Kalenderjahre zu mindestens 1 % beteiligt war. Lt ErlRV gilt die vorgesehene fünfjährige „Beobachtungsfrist" der alten Anteile auch für die neuen Anteile. Aufgrund des Nichtvorliegens des Besteuerungsrechts Österreichs aufgrund DBA soll aus Vereinfachungsgründen auf eine zugeschnittene Regelung verzichtet werden (ErlRV 1960 BlgNR 24. GP, 35; *Schlager*, RZW 2012, 195; *Zeitlinger*, taxlex 2012, 302). **20**

Werden Anteile im **Privatvermögen** gehalten, sind folgende **Konstellationen** denkbar (s § 5 Rz 106; bei betrieblich gehaltenen Anteilen ist eine Differenzierung nicht notwendig, da diese unabhängig von ihrem Ausmaß steuerhängig sind): **21**

- Werden Anteile als Gegenleistung für **nicht steuerhängige Altanteile** (vor dem 1.1.2011 entgeltlich angeschaffte, im Privatvermögen gehaltene Anteile, bei denen am 31.3.2012 die Möglichkeit der Besteuerung von stillen Reserven nach § 31 EStG idF vor BudBG 2011 nicht gegeben war – s *Wurm*, SWK 2012, 1531) erworben, gelten die Gegenleistungsanteile als nicht steuerhängiges Altvermögen (UmgrStR Rz 1733).
- Werden Anteile als Gegenleistung für **befristet steuerhängige Altanteile** (vor dem 1.1.2011 entgeltlich angeschaffte, im Privatvermögen gehaltene Anteile iSd § 31 EStG idF vor BudBG 2011, bei denen das Beteiligungsausmaß bis zum 31.3.2012 auf unter 1 % reduziert wurde und eine Steuerhängigkeit nach § 31 EStG idF vor BudBG 2011 nur bestand, da die Fünfjahresfrist [bzw die umgründungsbedingte Zehnjahresfrist] noch nicht abgelaufen ist – s *Wurm*, SWK 2012, 1531) erworben, gelten die Gegenleistungsanteile als befristet steuerhängig. Die Frist wird in den Gegenleistungsanteilen fortgesetzt (ErlRV 1960 BlgNR 24. GP, 35).
- Werden Anteile als Gegenleistung für **steuerhängige Alt- und Neuanteile** (nach dem 31.12.2010 entgeltlich angeschaffte, im Privatvermögen gehaltene Anteile oder Anteile, die zum 31.3.2012 eine Beteiligung iHv mind 1 % an der übertragenden Körperschaft vermitteln – s *Wurm*, SWK 2012, 1533) erworben, gelten die Gegenleistungsanteile als steuerhängiges Neuvermögen gem § 27 Abs 3 EStG (UmgrStR Rz 1733).

22 Diese Qualifikation gilt **unabhängig** davon, wie hoch das **Beteiligungsausmaß der Gegenleistungsanteile** ist (lt ErlRV stellen die Anteile als Gegenleistung für nicht steuerhängiges bzw befristet steuerhängiges Altvermögen unabhängig von deren Höhe selbst wieder nicht steuerhängigen bzw befristet steuerhängigen Altbestand dar – ErlRV 1960 BlgNR 24. GP, 35, ausführlich *Wurm*, SWK 2012, 1534 f).

Sofern vor der Spaltung sowohl eine Beteiligung an der übertragenden als auch übernehmenden Körperschaft besteht, ist eine **getrennte Beurteilung** von nach dem 31.3.2012 erworbenen Gegenleistungsanteilen und bereits bestehenden Anteilen an der übernehmenden Gesellschaft vorzunehmen (*Wurm*, SWK 2012, 1513; bei einem nachfolgenden Verkauf von GmbH-Anteilen ist eine aliquote Aufteilung vorzunehmen).

Sollte aufgrund der Spaltung das **Beteiligungsausmaß an der übernehmenden Körperschaft auf unter 1 % sinken**, könnte aufgrund des Gesetzeswortlauts („Für neue Anteile sind die Anschaffungszeitpunkte der alten Anteile maßgeblich") argumentiert werden, dass ein nicht steuerhängiger Altanteil vorliegt. Dem soll die Bestimmung im 3. Teil Z 21 letzter Satz entgegenwirken, indem sich die Anwendbarkeit des § 27 Abs 3 EStG für neue Anteile nach § 124b Z 185 lit a EStG richtet (*Schlager*, RWZ 2012, 195).

23 Der **Eintritt in den Fristenlauf** ist zudem beim Halten von **jungen Aktien** gem § 18 Abs 1 Z 4 EStG (nur für bis 1.1.2011 getätigte Ausgaben relevant, generell zu jungen Aktien *Jakom*[10]/*Vock* § 18 Rz 111) und bei **Mitarbeiterbeteiligungen** gem § 3 Abs 1 Z 15 lit b EStG (generell zu Mitarbeiterbeteiligungen s *Jakom*[10]/*Laudacher* § 3 Rz 66 ff) relevant. Mangels Tauschs hat bei den jungen Aktien keine Ersatzbeschaffung gem § 18 Abs 4 Z 3 EStG stattzufinden (*Hirschler* in *H/M/H* § 36 Rz 31 mit Verweis auf BMF 11.4.1994, ecolex 1994, 505 f; UmgrStR Rz 1776). Bei der Mitarbeiterbeteiligung ist der steuerfrei belassene Betrag nicht nachzuversteuern (*Hirschler* in *H/M/H* § 36 Rz 31 mit Verweis auf BMF-Erlass 4.9.1997, Z 07 0202/5-IV/7/97, AÖF 1997/205; UmgrStR Rz 1776).

Verkehrsteuerliche Behaltefristen (zB solche für Gesellschaftsteuer) beginnen 24
mit dem zivilrechtlichen Anteilserwerb durch Firmenbucheintragung zu laufen
(*Huber* in *W/H/M* VI § 37 Rz 11 mit Verweis auf BMF 6.7.1999, ARD 5057/24/99).

III. Ausnahmen von der Steuerneutralität (Abs 3)
A. Allgemeines
1. Ausnahmen vom steuerneutralen Tausch

Mit dem AbgSiG 2007 (BGBl I 2007/99) wurden analog zur Regelung in § 5 (Ver- 25
schmelzung) in § 36 Abs 3 zwei **Ausnahmen vom steuerneutralen Tausch** aufgenommen:

- Anteilsgewährung an **nicht im Inland steuerpflichtige Anteilsinhaber** bei **Down-stream-Ab- und -Aufspaltungen** (Z 1),
- **Ausgabe von eigenen Aktien** der übernehmenden Körperschaft an **ausländische Anteilsinhaber** (Z 2).

In der Literatur werden die Bestimmungen des § 36 Abs 3 als unsystematisch kritisiert und als **Verstoß gegen die Niederlassungs- und Kapitalverkehrsfreiheit** gesehen (*Huber* in *W/H/M* VI § 36 Rz 18; *Hohenwarter*, RdW 2007, 574; *Huber*, ÖStZ 2008, 503; *Aigner/Prechtl/Tumpel*, SWK 2008, T 1 ff; EuGH 7.9.2004, C-319/02, *Lenz*).

§ 36 Abs 3 Z 1 geht in seinem Anwendungsbereich systematisch der Regelung 26
des § 36 Abs 3 Z 2 vor, obwohl auch bei der Anteilsdurchschleusung die übernehmende Körperschaft nach § 224 Abs 3 AktG im Wege der Gesamtrechtsnachfolge „eigene Aktien" erwirbt.

2. Wirksamkeit

Hintergrund der Rechtsnorm ist die **Einschränkung des Besteuerungsrechtes der** 27
Republik Österreich, deren Rechtsfolge die Sofortbesteuerung oder gegebenenfalls die Ratenzahlung ist. Wirksam ist die Regelung für Spaltungen, die **nach dem 31.12.2007** beschlossen wurden.

B. Down-stream-Spaltung mit Anteilsauskehrung an nicht im Inland steuerpflichtige Anteilsinhaber (Abs 3 Z 1)
1. Anwendungsbereich

Gem § 36 Abs 3 Z 1 ist bei einer **Einschränkung des Besteuerungsrechts Öster-** 28
reichs hinsichtlich der Anteile der übertragenden an der übernehmenden Körperschaft die Anteilsauskehrung als Tausch iSd § 6 Z 14 lit a EStG an dem dem Spaltungsstichtag folgenden Tag anzusehen. § 1 Abs 2 ist sinngemäß anzuwenden (**„Verstrickungseinschränkung an den übertragenen durchgeschleusten Anteilen"**).

Dadurch, dass dies ausschließlich Anteile der übertragenden Körperschaft an der übernehmenden Körperschaft betrifft, ist die Regelung ausschließlich auf **Down-stream-Ab- und -Aufspaltungen** anzuwenden, sofern die Anteile an der übernehmenden Körperschaft auf die Anteilsinhaber **durchgeschleust** werden.

> Werden von der übernehmenden Körperschaft neue oder eigene Anteile gewährt,
> ist dies kein Fall von § 36 Abs 3 Z 1. Bei der Ausgabe von eigenen Anteilen kann
> § 36 Abs 3 Z 2 zur Anwendung kommen (s § 5 Rz 82).

Der **klassische Fall** ist demnach eine **Down-stream-Ab- oder -Aufspaltung** von einer inländischen Muttergesellschaft mit ausländischen Anteilsinhabern auf die inländische Tochtergesellschaft unter (Mit)Übertragung der Anteile an der inländischen Tochtergesellschaft (*Huber* in *W/H/M* VI § 36 Rz 17). Durch die gesellschaftsrechtlich notwendige **Durchschleusung** der Anteile an der inländischen Tochtergesellschaft auf die ausländischen Anteilsinhaber sind die Anteile an der inländischen Tochtergesellschaft grundsätzlich nicht mehr in Österreich steuerhängig (sofern ein DBA mit dem Staat des Gesellschafters besteht, das das Besteuerungsrecht an den Anteilen dem Ansässigkeitsstaat des Gesellschafters zuweist; UmgrStR Rz 1736a).

Sofern mit dem betreffenden Staat des Anteilsinhabers **kein DBA** abgeschlossen wurde oder Österreich das **Besteuerungsrecht** hinsichtlich der Veräußerung der Anteile gem DBA zugewiesen bekommt, kommt **§ 36 Abs 3 nicht zur Anwendung**. § 36 Abs 3 kommt auch nicht bei einer Up-stream-Ab- oder -Aufspaltung zur Anwendung (*Damböck*, ecolex 2007, 715).

Von der Regelung sind auch alle inländischen nicht steuerpflichtigen Anteilsinhaber (**steuerbefreite Körperschaften**) betroffen (*Wiesner/Mayr*, RdW 2007, 438). Ein Antrag auf Nichtfestsetzung iSd § 1 Abs 2 kann bei steuerbefreiten Körperschaften nach der Verwaltungspraxis nicht gestellt werden (UmgrStR Rz 265a; s § 5 Rz 88).

2. Rechtsfolge

29 Rechtsfolge ist, dass es sich dabei um einen **steuerpflichtigen Tausch iSd § 6 Z 14 lit a EStG** (für **Spaltungsbeschlüsse nach dem 31.12.2015** Ansatz mit den nach § 6 Z 6 lit a EStG maßgebenden Werten – Entstrickungskonzept gem AbgÄG 2015) handelt. *Wiesner/Mayr* vertreten die Ansicht, dass die Anteilsauskehrung einen steuerpflichtigen Vorgang auf Ebene der **übernehmenden inländischen Tochtergesellschaft** darstellt, da diese die „exportierende" Steuerpflichtige ist (*Wiesner/Mayr*, RdW 2007, 704). Diese Meinung wird dadurch untermauert, dass der Tausch erst „an dem dem Spaltungsstichtag folgenden Tag" als bewirkt gilt, an dem die Anteile schon der übernehmenden Körperschaft zuzurechnen sind (*Huber* in *W/H/M* VI § 36 Rz 17 mit Verweis auf *Hohenwarter*, RdW 2007, 572). Dieser Tag gilt auch als **Bewertungsstichtag** (s § 5 Rz 89).

30 Sofern es sich bei dem Anteilsinhaber um eine in der EU- bzw in einem EWR-Staat mit umfassender Amts- und Vollstreckungshilfe ansässige Körperschaft oder um eine in der EU bzw in einem EWR-Staat mit umfassender Amts- und Vollstreckungshilfe ansässige Person handelt, kann bei **Spaltungsbeschlüssen bis inklusive 31.12.2015** die **übernehmende inländische Tochtergesellschaft** einen **Antrag auf Steueraufschub** bis zur tatsächlichen Veräußerung oder einem sonstigen Ausscheiden der durchgeschleusten Anteile aus dem Vermögen des ausländischen Anteilsinhabers stellen. § 1 Abs 2 ist sinngemäß anzuwenden (s ausführlich zu § 1 Abs 2 *Hohenwarter*, RdW 2007, 501 ff). Zu den Kriterien des Steueraufschubs sowie der Steuerzahlung s § 5 Rz 90 f.

Für **Spaltungsbeschlüsse nach dem 31.12.2015 kommt § 6 Z 6 lit c bis e EStG** zur Anwendung (§ 36 Abs 3 idF BGBl I 2015/163 iVm 3. Teil Z 30; UmgrStR Rz 1736a). Ein Antrag auf Steueraufschub ist nicht mehr möglich (weg vom Nichtfestsetzungskonzept, hin zum **Entstrickungskonzept**). Vielmehr besteht die Möglichkeit, die festgesetzte Steuer auf Antrag in Raten über sieben Jahre zu entrichten (Ratenzahlungskonzept), wobei die einkommensteuerlichen Regelungen über die Ermittlung der Bemessungsgrundlage, die Ratenzahlung sowie deren Widerruf sinngemäß gelten (RV 896 BlgNR 25. GP, 1). S zur Entstrickungsbesteuerung gem § 6 Z 6 EStG *Schlager/Titz*, RWZ 2015, 376.

3. Kritik

In der Literatur wird in § 36 Abs 3 Z 1 ein Verstoß gegen die Niederlassungs- und Kapitalverkehrsfreiheit gesehen (s Rz 25). Die Entstrickung bei einer Downstream-Ab- und -Aufspaltung der durchgeschleusten Anteile an der übernehmenden Körperschaft ist allgemeine Konsequenz des Untergangs der Anteile aufgrund der steuerlichen Identitätsfiktion. Mit § 36 Abs 3 Z 1 wird eine Ungleichbehandlung zwischen in- und auslandsansässigen Anteilsinhabern geschaffen (*Huber*, ÖStZ 2008, 503 ff; *Zöchling/Haslinger*, RdW 2007, 373; *Furherr/Huber*, IntUmgr 104; § 5 Rz 84). **31**

Irreführend ist zudem die Aufnahme der Regelung iRd Anteilsinhaberbestimmungen in § 36 (*Huber* in W/H/M VI § 36 Rz 17 mit Verweis auf *Wiesner/Mayr*, RdW 2007, 438; *Hohenwarter*, RdW 2007, 572 f; für die Verschmelzung *Zöchling/Haslinger*, RdW 2007, 373). S § 5 Rz 84.

C. Ausgabe von eigenen Anteilen der übernehmenden Körperschaft an ausländische Anteilsinhaber (Abs 3 Z 2)

1. Anwendungsbereich

Gem § 36 Abs 3 Z 2 ist bei der Gewährung von **eigenen Anteilen der übernehmenden Körperschaft** an **ausländische Anteilsinhaber** § 6 Z 6 EStG (für Spaltungsbeschlüsse nach dem 31.12.2015 § 6 Z 6 lit a EStG sowie § 6 Z 6 lit c bis e EStG) sinngemäß anzuwenden. Diese Regelung entspricht § 5 Abs 1 Z 5 (s § 5 Rz 96 ff). **35**

Zur Frage, ob in der Fassung vor BGBl I 2014/105 unter **„eigene Aktien"** auch **eigene GmbH-Anteile** verstanden werden, s § 5 Rz 98 f (analoge Anwendung aufgrund **planwidriger Lücke**; für die Geltung bei GmbH-Anteilen s UmgrStR Rz 1736a; wurde durch BGBl I 2014/105 saniert). **36**

Das Gesetz sieht eine Einschränkung des Besteuerungsrechts nicht als Voraussetzung. Dementsprechend sind **sämtliche ausländische Anteilsinhaber** von der Regelung betroffen (Anteilsinhaber, die nicht im Inland steueransässig sind). Dadurch, dass nicht zwingend ein Verlust des österreichischen Besteuerungsrechts mit der Ausgabe eigener Anteile an ausländische Anteilsinhaber einhergehen muss, ist diese **Regelung überschießend** (*Aigner/Prechtl/Tumpel*, SWK 2008, T 7; zB wenn das DBA – mit dem Ansässigkeitsstaat des Anteilseigners – abweichend von Art 13 OECD-MA – dem Ansässigkeitsstaat der Gesellschaft, die eigene Anteile ausgibt, das Besteuerungsrecht an den Anteilen zuweist). **37**

2. Wegzugsbesteuerung

Kommt § 36 Abs 3 Z 2 zur Anwendung, wird die **Differenz zwischen dem Fremdvergleichswert der Aktien und dem Buchwert bzw den Anschaffungskosten** besteuert. **Bewertungsstichtag** ist der dem **Spaltungsstichtag** folgende Tag (§ 5 Rz 100). **Steuerschuldnerin** ist die ausgebende übernehmende „exportierende" **38**

§ 36

Körperschaft (*Huber* in *W/H/M* VI § 36 Rz 19 mit Verweis auf RV zum AbgSiG 2007, SWK 2007, T 169; s § 5 Rz 100).

39 Für Spaltungsbeschlüsse bis inklusive 31.12.2015 kann gem § 6 Z 6 lit b EStG die **übernehmende Körperschaft** bei der Ausgabe an Anteilsinhaber, die in einem **EU-Mitgliedstaat oder einem EWR-Mitgliedstaat**, mit dem eine umfassende **Amts- und Vollstreckungshilfe** besteht (derzeit nur Norwegen) ansässig sind, einen **Nichtfestsetzungsantrag** stellen (s § 5 Rz 103; unklar *Wiesner/Mayr*, RdW 2007, 705).

Für Spaltungsbeschlüsse nach dem 31.12.2015 sind § 6 Z 6 lit c bis e EStG anzuwenden, die anstelle eines Nichtfestsetzungskonzepts ein Ratenzahlungskonzept vorsehen. S Rz 30.

Auch bei dieser Bestimmung ist analog zu § 36 Abs 3 Z 1 die **EU-Konformität** in Frage zu stellen (*Huber* in *W/H/M* VI § 36 Rz 19).

IV. Spaltung zur Neugründung (Abs 2)
A. Aufspaltung zur Neugründung (Abs 2 Z 1)
1. Regelungsinhalt

45 Im Fall der **Aufspaltung zur Neugründung** geben die Anteilsinhaber der spaltenden Körperschaft zur Gänze ihre Anteile an der spaltenden Körperschaft gegen Gewährung von Anteilen an der (den) neuen Körperschaft(en) auf.

Die Anteilsinhaber haben den **Buchwert bzw die Anschaffungskosten** der Anteile an der spaltenden Körperschaft (in Abzug sind etwaige Zuzahlungen der beteiligten Körperschaften [§ 2 Abs 1 Z 3 SpaltG] zu bringen – s Rz 110 ff) **fortzuführen** und den gewährten Anteilen **entsprechend den Wertverhältnissen** zuzuordnen (§ 36 Abs 2 Z 1). Es kommt somit auf Ebene der Anteilsinhaber zur **Fortführung der stillen Reserven**.

2. Zuordnung der Anschaffungskosten bzw Buchwerte

46 Die Zuordnung der Anschaffungskosten bzw Buchwerte erfolgt nach dem Verhältnis der **Verkehrswerte der neuen Körperschaften** (*Huber* in *W/H/M* VI § 36 Rz 14 mit Verweis auf BMF 1.4.1993, RdW 1993, 195; *Huber* in *W/Z/H/K*[5] § 20 Rz 33).

47 Es sind die Verkehrswerte im Zeitpunkt des Abschlusses des Spaltungsplanes bzw des Spaltungs- und Übernahmsvertrages relevant (UmgrStR Rz 1733a).

48 **Beispiel (entnommen aus den UmgrStR Rz 1733):**

Die natürliche Person A und die Y-GmbH sind zu je 50 % an der Z-GmbH beteiligt. Die Anschaffungskosten des A und der Buchwert der Y-GmbH betragen je 50. Der Teilbetrieb 1 (Verkehrswert 400) soll zum 31.12.2012 auf die neu gegründete A-GmbH und der Teilbetrieb 2 (Verkehrswert 600) soll zum 31.12.2012 auf die neu gegründete B-GmbH übertragen werden. Es erfolgt eine Aufspaltung (die Z-GmbH geht iRd Spaltung unter).

Aufgrund der verhältniswahrenden Aufspaltung sind die Gesellschafter A und Y-GmbH an den neuen Körperschaften A-GmbH und B-GmbH zu je 50 % beteiligt. Die Anschaffungskosten bzw Buchwerte an der spaltenden Körperschaft (je 50) sind entsprechend den übertragenden Verkehrswerten auf die neuen Körperschaften aufzuteilen. Aufgrund des Verkehrswertverhältnisses von 2:3 (400:600) betragen die Anschaffungskosten bzw Buchwerte der A-GmbH je 20 und der B-GmbH je 30.

B. Abspaltung zur Neugründung (Abs 2 Z 1)
1. Regelungsinhalt

Im Fall der Abspaltung zur Neugründung geben die Anteilsinhaber der spaltenden Körperschaft ihre Anteile an dieser nicht zur Gänze auf, sodass es zur **(Wert)Minderung der Beteiligung an der spaltenden Körperschaft** gegen **Gewährung von Anteilen an der (den) neuen Körperschaft(en)** kommt. 50

Die Anteilsinhaber haben ihren **Anteil an der spaltenden Körperschaft im Verhältnis der Verkehrswertverlagerung abzustocken** und in **Höhe der Abstockung dem Buchwert oder den Anschaffungskosten des Anteils an der neuen Körperschaft zuzurechnen.** Dadurch kommt es zur **Fortführung der stillen Reserven** in den Anteilen. § 36 Abs 2 Z 2 verweist diesbezüglich auf § 20 Abs 4 Z 3 (Anteilsgewährung bei der Einbringung). S § 20 Rz 33 ff.

2. Bewertung

Die **Berechnung des Verkehrswertverhältnisses** hat zum Zeitpunkt des Abschlusses des Spaltungsplanes bzw des Spaltungs- und Übernahmsvertrages zu erfolgen (UmgrStR Rz 1733a). 51

V. Spaltung zur Aufnahme (Abs 4)
A. Allgemeines

Gem § 36 Abs 4 gilt bei der Auf- und Abspaltung zur Aufnahme eine **Zweistufigkeitsfiktion**: zunächst gilt die spaltungs- und übernahmevertragsmäßige Anteilsaufteilung als Austausch von Anteilen aufgrund einer **Auf- oder Abspaltung zur Neugründung**, auf den die Regelungen zur Neugründung anzuwenden sind (Abs 2) und nachfolgend als Austausch von Anteilen aufgrund einer **Verschmelzung**, auf den § 5 anzuwenden ist. Dies gilt **nicht** bei einer Up-stream- oder Down-stream Auf- oder -Abspaltung, bei der für **Anteilsinhaber §§ 33 Abs 7 oder 34 Abs 2** anzuwenden ist. 55

B. Zweistufigkeitsfiktion
1. Zweistufigkeit

Bei der Spaltung zur Aufnahme sind für die Ermittlung der Anschaffungskosten bzw Buchwerte gedanklich **zwei Vorgänge** zu berücksichtigen: 56

- In einem ersten Schritt ist eine **verhältniswahrende Auf- oder Abspaltung auf eine neu gegründete Körperschaft** anzunehmen (s Rz 45 ff). Dabei sind die Anschaffungskosten bzw Buchwerte (abzüglich erhaltener Zuzahlungen gem § 36 Abs 2 – s Rz 110 ff) der Anteile entsprechend § 36 Abs 2 dem **Verkehrswertverhältnis des übertragenen Vermögens** anzusetzen. 57

- In einem zweiten Schritt ist eine **Verschmelzung der fiktiv neu gegründeten Körperschaft auf die übernehmende Körperschaft** anzunehmen. Dabei treten die Anteile an der übernehmenden Körperschaft an die Stelle der Anteile an der neu gegründeten Körperschaft. § 5 (Verschmelzung) ist sinngemäß anzuwenden. Die in § 5 Abs 1 S 2 angeordnete Beurteilung von Zuzahlungen als Veräußerungsentgelt geht ins Leere, da die spaltungsgesetzlichen Zuzahlungen im ersten Schritt erfolgen und dort gem § 36 Abs 2 steuerneutral sind (*Huber* in W/H/M VI § 36 Rz 20). S generell § 5. 58

Beispiel (angelehnt an UmgrStR Rz 1739): 59

Die natürliche Person A und die Y-GmbH sind zu je 50 % an der Z-GmbH beteiligt. Die Anschaffungskosten des A und der Buchwert der Y-GmbH betragen je 50. Der

Teilbetrieb 1 (Verkehrswert 400) soll zum 31.12.2012 auf die bereits bestehende A-GmbH abgespalten werden. Der Verkehrswert der Y-GmbH beträgt 1000. Gesellschafter der übernehmenden A-GmbH mit einem Verkehrswert von 100 sind zu je 50 % die natürlichen Personen A und S (Anschaffungskosten von je 10).

Steuerlich liegt für die Gesellschafter A und Y-GmbH nach § 36 ein steuerneutraler Anteilstausch im Wege der Aufgabe der Anteile an der abspaltenden Z-GmbH gegen Übernahme von Anteilen an der übernehmenden A-GmbH vor. Aufgrund der verhältniswahrenden Spaltung muss das Beteiligungsverhältnis der Gesellschafter A und Y-GmbH nach Spaltung bei der übernehmenden Körperschaft A-GmbH **zueinander** gleich bleiben. Gem § 36 Abs 4 ist die Spaltung in zwei Fiktionsschritte zu teilen:

In einem **ersten Schritt** findet fiktiv eine Abspaltung zur Neugründung gem § 36 Abs 2 statt. Die Anschaffungskosten bzw Buchwerte an der spaltenden Körperschaft (je 50) sind entsprechend dem übertragenen Verkehrswert auf die neue Körperschaft A-GmbH aufzuteilen. Aufgrund des Verkehrswertverhältnisses von 2:3 (400 Teilbetrieb : 600 verbleibendes Vermögen bei Z-GmbH) sind die Anschaffungskosten bzw Buchwerte an der Z-GmbH um 20 abzustocken und in Höhe der Abstockung als **Anschaffungskosten bzw Buchwert an der fiktiv neu gegründeten Körperschaft anzusetzen.**

In einem **zweiten Schritt** findet fiktiv eine Verschmelzung gem § 5 statt. Demnach sind die Anschaffungskosten bzw Buchwerte an der fiktiven Zwischenkörperschaft den gewährten Anteilen an der übernehmenden A-GmbH zuzuschreiben. Die Anschaffungskosten von S an der übernehmenden A-GmbH in Höhe von 10 werden nicht berührt. Jedoch sinkt der Anteil von S an der A-GmbH aufgrund der Übernahme des Vermögens iHv 400 von 50 % auf 10 %. Die Y-GmbH hält an der A-GmbH Anteile in Höhe von 40 % mit einem Buchwert von 20. A hat seine Anschaffungskosten aus Schritt 1 den Anschaffungskosten an der A-GmbH zuzuschreiben (20 aus Schritt 1 und 10 ursprünglich). A hält an der A-GmbH nach der Spaltung 50 % mit Anschaffungskosten in Höhe von 30.

2. Ausnahme

60 Eine **Ausnahme von der Zweistufigkeitsfiktion** ist gegeben, sofern auf Ebene der Anteilsinhaber § 33 Abs 7 oder § 34 Abs 2 Anwendung findet (§ 36 Abs 4). Davon umfasst sind:

- **Abspaltung von einer Muttergesellschaft auf eine Tochtergesellschaft** gem § 33 Abs 7 (Down-stream-Abspaltung) **ohne Anteilsgewährung.**
- **Abspaltung von einer Tochtergesellschaft auf eine Muttergesellschaft** gem § 34 Abs 2 (Up-stream-Abspaltung) **ohne Anteilsgewährung.**

Diese beiden Umgründungsvarianten werden wie eine Einbringung behandelt, sodass auch die Anteilsbewertung wie bei einer Einbringung erfolgt (*Huber* in *W/H/M* VI § 36 Rz 30). S § 20.

C. Besonderheiten im Zusammenhang mit Konzernumgründungen
1. Down-stream-Aufspaltung
a) Definition

65 Bei der Down-stream-Aufspaltung überträgt die **Muttergesellschaft ihr gesamtes Vermögen** auf zwei oder mehrere unmittelbare oder mittelbare **Tochtergesellschaften.** Dadurch geht die **Muttergesellschaft ex lege unter.**

b) Aufspaltung auf eine unmittelbare Tochtergesellschaft

Die Besonderheit besteht darin, dass die Beteiligungen der spaltenden Muttergesellschaft an den übernehmenden Tochtergesellschaften mit dem übrigen übertragenen Vermögen auf die übernehmenden Tochtergesellschaften übergehen und diese ebenso wie bei der **Down-stream-Verschmelzung als Gegenleistung für die untergehenden Anteile an der spaltenden Muttergesellschaft an die Anteilsinhaber der spaltenden Muttergesellschaft** ausgegeben werden (**Durchschleusung von Anteilen**). Die **Anteilsinhaber der spaltenden Muttergesellschaft** haben entsprechend § 36 Abs 4 iVm § 36 Abs 2 die **Buchwerte bzw Anschaffungskosten an den Anteilen der spaltenden Muttergesellschaft abzüglich erhaltener Zuzahlungen** (s Rz 110 ff) fortzuführen und den gewährten Anteilen entsprechend den **Wertverhältnissen zuzuordnen** (Übertragung des steuerlichen Wertes der untergehenden Anteile an der spaltenden Muttergesellschaft auf die durchgeleiteten Anteile an der übernehmenden Tochtergesellschaft – *Hirschler* in *H/M/H* § 36 Rz 34). Die **Buchwerte der Beteiligung an den übernehmenden Tochtergesellschaften gehen unter**. 66

Es kommt auch hier die **Zweistufigkeitsfiktion** zum Tragen (§ 36 Abs 4 – s Rz 56 ff).

Die **Zuordnung der Anschaffungskosten bzw Buchwerte** der Anteilsinhaber der spaltenden Muttergesellschaft entsprechend den Wertverhältnissen der gewährten Anteile hat unter Berücksichtigung des **gesamten übertragenen Vermögens** (somit auch der durchgeschleusten Anteile) zu erfolgen.

S dazu das Beispiel in den UmgrStR Rz 1742 (etwas unklar).

c) Aufspaltung auf eine mittelbare Tochtergesellschaft

Bei der Aufspaltung auf eine mittelbare Tochtergesellschaft können die **Anteilsinhaber der spaltenden Muttergesellschaft** auf ihre Anteile an der übernehmenden Körperschaft gem § 17 SpaltG iVm § 224 Abs 2 Z 2 AktG **verzichten**. 67

Unabhängig davon, ob die Anteilsinhaber der spaltenden Muttergesellschaft auf Anteile an der übernehmenden Körperschaft verzichten oder nicht, hat eine **Durchschleusung der Anteile an der unmittelbaren Tochtergesellschaft der spaltenden Muttergesellschaft an die Anteilsinhaber** zu erfolgen. Gesellschaftsrechtlich darf die übernehmende Körperschaft diese Anteile nicht halten. 68

Beispiel

Die A-GmbH ist zu 100 % an der B-GmbH beteiligt. Die B-GmbH ist wiederum zu 100 % an der C-GmbH und an der D-GmbH beteiligt. Die A-GmbH spaltet ihr gesamtes Vermögen in die beiden Gesellschaften C-GmbH und D-GmbH auf. Dadurch kommt es zur Durchschleusung der Anteile an der B-GmbH, da die Tochtergesellschaften C-GmbH und D-GmbH gesellschaftsrechtlich keine Anteile an der B-GmbH halten dürfen.

Sofern die Anteilsinhaber der spaltenden Muttergesellschaft zudem **Anteile an der übernehmenden Körperschaft** erhalten, kommt die **Zweistufigkeitsfiktion** zum Tragen (neben der Durchschleusung der Anteile an der unmittelbaren Tochtergesellschaft der spaltenden Körperschaft). 69

70 Sofern die Anteilsinhaber der spaltenden Muttergesellschaft auf **Anteile an den übernehmenden Körperschaften verzichten**, erfolgt nur die **Durchschleusung der Anteile an der unmittelbaren Tochtergesellschaft** der spaltenden Muttergesellschaft. Die Anschaffungskosten bzw Buchwerte der Anteile an der spaltenden Muttergesellschaft sind fortzuführen. Bei der **Zwischengesellschaft (unmittelbaren Tochtergesellschaft)** kommt es in Höhe des steuerlichen Buchwertes des übertragenen Vermögens zu einer **Zuaktivierung auf die Beteiligung an den übernehmenden Gesellschaften** und Bildung einer entsprechenden Rücklage (UmgrStR Rz 1743).

2. Down-stream-Abspaltung
a) Definition

71 Bei der Down-stream-Abspaltung überträgt die **Muttergesellschaft Vermögen auf eine oder mehrere unmittelbare oder mittelbare Tochtergesellschaft(en).** Die **Muttergesellschaft geht dabei nicht unter.**

72 Hinsichtlich der **Bewertung** der Anteile der Gesellschafter der spaltenden Körperschaft sind zwei Arten zu unterscheiden:
- Die **Spaltung erfolgt mit Anteilsgewährung.** Die Anteilsinhaber der spaltenden Körperschaft erhalten Anteile an der übernehmenden Körperschaft.
- Die **Spaltung** erfolgt gem § 17 SpaltG iVm § 224 Abs 2 Z 2 AktG **ohne Anteilsgewährung** (Verzicht der Anteilsinhaber der spaltenden Körperschaft).

b) Down-stream-Abspaltung mit Anteilsgewährung

73 In diesem Fall kommt die **Zweistufigkeitsfiktion** gem § 36 Abs 4 zum Tragen (UmgrStR Rz 1747).

Bei einer Übertragung des Vermögens auf eine **mittelbare Tochtergesellschaft der spaltenden Körperschaft** ergibt sich auf Ebene der Zwischengesellschaft aufgrund der Anteilsgewährung an die Anteilsinhaber der spaltenden Körperschaft **keine Änderung der Höhe des steuerlichen Buchwertes an der übernehmenden Körperschaft.** Eine Änderung tritt nur hinsichtlich der Beteiligungsquote ein, da die Gesellschafter der spaltenden Körperschaft Anteile an der übernehmenden Körperschaft erhalten (UmgrStR Rz 1748).

c) Down-stream-Abspaltung ohne Anteilsgewährung

74 Gem § 36 Abs 4 ist aufgrund der Anwendung von § 33 Abs 7 die **Zweistufigkeitsfiktion nicht** anzuwenden. Auf Ebene der Anteilsinhaber der spaltenden Körperschaft ergibt sich **keine Änderung ihrer Anschaffungskosten bzw Buchwerte an der spaltenden Körperschaft.**

Die übertragende Körperschaft hat in Höhe des steuerlichen Übertragungswertes eine **Zuaktivierung auf die Beteiligung der übernehmenden Körperschaft** gem § 36 Abs 4 iVm § 33 Abs 7 iVm § 20 Abs 4 Z 1 vorzunehmen (s § 20 Rz 33 ff). Es entsteht auf Ebene der übertragenden Körperschaft kein Buchverlust bzw -gewinn (UmgrStR Rz 1745).

> Sollte vor einer Abspaltung eines Kapitalanteils in die übernehmende Körperschaft eine Teilwertabschreibung des abgespaltenen Kapitalanteils vorgenommen worden sein, und erfolgt nach der Abspaltung eine **Werterholung der abgespaltenen Beteiligung,** erhöht dies zwar den Wert der übernehmenden Tochterkörperschaft,

schlägt aber **nicht im Sinne einer gebotenen Zusatzaktivierung an der übernehmenden Tochterkörperschaft** durch (*Wiesner/Schwarzinger*, UmS 181/32/11, SWK 2011, 1463).

Bei einer Übertragung des Vermögens auf eine mittelbare Tochtergesellschaft hat die **Zwischenkörperschaft eine Zuaktivierung auf die Beteiligung an der übernehmenden Körperschaft in Höhe des steuerlichen Übertragungskapitals** vorzunehmen.

3. Up-stream-Auf- und -Abspaltung

a) Definition

Bei der Up-stream-Spaltung überträgt die **Tochtergesellschaft ihr gesamtes Vermögen (Aufspaltung) oder einen Teil ihres Vermögens (Abspaltung) auf eine oder mehrere unmittelbare oder mittelbare Muttergesellschaften.** Es kommt § 36 Abs 4 iVm § 34 Abs 2 zur Anwendung (UmgrStR Rz 1749). 75

b) Unmittelbare Beteiligungsverhältnisse

Die übernehmende Körperschaft hat das **übernommene Vermögen mit dem steuerlichen Buchwert** zu übernehmen. Bei der **Aufspaltung** fällt die Beteiligung an der aufspaltenden Tochterkörperschaft weg. In Höhe der Differenz von Vermögenszugang und Beteiligungsabgang kommt es zu einem gem **§ 34 Abs 2 Z 1 steuerneutralen Buchgewinn oder -verlust** (UmgrStR Rz 1749). Bei der Abspaltung kommt es iRd Wertverhältnisses des übertragenen zum verbleibenden Vermögen der abspaltenden Tochterkörperschaft zu einer **steuerneutralen Abschreibung des Buchwerts der übertragenden Tochterkörperschaft** (§ 34 Abs 2 Z 2 – UmgrStR Rz 1750). 76

c) Mittelbare Beteiligungsverhältnisse

Bei einem mittelbaren Beteiligungsverhältnis zwischen spaltender und übernehmender Körperschaft (zB Großmutter-Abspaltung) hat die Zwischengesellschaft im Verhältnis der Verkehrswertminderung **die Anteile an der übertragenden Körperschaft steuerneutral abzuschreiben** (UmgrStR Rz 1758). Gesellschaftsrechtlich ist in der **Zwischenkörperschaft eine unternehmensrechtliche Sanierungsmaßnahme** erforderlich (*Huber* in *W/H/M* VI § 36 Rz 33). 77

4. Side-stream-Auf- und -Abspaltung

a) Definition

Bei der Side-stream-Spaltung überträgt die Tochtergesellschaft ihr gesamtes Vermögen (Aufspaltung) oder einen Teil ihres Vermögens (Abspaltung) auf **eine oder mehrere unmittelbare oder mittelbare Schwestergesellschaft(en)**. 78

b) Unmittelbare Side-stream-Auf- und -Abspaltung

Bei der unmittelbaren Side-stream-Spaltung ist die **Muttergesellschaft Alleingesellschafterin aller Tochtergesellschaften**. In diesem Fall kommt die **Zweistufigkeitsfiktion gem § 36 Abs 4 zum Tragen.** 79

Bei der **Aufspaltung** kommt es bei der Muttergesellschaft zu einer **Umschichtung der Anschaffungskosten bzw des Buchwertes der untergehenden Beteiligung an der übertragenden Tochterkörperschaft nach dem Verkehrswertverhältnis des übertragenen Vermögens** auf die Beteiligungen an den übernehmenden Körperschaften (UmgrStR Rz 1760). 80

81 Bei der **Abspaltung** kommt es bei der Muttergesellschaft gem § 36 Abs 2 Z 2 iVm § 20 Abs 4 Z 3 zu einer **Abstockung der Anschaffungskosten bzw der Buchwerte der übertragenden Tochterkörperschaft** nach dem Verkehrswertverhältnis des übertragenen Vermögens zum verbleibenden Vermögen und zur entsprechenden Zuschreibung der Beteiligung an der oder den übernehmenden Körperschaft(en) (UmgrStR Rz 1761). S bei negativem Buchwert der Beteiligung an der übertragenden Körperschaft *Knapp/Six*, taxlex 2012, 102.

c) Mittelbare Side-stream-Auf- und -Abspaltung

82 Bei der mittelbaren Side-stream-Spaltung werden die Anteile an der spaltenden oder übernehmenden Körperschaft über eine oder mehrere Zwischengesellschaft(en) gehalten.

Sofern Anteile an die Anteilsinhaber der spaltenden Körperschaft gewährt werden, kommt die **Zweistufigkeitsfiktion gem § 36 Abs 4** zum Tragen.

83 Werden die **Anteile an der übernehmenden Körperschaft über eine Zwischengesellschaft** gehalten, ist bei dieser in Höhe der Wertumschichtung auf Ebene der Anteilsinhaber eine **Anteilszuschreibung bei der übernehmenden Körperschaft** und die Bildung einer entsprechenden Rücklage vorzunehmen (*Huber* in *W/H/M* VI § 36 Rz 37). Für die Anteilsinhaber der übertragenden Körperschaft gilt das unter Rz 81 Gesagte, wobei die **Aufstockung der Anteile an der Zwischengesellschaft** zu erfolgen hat.

Beispiel

Die A-GmbH hält 100 % an der B-GmbH und an der C-GmbH. Die C-GmbH hält wiederum 100 % an der D-GmbH. Die B-GmbH spaltet ihren Teilbetrieb 1 in die D-GmbH ab.

84 Werden die **Anteile an der übertragenden Körperschaft über eine Zwischengesellschaft** gehalten und keine Anteile an der übernehmenden Körperschaft an die Zwischengesellschaft gewährt, kommt es zur **steuerneutralen Teilwertabschreibung (Abspaltung) bzw in Höhe der untergehenden Beteiligung (Aufspaltung) zu einem steuerneutralen Buchverlust** (UmgrStR Rz 1762; siehe jedoch UmgrStR Rz 1764, wonach bei Fehlen unternehmensrechtlicher Begleitmaßnahmen eine verdeckte Gewinnausschüttung bei einer Aufspaltung in Höhe des durch die Abstockung der Beteiligung eingetretenen Buchverlustes vorliegt). **Unternehmensrechtlich** müssten von den Gesellschaftern der Zwischengesellschaft **Begleitmaßnahmen** erfolgen (rechtsverbindlich zugesagter Gesellschafterzuschuss, ordentliche Kapitalherabsetzung, Sachausschüttungsbeschluss). Bei der gemeinsamen Obergesellschaft (gemeinsame Anteilsinhaber) hat eine **Umschichtung iSv § 20 Abs 4 Z 3** zu erfolgen (UmgrStR Rz 1762).

D. Änderung der Qualifikation einer Beteiligung iSd § 31 EStG idF vor BudBG 2011

90 Gem § 36 Abs 4 ist § 5 anzuwenden. § 5 Abs 3 und 4 enthielten Regelungen in Bezug auf den **Wegfall und das Entstehen einer §-31-EStG-Beteiligung idF vor BudBG 2011**. § 5 Abs 3 und 4 wurden mit dem AbgÄG 2012 (BGBl I 2012/112) er-

satzlos **gestrichen** (s ausführlich § 5 Rz 111). Dies gilt für Umgründungen mit einem **Stichtag nach dem 31.3.2012.**

Die **Aufwertungsmöglichkeit gem § 5 Abs 4 idF vor AbgÄG 2012** bei einem Entstehen einer §-31-EStG-Beteiligung idF vor BudBG 2011 ist bereits für Spaltungen vor dem Stichtag 31.3.2012 nicht mehr gegeben, sofern Anteile nach dem 31.12.2010 entgeltlich erworben wurden (3. Teil Z 22). Dh, dass die in § 5 Abs 4 idF vor AbgÄG 2012 vorgesehene Aufwertung zum gemeinen Wert für Neuvermögen (nach dem 31.12.2010 entgeltlich erworbene Anteile im Privatvermögen) auch für Spaltungen mit einem Stichtag bis zum 31.3.2012 keine Anwendung mehr finden soll (ErlRV 1960 24. GP, 36).

Zur Qualifikation Neu- oder Altvermögen s Rz 19 ff. S zur Rechtslage vor AbgÄG 2012 1. Aufl § 5 Rz 112.

VI. Zuzahlungen (Abs 2)

A. Regelungsinhalt

Gem § 36 Abs 2 Z 1 **kürzen Zuzahlungen der beteiligten Körperschaften gem § 2 Abs 1 Z 3 SpaltG die Buchwerte oder Anschaffungskosten.** Eine Zuzahlung gem § 2 Abs 1 Z 3 SpaltG liegt vor (sog **Spitzenausgleich**): 110

- **Keine Übersteigung von 10 % des Gesamtbetrages des Nennwerts der gewährten Anteile**
- Leistung von der **übertragenden oder übernehmenden Körperschaft**
- Leistung an die **Anteilsinhaber der übertragenden Körperschaft**

Fraglich ist, ob eine solche Zuzahlung nur bei der **Aufspaltung oder aber auch bei der Abspaltung zulässig** ist. § 36 Abs 2 Z 1 bestimmt, dass bei einer Aufspaltung die Anteilsinhaber den Buchwert oder die Anschaffungskosten abzüglich erhaltener Zuzahlungen der beteiligten Körperschaften fortzuführen haben. Z 2 verweist bei einer **Abspaltung für die Bewertung der Anteile auf § 20 Abs 4 Z 3**. Aufgrund dessen, dass die Z 2 nur hinsichtlich der Bewertung eine Sonderregelung enthält (Verweis auf § 20 Abs 4 Z 3), sind **Zuzahlungen auch bei einer Abspaltung zulässig** (so auch *Hirschler* in H/M/H § 36 Rz 12; *Zöchling/Andreaus* in W/Z/H/K[5] § 36 Rz 17; so auch die UmgrStR Rz 1739; aA *Huber* in W/H/M VI § 36 Rz 478). 111

B. Behandlung beim empfangenden Anteilsinhaber

Wurde eine Zuzahlung gem § 2 Abs 1 Z 3 SpaltG geleistet, **kürzt diese die Anschaffungskosten bzw Buchwerte an der übernehmenden Körperschaft.** Dadurch kann es auch zu **negativen Anschaffungskosten bzw Buchwerten** kommen (UmgrStR Rz 1734). Die Zuzahlung ist demnach in einem ersten Schritt steuerneutral; durch die Kürzung der Anschaffungskosten bzw Buchwerte in den Neuanteilen ist die Zuzahlung **steuerhängig** (*Schlager* in HB Sonderbilanzen 247). Zu Ausgaben iZm Zuzahlungen s § 5 Rz 65. 112

C. Behandlung bei der leistenden Körperschaft

Diejenige **Körperschaft, die die Zuzahlung leistet**, kann diese **steuerlich nicht absetzen** (UmgrStR Rz 1734 mit der Begründung, dass es sich um einen **gesellschaftsrechtlich veranlassten Teil** der Gegenleistung für die Übernahme des Vermögens der übertragenden Körperschaft handelt). S aA § 5 Rz 66. Die Zuzahlungen haben keine Auswirkungen auf das Einlagenevidenzkonto (UmgrStR Rz 1734). 113

VII. Internationale Schachtelbeteiligung (Abs 5)
A. Allgemeines
1. Internationale Schachtelbeteiligung

115 Zum Vorliegen einer **internationalen Schachtelbeteiligung** iSd § 10 Abs 2 KStG s uA *Fürnsinn/Massoner* in *L/R/S/S*² § 10 Rz 57 ff. Zur Möglichkeit der Option auf Steuerwirksamkeit der Beteiligung s uA *Fürnsinn/Massoner* in *L/R/S/S*² § 10 Rz 107 ff.

2. Regelung

116 § 36 Abs 5 bestimmt analog zu den anderen Umgründungsarten, dass bei einem **Entstehen bzw einer Erweiterung einer internationalen Schachtelbeteiligung die stillen Reserven der bisher nicht steuerbegünstigten Beteiligung steuerhängig bleiben** und bei einem **Untergang einer internationalen Schachtelbeteiligung eine Aufwertung auf den höheren Teilwert** vorzunehmen ist. S § 5 Rz 141 ff.

3. Anwendungsbereich

117 § 36 Abs 5 bezieht sich ausschließlich auf die Anteilsinhaber **der spaltenden und übernehmenden Körperschaft** (für die übernehmende Körperschaft s § 34 Abs 3). § 36 Abs 5 ist bei **Auslandsspaltungen** gem § 32 Abs 1 Z 2 und bei **grenzüberschreitenden Spaltungen** relevant (UmgrStR Rz 1767; *Huber* in *W/H/M* VI § 36 Rz 38).

118 § 36 Abs 5 ist nur **relevant**, wenn es sich beim **Anteilsinhaber** um eine **Körperschaft iSd § 10 Abs 2 S 1 KStG** handelt und um eine internationale Schachtelbeteiligung, bei der **nicht zur Steuerwirksamkeit gem § 10 Abs 3 KStG** optiert wurde. S § 5 Rz 143 f.

B. Entstehen oder Erweiterung einer internationalen Schachtelbeteiligung
1. Regelung

119 § 36 Abs 5 Z 1 regelt das **Entstehen und die Beteiligungsausmaßveränderung von internationalen Schachtelbeteiligungen**. Rechtsfolge ist, dass hinsichtlich der bisher nicht steuerbegünstigten Beteiligungsquoten der **Unterschiedsbetrag zwischen den Buchwerten und den höheren Teilwerten steuerhängig** bleibt (**Ausnahme von der Substanzgewinnbefreiung** bei einer späteren Veräußerung gem § 10 Abs 3 KStG). Laut FV entsteht mangels eines Anschaffungstatbestandes bei den Anteilsinhabern der spaltenden bzw übernehmenden Körperschaft immer eine steuerneutrale internationale Schachtelbeteiligung, sodass eine Option zur Steuerwirksamkeit anlässlich der Spaltung nicht ausgeübt werden kann (UmgrStR Rz 1768; s dazu *Waitz-Ramsauer* in HB KonzernStR², 626; zur ausländischen Ab- oder Aufspaltung iZm optierten und nicht-optierten internationalen Schachtelbeteiligungen analog zur Verschmelzung s *Angerer/Hebenstreit/Ludwig*, RWZ 2014, 184).

Vor BGBl I 2003/71 kam es zu einer Teilwertabschreibungsfiktion gemäß § 10 Abs 2 Z 2 lit b KStG. S ausführlich § 5 Rz 144.

Der **Ersatz einer bestehenden internationalen Schachtelbeteiligung** durch eine neuerliche internationale Schachtelbeteiligung ist nicht als Untergang und Neuerwerb von Anteilen, sondern als **Beteiligungsfortsetzung** zu sehen (*Huber* in *W/H/M* VI § 36 Rz 40; *Hirschler* in *H/M/H* § 36 Rz 45; UmgrStR Rz 1769). Dementsprechend führen auch die neuen Anteile die Behaltefrist der Altanteile fort (*Hirschler* in H/M/H § 36 Rz 45).

2. Fallgruppen

Folgende **Fälle** sind denkbar (s auch § 5 Rz 156 ff): **120**

- Vor der Spaltung bestand **weder an der spaltenden noch an der übernehmenden Körperschaft eine internationale Schachtelbeteiligung.**

Beispiel

Die inländische A-GmbH ist an der ausländischen B-GmbH zu 9 % und an der ausländischen C-GmbH zu 4 % beteiligt. Durch die Abspaltung eines Teilbetriebes der C-GmbH in die B-GmbH ergibt sich nach der Spaltung ein Beteiligungsausmaß von 11 % an der B-GmbH. Die stillen Reserven in den Anteilen der spaltenden als auch der übernehmenden Körperschaft bleiben steuerhängig (UmgrStR Rz 1768).

- Vor der Spaltung bestand an der **übernehmenden Körperschaft keine internationale Schachtelbeteiligung.**

Beispiel

Die inländische A-GmbH ist an der ausländischen B-GmbH zu 100 % und an der ausländischen C-GmbH zu 4 % beteiligt. Durch die Abspaltung des Teilbetriebes der B-GmbH in die C-GmbH ergibt sich nach der Spaltung ein Beteiligungsausmaß von 25 % an der C-GmbH. In diesem Fall ist eine internationale Schachtelbeteiligung hinsichtlich der ursprünglichen 4 % entstanden. Die diesbezüglichen stillen Reserven bleiben steuerhängig.

- Vor der Spaltung bestand an der **spaltenden Körperschaft keine internationale Schachtelbeteiligung.**

Beispiel (UmgrStR Rz 1771)

Die inländische A-GmbH ist an der ausländischen B-GmbH zu 100 % und an der ausländischen C-GmbH zu 4 % beteiligt. Durch die Abspaltung des Teilbetriebes der C-GmbH in die B-GmbH erhöht sich das Beteiligungsausmaß an der B-GmbH nicht. Aufgrund einer nicht verhältniswahrenden Spaltung zur Aufnahme scheidet die A-GmbH als Gesellschafterin der C-GmbH aus. Die stillen Reserven der Beteiligung an der C-GmbH bleiben steuerhängig (UmgrStR Rz 1771).

- **Export-Spaltung** (s § 5 Rz 157).

3. Rechtsfolge

Die **Veräußerungsgewinnbefreiung** gem § 10 Abs 3 KStG ist auf den Unterschiedsbetrag zwischen den Buchwerten und den höheren Teilwerten nicht anzuwenden. Sollte der **Teilwert unter dem Buchwert** liegen, bleibt es bei der Wertefortführung und Konservierung latenter Verluste, die sich aufgrund der Steuerneutralität nach § 10 Abs 3 KStG nicht auswirken (s § 5 Rz 153). **121**

4. Zeitliche Aspekte

Die Ermittlung des Unterschiedsbetrages zwischen Buchwert und höherem Teilwert hat aufgrund der Rückwirkungsfiktion zum **Spaltungsstichtag** zu erfolgen (so auch *Huber* in W/H/M VI § 36 Rz 39; UmgrStR Rz 1768). **122**

123 Entsteht eine internationale Schachtelbeteiligung, beginnt die **einjährige Behaltefrist des § 10 Abs 2 KStG** aufgrund der Rückwirkung des Beteiligungserwerbs mit **Beginn des dem Spaltungsstichtag folgenden Tages** (UmgrStR Rz 1768; aA *Huber* in *W/H/M* VI § 36 Rz 39). Sollte bei einer internationalen Schachtelbeteiligung die einjährige Behaltefrist im Zeitpunkt der Spaltung noch nicht erfüllt sein, ändert dies nichts an der Steuerneutralität der Spaltung (*Hirschler* in *H/M/H* § 36 Rz 45; UmgrStR Rz 1769). Sofern die Behaltefrist in den Anteilen an der übertragenden Körperschaft bereits erfüllt ist, setzt sich diese in den Anteilen an der übernehmenden Körperschaft fort (UmgrStR Rz 1769).

C. Untergang einer internationalen Schachtelbeteiligung
1. Regelung
124 Sofern durch die Spaltung die Eigenschaft **als internationale Schachtelbeteiligung untergeht**, ist **der höhere Teilwert**, abzüglich aufgrund einer Umgründung nach UmgrStG von § 10 Abs 3 S 1 KStG ausgenommener Beträge, **als Buchwert** anzusetzen (§ 36 Abs 5 Z 2). Dadurch werden die bereits angesammelten **stillen Reserven entsteuert**.

2. Höherer Teilwert
125 Die Aufwertung ist nur auf den „**höheren Teilwert**" vorzunehmen (**positive stille Reserven**). Sollte der Buchwert über dem Teilwert liegen, ist der Buchwert fortzuführen. Dies führt zur Konservierung latenter Verluste, die im Realisierungsfall auch steuerlich wirksam sind (s § 5 Rz 169).

Der Buchwert vermindert sich um bis zum Spaltungsstichtag aufgrund einer Umgründung nach UmgrStG von **§ 10 Abs 3 erster Satz KStG ausgenommener Beträge** (s Aufzählung § 5 Rz 170). Zudem um **fiktive Teilwertabschreibungen** iSd UmgrStG idF vor dem BudBG 2003 und um **noch nicht nach § 26a Abs 16 KStG nachversteuerte tatsächliche Teilwertabschreibungen** (s § 5 Rz 170).

3. Zeitliche Aspekte
126 Es gilt gem § 36 Abs 5 Z 2 der **höhere Teilwert zum Spaltungsstichtag**.

Sollte die Eigenschaft als internationale Schachtelbeteiligung aufgrund der Spaltung **innerhalb der einjährigen Behaltefrist** wegfallen, so ändert dies nichts an der Anwendbarkeit der Vorschrift auf die **Aufwertung auf den Teilwert**; bis zur Veräußerung muss die einjährige Behaltefrist erfüllt sein (*Hirschler* in *H/M/H* § 36 Rz 55).

4. Ausnahmen
127 In **§ 36 Abs 5 Z 2 fehlt** der Bezug zur Option zur Steuerwirksamkeit. Unabhängig davon **scheidet eine Aufwertung aus**, wenn die Anteilsinhaber der spaltenden Körperschaft gem § 10 Abs 3 KStG für die gänzliche **Steuerhängigkeit der internationalen Schachtelbeteiligung optiert** haben (*Huber* in *W/H/M* VI § 36 Rz 40). Dasselbe gilt, wenn zwar formal eine internationale Schachtelbeteiligung vorliegt, jedoch **§ 10 Abs 4 KStG zur Anwendung** gelangt (UmgrStR Rz 1772; zu § 10 Abs 4 KStG s allgemein uA *Fürsinn/Massoner* in *L/R/S/S*², § 10 Rz 137 ff). S § 5 Rz 168.

Behandlung der Anteilsinhaber bei einer nicht verhältniswahrenden Spaltung
§ 37. (1) Bei einer nicht unter § 36 fallenden Auf- oder Abspaltung gilt die spaltungsplanmäßige oder spaltungs- und übernahmsvertragsmäßige Anteilsaufteilung zwischen den Anteilsinhabern der spaltenden Körperschaft als Anteilstausch nach Durchführung einer Spaltung im Sinne des § 36.

(2) ¹Tauschvorgänge im Sinne des Abs. 1, die ohne oder ohne wesentliche Zuzahlung (Abs. 4) erfolgen, gelten nicht als Veräußerung und Anschaffung. ²Die Anteile an den neuen oder übernehmenden Körperschaften gelten mit Beginn des dem Spaltungsstichtag folgenden Tages als erworben. ³Für neue Anteile sind die Anschaffungszeitpunkte der alten Anteile maßgeblich.

(3) ¹Der Anteilsinhaber hat den Buchwert oder die Anschaffungskosten der im Sinne des Abs. 1 hingegebenen Anteile fortzuführen und den eingetauschten Anteilen entsprechend den Wertverhältnissen zuzuordnen. ²§ 5 ist anzuwenden.

(4) ¹Zuzahlungen von Anteilsinhabern sind nicht wesentlich, wenn sie ein Drittel des gemeinen Wertes der in Anteilen empfangenden Gegenleistung des Zahlungsempfängers nicht übersteigen. ²Abweichend von Abs. 2 gilt in diesem Fall die Zahlung beim Empfänger als Veräußerungsentgelt und beim Leistenden als Anschaffung.

[idF BGBl I 2012/112]

Rechtsentwicklung

BGBl 1991/699 (UmgrStG; RV 266 AB 354 BlgNR 18. GP) (Stammfassung – Regelung zur Steuerspaltung); BGBl 1993/818 (StRefG 1993; RV 1237 AB 1301 BlgNR 18. GP) (Regelung zur Steuerspaltung); BGBl 1996/797 (AbgÄG 1996; RV 497 AB 552 BlgNR 20. GP) (grundlegende Novelle des Art VI); BGBl I 2003/71 (BudBG 2003; RV 59 AB 111 BlgNR 22. GP) (Änderung der Überschrift); BGBl I 2007/24 (BudBG 2007; RV 43 AB 67 BlgNR 23. GP) (Änderung des § 37 Abs 2 – Rückwirkung auf Anteilsinhaberebene für Stichtage nach dem 31.12.2006); BGBl I 2012/112 (AbgÄG 2012; RV 1960 AB 1977 BlgNR 24. GP) (Klarstellung hinsichtlich neuer Kapitalbesteuerung).

Übersicht

I.	Allgemeines	
	A. Anwendungsbereich	1–3
	B. Gesellschaftsrecht	4
II.	Fiktion eines Anteilstausches und Bewertung der eingetauschten Anteile (Abs 1 und Abs 3)	
	A. Allgemeines	10–12
	B. Spaltung zur Neugründung	13
	C. Spaltung zur Aufnahme	14
III.	Nichtvorliegen eines Tausches (Abs 2)	
	A. Steuerneutralität	
	1. Voraussetzung der Steuerneutralität	20
	2. Spaltungsplan- oder spaltungs- und übernahmsvertragsmäßige Anteilsaufteilung	21
	3. Übertragung zwischen den Anteilsinhabern der spaltenden Körperschaft	22–25
	B. Rückwirkung	30
	C. Eintritt in Fristenlauf	31, 33
IV.	Zuzahlungen (Abs 4)	
	A. Allgemeines	35
	B. Nicht wesentliche Zuzahlung	36–38
	C. Rechtsfolge	39, 40

I. Allgemeines
A. Anwendungsbereich

1 §§ 36 und 37 regeln die **steuerliche Behandlung der Anteilsinhaber** (der übertragenden und übernehmenden Körperschaft) bei einer Ab- und Aufspaltung. Sie sehen die grundsätzliche **Steuerneutralität** des **Austausches von Anteilen** vor.

§ 36 ist bei einer verhältniswahrenden und § 37 bei einer nicht verhältniswahrenden Spaltung anzuwenden.

2 Eine **nicht verhältniswahrende Spaltung** liegt vor, wenn die Anteile an der(n) neuen oder übernehmenden Körperschaft(en) den Anteilsinhabern der spaltenden Körperschaft **nicht in dem Verhältnis zugeteilt** werden, **das ihrer Beteiligung vor der Spaltung** entspricht (UmgrStR Rz 1729; zur Definition der verhältniswahrenden Spaltung s § 36 Rz 3). Dies kann so weit führen, dass es zu einer **Entflechtung der Gesellschafterstruktur** kommt (zu Gestaltungsvarianten iRv Unternehmensverkäufen s *Pirklbauer*, SWK S 959 ff). Entscheidend ist die **relative Beteiligungsquote der „Altgesellschafter" zueinander** und nicht deren absolute Beteiligung nach der Spaltung (*Huber* in *W/H/M* VI § 37 Rz 3).

S zur Frage, ob bei einer Änderung von bestimmten Gesellschafterrechten (zB Stimmrechte) eine verhältniswahrende Spaltung vorliegt oder nicht, § 36 Rz 3.

3 § 37 verweist auf § 36, sodass **sämtliche Bestimmungen des § 36** anwendbar sind. § 37 enthält lediglich Bestimmungen, die sich auf die entflechtende (nicht verhältniswahrende) Spaltung beziehen, dh auf den **Tauschvorgang**, der **zwischen den Anteilsinhabern der spaltenden Körperschaft** stattfindet.

B. Gesellschaftsrecht

4 Gesellschaftsrechtlich ist die nicht verhältniswahrende Spaltung in **§ 8 Abs 3 SpaltG** geregelt. Voraussetzung ist die **Zustimmung von neun Zehntel des gesamten Nennkapitals**. Diejenigen, die nicht zustimmen bzw dem Spaltungsbeschluss widersprechen, steht gem § 9 Abs 1 SpaltG ein Anspruch auf **Barabfindung** ihrer Anteile zu. Zur steuerlichen Behandlung der Barabfindung s § 38 Rz 10 ff.

II. Fiktion eines Anteilstausches und Bewertung der eingetauschten Anteile (Abs 1 und Abs 3)
A. Allgemeines

10 Grundsätzlich hat der Anteilsinhaber gem § 37 Abs 3 den Buchwert oder die Anschaffungskosten der iSd **§ 37 Abs 1 hingegebenen Anteile fortzuführen** und den eingetauschten Anteilen entsprechend den Wertverhältnissen zuzuordnen. Die gem § 37 Abs 1 hingegebenen Anteile sind diejenigen, die der Anteilsinhaber gem **§ 36 fiktiv erworben** hat (*Huber* in *W/H/M* VI § 37 Rz 15). Dementsprechend sind bei der nicht verhältniswahrenden Spaltung stets die **Buchwerte bzw Anschaffungskosten in einem ersten Schritt gem § 36** zu ermitteln (so auch § 37 Abs 1 – die Anteilsaufteilung zwischen den Anteilsinhabern der spaltenden Körperschaft gilt als Anteilstausch nach Durchführung einer Spaltung iSd § 36).

11 Im Gegensatz zum Spaltungsrecht, welches die im Spaltungs- und Übernahmevertrag festgelegten Beteiligungsverhältnisse mit der Eintragung des Spaltungsbeschlusses im Firmenbuch ex lege eintreten lässt, erfolgt die **steuerliche Beurteilung in mehreren gedanklichen Schritten** zwecks **schrittweiser Ermittlung der**

jeweiligen steuerlich maßgebenden Anschaffungskosten und Feststellung einer allfälligen Äquivalenzverletzung (*Christiner/Wiesner*, RWZ 2001, 68).

Der Verweis des § 37 Abs 3 auf § 5 umfasst überdies die dortigen **Sonderbewertungsregeln** für die Fälle, dass durch den Anteilstausch bestimmte Beteiligungen oder internationale Schachtelbeteiligungen entstehen oder wegfallen (*Huber* in W/H/M VI § 37 Rz 17; *Zöchling/Andreaus* in W/Z/H/K⁵ § 37 Rz 14; ausführlich *Hirschler* in H/M/H § 37 Rz 14 ff). **12**

B. Spaltung zur Neugründung

Bei der **Spaltung zur Neugründung** kommt es zur **Zweistufigkeitsfiktion** (UmgrStR 1736): **13**

- In einem **ersten Schritt** ist von einer (Teil)Aufgabe der Beteiligung an der spaltenden Körperschaft gegen **Gewährung von quotengleichen Anteilen an der oder den neuen Körperschaft(en)** auszugehen. Die Anschaffungskosten bzw Buchwerte sind zunächst wie bei der verhältniswahrenden Spaltung iSd **§ 20 Abs 4 Z 3** zu ermitteln. Etwaige **spaltungsrechtlich zulässige Zuzahlungen** iSd § 36 Abs 2 Z 1 führen zu einer Minderung der Anschaffungskosten bzw Buchwerte der Anteile an der fiktiven Körperschaft.
- In einem **zweiten Schritt** werden die verhältniswahrend zugeteilten Anteile der neuen Körperschaft(en) **spaltungsplangemäß zwischen den Gesellschaftern der spaltenden Körperschaft getauscht**. Dabei sind die im ersten Fiktionsschritt ermittelten Anschaffungskosten bzw Buchwerte auf die im zweiten Fiktionsschritt eingetauschten Anteile **entsprechend dem Verhältnis der Verkehrswerte** zu übertragen. Beispiel s UmgrStR Rz 1736.

C. Spaltung zur Aufnahme

Bei der **Spaltung zur Aufnahme** kommt es zur **Dreistufigkeitsfiktion** (UmgrStR Rz 1752): **14**

- In einem **ersten Schritt** ist von einer (Teil)Aufgabe der Beteiligung an der spaltenden Körperschaft gegen **Gewährung von quotengleichen Anteilen an der oder den neuen fiktiven Körperschaft(en)** auszugehen. Die Anschaffungskosten bzw Buchwerte sind zunächst wie bei der verhältniswahrenden Spaltung iSd **§ 20 Abs 4 Z 3** zu ermitteln. Etwaige **spaltungsrechtlich zulässige Zuzahlungen** iSd § 36 Abs 2 Z 1 führen zu einer Minderung der Anschaffungskosten bzw Buchwerte der Anteile an der fiktiven Körperschaft.
- In einem **zweiten Schritt** wird die **fiktiv neu gegründete Körperschaft auf die übernehmende Körperschaft fiktiv verschmolzen**. Hierbei ist hinsichtlich der Bestimmungen der Anschaffungskosten bzw Buchwerte § 5 anzuwenden. Mangels fremder Anteilsinhaber der übernehmenden Körperschaft kommt einer Prüfung der **Äquivalenzfrage iSd § 6 Abs 2** im Hinblick darauf, dass gem § 17 SpaltG (analog zum Verschmelzungsrecht) ein **Umtauschverhältnis zu bestimmen** ist, **keine Bedeutung** zu (*Christiner/Wiesner*, RWZ 2001, 68).
- In einem **dritten Schritt** erfolgt der **Anteilstausch zwischen den Gesellschaftern der spaltenden Körperschaft**. Die Werte der hingegebenen Anteile sind auf die eingetauschten Anteile entsprechend dem Verkehrswertverhältnis zu übertragen. Beispiel s UmgrStR Rz 1752.

III. Nichtvorliegen eines Tausches (Abs 2)
A. Steuerneutralität
1. Voraussetzung der Steuerneutralität

20 Für die **Steuerneutralität des Tauschvorganges** der Anteile zwischen den Anteilsinhabern der spaltenden Körperschaft müssen gem § 37 Abs 1 folgende Voraussetzungen vorliegen:

- **spaltungsplan- oder spaltungs- und übernahmsvertragsmäßige Anteilsaufteilung**
- zwischen den **Anteilsinhabern der spaltenden Körperschaft**
- **ohne oder ohne wesentliche Zuzahlung** (s Rz 35 ff).

Sind die Voraussetzungen gegeben, ist zwischen den Anteilsinhabern ertragsteuerlich **kein Veräußerungs- und Anschaffungsvorgang** gegeben (*Huber* in *W/H/M* VI § 37 Rz 10 mit Verweis auf BMF 6.7.1999, ARD 5057/24/99).

2. Spaltungsplan- oder spaltungs- und übernahmsvertragsmäßige Anteilsaufteilung

21 Eine spaltungsplan- oder spaltungs- und übernahmsvertragsmäßige Anteilsaufteilung liegt vor, wenn die Anteilsaufteilung in das **Firmenbuch auf Rechtsgrundlage der Spaltung** und nicht auf anderer Rechtsgrundlage eingetragen wird (*Huber* in *W/H/M* VI § 37 Rz 5 mit Verweis auf OGH 25.9.1997, 627/97, RdW 1998, 74, wonach ein zwar im Spaltungsplan vorgesehener, jedoch mittels eigenen Abtretungsverträgen geregelter Anteilstausch stattgefunden hat; eine solche Anteilsabtretung fällt nicht unter Art VI). Eine dem **Spaltungsplan bzw dem Spaltungs- und Übernahmevertrag widersprechende Anteilsaufteilung** unterliegt **nicht den Begünstigungen** des § 37 und führt zur Steuerpflicht der plan- bzw vertragswidrigen Anteilsaufteilung (*Hirschler* in *H/M/H* § 37 Rz 2, wonach jene Anteilsinhaber, deren Beteiligungsquoten den im Spaltungsplan bzw Spaltungs- und Übernahmevertrag vorgesehenen Quoten entsprechen, in den Genuss des § 37 kommen).

3. Übertragung zwischen den Anteilsinhabern der spaltenden Körperschaft

22 Es dürfen die Anteile **ausschließlich zwischen den Anteilsinhabern der spaltenden Körperschaft** getauscht werden. Sind die Anteilsinhaber der spaltenden Körperschaft zugleich **Anteilsinhaber der übernehmenden Körperschaft**, können sowohl ihre Anteile an der spaltenden als auch ihre Anteile an der übernehmenden Körperschaft steuerneutral ausgetauscht werden (*Huber* in *W/H/M* VI § 37 Rz 6 mit Verweis auf ErlRV 266 zu § 36 Abs 1 UmgrStG in der Stammfassung; *Hirschler* in *W/H/M* § 37 Rz 4; *Zöchling/Andreaus* in *W/Z/H/K*[5] § 37 Rz 6; *Schneider*, SWK 1992, A I 358; *Schwarzinger/Wiesner* II[2] 673).

Das Gleiche gilt mE auch, sofern die spaltenden Anteilsinhaber an anderen Körperschaften als an der übernehmenden Körperschaft beteiligt sind (zB Muttergesellschaft). Dadurch, dass der **Wortlaut des Gesetzes keine Einschränkung** dahingehend vornimmt und ausdrücklich normiert, dass eine Anteilsaufteilung zwischen den Anteilsinhabern der spaltenden Körperschaft vorzuliegen hat, spricht nichts dagegen, wenn **Anteile an anderen Körperschaften getauscht werden** (sofern diese von den Anteilsinhabern der spaltenden Körperschaft gehalten werden); aA *Huber* in *W/H/M* VI § 37 Rz 6: der Austausch von Anteilen an anderen Gesellschaften (zB Mutter- oder Schwestergesellschaften) stellt – auch wenn sie im Spaltungsvertrag vorgesehen ist – keine steuerneutrale Anteilsaufteilung gem § 37 Abs 1 dar, sondern ist als Sach-„Zuzahlung" gem § 37 Abs 4 zu beurteilen; mit Verweis auf *Hirschler* in *H/M/H* § 37 Rz 2).

Soweit **Anteilsverschiebungen von Anteilsinhabern der übernehmenden Körperschaft** (soweit sie nicht Anteilsinhaber der spaltenden Körperschaft sind) erfolgen, unterliegen diese der **allgemeinen ertragsteuerlichen Behandlung** von Tauschvorgängen. Darüber hinaus wird für diesen Fall die gänzliche **Unanwendbarkeit von Art VI auf Gesellschafterebene** vertreten (*Hirschler* in *H/M/H* § 37 Rz 2). 23

Der Anteilstausch ist nur dann steuerneutral, wenn **keine oder keine wesentliche Zuzahlung** erfolgt. Die Definition der „nicht wesentlichen" Zuzahlung ist in § 37 Abs 4 zu finden (s Rz 35 ff). Sofern eine **wesentliche Zuzahlung** geleistet wird, ist sowohl hinsichtlich des Anteilstauschs als auch hinsichtlich der wesentlichen Zuzahlung ein Veräußerungs- und Anschaffungsvorgang gegeben, der gem §§ 27, 27a oder 6 Z 14 EStG bzw den sonstigen steuerlichen Bestimmungen Steuerpflicht auslösen kann (*Huber* in *W/H/M* VI § 37 Rz 12). Eine **nicht wesentliche Zuzahlung** gilt gem § 37 Abs 4 als – **steuerpflichtiges – Veräußerungsentgelt** (s Rz 36 ff). 24

Es ist keine Voraussetzung der Steuerneutralität gem § 37 Abs 2, dass der Anteilstausch wertgleich zu erfolgen hat. Erfolgt eine nicht verhältniswahrende Spaltung mit einem Tausch von **Anteilen mit unterschiedlichen Verkehrswerten**, führt dies lediglich zur Rechtsfolge der **Äquivalenzverletzung** (UmgrStR Rz 1738; *Hirschler* in *H/M/H* § 37 Rz 8; s § 38 Rz 20 ff). **Art VI bleibt anwendbar.** 25

In § 37 Abs 2 idF vor BGBl 1996/797 war Voraussetzung der Steuerneutralität, dass der gemeine Wert der eingetauschten Anteile dem gemeinen Wert der erhaltenen Anteile einschließlich der zulässigen Ausgleichszahlung entsprach (vgl ausführlich *Huber* in *W/H/M* § 37 Rz 12).

B. Rückwirkung

Entsprechend § 36 Abs 1 gelten die Anteile an der(n) neuen oder übernehmenden Körperschaft(en) mit **Beginn des dem Spaltungsstichtag folgenden Tages** als erworben (§ 37 Abs 2). S § 36 Rz 17 f. 30

C. Eintritt in Fristenlauf

Gem § 37 Abs 2 letzter Satz sind für die **neuen Anteile die Anschaffungszeitpunkte der alten Anteile** maßgeblich. Die Neufassung dieses letzten Satzes erfolgte mit AbgÄG 2012 (BGBl I 2012/112) und tritt anstelle des folgenden Wortlauts: „*Neue Anteile treten für Zwecke der Anwendung der Fristen der §§ 30 und 31 des Einkommensteuergesetzes 1988 an die Stelle der alten Anteile*". Die Neuregelung ist erstmals auf Spaltungen anzuwenden, denen ein **Stichtag nach dem 31.3.2012** zu Grunde liegt (3. Teil Z 21). Siehe für Spaltungen mit einem **Stichtag bis zum 31.3.2012** 1. Aufl, wobei dieselben Prinzipien gelten (s KESt-Erlass, GZ BMF-010203/0107-VI/6/2012, Kap 1.1.1.3). Die Neufassung iSd AbgÄG 2012 soll lediglich eine Klarstellung der bereits vertretenen Sichtweise zur Rechtslage vor AbgÄG 2012 sein (*Schlager*, RWZ 2012, 194). 31

S ausführlich § 36 Rz 19 ff.

33 **Verkehrsteuerliche Behaltefristen** (zB solche für Gesellschaftsteuer, Grunderwerbsteuer) beginnen mit dem zivilrechtlichen Anteilserwerb zu laufen (*Huber* in *W/H/M* VI § 37 Rz 11 mit Verweis auf BMF 6.7.1999, ARD 5057/24/99).

Aufgrund des Zinsabzugsverbots bei konzerninternen Beteiligungserwerben gem § 11 Abs 1 Z 4 KStG ist folgende BMF-Meinung relevant: wurden die Anteile an der spaltenden Körperschaft fremdfinanziert, kommt es im Zuge der nicht verhältniswahrenden Spaltung zur Trennung von Kapitalanteil und für die Anschaffung desselben aufgenommenes Fremdkapital. Dadurch sind die Zinsen nach dem Anteilstausch steuerlich abzugsfähig. Dies gilt jedoch nur für diejenigen Anteile, die getauscht werden. Bei einer verhältniswahrenden Spaltung sollen die Zinsen weiterhin nicht abzugsfähig sein (vgl *Hirschler* in *H/M/H* § 37 Rz 3; *Huber* in *W/H/M* VI § 37 Rz 11 mit Verweis auf BMF 18.11.1998, RdW 1999, 118; ARD 5004/33/99; BMF 25.2.1998, SWK 1998, 298).

IV. Zuzahlungen (Abs 4)
A. Allgemeines

35 Die Zuzahlungen gem § 37 Abs 4 unterscheiden sich von den Zuzahlungen gem § 36 Abs 2 Z 1, indem sie **gesellschaftsrechtlich nicht beschränkt** sind (Zuzahlungen iSd § 36 Abs 2 Z 1 iVm § 2 Abs 1 Z 3 SpaltG sind gesellschaftsrechtlich mit 10 % des auf die gewährten Anteile entfallenden anteiligen Betrags des Nennkapitals beschränkt). Zudem sind Zuzahlungen gem **§ 37 Abs 4 als Veräußerungsentgelt steuerpflichtig**. Zuzahlungen gem § 36 Abs 2 Z 1 sind „nur" von den Anschaffungskosten bzw Buchwerten in Abzug zu bringen.

Bei den Zuzahlungen ist zu unterscheiden: **Nicht wesentliche Zuzahlungen** (solche gem § 37 Abs 4) sind für den steuerneutralen Anteilstausch nicht hinderlich. **Wesentliche Zuzahlungen** führen zu einem **steuerpflichtigen Anteilstausch**.

B. Nicht wesentliche Zuzahlung

36 Nicht wesentliche Zuzahlungen liegen vor (§ 37 Abs 4):
- wenn die **Zahlung durch Anteilsinhaber** erfolgt und
- die Zahlung ein **Drittel des gemeinen Werts der in Anteilen empfangenen Gegenleistung des Zahlungsempfängers nicht übersteigt**.

37 Fraglich ist, wer unter **Anteilsinhaber** gem § 37 Abs 4 verstanden wird. Die UmgrStR gehen von einem weiten Begriff aus und subsumieren alle Anteilsinhaber der an der Spaltung beteiligten Körperschaften unter diesen Begriff (UmgrStR Rz 1737). Damit sind auch die **Anteilsinhaber der übernehmenden Körperschaft** gemeint. *Huber* dagegen geht davon aus, dass sich § 37 Abs 4 nur auf **Zuzahlungen von Anteilsinhabern der spaltenden Körperschaft** bezieht (*Huber* in *W/H/M* VI § 37 Rz 20 – Zuzahlungen von Anteilsinhabern der übernehmenden Körperschaft sind außerhalb des § 37 gem § 5 Abs 1 zu beurteilen). Aufgrund des Wortlauts von Abs 4 ist mE dem weiteren Verständnis der Vorzug zu geben, sodass auch **Anteilsinhaber der übernehmenden Körperschaft Zuzahlungen iSd § 37 Abs 4** leisten können. Zudem soll es insb bei Konzernumgründungen gleichgültig sein, von wem die Zuzahlung erfolgt.

38 Die Zuzahlung darf ein **Drittel des gemeinen Werts der vom Zuzahlungsempfänger** erhaltenen (eingetauschten) Anteile nicht übersteigen (UmgrStR

Rz 1737). Die **Zuzahlung selbst** zählt **nicht zur Bemessungsgrundlage für die „Drittelgrenze"**. Als gemeiner Wert der Anteile ist der **Verkehrswert iSd Einzelveräußerungspreises** und nicht iSd BewG (Schätzwert nach „Wiener Verfahren") zu verstehen (*Huber* in *W/H/M* VI § 37 Rz 21).

Die Zuzahlung muss **nicht in Geld** geleistet werden. Sie kann auch aus Sachleistungen (zB Anteile) bestehen. *Hirschler* sieht die Gegenleistung für den **Erhalt von Sonderrechten** (zB Einräumung eines Vetorechts, Stimmrechts) als **Zuzahlung iSd § 37 Abs 4** (*Hirschler* in *H/M/H* § 37 Rz 1).

C. Rechtsfolge

Erfolgt eine unwesentliche Zuzahlung, bleibt der Anteilstausch **steuerneutral**. Die 39
Zuzahlung selbst ist beim **Zuzahlungsempfänger als Veräußerungsentgelt** nach den jeweiligen steuerlichen Bestimmungen steuerpflichtig. Die tatsächliche Steuerpflicht hängt allerdings davon ab, dass der **Anteilstausch als solcher steuerbar** sein muss (unter Wegdenken von § 37 Abs 2) (*Hirschler* in *H/M/H* § 37 Rz 13). Dadurch, dass es sich um einen **Spitzenausgleich** handelt, findet ein **anteiliger Buchwert- oder Anschaffungskostenabzug** nicht statt. Solange somit die **Zuzahlung in den stillen Reserven Deckung** findet, ist sie **steuerpflichtig** (*Huber* in *W/H/M* VI § 37 Rz 23; *Hirschler* in *H/M/H* § 37 Rz 13). Auf die Bewertung der eingetauschten Anteile hat die Zuzahlung keinen Einfluss, da sie die **Anschaffungskosten bzw Buchwerte nicht verändert** (aufgrund des Spitzenausgleichs – siehe *Huber* in *W/H/M* VI § 37 Rz 24).

Auf Seite des **Zuzahlungsleistenden** stellt die Zuzahlung gem § 37 Abs 4 **zusätzliche Anschaffungskosten** der erhaltenen Anteile dar.

Wesentliche Zuzahlungen hingegen sind **steuerschädlich und schließen die Anwendung von § 37 Abs 2 aus**. Der Anteilstausch fällt weder für den zahlenden noch 40
empfangenden Gesellschafter unter Art VI, sondern es liegt ein unter den Tauschgrundsatz des § 6 Z 14 lit a EStG fallender Veräußerungs- und Anschaffungsvorgang vor (UmgrStR Rz 1737). Es ist jedoch nur der **Anteilstausch im Ausmaß der Abweichung von einer verhältniswahrenden Spaltung** steuerpflichtig (*Huber* in *W/H/M* VI § 37 Rz 26). Dh der **Austausch der Anteile gem § 36** (als verhältniswahrende Spaltung) ist **nicht steuerpflichtig**. Die sonstigen Bestimmungen des Art VI sind anwendbar (Steuerneutralität auf Gesellschaftsebene).

Sonstige Rechtsfolgen der Spaltung

§ 38. (1) Die spaltende Körperschaft bleibt bis zur Eintragung der Spaltung in das Firmenbuch Arbeitgeber im Sinne des § 47 des Einkommensteuergesetzes 1988. Dies gilt auch für die Beurteilung von Tätigkeitsvergütungen als solche im Sinne des § 22 Z 2 des Einkommensteuergesetzes 1988.

(2) Die Annahme eines Barabfindungsangebotes (§ 9 SpaltG) gilt als Anteilsveräußerung. Beim Erwerber gilt der Spaltungsstichtag als Anschaffungstag der Anteile.

(3) Spaltungen gelten nicht als steuerbare Umsätze im Sinne des Umsatzsteuergesetzes 1994; neue oder übernehmende Körperschaften treten für den Bereich der Umsatzsteuer unmittelbar in die Rechtsstellung der übertragenden Körperschaft ein.

(4) Erfolgen die spaltungsplanmäßigen Anteilstauschvorgänge außerhalb des § 37 Abs. 2 nicht wertgleich, ist § 6 Abs. 2 anzuwenden.

(5) Spaltungen nach § 32 sind von den Kapitalverkehrsteuern befreit, wenn
- bei Aufspaltungen die spaltende Körperschaft am Tag der Anmeldung der Spaltung zur Eintragung in das Firmenbuch länger als zwei Jahre besteht und
- bei Abspaltungen das zu übertragende Vermögen am Tag der Anmeldung der Spaltung zur Eintragung in das Firmenbuch länger als zwei Jahre als Vermögen der spaltenden Körperschaft besteht.

(6) Werden auf Grund einer Spaltung im Sinne des § 32 Erwerbsvorgänge nach § 1 des Grunderwerbsteuergesetzes 1987 verwirklicht, so ist die Grunderwerbsteuer gemäß § 4 in Verbindung mit § 7 des Grunderwerbsteuergesetzes 1987 zu berechnen.

[idF BGBl I 2015/118]

Rechtsentwicklung

BGBl 1991/699 (UmgrStG; RV 266 AB 354 BlgNR 18. GP) (Stammfassung – Regelung zur Steuerspaltung); BGBl 1993/818 (StRefG 1993; RV 1237 AB 1301 BlgNR 18. GP) (Regelung zur Steuerspaltung); BGBl 1996/797 (AbgÄG 1996; RV 497 AB 552 BlgNR 20. GP) (grundlegende Novelle des Art VI); BGBl I 2015/118 (StRefG 2015/2016; RV 684 AB 750 BlgNR 25. GP) (Änderung des Abs 6).

Übersicht

I.	Allgemeines	1
II.	Übertragende Körperschaft als Arbeitgeber (Abs 1)	
	A. Keine Rückwirkung	2, 3
	B. Wesentlich beteiligte Gesellschafter-Geschäftsführer	4–6
III.	Barabfindungsangebot (Abs 2)	10–13
IV.	Umsatzsteuer (Abs 3)	
	A. Kein steuerbarer Umsatz	15, 16
	B. Keine Rückwirkung	17
V.	Äquivalenzverletzung (Abs 4)	
	A. Anwendungsbereich	20, 21
	B. Verweis auf § 6 Abs 2	22–24
	C. Steuerliche Folgen	25, 26
VI.	Gesellschaftsteuer (Abs 5)	
	A. Anwendungsbereich	30–32
	B. Unterscheidung zwischen Auf- und Abspaltung	33–35
	C. Ausnahme gem § 6 Abs 1 Z 3 KVG	36, 37
VII.	Grunderwerbsteuer (Abs 6)	
	A. Anwendungsbereich	40
	B. Anteilsvereinigung und -übertragung	41
	C. Keine Rückwirkung	42

I. Allgemeines

§ 38 behandelt die **sonstigen Rechtsfolgen der Spaltung**. Es sind Erleichterungen im Hinblick auf Verkehrsteuern (Abs 5 und 6), Umsatzsteuer (Abs 3) und Lohnsteuer (Abs 1) vorgesehen. Zudem sind die steuerlichen Rechtsfolgen der **Barabfindung (Abs 2) sowie der Äquivalenzverletzung (Abs 4)** geregelt. Sämtliche Bestimmungen – mit Ausnahme derjenigen zur Barabfindung – gleichen den Bestimmungen der anderen Art des UmgrStG. 1

Zu beachten ist, dass nicht nur im UmgrStG steuerrechtliche Sondernormen in Bezug auf Umgründungen zu finden sind (zB Sondernormen im StabAbgG). S ausführlich zur Auswirkung von Umgründungen auf die Stabilitätsabgabe *Kirchmayr/Hristov*, taxlex 2012, 81.

Aufwendungen im Zusammenhang mit Umgründungen stellen aufgrund der zwingenden Buchwertumgründung und der Bestimmung des § 11 Abs 1 Z 1 KStG unabhängig von der unternehmensrechtlichen Bilanzierung eine sofortige Betriebsausgabe dar (*Bertl/Hirschler*, RWZ 2013, 331).

II. Übertragende Körperschaft als Arbeitgeber (Abs 1)
A. Keine Rückwirkung

Hinsichtlich **Lohnsteuerangelegenheiten** der übertragenden Körperschaft ergibt sich **keine Rückwirkung**. Die übertragende Körperschaft behält die lohnsteuerliche Arbeitgeberstellung (§ 47 EStG) bis zum Tag der Firmenbucheintragung (*Huber* in *W/H/M* VI § 38 Rz 3). Das bedeutet, dass Lohnsteuer, Sozialversicherungsabgaben, Kommunalsteuer und andere lohnabhängige Abgaben **bis zur Eintragung der Spaltung im Firmenbuch** von der **übertragenden Körperschaft** einzubezahlen und abzuführen bzw zu tragen sind (*Hirschler* in *H/M/H* § 38 Rz 1). Mit dem Tag der Firmenbucheintragung geht die **Arbeitgebereigenschaft iSd § 47 EStG auf die neue oder übernehmende Körperschaft** über. Damit tritt die übernehmende Körperschaft als **zivilrechtlicher Gesamtrechtsnachfolger gem § 19 BAO** in die lohnsteuerlichen Verhältnisse der übertragenden Körperschaft ein (UmgrStR Rz 1777; allgemein zur Auswirkung auf die Lohnverrechnung s *Freudhofmeier*, FJ 2003, 286 ff). Zur lohnsteuerlichen Rechtsfolge s § 6 Rz 3. Zur **Kommunalsteuer** s § 6 Rz 6. 2

In der Verwaltungspraxis ist anerkannt, dass keine Bedenken bestehen, wenn der **Übergang der Arbeitgebereigenschaft** in Abstimmung mit der Abgabenbehörde mit dem der **Anmeldung zur Eintragung im Firmenbuch folgenden Lohnzahlungszeitraum** angenommen wird (UmgrStR Rz 1777). In der **Praxis** ist die Verständigung der betroffenen Behörde unter Vorlage einer Liste über die vom Wechsel betroffenen Arbeitnehmer zweckmäßig (*Huber* in *W/H/M* VI § 38 Rz 4 mit Verweis auf *Freudhofmeier*, FJ 2003, 286). 3

B. Wesentlich beteiligte Gesellschafter-Geschäftsführer

§ 38 Abs 1 S 2 normiert, dass für die Beurteilung von **Tätigkeitsvergütungen wesentlich beteiligter Gesellschafter-Geschäftsführer** der übertragenden Körperschaft nach § 22 Z 2 EStG auch auf die **Eintragung der Spaltung im Firmenbuch** abzustellen ist (dh **keine Rückwirkung**). 4

Gem § 22 Z 2 EStG liegen **Einkünfte aus selbständiger Arbeit** vor, wenn eine Person Gehälter oder sonstige Vergütungen von einer Kapitalgesellschaft iRe Dienstverhältnisses erhält und an dieser Kapitalgesellschaft mit **mehr als 25 % am Grund- oder Stammkapital** beteiligt ist. S dazu ausführlich Jakom[10]/*Vock* § 22 Rz 106 ff.

Es kann vorkommen, dass aufgrund einer Spaltung eine **Änderung der Einkunftsart** (von selbständig [§ 22 Z 2 EStG] auf unselbständig [§ 25 Abs 1 Z 1 lit b EStG] oder umgekehrt) verbunden ist. § 38 führt diesbezüglich an, dass für die Beurteilung der Tätigkeitsvergütung **keine Rückwirkung** gegeben ist.

Bei einer **verhältniswahrenden Abspaltung** ergeben sich keine Rechtsfolgen hinsichtlich der bestehen bleibenden Gesellschafter-Geschäftsführungsverhältnisse der abspaltenden Körperschaft, da mangels Änderung der Beteiligungsquote weder für Fremd-Geschäftsführer noch für Gesellschafter-Geschäftsführer eine Änderung der Einkunftsart eintreten kann (*Hirschler*, taxlex 2008, 90).

5 Bei einer **Beendigung des arbeitsrechtlichen Dienstverhältnisses** (wenn die bisher < 25 %-Beteiligung zu einer mindestens 50 %-Beteiligung wird) unterliegt die damit fällige Abfertigungszahlung der Besteuerung nach **§ 67 Abs 3 EStG** (*Hirschler*, taxlex 2008, 90 mit Verweis auf LStR Rz 1074; *Hirschler*, taxlex 2005, 431).

6 Maßgeblich für die Änderung der Einkunftsart ist der **Tag der Eintragung der Spaltung ins Firmenbuch** (UmgrStR Rz 1778).

In der Praxis erfolgt der Wechsel von Einkünften aus selbständiger zu solcher aus unselbständiger Arbeit bzw umgekehrt mit dem der Eintragung der Spaltung im **Firmenbuch folgenden Gehaltszahlungszeitraum** bzw bei längerem Gehaltszahlungszeitraum mit dem Folgemonat (*Hirschler* in H/M/H § 38 Rz 2).

III. Barabfindungsangebot (Abs 2)

10 Gem § 38 Abs 2 gilt die **Annahme eines Barabfindungsangebotes** gem § 9 SpaltG als **Anteilsveräußerung**. Beim Erwerber gilt **der Spaltungsstichtag** als **Anschaffungstag der Anteile**.

Ein Barabfindungsangebot steht den Anteilsinhabern bei einer **nicht verhältniswahrenden Spaltung** (§ 9 SpaltG) und einer **rechtsformübergreifenden Spaltung** (§ 11 SpaltG) zu, sofern der Anteilsinhaber gegen den Spaltungsbeschluss Widerspruch zur Niederschrift erklärt. Bei der nicht verhältniswahrenden Spaltung ist die Zustimmung von neun Zehntel des gesamten Nennkapitals Voraussetzung (§ 8 Abs 3 SpaltG). Dementsprechend kommt die Abfindungsmöglichkeit maximal für Minderheitsgesellschafter bis zu 10 % zum Tragen.

11 Auch wenn das Barabfindungsangebot aufgrund einer **rechtsformübergreifenden Spaltung** (§ 11 SpaltG) nicht explizit in § 38 Abs 2 genannt ist, geht die Verwaltungspraxis davon aus, dass auch dieses vom Anwendungsbereich des § 38 Abs 2 erfasst ist (UmgrStR Rz 1779; *Hirschler* in H/M/H § 38 Rz 3).

12 Die **Annahme eines Barabfindungsangebotes** gilt als **Anteilsveräußerung**. Die steuerliche Behandlung der Abfindung richtet sich nach den ertragsteuerlichen Regelungen der Anteilsveräußerung (§§ 4, 5, 30 und 31 EStG idF vor BudBG 2011, § 27 EStG – UmgrStR Rz 1779).

Für den **Veräußerer** gilt mangels spezieller Rückwirkungsregelungen der **allgemeine ertragsteuerliche Zeitpunkt der Veräußerungsgewinnrealisierung als Veräußerungsstichtag** (*Hirschler* in H/M/H § 38 Rz 6). Dies ist der Tag der **tatsächlichen Übertragung**, der in der Regel der Tag der Angebotsannahme sein wird (*Huber* in W/H/M VI § 38 Rz 6 mit Verweis auf *Wiesner* in Bertl ua, Steuerplanung 1997, 202).

Im **Unterschied zur Umwandlung**, wonach die Anteile abfindungsberechtigter Anteilsinhaber am Tag der Eintragung des Umwandlungsbeschlusses in das Firmenbuch als veräußert gelten (§ 11 Abs 2).

Für den **Erwerber** der bar abgefundenen Anteile gilt gem § 38 Abs 2 der **Spaltungsstichtag als Anschaffungszeitpunkt** der Anteile. Mit dem Spaltungsstichtag beginnen für den Erwerber die steuerlichen Behaltefristen zu laufen (*Hirschler* in H/M/H § 38 Rz 5; *Zöchling/Andreaus* in W/Z/H/K⁵ § 38 Rz 5). **13**

Erwerber können ein Dritter oder die beteiligten Gesellschaften sein (§ 2 Abs 1 Z 13 SpaltG). Sofern die spaltende Körperschaft eigene Anteile erwirbt, handelt es sich um einen ausdrücklich **zulässigen Erwerb eigener Anteile** gem § 9 Abs 1 SpaltG, der in der Unternehmensbilanz gem § 225 UGB auszuweisen ist (*Huber* in W/H/M VI § 38 Rz 5). Die eigenen Anteile können bei einer **Abspaltung zurückbehalten** werden oder auf die neuen und/oder übernehmenden Körperschaften **übertragen** werden (sofern keine wechselseitige Beteiligung besteht). Bei einer **Aufspaltung gehen die eigenen Anteile als steuerneutraler Buchverlust** unter (*Huber* in W/H/M VI § 38 Rz 8 mit Verweis auf ErlRV 497 zu Art III Z 29 [§ 38] AbgÄG 1996). Die Anteilsaufteilung an die übrigen Anteilsinhaber erfolgt unter Außerachtlassung der eigenen Anteile (§ 224 Abs 1 Z 1 AktG – *Huber* in W/H/M VI § 38 Rz 8).

IV. Umsatzsteuer (Abs 3)
A. Kein steuerbarer Umsatz

Die Spaltung gilt wie alle anderen Umgründungsarten als **nicht steuerbarer Umsatz** iSd UStG (§ 38 Abs 3). Eine Spaltung zieht keine umsatzsteuerlichen Konsequenzen nach sich. S ausführlich § 6 Rz 33 ff. **15**

Neue oder übernehmende Körperschaften treten für den Bereich der Umsatzsteuer **unmittelbar in die Rechtsstellung** der übertragenden Körperschaft ein (§ 38 Abs 3 – partielle **umsatzsteuerliche Gesamtrechtsnachfolge**). Dies erfasst sämtliche **materiellen und – soweit erforderlich – formellen Pflichten** (Umsatzsteuerschuld, Vorsteuerberichtigung, Erklärungspflichten bei Untergang der spaltenden Körperschaft) und Ansprüche (Vorsteuerabzugsberechtigung, Umsatzsteuerguthaben etc) (*Huber* in W/H/M VI § 38 Rz 9). S ausführlich § 6 Rz 37. S zu Vorsteuerabzug bei Umgründungskosten § 6 Rz 41 ff. **16**

B. Keine Rückwirkung

Entsprechend den anderen Umgründungsarten ist bei der Umsatzsteuer **keine Rückwirkung** gegeben. Somit gilt der Tag der Firmenbucheintragung als Rechtsnachfolgestichtag. Aus Vereinfachungsgründen kann lt Verwaltungspraxis auf den **Monatsersten nach der Firmenbuchanmeldung** abgestellt werden, sofern der zu- **17** ständigen Behörde kein anderer Stichtag des tatsächlichen Wechsels der Unternehmereigenschaft dargetan wird (UStR Rz 56). S § 6 Rz 38 ff.

V. Äquivalenzverletzung (Abs 4)
A. Anwendungsbereich

20 Sofern die **spaltungsplanmäßigen Anteilstauschvorgänge außerhalb des § 37 Abs 2 nicht wertgleich** erfolgen, ist **§ 6 Abs 2 anzuwenden** (§ 38 Abs 4). Auch wenn nur auf „spaltungsplanmäßige" Anteilstauschvorgänge, somit auf die **Spaltung zur Neugründung**, Bezug genommen wird, gilt § 38 Abs 4 auch für die **Spaltung zur Aufnahme** (Anteilstausch aufgrund des Spaltungs- und Übernahmevertrags; *Zöchling/Andreaus* in W/Z/H/K⁵ § 38 Rz 10; *Hirschler* in H/M/H § 38 Rz 8). Bei Anteilstauschvorgängen, die dem Spaltungsplan bzw dem Spaltungs- und Übernahmevertrag nicht entsprechen, kommt § 36 und § 37 gar nicht zur Anwendung, sodass es von vornherein zu einem steuerpflichtigen Tausch kommt.

> Das **Äquivalenzprinzip** besagt, dass die Beteiligungsverhältnisse nach der Spaltung den tatsächlichen Wertverhältnissen entsprechen. Es soll aufgrund der Spaltung zu **keiner Wertverschiebung** kommen (UmgrStR Rz 1780). Zum Begriff der Wertverschiebung s § 6 Rz 14 und zum Vorliegen eines Bereicherungswillens s § 6 Rz 15.

21 Eine **Äquivalenzverletzung hindert nicht die Anwendung von Art VI** (UmgrStR Rz 1780; *Huber* in W/H/M VI § 38 Rz 14).

B. Verweis auf § 6 Abs 2

22 § 6 Abs 2 bestimmt Folgendes: „*Entsprechen die Beteiligungsverhältnisse nach der Verschmelzung nicht den Wertverhältnissen, gilt der Unterschiedsbetrag, wenn der Wertausgleich nicht auf andere Weise erfolgt, als unentgeltlich zugewendet. Die Wertverhältnisse sind im Zweifel durch das Gutachten eines Sachverständigen nachzuweisen.*"

Auf andere Weise kann der **Wertausgleich steuerneutral** erfolgen, wenn er auf **gesellschaftsrechtlicher Ebene** erfolgt. Dazu dienen iRv § 36 und § 37 erfolgte Anteilsabtretungen oder die Vereinbarung sonstiger **gesellschaftsrechtlicher Sonderregelungen** (zB alineare Gewinnausschüttungen, die der Höhe nach mit dem Erreichen der Äquivalenz begrenzt sind [UmgrStR 307]; alineare Liquidationsregeln, alineare Einlageversprechen [*Huber* in W/H/M VI § 38 Rz 12 mit Verweis ua auf BMF 6.6.2002, RdW 2002, 447; BMF 22.5.2000, SWK 2000, S 468; *Wiesner/Schwarzinger*, UmS 8/28/00, SWK 2000, 690]). Ein Äquivalenzausgleich in Form von Zuzahlungen der begünstigten Anteilsinhaber ist nur in den **Grenzen von § 36 Abs 2 und § 37 Abs 4** zulässig. S § 6 Rz 16 f.

23 Für die Wertgleichheit sind die **Verkehrswerte der Anteile und Zuzahlungen im Zeitpunkt des Spaltungsbeschlusses** maßgeblich (UmgrStR 308; *Huber* in W/H/M VI § 38 Rz 10). S § 6 Rz 18 f.

C. Steuerliche Folgen

24 Liegt eine **Wertgleichheit nicht** vor und erfolgt kein Wertausgleich auf andere Weise, ist eine **Äquivalenzverletzung gem § 38 Abs 4** gegeben. Ertragsteuerlich kommt es in Höhe der Wertverschiebung zu einer **Korrektur der Anschaffungskosten** der Gesellschaftsanteile. Bei den durch die **Äquivalenzverletzung begüns-

tigten **Anteilsinhabern** werden zusätzliche **Anschaffungskosten (Buchwerte)** in Höhe der ihnen unentgeltlich zugewendeten Anteile angesetzt. In gleicher Höhe **vermindern sich die Anschaffungskosten (Buchwerte)** der Anteile jener Gesellschafter, die diese **Vorteile unentgeltlich** zuwenden.

Liegt ein **Bereicherungswille** vor, ist die Zuwendung gem § **121a BAO zu melden** (vor dem 1.8.2008 Schenkungssteuerpflicht) bzw kann bei Körperschaften eine verdeckte Gewinnausschüttung oder Einlage vorliegen (*Huber* in *W/H/M* VI § 38 Rz 12; UmgrStR Rz 1780). S § 36 Rz 19. Zur Bereicherung einer Privatstiftung s § 6 Rz 28. 25

> Bei **Vorliegen eines Bereicherungswillens** ist fraglich, ob die Meldung gem § 43 ausreicht oder zusätzlich eine Meldung gem § 121a BAO zu erfolgen hat. Lt einigen Literaturmeinungen soll aufgrund der Spezialnorm eine Meldung gem § 43 ausreichen (*Korntner*, FJ 2009, 58 f; *Petritz* in *Fraberger/Petritz*, SchenkMG 9). Laut **BMF besteht die Anzeigepflicht gem § 121a BAO unabhängig davon**, ob der Vorgang bereits einer anderen Anzeigepflicht unterliegt (BMF, Anzeigepflicht nach § 121a BAO, BMF-010103/0219-VI/2008; s § 6 Rz 26 mit weiteren Verweisen).

Die unentgeltliche Zuwendung einerseits und das Auf- und Abstocken der Anschaffungskosten (Buchwerte) der Gesellschaftsanteile erfolgen mit dem **tatsächlichen Erwerb der Anteile** (UmgrStR Rz 310 – entgegen der mE nicht richtigen UmgrStR Rz 1780, wonach der Spaltungsstichtag genannt wird). 26

> Für Umgründungen bis 21.8.2003 waren sowohl die unentgeltliche Zuwendung als auch das Auf- und Abstocken der Anschaffungskosten (Buchwerte) der Gesellschaftsanteile mit Beginn des auf den Spaltungsstichtag folgenden Tages – somit rückwirkend – anzunehmen (*Zöchling/Andreaus* in *W/Z/H/K*[5] § 38 Rz 12).

VI. Gesellschaftsteuer (Abs 5)
A. Anwendungsbereich

Entsprechend allen anderen Umgründungsarten ist auch für die Spaltung eine **Befreiung von Kapitalverkehrsteuern** vorgesehen (§ 38 Abs 5). 30

> Relevant ist nur mehr die **Gesellschaftsteuer für Spaltungsbeschlüsse bis inklusive 31.12.2015**. Die Börsenumsatzsteuer fällt für Spaltungsbeschlüsse nach dem 1.10.2000 nicht mehr an. Die Gesellschaftsteuer fällt für Spaltungsbeschlüsse nach dem 31.12.2015 nicht mehr an. Gem § 38 Abs 3e KVG tritt Teil I KVG (Gesellschaftsteuer) mit Ablauf des 31. Dezember 2015 außer Kraft. Die Vorschriften zur Gesellschaftsteuer sind letztmalig auf Rechtsvorgänge anzuwenden, bei denen die Steuerschuld vor dem 1. Jänner 2016 entsteht.

Die Befreiungsbestimmung des § 38 Abs 5 kommt nur dann zur Anwendung, wenn eine **Spaltung gem § 32** vorliegt. Wesentliche Ausgleichszahlungen (§ 37 Abs 4) oder inäquivalente Spaltungen (§ 38 Abs 4) stehen dem nicht entgegen, da auch diese unter Art VI fallen (*Huber* in *W/H/M* VI § 38 Rz 15). Bei einer **Up-stream-Spaltung** (Spaltung von Vermögen von einer Tochtergesellschaft auf die Muttergesellschaft) kann es **nicht zu einem gesellschaftsteuerrechtlichen Tatbestand** kommen, da es weder zum Erwerb von Gesellschaftsrechten, noch zu einer freiwilligen Einlage kommt (*Zöchling/Andreaus* in *W/Z/H/K*[5] § 38 Rz 16). Zu weiteren Ausnahmen s § 6 Rz 53.

Die Befreiung gilt sowohl für sämtliche **beteiligten Gesellschaften** als auch für die **Anteilsinhaber** (*Huber* in *W/H/M* VI § 38 Rz 9).

31 Neben der Befreiungsbestimmung in § 38 Abs 5 kommt auch die allgemeine **kapitalverkehrsteuerliche Befreiung gem § 6 Abs 1 Z 3 KVG** zur Anwendung. Eine solche ist dann gegeben, wenn auf die übernehmende Körperschaft das **gesamte Vermögen, ein Betrieb oder Teilbetrieb** einer anderen Kapitalgesellschaft übertragen wird. Es dürfen von der übernehmenden Körperschaft jedoch keine baren Zuzahlungen oder sonstige Leistungen (außer Anteilsgewährung) von mehr als 10 % des Nennwertes der Gesellschaftsrechte geleistet oder gewährt werden.

Es ist jeweils die für den Abgabepflichtigen **günstigere Bestimmung** anzuwenden (s § 6 Rz 55 f).

32 Keine konkrete Ausnahmeregelung gibt es bezüglich **Rechtsgeschäftsgebühren**. Aufgrund dessen, dass bei der Spaltung gem SpaltG **Gesamtrechtsnachfolge** gegeben ist, wird **kein gebührenpflichtiger Tatbestand** verwirklicht (*Huber* in *W/H/M* VI § 38 Rz 16; *Hirschler* in *H/M/H* § 38 Rz 12).

B. Unterscheidung zwischen Auf- und Abspaltung

33 Die Voraussetzungen der Gesellschaftsteuerfreiheit sind für **Auf- und Abspaltungen unterschiedlich**:

34 • **Aufspaltung.** Es ist Voraussetzung, dass die **übertragende Körperschaft** am Tag der Anmeldung der Spaltung zur Eintragung in das Firmenbuch bereits **länger als zwei Jahre** besteht (§ 38 Abs 5 erster TS). Die Ausführungen zur Verschmelzung gelten sinngemäß (s § 6 Rz 57 ff). Für eine durch Spaltung zur Neugründung entstandene Körperschaft läuft die **zweijährige Bestehensfrist für Folgeumgründungen ab der Firmenbucheintragung** (*Huber* in *W/H/M* VI § 38 Rz 17 mit Verweis auf VwGH 18.6.2002, 2001/16/597).
Bei einer Aufspaltung up-stream könnte es bei einem vorangehenden Großmutterzuschuss in die übertragende Körperschaft zu einer Gesellschaftsteuerpflicht analog zur Verschmelzung kommen (UFS 21.3.2012, RV/3174-W/07; *Petritz-Klar*, SWK 2012, 1115 ff; *Wurm*, GES 2012, 416 ff; *Kirchmayr/Achatz*, taxlex 2013, 377; BFG 2.9.2015, RV/7101261/2010).

35 • **Abspaltung.** Es ist Voraussetzung, dass das zu übertragende Vermögen am Tag der **Anmeldung der Spaltung zur Eintragung in das Firmenbuch bereits länger als zwei Jahre** als Vermögen der übertragenden Körperschaft besteht (§ 38 Abs 5 zweiter TS).
Im Falle einer mehrheitsvermittelten Übertragung von Kapitalanteilen sieht die KapitalansammlungsRL 2008/7/EG in Art 4 Abs 1 lit b eine Befreiung von der Gesellschaftsteuer vor, sofern Gegenleistungsanteile gewährt werden (s UFS 6.6.2012, RV/0583-L/11; *Althuber*, ZUS 2012, 132 f). Die auch in diesem Fall im UmgrStG normierte Zweijahresfrist ist eine zusätzliche Voraussetzung für die Steuerbefreiung, die nicht der KapitalansammlungsRL 2008/7/EG (ABl L 46/13, 21.2.2008) entspricht (*Althuber*, ZUS 2012/41; *Blum/Spies*, GES 2012, 460 ff).

• Als Vermögen sind **Betriebe, Teilbetriebe, Mitunternehmeranteile und Kapitalanteile gem § 12 Abs 2 und Vermögen gem § 32 Abs 3** gemeint (*Huber* in *W/H/M* VI § 38 Rz 18 mit Verweis auf BMF 14.10.1993, ecolex 1994, 57). Ausschlaggebend ist nicht der Bestand des übertragenen Vermögens, sondern dessen **Qualifikation als Vermögen der übertragenden Körperschaft**

(VwGH 18.6.2002, 2001/16/0597 zur Einbringung). Bei Erwerb des Vermögens durch **Gesamtrechtsnachfolge** ist in die erforderliche Mindestfrist auch die Besitzzeit des Rechtsvorgängers einzubeziehen (*Zöchling/Andreaus* in *W/Z/H/K*[5] § 38 Rz 15). Ist die Zweijahresfrist nur für **einzelne Vermögensteile nicht erfüllt, fällt nur insoweit Gesellschaftsteuer an** (*Huber* in *W/H/M* VI § 38 Rz 19).

Die Ausführungen zur Einbringung zum § 22 Abs 4 gelten sinngemäß. Zu beachten ist, dass bei der Einbringung nach Art III der Ablauf der Zweijahresfrist vom Tag des Abschlusses des Einbringungsvertrages abhängig ist (UmgrStR Rz 1783).

C. Ausnahme gem § 6 Abs 1 Z 3 KVG

Sofern Gesellschaftsrechte erworben oder erhöht werden und auf die Nachfolgegesellschaft als **Gegenleistung das gesamte Vermögen, ein Betrieb oder Teilbetrieb einer anderen Kapitalgesellschaft übertragen** wird und die Gesellschaft nicht bare Zahlungen oder sonstige Leistungen von mehr als 10 % des Nennwertes der Gesellschaftsrechte leistet oder gewährt, fällt keine Gesellschaftsteuer an. Da die Definition des (Teil)Betriebes im KVG mit derjenigen im UmgrStG im Wesentlichen deckungsgleich ist bzw der (Teil)Betriebsbegriff des KVG weiter ist als der des Ertragsteuerrechts, liegt in **allen Fällen einer spaltungsbedingten (Teil)Betriebsübertragung ein von der Gesellschaftsteuer befreiter Vorgang** vor (*Hirschler* in *H/M/H* § 38 Rz 10; *Zöchling/Andreaus* in *W/Z/H/K*[5] § 38 Rz 16). 36

Zur nicht gegebenen Konformität von § 6 Abs 1 Z 3 KVG mit der KapitalansammlungsRL 2008/7/EG (ABl L 46/11, 21.2.2008) s *Blum/Spies*, ÖStZ 2012, 457 ff. Die KapitalansammlungRL lässt aufgrund des Wortlauts in Art 4 Abs 1 lit a („zumindest teilweise das Kapital der übernehmenden Gesellschaft ... gewährt") höhere bare Zuzahlungen zu.

Die **Befreiungsbestimmung des § 6 Abs 1 Z 3 KVG gilt nicht** bei Übertragung von **Kapitalanteilen und Mitunternehmeranteilen** (eine Befreiung ist wiederum dann gegeben, wenn die Kapitalanteile bzw Mitunternehmeranteile dem übertragenen [Teil]Betrieb zuzuordnen sind – *Kirchmayr/Knörzer*, RdW 2001, 499 ff). Für gesellschaftsrechtliche Vorgänge, die der Spaltung folgen, gilt die Begünstigung nicht. Ausgenommen ist die umgründungsbedingte **Anwachsung gem § 142 UGB** (zB spaltungsweise Vereinigung aller Personengesellschaftsanteile in einer Hand – *Hirschler* in *W/H/M* VI § 38 Rz 15 mit Verweis auf BMF 6.7.1999, ARD 5051/22/1999; VwGH 19.12.1996, 94/16/109). 37

VII. Grunderwerbsteuer (Abs 6)

A. Anwendungsbereich

Werden aufgrund einer Spaltung gem § 32 Erwerbsvorgänge nach § 1 Abs 1 oder 2 GrEStG verwirklicht, ist die Grunderwerbsteuer in Höhe von 3,5 % vom **Zweifachen des Einheitswertes** zu berechnen (§ 38 Abs 6). Für **Umgründungen mit einem Spaltungsstichtag nach dem 31. Dezember 2015** (Rechtslage idF vor dem StRefG 2015 gilt für Spaltungen mit einem früheren Stichtag, unabhängig davon, ob die Grundstücke erst im Jahr 2016 erworben werden; UmgrStR Rz 1784) beträgt die **Grunderwerbsteuer 0,5 % vom Grundstückswert** (§ 38 Abs 6 iVm 3. Teil Z 28; UmgrStR Rz 1784), sofern nicht der Einheitswert die Bemessungsgrundlage dar- 40 stellt. Der Einheitswert kommt nur dann in Betracht, wenn iRe Spaltung land- und forstwirtschaftliche Grundstücke übertragen werden (§ 4 Abs 2 Z 4 GrEStG). In diesem Fall beträgt die Steuer – wie bisher – 3,5 % vom einfachen Einheitswert (*Bodis/Fiala/Lattner/Ofner* in SWK-Spezial Steuerreform 2015/16, 100). Sofern die Berechnung vom Grundstückswert erfolgt, kann per Antrag die Entrichtung der Grunderwerbsteuer auf zwei bis fünf gleiche Jahresbeträge verteilt werden (§ 7 Abs 3 GrEStG). Zu beachten ist, dass die Verteilung mit einer zwingenden Erhöhung der Steuer verbunden ist (je nach Verteildauer) und für die Eintragung im Grundbuch eine Unbedenklichkeitsbescheinigung gem § 160 Abs 1 BAO erforderlich ist, die nur unter gewissen Voraussetzungen erteilt wird (s *Bodis/Fiala/Lattner/ Ofner* in SWK-Spezial Steuerreform 2015/16, 99 f).

Entsprechend der anderen Umgründungsarten ist auch für die Spaltung eine **Begünstigung für die Übertragung von inländischen Grundstücken** gegeben. Voraussetzung ist, dass die **Liegenschaft zum Betriebsvermögen** gehört (*Huber* in *W/H/M* VI § 38 Rz 20 mit Verweis auf UFS 15.10.2008, RV/1353-W/05). Die **Grunderwerbsteuer** ist bei der übernehmenden Körperschaft als **Betriebsausgabe abzugsfähig** (*Zöchling/Andreaus* in *W/Z/H/K*[5] § 38 Rz 17; *Bertl/Hirschler*, RWZ 2013, 331). S § 6 Rz 74.

Neben der Grunderwerbsteuer fällt bei der Übertragung von Grundstücken eine **grundbücherliche Eintragungsgebühr** in Höhe von 1,1 % (TP 9 lit b Z 1 GGG) an (zur gemeinsamen Entrichtung der Grunderwerbsteuer und der Grundbucheintragungsgebühr s *Dokalik*, SWK 2015, 837 ff). Bemessungsgrundlage für die Übertragung einer Liegenschaft aufgrund einer Verschmelzung, Umwandlung, Einbringung, Realteilung, Spaltung oder eines Zusammenschlusses von Gesellschaften, aufgrund eines Erwerbsvorgangs zwischen einer Gesellschaft und ihrem Gesellschafter oder aufgrund der Vereinigung aller Anteile einer Personengesellschaft ist gem § 26a Abs 1 Z 2 GGG der **dreifache Einheitswert**, max jedoch 30 % des Werts gem § 26 Abs 1 GGG. Der Wert gem § 26 Abs 1 GGG ist der Preis, der im gewöhnlichen Geschäftsverkehr bei einer Veräußerung üblicherweise zu erzielen wäre (s dazu *Fellner*, ÖStZ 2012/981, 536 ff; *Peyerl*, SWK 2012, 1401 f). Bei Übertragung von Grundstücken im Zuge einer Spaltung ist somit der dreifache Einheitswert (max 30 % des Wertes des einzutragenden Rechtes) maßgeblich (ErlRV 1984 24. GP, 7). Auf das Vorliegen der Voraussetzungen des UmgrStG soll es jedoch nicht ankommen, um in den Anwendungsbereich der „Begünstigung" von § 26a GGG zu kommen (*Marschner/Puchinger*, RdW 2012, 755).

Für Grundstücksübertragungen iRe Spaltung, deren gerichtliche Eingabe bis zum 31. Dezember 2012 erfolgte oder für die die grundbücherliche Eintragungsgebühr mittels Selbstberechnung bis zum 31. Dezember 2012 durchgeführt wurde, bemisst sich die grundbücherliche Eintragungsgebühr wie die Grunderwerbsteuer vom zweifachen Einheitswert (Art VI Z 49 und Z 50 GGG).

B. Anteilsvereinigung und -übertragung

41 Sofern im Zuge einer Spaltung eine Übertragung von **mindestens 95 % der Anteile einer grundstücksbesitzenden Personengesellschaft innerhalb von fünf Jahren (Anteilsübertragung)** oder eine **Vereinigung von mindestens 95 % der Anteile einer grundstücksbesitzenden Gesellschaft in einer Hand** oder in der Hand einer Unternehmensgruppe (entweder auf der Ebene der spaltenden Gesellschaften oder

auf der Ebene der Gesellschafter – s zu verfassungsrechtlichen Bedenken *Varro*, RdW 2016, 148; Anteilsvereinigung) stattfindet, kommt das GrEStG zur Anwendung (kein Verweis in § 38 Abs 6 auf § 1 Abs 2a und 3 GrEStG; s generell zur Anteilsvereinigung und -übertragung *Schimmer/Stückler*, ÖStZ 2015, 465). In diesem Fall beträgt gem § 4 Abs 1 iVm § 7 Abs 1 lit c GrEStG die Grunderwerbsteuer 0,5 % vom Grundstückswert (für Anteilsvereinigungen bis inkl 31.12.2015 kommt als Bemessungsgrundlage der **dreifache Einheitswert** [bzw der nachgewiesene niedrigere gemeine Wert – *Huber* in *W/H/M* VI § 38 Rz 20] zur Anwendung). Erfasst werden sowohl bei der Anteilsübertragung als auch bei der Anteilsvereinigung grundsätzlich nur **unmittelbar gehaltene Anteile** und nicht mittelbar gehaltene Anteile (*Plott/Vaishor*, RdW 2016, 439; aA jedoch *Bodis/Varro*, RdW 2016, 55 und RdW 2016, 512). Sofern nach einer Spaltung zur Neugründung an der neuen Körperschaft ein Anteilsinhaber mit mindestens 95 % beteiligt ist, liegt keine Anteilsvereinigung nach § 1 Abs 3 GrEStG vor, da die Anteile zivilrechtlich erst in der Hand des Erwerbers entstehen (*Zöchling/Andreaus* in *W/Z/H/K*[5] § 38 Rz 20; *Hirschler/Schimmer*, ÖStZ 2015, 692). Sofern sich jedoch iRe Abspaltung die Gesellschafter an einer grundstücksbesitzenden Gesellschaft dermaßen ändern, dass ein Gesellschafter nach der Spaltung aufgrund einer Anteilsabtretung mindestens 95 % an der grundstücksbesitzenden Gesellschaft hält (Anteilsvereinigung), wird der Tatbestand des § 1 Abs 3 Z 1 GrEStG verwirklicht (*Hirschler/Schimmer*, ÖStZ 2015, 692).

Die GrESt-rechtliche Zurechnung erfolgt sowohl bei der Anteilsübertragung als auch bei der Anteilsvereinigung stets an den Treugeber (*Bodis/Varro*, RdW 2016, 56).

C. Keine Rückwirkung

Für grunderwerbsteuerliche Zwecke gilt die **Rückwirkungsfiktion nicht** (BFG 26.1.2015, RV/7101674/2010). Demnach fällt für Liegenschaften, die im **Rückwirkungszeitraum von der übertragenden Körperschaft erworben** wurden, und die iRd Spaltung übertragen werden, **Grunderwerbsteuer** an. Für Liegenschaften, die im Rückwirkungszeitraum von der spaltenden Körperschaft verkauft oder sonst übertragen wurden, fällt keine Grunderwerbsteuer an (*Wiesner/Schwarzinger*, UmS 90/01/02, SWK 2002, 24). Zur Rückgängigmachung gem § 17 GrEStG s § 6 Rz 85 f (s a BFG 27.1.2015, RV/7101686/2010). 42

Steuerspaltungen

§ 38a. (1) Steuerspaltungen im Sinne dieses Bundesgesetzes sind Auf- und Abspaltungen auf Grund eines Spaltungsvertrages (§ 38b) nach Maßgabe der Abs. 2 und 3.

(2) ¹Eine Aufspaltung im Sinne des Abs. 1 liegt unter folgender Voraussetzung vor: ²Die spaltende Körperschaft bringt Vermögen (§ 12 Abs 2) in zwei oder mehrere übernehmende Körperschaften, die nicht an der spaltenden Körperschaft beteiligt sind, nach Art III ein. ³§ 32 Abs 3 kann angewendet werden. ⁴Der spaltenden Körperschaft verbleiben zu dem in § 20 Abs 1 genannten Zeitpunkt neben der Gegenleistung im Sinne des § 19 nur liquide Mittel und allfällige restliche Verbindlichkeiten. ⁵Die Auflösung der spaltenden Körperschaft wird innerhalb von neun Monaten nach dem Einbringungsstichtag zur Eintragung in das Firmenbuch angemeldet. ⁶Im Rahmen der Liquidation der spaltenden Körperschaft kommen die Kapitalanteile und restlichen liquiden Mittel den An-

teilsinhabern im Verhältnis ihrer Beteiligungen im Sinne des § 38d oder nach Maßgabe des § 38e zu; dabei dürfen die restlichen liquiden Mittel 10 % des gemeinen Wertes des zu verteilenden Gesamtvermögens nicht übersteigen.
(3) Eine Abspaltung im Sinne des Abs. 1 liegt in folgenden Fällen vor:
1. [1]Die spaltende Körperschaft bringt Vermögen (§ 12 Abs 2) in eine oder mehrere übernehmende Körperschaften, die nicht an der spaltenden Körperschaft beteiligt sind, nach Art III ein. [2]§ 32 Abs. 3 kann angewendet werden. [3]Die spaltende Körperschaft überträgt die Anteile an der übernehmenden Körperschaft (§ 20) an ihre Anteilsinhaber im Verhältnis ihrer Beteiligungen im Sinne des § 38d oder nach Maßgabe des § 38e.
2. [1]Die spaltende Körperschaft bringt Vermögen (§ 12 Abs. 2) in eine oder mehrere übernehmende Körperschaften nach Art III ein, wobei die Gewährung von Anteilen nach § 19 Abs. 2 Z 5 unterbleibt, weil die Anteile an der spaltenden und übernehmenden Körperschaft in einer Hand vereinigt sind. [2]§ 32 Abs. 3 kann angewendet werden. [3]Die Anteilsinhaber der spaltenden Körperschaft tauschen in der Folge Anteile nach Maßgabe des § 38e.
(4) Spaltende und übernehmende Körperschaften können nur unbeschränkt steuerpflichtige Kapitalgesellschaften, Erwerbs- und Wirtschaftsgenossenschaften und Versicherungsvereine auf Gegenseitigkeit (§ 1 Abs. 2 des Körperschaftsteuergesetzes 1988) und ausländische Gesellschaften eines Mitgliedstaates der Europäischen Union, die die in der Anlage zu diesem Bundesgesetz vorgesehenen Voraussetzungen des Artikels 3 der Richtlinie 2009/133/EG in der jeweils geltenden Fassung erfüllen, sein, wenn an der spaltenden Körperschaft am Spaltungsstichtag mehr als ein Anteilsinhaber beteiligt ist.
(5) Auf Spaltungen im Sinne des Abs. 1 sind die §§ 38 b bis 38 f anzuwenden.
[idF BGBl I 2012/112]

Rechtsentwicklung

BGBl 1991/699 (UmgrStG; RV 266 AB 354 BlgNR 18. GP) (Stammfassung – Regelung zur Steuerspaltung); BGBl 1993/818 (StRefG 1993; RV 1237 AB 1301 BlgNR 18. GP) (Regelung zur Steuerspaltung); BGBl 1996/797 (AbgÄG 1996; RV 497 AB 552 BlgNR 20. GP) (grundlegende Novelle des Art VI); BGBl I 1998/9 (AbgÄG 1997; RV 933 AB 998 BlgNR 20. GP); BGBl I 2003/71 (BudBG 2003; RV 59 AB 111 BlgNR 22. GP); BGBl I 2004/180 (AbgÄG 2004; RV 686 AB 734 BlgNR 22. GP); BGBl I 2010/34 (AbgÄG 2010; RV 662 AB 741 BlgNR 24. GP); BGBl I 2012/112 (AbgÄG 2012; RV 1960 AB 1977 BlgNR 24. GP).

Übersicht

I.	Allgemeines	
	A. Regelungsbereich..	1–3
	B. Unterscheidung zur Handelsspaltung.....................................	4, 5
	C. Arten der Steuerspaltung...	6–9
II.	Voraussetzungen (Abs 1)	
	A. Allgemeines	
	1. Voraussetzungen...	15, 16
	2. Keine Up-stream-Spaltung...	17
	3. Steuerverstrickung keine Voraussetzung........................	18

	B. Aufspaltung iSd § 38a Abs 2 oder Abspaltung iSd § 38a Abs 3	19
	C. Übertragung von qualifiziertem Vermögen	
	1. Qualifiziertes Vermögen	20
	2. Vermögen gem § 12 Abs 2	21
	3. Fiktive Teilbetriebe	22
	4. Ausschließlichkeit	23–25
	5. Eigenschaft des Vermögens gem Art III	
	D. Spaltung auf Grundlage eines Spaltungsvertrages	26
	E. Spaltende und übernehmende Körperschaft gem § 38a Abs 4	27
III.	Steueraufspaltung (Abs 2)	
	A. Allgemeines	30–32
	B. Einbringung gem Art III	
	1. Erfüllung der Voraussetzungen von Art III	33, 34
	2. Verbleibendes Vermögen nach der Einbringung	
	a) Allgemeines	35
	b) Gegenleistung iSd § 19	36
	c) Liquide Mittel	37
	d) Allfällige restliche Verbindlichkeiten	38
	C. Liquidation der spaltenden Körperschaft	
	1. Anmeldung der Liquidation	39
	2. Liquidationseröffnungsbilanz	40
	3. Liquidationsbesteuerung	41–45
	4. Verhältniswahrend oder nicht verhältniswahrend	46, 47
	5. Verlustvorträge	48
IV.	Steuerabspaltung (Abs 3)	
	A. Allgemeines	50, 51
	B. Steuerabspaltung mit Anteilsdurchschleusung (Abs 3 Z 1)	
	1. Regelung	52
	2. Unterteilung in zwei Schritten	53, 54
	3. Auskehrung der Anteile	55
	4. Verlustvorträge	56
	C. Steuerabspaltung auf eine Schwesterkörperschaft (Abs 3 Z 2)	
	1. Regelung	60
	2. Unterteilung in zwei Schritten	61
	3. Anteilsinhaber	62
V.	Spaltungssubjekte (Abs 4)	
	A. Spaltende und übernehmende Körperschaft	
	1. Spaltungssubjekte	70
	2. Ausländische Gesellschaften eines Mitgliedstaates der EU, die unter Art 3 FRL fallen	71–73
	B. Anteilsinhaber	
	1. Gesellschaftermehrheit	74, 75
	2. Rückwirkung	76
	3. Keine sonstige Einschränkung	77

§ 38a

I. Allgemeines
A. Regelungsbereich

1 §§ 38a bis 38 f regeln die sog **Steuerspaltung.** Darunter sind diejenige Spaltungen zu verstehen, die nicht gem SpaltG erfolgen. Vielmehr ist die Steuerspaltung eine **Auf- oder Abspaltung aufgrund eines Spaltungsvertrages (§ 38b) nach Maßgabe von § 38a Abs 2 und 3** (§ 38a Abs 1).

2 **§ 38a** regelt sowohl den persönlichen (§ 38a Abs 4) als auch den sachlichen Anwendungsbereich (§ 38a Abs 2 und 3). **§ 38b** sieht Bestimmungen zum Spaltungsvertrag vor. Die Steuerneutralität ist in **§ 38c** geregelt. **§ 38d und § 38e** enthalten die Regelungen für Anteilsinhaber bei einer verhältniswahrenden und nicht verhältniswahrenden Steuerspaltung. **§ 38f** enthält die sonstigen Rechtsfolgen.

3 Nach derzeitiger Rechtslage ist die Steuerspaltung für **Spaltungsstichtage bis einschließlich 31.12.2017** anwendbar (3. Teil Z 6 lit h idF AbgÄG 2012; BGBl I 112/2012).

> Die Vorschriften über die Steuerspaltung sollten ursprünglich mit Jahresende 2010 auslaufen. Sie wurden jedoch in der Zwischenzeit mehrfach verlängert (*Korntner*, FJ 2009, 260). Die Verlängerung wird damit begründet, dass das SpaltG auf größere Gesellschaften abgestimmt ist und die kleine und mittelständische Wirtschaft in der Rechtsform der GmbH sowohl hinsichtlich des spaltungsgesetzlichen Organisationsaufwandes als auch hinsichtlich der Kostenseite regelmäßig überfordert ist. Hauptanwendungsfall der Steuerspaltung ist die Spaltung von Erwerbs- und Wirtschaftsgenossenschaften, da eine Spaltung nicht gem SpaltG erfolgen kann. Solange keine Genossenschaftsreform erfolgt, die auch die Erlassung eines Genossenschaftsspaltungsgesetzes beinhaltet, soll die Steuerspaltung nach wie vor Anwendung finden (RV 686 BlgNR 22. GP, 22 f).

B. Unterscheidung zur Handelsspaltung

4 Die Steuerspaltung erfolgt nach **allgemeinem Gesellschaftsrecht (Einzelrechtsnachfolge** im Unterschied zur Handelsspaltung, die in Gesamtrechtsnachfolge erfolgt) sowie in mehreren Rechtsakten (*Schlager* in HB Sonderbilanzen 259). Sie stellt eine **Rechtsfigur des Abgabenrechts** dar (UmgrStR Rz 1811).

5 Die **Unterscheidung zwischen Steuer- und Handelsspaltung** ist **historisch** bedingt: zum Zeitpunkt des Inkrafttretens des UmgrStG im Jahr 1991 gab es gesellschaftsrechtlich noch kein SpaltG. Dieses ist erst im Jahr 1993 in Kraft getreten. 1996 erfolgte schließlich die Regelung der Handelsspaltung im UmgrStG (§§ 32 bis 38). Die Steuerspaltung wurde auf §§ 38a bis 38 f verwiesen. Die Steuerspaltung hat nach wie vor Bedeutung für die **Spaltung von Genossenschaften und Versicherungsvereinen** sowie für **grenzüberschreitende Spaltungen** (*Zöchling* in W/Z/H/K[5] § 38a Rz 4, s Rz 71 ff). Zudem ist die Steuerspaltung in manchen Fällen flexibler und schneller (s dazu *Huber* in W/H/M VI § 38a Rz 4 sowie ausführlich zur Unterscheidung Steuer- und Handelsspaltung *Huber* in W/H/M VI § 32 Rz 80 ff und *Huber*, ÖStZ 1998, 205 ff).

C. Arten der Steuerspaltung

6 Folgende **Arten der Steuerspaltung** sind gesetzlich vorgesehen (UmgrStR Rz 1811):

7 • **Steueraufspaltung** unter **unternehmensrechtlicher Abwicklung der (aufspaltenden) Körperschaft** nach **Vermögenseinbringung gem Art III** in mindestens zwei übernehmende Körperschaften mit **liquidationsbedingter Verteilung** der von der aufspaltenden Körperschaft gehaltenen Anteile (**Sachauskehrung**). Die Steueraufspaltung kann verhältniswahrend oder nicht verhältniswahrend erfolgen.

- **Steuerabspaltung** durch **Vermögenseinbringung gem Art III in eine oder mehrere** 8
  - Körperschaft(en) mit nachfolgender Herausgabe (**Durchschleusung**) **der der spaltenden Körperschaft gewährten** oder von ihr schon vorher gehaltenen Anteile an der übernehmenden Körperschaft an ihre Anteilsinhaber. Die Steuerabspaltung kann **verhältniswahrend oder nicht verhältniswahrend** erfolgen.
  - **Schwesterkörperschaft(en)** mit zwingend nachfolgendem Anteilstausch zwischen den Anteilsinhabern der abspaltenden Körperschaft (stets **nicht verhältniswahrende Spaltung**).

Wie bei der Handelsspaltung unterscheidet man zwischen **Konzentrationsspaltung** (s § 32 Rz 20) und **Konzernspaltung** (s § 32 Rz 21 ff – eine **Up-stream-Steuerspaltung ist nicht zulässig**), **verhältniswahrende** (s § 32 Rz 15) und **nicht verhältniswahrende Spaltung** (s § 32 Rz 16). 9

II. Voraussetzungen (Abs 1)
A. Allgemeines
1. Voraussetzungen

Unter folgenden **kumulativen Voraussetzungen** liegt eine **Steuerspaltung gem §§ 38a ff** vor: 15

- **Aufspaltung iSd § 38a Abs 2 oder Abspaltung iSd § 38a Abs 3**
- Übertragung von **qualifiziertem Vermögen**
- Spaltung auf Grundlage eines **Spaltungsvertrages gem § 38b**
- **Spaltende und übernehmende Körperschaften gem § 38a Abs 4**
- **mindestens zwei Anteilsinhaber an der spaltenden Körperschaft** (§ 38a Abs 4)

Da für die Durchführung der Steuerspaltung stets eine **Einbringung** notwendig ist, müssen die **Anwendungsvoraussetzungen des Art III** erfüllt sein, andernfalls ist **Art VI zur Gänze nicht anwendbar** (UmgrStR Rz 1812). Dementsprechend muss die Einbringung gem § 13 Abs 1 fristgerecht beim Firmenbuch bzw Finanzamt der übernehmenden Körperschaft angemeldet werden (zur Fristverletzung s ausführlich *Hirschler* in *H/M/H* § 38b Rz 6 f). Liegen die **übrigen Anwendungsvoraussetzungen des § 38a nicht** vor, ist allgemeines Steuerrecht anzuwenden, ohne dass die Wirkungen des Art III verloren gehen (UmgrStR Rz 1812). 16

2. Keine Up-stream-Spaltung

Eine **Up-stream-Spaltung** (Übertragung von Vermögen von einer Tochterkörperschaft auf die Mutterkörperschaft) ist iRe **Steuerspaltung nicht möglich** (*Huber* in *W/H/M* VI § 38a Rz 9; UmgrStR Rz 1823). In diesem Fall kommt ausschließlich **Art III** zur Anwendung (*Hirschler* in *H/M/H* § 38a Rz 5; UmgrStR Rz 1823), wobei das Verbot der Einlagenrückgewähr zu beachten ist. 17

3. Steuerverstrickung keine Voraussetzung

18 Eine Entstrickungsbesteuerung bei der **Einschränkung des Besteuerungsrechts Österreichs** hinsichtlich der stillen Reserven und des Firmenwerts im übertragenen Vermögen ist in §§ 38a f nicht normiert (im Gegensatz zur Handelsspaltung ist dies gesetzlich nicht als Anwendungsvoraussetzung normiert; s dazu auch *Urtz* in *Achatz ua*, IntUmgr 187; *Staringer* in *W/H/M* Q2 Rz 90 f; *Zöchling* in *W/Z/H/K*[5] § 38a Rz 11). Zu beachten ist, dass die Voraussetzungen des **Art III** und somit dessen Steuerhängigkeitserfordernis erfüllt sein müssen. S § 16 Rz 61 ff.

B. Aufspaltung iSd § 38a Abs 2 oder Abspaltung iSd § 38a Abs 3

19 Die §§ 38a ff sind ausschließlich auf **Aufspaltungen iSd § 38a Abs 2** (s Rz 30 ff) oder **Abspaltungen iSd § 38a Abs 3** anwendbar (s Rz 50 ff).

> Für Spaltungen mit einem Stichtag bis einschließlich 31.12.2004 war zudem die Aufspaltung ohne Einbringung (die sog **Holding-Aufspaltung**) zulässig. Mit dem AbgÄG 2004 (BGBl I 2004/180) wurde diese Form der Spaltung abgeschafft (für Spaltungen, denen ein **Stichtag nach dem 31.12.2004** zu Grunde liegt – 3.Teil Z 9). In den EB wird angeführt, dass die sog Holdingspaltung des § 38a Abs 2 Z 2 ein Fremdkörper ist und daher von der Verlängerung des Geltungsbereiches nicht umfasst sein soll (RV 686 BlgNR 22. GP, 2). Unter Holding-Aufspaltung wurde die Auflösung einer spaltenden Körperschaft mit mehreren Anteilsinhabern aufgrund eines Spaltungsvertrages verstanden, sofern das Liquidationsvermögen der spaltenden Körperschaft nur Kapitalanteile, liquide Mittel und Forderungen inklusive eines Gegenleistungsanteils gem § 19 der letzten fünf Jahre umfasst und die Auflösung binnen neun Monaten nach dem letzten Bilanzstichtag beim Firmenbuch angemeldet wird und die Kapitalanteile und restlichen liquiden Mittel (max 10 % des Gesamtvermögens) an die Anteilsinhaber ausgekehrt werden (s dazu ausführlich *Huber* in *W/H/M* VI § 38a Rz 39 ff; *Hirschler* in *H/M/H* § 38a Rz 15 ff).

C. Übertragung von qualifiziertem Vermögen

1. Qualifiziertes Vermögen

20 Sowohl bei der Auf- (Abs 2) als auch bei der Abspaltung (Abs 3) ist Voraussetzung, dass **Vermögen iSd § 12 Abs 2 oder Vermögen iSd § 32 Abs 3** übertragen wird.

2. Vermögen gem § 12 Abs 2

21 Gem § 12 Abs 2 zählen zum Vermögen nur **Betriebe sowie Teilbetriebe**, die der Einkunftserzielung gem § 2 Abs 3 Z 1 bis 3 EStG dienen, **Mitunternehmeranteile** sowie **qualifizierte Kapitalanteile** (mindestens 25 % oder Vermittlung oder Erweiterung der Mehrheit der Stimmrechte an der Gesellschaft, deren Anteile abgespalten werden). Zum Begriff der einzelnen Wirtschaftsgüter s § 12 Rz 71 ff. Bei der Abspaltung von **(Teil)Betrieben und Mitunternehmeranteilen** muss zum Spaltungsstichtag eine **Schlussbilanz** vorliegen.

3. Fiktive Teilbetriebe

22 Aufgrund der Anwendbarkeit von **§ 32 Abs 3** zählen auch **fiktive Teilbetriebe** bei der Ab- oder Aufspaltung eines **Forstbetriebes** sowie eines **kundenstockorientierten Betriebes** zum qualifizierten Vermögen. Zur Begriffsdefinition s § 32 Rz 63 ff.

4. Ausschließlichkeit

Fraglich ist, ob analog zur Handelsspaltung die **Ausschließlichkeit** der Übertragung von qualifiziertem Vermögen vorliegen muss. Während § 32 ausdrücklich darauf Bezug nimmt, dass „nur Vermögen" iSd Abs 2 und/oder 3 übertragen werden kann, ist dies in § 38a nicht vorgesehen. ME verschmutzt die **Mitübertragung von nicht qualifiziertem Vermögen nicht die gesamte Spaltung. Art VI ist hinsichtlich des qualifizierten Vermögens anzuwenden** (so auch *Huber* in W/H/M VI § 38a Rz 18; aA *Hirschler* in H/M/H § 38a Rz 7, mit Verweis auf BMF 17.1.1994, SWK 1994, A 303 sowie BMF 20.1.1995, SWK 1995, A 259, die sich allerdings auf die Rechtslage vor AbgÄG 1996 beziehen).

Die **FV geht von einer Ausschließlichkeit** aus (UmgrStR Rz 1824): „Sollte auch nur einer der übertragenen Vermögensteile die Voraussetzungen des § 12 Abs 2 nicht erfüllen, fällt die gesamte Spaltung nicht unter Art VI UmgrStG, es können allerdings die Regeln des Art III anwendbar sein. Die Folgen der Unanwendbarkeit des Art VI beziehen sich daher, abgesehen von dem Vermögen, das nicht die Voraussetzungen des § 12 Abs 2 erfüllt, insb auf die Gesellschafterebene, wo es zu einer steuerlichen Erfassung der ausgekehrten Anteile kommt."

Das bei der übertragenden Körperschaft **verbleibende Restvermögen** muss **keine qualifizierte Vermögenseigenschaft** aufweisen (*Hirschler* in H/M/H § 38a Rz 7).

5. Eigenschaft des Vermögens gem Art III

Dadurch, dass die Übertragung von qualifiziertem Vermögen nach **Art III** zu erfolgen hat, unterliegt der Spaltungsvorgang dem **gesamten Tatbestand des Art III**, sodass das zu übertragende Vermögen einen **positiven Verkehrswert** haben (§ 12 Abs 1; in dem Sinne auch *Hirschler* in H/M/H § 38a Rz 7) und am **Spaltungsstichtag sowie am Tag des Einbringungsvertrages der übertragenden Körperschaft zuzurechnen** sein muss (§ 12 Abs 1).

D. Spaltung auf Grundlage eines Spaltungsvertrages

Die Steuerspaltung hat auf **Grund eines Spaltungsvertrages gem § 38b** zu erfolgen. Hinsichtlich der Definition des Spaltungsvertrages und des inhaltlichen Erfordernisses wird auf § 38b verwiesen. S § 38b Rz 2 ff.

E. Spaltende und übernehmende Körperschaft gem § 38a Abs 4

Spaltende und übernehmende Körperschaften können nur solche im Sinne des § 38a Abs 4 sein (s Rz 70 ff). Zudem muss an der **spaltenden Körperschaft am Spaltungsstichtag mehr als ein Anteilsinhaber** beteiligt sein. S Rz 74 ff.

III. Steueraufspaltung (Abs 2)

A. Allgemeines

Die sog **Aufspaltung mit Einbringung (Liquidationsspaltung)** ist in § 38a Abs 2 geregelt. Die Liquidationsspaltung entspricht wirtschaftlich einer **Down-stream-Aufspaltung gem SpaltG**. Ein inhaltlicher Unterschied ist dahingehend gegeben, dass bei der **Handelsspaltung Gesamtrechtsnachfolge** gegeben ist und das Ergebnis in **einem Schritt** erreicht wird (ex lege mit Eintragung der Handelsspaltung im Firmenbuch; s *Huber* in W/H/M VI § 38a Rz 15).

31 Diese Form der Steuerspaltung erfolgt in **zwei Schritten:**
- **Einbringung gem Art III** von Vermögen iSd § 12 Abs 2 und/oder § 32 Abs 3 von einer spaltenden Körperschaft in **zwei oder mehrere übernehmende Körperschaften**, die nicht an der spaltenden Körperschaft beteiligt sind (keine Upstream-Einbringung). In der spaltenden Körperschaft dürfen sich nach der Einbringung neben **Kapitalanteilen nur liquide Mittel** und allfällige restliche Verbindlichkeiten befinden (s Rz 35 ff).
- **Liquidation der spaltenden Körperschaft mit Auskehrung der Anteile** und restlichen liquiden Mittel an die Anteilsinhaber der spaltenden Körperschaft. Die restlichen liquiden Mittel dürfen 10 % des gemeinen Wertes des zu verteilenden Gesamtvermögens nicht übersteigen (s Rz 39 ff).

32 An der spaltenden Körperschaft müssen gem § 38a Abs 4 **mehrere Anteilsinhaber** beteiligt sein. Zudem hat die Liquidationsspaltung auf Grund eines **Spaltungsvertrages iSd § 38b** zu erfolgen. Eine **Up-stream-Aufspaltung ist nicht zulässig** (ua *Korntner*, FJ 2009, 261).

B. Einbringung gem Art III
1. Erfüllung der Voraussetzungen von Art III

33 Für den **ersten Schritt** der Einbringung müssen **sämtliche Anwendungsvoraussetzungen gem Art III** erfüllt sein. Sollten die Voraussetzungen von Art III nicht erfüllt werden, ist **Art VI nicht anwendbar**. Aufgrund der umfänglichen Anwendbarkeit von Art III ist auch eine **rückwirkende Veränderung des Einbringungsvermögens gem § 16 Abs 5** möglich (*Bartl*, FJ 2004, 97). Eine **Up-stream-Einbringung** ist **nicht zulässig** (UmgrStR Rz 1815). Die Einbringung in eine im Zuge der Einbringung neu gegründete Körperschaft ist zulässig (UmgrStR Rz 1815; *Hirschler* in *H/M/H* § 38a Rz 8; s Rz 70). Es ist auch nicht schädlich, wenn an den übernehmenden Körperschaften auch andere Personen als die Anteilsinhaber der spaltenden Körperschaft beteiligt sind (*Zöchling* in *W/Z/H/K*[5] § 38a Rz 16). Zudem kann die Einbringung mit oder ohne Anteilsgewährung erfolgen (*Huber* in *W/H/M* VI § 38a Rz 16 mit Verweis auf BMF 11.11.1992, RdW 1993, 53).

34 Die **umfassende Anwendbarkeit von Art III** ist auch bei der **grenzüberschreitenden Steuerspaltung** (Import- oder Export-Spaltung) als auch bei der **Auslandssteuerspaltung** gegeben (s zur grenzüberschreitenden Steuerspaltung ausführlich *Huber* in *W/H/M* VI § 38a Rz 19).

2. Verbleibendes Vermögen nach der Einbringung
a) Allgemeines

35 Zu dem in § 20 Abs 1 genannten Zeitpunkt dürfen sich in der spaltenden Körperschaft ausschließlich die **Gegenleistung iSd § 19** sowie **liquide Mittel und allfällige restliche Verbindlichkeiten** befinden. Die **Ausschließlichkeit** verlangt, dass sonstige in § 38a Abs 2 nicht genannte Wirtschaftsgüter nicht in der spaltenden Körperschaft verbleiben dürfen. Um eine Unanwendbarkeit von Art VI zu vermeiden, empfiehlt sich eine **Auffangklausel**, wonach **nachträglich hervorkommendes Vermögen den übernehmenden Körperschaften zuzurechnen** ist (*Hirschler* in *H/M/H* § 38a Rz 11; *Huber* in *W/H/M* VI § 38a Rz 26; UmgrStR Rz 1835). Der in § 20 Abs 1 genannte Zeitpunkt ist der dem **Einbringungsstichtag folgende Tag**.

b) Gegenleistung iSd § 19

Eindeutig ist, dass darunter die **einbringungsgeborenen**, dh die als Gegenleistung für die Einbringung gewährten **Anteile an der übernehmenden Körperschaft** gemeint sind. Zudem kann es sich auch um **einbringungserweiterte Anteile** im Falle einer unter den Anwendungsbereich des § 19 Abs 2 Z 5 fallenden Einbringung handeln (*Hirschler* in *H/M/H* § 38a Rz 9; lt *Huber* ist bei der Neuformulierung der Z 1 durch BGBl 1993/818 lediglich die Möglichkeit übersehen worden, dass die spaltende Körperschaft bereits Anteile an den übernehmenden oder **an anderen Gesellschaften** besitzt – *Huber* in *W/H/M* VI § 38a Rz 22). Fraglich ist zudem, ob sich auch **Kapitalanteile an sonstigen Gesellschaften im Vermögen der spaltenden Körperschaft** nach der Einbringung befinden dürfen. Die herrschende Lehre geht davon aus (*Hirschler* in *H/M/H* § 38a Rz 9; *Huber* in *W/H/M* VI § 38a Rz 22, da der Anwendungsbereich der Liquidationsspaltung nicht enger ausgelegt werden darf als die Holdingspaltung; aA *Schwarzinger/Wiesner*, SWK 1995 A 309). 36

c) Liquide Mittel

Unter „liquide Mittel" sind **Kassenbestände, Schecks, Bankguthaben, Wertpapiere des Umlaufvermögens** sowie nicht beeinflussbare **kurzfristige Forderungen** iSd § 224 Abs 2 B IV UGB zu verstehen (*Hirschler* in *H/M/H* § 38a Rz 10; *Huber* in *W/H/M* VI § 38a Rz 24 mit Verweis auf BMF 17.7.2003, ÖStZ 2003, 403; UmgrStR Rz 1835). Zu diesem Zeitpunkt ist das **Verhältnis der liquiden Mittel zum Gesamtvermögen irrelevant** (*Huber* in *W/H/M* VI § 38a Rz 21; *Zöchling* in *W/Z/H/K*[5] § 38a Rz 14). 37

d) Allfällige restliche Verbindlichkeiten

Darunter sind sowohl Verbindlichkeiten ieS als auch **Rückstellungen** zu verstehen (*Hirschler* in *H/M/H* § 38a Rz 12; *Huber* in *W/H/M* VI § 38a Rz 25). 38

C. Liquidation der spaltenden Körperschaft
1. Anmeldung der Liquidation

Im zweiten Schritt wird die **spaltende Körperschaft liquidiert**. Die Anmeldung der Auflösung (Liquidation) beim Firmenbuch muss innerhalb von **neun Monaten nach dem Einbringungsstichtag** erfolgen. Die Anmeldung erfolgt durch Geschäftsführer oder Liquidatoren (*Hirschler* in *H/M/H* § 38b Rz 6). Maßgeblich ist das **Einlangen** der Anmeldung beim zuständigen **Firmenbuchgericht**. Die Anmeldung hat auch dann fristgerecht zu erfolgen, wenn eine beim Firmenbuch angemeldete Sachgründung oder eine einbringungsbedingt begehrte Kapitalerhöhung noch nicht eingetragen ist (UmgrStR Rz 1831). Wird die Frist versäumt, sind **Liquidation und allfälliger Anteilstausch außerhalb des Art VI** zu besteuern (*Huber* in *W/H/M* VI § 38a Rz 27). 39

2. Liquidationseröffnungsbilanz

Die **Liquidationseröffnungsbilanz** ist zu Beginn des dem **Spaltungsstichtag folgenden Tages** zu erstellen und stellt eine gedanklich auf diesen Zeitpunkt aufgestellte Eröffnungsbilanz dar (*Kortner*, FJ 2009, 261; *Schlager* in HB Sonderbilanzen 261). In diese ist das der spaltenden Körperschaft **verbleibende Vermögen nach Einbringung** (verbleibende Anteile, liquide Mittel und Verbindlichkeiten) darzustellen. Die Liquidation hat nach den gesellschaftsrechtlichen Bestimmungen 40 zu erfolgen (für AG §§ 203 ff AktG; für GmbH §§ 84 ff GmbHG; vgl dazu ausführlich *Korntner*, FJ 2009, 269).

3. Liquidationsbesteuerung

41 Dem Grunde nach findet eine Liquidationsbesteuerung nach § 19 KStG statt, die unter **folgenden Bedingungen steuerfrei** ist:

42 • Die **restlichen liquiden Mittel dürfen 10 % des gemeinen Wertes** des zu verteilenden Gesamtvermögens nicht übersteigen (§ 38a Abs 2). Das Gesamtvermögen setzt sich aus Kapitalanteilen und liquiden Mitteln zum Verteilungszeitpunkt (Zeitpunkt der Liquidationsschlussbilanz) zusammen (*Huber* in W/H/M VI § 38a Rz 30). Die Kapitalanteile sind mit ihrem **Einzelveräußerungswert** und nicht nach dem gemeinen Wert nach dem Wiener Verfahren anzusetzen (*Huber* in W/H/M VI § 38a Rz 30 mit Verweis auf BMF 12.7.1996, RdW 1996, 395 unter Hinweis auf KFS BW 1; UmgrStR Rz 1835). Die **Bewertung** erfolgt zum Zeitpunkt des **Abschlusses des Spaltungsvertrages** (*Hirschler* in H/M/H § 38a Rz 13; UmgrStR Rz 1835).
Sofern im Zeitpunkt der Liquidation noch **nicht fällige bzw unsichere Verpflichtungen** bestehen, haben die Liquidatoren dafür Sicherheit durch Hinterlegung oder andere Weise (Pfand, Bürgschaft) zu treffen. Die in den Sicherheitsleistungen gebundenen liquiden Mittel sind in der Berechnung der 10 %-Grenze nicht zu berücksichtigen (*Hirschler* in H/M/H § 38a Rz 13).
Sollten die liquiden Mittel die **10-%-Grenze übersteigen**, so können diese durch Gewinnausschüttungen oder Einlagen in Beteiligungsgesellschaften reduziert werden (*Huber* in W/H/M VI § 38a Rz 30 mit Verweis auf BMF 31.10.2002, RdW 2002, 767).

43 • Sollte nach der Liquidation Vermögen hervorkommen, ist eine **Nachtragsliquidation** zu machen. Eine Neuberechnung der 10 %-Grenze erfolgt nicht (*Huber* in W/H/M VI § 38a Rz 32).

44 • Nach dem Wortlaut des Gesetzes dürfen **keine Verbindlichkeiten an die Anteilsinhaber der spaltenden Körperschaft ausgekehrt** werden. Sollten zum Liquidationszeitpunkt Verbindlichkeiten bestehen, kann entweder eine ausreichende Vermögensdeckung zurückbehalten oder die Verbindlichkeiten durch die Gesellschafter übernommen werden (in diesem Fall handelt es sich um eine Gesellschaftereinlage, die durch § 38a Abs 2 Z 1 nicht ausgeschlossen ist; *Huber* in W/H/M VI § 38a Rz 31; in diesem Sinne wohl auch *Hirschler* in H/M/H § 38a Rz 13). Die UmgrStR sind in diesem Fall nicht so streng: Sollten unberichtigte Passiva in der Liquidationsschlussbilanz ausgewiesen sein und seitens des Firmenbuchgerichtes keine Bedenken gegen die Übernahme bestehen, ist dies auch **steuerrechtlich unbedenklich** (UmgrStR Rz 1835; *Bartl*, FJ 2004, 97; *Schlager* in HB Sonderbilanzen 261; *Zöchling* in W/Z/H/K[5] § 38a Rz 14). Die Übertragung von Verbindlichkeiten bedarf der Zustimmung der Gläubiger.

45 • Die Kapitalanteile sowie die liquiden Mittel werden **direkt an die Anteilsinhaber übertragen** (*Schlager* in HB Sonderbilanzen 261).

4. Verhältniswahrend oder nicht verhältniswahrend

46 Die **Auskehrung der Kapitalanteile und restlichen liquiden Mittel** an die Anteilsinhaber der spaltenden Körperschaft erfolgt **verhältniswahrend (§ 38d) oder nicht verhältniswahrend (§ 38e)**.

In welchem **Verhältnis die liquiden Mittel sowie die Kapitalanteile** an die An- 47
teilsinhaber der spaltenden Körperschaft ausgekehrt werden, ist **gesetzlich nicht
geregelt**. Eine von den Kapitalanteilen abweichende Zuordnung der liquiden Mittel ist demnach möglich. Es darf jedoch nicht so weit gehen, dass ein Anteilsinhaber
nur Anteile und der andere Anteilsinhaber nur liquide Mittel erhält (*Huber* in
W/H/M VI § 38a Rz 33 mit Verweis auf BMF 17.7.2003, ÖStZ 2003, 403).

5. Verlustvorträge

Dadurch, dass keine gesetzliche Bestimmung in §§ 38 a ff vorgesehen ist, gehen die 48
Verlustvorträge der spaltenden Körperschaft nicht auf die Anteilsinhaber über.
Diese gehen unter (*Huber* in *W/H/M* VI § 38d Abs 18). Sofern möglich, sollten die
Verlustvorträge im Zuge der Einbringung dem einzubringenden Vermögen gem
§ 21 zugeordnet werden. Mangels Gesamtrechtsnachfolge gehen die **Mindestkörperschaftsteuerguthaben auf die Anteilsinhaber nicht** über (*Huber* in *W/H/M* VI
§ 38d Rz 19; aA *Hirschler* in *H/M/H* § 38a Rz 14).

IV. Steuerabspaltung (Abs 3)
A. Allgemeines

Die **Abspaltung mit Einbringung** ist in § 38a Abs 3 geregelt. Abs 3 unterscheidet 50
zwischen **Abspaltung mit Anteilsdurchschleusung** (§ 38a Abs 3 Z 1) und **Schwesternabspaltung** (§ 38a Abs 3 Z 2).

Wie bei der Aufspaltung müssen an der spaltenden Körperschaft gem § 38a Abs 4 **mehrere Anteilsinhaber** beteiligt sein. Zudem hat die Abspaltung aufgrund eines **Spaltungsvertrages iSd § 38b** zu erfolgen. Eine **Up-stream-Abspaltung** ist **nicht zulässig**.

> Bei beiden Varianten (Abspaltung mit Anteilsdurchschleusung und Schwestern- 51
> abspaltung) ist das gesellschaftsrechtliche **Verbot der Einlagenrückgewähr** zu beachten (§ 52 AktG, § 82 Abs 1 GmbHG), da die spaltende Körperschaft durch die
> Anteilsauskehrung an die Gesellschafter bzw den Anteilsverzicht zugunsten der
> Gesellschafter „entreichert" wird. Zur Vermeidung bietet sich eine ordentliche
> Kapitalherabsetzung, ein Gesellschafterzuschuss oder eine Ausschüttung in Form
> einer Sachdividende an (*Hirschler* in *H/M/H* § 38a Rz 21; *Bartl*, FJ 2004, 98; *Korntner*,
> FJ 2009, 270 – in Höhe des Verkehrswertes des ausgekehrten Vermögens). Erfolgt
> unternehmensrechtlich eine **Gewinnausschüttung**, ist dies steuerrechtlich Teil
> des steuerneutralen Spaltungsvorganges und daher **nicht KESt-pflichtig** (*Huber* in
> *W/H/M* VI § 38a Rz 53).

B. Steuerabspaltung mit Anteilsdurchschleusung (Abs 3 Z 1)
1. Regelung

Die sog **Abspaltung mit Anteilsdurchschleusung** ist in § 38a Abs 3 Z 1 geregelt. 52

2. Unterteilung in zwei Schritten

Diese Form der Steuerspaltung erfolgt in **zwei Schritten**: 53

- **Einbringung gem Art III** von Vermögen iSd § 12 Abs 2 und/oder § 32 Abs 3
  von einer spaltenden Körperschaft in eine oder mehrere übernehmende Körperschaft(en), die nicht an der spaltenden Körperschaft beteiligt ist/sind, gegen
  Anteilsgewährung (damit unterliegt der Einbringungsvorgang dem gesamten
  Tatbestand des Art III). Das bei der übertragenden Körperschaft verbleibende

Vermögen muss dabei nicht den Erfordernissen des § 12 Abs 2 entsprechen (*Schlager* in HB Sonderbilanzen 262; *Zöchling* in *W/Z/H/K*⁵ § 38a Rz 18).
- **Auskehrung der einbringungsgeborenen bzw einbringungserweiterten Anteile an der übernehmenden Körperschaft** an die Anteilsinhaber der spaltenden Körperschaft.

54 Die Anteilsinhaber können in der Folge die erworbenen Anteile entsprechend dem Spaltungsvertrag tauschen (**nicht verhältniswahrende Abspaltung** – UmgrStR Rz 1818).

3. Auskehrung der Anteile

55 Es dürfen ausschließlich die **einbringungsgeborenen oder -erweiterten Anteile** an der übernehmenden Körperschaft ausgekehrt werden. Auch bereits bestehende Anteile an der übernehmenden Körperschaft dürfen ausgekehrt werden (*Huber* in *W/H/M* VI § 38a Rz 53 mit Verweis auf BMF 18.7.1996, RdW 1996, 511). **Liquide Mittel oder sonstige Kapitalanteile dürfen nicht ausgekehrt** werden (anders als bei der Steueraufspaltung; *Huber* in *W/H/M* VI § 38a Rz 50). Denkbar ist, dass nur ein Teil der einbringungsgeborenen oder -erweiterten Anteile ausgekehrt werden (*Huber* in *W/H/M* VI § 38a Rz 50).

4. Verlustvorträge

56 Dadurch, dass keine gesetzliche Bestimmung in §§ 38 a ff vorgesehen ist, gehen die durch die ausgekehrten Beteiligungen verursachten **Verlustvorträge** der spaltenden Körperschaft **nicht auf die Anteilsinhaber über** und **verbleiben bei der spaltenden Körperschaft** (*Huber* in *W/H/M* VI § 38 d Abs 18).

C. Steuerabspaltung auf eine Schwesterkörperschaft (Abs 3 Z 2)
1. Regelung

60 Die sog **Schwesternabspaltung** ist in § 38a Abs 3 Z 2 geregelt.

2. Unterteilung in zwei Schritten

61 Diese Form der Steuerspaltung erfolgt in **zwei Schritten**:
- **Einbringung gem Art III** von Vermögen iSd § 12 Abs 2 und/oder § 32 Abs 3 von einer spaltenden Körperschaft in eine oder mehrere übernehmende Körperschaft(en) **ohne Gewährung von Anteilen gem § 19 Abs 2 Z 5**, da die Anteile an der spaltenden und übernehmenden Körperschaft in einer Hand vereinigt sind (Side-stream-Einbringung). Das bei der übertragenden Körperschaft **verbleibende Vermögen** muss dabei **nicht den Erfordernissen des § 12 Abs 2** entsprechen (*Schlager* in HB Sonderbilanzen 262). S zur Thematik Dividendenvorbehalt bei einer Einbringung von Kapitalanteilen iVm UmgrStR Rz 881 ausführlich *Balber-Peklar*, taxlex 2012, 407.
- **Anteilstausch zwischen den Anteilsinhabern** der spaltenden Körperschaft nach Maßgabe des § 38e (**stets nicht verhältniswahrende Spaltung**). Gegenstand des Anteilstausches können nur Anteile an der spaltenden und übernehmenden Körperschaft, nicht aber an anderen Körperschaften sein (UmgrStR Rz 1819; *Huber* in *W/H/M* VI § 38a Rz 56).

3. Anteilsinhaber

62 Die **Anteilsinhaber an der spaltenden und übernehmenden Körperschaft** müssen an diesen zu **gleichen Teilen** beteiligt sein. Fraglich ist, ob die Beteiligung un-

mittelbar an der spaltenden und übernehmenden Körperschaft gefordert ist, oder ob auch eine Beteiligung über Zwischengesellschaften möglich ist. Der nachfolgende Tausch der Anteile ist jedoch gem § 38a Abs 3 Z 2 auf die Anteilsinhaber der spaltenden Körperschaft beschränkt, wonach nur **unmittelbar beteiligte Gesellschafter** Anteile erhalten und tauschen können (*Huber* in W/H/M VI § 38a Rz 56).

V. Spaltungssubjekte (Abs 4)
A. Spaltende und übernehmende Körperschaft
1. Spaltungssubjekte

Gem § 38a Abs 4 können als spaltende (übertragende) und übernehmende Körperschaft **ausschließlich** folgende Rechtssubjekte fungieren: 70
- **Unbeschränkt steuerpflichtige Kapitalgesellschaften**
- **Unbeschränkt steuerpflichtige Erwerbs- und Wirtschaftsgenossenschaften**
- **Unbeschränkt steuerpflichtige Versicherungsvereine auf Gegenseitigkeit** (§ 1 Abs 2 KStG)
- **Ausländische Gesellschaften eines Mitgliedstaates der EU**, die unter Art 3 FRL fallen

Diejenigen Gesellschaften, die **nicht genannt** sind, wie bspw Vereine, Stiftungen, Sparkassen, fallen **nicht unter das UmgrStG** und haben die Liquidationsbesteuerung zur Folge (UmgrStR Rz 1823).

Die **übernehmende Körperschaft** muss am Spaltungsstichtag **weder bestehen noch errichtet** sein (s VwGH 18.10.2012, 2012/15/0114). Dadurch, dass bei der Steuerspaltung eine Einbringung nach Art III vorangeht, ist die VwGH-Entscheidung auch für die Steuerspaltung von Bedeutung. Sie erging zu einer Beschwerde gegen einen Bescheid des UFS, wonach dieser entschieden hat, dass zum Einbringungsstichtag zumindest eine Vorgründungsgesellschaft gegeben sein muss (UFS v 28.3.2012, RV/1213-W/06; s Literatur dagegen *Frei/Waitz-Ramsauer*, ÖStZ 2012, 328; *Furherr*, GES 2012, 253; *Repnik*, AFS 2012, 182; *Steindl*, ecolex 2012, 732; *Wiesner*, RWZ 2012, 165). S § 12 Rz 170.

2. Ausländische Gesellschaften eines Mitgliedstaates der EU, die unter Art 3 FRL fallen

Ausländische Gesellschaften liegen vor, wenn sie nach dem **Personalstatut aus-** 71 **ländischem Gesellschaftsrecht** unterliegen, was – nach dem Verständnis des österreichischen IPRG – einen Sitz der Hauptverwaltung im Ausland voraussetzt (*Urtz* in *Achatz ua*, IntUmgr 185). Zudem müssen diese die **Voraussetzungen von Art 3 FRL** erfüllen (Gesellschaften, die ausdrücklich im Anhang zur FRL aufgezählt sind, die Sitz oder Ort der Geschäftsleitung in einem Mitgliedstaat der EU haben, wobei die Ansässigkeit auch nicht aufgrund eines DBA außerhalb der EU liegen darf, und die schließlich nicht steuerbefreit sind und ohne Wahlmöglichkeit den in Art 3 angeführten Steuern unterliegen; *Hirschler* in H/M/H § 38a Rz 4).

Durch die **ausdrückliche Nennung ausländischer EU-Gesellschaften** unterschei- 72 det sich die Steuerspaltung von der Handelsspaltung. Eine **Import- oder Export-Spaltung** unter Beteiligung einer österreichischen und einer EU-Körperschaft ist bereits aufgrund des Wortlauts des Gesetzes möglich. Die Anwendbarkeit ist auch auf reine **Auslandsspaltungen** gegeben.

So auch *Urtz* in *Achatz ua*, IntUmgr 186, wonach aufgrund gemeinschaftlicher Vorgaben im Bereich des Gesellschaftsrechts argumentierbar ist, dass eine Ungleichbehandlung aufgrund der Anknüpfung an das Gesellschaftsrecht eines Mitgliedstaates nicht zulässig wäre. Dementsprechend sind auch bei einer **Auslandsspaltung §§ 38a ff anwendbar.** So auch UmgrStR Rz 1820; *Hirschler* in *H/M/H* § 38a Rz 4; *Staringer*, SWK 1994, 478, wonach die Erweiterung des Kreises der von der Steuerspaltung nach Art VI erfassten Gesellschaften sich auf sämtliche EU-Gesellschaften iSd FRL bezieht und somit auch grenzüberschreitende Spaltungen oder Auslandsspaltungen von EU-Gesellschaften hinsichtlich des dabei übertragenen Inlandsvermögens gem UmgrStG möglich sind.

Zu beachten ist, dass auch bei grenzüberschreitenden Spaltungen und Auslandsspaltungen die nach **§ 38a Abs 2 und 3 bestehenden inhaltlichen Kriterien** für das Vorliegen einer begünstigten Auf- oder Abspaltung vorliegen müssen (*Staringer* in *W/H/M* Q2 Rz 86).

73 Die Rechtsfolgen bei der grenzüberschreitenden Spaltung oder Auslandsspaltung entsprechen denen der Einbringung, da § 38a ganz allgemein und ohne Einschränkung auf **Art III** verweist (*Hirschler* in *H/M/H* § 38a Rz 4).

B. Anteilsinhaber
1. Gesellschaftermehrheit

74 Gem § 38a Abs 4 ist Voraussetzung, dass an der **spaltenden Körperschaft am Spaltungsstichtag mehr als ein Anteilsinhaber** beteiligt ist. Eine Gesellschaftermehrheit bei der **übernehmenden Körperschaft** ist e contrario nicht erforderlich (*Hirschler* in *H/M/H* § 38a Rz 3). Fraglich ist, ob die **Gesellschaftermehrheit** nicht nur am Spaltungsstichtag, sondern auch im **Zeitpunkt des Abschlusses des Spaltungsvertrages** bestehen muss. *Huber* vertritt die Ansicht, dass aufgrund der EB argumentiert werden kann, dass sowohl am Spaltungsstichtag als auch am Tag des Spaltungsvertragsabschlusses eine Anteilsinhabermehrheit an der spaltenden Körperschaft gegeben sein muss (*Huber* in *W/H/M* VI § 38a Rz 11 mit Verweis auf ErlRV 933 zu Art III Z 6 bis 8 AbgÄG 1997; aA *Hirschler* in *H/M/H* § 38a Rz 3).

Laut *Hirschler* ist es zulässig, wenn ein **Treuhänder die Anteile** bereits am Spaltungsstichtag besitzt (*Hirschler* in *H/M/H* § 38a Rz 3). Nach aA handelt es sich um einen steuerlichen Terminus technicus, wonach bei § 38a Abs 4 letzter Satz eine **wirtschaftlich zu betrachtende Anteilsinhaberschaft** vorliegen muss (*Korntner*, FJ 2009, 269; *Schlager* in HB Sonderbilanzen 259; *Zöchling* in *W/Z/H/K*[5] § 38a Rz 12; dh eine **Anteilsinhaberschaft mittels Treuhand würde nicht ausreichen**).

75 Nicht erforderlich ist, dass die **konkreten Anteilsinhaber** bereits **zum Spaltungsstichtag beteiligt** sind. Die Spaltung wirkt nur für die Anteilsinhaber, die den Spaltungsvertrag abschließen (*Huber* in *W/H/M* VI § 38a Rz 10).

2. Rückwirkung

76 Das **rückwirkende Herstellen** einer Mehrzahl von Anteilsinhabern ist **nicht möglich**, da ein rückwirkender Gesellschafterbeitritt gesellschaftsrechtlich nicht möglich ist (UmgrStR Rz 1826).

3. Keine sonstige Einschränkung

Hinsichtlich der **Eigenschaft der Anteilsinhaber** ist keine Einschränkung gegeben (unabhängig, ob natürliche oder juristische Person, steuerpflichtig oder nicht steuerpflichtig – UmgrStR Rz 1825). 77

Spaltungsvertrag

§ 38b. (1) [1]Der Spaltungsvertrag bedarf eines Beschlusses der Anteilsinhaber nach Maßgabe der Mehrheitsverhältnisse für Spaltungsbeschlüsse im Sinne des Bundesgesetzes über die Spaltung von Kapitalgesellschaften. [2]Er hat die Art und Durchführung der geplanten Spaltung genau zu beschreiben. [3]Dabei sind die wesentlichen Umstände anzugeben, die der Bewertung des einzubringenden Vermögens und der auszutauschenden Anteile einschließlich allfälliger Ausgleichszahlungen zugrunde gelegt werden.

(2) Der Spaltungsvertrag hat vorzusehen, dass die zur Durchführung der Spaltung erforderlichen Tauschvorgänge innerhalb eines Monats nach dem Zeitpunkt durchgeführt werden, ab dem sie gesellschaftsrechtlich zulässig sind.

(3) Der Spaltungsvertrag ist dem für die Erhebung der Körperschaftsteuer der spaltenden Körperschaft zuständigen Finanzamt innerhalb eines Monats vorzulegen.

[idF BGBl I 2010/9]

Rechtsentwicklung

BGBl 1991/699 (UmgrStG; RV 266 AB 354 BlgNR 18. GP) (Stammfassung – Regelung zur Steuerspaltung); BGBl 1993/818 (StRefG 1993; RV 1237 AB 1301 BlgNR 18. GP) (Regelung zur Steuerspaltung); BGBl 1996/797 (AbgÄG 1996; RV 497 AB 552 BlgNR 20. GP) (grundlegende Novelle des Art VI); BGBl I 2007/24 (BudBG 2007; RV 43 AB 67 BlgNR 23. GP); BGBl I 2010/9 (AVOG 2010; RV 477 AB 499 BlgNR 24. GP) (Änderung des § 38b Abs 3).

Übersicht

I.	Allgemeines	1
II.	Inhalt des Spaltungsvertrages (Abs 1 und 2)	2
	A. Inhalt	3–5
	B. Schriftlichkeit	6
	C. Änderungen	7
III.	Beschlusserfordernis (Abs 1)	
	A. Anteilsinhaber der spaltenden Körperschaft	10
	B. Verweis auf SpaltG	11
	C. Zeitlicher Aspekt	12
IV.	Anmeldungserfordernis (Abs 3)	
	A. Vorlage beim Finanzamt	15
	B. Beginn der Monatsfrist	16
	C. Keine Anwendungsvoraussetzung	17

I. Allgemeines

1 § 38b regelt den **Inhalt des Spaltungsvertrages** (Abs 1 und 2), dessen **Beschlusserfordernis** (Abs 1) sowie die **Anmeldung des Spaltungsvertrages beim Finanzamt** der spaltenden Körperschaft (Abs 3). Der Spaltungsvertrag ist **zwingende Anwendungsvoraussetzung des Art VI** (UmgrStR Rz 1826, wonach der Spaltungsvertrag die Rechtfertigung und den Beweis für eine steuerneutrale Maßnahme zu liefern hat; *Hirschler* in W/H/M VI § 38b Rz 1). Dadurch, dass der Spaltungsvertrag von den **Gesellschaftern der spaltenden Körperschaft** abgeschlossen wird und dieser von denen beschlossen werden muss, ist er eigentlich ein **Gesellschafterbeschluss** (*Huber* in W/H/M VI § 38b Rz 2).

II. Inhalt des Spaltungsvertrages (Abs 1 und 2)

A. Inhalt

2 Der Spaltungsvertrag muss gem § 38b Abs 1 und 2 folgenden Inhalt aufweisen:

3 • **Genaue Beschreibung der Art und Durchführung der geplanten Spaltung** (Angabe des Spaltungstatbestandes nach § 38a Abs 2 und 3, Angabe des Ablaufs der Steuerspaltung [zB Einbringung und Auskehrung der Anteile, Beschreibung der Tauschvorgänge auf Anteilsinhaberebene, Zurechnungsklausel für nachträglich hervorkommende Vermögensdifferenzen – s dazu ausführlich *Hirschler* in H/M/H § 38b Rz 4 und 5 und *Huber* in W/H/M VI § 38b Rz 5]).

4 • Angabe der **wesentlichen Umstände, die der Bewertung des einzubringenden Vermögens und der auszutauschenden Anteile** einschließlich allfälliger Ausgleichszahlungen zugrunde gelegt werden.

5 • Regelung, dass die zur Durchführung der Spaltung erforderlichen **Tauschvorgänge innerhalb eines Monats nach dem Zeitpunkt durchgeführt werden, ab dem sie gesellschaftsrechtlich zulässig** sind. Die **Monatsfrist für die Regelung des Anteilstausches** muss im Spaltungsvertrag nicht bestimmt werden; sie beginnt jedenfalls mit der **unternehmensrechtlichen Verfügungsberechtigung** über die zu tauschenden Anteile zu laufen (UmgrStR Rz 1827). Die unternehmensrechtliche Verfügungsberechtigung tritt hinsichtlich neu ausgegebener Anteile mit **Firmenbucheintragung**, hinsichtlich bestehender Anteile mit **Abschluss des Abtretungsvertrags** (Notariatsakt) und hinsichtlich durch Liquidation erworbene Anteile mit **Vermögensverteilung nach Ablauf der Sperrfristen** ein (*Huber* in W/H/M VI § 38b Rz 8). Die Frist gilt nur für den Anteilstausch im Zuge einer **nicht verhältniswahrenden Spaltung** gem § 38e (*Huber* in W/H/M VI § 38b Rz 7).

Sollte die Monatsfrist überschritten werden, ist eine Anwendungsvoraussetzung von **Art VI verletzt**, was nur bei Vorliegen von besonderen Gründen (zB Rechtsrisiken, Rechtsstreitigkeiten) unschädlich ist (UmgrStR Rz 1827). Sollte die **Bestimmung nicht im Spaltungsvertrag** vorgesehen sein, so kann daraus nicht sofort die Nichtigkeit der Spaltung abgeleitet werden; sollte die Durchführung der Tauschvorgänge innerhalb der Monatsfrist erfolgt sein, ist Art VI trotzdem anwendbar (*Hirschler* in H/M/H § 38b Rz 4).

B. Schriftlichkeit

6 Laut Art VI ist keine **Schriftlichkeit** gefordert. Aufgrund der Verpflichtung zur Vorlage des Spaltungsvertrages beim Finanzamt der spaltenden Körperschaft wird eine **Urkunde** zu errichten sein (UmgrStR Rz 1827; *Hirschler* in *H/M/H* § 38b Rz 1; *Zöchling* in *W/Z/H/K*[5] § 38b Rz 1). Eine notarielle Beurkundung des Spaltungsvertrags ist nicht erforderlich (UmgrStR Rz 1827; *Huber* in *W/H/M* VI § 38b Rz 3).

C. Änderungen

Auf **wesentliche Wertänderungen** nach dem Spaltungsstichtag ist entsprechend dem Schutzzweck des Spaltungsvertrages hinzuweisen (*Huber* in *W/H/M* VI § 38b Rz 6). Eine spätere Änderung des Spaltungsvertrages ist möglich, wobei die Anpassung des Abschlusses eines neuen Spaltungsvertrages bedarf (*Hirschler* in *H/M/H* § 38b Rz 4). 7

III. Beschlusserfordernis (Abs 1)
A. Anteilsinhaber der spaltenden Körperschaft

Der Spaltungsvertrag bedarf gem § 38b Abs 1 eines Beschlusses der Anteilsinhaber nach Maßgabe der Mehrheitsbeschlüsse für Spaltungsbeschlüsse iSd **SpaltG**. Erforderlich ist ausschließlich der Beschluss der **Anteilsinhaber der spaltenden Körperschaft**, wofür bei der AG zumindest eine Mehrheit von 75 % des bei der Beschlussfassung vertretenen Grundkapitals und bei der GmbH zumindest eine Mehrheit von 75 % der abgegebenen Stimmen erforderlich ist bzw im Falle einer nicht verhältniswahrenden Spaltung eine 90 %-Zustimmung des Nennkapitals (§ 8 SpaltG; UmgrStR Rz 1826). **Vertraglich** kann eine **höhere Mehrheit oder Einstimmigkeit** vorgesehen sein (UmgrStR Rz 1826; *Huber* in *W/H/M* VI § 38b Rz 3). 10

B. Verweis auf SpaltG

Der Verweis auf das SpaltG ist lediglich für das **Mehrheitserfordernis** der Spaltungsbeschlüsse vorgesehen; ansonsten kommt das SpaltG nicht zur Anwendung (*Huber* in *W/H/M* VI § 38b Rz 3). 11

C. Zeitlicher Aspekt

Der **Spaltungsvertrag muss vor Durchführung** der ersten steuerspaltungsrechtlichen Maßnahme abgeschlossen sein (UmgrStR Rz 1826; *Hirschler* in *H/M/H* § 38b Rz 2). 12

IV. Anmeldungserfordernis (Abs 3)
A. Vorlage beim Finanzamt

Der Spaltungsvertrag ist gem § 38b Abs 3 dem für die **Erhebung der Körperschaftsteuer der spaltenden Körperschaft zuständigen Finanzamt innerhalb eines Monats** vorzulegen. Das zuständige Finanzamt ergibt sich aufgrund der Regelung in § 21 AVOG nach dem **Ort der Geschäftsleitung** oder, sofern dieser nicht im Inland gelegen ist, nach dem inländischen Sitz der spaltenden Körperschaft (*Huber* in *W/H/M* VI § 38b Rz 10). 15

B. Beginn der Monatsfrist

Die **Monatsfrist beginnt mit Zeitpunkt der Beschlussfassung** zu laufen (*Hirschler* in *H/M/H* § 38b Rz 7). 16

C. Keine Anwendungsvoraussetzung

Die rechtzeitige **Anzeige ist keine Anwendungsvoraussetzung gem Art VI**, kann jedoch iRd Beweiswürdigung von Bedeutung sein (da die Abgabenbehörde bei ver- 17 späterer Vorlage des Spaltungsvertrages Zweifel haben könnte, ob die Spaltung tatsächlich aufgrund des Spaltungsvertrages erfolgt ist – *Hirschler* in *H/M/H* § 38b Rz 8; UmgrStR Rz 1826; *Huber* in *W/H/M* VI § 38b Rz 10; *Bartl*, FJ 2004, 97).

Das Anmeldeerfordernis gem § 38b Abs 3 (keine Anwendungsvoraussetzung von Art VI) ist von der **Anmeldung der Auflösung der Körperschaft gem § 38a Abs 2** und der generellen **Anmeldung der Einbringung gem § 13 Abs 1** zu unterscheiden. Die beiden Letzteren sind **Anwendungsvoraussetzungen**. Bei einer Verletzung kommt Art VI (Auflösung der Körperschaft) bzw Art III (Einbringung) nicht zur Anwendung.

Spaltende Körperschaft

§ 38c. ¹Bei einer Spaltung im Sinne des § 38a unterbleibt die Besteuerung der stillen Reserven im eingebrachten Vermögen (Art. III) und in den als Gegenleistung (§ 19) gewährten Anteilen sowie die Liquidationsbesteuerung nach § 19 des Körperschaftsteuergesetzes 1988 bezüglich der übertragenen Kapitalanteile im Sinne des § 38a Abs. 2. ²Der Buchverlust oder Buchgewinn auf Grund der Gewährung von Anteilen bleibt bei der Gewinnermittlung außer Ansatz.
[idF BGBl 1996/797]

Rechtsentwicklung

BGBl 1991/699 (UmgrStG; RV 266 AB 354 BlgNR 18. GP) (Stammfassung – Regelung zur Steuerspaltung); BGBl 1993/818 (StRefG 1993; RV 1237 AB 1301 BlgNR 18. GP) (Regelung zur Steuerspaltung); BGBl 1996/797 (AbgÄG 1996; RV 497 AB 552 BlgNR 20. GP) (grundlegende Novelle des Art VI).

Übersicht

I.	Allgemeines	
	A. Steuerneutralität	1
	B. Rückwirkung	2
	C. Schwesternabspaltung	3
II.	Einbringung	
	A. Anwendung von Art III	5
	B. Rechtsfolge	6
III.	Anteilsauskehrung	10–12
IV.	Liquidation	
	A. Steuerneutralität	15
	B. Liquidationsbesteuerung während Liquidationsphase	16
V.	Übernehmende Körperschaft	20, 21

I. Allgemeines

A. Steuerneutralität

1 § 38c bestimmt die **Steuerneutralität der Steuerspaltung für die spaltende Körperschaft**. Die Steuerneutralität gilt für

- die im ersten Schritt erforderliche **Einbringung nach Art III** bei der Steueraufund -abspaltung,

- die **Liquidation mit Auskehr der Kapitalanteile und liquiden Mittel** bei der Steueraufspaltung sowie
- die **Anteilsauskehrung an die Anteilsinhaber** bei der Steuerabspaltung mit Anteilsdurchschleusung.

Der **Buchverlust oder -gewinn** aufgrund der Gewährung von Anteilen bleibt bei der Gewinnermittlung **außer Ansatz**.

B. Rückwirkung

Eine **steuerliche Rückwirkung sieht § 38c explizit nicht** vor. Eine solche ist auf der Ebene der spaltenden und übernehmenden Körperschaft bereits durch die Anknüpfung des § 38a an die Einbringung gem Art III gewährleistet (*Huber* in W/H/M VI § 38c Rz 1). 2

C. Schwesternabspaltung

Bei der Schwesternabspaltung (§ 38a Abs 3 Z 2) erübrigt sich eine Regelung für die spaltende Körperschaft, da hinsichtlich der Übertragung des Vermögens in die übernehmende Körperschaft **ausschließlich Art III** zur Anwendung gelangt. **Buchgewinne bzw -verluste bei der spaltenden Körperschaft bleiben gem § 16 außer Ansatz.** Die steuerliche Wirkung ist unabhängig davon gegeben, ob Maßnahmen zur Vermeidung der mit der Durchschleusung verbundenen verbotenen Einlagenrückgewähr getroffen werden (UmgrStR Rz 1841). Der in der Folge in § 38a Abs 3 Z 2 vorgesehene **Anteilstausch berührt weder die spaltende noch die übernehmende Körperschaft** (UmgrStR Rz 1841). 3

II. Einbringung

A. Anwendung von Art III

§ 38c bestimmt ausdrücklich, dass die **Besteuerung der stillen Reserven** im übertragenen Vermögen (Art III) bei der spaltenden Körperschaft **unterbleibt**. Dies soll bloß eine **systematische Klarstellung** sein, da bereits nach § 38a die Bestimmungen des **Art III umfassend anzuwenden** sind (*Huber* in W/H/M VI § 38c Rz 3 mit Verweis auf W/Z/H/K[4] § 38c Rz 2; *Hirschler* in H/M/H § 38c Rz 1; UmgrStR Rz 1832). S zu Art III *Furherr*. 5

B. Rechtsfolge

Bei der **Liquidationsaufspaltung** und Abspaltung mit Anteilsauskehrung sind die **einbringungsgeborenen bzw -erweiterten Anteile** nach den Regeln des **§ 20** zu bewerten. Bei **Unterbleiben einer Anteilsgewährung** ist eine Anpassung der Buchwerte nach den Regeln des **§ 20 Abs 4** vorzunehmen (*Hirschler* in H/M/H § 38c Rz 8). Bei der Schwesternabspaltung entsteht bei der spaltenden Körperschaft ein gem § 20 Abs 4 Z 3 letzter Satz **steuerneutraler Buchgewinn bzw -verlust** (*Hirschler* in H/M/H § 38c Rz 8). 6

III. Anteilsauskehrung

Gem § 38c unterbleibt die Besteuerung der stillen Reserven in den als **Gegenleistung (§ 19) gewährten Anteilen**. Vom Wortlaut des Gesetzes ist nicht entnehmbar, dass auch die Anteilsauskehrung an und für sich steuerneutral ist. Es kann somit eine **unbesteuerte Durchschleusung der Kapitalanteile** im Wege der 10

Abspaltung nur durch **Gesetzesanalogie** im Wege des § 38c S 1 erreicht werden (*Walter*[11] Rz 1001; *Korntner*, FJ 2009, 262).

Die der Einbringung nachfolgende Anteilsauskehrung an die Anteilsinhaber der spaltenden Körperschaft (§ 38a Abs 3 Z 1) erfolgt somit steuerneutral. Die Steuerneutralität umfasst die einbringungsgeborenen und auch bereits zuvor bestehenden Anteile an der(n) übernehmenden Körperschaft(en), **nicht jedoch** – im Gegensatz zu Aufspaltungen – **Kapitalanteile an anderen Körperschaften** (*Huber* in W/H/M VI § 38c Rz 16; UmgrStR Rz 1840).

11 Der daraus entstehende **Buchverlust** (bei positivem Beteiligungsstand) oder **Buchgewinn** (bei negativem Beteiligungsstand) ist gem § 38c letzter Satz **steuerneutral** (UmgrStR Rz 1840).

12 Die steuerliche Wirkung ist **unabhängig** davon gegeben, ob **Maßnahmen zur Vermeidung der mit der Durchschleusung verbundenen verbotenen Einlagenrückgewähr** getroffen werden (UmgrStR Rz 1840).

IV. Liquidation

A. Steuerneutralität

15 Gem § 38c **unterbleibt die Liquidationsbesteuerung nach § 19 KStG** bezüglich der übertragenen Kapitalanteile im Sinne des § 38a Abs 2. Würde § 38c nicht zur Anwendung gelangen, würde gem § 19 KStG in Höhe der Differenz des gemeinen Werts der ausgekehrten Anteile zum Buchwert des Liquidations-Anfangsvermögens die Liquidationsbesteuerung Platz greifen.

Nach der Einbringung gem Art III besteht mit Beginn des dem Einbringungsstichtag folgenden Tages eine **Holdingkörperschaft**, die ausschließlich über Kapitalanteile, liquide Mittel und allfällige restliche Verbindlichkeiten verfügt. Die **Liquidationseröffnungsbilanz** ist zu diesem Zeitpunkt zu erstellen; dh es dürfen in dieser nur die im Vorsatz genannten Wirtschaftsgüter aufscheinen (UmgrStR Rz 1835). Zu diesem Zeitpunkt ist das **Verhältnis der liquiden Mittel zum Gesamtvermögen noch unbeachtlich** (s § 38a Rz 37).

B. Liquidationsbesteuerung während Liquidationsphase

16 Werden **während der Liquidationsphase** Kapitalanteile veräußert oder werden stille Reserven in anderen Wirtschaftsgütern (Forderungen, Verbindlichkeiten) aufgedeckt, **erfolgt die reguläre Liquidationsbesteuerung gem § 20 KStG** (*Huber* in W/H/M VI § 38c Rz 15). Dies betrifft auch eventuell auftretende Zins- oder Kursgewinne (UmgrStR Rz 1835; *Hirschler* in H/M/H § 38c Rz 11).

V. Übernehmende Körperschaft

20 Für die übernehmende Körperschaft ist in den §§ 38a ff **keine Regelung** enthalten. Dies ist auch nicht notwendig, da aufgrund des Verweises von § 38a auf Art III die Bestimmungen zur **Einbringung für die übernehmende Körperschaft Anwendung** finden (*Hirschler* in H/M/H § 38c Rz 16; UmgrStR Rz 1842 ff). Die übernehmende Körperschaft hat das **übertragene Vermögen grundsätzlich mit den Buchwerten** zu übernehmen. Dadurch werden die übertragenen stillen Reserven nicht realisiert, sondern sind in der übernehmenden Körperschaft „eingefroren" (zum

Aufwertungswahlrecht bei Auslandsspaltungen und grenzüberschreitenden Spaltungen siehe *Staringer* in *W/H/M* Q2 Rz 96).

Steuerspaltungen sind stets mit **zivilrechtlicher Einzelrechtsnachfolge** verbunden. **§ 19 Abs 1 BAO kommt bei der Steuerspaltung nicht zur Anwendung** (*Althuber*, Steuerliche Gesamtrechtsnachfolge bei Umgründungen im Konzern 62). 21

Behandlung der Anteilsinhaber bei einer die Beteiligungsverhältnisse wahrenden Spaltung

§ 38d. (1) [1]**Bei den Anteilsinhabern der spaltenden Körperschaft unterbleibt die Besteuerung hinsichtlich der übertragenen im Spaltungsvertrag festgelegten Gegenleistung im Sinne des § 38a.** [2]**Dies gilt auch dann, wenn die spaltende Körperschaft nicht liquidiert wird.**

(2) [1]Die Anteilsinhaber haben den Buchwert oder die Anschaffungskosten der Anteile an der liquidierten Körperschaft, abzüglich liquider Mittel im Sinne des § 38a Abs. 2 und 3 fortzuführen und den gewährten Anteilen zuzuordnen. [2]Kommen den Anteilsinhabern Anteile an übernehmenden Körperschaften zu, ohne dass die spaltende Körperschaft beendigt oder liquidiert wird, ist für die Bewertung der Anteile an der spaltenden und den übernehmenden Körperschaften § 20 Abs. 4 Z 3 anzuwenden.

(3) *(entfallen, BGBl I 2012/112)*

(4) Für internationale Schachtelbeteiligungen im Sinne des § 10 Abs. 2 des Körperschaftsteuergesetzes 1988 gilt folgendes:
1. Entsteht durch die Spaltung bei einer Körperschaft als Anteilsinhaber eine internationale Schachtelbeteiligung oder wird ihr Ausmaß durch neue Anteile oder durch Zurechnung zur bestehenden Beteiligung verändert, ist hinsichtlich der bisher nicht steuerbegünstigten Beteiligungsquoten auf den Unterschiedsbetrag zwischen den Buchwerten und den höheren Teilwerten § 10 Abs. 3 erster Satz des Körperschaftsteuergesetzes 1988 nicht anzuwenden.
2. Geht durch die Spaltung die Eigenschaft einer Beteiligung als internationale Schachtelbeteiligung unter, gilt, soweit für sie keine Option zugunsten der Steuerwirksamkeit erklärt worden ist, der höhere Teilwert zum Spaltungsstichtag, abzüglich auf Grund einer Umgründung nach diesem Bundesgesetz von § 10 Abs. 3 erster Satz des Körperschaftsteuergesetzes 1988 ausgenommener Beträge, als Buchwert.

(5) (entfallen, BGBl I 2014/105)

[idF BGBl I 2014/105]

Rechtsentwicklung

BGBl 1996/797 (AbgÄG 1996; RV 497 AB 552 BlgNR 20. GP) (grundlegende Novelle des Art VI); BGBl 1999/28 (AbgÄG 1998; RV 1471 AB 1505 BlgNR 20. GP) (Inkrafttreten 13.1.1999); BGBl I 2003/71 (BudBG 2003; RV 59 AB 111 BlgNR 22. GP, Inkrafttreten 21.8.2003 – Änderung bezüglich Internationaler Schachtelbeteiligungen); BGBl I 2005/161 (AbgÄG 2005; RV 1187 AB 1213 BlgNR 22. GP) Inkrafttreten Art 4 Z 22 – Änderung bezüglich Internationaler Schachtelbeteiligungen); BGBl I 2007/24 (BudBG 2007; RV 43 AB 67 BlgNR 23. GP (Inkrafttreten 24.5.2007 – Änderung bezüglich Internationaler Schachtelbeteiligung); BGBl I 2012/112 (AbgÄG 2012; RV 1960 AB 1977 BlgNR 24. GP – Entfall Abs 3); BGBl I 2014/105 (2. AbgÄG 2014; RV 360 AB 432 BlgNR 25. GP – Entfall Abs 5).

Übersicht

I.	Allgemeines	
	A. Verhältniswahrende und nicht verhältniswahrende Spaltung	1–3
	B. Regelungsinhalt	4
II.	Steuerneutralität und Buchwertfortführung (Abs 1 und 2)	
	A. Allgemeines	
	1. Anteilsinhaber	5, 6
	2. Buchwertfortführung	
	a) Buchwertfortführung	7
	b) Keine Anschaffung	8
	c) Keine Rückwirkung	9
	B. Steueraufspaltung	
	1. Steuerneutralität der Gegenleistung	10, 11
	2. Abzug liquider Mittel	12
	3. Aufteilung nach Verkehrswerten	13
	C. Steuerabspaltung	
	1. Durchschleusespaltung	14
	2. Steuerneutralität der Gegenleistung	15, 16
	3. Bewertung der Anteile	17
III.	Entstehen und Wegfall einer §-31-EStG-Beteiligung idF vor BudBG 2011 (Abs 3 und Abs 5)	
	A. Allgemeines	20–22
	B. § 38d Abs 3 (Entstehung einer §-31-EStG-Beteiligung idF vor BudBG 2011)	23
	C. § 38d Abs 5 (Wegfall einer §-31-EStG-Beteiligung idF vor BudBG 2011)	24
IV.	Internationale Schachtelbeteiligung (Abs 4)	35, 36

I. Allgemeines
A. Verhältniswahrende und nicht verhältniswahrende Spaltung

1 § 38d und § 38e bestimmen die Rechtsfolgen für die **Anteilsinhaber der spaltenden Körperschaft**. **§ 38d** behandelt die Anteilsinhaber bei einer **verhältniswahrenden Spaltung**. **§ 38e** behandelt die Anteilsinhaber bei einer **nicht verhältniswahrenden Spaltung**.

2 Eine **verhältniswahrende Spaltung** liegt vor, wenn die Anteilsinhaber der spaltenden Körperschaft die Kapitalanteile zuzüglich allfälliger liquider Mittel in dem Verhältnis übertragen bekommen, in dem sie zueinander an der spaltenden Körperschaft beteiligt sind.

3 Eine **nicht verhältniswahrende Spaltung** liegt vor, wenn die Anteilsinhaber der spaltenden Körperschaft die Kapitalanteile zuzüglich allfälliger liquider Mittel in einem anderen Verhältnis übertragen bekommen, als sie zueinander an der spaltenden Körperschaft beteiligt sind. Eine stets **nicht verhältniswahrende Spaltung** liegt bei der **Schwesternabspaltung** gem § 38a Abs 3 Z 2 vor (UmgrStR Rz 1857).

B. Regelungsinhalt

Bei beiden Spaltungsvarianten ist die Anteilsauskehrung bzw der Anteilstausch inklusive 4 begrenzter liquider Mittel auf Ebene der Anteilsinhaber grundsätzlich **steuerneutral (Abs 1)**. Es sind die **Buchwerte der Anteile an der spaltenden Körperschaft** fortzuführen **(Abs 2)**. Ohne diese gesetzliche Regelung würde bei der Aufspaltung ein steuerpflichtiger Liquidationsgewinn und bei der Abspaltung eine steuerpflichtige Gewinnausschüttung bzw Einlagenrückzahlung vorliegen (*Hirschler* in *W/H/M* VI § 38d Rz 1).

§ 38d Abs 4 enthält Bestimmungen zum Entstehen und zum Untergang einer **internationalen Schachtelbeteiligung**. Die Bestimmung findet auch bei der nicht verhältniswahrenden Spaltung Anwendung (§ 38e Abs 2).

II. Steuerneutralität und Buchwertfortführung (Abs 1 und 2)
A. Allgemeines
1. Anteilsinhaber

Die Steuerneutralität gilt unabhängig davon, ob es sich um **in- oder ausländische** 5 **Anteilsinhaber** handelt (UmgrStR Rz 1853). Eine allfällige Entstrickungsbesteuerung ausländischer Anteilsinhaber gem §§ 6 Z 6 und 98 Abs 1 Z 5 lit e EStG ist durch § 38d als **lex specialis** verdrängt (*Huber* in *W/H/M* VI § 38d Rz 5). Für die **Gesellschafterstellung** ist der Zeitpunkt des **Abschlusses des Spaltungsvertrages** maßgeblich (UmgrStR Rz 1847; *Zöchling* in *W/Z/H/K*[5] § 38 d Rz 1 mit Verweis auf BMF 15.4.1994, ecolex 1994, 506).

Ein **Gesellschafterwechsel** im Zeitraum zwischen Spaltungsstichtag und tatsäch- 6 lichem Abschluss des Spaltungsvertrages unterliegt den **allgemeinen ertragsteuerlichen Grundsätzen** für Anteilsabtretungen (UmgrStR Rz 1847; *Zöchling* in *W/Z/H/K*[5] § 38 d Rz 1; *Hirschler* in *H/M/H* § 38 d Rz 1).

2. Buchwertfortführung
a) Buchwertfortführung

Der spaltungsbedingte Erwerb der Anteile führt nicht zur Übernahme der Anschaffungskosten bzw Buchwerte aus der Steuerbilanz der spaltenden Körperschaft, sondern stellt die **Fortführung der untergehenden Anteile (Aufspaltung) oder verminderten Anteile (Abspaltung) an der spaltenden Körperschaft** dar (UmgrStR Rz 1848; *Zöchling* in *W/Z/H/K*[5] § 38 d Rz 1 mit Verweis auf BMF 22.9.1995, SWK 1996, A 31; *Huber* in *W/H/M* VI § 38 d Rz 13). Die **Beteiligungsbuchwerte in der spaltenden Körperschaft** gehen steuerneutral unter. Dadurch kommt es im Gegensatz zur Einbringung zu **keiner Verdoppelung der stillen Reserven** (*Huber* in *W/H/M* VI § 38d Rz 15). Etwaige vorgenommene **steuerwirksame Teilwertabschreibungen** der an die Anteilsinhaber ausgekehrten Anteile werden **entstrickt** (*Huber* in *W/H/M* VI § 38d Rz 16).

b) Keine Anschaffung

Die im Zuge der Spaltung erworbenen Anteile gelten **nicht als angeschafft** 8 (UmgrStR Rz 1848; *Zöchling* in *W/Z/H/K*[5] § 38 d Rz 2), sondern als Fortsetzung der Anteile an der spaltenden Körperschaft (*Huber* in *W/H/M* VI § 38 d Rz 4). Bestehende steuerliche Fristen laufen weiter (UmgrStR Rz 1848, *Zöchling* in *W/Z/H/K*[5]

§ 38 d Rz 2 mit Verweis auf BMF 11.4.1994, ecolex 1994, 505; *Hirschler* in *H/M/H* § 38 d Rz 3; *Huber* in *W/H/M* VI § 38 d Rz 4).

c) Keine Rückwirkung

9 Eine **Rückwirkungsfiktion** für die Anteilsübertragung ist **gesetzlich nicht** vorgesehen. Eine solche gilt nur für die **Einbringung gem Art III** (*Huber* in *W/H/M* VI § 38d Rz 4). Es kommt auf den Zeitpunkt der faktischen Übertragung an (*Zöchling* in *W/Z/H/K*[5] § 38d Rz 41).

B. Steueraufspaltung
1. Steuerneutralität der Gegenleistung

10 Bei den Anteilsinhabern der spaltenden Körperschaft **unterbleibt die Besteuerung** hinsichtlich der übertragenen im **Spaltungsvertrag festgelegten** Gegenleistung iSd § 38a (§ 38d Abs 1). Die **Gegenleistung umfasst alle Vermögenswerte**, die die Anteilsinhaber für ihre Anteile an der liquidierten spaltenden Körperschaft (Altanteile) von der spaltenden Körperschaft erhalten (*Bartl*, FJ 2004, 99). Das sind lt UmgStR die von der liquidierten Körperschaft einbringungsbedingt erworbenen oder erweiterten Kapitalanteile an den übernehmenden Körperschaften und liquide Mittel bis zu 10 % der gesamten Gegenleistung (UmgrStR Rz 1847; lt herrschender Lehre sind unter der **Gegenleistung auch sämtliche den Anteilsinhabern zukommenden sonstigen Anteile an Körperschaften** zu verstehen – *Hirschler* in *H/M/H* § 38d Rz 2; *Huber* in *W/H/M* VI § 38d Rz 2).

11 Sofern eine Gegenleistung übertragen wird, die **nicht im Spaltungsvertrag** festgelegt ist, fällt eine solche **Auskehrung nicht unter § 38d**. Demnach kann für die gesamte Anteilsauskehrung Gewinnverwirklichung eintreten (*Hirschler* in *H/M/H* § 38 d Rz 2). Zweck dieser Regelung ist die Abgrenzung der steuerneutralen Gegenleistung von anderen Leistungen der spaltenden Körperschaft, wie zB Gewinnausschüttungen oder Rechtsgeschäftsentgelte (*Huber* in *W/H/M* VI § 38d Rz 3).

2. Abzug liquider Mittel

12 Die Anteilsinhaber haben den Buchwert oder die Anschaffungskosten der Anteile an der liquidierten Körperschaft, **abzüglich liquider Mittel** iSd § 38a Abs 2 und 3 fortzuführen und den gewährten Anteilen zuzuordnen (§ 38d Abs 2). Durch den Abzug der liquiden Mittel sind bei entsprechend niedrigen Anschaffungskosten bzw Buchwerten **negative Wertansätze** denkbar (*Zöchling* in *W/Z/H/K*[5] § 38d Rz 1).

3. Aufteilung nach Verkehrswerten

13 Im Falle der Auskehrung mehrerer Anteile hat eine Aufteilung der Buchwerte bzw Anschaffungskosten der untergehenden Anteile an der spaltenden Körperschaft auf die erworbenen Anteile nach Maßgabe der **Verkehrswertrelation** zu erfolgen (UmgrStR Rz 1850 mit einem Beispiel; *Hirschler* in *H/M/H* § 38d Rz 4). Bewertungsstichtag ist der Zeitpunkt des **Spaltungsbeschlusses** (*Hirschler* in *H/M/H* § 38d Rz 6; *Huber* in *W/H/M* VI § 38d Rz 13).

C. Steuerabspaltung
1. Durchschleusespaltung

14 Eine verhältniswahrende Abspaltung ist nur im Wege des **Durchschleusemodells gem § 38a Abs 3 Z 1** möglich, da die Schwesternspaltung gem § 38a Abs 3 Z 2 einen der Einbringung folgenden Anteilstausch fordert (UmgrStR Rz 1853).

2. Steuerneutralität der Gegenleistung

Wie bei der Aufspaltung gilt, dass bei den Anteilsinhabern der spaltenden Körperschaft die **Besteuerung** hinsichtlich der übertragenen, im Spaltungsvertrag festgelegten Gegenleistung isd § 38a **unterbleibt** (§ 38d Abs 1). Als Gegenleistung werden laut UmgrStR die **abgetretenen Kapitalanteile an den übernehmenden Körperschaften** gesehen (UmgrStR Rz 1847). 15

Im Gegensatz zum Gesellschaftsrecht, nach dem es sich beim Durchschleusemodell um eine **verdeckte Einlagenrückgewähr gem § 82 GmbHG bzw § 52 AktG** handelt, liegt **steuerrechtlich weder eine verdeckte Ausschüttung, noch eine Einlagenrückzahlung** vor (UmgrStR Rz 1853; *Hirschler* in H/M/H § 38d Rz 2). 16

3. Bewertung der Anteile

Für die Bewertung der Anteile an der spaltenden und übernehmenden Körperschaft ist **§ 20 Abs 4 Z 3** anzuwenden (§ 38d Abs 2). Demnach werden die steuerlichen Anschaffungskosten bzw Buchwerte der Beteiligungen der Anteilsinhaber an der spaltenden Körperschaft im Verhältnis des **Verkehrswertes** des übertragenen Vermögens zum Gesamtvermögen vor der Spaltung abgestockt und dieser „Abstockungsbetrag" den durchgeschleusten neuen Beteiligungen an der übernehmenden Körperschaft angesetzt (*Bartl*, FJ 2004, 99). Erhaltene liquide Mittel sind vorweg von den Anschaffungskosten bzw Buchwerten abzuziehen (*Zöchling* in W/Z/H/K^5 § 38d Rz 1). Zur Abstockung gem § 20 Abs 4 Z 3 wird auf § 20 Rz 33 ff verwiesen. Bewertungsstichtag ist der Zeitpunkt des **Spaltungsbeschlusses** (*Zöchling* in W/Z/H/K^5 § 38d Rz 1; UmgrStR Rz 1854; *Hirschler* in H/M/H § 38d Rz 6; *Huber* in W/H/M VI § 38d Rz 13). 17

III. Entstehen und Wegfall einer §-31-EStG-Beteiligung idF vor BudBG 2011 (Abs 3 und Abs 5)

A. Allgemeines

Mit AbgÄG 2012 (BGBl I 2012/112) entfällt § 38d Abs 3. Die Neufassung gem AbgÄG 2012 ist erstmals auf Spaltungen anzuwenden, denen ein **Stichtag nach dem 31.3.2012** zu Grunde liegt (3. Teil Z 21). S für Spaltungen mit einem **Stichtag bis zum 31.3.2012** 1. Aufl. 20

Hintergrund der ersatzlosen Streichung ist die Neuordnung der Einkünfte aus Kapitalvermögen durch das BudBG 2011, wonach künftig realisierte Wertsteigerungen unabhängig von Behaltedauer oder Beteiligungsausmaß steuerpflichtig sind (§ 27 Abs 3 EStG – s *Wurm*, SWK 2012, 1531).

Der 3. Teil Z 22 sieht vor, dass die **Aufwertung gem § 38d Abs 3 auch für Spaltungen mit Spaltungsstichtag vor dem 1.4.2012 nicht gilt**, insoweit **Anteile nach dem 31.12.2010 entgeltlich** erworben worden sind. Dh, dass die in § 38d Abs 3 idF vor AbgÄG 2012 vorgesehene Aufwertung zum gemeinen Wert für Neuvermögen (nach dem 31.12.2010 entgeltlich erworbene Anteile im Privatvermögen) auch für **Spaltungen mit einem Stichtag bis zum 31.3.2012** keine Anwendung mehr finden soll (ErlRV 1960 BlgNR 24. GP, 36; UmgrStR Rz 1850). 21

Der Zweck des § 38d Abs 3 und 5 idF vor AbgÄG 2012 bestand darin, dass einerseits die Besteuerung der bis zur Spaltung **nicht steuerhängigen stillen Reserven** 22 in den künftig steuerhängigen Kapitalanteilen im **außerbetrieblichen Vermögen** der Anteilsinhaber vermieden wird (Abs 3) und andererseits die **Steuerhängigkeit stiller Reserven** bis zur Spaltung bei künftig nicht mehr steuerhängigen Kapitalanteilen im **außerbetrieblichen Vermögen** der Anteilsinhaber gewährleistet wird (Abs 5). Dies war durch die unterschiedlichen Rechtsfolgen anhand des Beteiligungsausmaßes und der Besitzfristen gem § 30 und § 31 EStG idF vor BudBG 2011 bedingt. S zur alten Rechtslage Aufl 1.

B. § 38d Abs 3 (Entstehung einer §-31-EStG-Beteiligung idF vor BudBG 2011)

23 § **38d Abs 3** wurde mit AbgÄG 2012 ersatzlos gestrichen. Wie bei den anderen Umgründungsarten erfolgte in § 38d jedoch **nicht eine gesetzliche Klarstellung**, dass für neue Anteile die Anschaffungszeitpunkte der alten Anteile maßgeblich sind. Analog zu den anderen Umgründungsarten ist mE hinsichtlich der als Gegenleistung erhaltenen Anteile **dieselbe Qualifikation** wie bei den vor der Spaltung gehaltenen Anteilen vorzunehmen (s ausführlich § 36 Rz 21). Zwar verweist § 38d Abs 3 nicht auf § 20 Abs 6 Z 2 und somit nicht auf § 5 Abs 2. Der Erwerb der ausgekehrten Anteile gilt ertragsteuerlich jedoch nicht als Neuanschaffung, sondern als **Fortsetzung der Anteile an der spaltenden Körperschaft** (bereits zur alten Rechtslage *Huber* in *W/H/M* VI § 38d Rz 4 mit Verweis auf BMF 23.2.1994, RdW 1994, 119). Dementsprechend ist davon auszugehen, dass sich der **Bestandschutz in den ausgekehrten Anteilen fortsetzt**. Es kann durchaus argumentiert werden, dass die neu erworbenen Anteile weiterhin als Altvermögen gelten, wenn die übertragenen bzw untergegangenen Anteile Altvermögen waren. Zum Weiterlaufen bestehender Fristen UmgrStR Rz 1848; *Zöchling* in *W/Z/H/K*[5] § 38 d Rz 2 mit Verweis auf BMF 11.4.1994, ecolex 1994, 505; *Hirschler* in *H/M/H* § 38d Rz 3; *Huber* in *W/H/M* VI § 38d Rz 4; für die Einbringung *Wurm*, SWK 2011, 678 ff, wobei die Einbringung in § 20 Abs 6 Z 2 explizit auf § 5 Abs 2 verweist. Es ist jedoch darauf hinzuweisen, dass eine eindeutige gesetzliche Regelung nicht gegeben ist. Eine solche wäre wünschenswert.

C. § 38d Abs 5 (Wegfall einer §-31-EStG-Beteiligung idF vor BudBG 2011)

24 § **38d Abs 5**, der den Fall von erworbenen nicht steuerhängigen Anteilen idF vor BudBG 2011 regelt, wurde durch das 2. AbgÄG 2014 gestrichen. Zur alten Rechtslage s 1. Aufl.

IV. Internationale Schachtelbeteiligung (Abs 4)

35 § 38d Abs 4 sieht analog zu den anderen Umgründungsarten Folgendes vor:
- **Entsteht** durch die Spaltung bei einer Körperschaft als Anteilsinhaber eine **internationale Schachtelbeteiligung** oder wird ihr **Ausmaß** durch neue Anteile oder durch Zurechnung zur bestehenden Beteiligung **erweitert**, ist hinsichtlich der bisher nicht steuerbegünstigten Beteiligungsquoten die Steuerbefreiung gem § 10 Abs 3 KStG auf den Unterschiedsbetrag zwischen Buchwert und höherem Teilwert nicht anzuwenden (Z 1).
- **Geht** durch die Spaltung die **Eigenschaft einer Beteiligung als internationale Schachtelbeteiligung unter**, gilt der **höhere Teilwert** zum Spaltungsstichtag abzüglich aufgrund einer Umgründung nach UmgrStG von § 10 Abs 3 KStG

ausgenommener Beträge als Buchwert. Dies gilt nur, wenn **keine Option zugunsten der Steuerwirksamkeit** erklärt wurde (Z 2).

Der Wortlaut von § 38d Abs 4 ist ident mit demjenigen von **§ 5 Abs 7**. Dementsprechend kann auf die diesbezüglichen Ausführungen verwiesen werden (§ 5 Rz 141 ff). **36**

§ 38d Abs 4 ist fast wortident mit § 36 Abs 5. **§ 36 Abs 5 enthält lediglich in Z 2 nicht die Ausnahme bei einer Option zugunsten der Steuerwirksamkeit**, wobei dies lt Lehre analog auch für § 36 Abs 5 gilt. S § 36 Rz 115 ff.

Behandlung der Anteilsinhaber bei einer die Beteiligungsverhältnisse nicht wahrenden Spaltung

§ 38e. (1) ¹Bei einer nicht unter § 38d fallenden Spaltung gilt der spaltungsvertragsmäßige Tausch eines Anteils an der spaltenden Körperschaft gegen Anteile an übernehmenden Körperschaften ohne oder ohne wesentliche Ausgleichszahlung (Abs. 3) nicht als Veräußerung und Anschaffung. ²Dies gilt auch, wenn die Anteilsinhaber der spaltenden Körperschaft spaltungsvertragsmäßig nur Anteile an den übernehmenden Körperschaften tauschen. ³Für neue Anteile sind die Anschaffungszeitpunkte der alten Anteile maßgeblich.

(2) Der Anteilsinhaber hat den Buchwert oder die Anschaffungskosten der bisherigen Anteile unter Beachtung des § 38d Abs. 2 fortzuführen und den nach der Spaltung bestehenden Anteilen zuzuordnen. § 38d Abs. 3 und 4 ist anzuwenden.

(3) ¹Ausgleichszahlungen von Anteilsinhabern sind nicht wesentlich, wenn sie ein Drittel des gemeinen Werts der in Anteilen empfangenen Gegenleistung des Zahlungsempfängers nicht übersteigen. ²Abweichend von Abs. 2 gilt in diesem Fall die Zahlung beim Empfänger als Veräußerungsentgelt und beim Leistenden als Anschaffung.

(4) Die Durchführung der im Spaltungsvertrag festgelegten Tauschvorgänge ist dem für die Erhebung der Körperschaftsteuer der spaltenden Körperschaft zuständigen Finanzamt innerhalb eines Monats anzuzeigen.

[idF BGBl I 2012/112]

Rechtsentwicklung

BGBl 1991/699 (UmgrStG; RV 266 AB 354 BlgNR 18. GP) (Stammfassung – Regelung zur Steuerspaltung); BGBl 1993/818 (StRefG 1993; RV 1237 AB 1301 BlgNR 18. GP) (Regelung zur Steuerspaltung); BGBl 1996/797 (AbgÄG 1996; RV 497 AB 552 BlgNR 20. GP) (grundlegende Novelle des Art VI); BGBl I 2010/9 (AVOG 2010, RV 477 AB 499 BlgNR 24. GP); BGBl I 2012/112 (AbgÄG 2012; RV 1960 AB 1977 BlgNR 24. GP).

Übersicht

I. Allgemeines
   A. Anwendungsbereich 1
   B. Regelungsinhalt 2
   C. Keine Rückwirkung 3

II. Steuerneutraler Anteilstausch und Buchwertfortführung (Abs 1 und Abs 2)
 A. Voraussetzungen 5
 B. Keine Anschaffung.. 6
 C. Tauschobjekte 7
 D. Bewertung.. 8
 E. Verweis auf § 38d Abs 3 und Abs 4 9
III. Ausgleichszahlung (Abs 3)
 A. Nicht wesentliche Ausgleichszahlung 15
 B. Wesentliche Ausgleichszahlung.. 16
 C. Verzicht auf Ausgleichszahlung.. 17
IV. Anzeigepflicht (Abs 4)
 A. Regelung 20
 B. Keine Anwendungsvoraussetzung....................................... 21
 C. Frist.. 22

I. Allgemeines
A. Anwendungsbereich

1 § 38e behandelt die Anteilsinhaber bei einer **nicht verhältniswahrenden Spaltung**. Eine nicht verhältniswahrende Spaltung kann sowohl bei der **Liquidationsspaltung** als auch bei der **Durchschleusespaltung** vorliegen. Bei der **Schwesternabspaltung ist zwingend** eine nicht verhältniswahrende Spaltung gegeben (UmgrStR Rz 1855).

B. Regelungsinhalt

2 Die **Tauschvorgänge**, die zu einer nicht verhältniswahrenden Spaltung führen, erfolgen gedanklich nach einer verhältniswahrenden Spaltung, um andere gewünschte Beteiligungsverhältnisse zu erreichen (UmgrStR Rz 1851). § 38e Abs 1 stellt die **Tauschvorgänge steuerneutral** (*Zöchling* in *W/Z/H/K*[5] § 38e Rz 1) und stellt in Abs 2 die **Steuerhängigkeit der stillen Reserven durch Buchwertfortführung** sicher. Abs 3 enthält die Voraussetzungen einer **nicht wesentlichen Ausgleichszahlung**. Eine **Anzeigepflicht** des Tauschvorgangs ist in Abs 4 vorgesehen.

C. Keine Rückwirkung

3 Eine **ertragsteuerliche Rückwirkung** des Anteilstausches ist in § 38e **nicht** vorgesehen.

II. Steuerneutraler Anteilstausch und Buchwertfortführung (Abs 1 und Abs 2)
A. Voraussetzungen

5 Folgende Voraussetzungen müssen für einen **steuerneutralen Anteilstausch** gem § 38e Abs 1 vorliegen:
- **Keine oder keine wesentliche Ausgleichszahlung** gem § 38e Abs 3 (s Rz 15 ff).
- Anteilstausch durch die **Anteilsinhaber der spaltenden Körperschaft**. Keinen steuerneutralen Anteilstausch können Anteilsinhaber der übernehmenden

Körperschaft durchführen, sofern sie nicht zeitgleich Anteilsinhaber der spaltenden Körperschaft sind (*Huber* in *W/H/M* VI § 38e Rz 4 mit Verweis auf ErlRV 266 BlgNR 18. GP, zu § 36 Abs 1 in der Stammfassung). Solche Tauschmaßnahmen fallen unter den **allgemeinen Tauschtatbestand des § 6 Z 14 lit a EStG** (UmgrStR Rz 1851).
- **Tauschvorgänge, die im Spaltungsvertrag festgelegt** sind. Tauschvorgänge, die nicht im Spaltungsvertrag vorgesehen sind, führen zur Unanwendbarkeit von Art VI auf Gesellschafterebene; die **Einbringung gem Art III und die gedanklich vorangegangene verhältniswahrende Spaltung sind steuerneutral** (*Hirschler* in *H/M/H* § 38e Rz 2).

Die **Einhaltung des Äquivalenzprinzips ist keine Voraussetzung** für die Ertragsteuerneutralität des Anteilstauschs (*Zöchling* in *W/Z/H/K*[5] § 38 e Rz 4; *Hirschler* in *H/M/H* § 38e Rz 3).

B. Keine Anschaffung

Sofern die Voraussetzungen gegeben sind, gelten die Tauschvorgänge gem § 38e Abs 1 **nicht als Veräußerung und Anschaffung**. Für **neue Anteile sind die Anschaffungszeitpunkte der alten Anteile maßgeblich** (idF AbgÄG 2012 anwendbar für Spaltungen mit einem Stichtag nach dem 31.3.2012). Dementsprechend gilt ein **Bestandschutz für die getauschten Anteile** (s ausführlich § 36 Rz 21).

6

C. Tauschobjekte

Der Anteilstausch kann **nicht nur spaltungsgeborene Anteile oder Anteile an der spaltenden Körperschaft**, sondern auch bereits zuvor bestehende **Anteile an der übernehmenden Körperschaft** umfassen, wobei der Umfang des Anteilstausches im Belieben des Anteilsinhabers gelegen ist (UmgrStR Rz 1856; *Huber* in *W/H/M* VI § 38e Rz 4). Gesetzlich ist auch die Möglichkeit vorgesehen, dass **ausschließlich Anteile an den übernehmenden Körperschaften** getauscht werden (§ 38e Abs 1). Zudem können in den Anteilstausch auch die bei der Aufspaltung ausgekehrten **liquiden Mittel miteinbezogen** werden (*Huber* in *W/H/M* VI § 38e Rz 4). Das BMF stellt jedoch klar, dass ein Tauschvorgang nicht so weit gehen darf, dass ein Anteilsinhaber nur Anteile und der andere Anteilsinhaber nur liquide Mittel (oder daneben einen nur die Form wahrenden Bagatellanteil) erhält; dies wäre kein dem § 38e entsprechender Vorgang (BMF 17.7.2003, ÖStZ 2003, 403).

7

D. Bewertung

Die Anschaffungskosten bzw Buchwerte der hingegebenen Anteile sind gem § 38e Abs 2 als **Anschaffungskosten bzw Buchwerte der eingetauschten Anteile** anzusetzen (UmgrStR Rz 1851).

8

E. Verweis auf § 38d Abs 3 und Abs 4

§ 38e Abs 2 verweist hinsichtlich der Entstehung einer Beteiligung iSd § 31 EStG idF vor BudBG 2011 auf **§ 38d Abs 3**. **§ 38d Abs 3 wurde mit AbgÄG 2012 ersatzlos gestrichen** (dies gilt für Stichtage nach dem 31.3.2012). S dazu § 38d Rz 23. Insoweit Anteile nach dem 31.12.2010 entgeltlich erworben wurden, gilt der Step-up gem § 38d Abs 3 auch dann nicht, wenn ein Stichtag vor dem 1.4.2012 vorliegt (3. Teil Z 22). Bezüglich **internationaler Schachtelbeteiligungen** wird auf **§ 38d Abs 4** verwiesen.

9

III. Ausgleichszahlung (Abs 3)
A. Nicht wesentliche Ausgleichszahlung

15 Gem § 38e Abs 3 sind Ausgleichszahlungen von Anteilsinhabern nicht wesentlich, wenn sie ein **Drittel des gemeinen Wertes der in Anteilen empfangenen Gegenleistung des Zahlungsempfängers nicht übersteigen**. Die Ausgleichszahlung gilt beim **Empfänger als Veräußerungsentgelt** und beim **Leistenden als Anschaffung**. § 38e Abs 3 ist wortident mit § 37 Abs 4. Dementsprechend kann auf die dortigen Ausführungen verwiesen werden (§ 37 Rz 35 ff).

B. Wesentliche Ausgleichszahlung

16 Bei einer wesentlichen Ausgleichszahlung ist aufgrund des Verweises von § 38a Abs 2 Z 1 eine **Anwendungsvoraussetzung des Art VI** verletzt. In diesem Fall kann **Art III subsidiär** angewendet werden, sodass lediglich der davon nicht erfasste Anteilstausch zwischen den Anteilsinhabern steuerwirksam wird (*Huber* in *W/H/M* VI § 38a Rz 33 mit Verweis auf ErlRV 1237 BlgNR 18. GP, zu § 32 UmgrStG idF StRefG 1993).

C. Verzicht auf Ausgleichszahlung

17 Wird auf die Ausgleichszahlung ganz oder teilweise verzichtet (etwa in Höhe des die Drittelgrenze übersteigenden Betrages), liegt ein Fall der **Äquivalenzverletzung** vor, der die **Steuerneutralität des Anteilstausches nicht berührt** (UmgrStR Rz 1852).

IV. Anzeigepflicht (Abs 4)
A. Regelung

20 Gem § 38e Abs 4 ist die **Durchführung der im Spaltungsvertrag festgelegten Tauschvorgänge dem für die Erhebung der Körperschaftsteuer der spaltenden Körperschaft zuständigen Finanzamt innerhalb eines Monats** anzuzeigen. Die Zuständigkeit des Finanzamtes richtet sich gem § 21 AVOG nach dem **Ort der Geschäftsleitung** oder, sofern dieser nicht im Inland gelegen ist, nach dem inländischen Sitz (*Huber* in *W/H/M* VI § 38e Rz 10).

B. Keine Anwendungsvoraussetzung

21 Es handelt sich nicht um eine Anwendungsvoraussetzung des Art VI, sondern um eine **Ordnungsvorschrift**. Die Nichteinhaltung dieser Anzeigepflicht verhindert die Anwendung des Art VI nicht (UmgrStR Rz 1851; *Zöchling* in *W/Z/H/K*[5] § 38e Rz 10; *Huber* in *W/H/M* VI § 38 e Rz 10).

C. Frist

22 Die **Einmonatsfrist** beginnt mit der **sachenrechtlichen Übertragung der Anteile** (bzw Ausgleichszahlungen), da die „Durchführung" der Tauschvorgänge anzuzeigen ist (*Zöchling* in *W/Z/H/K*[5] § 38e Rz 10).

Sonstige Rechtsfolgen der Spaltung

§ 38f. (1) Erfolgen die spaltungsvertragsmäßigen Anteilstauschvorgänge außerhalb des § 38e Abs. 1 nicht wertgleich, ist § 6 Abs. 2 anzuwenden.

(2) Spaltungen gelten nicht als steuerbare Umsätze im Sinne des Umsatzsteuergesetzes 1994; übernehmende Körperschaften treten für den Bereich der Umsatzsteuer unmittelbar in die Rechtsstellung der übertragenden Körperschaft ein.

(3) Ist der Anteilsinhaber am Tage des Abschlusses des Spaltungsvertrages an der spaltenden Körperschaft länger als zwei Jahre beteiligt, so ist eine Vermögensübertragung im Rahmen der Liquidation der spaltenden Körperschaft oder der Abspaltung oder ein Anteilstausch von den Kapitalverkehrsteuern und von den Gebühren nach § 33 TP 21 des Gebührengesetzes befreit.

[idF BGBl 1996/797]

Rechtsentwicklung

BGBl 1991/699 (UmgrStG; RV 266 AB 354 BlgNR 18. GP) (Stammfassung – Regelung zur Steuerspaltung); BGBl 1993/818 (StRefG 1993; RV 1237 AB 1301 BlgNR 18. GP) (Regelung zur Steuerspaltung); BGBl 1996/797 (AbgÄG 1996; RV 497 AB 552 BlgNR 20. GP) (grundlegende Novelle des Art VI).

Übersicht

I.	Allgemeines	
	A. Regelungsbereich	1
	B. Keine Regelung zur Grunderwerbsteuer	2
	C. Keine Regelung zur Dienstgebereigenschaft	3
II.	Äquivalenzverletzung (Abs 1)	5
III.	Umsatzsteuer (Abs 2)	6
IV.	Kapitalverkehrsteuer (Abs 3)	7
V.	Zessionsgebühr (Abs 3)	
	A. Keine Zessionsgebühr	8, 9
	B. Ertragsteuerliche Grundsätze	11
	C. Nichtwahrung der Zweijahresfrist	12
	D. Beteiligungsdauer	13

I. Allgemeines

A. Regelungsbereich

§ 38 f regelt die **sonstigen Rechtsfolgen der Steuerspaltung**. Die Regelungen zur **1** Äquivalenzverletzung (Abs 1) und **Umsatzsteuer** (Abs 2) sind **wortgleich** wie bei der Handelsspaltung in § 38. **Kapitalverkehrsteuer und Zessionsgebühr** fallen iRd Liquidation, der Auskehrung der Anteile und des Anteilstausches keine an, wenn der Anteilsinhaber am Tage des Abschlusses des Spaltungsvertrages an der **spaltenden Körperschaft länger als zwei Jahre beteiligt** ist (Abs 3).

Zu beachten ist, dass nicht nur im UmgrStG steuerrechtliche Sondernormen in Bezug auf Umgründungen zu finden sind (zB Sondernormen im StabAbgG). S zur Auswirkung von Umgründungen auf die Stabilitätsabgabe *Kirchmayr/Hristov*, taxlex 2012, 81.

Für die **Einbringungsvorgänge ist § 22** anzuwenden. S dazu § 22 Rz 1 ff.

B. Keine Regelung zur Grunderwerbsteuer

Keine Regelung ist für die Grunderwerbsteuer vorgesehen. Eine solche ist jedoch **2** entbehrlich, da für den ersten Schritt der Übertragung von Vermögen iSd § 12 Abs 2 bzw § 32 Abs 2 **Art III und somit § 22 Abs 5 zur Anwendung** kommt (0,5 % vom Grundstückswert). Für eine im Zuge der Liquidation, Auskehrung der Anteile oder des Anteilstauschs vorliegende **Anteilsvereinigung gibt es keine Sonder-**

bestimmung (wie bei allen Umgründungsformen). Es fällt Grunderwerbsteuer in Höhe von 0,5 % des Grundstückswertes an (§ 1 Abs 3 GrEStG). Durch die Übertragung von Grundstücken im Wege der Einbringung und anschließender Liquidation, Anteilsauskehrung oder anschließendem Anteilstausch kann es zu einer **mehrfachen GrESt-Belastung** kommen, die auch **nicht durch Anrechnung gemildert** wird (*Huber* in *W/H/M* VI § 38 f Rz 7).

Bemessungsgrundlage der Gerichtsgebühr für die Übertragung einer Liegenschaft aufgrund einer Verschmelzung, Umwandlung, Einbringung, Realteilung, Spaltung oder eines Zusammenschlusses von Gesellschaften, aufgrund eines Erwerbsvorgangs zwischen einer Gesellschaft und ihrem Gesellschafter oder aufgrund der Vereinigung aller Anteile einer Personengesellschaft ist gem § 26a Abs 1 Z 2 GGG der **dreifache Einheitswert**, max jedoch 30 % des Werts gem § 26 Abs 1 GGG. Der Wert gem § 26 Abs 1 GGG ist der Preis, der im gewöhnlichen Geschäftsverkehr bei einer Veräußerung üblicherweise zu erzielen wäre. Da iRe Steuerspaltung Übertragung von Liegenschaften gem Art III (Einbringung) erfolgt, ist der dreifache Einheitswert (max 30 % des Verkehrswerts) maßgeblich. Die grundbücherliche Eintragungsgebühr beträgt 1,1 % (TP 9 lit b Z 1 GGG).

C. Keine Regelung zur Dienstgebereigenschaft

3   Keine Regelung ist auch für den Zeitpunkt des **Wechsels der Dienstgebereigenschaft** von der spaltenden zur übernehmenden Körperschaft gegeben. Es gilt für die lohnsteuerlichen Verhältnisse die allgemeine Regelung des **§ 41**, wonach die **übernehmende Körperschaft** entsprechend den arbeitsrechtlichen Vorgaben (insb des AVRAG) **mit dem tatsächlichen Betriebsübergang in die Rechtsstellung des bisherigen Arbeitgebers** eintritt (dazu ausführlich *Hirschler* in *H/M/K* § 38 f Rz 8; *Huber* in *W/H/M* VI § 38 f Rz 8). Das **Rechtsverhältnis des Geschäftsführers** zur **spaltenden Körperschaft kann erst mit der Eintragung der Spaltung im Firmenbuch enden** (s ausführlich *Hirschler*, taxlex 2005, 430).

II. Äquivalenzverletzung (Abs 1)

5   Erfolgen die spaltungsvertragsmäßigen Anteilstauschvorgänge außerhalb des § 38e Abs 1 nicht wertgleich, ist **§ 6 Abs 2 anzuwenden** (§ 38 f Abs 1). Diese Vorschrift entspricht der Regelung in § 38 Abs 4 (s § 38 Rz 20 ff).

Das Vorliegen einer Äquivalenzverletzung stellt **kein Anwendungshindernis des Art VI** dar (UmgrStR Rz 1859). Es treten die Rechtsfolgen des § 6 Abs 2 bei Vorliegen objektiver Bereicherung und subjektiver Bereicherungsabsicht ein (UmgrStR Rz 1859).

III. Umsatzsteuer (Abs 2)

6   Spaltungen gelten **als nicht steuerbare Umsätze** im Sinne des UStG. Übernehmende Körperschaften treten für den Bereich der Umsatzsteuer **unmittelbar in die Rechtsstellung der übertragenden Körperschaft** ein (§ 38 f Abs 2). Diese Vorschrift entspricht der Regelung in § 38 Abs 3 (s § 38 Rz 15 ff).

IV. Kapitalverkehrsteuer (Abs 3)

7   Ist der Anteilsinhaber am Tage des Abschlusses des Spaltungsvertrages an der spaltenden Körperschaft länger als zwei Jahre beteiligt, so ist eine Vermögensübertragung iRd Liquidation der spaltenden Körperschaft oder der Abspaltung oder ein Anteilstausch von den Kapitalverkehrsteuern befreit (§ 38 f Abs 3). Diese Bestim-

mung hat mit **Entfall der Börsenumsatzsteuer ab 1.10.2000 keine Bedeutung** mehr (*Zöchling* in *W/Z/H/K*[5] § 38 f Rz 6).

Eine etwaige Gesellschaftsteuerpflicht iZm Vermögensübertragungen auf Grund einer vorbereitenden Einbringung ist nach § 22 Abs 3 zu beurteilen (s § 22 Rz 31 ff). Ab dem 1.1.2016 fällt keine Gesellschaftsteuer mehr an (mit Ablauf des 31.12.2015 tritt Teil I KVG – Gesellschaftsteuer – außer Kraft; § 38 Abs 3e KVG).

V. Zessionsgebühr (Abs 3)
A. Keine Zessionsgebühr

Ist der **Anteilsinhaber** am Tage des Abschlusses des Spaltungsvertrages an der spaltenden Körperschaft **länger als zwei Jahre** beteiligt, so ist eine Vermögensübertragung iRd Liquidation der spaltenden Körperschaft oder der Abspaltung oder ein Anteilstausch von den **Gebühren nach § 33 TP 21 GebG befreit** (§ 38 f Abs 3).   8

Hinsichtlich der im ersten Schritt erfolgten **Einbringung ist § 22 Abs 4** relevant (zweijährige Vermögenszugehörigkeit des eingebrachten Vermögens). S § 22 Rz 41 ff.

§ 38 f Abs 3 nennt auch die Befreiung von **Kapitalverkehrsteuern. Gesellschaftsteuer kann durch die Liquidation bzw Auskehrung von Anteilen bzw Anteilstausch nicht anfallen.** Bis 30.9.2000 war die Regelung für die Börsenumsatzsteuer (BUSt) und bis 31.12.2015 für die Gesellschaftsteuer relevant.   9

Auch die Befreiung von der **Zessionsgebühr** ist nur eingeschränkt relevant. Die Übertragung von Anteilen an Kapitalgesellschaften und Erwerbs- und Wirtschaftsgenossenschaften ist gem § 33 TP 21 Z 6 GebG steuerbefreit. Die Gebührenbefreiung ist theoretisch bei Versicherungsvereinen auf Gegenseitigkeit und **Übertragung von Bankguthaben** relevant (*Hirschler* in *H/M/H* § 38 f Rz 6).   10

B. Ertragsteuerliche Grundsätze

Ob eine **Steuerspaltung nach § 38a** gegeben ist und somit die Grundvoraussetzung für eine Gebührenbefreiung nach § 38 f vorliegt, ist nach **ertragsteuerlichen Grundsätzen** zu beurteilen (UmgrStR Rz 1861).   11

C. Nichtwahrung der Zweijahresfrist

Sollte bei einem Anteilsinhaber die Zweijahresfrist nicht gewahrt sein, berührt dies nicht die Befreiung für die Übertragung des Vermögens der anderen Anteilsinhaber (UmgrStR Rz 1861).   12

D. Beteiligungsdauer

Hinsichtlich Beteiligungsdauer ist auf das **Zivilrecht** abzustellen (UmgrStR Rz 1861).   13

2. Hauptstück

Ergänzende Vorschriften

Mehrfache Umgründungen auf einen Stichtag

§ 39. ¹Werden mehrere Umgründungen, die dasselbe Vermögen ganz oder teilweise betreffen, auf einen Stichtag bezogen, gilt für ertragsteuerliche Zwecke erst die letzte Vermögensübertragung für den oder die davon betroffenen Rechtsnachfolger als mit dem Beginn des auf den ersten Umgründungsstichtag folgenden Stichtages bewirkt, wenn dies von sämtlichen an den Umgründungen Beteiligten in einem Umgründungsplan festgelegt wird. ²Voraussetzung ist, daß der Umgründungsplan spätestens am Tag der Beschlußfassung der ersten Umgründung gefaßt und in allen Umgründungsverträgen auf diesen Plan Bezug genommen wird.

[idF BGBl 1996/797]

Rechtsentwicklung

BGBl 1993/818 (StRefG 1993; RV 1237 AB 1301 BlgNR 18. GP) (Einfügung des § 39; für Stichtage nach dem 30.12.1993); BGBl 1996/797 (AbgÄG 1996; RV 497 AB 552 BlgNR 20. GP) (Änderung des § 39).

Übersicht

I.	Zielsetzung..	1–4
II.	Mehrfachzüge auf denselben Stichtag	
	A. Mehrfachzug	6
	B. Vermögensidentität	7
	C. Einbeziehung der Gegenleistung	9
	D. Bilanzielle Darstellung	10
III.	Umgründungsplan	
	A. Überblick	11–13
	B. Inhalt des Umgründungsplanes	14, 15
	C. Änderungen des Umgründungsplanes	16
IV.	Rechtsfolgen	
	A. Zurechnung des Umgründungsvermögens...........................	21
	B. Fehlen eines Umgründungsplanes	22
	C. Beschränkung auf Ertragsteuern	23

I. Zielsetzung

1 § 39 wurde durch das **StRefG 1993** (BGBl 1993/818) in das UmgrStG eingefügt. Eine diesbezüglich bereits im Entwurf zum UmgrStG enthaltene Bestimmung wurde ursprünglich wegen einer vermeintlichen Begünstigung von Missbräuchen (s *Hirschler/Sulz* in *W/H/M*, HdU[13] Erg § 39 Rz 1) bzw der unterschiedlichen Sichtweise der Registergerichte hinsichtlich der zivilrechtlichen Zulässigkeit von Mehrfachzügen (s *Buzanich*, Teilbetrieb 185 f) nicht in die Stammfassung übernommen.

Nach den Materialien zum StRefG 1993 sollte jedoch im Hinblick auf gewonnene Erfahrungen das administrative Hindernis entschärft werden, das „für den Fall **mehrfacher Umgründungszüge auf einen Stichtag** dadurch entsteht, daß der Rechtsvorgänger bei sämtlichen Umgründungen jeweils mit dem Beginn des dem Umgründungsstichtag nächstfolgenden Tag in die Rechtsstellung des Vorgängers eintritt und demnach über das Vermögen erst zu diesem Zeitpunkt verfügen kann" (ErlRV 1237 BlgNR 18. GP, 74; s a UmgrStR Rz 1874; krit *Hügel* in *H/M/H* § 39 Rz 2 f). Da solcherart die Folgeumgründung jeweils erst auf den Ablauf des Folgetages bezogen werden könne und es dadurch zu „wiederholt entstehenden **Rumpfwirtschaftstagen**" komme, soll auf Basis des § 39 die Zwischenumgründung abweichend von den allgemeinen Regeln mit Ablauf des ersten Umgründungsstichtages wirksam werden (ErlRV 1237 BlgNR 18. GP, 74; *Hügel*, RdW 1996, 33; *Hirschler/Sulz* in *W/H/M*, HdU[13] Erg § 39 Rz 1). Dementsprechend wird § 39 auch so verstanden, dass er „ergänzende steuerentlastende Vorschriften für Fälle mehrfacher Umgründungen" enthält (so VwGH 29.11.2001, 99/16/0119, ÖStZB 2002/411, 529). Mehrfachzüge auf einen Stichtag sind nach § 39 jedoch nur unter der Voraussetzung zulässig, dass ein **Umgründungsplan** rechtzeitig erstellt bzw gefasst und in allen Umgründungsverträgen darauf Bezug genommen wird (s Rz 11 ff und Rz 22). Dieser dient vor allem den Informationsinteressen der FV (s *Hügel* in *H/M/H* § 39 Rz 5). Rein zur Veranschaulichung mehrerer bzw komplexer Umgründungsvorgänge kann auch ein sog **Strukturplan** dienen, der im Falle der Erfüllung der Anforderungen des § 39 mit dem Umgründungsplan ident sein kann (*Schwarzinger/Hübner-Schwarzinger* in FS Kofler 166).

Theoretischer Hintergrund des § 39 ist damit die steuerliche **Zurechnungsvorschrift des § 13 Abs 2**, wonach – mit Ausnahme des Erwerbs im Erbwege – lediglich solches Vermögen Gegenstand einer **Einbringung** sein kann, das dem Einbringenden am Einbringungsstichtag „zuzurechnen war" (s a *Schwarzinger/Hübner-Schwarzinger* in FS Kofler 166; *Hirschler/Sulz* in *W/H/M*, HdU[13] Erg § 39 Rz 3). Diese Bestimmung gilt über entsprechende Verweise auch für den **Zusammenschluss** (§ 24 Abs 1 Z 1), die **Realteilung** (§ 28) und die Einbringungskomponente der **Steuerspaltung** (§ 38a Abs 2 bzw Abs 3), sodass auch in diesen Fällen („Einbringungs-Typ-Umgründungen") – wie von den Gesetzesmaterialien angesprochen – ohne § 39 keine stichtagsgleiche Rückwirkung möglich wäre (s *Hügel* in *H/M/H* § 39 Rz 3; *Buzanich*, Teilbetrieb 188 f; *Huber* in *W/Z/H/K*[5] § 39 Rz 2 f). Ein vergleichbares Problem tritt bei den „Verschmelzungs-Typ-Umgründungen", also der **Verschmelzung**, **Umwandlung** oder **Spaltung nach dem SpaltG** indessen nicht auf, da bei diesen auf dem Gesellschaftsrecht basierenden Umgründungen auch Vermögen übertragen werden kann, das dem übertragenden Rechtsträger am Umgründungsstichtag noch nicht zuzurechnen war. Dennoch halten die Gesetzesmaterialien (ErlRV 497 BlgNR 20. GP, 32) und die Verwaltungspraxis (UmgrStR Rz 1874; BMF 24.2.1994, ecolex 1994, 720 = RdW 1994, 264) § **39 für allgemein anwendbar**, sodass wohl auch bei Mehrfachumgründungen auf denselben Stichtag mit einer Verschmelzung, Umwandlung oder Spaltung nach dem SpaltG als nachfolgender Umgründung die Beachtung des § 39 (Umgründungsplan) erforderlich sein soll (krit *Hügel*, RdW 1996, 34; *Hirschler/Sulz* in *W/H/M*, HdU[13] Erg § 39 Rz 6;

Hügel in *H/M/H* § 39 Rz 13 ff; *Buzanich*, Teilbetrieb 198 f; *Schwarzinger/Hübner-Schwarzinger* in FS Kofler 166 f; *Huber* in *W/Z/H/K*[5] § 39 Rz 5 f).

3 So wird offenbar auch die Anwendbarkeit des § 39 zB auf die Verschmelzung der Muttergesellschaft auf die Enkelgesellschaft und die anschließende Verschmelzung der Enkelgesellschaft auf die Großmuttergesellschaft bejaht (so der Sachverhalt in BFG 2.9.2015, RV/7101261/2010). Unstrittig unter § 39 und damit unter das Erfordernis eines Umgründungsplanes fällt, wenn sich an eine gesellschaftsrechtliche Umgründung eine solche anschließt, für die § 13 Abs 2 relevant ist (*Hirschler/Sulz* in *W/H/M*, HdU[13] Erg § 39 Rz 6); dies ist etwa der Fall, wenn eine Verschmelzung unter Übergang von nicht nach § 12 Abs 2 qualifiziertem Vermögen und stichtagsgleicher Einbringung dieses Vermögens gemeinsam mit nach § 12 Abs 2 qualifiziertem Vermögen (zB Teilbetrieb) der übernehmenden Körperschaft auf eine andere Körperschaft erfolgen soll (ErlRV 497 BlgNR 20. GP, 32; *Hügel* in *H/M/H* § 39 Rz 17).

4 Als **Normzweck** des § 39 lassen sich somit neben der Dokumentationskomponente die Fiktion einer Zurechnungsbündelung auf einen Stichtag nennen, die wiederum administrative Erleichterungen in den Vordergrund stellt, um Rumpfwirtschaftsjahre zu vermeiden. Dies führt dazu, dass eine Nichtbeachtung der Erfordernisse des § 39 dann keine Versagung der umgründungssteuerlichen Begünstigungen nach sich zieht, wenn die sonstigen Erfordernisse Beachtung finden (zu bilanziellen Erfordernissen s *Schwarzinger/Hübner-Schwarzinger* in FS Kofler 164).

II. Mehrfachzüge auf denselben Stichtag
A. Mehrfachzug

6 § 39 bezieht sich auf „mehrere Umgründungen" auf denselben Stichtag, die „dasselbe Vermögen ganz oder teilweise betreffen" („Mehrfachzug"). Damit werden nach hA stichtagsgleiche, mehrfache Umgründungsschritte verstanden, bei denen ganz oder teilweise dasselbe Vermögen **übertragen** wird (*Hügel*, RdW 1996, 33; *Hügel* in *H/M/H* § 39 Rz 6; *Buzanich*, Teilbetrieb 197; *Schwarzinger/Hübner-Schwarzinger* in FS Kofler 163; s a VwGH 29.11.2001, 99/16/0119, ÖStZB 2002/411, 529). Seit dem **AbgÄG 1996** (BGBl 1996/797) kommt § 39 unabhängig davon zur Anwendung, ob Vermögen iSd § 12 Abs 2 – also Betriebe, Teilbetriebe, Mitunternehmeranteile oder qualifizierte Kapitalanteile – mehrmals übertragen wird (ErlRV 497 BlgNR 20. GP, 32). Damit wurde dem Umstand Rechnung getragen, dass Gegenstand einer Verschmelzung iSd § 1 Abs 1 oder einer verschmelzenden Umwandlung iSd § 7 Abs 1 Z 2 auch Vermögen sein kann, das **nicht Vermögen iSd § 12 Abs 2** ist (ErlRV 497 BlgNR 20. GP, 32; *Hügel* in *H/M/H* § 39 Rz 11; *Schwarzinger/Hübner-Schwarzinger* in FS Kofler 164; *Huber* in *W/Z/H/K*[5] § 39 Rz 7). Wenn von Vermögen gesprochen wird, handelt es sich daher nach der hA um **umgründungssteuerlich begünstigtes Vermögen**, wenn also die Übertragung des Vermögens iRd UmgrStG erfolgt (*Hirschler/Sulz* in *W/H/M*, HdU[13] Erg § 39 Rz 8). Auch nicht begünstigtes Vermögen, welches aufgrund einer Umgründungsmaßnahme Teil eines begünstigten Vermögens (zB wegen § 7 Abs 3 KStG) wird, kann Gegenstand der Übertragung werden und in einen Umgründungsplan als „mehrfach übertragenes Vermögen" aufgenommen werden (*Hirschler/Sulz* in *W/H/M*, HdU[13] Erg § 39 Rz 8).

Für eine umfassende tabellarische Übersicht zum Anwendungsbereich des § 39 siehe *Schwarzinger/Hübner-Schwarzinger* in FS Kofler 174 ff, und zur Frage der Bescheidadressierung bei Mehrfachzügen siehe *Körner* in FS Ritz 156 ff.

B. Vermögensidentität

Ebenfalls seit dem **AbgÄG 1996** (BGBl 1996/797) greift § 39 auch dann, wenn **Vermögen „teilweise" mehrmals betroffen ist** (arg „ganz oder teilweise"; s a *Hügel* in H/M/H § 39 Rz 18). Ein Umgründungsplan ist auch dann erforderlich, wenn das bei einer Mehrfachumgründung übertragene Vermögen nicht vollkommen identisch ist, sondern eine Identität lediglich hinsichtlich **einzelner Vermögensbestandteile** gegeben ist (ErlRV 497 BlgNR 20. GP, 32; UmgrStR Rz 1875; *Huber* in W/Z/H/K[5] § 39 Rz 9). Dies betrifft etwa die Weiterübertragung eines Teilbetriebes nach dem Erwerb eines diesen Teilbetrieb umfassenden Betriebes oder die Weiterübertragung von Mitunternehmer- oder Kapitalanteilen (*Hügel* in H/M/H § 39 Rz 18). Auch die verschmelzungs- oder umwandlungsbedingte Weiterübertragung nicht betrieblichen Vermögens kommt in Betracht (*Hügel* in H/M/H § 39 Rz 18).

7

Erfolgen hingegen mehrere Umgründungsschritte auf denselben Stichtag und betreffen diese nicht ganz oder teilweise dasselbe Vermögen, ist dies ohne Inanspruchnahme des § 39 und ohne Aufstellung eines Umgründungsplanes möglich, da für jeden einzelnen Umgründungsschritt die Rückwirkungsfiktion anwendbar ist (UmgrStR Rz 1877; *Schwarzinger/Hübner-Schwarzinger* in FS Kofler 165; *Huber* in W/Z/H/K[5] § 39 Rz 9); hier wird – zur Abgrenzung vom Mehrfachzug nach § 39 – bisweilen von einer **„Sammelumgründung"** gesprochen (*Schwarzinger/Hübner-Schwarzinger* in FS Kofler 163; s a die Beispiele in UmgrStR 1876 f u die umfassende tabellarische Übersicht bei *Schwarzinger/Hübner-Schwarzinger* in FS Kofler 174 ff).

Da sich eine § 39 entsprechende Bestimmung in keiner gesellschaftsrechtlichen Norm wiederfindet, ist unklar, ob die **Stichtagsbündelung auch gesellschaftsrechtliche Fiktionen** umfassen kann. Aus ertragsteuerlicher Sicht wäre dies jedenfalls zu begrüßen. Eine zivilrechtliche Würdigung kann daraus allerdings nicht abgeleitet werden (zB Einbringung eines Betriebes mittels Sachgründung und rückwirkende Abspaltung des Betriebes aus der durch Sachgründung entstandenen Gesellschaft). Str ist daher auf Basis der ertragsteuerlichen Fiktion die gesellschaftsrechtliche Würdigung vorzunehmen, ob eine Abspaltung einer zum Spaltungsstichtag zivilrechtlich noch nicht existierenden Gesellschaft möglich ist bzw ob die beteiligten Rechtsträger zivilrechtlich zum Stichtag bereits bestanden haben müssen (so *Hügel* in H/M/H § 39 Rz 46; aA *Hirschler/Sulz* in W/H/M, HdU[13] Erg § 39 Rz 3). Gleiches gilt für die Umwandlungsfähigkeit einer durch Sachgründung entstehenden GmbH rückwirkend auf den Einbringungsstichtag.

8

C. Einbeziehung der Gegenleistung

Von § 39 ist nur das übertragene Vermögen, nicht jedoch die **Gegenleistung** erfasst (*Hirschler/Sulz* in W/H/M, HdU[13] Erg § 39 Rz 9; *Hügel* in H/M/H § 39 Rz 45; *Huber* in W/Z/H/K[5] § 39 Rz 9); für diese gelten die allgemeinen umgründungssteuerlichen Vorschriften (ausf *Hirschler/Sulz* in W/H/M, HdU[13] Erg § 39 Rz 9 ff). Für die Einbeziehbarkeit der Gegenleistung in einen Mehrfachzug nach § 39 ist nach der Verwaltungspraxis hinsichtlich der **Vermögensidentität** folgendermaßen zu differenzieren: Da Gegenleistungsanteile bei Verschmelzungen nach **Art I** oder umgründungsgeborene Kapitalanteile iRe Einbringung nach **Art III** oder einer

9

Spaltung nach **Art VI** erst am Tag nach dem Umgründungsstichtag als erworben gelten bzw entstehen, können sie nicht rückbezogen auf den ersten Umgründungsstichtag bewegt werden (UmgrStR Rz 1878; BMF 22.6.1998, RdW 1998, 650; BMF 15.1.2003, SWK 2003, S 293; *Huber* in *W/Z/H/K*[5] § 39 Rz 9; krit *Schwarzinger/Hübner-Schwarzinger* in FS Kofler 171 ff; s aber BMF 11.8.2000, ecolex 2000, 906, zur Anwendung des § 39 bei Zuaktivierung nach § 20); Gleiches gilt nach der Verwaltungspraxis für Mitunternehmeranteile, die aufgrund einer errichtenden Umwandlung nach **Art II** den Anteilsinhabern als Ersatz für die untergehenden Kapitalanteile gewährt werden (UmgrStR Rz 1878; krit jedoch *Schwarzinger/Hübner-Schwarzinger* in FS Kofler 171, u *Wiesner/Schwarzinger*, UmS 183/34/35/11, SWK 2011, S 1076). Demgegenüber können nach der Verwaltungspraxis auf Basis der Bilanzbündeltheorie umgründungsgeborene Mitunternehmeranteile, die durch eine Vermögensübertragung iSd **Art IV** entstanden sind, und Vermögensteile, die für den Verzicht auf Mitunternehmeranteile iRe Realteilung nach **Art V** gewährt wurden, rückbezogen auf den ersten Umgründungsstichtag übertragen werden (UmgrStR Rz 1878; BMF 22.8.1997, RdW 1997, 703; BMF 20.11.2000, ARD 5180/28/2001; *Schwarzinger/Hübner-Schwarzinger* in FS Kofler 165 f; *Hirschler/Sulz* in *W/H/M*, HdU[13] Erg § 39 Rz 13 u Rz 14; *Huber* in *W/Z/H/K*[5] § 39 Rz 9; aA BMF 15.1.2003, SWK 2003, S 293); Mitunternehmeranteile („Bündelbetrieb") werden damit iS einer Vermögensidentitätsfiktion für Zwecke des § 39 dem Vermögen der Mitunternehmerschaft gleichgestellt (*Schwarzinger/Hübner-Schwarzinger* in FS Kofler 166; *Wiesner/Schwarzinger*, UmS 183/34/35/11, SWK 2011, S 1076; *Hirschler/Sulz* in *W/H/M*, HdU[13] Erg § 39 Rz 10 ff).

Als **Folge der Bilanzbündeltheorie** wäre im Falle der Einbringung sämtlicher Mitunternehmeranteile in eine übernehmende GmbH die Weiterübertragung des sich in der Personengesellschaft, deren Mitunternehmeranteile Gegenstand der Einbringung sind, befindlichen Vermögens auf den gleichen Stichtag unter Erstellung eines Umgründungsplanes möglich. Aus zivilrechtlicher Sicht erfolgt die Vermögensübertragung erst durch das Untergehen der Personengesellschaft aufgrund der Anwachsung gem § 142 UGB (idS *Wiesner/Schwarzinger*, UmS 206/23/24/13, SWK 2013, S 1021); eine rückwirkende Übertragung zB im Wege einer Einbringung oder Abspaltung des auf die GmbH übergehenden Vermögens auf einen Stichtag vor Eintragung der zivilrechtlichen Anwachsung ist nicht zu beanstanden (s § 33 AktG; idS zust UmgrStR Rz 1875 idF WE 2017).

D. Bilanzielle Darstellung

10 Die bilanzielle Darstellung des zu übertragenden Vermögens erfolgt in der der Umgründung zugrunde liegenden **Schlussbilanz** bzw der nach ertragsteuerlichen Grundsätzen zu erstellenden **Umgründungsbilanz**. Für Umgründungen, bei denen aus Sicht des UmgrStG **gesellschaftliche Maßgeblichkeit** besteht (somit Verschmelzung, Umwandlung, Spaltung nach SpaltG), ist das Erstellen der steuerlichen Bilanzen keine Voraussetzung für die Anwendung des UmgrStG (dazu *Bertl/Hirschler*, RWZ 2014/44, 189 ff). Im Falle von Mehrfachzügen stellt sich die Frage, welche Vermögensübertragungen in welcher Bilanz abgebildet werden. Da Vermögensübertragungen idR erst mit dem Übergang des wirtschaftlichen Eigentums in der Bilanz Niederschlag finden (s dazu KFS/RL 25 Rz 51), können **rückwirkend erworbene Vermögen** in einer Schluss- bzw Umgründungsbilanz idR

keinen Ansatz finden. Durch die Fiktion des § 39, dass im Falle eines Mehrfachzuges ein und desselben Vermögens durch Aufstellung eines Umgründungsplanes der Umgründungsstichtag für sämtliche Umgründungen als ein einheitlich maßgebender angesehen wird, müssen auch auf diesen Stichtag sämtliche Bilanzen vorliegen. Zu bedenken ist dabei, dass aufgrund des Abstellens auf unternehmensrechtliche GoB nur das am Umgründungsstichtag im **wirtschaftlichen Eigentum befindliche Vermögen** in der entsprechenden Schlussbilanz (Umgründungsbilanz) ausgewiesen werden kann, somit selbst durch Umgründung rückwirkend erworbenes Vermögen eben nicht. Da Umgründungen idR erst einige Zeit nach dem Umgründungsstichtag durch die zuständigen Organe beschlossen werden, wird das wirtschaftliche Eigentum regelmäßig nicht bereits am dem Umgründungsstichtag folgenden Tag auf den Rechtsnachfolger übergegangen sein, sodass das mit der Vorumgründung übertragene Vermögen noch nicht in der Schlussbilanz der für Zwecke der nachfolgenden Umgründung zu erstellenden Schlussbilanz ausgewiesen sein kann. Um sowohl dem Firmenbuch als auch der Finanzbehörde eine **Dokumentation des der nachfolgenden Vermögensübertragung unterliegenden Vermögens** zu ermöglichen, ist es empfehlenswert, zusätzlich zur „normalen" Schlussbilanz eine weitere, adaptierte Schlussbilanz zu erstellen, in der das Vermögen in der Gestalt, wie es sich nach erfolgter Vorumgründung rückwirkend darstellt, ausgewiesen wird. Gleiches gilt für die entsprechenden Umgründungsbilanzen (s dazu *Bertl/Hirschler*, RWZ 2014/44, 190).

III. Umgründungsplan

A. Überblick

Der Umgründungsplan gem § 39 hat den Zweck, mehrere ein und dasselbe Vermögen betreffende Umgründungsschritte auf einen Stichtag projizieren zu können (BMF 16.2.1998, ARD 4928/17/98 = RdW 1998, 238). Die Wirkung eines Mehrfachzuges iSd § 39 ist daher davon abhängig, dass alle Umgründungsschritte von allen an der Erstellung des Umgründungsplanes Beteiligten vor dem ersten Umgründungsschritt in einem **Umgründungsplan** festgelegt werden (UmgrStR Rz 1879); „Beteiligte" sind Eigentümer oder zuständige Vertreter der übertragenden und übernehmenden Rechtsträger (UmgrStR Rz 1879), nicht aber die Gesellschafter von Rechtsträgern (s *Hügel* in H/M/H § 39 Rz 27; *Huber* in W/Z/H/K[5] § 39 Rz 12). Der Umgründungsplan hat sämtliche an den einzelnen Umgründungsschritten beteiligte Personen zu umfassen, wobei erst durch einen Umgründungsakt entstehende Gesellschaften uE nicht zwingend aufzunehmen sind und auch nicht nachträglich beitreten müssen; es wird jedoch der spätere Beitritt zum Umgründungsplan empfohlen, wenn nach ihrem Entstehen noch weitere Umgründungen folgen (*Hirschler/Sulz* in W/H/M, HdU[13] Erg § 39 Rz 22). 11

Zur Sicherstellung, dass die Zusammenfassung vorbedacht und von allen an den Umgründungen Beteiligten gewollt ist (UmgrStR Rz 1879; BMF 16.2.1998, ARD 4928/17/98 = RdW 1998, 238), muss der Umgründungsplan nach § 39 S 2 spätestens **am Tag der Beschlussfassung der ersten Umgründung** festgelegt sein (UmgrStR Rz 1880; s zu den einzelnen Umgründungsarten *Hügel*, RdW 1996, 35 f; *Hügel* in H/M/H § 39 Rz 30 ff; *Schwarzinger/Hübner-Schwarzinger* in FS Kofler 168 f; *Hirschler/Sulz* in W/H/M, HdU[13] Erg § 39 Rz 24 ff).

Ist die rechtzeitige Unterfertigung des Umgründungsplanes durch sämtliche Beteiligten nicht möglich, sind Konstellationen, die mit aufschiebenden Bedingungen ausgestattet sind oder auf die Hinauszögerung von die Wirksamkeit vermittelnden Beschlussfassungen abstellen, überlegenswert (idZ *Werdnik*, SWK 2008, 788 ff).

12 Auf den Umgründungsplan muss zudem nach § 39 S 2 „in allen Umgründungsverträgen" „Bezug genommen" werden, dh in jedem vom Umgründungsplan umfassten **Umgründungsvertrag** ist auf den Umgründungsplan ausdrücklich hinzuweisen (UmgrStR Rz 1880; s a *Schwarzinger/Hübner-Schwarzinger* in FS Kofler 169; *Huber* in W/Z/H/K[5] § 39 Rz 14); nach der Verwaltungspraxis ist der Umgründungsplan auch beizulegen (UmgrStR Rz 1880), was sich zwar aus dem Gesetz nicht zwingend ergibt, aber regelmäßig empfehlenswert ist (dazu *Buzanich*, Teilbetrieb 200; *Hirschler/Sulz* in W/H/M, HdU[13] Erg § 39 Rz 35 ff; s a *Hügel* in H/M/H § 39 Rz 38; *Schwarzinger/Hübner-Schwarzinger* in FS Kofler 169).

13 Der Abschluss und der Tag des Abschlusses des Plans sind nach der Verwaltungspraxis in eindeutiger und nachprüfbarer Weise zu dokumentieren (UmgrStR Rz 1880). Obwohl § 39 für den Umgründungsplan keine bestimmte Form vorschreibt, ist nach hA auf Basis der *ratio legis* und des Wortlautes (arg „in" einem Umgründungsplan) die **Schriftlichkeit** zu fordern (*Hügel*, RdW 1996, 35; *Hügel* in H/M/H § 39 Rz 29; *Buzanich*, Teilbetrieb 201; *Schwarzinger/Hübner-Schwarzinger* in FS Kofler 167; *Huber* in W/Z/H/K[5] § 39 Rz 15; s a UmgrStR Rz 1880: Umgründungsplan ist „beizulegen"; einschränkend *Hirschler/Sulz* in W/H/M, HdU[13] Erg § 39 Rz 19 f, uHa Videoaufzeichnungen oder unveränderliche Dateien); darüber hinausgehende Formerfordernisse (zB Beglaubigung der Unterschriften) bestehen uE nicht (*Hügel*, RdW 1996, 35; *Hügel* in H/M/H § 39 Rz 29; *Huber* in W/Z/H/K[5] § 39 Rz 15), selbst wenn die sonstige Umgründungsdokumentation an strengere Formalvorschriften gebunden ist. Empfehlenswert ist es jedenfalls, einen **schriftlichen Umgründungsplan zu verfassen und diesen von allen Beteiligten unterschreiben** zu lassen (*Hirschler/Sulz* in W/H/M, HdU[13] Erg § 39 Rz 20).

B. Inhalt des Umgründungsplanes

14 Nach dem Gesetzeswortlaut besteht der Inhalt des Umgründungsplanes darin, dass sämtliche an den Umgründungen Beteiligten festlegen, dass für ertragsteuerliche Zwecke „die letzte Vermögensübertragung für den oder die davon betroffenen Rechtsnachfolger als mit dem Beginn des auf den ersten Umgründungsstichtag folgenden Stichtages bewirkt" werden soll. Die Verwaltungspraxis leitet daraus als **Mindestinhalt des Umgründungsplans** ab, dass *(1)* die einzelnen Umgründungen in ihrer Reihenfolge mit Nennung des angesprochenen Artikels des UmgrStG, des Übertragenden und des Übernehmenden anzuführen sind (s zum Treuhänder BMF 11.11.1994, SWK 1994, A 764, ebenso *Werdnik*, SWK 2008, 788 ff; *Hirschler/Sulz* in W/H/M, HdU[13] Erg § 39 Rz 23; zur Vorgesellschaft BMF 28.2.2002, RdW 2002, 318, u zur Mehrzahl von Personen als atypische stille Gesellschafter UmgrStR Rz 1884); *(2)* das über mehrere Umgründungsschritte durchlaufende Vermögen dem Grunde nach (Betrieb, Teilbetrieb, Mitunternehmeranteil, Kapitalanteil) zu beschreiben ist; und *(3)* der identische Stichtag anzuführen ist (UmgrStR Rz 1881; s a *Hirschler/Sulz* in W/H/M, HdU[13] Erg § 39 Rz 17; zur praktischen Gestaltung s *Schwarzinger/Hübner-Schwarzinger* in FS Kofler 168).

Anders als beim Spaltungsplan ist im Umgründungsplan eine genaue Beschreibung der Buchwerte, Anschaffungskosten, Verkehrswerte und der Gegenleistung **nicht erforderlich** (UmgrStR Rz 1881; BMF 16.2.1998, ARD 4928/17/98 = RdW 1998, 238), eine Gestaltung daher noch möglich (*Hirschler/Sulz* in W/H/M, HdU[13] Erg § 39 Rz 17). Fakultativ können in den Umgründungsplan auch geplante Umgründungsschritte iS eines **Strukturplanes** aufgenommen werden, die nicht auf den einheitlichen Stichtag durchgeführt werden, aber in das zeitliche Gefüge der Umgründungsmaßnahmen passen (UmgrStR Rz 1886; *Schwarzinger/Hübner-Schwarzinger* in FS Kofler 168). Zudem können im Hinblick auf § 22 BAO iVm § 44 etwa die **außersteuerlichen Gründe** für die einzelnen Umgründungsschritte beschrieben werden (*Hügel*, RdW 1996, 34; *Buzanich*, Teilbetrieb 201; *Schwarzinger/ Hübner-Schwarzinger* in FS Kofler 168). Ist iRv Mehrfachumgründungen eine Spaltung bzw eine Realteilung vorgesehen, nach der die Rechtsnachfolger **getrennte Folgeumgründungen** planen, bestehen nach der Verwaltungspraxis keine Bedenken, anstelle eines alle Vorgänge beschreibenden Umgründungsplans zwei Umgründungspläne zu verfassen, in denen die in der ersten Phase zunächst gemeinsam geplanten Umgründungsschritte gleich lautend festgeschrieben werden und die in der Folge unabhängig voneinander handelnden Personen jeweils ihre Folgepläne definieren (UmgrStR Rz 1882; BMF 16.2.1998, ARD 4928/17/98 = RdW 1998, 238).

C. Änderungen des Umgründungsplanes

Der Inhalt des Umgründungsplanes ist nach der Verwaltungspraxis grundsätzlich nicht änderbar, da nur ein geltender Umgründungsplan die Bündelung aller Umgründungen auf einen Stichtag bewirken kann (dazu *Hirschler/Sulz* in W/H/M, HdU[13] Erg § 39 Rz 18). Lediglich **ein letzter Umgründungsschritt** oder die letzten Umgründungsschritte kann bzw können entfallen (UmgrStR Rz 1885; BMF 16.2.1998, ARD 4928/17/98 = RdW 1998, 238; BMF 17.8.2000, ARD 5138/31/2000 = ecolex 2000, 906; *Schwarzinger/Hübner-Schwarzinger* in FS Kofler 169; *Hirschler/ Sulz* in W/H/M, HdU[13] Erg § 39 Rz 18). Zudem sollen nach der Verwaltungspraxis im Umgründungsplan vorgesehene **Zwischenschritte** entfallen können, wenn die Ergebnisse der geplanten, aber nicht durchgeführten Umgründungen zusammen mit den Ergebnissen der tatsächlich durchzuführenden Umgründungen letztlich keine entscheidenden Abweichungen vom planmäßigen Endergebnis zeitigen (UmgrStR Rz 1885; s a *Wiesner/Schwarzinger*, UmS 68/26/01, SWK 2001, S 648; *Schwarzinger/Hübner-Schwarzinger* in FS Kofler 170; weitergehend *Hügel* in H/M/H § 39 Rz 39, *Hirschler/Sulz* in W/H/M, HdU[13] Erg § 39 Rz 18, u *Huber* in W/Z/H/K[5] § 39 Rz 16). Eine bloße Änderung der Beteiligungsverhältnisse nach Abschluss des Umgründungsplanes ohne Hinzutreten eines neuen Beteiligten ist unschädlich (BMF 17.8.2000, ARD 5138/31/2000 = ecolex 2000, 906; *Wiesner/Schwarzinger*, UmS 68/26/01, SWK 2001, S 648); dies müsste auch im Fall des Hinzutretens von im Zeitpunkt der Fassung des Umgründungsplanes noch nicht existenten Rechtsträgern gelten (so *Huber* in W/Z/H/K[5] § 39 Rz 16). Demgegenüber soll eine **Erweiterung** auf zusätzliche Umgründungsschritte nicht zulässig sein (UmgrStR Rz 1885). Bei einer Änderung des Planes nach Vornahme der ersten Umgründungsschritte sind alle Pläne (ursprünglicher und geänderter Plan) anzuzeigen (UmgrStR Rz 1885).

IV. Rechtsfolgen
A. Zurechnung des Umgründungsvermögens

21 § 39 ist eine **Zurechnungsbestimmung für das Umgründungsvermögen**: Durch das Aufstellen eines Umgründungsplanes soll erreicht werden, dass ertragsteuerlich die Vermögensübernahme für mehrere Umgründungsschritte, die ganz oder teilweise dasselbe Vermögen betreffen, mit Ablauf eines einzigen Umgründungsstichtages als bewirkt gilt und erst dem letzten Rechtsnachfolger das Vermögen mit Beginn des dem Umgründungsstichtages folgenden Tages zugerechnet wird (*Schwarzinger/Hübner-Schwarzinger* in FS Kofler 164). Die Umgründungsbilanzen sind auf den einheitlichen Stichtag abzustellen (*Hügel* in H/M/H § 39 Rz 42) und es kommt zu keinen Zwischenerwerben (zB für Zwecke der AfA; *Hügel* in H/M/H § 39 Rz 43). Verlustvorträge können in dem dem einheitlichen Umgründungsstichtag folgenden Veranlagungszeitraum vom jeweiligen Rechtsnachfolger geltend gemacht werden (*Schneider*, SWK 1993, A 566; *Hügel* in H/M/H § 39 Rz 44; *Hirschler/Sulz* in W/H/M, HdU[13] Erg § 39 Rz 5). Erfolgt im Rückwirkungszeitraum einer unterjährigen Umgründung eine Folgeumgründung, kann dies dazu führen, dass noch Verluste bei der übertragenden Körperschaft der Erstumgründung vorhanden sind, das entsprechende verlustverursachende Vermögen aber bereits einem anderen Rechtsträger (der übernehmenden Körperschaft der Erstumgründung) zugerechnet wird. In solchen Konstellationen ist aber zu beachten, dass nach dem Wortlaut des § 4 Z 1 lit b die Verlustvorträge bei der übertragenden Körperschaft der Erstumgründung nicht untergehen, sondern lediglich bei dieser nicht mehr abzugsfähig sind. Daher können die Verlustvorträge umgründungsbedingt in voller Höhe auf die übernehmende Körperschaft der Erstumgründung übergehen (s UmgrStR Rz 251b idF WE 2017). § 39 normiert aber **keine Vermögensentstehungsfiktion**, sondern löst nur eine zeitliche Zurechnungsfrage (*Schwarzinger/Hübner-Schwarzinger* in FS Kofler 165; s a UmgrStR Rz 1878).

Für die Zulässigkeit der Mehrfachumgründung unerheblich ist die Zweckhaftigkeit des Unterfangens. Wird zB eine betriebsführende Gesellschaft mit einer Holding verschmolzen, um der Holding für eine nachfolgende Umwandlung gem Art II den dafür erforderlichen Betrieb zu vermitteln, ist dies mittels Umgründungsplan auf ein und denselben Stichtag möglich.

B. Fehlen eines Umgründungsplanes

22 Entspricht der Umgründungsplan nicht den Anforderungen des § 39 oder fehlt er gänzlich, führt dies – entgegen den Gesetzesmaterialien (ErlRV 497 BlgNR 20. GP, 32) – nicht dazu, dass das UmgrStG unanwendbar und eine Tauschbesteuerung nach § 6 Z 14 EStG durchzuführen wäre (so einhellig *Hügel* in H/M/H § 39 Rz 48; *Schwarzinger/Hübner-Schwarzinger* in FS Kofler 164; *Hirschler/Sulz* in W/H/M, HdU[13] Erg § 39 Rz 37; *Huber* in W/Z/H/K[5] § 39 Rz 19). Auch nach der Verwaltungspraxis sind solche Umgründungen **anzuerkennen** (UmgrStR Rz 1874), wobei aber pauschal davon ausgegangen wird, dass „der jeweilig folgende Umgründungsschritt erst mit dem Folgetag wirksam" werde (UmgrStR Rz 1874); richtigerweise ist jedoch danach zu differenzieren, ob die steuerliche Zurechnungsvorschrift des § 13 Abs 2 überhaupt anwendbar ist, oder es sich um gesellschaftsrechtliche Umgründungstypen handelt (ausf *Schwarzinger/Hübner-Schwarzinger* in FS Kofler 170 f; s a Rz 2). Eine **Gewinnermittlung für die entstehenden Rumpfwirtschaftsjahre** kann nach der Verwaltungspraxis unterbleiben (UmgrStR Rz 1874); damit sind wohl auch auf den jeweils zu korrigierenden Umgründungsstichtag keine eigenständigen Bilanzen bzw Umgründungsbilanzen zu erstellen (*Schwarzinger/Hübner-Schwarzinger* in FS Kofler 164).

C. Beschränkung auf Ertragsteuern

§ 39 betrifft nur Ertragsteuern, nicht hingegen **Verkehrsteuern** (VwGH 29.11.2001, 99/16/0119, ÖStZB 2002/411, 529; ErlRV 1237 BlgNR 18. GP, 74; BMF 22.8.1997, RdW 1997, 703; *Hügel* in H/M/H § 39 Rz 47; *Schwarzinger/Hübner-Schwarzinger* in FS Kofler 167; *Hirschler/Sulz* in W/H/M, HdU[13] Erg § 39 Rz 5; *Huber* in W/Z/H/K[5] § 39 Rz 7). Für die verkehrsteuerliche Beurteilung ist ausschließlich auf den Zeitpunkt der zivilrechtlichen Durchführung abzustellen (*Schwarzinger/Hübner-Schwarzinger* in FS Kofler 167; *Huber* in W/Z/H/K[5] § 39 Rz 7). Die früheren umgründungssteuerrechtlichen **Kapitalverkehrsteuerbefreiungen** gem §§ 22 Abs 4, 26 Abs 3, 31 Abs 2, § 38 Abs 5 TS 2 und 38 f Abs 3 waren damit bei Mehrfachzügen mangels Erfüllung der Zweijahresfrist nicht anzuwenden (s VwGH 29.11.2001, 99/16/0119, ÖStZB 2002/411, 529). Auch hinsichtlich der Übertragung von Liegenschaftsvermögen und einer daraus abzuleitenden **GrESt** ist jeder Umgründungsakt separat und für sich zu würdigen (s zB UFS 13.3.2006, RV/0108-L/06; wN bei § 6 Rz 71 ff). Die Bündelung der Übertragungsakte vom ersten auf den letzten ist nicht denkbar. Hinsichtlich der Erwerbsvorgänge iSd § 1 Abs 3 GrEStG ist überdies zu prüfen, ob es aus zivilrechtlicher Sicht zu einer Anteilsvereinigung bei einem oder mehreren Schritten des Mehrfachzuges kommt (s zB UFS 14.6.2011, RV/0952-L/08; BMF 23.2.2005, GeS 2006, 43; dazu mwN *Kauba*, RdW 2005, 585). 23

Rechtsgrundlage der Umgründungen

§ 40. Gerichtliche Entscheidungen sind den jeweiligen Umgründungsbeschlüssen oder -verträgen im Sinne des ersten Hauptstückes gleichzuhalten.

[idF BGBl 1993/818]

Rechtsentwicklung

BGBl 1991/699 (UmgrStG; RV 266 AB BlgNR 18. GP) (Stammfassung); BGBl 1993/818 (StRefG 1993; RV 1237 AB 1301 BlgNR 18. GP) (Verschiebung von § 37 in § 40).

Mit § 40 wird „der Möglichkeit Rechnung getragen, daß Umgründungen **auf gerichtlicher Entscheidung** basieren" (ErlRV 266 BlgNR 18. GP, 41). Damit soll vor allem in Streitfällen bei Umgründungen die steuerliche Durchführung auch aufgrund einer gerichtlichen Entscheidung sichergestellt werden (*Wiesner/Helbich*, RdW 1992, 63; *Bruckner/Sulz* in W/H/M, HdU[1] Erg § 40 Rz 3), etwa wenn die Zustimmung einzelner Personen zu einer Umgründungsmaßnahme durch Klage herbeigeführt wird (*Huber* in W/Z/H/K[5] § 40 Rz 1). 1

Als gerichtliche Entscheidungen kommen **Urteile von in- und ausländischen Gerichten** in Betracht, die in ihren Auswirkungen vertraglich vereinbarten Umgründungen iSd UmgrStG entsprechen (UmgrStR Rz 1887; s a *Wiesner/Helbich*, RdW 1992, 63; *Bruckner/Sulz* in W/H/M, HdU[1] Erg § 40 Rz 5). 2

3 Die Positionierung des § 40 in den „Ergänzenden Vorschriften" zeigt dessen **„Ersatzfunktion"** und hat zur Folge, dass auch dann, wenn Umgründungen auf (rechtskräftigen) gerichtlichen Entscheidungen basieren, die die jeweils erforderlichen Umgründungsbeschlüsse oder -verträge ersetzen, sämtliche Vorschriften des 1. Hauptstückes (§§ 1 bis 38 f) als auch die übrigen Vorschriften des 2. Hauptstückes zur Anwendung kommen (*Wiesner/Helbich*, RdW 1992, 63; *Bruckner/Sulz* in *W/H/M*, HdU^1 Erg § 40 Rz 3).

4 Es gelten die **Fristen für Hemmung und Verjährung** sinngemäß, was ua Auswirkungen auf die umgründungssteuerliche Rückwirkungsfiktion, bilanzielle Erfordernisse, Zurechnungsfragen udgl haben kann.

Lohnsteuerliche Verhältnisse

§ 41. Übernehmende Körperschaften, Personengesellschaften und Nachfolgeunternehmer treten hinsichtlich der lohnsteuerlichen Verhältnisse in die Rechtsstellung des bisherigen Arbeitgebers ein, soweit bei den übernommenen Arbeitnehmern auch arbeitsrechtlich die entsprechenden Folgerungen gezogen werden.
[idF BGBl 1993/818]

Rechtsentwicklung
BGBl 1991/699 (UmgrStG; RV 266 AB BlgNR 18. GP) (Stammfassung); BGBl 1993/818 (StRefG 1993; RV 1237 AB 1301 BlgNR 18. GP) (Verschiebung von § 38 in § 41).

1 § 41 sichert die **lohnsteuerliche Rechtsnachfolge** des übernehmenden Rechtsträgers allgemein für Umgründungen **innerhalb und außerhalb des UmgrStG** (ErlRV 266 BlgNR 18. GP, 41; *Bruckner/Sulz* in *W/H/M*, HdU^1 Erg § 41 Rz 2; *Huber* in *W/Z/H/K*^{5} § 41 Rz 1). Durch Umgründungen treten damit bei Dienstverhältnissen keine Änderungen bei der abgabenrechtlichen Kontinuität ein; der Rechtsnachfolger tritt in die Rechtsstellung des bisherigen Arbeitgebers ein, soweit die Dienstverhältnisse auch arbeitsrechtlich fortgesetzt werden (UmgrStR Rz 1888). Der Eintritt des Rechtsnachfolgers in die Arbeitgeberstellung wird dabei aus verwaltungsökonomischen Gründen nicht in die ertragsteuerliche Rückwirkung einbezogen, sondern erfolgt zum **zivilrechtlich** relevanten Zeitpunkt (UmgrStR Rz 1888; *Bruckner/Sulz* in *W/H/M*, HdU^1 Erg § 41 Rz 3).

> Zu den lohnsteuerrechtlichen Fragen und Vereinfachungsmaßnahmen hinsichtlich des Art I s § 6 Rz 1 ff, des Art II s § 11 Rz 1 ff, des Art III s § 22 Rz 16 ff, des Art IV s § 26 Rz 13 und des Art VI s § 38 Rz 2 ff.

2 Die Bestimmung des § 41 hat nur Bedeutung für Umgründungen mit **zivilrechtlicher Einzelrechtsnachfolge**, da bei zivilrechtlicher Gesamtrechtsnachfolge die lohnsteuerliche Rechtsnachfolge bereits auf dieser Basis eintritt (*Mühlehner* in *H/M/H* § 41 Rz 1); bei zivilrechtlicher Gesamtrechtsnachfolge kommt § 41 daher nur lediglich klarstellende Bedeutung zu (*Bruckner/Sulz* in *W/H/M*, HdU^1 Erg § 41 Rz 4; *Huber* in *W/Z/H/K*^{5} § 41 Rz 2). Zudem beschränkt sich die Bedeutung des § 41 auf jene Fälle, die nicht vom **Arbeitsvertragsrechts-Anpassungsgesetz** (AVRAG, BGBl 1993/459 idgF) erfasst sind: Nach dessen § 3 Abs 1 ist die individualrechtliche Folge des (auch umgründungsbedingten) Betriebsinhaberwechsels der *ex lege* erfolgende Wechsel des Arbeitgebers, sodass der neue Inhaber grundsätzlich auch – mit allen Rechten und Pflichten – als Arbeitgeber in die bestehenden Arbeitsverhältnisse eintritt. Daraus ergibt sich auch der Eintritt in die lohnsteuerlichen Verhältnisse (s zB *Mühlehner* in *H/M/H* § 41 Rz 2 f; *Bruckner/Sulz* in *W/H/M*, HdU[1] Erg § 41 Rz 5; *Huber* in *W/Z/H/K*[5] § 41 Rz 4). Kommt es arbeitsrechtlich nicht zu einer Überbindung von Arbeitsverhältnissen bzw -ansprüchen, treffen den übernehmenden Rechtsträger auch keine lohnsteuerlichen Übernahmeverpflichtungen.

Wird iRv Umgründungen das Dienstverhältnis mit dem veräußernden oder umzugründenden Unternehmen als Arbeitgeber einvernehmlich aufgelöst und werden **gesetzliche Abfertigungen** im beiderseitigen Einvernehmen von Arbeitgeber und Arbeitnehmer ausbezahlt, ist nach der Verwaltungspraxis auch in Fällen des Vorliegens einer Wiedereinstellungszusage durch den Rechtsnachfolger eine begünstigte Besteuerung von Abfertigungszahlungen gem § 67 Abs 3 EStG zulässig (LStR Rz 1072; ebenso bereits BMF 5.2.1997, AÖF 1997/76 = ÖStZ 1997, 225; *Mühlehner* in *H/M/H* § 41 Rz 4; *Bruckner/Sulz* in *W/H/M*, HdU[1] Erg § 41 Rz 7 f; *Huber* in *W/Z/H/K*[5] § 41 Rz 5). Dies gilt auch dann, wenn das AVRAG anzuwenden ist (LStR Rz 1072; BMF 5.2.1997, ÖStZ 1997, 225). 3

Änderungen arbeitsrechtlicher Natur können sich ergeben, wenn dem Rechtsnachfolger eine andere kollektivvertragliche Position zukommt. Ferner sind arbeitsrechtliche Konsequenzen (zB Kündigungsschutz) denkbar, wenn die übernehmende Gesellschaft bzw der Nachfolgerechtsträger – anders als das übertragende Unternehmen – kein aufsichtsratspflichtiges Unternehmen mehr ist.

Vertragsübernahme

§ 42. [1]**Rechtsgeschäfte, mit denen anläßlich eines gebühren- oder kapitalverkehrsteuerbegünstigten Vorganges nach Artikel III bis VI des ersten Hauptstückes eine Vertragsstellung übertragen wird (Vertragsübernahme), sind von den Stempel- und Rechtsgebühren befreit.** [2]**Wird ein Darlehens- oder Kreditvertrag übertragen, bleibt der für den übertragenden Rechtsträger gebührenrechtlich maßgebende Zeitpunkt für Prolongationen durch den neuen Rechtsträger maßgeblich.**

[idF BGBl 1993/818]

Rechtsentwicklung

BGBl 1991/699 (UmgrStG; RV 266 AB BlgNR 18. GP) (Stammfassung); BGBl 1993/818 (StRefG 1993; RV 1237 AB 1301 BlgNR 18. GP) (Verschiebung von § 39 in § 42).

Übersicht

I.	Überblick	1–4
II.	Gebührenbefreiung bei Vertragsübernahme	
	A. Vertragsübernahme bei Gesamtrechtsnachfolge	6, 7
	B. Vertragsübernahme bei Einzelrechtsnachfolge	8–11
III.	Prolongation von Darlehens- und Kreditverträgen	16, 17

I. Überblick

1 Eine **Vertragsübernahme** liegt bei Übertragung eines Schuldverhältnisses als Gesamtheit mit allen wechselseitigen Rechten und Pflichten vor und kann Gebührenpflicht nach dem GebG auslösen (s VwGH 29.3.2007, 2004/16/0185, ÖStZB 2007/486, 646; *Bruckner/Sulz* in *W/H/M*, HdU[1] Erg § 42 Rz 5 ff). Nach **§ 42 S 1** sind jedoch Rechtsgeschäfte, mit denen anlässlich eines gebühren- oder kapitalverkehrsteuerbegünstigten Vorganges nach **Art III bis Art VI** eine Vertragsstellung übertragen wird (Vertragsübernahme), von den Stempel- und Rechtsgebühren **befreit** (s UmgrStR Rz 1889 ff u GebR Rz 556). § 42 S 1 hat lediglich für Umgründungen mit Einzelrechtsnachfolgewirkung Bedeutung, zumal sich bei zivilrechtlicher Gesamtrechtsnachfolge die mangelnde Gebührenpflicht bereits aus dieser ergibt. Daher konnte in § 42 S 1 auch ein Verweis auf die **Art I und II** unterbleiben (ErlRV 266 BlgNR 18. GP, 41; *Bruckner/Sulz* in *W/H/M*, HdU[1] Erg § 42 Rz 2; *Arnold/Arnold*, Rechtsgebühren[9] § 21 Rz B2). Die Erwähnung des Art VI in § 42 rechtfertigt sich vor diesem Hintergrund dadurch, dass Steuerspaltungen – im Unterschied zu Spaltungen nach dem SpaltG – nicht im Wege der Gesamtrechtsnachfolge erfolgen (*Arnold/Arnold*, Rechtsgebühren[9] § 21 Rz B2).

2 Die Befreiung des § 42 S 1 bezieht sich auf alle Rechtsgeschäfte als Objekt der Vertragsübernahme und wirkt für **Stempel- und Rechtsgebühren**; darunter sind die festen Gebühren, die Hundertsatzgebühren und die Rechtsgeschäftsgebühren zu verstehen (*Bruckner/Sulz* in *W/H/M*, HdU[1] Erg § 42 Rz 18 f; *Huber* in *W/Z/H/K*[5] § 42 Rz 4). Die Befreiung nach § 42 setzt nicht voraus, dass der übernommene Vertrag zuvor bereits gebührenpflichtig beurkundet wurde (*Bruckner/Sulz* in *W/H/M*, HdU[1] Erg § 42 Rz 15; *Arnold/Arnold*, Rechtsgebühren[9] § 21 Rz A8, zu § 13 Abs 5 StruktVG). **Gerichtsgebühren** sind von § 42 hingegen nicht erfasst (krit *Bruckner/Sulz* in *W/H/M*, HdU[1] Erg § 42 Rz 4). Die Gebührenbefreiung nach § 42 betrifft lediglich **Vertragsübernahmen**. Sie findet Anwendung, wenn sich eine Vertragsübernahme hinsichtlich eines bestehenden Rechtsverhältnisses ergibt. Dies ist etwa im Rahmen einer Betriebsverpachtung, eines bestehenden Bestandsverhältnisses, eines Baurechtes oder einer Dienstbarkeit, bei sämtlichen Leasingverträgen udgl gegeben. Sie gilt jedoch **nicht für sonstige anlässlich der Umgründung begründete Rechtsverhältnisse**, insb Bestandverträge und Dienstbarkeiten (*Arnold/Arnold*, Rechtsgebühren[9] § 21 Rz B6; zur Einverleibungsbewilligung s *Hügel* in *H/M/H* § 42 Rz 21). Andere **gebührenrechtliche Befreiungen** (zB §§ 15 Abs 3, 19 Abs 2 S 2 GebG) bleiben freilich ungeachtet des § 42 S 1 anwendbar (*Arnold/Arnold*, Rechtsgebühren[9] § 21 Rz B3).

3 Für die Anwendung des § 42 ist die theoretische zivilrechtliche und gebührenrechtliche Einordnung der Vertragsübernahme als Neuabschluss des Geschäftes (**„Neubegründungstheorie"**) oder als Zession nach § 33 TP 21 GebG (**„Zerlegungstheorie"**) irrelevant (s a *Hügel* in *H/M/H* § 42 Rz 3 f; *Bruckner/Sulz* in *W/H/M*, HdU[1] Erg § 42 Rz 5 ff). Die Verwaltungspraxis bekennt sich deutlich zur Neubegründungstheorie (GebR Rz 555). Auch der VwGH vertritt in seiner jüngeren Rechtsprechung die Ansicht, dass gebührenrechtlich die Vertragsübernahme dem Abschluss eines neuen Rechtsgeschäftes gleichzustellen sei (s VwGH 29.7.2004, 2004/16/0075, ÖStZB 2005/120; VwGH 29.3.2007, 2004/16/0185, ÖStZB 2007/486, 646; differenzierend VwGH 17.3.2005, 2004/16/0254, ÖStZB 2005/385; s ausf zu dieser Diskussion *Arnold/Arnold*, Rechtsgebühren[9] § 21 Rz 5 u § 33 TP 21 Rz 7a

ff). Durch die Rsp des VwGH (VwGH 11.9.2014, 2012/16/0023, ÖStZB 2015/119, 295) überholt ist jedoch die Ansicht des UFS (UFS 13.11.2008, RV/0034-L/06), wonach eine Gebührenpflicht nach § 33 TP 21 GebG immer dann entstehen soll, wenn die gedankliche Neubegründung des Rechtsgeschäfts zu keiner Gebühr führt (ausf dazu *Petritz-Klar/Petritz*, RdW 2015/241, 276 ff).

Wird ein **Darlehens- oder Kreditvertrag** übertragen, bleibt nach § **42 S 2** der für 4 den übertragenden Rechtsträger gebührenrechtlich maßgebende Zeitpunkt für Prolongationen durch den neuen Rechtsträger maßgeblich; diese Bestimmung hat seit dem **Entfall der Gebühren für Darlehens- und Kreditverträge** durch die Streichung des § 33 TP 8 und TP 19 iRd **BudBG 2011** (BGBl I 2010/111) jedoch nur mehr historische Bedeutung (s Rz 16 f).

II. Gebührenbefreiung bei Vertragsübernahme
A. Vertragsübernahme bei Gesamtrechtsnachfolge

In § 42 S 1 sind Vorgänge nach **Art I und Art II** nicht genannt, da es bei Verschmel- 6 zung und Umwandlung auf Grund der Gesamtrechtsnachfolge *ex lege* zum **Übergang aller Vertragsverhältnisse** kommt und daher keine vertragliche Übertragung der Vertragsstellung erforderlich ist; dies ist grundsätzlich bei Verschmelzungen nach Art I (§ 225a Abs 3 Z 1 AktG) und Umwandlungen nach Art II (§§ 2 Abs 2 Z 1 iVm 5 Abs 5 UmwG) der Fall (VwGH 3.6.1995, 85/15/0084, ÖStZB 1986, 191; UmgrStR Rz 1890; *Bruckner/Sulz* in *W/H/M*, HdU[1] Erg § 42 Rz 10; *Arnold/Arnold*, Rechtsgebühren[9] § 21 Rz B2); in § 42 S 1 konnte daher auch ein Verweis auf die Art I und II unterbleiben (ErlRV 266 BlgNR 18. GP, 41). Gleiches gilt aber auch für die unter **Gesamtrechtsnachfolge** erfolgenden Umgründungen (zB Anwachsung nach § 142 UGB nach Art III) und die unter (partieller) Gesamtrechtsnachfolge erfolgenden Spaltungen nach Art VI (§ 14 Abs 2 Z 1 SpaltG; s a UmgrStR Rz 1890; *Petritz*, ÖStZ 2009/12, 22) sowie für sondergesetzliche Gesamtrechtsnachfolgeregelungen bei bestimmten Einbringungen (zB § 92 BWG und § 61 VAG; s *Hügel* in *H/M/H* § 42 Rz 11 m FN 11; *Bruckner/Sulz* in *W/H/M*, HdU[1] Erg § 42 Rz 10; *Arnold/Arnold*, Rechtsgebühren[9] § 21 Rz B2); die Erfüllung bzw Nichterfüllung der Zweijahresfrist des § 38 Abs 5 bei Spaltungen nach dem SpaltG hat daher wegen der Gesamtrechtsnachfolge keine Bedeutung für das Gebührenrecht (*Bruckner/Sulz* in *W/H/M*, HdU[1] Erg § 42 Rz 16 m FN 70).

Erfolgt jedoch – obwohl gesellschaftsrechtlich nicht erforderlich – eine **vertrag-** 7 **liche Übertragung**, so könnte nach den UmgrStR (in der Stammfassung) eine nachträgliche Urkunde iSd § 25 GebG (idF vor BGBl I 2009/34) bzw – sofern bislang aufgrund einer fehlenden Urkunde noch keine Rechtsgeschäftsgebühr entstanden ist – eine Ersatzbeurkundung iSd § 15 iVm § 18 GebG vorliegen (UmgrStR Rz 1891 ff uHa VwGH 17.3.1986, 84/15/0158, ÖStZB 1987, 26; s a *Petritz*, ÖStZ 2009/12, 22). Eine Gebühr nach § 25 GebG kommt freilich seit der Aufhebung dieser Bestimmung durch den **VfGH** mit Wirkung ab 8.4.2009 (Art 140 Abs 5 B-VG) nicht mehr in Betracht (VfGH 26.2.2009, G 158/08, VfSlg 18.706/ 2009, kundgemacht in BGBl I 2009/34, ausgegeben am 7.4.2009). Darin stellte der VfGH darauf ab, dass bei einer bereits einmal erfolgten Vergebührung des Rechtsgeschäfts die Errichtung von Gleichschriften nicht noch einmal zum Gebührenanfall führen darf. Aus dem Erkenntnis des VfGH lässt sich wohl auch ableiten, dass sämtliche im GebG verankerte Tatbestände, nach welchen ein bereits einmal vergebührtes Rechtsgeschäft wiederum Gebührenpflicht auslöst, iS einer verfassungskonformen Interpretation der §§ 15 bis 18 GebG dahingehend verstanden werden müssen, dass ein nochmaliger Gebührenanfall zu unterbleiben hat, insb im Hinblick auf rechtsbezeugende Urkunden und Ersatzurkunden (ausf *Fraberger*, RdW 2009/400, 442 ff; *Arnold/Arnold*, Rechtsgebühren[9] § 25 Rz 34); diese „Exkulpationswirkung" wird auch für nachfolgende Beurkundungen gelten, wenn das beurkundete Rechtsgeschäft von der Entrichtung der Rechtsgeschäftsgebühr (zB nach § 42) befreit war (dazu *Fraberger*, RdW 2009/400, 444). Die Ausführungen in UmgrStR Rz 1891 ff erscheinen insofern überholt.

B. Vertragsübernahme bei Einzelrechtsnachfolge

8 Die Befreiung nach § 42 S 1 betrifft nur Rechtsgeschäfte, „mit denen anläßlich eines gebühren- oder kapitalverkehrsteuerbegünstigten Vorganges nach Artikel III bis VI" eine Vertragsstellung übertragen wird. Dies betrifft Vertragsübernahmen, die anlässlich eines gebühren- oder kapitalverkehrsteuerbegünstigten Vorganges nach **Art III** (Einbringung), **Art IV** (Zusammenschluss), **Art V** (Realteilung) oder **Art VI** (Steuerspaltung gem § 38a) erfolgen (UmgrStR Rz 1895; *Huber* in W/Z/H/K[5] § 42 Rz 1). Für die Gebührenbefreiung statuiert das Gesetz **drei Voraussetzungen**:

9 • Für die Anwendung des § 42 S 1 müssen alle Voraussetzungen für einen „**Vorgang**" nach Art III bis VI gegeben sein, also eine Einbringung, ein Zusammenschluss, eine Realteilung oder eine Steuerspaltung iSd UmgrStG vorliegen (*Bruckner/Sulz* in W/H/M, HdU[1] Erg § 42 Rz 14; *Arnold/Arnold*, Rechtsgebühren[9] § 21 Rz B3).

10 • Die Vertragsübernahme muss „**anläßlich**" eines begünstigten Vorganges nach Art III bis VI erfolgen. Daraus ergibt sich das Erfordernis einer kausalen Verknüpfung mit der entsprechenden Umgründungsmaßnahme, dass also „die Umgründungsmaßnahme das auslösende Glied in der ablaufenden Kausalkette bildet" (UFS 11.8.2004, RV/2708-W/02; s a VwGH 29.3.2007, 2004/16/0185, ÖStZB 2007/486, 646; UFS 4.9.2009, RV/2273-W/05; BFG 28.9.2015, RV/7102838/2014; BFG 9.8.2017, RV/7104265/2009). Eine explizite zeitliche Limitierung besteht nicht (*Bruckner/Sulz* in W/H/M, HdU[1] Erg § 42 Rz 12). Auch eine, einige Zeit nach der Umgründung durchgeführte Beurkundung einer Vertragsübernahme nach § 42 ist damit gebührenfrei, wenn die kausale Verknüpfung mit der Umgründung gegeben ist (VwGH 29.3.2007, 2004/16/0185, ÖStZB 2007/486, 646; UFS 11.8.2004, RV/2708-W/02; s a BFG 9.8.2017, RV/7104265/2009, zu einem siebenmonatigen Abstand zwischen Einbringung und Vertragsübernahme). Dieser Konnex wird dann nicht zu bezweifeln sein, wenn ein auf das Einbringungsvermögen bezogenes Vertragsverhältnis vom einbringenden auf den übernehmenden Rechtsträger übergeht (UFS 4.9.2009, RV/2273-W/05; s a *Hügel* in H/M/H § 42 Rz 12; *Bruckner/Sulz* in W/H/M, HdU[1] Erg § 42 Rz 12). Eine Bezugnahme auf die Umgründung in den Übernahmeverträgen ist für die Gebührenbefreiung nicht zwingend erforderlich (UFS 4.9.2009, RV/2273-W/05), doch sollte den Urkundeninhalt eindeutig zu entnehmen sein, dass eine Vertragsübernahme anlässlich eines Vorganges nach Art III bis IV vereinbart wird (dazu *Arnold/Arnold*, Rechtsgebühren[9] § 21 Rz B7).

11 • § 42 S 1 stellt schließlich darauf ab, dass der Vorgang nach Art III bis VI „**gebühren- oder kapitalverkehrsteuerbegünstigt**" ist. Dies wird von Judikatur und Verwaltungspraxis so verstanden, dass die Befreiung nur anwendbar ist, wenn auch die jeweilige Kapitalverkehrsteuer- und Gebührenbefreiung des UmgrStG zusteht; dies erfordert nach den einzelnen umgründungssteuerrechtlichen Befreiungsbestimmungen auch, dass das zu übertragende Vermögen am Tag des Abschlusses des Umgründungsvertrages länger als zwei Jahre als Vermögen des Übertragenden besteht (UFS 11.8.2004, RV/2708-W/02; UFS 4.9.2009, RV/2273-W/05; UmgrStR Rz 1897; ebenso *Bruckner/Sulz* in *W/H/M*, HdU[1] Erg § 42 Rz 15; *Arnold/Arnold*, Rechtsgebühren[9] § 21 Rz B3; aA zB *Hügel* in *H/M/H* § 42 Rz 13 u Rz 16, *Huber* in *W/Z/H/K*[5] § 42 Rz 3, u *Walter*[11] Rz 546, die § 42 auch bei Befreiung nach § 6 Abs 1 Z 3 KVG für anwendbar halten). Aufgrund des Entfalls der Gesellschaftsteuer ab 1.1.2016 ist diese Zwei-Jahresfrist bloß für die Gebührenbefreiung von Bedeutung.

- § 42 S 1 ist damit rechtssystematisch eine **Ergänzung zu den gebühren- und kapitalertragsteuerlichen Befreiungen** der §§ 22 Abs 4, 26 Abs 3, 31 Abs 2 und – im Hinblick auf die Einbringungskomponente der Steuerspaltung – § 38a Abs 2 Z 1 und Abs 3 Z 1 iVm § 22 Abs 4. Die Sachauskehr aus Anlass einer Liquidationsspaltung und der Anteilstausch, auf die sich die Befreiung des § 38 f Abs 3 bezieht, wird hingegen ohnehin mit keiner Vertragsübernahme verbunden sein können (*Hügel* in *H/M/H* § 42 Rz 15).

III. Prolongation von Darlehens- und Kreditverträgen

Für die Übertragung eines Darlehens- oder Kreditvertrages normiert § 42 S 2, dass „der für den übertragenden Rechtsträger gebührenrechtlich maßgebende Zeitpunkt für **Prolongationen** durch den neuen Rechtsträger maßgeblich" bleibt. Nach dem **Entfall der Gebühren für Darlehens- und Kreditverträge** durch die Streichung des § 33 TP 8 und TP 19 im Rahmen des **BudBG 2011** (BGBl I 2010/111) hat diese Bestimmung nur mehr historische Bedeutung. § 33 TP 8 und TP 19 GebG traten mit Ablauf des 31.12.2010 außer Kraft und waren letztmalig auf Sachverhalte anzuwenden, für die die Gebührenschuld vor dem 1.1.2011 entstanden ist (§ 37 Abs 28 GebG). Damit kann auch bei der Prolongation von Darlehens- oder Kreditverträge nach dem 31.12.2010 keine Gebührenpflicht entstehen (§ 21 GebG). Die Gebührenfreiheit gilt auch für rechtsbezogende Beurkundungen und Ersatzbeurkundungen (*Arnold/Arnold*, Rechtsgebühren[9] § 33 TP 8 Rz 0 u § 33 TP 19 Rz 0A).

16

Durch § 42 S 2 wurde zuvor eine gebührenrechtliche Besserstellung im Falle einer Vertragsübernahme dadurch vermieden, dass durch die Vertragsübernahme der für gebührenfreie Prolongationen maßgebliche Zeitraum von fünf Jahren für Kreditverträge nach § 33 TP 19 Abs. 4 Z 1 GebG und für Darlehensverträge nach § 33 TP 8 Abs 2 Z 3 GebG nicht neu zu laufen begann, sondern dem Rechtsnachfolger für gebührenfreie Prolongationen nur mehr der Restzeitraum zur Verfügung stand (dazu ausf *Hügel* in *H/M/H* § 42 Rz 22 ff; *Bruckner/Sulz* in *W/H/M*, HdU[1] Erg § 42 Rz 21 ff).

17

Anzeige- und Evidenzpflicht

§ 43. (1) **Wer Vermögen durch eine Umgründung überträgt oder übernimmt und nicht schon nach dem ersten Hauptstück zu einer Meldung verpflichtet ist, hat die Umgründung abweichend von der Frist des § 121 der Bundesabgaben-**

ordnung innerhalb der im ersten Hauptstück genannten Frist unter Nachweis der Rechtsgrundlage dem Betriebsfinanzamt oder dem für die Erhebung der Abgaben vom Einkommen und Vermögen zuständigen Finanzamt anzuzeigen.

(2) Die sich auf Grund einer Umgründung ergebenden oder die zu übernehmenden Buchwerte oder Anschaffungskosten von Anteilen sind von den davon Betroffenen und im Falle eines unentgeltlichen Erwerbes von ihren Rechtsnachfolgern aufzuzeichnen und evident zu halten.

[idF BGBl 1996/797]

Rechtsentwicklung

BGBl 1991/699 (UmgrStG; RV 266 AB BlgNR 18. GP) (Stammfassung); BGBl 1993/818 (StRefG 1993; RV 1237 AB 1301 BlgNR 18. GP) (Verschiebung von § 40 in § 43); BGBl 1996/797 (AbgÄG 1996; RV 497 AB 552 BlgNR 20. GP) (Einfügung des § 43 Abs 2; ab 1.1.1997).

Übersicht

I.	Überblick	1
II.	Anzeigepflicht (Abs 1)	2–5
III.	Aufzeichnungs- und Evidenzpflicht (Abs 2)	6–10

I. Überblick

1 Bereits in der Stammfassung zum UmgrStG war eine **Anzeigepflicht** vorgesehen (nunmehr § 43 Abs 1), die ergänzend zu § 120 BAO dem Informationsbedürfnis jener von Umgründungen betroffenen Finanzämtern Rechnung tragen soll, sofern nicht ohnehin nach den einzelnen Artikeln des UmgrStG eine Meldepflicht besteht (ErlRV 266 BlgNR 18. GP, 41; *Bruckner/Sulz* in W/H/M, HdU[1] § 43 Rz 2; *Huber* in W/Z/H/K[5] § 43 Rz 1). § 43 Abs 1 ist damit *lex specialis* zu § 120 BAO (*Mühlehner* in H/M/H § 43 Rz 1; *Sulz/Oberkleiner* in FS Tanzer 220). Durch das AbgÄG 1996 (BGBl 1996/797) wurde diese Bestimmung um einen zweiten Absatz ergänzt, der für die umgründungssteuerlichen Werte von Kapitalanteilen, soweit und solange diese für die weitere steuerliche Behandlung beim Anteilsinhaber und gegebenenfalls seinen Rechtsnachfolgern maßgebend sind, eine **Aufzeichnungsverpflichtung** (§ 126 BAO) und **Evidenzhaltungspflicht** vorsieht.

II. Anzeigepflicht (Abs 1)

2 Wer Vermögen durch eine Umgründung überträgt oder übernimmt, hat nach § 43 Abs 1 die Umgründung abweichend von der Frist des § 121 BAO innerhalb der im ersten Hauptstück genannten Frist (s Rz 3) unter Nachweis der Rechtsgrundlage dem Betriebsfinanzamt oder dem für die Erhebung der Abgaben vom Einkommen und Vermögen zuständigen Finanzamt **anzuzeigen** (zu den einzelnen Meldepflichten s Pkt 2 AÖF 1999/136 = RdW 1999, 562, u *Bruckner/Sulz* in W/H/M, HdU[1] § 43 Rz 8 ff). Die Anzeigeverpflichtung gem § 43 Abs 1 betrifft alle jene, die **Vermögen iRd UmgrStG übertragen oder übernehmen**, sofern nicht bereits nach den einzelnen Artikeln des UmgrStG eine Meldepflicht besteht. Nach der Verwaltungspraxis soll von der Meldepflicht auch „allfälliges in Zusammenhang mit einer Umgründung nicht begünstigtes Vermögen" erfasst sein (UmgrStR Rz 1899). § 43

Abs 1 betrifft nicht **Übertragungen außerhalb des UmgrStG** (UmgrStR Rz 1899; *Bruckner/Sulz* in W/H/M, HdU[1] § 43 Rz 6; *Sulz/Oberkleiner* in FS Tanzer 220 f).

3 Die Anzeige ist nach § 43 Abs 1 – abweichend von § 121 BAO – innerhalb der im 1. Hauptstück relevanten Frist von **neun Monaten** ab dem Umgründungsstichtag bei den jeweils zuständigen Betriebs- bzw Wohnsitzfinanzämtern gem §§ 20 f AVOG 2010 einzubringen (UmgrStR Rz 1901). Während die Verwaltungspraxis früher von der Maßgeblichkeit des Einlangens der Meldung ausging (UmgrStR Rz 1900 idF vor WE 2015; Pkt 1.1 AÖF 1999/136 = RdW 1999, 562; s a *Bruckner/ Sulz* in W/H/M, HdU[1] § 43 Rz 18; krit 4. Aufl Rz 3), vertreten die UmgrStR nunmehr die Ansicht, dass für die Wahrung der Neunmonatsfrist die verfahrensrechtliche Fristberechnung nach **§ 108 BAO** anzuwenden ist (UmgrStR Rz 1900 idF WE 2015), bei der die Tage des Postlaufes nicht eingerechnet werden (§ 108 Abs 4 BAO); damit wurde auch der Wertungswiderspruch beseitigt, dass zB für die „bedeutsamere" Frist des § 13 schon bisher die liberalere Fristberechnung nach § 108 BAO anwendbar war. Diese Frist soll zudem gem § 110 Abs 1 BAO nicht verlängerbar sein (UmgrStR Rz 1900 idF WE 2015; *Bruckner/Sulz* in W/H/M, HdU[1] § 43 Rz 18; *Mühlehner* in H/M/M § 43 Rz 3; *Huber* in W/Z/H/K[5] § 43 Rz 2). Das Gesetz normiert keine **inhaltlichen und formellen Vorgaben** hinsichtlich der Anzeige gem § 43; diese wird aber nach der allgemeinen Regel des § 85 Abs 1 BAO wohl schriftlich zu erfolgen haben (*Sulz/Oberkleiner* in FS Tanzer 221). § 43 Abs 1 erfordert jedoch den **„Nachweis der Rechtsgrundlage"**. Die Verwaltungspraxis versteht darunter offenbar, dass mit der Anzeige lediglich die gesetzliche Rechtsgrundlage der Umgründung (zB Art III) anzugeben ist (s a UmgrStR Rz 1902), nicht aber auch die vertraglichen Grundlagen der Umgründung nachzuweisen sind; eine Übermittlung von Umgründungsverträgen und Bilanzen dürfte damit nicht erforderlich sein (*Sulz/Oberkleiner* in FS Tanzer 221; aA *Bruckner/Sulz* in W/H/M, HdU[1] § 43 Rz 15 f), ist aber durchaus üblich.

4 In den Gesetzesmaterialien war noch ausgeführt worden, dass „Umgründungen auch den zuständigen **Finanzämtern für Gebühren- und Verkehrsteuern** ohne Rücksicht darauf anzuzeigen [sind], ob ein Befreiungstatbestand zum Zuge kommt" (ErlRV 266 BlgNR 18. GP, 41). Diese Aussage entspricht nicht dem Gesetzestext (arg „Betriebsfinanzamt" bzw „für die Erhebung der Abgaben vom Einkommen und Vermögen zuständigen Finanzamt") und ist lediglich infolge eines redaktionellen Versehens nicht aus den ErlRV gestrichen worden (*Wiesner/ Helbich*, RdW 1992, 64). Nach hA lässt sich somit aus § 43 **keine Meldepflicht** gegenüber dem Finanzamt für Gebühren und Verkehrsteuern ableiten (*Mühlehner* in H/M/H § 43 Rz 1; *Bruckner/Sulz* in W/H/M, HdU[1] § 43 Rz 17; *Huber* in W/Z/H/K[5] § 43 Rz 3), und zwar unabhängig davon, ob eine Befreiung besteht (*Wiesner/ Helbich*, RdW 1992, 64). Für die frühere Gesellschaftsteuer bestand aber selbst bei befreiten Vorgängen eine Meldeverpflichtung nach **§ 10 Abs 1 KVG** (*Thunshirn/ Himmelsberger/Hohenecker*, § 10 Rz 756 KVG; s a *Mühlehner* in H/M/H § 43 Rz 1). Demgegenüber besteht für gebührenbefreite Rechtsgeschäfte nach **§ 31 GebG** auch keine Verpflichtung zur Gebührenanzeige (*Arnold/Arnold*, Rechtsgebühren[9] § 31 Rz 2).

5 Eine **Verletzung der Anzeigepflicht** (zB Nichtbeachtung der Frist) hat keine umgründungssteuerlichen Folgen und führt niemals zu einer „missglückten Umgründung", zumal die rechtzeitige Anzeige keine Anwendungsvoraussetzung für das UmgrStG darstellt (ErlRV 266 BlgNR 18. GP, 41; UmgrStR Rz 1900; *Wiesner/Helbich*, RdW 1992, 64; *Mühlehner* in *H/M/M* § 43 Rz 4; *Bruckner/Sulz* in *W/H/M*, HdU[1] § 43 Rz 4; *Sulz/Oberkleiner* in FS Tanzer 221; *Huber* in *W/Z/H/K*[5] § 43 Rz 4). Eine vorsätzliche Verletzung ist jedoch als Finanzordnungswidrigkeit nach § 51 Abs 1 lit a FinStrG strafbar (*Mühlehner* in *H/M/H* § 43 Rz 2; *Sulz/Oberkleiner* in FS Tanzer 221; *Huber* in *W/Z/H/K*[5] § 43 Rz 4; *Walter*[11] Rz 1045).

III. Aufzeichnungs- und Evidenzpflicht (Abs 2)

6 § 43 Abs 2 normiert einerseits die Verpflichtung zur **Erfassung** der umgründungsbedingt entstandenen oder veränderten steuerlich relevanten (positiven oder negativen) Anschaffungskosten oder Buchwerte von **Anteilen**, andererseits die Verpflichtung zur zeitlich unbefristeten **Evidenthaltung** dieser Werte, dh die Aufbewahrung und Fortführung der entsprechenden Werte. Die Vorschrift soll sicherstellen, dass die infolge abweichender unternehmensrechtlicher Erfassung oder im außerbetrieblichen Bereich unter Umständen sonst nicht erfassten Daten die Nachweisgrundlage für die zukünftige steuerliche Behandlung des Anteilsinhabers darstellen (UmgrStR Rz 1903; s a ErlRV 497 BlgNR 20. GP, 32). Inwieweit sich die **Evidenthalteverpflichtung in konzernalen Strukturen** auf nicht unmittelbar der Umgründung betroffene Unternehmensebenen erstreckt, ist nicht abschließend geklärt.

7 Diese Aufzeichnungs- und Evidenthaltungsverpflichtungen betreffen vor allem die **wirtschaftlichen Eigentümer der Anteile** und im Fall eines unentgeltlichen Erwerbs den Rechtsnachfolger (UmgrStR Rz 1905; *Bruckner/Sulz* in *W/H/M*, HdU[1] § 43 Rz 37; *Huber* in *W/Z/H/K*[5] § 43 Rz 7); diese Pflichten können bei Treuhandschaften auch von den Treuhändern erfüllt werden (UmgrStR Rz 1905; *Bruckner/Sulz* in *W/H/M*, HdU[1] § 43 Rz 23).

8 Von der Verpflichtung des § 43 Abs 2 erfasst sind die iRe Umgründung übertragenen **Anteile** sowie die von Anteilsinhabern von umgründungsbetroffenen Körperschaften gehaltenen Anteile. Dies gilt unabhängig davon, ob die Anteile im Privat- oder im Betriebsvermögen gehalten werden, ob der Evidenthaltepflichtige beschränkt oder unbeschränkt steuerpflichtig ist, und ob Anteile iRd Umgründung tatsächlich gewährt oder übertragen wurden (*Bruckner/Sulz* in *W/H/M*, HdU[1] § 43 Rz 38; s a UmgrStR Rz 1904; *Mühlehner* in *H/M/H* § 43 Rz 5; *Huber* in *W/Z/H/K*[5] § 43 Rz 7 f). Evidenthaltepflicht besteht auch im Zusammenhang mit der Ver- bzw Entstrickung von stillen Reserven bei internationalen Schachtelbeteiligungen (UmgrStR Rz 1904). § 43 Abs 2 betrifft damit die Buchwerte bzw Anschaffungskosten von Anteilen, die sich aus §§ 3, 5, 9, 16, 20, 24, 29, 34, 36 und 37 ergeben (ausf *Bruckner/Sulz* in *W/H/M*, HdU[1] § 43 Rz 24 ff; *Huber* in *W/Z/H/K*[5] § 43 Rz 8 f). Als Erfassungsdokument eignet sich in erster Linie der der Umgründung zugrunde liegende Vertrag, wobei bei betrieblich gehaltenen Anteilen die Darstellung der steuerlichen Buchwerte in Steuerbilanzen oder in einer detaillierten Aufgliederung der Beteiligungen in einer Anlage ausreicht (UmgrStR Rz 1906).

> Von praktischer Relevanz ist die Evidenthaltung insb von Anschaffungskosten, die sich bspw nach Einbringungen unter Vornahme rückwirkender Maßnahmen gem § 16 Abs 5 Z 1 bzw 2 UmgrStG ergeben haben, Anschaffungskosten, die sich im Falle einer Ausschüttungsfiktion gem § 18 Abs 2 UmgrStG verändern, Buchwerten, die

einer Aufwertung gem § 17 Abs 2 UmgrStG zu unterziehen sind, und steuerlichen Buchwerten, die von den unternehmensrechtlichen Buchwerten abweichen. Es gelten die **Bestimmungen zur Aufbewahrung von Büchern gem § 132 BAO**.

Eine sich durch das 1. **StabG 2012** (BGBl I 2012/22) ergebende weitere praktische Relevanz ist die Evidenthaltung von Steuerlasten in Anschaffungskosten, die sich auf stille Reserven im **Liegenschaftsvermögen**, welches sich in der Gesellschaft selbst befindet, beziehen. Hier geht es im Wesentlichen um die Evidenzhaltung von gegebener Steuerverfangenheit zum 31.3.2012 gem § 30 EStG idF vor dem 1. StabG 2012, welche zu einer begünstigten Besteuerung gem § 30 Abs 4 EStG führt. Diese stille Reserve ist auch im Zuge einer Vorsorgemaßnahme gem Art IV bzw V zu berücksichtigen.

Die Evidenznahme ist **formfrei**. Das gilt für etwaige Anschaffungskosten, Buchwerte, Restposten, Ergänzungsbilanzen, Vorabvereinbarungen bzw für Werte, die eine Steuerlatenz beinhalten (zB Teilwert gem § 16 Abs 6).

Eine **Verletzung der Aufzeichnungs- und Evidenzpflicht** hat keine umgründungssteuerlichen Folgen, zumal die Aufzeichnung bzw Evidenz keine Anwendungsvoraussetzung für das UmgrStG darstellt (*Mühlehner* in H/M/H § 43 Rz 9; *Bruckner/Sulz* in W/H/M, HdU[1] § 43 Rz 22; *Huber* in W/Z/H/K[5] § 43 Rz 11). Eine Nichtbeachtung kann aber eine Finanzordnungswidrigkeit nach § 51 Abs 1 lit c FinStrG zur Folge haben (*Mühlehner* in H/M/H § 43 Rz 6; *Bruckner/Sulz* in W/H/M, HdU[1] § 43 Rz 40; W/Z/H/K[4] § 43 Rz 11) und eine Schätzungsbefugnis nach § 184 (iVm § 163) BAO begründen (*Mühlehner* in H/M/H § 43 Rz 7 f; *Bruckner/Sulz* in W/H/M, HdU[1] § 43 Rz 41; *Huber* in W/Z/H/K[5] § 43 Rz 11). **9**

Die durch das AbgÄG 1996 (BGBl 1996/797) in den 3. Teil eingefügte Z 6 lit j normiert in **zeitlicher Hinsicht**, dass die „Aufzeichnungs- und Evidenzhaltungspflicht gemäß § 43" ab 1.1.1997 gilt und sich „auch auf alle Buchwerte und Anschaffungskosten von Anteilen, die sich auf Grund einer Umgründung im Sinne dieses Bundesgesetzes ergeben haben oder zu übernehmen waren", erstreckt. Die Aufzeichnungs- und Evidenzpflicht wurde somit auch auf Anteile ausgedehnt, die durch Umgründungen iSd UmgrStG (nicht auch nach dem StruktVG) vor dem Jahre 1997 entstanden sind oder übernommen wurden (ErlRV 497 BlgNR 20. GP, 32; *Mühlehner* in H/M/H § 43 Rz 6; *Bruckner/Sulz* in W/H/M, HdU[1] § 43 Rz 3 u Rz 45 f). **10**

Mißbräuchliche Umgründungen

§ 44. Die Anwendung der Bestimmungen dieses Bundesgesetzes ist zu versagen, wenn die Umgründungsmaßnahmen der Umgehung oder Minderung einer Abgabenpflicht im Sinne des § 22 der Bundesabgabenordnung dienen oder wenn die Umgründungsmaßnahmen als hauptsächlichen Beweggrund oder als einen der hauptsächlichen Beweggründe die Steuerhinterziehung oder -umgehung im Sinne des Artikels 15 der Richtlinie Nr. 2009/133/EG über das gemeinsame Steuersystem für Fusionen, Spaltungen, die Einbringung von Unternehmensteilen und den Austausch von Anteilen, die Gesellschaften verschiedener Mitgliedstaaten betreffen, sowie für die Verlegung des Sitzes einer Europäischen Gesellschaft oder einer Europäischen Genossenschaft von einem Mit-

gliedstaat in einen anderen Mitgliedstaat, ABl. L 310 vom 25.11.2009 S. 34 ff) in der jeweils geltenden Fassung haben.
[idF BGBl I 2011/112]

Rechtsentwicklung

BGBl 1991/699 (UmgrStG; RV 266 AB BlgNR 18. GP) (Stammfassung); BGBl 1993/818 (StRefG 1993; RV 1237 AB 1301 BlgNR 18. GP) (Verschiebung von § 41 in § 44); BGBl I 2005/161 (AbgÄG 2005; RV 1187 AB 1213 BlgNR 22. GP) (Ergänzung des § 44; für Umgründungen, bei denen die Beschlüsse oder Verträge nach dem 31.1.2006 bei dem zuständigen Firmenbuchgericht zur Eintragung angemeldet oder bei dem zuständigen Finanzamt gemeldet werden); BGBl I 2011/112 (BudBG 2012; RV 1494 AB 1500 24. GP; Anpassung an die Neufassung der FRL).

Übersicht

I.	Überblick	1–3
II.	„Umgehung oder Minderung einer Abgabenpflicht" iSd § 22 BAO	6–13
III.	„Steuerhinterziehung oder -umgehung" iSd Art 15 FRL.............	16–18
IV.	Rechtsfolgen	21, 22

I. Überblick

1 Die Anwendung der Bestimmungen des UmgrStG und die Nutzung der damit verbundenen abgabenrechtlichen Vorteile stellen aufgrund des vom Gesetzgeber vorgezeichneten Weges für sich natürlich keinen **Missbrauch iSd § 22 BAO** dar, auch wenn ein abgabensparendes Motiv im Vordergrund steht (VwGH 13.9.1988, 87/14/0128, ÖStZB 1989, 17, zum StruktVG; UFS 1.12.2009, RV/0472-F/07; UmgrStR Rz 1907; *Wiesner/Helbich*, RdW 1992, 64; *Bruckner/Sulz* in *W/H/M*, HdU[1] Erg § 44 Rz 14; *Hirschler* in *H/M/H* § 44 Rz 2; *Huber* in *W/Z/H/K*[5] § 44 Rz 8). Zu bedenken ist somit, dass die Anwendung eines Gesetzes *per se* nicht bereits missbräuchlich sein kann (VwGH 20.5.2010, 2006/15/0005, ÖStZB 2010/483, 711). Wird somit aus mehreren Wegen ein Weg gewählt, der sich eines steuergesetzlichen Vorteils bedient, kann darin jedenfalls kein Missbrauch erkannt werden (*Hübner-Schwarzinger* in *Hübner-Schwarzinger/Kanduth-Kristen*, Rechtsformgestaltung 24); der Steuerpflichtige ist nicht gehindert, Formen und Gestaltungsmöglichkeiten des bürgerlichen Rechts so einzusetzen, dass er die geringste Steuerbelastung erzielt (zB VwGH 25.9.2002, 97/13/0175, ÖStZB 2003/588).

2 Aufgrund der Erfahrungen mit Steuerumgehungsgestaltungen iRd StruktVG wurde jedoch bereits in die **Stammfassung** des UmgrStG ein „Hinweis" aufgenommen, „daß § 22 BAO in diesem Bereich Anwendung finden kann" (ErlRV 266 BlgNR 18. GP, 41; s a *Wiesner/Helbich*, RdW 1992, 64). § 44 macht sich damit den Inhalt der allgemeinen Missbrauchsvorschrift des § 22 zu eigen (*Kotschnigg*, BAO § 22 Rz 15). Da § 22 BAO aber ohnehin im gesamten Abgabenrecht anzuwenden ist, ist dem Verweis in § 44 lediglich klarstellende bzw hervorhebende Bedeutung beizumessen (*Hirschler* in *H/M/H* § 44 Rz 1; *Bruckner/Sulz* in *W/H/M*, HdU[1] Erg § 44 Rz 2; *Gruber*, ÖStZ 2010/314, 160; *Mayr* in *D/R* I[11] Tz 1272; *Huber* in *W/Z/H/K*[5] § 44 Rz 1). § 44 soll daher als „Rute ins Fenster" verstanden werden, dass „Umgründungen als wichtige und ernstzunehmende Instrumente der Unternehmenspolitik (Steuergestaltung) zu verstehen sind, nicht aber als Spielwiese für die mißbräuchliche Steuergestaltung (Steuerumgehung)" (*Wiesner/Helbich*, RdW 1992, 65; *Bruckner/Sulz* in W/H/M, HdU[1] Erg § 44 Rz 4, zum Antrag der Missbrauchsprüfung s *Marschner/Renner*, SWK 2014, 1527).

Durch das **AbgÄG 2005** (BGBl I 2005/161) wurde in § 44 durch den Verweis auf den Missbrauchsausschluss des Art 11 FRL (RL 90/434/EWG) an diesen „– zusätzlich zu § 22 der Bundesabgabenordnung – angeknüpft" (ErlRV 1187 BlgNR 22. GP, 17 f). Durch das **BudBG 2012** (BGBl I 2011/112) wurde lediglich der Verweis auf die – inhaltlich unveränderte – Kodifizierung der FRL (2009/133/EG) und dessen **Art 15** aktualisiert, ohne dass sich für § 44 daraus inhaltliche Änderungen ergaben (ErlRV 1494 BlgNR 24. GP, 19). Die Bedeutung dieser **doppelten Anknüpfung** – an § 22 BAO einerseits und Art 15 FRL andererseits – ist unklar (s ausf *Gruber*, ÖStZ 2010/314, 157 ff; *Huber* in W/Z/K[5] § 44 Rz 6) und liegt wohl darin, auch im Geltungsbereich der FRL bei grenzüberschreitenden Umgründungen die Geltung der Missbrauchsbestimmung ausdrücklich zu betonen (*Mayr* in D/R I[11] Tz 1274). Wenngleich generell von (weitgehender) inhaltlicher Übereinstimmung der beiden Missbrauchsnormen ausgegangen wird (s zB *Marte*, ÖStZ 1996, 252; *Bruckner/Sulz* in W/H/M, HdU[1] Erg § 44 Rz 4; *Wolf*, SWK 2006, S 364 m FN 52; *Huber* in W/Z/K[5] § 44 Rz 6), wollte sich der Gesetzgeber damit wohl auch für den gesamten – sachlichen und territorialen – Anwendungsbereich des UmgrStG den **in Art 15 FRL niedergelegten Missbrauchsstandard** zu eigen machen, der auch dann wirksam werden kann, wenn im Einzelfall ein Missbrauch nach § 22 BAO auszuschließen sein sollte (s ErlRV 1187 BlgNR 22. GP, 17 f: „zusätzlich"; *Huber* in W/Z/K[5] § 44 Rz 6); durch den Verweis auf Art 15 FRL in § 44 wurde dafür auch eine hinreichende nationale Rechtsgrundlage geschaffen (s zu dieser Frage *Kofler*, MTR Art 1 Rz 85). Läge umgekehrt zwar Missbrauch iSd § 22 BAO, nicht jedoch ein solcher nach der FRL vor, wären im Anwendungsbereich der Richtlinie aufgrund des Vorrangs des Unionsrechts dennoch die Richtlinienvorteile zu gewähren.

II. „Umgehung oder Minderung einer Abgabenpflicht" iSd § 22 BAO

Aufgrund des Verweises des § 44 auf die „Umgehung oder Minderung einer Abgabenpflicht im Sinne des § 22 der Bundesabgabenordnung" ist unmittelbar auf die **Auslegung des § 22 BAO** zurückzugreifen (s a *Hirschler* in H/M/H § 44 Rz 1). Unter Missbrauch von Formen und Gestaltungsmöglichkeiten des bürgerlichen Rechtes iSd § 22 BAO versteht der VwGH in stRsp „eine solche rechtliche Gestaltung, die im Hinblick auf den angestrebten wirtschaftlichen Erfolg ungewöhnlich und unangemessen ist und ihre Erklärung nur in der Absicht der Steuervermeidung findet. Es ist demnach zu prüfen, ob der gewählte Weg noch sinnvoll erscheint, wenn man den Abgaben sparenden Effekt wegdenkt, oder ob er ohne das Resultat als Steuerminderung einfach unverständlich wäre" (zB VwGH 5. 4. 2011, 2010/16/0168; ÖStZB 2011/457, 706; ausf zur Streitfrage der methodischen Einordnung iSd der Innen- oder Außentheorie u den einzelnen Elementen des § 22 BAO s *Kotschnigg*, BAO § 22 Rz 30 ff u Rz 36 ff mwN). In jüngster Rsp bestätigt der VwGH die Suche nach der wirtschaftlichen Betrachtungsweise und lehnt thesenhafte Aussagen ab (zB Allgemeines zur Finanzierungsfreiheit, Kapitalausstattung, Liquiditätseinsatz im Konzern udgl). Ganz allgemein scheinen das Ausnutzen bzw Kombinieren von an sich legalen Mitteln zur Erlangung steuerlicher Vorteile, die ein unseriöses Ergebnis zulasten der Staatsfinanzen auch außerhalb des Missbrauchs ergeben, die Behörden zur Einnahme der Gegenposition anzuregen und letztlich auch die Spruchpraxis zu beeinflussen (so die Anm von *Wiesner*, RWZ 2016/20, 85, zu VwGH 20.1.2016, 2016/13/0013, ÖStZB 2016/128, 244).

7 Dem UmgrStG liegt die Überlegung zu Grunde, dass „Umgründungen wirtschaftlich betrachtet lediglich einen Formwechsel der Unternehmensorganisation darstellen und daher nicht als Realisierungsvorgänge, wie sie der Veräußerung oder der Auflösung eines Unternehmens(anteiles) zugrunde liegen, gewertet werden" (ErlRV 266 BlgNR 18. GP, 15). **Wirtschaftlich begründete Umgründungen** sind jedenfalls von der Zielsetzung des UmgrStG erfasst und somit keinesfalls missbräuchlich iSd § 44 iVm § 22 BAO (s nur ErlRV 266 BlgNR 18. GP, 41; *Hirschler* in *H/M/H* § 44 Rz 2; *Bruckner/Sulz* in *W/H/M*, HdU[1] Erg § 44 Rz 12; *Huber* in *W/Z/H/K*[5] § 44 Rz 8). Die Beurteilung der Wirtschaftlichkeit obliegt der subjektiven Einschätzung des Anwenders dieses Gesetzes. Auch ein **einzelner Rechtsakt** („**Realakt**") oder die Vornahme einer **einzelnen Umgründung**, wie zB die Übertragung einer Beteiligung oder die Gründung einer Gesellschaft durch Einlage eines Betriebes, stellt keine Gestaltung iSd § 22 BAO dar und kann als solcher kein Missbrauch sein (UmgrStR Rz 1907; *Hirschler* in *H/M/H* § 44 Rz 2; *Mayr* in *D/R* I[11] Tz 1273; ebenso allg zB VwGH 10.12.1997, 93/13/0185, ÖStZB 1998, 568; VwGH 26.4.2012, 2009/15/0220); zuletzt ist es etwa offen geblieben, ob der „Einkauf" in ein Mindestkörperschaftsteuerguthaben mit anschließender Verschmelzung missbräuchlich sein könnte (s BFG 29. 4. 2016, RV/1100371/2013). Ein Missbrauch iSd § 22 BAO iVm § 44 wird daher bei Umgründungen nur dann vorliegen, wenn zur Erreichung eines bestimmten Zieles ein mehrstufiger Weg beschritten wird (*Bruckner/Sulz* in *W/H/M*, HdU[1] Erg § 44 Rz 14; *Mayr* in *D/R* I[11] Tz 1273; s a VwGH 2.8.2000, 98/13/0152, ÖStZB 2002/189, 198), also eine **mehrstufige Umgründungsmaßnahme** ausschließlich oder fast ausschließlich der Umgehung oder Minderung der Abgabepflicht dient, ohne dass für diese Maßnahme außersteuerliche Gründe vorliegen (UmgrStR Rz 1907). Dies bedeutet freilich nicht, dass **Mehrfachzüge nach § 39** generell missbrauchsverdächtig wären. Vielmehr ist ein Missbrauch auch dann explizit auszuschließen, wenn beispielsweise durch eine Doppelumgründungsmaßnahme eine vom Gesellschaftsrecht nicht unmittelbar vorgesehene Gesamtrechtsnachfolge erreicht werden soll (BMF 10.10.2000, ARD 5180/37/2001 = ecolex 2001, 79 = RdW 2001/138, 127). Schließlich begründen auch **Vorbereitungsakte**, die eine begünstigte Umgründungsmaßnahme iSd UmgrStG erst ermöglichen, keinen Missbrauch (s VwGH 24.1.1984, 83/14/0130, ÖStZB 1984, 325, zur vorbereitenden Kapitalherabsetzung). Als weitere Beispiele für notwendige Mehrfachzüge sind Umgründungsakte bei Unternehmens- bzw Vermögensübertragungen iRv Generationswechsel, Nachfolgeplanungen und vorgenommenen Erbfolgeregelungen zu nennen. Auch in diesem Fällen ist die außersteuerliche Zielsetzung vorrangig anzuerkennen (zB *Beiser*, SWK 2010, 987 ff mwN).

8 Eine Wertung, ob der außersteuerliche Grund objektiv ausreichend ist, ist grundsätzlich nach nationalem Steuerrecht nicht anzustellen. Ein einziger **außersteuerlicher Grund**, der auch im subjektiven Bereich des Steuerpflichtigen liegen kann, ist ausreichend, um die Bestimmungen des UmgrStG in Anspruch zu nehmen. Die Inanspruchnahme einer sich *ex lege* aufgrund einer Umgründung ergebenden Konsequenz kann nicht dazu führen, die gesamte Umgründung als missbräuchlich zu interpretieren (zB Verlustübernahme iRe Umwandlung gem Art II; Beseitigung von negativen Anschaffungskosten).

Die Gesetzesmaterialien (ErlRV 266 BlgNR 18. GP, 41) und die Verwaltungspraxis (UmgrStR Rz 1908) fokussieren zu Recht **mehrstufige Umgründungsmaßnahmen** und halten beispielhaft einen Missbrauch denkbar bei

- Umgründungen, die bei formaler Erfüllung aller Voraussetzungen lediglich als Mittel dienen, um **beabsichtigte Realisierungsvorgänge in steuerneutrale Vorgänge** zu kleiden;
Verwaltungspraxis und Rsp rechnen dazu den kurzfristigen Zusammenschluss zweier Einzelunternehmer, die in der Folge durch Realteilung wieder geteilt werden, um jeweils ohne Aufdeckung von stillen Reserven in den Besitz des anderen Betriebes zu gelangen (ErlRV 266 BlgNR 18. GP, 35 u 41; UmgrStR Rz 1908). Gleiches gilt für eine das Ausland einschließende Umgründungsfolge, die ganz überwiegend zu einer umgründungsveranlassten Gewinnbelastung inländischer Steuerpflichtiger führt, ohne dass dafür entscheidende wirtschaftliche Gründe erkennbar sind (UmgrStR Rz 1908). Auch die **„Mitgabe" massiver Vermögenswerte** an einen auszulagernden Kleinstbetrieb könne missbräuchlich sein (UmgrStR Rz 1910; BMF 6.7.1999, ARD 5058/16/99).
Nicht missbrauchsverdächtig sind jedoch grundsätzlich **an Umgründungsvorgänge anschließende Realisierungsvorgänge**, etwa im Fall einer Betriebseinbringung, selbst wenn die einbringungsgeborenen Anteile kurze Zeit später veräußert werden (VwGH 24.6.1975, 1894/74, VwSlg 4864 F/1975; ErlRV 266 BlgNR 18. GP, 41; *Huber* in *W/Z/H/K*[5] § 44 Rz 10); eine Einschränkung solle nach den Materialien (ErlRV 266 BlgNR 18. GP, 41) aber für den Fall bestehen, dass die Umgründung lediglich – also ohne sonstigen wirtschaftlichen Grund – dazu diente, eine (nach früherem Recht) tarifbegünstigte Veräußerung vornehmen zu können (krit *Bruckner/Sulz* in *W/H/M*, HdU[1] Erg § 44 Rz 16; *Huber* in *W/Z/H/K*[5] § 44 Rz 10). Kein Missbrauch iSd § 44 iVm § 22 BAO liegt vor, wenn unter **Zwischenschaltung einer Privatstiftung** und anschließender Upstream-Verschmelzung Vermögen an eine von Verwandten beherrschte Kapitalgesellschaft übertragen wird (VwGH 29.9.2010, 2005/13/0079, ÖStZB 2011/188, 309, u dazu *Bruckner*, persaldo 2011/1, 29; ausf *Heidenbauer*, taxlex 2012; 45 ff; anders noch BMF 18.5.1998, RdW 1998, 587).

- bei **mehrfachen Umgründungen**, die im Ergebnis zum **Ausgangspunkt** zurückführen.
Als missbrauchsverdächtig wird insb jene Gestaltung angesehen, bei der die Umgründungen lediglich einer **Verwertung der jeweils übergehenden Verlustvorträge** dienen, etwa wenn auf eine Einbringung eines Einzelunternehmens nach Art III eine Rückumwandlung der Körperschaft gem Art II auf den Hauptgesellschafter oder nach einer Verschmelzung nach Art I eine Spaltung nach Art VI folgt, ohne dass sich die wirtschaftlichen Strukturen letztlich sinnvoll geändert haben (UmgrStR Rz 1908). Ein Missbrauch wird aber insb dann nicht vorliegen, wenn erwiesen wird, dass das Zurückkehren in die unternehmerische Ausgangsstellung wirtschaftlich begründet ist, zB wenn eine Umgründung dem Aufbau einer unternehmerischen Kooperation dient, diese Kooperation aber nicht den gewünschten Erfolg bringt und daher durch eine

weitere Umgründung „rückabgewickelt" wird (ErlRV 266 BlgNR 18. GP, 41; UmgrStR Rz 1908).

Führen Umgründungen **nicht zum selben Ausgangspunkt** zurück, wäre etwa auch die Umgründung zum einzigen Zweck der **Verwertung des Verlustvortrages** der übertragenden Gesellschaft durch die übernehmende Gesellschaft kein Missbrauch (s VwGH 13.9.1988, 87/14/0128, ÖStZB 1989, 17, zur Verschmelzung nach dem StruktVG; anders wohl UFS 11.10.2007, RV/2138-W/07, als Eventualargument bei einer Umwandlung). Der UFS ist demgegenüber im Falle von mehreren Umgründungsschritten von Missbrauch nach § 44 iVm § 22 BAO ausgegangen, wenn innerhalb eines Zweijahreszeitraumes nach Einbringung eines Verlustbetriebes nach Art III durch die Ehegattin in die neu gegründete Gesellschaft des Ehegatten und eine Umwandlung auf den Ehegatten als Hauptgesellschafter nach Art II erfolgt (so UFS 1.12.2009, RV/0472-F/07, UFSjournal m Anm *Hirschler/Sulz/Oberkleiner*, offen geblieben in VwGH 27.2.2014, 2010/15/0015, ÖStZB 2014/168, 311; krit *Beiser*, SWK 2010, S 987 ff). In Diskussion stand **vor der Einführung des § 12 Abs 1 Z 9 KStG durch das AbgÄG 2014** (BGBl I 2014/13) auch, wie die früher mögliche **„Umgehung" des Abzugsverbots bei fremdfinanzierten Beteiligungserwerben** nach § 11 Abs 1 Z 4 iVm § 12 Abs 2 KStG durch eine Umgründung (zB Upstream-Verschmelzung; s dazu § 3 Rz 24 ff) im Lichte des § 44 zu beurteilen ist (dazu zB *Polster-Grüll/Puchner* in *Achatz ua*, Unternehmensbesteuerung 406 f; *Puchner*, taxlex 2011, 89 f); die Verwaltungspraxis hatte hier bereits bisher bei Umgründungen, deren Ziel ausschließlich die Umgehung des Abzugsverbots war, die Trennung des unmittelbaren wirtschaftlichen Zusammenhanges zwischen der erworbenen Beteiligung und der dazugehörigen Fremdfinanzierung verneint (s BMF 20.6.2002, ecolex 2002, 699 m Anm *Schrottmeyer* = SWK 2002, S 595; *Wiesner/Schwarzinger*, ÖStZ 1995, 348). Das jüngere verwaltungsnahe Schrifttum vertrat die Ansicht, dass, wenn ein fremdfinanzierter, nach § 11 Abs 1 Z 4 iVm § 12 Abs 2 KStG abzugsschädlicher Konzernerwerb über eine **Zwischenholding** erfolgt und die erworbene Beteiligungsgesellschaft in weiterer Folge mit der Zwischenholding verschmolzen wird, je nach Ausgestaltung im Einzelfall eine Umgehung vorliegen könne und das Abzugsverbot aufrecht bliebe (s *Mayr*, RdW 2011, 54; *Mayr* in *Kirchmayr/Mayr*, Konzernfinanzierung 22; dazu *Puchner*, taxlex 2011, 89 f). Diese Fragen sind nunmehr in Abkehr von der bisherigen Rechtslage durch **§ 12 Abs 1 Z 9 KStG** spezialgesetzlich dahingehend gelöst, dass der Wegfall der fremdfinanzierten Beteiligung nichts am Abzugsverbot für die Fremdkapitalzinsen ändert (s dazu § 3 Rz 24 ff).

12 • Die Verwaltungspraxis stellt auch bei **grenzüberschreitenden Umgründungen** die Anwendbarkeit des § 44 iVm § 22 BAO in den Raum. So könne Missbrauch nicht ausgeschlossen werden bei *(1)* der Zwischenschaltung von Briefkastengesellschaften (UmgrStR Rz 1911); *(2)* der grenzüberschreitenden Downstream-Einbringung einer inländischen Beteiligung mit nachfolgendem (im Ausland steuerfreien) Verkauf der Beteiligung an Dritte und daran anschließender Ausschüttung des Veräußerungserlöses an die österreichische Muttergesellschaft, da hier im wirtschaftlichen Ergebnis eine inländische Beteiligung mit Gewinn veräußert werde und solcherart im Lichte des § 20 Abs 7 Z 1 ein nicht intendierter Besteuerungsaufschub von wesentlichem wirtschaftlichem Gewicht erreicht würde (BMF 27.11.2002, EAS 2165 = ÖStZ 2003/317, 188 = SWI 2003, 51); *(3)* bei der Zwischenschaltung einer ausländischen Zwischenholdinggesellschaft zur Ermöglichung eines steuerneutralen Übergangs einer Inlandsbeteiligung iRe Upstream-Verschmelzung zum anschließenden (im Ausland) steuerfreien Verkauf und Vollausschüttung des Erlöses an die österreichische Muttergesellschaft (EAS 2.2.2005, EAS 2544); und *(4)* wenn eine Buchwerteinbringung nur dadurch ermöglicht wird, dass einbringungsstichtagsbezogen kurzfristig (zB durch eine Option zur Pauschalbesteuerung im Ausland) die persönliche Unanwendbarkeit des einschlägigen DBA herbeigeführt wird (BMF 17.10.2000, EAS 1740 = SWI 2001, 50).

Insgesamt wird davon auszugehen sein, dass Umgründungen regelmäßig dem **vom** 13 **Gesetz vorgezeichneten Weg** folgen und eine **wirtschaftliche Begründung** aufweisen (*Hirschler* in H/M/H § 44 Rz 18; *Bruckner/Sulz* in W/H/M, HdU[1] Erg § 44 Rz 12). Wie auch die Gesetzmaterialien richtig hervorheben (ErlRV 266 BlgNR 18. GP, 41), hat § 44 schon deshalb geringe Bedeutung, weil verschiedene gestaltungsanfällige Tatbestände schon nach den **Einzelregelungen des 1. Hauptstückes** kanalisierend angesprochen sind (s a *Bruckner/Sulz* in W/H/M, HdU[1] Erg § 44 Rz 4); dazu rechnen etwa die Regelungen über die Beschränkungen des Verlustübergangs in §§ 4, 10, 21 und 35 (ErlRV 266 BlgNR 18. GP, 41; *Bruckner/Sulz* in W/H/M, HdU[1] Erg § 44 Rz 6), die Zweijahresfristen bei den Gebühren- und Verkehrsteuerbefreiungen in §§ 6 Abs 4, 11 Abs 4, 22 Abs 4, 26 Abs 3 § 31 Abs 2 und § 38 f Abs 3 (s a *Wiesner/Helbich*, RdW 1992, 64) und die Vorsorge gegen eine Steuerlastverschiebung nach § 24 Abs 2 (*Bruckner/Sulz* in W/H/M, HdU[1] Erg § 44 Rz 6); in diese Kategorie fällt auch § 16 Abs 1 im Hinblick auf die grenzüberschreitende Einbringung von Kapitalanteilen mit anschließender Veräußerung der eingebrachten Kapitalanteile (s § 16 Rz 56 ff; *Mayr* in D/R I[11] Tz 1274; *Mayr* in FS Tanzer 171 ff). Auf Basis nachträglich eingeführter Spezialbestimmungen kann (zumindest bei expliziten Inkrafttretensbestimmungen) der Schluss möglich sein, dass die von diesen Bestimmungen zeitlich noch nicht erfassten Gestaltungen nicht missbräuchlich sind (s VwGH 13.9.1988, 87/14/0128, ÖStZB 1989, 17, zur Verlustverwertung durch Verschmelzung nach dem StruktVG).

III. „Steuerhinterziehung oder -umgehung" iSd Art 15 FRL

Nach Art 15 Abs 1 lit a FRL (früher: Art 11 Abs 1 lit a) kann ein Mitgliedstaat die 16 Anwendung der Richtlinie ganz oder teilweise versagen oder rückgängig machen, wenn ein von der FRL erfasster Vorgang „als hauptsächlichen Beweggrund oder als einen der hauptsächlichen Beweggründe die **Steuerhinterziehung oder -umgehung** hat". Vom Vorliegen eines solchen Beweggrundes kann nach dem Wortlaut dieser Bestimmung „ausgegangen werden, wenn der Vorgang nicht auf vernünftigen wirtschaftlichen Gründen – insbesondere der **Umstrukturierung oder der Rationalisierung** der beteiligten Gesellschaften – beruht" (s dazu zB *Tumpel*, Harmonisierung 198 ff; ausf zum Missbrauch im sekundären Unionsrecht *Kofler*, MTR Art 1 Rz 61 ff). Diese Bestimmung ist als **Ausnahmevorschrift** unter Berücksichtigung ihres Wortlauts, Zwecks und Kontextes „eng auszulegen" (EuGH 20.5.2010, C-352/08, *Zwijnenburg*, EU:C:2011:718, Rn 46). Der unionsrechtliche Verhältnismäßigkeitsgrundsatz erfordert auch, dass die Beurteilung nach Art 15 FRL nicht nach allgemein vorgegebenen pauschalen bzw typisierten Kriterien erfolgen darf, sondern jeweils eine (gerichtlich überprüfbare) **Einzelfallprüfung** vorzunehmen ist (s zB EuGH 10.11.2011, C-126/10, *Foggia*, EU:C:2011:718, Rn 37; EuGH 8.3.2017, C-14/16, *Euro Park Service*, EU:C:2017:408); typisierende Missbrauchsnormen sind damit nicht vereinbar (s zu dieser Diskussion § 16 Rz 62 f mwN und *Mayr* in FS Tanzer 171 ff).

17 Der bisherigen Rsp des EuGH lässt sich entnehmen, dass die Tatsache, dass der Vorgang nicht auf **vernünftigen wirtschaftlichen Gründen** wie etwa der Umstrukturierung oder der Rationalisierung der beteiligten Gesellschaften beruht, eine Vermutung dafür begründen kann, dass mit diesem Vorgang das Ziel der Steuerhinterziehung oder -umgehung verfolgt wird (EuGH 17.7.1997, C-28/95, *Leur-Bloem*, EU:C:1997:369, Rn 38 f; EuGH 5.7.2007, C-321/05, *Kofoed*, EU:C:2007:408, Rn 37; EuGH 10.11.2011, C-126/10, *Foggia*, EU:C:2011:718, Rn 33; zu den Begrifflichkeiten s *Bergmann*, SWI 2010, 477 ff). So ist das bloße „**Streben**" **nach steuerlichen Vorteilen** nicht schützenswert; steuerliche Vorteile können somit – ungeachtet der Erkenntnisse der betriebswirtschaftlichen Steuerplanungslehre – iRd Sekundärrechts auch keinen wirtschaftlichen Grund für eine gewählte Gestaltung darstellen (EuGH 17.7.1997, C-28/95, *Leur-Bloem*, EU:C:1997:369, Rn 46 f, zur Erlangung eines horizontalen Verlustausgleichs durch Fusion; EuGH 10.11.2011, C-126/10, *Foggia*, EU:C:2011:718, Rn 34; dazu a *Hackl*, taxlex 2013, 9 f). Eine Umgründung, die auf **mehreren Beweggründen** beruht, kann auch dann einen vernünftigen wirtschaftlichen Grund haben, wenn zu den Beweggründen auch steuerliche Überlegungen zählen, sofern „diese im Rahmen des beabsichtigten Vorgangs nicht überwiegen" (EuGH 10.11.2011, C-126/10, *Foggia*, EU:C:2011:718, Rn 35; dazu *Moser*, SWI 2012, 407 f); es ist daher beachtlich, wenn die Struktureinsparungen im Verhältnis zum Steuervorteil **völlig nebensächlich** sind (EuGH 10.11.2011, C-126/10, *Foggia*, EU:C:2011:718, Rn 47, zum Verlustübergang bei Verschmelzung). Bloße **Einsparungen von Kosten**, die der Umgründung immanent sind (zB Reduzierung der Verwaltungskosten aufgrund des Untergangs der übertragenden Gesellschaft), stellen zudem keinen wirtschaftlichen Grund iS einer Umstrukturierung oder Rationalisierung dar (EuGH 10.11.2011, C-126/10, *Foggia*, EU:C:2011:718, Rn 48 f). Umgekehrt können aber auch mit einer Umgründung, die auf die Schaffung einer bestimmten Struktur **für begrenzte Zeit** und nicht auf Dauer abzielt, vernünftige wirtschaftliche Gründe verfolgt werden (EuGH 17.7.1997, C-28/95, *Leur-Bloem*, EU:C:1997:369, Rn 42).

18 Der EuGH sah bisher den Anwendungsbereich des Art 15 (früher: Art 11) als eröffnet an *(1)* bei einer Umgründung, mit der nur der Zweck der **Verlustverwertung** verfolgt wird (EuGH 17.7.1997, C-28/95, *Leur-Bloem*, EU:C:1997:369), *(2)* bei einer Konzernverschmelzung einer aktivitätslosen Gesellschaft mit hohen Verlusten unklaren Ursprungs zur Verlustverwertung (EuGH 10.11.2011, C-126/10, *Foggia*, EU:C:2011:718; dazu *Moser*, SWI 2012, 406 ff; *Hackl*, taxlex 2013, 9 f), und *(3)* bei einem Anteilstausch zur Ermöglichung einer **DBA-befreiten Ausschüttung** (EuGH 5.7.2007, C-321/05, *Kofoed*, EU:C:2007:408). Als unverhältnismäßig hat es der EuGH hingegen angesehen, die Richtlinienvorteile in Fällen von außerhalb der Richtlinie selbst gelagerten Missbräuchen zu versagen. So hat der EuGH in *Zwijnenburg* zur FRL klargestellt, dass, wenn etwa der hauptsächliche Beweggrund für eine Transaktion in der Vermeidung einer von der Richtlinie nicht erfassten Steuer (zB einer Verkehrsteuer) liegt, die Anwendung der Richtlinie nicht versagt werden kann, zumal die vermiedene Steuer nicht in den Geltungsbereich der Richtlinie fällt (EuGH 20.5.2010, C-352/08, *Zwijnenburg*, EU:C:2011:718; s dazu a *Novacek*, ÖStZ 2012/175, 114 ff).

Anders als iRd Prüfung des § 22 BAO lässt der Gesetzeswortlaut eine Gewichtung hinsichtlich des möglichen Tatbestandes der Steuerhinterziehung iSd Art 15 FRL zu. Eine Steuerumgehung muss der **hauptsächliche Beweggrund** für eine oder mehrere Umgründungen sein, um die Anwendung des UmgrStG zu versagen. Es bleibt allerdings offen, ob aus dem unbestimmten Gesetzesbegriff „hauptsächlich" eine Objektivierungspflicht abzuleiten ist, die nämlich subjektive Einschätzungen des Steuerpflichtigen verdrängt, ob eine Quantifizierung vorzunehmen ist und, wenn ja, welche Vergleichsparameter heranzuziehen wären (s a *Moser*, SWI 2012, 407 f). 19

IV. Rechtsfolgen

Dienen Umgründungsmaßnahmen „der Umgehung oder Minderung einer Abgabenpflicht im Sinne des § 22 der Bundesabgabenordnung" oder haben sie „als hauptsächlichen Beweggrund oder als einen der hauptsächlichen Beweggründe die Steuerhinterziehung oder -umgehung" iSd Art 15 FRL, ist die Anwendung der Bestimmungen des UmgrStG **„zu versagen"**. Daraus folgt einerseits ertragsteuerlich idR die steuerpflichtige Realisierung stiller Reserven und verkehrsteuerrechtlich die Nichtanwendbarkeit von Befreiungen und Begünstigungen (*Wiesner/Helbich*, RdW 1992, 64; *Bruckner/Sulz* in *W/H/M*, HdU[1] Erg § 44 Rz 13; *Hackl*, taxlex 2013, 9 f; *Huber* in *W/Z/H/K*[5] § 44 Rz 2); auch ein Verlustübergang wäre nicht möglich (s zB § 4 Rz 3). Eine Versagung der Begünstigungen des UmgrStG kann freilich zu keinem schlechteren Ergebnis führen, als eine Anwendung des allgemeinen Ertragsteuerrechts. Das bedeutet insb, dass eine Vermögensübertragung ertragsteuerlich einem Veräußerungsvorgang gleichzustellen ist und demnach nur das (aliquote) Vermögen, dessen stille Reserven aufzuwerten sind, in die Bemessungsgrundlage aufzunehmen ist. 21

§ 44 rechtfertigt allerdings nicht, eine formal rechtsgültige und unter Umständen sogar im Firmenbuch eingetragene Umgründung als solche zu negieren (UmgrStR Rz 1912). Für die nach § 79 BAO nach bürgerlichem Recht zu beurteilende Frage der **Rechts- und Handlungsfähigkeit** hat die Beurteilung eines Sachverhaltes als Missbrauch iSd § 22 BAO keine Bedeutung (VwGH 17.11.2004, 99/14/0254, u dazu *Wiesner*, RWZ 2005/33, 106 ff; UmgrStR Rz 1912). 22

Verweisung auf andere Bundesgesetze

§ 45. Soweit in diesem Bundesgesetz auf andere Bundesgesetze verwiesen wird, sind diese in ihrer jeweils geltenden Fassung anzuwenden.

[idF BGBl I 1998/9]

Rechtsentwicklung

BGBl 1991/699 (UmgrStG; RV 266 AB BlgNR 18. GP) (Stammfassung); BGBl 1993/818 (StRefG 1993; RV 1237 AB 1301 BlgNR 18. GP) (Verschiebung von § 42 in § 45); BGBl I 1998/9 (AbgÄG 1997; RV 933 AB 998 BlgNR 20. GP) (Neufassung des § 45).

Die Anwendung anderer gesetzlicher Bestimmungen in der jeweils geltenden Fassung wird durch § 45 sichergestellt. Verweise finden sich im Konkreten auf österreichische gesellschaftsrechtliche Normen (AktG, GmbHG, UmwG, SpaltG ua), 1 auf andere steuerliche Normen (EStG, KStG, BAO, GebG, KVG, UStG, GrEStG ua) sowie auf zwischenstaatliche und internationale Bestimmungen (DBA, FRL). Gesetzliche Bestimmungen, auf die nicht explizit verwiesen wird, können ebenso von Umgründungsvorgängen berührt sein (zB AVRAG, MRG, ABGB ua).

2. Teil
Änderung von Bundesgesetzen

(nicht abgedruckt)

3. Teil
Übergangs- und Schlußbestimmungen

1. a) Der 1. Teil dieses Bundesgesetzes ist auf Umgründungen anzuwenden, denen ein Stichtag nach dem 31. Dezember 1991 zugrunde gelegt wird.
   b) § 9 Abs. 6 dieses Bundesgesetzes gilt nur für Gewinne aus Wirtschaftsjahren, die nach dem 31. Dezember 1988 enden.
   c) § 9 Abs. 7 dieses Bundesgesetzes gilt auch, wenn die in § 4 Abs. 1 des Bundesgesetzes über steuerliche Maßnahmen bei der Kapitalerhöhung aus Gesellschaftsmitteln, BGBl. Nr. 157/1966, vorgesehene Frist noch nicht abgelaufen ist.
   d) [1]Ist die einer Verschmelzung oder Einbringung nach Artikel I und III des Strukturverbesserungsgesetzes zugrunde zu legende Bilanz der übertragenden Gesellschaft oder des Einbringenden auf einen nach dem 30. Juni 1987 liegenden Zeitpunkt aufgestellt, so ist für alle nicht endgültig rechtskräftig veranlagten Fälle die Grunderwerbsteuer für Erwerbsvorgänge nach § 1 Abs. 1 oder 2 des Grunderwerbsteuergesetzes 1987 vom Zweifachen des Einheitswertes der Grundstücke zu berechnen. [2]Dies gilt auch bei Zusammenschlüssen nach Artikel IV des Strukturverbesserungsgesetzes, wenn die Erwerbsvorgänge nach dem 30. Juni 1987 verwirklicht wurden.
2. Der 2. Teil dieses Bundesgesetzes ist, wenn die Steuern veranlagt werden, erstmalig bei der Veranlagung für das Kalenderjahr 1992 anzuwenden.
3. a) [1]Abweichend von Abschnitt IX Artikel II des Bundesgesetzes vom 10. Juni 1986, mit dem das Kreditwesengesetz, das Postsparkassengesetz, das Rekonstruktionsgesetz, das Einkommensteuergesetz, das Körperschaftsteuergesetz, das Bewertungsgesetz, die Bundesabgabenordnung und das Strukturverbesserungsgesetz geändert und kapitalverkehrsteuerliche Bestimmungen geschaffen werden, BGBl. Nr. 325, gilt folgendes:
   [2]Die Artikel I, III und V bis VII des Strukturverbesserungsgesetzes, BGBl. Nr. 69/1969, in der geltenden Fassung, sowie die Bestimmungen zu Vorgängen im Sinne des Kreditwesengesetzes, BGBl. Nr. 63/1979, in der jeweils geltenden Fassung, sind letztmalig auf Vorgänge anzuwenden, denen ein Stichtag vor dem 1. Jänner 1992 zugrunde gelegt wird.
   b) Die Rücklagen nach § 1 Abs. 3 und in § 8 Abs. 1 lit. d des Strukturverbesserungsgesetzes gelten ab dem 1. Jänner 1992 als versteuerte Rücklagen.
   c) [1]Abweichend von § 1 Abs. 2 und § 8 Abs. 4 des Strukturverbesserungsgesetzes kann bei Einbringungen jeder Stichtag innerhalb der dort genannten Frist zugrunde gelegt werden. [2]Voraussetzung ist bei der Einbringung von Betrieben oder Teilbetrieben, daß zum gewählten Stichtag eine Bilanz (§ 4 Abs. 1 des Einkommensteuergesetzes) des gesamten Betriebes vorliegt.
3. a) *(aufgehoben durch VfGH, BGBl I 2000/22)*
   b) § 3 Abs. 3 Z 1 in der Fassung des Bundesgesetzes BGBl. Nr. 699/1991 ist auch auf Umgründungen anzuwenden, denen ein Stichtag nach dem 31. Dezember 1995 zugrunde liegt.

3. Teil

c) § 9 Abs. 8 in der Fassung des Bundesgesetzes BGBl. Nr. 201/1996 ist erstmalig auf Umwandlungen anzuwenden, denen ein Stichtag nach dem 30. Dezember 1995 zugrunde gelegt wird.

d) § 2 Abs. 4, § 3 Abs. 2 und 3, § 8 Abs. 4, § 9 Abs. 3 und 6, § 16 Abs. 5 Z 5, § 18 Abs. 5 und § 34 Abs. 1, jeweils in der Fassung des Bundesgesetzes BGBl. Nr. 201/1996, sind erstmalig auf Umgründungen anzuwenden, denen ein Stichtag nach dem 31. Dezember 1995 zugrunde gelegt wird.

5. § 4 Z 1 in der Fassung des Bundesgesetzes BGBl. Nr. 201/ 1996 ist erstmalig auf Umgründungen anzuwenden, denen ein Stichtag nach dem 31. Dezember 1995 zugrunde gelegt wird.

6. a) § 2 Abs. 5, § 3 Abs. 4, § 4 Z 1, § 5 Abs. 7 Z 1, § 8 Abs. 5, § 9 Abs. 4 Z 1, § 10 Z 1 lit. a, § 12, § 13 Abs. 1, § 16 Abs. 5 Z 3, § 17 Abs. 2, § 18 Abs. 3, § 18 Abs. 4 Z 1, § 19 Abs. 2 Z 5, § 20 Abs. 7, § 21 Z 1, § 23 Abs. 1, § 24 Abs. 1, § 28 und § 30 Abs. 3, jeweils in der Fassung des Bundesgesetzes BGBl. Nr. 797/1996, sind erstmalig auf Umgründungen anzuwenden, denen ein Stichtag nach dem 31. Dezember 1996 zugrunde gelegt wird.

b) Als Teilwertabschreibung im Sinne des § 4 Z 1 lit. d in der Fassung des Bundesgesetzes BGBl. Nr. 797/1996 gilt auch jener Betrag, um den sich die gewinnerhöhende Auflösung stiller Reserven im Sinne des § 3 Abs. 3 Z 1 zweiter Satz in der Fassung des Bundesgesetzes BGBl. Nr. 699/1991 vermindert.

c) § 7 Abs. 1 und Abs. 2 in der Fassung des Bundesgesetzes BGBl. Nr. 797/ 1996 ist bereits auf Umwandlungen auf Grund des Bundesgesetzes über die Umwandlung von Handelsgesellschaften, BGBl. Nr. 304/1996, anzuwenden, die vor dem Inkrafttreten des Bundesgesetzes BGBl. Nr. 797/ 1996 im Firmenbuch eingetragen worden sind.

d) § 9 Abs. 3 und § 27 in der Fassung des Bundesgesetzes BGBl. Nr. 797/ 1996 ist auf Umwandlungen und Realteilungen anzuwenden, denen ein Stichtag nach dem 31. Dezember 1995 zugrunde gelegt wird.

e) In § 10 Z 1 lit. a in der Fassung vor dem Bundesgesetz BGBl. Nr. 797/1996 tritt an die Stelle des Verweises „§ 4 Z 1 lit. a und c" der Verweis „§ 4 Z 1".

f) In § 21 Z 1 in der Fassung vor dem Bundesgesetz BGBl. Nr. 797/1996 tritt an die Stelle des Verweises „§ 4 Z 1 lit. c" der Verweis „§ 4 Z 1".

g) [1]Die §§ 32 bis 38 in der Fassung des Bundesgesetzes BGBl. Nr. 797/1996 sind bereits auf Spaltungen auf Grund des Bundesgesetzes über die Spaltung von Kapitalgesellschaften, BGBl. Nr. 304/1996, anzuwenden, die vor dem Inkrafttreten des Bundesgesetzes BGBl. Nr. 797/1996 im Firmenbuch eingetragen worden sind. [2]§ 33 Abs. 6, § 34 Abs. 3 Z 1 und § 36 Abs. 4 Z 1, jeweils in der Fassung des Bundesgesetzes BGBl. Nr. 797/ 1996, ist auf Spaltungen anzuwenden, denen ein Stichtag nach dem 31. Dezember 1996 zugrunde gelegt wird.

h) [1]Die §§ 32 bis 38 in der Fassung vor dem Bundesgesetz BGBl. Nr. 797/ 1996 sind, soweit sie sich auf Spaltungen im Sinne des § 32 Abs. 2 und 3 beziehen, letztmalig auf Spaltungen anzuwenden, denen ein Stichtag vor dem 1. Jänner 1997 zugrunde liegt. [2]Die §§ 38a bis 38f sind auf Steuerspaltungen anzuwenden, denen ein Stichtag nach dem 31. Dezember 1996 und vor dem 1. Jänner 2018 zu Grunde liegt.

3. Teil

i) ¹Bei Spaltungen im Sinne des § 32 Abs. 2 und Abs. 3 Z 1 in der Fassung vor dem Bundesgesetz, BGBl. Nr. 797/1996, und im Sinne des § 38 a Abs. 2 und Abs. 3 Z 1 in der Fassung des Bundesgesetzes BGBl. Nr. 797/1996, bei denen der Spaltungsvertrag nach dem 31. Dezember 1996 abgeschlossen wird, unterbleibt abweichend von § 32 Abs. 2 Z 1 in der Fassung vor dem Bundesgesetz, BGBl. Nr. 797/1996, bzw § 38 c in der Fassung des Bundesgesetzes BGBl. Nr. 797/1996 die Besteuerung nicht hinsichtlich stiller Reserven, die die spaltende Körperschaft nach § 12 des Einkommensteuergesetzes 1988 in der Fassung vor dem Strukturanpassungsgesetz 1996, BGBl. Nr. 201, innerhalb der letzten fünf Jahre vor dem Spaltungsstichtag beziehungsweise vor dem in § 19 Abs. 5 des Körperschaftsteuergesetzes 1988 genannten Zeitpunkt auf Anteile übertragen hat, die auf Anteilsinhaber der spaltenden Körperschaft übergehen. ²Der nachzuversteuernde Betrag vermindert sich insoweit, als auf Grund der Anwendung des § 12 des Einkommensteuergesetzes 1988 für die Anteile der Ansatz des niedrigeren Teilwertes zu unterbleiben hatte. ³Die Nachversteuerung hat in dem mit dem Einbringungsstichtag endenden oder dem der Auflösung vorangegangenen Wirtschaftsjahr zu erfolgen.

j) Die Aufzeichnungs- und Evidenzhaltungspflicht gemäß § 43 gilt ab 1. Jänner 1997 und erstreckt sich auch auf alle Buchwerte und Anschaffungskosten von Anteilen, die sich auf Grund einer Umgründung im Sinne dieses Bundesgesetzes ergeben haben oder zu übernehmen waren.

7. § 9 Abs. 6 in der Fassung des Abgabenänderungsgesetzes 2001, BGBl. I Nr. 144/ 2001, ist auf Umwandlungen anzuwenden, bei denen der Umwandlungsbeschluss nach dem 31. Dezember 2001 zur Eintragung in das Firmenbuch angemeldet wird.

8. ¹§ 5 Abs. 1, § 20 Abs. 2, § 22 Abs. 2, § 32, § 38a Abs. 2 Z 1 und § 38a Abs. 3 Z 1 und Z 2 in der Fassung des Bundesgesetzes BGBl. I Nr. 71/2003 ist auf Umgründungen anzuwenden, denen ein Stichtag nach dem 30. Dezember 2002 zu Grunde liegt. ²§ 10 Z 1 lit. c in der Fassung des Bundesgesetzes BGBl. I Nr. 71/2003 ist auf Umwandlungen anzuwenden, denen ein Stichtag nach dem 30. Dezember 1995 zugrunde liegt.

9. ¹§ 1, § 3 Abs. 1, § 5 Abs. 1, § 7, § 16 Abs. 2 Z 1, § 17 Abs. 2, § 18 Abs. 1, § 29 Abs. 1 und § 30 Abs. 1 in der Fassung des Bundesgesetzes BGBl. I 180/2004, ist auf Umgründungen anzuwenden, denen ein Stichtag nach dem 7. Oktober 2004 zu Grunde liegt. ²§ 38a Abs. 2 in der Fassung des Bundesgesetzes BGBl. I 180/2004, ist auf Spaltungen anzuwenden, denen ein Stichtag nach dem 31. Dezember 2004 zu Grunde liegt.

10. ¹Artikel V und Artikel VI sind auch dann anzuwenden, wenn kein Teilbetrieb im Sinne des § 12 Abs. 2 Z 2 vorliegt und die Übertragung im Zusammenhang mit gesetzlichen Unvereinbarkeitsvorschriften erfolgt. ²Dies gilt für Umgründungen, die nach dem 31. Dezember 2004 beschlossen oder vertraglich unterfertigt werden.

11. Die §§ 3, 5, 7 bis 9, 12 bis 20, 23, 25, 27, 30, 33, 34, 38d und 44, jeweils in der Fassung des Bundesgesetzes BGBl. I Nr. 161/2005, sind auf Umgründungen anzuwenden, bei denen die Beschlüsse oder Verträge nach dem 31. Jänner

3. Teil

2006 bei dem zuständigen Firmenbuchgericht zur Eintragung angemeldet oder bei dem zuständigen Finanzamt gemeldet werden.
12. Die §§ 5, 18, 20, 36 und 37, jeweils in der Fassung des Bundesgesetzes BGBl. I 24/2007, sind auf Umgründungen anzuwenden, denen ein Stichtag nach dem 31. Dezember 2006 zu Grunde liegt.
13. § 1 Abs. 2 zweiter Satz in der Fassung des Bundesgesetzes BGBl. I Nr. 99/2007 ist erstmals auf Verschmelzungen anzuwenden, denen ein Stichtag nach dem 14. Dezember 2007 zugrunde liegt.
14. § 5 Abs. 1 Z 5 und § 36 Abs. 3 jeweils in der Fassung des Bundesgesetzes BGBl. I Nr. 99/2007 sind erstmals auf Umgründungen anzuwenden, die nach dem 31. Dezember 2007 beschlossen werden.
15. § 18 Abs. 2 Z 1 in der Fassung des Bundesgesetzes BGBl. I Nr. 99/2007 ist erstmals auf Zuwendungen nach dem 31. Dezember 2007 anzuwenden.
16. § 3 Abs. 1 in der Fassung des Bundesgesetzes BGBl. I Nr. 34/2010 ist erstmals auf Umgründungen anzuwenden, die nach dem 30. Juni 2010 beschlossen werden.
17. § 9 Abs. 6 in der Fassung des Budgetbegleitgesetzes 2011, BGBl. I Nr. 111/2010, ist erstmals auf Umwandlungen anzuwenden, die nach dem 31. Dezember 2010 beschlossen werden.
18. § 9 Abs. 1 Z 3 letzter Teilstrich in der Fassung des Bundesgesetzes BGBl. I Nr. 112/2011 ist erstmals auf Umwandlungen anzuwenden, bei denen der Umwandlungsbeschluss nach dem 31. Oktober 2011 zur Eintragung in das Firmenbuch angemeldet wird.
19. § 9 Abs. 8 in der Fassung des Bundesgesetzes BGBl. I Nr. 112/2011 ist erstmals bei der Veranlagung 2011 anzuwenden.
20. § 3 Abs. 1 Z 3 in der Fassung des Bundesgesetzes BGBl. I Nr. 112/2012 ist erstmals auf Verschmelzungen anzuwenden, die nach dem 31. Dezember 2012 zur Eintragung in das Firmenbuch angemeldet werden.
21. [1]§ 5 Abs. 2, § 36 Abs. 1, § 37 Abs. 2 und § 38e Abs. 1, jeweils in der Fassung des Bundesgesetzes BGBl. I Nr. 112/2012, sind erstmals auf Umgründungen anzuwenden, denen ein Stichtag nach dem 31. März 2012 zu Grunde liegt. [2]Die Anwendbarkeit des § 27 Abs. 3 EStG 1988 auf neue Anteile richtet sich nach § 124b Z 185 lit. a EStG 1988.
22. [1]§ 9 Abs. 1 Z 3, § 17 Abs. 1, § 30 Abs. 1 Z 2, jeweils in der Fassung des Bundesgesetzes BGBl. I Nr. 112/2012, sind erstmals auf Umgründungen anzuwenden, denen ein Stichtag nach dem 31. März 2012 zu Grunde liegt. [2]§ 9 Abs. 1 Z 3 und § 30 Abs. 1 Z 2 zweiter Teilstrich in der Fassung des Bundesgesetzes BGBl. I Nr. 112/2012 sind sinngemäß anzuwenden, wenn die Steuerschuld auf Grund des § 31 des Einkommensteuergesetzes 1988 in der Fassung vor dem Budgetbegleitgesetz 2011, BGBl. I Nr. 111/2010, nicht festgesetzt wurde. [3]§ 5 Abs. 3 und 4 und § 38d Abs. 3, jeweils in der Fassung vor dem BGBl. I Nr. 112/2012, sind letztmalig auf Umgründungen anzuwenden, denen ein Stichtag vor dem 1. April 2012 zu Grunde liegt. [4]Die Aufwertung gemäß § 5 Abs. 4 und § 38d Abs. 3 gilt nicht, insoweit Anteile nach dem 31. Dezember 2010 entgeltlich erworben worden sind.
23. [1]§ 9 Abs. 6 und § 10 Z 2 und 3, jeweils in der Fassung des Bundesgesetzes BGBl. I Nr. 112/2012, sind erstmals für Umwandlungen anzuwenden, bei denen der Umwandlungsbeschluss nach dem 31. Dezember 2012 zur Eintragung in das

Firmenbuch angemeldet wird. ²Bei der Anwendung von § 9 Abs. 6 dritter Satz sind im Zuge von Vorumgründungen übernommene negative Buchwerte nur zu berücksichtigen, wenn der Vorumgründung ein Stichtag nach dem 31. Dezember 2007 zu Grunde lag. ³§ 9 Abs. 7 ist letztmalig auf Umwandlungen anzuwenden, bei denen der Umwandlungsbeschluss vor dem 1. Jänner 2013 zur Eintragung in das Firmenbuch angemeldet wird.
24. § 12 Abs. 2 Z 3 letzter Satz in der Fassung des Bundesgesetzes BGBl. I Nr. 112/2012, ist erstmals auf Umgründungen anzuwenden, bei denen die Beschlüsse oder Verträge nach dem 31. Dezember 2012 bei dem zuständigen Firmenbuchgericht zur Eintragung angemeldet oder bei dem zuständigen Finanzamt gemeldet werden.
25. § 16 Abs. 6 und § 18 Abs. 5 in der Fassung des Bundesgesetzes BGBl. I Nr. 112/2012 sind erstmals auf Umgründungen anzuwenden, denen ein Stichtag nach dem 31. März 2012 zu Grunde liegt.
26. § 16 Abs. 6 letzter Satz in der Fassung des Bundesgesetzes BGBl. I Nr. 105/2014 ist auf Einbringungsverträge anzuwenden, die nach dem 31. Dezember 2014 abgeschlossen werden.
27. . a) § 3 Abs. 1 Z 2 zweiter Teilstrich, § 9 Abs. 1 Z 3 zweiter Teilstrich, § 18 Abs. 1 Z 3 zweiter Teilstrich, § 24 Abs. 3, § 25 Abs. 5, § 29 Abs. 1 Z 2a und § 30 Abs. 4, jeweils in der Fassung des Bundesgesetzes BGBl. I Nr. 105/2014, sind erstmals auf Umgründen anzuwenden, die nach dem Tag der Kundmachung dieses Bundesgesetzes im BGBl. I Nr. 105/2014 beschlossen oder vertraglich unterfertigt werden.
b) § 3 Abs. 1 Z 2 zweiter Teilstrich, § 9 Abs. 1 Z 3 zweiter Teilstrich und § 18 Abs. 1 Z 3 zweiter Teilstrich sind sinngemäß anzuwenden, wenn eine Beteiligung übernommen wird, an der das Besteuerungsrecht der Republik Österreich aufgrund einer Umgründung mit einem Stichtag vor dem 8. Oktober 2004 oder der Verlegung eines Betriebes vor dem 1. Jänner 2005 eingeschränkt worden ist. Dies gilt für Umgründungen, die nach dem Tag der Kundmachung dieses Bundesgesetzes im BGBl. I Nr. 105/2014 beschlossen oder vertraglich unterfertigt werden.
28. § 1 Abs. 1 Z 3 in der Fassung des Bundesgesetzes BGBl. I Nr. 34/2015 tritt mit 1. Jänner 2016 in Kraft.
29. § 6 Abs. 6, § 11 Abs. 5, § 18 Abs. 5 Z 1, § 22 Abs. 5, § 25 Abs. 5 Z 1, § 26 Abs. 4, § 30 Abs. 4, § 31 Abs. 3 und § 38 Abs. 6, jeweils in der Fassung BGBl. I Nr. 118/2015 sind erstmals auf Umgründungen mit einem Stichtag nach dem 31. Dezember 2015 anzuwenden.
30. § 1 Abs. 2, § 3 Abs. 1, § 5 Abs. 1 Z 3 bis 5, § 7 Abs. 2, § 9 Abs. 1 Z 2 und 3, § 16 Abs. 1, 1a und 2, § 18 Abs. 1 Z 3, § 20 Abs. 2 Z 5 und Abs. 7 Z 1, § 21, § 24 Abs. 1 Z 3, § 25 Abs. 1 Z 2, § 29 Abs. 1 Z 3, § 30 Abs. 1 Z 2 und § 36 Abs. 3 Z 1 und 2, jeweils in der Fassung des Bundesgesetzes BGBl. I Nr. 163/2015, sind erstmals auf Umgründungen anzuwenden, die nach dem 31. Dezember 2015 beschlossen oder vertraglich unterfertigt werden.

4. Teil

Vollziehung

Mit der Vollziehung dieses Bundesgesetzes ist der Bundesminister für Finanzen betraut.

Anlage

(zu Art. I, II, III und VI)

[1]Gesellschaften im Sinne des Artikels 3 der Richtlinie 2009/133/EG über das gemeinsame Steuersystem für Fusionen, Spaltungen, Abspaltungen, die Einbringung von Unternehmensteilen und den Austausch von Anteilen, die Gesellschaften verschiedener Mitgliedstaaten betreffen, sowie für die Verlegung des Sitzes einer Europäischen Gesellschaft oder einer Europäischen Genossenschaft von einem Mitgliedstaat in einen anderen Mitgliedstaat, ABl. Nr. L 310 vom 25.11.2009 S. 34.

[2]Gesellschaft im Sinne des Artikels 3 der genannten Richtlinie ist jede Gesellschaft, die

1. eine der angeführten Formen aufweist:
   a) Die gemäß der Verordnung (EG) Nr. 2157/2001 des Rates vom 8. Oktober 2001 über das Statut der Europäischen Gesellschaft (SE) und der Richtlinie 2001/86/EG des Rates vom 8. Oktober 2001 zur Ergänzung des Statuts der Europäischen Gesellschaft hinsichtlich der Beteiligung der Arbeitnehmer gegründeten Gesellschaften sowie die gemäß der Verordnung (EG) Nr. 1435/2003 des Rates vom 22. Juli 2003 über das Statut der Europäischen Genossenschaft (SCE) und der Richtlinie 2003/72/EG des Rates vom 22. Juli 2003 zur Ergänzung des Statuts der Europäischen Genossenschaft hinsichtlich der Beteiligung der Arbeitnehmer gegründeten Genossenschaften;
   b) die Gesellschaften belgischen Rechts mit der Bezeichnung „société anonyme"/„naamloze vennootschap", „société en commandite par actions"/„commanditaire vennootschap op aandelen", „société privée à responsabilité limitée"/„besloten vennootschap met beperkte aansprakelijkheid", „société coopérative à responsabilité limitée"/„coöperatieve vennootschap met beperkte aansprakelijkheid", „société coopérative à responsabilité illimitée"/„coöperatieve vennootschap met onbeperkte aansprakelijkheid", „société en nom collectif"/„vennootschap onder firma", „société en commandite simple"/„gewone commanditaire vennootschap", öffentliche Unternehmen, die eine der genannten Rechtsformen angenommen haben und andere nach belgischem Recht gegründete Gesellschaften, die der belgischen Körperschaftsteuer unterliegen;
   c) die Gesellschaften tschechischen Rechts mit der Bezeichnung „akciová společnost", „ společnost s ručením omezeným";
   d) die Gesellschaften dänischen Rechts mit der Bezeichnung „aktieselskab" und „anpartsselskab"; weitere nach dem Körperschaftsteuergesetz steuerpflichtige Unternehmen, soweit ihr steuerbarer Gewinn nach den allgemeinen steuerrechtlichen Bestimmungen für „aktieselskaber" ermittelt und besteuert wird;
   e) die Gesellschaften deutschen Rechts mit der Bezeichnung „Aktiengesellschaft", „Kommanditgesellschaft auf Aktien", „Gesellschaft mit beschränkter Haftung", „Versicherungsverein auf Gegenseitigkeit", „Erwerbs- und Wirtschaftsgenossenschaft", „Betriebe gewerblicher Art von juristischen Personen des öffentlichen Rechts" und andere nach deut-

Anlage

schem Recht gegründete Gesellschaften, die der deutschen Körperschaftsteuer unterliegen;
f) die Gesellschaften estnischen Rechts mit der Bezeichnung „täisühing", „usaldusühing", „osaühing", „aktsiaselts", „tulundusühistu";
g) die Gesellschaften griechischen Rechts mit der Bezeichnung „ανώνυμη εταιρεία", „ εταιρεία περιορισμένης ευθύνης (Ε.Π.Ε.)";
h) die Gesellschaften spanischen Rechts mit der Bezeichnung „sociedad anónima", „sociedad comanditaria por acciones" und „sociedad de responsabilidad limitada" sowie die öffentlich-rechtlichen Körperschaften, deren Tätigkeit unter das Privatrecht fällt;
i) die Gesellschaften französischen Rechts mit der Bezeichnung „société anonyme", „société en commandite par actions" und „société à responsabilité limitée", „sociétés par actions simplifiées", „sociétés d'assurances mutuelles", „caisses d'épargne et de prévoyance", „sociétés civiles", die automatisch der Körperschaftsteuer unterliegen, „coopératives", „unions de coopératives", die öffentlichen Industrie- und Handelsbetriebe und unternehmen und andere nach französischem Recht gegründete Gesellschaften, die der französischen Körperschaftsteuer unterliegen;
j) nach irischem Recht gegründete oder eingetragene Gesellschaften, gemäß dem Industrial and Provident Societies Act eingetragene Körperschaften, gemäß den Building Societies Acts gegründete „building societies" und „trustee savings banks" im Sinne des Trustee Savings Banks Act von 1989;
k) die Gesellschaften italienischen Rechts mit der Bezeichnung „società per azioni", „società in accomandita per azioni", „società a responsabilità limitata", „società cooperative", „società di mutua assicurazione" sowie öffentliche und private Körperschaften, deren Tätigkeit ganz oder überwiegend handelsgewerblicher Art ist;
l) die nach zyprischem Recht gegründeten Gesellschaften: „εταιρείες" gemäß der Begriffsbestimmung in den Einkommensteuergesetzen;
m) die Gesellschaften lettischen Rechts mit der Bezeichnung „akciju sabiedrība", „ sabiedrība ar ierobežotu atbildību";
n) die nach litauischem Recht gegründeten Gesellschaften;
o) die Gesellschaften luxemburgischen Rechts mit der Bezeichnung „société anonyme", „société en commandite paractions", ‚société à responsabilité limitée", ‚société coopérative", ‚société coopérative organisée comme une société anonyme", „association d'assurances mutuelles", „association d'épargne-pension", „entreprise de nature commerciale", „industrielle ou minière de l'État", „des communes", „des syndicats de communes", „des établissements publics et des autres personnes morales de droit public" sowie andere nach luxemburgischem Recht gegründete Gesellschaften, die der luxemburgischen Körperschaftsteuer unterliegen;
p) die Gesellschaften ungarischen Rechts mit der Bezeichnung „közkereseti társaság", „betéti társaság", „közös vállalat", „korlátolt felelősségű társaság", „részvénytársaság", „egyesülés", „közhasznú társaság", „szövetkezet";

Anlage

q) die Gesellschaften maltesischen Rechts mit der Bezeichnung „Kumpaniji ta Responsabilita", „Limitata", „Socjetajiet en commandite li l-kapital taghhom maqsum f"azzjonijiet";

r) die Gesellschaften niederländischen Rechts mit der Bezeichnung „naamloze vennnootschap", „besloten vennootschap met beperkte aansprakelijkheid", „open commanditaire vennootschap", „coöperatie", „onderlinge waarborgmaatschappij", „fonds voor gemene rekening", „vereniging op coöperatieve grondslag" und „vereniging welke op onderlinge grondslag als verzekeraar of kredietinstelling optreedt" sowie andere nach niederländischem Recht gegründete Gesellschaften, die der niederländischen Körperschaftsteuer unterliegen;

s) die Gesellschaften österreichischen Rechts mit der Bezeichnung „Aktiengesellschaft", „Gesellschaft mit beschränkter Haftung", „Erwerbs- und Wirtschaftsgenossenschaft";

t) die Gesellschaften polnischen Rechts mit der Bezeichnung „spółka akcyjna", „ spółka z ograniczoną odpowiedzialnością";

u) die nach portugiesischem Recht gegründeten Handelsgesellschaften und zivilrechtlichen Handelsgesellschaften sowie andere nach portugiesischem Recht gegründete juristische Personen, die Industrie- oder Handelsunternehmen sind;

v) die Gesellschaften slowenischen Rechts mit der Bezeichnung „delniška družba", „komanditna družba", „družba z omejeno odgovornostjo";

w) die Gesellschaften slowakischen Rechts mit der Bezeichnung „akciová spoločnost'", „spoločnost s ručením obmedzeným", „komanditná spoločnost'";

x) die Gesellschaften finnischen Rechts mit der Bezeichnung „osakeyhtiö"/ „aktiebolag", „osuuskunta"/„andelslag", „säästöpankki"/„sparbank" und „vakuutusyhtiö"/„försäkrings-bolag";

y) die Gesellschaften schwedischen Rechts mit der Bezeichnung „aktiebolag", „bankaktiebolag", „försäkringsaktiebolag", „ekonomiska föreningar", „sparbanker" und „ömsesidiga försäkringsbolag";

z) die nach dem Recht des Vereinigten Königreichs gegründeten Gesellschaften;

aa) Gesellschaften bulgarischen Rechts mit der Bezeichnung „събирателнот дружество", „командитното дружество", „дружеството с ограничена отговорност", „акционерното дружество", „командитното дружество с акции", „кооперации", „кооперативни съюзи", „държавни предприятия", die nach bulgarischem Recht gegründet wurden und gewerbliche Tätigkeiten ausüben;

ab) Gesellschaften rumänischen Rechts mit der Bezeichnung „societăți pe acțiuni", „societăți în comandită pe acțiuni", „societăți cu răspundere limitată";

ac) die Gesellschaften kroatischen Rechts mit der Bezeichnung „dioničko društvo" oder „društvo s ograničenom odgovornošću" und andere nach kroatischem Recht gegründete Gesellschaften, die der kroatischen Gewinnsteuer unterliegen;

2. nach dem Steuerrecht eines Mitgliedstaats der Europäischen Gemeinschaft als in diesem Staat ansässig und nicht auf Grund eines Doppelbesteuerungs-

Anlage

abkommens mit einem dritten Staat als außerhalb der Gemeinschaft ansässig anzusehen ist und

3. ohne Wahlmöglichkeit einer der nachstehenden Steuern
   - vennootschapsbelasting/impôt des sociétés in Belgien,
   - selskabsskat in Dänemark,
   - Körperschaftsteuer in Deutschland,
   - φόρος εισοδήματος νομικών προσώπων κερδοσκοπικού χαρακτήρα in Griechenland,
   - impuesto sobre sociedades in Spanien,
   - impôt sur les sociétés in Frankreich,
   - corporation tax in Irland,
   - imposta sul reddito delle società in Italien,
   - impôt sur le revenu des collectivités in Luxemburg,
   - vennootschapsbelasting in den Niederlanden,
   - imposto sobre o rendimento das pessoas colectivas in Portugal,
   - corporation tax im Vereinigten Königreich,
   - Körperschaftsteuer in Österreich,
   - yhteisöjen tulovero/inkomstskatten för samfund in Finnland,
   - statlig inkomstskatt in Schweden,
   - daň z příjmů právnických osob in der Tschechischen Republik,
   - Tulumaks in Estland,
   - Φόρος Εισοδήματος in Zypern,
   - uzņēmumu ienākuma nodoklis in Lettland,
   - Pelno mokestis in Litauen,
   - Társasági adó in Ungarn,
   - Taxxa fuq l-income in Malta,
   - Podatek dochodowy od osób prawnych in Polen,
   - Davek od dobička pravnih oseb in Slowenien,
   - daň z príjmov právnických osôb in der Slowakei,
   - корпоративен данък in Bulgarien,
   - impozit pe profit in Rumänien
   - porez na dobit in Kroatien
   oder irgendeiner Steuer, die eine dieser Steuern ersetzt, unterliegt, ohne davon befreit zu sein.

[3]Z 1 lit. a ist anzuwenden: soweit es sich um eine SE handelt, auf Umgründungen, wenn die zugrundeliegenden Beschlüsse nach dem 7. Oktober 2004 zustandegekommen sind, soweit es sich um eine SCE handelt, auf Umgründungen, wenn die zugrundeliegenden Beschlüsse nach dem 17. August 2006 zustandegekommen sind.

[4]Z 1 lit. c, f, l, m, n, p, q, t, v, w sind auf Umgründungen anzuwenden, wenn die zugrundeliegenden Beschlüsse nach dem 30. April 2004 zustandegekommen sind.

[5]Z 1 lit. aa und bb sind auf Umgründungen anzuwenden, wenn die zugrundeliegenden Beschlüsse nach dem 31. Dezember 2006 zustandegekommen sind.

[6]Die Anlage (zu Art. I, II, III und IV) in der Fassung des Bundesgesetzes BGBl. I Nr. 13/2014 ist auf Umgründungen anzuwenden, wenn die zugrundeliegenden Beschlüsse nach dem 30. Juni 2013 zustandegekommen sind.

Umgründungen und Gruppenbesteuerung – § 9 KStG

Unternehmensgruppen

§ 9. (1) ¹Abweichend von § 7 können finanziell verbundene Körperschaften (Abs. 2 bis 5) nach Maßgabe des Abs. 8 eine Unternehmensgruppe bilden. ²Dabei wird das steuerlich maßgebende Ergebnis des jeweiligen Gruppenmitglieds (Abs. 6 und Abs. 7) dem steuerlich maßgebenden Ergebnis des beteiligten Gruppenmitglieds bzw. Gruppenträgers jenes Wirtschaftsjahres zugerechnet, in das der Bilanzstichtag des Wirtschaftsjahres des Gruppenmitgliedes fällt.

(2) ¹Gruppenmitglieder (als Beteiligungskörperschaften oder als beteiligte inländische Körperschaften) können sein:
– unbeschränkt steuerpflichtige Kapitalgesellschaften und Erwerbs- und Wirtschaftsgenossenschaften, die unter § 7 Abs. 3 fallen,
– vergleichbare nicht unbeschränkt steuerpflichtige Körperschaften, die
  – in einem Mitgliedstaat der Europäischen Union oder in einem Staat, mit dem eine umfassende Amtshilfe besteht, ansässig sind und
  – ausschließlich mit unbeschränkt steuerpflichtigen Gruppenmitgliedern oder dem Gruppenträger finanziell verbunden sind (Abs. 4).

²Gruppenmitglieder können nicht Mitbeteiligte einer Beteiligungsgemeinschaft sein.

(3) ¹Gruppenträger können sein
– unbeschränkt steuerpflichtige Kapitalgesellschaften und Erwerbs- und Wirtschaftsgenossenschaften, die unter § 7 Abs. 3 fallen,
– unbeschränkt steuerpflichtige Versicherungsvereine auf Gegenseitigkeit im Sinne des VAG 2016,
– unbeschränkt steuerpflichtige Kreditinstitute im Sinne des Bankwesengesetzes,
– beschränkt steuerpflichtige
  – in der Anlage 2 zum Einkommensteuergesetz 1988 in der jeweils geltenden Fassung genannten, den von den Teilstrichen 1 bis 4 umfassten inländischen Rechtsformen vergleichbaren Gesellschaften und
  – den Kapitalgesellschaften vergleichbare Gesellschaften, die den Ort der Geschäftsleitung und den Sitz in einem Mitgliedstaat des Europäischen Wirtschaftsraumes haben,
  wenn sie mit einer Zweigniederlassung im Firmenbuch eingetragen sind und die Beteiligung an den Gruppenmitgliedern (Abs. 2) der Zweigniederlassung zuzurechnen ist, und
– ¹Beteiligungsgemeinschaften (als Personengesellschaft, Beteiligungssyndikat oder im Wege gemeinsamer Kontrolle), wenn sie ausschließlich aus den in den Vorpunkten genannten Steuerpflichtigen gebildet werden, nach Maßgabe des Abs. 4. ²Als Beteiligungsgemeinschaft gelten jedenfalls Personen, die die Beteiligungskörperschaft gemeinsam im Sinne des Art. 3 der Fusionskontrollverordnung, (EWG) Nr. 139/2004 in der jeweils geltenden Fassung, kontrollieren oder an der gemeinsamen Kontrolle mitwirken. ³Ein Mitbeteiligter einer Beteiligungsgemeinschaft kann nicht gleichzeitig Gruppenmitglied einer anderen Unternehmensgruppe sein.

[2]Ist eine Körperschaft in mehreren Staaten unbeschränkt steuerpflichtig, kann sie nur dann Gruppenträger sein, wenn sie im Inland mit einer Zweigniederlassung im Firmenbuch eingetragen ist und die Beteiligung an Gruppenmitgliedern der Zweigniederlassung zuzurechnen ist.

(4) Als finanziell verbundene Körperschaften gelten solche, bei denen
- die beteiligte Körperschaft unmittelbar mehr als 50% des Grund-, Stamm- oder Genossenschaftskapitals und der Stimmrechte der Beteiligungskörperschaft besitzt,
- die beteiligte Körperschaft mittelbar über eine Personengesellschaft oder zusammen mit einer unmittelbar gehaltenen Beteiligung in einem Ausmaß beteiligt ist, dass sie unter Berücksichtigung der an der Personengesellschaft bestehenden Beteiligungsquote mehr als 50% des Grund-, Stamm- oder Genossenschaftskapitals und der Stimmrechte der Beteiligungskörperschaft besitzt,
- die beteiligte Körperschaft mittelbar über eine oder mehrere unmittelbar gehaltene Beteiligung(en) an Gruppenmitgliedern, die für sich nicht im Sinne des ersten Teilstriches an der Beteiligungskörperschaft beteiligt sind, allein oder zusammen mit einer unmittelbar gehaltenen Beteiligung insgesamt eine Beteiligung von mehr als 50% des Grund-, Stamm- oder Genossenschaftskapitals und der Stimmrechte der Beteiligungskörperschaft besitzt,
- die Beteiligungsgemeinschaft insgesamt unmittelbar oder mittelbar über eine Personengesellschaft mehr als 50% des Grund-, Stamm- oder Genossenschaftskapitals und der Stimmrechte an einer Beteiligungskörperschaft besitzt und zumindest ein Mitbeteiligter der Gemeinschaft eine Beteiligung am Grund-, Stamm- oder Genossenschaftskapital und an den Stimmrechten von mindestens 40% der Beteiligungskörperschaft und jeder weitere Mitbeteiligte eine solche von mindestens 15% besitzt.

(5) [1]Die finanzielle Verbindung im Sinne des Abs. 4 muss während des gesamten Wirtschaftsjahres des jeweiligen Gruppenmitgliedes vorliegen. [2]Erfüllen im Falle einer Beteiligungsgemeinschaft die Mitbeteiligten die Voraussetzungen des Abs. 4 zu Beginn des Wirtschaftsjahres des jeweiligen Gruppenmitglieds, kann die Beteiligungsgemeinschaft bis zum Gruppenantrag gebildet werden. [3]Steuerlich wirksame rückwirkende Anteilserwerbe und Anteilsübertragungen im Sinne der Abgabenvorschriften sind auch für die Frage der finanziellen Verbindung maßgebend.

[4]Vermögensübertragungen innerhalb der Unternehmensgruppe gelten nicht als Änderung der Voraussetzungen für Gruppenverhältnisse, sofern die Unternehmensgruppe weiterhin finanziell verbunden bleibt.

(6) Bei Ermittlung des zuzurechnenden steuerlich maßgebenden Ergebnisses ist Folgendes zu beachten:
1. Als Ergebnis eines unbeschränkt steuerpflichtigen Gruppenmitglieds gilt das Einkommen unter Berücksichtigung der Z 4.
2. [1]Das Einkommen im Sinne der Z 1 ist dem am Gruppenmitglied nach Abs. 4 entsprechend unmittelbar oder mittelbar beteiligten Gruppenmitglied bzw. Gruppenträger zuzurechnen. [2]Als Ergebnis des Gruppenträgers

gilt das Einkommen mit der Maßgabe, dass Sonderausgaben vom zusammengefassten Ergebnis abzuziehen sind.
3. Bei Beteiligungsgemeinschaften ist das Einkommen des Gruppenmitglieds im Sinne der Z 1 und 2, an dem die Beteiligung besteht, den Mitbeteiligten im Ausmaß ihrer Beteiligung an der Beteiligungsgemeinschaft zuzurechnen.
4. [1]Vortragsfähige Verluste (§ 8 Abs. 4 Z 2) des unbeschränkt steuerpflichtigen Gruppenmitglieds aus Zeiträumen vor dem Wirksamwerden der Unternehmensgruppe (Vorgruppenverluste) oder aus einer umgründungsbedingten Übernahme durch ein Gruppenmitglied (Außergruppenverluste) können bis zur Höhe des eigenen Gewinnes des jeweiligen Gruppenmitglieds verrechnet werden. [2]Außergruppenverluste liegen nicht vor, wenn vortragsfähige Verluste innerhalb der Gruppe entstanden sind und umgründungsbedingt auf ein anderes Gruppenmitglied übergehen.
5. Steuerumlagen zum Zwecke des Ausgleichs der steuerlichen Wirkungen, die sich aus der Zurechnung der Einkommen der Gruppenmitglieder zum Gruppenträger ergeben, sind steuerneutral.
6. [1]Bei nicht unbeschränkt steuerpflichtigen ausländischen Gruppenmitgliedern sind nur die nach § 5 Abs. 1 und den übrigen Vorschriften des Einkommensteuergesetzes 1988 und dieses Bundesgesetzes ermittelten Verluste aus Einkunftsquellen des jeweiligen Wirtschaftsjahres, höchstens jedoch die nach ausländischem Steuerrecht ermittelten Verluste des betreffenden Wirtschaftsjahres dem unmittelbar beteiligten Gruppenmitglied bzw. Gruppenträger im Ausmaß der Beteiligungen aller beteiligter Gruppenmitglieder einschließlich eines beteiligten Gruppenträgers zuzurechnen. [2]Zuzurechnende Verluste könen nur im Ausmaß von 75% der Summe der eigenen Einkommen sämtlicher unbeschränkt steuerpflichtiger Gruppenmitglieder sowie des Gruppenträgers berücksichtigt werden. [3]Insoweit dabei die Verluste im laufenden Jahr nicht berücksichtigt werden können, sind sie in folgenden Jahren als vortragsfähige Verluste des Gruppenträgers abzuziehen.
7. [1]In Jahren, in denen ein gemäß Z 6 zugerechneter ausländischer Verlust mit einem ausländischen Gewinn verrechnet wird oder verrechnet werden könnte, ist ein Betrag in diesem Ausmaß beim beteiligten inländischen Gruppenmitglied bzw. Gruppenträger, dem der Verlust zugerechnet wurde, als Gewinn zuzurechnen. [2]Scheidet das nicht unbeschränkt steuerpflichtige ausländische Gruppenmitglied aus der Unternehmensgruppe aus, ist im Jahr des Ausscheidens ein Betrag im Ausmaß aller zugerechneten im Ausland nicht verrechneten Verluste beim Gruppenmitglied bzw. beim Gruppenträger als Gewinn zuzurechnen. [3]Dem Ausscheiden ist ein Verlust der Vergleichbarkeit im Sinne § 4 Z 1 lit. c des Umgründungssteuergesetzes gleichzuhalten. Im Falle des Untergangs (Liquidation oder Insolvenz) des ausländischen Gruppenmitglieds ist bei tatsächlichem und endgültigem Vermögensverlust der zuzurechnende Betrag um die während der Gruppenzugehörigkeit nicht steuerwirksamen Teilwertabschreibungen zu kürzen.

(7) ¹Bei der Gewinnermittlung sind Abschreibungen auf den niedrigeren Teilwert (§ 6 Z 2 lit. a des Einkommensteuergesetzes 1988) und Veräußerungsverluste hinsichtlich von Beteiligungen an Gruppenmitgliedern nicht abzugsfähig. ²Im Falle der Anschaffung einer Beteiligung (Abs. 4) vor dem 1. März 2014 durch ein Gruppenmitglied bzw. den Gruppenträger oder eine für eine Gruppenbildung geeignete Körperschaft an einer betriebsführenden unbeschränkt steuerpflichtigen Beteiligungskörperschaft (Abs. 2), ausgenommen unmittelbar oder mittelbar von einem konzernzugehörigen Unternehmen bzw. unmittelbar oder mittelbar von einem einen beherrschenden Einfluss ausübenden Gesellschafter, ist ab Zugehörigkeit dieser Körperschaft zur Unternehmensgruppe beim unmittelbar beteiligten Gruppenmitglied bzw. Gruppenträger eine Firmenwertabschreibung in folgender Weise vorzunehmen:

- ¹Als Firmenwert gilt der dem Beteiligungsausmaß entsprechende Unterschiedsbetrag zwischen dem handelsrechtlichen Eigenkapital der Beteiligungskörperschaft zuzüglich stiller Reserven im nicht abnutzbaren Anlagevermögen und den steuerlich maßgebenden Anschaffungskosten, höchstens aber 50% dieser Anschaffungskosten. ²Der abzugsfähige Firmenwert ist gleichmäßig auf 15 Jahre verteilt abzusetzen.
- ¹Insoweit von den Anschaffungskosten einer Beteiligung steuerwirksame Abschreibungen auf den niedrigeren Teilwert (§ 6 Z 2 lit. a des Einkommensteuergesetzes 1988) vorgenommen worden sind, ist der Firmenwert im ersten Jahr der Zugehörigkeit zur Unternehmensgruppe um den vollen Betrag der Teilwertabschreibung, saldiert mit erfolgten Zuschreibungen, zu kürzen. ²Offene Teilbeträge der Teilwertabschreibung sind unabhängig davon gem. § 12 Abs. 3 Z 2 weiter zu berücksichtigen.
- ¹Findet die Gruppenbildung erst nach dem Anschaffungsjahr statt, können jene Fünfzehntel abgesetzt werden, die ab dem Jahr des Wirksamwerdens der Unternehmensgruppe offen sind. ²Die Firmenwertabschreibung ist auf die Dauer der Zugehörigkeit der beteiligten Körperschaft und der Zugehörigkeit des Betriebes oder der Teilbetriebe der Beteiligungskörperschaft zur Unternehmensgruppe beschränkt.
- Ergibt sich auf Grund der Anschaffung der Beteiligung ein negativer Firmenwert, ist dieser im Sinne der vorstehenden Sätze gewinnerhöhend anzusetzen.
- Die steuerlich berücksichtigten Fünfzehntelbeträge vermindern oder erhöhen den steuerlich maßgeblichen Buchwert.
- ¹Gehen Beteiligungen, auf die eine Firmenwertabschreibung vorgenommen wurde, umgründungsbedingt unter oder werden sie zur Abfindung der Anteilsinhaber der übertragenden Körperschaft verwendet, sind abgesetzte Fünfzehntelbeträge zum Umgründungsstichtag steuerwirksam nachzuerfassen, soweit der Nacherfassungsbetrag im Unterschiedsbetrag zwischen Buchwert und Verkehrswert der abgeschriebenen Beteiligung Deckung findet. ²Tritt an die Stelle der firmenwertabgeschriebenen Beteiligung umgründungsbedingt die Beteiligung an einer übernehmenden Körperschaft, hat die Nacherfassung erst dann zu erfolgen, wenn die Beteiligung an der übernehmenden Körperschaft umgründungsbedingt untergeht.

(8) ¹Die Gruppenbesteuerung erstreckt sich auf den Gruppenträger und die Gruppenmitglieder, die in einem schriftlichen Gruppenantrag genannt sind. ²Dabei gilt Folgendes:
- Der Gruppenantrag ist von den gesetzlichen Vertretern des Gruppenträgers und aller einzubeziehenden inländischen Körperschaften zu unterfertigen.
- Der Gruppenantrag muss nachweislich vor dem Ablauf jenes Wirtschaftsjahres jeder einzubeziehenden inländischen Körperschaft unterfertigt werden, für das die Zurechnung des steuerlich maßgebenden Ergebnisses erstmalig wirksam sein soll.
- Im Gruppenantrag ist zu erklären, dass zwischen den finanziell verbundenen inländischen Körperschaften jeweils eine Regelung über den Steuerausgleich vereinbart worden ist.
- Im Gruppenantrag sind Beteiligungs- und Stimmrechtsverhältnisse sowie die Wirtschaftsjahre aller einzubeziehenden Körperschaften anzugeben.
- ¹Der Gruppenantrag ist vom Gruppenträger, bei Vorliegen einer Beteiligungsgemeinschaft vom Hauptbeteiligten oder im Zweifel von einem von der Beteiligungsgemeinschaft bestimmten Mitbeteiligten bei dem für den Antragsteller für die Erhebung der Körperschaftsteuer zuständigen Finanzamt, unter Verwendung des amtlichen Vordruckes, innerhalb eines Kalendermonats nach der Unterfertigung des letzten gesetzlichen Vertreters zu stellen. ²Alle übrigen einzubeziehenden inländischen Körperschaften haben dem jeweils für jede Körperschaft zuständigen Finanzamt die Tatsache einer Antragstellung anzuzeigen.
- Das für die Erhebung der Körperschaftsteuer des Antragstellers zuständige Finanzamt hat das Vorliegen der Voraussetzungen für das Bestehen der Unternehmensgruppe gegenüber allen den Antrag unterfertigten Körperschaften bescheidmäßig festzustellen.

(9) Für Änderungen einer bestehenden Unternehmensgruppe gilt Folgendes:
- Jede Änderung ist vom betroffenen Gruppenmitglied bzw. vom betroffenen Gruppenträger dem für die Erhebung der Körperschaftsteuer des Antragstellers zuständigen Finanzamt (Abs. 8) innerhalb eines Monats anzuzeigen.
- Jedes Gruppenmitglied kann dem für den Antragsteller zuständigen Finanzamt (Abs. 8) gegenüber sein Ausscheiden aus der Unternehmensgruppe erklären. Erklärt der Gruppenträger sein Ausscheiden aus der Unternehmensgruppe, ist die Unternehmensgruppe beendet.
- Im Falle des nachträglichen Eintritts einer Körperschaft (Abs. 2) gilt Abs. 8 für den Gruppenträger und die eintretende Körperschaft sinngemäß.
- Der Feststellungsbescheid (Abs. 8) ist in allen Fällen der Änderung gegenüber dem Gruppenträger und und dem betroffenen Gruppenmitglied abzuändern.

(10) ¹Die Unternehmensgruppe muss für einen Zeitraum von mindestens drei Jahren bestehen. ²Dabei gilt Folgendes:
- Die Mindestdauer ist nur erfüllt, wenn das steuerlich maßgebende Ergebnis von drei jeweils zwölf Monate umfassenden Wirtschaftsjahren in Sinne des Abs. 6 zugerechnet wird.

- Die Regelung über die Mindestdauer gilt im Falle des nachträglichen Eintritts einer weiteren Körperschaft (Abs. 2) in eine bestehende Unternehmensgruppe für die eintretende Körperschaft.
- ¹Scheidet eine Körperschaft innerhalb von drei Jahren nach dem Eintritt aus der Unternehmensgruppe aus, gilt dieses Ausscheiden als rückwirkendes Ereignis im Sinn des § 295a der Bundesabgabenordnung. ²Im Wege der Veranlagung und der Anpassung der abgeleiteten Bescheide gemäß § 295 der Bundesabgabenordnung sind jene steuerlich maßgebenden Verhältnisse herzustellen, die sich ohne Gruppenzugehörigkeit ergeben hätten.

[idF BGBl I 2015/34]

Literatur 2017

Allram/Pinetz, VwGH zu errichtenden Umwandlungen in der Unternehmensgruppe, ÖStZ 2017, 624; *Allram/Pinetz*, Errichtende Umwandlung kann als Vermögensübertragung in der Gruppe qualifizieren, GES 2017, 330; *Bleyer*, Errichtende Umwandlung eines Gruppenmitgliedes zur KG mit Kommanditist als Gruppenträger – kein rückwirkendes Ausscheiden, ÖStZB 2017, 408; *Heinlein/Krenn*, Kein rückwirkendes Ausscheiden eines Gruppenmitglieds bei errichtender Umwandlung, SWK 2017, 1171; *Huber/Rindler/Widinski/Zinnöcker* (Hrsg), Gruppenbesteuerung² (2018); *Komarek/Reinold/Zinröcker*, Umwandlungen: Rückwirkendes Ausscheiden des umgewandelten Gruppenmitglieds, BFGjournal 2017, 317; *Komarek/Reinold/Zinnöcker*, Verschmelzung und Umwandlung in der Unternehmensgruppe, SWK 2017, 687; *Marschner*, Vorgruppen-Siebentel-Abschreibung beim Gruppenträger abzugsfähig, GES 2017, 273; *Pinetz/Schaffer*, Ausstehende Siebentelbeträge aus Teilwertabschreibungen vor Gruppeneintritt sind keine Vorgruppenverluste iSd § 9 Abs 6 Z 4 KStG, ecolex 2017, 1017; *Plott/Vaishor*, Nicht abgereifte Siebentelabschreibungen sind nicht auf Gruppenmitgliedsebene „eingesperrt", taxlex 2017, 235; *Raab/Renner*, VwGH zur Behandlung von Teilwertabschreibungssiebentel aus Vorgruppenzeiten, SWK 2017, 983; *Schlager*, KStR-Wartungserlass 2017 in Begutachtung, RWZ 2017, 337; *Wiesner*, Fortgesetzte Siebentel-Abschreibung in der Unternehmensgruppe, RWZ 2017, 211; *Zorn*, VwGH zu vor Gruppenbildung vorgenommenen Teilwertabschreibungen auf Beteiligungen, RdW 2017, 523; *Zorn*, VwGH: Kein rückwirkendes Ausscheiden eines Gruppenmitglieds mit dessen errichtender Umwandlung, RdW 2017/383, 524.

Übersicht

I.	Grundzüge der Gruppenbesteuerung	1
	A. Allgemeines	3
	B. Gruppenträger	5
	C. Gruppenmitglieder	7
	D. Finanzielle Verbindung	9
	1. Unmittelbare finanzielle Verbindung	10
	2. Mittelbare finanzielle Verbindung über Personengesellschaften	11
	3. Mittelbare finanzielle Verbindung über Kapitalgesellschaften	12, 13
	4. Beteiligungsgemeinschaft	14, 15

E. Ergebniszurechnung
1. Inländisches Gruppenmitglied 21
2. Ausländisches Gruppenmitglied 22, 23
3. Beteiligungsgemeinschaft 24
F. Besondere Gewinnermittlungsvorschriften 31, 32
G. Sonstiges
1. Gruppenantrag 35, 36
2. Änderungen der Unternehmensgruppe 37
3. Mindestbestandsdauer 38, 39
II. Umgründungsbedingtes Entstehen/Erweitern/Wegfall einer Unternehmensgruppe
A. Allgemeines 45
1. Rückwirkende Anteilserwerbe und -übertragungen 46–50
2. Vermögensübertragungen innerhalb der Unternehmensgruppe 55, 56
B. Verschmelzung
1. Allgemeines 60
2. Begründung einer Unternehmensgruppe
  a) Herstellen der finanziellen Verbindung 61–63
  b) Besonderheiten bei abweichenden Wirtschaftsjahren   64, 66
3. Verschmelzung zwischen Gruppenmitgliedern 67, 68
4. Verschmelzung durch den oder auf den Gruppenträger . 69–76
5. Verschmelzung einer gruppenfremden Körperschaft auf ein Gruppenmitglied 77–79
6. Verschmelzung eines Gruppenmitglieds auf eine gruppenfremde Körperschaft 80–82
7. Gruppenträger-Beteiligungsgemeinschaft 83–87
8. Gruppenmitglieder-Beteiligungsgemeinschaft 88–89a
9. Auslandssachverhalte 90–100
C. Umwandlung
1. Allgemeines 110
2. Errichtende Umwandlung eines inländischen Gruppenmitglieds 111–114
3. Verschmelzende Umwandlung eines inländischen Gruppenmitglieds 115–117
4. Umwandlung des einzigen Gruppenmitglieds 118, 119
5. Umwandlung eines ausländischen Gruppenmitglieds 120–123
6. Umwandlung des Gruppenträgers 124, 125
D. Einbringung
1. Allgemeines 131
2. Begründung einer Unternehmensgruppe 132, 133
3. Einbringung innerhalb der Unternehmensgruppe
  a) Inlandseinbringungen 134–139a
  b) Auslandssachverhalte 140–151
4. Einbringung unter Beteiligung eines Gruppenfremden
  a) Einbringung durch einen Gruppenfremden 152–156
  b) Einbringung in einen Gruppenfremden 157–161a
5. Beendigung einer Unternehmensgruppe 162–164

E. Zusammenschluss
  1. Allgemeines 170
  2. Inländischer Zusammenschluss innerhalb der Unternehmensgruppe 171, 172
  3. Zusammenschluss mit Gruppenfremden 173–175
  4. Auslandssachverhalte 176–180
F. Realteilung
  1. Allgemeines 190
  2. Realteilung innerhalb der Unternehmensgruppe 191–193
  3. Realteilung mit Gruppenfremden 194
G. Handelsspaltung
  1. Allgemeines 196
  2. Begründung einer Unternehmensgruppe 197
  3. Spaltung eines Gruppenmitglieds innerhalb der Unternehmensgruppe
     a) Gruppeninterne Aufspaltung zur Neugründung 198–204
     b) Gruppeninterne Aufspaltung zur Aufnahme 205–208
     c) Gruppeninterne Abspaltung zur Neugründung 209–213
     d) Gruppeninterne Abspaltung zur Aufnahme 214, 215
  4. Spaltung des Gruppenträgers innerhalb der Unternehmensgruppe
     a) Aufspaltung des Gruppenträgers 216, 217
     b) Abspaltung des Gruppenträgers zur Neugründung .. 218–220
     c) Abspaltung des Gruppenträgers zur Aufnahme 221, 222
  5. Spaltung aus der oder in die Unternehmensgruppe
     a) Abspaltung auf einen Gruppenfremden 223–225
     b) Abspaltung durch einen Gruppenfremden 226, 227
III. Firmenwertabschreibung und Umgründungen
  A. Firmenwertabschreibung gem § 9 Abs 7 KStG
    1. Allgemeines 235–238
    2. Voraussetzungen 239
      a) Anschaffung 240–248
      b) Fremdbezogenheit der Anschaffung 250–252
      c) Unmittelbarkeit der Beteiligung 254, 255
      d) (Fortdauernde) Betriebsführung der Beteiligungskörperschaft 256–270
      e) Finanzielle Verbindung über das gesamte Wirtschaftsjahr der Beteiligungskörperschaft 271, 274
      f) Gruppenzugehörigkeit 278–285
      g) Sonstige Voraussetzungen 286–287b
    3. Rechnerische Ermittlung und Ansatz 288–297
  B. Auswirkungen von Umgründungen auf eine bestehende Firmenwertab(zu)schreibung gem § 9 Abs 7 KStG
    1. Allgemeines 305–307
    2. Umgründung der firmenwertbegründenden Beteiligung
      a) Übertragung
        aa) Gänzliche Übertragung 308–312

bb) Teilweise Übertragung		318–321
cc) Zeitliche Geltendmachung		322–326
b) (Teilweiser) Wegfall		
aa) Untergang		330–333
bb) Verminderung		334–337
cc) Zeitliche Geltendmachung		338–340
dd) Umgründungsbedingte Nacherfassung der Firmenwertab(zu)schreibung		344–368
c) Dreijahresfrist		373
3. Umgründung des firmenwertbegründenden Vermögens		
a) Firmenwertbegründendes Vermögen		376–383
b) (Teilweise) Übertragung		
aa) Gänzliche Übertragung		388–401
bb) Teilweise Übertragung		402–408
cc) Umgründung von Mitunternehmerschaften		409
dd) Dreijahresfrist		410–412
ee) Zeitliche Geltendmachung		414–416
c) Umfangmäßige Veränderung		421–424
C. Umgründungsbedingte Begründung einer Firmenwertab(zu)schreibung gem § 9 Abs 7 KStG		431
1. Neuentstehung		
a) Allgemeines		432, 433
b) Begründung dem Grunde nach		
aa) Übernehmende Gesellschaft		434–437a
bb) Übertragende Gesellschaft		438–444a
cc) Anteilsinhaber		445–447
c) Begründung der Höhe nach		448–456
2. Aufleben		461, 462
a) Erstmalige Ansetzbarkeit		463, 464
b) Nachträgliches Wiederaufleben		465–469
IV. Verlustvorträge, Umgründung und Gruppenbesteuerung		
A. Allgemeine Regelungen		
1. Fehlen spezifischer Normen		490, 491
2. Betroffene Verluste		495–497
3. Regelungsmechanismus des UmgrStG		500–504
B. Unterscheidung nach dem Charakter der Verlustvorträge		
1. Charakter		510–514
2. Auswirkung auf die Verwertbarkeit		516–522
3. Umgründungsbedingte Änderung des Charakters		530–537
C. Objektbezug des verlustverursachenden Vermögens		
1. Allgemeine Grundsätze		550–551
2. Rechtsfolge		555–557
3. Gruppenbedingte Trennung der Verlustvorträge vom verlusterzeugenden Vermögen		560–565
4. Objektbezug über die Beteiligung		
a) Allgemeines		570, 571

b) Umgründung des Gruppenmitglieds............................	572–576
c) Umgründung des Gruppenträgers...............................	580–592
5. Durchgriff auf das verlustverursachende Vermögen in gruppenbezogener Betrachtungsweise	
a) Allgemeines..	605–610
b) Umgründung des Gruppenträgers...............................	611–618
c) Umgründung eines Gruppenmitglieds.........................	625–634
d) Grenzen der gruppenbezogenen Betrachtungsweise.	650–655
6. Ausmaß von Übergang und Kürzung der Verlustvorträge...	670–673

I. Grundzüge der Gruppenbesteuerung

1 Siehe im Detail zu den Regelungen hinsichtlich der Gruppenbesteuerung KStR Rz 1004 ff; *Q/A/H/T/T*, Gruppenbesteuerung, *W/K/M*, Gruppenbesteuerung[2]; *D/H/H/S*, Gruppenbesteuerung; *L/S/S/S*, Gruppenbesteuerung; *Urtz* in *Achatz/Kirchmayr* § 9; *Pinetz/Stefaner* in *L/R/S/S*[2] § 9; *Vock* in *Q/R/S/S/V*[26] § 9.

A. Allgemeines

3 Kerngedanke der Gruppenbesteuerung ist die **Zusammenfassung der steuerlichen Ergebnisse finanziell verbundener Körperschaften** auf Ebene einer Körperschaft (Gruppenträger). Das Einkommen (Gewinne und Verluste) inländischer Gruppenmitglieder sowie der Verlust ausländischer Gruppenmitglieder werden dem Einkommen des beteiligten Gruppenmitglieds bzw Gruppenträgers in jenem Wirtschaftsjahr zugerechnet, in dem der Bilanzstichtag des Gruppenmitglieds liegt, und schließlich auf Ebene des Gruppenträgers besteuert (KStR Rz 1004; *Walter*[11] Rz 1046; *Pinetz/Stefaner* in *L/R/S/S*[2] § 9 Rz 5 ff).

B. Gruppenträger

5 Als **Gruppenträger** kommen gem § 9 Abs 3 KStG folgende Körperschaften in Betracht:

- **Unbeschränkt steuerpflichtige Kapitalgesellschaften** (GmbH, AG, SE), Erwerbs- und Wirtschaftsgenossenschaften iSd § 7 Abs 3 KStG, Versicherungsvereine auf Gegenseitigkeit iSd VAG und Kreditinstitute iSd BWG.
- **Beschränkt steuerpflichtige EU- bzw EWR-Körperschaften**, die mit einer inländischen Kapitalgesellschaft oder Erwerbs- und Wirtschaftsgenossenschaften vergleichbar sind. Weitere Voraussetzung ist die Eintragung einer Zweigniederlassung in das Firmenbuch und dass die Beteiligungen an den Gruppenmitgliedern dieser Zweigniederlassung zuzurechnen sind.
  Die Voraussetzung, dass eine eingetragene Zweigniederlassung im Inland vorhanden sein muss und dass die Beteiligungen an die Gruppenmitglieder dieser Zweigniederlassung zurechenbar sein müssen, erscheint aufgrund der EuGH-Rechtsprechung (EuGH 12.6.2014, Rs C-39/13, C-40/13 und C-41/13) unionsrechtswidrig, da dieses Erfordernis einen Verstoß gegen die Niederlassungsfreiheit darstellt. Eine Gruppenbildung zwischen inländischen Schwestergesellschaften, deren Anteile von einer gemeinsamen ausländischen EU/EWR-Muttergesellschaft gehalten werden, sollte daher auch dann möglich sein, wenn die

ausländische EU/EWR-Muttergesellschaft im Inland über keine Zweigniederlassung verfügt, der die Anteile zuzurechnen sind (*Tratlehner*, SWI 2014, 559; *Kerschner/Pinetz/Spies*, ecolex 2014, 424; *Schimmer*, ÖStZ 2014, 458).

- **Beteiligungsgemeinschaften** (als Personengesellschaften, Beteiligungssyndikat oder im Wege einer gemeinsamen Kontrolle), an denen ausschließlich die oben genannten Körperschaften beteiligt sind.

C. Gruppenmitglieder

Folgende Körperschaften qualifizieren gem § 9 Abs 2 KStG als **Gruppenmitglieder**:

- **Unbeschränkt steuerpflichtige Kapitalgesellschaften** (GmbH, AG, SE) und Erwerbs- und Wirtschaftsgenossenschaften iSd § 7 Abs 3 KStG.
- **Beschränkt steuerpflichtige ausländische Körperschaften**, die mit einer inländischen Kapitalgesellschaft oder Erwerbs- und Wirtschaftsgenossenschaften vergleichbar sind und ausschließlich mit unbeschränkt steuerpflichtigen Gruppenmitgliedern oder dem Gruppenträger ausreichend finanziell verbunden sind. Somit können nur ausländische Körperschaften der „ersten Ebene" in die Unternehmensgruppe aufgenommen werden (keine Aufnahme von Tochtergesellschaften ausländischer Gruppenmitglieder in die Unternehmensgruppe).
- Seit dem AbgÄG 2014 (BGBl I 2014/13) können ausländische Körperschaften nur dann Mitglieder einer inländischen Gruppe sein, wenn sie in einem **Mitgliedstaat der EU oder in einem Drittstaat, mit dem eine umfassende Amtshilfe besteht, ansässig** sind. Ausländische Gruppenmitglieder, die diese Voraussetzungen nicht erfüllen, verbleiben bis zum 31.12.2014 in der Gruppe und scheiden mit Wirkung ab 1.1.2015 aus der Gruppe aus. Das Ausscheiden des ausländischen Gruppenmitglieds aus der Gruppe führt zur Nachversteuerung der ins Inland verrechneten ausländischen Verluste. Allerdings wird diese Nachversteuerungspflicht auf Ebene des unmittelbar beteiligten inländischen Gruppenmitglieds bzw Gruppenträgers zu je einem Drittel auf die Veranlagungsperioden 2015 bis 2017 verteilt (§ 26c Z 45 lit b KStG). Dieser Nachversteuerungsbetrag kann beim Gruppenträger zu 100 % mit Verlustvorträgen verrechnet werden (§ 8 Abs 4 Z 2 lit b KStG).

D. Finanzielle Verbindung

Wesentliche Voraussetzung für die Gruppenbildung zwischen Körperschaften ist, dass eine Körperschaft mit einer übergeordneten Körperschaft (Gruppenmitglied oder Gruppenträger) ausreichend finanziell verbunden ist (§ 9 Abs 4 KStG). Die finanzielle Verbindung muss für das **gesamte Wirtschaftsjahr** der beteiligten Körperschaft vorliegen (§ 9 Abs 5 KStG).

Folgende Möglichkeiten bestehen für das Herstellen der finanziellen Verbindung:

1. Unmittelbare finanzielle Verbindung

Die beteiligte Körperschaft hält **unmittelbar mehr als 50 %** des Grund-, Stamm- oder Genossenschaftskapitals und der Stimmrechte an einer als Gruppenmitglied qualifizierenden Körperschaft (§ 9 Abs 4 1. TS KStG).

Beispiel

Die A-GmbH hat am 21.1.X1 60 % der Anteile an der B-GmbH erworben. Der Bilanzstichtag beider Körperschaften ist der 31.12.
Lösung: Die finanzielle Verbindung der A-GmbH zur B-GmbH beträgt unmittelbar mehr als 50 % und ist somit ausreichend. Eine Unternehmensgruppe mit der A-GmbH als Gruppenträger und der B-GmbH als Gruppenmitglied kann aber erstmals ab der Veranlagung X2 erfolgen, da die ausreichende finanzielle Verbindung für das gesamte Wirtschaftsjahr der B-GmbH erstmals im Wirtschaftsjahr X2 vorliegt.

2. Mittelbare finanzielle Verbindung über Personengesellschaften

11 Die beteiligte Körperschaft ist **mittelbar** über eine zwischengeschaltete Personengesellschaft **oder zusammen mit einer unmittelbaren Beteiligung zu mehr als 50 %** am Nennkapital und der Stimmrechte an einer Körperschaft beteiligt (§ 9 Abs 4 2. TS KStG). Zu beachten ist, dass die beteiligte Körperschaft an der Personengesellschaft mehr als 50 % halten muss, damit der beteiligten Körperschaft die Stimmrechte an der durch die Personengesellschaft gehaltenen Beteiligung zugerechnet werden können. Für Zwecke der Ermittlung der ausreichenden finanziellen Verbindung iSd § 9 Abs 4 2. TS KStG sind die Anteile der über die Personengesellschaft gehaltenen Beteiligung an der Körperschaft mulitplikativ durchzurechnen.

Beispiel

Die A-GmbH hält 75 % der Anteile an einer Personengesellschaft. Diese hält wiederum 70 % der Anteile an der B-GmbH.
Lösung: Die finanzielle Verbindung ist ausreichend vorhanden, da die A-GmbH mittelbar 52,5 % der Anteile an der B-GmbH hält (70 % multipliziert mit 75 %).

3. Mittelbare finanzielle Verbindung über Kapitalgesellschaften

12 Die finanzielle Verbindung kann auch über Beteiligungen an Kapitalgesellschaften (Gruppenmitglieder) **mittelbar** hergestellt werden. Eine unmittelbare Beteiligung zusätzlich zur mittelbaren ist nicht notwendig (§ 9 Abs 4 3. TS KStG).

13 Nach hM im Schrifttum und Ansicht der FV ist bei der Ermittlung der Höhe der mittelbaren Beteiligung multiplikativ durchzurechnen (KStR Rz 1044; *Urtz* in *Achatz/Kirchmayr* § 9 Tz 192; *Pinetz/Stefaner* in L/R/S/S^2 § 9 Rz 77).

4. Beteiligungsgemeinschaft

14 Die finanzielle Verbindung kann auf Gruppenträgerebene durch eine Beteiligungsgemeinschaft unter folgenden Voraussetzungen hergestellt werden:

- Die Beteiligungsgemeinschaft hält **unmittelbar oder mittelbar mehr als 50 %** des Grund-, Stamm- oder Genossenschaftskapitals und der Stimmrechte an einer als Gruppenmitglied qualifizierenden Körperschaft und
- zumindest ein **Mitbeteiligter (Hauptbeteiligter)** hält **mindestens 40 %** und zumindest ein **Mitbeteiligter (Minderbeteiligter) 15 %** am Grund-, Stamm- oder Genossenschaftskapital und der Stimmrechte an einer als Gruppenmitglied qualifizierenden Körperschaft.

15 Die Bildung einer Beteiligungsgemeinschaft auf Gruppenmitgliederebene war nur bis zum 30.6.2010 möglich (Einschränkung durch das AbgÄG 2010, KStR Rz 1015 ff).

E. Ergebniszurechnung

1. Inländisches Gruppenmitglied

Das **gesamte Einkommen** (Gewinn oder Verlust) des Gruppenmitglieds ist dem 21
unmittelbar oder mittelbar beteiligten Gruppenmitglied oder Gruppenträger zuzurechnen (§ 9 Abs 6 Z 2 KStG). Vortragsfähige **Verluste** des inländischen Gruppenmitglieds aus Zeiträumen vor dem Eintritt in die Unternehmensgruppe (Vorgruppenverluste) oder aus einer umgründungsbedingten Übernahme (Außergruppenverluste) können auf Ebene des Gruppenmitglieds gem § 9 Abs 6 Z 4 KStG bis zur Höhe des eigenen Gewinns verrechnet werden (keine Anwendung der 75 %-Grenze des § 8 Abs 4 Z 2 lit a KStG). Zur Kategorisierung der Verlustvorträge s im Detail Rz 510 ff.

2. Ausländisches Gruppenmitglied

Im Fall der Beteiligung an einem ausländischen Gruppenmitglied ist dem übergeordneten Gruppenmitglied bzw Gruppenträger der **Verlust des ausländischen Gruppenmitglieds anteilig im Ausmaß der Beteiligung** zuzurechnen (§ 9 Abs 6 Z 6 KStG). Die Höhe des ins Inland zu verrechnenden Verlusts ist zweifach gedeckelt: 22

- einerseits ist der Verlust **nach inländischen Gewinnermittlungsvorschriften** zu ermitteln,
- andererseits ist die Höhe des im Inland zu berücksichtigenden Verlustes mit dem im Ausland **nach ausländischen Gewinnermittlungsvorschriften** errechneten Verlust begrenzt.

Bis zur Veranlagung 2014 konnten Verluste von ausländischen Gruppenmitgliedern von der Summe der positiven inländischen Einkünfte des Gruppenträgers sowie der inländischen Gruppenmitglieder im laufenden Jahr zur Gänze abgezogen werden. Durch das AbgÄG 2014 (BGBl I 2014/13) kam es zu der Einschränkung, dass ab der Veranlagung 2015 die **Verrechnung ausländischer Verluste nur im Ausmaß von 75 %** der Summe der Einkünfte der inländischen Gruppenmitglieder sowie des Gruppenträgers möglich ist. Insoweit ausländische Verluste im laufenden Jahr nicht berücksichtigt werden können, werden diese zu vortragsfähigen Verlusten des Gruppenträgers (§ 9 Abs 6 Z 6 KStG). 23

Kann der in Vorjahren im Ausland erwirtschaftete Verlust vom ausländischen Gruppenmitglied mit eigenen Gewinnen verrechnet werden (zB durch Nutzung eines Verlustvortrags), ist der tatsächlich im Ausland verrechnete Verlust im Ausmaß der Beteiligung in Österreich beim übergeordneten Gruppenmitglied bzw Gruppenträger **nachzuversteuern**. Scheidet das ausländische Gruppenmitglied aus der Unternehmensgruppe aus (zB durch Austritt des Gruppenmitglieds, Verkauf der Beteiligung, „wirtschaftliches Ausscheiden"), sind alle noch nicht im Inland nachversteuerten Verluste nachzuverrechnen. Scheidet das ausländische Gruppenmitglied infolge einer Liquidation oder Insolvenz aus der Unternehmensgruppe aus und kommt es dadurch zu einem endgültigen Vermögensverlust, wird der Nachversteuerungsbetrag um die während der Gruppenzugehörigkeit steuerneutralen Teilwertabschreibungen reduziert.

Ab der Veranlagung 2015 gilt ein neuer Ausnahmetatbestand von der 75%igen Verlustvortragsgrenze. **Nachversteuerungsbeträge** von Verlusten ausländischer

Gruppenmitglieder können **zu 100 % mit Verlustvorträgen** verrechnet werden (§ 8 Abs 4 Z 2 lit b KStG idF AbgÄG 2014).

3. Beteiligungsgemeinschaft

24 Das Einkommen des in die Unternehmensgruppe über die Beteiligungsgemeinschaft einbezogenen Gruppenmitglieds ist den Mitgliedern der Beteiligungsgemeinschaft **im Ausmaß ihrer Beteiligung an der Beteiligungsgemeinschaft zuzurechnen** (§ 9 Abs 6 Z 3 KStG).

F. Besondere Gewinnermittlungsvorschriften

31 Die sich aus der Steuerausgleichsvereinbarung ergebenden Steuerumlagen, die sich aus der Zurechnung des Einkommens zwischen den Gruppenmitgliedern und dem Gruppenträger ergeben, sind steuerneutral (§ 9 Abs 6 Z 5 KStG).

Abschreibungen und Veräußerungsverluste hinsichtlich der Beteiligung an einem in- oder ausländischen Gruppenmitglied sind **steuerlich nicht abzugsfähig** (§ 9 Abs 7 KStG). Zuschreibungen sind insoweit ebenfalls steuerneutral, als eine vorherige steuerneutrale Teilwertabschreibung rückgängig gemacht wird (KStR Rz 1108).

32 Eine Firmenwertabschreibung auf die Anschaffungskosten einer Beteiligung war nur für Anschaffungen bis zum 28.2.2014 möglich (s hierzu im Detail Rz 235 ff).

G. Sonstiges

1. Gruppenantrag

35 Damit die Unternehmensgruppe tatsächlich entsteht, haben der Gruppenträger und sämtliche inländische Gruppenmitglieder einen Gruppenantrag **nachweislich bis zum Ende des Wirtschaftsjahres zu unterfertigen**, in dem die Unternehmensgruppe erstmals gebildet werden soll. Der Gruppenantrag ist unter Verwendung des amtlichen Vordrucks bei dem für den Gruppenträger oder dem Hauptbeteiligten einer Beteiligungsgemeinschaft zuständigen Finanzamt zu stellen. Die übrigen an der Unternehmensgruppe teilnehmenden Körperschaften haben die Gruppenbildung bei den für sie zuständigen Finanzämtern anzuzeigen (§ 9 Abs 8 KStG).

36 Der zwischen Gruppenträger und Gruppenmitglieder(n) abzuschließende Gruppenvertrag hat **zwingend eine Regelung über den Steuerausgleich** zu enthalten (§ 9 Abs 8 KStG).

2. Änderungen der Unternehmensgruppe

37 Jede **Änderung** einer Unternehmensgruppe ist dem zuständigen Finanzamt innerhalb eines Monats **anzuzeigen** (§ 9 Abs 8 KStG). Von einer Änderung der Unternehmensgruppe sind beispielsweise umfasst: Veräußerungen von Gruppenmitgliedern, Umgründungen innerhalb der Gruppe, Änderung der Beteiligungs- und Stimmrechtsverhältnisse. Der nachträgliche **Eintritt** eines Gruppenmitglieds in die Unternehmensgruppe ist gem § 9 Abs 9 3. TS KStG anzuzeigen. Darüber hinaus ist für dieses eintretende Gruppenmitglied ein **Gruppenantrag** zu stellen (*Walter*[11] Rz 1074; *Urtz* in *Achatz/Kirchmayr* § 9 Tz 567 ff).

3. Mindestbestandsdauer

38 Gem § 9 Abs 10 KStG muss die Unternehmensgruppe **für mindestens drei Jahre bestehen** (drei Wirtschaftsjahre zu jeweils zwölf Monaten). Diese dreijährige Mindestbestandsdauer gilt für jedes einzelne Gruppenmitglied. Wird die Unterneh-

mensgruppe aufgelöst bzw scheiden einzelne Gruppenmitglieder innerhalb dieser dreijährigen Mindestbestandsdauer aus der Unternehmensgruppe aus, kommt es zur **Rückabwicklung** der Wirkungen der gesamten Unternehmensgruppe bzw für das einzelne ausscheidende Gruppenmitglied (Veranlagung auf Stand-Alone-Basis). Die Rückaufrollung erstreckt sich auch auf die Gruppenmitglieder, deren ausreichende finanzielle Verbindung vom ausscheidenden Gruppenmitglied erfüllt wird *(Achatz/Pichler/Stockinger* in *Q/A/H/T/T* § 9 Abs 10 Rz 12 ff; *Walter*[11] Rz 1075; *Pinetz/Stefaner* in *L/R/S/S*[2] § 9 Rz 254).

Durch die **Rückabwicklung** der Unternehmensgruppe bzw für einzelne Gruppenmitglieder soll jener steuerliche Zustand hergestellt werden, der ohne die Regelungen der Gruppenbesteuerung erreicht worden wäre. Dementsprechend führt die Rückabwicklung zur **Korrektur der Ergebniszurechnung zum beteiligten Gruppenmitglied** bzw Gruppenträger sowie der Firmenwertabschreibung, der Nachversteuerung von ins Inland verrechneter Verluste ausländischer Gruppenmitglieder, der Rückgängigmachung der Weiterleitung von ausländischen Quellensteuern an den Gruppenträger und zur Anwendung der Verlustverrechnungsgrenze des § 8 Abs 4 Z 2 lit a KStG in Höhe von 75 % für Vor- und Außergruppenverluste *(Urtz* in *Achatz/Kirchmayr* § 9 Tz 595 ff; *Pinetz/Stefaner* in *L/R/S/S*[2] § 9 Rz 255). **39**

II. Umgründungsbedingtes Entstehen/Erweitern/ Wegfall einer Unternehmensgruppe

A. Allgemeines

Im UmgrStG sind keine Bestimmungen zu den Auswirkungen von Umgründungen auf Unternehmensgruppen iSd § 9 KStG enthalten. Der Bezug zwischen Umgründungen und der Gruppenbesteuerung wird in **§ 9 Abs 5 S 3 und S 4 KStG** hergestellt. Diese beiden Sätze bilden die **rechtliche Grundlage für das Zusammenwirken von Umgründungen und Unternehmensgruppen** *(Trenkwalder* in *Q/A/H/T/T* § 9 Abs 5 Rz 22; *W/K/M*[2] K 231; *Erdély* in *D/H/H/S* 148; *Reindl/Walter* in HB KonzernStR[2] 653; *Urtz* in *Achatz/Kirchmayr* § 9 Tz 220; *Walter*[11] Rz 1076; *H/R/W/Z*[2] § 9 Abs 5 Rz 1). Gem § 9 Abs 5 S 3 KStG sind steuerlich wirksame rückwirkende Anteilserwerbe und Anteilsübertragungen iSd Abgabenvorschriften auch für die Frage der finanziellen Verbindung maßgebend. Auf Grund des § 9 Abs 5 S 4 KStG gelten Vermögensübertragungen innerhalb der Unternehmensgruppe nicht als Änderung der Voraussetzungen für Gruppenverhältnisse, sofern die Unternehmensgruppe weiterhin finanziell verbunden bleibt. **45**

1. Rückwirkende Anteilserwerbe und -übertragungen

Aus § 9 Abs 5 S 3 KStG geht hervor, dass die **Rückwirkungsfiktion** des UmgrStG (s § 3 Rz 1) auch **für die Gruppenbesteuerung maßgeblich** ist. Unternehmensgruppen können somit mit Hilfe der Rückwirkungsfiktion begründet, erweitert oder beendet werden *(Hohenwarter/Staringer* in *L/S/S/S* 391; *Zöchling/Haslinger* in *Q/A/H/T/T* Rz 1; *Erdély* in *D/H/H/S* 149; *Urtz* in *Achatz/Kirchmayr* § 9 Tz 221; *Walter*[11] Rz 1078 ff). **46**

Damit durch Umgründungen rückwirkend in die Zusammensetzung einer Unternehmensgruppe eingegriffen werden kann, müssen grundsätzlich die **Voraussetzungen des UmgrStG** erfüllt sein *(Urtz* in *Achatz/Kirchmayr* § 9 Tz 221). Im Anwendungsbereich der Verschmelzung, Umwandlung und Handelsspaltung ist für **47** die steuerliche Rückwirkungsfiktion generell die neunmonatige Frist des Unternehmensrechts maßgeblich, da Umgründungen mit Ablauf des vereinbarten Stichtages als durchgeführt gelten (*Vock* in Q/R/S/S/V[26] § 9 Rz 343; *Hohenwarter/Staringer* in L/S/S/S 392 ff; *Urtz* in *Achatz/Kirchmayr* § 9 Tz 221). Für Einbringungen, Zusammenschlüsse, Realteilungen und Steuerspaltungen ist die steuerliche Rückwirkungsfiktion im UmgrStG selbst geregelt (§ 13, worauf die §§ 24 Abs 2 Z 1, § 28 und § 38a Abs 2 verweisen). Allerdings soll die Rückwirkungsfiktion auch für Umgründungen außerhalb des UmgrStG anwendbar sein, insoweit begünstigtes Vermögen iSd UmgrStG übertragen wird. Dies gilt gem § 6 Z 14 lit b EStG für „verunglückte" Einbringungen sowie Steuerspaltungen und gem § 24 Abs 7 EStG für „verunglückte" Zusammenschlüsse sowie Realteilungen, die jeweils zu einer rückwirkenden Gewinnverwirklichung führen (vgl *Vock* in Q/R/S/S/V[26] § 9 Rz 343; *Trenkwalder* in Q/A/H/T/T § 9 Abs 5 Rz 13; UFS 16.6.2008, RV/1423-W/06). Wenn die Anwendungsvoraussetzungen des UmgrStG nicht erfüllt sind, kann eine umgründungssteuerliche Rückwirkung selbst durch eine vertragliche Vereinbarung nicht bewirkt werden (vgl *Vock* in Q/R/S/S/V[26] § 9 Rz 345; UFS 16.6.2008, RV/1423-W/06).

48 Seit dem **BudBG 2007** kommt die **Rückwirkungsfiktion auch auf Ebene der Anteilsinhaber** im Bereich von Verschmelzungen und Spaltungen zur Anwendung. Dies gilt für Umgründungsstichtage ab dem 31.12.2006. Vor dem BudBG 2007 war die Rückwirkungsfiktion auf Ebene der Gesellschafter nur für Einbringungen, Zusammenschlüsse, Realteilungen und Steuerspaltungen anwendbar (*Pinetz/Stefaner* in L/R/S/S[2] § 9 Rz 88; *Urtz* in *Achatz/Kirchmayr* § 9 Tz 221; *Walter*[11] Rz 1079 ff). Nach den Gesetzesmaterialien zu § 5 Abs 1 und § 33 Abs 1 wurde die Rückwirkungsfiktion auf Anteilsinhaberebene bei der Verschmelzung und Spaltung eingeführt, um bei der Gruppenbesteuerung unerwünschte Erschwernisse zu beseitigen (ErlRV 43 BlgNR 23. GP, 25 und 28).

49 Durch die umgründungssteuerrechtliche Rückwirkungsfiktion werden wegen des § 9 Abs 5 S 3 KStG Erwerbe aufgrund von Umgründungen **rückwirkend für die finanzielle Verbindung innerhalb einer Unternehmensgruppe wirksam** (vgl *Wiesner/Mayr*, RdW 2004, 633; *Trenkwalder* in Q/A/H/T/T § 9 Abs 5 Rz 14; *Pinetz/Stefaner* in L/R/S/S[2] § 9 Rz 87; *Urtz* in *Achatz/Kirchmayr* § 9 Tz 221; *Hirschler*, taxlex 2005, 511; *Zöchling/Haslinger* in Q/A/H/T/T Rz 3; *Baumgartner*, taxlex 2015, 107 ff). Besonderes Augenmerk ist auf die **Wahl des Umgründungsstichtages** zu legen, da Umgründungen erst mit Ablauf des Umgründungsstichtages ertragsteuerlich wirksam werden und daher das übertragene Vermögen erst nach Ablauf des Umgründungsstichtages dem übernehmenden Rechtsträger ertragsteuerlich zuzurechnen ist. Gleiches gilt für die Gegenleistungsanteile auf Gesellschafterebene. Dies ist vor allem deshalb für die Gruppenbildung relevant, da gem § 9 Abs 5 S 1 KStG die finanzielle Verbindung während des gesamten Wirtschaftsjahres des Gruppenmitglieds vorliegen muss. Liegt der Umgründungsstichtag somit vor dem ersten Tag des Wirtschaftsjahres des zukünftigen Gruppenmitglieds, kann die geforderte ganzjährige finanzielle Verbindung bereits ab Beginn des laufenden Wirtschaftsjahres hergestellt und somit die Beteiligung als Gruppenmitglied in die Unternehmensgruppe aufgenommen werden (*Hohenwarter/Staringer* in L/S/S/S 393; *Pinetz/Stefaner* in L/R/S/S[2] § 9 Rz 87; *Erdély* in D/H/H/S 149; *Urtz* in *Achatz/Kirchmayr* § 9 Tz 221; *Zöchling/Haslinger* in Q/A/H/T/T Rz 3).

Grundsätzlich können **alle Umgründungstypen** des UmgrStG Auswirkungen auf die Begründung, Erweiterung oder die Beendigung von Unternehmensgruppen haben, da durch Umgründungen die finanzielle Verbindung zwischen Gruppenmitgliedern verändert werden kann (*Trenkwalder* in Q/A/H/T/T § 9 Abs 5 Rz 26; *Erdély* in D/H/H/S 14 ff; *Hohenwarter/Staringer* in L/S/S/S 393; *Walter*[11] Rz 1078 ff; UmgrStR Rz 351 ff zur Verschmelzung, Rz 620 zur Umwandlung, Rz 1245 zur Einbringung, Rz 1493 zum Zusammenschluss, Rz 1635 zur Realteilung und Rz 1785a zur Handelsspaltung). 50

2. Vermögensübertragungen innerhalb der Unternehmensgruppe

Gem § 9 Abs 5 S 4 KStG ist die **Übertragung** von Vermögen **innerhalb einer Unternehmensgruppe** für deren Bestand nicht schädlich, insoweit die Voraussetzung der ausreichenden **finanziellen Verbindung** weiterhin erfüllt wird (*Urtz* in Achatz/Kirchmayr § 9 Tz 223; *Zöchling/Haslinger* in Q/A/H/T/T Rz 1; UmgrStR Rz 349a). § 9 Abs 5 S 4 KStG regelt somit die zeitliche Anforderung hinsichtlich der finanziellen Verbindung während des gesamten Wirtschaftsjahres bei Umgründungen innerhalb von Unternehmensgruppen. Kommt es durch eine Umgründung innerhalb einer Unternehmensgruppe **unterjährig zu einem Gesellschafterwechsel**, wäre die Anforderung hinsichtlich der finanziellen Verbindung während des gesamten Wirtschaftsjahres ohne diese Norm nicht gegeben. Der Sinn dieser Bestimmung liegt somit darin, dass Übertragungsvorgänge innerhalb einer Unternehmensgruppe nicht die Konsequenz haben sollen, dass die finanzielle Verbindung zu einem Gruppenmitglied unterbrochen wird bzw neu zu erfüllen ist (*Wiesner/Mayr*, RdW 2004, 633 ff; *Hohenwarter/Staringer* in L/S/S/S 397; *Zöchling/Haslinger* in Q/A/H/T/T Rz 26 ff; *Trenkwalder* in Q/A/H/T/T § 9 Abs 5 Rz 22 ff; *Erdély* in D/H/H/S 149; *Urtz* in Achatz/Kirchmayr § 9 Tz 223; *Tüchler*, ÖStZ 2011, 55 ff; ErlRV 451 BlgNR 22. GP, 29). 55

Auch wenn sich die Voraussetzungen für die Unternehmensgruppe nicht ändern, ist eine solche **Vermögensübertragung** gem § 9 Abs 9 KStG beim zuständigen Finanzamt innerhalb eines Monats **anzuzeigen**. 56

B. Verschmelzung
1. Allgemeines

Zum Anwendungsbereich, der Maßgeblichkeit des Gesellschaftsrechts, der Kategorisierung etc der Verschmelzung s § 1 Rz 1 ff. 60

2. Begründung einer Unternehmensgruppe
a) Herstellen der finanziellen Verbindung

Durch eine **Verschmelzung** kann eine Unternehmensgruppe nicht entstehen oder erweitert werden. Allerdings kann durch eine Verschmelzung eine **ausreichende finanzielle Verbindung** an einer Kapitalgesellschaft rückwirkend **zum Verschmelzungsstichtag** hergestellt werden (UmgrStR Rz 350; *Walter*[11] Rz 1078; *Reindl/Walter* in HB KonzernStR[2] 654; *Zöchling/Haslinger* in Q/A/H/T/T Rz 6; *Vock* in Q/R/S/S/V[26] § 9 Rz 360). 61

Beispiel
Die A-GmbH wird auf die B-GmbH zur AB-GmbH rückwirkend mit 31.12.X1 verschmolzen. Die A-GmbH hält zum Verschmelzungsstichtag 30 %, die B-GmbH

40 % der Anteile an der C-GmbH. Da nach der Verschmelzung die finanzielle Verbindung mit der C-GmbH mehr als 50 % beträgt und diese finanzielle Verbindung aufgrund der Rückwirkungsfiktion ab dem 1.1.X2 vorliegt, kann die AB-GmbH mit der C-GmbH ab der Veranlagung X2 eine Gruppe bilden.

62 In diesem Zusammenhang ist Rz 262 der UmgrStR hinsichtlich der Behandlung der Anteilsinhaber bei Verschmelzungen zu beachten. Selbst wenn die verschmelzungsbedingt gewährten Anteile an der übernehmenden Körperschaft gem § 5 Abs 1 Z 1 mit Beginn des dem Verschmelzungsstichtag folgenden Tages als erworben gelten, soll nach Auffassung der FV dieser rückwirkend fingierte Anteilserwerb aufgrund § 9 Abs 5 S 3 KStG für die ausreichende finanzielle Verbindung allerdings nur maßgebend sein, sofern die Beteiligung an der übertragenden Körperschaft auch **tatsächlich spätestens am Folgetag des Verschmelzungsstichtages angeschafft** wurde (UmgrStR Rz 262).

Beispiel (UmgrStR Rz 262)
Die X-GmbH ist Gruppenträger einer Unternehmensgruppe. Seit Mitte 01 hält die X-GmbH einen 30%igen Anteil an der A-GmbH und einen 40%igen an der B-GmbH (Wirtschaftsjahr = Kalenderjahr). Zum 31.12.01 wird die A-GmbH auf die B-GmbH rückwirkend verschmolzen. Verschmelzungsbedingt erhält der Gruppenträger von den übrigen Anteilsinhabern weitere 15 %, sodass er ab 1.1.02 mit 55 % an der B-GmbH beteiligt ist.

Lösung (UmgrStR Rz 262): Die Aufnahme der B-GmbH in die Unternehmensgruppe ist ab der Veranlagung 02 möglich, weil die X-GmbH sowohl an der übertragenden als auch der übernehmenden Körperschaft durchgehend im Jahr 02 beteiligt war.

Die Lösung des Beispiels ist im Ergebnis korrekt, allerdings erscheint die Begründung nicht zutreffend. Die FV stellt auf die Anschaffung der Anteile an der übertragenden und übernehmenden Körperschaft sowie das durchgängige Halten der Beteiligung an der übertragenden B-GmbH im Jahr 02 ab, obwohl die B-GmbH angabegemäß bereits mit Stichtag 31.12.01 verschmolzen wurde.

Variante des Beispiels (UmgrStR Rz 262): Sollte die X-GmbH die Beteiligung an der A-GmbH hingegen erst im Rückwirkungszeitraum (dh nach dem 1.1.02) angeschafft haben, kann nach Auffassung der FV die B-GmbH erst im Jahr 03 in die Gruppe aufgenommen werden.

63 UE kann die B-GmbH in dieser Variante ebenfalls bereits ab dem Wirtschaftsjahr 02 in die Gruppe aufgenommen werden, da **aufgrund der Rückwirkungsfiktion des § 5 Abs 1 auf Anteilsinhaberebene** die Anteile an der B-GmbH bereits **zum 1.1.02 als angeschafft** gelten und somit die ausreichende finanzielle Verbindung während des gesamten Wirtschaftsjahres 02 zur B-GmbH gegeben ist (s oben Rz 48 ff). Für die Gruppenbildung ist jedoch gem § 9 Abs 5 KStG auf die ausreichende finanzielle Verbindung zum Gruppenmitglied während dessen gesamten Wirtschaftsjahres abzustellen. Diese wird durch die steuerliche Rückwirkungsfiktion für Anteilserwerbe gem § 5 Abs 1 (und nicht durch die tatsächliche Anschaffung der Anteile der B-GmbH) erreicht, da der X-GmbH die verschmelzungsbedingt erworbenen Anteile an der B-GmbH ab 1.1.02 zuzurechnen sind und somit die ausreichende finanzielle Verbindung an der B-GmbH während des gesamten Wirtschaftsjahres 02 vorliegt. Eine Rechtfertigung für diese restriktive

Ansicht der FV ist uE weder dem KStG noch dem UmgrStG zu entnehmen. Die Anforderung der Rz 262 geht somit über die gesetzliche Anforderung des § 9 Abs 5 KStG hinaus (*Hirschler*, taxlex 2012, 12; *Wiesner/Mayr*, RdW 2007, 437).

b) Besonderheiten bei abweichenden Wirtschaftsjahren

Bei einem abweichenden Wirtschaftsjahr der Beteiligungskörperschaft ist die Gruppenbildung mit Wirkung ab dem folgenden Wirtschaftsjahr des Gruppenmitglieds möglich, wenn die übertragende und die übernehmende Körperschaft die Beteiligungen zumindest seit Beginn des Wirtschaftsjahres der Beteiligungskörperschaft halten (UmgrStR Rz 350). **64**

Beispiel 1 (UmgrStR Rz 350)

Die A-GmbH (Wirtschaftsjahr = Kalenderjahr) und die B-GmbH (Wirtschaftsjahr = Kalenderjahr) halten seit 1.7.06 jeweils eine 30%ige Beteiligung an der C-GmbH (Wirtschaftsjahr 1.7. bis 30.6.). Die A-GmbH wird zum 31.12.06 auf die B-GmbH verschmolzen.

Lösung Beispiel 1 (UmgrStR Rz 350): Die Gruppenbildung ist ab Veranlagung 08 möglich.

Die Anteile an der C-GmbH werden von der A-GmbH rückwirkend zum 31.12.06 auf die B-GmbH übertragen. Somit besteht auf Ebene der B-GmbH die ausreichende finanzielle Verbindung zur C-GmbH ab 1.1.07. Das Wirtschaftsjahr 07/08 ist somit das erste volle Wirtschaftsjahr, in dem die ausreichende finanzielle Verbindung zur C-GmbH besteht.

Die Textierung der Rz 350 der UmgrStR in der geltenden Fassung ist grundsätzlich unscharf. Laut deren Wortlaut wäre die Gruppenbildung im Beispiel 1 ab der Veranlagung 07 möglich, da die übertragende und die übernehmende Gesellschaft die Anteile an der Beteiligungskörperschaft seit Beginn des Wirtschaftsjahres 06/07 halten. Diese Unschärfe ist auch daraus ersichtlich, dass die UmgrStR idF vor dem Wartungserlass 2011 die Gruppenbildung in diesem Beispiel ab der Veranlagung 07 zugelassen haben. **65**

UE ist die Lösung des Beispiels 1 in der geltenden Fassung der UmgrStR zutreffend. Die ausreichende finanzielle Verbindung von mehr als 50 % zur C-GmbH liegt nämlich erstmals für ein gesamtes Wirtschaftsjahr ab dem Wirtschaftsjahr 07/08 vor. Im Wirtschaftsjahr 06/07 war diese erst ab dem 1.1.07 und somit nicht für das gesamte Wirtschaftsjahr gegeben.

Beispiel 2 (UmgrStR Rz 350) **66**

Selber Sachverhalt wie Beispiel 1, allerdings ist der Verschmelzungsstichtag der 30.6.06.

Lösung Beispiel 2 (UmgrStR Rz 350): Die Gruppenbildung ist ab Veranlagung 07 möglich, weil sowohl die A-GmbH als auch die B-GmbH die Anteile an der C-GmbH bereits zum 1.7.06 tatsächlich gehalten haben.

Die Lösung des Beispiels ist im Ergebnis zutreffend, Allerdings erscheint die Begründung nicht korrekt. Es ist zutreffend, dass die B-GmbH als übernehmende Körperschaft die Anteile an der C-GmbH während des gesamten Wirtschaftsjahres der C-GmbH halten muss, um das Kriterium der ausreichenden finanziellen Verbindung zu erreichen. Die von der A-GmbH im Zuge der Verschmelzung übertragenen Anteile gelten allerdings aufgrund der Rückwirkungsfiktion des § 5

Abs 1 Z 1 als mit dem dem Verschmelzungsstichtag folgenden Tag von der B-GmbH als angeschafft. Die Anteile an der C-GmbH könnten somit von der A-GmbH auch während des Rückwirkungszeitraumes angeschafft werden (*Wiesner/Mayr*, RdW 2007, 437; s oben Rz 62 zu UmgrStR Rz 262).

3. Verschmelzung zwischen Gruppenmitgliedern

67 Im Fall der **Verschmelzung von unmittelbar oder mittelbar verbundenen Gruppenmitgliedern** (zB up-stream, down-stream, side-stream) bleibt die Unternehmensgruppe bestehen, da nach der Verschmelzung die finanzielle Verbindung der beteiligten Körperschaft(en) weiterhin gegeben ist (*Schwarzinger/Wiesner* I/1^3 562 ff).

68 Findet die Verschmelzung für das übertragene Gruppenmitglied innerhalb der dreijährigen Mindestbestandsdauer statt, führt dies **nicht zur Rückabwicklung** der Gruppe für das übertragene Gruppenmitglied, da die Vermögensübernahme durch das übernehmende Gruppenmitglied einen **Fortsetzungstatbestand** darstellt. Voraussetzung hierfür ist allerdings, dass das übernehmende Gruppenmitglied nicht selbst innerhalb der dreijährigen Mindestbestandsdauer aus der Unternehmensgruppe ausscheidet (UmgrStR Rz 352 zur Up-stream- und Down-stream-Verschmelzung, UmgrStR Rz 353 zur Side-stream-Verschmelzung; *W/K/M*^{2} K 492; *Damböck*, ecolex 2007, 159; *Zöchling/Haslinger* in Q/A/H/T/T Rz 9; *Reindl/Walter* in HB KonzernStR^2 654 ff).

4. Verschmelzung durch den oder auf den Gruppenträger

69 Die **Verschmelzung eines Gruppenfremden bzw eines Gruppenmitglieds auf den Gruppenträger** hat **keine Auswirkungen** auf dessen Rechtsposition als Gruppenträger bzw dessen finanzielle Verbindung an bestehenden Gruppenmitgliedern. Hält das übertragende Gruppenmitglied ausreichende finanzielle Verbindungen an anderen Gruppenmitgliedern, bestehen diese finanziellen Verbindungen ab dem dem Verschmelzungsstichtag folgenden Tag auf Ebene des Gruppenträgers weiter (*Hohenwarter/Staringer* in L/S/S/S 399; *Zöchling/Haslinger* in Q/A/H/T/T Rz 8; *Erdély* in D/H/H/S 150 ff; UmgrStR Rz 353d; *W/K/M*^{2} K 494). S zur Verschmelzung auf den Gruppenträger allerdings die Problematik bei der Verschmelzung zwischen Gruppenträger und dem einzigen Gruppenmitglied in Rz 75.

70 Die **Verschmelzung des Gruppenträgers auf eine gruppenfremde Körperschaft** hat die Beendigung der Gruppe zur Folge. Die aufnehmende Körperschaft kann zwar als neuer Gruppenträger eine neue Unternehmensgruppe bilden, es kommen aber die allgemeinen Folgen der **Beendigung** der Gruppe zur Anwendung (insb ist hier die dreijährige Mindestbestandsdauer des § 9 Abs 10 KStG zu beachten; UmgrStR Rz 354d; *Urtz* in Achatz/Kirchmayr § 9 Tz 223; *Achatz/Haslehner* in Q/A/H/T/T Rz 21; *Zöchling/Haslinger* in Q/A/H/T/T Rz 5; *Vock* in Q/R/S/S/V^{26} § 9 Rz 362 ff; *Reindl/Walter* in HB KonzernStR^2 657; *Walter*[11] Rz 1085 ff; *Zöchling/Haslinger* in HB M&A 210; *Schwarzinger/Wiesner* I/1^3 594 ff: KStR Rz 1058a idF BegE WE 2017). Diese von den UmgrStR vertretene Ansicht wurde vom VwGH bestätigt (VwGH 28.6.2016, 2013/13/0066; *Zorn*, RdW 2016, 567; *Wiesner*, RWZ 2016, 276 *Pinetz*, GES 2016, 374; *Komarek/Reinold/Zinnöcker*, SWK 2017, 687). Nach Ansicht des VwGH begründet der Untergang des Gruppenträgers infolge der Verschmelzung ein Ausscheiden des Gruppenträgers aus der Unternehmensgruppe. Das Ausscheiden des Gruppenträgers geht nach § 9

Abs 9 KStG mit der Beendigung der Unternehmensgruppe einher. Die Ausnahmebestimmung des § 9 Abs 5 KStG, nach der Umgründungen innerhalb der Gruppe für den Bestand der Gruppe unschädlich sind, greift nicht, da es sich um eine Verschmelzung des Gruppenträgers auf eine Gesellschaft außerhalb der Gruppe handelt.

Diese restriktive Ansicht wurde in der Vergangenheit kritisch gesehen, da aufgrund der Gesamtrechtsnachfolge der Verschmelzung die Gruppenträgereigenschaft auf die übernehmende Körperschaft übergehen und die Gruppe **nahtlos fortgesetzt** werden sollte (UFS 25.4.2013, RV/0088-W/12; *Krafft*, UFSjournal 2013, 241; *Jann/Rittsteuer*, taxlex 2013, 358; *Siller/Stefaner*, GES 2013, 364, *Zöchling* in *Kirchmayr/Mayr/Hirschler*, Gruppenbesteuerung 6 ff, *Siller/Stefaner*, RdW 2011, 632 ff; *Zöchling/Haslinger* in *Q/A/H/T/T* Rz 7; *Urtz* in *Achatz/Kirchmayr* § 9 Tz 225; *Erdély* in *D/H/H/S* 152). Im Ergebnis führt diese Auslegung des Gesetzes durch FV und VwGH dazu, dass die Gruppe nicht nach oben erweitert werden kann (zB in jenen Fällen, in denen aus gesellschaftsrechtlichen Gründen keine Down-stream-Verschmelzung möglich ist). Dieses Ergebnis steht wohl im Widerspruch mit der Zielsetzung der Gruppenbesteuerung und des UmgrStG (*Hohenwarter/Staringer* in *L/S/S/S* 401).

71

Die Haltung der FV begründet sich offenbar darauf, dass diese die Stellung als Gruppenträger als **höchstpersönliches Recht** ansieht, welches trotz der zivilrechtlichen Gesamtrechtsnachfolge gem § 225a Abs 3 AktG und der abgabenrechtlichen Gesamtrechtsnachfolge des § 19 BAO nicht auf den Rechtsnachfolger übergeht (*Urtz* in *Achatz/Kirchmayr* § 9 Tz 225 ff; *Hohenwarter/Staringer* in *L/S/S/S* 402 ff; *Zöchling/Haslinger* in *Q/A/H/T/T* Rz 5; *Erdély* in *D/H/H/S* 152; *Zöchling/Paterno* in *W/Z/H/K*[5] § 6 Rz 32; *Aigner/Sedlaczek*, SWK 2009, S 801 ff; im Detail *Siller/Stefaner*, RdW 2011, 632 ff). Die Reichweite des § 19 BAO ist allerdings strittig. Entgegen einem umfassenden Verständnis wird der Gesamtrechtsnachfolge gem § 19 BAO lediglich die Funktionsweise eines offenen Leitsatzes beigemessen, wonach für den Übergang von abgabenrechtlichen Rechten und Pflichten die entsprechenden Materiengesetze als lex specialis anzuwenden seien (vgl *Rzepa/Schilcher*, RdW 2013, 760; *Hohenwarter-Mayr* in *Holoubek*, BAO 355). Da sich uE aus § 9 KStG hingegen keine spezielle Bestimmung für den Übergang der Gruppenträgereigenschaft auf eine gruppenfremde Körperschaft bzw für eine Einstufung der Gruppenträgereigenschaft als höchstpersönliches Recht ableiten lässt, sollte die Gruppenträgereigenschaft iRd verschmelzungsbedingten Gesamtrechtsnachfolge auf die gruppenfremde Körperschaft übergehen (vgl *Siller/Stefaner*, GES 2013, 364; *Krafft*, UFSjournal 2013, 241; *Vock* in *Q/R/S/S/V*[26] § 9 Rz 362; *Jann/Rittsteuer*, taxlex 2013, 358 sowie *Zöchling* in *Kirchmayr/Mayr/Hirschler*, Gruppenbesteuerung 6 ff mit weiteren Anmerkungen zur Verschmelzung auf einen Gruppenträger oder ein Gruppenmitglied einer anderen Unternehmensgruppe). Des Weiteren ist anzumerken, dass die oben beschriebene Sichtweise von der FV nicht konsistent durchgehalten wird, da diese im Fall der Down-stream-Verschmelzung des Gruppenträgers auf ein Gruppenmitglied von einer Verdichtung sowie dem Weiterbestand der Unternehmensgruppe ausgeht und damit implizit einen Übergang der Gruppenträgereigenschaft bejaht (UmgrStR Rz 353i; s a Rz 73).

72

Wird der **Gruppenträger down-stream** auf ein unmittelbar finanziell verbundenes Gruppenmitglied verschmolzen, kommt es nach Ansicht der FV **nicht zur Be-**

73

endigung der Gruppe, da sich die Unternehmensgruppe **verdichtet**. Die übernehmende Körperschaft tritt in die Rechtsstellung der übertragenden Gesellschaft ein und übernimmt die Gruppenträgerfunktion (UmgrStR Rz 353i; *Wiesner/Mayr*, RdW 2004, 634; *Urtz* in *Achatz/Kirchmayr* § 9 Tz 226; *Vock* in *Q/R/S/S/V*[26] § 9 Rz 362; *Walter*[11] Rz 1086; *W/K/M*[2] K 498; *Zöchling/Haslinger* in *Q/A/H/T/T* Rz 5; *Siller/Stefaner*, RdW 2011, 631; *Schwarzinger/Wiesner* I/1[3] 583 ff).

74 Im Fall der Verschmelzung des Gruppenträgers **auf ein mittelbar verbundenes Gruppenmitglied** (zB Verschmelzung auf eine Enkelgesellschaft), bleibt die Unternehmensgruppe ebenfalls bestehen. Die Zwischengesellschaft tritt in die Position des bisherigen Gruppenträgers, da die übernehmende Enkelgesellschaft die Beteiligung an der Zwischengesellschaft gemeinsam mit der Gruppenträgerposition an die Zwischengesellschaft auskehrt (UmgrStR Rz 353i, *W/K/M*[2] K 500; *Siller/Stefaner*, RdW 2011, 631; aA *Urtz* in *Achatz/Kirchmayr* § 9 Tz 226, wonach dies nur bei der Verschmelzung des Gruppenträgers auf ein unmittelbares Gruppenmitglied möglich sein soll).

75 Findet in einer **zweigliedrigen Unternehmensgruppe** eine Verschmelzung zwischen Gruppenträger und dem einzigen Gruppenmitglied statt, kommt es zur **Beendigung** der Gruppe. Dies gilt gleichfalls für die Verschmelzung up-stream und down-stream. Ist bis zum Umgründungsstichtag die dreijährige Mindestbestandsdauer des § 9 Abs 10 KStG noch nicht erfüllt, hat dies die **Rückabwicklung** der Unternehmensgruppe zur Folge (UmgrStR Rz 354c; *W/K/M*[2] K 509; *Reindl/Walter* in HB KonzernStR[2] 658; UFS 17.11.2009, RV/0197-F/09; UFS 7.1.2010, RV/1962-W/09; UFS 7.1.2010, RV/1963-W/09; KStR Rz 1058a idF BegE WE 2017). Diese Ansicht der FV und des UFS wurde vom VwGH bestätigt (VwGH 18.10.2012, 2009/15/0214; *Schlager*, RWZ 2012, 354; *Sutter*, ÖStZ 2013, 121; *Lehner/Zehetner*, GES 2013, 150; *Zöchling* in *Kirchmayr/Mayr/Hirschler*, Gruppenbesteuerung 4 ff).

76 In der Literatur wird die Ansicht vertreten, dass die Verschmelzung des einzigen Gruppenmitglieds auf den Gruppenträger innerhalb der dreijährigen Mindestbestandsdauer – entgegen dem Wortlaut des § 9 Abs 10 KStG – **teleologisch zu reduzieren** sei und es daher zu keiner Rückabwicklung kommen solle. Sinn und Zweck der dreijährigen Mindestbestandsdauer sei die Vermeidung „unerwünschter Gestaltungen". Wird nun aber ein Gruppenmitglied auf den Gruppenträger verschmolzen (oder umgekehrt), bewirkt dies eine **Verdichtung der Gruppe**. Die Gewinne und Verluste der (ehemaligen) Gruppenmitglieder werden nach der Verschmelzung nicht mehr separat festgestellt und anschließend iRd Veranlagung konsolidiert, sondern in einer Hand bei der übernehmenden Körperschaft besteuert. Durch die Verschmelzung des Gruppenträgers und des einzigen Gruppenmitglieds kommt es nicht zu einer willkürlichen Änderung der Konsolidierung von Gewinnen und Verlusten, sondern bloß zu einer Fortführung in einer Gesellschaft (*Beiser*, SWK 2008, S 594 ff; *Hebenstreit/Knapp*, taxlex 2012, 132 ff). Der VwGH hat allerdings einer solchen teleologischen Reduktion entgegengehalten, dass kurzfristige Gruppenbildungen und nachfolgende Verschmelzungen durchaus steuerplanerisch genutzt werden könnten, weil die Verlustberücksichtigung bei einer Verschmelzung an andere Voraussetzungen geknüpft ist als die Ergebniszurechnung iRd Unternehmensgruppe (VwGH 18.10.2012, 2009/15/0214).

5. Verschmelzung einer gruppenfremden Körperschaft auf ein Gruppenmitglied

Die **Verschmelzung einer gruppenfremden Körperschaft auf ein Gruppenmitglied** berührt den Bestand der Unternehmensgruppe nicht, insoweit eine ausreichende finanzielle Verbindung am Gruppenmitglied nach der Verschmelzung weiterhin besteht (UmgrStR Rz 351; *Sulz/Oberkleiner*, SWK 2009, S 659; *Erdély* in *D/H/H/S* 154). Dies ist regelmäßig bei Konzernverschmelzungen der Fall, wenn die beteiligte Körperschaft an der übertragenden und übernehmenden Körperschaft jeweils 100 % hält. 77

Demgegenüber ist bei einer **Konzentrationsverschmelzung** zu beachten, dass es beim übernehmenden Gruppenmitglied verschmelzungsbedingt zu einer **Kapitalerhöhung** oder zu einer **Anteilsabtretung** seitens des Anteilsinhabers der übernehmenden Körperschaft an den Anteilsinhaber der übertragenden Körperschaft kommt. Ist die finanzielle Verbindung am übernehmenden Gruppenmitglied nach der Verschmelzung nicht mehr gegeben, scheidet das übernehmende Gruppenmitglied aus der Unternehmensgruppe aus (UmgrStR Rz 351; *W/K/M*² K 472; *Schwarzinger/Wiesner* I/1³ 598 ff). Dies konnte unter Umständen durch die Bildung einer Beteiligungsgemeinschaft verhindert werden. Die Bildung einer Beteiligungsgemeinschaft auf Gruppenmitgliederebene war allerdings aufgrund des AbgÄG 2010 nur bis zum 30.6.2010 möglich. 78

Die **Verschmelzung einer gruppenfremden Körperschaft auf den Gruppenträger** hat auf das Bestehen der Unternehmensgruppe **keinen Einfluss**. Dies gilt unabhängig davon, ob die übertragene Körperschaft mit dem Gruppenträger vor der Verschmelzung gesellschaftsrechtlich verbunden ist oder nicht. Denn selbst im Fall einer Konzentrationsverschmelzung kommt es lediglich zu einer Veränderung der Beteiligungsverhältnisse am Gruppenträger selbst, wogegen keine Veränderung der ausreichenden finanziellen Verbindung zwischen dem Gruppenträger und den Gruppenmitgliedern bewirkt wird (UmgrStR Rz 351e; *W/K/M*² K 477; *Siller/Stefaner*, RdW 2011, 631). 79

6. Verschmelzung eines Gruppenmitglieds auf eine gruppenfremde Körperschaft

Gem § 9 Abs 5 S 4 KStG gelten nur Vermögensübertragungen innerhalb der Unternehmensgruppe nicht als Änderung der Voraussetzung für die Gruppenbildung. Wird daher ein **Gruppenmitglied auf eine gruppenfremde Körperschaft** verschmolzen, **scheidet** das Gruppenmitglied ab dem dem Verschmelzungsstichtag folgenden Tag **aus der Gruppe aus** bzw kommt es bei Verschmelzungsstichtagen innerhalb der dreijährigen Mindestbestandsdauer des § 9 Abs 10 KStG zu einer **Rückabwicklung** für das Gruppenmitglied. Hält das übertragende Gruppenmitglied ausreichende finanzielle Verbindungen an anderen Gruppenmitgliedern, scheiden auch diese verschmelzungsbedingt aus der Unternehmensgruppe aus (UmgrStR Rz 354; *Schwarzinger/Wiesner* I/1³ 590 ff). 80

Dies soll lt Ansicht der FV selbst dann gelten, wenn aufgrund der verschmelzungsbedingten Ausgabe von Gegenleistungsanteilen (die seit dem BudBG 2007 auf Anteilsinhaberebene rückwirkend erfolgt) eine ausreichende finanzielle Verbindung mit der gruppenfremden übernehmenden Körperschaft entsteht und die übernehmende Körperschaft durch die Stellung eines rechtzeitigen Ergänzungsantrags in 81 die Unternehmensgruppe aufgenommen wird. Hierdurch wird zwar die übernehmende Körperschaft zum Gruppenmitglied, das **übertragende Gruppenmitglied scheidet** jedoch dessen ungeachtet verschmelzungsbedingt **aus der Unternehmensgruppe aus** (UmgrStR Rz 354; *W/K/M*² K 504).

82 Wenn die gruppenfremde Körperschaft mit Wirkung ab dem dem Verschmelzungsstichtag folgenden Tag in die Gruppe aufgenommen wird, handelt es sich uE hierbei um die Übertragung von Vermögen innerhalb einer Unternehmensgruppe iSd § 9 Abs 5 S 4 KStG (s a Rz 55) und somit um den **Fall einer „nahtlosen" Gruppenzugehörigkeit** des übertragenden Gruppenmitglieds. Dies geht auch aus den ErlRV zum BudBG 2007 zu § 5 Abs 1 hervor, wonach die Rückwirkungsfiktion auf Anteilsinhaberebene bei der Verschmelzung und Spaltung eingeführt wurde, um bei der Gruppenbesteuerung unerwünschte Erschwernisse zu beseitigen (ErlRV 43 BlgNR 23. GP, 25; *Wiesner/Mayr*, RdW 2007, 437). Demzufolge würde das übertragende Gruppenmitglied aufgrund der Verschmelzung **nicht aus der Unternehmensgruppe ausscheiden**. Ebenso würde eine Verschmelzung vor Ablauf der dreijährigen Mindestbestandsdauer zu keiner Rückabwicklung der Unternehmensgruppe führen (*Tüchler*, ÖStZ 2011, 57 ff; *Huber* in *W/H/M*, HdU[15] § 33 Rz 60 zum vergleichbaren Fall bei der Spaltung). S hierzu allerdings auch die restriktive Haltung von FV und VwGH zur Verschmelzung des Gruppenträgers auf eine gruppenfremde Körperschaft in Rz 70.

7. Gruppenträger-Beteiligungsgemeinschaft

83 Keine negativen Auswirkungen auf den Bestand der Gruppe hat die **Verschmelzung des Minderbeteiligten einer Beteiligungsgemeinschaft auf den Hauptbeteiligten** der Beteiligungsgemeinschaft, da sich durch die Verschmelzung die finanzielle Verbindung des Hauptbeteiligten am Gruppenmitglied jedenfalls auf über 50 % erhöht (Voraussetzung für die Bildung einer Beteiligungsgemeinschaft ist, dass der Minderbeteiligte mindestens 15 % und der Hauptbeteiligte mindestens 40 % am Kapital des Gruppenmitglieds hält; UmgrStR Rz 351b; *Reindl/Walter* in HB KonzernStR² 657; *Hirschler/Hebenstreit* in *Kirchmayr/Mayr/Hirschler*, Gruppenbesteuerung 36).

84 UE sollte die Verschmelzung des Hauptbeteiligten auf den Minderbeteiligten zum selben Ergebnis führen, da die Verschmelzung unter zivilrechtlicher sowie abgabenrechtlicher Gesamtrechtsnachfolge erfolgt und die finanzielle Verbindung verschmelzungsbedingt jedenfalls auf über 50 % erhöht wird. Da allerdings der Hauptbeteiligte der Beteiligungsgemeinschaft als Gruppenträger anzusehen und die FV und der VwGH der Ansicht sind, dass die Gruppenträgereigenschaft durch eine Verschmelzung nicht übertragen werden kann (UmgrStR Rz 354d; eine Down-stream-Verschmelzung auf ein Gruppenmitglied führt jedoch nicht zur Beendigung der Unternehmensgruppe; UmgrStR Rz 353i), ist davon auszugehen, dass diese Verschmelzung lt Meinung der FV zur Beendigung der Beteiligungsgemeinschaft führt (*Reindl/Walter* in HB KonzernStR² 657).

85 Wird der **Hauptbeteiligte einer Gruppenträger-Beteiligungsgemeinschaft auf das** über die Beteiligungsgemeinschaft **einbezogene Gruppenmitglied down-stream verschmolzen**, werden die Anteile am übernehmenden Gruppenmitglied an die Anteilsinhaber des übertragenden Hauptbeteiligten durchgeschleust. Die

Beteiligungsgemeinschaft wird dadurch beendigt (UmgrStR 353j; *W/K/M*² K 501; *Hirschler/Hebenstreit* in *Kirchmayr/Mayr/Hirschler*, Gruppenbesteuerung 37). Hält das übernehmende Gruppenmitglied Beteiligungen an weiteren Gruppenmitgliedern, wird die Gruppe mit dem übernehmenden Gruppenmitglied als nunmehriger Gruppenträger **nahtlos fortgesetzt** (s hierzu Rz 74 bzw UmgrStR Rz 353i im Fall einer Down-stream-Verschmelzung des Gruppenträgers auf ein Gruppenmitglied). Auch in diesem Fall bejaht die FV somit den Übergang der Gruppenträgereigenschaft auf das übernehmende Gruppenmitglied und folgt dem Grundgedanken der **unschädlichen Verdichtung** der Unternehmensgruppe (s a Rz 74).

Wird das **einzige inländische Gruppenmitglied** einer Gruppenträger-Beteiligungsgemeinschaft auf den Hauptbeteiligten der Beteiligungsgemeinschaft verschmolzen (Up-stream-Verschmelzung), hat dies die **Beendigung sowohl der Beteiligungsgemeinschaft als auch der Unternehmensgruppe** zur Folge (UmgrStR Rz 353f; *W/K/M*² K 495). In diesem Fall ist davon auszugehen, dass es im Fall der Verschmelzung innerhalb der dreijährigen Mindestbestandsdauer des § 9 Abs 10 KStG nach Auffassung der FV zu einer Rückabwicklung der Gruppe kommt. Siehe hierzu auch die Ausführungen in Rz 75 zur Verschmelzung zwischen Gruppenträger und einzigem Gruppenmitglied. **86**

Wird ein **Gruppenmitglied**, an dessen Anteilen eine **Gruppenträger-Beteiligungsgemeinschaft** besteht, auf ein anderes inländisches Gruppenmitglied verschmolzen, erhalten die Anteilsinhaber des übertragenden Gruppenmitglieds idR neue bzw bestehende Anteile am übernehmenden Gruppenmitglied. Sofern die ausreichende finanzielle Verbindung mit der bisherigen Beteiligungsgemeinschaft nach der Verschmelzung gegeben ist, kann die Unternehmensgruppe mit dem übernehmenden Gruppenmitglied nahtlos fortgesetzt werden. Der Anteilstausch kann allerdings auch zur Folge haben, dass die Bildung einer Beteiligungsgemeinschaft aufgrund zu geringer Beteiligungen nicht mehr möglich ist bzw die ausreichende finanzielle Verbindung zum übernehmenden Gruppenmitglied verloren geht. Als Konsequenz scheidet das übernehmende Gruppenmitglied aus der Unternehmensgruppe aus und es kommt zur Rückabwicklung der Wirkungen der Unternehmensgruppe, insofern die dreijährige Mindestbehaltefrist noch nicht erfüllt ist. **87**

8. Gruppenmitglieder-Beteiligungsgemeinschaft

Die **Bildung** von Beteiligungsgemeinschaften auf Gruppenmitgliederebene ist aufgrund von § 9 Abs 2 letzter Satz KStG 1988 idF AbgÄG 2010 nur bis 30.6.2010 möglich. Gem der **Übergangsvorschrift** des § 26c Z 18 KStG bleiben am 30.6.2010 bestehende Gruppenmitglieder-Beteiligungsgemeinschaften nur unter folgenden Voraussetzungen bis zum 31. Dezember 2020 bestehen (*Hirschler/Hebenstreit* in *Kirchmayr/Mayr/Hirschler*, Gruppenbesteuerung 47 ff): **88**

- Die Beteiligungsgemeinschaft nimmt keine neuen Körperschaften in die Unternehmensgruppe auf.
- Es werden keine neuen Mitbeteiligten in die Beteiligungsgemeinschaft aufgenommen.
- Das Beteiligungsausmaß der Beteiligungsgemeinschaft an den Beteiligungskörperschaften bleibt unverändert.

89 Die **Verletzung** auch nur einer dieser Voraussetzungen bewirkt die **Auflösung** der Beteiligungsgemeinschaft auf mittlerer Ebene. Der Weiterbestand der Beteiligungsgemeinschaft ist damit mit einem „Einfrieren" der zum 30.6.2010 bestehenden Struktur bedingt („Einfrierlösung"). Eine schädliche Strukturveränderung iSd § 26c Z 18 KStG kann auch umgründungsbedingt bewirkt werden.

Die FV vertritt in diesem Zusammenhang eine strikte Sichtweise und versteht jede **Änderung der Struktur** der Beteiligungsgemeinschaft während der Übergangszeit als **Auflösungsgrund** im Zeitpunkt der Änderung (UmgrStR 352b, 352c u 353f zur Verschmelzung, Rz 1245d zur Einbringung; s a *Schlager*, RdW 2010, 310; *Rzepa/Schilcher*, RdW 2013, 758 f; *Vock* in Q/R/S/S/V[26] § 9 Rz 109 u 209; ErlRV AbgÄG 2010, 662 BlgNR XXIV. GP 10; *Zöchling* in *Kirchmayr/Mayr/Hirschler*, Gruppenbesteuerung 7). Die gesetzliche Normierung der Auflösung der Beteiligungsgemeinschaft in der Übergangsvorschrift des § 26c Z 18 KStG soll auch dann wirken, wenn der Umgründungsvorgang unter Gesamtrechtsnachfolge erfolgt (*Schlager*, RdW 2010, 310 unter Berufung auf den Normzweck; *Rzepa/Schilcher*, RdW 2013, 758 f auf Grund der Verdrängung der Gesamtrechtsnachfolge durch § 26c Z 18 KStG; uE krit, wenn man der Gesamtrechtsnachfolge auch im Anwendungsbereich des § 26c Z 18 KStG Bedeutung beimisst).

> Diese **strikte Handhabung** ist wohl insb darauf zurückzuführen, dass sich die FV der noch bestehenden Gruppenmitglieder-Beteiligungsgemeinschaften schnellstmöglich entledigen will, um damit den Verwaltungsaufwand zu reduzieren (s a *Rzepa/Schilcher*, RdW 2013, 759).

89a Dies hat **Auswirkungen** insb für folgende Verschmelzungsvorgänge iZm einer Gruppenmitglieder-Beteiligungsgemeinschaft:
- Verschmelzung eines Mitbeteiligten auf eine Gesellschaft, die nicht der Beteiligungsgemeinschaft angehört und auch nach Verschmelzung weiterhin Nicht-Mitbeteiligter bleibt: durch einen solchen **Wegfall eines Mitbeteiligten** ändert sich das Beteiligungsausmaß der Beteiligungsgemeinschaft an den Beteiligungskörperschaften, was zu einer schädlichen Strukturänderung führt.
- Verschmelzung eines Mitbeteiligten auf eine Gesellschaft, die nach Verschmelzung der Beteiligungsgemeinschaft als **Mitbeteiligter beitreten** soll: trotz Gesamtrechtsnachfolge nimmt die FV eine schädliche Strukturänderung an (UmgrStR Rz 3552b, glA *Schlager*, RdW 2010, 310; *Rzepa/Schilcher*, RdW 2013, 759).
- Verschmelzung eines Mitbeteiligten auf einen anderen Mitbeteiligten oder den Hauptbeteiligten: durch diesen Verschmelzungsvorgang wird kein neuer Mitbeteiligter aufgenommen, allerdings werden die **Beteiligungen von zwei Mitgliedern** an der Beteiligungsgemeinschaft **zusammengefasst**, was trotz Gesamtrechtsnachfolge zur Annahme einer schädlichen Strukturänderung führt (UmgrStR Rz 352b).
- Verschmelzung des **Hauptbeteiligten** (auf einen Minderbeteiligten oder auch auf einen Nichtbeteiligten wie zB up-stream auf ein Gruppenmitglied als Gesellschafter): die FV lehnt hier – trotz Gesamtrechtsnachfolge – einen verschmelzungsbedingten Übergang der Eigenschaft als Hauptbeteiligter ab und folgert daher den Untergang der Beteiligungsgemeinschaft (UmgrStR Rz 352b; anders noch UmgrStR Rz 352b idF vor dem WE 2013, die einen Übergang der Eigenschaft als Hauptbeteiligter und damit ein Weiterbestehen der Gruppen-

mitglieder-Beteiligungsgemeinschaft aufgrund von § 9 Abs 5 S 4 KStG ausdrücklich zugelassen hat; die Neufassung durch den WE 2013 soll hier wohl die geänderte Rechtslage durch § 26c Z 18 KStG reflektieren).

- Verschmelzung des **Hauptbeteiligten auf den Gruppenträger**: diese Verschmelzung soll zu einer Wandlung in eine – weiterhin zulässige – Gruppenträger-Beteiligungsgemeinschaft führen. Für die nahtlose Fortsetzung als Gruppenträger-Beteiligungsgemeinschaft ist lt Ansicht der FV allerdings Voraussetzung, dass der Syndikatsvertrag der Beteiligungsgemeinschaft einen solchen Übergang zulässt (UmgrStR Rz 35f; diese Voraussetzung wurde erst mit dem WE 2013 eingefügt; s a *Rzepa/Schilcher*, RdW 2013, 759).

- Verschmelzung der **Beteiligungskörperschaft**, an deren Anteilen die Gruppenmitglieder-Beteiligungsgemeinschaft besteht, **auf ein anderes Gruppenmitglied**: hier geht die FV jedenfalls von einer schädlichen Strukturänderung aus (UmgrStR Rz 352c; *Rzepa/Schilcher*, RdW 2013, 759 mit der Begründung der regelmäßigen Veränderung der Beteiligungsverhältnisse auf Grund der verschmelzungsbedingten Anteilsgewährung; uE krit im Hinblick auf die Identitätsfiktion des § 5 Abs 1 Z 1 UmgrStG sowie im Fall einer Side-stream-Verschmelzung auf eine andere Beteiligungskörperschaft, an der für die Beteiligungsgemeinschaft die identen Beteiligungsverhältnisse bestehen und demzufolge auf eine Anteilsgewährung verzichtet wird; diesfalls wird das Beteiligungsausmaß an den Beteiligungskörperschaften nicht verändert, es fällt lediglich eine Beteiligungskörperschaft – verschmelzungsbedingt – weg; ein reines Ausscheiden einer Beteiligungskörperschaft als Gruppenmitglied der Beteiligungsgemeinschaft erscheint auf Grund der Formulierung des § 26c Z 18 KStG unschädlich).

- Verschmelzung einer **Beteiligungskörperschaft**, an die Gruppenmitglieder-Beteiligungsgemeinschaft **nur mittelbar beteiligt** ist (zB Tochtergesellschaft einer Beteiligungskörperschaft, an deren Anteilen die Gruppenmitglieder-Beteiligungsgemeinschaft besteht): hier liegt uE keine schädliche Strukturänderung iSd § 26c Z 18 KStG vor, da diese Bestimmung uE nicht dahingehend zu verstehen ist, dass auch mittelbar gehaltene Beteiligungskörperschaften der Beteiligungsgemeinschaft umfasst sind. Der Weiterbestand der Beteiligungsgemeinschaft greift uE unabhängig davon, ob auf der Ebene unterhalb der Beteiligungskörperschaft, an deren Anteile die Beteiligungsgemeinschaft besteht, infolge einer verschmelzungsbedingten Anteilsgewährung Änderungen in den Beteiligungsverhältnissen eintreten. Gleiches gilt uE auch, wenn eine Tochtergesellschaft einer Beteiligungskörperschaft, an deren Anteilen die Gruppenmitglieder-Beteiligungsgemeinschaft besteht, up-stream auf diese Beteiligungskörperschaft verschmolzen wird (sofern nicht die Beteiligungsgemeinschaft einen unmittelbaren Anteil an der übertragenden Gesellschaft hält und im Hinblick darauf das Beteiligungsausmaß an der übernehmenden Beteiligungskörperschaft geändert wird).

Geht die Beteiligungsgemeinschaft auf mittlerer Ebene unter, bleiben jene Beteiligungskörperschaften, an denen bisher die Gruppenmitglieder-Beteiligungsgemeinschaft bestand, nur dann weiterhin in der Unternehmensgruppe, wenn eine **ausreichende finanzielle Verbindung auch ohne Beteiligungsgemeinschaft** besteht.

9. Auslandssachverhalte

90 Im Fall der Verschmelzung einer gruppenfremden ausländischen Körperschaft auf ein ausländisches Gruppenmitglied gelten grundsätzlich die Ausführungen der Rz 77 ff. Zu beachten ist, dass die Verrechnung von ausländischen Verlusten nicht wie bei inländischen Gruppenmitgliedern zu 100 % erfolgt, sondern nur im Ausmaß der Beteiligung aller inländischen Gruppenmitglieder am ausländischen Gruppenmitglied (§ 9 Abs 6 Z 6 KStG). Führt eine solche Verschmelzung zu einer Reduktion der finanziellen Verbindung am ausländischen Gruppenmitglied, sind Verluste ab dem Jahr, in das der Tag nach dem Verschmelzungsstichtag fällt, dementsprechend **nur mehr in diesem reduzierten Ausmaß beim Gruppenträger verrechenbar** (UmgrStR Rz 351d; *W/K/M*² K 476). Zu einer aliquoten Nachversteuerung von bereits in Österreich geltend gemachten Verlusten im Ausmaß der Reduktion der finanziellen Verbindung kommt es allerdings nicht, da gem § 9 Abs 6 Z 6 KStG **nur Veräußerungstatbestände eine aliquote Nachversteuerung auslösen**. Eine umgründungsbedingte Reduktion der Beteiligungsquoten führt somit zu keiner aliquoten Nachversteuerung, solange das ausländische Gruppenmitglied nicht aus der Gruppe ausscheidet (zB aufgrund des Verlustes der ausreichenden finanziellen Verbindung; *Wiesner/Mayr*, RWZ 2006, 3 ff; *W/K/M*² K 287). Nach Auffassung der FV sollen im **Inland geltend gemachte Verluste hingegen nachversteuert werden**, insoweit ausländische Verlustvorträge des ausländischen Gruppenmitglieds iRd Verschmelzung nicht erhalten bleiben und daher eine Nachversteuerung im Inland nicht mehr gesichert ist (UmgrStR Rz 352d und Rz 353a; *W/K/M*² K 486; im Detail *Hohenwarter/Staringer* in *L/S/S/S* 416).

91 Die Nachversteuerung der im Inland geltend gemachten Verluste des ausländischen Gruppenmitglieds ist auch ohne Übergang der ausländischen Verlustvorträge gesichert, da diese Verluste nachzuversteuern sind, wenn das ausländische Gruppenmitglied aus der Unternehmensgruppe ausscheidet (§ 9 Abs 6 Z 6 KStG). Des Weiteren erscheint dieser Ansatz der FV systematisch unstimmig, da der Untergang der ausländischen Verlustvorträge dazu führt, dass diese Verlustvorträge **im Ausland eben nicht mehr verrechnet** werden können. Eine **doppelte Verlustverwertung**, die durch die Regelung des § 9 Abs 6 Z 6 KStG jedenfalls verhindert werden soll, ist daher ohnedies **nicht mehr möglich**. Die Auffassung der FV in Rz 352d der UmgrStR erscheint daher überschießend.

92 Schließt man sich der Auffassung der FV grundsätzlich an, sollte uE vom Erfordernis eines Übergangs des ausländischen Verlustvortrags dann abzusehen sein, wenn das ausländische Steuerrecht einen Verlustvortrag nicht kennt, der Verlustvortrag im Ausland aufgrund einer zeitlichen Beschränkung des Verlustvortragsrechts zum Verschmelzungsstichtag nicht mehr vorhanden, aufgrund bestimmter ausländischer Vorschriften untergegangen (zB Einstieg eines Joint-Venture-Partners) oder ein Verlustvortrag im Ausland aufgrund von Ermittlungsdifferenzen zum österreichischen Steuerrecht nie entstanden ist.

93 Bei der **Verschmelzung eines ausländischen Gruppenmitglieds auf einen ausländischen Gruppenfremden** ist davon auszugehen, dass die FV ein Ausscheiden des ausländischen Gruppenmitglieds aus der Unternehmensgruppe (und damit eine Nachversteuerung der im Inland verrechneten Auslandsverluste) selbst dann unterstellt, wenn durch die Verschmelzung eine ausreichende finanzielle Verbindung mit dem Gruppenfremden entsteht (*Hohenwarter/Staringer* in *L/S/S/S* 416; UmgrStR Rz 354; *W/K/M*² K 504 zum Inlandsfall). S hierzu die kritischen Anmerkungen zum Inlandssachverhalt unter Rz 82.

Ist man der Ansicht, dass das ausländische Gruppenmitglied aus der Unternehmensgruppe ausscheidet und erfolgt das Ausscheiden innerhalb der dreijährigen Mindestbestandsdauer des § 9 Abs 10 KStG, führt dies zu einer **Rückabwicklung der Wirkungen der Gruppenbesteuerung** für das ausländische Gruppenmitglied gem § 9 Abs 10 KStG. Eine Nachversteuerung der im Inland geltend gemachten Verluste im Jahr des Ausscheidens des ausländischen Gruppenmitglieds kommt innerhalb der dreijährigen Mindestbestandsdauer nicht in Betracht, da die Rückabwicklung der Unternehmensgruppe ex tunc zu erfolgen hat (*Damböck* in *D/H/H/S* 117; *Urtz* in *Achatz/Kirchmayr* § 9 Tz 601; KStR Rz 1594). 94

Wird ein **ausländisches Gruppenmitglied auf ein anderes ausländisches Gruppenmitglied verschmolzen** (zB Schwesternverschmelzung), ändert sich grundsätzlich nichts an der Gruppenzugehörigkeit des übernehmenden ausländischen Gruppenmitglieds, insoweit die ausreichende finanzielle Verbindung erhalten bleibt. Nach Auffassung der FV sollen im Inland geltend gemachte Verluste hingegen nachversteuert werden, insoweit ausländische Verlustvorträge des ausländischen Gruppenmitglieds iRd Verschmelzung nicht erhalten bleiben und daher eine Nachversteuerung im Inland nicht mehr gesichert ist (UmgrStR Rz 352d und Rz 353a; KStR Rz 1088; *W/K/M*² K 484 und 486; *Hohenwarter/Staringer* in *L/S/S/S* 416; s a Rz 90). 95

Seit dem WE 2015 der UmgrStR vertritt die FV zudem explizit die Ansicht, dass grenzüberschreitende Auslandsumgründungen (zB die Verschmelzung von zwei ausländischen Gruppenmitgliedern, die in unterschiedlichen Staaten ansässig sind) zu einer Nachversteuerung der noch offenen Verluste des übertragenden Gruppenmitglieds führen, da eine künftige Nachversteuerung in der Gruppe nicht ausreichend sichergestellt sei. Diese Ansicht der FV ist aufgrund der unter Rz 91 ff dargestellten Gründe abzulehnen. 95a

Durch eine **grenzüberschreitende Down-stream-Verschmelzung** eines inländischen Gruppenmitglieds auf ein ausländisches Gruppenmitglied scheidet die übertragende inländische Körperschaft mit Ablauf des Verschmelzungsstichtages aus der Gruppe aus. Da die Anteile der übernehmenden ausländischen Körperschaft aufgrund der Verschmelzung auf ein inländisches Gruppenmitglied oder den Gruppenträger durchgeschleust werden, bleibt die finanzielle Verbindung mit dem ausländischen Gruppenmitglied erhalten (UmgrStR 352e; *W/K/M*² K 487; *Hohenwarter/Staringer* in *L/S/S/S* 416). 96

Eine **grenzüberschreitende Up-stream-Verschmelzung** eines ausländischen Gruppenmitglieds auf ein inländisches Gruppenmitglied ändert nichts am Verbleib der übernehmenden inländischen Körperschaft in der Unternehmensgruppe, da es zu einer **Verdichtung von Vermögen** kommt. Allerdings ist zu beachten, dass im **Inland geltend gemachte Verluste** des ausländischen Gruppenmitglieds **nachzuversteuern** sind, da die FV das verschmelzungsbedingte Untergehen des ausländischen Gruppenmitglieds als Ausscheiden aus der Gruppe qualifiziert 97

(KStR Rz 1088). Ausländische Tochtergesellschaften der übertragenden Körperschaften, die vor der Verschmelzung gem § 9 Abs 6 Z 6 KStG nicht in die Gruppe aufgenommen werden durften, können nach der Verschmelzung unter den allgemeinen Voraussetzungen des § 9 KStG in die Gruppe einbezogen werden, da diese von der „zweiten Auslandsebene" in die „erste Auslandsebene" aufrücken (UmgrStR Rz 352e).

98 Die Auffassung der FV, die das verschmelzungsbedingte Untergehen des ausländischen Gruppenmitglieds dem Ausscheiden aus der Unternehmensgruppe gleichsetzt, erscheint überschießend. Zumindest wenn die Verluste gemäß dem ausländischen (Umgründungs)Steuerrecht auf die inländische übernehmende Körperschaft übergehen, können diese Verluste in der aufgrund der Verschmelzung entstandenen ausländischen Betriebsstätte mit späteren Gewinnen verrechnet werden. Es kommt somit zu einem **Wechsel des Nachversteuerungsregimes von § 9 Abs 6 Z 6 KStG zu jenem des § 2 Abs 8 b 3 EStG**. Somit wäre die Sicherung der Nachversteuerung der im Inland geltend gemachten ausländischen Verluste grundsätzlich gegeben (*Hohenwarter/Staringer* in *L/S/S/S* 416 ff). Allerdings ist einzuräumen, dass im Gegensatz zum Regime des § 9 Abs 6 Z 6 KStG endgültige Verluste einer ausländischen Betriebsstätte im Regime des § 2 Abs 8 Z 3 EStG in Österreich nicht nachzuversteuern sind (zB wenn die Tätigkeit in der ausländischen Betriebsstätte eingestellt wird; Jakom[10]/*Laudacher* § 2 Rz 208).

99 Die **Verschmelzung eines inländischen Gruppenmitglieds mit (einer) Beteiligung(en) an weiteren Gruppenmitgliedern auf den ausländischen Gruppenträger** (mit im Firmenbuch eingetragener Zweigniederlassung, der die Beteiligung an den Gruppenmitgliedern zuzurechnen ist; § 9 Abs 3 KStG), hat grundsätzlich keine Auswirkungen auf die Unternehmensgruppe. Voraussetzung hierfür ist allerdings, dass die übertragene(n) Beteiligung(en) einer im Firmenbuch eingetragenen Zweigniederlassung des ausländischen Gruppenträgers zuzurechnen ist (sind) und somit die finanzielle Verbindung aufrecht bleibt (UmgrStR Rz 353g; *W/K/M*[2] K 496).

100 Die **Verschmelzung eines ausländischen Gruppenmitglieds auf den ausländischen Gruppenträger** (mit inländischer Zweigniederlassung) führt lt Auffassung der FV zu einem Wegfall der Beteiligung am ausländischen Gruppenmitglied und somit zu einer Nachversteuerung von ins Inland verrechneten und noch nicht nachverrechneten Verlusten des ausländischen Gruppenmitglieds (UmgrStR Rz 353h; *W/K/M*[2] K 497).

C. Umwandlung
1. Allgemeines

110 Von Art II sind die errichtende Umwandlung, die verschmelzende Umwandlung und vergleichbare Umwandlungen ausländischer Körperschaften im Ausland umfasst. Siehe hierzu im Detail § 7 Rz 1 ff.

2. Errichtende Umwandlung eines inländischen Gruppenmitglieds

111 Wird ein **inländisches Gruppenmitglied errichtend in eine Mitunternehmerschaft umgewandelt**, endet mit dem Umwandlungsstichtag die persönliche und sachliche Körperschaftsteuerpflicht des Gruppenmitglieds. **An Stelle des Gruppenmitglieds tritt** mit Ablauf des Umwandlungsstichtages **die errichtete Mitunternehmerschaft**. Nach dem Umwandlungsstichtag wird der beteiligten Körperschaft das Einkommen der Mitunternehmerschaft nur mehr im Ausmaß der Beteiligung an dieser zugerechnet (hingegen wurde während der Gruppenzugehörigkeit der beteiligten Körperschaft unabhängig von der tatsächlichen Beteiligungshöhe 100 % des Einkommens der Beteiligungskörperschaft zugerechnet; UmgrStR Rz 620 ff; *W/K/M²* K 511).

Befinden sich unterhalb der übertragenden Körperschaft weitere Beteiligungen an Gruppenmitgliedern, führt der umwandlungsbedingte Untergang der Beteiligungskörperschaft **nicht zum Ausscheiden dieser Gruppenmitglieder**, insoweit die ausreichende finanzielle Verbindung mittelbar über die rechtsnachfolgende Mitunternehmerschaft erreicht wird (UmgrStR Rz 620b; *W/K/M²* K 512; *Erdély* in *D/H/H/S* 154). Dies gilt unabhängig davon, ob die ausreichende finanzielle Verbindung vor der Umwandlung unmittelbar, mittelbar oder über eine Gruppenmitglieder-Beteiligungsgemeinschaft gegeben war (KStR Rz 1036 ff) und unabhängig davon, ob die dreijährige Mindestbestandsdauer des § 9 Abs 10 KStG von der umgewandelten Körperschaft erfüllt ist oder nicht, da die ausreichende finanzielle Verbindung mittelbar über die übernehmende Mitunternehmerschaft weiterhin gegeben ist (UmgrStR Rz 620c; *W/K/M²* K 512; *Schwarzinger/Wiesner* I/1³ 1188 ff). 112

Gem UmgrStR Rz 620c hat die Umwandlung des Hauptbeteiligten einer Gruppenmitglieder-Beteiligungsgemeinschaft keine Auflösung der Gruppenmitglieder-Beteiligungsgemeinschaft zur Folge. Im Hinblick auf die Auffassung der FV zu verschmelzungsbedingten Änderungen in der Struktur einer Gruppenmitglieder-Beteiligungsgemeinschaft (s Rz 88 ff) erscheint UmgrStR Rz 620c überholt. Insoweit wäre davon auszugehen, dass nach Auffassung der FV auch errichtende Umwandlungen eines Mitglieds der Gruppenmitglieder-Beteiligungsgemeinschaft oder einer Beteiligungskörperschaft, an deren Anteilen die Beteiligungsgemeinschaft besteht, schädliche Strukturänderungen iSd § 26c Z 18 KStG mit der Folge des Untergangs der Beteiligungsgemeinschaft darstellen (s a Rz 88 ff).

Die errichtende Umwandlung eines Gruppenmitglieds auf den Gruppenträger, der als Kommanditist 100 % an der GmbH&Co KG hält, führt nicht zu einer Rückabwicklung der Wirkungen der Unternehmensgruppe für die umgewandelte Körperschaft innerhalb der dreijährigen Mindestbestandsdauer (§ 9 Abs 10 KStG), da es sich bei der errichtenden Umwandlung um eine Vermögensübertragung innerhalb der Gruppe gem § 9 Abs 5 vierter Satz KStG handelt (VwGH 31.5.2017, Ro 2016/13/0002; *Bleyer*, ÖStZB 2017, 408; *Heinlein/Krenn*, SWK 2017, 1171; *Komarek/Reinold/Zinnöcker*, BFGjournal 2017, 317; *Allram/Pinetz*, GES 2017, 330; *Komarek/Reinold/Zinnöcker*, SWK 2017, 687; *Zorn*, RdW 2017/ 383, 524). 113

Nach überholter Ansicht der FV führte die errichtende Umwandlung zu einer Rückabwicklung der Wirkungen der Unternehmensgruppe für die umgewandelte Körperschaft, wenn zum Umwandlungsstichtag die dreijährige Mindestbestandsdauer (§ 9 Abs 10 KStG) noch nicht erfüllt ist (UmgrStR Rz 620d, die durch das Erkenntnis des VwGH als gegenstandslos zu betrachten ist). Der BFG bestätigte diese Rechtsansicht der FV zwar, da laut seiner Ansicht eine errichtende Umwandlung keine Vermögensübertragung innerhalb der Gruppe nach § 9 Abs 5 KStG darstellt und eine Kommanditgesellschaft aufgrund der gesetzlichen Voraussetzungen des § 9 Abs 2 KStG niemals Gruppenmitglied sein kann (BFG 114

14.10.2015, RV/7101313/2010; aA *Hirschler/Sulz/Oberkleiner*, BFGjournal 2015, 465 ff; *Mechtler/Pinetz*, RdW 2016, 291). Der VwGH teilte die Argumentation des BFG allerdings nicht, da im vorliegenden Fall das gesamte Vermögen des Gruppenmitglieds auf den Gruppenträger als 100%-Kommanditist der Mitunternehmerschaft übertragen wurde und für Mitunternehmerschaften ertragsteuerlich das Transparenzprinzip gilt. Somit liegt eine unschädliche Vermögensübertragung innerhalb der Gruppe vor (§ 9 Abs 5 vierter Satz KStG). Die errichtende Umwandlung zu einer GmbH&Co KG mit dem bisherigen Gesellschafter des Gruppenmitglieds als Kommanditist, der 100 % der Anteile an der GmbH&Co KG hält, hat daher eine Verdichtung der Gruppe zur Folge, weil das steuerliche Ergebnis der Mitunternehmerschaft direkt den Rechtsnachfolgern des umgewandelten Gruppenmitglieds zugerechnet wird (*Heinlein/Krenn*, SWK 2017, 1171; *Komarek/Reinold/Zinnöcker*, BFGjournal 2017, 317; *Allram/Pinetz*, GES 2017, 330; *Komarek/Reinold/Zinnöcker*, SWK 2017, 687; *Zorn*, RdW 2017/383, 524 *Allram/Pinetz*, ÖStZ 2017, 624). Diese Beurteilung des VwGH sollte grundsätzlich auch auf errichtende Umwandlungen von Gruppenmitgliedern anwendbar sein, an denen zum Zeitpunkt der Umwandlung auch gruppenfremde Personen beteiligt sind oder wenn es iRd Umwandlung zu einem Beitritt gruppenfremder Personengesellschafter kommt. Voraussetzung hierfür ist, dass das Vermögen der Personengesellschaft zu mehr als 50 % in der Gruppe verbleibt (*Allram/Pinetz*, ÖStZ 2017, 624).

3. Verschmelzende Umwandlung eines inländischen Gruppenmitglieds

115 Zum eingeschränkten Anwendungsbereich der verschmelzenden Umwandlung s § 7 Rz 26 ff.

116 Die **verschmelzende Umwandlung eines inländischen Gruppenmitglieds** hat grundsätzlich dieselben Konsequenzen wie jene einer **Up-stream-Verschmelzung** (s Rz 67). Eine Rückabwicklung der umgewandelten Körperschaft ist selbst dann nicht vorzunehmen, wenn die Umwandlung innerhalb der dreijährigen Mindestbehaltefrist des § 9 Abs 10 KStG erfolgt. Voraussetzung dafür ist, dass die dreijährige Mindestbestandsdauer von der übernehmenden Körperschaft erfüllt wird (UmgrStR Rz 620h). Inländische Gruppenmitglieder unterhalb der umgewandelten Körperschaften verbleiben in der Gruppe, da die ausreichende finanzielle Verbindung auch nach der Umwandlung bestehen bleibt (*Zöchling/Haslinger* in Q/A/H/T/T Rz 13). Die Umwandlung verringert bloß die Unternehmensgruppe um eine Ebene.

117 UE ist die Auffassung der FV bezüglich der verschmelzenden Umwandlung innerhalb der dreijährigen Mindestbestandsdauer des § 9 Abs 10 KStG zutreffend, da die verschmelzende Umwandlung zu einer Verdichtung der Unternehmensgruppe führt. Eine Rückabwicklung für das umgewandelte Gruppenmitglied ist daher nicht vorzunehmen. Allerdings erscheint diese Beurteilung der FV widersprüchlich zu jener bei der errichtenden Umwandlung eines Gruppenmitglieds, da die FV im Fall der errichtenden Umwandlung innerhalb der dreijährigen Mindestbestandsdauer des § 9 Abs 10 KStG von einer Rückabwicklung für das umgewandelte Gruppenmitglied ausgeht (s Rz 113).

4. Umwandlung des einzigen Gruppenmitglieds

118 Eine **errichtende oder verschmelzende Umwandlung des einzigen Gruppenmitglieds auf den Gruppenträger beendet die Unternehmensgruppe**. Nach verschmel-

schaft das Einkommen der Mitunternehmerschaft nur mehr im Ausmaß der Beteiligung an dieser zugerechnet (hingegen wurde während der Gruppenzugehörigkeit der beteiligten Körperschaft unabhängig von der tatsächlichen Beteiligungshöhe 100 % des Einkommens der Beteiligungskörperschaft zugerechnet; UmgrStR Rz 620 ff; $W/K/M^2$ K 511).

112 Befinden sich unterhalb der übertragenden Körperschaft weitere Beteiligungen an Gruppenmitgliedern, führt der umwandlungsbedingte Untergang der Beteiligungskörperschaft **nicht zum Ausscheiden dieser Gruppenmitglieder**, insoweit die ausreichende finanzielle Verbindung mittelbar über die rechtsnachfolgende Mitunternehmerschaft erreicht wird (UmgrStR Rz 620b; $W/K/M^2$ K 512; *Erdély* in *D/H/H/S* 154). Dies gilt unabhängig davon, ob die ausreichende finanzielle Verbindung vor der Umwandlung unmittelbar, mittelbar oder über eine Gruppenmitglieder-Beteiligungsgemeinschaft gegeben war (KStR Rz 1036 ff) und unabhängig davon, ob die dreijährige Mindestbestandsdauer des § 9 Abs 10 KStG von der umgewandelten Körperschaft erfüllt ist oder nicht, da die ausreichende finanzielle Verbindung mittelbar über die übernehmende Mitunternehmerschaft weiterhin gegeben ist (UmgrStR Rz 620c; $W/K/M^2$ K 512; *Schwarzinger/Wiesner* $I/1^3$ 1188 ff).

Gem UmgrStR Rz 620c hat die Umwandlung des Hauptbeteiligten einer Gruppenmitglieder-Beteiligungsgemeinschaft keine Auflösung der Gruppenmitglieder-Beteiligungsgemeinschaft zur Folge. Im Hinblick auf die Auffassung der FV zu verschmelzungsbedingten Änderungen in der Struktur einer Gruppenmitglieder-Beteiligungsgemeinschaft (s Rz 88 ff) erscheint UmgrStR Rz 620c überholt. Insoweit wäre davon auszugehen, dass nach Auffassung der FV auch errichtende Umwandlungen eines Mitglieds der Gruppenmitglieder-Beteiligungsgemeinschaft oder einer Beteiligungskörperschaft, an deren Anteilen die Beteiligungsgemeinschaft besteht, schädliche Strukturänderungen iSd § 26c Z 18 KStG mit der Folge des Untergangs der Beteiligungsgemeinschaft darstellen (s a Rz 88 ff).

113 Die errichtende Umwandlung eines Gruppenmitglieds auf den Gruppenträger, der als Kommanditist 100 % an der GmbH&Co KG hält, führt nicht zu einer Rückabwicklung der Wirkungen der Unternehmensgruppe für die umgewandelte Körperschaft innerhalb der dreijährigen Mindestbestandsdauer (§ 9 Abs 10 KStG), da es sich bei der errichtenden Umwandlung um eine Vermögensübertragung innerhalb der Gruppe gem § 9 Abs 5 vierter Satz KStG handelt (VwGH 31.5.2017, Ro 2016/13/0002; *Bleyer*, ÖStZB 2017, 408; *Heinlein/Krenn*, SWK 2017, 1171; *Komarek/Reinold/Zinnöcker*, BFGjournal 2017, 317; *Allram/Pinetz*, GES 2017, 330; *Komarek/Reinold/Zinnöcker*, SWK 2017, 687; *Zorn*, RdW 2017/383, 524).

114 Nach überholter Ansicht der FV führte die errichtende Umwandlung zu einer Rückabwicklung der Wirkungen der Unternehmensgruppe für die umgewandelte Körperschaft, wenn zum Umwandlungsstichtag die dreijährige Mindestbestandsdauer (§ 9 Abs 10 KStG) noch nicht erfüllt ist (UmgrStR Rz 620d, die durch das Erkenntnis des VwGH als gegenstandslos zu betrachten ist). Der BFG bestätigte diese Rechtsansicht der FV zwar, da laut seiner Ansicht eine errichtende Umwandlung keine Vermögensübertragung innerhalb der Gruppe nach § 9 Abs 5 KStG darstellt und eine Kommanditgesellschaft aufgrund der gesetzlichen Voraussetzungen des § 9 Abs 2 KStG niemals Gruppenmitglied sein kann (BFG

14.10.2015, RV/7101313/2010; aA *Hirschler/Sulz/Oberkleiner*, BFGjournal 2015, 465 ff; *Mechtler/Pinetz*, RdW 2016, 291). Der VwGH teilte die Argumentation des BFG allerdings nicht, da im vorliegenden Fall das gesamte Vermögen des Gruppenmitglieds auf den Gruppenträger als 100%-Kommanditist der Mitunternehmerschaft übertragen wurde und für Mitunternehmerschaften ertragsteuerlich das Transparenzprinzip gilt. Somit liegt eine unschädliche Vermögensübertragung innerhalb der Gruppe vor (§ 9 Abs 5 vierter Satz KStG). Die errichtende Umwandlung zu einer GmbH&Co KG mit dem bisherigen Gesellschafter des Gruppenmitglieds als Kommanditist, der 100 % der Anteile an der GmbH&Co KG hält, hat daher eine Verdichtung der Gruppe zur Folge, weil das steuerliche Ergebnis der Mitunternehmerschaft direkt den Rechtsnachfolgern des umgewandelten Gruppenmitglieds zugerechnet wird (*Heinlein/Krenn*, SWK 2017, 1171; *Komarek/Reinold/Zinnöcker*, BFGjournal 2017, 317; *Allram/Pinetz*, GES 2017, 330; *Komarek/Reinold/Zinnöcker*, SWK 2017, 687; *Zorn*, RdW 2017/383, 524 *Allram/Pinetz*, ÖStZ 2017, 624). Diese Beurteilung des VwGH sollte grundsätzlich auch auf errichtende Umwandlungen von Gruppenmitgliedern anwendbar sein, an denen zum Zeitpunkt der Umwandlung auch gruppenfremde Personen beteiligt sind oder wenn es iRd Umwandlung zu einem Beitritt gruppenfremder Personengesellschafter kommt. Voraussetzung hierfür ist, dass das Vermögen der Personengesellschaft zu mehr als 50 % in der Gruppe verbleibt (*Allram/Pinetz*, ÖStZ 2017, 624).

3. Verschmelzende Umwandlung eines inländischen Gruppenmitglieds

115 Zum eingeschränkten Anwendungsbereich der verschmelzenden Umwandlung s § 7 Rz 26 ff.

116 Die **verschmelzende Umwandlung eines inländischen Gruppenmitglieds** hat grundsätzlich dieselben Konsequenzen wie jene einer **Up-stream-Verschmelzung** (s Rz 67). Eine Rückabwicklung der umgewandelten Körperschaft ist selbst dann nicht vorzunehmen, wenn die Umwandlung innerhalb der dreijährigen Mindestbehaltefrist des § 9 Abs 10 KStG erfolgt. Voraussetzung dafür ist, dass die dreijährige Mindestbestandsdauer von der übernehmenden Körperschaft erfüllt wird (UmgrStR Rz 620h). Inländische Gruppenmitglieder unterhalb der umgewandelten Körperschaften verbleiben in der Gruppe, da die ausreichende finanzielle Verbindung auch nach der Umwandlung bestehen bleibt (*Zöchling/Haslinger* in Q/A/H/T/T Rz 13). Die Umwandlung verringert bloß die Unternehmensgruppe um eine Ebene.

117 UE ist die Auffassung der FV bezüglich der verschmelzenden Umwandlung innerhalb der dreijährigen Mindestbestandsdauer des § 9 Abs 10 KStG zutreffend, da die verschmelzende Umwandlung zu einer Verdichtung der Unternehmensgruppe führt. Eine Rückabwicklung für das umgewandelte Gruppenmitglied ist daher nicht vorzunehmen. Allerdings erscheint diese Beurteilung der FV widersprüchlich zu jener bei der errichtenden Umwandlung eines Gruppenmitglieds, da die FV im Fall der errichtenden Umwandlung innerhalb der dreijährigen Mindestbestandsdauer des § 9 Abs 10 KStG von einer Rückabwicklung für das umgewandelte Gruppenmitglied ausgeht (s Rz 113).

4. Umwandlung des einzigen Gruppenmitglieds

118 Eine **errichtende oder verschmelzende Umwandlung des einzigen Gruppenmitglieds auf den Gruppenträger beendet die Unternehmensgruppe**. Nach verschmelzender Umwandlung wird dem ehemaligen Gruppenträger als Rechtsnachfolger das Vermögen und Einkommen der umgewandelten Körperschaft direkt zugerechnet. Als Folge der errichtenden Umwandlung wird dem ehemaligen Gruppenträger in seiner Eigenschaft als Mitunternehmer das Einkommen der umgewandelten Körperschaft (anteilig) zugerechnet (*Zöchling/Haslinger* in Q/A/H/T/T Rz 13).

Ebenso wie bei der Verschmelzung vertritt die FV die restriktive Ansicht, dass die Umwandlung innerhalb der dreijährigen Mindestbestandsdauer des § 9 Abs 10 KStG zur **Rückabwicklung der Gruppe** führt (UmgrStR Rz 622 und 622a). Diese Auffassung ist kritisch zu sehen (s hierzu die Anmerkungen zur Verschmelzung unter Rz 76, die auch für die Umwandlung gelten; *Beiser*, SWK 2008, S 594 ff; *Zöchling/Haslinger* in Q/A/H/T/T Rz 46). **119**

5. Umwandlung eines ausländischen Gruppenmitglieds

Wird ein **ausländisches Gruppenmitglied** nach vergleichbarem ausländischem Recht **in eine ausländische Personengesellschaft errichtend umgewandelt**, scheidet die Gesellschaft mit Ablauf des Umwandlungsstichtages aus der Gruppe aus. Noch nicht nachverrechnete Verluste des ausländischen Gruppenmitglieds sind im Wirtschaftsjahr des beteiligten inländischen Gruppenmitglieds, in das der Umwandlungsstichtag fällt, **nachzuversteuern**. Zukünftige Verluste der ausländischen Personengesellschaft können iRd § 2 Abs 8 EStG im Inland verwertet werden (UmgrStR Rz 621; *W/K/M²* K 515; *Wiesner/Mayr*, RdW 2004, 632). Ausländische Beteiligungen des umgewandelten ausländischen Gruppenmitglieds können nun unter den allgemeinen Voraussetzungen des § 9 KStG in die Gruppe aufgenommen werden, da es sich nun um Beteiligungen der „ersten Auslandsebene" handelt. **120**

Die zwingende Nachversteuerung der noch nicht verrechneten Auslandsverluste erscheint **aus teleologischer Sicht überschießend**. Einerseits erfolgt die Umwandlung unter **abgabenrechtlicher Gesamtrechtsnachfolge**. Andererseits ist die Nachversteuerungshängigkeit der bisher noch nicht verrechneten Auslandsverluste so lange gegeben, als im Ausland eine Betriebsstätte des umgewandelten ausländischen Gruppenmitglieds verbleibt und die Verluste iRd Umwandlung auf diese übergegangen sind (s hierzu auch Rz 97 ff zur Problematik bei der Verschmelzung eines ausländischen Gruppenmitglieds auf ein inländisches Gruppenmitglied; *Hohenwarter/Staringer* in L/S/S/S 416). **121**

Kann nach ausländischem Recht **ein ausländisches Gruppenmitglied auf ein inländisches Gruppenmitglied verschmelzend umgewandelt werden** (Import-Umwandlung), scheidet das ausländische Gruppenmitglied aus der Gruppe aus. Noch nicht verrechnete Verluste des ausländischen Gruppenmitglieds sind in Österreich nachzuversteuern. Auf zukünftige Verluste der ausländischen Betriebsstätte ist § 2 Abs 8 EStG anzuwenden (UmgrStR Rz 621b; s hierzu auch die kritischen Anmerkungen zur errichtenden Auslandsumwandlung in Rz 121). **122**

Eine verschmelzende Umwandlung nach vergleichbarem **ausländischem Recht** eines ausländischen Gruppenmitglieds auf einen ausländischen Rechtsnachfolger ist nicht möglich, da die Gruppenzugehörigkeit ausländischer Gruppenmitglieder auf die „erste Auslandsebene" beschränkt ist (UmgrStR Rz 621a). **123**

6. Umwandlung des Gruppenträgers

124 Die **errichtende oder verschmelzende Umwandlung des Gruppenträgers** oder des Hauptbeteiligten einer Gruppenträger-Beteiligungsgemeinschaft haben nach Ansicht der FV die **Beendigung der Gruppe** zur Folge, da im Fall der errichteten Personengesellschaft die Personengesellschaft bzw im Fall der verschmelzenden Umwandlung der Hauptgesellschafter Gruppenfremde sind (UmgrStR Rz 622a; diese Argumentation erscheint insoweit nicht stimmig, als eine Personengesellschaft grundsätzlich nicht Gruppenträger sein kann; W/K/M² K 518; *Erdély* in D/H/H/S 154; *Hohenwarter/Staringer* in L/S/S/S 416; *Schwarzinger/Wiesner* I/1³ 1192 ff). Diese Ansicht der FV scheint durch das Erkenntnis des VwGH vom 28.6.2016 (2013/13/0066) bestätigt (s a zur Verschmelzung Rz 70 ff).

125 Diese Beurteilung der FV und wohl auch des VwGH erscheint nicht zutreffend. UE sollte bei einer verschmelzenden Umwandlung die Gruppenträgereigenschaft aufgrund der **zivilrechtlichen und steuerlichen Gesamtrechtsnachfolge** (§ 7 Abs 3 UmgrStG) **auf den Rechtsnachfolger** des umgewandelten Gruppenträgers übergehen, insoweit dieser als Gruppenträger iSd § 9 Abs 3 KStG qualifiziert (*Zöchling/Haslinger* in Q/A/H/T/T Rz 12; *Zöchling* in *Kirchmayr/Mayr/Hirschler*, Gruppenbesteuerung 8; s a zur Verschmelzung Rz 70 ff). Dies sollte ebenso bei einer errichtenden Umwandlung gelten. Handelt es sich bei einem der Gesellschafter der errichteten Personengesellschaft um eine qualifizierende Körperschaft iSd § 9 Abs 3 KStG, sollte die Gruppenträgereigenschaft auf diese Körperschaft übergehen, da gem § 7 Abs 3 UmgrStG die Rechtsnachfolger des umgewandelten Gruppenträgers die Mitunternehmer der errichteten Personengesellschaft sind. Somit sollte weder bei der verschmelzenden noch bei der errichtenden Umwandlung des Gruppenträgers die Unternehmensgruppe untergehen, insoweit die finanzielle Verbindung zwischen dem Rechtsnachfolger des umgewandelten Gruppenträgers und den entsprechenden Gruppenmitgliedern rückwirkend aufgrund § 9 Abs 1 hergestellt wird (*Zöchling/Haslinger* in Q/A/H/T/T Rz 12).

D. Einbringung
1. Allgemeines

131 IRe Einbringung können Betriebe, Teilbetriebe, Mitunternehmeranteile und qualifizierte Kapitalanteile übertragen werden (s § 12 Rz 71 ff). Hinsichtlich der Frage, ob durch eine Einbringung eine Unternehmensgruppe begründet, erweitert, verändert, vermindert oder beendet wird, ist in erster Linie die Einbringung von Kapitalanteilen von Relevanz. Allerdings können sich auch im Fall der Einbringung von Betrieben, Teilbetrieben und Mitunternehmeranteilen Auswirkungen für eine Unternehmensgruppe ergeben, wenn sich aufgrund einer einbringungsbedingten Gewährung von Gegenleistungsanteilen **Änderungen bei der ausreichenden finanziellen Verbindung** ergeben.

2. Begründung einer Unternehmensgruppe

132 Entsteht durch die **Einbringung eines Kapitalanteils** eine **ausreichende finanzielle Verbindung** einer Beteiligungskörperschaft an einer Körperschaft, kann mit Hilfe der Rückwirkungsfiktion **nachträglich** eine **Unternehmensgruppe gebildet** werden. Dies gilt gleichermaßen für die Einbringung einer Beteiligung von mehr als 50 % an einer Körperschaft, die bisher kein Gruppenmitglied war, als auch für die Einbringung einer Beteiligung mit weniger als 50 %, wenn bei der übernehmenden Körperschaft dadurch eine ausreichende finanzielle Verbindung erreicht wird. Erfolgt die Einbringung des Kapitalanteils auf den Bilanzstichtag der Beteiligungskörperschaft und wird hierdurch eine ausreichende finanzielle Verbindung für das gesamte Wirtschaftsjahr geschaffen (dh Einbringungsstichtag und Bilanzstichtag der Beteiligungskörperschaft stimmen überein), kann ab dem folgenden Wirtschaftsjahr eine Unternehmensgruppe gebildet werden (UmgrStR Rz 1245; *Vock* in *Q/R/S/S/V*[26] § 9 Rz 343; *Hohenwarter/Staringer* in *L/S/S/S* 395 ff). Dies ist allerdings nur dann möglich, wenn dem Einbringenden die übertragenen Anteile zum Einbringungsstichtag bereits zuzurechnen waren (s § 13 Rz 51 ff).

Beispiel 133

Die A-Holding erwirbt am a) 28.12.X1, b) 05.01.X2 30 % der Beteiligung an der inländischen X-GmbH und möchte diese Beteiligung in die inländische B-GmbH einbringen. Die B-GmbH hält vor der Einbringung 40 % an der X-GmbH. Die X-GmbH und die B-GmbH bilanzieren zum 31.12.

a) Die A-Holding kann die Beteiligung an der X-GmbH zum Einbringungsstichtag 31.12.X1 in die B-GmbH einbringen. Die B-GmbH kann mit der X-GmbH als Gruppenmitglied ab dem Wirtschaftsjahr X2 eine Gruppe bilden, da aufgrund der Rückwirkungsfiktion die ausreichende finanzielle Verbindung (70 %) das gesamte Wirtschaftsjahr X2 gegeben ist und die übertragenen Anteile dem Einbringenden (A-Holding) zum Einbringungsstichtag zuzurechnen waren.

b) Die A-Holding kann die Beteiligung an der X-GmbH frühestens zum Stichtag 05.01.X2 einbringen. Da somit die ausreichende finanzielle Verbindung zwischen der B-GmbH und der X-GmbH nicht das gesamte Wirtschaftsjahr X2 gegeben ist, kann eine Gruppe erst ab dem Wirtschaftsjahr X3 gebildet werden. Für die Bildung einer Unternehmensgruppe ab X2 wäre eine Einbringung spätestens zum Stichtag 31.12.X1 erforderlich.

3. Einbringung innerhalb der Unternehmensgruppe
a) Inlandseinbringungen

Die Einbringung von Vermögen kann gem § 19 gegen Gewährung neuer bzw bestehender Anteile oder ohne Anteilsgewährung erfolgen (s hierzu im Detail § 19 Rz 1 ff und Rz 56 ff). 134

Gewährung von Anteilen: Bringt ein Gruppenmitglied begünstigtes Vermögen in ein anderes Gruppenmitglied gegen Gewährung von Anteilen ein, ist von Bedeutung, **ob dadurch die ausreichende finanzielle Verbindung für das übernehmende Gruppenmitglied erhalten bleibt**. Ist dies nicht der Fall, scheidet die übernehmende Körperschaft mit Wirkung ab dem Wirtschaftsjahr, in dem die ausreichende finanzielle Verbindung nicht mehr für das gesamte Jahr gegeben ist, aus der Unternehmensgruppe aus (UmgrStR Rz 1245c iVm Rz 1245b; *Erdély* in *D/H/H/S* 148). Geschieht dies innerhalb der dreijährigen Mindestbestandsdauer des § 9 Abs 10 KStG, kommt es zur Rückabwicklung für das ausscheidende Gruppenmitglied. 135

Die Einbringung von begünstigtem Vermögen innerhalb der Unternehmensgruppe gegen Gewährung von Anteilen kann allerdings auch dazu führen, dass – obwohl die unmittelbare ausreichende finanzielle Verbindung am übernehmenden Gruppenmitglied aufgrund der Gewährung von Anteilen verloren geht – die Unternehmensgruppe **nahtlos fortgesetzt** werden kann (§ 9 Abs 5 S 4 KStG). Dies ist 136 dann der Fall, wenn die gewährten Anteile des übernehmenden Gruppenmitglieds zusammen mit einer unmittelbaren Beteiligung eine ausreichende finanzielle Verbindung iSd § 9 Abs 4 3. TS KStG verschaffen (UmgrStR Rz 1245b; *W/K/M*² K 527). Die ausreichende finanzielle Verbindung wird somit (teilweise) in die Gegenleistungsanteile verschoben.

137 Beispiel

Der Gruppenträger A-GmbH hält 100 % der Anteile am Gruppenmitglied B-GmbH und 75 % am Gruppenmitglied C-GmbH. Die restlichen 25 % der Anteile hält der gruppenfremde X. Das Gruppenmitglied B-GmbH bringt zum Stichtag 31.12.X1 begünstigtes Vermögen in das Gruppenmitglied C-GmbH gegen Gewährung neuer Anteile ein. Aufgrund dieser Anteilsgewährung ist das Gruppenmitglied B-GmbH mit 40 %, der Gruppenträger A-GmbH nur mehr zu 45 % und der gruppenfremde X nur mehr mit 15 % an der C-GmbH beteiligt. Der Gruppenträger A-GmbH bleibt nach der Einbringung weiterhin zu 100 % unmittelbar am Gruppenmitglied B-GmbH beteiligt.

Lösung: Der Gruppenträger A-GmbH ist nach der Einbringung nur mehr mit 45 % unmittelbar am Gruppenmitglied C-GmbH beteiligt. Die ausreichende finanzielle Verbindung an der C-GmbH ist allerdings weiterhin gegeben, da die A-GmbH neben der unmittelbaren Beteiligung von 45 % weitere 40 % der Anteile am Gruppenmitglied mittelbar über das Gruppenmitglied B-GmbH hält (§ 9 Abs 4 3. TS KStG). Die Einbringung hat keine Auswirkungen auf das Bestehen der Unternehmensgruppe, da gem § 9 Abs 5 S 4 KStG Vermögensübertragungen innerhalb der Unternehmensgruppe nicht als Änderung der Voraussetzungen der Unternehmensgruppe gelten, insoweit die ausreichende finanzielle Verbindung weiterhin gegeben ist.

138 Beispiel (UmgrStR Rz 1245b)

Der Gruppenträger X hält am Gruppenmitglied A und am Gruppenmitglied C jeweils 51 % der Anteile. Das Gruppenmitglied A bringt zum 31.12.01 begünstigtes Vermögen in das Gruppenmitglied B gegen Gewährung von Anteilen ein. Die Firmenbuchanmeldung erfolgt am 29.9.02. Am Gruppenmitglied B waren bis vor Einbringung das Gruppenmitglied C mit 60 % und der Ausländer D mit 40 % beteiligt. Auf Grund der Kapitalerhöhung erhält A eine Beteiligung von 30 %, C ist nunmehr mit 42 % an B beteiligt. Damit endet grundsätzlich die Gruppenzugehörigkeit von B. A und C konnten jedoch zum Erhalten der Gruppenzugehörigkeit von B (Anmerkung: in den UmgrStR wird hier irrtümlicherweise C angeführt) bis zum 29.10.02 eine Gruppenmitglieder-Beteiligungsgemeinschaft bilden.

Die Bildung einer Gruppenmitglieder-Beteiligungsgemeinschaft war nur bis zum 30.6.2010 möglich (§ 9 Abs 2 letzter Satz KStG 1988 idF AbgÄG 2010, BGBl I 2010/34). Als Konsequenz scheidet somit Gruppenmitglied B im Wirtschaftsjahr 02 aus der Gruppe aus, da weder A noch C unmittelbar oder X mittelbar ausreichend an B beteiligt sind (s hierzu auch KStR Rz 1044).

139 Verzicht auf Anteilsgewährung: Verzichtet der Einbringende aufgrund der Ausnahmeregelungen des § 19 Abs 2 Z 5 auf eine Gewährung von Anteilen, hat die Einbringung von Vermögen durch den Gruppenträger bzw durch das Gruppenmitglied mangels Verschiebung von Anteilsverhältnissen **keine Auswirkungen auf das Bestehen der Unternehmensgruppe**. Es kann (insbesondere bei der Einbringung von Kapitalanteilen) lediglich zu einer Verschiebung der Einkommenszurechnung auf eine andere Ebene innerhalb der Gruppe kommen (UmgrStR Rz 1245c; W/K/M² K 528). Selbst die Wahl eines unterjährigen Einbringungsstichtages hat gem § 9 Abs 5 S 4 KStG kein Ausscheiden aus der Gruppe zur Folge, obwohl jeweils für sich selbst betrachtet weder das einbringende noch das übernehmende Gruppenmitglied während des gesamten Wirtschaftsjahres ausreichend am übertragenen Gruppenmitglied beteiligt waren (*Zöchling/Haslinger* in Q/A/H/T/T Rz 29).

Die Bildung einer **Beteiligungsgemeinschaft auf Gruppenmitgliederebene** war nur bis zum 30.6.2010 möglich (Einschränkung durch das AbgÄG 2010, KStR Rz 1015 ff). Zu den Voraussetzungen des § 26c Z 18 KStG für das Weiterbestehen von Gruppenmitglieder-Beteiligungsgemeinschaften s Rz 88 ff. Gem UmgrStR Rz 1245d kommt es insb in folgenden Fällen zu einer **schädlichen Strukturänderung** und somit zur Auflösung der Gruppenmitglieder-Beteiligungsgemeinschaft (s a zur Verschmelzung iZm Gruppenmitglieder-Beteiligungsgemeinschaften Rz 88 ff): 139a

- Der Hauptbeteiligte bringt **begünstigtes Vermögen** in die Beteiligungskörperschaft ein und erhält hierfür aufgrund einer Kapitalerhöhung neue Anteile (oder Altanteile der anderen Gesellschafter, wenn keine Kapitalerhöhung vorgenommen wird). Die Gruppenmitglieder-Beteiligungsgemeinschaft wird aufgelöst, da die Änderung des Beteiligungsausmaßes der Beteiligungsgemeinschaft an der Beteiligungskörperschaft als schädliche Strukturänderung iSd § 26c Z 18 KStG gilt. Gleiches gilt uE auch bei einer entsprechenden Einbringung durch einen Minderbeteiligten. Entsteht durch die Einbringung allerdings eine ausreichende finanzielle Verbindung des Hauptbeteiligten der Gruppenmitglieder-Beteiligungsgemeinschaft an der Beteiligungskörperschaft, scheidet die Beteiligungskörperschaft trotz Auflösung der Gruppenmitglieder-Beteiligungsgemeinschaft nicht aus der Gruppe aus (UmgrStR Rz 1245d).

- Der Hauptbeteiligte der Gruppenmitglieder-Beteiligungsgemeinschaft bringt die **Beteiligung** an der Beteiligungskörperschaft in ein anderes Gruppenmitglied ein. Auch in diesem Fall geht die FV davon aus, dass die Gruppenmitglieder-Beteiligungsgemeinschaft aufgelöst wird, da es sich hierbei um eine schädliche Strukturänderung iSd § 26c Z 18 KStG handelt (UmgrStR Rz 1245d). Gleiches müsste auch bei einer entsprechenden Einbringung durch einen Minderbeteiligten gelten.

UE ist dieser Ansatz der FV **krit** zu sehen, wenn hier der **abgabenrechtlichen Gesamtsrechtsnachfolge** des § 19 BAO auch im Geltungsbereich des § 26c Z 18 KStG Bedeutung beigemessen wird. Ist die übernehmende Körperschaft bereits ein Gruppenmitglied und die Funktion des Hauptbeteiligten der Gruppenmitglieder-Beteiligungsgemeinschaft wird aufgrund der abgabenrechtlichen Gesamtrechtsnachfolge des § 19 BAO als übergegangen angenommen, führt die Anwendung von § 26 Z 18 3. TS KStG nur dann zu einer Beendigung der Gruppenmitglieder-Beteiligungsgemeinschaft, wenn die übernehmende Körperschaft nach der Einbringung nicht im selben Ausmaß wie die übertragene Körperschaft an der Beteiligungskörperschaft beteiligt ist. Die UmgrStR Rz 1245d idF vor dem WE 2013 vertraten noch die Auffassung, dass die Funktion des Hauptbeteiligten der Gruppenmitglieder-Beteiligungsgemeinschaft auf die übernehmende Körperschaft übergeht; die Neufassung durch den WE 2013 soll hier wohl die geänderte Rechtslage durch § 26c Z 18 KStG reflektieren.

b) Auslandssachverhalte

140 **Exporteinbringung:** Im Fall der Einbringung von inländischen (Teil)Betrieben oder Mitunternehmeranteilen durch ein inländisches Gruppenmitglied in ein ausländisches Gruppenmitglied gelten für die Unternehmensgruppe grundsätzlich dieselben Regelungen wie bei rein inländischen Einbringungen. Insoweit die **ausreichende finanzielle Verbindung** erhalten bleibt, kommt es somit zu keinen Änderungen hinsichtlich der Zusammensetzung der Unternehmensgruppe (s Rz 134 ff).

141 Da das eingebrachte Vermögen idR **im Inland verbleibt**, unterliegt das ausländische Gruppenmitglied mit den Einkünften aus dem eingebrachten Vermögen sodann der **beschränkten Steuerpflicht**. Lt überholter Auffassung der FV und des UFS sind die inländischen betrieblichen Einkünfte des ausländischen Gruppenmitglieds (zB Einkünfte aus Betriebsstätten oder inländisches unbewegliches Vermögen) nicht unmittelbar mit den inländischen Einkünften des Gruppenträgers bzw inländischer Gruppenmitglieder verrechenbar. Vielmehr finden die inländischen Einkünfte des ausländischen Gruppenmitglieds nur dann Berücksichtigung in der Unternehmensgruppe, wenn das ausländische Gruppenmitglied insgesamt einen Verlust erzielt. Damit wären die **inländischen Einkünfte des ausländischen Gruppenmitglieds** aber einerseits nur mehr **anteilig** (entsprechend dem Beteiligungsausmaß) mit dem Gruppenergebnis verrechenbar, andererseits unterlägen sie der Nachversteuerung iSd § 9 Abs 6 Z 6 KStG (KStR Rz 1078; *W/K/M²* K 275; *Mayr/Schlager*, RdW 2010, 242 ff; *Urtz* in *Achatz/Kirchmayr* § 9 Tz 314; UFS 19.4.2012, RV/1643-W/11).

Diese Ansicht der FV und des UFS wurde vom VwGH widerlegt (VwGH 16.9.2015, 2012/13/0060; ÖStZB 2015, 620; RdW 2015, 745). Lt VwGH steht der Wortlaut des 9 Abs 6 Z 6 KStG einer Einbeziehung der im Inland zu versteuernden Einkünfte eines ausländischen Gruppenmitglieds direkt im Gruppenergebnis nicht entgegen. Des Weiteren ist lt VwGH das Erkenntnis des EuGH in der Rs *Philips Electronics* (EuGH 16.9.2012, C-18/11) zu beachten. In dieser hat der EuGH entschieden, dass ein EU-Mitgliedstaat ausländische EU-Gesellschaften mit lokalen Betriebsstätten im Rahmen seiner Besteuerung bzw Verlustverwertung nicht schlechter stellen darf als lokal ansässige Gesellschaften (s a *Hohenwarter-Mayr*, GES 2012, 513 ff; *Moshammer/Niedermair*, taxlex 2012, 467 ff). Aus den Gründen, die zu diesem Urteil geführt haben, ist es daher erforderlich, dass die beschränkt steuerpflichtigen **inländischen Einkünfte des ausländischen Gruppenmitglieds im Gruppenergebnis** auf Ebene des Gruppenträgers Berücksichtigung finden. Diese Einkünfte sind sodann bei der Ermittlung des Ergebnisses des ausländischen Gruppenmitglieds nicht weiter zu berücksichtigen (s a *Hohenwarter-Mayr*, GES 2012, 513 ff; *Germuth/Toifl*, taxlex 2005, 226 ff; ErlRV 451 BlgNR 22. GP, 24).

142 Bis dato steht zudem Rz 1078 der KStR im Widerspruch zu Rz 1245e der UmgrStR, wonach die inländischen Einkünfte des übernehmenden ausländischen Gruppenmitglieds nicht in die ausländische Einkommensermittlung einzubeziehen sind (*Urtz* in *Achatz/Kirchmayr* § 9 Tz 314). Dieser Widerspruch soll jedoch durch den KStR-WE 2017 beseitigt werden (KStR Rz 1078 idF BegE WE 2017). Gem diesem Entwurf soll für inländische Betriebsstättenergebnisse und die Einkünfte aus inländischem unbeweglichem Vermögen die Isolationstheorie gelten.

Diese Ergebnisse sind daher unmittelbar in die Gruppenbesteuerung einzubeziehen. Andere inländische außerbetriebliche Ergebnisse des ausländischen Gruppenmitglieds sollen jedoch außer Ansatz bleiben und sollen iRd beschränkten Körperschaftsteuerpflicht des Gruppenmitglieds erfasst werden (insoweit dies aufgrund des DBA möglich ist).

derzeit frei **143**

Bringt der Gruppenträger bzw ein inländisches Gruppenmitglied die **Beteiligung** **144** **an einem inländischen Gruppenmitglied in ein ausländisches Gruppenmitglied ein** (zu den allgemeinen Folgen des UmgrStG s § 16 Rz 56 ff), besteht sodann die ausreichende finanzielle Verbindung mit diesem Gruppenmitglied (nur mehr) über das ausländische Gruppenmitglied. Dadurch **verliert** das inländische Gruppenmitglied nach Ansicht der FV seinen **Status als „Vollmitglied"** der Unternehmensgruppe. Daher kann über dieses inländische Gruppenmitglied keine ausreichende finanzielle Verbindung an einem weiteren in- oder ausländischen Gruppenmitglied begründet werden. Hält das übertragene Gruppenmitglied somit Beteiligungen an weiteren Gruppenmitgliedern, scheiden diese nach Ansicht der FV aus der Unternehmensgruppe aus. Auf der anderen Seite werden Gewinne und Verluste des eingebrachten inländischen Gruppenmitglieds bei der die finanzielle Verbindung zum ausländischen Gruppenmitglied vermittelnden inländischen Muttergesellschaft berücksichtigt. Die Ergebnisse des inländischen Gruppenmitglieds gehen somit nicht in die Ermittlung des Ergebnisses des ausländischen Gruppenmitglieds ein (Information des BMF vom 16.5.2012, GZ BMF-010216/ 0021-VI/6/2012: Auslegung des § 9 Abs 2 TS 1 KStG 1988 im Lichte der Rs *Papillon*, EuGH 27.11.2008, C-418/07; KStR Rz 1014; UmgrStR Rz 1245e).

Im **Schrifttum** wird die Aufnahme von inländischen Körperschaften, die über **145** ausländische Gruppenmitglieder gehalten werden, in Unternehmensgruppen schon seit Einführung der Gruppenbesteuerung diskutiert (*Kofler*, taxlex 2005, 172 ff; *Kofler* in Q/A/H/T/T Rz 85 ff; *Tumpel/Tissot* in Q/A/H/T/T Rz 19; *Walter-Mühlehner/Zöchling* 44 ff; *Demschner/Stefaner*, SWI 2009, 9 ff; *Mamut/Schilcher*, taxlex 2009, 13 ff). Die oben angeführte **Information des BMF** bzw die Aufnahme in die UmgrStR (Rz 1245e) sowie KStR (Rz 1014) soll das Urteil in der Rs *Papillon* (EuGH 27.11.2008, C-418/07) **innerstaatlich umsetzen**. Bis zu dieser Information bzw Richtlinienänderung vertrat die FV die Ansicht, dass über ausländische Gruppenmitglieder gehaltene inländische Körperschaften keinesfalls in die Unternehmensgruppe aufgenommen werden können.

Die nunmehrige **Ansicht der FV**, dass es sich bei dem über das ausländische **146** Gruppenmitglied gehaltenen inländischen Gruppenmitglied um kein „Vollmitglied" der Unternehmensgruppe handelt, erscheint weder durch das Gesetz noch durch EuGH-Rsp gedeckt (*Vock* in Q/R/S/S/V[26] § 9 Rz 106/1; *Lehner*, GES 2012, 243 ff; *Hohenwarter-Mayr*, GES 2012, 511 ff mit Bezug auf EuGH 6.9.2012, C-18/11, *Philips Electronics*; *Puchner/Tüchler*, SWK 2013, 655). Zudem erscheint die Auffassung der FV widersprüchlich, eine über ein ausländisches Gruppenmitglied gehaltene Körperschaft nur teilweise als Gruppenmitglied zu qualifizieren. Insb im Hinblick auf die EuGH-Rsp müsste uE die Einbeziehung von mit dem inländischen Gruppenmitglied finanziell verbundenen Körperschaften in die Unternehmensgruppe möglich sein.

147 **Importeinbringung:** Wird ein **ausländischer (Teil)Betrieb oder Mitunternehmeranteil durch ein ausländisches Gruppenmitglied in ein inländisches Gruppenmitglied oder in den Gruppenträger eingebracht**, hat dies keine Auswirkungen für das Bestehen der Gruppe, insoweit die ausreichenden finanziellen Verbindungen für die einbringende ausländische und übernehmende inländische Körperschaften gewahrt bleiben. Das übernehmende inländische Gruppenmitglied erhält durch die Einbringung Auslandsvermögen, worauf die Vorschriften der Verlustverrechnung gem § 2 Abs 8 EStG anzuwenden sind (UmgrStR Rz 1245f; *W/K/M*² K 541).

148 Im Fall der **Einbringung eines inländischen (Teil)Betriebes oder Mitunternehmeranteils durch ein ausländisches Gruppenmitglied in ein inländisches Gruppenmitglied oder in den Gruppenträger** bleibt die Gruppe unter den allgemeinen Voraussetzungen des § 9 Abs 4 KStG weiterhin bestehen. Die beschränkte Steuerpflicht des ausländischen Gruppenmitglieds hinsichtlich des inländischen Vermögens wird durch die unbeschränkte Steuerpflicht beim übernehmenden inländischen Gruppenmitglied ersetzt. Die Einkünfte des übertragenen inländischen Vermögens sind ab dem dem Einbringungsstichtag folgenden Tag beim übernehmenden inländischen Gruppenmitglied oder Gruppenträger zu berücksichtigen (UmgrStR Rz 1245f).

149 Ein ausländisches Gruppenmitglied kann auch eine **Beteiligung an einem weiteren ausländischen Gruppenmitglied** halten, insoweit diese Beteiligung maximal 50 % beträgt (s KStR Rz 1020). Die ausreichende finanzielle Verbindung muss in diesem Fall über den Gruppenträger bzw ein inländisches Gruppenmitglied gehalten werden. Wird diese Beteiligung in ein inländisches Gruppenmitglied eingebracht, ergeben sich keine Änderungen für das Bestehen der Unternehmensgruppe (UmgrStR Rz 1245f). Allerdings ändert sich einbringungsbedingt die Höhe der ins Inland zu verrechnenden Verluste des ausländischen Gruppenmitglieds, da die Verlustverrechnung von ausländischen Gruppenmitgliedern mit dem Ausmaß der Beteiligung begrenzt ist (§ 9 Abs 6 Z 6 KStG).

150 **Auslandseinbringung:** Wird **Auslandsvermögen von einem ausländischen Gruppenmitglied in ein anderes ausländisches Gruppenmitglied eingebracht**, ändert dies nichts für die Gruppenzugehörigkeit des einbringenden ausländischen Gruppenmitglieds. Es kommt grundsätzlich nicht zu einer anteiligen Nachversteuerung von bis zur Einbringung in das Inland verrechneten Verlusten, da das ausländische Gruppenmitglied in der Unternehmensgruppe verbleibt und somit weiterhin die Möglichkeit zur Nachversteuerung gegeben ist (UmgrStR Rz 1245g). Eine solche Auslandseinbringung kann allerdings ein **umgründungsbedingtes wirtschaftliches Ausscheiden** des einbringenden ausländischen Gruppenmitglieds zur Folge haben (§ 9 Abs 6 Z 6 vorletzter Satz KStG), wenn die Nachversteuerungshängigkeit von bereits ins Inland verrechneten Verlusten nicht mehr gegeben ist. Die Nachversteuerungshängigkeit ist lt Ansicht der FV dann nicht mehr gegeben, wenn die Verlustvorträge, die im Zusammenhang mit dem eingebrachten Vermögen stehen, auf das übernehmende Gruppenmitglied nicht übergehen. Gehen diese Verlustvorträge nicht auf die übernehmende Körperschaft über, kommt es zum wirtschaftlichen Ausscheiden des ausländischen Gruppenmitglieds (UmgrStR Rz 1245g, zur Einbringung in eine gruppenfremde Körperschaft s Rz 161a).

Die Einbringung führt allerdings für das übernehmende ausländische Gruppen- **151**
mitglied zum **Ausscheiden aus der Unternehmensgruppe**, wenn das einbringende ausländische Gruppenmitglied einbringungsbedingt zu mehr als 50 % am übernehmenden ausländischen Gruppenmitglied beteiligt wird, da die Einbeziehung einer Körperschaft in die **zweite Beteiligungsebene im Ausland** gem § 9 Abs 2 2. TS KStG ausgeschlossen ist (UmgrStR Rz 1245g; *W/K/M*² K 543; KStR Rz 1014; *Trenkwalder* in *Q/A/H/T/T* § 9 Abs 2 Rz 21 ff; *Urtz* in *Achatz/Kirchmayr* § 9 Tz 63 ff; *Pinetz/Stefaner* in *L/R/S/S*² § 9 Rz 26).

4. Einbringung unter Beteiligung eines Gruppenfremden

a) Einbringung durch einen Gruppenfremden

Die Einbringung von begünstigtem Vermögen **durch einen Gruppenfremden in** **152**
ein inländisches Gruppenmitglied hat grundsätzlich zur Folge, dass das übernehmende Gruppenmitglied Anteile an den einbringenden Gruppenfremden zu Lasten der bisherigen Anteilsinhaber gewähren muss. Insoweit die ausreichende finanzielle Verbindung von mehr als 50 % aufgrund der Anteilsgewährung verloren geht, scheidet das übernehmende Gruppenmitglied (sowie allenfalls weitere untergeordnete Beteiligungskörperschaften) aus der Unternehmensgruppe aus (UmgrStR Rz 1245h; *W/K/M*² K 546; *Schwarzinger/Wiesner* I/2³ 2280 ff).

In einem solchen Fall konnte bis zum AbgÄG 2010 eine **Gruppenmitglieder-** **153**
Beteiligungsgemeinschaft zwischen dem Gruppenfremden und dem bisher ausreichend finanziell beteiligten Gruppenmitglied gebildet werden, um das Ausscheiden des übernehmenden Gruppenmitglieds zu verhindern. Die Möglichkeit zur Bildung einer Gruppenmitglieder-Beteiligungsgemeinschaft war allerdings nur bis zum 30.6.2010 möglich (§ 9 Abs 2 letzter Satz KStG 1988 idF AbgÄG 2010; UmgrStR Rz 1245h).

Die Einbringung durch einen Gruppenfremden muss jedoch nicht zwangsläufig **154**
zu einer Gewährung von Gegenleistungsanteilen führen. Handelt es sich beim einbringenden Gruppenfremden um eine Körperschaft, an der beispielsweise der Gruppenträger zu 100 % beteiligt ist, und hält der Gruppenträger ebenfalls 100 % der Anteile am übernehmenden Gruppenmitglied, kann grundsätzlich die Gewährung von **Gegenleistungsanteilen unterbleiben** (§ 19 Abs 2 Z 5).

Bringt ein Gruppenfremder begünstigtes Vermögen in den Gruppenträger ein, **155**
hat dies keine Auswirkungen auf das Bestehen der Unternehmensgruppe, da die **Gegenleistungsanteile vom Gruppenträger** selbst gewährt werden.

Zur Einbringung einer Beteiligung an einer in- oder ausländischen Kapitalgesell- **156**
schaft durch einen Gruppenfremden in den Gruppenträger oder ein inländisches Gruppenmitglied s Rz 134 ff.

b) Einbringung in einen Gruppenfremden

Die Einbringung eines (Teil)Betriebes durch ein Gruppenmitglied in einen Grup- **157**
penfremden ändert grundsätzlich nichts an der Gruppenzugehörigkeit des einbringenden Gruppenmitglieds.

Wird die **Beteiligung an einem Gruppenmitglied in eine gruppenfremde Kör-** **158**
perschaft eingebracht, kann an der übernehmenden Körperschaft aufgrund der Anteilsgewährung eine ausreichende finanzielle Verbindung entstehen und die

übernehmende Körperschaft mittels eines Ergänzungsantrages (§ 9 Abs 9 KStG) in die Unternehmensgruppe aufgenommen werden (UmgrStR Rz 1245j; *W/K/M*[2] K 555). Dies gilt gleichermaßen, wenn beispielsweise das einbringende Gruppenmitglied schon vor der Einbringung 100 % der Anteile am Gruppenfremden gehalten hat. Voraussetzung für eine **"nahtlose" Einbeziehung des Gruppenfremden** in die Unternehmensgruppe ist, dass der Einbringungsstichtag mit dem Bilanzstichtag der übernehmenden gruppenfremden Körperschaft übereinstimmt. Analog zur Ansicht der FV bei der Verschmelzung (UmgrStR Rz 354; *W/K/M*[2] K 554) ist davon auszugehen, dass diese auch in diesem Fall ein **Ausscheiden des übertragenen Gruppenmitglieds aus der Unternehmensgruppe** vertritt und es innerhalb der dreijährigen Mindestbehaltefrist des § 9 Abs 10 KStG zur Rückabwicklung kommt. Gleichermaßen sind ausreichende finanzielle Beteiligungen an anderen Gruppenmitgliedern betroffen, die als untergeordnete Beteiligungskörperschaften des eingebrachten Gruppenmitglieds einbringungsbedingt auf den Gruppenfremden übergehen.

159 Allerdings erscheint es uE geboten, diesen Vorgang als **Übertragungsakt von Vermögen innerhalb einer Unternehmensgruppe** iSd § 9 Abs 5 S 4 KStG zu qualifizieren, insoweit der Einbringungsstichtag mit dem Bilanzstichtag der übernehmenden (vormals gruppenfremden) Körperschaft übereinstimmt und die übernehmende Körperschaft mit Wirkung ab dem Einbringungsstichtag tatsächlich mittels Ergänzungsantrag in die Unternehmensgruppe aufgenommen wird. Unter diesen Voraussetzungen würde die Einbringung nicht zu einem Ausscheiden des übertragenen Gruppenmitglieds und zu einer allfälligen Rückabwicklung führen, da es sich hierbei um den Fall einer „nahtlosen" Gruppenzugehörigkeit des übertragenden Gruppenmitglieds handelt (s hierzu *Tüchler*, ÖStZ 2011, 56 ff; *Huber* in *W/H/M*, HdU[15] § 33 Rz 60 zur Spaltung; ErlRV 43 BlgNR 23. GP, 25 und 28 zur Verschmelzung und Spaltung; s a Rz 80 ff zum vergleichbaren Fall bei der Verschmelzung und Rz 224 zum vergleichbaren Fall bei der Spaltung).

160 Das Gleiche gilt, wenn ein Gruppenmitglied gemeinsam mit einem (Teil)Betrieb die Beteiligung an einem weiteren Gruppenmitglied in den Gruppenfremden einbringt, da die ausreichende finanzielle Verbindung an dem Gruppenmitglied dem eingebrachten (Teil)Betrieb zuzurechnen ist.

161 Bei der **Einbringung eines Mitunternehmeranteils** ist zu beachten, dass hierdurch die mittelbar erreichte ausreichende finanzielle Verbindung an einem Gruppenmitglied verloren gehen kann *(Schwarzinger/Wiesner* I/2³ 2270 ff). Bei der Einbringung eines Kapitalanteils kann zusätzlich zum Verlust der ausreichenden finanziellen Beteiligung des übertragenen Kapitalanteils auch die mittelbare finanzielle Verbindung zu weiteren Gruppenmitgliedern verloren gehen (UmgrStR Rz 1245j).

161a Bringt ein **ausländisches Gruppenmitglied** Vermögen in eine gruppenfremde Körperschaft ein, hat dies grundsätzlich keine Auswirkung auf die bestehende Unternehmensgruppe. Verliert das ausländische Gruppenmitglied allerdings seine Vergleichbarkeit und ist daher der Tatbestand des wirtschaftlichen Ausscheidens iSd § 9 Abs 6 Z 6 vorletzter Satz KStG erfüllt, kommt es zwingend zur Nachversteuerung der noch offenen Verluste gem § 9 Abs 6 Z 6 KStG, weil durch die Einbringung in die gruppenfremde Körperschaft die Nachversteuerungshängigkeit der Verluste nicht mehr gegeben ist (UmgrStR Rz 1245g; zur Einbringung von Auslandsvermögen in ein anderes ausländisches Gruppenmitglied s Rz 150).

5. Beendigung einer Unternehmensgruppe

Eine Unternehmensgruppe wird einbringungsbedingt beispielsweise dann beendigt, wenn der **Gruppenträger nur an einem Gruppenmitglied** unmittelbar ausreichend beteiligt ist (auch wenn dieses Gruppenmitglied Anteile an weiteren Gruppenmitgliedern hält) und dieser Kapitalanteil iRe Einbringung auf einen Gruppenfremden übertragen wird. Dadurch geht die ausreichende finanzielle Verbindung am einzigen unmittelbar gehaltenen Gruppenmitglied nämlich verloren (UmgrStR Rz 1245k; $W/K/M^2$ K 557).

162

Besteht die Unternehmensgruppe **lediglich aus dem Gruppenträger und einem ausländischen Gruppenmitglied,** wird die Unternehmensgruppe dadurch beendigt, wenn das ausländische Gruppenmitglied seinen Betrieb in den Gruppenträger einbringt und dadurch der Tatbestand des wirtschaftlichen Ausscheidens iSd § 9 Abs 6 Z 6 KStG erfüllt wird.

163

Hält der Gruppenträger sämtliche Beteiligungen an Gruppenmitgliedern **mittelbar über eine Mitunternehmerschaft** und wird dieser Mitunternehmeranteil in eine gruppenfremde Körperschaft eingebracht, wird die Unternehmensgruppe beendigt. Insoweit der Gruppenträger aufgrund der Einbringung eine ausreichende finanzielle Verbindung an der gruppenfremden Körperschaft erhält, kann mit dieser eine neue Unternehmensgruppe gebildet werden (s hierzu auch oben Rz 158).

164

E. Zusammenschluss

1. Allgemeines

S zu den Anwendungsvoraussetzungen und Formen des Zusammenschlusses §§ 23 ff.

170

2. Inländischer Zusammenschluss innerhalb der Unternehmensgruppe

Der **Zusammenschluss zu einer Personengesellschaft** von zwei Gruppenmitgliedern oder des Gruppenträgers mit einem Gruppenmitglied ändert grundsätzlich nichts am Bestehen der Unternehmensgruppe. Wird iRd Zusammenschlusses ein Betrieb oder Teilbetrieb übertragen, tritt an dessen Stelle der Mitunternehmeranteil an der übernehmenden Personengesellschaft (UmgrStR Rz 1493). Überträgt ein Zusammenschlusspartner eine Beteiligung an einem Gruppenmitglied (die beispielsweise notwendiges Betriebsvermögen eines Betriebes darstellt), wird aus der unmittelbaren Beteiligung eine mittelbare. Das Gruppenmitglied, dessen Beteiligung durch den Zusammenschluss übertragen worden ist, verbleibt in der Gruppe, insoweit die ausreichende finanzielle Verbindung weiterhin gegeben ist. Hierbei ist insbesondere zu beachten, dass Voraussetzung für das Bestehen der ausreichenden finanziellen Verbindung die **Stimmrechtsmehrheit in der zwischengeschalteten Personengesellschaft** ist (KStR Rz 1041; $W/K/M^2$ K 558).

171

Beispiel

172

Gruppenmitglied A-GmbH und Gruppenmitglied B-GmbH schließen sich zu einer Personengesellschaft zusammen, an der sie zu jeweils 50 % beteiligt sind. Beide Gruppenmitglieder übertragen hierbei einen Betrieb. Gruppenmitglied

A-GmbH überträgt mit seinem Betrieb die 70 %-Beteiligung an Gruppenmitglied C-GmbH.

Lösung: Aufgrund des Zusammenschlusses sind Gruppenmitglied A-GmbH und Gruppenmitglied B-GmbH zu jeweils 50 % mittelbar am 70 %-Anteil von Gruppenmitglied C-GmbH beteiligt. Weder bei Gruppenmitglied A-GmbH noch bei Gruppenmitglied B-GmbH ist die erforderliche Stimmrechtsmehrheit in der Personengesellschaft gegeben. Um die Gruppenzugehörigkeit der C-GmbH zu erhalten, müssten die beiden Mitunternehmer eine Beteiligungsgemeinschaft bilden (KStR Rz 1041; $W/K/M^2$ K 558). Die Bildung einer Beteiligungsgemeinschaft auf Gruppenmitgliederebene ist durch die Änderungen im AbgÄG 2010 allerdings seit 1.7.2010 nicht mehr möglich.

3. Zusammenschluss mit Gruppenfremden

173 Durch einen Zusammenschluss kann eine Unternehmensgruppe mit Hilfe der Rückwirkungsfiktion **begründet** bzw **erweitert** werden. Dies ist der Fall, wenn ein gruppenfremder Zusammenschlusspartner iRd Zusammenschlusses begünstigtes Vermögen inklusive einer Beteiligung an einer Körperschaft überträgt und hierdurch eine **ausreichende finanzielle Verbindung** entsteht (*Zöchling/Haslinger* in Q/A/H/T/T Rz 17).

174 **Beispiel**

Die gruppenfremde Kapitalgesellschaft A und das Gruppenmitglied B schließen sich zum 31.12.X1 zur AB-OG zusammen. Beide Kapitalgesellschaften übertragen iRd Zusammenschlusses einen Betrieb. Zum notwendigen Betriebsvermögen des von A übertragenen Betriebes gehört die 100%ige Beteiligung an C (Bilanzstichtag = Kalenderjahr). Nach dem Zusammenschluss sind A zu 40 % und das Gruppenmitglied B zu 60 % an der AB-OG beteiligt. Da B daher mittelbar zu 60 % an C beteiligt ist und somit die ausreichende finanzielle Verbindung des § 9 Abs 4 KStG gegeben ist, kann C ab der Veranlagung X2 in die Gruppe aufgenommen werden.

175 Zu einem **Ausscheiden eines Gruppenmitglieds** kann es dann kommen, wenn eine gruppenfremde Person einer Personengesellschaft beitritt und aufgrund der Gewährung von Anteilen an der Personengesellschaft an den Gruppenfremden die **mittelbare finanzielle Verbindung zu einem Gruppenmitglied**, deren Anteile von der Personengesellschaft gehalten werden, nicht mehr in ausreichendem Ausmaß vorliegt (UmgrStR Rz 1494; $W/K/M^2$ K 566). Handelt es sich bei diesem Gruppenmitglied um das einzige Gruppenmitglied (bzw vermittelt nur dieses Gruppenmitglied ausreichende finanzielle Verbindungen zu weiteren Gruppenmitgliedern), hat dies die Beendigung der Unternehmensgruppe (und die Rückabwicklung innerhalb der dreijährigen Mindestbehaltefrist des § 9 Abs 10 KStG) zur Folge.

4. Auslandssachverhalte

176 Bei einem **Zusammenschluss eines inländischen Gruppenmitglieds mit einem ausländischen Gruppenmitglied zu einer inländischen oder ausländischen Personengesellschaft** verbleiben idR das inländische Zusammenschlussvermögen im Inland und das ausländische Vermögen im Ausland. Das steuerliche Ergebnis des übertragenen inländischen Betriebes oder Teilbetriebes wird nun nur mehr entsprechend dem Beteiligungsverhältnis dem inländischen bzw ausländischen Gruppenmitglied zugerechnet. Gleiches gilt für das Ergebnis des ausländischen

Vermögens, welches den beiden Zusammenschlusspartnern quotal zugerechnet wird (UmgrStR Rz 1493b).

Wird iRe Zusammenschlusses die **Beteiligung an einem inländischen Gruppenmitglied auf eine in- oder ausländische Personengesellschaft übertragen**, verbleibt dieses inländische Gruppenmitglied in der Gruppe, insoweit die ausreichende finanzielle Verbindung iSd § 9 Abs 4 KStG für das inländische Gruppenmitglied gewahrt bleibt. Dies ist dann der Fall, wenn die über die Personengesellschaft durchgerechnete finanzielle Verbindung weiterhin über das inländische Gruppenmitglied besteht (UmgrStR Rz 1493b u Rz 1493c; W/K/M² K 562 u K 563). Wird hingegen die ausreichende finanzielle Verbindung mittelbar vom ausländischen Gruppenmitglied erfüllt, führt diese zusammenschlussbedingte Übertragung lt Ansicht der FV dazu, dass das inländische Gruppenmitglied seinen Status als „Vollmitglied" der Unternehmensgruppe verliert (BMF 16.5.2012, GZ BMF-010216/0021-VI/6/2012: Auslegung des § 9 Abs 2 TS 1 KStG 1988 im Lichte der *Rs Papillon*, EuGH 27.11.2008, C-418/07; KStR Rz 1014). 177

Wird **iRe Zusammenschlusses zu einer in- oder ausländischen Personengesellschaft ein ausländisches Gruppenmitglied übertragen**, scheidet das übertragene ausländische Gruppenmitglied aus der Unternehmensgruppe aus, wenn die mittelbare ausreichende finanzielle Verbindung von einem ausländischen Gruppenmitglied erfüllt ist. Der Grund hierfür ist, dass die Einbeziehung von ausländischen Gruppenmitgliedern auf die „erste Auslandsebene" begrenzt ist. Wird nach dem Zusammenschluss die ausreichende finanzielle Verbindung mittelbar über ein inländisches Gruppenmitglied gehalten, verbleibt das inländische Gruppenmitglied in der Unternehmensgruppe (UmgrStR Rz 1493b u Rz 1493c; W/K/M² K 562 u K 563). 178

Der **Zusammenschluss von ausländischen Gruppenmitgliedern** zu einer ausländischen Personengesellschaft ändert nichts an deren Gruppenzugehörigkeit (UmgrStR Rz 1493d; W/K/M² K 565). 179

Gleichermaßen unbeachtlich für die Gruppenzugehörigkeit ist der **Zusammenschluss zwischen einem inländischen Gruppenmitglied und einem ausländischen Gruppenfremden bzw zwischen einem ausländischen Gruppenmitglied und einem inländischen Gruppenfremden**. Diese Zusammenschlussformen können allerdings dann eine Auswirkung auf die Gruppenzugehörigkeit haben, wenn im Zuge des Zusammenschlusses eine Beteiligung an einem Gruppenmitglied auf die Personengesellschaft übertragen wird und hierdurch die ausreichende finanzielle Verbindung verloren geht (UmgrStR 1494a; W/K/M² K 572 ff). 180

F. Realteilung

1. Allgemeines

S zu den Anwendungsvoraussetzungen und Formen der Realteilung §§ 27 ff. 190

2. Realteilung innerhalb der Unternehmensgruppe

Eine **Realteilung einer Personengesellschaft, an der ausschließlich Gruppenmitglieder beteiligt sind**, hat grundsätzlich **keine Auswirkungen** auf die Gruppenzugehörigkeit von untergeordneten Gruppenmitgliedern, die über die Personengesellschaft gehalten werden. Eine Änderung kann sich nur dahingehend ergeben, dass mittelbare finanzielle Verbindungen an Gruppenmitgliedern zu unmittelbaren werden (UmgrStR Rz 1635; W/K/M² K 579 ff). 191

192 Beispiel

An der AB-OG sind die Gruppenmitglieder A-GmbH zu 80 % und B-GmbH zu 20 % beteiligt. Im Betriebsvermögen der AB-OG befinden sich zwei Teilbetriebe und eine Beteiligung in Höhe von 70 % am Gruppenmitglied C-GmbH, die dem Teilbetrieb 1 zuzurechnen ist. IRe Realteilung kommt es zur Aufteilung des Teilbetriebes 1 auf die A-GmbH und des Teilbetriebes 2 auf die B-GmbH als Nachfolgeunternehmer. Nach der Realteilung ist somit die A-GmbH unmittelbar zu 70 % am Gruppenmitglied C-GmbH verbunden. Aus der mittelbaren finanziellen Verbindung der A-GmbH an der C-GmbH wird somit eine unmittelbare. Die B-GmbH ist nach der Realteilung weder mittelbar noch unmittelbar am Gruppenmitglied C-GmbH verbunden. Daher wird ihr auch kein anteiliges Ergebnis der C-GmbH mehr zugerechnet.

193 Anderes kann gelten, wenn ein **ausländisches Gruppenmitglied** an der Personengesellschaft beteiligt ist und nach der Realteilung die finanzielle Verbindung nur mehr über das ausländische Gruppenmitglied gegeben ist (s hierzu Rz 177 zum Zusammenschluss).

3. Realteilung mit Gruppenfremden

194 Eine Realteilung **zwischen Gruppenmitgliedern und Gruppenfremden** kann zum **Ausscheiden eines Gruppenmitglieds** führen, wenn teilungsbedingt die mittelbar bestehende finanzielle Verbindung verloren geht und nicht durch eine ausreichende unmittelbare finanzielle Verbindung ersetzt wird (UmgrStR Rz 1635a). Auf der anderen Seite kann eine Realteilung eine Erweiterung der Unternehmensgruppe bewirken, wenn beispielsweise ein Gruppenfremder aus der Personengesellschaft realteilungsbedingt ausscheidet und hierdurch eine mittelbare ausreichende finanzielle Verbindung an einer Körperschaft entsteht (*W/K/M*^{2} K 584). Dies gilt sowohl für Realteilungen von in- und ausländischen Personengesellschaften sowie bei Realteilungen von Personengesellschaften, an der in- bzw ausländische Mitunternehmer beteiligt sind.

G. Handelsspaltung

1. Allgemeines

196 Zum Begriff der Handelsspaltung und ihren Ausprägungsformen s § 32 Rz 1 ff.

2. Begründung einer Unternehmensgruppe

197 Durch eine Spaltung kann eine Unternehmensgruppe nicht entstehen oder erweitert werden. Allerdings kann **durch eine Spaltung rückwirkend zum Spaltungsstichtag eine Unternehmensgruppe begründet werden**, wenn durch die Spaltung eine ausreichende finanzielle Verbindung der übernehmenden Gesellschaft an einer Kapitalgesellschaft hergestellt wird (UmgrStR Rz 1785a; s zur verschmelzungsbedingten Begründung einer Unternehmensgruppe Rz 61).

3. Spaltung eines Gruppenmitglieds innerhalb der Unternehmensgruppe
a) Gruppeninterne Aufspaltung zur Neugründung

198 Bei der **verhältniswahrenden Aufspaltung zur Neugründung** geht das spaltende Gruppenmitglied mit Ablauf des Spaltungsstichtages unter. An seine Stelle treten **mindestens zwei neue Kapitalgesellschaften**, die das Vermögen des spaltenden

Gruppenmitglieds nach Maßgabe des Spaltungsplans übernehmen. Die **Unternehmensgruppe bleibt nach Auffassung der FV trotz des Untergangs des spaltenden Gruppenmitglieds weiterhin bestehen**, da an dessen Stelle die finanziellen Verbindungen der übernehmenden Kapitalgesellschaften treten. Aufgrund von § 9 Abs 5 KStG ersetzen die übernehmenden Gesellschaften die Stellung als Gruppenmitglied. Da eine Änderung der bestehenden Unternehmensgruppe vorliegt, ist diese Änderung gem § 9 Abs 9 KStG innerhalb eines Monats nach Eintragung des Spaltungsbeschlusses in das Firmenbuch bei dem für die Unternehmensgruppe zuständigen Finanzamt anzuzeigen. Die **dreijährige Mindestbehaltefrist** des § 9 Abs 10 KStG beginnt für diese **nicht neu zu laufen** (UmgrStR Rz 1785b; *Huber* in *W/H/M*, HdU[15] § 33 Rz 61).

Die FV geht im Fall einer gruppeninternen Aufspaltung zur Neugründung durch Anwendung des § 9 Abs 5 KStG von einer automatischen Übertragung der Gruppenmitgliedschaft vom aufspaltenden Gruppenmitglied auf die neuen Gesellschaften aus. UE ist diese Auffassung zutreffend, da die **„zerlegten" Anteile** des aufspaltenden Gruppenmitglieds in Summe **ident mit den Anteilen an den neuen Gesellschaften sind** (Identitätsfiktion des § 36). Aufgrund dieser Identitätsfiktion ergibt sich, dass die dreijährige Mindestbehaltefrist des § 9 Abs 10 KStG für die neuen Gesellschaften nicht neu zu laufen beginnt. Des Weiteren ist auch kein Ergänzungsantrag iSd § 9 Abs 9 3. TS KStG (inklusive Gruppenantrag gem § 9 Abs 8 KStG) beim zuständigen Finanzamt einzureichen, sondern bloß die Änderung hinsichtlich der Änderung der Unternehmensgruppe anzuzeigen (§ 9 Abs 9 1. TS KStG). Zu beachten ist, dass die FV im Fall der Verschmelzung eines Gruppenmitglieds auf eine gruppenfremde Körperschaft (an der auf Ebene des Gesellschafters des übertragenden Gruppenmitglieds durch die gewährten Gegenleistungsanteile eine ausreichende finanzielle Verbindung entsteht) einen restriktiveren Ansatz vertritt und von keiner nahtlosen Gruppenzugehörigkeit des übertragenen Vermögens (Beteiligung an einem Gruppenmitglied) ausgeht (s Rz 80 ff).

199

Fraglich im Zusammenhang mit der Übertragung der dreijährigen Mindestbehaltefrist des § 9 Abs 10 KStG ist die **Funktionsweise der Rückabwicklung**, wenn die dreijährige Mindestbehaltefrist von einer neuen übernehmenden Körperschaft eingehalten wird und von einer anderen nicht. UE müsste es hier zu einer anteiligen Rückabwicklung auf Ebene des aufgespaltenen Gruppenmitglieds und des neuen Gruppenmitglieds kommen. Aus praktischer Sicht wird dies allerdings oftmals schwierig sein, da es hier zu Problemen bei der Abgrenzung des übertragenen Vermögens kommen kann.

200

Dies gilt entsprechend für eine **nicht verhältniswahrende Aufspaltung zur Neugründung**, wenn an der spaltenden Gesellschaft lediglich der Gruppenträger bzw andere Gruppenmitglieder beteiligt sind. Durch die Spaltung kann sich lediglich die finanzielle Verbindung innerhalb der Unternehmensgruppe verschieben (UmgrStR Rz 1786a).

201

Bei **nicht verhältniswahrenden Aufspaltungen zur Neugründung** kann es zu einem Verlust der ausreichenden finanziellen Verbindung an einer neuen Kapitalgesellschaft kommen, wenn an der spaltenden Kapitalgesellschaft Gruppenfremde als Gesellschafter beteiligt sind (UmgrStR Rz 1787; *W/K/M*[2] K 589).

202

203 Beispiel

Eine Unternehmensgruppe besteht aus dem Gruppenträger A und dem Gruppenmitglied B. Die Anteile an B werden zu 55 % von A und zu 45 % von der gruppenfremden Körperschaft C gehalten. IRd nicht verhältniswahrenden Aufspaltung zur Neugründung erhält A die Anteile an der neuen Kapitalgesellschaft B1 und C jene an der neuen Kapitalgesellschaft B2. Die Gruppe zwischen A und B1 bleibt bestehen. B2 als nunmehrige 100 %-Tochtergesellschaft des Gruppenfremden kann nicht in die Gruppe aufgenommen werden.

204 Hingegen ändert sich nichts an der finanziellen Verbindung an den spaltungsbedingt entstehenden neuen Gesellschaften bei der **verhältniswahrenden Aufspaltung zur Neugründung**, selbst wenn ein Gruppenfremder an dem spaltenden Gruppenmitglied beteiligt ist (UmgrStR Rz 1787).

b) Gruppeninterne Aufspaltung zur Aufnahme

205 Bei der **gruppeninternen Aufspaltung zur Aufnahme** überträgt das aufspaltende Gruppenmitglied sein Vermögen auf bereits bestehende Gruppenmitglieder bzw den Gruppenträger. Die Anteilsinhaber des spaltenden Gruppenmitglieds erhalten als Gegenleistung Anteile an den übernehmenden Gruppenmitgliedern. Die um das aufgespaltene Gruppenmitglied verminderte Unternehmensgruppe **besteht** bei der gruppeninternen Aufspaltung zur Aufnahme **weiter**. Es kann sich aber eine Verschiebung der finanziellen Verbindung innerhalb der Unternehmensgruppe ergeben (UmgrStR Rz 1786b; *Huber* in *W/H/M*, HdU[15] § 33 Rz 61).

206 Sind an dem aufspaltenden Gruppenmitglied neben dem Gruppenträger bzw anderen Gruppenmitgliedern auch **Gruppenfremde** als Gesellschafter **beteiligt**, erhalten die Anteilsinhaber des aufspaltenden Gruppenmitglieds Anteile an dem übernehmenden Gruppenmitglied. Hierdurch kann es zu Erhöhungen oder Verminderungen an der Beteiligung am übernehmenden Gruppenmitglied und somit auch zum Verlust der ausreichenden finanziellen Verbindung kommen, die das Ausscheiden des übernehmenden Gruppenmitglieds aus der Unternehmensgruppe zur Folge hat (UmgrStR Rz 1787a).

207 Analog zur gruppeninternen Aufspaltung zur Neugründung hat die gruppeninterne Aufspaltung zur Aufnahme **keine Auswirkungen auf den Fristenlauf des § 9 Abs 10 KStG** für das aufspaltende Gruppenmitglied (UmgrStR Rz 1786; *Huber* in *W/H/M*, HdU[15] § 33 Rz 61). Es kommt somit zu keinem Ausscheiden des aufspaltenden Gruppenmitglieds aus der Unternehmensgruppe innerhalb der dreijährigen Mindestbehaltefrist des § 9 Abs 10 KStG.

208 Fraglich ist hingegen die weitere Beurteilung hinsichtlich der **dreijährigen Mindestbehaltefrist**, für die nach den UmgrStR der Fristenlauf in der übernehmenden Gesellschaft grundsätzlich fortgesetzt wird. Dies insbesondere dann, wenn ein übernehmendes Gruppenmitglied aus der Unternehmensgruppe ausscheidet und der **Fristenlauf** des § 9 Abs 10 KStG bei diesem übernehmenden Gruppenmitglied und dem aufspaltenden Gruppenmitglied unterschiedlich ist. Für die Bestimmung der maßgeblichen Frist können hier entweder die (Gesamt)Dauer der Gruppenzugehörigkeit des übernehmenden Gruppenmitglieds oder aber die Dauer der Gruppenzugehörigkeit der übernehmenden Gesellschaft ab dem Spaltungsstichtag zusätzlich zur Dauer der Gruppenzugehörigkeit des aufgespaltenen

Gruppenmitglieds in Frage kommen. UE ist dafür auf Grund der (Teil)Identitätsfiktion auf Anteilsinhaberebene die letztere Berechnungsweise zutreffend.

c) Gruppeninterne Abspaltung zur Neugründung

Bei einer **verhältniswahrenden sowie nicht verhältniswahrenden Abspaltung zur Neugründung** überträgt das Gruppenmitglied Vermögen auf eine (oder mehrere) neue Kapitalgesellschaft(en). Die Anteilsinhaber des spaltenden Gruppenmitglieds (Gruppenträger oder andere Gruppenmitglieder) erhalten spaltungsgeborene Anteile an der neuen Kapitalgesellschaft. Am Bestehen der Gruppe ändert die Spaltung nichts. Die **dreijährige Mindestbehaltefrist** des § 9 Abs 10 KStG beginnt für die neue Kapitalgesellschaft **nicht neu zu laufen**. Die Abspaltung ist dem für die Unternehmensgruppe zuständigen Finanzamt anzuzeigen (UmgrStR Rz 1786f u Rz 1786g). 209

Wie bei der gruppeninternen Aufspaltung zur Neugründung geht die FV offenbar aufgrund von § 9 Abs 5 KStG von einer automatischen **Übertragung der Gruppenmitgliedschaft** vom abspaltenden Gruppenmitglied auf die neue(n) Gesellschaft(en) aus. Siehe hierzu Rz 198 ff. 210

Eine nicht verhältniswahrende Abspaltung zur Neugründung kann dann zur **Nichtaufnahme** der neuen Kapitalgesellschaft in die Unternehmensgruppe führen, wenn an der abspaltenden Gesellschaft **Gruppenfremde** beteiligt sind und nach der Spaltung keine ausreichende finanzielle Verbindung an der neuen Kapitalgesellschaft besteht (UmgrStR 1787b). 211

Beispiel 212

Am Gruppenmitglied B sind der Gruppenträger A zu 55 % und die gruppenfremde Körperschaft C zu 45 % beteiligt. B spaltet einen Teilbetrieb auf die neue Körperschaft B1 ab. Es wird eine nicht verhältniswahrende Abspaltung zur Neugründung durchgeführt. Nach der Abspaltung ist A zu 100 % an B und C zu 100 % an B1 beteiligt. Mangels finanzieller Verbindung kann B1 nicht in die Unternehmensgruppe aufgenommen werden.

Zur verhältniswahrenden Abspaltung zur Neugründung unter Beteiligung von Gruppenfremden s die Anmerkungen zur Aufspaltung zur Neugründung (Rz 202). 213

d) Gruppeninterne Abspaltung zur Aufnahme

Die **Abspaltung eines Gruppenmitglieds zur Aufnahme** entspricht in ihrer Wirkung einer **Konzerneinbringung**. Kommt es zu einer Anteilsgewährung, werden diese Anteile von den Anteilsinhabern (Gruppenträger oder anderen Gruppenmitgliedern) erworben. Dies kann **Verschiebungen der finanziellen Verbindung** innerhalb der Unternehmensgruppe zur Folge haben. Diese Verschiebungen können jedoch kein Ausscheiden des spaltenden oder übernehmenden Gruppenmitglieds aus der Unternehmensgruppe bewirken, insoweit an der abspaltenden Gesellschaft keine Gruppenfremden beteiligt sind. Wird im Zuge der Spaltung auf die Anteilsgewährung verzichtet, bleiben die finanziellen Verbindungen innerhalb der Unternehmensgruppe unverändert bestehen (UmgrStR Rz 1786h; *W/K/M*[2] K 595). 214

215 Bei einer nicht verhältniswahrenden Abspaltung zur Aufnahme kann es aufgrund der Anteilsgewährung zu einem **Verlust der ausreichenden finanziellen Verbindung** am übernehmenden Gruppenmitglied kommen, wenn an der abspaltenden Körperschaft Gruppenfremde beteiligt sind (UmgrStR Rz 1787c).

4. Spaltung des Gruppenträgers innerhalb der Unternehmensgruppe

a) Aufspaltung des Gruppenträgers

216 Bei der **gruppeninternen Aufspaltung zur Aufnahme des Gruppenträgers** wird das Vermögen des Gruppenträgers auf (mindestens) zwei übernehmende Gruppenmitglieder übertragen. Lt Ansicht der FV **geht hierdurch die bestehende Unternehmensgruppe unter** (UmgrStR Rz 1786d; *W/K/M*² K 590; *Zöchling/Haslinger* in *Q/A/H/T/T* Rz 24; *Erdély* in *D/H/H/S* 158; *Hohenwarter/Staringer* in *L/S/S/S* 401). Gleiches gilt für die gruppeninterne Aufspaltung des Gruppenträgers zur Neugründung (UmgrStR Rz 1786e; *W/K/M*² K 590).

217 UE ist diese restriktive Ansicht der FV kritisch zu hinterfragen, da die Gruppenträgereigenschaft iRd Spaltung mit Teil-Gesamtrechtsnachfolge auf die übernehmenden Gruppenmitglieder bzw neu entstehenden Kapitalgesellschaften übergehen sollte (allenfalls kommt es aufgrund der Vermögensaufteilung lt Spaltungsplan zur Entstehung mehrerer Unternehmensgruppen). Die Ansicht der FV ist wohl darauf zurückzuführen, dass diese die Stellung als Gruppenträger als höchstpersönliches Recht ansieht, welches trotz **der zivilrechtlichen und steuerlichen Gesamtrechtsnachfolge** (sowie auch der verfahrensrechtlichen Gesamtrechtsnachfolge des § 19 BAO) nicht auf den Rechtsnachfolger übergeht (*Urtz* in *Achatz/Kirchmayr* § 9 Tz 22 ff; *Hohenwarter/Staringer* in *L/S/S/S* 402 ff, die diese Frage nun von der Reichweite des § 19 BAO abhängig machen; *Zöchling/Haslinger* in *Q/A/H/T/T* Rz 5; *Erdély* in *D/H/H/S* 152; *Zöchling/Paterno* in *W/Z/H/K*⁵ § 6 Rz 32; *Aigner/Sedlaczek*, SWK 2009, S 801 ff; im Detail zur Verschmelzung *Siller/Stefaner*, RdW 2011, 632 ff; *Zöchling* in *Kirchmayr/Mayr/Hirschler*, Gruppenbesteuerung 8). Eine Rechtfertigung für diese Ansicht ist aus dem Gesetz nicht ersichtlich. Darüber hinaus steht dies im Widerspruch zur Aussage der FV, dass die Verschmelzung des Gruppenträgers auf ein unmittelbar oder mittelbar verbundenes Gruppenmitglied nicht zum Untergang der Unternehmensgruppe führen soll (UmgrStR Rz 353i; s Rz 73 ff). Die **Differenzierung der FV** zwischen den Wirkungen einer Verschmelzung und einer Spaltung erscheint aus unserer Sicht **unbegründet**, denn sowohl bei der Verschmelzung als auch bei der Spaltung tritt die übernehmende Kapitalgesellschaft aufgrund der Gesamtrechtsnachfolge in die Rechtsposition der übertragenden Gesellschaft ein (s hierzu auch Rz 70 ff; aA hingegen *W/K/M*² K 590). Lt *Huber* kommt es bei gruppeninternen Umgründungen für den Fortbestand der Unternehmensgruppe gem § 9 Abs 5 KStG nur darauf an, ob eine ausreichende finanzielle Verbindung weiterhin gegeben ist. Ist diese Voraussetzung erfüllt, geht die Gruppenträgereigenschaft – wie bei der Down-stream-Verschmelzung – auf ein übernehmendes Gruppenmitglied über. Die Gruppenmitglieder, mit denen der Nachfolge-Gruppenträger keine ausreichenden finanziellen Verbindungen mehr hält, scheiden aus der Unternehmensgruppe wie bei jeder Hinausumgründung aus (*Huber* in *W/H/M*, HdU¹⁵ § 33 Rz 59). Diese Sichtweise der Literatur erscheint uE durch das VwGH-Erkenntnis vom 28.6.2016 (2013/13/006) implizit bestätigt. Laut diesem Erkenntnis sind Umgründungen innerhalb der Gruppe für den Bestand der Gruppe aufgrund der Ausnahmebestimmung des § 9 Abs 5 KStG unschädlich (s Rz 70 ff).

b) Abspaltung des Gruppenträgers zur Neugründung

Bei der **Abspaltung von Vermögen des Gruppenträgers zur Neugründung** werden die Anteile an der neuen Kapitalgesellschaft an die Anteilsinhaber des Gruppenträgers ausgegeben. Die neue Kapitalgesellschaft kann somit nicht in die Unternehmensgruppe aufgenommen werden, da keine finanzielle Verbindung zwischen dieser und dem Gruppenträger besteht ($W/K/M^2$ K 584; *Hohenwarter/Staringer* in *L/S/S/S* 401).

218

Werden im Zuge der **Abspaltung von Vermögen Beteiligungen an Gruppenmitgliedern auf die neue Kapitalgesellschaft** (oder nur Beteiligungen an Gruppenmitgliedern) übertragen, scheiden diese nach Ansicht der FV spaltungsbedingt mit dem dem Spaltungsstichtag folgenden Tag aus der Unternehmensgruppe aus. Innerhalb der dreijährigen Mindestbehaltefrist des § 9 Abs 10 KStG kommt es für diese Gruppenmitglieder zur **Rückabwicklung** bzw für im Inland geltend gemachte Verluste ausländischer Gruppenmitglieder zur Nachversteuerung außerhalb der dreijährigen Mindestbehaltefrist des § 9 Abs 10 KStG (UmgrStR Rz 1786i). Diese Ansicht der FV erscheint durch das Erkenntnis des VwGH vom 28.6.2016 (2013/13/0066) bestätigt.

219

> UE sollte in diesem Fall automatisch **eine neue Unternehmensgruppe** mit der neuen Kapitalgesellschaft als Gruppenträger und den bisherigen Gruppenmitgliedern entstehen, da die Gruppenträgereigenschaft auf die neue Kapitalgesellschaft aufgrund der Teil-Gesamtrechtsnachfolge übergeht. Die im Zuge der Abspaltung übertragenen Gruppenmitglieder würden somit nahtlos in die neue Unternehmensgruppe wechseln und die dreijährige Mindestbehaltefrist des § 9 Abs 10 KStG würde nicht neu zu laufen beginnen (s a Rz 216 ff zur Aufspaltung des Gruppenträgers).

220

c) Abspaltung des Gruppenträgers zur Aufnahme

Eine **gruppeninterne Abspaltung des Gruppenträgers** kann down-stream auf unmittelbar oder mittelbar finanziell verbundene Gruppenmitglieder erfolgen. Eine Abspaltung ohne Anteilsgewährung führt zu keinen Änderungen hinsichtlich des Bestehens der Gruppe. Hingegen kann eine Anteilsgewährung an die Anteilsinhaber des Gruppenträgers zu einem **Verlust der ausreichenden finanziellen Verbindung am übernehmenden Gruppenmitglied** führen. Dies hat das Ausscheiden des Gruppenmitglieds aus der Unternehmensgruppe zur Folge (UmgrStR Rz 1786j; $W/K/M^2$ K 599).

221

> Laut *Huber* müsste (wie bei der Down-stream-Verschmelzung und Down-stream-Aufspaltung) auch bei der Down-stream-Abspaltung aller Gruppenmitglieder auf ein Gruppenmitglied (einschließlich der Beteiligung an der übernehmenden Gesellschaft, die damit durchgeschleust wird und aus der Gruppe ausscheidet) gem § 9 Abs 5 KStG die Gruppe fortbestehen und der **Übergang der Gruppenträgereigenschaft** auf die übernehmende Gesellschaft anerkannt werden (*Huber* in W/H/M, HdU[15] § 33 Rz 59).

222

5. Spaltung aus der oder in die Unternehmensgruppe
a) Abspaltung auf einen Gruppenfremden

Wird **Vermögen durch ein Gruppenmitglied auf eine gruppenfremde Kapitalgesellschaft abgespalten**, erhalten die Anteilsinhaber des abspaltenden Gruppen-

223

mitglieds Anteile an der übernehmenden Kapitalgesellschaft. Insoweit der Gruppenträger oder ein Gruppenmitglied dadurch eine ausreichende finanzielle Verbindung an der übernehmenden Kapitalgesellschaft erhält, kann die übernehmende Kapitalgesellschaft nach den allgemeinen Voraussetzungen des § 9 KStG **als Gruppenmitglied in die bestehende Unternehmensgruppe aufgenommen** werden (UmgrStR Rz 1787d; *W/K/M*² K 604).

224 Wird im Zuge einer Abspaltung die Beteiligung an einem Gruppenmitglied auf einen Gruppenfremden übertragen und wird mit dem Gruppenfremden aufgrund der Anteilsgewährung eine ausreichende finanzielle Verbindung am Gruppenfremden begründet, ist fraglich, ob das übertragene Gruppenmitglied „nahtlos" in der Unternehmensgruppe verbleibt. UE kommt es zu **keiner Unterbrechung der Gruppenzugehörigkeit des übertragenen Gruppenmitglieds**, wenn der übernehmende Gruppenfremde rückwirkend zum Spaltungsstichtag (der mit dessen Bilanzstichtag übereinstimmen muss) mittels Ergänzungsantrag gem § 9 Abs 9 KStG in die Gruppe aufgenommen wird (*Huber* in *W/H/M*, HdU[15] § 33 Rz 60; *Tüchler*, ÖStZ 2011, 57 ff; *Wiesner/Mayr*, RdW 2007, 704). Dies geht auch aus den ErlRV zum BudBG 2007 hervor, wonach die Rückwirkungsfiktion auf Anteilsinhaberebene bei der Verschmelzung und Spaltung eingeführt wurde, um bei der Gruppenbesteuerung unerwünschte Erschwernisse zu beseitigen (ErlRV 43 BlgNR 23. GP, 28). Die FV ist allerdings in einem vergleichbaren Fall anderer Ansicht. Wird ein Gruppenmitglied (mit einer Beteiligung an einem Gruppenmitglied) auf einen Gruppenfremden verschmolzen und erhält der Gesellschafter des übertragenden Gruppenmitglieds aufgrund der Anteilsgewährung eine ausreichende finanzielle Verbindung am Gruppenfremden, kann der Gruppenfremde in die Unternehmensgruppe aufgenommen werden. Das im Zuge der Verschmelzung übertragene Gruppenmitglied scheidet jedoch vorübergehend aus der Unternehmensgruppe aus, da dieser Vorgang lt Ansicht der FV nicht innerhalb der Unternehmensgruppe stattfindet und daher § 9 Abs 5 S 4 KStG nicht anwendbar ist (UmgrStR Rz 354; s a Rz 80).

225 Spaltet der **Gruppenträger** Vermögen auf einen Gruppenfremden ab, **scheidet** dieses Vermögen jedenfalls aus der Unternehmensgruppe **aus**, weil die Gegenleistungsanteile an der übernehmenden Gesellschaft an den Anteilsinhaber des Gruppenträgers gewährt werden.

b) Abspaltung durch einen Gruppenfremden

226 Spaltet eine **gruppenfremde Kapitalgesellschaft Vermögen auf ein Gruppenmitglied** ab, erhalten die Anteilsinhaber der spaltenden Kapitalgesellschaft Anteile am übernehmenden Gruppenmitglied. Geht dadurch die ausreichende finanzielle Verbindung an dem übernehmenden Gruppenmitglied verloren, scheidet die übernehmende Gesellschaft aus der Unternehmensgruppe aus (UmgrStR Rz 1787e; *W/K/M*² K 605). Anderes gilt, sollte der Anteilsinhaber der Gruppenträger oder ein anderes Gruppenmitglied derselben Unternehmensgruppe sein.

227 Spaltet ein Gruppenfremder Vermögen auf den Gruppenträger ab, hat diese keine Auswirkungen auf das Bestehen der Unternehmensgruppe, da dem Gruppenfremden Gegenleistungsanteile am Gruppenträger gewährt werden.

III. Firmenwertabschreibung und Umgründungen

A. Firmenwertabschreibung gem § 9 Abs 7 KStG

1. Allgemeines

Im Zuge der Einführung des Gruppenbesteuerungsregimes mit dem **StReformG** 235
2005 wurde in § 9 Abs 7 KStG eine als „Firmenwert" bezeichnete verpflichtende
außerbücherliche Ab(Zu)rechnung geschaffen. Diese kommt zur Anwendung,
wenn im Zuge der (nach dem 31.12.2004 erfolgenden) Anschaffung einer Beteiligung iSd § 9 Abs 4 KStG (zum Beteiligungsbegriff s etwa KStR Rz 1120; *Vock* in
Q/R/S/S/V[26] § 9 Rz 701 ff; *Urtz* in *Achatz/Kirchmayr* § 9 Tz 399 ff) an einer unbeschränkt steuerpflichtigen, betriebsführenden Beteiligungskörperschaft im Kaufpreis stille Reserven (außer im nichtabnutzbaren Anlagevermögen) und/oder ein
Firmenwert im herkömmlichen Sinne (vgl dazu etwa *Hofians* in ImmatVermWerte 139 ff zum unternehmensrechtlichen, *Wiesner* in ImmatVermWerte 223 ff zum
steuerrechtlichen Firmenwertbegriff) abgegolten werden und in weiterer Folge die
erworbene Beteiligungskörperschaft derselben Unternehmensgruppe (durch
Beitritt oder Neubegründung) angehört wie der Erwerber (zu den Voraussetzungen KStR Rz 1117 ff; *Urtz* in *Achatz/Kirchmayr* § 9 Tz 399 ff; *Pinetz/Stefaner*
in *L/R/S/S*[2] § 9 Rz 90 ff; *Vock* in *Q/R/S/S/V*[26] § 9 Rz 685 ff; s a Rz 239 ff).

Die Firmenwertab(zu)schreibung ist auf 15 Jahre vorzunehmen und bewirkt eine 236
Verminderung (bzw Erhöhung) des steuerlichen Buchwerts der Beteiligung und
damit im Fall einer späteren erfolgswirksamen Übertragung derselben (insb Veräußerung, aber auch gewinnrealisierende Umgründungen) de facto eine gänzliche
oder teilweise Nachversteuerung der vorgenommenen Firmenwertabschreibung
(bzw eine nachträgliche Absetzbarkeit der Firmenwertzuschreibung – s auch
Rz 349 zur Nacherfassung). Sofern es zu keinem tatsächlichen Absinken des Werts
der Beteiligung zwischen Erwerb und Veräußerung kommt, wird somit idR nur
ein **Steuerstundungseffekt** erzielt (*Haidenthaler/Preining* in Q/A/H/T/T § 9 Abs 7
Rz 78; *Bruckner*, ÖStZ 2005, 262; *Staringer*, SWK 2007, S 787; *Vock* in *Q/R/S/S/V*[26]
§ 9 Rz 689; *Mühlehner* in HB M&A 193; *Staringer*, RdW 2010, 372).

Dieser systematische „**Fremdkörper**" im Ertragsteuerrecht (*Wiesner*, RWZ 2004, 237
36; *Mayr*, RdW 2004, 247; *Wiesner* in ImmatVermWerte 228; *Wiesner/Mayr*,
RdW 2007, 759; *Vock* in *Q/R/S/S/V*[26] § 9 Rz 687 mwN) kommt wirtschaftlich gesehen somit einer laufenden Beteiligungsabschreibung gleich und soll im Regime
der Gruppenbesteuerung eine **Annäherung** der steuerlichen Wirkungen vom
mittelbaren (Share Deal) an den unmittelbaren Betriebserwerb (**Asset Deal**) bewirken (KStR Rz 1110; die ErlRV 451 BlgNR 22. GP, 26 sprechen sogar von einer
Gleichstellung; zweifelnd *Hofstätter/Plansky*, RWZ 2004, 359 ff; *Doralt*, RdW
2005, 50 f; *Staringer* in ImmatVermWerte 252; demgegenüber spricht etwa
Weninger, Share Deals 86 von einer „geglückten Gleichstellung"; *Pinetz/Stefaner* in
L/R/S/S[2] § 9 Rz 11 orten eine Verwandtschaft mit der Firmenwertabschreibung
gem §§ 6 Z 1 u 8 Abs 3 EStG; *Amberger/Petutschnig*, ÖStZ 2013, 569 [FN 13] orten
Ähnlichkeiten zum Firmenwert iRe Kapitalkonsolidierung von Konzernen und
betrachten die Firmenwertabschreibung gem § 9 Abs 7 KStG aus ökonomischer
Sicht als „unverzichtbare[n] Systembestandteil einer rechtsformneutralen Konzernbesteuerung" [aaO, 571]).

238 An der Firmenwertab(zu)schreibung sowie der rechnerischen Ermittlung (s Rz 288 ff) wurden rechtspolitische (*Doralt*, RdW 2004, 248 ff), systematische (zB *Doralt*, RdW 2005, 51; *Hofstätter/Weninger*, SWK 2005, S 351 ff zur De-facto-Abzugsfähigkeit steuerlich nicht abzugsfähiger Aufwendungen der Beteiligungskörperschaft über die Firmenwertabschreibung; s weiters die Nachweise in Rz 295), verfassungs- (zusammenfasssend *Vock* in Q/R/S/S/V[26] § 9 Rz 693 ff mwN) sowie gemeinschaftsrechtliche (s insb *Schuch* in ImmatVermWerte 279 ff; *Tumpel/Tissot*, SWK 2004, T 151; *Stefaner/Weninger*, ÖStZ 2004, 409) **Bedenken** geäußert (für eine zusammenfassende Übersicht s etwa *Weninger*, Share Deals 137 ff; *Bachl*, SWK 2004, S 989; *Bruckner*, ÖStZ 2005, 259 ff mwN; *Huber* in H/R/W/Z[2] § 9 Abs 7 Rz 58).

> Die Einschränkung der Geltendmachung einer Firmenwertab(zu)schreibung auf den Erwerb unbeschränkt steuerpflichtiger („inländischer") Beteiligungskörperschaften (s Rz 286) verstößt gegen die Niederlassungsfreiheit (EuGH 6.10.2015, Rs C-66/14; s dazu Rz 287a).

2. Voraussetzungen

239 Die Geltendmachung einer Firmenwertab(zu)schreibung gem § 9 Abs 7 KStG ist an folgende Voraussetzungen geknüpft (s etwa KStR Rz 1117 ff; *Urtz* in Achatz/Kirchmayr § 9 Tz 399 ff; *Pinetz/Stefaner* in L/R/S/S[2] § 9 Rz 90 ff; *Vock* in Q/R/S/S/V[26] § 9 Rz 685 ff):

a) Anschaffung

240 Der Anschaffungsbegriff richtet sich nach **allgemeinem Ertragsteuerrecht** (KStR Rz 1118; *Wiesner/Mayr*, *RdW 2004*, *497*; *Pinetz/Stefaner* in L/R/S/S[2] § 9 Rz 91; *Bruckner*, ÖStZ 2005, 258; *Staringer* in ImmatVermWerte 246). Somit gilt als Anschaffung jeder entgeltliche Erwerb (vgl etwa EStR Rz 2164 ff; *Doralt/Mayr*, EStG[13] § 6 Tz 67). Neben Kauf und Tausch stellen somit insb **Einlagen** (§ 6 Z 14 lit b EStG) eine Anschaffung für Zwecke des § 9 Abs 7 KStG dar, und zwar unabhängig davon, ob die Einlage gegen Kapitalerhöhung oder unter Verzicht auf eine Anteilsgewährung erfolgt.

241 Die Bewertung der Einlage auf Ebene der übernehmenden Gesellschaft (§ 202 UGB) ist für die Frage des Vorliegens einer Anschaffung auf Seiten des Übertragenden naturgemäß irrelevant (*Hohenwarter/Staringer* in *S/L/S/S* 424).

242 Die Verwaltungspraxis betrachtet einen **Tausch von Anteilen** grundsätzlich nur insoweit als Anschaffung, als er nicht umgründungssteuerrechtlich aus den Tauschwirkungen herausgehalten wird (KStR Rz 1119; UmgrStR Rz 349b).

> Krit *Hohenwarter/Staringer* in *S/L/S/S* 422 ff (mwN) aufgrund des Abstellens auf die steuerliche Behandlung beim Übertragenden (Veräußerer); uE bezieht sich die angeführte Verwaltungsaussage allerdings nicht auf die übertragende, sondern auf die übernehmende Gesellschaft und ist dahingehend zu verstehen, dass im Zuge einer (ertrag)steuerneutralen Umgründung ein Anschaffungsvorgang auf Seiten der übernehmenden Gesellschaft verneint wird, was Voraussetzung für die Fortführung der Firmenwertab(zu)schreibung auf eine im Zuge der Umgründung übertragene Beteiligung ist (s Rz 308 ff); zu dieser Interpretationsmöglichkeit *Hohenwarter/Staringer* in *S/L/S/S* 423.

243 Innerhalb des Anwendungsbereichs des UmgrStG stellt insb die **Einbringung** gegen Gewährung neuer Anteile (§ 20 Abs 1 Z 1) grundsätzlich einen für die Firmenwert(zu)schreibung relevanten Anschaffungsvorgang auf Seiten des Einbringenden dar (UmgrStR Rz 1091, 1245aa, 1245ae; *Mühlehner* in HB M&A 189; *Erdélyi* in *D/H/H/S* 149; *Hirschler* in FS Kofler 289). Dasselbe gilt für Einbringungen unter Verzicht auf eine Anteilsgewährung aufgrund einer (un)mittelbaren Alleingesellschafterstellung (UmgrStR Rz 1245c) sowie im Fall einer Anteilsabtretung durch Altgesellschafter (UmgrStR Rz 1245ae; *Erdélyi* in *D/H/H/S* 161 f [Beispiel 12] mit Verweis auf *W/K/M* K 531). Entsprechendes muss auch im Fall einer Abfindung mit eigenen Anteilen der übernehmenden Gesellschaft gelten.

Von der FV und der dieser folgenden Literatur wird diesbezüglich generell gefordert, dass durch die Einbringung faktisch ein Einkauf in die stillen Reserven und den Firmenwert erfolgt (KStR Rz 1119; s etwa *Pinetz/Stefaner* in *L/R/S/S*[2] § 9 Rz 91a; UmgrStR Rz 1245ae verlangen eine „Aufdeckung stiller Reserven"; so auch *Schwarzinger/Wiesner* I/2[3] 2265, 2269, 2273; UmgrStR Rz 1245aa bejahen zwar einen Anschaffungstatbestand, verneinen allerdings pauschal die Entstehung einer Firmenwertab[zu]schreibung; zust *Huber* in *W/Z/H/K*[5] § 22 Rz 53, der die Möglichkeit des Entstehens einer Firmenwertab[zu]schreibung auf Ebene des Einbringenden ebenfalls generell verneint). Zur rechnerischen Begründbarkeit einer Firmenwertab(zu)schreibung im Zuge einer Buchwerteinbringung – bei Vorliegen der sonstigen Voraussetzungen – s Rz 451 ff.

244 Die umgründungsbedingte **Beteiligungszustockung** im Fall von Side-stream-Einbringungen (§ 20 Abs 4 Z 3) gilt nach der Verwaltungspraxis ebenfalls als Anschaffung (UmgrStR Rz 1245ai; zustimmend *Rabel* in *W/H/M*, HdU[1] § 20 Rz 14).

Dies ergibt sich bereits daraus, dass ein vergleichbares wirtschaftliches Ergebnis durch eine (einen Anschaffungsvorgang darstellende) Anteilsgewähr an die einbringende Schwestergesellschaft in Verbindung mit einer anschließenden Upstream-Einbringung der einbringungsgeborenen Anteile (unabhängig vom Erfüllen der 25 %-Grenze wird sich auf Ebene der gemeinsamen Muttergesellschaft idR eine Stimmrechtserweiterung ergeben, sodass einbringungsfähiges Vermögen iSd § 12 Abs 2 Z 3 vorliegt) erzielen lässt.

245 Keine Anschaffung liegt lt hM und Verwaltungspraxis hingegen vor, wenn Tauschvorgänge auf Anteilsinhaberebene durch das UmgrStG dem Grunde nach unterdrückt werden (KStR Rz 1119; *Hirschler* in FS Kofler 289; *Zöchling/Haslinger* in *Q/A/H/T/T* Rz 6 [im Widerspruch dazu jedoch Rz 36 und Rz 40, welche im Zusammenhang mit Verschmelzungen und Spaltungen von einem „Anschaffungstatbestand" sprechen]; aA *Staringer* in ImmatVermWerte 247; krit auch *Hohenwarter/Staringer* in *S/L/S/S* 423). Dies betrifft den Anteilserwerb bei folgenden Umgründungsarten:
- **Verschmelzungen** (§ 5 Abs 1 Z 1)
- **Handelsspaltungen** (§§ 36 Abs 1 S 1, 37 Abs 2)
- **Steuerspaltungen** (§§ 38d Abs 1, 38e Abs 1 S 1; vgl dazu *Huber*, ÖStZ 2005, 448 f [FN 50]; aA scheinbar *W/K/M*[2] K606)

246 Die „**Identitätsfiktion**" auf Anteilsinhaberebene (s § 5 Rz 51 ff) greift unabhängig davon, ob durch die übernehmende Gesellschaft neue Anteile ausgegeben werden oder – bei Verschmelzungen bzw Spaltungen zur Aufnahme – die Anteilsinhaber der übertragenden Gesellschaft mit bestehenden Gesellschaftsanteilen der Altgesellschafter, durch eigene Anteile der übernehmenden Gesellschaft oder durch Anteile an Konzerngesellschaften abgefunden werden (UmgrStR Rz 289; s dazu § 5 Rz 23, § 36 Rz 16). Bei einem Verzicht auf eine Anteilsgewähr im Fall einer mittelbaren finanziellen Verbindung (Schwesternverschmelzung oder -abspaltung) wird ein Veräußerungs- bzw Anschaffungstatbestand jedenfalls verneint (UmgrStR Rz 353; *Wiesner/Mayr*, RdW 2007, 762).

247 Die **Übernahme** von Vermögen **unter Buchwertfortführung** im Anwendungsbereich des UmgrStG stellt – unabhängig vom (Nicht)Vorliegen eines Anschaffungsvorgangs auf Ebene des Übertragenden hinsichtlich der Gegenleistungsanteile – nach Ansicht der FV aufgrund der (zumindest ertragsteuerlichen) objektbezogenen Gesamtrechtsnachfolge keine Anschaffung dar (KStR Rz 1119, UmgrStR Rz 1245 u Rz 1245h jeweils zur Einbringung; aA *Staringer* in ImmatVermWerte 247; *Hohenwarter/Staringer* in *S/L/S/S* 423; *Weninger*, Share Deals 41; vgl auch die Ausführungen in § 12 Rz 32 u 144). Hinsichtlich des für die Firmenwertab(zu)schreibung relevanten Anschaffungsvorgangs ist demzufolge auf den/die Rechtsvorgänger (Übertragenden) abzustellen (*Puchner*, SWK 2008, S 929), sodass es – bei Vorliegen der übrigen Voraussetzungen – hinsichtlich einer umgründungsbedingt erworbenen Beteiligung zu einer Fortsetzung bzw ggf erstmaligen Geltendmachung einer Firmenwertab(zu)schreibung kommen kann – s dazu Rz 308 ff.

248 Im Fall einer Einbringung durch Drittlandsansässige liegt aufgrund des **Aufwertungszwangs** (§ 16 Abs 2 Z 2 – s § 16 Rz 16 ff) eine Anschaffung vor. Dasselbe gilt lt Verwaltungspraxis im Fall der Ausübung der **Aufwertungsoption** gem § 17 Abs 2 Z 1 (s dazu § 17 Rz 36 ff) hinsichtlich durch Steuerausländer eingebrachte Kapitalanteile (UmgrStR Rz 1245f u 1245h).

249 Würde das Vorliegen eines Anschaffungstatbestands auf Ebene der übernehmenden Gesellschaft generell bejaht (s Rz 247), müsste konsequenterweise die Fortführbarkeit der (bisherigen) Firmenwertab(zu)schreibung durch die übernehmende Gesellschaft grundsätzlich verneint und demgegenüber dem Grunde und der Höhe nach die Entstehung einer neuen Firmenwertab(zu)schreibung geprüft werden; in diesem Zusammenhang wäre im Fall von konzerninternen Umgründungsvorgängen insb der Konzernausschluss (s Rz 250 ff) zu würdigen. Allerdings ließe sich eine Fortführbarkeit diesfalls uE auf die ertragsteuerliche Gesamtrechtsnachfolge gründen (vgl auch die Ausführungen in § 12 Rz 144).

b) Fremdbezogenheit der Anschaffung

250 Zur Verhinderung missbräuchlicher Gestaltungen steht die Möglichkeit einer Firmenwertabschreibung im Fall des mittel- oder unmittelbaren Erwerbs von einem konzernzugehörigen Unternehmen bzw von einem einen beherrschenden Einfluss ausübenden Gesellschafter nicht zu. Sie ist folglich auf **Erwerbsvorgänge** (Anschaffungen) **von dritter** (konzernfremder) **Seite** eingeschränkt (ErlRV 451 BlgNR 22. GP, 26; zur Definition KStR Rz 1124 ff; *Vock* in *Q/R/S/S/V*[26] § 9 Rz 746 ff; *Pinetz/Stefaner* in *L/R/S/S*[2] § 9 Rz 108 ff; *Urtz* in *Achatz/Kirchmayr* § 9 Tz 419 ff; *Urtz/Stanek* in *Bergmann/Bieber* § 9 Rz 63; *Aigner/Kofler/Moshammer/Tumpel*, GES 2015, 182 ff; *Stanek*, taxlex 2015, 337 ff).

Als **fremdbezogene Anschaffung** gilt dabei die **Einbringung** (in- oder außerhalb des UmgrStG) gegen Kapitalerhöhung durch einen konzernfremden Erwerber, wenngleich hier keine bestehenden, sondern neu geschaffene Anteile erworben werden (*W/K/M*^{2} K329; *Kauba*, RdW 2005, 648 f). 251

Demgegenüber ist im Fall einer Kapitalerhöhung unter **Bezugrechtsverzicht** zugunsten eines konzernzugehörigen Einbringenden das Vorliegen einer fremdbezogenen Anschaffung str (s *W/K/M*^{2} K329).

IdZ könnte str sein, ob eine Einbringung etwa in eine **100%ige Tochtergesellschaft** dem Grunde nach zu einer Firmenwertab(zu)schreibung führen kann. Aus einem Umkehrschluss aus dem wortlautidenten § 12 Abs 1 Z 9 KStG bzw § 11 Abs 1 Z 4 TS 2 KStG idF vor AbgÄG 2014 (Zinsabzugsverbot für fremdfinanzierten Konzernerwerb) ergibt sich, dass die Anteilsgewährung durch die Tochtergesellschaft nicht als schädlicher Konzernerwerb anzusehen ist. Dementsprechend wird diesfalls das Vorliegen einer fremdbezogenen Anschaffung dem Grunde nach bejaht (UmgrStR Rz 1245c; *W/K/M*^{2} K329a, welche angesichts der unveränderten relativen Beteiligung allerdings eine rechnerische Begründbarkeit verneinen; s dazu Rz 453 f). 252

IdZ wird von der FV allerdings gefordert, dass durch die Einbringung aufgrund eines tatsächlich erbrachten **Agios** ein Einkauf in die stillen Reserven und den Firmenwert erfolgt (KStR Rz 1119; *Wiesner/Mayr*, RdW 2004, 497). Ob dies als Voraussetzung für eine Begründung dem Grunde nach zu sehen ist oder auf eine tatsächliche Begründung der Höhe nach bezieht, erscheint unklar (s Rz 441 ff).

Nach dem Gesetzeswortlaut und der Verwaltungspraxis steht im Fall des konzerninternen Weiterverkaufs einer fremdangeschafften Beteiligung weder eine neue Firmenwertab(zu)schreibung zu noch kann die bisherige fortgeführt werden (KStR Rz 1121), obwohl aufgrund des vorangegangenen Fremderwerbs ein Missbrauchsrisiko regelmäßig auszuschließen sein wird (weit überschießend und gesetzlich nicht gedeckt idZ KStR Rz 1127, wonach sogar der **„aufgesplittete" Konzernerwerb** [separater Erwerb inländischer Gesellschaften im Zuge des Erwerbs eines Gesamtkonzerns] als eine die Firmenwertab[zu]schreibung ausschließende Konzernanschaffung gelten soll). 253

c) Unmittelbarkeit der Beteiligung

Die (verpflichtende) Geltendmachung einer Firmenwertab(zu)schreibung ist gem § 9 Abs 7 KStG auf **unmittelbare Beteiligungen** durch beteiligte Gruppenmitglieder bzw den Gruppenträger eingeschränkt (krit etwa *Stefaner/Weninger*, ÖStZ 2004, 409). 254

Im Fall einer **Beteiligungsgemeinschaft** haben sowohl der Haupt- als auch der (die) Minderbeteiligte(n) – bei Vorliegen der übrigen Voraussetzungen – eine Firmenwertab(zu)schreibung vorzunehmen.

Nach hM erfüllen über **Mitunternehmerschaften** gehaltene Beteiligungen das Unmittelbarkeitserfordernis nicht und können somit keine Firmenwertab(zu)-schreibung begründen (*Wiesner/Mayr*, RdW 2004, 498; *Pinetz/Stefaner* in *L/R/S/S*^{2} § 9 Rz 95; aA *Erdélyi* in *D/H/H/S* 154 zur errichtenden Umwandlung; krit *Bruckner*, 255

ÖStZ 2005, 259). Nach strikter Ansicht gilt dies auch für (zivilrechtlich unmittelbar gehaltene) **Beteiligungen** von **unter 50 %** durch Gruppenmitglieder, welche die ausreichende finanzielle Verbindung iSd § 9 Abs 4 KStG durch ein anderes Gruppenmitglied bzw den Gruppenträger vermitteln (KStR Rz 1128; UmgrStR Rz 1786b; *W/K/M*² K 330; *Hofstätter* in *L/S/S/S* 258; aA *Haidenthaler/Preining* in *Q/A/H/T/T* § 9 Abs 7 Rz 55 f; *Stefaner/Weninger*, GeS 2005, 253; *Puchner*, SWK 2007, S 329 f; *Weninger*, Share Deals 23; s auch die Nachweise bei *Pinetz/Stefaner* in *L/R/S/S*² § 9 Rz 94; im wohl versehentlichen Widerspruch zur allgemeinen Verwaltungspraxis KStR Rz 1120, wo in Beispiel c letzter Satz die grundsätzliche Möglichkeit einer Firmenwertab[zu]schreibung auch für ein vermittelndes Gruppenmitglied eingeräumt wird, sowie UmgrStR Rz 1245b, wonach sich im Fall eines umgründungsbedingten Verlusts der ausreichenden Beteiligung eines Gruppenmitglieds die Firmenwertab[zu]schreibung lediglich vermindere).

d) (Fortdauernde) Betriebsführung der Beteiligungskörperschaft

256 Da durch die Firmenwertab(zu)schreibung gem § 9 Abs 7 KStG eine Angleichung an den Asset Deal erreicht werden soll (s Rz 237), soll nur der Erwerb einer Beteiligung an einer betriebsführenden Beteiligungskörperschaft eine solche begründen.

257 Das Merkmal der **Betriebsführung** wird nach einhelliger Auffassung im allgemeinen ertragsteuerlichen Sinn verstanden, sodass sowohl die eigene operative Tätigkeit der Beteiligungskörperschaft als auch die Beteiligung an einer **Mitunternehmerschaft** als betriebsführend qualifizieren (KStR Rz 1130; *Wiesner/Mayr*, RdW 2004, 498; *Bruckner*, ÖStZ 2005, 258; *Vock* in *Q/R/S/S/V*²⁶ § 9 Rz 712 ff; *Hirschler* in FS Kofler 290).

> Nach (restriktiver) Verwaltungsauffassung soll nur die **Substanzbeteiligung** an einer Mitunternehmerschaft eine Firmenwertab(zu)schreibung vermitteln, nicht jedoch die Stellung als reiner Arbeitsgesellschafter einer operativ tätigen Personengesellschaft; bei einem atypisch stillen Gesellschafter soll aufgrund des mangelnden nach außen hin erkennbaren unternehmerischen Engagements ebenfalls keine Betriebsführung vorliegen (KStR Rz 1133; krit etwa *Staringer* in ImmatVermwerte 250; *Hirschler* in FS Kofler 290 [FN 9]).

258 Der firmenwertbegründende (Teil)Betrieb muss nicht im Inland, sondern kann auch im **Ausland** gelegen sein (*Erdélyi* in *D/H/H/S* 162; *Bruckner*, ÖStZ 2005, 259; *Pinetz/Stefaner* in *L/R/S/S*² § 9 Rz 106).

259 Die Ausübung einer reinen **Holdingfunktion** für (operative) Tochterkapitalgesellschaften reicht zur Begründung einer Firmenwertab(zu)schreibung nicht aus (ErlRV 451 BlgNR 22. GP, 26; *Vock* in *Q/R/S/S/V*²⁶ § 9 Rz 711; *Bruckner*, ÖStZ 2005, 260; *Weninger*, Share Deals 28); dasselbe gilt für das bloß rechtsformbedingte Erzielen von Einkünften aus Gewerbebetrieb (§ 7 Abs 3 KStG) bei einer nach allgemeinem Ertragsteuerrecht als **vermögensverwaltend** qualifizierenden **Tätigkeit** (*Kohlhauser/Wette*, SWK 2004, S 609).

> Eine Betriebsführung kann im Fall von Holdinggesellschaften jedoch durch **vorbereitende Umgründungen** (zB Up-stream-Verschmelzung oder errichtende Umwandlung einer operativen Tochterkapitalgesellschaft) erreicht werden (s etwa *Erdélyi* in *D/H/H/S* 163; *Zöchling/Haslinger* in HB M&A 212; *Hirschler* in FS Kofler 297).

Aus dem Wesen der Firmenwertab(zu)schreibung gem § 9 Abs 7 KStG als Beteiligungsabschreibung (s Rz 237) iVm dem Erfordernis der Betriebsführung der Beteiligungskörperschaft ergibt sich, dass nur die **Kombination** aus **Beteiligung** (an der Beteiligungskörperschaft) und dem von dieser (allenfalls über eine Mitunternehmerschaft) unterhaltenen **Betrieb** firmenwertbegründend wirkt (KStR Rz 1134; *Huber*, ÖStZ 2005, 447). **260**

In zeitlicher Hinsicht ist die Firmenwertab(zu)schreibung gem § 9 Abs 7 TS 3 KStG *auf die Dauer der Zugehörigkeit der beteiligten Körperschaft und der Zugehörigkeit des Betriebes oder der Teilbetriebe der Beteiligungskörperschaft zur Unternehmensgruppe beschränkt.* **261**

Daraus fordert insb die FV für die Fortsetzung der Firmenwertab(zu)schreibung ein Weiterbestehen der Verbindung zwischen Beteiligung und dem firmenwertbegründenden Vermögen (Betrieb, Teilbetrieb, Mitunternehmeranteil), sodass jedwede **Trennung** dieser Verbindung grundsätzlich zu einem **Untergang** der Firmenwertab(zu)-schreibung führt (so auch *Huber*, ÖStZ 2005, 447). **262**

> Dies soll sowohl im Fall des (umgründungsbedingten) Untergangs der firmenwertbegründenden Beteiligung (UmgrStR Rz 349b; *Huber*, ÖStZ 2005, 449; *Zöchling/Haslinger* in Q/A/H/T/T Rz 36; krit *Staringer*, ÖStZ 2005, 502; *Bruckner*, ÖStZ 2005, 261; *Bachl*, SWK 2004, S 991; *Hohenwarter/Staringer* in S/L/S/S 426) als auch im Fall der (umgründungsbedingten) **Auslagerung** des firmenwertbegründenden Vermögens der Beteiligungskörperschaft (s etwa UmgrStR Rz 349b, 1245ae, 1245af, 1245ai, 1245j; *Wiesner/Mayr*, RdW 2004, 633; unschädlich ist lediglich, wenn es zu einer identitätswahrenden Fortsetzung der Anteile an der Beteiligungskörperschaft in Anteilen an der übernehmenden Gesellschaft kommt – s dazu Rz 392 ff) der Fall sein. Demgegenüber erachtet ein Teil der Literaturmeinung (umgründungsbedingte) Vermögensübertragungen innerhalb der Unternehmensgruppe als für die Firmenwertab(zu)schreibung generell unschädlich (so etwa *Bachl*, SWK 2004, S 991; *Bruckner*, ÖStZ 2005, 260; *Erdélyi* in D/H/H/S 161; in diese Richtung auch *Hirschler* in FS Kofler 301).

Aus dem Erfordernis der Verknüpfung zwischen Beteiligung und Betriebsführung der Beteiligungskörperschaft ergibt sich weiters, dass die Betriebsführung bereits zum Zeitpunkt des Anteilserwerbs vorliegen muss, sodass weder ein (entgeltlicher oder unentgeltlicher) nachträglicher noch ein (umgründungsbedingter) **rückwirkender** (auf den Zeitpunkt des Anteilserwerbs oder auf einen Zeitpunkt davor) **Betriebserwerb** durch die Beteiligungskörperschaft eine Firmenwertab(zu)schreibung begründen können (KStR Rz 1134; UmgrStR Rz 351; *Huber*, ÖStZ 2005, 450; *Vock* in Q/R/S/S/V[26] § 9 Rz 715, 720). **263**

> Die umgründungsbedingte Betriebsübertragung kann jedoch ggf zu einer eigenständigen (vom ursprünglichen Anteilserwerb losgelösten) Firmenwertab(zu)schreibung berechtigen (s Rz 432 ff).

> Demgegenüber sollten uE zum Anschaffungszeitpunkt noch nicht getätigte, jedoch bereits feststehende „künftige" Betriebserwerbe durch die Beteiligungskörperschaft (zB Asset Deals in der Phase zwischen „Signing" und „Closing"; Einbringungen auf einen künftigen Stichtag, bei denen die „Grundsatzvereinbarung" [s § 13 Rz 5 aE] bereits rechtsverbindlich abgeschlossen wurde) dem Grunde nach **264**

eine Firmenwertab(zu)schreibung begründen können, da diese in der Kaufpreisfindung regelmäßig berücksichtigt sein werden.

265 Die **Beendigung** der **Betriebsführung** bewirkt eine Beendigung der Firmenwertab-(zu)schreibung. Die gänzliche umgründungsbedingte Übertragung des von der Beteiligungskörperschaft unterhaltenen firmenwertbegründenden Betriebs bzw Mitunternehmeranteils beendet die Betriebsführung mit dem auf den Umgründungsstichtag folgenden Tag (KStR Rz 1137; UmgrStR Rz 1245aa).

266 Wird die Betriebsführung (aus Sicht der beteiligten Körperschaft) **unterjährig** beendet, so steht nach der Verwaltungspraxis bereits für dieses Wirtschaftsjahr keine Firmenwertab(zu)schreibung mehr zu (KStR Rz 1134).

> Dies erscheint insofern inkonsequent, als die laufende Firmenwertab(zu)schreibung der laufenden Abschreibung der (im Zuge eines Asset Deals auf Basis einer Kaufpreisallokation neu zu bewertenden) Wirtschaftsgüter der Beteiligungskörperschaft nachgebildet ist, im Fall des unterjährigen Ausscheidens eines Wirtschaftsgutes jedoch unstr noch eine Voll- bzw Halbjahresabschreibung für das ausgeschiedene Wirtschaftsgut zusteht. In Abwesenheit einer Halbjahresabschreibung für Zwecke der Firmenwertab(zu)schreibung (s Rz 294) ist somit uE für das Jahr des Ausscheidens noch der **volle Fünfzehntelbetrag** geltend zu machen (so auch *W/K/M²* K 560 zur Teilbetriebsübertragung; s a *Weninger*, Share Deals 86, wonach die intendierte Angleichung zwischen Asset Deal und Share Deal bei der systematischen Interpretation von § 9 Abs 7 KStG entsprechend zu berücksichtigen ist).

267 Entsprechendes gilt nach der FV in zeitlicher Hinsicht auch für die **teilweise** umgründungsbedingte **Übertragung** des firmenwertbegründenden Vermögens (UmgrStR Rz 1493; zutreffend aA *W/K/M²* K 560, wonach auch bei unterjähriger Übertragung noch ein voller Fünfzehntelbetrag zusteht [s Rz 414 f]; zur Frage der Weiterführung der Firmenwertab[zu]schreibung auf eine allfällige umgründungsbedingt erhaltene Beteiligung an der übernehmenden Gesellschaft s Rz 392 ff).

268 Die Bedeutung der **Dreijahresfrist** des § 9 Abs 10 KStG für die Firmenwertab(zu)schreibung erschöpft sich darin, dass im Fall der rückwirkenden Beendigung der Unternehmensgruppe bzw einem rückwirkenden Ausscheiden der Beteiligungskörperschaft aus derselben im Zuge der gänzlichen Rückabwicklung (s Rz 38 f) eine allfällige Firmenwertab(zu)schreibung auf diese rückwirkend entfällt (s etwa *Hebenstreit/Patloch*, ÖStZ 2014, 465, 468). Die Dreijahresfrist ist also nur für die Zugehörigkeit der firmenwertbegründenden Beteiligung (an der Beteiligungskörperschaft) zur Unternehmensgruppe relevant, ein Erfordernis einer dreijährigen Gruppenzugehörigkeit des firmenwertbegründenden Vermögens besteht nicht (UmgrStR Rz 1245a; *Puchner*, SWK 2007, S 820).

> Entfällt oder reduziert sich die Firmenwertab(zu)schreibung durch Ausscheiden oder umgründungsbedingte Übertragung des firmenwertbegründenden Vermögens aus der Beteiligungskörperschaft (s dazu Rz 376 ff) bei Aufrechterhaltung der Gruppenmitgliedschaft derselben, so wirkt die Reduktion (der Entfall) lediglich pro futuro, eine Rückgängigmachung abgesetzter Fünfzehntelbeträge hat (auch im Fall des Ausscheidens des firmenwertbegründenden Vermögens innerhalb der ersten drei Jahre) somit nicht zu erfolgen (*Erdélyi* in *D/H/H/S* 159; zur allfälligen Nachversteuerung s jedoch Rz 344 ff).

Umfangs- oder **Wertänderungen** der einzelnen firmenwertbegründenden (Teil)- **269**
Betriebe nach der Beteiligungsanschaffung sind für die (Fortsetzung der) Firmenwertab-(zu)schreibung dem Grunde und der Höhe nach irrelevant, solange der firmenwertbegründende (Teil)Betrieb weiterhin vorhanden ist (KStR Rz 1131, 1136; *W/K/M²* K 342; *Vock* in *Q/R/S/S/V²⁶* § 9 Rz 722; *Reindl/Walter* in HB KonzernStR² 664; *Haidenthaler/Preining* in *Q/A/H/T/T* § 9 Abs 7, Rz 52).

Zu den Auswirkungen von **Umgründungen** auf eine bestehende Firmen- **270**
wertab(zu)-schreibung gem § 9 Abs 7 KStG s generell Rz 305 ff.

e) Finanzielle Verbindung über das gesamte Wirtschaftsjahr der Beteiligungskörperschaft

Die maßgebende finanzielle Verbindung muss nach der Verwaltungspraxis wäh- **271**
rend des gesamten (Rumpf)Wirtschaftsjahres der Beteiligungskörperschaft dauerhaft vorliegen. Bei (bezogen auf das Wirtschaftsjahr der Beteiligungskörperschaft) **unterjähriger Anschaffung** geht das erste Firmenwertfünfzehntel somit verloren (krit zB *Urtz*, GeS 2004, 330). Unterjährige Veräußerungen wirken demgegenüber sofort, sodass im Jahr der (anteiligen) Veräußerung keine (volle) Firmenwertab(zu)schreibung mehr geltend zu machen ist. Im Fall eines **Tranchenerwerbs** ist eine gesonderte Betrachtung für jede Tranche anzustellen (KStR Rz 1120 f, 1138; *Pinetz/Stefaner* in *L/R/S/S²* § 9 Rz 92; zum möglichen Ende der Geltendmachung der Firmenwertab(zu)schreibung auf die vor Erreichen der ausreichenden finanziellen Verbindung erworbenen Tranchen durch § 26c Z 47 KStG idF AbgÄG 2014 s *Stanek*, ÖStZ 2014, 455 ff; *Lachmayer*, RdW 2014, 233; *Urtz/Stanek* in *Bergmann/Bieber* § 9 Rz 76 sowie unten Rz 398; vgl auch KStR Rz 1110b). Dasselbe gilt für unterjährige Auf- bzw Abstockungen im Zuge von Umgründungen.

> Die Anschaffung bis zum Ablauf des ersten Tages des Wirtschaftsjahrs der Beteiligungskörperschaft ist lt Verwaltungspraxis ausreichend (KStR Rz 1113). Zur Frage der Geltendmachung einer Firmenwertab(zu)schreibung bei Liquidation der Beteiligungskörperschaft s *Hebenstreit/Patloch*, ÖStZ 2014, 468.

Das Erfordernis, wonach die Beteiligung an der Beteiligungskörperschaft für Zwe- **272**
cke der Begründung (Fortführung) der Firmenwertab(zu)schreibung über das ganze **Wirtschaftsjahr** der **Beteiligungskörperschaft** bestehen muss, ist aus dem Gesetz nicht explizit ableitbar, sondern resultiert aus der für Zwecke der Gruppenmitgliedschaft notwendigen ganzjährigen finanziellen Verbindung (vgl *Vock* in *Q/R/S/S/V²⁶* § 9 Rz 749 ff; s dazu Rz 9). Die vom Gesetzgeber intendierte Gleichstellung zwischen Share und Asset Deal (s Rz 237) würde an sich erfordern, dass im Jahr der (unterjährigen) Veräußerung der firmenwertbegründenden Beteiligung noch eine (letzte) Fünfzehntelabschreibung zu erfolgen hat (vgl auch Rz 294 zur unterjährigen Aufgabe der Betriebsführung), was jedoch am (veräußerungsbedingten) rückwirkenden Ausscheiden aus der Unternehmensgruppe scheitert. Im Fall einer bloß teilweisen Veräußerung einer firmenwertbegründenden Beteiligung bei Aufrechterhaltung der Gruppenmitgliedschaft sowie im Fall der unterjährigen Aufstockung einer bereits ausreichenden finanziellen Verbindung müsste uE jedoch noch (bereits) die volle Firmenwertab(zu)schreibung zustehen (zur unterjährigen Aufstockung ebenso *Haidenthaler/ Preining* in *Q/A/H/T/T* § 9 Abs 7, Rz 64; scheinbar auch nach *W/K/M¹*, K 531; aA KStR Rz 1138; *Wiesner/ Mayr*, RdW 2004, 497 f).

273 Weiters verlangt die FV, dass die firmenwertbegründende Beteiligung auch während des gesamten **Wirtschaftsjahrs** der **beteiligten Körperschaft** vorhanden sein muss (s etwa UmgrStR Rz 352a zur Up-stream-Verschmelzung; s dazu Rz 338 f).

274 Nach der Verwaltungspraxis ist zu beachten, dass steuerlich **rückwirkende Anteilserwerbe** im Zuge von Umgründungsmaßnahmen nicht zu einer rückwirkenden Begründung der Firmenwertab(zu)schreibung führen sollen (UmgrStR Rz 351 mit der Begründung, dass der fiktive rückwirkende Erwerb iSd § 5 Abs 1 Z 1 keinen Anschaffungsvorgang darstellt; s a *Mayr/Petrag/Schlager*, RdW 2012, 57; aA etwa *Mühlehner* in HB M&A 187, wonach im Fall eines vom Bilanzstichtag der erworbenen Beteiligungskörperschaft abweichenden Erwerbszeitpunktes der Verlust des ersten Fünfzehntelbetrages durch eine auf den Bilanzstichtag der Beteiligungskörperschaft bezogene rückwirkende Side-stream-Verschmelzung auf ein Gruppenmitglied sichergestellt werden kann; ebenso *Sulz/Oberkleiner*, SWK 2009, S 659 f mit dem Argument, dass es nach dem Gesetzeswortlaut nicht auf den Zeitpunkt der Anschaffung, sondern auf den Beginn der Gruppenzugehörigkeit ankomme; s a § 5 Rz 59).

f) Gruppenzugehörigkeit

278 Auslösendes Moment für die Firmenwertab(zu)schreibung ist die **Gruppenbildung** zwischen Erwerber und Beteiligungskörperschaft bzw die Aufnahme in eine (bestehende oder neu formierte) Unternehmensgruppe, welcher der Erwerber (bereits) angehört.

Ein dogmatischer Zusammenhang zwischen dem Gruppenbesteuerungsregime und der Firmenwertab(zu)schreibung besteht nicht (*Gassner*, SWK 2004, T 74; *Staringer*, RdW 2010, 372). Vielmehr sollte die Koppelung an die Gruppenbesteuerung „im Interesse des Standortes Österreichs eine steuerliche Förderung der Gruppenbildung" bewirken (ErlRV 451 BlgNR 22. GP, 26; krit zum Erfordernis der Gruppenbildung als [Mit])Voraussetzung für die Firmenwertab[zu]schreibung etwa *Kohlhauser/Wette*, SWK 2004, S 613; *Doralt*, RdW 2005, 51 f; *Hofstätter* in *S/L/S/S* 268 ff mwN).

279 Eine darüber hinausgehende innere Verknüpfung zwischen Firmenwertab(zu)schreibung und Unternehmensgruppe besteht nicht. Dementsprechend ist zwar die Geltendmachung der Firmenwertab(zu)schreibung mit der Dauer der Gruppenzugehörigkeit beschränkt, ein Erfordernis, wonach es sich dabei (durchgehend) um dieselbe Unternehmensgruppe handeln muss, besteht jedoch nicht (*Damböck* in *D/H/H/S* 140 f; *Zöchling/Haslinger* in HB M&A 210, 211 f; *Pinetz/Stefaner* in *L/R/S/S*² § 9 Rz 110; *Plott*, ÖStZ 2009, 438; *Hirschler* in FS Kofler 295; *Schlager*, RWZ 2012, 137 f; *Puchner*, SWK 2008, S 929 f mwN; vgl auch das Beispiel in *W/K/M*¹, K 520; aA *Huber*, ÖStZ 2005, 448 u 450; *Weninger*, Share Deals 42). Dementsprechend wird von der jüngsten Verwaltungspraxis anerkannt, dass die Aufnahme der beteiligten Körperschaft und der Beteiligungskörperschaft (bzw des jeweiligen Rechtsnachfolgers) in eine **neue Unternehmensgruppe** einer weiteren Geltendmachung der (noch offenen) Firmenwertab(zu)schreibung nicht entgegensteht (KStR Rz 1123; UmgrStR Rz 354 idF WE 2013; anders noch KStR 2001 Rz 461; so auch *Huber* in *W/Z/H/K*⁵ § 22 Rz 53).

280 Formal soll es dabei zu keiner **Fortsetzung**, sondern zu einer Neubegründung der Firmenwertab(zu)schreibung in der neuen Unternehmensgruppe kommen (KStR Rz 1123), wobei jedoch die für die (ursprüngliche) Firmenwertab(zu)schreibung relevanten Parameter unverändert heranzuziehen sind (Anschaffungskosten, Anschaffungszeitpunkt etc); es können auch nur die offenen (noch nicht abgereiften) Fünfzehntelbeträge (in Summe somit maximal 15) geltend gemacht werden (s dazu *Schlager*, RWZ 2012, 138; *Schlager/Titz*, RWZ 2013, 72). Die Diktion ist uE nicht überzeugend, da im Ergebnis somit eine Fortführung vorliegt (vgl auch *Puchner/Tüchler*, SWK 2013, 652). Von Bedeutung soll die Unterscheidung zwischen „Fortsetzung" und (formaler) „Neubegründung" jedoch in zeitlicher Hinsicht sein, sodass es bei einer umgründungsbedingten Übertragung der firmenwertbegründenden Beteiligung in eine andere Unternehmensgruppe zum Verfall eines (weiteren) Fünfzehntels kommen kann, wenn der Umgründungsstichtag vom Bilanzstichtag der einzubeziehenden Körperschaften abweicht (*Schlager*, RWZ 2012, 138; s dazu Rz 322 ff).

280a Seit dem **AbgÄG 2014** (BGBl I 2014/13) steht die Geltendmachung einer Firmenwertab(zu)-schreibung nur (noch) im Fall einer Anschaffung vor dem 1. März 2014 zu (§ 9 Abs 7 KStG idF AbgÄG 2014). Diesbezüglich ist uE davon auszugehen, dass die nach diesem Datum erfolgende Aufnahme der beteiligten Körperschaft und der Beteiligungskörperschaft (bzw des jeweiligen Rechtsnachfolgers) in eine andere Unternehmensgruppe als jene, in welcher die Firmenwertab(zu)schreibung (erstmalig und rechtzeitig) begründet wurde, mangels Vorliegen eines neuerlichen Anschaffungstatbestands eine weitere Geltendmachung der Firmenwertab(zu)schreibung jedenfalls nicht verhindert. Nach dem Wortlaut der RV (RV 24 BlgNR 25. GP) erschien noch unklar, ob der geforderte Gruppenbeitritt bis spätestens mit Wirkung für das Wirtschaftsjahr 2015 der Beteiligungskörperschaft (§ 26c Z 47 KStG) einer solchen „Neubegründung" der Firmenwertab(zu)schreibung entgegensteht („Aufnahme in *die* Unternehmensgruppe"). Mit dem endgültigen Gesetzeswortlaut („Aufnahme in *eine* Unternehmensgruppe") wurde klargestellt, dass sich die Neuregelung nur auf den erstmaligen Gruppenbeitritt bezieht, sodass ein späterer Gruppenwechsel unschädlich ist (KStR Rz 1123; UmgrStR Rz 349b; s auch *Wurm*, SWK 2014, 391 ff u 550 f; *Schlager/Titz*, RWZ 2014, 71; *Lachmayer*, RdW 2014, 233 f).

281 Demgegenüber konnte nach der **älteren Verwaltungspraxis** der Rechtsnachfolger die Firmenwertab(zu)schreibung nur im Fall eines späteren Beitritts in jene Gruppe, in der die Firmenwertab(zu)schreibung (erstmalig) begründet wurde, mit den offenen Fünfzehnteln fortsetzen (KStR 2001 Rz 461 letzter Satz; ErlRV 451 BlgNR 22. GP, 26; so auch *Weninger*, Share Deals 42 unter Verweis auf *Huber*, ÖStZ 2005, 450; *Haslinger* in SWK-Sonderheft „Die neue Gruppenbesteuerung" 85; *Zöchling/Haslinger* in Q/A/H/T/T Rz 45).

285 Erfolgt die Gruppengründung bzw der Gruppenbeitritt **nicht im Anschaffungsjahr**, so können die auf die Zeit der Gruppennichtzugehörigkeit entfallenden Fünfzehntelbeträge nicht nachgeholt werden (ErlRV 451 BlgNR 22. GP, 27).

g) Sonstige Voraussetzungen

286 Daneben bestehen die folgenden **Voraussetzungen für** die Entstehung einer Firmenwertab(zu)schreibung gem § 9 Abs 7 KStG:

- Anschaffung nach dem 31.12.2004

- Anschaffung durch eine gruppenträger- bzw gruppenmitgliedsfähige beteiligte Körperschaft
- Vorliegen einer Beteiligung iSd § 9 Abs 4 KStG
- Bestehen der Beteiligung an einer unbeschränkt steuerpflichtigen gruppenmitgliedsfähigen Beteiligungskörperschaft

287 In Bezug auf diese Voraussetzungen wird auf die diesbezügliche Literatur und Verwaltungsmeinung verwiesen (vgl etwa KStR Rz 1117 ff; *Urtz* in *Achatz/Kirchmayr* § 9 Tz 399 ff; *Pinetz/Stefaner* in *L/R/S/S*² § 9 Rz 90 ff; *Vock* in *Q/R/S/S/V*²⁶ § 9 Rz 696 ff).

287a Die Einschränkung der Geltendmachung der Firmenwertab(zu)schreibung auf Beteiligungen an **unbeschränkt steuerpflichtigen** (also idR inländischen) **Gruppenmitgliedern** verstößt lt Ansicht des EuGH **gg** die **Niederlassungsfreiheit** (EuGH 6.10.2015, Rs C-66/14; VwGH 10.2.2016, 2015/15/0001; vgl dazu etwa *Sadlo*, ÖStZ 2015, 587 f; *Wurm*, SWK 2015, 1367 ff; *S. Novosel/Y. Novosel/A. Patloch/T. Patloch*, ÖStZ 2015, 627 ff; *Wurm*, SWK 2016, 624 ff; *Mechtler/Pinetz*, SWI 2016, 20 ff; zu möglichen Auswirkungen vgl *Blum*, SWI 2015, 334 ff). Diesem Urteil folgend ist eine Firmenwertab(zu)schreibung somit grundsätzlich auch – bei Erfüllung der sonstigen Voraussetzungen – auf Beteiligungen an in der EU ansässigen Gruppenmitgliedern vorzunehmen (vgl dazu KStR 1110 ff idF BegE WE 2017; BMF-Info 16.6.2016, BMF-010203/0178-VI/6/2016). Das Urteil erging in Folge eines E des UFS Linz (UFS 16.4.2013, RV/0073-L/11 ua; vgl dazu etwa *Barth*, UFSjournal 2013, 220 ff; *Beiser*, SWK 2013, 923 f; *Mayr*, ÖStZ 2013, 321 ff; *Kühbacher*, ÖStZ 2013, 349 ff; *Dziurdz*, ÖStZ 2013, 461 ff; *Marchgraber/Pinetz*, RdW 2013, 701 ff; *Amberger/Petutschnig*, ÖStZ 2013, 569 ff; *Blum/Wenzel*, SWI 2014, 75 ff) sowie des darauffolgenden Vorlageantrags des VwGH (Beschluss vom 30.1.2014, 2013/15/0186). Neben der Frage der gemeinschaftsrechtlichen Zulässigkeit der Einschränkung der Firmenwertab(zu)schreibung auf den Erwerb unbeschränkt steuerpflichtiger Beteiligungskörperschaften hat der VwGH dem EuGH auch die Frage zur Vorabentscheidung vorgelegt, ob die Firmenwertabschreibung einen Verstoß gegen das Beihilfenverbot (Art 107 Abs 1 AEUV) darstellen kann (s dazu etwa *Lang*, ÖStZ 2014, 277 ff; *Kofler*, GES 2014, 201 ff; *Tumpel* in *Kirchmayr/Mayr/Hirschler*, Gruppenbesteuerung 99 ff; *Sadlo*, ARD 2014, 17 ff; *Zeiler*, SWI 2014, 360 ff; *Sadlo*, RdW 2015, 282; ausführlich zur Diskussion *Urtz/Stanek* in *Bergmann/Bieber* § 9 Rz 65 ff); diese Frage wurde jedoch vom EuGH als unzulässig zurückgewiesen und folglich nicht beantwortet.

287b Mit dem **AbgÄG 2014** (BGBl I 2014/13) wurde die Geltendmachung einer Firmenwertab(zu)schreibung an die folgenden zusätzlichen **Voraussetzungen** geknüpft (§§ 9 Abs 7, 26c Z 47 KStG idF AbgÄG 2014):

- **Anschaffung vor dem 1. März 2014** (dh bis spätestens 28. Februar 2014): hier ist davon auszugehen, dass auf den steuerlichen Anschaffungszeitpunkt abzustellen ist und umgründungsbedingte rückwirkende Anteilserwerbe entsprechend zu berücksichtigen sind; da im Fall einer Einbringung die Gegenleistungsanteile mit dem dem Einbringungsstichtag folgenden Tag erworben werden (§ 20 Abs 1), war letztmöglicher Einbringungsstichtag für die mögliche Begründung einer Firmenwertab(zu)schreibung in den Gegenleistungsanteilen (s dazu Rz 438 ff) somit der 27. Februar 2014; die umgründungsbedingte Vermögensübernahme unter Buchwertfortführung stellt nach hM keinen Anschaffungsvorgang dar (s dazu Rz 247 ff), sodass die umgründungsbedingte Übertragung einer firmenwertbegründenden Beteiligung auch auf Umgründungsstichtage nach dem 28. Februar 2014 zu keiner Verletzung dieser Voraussetzung führen wird (zur Gruppenbildung s nächster Aufzählungspunkt).

- **Einbeziehung** der Beteiligungskörperschaft **in eine Unternehmensgruppe** bis spätestens für ein Wirtschaftsjahr der Beteiligungskörperschaft, welches im Kalenderjahr **2015** endet: bei Regelwirtschaftsjahren hat der (erstmalige) Einbezug der Beteiligungskörperschaft in eine Unternehmensgruppe somit spätestens mit Wirkung für das Kalenderjahr (Wirtschaftsjahr) 2015 zu erfolgen; nach dem Wortlaut der RV (RV 24 BlgNR XXV. GP) erschien unklar, ob ein späterer (umgründungsbedingter) Wechsel in eine andere Unternehmensgruppe die Absetzung der noch offenen Fünfzehntelbeträge (s dazu Rz 279 ff) in weiterer Folge ausschließt („Aufnahme in *die* Unternehmensgruppe"; vgl auch *Wurm*, SWK 2014, 391 ff); dies sollte nach dem endgültigen Gesetzeswortlaut („Aufnahme in *eine* Unternehmensgruppe") eindeutig nicht der Fall sein (KStR Rz 1123; UmgrStR Rz 349b; s dazu *Wurm*, SWK 2014, 550 f; *Schlager/Titz*, RWZ 2014, 71; *Lachmayer*, RdW 2014, 233 f mit Verweis auf den Gesetzwerdungsprozess); eine solch restriktive Auffassung wäre uE auch abzulehnen (s dazu Rz 280a).

- Der **steuerliche Vorteil** aus der Firmenwertabschreibung konnte sich auf die Bemessung des Kaufpreises **auswirken** („Vertrauensschutztatbestand"; vgl dazu etwa *Stanek*, ÖStZ 2014, 453 f; *Mayr/Blasina/Schwarzinger/Schlager/Titz* in SWK-Spezial Körperschaftsteuer 2014/15, 229; *Lachmayer*, RdW 2014, 231 ff; *Hristov/Zeitlinger*, taxlex 2014, 111; KStR Rz 1110a f; *Urtz/Stanek* in *Bergmann/Bieber* § 9 Rz 76; zur Fortführung der Firmenwertabschreibung bei Erwerben ohne Kaufpreis s *Stanek*, ÖStZ 2015, 621 ff): hierfür verlangt die Verwaltungspraxis bei Einbezug in eine Unternehmensgruppe innerhalb von drei Jahren ab Anschaffung der Beteiligung keinen konkreten Nachweis (KStR Rz 1110a). Im Fall einer umgründungsbedingt entstandenen Firmenwertabschreibung wird nach strenger Interpretation die Weiterführung der noch offenen Fünfzehntelbeträge jedoch regelmäßig ausgeschlossen sein (s dazu Rz 437 u Rz 444a; vgl idZ *Lachmayer*, RdW 2014, 233 zur Einlage; aA *Stanek*, ÖStZ 2015, 624 ff bei der Neubegründung einer Firmenwertabschreibung auf Ebene der übernehmenden Körperschaft als Resultat einer Aufwertungseinbringung). Aufgrund des expliziten Abstellens auf einen steuerlichen *Vorteil* erscheint die Interpretation vertretbar, dass diese Bestimmung generell die Weiterführung einer Firmenwert*zu*schreibung für Zeiträume ab dem 1. März 2014 ausschließt. Da die Neuregelung offensichtlich darauf abzielt, eine möglicherweise unionsrechtlich erforderliche Zuerkennung der Firmenwertabschreibung auf EU/EWR-Beteiligungen (s dazu Rz 238 u 287a) zu verhindern (vgl die Aussage in KStR Rz 1110c), ist die Unionrechtskonformität dieser Bestimmung fraglich (vgl dazu etwa *Tumpel* in *Kirchmayr/Mayr/Hirschler*, Gruppenbesteuerung 106; *Amberger/Petutschnigg*, ÖStZ 2014, 76 f; *Wurm*, SWK 2014, 395 [FN 11]; *Heffermann*, GES 2014, 128; *Stanek*, ÖStZ 2014, 454 mwN; *Urtz/Stanek* in *Bergmann/Bieber* § 9 Rz 75; *Wurm*, SWK 2015, 1372; *Blum*, SWI 2015, 341 ff).

3. Rechnerische Ermittlung und Ansatz

288 Gem § 9 Abs 7 TS 1 KStG **berechnet** sich der Firmenwert wie folgt:
+ steuerlich maßgebende Anschaffungskosten
− anteiliges unternehmensrechtliches Eigenkapital
− anteilige stille Reserven im nichtabnutzbaren Anlagevermögen

289 Als **nichtabnutzbares Anlagevermögen** gelten insb das Finanzanlagevermögen, Grund und Boden sowie selbstgeschaffene nichtabnutzbare immaterielle Wirtschaftsgüter (s etwa ErlRV 451 BlgNR 22. GP, 26; KStR Rz 1112; *Pinetz/Stefaner* in L/R/S/S[2] § 9 Rz 243; *Urtz* in *Achatz/Kirchmayr* § 9 Tz 470; *Vock* in Q/R/S/S/V[26] § 9 Rz 780 ff; *Erdélyi* in D/H/H/S 162; *Reindl/Walter* in HB KonzernStR[2] 662). Hinsichtlich von **Mitunternehmeranteilen** ist auf die (anteiligen) stillen Reserven im nichtabnutzbaren Anlagevermögen der Mitunternehmerschaft abzustellen (KStR Rz 1112; *Pinetz/Stefaner* in L/R/S/S[2] § 9 Rz 243; *Vock* in Q/R/S/S/V[26] § 9 Rz 783; *Weninger*, Share Deals 50 f; *Reindl/Walter* in HB KonzernStR[2] 662).

290 Im „Firmenwert" sind somit nicht nur künftige Ertragsaussichten und firmenwertähnliche Wirtschaftsgüter (Kundenstamm, Reputation, Organisation, Mitarbeiterqualifikationen, Vertriebswege etc – vgl etwa *Weninger*, Share Deals 68), sondern insbesondere auch **stille Reserven** (bzw Lasten) im abnutzbaren Anlagevermögen (zB Gebäude), Umlaufvermögen und Fremdkapital (zB noch nicht realisierte Kursgewinne) enthalten (*Reindl/Walter* in HB KonzernStR[2] 661 f; *Bruckner*, ÖStZ 2005, 260). Daneben zählen aufgrund des Abstellens auf das unternehmensrechtliche Eigenkapital auch unversteuerte Rücklagen sowie steuerlich **nicht abzugsfähige Aufwendungen** zum rechnerischen Firmenwert (*Hirschler* in FS Kofler 294; *Hofstätter/Weninger*, SWK 2005, S 352 f).

291 Nach einer Einzelansicht sind im Kaufpreis abgegoltene **Verlustvorträge** der Beteiligungskörperschaft bei der Ermittlung der Firmenwertabschreibung mindernd zu berücksichtigen (*Wiesner*, RWZ 2006, 45 mit Verweis auf VwGH 22.12.2005, 2004/15/0045 [zum Firmenwert gem § 3 Abs 2 Z 2 idF vor BGBl 1996/201]; aA *Bachl*, ecolex 2006, 422 f; *Schlager*, GeS 2006, 365 ff).

292 Im Fall eines vom Bilanzstichtag der Beteiligungskörperschaft abweichenden Erwerbszeitpunkts kann nach Ansicht des FV die Ermittlung des maßgeblichen unternehmensrechtlichen Eigenkapitals entweder (exakt) auf Basis einer **Zwischenbilanz** oder durch (vereinfachte) Fortschreibung seit dem letzten Bilanzstichtag (Berücksichtigung von Gewinnausschüttungen und Einlagen, nicht jedoch von laufenden Gewinnen/Verlusten) erfolgen (KStR Rz 1114). Im Fall einer **vereinfachten Fortschreibung** sind uE wohl auch umgründungsbedingte Vermehrungen/Verminderungen des Eigenkapitals der Beteiligungskörperschaft anzusetzen.

293 Die Firmenwertab(zu)schreibung ist mit 50 % der Anschaffungskosten begrenzt (KStR Rz 1112; zur Kritik an der Anwendbarkeit der **50 %-Grenze** auf einen negativen Firmenwert s *Lang* in ImmatVermWerte 273).

294 Die Firmenwertab(zu)schreibung ist auf **15 Jahre** vorzunehmen, eine Halbjahresab(zu)schreibung (bei Erwerb in der zweiten Hälfte des Wirtschaftsjahrs der beteiligten Körperschaft) ist genauso wenig vorgesehen wie eine Teilwertabschreibung oder eine Absetzung offener Fünfzehntelbeträge zum Zeitpunkt der Veräußerung der firmenwertvermittelnden Beteiligung (KStR Rz 1116; *Pinetz/Stefaner* in *L/R/S/S*² § 9 Rz 248; *Vock* in *Q/R/S/S/V*²⁶ § 9 Rz 797; aA *Hofstätter/Plansky*, ecolex 2005, 161 f). Die Firmenwertab(zu)schreibung führt zu einer **Verminderung** (Erhöhung) des **steuerlichen Buchwerts** der Beteiligung an der Beteiligungskörperschaft (s Rz 236; zur umgründungsbedingten Nachversteuerung s Rz 344 ff).

An der rechnerischen Ermittlung der Firmenwertab(zu)schreibung wurde – insb aufgrund des Abstellens auf eine Mischung aus steuerrechtlichen und unternehmensrechtlichen Größen – erhebliche **Kritik** geäußert (s etwa *Gassner*, SWK 2004, S 353; *Doralt*, RdW 2005, 51; *Hofstätter/Weninger*, SWK 2005, S 351 ff; *Bruckner*, ÖStZ 2005, 260). 295

Besonders gerechtfertigt erscheint die Kritik im Lichte unterschiedlicher unternehmens- bzw steuerrechtlicher Bewertungsvorschriften. Insb kann sich die (Nicht)Ausübung unternehmensrechtlicher **Bewertungswahlrechte** positiv oder negativ auf eine künftige Firmenwertab(zu)schreibung auf die Beteiligungskörperschaft auswirken. Hat die Beteiligungskörperschaft etwa im Zuge einer steuerneutralen **(Vor)Umgründung** als übernehmende Gesellschaft das übernommene Vermögen unternehmensrechtlich gem § 202 Abs 1 bzw Abs 2 Z 2 und Z 3 UGB (teilweise) aufgewertet (vgl etwa *Walter*¹¹ Rz 1122 ff), so wird sich – bei Vorliegen der übrigen Voraussetzungen – dadurch regelmäßig eine Verminderung der Firmenwertabschreibung bzw die Begründung/Erhöhung einer Firmenwertzuschreibung ergeben (s a *Bruckner*, ÖStZ 2005, 260). Ähnliches gilt bei der Vermögensübernahme im Zuge einer Anwachsung sowie bei der Ausübung von (von der hM anerkannten) unternehmensrechtlichen Aufwertungswahlrechten der übertragenden Gesellschaft (bei Down-stream-Vorgängen – vgl etwa *Walter*¹¹ Rz 1169 ff) bzw der Anteilsinhaber (bei Side-stream-Vorgängen – vgl etwa *Walter*¹¹ Rz 1174 ff). Umgekehrt kann die ursprünglich bestehende Möglichkeit der (unternehmensrechtlichen) **Sofortabschreibung** eines **derivativen Firmenwerts** (§ 203 Abs 5 UGB idF vor BGBl I 2009/140) steuerlich zu einer doppelten Absetzbarkeit „desselben" Firmenwerts – einmal gem § 8 Abs 3 EStG auf Ebene der Beteiligungskörperschaft, einmal (aufgrund der Verminderung des unternehmensrechtlichen Eigenkapitals) gem § 9 Abs 7 KStG auf Ebene der beteiligten Körperschaft – führen (vgl auch *Doralt*, RdW 2005, 51; *Mühlehner* in HB M&A 195). Zur Frage, ob durch die (Nicht)Ausübung unternehmensrechtlicher Bewertungswahlrechte im Zuge von Umgründungen rechnerisch ein (negativer) Firmenwert gem § 9 Abs 7 KStG begründet werden kann, s Rz 453 f. 296

Im Fall einer (teilweisen) Veräußerung oder sonstigem Ausscheiden der firmenwertbegründenden Beteiligung kommt es zu einer entsprechenden Verminderung bzw einem Entfall der Firmenwertab(zu)schreibung (s etwa *Wiesner/Mayr*, RdW 2004, 633). Dies gilt nach der Verwaltungspraxis nicht im Fall einer **Verwässerung** durch die Nichtausübung des gesetzlichen Bezugsrechts, solange die übrigen Voraussetzungen für die Firmenwertab(zu)schreibung gewahrt bleiben (KStR Rz 1121; so auch *W/K/M*² K 605; *Puchner*, SWK 2007, S 331 f; *Reindl/Walter* in HB KonzernStR² 663 f; *Hirschler* in FS Kofler 295 f; *Zöchling/Paterno* in *W/Z/H/K*⁵ § 6 Rz 29; vgl auch UmgrStR Rz 1190 zur Vergleichbarkeitsprüfung gem § 4 Z 1 lit c UmgrStG bei der Einbringung von Kapitalanteilen; aA *Wiesner/Mayr*, RWZ 2005, 99; *Huber* in *W/Z/H/K*⁵ § 22 Rz 53; s a Rz 344 ff). 297

B. Auswirkungen von Umgründungen auf eine bestehende Firmenwertab(zu)schreibung gem § 9 Abs 7 KStG

1. Allgemeines

305 Umgründungen iSd UmgrStG können sich auf eine bestehende Firmenwertab(zu)-schreibung gem § 9 Abs 7 KStG folgendermaßen **auswirken** (vgl UmgrStR Rz 349b; *Schwarzinger/Wiesner* I/1³ 567):
- Übergang der Firmenwertab(zu)schreibung
- Untergang der Firmenwertab(zu)schreibung
- Aufteilung der Firmenwertab(zu)schreibung
- Verringerung der Firmenwertab(zu)schreibung
- Erhöhung der Firmenwertab(zu)schreibung
- Nacherfassung einer geltend gemachten Firmenwertab(zu)schreibung

306 Aufgrund der geforderten Kombination zwischen Beteiligung und Betrieb(sführung) (s Rz 260) können sich sowohl **Umgründungen** (der **beteiligten Körperschaft**) in Bezug auf die firmenwertbegründende Beteiligung als auch Umgründungen (der **Beteiligungskörperschaft**) in Bezug auf das firmenwertbegründende Vermögen (Betrieb, Teilbetrieb, Mitunternehmeranteil) auf Ausmaß und (Fort)Bestehen der Firmenwertab(zu)schreibung gem § 9 Abs 7 KStG auswirken (s Rz 308 ff bzw 376 ff).

307 Infolge der (uE zutreffenden) jüngsten Verwaltungspraxis, wonach eine Fortsetzung (bzw Neubegründung) der Firmenwertab(zu)schreibung auch im Fall von umgründungsbedingten **Übertragungsvorgängen auf Nicht-Gruppenangehörige** möglich ist (KStR Rz 1123 aE; UmgrStR Rz 354 idF WE 2013 – vgl dazu Rz 279 ff), wird in der Folge auf eine getrennte Darstellung rein gruppeninterner Umgründungsvorgänge und solchen unter Involvierung von Gruppenfremden generell verzichtet; es können sich diesbezüglich jedoch insb unterschiedliche zeitliche Effekte ergeben (s Rz 322 ff).

2. Umgründung der firmenwertbegründenden Beteiligung
a) Übertragung
aa) Gänzliche Übertragung

308 Wird im Zuge einer unter das UmgrStG fallenden Umgründung eine firmenwertbegründende Beteiligung unter Buchwertfortführung **zur Gänze übertragen**, so hat der Rechtsnachfolger die Firmenwertab(zu)schreibung mit den offenen Fünfzehntelbeträgen **fortzusetzen**, sofern bei ihm sämtliche Voraussetzungen für die Firmenwertab(zu)schreibung – insbesondere gemeinsame Gruppenzugehörigkeit mit der Beteiligungskörperschaft – (weiterhin) vorliegen (s Rz 278 ff) (zB UmgrStR Rz 1786c, 1786f; *Wiesner/Mayr*, RdW 2004, 633; *Huber*, ÖStZ 2005, 447 ff; *Erdélyi* in D/H/H/S 155 zur gruppeninternen Einbringung, 159; *Huber* in H/R/W/Z² § 9 Abs 7 Rz 15 u 17; *Puchner*, SWK 2008, S 929 f; einschränkend auf gruppeninterne Übertragungen *Hohenwarter/Staringer* in S/L/S/S 427; *Zöchling/Haslinger* in Q/A/H/T/T Rz 16, 35, 38).

309 Die Weiterführung der Firmenwertab(zu)schreibung folgt bei Umgründungen unter zivilrechtlicher Gesamtrechtsnachfolge aus der (partiellen) abgabenrechtlichen **Gesamtrechtsnachfolge** des § 19 Abs 1 BAO (Verschmelzung, Umwandlung, Handelsspaltung) bzw bereits aus der (als lex specialis vorgehenden – s § 3

Rz 5) Buchwertfortführung (§ 2 iVm § 3 Abs 1 Z 1; § 8 iVm § 9 Abs 1 Z 1; § 33 iVm § 34 Abs 1; so scheinbar *Zöchling/Haslinger* in Q/A/H/T/T Rz 35). Eine (nicht übertragbare) höchstpersönliche Rechtsposition ist nicht erkennbar (*Puchner*, SWK 2008, S 931 f). Im Fall von Umgründungen unter zivilrechtlicher Einzelrechtsnachfolge (hier relevant: Einbringung, Steuerspaltung) ergibt sich die Weiterführung aus der ertragsteuerlichen (objektbezogenen) Gesamtrechtsnachfolge des § 16 iVm § 18 Abs 1 Z 4 und ist folglich auf Einbringungsvorgänge unter **Buchwertfortführung** eingeschränkt (dazu § 18 Rz 41 ff); die Firmenwertab(zu)schreibung stellt idZ eine mit dem übertragenen Vermögen (Beteiligung) in kausalem Zusammenhang stehende abgabenrechtliche Position dar.

Im Fall der Verschmelzung der Mitglieder einer **Beteiligungsgemeinschaft** kann es zum Zusammenfall mehrerer gleichzeitig auf das Gruppenmitglied vorgenommener Firmenwertab(zu)schreibungen kommen (UmgrStR Rz 351b, 351f zur Verschmelzung des Minder- auf den Hauptbeteiligten). **310**

Ein **Anschaffungsvorgang** auf Ebene der übernehmenden Gesellschaft, welcher zur Begründung einer neuen Firmenwertab(zu)schreibung führen könnte, liegt nach der Verwaltungspraxis im Fall einer **Buchwertumgründung nicht vor** (s dazu Rz 247). **311**

Folgt man der Auffassung, wonach nur der unmittelbar beteiligte Gruppenträger bzw das unmittelbar beteiligte Gruppenmitglied eine Firmenwertab(zu)schreibung vorzunehmen hat (s Rz 255), muss es sich zur Wahrung der weiteren Firmenwertab(zu)schreibung beim Rechtsnachfolger (Übernehmenden) um eine gruppenmitglieds- bzw gruppenträgerfähige Körperschaft (dh insb um keine Mitunternehmerschaft) handeln. **312**

Somit kann es grundsätzlich nur bei **Verschmelzungen, verschmelzenden Umwandlungen** (soweit gesellschaftsrechtlich zulässig), **Einbringungen** sowie (Handels- und Steuer-)**Spaltungen** zu einer Fortführung der Firmenwertab(zu)schreibung auf die – isoliert oder iRe (Teil)Betriebs – übertragene firmenwertbegründende Beteiligung kommen.

Eine **errichtende Umwandlung** führt aufgrund des Betriebserfordernisses (§ 7 Abs 1 Z 2 TS 1) zwangsläufig zu einer Durchbrechung der Unmittelbarkeit und somit zu einem Untergang der Firmenwertabschreibung auf von der umgewandelten beteiligten Körperschaft gehaltene Beteiligungskörperschaften (aA *Erdélyi* in D/H/H/S 154). Dasselbe gilt aufgrund der (bestehenden oder künftigen) Betriebsführung der übernehmenden Mitunternehmerschaft auch für die Übertragung der firmenwertbegründenden Beteiligung (iRe [Teil-]Betriebs) im Zuge eines Zusammenschlusses (UmgrStR Rz 1493; W/K/M² K 558, K 561 f; *Huber*, ÖStZ 2005, 448; *Weninger*, Share Deals 112; *Hirschler* in FS Kofler 300; *Huber* in W/Z/H/K⁵ § 26 Rz 60; dies gilt auch für den Zusammenschluss zu einer atypisch stillen Gesellschaft). Zur Frage des Wiederauflebens s Rz 467. **313**

Im Zuge einer **Down-stream-Verschmelzung** gehen die Anteile an der übertragenden Muttergesellschaft unter und es erfolgt eine Auskehrung der Anteile an der übernehmenden (Tochter)Gesellschaft an die Anteilseigner der übertragenden (Mutter)Gesellschaft. Entgegen der zivilrechtlichen Betrachtung und nach neuerer Ansicht der FV (gültig für Verschmelzungen mit Beschlussdatum ab 1.12.2011) zu keiner (anteiligen) Fortsetzung der Firmenwertab(zu)schreibung auf die übernehmende (Tochter)Gesellschaft auf Ebene des(r) Anteilsinhaber(s) **314** der Muttergesellschaft, sondern zu einer Fortführung einer allfälligen Firmenwertab(zu)schreibung auf die übertragende (Mutter)Gesellschaft kommen (UmgrStR Rz 352a idF nach dem WE 2011; vgl auch *Schwarzinger/Wiesner* I/13 575; s auch UmgrStR Rz 1786c idF nach dem WE 2014 zu Art VI zur Downstream-Aufspaltung), sodass Up-stream- und Down-stream-Verschmelzung gleichgestellt werden. Nach der hM (und entsprechend der älteren Verwaltungspraxis – s UmgrStR Rz 352a idF vor WE 2007) kommt es demgegenüber zu einem Untergang der Firmenwertab(zu)schreibung auf die Muttergesellschaft und zu einem Weiterlaufen der Firmenwertab(zu)schreibung auf die Tochtergesellschaft (*W/K/M*² K 489; *Huber*, ÖStZ 2005, 449; *Erdélyi* in *D/H/H/S* 160 [allerdings scheinbar in Widerspruch zu 153]; *Mühlehner* in HB M&A 186; so auch noch *Reindl/Walter* in HB KonzernStR 627; aA *Petutschnig/Six*, taxlex 2010, 106 mit Verweis auf die Identitätsfiktion, wonach steuerrechtlich nicht die Anteile an der übertragenden, sondern jene an der übernehmenden Gesellschaft untergehen; krit zur älteren Verwaltungsauffassung auch *Hohenwarter/Staringer* in *S/L/S/S* 426 f; zur Begründung der Änderung der Verwaltungsmeinung s *Mayr/Petrag/Schlager*, RdW 2012, 57). Folgt man der hM und der älteren Verwaltungspraxis, so bewirkt die Aufteilung der ausgekehrten Beteiligung auf mehrere Anteilsinhaber der Muttergesellschaft eine entsprechenden Aufteilung, sodass – abgesehen von der Bildung einer Beteiligungsgemeinschaft auf Gruppenträgerebene – idR nur eine anteilige Weiterführung der Firmenwertab(zu)schreibung möglich ist (UmgrStR Rz 352a, 1786c idF vor WE 2014 zu Art VI zum ähnlich gelagerten Fall der Downstream-Aufspaltung mit Anteilsauskehrung; zum Wiederaufleben s Rz 466).

bb) Teilweise Übertragung

318 Wird nur ein **Teil** der firmenwertbegründenden Beteiligung **übertragen**, so ist die Firmenwertab(zu)schreibung entsprechend **aufzuteilen** (UmgrStR Rz 1245c; *Pinetz/Stefaner* in *L/R/S/S*² § 9 Rz 99; *Huber*, ÖStZ 2005, 448; *Weninger*, Share Deals 102; *Hirschler* in FS Kofler 302).

319 Folgt man der restriktiven Auffassung, wonach nur der über die **ausreichende finanzielle Verbindung** verfügende Gruppenträger bzw das über die ausreichende finanzielle Verbindung verfügende beteiligte Gruppenmitglied eine Firmenwertab(zu)schreibung vorzunehmen hat (s Rz 255), so wird ab der Übertragung entweder nur die übertragende oder nur die übernehmende Körperschaft die (anteilige) Firmenwertab(zu)schreibung vornehmen können, sodass de facto selbst bei Übertragungen innerhalb derselben Unternehmensgruppe eine Verringerung des Gesamtbetrags der vorzunehmenden Firmenwertab(zu)schreibung bewirkt wird (vgl UmgrStR Rz 1245c; zum möglichen Wiederaufleben einer „ruhenden" Firmenwertab(zu)schreibung s Rz 466).

Gegebenenfalls kann der volle Betrag der Firmenwertab(zu)schreibung durch Bildung einer **Beteiligungsgemeinschaft** zwischen übertragender und übernehmender Gesellschaft erhalten werden. Die Bildung einer Beteiligungsgemeinschaft ist seit dem AbgÄG 2010 jedoch nur mehr auf Gruppenträgerebene möglich (zur nahtlosen Begründbarkeit s *Mayr/Petrag/Schlager*, RdW 2012, 57).

320 Die Aufteilung hat grundsätzlich **aliquot** zu erfolgen (*Huber*, ÖStZ 2005, 448; *Weninger*, Share Deals 102). Sollte die Beteiligung an der Beteiligungskörperschaft in Tranchen erworben worden sein, welche unterschiedliche (bzw keine) Beträge an Firmenwertab(zu)schreibung vermitteln (s dazu Rz 271), so ist uE davon abweichend die Aufteilung nach allgemeinen ertragsteuerlichen Grundsätzen vorzunehmen, sodass bei Identifizierbarkeit der einzelnen Tranche ein Übergang des direkt zuordenbaren Firmenwertanteils zu erfolgen hat.

Dies wird insbesondere im Fall der getrennten (Sammel)Verwahrung von **Aktienpakete** sowie bei Namensaktien der Fall sein; bei GmbH-Anteilen wird es bei einer verhältnismäßigen Aufteilung bleiben, da aufgrund der Einheitlichkeit des Geschäftsanteils (§ 75 Abs 2 GmbHG) ein einheitliches Wirtschaftsgut vorliegt (s etwa VwGH 2.10.2014, 2012/15/0083; s auch EStR Rz 6627a f zur vergleichbaren Problematik der Bestimmung von Anschaffungszeitpunkt und Anschaffungskosten im Anwendungsbereich von § 30 EStG idF vor BudBG 2011). 321

cc) Zeitliche Geltendmachung

Nach Verwaltungspraxis und hM (zu Übertragungen innerhalb der Unternehmensgruppe) hat die übertragende Gesellschaft unabhängig davon, ob sie umgründungsbedingt untergeht (Verschmelzung, Aufspaltung, verschmelzende Umwandlung) oder weiterbesteht (Einbringung, Abspaltung), in dem mit dem **Umgründungsstichtag endenden Zeitraum** noch eine (letzte) volle Fünfzehntelab(zu)schreibung geltend zu machen. Die übernehmende Gesellschaft kann (erst) ab ihrem dem Umgründungsstichtag folgenden Wirtschaftsjahr die Firmenwertab(zu)schreibung fortführen (KStR Rz 1138; UmgrStR Rz 1245c; *Weninger*, Share Deals 104; *W/K/M²* K 326; *Hirschler* in FS Kofler 303). 322

Im Fall der Übertragung in eine andere Steuergruppe stellt dies nach der Verwaltungspraxis formal keine Fortsetzung, sondern eine **Neubegründung** der Firmenwertab(zu)schreibung dar (KStR Rz 1123 – s Rz 280).

Fällt der Umgründungsstichtag auf einen Bilanzstichtag der Beteiligungskörperschaft, so kommt es durch die **durchgängige Gruppenzugehörigkeit** derselben zur bisherigen bzw – bei rechtzeitiger Antragstellung – zu einer neuen Unternehmensgruppe insgesamt ohnedies zu **keinem (zusätzlichen) Verlust einer Fünfzehntelabschreibung.** 323

Verfügen im einfachsten Fall sowohl die übertragende beteiligte Körperschaft, die übernehmende Gesellschaft als auch die Beteiligungskörperschaft über **denselben Bilanzstichtag** und fällt auch der Umgründungsstichtag auf diesen, so erfolgt – bei Erfüllung der sonstigen Voraussetzungen (insb Gruppenzugehörigkeit der übernehmenden Gesellschaft bzw Eingliederung der Beteiligungskörperschaft und der übernehmenden Gesellschaft in dieselbe Steuergruppe) – eine nahtlose Fortführung der noch offenen Fünfzehntelbeträge auf Ebene der übernehmenden Gesellschaft (s auch *Hirschler* in FS Kofler 302 f).

Weicht der Umgründungsstichtag vom Bilanzstichtag der übertragenen Beteiligungskörperschaft ab, so ist zu unterscheiden: 324
- Bei Übertragungen innerhalb **derselben Unternehmensgruppe** steht nach der Verwaltungspraxis der **übertragenden Gesellschaft** noch ein **voller Fünfzehntelbetrag** zu, ein Ansatz des nächsten (vollen) Fünfzehntelbetrags auf Ebene der übernehmenden Gesellschaft kann erst für das dem Umgründungs-

stichtag folgende Wirtschaftsjahr erfolgen (KStR Rz 1122). Alternativ wäre uE eine aliquote Aufteilung zulässig (vgl UmgrStR Rz 120, EStR Rz 3132; s a § 3 Rz 18), eine Doppelabsetzung würde aber dem Grundsatz der ertragsteuerlichen Gesamtrechtsnachfolge widersprechen und ist somit ausgeschlossen (vgl *Bruckner* in *W/H/M*, HdU[1] § 3 Rz 21 ff; s auch VwGH 28.1.2015, Ra 2014/13/0025); die (bezogen auf das Wirtschaftsjahr der Beteiligungskörperschaft) „unterjährige" Übertragung stellt keine Verletzung des Grundsatzes der Ganzjahresbeteiligung (s Rz 271 ff) dar (KStR Rz 1122).

Eine (faktische) **Doppelabsetzung** konnte sich allerdings nach der bisherigen Verwaltungspraxis im Fall einer Umgründung zur Neugündung ergeben, da für die übernehmende Gesellschaft mit dem dem Umgründungsstichtag folgenden Tag das erste (Rumpf)Wirtschaftsjahr beginnt, in dem bereits eine Fünfzehntelabschreibung zustehen soll (vgl das Beispiel in UmgrStR Rz 1786 idF vor WE 2014 zu Art VI zur Aufspaltung zur Neugründung; anders nun UmgrStR Rz 1785b).

Die Frage einer aliquoten Aufteilung vs einer vollständigen Geltendmachung durch die übertragende Gesellschaft ist – trotz insgesamt einmaliger Geltendmachung innerhalb der Unternehmensgruppe – insbesondere im Fall des Vorhandenseins von Vorgruppenverlusten, der Verrechnung (Weiterleitung) von Vorgruppenmindestkörperschaftsteuern und ausländischer Quellensteuern sowie der Berechnung von Steuerumlagen von Bedeutung.

- Gehören übertragende und übernehmende Gesellschaft **nicht** derselben **Unternehmensgruppe** an, so kann aufgrund der Nichterfüllung der Eingliederungsvoraussetzungen aus Sicht beider Gruppen im Jahr der Übertragung weder durch die übertragende noch durch die übernehmende Gesellschaft eine Firmenwertab(zu)schreibung geltend gemacht werden, sodass ein **Fünfzehntel**betrag **verloren** geht. Ein Ansatz des nächsten (vollen) Fünfzehntelbetrags auf Ebene der übernehmenden Gesellschaft kann somit erst für das dem Umgründungsstichtag folgende (nächste) Wirtschaftsjahr der Beteiligungskörperschaft erfolgen. Zur Frage der Fortsetzung einer Unternehmensgruppe im Falle der Up-stream-Verschmelzung des Gruppenträgers s Rz 70 ff.

325 Diese Grundsätze gelten auch im Fall einer **Down-stream-Verschmelzung**, wenn man die Weiterführung der Firmenwertab(zu)schreibung auf die Beteiligung an der übernehmenden Tochtergesellschaft bejaht (UmgrStR Rz 352a Beispiel 4 Variante 1; zur Diskussion s Rz 314). Eine allfällige Firmenwertab(zu)schreibung auf die übertragende Muttergesellschaft ist nach der Verwaltungspraxis letztmalig für jenes Wirtschaftsjahr möglich, in welchem durchgehend eine Beteiligung an dieser bestanden hat (s dazu Rz 338 ff).

326 Sollte es im Zuge der Übertragung der firmenwertbegründenden Beteiligung zur Beendigung der Firmenwertab(zu)schreibung kommen (zB aufgrund der Übertragung auf eine **Mitunternehmerschaft**), so kann die Firmenwertab(zu)schreibung nach der Verwaltungspraxis letztmalig für jenes (Rumpf)Wirtschaftsjahr der beteiligten Körperschaft geltend gemacht werden, in dem durchgängig die Voraussetzungen (zB Unmittelbarkeit der Beteiligung) noch vorliegen (s UmgrStR Rz 1493 zum Zusammenschluss; zur Kritik s Rz 339).

b) (Teilweiser) Wegfall
aa) Untergang

Ein umgründungsbedingter **Untergang** der firmenwertbegründenden Beteiligung, ohne dass die beteiligte Körperschaft umgründungsbedingt eine „Ersatzbeteiligung" erhält, führt zu einem **Wegfall** der Firmenwertabschreibung pro futuro, obwohl sich die Unternehmensgruppe „verdichtet" und somit eine weitergehende Annäherung an einen Asset Deal erfolgt (zur allfälligen **Rückabwicklung** innerhalb der Dreijahresfrist s Rz 38 f) (UmgrStR Rz 352a, 353d ff, 620e; *W/K/M*[2] K 494; *Erdélyi* in *D/H/H/S* 153 u 160; *Huber* in *H/R/W/Z*[2] § 9 Abs 7 Rz 21; *Bachl*, SWK 2004, S 991; *Huber*, ÖStZ 2005, 449; *Pinetz/Stefaner* in *L/R/S/S*[2] § 9 Rz 100; *Hirschler* in FS Kofler 298 f; krit *Haidenthaler/Preining* in *Q/A/H/T/T* § 9 Abs 7, Rz 70; *Bruckner*, ÖStZ 2005, 261; *Zöchling/Haslinger* in *Q/A/H/T/T* Rz 36 f; *Staringer*, ÖStZ 2005, 501 f; *ders*, SWK 2007, S 789; *Hohenwarter/Staringer* in *S/L/S/S* 425).

330

Unter systematischen Gesichtspunkten erschiene eine Weiterführung der Firmenwertab(zu)-schreibung gem § 9 Abs 7 KStG oder ein „Ersatz" durch eine Firmenwertabschreibung gem § 8 Abs 3 EStG gerechtfertigt, wofür derzeit jedoch eine explizite gesetzliche Grundlage fehlt. Demgegenüber setzte die bis zum StruktAnpG 1996 (BGBl 1996/201) in **§ 3 Abs 2 Z 2** der Stammfassung des UmgrStG normierte verschmelzungsbedingte Firmenwertabschreibung für ihre Begründung eine Mutter-Tochter-Verschmelzung gerade voraus (s § 3 Rz 105 f). Eine Firmenwertzuschreibung war nicht vorgesehen.

331

Diese Auswirkung betrifft folgende Umgründungsvorgänge:

332

- **Up-stream-Verschmelzung**
- Verschmelzende **Umwandlung** (soweit gesellschaftsrechtlich zulässig)
- Errichtende Umwandlungen (vgl KStR Rz 1137 aE)
- Up-stream-**Konzernaufspaltungen** (UmgrStR Rz 1786c u 1787a)

Zur **Down-stream-Verschmelzung** s Rz 314, zur Nacherfassung Rz 344 ff.

333

bb) Verminderung

Abgesehen von einer teilweisen Übertragung (s Rz 318 ff) kann es auch im Zuge einer umgründungsbedingten Vermögenszufuhr in die Beteiligungskörperschaft (durch Gruppenangehörige oder Gruppenfremde) zu einer Verminderung der firmenwertbegründenden Beteiligung kommen, wenn die Beteiligungskörperschaft neue Anteile an den Übertragenden (Einbringung) bzw an die Gesellschafter desselben (Verschmelzung, Handelsspaltung zur Aufnahme) gewährt und es dadurch zu einem **Verwässerungseffekt** kommt.

334

Aufgrund des (im Fall der Wahrung der Verkehrswertverhältnisse) weiterhin (wertmäßig) unveränderten unternehmerischen Engagements der beteiligten Körperschaft ist trotz Absinkens der Beteiligungsquote die Firmenwertab(zu)-schreibung **betragsmäßig unverändert fortzuführen**, sofern die ausreichende finanzielle Verbindung gewahrt bleibt (KStR Rz 1121; UmgrStR Rz 351, 1245h, 1245k, 1786b, 1787e; *W/K/M*[2] K 605; *Puchner*, SWK 2007, S 331 f; *Reindl/Walter* in HB KonzernStR[2] 663 f; *Hirschler* in FS Kofler 302; *Schwarzinger/Wiesner* I/23 2283; *Zöchling/Paterno* in *W/Z/H/K*[5] § 6 Rz 29; *Zöchling/Andreaus* in *W/Z/H/K*[5] § 38 Rz 24; aA *Wiesner/Mayr*, RWZ 2005, 99; *Huber* in *W/Z/H/K*[5] § 22 Rz 53;

335

widersprüchlich zur allgemeinen Verwaltungspraxis noch UmgrStR Rz 1787e vor WE 2014 Art VI, wonach eine Verminderung der Firmenwert[zu]schreibung „auf den gesunkenen Prozentsatz" erfolgen sollte; vgl auch UmgrStR Rz 1245i, wonach eine verwässerungsbedingte Anteilsverminderung keine Nachversteuerung von Auslandsverlusten nach sich zieht – s Rz 90).

336 Sollte die übertragende Gesellschaft an der Beteiligungskörperschaft umgründungsbedingt eine **ausreichende finanzielle Verbindung** erhalten, so ist bei einem engen Verständnis des Unmittelbarkeitserfordernisses (s dazu Rz 255) eine weitere Geltendmachung der Firmenwertab(zu)schreibung auf Ebene der beteiligten Körperschaft nur im Fall der Bildung einer Beteiligungsgemeinschaft möglich (s etwa *Puchner*, SWK 2007, S 333; zur nahtlosen Begründbarkeit s *Mayr/Petrag/ Schlager*, RdW 2012, 57).

Zum möglichen **Aufleben** s Rz 466, zur Frage des umgründungsbedingten Entstehens einer Firmenwertab(zu)schreibung auf Ebene der übertragenden Gesellschaft s Rz 438 ff.

Wird demgegenüber die Ansicht vertreten, dass auch unmittelbar beteiligte Gruppenmitglieder, welche die ausreichende finanzielle Verbindung durch ein anderes Grupppenmitglied vermitteln oder erweitern, eine Firmenwertab(zu)schreibung vorzunehmen haben, so ist die Firmenwertab(zu)schreibung auf Ebene eines nunmehr minderbeteiligten Gruppenmitglieds fortzuführen (*Haidenthaler/Preining* in Q/A/H/T/T § 9 Abs 7, Rz 73; *Weninger*, Share Deals 107; *Hirschler* in FS Kofler 299; UmgrStR Rz 1245b lässt eine verminderte Fortführung der Firmenwertab[zu]-schreibung außerhalb einer Beteiligungsgemeinschaft ebenfalls zu, befindet sich damit allerdings im Widerspruch zur allgemeinen Verwaltungspraxis).

337 Aus systematischer Sicht müssen die dargelegten Grundsätze uE auch im Fall des Unterbleibens einer Anteilsgewähr durch die übernehmende Beteiligungskörperschaft aufgrund einer **Anteilsabtretung** durch die beteiligte Körperschaft bzw einer Abfindung mit **eigenen Anteilen** der Beteiligungskörperschaft gelten (aA zur Abfindung mit eigenen Anteilen *Puchner*, SWK 2007, S 332 [FN 20]).

Zur **Firmenwertabstockung** aufgrund der wertmäßigen Verminderung der Beteiligung im Zuge einer umgründungsbedingten Vermögensübertragung up-stream unter Fortbestand der Beteiligungskörperschaft (Einbringung, Abspaltung) oder side-stream s Rz 401 bzw Rz 392 ff.

cc) Zeitliche Geltendmachung

338 Im Fall des Untergangs der firmenwertbegründenden Beteiligung(skörperschaft) kann nach der Verwaltungspraxis die Firmenwertab(zu)schreibung letztmalig in jenem **(Rumpf)Wirtschaftsjahr** der beteiligten Gesellschaft geltend gemacht werden, in dem die Beteiligung **durchgehend** bestanden hat (UmgrStR Rz 353d, 620e, 1786c). Entspricht der Umgründungsstichtag dem Bilanzstichtag der beteiligten Gesellschaft, so ist im mit dem Umgründungsstichtag endenden Wirtschaftsjahr somit noch eine Fünfzehntelab(zu)schreibung vorzunehmen (UmgrStR Rz 353i; unpräzise UmgrStR Rz 352a u 353f, wonach das letzte Fünfzehntel in dem vor dem Umgründungsstichtag endenden Wirtschaftsjahr der beteiligten Körperschaft

geltend gemacht werden kann; UmgrStR Rz 1786c scheint überhaupt auf das zivilrechtliche Bestehen der Beteiligung bis zur Firmenbucheintragung abzustellen, was bei einem aus der Sicht der beteiligten Körperschaft unterjährigen Umgründungsstichtag im Fall einer Firmenbucheintragung nach dem Bilanzstichtag noch eine Fünfzehntelab[zu]schreibung zuließe). Ein Erfordernis, wonach dieses Wirtschaftsjahr zwölf Monate umfassen muss, besteht uE nicht (vgl UmgrStR Rz 353i).

Das Erfordernis einer finanziellen Verbindung über das ganze Wirtschaftsjahr der beteiligten Körperschaft ist dem Gesetz nicht zu entnehmen. Vielmehr erfordert die vom Gesetzgeber intendierte **Gleichstellung** zwischen Asset und Share Deal, dass auch im Fall eines (aus Sicht der übernehmenden Muttergesellschaft) unterjährigen Umgründungsstichtags noch eine (letzte) Fünfzehntelabschreibung geltend gemacht werden kann (s a Rz 272). 339

Im Fall einer **Down-stream-Verschmelzung** (bzw Aufspaltung) wird für die Anwendung dieser Grundsätze bei Bejahung eines Untergangs der Firmenwertab(zu)schreibung auf die übernehmende Tochtergesellschaft auf das (Rumpf)Wirtschaftsjahr der übertragenden Muttergesellschaft, bei Bejahung eines Untergangs der Firmenwertab(zu)schreibung auf die Muttergesellschaft auf das (Rumpf)Wirtschaftsjahr der Großmuttergesellschaft abzustellen sein (zur Diskussion s Rz 314). 340

dd) Umgründungsbedingte Nacherfassung der Firmenwertab(zu)schreibung

Mit dem **AbgSiG 2007** wurde mit Wirkung für Umgründungen mit einem Stichtag nach dem 30.12.2007 in § 9 Abs 7 letzter TS KStG eine Ausnahme von der allgemeinen Regel der Steuerneutralität von Buchgewinnen und -verlusten (s § 3 Rz 90) im Fall des umgründungsbedingten **Untergangs** bzw der **Auskehrung** einer firmenwertbegründenden Beteiligung verankert (s dazu etwa *Weninger*, Share Deals 116 ff; *Vock* in $Q/R/S/S/V^{26}$ § 9 Rz 817 ff). 344

Nach *Reindl/Walter* in HB KonzernStR 627 f (FN 21) hat die explizite Erwähnung der Auskehrung aufgrund der Übertragung der Anschaffungskosten bzw Buchwerte an der untergehenden Beteiligung auf die ausgekehrte Beteiligung nur klarstellende Bedeutung. Diese Aussage findet sich in der Neuauflage (*Reindl/Walter* in HB KonzernStR^2 653) nicht mehr.

Dementsprechend sind abgesetzte Fünfzehntelbeträge zum Umgründungsstichtag **nachzuerfassen**, wenn Beteiligungen, auf die eine Firmenwertabschreibung vorgenomen wurde, umgründungsbedingt untergehen oder zur Abfindung der Anteilsinhaber der übertragenden Körperschaft verwendet werden. 345

Die Bestimmung steht in einem **Spannungsverhältnis** zu § 3 Abs 2 sowie zu Art 7 Abs 1 FRL (*Pinetz/Stefaner* in $L/R/S/S^2$ § 9 Rz 14, 124 f; *Staringer*, SWK 2007, S 790). *Staringer* (aaO) und *Stefaner/Weninger* (aaO Rz 19) orten weiters eine gewisse Parallele zu § 4 Z 1 lit d. Weiters wird die durch die Firmenwertab(zu)schreibung eigentlich intendierte steuerliche Gleichstellung zwischen Share Deal und Asset Deal (s Rz 237) geradezu konterkariert (*Staringer*, aaO S 789). *Kauba* (RdW 2007, 696 ff) problematisiert die doppelte Besteuerung des Firmenwerts bei einem der umgründungsbedingten Nacherfassung nachfolgenden Asset Deal, was uE allerdings kein Spezifikum der Nacherfassungsverpflichtung darstellt, sondern aus der mangelnden Beteiligungsneutralität des geltenden Körperschaftsteuerrechts resultiert (vgl die Verweise bei *Staringer*, aaO S 792 [FN 24]). Zu verfassungsrechtlichen Bedenken und zur Parallele zur umgründungsbedingten Nachversteuerung der (ursprünglich möglichen) Übertragung stiller Reserven gem § 12 EStG auf Beteiligungen (3. Teil Z 4 lit b UmgrStG aF) s *Staringer*, aaO S 790.

346 Ziel der Bestimmung ist die Vereitelung der Umgehung der (grundsätzlichen) Nachversteuerungspflicht in Bezug auf eine geltend gemachte Firmenwertabschreibung (s Rz 236) durch Umgründungsvorgänge, um eine „systemkonforme" Nacherfassung sicherzustellen (ErlRV 270 BlgNR 23. GP, 4, 9 f; vgl die diesbezüglichen Gestaltungsvorschläge in der früheren Literatur, zB *Erdélyi* in D/H/H/S 163; *Mühlehner* in HB M&A 194; vgl auch die Zusammenfassung bei *Hirschler* in FS Kofler 303). Das bloße **Ausscheiden** der Beteiligungskörperschaft aus der Unternehmensgruppe bewirkt noch keine Nachversteuerung (*Staringer*, SWK 2007, S 792; aA scheinbar *Schwarzinger/Wiesner* I/1³ 1193 [TS 4, allerdings im Widerspruch zu TS 3]).

347 Die faktische Besteuerung von verschmelzungsbedingten Anteilsauskehrungen erscheint uE insoweit überschießend, als die grundsätzliche Steuerhängigkeit der firmenwertabgeschriebenen Beteiligung auf Ebene der Anteilsinhaber der übertragenden Gesellschaft grds weiterhin gegeben ist; eine allfällige Einschränkung des Besteuerungsrechts kann über § 5 Abs 1 Z 4 geltend gemacht werden. Allerdings können sich Verzerrungseffekte durch die Übertragung der Anschaffungskosten (Buchwerte) an der übertragenden Muttergesellschaft auf die ausgekehrten Anteile ergeben (s a *Petutschnig/Six*, taxlex 2010, 107).

348 Bejaht man im Fall einer **Down-stream-Verschmelzung** (bzw Aufspaltung) das (grundsätzliche) Weiterbestehen der Firmenwertab(zu)schreibung auf die übernehmende Tochtergesellschaft (s dazu Rz 314), so kann es sowohl zu einer Nacherfassung der bisher geltend gemachten Firmenwertab(zu)schreibung als auch zu einer Weiterführung der noch offenen Fünfzehntelbeträge kommen (ebenso *Petutschnig/Six*, taxlex 2010, 107).

349 Die umgründungsbedingte Nacherfassung erfasst dem Wortlaut nach nur *abgesetzte* Fünfzehntelbeträge. Demgegenüber wird von der hM eine Anwendbarkeit auch auf firmenwertzugeschriebene Beteiligungen vertreten, sodass eine nachträgliche Absetzbarkeit der vorgenommenen **Firmenwertzuschreibung** erfolgt (*Wiesner/Mayr*, RdW 2007, 759; *Vock* in Q/R/S/S/V²⁶ § 9 Rz 826; unverständlich *Weninger*, Share Deals 119, der von einer [neuerlichen?] Zuschreibung über 15 Jahre spricht).

350 Eine Verwendung zur Abfindung der Anteilsinhaber der übertragenden Gesellschaft liegt uE nicht nur im Fall der Anteilsauskehrung als Folge einer Down-stream-Verschmelzung, sondern auch bei einer **Down-stream-Aufspaltung** sowie einer **Down-stream-(Mit)Abspaltung** der firmenwertbegründenden Beteiligung vor, da auch diesfalls infolge der Identitätsfiktion die ausgekehrten Anteile steuerrechtlich untergehen (s § 36 Rz 31, 66; s a *Hirschler* in FS Kofler 305; zur Identitätsfiktion s § 5 Rz 51 ff).

351 Die umgründungsbedingte Nacherfassung geht (im Fall der Down-stream-Verschmelzung) als lex specialis § 5 Abs 1 Z 4 vor, sodass insoweit ein **Steueraufschub** (bis zum AbgÄG 2015) **bzw** das **Ratenzahlungskonzept** (ab 1.1.2016) **aus-**

geschlossen ist (ErlRV 270 BlgNR 23. GP, 10; UmgrStR Rz 265a; *Wiesner/Mayr*, RdW 2007, 760; *Pinetz/Stefaner* in *L/R/S/S*² § 9 Rz 15, 121a; krit *Puchner*, SWK 2007, S 822; s a § 5 Rz 84). Dasselbe hat für eine (spaltungsbedingte) Entstrickung gem § 36 Abs 3 Z 1 zu gelten.

Zu einem Untergang führen jedenfalls die **Up-stream-** und die Side-stream-Verschmelzung, die (verschmelzende und errichtende) **Umwandlung** (UmgrStR Rz 620e, 622) sowie die **Aufspaltung** der Beteiligungskörperschaft (*Hirschler* in FS Kofler 304; vgl UmgrStR Rz 1786c u Rz 1787a zur Up-stream-Konzern-Aufspaltung). Dasselbe gilt für Verschmelzungen der Enkel- auf die Großmuttergesellschaft hinsichtlich des untergehenden Anteils der Zwischengesellschaft an der übertragenden Enkelgesellschaft (UmgrStR Rz 353g). 352

Demgegenüber löst die umgründungsbedingte Übertragung der firmenwertbegründenden Beteiligung (abgesehen vom Fall der Anteilsauskehrung – so Rz 347) keine Nacherfassung aus, da die Steuerhängigkeit beim übernehmenden Rechtsträger grds gewahrt bleibt (*Weninger*, Share Deals 123 f; *Hirschler* in FS Kofler 305). Dies gilt auch im Fall des umgründungsbedingten Untergangs der beteiligten Körperschaft (Verschmelzung, Umwandlung, Aufspaltung). Ein allfälliger Verlust des Besteuerungsrechts im Zuge einer **Exportverschmelzung** wegen des Nichtvorliegens einer inländischen Betriebstätte der übernehmenden ausländischen Körperschaft führt zur (aufgeschobenen) Besteuerung (Ratenzahlungskonzept) gem § 1 Abs 2, eine nachfolgende Up-stream-Exportverschmelzung der Beteiligungskörperschaft wird als Ausscheiden zu werten sein und beendet einen allfälligen Besteuerungsaufschub (Fälligstellung offener Raten) (*Wiesner/Mayr*, RdW 2007, 761). 353

Darüber hinaus will die jüngere Verwaltungsmeinung sowie ein Teil der Literaturmeinung diese Bestimmung auch (anteilig) für jegliche Form der (auch rein wertmäßigen) Anteilsverminderung als Folge von Up-stream-Umgründungsvorgängen (va **Einbringungen** und **Abspaltungen**) des firmenwertbegründenden Vermögens anwenden (UmgrStR Rz 1245ab idF WE 2013; *Wiesner/Mayr*, RdW 2007, 761 f; *W/K/M*² K 5g; *Vock* in *Q/R/S/S/V*²⁶ § 9 Rz 819; *Reindl/Walter* in HB KonzernStR² 667 f; *Huber* in *W/Z/H/K*⁵ § 22 Rz 53). Dies steht jedoch im Widerspruch mit dem eindeutigen Gesetzeswortlaut, welcher einen Untergang der Beteiligung voraussetzt, und ist folglich abzulehnen (*Weninger*, Share Deals 124 ff; *Staringer*, SWK 2007, S 788 [FN 6]; *Hirschler* in FS Kofler 305 f). 354

Nach UmgrStR Rz 620k soll im Fall einer **errichtenden Umwandlung** der beteiligten Körperschaft eine Nachversteuerung in Hinblick auf die (nicht untergegangene, nicht ausgekehrte, nicht wirtschaftlich verminderte) Beteiligung an der Beteiligungskörperschaft vorgenommene Firmenwertab(zu)schreibung erfolgen. Dabei dürfte es sich allerdings um ein Redaktionsversehen handeln (vgl UmgrStR Rz 622a, wonach im gleich gelagerten Fall eine Nachversteuerung aufgrund der weiterhin gegebenen Steuerhängigkeit beim Rechtsnachfolger explizit unterbleibt).

(Vorläufig) keine Nacherfassung erfolgt jedoch, wenn an die Stelle der (untergehenden) firmenwertabgeschriebenen Beteiligung umgründungsbedingt die Beteiligung an einer übernehmenden Körperschaft tritt. Diesfalls hat eine Nacherfas- 355 sung erst dann zu erfolgen, wenn die **Ersatzbeteiligung** an der übernehmenden Körperschaft umgründungsbedingt untergeht. Dies betrifft Konzentrations- und **Side-stream**-Umgründungsvorgänge auf übernehmende Körperschaften (Verschmelzungen und Aufspaltungen), unabhängig von der Art des Erwerbs der Ersatzbeteiligung (Ausgabe neuer Anteile durch die übernehmende Gesellschaft, Abfindung mit eigenen Anteilen der übernehmenden Gesellschaft, Abfindung durch Anteile der Altgesellschafter, bloße Zu-/Abstockung der Buchwerte). Bei Verschmelzung einer Tanten- auf ihre **Nichtengesellschaft** erfolgt auch im Fall des Unterbleibens einer Anteilsgewährung aufgrund der vorzunehmenden Anteilsumschichtung ebenfalls (vorläufig) keine Nacherfassung, im umgekehrten Fall einer Verschmelzung der Nichten- auf die Tantengesellschaften ist zur Vermeidung einer Nacherfassung jedenfalls eine Anteilsgewähr erforderlich (*Wiesner/ Mayr*, RdW 2007, 761).

356 Das Unterbleiben der Nacherfassung infolge des Vorliegens einer Ersatzbeteiligung ließe sich uE bereits mit der Identitätsfiktion (§ 5 Abs 1 Z 1 – s § 5 Rz 51 ff) begründen. Wenngleich gesetzlich nicht explizit angeführt, wird eine Nachversteuerung aus systematischer Sicht in diesen Fällen auch dann zu erfolgen haben, wenn die „ersatzangeschaffte" Beteiligung an der übernehmenden Körperschaft umgründungsbedingt ausgekehrt wird.

357 Das Erfordernis einer **Gruppenzugehörigkeit** der übernehmenden Gesellschaft besteht nicht (ErlRV 270 BlgNR 23. GP, 10; *W/K/M²* K 345 f; *Puchner*, SWK 2007, S 821; aA *Schwarzinger/Wiesner* I/1³ 597 zur Side-stream-Verschmelzung [idS sind die Aussagen in 591 u 593 wohl nur scheinbar widersprüchlich]). Bei der übernehmenden Gesellschaft kann es sich auch um eine **ausländische Körperschaft** handeln (*Wiesner/Mayr*, RdW 2007, 760).

358 Grundsätzlich ist die Steuerhängigkeit der Beteiligung an einer ausländischen übernehmenden Körperschaft selbst im Fall des Vorliegens bzw Entstehens einer steuerneutralen internationalen Schachtelbeteiligung nach nationalem Recht sichergestellt (§ 5 Abs 7 Z 1 – s dazu § 5 Rz 142), sodass es bei einer Veräußerung bzw Umgründung zu einer entsprechenden Nacherfassung der geltend gemachten Firmenwertabschreibung kommen kann. Probleme mit der faktischen Nachversteuerungshängigkeit können sich jedoch im Anwendungsbereich von Doppelbesteuerungsabkommen mit Zuweisung des Besteuerungsrechts an (qualifizierten) Kapitalanteilen an den Quellenstaat (zB Art 13 Abs 3 lit a DBA-Frankreich, Art 18 Abs 2 lit b DBA-Japan, Art 13 Abs 5 DBA-China) ergeben, sodass durch **Exportumgründungen** von in solchen DBA-Partnerstaaten ansässige Körperschaften (sofern gesellschaftsrechtlich zulässig) im Fall einer nachfolgenden (in Österreich abkommensbefreiten bzw durch Anrechnung entlasteten) Veräußerung der übernehmenden Körperschaft die Nachversteuerungspflicht nach gegenwärtiger Rechtslage wohl vermieden bzw zumindest reduziert werden kann.

359 Keine Nachversteuerung erfolgt im Fall der **Down-stream-Verschmelzung** eines inländischen Gruppenmitglieds auf eine beschränkt steuerpflichtige Körperschaft (**ausländisches Gruppenmitglied**), wenn auf das inländische Gruppenmitglied eine Firmenwertab(zu)schreibung geltend gemacht wurde (UmgrStR Rz 352e); nach der jüngeren Verwaltungsansicht wäre die Firmenwertab(zu)schreibung an der übertragenden Gesellschaft weiterzuführen (UmgrStR Rz 352a; s dazu

Rz 314), dies scheitert jedoch an der mangelnden unbeschränkten Steuerpflicht der übernehmenden (ausländischen) Gesellschaft. Allfällige auf das ausländische Gruppenmitglied übertragene Beteiligungskörperschaften können in der Unternehmensgruppe verbleiben (Rs *Papillon*, EuGH 27.11.2008, C-418/07; aA KStR Rz 1030, welche zwar eine Ergebniszuweisung anerkennen, diesen jedoch nicht den Status eines „Vollmitglieds" der Unternehmensgruppe zuerkennen; s dazu Rz 144 ff; die dies auschließenden UmgrStR Rz 352e [Beispiel 6] sind insofern überholt); eine allfällige Firmenwertabschreibung auf die übertragenen inländischen Gruppenmitglieder kann nach der – uE unzutreffenden – Verwaltungspraxis jedoch (im Zuge der Auslandsverlustermittlung) nicht weitergeführt werden (KStR Rz 1014; UmgrStR Rz 1245j; *Mayr/Petrag/Titz*, RdW 2014, 105; krit *Puchner/ Tüchel*, SWK 2013, 654 f), wäre aufgrund der Beschränkung der Auslandsverlustumrechnung mit dem nach ausländischem Steuerrecht angefallenen Verlust (§ 9 Abs 6 Z 6 KStG idF 1. StabG 2012) jedoch ohnedies regelmäßig nicht absetzbar. Folgt man der Verwaltungsauffassung, müsste im Gegenzug allerdings auch eine Firmenwertzuschreibung im Zuge der Auslandsverlustumrechnung unbeachtlich sein; zum möglichen späteren Aufleben der Firmenwertab(zu)schreibung s Rz 468.

360 Die Nacherfassung erfolgt nur insoweit, als dass der Nacherfassungsbetrag im Unterschiedsbetrag zwischen Buchwert und Verkehrswert der (firmenwertabgeschriebenen) Beteiligung Deckung findet. Die Nacherfassung ist demnach mit den **stillen Reserven** zum Umgründungsstichtag **gedeckt** (krit zum Abstellen auf den Verkehrswert statt auf den Teilwert *Doralt*, RdW 2011, 118).

361 Damit soll im Fall einer firmenwertabgeschriebenen Beteiligung sichergestellt werden, dass maximal derselbe Betrag wie bei einem gewinnrealisierenden Ausscheiden zum Umgründungsstichtag (zB Veräußerung zum Verkehrswert) einer (Nach)Versteuerung zugeführt wird. Bejaht man die Anwendbarkeit der Nacherfassungsverpflichtung auf Beteiligungen, auf welche eine Firmenwertzuschreibung vorgenommen wurde (s Rz 349), so müsste die spiegelbildliche Anwendung allerdings bewirken, dass – abweichend von § 9 Abs 7 S 1 KStG – de facto (buchmäßige) Wertverluste hinsichtlich der Beteiligung an Gruppenmitgliedern steuerlich wirksam geltend gemacht werden können.

362 Insoweit die stillen Reserven am Umgründungsstichtag nicht steuerpflichtig sind (zB Werterholung nach einer **vorangegangenen gem** § 9 Abs 7 S 1 KStG steuerneutralen **Teilwertabschreibung**, hinsichtlich derer noch keine Zuschreibung erfolgt ist – vgl KStR Rz 1108; *Wiesner/Mayr*, RdW 2004, 633), hat uE keine Nacherfassung zu erfolgen (aA scheinbar *Staringer*, SWK 2007, S 791).

Zur Verhinderung von Zufallseffekten ist uE diesfalls die Wertsteigerung vorrangig steuerneutral zu behandeln. Entsprechendes hat zu gelten, insoweit in der Zeit vor Gruppenzugehörigkeit steuerwirksame Teilwertabschreibungen auf die Beteiligungskörperschaft vorgenommen wurden, da hier über § 4 Z 1 lit d regelmäßig eine (faktische) Neutralisierung der Teilwertabschreibung erfolgen wird und folglich eine vorrangige Nacherfassung der (nach § 9 Abs 7 TS 2 KStG gekürzten) Firmenwertab(zu)schreibung nicht gerechtfertigt erscheint.

363 Im Fall des umgründungsbedingten Ersatzes der firmenwertabgeschriebenen Beteiligung durch eine **„Ersatzbeteiligung"** (s Rz 355 ff) ist der Nacherfassungsbetrag zum **Zeitpunkt** der nachfolgenden Umgründung zu ermitteln, sodass sich sowohl Änderungen des Verkehrswerts der Beteiligung, eine allfällige Weiterführung der Firmenwertabschreibung auf die Ersatzbeteiligung (s Rz 392 ff) als auch sonstige Veränderungen ihres Buchwerts (zB nachträgliche Anschaffungskosten, Zuschreibungen, Teilwertabschreibungen) entsprechend auswirken.

364 Die Nacherfassungspflicht trifft die beteiligte Körperschaft, welche die Firmenwertab(zu)schreibung geltend gemacht hat, bzw ihre Rechtsnachfolger. Im Fall einer **Down-stream-Verschmelzung** hat die Nacherfassung bei der übernehmenden Beteiligungskörperschaft als deren Gesamtrechtsnachfolgerin zu erfolgen (UmgrStR Rz 352a).

365 Die Nacherfassung hat „im Block" zu erfolgen, sodass sich aufgrund der Anwendbarkeit der **75 %-Grenze** auch dann ein Steuereffekt ergibt, wenn sich die geltend gemachte Firmenwertabschreibung aufgrund einer andauernden Verlustsituation der Unternehmensgruppe nicht steuermindernd auswirken konnte (*Staringer*, SWK 2007, S 789; zur ähnlich gelagerten Problematik bei der Nachversteuerung von Auslandsverlusten vor dem AbgÄG 2014 s etwa *Zöchling*, SWK 2004, S 952 f).

366 Hinsichtlich der Nacherfassungspflicht besteht **keine zeitliche Befristung**, was zu einer Versteinerung von Konzernstrukturen führen kann (*Staringer*, SWK 2007, S 788 f; *Reindl/Walter* in HB KonzernStR[2] 666 f).

367 Wird die firmenwertabgeschriebene Beteiligung veräußert, können allfällige nachfolgende Umgründungsvorgänge (zB Up-stream-Verschmelzung auf eine erwerbende Körperschaft) keine Nacherfassung auf Seiten des Veräußerers mehr begründen, da eine solche ja bereits im Zuge der steuerlichen Erfassung des Veräußerungsvorgangs erfolgt ist. Beim **Erwerber** kann sich eine allfällige Nachsteuerungspflicht naturgemäß nur auf von ihm selbst (nach dem Erwerb) geltend gemachte Fünfzehntelbeträge begründen.

368 Im Ministerialentwurf zum AbgSiG 2007 wurde hinsichtlich des Eintritts der Nacherfassungsverpflichtung nicht auf die stillen Reserven, sondern (noch) auf den Verkehrswert der firmenwertabgeschriebenen Beteiligung abgestellt. Nach dem vorgeschlagenen Gesetzeswortlaut konnte (bei weiter Lesart) somit auch der Erwerber „Opfer" einer vom Veräußerer anlässlich der Veräußerung nicht vollständig vorzunehmenden Nachversteuerung werden (*Staringer*, SWK 2007, S 792), was jedoch teleologisch abzulehnen war (vgl auch die in ErlRV 270 BlgNR 23. GP, 10 enthaltene Klarstellung, wonach die Nacherfassung immer bei jener beteiligten Körperschaft vorzunehmen ist, welche die Firmenwertab[zu]schreibung vorgenommen hat; s Rz 364).

c) Dreijahresfrist

373 Erfolgt die umgründungsbedingte (teilweise) Übertragung bzw der umgründungsbedingte Untergang der firmenwertbegründenden Beteiligung innerhalb der **Dreijahresfrist** (bezogen auf die Gruppenzugehörigkeit dieser Beteiligungskörperschaft), so ist uE wie folgt zu unterscheiden:
- Erfolgt ein umgründungsbedingter **Untergang** der firmenwertbegründenden Beteiligung und bewirkt dieser eine Beendigung der Unternehmensgruppe (Verschmelzung oder Umwandlung in einer zweigliedrigen Unternehmensgruppe – vgl UmgrStR Rz 354c, 622; VwGH 18.12.2012, 2009/15/0214), so ent-

fällt im Zuge der Rückabwicklung (s Rz 38 f) rückwirkend die Firmenwertab(zu)-schreibung (*Zöchling/Haslinger* in Q/A/H/T/T Rz 36; *Hohenwarter/Staringer* in S/L/S/S 425 mwN);
- Geht die firmenwertbegründende Beteiligung aufgrund einer den Fortbestand der **Unternehmensgruppe nicht beeinträchtigenden Umgründung** unter (zB Up-stream-Verschmelzung zweier Gruppenangehöriger in einer Unternehmensgruppe mit zumindest drei Mitgliedern – s Rz 67 f), so bewirkt dies keinen rückwirkenden Wegfall der ab(zu)geschriebenen Fünfzehntelbeträge, eine allfällige Nachversteuerungspflicht (s Rz 344 ff) ist jedoch zu beachten.

IdZ ist darauf hinzuweisen, dass die errichtende Umwandlung einer Beteiligungskörperschaft nach der Verwaltungsansicht jedenfalls ein rückwirkendes Ausscheiden derselben aus der Unternehmensgruppe bewirkt (UmgrStR Rz 620d; vgl demgegenüber UmgrStR Rz 620h zur verschmelzenden Umwandlung bzw UmgrStR Rz 352 zur Verschmelzung).

- Erfolgt die (teilweise) **Übertragung** der firmenwertbegründenden Beteiligung innerhalb der (weiterhin bestehenden) Unternehmensgruppe, so bleibt die Gruppenzugehörigkeit dieser Beteiligungskörperschaft unberührt. Es kommt zu keinem rückwirkenden Wegfall der ab(zu)geschriebenen Fünfzehntelbeträge, die übernehmende Gesellschaft führt die Firmenwertab(zu)schreibung – bei Vorliegen der übrigen Voraussetzungen (s Rz 239 ff) – wie beschrieben fort.
- Bewirkt die Übertragung der firmenwertbegründenden Beteiligung eine rückwirkende **Beendigung** der Unternehmensgruppe oder scheidet die Beteiligungskörperschaft durch Nichterfüllung der Mindestzugehörigkeit rückwirkend aus der Unternehmensgruppe aus (zB durch Übertragung auf einen Gruppenfremden), so entfällt die Firmenwertab(zu)schreibung rückwirkend. Die übernehmende Gesellschaft kann – bei Erfüllung der übrigen Voraussetzungen für die Firmenwertab(zu)schreibung (s Rz 239 ff) – im Fall eines späteren Beitritts zur ursprünglichen Gruppe, der Bildung einer neuen Gruppe oder der Aufnahme der Beteiligungskörperschaft in eine bestehende Unternehmensgruppe eine (neue) Firmenwertab(zu)schreibung betreffend die restlichen Fünfzehntelbeträge vornehmen (s Rz 279 ff).

3. Umgründung des firmenwertbegründenden Vermögens
a) Firmenwertbegründendes Vermögen

Als eigentlich firmenwertbegründendes Vermögen sind der in den betrieblichen Einheiten der Beteiligungskörperschaft (bzw einer von dieser gehaltenen Mitunternehmerschaft) enthaltene originäre **Firmenwert** sowie jene **Wirtschaftsgüter** der Beteiligungskörperschaft (bzw der Mitunternehmerschaft) anzusehen, deren stille Reserven im Zuge der Anschaffung (s Rz 240 ff) der firmenwertbegründenden Beteiligung (mit)abgegolten wurden und die somit die rechnerische Basis für die Firmenwertab(zu)schreibung gem § 9 Abs 7 KStG bilden (s Rz 288 ff).

376

Die Notwendigkeit einer fortlaufenden Detailbetrachtung einzelner Wirtschaftsgüter wird jedoch dadurch vermieden, dass von § 9 Abs 7 TS 3 S 2 KStG (hinsichtlich der Dauer der Firmenwertab[zu]schreibung) auf die *Zugehörigkeit des Betrie-*

377

bes oder der Teilbetriebe der Beteiligungskörperschaft zur Unternehmensgruppe abgestellt wird (s Rz 261 f).

378 Folgerichtig wird von der Verwaltungspraxis als kleinste **Betrachtungseinheit** für einen (teilweisen) Entfall der Firmenwertab(zu)schreibung (pro futuro) der Wegfall eines **Teilbetriebs** angesehen (KStR Rz 1134 f). Das Ausscheiden einzelner Wirtschaftsgüter aus der Beteiligungskörperschaft ist genauso wie ein allfälliger Wegfall bzw eine Änderung in der Zusammensetzung des originären Firmenwerts für das weitere Schicksal der Firmenwertab(zu)schreibung irrelevant (vgl auch UmgrStR Rz 200 u 1191 zum verlustverursachenden Vermögen).

379 Diese Sichtweise ist insofern vereinfachend, als auch in Einzelwirtschaftsgütern beträchtliche stille Reserven enthalten sein können, etwa im (abnutzbaren) Gebäudeteil einer Liegenschaft, welche in der Firmenwertab(zu)schreibung gem § 9 Abs 7 KStG reflektiert werden (s etwa *Doralt*, RdW 2005, 51; *Kohlhauser/Wette*, SWK 2004, S 610 f). Im Ansatz scheint daher die Verwaltungspraxis zT auch **Einzelwirtschaftsgüter** als Zurechnungsobjekt anzusehen (vgl UmgrStR Rz 1786 idF vor WE 2014 zu Art VI zur Relevanz der Verschiebung eines Grundstücks im Zuge einer Aufspaltung). Diese Sichtweise wird jedoch auf Ausnahmefälle (gänzliche oder überwiegende Begründung der Firmenwertab[zu]schreibung in den stillen Reserven des Einzelwirtschaftsgutes) zu beschränken sein (vgl auch UmgrStR Rz 203 zur Qualifikation „betriebsfremder" Vermögensgegenstände von nicht untergeordneter Bedeutung als verlustverursachendes Vermögen).

380 Als für die Firmenwertab(zu)schreibung relevante **Zurechnungseinheiten** (firmenwertbegründendes Vermögen) stellen sich somit (in aller Regel) der Betrieb, Teilbetriebe und Mitunternehmeranteile (s dazu Rz 382 f) der Beteiligungskörperschaft dar.

381 UE können (bei entsprechender betraglicher Zuordenbarkeit) auch fiktive Teilbetriebe iSd § 32 Abs 3 bzw § 27 Abs 3 firmenwertbegründendes Vermögen darstellen.

382 Bei (in § 9 Abs 7 TS 3 S 2 KStG nicht explizit erwähnten) **Mitunternehmerschaften** ist uE auf den (die) von derselben (im Fall einer mehrstöckigen Mitunternehmerschaft: von der Tochtermitunternehmerschaft) unterhaltenen (Teil)Betrieb(e) (ggf Einzelwirtschaftsgüter) abzustellen (vgl UmgrStR Rz 200 u 1177 zum verlustverursachenden Vermögen bei Mitunternehmerschaften [mit Verweis auf VwGH 18.11.2009, 2006/13/0160] sowie UmgrStR Rz 1190 zur Vergleichbarkeitsprüfung gem § 4 Z 1 lit c; s a *W/K/M²* K 558). Anderes hat uE allenfalls dann zu gelten, wenn der Mitunternehmeranteil nach allgemeinen ertragsteuerlichen Grundsätzen aufgrund des wirtschaftlichen Zusammenhangs mit einem unmittelbar von der Beteiligungskörperschaft gehaltenen (Teil)Betrieb einen unselbständigen Vermögensteil desselben darstellt (vgl UmgrStR Rz 202 idF vor WE 2017 u UmgrStR Rz 1191 idF vor WE 2015 zur Frage des verlustverursachenden Vermögens).

383 Ein rein (prozentuales) Abstellen auf den Anteil an der Mitunternehmerschaft wäre aufgrund der Vernachlässigung firmenwertbeeinflussender Vorgänge auf Ebene der Mitunternehmerschaft (zB Aufgabe des firmenwertbegründenden Betriebs und Eröffnung/Erwerb eines anderen Betriebs) abzulehnen.

b) (Teilweise) Übertragung
aa) Gänzliche Übertragung

Jegliches **Ausscheiden** des firmenwertbegründenden Vermögens (Betrieb, Teilbetrieb, Mitunternehmeranteil bzw von der Mitunternehmerschaft unterhaltener Betrieb) aus der Beteiligungskörperschaft bewirkt grundsätzlich ein Ende der Firmenwertab(zu)schreibung (s oben Rz 365). Dies gilt auch für umgründungsbedingte Übertragungen (*Pinetz/Stefaner* in *L/R/S/S*² § 9 Rz 103).

388

Eine Ausnahme hat hier uE für **Zusammenschlüsse** unter steuerlicher Buchwertfortführung jedenfalls insoweit zu gelten, als die Beteiligungskörperschaft an der übernehmenden Mitunternehmerschaft (substanz)beteiligt ist (wird). Die Übertragung von firmenwertbegründendem Vermögen durch die Beteiligungskörperschaft auf eine Tochterpersonengesellschaft, an welcher eine 100%ige Substanzbeteiligung besteht, mittels Zusammenschluss kann aufgrund der weiterhin vollständigen ertragsteuerlichen Zurechnung des übertragenden firmenwertbegründenden Vermögens (Betrieb, Teilbetrieb, Mitunternehmeranteil) zur Beteiligungskörperschaft somit keine Änderung in der Firmenwertab(zu)schreibung auf dieselbe bewirken (so auch *Huber*, ÖStZ, 449; zustimmend *Pinetz/Stefaner* in *L/R/S/S*² § 9 Rz 104; s a *Bachl*, SWK 2004, S 992 [FN 18]; *Weninger*, Share Deals 112; so auch *W/K/M*² K 558 zum Zusammenschluss durch Übertragung eines Mitunternehmeranteils). Nicht zuletzt wäre im Fall eines vor dem firmenwertbegründenden Anteilserwerb erfolgten Zusammenschlusses unstr eine Firmenwertab(zu)schreibung (in selber Höhe) zugestanden. Die gegenteilige Verwaltungspraxis (UmgrStR Rz 1493) und Literaturmeinung (*W/K/M*² K 560; *Zöchling/Haslinger* in *Q/A/H/T/T* Rz 39, welche eine „unmittelbare Verbindung zu einem mittelbar erworbenen Betrieb" fordern), erscheint folglich überschießend.

389

Wird im Fall einer nicht 100%igen Substanzbeteiligung an der übernehmenden Mitunternehmerschaft eine ausreichende **Vorsorge gegen** die endgültige **Verschiebung von Steuerlasten** getroffen (§ 24 Abs 2 – s dazu § 24 Rz 131 ff), so kann uE aufgrund der weiterhin gegebenen Zurechnung der im übertragenen Vermögen enthaltenen stillen Reserven und des Firmenwerts zur übertragenden Beteiligungskörperschaft die Firmenwertab(zu)schreibung auf dieselbe ebenfalls unverändert fortgeführt werden.

390

Str ist idZ, ob **Übertragungen** des firmenwertbegründenden Vermögens **innerhalb der Unternehmensgruppe** von diesem Grundsatz generell ausgenommen sind und erst ein Ausscheiden aus derselben eine Beendigung der Firmenwertab(zu)schreibung bewirkt (§ 9 Abs 5 letzter Satz KStG; so etwa *Bachl*, SWK 2004, S 991 f; *Bruckner*, ÖStZ 2005, 260; *Erdélyi* in *D/H/H/S* 161). Folgt man einer insbesondere von der FV vertretenen restriktiven Auffassung, so ist das Weiterbestehen eines unmittelbaren Konnexes zwischen (firmenwertbegründender) Beteiligung und (firmenwertbegründendem) Vermögen für die Aufrechterhaltung der Firmenwertab(zu)schreibung erforderlich (s etwa UmgrStR Rz 349b, 1245aa, 1245ae, 1245af, 1245ai, 1245j; *Wiesner/Mayr*, RdW 2004, 633; krit *Pinetz/Stefaner* in *L/R/S/S*² § 9 Rz 103 mwN; s dazu Rz 262).

391

Eine Fortsetzung der Firmenwertab(zu)schreibung im Fall einer umgründungsbedingten Übertragung des firmenwertbegründenden Vermögens steht jedoch auch nach dieser Ansicht jedenfalls dann zu, wenn die firmenwertbegründende Beteili-

392

gung gem § 5 Abs 1 Z 1 bzw § 36 Abs 1 S 1 identitätswahrend (zur **"Identitätsfiktion"** s § 5 Rz 51 ff) durch eine – die übrigen Voraussetzungen für die Firmenwertab(zu)schreibung (s Rz 239 ff) erfüllende – Beteiligung an der übernehmenden Gesellschaft (Körperschaft) ganz oder teilweise ersetzt wird und der Konnex zwischen Beteiligung und dem firmenwertbegründenden Betrieb in der Folge (weiterhin) gegeben ist (vgl KStR Rz 1123; *Huber*, ÖStZ 2005, 448; *Huber* in H/R/W/Z² § 9 Abs 7 Rz 19; *Haidenthaler/Preining* in Q/A/H/T/T § 9 Abs 7, Rz 72 f, 76; *Wiesner/Mayr*, RdW 2007, 762; *Hohenwarter/Staringer* in S/L/S/S 427; *Pinetz/Stefaner* in L/R/S/S²§ 9 Rz 99a).

393 Dies trifft jedenfalls auf Konzentrations- sowie **Side-stream**-Konzernverschmelzungen (vgl etwa UmgrStR Rz 352; *Erdélyi* in D/H/H/S 160; *Schwarzinger/Wiesner* I/1³ 577), Side-stream-Handelsaufspaltungen (UmgrStR Rz 1785b, 1786b, 1787) und Side-stream-Handelsabspaltungen zu, und zwar unabhängig davon, ob die übernehmende Gesellschaft bereits existiert (Umgründungen zur Aufnahme) oder im Zuge der Umgründung neu entsteht (Umgründungen zur Neugründung). Im Fall einer Verschmelzung oder Spaltung zur Aufnahme ist weiters unbeachtlich, ob die beteiligte Körperschaft neue Anteile an der übernehmenden Gesellschaft erhält, durch **Anteile** der **Altgesellschafter** oder **eigene Anteile** der übernehmende Gesellschaft abgefunden wird oder aufgrund einer **Alleingesellschafterstellung** auf die Ausgabe neuer Anteile verzichtet (s Rz 246; zum Anteilsverzicht im Fall einer Schwesternabspaltung s etwa *Reindl/Walter* in HB KonzernStR² 665 f, 669). Erfolgt der Verzicht auf die Anteilsgewähr aufgrund einer mittelbaren Gesellschafteridentität (zB Verschmelzung einer Nichten- auf die Tantengesellschaft oder umgekehrt), so ist die Firmenwertab(zu)schreibung – wiederum bei Vorliegen der übrigen Voraussetzungen und unabhängig von allfälligen unternehmensrechtlich erforderlichen Begleitmaßnahmen zur Verhinderung einer Einlagenrückgewähr (§ 52 AktG, § 82 Abs 1 GmbHG) – aufgrund der wirtschaftlichen Vergleichbarkeit mit einer Einbringung der Beteiligung an der Muttergesellschaft der übernehmenden Gesellschaft und einer anschließenden Side-stream-Verschmelzung auf die übernehmende Gesellschaft zu übertragen (so auch *Wiesner/Mayr*, RdW 2007, 761 zur Verschmelzung einer Tanten- auf die Nichtengesellschaft; s a UmgrStR Rz 285 zur Zu- bzw Abstockung im Fall der Verschmelzung einer Nichten- auf die Tantengesellschaft; zur Nacherfassung s Rz 344 ff).

394 Die **Export-Verschmelzung** einer Beteiligungskörperschaft auf eine beschränkt steuerpflichtige ausländische Gesellschaft (ausländisches Gruppenmitglied) beendet die Firmenwertab(zu)schreibung, da in der Folge keine Beteiligung an einer unbeschränkt steuerpflichtigen Beteiligungskörperschaft mehr vorliegt (UmgrStR Rz 352e zur Down-stream-Verschmelzung, 353b zur Side-stream-Verschmelzung; s Rz 286). Zur Frage des Wiederauflebens der Firmenwertab(zu)schreibung im Fall einer Immigration oder Importverschmelzung s Rz 468.

395 Sollte die beteiligte Körperschaft umtauschbedingt an der übernehmenden Gesellschaft in einem geringeren prozentuellen Ausmaß beteiligt sein (werden) als an der übertragenden firmenwertab(zu)geschriebenen Beteiligungskörperschaft (zB aufgrund konzernfremder Minderheitsbeteiligungen), so wurde in der älteren Literatur zT vertreten, dass sich die Firmenwertab(zu)schreibung entsprechend verringere (*W/K/M*¹ K 490; *Huber*, ÖStZ 2005, 448; *Erdélyi* in D/H/H/S 160 [Fall d]; so scheinbar auch noch *Schwarzinger/Wiesner* I/1³ 593 [allerdings im Widerspruch zu 577 u 591]). In Hinblick auf die wirtschaftliche Vergleichbarkeit mit einer für die Firmenwert(zu)-schreibung unbeachtlichen **Verwässerung** (s Rz 335) ist diese Sichtweise jedoch abzulehnen, was zwischenzeitlich auch von Seiten der FV explizit klargestellt wurde (UmgrStR Rz 1786b; vgl auch UmgrStR Rz 351 zur betraglich unveränderten Fortführung der Firmenwertab[zu]schreibung im umgekehrten Fall einer Verwässerung durch die Verschmelzung einer gruppenfremden Körperschaft auf ein firmenwertab[zu]geschriebenes Gruppenmitglied).

Erfolgt aufgrund einer **Äquivalenzverletzung** (§ 6 Abs 2) eine wertmäßig zu geringe Anteilsgewähr an die beteiligte Körperschaft, so verringert sich uE die Firmenwertab(zu)schreibung im Ausmaße der (fiktiven) unentgeltlichen Zuwendung durch die beteiligte Körperschaft, da insofern von einer (unentgeltlichen) Beteiligungsübertragung auszugehen ist (s dazu § 6 Rz 11 ff). 396

Im Fall einer **nichtverhältniswahrenden Spaltung** ist für eine unveränderte Fortsetzung der Firmenwertab(zu)schreibung auf Ebene der beteiligten Körperschaft erforderlich, dass das firmenwertbegründende Vermögen dieser nach der Spaltung (indirekt) in zumindest demselben Ausmaß wie vor der Spaltung (weiterhin) zuzurechnen ist. Kommt es zu einer prozentuellen Verringerung der Beteiligungsquote an der das firmenwertbegründende Vermögen übernehmenden (behaltenden) (Nachfolge)Körperschaft zugunsten einer erhöhten oder ausschließlichen Beteiligung an einer (Nachfolge)Körperschaft, welche sonstiges Vermögen behält (übernimmt), so verringert sich die Firmenwertab(zu)schreibung entsprechend. Sollte die beteiligte Körperschaft an der das firmenwertbegründende Vermögen übernehmenden (behaltenden) (Nachfolge)Körperschaft als Folge einer Entflechtung nicht mehr beteiligt sein, so ist eine Weiterführung der Firmenwertab(zu)schreibung aufgrund der Durchbrechung des Konnexes zwischen firmenwertbegründender Beteiligung und firmenwertbegründendem Vermögen wiederum nicht möglich (vgl UmgrStR Rz 1786a u 1786g zur Entflechtung zweier firmenwertbegründender Teilbetriebe); zu einem möglichen (Wieder)Aufleben derselben als Resultat von Folgeumgründungen s Rz 467. 397

Sollte sich im Zuge einer nichtverhältniswahrenden Spaltung eine – die Firmenwertab(zu)-schreibung nach strenger Ansicht ausschließende (s Rz 255) – (vor dem 1.3.2014 begründete) **nicht** ausreichende finanzielle Verbindung eines an der Beteiligungskörperschaft Minderbeteiligten zu einer **ausreichenden finanziellen Verbindung** erhöhen, so ist uE – bei Vorliegen der sonstigen Voraussetzungen – in Hinkunft hinsichtlich des bisherigen Minderheitsanteils eine Firmenwertab(zu)schreibung insoweit vorzunehmen, als weiterhin ein Konnex zum firmenwertbegründenden Vermögen gegeben ist (vgl oben Rz 271 f die Ausführungen zum Tranchenerwerb). Die Verwaltungspraxis scheint dem mittlerweile zu folgen (UmgrStR 1786a seit WE 2014 zu Art VI), war zuvor jedoch unklar (die UmgrStR 1786a aE idF vor WE 2014 zu Art VI schlossen eine Firmenwertabschreibung im dort angeführten Beispiel zwar aus, ließen jedoch offen, ob hinsichtlich des bisherigen Minderheitsanteils die übrigen Voraussetzungen für eine solche überhaupt erfüllt waren). Unklar erscheint, ob § 26c Z 47 KStG idF AbgÄG 2014 einem solchen „Aufleben" einer Firmenwertabschreibung auf den bisherigen Minderheitsanteil entgegensteht, da der steuerliche Vorteil aus der Firmenwertabschreibung beim Erwerb eines Minderheitsanteils idR nicht kaufpreisbeeinflus- 398 send gewesen sein wird (vgl zum Tranchenerwerb *Stanek*, ÖStZ 2014, 455 ff; *Lachmayer*, RdW 2014, 233; *Urtz/Stanek* in *Bergmann/Bieber* § 9 Rz 72 u 76). Die Verwaltungspraxis gesteht im Fall einer erstmaligen Gruppenaufnahme innerhalb von drei Jahren nach Anschaffung des Minderheitsanteils die Firmenwertabschreibung vereinfachend zu, außerhalb der Drei-Jahres-Frist wird ein konkreter Nachweis der Kaufpreisbeeinflussung gefordert (KStR Rz 1110b). Zum unklaren Schicksal einer Firmenwertzuschreibung nach dem 1.3.2014 in der Folge des AbgÄG 2014 s oben Rz 287b.

In UmgrStR Rz 1786a seit WE 2014 zu Art VI und Rz 1786g gesteht die FV dem vormaligen Minderheitsgesellschafter weiters eine Fortführung der vom Mehrheitsgesellschafter nicht mehr ansetzbaren Firmenwertkomponente zu, was uE jedoch abzulehnen ist.

399 Demgegenüber ist **str**, ob im Fall des Vorliegens eines Anschaffungstatbestands (§ 20 Abs 1) in Bezug auf die **umgründungsbedingt erhaltene** (bzw zugestockte) **Beteiligung** an der übernehmenden Gesellschaft eine Übertragung der Firmenwertab-(zu)schreibung auf diese (neuangeschaffte bzw zugestockte) Beteiligung erfolgen kann. Von der Verwaltungspraxis und einem Teil des Schrifttums wird dies mit der Begründung abgelehnt, dass bezüglich der Gegenleistungsanteile die Identitätsfiktion nicht greift (UmgrStR Rz 1245ai; KStR Rz 1123; *Huber*, ÖStZ 2005, 448; *Zöchling/Haslinger* in *Q/A/H/T/T* Rz 16, 38; aA *Mühlehner* in HB M&A 189; krit zur Verwaltungsmeinung *Schwarzinger/Wiesner* I/2³ 2253 f aufgrund des tatsächlich nicht vorliegenden Anschaffungstatbestands bei einer Beteiligungsumschichtung im Fall einer Side-stream-Einbringung ohne Anteilsgewähr; krit aufgrund der unterschiedlichen Behandlung wirtschaftlich gleich gelagerter Vorgänge auch *Reindl/Walter* in HB KonzernStR² 666; *Hirschler* in FS Kofler 301 f; *Walter*[11] Rz 1093; *Zöchling* in *Kirchmayr/Mayr/Hirschler*, Gruppenbesteuerung 11; vgl auch die Überlegungen bei *Weninger*, Share Deals 109 ff).

Dies betrifft insb **Side-stream-Einbringungen**. Zur Frage, ob sich diesfalls eine (neue) Firmenwertab(zu)schreibung auf Ebene der beteiligten Körperschaft ergeben kann, s Rz 445.

400 Vermögensübertragungen **down-stream** bewirken nach Ansicht der FV eine Unterbrechung der Verbindung zwischen (firmenwertbegründender) Beteiligung und (firmenwertbegründendem) Vermögen, sodass eine Firmenwertab(zu)schreibung in der Folge nicht mehr zusteht (vgl etwa UmgrStR Rz 1245ae, 1245af, 1245j zur Einbringung, 1493 zum Zusammenschluss; zust *Huber* in W/Z/H/K⁵ § 22 Rz 53; krit *Bachl*, SWK 2004, S 992; zur zeitlichen Komponente s Rz 414 f), zu einem möglichen „Aufleben" der Firmenwertab(zu)schreibung im Fall einer späteren Wiederherstellung des Konnexes s Rz 467).

Dies betrifft Konzentrations- bzw Down-stream-Konzerneinbringungen und Down-stream-Abspaltungen, nach der Verwaltungspraxis auch Zusammenschlüsse (UmgrStR Rz 1493; zur Kritik s Rz 389). Zur Frage, ob sich infolge dieser Vorgänge eine (neue) Firmenwertab(zu)schreibung auf Ebene der Beteiligungskörperschaft ergeben kann, s Rz 438 ff. Bejaht man im Fall von Down-stream-Verschmelzungen bzw Handelsaufspaltungen die Fortführbarkeit der Firmenwertab(zu)schreibung auf die übertragende Muttergesellschaft (s dazu Rz 314), so ist durch den identitätswahrenden Ersatz der untergegangenen Anteile an der übertragenden Muttergesellschaft durch die ausgekehrten Anteile an der(n) übernehmenden Tochtergesellschaft(en) iVm der Vermögensübernahme durch dieselbe(n) weiterhin ein Konnex zum firmenwertbegründenden Vermögen gegeben (vgl UmgrStR Rz 1786c zur Down-stream-Aufspaltung).

Eine umgründungsbedingte (**up-stream**) Übertragung des firmenwertbegründenden Vermögens durch die Beteiligungskörperschaft in die beteiligte Körperschaft bewirkt – trotz direktem „Ersatz" der firmenwertbegründenden Beteiligung durch das firmenwertbegründende Vermögen – einen Untergang der Firmenwertab(zu)schreibung (zB UmgrStR Rz 1787a zur Übertragung eines Teilbetriebs im Wege einer Up-stream-Aufspaltung; *Wiesner/Mayr*, RdW 2007, 761; *Reindl/Walter* in HB KonzernStR² 664; s dazu Rz 262, 330 f). **401**

Dies betrifft Up-stream-Verschmelzungen, errichtende und (soweit gesellschaftsrechtlich noch zulässig) verschmelzende Umwandlungen, Up-stream-Einbringungen, Up-stream-Auf- sowie Up-stream-Abspaltungen. Zur Nachversteuerung s Rz 344 ff.

bb) Teilweise Übertragung

Die für die Übertragung des gesamten firmenwertbegründenden Vermögens geltenden Grundsätze (s Rz 388 ff) gelten auch für die **teilweise Übertragung** des firmenwertbegründenden Vermögens. Eine teilweise Übertragung liegt vor, wenn nur ein Teil eines firmenwertbegründenden Mitunternehmeranteils übertragen wird oder mehrere (zumindest zwei) für die Firmenwertab(zu)schreibung relevante Zurechnungseinheiten (s Rz 376 ff) existieren und nicht alle davon (auf denselben Rechtsnachfolger) übertragen werden. **402**

Dies ist etwa im Fall einer (Handels) **Aufspaltung** der Beteiligungskörperschaft, einer (Handels)Abspaltung (Einbringung) auf (in) mehrere übernehmende Gesellschaften oder unter Rückbehalt eines Teils des firmenwertbegründenden Vermögens bzw bei Steuerspaltungen der Fall. Zu Zusammenschlüssen und Realteilungen s Rz 389 f u 409.

Daneben kann im Fall einer ausnahmsweisen Einzelwirtschaftsgutbetrachtung (s Rz 379) eine Aufteilung auch im Fall einer gänzlichen Übertragung des firmenwertbegründenden (Teil)Betriebes der Beteiligungskörperschaft erforderlich sein, wenn etwa im Zuge einer **Betriebsaufspaltung** mittels (verhältniswahrender) Side-stream-Abspaltung eine Trennung zwischen Betrieb und der (den) die firmenwertbegründenden stillen Reserven enthaltenden (Betriebs)Liegenschaft(en) (§ 33 Abs 5 iVm § 16 Abs 5 Z 4) erfolgt. Dies ist insofern von Bedeutung, als dass eine künftige Firmenwertab(zu)schreibung auf die übertragende Gesellschaft aufgrund der regelmäßig fehlenden (weiteren) Betriebsführung ausscheidet (s jedoch Rz 467 zu einem allfälligen Wiederaufleben). **403**

Da es in diesen Fällen zu einer teilweisen Übertragung bzw einem teilweisen Wegfall der Firmenwertab(zu)schreibung kommt, hat eine **Aufteilung** der Firmenwertab- (zu)schreibung zu erfolgen (s etwa *Weninger*, Share Deals 96; *Hirschler* in FS Kofler 302; *Zöchling/Andreaus* in W/Z/H/K⁵ § 38 Rz 24 [zur Spaltung]). **404**

405 Nach der zutreffenden Verwaltungspraxis ist eine solche nach Maßgabe der Zuordenbarkeit der Firmenwertab(zu)schreibung auf die jeweiligen Zurechnungseinheiten (s Rz 376 ff) zum Anschaffungszeitpunkt der firmenwertbegründenden Beteiligung, somit **verursachungsgerecht**, vorzunehmen (UmgrStR Rz 1245af, 1245ai, 1785b, 1786a, 1787a; *Weninger*, Share Deals 96; *Hirschler* in FS Kofler 302; so wohl auch *Reindl/Walter* in HB KonzernStR[2] 665 f; aA *Mühlehner* in HB M&A 189 sowie *Huber* in *W/Z/H/K*[5] § 22 Rz 53, welche eine Aufteilung im Verkehrswertverhältnis vertreten; so – wenn auch widersprüchlich zur allgemeinen Verwaltungspraxis – auch UmgrStR Rz 1786f u 1787d zur Abspaltung sowie Rz 1493 zum Zusammenschluss). Auswirkungen der **Verschiebetechnik** gem § 16 Abs 5 Z 4 bzw § 33 Abs 5 (s dazu § 16 Rz 161 ff bzw § 33 Rz 31 ff) sind dabei entsprechend zu berücksichtigen (vgl UmgrStR Rz 1786 idF vor WE 2014 zu Art VI). Dasselbe hat uE für bereits vor der Umgründung erfolgte Verschiebungen von (wesentliche) firmenwertbegründende stille Reserven enthaltenden Wirtschaftsgütern zwischen Teilbetrieben der Beteiligungskörperschaft zu gelten.

406 Im Fall einer Aufteilung (teilweisen Übertragung) eines firmenwertbegründenden **Mitunternehmeranteils** hat ebenfalls eine Aufteilung der auf den Mitunternehmeranteil entfallenden Firmenwertkomponente zu erfolgen (*Haidenthaler/Preining* in *Q/A/H/T/T* § 9 Abs 7 Rz 53). Diese ist grundsätzlich prozentuell (linear) vorzunehmen (vgl UmgrStR Rz 200 zu § 4 Z 1 lit a zum aliquoten verschmelzungsbedingten Wegfall der von der Mitunternehmerschaft verursachten Verluste im Fall einer vorhergehenden aliquoten Übertragung des Mitunternehmeranteils; ebenso UmgrStR Rz 1177 zur Einbringung); eine allfällige alineare Zuordnung von (wesentliche) firmenwertbegründende stille Reserven enthaltendem Sonderbetriebsvermögen stellt einen Anwendungsfall der Verschiebetechnik dar (s § 16 Rz 164 bzw § 33 Rz 35) und ist folglich entsprechend zu berücksichtigen (vgl Rz 379).

407 Eine durch Anwendung der **50 %-Grenze** (s Rz 293) erfolgte Kürzung des tatsächlich ermittelten Firmenwerts ist bei der Aufteilung ebenfalls verursachungsgerecht zuzuordnen.

Beispiel

Im Jahr X1 erfolgt die Anschaffung einer firmenwertbegründenden 100%igen Beteiligung durch die A-GmbH an der B-GmbH mit anschließender Gruppenbildung. Die Anschaffungskosten betragen 900, davon entfallen jeweils 450 auf die beiden von der B-GmbH unterhaltenen Teilbetriebe. Das unternehmensrechtliche Eigenkapital zum Anschaffungszeitpunkt beträgt bei Teilbetrieb 1 300 und bei Teilbetrieb 2 100. Es ergibt somit sich ein rechnerischer Firmenwert gem § 9 Abs 7 KStG von 500, wovon 450 über 15 Jahre verteilt abzusetzen sind (50 % von 900). Der rechnerische Firmenwert ist also um 50 zu kürzen. Kommt es umgründungsbedingt zu einer Trennung der beiden Teilbetriebe, so ist die jährliche Firmenwertabschreibung von 30 (450/15) verursachungsgerecht aufzuteilen. Rechnerisch entfiel zum Anschaffungszeitpunkt ein anteiliger rechnerischer Firmenwert von 150 auf Teilbetrieb 1 (450 – 300) und von 350 auf Teilbetrieb 2 (450 – 100). Da der Firmenwert von Teilbetrieb 1 in 50 % der anteiligen Anschaffungskosten (450) voll Deckung fand, ist der Kürzungsbetrag von 50 zur Gänze dem Teilbetrieb 2 der B-GmbH zuzurechnen. Sollte es im Jahr X5 somit etwa zur Side-stream-

Abspaltung von Teilbetrieb 2 auf eine gruppenzugehörige Schwestergesellschaft C-GmbH kommen, so hat die A-GmbH auf die B-GmbH die restlichen Fünfzehntelbeträge von jährlich 10 auf den Firmenwert von Teilbetrieb 1 (1/15 von 150) fortzuführen, auf die Beteiligung an der C-GmbH ist eine Firmenwertabschreibung von jährlich 20 (rechnerischer Firmenwert des Teilbetriebs 2 350 minus Kürzungsbetrag von 50, davon 1/15) vorzunehmen.

Die verursachungsgerechte Aufteilung kann bewirken, dass eine **Aufspaltung** der Firmenwertab(zu)schreibung in (eine) positive (Firmenwertabschreibung) und (eine) negative (Firmenwertzuschreibung) Komponente(n) erfolgt. Kommt es im Zuge der Umgründung zu einem Wegfall der (einer) negativen Firmenwertkomponente(n), so führt dies (in Summe) zu einer Erhöhung der Firmenwertabschreibung (auf die Beteiligungskörperschaft bzw eine Nachfolgegesellschaft). Im umgekehrten Fall ergibt sich eine Verringerung der Firmenwertabschreibung bzw eine Firmenwertzuschreibung (s a *Bachl*, SWK 2004, S 990 [FN 11] zum Verschwinden eines negativen Firmenwerts durch Ausgliederung des firmenwertbegründenden Vermögens). **408**

Beispiel

Im Jahr X1 erfolgt die Anschaffung einer firmenwertbegründenden 100%igen Beteiligung durch die A-GmbH an der B-GmbH mit anschließender Gruppenbildung. Es ergibt sich ein rechnerischer Firmenwert gem § 9 Abs 7 KStG von 150. Davon entfällt ein (positiver) Firmenwert von 450 auf den Teilbetrieb 1 der B-GmbH und ein negativer Firmenwert von 300 auf den Teilbetrieb 2 der B-GmbH. Die A-GmbH hat jährlich eine Firmenwertabschreibung von 10 vorzunehmen (150/15). Im Jahr X5 erfolgt die Down-stream-(Side-stream)-Einbringung des Teilbetriebs 2 in die C-GmbH, eine 100%ige Tochtergesellschaft (Schwestergesellschaft) der B-GmbH. Während die Firmenwertfünfzehntel auf die positive Firmenwertkomponente von 30 pro Jahr (450/15) von der A-GmbH (weiter) geltend zu machen sind, fallen die Firmenwertfünfzehntel auf die negative Firmenwertkomponente von 20 pro Jahr (300/15) infolge der Durchbrechung des Konnexes zwischen firmenwertbegründender Beteiligung (an der B-GmbH) und firmenwertbegründendem Vermögen (Teilbetrieb 2) infolge der Einbringung pro futuro weg, sodass sich für die Folgejahre faktisch eine Erhöhung der jährlichen Firmenwertabschreibung ergibt. Zur Frage, ob sich durch die Down-stream-(Side-stream)-Einbringung eine neue Firmenwertab(zu)schreibung ergeben kann, s Rz 438 ff, zu einem möglichen Wiederaufleben der negativen Firmenwertkomponente s Rz 465 ff.

cc) Umgründung von Mitunternehmerschaften

Besteht das firmenwertbegründende Vermögen auf Ebene einer Mitunternehmerschaft (s oben Rz 382 f), so ist im Fall von Mitunternehmerschaft (als übertragende Gesellschaft) betreffenden Umgründungsmaßnahmen uE wie folgt zu unterscheiden: **409**

- Eine umgründungsbedingte **Anwachsung** der Mitunternehmerschaft auf die Beteiligungskörperschaft (§ 142 UGB) bewirkt aufgrund der ertragsteuerlichen Irrelevanz des Ersatzes des Mitunternehmeranteils durch den von dieser unterhaltenen Betrieb (*Damböck*, ÖStZ 2000, 120) keine Änderung der auf die Beteiligungskörperschaft vorgenommenen Firmenwertab(zu)schreibung.

- Eine **Down-stream-Einbringung** des Betriebs durch die Mitunternehmerschaft bewirkt nach Ansicht der FV eine Unterbrechung der Verbindung zwischen (firmenwertbegründender) Beteiligung und (firmenwertbegründendem) Vermögen, sodass eine Firmenwertab(zu)schreibung in der Folge nicht mehr zusteht (vgl auch oben Rz 400); zum möglichen Wiederaufleben s Rz 467.
- Eine Übertragung der(s) von der Mitunternehmerschaft unterhaltenen (Teil)Betrieb(e)(s) mittels **Zusammenschluss** auf eine Tochterpersonengesellschaft der Mitunternehmerschaft, an welcher eine 100%ige Substanzbeteiligung besteht, ist für Zwecke der Firmenwertab(zu)schreibung irrelevant (s a oben Rz 389 f). Dasselbe gilt für eine verhältniswahrende **Auf- oder Abteilung** der Mitunternehmerschaft auf eine oder mehrere Schwesterpersonengesellschaften, da in beiden Fällen weiterhin eine unveränderte ertragsteuerliche Zurechnung des übertragenden firmenwertbegründenden Vermögens der Mitunternehmerschaft (Betrieb, Teilbetrieb, Anteile an anderen Mitunternehmerschaften) zur Beteiligungskörperschaft besteht. Dies gilt im Fall des Zusammenschlusses unabhängig davon, ob die übertragende Mitunternehmerschaft nach der Übertragung eine rein vermögensverwaltende oder weiterhin eine operative Tätigkeit ausübt.
- Besteht im Fall eines Zusammenschlusses **keine 100%ige Substanzbeteiligung** der übertragenden Mitunternehmerschaft an der das firmenwertbegründende Vermögenübernehmenden Mitunternehmerschaft, doch wird eine ausreichende Vorsorge gegen die endgültige Verschiebung von Steuerlasten getroffen (§ 24 Abs 2 – s dazu § 24 Rz 131 ff), so kann uE aufgrund der weiterhin gegebenen Zurechnung der im übertragenen Vermögen enthaltenen stillen Reserven und des Firmenwerts zur Beteiligungskörperschaft die Firmenwertab(zu)schreibung auf dieselbe ebenfalls unverändert fortgeführt werden (vgl auch UmgrStR Rz 1177 zum verlustverursachenden Vermögen im Falle einer zusammenschlussbedingten Verwässerung der Beteiligungsquote). Dasselbe gilt uE – wiederum im Fall einer ausreichenden Vorsorge gegen die endgültige Verschiebung von Steuerlasten (§ 29 Abs 1 Z 2 – s dazu § 29 Rz 21 ff) – für eine nichtverhältniswahrende Auf- bzw Abteilung.

dd) Dreijahresfrist

410 Ein Erfordernis einer dreijährigen Gruppenzugehörigkeit des **firmenwertbegründenden Vermögens** besteht nicht (*Puchner*, SWK 2007, S 820; s Rz 268).

411 **Umgründungsbedingte Übertragungen des firmenwertbegründenden Vermögens** führen somit zu keinem rückwirkenden Entfall oder einer rückwirkenden Reduktion der Firmenwertab(zu)schreibung, solange keine rückwirkende Beendigung der Unternehmensgruppe (zB Verschmelzung oder Umwandlung in einer zweigliedrigen Unternehmensgruppe) oder ein rückwirkendes Aussscheiden der Beteiligungskörperschaft aus der Unternehmensgruppe (zB Verschmelzung auf einen Gruppenfremden – vgl UmgrStR Rz 354) erfolgt (s dazu Rz 75 bzw 80 ff). Eine allfällige Nacherfassungspflicht (s Rz 344 ff) ist jedoch zu beachten.

412 Die **Down-stream-Verschmelzung** des Gruppenträgers auf ein Gruppenmitglied bewirkt nach Ansicht der FV eine Fortsetzung der Unternehmensgruppe (UmgrStR Rz 353i u 352; s Rz 73 f). Dementsprechend kommt es (auch innerhalb der Dreijahresfrist) zwar zu keinem rückwirkenden Entfall der geltend gemachten

Firmenwertab(zu)schreibung, allerdings zur Nacherfassung (s Rz 344 ff). Dies ist primär aus zeitlicher Sicht von Bedeutung. Darüber hinaus kann im Fall eines zwischenzeitlichen Wertverlusts der Nacherfassungsbetrag niedriger sein als die geltend gemachte Firmenwertab(zu)schreibung.

Im Fall einer **Aufspaltung** der Beteiligungskörperschaft hat eine Aufrechterhaltung der Gruppenzugehörigkeit insb zur Voraussetzung, dass sämtliche übernehmende Gesellschaften Angehörige derselben Unternehmensgruppe sind bzw dieser nahtlos beitreten. Nach der Verwaltungspraxis setzen im Fall einer verhältniswahrenden Aufspaltung zur Neugründung die übernehmenden Gesellschaften die Gruppenzugehörigkeit der übertragenden Beteiligungskörperschaft nahtlos fort (UmgrStR Rz 1785b; vgl auch die gleichlautende Aussage in UmgrStR Rz 1786f zur verhältniswahrenden Abspaltung zur Neugründung; s dazu Rz 98 ff bzw 205). 413

ee) Zeitliche Geltendmachung

Die gänzliche umgründungsbedingte Übertragung des von der Beteiligungskörperschaft unterhaltenen firmenwertbegründenden Betriebs bzw Mitunternehmeranteils beendet die Betriebsführung mit dem auf den Umgründungsstichtag folgenden Tag (KStR Rz 1137; UmgrStR Rz 1245aa – s Rz 265 f). Wird die Betriebsführung (aus Sicht der beteiligten Körperschaft) **unterjährig** beendet, so steht nach der Verwaltungspraxis bereits für dieses Wirtschaftsjahr keine Firmenwertab(zu)schreibung mehr zu (KStR Rz 1134). Die Firmenwertab(zu)schreibung endet nach der Verwaltungsansicht somit mit jenem (Rumpf)Wirtschaftsjahr der beteiligten Körperschaft, in dessen Bilanzstichtag noch eine Beteiligung an einer betriebsführenden Beteiligungskörperschaft vorliegt (UmgrStR Rz 1245aa, 1245ae). Entsprechendes gilt für eine Verminderung (bzw Erhöhung) der Firmenwertab(zu)schreibung aufgrund einer teilweisen Übertragung des firmenwertbegründenden Vermögens (UmgrStR Rz 1493). 414

Zur Kritik s Rz 266; uE ist für das (Rumpf)Wirtschaftsjahr der (teilweisen) Übertragung des firmenwertbegründenden Vermögens noch der volle Fünfzehntelbetrag geltend zu machen (so auch W/K/M² K 560). 415

Zur Up-stream- bzw Down-stream-Verschmelzung (Aufspaltung) s Rz 314. 416

c) Umfangmäßige Veränderung

Umfangs- oder Wertänderungen des firmenwertbegründenden Vermögens sind für die (Fortsetzung der) Firmenwertab(zu)schreibung irrelevant (KStR Rz 1147, 1152; Vock in Q/R/S/S/V²⁶ § 9 Rz 722), solange die einzelnen firmenwertrelevanten Zurechnungseinheiten (idR Betrieb bzw Teilbetriebe der Beteiligungskörperschaft bzw der von dieser gehaltenen Mitunternehmerschaft[en] – s Rz 376 ff) weiterhin vorhanden sind; dies gilt sowohl für Vergrößerungen als auch für Verkleinerungen (s Rz 269). 421

Kommt es umgründungsbedingt zu einer **Vermögensübernahme** der Beteiligungskörperschaft, so bleibt die bisherige Firmenwertab(zu)schreibung auf diese folglich unberührt, solange die entsprechenden Voraussetzungen (insb ausreichende und unmittelbare finanzielle Verbindung, Weiterbestehen der eigenständigen Identität des firmenwertbegründenden Vermögens) aufrecht bleiben (zur Verwässerung s Rz 334 f). 422

Zu einer allfälligen Weiterführung der auf die übertragende Gesellschaft vorgenommenen Firmenwertab(zu)schreibung s Rz 388 ff, zur Frage der Neubegründung einer (zusätzlichen) Firmenwertab(zu)schreibung auf die übernehmende Beteiligungskörperschaft s Rz 438 ff.

423 Sollte die Identität der bestehenden und/oder übernommenen firmenwertbegründenden (Teil)Betriebe durch **Integrationsmaßnahmen** verloren gehen (Aufgehen im anderen [Teil]Betrieb bzw in einem neu formierten „Gesamtbetrieb"), so hat dies nach strikter Auffassung hingegen grundsätzlich einen Untergang der jeweiligen Firmenwertab(zu)schreibungskomponente(n) zur Folge. Analog der Verwaltungspraxis zum verlustverursachenden Vermögen hat im Fall der (nachweislichen) Weiterführung der Aktivitäten des (der) aufgegangenen (Teil)Betriebe(s) jedoch eine Fortführung der (jeweiligen) Firmenwertab(zu)schreibung zu erfolgen (vgl UmgrStR Rz 207a zum verlustverursachenden Vermögen).

Aufgrund der Irrelevanz von Umfangsänderungen für Zwecke der Weiterführung der Firmenwertab(zu)schreibung (s Rz 269) ist eine umfangmäßige Vergleichbarkeit der weitergeführten Aktivitäten (wie in UmgrStR Rz 207a für Zwecke des Verlustübergangs gefordert) uE jedoch nicht erforderlich.

424 Entsprechendes hat uE auch für **Integrationsmaßnahmen** infolge einer Betriebseröffnung bzw eines entgeltlichen Betriebserwerbs zu gelten, wenn die Identität eines bestehenden firmenwertbegründenden (Teil)Betriebes verloren geht.

C. Umgründungsbedingte Begründung einer Firmenwertab(zu)schreibung gem § 9 Abs 7 KStG

431 UU können umgründungsbedingte Vermögensübertragungen zur Begründung einer Firmenwertab(zu)schreibung gem § 9 Abs 7 KStG führen. Dabei ist zwischen Neuentstehung (s Rz 432 ff) und einem bloßen Aufleben (s Rz 461 ff) einer Firmenwertab(zu)schreibung zu unterscheiden.

1. Neuentstehung

a) Allgemeines

432 Die umgründungsbedingte Neuentstehung einer Firmenwertab(zu)schreibung ist grundsätzlich sowohl auf Ebene der übernehmenden Gesellschaft, der übertragenden Gesellschaft als auch auf Anteilsinhaberebene möglich, setzt jedoch die Erfüllung sämtlicher allgemeiner Voraussetzungen für die Firmenwertab(zu)schreibung voraus (s Rz 239 ff). Neben entsprechender Gruppenmitglieds- bzw Gruppenträgerfähigkeit der beteiligten Rechtsträger ist also insb die Verwirklichung eines **Anschaffungsvorganges** erforderlich (dazu Rz 240 ff).

433 Zusätzlich zu einer Begründung dem Grunde nach bedarf es allerdings einer tatsächlichen (**rechnerischen**) **Begründung** der Höhe nach (s Rz 448 ff). Zur Auswirkung von Vorumgründungen auf die Höhe der Firmenwertab(zu)schreibung s Rz 296.

b) Begründung dem Grunde nach

aa) Übernehmende Gesellschaft

434 Die umgründungsbedingte Begründung einer Firmenwertab(zu)schreibung auf Ebene der übernehmenden Gesellschaft ist nur im Fall der Übertragung (Übernahme) einer **Beteiligung iSd § 9 Abs 4 KStG** denkbar. Diese kann isoliert oder im Zuge einer (Teil)Betriebsübertragung erfolgen. Die Übernahme eines (Substanz)Anteils an einer Mitunternehmerschaft, in deren Betriebsvermögen sich eine firmenwertfähige Beteiligung befindet, kann nach hM aufgrund des Unmittelbarkeitserfordernisses keine Firmenwertab(zu)schreibung begründen (s dazu Rz 255).

Eine Ausnahme wäre hier uE aufgrund der zivilrechtlichen Unmittelbarkeit allenfalls dann denkbar, wenn es sich bei der Beteiligung um **Sonderbetriebsvermögen** handelt (vgl KStR Rz 559 idF vor WE 2006 zum Unmittelbarkeitserfordernis des § 10 Abs 2 KStG idF vor BudBG 2003). 435

Die Übernahme eines Kapitalanteils unter **Buchwertfortführung** stellt nach hM keinen relevanten Anschaffungsvorgang dar und kann somit auf Ebene der übernehmenden Gesellschaft keine Firmenwertab(zu)schreibung begründen (s dazu Rz 247). 436

Im Anwendungsbereich des UmgrStG kann somit nur im Fall einer Übertragung unter zivilrechtlicher Einzelrechtsnachfolge (Einbringung, Steuerspaltung) bei Vorliegen eines **Aufwertungszwangs** (zB gem § 16 Abs 2 Z 2) oder bei Ausübung einer **Aufwertungsoption** (zB gem § 17 Abs 2 Z 1) anlässlich der (Mit)Übertragung einer firmenwertfähigen Beteiligung eine Firmenwertab(zu)schreibung auf Ebene der übernehmenden (gruppenmitglieds- bzw gruppenträgerfähigen) Gesellschaft neu entstehen (s a Rz 248). Als für die Berechnung der Firmenwertab(zu)schreibung relevante Anschaffungskosten sind die (aufgewerteten) steuerlichen Buchwerte der Beteiligung heranzuziehen. 437

Nach **AbgÄG 2014** (BGBl I 2014/13) ist die weitere Geltendmachung einer Firmenwertabschreibung für Zeiträume ab dem 1. März 2014 davon abhängig, dass sich der steuerliche Vorteil aus der Firmenwertabschreibung auf die Bemessung des Kaufpreises auswirken konnte (§ 26c Z 47 KStG idF AbgÄG 2014). Die generelle Weiterführbarkeit einer umgründungsbedingt entstandenen Firmenwertabschreibung auf Ebene der übernehmenden Körperschaft erscheint nach dieser Bestimmung unklar. Abhängig von der Interpretation des Kaufpreisbegriffes könnte dies im Fall einer Aufwertungseinbringung aber etwa dann bejaht werden, wenn sich die Firmenwertabschreibung auf die Bewertung des eingebrachten Kapitalanteils und in der Folge auf das Ausmaß der Anteilsgewährung an den Einbringenden ausgewirkt hat (s dazu *Stanek*, ÖStZ 2015, 624 ff). 437a

bb) Übertragende Gesellschaft

Der (auch **rückwirkende**) umgründungsbedingte Erwerb eines Betriebes durch die Beteiligungskörperschaft kann eine rückwirkende **Betriebsführung** der Beteiligungskörperschaft und somit eine Firmenwertab(zu)schreibung auf Ebene der beteiligten Körperschaft in Bezug auf eine vor der Umgründung erfolgte Beteiligungsanschaffung nicht begründen (KStR Rz 1134; UmgrStR Rz 351; *Vock* in Q/R/S/S/V[26] § 9 Rz 715, 720; s dazu Rz 263). 438

Ebenso wenig wirkt sich eine umgründungsbedingte Vermögensübernahme der Beteiligungskörperschaft auf eine bestehende (laufende) Firmenwertab(zu)schreibung aus (UmgrStR Rz 1245aa, 1245ae), solange weder die ausreichende finanzielle Verbindung der beteiligten Körperschaft noch die Identität des firmenwertbegründenden Vermögens auf Ebene der Beteiligungskörperschaft verloren geht (s dazu Rz 421 ff; zur grundsätzlichen Irrelevanz einer Verwässerung s Rz 334 f).

439 Die umgründungsbedingte Neuentstehung einer Firmenwertab(zu)schreibung auf Ebene der übertragenden Gesellschaft setzt somit die Verwirklichung eines (erstmaligen oder zusätzlichen) **Anschaffungsvorganges** voraus (*Huber*, ÖStZ 2005, 449; dazu Rz 240 ff).

440 Innerhalb des Anwendungsbereichs des UmgrStG soll ein relevanter Anschaffungsvorgang nach der bestehenden Verwaltungspraxis nur im Fall einer **Einbringung** (isoliert oder als Teil einer Steuerspaltung) vorliegen (s dazu Rz 243 ff; vgl auch UmgrStR Rz 1786j zur Nichtbegründbarkeit einer Firmenwertab[zu]schreibung im Fall einer Down-stream-Abspaltung).

> Ob dabei eine Kapitalerhöhung durch die übernehmende Gesellschaft, eine Anteilsabtretung durch die Altgesellschafter oder eine Abfindung mit eigenen Anteilen der übernehmenden Gesellschaft erfolgt, ist irrelevant, ebenso ein gänzlicher Verzicht auf die Gewährung einer Gegenleistung aufgrund einer (un)mittelbaren Gesellschafteridentität (s Rz 243).

441 Nach der Verwaltungspraxis sollen **Einlagen** für die Firmenwertabschreibung jedoch nur dann relevant sein, wenn aufgrund eines tatsächlich erbrachten „Agios" ein Einkauf in die stillen Reserven und den Firmenwert gegeben ist (KStR Rz 1119).

442 Dies wird dahingehend zu interpretieren sein, dass die einbringungsbedingt gewährte Gegenleistung nach **Verkehrswertverhältnissen** (unter Berücksichtigung der Verkehrswerte von Einlage und Zielgesellschaft) zu bemessen ist (*Staringer* in ImmatVermWerte 246 f; *Hohenwarter/Staringer* in *S/L/S/S* 424). Eine **Äquivalenzverletzung** ist uE grundsätzlich unschädlich, wird jedoch als anteilige Beteiligungsübertragung zu interpretieren sein und dementsprechend zu einer Reduktion der Firmenwertab(zu)schreibung führen (s dazu Rz 396). Ob die FV den geforderten Einkauf in die stillen Reserven und/oder den Firmenwert als Voraussetzung für eine Begründung dem Grunde oder lediglich der Höhe nach sieht, erscheint jedoch unklar.

443 Während ein solcher Einkauf bei Konzentrationseinbringungen aufgrund des Interessengegensatzes idR ohnehin der Fall ist, erscheint die Bedeutung dieser Aussage im Fall von **Konzerneinbringungen** insb im Fall des Verzichts auf eine Anteilsgewähr (durch Kapitalerhöhung bzw Anteilsabtretung der Altgesellschafter) unklar.

444 Die Verwaltungspraxis scheint jedenfalls auch im Fall der Einbringung durch einen **Alleingesellschafter** unter Verzicht auf eine Anteilsgewährung dem Grunde nach das (Neu)Entstehen einer Firmenwertab(zu)schreibung zuzugestehen, obgleich in diesem Fall ein weiterer Einkauf in die stillen Reserven und/oder den Firmenwert des bereits vorhandenen Vermögens der übernehmenden Gesellschaft nicht möglich ist (UmgrStR Rz 1245c).

> Konsequenterweise würde dies selbst im Fall einer reinen Bareinlage in eine bestehende Tochtergesellschaft die (grundsätzliche) Begründung einer Firmenwertab(zu)schreibung bewirken, selbst wenn eine solche zuvor nicht (mehr) mög-

lich war (Beteiligungsanschaffung vor dem 1.1.2005, bereits vollabgeschriebener Firmenwert gem § 9 Abs 7 KStG, nachträglich begonnene Betriebsführung etc).

Der **Konzernausschluss** greift aufgrund eines Umkehrschlusses aus dem wortlautidenten § 12 Abs 1 Z 9 KStG bzw § 11 Abs 1 Z 4 TS 2 KStG idF vor AbgÄG 2014 (Zinsabzugsverbot für fremdfinanzierten Konzernerwerb) explizit nicht (s dazu Rz 252).

Nach **AbgÄG 2014** (BGBl I 2014/13) ist die weitere Geltendmachung einer Firmenwertabschreibung für Zeiträume ab dem 1. März 2014 davon abhängig, dass sich der steuerliche Vorteil aus der Firmenwertabschreibung auf die Bemessung des Kaufpreises auswirken konnte (§ 26c Z 47 KStG idF AbgÄG 2014). Da ein allfälliger Vorteil aus einer einbringungsbedingt entstandenen Firmenwertabschreibung auf Seiten des Einbringenden regelmäßig keinen Einfluss auf die (umgründungsbedingt neu geregelten) relativen Beteiligungsverhältnisse an der übernehmenden Gesellschaft haben wird, wird die Geltendmachung bzw Weiterführung der Firmenwertabschreibung nach dieser Bestimmung ausgeschlossen sein (vgl idZ *Lachmayer*, RdW 2014, 233 zur Einlage). Daneben wäre fraglich, ob die umgründungsbedingte Überwälzung der Buchwerte das Kriterium eines „Kaufpreises" für Zwecke dieser Bestimmung erfüllen würde. **444a**

cc) Anteilsinhaber

Die umgründungsbedingte **Beteiligungszustockung** im Fall von Side-stream-Einbringungen (§ 20 Abs 4 Z 3) gilt nach der Verwaltungspraxis zwar als Anschaffung (s dazu Rz 244), soll aber mangels Aufdeckung der stillen Reserven des eingebrachten Vermögens keine Grundlage für eine Firmenwertab(zu)schreibung begründen (UmgrStR Rz 1245ai). **445**

Ob die FV eine Aufdeckung der stillen Reserven als Voraussetzung für eine Begründung dem Grunde oder lediglich der Höhe nach sieht, erscheint unklar. Ein Abstellen auf eine Realisierung beim Übertragenden für eine Begründung dem Grunde nach erscheint jedenfalls weder gesetzlich gedeckt noch gerechtfertigt, zumal dies nicht durchgehend gefordert wird (UmgrStR Rz 1245c; vgl auch UmgrStR Rz 1245a idF vor WE 2013; s a *Hohenwarter/Staringer* in *S/L/S/S* 422 f).)
Zur rechnerischen Begründbarkeit s Rz 455 f.

Entsprechendes hat uE für die Beteiligungszustockung auf Ebene der Großmuttergesellschaft im Fall der Einbringung durch eine **Nichten**- in ihre **Tanten**gesellschaft unter Verzicht auf eine Anteilsgewähr zu gelten. Eine etwaige Firmenwertab(zu)-schreibung der Großmuttergesellschaft auf die (regelmäßig abzustockende) Beteiligung an der Muttergesellschaft bleibt uE unvermindert aufrecht, da das firmenwertbegründende Vermögen auf Ebene der Muttergesellschaft unverändert bleibt. **446**

Sollte Gegenstand der Übertragung firmenwertbegründendes Vermögen der Nichtengesellschaft sein, so vermindert sich jedoch eine allfällige Firmenwertab(zu)schreibung auf diese (vgl Rz 401).

Im Fall der Einbringung durch eine **Großmutter**- in ihre **Enkel**gesellschaft unter Verzicht auf eine Anteilsgewähr liegt uE dem Grunde nach sowohl ein Anschaffungsvorgang auf Ebene der Großmuttergesellschaft als auch auf Ebene der zwischenge- **447** schalteten Muttergesellschaft vor. Dasselbe gilt im Fall der Einbringung durch eine Tanten- in ihre Nichtengesellschaft unter Verzicht auf eine Anteilsgewähr.

c) Begründung der Höhe nach

448 Sind die Voraussetzungen für eine umgründungsbedingte Firmenwertab(zu)-schreibung gem § 9 Abs 7 KStG dem Grunde nach gegeben (s Rz 434 ff), ist zu überprüfen, ob sich eine solche rechnerisch auch tatsächlich ergibt.

449 Relevanter **Berechnungszeitpunkt** ist der steuerliche Anschaffungszeitpunkt, dh der dem Einbringungsstichtag folgende Tag (§ 20 Abs 1 S 1). Dies gilt unabhängig davon, ob die Begründung der Firmenwertab(zu)schreibung auf Anteilsinhaberebene, auf Ebene der übertragenden oder der übernehmenden Gesellschaft erfolgt.

450 Sind auf Ebene der **übernehmenden Gesellschaft** die Voraussetzungen für eine Firmenwertab(zu)schreibung gegeben (s dazu Rz 437), so sind als für die Berechnung der Firmenwertab(zu)schreibung relevante Anschaffungskosten die (aufgewerteten) steuerlichen Buchwerte der übernommenen Beteiligung heranzuziehen. Das Beteiligungsausmaß ergibt sich aus der relativen Höhe der übernommenen Beteiligung am Nennkapital der Beteiligungskörperschaft, das unternehmensrechtliche Eigenkapital der Beteiligungskörperschaft wird durch den Übertragungsvorgang nicht berührt.

451 Im Fall der grundsätzlichen Begründung einer Firmenwertab(zu)schreibung auf Ebene der **übertragenden Gesellschaft** kommt es aufgrund der Überbindung der steuerlichen Buchwerte des übertragenenen Vermögens auf die Gegenleistungsanteile regelmäßig zu keiner vollen Hebung des in der Beteiligungskörperschaft enthaltenen Potentials an Firmenwert bzw relevanten stillen Reserven (vgl *Mühlehner* in HB M&A 190).

452 Stille Reserven im nichtabnutzbaren Anlagevermögen der Beteiligungskörperschaft sind nach dem Gesetzeswortlaut bei der Berechnung abzusetzen, obwohl diese in den Anschaffungskosten nicht reflektiert sind. Daraus resultiert eine erhöhte Wahrscheinlichkeit des Entstehens eines **negativen Firmenwerts**.

453 Fraglich ist idZ, ob sich aus der umgründungsbedingten **Eigenkapitalveränderung** der übernehmenden Gesellschaft eine Firmenwertab(zu)schreibung bzw eine Erhöhung oder Verminderung derselben ergeben kann. Für Berechnungszwecke ist nämlich auf das (anteilige) Eigenkapital der Beteiligungskörperschaft nach erfolgter Einlage abzustellen (*Huber*, ÖStZ 2005, 449; *Hirschler* in FS Kofler 295; *Vock* in Q/R/S/S/V[26] § 9 Rz 774; vgl auch das Beispiel in *Mühlehner* in HB M&A 190), sodass dies zu bejahen wäre. Die diesbezügliche Sichtweise der FV erscheint unklar; jedenfalls wird im Fall von Buchwerteinbringungen eine rechnerische Begründbarkeit grundsätzlich angezweifelt, eine Begründung hiefür jedoch nicht angeführt (UmgrStR Rz 1245c; so auch UmgrStR Rz 1245a idF vor WE 2013). Aus teleologischen Gründen ist eine Berücksichtigung der umgründungsbedingten Eigenkapitalveränderung uE abzulehnen, da dies einem Einkauf in „eigene" stille Reserven bzw einen originären oder bereits abgeschriebenen derivativen Firmenwert gleichkommt, was bei einem Asset Deal nicht möglich ist. Aus rechtspolitischer Sicht ist diesbezüglich auf die inhärente Gestaltungsanfälligkeit (insb im Fall der Einbringung in eine neugegründete Tochtergesellschaft) hinzuweisen.

W/K/M² K 329a verneinen eine rechnerische Begründbarkeit aufgrund der unveränderten relativen Beteiligung. Würde eine Firmenwert(zu)schreibung auf die umgründungsbedingte Eigenkapitalveränderung der übernehmenden Gesellschaft generell zugelassen, so käme der **unternehmensrechtlichen Bewertung** der Einlage (§ 202 UGB) eine entscheidende Bedeutung zu. Im Fall einer Übernahme der unternehmensrechtlichen Buchwerte (§ 202 Abs 2 Z 1 UGB) käme es bei einer (Teil-) Betriebseinbringung aufgrund des regelmäßig niedrigeren unternehmensrechtlichen Eigenkapitals (zB durch höhere unternehmensrechtliche Abschreibungen bzw Rückstellungen als in der Steuerbilanz) tendenziell zu einer Firmenwertabschreibung, bei einer (teilweisen) Aufwertung (§ 202 Abs 1 bzw Abs 2 Z 2 und Z 3 UGB) tendenziell zu einer Firmenwertzuschreibung (so auch *Huber*, ÖStZ 2005, 449, welcher aber aufgrund des Vorliegens einer reinen Bewertungsdifferenz das Wesen eines negativen Firmenwerts und somit eine Zuschreibungsverpflichtung verneint). Bei der Einbringung von **Kapitalanteilen** können etwa aufgrund von in der Vergangenheit erfolgten Umgründungen oder unternehmensrechtlich nicht durchgebuchten Großmutterzuschüssen berechnungsrelevante Buchwertunterschiede vorliegen. Daneben wäre im Fall einer unternehmensrechtlichen Buchwertfortführung der (verpflichtende) Abzug der in den Kapitalanteilen enthaltenen unternehmensrechtlichen stillen Reserven zu beachten (s Rz 289 f, 452). **454**

Etwas anderes gilt uE jedoch im Fall von **Side-stream-Einbringungen**, insoweit eine Verringerung der Firmenwertab(zu)schreibung auf die übertragende Gesellschaft greift (s dazu Rz 399). Diesfalls erscheint die grundsätzliche Ablehnung einer Neubegründbarkeit einer Firmenwertab(zu)schreibung auf die zugestockte Beteiligung an der übernehmenden Gesellschaft überschießend. **455**

Fraglich ist idZ jedoch, ob es durch die Zustockung überhaupt zu einer rechnerischen Begründung kommen kann, da keine prozentuelle Erhöhung des Beteiligungsausmaßes der gemeinsamen Muttergesellschaft erfolgt. Das für die Ermittlung der Firmenwertab(zu)schreibung maßgebliche Beteiligungsausmaß ergibt sich schließlich aus dem Beteiligungsprozentsatz am Nennkapital der Beteiligungskörperschaft (KStR Rz 1112; *Vock* in Q/R/S/S/V²⁶ § 9 Rz 787; ablehnend W/K/M² K 329a zur Down-stream-Einbringung). **456**

2. Aufleben

Abgesehen vom Neuentstehen einer Firmenwertab(zu)schreibung gem § 9 Abs 7 KStG kann eine Umgründungsmaßnahme auch in einem Aufleben einer solchen resultieren. Dies betrifft Fälle, in denen es umgründungsbedingt zu einer erstmaligen Ansetzbarkeit (s Rz 463 f) oder zu einer Fortsetzung (Wiederaufleben) einer früher begonnenen Firmenwertab(zu)schreibung (s Rz 465 ff) kommt. **461**

In all diesen Fällen können nur die **restlichen** (seit der Anschaffung noch nicht verfallenen bzw verbrauchten) **Fünfzehntelbeträge** angesetzt werden. **462**

a) Erstmalige Ansetzbarkeit

Zu einem erstmaligen Ansatz einer Firmenwertab(zu)schreibung gem § 9 Abs 7 KStG kann es kommen, wenn umgründungsbedingt eine bislang nicht ausreichende **finanzielle Verbindung** zu einer ausreichenden **anwächst** und die sonstigen Voraussetzungen (s Rz 239 ff) gegeben sind (KStR Rz 1120). **463**

Neben der umgründungsbedingten Anteilsgewähr kann dies insb aus einer **nichtverhältniswahrenden Spaltung** resultieren, wenn ein bisheriger Minderheitsanteil entflechtungsbedingt zum Mehrheitsanteil anwächst (s dazu Rz 398).

464 Ob eine Firmenwertab(zu)schreibung darüber hinaus auch in anderen Fällen aufleben kann, wenn im Zeitpunkt der Beteiligungsanschaffung nicht gegebene Voraussetzungen für eine solche umgründungsbedingt nachträglich (für die Zukunft) gegeben sind, ist nur tw geklärt:

- Eine nachträglich umgründungsbedingt erlangte **Betriebsführung** der Beteiligungskörperschaft berechtigt nicht zur Firmenwertab(zu)schreibung (s dazu Rz 263).
- Eine im Zeitpunkt der Beteiligungsanschaffung nichtvorliegende **Fremdbezogenheit der Anschaffung** kann durch eine spätere Änderung der Konzernverhältnisse nicht geheilt werden.
- Sollte die Beteiligungsanschaffung durch einen **nichtgruppenfähigen Rechtsträger** erfolgt sein (zB natürliche Person, Privatstiftung), so dürfte dies nach Ansicht der FV durch eine Übertragung der Beteiligung auf eine gruppenfähige Körperschaft nicht heilbar sein (UmgrStR Rz 1245 zum Ausschluss einer Firmenwertab[zu]schreibung bei der Einbringung eines Kapitalanteils durch eine natürliche Person). Dies lässt sich zwar auf den Gesetzeswortlaut stützen, ein dies rechtfertigender systematischer Zusammenhang zwischen Gruppenzugehörigkeit und Firmenwertab(zu)schreibung besteht jedoch nicht (s Rz 278 f).
- Die Verwaltungspraxis geht davon aus, dass eine Firmenwertab(zu)schreibung realteilungsbedingt nicht begründet werden kann (UmgrStR Rz 1635). Konnte in Bezug auf eine von der teilenden Mitunternehmerschaft angeschaffte Beteiligung aufgrund der Nichterfüllung des **Unmittelbarkeitserfordernisses** (s Rz 255) keine Firmenwertab(zu)schreibung vorgenommen werden, würde sich somit auch im Fall einer realteilungsbedingt erlangten Unmittelbarkeit nichts ändern; dasselbe hätte wohl im Fall eines umgründungsbedingten Anwachsens zu gelten (so jedenfalls *W/K/M²* K 480). Dieser Schluss ist uE jedoch nicht zwingend. Zur Realteilung nach vorherigem Zusammenschluss s Rz 467.
- Die **Importverschmelzung** einer ausländischen Tochtergesellschaft müsste uE im Fall einer Konzentrations- oder Side-stream-Verschmelzung auf ein (künftiges) inländisches Gruppenmitglied aufgrund der Identitätsfiktion (s Rz 392 f) in Hinkunft zu einer Firmenwertab(zu)schreibung auf dasselbe berechtigen; dasselbe gilt für den **Zuzug**. Sollten von der übertragenden (bzw zuziehenden) ausländischen Gesellschaft Inlandsbeteiligungen gehalten werden, so kann auf diese uE – bei Erfüllung der sonstigen Voraussetzungen – in Hinkunft eine Firmenwertab(zu)schreibung geltend gemacht werden.

b) Nachträgliches Wiederaufleben

465 Neben der umgründungsbedingten Neuentstehung oder dem umgründungsbedingten erstmaligen Ansatz einer Firmenwertab(zu)schreibung kann es auch zu einem umgründungsbedingten Wiederaufleben (Fortsetzung) einer früher begonnenen Firmenwertab(zu)schreibung kommen.

466 Dies betrifft zum einen den Fall, wenn eine ursprünglich ausreichende finanzielle Verbindung durch **Verwässerung** oder teilweise Übertragung der firmenwertbegründenden Beteiligung verloren ging und idF (zumindest nach Ansicht der FV

– s dazu Rz 255, 319, 336) eine Firmenwertab(zu)schreibung nicht mehr zustand. Sollte sich das Beteiligungsausmaß in der Folge umgründungsbedingt wieder zu einer ausreichenden finanziellen Verbindung erhöhen und die sonstigen Voraussetzungen (s Rz 239 ff) (weiterhin) gegeben sein, so ist die ursprünglich begonnene Firmenwertab(zu)schreibung fortzuführen (vgl KStR Rz 1120).

Im Fall einer vorangegangenen teilweisen Anteilsübertragung hat naturgemäß eine entsprechende Verminderung Platz zu greifen. Zur Irrelevanz einer Verwässerung auf die Höhe der Firmenwertab(zu)schreibung s Rz 335.

Daneben ist dies uE insb dann der Fall, wenn der umgründungsbedingt getrennte unmittelbare **Konnex zwischen Beteiligung und Betrieb** durch eine nachfolgende Umgründungsmaßnahme wiederhergestellt wird (dazu Rz 260 ff). **467**

Dies ist bei einer Down-stream-Verlagerung des firmenwertbegründenden Vermögens (durch Einbringung, Spaltung oder – lt FV – Zusammenschluss) und einem späteren Gegenvorgang (Up-stream-Verschmelzung, verschmelzende Umwandlung, Einbringung, Spaltung, Realteilung, Anwachsung; nicht jedoch bei einer errichtenden Umwandlung) der Fall (s etwa W/K/M² K 583 zur Realteilung, K 480 zur Anwachsung nach einem vorhergegangenen Zusammenschluss). Dasselbe gilt bei einer einbringungsbedingten Side-stream-Auslagerung des firmenwertbegründenden Vermögens mit späterer umgründungsbedingter Rückübertragung.

Bei der **Exportverschmelzung** eines firmenwertbegründenden inländischen Gruppenmitglieds wäre uE im Fall einer späteren Konzentrations- bzw Side-stream-Importverschmelzung der übernehmenden ausländischen Gesellschaft auf ein (künftiges) inländisches Gruppenmitglied die damals begonnene Firmenwertab(zu)schreibung fortzusetzen. Dasselbe gilt für den **Zuzug** bzw im Fall eines vorangegangenen Wegzugs. Sollten von der übertragenden (bzw zuziehenden) ausländischen Gesellschaft Inlandsbeteiligungen gehalten werden, auf welche vor der Exportverschmelzung bzw vor dem Wegzug eine Firmenwertab(zu)schreibung geltend gemacht wurde, so ist diese uE – bei Erfüllung der sonstigen Voraussetzungen – in Hinkunft ebenfalls wiederaufzunehmen, sofern iRe allfälligen Auslandsverlustumrechnung nicht ohnedies eine Fortführung bejaht wurde (s Rz 354; vgl auch Rz 144 ff). **468**

Eine tatsächliche Geltendmachung iRd Auslandsverlustumrechung wird idR jedoch an der Beschränkung der Auslandsverlustumrechnung mit dem nach ausländischem Steuerrecht angefallenen Verlust (§ 9 Abs 6 Z 6 KStG idF 1. StabG 2012) scheitern.

Entsprechendes hat uE auch bei der (Mit)Übertragung einer firmenwertbegründenden Beteiligung auf eine natürliche Person iRe **verschmelzenden Umwandlung** zu gelten, wenn die Beteiligung in weiterer Folge wieder in eine gruppenträger- oder gruppenmitgliedsfähige Körperschaft eingebracht wird. **469**

IV. Verlustvorträge, Umgründung und Gruppenbesteuerung
A. Allgemeine Regelungen
1. Fehlen spezifischer Normen

Weder in den verlustvortragsrelevanten Bestimmungen im UmgrStG (§§ 4, 10, 21 und 35) noch in den Bestimmungen des § 9 KStG über die Gruppenbesteuerung **490** bestehen **spezifische Vorschriften** über das Schicksal von Verlustvorträgen iRv Umgründungsvorgängen, die eine Unternehmensgruppe iSd § 9 KStG oder einzelne Mitglieder einer solchen Unternehmensgruppe betreffen. Insofern sind durch Umgründungen betroffene Verlustvorträge in Bezug auf Unternehmensgruppen lediglich auf Grundlage der diesbezüglichen **allgemeinen Regelungen** des KStG sowie des UmgrStG zu beurteilen (*Urtz/Stanek* in *Bergmann/Bieber* § 4 Rz 20).

491 In Bezug auf Verlustvorträge sieht § 9 Abs 6 Z 4 KStG lediglich eine **Sonderbestimmung** für die Verwertung von Vor- und Außergruppenverlusten bei Gruppenmitgliedern vor (s a Rz 511 ff). Auf der anderen Seite sind im UmgrStG Regelungen enthalten, die den Übergang, den Fortbestand oder den Untergang von Verlustvorträgen iRv Umgründungsvorgängen zum Inhalt haben (s a § 4 Rz 4 ff; § 10 Rz 1 ff; § 21 Rz 1 ff; § 35 Rz 1 ff). Diese sind nicht spezifisch auf die Besonderheiten der Gruppenbesteuerung zugeschnitten, sondern **im Kontext** der Gruppenbesteuerung anzuwenden.

2. Betroffene Verluste

495 Die verlustvortragsrelevanten Regelungen der §§ 4 et al beziehen sich grundsätzlich nur auf den **Verlustabzug (Verlustvortrag)** iSd § 8 Abs 4 Z 2 KStG iVm § 18 Abs 6 u 7 EStG der übertragenden und übernehmenden Körperschaft bzw des Rechtsträgers (s a § 1 Rz 6, § 10 Rz 4, § 21 Rz 9, § 35 Rz 4). Anderes gilt jedoch für noch nicht abgesetzte **Siebentelbeträge** iSd § 12 Abs 3 Z 2 KStG, die nach der jüngsten Rsp nicht als Verlustvorträge iSd § 18 EStG gelten (VwGH 31.5.2017, Ro 2015/13/024; glA *Plott/Vaishor*, taxlex 2017, 235 f; aA *Wiesner*, RWZ 2017, 211 und UmgrStR Rz 211 und Rz 254; s a § 4 Rz 10 f).

496 Für **Schwebeverluste** iSd § 2 Abs 2a EStG (s dazu § 4 Rz 13 f mwN; § 10 Rz 4; § 21 Rz 16; § 25 Rz 6) und sonstige Sonderverluste (s a § 10 Rz 4; *Keppert/Waitz-Ramsauer* in W/H/M, HdU[14] § 10 Rz 2; *Huber* in W/H/M, HdU[14] § 35 Rz 12, der auch nachversteuerungshängige Auslandsgruppenverluste gem § 9 Abs 6 Z 7 KStG sowie Verluste ausländischer Betriebstätten gem § 2 Abs 8 EStG dazuzählt) greifen hingegen die (einschränkenden) Bestimmungen der §§ 4 et al UmgrStG nicht, vielmehr folgt der Übergang solcher Verluste dem Prinzip der Buchwertfortführung und der damit verbundenen **ertragsteuerlichen Gesamtrechtsnachfolge** (UmgrStR Rz 187 und Rz 211 f für Verschmelzungen, Rz 1180 für Einbringungen, Rz 1710 für Spaltungen; s a § 4 Rz 12 ff, § 10 Rz 4, § 21 Rz 16 u § 35 Rz 6).

497 Unter **zeitlichen Gesichtspunkten** können nur jene Verlustvorträge iRe Umgründung auf den übernehmenden Rechtsträger übergehen, beim übertragenden Rechtsträger verbleiben oder untergehen, die vom übertragenden Rechtsträger nicht spätestens iRd Veranlagung des (letzten) Wirtschaftsjahres, in das der Umgründungsstichtag fällt, verbraucht werden (s a § 4 Rz 21, § 10 Rz 5, § 21 Rz 13, § 35 Rz 14 mwN; UmgrStR Rz 1182 zur Einbringung, Rz 1709 zur Spaltung).

3. Regelungsmechanismus des UmgrStG

500 Nach den Grundregeln des UmgrStG gehen Verlustvorträge der übertragenden Körperschaft bzw des übertragenden Rechtsträgers bei Erfüllung der in den entsprechenden Sondernormen des UmgrStG geregelten Voraussetzungen auf den übernehmenden Rechtsträger über. Diesbezüglich besteht **kein Wahlrecht**. Den einzelnen Umgründungstypen sind folgende **Voraussetzungen** für den Übergang der Verlustvorträge gemeinsam:

- Es müssen **Verluste** isd § 8 Abs 4 Z 2 KStG iVm § 18 Abs 6 u 7 EStG vorliegen (vgl Rz 495).
- Das zu übertragende Vermögen muss zu **Buchwerten** angesetzt werden (s a § 4 Rz 22, § 10 Rz 6, § 21 Rz 31 ff, § 35 Rz 13).
- Die Verluste müssen dem zu übertragenden Vermögen zuzurechnen sein (**Objektbezug**; s a § 21 Rz 21 ff, § 35 Rz 17 ff).
- Das verlusterzeugende Vermögen muss im Zeitpunkt des Umgründungsstichtages mit jenem im Zeitpunkt der Verlustentstehung **vergleichbar** sein (s a § 4 Rz 46 ff, § 10 Rz 7 ff, § 21 Rz 41 ff, § 35 Rz 26).
- Es liegt kein Fall einer schädlichen **doppelten Verlustverwertung** durch das Zusammenfallen von Verlustvorträgen und Teilwertabschreibungen auf Beteiligungen vor (sa § 4 Rz 116 ff, § 10 Rz 11 ff, § 21 Rz 56 ff, § 35 Rz 35 ff).
- Es liegt kein umgründungsbedingter **Mantelkauf** isd § 8 Abs 4 Z 2 KStG iVm § 4 Z 2, § 10 Z 2, § 21 Z 3 und § 35 vor (s a § 4 Rz 141 ff, § 10 Rz 81 ff, § 21 Rz 66 ff, § 35 Rz 45 ff).

Die auf den Rechtsnachfolger übergehenden Verlustvorträge können bei diesem **501** grundsätzlich in dem dem Umgründungsstichtag **folgenden Veranlagungszeitraum** des übernehmenden Rechtsträgers verwertet werden (s a § 4 Rz 25 ff, § 10 Rz 61, § 21 Rz 4, § 35 Rz 10).

Ist (zumindest) eine der Voraussetzungen für den Übergang der Verlustvorträge **502** nicht erfüllt, ist ein **Übergang ausgeschlossen**. Dies hat im Fall von Verschmelzungen (s a § 1 Rz 49), Umwandlungen (s a § 10 Rz 1) und Aufspaltungen (s a § 35 Rz 12) regelmäßig den **Untergang** des jeweiligen Verlustvortrags zur Folge, da dieser Rechtsträger durch den jeweiligen Umgründungsakt (gesellschaftsrechtlich) untergeht. Anders verhält es sich hingegen bei Umgründungsvorgängen, bei denen der übertragende Rechtsträger fortbesteht, wie bei Einbringungen oder Abspaltungen: bei diesen Umgründungstypen **bleiben** jene (Teile der) Verlustvorträge, die auf Grund des Nichterfüllens von (zumindest) einer Voraussetzung nicht umgründungsbedingt übergehen, beim übertragenden Rechtsträger **zurück** (s a § 21 Rz 5, § 35 Rz 12; s a *Waitz-Ramsauer* in HB Unternehmenskauf/Due Diligence II Tax Rz 50; *Kanduth-Kristen/Stefaner* in Unternehmensbesteuerung 312; in diese Richtung auch – selbst bei gruppenbezogener Betrachtungsweise [dazu s Rz 605 ff] – für Einbringungen UmgrStR Rz 1245ad idF WE 2013; für Abspaltungen UmgrStR Rz 1786j idF WE 2014; *Mayr* in *Kirchmayr/Mayr/Hirschler*, Gruppenbesteuerung 23 f; *Huber* in W/Z/H/K[5] § 22 Rz 51; *Zöchling* in W/Z/H/K[5] § 35 Rz 12).

Darüber hinaus können Einschränkungen in Bezug auf den Verlustvortrag auch **503** den **übernehmenden Rechtsträger** betreffen. Umgründungsbedingt können Verlustvorträge des übernehmenden Rechtsträgers per se nicht übergehen, allerdings können diese auf Grund der umgründungssteuerlichen Sonderbestimmungen **untergehen**. Dies ist insb dann der Fall, wenn der Objektbezug des Verlustvortrags beim übernehmenden Rechtsträger insofern nicht gegeben ist, als zum jeweiligen Umgründungsstichtag das verlusterzeugende Vermögen nicht mehr oder nicht mehr im vergleichbaren Ausmaß vorhanden ist (s a § 4 Rz 41, § 10 Rz 71 ff, § 21 Rz 51, § 35 Rz 30). Darüber hinaus sind bei Verschmelzungen und Spaltungen die

Einschränkungen in Bezug auf die Doppelverwertung von Verlusten auch bei der übernehmenden Gesellschaft beachtlich (s a § 4 Rz 118 f, § 35 Rz 32).

504 IRv Zusammenschlüssen und Realteilungen können keine Verlustvorträge übertragen werden, da eine **Mitunternehmerschaft** als Trägerin von Verlustvorträgen ausgeschlossen ist. In Bezug auf die zum Umgründungsstichtag bestehenden Verlustvorträge treten somit **keine Änderungen** ein (s a *Jann*, Umgründungen² 211 u 244; *Walter*[11] Rz 635 u Rz 775).

B. Unterscheidung nach dem Charakter der Verlustvorträge
1. Charakter

510 Im Kontext mit der Verwertbarkeit von Verlusten iRd Unternehmensgruppe sind Verlustvorträge nach ihrem **unterschiedlichen Charakter** zu unterscheiden:
- Vortragsfähige Verluste iSd § 8 Abs 4 Z 2 KStG
- Vorgruppenverluste iSd § 9 Abs 6 Z 4 KStG
- Außergruppenverluste iSd § 9 Abs 6 Z 4 KStG

511 Als **Vorgruppenverluste** werden solche (an sich) vortragsfähigen Verluste verstanden, die aus Zeiten des jeweiligen Gruppenmitglieds **vor Beitritt** zur Unternehmensgruppe stammen (KStR Rz 1071; *Urtz* in *Achatz/Kirchmayr* § 9 Tz 291; *Pinetz/Stefaner* in *L/R/S/S*² § 9 Rz 170; *Vock* in *Q/R/S/S/V*²⁷ § 9 Rz 499; *Tumpel/ Aigner* in *Q/A/H/T/T* § 9 Abs 6 Rz 91).

511a Nach früherer Auffassung der FV – gestützt auf das Verständnis aus VwGH-Erk 14.10.2010, 2008/15/0212 – wurden noch nicht abgereifte **Siebentelbeträge** iSd § 12 Abs 3 Z 2 KStG, die aus einer Teilwertabschreibung oder einem Veräußerungsverlust aus einer Beteiligung gem § 10 KStG stammen, Verlustvorträgen gleichgesetzt. Als Folge dessen würden solche noch offenen Siebentelbeträge, insoweit sie nach Maßgabe ihres Abreifens beim Gruppenmitglied nicht mit dessen eigenen Gewinnen verrechnet werden können, sodann zu Vorgruppenverlusten werden (KStR Rz 1071; krit dazu *Puchner/Tüchler*, SWK 2013, 657; *Hirschler*, taxlex 2012, 11 f; *Prodinger*, SWK 2013, 928 f; *Pinetz/Stefaner* in *L/R/S/S*² § 9 Rz 172a; *Lang/Pinetz*, SWK 2015, 405 ff; *Pinetz*, ecolex 2015, 1013). Dieser Auffassung wurde jedoch durch die jüngste Rsp eine Absage erteilt (VwGH 31.5.2017, Ro 2015/13/0024). IRd Gruppenbesteuerung sind sohin offene Siebentelbeträge, selbst wenn sie ihre Wurzel in der Vorgruppenzeit haben, nicht als Vorgruppenverluste zu qualifizieren (s a *Zorn*, RdW 2017, 523; *Wiesner*, RWZ 2017, 211; *Raab/Renner*, SWK 2017, 987 f; *Plott/Vaishor*, taxlex 2017, 235; *Pinetz/Schaffer*, ecolex 2017, 1017 f; *Marschner*, GES 2017, 274). Dieser Wertung des VwGH sollen die KStR Rechnung tragen (Rz 1071 KStR idF BegE WE 2017; s a *Schlager*, RWZ 2017, 338).

512 Als **Außergruppenverluste** gelten Verluste, die **umgründungsbedingt** (durch ein Gruppenmitglied) **übernommen** worden sind. Dabei kann es sich nicht nur um Verluste handeln, die von einem Gruppenfremden im Zuge einer Umgründung in die Gruppe hineinübertragen wurden. Darüber hinaus können Außergruppenverluste auf Ebene von Gruppenmitgliedern auch aus der Übernahme von Verlusten vom Gruppenträger oder einem anderen Gruppenmitglied resultieren, soweit die Verlustvorträge außerhalb der Gruppe entstanden sind (*Urtz* in *Achatz/Kirchmayr* § 9 Tz 292; *Tumpel/Aigner* in *Q/A/H/T/T* § 9 Abs 6 Rz 92; *Vock* in *Q/R/S/S/V*²⁷ § 9

Rz 501; *Pinetz/Stefaner* in *L/R/S/S*² § 9 Rz 170). Dies ergibt sich insb durch den Zusammenhang mit § 9 Abs 6 Z 4 S 2 KStG, wonach keine Außergruppenverluste vorliegen, wenn innerhalb der Gruppe entstandene vortragsfähige Verluste auf ein anderes Gruppenmitglied übergehen (s a Rz 534).

Bei einem **Gruppenmitglied** können während der Zugehörigkeit zur Unternehmensgruppe **keine vortragsfähigen Verluste entstehen**, da ein vom Gruppenmitglied erzielter Jahresverlust der übergeordneten beteiligten Körperschaft bzw dem Gruppenträger zugewiesen wird. Ein Gruppenmitglied kann somit **ausschließlich Vor- und Außergruppenverluste** besitzen. 513

Während aufrechter Gruppe kann ein vortragsfähiger **Verlustvortrag** isd § 8 Abs 4 Z 2 KStG **nur beim Gruppenträger** entstehen (s a KStR Rz 1062 und Rz 1105; *Urtz* in *Achatz/Kirchmayr* § 9 Tz 244; *W/K/M*² K 238; *Frei* in HB KonzernStR² 366; *Jettmar/Stieglitz* in *L/S/S/S* 133), welcher (auch) durch von Gruppenmitgliedern zugewiesenen laufenden Verlusten begründet sein kann. Dieser Verlustvortrag ist rechtlich auf Dauer ein Verlustvortrag des Gruppenträgers und verbleibt selbst nach Ausscheiden des Gruppenmitgliedes oder nach gänzlicher Auflösung der Unternehmensgruppe beim Gruppenträger (s zuletzt *Hirschler* in *Kirchmayr/Mayr*, Umgründungen 145; *Pinetz/Schaffer*, ÖStZ 2013, 82; *Pinetz/Stefaner* in *L/R/S/S*² § 9 Rz 167; *Mayr*, SWK 2015, 1233). 514

2. Auswirkung auf die Verwertbarkeit

Die Bestimmung § 9 Abs 6 Z 4 KStG bezieht sich ausschließlich auf (unbeschränkt steuerpflichtige) Gruppenmitglieder. Deren Vor- und Außergruppenverluste können nur **mit eigenen Gewinnen** nachfolgender Perioden des jeweiligen Gruppenmitglieds verrechnet werden und sind daher bei dem jeweiligen Gruppenmitglied **kanalisiert** (KStR Rz 1071). Nach hA ist damit auch eine Verrechnung dieser Verluste mit (von untergeordneten Beteiligungsgesellschaften) zugerechneten Gewinnen ausgeschlossen (*Pinetz/Stefaner* in *L/R/S/S*² § 9 Rz 171; *W/K/M*² K 248 und K 251; *Plansky/Ressler* in *L/S/S/S* 155 f; *Zöchling/Haslinger* in *Q/A/H/T/T* Rz 33; *Frei* in HB KonzernStR² 366; *Wiedermann/Wilplinger* in *D/H/H/S* 103; anders *Tumpel/Aigner* in *Q/A/H/T/T* § 9 Abs 6 Rz 90, die zuerst eine Verrechnung mit laufenden Verlusten von untergeordneten Gruppenmitgliedern annehmen; vor dem Hintergrund der Zielsetzung des Gruppenbesteuerungsregimes kritisch bezüglich der gesetzlichen Einschränkungen *Stefaner/Weninger*, RdW 2004, 565). Eine Zurechnung solcher Verluste zum Gruppenträger findet weder aus Anlass der Begründung der Gruppe bzw Gruppenmitgliedschaft noch zu einem späteren Zeitpunkt statt (*Pinetz/Stefaner* in *L/R/S/S*² § 9 Rz 170). Andererseits hindert ein überrechnetes negatives Ergebnis einer Beteiligungsgesellschaft nicht den Ausgleich des eigenen Jahresgewinns des Gruppenmitglieds mit seinen Vor- oder Außergruppenverlusten (s a *H/R/W/Z*² § 9 Abs 6 Rz 11). 516

Aus dem Wortlaut der Bestimmung ergibt sich, dass sich **Vor- und Außergruppenverluste** begrifflich ausschließlich bei Gruppenmitgliedern auswirken können, hingegen für den **Gruppenträger keine Bedeutung** haben (KStR Rz 1104; *Urtz* in *Achatz/Kirchmayr* § 9 Tz 264 mwN; *W/K/M*² K 246; *Vock* in *Q/R/S/S/V*²⁷ § 9 Rz 493; *Plansky/Ressler* in *L/S/S/S* 158; *Hügel* § 4 Rz 165; *Pinetz/Stefaner* in *L/R/S/S*² § 9 Rz 168). Verluste auf Ebene des Gruppenträges sind somit auf Grund- 517 lage des § 9 Abs 6 Z 2 KStG **immer** „normale" **vortragsfähige Verluste** iSd § 8 Abs 4 Z 2 KStG, unabhängig davon ob diese

- aus der eigenen Betätigung während aufrechter Gruppe stammen,
- von einem (in- oder ausländischen) Gruppenmitglied während aufrechter Gruppe dem Gruppenträger zugerechnet wurden,
- eigene Verluste des Gruppenträgers sind, die allerdings aus der Zeit vor Gruppenbildung stammen, oder
- umgründungsbedingt von einem Gruppenfremden auf den Gruppenträger übergegangen sind.

518 Die Verlustvorträge des Gruppenträgers können demzufolge auf Ebene des Gruppenträgers **mit dem gesamten Gruppenergebnis** (dh sowohl mit Einkünften der Gruppenmitglieder als auch des Gruppenträgers selbst) **verrechnet** werden (KStR Rz 1104; *Urtz* in *Achatz/Kirchmayr* § 9 Tz 264 mwN; *W/K/M²* K 295; *Tumpel/Aigner* in *Q/A/H/T/T* § 9 Abs 6 Rz 87; kritisch aus rechtspolitischer Sicht *Hohenwarter*, Verlustverwertung 244 f).

519 Nach § 9 Abs 6 Z 4 KStG können **Vor- und Außergruppenverluste** bis zur Höhe des eigenen Gewinns des jeweiligen Gruppenmitglieds verrechnet werden. Für die Verlustverrechnung ergibt sich daraus, dass die **75%ige Verlustverrechnungsgrenze** des § 8 Abs 4 Z 2 lit a KStG für derartige Vor- und Außergruppenverluste nicht gilt (KStR Rz 1071; *Urtz* in *Achatz/Kirchmayr* § 9 Tz 295 mwN; *Vock* in *Q/R/S/S/V*[27] § 9 Rz 506; *Pinetz/Stefaner* in *L/R/S/S²* § 9 Rz 171; *W/K/M²* K 250; *Wiesner/Mayr*, RdW 2004, 630; *Stefaner/Weninger*, ecolex 2004, 889; aus rechtspolitischer Sicht kritisch *Hohenwarter*, Verlustverwertung 244 ff) und Verluste damit zu 100 % mit laufenden eigenen Gewinnen verrechnet werden können.

520 Für die Verluste des **Gruppenträgers** ist hingegen die **Einschränkung** der Verlustverrechnung auf **75 %** des Gewinns gem § 8 Abs 4 Z 2 lit a KStG anzuwenden (KStR Rz 1104; *W/K/M²* K 295; *Urtz* in *Achatz/Kirchmayr* § 9 Tz 264 mwN; *Pinetz/Stefaner* in *L/R/S/S²* § 9 Rz 168; *Tumpel/Aigner* in *Q/A/H/T/T* § 9 Abs 6 Rz 47 u 87; *Wiedermann/Wilplinger* in *D/H/H/S* 103; *Plansky/Ressler* in *L/S/S/S* 158; *Vock* in *Q/R/S/S/V*[27] § 9 Rz 468 und 507).

520a Auf Grund des **AbgÄG 2014** (BGBl I 2014/13) wurde – wegen Entfalls im Einkommensteuerrecht – die **75%ige Verlustverrechnungsgrenze** – inhaltlich grundsätzlich unverändert – in § 8 Abs 4 Z 2 lit a KStG aufgenommen. Lediglich der Ausnahmekatalog wurde um die Nachversteuerung von Verlusten ausländischer Betriebsstätten gem § 2 Abs 8 Z 4 EStG sowie von Verlusten ausländischer Gruppenmitglieder gem § 9 Abs 6 Z 7 KStG erweitert, sodass nunmehr – ab Veranlagung für das Kalenderjahr 2015 – daraus beim Gruppenträger entstehende Gewinne zu 100 % mit Verlustvorträgen gegengerechnet werden können (zur Problematik der einschränkenden Regelung *Aigner/Kofler/Tumpel*, GES 2013, 307 ff).

521 Auf Grund der unterschiedlichen Behandlung von Vor- und Außergruppenverlusten im Vergleich zu „normalen" vortragsfähigen Verlusten iSd § 8 Abs 4 Z 2 KStG sind in der Praxis **Gestaltungsüberlegungen** für den Einsatz von ertragsstarken bzw ertragsschwachen Gesellschaften in der jeweiligen Gruppenstruktur geboten (*Frei* in HB KonzernStR² 367; *Urtz* in *Achatz/Kirchmayr* § 9 Tz 299 mwN; *Wiedermann/Wilplinger* in *D/H/H/S* 104; *Plansky/Ressler* in *L/S/S/S* 156 ff;

Hohenwarter, Verlustverwertung 243 ff; *Staringer*, ÖStZ 2005, 500; *Tschuschnig* in HB M&A 292).

Die Sonderbestimmung in Bezug auf Vor- und Außergruppenverluste in § 9 Abs 6 Z 4 KStG bezieht sich ausdrücklich nur auf solche Gruppenmitglieder, die der unbeschränkten Steuerpflicht in Österreich unterliegen. Damit sind **ausländische Gruppenmitglieder** von der Sonderregel des § 9 Abs 6 Z 4 KStG nicht erfasst (s a *Vock* in Q/R/S/S/V[27] § 9 Rz 492).

522

Nach bisheriger Auffassung verneinte die FV eine **unmittelbare Verrechenbarkeit** inländischer, dh in Österreich steuerpflichtiger (insb Betriebstätten-) Ergebnisse von beschränkt steuerpflichtigen Gruppenmitgliedern mit dem inländischen Gruppenergebnis (KStR Rz 1078). Diese restriktive Sichtweise der FV ist nach dem VwGH-Erk 16.9.2015 (2012/13/0060, ÖStZB 2015, 620) überholt (s a *Rzeszut/Riegler*, SWK 2015, 1494 ff) und soll nun aufgegeben werden (KStR Rz 1078 idF BegE WE 2017; s a *Schlager*, RWZ 2017, 339). Da aber vor Gruppenmitgliedschaft entstandene oder umgründungsbedingt übernommene **inländische Verluste eines ausländischen Gruppenmitglieds** keine Vor- oder Außengruppenverluste iSd § 9 Abs 6 Z 4 KStG sind, wäre die **75%ige Verlustverrechungsgrenze** des § 8 Abs 4 Z 2 lit a KStG anzuwenden (zur Anwendbarkeit der 75 %-Grenze auf beschränkt Steuerpflichtige *Doralt/Kirchmayr/Mayr/Zorn*, EStG[17] § 102 Rz 38/1).

Aus dem VwGH-Erk 16.9.2015 (2012/13/0060) ist uE allerdings nicht ableitbar, dass inländische Verlustvorträge eines ausländischen Gruppenmitglieds, die bei diesem vor Gruppenmitgliedschaft entstanden sind oder umgründungsbedingt übernommen wurden, mit dem inländischen Gruppenergebnis verrechnet werden können. Dies würde nämlich im Ergebnis eine Übertragung von Verlustvorträgen vom ausländischen Gruppenmitglied an den Gruppenträger bedeuten, wofür eine gesetzliche Deckung – selbst durch § 9 Abs 6 Z 4 KStG – nicht gegeben erscheint.

523

3. Umgründungsbedingte Änderung des Charakters

Werden umgründungsbedingt Verlustvorträge übertragen, kann sich dadurch der **Charakter** dieser Verlustvorträge **ändern**. Dafür ist einerseits die Wurzel der übertragenen Verluste dahingehend entscheidend, ob diese innerhalb der Unternehmensgruppe entstanden sind, und andererseits, ob die Verluste auf ein (anderes) Gruppenmitglied oder auf den Gruppenträger übertragen werden.

530

Werden **Vor- oder Außengruppenverluste** von einem Gruppenmitglied iRe Umgründung **auf ein anderes Gruppenmitglied übertragen**, behalten diese Verluste beim übernehmenden Gruppenmitglied den Charakter als Vor- oder Außengruppenverlust (begrifflich werden diese auf Grund des § 9 Abs 6 Z 4 S 1 KStG zu einem **Außergruppenverlust**). Die Sonderbestimmung des § 9 Abs 6 Z 4 S 2 KStG, wonach die umgründungsbedingt übergehenden Verluste beim übernehmenden Gruppenmitglied nicht als Außergruppenverluste qualifizieren, greift hier nicht, da diese Sonderbestimmung lediglich auf innerhalb der Unternehmensgruppe entstandene Verluste abzielt, Vor- und Außergruppenverluste hingegen begrifflich außerhalb der Unternehmensgruppe entstanden sind (*Frei* in HB KonzernStR[2] 367). Diese Verluste können sodann ohne Berücksichtigung der 75%igen Verlustverrechnungsgrenze mit eigenen positiven Einkünften des übernehmenden Gruppenmitglieds verrechnet werden.

531

532 Auf Grund der Begriffsbestimmung des § 9 Abs 6 Z 4 KStG gelten die von einem Gruppenmitglied umgründungsbedingt übernommenen Verluste unabhängig davon als Außengruppenverluste, ob diese beim übertragenden Gruppenmitglied als Vor- oder Außengruppenverluste zu werten waren (s a UmgrStR Rz 352, 620f, 1245a, 1786b, 1786c, 1786f und 1786j; *Urtz* in *Achatz/Kirchmayr* § 9 Tz 292; *W/K/M*^{2} K 489 u K 589). Gleiches gilt für vom Gruppenträger umgründungsbedingt übernommene Verlustvorträge ohne Differenzierung danach, ob diese beim Gruppenträger vor Begründung der Unternehmensgruppe entstanden sind oder durch einen Umgründungsvorgang (von einem Gruppenfremden) auf den Gruppenträger übertragen wurden. Wohl im Hinblick darauf, dass diese **begriffliche Unterscheidung** in den konkreten Auswirkungen in Bezug auf die 100%ige Verrechenbarkeit sowie die Einschränkung der Verrechenbarkeit auf eigene Gewinne keinen Unterschied macht, wird dieser begrifflichen Differenzierung in der Literatur keine weitere Bedeutung beigemessen.

533 **Überträgt** ein Gruppenmitglied **Vor- oder Außengruppenverluste** durch eine Umgründung **auf den Gruppenträger**, verlieren diese Verluste sodann beim Gruppenträger den Charakter als Vor- oder Außengruppenverlust. § 9 Abs 6 Z 4 KStG lässt nämlich beim Gruppenträger keinen Raum für die Anwendbarkeit der Sonderbestimmung für Vor- oder Außengruppenverluste. Demzufolge werden diese Verluste beim Gruppenträger sodann **zu „normalen" vortragsfähigen Verlusten**, die unter Beachtung der 75 %-igen Verrechnungsgrenze mit dem gesamten Gruppeneinkommen verrechnet werden können (*W/K/M*^{2} K 494 u K 517; *Reindl/Walter* in HB KonzernStR^2 660; *Wiedermann/Wilplinger* in *D/H/H/S* 103; *Erdelyi* in *D/H/H/S* 165; *Kolienz/Bruckner*, ÖStZ 2007, 504; *Huber* in *W/H/M*, HdU^{14} § 35 Rz 19; UmgrStR Rz 353d für Verschmelzungen, Rz 1786b für Spaltungen).

534 Wird ein vortragsfähiger Verlust **vom Gruppenträger** umgründungsbedingt **auf ein Gruppenmitglied** übertragen, sind zwei Fallkonstellationen zu unterscheiden. Handelt es sich bei diesem Verlust um einen solchen, der **vor der Begründung** der Unternehmensgruppe beim Gruppenträger entstanden ist, wird dieser beim übernehmenden Gruppenmitglied zu einem **Außengruppenverlust** (*Reindl/Walter* in HB KonzernStR^2 660; *Huber* in *W/H/M*, HdU^{14} § 35 Rz 18; *W/K/M*^{2} K 531; *Tumpel/Aigner* in *Q/A/H/T/T* § 9 Abs 6 Rz 92; *Kolienz/Bruckner*, ÖStZ 2007, 504; *Schwarzinger/Wiesner* I/23 2265 u 2269; *Pinetz/Stefaner* in *L/R/S/S*^{2} § 9 Rz 172; UmgrStR Rz 1245ac zur Einbringung und Rz 1786j zur Spaltung). Sind hingegen die vortragsfähigen Verluste **innerhalb der Unternehmensgruppe entstanden** und werden diese durch Umgründung auf ein Gruppenmitglied übertragen (dies kann – bei Weiterbestand des Gruppenträgers – lediglich Einbringungen und Abspaltungen durch den Gruppenträger betreffen, da sonst während der Gruppenzeit keine Verlustvorträge entstehen können und nur durch diese Umgründungstypen Verluste des Gruppenträgers auf ein Gruppenmitglied erfolgen können; s a *Vock* in *Q/R/S/S/V*^{27} § 9 Rz 502; in der Vorauflage *Frei* in HB KonzernStR 346), werden diese gem § 9 Abs 6 Z 4 S 2 KStG **beim übernehmenden Gruppenmitglied** ausdrücklich zu **keinen Außengruppenverlusten**. Diese werden vielmehr in auf den Umgründungsstichtag folgenden Veranlagungszeitraum zu einem **laufenden Jahresverlust** des übernehmenden Gruppenmitglieds (UmgrStR Rz 1245ah zur Einbringung und Rz 1786j zur Spaltung; *Huber* in *W/H/M*, HdU^{14} § 35 Rz 18; *W/K/M*^{2} K 599; *Pinetz/Stefaner* in *L/R/S/S*^{2} § 9 Rz 172; *Tumpel/Aigner* in *Q/A/H/T/T* § 9 Abs 6 Rz 92; *Reindl/Walter* in HB KonzernStR[2] 660; *Wiesner/ Mayr*, RdW 2004, 631; so auch bereits in den ErlRV zum StRefG 2005 451 BlgNR 22. GP, 23). Insoweit dieser nicht mit einem laufenden eigenen Gewinn – vor Verrechnung mit einem allfälligen Vor- oder Außengruppenverlust – des Gruppenmitglieds (nicht hingegen mit überrechneten Ergebnissen von untergeordnete Beteiligungskörperschaften, s a *Vock* in *Q/R/S/S/V*[27] § 9 Rz 503; *Urtz* in *Achatz/ Kirchmayr* § 9 Tz 234 f mwN; ErlRV 451 BlgNR 22. GP, 23; offen lassend KStR Rz 1064; aA *Zöchling/Haslinger* in *Q/A/H/T/T* Rz 33) ausgeglichen wird, wird dieser wiederum **als (laufender) Verlust dem Gruppenträger zugerechnet** (UmgrStR Rz 1245ah zur Einbringung und Rz 1786j zur Spaltung; *Urtz* in *Achatz/ Kirchmayr* § 9 Tz 293; *W/K/M*[2] K 531; in der Vorauflage *Frei* in HB KonzernStR 346; *Wiesner/Mayr*, RdW 2004, 631; *Kolienz/Bruckner*, ÖStZ 2007, 504; *Schwarzinger/Wiesner* I/2[3] 2265 u 2269; s a § 35 Rz 24). Verfügt das übernehmende Gruppenmitglied über Vor- oder Außengruppenverluste, können diese erst nach Ausgleich des umgründungsbedingt vom Gruppenträger übernommenen Verlustvortrags mit dem laufenden Jahresgewinn des Gruppenmitglieds verwertet werden (s a *H/R/W/Z*[2] § 9 Abs 5 Rz 14).

Wird der **Gruppenträger** auf ein Gruppenmitglied verschmolzen (dies kann nach Auffassung der FV lediglich eine **Verschmelzung down-stream** betreffen, da andernfalls die Unternehmensgruppe nicht weiterbesteht; UmgrStR Rz 354d; bestätigt durch VwGH 28.6.2016, 2013/13/0066; s a *Zorn*, RdW 2016, 567; *Wiesner*, RWZ 2016, 276; *Pinetz*, GES 2016, 374; anders noch UFS 25.4.2013, RV/0088-W/12, wonach die Verschmelzung einen Übergang der Gruppenträger-Eigenschaft bewirkt; s a Rz 70 ff mwN), ändert sich nichts am Charakter der umgründungsbedingt mitübertragenen Verluste. Diese bleiben – im Hinblick darauf, dass die übernehmende Gesellschaft zum Gruppenträger wird (sa Rz 73) und bei diesem die Regelung des § 9 Abs 6 Z 4 KStG nicht greift – „normale" vortragsfähige Verluste iSd § 8 Abs 4 Z 2 KStG (UmgrStR Rz 353i; *W/K/M*[2] K 498; *Hügel* § 4 Rz 74). Allfällige Vor- und Außengruppenverluste des übernehmenden Gruppenmitglieds werden auf Grund der nunmehrigen Gruppenträgerstellung ebenfalls zu „normalen" vortragsfähigen Verlusten iSd § 8 Abs 4 Z 2 KStG (UmgrStR Rz 353i; *Kolienz/Bruckner*, ÖStZ 2007, 504; *Hügel* § 4 Rz 74). 535

Wird der **Gruppenträger auf ein Gruppenmitglied einer fremden Unternehmensgruppe verschmolzen** (gem VwGH und Auffassung der FV geht die Gruppenträger-Eigenschaft unter und führt damit zu einem Untergang der Unternehmensgruppe; s a Rz 70), sind die vom aufnehmenden Gruppenmitglied (der fremden Unternehmensgruppe) übernommenen Verlustvorträge sodann als Außengruppenverluste zu qualifizieren. 535a

Diese Auswirkungen in Bezug auf den Charakter der Verlustvorträge gelten grundsätzliche auch dann, wenn die betreffenden Verluste durch **mehrere Umgründungen mehrfach übertragen** werden. § 9 Abs 6 Z 4 KStG legt nämlich nahe, dass für die Beurteilung des Charakters der Verluste auf das jeweilige **Entstehen der Verluste** abzustellen ist. Dies zeigt sich insb in der Konstellation, wenn umgründungsbedingt ein Verlustvortrag des Gruppenträgers in einem ersten Umgründungsschritt auf eine gruppenfremde Gesellschaft übergeht (dies kann im Wege einer Einbringung oder Abspaltung erfolgen), und dieser Verlustvortrag durch einen nachfolgenden Umgründungsschritt auf ein Gruppenmitglied über- 536 tragen wird. Für einen derartigen in die Unternehmensgruppe „zurückimportierten" Verlust liegt nahe, diesen beim übernehmenden Gruppenmitglied als Außergruppenverlust zu werten. Insoweit dieser Verlust innerhalb derselben Gruppe beim Gruppenträger entstanden ist – somit während aufrechtem Gruppenbestand und vor dem ersten Umgründungsschritt – würde dieser als Ausnahme gem § 9 Abs 6 Z 4 S 2 KStG zu keinem Außergruppenverlust werden, da der Verlust auf ein Gruppenmitglied übergeht. Insofern wäre ein solcher Verlust als laufender Jahresverlust des Gruppenmitglieds zu erfassen (s Rz 534).

537 Auf Grund der Sonderstellung von **inländischen Verlusten ausländischer Gruppenmitglieder** (s Rz 522 f) sind unterschiedliche Auswirkungen bei umgründungsbedingter Übertragung dieser Verluste möglich. Wird der inländische Verlustvortrag des ausländischen Gruppenmitglieds umgründungsbedingt auf ein anderes ausländisches Gruppenmitglied übertragen (durch einen Verschmelzungs-, Einbringungs- oder Spaltungsvorgang im Ausland), wird die Nichtzulässigkeit einer Verrechnung dieser Verluste in der Gruppe (s Rz 522 f) bei der übernehmenden (ausländischen) Gesellschaft fortgesetzt. Wird der inländische Verlustvortrag auf ein inländisches Gruppenmitglied übertragen (insb durch [grenzüberschreitende] Verschmelzung, Umwandlung oder Einbringung), werden diese Verluste bei der übernehmenden inländischen Gesellschaft grundsätzlich zu einem Außergruppenverlust. Allerdings kann hier die Ausnahmeregelung des § 9 Abs 6 Z 4 S 2 KStG greifen, wonach kein Außergruppenverlust entsteht, wenn diese inländischen Verluste beim ausländischen Gruppenmitglied während Gruppenmitgliedschaft entstanden sind; diese konnten auch innerhalb der Gruppe nicht unmittelbar mit dem inländischen Gruppenergebnis verrechnet werden und auch nicht zu einem Verlustvortrag des Gruppenträgers werden (s a Rz 522).

538 Überträgt ein **ausländisches Gruppenmitglied** inländische Verluste durch eine Umgründung **auf den Gruppenträger**, werden diese Verluste beim Gruppenträger sodann – gleichermaßen wie bei der umgründungsbedingten Übertragung von einem inländischen Gruppenmitglied auf den Gruppenträger – zu „normalen" vortragsfähigen Verlusten iSd § 9 Abs 6 Z 4 KStG.

539 Der Übergang inländischer Verluste auf ein inländisches Gruppenmitglied oder den Gruppenträger erfolgt unabhängig von einer allfälligen **Nachversteuerung** des Verlustes des ausländischen Gruppenmitglieds beim Gruppenträger (s dazu Rz 97).

C. Objektbezug des verlustverursachenden Vermögens

1. Allgemeine Grundsätze

550 Auch iRd Unternehmensgruppe sind bei Umgründungsvorgängen, die den Gruppenträger oder ein oder mehrere Mitglied(er) der Gruppe betreffen, in Bezug auf die Verlustvorträge die **allgemeinen Grundsätze des Objektbezugs** zu beachten (s a Rz 500). Dies betrifft die einschränkenden Bestimmungen gleichermaßen für die **übertragende** wie auch die **übernehmende Gesellschaft**.

550a Zur steuersystematischen und steuerpolitischen **Kritik** insb iZm der Gruppenbesteuerung s § 4 Rz 5.

551 Zu beachten ist dabei die Einschränkung, dass Verlustvorträge umgründungsbedingt nur insoweit übergehen, als das sogenannte **verlusterzeugende Vermögen**

(dazu s a § 4 Rz 50 ff) zum Zeitpunkt des Umgründungsstichtages **tatsächlich vorhanden ist** (s a § 4 Rz 46). Darüber hinaus wird verlangt, dass das verlusterzeugende Vermögen im Vergleich zur Verlustentstehung nicht derart **vermindert** ist, dass nach dem Gesamtbild der Verhältnisse eine Vergleichbarkeit nicht mehr gegeben ist (s a § 4 Rz 101 ff). Nach Ansicht der FV ist dafür eine „fraktionierte Rückwärtsbetrachtung" anzustellen (s a § 4 Rz 102 mwN; UmgrStR Rz 218 u 222). Dabei wird eine **qualifizierte Umfangsminderung** ab 75 %, die an Hand von quantitativen betriebswirtschaftlichen Kriterien zu beurteilen ist, als schädlich angesehen (UmgrStR Rz 222; s a § 4 Rz 104).

2. Rechtsfolge

Ist das verlusterzeugende Vermögen bei der **übertragenden Gesellschaft** nicht mehr vorhanden oder infolge einer qualifizierten Umfangsminderung wirtschaftlich nicht mehr vergleichbar, **geht** der Verlustvortrag der übertragenden Gesellschaft iRv Verschmelzungen, Umwandlungen und Aufspaltungen **unter**. Einbringungen und Abspaltungen führen diesfalls zu keinem Untergang der Verlustvorträge, der fehlende Objektbezug verhindert allerdings einen umgründungsbedingten Übergang auf die übernehmende Gesellschaft, sodass der Verlustvortrag bei der übertragenden Gesellschaft **verbleibt** (s a Rz 502). 555

Anders verhält es sich hingegen bei der **übernehmenden Gesellschaft**: hier bewirkt das Fehlen des verlusterzeugenden Vermögens oder der Vergleichbarkeit infolge qualifizierter Umfangsminderung – unabhängig vom Typus des Umgründungsvorganges – regelmäßig den **Untergang** der Verlustvorträge (s a Rz 503). 556

Diese Auswirkungen kommen gleichermaßen für Umgründungsvorgänge von Gesellschaften zum Tragen, die als Gruppenträger oder Gruppenmitglied an einer Unternehmensgruppe beteiligt sind. 557

3. Gruppenbedingte Trennung der Verlustvorträge vom verlusterzeugenden Vermögen

Erzielt ein **Gruppenmitglied** iRd aufrechten Unternehmensgruppe **Verluste**, werden diese auf Grund der Ergebniszurechnungsvorschrift des § 9 Abs 6 KStG dem Gruppenträger zugewiesen. Insoweit diese dem Gruppenträger zugewiesenen Verluste des Gruppenmitglieds nicht durch andere positive Einkünfte (des Gruppenträgers selbst, von anderen Gruppenmitgliedern zugewiesene Gewinne oder infolge der Nachversteuerung von Verlusten ausländischer Gruppenmitglieder; s dazu KStR Rz 1086 ff; *Urtz* in *Achatz/Kirchmayr* § 9 Tz 342 ff; *Vock* in *Q/R/S/V*[27] § 9 Rz 615 ff) im selben Jahr ausgeglichen werden und somit beim Gruppenträger insgesamt ein Verlust entsteht, werden diese zu einem Verlust des Gruppenträgers. Dieser Verlust, selbst wenn er auf einen von einem Gruppenmitglied zugewiesenen Verlust beruht, gilt sodann als **eigener Verlustvortrag des Gruppenträgers** (KStR Rz 1105; *Urtz* in *Achatz/Kirchmayr* § 9 Tz 266; *Tumpel/Aigner* in *Q/A/H/T/T* § 9 Abs 6 Rz 47 u 87; *Urtz/Stanek* in *Bergmann/Bieber* § 9 Rz 20; *Pinetz/Stefaner* in *L/R/S/S*[2] § 9 Rz 167). 560

Diese Verlustzurechnung an den Gruppenträger bewirkt somit eine **Trennung** von in der Gruppenzeit entstandenen **Verlustvorträgen** und dem **verlusterzeugenden Vermögen**. Die Verlustvorträge befinden sich beim Gruppenträger, während sich das verlusterzeugende Vermögen weiterhin beim Gruppenmitglied be- 561 findet (*Frei* in HB KonzernStR[2] 376; *Frei*, ecolex 2006, script 2; *Hohenwarter/ Staringer* in *L/S/S/S* 409 f; *Urtz/Stanek* in *Bergmann/Bieber* § 9 Rz 21).

562 Für diese während aufrechter Gruppe entstandenen und vom verlusterzeugenden Vermögen losgekoppelten Verlustvorträge ist sodann bei Umgründungsvorgängen entscheidend, auf welche **(Betrachtungs)Einheit** der geforderte Objektbezug bezogen wird. IdZ werden zwei **unterschiedliche Denkansätze** vertreten. Während auf der einen Seite die **Beteiligung** an jener Gesellschaft, die die an den Gruppenträger zugerechneten Verluste verursacht hat, als relevante Bezugsgröße gewertet wird (s dazu im Detail Rz 570 ff), wird auf der anderen Seite nach der neuen Verwaltungsmeinung die Bezugnahme auf das jeweils **originäre verlusterzeugende Vermögen** in einer gruppenbezogenen Betrachtungsweise vertreten (s dazu im Detail 605 ff).

563 Anders verhält es sich bei **eigenen Verlusten des Gruppenträgers**. Daraus entstehende Verlustvorträge, die der Gruppenträger durch eigene Betätigung erwirtschaftet hat, sind dem Gruppenträger selbst zuzurechnen, folglich kann es bei derartigen Verlusten zu **keiner gruppenbedingten Trennung** vom verlusterzeugenden Vermögen kommen. Dies gilt gleichermaßen für Verluste, die vor Gruppenbildung oder in der Unternehmensgruppe beim Gruppenträger im Rahmen seiner eigenen Betätigung entstanden sind, wie auch für solche Verluste, die umgründungsbedingt auf den Gruppenträger übertragen worden sind (so auch *Frei*, ecolex 2006, script 2).

564 Handelt es sich um **Vor- oder Außengruppenverluste** (s a Rz 511 ff) eines Gruppenmitglieds, kann die Unternehmensgruppe ebenfalls keine Trennung der Verluste vom verlusterzeugenden Vermögen bewirken. Auf Grund des § 9 Abs 6 Z 4 KStG gelten solche Verluste als eigene Verluste des jeweiligen Gruppenmitglieds, das diese Verluste selbst erzielt oder (gemeinsam mit dem entsprechenden zugrunde liegenden verlusterzeugenden Vermögen) umgründungsbedingt übernommen hat (*Frei*, ecolex 2006, script 2; *Huber* in *W/H/M*, HdU[14] § 35 Rz 18). Vor- und Außergruppenverluste von Gruppenmitgliedern sind somit zwingend mit dem jeweils verlusterzeugenden Vermögen verbunden (*Frei* in HB KonzernStR[2] 376).

565 Insoweit es sich um vom **Gruppenträger selbst erwirtschaftete** (bzw umgründungsbedingt übernommene) eigene Verluste handelt, ist der Objektbezug sowie eine qualifizierte Umfangsminderung des verlusterzeugenden Vermögens beim Gruppenträger selbst zu prüfen (*Huber* in *W/H/M*, HdU[14] § 35 Rz 19; *Frei* in HB KonzernStR[2] 376). Das Gleiche gilt in Bezug auf **Vor- oder Außergruppenverluste** eines Gruppenmitglieds, für die das Vorhandensein des verlusterzeugenden Vermögens des Gruppenmitglieds ohne qualifizierte Umfangsminderung relevant ist (*Mayr/Petrag/Schlager*, RdW 2012, 58; dem folgend *Moser*, RWZ 2012, 170; glA *Reindl/Walter* in HB KonzernStR[2] 659). Demzufolge ergeben sich bei derartigen Verlusten gruppenbedingt **keine Besonderheiten** für den umgründungsbedingten Übergang oder Weiterbestand der Verlustvorträge. Nach Wortlaut und Sinn können die Verlustübergangsbestimmungen des UmgrStG für derartige Verluste unstreitig angewendet werden (*Frei*, ecolex 2006, script 2; *Hügel* § 4 Rz 64).

4. Objektbezug über die Beteiligung
a) Allgemeines

570 Für die übertragende Gesellschaft normiert § 4 Z 1 lit a als Voraussetzung, dass das übertragene Vermögen am Verschmelzungsstichtag **tatsächlich vorhanden**

sein muss. Gleiches verlangt § 4 Z 1 lit b für das verlusterzeugende Vermögen der aufnehmenden Gesellschaft. Diese beiden Erfordernisse werden durch § 4 Z 1 lit c in Bezug auf eine **qualifizierte Umfangsminderung** erweitert.

Legt man rein den Wortlaut dieser Bestimmungen der gruppenspezifisch entstandenen Konstellation der endgültigen **Trennung** der Verluste vom verlusterzeugenden Vermögen (s Rz 560 f) zugrunde, kann der geforderte Objektbezug nur eingeschränkt zum Tragen kommen. **571**

b) Umgründung des Gruppenmitglieds

Für Umgründungsvorgänge, die lediglich (ein oder mehrere) Gruppenmitglied(er), nicht jedoch den Gruppenträger betreffen, wären die Bestimmungen über den Übergang oder Wegfall von Verlustvorträgen, die von Gruppenmitgliedern stammen und dem Gruppenträger zugerechnet wurden, vom reinen Wortlaut her nicht anwendbar. Das **Gruppenmitglied** besitzt auf Grund der Zurechnung der von ihm in der Gruppe erwirtschafteten Verluste an den Gruppenträger **keine eigenen Verluste**. Insoweit würden die Bestimmungen des § 4 Z 1 lit a und b, die sich vom reinen Wortlaut her auf Verluste der übertragenden bzw übernehmenden Gesellschaft beziehen, bei einer Umgründung des Gruppenmitglieds (ohne Einbeziehung des Gruppenträgers) **ins Leere gehen** (*Frei*, ecolex 2006, script 3; *Frei* in HB KonzernStR[2] 377; *Hügel* § 4 Rz 67 ff; *Plott*, ÖStZ 2010, 436; *Kanduth-Kristen/Stefaner* in Unternehmensbesteuerung 321; dieses Ergebnis einer „Immunisierung" von Verlusten von Gruppenmitgliedern aus der Zeit der Gruppenzugehörigkeit befürwortend *Pinetz/Schaffer*, ÖStZ 2013, 82; unter Bezug auf historische und systematische Gründe eine derartige „Immunisierung" ablehnend *Mayr* in *Kirchmayr/Mayr/Hirschler*, Gruppenbesteuerung 21). **572**

Die Bestimmungen des § 4 Z 1 lit a und b haben in dieser Betrachtung folglich bei einer Umgründung eines Gruppenmitglieds lediglich für dessen **Vor- oder Außengruppenverluste** Bedeutung (s a *Hügel* § 4 Rz 67 f; *Kanduth-Kristen/Stefaner* in Unternehmensbesteuerung 321; *Pinetz/Schaffer*, ÖStZ 2013, 82). **573**

Eine solche am Wortlaut orientierte Auslegung hat zur Auswirkung, dass solche Verlustvorträge, die beim Gruppenträger durch Verlustzuweisung eines Gruppenmitglieds entstanden sind, durch Umgründungen eines Gruppenmitglieds **niemals untergehen** könnten, selbst wenn das verlusterzeugende Vermögen nicht mehr oder nicht mehr im wirtschaftlich vergleichbaren Umfang vorhanden ist. **574**

Ein derartiges Auslegungsergebnis wird mit der **Zielsetzung** der Gruppenbesteuerung begründet, eine Verrechnung von laufenden Gewinnen und Verlusten zwischen Gesellschaften gerade zu ermöglichen, die durch Einschränkungen bei der Verrechnung von Verlusten in einer späteren Periode, nämlich in Form der Verwertung von Verlustvorträgen, nicht konterkariert werden soll. Darüber hinaus haben Änderungen innerhalb der Unternehmensgruppe, solange die Unternehmensgruppe unverändert aufrecht bleibt, keine Auswirkungen auf die Ausgleichbarkeit der Ergebnisse und die Verwertbarkeit der Verluste insgesamt. Insofern könne eine Kürzung von Verlustvorträgen nicht dadurch begründet werden, dass ansonsten nicht verwertbare Verluste durch eine Umgründung als Umgehung des Mantelkauftatbestandes durch eine andere Gesellschaft verwertbar werden (*Frei*, ecolex 2006, script 3). Diese Begründung erscheint insoweit zutreffend, als ein Umgrün- **575** dungsvorgang lediglich einen Vermögensübergang innerhalb der Unternehmensgruppe betrifft, zumal die Verlustvorträge davon unberührt beim Gruppenträger verbleiben. Auf der anderen Seite greift diese Begründung bei solchen Umgründungsvorgängen nicht, die eine Vermögensübertragung aus der Unternehmensgruppe hinaus oder in die Unternehmensgruppe hinein zum Inhalt haben.

576 Diese Betrachtungsweise entsprach – **bis zum WE 2011** UmgrStR zum Art I – der **hA** (*W/K/M*, Gruppenbesteuerung[2] K 477; *Zöchling* in *W/Z/H/K*[5] § 4 Rz 26; *Huber* in *W/H/M*, HdU[14] § 35 Rz 6a u 19; *Hügel* § 4 Rz 60 ff; *Kanduth-Kristen/Stefaner* in Unternehmensbesteuerung 320; *Mayr*, RdW 2010, 536; *Papst/Polster-Grüll* in HB Unternehmenskauf Rz 25; *Plott*, ÖStZ 2010, 437; s a § 35 Rz 24) und auch der **Verwaltungsmeinung**. In den UmgrStR idF WE 2008 war dazu zwar keine ausdrückliche Aussage enthalten, allerdings konnte aus der reinen Bezugnahme auf Vor- und Außergruppenverluste bei der Umgründung von Gruppenmitgliedern (UmgrStR Rz 353 zur Verschmelzung, Rz 620f f zur Umwandlung, Rz 1245a zur Einbringung, Rz 1786 und Rz 1786b sowie Rz 1786c zur Aufspaltung, Rz 1786f und Rz 1786h zur Abspaltung idF vor WE 2011) abgeleitet werden, dass dem Gruppenträger zugerechnete Verluste eines Gruppenmitglieds bei einer Umgründung des Gruppenmitglieds nicht zu prüfen sind. Zur Auffassung nach WE 2011 der UmgrStR s Rz 625 ff.

c) Umgründung des Gruppenträgers

580 Würde man den bloßen **Wortlaut** des § 4 Z 1 lit a und b auf **Verluste des Gruppenträges** beziehen, die ihm von einem Gruppenmitglied iRd Gruppenbesteuerung zugerechnet wurden, könnte bei einer Umgründung des Gruppenträgers (als übertragende Gesellschaft bei Verschmelzung, Umwandlung oder Aufspaltung sowie generell als übernehmende Gesellschaft) der Weiterbestand dieser Verlustvorträge in Frage gestellt werden. Befindet sich nämlich das **verlusterzeugende Vermögen beim Gruppenmitglied** (außer dieses verlusterzeugende Vermögen ist iRe vorangegangenen Umgründungsschrittes oder einen anderen Vorgang auf den Gruppenträger übertragen worden), kann beim Gruppenträger die in § 4 Z 1 lit a und b **geforderte Verbindung** zum verlusterzeugenden Vermögen **nicht bestehen**. Eine derartige Auslegung würde bei einer Umgründung des Gruppenträgers sämtliche Verlustvorträge, die aus von (allen) Gruppenmitgliedern zugerechneten Verlusten stammen, untergehen lassen. Diese Auswirkung würde selbst dann eintreten, wenn im Zeitpunkt der Umgründung des Gruppenträgers das verlusterzeugende Vermögen auf Ebene des Gruppenmitglieds unvermindert besteht. Zumal solche dem Gruppenträger zugerechneten Verluste in aller Regel (s Ausnahme oben) keine Verbindung zum verlusterzeugenden Vermögen haben, wird eine derartig **einschränkende Auslegung** als im **Widerspruch** mit der Grundintention und dem System der Gruppenbesteuerung einhellig **abgelehnt** (*Frei*, ecolex 2006, script 3 f; *Damböck*, ecolex 2007, 160; *Hohenwarter/Staringer* in *L/S/S/S* 410 ff; *Pinetz/Schaffer*, ÖStZ 2013, 83).

581 Für eine Umgründung des Gruppenträgers ist demzufolge eine **modifizierte Betrachtung des Objektbezuges** geboten (*Damböck*, ecolex 2007, 160; glA – wenn auch mit einem anderen Ergebnis – *Hohenwarter/Staringer* in *L/S/S/S* 410 ff). Für den Gruppenträger ergibt sich der Objektbezug für die von den Gruppenmitgliedern gruppenbedingt zugerechneten Verluste demzufolge aus den unmittelbaren und mittelbaren **Beteiligungen**. Diese modifizierte Betrachtungsweise wurde durch den WE 2008 in die UmgrStR aufgenommen (UmgrStR Rz 354d idF WE 2008; s a in der Vorauflage *Reindl/Walter* in HB KonzernStR 616 f; *Mayr*, RdW 2010, 536; *Plott*, ÖStZ 2010, 437; *W/K/M*² K 477 u K 536; kritisch zur Beteiligung als Bezugsgröße *Frei*, ecolex 2006, script 4 f; *Frei*, ecolex 2008, 170 f; *Hügel* § 4 Rz 62; *Hügel* in GedS Helbich 212).

Im Schrifttum wurde demgegenüber weitergehend argumentiert, dass bei Umgründungen des Gruppenträgers angesichts der **gruppenimmanenten Trennung** von Verlusten vom verlusterzeugenden Vermögen eine Prüfung hinsichtlich des Vorhandenseins des verlusterzeugenden Vermögens gänzlich zu unterbleiben hat. Als Begründung wird dafür angeführt, dass andernfalls die Gruppenbesteuerung, die ausdrücklich als Begünstigungsvorschrift konzipiert war, bei Umgründungen unvermeidbar nachteilige Auswirkungen hätte, und die Vorschrift des § 9 Abs 6 KStG den umgründungssteuerlichen Bestimmungen über den Verlustvortrag einen Teil ihres Anwendungsbereiches entzogen habe (*Frei*, ecolex 2006, script 4 f; *Frei* in HB KonzernStR² 377; im Ergebnis glA *Hügel* § 4 Rz 62 u 69 auf Grund der Lösung der Verbindung zwischen Verlusten und dem verlusterzeugenden Vermögen des Gruppenmitglieds). 582

Insoweit die **Beteiligung an jener Gesellschaft**, die den Verlust an den Gruppenträger in der Vergangenheit zugerechnet hat, zum Umgründungsstichtag noch besteht, gilt bei einer Umgründung des Gruppenträgers der Objektbezug mit dem verlusterzeugenden Vermögen als gegeben. IdZ ist auf jedes einzelne Gruppenmitglied abzustellen, das dem Gruppenträger **Verluste zugerechnet** hat. Insoweit diese an den Gruppenträger zugerechneten Verluste zwischen Zurechnung und Umgründung des Gruppenträgers verwertet wurden, stellen diese keine Verlustvorträge beim Gruppenträger mehr dar und können auch nicht von der Einschränkung des Objektbezuges erfasst sein. 583

In einer **mehrgliedrigen Unternehmensgruppe** ist nach Auffassung der FV dabei entscheidend, dass die Beteiligung an jener Gesellschaft noch vorhanden ist, aus der die **Verluste stammen**, die nach § 9 Abs 6 KStG (letztlich) an den Gruppenträger zugerechnet wurden. Aus Sicht des Gruppenträgers wird damit auch auf lediglich **mittelbare Beteiligungen** abgestellt (UmgrStR Rz 354d idF WE 2008; kritisch zur Einbeziehung mittelbarer Beteiligungen als Objektbezug *Frei*, ecolex 2008, 170; in der Vorauflage *Huber* in *W/H/M*, HdU¹¹ § 35 Rz 6; *Hügel* § 4 Rz 61; *Kanduth-Kristen/Stefaner* in Unternehmensbesteuerung 321). 584

Dadurch wird zwar der Objektbezug auf Ebene des Gruppenträges gefordert, dessen ungeachtet ist idZ für den Objektbezug nicht die vom Gruppenträger unmittelbar gehaltene Beteiligung an jener Gesellschaft relevant, die (mittelbar) die Anteile an jener Gesellschaft hält, aus der die Verluste stammen. Demzufolge wird von einer Unmittelbarkeit Abstand genommen und eine **Mittelbarkeit** des Objektbezuges als ausreichend erachtet. 585

Ist die den Objektbezug vermittelnde Beteiligung zwar vorhanden, aber in einem **verminderten Ausmaß**, ist hinsichtlich dieser Beteiligung das Erfordernis der **wirtschaftlichen Vergleichbarkeit** iSd § 4 Z 1 lit c beachtlich (s a in der Vorauflage 586

Reindl/Walter in HB KonzernStR 617). Eine schädliche qualifizierte Umfangsminderung wird dann angenommen, wenn das **prozentuelle Beteiligungsausmaß** um mindestens 75 % vermindert wurde (UmgrStR Rz 221; s a § 4 Rz 107 f).

587 Ob die den Objektbezug vermittelnde Beteiligung im Zeitpunkt der Umgründung des Gruppenträgers **noch Gruppenmitglied ist**, ist ohne Bedeutung. Denn Rz 354d UmgrStR idF WE 2008 stellt lediglich auf das Vorhandensein der Beteiligung ab, eine aufrechte Gruppenmitgliedschaft wird nicht gefordert (glA *Frei*, ecolex 2008, 171; in der Vorauflage *Huber* in *W/H/M*, HdU[11] § 35 Rz 6; anders noch der Erlassentwurf, der für das verlustverursachende Gruppenmitglied bis zur Umgründung eine Teilnahme an der Unternehmensgruppe forderte; kritisch dazu *Damböck*, ecolex 2007; 160; *Frei*, ecolex 2008, 171). Dies steht im Einklang mit dem Konzept der Gruppenbesteuerung, wonach die Verluste des Gruppenmitglieds dem Gruppenträger endgültig zugerechnet und auch iRd Steuerumlage berücksichtigt werden.

588 Bei Betrachtung der Beteiligung an der verlustverursachenden Gesellschaft für den Objektbezug ist es sodann **irrelevant**, ob bei einer Umgründung des Gruppenträgers das **originär verlustverursachende Vermögen** (nämlich der Betrieb, Teilbetrieb oder sonstiges nicht einem Betrieb zurechenbares Vermögen) noch besteht oder allenfalls im Umfang (gegenüber dem Verlustentstehungszeitpunkt) qualifiziert vermindert ist. Besteht somit der verlustverursachende Betrieb in der verlustverursachenden Gesellschaft nicht mehr, hätte dies keine Auswirkungen auf den Verlustvortrag beim Gruppenträger, solange der Gruppenträger diese Beteiligung weiterhin (zumindest mittelbar) hält. Dies gilt gleichermaßen, wenn dieser verlusterzeugende Betrieb durch Verkauf oder Einstellung überhaupt nicht mehr besteht, oder allenfalls auf eine andere (mittelbare) Tochtergesellschaft des Gruppenträgers übergegangen ist (so auch *Mayr/Petrag/Schlager*, RdW 2012, 63).

Auf der anderen Seite würde der Objektbezug beim Gruppenträger verloren gehen, wenn die verlusterzeugende Beteiligung nicht mehr vorhanden ist, allerdings das zugrunde liegende originär verlusterzeugende Vermögen (nämlich der Betrieb, Teilbetrieb oder sonstiges nicht einem Betrieb zurechenbares Vermögen) auf Grund einer vorangegangenen Übertragung (zB Umgründung, Veräußerung oder Einlage) bei einer anderen (mittelbaren) Tochtergesellschaft des Gruppenträgers oder im Gruppenträger selbst weiterbesteht.

589 Die **verlusterzeugende Beteiligung** kann iRe Umgründung untergehen. Fällt diese Beteiligung iRe **Schwesternverschmelzung** weg, findet diese Beteiligung auf Grund der Identitätsfiktion des § 5 (s a § 5 Rz 1) ihre Fortsetzung in den Anteilen an der aufnehmenden Schwestergesellschaft, wodurch ein Weiterbestehen des Objektbezuges gegeben ist. Darüber hinaus wäre das Erfordernis des Objektbezuges dahingehend zu verstehen, dass der Objektbezug auch in umgründungsbedingt entstandenen **(Gegenleistungs)Anteilen** fortgesetzt werden kann (so auch *Frei*, ecolex 2008, 172; in der Vorauflage *Huber* in *W/H/M*, HdU[11] § 35 Rz 6).

590 Unklar erscheint die Rechtsfolge insbesondere bei **Spaltungen**, wenn die Beteiligung als relevante Bezugsgröße für den Objektbezug herangezogen wird. Spaltet nämlich die verlusterzeugende Gesellschaft als Gruppenmitglied Vermögen auf eine Schwestergesellschaft ab, wird dadurch die den Objektbezug vermittelnde **Beteiligung „zerlegt"**. Fraglich ist, ob nach Spaltung der Objektbezug weiterhin ausschließlich auf die Beteiligung an der spaltenden Gesellschaft bezogen wird, oder möglicherweise auch zusätzlich (oder ersetzend) auf die Beteiligung an der übernehmenden Schwestergesellschaft. Wird der Objektbezug auf die Beteiligung an der übernehmenden Gesellschaft ausgedehnt, wird darüber hinaus unklar, inwieweit der Objektbezug noch gegeben ist, wenn im Zeitpunkt einer späteren Umgründung des Gruppenträgers sodann eine dieser beiden Gruppenmitglieder nicht mehr besteht (s a zur ähnlich gelagerten Problematik in Bezug auf die dreijährige Mindestbestandsfrist Rz 200 u 208).

Anders verhält es sich bei einer **Up-stream-Verschmelzung**, im Rahmen derer die **Beteiligung ersatzlos untergeht.** Da in diesem Fall die wegfallende Beteiligung durch das übernommene Vermögen der untergehenden Gesellschaft und nicht durch eine andere Beteiligung ersetzt wird, wäre diesfalls aus Rz 354d UmgrStR idF WE 2008 ableitbar, dass dadurch die für den Objektbezug relevante Beteiligung weggefallen ist und dadurch bei einer Umgründung des Gruppenträgers der diesbezügliche Verlustvortrag untergeht. 591

Eine derart weitgehende Rechtsfolge erscheint insb in jenen Fällen **unsachlich**, wenn diese Beteiligung up-stream auf den Gruppenträger verschmolzen wird und das verlustverursachende Vermögen selbst noch besteht und verschmelzungsbedingt auf den Gruppenträger übergeht. Um ein derartiges Ergebnis zu vermeiden, wird der Ansatz vertreten, dass diesfalls der **Objektbezug weiter zu modifizieren** und wiederum auf das originäre verlustverursachende Vermögen selbst zu beziehen ist (*Damböck*, ecolex 2008, 160; im Ergebnis glA *W/K/M*[2] K 510; idS auch *Pinetz/Schaffer*, ÖStZ 2013, 83; krit *Hügel* § 4 Rz 62; Rz 215a UmgrStR idF WE 2015 greift nunmehr auf das Vermögen [zB Betrieb] der verschmelzungsbedingt untergegangenen Beteiligung zurück; s a *Hübner-Schwarzinger*, SWK 2016, 380). 592

Wird jene Gesellschaft, deren Beteiligung den Objektbezug vermittelt, **up-stream** auf ein anderes Gruppenmitglied **verschmolzen** (zB Verschmelzung einer Enkel- auf die Tochtergesellschaft), wird die wegfallende (den Objektbezug vermittelnde) Beteiligung an der Enkelgesellschaft durch das übernommene Vermögen der Enkelgesellschaft (nämlich in der übernehmenden Tochtergesellschaft durch das originäre verlusterzeugende Vermögen selbst) ersetzt. Aus Sicht des Gruppenträgers besteht auch nach dieser Verschmelzung die Beteiligung an der Tochtergesellschaft unverändert fort. Um für den Gruppenträger nun diese Beteiligung an der Tochtergesellschaft als den Objektbezug vermittelnde Beteiligung zu werten, müsste dieser Objektbezug auf die Beteiligung an der Tochtergesellschaft verschmelzungsbedingt übergegangen sein. Dies könnte allenfalls darauf gestützt werden, dass nach dem verschmelzungsbedingten Übergang das sodann in der Tochtergesellschaft befindliche verlusterzeugende Vermögen für die Beteiligung die Eigenschaft als (neuer) Objektbezug vermittelt. Selbst wenn ein solche Auslegung zu steuersystematisch sinnvollen Ergebnissen führen würde, erscheint aus dem Wortlaut der Rz 352d UmgrStR idF WE 2008 fraglich, ob darin ein solcherart erweitertes Verständnis des Objektbezuges umfasst ist. 593

Ein differenziertes Abstellen auf die Beteiligung als Objektbezug in den einen Fällen, ein modifiziertes Abstellen auf umgründungsveranlasste Nachfolgebeteiligungen in anderen Fällen oder auf das zugrunde liegende originäre verlusterzeugende Vermögen selbst (Betrieb, Teilbetrieb, sonstiges nicht einem Betrieb zurechenbares Vermögen) bei umgründungsbedingtem Untergang der den Objektbezug vermittelnden Beteiligung erscheint in einer Gesamtbetrachtung insofern proble- 594 matisch, als dadurch die **Schwächen** im Hinblick auf ein systematisch konsistentes Konzept bei der Bestimmung des Objektbezuges deutlich werden (kritisch auch *Hohenwarter/Staringer* in *L/S/S/S* 412 ff, die daraus die Notwendigkeit einer verstärkt gruppenbezogenen Betrachtungsweise ableiten).

5. Durchgriff auf das verlustverursachende Vermögen in gruppenbezogener Betrachtungsweise

a) Allgemeines

605 Einen **systematisch anderen Ansatz** wählt nunmehr die FV. Statt wie früher (s Rz 570 ff) auf die Beteiligung als relevanten Objektbezug für den Verlustvortrag abzustellen, soll nunmehr für den Objektbezug bei Umgründungen in der Unternehmensgruppe der verlusterzeugende Betrieb, Teilbetrieb oder der sonstige nicht einem Betrieb zurechenbare Vermögensteil (dh die **originär verlusterzeugende Einheit** selbst) als verlusterzeugendes Vermögen gelten. Entscheidend für den Übergang bzw Fortbestand des Verlustvortrags iRv Umgründungen in der Gruppe soll die **Gruppe das Betrachtungsobjekt** sein, nämlich ob sich dieses verlusterzeugende Vermögen im Zeitpunkt der Umgründung in der Unternehmensgruppe befindet (**gruppenbezogene Betrachtungsweise**).

606 Das Abstellen auf das zugrunde liegende verlusterzeugende Vermögen selbst iRd gruppenbezogenen Betrachtungsweise wird auf **systematische Gründe** zurückgeführt. Das zuvor relevante Abstellen auf Beteiligungen an den Gruppenmitgliedern beruht auf einem Holding-Denken, dem allerdings im Bereich der Gruppenbesteuerung keine Berechtigung zukommen. Bei der Gruppenbesteuerung wer nämlich mit der Besteuerung der Unternehmensgruppe als solche der Grundsatz der **Individualbesteuerung durchbrochen**. Die Systemwidrigkeit der beteiligungsbezogenen Betrachtung zeige sich auch daran, dass Teilwertabschreibungen auf Gruppenmitglieder nicht steuerwirksam sind und deshalb Verlustvorträge des Gruppenträgers nicht aus solchen Teilwertabschreibungen resultieren. Daraus folgend wäre beim Objektbezug nicht eine individuelle, sondern eine gruppenbezogene Betrachtung geboten (*Mayr*, RdW 2010, 536 f; *Mayr/Petrag/Schlager*, RdW 2012, 58; *Mayr* in *Kirchmayr/Mayr/Hirschler*, Gruppenbesteuerung 15; *Mayr*, SWK 2015, 1231; zustimmend *Moser*, RWZ 2012, 170; die rechtspolitische Begründung bejahend *Hirschler/Sulz/Zöchling* in GedS Helbich 176; unter steuersystematischen und teleologischen Überlegungen zustimmend *Hügel* in GedS Helbich 212; kritisch *Kanduth-Kristen/Stefaner* in Unternehmensbesteuerung 321; trotz Übereinstimmung mit der Logik der Gruppenbesteuerung krit unter rechtspolitischen Gesichtspunkten *Zöchling* in *W/Z/H/K*[5] § 4 Rz 29 u § 35 Rz 15).

607 Die **Begründung** der Durchbrechung der Individualbesteuerung bei der Gruppenbesteuerung vermag nur teilweise zu überzeugen. Sie ist insofern zutreffend, als die Ergebnisse der Gruppenmitglieder an den Gruppenträger zugerechnet und das steuerliche Gruppenergebnis in seiner Gesamtheit auf Ebene des Gruppenträgers versteuert wird. Dem ist entgegenzuhalten, dass Transaktionen innerhalb der Gruppe weiterhin steuerlich relevant und damit gewinnrealisierend sind (s a *Tumpel/Aigner* in *Q/A/H/T/T* § 9 Abs 6 Rz 9).

608 Diese **geänderte Sichtweise** geht auf Überlegungen von *Mayr* zurück (*Mayr*, RdW 2010, 536 ff; in Ansätzen wurde eine solche bereits zuvor von *Hohenwarter/Staringer* in L/S/S/S 414 und *Damböck*, ecolex 2007, 160 angedacht) und findet in den **geänderten Richtlinien-Bestimmungen im WE 2011** der UmgrStR zu Art I (UmgrStR Rz 351 für eine Verschmelzung eines Gruppenfremden auf ein Gruppenmitglied; Rz 351e für eine Verschmelzung eines Gruppenfremden auf den Gruppenträger; Rz 352 für eine Verschmelzung eines Gruppenmitglieds up-stream oder downstream auf ein anderes Gruppenmitglied; Rz 352e für eine grenzüberschreitende Verschmelzung zweier Gruppenmitglieder; Rz 353 für eine Verschmelzung eines Gruppenmitglieds side-stream auf ein anderes Gruppenmitglied; Rz 353d für eine Verschmelzung eines Gruppenmitglieds auf den Gruppenträger idF WE 2011), im **WE 2013** zu Art III (UmgrStR Rz 1245ad idF WE 2013) sowie im **WE 2014** zu Art VI (Rz 1786 ff zu Aufspaltungen, Rz 1786j zur Abspaltung) ihren Niederschlag. Sie soll für alle Umgründungen mit Beschlussfassung **ab 1.12.2011** wirksam sein.

Selbst wenn diese neue Sichtweise der gruppenbezogenen Betrachtungsweise nur iRd Änderung der Richtlinienbestimmungen zu Art I, Art III und Art VI Berücksichtigung, hingegen im WE 2012 der UmgrStR zu Art II keine Erwähnung fand, ist dessen ungeachtet davon auszugehen, dass die Grundsätze der gruppenbezogenen Betrachtungsweise **für sämtliche Umgründungstypen** Anwendung finden sollen (glA *Moser*, RWZ 2012, 171; für Umwandlungen offenlassend *Schwarzinger/Wiesner* I/13 1191 u 1195; *Urtz/Stanek* in *Bergmann/Bieber* § 9 Rz 22). **609**

Beachtenswert ist, dass eine derart weitreichende Änderung in der Sichtweise des Objektbezuges bei **ident gebliebener Gesetzeslage** vorgenommen wurde (kritisch auch *Moser*, RWZ 2012, 171; *Plott*, ÖStZ 2010, 437; Diskussionsbeitrag von *Jann*, zitiert bei *Wild* in *Kirchmayr/Mayr*, Umgründungen 196; *Hirschler/Sulz/Zöchling* in GedS Helbich 176; *Hügel* in GedS Helbich 213; *Zöchling* in *W/Z/H/K*[5] § 4 Rz 30 u § 35 Rz 16). **610**

b) Umgründung des Gruppenträgers

Bei einer Umgründung des Gruppenträgers ist der Objektbezug hinsichtlich **sämtlicher Verlustvorträge des Gruppenträgers** zu prüfen. IRd gruppenbezogenen Betrachtungsweise ist dies einerseits für jene Verlustvorträge relevant, die iRd Gruppenbesteuerung durch Zurechnung von Verlusten von Gruppenmitgliedern beim Gruppenträger entstanden sind. Andererseits gilt dies gleichermaßen für Verlustvorträge, die aus eigenen Verlusten des Gruppenträgers stammen. **611**

Die gruppenbezogene Betrachtungsweise gilt hingegen **nicht für Vor- oder Außergruppenverluste**, die sich bei einem (nicht an der Umgründung beteiligten) Gruppenmitglied befinden. Bei einer Umgründung des Gruppenträgers bleiben diese unbeeinflusst, selbst wenn das verlustverursachende Vermögen nicht mehr bestehen sollte (*Mayr/Petrag/Schlager*, RdW 2012, 58; dem folgend *Moser*, RWZ 2012, 171; *Huber* in W/H/M, HdU[14] § 35 Rz 18; *Mayr* in *Kirchmayr/Mayr/Hirschler*, Gruppenbesteuerung 16; *Reindl/Walter* in HB KonzernStR[2] 659; *Urtz/Stanek* in *Bergmann/Bieber* § 9 Rz 22; *Mayr*, SWK 2015, 1231 [FN 11]). **612**

Maßgeblich ist nach Auffassung der FV, ob das verlusterzeugende Vermögen (im vergleichbaren Umfang) noch vorhanden ist. Als verlusterzeugendes Vermögen ist dabei jene **Vermögenseinheit** selbst (Betrieb, Teilbetrieb oder sonstige nicht **613** einem Betrieb zurechenbare Vermögensteile) heranzuziehen, die **originär den Verlust verursacht** hat (UmgrStR Rz 351e, Rz 352 u Rz 353d idF WE 2011; UmgrStR Rz 1245ad idF WE 2013; UmgrStR Rz 1786 idF WE 2014; *Mayr*, RdW 2010, 536 f; *Mayr/Petrag/Schlager*, RdW 2012, 58; *Schwarzinger/Wiesner* I/1³ 567, 587 u 595). Nach dieser Betrachtungsweise wird auf das verlusterzeugende Vermögen bei den Gruppenmitgliedern **durchgegriffen**.

614 Ist der verlustversachende Betrieb oder Teilbetrieb weggefallen und durch einen anderen (Nachfolge)Betrieb bzw Teilbetrieb ersetzt worden, ist der Objektbezug nicht mehr gegeben. Ist ein Betrieb oder Teilbetrieb hingegen umgründungsbedingt **in einem anderen Betrieb organisatorisch aufgegangen** und hat dieser dadurch seine Identität als eigenständiger (Teil)Betrieb verloren, bleibt der Objektbezug gewahrt, wenn die verlustverursachenden Aktivitäten iRd Gesamtbetriebes im vergleichbaren Umfang weitergeführt werden (UmgrStR Rz 207a idF WE 2011; *Mayr/Petrag/Schlager*, RdW 2012, 55; *Hirschler*, taxlex 2012, 11; *Frei* in HB KonzernStR² 379 f; s a § 4 Rz 51). Auch wenn die UmgrStR diese systemkonforme Auslegung zum einen lediglich in Bezug auf Verluste, die bei der Vorumgründung übertragen wurden, und zum anderen lediglich die bei der Folgeumgründung übertragende Gesellschaft ansprechen, müsste aus systematischer Sicht diese Auslegung allerdings unabhängig von der Umgründungsrichtung der Folgeumgründung und unabhängig von dem Umstand gelten, ob bei der Vorumgründung die Verluste aus der übertragenden oder der übernehmenden Gesellschaft stammen. Dieses Verständnis in Bezug auf Folgeumgründungen findet sich zwar in den Richtlinienbestimmungen zur Verschmelzung, hat allerdings für sämtliche Umgründungstypen seine Berechtigung.

615 Das verlusterzeugende Vermögen muss dabei im Zeitpunkt der Umgründung nicht zwangsläufig in jener Gesellschaft vorhanden sein, in der der Betrieb oder Teilbetrieb den Verlust verursacht hat. Vielmehr ist es ausreichend, wenn dieser Betrieb oder Teilbetrieb in einem anderen Gruppenmitglied oder beim Gruppenträger weiterbesteht. Insofern ist es **unschädlich**, wenn zwischen Verlustentstehung und Umgründung das verlustverursachende Vermögen **innerhalb der Gruppe übertragen wurde** (UmgrStR Rz 352 idF WE 2011; *Mayr*, RdW 2010, 537; *Mayr/Petrag/Schlager*, RdW 2012, 59; *Mayr* in *Kirchmayr/Mayr/Hirschler*, Gruppenbesteuerung 20; *Gatterer*, taxlex 2012, 85; *Moser*, RWZ 2012, 171; *Schwarzinger/Wiesner* I/13 567 u 587; *Urtz/Stanek* in *Bergmann/Bieber* § 9 Rz 22; *Pinetz/Schaffer*, ÖStZ 2013, 83, die idZ verlusterzeugendes Vermögen als jenes Vermögen interpretieren, über das der Gruppenträger wirtschaftlich verfügen kann, und wonach diese Verfügungsmacht auch mittelbar im Konzernverbund zu verstehen sei; krit Diskussionsbeitrag von *Hügel*, zitiert bei *Wild* in *Kirchmayr/Mayr*, Umgründungen 191). Dies gilt selbst dann, wenn im Zeitpunkt der Umgründung die Beteiligung an jener Gesellschaft, in der das verlusterzeugende Vermögen den Verlust erzeugt hat, nicht mehr besteht.

616 Zur Konstellation, wenn das verlustverursachende Vermögen zwar nicht mehr in der Gruppe, aber (weiterhin) in einer (mittelbaren) Tochtergesellschaft des Gruppenträgers besteht, s Rz 652.

617 Die Einschränkung in Bezug auf den erforderlichen Objektbezug gilt für **sämtliche Verlustvorträge** des Gruppenträgers (selbst wenn zB eine betragsmäßig völlig unbedeutende Gesellschaft auf den Gruppenträger verschmolzen wird; vgl *Moser*, RWZ 2012, 170; krit *Hügel* in GedS Helbich 214). IRe Umgründung des Gruppenträgers gehen (nur) jene Verluste unter bzw nicht über, die auf jenes verlustverursachende Vermögen zurückzuführen sind, welches im Zeitpunkt der Umgründung nicht mehr innerhalb der Gruppe existent ist (krit *Hügel* in GedS Helbich 214, wonach der Wegfall sämtlicher Verluste, auch solcher, die nicht von den an der Umgründung beteiligten Gruppenmitgliedern stammen, zu einer widersinnigen Diskriminierung gruppeninterner Verschmelzungen führt). Die anderen, dh davon **nicht betroffenen Verluste** des Gruppenträgers bleiben weiter bestehen bzw gehen umgründungsbedingt (durch Verschmelzung, Einbringung oder Abspaltung des Gruppenträgers) über (UmgrStR Rz 351e idF WE 2011; *Mayr*, RdW 2010, 537; *Mayr/Petrag/Schlager*, RdW 2012, 58; *Huber* in *W/H/M*, HdU[14] § 35 Rz 18; *Walter*[11] Rz 116d; aA offenbar *Gatterer*, taxlex 2012, 86, die die Verlustkürzung nur auf die vom Gruppenträger selbst erwirtschafteten Verluste sowie die Verluste aus dem an der Umgründung beteiligten Gruppenmitglied bezieht).

Auch wenn die Änderung der Sichtweise durch die FV auf Grundlage unveränderter gesetzlicher Bestimmungen beruht, erscheint ein Abstellen auf das zugrunde liegende verlustverursachende Vermögen und damit ein Durchgriff auf die Gruppenmitglieder bei einer Umgründung des Gruppenträgers als mit dem **Gesetzeswortlaut** des **§ 4 vereinbar**. Zum einen spezifiziert § 4 hinsichtlich des verlusterzeugenden Vermögens nicht, auf welcher Ebene dieses tatsächlich vorhanden sein muss. Zum anderen handelt es sich bei einer Umgründung des Gruppenträgers, selbst wenn ihm diese von Gruppenmitgliedern zugerechnet wurden, um seine eigenen Verluste, die von Z 1 und Z 2 des § 4 erfasst sind. Dessen ungeachtet erscheint eine Verlustkürzung bei einer gruppeninternen Umgründung zwischen dem Gruppenträger und einem Gruppenmitglied unter Betrachtung von Sinn und Zweck der Bestimmung als **überschießend**, zumal dadurch keine Besserstellung in der Verwertung der Verluste erreicht wird (s a Rz 575; krit insbesondere unter teleologischen Gesichtspunkten *Hügel* in GedS Helbich 212 ff; krit auch *Urtz/Stanek* in *Bergmann/Bieber* § 9 Rz 22). 618

c) Umgründung eines Gruppenmitglieds

Bei einer Umgründung eines Gruppenmitglieds (als übertragende oder übernehmende Gesellschaft) ist beachtlich, dass dieses aus dem Zeitraum der Unternehmensgruppe keine Verlustvorträge aus eigenen Verlusten haben kann, da solche Verluste dem Gruppenträger zugerechnet werden. Durch diese (endgültige) Zurechnung werden diese Verluste sodann zu einem Verlustvortrag des Gruppenträgers. Ein Gruppenmitglied kann allenfalls **Vor- oder Außergruppenverluste** besitzen (dazu s Rz 513). Für Vor- oder Außergruppenverluste von Gruppenmitgliedern entfaltet die gruppenbezogene Betrachtungsweise keine Bedeutung (s a Rz 564 f; *Mayr/Petrag/Schlager*, RdW 2012, 58; *Hirschler* in *Kirchmayr/Mayr*, Umgründungen 145; *Zöchling* in W/Z/H/K[5] § 4 Rz 27). 625

Dessen ungeachtet ist nach Auffassung der FV zu prüfen, ob das seinerzeitige **originär verlustverursachende Vermögen** (Betrieb etc), das den nunmehr **beim Gruppenträger bestehenden Verlustvortrag** (durch Zurechnung der Verluste) begründet (Betrachtung der Wurzel der Verluste), noch (im vergleichbaren Ausmaß) besteht (UmgrStR Rz 352, 352e, 353 und 353d idF WE 2011; UmgrStR 626

Rz 1245ad idF WE 2013; UmgrStR Rz 1786 idF WE 2014; s a *Mayr*, RdW 2010, 537; *Mayr/Petrag/Schlager*, RdW 2012, 58 f; *Schwarzinger/Wiesner* I/13 567 u 601, I/2³ 2255 u 2259; *Mayr* in *Kirchmayr/Mayr/Hirschler*, Gruppenbesteuerung 21 f).

627 Zum Objektbezug bei einem umgründungsbedingt in einem **Nachfolgebetrieb** aufgegangenen Betrieb s Rz 614 (s a § 4 Rz 51).

628 Wie bei einer Umgründung des Gruppenträgers, muss sich das originär verlusterzeugende Vermögen nicht notwendigerweise bei jenem Gruppenmitglied befinden, aus dem der Verlust stammt, sondern kann sich auch bei einem anderen Gruppenmitglied oder beim Gruppenträger befinden (gruppenbezogene Betrachtung). **Übertragungen** (durch Umgründungen, Einlagen, Sachausschüttungen oder auf entgeltlicher Grundlage) **innerhalb der Gruppe** zwischen Verlustentstehung und Umgründung haben somit keine negative Auswirkung (UmgrStR Rz 352 idF WE 2011, Rz 1245ab idF WE 2013; *Mayr*, RdW 2010, 537; *Mayr/Petrag/Schlager*, RdW 2012, 59; *Moser*, RWZ 2012, 171; *Gatterer*, taxlex 2012, 85; *Schwarzinger/Wiesner* I/13 567; *Mayr* in *Kirchmayr/Mayr/Hirschler*, Gruppenbesteuerung 22). Dies gilt selbst dann, wenn sich das verlusterzeugende Vermögen zwischen Verlustentstehung und Umgründung für einen gewissen Zeitraum (zwischenzeitig) überhaupt nicht in der Gruppe befand, sofern es zum Umgründungsstichtag (wieder) in der Gruppe vorhanden ist. Dies kann beispielsweise durch Übertragung des Vermögens selbst oder durch (Wieder)Aufnahme der das verlusterzeugende Vermögen haltenden Beteiligung in die Gruppe der Fall sein.

629 Beachtlich ist dabei, dass nach dieser Betrachtungsweise bei einer Verschmelzung, Umwandlung oder Aufspaltung des Gruppenmitglieds (bei einer Einbringung oder Abspaltung hat ein fehlender Objektbezug lediglich zur Folge, dass im Rahmen dieser Umgründung kein Verlustvortrag mitübertragen wird) oder einer umgründungsbedingten Übernahme von Vermögen bei einem fehlenden Objektbezug **Verlustvorträge bei einer anderen Gesellschaft**, nämlich beim Gruppenträger, untergehen. Begründet wird dies damit, dass das Gruppenmitglied – aus Verlusten der Gruppenzeit – über keine Verlustvorträge verfügt, und demzufolge die **Kürzung** der Verlustvorträge **nur beim Gruppenträger** vorgenommen werden kann, zumal die vom Gruppenmitglied verursachten Verluste beim Gruppenträger vorgetragen werden. Andernfalls würde der gesetzlich angeordnete **Objektbezug** entgegen dem Sinn und Zweck des § 4 bei der Gruppenbesteuerung **ins Leere gehen** (*Mayr*, RdW 2010, 537; *Mayr/Petrag/Schlager*, RdW 2012, 58; *Mayr* in *Kirchmayr/Mayr/Hirschler*, Gruppenbesteuerung 21; gegenüber der ergebnisbezogenen Argumentationslinie krit *Hügel* in GedS Helbich 215). Dies führt im Ergebnis zu einer Kürzung von Verlustvorträgen beim Gruppenträger selbst dann, wenn der Gruppenträger an dieser Umgründung weder als übernehmende noch übertragende Gesellschaft beteiligt ist (*Urtz/Stanek* in *Bergmann/Bieber* § 9 Rz 22).

630 Kern der **Kritik** ist, dass sich nach dem **klaren Wortlaut** des § 4 die Bestimmungen des erforderlichen Objektbezuges lediglich auf die Verluste der übertragenden und der übernehmenden Gesellschaft beziehen. Demzufolge können nur die Verluste jener Gesellschaften, die an der Umgründung beteiligt sind, von der objektbezogenen Betrachtungsweise betroffen sein (*Plott*, ÖStZ 2010, 437; *Gatterer*, taxlex 2012, 87; *Moser*, RWZ 2012, 171; *Hirschler* in *Kirchmayr/Mayr*, Umgründungen 146; *Pinetz/Schaffer*, ÖStZ 2013, 83; *Heffermann/Wimpissinger*, GES 2013, 143; *Hirschler/Sulz/Zöchling* in GedS Helbich 176; *Hügel* in GedS Helbich 213 ff; Diskussionsbeitrag von *Hügel*, zitiert bei *Wild* in *Kirchmayr/Mayr*, Umgründungen 191 f; *Urtz/Stanek* in *Bergmann/Bieber* § 9 Rz 23). Demgegenüber sind die von den Gruppenmitgliedern an den Gruppenträger während aufrechter Unternehmensgruppe zugerechneten Verluste zu eigenen Verlusten des Gruppenträgers geworden.

Darüber hinaus werden teleologische und systematische Aspekte gegen die Kürzung der Verlustvorträge beim Gruppenträger ins Treffen geführt. Der Zielsetzung der Gruppenbesteuerung, die Einzelbetrachtung durch eine Gruppenbetrachtung zu ersetzen und damit einem **„Single-Entity"-Prinzip** näherzukommen, nach dem die gesamte Unternehmensgruppe als eine Art Unternehmenseinheit besteuert wird, würde einer Verlustkürzung gerade bei Umgründungen innerhalb der Unternehmensgruppe zuwiderlaufen. Durch Umgründungen in der Gruppe ändert sich nämlich am Vermögensstand der Gruppe insgesamt nichts (krit *Hirschler* in *Kirchmayr/Mayr*, Umgründungen 146, der aus der der gruppenbezogenen Betrachtungsweise zugrunde liegenden Einheitstheorie das gegenteilige Ergebnis ableitet, dass nämlich eine gruppeninterne Umgründung als bloße unternehmensinterne und damit steuerneutrale Vereinigung einzelner insb (Teil)Betriebe gar keine Auswirkung auf Verlustvorträge haben könne; gestützt auf die ratio legis krit *Hügel* in GedS Helbich 213).

Dies wird auch durch die teleologische Betrachtung der umgründungssteuerlichen Mantelkaufbestimmungen bestärkt. Diese sollen verhindern, dass Verluste, die bei der übertragenden Gesellschaft nicht mehr verwertet werden könnten, mittels Umgründungen bei einer anderen Gesellschaft verwertet werden. Gerade dies ist bei Umgründungen innerhalb der Gruppe nicht der Fall, da die Verluste ungeachtet einer gruppeninternen Umgründung beim Gruppenträger verbleiben und damit **keine Änderung in der Verwertbarkeit** erfahren (*Plott*, ÖStZ 2010, 438; *Gatterer*, taxlex 2012, 87 f; *Frei* in HB KonzernStR^2 377 f; krit Diskussionsbeitrag von *Hügel*, zitiert bei *Wild* in *Kirchmayr/Mayr*, Umgründungen 193; krit auch *Hügel* in GedS Helbich 215 f; *Zöchling* in W/Z/H/K^5 § 4 Rz 29 u § 35 Rz 15).

Nicht zuletzt spricht gegen die Kürzung der Verlustvorträge beim Gruppenträger, dass dieser für die vom Gruppenmitglied zurechneten Verluste eine **Steuerumlage** zu leisten hat (bzw über einen internen Verlustvortrag in einer nachfolgenden Periode eine geringere Steuerumlage für einen vom Gruppenmitglied zugerechneten Gewinn erhält), die er auch ohne Nutzung der zugerechneten Verluste nicht zurückerhält, und **Teilwertabschreibungen** auf Beteiligungen in der Gruppe steuerlich unwirksam sind, da die Verluste der Gruppenmitglieder durch Zurechnung bei diesem wirksam werden (*Plott*, ÖStZ 2010, 437 f; *Gatterer*, taxlex 2012, 87; *Hügel* in GedS Helbich 214 f; *Urtz/Stanek* in *Bergmann/Bieber* § 9 Rz 23). Für den Fall, dass sich das originär verlusterzeugende Vermögen im Umgründungszeitpunkt nicht mehr in der Gruppe befindet, aber die Tochtergesellschaft, aus der die Verlustvorträge stammen, noch Gruppenmitglied ist, sollten zumindest in Höhe der nicht steuerwirksam möglichen Teilwertabschreibungen die Verlustvorträge erhalten bleiben, um eine – dem der Gruppenbesteuerung zugrunde liegenden Prinzip der Einmalverlustverwertung widersprechenden – Keinmalverlustverwertung trotz Vorhandenseins des Gruppenmitglieds zu vermeiden (s *Hirschler* in *Kirchmayr/Mayr*, Umgründungen 155).

631 UE spricht der Wortlaut des § 4 klar von „Verluste(n) der übertragenden Körperschaft" (Z 1) und „Verluste(n) der übernehmenden Körperschaft" (Z 2). Vor diesem Hintergrund erscheint ein Abstellen auf die beim Gruppenträger befindlichen Verluste, die ihm von Gruppenmitgliedern zugerechnet wurden, bei einer Umgründung von Gruppenmitgliedern nicht vom **Gesetzeswortlaut** gedeckt zu sein. Stützt sich die neue Auffassung der FV auf diesen Gesetzeswortlaut, müsste sie diesem eine **„wurzelbezogene Betrachtungsweise"** beimessen: als Verlust der übertragenden/übernehmenden Körperschaft wäre jener Verlust zu verstehen, der im Zeitpunkt der Entstehung aus diesen Gesellschaften (Gruppenmitgliedern) wurzelt. Dass dieser aus der Gesellschaft wurzelnde Verlust im Zeitpunkt der Umgründung dieser Gesellschaft im Zeitpunkt der Umgründung nicht mehr bei der Gesellschaft, sondern beim Gruppenträger befindet, ist sodann irrelevant. Allein entscheidend ist, dass diese Gesellschaft, aus der der Verlust wurzelt, an der Umgründung beteiligt ist. Die Erweiterung dahingehend, dass in gruppenbezogener Betrachtungsweise das verlusterzeugende Vermögen (lediglich) in der Gruppe vorhanden sein muss, kann auch aus dem bestehenden Gesetzeswortlaut entnommen werden. Sowohl Z 1 als auch Z 2 des § 4 verlangen, dass das verlusterzeugende Vermögen am Umgründungsstichtag tatsächlich vorhanden ist, ohne dabei zu spezifizieren, dass dies zwangsläufig in jener Gesellschaft zu sein hat, aus der der Verlust wurzelt.

Das Abstellen auf die Verlustvorträge beim Gruppenträger wird durch den Sinn und Zweck des § 4 begründet (*Mayr*, RdW 2010, 537; *Mayr/Petrag/Schlager*, RdW 2012, 58; *Mayr* in *Kirchmayr/Mayr/Hirschler*, Gruppenbesteuerung 21). Die Rechtsfolge einer Kürzung erscheint insb dann **überschießend** und von Sinn und Zweck der Bestimmung gerade nicht vereinbar, wenn es sich um eine rein **gruppeninterne Umgründung** (zB zwischen zwei Gruppenmitgliedern) handelt, da dadurch keinerlei Besserstellung in der Verwertbarkeit der Verlustvorträge beim Gruppenträger bewirkt wird. Eine andere Betrachtung mag bei Umgründungen zutreffend sein, wenn umgründungsbedingt gruppenfremdes Vermögen in die Unternehmensgruppe übertragen wird. Insoweit dadurch Gewinnpotential umgründungsbedingt in die Gruppe verlagert wird, kann die Verlustverwertung beim Gruppenträger erleichtert oder gar ermöglicht werden. Auf der anderen Seite ist dies bereits durch den Einbezug einer solchen gewinnträchtigen Gesellschaft in die Unternehmensgruppe gleichermaßen möglich. In Gesamtbetrachtung erscheint somit eine Kürzung von Verlustvorträgen beim Gruppenträger auf Grund fehlenden Objektbezugs zumindest bei gruppeninternen Umgründungen als nicht geboten.

IdZ ist uE das **VwGH-Erk** vom 18.10.2012, 2009/15/0214 zu berücksichtigen, worin iZm der Verschmelzung einer Zweiergruppe und der dreijährigen Mindestbestandsdauer einer Unternehmensgruppe der VwGH mit dem Verweis auf den eindeutigen Gesetzeswortlaut eine stark **formale Sichtweise** in Bezug auf das Zusammenspiel von Gruppenbesteuerung und Umgründungen zum Ausdruck gebracht hat (s Rz 75). Übertragen auf die gruppenbezogene Betrachtungsweise für Verlustvorträge erscheint folglich fraglich, inwieweit die zugrunde gelegten teleologischen Argumente überzeugen können (s a *Lehner/Zehetner*, GES 2013, 152 f).

Die Problematik der gruppenbezogenen Betrachtungsweise wird bei deren Anwendung auf **Hinausumgründungen durch Gruppenmitglieder** verdeutlicht: die gruppenbezogene Betrachtungsweise bedingt eine Verknüpfung des originär verlusterzeugenden Vermögens beim Gruppenmitglied mit dem Verlustvortrag beim Gruppenträger. Überträgt nun das Gruppenmitglied zB dieses originär verlusterzeugende Vermögen umgründungsbedingt an einen Gruppenfremden (durch Verschmelzung, Einbringung, Spaltung), müsste der auf das verlusterzeugende Vermögen zurückzuführende Verlustvortrag auf den übernehmenden Gruppenfremden übergehen, obwohl es sich um einen Verlustvortrag des nicht an der Umgründung beteiligten Gruppenträgers handelt. Dies steht im Widerspruch mit dem Grundprinzip, dass ein Verlustvortrag des Gruppenträgers in jedem Fall (zB auch bei Beendigung der Unternehmensgruppe) beim Gruppenträger verbleibt (s *Hirschler* in *Kirchmayr/Mayr,* Umgründungen 146 f).

Die Kürzung der Verlustvorträge beim Gruppenträger bezieht sich bei fehlendem Objektbezug allerdings nur auf **jene Verluste**, die aus den **an der Umgründung beteiligten Gruppenmitgliedern** stammen (*Mayr/Petrag/Schlager*, RdW 2012, 59; *Mayr* in *Kirchmayr/Mayr/Hirschler,* Gruppenbesteuerung 22), dh aus einem originär verlusterzeugenden Vermögen (dh Betrieb, Teilbetrieb oder der sonstige nicht einem Betrieb zurechenbare Vermögensteil, s Rz 605), das im Zeitpunkt der Verlustentstehung unmittelbar bei dem an der (späteren) Umgründung beteiligten Gruppenmitglied wurzelt. Anders als bei einer Umgründung des Gruppenträgers (s Rz 611 ff) sind somit nicht sämtliche von den Gruppenmitgliedern zugerechnete Verluste betroffen. Damit bleiben all jene Verlustvorträge **unberührt**, die entweder vom Gruppenträger selbst oder von Gruppenmitgliedern stammen, die **nicht an der Umgründung beteiligt** sind. Dies ist dann von Bedeutung, wenn das verlusterzeugende Vermögen, das aus nicht an der Umgründung beteiligten Gruppenmitgliedern wurzelt, nicht mehr (in der Unternehmensgruppe) vorhanden ist (*Mayr/Petrag/Schlager*, RdW 2012, 59; *Moser*, RWZ 2012, 171; *Mayr* in *Kirchmayr/Mayr/Hirschler,* Gruppenbesteuerung 22; *Reindl/Walter* in HB KonzernStR[2] 659; *Walter*[11] Rz 111c).

632

Ist das Gruppenmitglied an der Umgründung lediglich als übertragende Gesellschaft iRe **Einbringung oder Abspaltung** beteiligt, geht der Verlustvortrag beim Gruppenträger selbst dann nicht unter, wenn das diesbezügliche verlusterzeugende Vermögen nicht mehr (im vergleichbaren Ausmaß) in der Unternehmensgruppe vorhanden ist. Im Fall eines fehlenden Objektbezugs kann bei diesen Umgründungstypen nämlich ein Verlustvortrag lediglich **vom Übergang ausgeschlossen** werden, allerdings nicht untergehen (klargestellt durch UmgrStR Rz 1245ad idF WE 2013 zu Art III; für Abspaltungen darauf Bezug nehmend UmgrStR Rz 1786j idF WE 2014).

633

Sind an einer **Umgründung** ein **Gruppenmitglied und der Gruppenträger** beteiligt (zB Verschmelzung des Gruppenmitglieds auf den Gruppenträger oder umgekehrt des Gruppenträgers down-stream auf ein Gruppenmitglied, Umwandlung des Gruppenmitglieds auf den Gruppenträger als [einen der] Rechtsnachfolger, Einbringung oder Spaltung von Vermögen des Gruppenmitglieds up-stream in den Gruppenträger), sind auf Grund der Beteiligung des Gruppenträgers am Umgründungsvorgang sämtliche Verluste des Gruppenträgers – somit auch jene Verluste, die von den nicht an dieser Umgründung beteiligten Gruppenmitgliedern stammen – bei fehlendem Objektbezug von der Kürzung betroffen (UmgrStR Rz 353d idF WE 2011; s a Rz 617; aA offenbar *Gatterer*, taxlex 2012, 86, die – entgegen UmgrStR Rz 353d – die Verlustkürzung nur auf die vom Gruppenträger

634

selbst erwirtschafteten Verluste sowie die Verluste aus dem an der Umgründung beteiligten Gruppenmitglied bezieht).

d) Grenzen der gruppenbezogenen Betrachtungsweise

650 Die von der FV angestellte gruppenbezogene Betrachtungsweise mit dem Abstellen auf die beim Gruppenträger befindlichen Verluste bei Umgründungen von Gruppenmitgliedern erscheint nur dann vom Wortlaut des § 4 Z 1 und Z 2 erfasst, wenn sich dieser auf die **Wurzel der Verluste** bezieht (sa Rz 631). Als Verlust der übertragenden/übernehmenden Körperschaft iSd § 4 Z 1 und Z 2 wäre demnach jener Verlust zu verstehen, der im Zeitpunkt der Entstehung aus diesen Gesellschaften (Gruppenmitgliedern) stammt („Wurzelbetrachtung") (s a Rz 626). Auf der anderen Seite wäre der Umstand, welche Gesellschaft im Zeitpunkt der Umgründung den Verlustvortrag besitzt – auf Grund der systembedingten Zurechnung in der Unternehmensgruppe der Gruppenträger – bedeutungslos.

651 Misst man für in der Gruppenzeit entstandene und an den Gruppenträger zugerechnete Verluste der **Wurzel** der Verlustvorträge hinsichtlich des Objektbezugs bei einer Umgründung **entscheidende Bedeutung** zu, ergeben sich **Auslegungsfragen** insb bei Änderungen in der Gruppenstruktur.

652 • Ist bis zum Zeitpunkt einer Umgründung jenes Gruppenmitglied, aus dem die an den Gruppenträger zugerechneten Verluste stammen, aus der **Gruppe ausgeschieden**, aber weiterhin eine (indirekte) Tochtergesellschaft des Gruppenträgers, legt die Anknüpfung an die Wurzel der Verluste nahe, weiterhin die gruppenbezogene Betrachtungsweise anzuwenden (ohne detailliertere Begründung im Ergebnis glA *Mayr*, RdW 2010, 537; *Mayr/Petrag/Schlager*, RdW 2012, 59; Diskussionsbeitrag von *Mayr*, zitiert bei *Wild* in *Kirchmayr/Mayr*, Umgründungen 197 f; *Mayr* in *Kirchmayr/Mayr/Hirschler*, Gruppenbesteuerung 22; *Mayr*, SWK 2015, 2034 mit der Begründung, dass sich nicht nur die Vergleichbarkeit, sondern auch der geforderte Objektbezug auf den Zeitpunkt der Verlustentstehung bezieht; aA *Huber* in W/H/M, HdU[14] § 35 Rz 18, der nach Ausscheiden aus der Gruppe bzw Beendigung der Gruppe ein Wiederaufleben einer anteilsbezogenen Betrachtung vertritt und darüber hinaus ein Vorhandensein des originär verlusterzeugenden Vermögens in jener Gesellschaft verlangt, die diese Verluste erwirtschaftet hat; eine solche – aus dem Mitunternehmerschaftsverständnis abgeleitete – doppelte Verknüpfung erscheint uE aus systematischen Gründen verfehlt). Bei einer Umgründung des Gruppenträgers ist sodann der Objektbezug nicht mehr gegeben, wenn sich mit dem aus der Gruppe ausgeschiedenen Gruppenmitglied auch das verlusterzeugende Vermögen nicht mehr in der Gruppe befindet, es sei denn, das verlustverursachende Vermögen wurde davor an ein anderes Gruppenmitglied oder an den Gruppenträger übertragen. Gleiches gilt bei einer Umgründung dieses ausgeschiedenen Gruppenmitglieds. Die Rechtsfolge des Untergangs des Verlustvortrags, der aus dem ausgeschiedenen Gruppenmitglied stammt, erscheint insb dann **überschießend**, wenn das verlusterzeugende Vermögen noch weiterhin beim ausgeschiedenen Gruppenmitglied – möglicherweise unverändert – und damit in genau jener Gesellschaft, aus der die Verluste wurzeln, fortbesteht. In diesen Fällen erscheint es geboten, das Erfordernis des Vorhandenseins des verlusterzeugenden Vermögens nicht auf die Gruppe einzuschränken, sondern dieses Erfordernis **weitergehend** zu **interpretieren**, nämlich dass das verlusterzeugende Vermögen überhaupt noch (dh innerhalb oder außerhalb der Gruppe) besteht (im Ergebnis glA *Pinetz/Schaffer*, ÖStZ 2013, 83, die auf die wirtschaftliche Verfügungsmacht des Gruppenträgers über das verlusterzeugende Vermögen abstellen und diese wirtschaftliche Verfügungsmacht gleichermaßen bei einer [indirekten] Tochtergesellschaft des Gruppenträgers annehmen, die nach Zurechnung der Verluste an den Gruppenträger während aufrechter Gruppenmitgliedschaft sodann aus der Unternehmensgruppe ausgeschieden ist; für ein derartiges Abstellen auf die Beherrschung, wonach alle vom Gruppenträger beherrschten Gesellschaften – unabhängig von deren Gruppenmitgliedschaft im Zeitpunkt der Umgründung – in die Betrachtung einzubeziehen sind, spricht, dass dadurch eine vergleichbare Situation hinsichtlich des Gesamtbildes der Verhältnisse erreicht wird; s *Hirschler* in *Kirchmayr/Mayr*, Umgründungen 154; im Ergebnis glA *Mayr*, SWK 2015, 1234).

- Eine ähnliche Problematik ergibt sich, wenn das Gruppenmitglied, aus dem die an den Gruppenträger zugerechneten Verluste stammen, aus der Gruppe ausgeschieden ist, weil die Beteiligung an dieser Gesellschaft an einen Dritten übertragen wurde (zB durch Verkauf). Auch in diesem Fall würde der Verlust aus diesem ausgeschiedenen Gruppenmitglied durch eine Umgründung des Gruppenträgers untergehen (glA Diskussionsbeitrag von *Mayr*, zitiert bei *Schimmer* in *Kirchmayr/Mayr/Hirschler*, Gruppenbesteuerung 133). Selbst wenn der Gruppenträger an diesem ausgeschiedenen Gruppenmitglied nicht mehr beteiligt ist, erscheint ein Untergang von Verlustvorträgen beim Gruppenträger dann nicht geboten, wenn sich das **verlusterzeugende Vermögen weiterhin beim ausgeschiedenen Gruppenmitglied** befindet. Dem steht allerdings die Problematik der Überprüfbarkeit für den Gruppenträger gerade nach einem Verkauf an einen Dritten entgegen. Darüber hinaus würde eine Umgründung des ausgeschiedenen Gruppenmitglieds einen Untergang des Verlustes bei seinem ehemaligen Gruppenträger bewirken, wenn das verlusterzeugende Vermögen (beim ausgeschiedenen Gruppenmitglied) nicht mehr besteht. Eine dadurch bewirkte Abhängigkeit der Verlustvorträge des Gruppenträgers von Maßnahmen eines fremden Dritten stellt möglicherweise in Frage, ob die gruppenbezogene Betrachtungsweise bei ausgeschiedenen Gruppenmitgliedern überhaupt praktikabel und systemkonform ist (ablehnend in den Diskussionsbeiträgen auch *Hirschler* und *Mayr*, zitiert bei *Schimmer* in *Kirchmayr/Mayr/Hirschler*, Gruppenbesteuerung 133).

653

- Diese Themenstellungen ergeben sich auch dann, wenn die **Unternehmensgruppe** als solche **aufgelöst** wird und die dem Gruppenträger zugerechneten Verluste nach Auflösung bei diesem als Verlustvorträge verbleiben. In einer derartigen Konstellation stellt sich für sämtliche dem Gruppenträger zugerechneten Verluste (mit Ausnahme solcher Verluste, die aus einem verlusterzeugenden Vermögen stammen, das in der Zwischenzeit an den Gruppenträger übertragen wurde) bei Umgründungen der jeweiligen ehemaligen Gruppenmitglieder sowie des Gruppenträgers gleichermaßen die Frage des Weiterbestehens oder Untergehens der Verlustvorträge. In einer strengen Auslegungsvariante könnten nur mehr jene Verlustvorträge übertragen werden oder weiterbestehen, bei der das verlusterzeugende Vermögen beim Gruppenträger

654

selbst vorhanden ist. Eine derartig einschränkende Betrachtung erscheint allerdings aus dem Gesamtbild der Verhältnisse zu eng. Soweit die Beteiligung an dem ehemaligen Gruppenmitglied noch besteht, sollte eine ausreichende Verbindung (iSe wirtschaftlichen Verfügungsmacht) zum verlusterzeugenden Vermögen, das beim ehemaligen Gruppenmitglied noch vorhanden ist, gegeben sein (vgl *Hirschler* in *Kirchmayr/Mayr,* Umgründungen 155; aA *Huber* in *W/H/M*, HdU[14] § 35 Rz 18, s dazu Rz 652; im Ergebnis glA *Mayr*, SWK 2015, 1233 f, der im Fall einer Beendigung der Unternehmensgruppe bei der Prüfung des Objektbezugs eben nicht auf die nicht mehr bestehende Unternehmensgruppe, sondern auf das Vorhandensein des verlusterzeugenden Vermögens beim ehemaligen Gruppenmitglied abstellt).

655 • Fraglich ist auch die Anwendbarkeit der gruppenbezogenen Betrachtungsweise, wenn die an den Gruppenträger zugerechneten Verluste **beim Gruppenträger zu Vorgruppenverlusten** (an sich kann ein Gruppenträger keine Vorgruppenverluste haben; s a Rz 517) werden. Dies ist dann möglich, wenn der Gruppenträger zu einem Gruppenmitglied in einer neuen (oder anderen) Unternehmensgruppe wird, wodurch auch die eigene (alte) Unternehmensgruppe und seine Eigenschaft als Gruppenträger beendet werden. Erachtet man in Interpretation des § 4 Z 1 als maßgebend, dass die Verluste aus einem (diesfalls früheren) Gruppenmitglied (in der ehemaligen Unternehmensgruppe) stammen, hätte die gruppenbezogene Betrachtung zur besonderen Konsequenz, dass die Verlustvorträge nicht beim Gruppenträger, sondern beim ehemaligen Gruppenmitglied (als ehemaliger Gruppenträger) zu prüfen wären. Dies könnte als im Einklang mit dieser Interpretation des § 4 Z 1 erachtet werden, weil dafür lediglich entscheidend ist, dass die Verluste aus einem (allenfalls ehemaligen) Gruppenmitglied stammen, nicht aber, bei welcher Gesellschaft sich die aus der Zurechnung der Verluste bewirkten Verlustvorträge im Zeitpunkt der Umgründung befinden (nicht diese Konstellation vor Augen habend, gegen die Einbeziehung von Vorgruppenverlusten in die gruppenbezogene Betrachtungsweise *Mayr/Petrag/Schlager*, RdW 2012, 58; *Moser*, RWZ 2012, 171). Erachtet man die gruppenbezogene Betrachtungseise auch für solche zu Vorgruppenverlusten gewordenen Verlustvorträge für bedeutsam, sollte der Objektbezug nicht eingeschränkt auf die neue Unternehmensgruppe (bezogen auf die alte Gruppe könnte dieser ohnedies nicht mehr erfüllt werden), sondern dahingehend erweitert verstanden werden, nämlich dass das verlusterzeugende Vermögen überhaupt noch besteht.

6. Ausmaß von Übergang und Kürzung der Verlustvorträge

670 Im Zuge einer Umgründung geht nur jener Teil an Verlustvorträgen objektbezogen über oder geht umgründungsbedingt unter, der auf das jeweilige verlusterzeugende Vermögen entfällt (*Urtz/Stanek* in *Bergmann/Bieber* § 9 Rz 22). Dieser **Anteil** ist somit aus dem gesamten Verlustvortrag des Gruppenträgers **herauszurechnen**. Dies kann im Einzelfall mit (erheblichen) praktischen Schwierigkeiten verbunden sein, insb wenn sich der gesamte Verlustvortrag des Gruppenträgers aus zahlreichen Verlustquellen zusammensetzt und die Verlustentstehung mehrere Jahre zurückliegt. Sollte eine **eindeutige Zuordnung** der Verlustvorträge zu den einzelnen Verlustquellen nicht möglich sein, wird nach Auffassung der FV eine **sachgerechte Aufteilung** als ausreichend angesehen (UmgrStR Rz 198 u 351e idF

WE 2015; *Mayr*, RdW 2010, 537; *Mayr* in *Kirchmayr/Mayr/Hirschler*, Gruppenbesteuerung 20).

Bei der Berechnung des auf eine einzelne Verlustquelle (verlusterzeugendes Vermögen) zuzurechnenden **Verlustvortrags** ist zu berücksichtigen, dass dieser durch spätere Gewinne aus der gesamten Unternehmensgruppe **(teilweise) verbraucht** worden sein kann. Dabei können durchaus unterschiedliche Methodiken in der Ermittung der Höhe des auf das einzelne verlusterzeugende Vermögen zuzurechnenden Verlustvortrages in Betracht gezogen werden (s die Beispiele bei *Hirschler* in *Kirchmayr/Mayr*, Umgründungen 147 ff; zur spezifischen Problematik von Verlustvorträgen aus Verlusten ausländischer Gruppenmitglieder im Zusammenhang mit einer Kürzung von Verlustvorträgen trotz erfolgter Nachversteuerung dieser Auslandsverluste *Jann/Bernwieser*, ÖStZ 2014, 146 ff).

671

Dabei erscheint – unter Betrachtung der Besonderheiten der Unternehmensgruppe – Folgendes sachgerecht:

672

- In mehrgliedrigen Unternehmensgruppen kann ein Verlustvortrag beim Gruppenträger entstehen, der Resultat des Zusammenfalls von positiven und negativen Ergebnissen einzelner Gruppenmitglieder (und des Gruppenträgers selbst) ist. Durch diese **Saldierung** ist es relevant, von welchen einzelnen Gruppenmitgliedern welcher Anteil des beim Gruppenträger in dem jeweiligen Jahr entstandenen „saldierten" Verlustvortrags stammt. Dies ist im Hinblick darauf von Bedeutung, dass in weiterer Folge mit diesem (anteiligen) Verlust das originär verlusterzeugende Vermögen verknüpft ist.

- Werden von mehreren **Gruppenmitgliedern gleicher Ebene** (dh zB Schwestergesellschaften als unmittelbar vom Gruppenträger gehaltene Beteiligungsgesellschaften) Verluste an den Gruppenträger übertragen, die in Summe den gesamten in diesem Jahr entstandenen Verlust der Gruppe übersteigen, so ist für die Zuordnung an diese Gruppenmitglieder (sowie im Fall eines eigenen Verlustes auch an den Gruppenträger) dieser Gesamtverlust der Gruppe zu aliquotieren **(Relationsrechnung)**. Dafür erscheint die Relation der jeweiligen Ergebnisse (Verluste) als sachgerecht (s *Mayr* in *Kirchmayr/Mayr/Hirschler*, Gruppenbesteuerung 17; UmgrStR Rz 351e idF WE 2015).

- Werden hingegen von **Gruppenmitgliedern mehrerer Ebenen** Verluste an den Gruppenträger übertragen, die wiederum in Summe den gesamten in diesem Jahr entstandenen Verlust der Gruppe übersteigen, wird dieser Relationsrechnung eine **Ebenensaldierung vorgelagert**. Dadurch werden von der jeweils unteren Ebene das negative Ergebnis mit einem positiven Ergebnis der nächsten übergeordneten Ebene verrechnet, und nur ein nach dieser Ebenensaldierung verbleibender (Rest)Verlust kann in eine Relationsrechnung auf gleicher Ebene eingehen. Demzufolge wäre zB ein Verlust einer Enkelgesellschaft von 200 zuerst mit dem Gewinn von 150 ihrer Muttergesellschaft zu saldieren (Ebenensaldierung), bevor dieser saldierte Verlust von 50 durch die Relationsrechnung mit dem Verlust von 100 der Schwestergesellschaft ins Verhältnis gesetzt wird; der in Summe beim Gruppenträger (hier ein eigenes Ergebnis von null unterstellt) entstehende Verlustvortrag von 150 ist somit in Höhe von 50 mit dem verlusterzeugenden Vermögen der Enkelgesellschaft und in Höhe von 100 mit dem verlusterzeugenden Vermögen der Schwestergesellschaft verknüpft. Eine derartige Zuordnungsmethodik erscheint der Sys-

- tematik der Gruppenbesteuerung und der darin vorgesehenen Ebenenenzurechnung des § 9 Abs 1 und Abs 6 Z 2 KStG zu entsprechen (s mit erläuternden Beispielen *Mayr* in *Kirchmayr/Mayr/Hirschler*, Gruppenbesteuerung 18 f; UmgrStR Rz 351e idF WE 2015).
- Gewinne sind – nach der allgemeinen Grundregel – zuerst gegen die **zeitlich ältesten Verlustvorträge** zu verrechnen (UmgrStR Rz 351e idF WE 2015; *Zöchling* in *W/Z/H/K*[5] § 4 Rz 27; s a EStR Rz 4504; *Jakom*[10]/*Vock* § 18 Rz 178; *Mayr* in *Kirchmayr/Mayr/Hirschler*, Gruppenbesteuerung 17). Diese Verrechnung erfolgt damit unabhängig davon, aus welcher Verlustquelle diese Verlustvorträge des Gruppenträgers stammen.
- Reicht der (in der gesamten Gruppe entstandene) Gewinn eines Jahres nicht aus, den in einem Vorjahr entstandenen Verlustvortrag zur Gänze zu verbrauchen, kann nur ein Teil dieses Verlustes mit Gewinnen verrechnet werden. Ist der Verlust jenes Jahres **aus mehreren Verlustquellen entstanden**, ist der Verbrauch des Verlustes auf diese einzelnen Verlustquellen zu **aliquotieren** (explizit UmgrStR Rz 351e idF WE 2015; idS auch UmgrStR Rz 198 u Rz 353d; UFS 26.4.2011, RV/0751-L/10; *Hebenstreit/Knapp*, taxlex 2012, 135; s a § 4 Rz 84 mwN; zum „FIFO-Prinzip" bei der Nachversteuerung ausländischer Verluste iRd Gruppenbesteuerung s *Urtz* in *Achatz/Kirchmayr* § 9 Tz 355 mwN; *Vock* in *Q/R/S/S/V*[27] § 9 Rz 632 mwN; KStR Rz 1091; in diese Richtung auch *Hirschler* in *Kirchmayr/Mayr,* Umgründungen 150 ff, der allerdings verdeutlicht, dass auch für Aliqotierungen mehrere rechnerische Ansätze möglich sind).

673 **Kritisch** ist dabei, dass – je nach angewendeter Berechnungsmethode – sehr unterschiedliche Ergebnisse erzielt werden können und eine allgemein befriedigende **Berechnungsformel** für die Zuordnung von Verlustvorträgen zu den einzelnen Verlustquellen offensichtlich nicht besteht (krit auch *Hirschler* in *Kirchmayr/ Mayr,* Umgründungen 153; Diskussionsbeitrag von *Hübner,* zitiert bei *Schimmer* in *Kirchmayr/Mayr/Hirschler,* Gruppenbesteuerung 138 f).

Stichwortverzeichnis

(Die fettgedruckten Zahlen bezeichnen die Paragraphen, die mageren Zahlen die Randziffern)

75%-Grenze 4 104, 107

Abfärbetheorie 27 32f
Abfertigung
– gesetzliche **41** 3
Abfertigungsrückstellung 22 17
Abfindung
– mit Anteilen der Gesellschafter **19** 61
– – gleichteilige Anteilsabtretung **19** 62
– mit eigenen Anteilen **19** 58
Abfindungsangebot 6 31f
Abgabenbehörde 34 13
Abschreibung 3 17f
Abschreibungssiebentel *s* Siebentelverluste
Abspaltung 32 6, 12
Abstimmung Abgabenbehörde 32 31
Abstockung 34 21
Abteilung 27 5f
Aktien
– eigene
– – ausländische Anteilsinhaber **5** 100
– – Fremdvergleichswert **5** 102
– – Nachversteuerung **5** 103
– – Nichtfestsetzungskonzept **5** 103
– – Wegzugsbesteuerung **5** 100ff
Aktivposten 1 163
Alleingesellschafterstellung 19 81 ff
– Treuhandanteile **19** 81a
Alles-oder-Nichts-Betrachtung 4 110
Altvermögen 5 106
Amts- und Vollstreckungshilfe 1 147; **5** 74
– umfassende **7** 201
Änderung der Qualifikation 36 90ff
Anmeldeerfordernis 38b 10, 15ff
– deklaratorisch wirkendes **12** 51
Anmeldung Firmenbuch 13 26ff
Anrechnungshöchstbetrag 24 121
Anrechnungsmethode 1 104; **24** 120
Anrechnungsvortrag 3 35; **24** 120, 123
Anschaffung 38e 6
Anschaffungsfiktion 20 3ff
Anschaffungskosten 36 46ff, 50; **37** 39

Anspruchsverzinsung 1 161, 181
Anteile
- an der übertragenen Körperschaft 1 91
- eigene 36 35ff; 9 KStG 246
- im Privatvermögen gehaltene 20 51ff

Anteilsaufteilung
- spaltungsplan-/spaltungs- und übernahmsvertragsmäßige 37 21ff

Anteilsauskehrung 32 23
Anteilsgewährung 5 21ff
- Altgesellschafter 5 23
- Anteile an dritten Körperschaften 5 23
- Arten 5 23
- Austritt 5 30
- Barabfindung 5 30
- bare Zuzahlungen 5 24
- diagonale Konzernverschmelzung 5 29
- direkte an den Einbringenden 19 36ff
- – Einzelunternehmer 19 41ff
- – Körperschaft 19 51
- – Mitunternehmerschaft 19 46
- – Verbot Erwerb eigener Anteile 19 40
- – vermögensverwaltende Personengesellschaft 19 47
- Downstream-Verschmelzung 5 28
- durch Gesellschafter 20 16f
- Durchgangserwerb 5 28
- eigene Anteile 5 23
- Konzentrationsverschmelzung 5 22ff
- Konzernverschmelzung 5 26ff
- neue Anteile 5 23
- Schwesternverschmelzung 5 29
- Sidestream-Verschmelzung 5 29
- Spitzenausgleich 5 24
- Triangular Merger 5 23
- Unterbleiben 5 21ff, 24, 121ff; 36 15
- – Befreiung von Einlagenverpflichtungen 5 124
- – Buchverlust 5 124
- – diagonale Konzernverschmelzung 5 124
- – Einlagenrückgewähr 5 124
- – Fristen 5 125
- – Gesellschaften unterschiedlicher Konzernebenen 5 121
- – Identitätsfiktion 5 125
- – Import-Verschmelzung 5 122
- – Schwesternverschmelzung 5 121, 123
- – Sidestream-Verschmelzung 5 121
- – Umschichtung der Anschaffungskosten/Buchwerte 5 122
- – Verkehrswertverhältnisse 5 124
- – Zwischengesellschaft 5 124

Stichwortverzeichnis

- Upstream-Verschmelzung 5 27
- Verbot Erwerb eigener Anteile **19** 40
- Verzicht **5** 25, 131ff
- – Abfindungsanteile 5 134
- – Barabfindung unter dem Buchwert 5 136
- – Befreiung von Einlagenverpflichtungen 5 138
- – Buchverlust 5 131
- – der Zwischengesellschaften 5 132
- – Einlagenrückgewähr 5 138
- – entgeltlicher 5 133
- – Schenkungsmeldepflicht 5 137
- – Stiftungseingangssteuerpflicht 5 137
- – Upstream-Verschmelzung 5 138

Anteilsinhaber 36 12
- Abspaltung zur Neugründung **36** 50f
- Aufspaltung zur Neugründung **36** 45ff
- ausländische **36** 25, 35ff
- Eigenschaft **38a** 77
- nicht verhältniswahrende Spaltung **38e** 1
- Rückwirkung **38e** 3
- Spaltung zur Aufnahme **36** 55
- Spaltung zur Neugründung **36** 45ff
- verhältniswahrende Spaltung **37** 2

Anteilsinhaber in Drittstaaten 5 10

Anteilstausch 27 7; **38e** 5ff; *s auch* EU-/EWR-Anteilstausch; Identitätsfiktion; Rückwirkung
- Anteilsinhaber in Drittstaaten 5 10
- Aufwertungsoption 5 32
- Ausnahmen von Steuerneutralität 5 31f
- Doppelmaßnahme 5 35
- Downstream-Verschmelzung 5 12
- Einlage 5 35
- Export-Verschmelzung 5 14
- FRL 5 10; 12 138ff
- Import-Verschmelzung 5 15
- internationale Schachtelbeteiligung 5 11
- Liquidationsbesteuerung 5 35
- Steuerverstrickung auf Ebene der Anteilsinhaber 5 11ff
- Steuerverstrickung des übertragenden Vermögens 5 6ff
- Tausch auf Anteilsinhaberebene 5 34
- verschmelzungsbedingter 5 1ff

Anteilsvereinigung 38 41; **38f** 2

Anwachsung 18 61ff; **38** 37; **9 KStG** 409
- Begriff **18** 61
- ertragsteuerliche Folgen **18** 63
- handelsbilanzielle Folgen **18** 68f
- verfahrensrechtliche Folgen **18** 66

Stichwortverzeichnis

Anwendungsvoraussetzung 38b 17
Anzeigepflicht 38e 2, 20ff; **43** 1, 2ff
- Finanzordnungswidrigkeit **43** 5
- Frist **38e** 22; **43** 3
- keine Anwendungsvoraussetzung UmgrStG **43** 5
- Nachweis der Rechtsgrundlage **43** 3
- Nichtbeachtung Frist **43** 5
- Übertragungen außerhalb des UmgrStG **43** 2
- Verletzung **43** 5
- Vermögen **43** 2

Äquivalenzprinzip 38 20; **38e** 5
Äquivalenzverletzung 6 11ff; **22** 1ff; **26** 3ff; **27** 12; **29** 49ff; **31** 3ff; **38** 20ff; **38f** 5
- Abschluss Verschmelzungsvertrag **6** 20
- alineare Gewinnausschüttung **6** 16
- Anzeigepflicht **31** 22
- Anzeigepflicht nach § 121a BAO **6** 25ff
- Anzeigepflicht nach § 43 **6** 26
- Bereicherungswille **6** 15, 25
- Bewertungsgutachten **6** 19
- Bewertungsmaßstab **31** 11
- Bewertungszeitpunkt **31** 12
- Einlage **6** 23
- Entnahme **6** 23
- ertragsteuerliche Folgen **6** 22ff
- Gewinn- oder Liduidationsvorab **6** 16
- Gutachten **31** 27
- Korrektur Anschaffungskosten **6** 22
- meldepflichtige Schenkung **6** 25
- Missverhältnis Leistung/Gegenleistung **6** 25
- Rechtsfolgen **31** 16ff
- SchenkMG **6** 25
- Schenkung **6** 12
- Schwesternverschmelzung **6** 11
- Signifikanz **6** 14; **31** 26
- Stiftungseingangssteuer **31** 24f
- Stiftungseingangssteuerpflicht **6** 28
- stiftungssteuerpflichtige Zuwendung **6** 12
- Surrogatkapital **6** 18
- Veränderung der wirtschaftlichen Struktur **21** 78
- verdeckte Ausschüttung **6** 23
- Verhältnis der Verkehrswerte **6** 18f
- Wertausgleich auf andere Weise **6** 16f
- Wertverschiebung **6** 14
- Wirkungen **6** 12
- Zuwendungen an unter § 7 Abs 3 KStG fallende Körperschaften **6** 23
- Zuwendungszeitpunkt **6** 21
- Zweckzuwendung **6** 12

Stichwortverzeichnis

Arbeitgeber 38 2ff
Arbeitsgesellschafter 27 30, 167
Arbeitsverhältnisse
– Dienstgeberautomatik 26 13
Arbeitsvertragsrechts-Anpassungsgesetz 41 2
Atypisch stille Beteiligung 23 6, 39
Atypisch stille Gesellschaft 23 6, 33
Aufspaltung 32 6, 11
– auf unmittelbare Tochtergesellschaft 36 66f
Aufteilung 27 5f; 9 KStG 404
– ausländisches Gruppenmitglied 9 KStG 22f
Aufwertung 9 41ff
Aufwertung hereinwachsenden Vermögens nach § 3 Abs 1 Z 2 TS 1 3 22
Aufwertungsoption 1 193; 2 3; 4 22; 7 232; 8 26ff; 16 31ff; 9 KStG 248
– Anrechnungsmethode 8 42
– Anwendungsvoraussetzung 8 36ff
– Auslandsumwandlung 8 39
– Auslandsvermögen 8 37
– Ausübung 8 44f
– Besteuerung stiller Reserven im Ausland 8 40f
– Inlandsumwandlung 8 36ff
– Rechtsfolgen 8 51ff
– Übernahme bei Rechtsnachfolger 9 24
– Vermeidung Doppelbesteuerung 8 27ff
– Vermeidung steuerlicher Nachteile 8 27ff
Aufwertungsregel 36 5
Aufwertungsverschmelzung 3 39
– Anrechnungsmethode 2 32
– Ansatz von Zwischenwerten 2 35
– Anwendungsvoraussetzungen 2 30ff
– Auslandsverschmelzung 2 26, 36ff
– Befreiungsmethode 2 32
– Beteiligung an inländischer Kapitalgesellschaft 2 37
– Buchwertfortführung für das Inlandsvermögen 2 34
– Export-Verschmelzung 2 28
– grenzüberschreitende Verschmelzung 2 28
– grundstücksgleiche Rechte 2 37
– Import-Verschmelzung 2 28
– inländische Betriebsstätte 2 37
– inländisches unbewegliches Vermögen 2 37
– Inlandsverschmelzung 2 26, 33ff
– optionale Liquidationsbesteuerung 2 26ff
– Steuerbefreiung im Ausland 2 31
– Verlustvortragsübergang 2 27
– Vermeidung zeitversetzter Doppelbesteuerung 2 29
– Wertverknüpfung 2 27
Aufwertungswahlrecht 1 104; *s auch* Aufwertungsverschmelzung
– Realteilung 29 71ff

Stichwortverzeichnis

Aufwertungszwang 9 KStG 248
Aufzeichnungsverpflichtung 43 1
Außergruppenverlust 9 KStG 512ff, 531, 533ff, 564f, 573, 576, 612, 625
- Beteiligungsgemeinschaft **9 KStG** 24
- Verlustvortrag **35** 23

Ausgabe von eigenen Aktien 36 25
Ausgleichsleistungen 5 62
Ausgleichsposten
- Ausweis **29** 29ff
- Behandlung in Folgejahren **29** 33ff
- Erfordernis **29** 21ff
- Ermittlung **29** 24ff
- Steuerlastverschiebung **29** 21f, 38ff

Ausgleichszahlung 27 154; **29** 86ff; **38e** 2, 5
- Drittelgrenze **29** 91ff
- indifferente Wirtschaftsgüter und Verbindlichkeiten **29** 102f
- nicht wesentliche **38e** 15
- offene **29** 96f
- Rechtsfolgen **29** 106ff
- verdeckte **29** 98ff
- Verzicht **38e** 17
- Wesen **29** 86ff
- wesentliche **38e** 16
- Zweck **29** 86ff

Auskehrung der Kapitalanteile 38a 46
Ausland
- Gewinnverwirklichung **33** 10

Ausländische Umwandlung
- Anwendbarkeit Art II **7** 71ff
- Vergleichbarkeit
- - errichtende Umwandlung **7** 87f
- - verschmelzende Umwandlung **7** 85f

Auslandsbetriebsstättenverlust 35 10
Auslandsgruppenverlust 35 25
- Nachversteuerung **35** 25

Auslandsspaltung 32 18, 45ff; **33** 11
- Anwendungsvoraussetzung **32** 48
- Meldung **32** 47
- Rückwirkung **33** 21
- Vergleichbarkeit mit dem SpaltG **32** 49
- Vergleichbarkeit mit inländischer Körperschaft **32** 50

Auslandsumwandlung 9 72a
- Betriebserfordernis **7** 157

Auslandsvermögen
- Belegenheit **23** 15

Auslandsverschmelzung 1 61ff, 81, 195; **2** 3; **5** 2; *s auch* Verschmelzung, ausländische
- EU-VerschmelzungsRL **1** 66

Stichwortverzeichnis

- FRL **1** 63
- grenzüberschreitende **1** 63
- inländische Anteilsinhaber **1** 62
- Inlandsvermögen **1** 62
- Kriterien der Vergleichbarkeit **1** 65
- mit Inlandsbezug **1** 30
- Typenvergleich **1** 67
- Vergleichbarkeit mit inländischen Körperschaften **1** 67
- Vergleichbarkeit Verschmelzungsrecht **1** 64

Ausnahme für unkörperliche Wirtschaftsgüter 1 163

Ausschließlichkeit
- Abspaltung **32** 72
- Aufspaltung **32** 73

Ausschüttungsfiktion 3 71ff; **7** 231; **9** 206ff; **18** 71ff
- Abrechnungen **9** 241ff
- Abspaltung **9** 272ff
- Altgewinne **9** 266ff
-- vor KStG 1988 **9** 266
- Anrechnungsbeträge **9** 226ff
- aufgelöste Kapitalrücklage **9** 226
- Aufspaltung **9** 257ff
- Ausschüttungen **9** 230ff, 256ff
- Buchgewinn beim Übertragenden **9** 242
- Buchgewinn beim Übernehmenden **9** 243f
- Eigenkapitalkategorien **9** 208
- Einbringung **9** 242, 272ff, 276ff
- Einlage **9** 217ff, 221
- Einlagenrückzahlung **9** 260
- erhöhte Aufwendungen aus Vorumgründungen **9** 270ff
- Ermittlung **9** 211ff
- Forderungsverzicht **18** 81
- Gesellschafter-/Gläubigerwechsel **18** 83ff
- Gewinnanteile aus Personengesellschaften **9** 291ff
- Gewinne aus Vorumgründungen **9** 256ff
- Gewinnkapital **9** 207ff
- Gewinnteile in den Einlagen **9** 257ff
- Hinzurechnungen **9** 256ff, 271ff
- Hybridkapital **9** 214, 220, 222, 225
- Innenfinanzierung **7** 268; **9** 320
- Kapitalrücklage **9** 223
- Kürzungen **9** 217ff
- Mehr-Weniger-Rechnung **9** 221
- Nennkapital **9** 223
- permanente Differenzen **9** 222
- Realteilung **9** 276ff
- Reinvermögen **9** 211ff
- rückwirkende Änderungen **9** 244f

Stichwortverzeichnis

- Scheingewinn **9** 277
- Spaltung **9** 276ff
- steuerliche Einlagen **9** 241ff
- temporäre Differenzen **9** 221
- übernommenes negatives Vermögen **9** 271ff
- Umgründungsmehrwert **9** 277
- unbare Entnahme **18** 81
- unternehmensrechtliche Schlussbilanz **9** 211ff
- verdeckte Ausschüttungen **9** 256ff
- Verluste aus Vorumgründungen **9** 270ff
- Verschmelzung **9** 243f, 257ff, 276ff
- Vorumgründung **9** 246ff, 262, 271ff, 281
- – Down-stream-Umgründungen **9** 291ff
- – Mehrfachzüge **9** 286, 300 f
- – Personenidentität **9** 286
- wirtschaftliches Eigenkapital **9** 214
- zeitliche Begrenzung **9** 247f, 263, 283ff

Ausschüttungsfiktion nach § 3 Abs 1 Z 3
- Anrechnung **3** 75
- fingierter Ausschüttungsbetrag **3** 74
- FRL **3** 72
- Kapitalerhöhung aus Gesellschaftsmitteln **3** 74
- Methodenwechsel **3** 71
- Nennkapital **3** 74
- Sidestream-Import-Verschmelzung **3** 72
- Upstream-Import-Verschmelzung **3** 72

Austritt 5 30

Bankguthaben 38f 10
Barabfindung 5 30; **7** 33ff, 54; **37** 4
Bare Zuzahlung 5 24
Bareinlage 16 111ff
Barentnahme 116 120ff
- Finanzierungszusammenhang **16** 125ff
- Zurückbehalten Mitunternehmeranteil **16** 123

Bedingungen
- Einbringungsvertrag **12** 155, 158 ff
- tatsächliche Vermögensübertragung **12** 180

Befreiungsmethode 1 104
Behaltefrist 3 36, 40; **9** 22
- verkehrsteuerliche **36** 24; **37** 33

Bescheid 3 8f
Beschränkung des Besteuerungsrechts 7 94f
Besitzfrist 3 33, 36, 40; **22** 43; **34** 37
- Betriebseinbringung **22** 49
- Einbringung von Mitunternehmeranteilen **22** 52
- Kapitalanteile **22** 54
- Sonderbetriebsvermögen **22** 53

Besitzfrist des § 12 EStG 5 107
Bestandsschutz 5 52; **38e** 6
Besteuerung der Umwandlung
– Art II 7 231
– außerhalb Art II 7 241ff
Besteuerung nicht entnommener Gewinne 14 20 ff
Besteuerungsaufschub 1 86, 141ff
Besteuerungsrecht
– Einschränkung 36 27, 28
Beteiligung
– iSd § 31 EStG 36 90; **38d** 22; **38e** 9
Beteiligung, abgeschriebene 4 108
Beteiligungsansatz 34 24
– errichtende Umwandlung 8 82a
– verschmelzende Umwandlung auf Mitunternehmerschaften 8 82a
Beteiligungsausmaßveränderung 36 119
Beteiligungsbuchwert 38d 7
Beteiligungsfortsetzung 36 119
Beteiligungsgemeinschaft 9 KStG 24, 83, 319
Beteiligungsidentität 19 81 ff
– Treuhandanteile 19 81a
Beteiligungsquote 4 108; **32** 16; **32** 16; 36 3
– Barabfindung 32 16
Beteiligungsverwässerung 35 25
Beteiligungszustockung 9 KStG 244
Betragsmäßige Beschränkung 9 80a
Betrieb 4 102; 12 73ff; 27 1ff
– (Teil)Betriebsdefinition nach FRL 12 88
– Betriebsaufspaltung 12 82
– Betriebsliegenschaft 12 83
– Fruchtgenuss 12 97ff
– höchstpersönliche Tätigkeit 12 93
– Körperschaft des öffentlichen Rechts 12 100
– Liebhabereibetrieb 12 101
– Mitunternehmeranteil 7 136f
– nicht aktiv geführter 12 95f
– sachbezogener 12 75
– Stichtagsbilanz 12 102
– Zurückbehaltung von Wirtschaftsgütern 12 80ff
Betriebsaufspaltung 9 KStG 403
Betriebserfordernis 7 21ff, 116ff, 127
– ausländische Umwandlungen 7 156
– Ausnahmen 7 121ff
– Definition 7 131ff
– Liebhaberei 7 134
– Mitunternehmeranteil 7 136f
– ruhender Betrieb 7 135

Stichwortverzeichnis

- Umfang **7** 141ff
- vermögensverwaltende Tätigkeit **7** 133
- verpachteter Betrieb **7** 135
- zeitlicher Aspekt **7** 146ff

Betriebsstätte 32 83
- inländische
- – Verlust **9 KStG** 253

Betriebsstättenverhaftungserfordernis 1 96
- Grundfreiheiten **1** 96
- Verstrickungserfordernis nach § 1 Abs 2 **1** 97

Betriebsstättenverluste
- ausländische **1** 126

Betriebssttttenqualifikation
- Entfall **1** 108

Betriebstausch 27 8
Betriebswirtschaftliche Messgrößen 4 103
Bewegliche Wirtschaftsgüter 1 132
Bewertung 2 2; **24** 91ff; **38e** 8
- Aufwertungswahlrecht **24** 116ff
- Aufwertungszwang **24** 96ff
- – bei Verschiebung stiller Reserven **24** 107ff
- Buchwertfortführung **24** 94
- Buchwertübertragung **24** 93
- in der UGB-Bilanz **18** 6ff
- – Ausschüttungssperre **18** 7
- – Buchwertfortführung **18** 10ff
- – Verkehrswerteinbringung **18** 6
- unternehmensrechtliche **34** 5
- Verlust des Besteuerungsrechts Österreichs an stillen Reserven **24** 96ff
- Vorsorgeverletzung **24** 107ff
- Wegzugsbesteuerung **24** 96ff

Bewertung der Gegenleistung
- Abfindung mit eigenen Anteilen **20** 11
- Alleingesellschafterstellung **20** 33ff
- Aufwertungseinbringung **20** 8
- Buchwerteinbringung **20** 8
- Down-stream-Einbringung **20** 33ff
- Entnahmen nach § 16 Abs 5 Z 1 u 2 **20** 21
- Exporteinbringung nach § 16 Abs 1 S 2 u 3 **20** 22ff
- Identität der Beteiligungsverhältnisse **20** 41ff
- Kapitalanteile nach § 17/anschaffungsbedingtes Fremdkapital **20** 9
- Unternehmensbilanz **20** 13
- Up-stream-Einbringung **20** 37f
- Verdoppelung der Steuerhängigkeit der stillen Reserven **20** 8
- Wechsel der Gewinnermittlungsart **20** 101ff
- Zuzahlung **20** 10

Bewertungsstichtag 36 29

Stichwortverzeichnis

Bewertungswahlrechte 9 KStG 296
Bezugsrechtsverzicht 9 KStG 251
Buchgewinn und Buchverlust 18 141ff; 33 60; 34 20 ff; *s auch* Verschmelzungsdifferenzen
- Downstream-Verschmelzung 3 93
- Konzentrationsverschmelzung 3 91
- Konzernverschmelzung 3 92ff
- Miteinbringung der Beteiligung an der übernehmenden Körperschaft 18 144
- Sidestream-Verschmelzung 3 94
- Steuerneutralität 3 90
- Umwandlung 9 91ff
- Upstream-Verschmelzung 3 92
- Verschmelzungsdifferenzen 3 87
- Zuzahlung 18 144

Buchwert 36 46 ff
- Abstockung 36 50

Buchwertbeibehaltung 2 1ff
Buchwertfortführung 2 1ff; 3 1ff, 13ff; 8 11ff; 9 21ff; 16 11ff; 24 96ff, 107ff; 33 3; 34 2; 35 13; 38d 7ff; 38e 2, 5ff
- Aufteilung der steuerlichen Ergebnisse 8 14
- außerbetriebliches Vermögen 8 12f
- Betriebsvermögen 8 11
- Mitunternehmerschaft 8 14
- Realteilung 27 15; 29 3f, 15; 30 2ff
- Voraussetzungen 35 11

Buchwertübernahme
- mit Quotenverschiebung 24 160f

Buchwertverknüpfung 2 1ff; 3 1; 7 231
- Aufteilung der steuerlichen Ergebnisse 8 14
- außerbetriebliches Vermögen 8 12f
- Betriebsvermögen 8 11
- laufende steuerliche Werte 8 11ff
- Mitunternehmerschaft 8 14

Buchwertverschmelzung 4 22ff

Cash-Box-Verschmelzung 3 71ff
Confusio 3 95ff; 9 148; 18 147; 34 26f
- atypisch stille Beteiligung 3 102
- Bestands- und Optionsrechte 3 100
- echte stille Gesellschaft 3 101
- Firmenwertabschreibung 3 105f
- Fruchtgenussrecht 3 103
- Genussrecht 3 103
- Gewinnschuldverschreibung 3 101
- Mitunternehmeranteil 3 102
- Nominalgenussrecht 3 103
- partiarisches Darlehen 3 101

Stichwortverzeichnis

- Rückstellung **3** 99
- Steuerwirksamkeit **3** 95
- Substanzgenussrecht **3** 103
- teilwertberichtigte Forderung **3** 97
- zeitliche Erfassung **3** 104

Darlehens-/Kreditvertrag 42 16
- Ersatzbeurkundung **42** 16
- Gebühren **42** 16
- Gebührenfreiheit **42** 16
- Prolongation **42** 16
- rechtsbezeugende Beurkundung **42** 16

Darlehensvertrag 42 4
DBA mit Freistellungsmethode 36 28
Dienstgeberautomatik
- Nichtanwendung der Rückwirkungsfiktion **25** 31ff

Dienstgebereigenschaft 38f 3
Dienstleistungsbetrieb 27 44ff
Dienstverhältnis 38 5; **41** 1
Diskriminierungsverbote 4 34
Doppelbilanzierungsprinzip 2 51, 76
Doppelte Verstrickung
- Beseitigung **1** 92

Doppelverlustverwertung 21 56ff
- Verbot **35** 32, 35

Doppelverwertungsverbot 4 116ff; **35** 3; *s auch* Verlustabzug, Beschränkungen
- doppelte Obergrenze **4** 119
- Downstream-Verschmelzung **4** 124, 125
- Kürzung um abzugsfähige Teilwertabschreibungen **4** 119
- Teilwertabschreibungssiebentel **4** 125
- Unterschiedsbetrag **4** 126ff
- Upstream-/Downstream-Verschmelzung **4** 118
- Upstream-Verschmelzung **4** 124, 125
- Verschmelzung mittelbar verbundener Körperschaften **4** 116
- Verschmelzung verbundener Körperschaften **4** 116, 118
- Verschmelzung von Großmutter-/Enkelgesellschaft **4** 118
- Verschmelzung von Schwesterngesellschaften **4** 118
- Zeitpunkt Kürzung **4** 124
- Zusatzabschreibung **4** 129
- Zuschreibung **4** 123, 129

Downstream-Abspaltung 36 6, 25, 28, 71f
- mit Anteilsgewährung **36** 73
- ohne Anteilsgewährung **36** 74

Downstream-Aufspaltung 36 25, 28, 65
Downstream-Spaltung 32 23
- Großmuttergesellschaft **32** 23
- mit Anteilsauskehrung **36** 28ff

Stichwortverzeichnis

Downstream-Verschmelzung 1 27, 32
- Anteilsdurchschleusung **5** 85
- Antrag auf Nichtfestsetzung **5** 92
- Durchgangserwerb **1** 27
- Kapitalerhöhung **1** 27
- Nichtfestsetzungskonzept **5** 81, 90
- positiver Verkehrswert **1** 27
- Tauschgewinnbesteuerung **5** 89
- Verstrickungseinschränkung **5** 81ff, 86ff

Dreijahresfrist 9 KStG 373
Durchgangserwerb 1 27; **5** 28
Durchschleusemodell 38d 14
Durchschleusespaltung 38d 14; **38e** 1
Durchschleusung 36 28; **38a** 8
- von Anteilen **36** 66

Du Saillant 1 143

Earn-Out-Klausel 19 23, 27
Einbringender
- ertragsteuerlicher Regelungsbereich **12** 226ff
- Mitunternehmeranteil **12** 232
- Mitunternehmerschaft **12** 231
- verkehrsteuerlicher Regelungsbereich **12** 236
- vermögensverwaltende Personengesellschaft **12** 231

Einbringung
- allgemeines Steuerrecht **12** 16f
- – up-stream **12** 23
- Arten **12** 6ff
- Begriff **12** 1ff
- – Anschaffungsvorgang **12** 2, 32
- – ieS, iwS **12** 36
- Besteuerung nicht entnommener Gewinne § 11a EStG **14** 19 ff
- durch Arbeitnehmer **22** 16ff
- durch Mitunternehmerschaft
- – Fortbestand Mitunternehmerschaft **16** 86
- – Untergang Mitunternehmerschaft **16** 78ff
- Earn-Out-Klausel **19** 23, 27
- gemischtes (begünstigtes und nicht-begünstigtes) Vermögen **12** 23, 72, 217f
- Gewinnausschüttung
- – im Rückwirkungszeitraum **14** 38, 52
- – vorbehaltene **12** 149
- Gewinnfreibetrag § 10 EStG **14** 18
- grenzüberschreitende **21** 10
- Gruppenbesteuerung § **9 KStG** 131 ff
- Inlandsbezug **12** 13
- kalte **12** 19
- Minderheitsanteile **12** 135 ff

Stichwortverzeichnis

- Servitutsentgelt **19** 24
- Stichtagsbilanz **13** 102 ff
- – Auslandsvermögen **12** 103
- Treuhandanteile **19** 81a
- Übertragung von Passiva **12** 25f
- Übertragungsrücklagen § 12 EStG **14** 20
- unbare (vorbehaltene) Entnahme **16** 91 ff, 131 ff
- – Stornierung **16** 94a
- unternehmensrechtliche Grundlagen **12** 36f
- – Einbringungsvertrag **12** 41f
- – Einzelrechtsnachfolge **12** 41
- – Firmenbuchverfahren **12** 49f
- – Gesamtrechtsnachfolge **12** 43
- – Leistungszeitpunkt **12** 46f
- – Sachgründung **12** 37
- – Sachkapitalerhöhung **12** 38
- up-stream **12** 24
- – verbotene Einlagenrückgewähr **19** 19, 91 ff
- verpflichtende Anwendung Art III **12** 216ff
- verunglückte **12** 19
- vorbehaltene (unbare) Entnahme **16** 91 ff, 131 ff
- – Stornierung **16** 94a
- Wechsel der Gewinnermittlungsart **14** 21; **18** 56
- werdende Schachtelbeteiligung **16** 57; **18** 123; **20** 86

Einbringungsbilanz **12** 160f; **15** 1ff
- Anwendungsbereich **15** 6ff
- Anwendungsverletzung Art III **15** 26
- Auslandsvermögen **15** 7
- Bedeutung **15** 1ff
- fehlerhafte **15** 29
- Geschäftseröffnungsbilanz nach § 193 Abs 1 UGB **15** 12
- Gewinnermittlungsart **15** 11ff
- Inhalt **15** 16ff
- Mitunternehmeranteil **15** 19
- Sonderbetriebsvermögen **15** 18
- Vorlage-/Fristerfordernisse **15** 26
- Zweck **15** 16ff

Einbringungsstichtag **13** 1ff
- Bedeutung **13** 3ff
- Fristberechnung **13** 21ff
- Fristverletzung **13** 41ff
- Handelsbilanz **13** 19
- Maßgeblichkeit außerhalb Art III **12** 21
- Mitunternehmerschaft **13** 55
- Rechtsfolgen bei Verletzung des Zurechnungserfordernisses **13** 59f
- Rückwirkungsfunktion **13** 11ff
- schuldrechtliche Rückbeziehung **13** 14

- Vermögenszurechnung **13** 51ff
- Vorumgründung **13** 57

Einbringungsvermögen
- Minderheitsanteile **12** 135 ff
- rückwirkende Korrekturen
- – Kapitalanteile **16** 101
- – persönlicher Anwendungsbereich **16** 103ff
- – sachlicher Anwendungsbereich **16** 97ff

Einbringungsvertrag 12 151ff
- aufschiebende Vertragsbedingungen **12** 155a, 158ff
- Formenzwang, fehlender **12** 42
- Nichtigkeit **12** 155
- Steuerklauseln **12** 158ff
- zivilrechtliche Mängel **12** 154

Einheitsbetrachtung 4 148ff; **35** 46
Einheitswert 38 40
Einkünftezurechnung 14 6f
Einlage 2 66; **3** 131ff; **33** 70
- Gewinnrücklage **3** 134
- verschmelzungsbedingte **3** 133

Einlagenevidenzkonto 7 261
Einlagenrückgewähr
- verbotene **19** 91

Einlagenrückzahlung 2 66; **3** 131ff; **16** 177f; **32** 23; **33** 70
Einlagenstand gem § 4 Abs 12 EStG s Evidenzkonto
Einmalbesteuerung 9 207
Einschränkung des Besteuerungsrechts s Verstrickungseinschränkung
Eintragungsgebühr 38 40
Einzelrechtsnachfolge 27 22; **38a** 4
Ende des Wirtschaftsjahres 14 11ff
- Anwachsung **14** 26

Entflechtung der Gesellschafterstruktur 37 2
Entnahme
- vorbehaltene **16** 131ff
- – Höchstbetrag **16** 136
- – Rechtsfolgen **16** 137ff
- – überhöhte **18** 91ff
- – unternehmensrechtliche Aspekte **16** 141

Entscheidung
- gerichtliche **40** 1

Entstrickungsbesteuerung 1 143; **9** 36; **16** 41ff; **32** 5
Entstrickungsregelung 20 68ff
Ergebniszurechnung 9 KStG 21ff
Eröffnungsbilanz 2 79
Errichtende Umwandlung 7 46ff
- Änderung der Gesellschafterquoten **7** 67
- Betriebserfordernis **7** 116ff

Stichwortverzeichnis

- Quotenänderung **7** 53
- übertragende Körperschaft **7** 47
- Zustimmungserfordernisse **7** 50ff

Ersatzstichtag 13 41
Ertragsteuerliche Gesamtrechtsnachfolge 25 3ff, 7ff
Erweiterung des Besteuerungsrechts 7 107; **9** 41ff
- auf Anteilsebene
- – ansässige Gesellschafter **9** 65
- – betragsmäßige Beschränkung **9** 80a
- der Höhe nach **9** 57

EU-/EWR-Anteilstausch 5 71ff
- Amts- und Vollstreckungshilfe **5** 74
- Anteilsinhaber **5** 73ff
- Drittstaaten **5** 75
- Identitätsfiktion **5** 71
- Island **5** 75
- Liechtenstein **5** 75
- Rückwirkung **5** 71
- Steuerneutralität **5** 71ff

Europäische Genossenschaft (SCE) 1 72
Europäische Gesellschaft (SE) 1 72
EU-Verschmelzungsgesetz 1 72
EU-Verschmelzungsrichtlinie 1 66
Evidenzhalteverpflichtung 43 1, 6
- Finanzordnungswidrigkeit **43** 9
- Schätzungsbefugnis **43** 9
- Ver-/Entstrickung von stillen Reserven **43** 8
- Verletzung **43** 9
- wirtschaftlicher Eigentümer der Anteile **43** 7

Evidenzkontentechnik 9 207
Evidenzkonto 3 132, 135ff; **7** 261 ff; **33** 70
- Downstream-Verschmelzung **3** 138
- – mittelbare **3** 138
- Einlagenstand gem § 4 Abs 12 EStG **18** 151ff
- gemischte Konzern-/Konzentrationsverschmelzung **3** 140
- Konzentrationsverschmelzung **3** 136
- mittelbare Schwesternbeziehung **3** 136
- Schwesternverschmelzung **3** 136
- Umwandlung **7** 261
- Upstream-Verschmelzung **3** 138
- – mittelbare **3** 138

Exporteinbringung 12 241ff; **16** 41 ff
- nach § 16 Abs 1 S 2
- – Anwendungsbereich **16** 43
- – Historie **16** 41
- – Rechtsfolgen **16** 49ff

Stichwortverzeichnis

- von Kapitalanteilen
-- internationale Schachtelbeteiligung **16** 57
-- Konformität mit FRL **16** 71f
-- Rechtsfolge **16** 66ff
-- Tatbestandsvoraussetzung **16** 61ff
-- Überblick **16** 56
Export-Realteilung 27 13f
Export-Spaltung 32 19, 55, 56, 83
Export-Umwandlung 7 91ff
Export-Verschmelzung 1 30, 71, 98, 119ff, 197; **9 KStG** 353, 468
- auf Drittstaatsgesellschaften **1** 150

Finanzamt, Meldung **13** 29ff
Finanzamtszuständigkeit 24 21
Finanzielle Verbindung 9 KStG 9
Finanzierungszusammenhang 16 118; **24** 73, 82
- für Anlagegüter **16** 152ff
Firmenbuch s auch Maßgeblichkeit des Gesellschaftsrechts
- Anmeldung **13** 26f
- Eintragung, konstitutiv wirkende **12** 50
- Nichteintragung **32** 85
Firmenbuchrechtliche Eintragung, Maßgeblichkeit 12 208ff s auch Maßgeblichkeit des Gesellschaftsrechts
Firmenbuchverfahren iRd Art III 12 49ff
- deklarative Eintragungen **12** 51
- konstitutive Eintragungen **12** 50
Firmenbuchzuständigkeit 24 21
Firmenwert
- Dreißigstelabschreibung **3** 29
Firmenwertabschreibung 3 105f
Firmenwertbegründende Vermögen 9 KStG 376
Folgeumgründung 39 1
Forstbetrieb 27 37ff
Fraktionierte Rückwärtsbetrachtung 9 KStG 551
Fremdfinanzierungskosten 9 111
Fristen
- Fortlaufen steuerlicher **5** 106ff
Fristenlauf 36 23
- Eintritt **36** 31ff
Fristverletzung 13 41ff; **24** 25f
- nicht rückwirkende Einbringung **13** 50
- Wiedereinsetzung **13** 31
Fristverletzungsklausel 23 58
Fünftelregelung 35 4
Fusionsrichtlinie 1 4, 96ff, 109, 124; **3** 73; **5** 7, 10ff; **12** 56ff; **44** 3
- Anteilstausch **1** 98; **12** 60
- Anwendungsvoraussetzungen **1** 5

Stichwortverzeichnis

- Betriebsstättenverhaftungserfordernis **1** 96, 96ff
- direkte Normwirkung **12** 63
- Einbringung von Unternehmensanteilen **12** 59
- Export-Verschmelzung **1** 98
- Gesellschaften aus zwei/mehr Mitgliedstaaten **1** 5
- Grundfreiheiten **1** 96
- indirekte Normwirkung **12** 65
- Übergang von Verlusten **1** 98
- Umwandlung **7** 6
- verschmelzungsbedingter Anteilstausch **1** 98
- Verstrickungserfordernis nach § 1 Abs 2 **1** 97
- Vorrang vor entgegenstehendem nationalem Recht **1** 4

Gebühren 22 31ff
- Befreiung **22** 70ff
- – Gebietskörperschaften **22** 72
- Pflicht **42** 1
- Realteilung **31** 41f

Gegenleistung 19 1 ff; **38d** 10
- atypisch stille Gesellschaft **23** 36
- Ausschließlichkeitsprinzip **19** 6 ff; **23** 37
- hybdride Finanzierungsformen **23** 36
- Einbringung **19** 1 ff
- – Anpassungsklausel **19** 23
- – Anteilsabtretung Altgesellschafter **19** 61 ff; **20** 17
- – Earn-out-Klausel **19** 23
- – Fruchtgenussbelastung **19** 10 f
- – gesellschaftsvertragliche Sonderrechte **19** 16
- – GSVG-Nachbemessungen **19** 8
- – Kaufpreis **19** 6
- – Maßnahmen nach § 16 Abs 5 **19** 18
- – Übernahme einer privaten Verbindlichkeit **19** 7
- – Servitutsentgelt **19** 24
- – Treuhandanteile **19** 81a
- – verbotene Einlagenrückgewähr **19** 19, 91 ff
- – verdeckte Gewinnausschüttung **19** 17
- – Versorgungsrente **19** 20
- – vorbehaltene Entnahme **19** 18
- – vorbehaltene Gewinnausschüttung **19** 11
- – Wohnrecht **19** 9
- unzulässige **19** 6 ff; **23** 41
- Wertäquivalenz **19** 31
- zulässige **19** 16 ff; **23** 36ff

Gehaltszahlungszeitraum 38 6
Gemischte Konzentrations-/Konzernverschmelzung 1 24
Genossenschaftsreform 38a 3
Genussrecht 7 40

Stichwortverzeichnis

Gerichtsgebühren 42 2
Gesamtbild der unternehmens-/branchenbezogenen Parameter 4 104
Gesamtrechtsnachfolge 1 1; 3 1ff; 7 57; 32 3; 9 KStG 309
- abgabenrechtliche 3 5ff
- – Abgabenguthaben 3 44
- – Abgabenschulden 3 44
- – Abschreibung 3 17f
- – Abzugsverbote 3 24ff
- – am Unternehmen eines Dritten 3 12
- – Anrechnungsvortrag 3 35
- – Aufwertungsverschmelzung 3 39
- – Bescheid 3 8f
- – Besitz-/Behaltefrist 3 36
- – Besitzfrist 3 33
- – Buchwerteinbringung 18 43
- – Buchwertfortführung 3 13
- – Buchwertverknüpfung 3 14
- – Dreißigstelabschreibung Firmenwert 3 29
- – Fremdfinanzierungszinsen 3 25
- – gesamtes Steuerrechtsverhältnis 3 6
- – Gewinnermittlung 18 44
- – Haftungen 3 44
- – höchstpersönliche Rechtspositionen 3 7
- – Investitionsfreibetrag 3 21
- – Konsequenzen 18 48
- – körperschaftsteuerliche Rechtsnachfolge 3 13ff
- – lohnsteuerliche Rechtsnachfolge 3 42
- – Mietzinsrücklagen 3 21
- – Mindestdauer Unternehmensgruppe 3 37
- – Mindestkörperschaftsteuer 3 34
- – Mindestzugehörigkeitsdauer Gruppenmitglied 3 37
- – Mitunternehmerschaft 3 10
- – Nachversteuerungsbelastung 3 6
- – Nachversteuerungstatbestände 3 27
- – Nichtbescheid 3 9
- – Positionen der Gewinnermittlung 3 16
- – Rückstellungen 3 19
- – Schachtelbeteiligung 3 33
- – Schwebeverluste 3 22
- – Siebentelabschreibung gem § 12 KStG 18 49
- – Siebentelabsetzung 3 32
- – steuerfreie Rücklagen 3 20f
- – stille Beteiligung 3 11f
- – stille Beteiligung (typisch/atypisch) an übertragender Körperschaft 3 11
- – Übergang organisationsrechtliche Position 3 44
- – Übertragung stiller Reserven gem § 12 EStG 3 21
- – Übertragungsrücklagen 3 21

Stichwortverzeichnis

- – Umgründungskosten **3** 38
- – umsatzsteuerliche Rechtsnachfolge **3** 41
- – verfahrensrechtliche Rechtsnachfolge **3** 43f
- – Verlustvorträge **3** 31
- – Verschmelzungsbilanz **3** 14
- – Verschmutzungstheorie **3** 26
- – Wechsel der Finanzamtszuständigkeit **3** 44
- – Zuschreibungsverpflichtung **3** 23
- Bescheid **3** 8f; **34** 12
- ertragsteuerliche **25** 3ff, 7ff
- gesellschaftsrechtliche **3** 2ff; **34** 10
- – Beteiligungsrechte **3** 3
- – Forderungen **3** 3
- – Gegenstände des Gesellschaftsvermögens **3** 3
- – öffentlich-rechtliche Rechtsverhältnisse **3** 4
- – privatrechtliche Rechtsverhältnisse **3** 3
- – Rechts- und Vertragsverhältnisse **3** 3
- – Schulden **3** 3
- – verfahrensrechtliche Positionen **3** 3
- partielle **32** 40; **34** 11; **35** 6
- steuerliche **7** 37 ff, 61ff; **9** 2ff; **34** 10
- umsatzsteuerliche **38** 16
- Verlustabzug als höchstpersönliches Recht **4** 2
- Verlustübergang **4** 2
- verschmelzende Umwandlung **7** 36

Gesellschaft
- doppelt ansässige **1** 151
- nach bürgerlichem Recht **23** 33

Gesellschaftereinlage 16 179

Gesellschafter-Geschäftsführer 22 18; **38** 4ff
- Sozialkapitalrückstellung **9** 137ff
- wesentlich beteiligter **6** 5

Gesellschafteridentität 7 53

Gesellschafterrecht 23 36

Gesellschafterstruktur
- Entflechtung **36** 4

Gesellschafterwechsel 1 18

Gesellschaftsrechtliche Grundlagen 12 36ff
- Einbringung ieS **12** 36
- Einbringung iwS **12** 36
- Einbringungsvertrag **12** 39, 41ff
- Firmenbuchverfahren **12** 39
- Leistungszeitpunkt **12** 39

Gesellschaftsstatut 1 42

Gesellschaftsteuer 6 51ff; **26** 15ff; **38** 30ff; **38f** 9
- Einbringung durch Personengesellschaft **22** 47
- Sonderbetriebsvermögen **22** 47

Stichwortverzeichnis

- Treugeber **22** 46
- Upstream-Spaltung **38** 30
- Verzinsung unbaren (vorbehaltenen) Entnahme **22** 35

Gesellschaftsvertrag
- Inhalt **23** 48

Gesetzliche Unvereinbarkeitsvorschriften 27 31, 57f

Gewinnausschüttung 2 66; **16** 177ff
- im Rückwirkungszeitraum **14** 38, 12
- verdeckte **36** 77
- vorbehaltene **12** 149

Gewinnermittlung
- des Einbringenden **14** 16
- Wechsel **14** 21ff

Gewinnermittlungsart, Wechsel **18** 56ff

Gewinnfreibetrag § 10 EStG 14 18

Gewinnkapital
- Abrechnungen **9** 241ff
- Altgewinne **9** 266ff
- Anrechnungsbeträge **9** 226ff
- Ausschüttungen **9** 256ff
- Eigenkapitalkategorien **9** 208
- Ermittlung **9** 211ff
- Hinzurechnungen **9** 271ff
- Hybridkapital **9** 214
- Mehr-Weniger-Rechnung **9** 221
- permanente Differenzen **9** 222
- rückwirkende Änderungen **9** 244f
- steuerliche Einlagen **9** 241ff
- temporäre Differenzen **9** 221
- übernommenes negatives Vermögen **9** 271ff
- verdeckte Ausschüttungen **9** 256ff
- Vorumgründungen **9** 271ff
- – Down-stream-Umgründungen **9** 291ff
- wirtschaftliches Eigenkapital **9** 214

Gewinnrealisierung 32 91

Gewinnrealisierungswahlrecht s Aufwertungsverschmelzung

Gewinnvorab 24 167ff

Grenzbesteuerung
- aufgeschobene **1** 97

Grenzüberschreitende Umwandlung 7 91ff
- Export-Umwandlung **7** 91ff
- im Ausland **7** 111
- Importumwandlung **7** 101ff
- Inbound-Umwandlung **7** 101ff
- Outbound-Umwandlung **7** 91ff

Grund und Boden 9 118

Grundbuchseintragungsgebühr 11 38a, 43

Stichwortverzeichnis

Grunderwerbsteuer 6 71ff; 22 76ff; 26 21ff; 38 40ff; 38f 2
- Abschluss Verschmelzungsvertrag 6 83
- Anteile an Personengesellschaften 11 38 f
- Anteilsübertragung 11 37, 39
- Anteilsvereinigung 6 88, 95 ff; 11 37, 39
- Bemessungsgrundlage 6 90; 11 39
- Betriebsausgabe 6 95 f; 22 90
- Downstream-Verschmelzung 6 87
- Einheitswert 6 71, 81
- Einräumung Baurecht 22 87
- Eintragungsgebühr 6 101f
- Entstehen der Steuerschuld 6 93
- Gebietskörperschaften 22 82
- land- und forstwirtschaftliche Grundstücke 11 39ff
- mehrfache Umgründungen auf denselben Stichtag 6 97
- Quotenmiteigentum der Gesellschafter 22 88
- Ratenzahlung 11 41
- Realteilung 31 56ff
- Rückgängigmachung nach § 17 GrEStG 6 98f
- Rückwirkung 38 42
- Steuersatz 11 40
- Steuertatbestände 6 71ff
- Übertragung aller Anteile 6 81ff
- Übertragung von Grundstücken 11 37
- Upstream-Verschmelzung 6 72
- Verschmelzung zur Neugründung 6 89

Grundsatz der Internationalisierung 23 13, 33
Grundstück 9 117a, 121a
- inländisches 35 21

Gruppe 35 23
Gruppenantrag 9 KStG 35
Gruppenbesteuerung
- Grundzüge 9 KStG 1ff
- und Firmenwertabschreibung 9 KStG 235ff

Gruppenbezogene Betrachtungsweise 9 KStG 605f, 609, 611, 625, 651f, 653, 655
Gruppenmitglied 35 23, 9 KStG 7
- ausländisches 9 KStG 22f, 522
- – Verlust 9 KStG 523, 537
- inländisches 9 KStG 21

Gruppenträger 35, 24; 9 KStG 5
- Verlust 9 KStG 560
- Verlustvortrag 9 KStG 518, 560
- – inländisches Gruppenmitglied 9 KStG 21

Haftung 34 13
Handelsspaltung 32 2ff; 9 KStG 196ff
Hauptgesellschafter 7 50
- Beteiligungshöhe 7 31f
- Quotenberechnung 7 32, 51

Stichwortverzeichnis

Hereinverschmelzung 1 30
Hereinwachsen von Vermögen 1 118
Hinausverschmelzung 1 30
Hoheitsbetrieb 23 29
Höherer Teilwert 36 125
Holding- oder Besitzgesellschaft 1 3
Holding-Aufspaltung 38a 19

Identitätsfiktion 5 1, 51ff
– Abzugsverbot **5** 54
– Altvermögen **5** 51
– Fristen **5** 51
Identitätsverfahren 34 34
IFB-Wartetastenverlust 4 13
Immobilienertragsteuer 9 381ff
Immobiliengesellschaft 1 111, 127
Importeinbringung nach vorangegangener Exportumgründung 18 39
Import-Realteilung 27 13f
Import-Spaltung 32 19, 55, 56
Importumwandlung 7 101ff
Import-Verschmelzung 1 30, 118; **3** 51ff; **9** KStG 464
Inbound-Umwandlung 7 101ff
Inländisches unbewegliches Vermögen 1 110
Inlandsspaltung 32 17, 40ff
– mit Auslandsbezug **32** 40
– nachträgliche **32** 34
Inlandsverschmelzung 1 81; *s auch* Verschmelzung, inländische
– mit Auslandsbezug **1** 30
Inlandszusammenschluss 23 13
Innenfinanzierung 7 262ff
– Aufwertungsbeträge **7** 264
– Ausschüttungsfiktion **7** 268; **9** 320
– Confusiogewinne **7** 265
– Fortführung **7** 266
– mehrere Rechtsnachfolger **7** 266
– negative Innenfinanzierung **7** 267
– steuerliches System **7** 263
– Untergang **7** 266
Innenfinanzierungsevidenz 7 262
Integrationsmaßnahmen 9 KStG 423
Internationale Schachtelbeteiligung 1 128ff; **9** 151ff; **20** 81ff; **25** 36ff; **34** 30ff; **36** 115ff
– Absinken Beteiligungsausmaß **14** 47
– Analogieschluss auf Einbringung sämtlichen bisher nicht steuerhängigen Vermögens **20** 99
– Änderung **5** 141, 150ff
– Änderung Ausmaß **5** 142
– Asymmetrie **3** 131

Stichwortverzeichnis

- Auslandsverschmelzung **5** 151, 153ff, 181
- Ausnahme Steuerneutralität **3** 126ff
- Behaltefrist **20** 91f
- Einlagenrückzahlung **20** 93
- Entstehen **3** 111ff; **5** 141, 150ff; **9** 151f; **18** 121ff; **20** 84ff; **25** 41ff; **34** 31, 32ff; **36** 119ff; **38d** 35
- Erweitern **3** 111ff, 115ff , 118, 147; **9** 154f; **18** 131f; **25** 41ff; **34** 31ff, 37ff; **36** 119ff
- Exporteinbringung von Kapitalanteilen **20** 94
- Export-Verschmelzung **5** 151, 153f
- fiktive Teilwertabschreibung **5** 183
- Identitätsverfahren **3** 131
- Import-Verschmelzung **5** 181
- inländische übernehmende Körperschaft **20** 98
- Jahresfrist **14** 46
- Methodenwechsel **3** 111f
- – Missbrauchsbestimmung des § 10 Abs 4 KStG **5** 180
- Minderheitsbeteiligung **3** 126, 136
- Mindestbehaltedauer nach § 10 Abs 2 KStG **5** 145, 186
- Mindestbehaltefrist **1** 131
- Option gem § 10 Abs 3 KStG (Option zur Steuerwirksamkeit) **3** 119; **5** 143, 156f, 170; **20** 5; **34** 30, 36, 39
- Optionsmöglichkeit **3** 146
- Realteilung **30** 51ff
- Spaltungsstichtag **36** 122
- Steuerentstrickung **9** 157ff
- steuerneutrale **9** 171f
- Steuerverstrickung **9** 173ff
- Untergang **5** 141, 180ff; **9** 166ff; **18** 136f; **20** 96ff; **34** 31, 40ff; **36** 124ff
- Veränderung **20** 84ff
- Vereinigung **34** 39
- Verhinderung der Verstrickung **5** 182
- Verstrickungseinschränkung **1** 131
- Wegfall **5** 143; **25** 46ff; **38d** 35
- werdende **9** 153, 170; **20** 86, 88
- Zurechnung zur bestehenden Beteiligung **5** 150
- Zusammentreffen steuerfreie und steuerpflichtige Tranchen **9** 161

Jahresverlust 35 24
Junge Aktien 36 23

Kapitalanteile 27 28
- anschaffungsbedingtes Fremdkapital **12** 141ff
- ausländische hybride Gesellschaft **12** 130
- Fruchtgenuss **12** 147f
- qualifizierter **35** 18
- Stimmrechtsmehrheit **12** 135ff
- Surrogatkapital **12** 132
- vorbehaltene Gewinnausschüttungen **12** 149f

- wesentliche Beteiligung **12** 132ff
Kapitalanteile, die nicht zu Betriebsvermögen gehören 17 1ff
- Anschaffungskosten **17** 25ff
- Anwendungsbereich **17** 11
- Buchwerte **17** 38
- doppelte Buchwertverknüpfung **17** 36
- Exporteinbringungen nach § 16 Abs 1 S 2 **17** 28
- historische Entwicklung **17** 6f
- Wertermittlungszeitpunkt **17** 21
- Zuzug **17** 16
- – im Rückwirkungszeitraum **17** 16
- Zwangsaufwertung nach § 16 Abs 2 Z 2 **17** 29ff
Kapitaleinbringung
- anschaffungsbedingtes Fremdkapital **18** 32
- Import-Einbringung von Kapitalanteilen **18** 33
- Kapitalanteilseinbringung **18** 32
Kapitalentsperrender Effekt 7 29
- Kapitalerhaltung **7** 49
Kapitalerhaltung 7 29
Kapitalerhöhung 4 108; **35** 26
Kapitalertragsteuer
- Wegfall Befreiung nach § 94 Z 2 EStG
- – KESt-Schachtel **25** 57ff
- Wegfall Befreiung nach § 94 Z 5 EStG
- – Befreiungserklärung **25** 66ff
Kapitalistischer Mitunternehmer
Schwebeverluste **10** 4a
Kapitalkontenzusammenschluss 24 153, 163
- Firmenwertvorbehalt **24** 176ff
- Gewinn-/Liquidationsvorab **24** 165
- Liquidationsvorab **24** 165
- – Ersatzausgleichsregelung **24** 175
- – unternehmensgutbezogen **24** 174
- – wirtschaftsgutbezogen **24** 174
- Reservenvorbehalt **24** 165, 176ff
Kapitalrücklage 3 87
Kapitalverkehrsfreiheit 36 25
Kapitalverkehrsteuern 22 31ff; **38** 30; **38f** 9
- Realteilung **31** 38f
Kommanditbeteiligung 4 13
Kommunalsteuer
- Rechtsnachfolge **6** 6
Kompensatorische Maßnahmen 19 92
Konzentrationsverschmelzung 1 23
Konzern 9 49a
Konzernverschmelzung 1 24
- diagonale **1** 28; **5** 29

Stichwortverzeichnis

- direkte Schwesternverschmelzung **1** 28
- Downstream-Verschmelzung **1** 27
- Upstream-Verschmelzung **1** 26
- – Grenzen der Zulässigkeit **1** 26

Körperschaft
- ausländische **1** 128ff
- – Ausscheidung **35** 25
- steuerbefreite **36** 28
- übernehmende **12** 166ff
- ausländische **12** 167
- Erwerbs- und Wirtschaftsgenossenschaft **12** 166
- EU-Gesellschaft **12** 169
- Kapitalgesellschaft **12** 166
- Verluste **35** 30ff

Kosten iZm der Umgründung 18 22
Kreditvertrag 42 4
Kürzung der Verlustvorträge
- Zeitpunkt **35** 38

Leistungszeitpunkt 12 46
Liebhabereibeitrieb 1 3; **23** 29
Liquidation 38a 31; **38c** 15f
Liquidationsbesteuerung 2 11ff; **32** 93; **38a** 41ff
- Abwicklungs-Anfangsvermögen **2** 15
- Abwicklungs-Endvermögen **2** 16
- Anfangs-/Endvermögen **2** 14
- Bewertungszeitpunkt **2** 16
- Buchgewinn/-verlust **2** 24
- Downstream-Verschmelzung **2** 21
- Firmenwert **2** 20, 22
- Gegenleistung **2** 16
- Liquidationsgewinn **2** 21
- Liquidationswertfortführung **2** 22
- optionale **2** 26ff
- Rechtsnachfolger **2** 22ff
- Schwebeverlust **2** 21
- Sidestream-Verschmelzung **2** 20
- Stichtagsverknüpfung **2** 23
- Umgründungsgewinn **2** 14ff
- Unterdrücken **2** 1
- Upstream-Verschmelzung **2** 18
- Verlustvortrag **2** 21
- Verschmelzungsdifferenzen **2** 24
- Verschmelzungsstichtag **2** 16
- Wertverknüpfung **2** 22

Liquidationseröffnungsbilanz 38a 40
Liquidationsspaltung 38e 1

Stichwortverzeichnis

Liquidationsvorab 24 167, 173ff
Liquide Mittel 38d 12, 29
Lock-step-Modell 24 166, 181ff
Lock-step-Verfahren 24 152
Lohnsteuer
- Anmeldung zur Eintragung im Firmenbuch **6** 2
- Aufrollung **6** 3
- Fristen und Verpflichtungen **6** 3
- Haftung **6** 3
- keine Rückwirkung **6** 1
- lohnsteuerliche Rechtsnachfolge **6** 1ff
- Lohnzettelausstellung **6** 3
- wesentlich beteiligter Gesellschafter-Geschäftsführer **6** 5
- Zusammenrechnung Dienstzeiten **6** 3

Lohnsteuerangelegenheiten 38 2

Mantelgesellschaft 1 3
Mantelkauf 4 141ff; **10** 80ff **21** 66 ff; **35** 3, 45ff; **9 KStG** 423; *s a* Verlustabzug, Beschränkungen
- Änderung der organisatorischen Struktur **4** 159f
- Änderung der wirtschaftlichen Struktur **4** 161
- betriebsbezogene Betrachtung **4** 162
- Einbringung **21** 66 ff
- entgeltliche Änderung der Gesellschafterstruktur **4** 153ff
- erweiterter **21** 66
- – Veränderung der wirtschaftlichen Struktur **21** 78
- Konzentrationsverschmelzung **4** 158
- Konzernverschmelzung **4** 157
- potenzielle Verlustvorträge **4** 142
- Rationalisierungsklausel **4** 146, 167
- Sanierungsklausel **4** 165
- Schwebeverluste **4** 145
- Schwesternverschmelzung **4** 157
- Strukturänderung **4** 141, 152
- – durch Verschmelzung **4** 156
- Synergieeffekte **4** 168
- Tatbestand **35** 33
- Teilwertabschreibungssiebentel **4** 145
- Verwirklichung vor Verschmelzung **4** 146f
- Voraussetzungen **35** 46
- vorbereitender Anteilserwerb **4** 153; **10** 84a

Maßgeblichkeit der firmenbuchrechtlichen Eintragung 12 208ff
Maßgeblichkeit des Gesellschaftsrechts 1 11; **7** 1ff; **32** 32ff
- Anteilsgewährung **1** 15
- Auslandsverschmelzung **1** 16
- Bindung an die Entscheidung des Firmenbuchgerichts **1** 15
- Eintragung der Verschmelzung in Firmenbuch **1** 14
- Export-Verschmelzung **1** 14

Stichwortverzeichnis

- grenzüberschreitende Verschmelzung **1** 14
- nachträgliche Löschung der Eintragung **1** 13
- nichtverhältniswahrende Verschmelzung **1** 15
- positiver Verkehrswert **1** 15
- verbotene Einlagenrückgewähr **1** 15
- Verschmelzung aufgrund bundes-/landesgesetzlicher Sondernormen **1** 16
- Vorfrage **1** 14
- Zurückweisung Antrag **1** 13
- Zurückziehung vor Protokollierung **1** 13

Mehrfachumgründung 32 74

Mehrfachzug 39 1, 6
- Beschränkung auf Ertragsteuern **39** 23
- Gegenleistung **39** 9
- Grunderwerbsteuer **39** 23
- Kapitalverkehrsteuer **39** 23
- Mitunternehmeranteil **39** 9
- Umgründungsbilanz **39** 21
- Umgründungsplan **39** 11
- Umgründungsstichtag **39** 21
- Verkehrsteuern **39** 23
- Verlustvortrag **39** 21
- Vermögensidentität **39** 7f
- Vermögensübernahme **39** 21
- Zurechnungsbestimmung **39** 21

Meldung Finanzamt 13 29ff
- Wiedereinsetzung **13** 31

Methodenwechsel s Internationale Schachtelbeteiligung

Mindestbehaltedauer
- gem § 10 Abs 2 KStG **5** 107
- gem § 94 Z 2 EStG **5** 107

Mindestbestandsdauer 9 KStG 38
- mittelbare **9 KStG** 11

Mindestkörperschaftsteuer 3 34
- Betriebsübertragung **9** 363a f

Mindestkörperschaftsteuerguthaben 2 21

Mindestkörperschaftsteuerpflicht 2 6, 42

Missbrauch 44 1
- außersteuerlicher Grund **44** 8
- Beweggründe **44** 17
- Einzelfallprüfung **44** 16
- FRL **44** 16
- grenzüberschreitende Umgründung 0344
- Innen-/Außentheorie **44** 6
- mehrfache Umgründungen **44** 11
- Mehrfachzug **44** 7
- mehrstufige Umgründungsmaßnahme **44** 7, 9
- Nichtanwendbarkeit von Befreiungen/Begünstigungen **44** 21
- Rationalisierung **44** 16

- Realakt **44** 7
- Realisierungsvorgänge **44** 10
- Restrukturierung **44** 16
- Steuerhinterziehung/-umgehung **44** 16
- Streben nach steuerlichen Vorteilen **44** 17
- Verlustverwertung **44** 18
- Verlustvortrag **44** 11
- Verwertung Verlustvortrag **44** 11
- Vorbereitungsakt **44** 7
- wirtschaftliche Begründung **44** 13
- Zwischenschaltung Privatstiftung **44** 10

Missbräuchliche Umgründung 1 2
Mitarbeiterbeteiligung 36 23
Mittelbare Beteiligungsverhältnisse 36 77
Mitunternehmeranteile 4 106; **12** 111ff; **27** 1ff
- Aufgabe **19** 76ff
- doppelstöckige Mitunternehmerschaft **12** 128
- Fruchtgenuss **12** 122ff
- GmbH & atypisch stille Gesellschaft **12** 129
- Stichtagsbilanz **12** 128
- Unterbeteiligung **12** 121f

Mitunternehmerbegriff 27 119ff
Mitunternehmerschaft 23 31
Mitwirkungspflichten 1 183

Nachfolgeunternehmer 27 161ff
Nachtragsliquidation 38a 43
Nachversteuerung 1 126
Nachversteuerungspotenzial 4 37
Nachversteuerungstatbestände 3 27
National Grid Indus 1 143, 160, 162, 179
Negativer Wertansatz 38d 12
Nennkapital-Subkonto 33 71
Neubewertung 1 119; **3** 52
- Abschirmwirkung **3** 56
- ausländische Betriebsstätte **3** 56
- Beteiligung **3** 56
- Entstehen des inländischen Besteuerungsrechts **3** 54ff
- gemeiner Wert **3** 57
- Isolationstheorie **3** 55
- Re-Import **3** 58
- Rückkehrsituation **3** 58ff
- Step-up **3** 57
- Verlusthängigkeit gem § 2 Abs 8 EStG **3** 56

Neue Anteile 19 1, 53
Nichtanwendbarkeit des Art I
- Bewertung **1** 194

Stichwortverzeichnis

- Gesellschafterebene **1** 194
- Gesellschaftsebene **1** 194
- Lohnsteuer **1** 194
- Minderkörperschaftsteuer **1** 194
- Rechtsfolgen **1** 194f
- Umsatzsteuer **1** 194
- verkehrsteuerliche Befreiungen/Begünstigungen **1** 194
- Verlustvortrag **1** 194
- Verschmelzungsdifferenzbeträge **1** 194

Nichtanwendbarkeit des Art VI 32 86ff
Nichtbescheid 3 9
Nichtbetriebliche Vermögensteile 4 107
Nichtfestsetzungsantrag 36 39
Niederlassungsfreiheit 1 74, 150; **36** 25
Nullvorsorgeklausel 24 110
Nullvorsorgeregelung 24 137

Objektbezug 9 KStG 500, 550, 562, 571, 581, 583ff, 605, 611, 617, 629, 632f, 651f
Objektverknüpfung 21 21f; **35** 30; *s auch* Verlustvortrag
Offene Siebentel 35 39
Offene Teilwertabschreibungssiebentel 35 39; *s auch* Siebentelverluste
Option nach § 10 Abs 3 KStG (Option zur Steuerwirksamkeit) *s* Internationale Schachtelbeteiligung
Ordnungsvorschrift 38e 21
Ort der Geschäftsleitung 1 151; **38b** 15
Outbound-Umwandlung 7 91ff
- errichtende **9** 66ff
- verschmelzende **9** 84

Patent 1 132
Personalstatut 1 42, 61ff, 71
Personengesellschaft 23 31; **23**
- ausländische **23** 33
- vermögensverwaltende **23** 32

Positiver Verkehrswert 12 186ff; **23** 66ff; **32** 30
- Begriff **12** 189ff
- echte Synergieeffekte **12** 191
- Erfordernis **27** 66ff
- Ermittlung **23** 76ff; **27** 71ff
- europarechtliche Vorgaben **12** 200ff
- Grundsätze der Unternehmensbewertung **23** 76
- Gutachten **27** 78ff
- Nachweis **12** 197ff; **27** 78ff
- objektivierter Unternehmenswert **12** 191
- Realteilung **27** 66ff
- Sachverständigengutachten **23** 73
- unechte Synergieeffekte **12** 191
- Unternehmensanteile **12** 192

Stichwortverzeichnis

- zeitliche Anforderungen **12** 194ff
- zeitliche Aspekte **27** 75ff

Privatvermögen, Anteile
- gehaltene **20** 51f

Qualifizierte Umfangsminderung 4 101ff; **21** 41
- 75%-Grenze **4** 102, 104, 107
- abgeschriebene Beteiligung **4** 108
- Alles-oder-Nichts-Betrachtung **4** 110
- Beteiligungsquote **4** 108
- betriebswirtschaftliche Messgrößen **4** 103
- Beurteilung Umfangsminderung **4** 102ff
- fraktionierte Rückwärtsbetrachtung **4** 102
- Gesamtbild der unternehmens-/branchenbezogenen Parameter **4** 104
- Kapitalerhöhung **4** 108
- Mitunternehmeranteile **4** 106
- nichtbetriebliche Vermögensteile **4** 107
- quantitative betriebswirtschaftliche Kriterien **4** 103
- Teilveräußerung **4** 108
- umgründungsveranlasste Teilübertragung **4** 108
- vergleichende Rückwärtsbetrachtung **4** 102
- Vergleichszeitpunkte **4** 109

Qualifiziertes Vermögen 1 3
Quantitative betriebswirtschaftliche Kriterien 4 103

Ratenzahlung
- Ausscheiden **7** 209
- Ausübung **7** 205 ff
- Gesellschafterebene **7** 206
- Gesellschaftsebene **7** 206
- Inkrafttreten **7** 212
- Option **7** 205 ff
- Passivposten **7** 210
- sonstiges Ausscheiden **7** 211
- Steueraufschub **7** 213 f
- Verjährung **7** 214
- vorzeitige Fälligkeit **7** 208 ff; **9** 36

Ratenzahlungskonzept 1 141ff; **9** 36; **24** 98
Rationalisierungsklausel 35 48
Realisierungstatbestände 1 171
Realisierungszeitpunkt
- Einbringung außerhalb Art III **12** 21

Realteilung 27 1ff; **9** KStG 190ff
- Abteilung **27** 5f
- Anwendungsvoraussetzungen **27** 26ff
- äquivalenzverletzende **27** 12
- Aufteilung **27** 5f

Stichwortverzeichnis

- Ausgleichszahlung s dort
- ausländische **27** 13f
- Begriff **27** 2f, 26ff
- begünstigtes Vermögen **27** 27ff
- Buchwertfortführung **27** 15; **29** 3f, 15; **30** 2ff
- Einzelrechtsnachfolge **27** 22
- entflechtende **27** 9ff
- ertragsteuerliche Rechtsnachfolge **30** 36ff
- Export-Realteilung **27** 13f
- Gegenleistung **27** 151ff
- gesellschaftsrechtlich **27** 21f
- Import-Realteilung **27** 13f
- inländische **27** 13f
- Nachfolgeunternehmer **27** 161ff
- nichtverhältniswahrende **27** 9ff
- Personengesellschaftsformen **27** 125f
- Rechtsfolgen **27** 176ff
- Restvermögen bei Abteilungen **27** 171f
- tatsächliche Vermögensübertragung **27** 156ff
- Teilungsbilanz s *dort*
- Teilungsstichtag s *dort*
- Teilungsvertrag s *dort*
- Typen **27** 4ff
- verhältniswahrende **27** 9f
- verunglückte **27** 15, 181ff

Rechte 1 132
Rechtsbeziehungen zum Einbringenden 18 101ff
- Beschäftigungsverhältnisse **18** 109
- Fremdvergleich **18** 107f
- Gestellungsvertrag **18** 109
- Nutzungsüberlassung von zurückbehaltenen Wirtschaftsgütern **18** 106
- Verzinsung unbarer Entnahmen **18** 106

Rechtsgeschäftsgebühr 26 15ff; **38** 32
Rechtsnachfolge; *s auch* Gesamtrechtsnachfolge
- kommunalsteuerliche **6** 6
- lohnsteuerliche **3** 42; **6** 1ff; **41** 1
- umsatzsteuerliche **3** 41; **6** 36ff
- – Zeitpunkt **6** 38ff
- verfahrensrechtliche **3** 43f

Rechtsnachfolger 9 1ff
Regelbilanzstichtag 2 45
Reichweite der Rückwirkung 2 57
Reimport von Wirtschaftsgütern 9 49ff
Reinvermögen 9 211ff
Relative Beteiligungsquote 37 2
Rückkehrsituation 3 58ff
- Abschreibung **3** 62
- fortgeschriebener Buchwert **3** 61

Stichwortverzeichnis

- Identität von Exporteur und übernehmender Körperschaft **3** 60
- Mehrfachabschreibung **3** 62
- steuerliche Erfassung **3** 64
- Teilwertabschreibung **3** 62
- Verjährungsfrist **3** 58
- Wertminderung **3** 64
- Wertsteigerung im Ausland **3** 63
- Zuschreibung **3** 62

Rücklagen
- steuerfreie **3** 20f
- – Investitionsfreibetrag **3** 21
- – Mietzinsrücklagen **3** 21
- – Übertragung stiller Reserven gem § 12 EStG **3** 21
- – Übertragungsrücklagen **3** 21

Rückstellungen 3 19

Rückwärtsbetrachtung
- fraktionierte **4** 102
- vergleichende **4** 102

Rückwirkende Änderung des Vermögens
- Realteilung **29** 6ff

Rückwirkende Änderungen 8 66ff
- Ausschüttung **8** 68ff
- Einlage **8** 72
- Einlagenrückzahlung **8** 71

Rückwirkende Maßnahmen 24 73
- Finanzierungszusammenhang **24** 73
- Rückbeziehen von Ausschüttungen/Einlagen/Einlagenrückzahlungen **24** 83
- rückwirkende Korrekturen **24** 55ff
- tatsächliche Geld-/Sacheinlagen **24** 64ff
- tatsächliche Geld-/Sachentnahmen **24** 59ff
- Verschieben von Wirtschaftsgütern in den/aus dem Restbetrieb **24** 79ff
- Zurückbehalten von Verbindlichkeiten **24** 68ff
- Zurückbehalten von Wirtschaftsgütern des Anlagevermögens **24** 68

Rückwirkendes Ereignis 1 181

Rückwirkung 3 1ff, 81ff; **5** 57ff; **7** 41, 66; **34** 15
- Abweisung Eintragungsgesuch **2** 54
- Anschaffung **5** 59
- Anzeigepflicht **2** 52
- Auslandsverschmelzung **2** 56
- Ausnahmen **2** 57, 66ff
- Bewertungsstichtag **5** 59
- Einlage **2** 71
- Einlagenrückzahlung **2** 70
- Fristberechnung **2** 55
- Fristenlauf **5** 59
- Gewinnausschüttung **2** 68f
- Gewinnrealisierung **5** 59
- Herstellung der finanziellen Verbindung **5** 59

Stichwortverzeichnis

- Innengeschäfte **2** 58
- materiell-rechtliche Frist **2** 53
- Neunmonatsfrist **2** 52
- Nutzungseinlage **2** 71
- Rechtsfolgen nach § 6 **2** 60
- Rechtsgeschäfte im Rückwirkungszeitraum **2** 58
- Reichweite **2** 57
- Rückwirkungszeitraum **2** 52ff
- steuerliche **2** 41ff
- stichtagsgleiche **39** 2
- verdeckte Ausschüttung **2** 58, 69
- verdeckte Einlage **2** 58, 71
- Vermögenserwerb im Rückwirkungszeitraum **2** 59
- verspätete Anmeldung **2** 54

Rückwirkung der Rechtsbeziehung 34 16
Rückwirkungsfiktion 3 1; **8** 56ff; **23** 26; **24** 13; **25** 26ff; **9 KStG** 46, 48
- schuldrechtliche **24** 14

Rückwirkungsfrist 24 15
- (An)Meldung **24** 15

Rückwirkungsverbot 34 16
Rückwirkungszeitraum Verträge 34 17
Rumpfwirtschaftstag 39 1

Sachauskehrung 38a 7
Sacheinlage 16 111ff
- Begrenzung Umfang **16** 115
- einlagefähige Wirtschaftsgüter **16** 114

Sachentnahme 116 120ff
- Finanzierungszusammenhang **16** 125ff
- Zurückbehalten Mitunternehmeranteil **16** 123

Sammelumgründung 39 7
Sanierungsklausel 35 48
Sanierungsmaßnahme
- unternehmensrechtliche **36** 77

Schenkungsmeldeverpflichtung 22 14; s auch Äquivalenzverletzung
Schlussbilanz 2 2, 44ff, 48ff; **23** 81ff
- abweichender Verhandlungsstichtag **8** 76a
- Anhang **2** 48
- Bilanz der Mitunternehmerschaft **23** 82
- Bilanzerfordernis **23** 81
- Buchführungspflicht **23** 85
- Doppelbilanzierungsprinzip **2** 51
- fehlende Bilanz **23** 91
- Gewinn- und Verlustrechnung **2** 48
- Jahresbilanz **2** 48
- Lagebericht **2** 48
- Mehr-Weniger-Rechnung **2** 51
- Meldung gem §13 **23** 90

Stichwortverzeichnis

- Prüfung **2** 48
- steuerrechtliche **2** 50f
- unternehmensrechtliche **2** 48
- Veröffentlichungspflicht **2** 48
- Verschmelzungsbilanz **2** 51
- Wechsel der Gewinnermittlungsart **23** 93ff

Schwebeverlust 4 10, 12f; **35** 5, 6; **9** KStG 496
Schwesterkörperschaft 38a 8
Schwesternabspaltung 38a 60; **38c** 3; **38e** 1
Schwesternverschmelzung 1 28
- direkte **1** 28

Sevic 1 74, 150
Sicherheitsleistung 1 161
Sidestream-Auf-/Abspaltung 36 78ff
- mittelbare **36** 82ff
- unmittelbare **36** 79ff

Sidestream-Import-Verschmelzung 3 72
Sidestream-Spaltung 32 24
Sidestream-Verschmelzung 1 28, 32
- Befreiung von Einlageverpflichtungen **1** 29
- Rückgewähr der Einlagen **1** 29
- verbotene Einlagenrückgewähr **1** 29

Siebentelbeträge 9 KStG 495
Siebentelverluste 4 10; *s auch* Teilwertabschreibung
- abgereifte Siebentelabschreibungen **4** 9
- Abschreibungssiebentel **35** 5
- Mantelkauf **4** 11
- nicht abgereifte Siebentelabschreibungen **4** 10
- Schwebeverluste **4** 11
- Siebentelabsetzung **3** 32
- Siebentelbeträge aus Teilwertabschreibungen/Veräußerungsverlusten **21** 17
- Teilwertabschreibungssiebentel **35** 5

Sitz-/Gründungstheoriestaat 1 43
Sitztheoriestaat 1 44
Sonderbetriebsvermögen 24 39; **27** 52ff; **35** 20
Spaltung
- (Teil)Betrieb **33** 31
- Abgabenfestsetzung **34** 12
- AfA **33** 4; **34** 10
-- steuerrechtliche **33** 4
- Aktivpost **33** 40
- Anrechnungsmethode **33** 16
- Anrechnungsmöglichkeit **33** 10
- Anteilsdurchschleusung **34** 13
- Anteilsgewährung **32** 3
- Anteilsinhaber **32** 43
- Anwendungsvoraussetzung **32** 30ff
- Aufwertung von ausländischem Vermögen **34** 3

Stichwortverzeichnis

- Aufwertungsmöglichkeit **33** 10ff
- Aufwertungsoption
- – Anwendungsvoraussetzungen **33** 13ff
- – ausländisches Vermögen **33** 14
- – Bewertung **33** 17
- – Gewinnverwirklichung **33** 15
- ausländischer Körperschaften im Ausland **32** 45
- Ausschließlichkeit **32** 70ff
- Barabfindungsangebot **32** 41
- bare Einlage **33** 25
- bare Entnahme **33** 25
- Barentnahme/-einlage zwischen Betrieben **33** 25
- Behaltefristen **34** 10, 31
- Betriebszerschlagung **33** 32
- Bewertung **32** 32
- Bewertungsmethode **34** 10
- Bindung der Abgabenbehörde **32** 33
- Buchgewinne/-verluste **33** 60ff
- Buchwertfortführung **33** 3; **34** 2
- Buchwertverknüpfung **33** 3
- Down-stream-Abspaltung **34** 13
- Einlage **33** 25, 27ff, 40
- – Ausnahmen **33** 25ff
- – offene **33** 27
- – verdeckte **33** 27
- Einlage iSd § 4 Abs 12 EStG **33** 70ff
- Einlagenrückgewähr **34** 13
- Einlagenrückzahlung **33** 25, 27ff, 40
- – Ausnahmen **33** 25ff
- Eröffnungsbilanz **33** 54
- EU-Recht **32** 5ff
- Evidenzkontenstand **33** 71
- Evidenzkonto **33** 70ff
- fiktiver Teilbetrieb **32** 63
- Finanzierungszusammenhang **33** 34
- Forstbetrieb **32** 63, 64
- Fristenläufe **34** 10
- Fusionsrichtlinie **32** 6
- Genossenschaft **32** 41
- Gesamtrechtsnachfolge
- – partielle **32** 3
- – steuerrechtliche **34** 10ff
- gesamtschuldnerische Haftung **34** 13
- Gesellschaftereinlagen **33** 36
- gesetzliche Unvereinbarkeitsvorschriften **32** 66
- gewillkürtes/neutrales Wirtschaftsgut **33** 33
- Gewinnausschüttung **33** 25, 36, 40

Stichwortverzeichnis

- – Ausnahmen **33** 25ff
- Gewinnermittlungszeitraum **33** 5; **34** 15ff
- grenzüberschreitende **32** 19, 33, 55ff; **38a** 5
- – – gesellschaftsrechtliche Zulässigkeit **32** 56
- – – steuerrechtliche Qualifizierung **32** 57
- Haftung gem § 15 SpaltG **34** 13
- Holdinggesellschaft **32** 73
- internationale Kategorisierung **32** 17
- Kapitalerhöhung **33** 36
- Kapitalherabsetzung **33** 75
- Kapitalverkehrsfreiheit **32** 5
- Klienten-/Kundenstock **32** 63, 65
- Kontokorrentkredit **33** 34
- Konzentrationsspaltung **32** 20
- Konzernspaltung **32** 21ff
- landwirtschaftliche Fläche **32** 64
- Mehr-Weniger-Rechnung **34** 5
- Mindest-KSt **34** 11
- Missbrauch **33** 33
- missglückte **32** 85ff, 86
- – – Abspaltung **32** 90ff
- – – Aufspaltung **32** 93
- – – Bewertung **32** 91
- – – Down-stream-Abspaltung **32** 93
- – – Einlagenrückzahlung **32** 93
- – – Ertragsteuer **32** 90ff
- – – Gesellschaftsteuer **32** 87
- – – Gewinnausschüttung **32** 93
- – – Grunderwerbsteuer **32** 88
- – – Liquidation **32** 93
- – – Rückwirkung zum Spaltungsstichtag **32** 92
- – – Tausch **32** 93
- – – Umsatzsteuer **3** 89
- – – Verlustvortrag **32** 93
- Nennkapital-Subkonto **33** 75
- Nettoaktivvermögen **34** 13
- nicht verhältniswahrende **32** 16; **36** 4; **37** 13; **38** 10
- – – Barabfindung **32** 16
- – – Rückwirkung **37** 30
- – – zur Aufnahme **37** 14
- Nichtigkeit
- – – nachträgliche **32** 34
- Niederlassungsfreiheit **32** 5
- notwendiges Betriebsvermögen **33** 32
- offene Gewinnausschüttung **33** 27ff
- offene Posten **33** 39
- partielle Gesamtrechtsnachfolge **34** 11

Stichwortverzeichnis

- Passivpost **33** 40
- positiver Verkehrswert **33** 33
- qualifiziertes Vermögen gem § 32 Abs 2 und 3 **32** 61f
- rechtliche Kategorisierung **32** 10
- rechtsformübergreifende **32** 41; **38** 10
- Rechtsgeschäfte
- – übertragenes Vermögen **33** 20
- – zwischen spaltender/übernehmender Körperschaft **34** 16ff
- Regelbilanzstichtag **33** 45
- Restvermögensbilanz **33** 54f
- – steuerrechtliche **33** 55; 33
- Rücklagen-Subkonto **33** 75
- rückwirkende Entgeltvereinbarung **33** 32
- rückwirkende Vermögensänderung **33** 40
- Rückwirkung **34** 15ff
- – Ausnahmen **33** 25ff
- Rumpfwirtschaftsjahr **33** 5
- Schlussbilanz **32** 42; **33** 45, 50ff
- – steuerrechtliche **33** 4, 51
- – unternehmensrechtliche **33** 50
- Spaltungsbilanz
- – gesellschaftsrechtliche **33** 54
- Spaltungsplan **33** 32
- Spaltungsrichtlinie **32** 56
- Spaltungsstichtag **33** 50
- Spaltungsvertrag **33** 32
- Steuerentstrickung
- – Steueraufschub **32** 84
- Steuerhängigkeit
- – Übertragungsbilanz **34** 2
- Steuerhängigkeitserfordernis **32** 43
- Steuerhängigkeitsklausel **32** 43
- steuerliche Rückwirkung **33** 20f
- Steuerneutralität **34** 20
- steuerrechtliche Bilanzen **33** 50ff
- tatsächliche Übertragung **32** 74
- Teilwertabschreibung **33** 5
- teilwertberichtigte Beteiligung **34** 6
- Treugeber **32** 74
- Treugut **32** 74
- Treuhandschaft **32** 74
- Übernahmevertrag **33** 32
- übernehmende Gesellschaft **32** 42
- übertragende Gesellschaft **32** 42
- Übertragung von qualifiziertem Vermögen **32** 60ff
- Übertragungsbilanz **33** 27, 38, 40, 52f
- – Aktivpost **33** 28
- – Passivpost **33** 28

Stichwortverzeichnis

- – steuerrechtliche **33** 52
- – – Übertragungskapital **33** 28
- – Übertragungskapital **33** 52
- – Umgründungsplan **32** 74
- – unmittelbarer Zusammenhang Aktiva/Passiva **33** 34
- – verdeckte Gewinnausschüttung **33** 30
- – verhältniswahrende **32** 15; **36** 3
- – Verlustabzug **35** 1ff
- – vermögensverwaltende Körperschaft **32** 73
- – Verschiebemöglichkeit § 16 Abs 5 Z 4 **33** 25
- – – Ausnahmen **33** 25ff
- – Verschiebung Aktiva/unmittelbar zusammenhängender Passiva **33** 34
- – Verschiebung von Passiva **33** 34
- – Verschiebung von Wirtschaftsgütern **33** 31ff
- – – Besicherungszusammenhang **33** 34; **33**
- – – Ergebniskorrektur **33** 34
- – – Kapitalanteile **33** 36
- – – Mitunternehmeranteile **33** 35
- – Versicherungsverein auf Gegenseitigkeit **32** 41
- – Verwässerung **33** 36
- – von Kapitalanteilen **32** 84
- – vorbehaltene Entnahme **33** 25
- – Wechsel Bilanzstichtag **33** 45
- – wirtschaftliche Kategorisierung **32** 20ff
- – Wirtschaftsgüter **33** 40
- – Wirtschaftsjahr **33** 5; **34** 15
- – Zurückbehaltung von Wirtschaftsgütern **33** 25
- – zur Aufnahme **32** 14
- – zur Neugründung **32** 13
- – Zuschreibungspflicht **34** 6
- – zwingende Anwendbarkeit **32** 7

Spaltungsbeschluss **32** 74; **38d** 13, 17

Spaltungsplan **34** 11

Spaltungsstichtag **32** 74; **33** 20, 45ff
- abweichender **35** 14

Spaltungssubjekt **38a** 70ff
- partielle Gesamtrechtsnachfolge **32** 40

Spaltungsvertrag **34** 11; **38b** 2ff; **38d** 11; **38e** 5
- Abtretungsvertrag **38b** 5
- Änderungen **38b** 7
- Anwendungsvoraussetzung **38b** 5
- Beschluss
- – Einstimmigkeit **38b** 10
- Beschlusserfordernis **38b** 10ff
- Firmenbucheintragung **38b** 5
- Liquidation **38b** 5
- nicht verhältniswahrende Spaltung **38b** 5

- notarielle Beurkundung **38b** 6
- Schriftlichkeit **38b** 6
- Urkunde **38b** 6
- Verfügungsberechtigung **38b** 5

Spitzenausgleich **5** 24, 62; **19** 72; **36** 110; **37** 39
Stempel- und Rechtsgebühren **42** 2
Step-up **3** 57
Steuerabspaltung **38a** 8, 50ff; **38d** 14ff
- Anteilsdurchschleusung **38a** 52ff
- Anteilsinhaber **38a** 62
- Anteilstausch **38a** 61
- Auskehrung der Anteile **38a** 55
-- einbringungsgeborene/-erweiterte **38a** 55
- Einbringung **38a** 61
- Gesellschafterzuschuss **38a** 51
- Gewinnausschüttung **38a** 51
- Kapitalanteil **38a** 55
- Kapitalherabsetzung **38a** 51
- liquide Mittel **38a** 55
- nicht verhältniswahrende **38a** 54, 61
- Sachdividende **38a** 51
- Up-stream-Abspaltung **38a** 50
- Verbot Einlagenrückgewähr **38a** 51
- Verlustvortrag **38a** 56

Steueransässigkeit **1** 5
Steueraufschub **2** 1; **32** 5; **36** 30
- antragsgebundener **1** 156ff

Steueraufspaltung **38a** 7, 30ff
- Mindestkörperschaftsteuerguthaben **38a** 48
- nicht verhältniswahrende **38a** 46ff
- Steuerneutralität **38d** 10
- verhältniswahrende **38a** 46ff
- Verlustvorträge **38a** 48

Steuerbilanz
- Realteilung **27** 86ff

Steuerentstrickung
- partiell **32** 83

Steuergestaltung **44** 2
Steuerhängigkeit
- besondere **20** 61ff
- erweiterte **20** 51
- stiller Reserven **38d** 22

Steuerlastverschiebung *s* Ausgleichsposten
Steuerneutralität **36** 10, 13; **37** 20; **38d** 15f
- auf Gesellschaftsebene **37** 40
- Ausnahmen **36** 25ff

Steuerrückstellung **8** 86

Stichwortverzeichnis

Steuerspaltung 32 2, 4; **38a** 1ff
- Abspaltung **38a** 19
- Abspaltung mit Anteilsauskehrung **38c** 6
- Anmeldung
- – Finanzamt **38b** 15
- – Monatsfrist **38b** 16
- Anschaffung **38d** 8
- Anteilsauskehrung **38c** 10ff
- Anteilsinhaber **38a** 74ff; **38d** 5
- – Eigenschaft **38a** 77
- – Rückwirkung **38a** 76; **38d** 9
- – Spaltungsstichtag **38a** 75
- Anwendung **38a** 3
- Anwendungsvoraussetzung **38a** 18; **38b** 1
- Auffangklausel **38a** 35
- Aufspaltung **38a** 19
- Aufwertungswahlrecht **38c** 20
- Auskehrung
- – Verbindlichkeiten **38a** 44
- ausländische Gesellschaft eines EU-Mitgliedstaates **38a** 70
- Auslandsspaltung **38a** 72; **38c** 20
- Ausschließlichkeit **38a** 23f
- Betrieb **38a** 21
- Buchgewinn **38c** 11
- Buchverlust **38c** 11
- Buchwerte **38c** 20
- Buchwertfortführung **38d** 5ff
- Down-stream-Aufspaltung **38a** 30
- Durchschleusung der Kapitalanteile **38c** 10
- Einbringung **38a** 16
- einbringungserweiterte Anteile **38a** 36
- einbringungsgeborene Anteile **38a** 36
- Einlagenrückgewähr **38c** 12
- Eintragung
- – Finanzamt **38a** 16
- – Firmenbuch **38a** 16
- Einzelrechtsnachfolge **38c** 21
- Entstrickungsbesteuerung **38d** 5
- Erwerbs-/Wirtschaftsgenossenschaft **38a** 70
- EU-Gesellschafter
- – ausländische Gesellschaften **38a** 71ff
- fiktiver Teilbetrieb **38a** 22
- Forstbetrieb **38a** 22
- Fristenlauf **38d** 8
- Gegenleistung iSd § 19 **38a** 36
- Gesellschafterbeschluss **38b** 1
- Gesellschaftermehrheit **38a** 74f

Stichwortverzeichnis

- Gesellschafterwechsel **38d** 6
- grenzüberschreitende Spaltung **38c** 20
- Holdingkörperschaft **38c** 15
- Import-/Export-Spaltung **38a** 72
- Kapitalgesellschaft **38a** 70
- kundenstockorientierter Betrieb **38a** 22
- Liquidation **38a** 39ff
- Liquidationsaufspaltung **38c** 6
- Liquidationsbesteuerung **38c** 16
- Liquidationseröffnungsbilanz **38a** 40; **38c** 15
- Liquidationsphase **38c** 16
- Liquidationsspaltung **38a** 30
- liquide Mittel **38a** 37
- Mitunternehmeranteil **38a** 21
- nicht verhältniswahrende Spaltung **38d** 1
- partielle **32** 3
- positiver Verkehrswert **38a** 25
- qualifizierter Kapitalanteil **38a** 21
- qualifiziertes Vermögen **38a** 20
- Rückstellung **38a** 38
- Rückwirkung **38c** 2
- Spaltung Genossenschaft/Versicherungsverein **38a** 5
- Spaltungsvertrag **38a** 26; **38b** 1
- – – Inhalt **38b** 2ff
- Sparkasse **38a** 70
- Steuerneutralität **38c** 1; **38d** 5ff
- Steuerverstrickung **38a** 18
- Stiftung **38a** 70
- Teilbetrieb **38a** 21
- Treuhand **38a** 74
- übernehmende Körperschaft **38c** 20f
- Unterscheidung zur Handelsspaltung **38a** 4f
- Up-stream-Aufspaltung **38a** 32
- Up-stream-Spaltung **38a** 17
- Verbindlichkeiten **38a** 38
- Verein **38a** 70
- verhältniswahrende Spaltung **38d** 1
- Versicherungsverein auf Gegenseitigkeit **38a** 70
- Voraussetzungen **38a** 15ff

Steuersubjekt 34 15

Steuerumgehung 44 2

Steuerverstrickung 1 81ff; **32** 80ff; **34** 4
- Auslandsspaltung **32** 82
- Export-Spaltung **32** 83
- grenzüberschreitende Spaltung **32** 83
- Inlandsspaltung **32** 81
- Realteilung **29** 56ff; 0030
- unternehmensrechtliche Bewertung **34** 5f

- Verstrickungseinschränkung **1** 82
- Verstrickungserfordernis **1** 81
Steuerverstrickungserfordernis 1 2
Stichtag 8 1ff
Stichtagsbilanz
- Auslandsvermögen **12** 103
Stille Beteiligung 3 11f; **9** 12f
Stille Reserven 34 35; **38d** 7
- Zuschreibungsrücklage **9** 21a
Strukturplan 39 1, 15
Substanzgewinnbefreiung 34 32
Surrogatkapital 36 11
Synergieklausel 35 48

Tatsächliche Vermögensübertragung 12 175ff
- Bedingungen **12** 180
- zeitliche Vorgaben **12** 180
Tausch 37 20ff
- Nichtvorliegen **36** 10ff
Tauschobjekt 38e 7
Tauschvorgang 38e 2
Teilliquidationsbesteuerung 1 85, 196
Teilanwendbarkeit des Art I
- Anteilstausch **1** 197
- Export-Verschmelzung **1** 197
- gegenständlich partielle Anwendung **1** 196
- Rechtsfolgen **1** 196
- Teilliquidationsbesteuerung **1** 196
Teilanwendbarkeit des Art III 12 23, 217; **19** 7
Teilanwendbarkeit des Art VI 32 85
Teilbetrieb 4 102; **12** 73ff; **27** 1ff
- fiktiver **35** 21; **9 KStG** 381
Teilbetriebsfiktion 27 34ff
Teilübertragung, umgründungsveranlasste **4** 108
Teilungsbilanz
- Erfordernis **27** 146f; **28** 56ff
- Inhalt **28** 66ff
- Vorlage **28** 76ff
- Zweck **28** 56ff
Teilungsstichtag 28 2ff
- Bedeutung **28** 2ff
- Ersatzstichtag **28** 43ff
- Fristverletzung **28** 41ff
- Rückwirkungsfrist **28** 14ff
- Wahl **28** 11ff
- Wirkung **28** 2ff
Teilungsvertrag
- Erfordernis **27** 131

- Inhalt **27** 133ff
- Nichtigkeit **27** 138f
- Spezialklauseln **27** 136f
- Wesen **27** 132
- wesentliche Vertragselemente **27** 133ff

Teilveräußerung 4 108
Teilwertabschreibung 34 22, 33; **35** 3, 35ff; **38d** 7; *s auch* Siebentelverluste
- fiktive **34** 41; **36** 125
- steuerwirksame **34** 41

Teilwertberichtigung, fiktive **1** 130
Toleranzregelung 23 8
Triangular Merger 5 23

Übergangsverlust 4 13
Übernahme aufgewerteter Werte 9 24
Übernahme GmbH durch Gebietskörperschaft 1 46
Übernahmebilanz 2 79
Übernahmevertrag 34 11
Übertragende Körperschaft 35 10ff
- Verluste **35** 10

Übertragung
- tatsächliche **35** 16

Übertragungsbilanz 34 3
Übertragungskapital 33 53
Übertragungsrücklagen § 12 EStG 14 20
Umfangsminderung
- qualifizierte **35** 26

Umgründungskosten 3 38
Umgründungsplan 39 1, 11
- Änderung **39** 16
- Erweiterung **39** 16
- Fehlen **39** 22
- Formerfordernisse **39** 13
- Mindestinhalt **39** 14
- Schriftlichkeit **39** 13
- Umgründungsvertrag **39** 12

Umsatzsteuer 6 33ff; **22** 21ff; **26** 9ff; **38** 15ff; **38f** 6
- Änderung Bemessungsgrundlage **6** 37
- Anmeldung zur Eintragung im Firmenbuch **6** 38
- Ausstellung Rechnung **6** 37
- Entnahmeeigenverbrauch **6** 34
- Geschäftsveräußerung im Ganzen **6** 35
- keine rückwirkende umsatzsteuerliche Rechtsnachfolge **6** 38
- Nichtsteuerbarkeit **6** 34f
- Optionsrecht **6** 37
- Realteilung **31** 31ff
- Rs Abbey National **6** 42

Stichwortverzeichnis

- Rückwirkung **38** 17
- umsatzsteuerliche Rechtsnachfoge **6** 36ff
- Umsatzsteuerschulden/-guthaben **6** 37
- Umsatzsteuervoranmeldung **6** 40
- Unmittelbarkeit des Übergangs **6** 36
- Vermietung und Verpachtung **10** 25
- Vorsteuerabzug für Umgründungskosten **6** 41f
- Vorsteuerabzugsberechtigung **6** 37
- Vorsteuerberichtigung **6** 34, 37
- Zeitpunkt der Rechtsnachfolge **6** 38ff

Umsatzsteuerguthaben 38 16
Umwandlung 7 1ff; **9 KStG** 110ff
- Änderungen der Struktur **9** 136
- Ansatz beim Rechtsnachfolger
- – steuerrechtlicher **9** 21ff
- – unternehmensrechtlicher **9** 16ff
- Anteilsverschiebung **7** 53a; **11** 14a
- Anwendungsvoraussetzungen **7** 5
- ausländische **7** 127
- – Anwendbarkeit Art II **7** 71ff
- – übertragende Gesellschaft **7** 101f
- – Vergleichbarkeit **7** 81ff
- ausländische Rechtsnachfolger **7** 91f; **9** 55ff, 66ff
- Ausscheiden von Wirtschaftsgütern **9** 121ff
- Ausschüttungsfiktion **9** 206ff
- – Abrechnungen **9** 241ff
- – Altgewinn **9** 266ff
- – Ausschüttungen **9** 256ff
- – Ermittlung **9** 211ff
- – Hinzurechnungen **9** 271ff
- – Hybridkapital **9** 214
- – negatives Vermögen **9** 271ff
- – steuerliche Einlagen **9** 241ff
- – Vorumgründungen **9** 271ff
- Begriffsbestimmung **7** 1ff
- Betriebserfordernis **7** 21ff, 116ff
- – Ausnahmen **7** 121ff
- – Definition **7** 131ff
- Buchgewinne und -verluste **9** 91ff
- eingebrachte Grundstücke **9** 23a
- Einlage von Wirtschaftsgütern **9** 131
- errichtende **7** 4, 46ff
- – Änderung der Gesellschafterquoten **7** 67f
- – Quotenänderung **7** 53
- – übertragende Körperschaft **7** 47
- – Zustimmungserfordernisse **7** 50ff
- errichtende Outbound-Umwandlung **9** 66ff

Stichwortverzeichnis

- Ertragszurechnung **9** 10
- Erweiterung des Besteuerungsrechts **9** 41ff, 54ff, 66ff
- – der Höhe nach **9** 66ff
- Evidenzkonten **7** 261
- Forderungen des Anteilsinhabers **9** 191f
- formwechselnde **7** 2f
- Gesellschafterwechsel iRd Umwandlung **7** 221
- Gesellschafterwechsel im Rückwirkungszeitraum **7** 216ff, 256a
- Gewinnkapital **9** 207ff
- Grundbuchseintragungsgebühr **11** 38a
- Grundstücke **9** 23a
- Kosten **9** 25
- Mantelkauf **10** 80ff
- – Rechtsnachfolger **10** 82ff
- – übergreifende Betrachtung **10** 85
- – umwandelnde Gesellschaft **10** 84
- Maßgeblichkeit des Gesellschaftsrechts **7** 11ff
- positiver Verkehrswert **7** 15f
- Rechtsnachfolger **7** 226ff
- Rückerstattung Mindestkörperschaftsteuer **9** 362f
- rückwirkende Änderungen **8** 66ff
- stiller Gesellschafter **9** 12f
- Übergang Mindestkörperschaftsteuer
- – Veräußerung Betrieb **9** 367
- übertragende **7** 4
- Übertragung im Rückwirkungszeitraum **9** 217a f
- Umwandlungskapital **9** 211 ff
- Verbindlichkeiten des Anteilsinhabers **9** 196ff
- Vereinnahmungs-/Verausgabungsfiktion **9** 181ff
- Vermögensübergang **8** 58; **9** 10
- verschmelzende **7** 4, 26ff
- – auf Kapitalgesellschaft **7** 23, 28
- – Gesamtrechtsnachfolge **7** 36
- – übernehmende Gesellschaften **7** 48
- – übernehmender Rechtsträger **7** 28
- – übertragende Körperschaft **7** 27
- verschmelzende Outbound-Umwandlung **9** 84
- Zu-/Abflussfiktion **9** 181ff

Umwandlungsbedingtes Ausscheiden von Wirtschaftsgütern 9 123a

Umwandlungsbilanz
- confusio **8** 88
- steuerliches Eigenkapital **8** 86b
- steuerrechtliche **8** 81ff
- Umwandlungskapital **8** 86ff
- unternehmensrechtliche Schlussbilanz **8** 76ff

Umwandlungskapital 8 86
- Anrechnungsbeträge **9** 226ff

- Hybridkapital **8** 86b
- Körperschaftsteuerrückstellung **8** 86a
- Mehr-Weniger-Rechnung **8** 86f; **9** 221
- permanente Differenzen **9** 222
- steuerliches Eigenkapital **8** 86b
- temporäre Differenzen **9** 221

Umwandlungsstichtag 8 1ff
- Rechtsnachfolger **8** 5
- unbare (vorbehaltene) Entnahme **16** 91 ff, 131 ff
- Stornierung **16** 94a

Universalsukzession 1 1; **3** 2
Unmittelbare Beteiligungsverhältnisse 36 76
Unternehmensgruppe
- Änderungen **9 KStG** 37
- Sprengung **35** 23
- umgründungsbedingtes Entstehen, Erweitern, Wegfall **9 KStG** 45ff

Unternehmenskonzentration 32 20
Unternehmensrechtliche Schlussbilanz 9 211ff
Unternehmerinitiative 27 120f
Unternehmerrisiko 27 122f
Upstream-Auf-/Abspaltung 36 6, 75ff
Upstream-Einbringung
- verbotene Einlagenrückgewähr **19** 19, 91 ff

Upstream-Import-Verschmelzung 3 72
Upstream-Spaltung 32 22; **38a** 17
- Großmuttergesellschaft **32** 22

Upstream-Verschmelzung 1 34, 92; **1**
- Grenzen der Zulässigkeit **1** 26
- verschmelzende Umwandlung **1** 26

Veranlagungszeitraum 35 14
Veräußerungsgewinnbefreiung 36 121
Veräußerungsverlust
- latenter **34** 34

Veräußerungsverlustsiebentel 35 5; **35**
Verbindlichkeiten, Zurückbehalten **16** 146ff, 154
Vereinigungstheorie 1 73
Vereinnahmungs-/Verausgabungsfiktion 9 181ff
Vergleichbarkeit
- Rückwirkungsfrist **7** 88a

Verhältnis zu EU und EWR 7 201ff
Verjährungsfrist, absolute **1** 182
Verkehrswert 38d 13, 17
Verkehrswertrelation 38d 13
Verkehrswertverhältnis 36 51
Verkehrswertverlagerung 36 50
Verkehrswertzusammenschluss 24 153, 155ff
- Buchwertübernahme mit Quotenverschiebung **24** 155

Stichwortverzeichnis

– Verkehrswertübernahme **24** 155
Verkehrswertübernahme
– mit Ergänzungsbilanzen **24** 162
Verlust
– ausländischer **21** 10
– Definition **35** 4ff
– Doppelverwertung **9 KStG** 503
– laufender **35** 14
– vortragsfähiger **35** 1
Verlustabzug s **Verlustvortrag**
Verluste aus stillen Beteiligungen 4 13
Verluste der übernehmenden Körperschaft 4 41ff
– Zuordnungseinheit **35** 31
Verluste der übertragenden Körperschaft 4 21ff, 150
– Auslandsverschmelzung **4** 29
– Betriebsstättenverluste **4** 29
– Buchwertverschmelzung **4** 22
– Export-Verschmelzung **4** 34ff
– FRL **4** 33
– Import-Verschmelzung **4** 30ff
– Nachversteuerungspotenzial **4** 37
– Rs A Oy **4** 33
– Veranlagungszeitraum **4** 26
– Verrechnungsaufschub **4** 24
Verluste iSd § 21 21 9ff
Verlustkürzungsbestimmung 21 60
Verlustübergang, objektbezogener **21** 21ff
Verlustverrechnungsgrenze von 75% 9 KStG 519
Verlustverursachendes Vermögen 35 18; **9 KStG** 616f
Verlustverwertung, doppelte **9 KStG** 500
Verlustvortrag 3 31; **7** 231; **35** 4; *s auch* Verlustabzug
– Beschränkungen
– – Aliquotierung **4** 84; **21** 26
– – Betrieb/Teilbetrieb **4** 51
– – Betriebs-/Teilbetriebsbegrif **4** 53
– – betriebsführende (operative) Körperschaft **4** 50, 51ff
– – Betriebsverpachtung **4** 54
– – Bilanzbündeltheorie **4** 56
– – Bündelung eines Wertpapierbestandes **4** 83
– – direkte Zuordnung **4** 84
– – Downstream-Verschmelzung **4** 89
– – eingestellter Betrieb **4** 53
– – Finanz-/Beteiligungsholding **4** 55
– – Funktionszusammenhang **4** 83
– – gewillkürtes Betriebsvermögen **4** 52, 82
– – Grundsatz des objektbezogenen Verlustvortrags **4** 47
– – Holdinggesellschaft **4** 82
– – Identität als eigenständige Einheit **4** 51

Stichwortverzeichnis

- – Identitätsfiktion **4** 88
- – Kapitalvermögen **4** 83
- – konzernleitende Holdinggesellschaft **4** 55
- – Liebhabereiwirtschaftsgüter **4** 59
- – Liegenschaftsvermögen **4** 83
- – Mantelkauftatbestand **4** 87
- – Mitunternehmeranteil **4** 56f
- – Mitunternehmeranteil als Zurechnungsvehikel **4** 56
- – notwendiges Privatvermögen der Körperschaft **4** 59
- – Objektbezogenheit **4** 47ff; **21** 21f
- – Portfolioveranlagung **4** 83
- – Schwesternverschmelzung **4** 88
- – Siebentalabschreibung **4** 89
- – sonstige Vermögensteile **4** 58f
- – Teilbetrieb als kleinste wirtschaftliche Einheit **4** 51
- – Upstream-Verschmelzung **4** 89
- – verlustverursachendes Vermögen **4** 50ff
- – Verlustzuordnungsobjekt **4** 51
- – Vermögensteil **4** 80; **4**
- – Vermögensteil von nicht untergeordneter Bedeutung **4** 81
- – vermögensverwaltende (nichtoperative) Körperschaft **4** 50, 80ff
- – Vorhandensein am Verschmelzungsstichtag **4** 86ff
- – Wegfall Beteiligung **4** 88ff
- – zeitliche Zuordnung **4** 85
- – Zeitpunkt der Verlustentstehung **4** 85
- – Zeitpunkt des Wegfalls von Verlusten **4** 90ff
- – Zuordnung von Verlusten zu Verlustquellen **4** 84ff
- Charakter **9 KStG** 510
- Kapitalanteile **35** 19
- Mitunternehmeranteil Sonderbetriebsvermögen **35** 22
- Mitunternehmerschaft **35** 20
- Objektbezogenheit **4** 47ff; **35** 17ff; **9 KStG** 503
- Übergang
- – Voraussetzungen **35** 11; **9 KStG** 500
- Verlustabzug **4** 1ff
- – Beschränkungen **4** 46ff; *s auch* Doppelverwertungsverbot; Mantelkauf
- – Realteilung **30** 91f
- Zurechnung **35** 17
- Zurechnungseinheit **35** 18, 21

Verlustvortragsübergang
- objektbezogener **35** 3

Verlustzurechnungsobjekt 35 18
Verlustzuweisungsbeteiligung 4 13
Verlustzuweisungsmodell 4 13
Vermeidung einer doppelten Verlustverwertung 4 35
Vermögen
- begünstigtes **23** 21ff
- – Liebhaberei-/Voluptuarbetrieb **23** 23

Kofler (Hrsg), UmgrStG⁷ 1435

Stichwortverzeichnis

- firmenwertbegründendes **9 KStG** 376
- nicht begünstigtes **23** 24ff
- – Beteiligung an Kapitalgesellschaften **23** 27
- Vergleichbarkeit **35** 26ff
- verlusterzeugendes **9 KStG** 551, 561, 563ff, 571, 574, 580, 605f, 613, 615, 628, 637f, 652ff, 670

Vermögen der übernehmenden Körperschaft 1 91
Vermögen der übertragenden Körperschaft 1 91
Vermögensübergang 14 6f; **18** 51ff
Vermögensübernahme
- steuerliche **34** 15

Vermögensübertragung 23 54
- auf Gebietskörperschaft **1** 46
- Dokumentation **23** 59
- Einzelrechtsnachfolge **24** 14
- in anderer Weise **1** 46
- Sonderbetriebsvermögen **23** 59
- tatsächliche **23** 51ff
- Übertragung des wirtschaftlichen Eigentums **23** 52

Vermögenszurechnung 23 53
Verpflichtende Anwendung Art III 12 216ff
Verschieben von Wirtschaftsgütern 16 163ff
- Finanzierungszusammenhang **16** 166ff
- Mitunternehmeranteil **16** 168
- Rechtsfolge **16** 174ff
- Zurechnungserfordernis **16** 165

Verschiebung der Steuerlasten 24 131
Verschmelzende Umwandlung 7 26ff
- auf Kapitalgesellschaft **7** 23, 28
- Betriebserfordernis **7** 116ff
- – Ausnahmen **7** 121ff
- Gesamtrechtsnachfolge **7** 36
- übernehmende Gesellschaft **7** 48
- übernehmender Rechtsträger **7** 28
- übertragende Körperschaft **7** 27

Verschmelzung 9 KStG 60ff
- auf betrieblicher Grundlage
- – bare Zuzahlung **1** 34
- – eigene Anteile **1** 34
- – Upstream-Verschmelzung **1** 34
- – Verschmelzungsdifferenz **1** 35
- auf gesellschaftsrechtlicher Grundlage
- – Downstream-Verschmelzung **1** 32
- – Kapitalerhöhung **1** 32
- – Konzentrationsverschmelzung **1** 32
- – Sidestream-Verschmelzung **1** 32
- – Verschmelzungsdifferenz **1** 33
- aufgrund gesellschaftsrechtlicher Vorschriften **1** 45

- ausländische
- - Baurechte 1 110
- - Beteiligung an ausländischen Körperschaften 1 111
- - Entfall Betriebsstättenqualifikation 1 108
- - FRL 1 109
- - Gewerblichkeitsfiktion 1 110
- - grenzüberschreitende 1 106
- - grundstücksgleiche Rechte 1 110
- - Immobiliengesellschaft 1 111
- - inländische Betriebsstätte 1 108
- - inländisches unbewegliches Vermögen 1 110
- - inländisches Vermögen 1 106
- - Liquidationsbesteuerung 1 109
- - mit Inlandsbezug 1 106
- - Steueraufschub 1 109
- - Verstrickungseinschränkung 1 107
- grenzüberschreitende 1 30, 71ff, 81, 116ff
- - Anrechnungsmethode 1 123
- - Aufschub der Besteuerung 1 81
- - ausländische Betriebsstätte 1 123
- - ausländische Betriebsstättenverluste 1 126
- - Befreiungsmethode 1 125
- - Beteiligung an ausländischen Körperschaften 1 128ff
- - Beteiligung an inländischen Körperschaften 1 127
- - Betriebsvermögensfiktion 1 122
- - Europäische Genossenschaft (SCE) 1 72
- - Europäische Gesellschaft (SE) 1 72
- - EU-VerschG 1 72
- - Export-Verschmelzung 1 117, 119
- - fiktive Teilwertberichtigungen 1 130
- - fiktive Veräußerungsgewinnsteuer 1 124
- - FRL 1 71, 124, 126
- - funktionale Zuordnung 1 121
- - funktioneller Zusammenhang 1 128ff
- - Hereinverschmelzung 1 118
- - Hereinwachsen von Vermögen 1 118
- - Hinausverschmelzung 1 118, 119
- - Immobiliengesellschaft 1 127
- - Import-Verschmelzung 1 117, 118
- - inländische Betriebsstätte 1 121
- - inländisches unbewegliches Vermögen 1 122
- - internationale Schachtelbeteiligung 1 128ff
- - Mitunternehmerschaft 1 121
- - Nachversteuerung 1 126
- - Neubewertung 1 118
- - Nichtfestsetzungskonzept 1 119
- - Niederlassungsfreiheit 1 74

Stichwortverzeichnis

– – notwendiges Betriebsvermögen **1** 128ff
– – Personalstatut **1** 116
– – reduziertes Quellenbesteuerungsrecht **1** 127
– – SEVIC **1** 74
– – sonstiges Vermögen **1** 132
– – Steueransässigkeit **1** 116
– – Steuerwirksamkeit **1** 129
– – stille Reserven **1** 129
– – Vereinigungstheorie **1** 73
– – Verstrickungseinschränkung **1** 119, 127
– – Verstrickungserfordernis **1** 81
– inländische **1** 101ff
– – (Teil)Steuerpflicht **1** 102
– – mit Auslandsbezug **1** 104
– – steuerbefreite Körperschaften **1** 101
– – Übertragung ausländischen Vermögens **1** 104
– inländischer Körperschaften **1** 41
– nach Sondergesetzen **1** 51
– – landesgesetzliche Vorschriften **1** 51
– – Sparkasse **1** 51
– – Sparkassen-Privatstiftung **1** 51
– – Versicherungsverein auf Gegenseitigkeit **1** 51
– – Versicherungsverein-Privatstiftung **1** 51
Verschmelzung durch Aufnahme 1 1, 21
Verschmelzung durch Neugründung 1 1, 21
Verschmelzungsartige Vermögensübertragung 1 56
Verschmelzungsbilanz 2 51, 76ff
– Eröffnungsbilanz **2** 79
– Finanzordnungswidrigkeit **2** 78
– Ordnungsvorschrift **2** 78
– Übernahmebilanz **2** 79
– Verschmelzungskapital **2** 77
Verschmelzungsdifferenzen 1 31; *s auch* Buchgewinne und Buchverluste
– Downstream-Verschmelzung **3** 87
– Firmenwert **3** 87
– Umgründungsmehrwert **3** 87
– Upstream-Verschmelzung **3** 87
– Verschmelzungsgewinn **3** 87
– Verschmelzungsverlust **3** 87
Verschmelzungsformen 1 2
– numerus clausus **1** 47
Verschmelzungsstichtag 2 2, 41ff
– freie Wahl **2** 45
– gesellschafts-/steuerrechtlicher **2** 44
– Gesellschaftsrecht **2** 44
– Regelbilanzstichtag **2** 45
– Rumpfwirtschaftsjahr **2** 45
– Rumpfwirtschaftstag **2** 47

Stichwortverzeichnis

Versicherungsverein auf Gegenseitigkeit 1 57
Verstrickung 36 5
Verstrickungseinschränkung 1 46, 81, 92, 119, 127, 141; 36 28
- (Teil)Liquidationsbesteuerung 1 85, 86
- Anteile an der übertragenden Körperschaft 1 91
- Anteilsebene 9 32a
- Auslandsverschmelzung 1 82
- Beseitigung einer doppelten Verstrickung 1 92
- Besteuerungsaufschub 1 86
- Downstream-Verschmelzung 1 92
- Einschränkung des Besteuerungsrechts 7 74, 108, 126, 161ff; 9 46ff
- – Aufdeckung stiller Reserven 7 196
- – Aufschuboption 7 201ff
- – Besteuerungsaufschub 9 35f
- – dem Grunde nach 7 166ff; 9 71
- – der Höhe nach 7 167; 9 72
- – errichtende Inbound-Umwandlung 7 185ff
- – errichtende Outbound-Umwandlung 7 174
- – inländische Umwandlung 7 164
- – innerstaatliche Fälle 7 191ff
- – innerstaatliches Recht 7 170, 174ff
- – internationale Fälle 7 166
- – internationaler Bezug 7 164
- – Körperschaft öffentlichen Rechts 7 192
- – Rechtsfolge 7 196ff
- – Steuerbefreiung 7 191ff
- – Untergang Anteile 9 31ff
- – Untergang Beteiligung an übertragender Gesellschaft 7 168
- – Vermögen der übertragenden Gesellschaft 7 163
- – verschmelzende Inbound-Umwandlung 7 181ff
- – verschmelzende Outbound-Umwandlung 7 170ff
- – Vorliegen 9 70ff
- – zwischenstaatliches Recht 7 171ff, 179
- Export-Verschmelzung 1 82
- Fusionsrichtlinie 1 96ff
- Nichtanwendbarkeit §§ 2 bis 6 1 85
- steuerbefreite Körperschaft 1 82
- tatsächliche Überführung des Vermögens 1 83
- Upstream-Verschmelzung 1 92
- Vermögen der übernehmenden Körperschaft 1 91
- Vermögen der übertragenden Körperschaft 1 91

Verstrickungsfrist des § 31 Abs 1 S 1 EStG 5 107
Verstrickungsregelung 36 5
Vertikale Beteiligungsstruktur 35 36
Vertragsübernahme 42 1
- Darlehens-/Kreditvertrag 42 4
- Einzelrechtsnachfolge 42 8ff
- Ersatzurkunde 42 7

Stichwortverzeichnis

- feste Gebühren **42** 2
- Gebührenpflicht **42** 1
- Gesamtrechtsnachfolge **42** 6
- Hundertsatzgebühren **42** 2
- Neubegründungstheorie **42** 3
- rechtsbezeugende Urkunde **42** 7
- Rechtsgeschäftsgebühren **42** 2
- Stempel- und Rechtsgebühren **42** 2
- Zerlegungstheorie **42** 3
- Zession **42** 3

Verwaltungssitz **1** 42
Verwässerung **9 KStG** 297, 334
Verzinsung **1** 162
Vollneutralisierungstheorie **3** 98
Vorbehaltene (unbare) Entnahme **16** 91 ff, 131 ff
- Stornierung **16** 94a

Vorbehaltene Gewinnausschüttung **12** 14f
Vorgruppenverlust **9 KStG** 511ff, 531, 533ff, 564f, 573, 576, 612, 625, 655
- Verlustvortrag **35** 23

Vorhandensein
- tatsächliches **35** 16

Vorher-Nachher-Vergleich **1** 81
Vorsorgemaßnahme **24** 131ff, 132, 151
- Kapitalkontenzusammenschluss **24** 153
- Verkehrswertzusammenschluss **24** 153, 155ff

Vorsorgemethode **24** 136
- lock-step **24** 182
- Wechsel zwischen Zusammenschluss-/Vorsorgemethoden **23** 188ff
- Weiterbehandlung **24** 192ff

Vorsteuerabzug **38** 16
- Umgründungskosten **6** 41f

Vorsteuerabzugsberechtigung **38** 16
Vorsteuerberichtigung **26** 9; **38** 16

Wartetasten-/Schwebeverluste **21** 16
Wechsel der Gewinnermittlungsart **9** 116ff; **14** 21; **18** 56ff; **27** 92ff
- doppelte **27** 100f
- einfacher **27** 93ff
- Realteilung **27** 93ff
- rechnerisch doppelte **27** 102ff
- Zeitpunkt Gewinn-/Verlustberücksichtigung **9** 146ff

Wegzug **1** 44
Wegzugsbesteuerung **23** 14; **24** 96ff; **36** 38
Wertänderung, nachträgliche **1** 176
Wertausgleich **22** 5
Wertefortführung **5** 55
Wertverhältnisse **22** 1
Wertverknüpfung **25** 3ff
Wertverlust der Tochtergesellschaft **34** 21

Stichwortverzeichnis

Wiedereintritt ins Besteuerungsrecht 9 46ff
Wirtschaftliche Einmalbesteuerung 9 277
Wirtschaftsgüter
– Verschiebung **35** 22
Wirtschaftsgüter des Anlagevermögens, Zurückbehalten 16 146ff
Wirtschaftsjahr
– Umstellung **18** 52

X und Y 1 143

Zessionsgebühr 22 36; **38f** 8, 10
Zuaktivierung 36 74
Zuordnung der Geschäftsvorfälle 18 23
Zurechnung 27 53ff, 162ff; **30** 46f
Zurechnungsbündelung 39 4
Zurechnungsobjekt 35 18
Zurückbehalten von Verbindlichkeiten 24 76
Zurückbehalten von Wirtschaftsgütern des Anlagevermögens/Verbindlichkeiten 16 146ff
Zusammenschluss 9 KStG 170ff, 389
– Form **24** 51f
– Steuerrecht, Definition **23** 3
– Unternehmensrecht, Definition **23** 10
Zusammenschlussbilanz 24 31ff
– Ergänzungsbilanz **24** 38
– Inhalt **24** 38ff
– Sonderbetriebsvermögen **24** 38
– Zusammenschlusskapital **24** 41
– Zweck **24** 36
Zusammenschlusskapital 24 41ff
Zusammenschlussmethode 24 151
Zusammenschlussstichtag 23 87; **24** 11ff
Zusammenschlussvertrag 23 46ff
– Form **23** 46f
– Notariatsaktpflicht **23** 46
Zusatzabschreibung 35 39
Zusatzaktivierung 36 74
Zuschreibungsrücklage 3 20; **5** 55
Zuständige Behörde
– Realteilung **28** 26ff
Zustimmung von neun Zehnteln 37 4
Zustimmungserfordernis
– Quotenberechnung **7** 52
Zuzahlung 5 61ff; **36** 110ff; **36** ; **37** 35
– Absetzbarkeit **36** 113
– Anteilsinhaber **36** 112
– Ausgaben **5** 65
– bare **19** 71ff
– Behandlung bei der übernehmenden Körperschaft **5** 66

Stichwortverzeichnis

- Behandlung beim empfangenden Anteilsinhaber **5** 63
- Drittelgrenze **37** 38
- Körperschaft **36** 113
- negative Anschaffungskosten/Buchwerte **5** 63
- nicht wesentliche **37** 24, 36ff
- Sonderrechte **37** 38
- Spitzenausgleich **5** 62
- Veräußerungsentgelt **37** 35
- – Ausgleichsleistungen **5** 62
- wesentliche **37** 24, 40

Zuzahlungsempfänger 37 39
Zuzahlungsleistender 37 39
Zuzug 1 43; **9 KStG** 464, 468
Zuzugsbegünstigung 23 15; **25** 16ff
Zwangsaufwertung 16 16ff
- Besteuerungsfolgen **16** 27
- Zweck **16** 23ff

Zweijahresfrist 22 43
Zwei-Stufen-Theorie 3 98
Zweistufigkeit 36 56
Zweistufigkeitsfiktion 36 56ff; **37** 13
Zwerganteile, nicht steuerhängige **20** 68ff